D0590772

Italia

2012

Sommario

Contents

Come leggere la guida

INFORMAZIONI TURISTICHE

Distanza dalle città di riferimento,
uffici turismo, siti turistici locali,
mezzi di trasporto, golf
e tempo libero...

ANZOLA DELL'EMILIA – Bologna (BO) – **562** J15 – Ve

AOSTA (AOSTE) ℙ – (AO) – **561** E3 – 34 270 ab. – alt. 58
per Pila (A/R) : a Pila 1 400 / 2 750 m ⛷ 1 ⛷ 7 ⛷ – ✉ 111
▶ Roma 746 – Chambéry 197 – Genève 139 – Martign
Torino 113
🛈 Piazza Piramidi, ℰ 057 36 02 31, apt12abetone@vi
🏛 Aosta Arsanieres (giugno-15 ottobre). Località A
◉ Collegiata di Sant'Orso Y : capitelli★★ del chiost
Sant'Orso Y - Monumenti romani★ : porta Pret

GLI ALBERGHI

Da 🏨🏨🏨 a 🏠:
categorie di confort.
⌂: forme alternative
di ospitalità
I più ameni: in rosso.

Marinella
via San Giocondo 33 – ℰ 0165 23 45 45
-www.hotelmarinella.com– 15 dicem
-15 settembre 🍽 – ♦ 85/130 €–
42 cam ⌨ – ♦ 60/95 € ♦♦ ℰ 0165 23 45 85
Rist San Giorgio – pizzeria – Menu
Rist La Taverna – pizzeria – Menu
♦ In pieno centro storico, confortev
che colonne, parquet e arredi di s
nella raffinata sala da pranzo co

I MIGLIORI ESERCIZI A PREZZI CONTENUTI

🍽 Bib Hotel.
😊 Bib Gourmand.

La Villa 🛏
via Ponte Suaz 26 – ℰ 0165 2
– chiuso dal 2 novembre al 6
36 cam – ♦ 60/70 € ♦♦ 70/8
Rist – (solo per alloggiati)
♦ Tipica atmosfera di mo
ospitale albergo ad anda
e i colori ambrati sono

LE TAVOLE STELLATE

❀❀❀ Vale il viaggio.
❀❀ Merita una deviazione.
❀ Ottima cucina.

Cavallino
via Torino 12 – ℰ 01
– chiuso giugno, d
Rist – (solo la ser
Spec. Gelato al c
piena all'amare
♦ L'ingresso so
con tavoli spa

I RISTORANTI

Da 🍴🍴🍴🍴🍴 a 🍴: categorie di confort
I più ameni: in rosso.

Riviera
località Po
– chiuso
Rist – M
♦ Loca

4

gna

ort invernali : funivia   **22** S4

alia

ano 184 – Novara 139 –

ww.aosta-turismo.com

… 016 55 60 45

stre★ del Priorato di

AU**d**

le e 15 giugno

70/240 € – ½ P 150 €

edi) Menu 26 € – Carta 25/50 €

ta 35/65 € (+10%)

o con accogliente soggiorno in stile: bian-

nza; camere ben tenute. Graziosi tavolini

e grandi vetrate.

BF**n**

ww.lavilladaoste.com

unedì e mercoledì sera

– ½P 50 €

5 € – Carta 56/70 €

a bella cornice di boschi di faggio, per un piccolo e

iare a pochi metri dagli impianti di risalita. Il legno

predominanti nell'accogliente sala da pranzo.

CY**a**

- www.ristorantecavallino.com

embre, domenica e lunedì.

– Carta 65/85 €

on sedano, aceto balsamico e grissini alle noci. Pesca ri-

di lamponi.

uce degnamente in un'ampia, luminosa sala di tono elegante

oscana per una cucina ricca di tradizione e d'inventiva.

BU**g**

oz 18 – … 0165 35 98 64 – www.riviera-tiscali.com

ra e lunedì a mezzogiorno

arta 53/72 €

nte ristrutturato nella sua interezza. Calda atmosfera nei romantici

offre piatti di una certa raffinatezza legati alla tradizione locale.

CS**e**

na

… 65 11 – chiuso domenica sera e lunedì

ale disponibilità in un piacevole ambiente

e tipici della casa.

5

Principi

I principi della guida MICHELIN

L'esperienza al servizio della qualità

Che si trovi in Giappone, negli Stati Uniti, in Cina o in Europa, l'ispettore della guida MICHELIN rimane fedele ai criteri di valutazione della qualità di un ristorante o di un albergo, e applica le stesse regole durante le sue visite. Se la guida gode di una reputazione a livello mondiale è proprio grazie al continuo impegno nei confronti dei suoi lettori. Un impegno che noi vogliamo riaffermare, qui, con i nostri principi:

La visita anonima – Prima regola d'oro, gli ispettori verificano - regolarmente e in maniera anonima - ristoranti e alberghi, per valutare concretamente il livello delle prestazioni offerte ai loro clienti. Pagano il conto e - solo in seguito - si presentano per ottenere altre informazioni. La corrispondenza con i lettori costituisce, inoltre, un ulteriore strumento per la realizzazione dei nostri itinerari di visita.

L'indipendenza – Per mantenere un punto di vista obiettivo, nell'interesse del lettore, la selezione degli esercizi viene effettuata in assoluta indipendenza: l'inserimento in guida è totalmente gratuito. Le decisioni sono prese collegialmente dagli ispettori con il capo redattore e le distinzioni più importanti, discusse a livello europeo.

La scelta del migliore – Lungi dall'essere un semplice elenco d'indirizzi, la guida si concentra su una selezione dei migliori alberghi e ristoranti in tutte le categorie di confort e di prezzo. Una scelta che deriva dalla rigida applicazione dello stesso metodo da parte di tutti gli ispettori, indipendentemente dal paese.

L'aggiornamento annuale – Tutte le classificazioni, distinzioni e consigli pratici sono rivisti ed aggiornati ogni anno per fornire le informazioni più affidabili.

L'omogeneità della selezione – I criteri di classificazione sono identici per tutti i paesi interessati dalla guida Michelin. Ad ogni cultura la sua cucina, ma la qualità deve restare un principio universale…

Il nostro scopo è, infatti, aiutarvi in ogni vostro viaggio, affinché questo si compia sempre sotto il segno del piacere e della sicurezza. «L'aiuto alla mobilità»: è la missione che si è prefissata Michelin.

Editoriale

Caro lettore,

Sempre attenta alla buona tavola, nonché alla qualità dell'ospitalità, la guida MICHELIN vi propone la nuova edizione 2012, ampliata e aggiornata.

Di anno in anno, e fin dalla nascita, la sua vocazione resta immutata: accompagnarvi nei vostri viaggi, selezionando i migliori indirizzi in tutte le categorie di confort e prezzo.

A tal fine, la guida MICHELIN si serve di una sorta di « agenda di viaggio » di provata efficacia, dove il primo criterio – irrinunciabile - è l'ispezione sul luogo: tutti gli indirizzi selezionati sono infatti rigorosamente testati dai nostri ispettori professionisti, perennemente alla ricerca di nuovi esercizi e costantemente attenti a controllare il livello delle prestazioni di quelli già presenti.

All'interno di questa selezione, la guida riconosce ogni anno, le tavole più meritevoli, premiandole con le nostre stelle ✿ : una, due o tre. Esse contraddistinguono gli esercizi con migliori capacità in termini di cucina –indipendentemente dal loro genere – tenendo conto anche dell'accurata selezione dei prodotti, della creatività, della "padronanza" delle cotture e dei sapori, del rapporto qualità/prezzo, nonché della costanza nella prestazione. Grazie all'evoluzione delle loro cucine, ogni anno la guida si arricchisce di nuove tavole, a voi scoprirle pagina dopo pagina…viaggio dopo viaggio.

Altri simboli, piccoli, ma molto utili, sono il Bib Gourmand ⊛ e il Bib Hotel 🏠 : essi identificano i locali che offrono servizi di qualità a prezzi contenuti.

Partendo dal presupposto che per noi è fondamentale cogliere le evoluzioni del settore e rispondere alle esigenze dei lettori, sia in termini di qualità che di budget, le vostre osservazioni sugli esercizi della nostra selezione sono tenute in grande considerazione. Non esitate, quindi, a scriverci: le vostre segnalazioni sono molto utili per orientare le nostre visite e migliorare la qualità delle informazioni.

Il tutto per accompagnarvi sempre nel migliore dei modi…

Grazie per la vostra fedeltà, e buon viaggio con la guida MICHELIN, edizione 2012!

Consultate la guida MICHELIN su
www.ViaMichelin.ch
e scriveteci a :
leguidemichelin-italia@ch.michelin.com

Categorie
e simboli distintivi

LE CATEGORIE DI CONFORT

Nella selezione della guida MICHELIN vengono segnalati i migliori indirizzi per ogni categoria di confort e di prezzo. Gli esercizi selezionati sono classificati in base al confort che offrono e vengono citati in ordine di preferenza per ogni categoria.

🏨	XXXXX	Gran lusso e tradizione
🏨	XXXX	Gran confort
🏠	XXX	Molto confortevole
🏠	XX	Di buon confort
🏠	X	Abbastanza confortevole
senza rist garni, sans rest		L'albergo non ha ristorante
con cam mit Zim, avec ch		Il ristorante dispone di camere

I SIMBOLI DISTINTIVI

Per aiutarvi ad effettuare la scelta migliore, segnaliamo gli esercizi che si distinguono in modo particolare. Questi ristoranti sono evidenziati nel testo con ❀ e 🎯.

LE MIGLIORI TAVOLE

Le stelle distinguono gli esercizi che propongono la miglior qualità in campo gastronomico, indipendentemente dagli stili di cucina. I criteri presi in considerazione sono: la scelta dei prodotti, la personalità della cucina, la padronanza delle tecniche di cottura e dei sapori, il rapporto qualità/prezzo, nonché la regolarità.

Ogni ristorante contraddistinto dalla stella è accompagnato da tre specialità rappresentative della propria cucina. Succede, talvolta, che queste non possano essere servite: tutto ciò concorre, però, a vantaggio di altre gustose ricette ispirate alla stagione.

❀❀❀	**Una delle migliori cucine, questa tavola vale il viaggio** Vi si mangia sempre molto bene, a volte meravigliosamente.
❀❀	**Cucina eccellente, questa tavola merita una deviazione**
❀	**Un'ottima cucina nella sua categoria**

Può succedere che delle « promesse » siano presenti nella nostra selezione. Esse identificano i migliori esercizi nella loro categoria, sensibili di accedere alla distinzione superiore, quando la costanza delle loro prestazioni nel tempo e per tutte le specialità elencate in menu, saranno confermate. Grazie a questa menzione speciale, noi intendiamo farvi conoscere le tavole che costituiscono, ai nostri occhi, le « promesse » della gastronomia di domani.

I MIGLIORI ESERCIZI A PREZZI CONTENUTI

Bib Gourmand

Esercizio che offre una cucina di qualità, spesso a carattere tipicamente regionale, a meno di 30 € (35 € nelle città capoluogo e
turistiche importanti). Prezzo di un pasto, bevanda esclusa.

Bib Hotel

Esercizio che offre un soggiorno di qualità a meno di
90 € per la maggior parte delle camere. Prezzi per 2 persone,
prima colazione esclusa.

GLI ESERCIZI AMENI

Il rosso indica gli esercizi particolarmente ameni. Questo per le caratteristiche dell'edificio, le decorazioni non comuni, la sua posizione ed il servizio offerto.

🏠 ♿ 🏚🏚🏚   **Alberghi ameni**

🕺 ♿ 🕺🕺🕺🕺   **Ristoranti ameni**

LE SEGNALAZIONI PARTICOLARI

Oltre alle distinzioni conferite agli esercizi, gli ispettori Michelin apprezzano altri criteri
spesso importanti nella scelta di un esercizio.

POSIZIONE

Cercate un esercizio tranquillo o che offre una vista piacevole?
Seguite i simboli seguenti :

🛏   **Albergo tranquillo**

🛏   **Albergo molto tranquillo**

≼   **Vista interessante**

≼   **Vista eccezionale**

CARTA DEI VINI

Cercate un ristorante la cui carta dei vini offra una scelta particolarmente interessante?
Seguite il simbolo seguente:

🍇   **Carta dei vini particolarmente interessante**

Attenzione a non confrontare la carta presentata da un sommelier
in un grande ristorante con quella di una trattoria dove il proprietario ha una grande passione per i vini della regione.

Installazioni
& servizi

30 cam	Numero di camere
⬍	Ascensore
A/C	Aria condizionata (in tutto o in parte dell'esercizio)
⊬	Esercizio con camere riservate in parte ai non fumatori. In Italia la legge vieta il fumo in tutti i ristoranti e le zone comuni degli alberghi
📞	Connessione Internet ad alta definizione in camera
(ᵢ)	Connessione Internet wifi in camera
♿	Esercizio accessibile in parte alle persone con difficoltà motorie
🏃	Attrezzatura per accoglienza e ricreazione dei bambini
⛱	Pasti serviti in giardino o in terrazza
SPA	Wellness centre: centro attrezzato per il benessere ed il relax
♨	Cura termale, Idroterapia
♨ 🏋	Sauna - Palestra
🏊 🏊	Piscina: all'aperto, coperta
🚙 ♣	Giardino – Parco
⚓	Spiaggia attrezzata
✗ 18	Campo da tennis, golf e numero di buche
🏛	Sale per conferenze
✿	Saloni particolari
🚗	Garage nell'albergo (generalmente a pagamento)
P	Parcheggio riservato alla clientela
P	Parcheggio chiuso riservato alla clientela
🐕	Accesso vietato ai cani (in tutto o in parte dell'esercizio)
Ⓜ	Stazione della metropolitana piú vicina a Roma e Milano
20 aprile-5 ottobre	Periodo di apertura (o chiusura), comunicato dal proprietario

I prezzi che indichiamo in questa guida sono stati stabiliti nell'estate 2011 e sono relativi all'alta stagione; potranno subire delle variazioni in relazione ai cambiamenti dei prezzi di beni e servizi.Essi s'intendono comprensivi di tasse e servizio (salvo specifica indicazione es. 15%).

Gli albergatori e i ristoratori si sono impegnati, sotto la propria responsabilità, a praticare questi prezzi ai clienti.

In occasione di alcune manifestazioni (congressi, fiere, saloni, festival, eventi sportivi…) i prezzi richiesti dagli albergatori potrebbero subire un sensibile aumento.

In bassa stagione, chiedete informazioni sulle eventuali promozioni offerte dagli albergatori.

LA CAPARRA

Alcuni albergatori chiedono il versamento di una caparra. Si tratta di un deposito-garanzia che impegna sia l'albergatore che il cliente. Chiedete di fornirvi nella lettera di conferma ogni dettaglio sulla prenotazione e sulle condizioni di soggiorno.

CARTE DI CREDITO

Carte di credito accettate :

VISA **MC** **AE** **DC** Visa – Mastercard (Eurocard) – American Express – Diners Club –
S Carta SI

CAMERE

👤 50/60 €	Prezzo minimo/massimo per una camera singola
👥 80/100€	Prezzo minimo/massimo per una camera per due persone
cam 🛏 - 60/70 €	Prezzo della camera compresa la prima colazione
🛏 10€	Prezzo della prima colazione(se non inclusa)
	(supplemento eventuale se servita in camera)

MEZZA PENSIONE

½ P 77/120 € Prezzo minimo/massimo della mezza pensione (camera, prima colazione ed un pasto) in alta stagione per persona. Questi prezzi sono validi per la camera doppia occupata da due persone, per un soggiorno minimo di tre giorni; la persona singola potrà talvolta vedersi applicata una maggiorazione. La maggior parte degli alberghi pratica anche la pensione completa.

RISTORANTE

🍴 Esercizio che offre un pasto semplice per meno di 25 €

Menu a prezzo fisso:
(pasto composto da: primo, piatto del giorno e dessert)

Rist - Menu15/25€ Minimo 15 €, massimo 25 €
bc Bevanda compresa

Rist - carta 30/46€ **Pasto carta:**
Pasto alla carta bevanda esclusa. Il primo prezzo corrisponde ad un pasto semplice comprendente: primo, piatto del giorno e dessert. Il secondo prezzo corrisponde ad un pasto più completo (con specialità) comprendente: antipasto, due piatti, formaggio e dessert. Talvolta i ristoranti non dispongono di liste scritte ed i piatti sono proposti a voce.

Informazioni sulle località

GENERALITÀ

20120	Codice di avviamento postale
Piacenza	Provincia alla quale la località appartiene
✉ 28042 Baveno	Numero di codice e sede dell'Ufficio Postale
ℙ	Capoluogo di Provincia
561 D9	Numero della carta Michelin e coordinate riferite alla quadrettatura
▌Toscana	Vedere la Guida Verde Michelin di riferimento (es. *Toscana*)
108 872 ab	Popolazione residente
alt. 175	Altitudine
Stazione termale Sport invernali }	Genere della stazione
1500/2000 m	Altitudine della località e altitudine massima raggiungibile con gli impianti di risalita
⛷ 2	Numero di funivie o cabinovie
⛷ 4	Numero di sciovie e seggiovie
⛷	Sci di fondo
EX A	Lettere indicanti l'ubicazione sulla pianta
🏌18	Golf e numero di buche
☀ ≤	Panorama, vista
✈	Aeroporto
🛳	Trasporti marittimi
🛈	Ufficio Informazioni turistiche

INFORMAZIONI TURISTICHE

INTERESSE TURISTICO

★★★	Vale il viaggio
★★	Merita una deviazione
★	Interessante

UBICAZIONE

👁	Nella città
🔄	Nei dintorni della città
Nord, Sud, Est, Ovest	Il luogo si trova a Nord, a Sud, a Est, a Ovest della località
per ① o ④	Prendere l'uscita ① o ④ indicata con lo stesso segno sulla pianta e sulla carta stradale Michelin
6 km	Distanza chilometrica

INFORMAZIONI PER L'AUTOMOBILISTA

C.I.S.	📞	1518 (informazioni viabilità)
A.C.I.	📞	803 116 (soccorso stradale)

Legenda delle piante

- Alberghi
- Ristoranti

CURIOSITÀ

Edificio interessante
Costruzione religiosa interessante

VIABILITÀ

Autostrada, doppia carreggiata tipo autostrada
❶ Numero dello svincolo
Grande via di circolazione
← ◄ ⁞⁞⁞⁞⁞⁞ Senso unico – Via regolamentata o impraticabile
Zona a traffico limitato
Via pedonale – Tranvia
Pasteur **P** Via commerciale – Sottopassaggio-Parcheggio
⁞ ⌐⌐ ⌐⌐ Porta – Sottopassaggio – Galleria
Stazione e ferrovia
Funicolare – Funivia, Cabinovia
△ **B** Ponte mobile – Traghetto per auto

SIMBOLI VARI

ℤ Ufficio informazioni turistiche
Moschea – Sinagoga
Torre – Ruderi – Mulino a vento
Giardino, parco, bosco – Cimitero – Via Crucis
Stadio – Golf – Ippodromo
Piscina: all'aperto, coperta
Vista – Panorama
Monumento – Fontana – Fabbrica
Centro commerciale
Porto turistico – Faro – Torre per telecomunicazioni
Aeroporto – Stazione della Metropolitana – Autostazione
Trasporto con traghetto:
- passeggeri ed autovetture
③ Simbolo di riferimento comune alle piante ed alle carte Michelin particolareggiate
Ufficio postale centrale
Ospedale – Mercato coperto
Edificio pubblico indicato con lettera:
P H J Prefettura –Municipio – Palazzo di Giustizia
M T - Museo - Teatro
U - Università
◆ POL - Carabinieri- Polizia (Questura, nelle grandi città)

13

How to use this guide

ANZOLA DELL'EMILIA – Bologna (BO) – **562** J15 – Ve...

AOSTA (AOSTE) 🅿 – (AO) – **561** E3 – 34 270 ab. – alt. 58...
per Pila (A/R) : a Pila 1 400 / 2 750 m 🎿 1 🎿 7 🎿 – ⊠ 1110...
📍 Roma 746 – Chambéry 197 – Genève 139 – Martigny...
Torino 113
🎫 Piazza Piramidi, 🕿 057 36 02 31, apt12abetone@vir...
🔞 Aosta Arsanieres (giugno-15 ottobre). Località Ars...
👁 Collegiata di Sant'Orso Y : capitelli★★ del chiostr...
Sant'Orso Y - Monumenti romani★ : porta Preto...

🏨🏨 **Marinella** 🍽
via San Giocondo 33 – 🕿 0165 23 45 45
🍽 – www.hotelmarinella.com – 15 dicemb...
– 15 settembre 📺 – 🍴 60/95 € 🍴🍴 85/130 €...
42 cam – 🍴 60/95 € 🍴🍴 85/130 €...
Rist San Giorgio – 🕿 0165 23 45 85(c...
Rist La Taverna – pizzeria – Menu...
♦ In pieno centro storico, confortevo...
che colonne, parquet e arredi di so...
nella raffinata sala da pranzo con...

🏠🏠 **La Villa** 🛏
🍷 via Ponte Suaz 26 – 🕿 0165 23...
– chiuso dal 2 novembre al 6...
36 cam – 🍴 60/70 € 🍴🍴 70/85...
Rist – (solo per alloggiati) N...
♦ Tipica atmosfera di mon...
ospitale albergo ad anda...
e i colori ambrati sono o...

🍴🍴🍴 **Cavallino**
😳 via Torino 12 – 🕿 016...
– chiuso giugno, da...
Rist – (solo la sera)...
Spec. Gelato al g...
piena all'amaret...
♦ L'ingresso son...
con tavoli spaz...

🍴🍴 **Riviera**
località Por...
– chiuso d...
Rist – Me...
♦ Locale...

14

OTHER MICHELIN PUBLICATIONS
References for the Michelin map
and Green Guide which covers the area.

ogna

ort invernali : **funivia**　　**22** S4

alia

ano 184 – Novara 139 –

ww.aosta-turismo.com
  𝒞 016 55 60 45

estre ★ del Priorato di

⟨ 🛁 ⳩ 🛆 ♨ ⛄ 🚭 ♿ 🅰🅺 ⟨º⟩
🅰🅺🛆 🚗 VISA AE ⓪
　　　　　AU**d**

LOCATING THE TOWN
Locate the town on the map
at the end of the guide
(map number and coordinates).

**LOCATING
THE ESTABLISHMENT**
Located on the town plan
(coordinates and letters giving the location).

ile e 15 giugno

170/240 € – ½ P 150 €
edì) Menu 26 € – Carta 25/50 € ❀
rta 35/65 € (+10%)
o con accogliente soggiorno in stile: bian-
anza; camere ben tenute. Graziosi tavolini
e grandi vetrate.

⟨ 🍽 🖥 ♨ AC ⁂ P VISA ⓪ 🅂
　　　　　BF**n**

QUIET HOTELS
🛌 quiet hotel.
🛌 very quiet hotel.

ww.lavilladaoste.com
lunedì e mercoledì sera
– ½ P 50 €
35 € – Carta 56/70 €
a bella cornice di boschi di faggio, per un piccolo e
iliare a pochi metri dagli impianti di risalita. Il legno
predominanti nell'accogliente sala da pranzo.

🛁 ⁂ P VISA AE ⓪ 🅂
　　　　　CY**a**

**DESCRIPTION OF THE
ESTABLISHMENT**
Atmosphere, style,
character and specialities.

**FACILITIES
AND SERVICES**

– www.ristorantecavallino.com
embre, domenica e lunedì.
€ – Carta 65/85 €
con sedano, aceto balsamico e grissini alle noci. Pesca ri-
di lamponi.
duce degnamente in un'ampia, luminosa sala di tono elegante
oscana per una cucina ricca di tradizione e d'inventiva.

🛁 ✿ P VISA ⓪
　　　　　BU**g**

PRICES

ooz 18 – 𝒞 0165 35 98 64 – www.riviera-tiscali.com
ra e lunedì a mezzogiorno
arta 53/72 € ❀
nte ristrutturato nella sua interezza. Calda atmosfera nei romantici
a offre piatti di una certa raffinatezza legati alla tradizione locale.

VISA ⓪ 🅂
　　　　　CS**e**

ina
65 11 – chiuso domenica sera e lunedì
le disponibilità in un piacevole ambiente
e tipici della casa.

15

Commitments

The MICHELIN guide's commitments:

Experienced in quality

Whether it is in Japan, the USA, China or Europe our inspectors use the same criteria to judge the quality of the hotels and restaurants and use the same methods of visiting. The guide can only boast this worldwide reputation thanks to its commitment to the readers and we would like to stress these here :

Anonymous inspections – our inspectors make regular and anonymous visits to hotels and restaurants to gauge the quality of products and services offered to an ordinary customer. They settle their own bill and may then introduce themselves and ask for more information about the establishment. Our readers' comments are also a valuable source of information, which we can then follow up with another visit of our own.

Independence – To remain totally objective for our readers, the selection is made with complete independence. Entry into the guide is free. All decisions are discussed with the Editor and our highest awards are considered at a European level.

Selection and choice – The guide offers a selection of the best hotels and restaurants in every category of comfort and price. This is only possible because all the inspectors rigorously apply the same methods.

Annual updates – All the practical information, the classifications and awards are revised and updated every single year to give the most reliable information possible.

Consistency – The criteria for the classifications are the same in every country covered by the MICHELIN guide.

The sole intention of Michelin is to make your travels both safe and enjoyable.

Dear reader

Dear reader,

Having kept up-to-date with the latest developments in the hotel and restaurant scenes, we are pleased to present this new, improved and updated edition of the MICHELIN Guide.

Since the very beginning, our ambition has remained the same each year: to accompany you on all of your journeys and to help you choose the best establishments to both stay and eat in, across all categories of comfort and price; whether that's a friendly guesthouse or luxury hotel, a lively gastropub or fine dining restaurant.

To this end, the MICHELIN Guide is a tried-and-tested travel planner, its primary objective being to provide first-hand experience for you, our readers. All of the establishments selected have been rigorously tested by our team of professional inspectors, who are constantly seeking out new places and continually assessing those already listed.

Every year the guide recognises the best places to eat, by awarding them one ✿, two ✿✿ or three ✿✿✿ stars. These lie at the heart of the selection and highlight the establishments producing the best quality cuisine – in all styles – taking into account the quality of ingredients, creativity, mastery of techniques and flavours, value for money and consistency.

Other symbols to look out for are the Bib Gourmand ⊛ and the Bib Hotel ⌂, which point out establishments that represent particularly good value; here you'll be guaranteed excellence but at moderate prices.

We are committed to remaining at the forefront of the culinary world and to meeting the demands of our readers. As such, we are very interested to hear your opinions on the establishments listed in our guide. Please don't hesitate to contact us, as your contributions are invaluable in directing our work and improving the quality of our information.

We continually strive to help you on your journeys.

Thank you for your loyalty and happy travelling with the 2012 edition of the MICHELIN Guide.

Consult the MICHELIN guide at
www.ViaMichelin.ch
and write to us at:
leguidemichelin-italia@ch.michelin.com

Classification & Awards

CATEGORIES OF COMFORT

The MICHELIN guide selection lists the best hotels and restaurants in each category of comfort and price. The establishments we choose are classified according to their levels of comfort and, within each category, are listed in order of preference.

🏨🏨🏨	XXXXX	Luxury in the traditional style
🏨🏨🏨	XXXX	Top class comfort
🏨🏨	XXX	Very comfortable
🏨🏨	XX	Comfortable
🏨	X	Quite comfortable
↑		Alternative accommodation (B&B, country guesthouse)
senza rist		This hotel has no restaurant
con cam		This restaurant also offers accommodation

THE AWARDS

To help you make the best choice, some exceptional establishments have been given an award in this year's Guide. They are marked ✿ and 🍴.

THE BEST CUISINE

Michelin stars are awarded to establishments serving cuisine, of whatever style, which is of the highest quality. The cuisine is judged on the quality of ingredients, the skill in their preparation, the combination of flavours, the levels of creativity, the value for money and the consistency of culinary standards.

For every restaurant awarded a star we include 3 specialities that are typical of their cooking style. These specific dishes may not always be available.

✿✿✿	**Exceptional cuisine, worth a special journey** One always eats extremely well here, sometimes superbly.
✿✿	**Excellent cooking, worth a detour**
✿	**A very good restaurant in its category**

Occasionally « Rising Stars » for promotion feature. These are the best in their category that may achieve a higher award if we can confirm the consistent quality of the whole menu over time. By this special mention we just want to let you know who we think may be future stars.

GOOD FOOD AND ACCOMMODATION AT MODERATE PRICES

😊 **Bib Gourmand**

Establishment offering good quality cuisine, often with a regional flavour, for under €30 (€35 in a main city or important tourist destination).
Price of a meal, not including drinks.

Bib Hotel

Establishments offering good levels of comfort and service, with most rooms priced at under €90. Price of a room for 2 people, excluding breakfast.

PLEASANT HOTELS AND RESTAURANTS

Symbols shown in red indicate particularly pleasant or restful establishments: the character of the building, its décor, the setting, the welcome and services offered may all contribute to this special appeal.

⛫ to ⛫⛫⛫⛫ **Pleasant accommodations**

⚡ to ⚡⚡⚡⚡⚡ **Pleasant restaurants**

OTHER SPECIAL FEATURES

As well as the categories and awards given to the establishment, Michelin inspectors also make special note of other criteria which can be important when choosing an establishment.

LOCATION

If you are looking for a particularly restful establishment, or one with a special view, look out for the following symbols:

        Quiet accommodation
        Very quiet accommodation
        Interesting view
        Exceptional view

WINE LIST

If you are looking for an establishment with a particularly interesting wine list, look out for the following symbol:

        Particularly interesting wine list

This symbol might cover the list presented by a sommelier in a luxury restaurant or that of a simple inn where the owner has a passion for wine. The two lists will offer something exceptional but very different, so beware of comparing them by each other's standards.

Facilities
& services

30 cam	Number of rooms
	Lift (elevator)
AIC	Air conditioning (in all or part of the establishment)
	Hotel partly reserved for non smokers. In Italy, it is forbidden by law to smoke in restaurants and in the public rooms of hotels.
	High speed Internet in bedrooms
	Wireless Internet in bedrooms
	Establishment at least partly accessible to those of restricted mobility
	Special facilities for children
	Meals served in garden or on terrace
	Wellness centre: an extensive facility for relaxation and well-being
	Hydrotherapy
	Sauna – Exercise room
	Swimming pool: outdoor or indoor
	Garden – Park
	Beach with bathing facilities
	Tennis court – Golf course and number of holes
	Equipped conference room
	Private dining rooms
	Hotel garage (additional charge in most cases)
P	Car park for customers only
P	Enclosed car park for customers only
	Dogs are excluded from all or part of the establishment
M	Nearest metro station in Rome and Milan
20 aprile-5 ottobre	Dates when open (or closed), as indicated by the hotelier.

Prices

Prices quoted in this Guide are for summer 2011 and apply to high season. They are subject to alteration if goods and service costs are revised. The rates include tax and service charge (unless otherwise indicated, eg 15%).

By supplying the information, hotels and restaurants have undertaken to maintain these rates for our readers.

In some towns, when commercial, cultural or sporting events are taking place the hotel rates are likely to be considerably higher.

Out of season, certain establishments offer special rates. Ask when booking.

DEPOSITS

Some hotels will require a deposit, which confirms the commitment of customer and hotelier alike. Make sure the terms of the agreement are clear.

CREDIT CARDS

Credit cards accepted by the establishment:

VISA **MO** **AE** **①** Visa – MasterCard (Eurocard) – American Express – Diners Club –
$ Carta Si

ROOMS

🛉 50/60€	Lowest/highest price for a single room
🛉🛉 80/100€	Lowest/highest price for a double room
cam ⊆ - 60/70€	Price includes breakfast
⊆ 10€	Price of continental breakfast if not included (additional charge when served in the bedroom)

HALF BOARD

½ P 77/120€   Lowest/highest half-board price (room, breakfast and a meal) in high season, per person. These prices are valid for a double room occupied by two people for a minimum stay of three days. A single person may have to pay a supplement. Most of the hotels also offer full board terms on request.

RESTAURANT

☞☞   Establishment serving a simple meal for less than €25.

Rist - Menu 15/25€ Set meals:

    lowest €15 and highest €25

bc   House wine included

Rist - carta 30/46€ A la carte meals:

The first figure is for a plain meal and includes entrée, main dish of the day with vegetables and dessert. The second figure is for a fuller meal (with "spécialité") and includes hors d'œuvre, 2 main courses, cheese or dessert.

When the establishment has neither table d'hôte nor "à la carte" menus, the dishes of the day are given verbally.

Information on localities

GENERAL INFORMATION

20120	Postal code
Piacenza	Province in which a town is situated
✉ **28042 Baveno**	Postal number and name of the post office serving the town
P	Provincial capital
561 D9	Michelin map and co-ordinates or fold
▌Toscana	See the Michelin Green Guide Tuscany
108 872 ab	Population
alt. 175	Altitude (in metres)
Stazione termale Spa	
Sport invernali Winter sports	
1500/2000 m	Altitude (in metres) of resort and highest point reached by lifts
🚠 **2**	Number of cable cars
🚡 **4**	Number of ski and chair lifts
🎿	Cross-country skiing
EX A	Letters giving the location of a place on the town plan
🏌**18**	Golf course and number of holes
※ ⇐	Panoramic view, viewpoint
✈	Airport
🚢	Shipping line (passengers & cars)
🛈	Tourist Information Centre

TOURIST INFORMATION

SIGHTS

★★★	Highly recommended
★★	Recommended
★	Interesting

LOCATION

◉	Sights in town
⊙	On the outskirts
Nord, Sud, Est, Ovest	The sight lies north, south, east or west of the town
per ① *o* ④	Sign on town plan and on the Michelin road map indicating the road leading to a place of interest
6 km	Distance in kilometres

INFORMATION FOR MOTORISTS

C.I.S.	☏ 1518 (roadway information)
A.C.I.	☏ 803 116 (roadway emergencies)

Plan key

- Hotels
- Restaurants

SIGHTS

Place of interest
Interesting place of worship

ROADS

Motorway, Dual carriageway
Motorway, Dual carriageway with motorway characteristics
❶ Number of junction
Major thoroughfare
One-way street – Unsuitable for traffic, street subject to restrictions
Area subject to restrictions
Pedestrian street – Tramway
Pasteur 🅿 Shopping street – Low headroom – Car park
Gateway – Street passing under arch – Tunnel
Station and railway
Funicular – Cable-car
Lever bridge – Car ferry

VARIOUS SIGNS

Tourist Information Centre
Mosque – Synagogue
Tower – Ruins – Windmill
Garden, park, wood – Cemetery – Cross
Stadium – Golf course – Racecourse
Outdoor or indoor swimming pool
View – Panorama
Monument – Fountain – Factory
Shopping centre
Pleasure boat harbour – Lighthouse – Communications tower
Airport – Underground station – Coach station
Ferry services:
– passengers and cars
③ Reference numbers common to town plans and Michelin maps
Main post office
Hospital – Covered market
Public buildings located by letter:
P H J - Prefecture – Town Hall – Law Courts
M T U - Museum – Theatre – University
◆ POL - Police (in large towns police headquarters)

23

Le distinzioni 2012

Awards 2012

Le Tavole stellate 2012

Il colore indica l'esercizio più stellato della località.

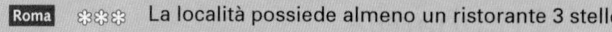

Roma	✿✿✿	La località possiede almeno un ristorante 3 stelle
Milano	✿✿	La località possiede almeno un ristorante 2 stelle
Caltagirone	✿	La località possiede almeno un ristorante 1 stella

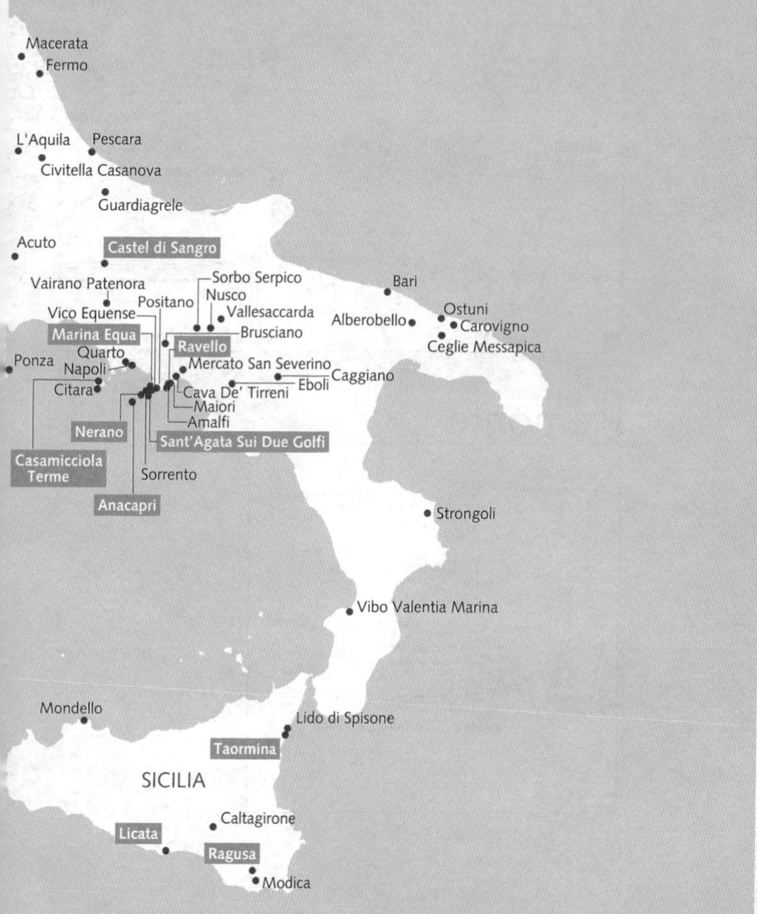

Macerata
Fermo

L'Aquila Pescara
Civitella Casanova

Guardiagrele

Acuto
Castel di Sangro

Vairano Patenora
Sorbo Serpico
Nusco
Bari
Positano
Vallesaccarda
Vico Equense
Brusciano
Alberobello
Ostuni
Carovigno
Marina Equa
Ravello
Ceglie Messapica
Ponza
Mercato San Severino
Napoli
Caggiano
Citara
Cava De' Tirreni
Eboli
Maiori
Amalfi
Nerano
Sant'Agata Sui Due Golfi
Casamicciola
Terme
Sorrento
Anacapri

Strongoli

Vibo Valentia Marina

Mondello
Lido di Spisone
Taormina
SICILIA
Caltagirone
Licata
Ragusa
Modica

Le Tavole stellate 2012

Il colore indica l'esercizio più stellato della località.

Lombardia

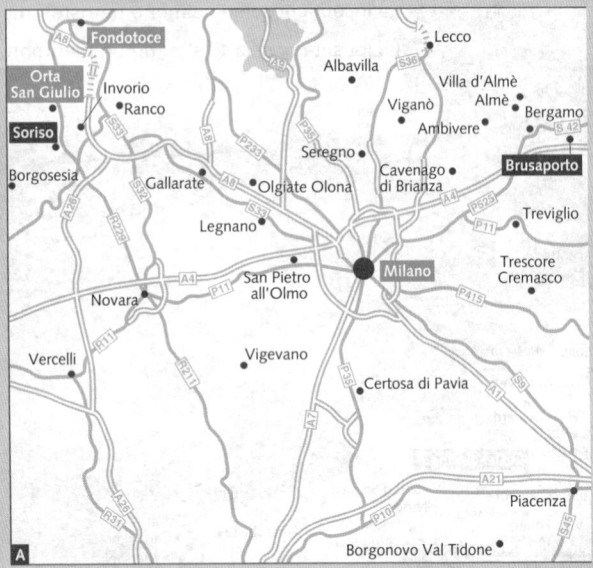

Piemonte

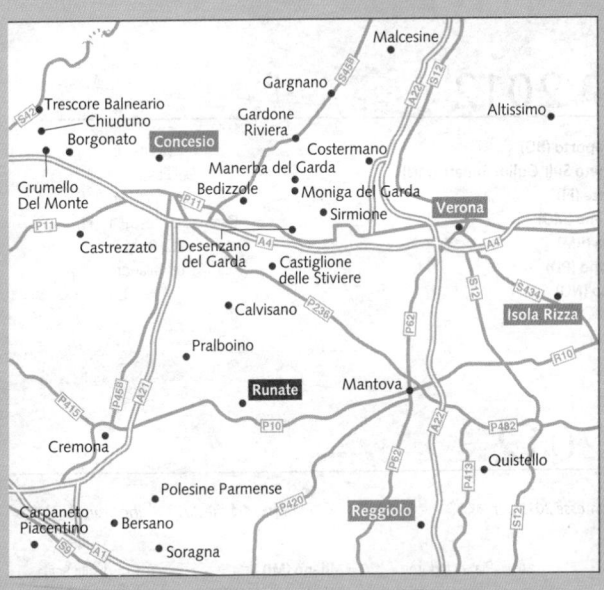

- Malcesine
- Gargnano
- Trescore Balneario
- Chiuduno
- Borgonato
- Concesio
- Gardone Riviera
- Altissimo
- Costermano
- Manerba del Garda
- Bedizzole
- Moniga del Garda
- Grumello Del Monte
- Sirmione
- Verona
- Castrezzato
- Desenzano del Garda
- Castiglione delle Stiviere
- Isola Rizza
- Calvisano
- Pralboino
- Runate
- Mantova
- Cremona
- Quistello
- Polesine Parmense
- Carpaneto Piacentino
- Bersano
- Reggiolo
- Soragna

Toscana

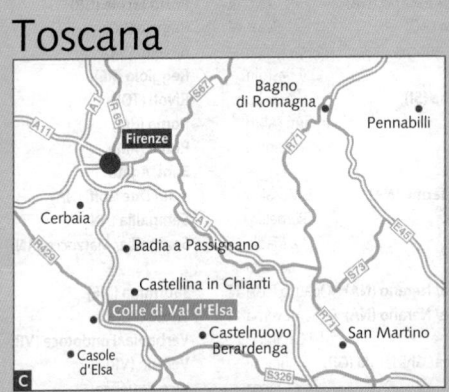

- Bagno di Romagna
- Pennabilli
- Firenze
- Cerbaia
- Badia a Passignano
- Castellina in Chianti
- Colle di Val d'Elsa
- Casole d'Elsa
- Castelnuovo Berardenga
- San Martino

C

Gli esercizi con stelle

Starred establishments

✿✿✿ 2012

Brusaporto (BG)	Da Vittorio
Canneto Sull' Oglio/ Runate (MN)	Dal Pescatore
Firenze (FI)	Enoteca Pinchiorri
Modena (MO)	Osteria Francescana **N**
Roma (RM)	La Pergola
Rubano (PD)	Le Calandre
Soriso (NO)	Al Sorriso

✿✿ 2012

In rosso le promesse 2012 per ✿✿✿　　　　→*In red the 2012 Rising Stars for ✿✿✿*

Alba (CN)	Piazza Duomo		**Milano (MI)**	Trussardi alla Scala
Alta Badia (BZ)	St. Hubertus		**Montemerano (GR)**	Caino
Baschi (TR)	Vissani		**Orta San Giulio (NO)**	Villa Crespi
Capri (Isola di)/ Anacapri (NA)	L'Olivo **N**		**Porto Ercole (GR)**	Il Pellicano
Castel di Sangro (AQ)	Reale **N**		**Ragusa (RG)**	Duomo
Cervere (CN)	Antica Corona Reale-da Renzo		**Ravello (SA)**	Rossellinis
Chiusa (BZ)	Jasmin		**Reggiolo (RE)**	Il Rigoletto
Colle di Val d'Elsa (SI)	Arnolfo		**Rivoli (TO)**	Combal.zero
Concesio (BS)	Miramonti l'Altro		**Roma (RM)**	Oliver Glowig **N**
Imola (BO)	San Domenico		**Roma (RM)**	Il Pagliaccio
Ischia (Isola d')/			**Sant' Agata**	
Casamicciola Terme (NA)	Il Mosaico		**sui Due Golfi (NA)**	Don Alfonso 1890
Isola Rizza (VR)	Perbellini		**Senigallia (AN)**	Uliassi
Licata (AG)	La Madia		**Senigallia/ Marzocca (AN)**	Madonnina
Lonigo (VI)	La Peca			del Pescatore
Massa Lubrense/ Nerano (NA)	Quattro Passi **N**		**Taormina (ME)**	Principe Cerami **N**
Massa Lubrense/ Nerano (NA)	Taverna		**Tirolo (BZ)**	Trenkerstube
	del Capitano		**Verbania/ Fondotoce (VB)**	Piccolo Lago
Massa Marittima/ Ghirlanda (GR)	Bracali		**Verona (VR)**	Il Desco
Milano (MI)	Cracco		**Vico Equense/**	
Milano (MI)	Il Luogo di Aimo e Nadia		**Marina Equa (NA)**	Torre del Saracino
Milano (MI)	Sadler			

N → *Nuovo ✿✿*　　　→ *New ✿✿*

❀ 2012

N → Nuovo ❀❀   **→ New** ❀❀

Gardone Riviera (BS)	Villa Fiordaliso	Napoli (NA)	Palazzo Petrucci
Gargnano (BS)	La Tortuga	Nervi (GE)	The Cook
Gargnano (BS)	Villa Feltrinelli	Noli (SV)	Il Vescovado-La Fornace di Barbablù
Genova/ Sestri Ponente (GE)	Baldin	Nova Levante (BZ)	Johannes-Stube N
Gignod (AO)	La Clusaz N	Novara (NO)	Tantris
Govone (CN)	Pier Bussetti	Nusco (AV)	La Locanda di Bu
	al Castello di Govone	Oderzo (TV)	Gellius
Grinzane Cavour (CN)	Al Castello	Olgiate Olona (VA)	Ma.Ri.Na.
Grumello del Monte (BG)	Al Vigneto	Ostuni (BR)	Cielo N
Guardiagrele (CH)	Villa Maiella	Oviglio (AL)	Donatella
Imperia/ Oneglia (IM)	Agrodolce	Palermo/ Mondello (PA)	Bye Bye Blues
Invorio (NO)	Pascia N	Parma (PR)	Al Tramezzo
Ischia (Isola d')/ Forio (NA)	Il Melograno	Parma (PR)	Parizzi
Isola d'Asti (AT)	Il Cascinalenuovo	Pasiano di Pordenone/	
Ladispoli (RM)	The Cesar	Cecchini di Pasiano (PN)	Il Cecchini
L'Aquila (AQ)	Magione Papale N	Pellio Intelvi (CO)	La Locanda del Notaio
La Salle (AO)	La Cassolette	Pennabilli (RN)	Il Piastrino
Lecco (LC)	Al Porticciolo 84	Perugia (PG)	Il Postale
Legnano (MI)	Schuman N	Pescara (PE)	Café les Paillotes
Livigno (SO)	Chalet Mattias	Pescia (PT)	Atman N
Lucca/ Marlia (LU)	Butterfly	Piacenza (PC)	Antica Osteria del Teatro
Macerata (MC)	L'Enoteca	Pieve d'Alpago (BL)	Dolada
Madesimo (SO)	Il Cantinone	Piove di Sacco (PD)	Meridiana
	e Sport Hotel Alpina	Polesine	
Madonna		Parmense (PR)	Antica Corte Pallavicina
di Campiglio (TN)	Stube Hermitage	Pollone (BI)	Il Patio
Maiori (SA)	Il Faro di Capo d'Orso	Ponza (Isola di)/ Ponza (LT)	Acqua Pazza
Malcesine (VR)	Vecchia Malcesine	Portoscuso (CI)	La Ghinghetta
Manerba del Garda (BS)	Capriccio	Positano (SA)	La Sponda N
Mantova (MN)	Aquila Nigra	Positano (SA)	San Pietro
Marina di Bibbona (LI)	La Pineta	Pralboino (BS)	Leon d'Oro
Merano (BZ)	Sissi	Priocca d'Alba (CN)	Il Centro N
Merano/ Freiberg (BZ)	Castel Fragsburg	Puos d'Alpago (BL)	Locanda San Lorenzo
Mercato		Quarto (NA)	Sud N
San Severino (SA)	Casa del Nonno 13	Quattro Castella/	
Milano (MI)	Alice N	Rubbianino (RE)	Ca' Matilde
Milano (MI)	Innocenti Evasioni	Quistello (MN)	Ambasciata
Milano (MI)	Joia	Ragusa (RG)	La Fenice
Milano (MI)	Al Pont de Ferr N	Ragusa (RG)	Locanda Don Serafino
Milano (MI)	Tano Passami l'Olio	Ranco (VA)	Il Sole di Ranco
Milano (MI)	Unico N	Rimini/ Miramare (RN)	Guido
Modena (MO)	Hostaria del Mare	Rivignano (UD)	Al Ferarùt N
Modena (MO)	L'Erba del Re	Rivodutri (RI)	La Trota
Modena (MO)	Strada Facendo	Roma (RM)	Acquolina Hostaria in Roma
Modica (RG)	La Gazza Ladra	Roma (RM)	Agata e Romeo
Moena (TN)	Malga Panna	Roma (RM)	Antonello Colonna
Mondovì (CN)	Il Baluardo	Roma (RM)	Il Convivio-Troiani
Moniga del Garda (BS)	Quintessenza	Roma (RM)	Giuda Ballerino
Montecarotto (AN)	Le Busche	Roma (RM)	Glass Hostaria
Montecchio		Roma (RM)	Imàgo
Precalcino (VI)	La Locanda di Piero	Roma (RM)	All'Oro
Morgex (AO)	Café Quinson	Roma (RM)	Orso Grigio
Mules (BZ)	Gourmetstube Einhorn	Ronzone (TN)	Orso Grigio
Napoli (NA)	La Cantinella	Rubiera (RE)	Arnaldo-Clinica Gastronomica
		Ruda (UD)	Osteria Altran

N → *Nuovo* ✿✿   → *New* ✿✿

San Casciano in Val di Pesa/ Cerbaia (FI)	La Tenda Rossa
San Marino (SMR)	Righi la Taverna
San Maurizio Canavese (TO)	La Credenza
San Quirino (PN)	La Primula
San Remo (IM)	Paolo e Barbara
Santa Vittoria d'Alba (CN)	Savino Mongelli
Santo Stefano Belbo (CN)	Il Ristorante di Guido da Costigliole
Sappada (BL)	Laite
Sarentino (BZ)	Auener Hof
Sasso Marconi (BO)	Marconi
Saturnia (GR)	Acquacotta N
Savigno (BO)	Trattoria da Amerigo
Savona (SV)	L'Arco Antico
Selva di Val Gardena (BZ)	Alpenroyal Gourmet N
Selvazzano Dentro (PD)	La Montecchia
Seregno (MB)	Osteria del Pomiroeu
Serralunga d'Alba (CN)	La Rei N
Sirmione (BS)	La Rucola
Soragna (PR)	Locanda Stella d'Oro
Sorbo Serpico (AV)	Marenna'
Sorrento (NA)	Il Buco
Spello (PG)	La Bastiglia
Strongoli (KR)	Dattilo N
Taormina (ME)	Bellevue N
Taormina (ME)	Casa Grugno
Taormina/ Lido di Spisone (ME)	La Capinera
Tavarnelle Val di Pesa/ Badia a Passignano (FI)	Osteria di Passignano
Tesimo (BZ)	Zum Löwen
Tigliole (AT)	Vittoria
Tirrenia/ Calambrone (PI)	Lunasia N
Torino (TO)	Casa Vicina-Guidopereataly
Torino (TO)	La Barrique
Torino (TO)	Vintage 1997
Torriana (RN)	Il Povero Diavolo
Treiso (CN)	La Ciau del Tornavento
Trento (TN)	Scrigno del Duomo
Trento/ Ravina (TN)	Locanda Margon
Trescore Balneario (BG)	Loro N
Trescore Cremasco (CR)	Trattoria del Fulmine
Treviglio (BG)	San Martino
Udine/ Godia (UD)	Agli Amici
Vairano Patenora (CE)	Vairo del Volturno
Vallesaccarda (AV)	Oasis-Sapori Antichi
Vandoies (BZ)	La Passion
Venaria Reale (TO)	Dolce Stil Novo alla Reggia
Venezia (VE)	Osteria da Fiore
Venezia (VE)	Quadri N
Vercelli (VC)	Cinzia da Christian e Manuel
Verona (VR)	Osteria la Fontanina
Viareggio (LU)	Enoteca Henri
Viareggio (LU)	Piccolo Principe
Viareggio (LU)	Romano
Vibo Valentia/ Vibo Valentia Marina (VV)	L'Approdo N
Vico Equense (NA)	Antica Osteria Nonna Rosa
Vico Equense (NA)	L'Accanto
Vico Equense (NA)	Maxi
Viganò (LC)	Pierino Penati
Vigevano (PV)	I Castagni
Villa d'Almè (BG)	Osteria della Brughiera
Villa di Chiavenna (SO)	Lanterna Verde
Vipiteno (BZ)	Kleine Flamme
Viterbo (VT)	Enoteca La Torre N
Vodo Cadore (BL)	Al Capriolo

LE PROMESSE 2012 PER ✿

The 2012 Rising Stars for ✿

Aprica (SO)	Gimmy's
Capri (Isola di)/ Anacapri (NA)	Il Riccio
Como (CO)	I Tigli...a lago
Lido di Jesolo (VE)	Cucina da Omar
Marina di Gioiosa Ionica (RC)	Gambero Rosso
Piazza Armerina (EN)	Al Fogher
Ravello (SA)	Il Flauto di Pan
San Salvo/ San Salvo Marina (CH)	Al Metrò
Torino (TO)	Magorabin
Venezia/ Burano (VE)	Venissa

N → *Nuovo* ✿✿   → *New* ✿✿

Bib Gourmand

Pasti accurati a prezzi contenuti
Good food at moderate prices

Alatri (FR)	La Rosetta dal 1954 **N**	**Calamandrana (AT)**	Violetta
Alessandria (AL)	Osteria della Luna in Brodo **N**	**Calavino (TN)**	Da Cipriano
Alta Badia (BZ)	Maso Runch	**Calestano (PR)**	Locanda Mariella
Altomonte (CS)	Barbieri	**Camigliatello Silano (CS)**	Aquila-Edelweiss
Andria/ Montegrosso (BT)	Antichi Sapori	**Campobasso (CB)**	Miseria e Nobiltà
Anghiari (AR)	Da Alighiero **N**	**Campobasso (CB)**	Vecchia Trattoria da Tonino **N**
Anterivo (BZ)	Kurbishof **N**	**Campogalliano (MO)**	Magnagallo
Appiano sulla Strada del Vino/		**Campogalliano (MO)**	Trattoria Barchetta
Cornaiano (BZ)	Marklhof-Bellavista **N**	**Canale d'Agordo (BL)**	Alle Codole
Arcore (MB)	L'Arco del Re	**Candia Canavese (TO)**	Residenza del Lago
Arezzo/ Giovi (AR)	Antica Trattoria al Principe	**Cappella**	
Argelato (BO)	L'800	de' Picenardi (CR)	Locanda degli Artisti
Ariano Irpino (AV)	La Pignata	**Capri (Isola di) (NA)**	Da Gelsomina
Arona/ Montrigiasco (NO)	Castagneto	**Capriata d'Orba (AL)**	Il Moro
Ascoli Piceno (AP)	Gallo d'Oro	**Capri Leone (ME)**	Antica Filanda
Asiago (VI)	Locanda Aurora	**Caramanico Terme (PE)**	Locanda del Barone
Bagnara Calabra (RC)	Taverna Kerkira	**Castagneto Carducci/**	
Bagno di Romagna/ San Piero		Bolgheri (LI)	Osteria Magona
in Bagno (FC)	Locanda al Gambero Rosso	**Castelbuono (PA)**	Palazzaccio
Barbianello (PV)	Da Roberto	**Castel del Piano (GR)**	Antica Fattoria
Bassano Romano (VT)	La Casa di Emme		del Grattaione **N**
Bellinzago Novarese/ Badia		**Castel Gandolfo (RM)**	Il Grottino
di Dulzago (NO)	Osteria San Giulio	**Castelmezzano (PZ)**	Al Becco della Civetta
Belluno (BL)	Al Borgo	**Castelnovo ne' Monti (RE)**	Locanda da Cines
Benevento (BN)	Pascalucci	**Castelnuovo Magra (SP)**	Armanda
Bernalda (MT)	La Locandiera	**Castiglione della Pescaia (GR)**	Miramare
Bibbiena (AR)	Il Tirabusciò **N**	**Castrocaro**	
Bologna (BO)	Antica Trattoria della Gigina	Terme (FC)	Trattoria dei Vecchi Sapori **N**
Bologna (BO)	Marco Fadiga Bistrot **N**	**Cavatore (AL)**	Da Fausto
Bolzano/ Signato (BZ)	Patscheider Hof	**Ceglie Messapica (BR)**	Cibus
Bondeno (FE)	Tassi	**Cesenatico (FC)**	Osteria del Gran Fritto
Bordighera (IM)	Magiargè Vini e Cucina	**Cetara (SA)**	Al Convento
Borgarello (PV)	Locanda degli Eventi	**Chianciano Terme (SI)**	Hostaria il Buco
Borghetto di Borbera (AL)	Il Fiorile	**Chieti (CH)**	Da Gilda
Borgio Verezzi (SV)	Da Casetta	**Chiusi (SI)**	Osteria La Solita Zuppa
Borgonovo		**Colorno/ Vedole (PR)**	Al Vedel
Val Tidone (PC)	Vecchia Trattoria Agazzino	**Corte de' Cortesi (CR)**	Il Gabbiano
Bra (CN)	Boccondivino	**Cortona (AR)**	Hostaria la Bucaccia
Brindisi (BR)	Pantagruele	**Cortona (AR)**	Locanda del Molino
Buriano (GR)	Osteria Il Cantuccio **N**	**Crodo/ Viceno (VB)**	Edelweiss

N → *Nuovo* 😊   → *New* 😊

Cuasso al Monte (VA)	Al Vecchio Faggio
Cuneo (CN)	Osteria della Chiocciola
Curtatone/ Grazie (MN)	Locanda delle Grazie
Cutigliano (PT)	Trattoria da Fagiolino
Dorgali (NU)	Colibrì **N**
Enna (EN)	Centrale
Fagagna (UD)	Al Castello
Fasano (BR)	Rifugio dei Ghiottoni
Felino (PR)	Antica Osteria da Bianchini
Ferrara (FE)	Ca'd'Frara
Ferrara (FE)	Quel Fantastico Giovedì
Ferrara/ Gaibana (FE)	Trattoria Lanzagallo
Filandari/ Mesiano (VV)	Frammichè
Firenze (FI)	Del Fagioli
Firenze (FI)	Il Latini
Firenze (FI)	Il Santo Bevitore
Firenze (FI)	Trattoria Cibrèo-Cibreino
Firenze/ Galluzzo (FI)	Trattoria Bibe
Foligno (PG)	Le Mura **N**
Follonica (GR)	Il Sottomarino
Forno di Zoldo/	
Mezzocanale (BL)	Mezzocanale-da Ninetta
Furore (SA)	Bacco
Galliera Veneta (PD)	Al Palazzon **N**
Gallodoro (ME)	Noemi
Gavirate (VA)	Tipamasaro
Genova (GE)	Antica Osteria di Vico Palla
Genova (GE)	San Giorgio
Genova/ Voltri (GE)	Ostaia da ü Santü
Glorenza (BZ)	Posta
Grado (GO)	La Darsena
Guglionesi (CB)	Terra Mia
Inverno-Monteleone (PV)	Trattoria Righini
Isera (TN)	Casa del Vino
Isola Dovarese (CR)	Caffè La Crepa
Isola Sant' Antonio (AL)	Da Manuela
La Morra/	
Santa Maria (CN)	L'Osteria del Vignaiolo
La Spezia (SP)	L'Osteria della Corte
Lavis/ Sorni (TN)	Trattoria Vecchia Sorni
Lecce (LE)	Osteria degli Spiriti **N**
Lesa (NO)	Al Camino **N**
Levico Terme (TN)	Boivin **N**
Longare/ Costozza (VI)	Aeolia **N**
Longiano (FC)	Dei Cantoni
Loreggia (PD)	Locanda Aurilia **N**
Lucca (LU)	I Diavoletti
Lucca/ Ponte	
a Moriano (LU)	Antica Locanda di Sesto
Lusia (RO)	Trattoria al Ponte
Magione (PG)	Al Coccio **N**
Mariano del Friuli/ Corona (GO)	Al Piave
Marostica/ Valle San Floriano (VI)	La Rosina
Marradi (FI)	Il Camino

Masio (AL)	Trattoria Losanna
Massa (MS)	Osteria del Borgo
Massa Lubrense/	
Santa Maria Annunziata (NA)	La Torre
Meldola (FC)	Il Rustichello
Melfi (PZ)	Novecento
Mestre (VE)	Ostaria da Mariano
Milano (MI)	La Cantina di Manuela - Stazione Centrale
Milano (MI)	La Cantina di Manuela - via Procaccini
Milano (MI)	Dongiò
Milano (MI)	Da Giannino-L'Angolo d'Abruzzo
Milano (MI)	Giulio Pane e Ojo
Milano (MI)	Serendib
Mileto (VV)	Il Normanno
Minervino	
Murge (BT)	La Tradizione-Cucina Casalinga
Mira (VE)	Dall'Antonia
Mira/ Oriago (VE)	Nadain **N**
Mirano (VE)	Da Flavio e Fabrizio «Al Teatro»
Mirano/	
Scaltenigo (VE)	Trattoria la Ragnatela **N**
Mirano/ Vetrego (VE)	Il Sogno **N**
Modica (RG)	La Locanda del Colonnello
Moena (TN)	Foresta
Moncalieri/	
Revigliasco (TO)	La Taverna di Fra' Fiusch
Monreale (PA)	Taverna del Pavone
Montagna (BZ)	Dorfnerhof **N**
Montegiorgio/ Piane	
di Montegiorgio (FM)	Oscar e Amorina
Monte Sant' Angelo (FG)	Medioevo
Monticelli	
d'Ongina (PC)	Antica Trattoria Cattivelli
Montoggio (GE)	Roma
Napoli (NA)	La Piazzetta
Norcia (PG)	Granaro del Monte
Oliena (NU)	Sa Corte
Oliena (NU)	Su Gologone
Ormea/ Ponte	
di Nava (CN)	Ponte di Nava-da Beppe
Orvieto (TR)	Del Moro - Aronne **N**
Ostuni (BR)	Osteria Piazzetta Cattedrale
Pacentro (AQ)	Taverna De Li Caldora
Palazzago (BG)	Osteria Burligo
Palermo (PA)	Bellotero
Palermo (PA)	Lo Scudiero
Palermo (PA)	Santandrea
Palermo (PA)	Trattoria Biondo
Parma (PR)	I Tri Siochètt
Pastrengo/ Piovezzano (VR)	Eva
Pescara (PE)	Locanda Manthonè
Pescara (PE)	Taverna 58

N → *Nuovo* ⊕   → *New* ⊕

Pesek/ Draga Sant' Elia (TS)	Locanda Mario
Piadena (CR)	Dell'Alba
Pianoro/	
Rastignano (BO)	Osteria al numero Sette **N**
Pietravairano (CE)	La Caveja
Pigna (IM)	Terme
Pisa (PI)	Osteria del Porton Rosso
Pisa (PI)	Osteria del Violino **N**
Pisciotta (SA)	Angiolina
Ponte dell'Olio (PC)	Locanda Cacciatori
Pontida (BG)	Hosteria la Marina
Porto Sant' Elpidio (FM)	Il Baccaro
Porto Torres (SS)	Li Lioni **N**
Pradipozzo (VE)	Tavernetta del Tocai
Pulsano/ Marina di Pulsano (TA)	La Barca
Racale (LE)	L'Acchiatura
Rancio Valcuvia (VA)	Gibigiana
Randazzo (CT)	Le Delizie
Reggiolo (RE)	Trattoria al Lago Verde
Remanzacco (UD)	Bibendum
Remanzacco (UD)	Bibendum
Rieti (RI)	Bistrot
Rio di Pusteria /	
Mühlbach (BZ)	Ansitz Strasshof **N**
Riparbella (PI)	La Cantina
Rivalta sul Mincio (MN)	Il Tesoro **N**
Roletto (TO)	Il Ciabot
Roma (RM)	Ambasciata d'Abruzzo **N**
Roma (RM)	Domenico dal 1968
Roma (RM)	Felice a Testaccio
Roma (RM)	Mamma Angelina
Roma (RM)	Profumo di Mirto
Roma (RM)	Al Ristoro degli Angeli
Romeno (TN)	Nerina
Rotonda (PZ)	Da Peppe
Ruvo di Puglia (BA)	U.P.E.P.I.D.D.E.
Sambuco (CN)	Della Pace
San Cipriano (GE)	Ferrando
Sangineto Lido (CS)	Convito
San Leonardo in Passiria (BZ)	Jägerhof **N**
San Martino di Castrozza (TN)	Da Anita
Sansepolcro (AR)	Da Ventura
San Severo (FG)	La Fossa del Grano
Sant' Ambrogio di Valpolicella/	
San Giorgio (VR)	Dalla Rosa Alda
Santarcangelo	
di Romagna (RN)	Osteria la Sangiovesa
San Vigilio di Marebbe (BZ)	Fana Ladina
San Vito	
di Leguzzano (VI)	Antica Trattoria Due Mori
Sauris (UD)	Alla Pace
Savogna d'Isonzo/ San Michele	
del Carso (GO)	Lokanda Devetak

Scanno (AQ)	Osteria di Costanza e Roberto
Serino (AV)	Chalet del Buongustaio **N**
Sernaglia della Battaglia (TV)	Dalla Libera **N**
Siderno (RC)	La Vecchia Hosteria
Siena (SI)	La Taverna di San Giuseppe
Siena (SI)	Trattoria Papei
Silvi Marina (TE)	Don Ambrosio
Sinagra (ME)	Trattoria da Angelo
Soiano del Lago (BS)	Villa Aurora
Sommacampagna (VR)	Merica
Spoleto (PG)	Al Palazzaccio-da Piero **N**
Tarcento (UD)	Osteria di Villafredda
Tavarnelle Val di Pesa (FI)	La Gramola
Tavarnelle Val di Pesa/	
San Donato in Poggio (FI)	La Toppa
Taviano (LE)	A Casa tu Martinu
Teglio (SO)	Fracia **N**
Terranova di Pollino (PZ)	Luna Rossa
Tezze di Vazzola (TV)	Strada Vecchia
Toirano (SV)	Al Ravanello Incoronato
Torino (TO)	Goffi del Lauro
Torrile/ Vicomero (PR)	Romani
Tortona (AL)	Vineria Derthona
Toscolano-Maderno (BS)	Il Cortiletto **N**
Traversella (TO)	Le Miniere
Treia/ San Lorenzo (MC)	Il Casolare dei Segreti **N**
Treviso (TV)	Hosteria Antica Contrada delle due Torri
Tricesimo (UD)	Miculan
Usseaux (TO)	Lago del Laux
Valdagno (VI)	Hostaria a le Bele
Valdobbiadene/ Bigolino (TV)	Tre Noghere
Valle di Casies (BZ)	Durnwald
Vallo della Lucania (SA)	La Chioccia d'Oro **N**
Varese Ligure (SP)	La Taverna del Gallo Nero
Venezia (VE)	Anice Stellato **N**
Venezia (VE)	Trattoria alla Madonna
Verbania/ Pallanza (VB)	Dei Cigni
Verona (VR)	Al Bersagliere
Verona (VR)	San Basilio alla Pergola
Verona/ 'San Massimo	
All"adige' (VR)	Trattoria dal Gal
Verrayes/ Champagne (AO)	Antica Trattoria Champagne **N**
Viarolo (PR)	La Porta di Felino
Vieste (FG)	Il Capriccio **N**
Vignola (MO)	La Bolognese
Vipiteno (BZ)	Pretzhof **N**
Voltido/	
Recorfano (CR)	Antica Trattoria Gianna
Zogno/ Ambria (BG)	Da Gianni

N → *Nuovo* Ⓐ   → *New* Ⓐ

Bib Hotel

Buona sistemazione a prezzo contenuto
Good accommodation at moderate prices

Acqui Terme (AL)	Ariston	**Catania (CT)**	La Vecchia Palma
Agropoli (SA)	La Colombaia **N**	**Cenova (IM)**	Negro
Alba (CN)	Agriturismo Villa	**Chioggia/ Sottomarina (VE)**	Sole
	la Meridiana-Cascina Reine	**Chiusa (BZ)**	Ansitz Fonteklaus
Alba (CN)	Langhe **N**	**Chiusa (BZ)**	Bischofhof
Alice Bel Colle (AL)	Belvedere	**Chiusa/ Gudon (BZ)**	Unterwirt
Almenno San Bartolomeo (BG)	Camoretti	**Cimego (TN)**	Aurora
Alta Badia (BZ)	Ciasa Montanara	**Cisano Bergamasco (BG)**	Fatur
Alta Badia (BZ)	Garni La Ciasota	**Cisterna d'Asti (AT)**	Garibaldi **N**
Altomonte (CS)	Barbieri **N**	**Civitella Casanova (PE)**	La Bandiera **N**
Antey-Saint-André (AO)	Des Roses	**Cogne (AO)**	Belvedere
Arpino (FR)	Il Cavalier d'Arpino	**Crandola Valsassina (LC)**	Da Gigi
Atena Lucana (SA)	Villa Torre Antica **N**	**Crodo/ Viceno (VB)**	Edelweiss
Bagno di Romagna (FC)	Balneum	**Cuasso al Monte/**	
Ballabio (LC)	Sporting Club	**Cuasso al Piano (VA)**	Molino del Torchio **N**
Bardonecchia (TO)	Bucaneve	**Dolo (VE)**	Villa Gasparini
Barolo/ Vergne (CN)	Ca' San Ponzio	**Drizzona/ Castelfranco**	
Barzanò (LC)	Redaelli	**d'Oglio (CR)**	Agriturismo l'Airone
Bassano del Grappa (VI)	Brennero	**Farra d'Isonzo (GO)**	Ai Due Leoni
Bedizzole (BS)	La Corte	**Ferrara/ Porotto-Cassana (FE)**	Agriturismo
Boves/ Rivoira (CN)	Agriturismo La Bisalta		alla Cedrara
	e Rist. Locanda del Re	**Finale Emilia (MO)**	Casa Magagnoli
Bra (CN)	L'Ombra della Collina	**Firenze (FI)**	BiB Residenza Johanna
Brissogne (AO)	Agriturismo Le Clocher	**Fiuggi/ Fiuggi Fonte (FR)**	Belsito
	du Mont-Blanc	**Fontanafredda (PN)**	Luna
Busalla (GE)	Vittoria	**Gambara (BS)**	Gambara
Camerino/ Polverina (MC)	Il Cavaliere	**Gargnano (BS)**	Riviera
Camigliatello Silano (CS)	La Tavernetta	**Gignod (AO)**	La Clusaz **N**
Canale d'Agordo (BL)	Alle Codole	**Grezzana (VR)**	La Pergola
Candia Canavese (TO)	Residenza del Lago	**La Morra/ Annunziata (CN)**	Red Wine
Caramanico Terme (PE)	Cercone	**Lecce (LE)**	Palazzo Rollo
Carisio (VC)	La Bettola	**Licata (AG)**	Villa Giuliana
Carsoli (AQ)	Nuova Fattoria **N**	**Lizzano in Belvedere/**	
Casier/ Dosson (TV)	Alla Pasina	**Vidiciatico (BO)**	Montegrande
Casperia (RI)	La Torretta	**Loano (SV)**	Villa Mary
Cassino (FR)	Alba	**Massa Marittima/**	
Castelbianco (SV)	Gin **N**	**Tatti (GR)**	La Fattoria dei Tatti
Castellina in Chianti (SI)	Villa Cristina	**Menaggio/ Nobiallo (CO)**	Garden
Castello di Godego (TV)	Locanda al Sole	**Merano (BZ)**	Agriturismo Sittnerhof
Castelnuovo Magra (SP)	Agriturismo la Valle	**Monfumo (TV)**	Da Gerry

N → *Nuovo* 🛏   → *New* 🛏

N → *Nuovo* 🏨 → *New* 🏨

Alberghi ameni

Particularly pleasant accommodations

⌂-⌂-⌂

Arzachena/	
Cala di Volpe (OT)	Cala di Volpe
Arzachena/ Romazzino (OT)	Romazzino
Arzachena/ Pitrizza (OT)	Pitrizza
Bellagio (CO)	Grand Hotel Villa Serbelloni
Capri (Isola di)/	
Anacapri (NA)	Capri Palace Hotel
Capri (Isola di)/	
Capri (NA)	Grand Hotel Quisisana
Cernobbio (CO)	Villa d'Este
Firenze (FI)	Four Seasons Hotel Firenze
Firenze (FI)	The Westin Excelsior

Fiuggi/ Fiuggi Fonte (FR)	Grand Hotel Palazzo della Fonte
Milano (MI)	Four Seasons
Milano (MI)	Principe di Savoia
Napoli (NA)	Grand Hotel Vesuvio
Portofino (GE)	Splendido
Positano (SA)	San Pietro
Roma (RM)	De Russie
Roma (RM)	Hassler
Savelletri (BR)	Masseria San Domenico
Venezia (VE)	Cipriani i Palazzo Vendramin
Venezia (VE)	Danieli
Venezia (VE)	San Clemente Palace

⌂-⌂-⌂

Alpe di Siusi (BZ)	Alpina Dolomites
Alta Badia (BZ)	Cappella
Alta Badia (BZ)	Rosa Alpina
Amalfi (SA)	Santa Caterina
Arzachena/	
Poltu Quatu (OT)	Grand Hotel Poltu Quatu
Bagno a Ripoli/ Candeli (FI)	Villa La Massa
Blevio (CO)	Castadiva Resort
Bologna (BO)	Grand Hotel Majestic
Breuil Cervinia (AO)	Hermitage
Casole d'Elsa/	
Pievescola (SI)	Relais la Suvera
Castelnuovo	
Berardenga (SI)	Castel Monastero
Castiglione della Pescaia/	
Badiola (GR)	L'Andana-Tenuta La Badiola
Cogne (AO)	Bellevue
Cortina d'Ampezzo (BL)	Cristallo
Erbusco (BS)	L'Albereta
Fasano (BR)	Masseria Relais del Cardinale
Fiesole (FI)	Il Salviatino
Fiesole (FI)	Villa San Michele
Firenze (FI)	Grand Hotel Villa Cora
Firenze (FI)	Regency
Firenze (FI)	Relais Santa Croce

Gardone Riviera/	
Fasano (BS)	Grand Hotel Fasano e Villa Principe
Gargnano (BS)	Grand Hotel a Villa Feltrinelli
Gargnano (BS)	Lefay Resort i SPA
Gubbio (PG)	Park Hotel ai Cappuccini
Ischia (Isola d')/	
Ischia (NA)	Grand Hotel Punta Molino Beach Resort i Spa
Ischia (Isola d')/ Ischia (NA)	Il Moresco
Ischia (Isola d')/	
Forio (NA)	Mezzatorre Resort i Spa
Ischia (Isola d')/ Casamicciola	
Terme (NA)	Terme Manzi Hotel i SPA
Ladispoli (RM)	La Posta Vecchia
La Salle (AO)	Mont Blanc Hotel Village
Martina Franca (TA)	Relais Villa San Martino
Milano (MI)	Bulgari
Milano (MI)	Carlton Hotel Baglioni
Milano (MI)	Grand Hotel et de Milan
Milano (MI)	Park Hyatt Milano
Napoli (NA)	Grand Hotel Parker's
Napoli (NA)	Romeo
Ortisei (BZ)	Gardena-Grödnerhof
Palermo (PA)	Villa Igiea Hilton
Pietrasanta (LU)	Albergo Pietrasanta

Polignano a Mare (BA)	Borgobianco
Porto Ercole (GR)	Argentario Golf Resort
Porto Ercole (GR)	Il Pellicano
Positano (SA)	Le Sirenuse
Praiano (SA)	Casa Angelina
Pula (CA)	Castello e Rist. Cavalieri
Rapallo (GE)	Excelsior Palace Hotel
Ravello (SA)	Caruso
Ravello (SA)	Palazzo Sasso
Riccione (RN)	Grand Hotel Des Bains
Rimini (RN)	Grand Hotel Rimini
Riva del Garda (TN)	Du Lac et Du Parc
Roma (RM)	Grand Hotel Via Veneto
Roma (RM)	Lord Byron
Roma (RM)	Regina Hotel Baglioni
Roma (RM)	Splendide Royal
San Casciano dei Bagni (SI)	Fonteverde
San Martino in Passiria (BZ)	Andreus
San Pietro in Cariano (VR)	Byblos Art Hotel
	Villa Amistà
Sant' Agnello (NA)	Grand Hotel Cocumella
Santa Margherita	
Ligure (GE)	Imperiale Palace Hotel
Santo Stefano	
Belbo (CN)	Relais San Maurizio
Saturnia (GR)	Terme di Saturnia Spa
	i Golf Resort
Savelletri (BR)	Borgo Egnazia
Sciacca (AG)	Verdura Resort

Selva di Val	
Gardena (BZ)	Alpenroyal Grand Hotel -
	Gourmet i S.p.A.
Serralunga d'Alba (CN)	Il Boscareto Resort
Siena (SI)	Grand Hotel Continental
Siracusa (SR)	Grand Hotel Minareto
Sirmione (BS)	Villa Cortine Palace Hotel
Sorrento (NA)	Grand Hotel Excelsior Vittoria
Stresa (VB)	Villa e Palazzo Aminta
Taormina (ME)	Grand Hotel Timeo
Taormina (ME)	San Domenico Palace
Taormina/	
Mazzarò (ME)	Grand Hotel Atlantis Bay
Taormina/	
Mazzarò (ME)	Grand Hotel Mazzarò
	Sea Palace
Tirolo (BZ)	Castel
Tirolo (BZ)	Erika
Torino (TO)	Golden Palace
Tremezzo (CO)	Grand Hotel Tremezzo
Valle di Casies (BZ)	Quelle
Venezia (VE)	Centurion Palace
Venezia (VE)	Cà Sagredo
Venezia (VE)	Londra Palace
Venezia (VE)	Luna Hotel Baglioni
Venezia (VE)	Metropole
Venezia (VE)	Palazzina Grassi
Venezia (VE)	The Westin Europa e Regina
Verona (VR)	Gabbia d'Oro
Viareggio (LU)	Grand Hotel Principe
	di Piemonte

Agrigento (AG)	Villa Athena
Alassio (SV)	Villa della Pergola
Alba (CN)	Palazzo Finati
Alghero (SS)	Villa Las Tronas
Alghero/ Porto Conte (SS)	El Faro
Alpe di Siusi (BZ)	Seiser Alm Urthaler
Alta Badia (BZ)	Ciasa Salares
Alta Badia (BZ)	Fanes
Alta Badia (BZ)	La Perla
Alta Badia (BZ)	Sassongher
Amelia (TR)	Relais Tenuta del Gallo
Ancona/	
Portonovo (AN)	Fortino Napoleonico
Appiano sulla Strada del Vino/	
Missiano (BZ)	Schloss Korb
Arabba (BL)	Sporthotel Arabba
Arzachena (OT)	Tenuta Pilastru
Asolo (TV)	Villa Cipriani
Augusta/	
Brucoli (SR)	NH Venus Sea Garden Resort
Avetrana (TA)	Relais Terre di Terre
Bagno a Ripoli (FI)	Villa Olmi Resort

Baia Domizia (CE)	Della Baia
Bardolino (VR)	Color Hotel
Bari (BA)	Oriente Hotel
Bassano del Grappa (VI)	Ca' Sette
Benevello (CN)	Villa d'Amelia
Benevento (BN)	Aquapetra Resort e SPA
Bolzano (BZ)	Greif
Bressanone (BZ)	Elefante
Breuil Cervinia (AO)	Excelsior-Planet
Breuil Cervinia (AO)	Saint Hubertus
Brusaporto (BG)	Relais da Vittorio
Campo Tures (BZ)	Feldmilla
Canalicchio (PG)	Relais Il Canalicchio
Cannero Riviera (VB)	Cannero
Cannobio (VB)	Park Hotel Villa Belvedere
Capri (Isola di)/	
Anacapri (NA)	Caesar Augustus
Capri (Isola di)/ Capri (NA)	Casa Morgano
Capri (Isola di)/	
Marina Grande (NA)	J.K. Place Capri
Capri (Isola di)/ Capri (NA)	Punta Tragara
Capri (Isola di)/ Capri (NA)	Scalinatella

40

Castelnuovo Berardenga (SI)	Le Fontanelle
Castelnuovo Berardenga (SI)	Relais Borgo San Felice
Castelrotto (BZ)	Posthotel Lamm
Castiglione del Lago/ Petrignano di Lago (PG)	Relais alla Corte del Sole
Catania (CT)	Villa del Bosco i VdB Next
Cattolica (RN)	Carducci 76
Champoluc (AO)	Breithorn
Chiusi (SI)	Il Patriarca
Cittadella del Capo (CS)	Palazzo del Capo
Como (CO)	Villa Flori
Cortina d'Ampezzo (BL)	Park Hotel Faloria
Cortona/ San Martino (AR)	Il Falconiere Relais
Courmayeur/ Entrèves (AO)	Auberge de la Maison
Cutrofiano (LE)	Sangiorgio Resort
Dozza (BO)	Monte del Re
Erba (CO)	Castello di Casiglio
Ferrara (FE)	Duchessa Isabella
Finale Ligure (SV)	Punta Est
Firenze (FI)	Cellai
Firenze (FI)	Continentale
Firenze (FI)	Gallery Hotel Art
Firenze (FI)	J.K. Place Firenze
Firenze (FI)	Lungarno
Firenze (FI)	Lungarno Suites
Firenze (FI)	Monna Lisa
Firenze (FI)	Palazzo Magnani Feroni
Firenze (FI)	Residenza del Moro
Firenze (FI)	Santa Maria Novella
Firenze (FI)	Torre di Bellosguardo
Follina (TV)	Villa Abbazia
Forte dei Marmi (LU)	Byron
Forte dei Marmi (LU)	Villa Roma Imperiale
Francavilla al Mare (CH)	Sporting Hotel Villa Maria
Gaeta (LT)	Grand Hotel Le Rocce
Gaeta (LT)	Villa Irlanda Grand Hotel
Gaiole in Chianti (SI)	Castello di Spaltenna
Galatina (LE)	Palazzo Baldi
Gallipoli (LE)	Palazzo del Corso
Garda (VR)	Regina Adelaide
Gardone Riviera/ Fasano (BS)	Bella Riva
Gardone Riviera/ Fasano (BS)	Villa del Sogno
Garlenda (SV)	La Meridiana
Gavi (AL)	L'Ostelliere
Gazzo (PD)	Villa Tacchi
Greve in Chianti (FI)	Villa Bordoni
Grottaferrata (RM)	Park Hotel Villa Grazioli
Gubbio (PG)	Relais Ducale
Induno Olona (VA)	Porro Pirelli
Laces (BZ)	Paradies
Lana/ Foiana (BZ)	Völlanerhof
Lana/ San Vigilio (BZ)	Vigilius Mountain Resort
Lecce (LE)	Patria Palace Hotel
Lecce (LE)	Santa Chiara
Lucca (LU)	Noblesse
Malcesine (VR)	Bellevue San Lorenzo
Maratea/ Fiumicello Santa Venere (PZ)	Santavenere
Massa Martana (PG)	San Pietro Sopra Le Acque
Matera (MT)	Palazzo Gattini
Mattinata (FG)	Baia dei Faraglioni
Merano (BZ)	Castello Labers
Merano (BZ)	Meister's Hotel Irma
Merano (BZ)	Park Hotel Mignon
Milano (MI)	The Gray
Milano (MI)	De la Ville
Mira (VE)	Villa Franceschi
Mira (VE)	Villa Margherita
Monopoli (BA)	La Peschiera
Montalcino/ Poggio alle Mura (SI)	Castello Banfi-Il Borgo
Montebenichi (AR)	Castelletto di Montebenichi
Montefalco (PG)	Palazzo Bontadosi
Montefalco/ San Luca (PG)	Villa Zuccari
Montegridolfo (RN)	Palazzo Viviani
Monza (MB)	De la Ville
Napoli (NA)	Palazzo Alabardieri
Naturno (BZ)	Lindenhof
Nervi (GE)	Villa Pagoda
Nibionno (LC)	La California Relais
Norcia (PG)	Palazzo Seneca
Olbia (OT)	Ollastu
Olbia/ Porto Rotondo (OT)	Sporting
Oliena (NU)	Su Gologone
Orbetello (GR)	Relais San Biagio
Orta San Giulio (NO)	San Rocco
Orta San Giulio (NO)	Villa Crespi
Orvieto (TR)	La Badia
Ostuni (BR)	La Sommità
Palermo (PA)	Grand Hotel Wagner
Palermo (PA)	Principe di Villafranca
Panicale (PG)	Villa di Monte Solare
Pasiano di Pordenone/ Rivarotta (PN)	Villa Luppis
Pavone Canavese (TO)	Castello di Pavone
Penango/ Cioccaro (AT)	Locanda del Sant'Uffizio
Perugia (PG)	Castello di Monterone
Perugia/ Cenerente (PG)	Castello dell'Oscano
Pesaro (PU)	Alexander Museum Palace
Pesaro (PU)	Vittoria
Pietrasanta (LU)	Versilia Golf
Pigazzano (PC)	Colombara
Pisa (PI)	Relais dell'Orologio
Pontedera (PI)	Armonia
Portobuffolé (TV)	Villa Giustinian
Portofino (GE)	Splendido Mare
Positano (SA)	Palazzo Murat
Pula (CA)	Le Dune

Punta Ala (GR)	Cala del Porto
Ranco (VA)	Il Sole di Ranco
Ravello (SA)	Palumbo
Ravello (SA)	Villa Cimbrone
Redagno (BZ)	Villa Berghofer
Rieti (RI)	Park Hotel Villa Potenziani
Rimini (RN)	i-Suite
Roma (RM)	Castello della Castelluccia
Roma (RM)	Fortyseven
Roma (RM)	Palazzo Manfredi
Roma (RM)	Raphaël
Romano Canavese (TO)	Relais Villa Matilde
Ronzone (TN)	Villa Orso Grigio
Salò (BS)	Laurin
San Candido (BZ)	Dolce Vita Family
	Chalet Postalpina
San Felice Circeo/	
Quarto Caldo (LT)	Punta Rossa
San Francesco al Campo (TO)	Furno
San Gimignano (SI)	La Collegiata
San Gimignano (SI)	Villasanpaolo Hotel
San Giovanni	
la Punta (CT)	Villa Paradiso dell'Etna
San Martino di Castrozza (TN)	Regina
San Pietro in Cariano/	
Pedemonte (VR)	Villa del Quar
San Quirico d'Orcia (SI)	Palazzo del Capitano
San Teodoro (OT)	Due Lune Resort
	Golf i Spa

Savelletri (BR)	Masseria Torre Coccaro
Savelletri (BR)	Masseria Torre Maizza
Selva di Val Gardena (BZ)	Granvara
Sesto/ Moso (BZ)	Sport e Kurhotel Bad Moos
Sestriere (TO)	Shackleton
Sestri Levante (GE)	Grand Hotel Villa Balbi
Siena (SI)	Certosa di Maggiano
Siena/ Vagliagli (SI)	Borgo Scopeto Relais
Sinalunga (SI)	Locanda dell'Amorosa
Siracusa (SR)	Grand Hotel Ortigia
Sorrento (NA)	Bellevue Syrene 1820
Sovicille (SI)	Borgo Pretale
Spoleto (PG)	Villa Milani
Taormina (ME)	Metropole
Tavarnelle Val di Pesa (FI)	Castello del Nero
Tivoli (RM)	Torre Sant'Angelo
Todi (PG)	Relais Todini
Torgiano (PG)	Le Tre Vaselle
Torino (TO)	Victoria
Valdaora (BZ)	Mirabell
Venezia (VE)	Bauer Palladio
Venezia (VE)	Ca' Nigra Lagoon Resort
Venezia (VE)	Ca' Pisani
Venezia (VE)	Palazzo Sant'Angelo
	sul Canal Grande
Venezia (VE)	Palazzo Stern
Vico Equense (NA)	Capo la Gala
Villa San Giovanni/ Santa Trada	
di Cannitello (RC)	Altafiumara

Agrigento (AG)	Baglio della Luna
Albareto (PR)	Borgo Casale
Aosta (AO)	Milleluci
Arezzo (AR)	Badia di Pomaio
Arezzo (AR)	Graziella Patio Hotel
Ascoli Piceno (AP)	Residenza 100 Torri
Assisi/ Armenzano (PG)	Le Silve
Avelengo (BZ)	Viertlerhof
Azzate (VA)	Locanda dei Mai Intees
Bergamo (BG)	Petronilla
Bologna (BO)	Commercianti
Bracciano (RM)	Villa Clementina
Caldaro sulla Strada	
del Vino (BZ)	Schlosshotel Aehrental
Campitello di Fassa (TN)	Villa Kofler
Caneva (PN)	Ca' Damiani
Cannobio (VB)	Pironi
Capri (Isola di)/ Capri (NA)	Villa Brunella
Castel Guelfo	
di Bologna (BO)	Locanda Solarola
Castelrotto (BZ)	Mayr
Castelsardo (SS)	Bajaloglia
Castiglion Fiorentino/	
Polvano (AR)	Relais San Pietro in Polvano
Catania (CT)	Liberty
Cavalese (TN)	Laurino

Cortona/ San Pietro	
a Cegliolo (AR)	Relais Villa Baldelli
Cortona/ Farneta (PI)	Relais Villa Petrischio
Costigliole Saluzzo (CN)	Castello Rosso
Courmayeur (AO)	Villa Novecento
Eolie (Isole)/ Panarea (ME)	Quartara
Eolie (Isole)/	
Isola Salina (ME)	La Salina Borgo di Mare
Eolie (Isole)/ Isola Salina (ME)	Signum
Faenza (RA)	Relais Villa Abbondanzi
Ferrara (FE)	Principessa Leonora
Firenze (FI)	Home
Firenze (FI)	Inpiazzadellasignoria
Firenze (FI)	Relais Uffizi
Firenze/	
Galluzzo (FI)	Marignolle Relais i Charme
Firenze/ Arcetri (FI)	Villa Le Piazzole
Fiume Veneto (PN)	L'Ultimo Mulino
Follina (TV)	Dei Chiostri
Frossasco (TO)	La Locanda della Maison Verte
Gallipoli (LE)	Palazzo Mosco Inn
Gallipoli (LE)	Relais Corte Palmieri
Gambassi Terme (FI)	Villa Bianca
Gargnano (BS)	Villa Giulia
Genova/ Pegli (GE)	Torre Cambiaso
Gerace (RC)	La Casa di Gianna
	e Palazzo Sant'Anna

Gressoney-la Trinité (AO)	Jolanda Sport
Greve in Chianti/	
Panzano (FI)	Villa le Barone
Grinzane Cavour (CN)	Casa Pavesi
Isola d'Asti (AT)	Castello di Villa
Lagundo / Algund (BZ)	Pergola
La Morra (CN)	Corte Gondina
Livigno (SO)	Sonne
Lucca (LU)	Alla Corte degli Angeli
Madonna	
di Campiglio (TN)	Bio-Hotel Hermitage
Maratea/ Acquafredda (PZ)	Villa Cheta Elite
Marina di Arbus (VS)	Le Dune
Matera (MT)	Locanda di San Martino
Merano/ Freiberg (BZ)	Castel Fragsburg
Milano (MI)	Antica Locanda dei Mercanti
Modica (RG)	Palazzo Failla
Monforte d'Alba (CN)	Villa Beccaris
Montemerano (GR)	Relais Villa Acquaviva
Montevarchi/ Moncioni (AR)	Villa Sassolini
Montorfano (CO)	Tenuta Santandrea
Napoli (NA)	Chiaja Hotel de Charme
Napoli (NA)	Costantinopoli 104
Negrar (VR)	Relais La Magioca
Novacella (BZ)	Pacherhof
Ortisei/ Bulla (BZ)	Uhrerhof-Deur
Otranto (LE)	Valle dell'Idro
Oviglio (AL)	Castello di Oviglio
Parcines/ Rablà (BZ)	Roessl
Pellio Intelvi (CO)	La Locanda del Notaio
Penango/ Cioccaro (AT)	Relais Il Borgo
Peschiera del Garda/	
San Benedetto (VR)	The Ziba Hotel i Spa
Portofino (GE)	Piccolo Hotel
Porto Santo Stefano/	
Cala Piccola (GR)	Torre di Cala Piccola
Radda in Chianti (SI)	Il Borgo di Vescine
Radda in Chianti (SI)	La Locanda
Radda in Chianti (SI)	Palazzo Leopoldo
Radda in Chianti (SI)	Palazzo San Niccolò
Radda in Chianti (SI)	Relais Vignale
Ragusa (RG)	Antica Badia
Ragusa (RG)	Eremo della Giubiliana
Ragusa (RG)	Locanda Don Serafino
Ragusa (RG)	Relais Parco Cavalonga

Ravenna (RA)	Cappello
Redagno (BZ)	Zirmerhof
Reggello/ Vaggio (FI)	Villa Rigacci
Reggiolo (RE)	Villa Montanarini
Renon/ Collalbo (BZ)	Kematen
Roccastrada (GR)	La Melosa
Roma (RM)	Celio
Roma (RM)	Sant'Anselmo
Saint-Pierre (AO)	La Meridiana
	Du Cadran Solaire
Salò (BS)	Bellerive
Saluzzo (CN)	San Giovanni
San Casciano	
in Val di Pesa (FI)	Villa il Poggiale
San Martino di Castrozza (TN)	Letizia
San Pietro	
in Cerro (PC)	Locanda del Re Guerriero
San Remo (IM)	Eveline-Portosole
Sauze d'Oulx/ Le Clotes (TO)	Il Capricorno
Scorzè (VE)	Villa Soranzo Conestabile
Senales/	
Certosa (BZ)	Rosa d'Oro-Zur Goldenen Rose
Serravalle Scrivia (AL)	Villa la Bollina
Sesto/ Moso (BZ)	Berghotel e Residence Tirol
Sestri Levante (GE)	Suite Hotel Nettuno
Siena (SI)	Palazzo Ravizza
Siena (SI)	Villa Scacciapensieri
Sinio (CN)	Castello di Sinio
Siracusa (SR)	Caol Ishka
Siracusa (SR)	Lady Lusya
Siracusa (SR)	UNA Hotel One
Sorrento (NA)	Maison la Minervetta
Sovana (GR)	Sovana
Taormina (ME)	El Jebel
Taormina (ME)	Villa Carlotta
Taormina (ME)	Villa Ducale
Tirolo (BZ)	Küglerhof
Tonale (Passo del) (BS)	La Mirandola
Torino (TO)	Town House 70
Tovo San Giacomo/	
Bardino Vecchio (SV)	Il Casale
Venezia (VE)	Palazzo Abadessa
Venezia (VE)	Palazzo Priuli
Vicchio/ Campestri (FI)	Villa Campestri
	Olive Oil Resort

Agropoli (SA)	La Colombaia
Appiano sulla Strada del Vino/	
Pigeno (BZ)	Schloss Englar
Bergamo (BG)	Piazza Vecchia
Breuil Cervinia (AO)	Mignon
Canazei (TN)	Stella Alpina
Castelrotto (BZ)	Cavallino d'Oro
Courmayeur/	
Dolonne (AO)	Maison lo Campagnar
Eolie (Isole)/ Filicudi Porto (ME)	La Canna
Fiesole (FI)	Pensione Bencistà
la Thuile (AO)	Maison des Reves

Levanto (SP)	Stella Maris
Matera (MT)	Sassi Hotel
Merano (BZ)	Sonnenhof
Milano (MI)	Antica Locanda Leonardo
Modica (RG)	De Mohàc
Montecosaro (MC)	Luma
Morano Calabro (CS)	Villa San Domenico
Napoli (NA)	Decumani
Orta San Giulio (NO)	La Contrada dei Monti
Paestum (SA)	Il Granaio dei Casabella
Palazzuolo sul Senio (FI)	Locanda Senio
Pescocostanzo (AQ)	Il Gatto Bianco

Ravello (SA)	Villa San Michele	**Selva di Cadore (BL)**	Ca' del Bosco
Roma (RM)	Pensione Barrett	**Valtournenche (AO)**	Grandes Murailles
San Giovanni		**Varazze (SV)**	Astigiana
d'Asso (SI)	La Locanda del Castello	**Venezia (VE)**	Antico Doge
Santarcangelo di Romagna (RN)	Il Villino	**Venezia (VE)**	La Calcina
Sciacca (AG)	Villa Palocla	**Verduno (CN)**	Real Castello

Alberobello (BA)	BiB Fascino Antico	**Ferrara/ Porotto-Cassana (FE)**	Agriturismo alla Cedrara
Albinia (GR)	Agriturismo Antica Fattoria la Parrina	**Ferrara/ Gaibanella (FE)**	Locanda della Luna
Amalfi (SA)	Relais Villa Annalara	**Firenze (FI)**	Antica Torre di via Tornabuoni N. 1
Amalfi (SA)	Villa Lara	**Firenze (FI)**	BiB Antica Dimora Firenze
Andria/ Montegrosso (BT)	Agriturismo Biomasseria Lama di Luna	**Firenze (FI)**	BiB Le Residenze Johlea
Aosta (AO)	Maison Colombot	**Firenze (FI)**	Palazzo Galletti BiB
Apricale (IM)	Locanda dei Carugi	**Firenze (FI)**	Palazzo Niccolini al Duomo
Ascoli Piceno (AP)	Agriturismo Villa Cicchi	**Firenze (FI)**	Villa Antea
Bagnoregio (VT)	Romantica Pucci	**Fisciano/ Gaiano (SA)**	Agriturismo Barone Antonio Negri
Barolo/ Vergne (CN)	Ca' San Ponzio	**Foiano della Chiana/**	
Bernalda (MT)	Agriturismo Relais Masseria Cardillo	**Pozzo (AR)**	Villa Fontelunga
Bettona (PG)	Country House Torre Burchio	**Fratta Todina (PG)**	La Palazzetta del Vescovo
Bevagna (PG)	L'Orto degli Angeli	**Furore (SA)**	Agriturismo Sant'Alfonso
Bibbiena (AR)	Relais il Fienile	**Gaiole in Chianti (SI)**	Borgo Argenina
Borgo San Lorenzo (FI)	Casa Palmira	**Gallipoli (LE)**	Masseria Li Foggi
Borno (BS)	Zanaglio	**Gardone Riviera (BS)**	Dimora Bolsone
Briosco (MB)	LeAR	**Gazzola/ Rivalta**	
Canale (CN)	Agriturismo Villa Cornarea	**Trebbia (PC)**	Agriturismo Croara Vecchia
Canale (CN)	Agriturismo Villa Tiboldi	**Genova (GE)**	Locanda di Palazzo Cicala
Canelli (AT)	Agriturismo La Casa in Collina	**Greve in Chianti (FI)**	Agriturismo Villa Vignamaggio
Capriva del Friuli (GO)	Castello di Spessa	**Gualdo Cattaneo/**	
Carré (VI)	Locanda La Corte dei Galli	**Saragano (PG)**	Agriturismo la Ghirlanda
Casacanditella (CH)	Castello di Semivicoli	**Gubbio/**	
Casperia (RI)	La Torretta	**Pisciano (PG)**	Agriturismo Le Cinciallegre
Castagneto Carducci (LI)	BiB Villa le Luci	**Gubbio/**	
Castel d'Aiano/ Rocca		**Scritto (PG)**	Agriturismo Castello di Petroia
di Roffeno (BO)	Agriturismo La Fenice	**Imperia (IM)**	Agriturismo Relais San Damian
Castel di Lama (AP)	Borgo Storico Seghetti Panichi	**Impruneta (FI)**	Relais Villa L'Olmo
Castellabate/ San Marco (SA)	Giacaranda	**Labico (RM)**	Agriturismo Fontana Chiusa
Castel Ritaldi (PG)	La Gioia	**La Morra (CN)**	Villa Carita
Castelvetro		**La Morra/ Annunziata (CN)**	Agriturismo La Cascina del Monastero
di Modena (MO)	Locanda del Feudo	**La Morra/ Rivalta (CN)**	Bricco dei Cogni
Castiglion Fiorentino/		**Lecce (LE)**	Palazzo Rollo
Pieve di Chio (AR)	BiB Casa Portagioia	**Levanto (SP)**	Agriturismo Villanova
Castroreale (ME)	Country Hotel Green Manors	**Lucca (LU)**	A Palazzo Busdraghi
Città della Pieve (PG)	Relais dei Magi	**Lucca (LU)**	Marta Guest House
Corciano (PG)	Palazzo Grande	**Lucca/ Cappella (LU)**	La Cappella
Cortona (AR)	Villa di Piazzano	**Lucca/ Segromigno**	
Drizzona/ Castelfranco		**in Monte (LU)**	Fattoria Mansi Bernardini
d'Oglio (CR)	Agriturismo l'Airone	**Magione (PG)**	Bella Magione
Fano (PU)	Villa Giulia	**Magliano Sabina (RI)**	Corte dei Francesi
Ferentillo (TR)	Abbazia San Pietro in Valle	**Mango (CN)**	Villa Althea
Ferrara (FE)	Horti della Fasanara		
Ferrara (FE)	La Duchessina		

44

Massa Marittima/	
Tatti (GR)	La Fattoria dei Tatti
Melizzano (BN)	Country House Giravento
Mestre/	
Zelarino (VE)	Agriturismo al Segnavento
Mezzane	
di Sotto (VR)	Agriturismo i Tamasotti
Modica (RG)	Casa Talia
Mombello Monferrato (AL)	Cà Dubini
Moncalvo (AT)	Agriturismo Cascina Orsolina
Moneglia (GE)	Abbadia San Giorgio
Monforte d'Alba (CN)	Le Case della Saracca
Monsummano Terme (PT)	Villa San Bastiano
Montaione/	
San Benedetto (FI)	BiB Villa Sestilia
Montecatini Terme (PT)	Villa le Magnolie
Montefiridolfi (FI)	Agriturismo Fonte de' Medici
Montefiridolfi (FI)	Il Borghetto Country Inn
Montepulciano (SI)	Hotelito Lupaia
Montepulciano (SI)	Residenza d'Epoca - Villa Poggiano
Monteriggioni/	
Strove (SI)	Agriturismo Castel Pietraio
Monte San Savino/	
Gargonza (AR)	Castello di Gargonza
Montieri (GR)	Agriturismo La Meridiana-Locanda in Maremma
Morano Calabro (CS)	Agriturismo la Locanda del Parco
Murisengo/	
Corteranzo (AL)	Canonica di Corteranzo
Napoli (NA)	Belle Arti Resort
Napoli (NA)	L'Alloggio dei Vassalli
Nizza Monferrato (AT)	Agriturismo Tenuta la Romana
Noli (SV)	Residenza Palazzo Vescovile
Offida (AP)	Agriturismo Nascondiglio di Bacco
Orvieto (TR)	Locanda Palazzone
Ostuni (BR)	Masseria Il Frantoio
Otranto (LE)	Masseria Panareo
Panicale (PG)	Agriturismo Montali
Panicale (PG)	Villa le Mura
Parma (PR)	Palazzo dalla Rosa Prati
Peccioli (PI)	Pratello Country Resort
Peio/ Cogolo (TN)	Chalet Alpenrose
Pesaro (PU)	Locanda di Villa Torraccia
Peschici (FG)	La Chiusa delle More
Petralia Sottana (PA)	Agriturismo Monaco di Mezzo
Pettineo (ME)	Casa Migliaca
Piegaro (PG)	Ca' de Principi
Pienza (SI)	Relais La Saracina
Pieve San Quirico (PG)	Le Torri di Bagnara
Pigna (IM)	La Casa Rosa
Pinzolo/ Sant' Antonio	
di Mavignola (TN)	Maso Doss
Pisciotta (SA)	Marulivo
Positano (SA)	Villa Rosa
Pozzuoli/ Cuma (NA)	Villa Giulia
Proceno (VT)	Castello di Proceno
Ragusa (RG)	Caelum Hyblae
Rapolano Terme (SI)	Villa Buoninsegna
Reggello/ San Donato	
Fronzano (FI)	Agriturismo Podere Picciolo
Reggio nell'Emilia (RE)	BiB Del Vescovado
Roma (RM)	Arco dei Tolomei
Roma (RM)	Moses Fountain
Roma (RM)	Residenza A- The Boutique Art Hotel
Roma/ Casal Palocco (RM)	Relais 19
Roncofreddo (FC)	I Quattro Passeri
Roncofreddo/	
Monteleone (FC)	La Tana del Ghiro
San Casciano in Val di Pesa/	
Mercatale (FI)	Agriturismo Salvadonica
San Cipriano Picentino (SA)	Villa Rizzo-Masseria della Nocciola
San Quirico d'Orcia (SI)	Agriturismo Il Rigo
San Quirico d'Orcia (SI)	Casa Lemmi
San Quirico d'Orcia/ Bagno	
Vignoni (SI)	La Locanda del Loggiato
Sansepolcro (AR)	Relais Palazzo di Luglio
Santarcangelo di Romagna/	
Montalbano (RN)	Agriturismo Locanda Antiche Macine
San Vincenzo (LI)	Poggio ai Santi
Sappada/ Cima	
Sappada (BL)	Agriturismo Voltan Haus
Sassetta (LI)	Agriturismo La Bandita
Savelletri (BR)	Masseria Cimino
Scandicci/ Mosciano (FI)	Tenuta Le Viste
Scarlino (GR)	Relais Vedetta
Sellia Marina (CZ)	Agriturismo Contrada Guido
Selva di Val Gardena (BZ)	Prà Ronch
Siena (SI)	Campo Regio Relais
Siena/	
Santa Regina (SI)	Frances' Lodge Relais
Sinalunga (SI)	San Giustino
Spoleto (PG)	Palazzo Dragoni
Spoleto (PG)	Palazzo Leti
Spoleto/	
Silvignano (PG)	Le Logge di Silvignano
Susegana (TV)	Maso di Villa
Termoli (CB)	Residenza Sveva
Todi (PG)	Agriturismo Tenuta di Canonica
Todi/ Chioano (PG)	Residenza Roccafiore
Torrita di Siena (SI)	Residenza D'Arte
Tortona (AL)	Casa Cuniolo
Trapani (TP)	Ai Lumi
Ugento (LE)	Masseria Don Cirillo
Urbino/ Pantiere (PU)	Urbino Resort Santi Giacomo e Filippo
Venezia (VE)	Charming House DD 724
Venezia (VE)	La Residenza
Venezia (VE)	Novecento
Venezia (VE)	Settimo Cielo e Bloom
Verona (VR)	Agriturismo Delo
Verrayes/ Grandzon (AO)	Agriturismo La Vrille
Volterra (PI)	Agriturismo Marcampo

Ristoranti ameni

Particularly pleasant restaurants

XXXXX

Firenze (FI)	Enoteca Pinchiorri
Firenze (FI)	Il Palagio
Fiuggi/ Fiuggi Fonte (FR)	Il Savoia
Napoli (NA)	Caruso Roof Garden
Roma (RM)	Le Jardin de Russie
Roma (RM)	La Pergola
Venezia (VE)	Terrazza Danieli

XXXX

Alta Badia (BZ)	St. Hubertus		Quistello (MN)	Ambasciata
Bagno a Ripoli/ Candeli (FI)	Il Verrocchio		Rapallo (GE)	Eden Roc
Baschi (TR)	Vissani		Ravello (SA)	Belvedere
Breuil Cervinia (AO)	La Chandelle		Ravello (SA)	Rossellinis
Brusaporto (BG)	Da Vittorio		Rimini (RN)	La Dolce Vita
Canneto Sull' Oglio/			Riva del Garda (TN)	Capannina
Runate (MN)	Dal Pescatore		Roma (RM)	Brunello Lounge i Restaurant
Capri (Isola di)/ Anacapri (NA)	L'Olivo		Roma (RM)	Filippo La Mantia
Capri (Isola di)/ Capri (NA)	Quisi		Roma (RM)	Hostaria dell'Orso
Cortina d'Ampezzo (BL)	La Veranda		Roma (RM)	Imàgo
	del Cristallo		Roma (RM)	Mirabelle
Erbusco (BS)	Gualtiero Marchesi		Roma (RM)	Oliver Glowig
Fiesole (FI)	La Loggia		Roma (RM)	Sapori del Lord Byron
Firenze (FI)	Relais le Jardin		Roma (RM)	La Terrazza
Gardone Riviera/ Fasano (BS)	Il Fagiano		Sant' Agata	
Gargnano (BS)	Villa Feltrinelli		sui Due Golfi (NA)	Don Alfonso 1890
Gubbio (PG)	Ai Cappuccini		Sant' Agnello (NA)	La Scintilla
Imola (BO)	San Domenico		Serralunga d'Alba (CN)	La Rei
Ischia (Isola d')/			Siena (SI)	Il Canto
Casamicciola Terme (NA)	Il Mosaico		Siena (SI)	Sapordivino
Ischia (Isola d')/ Ischia (NA)	Punta Molino		Taormina (ME)	Principe Cerami
Milano (MI)	Acanto		Taormina (ME)	Timeo
Milano (MI)	Il Teatro		Tirolo (BZ)	Trenkerstube
Milano (MI)	Vun		Torino (TO)	Del Cambio
Montignoso (MS)	Il Bottaccio		Torino (TO)	Winner
Napoli (NA)	George's		Tremezzo (CO)	La Terrazza
Orta San Giulio (NO)	Villa Crespi		Venezia (VE)	Antinoo's Lounge
Porto Ercole (GR)	Il Pellicano		Venezia (VE)	La Cusina
Positano (SA)	La Sponda		Venezia (VE)	Met
Positano (SA)	San Pietro		Venezia (VE)	Quadri

✕✕✕

Agrigento (AG)	Il Granaio di Ibla	Induno Olona (VA)	Del Conte
Alta Badia (BZ)	La Siriola	Ladispoli (RM)	The Cesar
Alta Badia (BZ)	La Stüa de Michil	La Salle (AO)	La Cassolette
Arabba (BL)	La Stube	Maiori (SA)	Il Faro di Capo d'Orso
Asolo (TV)	Villa Cipriani	Manerba del Garda (BS)	Capriccio
Bassano del Grappa (VI)	Ca'7	Martina Franca (TA)	Duca di Martina
Benevello (CN)	Villa d'Amelia	Massa Lubrense/ Nerano (NA)	Quattro Passi
Bergeggi (SV)	Claudio	Massa Lubrense/ Termini (NA)	Relais Blu
Besenzone/ Bersano (PC)	La Fiaschetteria	Merano (BZ)	Kallmünz
Blevio (CO)	L'Orangerie	Milano (MI)	Don Carlos
Borgio Verezzi (SV)	Doc	Mira (VE)	Margherita
Bra/ Pollenzo (CN)	Guido	Moltrasio (CO)	Imperialino
Brescia (BS)	Castello Malvezzi	Montegridolfo (RN)	Osteria dell'Accademia
Bressanone (BZ)	Elefante	Montemerano (GR)	Caino
Cannero Riviera (VB)	I Castelli	Monza (MB)	Derby Grill
Cartoceto (PU)	Symposium	Nervi (GE)	Il Roseto
Casole d'Elsa/ Pievescola (SI)	Oliviera	Nibionno (LC)	I Melograni
Castelbello Ciardes (BZ)	Kuppelrain	Noli (SV)	Il Vescovado-La Fornace di Barbablù
Castiglione del Lago/		Norcia (PG)	Vespasia
Petrignano di Lago (PG)	L'Essenza	Oderzo (TV)	Gellius
Castiglione della Pescaia/		Orta San Giulio (NO)	San Rocco
Badiola (GR)	Trattoria Toscana-Tenuta	Ortisei (BZ)	Anna Stuben
	la Badiola	Orvieto (TR)	La Badia
Catania (CT)	Il Canile	Ostuni (BR)	Cielo
Cattolica (RN)	Vicolo Santa Lucia	Paestum (SA)	Le Trabe
Cetona (SI)	La Frateria di Padre Eligio	Penango/ Cioccaro (AT)	Locanda del
Cogne (AO)	Le Petit Restaurant		Sant'Uffizio da Beppe
Collebeato/ Campiani (BS)	Carlo Magno	Perugia (PG)	Il Gradale
Cologne (BS)	Cappuccini Resort	Perugia (PG)	Il Postale
Como (CO)	Navedano	Pescara (PE)	Café les Paillotes
Corte Franca/ Borgonato (BS)	Due Colombe	Piacenza (PC)	Antica Osteria del Teatro
Cortona/ San Martino (AR)	Il Falconiere	Polesine	
Costermano (VR)	La Casa degli Spiriti	Parmense (PR)	Antica Corte Pallavicina
Courmayeur/ Entrèves (AO)	Rosa Alpina	Portobuffolé (TV)	Ai Campanili
Cutrofiano (LE)	Il Chiostro	Portofino (GE)	La Terrazza
Desenzano del Garda (BS)	Esplanade	Positano (SA)	Al Palazzo
Dolegna del Collio/ Ruttars (GO)	Castello	Ragusa (RG)	Locanda Don Serafino
	di Trussio dell'Aquila d'Oro	Ranco (VA)	Il Sole di Ranco
Dozza (BO)	Monte del Re	Ravello (SA)	Il Flauto di Pan
Falzes/ Molini (BZ)	Schöneck	Roma (RM)	Aroma
Firenze (FI)	Alle Murate	Roma (RM)	Locanda della Castelluccia
Firenze (FI)	Borgo San Jacopo	Ronzone (TN)	Orso Grigio
Follina (TV)	La Corte	San Bonifacio (VR)	Relais Villabella
Fossano (CN)	Antiche Volte	San Giacomo di Roburent (CN)	Valentine
Gaeta (LT)	La Terrazza degli Ulivi	San Gimignano (SI)	Lampolla
Gaeta (LT)	Villa Irlanda	San Giovanni la Punta (CT)	La Pigna
Gaiole in Chianti (SI)	Il Pievano	San Martino di Castrozza (TN)	Regina
Garda (VR)	Al Patio	San Pietro in Cariano (VR)	Atelier
Gardone Riviera (BS)	Villa Fiordaliso	San Pietro in Cariano/	
Gardone Riviera/		Pedemonte (VR)	Arquade
Fasano (BS)	Maximilian 1904	Santo Stefano Belbo (CN)	Il Ristorante
Garlenda (SV)	Il Rosmarino		di Guido da Costigliole
Grottaferrata (RM)	Acquaviva	Saturnia (GR)	Acquacotta

Selva di Val Gardena (BZ)	Alpenroyal Gourmet
Sinalunga (SI)	Le Coccole dell'Amorosa
Taormina (ME)	Bellevue
Taormina (ME)	Casa Grugno
Todi (PG)	Relais Todini
Treiso (CN)	La Ciau del Tornavento
Venaria Reale (TO)	Dolce Stil Novo alla Reggia
Verbania/ Fondotoce (VB)	Piccolo Lago
Verona (VR)	Il Desco
Viareggio (LU)	Enoteca Henri
Viareggio (LU)	Piccolo Principe
Vico Equense (NA)	Maxi
Vico Equense/ Marina Equa (NA)	Torre del Saracino
Villa San Giovanni/ Santa Trada di Cannitello (RC)	I Due Mari
Vodo Cadore (BL)	Al Capriolo

Agrigento (AG)	Il Dehors
Albaredo d'Adige/ Coriano Veronese (VR)	Locanda dell'Arcimboldo
Albareto (PR)	Casimiro e voi
Alghero (SS)	Andreini
Almenno San Salvatore (BG)	Cantina Lemine
Augusta/ Brucoli (SR)	La Conchiglia
Avetrana (TA)	Relais Terre di Terre
Azzate (VA)	Locanda dei Mai Intees
Barberino Val d'Elsa/ Petrognano (FI)	Il Paese dei Campanelli
Bee (VB)	Chi Ghinn
Briaglia (CN)	Marsupino
Caldogno (VI)	Molin Vecio
Camaiore (LU)	Emilio e Bona
Campo Tures (BZ)	Toccorosso
Canale (CN)	Villa Tiboldi
Cantello (VA)	Madonnina
Capri (Isola di)/ Marina Grande (NA)	Da Paolino
Capri (Isola di)/ Anacapri (NA)	Il Riccio
Capri (Isola di)/ Capri (NA)	Terrazza Brunella
Carbonara Scrivia (AL)	Locanda Malpassuti
Castelraimondo/ Sant'Angelo (MC)	Il Giardino degli Ulivi
Castrocielo (FR)	Villa Euchelia
Cavalese (TN)	El Molin
Cervere (CN)	Antica Corona Reale-da Renzo
Chiesa in Valmalenco (SO)	Il Vassallo
Colloredo di Monte Albano (UD)	La Taverna
Cormons (GO)	Al Cacciatore-della Subida
Cortona/ Farneta (PI)	La Terrazza
Courmayeur (AO)	Novecento
Cuasso al Monte/ Cuasso al Piano (VA)	Molino del Torchio
Domodossola (VB)	La Stella
Fabriano (AN)	Villa Marchese del Grillo
Firenze (FI)	Baccarossa
Fiume Veneto (PN)	L'Ultimo Mulino
Gavi (AL)	La Gallina
Greve in Chianti (FI)	Villa Bordoni
Grottaferrata (RM)	Taverna dello Spuntino
Illasi (VR)	Le Cedrare
Longare/ Costozza (VI)	Aeolia
Arcipelago della Maddalena/ La Maddalena (OT)	La Scogliera
Madonna di Campiglio (TN)	Stube Hermitage
Malé (TN)	Conte Ramponi
Mercato San Severino (SA)	Casa del Nonno 13
Moncalieri (TO)	La Maison Delfino
Montaione/ San Benedetto (FI)	Casa Masi
Montalcino/ Poggio alle Mura (SI)	Castello Banfi-La Taverna
Montemerano (GR)	La Limonaia
Montorfano (CO)	Sant'Andrea
Morgex (AO)	Café Quinson
Oliena (NU)	Su Gologone
Oviglio (AL)	Donatella
Paestum (SA)	Nettuno
Pasiano di Pordenone/ Rivarotta (PN)	Lupus in Tabula
Pellio Intelvi (CO)	La Locanda del Notaio
Pergine Valsugana (TN)	Castel Pergine
Pieve di Soligo/ Solighetto (TV)	Da Lino
Pocenia/ Paradiso (UD)	Al Paradiso
Ponza (Isola di)/ Ponza (LT)	Orestorante
Positano (SA)	Le Terrazze
Radda in Chianti (SI)	Relais Vignale
Ravenna (RA)	Cappello
Redagno (BZ)	Stube 1600
Reggello/ Vaggio (FI)	Relais le Vieux Pressoir
Rieti (RI)	Belle Epoque
Roccastrada (GR)	La Melosa
Roseto degli Abruzzi (TE)	Tonino-da Rosanna
Rubiera (RE)	Osteria del Viandante
Saint-Vincent (AO)	Le Grenier
San Francesco al Campo (TO)	Restaurant Relais
San Polo di Piave (TV)	Parco Gambrinus
San Vincenzo (LI)	Il Sale
Sappada (BL)	Laite
Serravalle Scrivia (AL)	La Bollina

Sorrento (NA)	L'Antica Trattoria
Strongoli (KR)	Dattilo
Tavarnelle Val di Pesa/ Badia	
a Passignano (FI)	Osteria di Passignano
Tesimo (BZ)	Zum Löwen
Tigliole (AT)	Vittoria
Todi/ Chioano (PG)	Fiorfiore

Varese/ Capolago (VA)	Da Annetta
Venezia/ Torcello (VE)	Locanda Cipriani
Verona (VR)	Osteria la Fontanina
Villa d'Almè (BG)	Osteria della Brughiera
Villa di Chiavenna (SO)	Lanterna Verde
Villandro (BZ)	Ansitz Zum Steinbock

Aldino (BZ)	Krone
Alta Badia (BZ)	Maso Runch
Aosta/ Pila (AO)	Société anonyme de consommation
Arzignano (VI)	Macelleria Damini
Bergamo/	
San Vigilio (BG)	Baretto di San Vigilio
Bobbio (PC)	Enoteca San Nicola
Bolzano/ Bauernkohlern /	
Colle di Villa (BZ)	Colle-Kohlern
Brescia (BS)	Trattoria Porteri
Cappella	
de' Picenardi (CR)	Locanda degli Artisti
Carate Brianza (MB)	Camp di Cent Pertigh
Chiavenna/ Mese (SO)	Crotasc
Cisterna d'Asti (AT)	Garibaldi
Cogne (AO)	Bar à Fromage
Cortina d'Ampezzo (BL)	Baita Piè Tofana
Courmayeur/ Dolonne (AO)	Lo Campagnar
Elba (Isola d')/	
Porto Azzurro (LI)	Osteria dei Quattro Gatti
Filandari/ Mesiano (VV)	Frammichè
Flaibano (UD)	Grani di Pepe
Formazza (VB)	Walser Schtuba
Gravina in Puglia (BA)	Madonna della Stella

Ischia (Isola d')/	
Forio (NA)	Da «Peppina» di Renato
Matera (MT)	Don Matteo
Milano (MI)	Pane Acqua
Milano (MI)	Vietnamonamour
Modena (MO)	Hosteria Giusti
Palazzuolo sul Senio (FI)	Locanda Senio
Peccioli (PI)	La Greppia
Peschiera	
Borromeo (MI)	Trattoria dei Cacciatori
Pozzolengo (BS)	Moscatello Muliner
Racale (LE)	L'Acchiatura
San Pellegrino	
(Passo di) (TN)	Rifugio Fuciade
Santarcangelo di Romagna/	
Montalbano (RN)	Antiche Macine
Savigno (BO)	Trattoria da Amerigo
Siena (SI)	La Taverna di San Giuseppe
Siena (SI)	Osteria le Logge
Spiazzo (TN)	1/2 Soldo-dal 1897
Tarcento (UD)	Osteria di Villafredda
Taviano (LE)	A Casa tu Martinu
Treviso (TV)	Toni del Spin
Trieste (TS)	Al Bagatto
Usseaux (TO)	Lago del Laux
Venezia (VE)	La Piscina

Spa

Centro attrezzato per il benessere ed il relax
An extensive facility for relaxation

Abano Terme (PD)	Abano Grand Hotel	
Abano Terme (PD)	All'Alba	
Abano Terme (PD)	Atlantic	
Abano Terme (PD)	Bristol Buja	
Abano Terme (PD)	Due Torri	
Abano Terme (PD)	Europa Terme	
Abano Terme (PD)	Harrys' Garden	
Abano Terme (PD)	Metropole	
Abano Terme (PD)	Mioni Pezzato	
Abano Terme (PD)	Panoramic Hotel Plaza	
Abano Terme (PD)	President	
Abano Terme (PD)	Principe	
Abano Terme (PD)	Tritone Terme	
Acqui Terme (AL)	Grand Hotel Nuove Terme	
Agrigento/ San Leone (AG)	Baia di Ulisse	
Alassio (SV)	Grand Hotel Alassio	
Alassio (SV)	Ligure	
Alassio (SV)	Rosa	
Alghero (SS)	Villa Las Tronas	
Alpe di Siusi (BZ)	Alpina Dolomites	
Alpe di Siusi (BZ)	Seiser Alm Urthaler	
Alpe di Siusi (BZ)	Sporthotel Floralpina	
Alta Badia (BZ)	Antines	
Alta Badia (BZ)	Armentarola	
Alta Badia (BZ)	Cappella	
Alta Badia (BZ)	Ciasa Salares	
Alta Badia (BZ)	Fanes	
Alta Badia (BZ)	La Majun	
Alta Badia (BZ)	La Perla	
Alta Badia (BZ)	Posta-Zirm	
Alta Badia (BZ)	Rosa Alpina	
Alta Badia (BZ)	Sassongher	
Amantea (CS)	Mediterraneo Palace Hotel	
Andalo (TN)	Dolce Avita Spa i Resort	
Appiano sulla Strada del Vino (BZ)	Gartenhotel Moser Life i Welness Resort	
Appiano sulla Strada del Vino/ Missiano (BZ)	Schloss Korb	
Appiano sulla Strada del Vino/ Pigeno (BZ)	Stroblhof	
Appiano sulla Strada del Vino/ Cornaiano (BZ)	Weinegg	
Arabba (BL)	Evaldo	
Arezzo (AR)	A. Point Arezzo Park Hotel	
Arzachena (OT)	Tenuta Pilastru	
Arzachena/ Poltu Quatu (OT)	Grand Hotel Poltu Quatu	
Arzachena/ Porto Cervo (OT)	Cervo	
Assisi (PG)	Ròseo Hotel Assisi	
Avelengo (BZ)	Mirabell	
Avelengo (BZ)	Miramonti	
Bagno di Romagna (FC)	Ròseo Hotel Euroterme	
Bagno di Romagna (FC)	Tosco Romagnolo	
Bagno di Romagna/ Acquapartita (FC)	Miramonti	
Barletta (BT)	Dei Cavalieri	
Baveno (VB)	Grand Hotel Dino	
Bellagio (CO)	Grand Hotel Villa Serbelloni	
Benevento (BN)	Aquapetra Resort e SPA	
Bertinoro/ Fratta (FC)	Grand Hotel Terme della Fratta	
Bibione (VE)	Bibione Palace	
Bisceglie (BT)	Nicotel	
Blevio (CO)	Castadiva Resort	
Bordighera (IM)	Grand Hotel del Mare	
Bressanone (BZ)	Dominik	
Breuil Cervinia (AO)	Excelsior-Planet	
Breuil Cervinia (AO)	Hermitage	
Breuil Cervinia (AO)	Saint Hubertus	
Brunico/ Riscone (BZ)	Majestic	
Brunico/ Riscone (BZ)	Royal Hotel Hinterhuber	
Brunico/ Riscone (BZ)	Rudolf	
Brunico/ Riscone (BZ)	Schönblick	

Cagliari (CA)	T Hotel
Caldaro sulla Strada del Vino (BZ)	Seeleiten
Campitello di Fassa (TN)	Gran Paradis
Campitello di Fassa (TN)	Park Hotel Rubino Executive
Campitello di Fassa (TN)	Salvan
Campo Tures (BZ)	Alphotel Stocker
Campo Tures (BZ)	Alte Mühle
Campo Tures (BZ)	Feldmilla
Canazei/ Alba (TN)	La Cacciatora
Capri (Isola di)/ Anacapri (NA)	Capri Palace Hotel
Capri (Isola di)/ Capri (NA)	Capri Tiberio Palace
Capri (Isola di)/ Capri (NA)	Grand Hotel Quisisana
Capri (Isola di)/ Marina Grande (NA)	J.K. Place Capri
Caramanico Terme (PE)	La Réserve
Carzago Riviera (BS)	Palazzo Arzaga
Castagneto Carducci/ Marina di Castagneto Carducci (LI)	Tombolo Talasso Resort
Castellammare di Stabia (NA)	Crowne Plaza Stabiae Sorrento Coast
Castelnuovo Berardenga (SI)	Castel Monastero
Castelpetroso (IS)	La Fonte dell'Astore
Castelrotto (BZ)	Posthotel Lamm
Castelverde (CR)	Cremona Palace Hotel
Castiglione della Pescaia/ Badiola (GR)	L'Andana-Tenuta La Badiola
Castiglione della Pescaia/ Riva del Sole (GR)	Riva del Sole
Castrocaro Terme (FC)	Grand Hotel Terme
Catanzaro/ Catanzaro Lido (CZ)	Grand Hotel Paradiso
Cavalese (TN)	Lagorai
Cernobbio (CO)	Villa d'Este
Cervia/ Milano Marittima (RA)	Aurelia
Cervia/ Milano Marittima (RA)	Globus
Cervia/ Milano Marittima (RA)	Le Palme
Cervia/ Milano Marittima (RA)	Palace Hotel
Champoluc (AO)	Relais des Glacier
Cherasco (CN)	Somaschi
Chianciano Terme (SI)	Admiral Palace
Cison di Valmarino (TV)	CastelBrando
Cividale del Friuli (UD)	Locanda al Castello
Cogne (AO)	Bellevue
Cogne (AO)	Miramonti
Cogne/ Cretaz (AO)	Notre Maison
Colfiorito (PG)	Villa Fiorita
Cologne (BS)	Cappuccini Resort
Comano Terme/ Ponte Arche (TN)	Cattoni-Plaza
Comano Terme/ Ponte Arche (TN)	Grand Hotel Terme
Commezzadura (TN)	Tevini
Corato (BA)	Nicotel Wellness
Cortina d'Ampezzo (BL)	Cristallo
Cortina d'Ampezzo (BL)	Grand Hotel Savoia
Cortina d'Ampezzo (BL)	Park Hotel Faloria
Costermano (VR)	Boffenigo
Courmayeur (AO)	Grand Hotel Royal e Golf
Crodo/ Viceno (VB)	Edelweiss
Cutrofiano (LE)	Sangiorgio Resort
Darfo-Boario Terme/ Boario Terme (BS)	Rizzi Aquacharme
Desenzano del Garda (BS)	Acquaviva
Dobbiaco (BZ)	Cristallo
Dobbiaco (BZ)	Park Hotel Bellevue
Dobbiaco (BZ)	Santer
Elba (Isola d')/ Portoferraio (LI)	Hermitage
Erbusco (BS)	L'Albereta
Fiè allo Sciliar (BZ)	Heubad
Fiè allo Sciliar (BZ)	Turm
Fiera di Primiero (TN)	Iris Park Hotel
Fiera di Primiero (TN)	Tressane
Firenze (FI)	Four Seasons Hotel Firenze
Firenze (FI)	Grand Hotel Villa Cora
Fiuggi/ Fiuggi Fonte (FR)	Ambasciatori
Fiuggi/ Fiuggi Fonte (FR)	Grand Hotel Palazzo della Fonte
Folgarida (TN)	Alp Hotel Taller
Fondo (TN)	Lady Maria
Forte dei Marmi (LU)	Principe
Francavilla al Mare (CH)	Sporting Hotel Villa Maria
Gabicce Mare (PU)	Grand Hotel Michelacci
Gallio (VI)	Gaarten
Galzignano Terme (PD)	Radisson Blu Majestic Resort
Garda (VR)	Regina Adelaide
Gardone Riviera (BS)	Grand Hotel Gardone
Gardone Riviera/ Fasano (BS)	Grand Hotel Fasano e Villa Principe
Gargnano (BS)	Lefay Resort i SPA
Grado (GO)	Grand Hotel Astoria
Grado (GO)	Laguna Palace
Grado (GO)	Savoy

Gubbio (PG) — Park Hotel ai Cappuccini
Ischia (Isola d')/
Barano (NA) — Parco Smeraldo Terme
Ischia (Isola d')/
Ischia (NA) — Grand Hotel Excelsior
Ischia (Isola d')/
Ischia (NA) — Grand Hotel Punta Molino Beach Resort i Spa
Ischia (Isola d')/
Ischia (NA) — Il Moresco
Ischia (Isola d')/
Lacco Ameno (NA) — L'Albergo della Regina Isabella
Ischia (Isola d')/
Ischia (NA) — Le Querce
Ischia (Isola d')/
Forio (NA) — Mezzatorre Resort i Spa
Ischia (Isola d')/
Casamicciola Terme (NA) — Terme Manzi Hotel i SPA
Jesi (AN) — Federico II
Laces (BZ) — Paradies
Lana/ Foiana (BZ) — Völlanerhof
Lana/ Foiana (BZ) — Waldhof
Lana/ San
Vigilio (BZ) — Vigilius Mountain Resort
La Salle (AO) — Mont Blanc Hotel Village
Lecce (LE) — Hilton Garden Inn
Levanto (SP) — Park Hotel Argento
Levico
Terme (TN) — Al Sorriso Green Park
Levico
Terme (TN) — Grand Hotel Imperial
Lido di Camaiore (LU) — Caesar
Lido
di Camaiore (LU) — UNA Hotel Versilia
Lignano Sabbiadoro (UD) — Florida
Lignano Sabbiadoro/
Lignano Pineta (UD) — Greif
Limone
Piemonte (CN) — Grand Palais Excelsior
Limone
sul Garda (BS) — Park Hotel Imperial
Livigno (SO) — Baita Montana
Livigno (SO) — Lac Salin Spa i Mountain Resort
Macerata (MC) — Le Case
Madesimo (SO) — Andossi
Madesimo (SO) — Il Cantinone e Sport Hotel Alpina
Madonna
di Campiglio (TN) — Cristal Palace
Madonna
di Campiglio (TN) — Lorenzetti
Malcesine (VR) — Maximilian
Malles Venosta/
Burgusio (BZ) — Weisses Kreuz
Manfredonia (FG) — Regio Hotel Manfredi

Mantello (SO) — La Fiorida
Maratea/ Fiumicello
Santa Venere (PZ) — Santavenere
Marlengo (BZ) — Jagdhof
Marlengo (BZ) — Marlena
Marlengo (BZ) — Oberwirt
Martina Franca (TA) — Relais Villa San Martino
Massa Lubrense (NA) — Bellavista
Merano (BZ) — Adria
Merano (BZ) — Alexander
Merano (BZ) — Ansitz Plantitscherhof
Merano (BZ) — Castel Rundegg Hotel
Merano (BZ) — Meister's Hotel Irma
Merano (BZ) — Meranerhof
Merano (BZ) — Park Hotel Mignon
Merano (BZ) — Pienzenau am Schlosspark
Merano (BZ) — Therme Meran
Merano/
Freiberg (BZ) — Castel Fragsburg
Mezzana (TN) — Val di Sole
Milano (MI) — Bulgari
Milano (MI) — Grand Visconti Palace
Milano (MI) — Park Hyatt Milano
Milano (MI) — Principe di Savoia
Moena (TN) — Alle Alpi
Molveno (TN) — Alexander
Molveno (TN) — Belvedere
Monguelfo/ Tesido (BZ) — Alpenhof
Monsummano
Terme (PT) — Grotta Giusti
Montecatini
Terme (PT) — Grand Hotel e La Pace
Montefiridolfi (FI) — Agriturismo Fonte de' Medici
Montegrotto
Terme (PD) — Continental Terme
Montegrotto
Terme (PD) — Garden Terme
Montegrotto
Terme (PD) — Grand Hotel Terme
Montegrotto
Terme (PD) — Terme Olimpia
Montegrotto
Terme (PD) — Terme Sollievo
Montignoso/
Cinquale (MS) — Villa Undulna
Mules (BZ) — Stafler
Naturno (BZ) — Feldhof
Naturno (BZ) — Funggashof
Naturno (BZ) — Lindenhof
Naturno (BZ) — Preidlhof
Noicattaro (BA) — UNA Hotel Regina
Novacella (BZ) — Pacherhof
Nova Levante (BZ) — Engel
Nova Ponente (BZ) — Pfösl
Ortisei (BZ) — Adler Dolomiti i Adler Balance

Per saperne di più

Further information

L'olio d'oliva e la cucina italiana :
Un matrimonio d'amore

Almeno quanto il vino, l'olio sta attraversando un momento di eccezionale fortuna in Italia e nel mondo. E come il vino ben rappresenta il nostro paese: dal lago di Garda alla Sicilia, la coltivazione dell'olivo è presente in quasi tutte le regioni declinandosi in un numero di varietà che ben rispecchia la vocazione tradizionale e locale del Belpaese.

Diverse sono le ragioni di tanto successo. La bontà del prodotto è amplificata dalla varietà di utilizzi: pasta, carne, pesce, ora perfino i dolci dei cuochi più creativi, sono tutti esaltati da questo "matrimonio all'italiana". Ma negli ultimi anni l'olio è diventato anche un elemento immancabile nelle diete, se ne scoprono ogni giorno virtù nutrizionali e terapeutiche, da sempre consigliato nelle fritture è comparso ora anche nei centri benessere in olio-terapie.

Dovunque andrete, utilizzando la guida, lo troverete sempre in tavola!

Olive oil and Italian cooking :
a marriage made in heaven

Like wine, olive oil is experiencing a time of exceptional good fortune in Italy and throughout the world. And like wine, it represents our country very well indeed: olives are cultivated in almost all the regions, from Lake Garda to Sicily, and the number of varieties mirrors well the traditional and local vocation of the Beautiful Country.

There are many reasons for such success. The flavour of the product is increased by its many different uses: pasta, meat, fish, now even sweet dishes made by the most creative cooks, are all enhanced by this "Italian-style marriage". Over the last few years, olive oil has even become an essential part of diets, and each day brings new discoveries of its nutritional and therapeutic virtues. It has always been recommended for fried food and now it is found in wellness centres as oil-therapy.

Wherever this guide takes you, you will always find it on the table!

La Pasta,
uno stile di vita made in Italy

Quanto dobbiamo essere grati alla pasta? Fuori dall'Italia, è l'ambasciatrice della cucina italiana nel mondo; nello stivale, unisce il paese da nord a sud. Non c'è regione, spesso provincia o persino comune, che non abbia il suo formato. Mille sono le varianti: forgiate dalle mani delle sfogline o dalle trafile in bronzo di esperti artigiani, la fantasia, in ogni caso, non conosce limiti. Come gli ingredienti: grano tenero, duro, integrale, saraceno, c'è anche la pasta di farro e persino di riso. La stessa lingua idiomatica ne ha preso atto e si chiede di che pasta sei fatto. Ma non basta: la pasta si presta ad essere anche colorata ed aromatizzata, e può essere consumata fresca o secca. Infiniti, poi, sono i condimenti. Perché la pasta, proprio come gli italiani, è duttile e flessibile, va incontro a tutti, sposandosi con ogni tipo di sugo, che sia di verdura, pesce o carne. Come gli italiani, è informale e disponibile, si prepara in pochi minuti e senza difficoltà. E, soprattutto, è conviviale: sempre pronta ad esaltare una serata in compagnia, la sua presenza inaugura sorrisi e buon umore. La pasta è l'Italia.

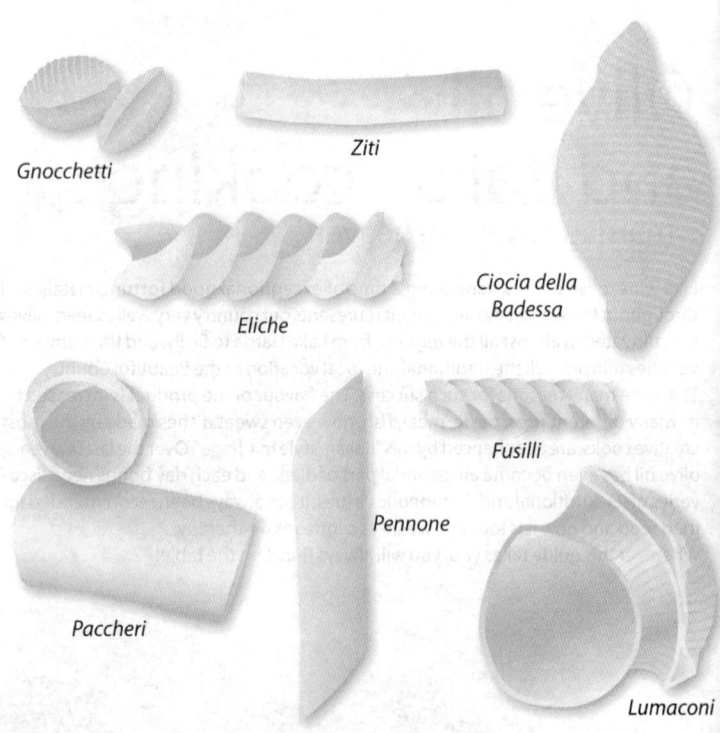

Gnocchetti

Ziti

Ciocia della Badessa

Eliche

Fusilli

Pennone

Paccheri

Lumaconi

Pasta,
a lifestyle made in Italy

How much grateful should Italians be to pasta? Out of country, pasta is the ambassador of Italian cuisine in the world; in the "Stivale", pasta unites the country from north to south, for there is no region, province or even town that doesn't boast its shape of pasta. Thousand of variants are to be found: moulded by the hands of the sfogline (the women who knead pasta in the Bologna area) or by the bronze draw-plates of skilled craftsmen, imagination knows no limits. Just like the ingredients: plain flour, hard corn, buckwheat, wholemeal, you may even get pasta made with belt or rice meal. Everyday Italian language acknowledges all this very well when asking "what kind of pasta are you made of"? But that 's not all: pasta can even be coloured and aromatized, and can be sold fresh or dried. The seasonings are countless. Because pasta, just like Italians, is ductile and flexible, it welcomes everyone and combines with every kind of sauce, may it be prepared with vegetables, fish or meat. Like Italians, pasta is informal and ready at hand, it cooks in few minutes and with no difficulty. And, most of all, pasta is convivial: it brings joy to a party with friends, its presence kicks off smiles and good humour. Pasta is Italy.

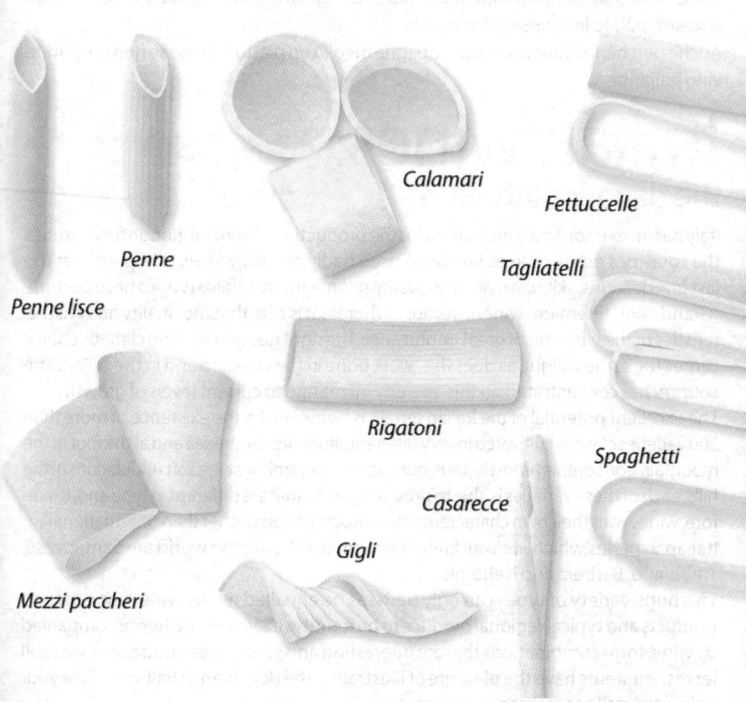

Calamari

Fettuccelle

Penne

Tagliatelli

Penne lisce

Rigatoni

Spaghetti

Casarecce

Gigli

Mezzi paccheri

I vini d'Italia :
il sapore del sole

L'Italia è un paese straordinariamente vocato alla produzione vinicola, se per secoli tanta ricchezza territoriale è stata poco o male sfruttata, da alcuni decenni la sapiente ricerca di qualità ha permesso ai vini nazionali di divenire Grandi Vini, perché se è vero che grande importanza hanno la qualità e le caratteristiche del vitigno, altrettanto peso hanno la giusta scelta geografica e climatica e allo stesso modo il "lavoro in vigna ed in cantina" su cui il paese si è concentrato crescendo sino ai livelli attuali.

L'eccellente potenzialità del territorio italiano, d'altra parte, è testimoniata dall'esistenza di oltre 300 varietà di vitigni coltivati nelle situazioni più disparate, vicino al mare piuttosto che ai piedi delle montagne, nelle isole del profondo sud, ma anche tra le morbide sinuosità delle colline, ognuna di queste varietà è capace di produrre uve di tipo diverso e, quindi, vini -autoctoni piuttosto che di taglio più internazionale- dalle caratteristiche proprie.

Vitigni italiani diffusi e conosciuti in tutto il mondo sono il Sangiovese, il Trebbiano il Barbera o il Nebbiolo.

Questa grandissima varietà di tipologie è uguagliata forse soltanto dall'ampio ventaglio di prodotti alimentari e tipicità regionali che formano le importanti diversità dello stivale e che permettono abbinamenti col vino interessanti quando non addirittura emozionanti: lasciamo ai ristoratori il piacere di illustrarvene i dettagli e, soprattutto, al vostro palato la curiosità di scoprirli.

Anche perché, in fondo, cosa accompagna meglio un piatto italiano se non un grande vino italiano?

Italian wines:
the flavour of the sun

Italy has an extraordinary inclination for the production of wine, although for centuries the country's rich resources had been used badly or hardly at all. However, over the last few decades, skilful striving for quality has meant that Italian wines have become "Grandi Vini" (Premium wines), because whereas it is true that the quality and characteristics of the vines are of great importance, the right geographic and climatic choice carries the same weight, as does the "work done in the vineyard and in the cellar". The country has concentrated on this, thereby increasing to current levels of growth.

The excellent potential of the Italian terrain is borne out by the existence of more than 300 varieties of vines cultivated in very different situations, by the sea and at the foot of the mountains, on southernmost islands, but also nestling amongst the soft undulations of the hills: each of these varieties is able to produce grapes that are different in type and, therefore, wines with their own characteristics – autochthonous rather than "international".

Italian varieties which are well known and found all over the world are Sangiovese, Trebbiano, Barbera and Nebbiolo.

This huge variety of types can only perhaps be equalled by the wide range of food products and typical regional produce to be found in Italy, which, when accompanied by wine, form combinations that are interesting and sometimes enthralling: we shall let restaurateurs have the pleasure of illustrating the details and shall also allow your palate the delight of discovering them.

After all, what better than a wonderful Italian wine to accompany an Italian dish?

Scegliere un buon vino

Choosing a good wine

	1995	1996	1997	1998	1999	2000	2001	2004	2005	2006	2007	2008
Barbaresco	🍇	🍇	🍇	🍇	🍇	🍇	🍇	🍇	🍇	🍇	🍇	🍇
Barolo	🍇	🍇	🍇	🍇	🍇	🍇	🍇	🍇	🍇	🍇	🍇	🍇
Franciacorta	🍇	🍇	🍇	🍇	🍇	🍇	🍇	🍇	🍇	🍇	🍇	🍇
Chianti Classico	🍇	🍇	🍇	🍇	🍇	🍇	🍇	🍇	🍇	🍇	🍇	🍇
Brunello Di Montalcino	🍇	🍇	🍇	🍇	🍇	🍇	🍇	🍇	🍇	🍇	🍇	🍇
Nobile Di Montepulciano	🍇	🍇	🍇	🍇	🍇	🍇	🍇	🍇	🍇	🍇	🍇	🍇
Amarone	🍇	🍇	🍇	🍇	🍇	🍇	🍇	🍇	🍇	🍇	🍇	🍇
Sagrantino Di Montefalco	🍇	🍇	🍇	🍇	🍇	🍇	🍇	🍇	🍇	🍇	🍇	🍇

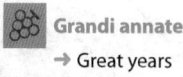 **Grandi annate**
→ Great years

 **Buone annate**
→ Good years

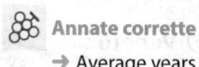 **Annate corrette**
→ Average years

Le grandi annate dal 1970 al 1990 :
→ The greatest vintages since 1970

1970 1971 1974 1978 1980 1982 1983 1985 1988 1990

Vini e Specialità Regionali

Vineyards & Regional Specialities

Amarone
Franciacorta
⑥
Trento
④
①
Aosta
Milano
⑤
Torino
②
③
⑧
Genova
Bologna
Firenze
⑨
Barbaresco / Barolo
Perugia
Brunello Di Montalcino
ROMA
⑱
Cagliari

① Valle d'Aosta :

Carbonada, Fonduta alla valdostana

② Piemonte :

Peperone farcito, bagna càöda, Ravioli del plin, Vitello tonnato, Tajarin con tartufo bianco d'Alba, Brasato al Barolo, Bonèt

③ Liguria :

Trofie al pesto, Pansotti con salsa di noci, Cappon magro, Coniglio arrosto alla ligure

④ Lombardia :

Risotto allo zafferano, Tortelli di zucca, Casônsèi, Pizzoccheri alla valtellinese, Cotoletta alla milanese, Pesce in carpione, Casoeûla, Panettone

⑤ Veneto :

Risotto alla marinara, Bigoli in salsa, Pasta e fagioli, Baccalà alla vicentina, Sarde in saòr, Fegato alla veneziana

⑥ Trentino alto Adige :

Canéderli, Capriolo con salsa ai frutti di bosco, Stinco di maiale con crauti, Strudel

⑦ Friuli Venezia Giulia :

Zuppa d'orzo, Cialzóns

⑧ Emilia Romagna :

Pisari e fasö, Lasagne, Tagliatelle con ragù alla bolognese, Tortellini in brodo, Fritto misto di pesce, Bollito misto, Zuppa Inglese

⑨ Toscana :

Pappa al pomodoro, Pappardelle con la lepre, Ribollita, Triglie alla livornese, Caciucco, Costata alla fiorentina, Cantucci

⑩ Umbria :

Stringozzi al tartufo nero di Norcia, Zuppa di lenticchie, Trota alla griglia, Piccione allo spiedo

⑪ Marche :

Olive all'ascolana, Stoccafisso in potacchio, Brodetto, Coniglio in porchetta

⑫ Abruzzo-Molise :

Maccheroni alla chitarra, Agnello allo zafferano, Pecora bollita

⑬ Lazio :

Bucatini alla amatriciana, Spaghetti alla carbonara, Carciofi alla romana, Coda alla vaccinara, Trippa alla romana

⑭ Campania :

Paccheri con ragù alla napoletana, Zite con ragù alla genovese, Pizze e calzoni, Sartù di riso, Polpo affogato, Sfogliatelle, Babà, Pastiera

⑮ Puglia :

Frutti di mare crudi, Orecchiette con cime di rapa, Minestra di fave e cicoria, Agnello al forno, Seppie ripiene

⑯ Basilicata :

Pasta e ceci, Baccalà alla lucana, Maiale con peperonata

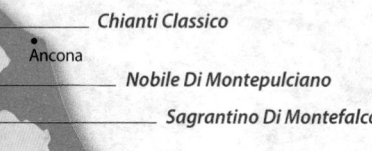

Chianti Classico

Nobile Di Montepulciano

Sagrantino Di Montefalco

• Trieste

⑦

Ancona

L'Aquila

⑫

Campobasso

Napoli ⑭ ⑮ Bari

• Potenza

⑯

⑰

Catanzaro

Palermo

⑲

⑰ Calabria :

Pasta con sardella, Baccalà alla calabrese, Cinghiale in umido

⑱ Sardegna :

Gnocchetti sardi allo zafferano, Aragosta bollita, Maialino alla brace, Sebadas

⑲ Sicilia :

Pasta con le sarde, Pasta alla Norma, Cous-cous alla trapanese, Involtini di pesce spada, Cannoli, Cassata

63

DOPO LA GUIDA MICHELIN, SCOPRI IL GRUPPO MICHELIN

MICHELIN
Il modo migliore di avanzare

L'avventura Michelin

Tutto inizia con tante, piccole sfere di gomma! È quello che produce, intorno al 1880, la piccola impresa ereditata da André e Édouard Michelin, situata a Clermont-Ferrand, nel cuore della Francia. I due fratelli comprendono molto in fretta le potenzialità dei nuovi mezzi di trasporto. L'invenzione dello pneumatico smontabile per biciclette è il loro primo successo. Ma è con l'automobile che i Michelin offrono la piena misura della loro creatività. Nel corso del XX sec., Michelin non ha mai smesso di innovare per creare pneumatici in grado di offrire un'affidabilità e prestazioni sempre più elevate, con una gamma che spazia dal trasporto pesante alla Formula 1 e dalle metropolitane agli aerei.

Molto presto, Michelin propone ai suoi clienti una serie di strumenti e servizi destinati a facilitare i loro spostamenti, a renderli più piacevoli... e più frequenti. Dal 1900, la Guida Michelin fornisce agli automobilisti tutte le informazioni per la manutenzione dei veicoli e per trovare un albergo o un ristorante. La Guida diventerà in seguito il testo di riferimento nel campo della gastronomia. Contemporaneamente, l'Ufficio Itinerari offre ai viaggiatori una serie di consigli utili editinerari personalizzati.

Nel 1910, la prima collezione di carte stradali riscuote un immediato successo! Nel 1926, una prima guida regionale invita a scoprire le più belle località della Bretagna. Rapidamente, ogni regione francese ha la sua Guida Verde. La collezione si apre in seguito a destinazioni più lontane (da New York nel 1968... a Taiwan nel 2011).

Nel 21 sec, con l'avvento dei supporti digitali, le carte e le guide Michelin continuano ad accompagnare il pneumatico, confrontandosi con nuove sfide. Oggi come ieri, la missione di Michelin resta il supporto alla mobilità, al servizio di chi viaggia.

MICHELIN OGGI

NUMERO UNO MONDIALE DEGLI PNEUMATICI

- 70 stabilimenti di produzione in 18 Paesi
- 111.000 dipendenti di ogni provenienza culturale, su tutti i continenti
- 6.000 dipendenti nei centri di Ricerca e Sviluppo

Avanzare
un mondo in cui

Avanzare meglio vuol dire innanzitutto innovare, per elaborare pneumatici che offrano uno spazio di frenata più corto e una migliore aderenza su qualsiasi fondo stradale. Ma significa anche aiutare gli

LA PRESSIONE GIUSTA

UNA CORRETTA PRESSIONE

- Migliora la sicurezza
- Prolunga la vita degli pneumatici
- Ottimizza il consumo di carburante

-0,5 bar

- Durata di vita degli pneumatici ridotta del 20% (- 8.000 km)

-1 bar

- Rischio di esplosione
- Aumento del consumo di carburante
- Spazio di frenata aumentata su fondo bagnato

insieme verso
la mobilità è più sicura

automobilisti a prendersi cura della propria sicurezza e dei propri pneumatici.

Per questo, Michelin organizza ovunque nel mondo le operazioni "Fate il pieno d'aria", per ricordare a tutti che una corretta pressione degli pneumatici è d'importanza vitale.

L'USURA

COME INDIVIDUARE L'USURA

La profondità minima delle scanalature è fissata per legge a 1,6 mm.

I produttori hanno munito gli pneumatici di indicatori di usura: si tratta di panetti di gomma alti 1,6 mm, fissati in fondo alle scanalature.

Gli pneumatici costituiscono l'unico punto di contatto fra il veicolo e la strada.

Ecco una fotografia dell'area di contatto reale

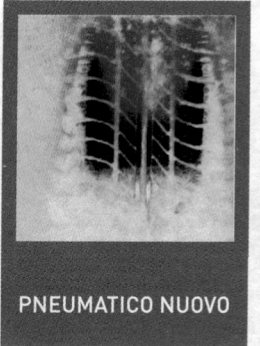

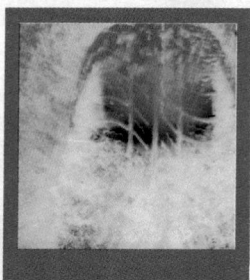

Al di sotto di questo valore, gli pneumatici sono considerati lisci e pericolosi su fondo bagnato

PNEUMATICO NUOVO

PNEUMATICO USURATO
(scanalatura 1,6 mm)

Avanzare meglio
significa sviluppare una mobilità sostenibile

Ogni giorno, Michelin innova per dimezzare entro il 2050 la quantità di materie prime utilizzate nella fabbricazione degli pneumatici e sviluppa nelle sue fabbriche l'utilizzazione di energie rinnovabili. La progettazione degli pneumatici MICHELIN permette già di risparmiare miliardi di litri di carburante e quindi miliardi di tonnellate di CO_2.

Allo stesso modo, Michelin ha scelto di stampare le sue pubblicazioni su "carta proveniente da foreste gestite in modo sostenibile".

L'ottenimento della certificazione ISO14001 è la prova del suo pieno impegno per un approccio sostenibile, nel quotidiano.

Un impegno che Michelin conferma diversificando i suoi supporti editoriali e proponendo soluzioni digitali per trovare più facilmente la strada giusta, consumare meno carburante... e fare che il viaggio sia sempre un piacere!

Perché, come te, Michelin si impegna per la protezione del nostro pianeta.

Contatta BIBENDUM

Appuntamento su
www.michelin.com/corporate/fr
Per scoprire tutte le novità e la
storia di Michelin.

QUIZ

Michelin sviluppa pneumatici per ogni tipo di veicoli.
Divertiti ad individuare gli pneumatici giusti...

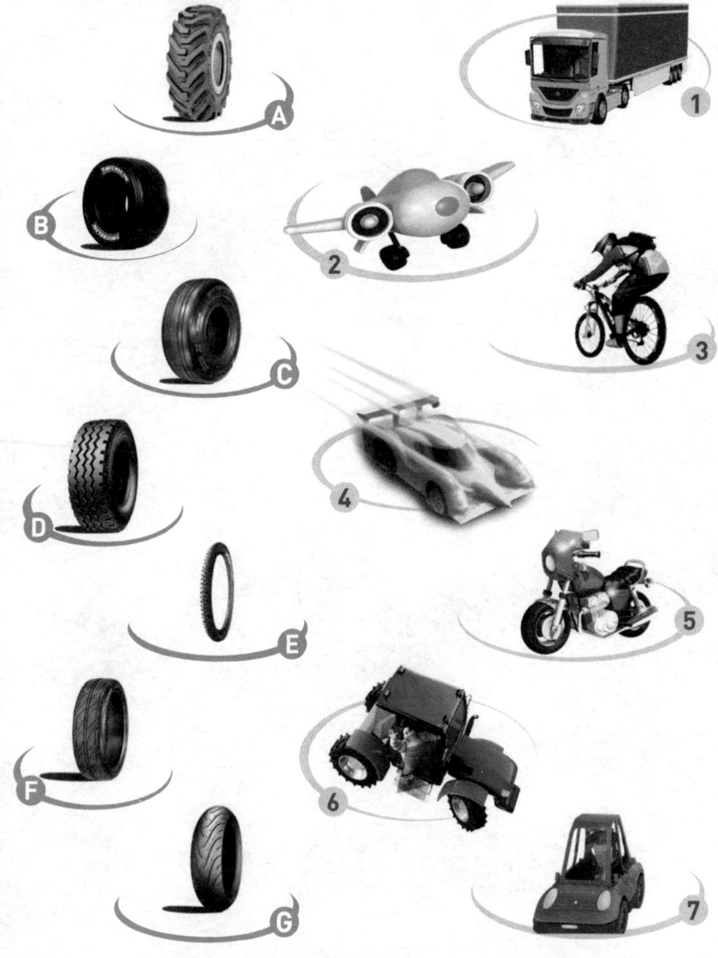

A

1

B

2

3

C

4

D

5

E

6

F

G

7

Città
da A a Z

Towns
from A to Z

▶ Roma 485 – Padova 11 – Ferrara 69 – Milano 246

🛈 via Pietro d'Abano 18, 𝒞 049 8 66 90 55, www.turismopadova.it

🏯🏯🏯 **Abano Grand Hotel**   🕭 ⅅ 🔽 🚬 🛋 🏧 ♨ 🎽 🖭 🔥 cam, 🕭 🛥 ⅀ 🕈 🛆 **P**

via Valerio Flacco 1 – 𝒞 04 98 24 81 00   🚗 🗺 ⓪⓪ Æ ⓪ 🚿

– www.gbhotelsabano.it – chiuso dal 1° luglio al 3 agosto   BY**h**

187 cam 🖵 – ♦150/205 € ♦♦280/340 € – 8 suites – ½ P 157 €

Rist – Carta 43/91 €

♦ Un ameno parco vi introdurrà in questo esclusivo hotel dagli ambienti in raffinato stile impero, ampie camere e centro benessere-termale di alto livello. Maestosa e sofisticata la sala da pranzo, i classici italiani in menu.

🏯🏯🏯 **Due Torri**   🕭 ⅅ 🔽 🚬 🛋 🏧 ♨ 🎽 🖭 🔥 cam, 🕭 🛥 🕈 **P** 🚗 🗺 ⓪⓪ Æ ⓪ 🚿

via Pietro d'Abano 18 – 𝒞 04 98 63 21 00 – www.gbhotelsabano.it – chiuso

dall'8 gennaio al 23 marzo   AZ**b**

136 cam 🖵 – ♦110/140 € ♦♦200/250 € – 12 suites – ½ P 127 €

Rist – Menu 40 € bc/80 € bc

♦ Collocato in una posizione centrale invidiabile, abbracciato dal verde del giardino-pineta, hotel storico con eleganti arredi classicheggianti e piacevoli spazi comuni. Ariosa sala ristorante, sorretta da colonne, attraverso cui ammirare il bel giardino.

🏯🏯🏯 **Mioni Pezzato**   🕭 ⅅ 🌂 🔽 🚬 🏧 🛋 🛋 🏧 ♨ 🍴 🖭 🔥 cam, 🕭 🛥 rist, **P**

via Marzia 34 – 𝒞 04 98 66 83 77   🗺 ⓪⓪ Æ ⓪ 🚿

– www.hotelmionipezzato.com – chiuso dall'8 al 23 dicembre e dal 10 gennaio

al 12 febbraio   AZ**u**

176 cam 🖵 – ♦107/117 € ♦♦190/230 € – 4 suites – ½ P 105 €

Rist – Menu 37/120 €

♦ Conduzione signorile in un grande albergo all'interno di un bel parco-giardino con piscina termale, eccellente beauty center e salotto in stile inglese. Nella signorile sala da pranzo, gustose specialità italiane.

🏯🏯🏯 **Bristol Buja**   ⅅ 🌂 🔽 🚬 🏧 🛋 🛋 ♨ 🎽 🖭 🔥 cam, ♿️ 🕭 🛥 🛥 rist, 🕈 🛆

via Monteortone 2 – 𝒞 04 98 66 93 90   **P** 🗺 ⓪⓪ Æ ⓪ 🚿

– www.bristolbuja.it – chiuso dal 22 gennaio all'11 marzo   AY**g**

139 cam 🖵 – ♦107/143 € ♦♦196/246 € – 15 suites – ½ P 128 €

Rist – Menu 38/42 €

♦ Albergo signorile improntato a quell'indiscussa eleganza che soltanto un'esperta, pluriennale, gestione familiare può garantire. Una struttura dove prendersi cura del corpo e rinfrancarsi lo spirito. Il ristorante coniuga sapientemente cucina tradizionale veneta e suggestioni gastronomiche internazionali.

🏯🏯🏯 **President**   🚗 🌂 🔽 🚬 🏧 🛋 🛋 ♨ 🎽 🖭 🕭 🛥 rist, 🕈 **P** 🗺 ⓪⓪ Æ ⓪ 🚿

via Montirone 31 – 𝒞 04 98 66 82 88 – www.presidentterme.it – chiuso

dal 22 novembre al 25 dicembre   AY**t**

106 cam 🖵 – ♦100/120 € ♦♦180/250 € – 9 suites – ½ P 170 €

Rist – Menu 40/50 €

♦ Ambiente di classe in una residenza prestigiosa nel cuore verde della città: mobili in stile, validi servizi e camere ben accessoriate. Una panoplia di proposte nella splendida Spa: piscine termali, zona idrorelax, palestra attrezzata Technogym, ed altro ancora.

🏯🏯🏯 **Tritone Terme**   ⅅ 🔽 🚬 🏧 🛋 ♨ 🍴 🖭 🔥 cam, 🕭 🛥 🕈 **P**

via Volta 31 – 𝒞 04 98 66 80 99 – www.termetritone.it   🗺 ⓪⓪ Æ 🚿

116 cam 🖵 – ♦100/126 € ♦♦142/170 € – 7 suites – ½ P 114 €   BZ**e**

Rist – Menu 35/40 €

♦ A pochi passi dal centro storico, esclusività e confort in un hotel che vanta ottimi servizi. Camere spaziose ed accoglienti, recentemente rinnovate. Cucina classica per un ristorante, dove sembra di poter toccare la vegetazione attraverso le finestre.

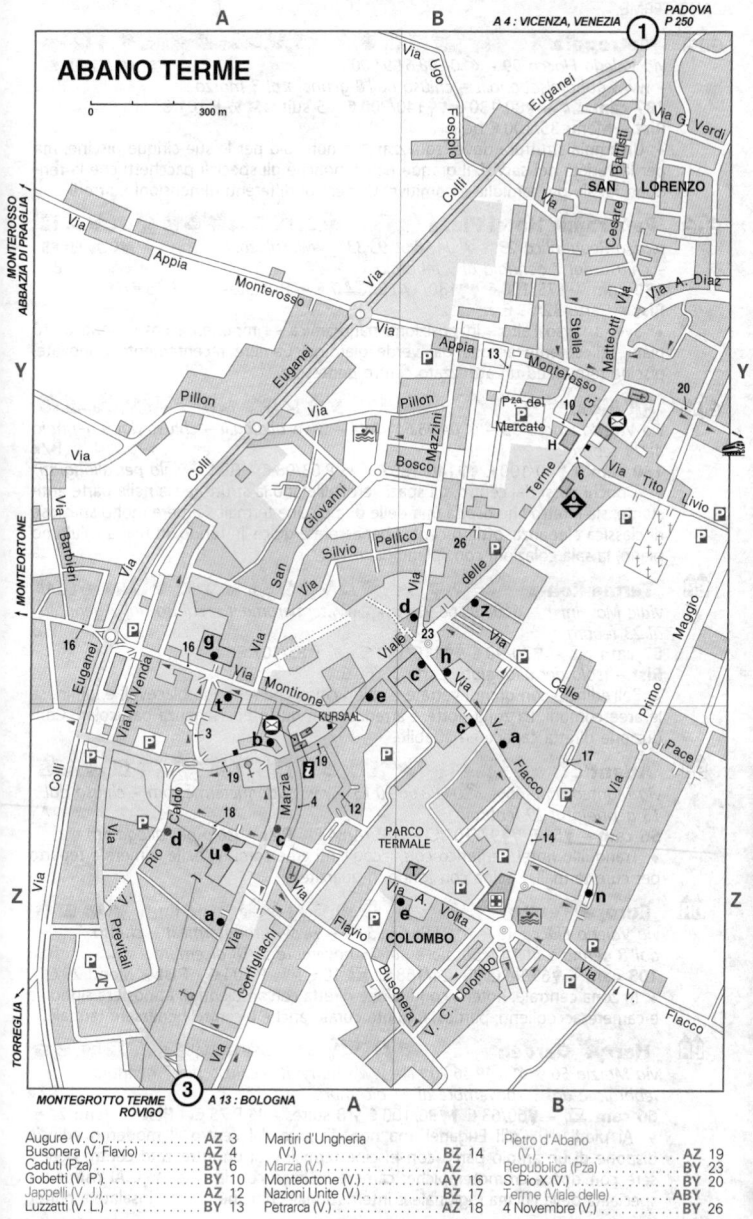

ABANO TERME

0   300 m

Metropole 🚗 ⅃ 🖾 ⊛ 🕸 ↳ ⚘ ℀ 🕼 ⛲ ⚐ 🝙 rist, 🍴 🛁 🅿 🚐
via Valerio Flacco 99 – ℰ *04 98 61 91 00*　　　　　 𝖵𝖨𝖲𝖠 ⊕⊛ 𝖠𝖤 ⓞ 💲
– www.gbhotelsabano.it – chiuso dall'8 gennaio al 3 marzo　　　　BZn
187 cam ⌁ *–* 🛊80/130 € 🛊🛊140/200 € *– 5 suites – ½ P 101 €*
Rist *– Menu 35/100 € bc*
 ♦ Un'ampia struttura dove "sguazzare", e non solo per le sue cinque piscine, ma per la varietà dei servizi, il grande parco, nonché gli speciali pacchetti che la rendono ideale per famiglie e comitive. Camere di differenti dimensioni e arredi.

Panoramic Hotel Plaza 🚗 ⅃ 🖾 ⊛ 🕸 ↳ ⚘ 🕼 🝙 rist, 🍴 🛁 🅿
piazza Repubblica 23 – ℰ *04 98 66 93 33 – www.plaza.it*　　　 𝖵𝖨𝖲𝖠 ⊕⊛ 𝖠𝖤 💲
– chiuso dal 7 gennaio al 9 febbraio　　　　　　　　　　　BYc
130 cam *–* 🛊75/100 € 🛊🛊130/170 €, ⌁ 7 € *– 18 suites – ½ P 95 €*
Rist *– Carta 32/69 €*
 ♦ Svetta verso l'alto - in posizione panoramica - l'imponente costruzione di 10 piani, felicemente accolta dal verde giardino. Camere recentemente rinnovate, piscine termali ed un attrezzato centro benessere.

All'Alba 🚗 ⅃ 🖾 ⊛ 🕸 ↳ ⚘ 🕼 ⚐ 🝙 ℀ rist, 🍴 🚐 𝖵𝖨𝖲𝖠 ⊕⊛
via Valerio Flacco 32 – ℰ *04 98 66 92 44 – www.allalba.it – chiuso dal 9 gennaio all'11 febbraio*
180 cam *–* 🛊80/100 € 🛊🛊140/180 € *– ½ P 83/98 €*　**Rist** *– (solo per alloggiati)* 　BZc
 ♦ A pochi passi dal centro, gli spazi verdi allietano la struttura sia nella parte antistante, sia il retro che ospita una delle due piscine termali. Camere molto spaziose di classica eleganza, ottimo centro benessere e dulcis in fundo, in realtà all'ultimo piano, la sala colazioni con splendida vista.

Terme Roma 🚗 ⅃ 🖾 ⊛ 🕸 ↳ ⚐ 🝙 ⚐ cam, 🕼 ℀ rist, 🍴 🅿 𝖵𝖨𝖲𝖠 ⊕⊛ 𝖠𝖤 💲
viale Mazzini 1 – ℰ *04 98 66 91 27 – www.termeroma.it – chiuso dal 7 gennaio al 23 febbraio*　　　　　　　　　　　　　　BYd
87 cam ⌁ *–* 🛊70/90 € 🛊🛊110/140 € *– ½ P 85/107 €*
Rist *– (solo per alloggiati)* Carta 33/60 €
 ♦ Bell'edificio con grandi vetrate e colori chiari che rendono piacevoli e luminose le aree comuni. La zona notte è arredata con gusto ed eleganza particolari. Conduzione diretta capace ed affabile.

Atlantic 🚗 ⅃ 🖾 ⊛ 🕸 ↳ ⚘ 🕼 🝙 ℀ rist, 🍴 𝖵𝖨𝖲𝖠 ⊕⊛ 💲
via Monteortone 66 – ℰ *04 98 66 90 15 – www.atlanticterme.com – chiuso dal 15 gennaio al 29 febbraio*　　　　　　　　　　　AY
56 cam *–* 🛊56 € 🛊🛊97/107 € *– ½ P 74/84 €*　**Rist** *– (solo per alloggiati)*
 ♦ Tranquillo hotel periferico con accoglienti aree comuni, belle camere e reparto per cure termali. Piscina con fondo in quarzite.

Europa Terme 🚗 ⅃ 🖾 ⊛ 🕸 ↳ ⚐ cam, 🕼 ℀ rist, 🍴 𝖵𝖨𝖲𝖠 ⊕⊛ 𝖠𝖤 💲
via Valerio Flacco 13 – ℰ *04 98 66 95 44 – www.europaterme.it – chiuso dall'8 gennaio al 10 febbraio e dal 25 novembre al 18 dicembre*　　BZa
103 cam *–* 🛊68/94 € 🛊🛊124/168 €, ⌁ 10 € *– ½ P 104 €*　**Rist** *– Menu 29 €*
 ♦ In zona centrale, hotel a conduzione diretta con ambienti di atmosfera signorile e camere accoglienti; particolarmente curato anche il centro benessere-termale.

Harrys' Garden 🚗 ⚐ ⅃ 🖾 ⊛ 🕸 ↳ ⚘ 🝙 🕼 ℀ rist, 🍴 🅿 𝖵𝖨𝖲𝖠 ⊕⊛ 💲
via Marzia 50 – ℰ *0 49 66 70 11 – www.harrys.it – chiuso dal 7 gennaio a febbraio e dal 30 novembre al 21 dicembre*　　　　　　AZa
66 cam ⌁ *–* 🛊60/63 € 🛊🛊96/100 € *– 8 suites – ½ P 75 €*　**Rist** *– Menu 24 €*
 ♦ Ai piedi dei Colli Euganei, ma non distante dal centro, il moderno edificio dispone di un ampio parco con piscine termali e di un attrezzato centro benessere con docce cromoterapiche; camere in linea con la categoria. Al ristorante: specialità della cucina regionale e internazionale, nonché fresche insalate a buffet.

Principe 🚗 ⅃ 🖾 ⊛ 🕸 ⚘ 🝙 🕼 ℀ rist, 🅿 𝖵𝖨𝖲𝖠 ⊕⊛ 💲
viale delle Terme 87 – ℰ *04 98 60 08 44 – www.principeterme.com – chiuso dal 10 al 21 dicembre e dal 9 gennaio al 17 marzo*　　　　BYz
70 cam ⌁ *–* 🛊84/90 € 🛊🛊130/134 € *– ½ P 70 €*　**Rist** *– Menu 35 €*
 ♦ Felicemente posizionato sulla via del passeggio e a due passi dal centro, hotel dall'attenta conduzione diretta, con camere e ambienti di tono signorili.

⌂ **Terme Milano**　　🚗 ⊼ 🖵 *La* ⊕ ✕ 🖥 ⑤ cam, 🕰 ⅍ rist, **P** 𝗩𝗜𝗦𝗔 ⊙⊙ ⑤

viale delle Terme 169 – ℰ 04 98 66 94 44 – www.termemilano.it – chiuso dal 1° al
22 dicembre e dal 6 gennaio al 3 marzo　　　　　　　　　　　　　　AY**e**
89 cam ⬜ – ♦55/85 € ♦♦90/140 € – ½ P 67/97 €
Rist – *(solo per alloggiati)* Menu 28 €
♦ In pieno centro, nell'area pedonale della località, gestione diretta per un
albergo dai classici confort.

✗✗ **Aubergine**　　　　　　　　　🛖 🕰 **P** 𝗩𝗜𝗦𝗔 ⊙⊙ 🔼 ⑤

via Ghislandi 5 – ℰ 04 98 66 99 10 – www.aubergine.it – chiuso 10 giorni in
febbraio, dal 15 al 30 luglio e martedì　　　　　　　　　　　　　AZ**d**
Rist – Carta 30/42 €
♦ Piatti ispirati alla stagione e al territorio, sia di terra, sia di mare, in un ristorante-pizzeria dalla calda atmosfera. Il centro dista solo pochi passi.

✗✗ **La Scala**　　　　　　　　　　　　　🕰 ⅍ 𝗩𝗜𝗦𝗔 ⊙⊙ ⑤

via Marzia 33 – ℰ 04 98 63 03 06 – www.lascalabar.com – chiuso lunedì
Rist – Carta 39/101 €　　　　　　　　　　　　　　　　　　　AZ**c**
♦ Amanti del pesce, avete trovato l'indirizzo che fa per voi: lasciato il cocktail bar
a livello strada, al primo piano vi attende un ambiente dall'atmosfera modernamente signorile dove gustare tante specialità ittiche.

ABBADIA LARIANA – Lecco (LC) – **561** E10 – 3 256 ab. – alt. 204 m　　**16** B2
– ✉ 23821

▸ Roma 636 – Como 39 – Bergamo 43 – Lecco 8

⌂⌂ **Park Hotel** senza rist　　⟨ 🚗 ⌧ 🖥 ⑤ 🕰 ⅍ ⑨ 🏊 **P** 𝗩𝗜𝗦𝗔 ⊙⊙ 🔼 ⑩ ⑤

via Nazionale 142 – ℰ 03 41 70 31 93 – www.parkhotelabbadia.com
28 cam ⬜ – ♦75/89 € ♦♦90/148 €
♦ Struttura di recente realizzazione all'entrata della località, adatta sia per una
clientela turistica che d'affari; accoglienti interni di taglio moderno, giardino sul
lago.

ABBAZIA – Vedere nome proprio dell'abbazia

ABBIATEGRASSO – Milano (MI) – **561** F8 – 31 578 ab. – alt. 120 m　　**18** A2
– ✉ 20081

▸ Roma 590 – Alessandria 80 – Milano 24 – Novara 29

✗✗ **Il Ristorante di Agostino Campari**　　🛖 🕰 ⇔ **P** 𝗩𝗜𝗦𝗔 ⊙⊙ ⑩ ⑤

via Novara 81 – ℰ 0 29 42 03 29 – www.agostinocampari.com – chiuso dal 26 al
31 dicembre, 3 settimane in agosto e lunedì
Rist – Carta 33/54 €
♦ Curato ambiente familiare, disponibilità e cortesia in un locale classico con servizio estivo all'ombra di un pergolato. Specialità della casa: il carrello degli arrosti
e dei bolliti.

ABETONE – Pistoia (PT) – **563** J14 – 692 ab. – alt. 1 388 m – Sport　　**28** B1
invernali : 1 388/1 950 m ⑤1 ⑤17, ⚐ – ✉ 51021 ▮ Toscana

▸ Roma 361 – Pisa 85 – Bologna 109 – Firenze 90

🔋 piazza Piramidi, ℰ 0573 6 02 31, www.pistoia.turismo.toscana.it

⌂⌂ **Bellavista**　　　　⟨ 🕭 🖥 ⑤ ⅍ rist, ⑨ **P** 𝗩𝗜𝗦𝗔 ⊙⊙ 🔼 ⑤

via Brennero 383 – ℰ 0 57 36 00 28 – www.abetonebellavista.it
– 5 dicembre-15 aprile e 10 luglio-5 settembre
40 cam ⬜ – ♦60/120 € ♦♦70/180 € – ½ P 55/100 €
Rist – *(solo per alloggiati)*
♦ Tipica struttura di montagna in pietra e legno in posizione panoramica, a pochi
passi dal centro e adiacente agli impianti di risalita; camere confortevoli e spaziose.

a Le Regine Sud-Est : 2,5 km – ⊠ 51020

⌂ **Da Tosca** ≤ ⅍ rist, 𝘝𝘐𝘚𝘈 ◍ ♿
via Brennero 85 – ℰ 0 57 36 03 17 – www.albergotosca.it – chiuso 15 giorni in
novembre, 15 giorni in aprile o maggio
12 cam – ♦38/50 € ♦♦70/80 €, ⌑ 5 € – ½ P 55 € **Rist** – Carta 18/40 €
♦ Tipica atmosfera di montagna e una bella cornice di boschi di faggio per un
piccolo albergo, dove l'accoglienza ed i servizi sono curati nei minimi dettagli. Al
ristorante vi attendono specialità tosco-emiliane, con piatti a base di funghi, pasta
fatta in casa e dolci casalinghi.

ABTEI = Badia

ACCESA (Lago di) – Grosseto – Vedere Massa Marittima

ACERENZA – Potenza (PZ) – **564** E29 – **2 612 ab.** – **alt. 833 m** – ⊠ 85011   **3** B1
◖ Roma 364 – Potenza 40 – Bari 120 – Foggia 98

⌂ **Il Casone** ॐ ≤ ⅍ 𝘒𝘊 ⅍ 𝐏 𝘝𝘐𝘚𝘈 ◍ ♿
strada per Forenza località Bosco San Giuliano Nord-Ovest : 6 km
– ℰ 09 71 74 11 41 – www.hotalilcasone.net
18 cam ⌑ – ♦35 € ♦♦70 € – ½ P 55 € **Rist** – Menu 27 € bc/30 € bc
♦ Al limitare di un bosco, struttura immersa nella completa tranquillità della natura
che la circonda: camere semplicissime e funzionali. Al ristorante, la cucina locale.

ACI CASTELLO (Sicilia) – Catania (CT) – **365** AZ58 – **18 196 ab.**   **40** D2
– ⊠ 95021 ▮ Sicilia
◖ Catania 9 – Enna 92 – Messina 95 – Palermo 217
◎ Castello★

🏨 **President Park Hotel** ॐ ≤ ⌑ ₤₆ ▤ 𝘒𝘊 ⅍ ⁋ 𝗔 𝐏
via Vampolieri 49, Ovest : 1 km – ℰ 09 57 11 61 11 𝘝𝘐𝘚𝘈 ◍ 𝘈𝘌 ⓸ ♿
– www.presidentparkhotel.com
96 cam ⌑ – ♦70/136 € ♦♦90/190 € – ½ P 73/123 € **Rist** – Carta 28/47 €
♦ In posizione elevata, a monte della località, hotel dalla particolare struttura
semicircolare che abbraccia la piscina. Sala da pranzo d'impostazione moderna.

a Cannizzaro Sud: 2,5 km – ⊠ 95021

🏨🏨 **Sheraton Catania Hotel** ≤ ⌛ ⌑ 🕃 ₤₆ ⅍ ▤ ♿ 𝘒𝘊 ⅍ ⁋ 𝗔 ⌂
via Antonello da Messina 45 – ℰ 09 57 11 41 11 𝘝𝘐𝘚𝘈 ◍ 𝘈𝘌 ⓸ ♿
– www.sheratoncatania.com
169 cam ⌑ – ♦108/173 € ♦♦133/254 € – 7 suites – ½ P 150 €
Rist Il Timo Gourmet – vedere selezione ristoranti
♦ Lungo la litoranea, un hotel di classe che si distingue per la ricettività alberghiera dal confort elevato e la ben organizzata attività congressuale; suggestiva
hall, ampie camere e bella piscina.

XXX **Il Timo Gourmet** – Hotel Sheraton Catania Hotel ⌛ 𝘒𝘊 ⅍
via Antonello da Messina 45 – ℰ 09 57 11 47 64 𝘝𝘐𝘚𝘈 ◍ 𝘈𝘌 ⓸ ♿
– www.sheratoncatania.com
Rist – Carta 38/64 €
♦ Negli ambienti spaziosi e luminosi con vetrate sull'esterno, la carta è tipica di
un grande albergo di catena, ma aspettatevi anche specialità siciliane, risotti ed
un inatteso foie gras. A pranzo il Quick & Light menu prevede piatti semplici ed
economici.

ACIREALE Sicilia – Catania (CT) – **365** BA58 – **52 881 ab.** – **alt. 161 m**   **40** D2
– ⊠ 95024 ▮ Sicilia
◖ Catania 17 – Enna 100 – Messina 86 – Palermo 225
🛈 via Scionti 15, ℰ 095 89 21 29, www.acirealeturismo.it
◎ Piazza del Duomo★★ – Facciata★ della chiesa di San Sebastiano

Grande Albergo Maugeri 🏯 🛗 🗚 🍸 ⁜ 🏊 🅿 🏧
piazza Garibaldi 27 – ℰ 0 95 60 86 66 — VISA ⓒ ⒜Ⓔ Ⓞ ⓢ
– www.hotel-maugeri.it
59 cam 🛏 – 🕴70/131 € 🕴🕴70/200 € – ½ P 60/125 € **Rist** – Carta 25/50 €
♦ Comodo per chi vuole dedicarsi allo shopping, così come alla visita del centro storico, è un albergo di tradizione che offre camere comode ed accoglienti. La cucina tipica dell'isola presso il ristorante.

a Santa Tecla Nord : 3 km – ✉ 95024

Santa Tecla Palace 🗫 ≪ ⟨ 🍴 🍸 🛗 ⁜ 🗚 🍸 ⁜ 🏊 🅿
via Balestrate 100 – ℰ 09 57 63 40 15 VISA ⓒ ⒜Ⓔ Ⓞ ⓢ
– www.hotelsantatecla.it
174 cam 🛏 – 🕴140/225 € 🕴🕴170/290 € – 8 suites – ½ P 110/180 €
Rist – Carta 22/90 €
♦ Situata lungo la Riviera dei limoni e ristrutturata in tempi recenti, la risorsa ospita ampi spazi comuni, nonché camere i cui mobili - realizzati partendo da materiali locali - ricordano i colori del vulcano, del cielo, del mare. Dalle cucine, i sapori e i profumi classici della tradizione gastronomica siciliana.

ACQUAFREDDA – Potenza (PZ) – **564** G29 – Vedere Maratea

ACQUALAGNA – Pesaro e Urbino (PU) – **563** L20 – **4 471 ab.** **20** B1
– alt. 204 m – ✉ 61041
▶ Roma 247 – Rimini 89 – Ancona 95 – Gubbio 41

Il Vicolo 🗚 🍸 VISA ⓒ ⒜Ⓔ Ⓞ ⓢ
corso Roma 39 – ℰ 07 21 79 71 45 – chiuso dal 22 al 31 dicembre, luglio, martedì sera , mercoledì
Rist – (consigliata la prenotazione) Carta 33/58 €
♦ Bicchieri di cristallo e posate d'argento rendono elegante l'ambiente familiare di questo ristorante, che propone piatti del territorio e, in stagione, il fungo più ambito: il tartufo!

ACQUANEGRA SUL CHIESE – Mantova (MN) – **561** G13 – **3 012 ab.** **17** C3
– alt. 31 m – ✉ 46011
▶ Roma 488 – Parma 50 – Brescia 51 – Cremona 35

verso Calvatone Sud : 2 km

Trattoria al Ponte 🏯 🖧 🗚 🍸 🅿 VISA ⓒ Ⓞ ⓢ
via Ponte Oglio 1312 ✉ 46011 Acquanegra sul Chiese – ℰ 03 76 72 71 82
– chiuso lunedì e martedì
Rist – (consigliata la prenotazione) Carta 27/35 €
♦ Colori solari in questa simpatica ed accogliente trattoria a pochi metri dal ponte sull'Oglio. La cucina propone specialità legate al territorio, elaborate partendo da ottime materie prime. Ciliegina sulla torta: il buon rapporto qualità/prezzo.

ACQUAPARTITA – Forlì-Cesena (FC) – **562** K18 – Vedere Bagno di Romagna

---

ACQUAPENDENTE – Viterbo (VT) – **563** N17 – **5 702 ab.** – ✉ 01021 **12** A1
▶ Roma 163 – Viterbo 52 – Orvieto 33 – Todi 69

a Trevinano Nord-Est : 15 km – ✉ 01020

B&B L'Albero Bianco senza rist ≪ 🍴 🅿
località l'Albero Bianco 8/a, Sud-Ovest: 4 km – ℰ 07 63 73 01 54
– www.alberobianco.com
5 cam 🛏 – 🕴40/50 € 🕴🕴70/80 €
♦ Sulla sommità di una collinetta - in posizione tranquilla e molto panoramica - bellissimo bed and breakfast aperto da un'intraprendente coppia di coniugi romani. Ricca prima colazione con prodotti di qualità e camere accoglienti a prezzi interessanti. Sembra un sogno, ma è realtà!

XX **La Parolina** (De Cesare e Gordini)   🛋 VISA ⓪ AE ⓪ ⓢ
💮 *via Giovanni Pascoli 3* – ☎ *07 63 71 71 30* – *www.laparolina.it*
– *chiuso 15 giorni in giugno, martedì, anche lunedì da novembre a marzo*
Rist – Menu 50/70 € – Carta 46/69 € ⌘
Spec. Pappardelle ripiene di piselli con tagliatelle di seppie. Saltimbocca di foie gras. Cioccolatissimo.
♦ In splendida posizione panoramica - al crocevia, anche gastronomico, di tre regioni - una giovane coppia propone una cucina creativa che segue, senza copiarle, le tendenze del momento. Degni di nota i gelati: elaborati anche con ingredienti salati, accompagnano diversi piatti dall'antipasto al dolce.

ACQUI TERME – Alessandria (AL) – **561** H7 – **20 449 ab.** – alt. 156 m   **23** C3
– ✉ **15011**

▶ Roma 573 – Alessandria 35 – Genova 74 – Asti 47

🔢 piazza Levi 12, ☎ 0144 32 21 42, www.comuneacqui.com

⛳ piazza Nazioni Unite, 0144 312624, www.golfacquiterme.it – chiuso gennaio e mercoledì

🏨 **Grand Hotel Nuove Terme**   🚗 ▢ ⊛ 🕸 |♥| ⚄ cam, 𝗔𝗖 ⁝ᵗ⁺ 𝕤𝕒
piazza Italia 1 – ☎ *0 14 45 85 55*   VISA ⓪ AE ⓪ ⓢ
– *www.grandhotelacquiterme.it*
139 cam ☲ – †115/140 € ††150/200 € – 3 suites – ½ P 115/130 €
Rist – Menu 30/35 €
♦ Ritornato al suo antico splendore, un palazzo in stile liberty del 1892 offre camere sufficientemente ampie con arredi classici, capiente sala convegni, attrezzature termali. Varie salette ristorante, cucina basata su preparazioni classiche.

🏨 **Roma Imperiale** 🌿   🚗 ⚓ 🛋 ⟆ 🕸 |♥| ⚄ 𝗔𝗖 💞 rist, ⁝ᵗ⁺ 𝕤𝕒 🅿
via passeggiata dei Colli 1 – ☎ *01 44 35 65 03*   VISA ⓪ AE ⓪ ⓢ
– *www.antichedimore.com*
19 cam ☲ – †65/75 € ††165 € – 7 suites – ½ P 113 €
Rist – (*chiuso dal lunedì al giovedì*) Carta 24/33 €
♦ L'altisonanza del nome è del tutto meritata: il parco secolare, le lussuose camere, gli stucchi veneziani del bar, il moderno ascensore panoramico che tuttavia non stride con le linee classiche della struttura. Tutto concorre a rendere il soggiorno una parentesi memorabile nel turbinio della vita moderna.

🏨 **Acqui**   🛋 🕸 |♥| ⚄ 𝗔𝗖 💞 rist, ⁝ᵗ⁺ 🚲 VISA ⓪ ⓪ ⓢ
corso Bagni 46 – ☎ *01 44 32 26 93* – *www.hotelacqui.it*
– *aprile-novembre*
30 cam ☲ – †75/80 € ††110/132 € – 8 suites – ½ P 90 €
Rist – Menu 24/30 €
♦ Completamente rinnovato, presenta ambienti signorili dal confort omogeneo. All'ultimo piano dell'edificio: piccolo, ma attrezzato beauty-center per trattamenti e cure estetiche. Il ristorante propone una cucina nazionale per tutti i gusti.

🏨 **Ariston** |♥| ⚄ cam, 𝗔𝗖 💞 rist, ⁝ᵗ⁺ 🅿 🚲 VISA ⓪ ⓢ
piazza G. Matteotti 13 – ☎ *01 44 32 29 96* – *www.hotelariston.net*
– *chiuso dal 18 dicembre al 29 gennaio*
38 cam – †56 € ††80 €, ☲ 7 € – 2 suites – ½ P 65 €   **Rist** – Carta 26/32 €
♦ Albergo a gestione diretta, ristrutturato nel corso degli ultimi anni; classici interni nelle tonalità del legno e del nocciola, camere piacevolmente arredate.

XX **La Schiavia**   ⟳ VISA ⓪ ⓢ
vicolo della Schiavia 1 – ☎ *01 44 55 59 39* – *www.laschiavia.it* – *chiuso dal 13 al 26 agosto, domenica sera, martedì*
Rist – Carta 37/55 € ⌘
♦ Salite le scale di un elegante edificio storico in centro e scoprirete una saletta graziosamente ornata con stucchi e decorazioni, in cui gustare una buona cucina locale.

XX **Enoteca La Curia** ⌖ & ⟳ 𝗩𝗜𝗦𝗔 ⓪ 𝗔𝗘 ⓪ &
via alla Bollente 72 – ⌀ 01 44 35 60 49 – www.enotecalacuria.com – chiuso
lunedì
Rist – Menu 25/45 € – Carta 50/74 € ⊛
♦ Cucina piemontese accompagnata da un'ampia scelta di vini da assaporare
sotto volte in mattoni; atmosfera giovane e dinamica in un locale di tono
rustico-elegante.

XX **I Caffi** 𝗔𝗖 𝗩𝗜𝗦𝗔 ⓪ 𝗔𝗘 &
piazzetta Verdi 1 – ⌀ 01 44 32 52 06 – www.icaffi.it – chiuso mercoledì sera e
domenica
Rist – Menu 25 € – Carta 49/78 €
Rist *Sala delle Mura* – Carta 23/38 €
♦ Un palazzo del '400 dalla duplice anima: al piano terra, solo a pranzo, la Sala
delle Mura vi accoglie per proporvi piatti della tradizione in un ambiente piacevolmente rustico, salendo le scale nella Sala Padronale, la sera, l'atmosfera si fa
elegante e la cucina - partendo da basi regionali – si volge alla modernità.

ACUTO – Frosinone (FR) – **563** Q21 – 1 905 ab. - alt. 724 m – ⊠ 03010   **13** C2
▶ Roma 77 – Frosinone 36 – Avezzano 99 – Latina 87

XXX **Colline Ciociare** (Salvatore Tassa) ⌖ 𝗔𝗖 ⌖ ⟳ 𝗣 𝗩𝗜𝗦𝗔 ⓪ 𝗔𝗘 &
⁂ via Prenestina 27 – ⌀ 0 77 55 60 49 – www.salvatoretassa.it – chiuso domenica
sera, lunedì, martedì a mezzogiorno
Rist – Menu 80/100 €
Spec. Minestra aromatica di pomodoro (estate). Acqua di mozzarella di bufala,
scampo e cipolla bruciata. Crema di latte ed erbe selvatiche.
♦ Scelta ridotta (solo due menu), ma fantasia infinita: dalla tradizione ciociara agli
accostamenti più audaci, pochi piatti vi aprono un universo, quello di un cuoco-poeta.

ADRIA – Rovigo (RO) – **562** G18 – 20 488 ab. – ⊠ 45011   **36** C3
▶ Roma 478 – Padova 60 – Chioggia 33 – Ferrara 55
🛈 piazza Bocchi 1, ⌀ 0426 2 16 75, www.prolocoadria.it

🏠 **Stella D'Italia** senza rist ▤ & 𝗔𝗖 ⸙ ⍟ 𝗣 𝗩𝗜𝗦𝗔 ⓪ &
Viale Umberto Maddalena, 4 – ⌀ 04 26 90 24 57 – www.hotelstelladitalia-adria.it
35 cam � ⊒ – ♦60/90 € ♦♦90/170 €
♦ Hotel boutique ricavato dalla ristrutturazione di una villa liberty, dove materiali
preziosi si alternano a situazioni di moderno design. In comoda posizione tra il
centro storico e la stazione, vi consigliamo di passeggiare nelle strade dell'etrusca Adria.

X **Molteni** con cam ⌖ 𝗔𝗖 ⍟ 𝗣 𝗩𝗜𝗦𝗔 ⓪ &
via Ruzzina 2/4 – ⌀ 0 42 64 25 20 – www.albergomolteni.it – chiuso dal
23 dicembre al 6 gennaio
9 cam ⊒ – ♦50/60 € ♦♦85 €
Rist – (chiuso sabato, anche domenica a mezzogiorno in giugno-agosto)
Carta 30/68 €
♦ Cordialità e linea gastronomica ispirata alle tradizioni locali, in un ristorante felicemente posizionato nel centro storico in riva al Canal Bianco. Camere semplici.

ADRO – Brescia (BS) – 7 120 ab. – alt. 271 m – ⊠ 25030   **19** D1
▶ Roma 593 – Milano 75 – Brescia 40 – Bergamo 28

a Torbiato Sud-Est: 4 km – ⊠ 25030

XX **Dispensa Pani e Vini Franciacorta** & 𝗔𝗖 𝗣 𝗩𝗜𝗦𝗔 ⓪ 𝗔𝗘 &
via Principe Umberto 23 – ⌀ 03 07 45 07 57 – www.dispensafranciacorta.com
– chiuso dal 10 al 21 gennaio, domenica sera, lunedì
Rist – Menu 30 € (pranzo)/90 € – Carta 45/88 €
♦ La formula è quanto mai moderna: in sala, servizio classico e piatti locali rivisitati con intelligenza. Al bancone: ci si diverte a tutte le ore del giorno con simpatici assaggi della materia prima (pasta, formaggi, salumi, etc.) utilizzata dall'e-
sperto chef.

79

AFFI – Verona (VR) – **561** F14 – **2 335 ab.** – alt. 191 m – ⊠ 37010   **35** A2

▶ Roma 514 – Verona 25 – Brescia 61 – Mantova 54

Ⓧ   **Locanda Moscal** con cam   🛎 🖭 𝘝𝘐𝘚𝘈 ⊛ 𝔸𝔼 ⓪ 💲
via Pigna 1 – 𝒞 *04 56 26 03 09 – www.moscal.it*
6 cam ⌷ – **†**65/90 € **††**90/130 €   **Rist** – Carta 31/41 €
◆ Il tagliere di salumi e la piccola carta del pranzo, si fanno da parte, la sera, per lasciar spazio a piatti di tono moderatamente creativo. La location è una vivace e moderna locanda di paese.

in prossimità casello autostradale A22 Affi Lago di Garda Sud
Est : 1 km :

🏨   **Park Hotel Affi**   🚗 🐧 🕉 🔥 🖭 𝜑 🖄 ℙ 🛏 𝘝𝘐𝘚𝘈 ⊛ 𝔸𝔼 ⓪ 💲
via Crivellin 1 A ⊠ *37010 –* 𝒞 *04 56 26 60 00 – www.standardhotels.net*
105 cam ⌷ – **†**78/120 € **††**103/148 € – 3 suites
Rist *Il Poggio* – vedere selezione ristoranti
◆ Albergo dell'ultima generazione in grado di soddisfare le esigenze di chi viaggia per affari: comoda la posizione stradale, confortevoli le ampie zone comuni e le camere, arredate con gusto ed eleganza.

ⓍⓍⓍ   **Il Poggio** – Park Hotel Affi   🖭 ℙ 𝘝𝘐𝘚𝘈 ⊛ 𝔸𝔼 ⓪ 💲
via Crivellin 1 A ⊠ *37010 –* 𝒞 *04 56 26 60 00*
Rist – Carta 25/36 € ⁂
◆ In comoda posizione per raggiungere la divertente Gardaland o la città degli innamorati, questo raffinato ristorante dall'accattivante stile contemporaneo saprà conquistare i palati più esigenti con specialità regionali e i "classici" italiani. Nella bella stagione, il servizio si sposta anche all'aperto nella piccola corte con fontana.

AGAZZANO – Piacenza (PC) – **562** H10 – **2 082 ab.** – alt. 187 m   **8** A2
– ⊠ 29010

▶ Roma 533 – Piacenza 23 – Bologna 173 – Milano 90

🕳 Castello La Bastardina strada Grintorto 1, 393 9036927, www.golf-bastardina.com
– chiuso lunedì

Ⓧ   **Antica Trattoria Giovanelli**   🛎 🖭 ℙ 𝘝𝘐𝘚𝘈 ⊛ 𝔸𝔼 ⓪ 💲
via Centrale 5, località Sarturano , Nord : 4 km – 𝒞 *05 23 97 51 55*
– www.anticatrattoriagiovanelli.it – chiuso 2 settimane in febbraio, 2 settimane in agosto, lunedì, le sere di mercoledì e domenica
Rist – (consigliata la prenotazione) Carta 27/40 €
◆ In una piccola frazione di poche case in aperta campagna, una trattoria che esiste da sempre, dove gustare genuine specialità piacentine; grazioso cortile per servizio estivo.

AGGIUS Sardegna – Olbia-Tempio (OT) – **366** P38 – **1 629 ab.**   **38** B1
– alt. 514 m – ⊠ 07020

▶ Cagliari 260 – Nuoro 135 – Olbia 53 – Sassari 72

🏠   **Agriturismo Il Muto di Gallura** 🗞   ⪕ 🚗 🛎 🔟 🖭 cam, 🕉 ℙ
📶   *località Fraiga, Sud: 1 km –* 𝒞 *07 96 20 5 59*   𝘝𝘐𝘚𝘈 ⊛ 𝔸𝔼 💲
– www.mutodigallura.com
15 cam ⌷ – **†**52/58 € **††**84/96 € – ½ P 84 €
Rist – *(chiuso martedì in autunno e inverno) (chiuso a mezzogiorno in estate)* (prenotare) Carta 21/34 €
◆ Il nome di un bandito romantico per uno "stazzu" (fattoria) tra querce da sughero: per chi non cerca confort alberghieri; gite a cavallo in paesaggi di rara suggestione. In sala da pranzo, tanto legno ed i prodotti tipici del territorio, dal cinghiale alla zuppa gallurese.

AGLIENTU Sardegna – Olbia-Tempio (OT) – **366** P37 – **1 207 ab.**   **38** B1
– ⊠ 07020

▶ Cagliari 253 – Olbia 70 – Sassari 88

Santa Maria ⊗   ⪌ 🚗 🏊 🅰️🅲 💱 🅿️ 💳 ☎ 𝒔

località Larinzeddu, Ovest: 10 Km – ☎ *0 79 60 30 21* – *www.santamariahotel.info*
– *aprile-ottobre*
22 cam �️ – ♦♦75/140 € – ½ P 63/95 €
Rist – (prenotazione obbligatoria) Carta 23/51 €
♦ Atmosfera informale in un ex edificio rurale, riconvertito in agriturismo, con camere dagli arredi in ferro battuto e legno. La tranquillità regna sovrana: la risorsa si trova, infatti, fuori dal centro abitato, lungo una stradina di campagna, in posizione leggermente sopraelevata e panoramica.

AGNONE – Isernia (IS) – **564** B25 – **5 391 ab.** – **alt. 830 m** – ⊠ **86081**   **2** C3
▶ Roma 220 – Campobasso 86 – Isernia 45

✗✗ **La Botte** con cam   📶 ☆☆ 🅰️🅲 cam, 💳 💱 ☎ 🅰️🅴 ① 𝒔
largo Pietro Micca 44 – ☎ *0 86 57 75 77* – *www.ristorantelabotte.net*
22 cam �️ – ♦35/45 € ♦♦55/65 € – 4 suites – ½ P 50 €
Rist – Menu 22 € bc – Carta 24/45 €
♦ Conduzione familiare in questo locale del centro storico, le cui sale sono arredate con mobili classici, decorate con tendaggi ed illuminate con una certa maestria: risaltano i toni caldi, mentre ad onorare l'insegna ci sono alcune botticelle alle pareti. Solo carne nelle specialità regionali.

sulla strada statale 86 Km 34 Sud-Ovest : 15 km :

⌂ **Agriturismo Selvaggi** ⊗   ⪌ 💱 cam, 🅿️ 💳 ☎ 𝒔
località Staffoli Str.Prov. Montesangrina km 1 ⊠ *86081 Agnone*
– ☎ *0 86 57 71 77* – *www.staffoli.it* – *chiuso dall'8 al 20 novembre*
15 cam �️ – ♦40/45 € ♦♦55/65 € – ½ P 55 €
Rist – (consigliata la prenotazione) Carta 24/27 €
♦ Un soggiorno a contatto con la natura in una fattoria del 1720, restaurata: allevamento di bovini e ovini, produzione di salumi, escursioni a cavallo; camere accoglienti.

AGRIGENTO Sicilia 🅿️ (AG) – **365** AQ60 – **59 188 ab.** – **alt. 230 m**   **39** B2
– ⊠ **92100** ▌ Sicilia
▶ Caltanissetta 58 – Palermo 128 – Siracusa 212 – Trapani 175
🄸 piazza Pirandello, ☎ 0922 59 61 68, www.culturasicilia.it
◉ Valle dei Templi★★★ Y : Tempio della Concordia★★★ **A**,Tempio di Hera Lacinia★★ **B**, Tempio di Eracle★★ **C**, Tempio di Zeus Olimpio★ **D**, Tempio dei Dioscuri★★ **E** – Museo Archeologico Regionale★★ Y **M1** – Quartiere ellenistico-romano★ Y **G** – Giardino della Kolymbetra★ Y - Sarcofago romano★★ e ⪌★ dalla chiesa di San Nicola Y **N** – Città moderna★ : altorilievi★ nella chiesa di Santo Spirito★ Z interno★ e soffitto ligneo★ della Cattedrale

Pianta pagina seguente

🏨 **Villa Athena** ⊗   ⪌ 🛁 🏊 📶 🅰️🅲 ↔ ⁹⁹ 🅰️ 🅿️ 💳 ☎ 𝒔
via passeggiata Archeologica 33 – ☎ *09 22 59 62 88* – *www.hotelvillaathena.it*
27 cam �️ – ♦130/190 € ♦♦150/350 € – 6 suites   Y**c**
– ½ P 135/235 €
Rist *Il Granaio di Ibla* – vedere selezione ristoranti
♦ Flessuose palme svettano nel giardino-agrumeto, dove sono collocate la piscina e la villa del Settecento che ospita questa risorsa dalle splendide camere.

🏨 **Colleverde Park Hotel**   🚗 🛁 🏠 📶 🅲 cam, 🅰️🅲 💱 rist, ⁹⁹ 🅰️ 🅿️
via dei Templi – ☎ *0 92 22 95 55*   💳 ☎ 🅰️🅴 ① 𝒔
– *www.colleverdehotel.it*   Y**m**
48 cam �️ – ♦70/130 € ♦♦75/145 € – ½ P 66/101 €   **Rist** – Carta 26/37 €
♦ Tra la zona archeologica e la città, edificio moderno dagli accoglienti e colorati salotti. Camere variamente arredate, alcune in stile siciliano: possibilmente, optare per quelle con vista sulla Valle dei Templi. Gustose specialità regionali al ristorante.

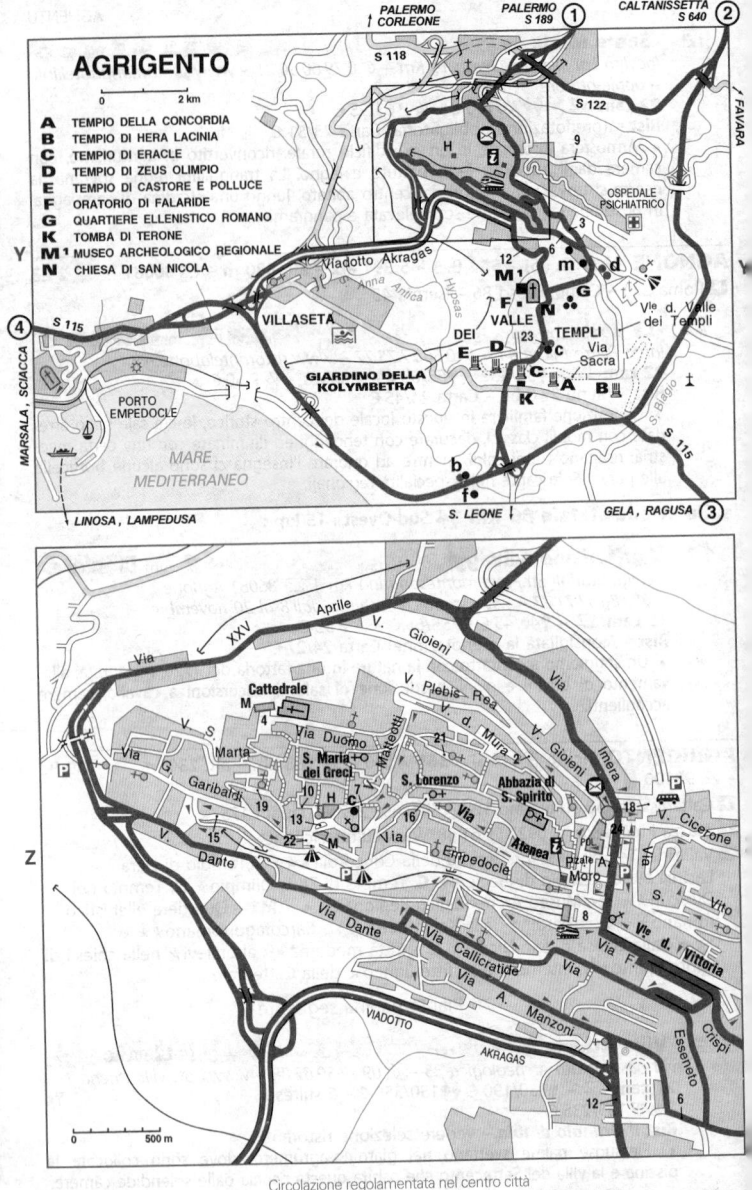

Circolazione regolamentata nel centro città

🏠 **Antica Foresteria Catalana** senza rist e senza 🛏️   Ⓐ🄲 🕪 🆅🆂🅰 ⊚ ♿
piazza Lena 5 – ℰ 09 22 22 04 35 – www.albergoanticaforesteriacatalana.com
9 cam – 🛏40/45 € 🛏🛏75/85 €   Zc
♦ Poco lontano dal Duomo e dal teatro Pirandello, una piccola risorsa ideale per vivere il centro storico: gli spazi sono stati ricavati dalla ristrutturazione di un palazzo d'epoca ed offrono un discreto confort.

XXX **Il Granaio di Ibla** – Hotel Villa Athena   🕭 Ⓐ🄲 🅿 🆅🆂🅰 ⊚ ⓞ ♿
via Passeggiata Archeologica 33 – ℰ 09 22 59 62 88
– www.hotelvillaathena.it   Yc
Rist – Carta 55/91 €
♦ Se la fama di Agrigento è quasi esclusivamente legata alla zona archeologica, vale invece la pena di scoprire anche la sua tavola. Al Granaio di Ibla la vista si posa sul tempio della Concordia e sulla valle dei Templi mentre piatti locali e vini isolani "intrattengono" l'ospite.

XX **Trattoria dei Templi**   🕭 Ⓐ🄲 🆅🆂🅰 ⊚ 🄰🄴 ⓞ ♿
via Panoramica dei Templi 15 – ℰ 09 22 40 31 10
– www.trattoriadeitempli.com – chiuso domenica da giugno a ottobre, venerdì negli altri mesi   Yd
Rist – Carta 23/42 €
♦ Nient'altro che specialità di mare, fresco e di preparazione classica. Altrettanto valida la gestione che vanta una lunga esperienza nel campo della ristorazione.

sulla strada statale 115 per④: 3 km

🏠🏠 **Baglio della Luna** ⚘   ⇐ 🍽 🐾 Ⓐ🄲 🕪 🅿 🆅🆂🅰 ⊚ 🄰🄴 ⓞ ♿
contrada Maddalusa, Valle dei Templi ✉ 92100 – ℰ 09 22 51 10 61
– www.bagliodellaluna.com   Yb
22 cam 🛏 – 🛏100/140 € 🛏🛏140/180 € – 1 suite – ½ P 100/128 €
Rist *Il Dehors* – vedere selezione ristoranti
♦ In un tipico baglio siciliano, saloni evocativi che, lasciato il sole isolano, si fanno a sorpresa cupi e ricchi di arredi: un'atmosfera quasi inglese. Le camere sono più sobrie, ma il capolavoro è il giardino di piante mediterranee con trionfo di ulivi secolari e vista sui templi.

🏠🏠 **Demetra Resort**   🍽 ♿ cam, Ⓐ🄲 ⅀ rist, 🕪 🅿 🆅🆂🅰 ⊚ 🄰🄴
Via Limoni di Piemonte,Contrada Forgia ✉ 92100 – ℰ 09 22 59 89 14
– www.demetraresort.it – aprile-ottobre   Yf
23 cam – 🛏100/220 € 🛏🛏120/250 € – ½ P 85/150 €   **Rist** – Carta 31/54 €
♦ Situato all'interno del Parco Archeologico della Valle dei Templi il Demetra Resort nasce dal recupero architettonico di un antico casale: calda atmosfera nelle camere e dalla torretta che ospita due stanze, la vista si bea del profilo degli antichi monumenti.

XX **Il Dehors** – Hotel Baglio della Luna   🐾 🕭 Ⓐ🄲 ⅀ 🅿 🆅🆂🅰 ⊚ 🄰🄴 ⓞ ♿
contrada Maddalusa, Valle dei Templi ✉ 92100 – ℰ 09 22 51 10 61
– www.bagliodellaluna.com – chiuso lunedì a mezzogiorno   Yb
Rist – Carta 31/52 € (+10 %)
♦ Immerso in un giardino di piante mediterranee con vista sui templi, tutte le stratificazioni storiche di questo suggestivo edificio (che si apre intorno ad un baglio) si offrono agli ospiti del ristorante. La cucina è un omaggio all'isola, dai piatti più popolari a quelli aristocratici dei monsù.

al Villaggio Mosè per ③ : 3 km :

🏠🏠 **Grand Hotel Mosè**   ☃ 🍸 ♿ Ⓐ🄲 ⅀ 🕱 🅿 🆅🆂🅰 ⊚ 🄰🄴 ⓞ ♿
⊚⊚ *viale Leonardo Sciascia ✉ 92100 – ℰ 09 22 60 83 88*
– www.iashotels.com
96 cam 🛏 – 🛏50/88 € 🛏🛏100/140 € – ½ P 85 €   **Rist** – Carta 19/40 €
♦ L'edificio richiama i celebri templi, ma la clientela è commerciale come la zona in cui sorge l'albergo. Camere semplici, dalle dimensioni generose.

a San Leone Sud : 7 km Y – ✉ 92100 Agrigento

🏨🏨🏨 **Dioscuri Bay Palace**   ← 🛎 ⅀ 🎐 & 🄰🄲 ⅌ rist, ¶¹ 🔊 🅿 🆅🆂🅰 ⊕ 🄰🄴 ⑤
*lungomare Falcone-Borsellino 1 – ℰ 09 22 40 61 11 – www.dioscurihotel.it
– marzo-novembre*
102 cam ⌁ – ♦80/200 € ♦♦100/250 € – ½ P 75/150 €   **Rist** – Carta 31/54 €
♦ Hotel ricavato da una ex colonia estiva degli anni Cinquanta, risulta oggi una risorsa funzionale e moderna. E in più si trova sul lungomare, con panorama sui templi. Sala da pranzo fresca e ariosa.

🏨🏨 **Baia di Ulisse** 🦢   ← 🛎 ⅄ ⅀ 🎐 ⊛ 🏞 🔊 🎐 & 🄰🄲 🔊 🅿 🆅🆂🅰 🄰🄴 ⓪ ⑤
Via Alaimo, 2, Est 3 Km – ℰ 09 22 41 76 38 – www.baiadiulisse.com
92 cam ⌁ – ♦80/115 € ♦♦120/190 € – ½ P 95/130 €   **Rist** – Carta 37/53 €
♦ In posizione panoramica, ampie camere, nonché accesso diretto alla spiaggia privata, per questa signorile struttura circondata da una fresca pineta. L'attrezzato centro benessere, Circe, è aperto solo nel fine settimana e durante la stagione estiva.

❌ **Leon d'Oro**   🛎 & 🄰🄲 🆅🆂🅰 ⊕ 🄰🄴 ⑤
via Emporium 102 – ℰ 09 22 41 44 00 – chiuso lunedì
Rist – Carta 24/36 €
♦ Una conduzione entusiastica che si riflette in proposte di mare assai interessanti. La cantina offre validi abbinamenti, da apprezzare anche la piccola enoteca.

AGROPOLI – Salerno (SA) – **564** F26 – 21 035 ab. – ✉ 84043   7 C3
▸ Roma 312 – Potenza 106 – Battipaglia 33 – Napoli 107
◪ Rovine di Paestum★★★ Nord : 11 km

🏠 **Il Ceppo**   🎐 & 🄰🄲 ⅌ ¶¹ 🅿 🚗 🆅🆂🅰 ⊕ 🄰🄴 ⓪ ⑤
*via Madonna del Carmine 31, Sud-Est : 1,5 km – ℰ 09 74 84 30 44
– www.hotelristoranteilceppo.com*
20 cam ⌁ – ♦40/80 € ♦♦80/100 €
Rist *Il Ceppo* – vedere selezione ristoranti
♦ Situato di fronte all'omonimo ristorante, piccolo albergo a conduzione familiare con piacevoli zone comuni dai colori caldi. Camere confortevoli e funzionali.

🏠 **La Colombaia** 🦢   ← 🚗 ⅄ 🛎 ⅀ 🎐 ⅌ ¶¹ 🅿 🆅🆂🅰 ⊕ ⑤
⊕
🍽 *via Piano delle Pere, Sud : 2 km – ℰ 09 74 82 18 00 – www.lacolombaiahotel.it
– chiuso gennaio e febbraio*
10 cam ⌁ – ♦40/60 € ♦♦70/100 € – 2 suites – ½ P 60 €
Rist – *(chiuso a mezzogiorno)* Carta 15/38 €
♦ In quieta posizione panoramica, bella villa di campagna ristrutturata, dotata di terrazza-giardino con piscina; accoglienti e ben curate sia le camere che le zone comuni.

❌❌ **Il Cormorano**   🛎 🆅🆂🅰 ⊕ 🄰🄴 ⓪ ⑤
*via C. Pisacane 13, al Porto – ℰ 09 74 82 39 00 – www.ristoranteilcormorano.it
– marzo-ottobre; chiuso mercoledì escluso da giugno ad agosto*
Rist – Carta 29/52 € (+10 %)
♦ Caratteristica atmosfera marinara in un ambiente curato ed accogliente, dove gustare pesce fresco e piatti locali serviti anche sull'incantevole terrazza.

❌ **Il Ceppo** – Hotel il Ceppo   🛎 🄰🄲 ⅌ ⇄ 🅿 🆅🆂🅰 ⊕ 🄰🄴 ⓪ ⑤
*via Madonna del Carmine 31, Sud-Est : 1,5 km – ℰ 09 74 84 30 36
– www.hotelristoranteilceppo.com – chiuso novembre e martedì*
Rist – Carta 22/59 €
♦ Appena fuori dalla località, ristorante con pizzeria serale: tre sale classiche con tocchi di rusticità, bianche pareti e pavimenti in cotto. La cucina profuma di mare.

AGUGLIANO – Ancona (AN) – **563** L22 – 4 763 ab. – alt. 203 m   21 C1
– ✉ 60020
▸ Roma 279 – Ancona 16 – Macerata 44 – Pesaro 67

Al Belvedere   ⟨ 📶 📱 📺 🍴 P VISA ⦾ ♿

piazza Vittorio Emanuele II, 3 – ☎ *0 71 90 71 90 – www.hotelalbelvedere.it*
18 cam – 🛏41/54 € 🛏🛏62/75 €, � 6 € – ½ P 58 €
Rist *– (chiuso mercoledì, la sera nei giorni festivi)* Menu 18 € (pranzo)/35 €
♦ Ubicato tra le colline marchigiane, offre la cordialità tipica di un ambiente a
conduzione familiare. Camere semplici e funzionali. Ristorante dall'atmosfera rilassante con ampie vetrate che incorniciano il paesaggio agreste circostante.

AHRNTAL = Valle Aurina

ALAGNA VALSESIA – Vercelli (VC) – **561** E5 – **428 ab.** – alt. 1 191 m   **22** B1
– ✉ 13021

 Roma 722 – Torino 163 – Varese 124 – Vercelli 105
ℹ piazza Grober 1, ☎ 0163 92 29 88, www.alagna.it

Cristallo   📺 📶 🛗 📱 🍴 VISA ⦾ AE ⓪ ♿

piazza Degli Alberghi – ☎ *01 63 92 28 22 – www.hotelcristalloalagna.com*
– dicembre-marzo e luglio-agosto
17 cam ⊑ – 🛏105/290 € 🛏🛏200/290 € – 2 suites – ½ P 130/145 €
Rist *Pressmel* – vedere selezione ristoranti
♦ Albergo centralissimo, totalmente ristrutturato, con ampie stanze dai colori brillanti, citazioni etniche ed elementi in tipico stile walser. Ciliegina sulla torta: il piccolo centro benessere con piscina.

Montagna di Luce 🌿   ⟨ 📶 📡 📶 📞 P VISA ⦾ AE ⓪ ♿

frazione Pedemonte 16 – ☎ *01 63 92 28 20 – www.montagnadiluce.it*
– dicembre-14 maggio e 20 giugno-settembre
8 cam ⊑ – 🛏70/100 € 🛏🛏100/160 € – ½ P 80 €   **Rist** – Carta 13/46 €
♦ Poco lontana dal centro, in una piccola frazione che conserva intatta l'atmosfera tipica di queste montagne, una caratteristica baita Walser ristrutturata per
offrire il meglio del confort moderno. Pietra a vista e rivestimenti in legno nell'o-
riginale ristorante, dove assaporere piatti legati al territorio.

B&B Casa Prati senza rist 🌿   📡 🍴 VISA ⦾ ⓪ ♿

frazione Casa Prati 7 – ☎ *01 63 92 28 02 – www.zimmercasaprati.com*
– chiuso 2 settimane in giugno
6 cam ⊑ – 🛏67/82 € 🛏🛏90/110 € – 1 suite
♦ Dalla totale ristrutturazione di una casa colonica, una piacevole risorsa in tipico
stile montano dotata di camere molto graziose e di un appartamento (ideale per
famiglie). L'accoglienza eccelle per cordialità.

🍴🍴🍴 Pressmel – Hotel Cristallo   🍴 VISA ⦾ AE ⓪ ♿

piazza Degli Alberghi – ☎ *01 63 92 28 22 – www.hotelcristalloalagna.com*
– dicembre-marzo e luglio-agosto
Rist *– (chiuso a mezzogiorno escluso sabato e i giorni festivi)* (consigliata la
prenotazione) Menu 45 € – Carta 38/60 €
♦ All'interno dell'hotel Cristallo, ma con ingresso indipendente, un locale luminoso, dai toni caldi, dove le pareti colore salmone si armonizzano con il legno
del decorativo soffitto a spioventi e travi a vista. Cucina di taglio contemporaneo,
curata nelle presentazioni.

ALASSIO – Savona (SV) – **561** J6 – **11 277 ab.** – ✉ 17021 ▮ Liguria   **14** B2

▶ Roma 597 – Imperia 23 – Cuneo 117 – Genova 98
ℹ via Mazzini 68, ☎ 0182 64 70 27, www.visitriviera.it
🏌 Garlenda via del Golf 7, 0182 580012, www.garlendagolf.it – chiuso dal
27 settembre all'8 ottobre e mercoledì in bassa stagione Y
◉ Località ★ - Il "budello" ★ (via XX Settembre e via Vittorio Veneto).

Pianta pagina seguente

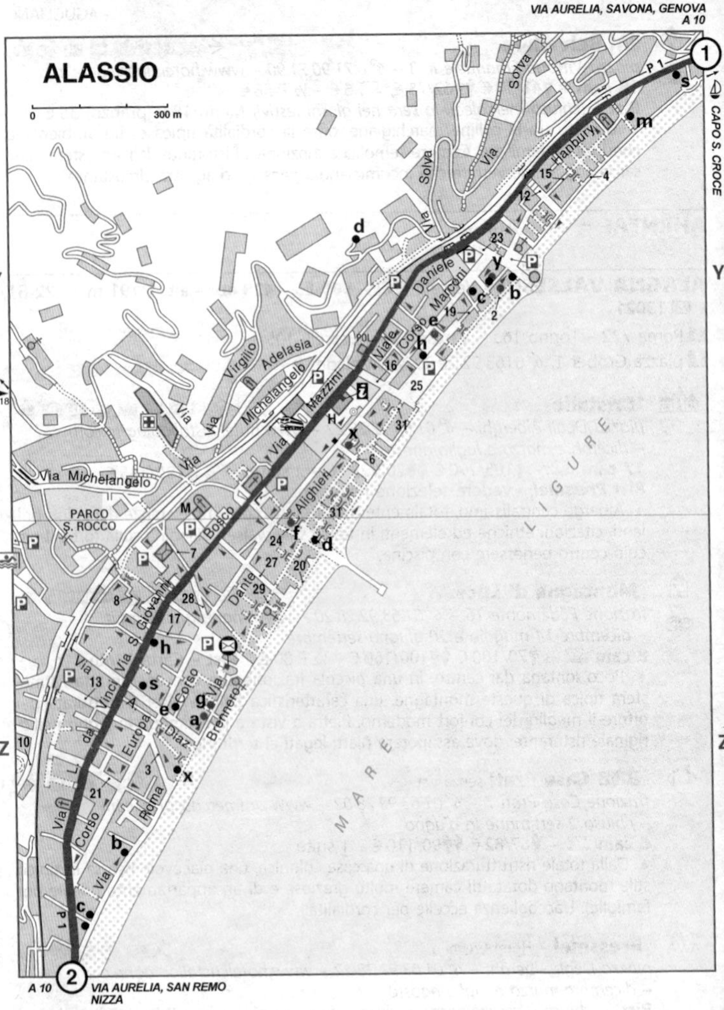

ALASSIO

0 ————— 300 m

①

s

m

CAPO S. CROCE

Y

Y

d

LIGURE

②

A 10   VIA AURELIA, SAN REMO
NIZZA

Grand Hotel Alassio 🛖 🖼 ☺ ℵ ﻝ₆ 🖥 ᕼ cam, 🆎 ↩ ※ rist, 🛜 ⇔

via Gramsci 2 – ℰ 01 82 64 87 78
– www.grandhotelalassio.com

🅥🅘🅢🅐 ⚫⚫ 🅐🅔 ⓪
Yh

56 cam ☐ – ✝✝178/558 € – 5 suites   **Rist** – Carta 60/80 €

♦ Storico albergo della città "restituito" alla sua funzione originaria: salvaguardata l'architettura esterna, i suoi interni sfoggiano uno stile contemporaneo, minimalista e fresco. Tra i must, il centro talassoterapico con piscina di acqua di mare, nonché trattamenti estetici e medici ad personam.

Villa della Pergola ⬙ ≤ 🕄 ℝ ℤ 𝔸ℂ cam, ⇞ ⅍ 🎝 🅿
via Privata Montagù 9/1 – 𝒞 01 82 64 61 30 🆅🅸🆂🅰 ⊕ 🄰🄴 ⓘ 🔥
– www.villadellapergola.com – chiuso novembre **Yd**
8 cam ⎓ – †259/399 € ††309/499 € – 4 suites
Rist – *(solo per alloggiati)* Menu 45/60 €
♦ Sulla collina che domina la città ed il golfo, due ville di fine '800 immerse in un ampio parco di flora mediterranea, con laghetti, fontane e pergole: gli ambienti sono ricchi di personalità, la camere scrigni di raffinatezza. L'eleganza dell'epoca vittoriana sembra essere tornata!

 Grand Hotel Méditerranée ≤ 🚿 🅺 𝔸 ɭ𝔞 🅸 ⅍ cam, 𝔸ℂ ⅍ rist,
via Roma 63 – 𝒞 01 82 64 25 64 🆅🅸🆂🅰 ⊕ 🄰🄴 ⓘ 🔥
– www.hotelmediterraneealassio.it – chiuso novembre e dicembre **Zb**
96 cam ⎓ – †105/150 € ††125/250 € – ½ P 135/170 € **Rist** – Menu 30/40 €
♦ Imponente edificio di fine '800, incorniciato dal verde e dotato di un grande arenile privato, centro benessere e raffinate camere (panoramiche le family all'ultimo piano). Piatti nazionali da gustare nell'ampia sala da pranzo o al ristorante a buffet sulla spiaggia.

 Ligure ≤ 🌐 🅺 𝔸 ⅍ 🛋 cam, ⅍ rist, 🍴 🚿 🆅🅸🆂🅰 ⊕ 🄰🄴 ⓘ 🔥
passeggiata D. Grollero 25 – 𝒞 01 82 64 06 53 – www.ligurealassio.it – chiuso dal 20 ottobre al 22 dicembre **Zd**
49 cam ⎓ – †100/215 € ††130/285 € – 3 suites – ½ P 170 €
Rist – Carta 38/55 €
♦ Antistante il molo e attiguo al celebre "budello", cuore commerciale della città, albergo rinnovato totalmente con un elegante centro benessere e camere moderne, attrezzate nei confort.

 Spiaggia ≤ ℤ 𝔸 ⅍ 𝔸ℂ ⇞ ⅍ rist, 🍴 𝔸 🆅🅸🆂🅰 ⊕ 🄰🄴 ⓘ 🔥
via Roma 78 – 𝒞 01 82 64 34 03 – www.spiaggiahotel.it – chiuso dal 10 ottobre al 23 dicembre **Zc**
88 cam ⎓ – †75/165 € ††145/290 € – ½ P 158 € **Rist** – Carta 38/60 €
♦ Distinto hotel in stile contemporaneo, con interni signorili e camere confortevoli; suggestiva piscina su terrazza panoramica per nuotare godendo di una splendida vista. Il mare si lascia contemplare anche dalle vetrate ad arco della sala da pranzo.

 Savoia ≤ 🗝 🅺 𝔸 ⅍ 𝔸ℂ ⅍ rist, 🍴 🚿 🆅🅸🆂🅰 ⊕ 🄰🄴 ⓘ 🔥
via Milano 14 – 𝒞 01 82 64 02 77 – www.hotelsavoia.it – chiuso novembre
34 cam ⎓ – †70/160 € ††100/210 € – ½ P 120 € **Yb**
Rist – Menu 28/35 €
♦ Camere rinnovate e ben accessoriate, nonché ambienti curati e di moderna concezione, in una struttura che offre il vantaggio di trovarsi direttamente sul mare... e l'acqua sembra lambire la sala ristorante, dove gustare i classici italiani.

 Toscana 🅺 ɭ𝔞 🅸 𝔸 cam, 𝔸 𝔸ℂ cam, ⅍ rist, 🍴 𝔸 🅿 🚿
ⓔⓔ *via Dante Alighieri 83 – 𝒞 01 82 64 06 57* 🆅🅸🆂🅰 ⊕ 🄰🄴 ⓘ 🔥
– www.hoteltoscanaalassio.it – chiuso dal 10 ottobre al 20 dicembre
62 cam ⎓ – †70/130 € ††100/150 € – 9 suites – ½ P 110 € **Zh**
Rist – Carta 21/70 €
♦ Un family hotel come molti di noi, partendo con bambini al seguito, avranno (invano) cercato almeno una volta nella vita. Completamente rinnovato e con una gestione intraprendente, l'albergo ha saputo dotarsi di una serie di servizi atti a soddisfare questo tipo di clientela. Non manca, tuttavia, una saletta riunioni ed una piccola zona benessere.

 Regina ≤ 🗝 🕄 🅺 ɭ𝔞 🅸 𝔸 ⅍ rist, 🍴 🅿 🆅🅸🆂🅰 ⊕ 🄰🄴 ⓘ 🔥
viale Hanbury 220 – 𝒞 01 82 64 02 15 – www.reginahotel.it – marzo-novembre
42 cam ⎓ – †65/160 € ††85/220 € – ½ P 65/150 € **Ys**
Rist – Carta 28/45 €
♦ In riva al mare, albergo particolarmente adatto per le famiglie: colori caldi negli spazi comuni, terrazza solarium con vasca idromassaggio e zona benessere. Presso la sobria sala ristorante, i sapori della cucina nazionale.

Dei Fiori ⚞ 🏊 ♨ 🅸 ⚑ & cam, ⚎ 🅰🄲 cam, ☏ 🛉 🚗 𝗩𝗜𝗦𝗔 ⓪ 🄰🄴 ⓪ ⓢ

viale Marconi 78 – ☏ 01 82 64 05 19 – www.hoteldeifiori-alassio.it　　　　　Y**c**
68 cam – �65/120 € ♙♙80/165 €, ☱ 12 € – 2 suites – ½ P 105 €
Rist – Menu 28 €
♦ Nel pieno centro di Alassio, hotel gestito con cura, serietà ed esperienza, dotato di ampie zone comuni, camere signorili e nuova area benessere: ideale per famiglie con bambini.

Beau Rivage ⚟ ⚞ 🚗 🅰🄲 cam, ⚎ rist, 🅿 𝗩𝗜𝗦𝗔 ⓪ 🄰🄴 ⓪ ⓢ

via Roma 82 – ☏ 01 82 64 05 85 – www.hotelbeaurivage.it – chiuso dal 9 ottobre al 25 dicembre　　　　　Z**c**
20 cam ☱ – ♙65/110 € ♙♙137/180 € – ½ P 68/120 €　　**Rist** – Carta 45/56 €
♦ Signorile, accogliente casa ottocentesca di fronte al mare con interni molto curati: piacevoli salottini con bei soffitti affrescati e camere semplici, ma molto graziose. Gradevole sala da pranzo.

Beau Sejour ⚟ ⚞ 🚗 🅸 ⚑ 🅰🄲 cam, ⚎ rist, 🅿 𝗩𝗜𝗦𝗔 ⓪ 🄰🄴 ⓢ

via Garibaldi 102 – ☏ 01 82 64 03 03 – www.beausejourhotel.it – 6 maggio-ottobre　　　　　Y**m**
45 cam ☱ – ♙70/130 € ♙♙90/270 € – ½ P 160 €　　**Rist** – Carta 25/42 €
♦ Imponente villa d'inizio secolo dotata di comodo parcheggio e ampi spazi comuni, anche esterni. Bella vista mare e camere confortevoli, in parte rinnovate. Invitante servizio ristorante estivo in terrazza tra il profumo dei fiori e la vista sul mare blu.

Corso 🅸 ⚑ 🅰🄲 cam, 🍴 ⚎ rist, ☏ 🚗 𝗩𝗜𝗦𝗔 ⓪ 🄰🄴 ⓪ ⓢ

via Diaz 28 – ☏ 01 82 64 24 94 – www.hotelcorso.it – chiuso dal 2 novembre al 22 dicembre　　　　　Z**s**
45 cam ☱ – ♙65/110 € ♙♙85/160 € – ½ P 83 €　　**Rist** – Menu 20 €
♦ Uno degli alberghi più "cittadini" della località, sebbene a poche decine di metri dal mare, dispone di belle camere dallo stile contemporaneo e dalle moderne dotazioni.

Rosa ⚞ 🚗 ⊕ 🏊 🅸 ⚑ & rist, 🅰🄲 rist, ⚎ rist, ☏ 🚗 𝗩𝗜𝗦𝗔 ⓪ 🄰🄴 ⓪ ⓢ

via Conti 10 angolo corso Diaz – ☏ 01 82 64 08 21 – www.hotelrosa.it – chiuso dal 3 al 19 novembre　　　　　Z**e**
52 cam ☱ – ♙60/100 € ♙♙100/250 € – 3 suites – ½ P 130 €
Rist – (solo per alloggiati) Menu 26/35 €
♦ Famiglie con bambini affrettatevi a prenotare qui: i piccoli ospiti sono infatti al centro dell'attenzione in questa piacevole risorsa, che dispone di camere di varie tipologie ed una moderna zona benessere con tanti trattamenti per allietare il soggiorno dei più grandi.

Danio Lungomare ⚟ 🚗 🅸 ⚑ 🅰🄲 cam, ⚎ rist, ☏ 𝗩𝗜𝗦𝗔 ⓪ 🄰🄴 ⓢ

via Roma 23 – ☏ 01 82 64 06 83 – www.hoteldaniolungomare.it – chiuso dall' 8 ottobre al 25 dicembre　　　　　Z**x**
34 cam ☱ – ♙50/70 € ♙♙90/130 € – ½ P 55/85 €　　**Rist** – Carta 19/38 €
♦ Vi sembrerà quasi che la vostra camera sia sulla spiaggia in questo piccolo albergo familiare, ubicato proprio di fronte al mare: stanze essenziali e molto pulite, nonché tre luminose salette ristorante con servizio estivo all'aperto.

Lamberti 🚗 🅸 ⚑ 🅰🄲 cam, ☏ 𝗩𝗜𝗦𝗔 ⓪ 🄰🄴 ⓢ

via Gramsci 57 – ☏ 01 82 64 27 47 – www.hotellamberti.it – chiuso dal 15 novembre al 4 dicembre　　　　　Y**y**
25 cam ☱ – ♙50/110 € ♙♙80/160 € – ½ P 95 €
Rist Lamberti – vedere selezione ristoranti
Rist Il Lambertino – (chiuso lunedì da novembre a Pasqua) (chiuso a mezzogiorno) Carta 20/30 €
♦ A pochi passi dalle spiagge, un edificio degli anni '30 con camere spaziose e funzionali. Nelle cantine della casa, la proposta alternativa del Lambertino: salumi, formaggi e piatti di terra accompagnati da buon vino. In estate il servizio si sposta sulla terrazza superiore.

XXX 🕸 **Palma** (Massimo Viglietti) 🏧 ⇔ � ⊕ ΑΕ ᴕ
via Cavour 11 – ℰ 01 82 64 03 14 – www.ilpalma.com – chiuso 15 giorni in gennaio, 15 giorni in novembre e mercoledì Y**x**
Rist – *(chiuso a mezzogiorno in luglio-agosto escluso sabato e domenica)* (prenotazione obbligatoria) Menu 60/90 €
Spec. Passata di fagioli di Conio, panissa, mezze maniche integrali e caviale. Baccala' cotto a vapore nel bamboo, lardo di Colonnata, purè di scorzonera e balsamico al lampone. Pansoto (raviolo) di lumache, cipolle confit, zucchina cruda, riduzione di vino bianco.
♦ A pochi metri dalla spiaggia - nella zona più elegante di Alassio - il ristorante è allo stesso tempo uno dei locali storici della località, ma anche uno dei più "audaci" nel proporre piatti contemporanei e creativi. Il fil rouge dell'originalità non risparmia la sala.

XXX **Sail-Inn** 🛜 🏧 � ⊕ ΑΕ ⊕ ᴕ
via Brennero 34 – ℰ 01 82 64 02 32 – chiuso dal 6 gennaio al 6 marzo e lunedì
Rist – Carta 45/67 € Z**a**
♦ Sulla passeggiata a mare, i recenti lavori di rinnovo hanno dato vita ad un piacevole locale, dove lo stile elegante si fonde mirabilmente con gli antichi ambienti. La cucina predilige sempre il mare, supportata da un'apprezzabile cantina: ora anche con mescita al calice. Bella veranda a pochi passi dalla spiaggia.

XX **Lamberti** – Hotel Lamberti 🛜 ᴕ 🏧 � ⊕ ΑΕ ᴕ
via Gramsci 57 – ℰ 01 82 64 27 47 – www.hotellamberti.it – chiuso dal 15 novembre al 4 dicembre Y**y**
Rist – *(chiuso lunedì escluso agosto)* Menu 55 € – Carta 54/87 € 🕸
♦ A pochi passi dal mare, in un edificio degli anni '30, la cucina propone piatti tradizionali e regionali elaborati partendo da un'accurata selezione di materie prime. Tra i must: il pesce e il pesto.

XX **Panama** 🛜 🏧 � ⊕ ΑΕ ⊕ ᴕ
via Brennero 35 – ℰ 01 82 64 60 52 – www.panama.playrestaurant.it – chiuso mercoledi' e giovedì escluso luglio-15 settembre Z**g**
Rist – Carta 25/78 €
♦ Lo stile provenzale ha trovato dimora tra le mura di questo grazioso locale, la cui location - a due passi dal mare - consente agli ospiti di cenare direttamente sulla spiaggia. Specialità ittiche.

XX **La Prua** 🛜 🏧 � ⊕ ΑΕ ⊕ ᴕ
passeggiata Baracca 25 – ℰ 01 82 64 25 57 – www.lapruadialassio.it – chiuso novembre e martedì Y**b**
Rist – Carta 40/95 €
♦ Dove mangiare fragranti specialità di pesce ad Alassio? Sicuramente qui, in questo ristorante dall'invidiabile posizione a due passi dal mare, nelle sue suggestive salette ricavate negli ex depositi delle barche: servizio sulla spiaggia oltre che in terrazza.

XX **BaiadelSole** 🛜 🏧 �
corso Marconi 30 – ℰ 01 82 64 18 14 – chiuso novembre, lunedì dal 15 giugno al 15 settembre, anche martedi, mercoledì e giovedì negli altri mesi Y**e**
Rist – *(chiuso a mezzogiorno)* (consigliata la prenotazione) Carta 48/62 €
♦ Un ristorante giovane ed informale, in stile moderno con vetrate che danno sul dehors, dove gustare prodotti del territorio e piatti di pesce d'ispirazione contemporanea.

X **Krua Siam** 🏧 � ⊕ ΑΕ ᴕ
😊 *via Volta 22 – ℰ 01 82 66 28 93* YZ**f**
Rist – *(chiuso a mezzogiorno)* Carta 31/66 €
Rist *Mi Do Ri* – *(chiuso lunedì)* (chiuso a mezzogiorno) (consigliata la prenotazione) Carta 35/60 €
Rist *pasta & pignatte* – Menu 15/22 €
♦ In un vecchio caruggio, un angolo di Thailandia con luci soffuse, musica e cucina asiatica, piccante e speziata. Al Mi Do Ri: sushi, sashimi ed altri sapori nipponici in un esotico gioco di verde e nero. Come suggerisce il nome, al pasta & pignatte solo pasta di Gragnano in molte varianti e design accattivante. In sintesi, tre ristoranti distinti, ma un'unica gestione.

ALATRI – Frosinone (FR) – **563** Q22 – **29 357 ab.** – alt. 502 m 13 C2
– ⊠ **03011** ▌ Italia Centro Sud

▶ Roma 93 – Frosinone 14 – Avezzano 89 – Latina 65

◎ Acropoli★ : ≼★★ – Chiesa di Santa Maria Maggiore★

| ✗ | **La Rosetta dal 1954** | 氐 VISA ⓪ ΑΕ ① ↻ |

  via Duomo 37 – ℰ 07 75 43 45 68
  – chiuso domenica sera, martedì
  Rist – Menu 27 € – Carta 21/35 €
  ♦ A ridosso dell'Acropoli, atmosfere di autentica Ciociaria e genuina cucina del
territorio orgogliosamente fedele alle tradizioni, in un ambiente dal fascino antico.

ALBA – Cuneo (CN) – **561** H6 – **31 272 ab.** – alt. 172 m – ⊠ **12051**   25 C2
▌ Italia

▶ Roma 644 – Cuneo 64 – Torino 62 – Alessandria 65

◎ Casa Do: fregio★

Palazzo Finati senza rist   ⊯ 🗚 ⟨⟨ 🅿 VISA ⓪ ΑΕ ① ↻

via Vernazza 8 – ℰ 01 73 36 63 24
– www.palazzofinati.it – chiuso dal 24 dicembre all'11 gennaio e 2 settimane in agosto
4 cam ⊊ – ♦120/200 € ♦♦150/210 € – 5 suites – ♦♦190/240 €
♦ Crema, vermiglio, indaco, eleganza delle forme e morbidezza dei tessuti: nel-
l'ottocentesco palazzo del centro convivono una romantica storicità e l'attenzione
per il dettaglio.

I Castelli   ⊯ 🗚 ⅏ ⟨⟨ 🔏 🐾 VISA ⓪ ΑΕ ① ↻

corso Torino 14/1 – ℰ 01 73 36 19 78
– www.hotel-icastelli.com
87 cam ⊊ – ♦75/93 € ♦♦100/118 € – 3 suites – ½ P 81 €
Rist – *(chiuso domenica) (chiuso a mezzogiorno)* Carta 25/43 €
♦ Imponente complesso recente di moderna concezione in vetro e cemento,
dotato di ogni confort e di camere accoglienti e spaziose; ideale per una clientela
di lavoro. Sala ristorante in stile contemporaneo; cucina della tradizione rivisitata
in chiave moderna.

Langhe senza rist   🗗 ⊯ 氐 🗚 ⅏ 🅿 🐾 VISA ⓪ ΑΕ ① ↻

strada Profonda 21 – ℰ 01 73 36 69 33
– www.hotellanghe.it
27 cam ⊊ – ♦65/78 € ♦♦84/98 € – 2 suites
♦ In posizione tranquilla, moderna risorsa con soluzioni design che piaceranno ai
globetrotter. Tra le 12 e le 24: piatti freddi, caldi e dessert - accompagnati da vini
regionali - serviti in camera o nella piccola hall.

Agriturismo Villa la Meridiana-Cascina Reine senza rist ⌁

località Altavilla 9, Est : 1 km   ≼ 🚗 🌊 ⋔ 🅿 VISA ⓪ ↻
– ℰ 01 73 44 01 12 – www.villalameridianaalba.it
9 cam ⊊ – ♦75/80 € ♦♦90/95 € – 1 suite
♦ Originale complesso agrituristico composto da una villa Liberty ed un attiguo
cascinale: accoglienti interni e camere in stile. Esclusiva suite, dotata di una terrazza con splendida vista sui proverbiali vigneti locali. Relax allo stato puro.

Piazza Duomo   🗚 VISA ⓪ ΑΕ ↻

vicolo dell'Arco 1, angolo piazza Risorgimento 4 – ℰ 01 73 36 61 67
– www.piazzaduomoalba.it – chiuso gennaio, agosto, domenica sera e lunedì
Rist – (consigliata la prenotazione) Menu 120 € – Carta 81/119 €
Spec. Carbonara di gamberi. Agnello alla camomilla. Wafer alla nocciola "14".
♦ Al primo piano di un centralissimo palazzo storico, un'unica sala dall'aspetto
minimalista, rosa con splendido murale. Altrettanto originale è la cucina: priva di
superfluo, ma ricca di colore e fantasia. Sono le magie di Enrico Crippa.

XX **Locanda del Pilone** con cam ❀ ≤ ⎚ ⌂ & AC ⋔ P VISA ☺ AE ⚡
❀ *frazione Madonna di Como 34, Sud-Est : 5 km – ℰ 01 73 36 66 16*
– www.locandadelpilone.com – chiuso dal 20 dicembre al 20 gennaio e
dal 30 luglio al 17 agosto
7 cam ⌷ – ♦100/150 € ♦♦150/200 € – 1 suite
Rist – *(chiuso i mezzogiorno di martedì e mercoledì in ottobre, tutto il giorno*
negli altri mesi) Menu 65/85 € – Carta 53/93 € ⅋⅋
Spec. Carne cruda di fassone piemontese battuta al coltello, salsa alla robiola e
noci. Gnocchi di ricotta con scampi e tartufo bianco d'Alba. Piccione arrosto, lampone, cioccolato e fegato grasso d'anatra.
♦ In posizione dominante i celebri vigneti, la cucina piemontese si arricchisce di
un contributo partenopeo: due grandi cucine, un'eccellenza gastronomica. Deliziose camere panoramche con arredi d'epoca.

XX **La Libera** AC VISA ☺ AE ① ⚡
via Pertinace 24/a – ℰ 01 73 29 31 55 – www.lalibera.com – chiuso 15 giorni in
febbraio, 15 giorni in agosto, lunedì a mezzogiorno
Rist – (consigliata la prenotazione) Carta 37/49 € ⅋⅋
♦ Moderno e di design il locale, giovane ed efficiente il servizio. La cucina propone appetitosi piatti della tradizione piemontese: spesso rielaborati con tocchi
di fantasia. Assai frequentato a pranzo.

X **Osteria dell'Arco** & AC VISA ☺ AE ⚡
piazza Savona 5 – ℰ 01 73 36 39 74 – www.osteriadellarco.it – chiuso
25-26 dicembre e domenica escluso ottobre
Rist – Carta 32/39 €
♦ La cucina rispolvera i piatti del territorio, rivisitati con fantasia, in questo locale
del centro affacciato su un cortile interno. Ambiente informale ed accogliente,
con il vino in bella mostra.

ALBA – Trento (TN) – 562 C17 – Vedere Canazei

ALBA ADRIATICA – Teramo (TE) – 563 N23 – 12 440 ab. – ⌗ 64011   1 B1
▶ Roma 219 – Ascoli Piceno 40 – Pescara 57 – Ancona 104
🛈 lungomare Marconi 1, ℰ 0861 71 24 26, www.abruzzoturismo.it

🏠 **Eden & Eden Park Hotel** ≤ ⎚ ⛰ ⌇ ※ ⧉ ♣♣ AC ※ ⋔ P ⌂
❀ *lungomare Marconi 328 – ℰ 08 61 71 42 51* VISA ☺ AE ① ⚡
– www.hoteleden.it – maggio-settembre
83 cam ⌷ – ♦70/95 € ♦♦110/165 € – ½ P 78/110 €
Rist – *(solo per alloggiati)* Carta 20/39 €
♦ In un'area che si estende dal lungomare fino all'interno, due strutture identiche nei
servizi ma con camere distinte per tipologie: classiche all'Eden, più moderne al Park.

🏠 **Doge** ≤ ⛰ ⌇ ⧉ & cam, ♣♣ AC cam, ※ rist, ⋔ P ⌂ VISA ☺ AE ⚡
lungomare Marconi 292 – ℰ 08 61 71 25 08 – www.hoteldoge.it
– 15 maggio-15 settembre
60 cam ⌷ – 2 suites   **Rist** – *(solo per alloggiati)*
♦ Sul lungomare, attrezzato albergo di recente ristrutturazione, con camere arredate in stile coloniale; spazioso solarium con vista dominante l'intera spiaggia.

🏠 **Majestic** senza rist ⛰ & AC ⋔ P ⌂ VISA ☺ AE ① ⚡
via Molise – ℰ 08 61 75 37 55 – www.majestichotel.net
32 cam ⌷ – ♦45/60 € ♦♦70/90 €
♦ Ubicato in posizione tranquilla leggermente arretrata rispetto al mare, un'edificio realizzato in mattoni con eco neoclassiche offre camere nuove con qualche
tocco d'eleganza.

🏠 **Meripol** ≤ ⛰ ⌇ ⧉ & cam, ♣♣ AC ※ rist, P VISA ☺ AE ① ⚡
❀ *lungomare Marconi 290 – ℰ 08 61 71 47 44 – www.hotelmeripol.it – marzo-ottobre*
54 cam ⌷ – ♦50/90 € ♦♦80/150 € – ½ P 110 €   **Rist** – Menu 15/30 €
♦ Solo una piccola pineta separa dal mare questo signorile ed imponente edificio
avveniristico che dispone di camere spaziose, spesso illuminate da portefinestre
con balcone. Al ristorante, i sapori della tradizione culinaria italiana.

🏠 **La Pergola** senza rist ⌂   🅐 📶 📡 🎿 🅚 💱 ⚑ 🄿 🆅🆂🄰 ⊗ 🄰🄴 ① ♨

via Emilia 9 – ℰ 08 61 71 10 68 – www.hotelpergola.it – aprile-settembre
9 cam ⌂ – ♦40/55 € ♦♦65/98 € – 3 suites

♦ Piccola e deliziosa risorsa a gestione familiare recentemente rinnovata, offre la possibilità di consumare il primo pasto della giornata sotto il pergolato e di noleggiare - gratuitamente - biciclette per esplorare i dintorni.

🏠 **Impero**   ⌂ ☕ 🅐 🎿 🕯 📶 📡 🎿 🅚 💱 ⚑ 🄿 ⌂ 🆅🆂🄰 ⊗ ♨
😴

lungomare Marconi 162 – ℰ 08 61 71 24 22 – www.hotelimpero.com
– 18 maggio-20 settembre
60 cam ⌂ – ♦♦90/120 € – 1 suite   **Rist** – *(solo per alloggiati)* Menu 20/30 €

♦ Albergo tradizionale, a pochi metri dal mare, con accogliente hall dipinta e arredata nelle sfumature del rosso e del rosa e comode poltrone in stile; camere eleganti.

🍴🍴 **Arca**   ⌂ 🅚 🆅🆂🄰 ⊗ 🄰🄴 ① ♨

viale Mazzini 109 – ℰ 08 61 71 46 47 – www.arcaristorante.it – chiuso sabato a mezzogiorno e martedì
Rist – Carta 29/61 € ⌂

♦ Come evoca il nome, il locale era un'enoteca, poi convertito in ristorante, rustico e accogliente, dalle proposte originali e sorprendenti. Piatti di terra, prodotti biologici, salumi e formaggi selezionati.

🍴🍴 **Il Palmizio**   ⌂ 💱 🆅🆂🄰 ⊗ ① ♨

lungomare Marconi 160 – ℰ 08 61 75 13 39 – chiuso 2 settimane in gennaio e lunedì a mezzogiorno (anche domenica sera in autunno-inverno)
Rist – Carta 36/60 €

♦ L'Abruzzo - terra di contadini e pescatori - offre qui il migliore connubio: il pesce di giornata e i prodotti della terra. Imperdibili gli antipasti, crudi e cotti.

🍴🍴 **Mediterraneo**   ⌂ 🆅🆂🄰 ⊗ ♨

viale Mazzini 148 – ℰ 08 61 75 20 00 – www.ristorante-mediterraneo.com
– chiuso lunedì e domenica sera (martedì a mezzogiorno in estate)
Rist – *(consigliata la prenotazione)* Carta 32/72 € ⌂

♦ E' una brillante ed appassionata coppia a gestire questo locale non lontano dal mare, dove si propone il meglio della materia prima regionale. In cantina molti vini, ma anche birre.

ALBANO LAZIALE – Roma (RM) – **563** Q19 – **39 770 ab.** – **alt. 400 m**   **12** B2
– ✉ **00041** ▌ Roma

🟦 Roma 27 – Anzio 33 – Frosinone 73 – Latina 42

◉ Villa Comunale★ – Cisternone★ - Tomba degli Orazi e dei Curiazi★ - Porta Pretoria★

🏨 **Miralago**   🍴 ⌂ 🅚 💱 🕯 🧖 🄿 🆅🆂🄰 ⊗ 🄰🄴 ① ♨

via dei Cappuccini 12, Nord-Est : 1,5 km – ℰ 06 93 32 10 18
– www.hotelmiralagorist.it
45 cam ⌂ – ♦85/95 € ♦♦110/120 € – ½ P 80 €
Rist Donna Vittoria – Carta 40/55 €

♦ A pochi metri da uno scenografico belvedere sul lago Albano, moderna struttura che presenta un'atmosfera più retrò negli interni, arredati con parati e decorazioni all'inglese.

🍴🍴 **La Galleria di Sopra**   🅚 🆅🆂🄰 ⊗ ♨

via Leonardo Murialdo 9 – ℰ 06 93 32 27 91 – www.lagalleriadisopra.it – chiuso dal 16 al 31 agosto e lunedì
Rist – *(chiuso a mezzogiorno escluso i giorni festivi)* Menu 45 € – Carta 40/55 €

♦ Nella parte alta del paese, un locale dove si respira il passato, quando la sala principale dal soffitto a botte era il fienile di un convento di suore: la dimora confina ancora oggi con la tenuta papale di Castel Gandolfo. A riposizionare l'orologio sull'era moderna ci pensa la cucina, giovane e fantasiosa!

ALBAREDO D'ADIGE – Verona (VR) – **562** G15 – **5 336 ab.**   **35** B3
– ✉ **37041**

🟦 Roma 494 – Verona 35 – Mantova 51 – Padova 71

a Coriano Veronese Sud : 5 km – ✉ 37050

XX   **Locanda dell'Arcimboldo** con cam   🛏 😊 ⚐ rist, 🅰🅲 🅿
via Gennari 5 – ℰ *04 57 02 53 00*   🆅🆂🅰 ⓿ 🅰🅴 ⓪ 💰
– www.locandadellarcimboldo.it – chiuso 10 giorni in gennaio e 20 giorni in agosto
4 cam ⬜ *–* 🛇80/100 € 🛇🛇100/150 € *– 2 suites*
Rist *– (chiuso domenica sera e lunedì)* Carta 31/62 €
♦ Elegante casa dell'800 ristrutturata e trasformata in una signorile locanda: particolarmente curate nei particolari sia la sala che la veranda, dove potrete gustare saporiti piatti locali rivisitati. Sontuose le camere, arredate con raffinata ricercatezza.

ALBARETO – Parma (PR) – **562** I11 – 2 250 ab. – ✉ 43051   **8** A2
▶ Roma 507 – Bologna 177 – Parma 82 – La Spezia 97

🏨   **Borgo Casale** 🌿   ≤ 🛏 🕸 🏌 🅿 🆅🆂🅰 ⓿ 🅰🅴 ⓪ 💰
località Casale, Est: 2,5 km – ℰ *05 25 92 90 32 – www.borgocasale.it – chiuso dal 18 gennaio al 1° febbraio*
16 cam ⬜ *–* 🛇100/185 € 🛇🛇190/310 €
Rist *Casimiro e voi* – vedere selezione ristoranti
♦ In un quadro ambientale tranquillo e charmant, un piccolo borgo di collina trasformato in accogliente relais, completo nella gamma dei servizi offerti.

XX   **Casimiro e voi** – Hotel Borgo Casale   😊 ⇄ 🅿 🆅🆂🅰 ⓿ 🅰🅴 ⓪ 💰
località Casale, Est: 2,5 km – ℰ *05 25 92 90 32 – www.borgocasale.it – chiuso dal 18 gennaio al 1° febbraio*
Rist – Carta 27/42 €
♦ L'antico borgo che nel XV secolo era una stazione di passaggio lungo la via Francigena, è - ora - un raffinato relais, dove trova posto anche questo ristorante, espressione più autentica della cucina emiliana: ingredienti del territorio e buon vino.

ALBAVILLA – Como (CO) – **561** E9 – 5 928 ab. – alt. 331 m – ✉ 22031   **18** B1
▶ Roma 613 – Como 12 – Brescia 102 – Milano 46

XX   **Il Cantuccio** (Mauro Elli)   😊 ⚐ 🅰🅲 🌿 ⇄ 🆅🆂🅰 ⓿ 🅰🅴 💰
✿ *via Dante 36 –* ℰ *0 31 62 87 36 – www.mauroelli.com – chiuso 2 settimane in gennaio, 1 settimana in luglio e lunedì*
Rist *– (chiuso a mezzogiorno escluso da venerdì a domenica)* (coperti limitati, prenotare) Carta 49/69 €
Spec. Calamaretti e lenticchie croccanti (autunno-inverno). Spaghetti alla chitarra di antiche farine con cipollotti e guanciale. Lombata di coniglio arrostita con pancetta nostrana e rosmarino.
♦ Fantasiosa rielaborazione di cucina tradizionale nel cuore di un verde paese della Brianza: due graziose salette, in un ambiente elegantemente rustico; cantina interessante.

ALBENGA – Savona (SV) – **561** J6 – 24 249 ab. – ✉ 17031 ▮ Italia   **14** B2
▶ Roma 589 – Imperia 32 – Cuneo 109 – Genova 90
🆔 piazza del Popolo 11, ℰ 0182 55 84 44, www.visitriviera.it
◉ Battistero ★ nella cattedrale - Città vecchia ★

🏠   **Sole Mare**   ≤ 🌿 rist, 🏌 🆅🆂🅰 ⓿ 🅰🅴 💰
lungomare Cristoforo Colombo 15 – ℰ *0 18 25 27 52 – www.albergosolemare.it – chiuso 2 settimane in dicembre*
24 cam ⬜ *–* 🛇65/85 € 🛇🛇85/115 € *– ½ P 65/75 €*
Rist *– (luglio-agosto) (chiuso a mezzogiorno) (solo per alloggiati)*
♦ Invidiabile posizione di fronte al mare e ambiente ospitale in una struttura semplice, dall'ottima conduzione familiare. Camere fresche, arredate sobriamente, ma funzionali.

🍴🍴🍴 **Pernambucco** 🌳 [AC] [P] VISA ⓂⒸ [AE] ⓓ Ⓢ

viale Italia 35 – ☎ 0 18 25 34 58 – chiuso mercoledì

Rist – Carta 48/95 € 🍷

◆ Gestione capace e insolita collocazione all'interno di un giardino, per un locale dall'ambiente rustico ma ricercato; specialità di mare da provare.

🍴🍴 **Osteria dei Leoni** 🌳 ♿ [AC] VISA ⓂⒸ [AE] ⓓ Ⓢ

vico Avarenna 1, centro storico – ☎ 0 18 25 19 37 – www.osteriadeileoni.it – chiuso gennaio e martedì

Rist – Menu 30 € (pranzo)/50 € – Carta 39/65 €

◆ Nel centro storico di Albenga, in un edificio quattrocentesco che fu convento alle origini e scuola elemantere nel secolo scorso, due caratterische sale e una corte interna per la bella stagione. In menu: fragranti specialità di pesce.

🍴🍴 **Babette** [AC] VISA ⓂⒸ Ⓢ

💰 *viale Pontelungo 26 – ☎ 01 82 54 45 56 – www.ristorantebabette.com – chiuso lunedì, martedì a mezzogiorno*

Rist – Menu 17/48 € – Carta 40/67 €

◆ Alle porte del centro storico, una piccola sala con tavoli un po' ravvicinati, ma nell'ensemble un locale di grande eleganza. Dalla cucina piatti fantasiosi ispirati al mare e qualche specialità di terra.

a Salea Nord-Ovest : 5 km – ✉ 17031 Albenga

🏨 **Cà di Berta** senza rist 🌿 < 🌳 ⛆ 🏊 🛗 ♿ [AC] 🚭 📶 [P] VISA ⓂⒸ [AE] ⓓ Ⓢ

località Cà di Berta 5 – ☎ 01 82 55 99 30 – www.hoteldiberta.it

10 cam ☕ – 👥70/110 € – 5 suites

◆ Impreziosito da una verde cornice di palme e ulivi, l'albergo dispone di eleganti interni ed accoglienti camere: solo suite e junior-suite. Relax allo stato puro!

ALBEROBELLO – **Bari (BA)** – **564** E33 – **11 002 ab.** – **alt. 428 m** **27** C2 – ✉ **70011** 📕 Italia

▶ Roma 502 – Bari 55 – Brindisi 77 – Lecce 106

ℹ piazza Ferdinando IV, ☎ 080 4 32 51 71, www.alberobellonline.it

👁 Località★★★ – Trullo Sovrano★

🏨 **Grand Hotel Olimpo** 🛗 ♿ cam, [AC] cam, 🚭 🚫 📶 🎤 [P] 🚗

via Sette Liberatori della Selva – ☎ 08 04 32 16 78 – www.grandhotelolimpo.it VISA ⓂⒸ [AE] ⓓ Ⓢ

31 cam ☕ – 👤65/80 € 👥80/130 € – 2 suites – ½ P 80 €

Rist – Carta 30/50 €

◆ Spazi ampi e luminosi in questo nuovo albergo, dove l'utilizzo di materiali di qualità ha dato luogo a graziose camere dalle calde tonalità, che ben si abbinano agli arredi in rovere e agli inserti in pelle. Zone comuni raccolte intorno alla pianta circolare della hall, lucida di marmi e rallegrata da angoli verdi.

🏨 **Colle del Sole** 🌳 🌳 🏊 🛗 ♿ cam, [AC] 🚫 🎤 [P] VISA ⓂⒸ [AE] ⓓ Ⓢ

💰 *via Indipendenza 63 – ☎ 08 04 32 18 14 – www.hotelcolledelsole.it*

47 cam ☕ – 👤45/65 € 👥65/125 € – ½ P 65 €

Rist – *(chiuso lunedì da ottobre a marzo)* Carta 18/32 €

◆ A soli 500 metri dalle due aree Trulli - Aia Piccola e Rione Monti – l'albergo a gestione familiare dispone di camere confortevoli, arredate con gusto moderno. La struttura propone anche attività culturali di vario tipo. Ristorante con wine-bar.

🏠 **B&B Fascino Antico** senza rist 🌳 🏊 [AC] 🚫 [P] VISA ⓂⒸ [AE] ⓓ Ⓢ

strada Statale 172 per Locorotondo km 0,5 – ☎ 08 04 32 50 89 – www.fascinoantico.eu – aprile-novembre

5 cam ☕ – 👤50/60 € 👥90/100 €

◆ L'esperienza di alloggiare all'interno dei trulli, alcuni originali dell'Ottocento, e di concedersi un po' di riposo nella corte-giardino: un'autentica atmosfera pugliese.

XXX **Il Poeta Contadino** (Marco Leonardo) `AC` `P` `VISA` `oo` `①` `&`
- via Indipendenza 21 – ℰ 08 04 32 19 17 – www.ilpoetacontadino.it
- chiuso dal 7 al 12 marzo e lunedì escluso da luglio ad agosto
Rist – (consigliata la prenotazione) Menu 65 € – Carta 56/75 € ♨
Spec. Crema di finocchi con astice e insalata di mare. Filettino di maiale in crosta, salsa al vincotto. Tortino di mandorle, parfait al limone, cioccolato salato, salsa di mango.
♦ A due passi dai celebri trulli, un ulivo all'ingresso è il biglietto da visita della cucina: sapori e colori del sud in uno dei locali più eleganti della regione.

XX **Trullo d'Oro** `AC` `✥` `VISA` `oo` `AE` `①` `&`
- via Cavallotti 27 – ℰ 08 04 32 39 09 – www.trullodoro.it
- chiuso dal 7 al 28 gennaio, domenica sera e lunedì escluso agosto
Rist – Carta 22/45 €
♦ Cucina tradizionale delle Murge in un ambiente caratteristico e signorile: grande offerta di antipasti e buona scelta enologica. Bella veranda luminosa.

X **L'Aratro** `✥` `VISA` `oo` `AE` `①` `&`
- via Monte San Michele 25/29 – ℰ 08 04 32 27 89 – www.ristorantearatro.it
- chiuso dal 7 al 30 gennaio
Rist – Menu 16/35 € – Carta 23/58 €
♦ Nel caratteristico agglomerato di trulli del centro storico, piacevole trattoria dagli arredi rustici e terrazza per il dehors. Proposte del territorio, di carne e di pesce.

ALBIGNASEGO – Padova (PD) – 562 F17 – 22 519 ab. – alt. 13 m   36 C3
– ✉ 35020
▶ Roma 492 – Padova 13 – Rovigo 41 – Venezia 47

XX **Il Baretto** `✿` `AC` `%` `P` `VISA` `oo` `AE` `&`
- via Europa 6 – ℰ 04 98 62 50 19
- chiuso 15 giorni in agosto, domenica, lunedì
Rist – (coperti limitati, prenotare) Carta 39/98 €
♦ Piccolo nelle dimensioni, ma grande nella cura dell'arredo e della qualità del pescato da gustare sia crudo, sia in piatti tradizionali e casalinghi.

ALBINEA – Reggio Emilia (RE) – 562 I13 – 8 673 ab. – alt. 166 m   8 B3
– ✉ 42020
▶ Roma 438 – Parma 41 – La Spezia 114 – Milano 161

🏠 **Garden Viganò** senza rist ℬ `🍴` `🛗` `&` `AC` `%` `📶` `P` `VISA` `oo` `AE` `&`
- via Garibaldi 17 – ℰ 05 22 34 72 92 – www.hotelgardenvigano.it
22 cam – †55/65 € ††77 €, ☲ 10 €
♦ Camere che profumano di fresco e pulito, come i cassetti della nonna con i sacchetti di lavanda: in posizione collinare, un complesso del '700 dagli spazi comuni limitati, ma piacevolmente immerso in un enorme parco.

ALBINIA – Grosseto (GR) – 563 O15 – ✉ 58010   29 C3
▶ Roma 144 – Grosseto 32 – Civitavecchia 75 – Orbetello 13

🏠 **Agriturismo Antica Fattoria la Parrina** ℬ `🍴` `🏡` `🎿` `AC` `P` `VISA` `oo` `AE` `①` `&`
- strada vicinale Parrina km 146, Sud-Est : 6 km
- ℰ 05 64 86 26 26 – www.parrina.it – marzo-dicembre
12 cam ☲ – †102/162 € ††120/190 € – 2 suites – ½ P 90/125 €
Rist – (consigliata la prenotazione) Carta 36/61 €
♦ Ambiente di raffinata ospitalità in una risorsa agrituristica ricavata nella casa padronale di una fattoria ottocentesca; interni ricchi di fascino e camere confortevoli.

ALBINO – **Bergamo (BG)** – **561** E11 – **18 098 ab.** – **alt. 342 m** – ✉ **24021** **19** C1

▶ Roma 621 – Bergamo 14 – Brescia 65 – Milano 67

🍴🍴 **Il Becco Fino** VISA

via Mazzini 200 – ☎ *0 35 77 39 00* – *www.ilbeccofino.it* – *chiuso dal 1 settimana in gennaio, 2 settimane in agosto, domenica sera, lunedì*

Rist – *(chiuso a mezzogiorno escluso domenica)* Carta 45/61 €

Rist *Sorsi e Bocconi* – ☎ 0 35 75 53 21 – Menu 18/22 € – Carta 30/40 €

◆ Piacevole collocazione in un cortile tra palazzi d'epoca, dove apprezzare una cucina moderna accompagnata da un'interessante scelta enologica. Più giovane ed economica l'enoteca Sorsi e Bocconi (a 50 m) con qualche piatto semplice e molti vini da gustare anche al bicchiere.

ALBISANO – **Verona (VR)** – **Vedere Torri del Benaco**

ALBISSOLA MARINA – **Savona (SV)** – **561** J7 – **5 644 ab.** – ✉ **17012** **14** B2

Italia

▶ Roma 541 – Genova 43 – Alessandria 90 – Cuneo 103

ℹ piazza Lam, ☎ 019 4 00 25 25, www.visitriviera.it

⛳ Filanda via Poggi, località Carpineto, 019 489679, www.filandaresort.com

👁 Parco★ e sala da ballo★ della Villa Faraggiana

Pianta : vedere Savona

Garden VISA AE

viale Faraggiana 6 – ☎ *0 19 48 52 53* – *www.hotelgardenalbissola.com*

50 cam – †69/140 € ††79/198 € – 2 suites – ½ P 129 € CV**b**

Rist – Carta 23/43 €

◆ Un'esposizione permanente d'arte contemporanea abbellisce gli interni di questa struttura di moderna concezione, dotata di ogni confort; a due passi dal mare. Quadri vivaci anche sulle bianche pareti dell'ariosa sala da pranzo.

ALDEIN = Aldino

ALDINO (ALDEIN) – **Bolzano (BZ)** – **562** C16 – **1 658 ab.** – **alt. 1 225 m** – **Sport invernali : 2 000/2 300 m** 5, – ✉ **39040** **31** D3

▶ Roma 628 – Bolzano 34 – Cortina d'Ampezzo 112 – Trento 57

🍴 **Krone** con cam rist, VISA

piazza Principale 4 – ☎ *04 71 88 68 25* – *www.gasthof-krone.it* – *chiuso dal 6 novembre al 7 dicembre*

12 cam – †83/110 € ††126/190 € – 1 suite – ½ P 75/112 €

Rist – *(chiuso lunedì)* Carta 37/47 €

◆ Il passato è una prerogativa di fascino che ancora non cede il passo alla modernità; in un piccolo paese di montagna, ristorante di antica tradizione dove gustare genuinità e tradizione. Nato come punto di riferimento per l'ospitalità, conserva tutt'oggi camere semplici e discrete dall'arredo antico.

ALESSANDRIA [P] (AL) – **561** H7 – **94 191 ab.** – **alt. 95 m** **23** C2

▶ Roma 575 – Genova 81 – Milano 90 – Piacenza 94

ℹ via Gagliaudo 2, ☎ 0131 23 47 94, www.comune.alessandria.it

ℹ, ☎ 0131 25 42 30

⛳ La Serra strada Astigliano 42, 0131 954778, www.golfserra.it – marzo-novembre; chiuso lunedì

⛳ Margara tenuta Margara, 0131 778555, www.golfmargara.it – chiuso gennaio e lunedì

Alli Due Buoi Rossi VISA AE

via Cavour 32 ✉ *15121* – ☎ *01 31 51 71 71* – *www.hotelallidueb uoirossi.com*

48 cam – †55/110 € ††88/140 € – ½ P 74/100 € Z**a**

Rist *Alli Due Buoi Rossi* – vedere selezione ristoranti

◆ A poche decine di metri da Piazza della Libertà, un palazzo signorile di fine '800 con spazi comuni non ampissimi, ma subito "riscattati" dal loro tono raffinato e dalle ampie camere arredate in stile Belle Epoque.

ALESSANDRIA

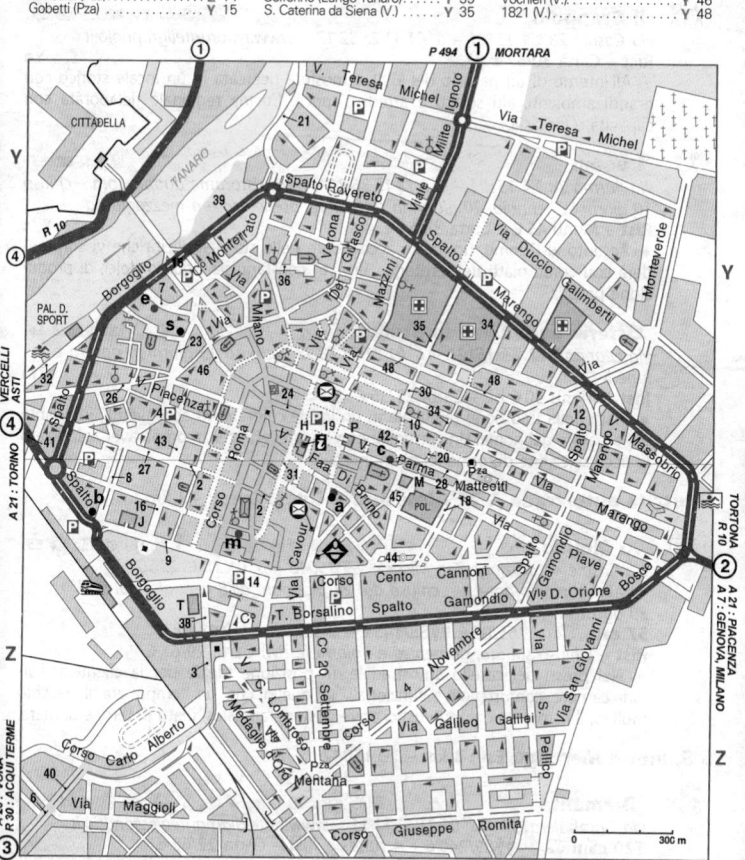

🏨 **Europa** senza rist   🛗 🏧 ⇄ 📶 🚗 ⟶ 🅥🅘🅢🅐 ⑩ 🄰🄴 ⓘ 💧

via Palestro 1 ⊠ 15121 – 𝒞 01 31 23 62 26 – www.hoteleuropaal.com
32 cam ⌷ – ♦60/70 € ♦♦90/100 €   **Y**s
◆ Nel centro storico di Alessandria - a pochi passi dalla stazione ferroviaria - affidabile gestione diretta per un hotel dalle piacevoli camere arredate in stile moderno. Breakfast a buffet nella luminosa sala colazioni.

🏨 **Londra** senza rist   🛗 ♿ 🏧 ⇄ 📶 🅥🅘🅢🅐 🄰🄴 ⑩ 💧

corso Felice Cavallotti 51 ⊠ 15121 – 𝒞 01 31 25 17 21 – www.londrahotel.info
39 cam ⌷ – ♦70/85 € ♦♦90/120 €   **Z**b
◆ Eleganza e raffinatezza coniugati alla più moderna tecnologia creano un ambiente confortevole ed ospitale. In centro città - di fronte alla stazione ferroviaria - l'hotel rappresenta una risorsa strategica per ogni viaggiatore.

XXX Alli Due Buoi Rossi – Hotel Alli Due Buoi Rossi   🐾 🅰🅲 ❀ ⇕   🆅🅸🆂🅰 ⊙⊙ 🅰🅴 ⚡

via Cavour 32 – 𝒞 01 31 51 71 71 – www.mercure.com

Rist – Carta 35/62 €   **Za**

♦ Se vi trovate a percorrere le vie del centro, fermatevi in questo ristorante dal nome un po' bizzarro, ma dalla veste elegante: in menu campeggiano tanti gustosi piatti di matrice regionale, permeati da una leggera vena moderna.

XXX Il Grappolo   ⇕⇕ 🅰🅲 ⇕ 🆅🅸🆂🅰 ⊙⊙ 🅰🅴 ⊙ ⚡

via Casale 28 ⊠ 15121 – 𝒞 01 31 25 32 17 – www.ristoranteilgrappolo.it

Rist – Carta 30/52 € 𝄞   **Ye**

♦ All'interno di un palazzo del '600, atmosfera ricercata in un locale storico con grandi ambienti, alti soffitti e arredi d'epoca. Cucina regionale rielaborata con capacità e fantasia.

XX Duomo   🅰🅲 🆅🅸🆂🅰 ⊙⊙ ⚡

via Parma 28 ⊠ 15121 – 𝒞 0 13 15 26 31 – www.ristorante-duomo.com – chiuso 10 giorni in gennaio, 20 giorni in settembre, domenica e a mezzogiorno

Rist – Menu 45 € – Carta 38/51 € 𝄞   **YZc**

♦ Accanto al Duomo, un locale accogliente nella sua semplicità che vi sorprenderà con curati piatti del territorio, "firmati" con fantasia. Squisiti dolci, di produzione propria.

X Osteria della Luna in Brodo   🅰🅲 ⇕ 🆅🅸🆂🅰 ⊙⊙ ⊙ ⚡

🕸

via Legnano 12 ⊠ 15121 – 𝒞 01 31 23 18 98 – chiuso 15 giorni in agosto e lunedì   **Zm**

Rist – Menu 30 € bc – Carta 25/36 € 𝄞

♦ Piatti della tradizione regionale in un locale colorato ed accogliente, intrigante già a partire dal nome. Un consiglio: non andatevene senza prima aver assaggiato la ricca selezione di formaggi piemontesi.

all'uscita autostrada A 21 Alessandria Ovest Ovest: 4,3 km

🏨 Al Mulino   🚗 🕸 🛗 🐾 ❀ 📶 🏔 🅿 🆅🅸🆂🅰 ⊙⊙ 🅰🅴 ⊙ ⚡

via Casale 44, frazione San Michele ⊠ 15040 – 𝒞 01 31 36 22 50 – www.almulino-hotel.it – chiuso dal 23 dicembre all'8 gennaio, dal 5 al 20 agosto

57 cam 🛏 – ♦65/85 € ♦♦85/145 € – 2 suites – ½ P 68/98 €

Rist – *(chiuso sabato, domenica e i giorni festivi)* Carta 29/61 €

♦ Nei pressi del casello autostradale, in posizione ideale per la clientela d'affari, camere confortevoli e funzionali. In quello che un tempo era il vecchio mulino, il ristorante dai toni rustici dove gustare fantasiosi piatti di terra e di mare.

a Spinetta Marengo Est : 3 km – ⊠ 15047

🏨 Diamante   🛗 🐾 cam, 🅰🅲 cam, ❀ rist, 📶 🏔 🚗 🆅🅸🆂🅰 ⊙⊙ 🅰🅴 ⚡

via Gambalera137 – 𝒞 01 31 61 11 11 – www.hoteldiamantealessandria.it

120 cam 🛏 – ♦♦89/240 € – 4 suites   **Rist** – Carta 22/68 €

♦ In un nuovo centro polifunzionale, moderna struttura caratterizzata da ambienti open space e da ampie camere ben accessoriate, ideali per una clientela business. A disposizione dei gentili ospiti, la piscina e il fitness nell'adiacente centro benessere.

XXX La Fermata (Aiachini e Ribaldone) con cam   🚗 🕸 🅰🅲 ❀ cam, 🏔 🅿

🏵

via Bolla 2, Ovest: 1 km – 𝒞 01 31 61 75 08   🆅🅸🆂🅰 ⊙⊙ 🅰🅴 ⚡

– www.lafermata-al.it – chiuso dal 7 al 14 gennaio, 2 settimane in agosto, sabato a mezzogiorno, domenica

12 cam 🛏 – ♦70/90 € ♦♦100/110 €   **Rist** – Menu 60/80 € – Carta 56/76 € 𝄞

Spec. Calamaro spadellato col suo ristretto. Lingua di vitello, succo di capperi e semolino dolce. Composta di frutta e verdura con gelato, yogurt e basilico.

♦ Vale la sosta, o meglio: la fermata! In un cascinale del '700, la creatività va a braccetto con la tradizione in squisite proposte gastronomiche di carne e di pesce. Camere confortevoli.

ALESSANO – Lecce (LE) – 6 558 ab. – alt. 140 m – ⊠ 73031   **27** D3

▶ Roma 634 – Brindisi 99 – Lecce 61 – Taranto 135

⌂   **Agriturismo Masseria Macurano** ⌖   🛜 **P** 𝗩𝗜𝗦𝗔 ⨷ ⬧
  via Macurano 134, Sud-Est : 3 km – ℰ 08 33 52 42 87
  – www.masseriamacurano.com – 25 aprile-ottobre
  6 cam ⛛ – ♥70/90 € ♥♥80/120 €
  Rist – (prenotazione obbligatoria) (solo per alloggiati) Menu 25 €
  ♦ Ambienti spaziosi, ampie camere arredate con mobili in arte povera e qualche pezzo d'artigianato in questa masseria del '700 a gestione famliare circondata da un bel giardino. La rustica ed accogliente sala ristorante propone menù degustazione a prezzo fisso.

ALGHERO (Sardegna) – Sassari (SS) – **366** K40 – 40 803 ab.   **38** A2
– ⊠ 07041 ▮ Sardegna

▶ Cagliari 227 – Nuoro 136 – Olbia 137 – Porto Torres 35

🛧 di Fertilia Nord-Ovest: 11 km ℰ 079 935282

🛈 piazza Portaterra 9, ℰ 079 97 90 54, www.alghero-turismo.it

👁 Città vecchia★

🅖 Grotta di Nettuno★★★ Nord-Ovest : 26,5 km – Strada per Capo Caccia ≤★★
  – Nuraghe Palmavera★ Nord-Ovest : 10 km

🏠   **Villa Las Tronas** ⌖   ≤ 🛋 🗀 ⛆ 🗖 ⚙ ⌂ 🎿 🛗 🅰 🛜 rist, ☎ **P**
  lungomare Valencia 1 – ℰ 0 79 98 18 18   𝗩𝗜𝗦𝗔 ⨷ 🅐🅔 ⓪ ⬧
  – www.hotelvillalastronas.it
  24 cam ⛛ – ♥150/374 € ♥♥250/470 € – 6 suites   **Rist** – Carta 46/103 €
  ♦ Invidiabile posizione su un piccolo promontorio ed interni d'epoca per questa residenza patrizia d'inizio '900. Privacy, raffinatezza, charme permeano gli spazi comuni e le belle camere, ognuna con un proprio inconfondibile stile: alcune si affacciano sul mare o sul giardino, altre sono dotate di terrazza panoramica.

🏠   **Florida**   ≤ 🗖 🛗 🅖 ⬧ rist, 🅰 🕊 ⇆ 🚾 ⨷ 🅐🅔 ⓪ ⬧
  via Lido 15 – ℰ 0 79 95 05 35 – www.hotelfloridaalghero.com
  – marzo-ottobre
  73 cam ⛛ – ♥60/85 € ♥♥110/146 € – ½ P 94 €
  Rist – (aprile-ottobre) Menu 22/30 €
  ♦ Sul lungomare, ma non lontano dal centro storico, una curiosa struttura anni '70 dove le camere con balconcino sembrano cubi appoggiati l'uno sull'altro. Spazi di taglio classico semplice e confortevole, stanze omogenee nello stile e nell'arredo.

🍴🍴   **Andreini**   🛜 🅰 𝗩𝗜𝗦𝗔 ⨷ 🅐🅔 ⓪ ⬧
✿   *via Ardoino 45 – ℰ 0 79 98 20 98 – www.ristoranteandreini.it*
  – chiuso lunedì escluso da aprile a ottobre
  Rist – (consigliata la prenotazione) Menu 28 € bc (pranzo)/70 € bc
  – Carta 60/95 € 🍴
  Rist *Appenaprima* – Carta 30/55 €
  Spec. Sfogliatina calda di bottarga, pomodoro e crema di pecorino. Tagliolini in crosta, salvia e bottarga di muggine. Maialino croccante e le sue interiora.
  ♦ Tra le spesse mura in pietra di un vecchio deposito per l'olio, ambientazione romantica e un'intera famiglia al lavoro per deliziare con ricette moderne, ma rispettose della tradizione. Frequentatissimo, la sera. Bel dehors e piatti sfiziosi, sebbene più semplici, al ristorante Appenaprima.

🍴🍴   **Al Tuguri**   🅰 ⬧ ⇆ 🚾 ⨷ 🅐🅔 ⓪ ⬧
  via Maiorca 113/115 – ℰ 0 79 97 67 72 – www.altuguri.it
  – chiuso da dicembre a febbraio e domenica
  Rist – (coperti limitati, prenotare) Carta 36/49 €
  ♦ Bell'ambiente caratteristico, con tavoli piccoli e serrati, in un'antica casa del centro, a due passi dai Bastioni; griglia a vista per cuocere soprattutto pesce.

a **Porto Conte** Nord-Ovest : 13 km – ⊠ 07041 Alghero

🏠🏠🏠 **El Faro** ⬦ ⬅ 🔦 🎐 🍴 🏊 🛥 🕸 🕸 🅿 rist, 🛁 🅿

– ℰ 079 94 20 10 – www.elfarohotel.it VISA ⬤⬤ AE ⓘ ⓢ
– maggio-ottobre
88 cam ⌑ – †80/230 € ††130/490 € – 6 suites – ½ P 95/275 €
Rist – Menu 30 €

◆ Su un piccolo promontorio dove sorgeva il vecchio faro, una romantica villa progettata negli anni '50 dall'architetto S.Mossa e la possibilità di effettuare il pescaturismo: un'uscita in barca (naturalmente accompagnati da esperti) e l'opportunità - una volta tornati al ristorante - di farsi cucinare quanto pescato. Gustose specialità ittiche in menu.

ALGUND = Lagundo

ALICE BEL COLLE – Alessandria (AL) – **561** H7 – 786 ab. – alt. 418 m   **23** C3
– ⊠ 15010

▶ Roma 615 – Torino 101 – Alessandria 33 – Asti 39

🏠 **Belvedere** 🚗 🛉 ⭐ cam, 🗚 📶 🅿 VISA ⬤⬤ ⓘ ⓢ

piazza Giovanni Guacchione 9 – ℰ 014 47 43 00 – www.belvederealice.it
28 cam ⌑ – †40 € ††70 € – ½ P 45 € **Rist** – Carta 24/45 €

◆ Base ideale per visitare i dintorni, il nome è azzeccato se si pensa alla bella vista offerta dal ristorante e dalla terrazza. L'impostazione è familiare, ma la tenuta e la pulizia delle camere non vi faranno rimpiangere una struttura più business.

ALLEGHE – Belluno (BL) – **562** C18 – 1 347 ab. – alt. 979 m – Sport   **36** C1
invernali : 1 000/2 100 m ⭐2 ⭐23 (Comprensorio Dolomiti superski Civetta) a
Caprile ⭐ – ⊠ 32022 ⬛ Italia

▶ Roma 665 – Cortina d'Ampezzo 40 – Belluno 48 – Bolzano 84
🅷 piazza Kennedy 17, ℰ 0437 52 33 33, www.infodolomiti.it
◎ Lago★
◉ Valle del Cordevole★★ Sud per la strada S 203

a **Masarè** Sud-Ovest : 2 km

🏠🏠 **Barance** ⬅ 🔳 🕸 🛉 ⭐ 🕸 rist, 🅿 🚗 VISA ⬤⬤ ⓢ

corso Venezia 45 ⊠ 32022 Masarè – ℰ 04 37 72 37 48 – www.hotelbarance.com
– 2 dicembre-Pasqua e 16 giugno-14 settembre
26 cam – †21/75 € ††31/120 €, ⌑ 11 € – ½ P 75 € **Rist** – Carta 23/36 €

◆ Interni signorili arredati nel classico stile alpino ed eleganti camere con tendaggi fioriti in questa grande casa rosa dall'ospitale gestione familiare. Tutt'intorno, sentieri per passeggiate e pareti da arrampicare. Sala da pranzo ampia e accogliente, riscaldata dal sapiente impiego del legno. Cucina creativa.

🏠🏠 **La Maison** senza rist   🕸 🛉 ⭐ 🕸 📶 🅿 🚗 VISA ⬤⬤ AE ⓢ

via Masarè 58 ⊠ 32022 Alleghe – ℰ 04 37 72 37 37 – www.hotellamaison.com
– chiuso novembre
13 cam ⌑ – †60/85 € ††98/140 €

◆ Aspettatevi un soggiorno a tutto relax: non solo perchè la struttura si trova in una posizione un po' defilata, ma anche in virtù del fatto che le confortevoli camere non lesinano sui metri quadrati. Nuovo e moderno, il centro benessere.

a **Caprile** Nord-Ovest : 4 km – ⊠ 32023

🏠🏠🏠 **Alla Posta** 🔳 🕸 🛁 🛉 🛉 🕸 VISA ⬤⬤ AE ⓢ

piazza Dogliani 19 – ℰ 04 37 72 11 71 – www.hotelposta.com
– 20 dicembre-aprile e 15 giugno-25 settembre
59 cam – †55/80 € ††90/150 €, ⌑ 12 € – 3 suites – ½ P 50/120 €
Rist Il Postin – vedere selezione ristoranti

◆ Se nella II metà dell'800 era un'osteria ed una stazione per il cambio dei cavalli sul tragitto tra Impero Asburgico e Regno D'Italia, dopo 140 anni la stessa casa continua ad allietare chi sosta in questa risorsa. Spazi comuni arredati con gusto, centro benessere ed una bella pasticceria dove gustare il mitico strudel.

XX **Il Postin** – Hotel alla Posta $\mathscr{G}$ VISA ⓐⓞ AE ৬

piazza Dogliani 19 – $\mathscr{C}$ 04 37 72 11 71 – 20 dicembre-aprile e
15 giugno-25 settembre
Rist – *(chiuso mercoledì)* Carta 26/58 €

◆ Se dopo una giornata all'aria aperta, l'appetito si fa sentire, il Postin saprà saziare la vostra fame con ricette e sapori del territorio, in un'elegante sala da pranzo dal caldo stile montano: dalle finestre, a tenervi compagnia, l'incantevole scenario delle Dolomiti.

ALMÈ – Bergamo (BG) – **561** E10 – 5 729 ab. – alt. 294 m – ✉ 24011   **19** C1
▶ Roma 610 – Bergamo 9 – Lecco 26 – Milano 49

XXX **Frosio** (Paolo Frosio)   🖨 ⇔ VISA ⓐⓞ AE ৬
✿   *piazza Leminè 1 – $\mathscr{C}$ 03 35 54 16 33 – www.frosioristoranti.it – chiuso 1 settimana*
in gennaio, 3 settimane in agosto, mercoledì, giovedì a mezzogiorno
Rist – Menu 30 € bc (pranzo)/70 € – Carta 50/78 € ⌘
Spec. Ravioli al basilico con gamberi rossi al vino bianco (primavera). Cardi gobbi con fonduta di toma e tartufo nero di Bracca (autunno). Crema di pesche con sottobosco e gelato all'amaretto (estate).

◆ All'interno di un signorile palazzo seicentesco, la cucina moderna rivaleggia in eleganza con la bellezza delle sale, dominate dal bianco. Carne o pesce, la qualità non muta; lo stesso dicasi per i dolci e i vini.

a Paladina Sud : 2,5 km – ✉ 24030

XX **L'Osteria** con cam   🖨 ৬ AC ⑪ 📶 P VISA ⓐⓞ AE ① ৬
via Stazione 36, sulla S.S. Dalmine-Villa d'Almè – $\mathscr{C}$ 0 35 54 11 19
– www.lecantined.com
4 cam ⌂ – ♦♦60 €
Rist – *(chiuso dal 23 dicembre al 7 gennaio, 15 giorni in agosto, domenica, lunedì sera)* Carta 38/64 €

◆ La modernità ha conquistato anche questa osteria di paese con enoteca e vendita di prodotti gastronomici di nicchia. La sala è piacevole con un côté un po' retrò, ma l'influenza contemporanea non si lascia mettere da parte e fa di nuovo capolino nella cucina.

ALMENNO SAN BARTOLOMEO – Bergamo (BG) – **561** E10   **19** C1
– 5 976 ab. – alt. 352 m – ✉ 24030
▶ Roma 584 – Bergamo 13 – Lecco 33 – Milano 50
🅹 via Papa Giovanni XXIII, $\mathscr{C}$ 035 54 86 34, www.valleseriana.bg.it
🅶 Bergamo L'Albenza via Longoni 12, 035 640028, www.golfbergamo.it – chiuso
lunedì

🏠 **Camoretti** ⑳   ⬅ 🚄 🏨 ৬ AC ⑪ ⑳ 🛅 P 🚗 VISA ⓐⓞ AE ① ৬
◫   *via Camoretti 2, località Longa , Nord : 3,5 km – $\mathscr{C}$ 0 35 55 04 68*
– www.camoretti.it – chiuso dal 1° al 6 gennaio e dal 16 al 30 agosto
22 cam ⌂ – ♦50/60 € ♦♦80/90 € – ½ P 62/68 €
Rist *Camoretti* – vedere selezione ristoranti

◆ In posizione collinare, tra il verde della campagna bergamasca, camere accoglienti ed eleganti, in una piacevole struttura dalla calda atmosfera familiare.

XX **Antica Osteria Giubì dal 1884**   🖨 AC ⇔ P VISA ⓐⓞ AE ৬
via Cascinetto 2, direzione Brembate di Sopra Sud 1,5 km – $\mathscr{C}$ 0 35 54 01 30
– chiuso 2 settimane in settembre e mercoledì
Rist – *(consigliata la prenotazione la sera)* Menu 29/55 € ⌘

◆ Autentica trattoria immersa nel verde di un parco, da sempre di famiglia ed ora gestita da tre fratelli: uno si dedica alla fornitissima cantina (circa 40.000 bottiglie), il più giovane della cucina, l'altro dell'azienda agricola di confetture e verdure biologiche. Piatti del territorio.

XX **Collina** 🖼 🏠 ⟡ 🗚 ⟡ 🅿 🆅🆂🅰 ⓐ ⓢ
via Ca' Paler 5, sulla strada per Roncola, Nord 1,5 km – ⓒ 035 64 25 70
– www.ristorantecollina.it – chiuso dal 1° al 10 gennaio, lunedì, martedì
Rist – Carta 43/64 €
♦ Da una trattoria di famiglia nasce questo locale che, pur non disdegnando le proprie origini, propone piatti d'ispirazione contemporanea. Saletta con camino e sala panoramica.

XX **Camoretti** – Hotel Camoretti 🖼 🏠 ⟡ 🗚 🕭 🅿 🆅🆂🅰 ⓐ 🅰🅴 ⓞ ⓢ
📧 *via Camoretti 2, località Longa Nord : 3,5 km, Nord: 3,5 km – ⓒ 035 55 04 68*
– www.camoretti.it – chiuso dal 1° al 10 gennaio e dal 16 al 30 agosto
Rist – *(chiuso i mezzogiorno di lunedì e martedì, anche domenica sera in inverno)* Menu 18/35 € – Carta 22/42 €
♦ Servizio cordiale e ambiente familiare, ma non crediate per questo che si lesini sulla cura del dettaglio o sulla cucina. Al contrario! Piatti rigorosamente casalinghi, salumi di produzione propria e pasta fresca.

ALMENNO SAN SALVATORE – Bergamo (BG) – 561 E10   19 C1
– 5 841 ab. – alt. 328 m – ⊠ 24031

▶ Roma 612 – Bergamo 13 – Lecco 27 – Milano 54

XX **Cantina Lemine** 🏠 🗚 ⟡ 🅿 🆅🆂🅰 ⓐ 🅰🅴 ⓢ
via Buttinoni 48 – ⓒ 035 64 25 21 – www.cantinalemine.it – chiuso 1 settimana in gennaio, 1 settimana in agosto, lunedì, martedì, sabato a mezzogiorno
Rist – Carta 46/79 € 🍃
♦ Un'elegante villa ospita questo locale dal design contemporaneo, dove gustare una cucina moderna con carne e molto pesce. Il giardino, la cantina-enoteca, nonché il salottino per sigari e distillati donano ulteriore fascino al locale.

ALPE DI SIUSI (SEISER ALM) – Bolzano (BZ) – 562 C16 – alt. 1 826 m   31 C2
– Sport invernali : 1 850/2 100 m ⚡2 ⚡19, (Comprensorio Dolomiti superski Alpe di Siusi) ⚡ – ⊠ 39040 ▮ Italia

▶ Roma 674 – Bolzano 23 – Bressanone 28 – Milano 332

🅵 Compatsch 50, ⓒ 0471 72 79 04, www.alpedisiusi.bz

◉ Posizione pittoresca ★★

🏠🏠🏠 **Alpina Dolomites** 🌿 ⟵ 🖼 🏠 ⛲ 🔲 🕭 🖬 ⏴ 🖳 🅿 ♨ 🍸 🕭 🆅🆂🅰 ⓐ 🅰🅴 ⓞ ⓢ
via Compatsch 62/3 – ⓒ 04 71 79 60 04   🆅🆂🅰 ⓐ 🅰🅴 ⓞ ⓢ
– www.alpinadolomites.it – chiuso dal 10 aprile al 1° giugno
56 cam 🍽 – †168/593 € ††258/658 € – 13 suites – ½ P 154/354 €
Rist – Carta 33/60 € 🍃
♦ Calore, eleganza sono cuore e anima di questo lussuoso albergo dal design montano-minimalista, dove la luce è protagonista assoluta: tutte le camere sono infatti esposte a sud, verso il sole e la meraviglia delle Dolomiti. La vacanza è presto un sogno ad occhi aperti!

🏠🏠 **Seiser Alm Urthaler** 🌿 ⟵ 🖼 🔲 🕭 🕭 🖬 ⏴ 🗚 ⟵ 🕭 rist, 🕭
via Compatsch 49 – ⓒ 04 71 72 79 19   🚗 🆅🆂🅰 ⓐ 🅰🅴 ⓞ ⓢ
– www.alpedisiusi.com – chiuso dal 2 novembre al 1° dicembre e dal 15 aprile al 16 maggio
51 cam – 3 suites – solo ½ P 136/214 €
Rist *Jagerstube* – Carta 35/68 €
♦ Pietra, ferro, vetro e tanto legno sono i materiali utilizzati per questo hotel di concezione "bio" ispirato ad un coinvolgente minimalismo, con ottimi servizi e spazi comuni. I sapori della tradizione vi attendono, invece, nell'ampia sala ristorante o nelle intime stube.

🏠🏠 **Sporthotel Floralpina** 🌿 ⟵ 🖼 🏠 🔲 🕭 🕭 🖬 🗚 🖳 🕭 rist, 🅿
📧 *via Saltria 5, Est : 7 km – ⓒ 04 71 72 79 07*   🚗 🆅🆂🅰 ⓐ ⓢ
– www.floralpina.com – chiuso novembre, aprile e maggio
44 cam 🍽 – †50/100 € ††100/170 € – 1 suite – ½ P 85/120 €
Rist – Carta 20/30 €
♦ Si gode di una vista pacificatrice su monti e pinete da questo hotel immerso nella tranquillità di un parco naturale; calda atmosfera nei caratteristici ambienti interni. Originale soffitto in legno a cassettoni ottagonali nella sala da pranzo.

⌂ Seiser Alm Plaza ⟨ 🖃 🕭 ⋕⋕ ⅀ rist ⓥ 🕇 P 🚗 VISA ⓞ ⑆

via Compatsch 33 – ℰ 04 71 72 79 73 – www.alpedisiusi.com
– 16 dicembre-13 aprile e 7 giugno-13 ottobre
42 cam – solo ½ P 71/136 € **Rist** *– (solo per alloggiati)*

♦ In centro, albergo in tipico stile montano, ma d'impronta moderna; gradevolmente confortevoli le aree comuni con pavimenti in parquet, camere razionali.

⌂ Compatsch ⌂ ⟨ 🖃 🕭 ⋕⋕ ⅀ rist, P VISA ⓞ ⑆

via Compatsch 62 – ℰ 04 71 72 79 70 – www.alpedisiusi.com
– 18 dicembre-13 aprile e 16 giugno-13 ottobre
32 cam – solo ½ P 55/95 € **Rist** *– (solo per alloggiati)*

♦ Piccolo hotel di montagna che si propone soprattutto a nuclei familiari; interni ordinati e semplici, camere ammobiliate sobriamente.

✗ Gostner Schwaige ⟨ 🕭

via Saltria, sentiero 3 – ℰ 34 78 36 81 54 – chiuso dal 2 novembre al 9 dicembre
e dal 10 aprile al 20 maggio
Rist *– (prenotazione obbligatoria la sera)* Carta 38/48 €

♦ Una malga a quasi 2000 m, raggiungibile in inverno – a pranzo – solo a piedi, a cavallo o con gli sci; il ritmo si fa veloce e il coperto tralasciato. La sera, invece, l'atmosfera diventa intima e la cucina più raffinata: saporiti piatti del territorio con utilizzo di formaggi prodotti dalla sorella di Franz, il proprietario, e spezie coltivate dalla madre.

ALPE FAGGETO – Arezzo (AR) – Vedere Caprese Michelangelo

ALSENO – Piacenza (PC) – **562** H11 – 4 852 ab. – alt. 81 m – ⊠ 29010   8 A2
▶ Roma 487 – Parma 32 – Piacenza 30 – Milano 93
🞘 Castell'Arquato località Terme di Bacedasco, 0523 895557,
www.golfclubcastellarquato.com – chiuso martedì

⌂ Palazzo della Commenda 📶 & ⋕⋕ 🅐🅒 ⓥ ⅀ VISA ⓞ 🅐🅔 ⓞ ⑆

località Chiaravalle della Colomba Nord : 3,5 km – ℰ 05 23 94 00 03
– www.palazzodellacommenda.it
16 cam ⌷ – †60/65 € ††90/95 € – ½ P 60 €
Rist Della Commenda – vedere selezione ristoranti

♦ Sia uomini d'affari, sia turisti di passaggio, scelgono questa graziosa struttura - immersa nel verde - con camere molto funzionali e caratteristiche: alti soffitti e travi a vista.

✗ Della Commenda – Hotel Palazzo della Commenda 🅐🅒

località Chiaravalle della Colomba Nord : 3,5 km VISA ⓞ 🅐🅔 ⓞ ⑆
– ℰ 05 23 94 00 03 – www.palazzodellacommenda.it
Rist *– (chiuso lunedì, anche martedì a mezzogiorno in agosto)* Carta 23/51 €

♦ A pochi minuti dalla Via Emilia, il ristorante è stato ricavato nell'ex fienile della dimora del commendatore: l'abate incaricato di amministrare i beni della vicina abbazia. Piatti del territorio - la pasta è ancora fatta in casa - accompagnati da una buona selezione di vini piacentini.

a Castelnuovo Fogliani Sud-Est : 3 km – ⊠ 29010

✗ Trattoria del Ponte 🕭 🅐🅒 P VISA ⓞ 🅐🅔 ⑆

⊜ *strada Salsediana est 1237 – ℰ 05 23 94 71 10 – chiuso mercoledì*
Rist *– (consigliata la prenotazione)* Carta 14/42 €

♦ Tipica trattoria di paese per una cucina all'insegna della tradizione piacentina: a cominciare dagli ottimi salumi, tortelli e pisarei. Anche la carta dei vini si adegua, concentrandosi sulla produzione enologica della zona.

a Cortina Vecchia Sud-Ovest : 5 km – ⊠ 29010

✗✗ Da Giovanni 🕭 ⅀ ⇄ P VISA ⓞ 🅐🅔 ⓞ ⑆

via Cortina 1040 – ℰ 05 23 94 83 04 – www.dagiovanniacortina.com – chiuso
dal 1° al 18 gennaio, dal 15 agosto al 5 settembre, lunedì, martedì
Rist *– (consigliata la prenotazione)* Carta 41/70 € ⅌

♦ La settecentesca stufa in ceramica e l'arredo d'epoca potranno far volare la fantasia dei più romantici avventori. Le certezze in ogni caso vengono dalla cucina, ispirata alla tradizione piacentina.

ALTA BADIA – Bolzano (BZ) – **562** C17 – **Sport invernali :**   31 C1
1 568/2 778 m ↗6 ↙9 ↙43, (Comprensorio Dolomiti superski Alta Badia) ⊁
▮ Italia Centro Nord

CORVARA IN BADIA (BZ) – **562** C17 – 1 307 ab. – alt. 1 568 m   31 C2
– ⊠ 39033

▶ Roma 704 – Cortina d'Ampezzo 36 – Belluno 85 – Bolzano 65
🇮 via Col Alt 36, ☏ 0471 83 61 76, www.altabadia.org
🖸 Alta Badia Str. Planac 9, 0471 836655, www.golfaltabadia.it – giugno-15 ottobre

🏨🏨🏨 **La Perla**   ⩽ 🚗 ⎃ 🗆 ⊕ 🕽 🖹 🔣 cam, 🍽 rist, 🏻 🄿 🚗 💳 🟠 ⒶⒺ ⓪ ⓢ
via Col Alt 105 – ☏ *04 71 83 10 00 – www.hotel-laperla.it – 7 dicembre-25 marzo*
e 22 giugno-16 settembre
40 cam ⌹ – ♦235/365 € ♦♦320/810 € – 12 suites – ½ P 200/445 €
Rist *La Stüa de Michil* ❀ – vedere selezione ristoranti
Rist – Carta 56/80 €
♦ Bella casa di montagna vicino alle piste da sci: è l'albergo-laboratorio di Michil
Costa, fucina di idee e divertimento per vacanze originali ed irripetibili. Pasti serviti in una serie di stube d'epoca, dal '700 in poi: un excursus su uno degli elementi architettonici più tipici del Tirolo.

🏨🏨🏨 **Sassongher** ⬙   ⩽ 🗆 ⊕ 🕽 🛴 🖹 🔣 cam, 🍽 rist, 🏻 🔊 🄿 ⊙⊙ ⓢ
strada Sassongher 45 – ☏ *04 71 83 60 85 – www.sassongher.it*
– 2 dicembre-10 apriie e 23 giugno-15 settembre
43 cam ⌹ – ♦144/233 € ♦♦224/398 € – 9 suites – ½ P 122/209 €
Rist *– (solo per alloggiati)* Menu 58 €
♦ Ai piedi dell'omonima cima, spazi, decorazioni e legni sono un omaggio alla
più classica tradizione alberghiera di montagna: dagli anni '30, un'indiscussa
signorilità. Il ristorante si apre in tipiche stube avvolte nel legno dove l'atmosfera
e i sapori della montagna sono serviti a tavola.

🏨🏨🏨 **Posta-Zirm**   ⩽ 🗆 ⊕ 🕽 🛴 🖹 🔣 cam, 🍽 rist, 🏻 🔊 🄿 🚗 💳 ⊙⊙ ⒶⒺ ⓢ
strada Col Alto 95 – ☏ *04 71 83 61 75 – www.postazirm.com*
– dicembre-10 aprile e 15 giugno-settembre
59 cam ⌹ – ♦93/215 € ♦♦166/358 € – 10 suites – ½ P 139/194 €
Rist – Carta 35/62 €
♦ Sorto nell'800 e da allora in continua mutazione, il risultato sono tre edifici
distinti con camere altrettanto diverse: le ultime nate sono da preferire. Il ristorante dispone di un'ampia sala e di due calde stube tipicamente tirolesi.

🏨🏨 **La Tambra**   ⩽ 🚗 🕽 🖹 🍽 cam, 🏻 🄿 💳 ⊙⊙ ⓢ
via Sassongher 2 – ☏ *04 71 83 62 81 – www.latambra.com*
– 2 dicembre-15 aprile e 9 giugno-23 settembre
28 cam ⌹ – ♦68/134 € ♦♦116/248 €
Rist *Trattoria con Griglia La Tambra* – vedere selezione ristoranti
Rist – Menu 29 €
♦ In posizione centrale e con vista sul Sassonger, grazioso albergo a conduzione
familiare (rinnovato nel 2008): piccolo centro wellness e camere spaziose, minimaliste negli arredi.

🏨🏨 **Tablè**   ⩽ 🕽 🖹 🍽 🏻 🄿 💳 ⊙⊙ ⓢ
strada Col Alto 8 – ☏ *04 71 83 61 44 – www.table.it – 4 dicembre-17 aprile e*
20 giugno-19 settembre
33 cam ⌹ – ♦♦94/334 € – 1 suite – ½ P 177 €   **Rist** *– (solo per alloggiati)*
♦ In centro paese, accogliente hall con camino e camere di due tipologie a
seconda dell'ampiezza, ma sempre eleganti. Per i più golosi: rinomata pasticceria.

✗✗✗ **La Stüa de Michil** – Hotel La Perla   🍽 ⇔ 🄿 💳 ⊙⊙ ⒶⒺ ⓪ ⓢ
❀ *strada Col Alt 105 –* ☏ *04 71 83 10 00 – www.hotel-laperla.it*
– 7 dicembre-24 marzo e 22 giugno-22 settembre; chiuso domenica
Rist *– (chiuso a mezzogiorno)* Menu 105 € – Carta 72/96 € ☒
Spec. Filetto di maialino affumicato, spuma di patate e rafano. Risotto all'aceto
d'acero, valeriana alla sasaka (salume friulano). Sella di camoscio in crosta di pan
di spezie, rape di cerfoglio.
♦ E' uno scrigno di legno che racchiude tanti gioielli: la seducente cucina di uno
dei ristoranti più romantici d'Italia, una favolosa cantina e il funambolico Michil.

XX **Trattoria con Griglia La Tambra** – Hotel La Tambra 🏠 P
via Sassonger 2 – ℰ 04 71 83 62 81 – www.latambra.com VISA ⓒ ⓢ
– 2 dicembre-15 aprile e 9 giugno-23 settembre
Rist – Menu 29 € – Carta 26/70 €

♦ Un'ampia carta, qualche piatto creativo e, come suggerisce il nome, specialità alla griglia. In alcuni giorni - solo su prenotazione - è disponibile un menu ladino con piatti piatti tipici (zuppa d'orzo, canederli, selvaggina, stinco di maiale o carrè affumicato).

COLFOSCO (BZ) – alt. 1 645 m – ✉ 39033 **31** C2

▶ Roma 727 – Trento 133 – Bolzano 77 – Venezia 197
🔳 strada Peccëi 2, ℰ0471 83 61 45, www.altabadia.org

🏨🏨 **Cappella** ‹ 🚗 🚌 🔲 ⓒ 🏛 ⅃₅ ✕ 🖹 🏊 ⓦ ⅍ P 🚲 VISA ⓒ AE ⓞ ⓢ
strada Pecei 17 – ℰ 04 71 83 61 83 – www.hotelcappella.com
– dicembre-14 aprile e 23 giugno-15 settembre
46 cam � – ♦95/249 € ♦♦170/458 € – 9 suites – ½ P 230 €
Rist – Carta 50/76 € ⅋

♦ Opere d'arte moderna sono disseminate dove il buon gusto comanda: persino nei corridoi e nei salotti dove ci si attarda incantati domandandosi se si tratti di un hotel con opere d'arte, o di una galleria d'arte con camere. Bellissime le due suite nate dalla matita del noto architetto Matteo Thun; piacevoli anche gli altri alloggi, tutti in stile tirolese.

XX **Stria** P VISA ⓒ ⓢ
via Val 18 – ℰ 04 71 83 66 20 – chiuso novembre e lunedì in bassa stagione
Rist – Carta 46/70 €

♦ Vicino alla chiesa - nella parte alta del paese - l'ambiente è semplice, il servizio informale, ma la cucina vi sorprenderà per cura ed inventiva: piatti d'ispirazione locale, non mancano proposte più eterogenee e qualche piatto di mare.

LA VILLA (BZ) – alt. 1 484 m – ✉ 39030 **31** C2

▶ Roma 750 – Trento 155 – Bolzano 99 – Venezia 190
🔳 strada Colz 75, ℰ0471 84 70 37, www.altabadia.org

🏨🏨 **Christiania** ‹ 🚗 ⓒ 🖹 ⅃⅃ ✕ rist, ⓨ P 🚲 VISA ⓒ AE ⓢ
via Colz 109 – ℰ 04 71 84 70 16 – www.christiania.it – 7 dicembre-28 marzo e 20 giugno-25 settembre
35 cam ⊈ – ♦75/238 € ♦♦130/366 € – 14 suites – ½ P 233 €
Rist – Carta 29/80 €

♦ In centro paese, il bar con terrazza è il crocevia della vita locale: quattro categorie di camere diverse per ampiezza con arredi d'ispirazione tirolese. Una grande sala e due eleganti stube per una cucina classica.

🏨🏨 **Ciasa Lara** ‹ 🔲 ⓒ 🖹 ⅍ ✕ rist, ⓦ P 🚲 VISA ⓒ AE ⓢ
strada Altin 9 – ℰ 04 71 84 72 57 – www.ciasalara.it – 2 dicembre-14 aprile e giugno-16 ottobre
25 cam ⊈ – ♦83/150 € ♦♦140/220 € – 5 suites – ½ P 170 €
Rist – *(solo per alloggiati)*

♦ Connubio ben riuscito tra stile montano ed impronta moderna in un albergo con ampie camere ed un gradevole centro benessere con bellissima piscina coperta.

🏨 **La Majun** ‹ 🔲 ⓒ ⓒ ⅍ cam, ✕ rist, ⓨ P 🚲 VISA ⓒ ⓢ
via Colz 59 – ℰ 04 71 84 70 30 – www.lamajun.it – chiuso dal 4 aprile al 13 maggio
32 cam ⊈ – ♦74/139 € ♦♦148/278 € – 2 suites – ½ P 147 €
Rist – Carta 31/66 €

♦ Accoglienza incantevole, tutta al femminile: l'atmosfera montana riceve qui un tocco di modernità nelle luci e nelle decorazioni, design e colori approdano sulle Dolomiti. Cucina con piatti della tradizione italiana serviti anche al sole sulla bella terrazza.

Antines
≤ ⬛ 🖼 ㋡ 𝄃ᴮ ⌨ ℀ rist, 📞 🅿 🚘 𝐕𝐈𝐒𝐀 ⊙ ⑤

via Picenin 18 – ℰ 04 71 84 42 34 – www.hotelantines.it – dicembre-marzo e 20 giugno-20 settembre

25 cam ⌑ – ♦108/184 € ♦♦164/324 € – 4 suites – ½ P 170 €

Rist – Menu 45 €

◆ Nuova struttura vicina alla scuola di sci con ambienti luminosi ed accoglienti. Le camere sono differenziate, ma sempre arredate con ampio uso del legno, antico o moderno. Romanticismo nelle tre sale ristorante, ciascuna contraddistinta da un colore: blu, giallo e arancio.

Tamarindo senza rist ⌂
≤ ℀ᴵ 🅿 𝐕𝐈𝐒𝐀 ⊙ ⑤

via Plaon 20 – ℰ 04 71 84 40 96 – www.tamarindo-lavilla.it – dicembre-20 aprile e giugno-ottobre

11 cam ⌑ – ♦40/55 € ♦♦80/110 € – 1 suite

◆ Nella parte alta e più tranquilla del paese, troverete uno spassoso titolare: servizio semplice, ma incantevole e camere personalizzate a prezzi ragionevolissimi.

Garni La Ciasota senza rist
≤ 🚘 ㋡ 𝄃ᴮ ℀ ℀ᴵ 🅿

strada Colz 118 – ℰ 04 71 84 71 71 – www.garnilaciasota.it

15 cam ⌑ – ♦43/53 € ♦♦80/102 €

◆ Gestione familiare di un b&b semplice, ma confortevole, in posizione tranquilla e strategica sia d'estate sia d'inverno. Per organizzare al top le vostre vacanze potrete contare sull'infinita esperienza dei gentilissimi titolari: particolarmente informati in ambito sportivo.

Ciasa Montanara senza rist ⌂
≤ ㋡ 📞 🅿 🚘 𝐕𝐈𝐒𝐀 ⑤

via Plaon 24 – ℰ 04 71 84 77 35 – www.montanara.it

12 cam ⌑ – ♦45/55 € ♦♦70/99 €

◆ In posizione panoramica sul paese, troverete semplicità e accoglienza familiare. Le camere, recentemente rinnovate, offrono un buon confort: suggeriamo la camera numero 11, che regala - nei giorni più limpidi - una bella vista fino al passo del Falzarego.

Dolomit b&b
≤ 🚘 ㋡ ⌱ ㋡ ℀ cam, 🅿 𝐕𝐈𝐒𝐀 ⊙ ⑤

strada Colz 9 – ℰ 04 71 84 71 20 – www.dolomit.it

19 cam ⌑ – ♦45/70 € ♦♦90/140 € – 2 suites – ½ P 89/114 €

Rist La Tor – ℰ 04 71 84 40 91 (chiuso 3 settimane in novembre, 3 settimane in giugno, mercoledì in aprile-maggio e settembre-novembre) Carta 23/54 €

◆ Cioccolato, pesca, fragola...ogni camera riceve profumi e colori dal suo nome in una tipica casa di montagna con graziosi balconi e belle terrazze. Sauna a pagamento ad uso privato. Dalle specialità ladine alle pizze cotte in forno a legna: al ristorante si trova di tutto!

BADIA (BZ) – 3 358 ab. – alt. 1 315 m – ✉ 39036   **31** C2

▶ Roma 747 – Trento 152 – Bolzano 96 – Venezia 195

Gran Ander ⌂
≤ 🚗 ㋡ 𝄃ᴮ 𝄃 ⋆⋆ 𝐀𝐂 cam, ℀ ℀ᴵ 🅿 𝐕𝐈𝐒𝐀 ⊙ ⑤

via Runcac 29, località Pedraces, Sud: 2 km – ℰ 04 71 83 97 18 – www.granander.it – 4 dicembre-marzo e 15 giugno-settembre

20 cam ⌑ – ♦62/90 € ♦♦106/184 € – 1 suite – ½ P 110 €

Rist – (solo per alloggiati)

◆ Qui l'ospitalità non è una regola alberghiera, ma è autentica, calorosa e spontanea. Prenotate la camera n. 10: un'incantevole stube con vista sul Santa Croce.

Lech da Sompunt ⌂
≤ 🜂 🚗 ㋡ 𝄃ᴮ 𝄃 ⋆⋆ ℀ cam, 🅿 𝐕𝐈𝐒𝐀 ⊙ ⑤

via Sompunt 36, località Pedraces, Sud-Ovest : 2 km – ℰ 04 71 84 70 15 – www.lechdasompunt.it – dicembre-aprile e giugno-settembre

35 cam ⌑ – ♦83/108 € ♦♦150/200 € – ½ P 83/108 €   **Rist** – Carta 25/40 €

◆ Affacciato su un laghetto, pesca e pedalò d'estate, curling e pattinaggio d'inverno, in camere semplici: un paradiso per gli amanti della natura! Al ristorante, nei periodi di alta stagione, serate gastronomiche con cucina ladina.

Cavallino ≤ 🚗 🏠 🖼 🕥 ⅃ᖴ 🖢 ᵯᶓᵯᶓ rist, ⁎ 🅿 🏠 VISA ⅏ ♻

via San Linert 52, località San Leonardo, Est: 0,5 km – ℰ *04 71 83 96 06*
– www.cavallino-altabadia.it
35 cam 🖵 – †45/90 € ††70/122 € – ½ P 69/95 € **Rist** – Carta 20/45 €

♦ Albergo di tradizione familiare composto da tre edifici: un corpo centrale ricostruito ex novo nel 2008 con tanto di lounge-bar e le camere più belle, nonché due dépendance con stanze comunque confortevoli (oltre ad alcuni mini-appartamenti). Nella graziosa sala-veranda del ristorante, cucina italiana e buoni vini.

✕

Maso Runch 🅿

via Runch 11, località Pedraces, Sud: 2 km – ℰ *04 71 83 97 96*
– www.masorunch.it
Rist – *(chiuso domenica)* (coperti limitati, prenotare) Menu 27 €

♦ Tra i boschi, cinque incantevoli stube in un maso del '700; il menu fisso è un'escursione nelle specialità ladine: minestra d'orzo, tortelli fritti e al burro, stinco e costine di maiale...

SAN CASSIANO (BZ) – alt. 1 535 m – ⊠ 39030 **31** C2

▶ Roma 707 – Trento 159 – Bolzano 103 – Venezia 187
ℹ strada Micurà de Rü 24, ℰ 0471 84 94 22, www.altabadia.org

Rosa Alpina ≤ 🚗 🖼 ⊕ 🕥 ⅃ᖴ 🖢 ᵯᶓ rist, ⁎ 🅿 🏠 VISA ⅏ AE ♻

Str Micura de Rue 20 – ℰ *04 71 84 95 00 – www.rosalpina.it*
– 5 dicembre-15 aprile e 15 giugno-15 settembre
52 cam 🖵 – †395/450 € ††510/620 € – 8 suites
Rist St. Hubertus❁❁ – vedere selezione ristoranti
Rist Wine bar & Grill – vedere selezione ristoranti
Rist – *(chiuso martedì) (chiuso a mezzogiorno)* Carta 90/152 €

♦ Emblema dell'eleganza ladina, il moltiplicarsi di spazi e arredi si traduce in un codice di raffinata sobrietà. Eccellente servizio: siamo ai vertici dell'Alto Adige!

Armentarola ≤ 🚗 🖼 ⊕ 🕥 ⅃ᖴ ✕ 🖢 ᴬᴷ ⁎ 🅿 🏠 VISA ⅏ ♻

via Pre de Vi 12, Sud-Est : 2 km – ℰ *04 71 84 95 22 – www.armentarola.com*
– 3 dicembre-9 aprile e 16 giugno-2 ottobre
40 cam 🖵 – †105/220 € ††160/270 € – 10 suites – ½ P 100/155 €
Rist Armentarola – vedere selezione ristoranti

♦ Sulla breccia da oltre 70 anni, piacevolmente démodé, tradizionalmente montano, rinnovato in continuazione: è il simbolo delle vacanze ad alta quota. Maneggio estivo.

Fanes ⅋ ≤ 🚗 ⅃ 🖼 ⊕ 🕥 ⅃ᖴ ✕ 🖢 ᴬᴷ ⁎ 🅿 🏠 VISA ⅏ ♻

Pecei 19 – ℰ *04 71 84 94 70 – www.hotelfanes.it – chiuso dall'11 aprile al 9 giugno e dall'8 novembre al 1° dicembre*
51 cam 🖵 – †186/228 € ††372/556 € – 3 suites – ½ P 186/334 €
Rist – Menu 56 €

♦ In posizione panoramica sui tetti di San Cassiano, lo sfarzo delle camere più belle ha pochi eguali in regione. Come il centro benessere, di superlativo splendore. Il menu si divide equamente tra piatti locali e nazionali: tocchi di ricercatezza nella presentazione dei piatti.

Ciasa Salares ⅋ ≤ 🚗 🖼 ⊕ 🕥 ⅃ᖴ ⁎ 🅿 🏠 VISA ⅏ AE ⓞ ♻

via Prè de Vi 31, Sud-Est : 2 km – ℰ *04 71 84 94 45 – www.siriolagroup.it*
– 7 dicembre-9 aprile e 23 giugno-15 settembre
50 cam 🖵 – †123/213 € ††186/366 € – 14 suites – ½ P 118/208 €
Rist La Siriola❁ – vedere selezione ristoranti
Rist – Carta 44/69 €
Rist Wine Bar – Carta 40/61 € ❁

♦ Ancora più grande e confortevole, dopo i recenti lavori che hanno portato alla ristrutturazione di alcuni ambienti, nonché alla creazione di nuove stanze, la risorsa è sempre un ottimo riferimento in Val Badia. Tranquillità, la proverbiale ospitalità altoatesina e l'atmosfera alpina di una*ciasa*tra le Dolomiti.

Diamant 🏠   ⊞ 🖭 ⋒ 🛏 ❊ 🎽 🕭 cam, ⋔ ❊ rist, ♨ **P** VISA ⚫ ♿

strada Micurà de Rü 29 – ℰ 04 71 84 94 99 – www.hoteldiamant.com
– dicembre-Pasqua e 16 giugno-settembre
40 cam � – ♥83/124 € ♥♥166/216 € – 5 suites – ½ P 118 €
Rist – Carta 29/45 €

◆ Per chi ama gli spazi senza tanti fronzoli e scevri da eccessi barocchi, raccomandiamo l'albergo per il rigore e l'ampiezza delle camere. Stube e sale più classiche per il ristorante.

Ciasa ai Pini senza rist ⩽ ⊞ ⋒ 🛏 🕭 ❊ ℘ **P** 🚗

via Glira 4, Sud-Est : 1,5 km – ℰ 04 71 84 95 41 – www.ai-pini.it
– dicembre-Pasqua e giugno-settembre
21 cam ⊟ – ♥40/60 € ♥♥80/110 €

◆ Poco fuori dal paese verso Cortina, hotel ricavato da una struttura interamente rinnovata qualche anno fa. L'aspetto odierno è in linea con la tradizione locale: largo impiego di legno chiaro anche nelle ampie camere.

St. Hubertus – Hotel Rosa Alpina 🕭 ⇆ **P** VISA ⚫ AE ♿

🌼🌼 *Str Micura de Rue 20, a San Cassiano – ℰ 04 71 84 95 00 – www.rosalpina.it*
– dicembre-15 aprile e 15 giugno-15 settembre; chiuso martedì
Rist – (chiuso a mezzogiorno) Menu 135 € – Carta 90/152 € ஐ
Spec. Risotto agli aghi di pino mugo. Filetto di manzo cotto in crosta di sale e fieno di alta montagna. "Delice" di mela verde.

◆ Siamo ad altezze vertiginose, e non parliamo delle Dolomiti: la cucina di Norbert Niederkofler sublima tecnica e precisione in sapori tutti italiani, pieni e gustosi. Menzione speciale per la splendida sala e l'eccellente servizio: è la vetta dell'Alta Badia.

Armentarola – Hotel Armentarola ⩽ ⊞ ⋒ ❊ **P** 🚗 VISA ♿

via Pre de Vi 12, Sud-Est : 2 km – ℰ 04 71 84 95 22 – www.armentarola.com
– dicembre-10 aprile e 14 giugno-7 ottobre
Rist – Carta 51/74 €

◆ Tre sale per accontentare ogni gusto: classica, moderna o tipica con la piccola stube. Oggetti della tradizione locale infondono al ristorante un calore familiare, mentre la cucina, un po' meno democratica, soddisfa soprattutto gli amanti di carne e selvaggina. Nella bella stagione approfittate del servizio in terrazza con splendida vista.

La Siriola – Hotel Ciasa Salares ❊ **P** VISA ⚫ AE ⓪ ♿

🌼 *via Pre de Vi 31, Sud-Est : 2 km – ℰ 04 71 84 94 45 – www.siriolagroup.it*
– 7 dicembre-8 aprile e 24 giugno-8 settembre; chiuso lunedì
Rist – (chiuso a mezzogiorno escluso agosto) Menu 92 € – Carta 70/105 € ஐ
Spec. Lombo di capriolo, crema di castagne, pata negra e sorbetto al melograno. Cappellacci al tartufo con ragù di cervo e verza croccante all'aceto di riso. Cuore di filetto di manzo, guanciale al pepe, asparagi selvatici e spuma di patate.

◆ L'usignolo cambia voce, ma la musica è sempre ad alti livelli: negli anni i cambiamenti in cucina hanno prodotto una carta-galleria che spazia dalle delizie di montagna ai prodotti del sud affiancati da citazioni internazionali. Il concerto trova il suo adeguato palcoscenico in sale moderne e personalizzate.

Wine bar & Grill ⋒ VISA ⚫ AE ♿

Str Micura de Rue 20 – ℰ 04 71 84 95 00 – www.rosalpina.it
– 5 dicembre-15 aprile e 15 giugno-15 settembre
Rist – Carta 48/78 €

◆ Soddisfare l'appetito con tante possibilità quanti i petali di una rosa: al moderno Wine Bar e Grill, pizza e pasta fatta in casa, insalate e grigliate, ogni capriccio vi sarà servito!

ALTAMURA – Bari (BA) – **564** E31 – 69 214 ab. – alt. 467 m – ✉ 70022   **26** B2
▮ Italia

▷ Roma 461 – Bari 46 – Brindisi 128 – Matera 21
◉ Rosone★ e portale★ della Cattedrale

San Nicola   ⏰ ⇄ ⏍ ♨ ♿ VISA ⊕ AE ⛊
via Luca De Samuele Cagnazzi 29 – 𝄢 *08 03 10 51 99* – *www.hotelsannicola.com*
27 cam ⌷ – 👤90 € 👥👥140 € – 1 suite – ½ P 100 €
Rist *Artusi* – vedere selezione ristoranti
♦ In un palazzo settecentesco nel centro storico della città, raggiungerlo in auto è un po' difficile, ma il piccolo disagio è subito dimenticato dagli ambienti signorili e dalle funzionali camere di taglio moderno. La deliziosa corte interna, dove viene servita la prima colazione, darà il benvenuto alla vostra giornata.

XXX   **Artusi** – Hotel San Nicola   ⏰ ♿ VISA ⊕ AE ⊕ ⛊
via Luca De Samuele Cagnazzi 29 – 𝄢 *08 03 14 40 03* – *www.ristoranteartusi.it*
Rist – *(chiuso domenica sera e lunedì)* Menu 40 € bc – Carta 28/59 €
♦ Non sono solo i clienti dell'albergo San Nicola a sedersi ai tavoli dell'Artusi, ma anche ospiti locali e turisti in cerca di un certo standard di cucina. Sotto un caratteristico soffitto a volte, l'atmosfera si fa elegante, mentre i piatti profumano dei prelibati prodotti di questa generosa terra.

ALTARE – Savona (SV) – **561** I7 – **2 155 ab.** – **alt. 398 m** – ⌧ **17041**   **14** B2
▶ Roma 567 – Genova 68 – Asti 101 – Cuneo 80

XX   **Quintilio** con cam   ⊕⏍ P VISA ⊕ AE ⊕ ⛊
via Gramsci 23 – 𝄢 *01 95 80 00* – *www.ristorantequintilio.it*
5 cam ⌷ – 👤49 € 👥👥69 € – ½ P 50 €
Rist – *(chiuso domenica sera, lunedì)* *(chiuso a mezzogiorno in gennaio e luglio)*
Carta 35/64 €
♦ Alle porte della località, cortesia e ospitalità in un ambiente rustico, dove gustare specialità liguri e piatti piemontesi. Nella graziosa enoteca, un unico tavolo e sullo sfondo scaffali colmi del frutto di bacco.

ALTAVILLA VICENTINA – Vicenza (VI) – **562** F16 – **11 613 ab.**   **37** A2
– **alt. 45 m** – ⌧ **36077**
▶ Roma 541 – Padova 42 – Milano 198 – Venezia 73

🏨   **Genziana**   ⇐ ⌷ ♨ 🛏 ⋔ ⏰ ♿ ⊕⏍ ♨ P VISA ⊕ AE ⛊
via Mazzini 75/77, località Selva , Sud-Ovest: 2,5 km – 𝄢 *04 44 57 21 59*
– *www.hotelristorantegenziana.com*
35 cam ⌷ – 👤50 € 👥👥80/170 €
Rist – *(chiuso sabato a mezzogiorno e domenica)* Carta 36/45 €
♦ Cordialità e ottima accoglienza familiare, in un albergo su una collina che domina la valle, immerso nel verde; camere sufficientemente spaziose in stile montano. Piacevole sala da pranzo, ammobiliata in modo semplice.

🏨   **Tre Torri**   🛁 ♨ ♿ ⏰ ⇄ ♨ ♿ P 🚗 VISA ⊕ AE ⊕ ⛊
via Tavernelle 71 – 𝄢 *04 44 57 24 11* – *www.hoteltretorri.it*
93 cam ⌷ – 👥👥59/250 € – 1 suite
Rist *L'Altro Penacio* – vedere selezione ristoranti
♦ Legno di palissandro, lastre di ardesia e cristallo laccato: dettagli di pregio nella zona lounge di questa moderna struttura, ideale per una clientela business, ma che piacerà anche al turista in visita alla città. Ancora minimalismo come stile, e non certo per la qualità delle installazioni, nelle moderne camere.

XX   **L'Altro Penacio** – Hotel Tre Torri   ⏰ ♿ P VISA ⊕ AE ⊕ ⛊
via Tavernelle 71 – 𝄢 *04 44 37 13 91* – *chiuso 15 giorni in gennaio, 15 giorni in agosto, domenica, lunedì a mezzogiorno*
Rist – Carta 29/51 €
♦ Nel contesto dell'hotel Tre Torri, un ristorante classico-elegante con proposte derivanti da una cucina che ama attingere alla tradizione, ma anche ai sapori del mare.

ALTEDO – Bologna (BO) – **562** I16 – **Vedere Malalbergo**

ALTICHIERO – Padova (PD) – **Vedere Padova**

ALTISSIMO – Vicenza (VI) – **562** F15 – **2 305 ab.** – alt. 672 m — 35 B2
– ✉ 36070

▶ Roma 568 – Verona 65 – Milano 218 – Trento 102

XX   **Casin del Gamba** (Antonio Dal Lago)   🛋 🕭 🛠 ⇔ 🄿 📟 ⑥ 🄰🄴 ⓞ 🖫
ॐ   *via Roccolo Pizzati 1, (strada per Castelvecchio), Nord-Est: 2,5 km*
   – 𝒞 04 44 68 77 09 – www.casindelgamba.eu
   *– chiuso 15 giorni in gennaio, 15 giorni in agosto, domenica sera, lunedì,
   martedì a mezzogiorno*
   Rist – (consigliata la prenotazione) Menu 75 € – Carta 52/75 € 🐝
   Spec. Prugnoli e carpaccio di trota con erbette aromatiche, fiori e fiocchi di
   ricotta. Mezzi paccheri farciti di finferli e stracchino su zuppa di cipolle e patate
   con origano fresco. Alzavola (anatra) di caccia: petto con cottura breve e cosce
   ben cotte con verza, pancetta, patata e carciofi.
   ♦ Funghi, erbe aromatiche, lumache, profumi di bosco...la cucina di montagna
   qui è di casa, come l'affettuosa ospitalità di una deliziosa famiglia.

ALTOMONTE – Cosenza (CS) – **4 688 ab.** – alt. 455 m – ✉ 87042   5 A1
▌ Italia

▶ Roma 482 – Cosenza 60 – Castrovillari 38

◉ Tomba★ di Filippo Sangineto nella Cattedrale – San Ladislao★ di Simone Martini
nel museo

🏠🏠   **Barbieri**   ⇐ 🚗 🏊 🛋 🕭 📟 🍴 🛠 🄿 📟 ⑥ 🄰🄴 ⓞ 🖫
🔯   *via Italo Barbieri 30 – 𝒞 09 81 94 80 72 – www.barbierigroup.it – chiuso
   24-25 dicembre*
   42 cam 🖵 – †55/70 € ††80/95 € – ½ P 80 €
   Rist *Barbieri* 🕭 – vedere selezione ristoranti
   ♦ Un'intera famiglia al timone di questa completa struttura - in continuo rinnovo
   - dotata ora anche di un piccolo beauty center. Prelibatezze calabresi al ristorante.

XX   **Barbieri** – Hotel Barbieri   🛋 🛠 📟 🄿 📟 ⑥ 🄰🄴 ⓞ 🖫
☜   *via Italo Barbieri 30 – 𝒞 09 81 94 80 72 – www.barbierigroup.it – chiuso
🕭   24-25 dicembre*
   Rist – Menu 30/45 € – Carta 21/58 €
   ♦ Antipasti con verdure sott'olio, salumi nostrani, zuppette e l'agnello, sono solo
   alcune delle prelibatezze che animano il menu. E per seguire l'ordine logico delle
   portate, dulcis in fundo, l'ottima pasticceria artigianale: fiore all'occhiello di questo
   elegante ristorante.

ALTOPASCIO – Lucca (LU) – **563** K14 – **14 777 ab.** – alt. 19 m   28 B1
– ✉ 55011

▶ Roma 333 – Pisa 38 – Firenze 57 – Lucca 17

XXX   **Il Melograno**   🕭 📟 ⑥ 🄰🄴 🖫
   *piazza degli Ospitalieri 9 – 𝒞 0 58 32 50 16 – www.ilmelogranoclub.it – chiuso
   dal 15 al 25 agosto e lunedì*
   Rist – Carta 41/81 €
   ♦ Varcata una delle porte che interrompono le mura, una suggestiva enclave di
   strade e dimore storiche: una cittadella fortificata piacevolmente illuminata la
   sera. Al primo piano di uno di questi palazzi, rivivono ricette tradizionali di terra
   e di mare, non prive di vena creativa.

ALZANO LOMBARDO – Bergamo (BG) – **561** E11 – **13 558 ab.**   19 C1
– alt. 304 m – ✉ 24022

▶ Roma 616 – Bergamo 9 – Brescia 60 – Milano 62

XXX   **RistoFante**   🕭 🛠 📟 ⇔ 📟 ⑥ 🄰🄴 ⓞ 🖫
   *via Mazzini 41 – 𝒞 0 35 51 12 13 – www.ristofante.it – chiuso 10 giorni in
   gennaio, 15 giorni in agosto, domenica sera, lunedì*
   Rist – (chiuso a mezzogiorno escluso domenica) Carta 40/69 €
   ♦ Nel centro storico, in un antico palazzo ristrutturato, ambiente elegante, confortevole e sobriamente arredato; cucina tradizionale rivisitata, servizio estivo
   all'aperto.

AMALFI – Salerno (SA) – 564 F25 – 5 341 ab. – ⊠ 84011 ▮ Italia   **6** B2

▶ Roma 272 – Napoli 70 – Avellino 61 – Caserta 85

ℹ corso Repubbliche Marinare 27, ℰ 089 87 11 07, www.costiera-amalfitana.com

◉ Posizione e cornice pittoresche★★★ – Duomo di Sant'Andrea★ : chiostro del Paradiso★★ – Vie★ Genova e Capuano

◙ Atrani★ Est : 1 km – Ravello★★★ Nord-Est : 6 km – Grotta dello Smeraldo★★ Ovest : 5 km – Vallone di Furore★★ Ovest : 7 km

---

Santa Caterina   ← 🚗 👜 🛋 🏊 🛝 Là ▣ 📶 🗛 📶 ⁽ᵗ⁾ **P** 🚭 🚈 ⊚ 🕭

via Nazionale 9 – ℰ 089 87 10 12 – www.hotelsantacaterina.it
55 cam ⌖ – †290/1050 € ††320/1100 € – 11 suites
Rist – *(chiuso gennaio e febbraio)* Carta 77/109 € ❀
♦ Suggestiva vista del golfo, terrazze fiorite digradanti sul mare con ascensori per la spiaggia, interni in stile di raffinata piacevolezza: qui i sogni diventano realtà! Al ristorante soffitto a crociera, colonne, eleganti tavoli rotondi: per cene di classe.

Grand Hotel Convento di Amalfi 🌿   ← 🚗 👜 🛝 Là ▣
via Annunziatella 46 – ℰ 08 98 63 77 11   ♿ cam, 🗛 cam, ↯ 🚭 ⁽ᵗ⁾
– www.ghconventodiamalfi.com
45 cam – †370/495 € ††420/760 € – 8 suites – ½ P 285/455 €
Rist – Carta 65/128 €
♦ In un convento del XIII sec abbarbicato sulla scogliera che domina la costa, le camere sono dominate dal colore bianco, interrotto solo dal seppiato delle foto d'epoca esposte un po' ovunque. C'è un unica stanza affrescata (denominata del Priore), molte invece quelle con terrazza. Piante esotiche e limoni nel pittoresco giardino.

Marina Riviera senza rist   ← ▣ 🗛 🚭 ⁽ᵗ⁾ 🚭 🚈 🕭
via P. Comite 19 – ℰ 089 87 11 04 – www.marinariviera.it – aprile-ottobre
31 cam ⌖ – †250 € ††250/400 € – 3 suites
♦ Struttura dei primi anni del '900 all'ingresso della località, in posizione panoramica; ariosi spazi comuni e camere totalmente rinnovate con gusto e sobrietà.

Aurora senza rist   ← 🚗 👜 ▣ 🗛 🚭 🚭 🚈 🕭
piazza dei Protontini 7 – ℰ 089 87 12 09 – www.aurora-hotel.it – aprile-ottobre
29 cam ⌖ – ††109/189 €
♦ Nella zona del porto, di fronte al molo turistico, costruzione bianca con piacevoli e "freschi" interni dai colori marini; camere luminose con maioliche vietresi.

La Pergola   🚭 ▣ 🗛 🚭 ⁽ᵗ⁾ 🚭 🚈 ⊚ 🕭
via Augustariccio 14, località Vettica Minore Ovest : 2 km – ℰ 08 98 31 08 88
– www.lapergolaamalfi.it – chiuso gennaio e febbraio
12 cam ⌖ – †40/100 € ††60/160 € – ½ P 60/100 €
Rist – *(aprile-ottobre) (chiuso a mezzogiorno) (solo per alloggiati)* Menu 25 €
♦ In un angolo pittoresco della costa, lungo la strada per Positano, camere di buon confort in una struttura recente, a gestione squisitamente familiare. Cucina casalinga e piatti della tradizione locale al ristorante.

Antica Repubblica senza rist   🗛 ⁽ᵗ⁾ 🚭 🚭 🕭
vico dei Pastai 2 – ℰ 08 98 73 63 10 – www.anticarepubblica.it
7 cam ⌖ – †60/160 € ††70/170 € – 2 suites
♦ Nel vicolo dove un tempo esercitavano i pastai, piccolo edificio tenuto a regola d'arte: camere elegantemente rifinite (due con baldacchino) ed incantevole terrazza per la prima colazione.

Villa Lara – Dimora d'epoca - senza rist 🌿   ← 🚗 ▣ 🔭 🗛 🚭
via delle Cartiere 1 bis – ℰ 08 98 73 63 58   🚭 🚭 🚈 ⊚ 🕭
– www.villalara.it – marzo-ottobre
6 cam ⌖ – †75/145 € ††90/195 € – 1 suite
♦ Nella parte alta e più tranquilla della località, una dimora di fine '800 accuratamente ristrutturata, che presenta ai propri ospiti camere graziose, panorama e tanto charme.

Relais Villa Annalara senza rist 🌿   ← 🚗 ▣ 🗛 ⁽ᵗ⁾ **P** 🚭 🚭 🕭
via delle Cartiere 1 ⊠ 84011 Amalfi – ℰ 08 98 71 11 47 – www.villaannalara.it
6 cam ⌖ – †60/150 € ††70/180 €
♦ Piacevole struttura in una bella villa: a disposizione un giardino ed un'ampia terrazza con vista incantevole. Camere nuovissime, personalizzate ed eleganti.

XX **Eolo**　　　　　　　　　　　　　　$\Leftarrow$ ⌂ 🅿 VISA ⦿ AE ① ⓢ

via Comite 3 – ℰ 089 87 12 41 – www.eoloamalfi.it
– aprile-ottobre
Rist – *(chiuso martedì) (chiuso a mezzogiorno)* Carta 60/78 € ❀
♦ Piatti tradizionali rivisitati in un piccolo ristorante dall'ambiente intimo e curato; appagante vista sul mare attraverso aperture ad arco sostenute da agili colonne.

XX **La Caravella** (Antonio Dipino)　　　　　　AC 🅿 ⟨ VISA ⦿ AE ⓢ
⌘
via Matteo Camera 12 – ℰ 089 87 10 29 – www.ristorantelacaravella.it
– chiuso dal 7 novembre al 2 dicembre, dal 10 gennaio all'11 febbraio
e martedì
Rist – *(consigliata la prenotazione)* Menu 90 € – Carta 62/89 € ❀
Spec. Polpette ...su pomodorini e capperi di Pantelleria. Timballo di pasta con patate e totani di Conca dei Marini. Soufflè al limone d'Amalfi.
♦ E' qui da più di mezzo secolo questo splendido locale che ha fatto la storia gastronomica della costiera amalfitana e che - ancora oggi - rimane indiscusso protagonista. Abilità e fantasia in una cucina che come poche sa esaltare i sapori del territorio.

XX **Marina Grande**　　　　　　　$\Leftarrow$ ⌂ AC VISA ⦿ AE ⓢ
viale delle Regioni 4 – ℰ 089 87 11 29 – www.ristorantemarinagrande.com
– chiuso dal 15 novembre al 20 dicembre, dall'8 gennaio al 20 febbraio e lunedì
Rist – Carta 40/73 €
♦ Locale sulla spiaggia: pavimento in legno nella sala lineare, dove gustare specialità campane o la proverbiale pizza. Gradevole terrazza per il servizio estivo.

X **Da Ciccio Cielo-Mare-Terra**　　　　$\Leftarrow$ AC 🅿 VISA ⦿ AE
via Augustariccio 21, località Vettica Minore Ovest : 3 km
– ℰ 089 83 12 65 – www.ristorantedaciccio.com
– chiuso dal 9 gennaio al 1° marzo, dal 5 novembre al 20 dicembre e martedì
Rist – Carta 35/65 €
♦ Lungo la strada per Positano, fermatevi in questo ristorante che offre uno splendido panorama su mare e costa. Se la vista è in tal modo appagata, al palato ci penserà la cucina con saporiti piatti campani ed una specialità della casa: spaghetti al cartoccio.

AMANTEA – Cosenza (CS) – **564** J30 – **13 914 ab.** – ✉ **87032**　　　5 A2
▶ Roma 514 – Cosenza 38 – Catanzaro 67 – Reggio di Calabria 160

🏠 **Mediterraneo Palace Hotel**　　　🗲 🔲 ⊕ 🌊 🛴 ⛭ 🍴 AC 🧖 🅿 ♒ 🖧
via Stromboli 79 – ℰ 098 24 22 09　　　　　　　　⌂ VISA ⦿ AE ① ⓢ
– www.mediterraneopalacehotel.it – chiuso Natale
57 cam ⌂ – ♛60 € ♛♛80 € – ½ P 70/105 €　**Rist** – Carta 30/40 €
♦ Nel cuore della località, ma non distante dal mare, camere spaziose e servizi completi, tra cui un centro benessere. Specialità ittiche al ristorante.

Mediterraneo 🏠　　　　　🖧 🍴 AC 🧖 🍴 🅿 VISA ⦿ AE ① ⓢ
via Dogana 64 – ℰ 098 24 26 364 – www.mediterraneohotel.net
31 cam ⌂ – ♛50 € ♛♛70 € – ½ P 60/85 €
♦ In una dimora di fine '800, una realtà più piccola rispetto al Mediterraneo Palace (di cui di fatto è una specie di dépendance): tanto fascino e un bel giardino.

🏨 **La Tonnara**　　$\Leftarrow$ ♒ 🗲 🛴 🍴 🖧 🍴 AC 🧖 🍴 🅿 VISA ⦿ AE ① ⓢ
via Tonnara 13, Sud : 3 km – ℰ 098 24 24 272 – www.latonnara.it
– chiuso dal 24 al 26 dicembre
59 cam ⌂ – ♛45/75 € ♛♛70/150 € – 2 suites – ½ P 55/95 €
Rist – Carta 26/49 €
♦ A poche decine di metri dalla spiaggia, hotel con ampie camere - quasi tutte vista mare - e attività organizzate per la ricreazione dei più piccoli nei mesi estivi. Grande sala ristorante, piacevolmente arredata, per fragranti piatti marinari.

AMBIVERE – Bergamo (BG) – 2 341 ab. – alt. 261 m – ⊠ 24030   **19** C1
▶ Roma 607 – Bergamo 18 – Brescia 58 – Milano 49

XXX   **Antica Osteria dei Camelì** (Loredana Vescovi)   🔲 ⅄ 🅰🅲 ⇔ 🅿

ಞ   *via G. Marconi 13 –* ℰ *0 35 90 80 00*   𝗩𝗜𝗦𝗔 ⅏ 🅰🅴 ⓞ 🕹
– *www.anticaosteriadeicameli.it – chiuso dal 2 al 9 gennaio, dal 4 al 28 agosto,*
lunedì, martedì sera
Rist – (consigliata la prenotazione) Menu 40 € bc (pranzo)/80 € bc
– Carta 71/111 € 🕮

Spec. Terrina caramellata di fegato nobile d'oca, marmellata di cipolle rosse e pan
brioche. Sfoglioni di scamorza affumicata e zucchine. Fritto leggero di mare e verdure in pastella croccante.

♦ A metà Ottocento era un'apprezzata osteria di paese, ma con costanza e passione è diventata un locale davvero elegante. Anche la cucina ha avvertito il cam-
biamento, creativa e saporita, sempre fedele alla tradizione.

AMBRIA – Bergamo (BG) – Vedere Zogno

AMEGLIA – La Spezia (SP) – **561** J11 – 4 568 ab. – alt. 89 m – ⊠ 19031   **15** D2
▶ Roma 400 – La Spezia 18 – Genova 107 – Massa 17

🏠   **Locanda dell'Angelo** 🕭   🔲 ⅄ 🅰🅲 ⅋ ⅋ ⅍ 🅿 𝗩𝗜𝗦𝗔 ⅏ 🅰🅴 ⓞ 🕹
viale XXV Aprile 60, (strada provinciale Sarzana-Marinella), Sud-Est : 4,5 km
– ℰ *0 18 76 43 91 – www.paracucchilocanda.it – 11 marzo-3 novembre*
31 cam ⌂ – †90/120 € ††120/160 € – 1 suite
Rist *Paracucchi* – vedere selezione ristoranti

♦ In posizione tranquilla, in fondo a un grande giardino con piscina, una costruzione d'ispirazione contemporanea con camere dagli arredi semplici, in parte
ristrutturate.

🏠   **River Park Hotel**   🔲 ⅄ 🕭 🖥 🅰🅲 ⅋ ⅋ ⅍ 🔲 𝗩𝗜𝗦𝗔 ⅏ 🅰🅴 ⓞ 🕹
via del Botteghino 17, località Fiumaretta, Sud-Est : 2 km – ℰ *01 87 64 81 54*
– *www.riverparkhotel.it – chiuso dal 22 dicembre al 10 gennaio*
33 cam ⌂ – †75/120 € ††120/150 € – 1 suite – ½ P 85/100 €
Rist – (chiuso venerdì e a mezzogiorno in inverno) Carta 33/56 €

♦ Al centro della quieta località balneare di Fiumaretta, imponente struttura di
moderna concezione; zone interne confortevoli, camere spaziose, tutte con
angolo salottino. Ariosa sala ristorante da cui ammirare l'invitante piscina circondata dal verde.

🏠   **Stella del Magra**   ⋞ 🅰🅲 ⅋ 𝗩𝗜𝗦𝗔 ⅏ 🅰🅴 ⓞ 🕹
via Paganini 3, località Fiumaretta – ℰ *0 18 76 41 55 – www.stelladelmagra.com*
12 cam ⌂ – †55/80 € ††65/120 € – 2 suites – ½ P 85 €
Rist – (chiuso i mezzogiorno di lunedì e martedì da Pasqua a settembre, aperto
solo nel fine settimana negli altri mesi) Carta 26/58 €

♦ Piccola struttura familiare con bella vista sulla foce: camere rinnovate con
moderne soluzioni d'arredo e gustose proposte ittiche al ristorante.

XXX   **Locanda delle Tamerici** (Mauro Ricciardi) con cam 🕭   ⋞ 🔲

ಞ   *via Litoranea 106, località Fiumaretta,*   🅰🅲 cam, ⅋ ⅋ 🅿 𝗩𝗜𝗦𝗔 ⅏ 🅰🅴 🕹
Sud-Est : 3,5 km – ℰ *0 18 76 42 62 – www.locandadelletamerici.com – chiuso dal*
24 dicembre al 18 gennaio e 1 settimana in ottobre
7 cam ⌂ – †150/180 € ††195/220 €
Rist – (chiuso lunedì e martedì; solo su prenotazione a mezzogiorno)
Menu 100 € – Carta 78/137 € 🕮

Spec. Rana pescatrice avvolta nel lardo e farcita di foie gras, su salsa ai formaggi e
latte di capra (autunno). Tagliatelle al nero di seppia con calamaretti, lattuga e
ricci di mare. Dentice croccante su salsa di cipollotti e zafferano con fave ed asparagi.

♦ In un ambiente elegante e signorile, a pochi metri dal mare, specialità ittiche e
cucina del territorio proposte con creatività ed accostamenti originali. Le camere
sono mansardate, ricche di tessuti e con arredi in stile.

XX **Paracucchi** – Hotel Paracucchi Locanda dell'Angelo   🛬 AK 🍴 P.
viale XXV Aprile 60,   VISA ⓿ AE ⓪ 🍴
(strada provinciale Sarzana-Marinella), Sud-Est : 4,5 km – ℰ 01 87 64 39 1
– www.paracucchilocanda.it – 11 marzo-3 novembre
Rist – (chiuso lunedì) Carta 51/82 € ✾

♦ Una cucina d'autore che partendo da un'accurata selezione di prodotti enoga-
stronomici del Bel Paese (e non solo liguri) conquista l'ospite con ricette mediterranee ricche di fantasia, in presentazioni curiose ed intriganti. Attraverso le belle
vetrate, lo spettacolo della natura: il verde giardino di lecci ed ulivi.

a Montemarcello Sud : 5,5 km – ⊠ 19030

🅻 via Nuova 48, ℰ 0187 60 03 24, www.comune.ameglia.sp.it

XX **Pescarino-Sapori di Terra e di Mare** con cam 🍃   🏠 AK rist,
via Borea 52, Nord-Ovest : 3 km   🍴 rist, ⁝⁞ P VISA ⓿ AE 🍴
– ℰ 01 87 60 13 88 – www.ristorantelocandapescarino.eu – chiuso 15 giorni in
gennaio e 15 giorni in giugno
3 cam – ♦40 € ♦♦70 €, ⊡ 7 €
Rist – (chiuso lunedì e martedì escluso agosto) (chiuso a mezzogiorno escluso
sabato-domenica e festivi) Menu 40/45 € – Carta 38/52 €

♦ Una collocazione davvero piacevole nell'oasi di pace del bosco di Montemarcello, per questo locale in stile semplice, ma di tono elegante che dà ciò che promette. Camere eleganti nella villa adiacente.

AMELIA – Terni (TR) – **563** O19 – **12 013 ab.** – alt. 370 m – ⊠ 05022   **32** B3
▶ Roma 93 – Terni 24 – Viterbo 43 – Perugia 92

🏠 **Relais Tenuta del Gallo** 🍃   ≼ 🕭 🏠 🈴 AK cam, 🍴 cam, ⁝⁞ P
via Ortacci 34, località Macchie, (Nord-Ovest 8 Km)   VISA ⓿ AE 🍴
– ℰ 07 44 98 71 11 – www.tenutadelgallo.com – chiuso dall'8 al 31 gennaio e
dal 15 al 30 novembre
8 cam ⊡ – ♦81/175 € ♦♦116/225 € – 1 suite – ½ P 98/163 €
Rist – (chiuso a mezzogiorno da ottobre ad aprile) Carta 50/89 €

♦ All'interno di una grande proprietà terriera, ambienti eleganti e raffinati con
mobili di pregio provenienti dalla collezione privata di famiglia, per una struttura
in posizione isolata e panoramica.

AMENDOLARA MARINA – Cosenza (CS) – **564** H31 – **3 108 ab.**   **5** A1
– alt. 227 m – ⊠ 87071
▶ Roma 495 – Cosenza 97 – Castrovillari 54 – Crotone 140

🏠 **Grillo Hotel**   ≼ 🕭 🈴 🕭 🈳 💤 ⁝⁞ 🈴 P VISA ⓿ AE 🍴
viale Lagaria S.S. 106 – ℰ 09 81 91 52 56 – www.grillohotel.com
39 cam ⊡ – ♦50/70 € ♦♦80/140 € – ½ P 100 €
Rist Grillo – vedere selezione ristoranti

♦ Questa struttura moderna ed efficiente ha il pregio della poliedricità: ideale per
una clientela d'affari, non deluderà il turista di passaggio. Bella piscina e buon
standard di servizi.

🏠 **Enotria**   ≼ 🕭 🈴 AK 🍴 rist, P VISA ⓿ AE 🍴
🍃 viale Calabria 20 – ℰ 09 81 91 50 26 – www.hotelenotria.it
46 cam ⊡ – ♦42/60 € ♦♦70/105 € – 2 suites – ½ P 80 €
Rist – (chiuso lunedì) Carta 20/34 €

♦ Vicinissimo alla Torre antica sul mare, l'hotel dispone di spazi comuni moderni
e camere lineari in riposanti colori pastello. Piatti di mare nella sala da pranzo al
piano terra.

XXX **Grillo** – Grillo Hotel   🏠 P VISA ⓿ AE ⓪ 🍴
viale Lagaria S.S. 106 – ℰ 09 81 91 52 56 – www.grillohotel.com
Rist – Carta 22/54 €

♦ Colori marini per questo moderno ristorante, dove il bianco della sala ben si sposa
con il blu dello Ionio, qualche metro più in là. La cucina propone sfiziose ricette regionali e piatti che variano con l'alternarsi delle stagioni, accostati a buoni vini nazionali.

ANACAPRI – Napoli (NA) – **564** F24 – Vedere Capri (Isola di)

ANAGNI – Frosinone (FR) – **563** Q21 – 21 568 ab. – alt. 424 m   **13** C2
– ✉ 03012 ▯ Italia

▶ Roma 65 – Frosinone 30 – Anzio 78 – Avezzano 106

◎ Cattedrale★★: cripta★★★ - Quartiere medievale★

XX **Lo Schiaffo**   AC ⅍ VISA ◑ AE ⎍
*via Vittorio Emanuele 270 – ℰ 07 75 73 91 48 – chiuso dal 25 al 31 luglio, lunedì,
anche domenica sera da novembre a febbraio*
Rist – Carta 30/45 €

♦ Il nome evoca atmosfere medievali, il riferimento al celebre schiaffo a Bonifacio VIII; la
sala invece è stata rinnovata e presenta un ambiente caldo e moderno.

ANCONA ℙ (AN) – **563** L22 – 102 521 ab. ▯ Italia   **21** C1

▶ Roma 319 – Firenze 263 – Milano 426 – Perugia 166

🛪 di Falconara per ③: 13 km ℰ 071 28271

🛈 via Thaon de Revel 4, ℰ 071 35 89 91, www.rivieradelconero.info

🖈 Conero via Betelico 6, frazione Coppo, 071 7360613, www.conerogolfclub.it
– chiuso martedì

◎ Duomo di San Ciriaco★ AY – Loggia dei Mercanti★ AZ **F** – Chiesa di Santa Maria
della Piazza★ AZ **B** - Museo Archeologico Nazionale delle Marche AY **M**: bronzi
romani da Cartoceto★

Piante pagine seguenti

🏨 **Grand Hotel Passetto** senza rist   ⩽ 🚗 ⅃ 🕭 AC 🕪 ⅍ ℙ
*via Thaon de Revel 1 ✉ 60124 – ℰ 07 13 13 07   VISA ◑ AE ◐ ⎍
– www.hotelpassetto.it – chiuso dal 23 dicembre al 2 gennaio*   CZd
40 cam ⛄ – †120/145 € ††170/195 € – 1 suite

♦ Il giardino con piscina abbellisce questo hotel alle porte della città, non lontano dal mare; eleganti e sobri interni, confortevoli camere di taglio moderno.

🏨 **NH Ancona**   ⩽ 🕭 & cam, AC ⅊ ⅍ rist, 🕪 ⅍ ℙ VISA ◑ AE ◐ ⎍
rupi di via 29 Settembre 14 ✉ 60122 – ℰ 0 71 20 11 71 – www.nh-hotels.it
89 cam ⛄ – †68/129 € ††118/179 € – ½ P 115/125 €   AZa
Rist – (chiuso a mezzogiorno in agosto) Carta 44/76 €

♦ Sulla sommità di una collinetta, a pochi passi dal centro, edificio in mattoni
d'ispirazione contemporanea; ambienti raffinati e luminosi, gradevoli camere funzionali. Bella sala da pranzo con comode poltroncine e splendida vista sul porto.

🏨 **Grand Hotel Palace** senza rist   🕭 AC 🕪 ⅍ 🚗 VISA ◑ AE ◐ ⎍
*lungomare Vanvitelli 24 ✉ 60121 – ℰ 0 71 20 18 13 – www.hotelancona.it
– chiuso dal 22 dicembre al 7 gennaio*   AYk
40 cam ⛄ – †80/130 € ††110/170 € – 1 suite

♦ In un palazzo seicentesco austero e nobiliare, davanti al porto, albergo con "solenne"
sala comune con camino; accoglienti camere in stile e appartamenti con angolo cottura.

XX **La Moretta**   🕝 AC VISA ◑ AE ◐ ⎍
😊 *piazza Plebiscito 52 ✉ 60121 – ℰ 0 71 20 23 17 – www.trattoriamoretta.com
– chiuso dal 1° al 10 gennaio, dal 13 al 18 agosto e domenica*   AZn
Rist – Menu 18/30 €

♦ Ristorante della stessa famiglia dal 1897: cucina del territorio di carne e di pesce,
stoccafisso e brodetto all'anconetana i classici. Servizio estivo in piazza Plebiscito.

XX **Boccon Divino**   🕝 VISA ◑ ◐ ⎍
*via Matteotti 13 – ℰ 07 15 72 69 – chiuso 3 settimane in agosto, sabato a
mezzogiorno, domenica*   AZc
Rist – Carta 33/56 €

♦ Vicino alla piazza del Plebiscito, ristorante accogliente con proposte di mare e
di terra, da gustare d'estate nella piccola corte interna. Gestione giovane e capace.

X **Sot'Ajarchi**   AC VISA ◑ ◐ ⎍
*via Marconi 93 ✉ 60125 – ℰ 0 71 20 24 41 – chiuso 10 giorni a Natale, agosto e
domenica*   CYb
Rist – Carta 29/65 €

♦ Ambiente informale nella piccola trattoria sotto ai portici, dove sentirsi a proprio agio consumando gustosi piatti di mare, a base di pescato fresco giornaliero.

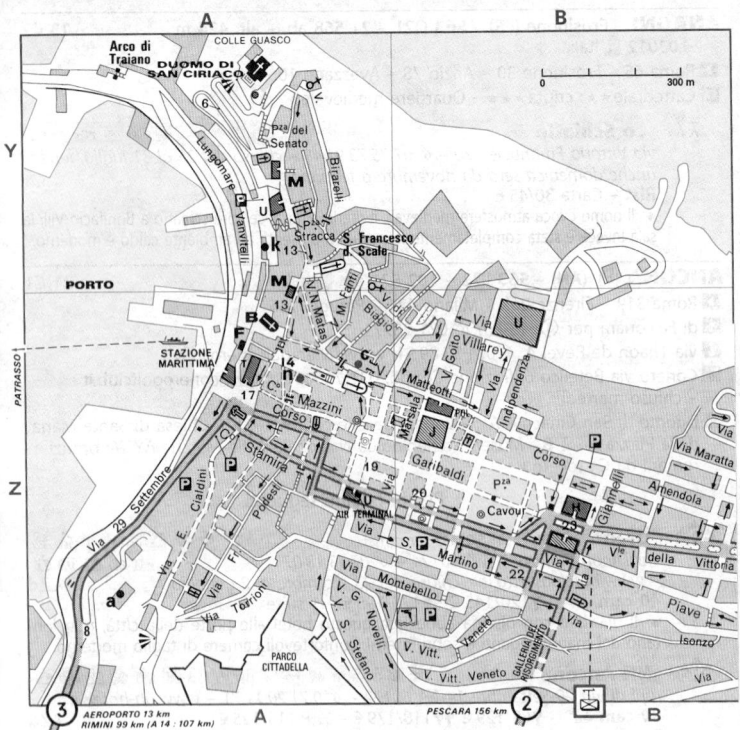

A scale 0 — 300 m

AEROPORTO 13 km
RIMINI 99 km (A 14 : 107 km)

PESCARA 156 km

a Portonovo per ① : 12 km – ✉ 60129

◎ Chiesa di Santa Maria ★

🏨🏨 **Fortino Napoleonico** ⌂   ≾ 🏡 👍 🚶 AC 🍴 rist, 🏱
via Poggio 166 – ℰ 07 18 04 14 50 – www.hotelfortino.it   VISA ⓿ AE ① 💳
27 cam 🍽 – †130/250 € ††180/250 € – 3 suites – ½ P 140/175 €
Rist – (consigliata la prenotazione) Carta 44/56 € (+10 %)
♦ Trasformato in hotel negli anni '60, la tipica forma a lanterna ne denuncia l'origine napoleonica. E di questo glorioso passato ne serba il fascino, che si declina in antichi arredi, affreschi e camere dal lusso discreto. La *location* meriterebbe un capitolo a parte, ma non vi vogliamo togliere il piacere della sorpresa...

🏨🏨 **Emilia** ⌂   ≾ 🏡 🏊 🍴 📱 👍 AC 🍴 🏱 VISA ⓿ AE ① 💳
via Poggio 149/a, (in collina), Ovest : 2 km – ℰ 07 18 01 11 45
– www.hotelemilia.com – marzo-ottobre
27 cam 🍽 – †170/180 € ††180/250 € – 3 suites – ½ P 130/165 €
Rist Emilia – vedere selezione ristoranti
♦ Splendida struttura affacciata sul mare dall'alto dei Monti del Conero. Bianca e illibata, gli interni sono decorati con opere d'arte moderna, mentre nelle camere - diverse per dimensioni - è la grande luminosità a "colpire" l'ospite. Le spiagge distano circa due chilometri (raggiungibili con la navetta dell'albergo).

🏨 **Internazionale** ⌂   ≾ 🏡 📱 AC 🍴 rist, 🏱 VISA ⓿ AE ① 💳
via Portonovo – ℰ 07 18 01 00 01 – www.hotel-internazionale.com
25 cam 🍽 – †60/120 € ††90/175 € – ½ P 70/113 €
Rist – (chiuso da novembre a febbraio e domenica sera) Carta 32/66 €
♦ In una tranquilla oasi verde, sulle pendici del promontorio che disegna la baia di Portonovo, un albergo a gestione diretta, con interni lineari; camere di due tipologie. Pareti con pietra a vista e ampie finestre panoramiche nella sala da pranzo.

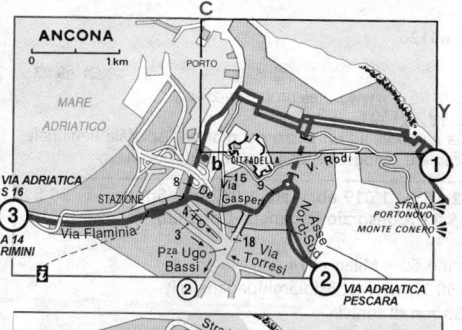

```
ANCONA
0        1 km
```

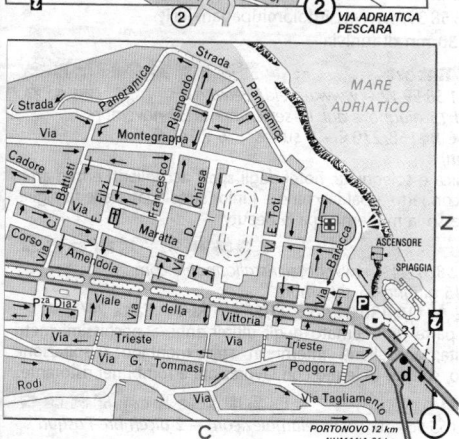

XXX **Emilia** – Hotel Emilia   ⟨ 🚗 🍴 ⌇ ✕ ⌘ 🅿 VISA ⓪ ① 🔧

via Poggio 149/a, (in collina), Ovest : 2 km – ✆ *0 71 80 11 45*
– www.hotelemilia.com – marzo-ottobre
Rist – Carta 57/71 €

♦ Da nonna Emilia alla figlia Elia, il ricettario è arrivato fino ai giorni nostri, rinnovato con gusto moderno dall'attuale chef. Fermatevi qui se volete "partire" alla scoperta del patrimonio enogastronomico della regione: carni provenienti da allevamenti locali, verdura e frutta biologiche, pane e dolci fatti in casa.

XX **Giacchetti**   ⟨ 🍴 & AC ⌘ 🅿 VISA ⓪ AE ① 🔧

via Portonovo 171 – ✆ *0 71 80 13 84*
– www.ristorantedagiacchetti.it
– aprile-ottobre; chiuso lunedì escluso giugno-luglio-agosto
Rist – Carta 27/62 €

♦ Nella silenziosa baia di Portonovo, locale di lunga tradizione, con annesso stabilimento balneare privato; in sala o all'aperto le classiche specialità di mare dell'Adriatico.

X **Da Emilia**   🍴 ⌘ VISA ⓪ AE 🔧

nella baia – ✆ *0 71 80 11 09*
– www.ristoranteemilia.it
– marzo-ottobre; chiuso lunedì escluso agosto
Rist – Carta 33/59 €

♦ Fragrante cucina di pesce e i *moscioli* (tipiche cozze selvatiche) tra le specialità estive della casa: si pranza sulla spiaggia e, volendo, un bagno in mare nello stabilimento del ristorante.

a Torrette per ③ : 4 km – ✉ 60126

🏨 **Europa** senza rist   🔲 ὴ 🕸 🕸 📶 P VISA ⚫ AE ① 💲
via Sentino 3 – ℰ 071 88 80 96 – www.hoteleuropa-ancona.it
62 cam 🛏 – †70/100 € ††94/150 €
♦ In posizione defilata ma comoda, ad un passo dal grande Ospedale Regionale
e non lontano dal mare, camere omogenee, ben tenute e funzionali.

ANDALO – Trento (TN) – **562** D15 – **1 019 ab.** – alt. **1 042 m** – **Sport**   **30** B2
invernali : 1 040/2 125 m ⤢ 1 ⤢ 11 (Consorzio Paganella-Dolomiti) ⤢ – ✉ 38010
▮ Italia Centro Nord

▶ Roma 625 – Trento 40 – Bolzano 60 – Milano 214
🔏 piazza Dolomiti 1, ℰ 0461 58 58 36, www.visitdolomitipaganella.it
🖾 ※ ★★ dal Monte Paganella 30 mn di funivia

🏨 **Dolce Avita Spa & Resort**   ≤ 🚗 🔲 ● 🕸 🛏 ♨ 🕸 rist, 🕯 P 🚗
via del Moro 1 – ℰ 04 61 58 59 12 – www.hoteldolceavita.it   VISA ⚫ 💲
– chiuso dall'11 aprile al 15 giugno e dal 17 settembre al 30 novembre
36 cam 🛏 – †98/180 € ††158/270 € – 9 suites – ½ P 140 €
Rist – (solo per alloggiati)
♦ In posizione panoramica e soleggiata, hotel dagli spazi accoglienti e ben arredati: camere "romantic" con letto a baldacchino e junior suite adatte alle famiglie.
500 mq di benessere presso la moderna Spa & Beauty.

🏨 **Cristallo**   ≤ 🕸 🛏 ♨ 🕸 🕯 P VISA ⚫ AE 💲
via Rindole 1 – ℰ 04 61 58 57 44 – www.hotelcristalloandalo.com
– dicembre-23 aprile e 15 giugno-15 settembre
38 cam 🛏 – †65/75 € ††110/130 € – ½ P 75/80 €   **Rist** – Carta 24/35 €
♦ Albergo centrale, in parte rimodernato negli ultimi anni, a pochissimi metri
dagli impianti di risalita; accoglienti interni in stile montano d'ispirazione
moderna. Al primo piano, soffitto in legno con lavorazioni a rombi nel ristorante.

🏨 **Ambiez Suite Hotel**   ≤ 🔲 🕸 🛏 ὴ ♨ 📶 cam, 🕸 P VISA 💲
via Priori 8 – ℰ 04 61 58 55 56 – www.hotelambiez.com – 2 dicembre-Pasqua
e 8 giugno-16 settembre
22 cam 🛏 – †50/120 € ††90/170 € – 3 suites – ½ P 108 €
Rist – Menu 25/35 €
♦ Hotel a conduzione familiare - completamente rinnovato - con ampie camere
in stile montano ed appartamenti di varie tipologie nella dépendance. Gradevole
zona benessere. Piatti trentini, ma non solo, nel tipico ristorante.

🏨 **Serena**   ≤ 🚗 🕸 ὴ rist, ♨ 🕸 rist, 🕯 P 🚗 VISA ⚫ AE ① 💲
via Crosare 15 – ℰ 04 61 58 57 27 – www.hotelserena.it – dicembre-20 marzo
e 20 giugno-20 settembre
30 cam 🛏 – †45/75 € ††80/140 € – 4 suites – ½ P 95 €   **Rist** – Menu 25 €
♦ Non lontano dal centro, ma in posizione più tranquilla, solida gestione diretta
in un albergo in gran parte rimodernato: vista panoramica su montagne maestose
e camere confortevoli. Indirizzo ideale per le famiglie.

🍴 **Al Penny**   🕸 📶 P VISA ⚫ AE ① 💲
viale Trento 23 – ℰ 04 61 58 52 51 – www.alpenny.it
Rist – Menu 25 € (pranzo)/30 € – Carta 33/65 €
♦ Decentrato, l'insegna che annuncia la possibilità di pizze (serali) depista da una
cucina insaspettatamente curata nei prodotti e nelle presentazioni.

ANDORA – Savona (SV) – **561** K6 – **7 638 ab.** – ✉ 17051   **14** B2
▶ Roma 601 – Imperia 16 – Genova 102 – Milano 225
🔏 largo Milano, ℰ 0182 68 10 04, www.visitriviera.it

🏨 **Moresco**   ≤ 🔥 🕸 📶 🕸 🕯 VISA ⚫ AE ① 💲
via Aurelia 96 – ℰ 0 18 28 91 41 – www.hotelmoresco.com – chiuso da novembre
al 22 dicembre
35 cam – †50/70 € ††75/90 €, 🛏 12 € – ½ P 43/80 €
Rist – (solo per alloggiati) Menu 22/27 €
♦ Albergo centrale con accoglienti e razionali salette, dove rilassarsi dopo una
giornata in spiaggia, nonché camere moderne recentemente ristrutturate.

ANDRIA – Barletta-Andria-Trani (BT) – **564** D30 – **99 512 ab.**   **26** B2
– alt. 151 m – ⊠ 70031

▶ Roma 399 – Bari 57 – Barletta 12 – Foggia 82
ℹ piazza Imbriani 11, ☏ 0883 29 02 93, www.proloco.andria.ba.it

🏨   **Cristal Palace Hotel**   🖥 🗚 ⚙ 🏌 🖤 🐾 🚗 🚗 ⓥ🇸🇦 ⓪ ⒶⒺ ⓞ ⛎
via Firenze 35 – ☏ 08 83 55 64 44 – www.cristalpalace.it
40 cam 🛏 – †68 € ††88/110 € – ½ P 62 €
Rist *La Fenice* – vedere selezione ristoranti
♦ In centro, confortevole struttura di moderna concezione con interni eleganti
in stile contemporaneo, abbelliti da realizzazioni artistiche; distinte camere con
parquet.

🏨   **L'Ottagono**   🚗 🏠 ⍐ 🗚 🇽🇦 🗚 rist, 🏌 🄿 🚗 🚗 ⓪ ⒶⒺ ⓞ ⛎
♋   via Barletta 218 – ☏ 08 83 55 78 88 – www.hotellottagono.it
43 cam 🛏 – †55/65 € ††80/90 € – 1 suite – ½ P 63 €   **Rist** – Menu 18 €
♦ Alle porte della cittadina, ma non lontano dal centro, albergo d'ispirazione
moderna con un grazioso giardino, spaziose zone comuni e camere lineari;
campi di calcetto. Arioso ristorante nelle tonalità del beige e del nocciola.

🏨   **Tenuta Cocevola** ⚘   ⟨ 🚗 🖥 🏠 🗚 🏌 🄿 ⓥ🇸🇦 ⓪ ⒶⒺ ⛎
strada statale 170 Castel del Monte-Andria km 9,9, contrada Cocevola
– ☏ 08 83 56 69 45 – www.tenutacocevola.com
24 cam 🛏 – †60/160 € ††80/200 € – ½ P 70/130 €   **Rist** – Carta 30/47 €
♦ Abbracciata da profumati uliveti e dalla rigogliosa macchia mediterranea,
un'antica tenuta costruita in pietra e tufo accoglie camere calde arredate con
legni pregiati. Semplice, caratterizzato da soffitti a botte, il ristorante propone
piatti di terra e di mare e dispone anche di sale dove allestire banchetti.

🍴🍴   **La Fenice** – Hotel Cristal Palace Hotel   🗚 🗚 ⓥ🇸🇦 ⓪ ⒶⒺ ⓞ ⛎
via Firenze 35 – ☏ 08 83 55 02 60 – www.cristalpalace.it
Rist – Carta 25/47 €
♦ Cristallo e acciaio sono i materiali distintivi di questo moderno ristorante nel
cuore di Andria. Nell'ariosa sala da pranzo, anche la cucina si concede un ampio
respiro proponendo piatti dove tutti gli ingredienti sono finalizzati ad esaltare
(senza alterare) i sapori base dei prodotti usati. Specialità italiane.

a Montegrosso Sud-Ovest : 15 km – alt. 224 m – ⊠ 70031

🏠   **Agriturismo Biomasseria Lama di Luna** ⚘   ⟨ 🚗 🏠 ⍐
contrada Lama di Luna, Sud : 3,5 km   🗚 rist, 🄿 ⓥ🇸🇦 ⓪ ⛎
– ☏ 08 83 56 95 05 – www.lamadiluna.com – chiuso gennaio e febbraio
9 cam 🛏 – †110 € ††150/170 € – 2 suites – ½ P 103 €
Rist – (chiuso a mezzogiorno) Menu 28 €
♦ Masseria ottocentesca ristrutturata secondo i dettami della bioarchitettura e
del Feng Shui: affascinante mix di tradizione pugliese e filosofia giapponese di
vita naturale.

🍴   **Antichi Sapori**   🗚 🗚 ⓥ🇸🇦 ⓪ ⛎
😊   piazza Sant'Isidoro 10 – ☏ 08 83 56 95 29 – www.pietrozito.it – chiuso dal
23 dicembre al 3 gennaio, dal 10 al 20 luglio, dal 10 al 20 agosto, sabato sera,
domenica
Rist – (coperti limitati, prenotare) Menu 38 € – Carta 26/45 €
♦ Trattoria con decorazioni di vita contadina e tappa irrinunciabile per chi desidera conoscere i sapori tradizionali pugliesi, a base di prodotti ormai quasi intro-
vabili. Dal vicino orto, le saporite verdure presenti in menu.

ANGERA – Varese (VA) – **561** E7 – **5 667 ab.** – alt. 205 m – ⊠ 21021   **16** A2
▮ Italia

▶ Roma 640 – Stresa 34 – Milano 63 – Novara 47
ℹ piazza Garibaldi 10, ☏ 0331 96 02 56, www.comune.angera.va.it
◉ Affreschi★★ e Museo della Bambola★ nella Rocca

🏨 Dei Tigli senza rist ✍ ⊟ ¶ VISA ☺ AE ⓪ ⓖ
via Paletta 20 – ℰ 03 31 93 08 36 – www.hoteldeitigli.com – chiuso dal 18 dicembre al 6 gennaio
31 cam ⌑ – †80/100 € ††100/130 €
◆ In centro, a due passi dal pittoresco e panoramico lungolago, atmosfera familiare in un hotel con interni accoglienti: arredamento curato negli spazi comuni e nelle camere.

🏠 Lido Angera ≤ 🚗 🐟 🅰 cam, ⚡ 🐾 🅿 VISA ☺ AE ⓪ ⓖ
viale Libertà 11, Nord : 1 km – ℰ 03 31 93 02 32 – www.hotellido.it – chiuso dal 27 al 30 dicembre e dal 1° al 5 gennaio
17 cam ⌑ – †82/90 € ††112/130 € – ½ P 100 €
Rist – *(chiuso lunedì a mezzogiorno)* Menu 35 €
◆ In posizione incantevole, leggermente rialzata, proprio a ridosso del lago, una calda risorsa a gestione familiare. Camere ampie con arredi semplici ma complete di tutto. Ristorante con ampie e panoramiche vetrate, per apprezzare specialità di lago.

ANGHIARI – Arezzo (AR) – **563** L18 – 5 858 ab. – alt. 429 m – ⌧ 52031   29 D2
📗 Toscana
▶ Roma 242 – Perugia 68 – Arezzo 28 – Firenze 105
🅖 Cimitero di Monterchi cappella con Madonna del Parto★ di Piero dellaFrancesca Sud-Est : 11 km

🏠 La Meridiana 🚗 ⊟ 🍴 rist, ⚡ VISA ☺ AE ⓪ ⓖ
⊜⊜ *piazza 4 Novembre 8 – ℰ 05 75 78 81 02 – www.hotellameridiana.it*
25 cam ⌑ – †40/50 € ††63/70 €, ⌑ 5 € – ½ P 53 €
Rist – *(chiuso sabato)* Menu 18/20 €
◆ Esperta gestione familiare in un alberghetto semplice e conveniente vicino alla parte medievale di Anghiari; camere essenziali e spaziose con mobili in laminato bianco. Sala ristorante in linea con la tradizionale schiettezza della cucina.

🍴 Da Alighiero 🅰 VISA ☺ ⓖ
⊕ *via Garibaldi 8 – ℰ 05 75 78 80 40 – www.daalighiero.it – chiuso dal 15 febbraio al 10 marzo e martedì*
Rist – Carta 22/45 €
◆ Piatti semplici e abbondanti dalle chiare radici toscane in questo locale dalla giovane gestione, in prossimità delle antiche porte di ingresso della città. Da assaggiare i cantucci.

ANGUILLARA SABAZIA – Roma (RM) – **563** P18 – 18 613 ab.   12 B2
– alt. 195 m – ⌧ 00061
▶ Roma 39 – Viterbo 50 – Civitavecchia 59 – Terni 90

🏨 Country Relais I Due Laghi ✍ ≤ 🚗 ⌛ ⅍ 🅰 ♨ 🅿 VISA ☺ AE ⓖ
località Le Cerque-via della Marmotta, Nord-Est : 3 km – ℰ 06 99 60 70 59 – www.iduelaghi.it
24 cam ⌑ – †120 € ††170 € – 7 suites – ½ P 115 €
Rist *La Posta de' Cavalieri* – vedere selezione ristoranti
◆ Nella dolcezza e nella tranquillità dei colli, per arrivare all'albergo si attraversa uno dei maggiori centri equestri d'Italia presso il quale è anche possibile praticare una "finta" caccia alla volpe, camere confortevoli ed una bella piscina per momenti d'impagabile relax.

🍴🍴🍴 La Posta de' Cavalieri – Country Relais i Due laghi ≤ 🚗 ⌛ 🅰 ⅍
località Le Cerque-via della Marmotta 🅿 VISA ☺ AE ⓖ
– ℰ 06 99 60 70 59 – www.iduelaghi.it
Rist – Carta 32/62 €
◆ Ricette creative di pesci lacustri, carni e formaggi (di produzione propria), in un elegante relais di campagna che nella bella stagione si arricchisce di un piacevole servizio all'aperto.

ANNONE VENETO – Venezia (VE) – **562** E20 – 3 961 ab. – alt. 9 m   36 D2
– ⌧ 30020
▶ Roma 522 – Venezia 70 – Trieste 108

XX **Il Credenziere** 🛆 Ⓐ VISA ⦵ AE ① Ⓢ

😊 *via Quattro Strade 12 – 𝒞 04 22 76 99 22 – www.ilcredenziereristorante.it*
– chiuso dal 1° al 21 gennaio, domenica sera, lunedì
Rist – Menu 13 € (pranzo)/45 € bc – Carta 33/62 €
◆ Se la sera l'atmosfera si fa piacevolmente romantica, a pranzo non mancano charme e savoir-faire. In menu: piatti prevalentemente di pesce, in chiave moderna.

ANNUNZIATA – Cuneo (CN) – Vedere La Morra

ANTAGNOD – Aosta (AO) – **561** E5 – Vedere Ayas

ANTERIVO – Bolzano (BZ) – **562** D16 – **389 ab.** – alt. 1 209 m   **31** D3
– ✉ 39040

▶ Roma 658 – Bolzano 47 – Trento 64 – Venezia 275

X **Kurbishof** con cam ⟡ ⟡ P VISA ⦵ Ⓢ

😊 *via Guggal 23 – 𝒞 04 71 88 21 40 – www.kuerbishof.it – chiuso martedì*
3 cam ⫞ – ♦70 € ♦♦90/120 €
Rist – (consigliata la prenotazione) Carta 26/50 €
◆ L'unione fa la forza: al primo piano di un maso del '700, una coppia di ristoratori ha trasformato l'ex fienile in una rustica e piacevole osteria. Lei, in cucina, ad esplorare i sapori del territorio. Lui, in sala, a riproporli con garbo e competenza.

ANTERSELVA DI MEZZO = ANTHOLZ – Bolzano (BZ) – **562** B18 – Vedere
Rasun Anterselva

ANTEY SAINT ANDRÈ – Aosta (AO) – **561** E4 – **625 ab.**   **34** B2
– alt. 1 074 m – ✉ 11020

▶ Roma 729 – Aosta 35 – Breuil-Cervinia 20 – Milano 167

🏨 **Maison Tissiere** ⟡ ⟡ ⛶ 🖼 🕅 ⬙ ⬔ P 🛆 VISA ⦵ AE Ⓢ

*frazione Petit Antey 9 – 𝒞 01 66 54 91 40 – www.hoteltissiere.it – chiuso maggio
e novembre*
14 cam ⫞ – ♦70/150 € ♦♦120/220 € – 1 suite – ½ P 70/140 €
Rist Maison Tissiere – vedere selezione ristoranti
◆ Nella parte alta del paese, un rascard (fienile) con stalla del '700, sobriamente ristrutturato: pavimenti in pietra e larice nonché arredi dalle forme semplici e discrete per non contrastare con l'architettura contadina dell'edificio.

🏠 **Des Roses** ⟡ ⛶ ⬙ ⬔ rist, P VISA ⦵ AE Ⓢ

*località Poutaz – 𝒞 01 66 54 85 27 – www.hoteldesroses.com
– 6 dicembre-4 maggio e 21 giugno-16 settembre*
21 cam – ♦39/47 € ♦♦58/77 €, ⫞ 8 € – ½ P 67 €   **Rist** – Menu 23/26 €
◆ Cordialità e ambiente familiare in un albergo d'altura, ambienti in stile alpino e graziosa saletta al piano terra con camino e travi a vista; camere dignitose. Ristorante decorato con bottiglie esposte su mensole, sedie in stile valdostano.

XX **Maison Tissiere** – Hotel Maison Tissiere ✳ P

*frazione Petit Antey 9 – 𝒞 01 66 54 91 40 – www.hoteltissiere.it – chiuso maggio
e novembre*
Rist – Carta 31/68 €
◆ Nella parte alta del paese, un rascard (fienile) con stalla del '700, sobriamente ristrutturato: nella sala da pranzo in pietra e larice, arredi dalle forme semplici e discrete per non contrastare con l'architettura contadina dell'edificio. In menu, piatti piemontesi e valdostani gustosamente "alleggeriti".

ANZIO – Roma (RM) – **563** R19 – **53 924 ab.** – ✉ 00042 ▮ Italia   **12** B3
▶ Roma 52 – Frosinone 81 – Latina 25 – Ostia Antica 49
⛴ per Ponza – Caremar, call center 892 123

XX Da Alceste ≤ 🏠 AK 🛇 VISA ⊕ AE ① ⚡

piazzale Sant'Antonio 6 – ℰ 06 98 46 74 4 – www.alcestealbuongusto.it
Rist – Carta 46/68 € (+12 %)

♦ La sensazione è quella di essere su una palafitta, grazie alle vetrate su tre lati che lo rendono molto luminoso e permettono all'ospite di godere del panorama. Ma anche l'interno è un omaggio alla posizione: tinte mediterranee e una cucina che strizza l'occhio al mare.

ANZOLA DELL'EMILIA – Bologna (BO) – 562 I15 – 11 851 ab.   9 C3
– alt. 38 m – ✉ 40011

▶ Roma 381 – Bologna 13 – Ferrara 57 – Modena 26

🏠 Alan senza rist Ⅰ♠ 🖃 ☆☆ AK 🎱 ⚡ P VISA ⊕ AE ⚡

via Emilia 46/b – ℰ 05 1 73 35 62 – www.alanhotel.it – chiuso Natale e Pasqua
61 cam – ♦50/120 € ♦♦70/140 €, 🖃 10 €

♦ In comoda posizione sulla via per Bologna, questo albergo in parte recentemente ristrutturato dispone di spazi comuni personalizzati e camere ampie, ben insonorizzate.

AOSTA ℙ (AO) – 561 E3 – 35 078 ab. – alt. 583 m – Sport   34 A2
invernali : funivia per Pila (A/R): a Pila 1 450/2750 m 🚡 2 ⚡9 – ✉ 11100

▌ Italia Centro Nord

▶ Roma 746 – Chambéry 197 – Genève 139 – Martigny 72

🛈 piazza Chanoux 2, ℰ 0165 23 66 27, www.lovevda.it

🏌 Aosta Arsanieres località Arsanieres, 0165 56020, www.golfaosta.it – marzo-novembre; chiuso mercoledì escluso luglio-agosto

◎ S. Orso Y : capitelli★ del chiostro★ – Finestre★ del Priorato Y – Monumenti romani★: Arco di Augusto★ Y **B**

🗻 ❄ ★★★ sulle montagne più alte d'Europa

🏠 Milleluci senza rist ঙ ≤ 🚡 ♨ 🕸 Ⅰ♠ 🖃 ☆ 🎱 ⚡ 🝗 P ⌂

località Porossan Roppoz 15 – ℰ 01 65 23 52 78   VISA ⊕ AE ① ⚡
– www.hotelmilleluci.com   **Xa**
31 cam 🖃 – ♦140/160 € ♦♦160/260 € – 2 suites

♦ Strategicamente posizionato sulla città illuminata, al Milleluci si dorme in montagna, ma anche a due passi dal capoluogo valdostano, in caratteristici chalet: rassicurati da moderni confort e coccolati da un centro benessere tra i migliori della città.

🏠 Roma senza rist 🖃 & 🚗 VISA ⊕ AE ① ⚡

via Torino 7 – ℰ 0 16 54 10 00 – www.hotelroma-aosta.it – chiuso novembre
38 cam – ♦44/58 € ♦♦73/82 €, 🖃 7 €   **Yn**

♦ Atmosfera familiare e interni arredati in modo tradizionale in un hotel adiacente al centro storico; la reception si trova in una struttura circolare al centro della hall.

🏠 Maison Colombot senza rist AK VISA ⊕ ⚡

via Edouard Aubert, 81 – ℰ 01 65 23 57 23 – www.aostacamere.eu   **Za**
6 cam 🖃 – ♦49/69 € ♦♦78/92 €

♦ Piccola ed elegante risorsa situata nel centro storico di Aosta e non distante dagli impianti di risalita per Pila. Una casa storica caratterizzata da sei graziose camere, personalizzate con grande profusione di legno e arredi spesso d'epoca.

XX Vecchio Ristoro (Alfio Fascendini) ⇔ VISA ⊕ AE ① ⚡
�

via Tourneuve 4 – ℰ 0 16 53 32 38 – www.ristorantevecchioristoro.it – chiuso
3 settimane in giugno, dal 1° al 7 novembre, domenica, lunedì a mezzogiorno
Rist – (consigliata la prenotazione) Menu 70 € bc   **Yb**
– Carta 46/63 € 🍴

Spec. Marbré di bollito misto con bagnato verde. Tagliolini alle castagne, cipollotto fresco e bottarga di muggine. Pesca ripiena all'amaretto e caramellata con salsa di lamponi.

♦ Nel centro cittadino, una coppia di coniugi vi accoglie in ambienti rustici, ma eleganti, per servirvi la tradizione regionale alleggerita in chiave moderna.

122

AOSTA

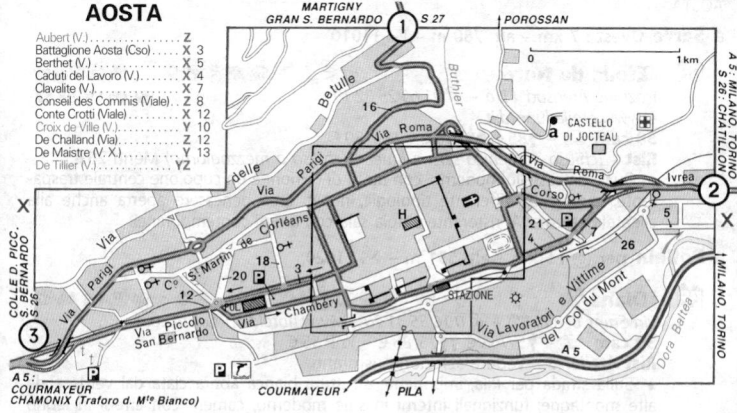

✗ Osteria Nando

🏠 ✗ VISA ⦿ AE ⓪ ⑤

via Sant'Anselmo 99 – ☏ 0 16 54 44 55 – www.osterianando.com
– *chiuso martedì escluso dal 15 luglio al 15 settembre*   Y**a**
Rist – (consigliata la prenotazione) Menu 28 € (pranzo)/40 €
– Carta 35/62 €

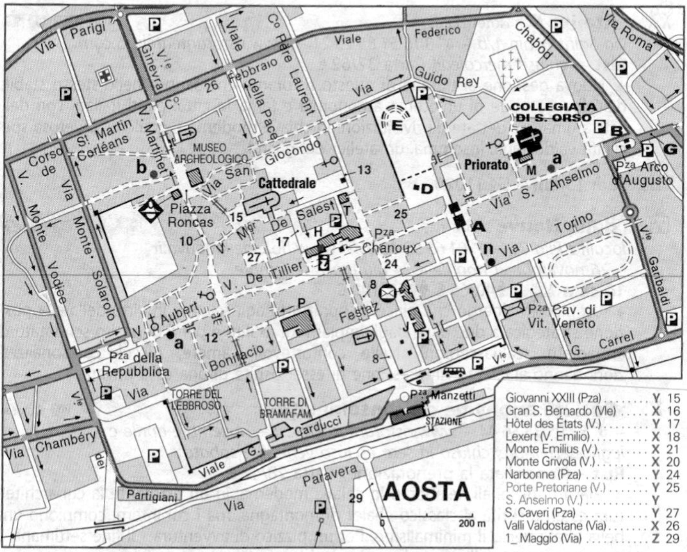

♦ Splendida collocazione nel cuore della città tra l'arco di Augusto e le Porte Pretoriane per questa semplice risorsa, a conduzione familiare, caratterizzata da parquet e soffitto ad archi. Cucina squisitamente valdostana: niente pesce ma salumi, selvaggina, polenta e funghi.

Un pasto con i fiocchi senza rovinarsi? Cercate i Bib Gourmand ⊛. Vi aiuteranno a trovare le buone tavole che coniugano una cucina di qualità al prezzo giusto!

a Sarre Ovest : 7 km – alt. 780 m – ⊠ 11010

🏨 **Etoile du Nord** ⬳ ⛴ 🔲 🐾 🖐 🛗 🅰 🏧 ℛ rist, ℣ 🅰 🅿 🛏
frazione Arensod 11/a – 𝒞 *01 65 25 82 19*   🆅🆂🅰 ⓐⓑ 🅰🅴 ① 🛗
– www.etoiledunord.it
59 cam ⬜ – ♦85 € ♦♦130 € – ½ P 80 €
Rist – *(chiuso domenica sera e lunedì) (chiuso a mezzogiorno)* Menu 26 €
♦ Quasi un castello moderno, con tanto di torrioni e un cupolone centrale trasparente; camere di differente tipologia, nuova area benessere aperta anche alla
clientela esterna. Al ristorante ampia sala con arredi contemporanei.

a Pollein per ② : 5 km – alt. 551 m – ⊠ 11020

🏨 **Diana** ⬳ ⛴ 🖐 🛗 🏧 🅿 🆅🆂🅰 ⓐⓑ 🛏
via Saint Benin 1/b – 𝒞 *0 16 55 31 20* – *www.hoteldianaaosta.com*
30 cam ⬜ – ♦57/68 € ♦♦75/85 € – ½ P 55 €
Rist *Atelier 5* – vedere selezione ristoranti
♦ Sulla strada per Pila, imponente struttura bianca abbracciata dal verde e da
alte montagne; funzionali interni in stile moderno, camere con arredi in legno
di ciliegio.

🍴🍴 **Atelier 5** – Hotel Diana ⛴ 🅿 🆅🆂🅰 ⓐⓑ 🛏
via Saint Benin 1/b – 𝒞 *0 16 51 85 29 21* – *www.ristoranteatelier5.com*
Rist – *(chiuso mercoledì)* Carta 32/62 €
♦ Nuova gestione al timone di questo ristorante che seppur nello stesso stabile
dell'albergo gode di un'ottima autonomia e fama in città: piatti italiani con delicate sfumature dettate da rivisitazioni in chiave moderna e qualche doverosa specialità valdostana. Insomma, un atelier del gusto!

a Pila Sud: 15 km – ⊠ 11020

🏨 **della Nouva** senza rist 🖐 🐾 🅿 🆅🆂🅰 ① 🛏
località Pila 75 – 𝒞 *01 65 52 10 05* – *www.hoteldellanouva.it*
– 26 novembre-15 aprile e 24 giugno-7 settembre
10 cam ⬜ – ♦40/65 € ♦♦65/100 €
♦ Un piccolo albergo che piacerà soprattutto agli sciatori, in virtù della sua posizione strategica a due passi dagli impianti di risalita e per il deposito sci dotato di
armadietti scaldascarponi. Nelle confortevoli camere, piccole personalizzazioni danno al cliente l'impressione di esser ospite di una casa privata.

🍴 **Société anonyme de consommation** ⬳ ⛴ 🆅🆂🅰 ⓐⓑ 🛏
– 𝒞 33 95 35 56 44 – *www.ristorantesociete.it* – *novembre-aprile e*
luglio-settembre; chiuso la sera escluso venerdì e sabato
Rist – *(consigliata la prenotazione)* Carta 28/42 €
♦ Piatti tradizionali rielaborati in chiave moderna, in un ristorante la cui architettura esterna si rifà al classico chalet di montagna, ma i cui interni compiono una
bella virata verso il minimalismo. Per un pizzico di avventura - il fine settimana, a
cena - un gatto delle nevi vi condurrà al locale (partenza da Pila).

APPIANO SULLA STRADA DEL VINO
30 B2
(EPPAN AN DER WEINSTRASSE) – Bolzano (BZ) – **562** C15 – **12 308 ab.**
– alt. 418 m – ⊠ 39057

▶ Roma 641 – Bolzano 10 – Merano 32 – Milano 295

a San Michele (St. Michael) – ⊠ 39057

🛈 piazza Municipio 1, 𝒞 0471 66 22 06, www.eppan.com

🏨 **Ansitz Tschindlhof** ⬟ ⬳ ⛴ 🏡 ⛴ ℛ rist, 🅿 🆅🆂🅰 ⓐⓑ 🅰🅴 ① 🛏
😊 *via Monte 36* – 𝒞 *04 71 66 22 25* – *www.tschindlhof.com* – *aprile-11 novembre*
19 cam ⬜ – ♦77/98 € ♦♦116/158 € – 2 suites – ½ P 76/97 €
Rist – *(chiuso domenica) (chiuso a mezzogiorno)* Menu 18 €
♦ Incantevole dimora antica piacevolmente situata in un giardino-frutteto con
piscina: amabili e raffinati interni con mobili in legno lavorato, camere accoglienti.

Ansitz Angerburg
🚷 🏠 ⅃ ⋔ 📶 🆔 📟 cam, 🎯 rist, **P** 🆚 ⊕ ⅙

via dell'Olmo 16 – ℰ 04 71 66 21 07 – www.hotel-angerburg.com
– aprile-8 novembre
30 cam ⛱ – 🛏52/73 € – 🛏🛏98/142 € – 1 suite – ½ P 61/83 €
Rist – Carta 19/39 €

♦ A due passi dal centro, grande struttura abbellita da un grazioso giardino con piscina; mobili in legno scuro ravvivato da disegni floreali negli spazi comuni, camere lineari. Sala da pranzo essenziale con grandi finestre; cucina del territorio.

Schloss Aichberg senza rist 🦢
🐶 ⅃ ⋔ 🎯 📟 🆚 🅰🅴

via Monte 31 – ℰ 04 71 66 22 47 – www.aichberg.com – marzo-15 novembre
11 cam ⛱ – 🛏55/70 € 🛏🛏125/140 € – 6 suites

♦ Sarete affascinati dalla gradevolezza della collocazione di questo albergo, in un giardino-frutteto con piscina riscaldata; graziosi spazi comuni in stile montano.

Zur Rose (Herbert Hintner)
🏠 ⇄ 🆚 ⊕ ⅙

via Josef Innerhofer 2 – ℰ 04 71 66 22 49 – www.zur-rose.com – chiuso dal 24 al 26 dicembre, domenica, lunedì a mezzogiorno
Rist – Menu 75 € – Carta 56/82 € ❦

Spec. "Waffel" (biscotto) di "Schüttelbrot" (pane a base di segale) con speck del contadino e vinaigrette di finferli. Sella di vitello in crosta d'erba cipollina, purea di sedano e fagiolini fritti. Ravioli di strudel di mela con tartare di mele stufate e gelatina alla grappa.

♦ Ampia scelta enologica che annovera anche etichette francesi e una cucina che passa con *nonchalance* dall'Alto Adige al Mediterraneo, in questo locale del centro storico, recentemente rinnovato. Piacevole dehors per la bella stagione.

Vinotek Pillhof
🏠 ⇄ **P** 🆚 ⊕ 🅰🅴 ⓞ ⅙

via Bolzano 48, località Frangarto, Nord: 5 Km – ℰ 04 71 63 31 00
– www.pillhof. com – chiuso sabato sera e domenica
Rist – Carta 32/58 €

♦ Un locale per i giovani, che non dispiacerà anche a chi - sulle spalle - ha qualche primavera in più… Ricavato in un vecchio maso del XV sec con spazi interni in stile modaiolo-moderno, il wine-bar (h 11-24) lascia il posto (nei turni canonici) al ristorante con cucina semplice, ma buone materie prime.

a Pigeno (Pigen) Nord-Ovest : 1,5 km – ✉ 39057 San Michele Appiano

Stroblhof 🦢
← 🐶 🏠 ⅃ 🗓 🌳 ⋔ 🎯 🆔 🎯 rist, 🕻 **P** ⊕ ⅙

strada Pigeno 25 – ℰ 04 71 66 22 50 – www.stroblhof.it – marzo-novembre
30 cam ⛱ – 🛏76/126 € 🛏🛏152/212 € – 5 suites – ½ P 114 €
Rist – *(chiuso lunedì)* Carta 38/61 €

♦ Abbracciata dal verde dei vigneti, una grande struttura impreziosita da un bel giardino con laghetto-piscina, adatta a una vacanza con la famiglia; camere ampie e recenti. Luce soffusa nella sala ristorante con soffitto in travi di legno; splendido dehors.

Schloss Englar senza rist 🦢
← 🐶 ⅃ 🕻 **P** 🆚 ⊕ ⅙

via Pigeno 42 – ℰ 04 71 66 26 28 – www.schloss-englar.it – Pasqua-ottobre
11 cam ⛱ – 🛏65/70 € 🛏🛏120/140 €

♦ Tranquillità della natura ristoratrice e fascino ammaliatore di un'amenità totale in un castello medioevale dove ritrovare intatta l'atmosfera di una residenza nobiliare.

a Cornaiano (Girlan) Nord-Est : 2 km – ✉ 39057

Weinegg 🦢
← 🐶 ⅃ 🗓 ⊕ 🌳 ⅃♬ 🎯 🆔 ♿ 🚶 🆔 ↯ ⋔ **P** 🚗 🆚 ⊕ ⅙

via Lamm 22 – ℰ 04 71 66 25 11 – www.weinegg.com
– chiuso dal 15 gennaio al 15 febbraio
25 cam ⛱ – 🛏113/153 € 🛏🛏200/270 € – 17 suites – ½ P 115/150 €
Rist *L'Arena* – vedere selezione ristoranti

♦ Nella tranquillità totale della natura, imponente edificio moderno con incantevole vista su monti e frutteti; ambienti in elegante stile tirolese dotati di ogni confort.

Girlanerhof   ⊰ 🚗 ⌂ 🗓 🕸 🐚 ☆☆ 🛁 rist, ⁽ᵗ⁾ **P** **VISA** ◎ **AE** ⓵ ⚕
via Belvedere 7 – ℰ *04 71 66 24 42*
– www.girlanerhof.it – Pasqua-novembre
31 cam ⬓ – †81/103 € – ††132/196 € – 8 suites – ½ P 91 €
Rist – Carta 41/53 €
♦ Tra i vigneti, in un'oasi di pace, sobria ricercatezza e accoglienza tipica tirolese in un hotel a gestione diretta con elegante sala soggiorno in stile; camere piacevoli. Ristorante arredato con gusto e illuminato da grandi finestre ornate di graziose tende.

XXX **L'Arena** – Hotel Weinegg   🚗 ⌂ ⭐ 🔟 **P** **VISA** ◎ ⚕
via Lamm 22 – ℰ *04 71 66 25 11*
– www.weinegg.com – chiuso dal 15 gennaio al 15 febbraio
Rist – Carta 41/77 € 🏵
♦ Si scende nell'Arena per gustare il consommè di manzo con raviolo tartufato agli spinaci e uovo di quaglia, il risotto al barolo con fette di entrecôte o le praline di patate al ragù di cervo su crauti al pepe… In un ambiente di calda atmosfera, una tappa gourmet obbligatoria in quel di Cornaiano.

X **Marklhof-Bellavista**   ⊰ 🏠 🔟 ⇔ **P** **VISA** ◎ **AE** ⚕
😊 *via Marklhof 14 –* ℰ *04 71 66 24 07*
– www.eppan.com/marklhof – chiuso domenica sera, lunedì
Rist – Carta 31/52 €
♦ Semplice e ben fatta la cucina, qualche ricercatezza nelle proposte di mare; l'insegna invece ammicca al piacere di fermarsi all'antico maso: delizia per gli occhi in un paesaggio di alberi da frutto.

a Monte (Berg) Nord-Ovest : 2 km – ⊠ 39057 San Michele Appiano

Steinegger   ⊰ 🚗 🏠 ⚒ 🔟 🕸 ✕ 🐚 ☆☆ ⁽ᵗ⁾ **P** **VISA** ◎ ⚕
via Masaccio 9 – ℰ *04 71 66 22 48*
– www.steinegger.it – aprile-novembre
30 cam ⬓ – †60/80 € – ††120/160 € – 1 suite – ½ P 70/90 €
Rist – (chiuso mercoledì) Carta 23/50 €
♦ Possente complesso in aperta campagna, con bella vista sulla vallata, ideale per famiglie per la sua tranquillità e per le buone attrezzature sportive; camere decorose. Comodi a pranzo in un ambiente in perfetto stile tirolese, impreziosito da un forno originale.

XX **Bad Turmbach** con cam   🚗 🏠 ⚒ ✕ rist, ⁽ᵗ⁾ **P** **VISA** ◎ **AE** ⚕
via Rio della Torre 4 – ℰ *04 71 66 23 39*
– www.turmbach.com – 20 marzo-20 dicembre; chiuso martedì, mercoledì a mezzogiorno
15 cam ⬓ – †53/65 € – ††98/116 € – 2 suites – ½ P 63/70 €
Rist – Carta 35/70 €
♦ Il servizio estivo in giardino è davvero godibile, ma anche la cucina è in grado di offrire piacevoli emozioni attraverso proposte del territorio rielaborate con fantasia.

a Missiano (Missian) Nord : 4 km – ⊠ 39057 San Paolo Appiano

Schloss Korb   ⊰ 🚗 🏠 ⚒ 🔟 🟦 🕸 ✕ 🐚 ⁽ᵗ⁾ ⚓ **P** **VISA** ◎ ⚕
via Castello d'Appiano 5 – ℰ *04 71 63 60 00*
– www.schloss-hotel-korb.com – aprile-8 gennaio
46 cam ⬓ – †90/175 € – ††120/290 € – 14 suites – ½ P 90/175 €
Rist Schloss Korb – Carta 53/69 € 🏵
♦ Incantevole veduta panoramica sulla vallata e quiete assoluta in un castello medioevale dai raffinati e tipici interni; molte camere nell'annessa struttura più recente. Calda, raffinata atmosfera nella sala in stile rustico con pareti in pietra; cucina locale.

ai laghi di Monticolo (Montiggler See) **Sud-Est : 6 km** – ⊠ **39057 San Michele Appiano**

🏠🏠🏠 **Gartenhotel Moser Life & Welness Resort** 🌿 ⟨ ⬛ 🖥 ⬛

lago di Monticolo 104   🔲 🕭 🕭 ル 🖳 👐 '♈ 🅿 📵 ⊛ 🛎
– 𝒞 04 71 66 20 95 – www.gartenhotelmoser.com – *aprile-novembre*
32 cam 🛏 – 🛉88/106 € 🛉🛉154/186 € – 10 suites – ½ P 86/116 €
Rist – Carta 32/75 €
♦ Ideale per una distensiva vacanza con tutta la famiglia, questo albergo immerso nella pace del suo giardino-frutteto; camere confortevoli e piacevole zona fitness. Linee essenziali e colori caldi nella spaziosa sala da pranzo; servizio estivo all'aperto.

APPIGNANO – Macerata (MC) – **563** L22 – **4 290 ab.** – **alt. 199 m**   **21** C2
– ⊠ 62010

▶ R oma 302 – Ancona 45 – Macerata 15 – Perugia 138

🏠 **Osteria dei Segreti** 🌿 ⟨ ⬛ 🗽 🎰 '♈ 🅿 📵 ⊛ ⓪ 🛎

via Verdefiore 41, strada provinciale 57 km 8,100, Nord : 3 km – 𝒞 07 33 57 97 86
– www.osteriadeisegreti.com
14 cam 🛏 – 🛉35 € 🛉🛉70 € – ½ P 55 €
Rist *Osteria dei Segreti* – 𝒞 0 73 35 76 85 – Carta 28/42 €
♦ Un casolare sapientemente ristrutturato nel cuore della campagna marchigiana: camere dall'arredamento sobrio, ma confortevoli e tranquille. Un ottimo indirizzo per rilassarsi e godere della natura circostante. I sapori del territorio nel menu del ristorante.

APRICA – Sondrio (SO) – **561** D12 – **1 621 ab.** – **alt. 1 172 m** – **Sport**   **17** C1
invernali : 1 181/2 600 m 🚡 2 🎿12, 🎿 – ⊠ 23031

▶ Roma 674 – Sondrio 30 – Bolzano 141 – Brescia 116

🄸 corso Roma 150, 𝒞 0342 74 61 13, www.apricaonline.com

🏠🄷 **Arisch**   🕭 🖀 👐 '♈ 🅿 🚗 📵 ⊛ 🄰🄴 ⓪ 🛎

via Privata Gemelli s.n.c. – 𝒞 03 42 74 70 48 – www.hotelarisch.com – *chiuso ottobre e novembre*
23 cam 🛏 – 🛉70/150 € 🛉🛉110/230 € – ½ P 73/133 €
Rist *Gimmy's* – vedere selezione ristoranti
♦ Una piccola bomboniera per un romantico soggiorno montano, avvolti dal legno, come in una baita, nel centro di Aprica.

🏠🄷 **Derby**   ⟨ 🖀 👐 cam, 🛋 '♈ 🅿 🚗 📵 ⊛ 🄰🄴 ⓪ 🛎

via Adamello 16 – 𝒞 03 42 74 60 67 – www.albergoderby.it
50 cam 🛏 – 🛉80/120 € 🛉🛉85/150 € – 1 suite – ½ P 80/120 €
Rist – *(dicembre-aprile e giugno-settembre)* Carta 24/35 €
♦ Capace conduzione diretta in un complesso di moderna concezione, ristrutturato e ampliato; confortevoli spazi interni in stile contemporaneo. Massicce colonne color amaranto ravvivano la sala ristorante.

🍴🍴 **Gimmy's** – Hotel Arisch   👐 🅿 📵 ⊛ 🄰🄴 ⓪ 🛎

via Privata Gemelli s.n.c. – 𝒞 03 42 74 70 48 – www.hotelarisch.com – *chiuso ottobre, novembre e lunedì in bassa stagione*
Rist – (consigliata la prenotazione) Carta 61/87 €
♦ Senza eccessi di orpelli, al Gimmy's lo stile è semplice, l'eleganza nel piatto: cucina creativa con accenti napoletani e tanto pesce.

APRICALE – Imperia (IM) – **561** K4 – **578 ab.** – **alt. 273 m** – ⊠ 18035   **14** A3

▶ Roma 668 – Imperia 63 – Genova 169 – Milano 292

🏠 **Locanda dei Carugi** 🌿   📵 📵 ⊛ 🄰🄴 🛎

via Roma 12/14 – 𝒞 01 84 20 90 10 – www.locandadeicarugi.it
6 cam 🛏 – 🛉88/108 € 🛉🛉110/135 €
Rist *La Capanna-da Bacì* – vedere selezione ristoranti
♦ Non è raggiungibile in auto quest'antica locanda nel cuore di un borgo medievale tra i più suggestivi d'Italia. Travi a vista, letti in ferro battuto e *abat-jour* in stile liberty nelle camere dai nomi fortemente evocativi: Attico di Lucrezia, la Badessa, la Contessa, la Suite della Perpetua…

❌❌ **La Favorita** con cam ⟨ 🅟 📶 ⊕ 🄰🄴 ⓘ ⚿

** co**

località Richelmo – ℰ 01 84 20 81 86 – www.lafavoritaapricale.com
– chiuso 10 giorni in giugno, 20 giorni in novembre-dicembre
6 cam ⊡ – †55/60 € ††80/100 € – ½ P 65/70 €
Rist – *(chiuso martedì sera e mercoledì escluso agosto)* Menu 18/33 €
♦ Tante gustose specialità in un locale a 500 m dal paese: antipasti apricalesi, coniglio al Rossese con olive taggiasche, e sul camino che troneggia in sala, carni alla griglia cucinate sulla brace di legno d'ulivo. Nella bella stagione, si pranza e si cena nella magia della terrazza. Camere accoglienti a tema floreale.

❌❌ **La Capanna-da Baci** – Locanda dei Carugi ⟨ 📶 ⊕ 🄰🄴 ⚿

co

via Roma 16 – ℰ 01 84 20 81 37 – www.baciristorante.it – chiuso lunedì sera
e mercoledì, anche mercoledì da ottobre ad aprile
Rist – Menu 19/27 €
♦ Tra i viottoli in pietra del centro storico, un ristorante dall'atmosfera rustica: dalla veranda la vista sulle montagne e dalla cucina i sapori dell'entroterra ligure.

APRILIA – Latina (LT) – 563 R19 – 69 709 ab. – alt. 80 m – ⊠ 04011   12 B2

▶ Roma 44 – Latina 26 – Napoli 190

▸ Oasi via Cogna 5-via Nettunense km 26,400, 06 92746252, www.oasigolf.it – chiuso martedì

❌❌❌ **Il Focarile** con cam 🚗 🅰🅲 📶 🅟 📶 ⊕ 🄰🄴 ⓘ ⚿

via Pontina al km 46,5 – ℰ 0 69 28 25 49 – www.ilfocarile.it – chiuso 2 settimane
in agosto
4 cam ⊡ – ††250 €
Rist – *(chiuso domenica sera, lunedì)* Menu 40 € bc/60 € – Carta 33/68 €
♦ L'ingresso sontuoso introduce degnamente in un'ampia, luminosa sala di tono elegante con tavoli spaziati; tocco toscano per una cucina ricca di tradizione e d'inventiva. Dispone anche di nuove eleganti camere.

❌❌ **Da Elena** 🅰🅲 ⇄ 🅟 📶 ⊕ 🄰🄴 ⓘ ⚿

via Matteotti 14 – ℰ 06 92 70 40 98 – chiuso agosto e domenica
Rist – Carta 29/44 €
♦ Ambiente moderno semplice, ma accogliente, e conduzione vivace per un ristorante classico a gestione familiare, con cucina tradizionale di terra e di mare.

AQUILEIA – Udine (UD) – 562 E22 – 3 519 ab. – ⊠ 33051 ▮ Italia   11 C3

▶ Roma 635 – Udine 41 – Gorizia 32 – Grado 11

▮ via Giulia Augusta, ℰ 0431 91 94 91, www.turismo.fvg.it

◉ Basilica★★ : affreschi★★ della cripta carolingia, pavimenti★★ della cripta degli Scavicripta degli Scavi – Rovine romane★

🏠 **Patriarchi** 🚗 🅰🅲 🕭 🅟 📶 ⊕ 🄰🄴 ⓘ ⚿

via Giulia Augusta 12 – ℰ 04 31 91 95 95 – www.hotelpatriarchi.it – chiuso
gennaio
23 cam ⊡ – †46/60 € ††76/98 € – ½ P 57/79 €   **Rist** – Carta 23/43 €
♦ Nel cuore del centro storico-archeologico di Aquileia, un albergo semplice e funzionale che si è recentemente dotato di una grande sala riunioni; camere confortevoli. Sala da pranzo classica, ma piacevole con ampio salone per banchetti.

ARABBA – Belluno (BL) – 562 C17 – alt. 1 602 m – Sport invernali :   35 B1
1 600/3 269 m ❄ 7 ⚡23 (Comprensorio Dolomiti superski Arabba-Marmolada) ⚡
– ⊠ 32020 ▮ Italia

▶ Roma 709 – Belluno 74 – Cortina d'Ampezzo 36 – Milano 363

▮ via Mesdì 38, ℰ 0436 7 91 30, www.infodolomiti.it

Sporthotel Arabba ← 🕸 🖼 🖨 🌫 ❝ P 🅿 VISA ⚌ ✦
*via Mesdi 76 – ☎ 0 43 67 93 21 – www.sporthotelarabba.com
– 2 dicembre-14 aprile e 16 giugno-14 settembre*
52 cam ⌷ – †162/199 € ††324/394 € – ½ P 177/214 €
Rist *La Stube* – vedere selezione ristoranti
Rist – Menu 36/55 €
♦ Nel cuore della località, questa grande casa di montagna offre il meglio di sé negli spazi comuni, caratterizzati da tipiche decorazioni in legno che creano una "calda" atmosfera da baita. Camere in stile o più lineari.

 Evaldo ← 🕸 🖼 ⊕ 🕸 🖼 🖨 🌫 ❝ 🕸 P 🖭 VISA ⚌ ✦
via Mesdi 3 – ☎ 0 43 67 91 09 – www.hotelevaldo.it – chiuso dal 15 aprile al 15 maggio e dal 15 ottobre al 30 novembre
40 cam ⌷ – †80/200 € ††120/340 € – 17 suites – ½ P 190 €
Rist – Carta 29/46 €
♦ Interni signorili rivestiti in legno e calda atmosfera in questa grande casa con vista panoramica sulle Dolomiti. Essenze naturali, musica e acque rigeneranti presso l'originale centro benessere. Piatti nazionali e specialità del luogo nel ristorante dai soffitti in legno lavorato o nella tipica stube.

 Alpenrose ⊗ ← 🕸 🖨 🕭 ♣✦ 🌫 rist, 🖮 VISA ⚌ ✦
via Precumon 24 – ☎ 04 36 75 00 76 – www.alpenrosearabba.it – dicembre-aprile e giugno-settembre
27 cam ⌷ – †58/150 € ††90/230 € – ½ P 125 € **Rist** – Carta 31/45 €
♦ Sulla strada che conduce al passo Pordoi, l'albergo propone camere in caratteristico stile montano, modernamente accessoriate. Spazi comuni signorili e gradevole zona benessere. Ristorante con terrazza panoramica e stube, dove assaporare la cucina della tradizione locale.

 Mesdì ← 🕸 🖨 🕭 🌫 cam, ❝ P 🅿 VISA ⚌ ✦
via Mesdì 75 – ☎ 0 43 67 91 19 – www.hotelmesdi.com – dicembre-15 aprile e 29 maggio-settembre
19 cam ⌷ – †55/125 € ††80/220 € – ½ P 125 € **Rist** – Carta 30/53 €
♦ Di fronte alle seggiovie, l'hotel è perfetto per chi ama lo sport sulla neve, ma anche per chi preferisce tranquille passeggiate nel centro della località. Al ristorante: carne alla griglia e - a mezzogiorno (solo d'inverno) - piatti più semplici per gli sciatori frettolosi.

 Chalet Barbara senza rist ⊗ ← 🕸 🖨 🌫 ❝ P 🅿 VISA ⚌ ✦
*via Precumon 23 – ☎ 04 36 78 01 55 – www.chaletbarbara.com
– 3 dicembre-10 aprile e 15 giugno-15 settembre*
15 cam ⌷ – †35/109 € ††70/218 €
♦ Poco distante dal centro, una casa di quattro piani dalla facciata di gusto tirolese: è il legno antico a dominare negli spaziosi ambienti, recuperato da vecchi casolari. Se il buon giorno si vede dal mattino, la prima colazione qui è memorabile!

🏠 **Laura** senza rist 🕸 🖨 🕭 🌫 ❝ P 🅿 VISA ⚌ ✦
via Boè 6 – ☎ 04 36 78 00 55 – www.garnilaura.it – dicembre-15 aprile e maggio- settembre
12 cam ⌷ – ††100/146 €
♦ In comoda posizione centrale, ma poco distante dagli impianti di risalita, è una piacevole struttura a conduzione familiare, rinnovata in anni recenti. Il tipico stile montano lo si ritrova anche nelle belle camere.

🏠 **Royal** senza rist ← 🕸 🖨 🌫 ❝ P 🅿 VISA ⚌ ✦
via Mesdì 7 – ☎ 0 43 67 92 93 – www.royal-arabba.it – chiuso maggio e novembre
16 cam – ††30/82 €, ⌷ 15 €
♦ A poche centinaia di metri dal centro e dalle piste da sci, albergo a gestione familiare dagli spazi comuni in stile alpino; ampie camere in legno e piccola zona relax.

XXX **La Stube** – Hotel Sporthotel Arabba   🍴 P VISA ☺ ⑤
via Mesdì 76 – ℰ 0 43 67 93 21 – www.sporthotelarabba.com
– 15 dicembre-5 aprile e 21giugno-20 settembre
Rist – Menu 30/50 € – Carta 30/56 € ❀

♦ Un nome che è presagio dell'atmosfera. Nel cuore della località, una grande casa di montagna caratterizzata da decorazioni in legno che creano una "calda" atmosfera da baita. La deliziosa cucina, che affonda le proprie radici nel territorio, gode da tempo dell'approvazione dei gastronomi locali.

sulla strada statale 48 Est : 3 km :

🔒 **Festungshotel-Al Forte**   ≤ 👘 ⅙ 👘 P VISA ☺ AE ⑤
via Pezzei 66 – ℰ 0 43 67 93 29 – www.alforte.com – 3 dicembre-14 aprile e
15 maggio-settembre
23 cam ⌁ – ✝45/100 € ✝✝80/180 € – 3 suites – ½ P 60/110 €
Rist *Al Forte* – vedere selezione ristoranti

♦ Attenta ad ogni particolare è un'intera famiglia a gestire questo accogliente hotel in posizione panoramica. Ambienti in stile montano, piccola zona benessere e servizio navetta per gli impianti. Affascinante location per il ristorante che si trova all'interno di un antico fortino austro-ungarico.

XX **Al Forte** – Hotel Festungshotel-Al Forte   ⇔ VISA ☺ AE ⓪ ⑤
via Pezzei 66 – ℰ 0 43 67 93 29 – www.alforte.com – 3 dicembre-14 aprile e
15 maggio-settembre
Rist – Carta 24/32 €

♦ Affascinante location per questo ristorante all'interno di un antico fortino austro-ungarico, dove un'intera famiglia si adopera per assicurarvi una pausa gourmet degna di tale nome. E se la cucina ladina è quasi scomparsa, sulla tavola del Forte sopravvivono ancora gustosi piatti. Ottime le specialità alla brace.

ARCETO – Reggio Emilia (RE) – 562 I14 – **Vedere Scandiano**

ARCETRI – Firenze (FI) – 563 K15 – **Vedere Firenze**

ARCORE – Monza e Brianza (MB) – 561 F9 – 17 636 ab. – alt. 193 m   18 B2
– ✉ 20043

🄳 Roma 594 – Milano 31 – Bergamo 39 – Como 43

X **L'Arco del Re**   AC VISA ☺ AE ⑤
😊 *via Papina 4 – ℰ 03 96 01 36 44 – chiuso dal 1° al 6 gennaio, 15 giorni in agosto, sabato a mezzogiorno, domenica e lunedì a mezzogiorno*
Rist – (consigliata la prenotazione la sera) Carta 29/36 € ❀

♦ Una locale che vuole essere alternativo nella forma - si può mangiare anche un solo piatto, portandosi il vino da casa - ed una cucina di stampo tradizionale con proposte legate al territorio, ma non solo: pasta di Gragnano, filetto di scottona, panna cotta…

ARCUGNANO – Vicenza (VI) – 562 F16 – 7 314 ab. – alt. 160 m   37 A2
– ✉ 36057

🄳 Roma 530 – Padova 40 – Milano 211 – Vicenza 7

a Lapio Sud : 5 km – ✉ 36057 Arcugnano

XX **Trattoria da Zamboni**   ≤ 👘 AC ⇔ P VISA ☺ AE ⓪ ⑤
via Santa Croce 73 – ℰ 04 44 27 30 79 – www.trattoriazamboni.it
– chiuso dal 1° al 10 agosto, lunedì e martedì
Rist – Carta 28/47 € ❀

♦ In un imponente palazzo d'epoca, le sobrie sale quasi si fanno da parte per dare spazio al panorama sui colli Berici e alla cucina, tradizionale e rivisitata al tempo stesso.

a Soghe Sud : 9,5 km – ⊠ 36057 Arcugnano

ХХ   **Antica Osteria da Penacio**   🛱 🄰 ⅋ ⇔ 🅿 🆅🆂🅰 ⅋ 🄰🄴 ⅍
via Soghe 62 – ℰ 04 44 27 30 81 – www.penacio.it – chiuso dal 1° al 10 marzo, dal 1° al 10 novembre, mercoledì, giovedì a mezzogiorno
Rist – Carta 32/58 €
♦ Ristorante a conduzione familiare in una villetta al limitare di un bosco: all'interno due raffinate salette e una piccola, ma ben fornita, enoteca; cucina tradizionale.

ARDENZA – Livorno (LI) – **563** L12 – Vedere Livorno

AREMOGNA – L'Aquila (AQ) – **563** Q24 – Vedere Roccaraso

ARENZANO – Genova (GE) – **561** I8 – 11 650 ab. – ⊠ 16011   **14** B2

▶ Roma 527 – Genova 24 – Alessandria 77 – Milano 151

🅩 lungomare Kennedy, ℰ 010 9 12 75 81, www.comune.arenzano.ge.it

🅰 piazza del Golf 3, 010 9111817, www.golfarenzano.com – chiuso martedì

🅱 St. Anna via Bellavista 1, località Lerca, 010 9135322, www.santannagolf.com

🏨   **Grand Hotel Arenzano**   ⇐ 🛋 🍳 🕸 🐆 ⅋ 🄰 🕾 🛁 🅿 🄰🄴 ⅍
lungomare Stati Uniti 2 – ℰ 01 09 10 91 – www.gharenzano.it
104 cam ⌑ – ♦95/125 € ♦♦248/330 € – 5 suites – ½ P 149/190 €
Rist *La Veranda* – vedere selezione ristoranti
♦ Grande villa d'inizio secolo sul lungomare: un albergo di sobria eleganza dalle camere piacevolmente spaziose. Piccola zona benessere e fresco giardino con piscina.

🏨   **Ena** senza rist   🛗 🄰 ⅋ 🕪 🚙 🚗 🆅🆂🅰 ⅋ 🄰🄴 ⓪ ⅍
via Matteotti 12 – ℰ 01 09 12 73 79 – www.enahotel.it – chiuso dal 24 dicembre al 27 gennaio
23 cam ⌑ – ♦50/120 € ♦♦60/140 €
♦ In una graziosa villa liberty sul lungomare e nel centro, recentemente ristrutturata, albergo con piacevoli interni di tono elegante, arredati con gusto; camere confortevoli.

🏨   **Poggio Hotel**   📺 🛗 🚻 cam, 🄰 🕪 🛁 🅿 🚗 🆅🆂🅰 ⅋ 🄰🄴 ⓪ ⅍
via di Francia 24, Ovest : 2 km – ℰ 01 09 13 53 20 – www.poggiohotel.it
40 cam ⌑ – ♦50/120 € ♦♦60/140 € – ½ P 60/90 €
Rist – *(chiuso domenica sera in inverno)* Carta 29/44 €
♦ In prossimità dello svincolo autostradale, ideale quindi per una clientela d'affari o di passaggio, hotel d'ispirazione contemporanea recentemente rinnovato. Camere funzionali e comodo parcheggio. Specialità del territorio nel ristorante di taglio moderno.

ХХХ   **La Veranda** – Grand Hotel Arenzano   ⇐ 🛋 🛱 🍳 🄰 ⅋ 🅿
lungomare Stati Uniti 2 – ℰ 01 09 10 91   🆅🆂🅰 ⅋ 🄰🄴 ⓪ ⅍
– www.gharenzano.it
Rist – Carta 31/61 €
♦ Sulla bella terrazza adiacente la piscina dell'hotel o nella luminosa sala, specialità regionali, ma soprattutto tanto pesce, in ricette creative e mai banali. Ampia selezione di vini liguri e nazionali.

Х   **Ulivi** con cam   🛱 🛗 🄰 🕪 🆅🆂🅰 ⅋ 🄰🄴 ⓪ ⅍
via Olivette 12 – ℰ 01 09 12 77 12 – www.hoteluliviarenzano.it – chiuso novembre
10 cam ⌑ – ♦40/95 € ♦♦60/120 € – ½ P 55/75 €
Rist – *(chiuso lunedì)* Carta 24/66 €
♦ In tempi di globalizzazione ed appiattimento, l'autenticità qui è stata preservata. Il ristorante è un mix di classico e rustico, la cucina punta sui prodotti del mare. Camere belle e confortevoli per chi volesse prolungare la sosta.

AREZZO P (AR) – 563 L17 – 99 503 ab. – alt. 296 m – ⊠ 52100   **29** D2

🟦 Toscana

▶ Roma 214 – Perugia 74 – Ancona 211 – Firenze 81

🅹 piazza della Repubblica 28, 𝒞 0575 2 08 39, www.apt.arezzo.it

◎ Affreschi di Piero della Francesca★★★ nella chiesa di San Francesco ABY – Chiesa di Santa Maria della Pieve★ : facciata★★ BY – Crocifisso★★ nella basilica di San Domenico BY – Piazza Grande★ BY – Museo d'Arte Medievale e Moderna★ : maioliche★★ AY **M2** – Portico★ e altare★ della chiesa di Santa Maria delle Grazie AZ – Opere d'arte★ nel Duomo BY

🏠 AC Arezzo   ⋙ ⅃ゟ 🛗 ㌫ ㎡ ↳ ℀ ⑾ 🔌 P̲ VISA ⑳ ㏂ ① ⅚

via Einstein 4, 1 km per ① – 𝒞 05 75 38 22 87 – *www.ac-hotels.com*
79 cam ⌑ – ♦75/160 € ♦♦85/170 €   **Rist** – Carta 35/56 €

◆ Periferico, ma comodo da raggiungere dal casello autostradale, design hotel che coniuga l'essenzialità e la modernità delle forme alla sobrietà dei colori. Ampia e variegata scelta dall'interessante carta del ristorante.

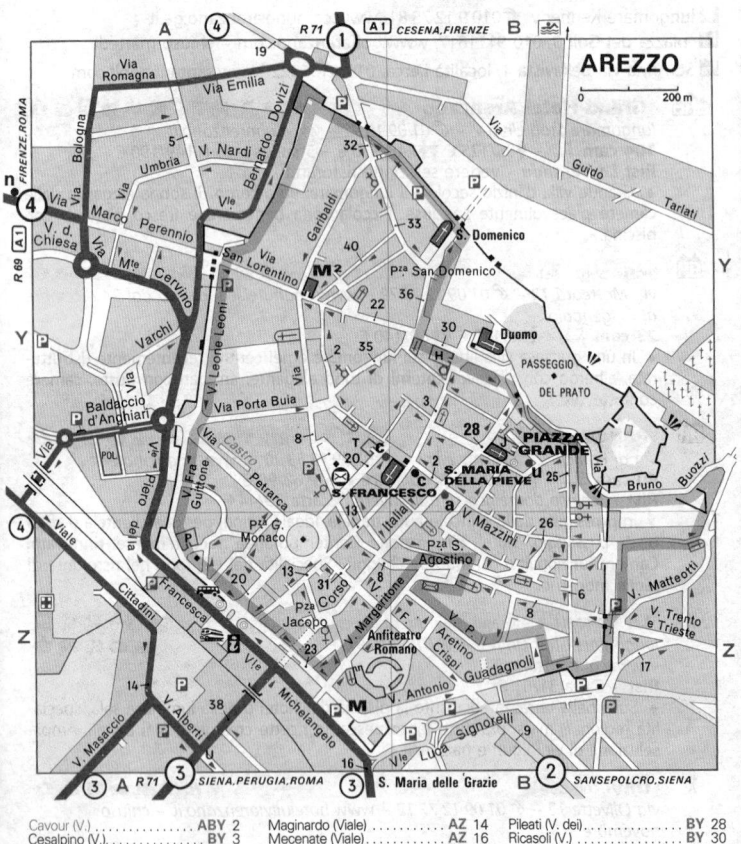

Etrusco Arezzo Hotel ⭐ 🏢 ⌘ rist, ⚡ 🛁 🅿 🛏 VISA ⊙ AE 🔑

via Fleming 39, 1 km per ④ – ℰ 05 75 98 40 66 – www.etruscohotel.it
80 cam ⌂ – †69/120 € ††80/154 € – ½ P 78 €
Rist – *(chiuso a mezzogiorno, sabato, domenica)* Menu 23 €

♦ Albergo dalla collocazione e vocazione commerciale, le cui camere sono in via di progressivo rinnovo; all'atto della prenotazione - se disponibili - richiedere le più recenti (moderne, chiare e luminose). Poiché il centro non è vicino, si può optare con soddisfazione per il ristorante dell'albergo.

Minerva 🕌 🛁 📶 🕭 🛗 ↯ ⚡ 🛁 🅿 VISA ⊙ AE ① 🔑

via Fiorentina 4 – ℰ 05 75 37 03 90 – www.hotel-minerva.it   AYn
130 cam ⌂ – †65/150 € ††80/200 € – 5 suites
Rist – *(chiuso dal 1° al 20 agosto)* Carta 22/39 €

♦ Hotel a vocazione congressuale, con grandi spazi interni e diverse sale riunioni. Colori chiari nelle camere ariose e palestra all'ultimo piano con vista sulla città: una bella struttura ideale per spostamenti rapidi verso il centro e l'autostrada.

Badia di Pomaio ⌖ ⟵ 📶 🖼 ☰ 🕭 cam, 🏢 ⌘ ⚡ 🅿

località Badia di Pomaio, 6 km per via Guido Tarlati e   VISA ⊙ AE ① 🔑
via delle Conserve – ℰ 05 75 37 14 07 – www.hotelbadiadipomaioarezzo.it
17 cam ⌂ – †90/120 € ††130/150 € – 4 suites   BY
Rist – Carta 36/57 €

♦ Dai giardini e dalla piscina apprezzerete l'ampio panorama che si apre su Arezzo e sui dintorni; all'interno, ogni ambiente è stato ristrutturato avendo cura di conservare lo stile originale della badia secentesca. Il ristorante si trova nelle antiche cantine e propone una cucina basata sulla tradizione regionale.

Graziella Patio Hotel senza rist 🏢 ⚡ VISA ⊙ AE ① 🔑

via Cavour 23 – ℰ 05 75 40 19 62 – www.hotelpatio.it – chiuso dall'11 al
27 gennaio   BYc
8 cam ⌂ – †115/130 € ††165/180 € – 2 suites

♦ Segni d'Africa e d'Oriente in un albergo che presenta ambientazioni davvero originali: le camere s'ispirano, infatti, ai racconti di viaggio del romanziere Bruce Chatwin.

Casa Volpi ⌖ ⟵ 🕭 🛁 📶 🏢 📞 🅿 VISA ⊙ AE 🔑

via Simone Martini 29, 1,5 km per ② – ℰ 05 75 35 43 64 – www.casavolpi.it
15 cam – †65 € ††75/95 €, ⌂ 9 € – 3 suites
Rist – *(chiuso 15 giorni in agosto e mercoledì)* *(chiuso a mezzogiorno escluso domenica)* Carta 21/33 €

♦ Alle porte della città, nella quiete della campagna, albergo a gestione familiare in una villa ottocentesca immersa in un parco; belle camere rustiche di tono elegante. Piatti regionali presso la piccola sala ristorante.

XX La Lancia d'Oro 🕭 ⌘ VISA ⊙ AE ① 🔑

piazza Grande 18/19 – ℰ 0 57 52 10 33 – www.lanciadoro.net – chiuso dal 5 al 25 novembre, giovedì in luglio-agosto, domenica sera e lunedì negli altri mesi
Rist – Carta 44/60 € (+15 %)   BYu

♦ Bel locale sito nella celebre piazza delle manifestazioni storiche, sotto le splendide logge del Vasari, dove d'estate è svolto il servizio all'aperto; cucina toscana.

XX Le Chiavi d'Oro 🕭 🕭 🏢 VISA ⊙ AE 🔑

piazza San Francesco 7 – ℰ 05 75 40 33 13 – www.ristorantelechiavidoro.it
– chiuso 1 settimana in febbraio, 1 settimana in novembre e lunedì
Rist – Carta 29/47 €   ABYc

♦ Accanto alla basilica di San Francesco, il ristorante sfoggia un look originale: pavimento in parte in legno, in parte in resina, nonché sedie girevoli anni '60 ed altre di design danese; una parete di vetro consente di sbirciare il lavoro in cucina. Sulla tavola, piatti del territorio moderatamente rivisitati.

X Antica Osteria l'Agania 🏢 VISA ⊙ AE ① 🔑

via Mazzini 10 – ℰ 05 75 29 53 81 – www.agania.com – chiuso lunedì
Rist – Carta 18/36 €   BYa

♦ Ristorante a conduzione diretta all'insegna della semplicità: ambiente familiare e arredi essenziali in due sale dove si propone una casalinga cucina del territorio.

a Giovi per ① : 8 km – ⊠ 52100

✗   **Antica Trattoria al Principe** con cam ॐ   ✗ rist, ⁑
🕙   *piazza Giovi 25 – ℰ 05 75 36 20 46*   VISA ➌ AE ⓪ ⑤
    – www.ristorantealprincipe.it – chiuso dal 7 al 15 gennaio e dal 3 al 27 agosto
9 cam – ✝40/50 € ✝✝50/60 €, � 5 € – 1 suite – ½ P 48/53 €
Rist – *(chiuso lunedì)* Carta 28/56 €
    ♦ Diverse salette in un locale completamente rinnovato qualche anno fa, dove gustare piatti del luogo e tradizionali; da provare l'anguilla al tegamaccio. Quattro belle camere in stile rustico per gli avventori del locale.

a Rigutino per ③ : 12 km – ⊠ 52040

🏨   **Planet**   🍸 ⛱ 📶 ৬ 🆘 � ⟨A 🅿 VISA ➌ AE ⑤
    strada statale 71 Rigutino Est 161/162 – ℰ 0 57 59 79 71 – www.hotelhp.it
94 cam ⊷ – ✝50/120 € ✝✝70/150 € – 1 suite – ½ P 60/100 €
Rist *Da Carmelo* – vedere selezione ristoranti
    ♦ Alla periferia della frazione, questo albergo a vocazione business si trova all'interno di un centro commerciale: la struttura è recente e moderna con ampi spazi sia nella hall, sia nelle confortevoli camere. Bagni ben accessoriati e provvisti di una ricca dotazione di cortesia.

✗✗✗   **Da Carmelo** – Hotel Planet   🏠 ৬ 🆘 🅿 VISA ➌ AE ⑤
    strada statale 71 Rigutino Est 161/162 – ℰ 0 57 59 79 71 – www.hotelhp.it
Rist – Carta 24/43 €
    ♦ Pici al ragù toscano, grigliata di carne chianina, cantucci artigianali con vinsanto. Non ci si può sbagliare: se ci avessero condotti qui alla cieca, semplicemente leggendo il menu sapremmo in quale regione dello Stivale siamo!

in prossimità casello autostrada A1 Ovest: 8 km

🏨   **A. Point Arezzo Park Hotel**   🏊 ⟓ 📶 ⑩ 🍸 ঽ 🗑 ৬ 🆘 ✗ rist, ⟨⟩
    – ℰ 0 57 59 60 41 – www.arezzoparkhotel.com   🆘 🅿 🚗 VISA ➌ AE ⑤
122 cam ⊷ – ✝80/170 € ✝✝100/190 € – 2 suites – ½ P 75/120 €
Rist – Carta 34/68 €
    ♦ Design hotel concepito per chi ama gli spazi, la luce e l'essenzialità: ci si muove tra bianchi arredi dalle forme sinuose, tranquillità e riposo sono le priorità. Il ristorante propone una carta di piatti classici e creativi, a cui si aggiunge un buffet (a pranzo) per chi è di fretta.

ARGEGNO – Como (CO) – 561 E9 – 692 ab. – alt. 210 m – ⊠ 22010   16 A2
▷ Roma 645 – Como 20 – Lugano 43 – Menaggio 15

🏠   **Argegno**   🏠 ✗ ⑪ 📶 VISA ➌ AE ⑤
    via Milano 14 – ℰ 0 31 82 14 55 – www.hotelargegno.it
14 cam ⊷ – ✝45/70 € ✝✝70/110 € – ½ P 70/80 €   **Rist** – Carta 32/50 €
    ♦ Buona accoglienza in un piccolo albergo centrale a gestione familiare, ristrutturato da pochi anni; camere dignitose e ben tenute, con arredi funzionali. Sala da pranzo non ampia, ma arredata con buon gusto, in un semplice stile moderno.

a Sant'Anna Sud-Ovest : 3 km – ⊠ 22010 Argegno

✗✗   **La Griglia** con cam ॐ   🚗 🏠 ৬ ⟨⟩ 🅿 VISA ➌ AE ⓪ ⑤
    località Sant'Anna 1 – ℰ 0 31 82 11 47 – www.lagriglia.it – chiuso
    dall'11 gennaio al 13 febbraio
11 cam ⊷ – ✝70/85 € ✝✝85/105 € – ½ P 60/75 €
Rist – *(chiuso martedì escluso luglio-agosto)* Carta 30/48 €
    ♦ Trattoria di campagna con camere: ambiente rustico nelle due sale completamente rinnovate; servizio estivo all'aperto e ampia selezione di vini e distillati.

✗✗   **Locanda Sant'Anna** con cam ॐ   ⟨ 🚗 🅿 VISA ➌ ⑤
    via per Schignano 152 – ℰ 0 31 82 17 38 – www.locandasantanna.it – chiuso dal
    23 al 30 dicembre
8 cam ⊷ – ✝✝70/130 € – 1 suite – ½ P 75/85 €
Rist – *(chiuso mercoledì in inverno)* Carta 37/47 € ⅋
    ♦ Locanda con camere in una bella casa totalmente ristrutturata; due sale da pranzo attigue, con divanetti e soffitto con travi a vista, affacciate sulla valle e sul lago.

ARGELATO – Bologna (BO) – **562** I16 – **9 677 ab.** – **alt. 25 m** – ⊠ 40050   **9** C3

▶ Roma 393 – Bologna 20 – Ferrara 34 – Milano 223

  XX   **L'800**   🛋 AC ⅌ P VISA ⊕ AE ⅋

  ⊜ *via Centese 33 – ℰ 0 51 89 30 32 – www.ristorante800.it – chiuso sabato a*
     mezzogiorno, domenica sera, lunedì

  🍴 **Rist** – Menu 15 € bc (pranzo)/30 € bc – Carta 28/42 €
     ♦ Rane, lumache, terrina di foie gras con confettura di cipolle rosse e pan brio-
     che: tante specialità regionali da gustare nell'elegante sala con grandi tavoli
     ornati di argenti e cristalli, o nella saletta più intima.

a Funo Sud-Est : 9 km – ⊠ 40050

  XXX   **Il Gotha**   ⅋ AC ⅌ VISA ⊕ ⅋

     via Galliera 92 – ℰ 0 51 86 40 70 – www.ilgotha.com – chiuso dal 26 dicembre al
     6 gennaio, dal 1° al 20 agosto e domenica
     Rist – Carta 34/49 €
     ♦ Elegante ristorante dalle tonalità chiare, con vezzose sedie zebrate ed un
     grande trompe-l'oeil che conferisce profondità all'ambiente. La carta contempla
     piatti di mare classici o ricercati, ma non mancano proposte a base di carne.

ARGENTA – Ferrara (FE) – **562** I17 – **22 570 ab.** – ⊠ 44011   **9** C2

▶ Roma 432 – Bologna 53 – Ravenna 40 – Ferrara 34

ℹ piazza Marconi 1, ℰ 0532 33 02 76, www.comune.argenta.fe.it

🏌 via Poderi 2/A, 0532 852545, www.argentagolf.it – chiuso martedì

  ↑   **Agriturismo Val Campotto**   ≤ ⅋ ✝✝ AC ⅌ P VISA ⊕ ⅋

  ⊜ *strada Margotti 2, Sud-Ovest: 2 km – ℰ 05 32 80 05 16 – www.valcampotto.it*
     9 cam � – †54/64 € ††72/82 € – ½ P 59 €
     Rist – (consigliata la prenotazione) Carta 20/35 €
     ♦ In un contesto bucolico, all'interno del parco del delta del Po, camere in stile
     rustico con qualche arredo d'epoca. Noleggio bici e birdwatching per gli amanti
     della natura. Si pranza all'aperto in estate, in una luminosa veranda. Curata dai
     titolari stessi, la cucina riscopre i sapori del territorio.

ARIANO IRPINO – Avellino (AV) – **564** D27 – **23 152 ab.** – **alt. 788 m**   **7** C1
– ⊠ 83031

▶ Roma 262 – Foggia 63 – Avellino 51 – Benevento 41

  XX   **La Pignata**   AC ⅗ VISA ⊕ AE ⊙ ⅋

  ⊜ *viale Dei Tigli 7 – ℰ 08 25 87 25 71 – www.ristorantelapignata.it*
     – chiuso dal 20 al 30 luglio, martedì

  🍴 **Rist** – Carta 19/36 €
     ♦ Nell'ampia sala dal soffitto ad archi aleggia un'atmosfera piacevolmente rustica,
     anticipo di ciò che arriverà dalla cucina: paccheri con patate, broccoli, peperon-
     cino e alici - maiale ai funghi porcini e mele - scrigno di pasta fillo con ripieno di
     mele e mandorle. Ma la carta ha ancora tanto da raccontare...

ARIANO NEL POLESINE – Rovigo (RO) – **562** H18 – **4 706 ab.**   **36** C3
– ⊠ 45012

▶ Roma 473 – Padova 66 – Ravenna 72 – Ferrara 50

a San Basilio Est : 5 km – ⊠ 45012 Ariano Nel Polesine

  ↑   **Agriturismo Forzello** senza rist ⊗   ⅋ ⅃ AC P

     via San Basilio 5 – ℰ 33 86 65 95 75 – www.agriturismoforzello.it – chiuso
     gennaio-febbraio
     4 cam � – ††55/70 € – 3 suites
     ♦ Casa colonica di inizio '900 costruita sul terreno di un insediamento romano.
     Punto di partenza per la visita del parco, le camere di maggiore atmosfera
     hanno arredi d'epoca.

ARMA DI TAGGIA – Imperia (IM) – **561** K5 – ⊠ 18011   **14** A3

▶ Roma 631 – Imperia 22 – Genova 132 – Milano 255

ℹ via Boselli, ℰ 0184 4 37 33, www.visitrivieradeifiori.it.

◎ Dipinti★ nella chiesa di San Domenico a Taggia★ Nord : 3,5 km

XXX **La Conchiglia** (Anna Parisi) 🛜 ⓐⓒ ✆ 𝒱𝒾𝒮𝒜 ⓒⓞ ⒶⒺ ⓞ ♿

lungomare 33 – ✆ 0 18 44 31 69 – www.la-conchiglia.it – chiuso 15 giorni in giugno, 15 giorni in novembre, mercoledì, giovedì a mezzogiorno
Rist – Menu 45 € bc/75 € – Carta 51/108 € 🍴

Spec. Calamaretti di lampara in zimino coi carciofi. Risotto con fiore di zucchino e gamberi di Sanremo. Gallinella di mare in guazzetto

♦ Una cucina leggera, dalle linee semplici, che aliena ogni tentativo di procurare eccessivo stupore: il successo risiede nella qualità del pescato, valorizzato in ogni piatto. Qualche proposta di carne.

ARMENZANO – Perugia (PG) – **563** M20 – Vedere Assisi

ARONA – Novara (NO) – **561** E7 – **14 555 ab.** – alt. 212 m – ✉ 28041   **24** B2
📗 Italia

▶ Roma 641 – Stresa 16 – Milano 40 – Novara 64

🔢 piazzale Duca d'Aosta, ✆ 0322 24 36 01, www.prolocoarona.it

⛳ Borgoticino via in Pre', , Sud: 11 km, 0321 907034, www.aronagolf.it

👁 Lago Maggiore★★★ – Colosso di San Carlone★ – Polittico★ nella chiesa di Santa Maria – ⩤★ sul lago e Angera dalla Rocca

XXX **Taverna del Pittore** ⩤ ⅋ ⇄ 𝒱𝒾𝒮𝒜 ⓒⓞ ⒶⒺ ⓞ ♿

piazza del Popolo 39 – ✆ 03 22 24 33 66 – www.ristorantetavernadelpittore.it – chiuso dal 18 dicembre al 21 gennaio e lunedì
Rist – Carta 65/88 € 🍴 (+10 %)

♦ Di scorta al porto di Arona, la guarnigione spagnola contemplava - quattro secoli or sono - lo spettacolo che ancora oggi il cliente può ammirare dalla veranda di questo raffinato locale: l'austera rocca di Angera e le montagne che si riflettono nel lago. Unica "distrazione", le squisite specialità servite in tavola.

XX **La Piazzetta** ⩤ 🛜 ⓐⓒ ✆ 𝒱𝒾𝒮𝒜 ⒶⒺ ♿

piazza del Popolo 35 – ✆ 03 22 24 33 16 – www.lapiazzettadiarona.com – chiuso dal 1° al 10 gennaio e lunedì
Rist – Carta 36/58 €

♦ Cosa ci fa la cucina mediterranea (e specialità napoletane) nella romantica cornice del lago Maggiore? Forse la ragione è da ricercarsi nella terra d'origine degli chef-patron, la Campania, che prodiga di ottime materie prime e saporite ricette si concede generosamente ai palati di chi sosta qui.

a Campagna Nord-Ovest : 4 km – ✉ 28041

X **Campagna** 🛜 ⓐⓒ ✆ Ⓟ 𝒱𝒾𝒮𝒜 ⓒⓞ ⒶⒺ ♿

via Vergante 12 – ✆ 0 32 25 72 94 – www.trattoriacampagna.it – chiuso dal 15 al 30 giugno, dal 10 al 25 novembre, lunedì sera (escluso luglio-agosto), martedì
Rist – Carta 27/45 €

♦ Trattoria a conduzione familiare, in un bel rustico ristrutturato; interni piacevoli e accoglienti dove provare piatti di cucina della tradizione elaborata con cura.

a Montrigiasco Nord-Ovest : 6 km – ✉ 28041 Arona

XX **Castagneto** ⩤ 🍴 🛜 ⓐⓒ Ⓟ 𝒱𝒾𝒮𝒜 ⓒⓞ ⒶⒺ ♿

via Vignola 14 – ✆ 0 32 25 72 01 – www.ristorantecastagneto.com – chiuso dal 24 dicembre al 20 gennaio, 10 giorni in giugno, 10 giorni in settembre, lunedì, martedì
Rist – Carta 21/49 € 🍴

♦ Attivo da alcuni decenni, il locale ha visto avvicendarsi alla nuova generazione della medesima famiglia. Lo spirito genuino è immutato così come l'atmosfera, calda e rilassata.

a Mercurago SO : 2 km – ✉ 28041

XX **Duetto** 🛜 𝒱𝒾𝒮𝒜 ⓒⓞ ⒶⒺ ♿

via XXIV Aprile 5 – ✆ 0 32 24 49 03 – www.ristoranteduetto.com – chiuso settembre, lunedì, martedì a mezzogiorno, mercoledì
Rist – Carta 37/73 €

♦ Un piccolo ed accogliente locale con due diverse proposte gastronomiche in due spazi distinti: informale ed economico il bistrot, più elegante e gourmet la sala ristorante.

ARPINO – Frosinone (FR) – **563** R22 – **7** 569 ab. – alt. 447 m – ⊠ 03033   13 D2
▶ Roma 115 – Frosinone 29 – Avezzano 53 – Isernia 86

🛏️ **Il Cavalier d'Arpino** senza rist   ◑ 🕭 🎿 🔟 🕯️ **P** _VISA_ ⨂ 🅰🅴 ⓪ ⚏
🍽️ via Vittoria Colonna 21 – ℰ 07 76 84 93 48 – www.cavalierdarpino.it
28 cam ⚏ – **†**38/60 € **††**53/90 €
◆ Ai margini di uno dei più bei centri storici della zona, l'albergo si trova all'interno di un palazzo settecentesco. Optate per una camera con vista.

a Carnello Nord : 5 km – ⊠ 03030

✕✕ **Mingone** con cam   � 🕭 🕭 ⛴ 🎿 rist, 🕯️ **🔥** **P** _VISA_ ⨂ 🅰🅴 ⓪ ⚏
⌘ via Pietro Nenni 96 – ℰ 07 76 86 91 40 – www.mingone.it
21 cam ⚏ – **†**35/50 € **††**47/85 € – 2 suites
Rist – Carta 19/39 €
◆ Da oltre un secolo intramontabile rappresentante della cucina locale, ai consueti piatti laziali si aggiungono le specialità a base di trota, baccalà e gamberi di fiume.

ARQUÀ PETRARCA – Padova (PD) – **562** G17 – **1** 854 ab. – alt. 80 m   35 B3
– ⊠ 35032 📗 Italia
▶ Roma 478 – Padova 22 – Mantova 85 – Milano 268
🛈 via Zane 2/b, ℰ 042 9 77 73 27, www.arquapetrarca.com

✕✕✕ **La Montanella**   ≤ 🚗 🚖 🔟 🎿 ⟳ **P** _VISA_ ⨂ 🅰🅴 ⚏
via dei Carraresi 9 – ℰ 04 29 71 82 00 – www.montanella.it – chiuso dal
9 gennaio all' 11 febbraio, dal 6 al 18 agosto, mercoledì, anche martedì sera da
settembre a maggio.
Rist – Menu 42/52 € – Carta 32/61 € ⅌
◆ Riscoperta di piatti antichi e vini di pregio, nell'eleganza di un locale in bella posizione panoramica, circondato da un giardino con ulivi secolari e fiori.

ARTA TERME – Udine (UD) – **562** C21 – **2** 272 ab. – alt. 442 m   10 B1
– ⊠ 33022
▶ Roma 696 – Udine 56 – Milano 435 – Monte Croce Carnico 25
🛈 via Umberto I 15, ℰ 0433 92 92 90, www.turismofvg.it

a Piano d'Arta Nord : 2 km – alt. 564 m – ⊠ 33022

🛏️ **Gardel**   🔲 🕸 🕭 🕭 ⛴ rist, 🔟 🎿 rist, 🕯️ **P** _VISA_ ⨂ ⓪ ⚏
⌘ via Marconi 6/8 – ℰ 0 43 39 25 88 – www.gardel.it – chiuso dal 5 novembre al
25 dicembre
50 cam ⚏ – **†**45/70 € **††**65/85 € – 1 suite – ½ P 66 €
Rist – Carta 20/25 €
◆ Non lontano dalle terme, ideale per una vacanza salutare e rigenerante, un hotel classico della cui conduzione si occupa una famiglia dalla lunga tradizione alberghiera. In anni recenti si sono realizzati lavori di ristrutturazione ed, ora, la maggior parte delle camere si presenta con uno stile gradevolmente moderno.

ARTIMINO – Prato (PO) – **563** K15 – Vedere Carmignano

ARTOGNE – Brescia (BS) – **561** E12 – **3** 519 ab. – alt. 266 m – ⊠ 25040   17 C2
▶ Roma 608 – Brescia 53 – Milano 104 – Monza 93

✕✕ **Osteria Cà dei Nis**   🚖 ⛴ 🎿 **P** _VISA_ ⨂ 🅰🅴 ⓪ ⚏
via della Concordia ang. via Trento – ℰ 03 64 59 02 09 – www.cadeinis.it
– chiuso 1 settimana in gennaio, dall'8 al 28 agosto, martedì, mercoledì e a
mezzogiorno escluso domenica
Rist – (consigliata la prenotazione) Carta 29/61 €
◆ Due pittoresche salette completamente in pietra all'interno di un palazzo del '700 nel cuore della piccola località. Ambiente ideale per apprezzare una cucina sfiziosa.

ARVIER – Aosta (AO) – **561** E3 – **883 ab.** – alt. 776 m – ✉ 11011 34 A2
▶ Roma 774 – Aosta 15 – Moncalieri 161 – Rivoli 140

XX   **Le Vigneron**   ⌂ ⌖ **P** ⟪VISA⟫ ⟨∞⟩ ⟨Ś⟩
Via Corrado Gex 64 – ⌀ 01 65 99 92 18 – www.levigneron.it – chiuso 15 giorni in giugno e martedì
Rist – Menu 25/50 € – Carta 32/58 €
♦ Immerso nei vigneti dell'Enfer, giovane e dinamica gestione: menu di selvaggina, turistico, enogastromico, per bambini e vegetariano...oltre a qualche inattesa specialità di pesce.

ARZACHENA Sardegna – Olbia-Tempio (OT) – **366** R37 – **13 149 ab.** 38 B1
– alt. 85 m – ✉ 07021 ▌Sardegna
▶ Cagliari 311 – Olbia 26 – Palau 14 – Porto Torres 147
🛈 piazza Risorgimento, ⌀ 0789 84 40 55, www.comunearzachena.it
🖫 Pevero località Cala di Volpe, 0789 958000, www.golfclubpevero.com – chiuso martedì da novembre a marzo
🅖 Tomba di Giganti di Li Golghi★, direzione Luogosanto 7 km ca - Costa Smeralda★★

sulla strada provinciale Arzachena-Bassacutena Ovest: 5 km

🏠🏠🏠   **Tenuta Pilastru** senza rist ⌖   ⟪⟫ ⌶ ⌧ ⌨ ⌂ ⟪La⟫ ⟪AK⟫ **P**
località Pilastru ✉ *07021 Arzachena – ⌀ 0 78 98 29 36*   ⟪VISA⟫ ⟨∞⟩ ⟪AE⟫ ⟨①⟩ ⟨Ś⟩
– www.tenutapilastru.it
31 cam – †37/86 € ††74/172 € – 2 suites – ½ P 59/110 €
♦ Abbracciato dal verde e dalla tranquillità della campagna gallurese, un cascinale ottocentesco ristrutturato ed ampliato offre ai turisti graziose camere in stile country. Ora, c'è anche un nuovissimo wellness center.

a Cannigione Nord Est : 8 km – ✉ 07020

🏠🏠   **Cala di Falco** ⌖   ⟨≤⟩ ⟪⟫ ⟨∟⟩ ⌂ ⌶ ⟪%⟫ ⟨**⟩ ⟪AK⟫ ⌖ ⟨⟩ ⟪ṡA⟫ **P**
– ⌀ 07 89 89 92 00 – www.delphina.it   ⟪VISA⟫ ⟨∞⟩ ⟪AE⟫ ⟨①⟩ ⟨Ś⟩
– maggio-20 ottobre
80 cam – 40 suites – solo ½ P 126/196 €   **Rist** – *(solo per alloggiati)*
♦ Direttamente sul mare e immerso nel verde, un complesso di notevoli dimensioni che dispone di ambienti curati nei dettagli, sale convegni, campi da gioco e teatro all'aperto. Nelle capienti ed eleganti sale ristorante, piatti dai sapori semplici e prelibati.

XX   **La Risacca**   ⌂ ⟪AK⟫ ⌖ ⟪VISA⟫ ⟨∞⟩ ⟪AE⟫ ⟨①⟩ ⟨Ś⟩
via Lipari 181 – ⌀ 07 89 89 20 25 – www.ristorantelarisacca.it – chiuso dal 6 gennaio al 6 febbraio, martedì escluso da maggio a ottobre
Rist – Carta 43/92 €
♦ Sul lungomare di Cannigione, un ristorante signorile con bella terrazza e ambienti originali, che richiamano le pietre e i colori locali. La cucina propone interessanti piatti a base di pesce, ma non solo.

COSTA SMERALDA (OT) 38 B1

a Porto Cervo – ✉ 07020

🏠🏠🏠🏠   **Cervo**   ⟨≤⟩ ⟨∟⟩ ⌶ ⌧ ⟪⊕⟫ ⌂ ⟪La⟫ ⟪%⟫ ⟨**⟩ ⟪AK⟫ ⌖ ⟨⟩ ⟪ṡA⟫ **P** ⟪VISA⟫ ⟨∞⟩ ⟪AE⟫ ⟨①⟩ ⟨Ś⟩
piazzetta Cervo – ⌀ 07 89 93 11 11 – www.sheraton.com/cervo
89 cam � – †670/1430 € ††1100/2680 € – 7 suites
Rist *Grill* – vedere selezione ristoranti
♦ Affacciata sulla piazzetta del paese, un'elegante struttura attrezzata per ogni esigenza: freschi e raffinati ambienti, camere di ottimo livello.

XXXX   **Grill** – Hotel Cervo   ⌂ ⟪AK⟫ ⌖ **P** ⟪VISA⟫ ⟨∞⟩ ⟪AE⟫ ⟨①⟩ ⟨Ś⟩
piazzetta Cervo – ⌀ 07 89 93 16 21 – www.sheraton.com/cervo – aprile-ottobre
Rist – Carta 100/125 €
♦ Luogo di mondanità per eccellenza, Porto Cervo e la sua piazzetta ospitano questo bel ristorante le cui vetrate offrono un simpatico scorcio sull'esclusivo porticciolo. In menu, cucina di tipo mediterraneo, che affonda le radici nella storia dell'isola: piatti di mare, ma anche retaggi di una tradizione pastorale e contadina millenaria.

a Poltu Quatu – ⊠ 07021 Porto Cervo

🏨🏨 **Grand Hotel Poltu Quatu** ⌘   🚲 🏌 🏠 🎿 🍸 🐕 🎮 ⨝ 🍽 🛎 ⌖ rist,
strada Provinciale Baja Sardinia   ♨ 🆎 🛁 📶 ⚗ 🅿 🚗 ⓥ ⑩ 🆎 ⓞ ⌖
Liscia di Vacca – ☎ 07 89 95 62 00 – www.poltuquatu.com
– *10 maggio-29 settembre*
156 cam – 8 suites – solo ½ P 105/365 €
Rist – Carta 70/110 €
♦ All'interno di un esclusivo complesso turistico che abbraccia l'intera località, spazi eleganti e personalizzati dove il bianco è predominante. Servizi di alto livello e camere spaziose. Nella sala ristorante dai colori del Mediterraneo, la cucina locale è interpretata in chiave creativa.

a Pitrizza – ⊠ 07021 Porto Cervo

🏨🏨🏨 **Pitrizza** ⌘   ← 🚲 🏌 🏠 🎿 🐕 🍸 ♨ 🆎 ⚗ 📶 🅿 ⓥ ⑩ 🆎 ⓞ ⌖
– ☎ 07 89 93 01 11 – www.pitrizzahotel.com – *maggio-settembre*
48 cam ⌧ – †665/1780 € ††765/2360 € – 10 suites – ½ P 443/1290 €
Rist – Menu 120/165 €
♦ Circondato dai colori e dai profumi del paesaggio sardo, un hotel dall'antico splendore cela negli ambienti interni lusso e ricercatezza mentre all'esterno offre spazi curati.

a Romazzino – ⊠ 07021 Porto Cervo

🏨🏨🏨 **Romazzino** ⌘   ← 🚲 🏌 🏠 🎿 🐕 🍸 🎮 ⌖ rist, ♨ 🆎 ⚗ ⚗ 📶
località Romazzino – ☎ 07 89 97 71 11   ⚗ 🅿 ⓥ ⑩ 🆎 ⓞ ⌖
– www.luxurycollection.com/romazzino – *maggio-ottobre*
94 cam ⌧ – †1425 € ††1780 € – ½ P 980 €
Rist – Menu 145/165 €
♦ Un'architettura bianca incorniciata dal colore e dal profumo dei fiori ospita un'accoglienza calorosa, eleganti camere dai chiari arredi e un'invitante piscina d'acqua salata. Insolito connubio tra rustico e chic nella sala ristorante con vista, dove assaporare una cucina classica in cui regna la creatività.

a Cala di Volpe – ⊠ 07020 Porto Cervo

🏨🏨🏨 **Cala di Volpe** ⌘   ← 🚲 🏌 🏠 🎿 🎮 🍸 🛎 ♨ 🆎 ⚗ ⚗ 📶 ⚗ 🅿
– ☎ 07 89 97 61 11   ⓥ ⑩ 🆎 ⓞ ⌖
– www.luxurycollection.com/caladivolpe – *maggio-ottobre*
115 cam ⌧ – †550/1690 € ††685/2220 € – 17 suites – ½ P 403/1220 €
Rist – Menu 145/170 €
♦ Dietro la facciata policroma un'oasi di quiete nello smeraldo della costa: ambienti da sogno, dove i colori e le pietre della Sardegna si fondono in una suggestiva armonia. Cucina internazionale reinterpretata con i migliori prodotti locali negli accoglienti ristoranti.

🏨🏨 **Petra Bianca** ⌘   ← 🚲 🏠 🎿 🎮 🛎 🆎 cam, ⚗ ♨ 🅿 ⓥ ⑩ 🆎 ⓞ ⌖
– ☎ 0 78 99 60 84 – www.petrabiancahotel.com – *2 aprile-15 ottobre*
48 cam ⌧ – †140/480 € ††210/640 € – 2 suites – ½ P 140/355 €
Rist – Carta 49/74 €
♦ In posizione dominante, la vista non può essere che spettacolare! Raffinata struttura con ambienti comuni di atmosfera mediterranea e abbondanti spazi all'aperto: nelle camere lo stile provenzale cede il passo, qua e là, a rigorosi arredi inglesi di fine '800.

🏨 **Nibaru** senza rist ⌘   🎿 🐕 🎮 🆎 ⚗ 📶 🅿 ⓥ ⑩ 🆎 ⌖
– ☎ 0 78 99 60 38 – www.hotelnibaru.it – *maggio-ottobre*
60 cam ⌧ – †80/160 € ††130/270 €
♦ A pochi passi dal mare, una struttura orizzontale con più corpi che circondano la piacevole piscina: caldi colori mediterranei nelle rilassanti camere.

a Liscia di Vacca – ✉ **07020 Porto Cervo**

🍴🍴🍴 **Madai** [AC] VISA [AE]
– ☎ *0 78 99 10 56 – www.ristorantemadai.com – maggio-settembre*
Rist – (consigliata la prenotazione) Carta 60/120 €
◆ In un locale moderno e alla moda, una parete in vetro permette di "spiare" il frenetico lavoro in cucina, mentre in sala arredi classici si alternano ad inserti contemporanei. Il menu favorisce il pescato, sublimato dalle capacità dello chef in ricette moderne, talvolta creative.

a Baia Sardinia – ✉ **07020**

🏨 **La Bisaccia** [AC] rist, [P] VISA [AE]
– ☎ *0 78 99 90 02 – www.hotellabisaccia.it – 20 maggio-15 ottobre*
109 cam – 🛏253/330 € 🛏🛏290/400 € – 34 suites – ½ P 230 €
Rist – Menu 70/90 €
◆ In una zona tranquilla, circondata da prati che declinano verso il mare, la struttura è ideale per una vacanza all'insegna del riposo ed ospita camere ampie e luminose. Nelle raffinate sale del ristorante, la vista sull'arcipelago e i sapori della cucina sarda.

🏨 **Mon Repos** [AC] [P] VISA
via Tre Monti ✉ 07021 – ☎ 0 78 99 90 11 – www.hotelmonrepos.it – maggio-ottobre
59 cam – 🛏57/240 € 🛏🛏105/260 € – 1 suite
Rist ***Corbezzolo*** – vedere selezione ristoranti
◆ A due passi dalla piazzetta ed in posizione dominante sulla baia, una conduzione familiare attenta che offre luminosi spazi e camere confortevoli nella loro semplicità.

🏨 **Pulicinu** [AC] rist, [P] VISA [AE]
località Pulicinu, Sud : 3 km – ☎ 07 89 93 30 01 – maggio-ottobre
43 cam – 🛏108/320 € 🛏🛏136/320 € – ½ P 147/170 € **Rist** – Carta 43/71 €
◆ In posizione tranquilla e panoramica, piacevole hotel a conduzione familiare circondato da curati giardini e macchia mediterranea. La struttura ospita una piscina rigenerante e camere piccole, ma confortevoli. Dalla cucina, i saporiti piatti della cucina regionale da gustare nell'elegante e luminosa sala.

🍴🍴 **Corbezzolo** – Hotel Mon Repos [AC] VISA [AE]
piazzetta della Fontana – ☎ 0 78 99 98 93 – www.ristorantecorbezzolo.it – maggio-ottobre
Rist – Carta 33/67 €
◆ Punto forte del ristorante, oltre alla cortesia, è la cucina marinara da gustare anche sulla terrazza dalla splendida vista panoramica.

ARZIGNANO – **Vicenza (VI)** – **562** F15 – **25 823 ab.** – **alt. 118 m** – ✉ **36071** **35** B2

▶ Roma 536 – Verona 48 – Venezia 87 – Vicenza 22

⛳ Ca' Daffan via Fratta Alta 15, 0446 672735, www.golfclubcadaffan.it – chiuso martedì

🍴 **Macelleria Damini** [AC] VISA [AE]
via Cadorna 31 – ☎ 04 44 45 29 14 – www.daminieaffini.com – chiuso dall'8 al 25 agosto, domenica sera, lunedì
Rist – Carta 26/53 €
◆ Due fratelli "nati" professionalmente, uno in cucina, uno in macelleria. Da qui l'idea di unire le competenze e la passione per il proprio mestiere in questo locale con bancone ed esposizione di vini e prodotti regionali. Nella due salette in stile bistrot: specialità di carne, ma non solo.

ASCIANO – **Siena (SI)** – **563** M16 – **7 249 ab.** – **alt. 200 m** – ✉ **53041** **29** C2
Toscana

▶ Roma 208 – Siena 29 – Arezzo 46 – Firenze 100

Borgo Casabianca ⟨symbols⟩
località Casa Bianca, Est : 10,5 km – ℰ 05 77 70 43 62 – www.casabianca.it
– chiuso da gennaio ad aprile
29 cam ⟆ – ♦110/129 € ♦♦170/198 € – 2 suites – ½ P 139 €
Rist *La Tinaia* – vedere selezione ristoranti
♦ Immerso in un paesaggio agreste, un borgo dai caratteristici edifici in pietra si propone per un soggiorno di relax nei suoi ambienti arredati con pezzi d'antiquariato.

La Tinaia – Hotel Borgo Casabianca ⟨symbols⟩
località Casa Bianca, Est : 10,5 km – ℰ 05 77 70 43 62 – www.casabianca.it
– chiuso da gennaio ad aprile e mercoledì
Rist – Menu 30/50 € – Carta 31/44 € ⟆
♦ Immerso nel verde della proverbiale campagna toscana, il ristorante è riscaldato da un piacevole caminetto e propone piatti legati al territorio, accompagnati da qualche rivisitazione. Décor rustico-elegante.

ASCOLI PICENO Ⓟ (AP) – **563** N22 – 51 203 ab. – alt. 154 m **21** D3
– ✉ **63100** Italia

▶ Roma 191 – Ancona 122 – L'Aquila 101 – Napoli 331
ℹ piazza Arringo 7, ℰ 0736 25 30 45, www.comune.ascolipiceno.it
◎ Piazza del Popolo★★ B : palazzo dei Capitani del Popolo★, chiesa di San Francesco★, Loggia dei Mercanti★ **A** – Quartiere vecchio★ AB : ponte di Solestà★, chiesa dei Santi Vicenzo ed Anastasio★ **N** – Corso Mazzini★ ABC – Polittico del Crivelli★ nel Duomo C – Battistero★ C **E** - Pinacoteca★B **M**

Piante pagine seguenti

Palazzo Guiderocchi ⟨symbols⟩
via Cesare Battisti 3 – ℰ 07 36 25 97 10 – www.palazzoguiderocchi.com
32 cam ⟆ – ♦69/219 € ♦♦79/219 € – 6 suites – ½ P 70/140 € B**c**
Rist *Rua dei Notari* – vedere selezione ristoranti
♦ Palazzo patrizio della fine del XVI secolo, centralissimo e con una pittoresca corte interna e camere in stile molto grandi. A 200 metri la dipendenza di taglio più moderno.

Residenza 100 Torri senza rist ⟨symbols⟩
via Costanzo Mazzoni 6 – ℰ 07 36 25 51 23 – www.centotorri.com A**b**
14 cam ⟆ – ♦115/175 € ♦♦128/250 € – 2 suites
♦ Nuovo hotel ricavato da un'antica filanda e dalle scuderie di un palazzo del 1700, dove fascino storico e confort aggiornati costituiscono un buon mix per un'accoglienza raffinata.

Pennile senza rist ⟨symbols⟩
via Spalvieri 24, per viale Napoli – ℰ 0 73 64 16 45 – www.hotelpennile.it
33 cam ⟆ – ♦45/55 € ♦♦70/80 € C
♦ Non lontano dal centro della località, immerso nel verde e nella tranquillità, l'albergo si presenta con interni ariosi e camere semplici, ma ben tenute. Una comoda struttura per partire alla scoperta della città.

Agriturismo Villa Cicchi ⟨symbols⟩
via Salaria Superiore 137, Sud : 3 km direzione Rosara ⟨symbols⟩
– ℰ 07 36 25 22 72 – www.villacicchi.it – chiuso dal 9 gennaio al 9 febbraio
6 cam – ♦♦70/300 €
Rist – *(chiuso domenica sera, lunedì)* (consigliata la prenotazione)
Carta 25/49 €
♦ Grande fascino in questa rustica dimora di fine '600, dove i proprietari hanno conservato con grande passione suppellettili artigiane e contadine. Belle camere, alcune con soffitti decorati a tempera.

ASCOLI PICENO

A 14 : PESCARA, ANCONA

XX **Rua dei Notari** – Hotel Palazzo Guiderocchi
via Cesare Battisti 3 – ℰ 07 36 24 40 11
– www.palazzoguiderocchi.com – chiuso martedì
Rist – Carta 24/45 €
Bc
♦ Nel cuore pulsante della località, ad un passo dalla splendida piazza del Popolo, un palazzo patrizio di fine '500 ospita negli antichi locali di guardia questo raffinato ristorante. Cucina di "entroterra" costituita da antichi sapori e da vecchie tradizioni.

XX **Gallo d'Oro**
corso Vittorio Emanuele 54 – ℰ 07 36 25 35 20 – chiuso dal 31 dicembre al 4 gennaio, dal 15 al 20 agosto, sabato a mezzogiorno, domenica
Cn
Rist – Carta 29/40 €
♦ A due passi dal Duomo, un ambiente accogliente e raffinato, caratterizzato da una bella luce proveniente da un inatteso dehors. La cucina spazia dai piatti di terra a quelli di mare (soprattutto il venerdì) ed, in stagione, funghi e tartufi. Consigliata una sosta sul fritto misto all'ascolana… per lasciarsi emozionare.

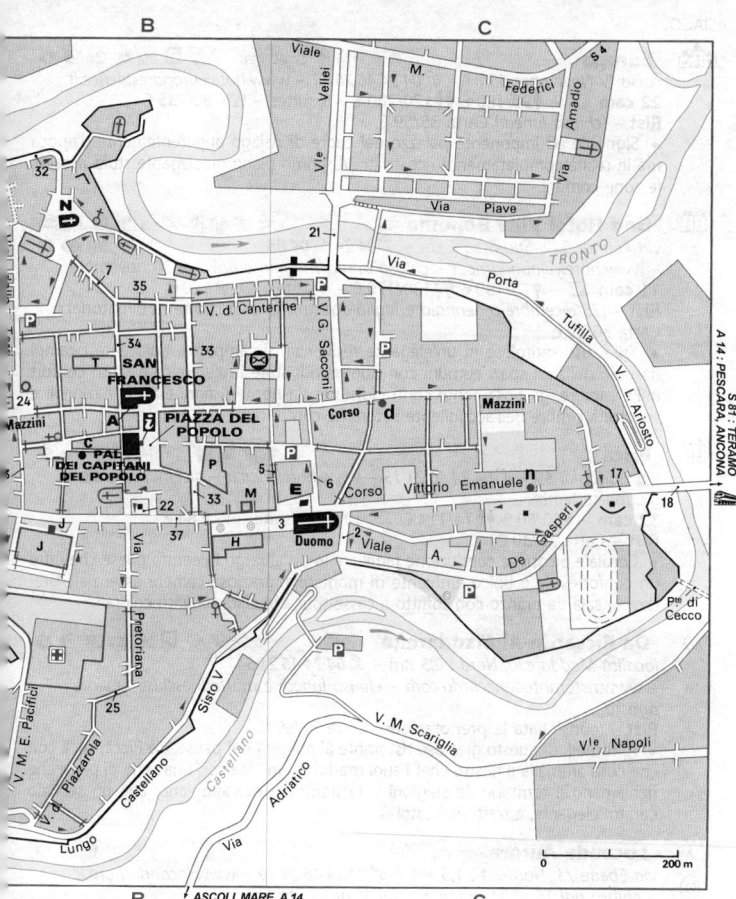

× **Del Corso** 🅰🄲 ⑳ VISA ⓸ ♿

corso Mazzini 277/279 – ℰ 07 36 25 67 60
– chiuso dal 24 dicembre al 6 gennaio, dall'8 al 14 aprile, 3 settimane in luglio,
domenica sera e lunedì **Cd**
Rist – (prenotazione obbligatoria a mezzogiorno)
Carta 32/49 €

◆ In un antico palazzo del centro storico, il ristorante dispone di una piccolissima sala dalla pareti in pietra e volte a vela. La cucina è di mare, fragrante e gustosa: i piatti sono esposti a voce.

ASIAGO – Vicenza (VI) – **562** E16 – 6 488 ab. – alt. 1 001 m – Sport **35** B2
invernali : 1 000/2 000 m ⤋43 (Altopiano di Asiago) 🎿 – ⊠ 36012
▶ Roma 589 – Trento 64 – Milano 261 – Padova 88
� via Stazione 5, ℰ 0424 46 26 61, www.asiago7comuni.to
🔟 via Meltar, 0424 462721, www.golfasiago.it – maggio-ottobre

Europa 🏠 📶 ♿ 🏧 cam, 🍴 ⁈ P VISA ⊗ AE ① 🅰

corso IV Novembre 65/67 – ℰ 04 24 46 26 59 – www.hoteleuroparesidence.it
22 cam 🛏 – 🛌90/180 € 🛌🛌120/200 € – 5 suites – ½ P 90/135 €
Rist – *(chiuso lunedì)* Carta 35/59 €
♦ Signorile ed imponente palazzo nel cuore di Asiago apparentemente d'epoca ma in realtà interamente ricostruito. Al primo piano un'elegante stufa riscalda le zone comuni.

Golf Hotel Villa Bonomo 🌿 ← 🏛 📶 🍴 rist, ⁈ 🅰 P 🚗

via Pennar 322, Sud-Est : 3 km – ℰ 04 24 46 04 08 VISA ⊗ 🅰
– www.hotelvillabonomo.it – chiuso aprile, maggio e dal 5 al 30 novembre
11 cam 🛏 – 🛌75/130 € 🛌🛌130/170 € – 4 suites – ½ P 120 €
Rist – *(25 dicembre-6 gennaio e luglio-agosto)* (prenotazione obbligatoria) Carta 30/39 €
♦ Stile rustico-tirolese in un'elegante residenza di campagna adiacente i campi da golf: deliziosi spazi comuni con due grandi stufe in ceramica e tanto confort nelle camere, graziosamente contraddistinte da nomi di fiori. Classici nazionali e specialità cimbre nell'accogliente ristorante con terrazza panoramica.

Erica 🚿 🛗 📶 🏧 cam, 🍴 P VISA ⊗ 🅰

via Garibaldi 55 – ℰ 04 24 46 21 13 – www.hotelerica.it – dicembre-marzo e giugno-settembre
32 cam – 🛌50/80 € 🛌🛌74/114 €, 🛏 10 € – 1 suite – ½ P 84 €
Rist – Carta 25/30 €
♦ Cordiale e cortese conduzione familiare in un albergo in centro paese che offre un confortevole e tipico ambiente di montagna; graziose camere essenziali. Gradevole sala da pranzo con soffitto a cassettoni, abbellita da vetri colorati.

🍴🍴 Da Riccardo-Al Maddarello ← 🏛 🍴 ⇔ P VISA ⊗ AE ① 🅰

località Maddarello, Nord : 2,5 Km – ℰ 04 24 46 21 54
– www.ristorantedariccardo.com – chiuso lunedì e martedì escluso luglio e agosto
Rist – (consigliata la prenotazione) Carta 31/69 €
♦ Ai fornelli di questo grazioso ristorante ai margini del paese, c'è Riccardo. E con che cosa ammalia il nostro chef i suoi graditi ospiti? Ma con una serie di piatti che richiamano il territorio, le stagioni e le tradizioni dell'altopiano, con un servizio curato, elegante, a tratti ricercato!

🍴 Locanda Aurora con cam 🌿 P VISA 🅰
😊

via Ebene 71, Nord-Est : 1,5 km – ℰ 04 24 46 24 69 – www.locandaurora.it
– chiuso dal 15 al 31 maggio e dal 1° al 15 ottobre
8 cam 🛏 – 🛌40/60 € 🛌🛌80 € – 5 suites – ½ P 55/68 €
Rist – *(chiuso lunedì)* Carta 25/32 €
♦ Piatti della tradizione: gnocchi con asiago e speck, polenta e baccalà, nonché gli immancabili "fasoi e luganiga", in una tipica locanda poco distante dagli innumerevoli sentieri dell'altopiano. Il calore della casa di montagna e l'affabilità della padrona di casa anche nelle semplici camere.

ASOLO – Treviso (TV) – **562** E17 – 9 270 ab. – alt. 190 m – ✉ 31011 **36** C2
🏳 Italia

🅿 Roma 559 – Padova 52 – Belluno 65 – Milano 255
🅸 piazza Garibaldi 73, ℰ 0423 52 90 46, www.visittreviso.it
🗐 via dei Borghi 1, 0423 942241 – chiuso gennaio e martedì

Villa Cipriani 🌿 ← 🚿 📶 🛗 🛗 🏧 ⁈ 🅰 P 🚗 VISA ⊗ AE ① 🅰

via Canova 298 – ℰ 04 23 52 34 11 – www.ho10.net
31 cam 🛏 – 🛌165/403 € 🛌🛌232/750 € – ½ P 193/452 €
Rist Villa Cipriani – vedere selezione ristoranti
♦ In centro ma in zona tranquilla, un'elegante dimora cinquecentesca con vista sulle colline. Le camere - distribuite tra la Villa e la Casa Giardino - sono arredate con mobili in stile, i bagni ornati con piastrelle di Vietri dipinte a mano.

🏨 **Al Sole** 🕊️ ← 🛴 📶 ❤️ 🅰️ �🕯️ 📶 ℗ VISA ⊕ AE 🔥

via Collegio 33 – 𝒞 04 23 95 13 32 – www.albergoalsole.com
– chiuso gennaio
23 cam 🛏️ – ♦120/160 € ♦♦160/230 € – 1 suite
Rist *La Terrazza* – vedere selezione ristoranti
♦ Sovrastante la piazza centrale di Asolo, signorilità e raffinatezza in un hotel di charme. Camere eleganti, ma il gioiello è la terrazza per pasti e colazioni panoramiche.

XXX **Villa Cipriani** – Hotel Villa Cipriani 🏤 🏠 🅰️ ℀ ℗ VISA ⊕ AE ⊕ 🔥

via Canova 298 – 𝒞 04 23 52 34 11 – www.ho10.net
Rist – Menu 45/60 €
♦ Nella terra dove artisti come Tiziano e Giorgione immortalarono i loro celebri paesaggi, le grandi vetrate ad arco di questo ristorante si aprono sulla vallata, mentre la cucina ha un respiro internazionale, senza voltare le spalle ai sapori locali (risotto all'asolana con verdure di stagione, o fegato alla veneziana, in primis…).

XXX **La Terrazza** – Hotel Al Sole 🏠 🅰️ ⟐ ℗ VISA ⊕ AE 🔥

via Collegio 33 – 𝒞 04 23 95 13 32 – www.albergoalsole.com
– chiuso gennaio
Rist – Carta 34/63 €
♦ La Terrazza: un salotto en plein air affacciato sul centro storico di Asolo, dove farsi coccolare dai manicaretti dello chef e del suo staff. In un ambiente raffinato e alla moda, una cucina sicuramente innovativa, ma anche in grande di esaltare al meglio i prodotti della tradizione. Ideale per una romantica cena tête-à-tête.

ASSAGO – Milano (MI) – Vedere Milano, dintorni

ASSISI – Perugia (PG) – **563** M19 – **27 740 ab.** – alt. 424 m – ✉ 06081 **32** B2
📘 Italia Centro Nord

▶ Roma 197 – Perugia 25 – Foligno 23 – Spoleto 46

🛈 piazza del Comune 22, 𝒞 075 8 13 86 80, www.assisi.regioneumbria.eu

◉ Basilica di San Francesco★★★ A - Chiesa di Santa Chiara★★ BC - Rocca Maggiore★★ B:≼★★★ sulla città e la campagna - Via San Francesco★ AB - Piazza del Comune★ B **3** - Duomo (San Rufino)★ C: facciata★★★ - Chiesa di San Pietro★★ A

🅖 Eremo delle Carceri★★: 4 km est - Convento di San Damiano★: 2 km a sud dalla Porta Nuova - Basilica di Santa Maria degli Angeli★: 5 km a sud-ovest nella pianura

Piante pagine seguenti

🏨 **Ròseo Hotel Assisi** 🕊️ 🏠 🖥️ 🌊 🛋️ 🧖 �ch 🅰️ ℀ ⑁ � 🏠

via Giovanni Renzi 2, 2 km per ① – 𝒞 07 58 15 01 VISA ⊕ AE ⊕ 🔥
– www.roseohotelassisi.com
155 cam 🛏️ – ♦75/145 € ♦♦100/250 € – ½ P 70/130 €
Rist – *(chiuso a mezzogiorno)* Carta 34/42 €
♦ Alle pendici del monte Subasio, moderna struttura dotata di terrazza roof garden con vista sui dintorni, camere di varie tipologie, attrezzato centro benessere, nonché varie soluzioni per meeting ed eventi. L'ampiezza del ristorante riflette la versatilità delle proposte in menu.

🏨 **Subasio** ← 🏠 📶 🅰️ ℀ rist, VISA ⊕ AE ⊕ 🔥

via Frate Elia 2 – 𝒞 0 75 81 22 06
– www.hotelsubasioassisi.com **A**f
61 cam 🛏️ – ♦75/115 € ♦♦95/165 € – ½ P 88 €
Rist – *(chiuso a mezzogiorno)* Menu 15/35 €
♦ Hotel di tradizione, adiacente alla Basilica di S. Francesco, con arredi in stile e atmosfere d'epoca; terrazze panoramiche a disposizione degli ospiti. Elegante ristorante, con lampadari che sembrano di pizzo e finestre che paiono infinite.

ASSISI

🏨 **Fontebella** ⟨ 🕏 ⅰ AC ⟨ VISA ⟩ AE 🔥
via Fontebella 25 – ℰ 0 75 81 28 83 – www.fontebella.com B**e**
44 cam ⌷ – †59/129 € ††74/224 € – 3 suites – ½ P 72/147 €
Rist *Il Frantoio* – vedere selezione ristoranti
♦ Hotel totalmente rinnovato, con raffinati spazi comuni in stile classico, ornati di eleganti tappeti e piacevoli dipinti alle pareti; belle camere dotate di ogni confort.

🏨 **La Terrazza** ⟨ 🚗 🕏 🛋 🀫 🖧 ⅰ & rist, AC ⟨ P VISA ⟩ AE ① 🔥
via F.lli Canonichetti, 2 km per ① – ℰ 0 75 81 23 68 – www.laterrazzahotel.it
40 cam ⌷ – †70/90 € ††90/130 € – ½ P 85 €
Rist – *(chiuso gennaio)* Carta 23/41 €
♦ Grande struttura di moderna concezione, ottimamente tenuta, che ben coniuga le esigenze di funzionalità con l'utilizzo di materiali del posto. Accoglienti e silenziose le camere, nuovo ed attrezzato il centro benessere. Bianche pareti ulteriormente rischiarate da piccoli lumi nell'ampia e sobria sala ristorante.

🏨 **Dei Priori** 🕏 AC ⟨ VISA ⟩ AE ① 🔥
corso Mazzini 15 – ℰ 0 75 81 22 37 – www.hoteldeipriori.it B**n**
34 cam ⌷ – †50/115 € ††75/210 € – ½ P 43/129 €
Rist – Carta 30/46 €
♦ Vicino alla piazza centrale, imponente albergo che ben s'inserisce nel complesso storico; aree comuni con belle poltrone e divani in stile, camere confortevoli. Atmosfera raffinata e un piacevole gioco di luci, che illumina il soffitto a volte della sala.

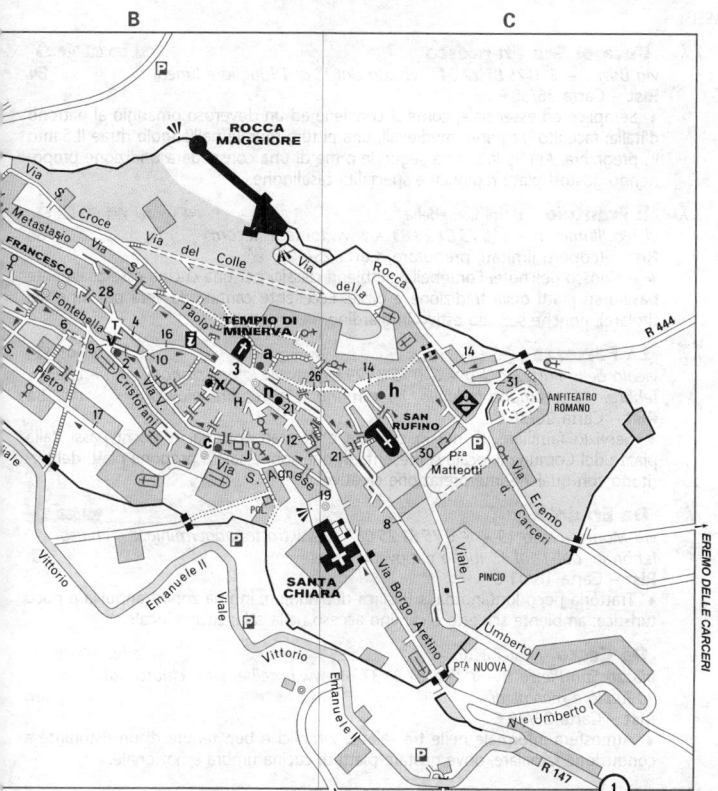

B | C

ROCCA MAGGIORE

Via S. Croce

Via del Colle

Via della Rocca

FRANCESCO

Via S. Paolo

TEMPIO DI MINERVA

Via Metastasio

Via Fontebella

Via S. Pietro

Via Cristofani

Via S. Agnese

SAN RUFINO

ANFITEATRO ROMANO

pza Matteotti

SANTA CHIARA

Via Borgo Aretino

Viale

PINCIO

Via d. Carceri

EREMO DELLE CARCERI

Emanuele II

Vittorio

Viale

Vittorio

Emanuele

PTA NUOVA

Vle Umberto I

Umberto I

R 147

CONVENTO DI S. DAMIANO

FOLIGNO TERNI, FANO

SPELLO

R 444

① 1

Umbra 🅰

🅰🅰🅰 cam, ☂ 🎵 VISA ⚫ AE 🅱

vicolo degli Archi 6 – ℰ 0 75 81 22 40 – www.hotelumbra.it
– 20 marzo-20 novembre   B**x**

24 cam ⬜ – †65/85 € ††95/125 € – ½ P 87 €
Rist – *(chiuso domenica)* Carta 26/41 €

♦ Centrale, eppure silenzioso ed appartato, la calorosa ospitalità familiare vi farà sentire come a casa. Diverse camere panoramiche. Al ristorante: cucina regionale e servizio estivo in terrazza.

Berti 🅷

🅰🅰 ☂ 🎵 VISA ⚫ AE ⓞ 🅱

piazza San Pietro 24 – ℰ 0 75 81 34 66 – www.hotelberti.it – chiuso dal
10 gennaio al 1° marzo   A**a**

10 cam ⬜ – †40/65 € ††60/90 €
Rist Da Cecco – vedere selezione ristoranti

♦ Cordiale gestione familiare in una struttura con graziosi spazi comuni non ampi, ma accoglienti, e camere arredate in modo essenziale.

XXX **La Locanda del Cardinale**   VISA ⚫ AE ⓞ 🅱

piazza del Vescovado 8 – ℰ 0 75 81 52 45 – www.lalocandadelcardinale.com
– chiuso martedì   B**c**

Rist – Carta 37/59 € ♨

♦ Un ristorante che fa molto parlare di sé in città: all'interno di una dimora patrizia del XVI secolo dai saloni affrescati, proposte di cucina eclettica e fantasiosa, ricca anche di specialità locali.

147

XX **Buca di San Francesco**   🍴 🆅🅸🆂🅰 ⑳ 🅰🅴 ⓞ ⑤

via Brizi 1 – ℰ 075 81 22 04 – chiuso dal 1° al 15 luglio e lunedì   **Bv**
Rist – Carta 26/38 €

♦ Semplice ed essenziale, come si conviene ad un doveroso omaggio al patrono d'Italia: raccolto tra pareti medievali, una pittura murale nell'angolo ritrae il Santo in preghiera. Anche la cucina segue le orme di una consolidata tradizione proponendo gustosi piatti regionali e specialità casalinghe.

XX **Il Frantoio** – Hotel Fontebella   🞐 🍴 🅰🅲 🆅🅸🆂🅰 ⑳ 🅰🅴 ⑤

vicolo Illuminati – ℰ 0 75 81 28 83 – www.fontebella.com   **Be**
Rist – (coperti limitati, prenotare) Carta 25/40 € 🞠

♦ A ridosso dell'hotel Fontebella, ambienti classici per una cucina essenzialmente basata su piatti della tradizione e pizze. Eccellente cantina (la vera passione del titolare), nonché servizio estivo in giardino.

XX **La Fortezza**   🅰🅲 🆅🅸🆂🅰 ⑳ ⑤

vicolo della Fortezza 2/b – ℰ 0 75 81 29 93 – www.lafortezzahotel.com – chiuso febbraio, 1 settimana in luglio, 1 settimana in novembre, giovedì   **Ba**
Rist – Carta 26/38 €

♦ Servizio familiare, sì, ma in cravatta e di gran cortesia. A pochi passi dalla piazza del Comune il locale si presenta in due sobrie sale e propone piatti del territorio con qualche interpretazione creativa.

X **Da Erminio**   🆅🅸🆂🅰 ⑳ ⑤
🍴
via Montecavallo 19 – ℰ 0 75 81 25 06 – www.trattoriadaerminio.it – chiuso febbraio, dal 1° al 15 luglio e giovedì   **Ch**
Rist – Carta 18/41 €

♦ Trattoria poco lontano dalla Basilica di S.Ruffino, in una zona tranquilla e poco turistica: ambiente schietto e camino acceso nella sala; cucina locale.

X **Da Cecco** – Hotel Berti   🅰🅲 🆅🅸🆂🅰 ⑳ ⑤

piazza San Pietro 8 – ℰ 0 75 81 24 37 – www.hotelberti.it – chiuso dal 15 al 30 luglio e mercoledì   **Am**
Rist – Carta 28/38 €

♦ Atmosfera informale nelle tre salette semplici e ben tenute di un ristorante a conduzione familiare, dove gustare piatti di cucina umbra e nazionale.

a Viole Sud-Est : 4 km per ① – ✉ 06081 Assisi

⌂ **Agriturismo Malvarina** ⍓   🞐 🜁 🍴 🍸 🍽 rist, 🄿 🆅🅸🆂🅰 ⑳ ⓞ ⑤

via Pieve di Sant'Apollinare 32 – ℰ 07 58 06 42 80 – www.malvarina.it
12 cam ⌂ – 🜨60 € 🜨🜨95 € – 3 suites
Rist – (prenotazione obbligatoria) Menu 35 €

♦ Un'oasi di tranquillità a poca distanza da Assisi: una sorta di albergo "diffuso" con accoglienti camere e cottage forniti di angolo cottura (ideali per famiglie e gruppi di amici). Cucina regionale nella graziosa sala ristorante.

⌂ **Agriturismo il Giardino dei Ciliegi**   🞐 🜁 🅱 🅰🅲 🍽 rist, 🄿

via Massera 6 – ℰ 07 58 06 40 91   🆅🅸🆂🅰 ⑳ ⑤
– www.agriturismoilgiardinodeiciliegi.it – chiuso dall'8 al 31 gennaio
8 cam ⌂ – 🜨60/80 € 🜨🜨80/100 € – ½ P 75 €
Rist – (chiuso a mezzogiorno) (prenotazione obbligatoria) Menu 25/30 €

♦ Un tributo a Cechov, il nome di questo agriturismo tra le dolci colline umbre, con camere in finta arte povera e il Sacro Tugurio di San Francesco a solo 1 chilometro.

ad Armenzano Est : 12 km – alt. 759 m – ✉ 06081 Assisi

🄷🄷 **Le Silve** ⍓   ⇐ ⍦ 🍴 🜀 🏍 🍽 🍽 rist, 🄿 🆅🅸🆂🅰 ⑳ 🅰🅴 ⓞ ⑤

– ℰ 07 58 01 90 00 – www.lesilve.it – marzo-novembre
20 cam ⌂ – 🜨90/150 € 🜨🜨130/220 € – ½ P 105/150 €   **Rist** – Carta 35/65 €

♦ Sobria eleganza di sapore francescano, in un'oasi di pace dove severi boschi succedono a dolci ulivi, un casale del X secolo ospita interni rustici ed accoglienti camere: le migliori (in realtà vere e proprie suite) sono "nascoste" da un giardino pensile e condividono con le altre l'arredamento austero.

a Santa Maria degli Angeli Sud-Ovest : 5 km – ✉ 06081

🏨 ORA Hotels Cenacolo ≤ 🚗 📶 & cam, 📶 cam, ↔ 🌿 rist, ⁇ 🕌 🅿
via Patrono d'Italia 70 – ℰ *07 58 04 10 83* 🆚 ⬤⬤ 🆎 ① 💲
– *www.hotelcenacolo.com*
111 cam ⌂ – †60/200 € – ††70/200 € – ½ P 55/120 € **Rist** – Carta 19/45 €
♦ Tutto sembra ispirarsi alla sacralità del luogo: si inizia dal nome, per proseguire
nell'architettura dell'edificio che si dipana attorno ad un chiostro (in origine, un
convento), e terminare in una piccola cappella ancora consacrata. Il tutto in un'atmosfera non più di sobrietà francescana, ma di moderno minimalismo.

🏨 Dal Moro Gallery Hotel 🏯 📶 & 📶 ↔ 🌿 rist, ⁇ 🕌 🅿
via Becchetti 2 – ℰ *07 58 04 36 88* 🆚 ⬤⬤ 🆎 ① 💲
– *www.dalmorogalleryhotel.com*
51 cam ⌂ – †60/150 € – ††98/240 € – 2 suites – ½ P 74/145 €
Rist – *(chiuso lunedì)* Carta 32/54 €
♦ Vicino alla Porziuncola di San Francesco, si può scegliere tra camere classiche o
di design che ripropongono i temi moderni rappresentati nella hall. Menù capace
di stimolare appetiti esigenti e attenti alla cucina del territorio. Buona cantina.

🏨 Cristallo 📶 & cam, 📶 ⁇ 🕌 🅿 📶 ⬤⬤ 🆎 ① 💲
via Los Angeles 195 – ℰ *07 58 04 35 35* – *www.mencarelligroup.com*
52 cam ⌂ – †50/85 € – ††80/150 € – ½ P 55/90 € **Rist** – Carta 25/35 €
♦ A pochi chilometri da Assisi, albergo moderno con interni arredati in stile
contemporaneo; confortevoli e funzionali le ampie camere doppie con comode
poltrone e balconi. Prevalgono i colori chiari nella sala da pranzo dagli arredi
essenziali.

✗ Brilli Bistrot 📶 🆚 ⬤⬤ 🆎 💲
via Los Angeles 83 – ℰ *07 58 04 34 33* – *www.brillibistrot.com*
– *chiuso 3 settimane in agosto, martedì, i mezzogiorno di sabato e domenica*
Rist – *(consigliata la prenotazione la sera)* Carta 39/64 € 🍴
♦ A metà strada tra bistrot e ristorante, la risorsa è smaccatamente promotrice di
una cucina non convenzionale, che fa della particolarità gastronomica (partendo
da ottime materie prime) la propria bandiera. Ostriche, pesce crudo e un angolo
dedicato alle delizie di cioccolato denominato *Brilli Chocolat*.

ASTI 🅿 **(AT)** – 561 H6 – 75 910 ab. – alt. 123 m – ✉ 14100 ▮ Italia   25 D1
▶ Roma 615 – Alessandria 38 – Torino 60 – Genova 116
🗓 piazza Alfieri 29, ℰ 0141 53 03 57, www.astiturismo.it
🏌 Città di Asti recinto San Rocco 5, 0141 208033, www.golfasti.com – chiuso gennaio
e lunedì
🏌 Feudo di Asti strada Mombarone 160, , Nord: 10 km, 0141 294230,
www.golffeudoasti.it – chiuso dal 21 dicembre all'11 gennaio e martedì
◉ Battistero di San Pietro★ CY
☒ Monferrato★ per ①

Piante pagine seguenti

🏨 Aleramo senza rist 🛗 ⛄ 📶 ⁇ 🕌 🍴 🆚 ⬤⬤ 🆎 ① 💲
via Emanuele Filiberto 13 – ℰ *01 41 59 56 61* – *www.hotel.aleramo.it* – *chiuso
dal 10 al 20 agosto* BZ**a**
42 cam ⌂ – †80/95 € – ††120/140 € – 3 suites
♦ La passione del proprietario per il design contemporaneo prende forma in
camere moderne e mai banali, dal lontano e mitico Giappone alle decorazioni in
cera. Il tutto sempre molto lineare e minimalista.

🏨 Palio senza rist 🛗 📶 ⁇ 🕌 🍴 🆚 ⬤⬤ 🆎 ① 💲
via Cavour 106 – ℰ *0 14 13 43 71* – *www.hotelpalio.com* – *chiuso dal 23 al
26 dicembre e 1 settimana in agosto* BZ**b**
37 cam ⌂ – †75/105 € – ††107/155 €
♦ A pochi passi dal centro storico, la sapiente ristrutturazione avvenuta in tempi
recenti ha conferito alla risorsa una nuova brillantezza: l'hotel dispone ora di
camere moderne, curate nei dettagli. Originale sala colazioni - al primo piano
- con vetrate sulla strada.

ASTI

Alfieri (Cso Vittorio)	ACY	
Alfieri (Pza Vittorio)	BY	
Aliberti (V.)	ABY	3
Battisti (V. Cesare)	BY	5
Berruti (V. F.)	AY	7
Botallo (V.)	BY	8
Brofferio (V.)	ABZ	
Cairoli (Pza)	AY	12
Caracciolo (V.)	AY	14
Carmine (V. del)	AZ	15
Castello (V. al)	AY	17
Catena (Pza)	AY	18
Cattedrale (V.)	AY	20
Cavour (V.)	BZ	21
D. Alighieri (Corso)	ABY	
Filiberto (V. E.)	BZ	24
Garetti (V.)	ABY	26
Garibaldi (V. Giuseppe)	BY	27
Giolitti (Cavalcavia G.)	AZ	29
Grandi (V.)	BY	30
Hope (V.)	ABY	33
Libertà (Pza della)	BYZ	37
Martiri della Liberazione (Largo)	BY	39
Mazzini (V.)	AYZ	41
Medici (Pza)	BY	43
Montafia (Piazzetta)	AZ	46
Ospedale (V.)	BY	50
Roma (Pza)	AY	58
Rosselli (Viale Fratelli)	CY	60
Santuario (Viale al)	AZ	68
Statuto (Pza)	BZ	70
S. Giuseppe (Pza)	AZ	63
S. Secondo (Pza)	BY	66
Vittoria (Piazzale)	CY	77
1 Maggio (Pza)	CY	79

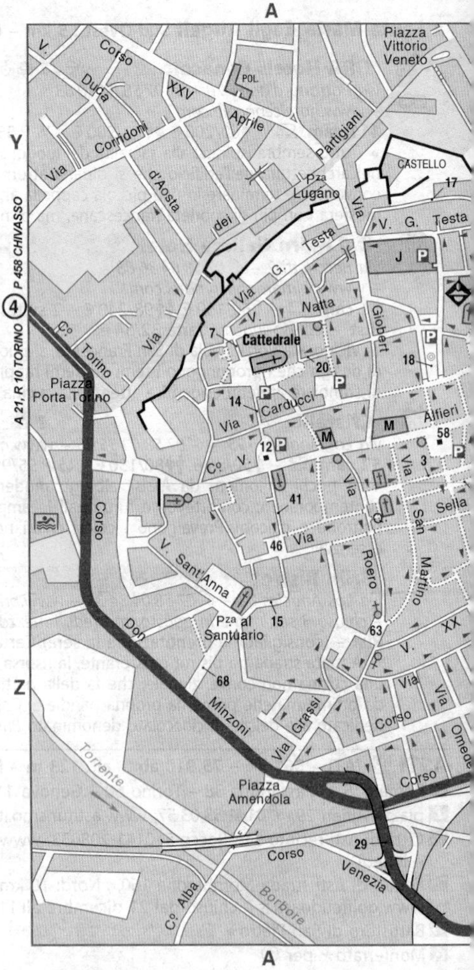

XXX ✿ **Gener Neuv** (Giuseppina Bagliardi)

lungo Tanaro dei Pescatori 4, per ③
– ✆ 01 41 55 72 70 – www.generneuv.it
– chiuso agosto, Capodanno, domenica sera e lunedì

Rist – (prenotare) Menu 40/70 €
– Carta 54/78 €

Spec. Lasagne a rombi di farina di farro con ragù di coniglio. Lumache di Cherasco con pane profumato alle erbe, pomodoro confit e peperoncino. Cupola di marroni.

◆ Accoglienza calorosa e familiare, in questo elegante locale con camino, dove citazioni in dialetto dedicate al vino invitano all'assaggio. Storico baluardo della cucina astigiana, la carta è un compendio dei classici piemontesi.

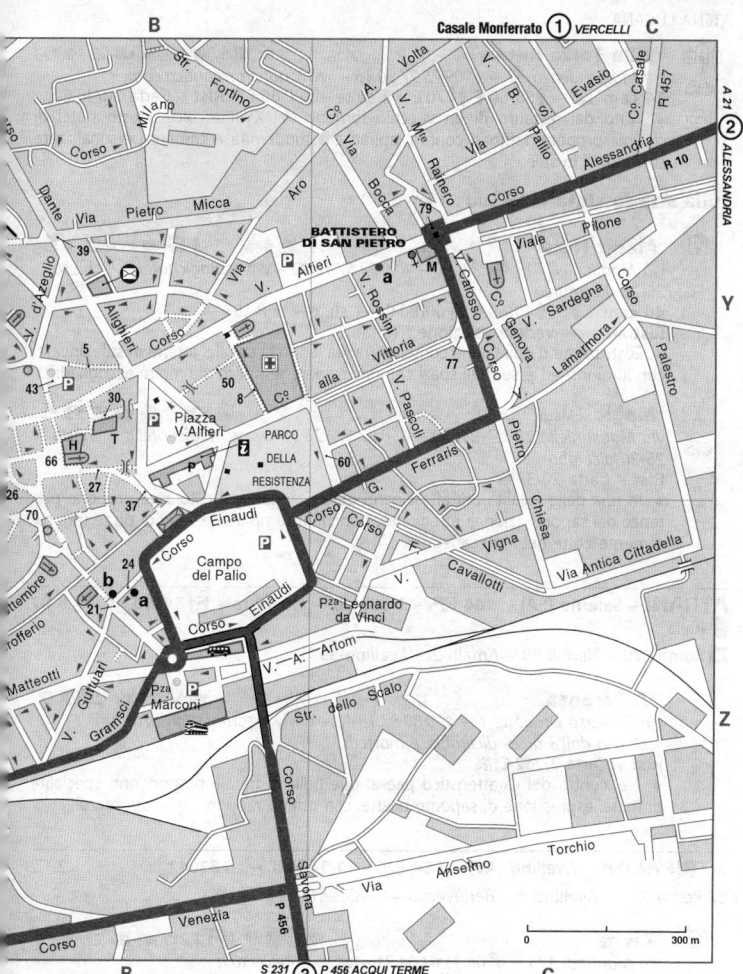

☓☓ **Locanda Astesana**   ♿ AC VISA ◉ AE 🍴

corso Alfieri 36 – ✆ 01 41 55 67 40 – www.locandaastesana.it – chiuso sabato a mezzogiorno e domenica   CY**a**

Rist – Menu 26/40 € – Carta 26/52 €

♦ Piccolo ed accogliente locale di tono moderno in cui gustare una cucina piemontese contemporanea, curata nella scelta delle materie prime e delle preparazioni. Per non rischiare con l'etilometro, il titolare-chauffeur alla guida del suo originale taxi inglese, vi preleverà sotto casa e vi riaccompagnerà a fine cena.

ATENA LUCANA – Salerno (SA) – **564** F28 – 2 362 ab. – alt. 625 m   7 D2
– ✉ 84030

▶ Roma 346 – Potenza 54 – Napoli 140 – Salerno 89

151

Villa Torre Antica   ≤ 🛗 & 🅰️ 📶 🆚 ⊕ AE ⊙ ⚡
via Indipendenza 32 – ℰ 09 75 77 90 16 – www.hoteltorreantica.com
14 cam ⌁ – †50/60 € ††70 € – 1 suite – ½ P 60 €   **Rist** – Carta 20/46 €
♦ Nato dal restauro di un vecchio torrione del XVIII secolo, questo hotel di *charme* propone raffinati confort ispirati alla modernità e camere personalizzate con mobili in stile.

sulla strada statale 19 Sud : 4 km

Magic Hotel   🏠 🛗 & 🅰️ ⓡ 🅰️ 🅿️ 🆚 ⊕ AE ⊙ ⚡
via Maglianiello 13 ⊠ 84030 – ℰ 0 97 57 12 92 – www.magichotel.it – chiuso 25-26 dicembre
44 cam ⌁ – †40/60 € ††60/80 € – 1 suite – ½ P 45 €
Rist *Magic* – vedere selezione ristoranti
♦ Costruzione d'ispirazione contemporanea lungo la statale: interni in stile lineare, con luminosi ed essenziali spazi comuni; camere semplici, ma molto accoglienti.

Magic – Magic Hotel   🅰️ ⇔ 🅿️ 🆚 ⊕ AE ⊙ ⚡
via Maglianiello 13 ⊠ 84030 – ℰ 0 97 57 12 92 – www.magichotel.it – chiuso 25-26 dicembre
Rist – Carta 20/37 €
♦ In una delle località più affascinanti della Campania, il ristorante propone pietanze dai sapori nazionali e regionali, nonché un'ampia selezione di pizze (rigorosamente cotte nel forno a legna).

ATRANI – Salerno (SA) – **564** F25 – **1 008 ab.** – alt. 12 m – ⊠ 84010   6 B2
▌ Italia

▶ Roma 270 – Napoli 69 – Amalfi 2 – Avellino 59

'A Paranza   🅰️ 🕏 🆚 ⊕ AE ⊙ ⚡
via Traversa Dragone 1 – ℰ 0 89 87 18 40 – www.ristoranteparanza.com
– chiuso dall'8 al 25 dicembre e martedì
Rist – Carta 27/62 € 🕸
♦ Nel centro del caratteristico paese, due brillanti fratelli propongono specialità di mare: espressione di saporite ricette, con ottimo rapporto qualità/prezzo.

ATRIPALDA – Avellino (AV) – **564** E26 – **11 149 ab.** – ⊠ 83042   7 C2
▶ Roma 251 – Avellino 4 – Benevento 40 – Caserta 62

Civita   🛗 & 🅰️ ⓡ 🅰️ 🅿️ 🖃 🆚 ⊕ AE ⊙ ⚡
via Manfredi 124 – ℰ 08 25 61 04 71 – www.hotelcivita.it
29 cam ⌁ – †70/85 € ††95 € – ½ P 65 €
Rist *La Tavola del Duca* – vedere selezione ristoranti
♦ In centro paese, non lontano dalla zona archeologica, albergo dagli ambienti comuni signorili e accoglienti, arredati in stile moderno. Il settore notte si distingue per camere graziose e confortevoli.

La Tavola del Duca – Hotel Civita   & 🅰️ 🕏 🅿️ 🆚 ⊕ AE ⊙ ⚡
via Manfredi 124 – ℰ 08 25 61 04 71 – www.hotelcivita.it
Rist – Carta 24/50 €
♦ La Tavola del Duca invita al proprio desco anche chi nobile non è… In un ambiente di aristocratica raffinatezza, l'ampia scelta del menu è in grado di soddisfare le più svariate esigenze: dai piatti tradizionali che esaltano i sapori irpini (delicatamente reinterpretati), ai classici italiani.

AUGUSTA Sicilia – Siracusa (SR) – **365** BA60 – **34 393 ab.** – ⊠ 96011   40 D2
▌ Sicilia

▶ Catania 42 – Messina 139 – Palermo 250 – Ragusa 103

a Brucoli Nord-Ovest : 7,5 km – ⊠ 96010

🏠🏠 NH Venus Sea Garden Resort ⬱ ← 🚗 🏊 ※ 🎐 & ⚡ 🅰️ ⚡ 🗿

contrada Monte Amara, Est : 3,5 km – ℰ 09 31 99 89 46 🅿️ VISA ⓒⓞ AE ⚡
– www.nh-hotels.com

59 cam ⬜ – †80/150 € ††90/210 € – 11 suites – ½ P 70/130 €
Rist *La Conchiglia* – vedere selezione ristoranti

♦ Seducente complesso articolato in tipici edifici di arenaria gialla, i cui ambienti interni si caratterizzano per la vivacità dei colori e la loro mediterranea semplicità. Ma non c'è tempo per chiudersi tra quattro mura: la vita si svolge all'aperto, intorno ad una splendida piscina.

✗✗ La Conchiglia – Hotel NH Venus Sea Garden Resort 🚗 🎐 & 🅰️ ※ ⟳

contrada Monte Amara , Est: 3,5 km – ℰ 09 31 99 89 46 🅿️ VISA ⓒⓞ AE ⚡
– www.framonhotels.com

Rist – Carta 31/50 €

♦ Il mare e la Sicilia entrano nei piatti con proposte creative, a volte elaborate nelle preparazioni, ma dai sapori puntualmente mediterranei e in prevalenza di pesce. Il tutto in una sala con vetrate sul Mediterraneo, che si fa ancora più "vicino" nel servizio all'aperto in terrazza.

AURONZO DI CADORE – Belluno (BL) – **562** C19 – 3 553 ab. 36 C1
– alt. 866 m – **Sport invernali : 864/1 585 m ⚡4, (Comprensorio Dolomiti superski Cortina d'Ampezzo)**⚡ – ⊠ 32041

▶ Roma 663 – Cortina d'Ampezzo 34 – Belluno 62 – Milano 402
ℹ️ via Roma 10, ℰ 0435 93 59, www.infodolomiti.it

🏠🏠 Panoramic ← 🚗 ※ 🅿️ VISA ⓒⓞ ⓞ ⚡
🔗
via Padova 15 – ℰ 04 35 40 01 98 *– www.panoramichotel.com*
– dicembre-febbraio e aprile-settembre

30 cam ⬜ – †45/80 € ††70/120 € – ½ P 75 € **Rist** – Carta 19/37 €
♦ In riva al lago e in posizione panoramica, un ampio giardino avvolge la quiete di questo albergo familiare dagli ambienti in delizioso stile montano. Semplicemente gradevoli le camere, tutte rinnovate. Accattivanti proposte del territorio nella sala da pranzo di tono rustico.

🏠 La Nuova Montanina 🚗 🛏 🎐 & ※ rist, 📞 🅿️ VISA ⓒⓞ AE ⚡
🔗
via Monti 3 – ℰ 04 35 40 00 05 *– www.lanuovamontanina.it – chiuso dal 15 al 30 novembre*

17 cam ⬜ – †40/70 € ††50/110 € – ½ P 77 € **Rist** – Carta 19/34 €
♦ Nel centro della località, hotel a conduzione familiare - recentemente ristrutturato - offre camere confortevoli e spazi comuni caratteristici. Il ristorante propone le classiche ricette nazionali e specialità cadorine.

✗ Cacciatori con cam ← 🚗 ※ 🛰 🅿️ VISA ⓒⓞ AE ⚡
🔗
via Ligonto 26 – ℰ 0 43 59 70 17 *– www.albergo-ristorante-cacciatori.eu*

12 cam ⬜ – †39/90 € ††70/120 € – ½ P 67/75 €
Rist – *(chiuso lunedì)* Carta 19/43 €
♦ Selvaggina e carni proposte in piatti dalle porzioni generose nelle due accoglienti e semplici sale di cui una ricavata dalla chiusura di una veranda con lunghe vetrate su tutto il lato. Le camere non sono di grandi dimensioni ma piacevoli e confortevoli dall'arredo minimalista in legno colorato.

AVELENGO (HAFLING) – Bolzano (BZ) – **562** C15 – 732 ab. 30 B2
– alt. 1 290 m – **Sport invernali : a Merano 2000 : 1 600/2 300 m ⚡2 ⚡5, ⚡**
– ⊠ 39010 ▏ Italia

▶ Roma 680 – Bolzano 37 – Merano 15 – Milano 341
ℹ️ via Santa Caterina 2b, ℰ 0473 27 94 57, www.hafling.com

Miramonti ⌖ ≤ 🚗 🏡 🗄 🌐 🕸 ⅙ ♨ 🎵 ⚒ 🅿 🚾 ∞ 🔥

via St. Kathrein 14 – ℰ 04 73 27 93 35 – www.hotel-miramonti.com – chiuso dal
10 al 26 novembre
31 cam ⌑ – ♦100/200 € ♦♦140/320 € – 5 suites – ½ P 110/200 €
Rist – Carta 49/74 €

♦ In posizione deliziosamente panoramica, la struttura vanta arredi ed ambienti
in stile moderno, mentre ampie vetrate sulla vallata illuminano il ristorante, dove
assaporare prelibatezze locali.

Mirabell ⌖ ≤ 🚗 🏡 🗄 🗄 🌐 🕸 🛗 🎵 rist, 🎵 🅿 🚾 ∞

via Falzeben 112 – ℰ 04 73 27 93 00 – www.residence-mirabell.com – chiuso dal
18 novembre al 17 dicembre
31 cam – solo ½ P 84/147 € **Rist** – Carta 40/58 €

♦ Una struttura che incarna appieno quello che i turisti cercano in Alto Adige:
tipicità, calda atmosfera, ma anche modernità e confort. Bellissimo il laghetto bal-
neabile con acqua riscaldata.

Viertlerhof ⌖ ≤ 🚗 🏡 🗄 🕸 🛗 🅰🅲 🎵 rist, 🎵 🅿 🚗 🚾 ∞ 🔥

via Falzeben 126 – ℰ 04 73 27 94 28 – www.viertlerhof.it – chiuso dal 14 al
28 aprile e dal 4 novembre al 18 dicembre
27 cam – 8 suites – solo ½ P 89 € **Rist** – (solo per alloggiati)

♦ Immerso nella tranquillità d'un bel giardino, un tradizionale hotel ben accesso-
riato, dagli spazi interni rinnovati con molto legno in stile moderno; pregevole
settore relax.

Mesnerwirt ⌖ ≤ 🚗 🏡 🗄 🕸 ⅙ 🛗 🎵 rist, 🎵 🅿 🚗 🔥

via alla Chiesa 2 – ℰ 04 73 27 94 93 – www.mesnerwirt.it – chiuso dal
10 novembre al 4 dicembre
39 cam ⌑ – ♦58/75 € ♦♦98/132 € – 6 suites – ½ P 84 €
Rist – Carta 28/52 €

♦ Vale sempre la pena di fermarsi in questa piacevole struttura, ma oggi ancora
più di ieri, visto che nel 2010 l'hotel ha subito un importante *restyling* ed ampliamento: camere confortevoli, belle suite, nonché un moderno centro benessere.
Prodotti locali e stagionali si sposano con la creatività al ristorante.

AVELLINO 🅟 (AV) – 564 E26 – 56 512 ab. – alt. 348 m – ✉ 83100   6 B2

▶ Roma 245 – Napoli 57 – Benevento 39 – Caserta 58
🛈 via Due Principati 38, ℰ 0825 7 47 32, www.eptavellino.it

De la Ville 🚗 🗄 🛗 & 🅰🅲 ⅙ 🎵 ⚒ 🅿 🚗 🚾 ∞ 🅰🅴 ⓪ 🔥

via Palatucci 20 – ℰ 08 25 78 09 11 – www.hdv.av.it
63 cam ⌑ – ♦170/210 € ♦♦230/280 € – 6 suites
Rist *Il Cavallino* – vedere selezione ristoranti

♦ Da sempre attivi nella realtà edile, i proprietari stessi hanno ideato e costuito
quest'enorme struttura con camere signorili ed ampi spazi personalizzati con
molto verde.

🍴🍴🍴 Il Cavallino – Hotel De la Ville 🚗 🏡 & 🅰🅲 🅿 🚾 ∞ 🅰🅴 ⓪ 🔥

via Palatucci 20 – ℰ 08 25 78 09 11 – www.hdv.av.it
Rist – Carta 34/64 € (+10 %)

♦ Mozzarella di bufala di Battipaglia, orecchiette irpine con broccoli, paccheri…
Cucina campana, allegra e solare come la regione in cui nasce: piatti semplici e
ricchi di fantasia in un ambiente piacevolmente sofisticato.

🍴 Antica Trattoria Martella 🅰🅲 🎵 🚾 ∞ 🅰🅴 ⓪ 🔥

via Chiesa Conservatorio 10 – ℰ 0 82 53 11 17 – www.ristorantemartella.it
– chiuso dal 24 al 26 dicembre, Capodanno, 1 settimana in agosto, domenica
sera, lunedì
Rist – Carta 30/50 € 🍷

♦ Un'accogliente trattoria arredata in modo classico con tavoli quadrati, propone
un buffet d'antipasti accanto ad una cucina e ad una cantina che riflettono i
sapori regionali.

in prossimità casello autostrada A 16 Avellino Est Nord-Est: 6 km

Bel Sito Hotel le Due Torri

strada statale 7 bis ✉ *83030 Manocalzati*
– ℰ 08 25 67 00 01 – www.belsitohotelduetorri.it
32 cam ⬚ – †65/95 € ††85/125 € – 1 suite – ½ P 75 €   **Rist** – Carta 23/48 €
♦ A circa 500 metri dal casello autostradale, un piacevole albergo commerciale con stanze standard ben tenute e una buona distribuzione degli spazi comuni. Ampio e comodo il parcheggio.

AVENZA – Massa Carrara (MS) – **563** J12 – Vedere Carrara

AVETRANA – Taranto (TA) – **564** F35 – 7 117 ab. – alt. 62 m   **27** D3
– ✉ 74020

▶ Roma 562 – Bari 146 – Brindisi 42 – Lecce 50

Relais Terre di Terre ◎

via per Erchie , Nord : 2 km – ℰ 09 99 70 40 99
– www.masseriabosco.it – chiuso novembre
29 cam ⬚ – †80/130 € ††110/180 € – 5 suites – ½ P 85/120 €
Rist *Relais Terre di Terre* – vedere selezione ristoranti
♦ Tra il verde odoroso degli ulivi e l'azzurro del mar Mediterraneo, la struttura è composta da due masserie: caratteristiche camere con soffitto in tufo e bagni policromi in una, stanze più moderne nell'altra.

Relais Terre di Terre – Hotel Relais Terre di Terre

via per Erchie , Nord : 2 km – ℰ 09 99 70 40 99
– www.masseriabosco.it – chiuso novembre, domenica sera e lunedì in inverno
Rist – Carta 23/45 €
♦ La tradizione si esprime anche in cucina: tra piatti a base di legumi, pasta fatta in casa e carne locale, l'olio che troverete sulla tavola proviene dagli ulivi secolari che circondano il relais. Bello e suggestivo, il ristorante presenta un'apertura di quattro metri nel pavimento: un'antica via di fuga.

AVEZZANO – L'Aquila (AQ) – **563** P22 – 41 737 ab. – alt. 695 m   **1** A2
– ✉ 67051

▶ Roma 105 – L'Aquila 52 – Latina 133 – Napoli 188

Dei Marsi

via Cavour 79/B, Sud : 3 km – ℰ 08 63 46 01 – www.hoteldeimarsi.it
112 cam ⬚ – †65/130 € ††90/200 € – 4 suites   **Rist** – Carta 28/69 €
♦ Nel cuore industriale di Avezzano, efficiente struttura di moderna concezione con spazi interni funzionali e camere in stile lineare d'ispirazione contemporanea. Ampia e accogliente sala ristorante.

AVOLA Sicilia – Siracusa (SR) – **365** AZ62 – 31 799 ab. – alt. 40 m   **40** D3
– ✉ 96012

▶ Roma 879 – Palermo 279 – Siracusa 28 – Ragusa 64

Agriturismo Masseria sul Mare ◎

contrada Gallina, (S.S 115 km 392,60), Nord-Est: 5 km
– ℰ 09 31 56 01 01 – www.masseriasulmare.it – chiuso febbraio e novembre
18 cam ⬚ – †50/100 € ††80/180 € – 3 suites
Rist – (chiuso lunedì) (chiuso a mezzogiorno) (prenotazione obbligatoria)
Menu 30 € bc
♦ 50 ettari di coltivazioni, frumento e ortaggi, circondano la masseria dagli ambienti curati e accoglienti; poco distante l'incantevole spiaggia ad accesso privato, con sabbia fine e scogli. Puntando sull'agricoltura e sull'allevamento locali, la cucina propone le tradizioni siciliane.

⌂ **Agriturismo Avola Antica** 🖐 ⋖ 🖼 🕿 ⊐ 🎢 🕏 rist, **P** 𝗩𝗜𝗦𝗔 ⊙⊙ 🖐
contrada Avola antica, Nord: 9 Km – ℰ 09 31 81 10 08 – www.avolaantica.it
– 20 aprile-settembre
9 cam ⌦ – †45/55 € ††90/110 € – ½ P 65/80 €
Rist – *(luglio-settembre)* Menu 25/40 €
♦ Armatevi di pazienza e partite in salita fino ad uno spettacolare panorama di scenografiche rocce, muretti a secco e riserve naturali: la piacevolezza della struttura vi ricompenserà! Al ristorante, prodotti dell'azienda agricola in piatti siciliani.

AYAS – Aosta (AO) – **561** E5 – 1 281 ab. – alt. 1 453 m – Sport   34 B2
invernali : 1 267/2 714 m ⅋2 (Comprensorio Monte Rosa Sky) – ✉ 11020
▶ Roma 732 – Aosta 61 – Ivrea 57 – Milano 170

ad Antagnod Nord : 3,5 km – alt. 1 699 m – ✉ 11020

🏨 **Petit Prince** 🖐 ⋖ 🖅 🏠 🕏🕏 ♨ **P** 𝗩𝗜𝗦𝗔 ⊙⊙ 🖐
route Tchavagnod 1 – ℰ 01 25 30 66 62 – www.hotelpetitprince.com
– dicembre-Pasqua e 25 giugno-15 settembre
28 cam ⌦ – †48/102 € ††98/210 € – ½ P 73/129 €
Rist *L'Etoile* – vedere selezione ristoranti
♦ In splendida posizione tranquilla e panoramica, vicino agli impianti da sci, una struttura di recente costruzione; spazi comuni confortevoli e camere con arredi in legno.

✗✗ **L'Etoile** – Hotel Petit Prince   🖅 🕏 **P** 𝗩𝗜𝗦𝗔 ⊙⊙ 🖐
route Tchavagnod 1 – ℰ 01 25 30 66 62 – www.hotelpetitprince.com
– dicembre-Pasqua e 21 giugno-settembre
Rist – *(chiuso a mezzogiorno)* Carta 24/40 €
♦ L'Etoile du Petit Prince: sembra un omaggio all'opera più conosciuta di Antoine de Saint-Exupéry. In effetti, l'accogliente sala caratterizzata da un soffitto in legno ricavato da un vecchio rascard rievoca immagini fiabesche, mentre la cucina ci riporta alla realtà con classici nazionali (e meno valdostani).

AZZANO DECIMO – Pordenone (PN) – **562** E20 – 15 398 ab.   10 B3
– alt. 14 m – ✉ 33082
▶ Roma 591 – Udine 60 – Pordenone 11 – Treviso 65

🏠 **Eurohotel**   🕏 🕏 🖼 🕏🕏 ♨ **P** 𝗩𝗜𝗦𝗔 ⊙⊙ 🅰🅴 ⊙ 🖐
via Don Bosco 3 – ℰ 04 34 63 32 05 – www.eurohotelfriuli.it – chiuso 3 settimane
in agosto
42 cam ⌦ – †57/73 € ††87/110 € – ½ P 68/80 €
Rist *All'Ancora* – vedere selezione ristoranti
♦ In posizione centrale e a due passi dal campo sportivo, camere comode e funzionali.

✗✗ **All'Ancora** – Hotel Eurohotel   🏠 🕏 🖼 ⇄ **P** 𝗩𝗜𝗦𝗔 ⊙⊙ 🅰🅴 ⊙ 🖐
via Don Bosco 3 – ℰ 04 34 63 32 05 – www.eurohotelfriuli.it – chiuso 3 settimane
in agosto, venerdì sera, sabato, domenica
Rist – Carta 30/40 €
♦ Non è necessario trovarsi in una città di mare per gustare fragranti specialità di pesce. Sicuramente la posizione geografica aiuta, ma anche Azzano – località dell'entroterra friulano - ha la sua Ancora ben salda sulle specialità ittiche.

AZZATE – Varese (VA) – **561** E8 – 4 473 ab. – alt. 332 m – ✉ 21022   18 A1
▶ Roma 622 – Stresa 43 – Bellinzona 63 – Como 30

🏨 **Locanda dei Mai Intees** 🖐   🕏 🖼 🕏🕏 ♨ **P** 𝗩𝗜𝗦𝗔 ⊙⊙ 🅰🅴 ⊙ 🖐
via Monte Grappa 22 – ℰ 03 32 45 72 23 – www.mai-intees.it
12 cam ⌦ – †100/250 € ††148/300 € – 6 suites – ½ P 114/190 €
Rist *Locanda dei Mai Intees* – vedere selezione ristoranti
♦ Un antico sonetto narra di un gruppo di amici che solevano riunirsi qui per discutere e far musica... sebbene non fossero mai d'accordo. Incantevole fusione di due edifici del '400, la struttura propone un'atmosfera ricca di charme con mobili in stile ed un salotto nella veranda: Mai Intees, ma concordi sull'amenità!

XX **Locanda dei Mai Intees** – Hotel Locanda dei Mai Intees 🛱 ⅢⒸ ⇔ **P**
via Monte Grappa 22 – ℰ *03 32 45 72 23* 🚾 ⓪ ⅢⒺ ⓪ ⑤
– *www.mai-intees.it*
Rist – Menu 55 € – Carta 44/68 €
♦ Se nel Medioevo il piano inferiore dell'attuale Locanda dei Mai Intees ospitava
le carceri, ora è un bel ristorante ad occuparne gli spazi. Piatti della tradizione
regionale ed internazionale in un ambiente caratteristico, composto da più sale:
la principale, ovvero quella degli Affreschi, era anticamente una farmacia.

X **Hosteria da Bruno** ⅢⒸ 🚾 ⓪ ⅢⒺ ⓪ ⑤
via Piave 43/a – ℰ *03 32 45 40 93 – chiuso dal 5 al 29 agosto, martedì*
Rist – (consigliata la prenotazione la sera) Carta 25/44 €
♦ Bruno, che dal nonno ha ereditato nome e passione, ripropone quest'insegna
con oltre mezzo secolo di storia. Il ristorante è rustico, ma piacevole proprio per
quest'aura di autenticità, nelle sedie impagliate, nelle panche disposte intorno ad
un caminetto, nelle foto di famiglia appese alle pareti. Cucina regionale.

BACOLI – Napoli (NA) – **564** E24 – **27 278 ab.** – ✉ **80070** 🛈 Italia **6 A2**
🚹 Roma 242 – Napoli 27 – Formia 77 – Pozzuoli 8
◎ Cento Camerelle★ – Piscina Mirabile★
🄶 Terme★★ di Baia

🏨 **Cala Moresca** ⑤ ⟨ 🚄 🛴 🛱 🛴 ✂ 🍴 📶 ⅢⒸ ✂ rist, ⅋ 🛴 **P**
via del Faro 44, località Capo Miseno – ℰ *08 15 23 55 95* ⓪ ⅢⒺ ⓪ ⑤
– *www.calamoresca.it*
34 cam 🖵 – ♥85/90 € ♥♥130/160 € – ½ P 80/95 €
Rist – (chiuso dal 24 al 26 dicembre) Carta 31/53 €
♦ Una panoramica e tranquilla posizione, discesa a mare privata, camere luminose e gradevoli per questo hotel moderno e di sobria eleganza. D'estate, animazione a bordo piscina. Accomodatevi al ristorante per contemplare la scenografica
vista sul golfo e sulla costa. La sera, anche pizzeria.

🏠 **Villa Oteri** ⟨ ⅢⒸ ✂ rist, ⅋ **P** 🚾 ⓪ ⅢⒺ ⓪ ⑤
via Miliscola 18 – ℰ *08 15 23 49 85 – www.villaoteri.it*
9 cam 🖵 – ♥65/90 € ♥♥85/120 € – ½ P 75 €
Rist – Menu 20/30 € – Carta 25/44 €
♦ Villa di inizio Novecento, dall'esterno colorato ed appariscente, conserva all'interno le caratteristiche della struttura originale ed offre camere confortevoli e una
speciale accoglienza. Specialità culinarie dell'area flegrea.

XX **A Ridosso** 🛱 ⅢⒸ **P** 🚾 ⓪ ⅢⒺ ⓪ ⑤
via Mercato di Sabato 320 – ℰ *08 18 68 92 33 – www.ristorantearidosso.com*
– chiuso dal 23 dicembre al 4 gennaio, dal 16 al 31 agosto, domenica sera e lunedì
Rist – (chiuso a mezzogiorno) (consigliata la prenotazione) Carta 35/55 €
♦ A ridosso di una collina, un locale piccolo ed elegante, la cui costante cura per
i dettagli è testimoniata da numerose ceramiche e vetrinette. Nei piatti solo i prodotti del mare. (Su prenotazione, anche menu di terra).

BADALUCCO – Imperia (IM) – **1 242 ab.** – alt. 179 m – ✉ **18010** **14 A3**
🚹 Roma 643 – Imperia 31 – Cuneo 124 – San Remo 24
🛈 via Marco Bianchi 1, ℰ 0184 40 70 07, www.visitrivieradeifiori.it

🏠 **Macine del Confluente** 🚄 🛴 ✂ **P** 🚾 ⓪ ⓪ ⑤
località Oxentina, Sud : 2,5 km – ℰ *01 84 40 70 18*
– *www.lemacinedelconfluente.com – chiuso novembre*
6 cam 🖵 – ♥85/90 € ♥♥100/110 € – ½ P 78 €
Rist – (chiuso lunedì e martedì) (chiuso a mezzogiorno escluso domenica e
giorni festivi) Menu 32 € – Carta 27/52 €
♦ Due solide costruzioni in pietra riproducono l'atmosfera di un antico mulino:
romantiche camere allietate da un caminetto ed una cucina dai tipici sapori regionali.

BADIA = ABTEI – Bolzano (BZ) – Vedere Alta Badia

BADIA A PASSIGNANO – Firenze (FI) – **563** L15 – Vedere Tavarnelle Val di Pesa

BADIA DI DULZAGO – Novara (NO) – Vedere Bellinzago Novarese

BADICORTE – Arezzo (AR) – **563** M17 – Vedere Marciano della Chiana

BADIOLA – Grosseto (GR) – Vedere Castiglione della Pescaia

BAGGIOVARA – Modena (MO) – Vedere Modena

BAGNAIA – Viterbo (VT) – **563** O18 – **alt. 441 m** – ⊠ **01031** ▌ Italia   **12** B1
▶ Roma 109 – Viterbo 5 – Civitavecchia 63 – Orvieto 52
◉ Villa Lante★★

X   **Biscetti** con cam   ⏚ 🛗 🏧 cam, ⏸ 🅿 🚗 🅅🅸🅂🄰 ⓿ ⓞ 💰
⊗   via Gen. A. Gandin 11/A ⊠ 01100 – 🖉 07 61 28 82 52 – www.hotelbiscetti.it
       23 cam ⊑ – ♦35/45 € ♦♦58/68 €, ⊒ 6 € – ½ P 55/65 €
       Rist – (chiuso giovedì) Carta 19/35 €
       ◆ Proposta di piatti locali d'impronta casalinga per un ristorante con una lunga
       storia. Un sicuro punto di approdo per chi ricerca la genuinità e rifugge le novità.

BAGNAIA – Livorno (LI) – **563** N13 – Vedere Elba (Isola d') : Rio nell'Elba

BAGNARA CALABRA – Reggio di Calabria (RC) – **564** M29   **5** A3
– **10 661 ab.** – **alt. 50 m** – ⊠ **89011**
▶ Roma 671 – Reggio Calabria 35 – Catanzaro 130 – Cosenza 160

X   **Taverna Kerkira**   🏧 🅅🅸🅂🄰 🆎 🆎 ⓞ
⊗   corso Vittorio Emanuele 217 – 🖉 09 66 37 22 60 – chiuso dal 20 dicembre al
       15 gennaio, dal 1° agosto al 15 settembre, lunedì, martedì
       Rist – (consigliata la prenotazione) Carta 31/53 €
       ◆ Moussaka (melanzane e ragù d'agnello), carpaccio di lampuga con menta e
       cipolle, mousse di yogurt greco con scaglie di cioccolato: fragranze di mare e
       sapori ellenici... sullo Ionio, ma pensando all'Egeo.

BAGNARA DI ROMAGNA – Ravenna (RA) – **562** I17 – **2 250 ab.**   **9** C2
– **alt. 22 m**
▶ Roma 55 – Bologna 55 – Acquaviva 88 – Ravenna 41

🏠   **La Locanda di Bagnara**   🛗 🏧 🅅🅸🅂🄰 🆎 🆎 ⓞ 💰
       piazza Marconi 10 – 🖉 0 54 57 69 51 – www.locandabagnara.it
       – chiuso dal 10 al 20 agosto
       8 cam ⊒ – ♦70/90 € ♦♦100/190 € – 1 suite – ½ P 85/130 €
       Rist Rocca – vedere selezione ristoranti
       ◆ Nel cuore di questa piccola frazione, edificio del 1870 restaurato su modello
       di una raffinata e moderna locanda: arredi eleganti e confort al passo con i
       tempi odierni.

XX   **Rocca** – La Locanda di Bagnara   🏧 🍴 ⇄ 🅅🅸🅂🄰 🆎 🆎 ⓞ 💰
       piazza Marconi 10 – 🖉 0 54 57 69 51 – www.locandabagnara.it
       – chiuso dal 10 al 20 agosto e lunedì
       Rist – Menu 50 € – Carta 31/60 €
       ◆ Dopo molteplici esperienze in giro per il mondo (Londra, New York o l'esotica
       Kuala Lumpur), Mirko, lo chef-patron, è tornato a casa per delizie i suoi ospiti con
       piatti creativi, ma non dimentichi della tradizione: pasta rigorosamente fatta in
       casa e vini accuratamente selezionati dal cantiniere.

BAGNARIA ARSA – Udine (UD) – **562** E21 – **3 491 ab.** – **alt. 18 m**   **11** C3
– ⊠ **33050**
▶ Roma 624 – Udine 26 – Grado 31 – Pordenone 66

⌂ **Agriturismo Mulino delle Tolle**   ⅋ 🎬 ⅍ P̄ 🆅🆂🅰 ⊚ ♫

località Sevegliano, statale Palmanova-Grado, Sud-Ovest : 2 km
– ☎ 04 32 92 47 23 – www.mulinodelletolle.it – chiuso 15 giorni in gennaio
10 cam ⌑ – ♦55 € ♦♦77 €
Rist – *(chiuso da lunedì a giovedì)* Carta 18/20 €
♦ Lazzaretto secentesco o dogana di confine all'epoca degli Asburgo? Una testina votiva in cotto - oggi marchio dell'azienda - ammicca invece alla sua lunga tradizione vitivinicola. Al ristorante: proposte giornaliere di cucina regionale e piatti di terra (carni di produzione propria).

BAGNI DI LUCCA – Lucca (LU) – 563 J13 – 6 558 ab. – alt. 150 m   **28** B1
– ✉ 55022
▶ Roma 350 – Pisa 48 – Firenze 77 – Lucca 27

🏨 **Regina Park Hotel** senza rist   ⅋ 🛋 🕸 ⅋ P̄ 🆅🆂🅰 ⊚ 🅰🅴 ♫

viale Umberto I° 157 – ☎ 05 83 80 55 08 – www.coronaregina.it – chiuso dal 15 gennaio a marzo
14 cam ⌑ – ♦35/109 € ♦♦39/149 € – 1 suite
♦ In un palazzo della fine del XVIII secolo, comodo indirizzo tanto per chi sceglie una vacanza culturale, quanto per chi opta per un soggiorno di relax. Giardino con piscina sul retro.

🍴🍴 **Corona** con cam   🍴 ⅋ rist, 🕸 🆅🆂🅰 ⊚ 🅰🅴 ♫

frazione Ponte a Serraglio – ☎ 05 83 80 51 51 – www.coronaregina.it
20 cam ⌑ – ♦33/84 € ♦♦35/109 € – ½ P 50/85 €
Rist – *(chiuso dal 1° al 15 febbraio e mercoledì)* Menu 20/32 € – Carta 25/38 €
♦ L'elegante sala offre una magnifica vista sul fiume grazie alle ampie vetrate che la circondano ed illuminano; d'estate si mangia anche in terrazza. Cucina locale, talvolta rivisitata.

BAGNI NUOVI – Sondrio (SO) – Vedere Valdidentro

BAGNI SAN FILIPPO – Siena (SI) – 563 N17 – ✉ 53023   **29** D3
▶ Roma 186 – Siena 62 – Firenze 135 – Grosseto 81

🏨 **Terme San Filippo**   🌅 🛋 🈲 ⅋ ▮ & cam, 🎬 cam, ⅋ 🕸 P̄
via San Filippo 23 – ☎ 05 77 87 29 82   🆅🆂🅰 ⊚ 🅰🅴 ♫
– www.termesanfilippo.it – Pasqua-1° novembre
27 cam ⌑ – ♦58/68 € ♦♦110/120 €   **Rist** – Menu 22 €
♦ In un complesso di antiche origini abbracciato dal parco, l'hotel dispone di accoglienti camere dall'arredo ligneo, rilassanti zone comuni ed accesso diretto alle terme. Una piccola carta con proposte classiche di tradizione mediterranea nella semplice sala ristorante.

BAGNO A RIPOLI – Firenze (FI) – 563 K15 – 25 913 ab. – alt. 75 m   **29** D3
– ✉ 50012
▶ Roma 270 – Firenze 9 – Arezzo 74 – Montecatini Terme 63
ℹ piazza della Vittoria 1, ☎ 055 6 39 02 22, www.turismo.intoscana.it

🏨🏨🏨 **Villa Olmi Resort**   🌅 🛋 🛏 ⅋ & ⅋⅋ 🎬 🕸 ⅍ P̄ 🆅🆂🅰 ⊚ 🅰🅴 ① ♫

via degli Olmi 4/8 – ☎ 0 55 63 77 10 – www.villaolmiresort.com – chiuso gennaio-febbraio
59 cam ⌑ – ♦330 € ♦♦410 € – 3 suites   **Rist** – Carta 64/86 €
♦ Una villa del Settecento ed una più recente, collegate tra loro con un passaggio nel sottosuolo, offrono ambienti eleganti e personalizzati, arredati con pezzi di antiquariato. In sala da pranzo, antichi candelieri al soffitto, nature morte alle pareti ed una fantasiosa cucina italiana.

a Candeli Nord : 1 km – ✉ 50012

🏨🏨 Villa La Massa ⌖ ≤ ⚓ 🏊 🎧 🛎 🛗 ᫤ 📶 🕍 🅿 📹 ⚙ 🅰🅴 ⓪ ✆
via della Massa 24 – ✆ 05 56 26 11 – www.villalamassa.it – 25 marzo-6 novembre
24 cam ⌑ – ✝285/395 € ✝✝395/490 € – 13 suites – ½ P 273/320 €
Rist *Il Verrocchio* – vedere selezione ristoranti
♦ Avvolta dal verde e dalla tranquillità dei colli, la seicentesca villa medicea offre spettacolari viste sull'Arno ed ambienti arredati in stile. Servizio navetta per il centro di Firenze.

XXXX Il Verrocchio – Hotel Villa La Massa ⚓ ⚓ 🛗 🛗 ⚙ ⟳ 🅿
via della Massa 24 – ✆ 05 56 26 11 📹 ⚙ 🅰🅴 ⓪ ✆
– www.villalamassa.it – 22 marzo-3 novembre
Rist – Carta 64/115 €
♦ Dal nome dell'artista fiorentino alla cui bottega si formò l'immenso Leonardo da Vinci, il ristorante Verrocchio vanta un'elegante sala con soffitto a volte, nonché un'eccezionale terrazza sull'Arno per il servizio all'aperto. La carta è equamente divisa tra sapori tipici regionali e piatti classici italiani.

BAGNO DI ROMAGNA – Forlì-Cesena (FC) – **562** K17 – **6 154 ab.**   **9** D3
– alt. 491 m – ✉ 47021
▶ Roma 289 – Rimini 90 – Arezzo 65 – Bologna 125
ℹ via Fiorentina 38, ✆ 0543 91 10 46, www.bagnodiromagnaturismo.it

🏨🏨🏨 Ròseo Hotel Euroterme ⚓ 🏊 🏊 ⊕ 🎧 🎧 ❤ 🛗 ⛲ 🛎 🛗 🧖 🛗 ⚙ 📶 🕍 🅿
via Lungosavio 2 – ✆ 05 43 91 14 14 – www.euroterme.com 📹 ⚙ 🅰🅴 ⓪ ✆
251 cam ⌑ – ✝116/168 € ✝✝180/282 € – 3 suites   **Rist** – Menu 35/48 €
♦ Storico hotel locale, che qualche anno fa ha cambiato gestione, subendo un radicale intervento di rinnovo. In sintesi: un buon indirizzo con attrezzato centro benessere e termale.

🏨🏨🏨 Tosco Romagnolo 🏊 ⊕ 🎧 🛗 🛎 🛗 🛗 ⚙ 🛗 🕍 🅿
  🍃 piazza Dante 2 – ✆ 05 43 91 12 60 – www.paoloteverini.it
46 cam ⌑ – ✝70/156 € ✝✝140/250 € – 4 suites
Rist *Paolo Teverini*❀ – vedere selezione ristoranti
Rist *Prêt-à-Porter* – Menu 16 € (pranzo)/28 € – Carta 29/47 € 🍴
♦ Ambiente raffinato, gestito da personale con esperienza nel settore. Dispone di camere spaziose, una piscina panoramica ed una Beauty spa: ideali per dimenticare la routine.

🏨🏨 Balneum 🛎 🛗 cam, 🛗 cam, ⚙ rist, 🛗 🛜 📹 ⚙ 🅰🅴 ⓪ ✆
  🍽 via Lungosavio 15/17 – ✆ 05 43 91 10 85 – www.hotelbalneum.it – chiuso dal 16 gennaio al 10 febbraio
40 cam ⌑ – ✝49/72 € ✝✝70/96 € – ½ P 62/84 €   **Rist** – Carta 22/30 €
♦ Tranquilla struttura a gestione familiare, situata all'ingresso del paese, che oggi si propone con camere in gran parte ristrutturate, alcune sono dotate di bagno turco. Ristorante con atmosfera informale e cucina locale.

XXX Paolo Teverini – Hotel Tosco Romagnolo 🛗 🛗 ⟳ 🅿 📹 ⚙ 🅰🅴 ✆
  ❀ piazza Dante 2 – ✆ 05 43 91 12 60 – www.paoloteverini.it – chiuso lunedì e martedì escluso agosto e a mezzogiorno escluso sabato e domenica
Rist – (consigliata la prenotazione) Menu 64/88 € – Carta 68/90 € 🍴
Spec. Tartare di gamberi di fiume su crema di patate all'olio di zenzero e caviale. Cubetti di pasta fresca cucinati come un risotto ai funghi di bosco. Scamone di chianina arrostito alla frutta secca con patate al tartufo nero.
♦ In due sale - una classica, l'altra più moderna - la cucina reinterpreta le tradizioni romagnole e toscane, con un'attenzione particolare per i formaggi.

XX Cenacolo 🛗 📹 ⚙ ✆
  🍃 via Santa Lucia 10 – ✆ 05 43 91 10 05 – www.cenacolosantalucia.it – chiuso mercoledì escluso da giugno a settembre
Rist – Menu 13/28 € – Carta 18/40 €
♦ In pieno centro storico, fra le antiche mura di una chiesetta del XIII secolo, dove un tempo si officiava la messa, oggi si celebra una gustosa cucina mediterranea. Tavoli scuri e tovagliato in stile bistrot per un ambiente giovane ed originale.

ad Acquapartita Nord-Est : 8 km – alt. 806 m – ⊠ 47021 San Piero In Bagno

🏨 **Miramonti** 🚗 🖼 🕙 ☆ ⅃∂ 🖩 🕹 ⅃ ☆☆ 🖾 🕉 rist. 🍴 **P** 🚗 🖾 🐵 🕉

via Acquapartita 103 – 𝒞 05 43 90 36 40 – www.selecthotels.it
– 24 dicembre-6 gennaio e aprile-ottobre
46 cam ⌷ – †65/100 € ††70/140 € – ½ P 82 € **Rist** – Menu 30 € bc
♦ Ubicata tra i folti boschi appenninici, la struttura dispone di ottimi servizi, arredi di qualità e belle camere. Al ristorante: la vista spazia sul lago di Aquapartita, mentre il gusto si "distrae" con piatti della tradizione locale, che trae spunto dalla cucina romagnola e da quella toscana.

a San Piero In Bagno Nord-Est : 2,5 km – ⊠ 47021

🍴🍴 **Locanda al Gambero Rosso** con cam 🖾 rist. 🛠 🖾 🐵 🕦 🕉

☺ *via Verdi 5 – 𝒞 05 43 90 34 05 – www.locandagamberorosso.it*
4 cam – †65 € ††80 €, ⌷ 5 € – ½ P 70 €
Rist – *(chiuso domenica sera, lunedì, martedì, anche mercoledì in gennaio e febbraio)* Carta 30/40 €
♦ Indirizzo giusto per chi cerca la genuinità dei piatti della cucina locale, compresa quella "povera". Salutare tuffo nel passato in un'impeccabile ambiente di gusto femminile.

BAGNOLO IN PIANO – Reggio Emilia (RE) – **562** H14 – **9 519 ab.**   **8** B3
– alt. 32 m – ⊠ 42011

▶ Roma 433 – Parma 38 – Modena 30 – Reggio nell'Emilia 8

🍴 **Trattoria da Probo** 🕹 🖾 🛠 ⇔ **P** 🖾 🐵 🖾 🕦 🕉

☺☺ *via Provinciale Nord 13 – 𝒞 05 22 95 13 00 – www.trattoriadaprobo.it – chiuso dal 2 al 10 gennaio, le sere di domenica, lunedì e martedì; in luglio-agosto anche domenica a mezzogiorno*
Rist – Menu 15 € bc/35 € bc – Carta 26/44 €
♦ Una vecchia trattoria di campagna che ha subito rinnovi nelle piacevoli sale, ma non nello spirito dell'accoglienza e nell'impostazione di una cucina vicina alla tradizione.

BAGNOLO SAN VITO – Mantova (MN) – **561** G14 – **5 900 ab.**   **17** D3
– alt. 19 m – ⊠ 46031

▶ Roma 460 – Verona 48 – Mantova 13 – Milano 188

🍴🍴 **Villa Eden** 🚗 🕿 🕹 🖾 ⇔ **P** 🖾 🐵 🖾 🕦 🕉

via Gazzo 6 – 𝒞 03 76 41 56 84 – www.ristorantevillaeden.it
– chiuso dal 1 settimana in gennaio, 3 settimane in agosto, domenica sera, lunedì, martedì
Rist – Carta 38/56 €
♦ Una villa tra i campi, che si presenta quasi come un'ospitale abitazione privata: una cucina delicata che sa valorizzare le materie prime, in un ben riuscito mix di tradizione e moderata innovazione.

BAGNOREGIO – Viterbo (VT) – **563** O18 – **3 701 ab.** – alt. 484 m   **12** A1
– ⊠ 01022

▶ Roma 125 – Viterbo 28 – Orvieto 20 – Terni 82
◉ Civita ★

🏠 **Romantica Pucci** 🖾 cam, 🕿 **P** 🖾 🐵 🖾 🕦 🕉

☺☺ *piazza Cavour 1 – 𝒞 07 61 79 21 21 – www.hotelromanticapucci.it*
7 cam ⌷ – ††80 €
Rist – *(chiuso lunedì) (chiuso a mezzogiorno escluso sabato e domenica)* (consigliata la prenotazione) Carta 20/35 €
♦ In un palazzo del XIV sec., piacevole risorsa caratterizzata da camere arredate con gusto e attenzioni particolari, ma tutte diverse tra loro. Si respira un'atmosfera d'intima familiarità. La cucina propone pochi piatti fatti al momento, una cucina semplice e casalinga.

XX **Hostaria del Ponte** ← 🛅 🗚 ⅀ 🎎 VISA ⦿ ㏂ ① ⚄

località Mercatello 11 – ☎ 07 61 79 35 65 – www.hostariadelponte.it – chiuso dal 25 febbraio al 9 marzo, 15 giorni in novembre, domenica sera (escluso da maggio a settembre), lunedì

Rist – Carta 23/38 €

◆ Il ponte è quello che porta al borgo di Civita: uno dei paesaggi più spettacolari della regione, imperdibile dalla terrazza del locale. Dalla cucina - invece - gli intramontabili piatti del territorio, elaborati con capacità e passione.

BAGNO VIGNONI – Siena (SI) – **563** M16 – **Vedere San Quirico d'Orcia**

BAIA DOMIZIA – Caserta (CE) – **563** S23 – ✉ 81030 6 A2

▶ Roma 167 – Frosinone 98 – Caserta 53 – Gaeta 29

🏠 **Della Baia** 🦢 ← 🚃 🛥 🗙 🗚 ⅀ rist. 🕮 🅿 VISA ⦿ ㏂ ① ⚄

via dell'Erica – ☎ 08 23 72 13 44 – www.hoteldellabaia.it – 19 maggio-24 settembre

50 cam ⚏ – †90/115 € ††130/170 €, ⚏ 12 € – ½ P 135 € **Rist** – Menu 35/40 €

◆ Il gradevole e curato giardino si spinge proprio fino al limite della spiaggia, a pochi passi dal mare. La conduzione familiare è accogliente e belle le parti comuni. Affidabile e apprezzato il ristorante.

BAIA SARDINIA **Sardegna** – Olbia-Tempio (OT) – **366** R37 – **Vedere Arzachena: Costa Smeralda**

BALDICHIERI D'ASTI – Asti (AT) – 1 056 ab. – alt. 173 m – ✉ 14011 25 C1

▶ Roma 626 – Torino 50 – Alessandria 47 – Asti 12

🏠 **Madama Vigna** 🖹 & 🗚 ⁋ 🅿 VISA ⦿ ㏂ ① ⚄

via Nazionale 41 – ☎ 01 41 65 92 38 – www.madamavigna.it

16 cam ⚏ – †50/60 € ††80/90 € – ½ P 65/70 €

Rist *Madama Vigna* – vedere selezione ristoranti

◆ All'incrocio di una strada trafficata, un edificio in mattoni di fine Ottocento: al suo interno, confort e tranquillità nelle camere dai colori vivaci e porte dipinte a mano. Ideale per una clientela business.

X **Madama Vigna** – Hotel Madama Vigna & 🗚 🅿 VISA ⦿ ㏂ ① ⚄

🕮 *via Nazionale 41 – ☎ 01 41 65 92 38 – www.madamavigna.it – chiuso dal 2 al 10 gennaio, dal 10 al 27 agosto e lunedì*

Rist – Carta 20/30 €

◆ Una bella carta dei vini, con particolare attenzione al territorio, fa da "spalla" ad una cucina che propone tante specialità regionali: agnolotti al plin con la fonduta, fassone piemontese, gallina bionda di Villanova, l'immancabile bunet, ed altro ancora.

BALDISSERO TORINESE – Torino (TO) – **561** G5 – 3 735 ab. 22 B1

– alt. 421 m – ✉ 10020

▶ Roma 656 – Torino 13 – Asti 42 – Milano 140

XXX **Osteria del Paluch** 🛅 🅿 VISA ⦿ ⚄

via Superga 44, Ovest : 3 km – ☎ 01 19 40 87 50 – www.ristorantepaluch.it – chiuso 2 settimane in gennaio, 2 settimane in novembre, domenica sera, lunedì, e a mezzogiorno escluso domenica

Rist – Carta 38/61 €

◆ Elegante e ben curato, a classica conduzione diretta, propone una cucina piemontese con predilezione verso percorsi moderni e creativi. Servizio estivo all'aperto.

a Rivodora Nord-Ovest : 5 km – ✉ 10020

X **Torinese** 🛅 🗚 ⟳ VISA ⦿ ⚄

🕮 *via Torino 42 – ☎ 07 34 85 80 88 – www.ristoranteilmelograno.it – chiuso dal 7 al 30 gennaio, dal 2 al 14 agosto, martedì e mercoledì*

Rist – Carta 20/46 €

◆ Semplici piatti piemontesi fatti in casa delizieranno gli ospiti nelle due sale di questa tipica trattoria vecchio stile situata sulla collina di Superga, a pochi passi da Torino.

BALLABIO – Lecco (LC) – **561** E10 – **3 937 ab.** – alt. 661 m – ✉ 23811   **16** B2

▶ Roma 617 – Bergamo 41 – Como 38 – Lecco 6

🖪 via Confalonieri 2/a, 𝒞 0341 53 06 01, www.prolocoballabio.it

🏠 **Sporting Club**   ▤ ⅄ rist, 𝘷𝘪𝘴𝘢 ⓪ ⒜⒠ ⓞ ⅾ
🍽 via Casimiro Ferrari 3, a Ballabio Superiore, Nord : 1 km – 𝒞 03 41 53 01 85
– www.albergosportingclub.com
14 cam ⌸ – †65 € ††85 € – ½ P 75 €   **Rist** – Carta 23/37 €
♦ Ai piedi delle Grigne, palestra per molti noti alpinisti, una risorsa moderna adatta ad un soggiorno di gradevole essenzialità. Solarium in terrazza, buoni spazi comuni. Classico ristorante d'albergo a conduzione familiare.

BARAGAZZA – Bologna (BO) – **562** J15 – **Vedere Castiglione dei Pepoli**

BARANO D'ISCHIA – Napoli (NA) – **564** E23 – **Vedere Ischia (Isola d')**

BARBARANO – Brescia (BS) – **Vedere Salò**

BARBARESCO – Cuneo (CN) – **561** H6 – **688 ab.** – alt. 274 m   **25** C2
– ✉ 12050

▶ Roma 642 – Genova 129 – Torino 57 – Alessandria 63

ⅩⅩⅩ **Al Vecchio Tre Stelle** con cam   ⒜⒞ ℉ 𝘷𝘪𝘴𝘢 ⓪ ⒜⒠ ⓞ ⅾ
localitá Tre Stelle, Sud : 3 km – 𝒞 01 73 63 81 92 – www.vecchiotrestelle.it
– chiuso dal 24 dicembre al 1° febbraio e dal 1° al 20 agosto
6 cam ⌸ – †60/90 € ††75/110 € – ½ P 80/100 €
Rist – (chiuso martedì) (consigliata la prenotazione a pranzo) Menu 30/60 €
– Carta 38/65 € ⅋
♦ A pochi chilometri dal centro di Barbaresco, eleganza e spazi si moltiplicano all'interno di questo locale, mentre i prodotti regionali vivacizzano il menu: dalle paste fresche alle pregiate carni.

ⅩⅩ **Antinè** (Andrea Marino)   ⒜⒞ ⅋ 𝘷𝘪𝘴𝘢 ⓪ ⒜⒠ ⓞ ⅾ
❀ via Torino 16 – 𝒞 01 73 63 52 94 – www.antine.it – chiuso dal 27 dicembre al
25 gennaio, dal 10 al 25 agosto e mercoledì
Rist – Menu 60 € – Carta 45/69 € ⅋
Spec. Petto d'anatra affumicato con foie gras e mele. Tajarin tradizionali tagliati al coltello con ragù d'agnello alle erbe. Quaglie disossate con salsa al moscato passito e uvetta.
♦ Lungo la strada che attraversa il centro del caratteristico paese - al primo piano di un edificio d'epoca - la cucina rimane fedele ai classici di Langa, non disdegnando qua e là qualche spunto creativo.

BARBERINO DI MUGELLO – Firenze (FI) – **563** J15 – **10 853 ab.**   **29** C1
– alt. 270 m – ✉ 50031

▶ Roma 308 – Firenze 34 – Bologna 79 – Milano 273

in prossimità casello autostrada A 1 Sud-Ovest : 4 km :

ⅩⅩ **Cosimo de' Medici**   ⒜⒞ ⒫ 𝘷𝘪𝘴𝘢 ⓪ ⒜⒠ ⓞ ⅾ
viale del Lago 19 ✉ 50030 Cavallina – 𝒞 05 58 42 03 70
– www.ristorantecosimodemedici.com – chiuso dal 1° al 20 agosto, domenica
sera, lunedì
Rist – Carta 31/43 €
♦ Storico ristorante in cui gustare una cucina tradizionale con proposte prevalentemente toscane. Professionalità e cortesia nell'unica ampia sala.

BARBERINO VAL D'ELSA – Firenze (FI) – **563** L15 – **4 278 ab.**   **29** D1
– alt. 373 m – ✉ 50021   ▮ Toscana

▶ Roma 260 – Firenze 32 – Siena 36 – Livorno 109

163

a Petrognano Ovest : 3 km – ⊠ 50021 Barberino Val D'Elsa

XX **Il Paese dei Campanelli** 🏠 P VISA ⊚ AE ⑤
località Petrognano 4 – ℰ 05 58 07 53 18 – www.ilpaesedeicampanelli.it – chiuso 20 giorni in gennaio o febbraio, lunedì e a mezzogiorno escluso i giorni festivi
Rist – Carta 32/46 €
♦ Originale collocazione all'interno di un antico casale di campagna con pareti in pietra e rifiniture in legno; d'estate si mangia anche all'aperto, tra vigne e ulivi.

a Ponzano Sud : 2 km – ⊠ 50021 Barberino Val D'Elsa

⌂ **La Torre di Ponzano** senza rist e senza ⌸ ⤵ ← 🖾 ⤵ ⅏ P
strada di Ponzano 8 – ℰ 05 58 05 92 55 VISA ⊚ ⑤
– www.torrediponzano.it – chiuso dal 7 al 29 gennaio
6 cam – ♦70/104 € ♦♦89/150 €
♦ Sul crinale di una collina che offre una doppia, incantevole, vista, una risorsa ricavata in parte da un edificio cinquecentesco, con camere in stile rustico-elegante ed attrezzato giardino. A disposizione anche un casale adiacente alla struttura principale con tre camere da letto.

BARBIANELLO – Pavia (PV) – **561** G9 – 861 ab. – alt. 67 m – ⊠ 27041 **16 B3**
🖪 Roma 557 – Piacenza 45 – Alessandria 68 – Milano 56

X **Da Roberto** AC ⟲ VISA ⊚ AE ⑤
⊚ *via Barbiano 21 – ℰ 0 38 55 73 96 – www.daroberto.it – chiuso dal 1° al 7 gennaio, luglio, lunedì e la sera escluso venerdì e sabato*
⊛ **Rist** – Menu 18 € bc/30 €
♦ Trattoria di fine '800 caratterizzata da ambienti rustici e curati: in due sale con camino, proposte tipiche dai sapori genuini presentate a voce. I secondi prevedono solo carne.

BARBIANO – Parma (PR) – Vedere Felino

BARCUZZI – Brescia (BS) – Vedere Lonato

BARDINO VECCHIO – Savona (SV) – Vedere Tovo San Giacomo

BARDOLINO – Verona (VR) – **562** F14 – 6 720 ab. – alt. 65 m **35 A3**
– ⊠ 37011 ▮ Italia
🖪 Roma 517 – Verona 27 – Brescia 60 – Mantova 59
🖪 piazzale Aldo Moro 5, ℰ 045 7 21 00 78, www.tourism.verona.it
🖾 Cà degli Ulivi via Ghiandare 2, 045 6279030, www.golfcadegliulivi.it
◉ Chiesa★

🏨 **Color Hotel** 🖾 ⌷ ⌸ ⅙ AC ⟿ ⅏ rist, ⌲ ⚙ P VISA ⊚ ⑤
via Santa Cristina 5 – ℰ 04 56 21 08 57 – www.colorhotel.it – aprile-ottobre
90 cam ⌸ – ♦106/174 € ♦♦118/254 € – 17 suites
Rist – Menu 50 € – Carta 46/70 €
♦ Belli gli spazi aperti tra cui una piscina grande, una piccola con cascate colorate ed un enorme idromassaggio; i balconi delle camere sono arredati con mobili coloratissimi.

🏨 **San Pietro** 🖾 ⌷ ⌸ AC ⟿ ⚙ ⌲ P VISA ⊚ AE ⑤
via Madonnina 15 – ℰ 04 57 21 05 88 – www.hotelsanpietro.eu
– 26 marzo-15 ottobre
50 cam ⌸ – ♦50/100 € ♦♦70/180 € **Rist** – Menu 35 €
♦ A due passi dal centro, una bella struttura dalla gestione attenta e con un piccolo grazioso giardino antistante l'ingresso. Camere accoglienti, sostanzialmente di due tipologie. La sala ristorante è ampia e capiente, a pranzo servizio snack-bar.

🏨 **Kriss Internazionale** ← 🖾 ⌷ 🏠 ⌸ ⅙ ⌷ ⅙ AC ⟿ ⚙ rist, ⌲ P ⌲
lungolago Cipriani 3 – ℰ 04 56 21 24 33 – www.kriss.it VISA ⊚ ⑤
– chiuso dicembre e febbraio
34 cam ⌸ – ♦55/118 € ♦♦80/178 € – 4 suites **Rist** – Carta 31/43 €
♦ Sulla bella passeggiata fronte lago, la casa offre camere di diverse tipologie: alcune classiche altre in stile rustico, moderne invece le ultime realizzate. Ampia proposta di piatti della tradizione italiana per soddisfare palati internazionali.

☐ **Bologna** senza rist 　🔲 📶 & 🅰️ 🔛 🆒 📶 P 🛋️ VISA AE
via Mirabello 19 – ℰ 04 57 21 00 03 – www.hotelbologna.info
– aprile-20 ottobre
33 cam ⬛ – ♦♦80/114 €
♦ Sono le due figlie dei fondatori ad occuparsi ora di questa piccola risorsa poco distante sia dal centro che dal lago; camere curate, una veranda dalle grandi vetrate e, in un terrazzino, la piscina.

✗ **Il Giardino delle Esperidi** 　🏠 & 🅰️ VISA ☯ AE ⓘ ✦
via Mameli 1 – ℰ 04 56 21 04 77
– chiuso martedì e a mezzogiorno escluso sabato, domenica e giorni festivi
Rist – Carta 35/48 € ⊛
♦ In pieno centro storico, locale tutto al femminile, dove gustare una golosa ed intrigante cucina - fortemente legata ai prodotti di stagione - elaborata con curiose ricette personali.

BARDONECCHIA – Torino (TO) – **561** G2 – 3 243 ab. – alt. 1 312 m　　**22** A2
– Sport invernali : 1 312/2 750 m ⚐ 1 ⚐19, ⚐ – ⌂ 10052

▶ Roma 754 – Briançon 46 – Milano 226 – Col du Mont Cenis 51
ℹ piazza De Gasperi 1, ℰ 0122 9 90 32, www.comune.bardonecchia.to.it

🏨 **Rivè** 　🏠 🛏 🔲 & 🏊 🅰️ 🔛 🍴 rist, 🔛 P 🛋️ VISA ☯ AE ✦
località Campo Smith – ℰ 01 22 90 92 11 – www.hotelrive.it
– dicembre-aprile e giugno-agosto
79 cam ⬛ – ♦55/105 € ♦♦85/130 € – 2 suites – ½ P 80 €
Rist – Carta 35/53 €
♦ Gestita da un personale giovane, moderna struttura (anche residence) a ridosso delle piste da sci, offre camere spaziose e confortevoli; ai piani inferiori, un'enorme palestra. Ampia sala ristorante, cucina con predilezione piemontese ma anche pesce.

🏨 **Bucaneve** 　🔲 🔲 🔛 🍴 🔛 P VISA ☯ ✦
🏠 *viale della Vecchia 2 – ℰ 01 22 99 93 32*
– www.hbucanevebardonecchia.it
– dicembre-aprile e 15 giugno-15 settembre
8 cam – ♦60/80 € ♦♦75/95 €, ⬛ 7 € – 10 suites – ½ P 90 €
Rist – Menu 25/35 €
♦ Nelle vicinanze di una pineta e vicino agli impianti sportivi, questo albergo a gestione familiare offre camere confortevoli e graziose sale comuni, raccolte ed accoglienti. Per i pasti, due calde salette piacevolmente arredate in legno. D'estate è possibile pranzare in giardino.

☐ **La Nigritella** 　🔲 & cam, 🔛 🍴 P VISA ☯ ✦
via Melezet 96 – ℰ 01 22 98 04 77 – www.lanigritella.it
– dicembre-aprile e giugno-20 ottobre
7 cam ⬛ – ♦52/58 € ♦♦85/95 € – ½ P 68 €　**Rist** – *(solo per alloggiati)*
♦ Piccola ma graziosa risorsa situata lungo la strada che porta a Melezet, dispone di camere confortevoli e di una luminosa veranda con grande stufa in ceramica, allestita per la colazione.

✗ **Locanda Biovey** con cam 　🔲 🍴 P VISA ☯ ✦
via General Cantore 2 – ℰ 01 22 99 92 15
– www.biovey.it – chiuso 20 giorni in maggio o giugno e 20 giorni in settembre-ottobre
8 cam ⬛ – ♦40/60 € ♦♦58/80 € – ½ P 65/79 €
Rist – *(chiuso martedì)* Menu 43 € – Carta 41/57 €
♦ Esercizio ospitato in una palazzina d'epoca del centro e circondato da un giardino, propone una cucina del territorio preparata con moderata creatività. Al piano superiore, camere nuove, colorate e confortevoli, arredate in stili diversi, dall'800 al Luigi XV.

BARGE – Cuneo (CN) – **561** H3 – **7 826 ab.** – **alt. 372 m** – ⊠ 12032   **22** B3
▶ Roma 694 – Torino 61 – Cuneo 50 – Sestriere 75

🏠 **Alter Hotel**   🚗 🖳 𝓵♠ ✕ 🖥 ⅊ ⚡ 🏧 ✂ rist. ¶¶ ☆ ▣ 🆅🆂🅰 ⓪ ⒜ⓔ 👍
piazza Stazione 1 – ☏ 01 75 34 90 92 – www.alterhotel.it
20 cam 🖳 – †84/115 € ††95/145 € – 1 suite – ½ P 73/98 €
Rist – *(chiuso domenica sera) (chiuso a mezzogiorno)* Carta 32/46 €
  ◆ Nato dal restauro di un'antica industria manifatturiera, un design hotel che
gioca sulle tinte del bianco e del nero ed ospita ambienti originali tra cui un
museo dell'auto d'epoca. Piatti del territorio, formaggi d'alpeggio, dolci tradizionali piemontesi al restaurant-bistrot.

✕✕ **D'Andrea**   🖳 ▣ 🆅🆂🅰 ⓪ 👍
via Bagnolo 37 – ☏ 01 75 34 57 35 – www.dandrea.info – *chiuso 1 settimana in
gennaio, 2 settimane in agosto e mercoledì*
Rist – Carta 29/39 €
  ◆ Moglie in sala e marito ai fornelli, in tandem si adoperano per valorizzare i prodotti della propria zona: in carta completati anche da alcune proposte ittiche di
mare e d'acqua dolce.

a Crocera Nord-Est : 8 km – ⊠ 12032 Barge

✕✕ **D'la Picocarda**   🖳 ⚡ ✂ ▣ 🆅🆂🅰 ⓪ ⒜ⓔ 👍
via Cardè 71 – ☏ 0 17 53 03 00 – www.picocarda.it – *chiuso agosto, lunedì sera e
martedì*
Rist – Menu 43 € – Carta 36/60 € 🍴
  ◆ Un'intera famiglia gestisce con grande capacità questa bella casa colonica di
origine seicentesca. In carta piatti del territorio, ma anche proposte di mare.
Altrettanto apprezzabile la carta dei vini.

BARGECCHIA – Lucca (LU) – **563** K12 – **Vedere Massarosa**

BARGNI – Pesaro e Urbino (PU) – **563** K20 – **Vedere Serrungarina**

BARI ℗ (BA) – **564** D32 – **320 150 ab.** Puglia   **27** C2
▶ Roma 449 – Napoli 261
🛬 di Palese per viale Europa: 9 km AX ☏080 5800358
🛈 piazza Aldo Moro 33/a, ☏080 5 24 23 61, www.infopointbari.com
🏌 Barialto SS 100 km 18, 080 6977105, www.barialtogolfclub.it
Manifestazioni locali
   08.09-16.09 : fiera del levante campionaria generale
◉ Città vecchia★★ CDY: Basilica di San Nicola★★ DY, Cattedrale di S. Sabino★ DY**B**,
Castello★ CY – Cristo★ in legno nella Pinacoteca Corrado Giaquinto BX**M**

Piante pagine seguenti

🏠 **Mercure Villa Romanazzi Carducci** ⌂   🔔 ⌘ 🏊 𝓵♠ 🖥 ⅊ 🖥 ⑭
via Capruzzi 326 ⊠ 70124   ☏ 🏧 ▣ 🚗 🆅🆂🅰 ⓪ ⒜ⓔ ⓪ 👍
– ☏ 08 05 42 74 00 – www.villaromanazzi.com   CZ**c**
123 cam 🖳 – †88/256 € ††97/316 € – ½ P 87/196 €
Rist Mercure Villa Romanazzi Carducci – vedere selezione ristoranti
  ◆ Curioso contrasto tra la villa dell'800 e l'edificio moderno che compongono
questo elegante complesso situato in un parco con piscina. Il servizio e la colazione (con l'angolo pugliese) fanno presto dimenticare la zona periferica in cui
sorge la struttura, mentre le camere rinnovate offrono il meglio del settore notte.

🏠 **Oriente Hotel** senza rist   🖥 ⅊ ⚡ ✂ 🏧 🆅🆂🅰 ⓪ ⒜ⓔ ⓪
via Cavour 32 ⊠ 70121 – ☏ 08 05 25 51 00 – www.hotelorientebari.it
75 cam 🖳 – †230/275 € ††310/420 €   DYZ**f**
  ◆ All'interno di un elegante palazzo liberty del 1929 (adiacente al Petruzzelli), tra
marmi ed arredi, il lusso è di casa. Panoramico roof garden e possibilità di piatti
veloci e leggeri.

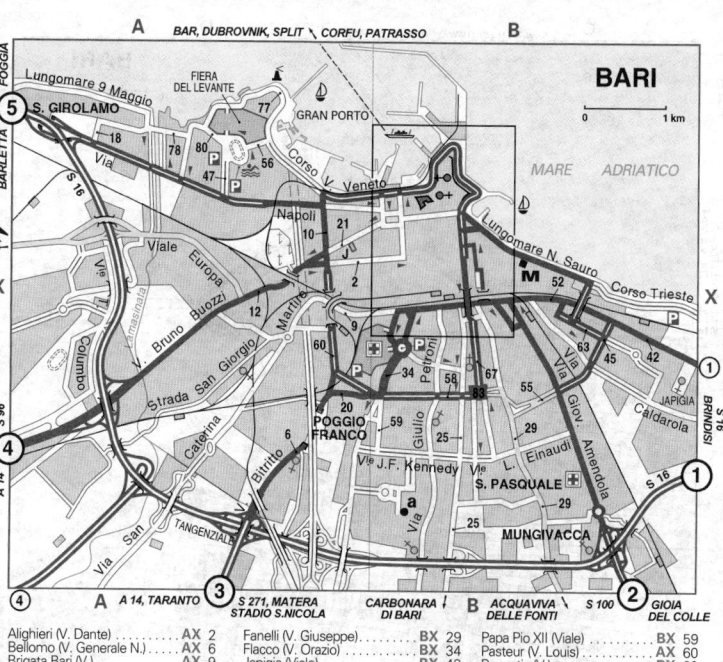

BAR, DUBROVNIK, SPLIT, CORFU, PATRASSO

BARI

0   1 km

MARE ADRIATICO

Hilton Garden Inn

🔧 🛗 ♿ 🅿 ⛷ 🍴 ✂ 🌐 🏋 🚗 🅿 VISA 🆎 ①

via Don Guanella 15/I ⊠ 70124 – ℰ 08 05 02 68 15
– www.bari.stayhgi.com

BX a

88 cam ⌷ – †100/190 € ††127/215 €

Rist – *(chiuso nei giorni festivi)* Carta 32/42 €

♦ Le attrattive che mancano alla zona, periferica e residenziale, sono compensate dall'albergo: un design hotel d'ispirazione scandinava con utilizzo di materiali innovativi.

Grand Hotel Leon d'Oro

🔧 🅿 🆎 ✂ rist, 🌐 🏋 🚗

piazza Aldo Moro 4 ⊠ 70122 – ℰ 08 05 23 50 40   VISA 🆎 ①
– www.grandhotelleondoro.it

DZ c

80 cam ⌷ – †100/150 € ††150/200 € – ½ P 105/135 €

Rist – Carta 35/50 €

♦ Comodo per arrivare in albergo in macchina e, poi, svagarsi per le vie del centro a piedi: evitate però le camere sulla piazza, se avete il sonno leggero. Arredi semplici, servizio cortese.

Excelsior Congressi

🐾 🔧 🅿 ♿ cam, 🆎 ✂ 🍴 rist, 🌐 🏋 🚗

via Giulio Petroni 15 ⊠ 70124 – ℰ 08 05 56 43 66   VISA 🆎 ①
– www.hotelexcelsioronline.it

DZ b

146 cam ⌷ – †180/200 € ††200/260 € – 6 suites

Rist – *(chiuso sabato sera e domenica a mezzogiorno)* Carta 30/55 €

♦ A due passi dalla stazione ferroviaria, centrale ma facilmente raggiungibile in auto, struttura ideale per una clientela d'affari e commerciale. Ambienti comuni di ampio respiro e camere funzionali nella loro sobrietà. Sapori mediterranei al ristorante.

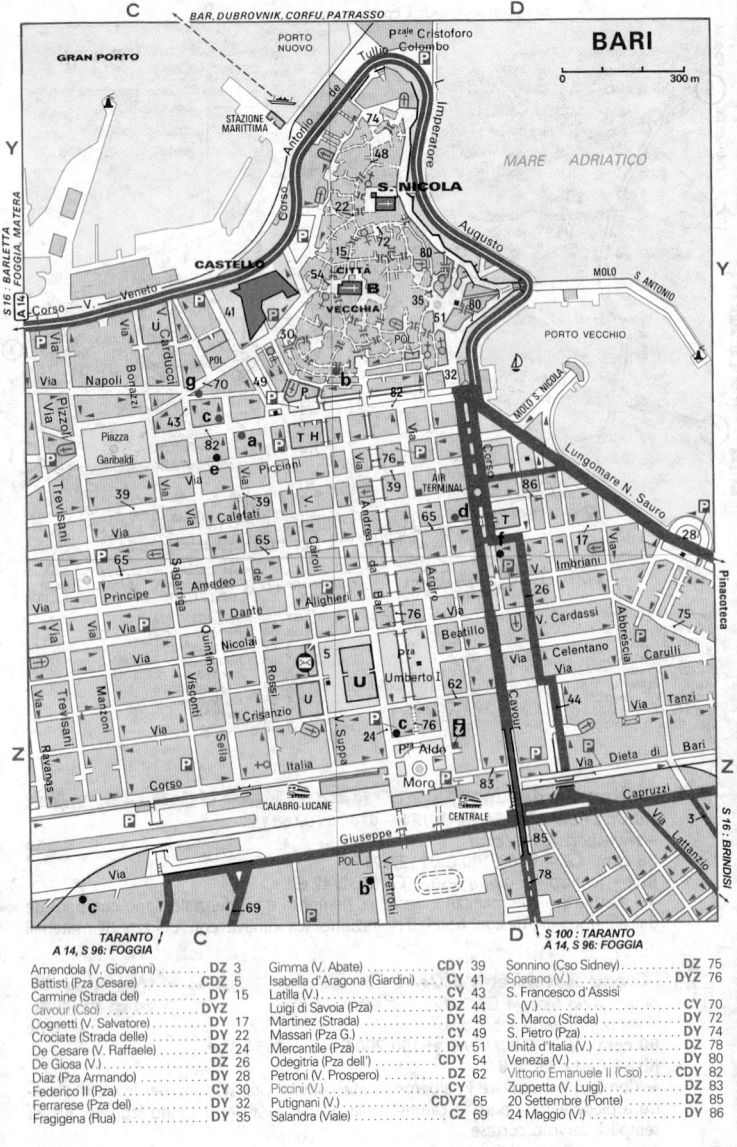

BARI

GRAN PORTO

BAR, DUBROVNIK, CORFU, PATRASSO

PORTO NUOVO

P.zale Cristoforo Colombo

STAZIONE MARITTIMA

MARE ADRIATICO

S. NICOLA

CASTELLO

CITTÀ VECCHIA

MOLO S. ANTONIO

PORTO VECCHIO

Piazza Garibaldi

AIR TERMINAL

Pinacoteca

Lungomare N. Sauro

U

P.za Umberto I

P.za Aldo Moro

CALABRO-LUCANE

CENTRALE

0   300 m

TARANTO / A 14, S 96: FOGGIA

S 100 : TARANTO A 14, S 96: FOGGIA

S 16 : BARLETTA / FOGGIA, MATERA A 14

S 16 : BRINDISI

Boston senza rist

via Niccolò Piccinni 155 ⊠ *70122 –* ℰ *08 05 21 66 33*

– www.bostonbari.it

CYe

69 cam ⊇ – ♦88/135 € ♦♦125/175 €

♦ In pieno centro, funzionalità e confort adeguato in un albergo ideale per clientela di lavoro; camere di dimensioni non ampie, ma con curato arredamento recente.

🌂🌂🌂 Mercure Villa Romanazzi Carducci – Hotel Mercure Villa Romanazzi Carducci

via Giuseppe Capruzzi 326 ⌧ *70124*   🄐 🈂 🛋 🄰🄲 🎇 🄿 📼 🆚 🄰🄴 🄾 🕭
– ℰ 08 05 42 74 00
– www.villaromanazzi.com   CZ**c**
Rist – Carta 38/71 €

♦ Se dopo aver assistito ad una pièce nel vicino Teatro Piccinni (10 min in auto) sentiste un certo languorino, sappiate che il ristorante dell'hotel Mercure Villa Romanazzi potrebbe fare al caso vostro. In una bella sala avvolta da vetrate con vista parco, la cucina esplora i vecchi sapori delle antiche tradizioni popolari, rivisitandoli con gusto moderno.

🌂🌂🌂 La Pignata   🄰🄲 📼 🆚 🄰🄴 🄾 🕭

corso Vittorio Emanuele 173 ⌧ *70122 – ℰ 08 05 23 24 81*
– www.ristorantelapignatabari.com – chiuso agosto e lunedì   CY**c**
Rist – (consigliata la prenotazione) Menu 40 € – Carta 37/54 €

♦ Collezione di opere e dediche di personaggi famosi realizzate sui tovaglioli, il menu conquista con piatti della tradizione pugliese e gustose specialità di mare.

🌂🌂 Bacco (Angela Campana)   🕭 🄰🄲 📼 🆚 🄰🄴 🄾 🕭

☃ *corso Vittorio Emanuele II 126* ⌧ *70122 – ℰ 08 05 27 58 71*
– www.ristorantebacco.it – chiuso 1 settimana in gennaio, agosto, domenica sera, lunedì   CY**a**
Rist – (consigliata la prenotazione) Carta 50/87 € 🍴

Spec. Bocconcini di Nettuno ai ricci di mare. Trancio di polpo su passatina di ceci. Capretto glassato al moscato di Trani.

♦ Ristorante moderno con una buona cantina (in omaggio al nome che porta) ed una cucina di ispirazione contemporanea sia di carne sia di pesce.

🌂🌂 Ai 2 Ghiottoni   🈂 🄰🄲 📼 🆚 🄰🄴 🄾 🕭

via Putignani 11 ⌧ *70121 – ℰ 08 05 23 22 40 – www.ai2ghiottoni.it – chiuso dal 16 al 24 agosto, venerdì in inverno e domenica in estate*   DY**d**
Rist – Carta 37/71 €

♦ Ampia esposizione di pesci all'ingresso e rivestimento delle pareti in tufo leccese. Accoglienza e servizio informali, cucina d'ispirazione pugliese con gustose specialità di mare.

🌂🌂 La Bul   🈂 🕭 🄰🄲 🎇 📼 🆚 🄰🄴 🄾 🕭

via Villari 52 ⌧ *70122 – ℰ 08 05 23 05 76 – www.labul.it*
*– chiuso dal 7 al 13 gennaio, dal 7 al 21 agosto, domenica e lunedì a mezzogiorno da maggio a settembre, anche il martedì
a mezzogiorno negli altri mesi*   CY**g**
Rist – (consigliata la prenotazione) Menu 60 € bc – Carta 34/57 €

♦ Giovani - sia ai fornelli, sia in sala - sono l'astro nascente della buona tavola barese: i piatti, brillanti ed inventivi, ne riflettono l'entusiasmo. Un tavolo affacciato sulla cucina per chi vuole seguirne il lavoro.

🌂 Osteria delle Travi "Il Buco"   🄰🄲

🍴 *largo Chyurlia 12* ⌧ *70122 – ℰ 33 91 57 88 48 – chiuso dal 10 al 20 agosto, domenica sera, lunedì*   DY**b**
Rist – Carta 17/23 €

♦ Dal 1813, una delle più rinomate trattorie del borgo antico di Bari vecchia: buon vino e cucina casalinga per celebrare i sapori delle tradizione gastronomica locale.

sulla tangenziale sud-uscita 15 Sud-Est : 5 km per ① :

🏨 Majesty   🚗 🛗 🕭 🄰🄲 🦽 🖐 🏋 🄿 📼 🆚 🄰🄴 🕭

via Giovanni Gentile 97/B ⌧ *70126 – ℰ 08 05 49 10 99 – www.hotelmajesty.it*
– chiuso dal 22 luglio al 21 agosto
105 cam ⌁ – ♥72/124 € ♥♥90/152 € – ½ P 60/80 €
Rist *Amulet* – vedere selezione ristoranti

♦ Vicino alla tangenziale per Brindisi, le camere non sono per questo penalizzate in termini di tranquillità: ampie ed accoglienti garantiscono un buon livello di confort. Importante area congressuale e comodo parcheggio.

XX **Amulet** – Hotel Majesty   ◈ ৬ 🆔 ⅍ **P** 🆅🆂🅰 ⑩ 🅰🅴 ⅍
*via Gentile 97/B ✉ 70126 – 𝒞 08 05 49 46 32 – www.amuletristorantebari.it
– chiuso dal 19 dicembre al 4 gennaio e dal 23 luglio al 23 agosto*
Rist – Carta 26/58 €
◆ Nella periferia sud della città - vicino alla tangenziale per Brindisi - un amuleto contro certe giornate tristi: specialità pugliesi, cucina fusion, menu vegetariani e light.

a Carbonara di Bari Sud : 6,5 km BX – ✉ 70100

XX **Taberna**   🆔 ⅍ **P** 🆅🆂🅰 ⑩ 🅰🅴 ⓞ ⅍
*via Ospedale di Venere 6 – 𝒞 08 05 65 05 57 – www.latabernabari.it – chiuso dal
15 luglio al 25 agosto e lunedì*
Rist – (consigliata la prenotazione la sera) Carta 72/93 €
◆ Ambiente caratteristico in un accogliente locale storico della zona (dal 1959), ricavato in vecchie cantine; la carne, anche alla brace, è elemento portante del menù.

BARILE – Potenza (PZ) – **564** E29 – 3 018 ab. – alt. 600 m – ✉ 85022   **3** A1
▶ Roma 329 – Andria 76 – Foggia 67 – Potenza 43
🔢 corso Vittorio Emanuele 28, 𝒞 0972 77 07 71, www.prolocobarile.it

🏨 **Grand Hotel Garden**   ≤ ◈ 🕃 ⋒ 🖪 ⅍⋔ 🆔 ⅍ ⑪ **P** 🆅🆂🅰 ⑩ 🅰🅴 ⓞ ⅍
*località Giardino strada statale 93 km 75 – 𝒞 09 72 76 15 33
– www.grandhotelgarden.com*
46 cam ☲ – �59/65 € ♦♦79/110 € – ½ P 61/77 €
Rist *Il Tulipano* – vedere selezione ristoranti
◆ Poco fuori dal paese - immersa in un parco di ulivi - una struttura dalle linee sobrie e moderne: camere funzionali e curate, nonché piccolo centro benessere.

XX **Il Tulipano** – Grand Hotel Garden   ◈ 🆔 ⅍ **P** 🆅🆂🅰 ⑩ 🅰🅴 ⓞ ⅍
*località Giardino strada statale 93 km 75 – 𝒞 09 72 76 15 33
– www.grandhotelgarden.com*
Rist – Carta 25/35 €
◆ Forse non tutti sanno che, nel linguaggio dei fiori, il tulipano rappresenta il vero amore: sentimento non necessariamente sempre riferito ad una persona, ma - come in questo caso - anche alla buona tavola. In un ambiente raffinato e moderno, piatti della più genuina tradizione lucana ed una selezionatissima carta dei vini.

BARLETTA – Barletta-Andria-Trani (BT) – **564** D30 – 94 089 ab.   **26** B2
– ✉ 76121 ▮ Barletta
▶ Roma 397 – Bari 69 – Foggia 79 – Napoli 208
🔢 corso Garibaldi 208, 𝒞 0883 33 13 31, www.comune.barletta.ba.it
◉ Colosso★★ AY – Pinacoteca De Nittis★★ BY **M** – Castello★ BY – Duomo★ BY **12**
– Basilica di San Sepolcro★ AY

🏨 **Nicotel** senza rist   ≤ 🛏 ৬ 🆔 ⅍ ⑪ **P** 🆅🆂🅰 ⑩ 🅰🅴 ⅍
*viale Regina Elena, litoranea di Levante per ① – 𝒞 08 83 34 89 46
– www.nicotelhotels.com*
62 cam ☲ – ♦80/120 € ♦♦100/150 €
◆ Albergo di taglio lineare e contemporaneo, affacciato sulla passeggiata a mare, dispone di camere dotate di tutti i confort. Arredamento di design, con linee curve ricorrenti.

🏨 **Dei Cavalieri**   ◈ 🕃 ⊛ ⋒ ⅍ ৬ 🆔 ⅍ rist, ⑪ 🆊 **P** ⊜
                           🆅🆂🅰 ⑩ 🅰🅴 ⓞ ⅍
*via Foggia 40, litoranea di Ponente per ④
– 𝒞 08 83 57 14 61 – www.hoteldeicavalieri.net*
94 cam ☲ – ♦55/80 € ♦♦65/120 € – 3 suites – ½ P 75 €
Rist – Carta 50/66 €
◆ Hotel recente, moderno e funzionale, ubicato alle porte della città: è quindi un punto di riferimento indicato per chi viaggia per lavoro e per turisti di passaggio. Ambiente confortevole dalle tinte delicate, tavoli ben disposti, confort e tranquillità anche per la clientela d'affari. Menù stabile con alcune proposte del giorno.

BARLETTA

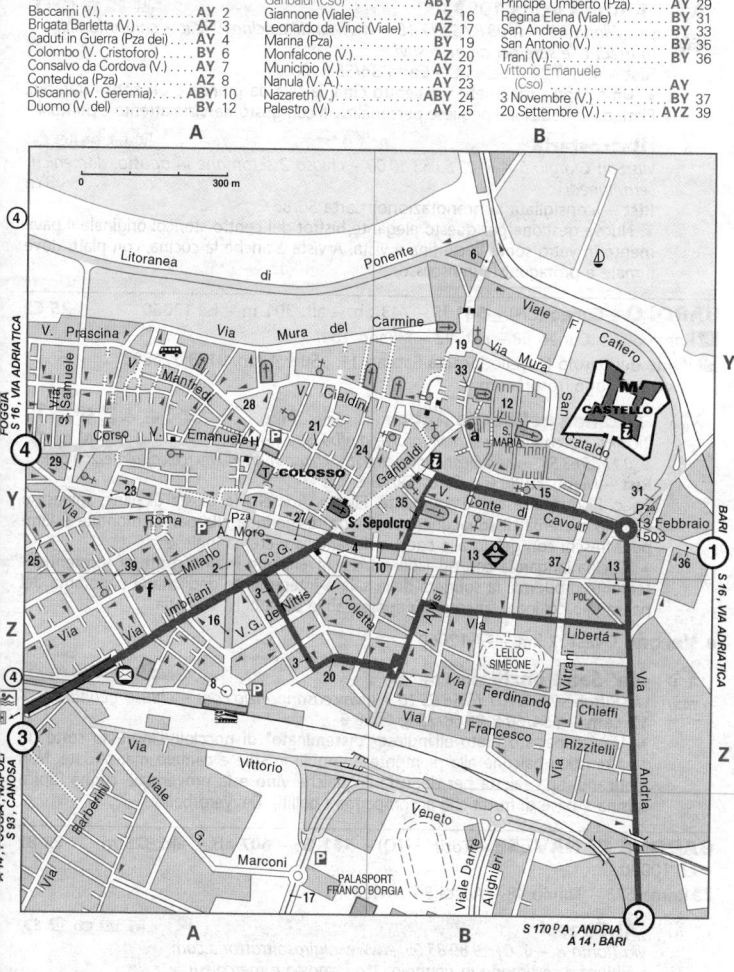

🏨 Itaca   ⟨ 🛆 🛋 ⌾ 📶 📺 ✗ rist, ⍥ 🕮 P 🛵 🚗 VISA 🆗 AE ① 🛆

viale Regina Elena 30, litoranea di Levante per ① – ℰ 08 83 34 77 41
– www.itacahotel.it

41 cam 🛏 – ♦52/73 € ♦♦80/120 € – 3 suites

Rist – *(chiuso a mezzogiorno escluso domenica e giorni festivi)* Menu 20/25 €

♦ Architettura recente, in posizione fortunata con vista sul mare, presenta interni signorili, soprattutto nelle gradevoli e curate zone comuni; camere ampie e luminose. Sala da pranzo ariosa, contrassegnata da un tocco di ricercata eleganza.

✗✗ Il Brigantino   ⟨ 🛆 🛋 ⍥ ✗ 🕮 P VISA 🆗 AE ① 🛆

viale Regina Elena 19, litoranea di Levante per ① – ℰ 08 83 53 33 45
– www.brigantino.it – chiuso gennaio

Rist – Menu 25 € bc – Carta 27/39 € (+15 %)

♦ Un ristorante dove apprezzare una solida professionalità espressa anche attraverso l'impostazione del menù (con prevalenza di pesce). Esclusiva terrazza sul mare.

XX **Antica Cucina 1983**　　　　　　　　AC VISA ⓒⓞ AE ⓢ

via Milano 73 – ℰ 08 83 52 17 18 – www.anticacucina1983.it – chiuso lunedì, martedì e le sere dei giorni festivi　　　　　　　　　　　　　　AZ**f**

Rist – Menu 20 € bc/45 € – Carta 34/55 € ❀

♦ Un signorile riferimento in centro città, la sala da pranzo è un antico frantoio. Piatti della tradizione pugliese personalizzati con gusto; servizio attento e puntuale.

X **Baccosteria**　　　　　　　　　　　AC VISA ⓒⓞ ⓞ ⓢ

via San Giorgio 5 – ℰ 08 83 53 40 00 – chiuso 2 settimane in agosto, domenica sera, lunedì　　　　　　　　　　　　　　　　　　　BY**a**

Rist – (consigliata la prenotazione) Carta 56/86 €

♦ Nuova gestione per questo elegante bistrot del centro storico: originale il pavimento in vetro sopra la cantina a vista. A vista è anche la cucina, con piatti dove il mare è protagonista indiscusso.

BAROLO – Cuneo (CN) – **561** I5 – 743 ab. – alt. 301 m – ✉ 12060　　25 C2

▶ Roma 627 – Cuneo 68 – Asti 42 – Milano 164

⬚ Vigne del Barolo Novello località Saccati 11, , Sud: 4 km, 0173 776893, www.barologolfresort.com

XXX **Locanda nel Borgo Antico** (Massimo Camia)　　⪕ 🏠 � AC ✗ ⇔ P

🟢 località Boschetti 4, verso Monforte d'Alba Sud : 4 km　　　　VISA ⓒⓞ ⓢ

ℰ 0 17 35 63 55 – www.locandanelborgo.it – chiuso martedì, mercoledì a mezzogiorno

Rist – Menu 70/80 € – Carta 58/78 € ❀

Spec. Risotto all'astice e spumante. Filetto di vitella in crosta di pane, spinacino novello e crema di squacquerone. Cialda di meringa alla panna montata e lamponi freschi con gelato alle bacche di vaniglia e crema inglese.

♦ Cucina langarola con qualche estrosa invenzione in una struttura sorprendentemente moderna: la sobrietà della sala è interamente dedicata al panorama del paesaggio collinare, ancora più apprezzabile dalla bella veranda.

a Vergne Ovest :2 km – ✉ 12060

⬑ **Ca' San Ponzio** senza rist ❧　　　　　⪕ 🚗 P VISA ⓒⓞ AE ⓢ

🏠 via Rittane 7 – ℰ 01 73 56 05 10 – www.casanponzio.com – chiuso gennaio

12 cam – †54/60 € ††68/75 €, ⌧ 8 €

♦ Un inaspettato prato all'inglese "disseminato" di noccioli, l'ingresso sotto un caratteristico balcone alla piemontese, mobili in stile e camere mansardate. Non mancano: una saletta per degustare qualche vino e la proverbiale cugnà (tipica salsina a base di frutta che accompagna i bolliti). Davvero bello!

BARONE CANAVESE – Torino (TO) – **561** G5 – 607 ab. – alt. 325 m　　22 B2
– ✉ 10010

▶ Roma 673 – Torino 48 – Aosta 86 – Ivrea 18

X **Al Girasol**　　　　　　　　　　　🏠 VISA ⓒⓞ ⓞ ⓢ

via Roma 8 – ℰ 01 19 89 85 65 – www.algirasoltrattoria.com
– chiuso 2 settimana in gennaio, 1 ad agosto e mercoledì

Rist – Menu 12 € bc – Carta 24/35 €

♦ Varcato l'ingresso è possibile vedere la cucina, mentre al piano superiore si trovano le tre salette, di cui una affrescata e riscaldata da uno scoppiettante camino. Cucina rigorosamente piemontese: a pranzo è disponibile anche un menu a prezzo più contenuto.

BARZANÒ – Lecco (LC) – **561** E9 – 5 178 ab. – alt. 370 m – ✉ 23891　　18 B1

▶ Roma 605 – Como 27 – Bergamo 36 – Lecco 19

🏨 **Red's Redaelli**　　　🚗 ⌖ ⅙ 🅿 ↯ ⸙ 🛁 🏠 VISA ⓒⓞ AE ⓞ ⓢ

via Don Rinaldo Beretta 24 – ℰ 03 99 27 21 20 – www.redshotel.com

34 cam – †100/140 € ††140/180 € – ½ P 115 €

Rist Zafferano Bistrot – vedere selezione ristoranti

♦ Ottimo indirizzo, situato sui primi colli della provincia, in zona verdeggiante e residenziale: tutto moderno, l'ispirazione è una linea sobria e minimalista, non priva di eleganza. Nessuna differenza tra le camere, se non il colore.

⌂ **Redaelli** 📧 �📶 **P** **VISA** **◉** **AE** **①** **ś**

via Garibaldi 77 – *𝒞 0 39 95 53 12* – *www.hotelredaelli.it* – *chiuso 3 settimane in agosto*

20 cam ☲ – †58/66 € ††89/101 € – 4 suites – ½ P 70 €

Rist – *(chiuso venerdì)* Carta 29/42 €

♦ In centro paese, piccola struttura con camere distribuite sia nel corpo principale, sia nell'edificio sul retro, separato dal primo da un cortile-parcheggio: arredi semplici, quasi familiari, ma ben tenuti per i rinnovi frequenti.

XX **Zafferano Bistrot** – Hotel Red's Redaelli **VISA** **◉** **AE** **①** **ś**

via Don Rinaldo Beretta 24 – *𝒞 03 99 27 21 20* – *www.zafferanobistrot.com* – *chiuso 3 settimane in agosto, venerdì e a mezzogiorno*

Rist – Menu 25 € bc – Carta 33/59 €

♦ Gnocchetti alla Valchiavenna, filetto di manzo con indivia stufata e salsa tartufata, crostatina integrale alla robbiola e nocciole con salsa al caramello: qualche piatto del territorio, ma la cucina è fondamentalmente e sorprendentemente creativa. Locale di tendenza.

BASCAPÈ – Pavia (PV) – **561** G9 – 1 752 ab. – alt. 89 m – ✉ 27010 **16** B3

▶ Roma 560 – Milano 25 – Piacenza 59 – Pavia 25

⌂ **Agriturismo Tenuta Camillo** ⊰ ⛴ ⛲ ⿻ **AC** ⿼ rist, �📶 **P**

località Trognano, Nord : 2 km – *𝒞 0 38 26 65 09* **VISA** **◉** **ś**

– *www.tenutacamillo.com*

10 cam – ††80/160 €, ☲ 5 €

Rist – *(chiuso ottobre, gennaio, febbraio, negli altri mesi aperto sabato sera e domenica a mezzogiorno)* Menu 20/40 €

♦ Un tuffo nel passato in un tipico cascinale lombardo dei primi del '900; intorno all'aia la villa padronale e le case coloniche; camere semplici e invitante piscina nel verde.

BASCHI – Terni (TR) – **563** N18 – 2 845 ab. – alt. 165 m – ✉ 05023 **32** B3

▶ Roma 118 – Viterbo 46 – Orvieto 10 – Terni 70

sulla strada statale 448 km 6,600

XXXX **Vissani** con cam **AC** rist, ⿼ cam, �📶 **P** **VISA** **◉** **AE** **①** **ś**

❀❀ Nord : 12 km ✉ 05020 Civitella del Lago – *𝒞 07 44 95 02 06*

– *www.casavissani.it* – *chiuso dal 23 al 25 dicembre, 20 giorni in agosto, domenica sera, mercoledì e i mezzogiorno di lunedì e giovedì*

8 cam ☲ – †250/300 € ††300 €

Rist – Menu 100/155 € – Carta 90/173 € ⊛ (+15 %)

Spec. Tartare di sogliola marinata al tè nero, pappa al pomodoro. Riso carnaroli al parmigiano con vitella al limoncello, fonduta di limone e bresaola. Anatra al forno affumicata alla noce americana, spuma di semi e fegatini, peperoni caramellati.

♦ Piatti barocchi e sofisticati, elaborati partendo da un'eccellente selezione di materie prime, in un ambiente di estrema raffinatezza: siete da Vissani, uno dei più grandi ambasciatori della cucina italiana nel mondo! E l'eleganza prosegue nelle camere, dove tonalità écru s'intrecciano armoniosamente con legni e design moderno.

a Civitella del Lago Nord-Est : 12 km – ✉ 05020

XX **Trippini** ≺ ⿼ **VISA** **◉** **AE** **ś**

via Italia 14 – *𝒞 07 44 95 03 16* – *www.trippini.net* – *chiuso dal 10 gennaio al 1° febbraio, settembre, lunedì, anche martedì in inverno*

Rist – *(consigliata la prenotazione)* Menu 25/45 € – Carta 44/58 €

♦ Panorama di grande suggestione sul lago di Corbara e sulle colline circostanti, da ammirare attraverso le vetrate della piccola sala dall'ambiente curato e ricercato.

BASELGA DI PINÈ – Trento (TN) – **562** D15 – 4 856 ab. – alt. 964 m **30** B3

– ✉ 38042

▶ Roma 606 – Trento 19 – Belluno 116 – Bolzano 75

🛈 via Cesare Battisti 106, *𝒞 0461 55 70 28, www.aptpinecembra.it*

X **2 Camini** con cam   🛋 🌐 P. VISA ⓪ AE ♿
via del 26 Maggio 65 – 𝒞 04 61 55 72 00 – www.albergo2camini.com
10 cam ☕ – †50/70 € ††90/120 € – ½ P 63/78 €
Rist – *(chiuso domenica sera e lunedì escluso dal 30 giugno al 15 settembre)*
Carta 30/42 €
♦ Una casa di montagna, rallegrata da colorati fiori sui balconi, il calore e la cortesia dei titolari e la tipica cucina trentina attenta al variare delle stagioni. Quasi ospiti in una casa privata. Dopo una piacevole passeggiata attraverso l'altipiano, potrete trovare ristoro nelle graziose e colorate camere.

BASSANO DEL GRAPPA – Vicenza (VI) – **562** E17 – **43 015 ab.**   **35** B2
– **alt. 129 m** – ✉ **36061** ▮ Italia

▶ Roma 543 – Padova 45 – Belluno 80 – Milano 234
🖪 largo Corona d'Italia 35, 𝒞 0424 52 43 51, www.vivibassano.it
◉ Museo Civico★
🄖 Monte Grappa★★★ Nord-Est : 32 km

🏨 **Ca' Sette**   🛋 🛗 ♿ AC 🌐 🛁 P VISA ⓪ AE ⓞ ♿
via Cunizza da Romano 4, Nord : 1 km – 𝒞 04 24 38 33 50 – www.ca-sette.it
17 cam ☕ – †110/160 € ††160/230 € – 2 suites
Rist *Ca' 7* – vedere selezione ristoranti
♦ Design contemporaneo in una villa del 1700, un hotel in cui tradizione, storia e soluzioni d'avanguardia sono state fuse con sapienza. Un soggiorno originale ed esclusivo.

🏨 **Palladio** senza rist   🛗 AC ♿ 🌐 🛁 P. 🚗 VISA ⓪ AE ⓞ ♿
via Gramsci 2 – 𝒞 04 24 52 37 77 – www.bonotto.it – chiuso 2 settimane in agosto
66 cam ☕ – †55/105 € ††72/144 €
♦ Una struttura moderna diretta da una gestione molto attenta alle attività congressuali; camere e spazi comuni sono dotati di un omogeneo, gradevole livello di confort.

🏨 **Belvedere**   🛗 AC ♿ 🌐 🛁 🚗 VISA ⓪ AE ⓞ ♿
piazzale Gaetano Giardino 14 – 𝒞 04 24 52 98 45 – www.bonotto.it
83 cam ☕ – †65/130 € ††95/190 € – 2 suites
Rist *Belvedere* – vedere selezione ristoranti
♦ Attività dalla storia antica (sembrerebbe risalire al XV secolo), sorge a pochi passi dalle mura cittadine. Camere arredate secondo differenti stili, ma di uguale confort.

🏨 **Brennero** senza rist   🛗 ♿ AC 🌐 VISA ⓪ AE ⓞ ♿
via Torino 7 – 𝒞 04 24 22 85 38 – www.hotelbrennero.com
28 cam ☕ – †50/60 € ††75/85 €
♦ Lungo le mura cittadine, non lontano dal centro storico, una ristrutturazione continua delle camere assicura ambienti confortevoli e funzionali adatti alla clientela d'affari.

🏨 **Victoria** senza rist   ♿ AC 🌐 P VISA ⓪ AE ⓞ ♿
viale Diaz 33 – 𝒞 04 24 50 36 20 – www.hotelvictoria-bassano.com
21 cam – †30/65 € ††30/90 €, ☕ 8 €
♦ Nei pressi del centro e non lontano dal famoso ponte, architettura moderna per una nuova struttura dagli ambienti confortevoli e ben arredati. Piccole personalizzazioni creano un'atmosfera familiare rendendo la risorsa appetibile non solo per una clientela d'affari, ma anche per turisti di passaggio in città.

🏨 **Dal Ponte** senza rist   🛗 ♿ AC 📞 🚗 VISA ⓪ AE ♿
viale De Gasperi 2/4 – 𝒞 04 24 21 91 00 – www.hoteldalponte.it
24 cam ☕ – †50/75 € ††75/130 €
♦ Hotel di nuova costruzione a pochi metri dal centro storico, dispone di luminosi spazi comuni e camere semplici d'arredo moderno: un buon indirizzo per ogni tipo di clientela.

Al Castello senza rist ⬚ ⬚ ⬚ VISA ⬚ AE ⬚
via Bonamigo 19 – ✆ 04 24 22 86 65 – www.hotelalcastello.it
11 cam – ⬥40/60 € ⬥⬥70/100 €, ☐ 6 €
♦ Risorsa situata a ridosso del castello medioevale e poco lontana dal celebre Ponte Coperto; stanze non ampie, ma confortevoli, dotate di complementi d'arredo in stile.

Ca' 7 – Hotel Ca' Sette ⬚ ⬚ ⬚ ⬚ ⬚ P VISA ⬚ AE ⬚ ⬚
via Cunizza da Romano 4, Nord : 1 km – ✆ 04 24 38 33 50 – chiuso dal 1° al 7 gennaio, agosto, domenica sera, lunedì
Rist – Carta 46/60 €
♦ Struttura, colonne e materiali d'epoca si uniscono a quadri e illuminazione moderni in un ardito ma affascinante accostamento. In estate la magia si sposta in giardino.

Bauto ⬚ ⬚ ⬚ VISA ⬚ AE ⬚ ⬚
via Trozzetti 27 – ✆ 0 42 43 46 96 – www.ristorantebauto.it – chiuso dal 10 al 22 luglio, sabato a mezzogiorno e domenica
Rist – Menu 25/45 € – Carta 30/61 €
♦ Bella saletta e veranda altrettanto accogliente per un locale ubicato nella zona industriale e che quindi presenta un buon menù d'affari; specialità: carne alla griglia.

Belvedere – Hotel Belvedere ⬚ ⬚ ⬚ VISA ⬚ AE ⬚ ⬚
piazzale Gaetano Giardino 14 – ✆ 04 24 52 98 45 – www.bonotto.it – chiuso 2 settimane in agosto, 1 settimana in gennaio e domenica
Rist – Carta 35/45 € ⬚
♦ Non lontano dalle mura cittadine, la lista propone piatti di mare e di terra, carne e pesce in misura pressoché uguale. Preparazioni accurate e classiche, così come il servizio, l'accoglienza e il confort.

BASSANO ROMANO – Viterbo (VT) – **563** P18 – **4 981 ab.**   **12** B2
– ✉ 01030
▶ Roma 58 – Viterbo 39 – Fiumicino 83 – Civitavecchia 70

La Casa di Emme ⬚ VISA ⬚ ⬚ ⬚
via della Stazione 33 – ✆ 07 61 63 55 44 – www.lacasadiemme.it – chiuso lunedì, martedì e mercoledì
Rist – *(chiuso a mezzogiorno)* Carta 24/32 €
♦ Tradizione mitteleuropea fatta di sostanziosi gulash serviti in scodelle di terracotta, stinco al forno, deliziose Sacher. Ma ci si può fermare in questa taverna di campagna anche per una pausa più veloce e informale: un tagliere di salumi-formaggi con una birra o un buon bicchiere di vino.

BASTIA UMBRA – Perugia (PG) – **563** M19 – **21 600 ab.** – alt. 202 m   **32** B2
– ✉ 06083
▶ Roma 176 – Perugia 17 – Assisi 9 – Terni 77

sulla strada statale 147 Assisana Est : 4 km :

Campiglione ⬚ ⬚ cam, ⬚ ⬚ ⬚ P VISA ⬚ AE ⬚ ⬚
via Campiglione 11 – ✆ 07 58 01 07 67 – www.hotel-campiglione.it
42 cam ☐ – ⬥45/65 € ⬥⬥55/90 € – ½ P 64 €
Rist – *(chiuso dall'8 al 20 gennaio, sabato e domenica escluso da marzo ad ottobre)* Carta 18/29 €
♦ Lungo l'arteria stradale principale del paese, sorge quest'accogliente struttura che dispone di confortevoli camere, arredate con cura. Gestione di grande esperienza. Ristorante recentemente rinnovato, dove gustare una cucina sana e genuina.

ad Ospedalicchio Ovest : 5 km – ✉ 06083

🏨 **Lo Spedalicchio** 🚗 📶 🔟 🗞 rist, ⁎¹ 🛰 🄿 🚗 ⚠ ① 🔥
piazza Bruno Buozzi 3 – ☏ *07 58 01 03 23* – *www.lospedalicchio.it*
25 cam ☐ – †55/65 € ††70/90 € – ½ P 56/66 € **Rist** – Carta 23/51 €
♦ Una sistemazione capace di trasmettere quel genere di emozioni proprie delle dimore fortificate dalle origini antiche (XIV sec.). Il confort è commisurato alla struttura. Per pranzi o cene avvolti da pareti e volte in pietra e mattoni.

BATTIPAGLIA – Salerno (SA) – 50 963 ab. – alt. 72 m – ✉ 84091 7 C2
▶ Roma 284 – Avellino 59 – Napoli 78 – Potenza 85

🏨 **San Luca** 🚗 🔳 🛎 ⅄ 🔟 ⅄ ⁎ 🛰 🄿 🚗 ⚠ ① 🔥
strada statale 18 km 76.5 – ☏ *08 28 30 45 95* – *www.sanlucahotel.it*
100 cam ☐ – †60/80 € ††65/90 € – 5 suites
Rist *Taverna la Falanghina* – vedere selezione ristoranti
♦ Sulla strada statale, al centro di un complesso commerciale e residenziale, un'imponente struttura fornitissima nella gamma di confort e servizi. Camere funzionali.

🍴🍴 **Taverna la Falanghina** – Hotel San Luca 🍽 🛎 🔟 🗞 ⇆
⊕ *strada statale 18* – ☏ *08 28 30 45 95* 📶 🚗 ⚠ ① 🔥
– *www.sanlucahotel.it*
Rist – Menu 20 € bc/25 € bc – Carta 18/41 €
♦ Non lontano dai principali luoghi turistici della Costiera Cilentana e Amalfitana, la taverna propone specialità regionali e tante ricette di pesce in un ambiente curato ed elegante. Il ristorante è vocato anche all'attività banchettistica.

BAVENO – Verbano-Cusio-Ossola (VB) – 561 E7 – 4 920 ab. – alt. 205 m 24 A1
– ✉ 28831 ▮ Italia
▶ Roma 661 – Stresa 4 – Domodossola 37 – Locarno 51
🄳 piazza della Chiesa, ☏ 0323 92 46 32, www.comune.baveno.vb.it

🏨 **Grand Hotel Dino** ≤ 🚗 🛴 🍴 🔳 🗔 ⊕ 🏊 🎠 🍽 🛎 🛎 cam, 🔟 ⅄
corso Garibaldi 20 🗞 rist, ⁎¹ 🛰 🄿 🚗 📶 🚗 ⚠ ① 🔥
– ☏ *03 23 92 22 01* – *www.zaccherahotels.com* – *marzo-novembre*
367 cam – †70/280 € ††90/400 €, ☐ 25 € – 8 suites – ½ P 60/300 €
Rist – Carta 30/105 €
♦ Circondato da un giardino con alberi secolari, un maestoso complesso a indirizzo congressuale sulle rive del lago con spazi comuni ampi e camere dall'atmosfera principesca. L'elegante sala ristorante offre una splendida vista sul golfo e propone una cucina classica.

🏨 **Splendid** ≤ 🚗 🛴 🍴 🔳 ⊕ 🎠 🍽 🛎 🔟 🗞 rist, ⁎¹ 🛰 🚗
via Sempione 12 – ☏ *03 23 92 45 83* 📶 🚗 ⚠ ① 🔥
– *www.zaccherahotels.com* – *chiuso dal 15 dicembre a febbraio*
87 cam – †50/200 € ††60/240 €, ☐ 20 € – 5 suites – ½ P 50/250 €
Rist – Carta 25/90 €
♦ In riva al lago, questa bella risorsa - completamente rinnovata - dispone ora di eleganti camere arredate con grande raffinatezza. Spiaggia privata, attrezzato centro benessere, campo da tennis e piscina per godere appieno del soggiorno. Ampie vetrate affacciate sullo splendido panorama e cucina classica al ristorante.

🏨 **Simplon** ≤ 🏊 🔳 🛎 🔟 🗞 rist, ⁎¹ 🄿 📶 🚗 ⚠ ① 🔥
corso Garibaldi 52 – ☏ *03 23 92 41 12* – *www.hotelsimplon.com* – *aprile-ottobre*
112 cam – †50/260 € ††60/310 €, ☐ 20 € – ½ P 50/250 €
Rist – *(solo per alloggiati)* Carta 25/75 €
♦ Immerso in un grande parco secolare a pochi passi dal centro, l'hotel dispone di eleganti ed ampie camere con vista sul lago o sulla montagna, una sala lettura e piscina. Dalla sala ristorante, illuminata da lampade in stile, una vista sul giardino all'italiana e proposte di cucina tradizionale.

Lido Palace ⟨ ⟨ ⟩ ⟨ ⟩ ⟨ ⟩ ⟨ ⟩ ⟨ ⟩ rist, ⟨ ⟩ **P** _VISA_ ⟨⟩ **AE** ⟨⟩ ⟨⟩
strada statale del Sempione 30 – ℰ _03 23 92 44 44 – www.lidopalace.com_
– 10 aprile-20 ottobre
81 cam ⟨ ⟩ – ♦98/128 € – ♦♦135/220 € – 2 suites – ½ P 115/140 €
Rist – Carta 35/52 €

♦ Dalla ristrutturazione ed ampliamento dell'ottocentesca Villa Durazzo, questa bella risorsa - negli anni meta di numerosi ospiti illustri - dispone di immensi spazi comuni e camere arredate con eleganza. Cucina tradizionale al ristorante e sulla capiente terrazza con vista lago ed isole Borromee.

Rigoli ⟨ ⟩ ⟨ ⟩ ⟨ ⟩ ⟨ ⟩ ⟨ ⟩ ⟨ ⟩ rist, ⟨ ⟩ **P** _VISA_ ⟨⟩ ⟨⟩
via Piave 48 – ℰ _03 23 92 47 56 – www.hotelrigoli.com – Pasqua-ottobre_
31 cam ⟨ ⟩ – ♦65/105 € ♦♦90/130 € – ½ P 90 € **Rist** – Carta 29/44 €

♦ Direttamente sul lago e con spiaggia privata, questa struttura a gestione familiare dispone di camere accoglienti - sobriamente eleganti - dotate di balcone. Per chi cerca una formula più indipendente: gli appartamenti con angolo cottura nel vicino Residence Ortensia.

Villa Azalea senza rist ⟨ ⟩ ⟨ ⟩ ⟨ ⟩ ⟨ ⟩ **P** ⟨ ⟩ _VISA_ ⟨⟩ **AE** ⟨⟩ ⟨⟩
via Domo 6 – ℰ _03 23 92 43 00 – www.azaleahotel.it – 15 marzo-15 novembre_
37 cam ⟨ ⟩ – ♦50/65 € ♦♦75/120 €

♦ Sita nel centro storico della località, la risorsa dispone di un'ampia zona soggiorno, camere confortevoli arredate con gusto moderno e appartamenti con angolo cottura. Piccola piscina in terrazza.

SottoSopra ⟨ ⟩ _VISA_ ⟨⟩ ⟨⟩ ⟨⟩
corso Garibaldi, 40 – ℰ _03 23 92 52 54 – www.sottosoprabaveno.com – chiuso_
dal 20 gennaio al 20 febbraio, martedì escluso periodo estivo
Rist – Menu 18/35 € – Carta 32/41 €

♦ C'era una volta uno chef, che dopo svariate esperienze in locali importanti, decise di realizzare il suo sogno ed aprire con la moglie (pasticcera) questo delizioso ristorante. In centro paese, la sua cucina mediterranea si sta guadagnando un posto al sole, mentre il buon rapporto qualità/prezzo regala - a fine pasto - una piacevole sorpresa.

Il Gabbiano ⟨ ⟩ ⟨ ⟩ _VISA_ ⟨⟩ ⟨⟩
via I Maggio 19 – ℰ _03 23 92 44 96 – www.ristoranteilgabbiano.info – chiuso_
lunedì
Rist – _(chiuso a mezzogiorno)_ (consigliata la prenotazione) Menu 35 €
– Carta 29/48 €

♦ Piccolo e grazioso ristorante, le cui continue migliorie sono l'espressione di un' attenta conduzione familiare. In menu: ottime specialità di pesce (di mare), in chiave moderna.

BAZZANO – Bologna (BO) – 562 I15 – 6 845 ab. – alt. 93 m – ✉ 40053   9 C3
▸ Roma 382 – Bologna 24 – Modena 23 – Reggio nell'Emilia 53

Alla Rocca ⟨ ⟩ ⟨ ⟩ ⟨ ⟩ ⟨ ⟩ ⟨ ⟩ ⟨ ⟩ ⟨ ⟩ **P** ⟨ ⟩ _VISA_ ⟨⟩ **AE** ⟨⟩ ⟨⟩
via Matteotti 76 – ℰ _0 51 83 12 17 – www.allarocca.com – chiuso dal_
20 dicembre al 7 gennaio e 2 settimane in agosto
55 cam ⟨ ⟩ – ♦60/280 € ♦♦80/320 € – 3 suites – ½ P 65/185 €
Rist Alla Rocca – vedere selezione ristoranti

♦ Struttura di gran fascino ricavata da un imponente e colorato palazzo del 1794. Lo stile della casa ha ispirato anche l'arredamento: molto classico, sia nelle zone comuni, sia nelle camere.

Alla Rocca – Hotel Alla Rocca ⟨ ⟩ ⟨ ⟩ ⟨ ⟩ ⟨ ⟩ ⟨ ⟩ **P** _VISA_ ⟨⟩ **AE** ⟨⟩ ⟨⟩
via Matteotti 76 – ℰ _0 51 83 12 17 – www.allarocca.com – chiuso Natale, agosto,_
sabato a mezzogiorno, domenica
Rist – Menu 25 € bc/35 € bc – Carta 23/50 €

♦ Fritto misto della Rocca, filetto del monsignore, tortellini fatti a mano secondo la ricetta originale del 1796, quando il ristorante aprì per la prima volta. Non c'è quindi da stupirsi se fra i tanti clienti, alcuni vengono anche da molto lontano solo per gustare la sua cucina regionale e le fragranti specialità di pesce.

BEDIZZOLE – Brescia (BS) – **561** F13 – 11 760 ab. – alt. 184 m   **17** D1
– ✉ 25081

▶ Roma 539 – Brescia 17 – Milano 111 – Verona 54

☖   **La Corte** senza rist   🏩 🕭 AK ⊬ 📶 ⁉ 📶 P VISA ⏲ ⬧
🍽   *via Benaco 117 – ℰ 03 06 87 16 88 – www.albergolacorte.it*
      16 cam ⬚ – ♦42/60 € ♦♦70/100 €
      ♦ Hotel a conduzione familiare ospitato negli inusuali spazi di una deliziosa
      cascina completamente ristrutturata. Piacevoli ambienti comuni, camere ampie e
      confortevoli.

XXX   **Ortica** (Piercarlo Zanotti)   AK 🏵 ⇔ P VISA ⏲ AE ⓪ ⬧
🌼   *via Capuzzi 3 – ℰ 03 06 87 18 63 – www.ristoranteortica.it – chiuso dal 1° al
      7 gennaio, dal 7 al 20 agosto, domenica sera, lunedì*
      Rist – Menu 27 € bc (pranzo)/60 € – Carta 45/77 € ॐ
      Spec. Mozzarella di bufala, gambero rosso di Sicilia crudo, caviale, olio del Garda.
      Risotto alla clorofilla di prezzemolo con formaggella di Tremosine. Ventresca di
      baccalà con crema di patate.
      ♦ Trasferitosi da poco a questo nuovo indirizzo, le tre piccole sale di sobria ele-
      ganza accolgono una cucina dove i prodotti del lago, dall'olio al pesce, incon-
      trano quelli di mare con qualche proposta di carne.

BEE – Verbano-Cusio-Ossola (VB) – **561** E7 – 748 ab. – alt. 591 m   **24** B1
– ✉ 28813

▶ Roma 682 – Stresa 27 – Locarno 50 – Milano 116

XX   **Chi Ghinn** con cam ॐ   ⪡ 🏡 🏵 rist, ⁉ VISA ⏲ ⓪ ⬧
      *via Maggiore 21 – ℰ 0 32 35 63 26 – www.chighinn.com – chiuso dal 9 gennaio
      al 14 marzo*
      6 cam ⬚ – ♦60/80 € ♦♦100/140 €
      Rist – *(chiuso martedì)* (prenotazione obbligatoria) Menu 65 € bc
      – Carta 34/65 €
      ♦ Sita nel centro del paese, una struttura dalla giovane conduzione ospita una
      saletta riscaldata da un bel camino e una terrazza-giardino dove gustare una
      cucina contemporanea. Dispone anche di poche camere spaziose e semplici
      negli arredi, alcune delle quali con zona salotto.

BELLAGIO – Como (CO) – **561** E9 – 3 052 ab. – alt. 229 m – ✉ 22021   **16** B2
▌ Italia

▶ Roma 643 – Como 29 – Bergamo 55 – Lecco 22

⛴ per Varenna – Navigazione Lago di Como, ℰ 031 579211 e 800 551 801

🛈 piazza della Chiesa 14, ℰ 031 95 15 55, www.bellagiolakecomo.com

🛈 piazza Mazzini, ℰ 031 95 02 04

◉ Posizione pittoresca ★★★ – Giardini ★★ di Villa Serbelloni – Giardini ★★ di Villa
Melzi

🏨🏨🏨🏨 **Grand Hotel Villa Serbelloni** ॐ   ⪡ ⏀ ⪢ 🌊 ⏏ ⑩ 🏠 ⅃ʰ ※ 🏮
      via Roma 1   🕭 cam, AK 🏵 rist, 🕰 P 🚗 VISA ⏲ AE ⓪ ⬧
      – ℰ 0 31 95 02 16 – www.villaserbelloni.com – aprile-novembre
      91 cam ⬚ – ♦252/308 € ♦♦404/900 € – 4 suites
      Rist *Mistral* 🏵 – vedere selezione ristoranti
      Rist – Carta 74/109 €
      ♦ Prestigioso ed esclusivo hotel, all'estremità del promontorio di Bellagio,
      immerso in un parco digradante sul lago. Ha ospitato regnanti e personalità da
      ogni continente.

🏨🏨🏨 **Belvedere**   ⪡ 🚗 🏡 ⅃ 🏠 ⅃ʰ 🏩 🕭 AK cam, ⊬ 🏵 rist, 🕻 🕰 P
      via Valassina 31 – ℰ 0 31 95 04 10   VISA ⏲ AE ⓪ ⬧
      – www.belviderebellagio.com – aprile-ottobre
      64 cam ⬚ – ♦110/183 € ♦♦170/412 € – 6 suites – ½ P 245 €
      Rist – Carta 41/72 €
      ♦ In posizione panoramica, un romantico nido dove trascorrere un piacevole sog-
      giorno cullati dal lago: piscina estiva nel giardino fiorito ed un centro benessere
      con bagno turco, doccia emozionale e trattamenti di vario tipo. Piatti regionali
      nella moderna sala ristorante.

🏨 Florence   ⪡ 🚘 🛏 🛎 VISA ⚫ AE 💳

piazza Mazzini 46 – ℰ 0 31 95 03 42 – www.hotelflorencebellagio.it
– aprile-ottobre

27 cam � – ♦125 € ♦♦145/200 € – 3 suites – ½ P 113/140 €
Rist – *(chiuso ottobre)* Carta 31/64 €

◆ In posizione centralissima, prospiciente il lago, una bella casa dall'allure elegante è diventata una struttura alberghiera tra le più gettonate del luogo. Le ragioni di tanto successo sono da ricercarsi nelle raffinate camere, nel moderno centro benessere o nella terrazza la cui pregevole vista regala tante emozioni.

🏨 Bellagio senza rist   ⪡ 🛁 🛎 🔲 🤏 🚘 VISA ⚫ AE ⓞ 💳

salita Grandi 6 – ℰ 0 31 95 04 24 – www.bellagio.info – chiuso da dicembre a marzo

29 cam ⊺ – ♦♦120/140 €

◆ Hotel ubicato in pieno centro storico, a due passi dal lungolago e dall'imbarcadero. Interamente ristrutturato ad inizio 2005, presenta camere graziose ed una bella terrazza.

🍴🍴 Mistral – Grand Hotel Villa Serbelloni   ⪡ 🚘 🔲 🍽 P. VISA ⚫ AE ⓞ 💳

❀ *via Roma 1 – ℰ 0 31 95 64 35 – www.ristorante-mistral.com – marzo-novembre; chiuso mercoledì e a mezzogiorno da giugno a settembre*
Rist – Menu 120 € – Carta 80/115 €
Spec. Rombo assoluto cotto nello zucchero con spuma di patate, verdure al vapore, salsa ai porri. Risotto agli asparagi selvatici mantecato al caprino. Degustazione di pesce di lago.

◆ Sulla riva del lago, si ha la sensazione di mangiare nella stiva d'una nave in legno. Cucina "molecolare" che sperimenta cotture innovative accanto a piatti più tradizionali.

🍴 Barchetta con cam   🚘 🔲 🍽 cam, VISA ⚫ AE ⓞ 💳

salita Mella 13 – ℰ 0 31 95 13 89 – www.ristorantebarchetta.com
– 15 marzo-25 ottobre

4 cam ⊺ – ♦♦80/90 €   **Rist** – *(chiuso martedì)* Carta 34/83 € (+10 %)

◆ Un approccio fantasioso alla tavola con proposte di mare e di lago. A disposizione, una sala indipendente con piatti più semplici e pizze anche a mezzogiorno. Apprezzatissimo il servizio estivo sulla terrazza.

BELLANO – Lecco (LC) – 3 334 ab. – alt. 202 m – ✉ 23822   **16** B1

▶ Roma 653 – Como 56 – Bergamo 60 – Lecco 25

🍴🍴 Pesa Vegia   🚘 VISA ⚫ AE 💳

piazza Verdi 7 – ℰ 03 41 81 03 06 – www.pesavegia.it – marzo-ottobre; chiuso lunedì escluso in luglio ed agosto
Rist – *(consigliata la prenotazione la sera)* Menu 38 € – Carta 35/60 €

◆ Piccolo e grazioso ristorantino, collocato in posizione centrale e sul lungolago. Gestione giovane ed appassionata, arredi moderni, proposte di piatti rivisitati con fantasia.

BELLARIA IGEA MARINA – Rimini (RN) – **562** J19 – **19 093 ab.**   **9** D2

▶ Roma 350 – Ravenna 39 – Rimini 15 – Bologna 111

🅳 via Leonardo da Vinci 2, ℰ 0541 34 38 08, www.comune.bellaria-igea-marina.rn.it

a Bellaria – ✉ 47814

🅳 via Leonardo da Vinci 2, ℰ 0541 34 38 08, www.comune.bellaria-igea-marina.rn.it

🏨 Miramare   ⪡ 🏊 🛎 🛖 🛗 P VISA ⚫ AE ⓞ 💳

lungomare Colombo 37 – ℰ 05 41 34 41 31 – www.hotelmiramarebellaria.it
– Capodanno e aprile-settembre

66 cam ⊺ – ♦50/90 € ♦♦75/120 € – ½ P 65/80 €   **Rist** – *(solo per alloggiati)*

◆ Hotel quasi centenario, in grado di offrire ai propri clienti una certa eleganza, avvertibile nell'ariosa hall caratterizzata dalla dinamicità e fruibilità degli spazi. Esperta gestione familiare.

🏠 **Orizzonte e Villa Ariosa** ⪡ ⟨ ⬚ 🏠 🏢 🅰🅲 🍴 rist. 📶 **P**
via Rovereto 10 – ☎ 05 41 34 42 98 VISA ⓸ 🅰🅴 ⓞ 🍴
– www.hotelorizzonte.com – maggio-settembre
45 cam ⬚ – †55/95 € ††85/140 € – ½ P 70/130 € **Rist** – (solo per alloggiati)
♦ Moderno e non privo di ricercatezza, con un'annessa villa fine secolo affacciata direttamente sul mare. Bello e scenografico il piccolo centro benessere con piscina coperta.

🏠 **Ermitage** ⪡ ⟨ 🏠 🄵🄵 🏢 🅰🅲 🍴 rist. 📶 **P** VISA ⓸ 🅰🅴 ⓞ 🍴
☙ via Ala 11 – ☎ 05 41 34 76 33 – www.hotelermitage.it – Pasqua-ottobre
66 cam ⬚ – †100/130 € ††100/150 € – 4 suites – ½ P 80 €
Rist – (giugno- settembre) Menu 15/25 €
♦ Posizione invidiabile - in prima fila sul mare - per questa risorsa dotata di un'ampia gamma di servizi, tra cui due belle piscine. Camere recentemente rinnovate con uno spiccato gusto per il moderno e il design.

🏠 **Residence & Suites** senza rist ⪡ 🏢 🅰🅲 📶 ⅍ **P** VISA ⓸ 🅰🅴 ⓞ 🍴
via Rovereto 2 – ☎ 05 41 34 94 22 – www.residencesuite.it
20 cam ⬚ – †60/80 € ††80/140 €
♦ A pochi passi dal mare, camere moderne e mini-appartamenti con angolo cottura in un albergo i cui ospiti possono utillizzare i servizi del vicino hotel Ermitage (stessa proprietà).

a Igea Marina – ✉ 47813

🛈 viale Pinzon 196, ☎ 0541 33 31 19, www.comune.bellaria-igea-marina.rn.it

🏠 **Agostini** ⪡ 🏠 🏢 ⍨⍨ 🅰🅲 🍴 rist. 📶 ⅍ **P** VISA ⓸ 🅰🅴 ⓞ 🍴
viale Pinzon 68 – ☎ 05 41 33 15 10 – www.hotelagostini.it – aprile-settembre
70 cam ⬚ – †50/90 € ††75/120 € – ½ P 85/105 € **Rist** – (solo per alloggiati)
♦ Struttura a ferro di cavallo con piscina interna, dispone di gradevoli spazi comuni e stanze di confort contemporaneo: bell'arredamento e tessuti coordinati.

🏠 **Strand** ⪡ 🏠 🏢 ⍨⍨ 🅰🅲 🍴 rist. 📶 **P** VISA ⓸ 🅰🅴 🍴
☙ viale Pinzon 161 – ☎ 05 41 33 17 26 – www.hstrand.com – marzo-novembre
37 cam – †35/44 € ††62/77 €, ⬚ 10 € – 2 suites – ½ P 75 €
Rist – Menu 18/30 €
♦ Valida struttura caratterizzata da interni moderni, a tratti signorili, e camere con forti elementi di personalizzazione. Direttamente sul mare, si è in spiaggia senza attraversare strade!

🏠 **K2** 🄵🄵 🏢 🅯 cam. ⍨⍨ 🅰🅲 🍴 **P** VISA ⓸ 🅰🅴 ⓞ 🍴
viale Pinzon 212 – ☎ 05 41 33 00 64 – www.hotelk2.it – marzo-ottobre
73 cam – †70/90 € ††110/150 €, ⬚ 15 € – 7 suites – ½ P 125 €
Rist – (solo per alloggiati)
♦ La Romagna è protagonista con una calorosa gestione familiare, il sud-est asiatico stupisce i clienti nelle camere superior: da preferire alle più tradizionali classiche.

🏠 **Aris** 🏠 🄵🄵 🅯 🅰🅲 🍴 rist. 📶 ⅍ **P** VISA ⓸ 🅰🅴 ⓞ 🍴
via Ennio 32/34 – ☎ 05 41 33 00 07 – www.aris-hotel.com – marzo-settembre
55 cam ⬚ – †55/120 € ††100/180 € – ½ P 60/110 €
Rist – (solo per alloggiati)
♦ Lungo il viale centrale, dedicato a shopping e passeggio, a cento metri dal mare, moderna e confortevole struttura che si presta anche ad esigenze di soggiorni di lavoro.

BELLINZAGO NOVARESE – Novara (NO) – 561 F7 – 9 259 ab. 23 C2
– alt. 192 m – ✉ 28043

▶ Roma 634 – Milano 60 – Novara 15 – Varese 45

🏌 Novara località Castello di Cavagliano, 0321 927834, www.golfclubnovara.it
– chiuso lunedì

a Badia di Dulzago Ovest : 3 km – ⊠ 28043 Bellinzago Novarese

Ⅹ **Osteria San Giulio** `AC` `VISA` `CO` `⅚`

– ℰ *032 19 81 01 – www.osteriasangiulio.it – chiuso dal 26 dicembre al 7 gennaio, agosto, domenica sera, lunedì, martedì*

Rist – Menu 20 € bc/29 € – Carta 21/40 €

♦ Un'esperienza sensoriale a partire dalla collocazione all'interno di un'antica abbazia rurale, passando per l'accoglienza, l'atmosfera e la cucina, nonché le porzioni generose. Tra le specialità: antipasti vari, agnolotti, oca al forno.

BELLUN – Aosta (AO) – Vedere Sarre

BELLUNO `P` (BL) – **562** D18 – **36 618 ab.** – **alt. 383 m** – ⊠ **32100**   **36** C1

Italia

▶ Roma 617 – Cortina d'Ampezzo 71 – Milano 320 – Trento 112

i piazza Duomo 2, ℰ 0437 94 00 83, www.infodolomiti.it

◉ Piazza del Mercato★ – Piazza del Duomo★: palazzo dei Rettori★, polittico★ nel Duomo – Via del Piave : ≼★

🏠 **Park Hotel Villa Carpenada** ♨   ≼ ⛶ ♠ ▐ & `AC` ⁒ ⁽ᵗ⁾ ♨ `P`

via Mier 158, Sud: 2,5 Km – ℰ 04 37 94 83 43   🚗 `VISA` `CO`
– www.hotelvillacarpenada.it

34 cam � – ♦♦80/320 € – 4 suites

Rist *Lorenzo III* – vedere selezione ristoranti

♦ Abbracciata da un parco, una grande villa seicentesca dove in ogni angolo riecheggia il glorioso passato: interni signorili e mobili d'epoca, per un soggiorno esclusivo a pochi km dal centro città.

🏠 **Europa Executive** senza rist   ▐ & `AC` ⁽ᵗ⁾ 🚗 `VISA` `CO` `AE` ① `⅚`

via Vittorio Veneto 158 – ℰ 04 37 93 01 96 – www.europaexecutive.it

40 cam ⊑ – ♦50/100 € ♦♦60/130 €

♦ Poco fuori dal centro - nelle adiacenze dello stadio civico - spazi comuni in stile minimalista e non ampi: a differenza delle grandi, moderne, camere.

🏠 **Delle Alpi** senza rist   ▐ `AC` ⁽ᵗ⁾ `VISA` `CO` `AE` ① `⅚`

via Jacopo Tasso 13 – ℰ 04 37 94 05 45 – www.dellealpi.it

38 cam ⊑ – ♦71 € ♦♦102 € – 2 suites

♦ Camere semplici, spaziose e funzionali per questo indirizzo in comoda posizione centrale, adatto a una clientela business o per turisti di passaggio.

ⅩⅩ **Lorenzo III** – Park Hotel Villa Carpenada   ⛶ 🍴 & `AC` ⁒ ⇆ `VISA` `CO`

via Mier 158, Sud: 2,5 km – ℰ 0 43 79 48 34 – www.hotelvillacarpenada.it – chiuso domenica sera

Rist – Carta 31/56 €

♦ Potendolo fare, sarebbe bello provare tutto: dai ravioli alla polpa di granchio e topinambur alla tagliata di tonno scottato con zucchine e salsa salmoriglio. Per terminare, magari, con un tiramisù al croccantino. Ma come spesso accade, bisogna effettuare delle scelte… Bene! Così sarete "costretti" a ritornare…

Ⅹ **Al Borgo**   ♨ 🍴 ⇆ `P` `VISA` `CO` `AE` ① `⅚`

via Anconetta 8 – ℰ 04 37 92 67 55 – www.alborgo.to – chiuso dal 23 gennaio al 3 febbraio, dal 1° al 5 ottobre, lunedì sera, martedì

Rist – Carta 27/37 €

♦ All'interno di una villa settecentesca in un antico e piccolo borgo, ambiente caldamente rustico e cucina del territorio. Eccezionali: le "Gioie del Borgo" (affettati ed insaccati fatti in casa), la minestra d'orzo e fagioli di Lamon, il gelato artigianale.

a Castion Sud-Est : 3 km – ⊠ 32024

🏠 **Nogherazza** ♨   ⛶ 🎿 `P` `VISA` `CO` `AE` `⅚`

via Gresane 78 – ℰ 04 37 92 74 61 – www.nogherazza.it – chiuso febbraio

6 cam ⊑ – ♦♦80/120 €   **Rist** – (chiuso martedì) Carta 20/37 €

♦ Piccolo borgo rurale composto da due edifici totalmente ristrutturati e ben inseriti nel contesto paesaggistico circostante. Belle e d'atmosfera le camere, rivestite in legno. Giardino attrezzato. Cucina tipica bellunese nell'intima sala da pranzo o in terrazza, da dove ammirare il sole spegnersi sulle cime.

BELMONTE CALABRO – Cosenza (CS) – **564** J30 – **2 279 ab.**   **5** A2
– alt. 262 m – ⊠ 87033

▶ Roma 513 – Cosenza 36 – Catanzaro 74 – Reggio di Calabria 166

🔠 **Villaggio Albergo Belmonte** ⤴   🚗 ⏋ ✕ ⅷ ★ Ⓐ ⅍ ⚔ 🅿
località Piane, Nord : 2 km – ℰ 09 82 40 01 77   ⅥⅭⅣ 🆂 ⒜Ⓔ ⅍
– www.vabbelmonte.it
46 cam ⌧ – ♦60/95 € ♦♦75/120 € – 2 suites – ½ P 80 €
Rist Galeazzo di Tarsia – vedere selezione ristoranti
♦ Struttura organizzata in diversi padiglioni (4 camere ognuno) ad un solo livello, in un contesto naturale di grande bellezza grazie alla vista mozzafiato.

✕✕ **Galeazzo di Tarsia** – Villaggio Albergo Belmonte   🚗 ⏢ ⅷ Ⓐ ⅍ 🅿
località Piane, Nord : 2 km – ℰ 09 82 40 01 77   ⅥⅭⅣ 🆂 ⒜Ⓔ ⅍
– www.vabbelmonte.it
Rist – Carta 30/49 €
♦ Anche se vi ritroverete a sostare qui da soli, sappiate che sarete sempre in compagnia. Di chi? Ma del bel panorama che si dispiegherà davanti ai vostri occhi, dell'accoglienza calorosa e sincera, dell'abbondante cucina! Specialità calabresi, i "classici" italiani e (a richiesta) menu vegetariani o dietetici.

BENACO – Vedere Garda (Lago di)

BENEVELLO – Cuneo (CN) – **561** I6 – **472 ab.** – alt. 671 m – ⊠ 12050   **25** C2
▶ Roma 676 – Cuneo 77 – Alessandria 86 – Genova 171

🏠 **Villa d'Amelia** ⤴   ⪯ ⅊ ⏋ ⅍ 🄵 ⅎ ⅷ ★ Ⓐ ⅎ ⚔ 🅿
località Manera 1 – ℰ 01 73 52 92 25   ⅥⅭⅣ 🆂 ⒜Ⓔ ⒪ ⅍
– www.villadamelia.com – chiuso dall' 11 al 18 aprile
37 cam ⌧ – ♦180/215 € ♦♦220/275 € – 3 suites
Rist Villa d'Amelia ⁣⁣⁣ – vedere selezione ristoranti
♦ Una cascina ottocentesca raccolta attorno ad una corte è diventata oggi una villa signorile, caratterizzata da interni di moderno design che si alternano ad oggetti d'epoca.

✕✕✕ **Villa d'Amelia** – Hotel Villa d'Amelia   ⪯ ⅊ ⅍ ⅷ Ⓐ ⅍ 🅿
⁣⁣⁣ località Manera 1 – ℰ 01 73 52 92 25   ⅥⅭⅣ 🆂 ⒜Ⓔ ⒪ ⅍
– www.villadamelia.com – chiuso dall'11 dicembre al 20 aprile, lunedì, martedì a mezzogiorno
Rist – Menu 75 € – Carta 45/71 € ⁣⁣⁣
Spec. Risotto mantecato con piselli, menta marocchina e crudo di scampi (primavera). Capasanta arrosto con crema di cavolfiore affumicata e condimento al caffè (primavera e autunno). Controfiletto di fassona con millefoglie di patate e prosciutto crudo.
♦ Nel vecchio ricovero di attrezzi agricoli, ristorante moderno e minimalista con proposte tradizionali piemontesi reinterpretate in chiave moderna. La carta dei vini annovera le più prestigiose etichette della zona, ma anche nazionali ed internazionali.

BENEVENTO 🅿 (BN) – **564** D26 – **62 219 ab.** – alt. 135 m – ⊠ 82100   **6** B1
▌ Italia
▶ Roma 241 – Napoli 71 – Foggia 111 – Salerno 75
◉ Arco di Traiano★★ – Museo del Sannio★ - S. Sofia★

🏠 **Aquapetra Resort e SPA** ⤴   ⪯ ⅊ ⏋ 🄳 🄰🄰 ⅍ 🄵 ⅷ cam, Ⓐ cam,
località Monte Pugliano – ℰ 08 24 97 50 07   ⅍ rist, ⁣⁣⁣ ⚔ 🅿 ⅥⅭⅣ 🆂 ⒜Ⓔ ⅍
– www.aquapetra.com
39 cam ⌧ – ♦170/220 € ♦♦200/400 € – 1 suite – ½ P 175/250 €
Rist – Carta 40/68 €
♦ Una famiglia di architetti ha rilevato un vecchio rudere con l'intento di realizzare un progetto da mille e una notte: il risultato è questa sorta di borgo lussuoso, dove gli spazi sono personalizzati con pezzi di antiquariato ed accessori dell'ultima generazione, incantevole spa ed una suggestiva piscina.

🏨 **UNA Hotel il Molino** 🕭 ⅋ cam, AC cam, ⁝⁏ 🛱 P VISA ⑳ AE ⓪ ⚡
via dei Mulini, 48 – ℰ *08 24 31 12 98 – www.hotelilmolino.it*
46 cam ⬭ – †92/110 € ††142/150 € – ½ P 106/110 €
Rist *– (chiuso a mezzogiorno da maggio a settembre)* Carta 32/53 €
♦ Una new entry in quel di Benevento! Costruito di recente dal recupero architettonico dell'antico mulino presso lo storico pastificio Rummo, l'hotel si contraddistingue per modernità, tecnologia e per la raffinatezza delle sue ampie camere.

🏨 **Villa Traiano** senza rist 🕭 AC ⅍ ⁝⁏ 🛥 🚗 ⑳ ⓪ ⚡
viale dei Rettori 9 – ℰ *08 24 32 62 41 – www.hotelvillatraiano.it*
40 cam ⬭ – †70/110 € ††120/190 € – 2 suites
♦ All'interno di una graziosa villa d'inizio Novecento ristrutturata con gusto. Camere molto confortevoli, sala colazioni anche all'aperto e spazio relax sul roof-garden.

sulla strada statale 7 - via Appia Sud-Ovest : 3 km

🏨 **Bei Park Hotel** ♨ ⅀ 🕭 ⅋ AC ⅍ ⓒ 🛥 P VISA ⑳ AE ⓪ ⚡
⊠ *82100 –* ℰ *08 24 36 00 16 – www.beiparkhotel.it*
50 cam ⬭ – †70/80 € ††80/90 € – 3 suites – ½ P 56/61 €
Rist *Regio* – vedere selezione ristoranti
♦ Nuovo edificio lungo la via Appia, poco più a sud di Benevento. Arredi classici, discreta disponibilità di spazi e buon livello del servizio: ideale per la clientela d'affari.

🍴🍴 **Regio** – Bei Park Hotel 🚗 ⅋ AC ⅍ P VISA ⑳ AE ⓪ ⚡
⊠ *82100 –* ℰ *08 24 36 00 16 – www.beiparkhotel.it*
Rist – Carta 20/41 €
♦ Nella città delle streghe, lasciatevi ammaliare dalla cucina di questo ristorante adiacente il Bei Park Hotel (al quale appartiene): nell'ampia terrazza affacciata sul curato giardino, o negli accoglienti spazi interni, il meglio della cucina tradizionale di carne e di pesce.

sulla provinciale per San Giorgio del Sannio Sud-Est : 7 km :

🍴🍴 **Pascalucci** con cam 🚗 AC ⁝⁏ P VISA ⑳ AE ⚡
via Appia 1 ⊠ *82010 San Nicola Manfredi –* ℰ *08 24 77 84 00*
– www.pascalucci.it
11 cam ⬭ – †40 € ††50 € – ½ P 45 € **Rist** – Carta 24/45 € ⌘
♦ Ristorante nato dalla tradizione e che oggi, oltre a proposte locali, presenta anche una cucina di pesce elaborata con capacità, a base di prodotti freschi e genuini.

BENTIVOGLIO – Bologna (BO) – 562 I16 – 5 151 ab. – alt. 19 m   9 C3
– ⊠ 40010
🚩 Roma 395 – Bologna 19 – Ferrara 34 – Modena 57

🏨 **Centergross** ⅀ ⩗ ♨ 🕭 ⅋ AC ⅗ ⁝⁏ 🛥 P 🚗 VISA ⑳ AE ⓪ ⚡
via Saliceto 8, Sud: 5 km – ℰ *05 18 65 89 11 – www.zanhotel.it*
150 cam ⬭ – †99/419 € ††109/439 € – 2 suites
Rist *Rossi Sapori* – vedere selezione ristoranti
♦ La hall anticipa lo stile pomposo delle camere in questa struttura che mutua il proprio nome dal più grande centro all'ingrosso d'Europa. Il confort non si limita alle camere, ma sconfina anche nell'area benessere.

🍴🍴🍴 **Rossi Sapori** – Hotel Centergross 🚗 ⅋ AC VISA ⑳ AE ⓪ ⚡
via Saliceto 8, Sud: 5 km – ℰ *05 16 64 78 72 -8 65 89 11 – www.zanhotel.it*
– chiuso sabato sera
Rist – Menu 27 € bc/38 € – Carta 30/50 €
♦ Il rosso si sa evoca emozioni forti e, forse, proprio con questo intento, è stato scelto il nome. In ogni caso, tendaggi barocchi, poltroncine in velluto – rigorosamente rosse - e tipici piatti della cucina italiana (eccezionali le paste fatte a mano) si alleeranno per farvi trascorrere indimenticabili momenti.

BERCETO – Parma (PR) – 562 I11 – 2 215 ab. – alt. 808 m – ⊠ 43042   8 A2
🚩 Roma 463 – Parma 60 – La Spezia 65 – Bologna 156
🅸 strada Romea 5, ℰ 0525 62 90 27, www.comune.berceto.pr.it

XX **Vittoria-da Rino** con cam 🍴 VISA ⊗ AE ⓘ ⑤
via Marconi 5 – ℰ 05 25 64 3 06 – www.darino.it – chiuso dal 20 dicembre al 7 gennaio
15 cam – †59/63 € ††71/75 €, � 6 € – ½ P 49/59 €
Rist – *(chiuso lunedì escluso dal 20 giugno a dicembre)* Carta 26/62 €
♦ Bell'edificio d'epoca in centro paese: varcato il bar - recentemente rinnovato - in sala troverete un'infinità di piatti regionali, parmigiani e appenninici, presentati con iniziative tematiche stagionali. Confortevoli le stanze.

BERGAMO Ⓟ (BG) – 561 E11 – 118 019 ab. – alt. 249 m ▮ Italia   19 C1

▶ Roma 601 – Brescia 52 – Milano 47

✈ di Orio al Serio per ③: 3,5 km ℰ035 326323

🛈 piazzale Marconi, ℰ 035 21 02 04, www.turismo.bergamo.it

🟦 Parco dei Colli via Longuelo 264, 035 250033, www.golfclubincitta.it – chiuso lunedì

🟦 Bergamo L'Albenza via Longoni 12, 035 640028, www.golfbergamo.it – chiuso lunedì

🟦 La Rossera via Montebello 4, 035 838600, ww.rossera.it – chiuso martedì

◉ Città alta★★★ ABY – Piazza del Duomo★★ AY 12 : Cappella Colleoni★★, Basilica di Santa Maria Maggiore★ : arazzi★★, arazzo della Crocifissione★★, tarsie★★, abside★, Battistero★ – Piazza Vecchia★ AY 39 – ≤★ dalla Rocca AY – Città bassa★ : Accademia Carrara★★BY M1 – Quartiere vecchio★ BYZ – Piazza Matteotti★ BZ 19

🏨🏨 **Excelsior San Marco** 🛋 Ⅰ♨ 👜 ⚙ 🅐🅒 ⅏ ℗ 🛆 VISA ⊗ AE ⑤
*piazza della Repubblica 6 ✉ 24122 – ℰ 0 35 36 61 11
– www.hotelsanmarco.com*   AZa
147 cam ⊆ – †150/200 € ††220/280 € – 8 suites – ½ P 160/190 €
Rist *Roof Garden*❀ – vedere selezione ristoranti
♦ Riferimento storico e intramontabile dell'ospitalità bergamasca, offre ampi spazi comuni e camere dall'arredo classico (se disponibili, optare per quelle con vista su Città Alta). A due passi, la lussuosa Spa.

🏨🏨 **NH Bergamo** 👜 ⚙ 🅐🅒 ⅏ ℗ 🛆 VISA ⊗ AE ⓘ ⑤
*via Paleocapa 1/G ✉ 24122 – ℰ 03 52 27 18 11
– www.nh-hotels.com*   BZd
88 cam ⊆ – †80/310 € ††100/330 € – ½ P 75/190 €
Rist *La Matta* – vedere selezione ristoranti
♦ Nel cuore di Bergamo bassa, hotel dallo stile minimal-chic con largo impiego di marmi e legno: ottime camere, sia per arredo sia per confort.

🏨🏨 **Mercure Bergamo Palazzo Dolci** senza rist ▮ ⚙ 🅐🅒 🍴 ℗
viale Papa Giovanni XXIII 100 ✉ 24121   VISA ⊗ AE ⓘ ⑤
– ℰ 0 35 22 74 11 – www.mercure.com   BZe
88 cam – †130/240 € ††150/300 €, ⊆ 10 €
♦ Lo storico palazzo neo-rinascimentale, in posizione comoda e centrale, fa da guscio ad un albergo di design contemporaneo dalle linee pulite e armoniose. Piccolo wine-bar per spuntini veloci.

🏨 **Petronilla** 🍴 🛋 Ⅰ♨ ▮ 👜 cam, 🅐🅒 ⅏ 🛆 VISA ⊗ AE ⑤
*via San Lazzaro 4 ✉ 24121 – ℰ 0 35 27 13 76
– www.petronillahotel.com*
12 cam ⊆ – †180/250 € ††250/420 € – ½ P 165/250 €
Rist – *(chiuso a mezzogiorno)* (prenotazione obbligatoria) *(solo per alloggiati)*
Menu 60 € – Carta 28/55 €
♦ Splendido albergo del centro in cui convivono suggestioni anni '50, influenze-*Bauhause* design contemporaneo: molti i quadri disegnati ad hoc, con dettagli d'opere di Hopper, De Chirico, Caravaggio. Un soggiorno esclusivo, perfetto per coloro che amano le raffinate personalizzazioni.

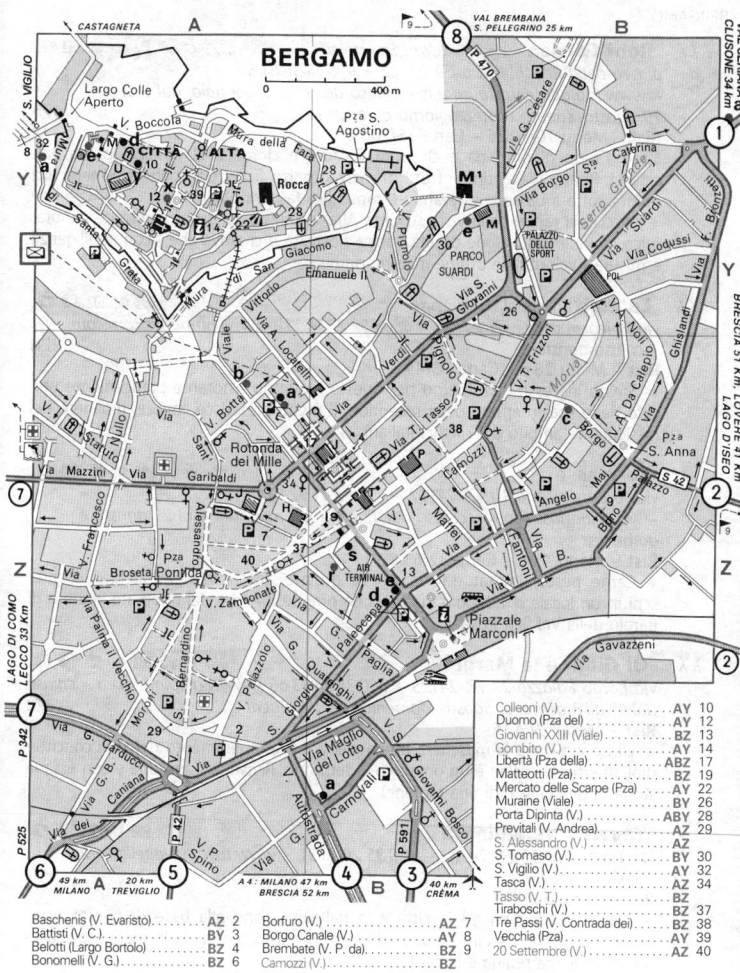

BERGAMO

0   400 m

Circolazione stradale regolamentata nella Città Alta

Arli

🏠 ♨ 🛗 & AC 📶 VISA ✱ AE ① ⑤   BZ**s**

largo Porta Nuova 12 ⊠ 24122 – 𝒞 035 22 20 77 – www.arli.net

66 cam – †80/170 € ††90/200 €, ⊑ 18 € – ½ P 80/135 €

Rist La Delizia – vedere selezione ristoranti

♦ Ottima struttura, moderna e centrale, dispone di camere omogenee nel confort - mansardate quelle all'ultimo piano - e di un attrezzato centro benessere (aperto anche al pubblico).

Lio Pellegrini

🛗 AC VISA ✱ AE ① ⑤

via San Tomaso 47 ⊠ 24121 – 𝒞 035 24 78 13 – www.liopellegrini.it – chiuso lunedì e martedì a mezzogiorno   BY**e**

Rist – Carta 57/107 €

♦ Il locale è in pieno centro, ma il bel dehors con i suoi ariosi drappi offre un'insolita oasi di pace, mentre gli interni si accendono di rosso, quasi a voler anticipare una cucina dai sapori mediterranei e - al tempo stesso - squisitamente moderna. Ambiente raffinato.

185

XXX Roof Garden – Hotel Excelsior San Marco ⟨ 🛱 & 🄰🄲 🄿 𝚟𝚒𝚜𝚊 ⓪ 🄰🄴 ⓢ
piazza della Repubblica 6 ⊠ 24122 – ℰ 035 36 61 59
– www.roofgardenrestaurant.it – chiuso dal 1° al 7 gennaio, dal 6 al
19 agosto, sabato a mezzogiorno e domenica   AZ**a**
Rist – Menu 70/100 € – Carta 75/100 €
Spec. Crudo di ombrina e chips di verdure e clorofilla al basilico (primavera-estate). Pisarei piacentini ai frutti di mare e porro fritto. Gambetto d'agnello alla menta cotto a bassa temperatura e moussaka (autunno).
♦ Lasciatevi rapire dalla vista su Città Alta in questo elegante ristorante panoramico, dove il gusto gode di una cucina ricercata e creativa che - con intelligenza e misura - valorizza le ottime materie prime.

XXX La Matta – Hotel NH Bergamo & 🄰🄲 🕉 ✧ 𝚟𝚒𝚜𝚊 ⓪ 🄰🄴 ⓪ ⓢ
via Paleocapa 1/G ⊠ 24122 – ℰ 03 52 27 18 11 – www.nh-hotels.com.com
– chiuso agosto   BZ**d**
Rist – Menu 28 € – Carta 33/49 €
♦ Stesso ingresso dell'albergo per questo moderno ristorante praticamente ubicato nello spazio aperto della reception. Il menu preferisce, invece, rimanere nel rassicurante ambito dei classici italiani.

XX Sarmassa & 🄰🄲 🕉 𝚟𝚒𝚜𝚊 ⓪ 🄰🄴 ⓪ ⓢ
vicolo Bancalegno 1h ⊠ 24122 – ℰ 035 21 92 57
– www.sarmassa.com – chiuso dal 1° al 12 gennaio, dal 4 al 29 agosto e
domenica
Rist – Menu 45 € – Carta 32/63 €
♦ Carne, pesce, affettati e formaggi, da gustare sotto a volte ed archi duecenteschi in un locale d'indubbio fascino, che prende il nome dal rinomato vigneto di Barolo della Val Sarmassa.

XX Ol Giopì e la Margì 🄰🄲 🕉 ✧ 𝚟𝚒𝚜𝚊 ⓪ 🄰🄴 ⓪ ⓢ
via Borgo Palazzo 27 ⊠ 24125 – ℰ 035 24 23 66 – www.giopimargi.eu – chiuso
dal 1° all'8 gennaio, agosto, domenica sera e lunedì   BZ**c**
Rist – Menu 29/42 €
♦ L'insegna ritrae la maschera bergamasca e il temperamento dei suoi concittadini, mentre la cucina è un omaggio al territorio. Rivive la tradizione e con essa la storia di una città e di una regione!

XX Taverna Valtellinese 🄰🄲 ✧ 𝚟𝚒𝚜𝚊 ⓪ 🄰🄴 ⓪ ⓢ
via Tiraboschi 57 ⊠ 24122 – ℰ 035 24 33 31 – www.tavernavaltellinese.it
– chiuso lunedì   BZ**r**
Rist – Carta 30/40 €
♦ Gli antichi legami tra la città e la Valtellina sono alla base di questo ristorante "riscaldato" da tanto legno ed inserti di gusto montano. In menu: specialità tradizionali, ma regina è la carne.

XX La Delizia – Hotel Arli 𝚟𝚒𝚜𝚊 ⓪ 🄰🄴 ⓪ ⓢ
largo Porta Nuova 12 ⊠ 24122 – ℰ 035 23 08 14
– www.arli.net   BZ**s**
Rist – Menu 18 € bc/45 € – Carta 35/55 €
♦ Casoncelli o polenta ucia? Va bene che siamo a Bergamo, ma il panorama gastronomico cittadino offre anche dell'altro. Al ristorante La Delizia, ad esempio, vi attendono piatti italiani (e non solo lombardi), internazionali e vegetariani. Un buon indirizzo, in pieno centro!

X A Modo 🛱 🄰🄲 𝚟𝚒𝚜𝚊 ⓪ 🄰🄴 ⓪ ⓢ
viale Vittorio Emanuele II 19 ⊠ 24121 – ℰ 035 21 02 95
– www.ristoranteamodo.com – chiuso domenica   AZ**b**
Rist – Menu 18 € bc (pranzo)/50 € bc – Carta 50/64 €
♦ Sulla strada che porta alla funicolare per Città Alta, la moderna sala è impreziosita da un'originale collezione di vetri artistici. Se la sera la carta si fa importante, a mezzogiorno il menu è più ristretto e i prezzi interessanti. Cucina contemporanea.

alla città alta – alt. 249 m

🛈 via Gombito, ✆ 035 24 22 26, www.apt.bergamo.it

🏠 **Piazza Vecchia** senza rist 🖾 🔥 AC 🚫 🕻 VISA ⓸ AE 🔥
via Colleoni 3/5 ✉ 24129 – ✆ 0 35 25 31 79 – www.hotelpiazzavecchia.it
13 cam – ✝100/145 € ✝✝110/200 €, ⟁ 13 €   AYy
♦ Situato in prossimità di Piazza Vecchia, che il grande architetto Le Corbusier
definì come "la più bella piazza d'Europa", camere spaziose, vivaci e colorate in
un'antica casa del 1300.

🏠 **La Valletta Relais** senza rist ≼ ⛪ AC 🚫 🕻 🅿 VISA ⓸ 🔥
via Castagneta 19, 1 km per via Castagneta ✉ 24129 – ✆ 0 35 24 27 46
– www.lavallettabergamo.it – chiuso dal 15 dicembre al 14 febbraio
8 cam – ✝80/100 € ✝✝95/120 €, ⟁ 7 € – 2 suites   AY
♦ Villino nel verde del Parco dei Colli: l'atmosfera è quella di una casa privata
-signorile e raffinata - con camere personalizzate, due con terrazzino.

🍴🍴🍴 **Colleoni & dell'Angelo** ⛪ AC ⇄ VISA ⓸ AE ⓵ 🔥
piazza Vecchia 7 ✉ 24129 – ✆ 0 35 23 25 96 – www.colleonidellangelo.com
– chiuso lunedì   AYx
Rist – Menu 28 € bc/65 € – Carta 52/88 € ⏆
♦ In un antico palazzo di piazza Vecchia - una delle più belle d'Italia, su cui per
altro si apparecchia il dehors - ristorante di rara eleganza con cucina di terra,
ma soprattutto di mare. Servizio all'altezza.

🍴🍴 **L'Osteria di via Solata** (Ezio Gritti) AC VISA ⓸ AE ⓵ 🔥
€3 via Solata 8 ✉ 24129 – ✆ 0 35 27 19 93 – www.osteriaviasolata.it – chiuso dal
18 al 28 febbraio, dal 5 al 25 agosto, domenica sera, martedì   AYc
Rist – Menu 70 € – Carta 52/92 € ⏆
Spec. Calamaretti con patate, pomodoro, olive e basilico. Piccione in due cotture,
alla liquirizia e menta fresca. Parfait ai petali di rosa e croccante di mandorle.
♦ Nei vicoli del centro storico di Città Alta, fiori e decorazioni regalano una serata
incantevole, mentre il cuoco vi consiglierà personalmente moderni piatti di carne
e di pesce.

🍴🍴 **La Marianna** ⛐ ⛪ ⇄ VISA ⓸ AE 🔥
largo Colle Aperto 2/4 ✉ 24129 – ✆ 0 35 24 79 97 – www.lamarianna.it
– chiuso dal 7 al 15 gennaio, lunedì, martedì a mezzogiorno   AYe
Rist – Carta 50/60 € ⏆
♦ Se nella bella stagione opterete per la fiorita terrazza-giardino, nei mesi invernali sarà il côté anni '50 degli interni ad intrigarvi. Sempre e comunque: la sua
rinomata cucina di ricerca e - all'ingresso – la storica pasticceria con dolci di produzione propria.

🍴 **La Colombina** ≼ ⛪ AC VISA ⓸ AE 🔥
via borgo Canale 12 ✉ 24129 – ✆ 0 35 26 14 02 – www.trattorialacolombina.it
– chiuso 15 giorni in gennaio,15 giorni in luglio, lunedì, martedì   AYa
Rist – Menu 30 € bc – Carta 27/39 €
♦ Semplice e accogliente trattoria fuori dalle mura della città alta, il piacevole
dehors è stato recentemente cinto da vetrate per renderlo fruibile anche d'inverno. La cucina si ispira alle stagioni e alle tradizioni.

a San Vigilio Ovest: 1 km o 5 mn di funicolare AY – alt. 461 m

🍴 **Baretto di San Vigilio** ⛪ ⇄ VISA ⓸ AE ⓵ 🔥
via Al Castello 1, per via San Vigilio ✉ 24129 – ✆ 0 35 25 31 91 – www.baretto.it
Rist – Menu 25 € bc/47 € – Carta 41/60 € ⏆   AY
♦ Nella piazzetta antistante la stazione di arrivo della funicolare, caratteristico
bar-ristorante di tono retrò, vagamente anglosassone, dove gustare piatti della
tradizione italiana. Servizio estivo in terrazza con incantevole vista sulla città.

BERGANTINO – Rovigo (RO) – **562** G15 – **2 616 ab.** – alt. 15 m   **35** B3
– ✉ 45032
▶ Roma 477 – Venezia 136 – Rovigo 60 – Bologna 89

BERGANTINO

XX **Il Portico** 🕭 ⅏ 🅐🅒 ⅏ 🅿 🆅🅸🆂🅰 ⓿ 🅐🅴 🅞 ⑤
via Campo 766 – ℰ 04 25 80 51 87 – www.ristoranteilportico.it
– chiuso 1 settimana in febbraio, 2 settimane in agosto, sabato a mezzogiorno
e martedì
Rist – Carta 26/34 € ⅋
♦ In aperta campagna, ristorante con proposte gastronomiche articolate in modo
tale da soddisfare gusti e budget diversi. Ottima scelta enologica e piccola cantina visitabile.

BERGEGGI – Savona (SV) – **561** J7 – **1 170 ab.** – alt. 110 m – ✉ **17028**   14 B2
▶ Roma 556 – Genova 58 – Cuneo 102 – Imperia 63
ℹ via Aurelia, ℰ 019 85 97 77, www.visitriviera.it

🔠 **Claudio** ⑤   ≤ 🖩 🅒 ⏷ ⅏🅐🅒 🕪 🅰 🅿 🖂 🆅🅸🆂🅰 ⓿ 🅐🅴 🅞 ⑤
via XXV Aprile 37 – ℰ 0 19 85 97 50 – www.hotelclaudio.it – aprile-dicembre
22 cam ⌂ – ♂80/130 € ♂♂130/180 € – 4 suites
Rist *Claudio* ❀ – vedere selezione ristoranti
♦ Suggestiva collocazione con vista eccezionale sul golfo sottostante. Camere
ampie ed eleganti, piscina, spiaggia privata e numerosi altri servizi a disposizione.

XXX **Claudio** (Claudio Pasquarelli) – Hotel Claudio   ≤ 🖩 🅒 🕭 🅐🅒 🅿
❀   *via XXV Aprile 37 – ℰ 0 19 85 97 50*   🆅🅸🆂🅰 ⓿ 🅐🅴 🅞 ⑤
– www.hotelclaudio.it – aprile-dicembre; chiuso lunedì
Rist – *(chiuso a mezzogiorno escluso sabato ed i giorni festivi)* Menu 85 € bc
– Carta 70/110 €
Spec. Crudo di pesci e crostacei. Zuppa di pesce nella pietra ollare. Bouquet di
crostacei agli agrumi del Mediterraneo.
♦ Una delle migliori cucine di pesce della zona: alla qualità indiscutibile delle
materie prime, si unisce la cura estetica delle presentazioni, senza rinunciare alla
generosità delle porzioni.

BERNALDA – Matera (MT) – **564** F32 – **12 218 ab.** – alt. 126 m   4 D2
– ✉ **75012**
▶ Roma 458 – Bari 108 – Matera 38 – Potenza 99

🏠 **Agriturismo Relais Masseria Cardillo** ⑤   ≤ 🖩 🕭 ⏷ 🎇 🅐🅒
strada statale 407 Basentana al km 97,5   🅰 🅿 🆅🅸🆂🅰 ⓿ 🅐🅴 ⑤
– ℰ 08 35 74 89 92 – www.masseriacardillo.it – Pasqua-ottobre
10 cam ⌂ – ♂78/101 € ♂♂120/156 € – ½ P 96 €
Rist – *(prenotazione obbligatoria)* Menu 28/35 €
♦ A pochi chilometri dal lido di Metaponto, elegante risorsa ricavata dai granai
di una masseria di fine '800. Camere spaziose con terrazzini affacciati sulla
campagna.

X **La Locandiera**   🅐🅒 ⅏
🕭   *corso Umberto 194 – ℰ 08 35 54 32 41 – www.trattorialalocandiera.it – chiuso*
martedì in ottobre e novembre
🕭   **Rist** – *(consigliata la prenotazione)* Menu 20 € – Carta 19/33 € ⅋
♦ Agnello da pascolo al forno con patate e lampascioni o braciole di cavallino al
ragù sono solo alcune delle specialità lucane proposte in questo locale piacevolmente rustico. Se non bastasse: anche un'eccezionale selezione di vini.

BERSANO – Piacenza (PC) – **561** H12 – Vedere Besenzone

BERTINORO – Forlì-Cesena (FC) – **562** J18 – **10 901 ab.** – alt. 254 m   9 D2
– ✉ **47032** ▮ Italia
▶ Roma 343 – Ravenna 46 – Rimini 54 – Bologna 77
ℹ piazza della Libertà 3, ℰ 0543 46 92 13, www.comune.bertinoro.fc.it
◉ ≤ ★ dalla terrazza vicino alla Colonna dell'Ospitalità

a Fratta Ovest: 4 km – ⊠ 47032

⌂⌂⌂ Grand Hotel Terme della Fratta ॐ · · · · · · · · · · ·
via Loreta 238 – ℰ 05 43 46 09 11 · · · · · · · · rist, ¶¶ 🅿 VISA ⦿ AE ① ⓢ
– www.termedellafratta.it
64 cam ⊑ – ¶80/100 € ¶¶100/120 € · **Rist** – Carta 24/30 €
♦ Aperto da poco propone programmi terapeutici diversi grazie alla disponibilità
contemporanea di sette tipologie diverse di acqua, note sin dall'epoca romana.
Nel giardino, percorsi vita e fontane termali. Creatività e sapori della cucina romagnola e mediterranea si uniscono per realizzare piatti invitanti e genuini.

BESANA BRIANZA – Monza e Brianza (MB) – **561** E9 – 15 459 ab. · · · · **18** B1
– alt. 335 m – ⊠ 20045
▶ Roma 600 – Como 27 – Bergamo 42 – Lecco 23

a Calo' Sud-Ovest : 3,5 km – ⊠ 20045 Besana Brianza

ℵ Il Riservino Ungherese · · · · · · · · · · · · 🏠 VISA ⦿ AE ① ⓢ
via Lovati 3/5 – ℰ 0 36 21 79 29 64 – www.ilriservinoungherese.it – chiuso
domenica
Rist – (chiuso a mezzogiorno) Carta 33/66 €
♦ Ristorantino caratteristico con moltissimi richiami alla terra d'origine dei gestori:
stoviglie, tovagliato, fotografie, oggettistica, oltre naturalmente alla cucina.

BESENZONE – Piacenza (PC) – **561** H11 – 985 ab. – alt. 48 m · · · · · **8** A1
– ⊠ 29010
▶ Roma 472 – Parma 44 – Piacenza 23 – Cremona 23

a Bersano Est : 5,5 km – ⊠ 29010 Besenzone

⌂ Agriturismo Le Colombaie ॐ · · · · · · ⊞ 🄺 cam, ☒ 🅿 VISA ⦿ ⓢ
via Bersano 29 – ℰ 05 23 83 00 07 – www.colombaie.it
– chiuso gennaio
3 cam ⊑ – ¶55/70 € ¶¶80/100 € – 2 suites – ¶¶120/160 € – ½ P 60/70 €
Rist – Carta 24/50 €
♦ Occorre percorrere un breve tratto di strada sterrata, delimitata da alberi per
raggiungere questa risorsa ricavata in una vecchia cascina. La colazione è servita
anche all'aperto all'ombra di un pergolato.

ℵℵℵ La Fiaschetteria (Patrizia Dadomo) con cam e senza ⊑ ॐ · · · · · 🄺 🅿
ॐ · · · via Bersano 59/bis – ℰ 05 23 83 04 44 · · · · · · · · · · VISA ⦿ AE ① ⓢ
– www.la-fiaschetteria.it – chiuso dal 23 dicembre al 6 gennaio e agosto
3 cam – ¶85 € ¶¶120 €
Rist – (chiuso lunedì, martedì) (chiuso a mezzogiorno escluso i giorni festivi)
(consigliata la prenotazione) Carta 43/64 € ⅜
Spec. Spuma di baccalà (primavera-estate). Savarin di riso. Batù d'oca (inverno).
♦ Un'ottima rielaborazione della cucina emiliana, in una grande casa colonica di
origine settecentesca illuminata da moderni lampadari di design e da un grande
camino. Tre splendide camere: amarcord di eleganza in stile basso padano.

BESNATE – Varese (VA) – **561** E8 – 5 375 ab. – alt. 300 m – ⊠ 21010 · **18** A1
▶ Roma 622 – Stresa 37 – Gallarate 7 – Milano 45

ℵℵ La Maggiolina · · · · · · · · · · · · · · 🄺 ✧ 🅿 VISA ⦿ AE ⓢ
via Gallarate 17 – ℰ 03 31 27 42 25 – chiuso dal 24 dicembre al 5 gennaio,
agosto e martedì
Rist – Carta 30/51 €
♦ Un velo leggero pare essere sceso su questa risorsa. Un velo capace di fermare il tempo e di regalare ambienti, atmosfere e stili assolutamente vicini agli
anni Settanta.

BETTOLA – Piacenza (PC) – **562** H10 – **3 052 ab.** – **alt. 329 m** – ⊠ 29021   8 A2

▶ Roma 546 – Piacenza 34 – Bologna 184 – Milano 99

XX   **Agnello**   斎 ⇔ ⇔ *VISA* ◑◐
piazza Colombo 70 – ℰ *05 23 91 77 60 – chiuso febbraio e martedì*
Rist – Carta 25/35 €
♦ Affacciato sulla scenografica piazza del centro storico, il ristorante è idealmente diviso in due sale: la parte più antica con volte in mattoni e colonne
in pietra. Curiosi e interessati potranno accedere alle cantine, dove stagionano i
salumi.

BETTOLELLE – Ancona (AN) – vedere Senigallia

BETTOLLE – Siena (SI) – **563** M17 – Vedere Sinalunga

BETTONA – Perugia (PG) – **563** M19 – **4 402 ab.** – **alt. 353 m**   32 B2
– ⊠ 06084

▶ Roma 167 – Perugia 21 – Assisi 15 – Orvieto 71

🏠🏠   **Relais la Corte di Bettona**   ≤ ℑ ℳ ⅃₅ ⅃ & Ⓜ ⁋ *VISA* ◑◐ Ⓐ ⓪ ⑤
via Santa Caterina 2 – ℰ *0 75 98 71 14*
– www.fabahotels.com
34 cam ⌁ – †90/135 € ††120/180 € – 4 suites – ½ P 95/125 €
Rist *Taverna del Giullare* – vedere selezione ristoranti
♦ Nel cuore del centro storico, edificio del 1300, suddiviso in due corpi distinti:
l'originalità delle camere si esprime nella loro "unicità" e quelle ubicate nell'edificio più a valle godono di una spettacolare vista sulla vallata. Nuovo centro benessere con massaggi e due tipi di sauna.

🏠   **Country House Torre Burchio** 🐾   ≤ ⋑ 斎 ℑ ℀ & ℀ rist, ⁋
località Torre Burchio, Sud: 7 km –   🔥 🄿 *VISA* ◑◐ Ⓐ ⓪ ⑤
 – ℰ *0 75 98 71 50 – www.torreburchio.it – chiuso novembre*
17 cam ⌁ – †40/50 € ††66/86 € – ½ P 63/70 €
Rist – *(chiuso a mezzogiorno)* Carta 25/58 €
♦ Un antico casale di caccia, circondato da una tenuta di 600 ettari di boschi abitati da ogni sorta di animali: un contesto in cui la natura è regina. Camere confortevoli. Cucina del luogo per soddisfare l'appetito di chi, passeggiando, si gode
boschi e prati.

XXX   **Taverna del Giullare** – Relais la Corte di Bettona   ≤ 斎 & Ⓜ
via del Forte – ℰ *0 75 98 72 54*   *VISA* ◑◐ Ⓐ ⓪ ⑤
– www.tavernadelgiullare.com
Rist – Carta 37/49 €
♦ Cucina di stampo regionale con qualche tocco di creatività, in un locale che già
dalla calorosa accoglienza vi convincerà di aver fatto la scelta giusta. D'inverno
godetevi la bella verandina: completamente chiusa da vetrate, ma assolutamente
panoramica.

a Passaggio Nord-Est : 3 km – ⊠ 06084

XX   **Il Poggio degli Olivi** con cam 🐾   ≤ ⋑ 斎 ℑ ℀ Ⓜ ℀ 🄿
località Montebalacca, Sud : 3 km – ℰ *07 59 86 90 23*   *VISA* ◑◐ Ⓐ ⓪ ⑤
– www.poggiodegliolivi.com – chiuso dal 9 gennaio al 10 febbraio
12 cam ⌁ – †60/90 € ††88/135 € – ½ P 69/92 €
Rist – *(chiuso mercoledì)* Menu 35 € – Carta 28/42 €
♦ Da questo luogo, quando il cielo è più limpido, la vista arriva fino ad Assisi, pare
proprio di essere parte di un dipinto. Merita quindi il servizio serale in terrazza.

BEVAGNA – Perugia (PG) – **563** N19 – **5 090 ab.** – **alt. 210 m**   33 C2
– ⊠ 06031

▶ Roma 148 – Perugia 35 – Assisi 24 – Macerata 100

Palazzo Brunamonti senza rist   🏢 ⛄ 🅰️ ⚒ 🆅🆂🅰 ⓒⓞ 🅰🅴 ⓞ ⑤

corso Matteotti 79 – ℰ 07 42 36 19 32 – www.brunamonti.com

21 cam ⌂ – †50/100 € ††80/155 €

♦ Saloni affrescati al piano nobile e fondamenta di origine romana visibili nella hall. Nel cuore dell'incantevole cittadina, l'albergo riproduce negli ambienti interni la sobria essenzialità dell'aspetto esteriore.

Il Chiostro di Bevagna senza rist   ≼ 🚗 ⛄ ⚒ 🀫 🅿️ 🆅🆂🅰 ⓒⓞ ⓞ ⑤

corso Matteotti 107 – ℰ 07 42 36 19 87 – www.ilchiostrodibevagna.com – chiuso dall'11 gennaio al 28 febbraio

14 cam ⌂ – †40/65 € ††65/100 €

♦ Quello che in origine era un convento domenicano, si è trasformato ora in albergo familiare con camere semplici, ma spaziose. Come corte, l'antico chiostro.

L'Orto degli Angeli   🚗 🅰️ ⚒ 🆅🆂🅰 ⓒⓞ 🅰🅴 ⓞ ⑤

via Dante Alighieri 1 – ℰ 07 42 36 01 30 – www.ortoangeli.it

14 cam ⌂ – †150/180 € ††200/220 € – 9 suites – ††280/350 €

Rist *Redibis* – vedere selezione ristoranti

♦ Un palazzo del XVII sec. rallegrato da un grazioso giardino pensile, che si affaccia su un palazzo medievale (sorto a sua volta sui resti di un tempio e di un teatro romano) vanta ambienti raffinati e di grande charme: quasi una dimora privata pregna di fascino e di storia.

Residenza Porta Guelfa senza rist   ≼ 🚗 🧊 ⛄ 🅰️ 🅿️

via Ponte delle Tavole 2 – ℰ 07 42 36 20 41   🆅🆂🅰 ⓒⓞ 🅰🅴 ⓞ ⑤

– www.residenzaportaguelfa.com

12 cam ⌂ – ††100/130 €

♦ Appena fuori le mura del centro storico, questa residenza dal fascino antico, ma dai confort moderni, dispone di camere arredate in stile locale ed attrezzate con angolo cottura. Gli ampi spazi esterni ospitano una bella piscina.

Redibis – L'Orto degli Angeli   🅰️ ⚒ ↔ 🆅🆂🅰 ⓒⓞ 🅰🅴 ⓞ ⑤

via Dante Alighieri 1 – ℰ 07 42 36 01 30 – www.redibis.it – chiuso martedì e a mezzogiorno escluso sabato e domenica

Rist – Carta 44/56 €

♦ Sotto le alte volte delle vestigia di un teatro romano del I secolo d.C., una cucina squisitamente creativa e mobili dalle linee moderne, minimaliste: un sapiente gioco di contrasti, in un ambiente di grande suggestione.

BIANZONE – Sondrio (SO) – **561** D12 – 1 279 ab. – alt. 444 m   **16** B1
– ✉ 23030

▶ Roma 692 – Venezia 311 – Rovigo 284 – Mantova 220

Altavilla con cam   🍴 ⚒ 🅿️ 🆅🆂🅰 ⓒⓞ 🅰🅴 ⑤

via A. Monti 46 – ℰ 03 42 72 03 55 – www.altavilla.info

14 cam – †30/45 € ††45/70 €, ⌂ 10 € – ½ P 48/55 €

Rist – *(chiuso domenica sera e lunedì (agosto sempre aperto))* Menu 25 €
– Carta 24/43 €

♦ Nella parte alta della località, circondato da boschi e vigneti, il ristorante propone piatti del territorio in un'atmosfera rustica ed informale. Bella terrazza panoramica.

BIBBIENA – Arezzo (AR) – **563** K17 – 12 725 ab. – alt. 425 m   **29** D1
– ✉ 52011 ▮ Toscana

▶ Roma 249 – Arezzo 32 – Firenze 60 – Rimini 113

🏌 Casentino via Fronzola 6, 0575 529810, www.golfclubcasentino.it – chiuso dal 7 gennaio al 5 febbraio e martedì

Relais il Fienile senza rist 🌿   ≼ 🚗 🧊 🏄 🅿️ 🆅🆂🅰 ⓒⓞ

località Gressa, Nord: 6 km – ℰ 05 75 59 33 96 – www.relaisilfienile.it
– aprile-ottobre

6 cam – †62/68 € ††86/102 €, ⌂ 8 € – ½ P 83 €

♦ Come trasformare un ex fienile del '700 in una risorsa di charme, dove il confort è curatissimo, gli ambienti gradevoli e arredati con gusto. Tranquillo e panoramico.

※※ **Il Tirabusciò**   VISA ⓒ AE ⑤
(😊)
via Rosa Scoti 12 – 𝄢 05 75 59 54 74 – www.tirabuscio.it – chiuso lunedì e martedì a mezzogiorno
Rist – Carta 30/74 €

♦ Tirabusciò, il cavatappi, una tappa imperdibile per conoscere la gastronomia del casentino: dalle patate rosse al maiale grigio, passando per i salumi, la chianina, i funghi, i tartufi e i formaggi.

a Soci Nord : 4 km – ✉ 52010

🏠 **Le Greti** senza rist ⌂   ← 🚗 🌊 ⅃ & P VISA ⓒ AE ① ⑤
via Privata le Greti, Ovest : 1,5 km – 𝄢 05 75 56 17 44 – www.legreti.it
16 cam ☐ – ♦♦60/90 € – 1 suite

♦ Appena fuori dal centro abitato, sulla sommità di un poggio panoramico, un albergo connotato da una conduzione familiare dallo stile apprezzabile. Buoni spazi comuni.

BIBBONA – Livorno (LI) – 563 M13 – 3 266 ab. – ✉ 57020   **28** B2
🏴 Roma 269 – Pisa 66 – Livorno 44 – Piombino 46

⛰ **Relais di Campagna Podere Le Mezzelune** senza rist   ← 🚗
località Mezzelune 126, Ovest : 4 km   🌊 ⅋ P VISA ⓒ AE ⑤
– 𝄢 05 86 67 02 66 – www.poderelemezzelune.it – chiuso dal 10 dicembre a febbraio
4 cam ☐ – ♦120/140 € ♦♦160/195 € – 2 suites

♦ Risorsa ricavata da una casa colonica di fine '800, all'interno di una proprietà con ortaggi e ulivi (da cui la produzione di olio extravergine). Bucolica posizione per un soggiorno rilassante in ambienti signorili.

BIBIONE – Venezia (VE) – 562 F21 – ✉ 30020   **36** D2
🏴 Roma 613 – Udine 59 – Latisana 19 – Milano 352
🛈 via Maja 37/39, 𝄢 0431 44 21 11, www.bibioneturismo.it
🛈 viale Aurora 111 , 𝄢 0431 44 21 11

🏨 **Bibione Palace**   🚗 🌊 ⅃ 🔲 ⑨⑨ ⋒ 🛗 🖐 & 🏊 AC ⅋ rist, 🕯 P 🛋
via Taigete 20 – 𝄢 04 31 44 72 20   VISA ⓒ AE ① ⑤
– www.hotelbibionepalace.it – 21 aprile-settembre
110 cam ☐ – ♦♦148/268 € – 50 suites – ♦♦218/478 € – ½ P 80/140 €
Rist – (solo per alloggiati) Menu 25 €

♦ Centrale e contemporaneamente frontemare, le camere sono tutte terrazzate e luminose, gli spazi comuni arredati con gusto minimalista; all'esterno, piscina e parco giochi per i piccoli. Veste moderna anche per il ristorante, dalle proposte mediterrane.

🏨 **Palace Hotel Regina**   🌊 ⅃ 🖐 & 🏊 AC ⅋ 🕯 🛋 VISA ⓒ
(😊)
corso Europa 7 – 𝄢 0 43 14 34 22 – www.palacehotelregina.it
– 15 maggio-15 settembre
49 cam ☐ – ♦120 € ♦♦200 € – ½ P 90/140 €   **Rist** – Menu 20 €

♦ Gestione seria e dinamica per questo signorile hotel a metà strada tra centro e mare; all'interno spazi realizzati in una sobria ed elegante ricercatezza cui si uniscono funzionalità e modernità. Al ristorante, una cucina genuina e semplice, con pietanze soprattutto a base di carne, pesce e verdure.

🏨 **Corallo**   ← 🚗 🌊 ⅃ 🌊 ⋇ 🖐 🏊 AC ⅋ 🕯 P VISA ⓒ AE ① ⑤
via Pegaso 38 – 𝄢 04 31 43 09 43 – www.hotelcorallobibione.com
– maggio-settembre
76 cam ☐ – ♦83/145 € ♦♦118/206 € – ½ P 108 €   **Rist** – (solo per alloggiati)

♦ Caratteristico nella particolare forma cilindrica della sua architettura, signorile hotel con ampi terrazzi che si affacciano sul mare. La piscina è proprio a bordo spiaggia.

Italy
≤ 🚗 ⚓ ⌿ ≡ & cam, 📺 ⌘ 📶 **P** 🚗 ⊚ ⚲

via delle Meteore 2 – ℰ 0 43 14 32 57 – www.hotel-italy.it
– 15 maggio-20 settembre
67 cam 🏊 – ♦75/110 € ♦♦125/200 € – ½ P 93/130 €   **Rist** – Menu 25 €
♦ Tanta cura, a cominciare dalle camere, in un hotel frontemare non lontano dalle terme; piacevole giardino sul retro e zona relax con sabbia, vicino alla piscina.

Leonardo da Vinci
⚓ ⌿ ≡ 📺 ⌘ rist, **P** 🚗 ⊚ ⊙ ⚲

corso Europa 76 – ℰ 0 43 14 34 16 – www.hoteldavinci.it
– 15 maggio-20 settembre
55 cam 🏊 – ♦48/100 € ♦♦74/126 € – ½ P 72 €   **Rist** – Menu 18/20 €
♦ A breve distanza dalla spiaggia e dal centro della località, hotel a conduzione familiare con comodo parcheggio e terrazza con piscina. Camere in stile classico.

Concordia
≤ ⚓ ⌿ ≡ 📺 ⌘ rist, 📶 **P** 🚗 ⚲

via Maia 149 – ℰ 0 43 14 34 33 – www.hotelconcordia.net
– 15 maggio-20 settembre
44 cam 🏊 – ♦55/85 € ♦♦110/150 € – ½ P 79 € in giugno-agosto
Rist – Menu 25 €
♦ A pochi passi dal mare, hotel a conduzione familiare, rinnovato in anni recenti: linee e arredi di taglio moderno e colorata zona hall-bar. Specialità di pesce al ristorante.

a Bibione Pineda Ovest : 5 km – ⊠ 30020

San Marco ⧉
🚗 ⚓ ⌿ ≡ 📺 ⌘ 📶 **P** 🚗 ⊚ ⚲

via delle Ortensie 2 – ℰ 0 43 14 33 01 – www.sanmarco.org
– 26 maggio-9 settembre
64 cam 🏊 – ♦94/107 € ♦♦128/154 € – 3 suites – ½ P 81/88 €
Rist – *(solo per alloggiati)*
♦ In zona tranquilla, non lontano dal mare, albergo a conduzione diretta che si è ampliato e rinnovato negli ultimi anni: spazi comuni moderni, camere ampie sobriamente eleganti.

BIELLA 🅿 **(BI) – 561** F6 – **45 845 ab. – alt. 420 m** – ⊠ 13900   **23** C2
▶ Roma 676 – Aosta 88 – Milano 102 – Novara 56
🄸 piazza Vittorio Veneto 3, ℰ 015 35 11 28, www.atl.biella.it
🄶 Living Garden via Mino 46, 015 980556, www.golflivinggarden.it – chiuso lunedì
🄶18 Le Betulle regione Valcarozza, 015 679151, www.golfclubbiella.it – marzo-novembre

Pianta pagina seguente

Agorà Palace
🚳 ≡ & cam, ⚜ 📺 ⇄ 📶 🕌 🚗 🚗 ⊚ 🄰🄴 ⊙ ⚲

via Lamarmora 13/A – ℰ 01 58 40 73 24 – www.agorapalace.it   Z**e**
84 cam 🏊 – ♦100/125 € ♦♦120/135 € – 2 suites – ½ P 84 €
Rist – Carta 25/44 €
♦ Particolarmente gradito da una clientela business, l'hotel si trova in pieno centro e dispone di un comodo garage, mentre le camere si caratterizzano per gli arredi moderni con accessori dell'ultima generazione. Formula buffet a self service è quanto propone il ristorante per il pranzo; carta più tradizionale la sera.

Augustus senza rist ⧉
≡ 📺 📶 🕌 **P** 🚗 ⊚ 🄰🄴 ⊙ ⚲

via Italia 54 – ℰ 01 52 75 54 – www.augustus.it   Y**s**
38 cam 🏊 – ♦78/105 € ♦♦99/115 €
♦ Una risorsa del centro che, grazie al parcheggio privato, risulta essere comoda e frequentata soprattutto da una clientela d'affari. Camere dotate di ottimi confort.

Bugella
≡ & cam, 📺 📶 🕌 **P** 🚗 ⊚ 🄰🄴 ⊙ ⚲

via Cottolengo 65, per ③ – ℰ 0 15 40 66 07 – www.hotelbugella.it
22 cam – ♦63/65 € ♦♦83/85 €, 🏊 3 € – ½ P 60 €
Rist – *(chiuso 15 giorni in agosto e domenica)* Carta 29/42 €
♦ Ricavato dalla ristrutturazione di una villa liberty dei primi del '900, l'hotel dispone di camere dal confort omogeneo, ma di differenti dimensioni (in quanto assecondano l'architettura della casa). Piccola zona comune e comodo parcheggio interno. Cucina tipica piemontese al ristorante.

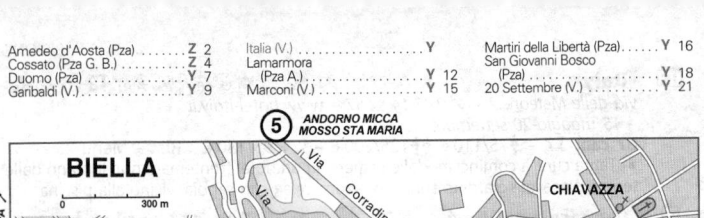

Amedeo d'Aosta (Pza) . . . . Z 2
Cossato (Pza G. B.) . . . . Z 4
Duomo (Pza) . . . . Y 7
Garibaldi (V.) . . . . Y 9
Italia (V.) . . . . Y
Lamarmora (Pza A.) . . . . Y 12
Marconi (V.) . . . . Y 15
Martiri della Libertà (Pza) . . . . . . Y 16
San Giovanni Bosco (Pza) . . . . Y 18
20 Settembre (V.) . . . . Y 21

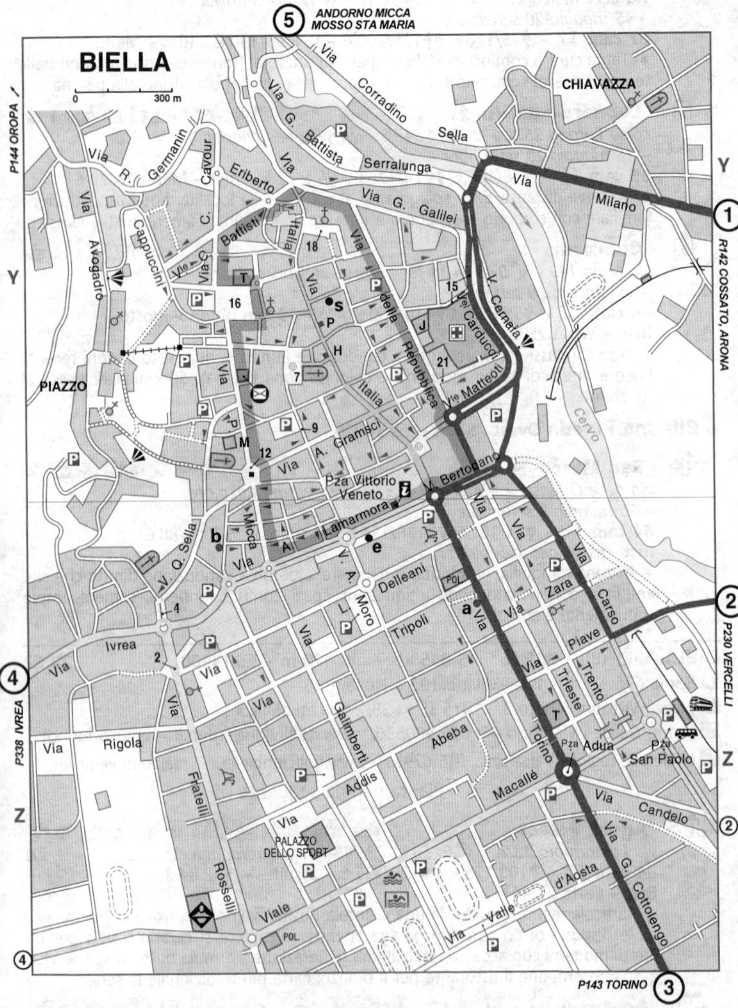

ꭗꭗ La Mia Crota

via Torino 36/c – ✆ 01 53 05 88
– www.lamiacrota.it
– chiuso domenica, lunedì Z**a**

Rist – (consigliata la prenotazione la sera)
Carta 27/49 €

◆ Ristorante di tono rustico-elegante con annessa enoteca per sbizzarrirsi nella scelta dei vini (anche al bicchiere). La cucina trae spunto dal territorio, concedendosi qualche divagazione contemporanea.

XX **Matteo Caffè e Cucina** 〔VISA〕 〔CO〕 〔AE〕 〔O〕 〔⑤〕
via Eugenio Bona 3 – ℰ 015 35 52 09 – chiuso domenica Zb
Rist – Carta 79/106 €
♦ Ubicato in centro città, questo bel ristorante - nuovo e moderno - unisce la buona cucina ad una sorta di wine-bar. La formula è vincente: un ambiente stile bistrot, informale, ma signorile, tante etichette (per ogni budget), nonché una carta equamente divisa fra carne e pesce.

BIGOLINO – Treviso (TV) – Vedere Valdobbiadene

BINASCO – Milano (MI) – **561** G9 – **7 275 ab.** – **alt. 101 m** **16** A3
– ✉ 20082

🖪 Roma 573 – Milano 21 – Alessandria 76 – Novara 63

🔟 Ambrosiano cascina Bertacca, 02 90840820, www.golfclubambrosiano.com
– chiuso dal 22 dicembre al 20 gennaio e martedì

🔟 Castello di Tolcinasco località Tolcinasco, 02 90428035, www.golftolcinasco.it
– chiuso lunedì

🏠 **Albergo Della Corona** 〔❙●〕 〔AC〕 〔%〕 rist, 〔P〕 〔VISA〕 〔CO〕 〔AE〕 〔⑤〕
via Matteotti 20 – ℰ 02 29 05 22 80 – www.hoteldellacorona.it – chiuso dal 24 dicembre al 2 gennaio ed agosto
47 cam ☲ – ♦50/130 € ♦♦60/180 € – ½ P 50/110 €
Rist – (chiuso sabato e domenica) (prenotazione obbligatoria) (solo per alloggiati)
♦ Hotel con una lunga storia alle spalle, gestito dalla stessa famiglia da quattro generazioni. Grande attenzione è stata riservata ad ammodernamenti e ristrutturazioni. Ristorante indicato anche per pranzi di lavoro; economici menù a prezzo fisso.

BIODOLA – Livorno (LI) – **563** N12 – Vedere Elba (Isola d') : Portoferraio

---

BISCEGLIE – Barletta-Andria-Trani (BT) – **564** D31 – **54 527 ab.** **26** B2
– ✉ 70052 📗 Italia

🖪 Roma 422 – Bari 39 – Foggia 105 – Taranto 124

🏨🏨 **Nicotel** 〔☓〕〔☓〕〔⊛〕〔☆〕〔L̷₅〕〔❙●〕〔⅄〕〔AC〕〔ⁿ¹〕〔☆〕〔🚗〕〔VISA〕〔CO〕〔AE〕〔O〕〔⑤〕
via della Libertà 62 – ℰ 08 03 99 31 11 – www.nicotelhotels.com
87 cam ☲ – ♦75/130 € ♦♦130/200 € – ½ P 85/125 €
Rist Nicotel – vedere selezione ristoranti
♦ Ottimo centro fitness in un hotel realizzato secondo un design moderno e minimalista: molto luminoso grazie alle ampie vetrate e alla prevalenza di colori chiari. Metà delle camere sono piacevolmente affacciate sul mare.

🏨 **Salsello** 〔⇠〕〔⅄〕〔✿〕〔☓〕〔❙●〕〔AC〕〔%〕rist, 〔☆〕〔P〕〔🚗〕〔VISA〕〔CO〕〔AE〕〔⑤〕
via Siciliani 41/42 – ℰ 08 03 95 59 53 – www.hotelsalsello.it
52 cam ☲ – ♦♦49/199 € **Rist** – Carta 26/50 €
♦ Un grande complesso alberghiero affacciato sul mare e dotato di un buon livello di confort, all'insegna di funzionalità e praticità. Valido e ampio centro congressi. Ristorante anche a vocazione congressuale e banchettistica.

XXX **Nicotel** – Hotel Nicotel 〔☓〕〔⅄〕〔AC〕〔%〕〔🚗〕〔VISA〕〔CO〕〔AE〕〔O〕
via della Libertà 62 – ℰ 08 03 99 31 11 – www.nicotelhotels.com
〔😊〕 **Rist** – Carta 20/34 €
♦ Che siate ospiti dell'hotel o turisti di passaggio, il servizio sarà sempre inappuntabile, l'accoglienza calorosa, la tavola squisita. Cosa si mangia? Di tutto un po': cavatelli, strascinati e le immancabili orecchiette. Ma anche specialità di carne e di pesce.

XX **Memory** con cam 🕭 〔☆〕〔❙●〕〔AC〕〔ⁿ¹〕〔P〕〔VISA〕〔CO〕〔AE〕〔O〕〔⑤〕
Panoramica Umberto Paternostro 239 – ℰ 08 03 98 01 49
– www.memoryristorante.it
8 cam ☲ – ♦55/64 € ♦♦59/74 € – ½ P 59/69 € **Rist** – Carta 36/53 €
♦ Ristorante-pizzeria ubicato lungo la litoranea, rinnovato recentemente negli spazi e negli arredi. Vasta scelta in lista, con diversi menù combinati: per tutte le tasche.

BLEVIO – Como (CO) – **561** E9 – 1 272 ab. – alt. 231 m – ✉ 22020   **18** B1

▶ Roma 645 – Milano 58 – Como 6 – Bellinzona 64

🏨 **Castadiva Resort**   ⟨ 🚉 ⏰ ⏰ 🔲 ◎ 🏖 🛗 🔳 ⟨¶ ♨ 🅿 🚗

via Caronti 69 – ✆ 03 13 25 11   *VISA* ⓪ 🅰🅴 ⓪ 💲
– www.castadivaresort.com

23 cam ⊑ – ♥♥400/870 € – 50 suites – ♥♥700/1800 €

Rist *L'Orangerie* – vedere selezione ristoranti

◆ In una bella villa dallo stile eclettico-rinascimentale, un tempo residenza della cantante lirica G. Pasta, musa ispiratrice di Vincenzo Bellini, camere dalla vista mozzafiato ed una splendida Spa dedicata ai quattro elementi. Per un soggiorno lacustre esclusivo e raffinato.

🍴🍴🍴 **L'Orangerie** – Hotel Castadiva Resort   🚃 🍴 🆑 🅿 *VISA* ⓪ 🅰🅴 ⓪ 💲

via Caronti 69 – ✆ 03 13 25 11

Rist – Carta 67/154 €

◆ Sul ramo orientale del lago di Como, questo ristorante è collegato allo splendido resort a cui appartiene da una limonaia a vetri. La sua cucina è un inno ai sapori mediterranei, che si esprime in piatti creativi, ma rispettosi della tradizione. Servizio impeccabile ed eccellente selezione di materie prime.

BOARIO TERME – Brescia (BS) – **561** E12 – Vedere Darfo Boario Terme

---

BOBBIO – Piacenza (PC) – **561** H10 – 3 755 ab. – alt. 272 m – ✉ 29022   **8** A2

▶ Roma 558 – Genova 90 – Piacenza 45 – Alessandria 84

🛈 piazza San Francesco 1, ✆ 0523 96 28 15, www.comune.bobbio.pc.it

🍴🍴 **Piacentino** con cam   🍴 🆑 🆑 🆑 ⁇ cam, ⟨⟩ 🅿 *VISA* ⓪ 🅰🅴 ⓪ 💲

piazza San Francesco 19 – ✆ 05 23 93 62 66 – www.hotelpiacentino.it

20 cam – ♥50/70 € ♥♥60/85 €, ⊑ 7 € – ½ P 70/80 €

Rist – (chiuso lunedì escluso luglio-agosto) Carta 26/51 €

◆ Nel centro storico, la tradizione familiare continua da più di un secolo all'insegna di salumi, paste e secondi di carne, in questo piacevole ristorante che dispone anche di un delizioso giardino estivo. Camere con letti in ferro battuto e mobili in arte povera, ma anche stanze più moderne.

🍴 **Enoteca San Nicola** con cam ⌖   *VISA* ⓪ 🅰🅴 💲

contrada di San Nicola 11/a – ✆ 05 23 93 23 55 – www.ristorantesannicola.it

4 cam ⊑ – ♥50 € ♥♥80 €

Rist – (chiuso lunedì e martedì) (consigliata la prenotazione) Carta 28/37 € ⅋

◆ Originale la cucina, che si sta impegnando verso i canoni della modernità, così come il book bar dove è possibile fermarsi per un calice di vino, una cioccolata o un infuso particolare. Nell'intrico di stradine, intorno a San Colombano. Camere d'atmosfera, tutte con caminetto funzionante.

BOCCA DI MAGRA – La Spezia (SP) – **561** J11 – ✉ 19030   **15** D2

▶ Roma 404 – La Spezia 22 – Genova 110 – Lucca 60

🏠 **Sette Archi**   🚃 🔲 🆑 *VISA* ⓪ 🅰🅴 💲

via Fabbricotti 242 – ✆ 01 87 60 90 17 – www.hotelsettearchi.com
– 20 marzo-5 novembre

24 cam ⊑ – ♥60/80 € ♥♥100/140 € – 1 suite – ½ P 80 €

Rist *Sette Archi* – vedere selezione ristoranti

◆ Atmosfera piacevolmente familiare ed invidiabile posizione fronte mare, per questa bella risorsa recentemente ristrutturata, sia nelle parti comuni sia nelle camere. Il bel giardino ospita la piscina.

🍴 **Capannina Ciccio**   ⟨ 🍴 *VISA* ⓪ 🅰🅴 💲

via Fabbricotti 71 – ✆ 01 8 76 55 68 – www.ristoranteciccio.it
– chiuso 15 giorni in novembre e martedì

Rist – Carta 75/109 €

◆ Ristorante della tradizione, con proposte marinare talvolta rivisitate e alleggerite. Nella bella stagione si può godere di un'incantevole veranda con vista sul mare.

X **Sette Archi** – Hotel Sette Archi   🚑 🚗 🍴 [VISA] ☻ [AE] ① 💰
via Fabbricotti 242 – ☏ 01 87 60 90 17 – www.hotelsettearchi.com
– 20 marzo-ottobre; chiuso lunedì
Rist – Menu 20/28 € – Carta 32/57 €
♦ Una posizione da far invidia: piacevolmente frontemare - all'interno dell'omonimo hotel - ottimi antipasti di pesce, ma serbate un po' di appetito per gustare i proverbiali dessert della casa! Ben rifocillati, poi, sarà un piacere visitare le vicine Cinque Terre (battelli di collegamento direttamente da Bocca di Magra, solo nei mesi estivi).

BOGLIASCO – Genova (GE) – **561** I9 – **4 535 ab.** – ⊠ 16031   **15** C2
▶ Roma 491 – Genova 13 – Milano 150 – Portofino 23
🛈 via Aurelia 106, ☏ 010 3 75 10 45, www.prolocobogliasco.it

X **Al Solito Posto**   [AC] [VISA] ☻ 💰
via Mazzini 228 – ☏ 01 03 46 10 40 – www.alsolitoposto.net – chiuso 15 giorni a novembre e lunedì
Rist – Menu 43 € – Carta 40/78 €
♦ Datevi appuntamento "al solito posto", se volete gustare piatti ricchi di fantasia, ma rispettosi della tradizione, in un'atmosfera intimamente informale.

a San Bernardo Nord : 4 km – ⊠ 16031 Stella

XX **Il Tipico**   ≤ 🏡 [AC] [VISA] ☻ 💰
via Poggio Favaro 20 – ☏ 01 03 47 07 54 – www.ristoranteiltipico.it – chiuso dal 16 al 31 gennaio, dal 23 al 30 luglio e lunedì
Rist – Carta 44/76 €
♦ L'ambiente è gradevole, con qualche tocco d'eleganza, ma ciò che incanta è il panorama sul mare. Ubicato in una piccola frazione collinare, propone cucina ligure di pesce.

BOGNANCO (Fonti) – Verbano-Cusio-Ossola (VB) – **561** D6 – **359 ab.**   **23** C1
– alt. 986 m – ⊠ 28842
▶ Roma 709 – Stresa 40 – Domodossola 11 – Milano 132
🛈 piazzale Giannini 2, ☏ 0324 23 41 27, www.distrettolaghi.it

a Graniga Nord : 5 km – ⊠ 28842 Bognanco (fonti)

🏠 **Panorama**   ≤ 🏡 🛁 🍴 [P] [VISA] ☻ 💰
– ☏ 03 24 23 41 57 – www.alpanorama.it
12 cam ☷ – †35 € ††60 € – ½ P 50 €
Rist – *(chiuso giovedì escluso maggio-settembre)* Carta 21/32 €
♦ Una dozzina di camere colorate, graziose e ben tenute per questa risorsa molto semplice, ideale per un soggiorno tranquillo e riposante. Dalle finestre, una suggestiva vista sulle valli e sui monti circostanti. Nel piccolo ristorante al piano terra, una gustosa cucina casalinga.

BOLGHERI – Livorno (LI) – **563** M13 – **Vedere Castagneto Carducci**

BOLLATE – Milano (MI) – **561** F9 – **36 530 ab.** – **alt. 156 m** – ⊠ 20021   **18** B2
▶ Roma 595 – Milano 10 – Como 37 – Novara 45

Pianta d'insieme di Milano

🏨 **La Torretta**   🍴 & cam, [AC] 🛁 📶 🖐 [P] [VISA] ☻ ① 💰
via Trento 111, strada statale 233 Nord-Ovest : 2 km – ☏ 0 23 50 59 96
– www.hotellatorretta.it – chiuso dal 10 al 19 agosto   **1**AO**d**
71 cam ☷ – †55/150 € ††80/220 € – 3 suites
Rist – *(chiuso dall'8 al 25 agosto, sabato e domenica sera)* Carta 27/56 €
♦ Oltre che per la scrupolosa gestione familiare, questa struttura si distingue anche per l'apprezzabile continuità con cui sono stati apportati aggiornamenti e migliorie. Sala ristorante luminosa, fresco e piacevole l'esterno in estate.

▶ Roma 379 – Firenze 105 – Milano 210 – Venezia 152

✈ Bologna-G. Marconi Nord-Ovest: 6 km EFU ℰ 051 6479615

🛈 piazza Maggiore 1/e , ℰ 051 23 96 60, www.comune.bologna.it

🛈 Piazza Medaglie D'Oro, ⌖ 40121, ℰ 051 25 19 47

🛈 Aeroporto Marconi, ⌖ 40132, ℰ 051 6 47 21 13

🄸🖠 via Sabattini 69, 051 969100, www.golfclubbologna.it – chiuso lunedì EV

🄿 Casalunga via Ca' Belfiore 8, 051 6050164, www.casalungagolfresort.com – chiuso lunedì

Manifestazioni locali

09.03 - 12.03 : cosmoprof (salone internazionale della profumeria e della cosmesi)

19.03 - 22.03 : fiera internazionale del libro per ragazzi

01.12 - 10.12 : motor show (salone internazionale dell'automobile)

👁 Piazza Maggiore CY **57** e del Nettuno★★★ CY **76**: fontana del Nettuno★★ CY **F** - Basilica di San Petronio★★ CY - Piazza di Porta Ravegnana★★ CY **93**: Torri Pendenti★★ CY **R** – Museo Civico Archeologico★★ CY **M1** – Pinacoteca Nazionale★★ DY – Palazzo Comunale★ BY **H** - Palazzo del Podestà★ CY – Basilica di Santo Stefano★ CY – Chiesa di San Giacomo Maggiore★ CY – Strada Maggiore★ CDY – Chiesa di San Domenico★ CZ : arca★★★ del Santo, tavola★ di Filippino Lippi – Palazzo Bevilacqua★ BY – Chiesa di San Francesco★ BY

🄶 Madonna di San Luca: portico★, ≼★ su Bologna e gli Appennini Sud-Ovest: 5 km FV

Piante pagine seguenti

🄷🖕🄷 **Royal Hotel Carlton** 🖾 ⅃₅ 🕼 🕭 cam, 🅰🅲 ↝ ⅍ rist, 🍴 🆂🄰 🚗

via Montebello 8 ⌖ 40121 – ℰ 0 51 24 93 61 🆅🅸🆂🅰 ⓒ🄾 🄰🄴 🄾 🄶

– www.monrifhotels.it – chiuso agosto CX**g**

215 cam ⌸ – ♦104/650 € ♦♦124/750 € – 21 suites

Rist *NeoClassico* – ℰ 0 51 24 21 39 *(chiuso domenica a mezzogiorno)*

Carta 41/57 €

♦ Moderno e sobrio edificio anni '70, gli interni si aprono sui più classici, ovattati ed eleganti ambienti alberghieri: per chi non vuole sorprese design e preferisce la rassicurante e sempre attuale tradizione.

🄷🖕🄷 **Grand Hotel Majestic** 🖾 ⅃₅ 🕭 🅰🅲 ↝ 🍴 🆂🄰 🆅🅸🆂🅰 ⓒ🄾 🄰🄴 🄾 🄶

via dell'Indipendenza 8 ⌖ 40121 – ℰ 0 51 22 54 45

– www.duetorrihotels.com CY**e**

109 cam ⌸ – ♦220/300 € ♦♦300/350 € – 6 suites – ½ P 195/215 €

Rist *I Carracci* – vedere selezione ristoranti

♦ Dal '600 ad oggi, dal barocco al liberty, è una galleria di lusso e sfarzo. Ambienti sontuosi, camere raffinate e i resti di una strada romana: un soggiorno in grande stile.

🄷🖕🄷 **BH4 Bologna Tower** 🕭 🕭 🅰🅲 ↝ ⅍ rist, 🍴 🆂🄰 🄿 🚗 🆅🅸🆂🅰 ⓒ🄾 🄰🄴 🄾

viale Lenin 43 ⌖ 40138 – ℰ 05 16 00 52 15

– www.boscolohotels.com HV**e**

150 cam ⌸ – ♦♦750 €

Rist – Carta 25/45 €

♦ All'uscita della tangenziale e a pochi km dall'aeroporto, una torre moderna, funzionale e dotata di ogni confort, tra cui un attrezzato centro congressi. Pregevole la vista sulla città nelle camere situate ai piani alti.

🄷🖕🄷 **Savoia Hotel Regency** ⅃ ⅃₅ 🕭 🕭 🛦 🅰🅲 ↝ 🍴 🆂🄰 🄿

via del Pilastro 2 ⌖ 40127 – ℰ 05 13 76 77 77 🆅🅸🆂🅰 ⓒ🄾 🄰🄴 🄾 🄶

– www.savoia.er HU**b**

86 cam ⌸ – ♦80/310 € ♦♦90/390 € – 4 suites

Rist *Garganelli* – ℰ 05 13 76 77 66 – Carta 31/56 €

♦ Benvenuti in questa villa neoclassica che nell'architettura ricorda le belle dimore settecentesche: all'interno sarete accolti in ambienti classici ed eleganti per un soggiorno di tranquillità e charme.

INDICE DELLE STRADE DI BOLOGNA

 AC Bologna 🍸 🖥 🕭 📶 🛖 cam, 🅰🆒 💱 🛜 ♨ 🅰🅲🆒 🆅🆂🅰 🆒🅾 ♨🅰 🅾 🎿

via Sebastiano Serlio 28 ✉ *40128* – ℰ *0 51 37 72 46* – *www.ac-hotels.com*

119 cam ☕ – †70/380 € ††80/390 € – 2 suites   **GUc**

Rist – Carta 34/52 €

♦ Ideale connubio tra comodità - come in una dimora privata - e camere di moderno design, interamente arredate nelle sfumature della scacchiera. Ristorante molto ben organizzato, in linea con la struttura.

 Un pasto con i fiocchi senza rovinarsi? Cercate i Bib Gourmand 🅰. Vi aiuteranno a trovare le buone tavole che coniugano una cucina di qualità al prezzo giusto!

BOLOGNA

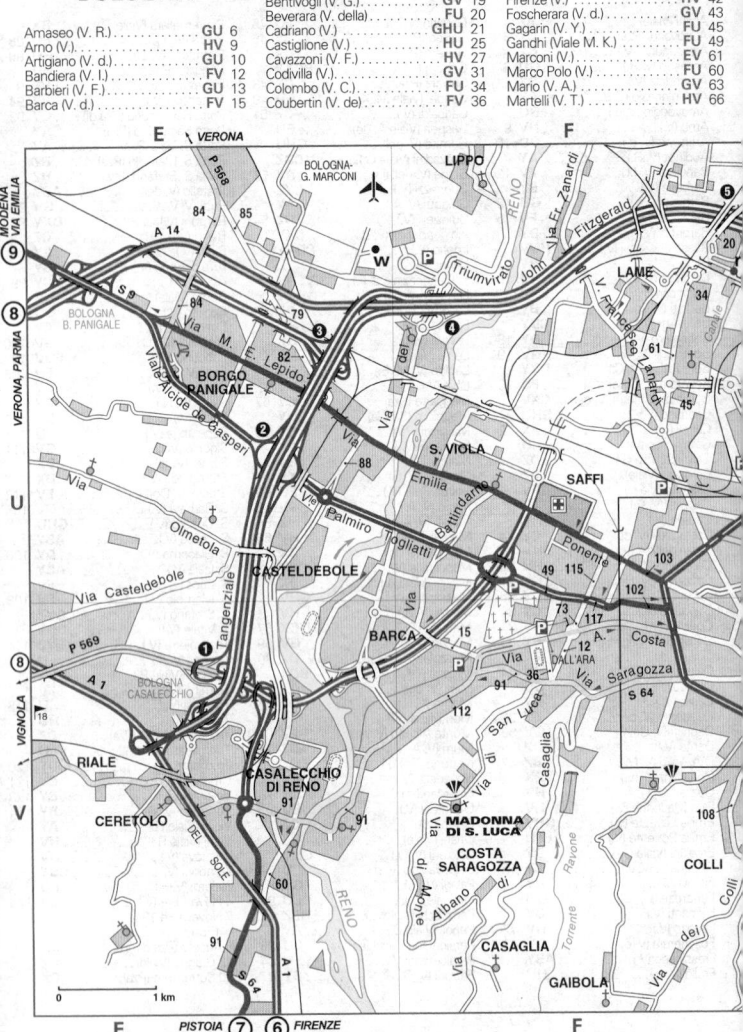

🏠 **I Portici** 🏠 ⛔ 🆔 🛎 rist, 🌐 🛗 VISA ⊗ AE ① 🅢

via dell'Indipendenza 69 ⊠ *40121* – 🕿 *05 14 21 85* – *www.iporticihotel.com*

86 cam – ♦99/290 € ♦♦119/340 €, � 15 € – 1 suite   CX**e**

Rist *I Portici* ✿ – vedere selezione ristoranti

Rist – Carta 28/40 €

♦ All'insegna del design e del minimalismo, del palazzo ottocentesco sono rimasti i soffitti affrescati di buona parte delle camere, il resto è di una semplicità quasi francescana. Al ristorante: piccola carta con piatti locali e nazionali, per chi preferisce un'alternativa più snella alle cene gourmet de I Portici.

🏨 **Corona d'Oro** senza rist   📶 ♿ 🅰🅲 🐾 🅟 🕪 🅢🅐 VISA ⓜ 🅰🅴 ⓞ 🅢

via Oberdan 12 ⊠ *40126*
– ✆ 05 17 45 76 11
– www.bolognarthotels.it
– chiuso agosto   CY**q**
40 cam 🖙 *–* 🛏104/380 € 🛏🛏148/450 € *– 1 suite*

♦ Viaggio nell'eleganza cittadina: dalle origini medievali, attraverso il Rinascimento, fino alle decorazioni liberty. La Belle Époque rivive nelle camere, alcune con terrazza.

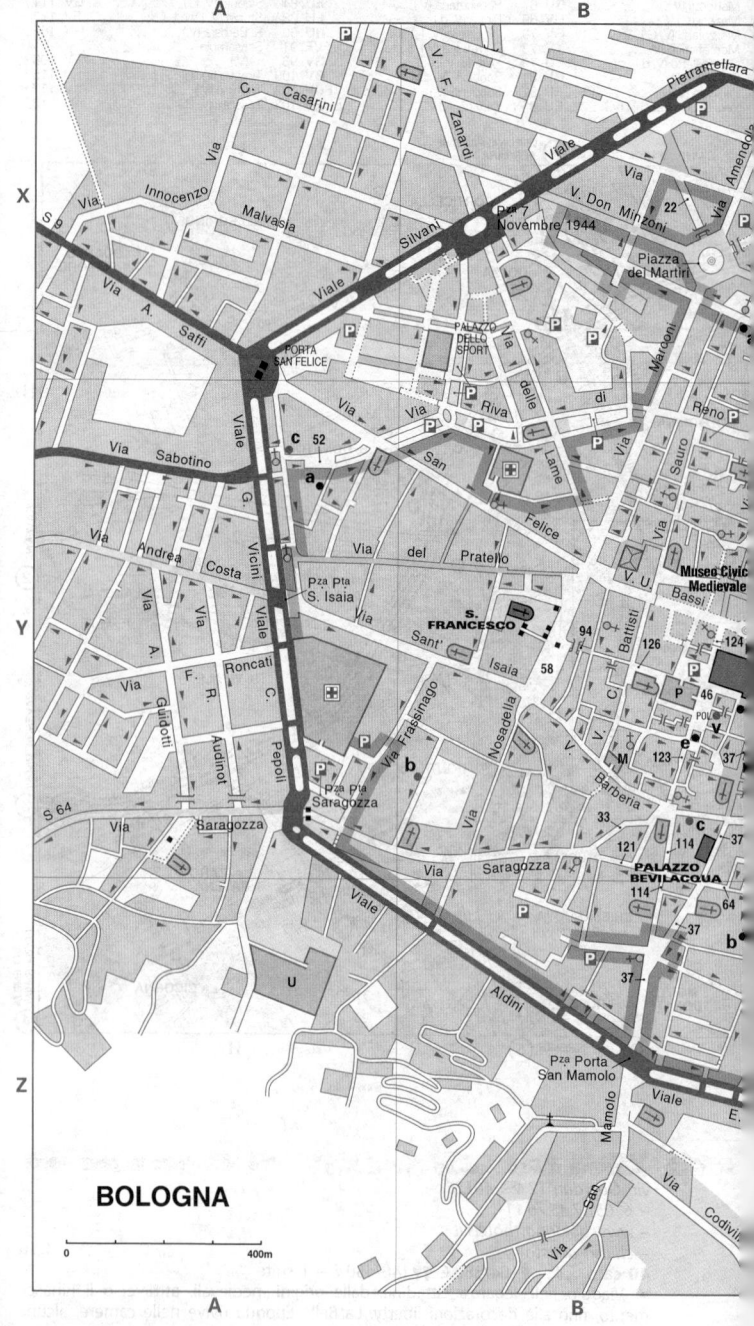

BOLOGNA

0   400m

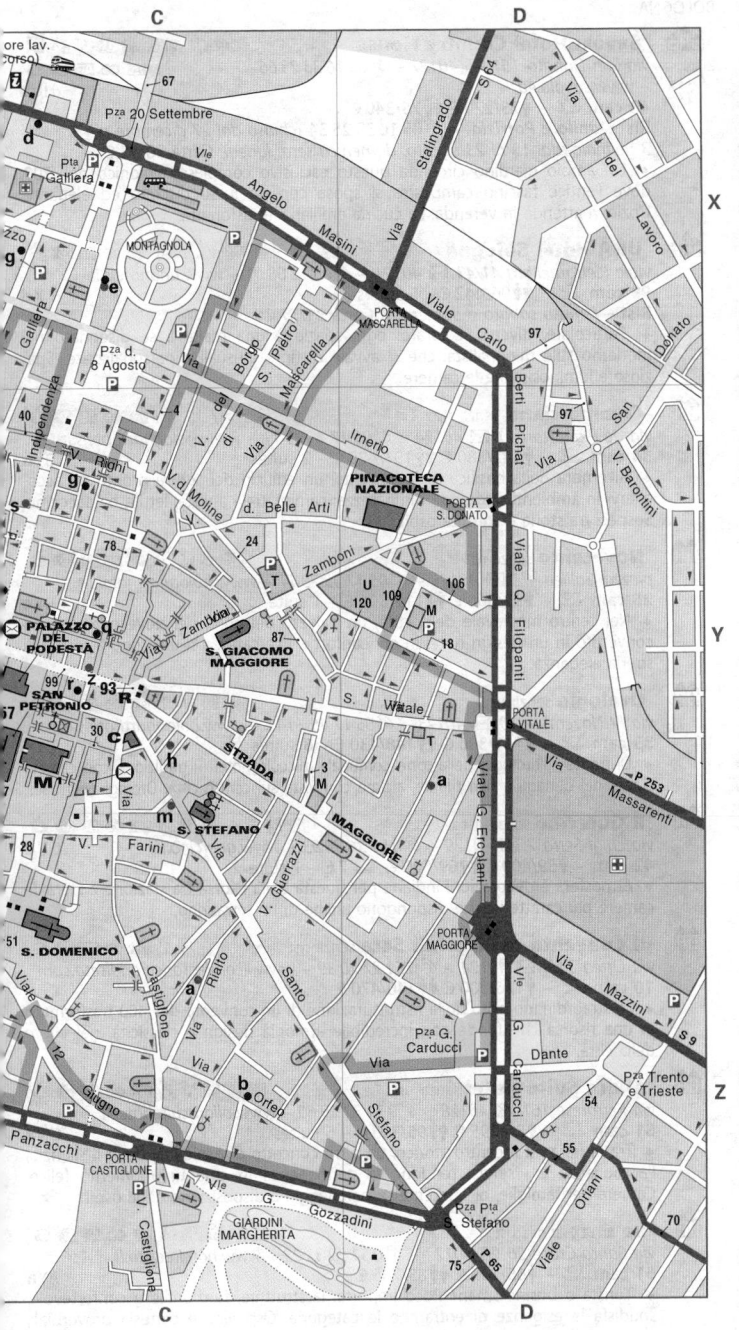

Savoia Hotel Country House

via San Donato 161 ✉ *40127 –* ☎ *05 16 33 23 66*
– www.savoia.eu

HUa

43 cam ⌂ – †75/220 € ††75/340 €
Rist *Danilo e Patrizia* – ☎ 05 16 33 25 34 *(chiuso dal 27 dicembre al 3 gennaio, dal 13 al 23 agosto, domenica sera, lunedì)* Carta 30/45 €
♦ Un ampio giardino circonda questo esclusivo complesso colonico del '700, dove l'antico fascino campestre si sposa con un lusso discreto ed elegante. L'ozio vi attende in veranda. La cucina emiliana, al ristorante.

UNA Hotel Bologna

viale Pietramellara 41/43 ✉ *40121 –* ☎ *05 16 08 01 – www.unahotels.it*

CXd

99 cam ⌂ – ††96/442 € – 5 suites
Rist – *(chiuso sabato e domenica)* Carta 31/57 €
♦ Particolare, diverso, colorato: ogni spazio è una realtà a sé disegnato nel moderno stile minimalista, che si avvale di tinte inusuali e personalizzate. Spaziose e luminosissime le camere.

Commercianti senza rist

via dè Pignattari 11 ✉ *40124 –* ☎ *05 17 45 75 11 – www.bolognarthotels.it*
34 cam ⌂ – †142/380 € ††191/420 € – 2 suites

BYn

♦ All'ombra della basilica di S. Petronio, un edificio del '200 è pronto ad accogliervi in ambienti di grande raffinatezza: camini, travi a vista, letti a baldacchino. Sospesi tra storia e squisita ospitalità.

Novecento senza rist

piazza Galileo 4/3 ✉ *40123 –* ☎ *05 17 45 73 11 – www.bolognarthotels.it*
25 cam ⌂ – †92/360 € ††112/390 € – 1 suite

BYe

♦ Nel centro medievale della città, un palazzo dei primi del Novecento è stato convertito in un design hotel in cui confort e ricercatezza si uniscono a forme di sobria eleganza.

Orologio senza rist

via IV Novembre 10 ✉ *40123 –* ☎ *05 17 45 74 11 – www.bolognarthotels.it*
33 cam ⌂ – †111/360 € ††148/430 € – 6 suites

BYa

♦ Di fronte all'orologio della torre comunale: piccolo hotel di tradizione con camere curate nei dettagli e ben rifinite, alcune con vista sul centro città. Orologi ovunque.

Il Guercino senza rist

via Luigi Serra 7 ✉ *40129 –* ☎ *0 51 36 98 93 – www.guercino.it*

GUd

42 cam – †59/400 € ††69/500 €, ⌂ 7 € – 1 suite
♦ Atmosfera e decorazioni indiane per questa bella risorsa tra stazione e Fiera; le camere più caratteristiche dispongono anche di un terrazzino.

Il Convento dei Fiori di Seta senza rist

via Orfeo 34/4 ✉ *40124 –* ☎ *0 51 27 20 39 – www.ilconventodeifioridiseta.com*
10 cam ⌂ – †126/300 € ††140/470 €

CZb

♦ Lo straordinario esito della ristrutturazione di un convento del '400 trasformato in una risorsa che fonde con incredibile armonia design e classicità, nel cuore della città.

Alloro Suite Hotel senza rist

via Ferrarese 161 ✉ *40128 –* ☎ *0 51 37 29 60 – www.allorosuitehotel.it*
51 cam ⌂ – †85/295 € ††95/395 € – 5 suites

GUa

♦ Tra la fiera ed il centro storico, un altro concetto di ospitalità, dove il silenzio, l'accoglienza e i servizi rendono la permanenza in città un momento felice. Camere per famiglie, bici, internet e parcheggio a disposizione degli ospiti.

Re Enzo senza rist

via Santa Croce 26 ✉ *40122 –* ☎ *0 51 52 33 22 – www.hotelreenzo.it*
51 cam ⌂ – †65/145 € ††85/245 €

AYa

♦ Turista o businessman? Poco importa: la struttura, funzionale e confortevole, soddisfa le esigenze di entrambe le categorie. Ospitalità e cortesia proverbiali, come quelle riservate a re Enzo (catturato dai bolognesi nel 1249).

🏠 **Touring** senza rist ⇅ ♿ 🚭 📶 VISA [MC] [AE] [D] $

via dè Mattuiani 1/2, angolo piazza dei Tribunali ✉ 40124 – ☎ 0 51 58 43 05 – www.hoteltouring.it BZ**b**

38 cam ☕ – 👤69/140 € 👥89/280 € – 4 suites

◆ Nelle vicinanze di S. Domenico, una piacevole vista sui tetti della città è lo spettacolo che offre la terrazza solarium. Atmosfera familiare e camere di buon confort (soprattutto quelle rinnovate, agli ultimi piani).

🏠 **Nuovo Hotel Del Porto** senza rist ⇅ ♿ 🏋 [AC] 📶 VISA [MC] [AE] [D] $

via del Porto 6 ✉ 40122 – ☎ 0 51 24 79 26 – www.nuovohoteldelporto.com

56 cam ☕ – 👤42/260 € 👥50/280 € BX**a**

◆ Nome curioso per un albergo in posizione centrale, con spazi comuni limitati ma accoglienti e camere confortevoli, ben insonorizzate.

🏠 **Delle Drapperie** senza rist [AC] 🚭 📶 VISA [MC] $

via delle Drapperie 5 ✉ 40124 – ☎ 0 51 22 39 55 – www.albergodrapperie.com

21 cam – 👤60/105 € 👥75/140 €, ☕ 5 € CY**r**

◆ Nel cuore medievale della città, fra le bancarelle e i negozi di gastronomia della tradizione bolognese, camere d'atmosfera tra soffitti decorati e graziosi bagni.

🏠 **Paradise** senza rist ⇅ [AC] 📶 VISA [MC] [AE] [D] $

vicolo Cattani 7 ✉ 40126 – ☎ 0 51 23 17 92 – www.hotelparadisebologna.it – chiuso dal 22 al 27 dicembre e dal 4 al 19 agosto CY**g**

18 cam ☕ – 👤70/190 € 👥90/290 €

◆ Gestione al femminile per questo comodo indirizzo che coniuga vicinanza al centro, camere semplici e prezzi interessanti. Graziose le stanze all'ultimo piano in stile provenzale.

🏠 **Villa Azzurra** senza rist 🌳 ♿ 🚭 📶 [P] VISA [MC] [AE] [D] $

viale Felsina 49 ✉ 40139 – ☎ 0 51 53 54 60 – www.hotelvillaazzurra.com – chiuso dal 10 al 20 agosto HV**a**

15 cam – 👤50/100 € 👥70/140 €

◆ Un silenzioso giardino avvolge questa dimora del tardo Ottocento, che dell'epoca conserva l'aspetto e l'atmosfera. Accoglienza ed ospitalità come ci si attende in Emilia.

🍴🍴🍴🍴 **I Carracci** – Grand Hotel Majestic [AC] 🚭 VISA [MC] [AE] [D] $

via dell'Indipendenza 8 ✉ 40121 – ☎ 0 51 22 20 49 – www.baglionihotels.com

Rist – Carta 56/71 € CY**e**

◆ Se cercate la grande tradizione, la sontuosità degli ambienti e una certa signorilità che passa indenne attraverso le mode, ecco il vostro ristorante: cucina bolognese e nazionale, senza capricci o provocazioni, servita in uno straordinario salone con affreschi della scuola dei fratelli Carracci.

🍴🍴🍴 **I Portici** – Hotel I Portici [AC] 🚭 ⇔ VISA [MC] [AE] [D] $

✿ *via dell'Indipendenza 69 ✉ 40121 – ☎ 05 14 21 85 62 – www.iporticihotel.com – chiuso 2 settimane in gennaio, 3 settimane in agosto, domenica, lunedì e a mezzogiorno* CX**e**

Rist – Menu 85 € – Carta 56/74 €

Spec. Tortelli di lesso, pesto di erbe aromatiche, confit di pomodorini ed arancia. Filetto di vitello in crosta di parmigiano, asparagi bianchi e patate nuove (primavera). Torta e gelato di riso su frutta di stagione affogata e croccante di amaretto.

◆ Troneggia ancor il pianoforte sul palcoscenico dell'antico teatro che ora ospita il ristorante; ai fornelli un cuoco tedesco, garanzia di una cucina eccellente e, a sorpresa, autenticamente italiana.

🍴🍴 **Trattoria Battibecco** ☂ [AC] 🚭 VISA [MC] [D] $

via Battibecco 4 ✉ 40123 – ☎ 0 51 22 32 98 – www.battibecco.com – chiuso dall'8 al 22 gennaio, dal 24 giugno al 7 luglio e domenica

Rist – Carta 32/57 € BY**v**

◆ In un vicolo centrale, un locale di classe e di tono elegante, che spicca nel panorama della ristorazione cittadina per la cucina tradizionale e le proposte di mare. A pranzo: piatti semplici, a prezzi più contenuti.

XX Da Sandro al Navile

🛖 AC ⚙️ ⇔ 🅿 VISA ⓪ AE ⓿ ⚡

via del Sostegno 15 ⊠ 40131 – ℰ 05 16 34 31 00 – www.dasandroalnavile.it
– chiuso domenica sera, anche domenica a mezzogiorno in luglio-agosto
Rist – Menu 45 € – Carta 39/97 € 🌿   **FUr**

♦ Sebbene in zona decentrata, le salette di questo rinomato ristorante sono sempre affollate di affezionati clienti. E' nel piatto che va ricercata la ragione di tanto successo: cucina emiliana tradizionale (ottime le tagliatelle al ragù). Eccezionale collezione di whisky.

XX La Terrazza

🛖 AC ⇔ VISA ⓪ AE ⚡

via del Parco 20 ⊠ 40138 – ℰ 0 51 53 13 30 – www.ristorantelaterrazza.it
– chiuso dal 14 al 28 agosto e domenica   **GVx**
Rist – (consigliata la prenotazione) Menu 20 € bc (pranzo) – Carta 38/53 €

♦ In una via tranquilla, un ristorante di dimensioni contenute con un piacevole dehors per il servizio estivo. Le proposte in menu spaziano dalla carne al pesce.

XX Da Cesarina

🛖 AC ⚙️ VISA ⓪ AE ⓿ ⚡

via Santo Stefano 19 ⊠ 40125 – ℰ 0 51 23 20 37 – www.ristorantecesarina.it
– chiuso dal 27 dicembre al 16 gennaio, lunedì, martedì a mezzogiorno
Rist – Carta 37/59 €   **CYm**

♦ Accanto alla splendida chiesa, ristorante con quasi un secolo di storia alle spalle. In tavola viene proposta la tradizionale cucina emiliana con numerosi piatti di mare.

X Marco Fadiga Bistrot

AC ⚙️ ⇔ VISA ⓪ AE ⚡

via Rialto 23/c ⊠ 40124 – ℰ 0 51 22 01 18 – www.marcofadigabistrot.com
– chiuso 1 settimana a Natale, 1 settimana in agosto, domenica e lunedì
Rist – Menu 20 € bc (pranzo)/60 € bc – Carta 34/62 €   **CZa**

♦ Un'occasione unica per apprezzare l'atmosfera del bistrot francese vissuto in chiave moderna. Cucina del territorio, accanto a piatti più creativi, presentata su una lavagna.

X Antica Trattoria della Gigina

& AC ⚙️ ⇔ VISA ⓪ ⚡

via Stendhal 1 ⊠ 40128 – ℰ 0 51 32 23 00 – www.trattoriagigina.it – chiuso
dall'8 al 28 settembre   **GUb**
Rist – Carta 29/44 €

♦ Gigina, la fondatrice, ne sarebbe orgogliosa: dopo più di mezzo secolo dall'apertura di questa roccaforte della tradizione gastronomica emiliana, in menu campeggiano ancora i classici del "repertorio": tortellini in brodo, tagliatelle al ragù, coniglio al forno...

X Posta

🛖 AC ⇔ VISA ⓪ AE ⚡

via della Grada 21/a ⊠ 40122 – ℰ 05 16 49 21 06 – www.ristoranteposta.it
– chiuso 15 giorni in agosto, lunedì, sabato a mezzogiorno   **AYc**
Rist – Carta 34/48 €

♦ Zuppa lucchese, tagliata di manzo con osso e un'insalata dedicata alla nobildonna fiorentina, Caterina de' Medici. Nessun errore: siamo in una sobria trattoria poco distante dal centro, ma a cui rinomata cucina si apre ad abbracciare anche i piatti dei "vicini di casa". Siete pronti ad un divertente viaggio culinario?

X Il Cantuccio

AC ⚙️ ⇔ VISA ⓪ AE ⓿ ⚡

via Volturno 4 ⊠ 40121 – ℰ 0 51 23 34 24 – chiuso agosto, lunedì e a
mezzogiorno escluso domenica   **CYs**
Rist – Carta 45/65 €

♦ "A bordo" di questo piccolo locale a gestione familiare - una calda e luminosa saletta con tanti quadri alle pareti - si servono piatti della tradizione mediterranea di mare.

X Biagi

AC VISA ⓪ ⓿ ⚡

via Savenella 9/a ⊠ 40124 – ℰ 05 14 07 00 49 – www.ristorantebiagi.it – chiuso
martedì e a mezzogiorno escluso i giorni festivi   **CZc**
Rist – Carta 27/48 €

♦ Continua la tradizione della storica famiglia di ristoratori il cui nome fa ormai rima con cucina bolognese. In lista troverete i grandi classici, nessuno escluso.

✗ Teresina 🛜 VISA ✪ AE ① ⑤

via Oberdan 4 ⊠ 40126 – ℰ 0 51 22 89 85 – www.ristoranteteresinabologna.it
– chiuso dal 14 al 28 agosto e domenica CY**z**
Rist – (consigliata la prenotazione) Carta 32/62 €
♦ Dalla nonna ai nipoti, c'è tutta la famiglia impegnata in questa moderna e semplice trattoria. Genuina e gustosa cucina emiliana con proposte ittiche; bel dehors estivo.

✗ Trattoria da Leonida 🛜 AC VISA ✪ AE ① ⑤

vicolo Alemagna 2 ⊠ 40125 – ℰ 0 51 23 97 42 – www.trattorialeonida.com
– chiuso dal 1° al 25 agosto e domenica CY**h**
Rist – Carta 29/44 €
♦ Da cinquant'anni rappresenta la tradizione cittadina, con quel piacevole gusto retrò d'invoglianti portate esposte in bella vista e godereccia cucina bolognese.

✗ Trattoria Monte Donato 🛜 ℀ ⇄ VISA ✪

via Siepelunga 118, località Monte Donato, Sud : 4 km ⊠ 40141
– ℰ 0 51 47 29 01 – www.trattoriamontedonato.it – chiuso domenica in
luglio-agosto, lunedì negli altri mesi GV**a**
Rist – Carta 30/45 €
♦ E' soprattutto con la bella stagione che si possono apprezzare i colori e i profumi di questa trattoria tra i colli; in inverno, la terrazza si chiude, ma il bel panorama rimane sempre a portata di occhi. La cucina - abbondante e tipica -conquista ogni palato.

✗ All'Osteria Bottega 🛜 AC VISA ⑤

via Santa Caterina 51 ⊠ 40123 – ℰ 0 51 58 51 11 – chiuso agosto, domenica e
lunedì BY**b**
Rist – (consigliata la prenotazione) Carta 35/50 €
♦ Roccaforte della cucina bolognese, in una sala tanto semplice quanto autenticamente familiare e conviviale, arrivano i migliori salumi emiliani, le paste fresche e le carni della tradizione.

✗ Scacco Matto AC ℀ VISA ✪ AE ① ⑤

via Broccaindosso 63/b ⊠ 40125 – ℰ 0 51 26 34 04
– www.ristorantescaccomatto.com – chiuso dal 24 dicembre al 3 gennaio,
agosto e lunedì a mezzogiorno DY**a**
Rist – Carta 38/50 €
♦ A dispetto della semplicità del locale e dei tavoli ravvicinati, è uno dei migliori ristoranti in città: creatività mediterranea, sia pesce sia carne, in piatti colorati e saporiti.

a Borgo Panigale Nord-Ovest : 7,5 km EU – ⊠ 40132

🏠 Sheraton Bologna ƙ₆ 🖩 & cam. AC ⇎ ℀ ⚑ ⚙ P VISA ✪ AE ① ⑤

via dell'Aeroporto 34/36 – ℰ 0 51 40 00 56 – www.sheratonbologna.it
243 cam ⬚ – ♦90/330 € ♦♦140/380 € – 7 suites EU**w**
Rist – Menu 35 € – Carta 36/79 €
♦ Vicino all'aeroporto e comodamente raggiungibile dalla tangenziale, una struttura funzionale, che dispone di moderne attrezzature e spazi perfetti per meeting. Impostazione classica nella capiente sala del ristorante.

BOLSENA – Viterbo (VT) – **563** O17 – **4 237 ab.** – **alt. 350 m** – ⊠ **01023**   **12** A1
▌ Italia

▶ Roma 138 – Viterbo 31 – Grosseto 121 – Siena 109
◉ Chiesa di Santa Cristina ★

🏠 Royal senza rist 🚗 ⬛ 🖩 AC ℀ ⚙ P VISA ✪ ⑤

piazzale Dante Alighieri 8/10 – ℰ 07 61 79 70 48 – www.bolsenahotel.it
37 cam – ♦44/65 € ♦♦64/129 €, ⬚ 14 €
♦ Struttura elegante, curata tanto nei signorili spazi esterni, quanto negli eleganti ambienti interni. Un soggiorno in riva al lago, coccolati dalla bellezza del paesaggio.

Holiday ⟨ ⟲ ☂ ⊞ 🆎 ⚡ rist, ⚡ 🅿 🆅🅸🆂🅰 ⊙ ♿

viale Diaz 38 – ☎ 07 61 79 69 00 – www.bolsena.com – 28 dicembre-6 gennaio e aprile-2 novembre
23 cam ☷ – †80/100 € ††80/120 € – ½ P 70 €
Rist – *(chiuso a mezzogiorno)* Carta 26/40 €

♦ In riva al lago, in zona leggermente decentrata, una grande villa anni '50 con ampio, curato giardino e piscina. Camere in stile classico, arredate con mobili di pregio. Bella e luminosa sala da pranzo.

Columbus 🄱 🆎 ⚡ ♨ 🅿 🆅🅸🆂🅰 ⊙ ♿

viale Colesanti 27 – ☎ 07 61 79 90 09 – www.bolsenahotel.it – aprile-ottobre
36 cam – †45/65 € ††69/99 €, ☷ 5 € – ½ P 50/65 €
Rist *La Conchiglia* – vedere selezione ristoranti

♦ Alla fine del viale, sulla piazza prospiciente il lago, una piacevole struttura con spazi comuni di buon livello e camere confortevoli.

🗙🗙 **La Conchiglia** – Hotel Columbus 🆎 ⚡ 🅿 🆅🅸🆂🅰 ⊙ ♿

viale Colesanti 27 – ☎ 07 61 79 90 09 – www.bolsenahotel.it – aprile-ottobre
Rist – Carta 30/38 €

♦ E' il pesce il primo attore del menu di questo ristorante, immerso nel verde di platani secolari: di mare o di lago si presta ad ottime ricette mediterranee.

BOLZANO (BOZEN) 🄿 (BZ) – **562** C16 – **103 135 ab.** – alt. 262 m   **31 D3**
– ✉ 39100 ▮ Italia

🢒 Roma 641 – Innsbruck 118 – Milano 283 – Padova 182
🛬 ABD Dolomiti ☎0471 255255
🛈 piazza Walther 8, ☎ 0471 30 70 00, www.bolzano-bozen.it
◉ Via dei Portici★ B – Duomo★ B – Museo Archeologico★ AM – Altare della Natività★ nella chiesa dei Francescani B – Altare a portelle★ nella chiesa parrocchiale di Gries, per corso Libertà A
🄶 Gole della Val d'Ega★ Sud-Est per ① – Dolomiti★★★ Est per ①

Parkhotel Laurin 🔊 ☂ 🄱 ♿ 🆎 ⚡ ♨ 🆅🅸🆂🅰 ⊙ 🆎 ⊙ ♿

via Laurin 4 – ☎ 04 71 31 10 00 – www.laurin.it   **Be**
100 cam ☷ – †104/199 € ††151/266 € – 7 suites – ½ P 104/161 €
Rist *Laurin* – vedere selezione ristoranti

♦ Risorsa centenaria di notevole pregio, ospitata in un magnifico edificio in stile liberty, in cui lusso e raffinatezza sono stati abilmente coniugati alla modernità del confort.

Greif senza rist 🄱 ♿ 🆎 ⚡ ♨ 🆅🅸🆂🅰 ⊙ 🆎 ⊙ ♿

piazza Walther – ☎ 04 71 31 80 00 – www.greif.it   **Bn**
33 cam ☷ – †126/224 € ††204/287 €

♦ Dietro la bellezza del palazzo, restituita alla città da un recente restauro, stanze rimodernate con l'aiuto di artisti internazionali offrono personalizzazioni uniche.

Park Hotel Luna-Mondschein 🔊 🄱 ♿ ♨ 🅿 ⌂

via Piave 15 – ☎ 04 71 97 56 42 – www.hotel-luna.it   🆅🅸🆂🅰 ⊙ 🆎 ⊙ ♿
74 cam ☷ – †94/112 € ††135/177 € – 4 suites – ½ P 96/127 €   **Bc**
Rist *Van Gogh* – vedere selezione ristoranti

♦ Circondato da un bel parco giardino, questo hotel di tradizione offre il vantaggio di essere in zona centralissima e di disporre di un ampio garage.

Magdalenerhof ⟨ ⟲ ☄ ☂ 🄱 ♿ ♨ ⚡ cam, ⚡ 🅿 ⌂

via Rencio 48 , per via Renon – ☎ 04 71 97 82 67   🆅🅸🆂🅰 ⊙ 🆎 ⊙ ♿
– www.magdalenerhof.it   **B**
55 cam – †85/105 € ††125/150 € – 7 suites
Rist – *(chiuso lunedì)* Carta 33/75 €

♦ Edificio in tipico stile tirolese in posizione tranquilla, dalla gestione diretta ed attenta ai dettagli, presenta stanze di buon livello. Sono tre le sale da pranzo ricavate all'interno dell'hotel.

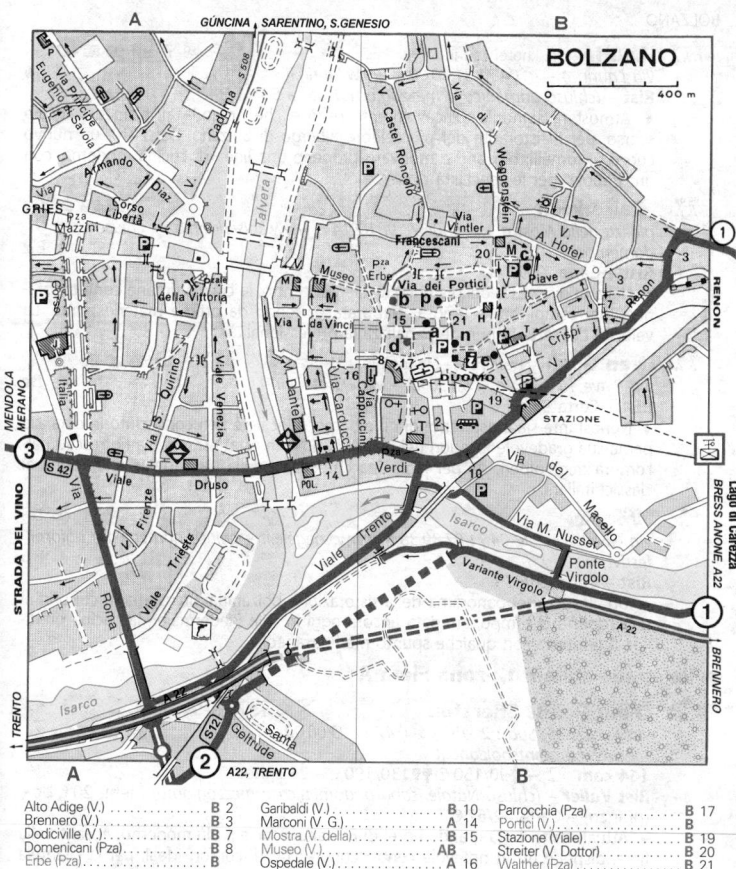

BOLZANO

GÚNCINA, SARENTINO, S.GENESIO

Stadt Hotel Città 🛜 🕸 🎽 ⅙ cam, ⅙ rist, 🛜 VISA ⊛ 💲

piazza Walther 21 – ℰ 04 71 97 52 21 – www.hotelcitta.info   B**a**
99 cam ⅏ – ♦102/124 € ♦♦144/190 €   **Rist** – Carta 26/48 €

♦ Affacciato sulla suggestiva piazza Walther, hotel di lunga tradizione che tra i
numerosi servizi a disposizione, annovera una spaziosa zona relax. Frequentato
anche dai bolzanini il Caffè, con saletta ristorante a parte.

Figl senza rist 🎽 ⅙ ✯✯ AC ⅙ 🛜 VISA ⊛ AE 💲

piazza del Grano 9 – ℰ 04 71 97 84 12 – www.figl.net – chiuso dal 20 febbraio al
10 marzo e dal 1° al 20 luglio   B**p**
23 cam – ♦87/95 € ♦♦115/130 € ⅏ 12 € – 1 suite

♦ Ospitalità di tono familiare e per certi versi piacevolmente informale in un piccolo
ma grazioso hotel del centro, con soluzioni all'avanguardia. Spazi comuni ridotti.

Rentschner Hof ⟨ 🛜 ⅃ 🎽 ⅙ rist, 🛜 P 🕸 VISA ⊛ AE 💲

via Rencio 70, per via Renon – ℰ 04 71 97 53 46 – www.rentschnerhof.com
21 cam – ♦60/80 € ♦♦120/123 €   B

Rist – *(chiuso2 settimane in agosto, domenica) (chiuso a mezzogiorno)*
Carta 40/69 €

♦ E' ubicato alle porte del centro abitato e infatti questo hotel si avvicina più ad
un albergo di campagna che non ad una risorsa cittadina. Bella vista sui vigneti.
Nella sala ristorante prevalgono tinte chiare e piacevoli.

209

XXX Laurin – Parkhotel Laurin 🔊 🕭 AC 🕉 VISA ⚹ AE ⓪ ⑤
via Laurin 4 – ℰ 04 71 31 10 00 – www.laurin.it **Be**
Rist – *(chiuso domenica a mezzogiorno)* Carta 56/71 €

◆ Atmosfera signorile, piacevolmente retrò e che rimanda all'inizio del secolo scorso, per il ristorante del più celebre albergo di Bolzano. Dal 2010, un nuovo cuoco ai fornelli: giovane e motivato propone una linea di cucina moderna, con un "debole" per le specialità di pesce.

XX Kaiserkron 🕭 AC VISA ⚹ ⑤
piazza della Mostra 1 – ℰ 04 71 98 02 14 – www.kaiserkron.bz – chiuso domenica **Bd**
Rist – Carta 27/75 €

◆ Nella nuova veste dello storico locale del centro, la cucina rimane contemporanea, mai complicata e leziosa, elaborata partendo da ottime materie prime. La velocità del servizio non ne penalizza la professionalità.

XX Van Gogh – Hotel Luna-Mondschin 🔊 🕭 P VISA ⚹ AE ⓪ ⑤
via Piave 15 – ℰ 04 71 97 56 42 – www.hotel-luna.it **Bc**
Rist – Carta 37/65 €

◆ Nonostante sia il ristorante di un albergo, il locale è ben conosciuto in città, sia per la sua gradevole location nel giardino, dove in estate si mangia rinfrescati dall'ombra degli alberi, sia per la cucina che spazia dalla tradizionale altoatesina ai classici italiani.

X Vögele 🕭 VISA ⚹ ⑤
via Goethe 3 – ℰ 04 71 97 39 38 – www.voegele.it – chiuso domenica e i giorni festivi **Bb**
Rist – Carta 26/63 €

◆ Un classico nel panorama della ristorazione bolzanina: un'osteria le cui origini si perdono nel tempo, arredata ancora oggi in stile Biedermeier, la cucina predilige il territorio con qualche spunto mediterraneo.

sulla strada statale 12-zona Fiera A

🏨 Four Points Sheraton 🔊 🕭 ⅃ゟ 🖳 ⅃ 🎄 AC ⅙ 🕉 rist, 🛠 ⚹
via Buozzi 35, Sud : 2 km – ℰ 0 47 11 95 00 00 VISA ⚹ AE ⓪ ⑤
– www.fourpointsbolzano.it
164 cam ⬚ – ♦90/150 € ♦♦130/190 € – 25 suites
Rist Valier – *(chiuso Natale, sabato, domenica a mezzogiorno)* Menu 20 € bc (pranzo) – Carta 42/67 €

◆ Attualmente il più grande hotel di Bolzano e forse il più moderno. Accanto alla fiera, dispone di un notevole centro congressi e di confort ideali per la clientela business. Ristorante di design, così come l'hotel, ottimo servizio.

a Colle (Kohlern) Sud : 5 km – ⊠ 39100 Bolzano

X Colle-Kohlern con cam ⩽ 🕭 🔊 ⚹ rist, ⑪ P VISA ⚹ ⑤
– ℰ 04 71 32 99 78 – www.albergocolle.com – 8 dicembre- 6 Gennaio e 30 aprile- 6 novembre
16 cam ⬚ – ♦80/180 € ♦♦110/220 € – ½ P 75/110 €
Rist – *(chiuso lunedì) (chiuso a mezzogiorno)* (prenotazione obbligatoria) Carta 33/54 €

◆ Costruita nel 1908, la funivia che porta alla*Gasthof*è stata la prima al mondo ad essere realizzata. All'insegna della tradizione anche il ristorante: una bella veranda affacciata sulla valle, dove gustare piatti regionali. Nata come locanda ai primi del '900, la risorsa dispone di camere arredate con mobili in stile.

a Signato Nord-Est : 5 km – ⊠ 39054

X Patscheider Hof ⩽ 🕭 VISA ⚹ ⑤
via Signato 178 – ℰ 04 71 36 52 67 – www.patscheiderhof.com – chiuso dal 7 al 24 gennaio, luglio, domenica sera e martedì
Rist – Carta 20/48 €

◆ In un autentico maso, cucina regionale di incontrastata qualità realizzata partendo da un'ottima materia prima. In autunno, non perdetevi il Törggelen: crauti, salsicce, costine, carré di maiale, castagne arrostite... il tutto annaffiato da vino nuovo!

BOLZANO VICENTINO – Vicenza (VI) – **562** F16 – **6 467 ab.**   37 B1
– alt. 45 m – ⊠ 36050

▶ Roma 539 – Padova 41 – Treviso 54 – Vicenza 9

XX   **Locanda Grego** con cam   🛖 🔟 🛠 rist, ⁋ 🚿 🄿 🎴 ⚫ 🄰🄴 ♿
*via Roma 24 – ℰ 04 44 35 05 88 – www.locandagrego.it – chiuso dal
26 dicembre all'8 gennaio e 3 settimane in agosto*
18 cam ⊑ – †47/65 € ††72/85 € – 2 suites – ½ P 60/70 €
Rist – *(chiuso le sere di domenica e mercoledì)* Carta 26/41 €
♦ Tra i tavoli di una locanda che esiste dagli inizi dell'Ottocento, una calorosa
accoglienza e proposte di cucina regionale con piatti preparati secondo stagione
e tradizione. La risorsa dispone anche di accoglienti camere in stile.

BOLZONE – Cremona (CR) – Vedere Ripalta Cremasca

BONASSOLA – La Spezia (SP) – **561** J10 – **963 ab.** – ⊠ 19011   15 D2
▶ Roma 456 – La Spezia 38 – Genova 83 – Milano 218
🄳 via Fratelli Rezzano, ℰ 0187 81 35 00, www.prolocobonassola.it

🏠   **Delle Rose**   🗗 🏖 🛠 ⁋ 🄿 🄼 ⚫ 🄰🄴 ⓪ ♿
*via Garibaldi 8 – ℰ 01 87 81 37 13 – www.hoteldellerosebonassola.it
– 5 aprile-22 ottobre*
25 cam – †60/70 € ††110/130 €, ⊑ 5 € – ½ P 76/85 €
Rist – *(chiuso a mezzogiorno)* Carta 28/38 €
♦ Una solida gestione familiare in grado di garantire nell'insieme un buon livello
di ospitalità, sulla piazza di questo bel borgo di mare, a pochi passi dalla spiaggia.
Cucina semplice e di fattura casalinga.

🏠   **Villa Belvedere**   ≤ 🚿 🏠 🛠 rist, 🄿 🄼 ⚫ 🄰🄴 ♿
*via Ammiraglio Serra 15 – ℰ 01 87 81 36 22 – www.hotelvillabelvedere.eu
– aprile-ottobre*
22 cam ⊑ – †75/100 € ††120/140 € – ½ P 90 €
Rist – *(chiuso a mezzogiorno) (solo per alloggiati)* Menu 38 €
♦ Piccolo albergo contornato da terrazze verdeggianti con vista mare. Gestione
attenta, camere e ambienti comuni arredati con cura e tocchi etnici qua e là.

BONDENO – Ferrara (FE) – **562** H16 – **15 447 ab.** – alt. 11 m – ⊠ 44012   9 C1
▶ Roma 443 – Bologna 69 – Ferrara 20 – Mantova 72

XX   **Tassi** con cam   🗗 🔟 🛠 ⁋ 🄿 🄼 ⚫ 🄰🄴 ⓪ ♿
😊   *viale Repubblica 23 – ℰ 05 32 89 30 30 – chiuso dal 1° al 4 gennaio*
10 cam ⊑ – †60/65 € ††70/75 €
Rist – *(chiuso domenica sera, lunedì)* Carta 28/41 €
♦ Attivo dal 1918, in questo storico locale si cucina - ancora oggi - la "salama da
sugo", esattamente come 50 anni fa. Ad essa si sono aggiunte, la pasta (rigorosamente tirata con il mattarello), i celebri bolliti, nonché qualche palmipede delle
vicine zone lagunari. Senza carta, tutto a voce!

BONDONE (Monte) – Trento (TN) – **562** D15 – **670 ab.** – alt. 2 098 m   30 B3
– Sport invernali : 1 175/2 090 m ✑5, ⚐
▶ Roma 611 – Trento 24 – Bolzano 78 – Milano 263
🄳 strada di Vaneze 13, ℰ 0461 94 71 28, www.apt.trento.it

a Vason Nord : 2 km – alt. 1 561 m – ⊠ 38123 Vaneze

🏨   **Chalet Caminetto**   ≤ 🗗 🏠 ⚿ 🛠 ⁋ 🄿 🏖 🄼 ⚫ 🄰🄴 ⓪ ♿
😊   *strada di Vason 139 – ℰ 04 61 94 82 00 – www.chaletcaminetto.it
– dicembre-10 aprile e luglio-10 settembre*
31 cam ⊑ – †50/80 € ††70/120 € – ½ P 90 €
Rist – *(chiuso a mezzogiorno)* Menu 16/25 €
♦ Appena oltre il passo, albergo da poco ristrutturato ed ampliato. Piccolo centro
benessere ben attrezzato, camere con balcone: tutto sotto la supervisione diretta
dei titolari.

BONFERRARO – Verona (VR) – **562** G15 – alt. 20 m – ⊠ 37060   **35** A3

▶ Roma 481 – Verona 35 – Ferrara 35 – Mantova 17

✗✗ **Sarti**   🀫 🄰🄲 ⇔ 🅿 🆅🅸🆂🅰 ⚬⚬ 🄰🄴 ⓞ ⛯
   via Don Giovanni Benedini 1 – 𝒞 04 57 32 02 33 – www.ristorantesarti.it – chiuso
   dal 25 luglio al 18 agosto e martedì
   Rist – Carta 22/44 € ⊛
   ♦ Ristorante classico, a conduzione familiare ed elegante negli arredi, propone
   una cucina di impostazione tradizionale e dispone di un'ampia carta di vini e
   distillati. Zona disimpegno con bar ad uso interno.

BORCA DI CADORE – Belluno (BL) – 832 ab. – ⊠ 32040   **36** C1

▶ Roma 666 – Venezia 144 – Belluno 56 – Trento 203

🏨 **Antelao**   🀫 🀫 & ⚾ rist, ⚬ 🅿 🆅🅸🆂🅰 ⚬⚬ 🄰🄴 ⓞ ⛯
   via Roma 11 – 𝒞 04 35 48 25 63 – www.hotelantelao.it
   33 cam ⊑ – †75/95 € ††90/130 € – ½ P 60/80 €   **Rist** – Carta 31/60 €
   ♦ Sulla strada per la mondana Cortina, camere moderne con grande profusione
   di legno in un hotel totalmente rinnovato, che dispone di un centro benessere
   dal nome fortemente evocativo:Le Coccole. Piatti cadorini, ampezzani e regionali
   al ristorante.

BORDIGHERA – Imperia (IM) – **561** K4 – 10 833 ab. – ⊠ 18012   **14** A3

▌ Liguria

▶ Roma 654 – Imperia 45 – Genova 155 – Milano 278

🛈 via Vittorio Emanuele II 172, 𝒞 0184 26 23 22, www.visitrivieradeifiori.it

◎ Località ★★

🏨🏨 **Grand Hotel del Mare** 🕊   ⩽ 🖥 🝫 🎯 🀫 🝫 🄰🄲 ⚾ rist, ⚏
   via Portico della Punta 34, Est : 2 km   🅰 🅿 🆅🅸🆂🅰 ⚬⚬ 🄰🄴 ⓞ ⛯
   – 𝒞 01 84 26 22 01 – www.grandhoteldelmare.it – chiuso dal 22 settembre al
   22 dicembre
   73 cam ⊑ – †160/240 € ††190/340 € – 20 suites – ½ P 220 €
   Rist – Menu 50 € – Carta 40/74 €
   ♦ In posizione isolata su una punta costiera, moderna struttura con generosi
   spazi comuni. Di due tipologie le camere: alcune con arredi d'epoca, altre di
   tono più classico, tutte affacciate sul mare. Ampie vetrate illuminano l'ariosa sala
   da pranzo arredata con eleganza d'impronta classica.

🏨 **Parigi**   ⩽ 🝫 🀫 🖥 & ✳ 🄰🄲 cam, ⚾ rist, ⚏ 🆅🅸🆂🅰 ⚬⚬ 🄰🄴 ⓞ ⛯
   lungomare Argentina 16/18 – 𝒞 01 84 26 14 05 – www.hotelparigi.com – chiuso
   da ottobre al 20 dicembre
   56 cam ⊑ – †105/135 € ††160/200 € – 1 suite – ½ P 135 €
   Rist – Carta 42/62 €
   ♦ Classiche o più moderne, con o senza vista mare le camere sono spaziose e di
   sobria eleganza. In pieno centro, l'ingresso è lungo la bella passeggiata pedonale
   a ridosso della spiaggia. Buffet di antipasti e di verdure e soprattutto il piacere di
   una bella vista panoramica sul mare per cene indimenticabili.

🏨 **Piccolo Lido**   ⩽ 🖥 & cam, 🄰🄲 ⚾ rist, 🆅🅸🆂🅰 ⚬⚬ 🄰🄴 ⓞ ⛯
   lungomare Argentina 2 – 𝒞 01 84 26 12 97 – www.hotelpiccololido.it – chiuso dal
   1° ottobre al 22 dicembre
   33 cam ⊑ – †70/200 € ††70/220 € – ½ P 135 €   **Rist** – Carta 26/38 €
   ♦ Recentemente dotata di una piacevole terrazza-solarium con vista sul mare,
   offre interni nei quali dominano i colori pastello e camere fresche dall'arredo fantasioso. All'inizio della passeggiata lungomare.

🏨 **Villa Elisa**   🖥 🝫 🀫 🖥 ✳ 🄰🄲 ⚏ 🅿 🆅🅸🆂🅰 ⚬⚬ 🄰🄴 ⓞ ⛯
   via Romana 70 – 𝒞 01 84 26 13 13 – www.villaelisa.com – chiuso
   dal 2 novembre al 22 dicembre
   35 cam ⊑ – †80/120 € ††110/190 € – 2 suites
   Rist – Menu 40/55 € – Carta 38/65 €
   ♦ Lungo la strada cha ha visto i fasti della belle époque, una villa circondata da
   un incantevole giardino in cui aleggiano fragranze di aranci, limoni e ulivi. Interni
   d'atmosfera. Luminosa e spaziosa la sala da pranzo.

XX **Le Chaudron** ⬚ 🅰🅲 🆅🅸🆂🅰 ⬚ 🆕

via Vittorio Emanuele 9 – ℰ 01 84 26 35 92 – chiuso dal 6 gennaio al 6 febbraio, domenica sera, lunedì (escluso festivi)

Rist – Carta 39/67 €

◆ E' in un vecchio deposito merci vicino al lungomare che questo ristorante di famiglia ha trovato posto; dell'epoca rimane il suggestivo soffitto in mattoni e a volte sotto cui si mangia, il resto dell'arredo è nelle mani della fantasia.

X **Magiargè Vini e Cucina** ⬚ 🅰🅲 🆅🅸🆂🅰 ⬚ 🆕

piazza Giacomo Viale, centro storico – ℰ 01 84 26 29 46 – www.magiarge.it – chiuso lunedì, martedì a mezzogiorno

Rist – (consigliata la prenotazione) Menu 30 € – Carta 33/46 € 🕸

◆ Caratteristico e vivace, nell'affascinante centro storico, le salette sembrano scavate nella roccia, coperte da un soffitto a volta. Nessuna sorpresa dalla cucina: stoccafisso mantecato "brandacujon", ciuppin alla sanremasca (zuppa di pesce) o stufatino di ricciola. La Liguria è tutta nel piatto!

BORGARELLO – Pavia (PV) – 2 655 ab. – alt. 88 m – ✉ 27010 **16 A3**

▶ Roma 604 – Alessandria 86 – Pavia 8 – Milano 30

XX **Locanda degli Eventi** 🅰🅲 🆅🅸🆂🅰 ⬚ 🆕

via Principale 4 – ℰ 03 82 93 33 03 – www.lalocandadeglieventi.blogspot.com – chiuso domenica sera, lunedì

Rist – (consigliata la prenotazione) Carta 26/53 €

◆ Sulla piazza centrale del piccolo paese di campagna, in una sala d'atmosfera rustico-elegante, si parte dalla sicurezza della cucina che dalla tradizione approda a creazioni più attuali: lasagnetta ai profumi di Liguria, baccalà accomodato alla genovese, lingua di vitello salmistrata croccante...Ed altro ancora.

BORGARO TORINESE – Torino (TO) – 561 G4 – 13 535 ab. **22 A1**
– alt. 254 m – ✉ 10071

▶ Roma 689 – Torino 10 – Milano 142

🏨 **Atlantic** ⬚ 🅰🅲 ⬚ 🅿 ⬚ 🆅🅸🆂🅰 ⬚ 🅰🅴 ⬚ 🆕

via Lanzo 163 – ℰ 01 14 50 00 55 – www.hotelatlantic.com

150 cam ⬚ – †59/180 € ††79/200 €

Rist *Il Rubino* – *(chiuso dal 30 luglio al 21 agosto e domenica)* Carta 33/53 €

◆ Non distante dall'aeroporto, belle camere, piscina ed ampi ambienti destinati all'attività congressuale: la struttura è ideale per una clientela business. Al ristorante, i sapori di stagione in ricette classiche.

BORGHETTO – Verona (VR) – Vedere Valeggio sul Mincio

BORGHETTO D'ARROSCIA – Imperia (IM) – 561 J5 – 480 ab. **14 A2**
– alt. 155 m – ✉ 18020

▶ Roma 604 – Imperia 28 – Genova 105 – Milano 228

a Gazzo Nord-Ovest : 6 km – alt. 610 m – ✉ 18020 Borghetto D'Arroscia

XX **La Baita** 🆅🅸🆂🅰 ⬚ 🅰🅴 🆕

località Gazzo – ℰ 0 18 33 10 83 – www.labaitagazzo.com – chiuso da lunedì a mercoledì da luglio a settembre, da lunedì a giovedì negli altri mesi

Rist – (consigliata la prenotazione) Carta 27/45 €

◆ Un strada tortuosa e stretta conduce a questo locale rustico in un borgo dell'affascinante entroterra ligure, in quella parte d'Italia dove è diffusa la raccolta di funghi, ovuli e tartufi: prodotti della terra presenti sulla tavola de *La Baita*, squisitamente accompagnati ad altri ingredienti locali.

BORGHETTO DI BORBERA – Alessandria (AL) – 561 H8 – 2 015 ab. **23 D3**
– alt. 295 m – ✉ 15060

▶ Roma 562 – Torino 141 – Alessandria 61 – Genova 56

X **Il Fiorile** con cam 🌿   🍴 ☕ ⁽ᵖ⁾ **P** **VISA** ⊕ **AE** ⑤
🙂 *frazione Castel Ratti, Sud-Est: 2 km – 𝒞 01 43 69 73 03 – www.ilfiorile.com*
– chiuso dal 9 al 25 gennaio, dal 20 agosto al 5 settembre
6 cam 🖵 – ✝65/70 € ✝✝80/85 € – ½ P 58/60 €
Rist – *(chiuso lunedì) (chiuso a mezzogiorno escluso sabato e domenica)*
(consigliata la prenotazione) Carta 25/45 €
♦ Quasi come in una cartolina, il calore di un vecchio fienile immerso nel silenzio dei boschi induce a riscoprire i profumi e le ricette del passato: flan di Montebore con miele d'acacia, tajarin "paglia e fieno" con tartufo nero, scaloppe di petto d'anatra...

BORGIO VEREZZI – Savona (SV) – **561** J6 – **2 233 ab.** – ✉ 17022   **14** B2
� Roma 574 – Genova 75 – Imperia 47 – Milano 198
🛈 via Matteotti 158, 𝒞 019 61 04 12, www.visitriviera.it

XXX **Doc**   🍴 ☕ ✿ ❖ **VISA** ⊕ **AE** ⑤
via Vittorio Veneto 1 – 𝒞 0 19 61 14 77 – www.ristorantedoc.it
Rist – *(chiuso lunedì da giugno a settembre, anche martedì negli altri mesi)*
(chiuso a mezzogiorno) Carta 55/70 €
♦ All'interno di una signorile villetta d'inizio secolo adornata da un grazioso giardino, un ristorante dall'ambiente raccolto e curato, in cui godere di una certa eleganza.

XX **Da Casetta**   🍴 ✿ **VISA** ⊕ **AE** ① ⑤
🙂 *piazza San Pietro 12 – 𝒞 0 19 61 01 66 – chiuso martedì da Pasqua a ottobre;*
aperto solo nei fine settimana negli altri mesi
Rist – *(chiuso a mezzogiorno escluso sabato e domenica)* (consigliata la prenotazione) Carta 30/51 €
♦ Una piacevole passeggiata attraverso il centro storico, vi condurrà fino a questo caratteristico ristorante che propone piatti legati alle tradizioni gastronomiche locali: dalla frittura alla ligure, al cappon magro, passando per le lumache alla verezzina.

XX **Scaccomatto**   🍴 ৬ **AC** **VISA** ⊕ ⑤
via Matteotti 169 – 𝒞 0 19 61 28 57 – www.scaccomatto.eu – chiuso gennaio,
lunedì, martedì e mercoledì da ottobre a maggio
Rist – *(chiuso a mezzogiorno da giugno a settembre)* Carta 25/54 €
♦ La cucina varia giornalmente in base alla disponibilità del pescato: ottima credenziale per questo locale minimal chic, dove la sala è separata da un'originale parete in cristallo, che permette agli ospiti di "sbirciare" in cucina.

BORGO A MOZZANO – Lucca (LU) – **563** K13 – **7 381 ab.** – **alt. 97 m**   **28** B1
– ✉ 55023 ▓ Toscana
� Roma 368 – Pisa 42 – Firenze 96 – Lucca 22

🏨 **Milano**   🍴 🛗 ৬ cam, ⁽ᵖ⁾ 🏊 **P** **VISA** ⊕ **AE** ① ⑤
☕ *via del Brennero, 9, località Socciglia, Sud-Est : 1,5 km – 𝒞 05 83 88 91 91*
– www.hotelmilano-lucca.it – chiuso dal 2 al 15 gennaio
34 cam 🖵 – ✝45/65 € ✝✝65/95 € – ½ P 65 €
Rist – *(chiuso sabato e domenica sera)* Carta 15/36 €
♦ Struttura imponente situata sulla strada che conduce all'Abetone; camere curate negli arredi, ampi spazi comuni anche se un po' démodé e sala giochi. Ideale per la clientela d'affari. Ampia sala ristorante, in menù la tradizione italiana e le specialità del territorio.

BORGO FAITI – Latina (LT) – **563** R20 – **Vedere Latina**

BORGOMANERO – Novara (NO) – **561** E7 – **21 362 ab.** – **alt. 307 m**   **24** A3
– ✉ 28021
� Roma 647 – Stresa 27 – Domodossola 59 – Milano 70
🏌 Castelconturbia via Castelconturbia 10, 0322 832093,
   www.golfclubcastelconturbia.it – chiuso gennaio e martedì
🏌 Bogogno via Sant'Isidoro 1, 0322 863794, www.circologolfbogogno.com – chiuso lunedì

XX **Pinocchio** 🚗 🖳 AC ⬦ P VISA ⓪ AE ① 👌
via Matteotti 147 – 𝒞 0 32 28 22 73 – www.ristorantepinocchio.it
– chiuso 10 giorni in dicembre, dal 15 al 30 agosto, lunedì e martedì a mezzogiorno
Rist – (consigliata la prenotazione) Menu 35 € (pranzo)/85 € – Carta 55/100 € 🕸
◆ Ambienti eleganti con richiami ad un passato rustico: la cucina riflette le tradizioni del territorio piemontese con piatti di carne proposti in interpretazioni più raffinate.

BORGO MOLARA Sicilia – Palermo (PA) – Vedere Palermo

BORGONATO – Brescia (BS) – Vedere Corte Franca

BORGONOVO VAL TIDONE – Piacenza (PC) – **561** G10 – **7 603 ab.**   8 A1
– alt. 114 m – ⬚ 29011
🔼 Roma 528 – Piacenza 23 – Genova 137 – Milano 67
🛈 piazza Garibaldi 18, 𝒞 0523 86 12 10, www.valtidoneluretta.it

XXX **La Palta** (Isa Mazzocchi) AC P VISA ⓪ AE ① 👌
✿ *località Bilegno, Sud Est : 3 km – 𝒞 05 23 86 21 03 – www.lapalta.it*
– chiuso 10 giorni in gennaio, 20 giorni in luglio e lunedì
Rist – Menu 70 € – Carta 49/72 € 🕸
Spec. Risotto alle fave con quaglie e pecorino piacentino (primavera). Cavallo in agrodolce con fragole allo zenzero (primavera). Millefoglie di cioccolato con frutti di bosco (autunno).
◆ In una sperduta frazione nella campagna piacentina, per una volta la retorica della finta trattoria cede il passo ad un locale moderno, dove la cucina aspira a preparazioni creative - ben presentate - con qualche richiamo alla tradizione locale: in particolare, i salumi rigorosamente stagionati in casa.

X **Vecchia Trattoria Agazzino** AC 🕸 P VISA ⓪ AE ① 👌
🐌 *località Agazzino 335, Nord-Est : 7 km – 𝒞 05 23 88 71 02*
– www.vecchiatrattoria.pc.it – chiuso dal 26 dicembre al 6 gennaio, dal 1° al
😊 *27 agosto, martedì*
Rist – (chiuso la sera dal lunedì al giovedì) Carta 19/46 €
◆ Una frazione tanto piccola che una generica insegna "trattoria" è sufficiente ad indicare il locale (dando per scontato che non ve ne possano essere altri). Il servizio è informale, mentre i consensi sono tutti rivolti alla cucina: ravioli in brodo, filetto alle fragole, brasato di asinina ed altre specialità emiliane.

BORGO PANIGALE – Bologna (BO) – **563** I15 – Vedere Bologna

BORGO PRIOLO – Pavia (PV) – **561** H9 – **1 415 ab.** – alt. 144 m   16 B3
– ⬚ 27040
🔼 Roma 558 – Alessandria 60 – Genova 106 – Milano 70

⛺ **Agriturismo Torrazzetta** 🌿 🚗 ⚒ 🕸 AC 👍 P VISA ⓪ AE 👌
frazione Torrazzetta 1, Nord-Ovest : 2 km – 𝒞 03 83 87 10 41
– www.torrazzetta.it
33 cam 🍽 – ✝60/80 € ✝✝80 € – 5 suites – ½ P 61 €
Rist – (consigliata la prenotazione) Menu 25 € bc/35 € bc – Carta 22/42 €
◆ In un luogo tranquillo sorge questa cascina di dimensioni notevoli, dagli ambienti di tono rustico. Le camere sono semplici e funzionali, alcune soppalcate. La sala ristorante è davvero ampia e frequentata soprattutto nei week-end.

BORGO SAN LORENZO – Firenze (FI) – **563** K16 – **18 049 ab.**   29 C1
– alt. 193 m – ⬚ 50032 ▌ Toscana
🔼 Roma 308 – Firenze 25 – Bologna 89 – Forlì 97
🏌 Poggio dei Medici via San Gavino 27, 055 8435562, www.golfpoggiodeimedici.com

🏨 **Park Hotel Ripaverde** ⚒ 🍸 🛁 ⚓ & AC 🍴 👍 P VISA ⓪ AE ① 👌
viale Giovanni XXIII 36 – 𝒞 05 58 49 60 03 – www.ripaverde.it
54 cam 🍽 – ✝85/231 € ✝✝120/231 € – 3 suites
Rist *L'O di Giotto* – vedere selezione ristoranti
◆ La struttura mantiene immutate le sue caratteristiche di comodità ed elevato livello di confort in virtù di una gamma completa di servizi. Bella la zona piscina servita anche da un bar.

215

⌂ Locanda degli Artisti   AC ((i)) VISA ☺ ⓢ

piazza Romagnoli 2 – ℰ 05 58 45 53 59 – www.locandartisti.it
7 cam 🖵 – †65/110 € ††80/135 €
Rist *Degli Artisti* – vedere selezione ristoranti
♦ Piccola struttura con spazi comuni, sala colazione e soggiorno abbastanza ridotti, ma sicuramente accoglienti. Camere curate, gestione attenta e cordiale.

XXX L'O di Giotto – Park Hotel Ripaverde   AC ⚘ ⇔ P VISA ☺ AE ⓞ ⓢ

viale Giovanni XXIII 36 – ℰ 05 55 84 45 98 54 – www.ripaverde.it
– chiuso 10 giorni in agosto e domenica
Rist – Carta 26/46 €
♦ Aspirando alla perfezione della famosa "O" di Giotto, specialità toscane prevalentemente di terra, accompagnate da contorni conditi con dell'ottimo olio di oliva. Questi piatti dal gusto così ben definito, si sposano bene con il corposo Chianti.

XX Degli Artisti – Locanda degli Artisti   ⚘ ⇔ VISA ☺ ⓢ

piazza Romagnoli 1 – ℰ 05 58 45 77 07 – www.ristorantedegliartisti.it – chiuso dal 10 al 30 gennaio, 1 settimana in agosto, martedì, mercoledì
Rist – Menu 30 € bc – Carta 34/62 €
♦ Per chi cerca una cucina legata al territorio, ma rivisitata con fantasia. Una casa del centro, con servizio estivo sotto al pergolato, e vineria con prodotti tipici regionali.

sulla strada statale 302 Sud-Ovest : 15 km :

⌂ Casa Palmira senza rist ⥽   ⊠ ⏠ ⚘ P

località Feriolo-Polcanto ⊠ 50032 – ℰ 05 58 40 97 49 – www.casapalmira.it
– chiuso dal 20 gennaio al 10 marzo
6 cam 🖵 – †60/70 € ††85/110 €
♦ Un fienile ristrutturato di un'antica casa colonica nel quale l'ospitalità ha un sapore antico e intimo. Nella verde campagna del Mugello, ci si sente come a casa di amici, ospitati in camere dal piacevole stile rustico-elegante.

BORGOSESIA – Vercelli (VC) – 561 E6 – 13 349 ab. – alt. 354 m   23 C1
– ⊠ 13011

🔼 Roma 684 – Stresa 60 – Milano 97 – Novara 44

XX Casa Galloni 1669   ⏠ AC ⇔ VISA ☺ AE ⓞ ⓢ

via Cairoli 42 – ℰ 0 16 32 32 54 – chiuso domenica sera, lunedì
Rist – Carta 32/42 € ⌘
♦ Nel centro storico, una casa intima e raccolta sin dalla corte interna che si attraversa per salire alle tre sale, dove viene servita una cucina tradizionale, abilmente rivisitata.

XX Osteria del Borgo (Luciano Alberti)   ⅁ AC VISA ☺ AE ⓢ

via Fratelli Antongini 16 – ℰ 0 16 32 78 41 – chiuso 15 giorni in gennaio, 15 giorni in luglio, martedì e i mezzogiorno di mercoledì, giovedì e venerdì
Rist – (consigliata la prenotazione) Carta 38/56 €
Spec. Pomodoro farcito di lumache ossolane con salsa alle olive taggiasche. Animelle di vitello in crosta di pistacchi di Bronte e insalatina primaverile. Irish coffee dessert, crema di caffè e whisky torbato con crumble al cioccolato.
♦ Pavimento in legno chiaro, contrapposto ai tavoli scuri. Il gioco dei contrasti continua nelle candide pareti con foto in bianco e nero, nonché nella cucina: rispettosa delle materie prime, ma anche moderna e originale.

BORGO VAL DI TARO – Parma (PR) – 562 I11 – 7 242 ab. – alt. 411 m   8 A2
– ⊠ 43043

🔼 Roma 473 – La Spezia 73 – Parma 72 – Bologna 163
ℹ piazza Manara 7, ℰ 0525 9 67 96, www.comune.borgo-val-di-taro.pr.it

⌂ Agriturismo Cà Bianca ⥽   ⊠ ⏠ P VISA ☺ AE ⓞ ⓢ

località Ostia Parmense 84, Nord-Est : 7 km – ℰ 0 52 59 80 03
– www.agriturismocabianca.it – chiuso dal 10 gennaio a marzo
7 cam 🖵 – †60/70 € ††90/110 € – ½ P 85 €
Rist – *(aperto sabato, domenica e mezzogiorno ed agosto)* (prenotazione obbligatoria) Menu 30 €
♦ Ai bordi di un affluente del Taro, un piacevole cascinale interamente ristrutturato: camere con arredi d'epoca e recuperati da vari mercatini. Uno scrigno fiabesco! Al ristorante cucina tipica e ricette emiliane.

BORGO VENUSIO – Matera (MT) – **564** E31 – Vedere Matera

BORGO VERCELLI – Vercelli (VC) – **561** F7 – 2 381 ab. – alt. 126 m   **23** C2
– ✉ 13012

▶ Roma 640 – Alessandria 59 – Milano 68 – Novara 15

ХХХ **Osteria Cascina dei Fiori**   🏧 🕸 ⇄ 🅿 📼 ⚹ 🄰🄴 ⚞
*regione Forte - Cascina dei Fiori – ☏ 01 61 32 82 7 – chiuso luglio,
domenica, lunedì*
Rist – Carta 34/65 €
♦ Linea gastronomica legata al territorio, anche se non mancano alcune proposte
innovative, in un ambiente rustico-elegante. Interessante scelta enologica.

BORMIO – Sondrio (SO) – **561** C13 – 4 100 ab. – alt. 1 225 m – Sport   **17** C1
invernali : 1 225/3 012 m ✆ 2 ≴ 9, ✍ – ✉ 23032

▶ Roma 763 – Sondrio 64 – Bolzano 123 – Milano 202
🛈 via Roma 131/b, ☏ 0342 90 33 00, www.bormio.eu.
🔟 via Giustizia, 0342 910730, www.bormiogolf.it – aprile-1° novembre

🏨 **Baita dei Pini**   ◱ 🕸 🛀 🖳 ↵ 🕸 rist, 🖐 🛁 ⌂ 📼 ⚹ ① ⚞
*via Peccedì 15 – ☏ 03 42 90 43 46 – www.baitadeipini.com – dicembre-aprile e
giugno-settembre*
40 cam ☲ – †70/90 € ††120/260 € – 6 suites – ½ P 190 €
Rist – Menu 30/60 €
♦ Vicino al centro storico, agli impianti di risalita e alle terme, l'hotel dispone di
spazi comuni riscaldati da scoppiettanti camini, romantiche camere interamente
avvolte nel legno e raffinate suite impreziosite da tappeti persiani. Piatti valtellinesi, ma non solo, nella tipica stube o nell'elegante sala da pranzo.

🏠 **Genzianella**   🕸 🖳 ↵ 🕸 🖐 🅿 📼 ⚹ ① ⚞
*via Zandilla, (angolo via Zandilla, 6) – ☏ 03 42 90 44 85 – www.genzianella.com
– dicembre-aprile e giugno-settembre*
39 cam ☲ – †60/95 € ††110/170 € – 1 suite – ½ P 120 €
Rist – *(chiuso a mezzogiorno da dicembre ad aprile)* Carta 26/58 €
♦ Legno, stoffe preziose, stufe antiche ed alcuni mobili di antiquariato locale si
sono dati appuntamento qui per creare un ambiente accogliente, fortemente personalizzato. Praticamente di fronte agli impianti di risalita, l'hotel è ideale anche
per le famiglie. Ristorante classico e piccola, caratteristica, stube.

🏠 **Miramonti Park Hotel**   ◱ 🖵 🕸 🛀 🖳 🕭 ↵ 🕸 rist, 🖐 🅿
*via Milano 50 – ☏ 03 42 90 33 12   📼 ⚹ 🄰🄴 ① ⚞
– www.miramontibormio.it*
50 cam ☲ – †103/123 € ††188/225 €   **Rist** – Carta 30/45 €
♦ Albergo appena fuori dal centro, recentemente ristrutturato e in grado di proporre belle camere, di cui cinque mansardate. Piccolo centro benessere. Accogliente ristorante con cucina a vista.

🏠 **Alù**   ≤ 🚗 🕸 🖳 ↵ 🕸 🖐 🅿 📼 ⚹ ⚞
*via Btg. Morbegno 20 – ☏ 03 42 90 45 04 – www.hotelalu.it
– 3 dicembre-20 aprile e 15 giugno-15 settembre*
30 cam – †60/100 € ††110/200 €, ☲ 15 € – ½ P 145 €   **Rist** – Menu 29/43 €
♦ A pochi metri di distanza dalla partenza della funivia per Bormio2000, una
risorsa molto curata con camere rinnovate in un moderno stile montano ed un
grazioso centro benessere. Ristorante d'albergo dalle sale "calde" e signorili.

🏠 **Larice Bianco**   ≤ 🚗 🕸 🛀 🖳 🕸 🖐 🅿 📼 ⚹ 🄰🄴 ① ⚞
*via Funivie 10 – ☏ 03 42 90 46 93 – www.laricebianco.it – dicembre-15 aprile e
15 giugno-20 settembre*
42 cam ☲ – †65/90 € ††110/170 € – ½ P 65/130 €   **Rist** – Menu 25/35 €
♦ In comoda posizione, nei pressi degli impianti di risalita, un hotel a conduzione
familiare, confortevole e con spazi comuni di gran respiro. Giardino ombreggiato.
Sala da pranzo in stile.

SantAnton   ⟨ 🏨 📱 ⓓ 🅿 ✕ rist, ⓨ 🖧 🅿 ⟶ 📷 ⓒ 🆎 ① ⓓ

via Leghe Grigie 1 – ℰ 03 42 90 19 06 – www.santanton.com
43 cam ☐ – †50/110 € ††100/220 € – ½ P 100/140 €   **Rist** – Carta 25/45 €
◆ Albergo-residence di fronte alle terme: a disposizione degli ospiti camere tradizionali abbastanza ampie, ma anche appartamenti dotati di angolo cottura. Proposte mediterranee nel luminoso ristorante.

La Baitina dei Pini senza rist   ⬚ 🅿 🅿 📷 ⓒ 🆎 ① ⓓ

via Peccedi 26 – ℰ 03 42 90 30 22 – www.labaitina.it – dicembre-20 aprile e giugno-20 settembre
10 cam ☐ – †46/60 € ††92/120 €
◆ Per chi preferisce sentirsi ospitato in famiglia, piuttosto che in una struttura alberghiera: il clima e l'atmosfera sono amichevoli, la gestione squisitamente informale.

Buca 19   🔒 ⇔ 🅿 📷 ⓒ ① ⓓ

via della Giustizia snc – ℰ 33 95 62 33 75 – chiuso marzo, novembre e mercoledì escluso 15 giugno-15 settembre
Rist – *(chiuso a mezzogiorno in inverno)* (prenotazione obbligatoria)
Carta 29/58 €
◆ All'ingresso del golf club una casa costruita con tronchi di legno chiaro: piacevole atmosfera, menu simpaticamente presentato a voce e cucina saporitamente mediterranea.

BORNO – Brescia (BS) – 561 E12 – 2 693 ab. – **alt. 912 m** – Sport   **17 C2**
invernali : 1000/1 700 m ⚡7 – ⊠ 25042
▶ Roma 634 – Brescia 79 – Bergamo 72 – Bolzano 171

Zanaglio senza rist ⬚   🅿 📷 ⓒ 🆎 ⓓ

via Trieste 3 – ℰ 0 36 44 15 20 – www.bedzanaglio.it
6 cam ☐ – †60/67 € ††85/95 €
◆ Poche camere immerse nella storia, dall'edificio di origini quattrocentesche agli arredi di epoche diverse. Originale, signorile, di recente ristrutturazione.

BORROMEE (Isole)★★★ – Verbano-Cusio-Ossola (VB) – 561 E7   **24 A1**
– **alt. 200 m** ▌ Italia

◉ Isola Bella★★★ – Isola Madre★★★ – Isola dei Pescatori★★

ISOLA SUPERIORE O DEI PESCATORI (VB) – ⊠ 28049 Stresa   **24 A1**

Verbano ⬚   ⟨ ⬚ 🔒 ✚ ⓨ 📷 ⓒ 🆎 ① ⓓ

via Ugo Ara 2 – ℰ 0 32 33 04 08 – www.hotelverbano.it – 15 marzo-15 novembre
12 cam ☐ – †100/120 € ††150/185 € – ½ P 130/140 €   **Rist** – Carta 54/79 €
◆ Con suggestiva vista sull'Isola Bella, un palazzo dell'800 diventa il luogo più adatto per un tranquillo soggiorno romantico: ampi spazi comuni, originali camere ed un battello-navetta a disposizione degli ospiti. Affacciato sul lago, il ristorante propone una cucina legata al territorio. Indimenticabile la terrazza.

Casabella   🔒 🆎 📷 ⓒ 🆎 ⓓ

via del Marinaio 1 – ℰ 0 32 33 34 71 – www.isola-pescatori.it – chiuso dal 2 al 26 gennaio e martedì
Rist – Carta 40/63 €
◆ Di fronte all'imbarcadero, una raccolta sala con vetrate ed una piccola e graziosa terrazza con bella vista sul lago, dove gustare la cucina locale d'ispirazione moderna. Alla sera, su prenotazione, servizio navetta gratuito dalla terraferma all'isola.

BOSA – **Nuoro (NU)** – **366** L42 – **8 138 ab.** – **alt. 2 m** – ✉ **08013** **38** A2

▶ Alghero 64 – Cagliari 172 – Nuoro 86 – Olbia 151

a Bosa Marina Sud-Ovest : 2,5 km – ✉ **08013**

🏠 ∞ **Al Gabbiano** ⛱ ☂ ⇅ A/C ⊘ rist, 📶 🅿 VISA MC AE DC $

viale Mediterraneo 5 – ✆ 07 85 37 41 23 – www.hotelalgabbiano.it
30 cam – 👤46/67 € 👥66/92 €, ☕ 7 € – 2 suites – ½ P 83 €
Rist – *(Pasqua-ottobre)* Carta 21/51 €
♦ Frontemare, un hotel di piccole dimensioni a gestione familiare ricavato all'interno di una villa, dispone di interni dagli arredi lignei e camere semplici ed accoglienti. Dalla cucina, proposte casalinghe dai sapori regionali da gustare in una sobria sala ristorante.

BOSCO – **Perugia (PG)** – **Vedere Perugia**

BOSCO CHIESANUOVA – **Verona (VR)** – **562** F15 – **3 661 ab.** – **alt. 1 106 m** – **Sport invernali : 1 100/1 800 m** 🎿**3**, ⛷ – ✉ **37021** **35** A2

▶ Roma 534 – Verona 32 – Brescia 101 – Milano 188

ℹ piazza della Chiesa 34, ✆ 045 7 05 00 88, www.boscochiesanuova.net

🏠 ∞ **Lessinia** 🏋 ⇅ ♿ cam, 👪 ⊘ rist, 📶 🚗 VISA MC $

piazzetta degli Alpini 2/3 – ✆ 04 56 78 01 51 – www.hotellessinia.it – chiuso dal 15 al 25 giugno e dal 5 al 15 settembre
22 cam – 👤35/59 € 👥60/90 €, ☕ 5 € – ½ P 45/55 €
Rist – *(chiuso martedì) (chiuso a mezzogiorno)* Carta 21/27 €
♦ Ad un'altitudine di poco superiore ai 1000 metri, una buona risorsa molto sfruttata da escursionisti, ma anche da chi viaggia per lavoro. Gestione tipicamente familiare. Due sale da pranzo, clima alla buona, cucina che segue la tradizione locale.

BOSCO MARENGO – **Alessandria (AL)** – **561** H8 – **2 535 ab.** – **alt. 121 m** – ✉ **15062** **23** C2

▶ Roma 575 – Alessandria 18 – Genova 80 – Milano 95

🍴 **Locanda dell'Olmo** A/C ⇔ VISA MC $

piazza Mercato 7 – ✆ 01 31 29 91 86 – www.locandadellolmo.it – chiuso dal 25 dicembre al 5 gennaio, dal 27 luglio al 21 agosto, lunedì, martedì sera
Rist – Menu 22 € bc (pranzo) – Carta 25/43 €
♦ Locale sempre molto frequentato, in virtù della sua cucina di matrice prevalentemente regionale per quanto riguarda i primi (agnolotti, corsetti noveri, rabattoni), ma con influenze più liguri tra i secondi (cima, stoccafisso in umido, frittini di bianchetti).

BOSCOVERDE – **Belluno (BL)** – **562** C17 – **Vedere Rocca Pietore**

BOSSOLASCO – **Cuneo (CN)** – **561** I6 – **704 ab.** – **alt. 757 m** – ✉ **12060** **25** C3

▶ Roma 606 – Cuneo 65 – Asti 61 – Milano 185

🏠 **La Panoramica** < ☂ ⇅ ♿ 👪 ⊘ 🅿 🚗 VISA MC $

via Circonvallazione 1 – ✆ 01 73 79 34 01 – www.lapanoramica.com – marzo-novembre
24 cam ☕ – 👤75 € 👥85 € – ½ P 65 €
Rist ***La Panoramica*** – vedere selezione ristoranti
♦ Dalla pianura del cuneese all'arco alpino: è la panoramica offerta di questa risorsa, familiare e funzionale, tappa ideale per rilassarsi dalla frenetica routine quotidiana.

🍴 **La Panoramica** – Hotel La Panoramica ☂ ⊘ 🅿 VISA MC AE $

via Circonvallazione 1 – ✆ 01 73 79 34 01 – www.lapanoramica.com – marzo-novembre; chiuso lunedì e martedì escluso da giugno a settembre
Rist – Carta 24/37 €
♦ Cucina langarola e rossi vini piemontesi (Barolo, Barbaresco, Nebbiolo...), ma se preferite restare sui classici italiani, la cuoca non sdegnerà di accontentarvi. La cantina custodisce anche saporiti bianchi come l'Arneis, la Favorita e lo Chardonnay.

BOTTANUCO – Bergamo (BG) – 5 243 ab. – alt. 222 m – ⊠ 24040   19 C2

🚗 Roma 597 – Bergamo 21 – Milano 41 – Lecco 45

🏨 Villa Cavour   🚗 🕭 AC ⁵⁄ ⁹⁄ 🏋 P VISA ⓪ AE 🔔
via Cavour 49 – ℰ 03 5 90 72 42 – www.villacavour.com – chiuso dal 1° al
9 gennaio e 3 settimane in agosto
16 cam ☕ – ♦68/78 € ♦♦90/110 €
Rist *Villa Cavour* – vedere selezione ristoranti
♦ Molto gettonato da una clientela d'affari - in zona per le ricche attività produttive - hotel a gestione familiare, curato e confortevole. Le camere sfoggiano arredi
di diverso stile.

✕✕ Villa Cavour – Hotel Villa Cavour   🚗 🕭 AC ⁵⁄ ⁹⁄ P VISA ⓪ AE 🔔
via Cavour 49 – ℰ 03 5 90 72 42 – www.villacavour.com – chiuso dal 1° al
9 gennaio e 3 settimane in agosto
Rist – (chiuso domenica sera) Carta 32/63 €
♦ Cucina fondamentalmente classica italiana, in alcuni piatti con rivisitazioni
moderne, e qualche proposta di mare. A pranzo, anche un menu a prezzo speciale.

BOTTICINO – Brescia (BS) – **561** F12 – 10 700 ab. – alt. 153 m   17 C1
– ⊠ 25082

🚗 Roma 560 – Brescia 9 – Milano 103 – Verona 44

✕ Eva   ⇐ 🕭 ⁹⁄ P VISA ⓪ ⓪ 🔔
via Gazzolo 75, località Botticino Mattina, Nord-Est : 2,5 km – ℰ 03 02 69 15 22
– www.trattoriaeva.net – chiuso 10 giorni in gennaio, 15 giorni in agosto,
martedì sera, mercoledì
Rist – Carta 31/41 €
♦ Un rustico di campagna in collina e una famiglia che in passato ha lavorato nel
settore delle carni, ma che ha sempre avuto la passione per la ristorazione: bel
connubio.

BOVES – Cuneo (CN) – **561** J4 – 9 882 ab. – alt. 590 m – ⊠ 12012   22 B3

🚗 Roma 645 – Cuneo 9 – Milano 225 – Savona 100

⛳ Cuneo via degli Angeli 3, frazione Mellana, 0171 387041, www.golfclubcuneo.it
– marzo-novembre; chiuso mercoledì

🏠 Trieste   🚗 🕭 AC ⁴⁄⁷ ⁹⁄ rist, P VISA ⓪ ⓪ 🔔
corso Trieste 33 – ℰ 01 71 38 03 75 – www.albergotrieste-boves.it
16 cam – ♦57/70 € ♦♦67/95 €, ☕ 6 € – 2 suites
Rist – (chiuso mercoledì) Carta 22/46 €
♦ Alle pendici del monte Risalta, questo piccolo hotel - rinnovato nelle zone comuni - dispone di camere accoglienti e confortevoli, di due tipologie: standard
o confort. Cucina piemontese, ma non solo, al ristorante.

a Fontanelle Ovest : 2 km – ⊠ 12012 Boves

✕ Fontanelle-da Politano con cam   🚗 AC cam, ⁹⁄ rist, P VISA ⓪ 🔔
ↄↄ via Santuario 125 – ℰ 01 71 38 03 83 – www.hotelpolitano.it
15 cam ☕ – ♦50/55 € ♦♦65/70 € – ½ P 45/48 €
Rist – (chiuso lunedì sera, martedì) Carta 20/33 €
♦ Specialità tipiche piemontesi, fedeli alla tradizione regionale - senza inutili reinterpretazioni modaiole - in un piacevole ristorante: marito e moglie al timone.

a Rivoira Sud-Est :2 km – ⊠ 12012 Boves

🏠 Agriturismo La Bisalta e Rist. Locanda del Re 🛏   ⇐ 🚗
ↄↄ via Tetti Re 5 – ℰ 01 71 38 87 82   ⁹⁄ 🕭 cam, ⁹⁄ P VISA ⓪ AE ⓪ 🔔
⛛ – maggio-15 ottobre
5 cam – ♦50 € ♦♦60 €, ☕ 6 € – ½ P 56 €
Rist – (chiuso da lunedì a giovedì) (prenotazione obbligatoria) Menu 18/33 €
♦ Risorsa ben organizzata, gestita con attenzione e intraprendenza. L'edificio conserva al proprio interno elementi architettonici settecenteschi di indubbio pregio.
Cucina con vari piatti a base di lumache, allevate biologicamente dai proprietari.

BOVOLONE – Verona (VR) – **562** G15 – 15 773 ab. – alt. 24 m – ⊠ 37051   35 B3
🚗 Roma 498 – Verona 23 – Ferrara 76 – Mantova 41
🛈 piazza Costituzione 1, ℰ 045 6 90 14 89, www.prolocobovolone.eu

🏠 Sasso 🏢 AC ⁇ P 🅿 VISA ⓒ AE ① ⑤

via San Pierino 318, Sud-Est : 3 km – 𝒞 *04 57 10 04 33 – www.hotelsasso.com*
30 cam 🖵 – †48/65 € ††75/95 € – ½ P 70 €
Rist *– (chiuso sabato a mezzogiorno, domenica)* Carta 23/49 €
♦ Ambiente familiare in una struttura estremamente funzionale, frequentata soprattutto da una clientela d'affari. La posizione isolata è garanzia di tranquillità. Per la cucina si va sul sicuro grazie alla quarantennale esperienza dei proprietari nel campo della ristorazione.

BOZEN = Bolzano

BRA – Cuneo (CN) – **561** H5 – **29 796 ab.** – alt. 290 m – ✉ 12042   **22** B3
▶ Roma 648 – Cuneo 47 – Torino 49 – Asti 46
🖽 piazza Caduti Libertà 20, 𝒞 0172 43 01 85, www.turismoinbra.it

🏛 Cantine Ascheri 🎧 🗎 & AC ❄ ⁇ 🖧 P VISA ⓒ AE ① ⑤

via Piumati 25 – 𝒞 *01 72 43 03 12 – www.ascherivini.it – chiuso dal 23 dicembre al 7 gennaio e dal 7 al 24 agosto*
27 cam 🖵 – †100/130 € ††130/170 €
Rist *Osteria Murivecchi* – vedere selezione ristoranti
♦ Hotel dal design fortemente personalizzato ed originale, costruito sopra le cantine dell'omonima azienda vinicola. Ottimi livelli di confort nelle luminose camere.

🏛 Cavalieri 🎧 🗎 & AC ❄ 🖧 P 🅿 VISA ⓒ AE ① ⑤

piazza Giovanni Arpino 37 – 𝒞 *01 72 42 15 16 – www.hotelcavalieri.net*
88 cam – †90/130 € ††90/190 €, 🖵 10 €
Rist *Il Principe* – vedere selezione ristoranti
♦ Si trova proprio di fronte al campo da hockey su prato, nella zona degli impianti sportivi, moderna e funzionale è ideale per chi si sposta per affari o per un'escursione nelle Langhe.

🏠 L'Ombra della Collina senza rist P VISA ⓒ ① ⑤

via Mendicità Istruita 47 – 𝒞 *0 17 24 48 84 – www.lombradellacollina.it*
6 cam 🖵 – †62 € ††78 €
♦ Il nome (leggermente modificato) si rifà al titolo di un famoso romanzo dello scrittore G. Arpino, che a Bra trascorse la propria giovinezza. Affascinante location in una corte del centro storico per questa graziosa struttura composta da sole 6 camere, tutte nello stesso stile sobrio, ma confortevole.

🗴🗴🗴 Il Principe – Hotel Cavalieri & AC ❄ P VISA ⓒ AE ① ⑤

piazza Giovanni Arpino 37 – 𝒞 *01 72 42 15 16 – www.hotelcavalieri.net – chiuso agosto*
Rist – Carta 32/48 €
♦ In un ambiente di classica eleganza, alcune tra le specialità più tipiche del territorio, come i ravioli del "plin" o la salsiccia di Bra. Per eventi particolari, il ristorante dispone di una sala banchetti con capienza fino a 250 persone.

🗴 Battaglino 🖧 VISA ⓒ ⑤

piazza Roma 18 – 𝒞 *01 72 41 25 09 – www.ristorantebattaglino.it – chiuso 2 settimane in gennaio, 3 settimane in agosto, domenica sera e lunedì*
Rist – (consigliata la prenotazione) Carta 26/36 €
♦ Dal 1919, una gestione familiare vivace e cortese da sempre impegnata nel settore della ristorazione. Fiera di questa garanzia, propone i piatti del piemontese più caratteristico.

🗴 Boccondivino 🖧 ✿ VISA ⓒ AE ⑤

via Mendicità Istruita 14 – 𝒞 *01 72 42 56 74 – www.bocconrdivinoslow.it – chiuso lunedì, anche domenica di gennaio-febbraio e agosto*
Rist – Carta 24/36 € ⅜
♦ Al primo piano di una casa di ringhiera in pieno centro storico, due salette ed una più grande tappezzata di bottiglie per una cucina fedele alla tradizione langarola: fagottino di melanzane e Roccaverano, tajarin, brasato di vitello rigorosamente di razza piemontese...

221

X **Osteria Murivecchi** – Hotel Cantine Ascheri   🏵 �AC ⇔ 🅿
via Piumati 19 – ℰ 01 72 43 10 08 – www.ascherivini.it   🆅🆂🅰 ⓪ 🅐🅔 ⓪ 🌢
– chiuso dal 30 dicembre al 6 gennaio e dal 4 al 31 agosto
Rist – (chiuso lunedì e i mezzogiorno di sabato e domenica) Carta 24/34 €
♦ Antiche volte in mattoni ed elementi architettonici moderni s'intrecciano in questa osteria, dove nell'800 c'erano le prime cantine di affinamento del Barolo. In carta primeggiano le specialità del territorio.

a Pollenzo Sud-Est : 7 km – ✉ 12060

🏠 **Albergo dell'Agenzia**   🚳 🏵 🎐 🗚 🖹 🕭 🆔 🏧 🅿 🚗
via Fossano 21 – ℰ 01 72 45 86 00   🆅🆂🅰 ⓪ 🅐🅔 ⓪ 🌢
– www.albergoagenzia.it – chiuso dal 24 dicembre al 7 gennaio
44 cam ⚌ – ♦116/220 € ♦♦146/260 € – 3 suites   **Rist** – Carta 30/39 €
♦ All'interno di un'ala di quella che era una tenuta reale di casa Savoia - datata 1835 - si è ricavato questo delizioso albergo le cui camere sono arredate con cura e dotate d'ogni confort. Al ristorante, la cucina del territorio.

🏠 **La Corte Albertina** senza rist   🕭 �AC 🕭 🅿 🆅🆂🅰 ⓪ 🅐🅔 ⓪ 🌢
via Amedeo di Savoia 8 – ℰ 01 72 45 84 10
– www.lacortealbertina.it – chiuso dal 1° al 20 agosto
25 cam ⚌ – ♦87/95 € ♦♦103/115 € – ½ P 86 €
♦ Una risorsa in cui la comodità si coniuga volentieri a spunti d'eleganza, muovendosi tra arredi dal gusto classico e volte in mattoni a testimoniare le antiche origini. In stagione anche un gazebo per il bar all'aperto.

XXX **Guido** (Ugo Alciati)   🕭 �AC 🆅🆂🅰 ⓪ 🅐🅔 ⓪ 🌢
❀ via Fossano 19 – ℰ 01 72 45 84 22
– www.guidoristorante.it – chiuso dal 1° al 20 gennaio, dal 1° al 20 agosto, domenica sera, lunedì
Rist – (chiuso a mezzogiorno escluso sabato e domenica) Menu 85 €
– Carta 59/82 € ⅋
Spec. Filetto crudo di vitella con olio e acciughe. Agnolotti di Lidia al sugo d'arrosto. Capretto di Roccaverano al forno.
♦ In un caratteristico complesso neogotico, mattoni e legno si coniugano all'interno con arredi più moderni. La cucina rimane, invece, saldamente ancorata al territorio.

XX **La Corte Albertina**   �AC 🅿 🆅🆂🅰 ⓪ 🅐🅔 🌢
piazza Vittorio Emanuele 3 – ℰ 01 72 45 81 89
– www.ristlacortealbertina.it – chiuso 10 giorni in agosto, mercoledì, domenica sera
Rist – (chiuso a mezzogiorno) (consigliata la prenotazione) Carta 30/51 €
♦ All'interno del polo universitario di Pollenzo, in un complesso neogotico del XIX sec, il ristorante è stato ricavato da un ampio portico ristrutturato, chiuso da ampie vetrate. Stile ricercato, ma informale, sapori piemontesi.

BRACCIANO – Roma (RM) – **563** P18 – 18 594 ab. – alt. 280 m   **12** B2
– ✉ 00062 ▌ Roma
▶ Roma 41 – Viterbo 53 – Civitavecchia 51 – Terni 98
◎ Castello Orsini-Odescalchi★★

🏠 **Villa Clementina** ॐ   🚳 🏵 🎐 🏊 💥 🕭 ⚓ 🅿 🚗 🆅🆂🅰 ⓪ 🌢
traversa Quarto del Lago 12/14 – ℰ 0 69 98 62 68
– www.hotelvillaclementina.it – chiuso dal 3 novembre al 24 dicembre e dal 6 gennaio al 15 marzo
7 cam ⚌ – ♦110/150 € ♦♦150/190 € – 1 suite – ½ P 135 €
Rist – (consigliata la prenotazione) Carta 42/58 €
♦ Una posizione tranquilla, un curato giardino punteggiato di fiori, piscina e campo da tennis per un vacanza all'insegna del relax. Ottime le camere, spaziose e affrescate, efficiente il servizio.

BRANZI – Bergamo (BG) – **562** D11 – 731 ab. – alt. 874 m – ✉ 24010   **16** B2
▶ Roma 650 – Bergamo 48 – Foppolo 9 – Lecco 71

⌂ **Pedretti**   📶 📟 **P** 📼 🔥
via Umberto I, 23 – ☎ *03 45 71 11 21* – *www.hotelpedretti.info*
24 cam ⌷ – ♦45/60 € ♦♦70/80 € – ½ P 60 €
Rist *Branzi* – vedere selezione ristoranti
   ♦ Da più generazioni la stessa famiglia gestisce questa risorsa dei primi Novecento: un successo dovuto all'accogliente conduzione e alle camere sempre curate.

✗ **Branzi** – Hotel Pedretti   **P** 📼 ⚙ 🔥
via Umberto I, 23 – ☎ *03 45 71 11 21* – *www.hotelpedretti.info* – *chiuso martedì*
Rist – Carta 24/42 €
   ♦ Nel cuore delle alpi Orobie, la cucina di questo rustico locale mantiene stretti
legami con le tradizioni locali: dalla polenta taragna agli altri piatti bergamaschi.

BRATTO – Bergamo (BG) – **561** I11 – Vedere Castione della Presolana

---

BRENTA (Gruppo di) – Trento – **562** D14 ▌ Italia

BRENZONE – Verona (VR) – **562** E14 – 2 398 ab. – alt. 75 m – ✉ 37010   **35** A2
▶ Roma 547 – Verona 50 – Brescia 85 – Mantova 86
🛈 *via Zanardelli 38 Frazione Porto,* ☎ *045 7 42 00 76, www.visitgarda.com*

⌂ **Piccolo Hotel**   ≤ ≤ 🏠 📟 cam, 🚭 🍽 rist, 🌐 **P** 📼 ⚙ 🔥
via Lavesino 12 – ☎ *04 57 42 00 24* – *www.piccolohotel.info* – *20 aprile-ottobre*
20 cam ⌷ – ♦40/80 € ♦♦80/120 € – ½ P 52/70 €
Rist – *(chiuso martedì)* Carta 23/57 €
   ♦ Un albergo raccolto che deve la propria fortuna alla felice posizione, praticamente
sulla spiaggia. Adatto ad una clientela turistica in cerca di relax e di tranquillità.

✗✗ **Giuly**   🏠 📟 📼 ⚙ AE ① 🔥
via XX Settembre 28 – ☎ *04 57 42 04 77* – *www.ristorantegiuly.it* – *chiuso*
novembre e lunedì
Rist – *(chiuso a mezzogiorno escluso sabato, domenica e i giorni festivi)* Carta 27/52 €
   ♦ Nonostante sia proprio in riva alle acque del Garda, la linea gastronomica di questo ristorante si è concentrata sul mare. I crostacei sono "pescati" vivi dall'acquario.

a Castelletto di Brenzone Sud-Ovest : 3 km – ✉ 37010

✗✗ **Alla Fassa**   ≤ 🏠 ↻ **P** 📼 ⚙ 🔥
via Nascimbeni 13 – ☎ *04 57 43 03 19* – *www.ristoranteallafassa.com* – *chiuso dal*
13 dicembre al 18 febbraio e martedì escluso agosto e martedì sera di giugno e luglio
Rist – Menu 30 € bc/45 € bc – Carta 26/53 €
   ♦ Una romantica sala all'interno ed una bella veranda affacciata sulle rive del lago.
La cucina si affida alla tradizione locale, proponendo molti piatti a base di pesce.

BRESCELLO – Reggio Emilia (RE) – **562** I13 – 5 487 ab. – alt. 24 m   **8** B2
– ✉ 42041
▶ Roma 450 – Parma 22 – Bologna 90 – Mantova 46

🏠 **Don Camillo** senza rist   📶 🔥 📟 📶 🔊 **P** 📼 ⚙ AE 🔥
via Cisa 60, Ovest: 2km – ☎ *05 22 96 21 67* – *www.hoteldoncamillo.it*
43 cam ⌷ – ♦60/150 € ♦♦80/180 €
   ♦ Nel paese noto per essere stato lo scenario dei film di Don Camillo e Peppone,
non poteva mancare un piccolo omaggio ad uno dei due simpatici personaggi. In
un hotel di taglio moderno, camere ampie e comode: ideali per una clientela
business e di passaggio.

⌂ **Brixellum**   📶 📟 🔊 **P** 📼 ⚙ AE 🔥
via Cavallotti 58 – ☎ *05 22 68 61 27* – *www.hotelbrixellum.com*
29 cam ⌷ – ♦55/120 € ♦♦75/160 € – ½ P 55/95 €
Rist – *(chiuso lunedì)* Carta 22/40 €
   ♦ Alla periferia del paese, ma considerate le dimensioni di Brescello raggiungere
il centro è un attimo, camere spaziose e lineari in una struttura accogliente e funzionale. Classico ristorante con specialità di pesce, non manca la pizza.

BRESCIA 🅿 (BS) – 561 F12 – 191 618 ab. – alt. 149 m ▮ Italia   17 C1

▶ Roma 535 – Milano 93 – Verona 66

🛪 Gabriele D'Annunzio di Montichiari, Sud-Est: 20 km ✆030 2041599

🛈 piazza del Foro, 6, ✆ 030 3 74 99 16, www.provincia.brescia.it/turismo

🏌 Franciacorta via Provinciale 34/B, 030 984167, www.franciacortagolfclub.it – chiuso martedì

◉ Piazza della Loggia★ BY 9 -Duomo Vecchio★ BY – Pinacoteca Tosio Martinengo★ CZ – Via dei Musei★ CY – Croce di Desiderio★★ in S. Giulia CY – Museo della Città★ CY - Chiesa di S. Francesco★ AY – Facciata★ della chiesa di S. Maria dei Miracoli AYZ **A** – Incoronazione della Vergine★ nella chiesa dei SS. Nazaro e Celso AZ Annunciazione★ e Deposizione dalla Croce★ nella chiesa di S. Alessandro BZ – Interno★, polittico★ e affresco★ nella chiesa di S. Agata BY

Piante pagine seguenti

🏨 **Vittoria**   🛴 🛗 ዿ rist, 🎛 ⇄ ⌘ ⁽ⁱ⁾ 🕸 🚾 ⊛ 🄰🄴 ① ⚒
via delle X Giornate 20 ✉ 25121 – ✆ 0 30 28 00 61 – www.hotelvittoria.com
– chiuso agosto   BY**a**
65 cam � – ♦100/260 € ♦♦140/380 € – 3 suites – ½ P 105/225 €
Rist – (chiuso domenica) Carta 29/52 €
♦ Dopo un'accurata ristrutturazione, questo caratteristico edificio anni '30 è tornato al suo antico splendore, riconfermandosi - ancora una volta - punto di riferimento nel panorama della ricettività alberghiera cittadina. Sala da pranzo di elegante classicità, dove gusto e leggerezza costituiscono una costante.

🏨 **Park Hotel Ca' Nöa** senza rist   🛏 🎛 ዿ 🎛 ⁽ⁱ⁾ 🕸 🄿 🚗 🚾 ⊛ 🄰🄴 ① ⚒
via Triumplina 66 ✉ 25123 – ✆ 0 30 39 87 62 – www.hotelcanoa.it – chiuso
Natale e agosto   EV**b**
79 cam � – ♦90/138 € ♦♦115/200 €
♦ Eleganza, colori tenui e rasserenanti, la quiete dell'ampio giardino e la cortesia di unn personale sempre attento e intraprendente avvolgono questa risorsa sorta alla fine degli anni Ottanta.

🏨 **Master**   🛴 🛗 ዿ rist, 🎛 ⇄ ⁽ⁱ⁾ 🕸 🄿 🚾 ⊛ 🄰🄴 ① ⚒
via Apollonio 72 ✉ 25128 – ✆ 0 30 39 90 37 – www.hotelmaster.net
74 cam � – ♦59/249 € ♦♦69/299 € – 2 suites – ½ P 65/180 €   CY**a**
Rist *La Corte* – Carta 28/70 €
♦ Una delle più belle strutture alberghiere in città: a due passi dal centro storico, camere spaziose, eleganti e confortevoli. Il ristorante arredato con sale di gusto contemporaneo propone piatti tipici trentini e cucina locale.

🏨 **AC Brescia**   🛴 🛗 ዿ 🎛 🕸 ⁽ⁱ⁾ 🕸 🄿 🚗 🚾 🄰🄴 ⚒
via Giulio Quinto Stefana 3 (ex via Cassala 19) ✉ 25126 – ✆ 03 02 40 55 11
– www.ac-hotels.com   DX**a**
112 cam � – ♦80/120 € ♦♦90/130 € – 1 suite   **Rist** – Carta 35/54 €
♦ In un contesto periferico non eclatante, gli interni sorprendono per il design moderno, i colori scuri e una geometrica sobrietà: trionfo minimalista vagamente nipponico.

🏨 **Ambasciatori**   🛗 ዿ cam, 🎛 ⇄ 🕸 rist, ⁽ⁱ⁾ 🕸 🄿 🚾 ⊛ 🄰🄴 ① ⚒
via Santa Crocifissa di Rosa 92 ✉ 25128 – ✆ 0 30 39 91 14
– www.ambasciatori.net   EV**m**
66 cam � – ♦75/130 € ♦♦90/180 € – ½ P 120 €
Rist – (chiuso agosto, sabato, domenica) Carta 30/43 €
♦ Hotel di tradizione ben inserito nel tessuto cittadino, in continuo aggiornamento e miglioramento. Offre un servizio attento e personalizzato improntato alla cortesia. Al ristorante i classici della cucina nazionale e alcune specialità locali.

🏨 **Orologio** senza rist   🛗 🎛 🕸 ⁽ⁱ⁾ 🚾 ⊛ 🄰🄴 ⚒
via Cesare Beccaria 17 ✉ 25121 – ✆ 03 03 75 54 11 – www.albergoorologio.it
– chiuso agosto   BY**c**
16 cam � – ♦80/240 € ♦♦100/300 €
♦ Ideale per partire alla scoperta del centro storico, l'albergo trae il proprio nome dalla vicina, omonima, torre. Spazi comuni quasi inesistenti, ma nelle camere gli arredi e le decorazioni creano un'atmosfera di charme ed intimità: alcune, con scorci sui tetti e sui monumenti della città.

224

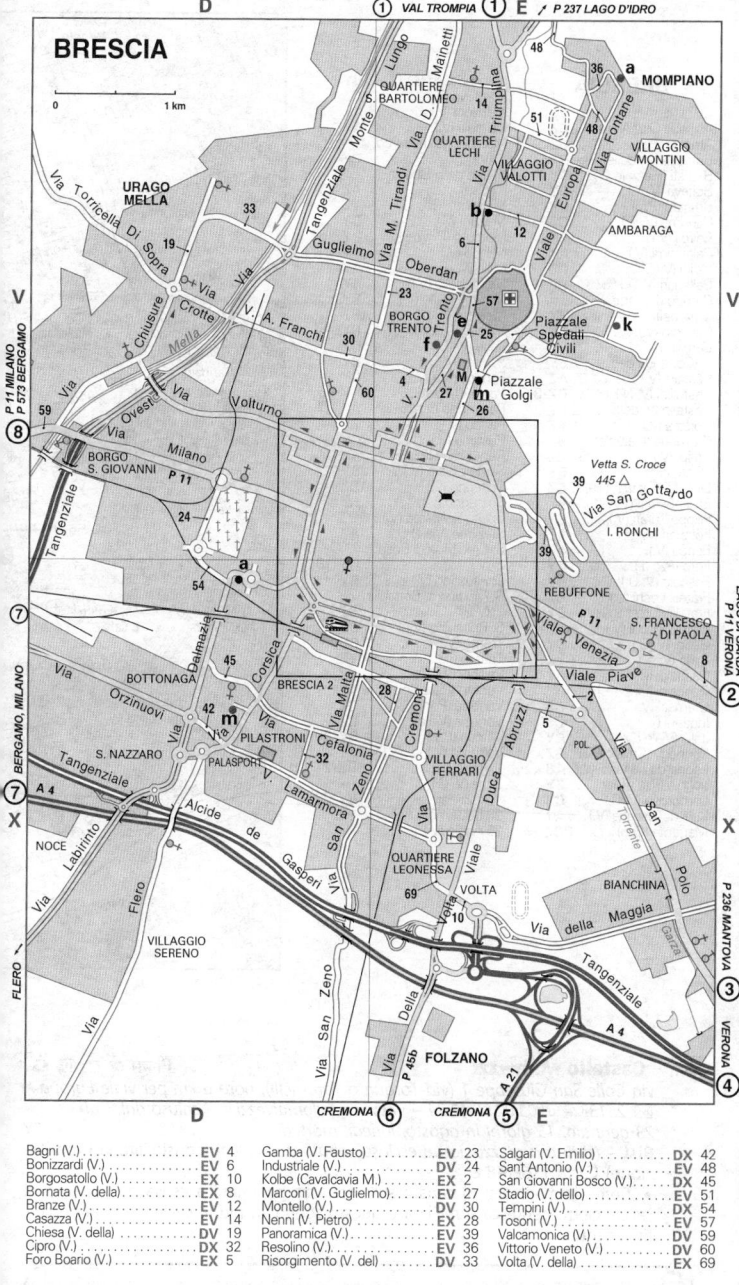

BRESCIA

BRESCIA

Armado Diaz (Viale) . . . **CZ**
Arnaldo (Pza) . . . . **CZ**
Battaglie (V. delle) . . . . **BY**
Battisti (Piazzale C.) . . . **BY**
Boitava (V. P.) . . . . **CY**
Brusato (Pza) . . . . **CY**
Cadorna (Viale) . . . . **CZ**
Cairoli (V.) . . . . **AY**
Calatafimi (V.) . . . . **AY**
Calini (V.) . . . . **CZ**
Callegari (V. A.) . . . . **CZ**
Campo di Marte (V. del) . . . . **ABY**
Capriolo (V.) . . . . **ABY**
Carmine (Contrada del) . . . . **ABY**
Cassala (V.) . . . . **AZ**
Castellini (V. N.) . . . . . . **CZ** 3
Castello (V. del) . . . . . **BCY**
Corsica (V.) . . . . **AZ**
Cremona (Piazzale) . . . **BZ**
Crispi (V.) . . . . **CZ**
Dante (V.) . . . . **BY**
Duca di Aosta (Viale) . . **CZ**
Emanuele II (V. Vitt.) . **ABZ**
Filippo Turati (V.) . . . . . **CY**
Folonari (V.) . . . . **AZ**
Foppa (V.) . . . . **AZ**
Foro (Pza d.) . . . . **CY**
Foscolo (V. U.) . . . . **BY**
Fratelli Lechi (V.) . . . . . **CZ**
Fratelli Porcellaga (V.) . **BY** 7
Fratelli Ugoni (V.) . . . . **AYZ**
Galilei (V. G.) . . . . **CY**
Gallo (V. A.) . . . . **CYZ**
Garibaldi (Cso) . . . . **AY**
Garibaldi (Piazzale) . . . . **AY**
Gramsci (V.) . . . . **BZ**
Inganni (V.) . . . . **CZ**
Italia (Viale d') . . . . **AY**
Kennedy (Cavalcavia) . **BZ**
Leonardo da Vinci (V.) . **AB**
Loggia (Pza della) . . . . **BY** 9
Lombroso (V. C.) . . . . . **CY**
Lupi di Toscana (V.) . . . **AY**
Magenta (Cso) . . . . . **BCZ**
Mameli (Cso G.) . . . . . **BY**
Mantova (V.) . . . . **CZ**
Manzoni (V.) . . . . **AY**
Marsala (V.) . . . . **AY**
Martinengo da Barco (V.) . . . . **CZ**
Martiri della Libertà (Cso) . . . . **AZ** 13
Matteotti (Cso G.) . . . **AYZ**
Mazzini (V.) . . . . **BY**
Mercato (Pza del) . . . . **BY** 15
Milano (V.) . . . . **AY**
Mille (V. dei) . . . . **AY**
Montebello (V.) . . . . . . **AY**
Monte Suello (V.) . . . . . **BY**
Moretto (V.) . . . . **ABZ**
Musei (V. dei) . . . . **CY**
Pace (V.) . . . . **BY**
Palestro (Cso) . . . . **BY**
Panoramica (V.) . . . . . . **CY**
Paolo VI (Pza) . . . . **BY** 16
Pastrengo (V.) . . . . **AY** 17
Pellico (V.) . . . . **BY**
Pusteria (V.) . . . . **BCY**
Repubblica (Pza) . . . . . **AZ**
Santa Chiara (V.) . . . . . **BY**
Solferino (V.) . . . . **ABZ**
Sostegno (V.) . . . . **AZ**
Spalto S. Marco (V.) . **BCZ**
Stazione (Viale) . . . . . . **AZ**
S. Crocifissa di Rosa (V.) . . . . **CY** 18
S. Faustino (V.) . . . . . . **BY**
S. Martino d. Battaglia (V.) . . . . **BZ**
S. Rocchino (V.) . . . . . . **CY**
Trento (V.) . . . . **BY**
Trieste (V.) . . . . **BCYZ**
Vaiarini (V. G.) . . . . **CZ**
Veneto (Piazzale) . . . . . **AY**
Venezia (Porta) . . . . **CZ**
Venezia (Viale) . . . . **CZ**
Vittoria (Pza) . . . . **BY** 20
Volturno (V.) . . . . **AY**
Zanardelli (Cso) . . . . . . **BZ** 21
Zima (V. C.) . . . . **CZ**
10 Giornate (V. delle) . . **BY** 22
20 Settembre (V.) . . . . **BZ**
25 Aprile (V.) . . . . **CZ**

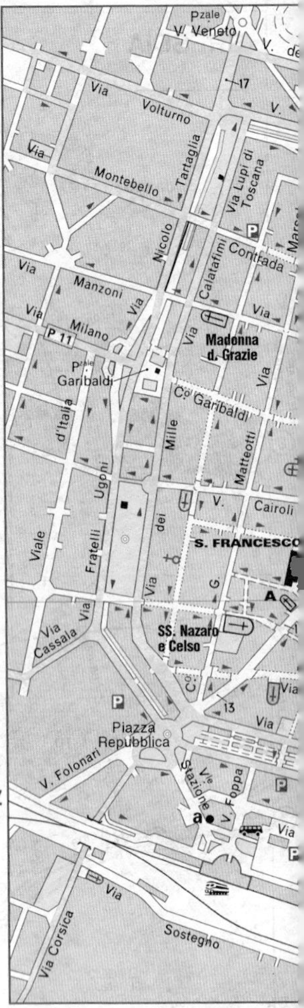

🍴🍴🍴 **Castello Malvezzi** ☂ [P] VISA [MC] [AE] [DC] [S]

via Colle San Giuseppe 1 (via Torquato Taramelli), nord 6 km per viale Europa
✉ *25133 –* ☎ *03 02 00 42 24 – www.castellomalvezzi.it – chiuso dal 7 al 23 gennaio, 15 giorni in agosto, lunedì, martedì* CY
Rist – *(chiuso a mezzogiorno escluso sabato-domenica)* (consigliata la prenotazione) Carta 116/148 € 🍇

◆ Come immaginarsi di cenare sulla terrazza panoramica estiva di una casa di caccia cinquecentesca e realizzare questo sogno. In più la cucina raffinata e l'ottima cantina.

La selezione degli esercizi varia ogni anno. Anche voi, cambiate ogni anno la vostra guida MICHELIN!

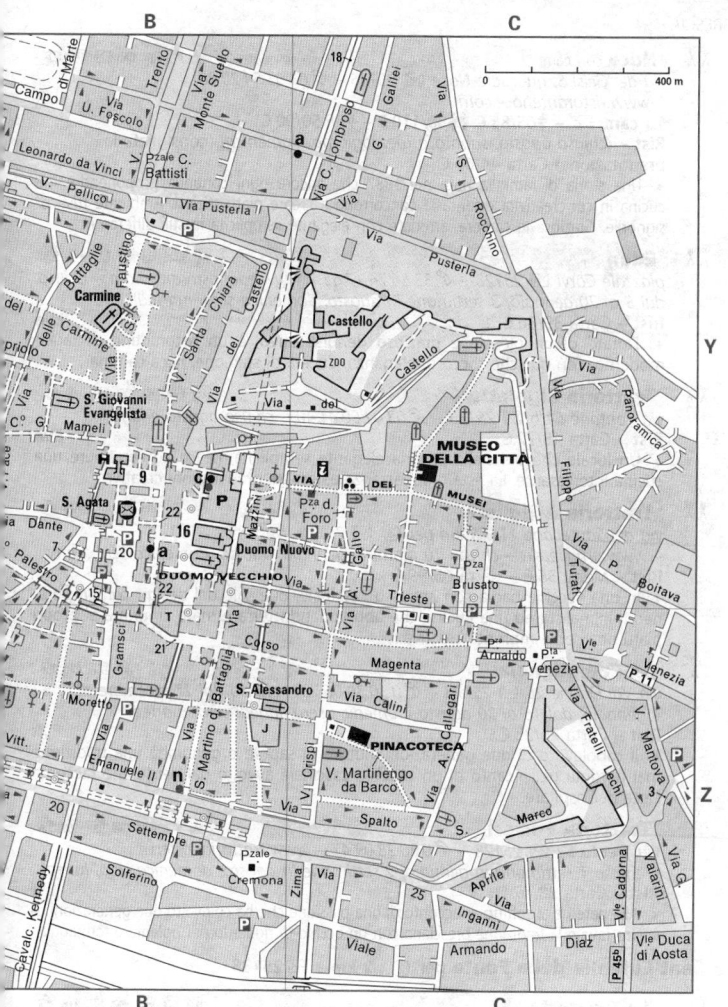

XXX **La Sosta**

via San Martino della Battaglia 20 ⊠ 25121 – ℰ 0 30 29 56 03 – www.lasosta.it
– chiuso dal 30 dicembre al 7 gennaio, dal 3 al 25 agosto, domenica sera
e lunedì   BZ**n**

Rist – Menu 30 € bc (pranzo) – Carta 55/78 €

♦ Un locale di gran fascino, conosciuto e apprezzato in città, ubicato in un palazzo
seicentesco. Nei mesi estivi si cena all'aperto, il servizio è preciso e accurato.

XXX **Il Labirinto**

via Corsica 224 ⊠ 25125 – ℰ 03 03 54 16 07 – www.ristoranteillabirinto.it
– chiuso dal 21 al 31 dicembre, dal 13 al 19 agosto e domenica   DX**m**

Rist – Carta 55/100 €

♦ Un ristorante periferico, condotto con competenza e professionalità. La cucina è
di ampio respiro e si muove agilmente tra il mare e la terra; cantina di buon livello.

227

XX **Noce** con cam   🏠 AC cam, ❀ ⚛ P̄ VISA ◎ AE ① ⭑
via dei Gelsi 5, quartiere Noce ⊠ 25125 – ℰ 03 03 54 20 08
– www.ristorantenoce.com   DX
13 cam ⊇ – ♦65/85 € – ♦♦80/110 € – ½ P 50/90 €
Rist – *(chiuso agosto, sabato a mezzogiorno, domenica)* (consigliata la
prenotazione) Carta 44/66 €
♦ Una storia di famiglia nata nel 1987 che ancora oggi continua proponendo una
cucina in cui creatività e fantasia concorrono a creare piatti sfiziosi. Ambiente rustico-
signorile. Graziose le camere, arredate con elegante semplicità in stili differenti.

XX **Eden**   🏠 AC cam ❀ ⚛ P̄ VISA ◎ AE ① ⭑
piazzale Corvi ⊠ 25128 – ℰ 33 56 74 17 62 – www.edenristorante.com – *chiuso
dal 5 al 20 gennaio, 3 settimane in agosto, domenica sera, martedì*
Rist – Carta 39/66 € 🕮   EV**e**
♦ Dotato di un piccolo e grazioso dehors estivo, è un ristorantino di taglio
moderno, con qualche tocco di eleganza. Cucina di stagione, ricca cantina.

XX **Trattoria Rigoletto**   AC ⇔ VISA ◎ AE ① ⭑
via Fontane 54/b ⊠ 25133 – ℰ 03 02 00 41 40 – *chiuso agosto e lunedì*
Rist – Carta 48/72 €   EV**a**
♦ Un locale che pur nella propria elegante semplicità, riesce ad esprimere una
cucina interessante. La lista è abbastanza estesa, le preparazioni creative.

XX **Trattoria Artigliere**   🏠 ⅙ AC ❀ ⇔ P̄ VISA ◎ ⭑
via del Santellone 116, 5 km per ⑧ ⊠ 25132 – ℰ 03 02 77 03 73
– www.artigliere.it – chiuso 10 giorni in gennaio, agosto, domenica sera, lunedì
Rist – Menu 55 € – Carta 65/99 €
♦ In una vecchia badia con annesso cascinale, due sale dal design contempora-
neo-minimalista ed una cucina che abbracciando terra e mare, imprime ai propri
piatti una certa impronta creativa.

X **La Campagnola**   🏠 P̄ VISA ◎ ⭑
via Val Daone 25 ⊠ 25123 – ℰ 0 30 30 06 78 – *chiuso dal 27 dicembre al
4 gennaio, dal 16 al 30 agosto, domenica sera, lunedì sera, martedì*
Rist – Carta 26/33 €   EV**k**
♦ Il capolavoro di due generazioni, nutrire di sapore e genuinità una tradizione
mai perduta nell'incanto di un vecchio cascinale avvolto dal verde che racconta
l'arte dell'ospitare.

X **Trattoria Porteri**   AC ⇔ VISA ◎ AE ① ⭑
via Trento 52 ⊠ 25128 – ℰ 0 30 38 09 47 – www.trattoriaporteri.it
– chiuso 1 settimana in gennaio, 2 settimane in agosto, domenica sera, lunedì
Rist – Carta 28/47 €   EV**f**
♦ Alle pareti e al soffitto il racconto di una passione che ha coinvolto due generazioni, al
vostro tavolo la tradizione bresciana con un occhio di riguardo per polenta e formaggi!

a Sant'Eufemia della Fonte per ② : 2 km – ⊠ 25135

XXX **La Piazzetta**   AC P̄ VISA ◎ AE ① ⭑
via Indipendenza 87/c – ℰ 0 30 36 26 68 – www.allapiazzetta.com – *chiuso dal
1° al 7 gennaio, dal 7 al 20 agosto, sabato a mezzogiorno, domenica*
Rist – (consigliata la prenotazione) Menu 50/65 € – Carta 39/73 € 🕮 (+5 %)
♦ Piccolo ed elegante ristorante alle porte della città. La cucina si indirizza prevalentemente sul mare con elaborazioni fantasiose e originali; cantina soddisfacente.

a Roncadelle per ⑤ : 7 km – ⊠ 25030

🏠 **President**   🖾 🏠 ❚ ⅙ AC ⚛ 🏋 P̄ 🚗 VISA ◎ AE ① ⭑
via Roncadelle 48 – ℰ 03 02 58 44 44 – www.presidenthotel.it – *chiuso dal
30 luglio al 26 agosto*
121 cam ⊇ – ♦72/132 € ♦♦100/152 € – 5 suites – ½ P 110 €
Rist – *(chiuso domenica)* Carta 23/41 €
♦ Imponente albergo d'affari dotato di un importante centro congressi con ben
diciannove sale. Ma oltre a queste installazioni che lo rendono particolarmente
vocato per una clientela business, non mancano particolari di pregio quali marmi
e legni pregiati. Piatti internazionali e i classici italiani al ristorante.

BRESSANONE (BRIXEN) – Bolzano (BZ) – **562** B16 – 20 512 ab.   **31** C1
– alt. 559 m – Sport invernali : a La Plose-Plancios : 1 503/2 500 m ᘐ 1 ᘕ 9
(Comprensorio Dolomiti superski Valle Isarco) ᘏ – ⊠ 39042

Italia Centro Nord

▶ Roma 681 – Bolzano 40 – Brennero 43 – Cortina d'Ampezzo 109

🅹 viale Ratisbona 9, ℰ 0472 83 64 01, www.brixen.org

◎ Duomo: chiostro ★ **A** – Palazzo Vescovile: cortile★, museo Diocesano★

◙ Plose★★: ❆★★★ sud-est per via Plose

ᗗ **Elefante**   🔊 ⚒ 🕸 ᘐ ※ 🍴 ⇄ ⭐ 🛠 📶 🄿 <u>VISA</u> ⓒⓞ 🄰🄴 ① ᗕ

via rio Bianco 4 – ℰ 04 72 83 27 50
– www.hotelelephant.com   **a**
44 cam 🖵 – †90/118 € ††154/258 € – ½ P 109/171 €
Rist Elefante – vedere selezione ristoranti
♦ Elegante ed austera dimora del XIV secolo, con dépendance circondata da un
prezioso parco-frutteto, dove si trovano anche la piscina e il tennis. Fine ed esclusiva: racconta la storia.

ᗗ **Goldener Adler**   🕸 🍴 ⇄ ⅏ 🄿 <u>VISA</u> ⓒⓞ ᗕ

via Ponte Aquila 9 – ℰ 04 72 20 06 21
– www.goldener-adler.com   **c**
23 cam 🖵 – †70/100 € ††120/142 € – 5 suites – ½ P 108 €
Rist Oste Scuro-Finsterwirt – vedere selezione ristoranti
♦ Caratteristico edificio del '500, da secoli vocato all'ospitalità, offre ai propri
clienti la possibilità di un soggiorno sobriamente elegante (mobili antichi nell'u-
nica junior suite delal struttura).

BRESSANONE

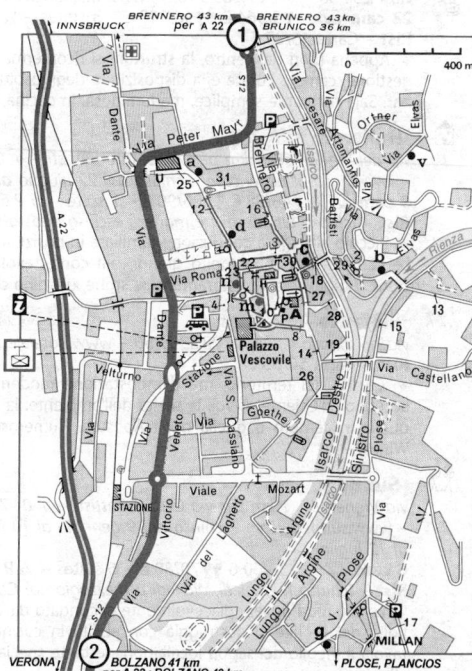

🏠🏠🏠 **Goldene Krone** 🕸 🗯 🖤 🕹 & ↳ ⅍ rist, ⍟ 🛜 **P** 🚗 **VISA** ⊙ **AE** ⑤
🔗 *via Fienili 4 – € 04 72 83 51 54 – www.coronadoro.com – chiuso dal 18 al 25 dicembre*   **d**
48 cam ⌲ – †89/139 € †† 119/199 € – 2 suites – ½ P 89/129 €
Rist – Carta 21/52 €
♦ Praticamente un'istituzione in città: una passato secolare, ma una veste moderna, per questa piacevole risorsa dotata di piccola area wellness e camere dal buon confort. Ambiente tranquillo ed intimo al ristorante.

🏠🏠🏠 **Dominik** 🦢 ⬅ 🖛 🗯 🖤 🕹 🍴 🖴 ↳ ⅍ rist, ⍟ 🛜 **P** 🚗 **VISA** ⊙ ⑤
🔗 *via Terzo di Sotto 13 – € 04 72 83 01 44 – www.hoteldominik.com – chiuso dall'8 al 25 gennaio e dal 30 ottobre al 25 novembre*   **b**
33 cam ⌲ – †80/131 € †† 116/230 € – 1 suite – ½ P 114/160 €
Rist – *(chiuso a mezzogiorno) (solo per alloggiati)* Menu 15/25 €
♦ Il torrente Rienza scorre davanti a questa risorsa rivolta a chi desidera godere di un soggiorno curato sotto ogni profilo. Servizio attento, espletato in ambienti eleganti. Ideale per allestire importanti eventi, la sala da pranzo è illuminata da ampie finestre.

🏠🏠 **Temlhof** 🦢 ⬅ 🖛 🖾 🔳 🗯 🖴 ⅍ rist, ⍟ 🛜 **P** **VISA** ⊙ ⑤
via Elvas 76 – € 04 72 83 66 58 – www.temlhof.com – chiuso dal 5 al 30 novembre e dal 6 gennaio al 10 febbraio   **v**
40 cam – †57/62 € †† 98/114 €, ⌲ 8 € – 2 suites – ½ P 68/73 €
Rist – *(chiuso martedì) (chiuso a mezzogiorno)* (prenotazione obbligatoria) Menu 28 €
♦ Questo albergo, situato in zona panoramica e tranquilla, è avvolto da un giardino con piscina e dispone di un'interessante raccolta di attrezzi agricoli e mobili antichi. Varie sale ristorante, tutte abbastanza intime e raccolte.

🏠🏠 **Millanderhof** 🖴 & 🔥 ⅍ cam, ⍟ **P** 🚗 **VISA** ⊙ ⓪ ⑤
🔗 *via Plose 58 – € 04 72 83 38 34 – www.millanderhof.com*   **g**
23 cam ⌲ – †56/64 € †† 96/128 € – 3 suites – ½ P 63/79 €
Rist – Carta 15/35 €
♦ Appena fuori dal centro, la struttura si riconferma nell'ospitalità familiare della gestione: camere curate e, a disposizione degli ospiti, anche un rilassante angolo bar. Sala ristorante semplice, ma luminosa. In cucina, uno dei titolari.

🏠 **Haller** 🦢 ⬅ 🖛 🖴 ⍟ ⍟ **P** **VISA** ⊙ ⑤
via dei Vigneti 68, 1 km per via Cesare Battisti – € 04 72 83 46 01 – www.gasthof-haller.com – chiuso dal 22 giugno all'8 luglio
9 cam ⌲ – †48/58 € †† 86/90 € – ½ P 65 €
Rist – *(chiuso lunedì sera e martedì escluso agosto-settembre)* Carta 24/48 €
♦ Piccolo albergo a conduzione familiare in posizione tranquilla e con bella vista. Le camere non sono molto grandi, ma confortevoli e tenute con molta attenzione. Ampio settore ristorante: due stube, giardino d'inverno e servizio all'aperto.

🕱🕱🕱 **Elefante** – Hotel Elefante 🌜 🖛 & ⟳ **P** **VISA** ⊙ **AE** ⓪ ⑤
via rio Bianco 4 – € 04 72 83 27 50 – www.hotelelephant.com   **a**
Rist – Carta 50/83 €
♦ Cucina del territorio, ma d'impostazione moderna con qualche accattivante accenno all'Oriente. A voi, la scelta dell'ambiente: la settecentesca stube tedesca, quella in cembro o quella degli Apostoli. Numerosi i vini dell'enoteca Soliman Wines.

🕱🕱 **Sunnegg** con cam ⬅ 🖛 🖴 🅰🅲 ⍟ **P** ⊙ ⓪ ⑤
via Vigneti 67, 1 km per via Cesare Battisti – € 04 72 83 47 60 – www.sunnegg.com – chiuso dal 9 gennaio al 10 febbraio e dal 24 giugno al 12 luglio
6 cam ⌲ – †50/60 € †† 70/80 € – 6 suites – ½ P 50/60 €
Rist – *(chiuso mercoledì, giovedì a mezzogiorno)* Carta 29/51 €
♦ Locale fuori Brixen, piacevolmente circondato da vigneti (alcuni di proprietà): il figlio del titolare si destreggia con abilità in cucina, facendo poi arrivare sulla tavola il meglio dei sapori locali, nonché tante specialità stagionali. Servizio estivo all'aperto con vista sui monti.

XX **Oste Scuro-Finsterwirt** – Hotel Goldener Adler 🛖 ⇧
vicolo del Duomo 3 – 𝒞 04 72 83 53 43 𝖵𝖨𝖲𝖠 ⓦ 𝖠𝖤 ⓞ 𝗌
*– www.finsterwirt.com – chiuso 1 settimana in gennaio, 2 settimane in giugno,
domenica sera, lunedì* **m**
Rist – Carta 38/63 €

♦ In pieno centro storico, tipicità tirolese e arredamento antico regalano la dolce
atmosfera di epoche passate in un locale tra i più tradizionali della città. Anche la
cucina "marca" il territorio, proponendo gustose specialità regionali.

X **Fink** 🔲 ⇧ 𝖵𝖨𝖲𝖠 ⓦ 𝖠𝖤 𝗌
*via Portici Minori 4 – 𝒞 04 72 83 48 83 – www.restaurant-fink.it – chiuso maggio,
martedì sera e mercoledì (escluso da luglio al 15 settembre)* **n**
Rist – (prenotare) Carta 39/49 €

♦ Sotto i portici, questo tradizionale luogo della ristorazione cittadina presenta
due alternative: consumazioni veloci al piano terra, sala e servizio più classici al
primo piano. Canederli di grano saraceno, medaglioni di capriolo con mirtilli o
gnocchi di ricotta sono solo alcune delle specialità presenti in menu.

X **Alpenrose** con cam 🛖 𝔪 𝒮 rist, 𝐏 𝖵𝖨𝖲𝖠 ⓦ 𝗌
*località Pinzago 24, Ovest: 3 km – 𝒞 04 72 83 21 91 – www.gasthofalpenrose.it
– chiuso dal 8 gennaio al 10 febbraio, dal 24 giugno al 6 luglio e dal 26 al
29 novembre*
17 cam � – ††45/52 € – ½ P 59/63 € **Rist** – (chiuso lunedì) Carta 26/55 €

♦ Appena fuori Brixen, in pregevole posizione panoramica, un ristorante-albergo
a conduzione familiare, dove gustare piatti del territorio con leggere rivisitazioni.
Più semplici le camere, dall'arredo montano.

a Cleran (Klerant) Sud : 5 km – alt. 856 m – ⊠ 39042 Sant'Andrea In Monte

🅑🅗 **Fischer** 𝒮 ⇐ 🛖 ⌇ 𝔪 📱 ⅋ ⚡ 𝒮 rist, 𝐏 𝖵𝖨𝖲𝖠 ⓦ 𝗌
*Cleran 196 – 𝒞 04 72 85 20 75 – www.hotel-fischer.it – chiuso dal
7 novembre al 7 dicembre*
23 cam ⊇ – †60/70 € ††102/114 € – ½ P 75 €
Rist – (chiuso domenica sera, lunedì) (solo per alloggiati) Menu 40 €

♦ Isolata e con una vista incantevole sul fondovalle, una risorsa che si offre con
vari convincenti servizi e camere confortevoli e di tutto riposo. Architettura tipica.
Per i pasti la rustica e caratteristica stube o l'ariosa e luminosa sala da pranzo.

BREUIL-CERVINIA – Aosta (AO) – 561 E4 – alt. 2 050 m – Sport **34** B2
invernali : 2 050/3 500 m 🎿 4 🎿 11 (Comprensorio Monte Rosa ski collegato con
Valtournenche e Zermatt - Svizzera) anche sci estivo 🎿 – ⊠ 11021
▌ Italia Centro Nord

▶ Roma 749 – Aosta 55 – Biella 104 – Milano 187
🇮 via Guido Rey 17, 𝒞 0166 94 91 36, www.lovevda.it
🔟 Cervino, 0166 949131, www.golfcervino.com – giugno-settembre

🅷🅷🅷 **Hermitage** 𝒮 ⇐ 🖼 🔲 ⓦ 𝔪 𝐼𝒶 📱 ⅋ ⚡ 𝒜 𝐏 𝒮 𝖵𝖨𝖲𝖠 ⓦ 𝖠𝖤 ⓞ 𝗌
*via Piolet 1 – 𝒞 01 66 94 89 98 – www.hotelhermitage.com – dicembre-aprile
e luglio-agosto*
33 cam ⊇ – †200/500 € ††300/600 € – 5 suites – ½ P 250/400 €
Rist La Chandelle – vedere selezione ristoranti

♦ Grande chalet di montagna, in cui risulta dolce e naturale sentirsi coccolati e
conquistati: eleganza e tradizione, per un'ospitalità esclusiva. Ottimo centro
benessere.

🅷🅗🅗 **Excelsior-Planet** ⇐ 🔲 ⓦ 𝔪 📱 ⚡ 𝒮 𝐏 𝒮 𝖵𝖨𝖲𝖠 ⓦ 𝖠𝖤 𝗌
*piazzale Planet 1 – 𝒞 01 66 94 94 26 – www.excelsiorplanet.com
– novembre-aprile e luglio-agosto*
41 cam – †80/269 € ††120/310 €, ⊇ 15 € – 5 suites – ½ P 110/220 €
Rist Excelsior-Planet – vedere selezione ristoranti

♦ A 100 m dagli impianti di risalita, un'ospitalità attenta e vicina alle esigenze di
una clientela moderna: camere molto confortevoli ed una completa area benessere.

231

Saint Hubertus senza rist ⌂ ⬅ 🚗 🖥 🌐 ♨ ⅃⊿ 🅰🅺 ⁽ᵗ⁾ 🅿 ☕ 🆅🅸🆂🅰 ⓪⑤ 🅰🅴 ⑤

via piolet n. 5/a – 𝒞 01 66 54 59 16
– www.sainthubertusresort.it

17 suites – ♦♦270/760 €, ⌸ 16 €

◆ Lusso alpino in questo delizioso resort con veri e propri appartamenti, impreziositi da legni pregiati e marmi scavati "convertiti" in lavabo. Ovunque si posi lo sguardo, s'incontrerà la bellezza: anche nella moderna spa con vista sul monte Cervino.

Sertorelli Sporthotel ⬅ ♨ ⅃⊿ 🖥 ⅙ cam, ℅ rist, ⁽ᵗ⁾ 🅿 🆅🅸🆂🅰 ⓪⑤ 🅰🅴 ⓪ ⑤

piazza Guido Rey 28 – 𝒞 01 66 94 97 97
– www.sertorelli-cervinia.it – 29 ottobre-8 maggio e 26 giugno-5 settembre

66 cam ⌸ – ♦85/145 € ♦♦140/230 € – ½ P 135 €   Rist – Carta 20/53 €

◆ In posizione centrale e panoramica, hotel in cui confort moderni e professionalità possono regalare soggiorni ideali per turisti esigenti. Nuovo bar e sala soggiorno. Tre sale ristorante, di cui la meno capiente è davvero intima e raccolta.

🏨 Bucaneve ⬅ ☕ 🖥 ℅ rist, ⁽ᵗ⁾ 🅿 ☕ 🆅🅸🆂🅰 ⓪⑤ 🅰🅴 ⑤

piazza Jumeaux 10 – 𝒞 01 66 94 91 19
– www.bucanevehotel.it – 26 ottobre-aprile e giugno-9 settembre

21 cam ⌸ – ♦90/130 € ♦♦180/260 € – ½ P 140 €

Rist Le Vieux Bracconier – Carta 35/45 €

◆ Già a cominciare dal nome, omaggio ad un fiore alpino, Bucaneve è un inno alla montagna: camere di moderno confort, personalizzate con legni e tessuti locali. A voi, scegliere tra quelle che offrono della vista sul Cervino, o quelle che godono di una maggiore esposizione solare. Sala ristorante dagli arredi signorili.

🏠 Mignon 🖥 ℅ ⁽ᵗ⁾ 🆅🅸🆂🅰 ⓪⑤ ⑤

via Carrel 50 – 𝒞 01 66 94 93 44
– www.mignoncervinia.com – novembre-aprile e luglio-agosto

20 cam ⌸ – ♦55/110 € ♦♦110/220 € – ½ P 130 €

Rist – (chiuso a mezzogiorno) (solo per alloggiati)

◆ Come suggerisce il nome, in questo caratteristico chalet di montagna - a 100 m dagli impianti di risalita e dal Golf Club del Cervino - tutto è molto raccolto ed elegante. Raffinatezza che si ritrova anche al ristorante, dove gustare alcune specialità regionali.

🏠 Jumeaux senza rist ⬅ 🖥 ⅙ ⁽ᵗ⁾ 🅿 🆅🅸🆂🅰 ⓪⑤ 🅰🅴 ⑤

piazza Jumeaux 8 – 𝒞 01 66 94 90 44
– www.hoteljumeaux.it – novembre-maggio e luglio-settembre

30 cam ⌸ – ♦65/100 € ♦♦100/150 € – 1 suite

◆ Risorsa attiva sin dal 1905, in comoda posizione centrale, presenta ambienti comuni accoglienti e confortevoli con una caratteristica e luminosissima saletta relax.

XXXX La Chandelle – Hotel Hermitage 🚗 ☕ ℅ 🅿 🆅🅸🆂🅰 ⓪⑤ 🅰🅴 ⓪ ⑤

via Piolet 1 – 𝒞 01 66 94 89 98
– www.hotelhermitage.com – dicembre-aprile e luglio-agosto

Rist – Carta 70/98 € ⅋

◆ In uno dei migliori ristoranti d'albergo della Valle d'Aosta, lasciatevi ammaliare da un servizio professionale e da una cucina regionale, ma non solo. In sala, fa bella mostra di sé una grande griglia per succulenti piatti alla brace.

XXX Excelsior-Planet – Hotel Excelsior-Planet ⅙ ℅ 🅿 🆅🅸🆂🅰 ⓪⑤ ⑤

piazzale Planet 1 – 𝒞 01 66 94 94 26
– www.excelsiorplanet.com – novembre-aprile e luglio-agosto

Rist – Carta 35/65 €

◆ La grande passione per la cucina del proprietario, ne fa uno fra i più apprezzati ristoranti della località: complice la posizione in pieno centro, ma soprattutto una serie di piatti regionali e mediterranei di ottima qualità.

sulla strada regionale 46

🏨 **Les Neiges d'Antan** ≪ ⌂ 🐾 🖧 📞 **P** VISA ☺ ⚡
Cret de Perreres 10, Sud-Ovest : 4,5 km ✉ *11021 –* ☎ *01 66 94 87 75*
– www.lesneigesdantan.it – novembre-aprile e luglio-15 settembre
24 cam ⌷ – †70/240 € ††100/350 € – 3 suites – ½ P 70/200 €
Rist – Carta 37/65 € ⌘
♦ In origine si trattava di una baita, nel corso del tempo è stata trasformata in un tranquillo e signorile albergo. Perdura l'atmosfera antica, ricca di armoniosi silenzi. Cucina del territorio, clima di casa.

🏠 **Lac Bleu** ≪ ⌐ ⌂ 🐾 ⌖ ⚙ cam, ⚙ rist, ⟆ **P** 🚗 VISA ☺ ⚡
località Lago Blu, Sud-Ovest: 1 km ✉ *11021 –* ☎ *01 66 94 91 03*
– www.hotel-lacbleu.com – 3 dicembre-aprile e luglio-10 settembre
16 cam ⌷ – †60/110 € ††100/180 € – 3 suites – ½ P 75/115 €
Rist – *(chiuso a mezzogiorno) (solo per alloggiati)* Menu 30 €
♦ Albergo a gestione familiare in cui semplicità e cortesia costituiscono un binomio molto apprezzato, anche grazie alla bellezza data dal panorama sul maestoso Cervino.

BRIAGLIA – Cuneo (CN) – 561 I5 – 287 ab. – alt. 557 m – ✉ 12080   23 C3
▶ Roma 608 – Cuneo 31 – Savona 68 – Torino 80

🍴 **Marsupino** con cam   ⟆ ⚙ 🅺 📞 VISA ☺ ⚡
via Roma Serra 20 – ☎ *01 74 56 38 88 – www.trattoriamarsupino.it – chiuso dal 6 gennaio al 6 febbraio*
7 cam ⌷ – †60 € ††110 € – 2 suites
Rist – *(chiuso mercoledì e giovedì a mezzogiorno)* (prenotare) Menu 33 €
– Carta 34/56 € ⌘
♦ In un paesino di poche case, una trattoria dall'atmosfera insieme rustica ed elegante. Cucina rigorosamente del territorio, attenta alle stagioni, nonché eccellente cantina con grandi vini: Barolo soprattutto, ma non solo. Camere arredate con mobili antichi, abbellite con stucchi ed affreschi.

BRINDISI **P** (BR) – 564 F35 – 89 735 ab. – ✉ 72100 ▌ Italia   27 D2
▶ Roma 563 – Bari 113 – Napoli 375 – Taranto 72
🛫 di Papola-Casale per ③ : 8 km ☎ 0831 4117208
ℹ lungomare Regina Margherita 44, ☎ 0831 52 30 72, www.viaggiareinpuglia.it
◉ S. Maria del Casale★: circa 5 km a nord (nei pressi dell'aeroporto civile)

Pianta pagina seguente

🏨 **Grande Albergo Internazionale**   ⟆ ⚙ 🅺 ⚙ rist, ⟆ 🛗
lungomare Regina Margherita 23 – ☎ *08 31 52 34 73*   VISA ☺ AE ⓘ ⚡
– www.albergointernazionale.it   Y**a**
67 cam ⌷ – †90/160 € ††115/250 €   **Rist** – *(chiuso domenica)* Carta 36/75 €
♦ Un albergo dalla lunga storia...in un edificio ottocentesco, impreziosito da affreschi e mobili d'epoca, belle camere e un buon livello di servizi generali. Nell'elegante ristorante continua la magia con argenteria e lampadari preziosi; nel piatto cucina regionale e nazionale.

🏠 **Barsotti** senza rist   ⟆ 🅺 ⟆ 🛗 🚗 VISA ☺ AE ⓘ ⚡
via Cavour 1 – ☎ *08 31 56 08 77 – www.hotelbarsotti.com*   Z**e**
60 cam ⌷ – †55/80 € ††80/110 €
♦ Piccolo e utile indirizzo a gestione familiare, ben posizionato in centro località e frequentato principalmente da chi viaggia per lavoro, dispone di garage privato e di camere fresche e confortevoli.

🍴🍴 **Pantagruele**   ⚙ 🅺 VISA ☺ AE ⚡
salita di Ripalta 1/5 – ☎ *08 31 56 06 05 – chiuso dal 15 al 30 agosto, sabato a mezzogiorno, domenica*   Y**b**
Rist – *(consigliata la prenotazione)* Carta 19/44 €
♦ E' gestito con passione questo locale di tono moderno - fresco e ben tenuto - che propone una cucina casalinga a base di pesce: si va dai laganari con aragosta (pescato permettendo) o zuppa di scorfano. Per gli amanti della "terra", consigliamo i maltagliati con funghi cardoncelli e formaggio di capra.

BRINDISI

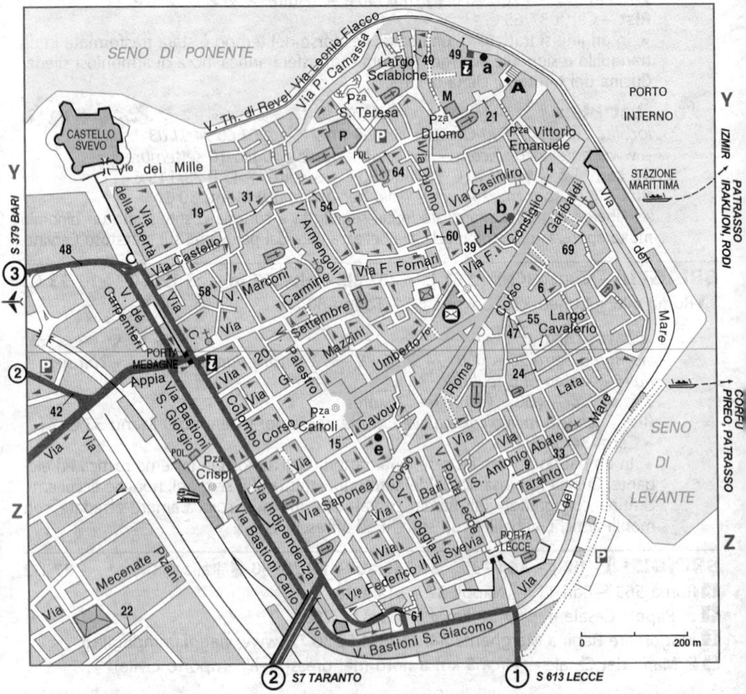

BRIONE – Brescia (BS) – **561** F12 – 699 ab. – alt. 614 m – ⊠ 25060   **17** C2

▶ Roma 589 – Milano 101 – Brescia 33 – Bergamo 54

La Madia   ← ☆ ⚲ 𝚅𝙸𝚂𝙰 ⓪ 𝙰𝙴 ① ⑤
via Aquilini 5 – ℰ 03 08 94 09 37 – www.trattorialamadia.it
Rist – *(chiuso a mezzogiorno escluso domenica)* (consigliata la prenotazione)
Menu 32 € – Carta 30/55 €

♦ Affacciata sulla vallata e sulla Franciacorta, questa autentica trattoria di campagna privilegia i prodotti del territorio e i presidi gastronomici nazionali: nel menu ogni piatto ha la tracciabilità degli ingredienti utilizzati (nome ed indirizzo del produttore). Grande qualità a prezzi competitivi.

BRIOSCO – Monza e Brianza (MB) – **561** E9 – 5 870 ab. – alt. 271 m   **18** B1
– ⊠ 20040

▶ Roma 608 – Como 25 – Lecco 24 – Milano 40

LeAR ⟡   ⚲ ও rist, 𝚇 cam, (°) ⚴ 🅿 𝚅𝙸𝚂𝙰 ⓪ ⑤
via Col de Frejus 3, Est : 1,5 km – ℰ 03 62 96 96 83 – www.ristorantelear.it
6 cam ⌸ – †70/80 € ††100/120 €
Rist – *(chiuso sabato a mezzogiorno)* Carta 42/60 €

♦ Nel contesto di una bella cascina lombarda di fine '800, impreziosita da un parco-museo che accoglie una raccolta di opere d'arte, confort e arredo ricercato si danno appuntamento nelle camere.

BRISIGHELLA – Ravenna (RA) – **562** J17 – 7 840 ab. – alt. 115 m   9 C2
– ⊠ 48013

🔼 Roma 355 – Bologna 71 – Ravenna 48 – Faenza 13

ℹ️ piazza Porta Gabolo 5, 𝒞 0546 8 11 66, www.brisighella.org

🏠 **La Meridiana** ⬙   🚗 📶 �i rist, 🍴 ♨️ **P** 🏧 ⓒⓄ AE Ⓞ 🔥
ⓔ   *viale delle Terme 19 – 𝒞 05 46 81 59 90 – www.lameridianahotel.it – 15 marzo-ottobre*
56 cam ☐ – †45/65 € ††75/90 € – ½ P 43/48 €   **Rist** – Menu 15/25 €
♦ Poco oltre il borgo medievale, la struttura sorge nella zona termale e dispone di
camere con vista e di una piacevole sala colazioni dalle decorazioni in stile liberty.

🏠 **Relais Varnello** senza rist ⬙   ⬙ 🚗 ⊼ 🔙 ♨️ 🍴 **P** 🏧 ⓒⓄ AE Ⓞ 🔥
Borgo Rontana 34, Ovest : 3 km – 𝒞 05 46 85 49 93 – www.varnello.it – aprile-ottobre
6 cam ☐ – †100/110 € ††110/130 € – 2 suites – †150/170 €
♦ Lungo l'antica via etrusca - tra colline e calanchi - il casale si trova all'interno del
Parco Regionale dei Gessi Romagnoli e dispone di camere moderne, ben accessoriate.

a La Strada Casale Sud-Ovest : 8 km – ⊠ 48013 Fognano

🍴🍴 **Strada Casale**   🍴 ♨️ **P** 🏧 ⓒⓄ Ⓞ 🔥
*via Strada Casale 22 – 𝒞 0 54 68 80 54 – chiuso dal 10 al 30 gennaio, dal 1° al
10 giugno, dal 10 al 20 settembre, mercoledì*
Rist – *(chiuso a mezzogiorno escluso sabato e domenica)* Carta 26/34 €
♦ Ristorante-enoteca fuori paese, ricavato da una casa di campagna ristrutturata
sapientemente. La sala da pranzo è calda, invitante e dotata di un grande camino.

BRISSOGNE – Aosta (AO) – **561** E4 – 962 ab. – alt. 894 m – ⊠ 11020   34 B2
🔼 Roma 717 – Aosta 13 – Moncalieri 118 – Torino 108

🏠 **Agriturismo Le Clocher du Mont-Blanc** senza rist ⬙   🚗 **P**
📷   *frazione Pallù Dessus 2 – 𝒞 01 65 76 21 96*
8 cam ☐ – †27 € ††44/60 €
♦ Una casa in sasso, interamente ristrutturata, all'interno di un piccolo borgo ubicato tra vigne e meli. Una decina di camere con arredi standard, graziose e rifinite con cura.

BRIXEN = Bressanone

BROGLIANO – Vicenza (VI) – **562** F16 – 3 780 ab. – alt. 172 m – ⊠ 36070   35 B2
🔼 Roma 540 – Verona 54 – Venezia 90 – Vicenza 31

🏠 **Locanda Perinella** ⬙   🚗 🍴 �i ♨️ cam, 🔙 🍴 rist, 🍴 ♨️ **P**
via Bregonza 19 – 𝒞 04 45 94 76 88   🏧 ⓒⓄ AE 🔥
– www.locandaperinella.it – chiuso dal 1° all'8 gennaio e dal 7 al 23 agosto
22 cam ☐ – †61/80 € ††90/130 € – 6 suites
Rist – *(chiuso domenica sera e lunedì)* Carta 25/55 €
♦ Antico edificio di campagna ristrutturato con intelligenza e arredato con semplice e tradizionale purezza. Mobili d'epoca e pregevoli elementi architettonici originali. Menù invitante, ambiente rustico-elegante in sala e all'aperto.

BRUCOLI Sicilia – Siracusa (SR) – **365** BA60 – **Vedere Augusta**

BRUGNERA – Pordenone (PN) – **562** E19 – 9 273 ab. – alt. 16 m   10 A3
– ⊠ 33070
🔼 Roma 564 – Belluno 59 – Pordenone 15 – Treviso 38

🏠 **Ca' Brugnera**   🚗 ⊼ �i 🔙 🔙 🍴 rist, 🍴 ♨️ **P** 🚗 🏧 ⓒⓄ AE Ⓞ 🔥
via Villa Varda 4 ⊠ 33070 – 𝒞 04 34 61 32 32 – www.cabrugneraresort.it
63 cam ☐ – †71/103 € ††119/155 € – 7 suites – ½ P 81/99 €
Rist – Carta 25/52 €
♦ Albergo d'ispirazione classica, concepito principalmente per una clientela business: ampie le soluzioni congressuali, ma anche le camere. Al ristorante, atmosfera elegante, sapori regionali e proposte di cucina celiaca.

BRUNECK = Brunico

BRUNICO (BRUNECK) – Bolzano (BZ) – **562** B17 – 15 370 ab.
– alt. 838 m – Sport invernali : 838/2 275 m ⚞ 19 ⚟12 (Comprensorio Dolomiti superski Plan de Corones) ⚞ – ✉ 39031 🛈 Italia

▶ Roma 715 – Cortina d'Ampezzo 59 – Bolzano 77 – Brennero 68
ℹ piazza Municipio 7, ☏ 0474 55 57 22, www.bruneck.com
⛳ Pustertal Im Gelände 15, 0474 412192, www.golfpustertal.com – aprile-novembre
◉ Museo etnografico★ di Teodone

🏠 **Rosa d'Oro-Goldene Rose** senza rist   🖼 ⭥ ⭥ ⭥ 🛆 🚗 VISA ⑳ AE 🆓
via Bastioni 36/b – ☏ 04 74 41 30 00
– www.hotelgoldenerose.com – chiuso dal 3 al 24 giugno e dal 1° al 21 ottobre
21 cam 🗆 – †75/115 € ††110/170 €
♦ Questa risorsa costituisce un esempio eccellente di come si possa coniugare la modernità dei servizi e delle installazioni, col calore della tradizione. Camere ottime.

🏠 **Post**   🏠 🖼 ⭥ cam, ⭥ rist, ⭥ 🛆 🚗 VISA ⑳ AE ⑩ 🆓
via Bastioni 9 – ☏ 04 74 55 51 27 – www.hotelpost-bruneck.com
– dicembre-9 aprile e 11 maggio-ottobre
39 cam 🗆 – †91/135 € ††146/232 € – 6 suites – ½ P 136 €
Rist – (chiuso lunedì) Carta 31/65 €
♦ Albergo cittadino e di tradizione - esiste dal 1850 - giunto ormai alla quinta generazione! Totalmente rinnovato nel 2004, i suoi interni in stile classico e gli ampi spazi garantiscono confort moderni; frequentatissimo il ristorante, ma soprattutto il bar-pasticceria per il tè delle cinque o un bicchiere di buon vino.

✗ **Oberraut** con cam 🐕   🍴 **P** VISA ⑳ AE 🆓
località Ameto, Nord-Est: 4 km – ☏ 04 74 55 99 77 – chiuso dal 15 al 30 gennaio e dal 15 al 30 giugno
6 cam 🗆 – †35/43 € ††64/76 €   **Rist** – (chiuso giovedì) Carta 29/57 €
♦ Ubicato nel verde di un bosco, questa sorta di maso propone al suo interno un servizio ristorante di tutto rispetto con gustosi piatti regionali, rivisitati in chiave moderna.

a Stegona (Stegen)Nord-Ovest : 2 km – alt. 817 m – ✉ 39031 Brunico

🏠 **Langgenhof** 🐕   🍴 🏠 🏠 🖼 ⭥ ⭥ ⭥ 🛆 **P** VISA ⑳ 🆓
via San Nicolò 11 – ☏ 04 74 55 31 54 – www.langgenhof.com
30 cam 🗆 – †53/83 € ††100/162 € – ½ P 71/101 €
Rist – (solo per alloggiati)
Rist Langgenhof – (chiuso 3 settimane in aprile, 3 settimane in novembre e domenica) (chiuso a mezzogiorno) (consigliata la prenotazione) Carta 32/48 € 🍴
♦ Un maso, edifico tipico di queste parti, riadattato con materiali biologici e molto e buon gusto per ospiti in cerca di genuinità, da viversi nello spirito della tradizione. Originali e meravigliose stufe nella sala da pranzo. Tutto trasmette passione e cura.

a Riscone (Reischach)Sud-Est : 3 km – alt. 960 m – ✉ 39031

🏠🏠 **Majestic** 🐕   ⭥ 🍴 🏊 🏠 ⑳ 🏠 🖼 🖼 ⭥⭥ rist, ⭥ **P** VISA ⑳ AE 🆓
via Im Gelande 20 – ☏ 04 74 41 09 93 – www.hotel-majestic.it – chiuso dal 14 aprile al 17 maggio e dal 4 novembre al 5 dicembre
52 cam 🗆 – †100/135 € ††190/280 € – 8 suites – ½ P 110/160 €
Rist – (solo per alloggiati)
♦ Vicino agli impianti sportivi e al golf a 9 buche, non difetta di silenzio e tranquillità per una vacanza in cui il relax è la chiave di volta. Piacevole e rilassante centro benessere.

🏠🏠 **Schönblick**   ⭥ 🍴 🏠 ⑳ 🏠 🖼 ⭥ 🖼 ⭥⭥ ⭥ 🛆 **P** ⑳ VISA ⑳ AE ⑩ 🆓
via Reiperting 1 – ☏ 04 74 54 17 77 – www.schoenblick.it – chiuso dal 10 aprile al 25 maggio e dal 14 ottobre al 23 novembre
52 cam 🗆 – †100/250 € ††160/320 € – 4 suites – ½ P 90/170 €
Rist – (chiuso a mezzogiorno) Menu 30/100 €
♦ Imponente ed elegante struttura cinta dal verde; all'interno grandi spazi in stile montano di taglio moderno e tono signorile. Belle stanze spaziose, dotate di ogni confort. Calda atmosfera nella sala da pranzo rivestita in perlinato; molto accogliente.

Royal Hotel Hinterhuber ⌂⌂⌂
via Ried 1/A — cam, rist, P, VISA AE
– ☎ 04 74 54 10 00 – www.royal-hinterhuber.com
– dicembre-2 aprile e giugno-settembre
47 cam – †100/170 € ††160/240 € – ½ P 95/135 €
Rist – (solo per alloggiati)
♦ Grazie ai continui rinnovi, resta sempre attuale questo hotel adatto a chi cerca un luogo nel quale trovare assoluto relax e praticare sport. Parco con piscina riscaldata e tennis.

Rudolf ⌂⌂ rist, P, VISA AE
via Riscone 33 – ☎ 04 74 57 05 70 – www.hotel-rudolf.com
36 cam – †75/150 € ††120/200 € – 4 suites – ½ P 80/120 €
Rist – (chiuso aprile e novembre) Carta 33/56 €
♦ Il punto di forza dell'albergo è rappresentato senz'altro dagli ambienti e dai servizi comuni di livello apprezzabile. In più ci sono panorama e tranquillità. Ristorante d'impostazione classica nello stile dell'arredo e nella composizione del menù.

BRUSAPORTO – Bergamo (BG) – 5 250 ab. – alt. 255 m – ✉ 24060   19 C1
▶ Roma 601 – Bergamo 12 – Brescia 54 – Milano 60

Relais da Vittorio ⌂⌂⌂
via Cantalupa 17 – ☎ 0 35 68 10 24 – www.davittorio.com – chiuso 2 settimane in agosto
10 cam – †200/250 € ††300/350 €
Rist Da Vittorio 🏵🏵🏵 – vedere selezione ristoranti
♦ I proprietari lo descrivono come una piccola locanda di charme immersa nel verde, ma noi aggiungiamo grande nel confort. Belle camere diverse fra loro, contraddistinte dai nomi dei primi dieci nipoti della famiglia Cerea e bagni che seguono la felice linea della personalizzazione con rivestimenti in marmo e cromatismi.

Da Vittorio (Enrico e Roberto Cerea) – Hotel Relais da Vittorio
🏵🏵🏵 via Cantalupa 17 – ☎ 0 35 68 10 24   P VISA AE
– www.davittorio.com – chiuso 2 settimane in agosto e mercoledì a mezzogiorno
Rist – Menu 70/170 € – Carta 100/200 €
Spec. Granchio reale alla brace, insalata di alghe e mango. Mezzi paccheri ripieni con verdure e fonduta di robiola ai 3 latti. Il piccione viaggiatore, America, Europa, Asia.
♦ Il fascino del mare non lascia indifferenti. E' qui, infatti, che il locale dá il meglio di sé dal pesce crudo ad elaborazioni più complesse, ma come un vero fuoriclasse va oltre ogni classificazione e strega l'ospite anche con piatti della tradizione, rimanendo sempre sul crinale dell'innovazione soft.

BRUSCIANO – Napoli (NA) – 15 944 ab. – alt. 27 m – ✉ 80031   6 B2
▶ Roma 217 – Napoli 22 – Latina 62 – Salerno 59

Taverna Estia (Francesco Sposito)
🏵 via Guido De Ruggiero 108 – ☎ 08 15 19 96 33 – www.tavernaestia.it – chiuso dal 7 al 13 gennaio, dal 15 al 30 agosto, domenica sera, lunedì
Rist – (chiuso a mezzogiorno escluso sabato e domenica) (consigliata la prenotazione) Menu 75 € – Carta 61/106 €
Spec. Naturalismo di parmigiana… Pasta mista con patate, croccante di alghe, crostacei e frutti di mare. Millefoglie al burro di Normandia con crema chibouste e caramello al latte.
♦ Oasi di elegante rusticità, tra camino e travi a vista, la taverna è un miracolo gastronomico di finezza e sapiente valorizzazione del territorio: carne o pesce in raffinate preparazioni.

BRUSSON – Aosta (AO) – **561** E5 – 863 ab. – alt. 1 338 m – Sport   34 B2
invernali : 1 338/2 230 m ⅍2, ⅍ – ✉ 11022
▶ Roma 726 – Aosta 53 – Ivrea 51 – Milano 164
🛈 piazza Municipio 1, ☎ 0125 30 02 40, www.lovevda.it

Laghetto
≤ ⌂ & ⇄ ⚓ ⛱ **P** **VISA** ⓪ **AE** ⓪ ⓢ

rue Trois Villages 291, località Diga – ☎ 01 25 30 01 79 – www.hotellaghetto.it
– chiuso dal 2 al 15 maggio e dal 15 ottobre al 1° dicembre
18 cam ⌕ – †60/110 € ††90/150 € – ½ P 68/85 €
Rist *Laghetto* – vedere selezione ristoranti
♦ Albergo a gestione familiare, in cui trascorrere un soggiorno rilassante e sobrio.
Attratti dalle montagne e anche dall'adiacente laghetto per la pesca sportiva.

✕✕ Laghetto – Hotel Laghetto
⌂ & **P** **VISA** ⓪ **AE** ⓢ

rue Trois Villages 291 – ☎ 01 25 30 01 79 – www.hotellaghetto.it – chiuso dal
10 ottobre al 2 dicembre
Rist – *(chiuso giovedì)* Carta 26/42 €
♦ Sapori di una solida cucina valdostana, in una bella sala rivestita in legno e
dalle cui vetrate si può ammirare l'incantevole paesaggio della natura circostante.
Non ripartite senza aver visitato la fornitissima cantina!

BUDOIA – Pordenone (PN) – **562** D19 – **2 562 ab.** – alt. 140 m **10 A2**
– ✉ 33070

▶ Roma 600 – Belluno 65 – Pordenone 32 – Treviso 58

Ciasa de Gahja 🌿
⌂ ⌕ ☐ & **AC** cam, ⚓ ⛱ **P** **VISA** ⓪ **AE** ⓪ ⓢ

via Anzolet 13 – ☎ 04 34 65 48 97 – www.ciasadegahja.it – chiuso 2 settimane in
novembre
16 cam ⌕ – †70/90 € ††90/120 € – 2 suites – ½ P 65/80 €
Rist – *(chiuso lunedì, martedì a mezzogiorno)* Carta 78/93 €
♦ Nei dintorni passeggiate per boschi e avventure tra testimonianze architettoniche, all'interno dell'antica residenza di caccia, una calda accoglienza e ampie
camere personalizzate. E per finire in bellezza, romantiche cene a bordo piscina
con sfiziosi piatti di terra e di mare.

✕✕ Il Rifugio
⌂ ⌕ ⚓ ⛱ **P** **VISA** ⓪ **AE** ⓪ ⓢ

località Val de Croda, Nord-Ovest : 3 km – ☎ 04 34 65 49 15 – www.ilrifugio.net
– chiuso 2 settimane in gennaio, 1 settimana in giugno, mercoledì, giovedì a
mezzogiorno
Rist – Carta 32/49 €
♦ Nella cornice naturale della Val di Croda, ristorante rustico a conduzione
diretta, con piatti legati al territorio e qualche piccola variante.

BUDRIO – Bologna (BO) – **562** I16 – **17 769 ab.** – alt. 25 m – ✉ 40054 **9 C2**
▶ Roma 401 – Bologna 22 – Ferrara 46 – Ravenna 66

Sport Hotel senza rist
🛗 ⁂ **AC** ⛱ **P** **VISA** ⓪ ⓢ

via Massarenti 10 – ☎ 0 51 80 35 15 – www.mchotels.it
30 cam ⌕ – †60/73 € ††80/112 €
♦ Risorsa con camere semplici e bagni piccoli, apprezzata per la propria funzionalità e per la comoda ubicazione a poca strada dal polo fieristico bolognese.

✕ Centro Storico
& **AC** **VISA** ⓪ **AE** ⓢ

via Garibaldi 10 – ☎ 0 51 80 16 78 – chiuso dal 20 al 28 febbraio, dal 21 agosto
al 2 settembre, domenica sera, lunedì
Rist – *(consigliata la prenotazione)* Carta 39/53 €
♦ Una saletta semplice e familiare, dove tutti gli sforzi sono indirizzati verso una
cucina sfiziosa, qualche proposta creativa, carne e qualche piatto di pesce.

BULLA = PUFELS – Bolzano (BZ) – **Vedere Ortisei**

BURAGO DI MOLGORA – Monza e Brianza (MB) – **561** F10 **18 B2**
– **4 269 ab.** – alt. 182 m – ✉ 20040

▶ Roma 591 – Milano 22 – Bergamo 37 – Lecco 33

Brianteo 🖼 & cam, 🅰 ※ 🕿 ⚶ 🄿 VISA ☎ AE ① ⛐
via Martin Luther King 3/5 – ℰ 03 96 08 21 18 – www.brianteo.it – chiuso dal
23 dicembre al 6 gennaio e dal 3 al 26 agosto
59 cam ☲ – ✝100/130 € ✝✝130/160 € – 3 suites – ½ P 88/103 €
Rist Brianteo – ℰ 03 96 08 04 36 (prenotazione obbligatoria) Carta 42/59 €
♦ Struttura votata alla soddisfazione delle esigenze della clientela d'affari. Camere ampie, curate e funzionali, benché semplici; sono validi anche gli spazi comuni. Accanto all'omonimo hotel, un ristorante composto da un grande salone e due sale più raccolte. Il menù propone la più rassicurante e classica cucina nazionale.

BURANO – Venezia (VE) – Vedere Venezia

BURGSTALL = Postal

BURGUSIO = BURGEIS – Bolzano (BZ) – **561** B13 – Vedere Malles Venosta

---

BURIANO – Grosseto (GR) – **563** N14 – ✉ **58040**   **29** C3
▶ Roma 206 – Firenze 170 – Grosseto 18 – Siena 96

Ɏ **Osteria Il Cantuccio** 🏠 🅰 VISA ☎ AE ⛐
☺ *piazza Indipendenza 31 – ℰ 05 64 94 80 11 – chiuso novembre e lunedì*
Rist – *(chiuso a mezzogiorno escluso domenica)* (coperti limitati, prenotare)
Carta 30/48 €
♦ Piccolo è il borgo, così come piccolissima è l'osteria, che propone piatti regionali (di terra e di mare), paste fatte in casa, curiose zuppe e, soprattutto, degli accattivanti revival di antiche ricette.

BURIASCO – Torino (TO) – **561** H4 – 1 406 ab. – alt. 301 m   **22** B2_3
– ✉ **10060**
▶ Roma 708 – Torino 55 – Cuneo 128 – Asti 83

🏠 **Tenuta La Cascinetta** 🚗 🏠 & 🅰 ↔ ⁿ¶ 🄿 VISA ☎ AE ① ⛐
via Pinerolo 9, regione Rena , Est: 3 km – ℰ 01 21 36 80 40
– www.tenutalacascinetta.it
13 cam ☲ – ✝75/90 € ✝✝110/200 € – 3 suites
Rist – *(chiuso lunedì) (chiuso a mezzogiorno)* Menu 40 €
♦ Anticamente un convento, successivamente una dimora colonica, la Cascinetta è ora una struttura di charme che vi accoglierà all'ingresso con una saletta di raffinata eleganza e graziosi spazi comuni da casa privata. Nel bel giardino, il ristorante ad ampie vetrate dove gustare piatti del territorio e qualche specialità nipponica.

BUSALLA – Genova (GE) – **561** I8 – 5 881 ab. – alt. 358 m – ✉ **16012**   **15** C1
▶ Roma 513 – Genova 26 – Alessandria 59 – Milano 123

🏠 **Vittoria** 🖼 & ※ VISA ☎ ⛐
☜ *via Vittorio Veneto 177 – ℰ 01 09 76 12 84 – www.albergobarvittoria.it – chiuso*
ⓘ *dal 23 dicembre al 17 gennaio*
15 cam ☲ – ✝50/70 € ✝✝70/95 €   **Rist** – *(chiuso venerdì)* Carta 18/28 €
♦ Piccola e accogliente risorsa, in centro e a due passi dalla stazione ferroviaria. Ambiente familiare e pulito, camere dotate di tutti i confort di base. Le decorazioni e le luci del ristorante testimoniano l'estro artistico della gestione.

ɎɎ **Grit** 🏠 ⇄ VISA ☎ AE ① ⛐
piazza Garibaldi 9 – ℰ 01 09 64 17 98 – www.ristorantegrit.com – chiuso dal 14
al 23 febbraio, agosto e lunedì
Rist – Carta 25/53 €
♦ Ristorante sviluppato su tre salette e d'estate anche nella minuscola piazzetta antistante, dove sono sistemati alcuni tavolini. Cucina casalinga, con tocchi creativi.

BUSCATE – Milano (MI) – 561 F8 – 4 758 ab. – alt. 178 m – ⊠ 20010   18 A2
► Roma 611 – Milano 38 – Gallarate 15 – Novara 21

命命   **Scià on Martin**   ⋙ ⛩ 🖐 ⅏ ⅏ 🔊 ⅏ ⅏ ⅏ ⅏ 🅿 VISA ⓒⓞ AE ⓞ ⅏
viale 2 Giugno 1 – ℰ 03 31 80 30 00 – www.sciaonmartin.it – chiuso dal
24 dicembre al 3 gennaio ed agosto
41 cam � – †107 € ††132 € – 3 suites – ½ P 99 €
Rist Scià on Martin – vedere selezione ristoranti
♦ Una grande corte interna con un doppio porticato è quanto rimane dell'antica
cascina lombarda. Ora, qui, è tutto confort moderno e se prima mancava una
zona benessere, adesso c'è anche quella. A disposizione degli ospiti, un comodo
servizio navetta per aeroporti e fiera.

XXX   **Scià on Martin** – Hotel Scià on Martin   ⅏ ⅏ ⅏ ⅏ ⅏ 🅿 VISA ⓒⓞ AE ⓞ ⅏
viale 2 Giugno 1 – ℰ 03 31 80 30 00 – www.sciaonmartin.it – chiuso dal
23 dicembre al 7 gennaio e agosto
Rist – (chiuso sabato a mezzogiorno) Carta 44/57 €
♦ Insalatina di mare e salsa pizzaiola, Salmone marinato all'aneto con rucola, avocado e composta di agrumi, trancio di ombrina agli asparagi crudi. Ristorante di
solo pesce? Assolutamente no! Il menu di questo moderno ed elegante locale si
divide equamente fra mare e terra: quindi largo anche alle costolette d'agnello al
profumo di timo o alla nocetta di vitello ai pistacchi.

BUSSANA – Imperia (IM) – Vedere San Remo

BUSSETO – Parma (PR) – 562 H12 – 6 978 ab. – alt. 40 m – ⊠ 43011   8 A1
► Roma 490 – Parma 35 – Piacenza 32 – Bologna 128
🛈 piazza Verdi 10, ℰ 0524 9 24 87, www.bussetolive.com

命   **I Due Foscari**   ⅏ ⅏ ⅏ ⅏ ⅏ ⅏ 🅿 VISA ⓒⓞ AE ⓞ ⅏
piazza Carlo Rossi 15 – ℰ 05 24 93 00 31 – www.iduefoscari.it
20 cam – †62 € ††87 €, � 8 € – ½ P 82 €
Rist I Due Foscari – vedere selezione ristoranti
♦ Per farsi avvolgere da un'autentica atmosfera verdiana, una suggestiva e scenografica dimora di campagna, con arredi in stile e mobili d'epoca.

XX   **I Due Foscari** – Hotel I Due Foscari   ⅏ ⅏ ⅏ ⅏ ⅏ 🅿 VISA ⓒⓞ AE ⓞ ⅏
piazza Carlo Rossi 15 – ℰ 05 24 93 00 31 – www.iduefoscari.it
Rist – (chiuso 3 settimane in agosto e lunedì) Carta 37/92 € ⅏
♦ E' facile farsi sopraffare dall'incantevole ambientazione, ma serbate un po' di
stupore anche per la cucina: saggiamente innovativa saprà come conquistare il
vostro consenso!

BUSSOLENGO – Verona (VR) – 562 F14 – 19 574 ab. – alt. 127 m   37 A2
– ⊠ 37012
► Roma 504 – Verona 13 – Garda 20 – Mantova 43

命命   **Montresor Hotel Tower**   ⅏ ⅏ ⅏ ⅏ ⅏ ⅏ 🅿 ⅏ VISA ⓒⓞ AE ⓞ ⅏
⅏   via Mantegna 30/a – ℰ 04 56 76 10 00 – www.montresorgroup.com
144 cam � – ††100/600 €   **Rist** – Menu 20/25 €
♦ Pare un piccolo grattacielo color melanzana dagli interni che colpiscono per la
modernità e la ricerca del lusso. Non mancano gli spazi, soprattutto nelle camere
tutte molto ampie. Cucina veneta e sapori mediterranei in menu.

BUSTO ARSIZIO – Varese (VA) – 561 F8 – 81 716 ab. – alt. 226 m   18 A2
– ⊠ 21052
► Roma 611 – Milano 35 – Stresa 52 – Como 40
🛈 Le Robinie via per Busto Arsizio 9, 0331 329260, www.lerobinie.com

XXX   **Antica Osteria I 5 Campanili**   ⅏ ⅏ ⅏ VISA ⓒⓞ AE ⓞ ⅏
via Maino 18 – ℰ 03 31 63 04 93 – www.i5campanili.com – chiuso dal 6 al
15 gennaio, dal 16 al 20 agosto, lunedì
Rist – Carta 41/64 € ⅏
♦ Un locale elegante, con un bel giardino per il servizio estivo e una nutrita e affezionata clientela d'habitué. La cucina si affida a valide e fantasiose elaborazioni.

XX **Mirò**　　　　　　　　　🔒 ⇔ 𝘝𝘐𝘚𝘈 ⓒⓑ 🅰🅴 ⚜

🔗 *via Roma 5 – ℰ 03 31 62 33 10 – www.ristorantemiro.it – chiuso sabato a mezzogiorno e lunedì*
Rist – Menu 16 € bc (pranzo)/52 € – Carta 47/71 €
◆ In un ex convento in pieno centro, ambienti piacevoli suddivisi tra una sala romantica e un godibile dehors. Cucina fantasiosa e ricca di abbinamenti curiosi.

BUTTRIO – Udine (UD) – **562** D21 – **4 140 ab.** – alt. 79 m – ⊠ 33042　　11 C2
▶ Roma 641 – Udine 12 – Gorizia 26 – Milano 381

🏠 **Locanda alle Officine**　🎿 🕉 ℀ 🕼 ら rist. 🅰🅲 ↯ ⁇ 🛁 🅿 🚗

via Nazionale 46/48, Sud-Est : 1 km – ℰ 04 32 67 33 04　𝘝𝘐𝘚𝘈 ⓒⓑ 🅰🅴 ⚜
– www.locandaalleofficine.it
38 cam – †90 € ††150 €, � 10 € – ½ P 100 €
Rist – *(chiuso domenica)* Carta 28/41 €
◆ Albergo di taglio classico, ricavato dall'ampliamento della precedente locanda: arredi lineari nelle camere, la maggior parte delle quali di ampia metratura. Al ristorante, piatti del territorio con qualche rivisitazione.

X **Trattoria al Parco**　　🕉 🎿 🅰🅲 🅿 𝘝𝘐𝘚𝘈 ⓒⓑ 🅰🅴 ⓞ ⚜

via Stretta 7 – ℰ 04 32 67 40 25 – chiuso dal 15 al 25 gennaio, dal 5 al 25 agosto, martedì sera, mercoledì
Rist – Carta 24/32 €
◆ Piatti della tradizione in una curata trattoria del centro storico. Il verde del parco secolare che abbraccia la struttura rallegrerà il servizio estivo all'aperto.

CABRAS Sardegna – Oristano (OR) – **566** H7 – **9 126 ab.** – ⊠ 09072　　38 A2
▶ Alghero 108 – Cagliari 101 – Iglesias 114 – Nuoro 95

🏠 **Villa Canu**　　　　　　　ら 🅰🅲 𝘝𝘐𝘚𝘈 ⓒⓑ 🅰🅴 ⚜

via Firenze 9 – ℰ 07 83 39 50 13 – www.hotelvillacanu.com – 15 febbraio-ottobre
22 cam ⊊ – †50/75 € ††78/130 € – ½ P 95/103 €
Rist *Il Caminetto* – vedere selezione ristoranti
◆ Nel centro della località, grazioso hotel a conduzione familiare ricavato dalla ristrutturazione di una casa padronale del 1893: ambienti comuni signorili ed intimi, camere confortevoli nella loro semplicità.

X **Il Caminetto** – Hotel Villa Canu　　🅰🅲 🎿 𝘝𝘐𝘚𝘈 ⓒⓑ 🅰🅴 ⓞ ⚜

🔗 *via Firenze 9 – ℰ 07 83 39 11 39 – chiuso 1 settimana in novembre*
Rist – *(chiuso lunedì)* Carta 21/43 €
◆ Nella caratteristica cittadina di Cabras, fragranti piatti di pesce in un accogliente ristorante, a 100 m dall'albergo Villa Canu. Zona famosa per l'allevamento ittico, non ripartite senza aver assaggiato la proverbiale bottarga di muggine e la merca (muggine bollita in acqua salata e conservata con un'erba palustre).

CADEO – Piacenza (PC) – **562** H11 – **5 463 ab.** – alt. 67 m – ⊠ 29010　　8 A1
▶ Roma 501 – Piacenza 15 – Cremona 34 – Milano 76

🏛 **Relais Cascina Scottina**　　🎿 🕉 🎠 ⁇ 🛁 🅿 𝘝𝘐𝘚𝘈 ⓒⓑ 🅰🅴 ⓞ ⚜

strada Riglio, verso Saliceto , Nord-Ovest: 2 km – ℰ 05 23 50 42 32
– www.relaiscascinascottina.it – chiuso dal 1° all'8 gennaio
17 cam ⊊ – †80/160 € ††120/210 €
Rist *Antica Osteria della Pesa* – vedere selezione ristoranti
◆ Nel cuore della campagna piacentina, nuovo ed accogliente relais ambientato in un antico casale del '700 con camere spaziose - curate nei minimi dettagli - per garantire agli ospiti un soggiorno indimenticabile.

XX **Antica Osteria della Pesa** – Hotel Relais Cascina Scottina　🎿 🎿 🅿

strada Riglio, verso Saliceto, Nord-Ovest: 2 km　　　　𝘝𝘐𝘚𝘈 ⓒⓑ 🅰🅴 ⓞ ⚜
– ℰ 05 23 50 42 32 – www.relaiscascinascottina.it
Rist – Carta 56/78 € 🍴
◆ In aperta campagna, un'ex cascina ristrutturata ospita questa graziosa trattoria che per accontentare tutti propone un "menu della tradizione" a base di carne, un "menu degustazione pesce" per gli amanti delle specialità ittiche, e per i celiaci piatti realizzati con ingredienti non contenenti glutine.

241

CADEO

✗ **Lanterna Rossa**　　　🅰️ 🕸️ ♻️ 🅿️ 🆅🅸🆂🅰️ 🆎 ⓞ ⑤
via Ponte 8, località Saliceto, Nord-Est : 4 km – ✆ *05 23 50 05 63*
– www.lanternarossa.it – chiuso dall'11 al 15 gennaio, dal 20 agosto al
15 settembre, lunedì e martedì
Rist *– (prenotazione obbligatoria)* Carta 32/55 € 🕸️
♦ Una villetta di campagna tinteggiata di rosso ospita questo ristorante dalla gestione familiare; la cucina punta sulla qualità e su piatti che traggono la loro ispirazione dal mare.

CADIPIETRA = STEINHAUS – Bolzano (BZ) – Vedere Valle Aurina

CAERANO DI SAN MARCO – Treviso (TV) – **562** E17 – **8 031 ab.**　　36 C2
– alt. 124 m – ✉ 31031

🚗 Roma 548 – Padova 50 – Belluno 59 – Milano 253

↑ **Agriturismo Col delle Rane** senza rist ⌂　　≼ 🖼 🏊 & 🅰️ 🕸️ 🅿️
via Mercato Vecchio 18, Nord-Est : 1 km – ✆ *0 42 38 55 85*　　🆅🅸🆂🅰️ 🆎 ⑤
– www.coldellerane.it
14 cam 🍽️ – †41/47 € ††70/74 € – 3 suites
♦ Risorsa tranquilla e confortevole all'interno di un'elegante casa colonica di fine '700 (a disposizione anche un mini-appartamento). Momenti di relax presso la nuova bio-piscina immersa nel verde.

CAFRAGNA – Parma (PR) – **562** H12 – Vedere Collecchio

CAGGIANO – Salerno (SA) – **564** F28 – **2 862 ab.** – alt. 828 m – ✉ 84030　　7 D2

🚗 Roma 338 – Napoli 128 – Salerno 76 – Potenza 55

✗✗ **Locanda Severino** con cam ⌂　　🏢 & 🅰️ 🕸️ 🍴 🆅🅸🆂🅰️ 🆎 ⓞ ⑤
🌸 *largo Re Galantuomo 11 –* ✆ *09 75 39 39 05 – www.locandaseverino.it – chiuso*
10 giorni in gennaio e 10 giorni in luglio
9 cam 🍽️ – †60 € ††80 €
Rist *– (chiuso lunedì) (chiuso a mezzogiorno escluso i giorni festivi)* (consigliata la prenotazione) Carta 34/54 €
Spec. Filinfant: babà salato in brodo leggero. Lagane (pasta) in 2 consistenze su passata di ceci bianchi, salsa di ceci neri e pancetta croccante. Pasticcio alla caggianese.
♦ Un pittoresco paese arroccato su uno sperone roccioso, mobili antichi e tradizione contadina: la Locanda offre un romantico viaggio nei sapori caggianesi, tra prodotti rari e sapori perduti, alla ricerca di antiche ricette.

CAGLIARI Sardegna 🅿️ (CA) – **366** P48 – **156 951 ab.** ▌Italia　　38 B3

🚗 Nuoro 182 – Porto Torres 229 – Sassari 211
✈️ di Elmas per ②: 6 km ✆ 070 211211
🚢 per Civitavecchia, Genova, Napoli, Palermo e Trapani – Tirrenia Navigazione, call center 892 123
ℹ️ piazza Matteotti, ✆070 66 92 55, www.infopointviaggi.it
ℹ️ piazza Deffenu 9, ✉ 09125, ✆070 60 42 41
▣ Museo Archeologico Nazionale ★ : bronzetti★★★ Y – ≼★★ dalla terrazza Umberto I Z – Pulpiti★★ nella Cattedrale Y – Torre di San Pancrazio★ Y – Torre dell'Elefante★ Y
▣ Strada★★★ per Muravera per ①

🏨 **T Hotel**　　🌐 🖥 ♿ 🅰️ ↯ 🕸️ 🍴 🧖 🅿️ 🚗 🆅🅸🆂🅰️ 🆎 ⓞ ⑤
via dei Giudicati 66, per via Dante ✉ 09131 – ✆ *07 04 74 00*
– www.thotel.it　　Y
200 cam 🍽️ – †109/219 € ††129/279 € – 7 suites – ½ P 95/168 €
Rist – Carta 31/50 €
♦ Tecnologia e design: una torre in vetro rivoluziona il paesaggio cagliaritano senza dimenticare le tradizioni, grazie alle frequenti esposizioni sull'artigianato locale allestite nella hall. Belle camere, moderno centro benessere e fitness. Cucina veloce a pranzo, piatti sardi ed internazionali più elaborati la sera.

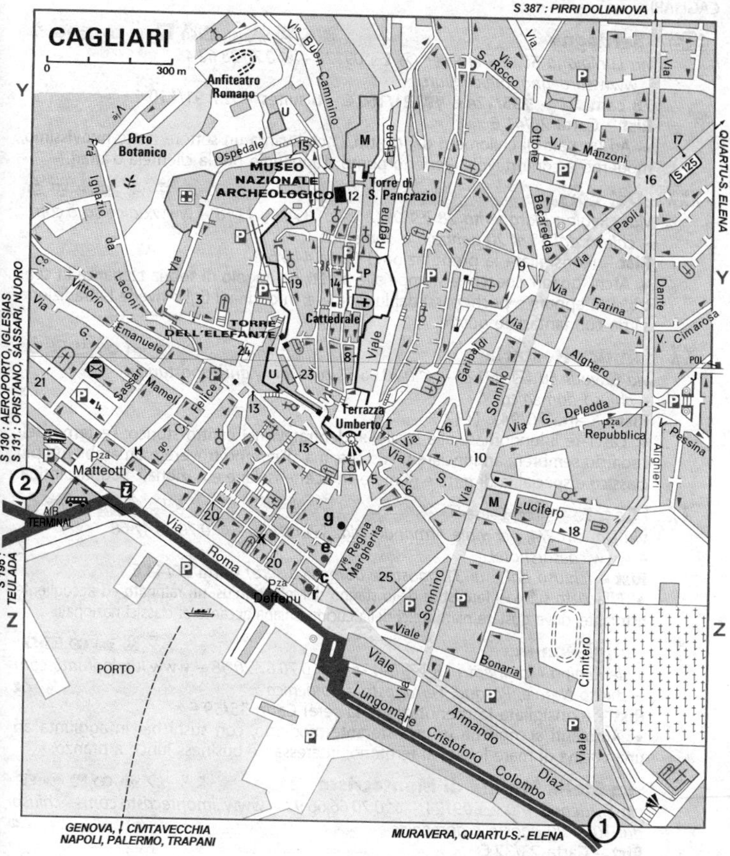
CAGLIARI
0
300 m
S 387 : PIRRI DOLIANOVA
MURAREVA QUARTU-S. ELENA
S 130 : AEROPORTO, IGLESIAS
S 131 : ORISTANO, SASSARI, NUORO
S 195 : TEULADA
GENOVA, CIVITAVECCHIA
NAPOLI, PALERMO, TRAPANI
MURAVERA, QUARTU-S.- ELENA
Anfiteatro Romano
Orto Botanico
MUSEO NAZIONALE ARCHEOLOGICO
Torre di S. Pancrazio
TORRE DELL'ELEFANTE
Cattedrale
Terrazza Umberto I
PORTO
AIR TERMINAL
Pza Matteotti
Pza Deffenu
Pza Repubblica
Via Roma
Viale Regina Margherita
Viale Armando Diaz
Lungomare Cristoforo Colombo
Viale Bonaria
Viale Cimitero
Via Sonnino
Via Garibaldi
Via Alghero
Via G. Deledda
Via Lucifero
Via Dante
V. Cimarosa
V. Pessina
V. Manzoni
Via Paoli
Via Farina
Via Bacaredda
Via Ottone
S. Rocco
Vle Buon Cammino
Ospedale
Regina Elena
Vle Fra Ignazio da Laconi
Co Vittorio Emanuele
Via G. Sassari
Mameli
Lgo C. Felice
Alighieri
S 125
POL
Y
Z

Circolazione regolamentata nel centro città

Azuni (V.) . . . . . Y 3
Carlo Felice (Largo) . . . . . Z
Carmine (Pza) . . . . . Z 4
Costituzione (Pza) . . . . . Z 5
D'Arborea (V. E.) . . . . . Z 6
Fiume (V.) . . . . . Y 7
Fossario (V.) . . . . . Y 8
Garibaldi (Pza) . . . . . Y 9
Gramsci (Pza) . . . . . Z 10
Indipendenza (Pza) . . . . . Y 12
Manno (V. G.) . . . . . Z 13
Martini (V.) . . . . . Y 14
Porceli (V.) . . . . . Y 15
Roma (V.) . . . . . Z
Sardegna (V.) . . . . . Z 20
S. Benedetto (Pza) . . . . . Y 16
S. Benedetto (V.) . . . . . Y 17
S. Cosimo (Pza) . . . . . Z 18
S. Croce (V.) . . . . . Y 19
Trieste (Viale) . . . . . Z 21
Università (V.) . . . . . Z 23
Yenne (Pza) . . . . . Y 24
20 Settembre (V.) . . . . . Z 25

Caesar's

via Darwin 2/4, per viale Armando Diaz ✉ *09126 – ☎ 0 70 34 07 50 – www.caesarshotel.it* Z

48 cam ☕ – 🚹80/150 € 🚹🚹99/200 € – ½ P 75/135 €

Rist ***Cesare*** – vedere selezione ristoranti

◆ Nella cornice di un quartiere moderno, solo varcato l'ingresso si svela la particolarità architettonica di questo atrium lobby hotel: la struttura si sviluppa, infatti, curiosamente intorno ad una corte interna.

Regina Margherita senza rist

viale Regina Margherita 44 ✉ *09124 – ☎ 0 70 67 03 42 – www.hotelreginamargherita.com* Z**g**

100 cam ☕ – 🚹99/260 € 🚹🚹99/290 € – 7 suites

◆ Nella via che dall'antico quartiere fortificato di Castello scende verso la passeggiata elegante davanti al porto, un grande albergo recentemente rinnovato in stile minimalista, con qualche concessione a echi etnici e mobili in legno *wengé*.

Sardegna   👥 & 🅰️🅲 ⚛ rist, ¶ 🔊 🅿 🆅🆂🅰 ◑ 🅰�🅴 ⓪ 💲
via Lunigiana 50, 2,5 km per ② ✉ 09122 – ☎ 07 02 86 24 5
– www.sardegnahotelcagliari.it
78 cam ⌨ – ♦95/124 € ♦♦121/160 € – 6 suites – ½ P 91/110 €
Rist – Carta 26/41 €
♦ Ad un paio di chilometri dal centro, l'hotel vanta un settore notte nuovissimo, moderno e confortevole. Perfetto punto d'appoggio per la clientela d'affari.

XXX **Dal Corsaro**   🈺 🅰️🅲 🆅🆂🅰 ◑ 🅰🅴 💲
viale Regina Margherita 28 ✉ 09124 – ☎ 07 06 64 31 8 – www.dalcorsaro.com
– chiuso dal 1° al 20 gennaio e domenica   Ze
Rist – (consigliata la prenotazione) Carta 44/76 €
♦ Archi, quadri, specchi e stampe alle pareti, un angolo di sobria eleganza in centro città eppure a pochi passi dal lungomare; in cucina il figlio rivede la tradizione sarda con fantasia e gusto.

XX **Antica Hostaria**   🅰️🅲 ⚛ 🆅🆂🅰 ◑ 🅰🅴 ⓪ 💲
via Cavour 60 ✉ 09124 – ☎ 07 06 65 87 0 – www.anticahostaria.it
– chiuso domenica   Zx
Rist – Carta 70/94 € (+12 %)
♦ Lasciate il lungomare alle spalle, addentratevi nel centro storico: l'esterno dell'edificio sembrerà annunciare un'osteria, ma all'interno troverete un ambiente più classico e specialità di terra e di mare, in ricette isolane e nazionali. Buona cantina.

XX **Cesare** – Hotel Caesar's   & 🅰️🅲 ⚛ 🆅🆂🅰 🅰🅴 ⓪ 💲
via Darwin 2/4, per viale Armando Diaz ✉ 09126 – ☎ 07 03 04 76 8
– www.caesarshotel.it   Z
Rist – (chiuso dal 6 al 31 agosto e domenica sera) Carta 26/44 €
♦ Affacciato sull'oasi faunistica dello stagno di Molentargius, un raffinato ed accogliente ristorante, dove gustare piatti tipici della cucina isolana accanto ai classici nazionali.

X **Luigi Pomata**   🈺 🅰️🅲 🆅🆂🅰 ◑ 🅰🅴 💲
viale Regina Margherita 18 ✉ 09124 – ☎ 07 06 72 05 8 – www.luigipomata.com
– chiuso Natale, Pasqua, Ferragosto e domenica   Zr
Rist – (consigliata la prenotazione la sera) Carta 35/59 €
♦ Ambienti accoglienti in un ristorante moderno, con sushi bar in aggiunta ad una cucina di mare legata al territorio; interessante business lunch a pranzo.

X **La Stella Marina di Montecristo**   🅰️🅲 ⚛ ↔ 🆅🆂🅰 ◑ 🅰🅴 ⓪ 💲
via Sardegna 140 ✉ 09124 – ☎ 07 06 66 69 2 – www.ilmontecristo.com – chiuso
dal 10 al 20 agosto e domenica   Zc
Rist – Carta 23/32 €
♦ L'andamento e l'aspetto sono quelli di una semplice osteria di mare, mentre la gestione gioca il jolly della cortesia e dell'accoglienza. Cucina soprattutto di pesce e cacciagione (il giovedì).

al bivio per Capoterra per ② : 12 km :

XX **Sa Cardiga e Su Schironi**   🈺 🅰️🅲 ↔ 🅿 🆅🆂🅰 ◑ 🅰🅴 💲
strada statale 195 bivio per Capoterra ✉ 09012 Capoterra – ☎ 07 07 16 52
– www.sacardigaesuschironi.it – chiuso gennaio, domenica e lunedì (in agosto
solo lunedì a mezzogiorno)
Rist – Carta 28/69 € ❀
♦ Diverse sale avvolte nel legno, colori e un ampio espositore di pesce all'ingresso. Si può scegliere già qui il pesce, poi proposto in semplici elaborazioni perlopiù alla griglia.

CALA DI VOLPE Sardegna – Olbia-Tempio (OT) – **366** S37 – **Vedere**
Arzachena : Costa Smeralda

CALA GONONE Sardegna – Nuoro (NU) – **366** S42 – **Vedere** Dorgali

---

CALAMANDRANA – Asti (AT) – **561** H7 – **1 769 ab.** – alt. 151 m   **25 D2**
– ✉ **14042**
🚗 Roma 599 – Alessandria 38 – Genova 98 – Asti 35

✗ Violetta 🛜 ⛔ 🅰🅲 ⅀ ↔ 🅿 🆅🅸🆂🅰 ⚙️ 🔥

😊 *località Valle San Giovanni 1, Nord : 2,5 km –* ☎ *01 41 76 90 11*
– www.ristorantevioletta.it – chiuso dall'11 gennaio all'11 febbraio, mercoledì e le sere di domenica e martedì
Rist – Carta 30/41 € 🍴

♦ Echi contadini in un locale che non lascia indifferenti: dal carretto in bella mostra nel cortile, ai piatti dalle sfumature alessandrine. Non meravigliatevi quindi di trovare in menu i classici agnolotti o i tajarin con sugo di funghi porcini. Ottima la carne cruda battuta al coltello, come del resto la cantina.

CALAMBRONE – Pisa (PI) – **563** L12 – **Vedere Tirrenia**

CALA PICCOLA – Grosseto (GR) – **563** O15 – **Vedere Porto Santo Stefano**

CALASETTA Sardegna – Carbonia-Iglesias (CI) – **366** L49 – **2 919 ab.**   **38** A3
– ✉ **09011**

▶ Cagliari 105 – Oristano 145

🚢 per l'Isola di San Pietro-Carloforte – Saremar, call center 892 123

🏨 Luci del Faro ⑤ ⬅ 🚿 🛜 ⛱ 🍽 ⛔ cam, 🅰🅲 ⅀ rist, 🅿 🆅🅸🆂🅰 ⚙️ 🅰🅴 ⓪ 🔥

località Mangiabarche , Sud : 5 km – ☎ *07 81 81 00 89*
– www.hotellucidelfaro.com – aprile-ottobre
38 cam ⅀ – ♦75/204 € ♦♦110/258 € – 1 suite – ½ P 159 €
Rist – Carta 25/38 €

♦ Di fronte ad una costa rocciosa, è un borgo mediterraneo raccolto attorno ad una grande piscina; all'interno ampie camere dai moderni arredi ed aree giochi per i più piccoli.

CALAVINO – Trento (TN) – **562** D14 – **1 454 ab.** – **alt. 409 m** – ✉ **38072**   **30** B3

▶ Roma 605 – Trento 15 – Bolzano 77 – Brescia 100

✗ Da Cipriano 🛜 🅰🅲 ⅀ 🆅🅸🆂🅰 ⚙️ 🅰🅴 ⓪ 🔥

😊 *via Graziadei 13 –* ☎ *04 61 56 47 20 – chiuso mercoledì*
Rist – *(chiuso a mezzogiorno escluso domenica)* Carta 22/31 €

♦ Avrete solo l'imbarazzo della scelta e, probabilmente, vi rammaricherete di non poter assaggiare tutto, perché tra un filetto di salmerino marinato con pepe rosa e polenta, un poker di primi o le bracioline di cervo in salmì, lasciare un piccolo spazio per i dolci non sarà facile. Eppure, anche questi meritano!

CALCINATO – Brescia (BS) – **561** F13 – **12 545 ab.** – **alt. 171 m**   **17** D1
– ✉ **25011**

▶ Roma 517 – Brescia 19 – Milano 113 – Parma 83

a Ponte San Marco Nord : 2,5 km – ✉ **25011**

🏨 Della Torre 1850 🏠 ⛔ 🅰🅲 📶 🛗 🅿 🚗 🆅🅸🆂🅰 ⚙️ 🅰🅴 ⓪ 🔥

via strada statale 11, Padana Superiore 33 – ☎ *03 09 65 51 11*
– www.hoteldellatorre1850.it
42 cam ⅀ – ♦80/100 € ♦♦150/250 €
Rist *La Dolce Vita* – vedere selezione ristoranti

♦ Attorno ad una torre colombaia del XIX sec., un ex opificio dalla caratteristica struttura "a ringhiera" recentemente trasformato in hotel. Camere sobrie, mobilio di qualità.

✗✗ La Dolce Vita – Hotel Della Torre 1850 🅰🅲 🅿 🆅🅸🆂🅰 ⚙️ 🅰🅴 ⓪ 🔥

via strada statale 11, Padana Superiore 33 – ☎ *03 09 96 48 07*
– www.hoteldellatorre1850.it
Rist – Carta 30/59 €

♦ Design classico moderno per questo ristorante il cui nome vuole esere un invito a rilassarsi e a godere della buona tavola: sia per una veloce pausa pranzo, sia per una romantica cena. Cucina della tradizione e contemporanea.

CALDANA – Grosseto (GR) – **563** N14 – **Vedere Gavorrano**

CALDARO SULLA STRADA DEL VINO
(KALTERN AN DER WEINSTRASSE) – Bolzano (BZ) – 562 C15
– 7 572 ab. - alt. 425 m – ⊠ 39052

▶ Roma 635 – Bolzano 15 – Merano 37 – Milano 292

ℹ piazza Mercato 8, ℰ 0471 96 31 69, www.caldaroallago.it.

Schlosshotel Aehrental
via dell'Oro 19 – ℰ 04 71 96 22 22 – www.schlosshotel.it – 26 marzo-6 novembre
19 cam ⌑ – †90/110 € ††230/260 € – 2 suites   **Rist** – Carta 35/85 €
♦ Bell'edificio nobiliare di metà '600 a due passi dal centro, ma circondato da un bel giardino. Camere e ambienti signorili, per un soggiorno all'insegna del buon gusto. Servizio ristorante estivo all'aperto.

La Residenza Gius senza rist
località Trutsch 1 ⊠ 39052 Caldaro sulla strada del vino – ℰ 04 71 96 32 95 – www.designhotel-kaltern.it – aprile-dicembre
9 suites ⌑ – ††198/478 €
♦ Stile minimalista, ma con una piacevole concessione alle ampie vetrate che permettono alla luce di illuminare naturalmente gli ambienti, in un hotel ristrutturato completamente in anni recenti: camere molto confortevoli ed una moderna zona benessere con piscina e sauna finlandese.

al lago Sud : 5 km :

Parc Hotel
Campi al lago 9 – ℰ 04 71 96 00 00 – www.parchotel.cc – chiuso dal 7 novembre al 15 aprile
37 cam – 3 suites – solo ½ P 108/182 €   **Rist** – Carta 38/70 €
♦ Imponente complesso ubicato proprio sulle rive del lago con interni di taglio classico, ma assolutamente moderni per completezza e funzionalità. Belle camere spaziose.

Seeleiten
strada del Vino 30 – ℰ 04 71 96 02 00 – www.seeleiten.it – 15 marzo-6 novembre
49 cam ⌑ – †110/143 € ††160/187 € – 10 suites – ½ P 112/159 €
Rist – Carta 43/56 €
♦ Tante possibilità per il relax e la cura del corpo in un hotel di classe, dotato di centro benessere e cinto da giardino con laghetto-piscina e vigneto; camere di classe. Gli spazi del ristorante sono stati strutturati con raffinatezza.

Seegarten
lago di Caldaro 17 – ℰ 04 71 96 02 60 – www.seegarten.com – maggio-ottobre
33 cam ⌑ – †80/130 € ††160/190 € – 4 suites – ½ P 120 €
Rist – (chiuso mercoledì) Carta 54/114 €
♦ Per gli amanti del nuoto è davvero ideale la spiaggia attrezzata di questa risorsa immersa nel verde a bordo lago e con vista sui monti; camere spaziose, recentemente rinnovate. Cucina regionale e servizio estivo in terrazza: i due punti di forza del ristorante.

Haus Am Hang
lago di Caldaro 57 – ℰ 04 71 96 00 86 – www.hausamhang.it – 15 marzo-15 novembre
28 cam ⌑ – †70/120 € ††126/176 € – 5 suites   **Rist** – Carta 26/59 €
♦ Godere della quiete, del panorama e delle opportunità offerte dalla natura in un ambiente familiare e accogliente; belle camere ampie con elegante arredamento moderno. Sala da pranzo di ambientazione tirolese.

✕✕ Castel Ringberg
San Giuseppe al Lago 1 – ℰ 04 71 96 00 10 – www.castel-ringberg.com – chiuso dal 10 gennaio al 10 marzo, martedì
Rist – (prenotazione obbligatoria) Menu 45/71 € – Carta 53/80 €
♦ Un vero castello, in buone condizioni, che continua ad affascinare i propri ospiti. Arredi e sale di taglio classico, cucina di mare e di terra della tradizione italiana.

CALDERINO – Bologna (BO) – **562** I15 – alt. 112 m – ⊠ 40050   **9 C2**

▶ Roma 373 – Bologna 16 – Milano 213 – Modena 45

※ **Nuova Roma**   🛥 🏠 ⓜ ※ ⁑ **P** 🚗 ⑩ 🅰🅴 ① ⛎
via Olivetta 87, Sud-Est : 1 km – ℰ 05 16 76 01 40 – www.ristorantenuovaroma.it
– chiuso dal 28 gennaio al 14 febbraio, agosto, martedì, mercoledì a
mezzogiorno
Rist – Carta 30/109 € ⅋⅋

♦ Una trattoria semplice, sulla strada tra Calderino e Sasso Marconi, dove gustare una cucina regionale con un bicchiere da scegliere ad hoc entro una completa carta dei vini.

CALDIERO – Verona (VR) – **562** F15 – 7 393 ab. – alt. 44 m – ⊠ 37042   **37 B3**

▶ Roma 517 – Verona 15 – Milano 174 – Padova 66

🏨 **Bareta** senza rist   📶 ⓜ ⅟ ※ ⁑ 🔊 **P** 🚗 🆚🅰 ⑩ 🅰🅴 ① ⛎
via Strà 88 – ℰ 04 56 15 07 22 – www.hotelbareta.it – chiuso dal 21 dicembre al
7 gennaio
33 cam �Ⓩ – ✝50/75 € ✝✝70/120 €

♦ Comodo da raggiungere sulla strada statale, albergo di concezione moderna - a gestione familiare - che propone confortevoli camere dalle rilassanti tinte azzurre. La sera, servizio di wine bar con affettati misti e formaggi vari.

sulla strada statale 11 Nord-Ovest : 2,5 km :

※※ **Renato**   🏠 ⓜ ⇔ **P** 🆚🅰 ⑩ 🅰🅴 ① ⛎
località Vago 6 ⊠ 37042 – ℰ 0 45 98 25 72 – www.ristoranterenato.it – chiuso
agosto, lunedì sera, martedì
Rist – Carta 42/74 € ⅋⅋

♦ Estremamente piacevole il dehors sul retro, affacciato sulla campagna e sull'orto di famiglia. Il timone della gestione è ormai passato dal padre, quel Renato che da il nome al tutto, al figlio. La cucina è squisitamente di pesce.

CALDOGNO – Vicenza (VI) – **562** F16 – 11 263 ab. – alt. 53 m   **37 A1**
– ⊠ 36030

▶ Roma 548 – Padova 48 – Trento 86 – Vicenza 8

※※ **Molin Vecio**   🏠 ⇔ **P** 🆚🅰 ⑩ 🅰🅴 ⛎
via Giaroni 116 – ℰ 04 44 58 51 68 – www.molinvecio.it – chiuso dal 7 al
15 gennaio e martedì
Rist – Menu 25/38 € – Carta 35/49 €

♦ In un mulino del '500 funzionante, sale d'atmosfera (una con camino) e servizio estivo in riva ad un laghetto; cucina tipica vicentina e proposte vegetariane.

CALDONAZZO – Trento (TN) – **562** E15 – 3 268 ab. – alt. 480 m   **30 B3**
– ⊠ 38052

▶ Roma 608 – Trento 22 – Belluno 93 – Bolzano 77

🗺 piazza Vecchia 15, ℰ 0461 72 31 92, www.comune.caldonazzo.tn.it

🏠 **Due Spade**   📶 ※ 🆚🅰 ⑩ ⛎
🆑 piazza Municipio 2 – ℰ 04 61 72 31 13 – www.albergoduespade.it – chiuso
novembre
24 cam ⊠Ⓩ – ✝30/40 € ✝✝60/70 € – ½ P 48 €   **Rist** – Menu 15/22 €

♦ E' dai primi del '900 che la stessa famiglia gestisce questa semplice risorsa del centro dagli arredi essenziali, ma ben tenuti. Accanto, il bar di proprietà. Ristorante con due sale: una in stile vagamente montano, l'altra più classica.

CALENZANO – Firenze (FI) – **563** K15 – 16 304 ab. – alt. 68 m   **29 C1**
– ⊠ 50041

▶ Roma 290 – Firenze 15 – Bologna 94 – Milano 288

Pianta di Firenze : percorsi di attraversamento

🏠 **Valmarina** senza rist 🔊 AC ☆ 🎧 VISA 🚰 AE ① ⚡

ARf

via Baldanzese 146 – 𝒞 05 58 82 53 36 – www.hotelvalmarina.it

34 cam ☲ – ✝50/75 € ✝✝50/93 €

♦ In posizione ideale per chi desidera un soggiorno alla scoperta della città o per chi viaggia per lavoro, la struttura dispone di camere accoglienti - recentemente rinnovate negli arredi - ed ampi spazi comuni.

🍴 **La Terrazza** ⩽ P VISA 🚰 AE ① ⚡

via del Castello 25 – 𝒞 05 58 87 33 02 – chiuso dal 25 dicembre al 6 gennaio, dall'8 al 31 agosto, domenica, lunedì

ARe

Rist – Carta 21/37 €

♦ Cortesia, ospitalità e gustosi piatti di cucina toscana in questo ristorante situato in un'antica casa nella parte alta della località. Panoramica sala con colonne di pietra.

a Carraia Nord : 4 km – ✉ 50041

🍴 **Gli Alberi** P VISA 🚰 AE ① ⚡

via Bellini 173 – 𝒞 05 58 81 99 12 – chiuso martedì

Rist – Carta 27/40 €

♦ Piacevole trattoria con quattro sale di tono rustico e dalla cortese gestione familiare situata lungo la strada per Barberino. Dalla cucina, i piatti della tradizione toscana.

a Pontenuovo di Calenzano Nord : 6 km – ✉ 50041 Calenzano

🍴🍴 **Carmagnini del 500** 🌳 ☆ ↔ P VISA 🚰 AE ① ⚡

via di Barberino 242 – 𝒞 05 58 81 99 30 – www.carmagninidel500.it – chiuso dal 15 al 29 febbraio e lunedì

Rist – Carta 31/41 € 🏵

♦ In un ambiente di tono vagamente moderno, la cucina "visita" i piatti della tradizione locale con qualche escursione in quelli più antichi. Servizio estivo all'aperto.

CALESTANO – Parma (PR) – 561 I12 – 2 074 ab. – alt. 417 m – ✉ 43030   8 B2

▶ Roma 488 – Parma 36 – La Spezia 88

🇮 *via Mazzini 1, 𝒞 0525 52 01 14, www.turismo.parma.it*

🍴 **Locanda Mariella** 🌳 P

località Fragnolo , Sud-Est : 5 km – 𝒞 05 25 55 21 02

– chiuso lunedì, martedì

Rist – Carta 27/35 € 🏵

♦ Strade tortuose incidono il paesaggio collinare che avvolge la locanda: una risorsa familiare - ormai generazionale - dove fermarsi a gustare i celebri cappelletti in brodo, il guancialino di vitello brasato o la trippa alla parmigiana. Il tutto annaffiato da ottimi vini, elencati in una carta quasi enciclopedica.

CALIZZANO – Savona (SV) – 561 J6 – 1 605 ab. – alt. 647 m   14 A2

– ✉ 17057

▶ Roma 588 – Genova 94 – Alba 75 – Cuneo 69

🇮 *piazza San Rocco, 𝒞 019 7 91 93, www.visitriviera.it*

🏠 **Villa Elia** ⚓ 🔊 ☆ rist, P VISA 🚰 ⚡

via Valle 26 – 𝒞 01 97 96 19 – www.villaelia.it – chiuso novembre

33 cam ☲ – ✝36/55 € ✝✝60/90 € – ½ P 70 €   **Rist** – Carta 24/41 €

♦ Nel verde entroterra ligure, un piacevole albergo di paese, tranquillo e circondato da giardino cintato, quindi ideale per i bambini; carine le stanze spaziose. Grandi vetrate affacciate sul giardino nella sala ristorante.

CALLIANO – Trento (TN) – **562** E15 – **1 580 ab.** – alt. 187 m – ✉ 38060   **30** B3

▶ Roma 570 – Trento 17 – Milano 225 – Riva del Garda 31

🏠   **Aquila**   ⇗ 🛋 ❘❙ & rist, 🎇 cam, 🎇 rist, 🎇 🅿 💳 ⓒⓒ 🄰🄴 ⓞ 🖘
via 3 Novembre 11 – ℰ 04 64 83 41 10 – www.villaggiohotelaquila.it – chiuso dal
20 dicembre al 10 gennaio
43 cam ⌑ – ✝55/62 € ✝✝80/82 € – ½ P 48/58 €
Rist – (chiuso domenica) (chiuso a mezzogiorno) Carta 23/29 €
♦ Dotata di parcheggio interno, giardino e piscina, una risorsa ad andamento
familiare, che offre accoglienti camere, alcune ristrutturate, con rustici arredi in
legno. Il ristorante dispone di varie belle sale, tra cui una stube in stile montano.

CALÒ – Monza e Brianza (MB) – Vedere Besana Brianza

CALOLZIOCORTE – Lecco (LC) – **561** E10 – **14 399 ab.** – alt. 241 m   **18** B1
– ✉ 23801

▶ Roma 614 – Bergamo 28 – Brescia 76 – Lecco 8

🏠   **Locanda Del Mel** senza rist   🄰🄺 🎇 🎇 💳 ⓒⓒ 🄰🄴 🖘
piazza Vittorio Veneto 2 – ℰ 03 41 63 02 65 – www.locandamel.com – chiuso dal
10 al 25 agosto
10 cam ⌑ – ✝60/70 € ✝✝80/90 € – 1 suite
♦ Sulla piazza centrale della città, una risorsa gestita dalla medesima famiglia fin
dall'Ottocento; la garanzia di un soggiorno affidabile e ricco di personalità.

CALTAGIRONE – Catania (CT) – **365** AW60 – **39 610 ab.** – alt. 608 m   **40** C2
– ✉ 95041 ▯ Sicilia

▶ Agrigento 153 – Catania 64 – Enna 75 – Ragusa 71

🄸 via Volta Libertini 4, ℰ 0933 5 38 09, www.comune.caltagirone.ct.it

◉ Villa Comunale★ – Scala di Santa Maria del Monte★- Chiesa di S. Giorgio: Mistero
della Trinità★ tavola attribuita al fiammingo Roger van der Weyden

🏨   **NH Villa San Mauro**   🛋 ❘❙ & 🄰🄺 🎇 rist, 🎇 🄶🄰 🅿 💳 ⓒⓒ 🄰🄴 ⓞ 🖘
via Portosalvo 14 – ℰ 0 93 32 65 00 – www.nh-hotels.it – aprile-ottobre
90 cam ⌑ – ✝60/115 € ✝✝99/165 € – 1 suite – ½ P 85/118 €
Rist – (chiuso a mezzogiorno) Carta 32/42 €
♦ Albergo ristrutturato di recente, ubicato ai margini della località, presenta
interni signorili ed eleganti. Le camere sono ben arredate, gli accessori davvero
attuali. Curato ristorante, cucina siciliana.

🏠   **Vecchia Masseria** ⊛   ← ⇗ ◐ 🛋 & cam, 🄰🄺 🎇 🄶🄰 🅿 💳 ⓒⓒ
contrada Cutuminello – ℰ 09 35 68 40 03 – www.vecchiamasseria.com
20 cam ⌑ – ✝50/70 € ✝✝70/140 € – 1 suite – ½ P 68/106 €
Rist – Menu 28/40 €
♦ All'interno di un parco naturale, la location è sicuramente bucolica e la struttura - ricavata da una masseria del 1850 – propone ambienti di moderno design
e richiami ad elementi architettonici locali. Camere semplici e menu degustazione
con specialità dell'entroterra al ristorante.

❌❌   **Coria** (D. Colonnetta e F. Patti)   🄰🄺 🎇 💳 ⓒⓒ 🄰🄴 ⓞ 🖘
✿   via Infermeria 24 – ℰ 09 33 33 46 15 – www.ristorantecoria.it – chiuso 20 giorni
in febbraio, 15 giorni in novembre, domenica sera e lunedì
Rist – (consigliata la prenotazione) Menu 50/60 € – Carta 36/68 €
Spec. Rotolino di gambero rosso, spuma di ricotta al limone e croccante di
sedano e carota. Fettuccella di pasta fresca con calamaretti, pomodoro confit e
crema di "teneruma". Agnello da latte al carbone, zuppetta di fave e tortino di
carciofi.
♦ Due giovani chef vi stupiranno con le loro rivisitazioni di classici isolani. In
pieno centro, la scelta di colori forti nelle due belle sale conferisce carattere al
locale, che ha preso spunto per il proprio nome dall'autore di "Profumi di Sicilia", G. Coria.

sulla strada statale 124 Nord : 5 km:

↑↑ **Villa Tasca** ⚑ ✳ ℗ ℥ 🐾 ᴸ& Ġ 🅐🅒 cam, **P** 𝒱𝒾𝒮𝒜 ☺ ⚓
contrada Fontana Pietra S.P. 37/II ✉ 95041 – ℰ 0 93 32 27 60
– www.villatasca.it – chiuso dal 10 gennaio al 10 febbraio e dal 5 al
30 novembre
10 cam ☕ – †50/70 € ††70/150 €
Rist – (prenotazione obbligatoria) *(solo per alloggiati)*
♦ In posizione defilata e tranquilla, tenuta agricola sapientemente riadattata.
Ampi spazi aperti, grande piscina, maneggio con cavalli per passeggiate. Cucina
casalinga.

CALTANISSETTA Sicilia 🅟 **(CL)** – **365** AT59 – **60 267 ab.** – **alt. 568 m**   **40** C2
– ✉ **93100** ▮ Sicilia
▶ Catania 109 – Palermo 127

🏢 **San Michele**   ← ℥ �🛏 Ġ cam, 🅐🅒 ✻ rist, ⏱ ᴧ 🅐 **P** 𝒱𝒾𝒮𝒜 ☺ 🄰🄴 ⓘ ⚓
via Fasci Siciliani – ℰ 09 34 55 37 50 – www.hotelsanmichelesicilia.it
136 cam ☕ – †77/85 € ††117/130 € – 14 suites
Rist – *(chiuso 15 giorni in agosto, sabato, domenica e i giorni festivi)* Menu 24 €
♦ In posizione periferica e tranquilla, non mancano gli spazi, benché semplici
nelle decorazioni. Camere come piccoli gioielli, alcune ulteriormente impreziosite
da una vista panoramica. Piatti siciliani e nazionali al ristorante.

CALTIGNAGA – **Novara (NO)** – **2 563 ab.** – **alt. 178 m** – ✉ **28010**   **23** C2
▶ Roma 633 – Stresa 53 – Milano 59 – Novara 8

✗✗ **Cravero** con cam   🚗 🅐🅒 ✻ ⏱ **P** 𝒱𝒾𝒮𝒜 ☺ 🄰🄴
via Novara 8 – ℰ 03 21 65 26 96 – www.hotelcraveronovara.com – chiuso dal
27 dicembre all'8 gennaio, 3 settimane in agosto, sabato a mezzogiorno,
domenica sera, lunedì
12 cam ☕ – ††60/75 € – ½ P 50/60 €   **Rist** – Carta 28/53 €
♦ Ambiente curato e signorile, ma familiare, in un locale di lunga tradizione; convincente l'ampia gamma di proposte del territorio, talvolta rielaborate.

CALUSO – **Torino (TO)** – **561** G5 – **7 590 ab.** – **alt. 303 m** – ✉ **10014**   **22** B2
▶ Roma 678 – Torino 32 – Aosta 88 – Milano 121

✗✗✗ **Gardenia** (Mariangela Susigan)   🚗 Ġ 🅐🅒 ⟳ **P** 𝒱𝒾𝒮𝒜 ☺ ⓘ ⚓
ॐ corso Torino 9 – ℰ 01 19 83 22 49 – www.gardeniacaluso.it – chiuso dal
7 al 25 gennaio, 11-12 aprile e martedì
Rist – Menu 50/75 € – Carta 56/74 € 𝕓
Spec. Il fassone in alpeggio: crescione, oxalis e salignun (primavera-estate). Gallina
al fieno maggengo con scalogni, birra e salsa di pesche. Fritto misto della nostra
tradizione
♦ Gradevole abitazione nel cuore del Canavese, la cucina rivisita la tradizione.
Alleggerita o rielaborata, il risultato è sempre il medesimo: piatti gustosi e ricchi
di fantasia.

CALVISANO – **Brescia (BS)** – **561** F13 – **8 598 ab.** – **alt. 67 m**   **17** C2
– ✉ **25012**
▶ Roma 523 – Brescia 27 – Cremona 44 – Mantova 55

✗✗✗ **Gambero** (Paola ed Edvige Gavazzi)   🅐🅒 ✻ 𝒱𝒾𝒮𝒜 ☺ 🄰🄴
ॐ via Roma 11 – ℰ 0 30 96 80 09 – chiuso dal 9 al 31 gennaio, agosto, mercoledì
Rist – Menu 40 € bc/87 € bc – Carta 59/79 € 𝕓
Spec. Caldo freddo di gamberi rossi e ostriche con salsa al limone. Risotto con
asparagi alla crema di formaggi. Pancetta di maialino da latte glassata con purea
al prezzemolo e senape (autunno-inverno).
♦ Nel cuore del paese, la tradizione familiare si è evoluta tenendo costanti gli
ingredienti del territorio riproposti in piatti più raffinati. L'ospitalità è quella di
sempre.

XX **Fiamma Cremisi** 🛋 💱 📺 🗺️ 🍽️ AE ①

via De Gasperi 37, località Viadana , Nord : 2 km – ℰ 03 09 68 63 00
– www.ristorantefiammacremisi.it – chiuso martedì e sabato a mezzogiorno
Rist – (consigliata la prenotazione) Carta 26/76 €
♦ Ristorante di campagna senza fronzoli o manierismi, ma curato ed accogliente, con tre salette moderne: la principale di esse allietata da un caminetto. Cucina del territorio rivisitata e servizio estivo all'aperto sotto un gazebo.

CAMAGNA MONFERRATO – Alessandria (AL) – 561 G7 – 538 ab.   23 C2
– alt. 261 m – ✉ 15030

🔽 Roma 580 – Alessandria 24 – Genova 108 – Milano 90

X **Taverna di Campagna dal 1997** ⇔ �P 📺 🍽️ AE 🍽️

vicolo Gallina 20 – ℰ 01 42 92 56 45 – chiuso dal 29 agosto al 13 settembre e lunedì
Rist – (chiuso a mezzogiorno escluso sabato e domenica) Menu 31/34 €
♦ Un ambiente rustico dove farsi portare al tavolo il menù degustazione: un connubio tra tradizione, stagione ed estro creativo. E' consigliabile giungere previa prenotazione.

CAMAIORE – Lucca (LU) – 563 K12 – 32 289 ab. – alt. 34 m – ✉ 55041   28 B1
■ Toscana

🔽 Roma 376 – Pisa 29 – Livorno 51 – Lucca 18

🏠 **Locanda le Monache** 🍽️ 🛏️ 📺 🍽️ AE ① 🍽️

piazza XXIX Maggio 36 – ℰ 05 84 98 92 58 – www.lemonache.com
– chiuso 10 giorni in novembre
13 cam 🔲 – †45/65 € – ††60/90 € – ½ P 45/70 €
Rist – (chiuso domenica a mezzogiorno da giugno a settembre, anche domenica sera negli altri mesi) Carta 14/34 €
♦ Nel cuore del paese, questa locanda a gestione familiare offre camere arredate con dovizia di fantasia, tra allegri tocchi ed arredi d'epoca o di gusto moderno. Comodi al ristorante, accolti da un camino e da una riproduzione di Bruegel, per gustare i piatti della tradizione toscana.

XX **Emilio e Bona** 🍽️ ⇔ �P 📺 🍽️ AE ① 🍽️

via Nuova 1641, località Lombrici , Nord : 3 km – ℰ 05 84 98 92 89
– www.ristoranteemilioebona.com – chiuso dal 15 al 31 gennaio, dal 15 al 30 novembre, lunedì e i mezzogiorno da martedì a giovedì
Rist – Carta 32/54 € 🍃
♦ In origine era un opificio, ma per la sua ubicazione strategica sulla riva di un torrente fu convertito presto in frantoio. Oggi è un originale ristorante, che denuncia il suo passato grazie a macine esposte in sala. Anche la cucina rimane fedele alla tradizione: solo piatti regionali, prevalentemente di carne.

a Montemagno Sud-Est : 6 km – ✉ 55041

XX **Le Meraviglie** 🍽️ 🚹 📺 💱 📺 📺 🍽️ AE ① 🍽️

via Provinciale 13 ✉ 55040 – ℰ 05 84 95 17 50 – chiuso dal 12 al 20 gennaio, dal 4 al 26 novembre, mercoledì e i mezzogiorno di giovedì e venerdì
Rist – Carta 19/26 €
♦ Lungo una piacevole strada collinare che conduce a Lucca, il locale è gestito da due fratelli che propongono una cucina regionale a base di carne o baccalà. Pesce su ordinazione.

CAMARDA – L'Aquila (AQ) – 563 O22 – Vedere L'Aquila

CAMBIANO – Torino (TO) – 6 337 ab. – alt. 253 m – ✉ 10020   22 A2
🔽 Roma 651 – Torino 19 – Asti 41 – Cuneo 76

Pianta d'insieme di Torino

☒ **Trattoria del Centro** con cam   🏧 rist, ⁽ᵗ⁾ 🚈 ⓒⓞ ⓞ 🅢
via Martini 34 – 𝒞 01 19 44 03 10 – www.trattoriadelcentro.it – chiuso dal 1° al
6 gennaio e dall'8 al 21 agosto   HU**b**
6 cam � – ♦45/50 € ♦♦70/80 € – ½ P 45/60 €   **Rist** – Carta 17/35 €
♦ Sono solo due le salette - di cui una affacciata su una piccola corte interna
- che compongono questa piacevolissima trattoria familiare, dove va in scena la
solida cucina piemontese elaborata in chiave casereccia.

CAMERANO – Ancona (AN) – 563 L22 – 7 207 ab. – alt. 231 m   21 C1
– ☒ 60021

▶ Roma 280 – Ancona 19 – Gubbio 112 – Macerata 48
𝒊 via Maratti 37, 𝒞 071 7 30 40 18, www.turismocamerano.it

🏠 **3 Querce**   📶 & cam, 🏧 ⁽ᵗ⁾ 🔏 🅿 🚈 ⓒⓞ 🄰🄴 ⓞ 🅢
via Papa Giovanni XXIII 44 ☒ 60021 – 𝒞 07 19 53 16 – www.hotel3querce.com
– chiuso dal 23 dicembre al 4 gennaio
34 cam – ♦40/150 € ♦♦55/180 €, � 8 € – 1 suite – ½ P 53/115 €
Rist – Carta 25/43 €
♦ Hotel votato ad una clientela business, gestito con esperienza e professionalità,
dispone di ambienti e camere semplici ed ampi ed una capiente sala conferenze.

sulla strada statale 16 Est : 3 km :

🏨 **Concorde**   🔟 📶 & 🏧 🕉 ⁽ᵗ⁾ 🔏 🅿 🚈 ⓒⓞ 🄰🄴 ⓞ 🅢
via Aspio Terme 191 ☒ 60021 Camerano – 𝒞 07 19 52 70
– www.albergoconcorde.it
68 cam ⊡ – ♦78/105 € ♦♦105/160 €   **Rist** – (chiuso domenica) Carta 30/51 €
♦ Risorsa in parte recentemente ristrutturata - ideale per una clientela di lavoro e
di passaggio - dispone di accoglienti camere, dotate di ogni confort. Ristorante di
taglio classico.

CAMERI – Novara (NO) – 561 F7 – 10 862 ab. – alt. 161 m – ☒ 28062   23 C2
▶ Roma 621 – Stresa 53 – Milano 53 – Novara 10

☒☒ **Al Caminetto**   🏧 🚈 ⓒⓞ 🄰🄴 🅢
via Cavour 30 – 𝒞 03 21 51 87 80 – www.alcaminettocameri.it
– chiuso 2 settimane in agosto, lunedì, martedì a mezzogiorno
Rist – Menu 32/50 € – Carta 40/64 €
♦ Bel locale sorto all'interno di una casa padronale nel centro della località. Soffitti
con travi a vista, gestione giovane ma esperta, cucina appetitosa e interessante.

CAMERINO – Macerata (MC) – 563 M16 – 7 126 ab. – alt. 661 m   21 C2
– ☒ 62032

▶ Roma 203 – Ascoli Piceno 82 – Ancona 90 – Fabriano 37
𝒊 piazza Cavour 19, 𝒞 0737 63 25 34, www.comune.camerino.mc.it

a Polverina Sud-Est : 10 km – ☒ 62037

🏠 **Il Cavaliere**   📶 🏧 🕉 🔏 🅿 🚈 ⓒⓞ 🄰🄴 🅢
via Mariani 33/35 ☒ 62032 – 𝒞 0 73 74 61 28 – www.hotelilcavaliere.com
18 cam ⊡ – ♦50 € ♦♦74 € – ½ P 60 €   **Rist** – (chiuso lunedì) Carta 15/54 €
♦ Dopo avervi abitato per generazioni, il proprietario ha trasformato un edificio
del '500 in una piacevole risorsa dotata di camere spaziose, nuove, con mobili di
legno scuro. Simpatico ambiente di taglio rustico nella sala da pranzo.

CAMIGLIATELLO SILANO – Cosenza (CS) – 564 I31 – alt. 1 272 m   5 A2
– Sport invernali : 1 350/1 760 m ❄ 1, ❄ 1, ❄ – ☒ 87052
▶ Roma 553 – Cosenza 32 – Catanzaro 128 – Rossano 83
🄶 Massiccio della Sila★★ Sud

♨️ Aquila-Edelweiss
🎿 ⚙️ 🛁 **P** 🅿️ 📶 ∞ ⚡

via Stazione 11 – ℰ 09 84 57 80 44 – www.hotelaquilaedelweiss.com – chiuso marzo, aprile e dall'11 novembre al 20 dicembre

40 cam ☕ – ♟️55/90 € ♟️♟️80/130 € – ½ P 85 €

Rist *Aquila-Edelweiss* ☺ – vedere selezione ristoranti

♦ Pluridecennali e collaudate l'accoglienza e l'ospitalità della famiglia in questo albergo all'inizio del paese: tanto legno negli spazi comuni e camere recentemente rinnovate.

XX Aquila-Edelweiss – Hotel Aquila-Edelweiss
⚙️ ↔️ **P** 📶 ∞ ⚡

via Stazione 13/15 – ℰ 09 84 57 80 44 – www.hotelaquilaedelweiss.com – chiuso marzo, aprile e dall'11 novembre al 20 dicembre

Rist – *(chiuso martedì escluso luglio-agosto)* Carta 25/45 €

♦ In una delle località più belle dell'altopiano silano, lasciatevi coccolare dall'accoglienza e dal savoir-faire dei proprietari: professionisti dell'ospitalità da anni deliziano con il proprio servizio e la rinomata cucina clienti di passaggio e habitué. Specialità calabresi e buona cantina.

verso il lago di Cecita Nord-Est : 5 km

XX La Tavernetta con cam
📶 🗞️ cam, 🛜 **P** 📶 ∞ 🆎 ① ⚡

contrada campo San Lorenzo ✉ 87052 Camigliatello Silano – ℰ 09 84 57 90 26 – www.latavernetta.info - www.sanlorenzosialberga.it

22 cam ☕ – ♟️60/80 € ♟️♟️90/110 € – 2 suites

Rist – *(chiuso lunedì)* Carta 35/55 € 🌿

♦ Grande passione da parte dei titolari per i sapori della loro Calabria: si parte con l'aperitivo nella fornita cantina, quindi, ci si accomoda nelle moderne sale per assaporare sapidi piatti locali. Tra le specialità: i funghi. Vivacemente colorate ed accoglienti le camere.

CAMIN – Padova (PD) – Vedere Padova

CAMOGLI – Genova (GE) – **561** I9 – 5 621 ab. – ✉ 16032   **15** C2
🛡️ Italia Centro Nord

◗ Roma 486 – Genova 26 – Milano 162 – Portofino 15

🅸 via XX Settembre 33/r, ℰ 0185 77 10 66, www.prolococamogli.it

◎ Località ★★

🄶 Promontorio di Portofino ★★★ – Punta Chiappa ★★★: ≤ - San Fruttuoso ★★ Sud-Est : 30 mn di motobarca – Portofino Vetta ★★ Sud-Est : 6 km

🏨 Cenobio dei Dogi ॐ
≤ 🕊️ 🍴 🎣 🏊 🛎️ ⚓ rist, 🎿 ⚙️ rist, 🛜 🛁 **P**

via Cuneo 34 – ℰ 01 85 72 41 – www.cenobio.it   📶 ∞ 🆎 ① ⚡

100 cam ☕ – ♟️130/170 € ♟️♟️170/440 € – 5 suites

Rist – Carta 45/63 €

Rist *La Playa* – ℰ 01 85 72 44 42 *(15 giugno-15 settembre)* Carta 40/60 €

♦ Per un esclusivo soggiorno in questa "perla" ligure, prestigioso e panoramico albergo immerso in un lussureggiante parco, con camere eleganti recentemente rinnovate. Al ristorante: sapori regionali e meravigliosa vista del golfo di Camogli. La Playa si trova proprio sulla spiaggia.

🏠 Casmona senza rist
≤ 🄰🄲 🛜 **P** 📶 ∞ 🆎 ① ⚡

salita Pineto 13 – ℰ 01 85 77 00 15 – www.casmona.com – chiuso dal 9 al 25 dicembre

19 cam – ♟️65/115 € ♟️♟️90/190 €, ☕ 10 €

♦ Direttamente sul caratteristico lungomare, camere con bella vista e graziose sale per la prima colazione. Struttura confortevole ed aggiornata.

🏠 La Camogliese senza rist
≤ 🏃 🄰🄲 🛜 📶 ∞ 🆎 ① ⚡

via Garibaldi 55 – ℰ 01 85 77 14 02 – www.lacamogliese.it

21 cam ☕ – ♟️45/95 € ♟️♟️65/115 €

♦ Rinnovato in anni recenti, hotel di piccole dimensioni - frontemare - propone camere confortevoli con un interessante rapporto qualità/prezzo.

✗ **Da Paolo**   🏠 AC VISA ⦿ ① ♿
via San Fortunato 14 – ℰ 01 85 77 35 95 – chiuso dal 15 al 28 febbraio, lunedì,
martedì a mezzogiorno
Rist – Carta 42/57 €
♦ Ristorantino rustico a conduzione familiare, ubicato nel borgo antico poco
lontano dal porticciolo; cucina di mare secondo le disponibilità quotidiane del
mercato.

a San Rocco Sud : 6 km – alt. 221 m – ⊠ 16032 San Rocco Di Camogli

◉ Belvedere★★ dalla terrazza della chiesa

✗ **La Cucina di Nonna Nina**   🏠 ♿ VISA ⦿ ♿
via Molfino 126 – ℰ 01 85 77 38 35 – www.nonnanina.it – chiuso mercoledì
Rist – Carta 30/49 €
♦ In una classica casa ligure della pittoresca frazione si trova questa trattoria sobria
e curata; atmosfera accogliente e familiare per piatti locali, di mare e di terra.

CAMPAGNA – Salerno (SA) – **564** E27 – **16 155 ab.** – alt. 410 m   **7** C2
– ⊠ **84022**
▶ Roma 295 – Potenza 75 – Avellino 73 – Napoli 94

a Quadrivio Sud : 3,5 km – ⊠ 84022

🏠🏠 **Capital**   🍴 🏠 ⊿ 📶 AC ♿ rist. ¶¶ 🔥 P. 🚗 VISA ⦿ AE ① ♿
⦿ *piazza Mercato – ℰ 0 82 84 59 45 – www.hotelcapital.it*
36 cam ⊇ – ♦60/80 € ♦♦80/100 € – ½ P 58/68 €   **Rist** – Carta 19/61 €
♦ Hotel moderno, dotato di giardino con piscina, nonché ampi e piacevoli spazi
interni: sale ricevimenti e signorili camere in stile, ben accessoriate. Un indirizzo
tra i più interessanti della zona.

CAMPAGNA – Novara (NO) – **561** E7 – **Vedere Arona**

CAMPAGNA LUPIA – Venezia (VE) – **562** F18 – **6 983 ab.** – ⊠ 30010   **36** C3
▶ Roma 500 – Padova 27 – Venezia 32 – Ferrara 87

a Lughetto Nord-Est : 7,5 km – ⊠ 30010 Campagna Lupia

✗✗✗ **Antica Osteria Cera** (Daniele Cera)   AC ♿ P. VISA ⦿ AE ① ♿
✿ *via Marghera 24 – ℰ 04 15 18 50 09 – www.osteriacera.it – chiuso 2 settimane in*
gennaio o febbraio, 2 settimane in agosto, domenica sera, lunedì
Rist – Menu 150 € – Carta 68/98 € 🍴
Spec. Battuta di tonno con astice blu, crema di ostriche e caviale. Branzino
nostrano al vapore di timo, profumo di limone e schiacciata di patate. Terra del
sud (dedicata al pasticcere Corrado Assenza): pistacchio di Bronte, mandorla di
Noto, Marsala, ricotta, agrumi.
♦ Continua imperterrita la navigazione della famiglia Cera artefice di un risto-
rante-faro la cui fama richiama gli amanti del pesce ormai da ogni parte d'Italia.
Finale a sorpresa con dolci traboccanti di golose tentazioni.

CAMPAGNANO DI ROMA – Roma (RM) – **563** P19 – **11 023 ab.**   **12** B2
– alt. 270 m – ⊠ **00063**
▶ Roma 34 – L'Aquila 139 – Terni 85 – Viterbo 45

✗ **Da Righetto** con cam   🏠 AC ♿ ¶ VISA ⦿ AE ① ♿
corso Vittorio Emanuele 70 – ℰ 0 69 04 10 36 – www.darighetto.it
– chiuso dal 1° al 12 agosto e martedì
12 cam ⊇ – ♦60/75 € ♦♦80/120 € – ½ P 60/80 €   **Rist** – Carta 26/61 €
♦ E' dai primi dell'Ottocento che la stessa famiglia gestisce questo accogliente
locale nel centro storico di Campagnano. Le camere sono semplici e confortevoli,
le ricette della tradizione romana fedelmente riproposte.

CAMPAGNATICO – Grosseto (GR) – **563** N15 – **2 516 ab.** – alt. 275 m   **29** C3
– ⊠ **58042**
▶ Roma 198 – Grosseto 24 – Perugia 158 – Siena 59

XX **Locanda del Glicine** con cam   🛜 & rist, 𝔸ℂ ⸱¶⸱ 𝚅𝙸𝚂𝙰 ⓪ 𝔸𝔼 ⚡
piazza Garibaldi 6/8 – € 05 64 99 64 90 – www.locandadelglicine.com – chiuso
dal 10 gennaio al 31 marzo e dal 10 al 20 novembre
6 cam ⬜ – †70 € ††120/130 € – 2 suites – ½ P 90/95 €
Rist – *(chiuso lunedì)* Carta 33/50 €
♦ Nel cuore del paese, la locanda consta di due sale arredate in stile rustico e di
un piccolo dehors e propone una cucina moderna a partire dai prodotti tipici del
territorio. Nelle camere e nelle suite ben arredate un buon livello di confort.

CAMPALTO – Venezia (VE) – Vedere Mestre

CAMPEGINE – Reggio Emilia (RE) – **562** H13 – **5 151 ab. - alt. 34 m**   **8 B3**
– ✉ 42040

▶ Roma 442 – Parma 22 – Mantova 59 – Reggio nell'Emilia 16

in prossimità strada statale 9 - via Emilia Sud-Ovest : 3,5 km :

XX **Lago di Gruma**   🛜 𝔸ℂ 𝒮 ⸱¶⸱ 𝙿 𝚅𝙸𝚂𝙰 ⓪ 𝔸𝔼 ⓪ ⚡
vicolo Lago 7 ✉ 42040 – € 05 22 67 93 36 – chiuso Natale-Capodanno, agosto,
martedì e mercoledì
Rist – Carta 41/59 € ✦
♦ In una villetta di campagna su un laghetto, una trattoria che col tempo si è evoluta e propone una creativa cucina "d'acqua" e di terra, legata anche alle stagioni.

CAMPELLO SUL CLITUNNO – Perugia (PG) – **563** N20 – **2 536 ab.**   **33 C2**
– **alt. 290 m** – ✉ 06042

▶ Roma 141 – Perugia 53 – Foligno 16 – Spoleto 11

◉ Fonti del Clitunno★ Nord : 1 km – Tempietto di Clitunno★ Nord : 3 km

🏠 **Benedetti** ⤴   🛜 �🛆 & rist, 𝔸ℂ 𝒮 ⸱¶⸱ 𝙿 𝚅𝙸𝚂𝙰 ⓪ 𝔸𝔼 ⓪ ⚡
⤵ *via Giuseppe Verdi 32, località Settecamini – € 07 43 52 00 80*
– www.hotelbenedetti.it
25 cam ⬜ – †45/55 € ††70/80 € – ½ P 57 €   **Rist** – Carta 21/38 €
♦ Gestione familiare per un quieto rustico in pietra tra gli oliveti umbri, a breve
distanza dalle Fonti del Clitunno; mobili classici nelle ampie camere. Mura con
pietra a vista nella sala del rinomato ristorante.

CAMPERTOGNO – Vercelli (VC) – **561** E6 – **235 ab. - alt. 815 m**   **23 C1**
– ✉ 13023

▶ Roma 721 – Torino 151 – Vercelli 94 – Biella 83

🏩 **Relais San Rocco**   ≼ 🖃 🎐 🖈 ⇄ ⸱¶⸱ 🔏 𝙿 𝚅𝙸𝚂𝙰 ⓪ ⚡
via San Rocco 2 – € 01 63 77 16 1 – www.relaissanrocco.it – 17 dicembre
- 25 marzo e 7 maggio - 26 agosto
24 cam ⬜ – †90/120 € ††130/160 € – 11 suites – ½ P 110 €
Rist *Casa alla Piana* – vedere selezione ristoranti
♦ Spettacolare la scala in pietra che domina questa prestigiosa villa ottocentesca.
Incastonata in un piccolo borgo secentesco, unisce con gusto gli antichi affreschi
e i mobili d'epoca con un ricercato arredo dal design contemporaneo.

XXX **Casa alla Piana** – Hotel Relais San Rocco   𝚅𝙸𝚂𝙰 ⓪ ⚡
via San Rocco 2 – € 01 63 77 16 1 – www.relaissanrocco.it – 17 dicembre
- 25 marzo e 7 maggio - 26 agosto
Rist – *(chiuso domenica sera, lunedì)* Menu 35 € – Carta 32/52 €
♦ Paste fatte in casa, prodotti quasi esclusivamente piemontesi e molte specialità
del territorio, nelle sale - alcune affrescate – di questo ristorante al primo piano
del Relais San Rocco. L'ambiente ripropone un sottile gioco di storia e design,
muri antichi e sedie trasparenti.

CAMPESTRI – Firenze (FI) – Vedere Vicchio

CAMPIANI – Brescia (BS) – Vedere Collebeato

CAMPI BISENZIO – Firenze (FI) – **563** K15 – **43 224 ab.** – **alt. 38 m**   **29** D3
– ✉ 50013

▶ Roma 291 – Firenze 12 – Livorno 97 – Pistoia 20
🔢 piazza Matteotti 3, 𝒞 055 8 97 97 37, www.turismo.intoscana.it

🏤 **500**   🚗 🔲 🕅 🔄 🕅 🛠 ⅏ ¶ 🕍 🅿 𝓥𝓘𝓢𝓐 ⓧ 🄰🄴 🔆
via di Tomerello 1, uscita autostrada – 𝒞 05 58 80 35 00
– www.hotel500firenze.com
59 cam ⊆ – ♦♦88/270 € – 1 suite   **Rist** – Carta 31/56 € 🍴
◆ E' uno splendido viale alberato a condurvi alle porte della cinquecentesca villa nobiliare immersa in un ampio giardino con piscina-solarium; all'interno spazi moderni e confortevoli. Al ristorante: cucina regionale con qualche spunto di fantasia.

🏤 **West Florence Hotel e Rist. Klass**   🚗 🕃 🕅 ⅉ 🛠 🕅 ↩ 🔄 rist,
via Guido Guinizelli 15/17 – 𝒞 05 58 95 34 88   ¶ 🕍 🅿 🚗 𝓥𝓘𝓢𝓐 ⓧ 🄰🄴 🔆
– www.westflorencehotel.it
69 cam ⊆ – ♦70/130 € ♦♦90/170 € – 1 suite – ½ P 65/110 €
Rist – *(chiuso a mezzogiorno)* Menu 25/50 €
◆ Di recente apertura alla periferia di Firenze, all'interno tutto è moderno e a partire dall'arredo d'avanguardia. Un indirizzo business, attrezzato ad hoc per l'attività congressuale. Ristorante di taglio classico, luminoso e con buona disponibilità di spazi anche per banchetti e congressi.

CAMPIGLIA – La Spezia (SP) – **561** J11 – **alt. 382 m** – ✉ 19132   **15** D2
▶ Roma 427 – La Spezia 8 – Genova 111 – Milano 229

✗ **La Lampara**   ≤ 🛆
via Tramonti 4 – 𝒞 01 87 75 80 35 – *chiuso dal 7 gennaio al 7 marzo, dal 25 settembre al 25 ottobre e lunedì*
Rist – Carta 29/40 €
◆ La vista e il sapore del mare nella luminosa e panoramica sala di una trattoria la cui proprietaria, da oltre quarant'anni, prepara gustosi piatti di pesce.

CAMPIONE D'ITALIA – Como (CO) – **561** E8 – **2 138 ab.** – **alt. 273 m**   **16** A2
– ✉ 22060
▶ Roma 648 – Como 27 – Lugano 10 – Milano 72

✗✗ **Da Candida**   🕅 ↔ 𝓥𝓘𝓢𝓐 ⓧ 🄰🄴 ⓪ 🔆
viale Marco da Campione 4 – 𝒞 0 04 19 16 49 75 41 – *www.dacandida.ch*
– chiuso dal 22 giugno al 21 luglio, lunedì, martedì a mezzogiorno
Rist – Menu 34/77 € – Carta 55/78 €
◆ Se credete che i sapori aiutino a viaggiare restando seduti ad un tavolo, in questo raccolto ed elegante ristorante vi attende un entusiasmante incontro con il gusto e la raffinatezza della cucina francese.

CAMPITELLO DI FASSA – Trento (TN) – **562** C17 – **743 ab.**   **31** C2
– **alt. 1 448 m** – **Sport invernali : 1 450/2 428 m** ⚡13 ⚡67 **(Comprensorio Dolomiti superski Val di Fassa)** ⚡ – ✉ 38031
▶ Roma 684 – Bolzano 48 – Cortina d'Ampezzo 61 – Milano 342
🔢 strèda Dolomites 48, 𝒞 0462 60 96 20, www.fassa.com

🏤 **Gran Paradis**   ≤ 🚗 🔲 🔄 🎷 🕃 🕅 🔄 rist, ¶ 🅿 🚗 𝓥𝓘𝓢𝓐 ⓧ 🔆
streda Dolomites 2/6 – 𝒞 04 62 75 01 35 – *www.granparadis.com*
– 17 dicembre-9 aprile e 19 maggio-7 ottobre
39 cam ⊆ – ♦89/114 € ♦♦158/188 € – 8 suites – ½ P 89/124 €
Rist – *(chiuso a mezzogiorno)* Carta 32/46 € 🍴
◆ All'ingresso del paese, la breve distanza dal centro non è un problema, tante sono le occasioni per distrarsi: dalla taverna con musica e sigari alla cantina-enoteca per degustazioni. Si ritorna in una dimensione più classicamente alberghiera nell'ampia sala ristorante con i tipici legni trentini e piatti nazionali.

Villa Kofler senza rist

streda Dolomites 63 Campitello di Fassa – ℰ 04 62 75 04 44 – www.villakofler.it – chiuso maggio e novembre
10 cam ⌷ – ♦♦150/210 €

♦ Per gli amanti di atmosfere esotiche, ogni camera è dedicata ad una città di cui ne ripropone stile e motivi (oltre ad offrire una sauna privata). Campitello, Salisburgo e Montreal, tra le migliori.

Gran Chalet Soreghes

via Pent de Sera 18 – ℰ 04 62 75 00 60
– www.unionhotelscanazei.it – dicembre-aprile e giugno-settembre
42 cam ⌷ – ♦68/110 € ♦♦156/192 € – 12 suites – ½ P 113 €
Rist – Carta 35/64 €

♦ Legni e decorazioni in tipico stile locale che accompagnano i clienti sino alle camere. La distinzione sono il centro benessere e soprattutto la palestra: professionale e a pagamento. La cucina si ispira naturalmente alle tradizioni locali.

Park Hotel Rubino Executive

via Sot Ciapiaà 3 – ℰ 04 62 75 02 25
– www.unionhotelscanazei.it – dicembre-aprile e giugno-settembre
38 cam ⌷ – ♦74/124 € ♦♦148/205 € – 6 suites – ½ P 115 €
Rist – Carta 35/64 €

♦ Eleganza e fascino in un ambiente arricchito da legno pregiato, giardino e zona benessere con piscina. Animazione, discoteca e american bar per le serate. Tipica, mediterranea, originale: la cucina saprà sorprendervi!

Salvan

streda Dolomites 10 – ℰ 04 62 75 03 07 – www.hotelsalvan.com
– 20 dicembre-Pasqua e 22 giugno-24 settembre
33 cam ⌷ – ♦47/88 € ♦♦86/160 € – 10 suites – ½ P 90 €
Rist – Carta 27/52 €

♦ Hotel a gestione familiare, situato alle porte della località, con discrete zone comuni, piscina coperta e centro salute; mobili di legno chiaro nelle piacevoli camere. Tre spazi per il ristorante: uno ampio e classico, uno intimo e "montano" e poi la veranda.

CAMPOBASSO Ⓟ (CB) – 564 C25 – 50 986 ab. – alt. 701 m – ✉ 86100   2 D3

▶ Roma 226 – Benevento 63 – Foggia 88 – Isernia 49
🅘 piazza Vittoria 14, ℰ 0874 41 56 62, www.molisecitta.it

Donguglielmo

contrada San Vito 15/b – ℰ 08 74 41 81 78 – www.donguglielmo.it
37 cam ⌷ – ♦95 € ♦♦140 € – ½ P 85 €   **Rist** – Carta 29/39 €

♦ Nuova struttura nell'immediata periferia della città, moderna e funzionale dispone di camere accoglienti, piacevole zona relax e una panoramica sala da thé. Anche il ristorante rispecchia lo stile moderno dell'hotel.

CentrumPalace

via Gianbattista Vico 2/a – ℰ 08 74 41 33 41 – www.centrumpalace.it
144 cam ⌷ – ♦95/110 € ♦♦110/140 € – 2 suites
Rist – (chiuso domenica) Carta 27/40 €

♦ Struttura moderna ed imponente che si colloca ai vertici dell'offerta alberghiera della località: grandi spazi comuni arredati con poltroncine in pelle color tabacco, a cui fanno eco i pavimenti e i numerosi inserti in legno wenge. Nelle confortevoli camere: predominanza di legno chiaro e tessuti coordinati.

San Giorgio

via Insorti d'Ungheria – ℰ 08 74 49 36 20 – www.hotelsangiorgio.org
48 cam ⌷ – ♦80/110 € ♦♦120/150 € – ½ P 85 €   **Rist** – Carta 24/61 €

♦ In zona commerciale prossima al centro, l'hotel è frequentato da una clientela business, ma offre ambienti accoglienti e d'atmosfera.

✗✗ Miseria e Nobiltà   AC 🏵 VISA ◑ AE ① ⑤

*via Sant'Antonio Abate 16 – 𝒞 0 87 49 42 68 – chiuso 24, 25, 31 dicembre,
dal 20 luglio al 5 agosto e domenica*
Rist – Carta 28/43 € 𝄢

♦ In un palazzo di fine '700 dagli splendidi pavimenti e lampadari di Murano, la
miseria allude alle tradizioni contadine, nobilitate in piatti ricercati e creativi: soufflé di verza con caciotta e lardo di montagna, agnolotti con ripieno di fiori di zucchine e mandorle al pomodoro, pancetta di agnello al cacio e uova...

✗✗ Vecchia Trattoria da Tonino   🛏 AC VISA ◑ AE ⑤

*corso Vittorio Emanuele 8 – 𝒞 08 74 41 52 00
– chiuso dal 7 al 15 gennaio, dal 1° al 10 luglio, domenica sera e lunedì da
settembre a giugno, sabato e domenica in luglio-agosto*
Rist – (consigliata la prenotazione) Carta 27/48 €

♦ Lungo l'elegante viale di passeggio cittadino, un'atmosfera familiare e cordiale vi
accoglie nel ristorante. Dalla cucina le ricette e i prodotti regionali, semplici ma gustosi.

✗ Aciniello   AC 🏵 ⇔ VISA ◑ AE ⑤

via Torino 4 – 𝒞 0 87 49 40 01 – chiuso dal 10 al 24 agosto e domenica
Rist – Carta 17/38 €

♦ Una semplice e schietta trattoria a carattere familiare: due salette una delle quali
più raccolta, con tavoli ravvicinati e colori vivaci. I tanti habitué e la convivialità dei
titolari rendono l'ambiente allegro, mentre la cucina riflette le tradizioni molisane.

CAMPO CARLO MAGNO – Trento (TN) – Vedere Madonna di Campiglio

---

CAMPO FISCALINO = FISCHLEINBODEN – Bolzano (BZ) – Vedere Sesto

---

CAMPOGALLIANO – Modena (MO) – **562** H14 – 8 468 ab. – alt. 43 m   **8** B2
– ✉ **41011**

▶ Roma 412 – Bologna 50 – Milano 168 – Modena 11

in prossimità del casello autostradale A 22 Sud-Est : 3,5 km :

✗✗ Magnagallo con cam   ⬚ 🛋 & AC 🕪 🐾 P VISA ◑ ① ⑤

via Magnagallo Est 7 – 𝒞 0 59 52 87 51 – www.magnagallo.it
28 cam ⬚ – †50/100 € ††70/140 €
Rist – (chiuso domenica sera) Carta 22/43 €

♦ Lungo la pista ciclabile che conduce ai laghi Curiel, un ambiente caratteristico
con alte volte e spioventi rivestiti in legno: protagonista assoluta è la gustosa
cucina emiliana con i suoi tortellini, tigelle, gnocco fritto, ed altro ancora. Ingresso
autonomo per le semplici camere.

✗ Trattoria Barchetta   🛏 AC 🏵 ⇔ VISA ◑ AE ① ⑤

*via Magnagallo Est 20 – 𝒞 0 59 52 62 18 – chiuso dal 25 dicembre al 15 gennaio,
3 settimane in agosto-settembre, domenica e la sera escluso venerdì e sabato*
Rist – Carta 24/38 € 𝄢

♦ Ad un km dal casello, ma già in aperta campagna, tipica trattoria familiare
all'insegna della gastronomia modenese: dal flan di zucchine con salsa al parmigiano, agli spaghetti al torchio con guanciale, cipolla e pecorino. Bel pergolato
per il servizio estivo.

CAMPO LOMASO – Trento (TN) – Vedere Comano Terme

CAMPOROSSO – Imperia (IM) – **561** K4 – ✉ **18033**   **14** A3

▶ Roma 632 – Imperia 49 – Genova 160 – Nice 43

✗✗✗ Manuel   & AC P VISA ◑ AE ① ⑤

*corso Italia 265, Nord : 2,5 km – 𝒞 01 84 20 50 37 – chiuso lunedì, martedì a
mezzogiorno*
Rist – (consigliata la prenotazione) Menu 48/58 €

♦ L'inesauribile creatività del giovane chef rivisita la tradizione ligure, ma anche
le classiche preparazioni di carne (prevalentemente piemontesi e toscane) in un
ristorante ricavato da un deposito militare degli anni '30.

CAMPO TURES (SAND IN TAUFERS) – Bolzano (BZ) – 562 B17   31 C1
– 5 230 ab. – alt. 864 m – Sport invernali : a Monte Spico : 860/1 600 m ⏴ 3 ⏴15, 𝄐 – ⊠ 39032

▶ Roma 730 – Cortina d'Ampezzo 73 – Bolzano 92 – Brennero 83
🅸 via Jungmann 8, ℰ 0474 67 80 76, www.taufers.com

🏠 **Feldmilla** ⌂   ⌷ ⎙ 🌐 🕊 🖧 🎿 🏊 🖂 ℰ 🦺 🅿 🚗 🆅🅸🆂🅰 🆅 🅾 ⛟
via Castello 9 – ℰ 04 74 67 71 00 – www.feldmilla.com – chiuso 2 settimane in
marzo e 3 settimane in novembre
35 cam ⛐ – ♦95/150 € ♦♦160/320 € – 1 suite – ½ P 110/190 €
Rist *Toccorosso* – vedere selezione ristoranti
◆ Ai piedi dello storico castello, un design hotel dalle linee sobrie, dove legno e
pietra "gareggiano" a riscaldare l'ambiente. Molto belle, le camere.

🏠 **Alte Mühle**   ⇐ ⌷ 🌐 🕊 🖧 🖂 ℰ 🖒 🛤 rist, ✼ rist, 🕊 🅿 🆅🅸🆂🅰 🆅 🅰🅴 ⛟
via San Maurizio 1/2 – ℰ 04 74 67 80 77 – www.alte-muehle.it – chiuso dal 10 al
22 aprile, dal 2 al 16 maggio e dal 6 novembre al 2 dicembre
15 cam ⛐ – ♦105/125 € ♦♦170/210 € – 5 suites – ½ P 135 €
Rist – Carta 31/45 €
◆ Calda accoglienza e cordialità in questo albergo completamente rinnovato,
tanto legno, con qualche inserto antico, negli ambienti curati. Sauna finlandese a
forma di capanna. Il ristorante, aperto solo per cena, è distribuito su una sala ed
una veranda.

🏠 **Alphotel Stocker**   🍴 ⌷ 🌐 🕊 🖧 🖂 ✼ 🅿 🚗 🆅🅸🆂🅰 🆅 🅰🅴 ⛟
via Wiesenhof 39/41 – ℰ 04 74 67 81 13 – www.hotelstocker.com – chiuso
dal 6 novembre al 3 dicembre
42 cam ⛐ – ♦68/84 € ♦♦96/200 € – 6 suites – ½ P 75/135 €
Rist – Menu 25 €
◆ Albergo tirolese a conduzione familiare, dispone di un centro benessere con
bagni di fieno e trattamenti ayurvedici e camere con piccolo soggiorno, alcune
con angolo cottura.

✕✕ **Toccorosso** – Hotel Feldmilla   🍴 ℰ ✼ 🅿 🆅🅸🆂🅰 🆅 ⛟
via Castello 9 – ℰ 04 74 67 71 00 – www.fedmilla.com – chiuso 2 settimane in
aprile e 2 settimane in novembre
Rist – (prenotare) Carta 30/58 €
◆ In linea con il design hotel che lo ospita, il ristorante è tra i più belli di questa
valle. Tutto è giocato sul territorio: a partire dalla carta, sino agli arredi con profusione di legno e cromatismi moderni. Il nome? E' il tocco nella mise en place: può
essere il bicchiere o un fiore, ma il rosso non manca mai!

CANALE – Cuneo (CN) – 561 H5 – 5 745 ab. – alt. 193 m – ⊠ 12043   25 C2
▶ Roma 637 – Torino 50 – Asti 24 – Cuneo 68

⛰ **Agriturismo Villa Tiboldi** ⌂   ⇐ ⌷ ⌷ 🄺 ✼ 🅿 🚗 🆅🅸🆂🅰 🆅 ⛟
via Case Sparse 127 località Tiboldi, Ovest : 2 km – ℰ 01 73 97 03 88
– www.villatiboldi.it – chiuso dal 7 gennaio al 12 febbraio
10 cam – ♦♦110/120 €, ⛐ 14 € – 4 suites
Rist *Villa Tiboldi* – vedere selezione ristoranti
◆ Imponente villa del Settecento, restaurata con cura, affacciata sul paesaggio
collinare. Interni di grande eleganza, a volte principeschi, sempre signorili.

⛰ **Agriturismo Villa Cornarea** senza rist ⌂   ⇐ ⌷ ⌷ ℰ 🅿
via Valentino 150 – ℰ 01 73 97 90 91   🆅🅸🆂🅰 🆅 🅰🅴 ⛟
– www.villacornarea.com – chiuso dal 1° gennaio al 15 marzo
10 cam – ♦75/85 € ♦♦79/130 €, ⛐ 12 €
◆ Tra i celebri vigneti del Roero - molti di proprietà - villa liberty del 1908 dominante un suggestivo paesaggio collinare. Camere raffinate e suggestiva terrazza
panoramica fra le due torri. Per i nostalgici, il venerdì (su prenotazione) si rivive
la "merenda sinoira".

XXX **All'Enoteca** (Davide Palluda) ⬛ ⬦ 🆚 ⬤ ⓘ ⓹
💮 *via Roma 57 – ☏ 01 73 95 85 7 – www.davidepalluda.it*
– chiuso domenica (escluso ottobre-dicembre) e lunedì a mezzogiorno
Rist – Menu 60 € – Carta 61/81 € ⓑ
Spec. Il fassone dalla testa ai piedi. Due ravioli in due servizi. Costata di manzo, tatin di cipolle caramellate e salsa di pinoli.
♦ Ristorante recentemente rinnovato, all'interno di un elegante palazzo del centro storico. L'entusiasmo del giovane cuoco e la passione per i prodotti piemontesi producono una delle cucine più stimolanti e moderne della regione.

XX **Villa Tiboldi** – Agriturismo Villa Tiboldi 🚗 🏠 ⬛ ⅗ 🅿 🆚 ⬤ ⓹
via Case Sparse 127 località Tiboldi, Ovest : 2 km – ☏ 01 73 97 03 88
– www.villatiboldi.it – chiuso dall'8 al 31 gennaio
Rist – *(chiuso lunedì, martedì a mezzogiorno)* Menu 65 € bc – Carta 43/61 € ⓑ
♦ Il celebre Roero docg è nella carta dei vini, insieme agli altri grandi del Piemonte, Barolo e Barbaresco su tutti. La bevanda di Bacco, però, non è nulla se dissociata dalla buona tavola. Ma anche a questo, l'agriturismo ci ha pensato: cucina regionale declinata in vari menu.

CANALE D'AGORDO – Belluno (BL) – **562** C17 – **1 211 ab.** 35 B1
– alt. 976 m – ✉ 32020
▶ Roma 625 – Belluno 47 – Cortina d'Ampezzo 55 – Bolzano 69
🛈 piazza Papa Luciani 1, ☏ 0437 59 02 50, www.infodolomiti.it

X **Alle Codole** con cam ⅗ ⓥ 🅿 🆚 ⬤ ⓹
💮 *via 20 Agosto 27 – ☏ 04 37 59 03 96 – www.allecodole.eu – chiuso dal 10 giugno*
al 10 luglio e novembre
10 cam ☐ – †45/60 € ††90/120 € – ½ P 50/90 €
Rist – Menu 20/40 € – Carta 25/54 € ⓑ
♦ "Codole" è il soprannome del casato, cui appartengono i proprietari, che deve la propria fama all'attività dei suoi avi nelle miniere di rame. Oggi, la famiglia ha tradito l'antico impiego per dedicarsi all'ospitalità e alla cucina. Qualche idea? Crema di fagioli di Canale, lombetto di cervo o coscetta di faraona.

CANALICCHIO – Perugia (PG) – **563** M19 – alt. 420 m – ✉ 06050 32 B2
▶ Roma 158 – Perugia 29 – Assisi 41 – Orvieto 66

🏨 **Relais Il Canalicchio** ⑤ ⟨ 🏠 ⌁ 🐾 ℓ₅ ⅗ 🎐 ⓹ rist, ⬛ ⅗ rist, 🏋
via della Piazza 4 – ☏ 07 58 70 73 25 🅿 🆚 ⬤ ⬛ ⓘ ⓹
– www.relaisilcanalicchio.it – aprile-ottobre
45 cam ☐ – †80/100 € ††135/230 € – 3 suites – ½ P 103/155 €
Rist *Il Pavone* – Carta 31/52 €
♦ Un piccolo borgo medievale, dominante dolci e verdi vallate umbre, per un soggiorno pieno di charme; tocco inglese nelle belle camere spaziose in stile rustico elegante. Il fascino del passato aleggia nel romantico ristorante, di rigorosa raffinatezza.

CANAZEI – Trento (TN) – **562** C17 – **1 866 ab.** – alt. 1 465 m – Sport 31 C2
invernali : 1 465/2 630 m ⅘ 13 ⅘ 67 (Comprensorio Dolomiti superski Val di Fassa)
⅗ – ✉ 38032 ▮ Italia Centro Nord
▶ Roma 687 – Bolzano 51 – Belluno 85 – Cortina d'Ampezzo 58
🛈 piazza Marconi 5, ☏ 0462 60 96 00, www.fassa.com
◉ Località★★
🖫 Passo Sella★★★: ❄★★★ Nord: 11,5 km – Passo Pordoi★★★ Nord-Est: 12 km
– ⟨★★★ dalla strada S 641 sulla Marmolada Sud-Est

🏨 **Croce Bianca** ⟨ 🚗 🐾 ℓ₅ ⅗ rist, ⓥ 🅿 🆚 ⬤ ⬛ ⓹
stredà Roma 3 – ☏ 04 62 60 11 11 – www.hotelcrocebianca.com
– novembre-26 marzo e 18 giugno-settembre
46 cam – †100/160 € ††190/310 € – 2 suites – ½ P 190 €
Rist *Wine & Dine* – vedere selezione ristoranti
Rist – Carta 57/87 €
♦ Saloni con biliardo, camino, stube ed area fumatori in questo accogliente hotel, faro dell'ospitalità di Canazei dal 1869. Poche camere standard, il resto con salottino e caratteristici arredi.

🏠 Rita
🔲 🛝 ⅃₆ 🛗 ⋆⋆ ⅋ ⌂ 🕸 P 🚗 VISA ⚈ ᵹ

streda de Pareda 16 – 𝒞 04 62 60 12 19 – www.hotelrita.com – dicembre-Pasqua e 15 giugno-settembre

21 cam ⌱ – ♦60/100 € ♦♦100/160 € – 3 suites – ½ P 100 €
Rist – Carta 29/51 €

♦ Centrale e bella costruzione in stile ladino che ripropone anche negli interni la stessa atmosfera montana. Stube tirolese, zona benessere e piccolo parco giochi estivo. Curiosi e colorati i piatti proposti nella deliziosa sala da pranzo.

🏠 Gries
🛝 🎐 ⅃₆ ⋆⋆ ⅋ ⁗ VISA ⚈ ᵹ

via Lungo Rio di Soracrepa 22 – 𝒞 04 62 60 13 32 – www.hotelgries.it – dicembre-Pasqua e giugno-settembre

19 cam ⌱ – ♦77/87 € ♦♦100/150 € – 7 suites – ½ P 95 €
Rist – Menu 30/40 €

♦ In una zona più tranquilla ma non distante dal centro, piccola gestione familiare che offre camere recenti, accoglienti e spaziose, quasi tutte con balcone. Fresca e luminosa sala ristorante o, in alternativa, una stube.

🏠 Stella Alpina senza rist
🛝 🎐 ↩ ⅋ ⁗ VISA ⚈ ᵹ

via Antermont 6 – 𝒞 04 62 60 11 27 – www.stella-alpina.net – 5 dicembre-12 aprile e 24 maggio-15 ottobre

7 cam ⌱ – ♦♦68/128 € – 1 suite

♦ Nella parte più alta e tranquilla di Canazei, delizioso edificio del '600 di dimensioni ridotte negli interni, ma tanta cura dei particolari: a cominciare dai tipici arredi dipinti.

✕✕ El Paél
🔐 VISA ⚈ AE ⓞ ᵹ

via Roma 58 – 𝒞 04 62 60 14 33 – www.elpael.com – dicembre-Pasqua e giugno-settembre; chiuso mercoledì a mezzogiorno in inverno
Rist – Carta 30/51 €

♦ Esternamente poco attraente, si riscatta con interni accoglienti ed un'atmosfera invitante; cucina del territorio rivisitata e piatti a tema. Servizio pizzeria.

✕✕ Wine & Dine – Hotel Croce Bianca
🍽 ⅋ P VISA ⚈ AE ᵹ

strèda Roma 3 – 𝒞 04 62 60 11 11 – www.hotelcrocebianca.com – 28 ottobre -25 aprile e giugno-settembre
Rist – (chiuso martedì) (chiuso a mezzogiorno da dicembre a marzo) Carta 57/87 € 🍸

♦ Un ristorante che riscuote un certo successo in zona: ricreando l'atmosfera di una baita con legni vecchi ed angoli romantici, la cucina si fa sfiziosa e creativa. Circondati da alte vette, il menu non dimentica qualche specialità di mare.

ad Alba Sud-Est : 1,5 km – ✉ 38032

🅵 strèda Dolomites 258, 𝒞 0462 60 95 50, www.fassa.com

🏠 La Cacciatora 🌲
◁ 🔲 🏐 🛝 ⅃₆ 🎐 ⅋ ⁗ P 🚗 VISA ⚈ AE ⓞ ᵹ

strèda de Contrin 26 – 𝒞 04 62 60 14 11 – www.lacacciatora.it – chiuso da ottobre al 5 novembre

37 cam – ♦56/129 € ♦♦112/258 € – ½ P 66/159 €
Rist La Cacciatora – vedere selezione ristoranti

♦ Sito vicino alla funivia del Ciampac, una gestione familiare - premurosa ed ospitale - propone camere confortevoli ad un ottimo prezzo. Degno di lode il centro benessere.

✕✕ La Cacciatora – Hotel La Cacciatora
◁ ⅋ P VISA ⚈ AE ⓞ ᵹ

strèda de Contrin 26 – 𝒞 04 62 60 14 11 – www.lacacciatora.it – chiuso da ottobre al 5 novembre
Rist – Carta 42/73 € 🍸

♦ Una tavola di ampio respiro che partendo da specialità ladine si apre ad una cucina mitteleuropea, fondata su un'ottima selezione di materie prime e su un'eccezionale cantina: grandi vini da tutto il mondo ed annate speciali, in tutto circa 800 etichette.

CANDELI – Firenze (FI) – 563 K16 – Vedere Bagno a Ripoli

CANDIA CANAVESE – Torino (TO) – **561** G5 – **1 301 ab.** – **alt. 285 m**   **22** B2
– ⊠ 10010

▶ Roma 658 – Torino 33 – Aosta 90 – Milano 115

  XX   **Residenza del Lago** con cam   🚗 🏡 🕭 cam, 🄰🄲 cam, ⁿ VISA 🐵 AE 🕭
  ⊕   *via Roma 48 – ℰ 01 19 83 48 85 – www.residenzadelago.it*
  ⊠◯   **10 cam** � – †65/72 € ††80/85 € – 1 suite
     Rist – *(chiuso dal 2 al 6 gennaio e dal 6 al 24 agosto)* Menu 25/32 €
     – Carta 31/45 € 🕸
     ♦ In una tipica casa colonica, la cucina ripercorre nostalgicamente il passato con
     ricette dove l'utilizzo di materie prime locali dà luogo a specialità uniche: dai taja-
     rin al ragù del vecchio Piemonte alla faraona con granella di nocciola. Carta dei
     vini cosmopolita, ma con un doveroso occhio di riguardo alla regione.

CANELLI – Asti (AT) – **561** H6 – **10 720 ab.** – **alt. 157 m** – ⊠ 14053   **25** D2

▶ Roma 603 – Alessandria 43 – Genova 104 – Asti 29

  ↑   **Agriturismo La Casa in Collina** senza rist 🌿   ≤ 🚗 🎄 🌳 🐾 ⚸ P
     località Sant'Antonio 30, Nord-Ovest : 2 km   VISA 🐵 ◑ 🕭
     – ℰ 01 41 82 28 27 – www.casaincollina.com – chiuso gennaio e febbraio
     6 cam ⊻ – ††90/110 €
     ♦ Dal romanzo di Cesare Pavese, uno dei luoghi più panoramici delle Langhe con
     vista fino al Monte Rosa nei giorni più limpidi. In casa: elegante atmosfera pie-
     montese. Piccola produzione propria di Moscato d'Asti e Barbera.

  XX   **San Marco** (Mariuccia Roggero)   🄰🄲 ⟳ VISA 🐵 AE 🕭
  ⅗   *via Alba 136 – ℰ 01 41 82 35 44 – www.sanmarcoristorante.it – chiuso 10 giorni*
     in gennaio, dal 23 luglio al 14 agosto, martedì sera, mercoledì
     Rist – Menu 25 € bc (pranzo)/48 € – Carta 36/59 € 🕸
     Spec. Taglierini al tuorlo d'uovo con tartufo bianco (autunno). Guanciale di fas-
     sona. Parfait di moscato, pera caramellata e zabaione all'Asti spumante.
     ♦ La sussurrata ospitalità del marito in sala, il polso deciso della moglie in cucina,
     i piatti della tradizione astigiana in tavola. L'anima di un territorio in un ristorante.

CANEVA – Pordenone (PN) – **562** E19 – **6 542 ab.** – ⊠ 33070   **10** A3

▶ Roma 588 – Belluno 52 – Pordenone 24 – Portogruaro 47

  🔠   **Ca' Damiani** senza rist 🌿   ◔ 🄰🄲 P VISA 🐵 AE ◑ 🕭
     via Vittorio Veneto 3, località Stevenà – ℰ 04 34 79 90 92 – www.wel.it/damiani
     – chiuso dal 6 al 20 agosto
     11 cam ⊻ – †75/85 € ††95/130 €
     ♦ Abbracciata da un ampio parco secolare, la maestosa villa settecentesca dalla
     calda accoglienza propone al suo interno saloni impreziositi con arredi d'epoca e
     raffinate camere, contraddistinte da nomi di grandi orologiai.

CANGELASIO – Parma (PR) – **561** H11 – **Vedere Salsomaggiore Terme**

CANNARA – Perugia (PG) – **563** N19 – **4 272 ab.** – **alt. 191 m**   **32** B2
– ⊠ 06033

▶ Roma 160 – Perugia 30 – Assisi 13 – Orvieto 79

  X   **Perbacco-Vini e Cucina**   VISA 🐵 ◑ 🕭
     via Umberto I, 14 – ℰ 07 42 72 04 92 – chiuso dal 20 giugno al 20 luglio e lunedì
     Rist – *(chiuso a mezzogiorno escluso domenica e i giorni festivi)* Carta 26/62 €
     ♦ Nato come wine-bar si è via via trasformato in un locale dove gustare una
     genuina cucina del territorio: la cipolla è regina. Due sale raccolte, con pareti
     affrescate.

CANNERO RIVIERA – Verbano-Cusio-Ossola (VB) – **561** D8   **23** C1
– **1 035 ab.** – **alt. 225 m** – ⊠ 28821 ▯ Italia Centro Nord

▶ Roma 687 – Stresa 30 – Locarno 25 – Milano 110

🔢 via Orsi 1, ℰ 0323 78 89 43, www.cannero.it

◎ Località ★★

Cannero ⊗ ≤ ⛲ 🦞 |🍽 ᵭ ⚓ 🅰 ⇔ 📶 **P** 🚗 **VISA** ⊚ **AE** ① ⛱
piazza Umberto I 2 – 𝒞 03 23 78 80 46 – www.hotelcannero.com – 8 marzo - 4 novembre
71 cam ⊑ – 💁100/119 € 💁💁120/156 € – 1 suite – ½ P 119 €
Rist I Castelli – vedere selezione ristoranti

♦ Prestigiosa ubicazione sul lungolago e la sensazione di trovarsi in un piccolo borgo con viuzze private tra un edificio e l'altro della struttura, angoli bar, relax e salette lettura. Le camere offrono uno standard molto competitivo e la cura maniacale della titolare le rende anche ordinate e pulitissime.

XXX **I Castelli** – Hotel Cannero 🏮 🅰 🍽 ⇔ **P** **VISA** ⊚ **AE** ① ⛱
piazza Umberto I 2 – 𝒞 03 23 78 80 47 – www.hotelcannero.com – 8 marzo - 4 novembre
Rist – Carta 37/74 €

♦ Non solo specialità lacustri, ma anche proposte internazionali, sulla terrazza di questo signorile ristorante, nella cornice di una delle più belle e romantiche passeggiate del lago Maggiore.

XX **Il Cortile** con cam 🏮 📶 **VISA** ⊚ **AE** ⛱
via Massimo D'Azeglio 73 – 𝒞 03 23 78 72 13 – www.cortile.net – aprile-ottobre; chiuso mercoledì escluso in luglio-agosto
13 cam ⊑ – 💁78/85 € 💁💁110/115 €
Rist – *(chiuso a mezzogiorno escluso sabato e domeinca)* (consigliata la prenotazione) Menu 55 € – Carta 50/66 €

♦ Sito nel cuore della località e raggiungibile solo a piedi, un locale grazioso e curato, frequentato soprattutto da una clientela straniera, propone una cucina creativa. Dispone anche di alcune camere signorili dall'arredo ricercato.

CANNETO SULL'OGLIO – Mantova (MN) – 561 G13 – 4 570 ab. 17 C3
– alt. 34 m – ⊠ 46013

▶ Roma 493 – Parma 44 – Brescia 51 – Cremona 32

a Runate Nord-Ovest : 3 km : – ⊠ 46013 Canneto Sull'Oglio

XXXX **Dal Pescatore** (Nadia e Giovanni Santini) 🚗 🏮 🅰 🍽 **P**
⁂ ⁂ ⁂ – 𝒞 03 76 72 30 01 – www.dalpescatore.com **VISA** ⊚ **AE** ① ⛱
– chiuso dal 2 al 22 gennaio, dal 13 agosto al 2 settembre, lunedì, martedì, mercoledì a mezzogiorno
Rist – Menu 175 € – Carta 120/168 € 🏵
Spec. Lumache con salsa di erbe aromatiche all'aglio dolce. Risotto con pistilli di zafferano e aceto balsamico tradizionale di Modena. Cappello del prete di manzo al nebbiolo e polenta gialla

♦ Lo spazio di una generazione ha trasformato una semplice trattoria in uno dei più celebri ristoranti d'Europa; la tradizione mantovana e italiana sublimata in raffinati ambienti.

CANNIGIONE Sardegna – Olbia-Tempio (OT) – 366 R37 – Vedere Arzachena

CANNIZZARO Sicilia – Catania (CT) – 365 AZ58 – Vedere Aci Castello

CANNOBIO – Verbano-Cusio-Ossola (VB) – 561 D8 – 5 153 ab. 23 C1
– alt. 214 m – ⊠ 28822 ▌ Italia Centro Nord

▶ Roma 694 – Stresa 37 – Locarno 18 – Milano 117
ℹ via A. Giovanola 25, 𝒞 0323 7 12 12, www.procannobio.it
◎ Località ★★
⊙ Orrido di Sant'Anna★: 3 km ovest

 Park Hotel Villa Belvedere senza rist ⊗ ◐ ⛲ ᵭ 📶 **P** **VISA** ⊚ ⛱
via Casali Cuserina 2, Ovest : 1 km – 𝒞 03 23 70 01 59 /0 32 37 06 39 – www.villabelvederehotel.it – 24 marzo - 28 ottobre
27 cam ⊑ – 💁100/130 € 💁💁160/200 € – 1 suite

♦ Collocata tra il verde di un tranquillo e curatissimo giardino, la nuova struttura vanta spazi ben arredati, ampie camere ed un distensivo ambiente familiare.

🏠 Cannobio ≤ ⟨ 🛏 ⚙ ⚙ cam, 🆔 🕯 🚗 📷 ⚙ 🆎 ⓘ ⟩

piazza Vittorio Emanuele III 6 – ℰ *03 23 73 96 39 – www.hotelcannobio.com*
– aprile-ottobre
19 cam ⊑ – ♦120/149 € ♦♦180/215 € – 1 suite – ½ P 125/143 €
Rist *Porto Vecchio* – *(chiuso martedì) (chiuso a mezzogiorno)* Carta 45/71 €
◆ Sulla piazza principale prospicente il lago, la struttura si caratterizza per i suoi eleganti spazi comuni e le camere deliziosamente personalizzate. Ovunque il piacere di scoprire le sfumature dell'acqua. Ristorante con proposte classiche.

🏠 Pironi senza rist 🛏 ⚙ 📷 📷 ⚙ 🆎 ⟩

via Marconi 35 – ℰ *0 32 37 06 24 – www.pironihotel.it – 17 marzo-6 novembre*
12 cam ⊑ – ♦100/130 € ♦♦150/190 €
◆ Delizioso hotel d'atmosfera in un palazzo quattrocentesco nel cuore della località: un insieme di antichi affreschi, soffitti a volta, colonne medievali e moderni elementi di arredo. Il tutto in perfetta armonia tra funzionalità e ricordi di epoche passate.

🍴🍴 Antica Stallera con cam 🛏 🆔 rist, ⚙ rist, 🕯 📷 ⚙ ⟩

via Zaccheo 3 – ℰ *0 32 37 15 95 – www.anticastallera.com*
– 15 febbraio-15 novembre
18 cam ⊑ – ♦62/70 € ♦♦100/110 € – ½ P 75/80 €
Rist – *(chiuso martedì)* Menu 35 € – Carta 35/50 €
◆ Nel centro storico di questo grazioso borgo, invidiatoci da tanti stranieri, un ristorante dalle ampie e luminose vetrate. Dalla cucina: prelibatezze regionali ed i "classici" italiani.

🍴🍴 Lo Scalo 🛏 📷 ⚙ ⓘ ⟩

piazza Vittorio Emanuele 32 – ℰ *0 32 37 14 80 – www.loscalo.com*
– aprile-ottobre; chiuso mercoledì escluso da giugno a settembre
Rist – *(consigliata la prenotazione)* Carta 36/67 €
◆ Merita di fare "scalo", questo ristorante sul lungolago con un bel dehors per il servizio all'aperto ed un ambiente rustico-elegante al suo interno. La cucina reinterpreta la tradizione locale con guizzi di fantasia.

sulla strada statale 34

🍴🍴🍴 Del Lago con cam ♨ ≤ 🍴 ⟨ 🛏 ⚙ 📷 📷 ⚙ 🆎 ⟩

via Nazionale 2, località Carmine Inferiore ⊠ *28822 –* ℰ *0 32 37 05 95*
– www.hoteldellagocannobio.com – 15 marzo-ottobre
9 cam ⊑ – ♦♦120/140 €, ⊑ 15 € – 1 suite
Rist – *(chiuso martedì, mercoledì a mezzogiorno)* Carta 49/87 € ॐ
◆ Una moderna e raffinata cucina con piatti di carne e soprattutto di pesce, sia di lago che di mare, una sala di sobria eleganza avvolta da vetrate oppure, d'estate, in terrazza, in riva al lago. Graziose le camere, per sentirsi quasi ospiti di una dimora privata.

CANOSA DI PUGLIA – Barletta-Andria-Trani (BT) – **564** D30   **26** B2
– 31 075 ab. – alt. 105 m – ⊠ **70053** ▯ Puglia

▶ Roma 365 – Bari 78 – Potenza 137 – Avellino 144

▣ Tomba★ di Boemondo nella cattedrale romanica

🏠 Cefalicchio ≤ 🍴 🛏 🕸 🆔 ⚙ rist, 🎿 📷 ⚙ ⓘ ⟩

contrada Cefalicchio, (Sp 143, km 3) – ℰ *08 83 64 21 23 – www.cefalicchio.it*
– chiuso gennaio-febbraio
10 cam ⊑ – ♦85/115 € ♦♦120/150 € – 2 suites – ½ P 93/108 €
Rist – *(chiuso martedì) (chiuso a mezzogiorno)* (prenotazione obbligatoria)
Menu 35 €
◆ Masseria del 1700 riconvertita in casa nobiliare nel 1904: di quel periodo la scalinata d'ingresso e il viale alberato. Anche gli interni sono rimasti ancorati al passato, soprattutto le due suite con mobili d'antiquariato. Le camere sono invece più moderne, sebbene mantengano una certa sobrietà. Bella zona benessere.

CANOVE – Vicenza (VI) – **562** E16 – alt. 1 001 m – ✉ 36010   **35** B2
▶ Roma 568 – Trento 61 – Padova 87 – Treviso 100

🏠 **Alla Vecchia Stazione**   🔲 🕸 🛎 ⅙ ⅞ 🆅🆂🅰 ⅙
via Roma 147 – ℰ 04 24 69 20 09 – www.allavecchiastazione.it – chiuso ottobre
42 cam – 🛏40/60 € 🛏🛏50/100 €, � 10 € – ½ P 80 €
Rist – *(chiuso lunedì in novembre e da aprile a giugno)* Carta 25/47 €
♦ Ubicato di fronte al museo locale un hotel che presenta ambienti di buon livello
con accessori e dotazioni in grado di garantire un soggiorno piacevole. Bella piscina.
Tre diverse sale ristorante per gli ospiti dell'hotel, i clienti di passaggio e i banchetti.

CANTALUPO – Milano (MI) – Vedere Cerro Maggiore

CANTALUPO LIGURE – Alessandria (AL) – **561** H9 – **546 ab.**   **23** D3
– alt. 383 m – ✉ 15060
▶ Roma 556 – Alessandria 56 – Genova 69 – Piacenza 122

🍴🍴 **Belvedere**   🍴 🆎 🆅🆂🅰 ⊚ ⅙
*località Pessinate, Nord: 7 km – ℰ 0 14 39 31 38 – www.belvedere1919.it – chiuso
gennaio o febbraio e lunedì*
Rist – *(prenotazione obbligatoria)* Menu 22/32 € – Carta 31/53 €
♦ Ambiente rustico con elementi moderni e una cucina di taglio contemporaneo,
che tuttavia non dimentica i prodotti del territorio.

CANTALUPO NEL SANNIO – Isernia (IS) – **564** C25 – **758 ab.**   **2** C3
– alt. 588 m – ✉ 86092
▶ Roma 227 – Campobasso 32 – Foggia 120 – Isernia 19

🍴 **Antica Trattoria del Riccio**   🆎
⊗⊗ *via Sannio 7 – ℰ 08 65 81 42 46 – chiuso giugno e lunedì*
Rist – *(chiuso la sera escluso venerdì, sabato e domenica)* (consigliata la prenotazione) Carta 20/26 €
♦ Caratteristico ristorante di montagna, la cui cucina propone specialità territoriali
rivisitate con fantasia: antipasti caldi della tradizione - ribollita di verdure con
pizza di granone - straccetti di vitello con tartufo, radicchio, noci. Ed altro ancora.

CANTELLO – Varese (VA) – **561** E8 – **4 590 ab.** – alt. 404 m – ✉ 21050   **18** A1
▶ Roma 640 – Como 26 – Lugano 29 – Milano 59

🍴🍴 **Madonnina** con cam   🕭 🍴 🛎 📶 🅿 🆅🆂🅰 ⊚ 🆎 ⊙ ⅙
*largo Lanfranco da Ligurno 1, località Ligurno – ℰ 03 32 41 77 31
– www.madonnina.it*
24 cam � – 🛏70 € 🛏🛏100 € – 2 suites – ½ P 90 €
Rist – *(chiuso lunedì)* Carta 39/51 €
♦ Un locale di charme, con camere raffinate, in una stazione di posta del '700 circondata da un bel parco-giardino; cucina che segue le stagioni, piatti ricchi d'estro.

CANTÙ – Como (CO) – **561** E9 – **38 978 ab.** – alt. 369 m – ✉ 22063   **18** B1
▶ Roma 608 – Como 10 – Bergamo 53 – Lecco 33

🏠 **Canturio** senza rist   🛎 ⅙ 🆎 📶 🔐 🅿 🆅🆂🅰 ⊚ 🆎 ⊙ ⅙
*via Vergani 28 – ℰ 0 31 71 60 35 – www.hotelcanturio.it – chiuso dal
24 dicembre al 6 gennaio e 20 giorni in agosto*
29 cam � – 🛏60/110 € 🛏🛏90/140 €
♦ Gestito da 20 anni dalla stessa famiglia, un hotel ideale per clientela di lavoro e
di passaggio; camere funzionali, quelle sul retro hanno un terrazzino sul verde.

🍴🍴 **La Scaletta** con cam   🍴 🆎 cam, ⅞ cam, 📶 🅿 🆅🆂🅰 ⊚ 🆎 ⊙ ⅙
*via Milano 30 – ℰ 0 31 71 65 40 – www.trattorialascaletta.it – chiuso
dal 31 dicembre al 5 gennaio e dal 10 agosto al 2 settembre*
8 cam � – 🛏45/55 € 🛏🛏70/75 € – ½ P 65 €
Rist – *(chiuso venerdì sera e sabato a mezzogiorno)* Carta 43/60 €
♦ Tono classico-elegante per un ristorante con camere confortevoli, ubicato alle
porte della città: cucina tradizionale in sintonia con le stagioni e proposte originarie di varie regioni.

✗✗ Le Querce   🍽 🏧 🅿 VISA ⊕ AE ① ⛴

*via Marche 27, (località Mirabello) – ☎ 0 31 71 13 36
– www.ristorantelequerce.com – chiuso dal 27 dicembre al 6 gennaio, dal 1° al 23 agosto, lunedì e martedì*
Rist – Carta 37/62 €

♦ Le Querce, come gli alberi che ombreggiano il grande giardino nel quale si trova questo signorile ristorante, ben attrezzato anche per banchetti e ricevimenti. Cucina regionale e gustose proposte di pesce.

✗ Al Ponte   🍽 ⇔ VISA ⊕ ⛴

via Vergani 25 – ☎ 0 31 71 25 61 – chiuso agosto e lunedì
Rist – Carta 32/45 €

♦ Accogliente locale, raccolto ed elegante, che resta sempre un indirizzo sicuro per piatti di cucina lombarda, oltre che italiana in genere; ampia scelta di vini.

CANZO – Como (CO) – 561 E9 – 5 185 ab. – alt. 402 m – ✉ 22035   18 B1
🚗 Roma 620 – Como 20 – Bellagio 20 – Bergamo 56

🏨 Volta   📶 ⁽¹⁾ 🅿 VISA ⊕ AE ① ⛴

via Volta 58 – ☎ 0 31 68 12 25 – www.hotelvolta.com
16 cam 🛏 – †45/55 € ††65/75 €
Rist – *(chiuso domenica) (chiuso a mezzogiorno) (solo per alloggiati)*
Menu 23/32 €

♦ Sarete accolti con cordialità e vi sentirete come a casa vostra in questo albergo a gestione familiare; carine le camere, ben arredate e con ottima dotazione di cortesia. Cucina casalinga di ottima qualità.

CAORLE – Venezia (VE) – 562 F20 – 12 016 ab. – ✉ 30021   36 D2
🚗 Roma 587 – Udine 74 – Milano 326 – Padova 96
🛈 calle delle Liburniche 16, ☎ 0421 8 10 85, www.caorleturismo.it
⛳ Prà delle Torri viale Altanea 201, 0421 299570, www.golfcaorle.it – chiuso dal 13 dicembre al 6 febbraio

🏨 International Beach Hotel   🏖 ⌙ 🛗 ⛴ cam, 🏧 ⅍ rist, 🅿 VISA ⊕ ① ⛴
😊
*viale Santa Margherita 57 – ☎ 0 42 18 11 12
– www.internationalbeachhotel.it – chiuso dal 20 al 28 dicembre e dal 7 gennaio al 15 febbraio*
59 cam – †30/78 € ††70/136 €, 🛏 10 € – ½ P 70 €
Rist – *(aprile-ottobre)* Menu 15/25 €

♦ Leggermente arretrato rispetto al mare, lungo un'arteria commerciale che in estate viene chiusa al traffico, due strutture sobriamente eleganti con aree riservate per il gioco dei più piccoli. Più classica la sala ristorante.

🏨 Savoy   ← ⌙ ⅃ 🛗 🏧 ⅍ rist, ⁽¹⁾ 🅿 VISA ⊕ ⛴

via Pascoli 1 – ☎ 0 42 18 18 79 – www.savoyhotel.it – 25 aprile-25 settembre
62 cam – †80/105 € ††106/190 €, 🛏 12 € – 2 suites – ½ P 95 €
Rist – *(21 aprile-1° maggio e 21 maggio-24 settembre)* Carta 30/53 €

♦ Per una vacanza tra bagni e tintarella è perfetto questo hotel fronte spiaggia dalla seria conduzione familiare; le camere sono state rinnovate in anni recenti. Capiente e luminosa la sala da pranzo, dove gustare una sana cucina mediterranea.

🏨 Garden   ← 🍽 ⌙ ⅃ 🕸 🛗 ⅃ ⩩ 🏧 ⅍ rist, ⁽¹⁾ 🅿 VISA ⊕ ⛴
😊
piazza Belvedere 2 – ☎ 04 21 21 00 36 – www.hotelgarden.info – aprile-ottobre
57 cam 🛏 – †56/99 € ††90/170 € – ½ P 59/109 €   **Rist** – Carta 19/50 €

♦ Solo la piazza divide dal mare questo hotel dagli ambienti luminosi arredati con gusto moderno e design minimalista. Camere confortevoli ed attrezzato centro benessere: ideale per gli amanti della vacanza balneare e del relax. Al ristorante semplici piatti con prevalenza di proposte mediterranee.

Principe ⚓ 🏊 ♨ AC ☆ rist, P VISA ⬭ ⚡

*lungomare Trieste 59/60 – ℰ 0 42 18 12 23 – www.hotelprincipecaorle.it
– 21 maggio-19 settembre*
62 cam ⬭ – ♦80/100 € ♦♦130/180 € – ½ P 85 €
Rist – *(solo per alloggiati)* Menu 20 €
♦ Frontemare sulla spiaggia di Levante, hotel a conduzione diretta con accoglienti spazi comuni e camere al passo con i tempi. Particolarmente gradevole la zona piscina.

Marzia Holiday Queen ⚓ 🏊 ♨ AC ☆ ♙ P VISA ⬭ AE ① ⚡

viale Dante Alighieri 2 – ℰ 0 42 18 14 77 – www.hotelmarzia.it – Pasqua-ottobre
29 cam ⬭ – ♦60/120 € ♦♦98/150 € – 3 suites – ½ P 89 €
Rist – *(solo per alloggiati)*
♦ Piccolo grazioso hotel a conduzione familiare a pochi metri dalla spiaggia, dispone di una hall dalle moderne poltrone colorate e di ampie camere all'attico, con soppalco e idromassaggio. Per i pasti, la cucina tipica veneta con un'ampia scelta di carne e pesce ed un buffet di verdure.

XX Al Postiglione 🏠 ⚐ AC ☆ VISA ⬭ AE ① ⚡

*viale Santa Margherita 42 – ℰ 0 42 18 15 20 – www.alpostiglione.com
– marzo-ottobre*
Rist – Carta 32/62 €
♦ Con un bel dehors lungo la via del passeggio serale, un locale moderno dove gustare ottimi piatti di pesce elaborati con fantasia. Pizza (anche a mezzogiorno), in alternativa.

a Porto Santa Margherita Sud-Ovest : 6 km oppure 2 km e traghetto – ✉ 30021

ℹ *corso Genova 21, ℰ 0421 26 02 30, www.caorleturismo.it*

Oliver ⚓ ⚐ ⚓ 🏊 ♨ 🏨 ♨♙ AC ☆ ♙ P VISA ⬭ ⚡

viale Lepanto 3 – ℰ 04 21 26 00 02 – www.hoteloliver.it – 2 maggio-30 settembre
66 cam – ♦60/97 € ♦♦110/165 €, ⬭ 12 € – ½ P 94 €   **Rist** – Carta 29/45 €
♦ Offre ampi spazi esterni e un ambiente familiare questo piacevole albergo, posizionato direttamente sul mare, con piccola pineta e piscina al limitare della spiaggia. Classica e luminosa la sala da pranzo.

a Duna Verde Sud-Ovest : 10 km – ✉ 30021 Caorle

ℹ *piazza Spalato 2, ℰ 0421 29 92 55, www.caorleturismo.it*

Playa Blanca ⚓ ⚐ ⚙ 🏊 ♨ AC ☆ P VISA ⬭ ⚡

viale Cherso 80 – ℰ 04 21 29 92 82 – www.playablanca.it – maggio-18 settembre
43 cam ⬭ – ♦60/90 € ♦♦80/125 € – 1 suite – ½ P 70 €   **Rist** – Menu 22/25 €
♦ Curiosa struttura circolare cinta da un curato giardino nel quale si trovano una piscina e un'area giochi attrezzata per i più piccoli. Al timone della conduzione, tre fratelli. Altrettanto particolare la sala ristorante, sempre tondeggiante, cinta da grandi vetrate e con proposte mediterranee.

a San Giorgio di Livenza Nord-Ovest : 12 km – ✉ 30020

XX Al Cacciatore ♨ AC ↔ P VISA ⬭ AE ① ⚡

corso Risorgimento 35 – ℰ 0 42 18 03 31 – www.ristorantealcacciatore.it – chiuso dal 1° al 10 gennaio, dal 1° al 15 luglio e mercoledì
Rist – Carta 38/63 €
♦ Lungo la strada principale che attraversa il paese, una grande sala dall'alto soffitto gestita con dedizione da tre fratelli dove trovare una cucina di pesce dalle porzioni abbondanti.

CAPACCIO SCALO – Salerno (SA) – **564** F27 – **Vedere Paestum**

CAPALBIO – Grosseto (GR) – **563** O16 – **4 306 ab.** – alt. 217 m   **29** C3
– ✉ 58011 ▌ Toscana

▶ Roma 139 – Grosseto 60 – Civitavecchia 63 – Orbetello 25

⚲ **Agriturismo Ghiaccio Bosco** senza rist ⌂ 🚗 ⌱ ⌷ 🅰 🛜 **P**
strada della Sgrilla 4, Nord-Est : 4 km – ℰ 05 64 89 65 39 𝗩𝗜𝗦𝗔 ⊕ 𝘚
– www.ghiacciobosco.com – chiuso dal 10 gennaio al 15 marzo
14 cam ⌱ – ♗♗80/140 €
♦ Bella piscina e confortevoli camere con piccole personalizzazioni (alcune dispongono di lettore dvd, letto a baldacchino o vasca idromassaggio), nonché accesso indipendente dal giardino. Tutt'intorno un lussureggiante parco.

✗✗ **Tullio** 🍴 🅰 𝗩𝗜𝗦𝗔 ⊕ 𝘚
via Nuova 27 – ℰ 05 64 89 61 96 – chiuso dal 20 gennaio all'8 marzo, mercoledì sera da luglio al 15 settembre, anche mercoledì a mezzogiorno negli altri mesi
Rist – Carta 33/46 € (+10 %)
Rist *Osteria al Vecchio Comune* – Carta 22/35 €
♦ Poco distante dall'antica cinta muraria, ristorante familiare che dispone di una sala interna d'atmosfera e di una terrazza, dove assaporare le specialità del territorio. Accanto anche l'enoteca per vino, salumi, stuzzichini e gelato.

CAPANNORI – Lucca (LU) – 563 K13 – **Vedere Lucca**

CAPISTRANO – Vibo Valentia (VV) – 564 K30 – **1 088 ab. – alt. 352 m** 5 A2
– ✉ 89818

🚃 Roma 616 – Reggio di Calabria 112 – Catanzaro 69 – Crotone 138

⚲ **Agriturismo Sant'Elia** ⬅ **P** 𝗩𝗜𝗦𝗔 ⊕ 🅰 ⑩ 𝘚
località Sant'Elia, Nord : 3 km – ℰ 09 63 32 50 40 – www.agriturismosantelia.com
6 cam ⌱ – ♗35/40 € ♗♗63/72 € – ½ P 60 €
Rist – (prenotazione obbligatoria) Carta 15/36 €
♦ Siamo in Calabria, eppure dalla radura nella quale sorge questa ottocentesca residenza di campagna si possono ammirare le isole Eolie: splendida vista quindi, ma anche ambienti curati e calma assoluta. Al ristorante, i prodotti biologici dell'azienda concorrono a creare fragranti piatti di cucina casalinga.

CAPO D'ORLANDO – Messina (ME) – 365 AX55 – **13 080 ab.** 40 C1
– ✉ 98071 Sicilia

🚃 Catania 135 – Enna 143 – Messina 88 – Palermo 149
ℹ viale Sandro Volta, ℰ 0941 91 27 84, www.aastcapodorlando.it

🏨 **La Tartaruga** ⬅ ⌰ 🍴 ⌱ 🛏 🛎 ⌁ 🅰 🛜 cam, 📞 ⚄ **P**
Lido San Gregorio 41 – ℰ 09 41 95 54 21 𝗩𝗜𝗦𝗔 ⊕ 🅰 ⑩ 𝘚
– www.hoteltartaruga.it – chiuso novembre
45 cam – ♗65/80 € ♗♗110/125 €, ⌱ 5 € – ½ P 90/105 €
Rist – (chiuso lunedì escluso da giugno ad agosto) Carta 31/50 €
♦ Ubicato nel vero fulcro turistico della località, questa risorsa, affacciata sulla spiaggia, offre una buona ospitalità grazie a camere confortevoli e alla gestione attenta.

✗ **L'Altra Risacca** 🍴 🅰 𝗩𝗜𝗦𝗔 ⊕ 🅰 ⑩ 𝘚
lungomare Andrea Doria 52 – ℰ 09 41 91 10 27 – chiuso novembre e lunedì
Rist – Carta 33/54 €
♦ Fronte mare, una sala semplice e sobria: tutti gli sforzi prendono la direzione di una cucina fragrante, sorretta da un ottimo pesce locale.

CAPOLAGO – Varese (VA) – **Vedere Varese**

CAPOLIVERI – Livorno (LI) – 563 N13 – **Vedere Elba (Isola d')**

CAPPELLA – Lucca (LU) – **Vedere Lucca**

CAPPELLA DÉ PICENARDI – Cremona (CR) – **437 ab. – alt. 42 m** 17 C3
– ✉ 26038

🚃 Roma 498 – Parma 51 – Cremona 18 – Mantova 48

✗ **Locanda degli Artisti**　　　　　AC ⇔ VISA ⚫ AE ⓘ ✿
🐾 *via XXV Aprile 13/1 – ☏ 03 72 83 55 76 – www.locandadegliartisti.it – chiuso domenica sera, giovedì* 30/40 €
Rist – Carta 30/40 €
♦ In un borgo fatto di antiche cascine ristrutturate, dove i ritmi tranquilli che scandivano la vita contadina trovano ancora un proprio spazio, la tavola di questa locanda fa rivivere i sapori della cucina padana: risotto zucca e salsiccia, cosciotto d'oca cotto nel suo grasso o cotechino con le verze. E non è finita!

CAPRAIA E LIMITE – Firenze (FI) – 7 162 ab. – ✉ 50056　　29 C1
▶ Roma 314 – Firenze 33 – Prato 39 – Pisa 65

🏠 **l' Fiorino** senza rist　　　　🕭 ✿ AC ⓦ P VISA ⚫ AE ⓘ ✿
via S. Allende 97/a ✉ 50050 Capraia e Limite – ☏ 05 71 58 39 41 – www.hotelifiorino.it
17 cam ⬜ – †40/60 € ††60/80 €
♦ Moderno e confortevole, questo piccolo hotel vanta una luminosa veranda sulla quale viene allestita la prima colazione a buffet. Camere accoglienti nella loro semplicità.

CAPRESE MICHELANGELO – Arezzo (AR) – 563 L17 – 1 602 ab.　　29 D1
– alt. 653 m – ✉ 52033 ▌Toscana
▶ Roma 260 – Rimini 121 – Arezzo 45 – Firenze 123

🏠 **Buca di Michelangelo** ⌇　　　　← ✷ ⓦ VISA ⚫ AE ✿
🐾 *via Roma 51 – ☏ 05 75 79 39 21 – www.bucadimichelangelo.it – chiuso dal 10 al 25 febbraio*
23 cam ⬜ – †40/60 € ††55/70 € – ½ P 60 €
Rist – *(chiuso mercoledì e giovedì escluso da giugno ad ottobre)* Carta 21/32 €
♦ Nel centro del paese che diede i natali a Michelangelo, un hotel con camere semplici, ma accoglienti, così come accogliente e familiare risulta essere la gestione. Piatti toscani serviti in un ampio salone panoramico.

✗ **Il Rifugio**　　　　　✷ ✿
🐾 *località Lama 47, Ovest : 2 km – ☏ 05 75 79 39 68 – chiuso mercoledì escluso agosto*
Rist – Carta 20/36 €
♦ Giovane gestione familiare e ambiente rustico in un locale di campagna, le cui specialità sono funghi e tartufi, ma che propone anche pesce e la sera le pizze.

ad Alpe Faggeto Ovest : 6 km – alt. 1 177 m – ✉ 52033 Caprese Michelangelo

✗ **Fonte della Galletta** con cam ⌇　　　　← 🚗 ✷ ⓦ P VISA ⚫ ✿
località Alpe Faggeto – ☏ 05 75 79 39 25 – www.fontedellagalletta.it
12 cam ⬜ – †40/50 € ††70 €
Rist – *(chiuso lunedì e martedì in giugno-luglio, da lunedì a giovedì da settembre a maggio)* Carta 25/40 € ⌘
♦ Qui si respira aria di montagna e tra faggeti secolari si intravede una splendida vista sulla Val Tiberina; al ristorante, piatti tipici locali, funghi e cacciagione.

CAPRI (Isola di)★★★ – Napoli (NA) – 564 F24 – 7 305 ab.　　6 B3
▌Napoli e la Campania
⛴ per Napoli e Sorrento – Caremar, call center 892 123
ℹ piazza Umberto I 19, ☏ 081 8 37 06 86, www.capri.it

Pianta pagina seguente

ANACAPRI★★★ **(NA) – 564 F24 – 6 742 ab. – alt. 275 m – ✉ 80071**　　6 B3
ℹ via Orlandi 59, ☏ 081 8 37 15 24, www.comunedianacapri.it
◉ Monte Solaro★★★ BY : ✷★★★ per seggiovia 15 mn – Villa San Michele★ BY : ✷★★★ – Belvedere di Migliara★ BY 1 h AR a piedi – Pavimento in maiolica★ nella chiesa di San Michele AZ

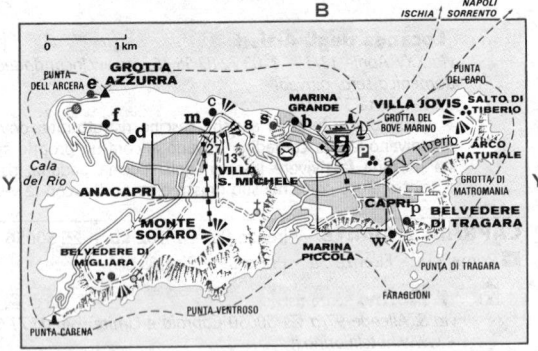

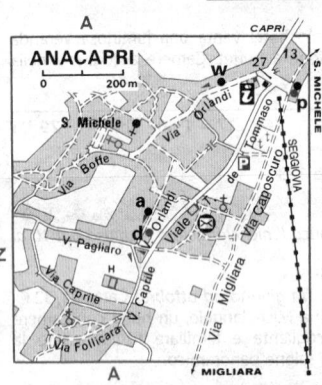

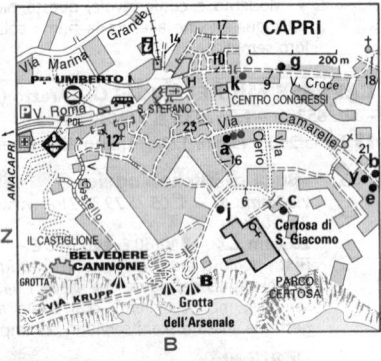

Capri Palace Hotel

via Capodimonte 14 – ℰ 08 19 78 01 11
– www.capripalace.com – 13 aprile-1° novembre
78 cam ☲ **††**470/1100 € – 11 suites – ½ P 335/650 €
AZ**p**
Rist *L'Olivo* – vedere selezione ristoranti
◆ Svetta sui tetti di Anacapri, domina il mare e custodisce straordinarie opere
d'arte contemporanea: un albergo-museo dai soffici colori e straordinarie camere,
alcune con piscina privata.

Caesar Augustus

via Orlandi 4 – ℰ 08 18 37 33 95
– www.caesar-augustus.com – 15 aprile-ottobre
45 cam ☲ – **††**360/620 € – 10 suites
BY**c**
Rist – (prenotazione obbligatoria) Carta 66/84 €
◆ Nell'altera e discreta Anacapri, il Caesar Augustus con la sua suggestiva piscina
a sfioro occupa una posizione privilegiata a picco sul mare. Qui nulla è lasciato al
caso: gli eleganti arredi o l'ascensore d'epoca non mancheranno, infatti, di attirare
la vostra attenzione.

Al Mulino senza rist

via La Fabbrica 9 – ℰ 08 18 38 20 84 – www.mulino-capri.it
– marzo-ottobre
BY**f**
7 cam ☲ – **†**150/180 € **††**170/220 €
◆ Una ex fattoria immersa in un curatissimo giardino, collocato nella parte più
"nobile" e riservata della località, quindi distante da centro, shopping e frastuono.
Tutte le camere sono dotate di un grazioso patio privato.

⌂ **Biancamaria** senza rist ≤ 🛗 AC 🛜 VISA ☎ ① ⑤
via Orlandi 54 – ℰ 08 18 37 10 00
– www.hotelbiancamaria.com – aprile-ottobre AZ**w**
25 cam ⌸ – †120/140 € ††150/170 €
♦ Lungo la strada dei negozi e del passeggio anacaprese, piccola risorsa nata dalla ristrutturazione di una casa privata: le camere sono classiche con mobili in legno naturale e tessuti coordinati.

⌂ **Bellavista** senza rist ≤ 🚗 AC 🛜 P VISA ☎ AE ① ⑤
via Orlandi 10 – ℰ 08 18 37 14 63
– www.bellavistacapri.com – aprile-ottobre BY**m**
15 cam ⌸ – †70/160 € ††150/300 €
♦ La realtà non smentisce il nome: è davvero splendido il panorama del golfo da uno dei più antichi alberghi dell'isola! Piacevole aria démodé negli interni anni '60 e caratteristici pavimenti con maioliche dai colori marini.

⇞ **Casa Mariantonia** senza rist 🚗 ⛱ AC VISA ☎ AE ⑤
via Orlandi 180 – ℰ 08 18 37 29 23
– www.casamariantonia.com – marzo-novembre AZ**a**
9 cam ⌸ – †120/200 € ††160/300 € – 1 suite
♦ Nel pieno centro di Anacapri, questa storica risorsa ospitò anche Totò e Moravia. L'attuale giovane gestione ha dato un nuovo slancio alla casa, che rimane sempre raffinata negli arredi e con un delizioso giardino agrumeto.

⇞ **Il Giardino dell'Arte** senza rist ◇ 🚗 AC 🛜 P VISA ☎ AE ⑤
traversa la Vigna 32/b – ℰ 08 18 37 30 25
– www.capri-ilgiardino.com – 15 marzo-novembre BY**d**
5 cam ⌸ – ††60/150 €
♦ Tra gli orti e i giardini delle ville di Anacapri, gli ospiti passano ore indimenticabili sulle terrazze vista mare. Ceramiche vietresi e letti in ferro battuto nelle accoglienti camere.

XXXX **L'Olivo** – Capri Palace Hotel 🍴 AC 🛜 VISA ☎ AE ① ⑤
ಭ ಭ *via Capodimonte 14 – ℰ 08 19 78 01 11*
– www.capripalace.com – 13 aprile-1° novembre AZ**p**
Rist – Menu 150 € – Carta 88/167 € ⊛
Spec. Trilogia di cotto e crudo di mare: capesante, palamita e gamberi. Ravioli di crostacei con pappa di pomodoro, totani al limone, crema di riso e nero di seppia. Merluzzo nero con spuma all'whisky torbato, spinaci e pomodori secchi.
♦ La discreta eleganza della sala ristorante, il suo stile soffuso e la tonalità écru hanno venato esaurito ogni aggettivo, iperbole e metafora. Come la cucina, scrigno di tesori napoletani, allegoria di sapori mediterranei, eclettico saggio di fantasia gastronomica del cuoco Andrea Migliaccio.

XX **La Rondinella** 🍴 VISA ☎ ⑤
via Orlandi 245 – ℰ 08 18 37 12 23
– marzo-ottobre; chiuso giovedì escluso da giugno a settembre AZ**d**
Rist – Carta 45/73 € (+10 %)
♦ Servizio solerte e cordiale, d'inverno in un ambiente rustico, d'estate sulla gradevole terrazza tra piante e fiori; cucina caprese e di mare, la sera anche le pizze.

alla Grotta Azzurra Nord-Ovest: 4,5 km

XX **Il Riccio** ≤ 🍴 VISA ☎ AE ① ⑤
via Gradola 4/11 – ℰ 08 18 37 13 80
– www.ristoranteilriccio.com – Pasqua-ottobre; chiuso le sere di lunedì, martedì e mercoledì BY**e**
Rist – Menu 60/85 € – Carta 64/156 €
♦ Un sogno caprese a strapiombo sul mare dove l'eleganza si fa più informale e vacanziera, nonché marina nei colori come nel pescato esposto in una vetrina traboccante di freschezza. Gran finale nella stanza dei dolci.

alla Migliara Sud-Ovest : 30 mn a piedi :

❌   **Da Gelsomina** con cam 🔊   ≤ 🛋 ⌶ AC cam, ❤ cam, ⟨ⁱ⟩
😊   via Migliara 72 – ℰ 08 18 37 14 99   VISA ◑◑ AE ◐ 💪
    – www.dagelsomina.com – aprile-ottobre   BYr
    5 cam � – ♦80/100 € – ♦♦130/160 €
    Rist – (chiuso la sera ad ottobre) Carta 30/45 €
    ♦ A piedi, o (previa telefonata) in navetta, si raggiunge un'autentica trattoria familiare con orto e allevamento. Ravioli alla caprese e pollo al mattone tra gli imperdibili. Panorama e tranquillità totale nelle camere realizzate sotto la terrazza, tutte con un piccolo patio privato.

CAPRI ★★★ (NA) – 564 F24 **– 7 305 ab. – alt. 142 m –** ⊠ **80073**   6 B3

◉ Belvedere Cannone ★★ BZ accesso per la via Madre Serafina ★ BZ **12** – Grotta Azzurra ★★ BY (partenza da Marina Grande) - Belvedere di Tragara ★★ BY – Villa Jovis ★★ BY: ❊★★, salto di Tiberio ★ – Giardini di Augusto ≤★★ BZ **B** – Via Krupp ★ BZ – Marina Piccola ★ e Marina Grande ★ BY – Piazza Umberto I ★ BZ – Via Le Botteghe ★ BZ **10** – Arco Naturale ★ BY

🏨🏨🏨 **Grand Hotel Quisisana**   ≤ 🛋 ⌶ 🖵 🌀 🍷 ♨ ❤ 🛗 AC ❤ ⟨ⁱ⟩ 🧖
    via Camerelle 2 – ℰ 08 18 37 07 88   VISA ◑◑ AE ◐ 💪
    – www.quisisana.com – 24 marzo-ottobre   BZa
    133 cam ⊒ – ♦♦320/700 € – 15 suites – ½ P 220/410 €
    Rist *Quisi* – vedere selezione ristoranti
    Rist *Rendez Vous* – vedere selezione ristoranti
    Rist *La Colombaia* – Carta 61/81 €
    ♦ Nato nell'Ottocento come sanatorio, oggi è una delle icone dell'isola. Davanti scorre la rutilante mondanità dello shopping, nel giardino: silenzio, mare e faraglioni. Vicino alla piscina, il ristorante La Colombaia propone specialità regionali e grigliate. Ambiente informale.

🏨🏨🏨 **Capri Tiberio Palace** 🔊   ≤ 🛋 ⌶ 🖵 ☺ 🌀 ♨ ❤ 🛗 AC cam, ❤ rist, ⟨ⁱ⟩
    via Croce 11/15 – ℰ 08 19 78 71 11   VISA ◑◑ AE ◐ 💪
    – www.tiberiopalace.com – aprile-ottobre   BZg
    50 cam ⊒ – ♦♦360/520 € – 10 suites – ½ P 250/360 €
    Rist – Carta 60/99 € 🍸
    ♦ Nella parte alta di Capri, a pochi minuti dal centro, architettura classica mediterranea per quest'albergo con ampi balconi incorniciati da archi. Interni chiari, eleganti con suggestive soluzioni di design per la sala da pranzo.

🏨🏨 **Casa Morgano** senza rist 🔊   ≤ ⌶ ❤ 🛗 AC ❤ ⟨ⁱ⟩ VISA ◑◑ AE ◐ 💪
    via Tragara 6 – ℰ 08 18 37 01 58 – www.casamorgano.com
    – 15 marzo-5 novembre   BZy
    27 cam ⊒ – ♦♦300/520 €
    ♦ Immersa nel verde, sorge questa raffinata struttura che vanta camere spaziose, arredate con estrema ricercatezza. A pranzo, possibilità di un pasto leggero a bordo piscina.

🏨🏨 **Scalinatella** senza rist 🔊   ≤ ⌶ ❤ 🛗 AC ❤ ⟨ⁱ⟩ VISA ◑◑ AE ◐ 💪
    via Tragara 8 – ℰ 08 18 37 06 33 – www.scalinatella.com – marzo-novembre
    30 cam ⊒ – ♦450 € ♦♦600 € – 2 suites   BZe
    ♦ Chi ama gli spazi non rimarrà deluso! In questa splendida costruzione "a cascata" si dorme quasi sempre in junior suite con pavimenti in ceramica di Vietri e arredi d'epoca. Dalla maggior parte delle camere la vista si posa su mare e certosa di San Giacomo.

🏨🏨 **Punta Tragara** 🔊   ≤ 🛋 ⌶ ❤ 🛗 AC ❤ ⟨ⁱ⟩ VISA ◑◑ AE ◐ 💪
    via Tragara 57 – ℰ 08 18 37 08 44 – www.hoteltragara.com – 20 aprile-ottobre
    38 cam ⊒ – ♦♦420/1000 € – 6 suites – ½ P 360/570 €   BYp
    Rist – Carta 60/80 €
    ♦ Posizione irripetibile su Capri e i Faraglioni, per una struttura dalle camere di moderna, riposante sobrietà e dalle favolose terrazze sul più bel mondo. Al ristorante: cucina mediterranea, specchio dell'isola e della regione.

Luna ⌕   ⟨ ⌂ ⌔ ⟲ ⌸ ⎙ 🅰🅲 ⚡ 🛈 VISA ⚏ 🄰🄴 ⌖
viale Matteotti 3 – ℰ 08 18 37 04 33 – www.lunahotel.com – Pasqua-ottobre
52 cam ⌕ – †⍾290/480 € – 4 suites – ½ P 290 €   BZ**j**
Rist – Carta 45/61 €
◆ Quasi a picco sulla scogliera, struttura in perfetto stile caprese con ambienti luminosi e fresche maioliche. Grande giardino fiorito e terrazza da cui contemplare il mare, i Faraglioni e la Certosa: un sogno mediterraneo!

Villa Brunella ⌕   ⟨ ⌔ ⌸ 🅰🅲 ⚡ 🛈 VISA ⚏ 🄰🄴 ⑩ ⌖
via Tragara 24 – ℰ 08 18 37 01 22 – www.villabrunella.it – aprile-novembre
20 cam ⌕ – †⍾270/460 €   BY**w**
Rist Terrazza Brunella – vedere selezione ristoranti
◆ Camere spaziose ed eleganti, dove gli arredi vi guidano alla scoperta del fascino locale: alcune offrono grandi terrazze e comodi salotti, optando invece per quelle più in basso si perde parte della vista per guadagnare in spazi verdi di giardino. La vita qui si svolge in verticale, quale modo del resto per essere più fedeli all'immagine di Capri?

La Certosella senza rist ⌕   ⟨ ⌔ ⟲ ⌸ 🅰🅲 ⚡ VISA ⚏ 🄰🄴 ⑩ ⌖
via Tragara 13/15 – ℰ 08 18 37 07 13 – www.hotelcertosella.com – chiuso dal 3 novembre al 4 dicembre   BZ**b**
16 cam ⌕ – †150/200 € ††200/300 €
◆ Un piccolo ma incantevole giardino vi indurrà a sostare in quest'albergo sotto glicini, limoni e aranci. Le spaziose camere sono ospitate in un edificio neoclassico.

Canasta senza rist ⌕   ⌔ ⌸ 🅰🅲 ⚡ 🛈 VISA ⚏ 🄰🄴 ⑩ ⌖
via Campo di Teste 6 – ℰ 08 18 37 05 61 – www.hotel-canasta.com – chiuso dal 9 gennaio al 15 marzo   BZ**c**
16 cam ⌕ – †120/260 € ††140/280 €
◆ Semplice nei servizi e negli spazi comuni, non deluderanno invece le camere: in genere spaziose e con eleganti ceramiche vietresi.

Villa Sarah senza rist ⌕   ⟨ ⌔ ⌸ 🅰🅲 ⚡ VISA ⚏ 🄰🄴 ⑩ ⌖
via Tiberio 3/a – ℰ 08 18 37 78 17 – www.villasarahcapri.com
– 27 dicembre-6 gennaio e aprile-23 ottobre   BY**a**
19 cam ⌕ – †90/160 € ††130/230 €
◆ Coccolati da un'autentica ed ospitale famiglia caprese, è una villa immersa nel verde dell'orto di casa. Al secondo piano alcune camere con vista mare.

XXXX **Quisi** – Gd H. Quisisana   🅰🅲 ⚡ VISA ⚏ 🄰🄴 ⑩ ⌖
via Camerelle 2 – ℰ 08 18 37 07 88 – www.quisisana.com – 23 marzo-ottobre
Rist – (chiuso lunedì escluso dal 15 giugno al 15 settembre)   BZ**a**
(chiuso a mezzogiorno escluso giugno, luglio e agosto) Carta 82/118 € ⌘
◆ Esclusivo e raffinato, è il ristorante per le serate più importanti e romantiche di Capri. La cucina, impeccabile, nobilita ed esalta i prodotti e le ricette campane.

XX **Terrazza Brunella** – Hotel Villa Brunella   🅰🅲 ⚡ VISA ⚏ 🄰🄴 ⑩ ⌖
via Tragara 24 – ℰ 08 18 37 01 22 – www.villabrunella.it – Pasqua-31 ottobre
Rist – (consigliata la prenotazione) Carta 43/71 €   BY**w**
◆ In posizione panoramica sulla baia di Marina Piccola, ristorante tanto piccolo, quanto celebre. Si cena all'interno di una veranda aperta su tre lati per offrirsi una cucina che spazia con abilità dalle specialità capresi e campane, ai piatti italiani più celebri nel mondo.

XX **Aurora**   🅰🅲 ⚡ VISA ⚏ 🄰🄴 ⑩ ⌖
via Fuorlovado 18 – ℰ 08 18 37 65 33 – www.auroracapri.com
– marzo-novembre   BZ**k**
Rist – (consigliata la prenotazione) Carta 40/71 € ⌘ (+15 %)
◆ In un caratteristico vicolo del centro, la terza generazione ha fatto decollare il ristorante verso mete più ambiziose e una raffinata cucina campana; anche pizze.

XX **Rendez Vous** – Gd. H. Quisisana   🅰🅲 ⚡ VISA ⚏ 🄰🄴 ⑩ ⌖
via Camerelle 2 – ℰ 08 18 37 07 88 – www.quisisana.com – 23 marzo-ottobre
Rist – Carta 74/99 € ⌘   BZ**a**
◆ Nell'elegante sala interna, o in terrazza affacciati sulla via dello shopping, l'appuntamento è con i piatti campani, nonché sushi (da maggio a settembre).

MARINA GRANDE (NA) – **564** F24 – ⊠ 80073   6 B3

🛈 banchina del Porto, 𝒞 081 8 37 06 34, www.capri.it

🏠🏠🏠   **J.K. Place Capri**   ⟨ ⟨ 🍴 ⌾ ⌾ ♨ 🌀 𝔸𝕂 ⅏ rist, ⁽ꞮꞮ⁾ 🅿 🆅🅸🆂🅰 ⁜ 🄰🄴 ⓪ ⑤
via Provinciale 225 – 𝒞 08 18 38 40 01 – www.jkcapri.com – aprile-ottobre
22 cam 🗖 – 🛉🛉600/3000 €   BY**b**
Rist – (prenotazione obbligatoria) Carta 64/111 €
◆ L'atmosfera e l'accoglienza di un'elegante residenza privata, dove una successione di salotti vi porta tra librerie e oggetti d'arte. Per chi non vuole rinunciare a bagnarsi nell'acqua di mare, nonostante la splendida piscina, l'albergo offre uno dei pochi accessi diretti alla spiaggia dell'isola.

🍴🍴   **Da Paolino**   🍴 🍴 🆅🅸🆂🅰 ⁜ 🄰🄴 ⓪ ⑤
via Palazzo a Mare 11 – 𝒞 08 18 37 61 02 – www.paolinocapri.com
– 21 aprile-15 ottobre   BY**s**
Rist – (chiuso mercoledì escluso giugno, luglio e agosto) (chiuso a mezzogiorno escluso sabato e domenica in aprle e maggio) (consigliata la prenotazione) Carta 48/94 € (+10 %)
◆ Locale rustico, molto luminoso, immerso nel verde: la "sala" è la limonaia sotto le cui fronde sono allestiti i tavoli. Cucina ricca e variegata secondo la migliore tradizione campana.

CAPRIATA D'ORBA – **Alessandria (AL)** – **561** H8 – **1 862 ab.**   23 C3
– alt. 176 m – ⊠ 15060

▶ Roma 575 – Alessandria 25 – Genova 63 – Milano 101

🍴   **Il Moro**   🍴 🕭 𝔸𝕂 ⅏ ⇔ 🆅🅸🆂🅰 ⁜ ⑤
🌀 piazza Garibaldi 7 – 𝒞 0 14 34 61 57 – www.ristoranteilmoro.it – chiuso dal 26 dicembre al 1° gennaio, 2 settimane in giugno,1 settimana a settembre, lunedì, anche domenica sera da ottobre ad aprile
Rist – Carta 30/39 €
◆ In centro paese, all'interno di un palazzo del '600, una trattoria dai soffitti a volta e sulla tavola la vera cucina alessandrina: agnolotti, stoccafisso in insalata con patate o carne cruda di fassona al coltello. Piccola enoteca annessa.

CAPRILE – **Belluno (BL)** – Vedere Alleghe

CAPRI LEONE Sicilia – **Messina (ME)** – **365** AX55 – **4 515 ab.**   40 C2
– alt. 400 m – ⊠ 98070

▶ Catania 184 – Messina 93 – Palermo 144

🍴🍴   **Antica Filanda** con cam 🍃   ⟨ 🍴 ♨ 𝔸𝕂 ⅏ ⁽ꞮꞮ⁾ 🅿 🆅🅸🆂🅰 ⁜ 🄰🄴 ⑤
🌀 contrada Raviola strada statale 157 – 𝒞 09 41 91 97 04 – www.anticafilanda.net
16 cam 🗖 – 🛉75/85 € 🛉🛉105/125 €
Rist – (chiuso dal 15 gennaio al 15 febbraio e lunedì) Carta 29/41 € ∰
◆ La vista unisce mare e monti, ma la cucina sceglie questi ultimi: la tradizione dell'entroterra rivisitata con ottimi prodotti del territorio ed una predilizione per il maialino nero in tutte le declinazioni, dai salumi ai ragù. Camere nuove ed accoglienti.

CAPRIOLO – **Brescia (BS)** – **562** F11 – **9 143 ab.** – alt. 216 m – ⊠ 25031   19 D1
▶ Roma 593 – Brescia 33 – Milano 73 – Parma 142

🏠🏠   **Sole**   ⌖ 🕭 𝔸𝕂 ⅏ ⁽ꞮꞮ⁾ 🛋 🅿 🚗 🆅🅸🆂🅰 ⁜ 🄰🄴 ⓪ ⑤
via Sarnico 2 – 𝒞 03 07 46 15 50 – www.solehotelristorente.com
– chiuso dal 1° all' 8 gennaio
36 cam 🗖 – 🛉55/65 € 🛉🛉75/80 €
Rist Sole – vedere selezione ristoranti
◆ Sulla statale che porta ad Iseo, la recente ristrutturazione ha cambiato il volto all'albergo: confort in ogni ambiente, camere moderne e spaziose.

XX **Sole** – Hotel Sole 　　　　　& ▥ ⅏ **P** ☲ ◉ Æ ① ⌚
*via Sarnico 2 – ℰ 03 07 46 15 48 – www.solehotelristorente.com
– chiuso dal 1° all' 8 gennaio*
Rist – *(chiuso sabato a mezzogiorno)* Carta 23/36 €
♦ In un ambiente moderno e tranquillo scoprirete la semplicità e la concretezza di una gestione familiare, che raccoglie i favori sia di una clientela commerciale, sia di quella turistica. Cucina lombarda e griglia sempre pronta in sala.

CAPRIVA DEL FRIULI – Gorizia (GO) – 1 735 ab. – alt. 49 m 　　**11** C2
– ⊠ 34070
🚩 Roma 636 – Udine 27 – Gorizia 9 – Pordenone 74
🏰 Castello di Spessa via Spessa 14, 0481 881009, www.castellodispessa.it

⛰ **Castello di Spessa** – Residenza d'epoca senza rist ⌁ 　　≼ ⟡ 🏰 ▥ **P**
via Spessa 1, Nord : 1,5 km – ℰ 04 81 80 81 24　　　　　☲ ◉ Æ ① ⌚
– www.castellodispessa.it
15 cam ⌑ – ♦112/140 € ♦♦145/180 € – 1 suite
♦ Poche ed esclusive camere per una vacanza di relax a contatto con la storia, in questo castello ottocentesco che ha ospitato i signori della nobiltà friulana, celato da un parco secolare. Splendida vista sui vigneti e sul campo da golf.

XX **Tavernetta al Castello** con cam 　　≼ ⌁ ⌂ 🏰 & ▥ ⅏ **P**
via Spessa 7, Nord : 1 km – ℰ 04 81 80 82 28　　　　　　　☲ ◉ ⌚
– www.tavernettaalcastello.it – chiuso 2 settimane in gennaio o febbraio
10 cam ⌑ – ♦70/92 € ♦♦105/132 €
Rist – *(chiuso domenica sera, lunedì)* Menu 40/50 € – Carta 39/57 € ⌘
♦ Il verde dei vigneti e del vicino campo da golf, allieta questa taverna di tono rustico-elegante con pareti in pietra e l'immancabile camino, dove gustare piatti regionali, legati alle stagioni. Camere confortevoli, ideali per un soggiorno di tranquillità.

CARAGLIO – Cuneo (CN) – 561 I4 – 6 779 ab. – alt. 575 m – ⊠ 12023 　**22** B3
🚩 Roma 655 – Cuneo 12 – Alessandria 138 – Genova 156
🛈 piazza Matteotti 40, ℰ 0171 40 28 08, www.turismocn.com

XX **Il Portichetto** 　　　　　　　　　　⌂ **P** ☲ ◉ Æ ① ⌚
via Roma 178 – ℰ 01 71 81 75 75 – www.ilportichetto.actervista.org – chiuso lunedì a mezzogiorno
Rist – Carta 31/48 €
♦ Nel cortiletto di un edificio d'epoca, un piccolo portico introduce a questo grazioso ristorante ricco di personalizzazioni ed eleganza. Dalla cucina piatti piemontesi e sapori regionali.

CARAMANICO TERME – Pescara (PE) – 563 P23 – 2 036 ab. 　　　**1** B2
– alt. 650 m – ⊠ 65023
🚩 Roma 202 – Pescara 54 – L'Aquila 88 – Chieti 43
🛈 via Fonte Grande 3, ℰ 085 92 22 02, www.abruzzoturismo.it

🏨 **La Réserve** ⌁ 　≼ ⌁ ⌧ ⏃ ⎅ ▨ ◉ ⌂ 🛁 ⊻ 🍴 & ⤢ ▥ ⅏ rist, ⅏ **P**
via Santa Croce – ℰ 08 59 23 91 – www.lareserve.it　　　　☲ ◉ Æ ① ⌚
– 16 aprile-8 gennaio
67 cam ⌑ – ♦180/210 € ♦♦290/350 € – 4 suites – ½ P 150/180 €
Rist – Menu 35/45 €
♦ Oasi di pace e benessere nel parco della Maiella, l'hotel che vanta una bella posizione panoramica dispone di ambienti moderni e di design. Attrezzato centro benessere-termale. Ampiezza e luminosa ariosità degli spazi anche nel ristorante.

🏨 **Cercone** 　　　　　　≼ ▨ ⌂ 🛁 ⊻ & cam, ⅏ rist, **P** ☲ ◉ ① ⌚
viale Torre Alta 17/19 – ℰ 0 85 92 21 18 – www.hotelcercone.com
– 15 dicembre-15 gennaio e marzo-ottobre
33 cam ⌑ – ♦50/70 € ♦♦65/95 € – 2 suites – ½ P 70 € 　**Rist** – Carta 24/41 €
♦ Di fronte all'ingresso delle Terme, hotel a conduzione diretta rinnovatosi negli anni: sale di caldo tono rustico, camere ampie e confortevoli con terrazzine panoramiche. Piccolo, ma nuovissimo centro benessere.

Ⅹ **Locanda del Barone** con cam   ⌂ & rist, ⚄ ℡ 🅅🅂🄰 ⓪ 🄰🄴 ⓪ ⓢ

😊 *località San Vittorino, Sud: 3 km – ℰ 08 59 25 84 – www.locandadelbarone.it*
– chiuso lunedì
6 cam ⌂ – †40 € ††80 € – ½ P 60 €
Rist – (consigliata la prenotazione) Carta 25/35 €
♦ Posizione tranquilla e panoramica per una bella casa dai toni rustici, ma molto accogliente. Tagliatelle ai funghi porcini, lombo di maiale nero di Caramanico o agnello alla brace sono tra le specialità che vi consigliamo vivamente di assaggiare.

CARASCO – Genova (GE) – **561** I10 – **3 595 ab.** – **alt. 26 m** – ⊠ 16042   **15** C2
▸ Roma 466 – Genova 53 – Parma 164 – Portofino 27

Ⅹ **Beppa**   🄰🄲 ⚄ 🄿 🅅🅂🄰 ⓪ ⓢ

via Vecchia Provinciale 89/91, località Graveglia, Est : 3 km – ℰ 01 85 38 07 25
– chiuso dal 30 dicembre al 20 gennaio e martedì
Rist – Carta 23/30 €
♦ Nell'entroterra ligure - sulla riva destra del Graveglia - un vecchio fienile è stato occupato da Beppa, che l'ha trasformato nell'attuale simpatica trattoria. Gustose specialità locali si sono invece "impossessate" della tavola.

CARATE BRIANZA – Monza e Brianza (MB) – **561** E9 – **17 867 ab.**   **18** B1
– **alt. 250 m** – ⊠ 20048
▸ Roma 598 – Como 28 – Bergamo 38 – Milano 31

ⅩⅩ **Il Ritrovo**   🄰🄲 ⚄ 🅅🅂🄰 ⓪ 🄰🄴 ⓪ ⓢ

via Ugo Bassi 1 bis – ℰ 03 62 90 22 87 – www.osteriadelritrovo.it
– chiuso dal 16 al 28 agosto, sabato a mezzogiorno, domenica sera, lunedì
Rist – Carta 53/86 €
♦ E' un piacere ritrovarsi in questo locale curato ed accogliente, in cui gustare specialità di pesce d'ispirazione siciliana (con tocchi esotici che derivano dalle esperienze di viaggio dello chef), nonché ricette a base di carne d'impronta più tradizionale lombarda.

ⅩⅩ **La Piana**   ⌂ ⚄ 🅅🅂🄰 ⓪ 🄰🄴 ⓢ

😊 *via Zappelli 15 – ℰ 03 62 90 92 66 – www.ristorantelapiana.it*
– chiuso 10 giorni in gennaio, 10 giorni in giugno, domenica sera, lunedì
Rist – Menu 13 € bc (pranzo)/35 € – Carta 25/42 €
♦ Nel centro della località, piccolo locale di tono moderno ospitato in un'accogliente corte lombarda. Cucina regionale e lariana, qualche piatto tipico del passato rispolverato e menu d'affari a pranzo.

Ⅹ **Camp di Cent Pertigh**   ⌂ & ⚄ 🄿 🅅🅂🄰 ⓪ 🄰🄴 ⓪ ⓢ

Cascina Contrevaglio, via Trento Trieste 63, Est : 1 km, strada per Besana
– ℰ 03 62 90 03 31 – www.campdicentpertigh.it – chiuso dal 27 dicembre al 17 gennaio, dal 10 al 20 agosto e martedì
Rist – Carta 44/55 € ❀
♦ All'interno di una caratteristica cascina lombarda, il ristorante che occupa soltanto una parte dell'edificio, è arredato secondo uno stile rustico-elegante. Cucina del luogo.

CARAVAGGIO – Bergamo (BG) – **561** F10 – **16 112 ab.** – **alt. 111 m**   **19** C2
– ⊠ 24043
▸ Roma 564 – Bergamo 26 – Brescia 55 – Crema 19

🏠 **Tre Re**   ⊟ & 🄰🄲 ℡ 🅅🅂🄰 ⓪ 🄰🄴 ⓪ ⓢ

via Papa Giovanni XXIII 19 – ℰ 03 63 51 38 1 – www.albergotrere.it
10 cam ⌂ – †55/70 € ††75/90 € – 1 suite – ½ P 50 €
Rist – (chiuso lunedì sera) Carta 32/61 €
♦ Cordiale gestione familiare in questa bella villa del 1910 situata di fronte al complesso di San Bernardino e all'inizio della via che conduce al Santuario. Camere di ampia metratura e dagli antichi arredi. Sobria eleganza per la prima sala del ristorante; più informale la seconda, con anche un menu di lavoro.

CARBONARA DI BARI – Bari (BA) – **564** D32 – **Vedere Bari**

CARBONARA DI PO – Mantova (MN) – **561** G15 – **1 355 ab.**   **17** D3
– alt. 14 m – ⊠ 46020

▶ Roma 457 – Verona 58 – Ferrara 51 – Mantova 55

🏠 **Passacör**   🏨 🅰🅒 ℅ rist, ᵗⁱ **P** 𝗩𝗜𝗦𝗔 ⓸ 🄰🄴 ⓞ 🖒
strada provinciale Ferrarese 4 – ℰ 0 38 64 14 61 – www.hotelpassacor.it
37 cam � – †55/70 € ††80/100 € – ½ P 60 €
Rist – (chiuso domenica) Carta 22/32 €
♦ Struttura di concezione moderna, funzionale e ben tenuta, a conduzione
diretta, dotata di parcheggio; le camere sono omogenee, essenziali, ma complete
nel confort.

CARBONARA SCRIVIA – Alessandria (AL) – **561** H8 – **1 096 ab.**   **23** C2
– alt. 177 m – ⊠ 15050

▶ Roma 563 – Alessandria 27 – Genova 69 – Milano 79

✗✗ **Locanda Malpassuti** con cam   🖧 🏠 🅰🅒 cam, ᵗⁱ **P** 𝗩𝗜𝗦𝗔 ⓸ 🖒
vicolo Cantù 11 – ℰ 01 31 89 26 43 – www.malpassutiguest.it – chiuso lunedì
6 cam – †70/100 € ††80/120 €, ⊒ 10 €
Rist – (consigliata la prenotazione) Carta 35/50 €
♦ Un'insegna in ferro, un vecchio edificio in centro, una sala con mobili e sedie in
stile; in cucina però la tradizione viene rinnovata con elaborazioni interessanti.

CARISIO – Vercelli (VC) – **561** F6 – **928 ab.** – alt. 183 m – ⊠ 13040   **23** C2
▶ Roma 648 – Torino 58 – Aosta 103 – Biella 26

sulla strada statale 230 Nord-Est : 6 km :

🏠 **La Bettola**   🏨 🅰🅒 ᵗⁱ **P** 𝗩𝗜𝗦𝗔 ⓸ 🄰🄴 ⓞ 🖒
📵 strada statale Vercelli-Biella 9 ⊠ 13040 – ℰ 01 61 85 80 45
35 cam ⊒ – †50 € ††80 € – ½ P 53 €   **Rist** – Carta 22/59 €
♦ Facilmente raggiungibile dall'uscita autostradale, funzionale struttura articolata
su due corpi con ambienti comuni limitati, ma stanze spaziose. Altro che bettola:
il moderno ristorante propone piatti squisitamente italiani.

CARLENTINI Sicilia – Siracusa (SR) – **365** AZ60 – **17 607 ab.**   **40** D2
– alt. 200 m – ⊠ 96013

▶ Catania 33 – Messina 130 – Ragusa 77 – Siracusa 44

verso Villasmundo Sud-Est : 4 km

🏠 **Agriturismo Tenuta di Roccadia** ⊗   🖧 🎿 🅰🅒 ℅ rist, **P**
contrada Roccadia, sp 95 al km 43 ⊠ 96013 Carlentini   𝗩𝗜𝗦𝗔 ⓸ 🖒
– ℰ 0 95 99 03 62 – www.roccadia.com
20 cam ⊒ – ††76/110 € – ½ P 55/75 €   **Rist** – Carta 22/29 €
♦ Camere semplici per una vacanza che si svolgerà all'aperto in una tenuta agricola, tra orto botanico ed equitazione. Sala dall'ambientazione rustica al ristorante, dove si utilizzano i prodotti dell'azienda elaborati in ricette isolane.

CARLOFORTE Sardegna – Carbonia-Iglesias (CI) – **366** K49 – **Vedere San Pietro**
(Isola di)

CARMAGNOLA – Torino (TO) – **561** H5 – **28 188 ab.** – alt. 240 m   **22** B3
– ⊠ 10022

▶ Roma 663 – Torino 29 – Asti 58 – Cuneo 71

🏌 I Girasoli strada Pralormo 315, 011 9795088, www.girasoligolf.it – chiuso mercoledì
🏌 La Margherita strada Pralormo, 011 9795113, www.golfclubmargherita.it – chiuso
gennaio e martedì

🏠 **San Marco**   🏨 🖒 🅰🅒 ↳ ℅ ᵗⁱ 🛁 **P** 𝗩𝗜𝗦𝗔 ⓸ 🄰🄴 🖒
via San Francesco di Sales 18 – ℰ 01 19 62 69 53 – www.sanmarcoalbergo.com
20 cam ⊒ – †60/120 € ††75/150 €
Rist San Marco – vedere selezione ristoranti
♦ Non lontana dal centro, la struttura offre camere spaziose, sobriamente eleganti e modernamente accessoriate: ideali per una clientela business.

277

⌂ Agriturismo Margherita ⟶ 　🍴 ⌷ 18 ⌖ ﾙ ⓦ ♈ ﾙ P
strada Pralormo 315, Est : 6 km – ℰ 01 19 79 50 88　VISA ➌ ⓞ ⓢ
– www.girasoligolf.it
12 cam – ♦70 € ♦♦80/100 €, ⌷ 8 € – ½ P 70 €
Rist – *(chiuso gennaio)* Carta 22/27 €
♦ Frutta, verdura, allevamento di polli ed un campo da golf con 18 buche per gli appassionati di questa attività; all'interno, l'azienda offre camere rustiche, calcune con angolo cottura. Atmosfera campagnola anche al ristorante, presso il quale potrete gustare, soprattutto, i prodotti dell'agriturismo.

🍴🍴 San Marco – Hotel San Marco 　ﾙ ⓦ ♈ P VISA ➌ AE ⓞ ⓢ
via San Francesco di Sales 18 – ℰ 01 19 62 69 53 – *www.sanmarcoalbergo.com*
Rist – *(chiuso domenica)* Carta 25/41 €
♦ A metà strada tra Torino e le Langhe, un ristorante personalizzato ed accogliente con cucina del territorio, nonché piacevoli angoli dove gustare formaggi e vini della regione. Il locale dispone anche di una piccola sala fumatori.

CARMIGNANO – Prato (PO) – 563 K15 – 13 984 ab. – alt. 189 m　29 C1
– ✉ 59015
▶ Roma 298 – Firenze 24 – Milano 305 – Pistoia 23

ad Artimino Sud : 7 km – alt. 260 m – ✉ 59015

🏠🏠 Paggeria Medicea ⟶ 　◁ 🍴 ⌷ ♈ ⓦ ♈ ﾙ P VISA ➌ AE ⓞ ⓢ
viale Papa Giovanni XXIII – ℰ 0 55 87 51 41 – *www.artimino.com*
37 cam – ♦75/175 € ♦♦90/210 € – ½ P 70/140 €
Rist – *(chiuso mercoledì, giovedì a mezzogiorno escluso giugno-settembre)*
Carta 32/49 €
♦ Un edificio rinascimentale ospita l'elegante hotel, le cui camere si trovano negli ex alloggi dei paggi medicei. Tra gli spazi comuni: un giardino, una piscina panoramica e belle sale ricevimento nell'imponente castello. La gastronomia che ha reso celebre nel mondo la Toscana, presso il ristorante del borgo.

🍴🍴 Da Delfina 　　🍴 P VISA ➌ ⓢ
via della Chiesa 1 – ℰ 05 58 71 80 74 – *www.dadelfina.it* – *chiuso 2 settimane in gennaio o febbraio, dal 22 al 29 agosto, domenica sera (escluso in estate), lunedì, martedì a mezzogiorno*
Rist – Carta 31/49 € (+10 %)
♦ Tipicità e lunga tradizione per questo locale, dove gustare piatti del territorio: d'estate, sulla bella terrazza panoramica.

CARMIGNANO DI BRENTA – Padova (PD) – 562 F17 – 7 586 ab.　37 B1
– alt. 46 m – ✉ 35010
▶ Roma 505 – Padova 33 – Belluno 96 – Tarvisio 47

🏠 Zenit 　　📶 ⓦ ↵ ♈ ♈ P VISA ➌ AE ⓞ ⓢ
⌓ *piazza del Popolo 16* – ℰ 04 99 43 03 88 – *www.hotelzenit.it*
19 cam ⌷ – ♦55/68 € ♦♦75/85 €
Rist – *(chiuso dal 26 dicembre al 5 gennaio, sabato, domenica sera)* Carta 20/36 €
♦ Servizio di tono familiare in un albergo ben tenuto, ideale per clientela di lavoro e di passaggio; buon rapporto qualità/prezzo, servizi adeguati. Ristorante classico, dove gustare anche paste fresche fatte in casa.

CARNAGO – Varese (VA) – 561 E8 – 6 373 ab. – alt. 354 m – ✉ 21040　18 A1
▶ Roma 639 – Como 60 – Varese 18 – Milano 53

🏠🏠 Villa Bregana ⟶ 　🍴 ◔ 📶 ﾙ ⓦ ♈ ♈ ﾙ P VISA ➌ AE ⓞ ⓢ
viale dei Carpini – ℰ 03 31 98 76 00 – *www.villabregana.it* – *chiuso dal 1° al 27 agosto*
25 cam ⌷ – ♦110/120 € ♦♦150/170 € – ½ P 105/115 €
Rist *Le Thuje* – vedere selezione ristoranti
♦ Ambienti curati e camere con arredi in stile country minimalista (forse un po' piccole, ma non è un disagio), in una villa settecentesca abbracciata da un parco di piante secolari.

XXX **Le Thuje** – Hotel Villa Bregana   ⌖ ⌀ & ⓜ ⅏ **P** 🆅🆂🅰 ⚏ ⒶⒺ ⓞ ⓢ
viale dei Carpini – ⌀ 0 33 19 86 81 – *www.villabregana.it* – *chiuso dal 12 al 27 agosto*
Rist – Carta 40/55 €
♦ Abbracciato da un parco di conifere, querce e thuje, il nome del ristorante elogia questi ultimi arbusti dalle cui foglie si ricavano rimedi omeopatici. Negli eleganti spazi impreziositi da quadri moderni e tappeti, la fantasia reinterpreta la cucina territoriale e stagionale.

CARNELLO – Frosinone (FR) – **563** R22 – **Vedere Arpino**

CARONA – Bergamo (BG) – **561** D11 – **358 ab.** – **alt. 1 110 m** – **Sport   16** B1
invernali : 1 100/2 130 m ⅏16, ⅏ – ⊠ **24010**
▶ Roma 636 – Sondrio 90 – Bergamo 53 – Brescia 101
🛈 via Locatelli snc, ⌀ 0345 7 70 52, www.carona.provinciabergamasca.com

🏠   **Carona**   ⌖ ⅏ rist. ⓣ P 🆅🆂🅰 ⚏ ⒶⒺ ⓢ
⚏   *via Bianchi 22* – ⌀ 0 34 57 71 25 – *www.albergocarona.it* – *chiuso maggio ed ottobre*
9 cam ⊇ – †40/50 € ††70/80 € – ½ P 65 €
Rist – *(chiuso martedì)* Carta 16/22 €
♦ In alta Val Brembana, albergo a conduzione familiare, semplice, ma ben tenuto; camere arredate in gran parte con mobili inizio '900, dal confort essenziale. E' ubicata al primo piano la sala ristorante, d'impostazione classica.

CAROVIGNO – Brindisi (BR) – **564** E34 – **16 138 ab.** – **alt. 161 m   27** C2
– ⊠ **72012**
▶ Roma 538 – Brindisi 28 – Bari 88 – Taranto 61

XXX   **Già Sotto l'Arco** (Teresa Buongiorno)   ⓜ ⅏ 🆅🆂🅰 ⚏ ⒶⒺ ⓢ
⚭   *corso Vittorio Emanuele 71* – ⌀ 08 31 99 62 86 – *www.giasottolarco.it* – *chiuso dal 15 al 30 novembre, lunedì, anche domenica sera in inverno*
Rist – *(consigliata la prenotazione)* Menu 70 € – Carta 54/76 € ⅏
Spec. Spaghettoni al ragù bianco d'agnello su salsa di ricotta. Ali di razza fritte su salsa carpione e trippa di pescatrice alla pizzaiola. Insalata tiepida di finocchi e gamberi all'arancia.
♦ Accoglienza calorosa e familiare, ma non priva di signorilità, in un elegante edificio barocco sulla piazza centrale. Riuscite reinterpretazioni pugliesi in cucina: ricette soprattutto a base di carne, anche se non manca qualche specialità di pesce.

CARPANETO PIACENTINO – Piacenza (PC) – **562** H11 – **7 660 ab.   8** A2
– **alt. 114 m** – ⊠ **29013**
▶ Roma 508 – Piacenza 19 – Alessandria 114 – Genova 151

XX   **Nido del Picchio** (Daniele Repetti)   ⓜ ⇆ 🆅🆂🅰 ⚏ ⒶⒺ ⓞ ⓢ
⚭   *viale Patrioti 6* – ⌀ 05 23 85 09 09 – *www.ristorantenidodelpicchio .it* – *chiuso lunedì*
Rist – *(chiuso a mezzogiorno escluso i giorni festivi)* *(consigliata la prenotazione)* Menu 70 € – Carta 48/80 € ⅏
Spec. Noci di capesante con crema di riso e cipolle dolci, capperi, pomodori e zafferano. Millefoglie di cialde di riso croccanti con melanzane, cernia affumicata e profumo di spezie. Coda d'astice arrostita all'olio con peperoni e sticks di polenta di ceci.
♦ Atmosfera sobria e sussurrata, l'ambiente è quello di una casa privata con poco spazio per orpelli o decorazioni. Tavoli rotondi e distanti, sulla carta si concentra tutto il lavoro dei titolari e soprattutto la personalità del cuoco: piatti creativi, ingegnosi, spesso a base di pesce.

CARPI – Modena (MO) – **562** H14 – **68 059 ab.** – **alt. 26 m** – ⊠ **41012   8** B2
▌ Italia Centro Nord
▶ Roma 424 – Bologna 60 – Ferrara 73 – Mantova 53
🛈 via Berengario 2, ⌀ 059 64 92 55, www.carpidiem.it
🏌 Santo Stefano Campagnola Emilia via Vetttogano 26, , Nord-Ovest: 10 km, 0522 652915, www.golfsantostefano.it – chiuso lunedì
◉ Piazza dei Martiri★ – Castello dei Pio★

🏨🏨 Touring
🛋️ 🛗 📺 ↔ 🐾 📶 VISA ⊕ AE ① ⛎

viale Dallai 1 – ℰ 059 68 15 35 – www.hoteltouringcarpi.it – chiuso dal 6 al 19 agosto

65 cam 🛏️ – †70/100 € – ††90/125 € – 2 suites – ½ P 74/92 €

Rist *Blu* – vedere selezione ristoranti

♦ Struttura degli anni Cinquanta ma dal taglio moderno, etnico e minimalista, con ambienti caldi ed accoglienti, alle cui pareti campeggiano immagini di campagne pubblicitarie di famiglia.

🏨 Carpi senza rist
🛗 ⛎ 🕺 📺 ↔ 🐾 ♨️ 🅿️ 🚗 VISA ⊕ AE ⛎

via delle Magliaie 2/4 – ℰ 059 64 59 15 – www.hotelcarpi.it

80 cam 🛏️ – ††85/220 €

♦ Bianco edificio dalle ampie vetrate, offre ambienti moderni, alle cui pareti sono esposte fotografie della città e vedute d'epoca. Particolarmente adatto ad una clientela d'affari. Tariffe speciali nei weekend.

🏨 Gabarda
🚗 ⛎ 📺 🐾 ♨️ 🅿️ VISA ⊕ AE ① ⛎

via Carlo Marx 172 – ℰ 059 69 36 46 – www.gabarda.it – chiuso 2 settimane in agosto

32 cam 🛏️ – †79/110 € ††89/125 € – 3 suites   **Rist** – Carta 24/41 €

♦ Lo stile è quello di una casa colonica con il portico che corre tutto intorno; le camere, particolarmente spaziose ed arredate con mobili chiari, hanno tutte ingresso indipendente. Di taglio rustico, il ristorante si trova in una struttura attigua e propone gustosi piatti tipici regionali.

✖✖ Il Barolino
📺 ⅍ VISA ⊕ AE ① ⛎

via Giovanni XXIII 110 – ℰ 059 65 43 27 – www.ilbarolinoristorante.com – chiuso dal 31 dicembre al 6 gennaio, dal 5 al 28 agosto, sabato a mezzogiorno, domenica

Rist – Carta 25/53 € 🍷

♦ Piatti unicamente del territorio e conduzione strettamente familiare per questo locale in posizione periferica. Propone anche vendita di vini e di prodotti alimentari.

✖✖ Il 25
🍽️ ⛎ 📺 VISA ⊕ ⛎

via San Francesco 20 – ℰ 059 64 52 48 – www.il25.it – chiuso 2 settimane in febbraio, 2 settimane in agosto, lunedì, martedì a mezzogiorno

Rist – Carta 41/71 €

♦ In un palazzo di fine '800, la cucina non si pone confini: terra e mare, tradizione e creatività, ma un solo dogma, la pienezza del gusto tutta emiliana.

✖✖ L'incontro
🚗 🍽️ 📺 ⇔ 🅿️ VISA ⊕ AE ⛎
🐌

via delle Magliaie 4/1 – ℰ 059 69 31 36 – www.lincontroristorante.it – chiuso dal 1° al 6 gennaio, dal 10 al 20 agosto, domenica sera, lunedì a mezzogiorno, anche domenica a mezzogiorno da marzo a dicembre

Rist – (consigliata la prenotazione) Menu 19/45 € – Carta 31/45 € 🍷

♦ Passione e impegno caratterizzano questo locale raccolto e accogliente, articolato in quattro salette classicamente arredate in colori caldi e vivaci. Di stampo più creativo la proposta gastronomica.

✖✖ Blu – Hotel Touring
🚗 🍽️ 📺 VISA ⊕ AE ① ⛎

viale Dallai 1 – ℰ 059 65 37 01 – www.belloniebelloni.com – chiuso dall'8 al 21 agosto, sabato a mezzogiorno e domenica

Rist – Menu 27 € bc – Carta 36/53 €

♦ Cucina di mare, come suggerisce il nome, con diversi piatti d'impronta ligure in un locale arredato nelle chiare tonalità bianco-avorio, circondato da grandi vetrate affacciate sul dehors e sul piccolo giardino interno.

CARPINETI – Reggio Emilia (RE) – **562** I13 – 4 177 ab. – alt. 562 m   **8** B2
– ✉️ 42033

▶ Roma 457 – Parma 50 – Bologna 92 – Modena 52

⌂ **Agriturismo Le Scuderie** ⌖ ⟨ ⬜ **P** `VISA` ⊗ **AE** ⓪ ⚫

☺ *frazione Regingo 77, Sud-Est : 1,5 km –* ✆ *05 22 61 83 97*
– www.agriturismolescuderie.it
7 cam ⬜ – ♥♥45/70 € – ½ P 55 € **Rist** – *(chiuso lunedì sera)* Carta 18/30 €
♦ Per scoprire l'Appennino Reggiano, un bel rustico ristrutturato, in posizione tranquilla nel verde dei colli; bei mobili di legno nelle camere. Ristorante di tono rustico con cucina casereccia.

CARRAIA – Firenze (FI) – Vedere Calenzano

CARRARA – Massa Carrara (MS) – **563** J12 – **65 588 ab.** – **alt. 100 m**   28 A1
– ⊠ **54033** ▌ Toscana

🄳 Roma 400 – La Spezia 31 – Firenze 126 – Massa 7
🄲 Cave di marmo di Fantiscritti★★ Nord-Est : 5 km – Cave di Colonnata★ Est : 7 km

ad Avenza Sud-Ovest: 4 km – ⊠ 54031

🄷🄰 **Carrara** ▯ 🄰🄲 ⟨ᵀ⟩ **P** `VISA` ⊗ **AE** ⓪ ⚫
via Petacchi 21 – ✆ *05 85 85 76 16 – www.hotelcarrara.it*
32 cam ⬜ – ♥57/70 € ♥♥90/105 € – ½ P 70 €
Rist – *(chiuso domenica) (chiuso a mezzogiorno)* Menu 25 €
♦ Nelle immediate vicinanze della stazione ferroviaria, una risorsa a conduzione familiare rinnovatasi in anni recenti dispone ora di ambienti e camere signorili. Simpatica e colorata sala ristorante, non priva d'eleganza.

a Colonnata Est : 7 km – ⊠ 54033

Ⅹ **Venanzio** ⟨ᵀ⟩ 🄰🄲 `VISA` ⊗ ⓪ ⚫
piazza Palestro 3 – ✆ *05 85 75 80 33 – www.ristorantevenanzio.com – chiuso dal 21 dicembre al 12 gennaio, giovedì e domenica sera (escluso agosto)*
Rist – Menu 40 € bc – Carta 29/65 €
♦ In questo paesino conosciuto per il suo lardo e le cave di marmo, *Venanzio* è l'indirizzo giusto dove gustare una cucina di terra con specialità di funghi, cacciagione e l'immancabile salume.

CARRARA (Marina di) – Massa Carrara (MS) – **563** J12 – ⊠ **54036**   28 A1
🄳 Roma 396 – La Spezia 26 – Carrara 7 – Firenze 122

ⅩⅩ **Ciccio Marina** ⟨ᵀ⟩ 🄳 🄰🄲 `VISA` ⊗ ⓪ ⚫
viale da Verrazzano 1 – ✆ *05 85 78 02 86 – www.ristoranteciccio.it – chiuso lunedì*
Rist – Carta 30/52 €
♦ Sul lungomare nei pressi del porto, moderno ristorante dalle luminose sale e con bar pubblico. Il pesce è tra le specialità della casa.

CARRÈ – Vicenza (VI) – **562** E16 – **3 663 ab.** – **alt. 219 m** – ⊠ **36010**   35 B2
🄳 Roma 545 – Padova 66 – Trento 63 – Belluno 106

🄷 **La Rua** ⌖ ⟨ ⟨ᵀ⟩ 🄰🄲 cam, ⅍ rist, ⟨ᵀ⟩ 🄰 **P** `VISA` ⊗ **AE** ⓪ ⚫
località Cà Vecchia, Est : 4 km – ✆ *04 45 89 30 88 – www.hotellarua.it*
22 cam ⬜ – ♥55/65 € ♥♥80/95 € – 1 suite – ½ P 75 €
Rist – *(chiuso martedì)* Carta 26/35 €
♦ Isolato sulle colline sovrastanti la pianura, offre camere classiche e spaziose o, da preferire, più recenti e moderne negli arredi anche se di metratura a volte più ridotta. Piacevolissima terrazza panoramica per il servizio estivo.

⌂ **Locanda La Corte dei Galli** senza rist ⌖ ⬜ 🄰🄲 **P** `VISA` ⊗ **AE** ⚫
via Prà Secco 1/a – ✆ *04 45 89 33 33 – www.lacortedeigalli.it*
7 cam ⬜ – ♥80/110 € ♥♥100/130 €
♦ Struttura di charme ricavata nella barchessa di un edificio rurale del '700, rinnovato con elegante raffinatezza; mobili d'epoca nelle camere e piccola piscina interna.

281

CARRÙ – Cuneo (CN) – **561** I5 – 4 393 ab. – alt. 364 m – ⊠ 12061   **23** C3

▶ Roma 620 – Cuneo 31 – Milano 203 – Savona 75

🏠 **Palazzo di Mezzo** senza rist   🕮 ⅄ 📠 ⅏ 🕿 🍴 🚗 🚗 🚗 🚾 ⓪ 🄰🄴 ⑤
via Garibaldi 4 – ℰ 01 73 77 93 06 – www.palazzodimezzo.com
– chiuso 15 giorni in gennaio
11 cam ⊆ – †62/70 € ††85/98 €
♦ Piccola ed accogliente struttura sorta dalla ristrutturazione di un palazzo settecentesco nel centro della località. Mobili in stile antico e letti in ferro battuto
caratterizzano le graziose camere: quelle all'ultimo piano impreziosite da soffitti a
cassettoni. Confort moderno e calorosa gestione familiare.

CARSOLI – L'Aquila (AQ) – **563** P21 – 5 591 ab. – alt. 616 m – ⊠ 67063   **1** A2

▶ Roma 68 – Avezzano 45 – Frosinone 81 – L'Aquila 63

🍴🍴 **L'Angolo d'Abruzzo**   🍴 ⅄ 📠 ⇔ 🚾 ⓪ 🄰🄴 ⑤
piazza Aldo Moro – ℰ 08 63 99 74 29 – www.langolodiabruzzo.it – chiuso e
mercoledì
Rist – Menu 55 € – Carta 34/72 € 🍷
♦ Per gli appassionati della cucina abruzzese, i migliori prodotti e i sapori più
autentici della gastronomia regionale: carni, paste, salumi, formaggi, nonché funghi e tartufi (in stagione). Ottima cantina.

🍴🍴 **Al Caminetto**   📠 ⇔ 🚾 ⓪ 🄰🄴 ⑤
via degli Alpini 95 – ℰ 08 63 99 54 79 – www.al-caminetto.it
– chiuso dall'8 al 15 gennaio, dal 17 al 28 luglio e lunedì
Rist – Menu 25 € bc – Carta 24/44 €
♦ Décor rustico in un locale poliedrico con sala enoteca per degustazioni. In
menu, l'offerta è ampia e variegata: si va dalle più tipiche specialità regionali,
alle carni cotte alla brace, funghi e tartufi.

in prossimità dello svincolo Carsoli-Oricola Sud-Ovest : 2 km :

🏠 **Nuova Fattoria**   🍴 🍴 ⅏ 🄿 🚾 ⓪ ⑤
🚗🚗 via Tiburtina km 68,3 ⊠ 67063 Oricola – ℰ 08 63 99 73 88
📺   – www.lanuovafattoria.it
20 cam ⊆ – †40/55 € ††60/75 € – 2 suites – ½ P 50 €   **Rist** – Carta 20/54 €
♦ Davanti al casello autostradale, offre ambienti omogenei e di buon livello.
Arredi di legno massiccio nelle camere, bagni sempre diversi, a volte estrosi. Sala
ristorante con alto spiovente in legno e brace a vista per la carne.

CARTOCETO – Pesaro e Urbino (PU) – **563** K20 – 7 966 ab. – alt. 235 m   **20** B1
– ⊠ 61030

▶ Roma 271 – Rimini 69 – Ancona 75 – Pesaro 28

🍴🍴🍴 **Symposium** (Lucio Pompili) con cam ⌂   🍴 🍴 🛋 📠 🄿 🚾 🄰🄴 ⑤
🏵 via Cartoceto 38, località Serrungarina, Ovest : 1,5 km – ℰ 07 21 89 83 20
– www.symposium4stagioni.it – chiuso gennaio e febbraio
7 cam ⊆ – †70/90 € ††120/150 €
Rist – (chiuso lunedì e martedì) (chiuso a mezzogiorno escluso sabato e
domenica) (consigliata la prenotazione) Carta 83/108 € 🍷
Spec. Vellutata di carciofi con uovo in crosta di pane al tartufo. Paccheri con sugo
di volatili. Degustazione di frattaglie.
♦ Nel contesto di un paesaggio collinare, più che un ristorante è un'elegante
casa privata dai molteplici ambienti: terrazza panoramica, veranda coperta stile
conservatory e raffinata salle à manger con grandi tavoli, dipinti moderni e bella
vista. La passione del cuoco-cacciatore porta in tavola selvaggina, ma il menu si
apre anche al pesce.

CARTOSIO – Alessandria (AL) – **561** I7 – 819 ab. – alt. 230 m   **23** C3
– ⊠ 15015

▶ Roma 578 – Genova 83 – Acqui Terme 13 – Alessandria 47

XX **Cacciatori** con cam 🛏️   🖼️ ⚜️ **P** VISA �🅢
*via Moreno 30 – ℰ 0 14 44 01 23 – chiuso dal 23 dicembre al 22 gennaio
e dal 1° al 15 luglio*
10 cam – ♦♦50/65 €, ☐ 7 € – 2 suites
Rist – *(chiuso giovedì, venerdì a mezzogiorno)* (coperti limitati, prenotare)
Carta 32/49 € 🏮
♦ Nascosto tra le viuzze del paese, ristorante sobriamente classico dove l'amore
per la buona cucina e i prodotti del territorio si ritrovano a tavola. Ottimo il servizio.

CARZAGO – Brescia (BS) – **561** F13 – alt. 202 m – ⌧ 25080   **17** D1
▶ Roma 542 – Brescia 23 – Verona 57
🚗 Arzaga via Arzaga 1, 030 6806266, www.palazzoarzaga.com – chiuso dal
19 dicembre al 15 gennaio e martedì in gennaio-febbraio

🏨 **Palazzo Arzaga** 🛏️   ⟵ 🚗 🖼️ 🏊 🔲 🌳 ♨️ ⅙ ⚜️ 🖼️ 📶 ⅙ cam, 🅐🅒 ↯
via Arzaga 1, località Calvagese   ⚜️ rist, ⁿⁱ ⚜️ 🚗 **P** VISA 🌍 🅐🅔 ⓪ 🌟
*della Riviera, Sud : 2 km – ℰ 0 30 68 06 00 – www.palazzoarzaga.com
– 16 marzo-2 novembre*
84 cam ☐ – ♦200/660 € ♦♦240/710 € – 3 suites
Rist *Il Moretto* – vedere selezione ristoranti
Rist *Il Grill-Club House* – *(chiuso martedì da novembre a marzo) (chiuso la sera)*
Carta 38/82 €
♦ In un suggestivo palazzo del XV secolo, poliedrico hotel di lusso, per congressi,
per chi ama il golf, le terapie rigenerative o il semplice relax. Più informale del
ristorante Moretto, il Grill-Club House è il luogo ideale dove gustare piatti leggeri
tra una partita e l'altra.

XXXX **Il Moretto** – Hotel Palazzo Arzaga   🚗 🖼️ 🅐🅒 ⚜️ ⇆ **P** VISA 🌍 🅐🅔 ⓪ 🌟
*via Arzaga 1, località Calvagese della Riviera, Sud: 2 km – ℰ 0 30 68 06 00
– www.palazzoarzaga.com – 19 marzo-24 ottobre*
Rist – Carta 52/113 €
♦ Grandi lampadari rinascimentali, candele sui tavoli, arredi antichi: sotto alte volte si
consuma il rito serale della cena, preferibilmente in giacca e cravatta! Cucina raffinata.

CASACANDITELLA – Chieti (CH) – **563** P24 – 1 403 ab. – alt. 432 m   **2** C2
– ⌧ 66010
▶ Roma 211 – L'Aquila 107 – Chieti 24 – Campobasso 173

🏠 **Castello di Semivicoli** senza rist 🛏️   ⟵ 🚗 ⅙ 🖼️ 🅐 **P**
via San Nicola 24, contrada Semivicoli – ℰ 08 71 89 00 45   VISA 🌍 🅐🅔 🌟
– www.castellodisemivicoli.it – chiuso dal 10 gennaio al 9 febbraio
11 cam ☐ – ♦85/120 € ♦♦154/220 € – 1 suite
♦ Un mirabile lavoro di restauro ha restituito splendore al palazzo baronale del
XVII sec, ora vanta splendide camere, dove mobili d'epoca si alternano pezzi più
moderni. La vista spazia dai monti abruzzesi al mare: impossibile rimanere indifferenti a tanto fascino!

CASALE MONFERRATO – Alessandria (AL) – **561** G7 – 35 993 ab.   **23** C2
– alt. 116 m – ⌧ 15033
▶ Roma 611 – Alessandria 31 – Asti 42 – Milano 75
🅸 piazza Castello, ℰ 0142 44 43 30, www.comune.casale-monferrato.al.it
🏌️ Il Golfino strada Provinciale-Casale Pontestura, , Ovest: 10 km, 0142 408915,
www.ilgolfino.it – chiuso dal 24 dicembre al 19 gennaio e lunedì

🏨 **Candiani**   🖼️ ⅙ 🅐🅒 ⚜️ ⁿⁱ 🅐 **P** VISA 🌍 🅐🅔 ⓪ 🌟
via Candiani d'Olivola 36 – ℰ 01 42 41 87 28 – www.hotelcandiani.com
47 cam ☐ – ♦80/85 € ♦♦110/120 € – 2 suites
Rist *La Torre* – ℰ 0 14 27 02 95 *(chiuso martedì, mercoledì a mezzogiorno)*
Menu 37/47 € – Carta 36/63 €
♦ Da una sapiente ristrutturazione che ha salvaguardato l'originario stile liberty di
un vecchio mattatoio del 1913, è sorto un elegante albergo, dotato di camere
spaziose. Cucina legata alla tradizione culinaria del territorio e basata su materie
prime accuratamente selezionate.

Business senza rist — ☐ ☒ ☐ ☒ ☐ ☒ ☒ ☒ ☒ ☒ ☒ ☒
strada Valenza 4/G – ☏ *+ 39 01 42 45 64 00* – *www.business-hotel.it* – *chiuso dal 1° all' 8 gennaio*
87 cam ☐ – †75/105 € ††90/130 €
♦ Hotel d'impronta business, che mantiene inalterato il calore dell'accoglienza di una gestione diretta. Giardino con piscina e sala colazioni di taglio moderno.

CASALE SUL SILE – Treviso (TV) – 562 F18 – 12 635 ab. – ⊠ 31032   35 A1
▶ Roma 541 – Venezia 26 – Padova 48 – Pordenone 52

San Nicolò — ☐ ☒ ☒ ☒ ☒ ☒ ☒
via San Nicolò 5 – ☏ *04 22 82 26 72* – *chiuso dal 1° al 6 gennaio, domenica sera, lunedì, anche domenica a mezzogiorno in luglio-agosto*
Rist – Carta 35/70 €
♦ Idilliaca posizione tra la chiesa e le rive del Sile, il contesto rustico della casa colonica è stato rinnovato per offrire ambienti più eleganti. La cucina è di mare.

CASALFIUMANESE – Bologna (BO) – 562 I16 – 3 440 ab. – alt. 125 m   9 C2
– ⊠ 40020
▶ Roma 387 – Bologna 47 – Firenze 84 – Modena 93

Valsellustra — ☐ ☒ ☒ ☒ ☒ ☒ ☒ ☒
via Valsellustra 16, Nord : 11 km – ☏ *05 42 68 40 73*
– *www.ristorantevalsellustra.com* – *chiuso dal 15 al 20 febbraio, dal 18 al 23 agosto e giovedì*
Rist – Menu 15 € bc/34 € bc – Carta 25/51 €
♦ Tipico ristorante di campagna, in posizione isolata, sobrio con tavoli ampi e rav-vicinati. Piatti saporiti e appetitosi con specialità a base di funghi e cacciagione.

CASALGRANDE – Reggio Emilia (RE) – 561 I14 – 18 639 ab. – alt. 97 m   8 B2
– ⊠ 42013
▶ Roma 439 – Bologna 74 – Reggio nell'Emilia 74 – Modena 22

Casalgrande senza rist — ☐ ☒ ☒ ☒ ☒ ☒ ☒ ☒ ☒ ☒ ☒
via XXV Aprile 27, località Salvaterra, Nord: 6 km – ☏ *05 22 84 95 34*
– *www.casalgrandehotel.com*
50 cam ☐ – †60/110 € ††90/160 €
♦ L'architettura moderna della struttura non stride con la campagna circostante: la tranquillità che caratterizza il luogo è presente anche nelle belle camere, arre-date con gusto minimalista ed insonorizzate.

CASALMAGGIORE – Cremona (CR) – 561 H13 – 14 930 ab.   17 C3
– alt. 26 m – ⊠ 26041
▶ Roma 487 – Parma 24 – Brescia 69 – Cremona 40

Bifi's senza rist — ☐ ☒ ☒ ☒ ☒ ☒ ☒ ☒ ☒
strada statale 420 km 36, località Rotonda – ☏ *03 75 20 09 38* – *www.hotelbifis.it*
76 cam ☐ – †69 € ††89 €
♦ Al crocevia tra le province di Mantova, Cremona e Parma una struttura funzionale e comoda con camere recentemente rinnovate. Gestione dinamica ed efficiente.

CASALNOCETO – Alessandria (AL) – 561 H8 – 992 ab. – alt. 159 m   23 D2
– ⊠ 15052
▶ Roma 598 – Alessandria 33 – Genova 89 – Milano 76

La Locanda del Seicento — ☒ ☒ ☒ ☒ ☒ ☒
piazza Martiri della Libertà – ☏ *01 31 80 96 14* – *www.lalocandadelseicento.it*
– *chiuso dal 9 al 23 gennaio e lunedì*
Rist – Carta 36/48 €
♦ Diverse salette ricavate dai due piani di in una casa del '600: ambiente di tono rustico-elegante, gestione giovane e motivata. Dalla cucina, piatti piemontesi, ma anche fragranti specialità di mare.

CASALOTTO – Asti (AT) – Vedere **Mombaruzzo**

CASAL PALOCCO (RM) – **563** Q19 – Vedere Roma

CASAL VELINO – Salerno (SA) – **564** G27 – **5 104 ab.** – **alt. 170 m**   **7** C3
– ⊠ 84040

▶ Roma 346 – Potenza 148 – Salerno 87 – Sapri 74

⩕ **Agriturismo i Moresani** ⌖   🖾 🏠 ☎ ⏚ 🏊 rist, **P** 𝘝𝘐𝘚𝘈 ⓒⓞ 🄰🄴 Ⓞ 🔆
località Moresani – *𝒞 09 74 90 20 86 – www.imoresani.com*
9 cam ⌷ – ♦♦80/110 € – 2 suites – ½ P 55/75 €
Rist – *(novembre-febbraio aperto solo i week-end)* Carta 22/34 €
♦ Poco sopra la località, oasi di pace e serenità, immersa tra gli ulivi. Camere semplici ma arredate con gusto, piscina per rinfrescarsi nei caldi pomeriggi estivi. A tavola la genuinità e i sapori degli ottimi prodotti locali.

CASAMICCIOLA TERME – Napoli (NA) – **564** E23 – Vedere Ischia (Isola d')

CASARZA LIGURE – Genova (GE) – **561** J10 – **6 663 ab.** – **alt. 34 m**   **15** C2
– ⊠ 16030

▶ Roma 457 – Genova 50 – Portofino 38 – La Spezia 59

✗✗ **San Giovanni**   🖾 ☎ **P** 𝘝𝘐𝘚𝘈 ⓒⓞ 🄰🄴 Ⓞ 🔆
via Monsignor Podestà 1 – *𝒞 01 85 46 72 44 – chiuso dal 7 gennaio al 1° febbraio*
Rist – *(chiuso lunedì)* (chiuso a mezzogiorno in luglio e agosto) Carta 38/62 €
♦ Fuori del centro, una villetta con un curato giardino, dove d'estate si svolge il servizio all'aperto, ospita questo ristorante, che propone esclusivamente pesce.

CASCIA – Perugia (PG) – **563** N21 – **3 260 ab.** – **alt. 653 m** – ⊠ 06043   **33** C3

▶ Roma 138 – Ascoli Piceno 75 – Perugia 104 – Rieti 60

🅕 piazza Garibaldi 1, *𝒞 0743 7 14 01, www.casciaonline.it*

🄷🄰 **Monte Meraviglia e Sporting Center La Reggia**   🏊 🏠 🛉
ⓒⓞ   via Roma 15 – *𝒞 0 74 37 61 42*   🖾 🏋 rist, 🛴 **P** 𝘝𝘐𝘚𝘈 ⓒⓞ 🔆
– *www.magrelliospitalita.com*
159 cam ⌷ – ♦50/90 € ♦♦80/140 € – ½ P 70 €
Rist *Il Tartufo* – Menu 20/40 € – Carta 25/65 €
♦ Complesso formato da due strutture: una imponente, di taglio moderno, con ampi spazi: per grandi numeri. L'altra più piccola, con attrezzato centro sportivo usato da entrambe. Ambiente curato al ristorante dove gustare piatti a base di tartufo e locali.

🄷 **Cursula**   ☎ 🖾 🄰🄲 cam, 🛴 **P** ⓒⓞ 🄰🄴 ⓄⓄ 🔆
viale Cavour 3 – *𝒞 0 74 37 62 06 – www.hotelcursula.com – chiuso gennaio e febbraio*
40 cam ⌷ – ♦40/87 € ♦♦60/120 € – 2 suites   **Rist** – Carta 23/70 €
♦ Piccolo albergo a gestione familiare, che garantisce, nella sua semplicità, un soggiorno confortevole tanto ai gruppi di pellegrini, quanto alla clientela di lavoro. In attività dal 1949, il rinomato ristorante che propone una schietta cucina del territorio.

CASCIANA TERME – Pisa (PI) – **563** L13 – **3 702 ab.** – **alt. 125 m**   **28** B2
– ⊠ 56034 ▊ Toscana

▶ Roma 335 – Pisa 39 – Firenze 77 – Livorno 41

🅕 via Cavour 11, *𝒞 0587 64 62 58, www.comune.cascianaterme.pi.it*

🄷🄰 **Roma**   🖾 🏊 🖾 ⛄ cam, 🄰🄲 🏋 rist, 🏠 **P** 𝘝𝘐𝘚𝘈 ⓒⓞ 🄰🄴 🔆
via Roma 13 – *𝒞 05 87 64 62 25 – www.albergo-roma.it – chiuso dicembre, gennaio e febbraio*
36 cam ⌷ – ♦55/75 € ♦♦85/100 € – ½ P 80 €   **Rist** – Menu 25 €
♦ D'altri tempi i corridoi ampi e i soffitti alti negli spazi comuni di un hotel centrale, ristrutturato in anni recenti; giardino ombreggiato con piscina. Regna un'atmosfera piacevolmente retrò nella signorile sala ristorante.

CASEI GEROLA – Pavia (PV) – **561** G8 – **2 568 ab.** – **alt. 81 m**   **16** A3
– ⊠ 27050

▶ Roma 574 – Alessandria 36 – Milano 57 – Novara 61

🏨 **Bellinzona** 🛗 AC ⸙ 🅿 🚗 VISA ⓒ AE ⓪ ⓢ
via Mazzini 71 – ☏ *0 38 36 15 25*
18 cam ⬜ – 🛏50/55 € 🛏🛏60/65 € – ½ P 55 €
Rist – *(chiuso dal 1° al 7 gennaio, dal 7 al 21 agosto e sabato)* Carta 22/37 €
♦ Da ben quattro generazioni, la stessa famiglia al timone di questo hotel centrale: buon livello di confort generale e camere recentemente rinnovate. Nell'ampio ristorante, piatti genuini e specialità alla brace.

CASELLE TORINESE – Torino (TO) – **561** G4 – 18 060 ab. – alt. 277 m   **22** A1
– ✉ 10072
▶ Roma 691 – Torino 13 – Milano 144
✈ Città di Torino Nord: 1 km ☏ 011 5676361

🏨🏨 **Jet Hotel** 🛗 AC ⸙ ㎙ 🅿 VISA ⓒ AE ⓪ ⓢ
via Della Zecca 9 – ☏ *01 19 91 37 33 – www.jet-hotel.com*
80 cam ⬜ – 🛏80/110 € 🛏🛏110/145 €
Rist *Antica Zecca* – vedere selezione ristoranti
♦ E' un bell'edificio del XVI secolo ad ospitare questo piacevole hotel situato nelle vicinaze dell'aeroporto: atmosfera signorile, buon livello di servizio e camere ben accessoriate.

🍴🍴 **Antica Zecca** – Jet Hotel AC ⟷ 🅿 VISA ⓒ AE ⓪ ⓢ
via Della Zecca 9 – ☏ *01 19 91 37 33 – www.jet-hotel.com*
Rist – *(chiuso dal 6 al 20 agosto e lunedì)* Menu 35/50 € – Carta 36/49 €
♦ Non lasciatevi ingannare dall'aspetto della struttura, che di primo acchito può apparire solo per una clientela d'affari: in questo accogliente ristorante vi attendono gustosi piatti regionali, rivisitati in chiave moderna. La griglia in sala assicura anche specialità alla brace.

CASE NUOVE – Varese (VA) – Vedere Somma Lombardo

CASERE = KASERN – Bolzano (BZ) – Vedere Valle Aurina

CASERTA 🅿 (CE) – **564** D25 – 78 669 ab. – alt. 68 m – ✉ 81100   **6** B2
📙 Napoli e la Campania
▶ Roma 192 – Napoli 31 – Avellino 58 – Benevento 48
🛈 piazza Gramsci, ☏ 0823 17 10 11 11 99, www.eptcaserta.it
◎ La Reggia★★
◎ Caserta Vecchia★: 10 km nord-est – Museo Campano★ a Capua: 11 km nord-ovest
- Complesso di San Leucio★: 3,5 km nord-ovest - Basilica di S. Angelo in Formis★★: 11 km nord-ovest - Anfiteatro campano★ a Santa Maria Capua Vetere: 7,5 km a ovest

🏨🏨🏨 **Crowne Plaza Caserta** 🛗 🛗 ㊓ AC 🕭 ☏ ㎙ 🚗 VISA ⓒ AE ⓪ ⓢ
viale Lamberti – ☏ *08 23 52 30 01 – www.crowneplaza-caserta.com*
320 cam ⬜ – 🛏🛏95/115 € – 16 suites   **Rist** – Carta 30/51 €
♦ Un'avveniristica struttura in posizione periferica, sviluppata attorno ad una piazza centrale - interamente coperta da una enorme cupola in vetro (tra le più grandi di Europa) - che racchiude camere, ristoranti, bar, centro congressi ed hall. Un hotel dall'innovativo concept.

🏨 **Amadeus** senza rist 🛗 🛗 VISA ⓒ AE ⓪ ⓢ
via Verdi 72/76 – ☏ *08 23 35 26 63 – www.hotelamadeuscaserta.it*
12 cam ⬜ – 🛏55/66 € 🛏🛏75/93 €
♦ Centrale, ristrutturato seguendo lo spirito del palazzo del '700 in cui è inserito, un piccolo albergo confortevole, con camere ben tenute e accessoriate.

🍴🍴🍴 **Le Colonne** AC ⟷ VISA ⓒ AE ⓪ ⓢ
viale Giulio Douhet 7/9 – ☏ *08 23 46 74 94 – www.lecolonnemarziale.it – chiuso dal 12 al 31 agosto, martedì*
Rist – Menu 45/50 € – Carta 43/64 €
♦ Molto elegante, con arredi lussuosi e profusione di marmi, un ristorante che propone cucina campana anche rielaborata in chiave moderna; specialità della casa: i dolci.

XX **Leucio**   P VISA ∞ AE ⹂

via Giardini Reali, località San Leucio, Nord-Ovest : 4 km ⊠ *81020 San Leucio*
ℰ 08 23 30 12 41 – www.ristoranteleucio.it – chiuso 10 giorni in agosto e lunedì
Rist – Carta 22/39 € (+12 %)

♦ Gestione familiare (padre in cucina, figlio in sala) in un ristorante con spazi banchetti ben separati; cucina per lo più di pesce, ma sono i primi a farla da padroni.

X **Antica Locanda**   AC ⹂ VISA ∞ AE ⓘ ⹂

piazza della Seta, località San Leucio, Nord-Ovest : 4 km – ℰ 08 23 30 54 44
*– www.ristoranteanticalocanda.com – chiuso dal 5 al 28 agosto, domenica sera
e lunedì*
Rist – Carta 22/34 €

♦ Quasi una trattoria, si mangia in due caratteristiche sale separate da un arco in
mattoni. Cucina di influenza partenopea, ma la specialità della casa è il risotto.

in prossimità casello autostrada A 1 - Caserta Sud Sud : 6 km :

🏨 **Novotel Caserta Sud**   🛏 🕭 ⹂ AC ⹂ ⹂ rist, ⹂ 🅿 VISA ∞ AE ⓘ ⹂

strada statale 87 Sannitica, Km 22,600 ⊠ *81020 Capodrise – ℰ 08 23 82 65 53*
– www.accorhotels.com
126 cam – ♦84/131 € ♦♦89/166 €, ⊇ 12 €
Rist Cotè Jardin – Menu 18 € bc/27 €

♦ A 2 km dal centro città, imponente, squadrata struttura moderna, dotata di
ampie, confortevoli camere insonorizzate, comodo parcheggio e attrezzato centro
congressi. Grandi vetrate affacciate sulla piscina e grill a vista nel ristorante.

🏨 **Grand Hotel Vanvitelli**   🛏 🕭 ⹂ AC ⹂ ⹂ ⹂ 🅿 ⹂
                                              VISA ∞ AE ⓘ ⹂

viale Carlo III, località Cantone, (in prossimità casello
autostrada A1) ⊠ *81020 San Marco Evangelista – ℰ 08 23 21 71 11*
– www.grandhotelvanvitelli.it
240 cam ⊇ – ♦140 € ♦♦150 € – 7 suites   **Rist** – Carta 28/36 €

♦ Grande struttura a vocazione commerciale dispone di ampi ambienti, nei quali
la raffinata eleganza del passato si unisce alla funzionalità e ai confort più
moderni. Sofisticato centro congressi. Capienti, curate sale per l'attività banchettistica e roof-garden per gli individuali.

CASIER – Treviso (TV) – **562** F18 – 7 752 ab. – alt. 5 m – ⊠ 31030   **35** A1
▶ Roma 539 – Venezia 32 – Padova 52 – Treviso 6

a Dosson Sud-Ovest : 3,5 km – ⊠ 31030

XX **Alla Pasina** con cam ⹂   🍴 🕭 ⹂ AC ⹂ ⹂ 🅿 VISA ∞ AE ⹂

via Marie 3 – ℰ 04 22 38 21 12 – www.pasina.it – chiuso dal 1° al 7 gennaio
7 cam ⊇ – ♦55/60 € ♦♦80/90 €
Rist – *(chiuso domenica sera, lunedì)* Menu 20 € bc/38 € bc – Carta 23/40 €

♦ Non è solo una casa di campagna ristrutturata. Le tre intime salette si trovano
in un'atmosfera ricca di fascino, quasi fiabesca e il C'era una volta inizia in cucina,
tra tradizione e fantasia. Con qualche intervento architettonico, il vecchio granaio
ospita ora poche intime camere affacciate sul fresco giardino.

CASINO DI TERRA – Pisa (PI) – Vedere Guardistallo

CASOLA VALSENIO – Ravenna (RA) – **562** J16 – 2 782 ab. – alt. 195 m   **9** C2
– ⊠ 48010
▶ Roma 380 – Bologna 64 – Firenze 82 – Forlì 42
🛈 via Roma 48/a, ℰ 0546 7 30 33, www.proloco-casolavalsenio.

XX **Mozart**   ⹂ ⹂ ⹂ P VISA ∞ AE ⓘ ⹂

via Montefortino 3 – ℰ 0 54 67 35 08 – www.ristorantemozart.com
– maggio-novembre; chiuso lunedì, martedì a mezzogiorno (escluso i giorni festivi)
Rist – Menu 25/33 € – Carta 42/52 €

♦ Gustose specialità del territorio nelle graziose salette di una rustica casa in pietra, abbracciata dal verde, in posizione dominante sul paese. Un consiglio: non
lasciate il locale senza aver assaggiato i proverbiali dolci, di stampo viennese, e i
semifreddi.

CASOLE D'ELSA – Siena (SI) – 563 L15 – 3 841 ab. – alt. 417 m — 29 C2
– ⊠ 53031

▶ Roma 269 – Siena 48 – Firenze 63 – Livorno 97

XX **Il Colombaio** 🕿 ⇔ **P** VISA ⚫ ⚙
℃ *località Colombaio – ℰ 05 77 94 90 02 – www.ilcolombaio.it – chiuso dal
12 novembre al 31 gennaio, lunedì, martedì a mezzogiorno*
Rist – Menu 60 € – Carta 47/85 € ⚙
Spec. Crudo di baccalà, pomodori secchi e olive. "Dama" di ricotta a 3 colori
(ricotta, nero di seppia, rapa rossa) su salsa al prezzemolo. Insalatina di piccione
marinato al miele e affumicato, con liquirizia.
♦ All'interno di una caratteristica casa toscana, una sala elegante dal servizio
curato e professionale dove gustare una cucina regionale elaborata in chiave
moderna.

a Pievescola Sud-Est : 12 km – ⊠ 53031

🏛 **Relais la Suvera** ॐ ⇐ 🛋 🕿 ⌘ ⋔ XX 🖿 ᕕ cam, 🗚 🖗 ᤃ **P**
via La Suvera – ℰ 05 77 96 03 00 – www.lasuvera.it VISA ⚫ AE ⓪ ᕕ
– 22 aprile-1° novembre
24 cam ⊑ – ᴖᴖ330/680 € – 12 suites – ᴖᴖ575/1500 €
Rist *Oliviera* – vedere selezione ristoranti
Rist – Carta 50/70 €
♦ Nella campagna senese, questo castello del XVI sec (appartenuto anche a Papa
Giulio II) rappresenta un perfetto connubio di storia, esclusiva eleganza e lussuoso
confort: ogni camera è personalizzata con arredi d'epoca provenienti dalle collezioni private dei proprietari. Rimarchevole, il giardino all'italiana.

XXX **Oliviera** – Hotel Relais la Suvera 🖻 🕿 🗚 ⌘ ⇔ **P** VISA ⚫ AE ⓪ ᕕ
via La Suvera – ℰ 05 77 96 03 00 – www.lasuvera.it – 22 aprile-1° novembre
Rist – *(chiuso a mezzogiorno)* Carta 64/82 € ⚙
♦ Ricavato all'interno di un frantoio, il ristorante "punta" sulle specialità toscane,
pur non mancando qualche divagazione su altri piatti italiani per accontentare la
clientela internazionale. Ottima anche la selezione dei vini: in particolare, dei prestigiosi rossi toscani.

CASPERIA – Rieti (RI) – 563 O20 – 1 222 ab. – alt. 397 m – ⊠ 02041 — 12 B1
▶ Roma 65 – Terni 36 – Rieti 38 – Viterbo 71

⌂ **B&B La Torretta** senza rist ॐ ⇐ ⅙ VISA ⚫ AE ⓪ ᕕ
*via Mazzini 7 – ℰ 07 65 63 22 02 – www.latorrettabandb.com – chiuso gennaio e
febbraio*
7 cam ⊑ – ᴖ65/80 € ᴖᴖ80/90 €
♦ In un borgo pittoresco, da visitare inerpicandosi per stradine strette per lo più
fatte a scala, una casa signorile del XV secolo e una terrazza che offre un'ampia
magnifica vista.

CASSANO D'ADDA – Milano (MI) – 561 F10 – 18 697 ab. – alt. 133 m — 19 C2
– ⊠ 20062

▶ Roma 567 – Bergamo 27 – Brescia 63 – Cremona 72

XX **Antica Osteria la Tesorella** ᕕ 🗚 **P** VISA ⚫ AE ⓪ ᕕ
*via Milano 63 – ℰ 03 63 63 30 33 – www.latesorella.it – chiuso dal 7 al 31 agosto,
lunedì e martedì*
Rist – Carta 46/64 €
♦ In questo romantico angolo di Lombardia, un piacevole "rifugio" dove fermarsi
per gustare memorabili preparazioni di pesce. Il dinamismo e le capacità qui non
mancano.

CASSINO – Frosinone (FR) – 563 R23 – 33 071 ab. – alt. 40 m — 13 D2
– ⊠ 03043

▶ Roma 130 – Frosinone 53 – Caserta 71 – Gaeta 47
🛈 Via G. Di Biasio 54, ℰ 0776 2 12 92, www.apt.frosinone.it
◨ Abbazia di Montecassino★★ – Museo dell'abbazia★★ Ovest : 9 km

Al Boschetto

via Ausonia 54, Sud-Est : 2 km – ✆ 0 77 63 91 31 – www.hotelristorantealboschetto.it

81 cam – †70/77 € ††85/90 €, ☕ 8 € – ½ P 62 € **Rist** – Carta 22/44 €

◆ Sulla strada che dal casello porta a Cassino e alla Casilina nord, imponente struttura completamente rinnovata adatta a una clientela d'affari. Ampio, tranquillo giardino. Ristorante capiente, mancheranno angoli più privati ma non degli squisiti dolci.

Rocca

via Sferracavallo 105 – ✆ 07 76 31 12 12 – www.hotelrocca.it – chiuso 24 e 25 dicembre

69 cam ☕ – †53/105 € ††77/124 € – 1 suite – ½ P 68 €

Rist – Carta 20/45 €

◆ Fuori dal centro, la zona residenziale e tranquilla, insieme al centro sportivo e alle camere rinnovate, è il punto forte della struttura. Camere recentemente rinnovate ed un'originale suite con soffitto stellato. Luminosa sala ristorante, d'impostazione classica.

Alba

via G. di Biasio 53 – ✆ 0 77 62 18 73 – www.albahotel.it

30 cam ☕ – †60/75 € ††78/95 €

Rist ***Da Mario*** – vedere selezione ristoranti

◆ A qualche centinaio di metri dal centro, le dimensioni ridotte della struttura si dimenticano presto nelle belle camere, colorate ed accattivanti.

Da Mario – Hotel Alba

via G. di Biasio 53 – ✆ 07 76 27 00 00 – www.albahotel.it

Rist – Menu 18 € bc/30 € bc – Carta 21/41 €

◆ In una sala vivace e luminosa, la carta è ampia e ben articolata: si va dai piatti di pesce, a quelli di carne, ricette laziali e specialità alla griglia.

La Colombaia

via Sant'Angelo 43 – ✆ 07 76 30 08 92 – chiuso domenica sera e lunedì

Rist – Menu 18/25 € – Carta 18/35 €

◆ Lungo la strada per S. Angelo, un moderno villino in campagna ospita una deliziosa cucina di pesce dagli accenti napoletani, come il titolare-chef.

Evan's

Via Gari 1/3 – ✆ 07 62 67 37 – www.evans1960.it – chiuso dal 30 agosto al 7 settembre, domenica sera e lunedì

Rist – Carta 26/45 €

◆ Gestito con tanta passione dalla famiglia Evangelista – da cui l'abbreviazione Evan's – il ristorante si è specializzato in gustose proposte di mare, elaborate prevalentemente secondo ricette classiche, ma talvolta anche locali.

CASTAGNETO CARDUCCI – Livorno (LI) – 563 M13 – 8 850 ab. – alt. 194 m – ✉ 57022 Toscana

28 B2

Roma 272 – Firenze 143 – Grosseto 84 – Livorno 57

via Vittorio Emanuele 21, ✆ 0565 76 50 42, www.comune.castagneto-carducci.li.it

B&B Villa le Luci senza rist

via Umberto I° 47 – ✆ 05 65 76 36 01 – www.villaleluci.it

7 cam ☕ – †95/150 € ††120/180 € – 2 suites

◆ Alle porte del paese, in posizione panoramica, elegante villa del 1910 con salotti e camere personalizzate. L'incanto di una vista che spazia sul mare e sulla costa...

a Donoratico Nord-Ovest : 6 km – ✉ 57024

Il Bambolo senza rist

via del Bambolo 31, Nord : 1 km – ✆ 05 65 77 52 06 – www.hotelbambolo.com – chiuso dicembre

42 cam ☕ – †58/120 € ††75/170 € – 1 suite

◆ A qualche km dal mare, nella quiete della campagna toscana, un grande cascinale ristrutturato, con camere calde e accoglienti. Indirizzo ideale per gli amanti del cicloturismo.

a Marina di Castagneto Carducci Nord-Ovest : 9 km – ✉ 57022 Donoratico

🛈 via della Marina 8, ✆ 0565 74 42 76, www.comune.castagneto-carducci.li.it

Tombolo Talasso Resort ⊗ ⟨ 🕭 🖈 🍴 🗟 🔲 🖤 🕤 🎬 🖊 🗄 & 🏃
via del Corallo 3   🕭 ⇇ ⁂ rist, 🍴 🖔 **P** 🚾 ➌ 🖭 ◑ 🗲
– ✆ 0 56 57 45 30 – www.tombolotalasso.it
91 cam ☲ – ♦140/478 € ♦♦210/548 € – 5 suites – ½ P 165/344 €
Rist – Carta 50/65 €
♦ Un'oasi di pace e tranquillità contornata da un parco-pineta, dove le camere eccellono per confort e personalizzazioni. Valido centro benessere con scenografiche piscine interne. Cucina regionale nella raffinata sala ristorante.

Alta la Vista ⟨ 🕭 & cam, 🖾 cam, 🍴 🚾 ➌ 🖭 ◑ 🗲
via del Tirreno 23 – ✆ 05 65 74 59 92 – www.risthotelmiramare.com
22 cam ☲ – ♦110/180 € ♦♦110/270 €
Rist Miramare – (chiuso martedì) Carta 30/61 €
♦ Costruito quasi sulla spiaggia, difficile immaginare un accesso più diretto al mare: eleganti arredi color sabbia, otto camere con vista mare ed un bel solarium attrezzato. Al ristorante Miramare, cucina di prim'ordine e una carta divisa tra i classici di pesce e proposte più creative. A pranzo c'è un'alternativa di piatti più semplici e leggeri: lo sciabica.

Villa Tirreno 🕭 🖾 ⁂ 🚾 ➌ 🗲
via della Triglia 2 – ✆ 05 65 74 40 36 – www.villatirreno.com – marzo-ottobre
29 cam ☲ – ♦50/75 € ♦♦81/120 € – ½ P 90 €
Rist – (chiuso lunedì) Carta 27/45 €
♦ Ospitato in un bell'edificio d'epoca, a due passi dal mare, albergo confortevole con camere spaziose e curate: chiedete una delle 5 con grande terrazza. Specialità di mare al ristorante.

La Tana del Pirata ⟨ 🕭 🕭 & 🖾 **P** 🚾 ➌ 🖭 ◑ 🗲
via Milano 17 – ✆ 05 65 74 41 43 – 8 marzo-30 ottobre; chiuso martedì escluso da giugno a settembre
Rist – Carta 45/85 €
♦ Accattivanti piatti di pesce da gustare in riva al mare: gestione familiare in un ambiente curato con una luminosa veranda.

a Bolgheri Nord : 10 km – ✉ 57020

Osteria Magona 🕭 🚾 ➌ 🖭 🗲
piazza Ugo 2/3 – ✆ 05 65 76 21 73 – chiuso novembre e lunedì
Rist – (chiuso a mezzogiorno escluso domenica in luglio, agosto e festivi) Carta 26/40 €
♦ Trattoria d'impostazione classica situata nel cuore della carducciana Bolgheri. Ribollita di pane con cavolo nero, arrosticini di cinta senese, costine d'agnello al timo e fior di sale: se i piatti della tradizione - qui - sono ben accolti, è anche vero che i due chef li reinterpretano con gusto moderno e fantasia.

CASTAGNOLE MONFERRATO – Asti (AT) – 561 H6 – 1 283 ab.   25 D1
– alt. 232 m – ✉ 14030
▶ Roma 586 – Alessandria 30 – Torino 69 – Asti 16

Ruchè ⟨⟩ 🚾 ➌ 🖭 ◑ 🗲
via xx Settembre 3 – ✆ 01 41 29 22 42 – www.ristoranteruche.com
– chiuso dal 7 al 12 gennaio, dal 12 al 18 luglio e mercoledì
Rist – (chiuso a mezzogiorno escluso domenica e i giorni festivi) Carta 27/44 € ⅋
♦ Nel paese dove negli anni '70 è stato inventato l'omonimo vino, un ristorantino gestito da una giovane e appassionata coppia. Cucina del territorio, venerdì e sabato anche proposte di pesce.

CASTELBELLO CIARDES (KASTELBELL TSCHARS) – Bolzano (BZ)   30 B2
– 562 C14 – 2 383 ab. – alt. 587 m – ✉ 39020
▶ Roma 688 – Bolzano 51 – Merano 23
🛈 via Statale 5, ✆ 0473 62 41 93, www.kastelbell-tschars.com

Kuppelrain (Jörg Trafoier) con cam ⟨ 🏠 📺 cam, **P** **VISA** ⊛ ⚡

piazza Stazione 16 località Maragno – ⌀ 04 73 62 41 03 – www.kuppelrain.com
– *chiuso due settimane in gennaio e febbraio*
3 cam ⬆ – †70/90 € ††120/150 €
Rist – *(chiuso domenica e lunedì a mezzogiorno)* (consigliata la prenotazione)
Carta 80/100 € ⁂
Spec. Tortelli con coda di bue su cavolo romano e salsa al tartufo. Vitello nostrano in tre cotture con crema di senape e verdure mediterranee. Cannolo ripieno di spuma allo yogurt, grano saraceno, frutta di stagione e gelatina allo yuzu (limone asiatico).
♦ Accolti da una splendida famiglia con un innato senso dell'ospitalità, il discorso si fa rigoroso in cucina: tecnica, creatività e coreografiche presentazioni al servizio del gusto.

sulla strada statale 38 Est: 4,5 km

Sand ⟨ 🚗 🏠 🏊 🗔 🍴 𝄞 ✱ 📺 cam, ✱ rist, 🐾 **P** **VISA** ⊛ ⚡

via Molino 2 ✉ 39020 – ⌀ 04 73 62 41 30 – www.hotel-sand.com
– *Natale e 20 marzo-novembre*
30 cam ⬆ – †75/100 € ††150/200 € – 4 suites
Rist – *(chiuso mercoledì)* Carta 28/76 €
♦ Ottimamente attrezzato per praticare attività sportive o semplicemente per rilassarsi all'aperto, vanta un piacevole giardino-frutteto con piscina, laghetto e beach volley. Centro benessere. Ambiente romantico nella caratteristica e intima stube, tutta rivestita di legno.

CASTELBIANCO – Savona (SV) – 290 ab. – alt. 343 m – ✉ 17030   14 A2
▶ Roma 576 – Imperia 42 – Genova 104 – Savona 56

Gin con cam 🚗 ✱ rist, **P** **VISA** ⊛ **AE** ⓞ ⚡

via Pennavaire 99 – ⌀ 01 82 77 00 01 – www.dagin.it – *chiuso 10 giorni in febbraio*
8 cam ⬆ – ††80/100 € – 1 suite
Rist – *(chiuso lunedì)* (chiuso a mezzogiorno escluso i giorni festivi) Menu 30 €
– Carta 29/37 € ⁂
♦ Altro punto di forza è il ristorante che propone piatti elaborati, partendo da tradizioni locali. Un hotel caratterizzato da camere belle e curate e da spazi comuni ridotti. Per un soggiorno immerso nel verde, da apprezzare dalla grande terrazza/solarium.

Scola con cam ⟨ **P** **VISA** ⊛ **AE** ⓞ ⚡

via Pennavaire 166 – ⌀ 01 82 77 00 15 – www.scolarist.it – *chiuso dall'8 gennaio al 11 febbraio*
7 cam ⬆ – †70 € ††80 € – ½ P 70 €
Rist – *(chiuso martedì sera e mercoledì)* (consigliata la prenotazione)
Menu 40 € – Carta 31/58 €
♦ Si è da poco concluso il restyling di questa piacevole risorsa, intima ed elegante, che da più di ottant'anni delizia i suoi ospiti con intriganti rielaborazioni di piatti dell'entroterra ligure.

CASTELBUONO Sicilia – Palermo (PA) – 365 AT56 – 9 306 ab.   40 C2
– alt. 423 m – ✉ 90013 ▌ Sicilia
▶ Agrigento 155 – Cefalù 22 – Palermo 90
◎ Cappella palatina : stucchi★

Palazzaccio **VISA** ⊛ **AE** ⓞ ⚡

via Umberto I° 23 – ⌀ 09 21 67 62 89 – www.ristorantepalazzaccio.it – *chiuso dal 15 al 30 gennaio e lunedì*
Rist – Menu 20/35 € – Carta 44/81 €
♦ Un piacevolissimo ristorantino a conduzione familiare ubicato in pieno centro storico, lungo una via pedonale. All'interno l'ambiente rustico è impreziosito da volte in pietra, mentre la cucina rimane fortemente ancorata al territorio con molte specialità delle Madonie.

❌ Nangalarruni ⚘ 🏧 VISA ⚫ AE ⬇

via Delle Confraternite 5 – ☏ 09 21 67 14 28 – www.hostariananangalarruni.it
– chiuso mercoledì escluso da giugno al 15 settembre
Rist – Menu 25/30 € – Carta 32/47 € ⌘
♦ Nel centro storico della località, pareti con mattoni a vista, antiche travi in legno ed esposizione di bottiglie, in una sala di origini ottocentesche. Piatti tipici della tradizione locale, ben fatti e curati.

CASTEL D'AIANO – Bologna (BO) – **562** J15 – 1 990 ab. – alt. 805 m   **9 C2**
– ✉ 40034

▶ Roma 365 – Bologna 48 – Firenze 89 – Pistoia 52

a Rocca di Roffeno Nord-Est : 7 km – ✉ 40034

⬆ Agriturismo La Fenice 🕭 ⚘ 🔧 🍴 rist, 🅟 VISA ⚫ ⬇

via Santa Lucia 29 – ☏ 0 51 91 92 72 – www.lafeniceagritur.it – maggio-dicembre
10 cam ⬜ – ♦40/60 € ♦♦60/80 € – 2 suites
Rist – *(chiuso da lunedì a giovedì escluso dal giugno a settembre)* Carta 22/64 €
♦ Piccolo agglomerato di case coloniche del XVI secolo, dove dominano le pietre unite al legno, per vivere a contatto con la natura in un'atmosfera di grande suggestione.

CASTEL D'APPIO – Imperia (IM) – Vedere Ventimiglia

CASTEL D'AZZANO – Verona (VR) – **562** F14 – 11 662 ab. – alt. 44 m   **35 A3**
– ✉ 37060

▶ Roma 495 – Verona 12 – Mantova 32 – Milano 162

🏛 Villa Malaspina 🚗 🔧 🕭 🖙 🛗 🍴 🏧 ⚘ ℡ 🔧 🅿 VISA ⚫ AE ⓸ ⬇

via Cavour 6 – ☏ 04 58 52 19 00 – www.hotelvillamalaspina.com
70 cam ⬜ – ♦80/254 € ♦♦115/274 € – 6 suites
Rist *Vignal de la Baiardina* – vedere selezione ristoranti
♦ Molto affascinanti le camere nella parte storica di questa bella villa di origini cinquecentesche: ideale per congressi e banchetti, riserva grandi attenzioni anche ai clienti individuali.

❌❌❌ Vignal de la Baiardina – Hotel Villa Malaspina 🚗 ⬇ 🏧 🍴 🅿

via Cavour 6 – ☏ 04 58 52 91 20 – www.ristorantevignal.com VISA ⚫ AE ⓸ ⬇
Rist – *(chiuso i mezzogiorno di sabato-lunedì, domenica sera)* Carta 35/81 €
♦ In tre salette d'atmosfera, con travi a vista e un grande camino del '500, la cucina rispetta la tradizione veneta, ma si diletta anche con l'innovazione.

❌❌ Allo Scudo d'Orlando 🏧 ⬄ ℡ VISA ⚫ AE ⬇

via Scuderlando 120 – ☏ 04 58 52 05 12 – www.scudodorlando.it – chiuso domenica, lunedì a mezzogiorno
Rist – Menu 35 € bc/55 € bc – Carta 47/90 €
♦ In sale ariose e luminose, la passione dello chef per il mare fa intuire quali saranno le specialità che imbandiscono la tavola: pesce freschissimo, crudità e crostacei.

CASTEL DEL PIANO – Grosseto (GR) – **563** N16 – 4 691 ab.   **29 C3**
– alt. 637 m – Sport invernali : al Monte Amiata : 1 350/1 730 m ≰8, ≰ – ✉ 58033

▶ Roma 196 – Grosseto 56 – Orvieto 72 – Siena 71

❌ Antica Fattoria del Grattaione ≼ ⚘ ⬇ 🏧 VISA ⚫ AE ⓸ ⬇
⊛
via della Piazza, località Montenero d'Orcia Castel del Piano – ☏ 05 64 95 40 20
– www.anticafattoriadelgrattaione.it – chiuso dal 15 gennaio al 15 febbraio, lunedì
Rist – Menu 30/40 € – Carta 30/42 €
♦ Alle falde del monte Amiata, una collaudata gestione familiare (figlio in sala, madre in cucina) attenta a proporre le migliori materie prime del territorio, rispettandone la stagionalità. La terrazza offre un'incantevole vista sulla val d'Orcia.

CASTEL DI LAMA – Ascoli Piceno (AP) – 7 568 ab. – alt. 201 m   **21 D3**
– ✉ 63031

▶ Roma 208 – Ascoli Piceno 17 – Ancona 113 – Pescara 88

⌂ **Borgo Storico Seghetti Panichi** senza rist ⌂   ◁ ⊐ ఢ **P**
via San Pancrazio 1 – ℰ 07 36 81 25 52   **VISA** ⊕ **AE** ⓪ ⑤
– www.seghettipanichi.it – chiuso gennaio
5 cam ☲ – ♦♦100/300 € – 6 suites – ♦♦450 €
♦ Soggiorno esclusivo con camere nella villa settecentesca con parco storico e saloni sfarzosi o nell'attigua foresteria dall'eleganza più sobria ma più vicina alla piscina.

CASTELDIMEZZO – Pesaro e Urbino (PU) – 563 K20 – alt. 197 m   20 B1
– ✉ 61100
▶ Roma 312 – Rimini 27 – Milano 348 – Pesaro 12

Ⅹ   **La Canonica**   🀆 ⅍ **P** **VISA** ⊕ **AE** ⓪ ⑤
via Borgata 20 – ℰ 07 21 20 90 17 – www.ristorantelacanonica.it
– chiuso dal 10 al 30 gennaio e lunedì
Rist – Menu 25/43 € – Carta 26/47 €
♦ Questa caratteristica osteria ricavata nel tufo propone piatti tipici di mare e di terra, rigorosamente del territorio, sapientemente rivisitati.

CASTEL DI SANGRO – L'Aquila (AQ) – 563 Q24 – 6 006 ab.   2 C3
– alt. 793 m – ✉ 67031
▶ Roma 206 – Campobasso 80 – Chieti 101 – L'Aquila 109

🏠   **Don Luis** senza rist   ♣⅃ ♿ ⑪ ఢ **P** **VISA** ⊕ **AE** ⓪ ⑤
parco del Sangro – ℰ 08 64 84 70 61 – www.hoteldonluis.com
43 cam ☲ – ♦40/80 € ♦♦70/130 € – 2 suites
♦ All'interno di un parco con laghetto e centro sportivo, un hotel in grado di accontentare tanto la clientela di passaggio quanto quella di villeggiatura. Camere spaziose.

🏠   **Natura**   ⊐ 📺 🐾 ⅍ ⑪ ✆ ⑤
🅰   località Piana Santa Liberata – ℰ 08 64 84 11 51 – www.hotelnaturasnc.it
17 cam – ♦50/120 € ♦♦100/240 € – ½ P 60/135 €
Rist – (chiuso maggio, ottobre e novembre) Carta 20/59 €
♦ A pochi km dal Parco Nazionale d'Abruzzo, la struttura si rifà idealmente ad uno chalet di montagna, ma ne reinterpreta l'architettura con gusto moderno e raffinato. "Naturale" è il dettame principe che caratterizza le camere, mentre la spa propone una panoplia di trattamenti estetici.

🏠   **Il Lavatoio** senza rist   ⑪ **VISA** ⊕ ⑤
via Paradiso 18 – ℰ 08 64 84 70 09 – www.lavatoio.com
13 cam ☲ – ♦50/60 € ♦♦60/90 €
♦ Il progetto di recupero architettonico del vecchio lavatoio prevedeva (anche) la costruzione di un luogo di ospitalità per turisti e viandanti. L'opera è ormai compiuta: a voi la scelta di pernottare in una delle luminose stanze dei due piani o in quelle delle torri, accessibili da ampie scale a chiocciola.

ⅩⅩⅩ   **Reale** (Niko Romito) con cam   ◁ 🚗 ⅍ rist. ✆ ఢ **P** **VISA** ⊕ **AE** ⓪ ⑤
🕸 🕸   contrada Santa Liberata, località Casadonna – ℰ 0 86 46 93 82
– www.ristorantereale.it – chiuso dal 2 maggio al 19 giugno, 10 giorni in ottobre, lunedì e martedì escluso agosto
6 cam – ♦140/160 € ♦♦160/200 €
Rist – (consigliata la prenotazione) Menu 80/100 € – Carta 69/102 €
Spec. Gel di vitello, porcini secchi, mandorle, timo e tartufo nero (inverno-primavera). Capellini caramellati ai porri (inverno). Piccione, emulsione fredda di fegato grasso ed olio.
♦ In un ex convento del '500, il Reale ha trovato una nuova sede ed una nuova dimensione, che non si esaurisce nella cucina – sempre ai vertici della ristorazione italiana e creativa - ma diventa laboratorio e centro formazione per giovani chef, nonché hotel di charme. A completare il tutto, un ettaro di filari dá vita ad un progetto di vinificazione estrema: la vigna d'altura Casadonna.

CASTELFIDARDO – Ancona (AN) – 563 L22 – 18 797 ab. – alt. 199 m   21 C2
– ✉ 60022
▶ Roma 303 – Ancona 27 – Macerata 40 – Pescara 125

Parco senza rist
🏨   🖥 ⅙ AC ᵗ⁰ 👄 P VISA ⓸ AE ① ⅙

via Donizetti 2 – ℰ 07 17 82 16 05 – www.hotelparco.net – chiuso dal 24 dicembre al 7 gennaio
43 cam � – †63/73 € ††85/100 €
♦ A pochi passi dal centro, la struttura a conduzione familiare offre un soggiorno confortevole in camere spaziose e funzionali (più recenti e moderne quelle del secondo piano). Vista sul parco di Castelfidardo e sul mare.

sulla strada statale 16 Est: 6 km

Klass Hotel
🏨🏨   🗔 𝓰 ᶠ⁵ 🖥 ⅙ AC 🕱 rist, ⟨ᵗ⁰ 👄 VISA ⓸ AE ① ⅙

via Adriatica 22 – ℰ 07 17 82 12 54 – www.klasshotel.it   **Rist** – Carta 30/56 €
71 cam ⊆ – †74/137 € ††95/168 € – ½ P 69/114 €
♦ Lungo la strada statale, struttura dal design avveniristico in ogni settore e camere spaziose, di ottimo confort. Nello stesso complesso: ristorante-pizzeria, nonché discoteca nel periodo invernale.

CASTELFRANCO D'OGLIO – Cremona (CR) – Vedere Drizzona

CASTELFRANCO EMILIA – Modena (MO) – 562 I15 – 31 229 ab.   9 C3
– alt. 42 m – ⌧ 41013
▶ Roma 398 – Bologna 25 – Ferrara 69 – Firenze 125

Aquila senza rist
🏠   🖥 AC 🕱 ᵗ⁰ 👄 VISA ⓸ AE ⅙

via Leonardo da Vinci 5 – ℰ 0 59 92 32 08 – www.hotelaquila.it
34 cam ⊆ – †65/95 € ††90/150 €
♦ Discreta e familiare l'accoglienza di questo piccolo hotel, ideale per una clientela di passaggio, che offre camere semplici (chiedere quelle più recenti) ed un comodo parcheggio.

La Lumira
🍴   ⇔ P VISA ⓸ AE ① ⅙

corso Martiri 74 – ℰ 0 59 92 65 50 – www.ristorantelumira.com – chiuso agosto, domenica sera, lunedì
Rist – Carta 31/53 €
♦ Carri agricoli ottocenteschi sono oggi pezzi d'arredo, mentre utensili d'epoca raccontano la storia dalle pareti. Interpretata con fantasia, la cucina racconta la tradizione emiliana.

CASTELFRANCO VENETO – Treviso (TV) – 562 E17 – 33 675 ab.   36 C2
– alt. 43 m – ⌧ 31033 ▮ Italia
▶ Roma 532 – Padova 34 – Belluno 74 – Milano 239
🛈 Via Preti 66, ℰ 0423 49 14 16, www.visittreviso.it
⛳ via Loreggia di Salvarosa 44, 0423 493537, www.golfcastelfranco.it – chiuso lunedì
◉ Madonna col Bambino★★ del Giorgione nella Cattedrale

Fior
🏨🏨   🚲 🗔 𝓰 🕱 🖥 AC 🕱 rist, ᵗ⁰ 𝓰 P 🚗 VISA ⓸ AE ① ⅙

via dei Carpani 18 – ℰ 04 23 72 12 12 – www.hotelfior.com
44 cam ⊆ – †67/79 € ††100/120 €
Rist – (chiuso dal 1° al 5 gennaio, domenica sera e lunedì a mezzogiorno) Carta 27/44 €
♦ Nel cuore della Marca Trevigiana, un'imponente dimora di campagna con ampie zone comuni, eleganti e signorili, e camere più modeste, sebbene arredate con buon gusto e mobili massicci.

Roma senza rist
🏨   🖥 ⅙ AC ⅘ ᵗ⁰ 𝓰 P VISA ⓸ AE ① ⅙

via Fabio Filzi 39 – ℰ 04 23 72 16 16 – www.albergoroma.com
80 cam ⊆ – †65/85 € ††90/114 € – 4 suites
♦ Affacciato sulla scenografica piazza Giorgione, di fronte alle mura medievali, hotel con camere moderne e funzionali. Accesso gratuito a Internet e film in ogni stanza.

Al Moretto senza rist
🏨   🖥 ⅙ AC ⅘ ᵗ⁰ P VISA ⓸ AE ⅙

via San Pio X 10 – ℰ 04 23 72 13 13 – www.albergoalmoretto.it – chiuso dal 24 dicembre al 6 gennaio e dall'8 al 20 agosto
46 cam ⊆ – †60/95 € ††90/135 €
♦ Palazzo del '500, fin dal secolo successivo locanda, oggi offre cura e accoglienza tutte al femminile. Dodici junior suites con materiali tipici dell'artigianato veneto.

🔒 Alla Torre senza rist   🕭 ⟨⟩ 🅰 "📶 🐱 🐳 VISA ⓐⓔ 🔥
piazzetta Trento e Trieste 7 – ℰ 04 23 49 87 07 – www.hotelallatorre.it
54 cam ⬜ – ♦90 € ♦♦150 € – 1 suite
♦ Adiacente alla torre civica dell'orologio, un edificio del 1600 le cui camere migliori dispongono di bagni in marmo e pavimenti in parquet; colazione estiva in terrazza.

a Salvarosa Nord-Est : 3 km – ✉ 31033

XX   **Barbesin** con cam   🕭 🅰 "📶 🅿 VISA ⓐⓔ ⓞ 🔥
🍸 *via Montebelluna di Salvarosa 41 – ℰ 04 23 49 04 46 – www.barbesin.it – chiuso dal 27 dicembre al 6 gennaio e dall'8 al 26 agosto*
18 cam – ♦43 € ♦♦70 €, ⬜ 4 € – ½ P 57 €
Rist – *(chiuso mercoledì sera, giovedì)* Menu 18 € bc – Carta 24/37 €
♦ Una vecchia casa totalmente ristrutturata ospita un bel locale di ambientazione signorile, con tocchi di rusticità e di eleganza, che propone i piatti del territorio.

CASTEL GANDOLFO – Roma (RM) – **563** Q19 – **9 000 ab.**   **12** B2
– alt. 426 m – ✉ 00040 ▯ Roma
▶ Roma 25 – Anzio 36 – Frosinone 76 – Latina 46
🔝 via Santo Spirito 13, 06 9312301

XX   **Antico Ristorante Pagnanelli**   ⟨ 🏠 VISA ⓐⓔ ⓞ 🔥
via Gramsci 4 – ℰ 0 69 36 00 04 – www.pagnanelli.it
Rist – Carta 40/54 € ⓑ
♦ Raffinata eleganza, piatti di mare e proposte dai monti nella splendida cornice del lago di Albano; caratteristiche le labirintiche cantine scavate nel tufo, con possibilità di degustazione.

X   **Il Grottino**   🅰 ⓢ VISA ⓐⓔ 🔥
🍸 *via Saponara 2 – ℰ 0 69 36 14 13 – www.ristoranteilgrottino.net – chiuso gennaio e lunedì*
Rist – Carta 26/39 €
♦ Nella parte alta della città, con una saletta panoramica che si affaccia sul lago, il locale vi conquisterà per la generosità delle sue porzioni e per l'eccellente rapporto qualità/prezzo. Specialità ittiche.

al lago Nord-Est : 4,5 km :

🔒 **Villa degli Angeli** ⟨ 🏊 🏠 🛋 ⟨⟩ 🅰 "📶 🐱 🅿 VISA ⓐⓔ ⓞ 🔥
via Spiaggia del Lago 32 ✉ 00040 Castel Gandolfo – ℰ 06 93 66 82 51 – www.villadegliangeli.com
36 cam ⬜ – ♦50/110 € ♦♦80/140 € – ½ P 70/110 €   **Rist** – Carta 30/55 €
♦ Avvolto dal verde nel parco dei Castelli, al limitare della strada che costeggia il lago, proverbiale la tranquillità che l'hotel offre nelle confortevoli camere, alcune con vista. La cucina della villa vi attende in sala da pranzo o sulla splendida terrazza panoramica, allestita durante la bella stagione.

CASTEL GUELFO DI BOLOGNA – Bologna (BO) – **562** I17   **9** C2
– 4 216 ab. – alt. 32 m – ✉ 40023
▶ Roma 404 – Bologna 28 – Ferrara 74 – Firenze 136

🔒 **Locanda Solarola** ⟨ 🏠 🛋 ⓢ "📶 🅿 VISA ⓐⓔ ⓞ 🔥
via Santa Croce 5, Ovest : 7 km – ℰ 05 42 67 01 02 – www.locandasolarola.it
14 cam ⬜ – ♦65/90 € ♦♦80/150 €
Rist – *(chiuso a mezzogiorno escluso sabato e domenica)* Carta 41/51 € ⓑ
♦ Mobili, oggetti e tappeti d'epoca arredano le camere, ciascuna intitolata ad un fiore. Si respira un'atmosfera elegante, dal sapore inglese, in questa casa di campagna. Nel piatto una nuova linea di cucina, ora più vicina alla classica tradizione del Bel Paese.

CASTELLABATE – Salerno (SA) – **564** G26 – **7 892 ab.** – alt. 278 m   **7** C3
– ✉ 84048
▶ Roma 328 – Potenza 126 – Agropoli 13 – Napoli 122

a San Marco Sud-Ovest : 5 km – ✉ 84071

↑ **Giacaranda** ⚙   🚗 🛋 🏊 ✕ 🌴 **P** 🎬 👁 👁 👁 👁
contrada Cenito, Sud : 1 km – ✆ 09 74 96 61 30 – www.giacaranda.com
– aprile-ottobre
6 cam ☕ – †60 € ††100 € – 1 suite – ½ P 80 €
Rist – (prenotazione obbligatoria) Menu 40 €
♦ Prende il nome da una pianta del suo giardino questa casa ricca di charme, dove abiterete in campagna tra il verde, coccolati con mille attenzioni; iniziative culturali.

a Santa Maria Nord-Ovest : 5 km – ✉ 84048

🏨 **Palazzo Belmonte**   ◁ 👁 🏖 🚗 🛋 🔳 cam, ✕ 🌴 🏋 **P**
via Flavio Gioia 25 – ✆ 09 74 96 02 11   🎬 👁 👁 👁 👁
– www.palazzobelmonte.com – 6 maggio-28 ottobre
44 cam ☕ – †141/223 € ††186/273 € – 5 suites – ½ P 138/182 €
Rist – (prenotazione obbligatoria) 55 €
♦ Una dimora di caccia appartenuta ad una famiglia nobiliare, trasformata da un erede in hotel, elegante ed esclusivo. Posizione incantevole, tra il parco e il mare.

🏨 **Villa Sirio**   ◁ 🛋 📱 🔳 👁 **P** 🎬 👁 👁 👁 👁
via lungomare De Simone 15 – ✆ 09 74 96 01 62 – www.villasirio.it – aprile-ottobre
19 cam ☕ – †100/220 € ††130/320 € – 2 suites – ½ P 140/190 €
Rist Da Andrea – vedere selezione ristoranti
♦ Una dimora padronale dei primi del '900 nel centro storico, ma direttamente sul mare, dai raffinati interni ed ottime camere con alcuni pezzi di antiquariato. Le suite dotate di terrazza privata e vasca idromassaggio si trovano nella nuova ala della struttura.

✕✕ **I Due Fratelli**   ◁ 🚗 ✕ 🌴 **P** 🎬 👁 👁 👁 👁
🍽 via Sant'Andrea, Nord : 1,5 km – ✆ 09 74 96 80 04 – chiuso gennaio e mercoledì
Rist – Menu 27/37 € – Carta 20/44 € (+10 %)
♦ Due fratelli gestiscono con professionalità e savoir-faire questo ristorante di tono classico. Piatti campani per lo più di pesce e pizze, il fine settimana.

✕✕ **Da Andrea** – Hotel Villa Sirio   🛋 🚗 🔳 ✕ **P** 🎬 👁 👁 👁 👁
via lungomare De Simone 15 – ✆ 09 74 96 10 99 – www.villasirio.it
– 19 marzo-3 novembre
Rist – Menu 50 € – Carta 29/88 € (+15 %)
♦ A tenervi compagnia, il rumore della onde che s'infrangono sugli scogli, a conquistare la vostra approvazione, invece, la cucina mediterranea con le sue specialità di pesce, nonché la carta dei vini ricca di etichette prestigiose.

CASTELL'ALFERO – Asti (AT) – **561** H6 – 2 791 ab. – alt. 235 m   **23** C2
– ✉ 14033
▶ Roma 60 – Alessandria 47 – Asti 13 – Novara 77

✕ **Del Casot**   🚗 🚗 🔳 👁 👁 👁 👁 👁
🍽 regione Serra Perno 76/77, Sud 2 km – ✆ 01 41 20 41 18
– www.ristorantedelcasot.it – chiuso dal 15 al 30 gennaio, martedì , mercoledì
Rist – Menu 20 € bc/38 € – Carta 29/50 €
♦ Accogliente e piccolo locale in posizione dominante a conduzione strettamente familiare, dove gustare ricette della tradizione piemontese e qualche piatto fantasioso.

CASTELLAMMARE DEL GOLFO Sicilia – Trapani (TP) – **365** AM55   **39** B2
– 15 184 ab. – ✉ 91014 ▯ Sicilia
▶ Agrigento 144 – Catania 269 – Messina 295 – Palermo 61
▣ Rovine di Segesta★★★ Sud : 16 km

🏨 **Al Madarig** senza rist   ◁ 📱 ✕ 🌴 🏋 👁 👁 👁 👁
piazza Petrolo 7 – ✆ 0 92 43 35 33 – www.almadarig.com
38 cam ☕ – †59/114 € ††79/160 €
♦ Ricorda nel nome l'antico appellativo arabo della località questo hotel ricavato da alcuni vecchi magazzini del porto. Camere semplici e spaziose e una simpatica gestione.

🏨 **Punta Nord Est** senza rist   ← 🗻 ⛵ ♿ 🅿️ 🛗 📶 📡 🔊 🅿 VISA ⬤ AE ⓪ 💶
viale Leonardo Da Vinci 67 – ☏ *0 92 43 05 11* – www.puntanordest.com
– *15 marzo-ottobre*
56 cam ⬚ – †84 € ††94/149 € – 1 suite
♦ Che siate in vacanza o in giro per affari, la struttura dispone di camere confortevoli e graziose per momenti di autentico relax.

🏠 **Cala Marina** senza rist   ← 🏔️ ♿ ✈️ 📶 🔊 📡 🛜 VISA ⬤ 💶
via Don L. Zangara 1 – ☏ *09 24 53 18 41* – www.hotelcalamarina.it – *chiuso gennaio*
14 cam ⬚ – †30/95 € ††35/120 €
♦ Squisita gestione familiare per questa accogliente struttura a pochi metri dal mare, incorniciata dal borgo marinaro. D'estate, anche un servizio di animazione per i più piccoli.

CASTELLAMMARE DI STABIA – Napoli (NA) – 564 E25 – 64 598 ab.   6 B2
– ⬚ 80053 ▮ Italia

▶ Roma 238 – Napoli 31 – Avellino 50 – Caserta 55
ℹ piazza Matteotti 34/35, ☏ 081 8 71 13 34, www.stabiatourism.it
◉ Antiquarium★
🅖 Scavi di Pompei★★★ Nord : 5 km – Monte Faito★★ : ※★★★ dal belvedere dei Capi e ※★★★ dalla cappella di San Michele (strada a pedaggio)

🏨 **Grand Hotel la Medusa** ❀   ← 🍴 🛜 🗻 🛗 ⛵ 📶 ♿ 📶 🔊 📡 🛗 🅿
via passeggiata Archeologica 5 – ☏ *08 18 72 33 83*   VISA ⬤ AE ⓪ 💶
– www.lamedusahotel.com
46 cam ⬚ – †101/145 € ††112/160 € – 3 suites – ½ P 101/125 €
Rist – *(aprile-dicembre)* Carta 55/70 €
♦ In un vasto e curato giardino-agrumeto, questa villa ottocentesca ha conservato anche nei raffinati interni lo stile e l'atmosfera del suo tempo. Lo stesso romantico ambiente fin de siècle caratterizza il ristorante.

sulla strada statale 145 Sorrentina km 11 Ovest : 4 km :

🏨 **Crowne Plaza Stabiae Sorrento Coast** ❀   ← 🏔️ 🛜 🗻 ⭘ 🛜
località Pozzano   🛗 ⛵ ♿ 📶 📶 🔊 📡 🛗 📡 🛜 VISA ⬤ AE ⓪ 💶
– ☏ *08 13 94 67 00* – www.crownepalzasorrento.com
150 cam ⬚ – ††85/200 € – 8 suites – ½ P 73/130 €
Rist Gouache – ☏ *08 13 94 67 23* Carta 40/70 €
♦ Ex cementificio convertito in hotel, dallo stile decisamente moderno e curioso: in riva al mare, camere al passo con i tempi nel design e negli accessori. Light lunch a bordo piscina e, nelle calde sere d'estate, cena in terrazza con meravigliosa vista sul golfo.

CASTELL'APERTOLE – Vercelli (VC) – Vedere Livorno Ferraris

CASTELL'ARQUATO – Piacenza (PC) – 562 H11 – 4 728 ab.   8 A2
– alt. 224 m – ⬚ 29014

▶ Roma 495 – Piacenza 34 – Bologna 134 – Cremona 39
ℹ piazza del Municipio, ☏ 0523 80 40 08, www.comune.castellarquato.pc.it/
🅖 località Terme di Bacedasco, 0523 895557, www.golfclubcastellarquato.com
– chiuso martedì

✕✕ **Maps**   🍴 📶 VISA ⬤ AE 💶
piazza Europa 3 – ☏ *05 23 80 44 11* – www.ristorantemaps.com – *chiuso dal 7 al 20 gennaio, dal 2 al 18 luglio, lunedì e martedì*
Rist – Carta 38/53 €
♦ Una collezione di quadri di artisti locali arredano il locale, ricavato in un vecchio mulino ristrutturato. Piccole salette moderne e servizio estivo all'aperto per una cucina di ispirazione contemporanea.

X **La Rocca-da Franco**
piazza del Municipio – ☎ 05 23 80 51 54 – www.larocca1964.it – chiuso febbraio, dal 15 al 31 luglio, mercoledì
Rist – (consigliata la prenotazione) Menu 35 €
◆ Nel cuore del centro storico, accolto tra i maggiori monumenti della piazza, il ristorante offre una bella vista sulla campagna; la cucina proposta è semplice e fatta in casa.

X **Da Faccini**
località Sant'Antonio, Nord : 3 km – ☎ 05 23 89 63 40 – www.ristorantefaccini.com – chiuso dal 20 al 30 gennaio, 1 settimana in luglio e mercoledì
Rist – Carta 28/45 €
◆ Lunga tradizione familiare per questa tipica trattoria, che unisce alle proposte classiche piatti più fantasiosi, stagionali. Una piccola elegante sala riscaldata dal caminetto e una attrezzata per i fumatori.

CASTELLETTO DI BRENZONE – Verona (VR) – 561 E14 – Vedere Brenzone

CASTELLETTO SOPRA TICINO – Novara (NO) – 561 E7 — 24 B2

– **10 082 ab.** – **alt. 226 m** – ✉ **28053**
▶ Roma 646 – Torino 123 – Novara 42 – Aosta 167

XX **Rosso di Sera**
via Pietro Nenni 2 – ☎ 03 31 96 31 73 – www.osteriarossodisera.com – chiuso mercoledì e sabato a mezzogiorno
Rist – Menu 11 € bc/32 € – Carta 29/49 €
◆ "Rosso di sera", come l'antico adagio che preannunciava il bel tempo o come un buon bicchiere di vino da gustare in questo informale, ma elegante, wine-bar, che propone una grande scelta di etichette e distillati, nonché piatti della tradizione (prevalentemente di terra).

CASTELLINA IN CHIANTI – Siena (SI) – 563 L15 – 2 966 ab. — 29 D1

– **alt. 578 m** – ✉ **53011**
▶ Roma 251 – Firenze 61 – Siena 24 – Arezzo 67

Villa Casalecchi
località Casalecchi, Sud : 1 km – ☎ 05 77 74 02 40 – www.villacasalecchi.it – marzo-ottobre
19 cam ☕ – †95/125 € ††130/240 € – ½ P 93/150 €
Rist – *(chiuso martedì)* Carta 35/61 €
◆ Ideale per chi è alla ricerca di quella particolare atmosfera "nobiliare" toscana: una villa ottocentesca immersa in un parco secolare, circondata dal verde della valle e dai vigneti. Cucina del territorio nella raffinata sala ristorante dalle pareti affrescate.

Palazzo Squarcialupi senza rist
via Ferruccio 22 – ☎ 05 77 74 11 86 – www.palazzosquarcialupi.com – 4 aprile-7 novembre
17 cam ☕ – †90/145 € ††110/160 €
◆ Nel centro storico della località, un tipico palazzo del '400 ricco di decorazioni, camini e arredi d'epoca, sia negli spazi comuni sia nelle ampie camere. Piacevole giardino con piscina.

Salivolpi senza rist
via Fiorentina 89, Nord-Est : 1 km – ☎ 05 77 74 04 84 – www.hotelsalivolpi.com – chiuso dal 7 gennaio al 20 marzo
19 cam – ††69/149 €, ☕ 5 €
◆ Appena fuori il piccolo centro storico, un'antica casa ristrutturata e con due dépandance: accoglienti interni in stile rustico-elegante e piacevole giardino con piscina.

⌂ **Villa Cristina** senza rist ⊞ ☰ **P** VISA ⊙ ⦿

via Fiorentina 34 – ☏ 05 77 74 11 66 – www.villacristina.it
7 cam ☲ – ♦♦57/78 € – 1 suite

♦ Villino d'inizio Novecento con spazi comuni limitati, ma graziose camere, soprattutto quella luminosissima nella torretta. Sul retro si trova il piccolo giardino con piscina.

XX **Albergaccio di Castellina** (Sonia Visman) ⊞ ⅃ ⟳ **P** VISA ⊙ AE ⦿

via Fiorentina 63 – ☏ 05 77 74 10 42 – www.albergacciocast.com
– chiuso domenica e il mezzogiorno di mercoledì e giovedì
Rist – Menu 65 € – Carta 43/69 €
Spec. Maccheroncini al sugo di "inzimino" di lampredotto e filetti di peperone piccante. Risotto alle melanzane mantecato con mozzarella di bufala, pomodori confit e basilico. Agnello pomarancino: filetto dal coscio alle erbe con salsa acciugata, millefoglie di pane carasau, assaggio di coratella

♦ All'interno di un rustico in pietra e legno, non privo d'eleganza, la cucina toscana vi si presenta con piatti leggermente fantasiosi, senza mai tradire la sapidità e i prodotti regionali.

a San Leonino Sud : 8 km – ⊠ 53011 Castellina In Chianti

⌂ **Belvedere di San Leonino** ⊞ ⅁ ⅃ ⅗ ⟨⟩ **P** VISA ⊙ AE ⦿

– ☏ 05 77 74 08 87 – www.hotelsanleonino.com – aprile-15 novembre
29 cam – ♦♦89/189 €, ☲ 7 € – ½ P 75/120 €
Rist – (solo per alloggiati) Carta 28/40 €

♦ Conserva l'atmosfera originale quest'antica casa colonica trasformata in confortevole albergo: arredi rustici in legno e travi a vista nelle camere. Dal giardino si passa direttamente nelle meravigliose vigne del Chianti.

sulla strada regionale 222 al Km 51 Sud : 8 km :

⌂ **Casafrassi** ⅗ ⊞ ⅄ ⅃ ⅗ cam, ⅃ ⅗ rist, ⟨⟩ ⅗ **P**

località Casafrassi – ☏ 05 77 74 06 21 – www.casafrassi.it VISA ⊙ AE ⦿
– aprile-ottobre
25 cam ☲ – ♦90/120 € ♦♦120/180 € – ½ P 90/120 €
Rist – Carta 32/48 € (+10 %)

♦ All'interno di una tenuta agricola che produce vino ed olio, un'oasi di silenzio ingentilita da una villa nobiliare del Settecento con camere signorili e stucchi ai soffitti. In un altro edificio, confort in stile country e travi a vista. Il ristorante si fa portavoce delle specialità del territorio.

CASTELLINA MARITTIMA – Pisa (PI) – **563** L13 – **2 046 ab.** **28** B2
– alt. 375 m – ⊠ 56040

▶ Roma 308 – Pisa 49 – Firenze 105 – Livorno 40
🛈 piazza Giaconi 13, ☏ 050 69 50 01, www.pisa.goturismo.it

⌂ **Il Poggetto** ⅗ ⅗ ⊞ ⅃ ⅗ **P** VISA ⊙ AE ⦿

via dei Giardini 1/3 – ☏ 0 50 69 52 05 – www.ilpoggetto.it
24 cam ☲ – ♦50/55 € ♦♦90/95 € – ½ P 60 €
Rist – (chiuso domenica sera e lunedì) Carta 23/45 €

♦ Ideale per le famiglie, è una struttura a gestione familiare ubicata in posizione rilassante tra il verde dei boschi e dispone di camere semplici e ordinate. Accogliente sala ristorante di tono rustico.

CASTELLO – Pavia (PV) – Vedere Santa Giulietta

CASTELLO DI GODEGO – Treviso (TV) – **562** E17 – **7 087 ab.** **36** C2
– alt. 51 m – ⊠ 31030

▶ Roma 546 – Venezia 75 – Treviso 31 – Trento 110

⌂ **Locanda al Sole** ⅗ ⅗ ⅗ ⟨⟩ **P** ⅗ VISA ⊙ AE ⓪ ⦿

via San Pietro 1 – ☏ 04 23 76 04 50 – www.locandaalsole.it
20 cam ☲ – ♦42/55 € ♦♦62/74 € – ½ P 48 €
Rist Locanda al Sole – vedere selezione ristoranti

♦ L'attenta ristrutturazione e l'ampliamento di un'antica locanda ha dato vita ad un albergo "moderno" in quanto a confort, ma nostalgicamente "antico" per quanto concerne l'atmosfera di schietta e tipica ospitalità veneta.

XX   **Locanda al Sole** – Hotel Locanda al Sole   ♿ AC ❄ P VISA ❂ AE ① ☺
via San Pietro 1 – 𝒞 04 23 76 04 50 – www.locandaalsole.it
Rist – *(chiuso lunedì) (chiuso a mezzogiorno escluso i giorni festivi)*
Menu 35 € bc – Carta 26/43 €
   ♦ Gestione familiare, da sempre impegnata con uguale energia sia nel risto-rante, sia nell'omonimo albergo. Uno dei due titolari si occupa - infatti - della cucina: paste e dolci fatti in casa, carni preparate rispettando le lunghe cotture di una volta e, come piatto forte, le ricche degustazioni di antipasti.

CASTEL MAGGIORE – **Bologna (BO)** – **562** I16 – **17 263 ab.** – **alt. 29 m**   **9** C3
– ✉ **40013**

▶ Roma 387 – Bologna 10 – Ferrara 38 – Milano 214

X   **Alla Scuderia**   AC ❄ P VISA ❂ AE ① ☺
località Castello, Est : 1,5 km – 𝒞 0 51 71 33 02 – chiuso agosto, sabato a mezzogiorno, domenica
Rist – Carta 27/40 €
   ♦ L'antica scuderia di palazzo Ercolani - riconvertita in ristorante - mantiene intatto il suo fascino: sotto le alte volte in mattoni gusterete una cucina fedele alle tradizioni emiliane. Soffermatevi sul carrello dei bolliti, sempre presente ad esclusione dei mesi più caldi.

a Trebbo di Reno Sud-Ovest : 6 km – ✉ **40013**

🏠   **Antica Locanda il Sole**   🍴 🛎 ♿ cam, AC ❄ rist, P VISA ❂ AE ① ☺
via Lame 65 – 𝒞 05 16 32 53 81 – www.hotelilsole.com – chiuso dal 23 dicembre al 9 gennaio e 2 settimane in agosto
23 cam ⬜ – †45/260 € ††65/350 €
Rist – 𝒞 05 19 92 11 21 *(chiuso lunedì a mezzogiorno, sabato a mezzogiorno, domenica sera)* Carta 29/36 €
   ♦ Un'antica stazione di posta ristrutturata nel colore rosso vivo dell'architettura bolognese; camere semplici, tutte con parquet alcune mansardate. Tortellini, tagliatelle, lasagne e secondi di carne: i migliori piatti della tradizione gastrono-mica emiliana al ristorante.

CASTELMEZZANO – **Potenza (PZ)** – **564** F30 – **873 ab.** – **alt. 750 m**   **3** B2
– ✉ **85010**

▶ Roma 418 – Potenza 65 – Matera 107

ℹ piazza Rivelli 3, 𝒞 0971 98 60 20, www.aptbasilicata.it

X   **Al Becco della Civetta** con cam 🦉   AC ❄ ☏ VISA ❂ AE ☺
☺   *vico I Maglietta 7 – 𝒞 09 71 98 62 49 – www.beccodellacivetta.it*
24 cam ⬜ – †50/100 € ††75/150 € – ½ P 70 €   **Rist** – Carta 22/42 €
   ♦ Nel centro del paesino, isolato tra le suggestive *Dolomiti Lucane*, ad occuparsi della cucina è la proprietaria, che fa rivivere le ricette delle sue muse: mamma e nonna. Sovente, proposte a voce. Dalle finestre delle camere apprezzerete la mae-stosa scenografia naturale; all'interno, tranquillità e calorosa accoglienza.

CASTELMOLA – **Messina (ME)** – **365** BA56 – **Vedere Taormina**

CASTELNOVO DI BAGANZOLA – **Parma (PR)** – **Vedere Parma**

CASTELNOVO DI SOTTO – **Reggio Emilia (RE)** – **562** H13 – **8 691 ab.**   **8** B3
– alt. 27 m – ✉ **42024**

▶ Roma 440 – Parma 26 – Bologna 78 – Mantova 56

🏠   **Poli**   ⊠ 🛎 ♿ AC ☏ 🏊 P VISA ❂ AE ① ☺
via Puccini 1 – 𝒞 05 22 68 31 68 – www.hotelpoli.it
53 cam ⬜ – †65/95 € ††85/130 €
Rist *Poli-alla Stazione* – vedere selezione ristoranti
   ♦ Camere dotate di ogni confort in un'accogliente struttura, costantemente potenziata e rinnovata negli anni da una dinamica gestione familiare; sale convegni.

XXX **Poli-alla Stazione** – Hotel Poli   🌐 🅰🅲 **P** 🆅🅸🆂🅰 ⓒⓞ 🅰🅴 ⓘ ⓢ
viale della Repubblica 10 – ☎ 05 22 68 23 42 – www.hotelpoli.it – chiuso agosto, domenica sera e lunedì
Rist – Carta 50/75 € 🈺
♦ Oltrepassata una promettente esposizione di antipasti, vi accomoderete in due ariose sale di tono elegante o nella gradevole terrazza estiva; cucina di terra e di mare.

CASTELNOVO NE' MONTI – Reggio Emilia (RE) – 562 I13   8 B2
– 10 698 ab. – alt. 700 m – ✉ 42035

▶ Roma 470 – Parma 58 – Bologna 108 – Milano 180
ℹ via Roma 15/b, ☎ 0522 81 04 30, www.appenninoreggiano.it.

X **Locanda da Cines** con cam   🚗 ⁇ **P** 🆅🅸🆂🅰 ⓒⓞ ⓢ

piazzale Rovereto 2 – ☎ 05 22 81 24 62 – www.locandadacines.it – chiuso gennaio e febbraio
10 cam ⏢ – ♦45 € ♦♦80 € – ½ P 55 €
Rist – *(chiuso sabato)* (consigliata la prenotazione) Carta 27/31 €
♦ I piatti del giorno, esposti a voce, esplorano i segreti e le tradizioni conservati nel verde dell'Appennino. Calorosa gestione familiare in un piccolo ristorante di tono rustico e moderno. I boschi dei dintorni e la salubre aria di montagna garantiscono tranquillità e quiete anche al vostro riposo.

CASTELNUOVO – Padova – 562 G17 – Vedere Teolo

CASTELNUOVO BERARDENGA – Siena (SI) – 563 L16 – 8 992 ab.   29 C2
– alt. 351 m – ✉ 53019 ▌ Toscana

▶ Roma 215 – Siena 19 – Arezzo 50 – Perugia 93
ℹ via del Chianti 61, ☎ 0577 35 55 00, www.comune.castelnuovo-berardenga.si.it

🏨 **Castel Monastero** ⬥   ⬅ 🚗 ⌱ 🗋 ⓢ ♨ ₦ 🅵🅰 ⅓ ⁇ 🔱 **P**
località Monastero d'Ombrone 19, Est : 10 km   🆅🅸🆂🅰 ⓒⓞ 🅰🅴 ⓘ ⓢ
– ☎ 05 77 57 00 01 – www.castelmonastero.com – chiuso dal 10 gennaio al 28 marzo
63 cam ⏢ – ♦♦385/525 € – 12 suites
Rist *Contrada* – vedere selezione ristoranti
♦ Nella Valle dell'Ombrone, tra foreste di castagni e lunghi filari di cipressi, sorge questo imponente Country House Resort, che dispone di camere lussuose ed una Spa tra le più belle della regione. A completare, il quadro una tisaneria con erbario privato.

🏨 **Relais Borgo San Felice** ⬥   ⬅ 🚗 🈴 ⌱ 🅵🅰 🍴 🅰🅲 🈺 rist, ⁇ 🔱 **P**
località San Felice, Nord-Ovest : 10 km – ☎ 05 77 39 64   🆅🅸🆂🅰 ⓒⓞ 🅰🅴 ⓢ
– www.borgosanfelice.com – aprile-novembre
34 cam ⏢ – ♦♦400/480 € – 9 suites – ½ P 280/320 €
Rist *Poggio Rosso* – Carta 62/100 €
♦ All'interno di un borgo con edifici in pietra, abbracciato da un giardino con piscina e campi da golf, la risorsa dispone di camere sobrie negli arredi ed ampie sale comuni.

🏨 **Le Fontanelle** ⬥   ⬅ 🚗 🈴 ⌱ 🗋 ♨ 🅵🅰 🈁 🅲 🅰🅲 🈺 rist, ⁇ **P** 🚗

località Fontanelle di Pianella, Nord-Ovest: 20 km   🆅🅸🆂🅰 ⓒⓞ 🅰🅴 ⓘ ⓢ
– ☎ 0 57 73 57 51 – www.hotelfontanelle.com – aprile-ottobre
25 cam ⏢ – ♦360 € ♦♦390 € – 2 suites – ½ P 270/285 €
Rist *La Colonna* – Carta 80/98 €
♦ In posizione dominante e tranquilla, suggestivo borgo agricolo "scolpito" nella pietra con rilassante vista sui dintorni. Interni raffinati, pur mantenendo un certo coté rustico. Cucina toscana nell'elegante ristorante con stupendi spazi all'aperto.

Villa Curina Resort ⌖ ≼ 🚗 🛋 🏊 ✗ 🅰🅒 ❄ cam, 📶 **P**
strada provinciale 62, località Curina VISA ⓪ AE ① 💳
– ✆ 05 77 35 56 30 – www.villacurinaresort.com – *15 marzo-ottobre*
21 cam ☕ – †156/175 € ††168/188 € – 5 suites
Rist *Il Convito di Curina* – ✆ 05 77 35 56 47 *(chiuso dal 1° gennaio al*
15 marzo e mercoledì) Carta 44/58 € ❄

♦ Resort immerso nella tranquillità delle colline senesi dispone di confortevoli
camere arredate con mobili d'epoca e solarium con piscina. Terrazza panoramica
al Convito di Curina: cucina toscana, nonché ampia scelta enologica con vini
regionali e champagne di piccoli produttori locali.

Contrada – Hotel Castel Monastero 🚗 🛋 **P** VISA ⓪ AE ① 💳
località Monastero d'Ombrone 19, Est : 10 km – ✆ 05 77 57 00 01
– www.castelmonastero.com – chiuso dal 8 gennaio al 1° aprile e lunedì
Rist – Menu 60/90 € – Carta 85/126 €

♦ Nel suggestivo scenario dell'albergo Castel Monastero, vale la pena di attendere la bella stagione perché i tavoli delle tradizionali sale interne si trasferiscano
sulla piazzetta di un tipico borgo toscano. Prodotti locali, qualche piatto di mare e
un finale più estroso con i dolci.

La Bottega del 30 (Helene Stoquelet) 🏡 ✗ VISA ⓪ AE ① 💳
❀ *via Santa Caterina 2, località Villa a Sesta, Nord : 5 km* – ✆ 05 77 35 92 26
– www.labottegadel30.it – chiuso martedì e mercoledì
Rist – *(chiuso a mezzogiorno escluso i giorni festivi)* Menu 75 € – Carta 60/75 €
Spec. Carpaccio di fegato di cinta senese al finocchietto selvatico. Spaghetti
impastati con Chianti Classico e salsa di Sangiovese, noce moscata e salvia. Torta
al cioccolato senza farina (ricetta della nonna) con sorbetti di frutta fresca.

♦ Il caratteristico borgo in pietra varrebbe già la visita, ma il suo gioiello è il ristorante, grondante di decorazioni come una bottega e con romantico dehors estivo.
Nel piatto i sapori toscani ingentiliti.

a San Gusmè Nord: 5 km – ✉ 53019

La Porta del Chianti 🏡 ♿ ✗ VISA ⓪ 💳
❀ *piazza Castelli 10* – ✆ 05 77 35 80 10 – www.laportadelchianti.com – *chiuso dal*
10 gennaio al 10 febbraio e domenica
Rist – *(consigliata la prenotazione)* Menu 15 € bc/50 € bc – Carta 29/51 €

♦ Nel cuore del piccolo e suggestivo borgo di San Gusmé, all'interno di un vecchio caseggiato del '600, una squisita cucina della tradizione che rievoca antichi
sapori. Nella carta dei vini anche molti piccoli produttori locali.

a Colonna di Grillo Sud-Est : 5 km – ✉ 53019 Castelnuovo Berardenga

Posta del Chianti senza rist 🚗 ✗ **P** VISA ⓪ AE 💳
– ✆ 05 77 35 30 00 – www.postadelchianti.it – chiuso dal 6 gennaio al 5 febbraio
20 cam ☕ – †70/90 € ††88/120 € – 1 suite – ½ P 73 €

♦ Un piccolo e tranquillo albergo a conduzione familiare circondato dalle panoramiche colline senesi, dotato di camere arredate in modo semplice ed ampie
aree comuni.

CASTELNUOVO CILENTO – Salerno (SA) – 564 G27 – 2 581 ab. 7 C3
– alt. 280 m – ✉ 84040
▸ Roma 344 – Potenza 132 – Napoli 134 – Salerno 83

La Palazzina 🚗 🏡 🛋 🅰🅒 ♨ **P** VISA ⓪ AE ① 💳
❀ *via contrada Coppola 41, località Velino , Sud-Ovest : 8 km* – ✆ 0 97 46 28 80
– www.hotellapalazzina.it
12 cam ☕ – †40/60 € ††80/120 € – 4 suites – ½ P 50/80 €
Rist – *(chiuso lunedì escluso da giugno ad ottobre)* Carta 19/35 €

♦ Poco distante dal lago artificiale, l'hotel è stato ricavato in seguito allo scrupo-
loso restauro di una villa settecentesca ed offre confortevoli ambienti con arredi
d'epoca. Prodotti tipici e di stagione presso la caratteristica sala da pranzo.

CASTELNUOVO DEL GARDA – Verona (VR) – **562** F14 – **12 407 ab.** 35 A3
– alt. 130 m – ⊠ 37014

▶ Roma 520 – Verona 19 – Brescia 51 – Mantova 46

✗ **La Meridiana** con cam   🕮 🕿 & ⚙ 🌐 P VISA ⬭ ⑤

via Zamboni 11, Nord-Est : 3 km ⊠ 37010 Sandrà – 𝒞 04 57 59 63 06
– www.albergo-meridiana.com
14 cam � – †50/60 € ††70/80 € – ½ P 50 €
Rist – (chiuso giovedì a mezzogiorno, anche la domenica sera da novembre a
marzo) Menu 20 € – Carta 16/39 €

♦ Gestione e accoglienza sono deliziosamente familiari in questo rustico di campagna. Il vecchio fienile ospita oggi le tre sale del ristorante, con pietra e legno a
vista e una cucina veneta di terra e di mare. La casa padronale dispone anche di
alcune belle e confortevoli camere in stile.

a Sandrà Nord: 2 km – ⊠ 37014

🏨 **Mod05**   🛏 & cam, AC cam, ⚙ 🌐 VISA ⬭ ⑤

via Modigliani 5 – 𝒞 04 57 59 63 78 – www.modfive.it – chiuso dal 6 al
27 gennaio
36 cam ⊔ – †65/85 € ††85/110 € – ½ P 61/73 € **Rist** – Carta 21/51 €

♦ Già in campagna, ai piedi delle colline, un edificio per certi versi "avvenieri-
stico": interamente avvolto da assi di legno, l'hotel propone spazi comuni
moderni e minimalisti, illuminati da grandi vetrate. Semplici ed essenziali le
camere. Funzionalità e confort in una verde cornice.

CASTELNUOVO DEL ZAPPA – Cremona (CR) – **561** G12 – Vedere Castelverde

CASTELNUOVO DI GARFAGNANA – Lucca (LU) – **563** J13 28 B1
– 6 109 ab. – alt. 270 m – ⊠ 55032

▶ Roma 395 – Pisa 67 – Bologna 141 – Firenze 121

🏨 **La Lanterna**   🕮 🛏 & AC ⚙ 🌐 ⚴ P VISA ⬭ AE ① ⑤

località alle Monache-Piano Pieve, Est : 1,5 km – 𝒞 05 83 63 93 64
– www.lalanterna.eu
30 cam ⊔ – †50/65 € ††80/100 € – 2 suites – ½ P 55 €
Rist La Lanterna – vedere selezione ristoranti

♦ Nella parte più alta della località - a pochi minuti dal centro - una piacevole
villetta cinta dal verde con ampi spazi comuni e confortevoli camere.

✗✗ **La Lanterna** – Hotel La Lanterna   🕮 🕿 & AC P VISA ⬭ AE ① ⑤

località alle Monache-Piano Pieve, Est : 1,5 km – 𝒞 05 83 63 93 64
– www.lalanterna.eu – chiuso 1 settimana in novembre e martedì a
mezzogiorno escluso luglio e agosto
Rist – Carta 25/35 €

♦ Un'intera parete è affrescata con un trompe-l'oeil raffigurante una scena agreste, mentre il cielo è dipinto su una volta a cupola. Un ristorante originale, come
la sua cucina: regionale e garfagnina.

CASTELNUOVO FOGLIANI – Piacenza (PC) – **562** H11 – Vedere Alseno

CASTELNUOVO MAGRA – La Spezia (SP) – **561** J12 – 8 251 ab. 15 D2
– alt. 181 m – ⊠ 19033

▶ Roma 404 – La Spezia 24 – Pisa 61 – Reggio nell'Emilia 149

🏠 **Agriturismo la Valle** 🅢   🕮 🕿 ⚙ P VISA ⬭ ⑤

via delle Colline 24, Sud-Ovest : 1 km – 𝒞 01 87 67 01 01
– www.lavalle.altervista.org – chiuso dal 1° al 6 gennaio e dal 29 ottobre al
4 novembre
6 cam ⊔ – ††70 € – ½ P 60 €
Rist – (chiuso lunedì) (chiuso a mezzogiorno) Menu 25/35 €

♦ Bella casa immersa nel verde dell'entroterra ligure, al confine con l'Emilia e la
Toscana. Indirizzo ideale per chi cerca pace e relax, a due passi da mare e arte. A
tavola vengono proposti i genuini sapori locali.

✗ Armanda ⬛ 🅰️🅲 ♻️ 💳 ⓒⓞ

piazza Garibaldi 6 – ☏ 01 87 67 44 10 – www.trattoriaarmanda.com – chiuso dal 24 dicembre al 15 gennaio, 1 settimana in settembre, mercoledì da aprile a ottobre (anche martedì sera negli altri mesi)
Rist – Menu 35 € – Carta 30/53 €

♦ In un caratteristico borgo dell'entroterra, andamento e ambiente familiari in una trattoria che propone piatti stagionali del territorio ben elaborati.

CASTELPETROSO – Isernia (IS) – 564 C25 – 1 644 ab. – alt. 872 m   2 C3
– ✉ 86090

▶ Roma 179 – Campobasso 32 – Benevento 74 – Foggia 121

sulla strada statale 17 uscita Santuario dell'Addolorata

🏙️ La Fonte dell'Astore ॐ

via Santuario – ☏ 08 65 93 60 85 – www.lafontedellastore.it
36 cam ⬜ – †70 € ††90 € – ½ P 65 €   **Rist** – Carta 15/26 €

♦ Nei pressi del Santuario dell'Addolorata, una confortevole risorsa recente, di concezione moderna, con ampi spazi comuni, camere di buona fattura e ben accessoriate. Ampia ricettività per il funzionale ristorante, che dispone di varie sale anche per banchetti.

CASTELRAIMONDO – Macerata (MC) – 563 M21 – 4 919 ab.   21 C2
– alt. 307 m – ✉ 62022

▶ Roma 217 – Ancona 85 – Fabriano 27 – Foligno 60

🏙️ Borgo Lanciano ॐ

località Lanciano 5, Sud : 2 km – ☏ 07 37 64 28 44 – www.borgolanciano.it
39 cam ⬜ – †92/161 € ††127/209 € – 10 suites – ½ P 84/125 €
Rist – Carta 26/46 €

♦ Confortevole hotel sorto entro un antico borgo, offre camere e suite diverse per forma e arredamento, nonchè aree comuni per dedicarsi ad una chiacchierata o alla lettura. Suddiviso in sale più piccole, il ristorante propone una cucina tradizionale, fedele ai prodotti della zona.

a Sant'Angelo Ovest : 7 km – ✉ 62022 Castelraimondo

✗✗ Il Giardino degli Ulivi con cam ॐ

via Crucianelli 54 – ☏ 33 83 05 60 98 – www.ilgiardinodegliulivi.com – chiuso dall' 11 gennaio all'13 febbraio
5 cam ⬜ – †50/70 € ††70/100 € – ½ P 60/75 €
Rist – (chiuso martedì) (prenotazione obbligatoria) Menu 25 € bc/35 € – Carta 25/43 €

♦ In un antico casolare immerso nel verde e nella quiete della campagna marchigiana, pochi, ma gustosi, piatti della tradizione locale e camere suggestive.

CASTEL RIGONE – Perugia (PG) – 563 M18 – Vedere Passignano sul Trasimeno

---

CASTEL RITALDI – Perugia (PG) – 563 N20 – 3 321 ab. – alt. 297 m   33 C2
– ✉ 06044

▶ Roma 143 – Perugia 60 – Terni 39 – Guidonia Montecelio 141

🏠 La Gioia – Country house ॐ

colle del Marchese 60, Ovest : 4 km – ☏ 07 43 25 40 68 – www.lagioia.biz – 4 aprile-20 ottobre
8 cam ⬜ – †125 € ††200 € – 3 suites – ††260 € – ½ P 145 €
Rist – (chiuso a mezzogiorno) (solo per alloggiati) Menu 45 €

♦ Un mulino del '700 convertito in una fiabesca casa di campagna da una simpatica coppia svizzera. Curatissimo giardino e camere variopinte in stile rustico tradizionale.

CASTELROTTO (KASTELRUTH) – Bolzano (BZ) – **562** C16 – 6 456 ab.   31 C2
– alt. 1 060 m – Sport invernali : 1 000/1 480 m ✆ 2, ⚡19 (Comprensorio Dolomiti superski Alpe di Siusi) – ⊠ 39040

▶ Roma 667 – Bolzano 26 – Bressanone 25 – Milano 325

🛈 piazza Krausen 1, ✆ 0471 70 63 33, www.castelrotto.org

🏌 Castelrotto-Alpe di Siusi San Vigilio 20, 0471 70708, www.golfcastelrotto.it
   – marzo-novembre

🏠🏠   **Posthotel Lamm**   ≼ 🚗 🏠 🗍 ⓜ 🏠 📶 ₠ 🎞 cam, ⇄ 🚅 📶 ⓞⓞ 🔥
piazza Krausen 3 – ✆ 04 71 70 63 43 – www.posthotellamm.it
– 7 dicembre-4 aprile e 9 maggio-16 ottobre
50 cam ☲ – †98/240 € ††150/380 € – 6 suites – ½ P 85/190 €
Rist – *(chiuso a mezzogiorno in bassa stagione escluso venerdì-sabato-domenica)*
Carta 30/80 €
♦ Nella piazza principale, hotel elegante con pregevoli interni arredati in larice; le camere sono uno specchio delle tre generazioni dei gestori: rustiche, classiche e attuali. Raffinate sia la grande sala da pranzo che la più intima stube.

🏠   **Mayr** ⧖   ≼ 🏠 📶 ₠ 🄿 📶 ⓞⓞ 🄰🄴 ⓞ 🔥
via Marinzen 5 – ✆ 04 71 70 63 09 – www.hotelmayr.com – chiuso dal
4 novembre al 4 dicembre e dal 10 aprile al 17 maggio
19 cam ☲ – ††96/186 € – 3 suites – ½ P 99 €   **Rist** – Carta 40/63 €
♦ Albergo, impreziosito da decori tirolesi che conferiscono un'apprezzabile armonia d'insieme. Belle camere tradizionali o moderne, attrezzato centro fitness.

🏠   **Alpenflora**   ≼ 🚗 📶 ₠ 🄸 ⬛ 🏌 ⧭ rist, 🏮 🄿 📶 ⓞⓞ 🄰🄴 ⓞ 🔥
via Oswald von Wolkenstein 32 – ✆ 04 71 70 63 26 – www.alpenflora.it
32 cam ☲ – ††146/286 € – ½ P 93/173 €
Rist – *(chiuso a mezzogiorno)* Menu 38/56 €
♦ Risale al 1912 questo albergo di tono elegante con ampie camere luminose ed un'area benessere di tuto rispetto: dalle vetrate della bella piscina l'incanto delle Dolomiti. Spazi e animazione per i bambini.

🏠   **Cavallino d'Oro**   ≼ 📶 ⬛ ⇄ ⧭ rist, 🏮 🚅 📶 ⓞⓞ 🄰🄴 🔥
piazza Krausen – ✆ 04 71 70 63 37 – www.cavallino.it – chiuso dal 10 novembre al 1 dicembre
21 cam ☲ – †50/80 € ††75/160 € – 3 suites – ½ P 70 €
Rist – *(chiuso a mezzogiorno)* Carta 24/38 €
♦ Suggestiva atmosfera romantica nel tipico ambiente tirolese di una casa di tradizione centenaria, sulla piazza del paese; chiedete le camere con letti a baldacchino. Per i pasti una sala rustica o caratteristiche stube tirolesi del XVII sec.

🏠   **Villa Gabriela** ⧖   ≼ 🚗 🏌 ⧭ rist, 🏮 🄿 📶 ⓞⓞ 🔥
San Michele 31/1, Nord-Est : 4 km – ✆ 04 71 70 00 77 – www.villagabriela.com
– chiuso dal 22 aprile al 20 maggio e dal 5 novembre al 18 dicembre
3 cam ☲ – †150/204 € ††175/215 € – 3 suites – ††220/265 € – ½ P 88/120 €
Rist – *(chiuso a mezzogiorno) (solo per alloggiati)*
♦ Per godere appieno di uno tra i più magici panorami dolomitici, è ideale questa bella villetta circondata dal verde; camere graziose e ricche di personalizzazioni.

🏠   **Silbernagl Haus** senza rist ⧖   ≼ 🚗 🗍 📶 🏮 🄿
via Bullaccia 1 – ✆ 04 71 70 66 99 – www.garni-silbernagl.com
– 16 dicembre-26 marzo e 12 maggio-22 ottobre
12 cam ☲ – †37/52 € ††73/104 € – 2 suites
♦ In zona tranquilla, garni curato e confortevole, con un ambiente cordiale, tipico della gestione familiare; bei mobili nelle camere spaziose.

CASTEL SAN PIETRO TERME – Bologna (BO) – **562** I16 – 20 633 ab.   9 C2
– alt. 75 m – ⊠ 40024

▶ Roma 395 – Bologna 24 – Ferrara 67 – Firenze 109

🛈 piazza XX Settembre 4, ✆ 051 6 95 41 37, www.zerodelta.net

🏌 Le Fonti viale Terme 1800, 051 6951958, www.golclublefonti.it – chiuso martedì

🏨 **Castello** 🕴 ♣ AC ⚁ ⁽ⁿ⁾ ⚐ P̄ VISA ⚙ AE ⓪ ⚞
viale delle Terme 1010/b – ℰ 0 51 94 35 09 – www.hotelcastello.com – chiuso Natale e 2 settimane in agosto
57 cam ⌇ – ♦♦39/235 € – 3 suites
Rist Da Willy – vedere selezione ristoranti
♦ Fuori del centro, sulla strada per le Terme, in una zona verde davanti ad un parco pubblico, complesso dotato di camere semplici ma confortevoli.

🍴🍴 **Da Willy** – Hotel Castello 🕼 AC P̄ VISA ⚙ AE ⓪ ⚞
⊜ *viale delle Terme 1010/b – ℰ 0 51 94 42 64 – www.ristorantewilly.it – chiuso lunedì*
Rist – Menu 20 € bc/30 € – Carta 20/47 €
♦ Nello stesso edificio dell'hotel Castello, ma con gestione separata, ristorante con alcuni tavoli rotondi nelle ampie sale con vetrate sul giardino, piatti emiliano-romagnoli.

a Osteria Grande Nord-Ovest : 7 km – ⌧ 40060

🍴 **L'Anfitrione** 🕼 AC ⇔ P̄ VISA ⚙ AE ⓪ ⚞
⊜ *via Emilia Ponente 5629 – ℰ 05 16 95 82 82 – chiuso domenica sera e lunedì*
Rist – Menu 20 € bc/45 € – Carta 36/68 €
♦ Due salette di stile vagamente neoclassico, più una per fumatori che d'estate diviene veranda aperta, per gustare saporiti piatti di pesce dell'Adriatico.

CASTELSARDO Sardegna – Sassari (SS) – **366** N38 – 5 847 ab. **38** A1
– ⌧ 07031 ▌ Sardegna
🚗 Cagliari 243 – Nuoro 152 – Olbia 100 – Porto Torres 34
👁 Su Casteddu★ : la città fortificata - Castello dei Doria★ - S. Antonio Abate★

🏨 **Baga Baga** 🦢 ⪝ 🕼 ☂ AC 🍴 rist, ⁽ⁿ⁾ P̄ VISA ⚙ AE ⓪ ⚞
località Terra Bianca Est : 2 km – ℰ 0 79 47 00 75 – www.hotelbagabaga.it – chiuso gennaio
10 cam ⌇ – ♦65/90 € ♦♦90/150 € – ½ P 100 €
Rist – (chiuso martedì da dicembre a marzo) Carta 33/79 €
♦ Immersa nella macchia mediterranea, un'oasi di relax con camere solari dai tipici arredi sardi. Cucina isolana e di mare nel panoramico ristorante: la sera, d'estate, saranno i suggestivi tramonti a tenervi compagnia.

🏨 **Bajaloglia** 🦢 ※ ☂ 🕼 ⏍ AC 🍴 cam, 🕻 P̄ VISA ⚙ AE
località Bajaloglia Sud-Ovest: 4 km ⌧ 07031 Castelsardo – ℰ 0 79 47 43 40 – www.bajalogliaresort.it – aprile-ottobre
12 cam – ♦84/143 € ♦♦118/288 € – ½ P 86/168 €
Rist Incantu – Carta 31/56 €
♦ Sulle primi pendici da cui si gode di un panorama eccezionale, davanti il mare e Castelsardo illuminata la sera, una bella struttura composta da un corpo centrale, dove si trova anche il ristorante, ed alcune piccole costruzioni disseminate nel giardino. Le camere brillano per confort: moderne e colorate si caratterizzano per gli arredi minimalisti di ultima generazione.

🏨 **Riviera** ⪝ 🕼 ⏍ 🈁 🕴 AC cam, ⁽ⁿ⁾ ⚐ P̄ VISA ⚙ AE ⓪ ⚞
via lungomare Anglona 1 – ℰ 0 79 47 01 43 – www.hotelriviera.net
34 cam ⌇ – ♦50/145 € ♦♦78/195 €
Rist – (chiuso mercoledì da ottobre a maggio) Carta 29/64 €
♦ Colorata struttura all'ingresso del paese, propone camere semplici e di buon gusto, particolari quelle fronte mare dalle quali è possibile ammirare la notturna Castelsardo. Ristorante sulla breccia da decenni: ampia sala e terrazza estiva con vista mare.

🍴🍴🍴 **Il Cormorano** 🕼 AC ⇔ VISA ⚙ AE ⚞
via Colombo 5 – ℰ 0 79 47 06 28 – www.ristoranteilcormorano.net – chiuso lunedì in bassa stagione
Rist – Carta 42/54 €
♦ Defilato su una curva ai margini del centro storico di uno dei rari borghi medievali della Sardegna, eleganza e signorilità e una cucina di pesce che si affida a talento e fantasia.

✗ **Da Ugo**   ≼ ⏴⏵ M ⌖ ⚼ VISA ◷ AE ① ⏶

corso Italia 7/c, località Lu Bagnu, Sud-Ovest : 4 km – ☏ 0 79 47 41 24 – chiuso febbraio e giovedì in bassa stagione

Rist – Carta 35/90 €

♦ Lungo la strada costiera, è da anni un indirizzo ben noto in zona per la freschezza e la fragranza dell'offerta ittica; la carne, "porceddu" compreso, è da prenotare.

✗ **Sa Ferula**   ≼ ⌂ M P VISA ◷ AE ① ⏶

corso Italia 1, località Lu Bagnu, Sud-Ovest : 4 km – ☏ 0 79 47 40 49 – chiuso dal 5 novembre al 5 dicembre e mercoledì in bassa stagione

Rist – Carta 38/50 €

♦ Sorta di bambù indigeno, la "ferula" riveste in parte le pareti di un semplice locale in una frazione sulla litoranea. Cucina della tradizione, di terra e di mare.

CASTEL TOBLINO – Trento (TN) – 562 D14 – alt. 243 m – ☒ 38076   30 B3
Sarche

▶ Roma 605 – Trento 18 – Bolzano 78 – Brescia 100

✗✗ **Castel Toblino**   ⏻ ⌂ ⌖ P VISA ◷ AE ⏶

via Caffaro 1 – ☏ 04 61 86 40 36 – www.casteltoblino.com – chiuso dal 26 dicembre a febbraio, lunedì sera, martedì

Rist – Menu 55 € bc – Carta 53/69 €

♦ Su un lembo di terra che si protende sull'omonimo lago, sorge questo affascinante castello medioevale con piccolo parco; suggestiva la terrazza per il servizio estivo.

CASTELVECCANA – Varese (VA) – 561 E8 – 2 055 ab. – alt. 257 m   16 A2
– ☒ 21010

▶ Roma 666 – Bellinzona 46 – Como 59 – Milano 87

⌂ **Da Pio** senza rist ⏢   ⏛ ⏶ ⌖ ⏻ P VISA ◷ AE ⏶

località San Pietro, via Martiri Zampori 6 – ☏ 03 32 52 05 11 – www.albergodapio.it – chiuso gennaio

10 cam ⌸ – †80/100 € ††90/130 €

♦ Cordiale accoglienza familiare in un hotel di buon livello, quasi sulla sommità di un promontorio affacciato sul lago Maggiore; arredi d'epoca in varie camere.

CASTELVERDE – Cremona (CR) – 561 G11 – 5 597 ab. – alt. 52 m   17 C3
– ☒ 26022

▶ Roma 515 – Parma 71 – Piacenza 40 – Bergamo 70

⌂⌂⌂ **Cremona Palace Hotel** senza rist   ⏚ ⏛ ⏜ ◉ ⏝ ⏞ ⏟ ⏠ M ⇌ ⏻ ⏡ P VISA ◷ AE ⏶

via Castelleone 62, Sud 5 km – ☏ 03 72 47 13 96 – www.cremonapalacehotel.it

77 cam ⌸ – †65/130 € ††110/160 €

♦ Alle porte della città del torrone, dell'arte e dei violini, nuova e moderna struttura con annesso ed attrezzato sporting club aperto ai soci, nonché ai clienti dell'hotel. Camere omogenee, spaziose e moderne.

a Castelnuovo del Zappa Nord-Ovest : 3 km – ☒ 26022 Castelverde

✗ **Valentino**   M ⇄ P VISA ◷ ⏶
⊜ *via Manzoni 27 – ☏ 03 72 42 75 57 – chiuso dal 5 al 31 agosto, lunedì sera e martedì*

Rist – Menu 12/25 € – Carta 21/33 €

♦ Alla periferia della città, bar-trattoria dalla calorosa gestione familiare che propone una cucina casalinga fedele alla gastronomia cremonese e mantovana.

CASTELVETRO DI MODENA – Modena (MO) – 562 I14 – 10 933 ab.   8 B2
– alt. 152 m – ☒ 41014

▶ Roma 406 – Bologna 50 – Milano 189 – Modena 19

Guerro senza rist 🏦 ⌂ 🖺 🖧 AC ☎ 🦺 P 🛜 VISA ☺☺ AE ⑩ 👌
via Destra Guerro 18 – ℰ 05 79 79 97 91 – www.hotelguerro.it – chiuso dal 1° al
21 agosto
33 cam ⌂ – †55/130 € ††85/160 €
♦ Ideale per una clientela business, questa moderna struttura a gestione familiare
si trova lungo l'omonimo fiume ed offre camere spaziose e luminose. D'estate, la
colazione è in terrazza.

Zoello je suis senza rist 🏠 🖺 🖧 AC ☎ 🦺 P VISA ☺☺ AE ⑩ 👌
via Modena 171, località Settecani, Nord: 5 km – ℰ 05 79 70 26 24
– www.zoello.com
55 cam – †50/65 € ††70/95 €, ⌂ 8 € – 3 suites
♦ Fondato nel 1938, questo hotel è ormai un capitolo negli annali della storia;
animato da una familiare ed accogliente ospitalità, dispone di camere confortevoli.

Locanda del Feudo 🖺 ⁂ ℅ rist, VISA ☺☺ AE ⑩ 👌
via Trasversale 2 – ℰ 05 59 70 87 11 – www.locandadelfeudo.it
6 suites ⌂ – †110/180 €
Rist – (chiuso domenica sera, lunedì) (consigliata la prenotazione)
Carta 64/78 €
♦ Piccola ed affascinante risorsa situata nella parte alta della città, la locanda
offre camere e spazi comuni in stile, dove l'antico si fonde sapientemente con il
moderno. Cucina di inaspettato interesse gastronomico, che elabora con fantasia
le risorse del territorio.

CASTEL VOLTURNO – Caserta (CE) – 564 D23 – 23 870 ab. 6 A2
– ✉ 81030

▶ Roma 190 – Napoli 40 – Caserta 37
🖸 VolturnoGolf via Domitiana km 35,300, 081 5095150, www.volturnogolf.com

Holiday Inn Resort 🦩 🌡 ☞ ☰ ⌂ ℅ 🖺 🖧 AC ⇄ ℅ ☎ 🦺 P
via Domitiana km 35,300, Sud : 3 km   VISA ☺☺ AE ⑩ 👌
– ℰ 08 15 09 51 50 – www.holiday-inn-resort.com
263 cam ⌂ – ††89/149 € – 13 suites   **Rist** – Carta 34/59 €
♦ Vicino al mare, ai bordi di una pineta, un'imponente struttura moderna, con
ampi interni eleganti; piscina con acqua di mare, maneggio a disposizione, centro
congressi. Di notevoli dimensioni gli spazi per la ristorazione, con sale curate e
luminose.

CASTENEDOLO – Brescia (BS) – 561 F12 – Vedere Brescia

CASTIGLIONCELLO – Livorno (LI) – 563 L13 – ✉ 57016 ▮ Toscana 28 B2
▶ Roma 300 – Pisa 40 – Firenze 137 – Livorno 21
🖪 via Aurelia 632, ℰ 0586 75 48 90, www.costadeglietruschi.it

Villa Martini 🦩 🛤 ☰ 🖺 AC ℅ rist, ☎ 🦺 P VISA ☺☺ 👌
via Martelli 3 – ℰ 05 86 75 21 40 – www.villamartini.it – chiuso dall'11 dicembre
al 1° febbraio
30 cam ⌂ – †90/120 € ††120/220 € – 3 suites – ½ P 115 €
Rist – (giugno-agosto) Menu 25/35 € – Carta 33/68 €
♦ In un'imponente villa degli anni '50 raccolta intorno a un incantevole giardino, camere rinnovate in stile moderno e minimalista, alcune con vista mare.

Villa Parisi 🦩 ≪ 🧘 ☚ 🛤 ☰ 🖺 AC ℅ rist, 🦺 P VISA ☺☺ 👌
via Romolo Monti 10 ✉ 57016 – ℰ 05 86 75 16 98 – www.villaparisi.com
– maggio-settembre
21 cam ⌂ – †173/219 € ††262/442 €
Rist – (21 maggio-16 settembre) (chiuso a mezzogiorno escluso luglio-agosto)
Carta 31/60 €
♦ Le camere accoglienti e personalizzate rivaleggiano con la splendida posizione
di questa villa patrizia circondata dalla pineta e sospesa sugli scogli. Un vialetto
facilita il raggiungimento della piattaforma-solarium affacciata sul blu. Ristorante
classico con servizio all'aperto.

CASTIGLIONCELLO

Atlantico 🚣   rist, P VISA AE
via Martelli 12 – ☎ 05 86 75 24 40 – www.hotelatlantico.it
46 cam ⌧ – †75/110 € ††100/180 € – 4 suites – ½ P 110 €
Rist – (aprile-20 settembre) Menu 25/35 €
♦ Nel cuore più verde e più quieto della località, signorile albergo a conduzione familiare, dotato di bella dépendance in una villetta dei primi '900. Le camere tradiscono la raffinatezza di una casa privata. Ampia e luminosa sala da pranzo.

In Gargotta   AE VISA
via Fucini 39 – ☎ 05 86 75 43 57 – www.ristoranteingargotta.it – chiuso dal 1° al 7 novembre, lunedì
Rist – (chiuso a mezzogiorno in luglio e e agosto) (coperti limitati, prenotare) Carta 81/112 €
♦ Piccolo ristorante nel centro della località dalla conduzione motivata e giovanile. Cucina di mare con qualche tocco di fantasia. Gradevole dehors.

CASTIGLIONE DEL LAGO – Perugia (PG) – 563 M18 – 15 574 ab.   32 A2
– alt. 304 m – ✉ 06061

🚗 Roma 182 – Perugia 46 – Arezzo 46 – Firenze 126
🅸 piazza Mazzini 10, ☎ 075 9 65 24 84, www.umbria-turismo.it
🅶 Lamborghini località Soderi 1, 075 837582, www.lamborghinionline.it

Duca della Corgna   cam, rist, P VISA
via Buozzi 143 – ☎ 0 75 95 32 38 – www.hotelcorgna.com
35 cam ⌧ – †55/70 € ††65/100 € – ½ P 65 €
Rist – (Pasqua-ottobre) Menu 25 €
♦ Ambiente familiare in un hotel con buon livello di confort; arredi essenziali nelle camere, sia nel corpo centrale, sia in una dépendance che dà sulla piscina.

a Petrignano del Lago Nord-Ovest : 12 km – ✉ 06060

Relais alla Corte del Sole – Country House 🚣   P VISA AE
località I Giorgi – ☎ 07 59 68 90 08
– www.cortedelsole.it – chiuso gennaio-febbraio
17 cam ⌧ – †136/168 € ††170/210 € – 2 suites – ½ P 135/155 €
Rist L'Essenza – vedere selezione ristoranti
♦ Sui colli del Trasimeno, suggestioni mistiche ma charme di una raffinata eleganza tutta terrena tra le antiche pietre di un insediamento monastico e rurale del XVI sec. Due parole vanno spese anche sui bagni: decorati da una pittrice locale ritraggono voli di farfalle, tralci di vite, grappoli d'uva, oppure scene pompeiane e bucoliche in perfetta sintonia con la natura circostante.

L'Essenza – Relais alla Corte del Sole   P VISA AE
località I Giorgi – ☎ 07 59 68 90 14 – www.cortedelsole.com – chiuso gennaio, febbraio e martedì
Rist – Carta 48/76 €
♦ Sulla terrazza incorniciata da uno splendido paesaggio o nella raffinata atmosfera della sala, si potrà godere di specialità regionali sapientemente rielaborate in chiave moderna. Antichi sapori tra arte, amore e fantasia.

CASTIGLIONE DELLA PESCAIA – Grosseto (GR) – 563 N14   29 C3
– 7 445 ab. – ✉ 58043 ▌ Toscana

🚗 Roma 205 – Grosseto 23 – Firenze 162 – Livorno 114
🅸 piazza Garibaldi 6, ☎ 0564 93 36 78, www.maremmapromotion.it

Miramare   VISA AE
via Veneto 35 – ☎ 05 64 93 35 24 – www.hotelmiramare.info – chiuso novembre, gennaio e febbraio
37 cam ⌧ – †60/98 € ††75/176 € – ½ P 119 €
Rist Miramare – vedere selezione ristoranti
♦ Ubicato sul lungomare di Castiglione della Pescaia e ai piedi del borgo medievale, l'hotel dispone di camere accoglienti (in fase di rinnovo) e di una gestione attenta e premurosa.

309

Piccolo Hotel 🛋 🛗 ⚄ **P** ⱽⁱˢᵃ ⓪⓪ ᴬᴱ ♿

via Montecristo 7 – 𝒞 *05 64 93 70 81*
– www.hotel-castiglione.com – Pasqua e 15 maggio-settembre
24 cam ☕ – ♥80/120 € ♥♥120/150 € – ½ P 120 €
Rist – Menu 35 €
♦ Ritornerete volentieri in questa graziosa struttura in zona non centrale, gestita con classe, signorilità e attenzione per i particolari; arredi moderni nelle camere. Piccola e sobria la sala da pranzo dove gustare frutta e verdura dell'orto e dolci casalinghi.

Sabrina 🚗 🛗 ⚄ ⚄ 🛜 **P** ⱽⁱˢᵃ ♿

via Ricci 12 – 𝒞 *05 64 93 35 68*
– www.hotelsabrinaonline.it – giugno-settembre
37 cam ☕ – ♥75/100 € ♥♥112/120 € – ½ P 80/90 €
Rist – *(solo per alloggiati)*
♦ Gestione diretta per un hotel ubicato nella zona di parcheggio a pochi metri dal porto canale: spazi ben distribuiti, camere non amplissime, ma complete.

Il Votapentole 🛋 ⚄ ⱽⁱˢᵃ ⓪⓪ ᴬᴱ ♿

via IV Novembre 15 – 𝒞 *05 64 93 47 63*
– www.ilvoltapentole.it – chiuso lunedì escluso da giugno a settembre
Rist – *(chiuso a mezzogiorno da giugno a settembre)* Menu 58 €
– Carta 54/74 € 🍴
♦ Una brillante coppia - lui in cucina, lei ai tavoli - si "allenano" per coccolarvi con proposte di mare e di terra, gustose e di stampo moderno, da accompagnarsi con ottimi vini. Il locale è piccolissimo, ma questo non è un difetto: anzi, l'intimità è garantita!

Miramare ⟵ 🔥 🛋 ⚄ ⇔ ⱽⁱˢᵃ ⓪⓪ ᴬᴱ ⓪ ♿

via Veneto 35 – 𝒞 *05 64 93 35 24*
– www.hotelmiramare.info – chiuso novembre, gennaio e febbraio
Rist – Carta 23/49 €
♦ La sala-veranda di questo ristorante si affaccia sul mare appagando la vista, mentre al palato ci pensa la cucina con i suoi piatti di matrice nazionale e le fragranti specialità di pesce.

Pierbacco 🛋 ⚄ ⇔ ⱽⁱˢᵃ ⓪⓪ ᴬᴱ ⓪ ♿

piazza Repubblica 24 – 𝒞 *05 64 93 35 22*
– www.pierbacco.it – chiuso gennaio e mercoledì escluso da maggio a settembre
Rist – *(chiuso a mezzogiorno da giugno a settembre)* Carta 31/43 € 🍴
♦ Un locale rustico con i tipici soffitti in legno, dispone di due sale e di un dehors sul corso principale, vocato ad una cucina classica, prevalentemente di mare.

...La Terra di Nello 🛋 **P** ⱽⁱˢᵃ ⓪⓪ ᴬᴱ ⓪ ♿

località Poggetto – 𝒞 *34 79 54 62 58*
– www.terradinello.it – chiuso 2 settimane in marzo, novembre e 2 settimane in dicembre
Rist – *(chiuso a mezzogiorno escluso domenica in inverno)* Carta 32/43 €
♦ Seguendo l'imprinting di nonno Nello, oggi il nipote, Gianni, continua a proporre sapori regionali: con la discendenza, però, i piatti si arricchiscono di modernità. E dalla griglia la specialità: la bistecca!

a Riva del Sole Nord-Ovest : 2 km – ✉ 58043

Riva del Sole 🌿 📶 🔥 ⚒ 🏊 ⊕ 🛥 🏌 💇 ⚔ 🛋 ⚄ 🛜 ⚓ **P**

viale Kennedy – 𝒞 *05 64 92 81 11* ⱽⁱˢᵃ ⓪⓪ ᴬᴱ ⓪ ♿
– www.rivadelsole.it – aprile-ottobre
175 cam ☕ – ♥93/132 € ♥♥145/225 € – ½ P 140 €
Rist – Carta 45/66 €
♦ In riva al mare ed abbracciato da una rigogliosa pineta, l'hotel presenta camere semplici e rinnovate negli arredi. Ideale per un soggiorno di relax, bagni e sole. Sale dalle ampie vetrate ed un giardino, per il ristorante con accanto la pizzeria serale.

a Tirli Nord : 17 km – ✉ 58040

❌ **Tana del Cinghiale** con cam   🚗 🏡 ⅋ rist, ⁏ 🅿 VISA ⚬⚬ AE ⑤
via del Deposito 10 – ℰ 05 64 94 58 10 – www.tanadelcinghiale.it
– chiuso dal 1° febbraio al 5 marzo
7 cam 🛏 – †40/75 € ††65/120 € – ½ P 78/87 €
Rist – *(chiuso mercoledì)* Carta 25/42 €
♦ Due sale ristorante arredate nello stile tipico di una rustica trattoria propongono una carta regionale con specialità a base di cinghiale. Un piccolo albergo a gestione familiare, offre camere semplici e curate.

a Badiola Est : 10 km – ✉ 58043 Castiglione Della Pescaia

🏨 **L'Andana-Tenuta La Badiola** ♨   ⟵🚗 🏡 🔼 🔲 ⑩ 🏧 ℉ ℁ 🍴🎇
– ℰ 05 64 94 48 00   ⅋ cam, AC ℀ rist, ⁏ ⚒ 🅿 VISA ⚬⚬ AE ⑩ ⑤
– www.andana.it – marzo-ottobre
26 cam 🛏 – ††300/550 € – 7 suites – ½ P 225/350 €
Rist Trattoria Toscana-Tenuta la Badiola❀ – vedere selezione ristoranti
Rist – *(consigliata la prenotazione)* Carta 58/76 €
♦ Sita all'interno di una tenuta di ulivi e vigneti e pervasa dai profumi della campagna toscana, la villa offre confort e raffinatezza nei suoi spaziosi interni: degno di nota l'attrezzatissimo centro wellness. Cucina mediterranea nel moderno ristorante con delizioso dehors nel giardino.

❌❌❌ **Trattoria Toscana-Tenuta la Badiola** – Hotel L'Andana-Tenuta La Badiola
❀ – ℰ 05 64 94 43 22 – www.andana.it   🏡 AC ℀ 🅿 VISA ⚬⚬ AE ⑩ ⑤
– marzo-ottobre; chiuso lunedì
Rist – *(chiuso a mezzogiorno)* *(consigliata la prenotazione)* Carta 64/98 €
Spec. Zuppa fredda di bietole, ortiche e borragine, yogurt, ricotta di bufala e verdure (primavera-estate). Agnello pilottato (steccato con pancetta) al forno, rosmarino e mandorle. Meringata alle fragole e rabarbaro.
♦ E' l'omaggio del celebre cuoco Ducasse alla tradizione mediterranea e soprattutto alla cucina maremmana, dall'ambientazione ad un carosello di sapori regionali con diverse proposte alla brace.

CASTIGLIONE DELLE STIVIERE – Mantova (MN) – **561** F13   **17** D1
– 22 326 ab. – alt. 116 m – ✉ 46043
▶ Roma 509 – Brescia 28 – Cremona 57 – Mantova 38
🛈 via Marta Tana 1, ℰ 0376 94 40 61, www.turismo.mantova.it

🏠 **La Grotta** senza rist ♨   🚗 AC ⁏ 🅿 VISA ⚬⚬ AE ⑤
viale dei Mandorli 22 – ℰ 03 76 63 25 30 – www.lagrottahotel.it
26 cam 🛏 – †62 € ††92 €
♦ Lontano dal traffico del centro, nella verde quiete delle colline, una villa di carattere familiare, con un bel giardino curato; camere semplici, di recente ristrutturazione.

❌❌ **Osteria da Pietro** (Fabiana Ferri)   🏡 AC ℀ VISA ⚬⚬ AE ⑩ ⑤
❀ *via Chiassi 19 – ℰ 03 76 67 37 18 – www.osteriadapietro.eu*
– chiuso dal 2 al 10 gennaio, 2 settimane in agosto, domenica sera e mercoledì, anche domenica a mezzogiorno da giugno ad agosto
Rist – *(consigliata la prenotazione)* Carta 49/70 €
Spec. Luccio in salsa di olive nere taggiasche, capperi di Salina su patate all'olio. Malfatti alle erbe di campo con burro fuso e parmigiano. Filetto di fesa dei colli morenici, salsa al rosmarino e patate al latte.
♦ In un edificio seicentesco, piacevole ristorante con soffitto dalle caratteristiche volte a "ombrello". Territorialmente alla confluenza tra la tradizione mantovana e gardesana, le risorse gastronomiche sono infinite: come la fantasia.

❌ **Hostaria Viola**   ⅋ AC ⇔ 🅿 VISA ⚬⚬ AE ⑤
via Verdi 32 – ℰ 03 76 67 00 00 – www.hostariaviola.it – chiuso dal 1° al 5 gennaio, agosto, domenica sera e lunedì
Rist – *(consigliata la prenotazione)* Carta 29/47 €
♦ Fin dal XVII secolo l'Hostaria è stata il punto di ristoro per viandanti e cavalli in transito; dal 1909, sotto i caratteristici soffitti a volta, rivive la tradizione culinaria mantovana.

CASTIGLIONE D'ORCIA – Siena (SI) – 563 M16 – 2 483 ab. 29 C2
– alt. 540 m – ✉ 53023

Roma 191 – Siena 52 – Chianciano Terme 26 – Firenze 124

viale Marconi 13, ✆ 0577 88 73 63, www.siena.turismo.toscana.it

Osteria dell'Orcia

Podere Osteria 15 – ✆ 05 77 88 71 11 – www.hotelorcia.it – chiuso dal 7 gennaio al 30 marzo

16 cam – †90/120 € ††120/170 € – ½ P 95/125 € **Rist** – Carta 28/58 €

♦ Isolata nella campagna senese, all'inteno del parco dell'omonima valle, un'antica stazione postale ospita camere con differenti tipologie d'arredo, due salotti ed una piscina. Cucina regionale con alcuni spunti personali dello chef nel ristorante con bella sala interna e dehors.

CASTIGLIONE FALLETTO – Cuneo (CN) – 561 I5 – 709 ab. 25 C2
– alt. 350 m – ✉ 12060

Roma 614 – Cuneo 68 – Torino 70 – Asti 39

Le Torri

piazza Vittorio Veneto 10 – ✆ 0 17 36 28 49 – www.ristoranteletorri.it – chiuso dal 26 dicembre al 31 gennaio, martedì e mercoledì a mezzogiorno

Rist – Menu 30/45 € – Carta 40/64 €

♦ Gestione giovane e cucina del territorio in un locale in pieno centro, allo stesso tempo elegante e moderno, ma senza esagerazioni in entrambe le direzioni. Piacevole servizio estivo sulla terrazza panoramica.

CASTIGLIONE TINELLA – Cuneo (CN) – 561 H6 – 870 ab. 25 D2
– alt. 408 m – ✉ 12053

Roma 622 – Genova 106 – Alessandria 60 – Asti 24

Castiglione senza rist

via Cavour 5 – ✆ 01 41 85 54 10 – www.albergocastiglione.com – aprile-10 dicembre

13 cam – †100/120 € ††120/160 €

♦ Deliziosa casa di campagna, un tempo locanda, con camere moderne e confortevoli. La sorpresa a poco meno di 500 m. dall'edificio principale: una zona relax con piscina, sauna e bagno turco... in mezzo al verde.

CASTIGLION FIORENTINO – Arezzo (AR) – 563 L17 – 13 477 ab. 29 D2
– alt. 345 m – ✉ 52043

Roma 198 – Perugia 57 – Arezzo 17 – Chianciano Terme 51

a Pieve di Chio Est : 7 km – ✉ 52043 Castiglion Fiorentino

B&B Casa Portagioia senza rist

Pieve di Chio 56 – ✆ 05 75 65 01 54 – www.casaportagioia.com – marzo-novembre

5 cam – †135/175 € ††149/195 € – 2 suites

♦ In aperta campagna, circondato da un grande e curato giardino, questo tranquillo B&B si caratterizza per le sue camere in stile rustico, ma tutte personalizzate da raffinati dettagli.

a Polvano Est : 8 km – ✉ 52043 Castiglion Fiorentino

Relais San Pietro in Polvano

– ✆ 05 75 65 01 00 – www.polvano.com – aprile-ottobre

10 cam – †100/120 € ††150/200 € – 5 suites

Rist – Carta 35/47 € (+10 %)

♦ Tutto il fascino del passato e della terra di Toscana con i suoi materiali "poveri" (il cotto, la pietra, il legno) in un settecentesco edificio di rustica raffinatezza. Servizio ristorante in terrazza con vista su colli e vallate; cucina toscana.

CASTION – Belluno (BL) – 562 D18 – Vedere Belluno

CASTIONE DELLA PRESOLANA – Bergamo (BG) – **561** E12   **16** B2
– 3 482 ab. – alt. 870 m – Sport invernali : al Monte Pora : 1 300/1 900 m ✺13
– ⊠ 24020

▣ Roma 643 – Brescia 89 – Bergamo 42 – Edolo 80
🅘 piazza Roma 1, ℰ 0346 6 00 39, www.presolana.it

a Bratto Nord-Est : 2 km – alt. 1 007 m – ⊠ 24020

🔛   **Eurohotel**   ⪕ 🛋 🕼 ⅙ 🛇 🕼 🏊 🅿 VISA ✆ AE ① ⚓
       via Provinciale 36 – ℰ 0 34 63 15 13 – www.eurohotelbratto.com
       29 cam ⌂ – †80/90 € ††120/140 € – 2 suites – ½ P 120 €
       Rist – *(chiuso mercoledì)* Carta 34/56 €
       ♦ Conduzione familiare per un albergo in sobrio stile alpino, sulla strada per il
       Passo. Camere ben tenute. Luminosa sala ristorante, d'impostazione classica.

CASTREZZATO – Brescia (BS) – **561** F11 – 6 870 ab. – alt. 125 m   **19** D2
– ⊠ 25030

▣ Roma 583 – Brescia 33 – Milano 90 – Parma 141
🅖 La Colombera via Barussa 1, 030 714485, www.golfcolombera.it – chiuso lunedì

XX   **Da Nadia** (Maurizio Massetti)   🛋 ⅙ AC 🅿 VISA ✆ AE ① ⚓
�   *via Campagna 15 – ℰ 03 07 04 06 34 – www.ristorantedanadia.com – chiuso dal*
       1° al 12 gennaio, 15 giorni in agosto e lunedì
       Rist – *(chiuso a mezzogiorno escluso i giorni festivi)* (consigliata la prenotazione)
       Carta 50/80 €
       Spec. Strozzapreti con gamberi, guancette di pescatrice e pomodori datterini.
       Zuppa di pesce e crostacei. Fritto di calamaretti spillo.
       ♦ Nel cuore della campagna lombarda, un'inaspettata isola di cucina di mare,
       frutto di leggendari sforzi dei titolari nella ricerca del miglior pescato. La gestione
       familiare porta in tavola piatti di semplice e schietta fragranza, una leccornia per
       gli amanti del pesce.

CASTROCARO TERME – Forlì-Cesena (FC) – **562** J17 – 6 599 ab.   **9** C2
– alt. 68 m – ⊠ 47011

▣ Roma 342 – Bologna 74 – Ravenna 40 – Rimini 65
🅘 viale Marconi 81, ℰ 0543 76 71 62, www.comune.castrocarotermeeterradelsole.fc.it

🏨   **Grand Hotel Terme**   ♨ 🛋 🖥 🌐 🈂 🛀 🍴 🕼 ⅙ AC ↝ 🛇 rist, 🕼 🏊 🅿
       via Roma 2 – ℰ 05 43 76 71 14   VISA ✆ AE ① ⚓
       – www.termedicastrocaro.it – chiuso dall'8 gennaio al 7 febbraio
       116 cam ⌂ – †75/145 € ††100/215 € – 3 suites – ½ P 85/143 €
       Rist – Carta 28/38 €
       ♦ Nato negli anni '30, l'albergo conserva ancora lo stile dell'epoca. Spazi comuni
       e camere di notevoli dimensioni, all'interno un centro benessere: ideali per
       momenti di relax. La grande sala illuminata da ampie vetrate si affaccia sulla fre-
       sca veranda del giardino. Proposte di cucina nazionale.

🔛   **Rosa del Deserto**   🈂 🕼 ⅙ AC 🛇 rist, 🕼 VISA ✆ ① ⚓
🌐   *via Giorgini 3 – ℰ 05 43 76 72 32 – www.hotelrosadeldeserto.it*
       – 15 marzo-14 novembre
       48 cam ⌂ – †39/80 € ††59/120 € – ½ P 60/84 €   **Rist** – Carta 18/28 €
       ♦ Antistante l'ingresso alle terme, presenta ambienti luminosi e spaziosi. Interessante
       punto di partenza per un soggiorno alla scoperta delle tradizioni e dei tesori locali.

XX   **Trattoria dei Vecchi Sapori**   🈂 ↝ 🅿 VISA ⚓
🌐   *via Matteotti 34 – ℰ 05 43 76 74 71 – www.trattoriavecchisapori.it – chiuso lunedì*
       Rist – *(chiuso a mezzogiorno escluso i giorni festivi)* Menu 28/35 €
       – Carta 29/39 €
       ♦ Gestione cordiale ed informale in un locale rustico, ma non privo di tocchi di
       raffinatezza, sulla cui tavola arrivano generosi piatti dai sapori locali. Ampio e ver-
       deggiante dehors.

CASTROCIELO – Frosinone (FR) – **563** R23 – 4 008 ab. – alt. 250 m   **13** D2
– ⊠ 03030

▣ Roma 116 – Frosinone 42 – Caserta 85 – Gaeta 61

XX **Villa Euchelia** con cam ⌂   🍴 🏡 |▨| ⅏ 🅰🅒 ⌖ cam, ꚛ 🅿
🅐 *via Giovenale* – 🕻 07 76 79 98 29   🆅🆂🅰 ⊕ 🅰🅴 ⓞ ⅏
– *www.villaeuchelia.com* – *chiuso 1 settimana in gennaio, 1 settimana in luglio, martedì, mercoledì a mezzogiorno*
7 cam ⊑ – ✝80/100 € ✝✝100/120 € – 1 suite
Rist – Menu 15/28 € – Carta 25/68 €
♦ In una villa d'epoca riccamente arredata, una coppia gestisce con stile questo ristorante all'insegna dei prodotti locali reintepretati con creatività.

XX **Al Mulino**   🏡 🅰🅒 ⅏ 🅿 🆅🆂🅰 ⊕ 🅰🅴 ⓞ ⅏
via Casilina 61, Sud : 2 km – 🕻 07 76 67 93 06 – *www.almulino.net* – *chiuso dal 23 dicembre al 10 gennaio e lunedì*
Rist – Carta 36/76 €
♦ Nella sala di tono elegante, un assaggio del mar Tirreno in fragranti ricette di mare. Un consiglio: chiedete il carrello-espositore per conoscere il pescato del giorno.

CASTRO MARINA – Lecce (LE) – **564** G37 – **2 469 ab.** – ⊠ 73030   **27** D3
🛈 Italia
▶ Roma 660 – Brindisi 86 – Bari 199 – Lecce 48

alla grotta Zinzulusa Nord : 2 km 🛈 Italia

🏨 **Orsa Maggiore** ⌂   ≤ 🏡 🍴 |▨| 🅰🅒 ⅏ rist, ꚛ 🏊 🅿 🆅🆂🅰 ⊕ ⅏
litoranea per Santa Cesarea Terme 303 ⊠ 73030 – 🕻 08 36 94 70 28
– *www.orsamaggiore.it*
29 cam – ✝65/100 € ✝✝80/150 €, ⊑ 8 €   **Rist** – Carta 22/54 €
♦ In posizione panoramica, arroccato sopra la grotta Zinzulusa, un hotel a conduzione familiare che dispone di confortevoli spazi comuni e camere lineari, quasi tutte con vista. Ampia e luminosa, la sala ristorante annovera proposte di mare e di terra ed è disponibile anche per allestire banchetti.

CASTROREALE Sicilia – Messina (ME) – **365** AZ55 – **2 680 ab.**   **40** D1
– alt. 394 m – ⊠ 98053
▶ Catania 142 – Messina 51 – Palermo 203

⌂ **Country Hotel Green Manors** ⌂   🏡 🍴 ⅏ 🅰🅒 ꚛ 🅿
borgo Porticato 70, Sud-Ovest : 2 km   🆅🆂🅰 ⊕ 🅰🅴 ⓞ ⅏
– 🕻 09 09 74 65 15 – *www.greenmanors.it*
8 cam ⊑ – ✝70/100 € ✝✝80/140 € – 1 suite – ½ P 70/100 €
Rist – *(chiuso a mezzogiorno)* (prenotazione obbligatoria) Carta 30/60 €
♦ Una solida costruzione in pietra in una zona tranquilla con camere curate e personalizzate, nonché eleganti spazi comuni di soggiorno. Zona relax con bagno turco ed area massaggi. Al ristorante: cucina attenta ai prodotti biologici e preparazioni salutiste.

CASTROVILLARI – Cosenza (CS) – **564** H30 – **22 524 ab.** – alt. 362 m   **5** A1
– ⊠ 87012
▶ Roma 453 – Cosenza 74 – Catanzaro 168 – Napoli 247
🛈 sull'autostrada SA-RC, 🕻 0981 3 23 32, www.infopointviaggi.it

🏨 **La Locanda di Alia** ⌂   🏡 🍴 🅰🅒 ꚛ 🏊 🅿 🆅🆂🅰 ⊕ 🅰🅴 ⓞ ⅏
via Jetticelli 55 – 🕻 0 98 14 63 70 – *www.alia.it*
14 cam ⊑ – ✝80/95 € ✝✝90/110 €
Rist *Il Ristorante di Alia* – vedere selezione ristoranti
♦ Leggermente periferica rispetto al centro paese, la locanda è composta da diversi cottage che ospitano le ampie camere: tutt'intorno un curato giardino.

XX **Il Ristorante di Alia** – Hotel La Locanda di Alia   🏡 🍴 🅰🅒 ⅏ 🅿
via Jetticelli 55 – 🕻 0 98 14 63 70 – *www.alia.it*   🆅🆂🅰 ⊕ 🅰🅴 ⓞ ⅏
Rist – *(chiuso domenica)* Carta 39/49 € 🕸
♦ Nato agli inizi degli anni '50, questo ristorante di tono rustico-elegante non smette di piacere ai suoi ospiti: sarà per la qualità del servizio, o per la cucina rigorosamente calabrese? Probabilmente, entrambi!

CATABBIO – Grosseto (GR) – Vedere Semproniano

▶ Messina 97 – Siracusa 59

🛬 di Fontanarossa Sud: 4 km BV ℰ 095 340505

🛈 via Vittorio Emanuele II 172, ℰ 095 7 42 55 73, www.comune.catania.it/turismo

🚉 FS, ✉ 95129, ℰ 095 7 30 62 55

🛈 Aeroporto Civile Fontanarossa, ✉ 95100, ℰ 095 7 30 62 66

◉ Palazzo Biscari★EZ – Piazza del Duomo★ : Duomo★ DZ _ Badia di Sant'Agata★ **B** – Via Crociferi★ DYZ – Via Etnea★: villa Bellini★ DXY – Complesso Monumentale di San Nicolò l'Arena★ DYZ **S8**

☒ Etna★★★

Piante pagine seguenti

🏨 Excelsior Grand Hotel

🌀 🏩 🎰 🔋 🛗 🕭 🔟 🎿 rist, 🍸 🐾   𝗩𝗜𝗦𝗔 ⓒⓞ 🅰🅴 ⓞ 🇸

piazza Verga 39 ✉ 95129 – ℰ 09 57 47 61 11   EX**a**
– www.hotelexcelsiorcatania.it

176 cam ⛲ – ♦225/270 € ♦♦240/285 € – 6 suites – ½ P 143/173 €
Rist – *(chiuso luglio e agosto) (chiuso a mezzogiorno)* Carta 35/83 €

♦ Imponente albergo, che dopo la ristrutturazione si situa ai vertici dell'hotellerie catanese: classica sobrietà senza sfarzi negli interni e qualità assoluta nel confort. Raffinata ambientazione in stile e servizio accurato nel ristorante.

🏨 UNA Hotel Palace

🏩 🔋 🛗 🕭 🔟 🎿 rist, 🍸 🐾 𝗩𝗜𝗦𝗔 ⓒⓞ 🅰🅴 ⓞ 🇸

via Etnea 218 ✉ 95131 – ℰ 09 52 50 51 11 – www.unahotels.it   DY**b**
87 cam ⛲ – ♦♦486 € – 7 suites   **Rist** – Carta 34/65 €

♦ Imponente struttura inaugurata recentemente nel cuore della via Etnea, l'arteria centrale della città. Palazzo d'inizio '900 ristrutturato con ampi ed eleganti spazi comuni. Ristorante panoramico al roof-garden.

🏨 Romano Palace

🚃 🝤 🏖 🛋 🔋 🛗 🔟 🎿 🍸 🐾 🅿 🚗   𝗩𝗜𝗦𝗔 ⓒⓞ 🅰🅴 ⓞ 🇸

viale Kennedy 28, 1 km per ③ ✉ 95121
– ℰ 09 55 96 71 11 – www.romanopalace.it
104 cam ⛲ – ♦150/320 € ♦♦450/690 €
Rist *Il Coriandolo* – Carta 36/70 €

♦ All'inizio della zona balneare detta plaia, l'albergo è dedicato all'idea della Sicilia come crocevia di culture diverse: suggestioni arabe ed arredi etnici. Tra il Barocco della città e il mare, un'oasi di incanto dominata dalla magica imponenza dell'Etna. Piatti mediterranei nel ristorante fusion.

🏨 Villa del Bosco & VdB Next

🛋 🔋 🛗 🔟 🎿 🍸 🐾 🚗   𝗩𝗜𝗦𝗔 ⓒⓞ 🅰🅴 ⓞ 🇸

via del Bosco 62 ✉ 95125 – ℰ 09 57 33 51 00
– www.hotelvilladelbosco.it   BU**a**
52 cam ⛲ – ♦65/190 € ♦♦75/260 € – 4 suites – ½ P 125/170 €
Rist *Il Canile* – vedere selezione ristoranti

♦ Sulle prime colline della città, una dimora ottocentesca con mobili d'epoca, decorazioni in stile pompeiano e tappeti. Le camere ubicate nella dépendance sfoggiano uno stile più moderno: colori scuri e forme geometriche.

🏨 Katane Palace

🔋 🛗 🔟 ↝ 🎿 🍸 🐾 𝗩𝗜𝗦𝗔 ⓒⓞ 🅰🅴 ⓞ 🇸

via Finocchiaro Aprile 110 ✉ 95129 – ℰ 09 57 47 07 02 – www.katanepalace.it
58 cam ⛲ – ♦70/172 € ♦♦80/205 € – ½ P 65/133 €   EX**b**
Rist *Il Cuciniere* – vedere selezione ristoranti

♦ Costruito ex novo e suddiviso in due distinti edifici, gli eleganti interni di questo palazzo degli inizi del Novecento vantano sobri arredi accostati ad antichità di pregio.

🏨 Liberty senza rist

🔋 🛗 🔟 🎿 🍸 🐾 𝗩𝗜𝗦𝗔 ⓒⓞ 🅰🅴 ⓞ 🇸

via San Vito 40 ✉ 95124 – ℰ 0 95 31 16 51 – www.libertyhotel.it   DY**a**
11 cam ⛲ – ♦90/160 € ♦♦160/230 € – 7 suites

♦ Gli amanti del Liberty apprezzeranno questo piccolo hotel in un palazzo di inizio '900, le cui atmosfere richiamano alla mente il celebre romanzo *Il Gattopardo*. Le camere sono contraddistinte da un nome evocante il sentimento che ispirano, ma è il giardino d'inverno a porre il sigillo dello charme sulla struttura.

CATANIA

CATANIA

Il Principe senza rist
via Alessi 24 ✉ 95124 – ☎ 09 52 50 03 45 – www.ilprincipehotel.com
31 cam – ††69/499 € – 3 suites DYZ**c**
◆ Sorto dalle ceneri di un palazzo nobiliare ottocentesco, ne conserva ancora diversi elementi originali, intelligentemente coniugati con arredi moderni e lineari.

Aga Hotel
viale Ruggero di Lauria 43 ✉ 95127 – ☎ 09 58 36 24 06 – www.agahotel.it
48 cam – †90/180 € ††100/220 € CU**a**
Rist *Pepe Nero* – vedere selezione ristoranti
◆ Ubicata sul lungomare, questa nuova struttura vocata ad una clientela business, non manca di offrire ai suoi ospiti alcune camere con vista sul Mediterraneo. Le stanze sono nello stile attualmente tanto in voga: minimaliste con legno scuro tipo wengé ed inserti in pelle.

Residence Hotel La Ville senza rist
via Monteverdi 15 ✉ 95131 – ☎ 09 57 46 52 30 – www.rhlaville.it EY**b**
14 cam – †65/90 € ††75/110 €
◆ Risorsa del centro ospitata da un edificio di inizio '900. A seguito di un'impeccabile ristrutturazione presenta una bella hall e una graziosa sala colazioni. Camere eleganti.

NH Parco degli Aragonesi cam, rist,
viale Kennedy 2, località la Playa, 1 km per ③ ✉ 95121
– ☎ 09 57 23 40 73 – www.nh-hotels.it
124 cam – †115/230 € ††180/276 € **Rist** – Carta 31/51 €
◆ Hotel di taglio moderno ubicato sul lungomare: la disposizione razionale degli spazi nelle camere e negli ambienti comuni, lo rendono ideale per una clientela business. Servizio navetta per il centro e l'aeroporto.

Savona senza rist
via Vittorio Emanuele 210 ✉ 95124 – ☎ 0 95 32 69 82 – www.hotelsavona.it
30 cam – †50/100 € ††70/140 € DZ**b**
◆ In pieno centro storico, a due passi dal Duomo, storico albergo cittadino, all'interno di un palazzo del '700, con gestione familiare giunta alla quarta generazione.

La Vecchia Palma senza rist
via Etnea 668 ✉ 95128 – ☎ 0 95 43 20 25 – www.lavecchiapalma.com
12 cam – †50/70 € ††60/90 € BU**b**
◆ Sulla rinomata Via Etnea, una valida gestione familiare ha riconvertito un'affascinante villa liberty in accogliente struttura alberghiera: il barocco siciliano orna gli spazi comuni, mentre romantici affreschi impreziosiscono alcune delle belle camere.

XXX **Il Canile** – Hotel Villa del Bosco & VdB Next
via del Bosco 62 ✉ 95125 – ☎ 09 57 33 51 00 – www.hotelvilladelbosco.it
Rist – *(chiuso domenica a mezzogiorno)* Menu 30 € – Carta 30/48 € BU**a**
◆ Il nome è da attribuirsi ai due magnifici cani in pietra del '700, a guardia del ristorante. Ma il fascino dell'elegante sala passa in secondo piano, quando arrivano i piatti in tavola: sapori del territorio, riproposti con gusto contemporaneo.

XX **Il Cuciniere** – Hotel Katane Palace
via Finocchiaro Aprile 110 ✉ 95129 – ☎ 09 57 47 07 02 – www.katanepalace.it
Rist – *(chiuso a mezzogiorno)* (consigliata la prenotazione) Carta 39/59 € EXY**b**
◆ Il dehors nella suggestiva corte interna e raffinate sale per una cucina altrettanto esclusiva. Piatti fortemente creativi sullo stile della tradizione baronale. Il cuoco rivisita con estro gli ingredienti siciliani non disdegnando gli accostamenti più estroversi e scandalosi, come il cioccolato di Modica sul pesce.

XX **La Siciliana**
viale Marco Polo 52/a ✉ 95126 – ☎ 0 95 37 64 00 – www.lasiciliana.it – chiuso dal 7 al 21 agosto e lunedì CU**x**
Rist – *(chiuso la sera nei giorni festivi)* Carta 28/48 € (+15 %)
◆ E' ormai diventato un locale storico della città questo ristorante tipico di stile classico; la proposta si muove tra piatti della cucina del luogo e altri più tradizionali.

✗ **Pepe Nero** – Aga Hotel   🏤 ሌ 🅰🅲 🆅🅸🆂🅰 ⚙ 🅰🅴 ① ⚡
viale Ruggero di Lauria 43 ⊠ *95027* – ℰ *0 95 38 23 68*
– *www.pepeneroristorante.it*   CU**a**
Rist – Carta 32/62 €
♦ Locale di tono moderno dispone di due sale dall'arredo minimalista. In menu gustose proposte di carne e di pesce, mentre per gli irrinunciabili della pizza anche una piccola carta ad essa dedicata.

✗ **Osteria Antica Marina**   🏤 🅰🅲 🕉 🆅🅸🆂🅰 ⚙ 🅰🅴 ⚡
via Pardo 29 ⊠ *95121* – ℰ *0 95 34 81 97* – *www.anticamarina.com* – *chiuso mercoledì*   DZ**a**
Rist – (coperti limitati, prenotare) Menu 35/40 € – Carta 35/62 €
♦ Nell'effervescente zona dei mercati, a pochi passi dal duomo, una vivace trattoria dove gustare fragranti specialità ittiche: il pesce viene venduto a peso, le proposte suggerite al tavolo.

CATANZARO ℙ (CZ) – **564** K31 – **93 302 ab.** – alt. 320 m – ⊠ **88100**   5 B2
▶ Roma 612 – Cosenza 97 – Bari 364 – Napoli 406
🗓 via Rossi Luigi 3, ℰ 0961 72 80 68, www.infopointviaggi.it

🏨 **Guglielmo**   🛗 ሌ cam, 🅰🅲 cam, ↔ 🕉 cam, 🍴 🔩 🆅🅸🆂🅰 ⚙ 🅰🅴 ① ⚡
via A. Tedeschi 1 – ℰ *09 61 74 19 22* – *www.hotelguglielmo.it*
36 cam � – †130 € ††150 €   **Rist** – *(chiuso a mezzogiorno)* Carta 35/45 €
♦ Rinata a nuovo splendore, la struttura si caratterizza per i suoi ambienti confortevoli ed eleganti, funzionali e tecnologicamente up-to-date. Ideale per soggiorni business, ma anche per viaggi culturali e turistici.

a Catanzaro Lido Sud : 14 km – ⊠ **88063**

🏨 **Palace**   ← ⚓ 🕉 🔩 🛗 ሌ 🅰🅲 ↔ 🕉 rist, 🍴 🔩 ℙ 🆅🅸🆂🅰 ⚙ 🅰🅴 ① ⚡
🍸 *via lungomare 221* – ℰ *0 96 13 18 00* – *www.hotel-palace.it*
69 cam ⊻ – †50/180 € ††60/260 € – 4 suites – ½ P 55/180 €
Rist – Carta 21/45 €
♦ Sul lungomare, hotel di tono elegante con arredi in stile Impero: eleganza anche nelle camere di differenti tipologie, tutte modernamente attrezzate. Sala meeting panoramica, al settimo piano. La cucina si divide tra pesce e carne nel bel ristorante con vista sul Mediterraneo.

🏨 **Grand Hotel Paradiso**   🏤 🎐 🌐 🕉 🔩 🛗 ሌ cam, 🅰🅲 cam, 🕉 rist, 🍴
via Michele Maria Manfredi 30 , Ovest : 2 km   🔩 ℙ 🆅🅸🆂🅰 ⚙ 🅰🅴 ①
– ℰ *0 96 13 21 93* – *www.grandhotelparadiso.net*
67 cam ⊻ – ††95/155 € – 4 suites   **Rist** – Carta 30/68 €
♦ Un grande albergo: classico e molto curato, si va dai bagni con cromoterapia, alle suite con box doccia-sauna. Di suggestiva atmosfera, anche il centro benessere.

CATTOLICA – Rimini (RN) – **562** K20 – **16 679 ab.** – ⊠ **47841**   9 D2
▶ Roma 315 – Rimini 22 – Ancona 92 – Bologna 130
🗓 via Mancini 24, ℰ 0541 96 66 97, www.visitcattolica.com
🗓 piazzale 1° maggio, ℰ 0541 96 66 87
🏌 Rivieragolfresort San Giovanni in Marignano via Conca Nuova 1236, , Sud-Ovest: 5 km, 0541 956499, www.rivieragolfresort.com – chiuso lunedì da novembre a marzo

🏨 **Carducci 76**   ← 🚗 🌊 🔩 🛗 🅰🅲 🍴 🏤 🆅🅸🆂🅰 ⚙ 🅰🅴 ① ⚡
via Carducci 76 – ℰ *05 41 95 46 77* – *www.carducci76.it* – *chiuso dal 21 al 27 dicembre*
39 cam ⊻ – †110/240 € ††140/360 € – 6 suites
Rist *Vicolo Santa Lucia* ❀ – vedere selezione ristoranti
♦ Un'enclave in stile neocoloniale nel cuore di Cattolica: corte interna con giardino islamico ed ispirazioni orientali. Camere originali e minimaliste.

Europa Monetti 🏆 🕅 🌡 📶 ✝✝ 🅰🅒 ⚄ rist, ⁕ 🕯 🅟 🚗 ⱴⱵⱭ ⚄ ⅆ

via Curiel 39 – ℰ 05 41 95 41 59 – www.europamonetti.com – Pasqua-ottobre
60 cam 🖵 – ♦65/130 € ♦♦100/180 € – 12 suites – ½ P 85/150 €
Rist *– (solo per alloggiati)*
♦ Vicino al mare, in zona di negozi e locali, l'impronta moderna di una gestione familiare sempre attenta alle più recenti innovazioni.

Moderno-Majestic ✝ 🕅 🗔 🌡 📶 🅰🅒 ⚄ rist, ⁕ 🅟 ⱴⱵⱭ ⚄ Ɐⱸ ⅆ

via D'Annunzio 15 – ℰ 05 41 95 41 69 – www.modernomajestic.it
– 20 maggio-20 settembre
60 cam – ♦80/95 € ♦♦75/100 €, 🖵 8 € – ½ P 96 €   **Rist** – Menu 25 €
♦ Bell'edificio fronte mare, dove il binomio cromatico bianco-blu vi accompagnerà in una vacanza tipicamente balneare dalle confortevoli camere e graziosi bagni.

Park Hotel ✝ 🕯 📶 ✝✝ 🅰🅒 ⚄ rist, ⁕ 🕯 🚗 ⱴⱵⱭ ⚄ Ɐⱸ ⓞ ⅆ

lungomare Rasi Spinelli 46 – ℰ 05 41 95 37 32 – www.parkhotels.it
47 cam 🖵 – ♦♦65/250 € – 5 suites   **Rist** – Menu 20/50 €
♦ Un albergo costruito nel 1989, sulla strada che costeggia la spiaggia; luminose sia le aree comuni che le camere, rinnovate in massima parte, con vetrate e vista mare.

Beaurivage ✝ 🖀 🕯 🕅 🌡 📶 🅰🅒 ⚄ rist, 🅟 ⱴⱵⱭ ⚄ Ɐⱸ ⅆ

viale Carducci 82 – ℰ 05 41 96 31 01 – www.hotelbeaurivage.com
– maggio-settembre
80 cam 🖵 – ♦80/100 € ♦♦150/180 € – 2 suites – ½ P 120 €
Rist – Carta 35/50 €
♦ In una via centrale, ma sul mare con accesso diretto alla spiaggia, dispone di ampi spazi comuni interni ed esterni. Mobili in midollino nelle sobrie camere.

Aurora 🕯 🌡 📶 🅰🅒 ✝✝ 🅰🅒 ⚄ 🅟 ⱴⱵⱭ ⚄ Ɐⱸ ⓞ ⅆ

via Genova 26 – ℰ 05 41 83 04 64 – www.hotel3stellecattolica.info
– aprile-ottobre
18 cam – ♦34/52 € ♦♦68/104 €, 🖵 6,50 € – ½ P 63/81 €
Rist *– (solo per alloggiati)*
♦ A pochi passi dal centro e vicinissimo alla spiaggia, camere di rara ampiezza e bagni moderni, in una piccola struttura a gestione familiare. La proverbiale pasta tirata al mattarello e tante altre specialità romagnole al ristorante.

Columbia ✝ 🕯 📶 🅰🅒 🌡 🅟 🚗 ⅆ

lungomare Rasi Spinelli 36 – ℰ 05 41 96 14 93 – www.hotelcolumbia.net
– maggio-settembre
56 cam – ♦63/70 € ♦♦92/115 €, 🖵 10 € – ½ P 63/90 €
Rist *– (solo per alloggiati)*
♦ Sul lungomare, separato dalla spiaggia solo da una strada, bianco edificio anni '70, a gestione familiare, con camere non ampie, ma dignitose nella loro semplicità.

Sole 🕯 📶 ✝✝ 🅰🅒 🌡 rist, 🚗 ⱴⱵⱭ ⚄ ⅆ

via Verdi 7 – ℰ 05 41 96 12 48 – www.hotel-sole.it – 20 maggio-20 settembre
43 cam 🖵 – ♦51/61 € ♦♦80/110 € – 1 suite – ½ P 50/65 €
Rist *– (solo per alloggiati)* Menu 17 € bc
♦ Familiari la gestione e l'ospitalità in questo hotel situato in una via alle spalle del lungomare; tinte pastello nelle camere, semplici, ma luminose e ben tenute.

XXX Vicolo Santa Lucia – Hotel Carducci 76 ✝ 🖀 🕯 ✝ 🕅 🌡 ✧

via Carducci 76 – ℰ 05 41 95 46 77 – www.carducci76.it   ⱴⱵⱭ ⚄ Ɐⱸ ⓞ ⅆ
– chiuso dal 21 al 27 dicembre, dal 2 al 31 gennaio
Rist *– (chiuso domenica e lunedì escluso da maggio a ottobre)*
(chiuso a mezzogiorno da giugno a settembre) (consigliata la prenotazione)
Menu 60 € – Carta 55/100 €
Spec. Insalata di mare, zuppa di olio extravergine e vongole. Risotto agli scampi e zafferano, arance amare candite. Crema al mascarpone, biscotto alla crema all'whisky, sorbetto al cioccolato.
♦ Palcoscenico di uno dei più giovani e promettenti cuochi italiani: tonalità *écru* e moderna essenzialità anticipano piatti creativi ed originali.

XX **Locanda Liuzzi** 🏧 🆅🅸🆂🅰 ⊛ 🅰🅴 ① 🕭

via Fiume 61, angolo via Carducci – 𝒞 05 41 83 01 00 – www.locandaliuzzi.com – chiuso mercoledì escluso da giugno ad agosto

Rist – (consigliata la prenotazione) Menu 58 € – Carta 49/67 € 🕸

♦ La semplicità e la tradizione non abitano in questo ritrovo di estrosi e creativi: la cucina è una continua sperimentazione di forme, colori e consistenze, per gli amanti del genere.

XX **La Lampara** 🏧 🆅🅸🆂🅰 ⊛ 🅰🅴 ① 🕭

piazzale Darsena 3 – 𝒞 05 41 96 32 96 – www.ristorantelampara.it – chiuso dal 20 dicembre al 15 gennaio

Rist – Carta 49/60 €

♦ Le finestre di questo locale - dalla pluriennale gestione familiare - si aprono sul mare, di cui la cucina celebra i prodotti: dagli antipasti misti alle grigliate, in ricette tipiche dell'Adriatico.

CAVA DE' TIRRENI – Salerno (SA) – **564** E26 – 53 462 ab. – alt. 180 m 6 B2
– ✉ 84013

🄳 Roma 254 – Napoli 47 – Avellino 43 – Caserta 76

XX **Pappacarbone** (Rocco Iannone) 🏧 🎖 🆅🅸🆂🅰 ⊛ 🅰🅴 ① 🕭

🕸 *via Rosario Senatore 30 – 𝒞 0 89 46 64 41 – www.ristorantepappacarbone.it – chiuso agosto, domenica sera e lunedì*

Rist – Menu 40/60 € bc – Carta 44/72 € 🕸

Spec. Pesce bandiera con scapece di zucchine (primavera-estate). Tubetti con cozze, fiorilli e patate rosse (primavera). Calamaro farcito di scarola, capperi e olive (autunno).

♦ Dopo importanti esperienze in prestigiosi locali, lo chef-patron si è proclamato paladino della cucina naturale: poche sofisticazioni e soprattutto "trasparenza" nei suoi ingredienti.

a Corpo di Cava Sud-Ovest : 4 km – alt. 400 m – ✉ 84013 Badia Di Cava De Tirreni

🏚🏠 **Scapolatiello** 🕸 ≤ 🚗 🏛 🚶 ⅃ 🕅 🛗 🏧 🎖 rist, 🍴 🕭 🅿
piazza Risorgimento 1 – 𝒞 0 89 44 36 11 🆅🅸🆂🅰 ⊛ 🅰🅴 ① 🕭
– www.hotelscapolatiello.it

44 cam 🛏 – †60/70 € ††70/100 € – 2 suites – ½ P 60/75 €

Rist – Carta 23/45 €

♦ Gestito dalla stessa famiglia fin dal 1821, signorile albergo panoramico vicino all'Abbazia Benedettina. Ampi spazi comuni e un curato giardino con piscina. Le camere non son da meno, in quanto a confort e piacevolezza. L'incanto della terrazza fiorita dalle vetrate della moderna e luminosa sala ristorante.

CAVAGLIÀ – Biella (BI) – **561** F6 – 3 659 ab. – alt. 271 m – ✉ 13881 23 C2

🄳 Roma 657 – Torino 54 – Aosta 99 – Milano 93

🄶 via Santhià 75, 0161 966949, www.golfcavaglia.com

🏚🏠 **UNA Golf Hotel Cavaglià** 🚗 ⅃ 🖥 🖼 🛗 🕭 cam, 🏧 ⅙ 🍴 🛗 🅿
via Santhià 75 – 𝒞 01 61 96 67 71 – www.unahotels.it 🆅🅸🆂🅰 ⊛ 🅰🅴 🕭

37 cam 🛏 – †70/132 € ††90/132 € – 1 suite – ½ P 86 €

Rist – Carta 33/62 €

♦ Circondata dal verde, questa bella struttura è caratterizzata da un' ampia hall e da varie salette relax, nonché camere di due tipologie - standard e superior - entrambe ben accessoriate. Il retro dell'albergo ospita un campo da golf con un'accogliente club house, aperta a pranzo e a cena.

X **Osteria dell'Oca Bianca** 🕭 🏧 🎖 ⟷ 🆅🅸🆂🅰 ⊛ 🕭
via Umberto I 2 – 𝒞 01 61 96 68 33 – chiuso dal 12 al 30 gennaio, dal 28 giugno al 12 luglio, martedì, mercoledì

Rist – Carta 32/69 € 🕸

♦ Nel cuore della località, di fronte alla chiesa, classica osteria di paese che mantiene intatto lo spirito originario. Cantina ben fornita e affidabile cucina del territorio.

▶ Roma 647 – Stresa 42 – Milano 74 – Novara 22

XXX   **Arianna**   AC ⚪ P VISA ✆ AE ⓢ

via Umberto 4 – 𝒞 03 22 80 61 34 – www.ristorantearianna.net – chiuso Natale, dal 1° all' 11 gennaio, dal 21 luglio al 14 agosto, martedì, mercoledì a mezzogiorno

Rist – Menu 45/55 € – Carta 49/65 €

♦ In un piccolo e tranquillo borgo agricolo, imprevedibilmente, un ristorante d'impronta elegante: tavoli distanziati, comode sedie, piatti di concezione moderna.

CAVAGNANO – Varese (VA) – Vedere Cuasso al Monte

CAVALESE – Trento (TN) – **562** D16 – 4 014 ab. – alt. 1 000 m – Sport   **31** D3 invernali : ad Alpe Cermis : 1 280/2 250 m ✺ 7 ✦ 38 (Comprensorio Dolomiti superski Val di Fiemme-Obereggen) – ✉ 38033 ⬛ Italia Centro Nord

▶ Roma 648 – Bolzano 43 – Trento 50 – Belluno 92

ℹ via Fratelli Bronzetti 60, 𝒞 0462 24 11 11, www.visitfiemme.it

🏨   **Lagorai** ☜   ≤ 🚗 ⊛ ⬛ ⚅ ♣ 🍴 rist, ♔ 🅼 P ⇆ VISA ✆ ⓢ

via Val di Fontana 2 – 𝒞 04 62 34 04 54 – www.hotel-lagorai.com – chiuso dal 1° al 25 novembre

44 cam ⚌ – †70/108 € ††98/154 € – 6 suites – ½ P 69/92 €

Rist – Menu 28/45 €

♦ Ad un km dal centro, in splendida posizione panoramica, l'hotel sembra un promontorio affacciato sulla valle. Ottime camere e un incantevole giardino a terrazze. Ristorante luminoso, caldo ed elegante.

🏨   **Bellavista**   ⚅ ⬛ ⚅ cam, ♣ ⇄ 🍴 rist, ♔ 🅼 ⇆ VISA ✆ AE ⓢ

via Pizzegoda 5 – 𝒞 04 62 34 02 05 – www.hotelbellavista.biz – chiuso maggio e novembre

45 cam ⚌ – †62/143 € ††124/220 €   **Rist** – Menu 25/50 €

♦ Vicino al centro, si trova all'interno di un bell'edificio con decorazioni che continuano nell'elegante hall. Camere più semplici, quasi tutte spaziose. Classica sala d'albergo per una cucina altrettanto tipica.

🏨   **Laurino** senza rist   🚗 ⚅ ⬛ ⚅ ♔ P ⇆ VISA ✆ ⓢ

via Antoniazzi 14 – 𝒞 04 62 34 01 51 – www.hotelgarnilaurino.it

14 cam ⚌ – †40/55 € ††110/130 € – 2 suites

♦ La posizione centrale di questo incantevole palazzo del '600 non ne penalizza la tranquillità. Camere confortevoli, gran cura del dettaglio per un soggiorno all'insegna del romanticismo.

🏨   **Romantic Hotel Excelsior**   ⚅ ⬛ ♣ ♔ ⇆ VISA ✆ AE ⓞ ⓢ

piazza Cesare Battisti 11 – 𝒞 04 62 34 04 03 – www.excelsiorcavalese.com

27 cam ⚌ – †54/103 € ††100/152 € – ½ P 56/92 €   **Rist** – Carta 35/43 €

♦ In un palazzo del '500 - nel cuore storico del paese - dai pavimenti alla splendida stufa decorata, il passato ha lasciato più di una traccia. Camere più semplici dagli arredi contemporanei. Cucina classica o pizzeria, le opzioni per i pasti sono variegate.

🏨   **Park Hotel Azalea**   🚗 ⚅ ⬛ ⚅ AC cam, ⚪ ♔ P VISA ✆ AE ⓢ

via delle Cesure 1 – 𝒞 04 62 34 01 09 – www.parkhotelazalea.it – dicembre-15 aprile e giugno-15 ottobre

34 cam ⚌ – †40/105 € ††70/180 € – ½ P 115 €   **Rist** – (solo per alloggiati)

♦ Nel centro della rinomata località trentina, la struttura si è rifatta il look! Profusione di legno e design moderno per una risorsa che fa della calorosa gestione familiare il proprio punto di forza.

🏠   **Salvanel** senza rist   ⬛ ⚪ ⚅ P VISA ✆ AE ⓞ ⓢ

via Carlo Esterle 3 – 𝒞 04 62 23 20 57 – www.salvanel.com – chiuso 15 giorni a maggio e 15 giorni a novembre

7 cam ⚌ – †38/45 € ††66/90 €

♦ A due passi dal centro, albergo ricavato dalla ristrutturazione di una casa di origini settecentesche: se la gestione è familiare e mancano i grandi servizi alberghieri, la cura e la pulizia delle camere non vi deluderà.

XX **El Molin** (Alessandro Gilmozzi)　　　　🍴 VISA ⚫ AE ① ⑤
83　*piazza Cesare Battisti 11 – ℰ 04 62 34 00 74 – www.elmolin.info*
– dicembre-12 aprile, 15 giugno-15 ottobre; chiuso martedì
Rist *– (chiuso a mezzogiorno escluso sabato e domenica)* Menu 65/100 €
– Carta 60/89 € 🍴
Rist Wine-bar *– (dicembre-1° maggio, giugno-1° novembre; chiuso martedì,*
mercoledì a mezzogiorno) Menu 25 € bc (pranzo) – Carta 27/50 € 🍴
Spec. Crudità di cervo, riccio di mare, pistacchio di Bronte ed olio di cardo. Piccione cotto su corteccia di pino, fegatini e polenta. Rapa rossa, cocco, liquirizia e
croccante al mais.
♦ In un mulino del '600, l'interno è un susseguirsi di ballatoi e decorazioni in
legno tra le antiche macine, mentre la cucina - tecnica e creatività - porta il
bosco nel piatto. Per i più tradizionalisti, wine-bar al 1° piano con scelta ristretta
di piatti e salumi trentini; spesso grandi vini al bicchiere.

XX **Costa Salici**　　　　🍴 🏡 P VISA ⚫ ⑤
via Costa dei Salici 10 – ℰ 04 62 34 01 40 – www.costasalici.com – chiuso
1 settimana in giugno, 1 settimana in ottobre, lunedì, martedì a mezzogiorno
Rist – Carta 40/61 €
♦ In una casa di montagna, due salette comunicanti di cui una caratteristica stube
rivestita in legno di cirmolo, cristalli e posate d'argento a tavola; piatti locali rivisitati.

CAVALLINO – Venezia (VE) – **562** F19 – ✉ 30013　　　　**36** C2
🚗 Roma 571 – Venezia 53 – Belluno 117 – Milano 310
ℹ via Fausta 406/a, ℰ 041 52 98 71, www.turismovenezia.it

🏨 **Art & Park Hotel Union Lido** ⚘　　　🚗 ⚓ 🏡 🏊 🏠 🔆 🍴 🛗
via Fausta 270 – ℰ 0 41 96 80 43　　　　⚕ cam, 🅰🄲 ℅ ⚡ 🔆 P VISA ⚫ ⑤
– www.parkhotelunionlido.com – 20 aprile-23 settembre
78 cam 🛏 – ♦79/140 € ♦♦108/196 € – ½ P 75/118 €　**Rist** – Carta 22/66 €
♦ All'interno di un complesso turistico che si estende per oltre 1 km sul mare,
piacevoli sale classiche, una piccola zona fitness e servizio di beauty-wellness center. Cucina di mare e pizze nel gradevole ristorante con dehors estivo.

XX **Trattoria Laguna**　　　　🍴 ⚕ 🅰🄲 🏡 VISA ⚫ AE ① ⑤
via Pordelio 444 – ℰ 0 41 96 80 58 – www.trattorialaguna.it – chiuso da gennaio
al 15 febbraio e giovedì
Rist – Carta 30/70 €
♦ Locale accogliente e dinamico, sempre pronto a darvi il meglio che il mare
propone. Ma l'attenzione è anche rivolta ai prodotti biologici e del territorio.

a Treporti O : 11 km – ✉ 30010

X **Locanda Zanella**　　　　🍴 🅰🄲 VISA ⚫ AE ① ⑤
piazza Santissima Trinità 5/6 – ℰ 04 15 30 17 73 – www.locandazanella.it
– chiuso dal 27 dicembre al 10 gennaio, domenica sera, lunedì escluso da
Pasqua a settembre
Rist – Carta 32/55 €
♦ Gestione familiare in una trattoria dagli ambienti rustici e semplici, con piacevoli dehors per la bella stagione. Sulla tavola del buon pesce fresco ad un rapporto qualità/prezzo interessante.

CAVALLINO – Lecce (LE) – **564** G36 – **12 149 ab.** – ✉ 73020　　　**27** D2
🚗 Roma 582 – Brindisi 47 – Gallipoli 42 – Lecce 7

XX **Osteria del Pozzo Vecchio**　　　　🍴 🅰🄲 🏡 VISA ⚫ AE ① ⑤
😊　*via M. Silvestro 16 – ℰ 08 32 61 16 49 – www.osteriadelpozzovecchio.it – chiuso*
lunedì
Rist – Carta 18/38 €
♦ A due passi dalla piazza, il ristorante consta di due sale e di un giardino per il servizio all'aperto dove gustare una cucina principalmente di pesce. La sera anche pizzeria.

CAVANELLA D'ADIGE – Venezia (VE) – Vedere Chioggia

CAVASO DEL TOMBA – Treviso (TV) – **562** E17 – 2 524 ab.
– alt. 248 m – ✉ 31034

▶ Roma 550 – Belluno 51 – Padova 67 – Treviso 40

✗ **Locanda alla Posta** con cam
piazza 13 Martiri 13 – ✆ *04 23 54 31 12 – chiuso dal 15 giugno al 15 luglio*
7 cam 🖵 – 🛏45 € 🛏🛏70 €
Rist – *(chiuso mercoledì sera e giovedì)* Carta 33/50 €
◆ Sulla piazza principale del paese, un edificio d'epoca ristrutturato ospita una piacevole locanda; camere grandi, arredi d'epoca, bagni di dimensioni più contenute.

CAVATORE – Alessandria (AL) – **561** I7 – 320 ab. – alt. 516 m
– ✉ 15010

▶ Roma 557 – Alessandria 42 – Genova 80 – Asti 51

✗✗ **Da Fausto** con cam ⌨   ⇐ 🛜 📶 **P** **VISA** **◎◎** **AE** **①** **⑤**
località Valle Prati 1 – ✆ *01 44 32 53 87 – www.relaisborgodelgallo.it – chiuso dal*
1° gennaio al 10 febbraio, lunedì, martedì a mezzogiorno, anche martedì sera da
ottobre a giugno
4 cam 🖵 – 🛏80 € 🛏🛏100 €   **Rist** – Menu 16 € (pranzo)/30 € – Carta 26/34 €
◆ Piatti casalinghi dalle porzioni generose - ricchi di gusto e ben curati nella presentazione - in una tipica casa dalla facciata in pietra. Piatti casalinghi dalle porzioni generose - ricchi di gusto e ben curati nella presentazione - in una tipica casa dalla facciata in pietra.

CAVAZZO CARNICO – Udine (UD) – **562** C21 – 1 109 ab. – ✉ 33020

▶ Roma 693 – Trieste 118 – Udine 50

✗ **Borgo Poscolle**   🛜 **VISA** **◎◎** **①** **⑤**
via Poscolle 21/a – ✆ *04 33 93 50 85*
– chiuso 1 settimana in gennaio, 1 settimana in giugno, martedì, mercoledì
Rist – Carta 29/42 €
◆ Cucina casalinga legata al territorio in una gradevole trattoria familiare, dove la ricerca del prodotto locale - possibilmente a km 0 e biologico - si è trasformata in piacevole ossessione.

CAVENAGO D'ADDA – Lodi (LO) – **561** G10 – 2 304 ab. – alt. 73 m
– ✉ 26824

▶ Roma 557 – Milano 47 – Lodi 13 – Cremona 73

✗✗ **L'Arsenale**   ♿ **AC** **VISA** **AE** **⑤**
via Geppino Conti 8 – ✆ *03 71 70 90 86 – www.ristorantelarsenale.com – chiuso*
15 giorni in agosto, domenica sera, lunedì
Rist – Menu 60 € – Carta 48/64 €
◆ Trasferitosi da Lodi nel vecchio arsenale di campagna ingegnosamente ristrutturato, nel locale ritroverete inalterati i sapori della cucina classica ed innovativa.

CAVENAGO DI BRIANZA – Monza e Brianza (MB) – **561** F10
– 6 767 ab. – alt. 176 m – ✉ 20040

▶ Roma 606 – Milano 30 – Lodi 60 – Lecco 59

🏨 **Devero**   🛎 🖼 ♿ **AC** ↔ 📶 🛎 🚗 **VISA** **◎◎** **AE** **①** **⑤**
largo Kennedy 1 – ✆ *02 95 33 54 12 – www.deverohotel.it – chiuso 2 settimane*
in agosto
138 cam 🖵 – 🛏119/169 € 🛏🛏129/250 € – 9 suites
Rist *Devero Ristorante*✿ – vedere selezione ristoranti
Rist *Dodici 24* – ✆ *02 95 33 71 52* – Menu 18 € bc (pranzo)/35 € bc
– Carta 30/56 €
◆ Ampliata con la nuova "torre", questa struttura dalle linee nette e moderne si presenta con spazi comuni funzionali e camere ben accessoriate. Cucina mediterranea al ristorante, la cui apertura - come evoca il nome - è dalle 12 alle 24.

XXX **Devero Ristorante** (Enrico Bartolini)   🕭 🔏 ⇔ 🄿 ⱅⱅⱅ ⱅⱅⱅ ⱅ

❀ *largo Kennedy 1 – ℰ 02 95 33 52 68 – www.deverohotel.it – chiuso 2 settimana in agosto e domenica*

Rist – (chiuso a mezzogiorno) Menu 75 € – Carta 62/97 € ❀

Spec. Anguilla affumicata, foie gras e blini in salsa di pompelmo rosa. Risotto alle rape rosse e salsa al gorgonzola. Guancia croccante con purè al burro di alpeggio e salsa tradizionale.

♦ La sala dal design contemporaneo si affaccia su uno specchio d'acqua con giochi di luce, lo spazio è diviso in settori grazie a pareti di cristallo e paraventi in tessuto. Ricerca e sapore, creatività, ma anche concretezza, sono gli atout della cucina.

CAVERNAGO – Bergamo (BG) – **561** F11 – **2 340 ab.** – alt. 199 m   **19** C2
– ✉ 24050

🖸 Roma 600 – Bergamo 13 – Brescia 45 – Milano 54

XX **Giordano** con cam   🕭 🕭 🕅 🖪 🄿 ⱅⱅⱅ cam, ⱅ 🄿 ⱅⱅⱅ ⱅⱅ ⱅⱅ ⱅ

❀ *via Leopardi 1 – ℰ 0 35 84 02 66 – www.hotelgiordano.it – chiuso dal 26 dicembre al 6 gennaio, agosto, domenica sera, lunedì*

19 cam ⌑ – ♦65 € ♦♦80/120 € – 1 suite

Rist – Menu 18 € (pranzo)/65 € – Carta 35/70 € ❀

♦ Si rifanno alla Toscana, terra d'origine del titolare, le specialità di questo ristorante, particolarmente attento nella scelta dei prodotti. Una grande vetrata separa la sala dalla griglia. Camere confortevoli e moderne: le più belle - al piano terra - sono contraddistinte con i nomi di grandi vini.

CAVOUR – Torino (TO) – **561** H4 – **5 598 ab.** – alt. 300 m – ✉ 10061   **22** B3

🖸 Roma 698 – Torino 54 – Asti 93 – Cuneo 51

🖽 **Locanda la Posta**   🖏 🔏 ⱅⱅ ⱅⱅ ⱅⱅⱅ ⱅⱅ ⱅⱅ ⱅ

via Volontari del Sangue 11 – ℰ 0 12 16 99 89 – www.locandalaposta.it – chiuso dal 25 luglio al 13 agosto

20 cam ⌑ – ♦50/55 € ♦♦80/85 €

Rist *La Posta* – vedere selezione ristoranti

♦ Guidata dalla stessa famiglia sin dalle sue origini settecentesche, la locanda vanta camere accoglienti e in stile, intitolate ai personaggi storici che vi hanno alloggiato.

XX **La Posta** – Hotel Locanda la Posta   🖏 🔏 ⱅⱅ ⇔ ⱅⱅⱅ ⱅⱅ ⱅⱅ ⱅ

via Volontari del Sangue 11 – ℰ 0 12 16 99 89 – www.locandalaposta.it – chiuso dal 25 luglio al 13 agosto e venerdì

Rist – Carta 28/48 € ❀

♦ La fantasiosa insalata di mele ed il paté di fegato di selvaggina, gli agnolotti (o i tagliolini) fatti a mano, i bolliti con le mille salse, il bonet: insomma, se volevate gustare la vera cucina piemontese siete cascati bene!

X **La Nicchia**   🕭 ⱅⱅⱅ ⱅⱅ ⱅⱅ ⱅ

via Roma 9 – ℰ 01 21 60 08 21 – www.lanicchia.net – chiuso 2 settimane in febbraio, 1 settimane in agosto, mercoledì, giovedì a mezzogiorno

Rist – Carta 31/49 €

♦ Una nicchia di "buon gusto" all'interno di un edificio di fine 700, già indicato in un'antica mappa napoleonica. Sulla tavola, il meglio delle materie prime locali in ricette regionali, benevolmente aperte a qualche intrusione moderna.

CAVRIGLIA – Arezzo (AR) – **563** L16 – **9 432 ab.** – alt. 281 m – ✉ 52022   **29** C2

🖸 Roma 238 – Firenze 58 – Siena 41 – Arezzo 49

a Meleto Nord : 9 km – ✉ 52020

🖽 **Villa Barberino** ⱅ   🕭 ⱅ ⱅⱅ ⱅ ⱅⱅ 🄿 ⱅⱅⱅ ⱅⱅ ⱅⱅ ⱅ

viale Barberino 19 – ℰ 0 55 96 18 13 – www.villabarberino.it

14 cam ⌑ – ♦60/150 € ♦♦80/180 € – 3 suites – ½ P 70/125 €

Rist *Il Tributo* – vedere selezione ristoranti

♦ Un pittoresco borgo composto da due parti distinte, quella più vecchia - in pietra - del '300 e un signorile palazzo del '700: tra gli uni e gli altri bei giardini, cipressi e panorama su valle e colli.

ʸʸ **Il Tributo** – Hotel Villa Barberino   🖨 🛖 ♨ **P** 🚗 ⊚ ⓞ ♿
viale Barberino 19 – ℰ 0 55 96 18 13 – www.villabarberino.it
Rist – Carta 33/56 €
♦ Ambienti tipici con volte a crociera e arredamento classico, in questo bel ristorante che si propone anche per eventi e cerimonie. La tradizione gastronomica toscana è rivisitata con garbo, i sapori cambiano con il mutar delle stagioni.

CAZZAGO SAN MARTINO – Brescia (BS) – 561 F12 – 11 024 ab.   19 D2
– alt. 200 m – ✉ 25046
▶ Roma 560 – Brescia 17 – Bergamo 40 – Milano 81

ʸʸʸ **Il Priore**   🛖 **P** 🚗 ⊚ ⒜ ♿
via Sala 70, località Calino, Ovest : 1 km – ℰ 03 07 25 46 65 – chiuso dal 7 al 31 gennaio e martedì
Rist – Menu 20 € (pranzo in settimana)/30 € – Carta 40/80 €
♦ Due sale ampie e luminose con una piccola collezione di opere d'arte del '900 e servizio estivo in terrazza panoramica per un'interessante cucina di ampio respiro.

sulla strada statale 11 Padana Superiore Sud : 2,5 km

⌂ **Papillon**   ♨ 🎖 & rist, 🝢 ♨ ᵗᵗ **P** 🚗 ⊚ ⒜ ♿
via Padana Superiore 100 ✉ 25046 – ℰ 03 07 75 08 43 – www.albergopapillon.it
47 cam ⌑ – †65/80 € ††90/100 € – ½ P 55/60 €
Rist – (chiuso 2 settimane in agosto, domenica) Carta 23/43 €
♦ Facilmente raggiungibile dall'autostrada Milano-Venezia, hotel di taglio moderno, a gestione familiare, frequentato da clientela di lavoro; camere spaziose e funzionali. Il ristorante dispone di varie, luminose sale d'impostazione classica.

ʸʸʸ **Il Gelso di San Martino**   🛖 & 🝢 ⇔ **P** 🚗 ⊚ ⓞ ♿
via del Perosino 38, sulla strada statale 11 Padana superiore Sud: 2,5 km
✉ 25046 – ℰ 0 30 /7 75 99 44 – www.ilristoranteilgelso.com – chiuso luglio, agosto, domenica sera, lunedì, martedì a mezzogiorno
Rist – (consigliata la prenotazione) Menu 77 € – Carta 53/96 €
♦ Senza grandi emozioni la posizione (meglio chiedere indicazioni alla prenotazione), la magia esplode tutta nei piatti. Tanto è giovane il cuoco, quanto ammirevoli i risultati.

CECCHINI DI PASIANO – Pordenone (PN) – 562 E19 – Vedere Pasiano di Pordenone

---

CECINA – Livorno (LI) – 563 M13 – 28 370 ab. – alt. 15 m – ✉ 57023   28 B2
▌ Toscana
▶ Roma 285 – Pisa 55 – Firenze 122 – Grosseto 98

🏨 **Posta** senza rist   🎖 & 🝢 ♨ ⁽ᵗ⁾ 🚗 ⊚ ⒜ ♿
piazza Gramsci 12 – ℰ 05 86 68 63 38 – www.postahotel.it
15 cam ⌑ – †65/95 € ††110/120 €
♦ Piccolo albergo d'atmosfera ospitato in un edificio d'epoca di una delle piazze principali di Cecina; parquet e mobili di legno scuro nelle camere accoglienti e curate.

⌂ **Il Palazzaccio**   🝢 🎖 & cam, 🝢 cam, ♨ rist, ⁽ᵗ⁾ **P** 🚗 ⊚ ⒜ ♿
via Aurelia Sud 300 – ℰ 05 86 68 25 10 – www.hotelpalazzaccio.it
35 cam – †55/75 € ††75/120 €, ⌑ 9 € – 2 suites – ½ P 64/90 €
Rist – Carta 20/35 €
♦ In comoda posizione stradale, ma un po' arretrato rispetto al traffico, un hotel ricavato in una vecchia stazione di posta con camere spaziose e funzionali.

ʸʸ **Scacciapensieri**   🝢 🚗 ⊚ ⒜ ♿
via Verdi 22 – ℰ 05 86 68 09 00 – www.scacciapensiericecina.it – chiuso lunedì
Rist – Menu 65 € – Carta 42/77 € ✿
♦ Lasciate ogni preoccupazione fuori dalla porta e concedetevi una pausa golosa, assaporando le specialità – soprattutto di mare – di questo storico ristorante in pieno centro. E se questo non bastasse, una buona bottiglia scelta nella fornita cantina contribuirà alla vostra spensieratezza!

XX Trattoria Senese   AC ⌘ ♦ VISA ∞ ⑤

via Diaz 23 – ℰ 05 86 68 03 35 – chiuso martedì
Rist – (prenotare) Carta 40/55 €
♦ A gestione familiare, l'impostazione e i piatti sono quelli del classico ristorante di pesce e, sebbene vi sia un menu, vi consigliamo di farvi guidare nella scelta dallo chef: l'estroso cuoco ruota infatti il pescato del giorno in ricette sempre diverse che puntano sul gusto, in preparazioni semplici e mediterranee.

XX Il Doretto   � & AC ♛ P VISA ∞ AE ① ⑤

via Pisana Livornese 32, Nord 2,8 – ℰ 05 86 66 83 63 – chiuso dal 7 al 24 novembre e mercoledì
Rist – (coperti limitati, prenotare) Carta 50/60 €
♦ Ristorante all'interno di un raffinato cascinale, che dell'antica struttura ha mantenuto lo stile rustico nonostante qualche spunto di eleganza nell'arredamento. In menu: interessanti proposte culinarie di terra e di mare (con scelta un po' più limitata a pranzo). Gradevole dehors per il servizio estivo.

CEFALÙ Sicilia – Palermo (PA) – 365 AT55 – 13 797 ab. – ✉ 90015   40 C2

▌ Sicilia

▶ Agrigento 140 – Caltanissetta 101 – Catania 182 – Enna 107

🛈 corso Ruggero 77, ℰ 0921 42 10 50, www.cefalu.it

◉ Posizione pittoresca★★ – Duomo★★ – Osterio Magno★ – Museo Mandralisca : ritratto d'ignoto★ di Antonello da Messina

🛏 Riva del Sole   ≤ & 🌿 🖃 & cam, AC ♛ ♔ 🔌 P 🚗 VISA ∞ AE ⑤

lungomare Giardina 25 – ℰ 09 21 42 12 30 – www.rivadelsole.com – chiuso novembre
28 cam ⬚ – †90/110 € ††120/140 € – ½ P 110 €   **Rist** – Carta 32/51 €
♦ Fronte spiaggia e mare, senza dimenticare il centro storico a due passi, questo albergo moderno dispone di camere rinnovate, alcune con vista sul Tirreno.

X La Brace   AC ♛ VISA ∞ AE ① ⑤

via 25 Novembre 10 – ℰ 09 21 42 35 70 – www.ristorantelabrace.com – chiuso dal 15 dicembre al 15 gennaio, lunedì, martedì a mezzogiorno
Rist – Carta 18/36 €
♦ Una sorta di bistrot, nei vicoli del paese, raccolto e accogliente con una gestione innamorata di questi luoghi. Cucina del territorio, arricchita di tocchi orientali.

CEGLIE MESSAPICA – Brindisi (BR) – 564 F34 – 20 671 ab.   27 C2
– alt. 298 m – ✉ 72013

▶ Roma 564 – Brindisi 38 – Bari 92 – Taranto 38

XX Al Fornello-da Ricci (Ricci e Sookar)   🍽 🌿 AC ♛ P VISA ∞ AE ⑤

contrada Montevicoli – ℰ 08 31 37 71 04 – www.ricciristor.it – chiuso lunedì sera e martedì, anche domenica sera in inverno
Rist – (consigliata la prenotazione) Menu 60 € – Carta 37/62 € 🍷
Spec. Sformatino di bietole selvatiche in carrozza di scamorza di fiordilatte. Lasagnetta millefoglie al nero d'oliva con fonduta di stracciatella e ortaggi di stagione. Stinchetto di vitellino cotto nel Negramaro su schiacciata di patate bianche di Galatina.
♦ Trattoria familiare all'insegna della calorosa ospitalità pugliese con esposizione di oggetti di vita agricola. Sono le radici della cucina: prodotti dell'entroterra e tradizione regionale.

XX Antimo   🍽 🌿 ♛ VISA ∞ AE ① ⑤

via Turco Camarda 14, casina Terramora – ℰ 08 31 37 95 32
– www.terramora.com
Rist – (chiuso lunedì) (chiuso a mezzogiorno) (prenotazione obbligatoria)
Menu 45 € bc – Carta 34/56 €
♦ Ricavato dalla ristrutturazione di un'antica masseria del '600 (con adiacente la piccola cappella consacrata), questo ristorante lavora esclusivamente su prenotazione, scegliendo il menu al telefono: numero delle portate, carne, pesce, o altro. Cucina d'impostazione moderna con utilizzo di materie prime pugliesi.

✗✗ Cibus 🛱 AC VISA ⚬ AE ① ⑤
via Chianche di Scarano 7 – ☎ *08 31 38 89 80 – www.ristorantecibus.it – chiuso dal 24 giugno al 7 luglio e martedì*
Rist – Carta 26/51 € 🕸

♦ Negli ex magazzini del quattrocentesco *Convento dei Domenicani*, un cortiletto interno collega l'enoteca alle caratteristiche sale ristorante con tavoli in legno. La cucina ripercorre il legame con il territorio, valorizzando i prodotti e le tradizioni dell'alto *Salento*.

✗ Da Gino ⇔ 🄿 VISA ⚬ AE ① ⑤
contrada Montevicoli – ☎ *08 31 37 79 16 – www.ristorantedagino.it – chiuso dal 15 giugno al 15 luglio e venerdì*
Rist – Carta 20/35 €

♦ Curioso ambiente dove l'elemento dominante è il legno color miele, che ricopre pure i caminetti, e c'è anche un angolo che riproduce un trullo; cucina del territorio.

CELANO – L'Aquila (AQ) – 563 P22 – 11 279 ab. – alt. 800 m – ⊠ 67043   **1** B2
🛣 Roma 118 – Avezzano 16 – L'Aquila 44 – Pescara 94

🏨 Le Gole 🚘 🛗 AC ⌘ ⸙ 🏖 🄿 🚗 VISA ⚬ AE ① ⑤
via Sardellino, Sud : 1,5 km ⊠ 67041 Aielli – ☎ *08 63 71 10 09*
– www.hotellegole.it
39 cam ☕ – †50/60 € ††80/100 € – ½ P 60/70 €
Rist *Guerrinuccio* – vedere selezione ristoranti

♦ Un albergo recente, costruito con materiali "antichi" - legno, pietra e mattoni - ovunque a vista; belle camere in stile intorno alla corte interna; giardino ombreggiato.

🏨 Lory 🛗 & cam. AC ⌘ rist. ⸙ 🏖 🄿 🚗 VISA ⚬ AE ① ⑤
via Ranelletti 279 – ☎ *08 63 79 36 56 – www.loryhotel.it*
34 cam ☕ – †40/60 € ††70/120 € – ½ P 50/75 €
Rist – *(chiuso dal 1° al 15 luglio, domenica) (chiuso a mezzogiorno)*
Carta 14/44 €

♦ Lungo una curva verso Celano Alta, hotel dotato di installazioni all'avanguardia e luminose zone comuni con comode poltrone; parquet nelle confortevoli camere.

✗✗ Guerrinuccio – Hotel Le Gole 🛱 AC ⇔ 🄿 VISA ⚬ AE ① ⑤
via Sardellino, Sud : 1,5 km ⊠ 67041 Aielli – ☎ *08 63 79 14 71*
– www.guerrinuccio.it
Rist – Carta 20/40 €

♦ Piacevole l'esterno, ma ancor più accogliente l'interno: soprattutto la sala con camino e arnesi di vecchia gastronomia e agricoltura; tradizione abruzzese in cucina.

CELLARENGO – Asti (AT) – 561 H5 – 716 ab. – alt. 321 m – ⊠ 14010   **25** C1
🛣 Roma 621 – Torino 41 – Asti 28 – Cuneo 77

🏠 Agriturismo Cascina Papa Mora ⦿ ⩽ 🚘 🏊 & rist. ✳ ⌘ 🄿
via Ferrere 16, Sud : 1 km – ☎ *01 41 93 51 26*   VISA ⚬ AE ① ⑤
– www.cascinapapamora.it – chiuso gennaio
7 cam ☕ – †35/40 € ††60/70 € – ½ P 55/60 €
Rist – *(chiuso a mezzogiorno escluso domenica e i giorni festivi)* (prenotazione obbligatoria) Menu 25 € bc/35 € bc

♦ In aperta campagna e circondata da coltivazioni biologiche, questa bella cascina dispone di camere semplici, ma curate e personalizzate. Piatti piemontesi al ristorante con animazione per i bambini la domenica.

CELLE LIGURE – Savona (SV) – 561 I7 – 5 456 ab. – ⊠ 17015   **14** B2
🛣 Roma 538 – Genova 40 – Alessandria 86 – Milano 162
ℹ️ via Boagno, ☎ 019 99 00 21, www.comunecelle.it

San Michele 🔝 | 🛏️ AC cam, % rist, 🛜 P VISA ⊙ AE ① 🕹️

via Monte Tabor 26 – ☏ 0 19 99 00 17 – www.hotel-sanmichele.it
– 15 maggio-25 settembre
46 cam – 🛏️🛏️75/115 €, ☲ 15 € – ½ P 83 €
Rist – *(chiuso a mezzogiorno)* Carta 30/40 €
♦ Confortevole struttura con un grazioso giardino, piscina e comodo sottopassaggio per la spiaggia. Ariosi spazi comuni e arredi in legno chiaro nelle funzionali camere.

CELLE SUL RIGO – Siena (SI) – Vedere San Casciano dei Bagni

CELLORE – Verona (VR) – Vedere Illasi

CEMBRA – Trento (TN) – **562** D15 – **1 863 ab.** – **alt. 667 m** – ⊠ **38034**   30 B2
▶ Roma 611 – Trento 22 – Belluno 130 – Bolzano 63
🖪 piazza Toniolli 2, ☏ 0461 68 31 10, www.visitpinecembra.it

Europa 🔙 🍴 🏞️ 🐾 ⚕️ 🛏️ ⚙️ % 🛜 P VISA ⊙ 🕹️

via San Carlo 19 – ☏ 04 61 68 30 32 – www.hoteleuropacembra.it
30 cam ☲ – 🛏️35/40 € 🛏️🛏️60/66 € – ½ P 44/47 €
Rist – *(chiuso domenica)* Carta 18/25 €
♦ In zona residenziale e tranquilla, gestione squisitamente familiare per un hotel dalle camere semplici ed economiche: prenotare quelle del terzo piano con terrazza panoramica e soleggiata. Ampie vetrate nella sala ristorante e qualche tavolo all'aperto per la bella stagione.

CENERENTE – Perugia (PG) – Vedere Perugia

CENOVA – Imperia (IM) – **561** J5 – **alt. 558 m** – ⊠ **18026**   14 A2
▶ Roma 613 – Imperia 27 – Genova 114

Negro 🌿 🔙 🛳️ 🐾 % rist, 🛜 P VISA ⊙ ① 🕹️

via Canada 10 – ☏ 0 18 33 40 89 – www.hotelnegro.it – chiuso dall'8 gennaio al 2 aprile
12 cam ☲ – 🛏️45/60 € 🛏️🛏️70/80 € – 1 suite – ½ P 50/65 €
Rist I Cavallini – *(chiuso mercoledì)* (consigliata la prenotazione)
Carta 46/105 €
♦ Un paese medievale circondato dai boschi con case in pietra addossate le une alle altre e questo grazioso albergo sapientemente ristrutturato, pur conservando le porte basse e le ripide scale. Le camere sono tutte belle, ma la junior suite vanta anche un terrazzino privato. Cucina casalinga al ristorante.

CENTO – Ferrara (FE) – **562** H15 – **35 150 ab.** – **alt. 15 m** – ⊠ **44042**   9 C2
▶ Roma 410 – Bologna 34 – Ferrara 35 – Milano 207
🖪 piazzale della Rocca 9, ☏ 051 6 84 33 30, www.comune.cento.fe.it
🖸 Augusto Fava via dei Tigli 4, 051 6830504, www.golfcento.com – marzo-novembre; chiuso lunedì

Antica Osteria da Cencio 🏞️ AC % VISA ⊙ AE ① 🕹️

via Provenzali 12/d – ☏ 05 16 83 18 80 – chiuso dal 25 dicembre al 5 gennaio, agosto ,sabato a mezzogiorno, domenica sera, lunedì
Rist – Carta 27/47 € 🏵️
♦ Sapori del territorio arricchiti da spunti di contemporanea creatività in questa osteria dall'atmosfera d'altri tempi: dall'Ottocento ad oggi, è qui di casa la genuinità.

329

CERASO – Salerno (SA) – **564** G27 – 2 561 ab. – alt. 340 m – ⊠ 84052   7 C3
▶ Roma 349 – Potenza 151 – Napoli 145 – Salerno 90

a Petrosa Sud-Ovest : 7,5 km – ⊠ 84052 Ceraso

⌂   **Agriturismo La Petrosa** ⤳   🍴 🕿 ⌘ 🖻 🅿 📶 🚾 ⊚ 🎴 ⑤
via Fabbrica 25 – ℰ 09 74 61 37 0 – www.lapetrosa.it – marzo-ottobre
11 cam ⌷ – ✝40/55 € ✝✝60/90 € – ½ P 45/60 €
Rist – *(chiuso a mezzogiorno in agosto)* (prenotazione obbligatoria)
Menu 25 € bc
♦ Voglia di una vacanza rurale nel Parco del Cilento? C'è anche un agricampeggio con alcune piazzole, in questo agriturismo dalle camere in stile rustico ed alcuni letti in ferro battuto. La posizione è piuttosto decentrata, ma proprio per questo garantisce una certa tranquillità, da godere anche a bordo piscina.

CERBAIA – Firenze (FI) – **563** K15 – Vedere San Casciano in Val di Pesa

CERES – Torino (TO) – **561** G4 – 1 095 ab. – alt. 704 m – ⊠ 10070   22 B2
▶ Roma 699 – Torino 38 – Aosta 141 – Ivrea 78

🍴   **Valli di Lanzo** con cam   🕿 📶 🚾 ⊚ ⑤
via Roma 15 – ℰ 01 23 53 39 7 – www.ristorantevallidilanzo.it – chiuso settembre
8 cam ⌷ – ✝50/55 € ✝✝75/80 € – ½ P 70 €
Rist – *(chiuso lunedì)* Carta 24/48 €
♦ Gestito dal 1905 dalla stessa famiglia, è un accogliente locale dal sapore dei tempi antichi, personalizzato con oggetti di rame alle pareti; piatti piemontesi e della valle. Non molto grandi ma graziose le camere.

CERESE DI VIRGILIO – Mantova (MN) – **561** G14 – Vedere Mantova

CERMENATE – Como (CO) – **561** E9 – 9 003 ab. – alt. 297 m   18 B1
– ⊠ 22072
▶ Roma 612 – Como 15 – Milano 32 – Varese 28

🏨   **Gardenia**   🛗 ♿ cam, 🆊 🕿 🔊 🅿 🚗 🚾 ⊚ 🎴 ⓞ ⑤
via Europa Unita 78 – ℰ 03 17 22 57 1 – www.hotelgardeniacermenate.it
34 cam ⌷ – ✝65/95 € ✝✝75/155 € – ½ P 60/100 €
Rist – *(chiuso a mezzogiorno)* (solo per alloggiati) Menu 22 €
♦ Un basso edificio di mattoni ospita un albergo concepito in modo moderno e funzionale, ideale per una clientela business, con camere spaziose e ben accessoriate.

🍴🍴   **Castello**   🕿 ⇆ 🅿 🚾 ⊚ 🎴 ⑤
via Castello 28 – ℰ 03 17 71 56 3 – www.comiristorantecastello.it – chiuso dal 26 dicembre al 5 gennaio, agosto, lunedì, martedì sera
Rist – Carta 41/57 € 🏵
♦ Locale storico in zona, ma moderno e minimalista negli arredi, con tante bottiglie (soprattutto di distillati) a riempire le molte teche in vetro. Cucina stagionale e territoriale con qualche spunto di fantasia.

CERMES / TSCHERMS – Bolzano (BZ) – **354** AB4 – 1 393 ab.   30 B2
– alt. 292 m – ⊠ 39010
▶ Roma 677 – Trento 82 – Bolzano 31 – Innsbruck 149

🍴🍴   **Miil**   🕿 🅿 🚾 ⊚ ⑤
via Palade 1 – ℰ 04 73 56 37 33 – www.miil.info – chiuso domenica sera e lunedì
Rist – (consigliata la prenotazione) Carta 40/52 €
♦ Davanti alla cantina Kranzelhof con il suo giardino-labirinto, Miil è un locale moderno e informale, nuovo nella veste, nonché nel nome. La sua cucina ne ricalca il genere, quindi contemporanea, pur rimanendo ancorata nella tradizione regionale. Semmai arricchita di un piacevole tocco mediterraneo.

CERNOBBIO – Como (CO) – **561** E9 – **7 132 ab.** – alt. 201 m — ⊠ 22012 ▌ Italia Centro Nord   **18** A1

▶ Roma 630 – Como 5 – Lugano 33 – Milano 53

▦ Villa d'Este via per Cantù 13, 031 200200, www.golfvilladeste.com – chiuso gennaio, febbraio e martedì

◉ Località ★★

🏨🏨🏨 Villa d'Este ⚓   ⬆ 🐕 ☎ ⌷ ⬚ 🖲 🕏 🍴 ⌂ cam, ⚓ 🄰🄲 ½ 🍸 rist,
via Regina 40 – ℰ 031 3481 — 🍴 🛁 🚗 𝗩𝗜𝗦𝗔 🆎 🄰🄴 ⓪ ⤞
– www.villadeste.it – marzo-13 novembre
145 cam 🛏 – ♦425/680 € ♦♦505/1280 € – 7 suites
Rist *La Veranda* – ℰ 031 34 87 20 *(marzo-17 novembre)* Carta 102/122 €
Rist *Grill* – *(aprile-ottobre) (chiuso a mezzogiorno)* Carta 91/115 €
♦ Dal 1873 ai vertici dell'*hôtellerie* di lusso, la bella villa cinquecentesca può farsi vanto di un parco secolare digradante verso il lago, nonché di raffinate camere. Nella moderna Spa tra atmosfere orientali, marmi verdi e decori minimalisti sarà facile riconciliarsi con il mondo.

🏨🏨 Miralago   ⬆ 🕏 🄰🄲 🍸 rist, 🍴 🚗 𝗩𝗜𝗦𝗔 🆎 🄰🄴 ⓪ ⤞
piazza Risorgimento 1 – ℰ 031 51 01 25 – www.hotelmiralago.it
– marzo-15 novembre
42 cam 🛏 – ♦80/165 € ♦♦110/180 €   **Rist** – *(chiuso mercoledì)* Carta 29/48 €
♦ Una signorile casa liberty affacciata sul lago e sulla passeggiata pedonale ospita un albergo accogliente; moderne camere di dimensioni limitate, ma ben accessoriate. Bella veduta del paesaggio lacustre dalla sala ristorante.

🏨 Centrale   ☎ 🄰🄲 🍸 rist, 🍴 🅿 🚗 𝗩𝗜𝗦𝗔 🆎 🄰🄴 ⤞
via Regina 39 – ℰ 031 51 14 11 – www.albergo-centrale.com – chiuso
dal 2 gennaio al 5 marzo
22 cam 🛏 – ♦70/100 € ♦♦80/160 € – ½ P 58/102 €   **Rist** – Carta 35/48 €
♦ Un edificio inizio '900, ristrutturato in anni recenti, per una piccola, curata risorsa a gestione familiare; arredi classici nelle camere non ampie, ma confortevoli. Ameno servizio ristorante estivo in giardino.

🍴🍴 Trattoria del Vapore   ☎ 🍸 𝗩𝗜𝗦𝗔 🆎 🄰🄴 ⤞
via Garibaldi 17 – ℰ 031 51 03 08 – www.trattoriadelvapore.it – chiuso dal
25 dicembre al 25 gennaio e martedì
Rist – Carta 34/58 € ⊗
♦ Un grande camino troneggia nell'accogliente sala di questo raccolto locale, in centro, a pochi passi dal lago; cucina legata alle tradizioni lacustri, ricca enoteca.

CERNUSCO LOMBARDONE – Lecco (LC) – **561** E10 – **3 862 ab.**   **18** B1
– alt. 267 m – ⊠ 23870

▶ Roma 593 – Como 35 – Bergamo 28 – Lecco 19

🍴🍴 Osteria Punto e a Capo   ☎ 🄰🄲 𝗩𝗜𝗦𝗔 🆎 🄰🄴 ⓪ ⤞
⊗ via Lecco 34 – ℰ 03 99 90 23 96 – www.osteriapuntoeacapo.com – chiuso lunedì
Rist – Menu 14 € bc (pranzo)/33 € – Carta 32/56 €
♦ Poco distante dal municipio, ariose salette in un edificio di fine '800: cucina fantasiosa, sia di terra sia di mare, e un'interessante scelta enologica.

CERNUSCO SUL NAVIGLIO – Milano (MI) – **561** F10 – **30 599 ab.**   **18** B2
– alt. 134 m – ⊠ 20063

▶ Roma 583 – Milano 14 – Bergamo 38

▦ Molinetto SS Padana Superiore 11, 02 92105128, www.molinettocountryclub.it
– chiuso lunedì

🍴🍴🍴 Due Spade   🄰🄲 𝗩𝗜𝗦𝗔 🆎 🄰🄴 ⓪ ⤞
via Pietro da Cernusco 2/A – ℰ 0 29 24 92 00 – www.ristoranteduespade.it
– chiuso dal 24 dicembre al 6 gennaio, dal 9 al 31 agosto e domenica
Rist – Menu 42 € – Carta 37/52 € ⊗
♦ Un "salotto" elegante, con soffitto e pavimento di legno, questo locale raccolto, che ruota tutto intorno al camino della vecchia filanda; cucina stagionale rivisitata.

CERRO MAGGIORE – Milano (MI) – **561** F8 – **14 691 ab.** – alt. 205 m   **18** A2
– ⊠ 20023

▶ Roma 603 – Milano 26 – Como 31 – Varese 32

UNA Hotel Malpensa 🖥 ⏩ 🆓 ⤢ ⚙ rist, 👔 🛏 🅿 🚗

via Turati 84, uscita A8 di Legnano – ☎ 03 31 51 31 11 ⚏ 🆚 ⭕ 🆎 ⓪ 🅢

– *www.unahotels.it*

160 cam ⬚ – �♊93/437 € – 1 suite **Rist** – Carta 36/54 €

♦ A metà strada tra il capoluogo lombardo e l'aeroporto di Malpensa, un moderno grattacielo, ben visibile anche dall'autostrada. Confort e servizi di ultima generazione. Ristorante ampio e luminoso.

a Cantalupo Sud-Ovest : 3 km – ✉ 20020

Corte Lombarda 🌳 🆓 ↔ 🅿 🆚 ⭕ 🆎 🅢

piazza Matteotti 9 – ☎ 03 31 53 56 04 – *www.cortelombarda.it* – *chiuso dal 26 dicembre al 10 gennaio, dal 3 al 28 agosto, domenica sera, lunedì*

Rist – Carta 43/55 €

♦ Eleganti sale interne, anche con camino, in una vecchia cascina che offre servizio estivo all'aperto; tocco fantasioso nella cucina, di pesce e di tradizione lombarda.

CERTOSA = KARTHAUS – Bolzano (BZ) – Vedere Senales

CERTOSA DI PAVIA – Pavia (PV) – **561** G9 – 3 341 ab. – alt. 91 m – ✉ 27012 ▯ Italia   **16** A3

▶ Roma 572 – Alessandria 74 – Bergamo 84 – Milano 31

◉ Certosa★★★ Est : 1,5 km

Locanda Vecchia Pavia "Al Mulino" (Annamaria Leone) 🌳 🆓

⭐ *via al Monumento 5* – ☎ 03 82 92 58 94 🅿 🆚 ⭕ 🆎 ⓪ 🅢

– *www.vecchiapaviaalmulino.it* – *chiuso dal 1° al 18 gennaio, dal 6 al 23 agosto, lunedì e martedì a mezzogiorno da aprile ad ottobre, domenica sera e lunedì negli altri mesi*

Rist – Menu 40 € (pranzo)/70 € bc – Carta 56/90 € 🍴

Spec. Bruschetta di pane all'olio extravergine con insalata di pesci e crostacei. Linguine su crema leggera di acciughe, peperoncino, gamberi al profumo d'arance. Piccione disossato in doppia cottura, salsa al Porto.

♦ Presso la certosa, ambientazione idilliaca in un mulino d'epoca nella campagna lombarda, più raffinati gli interni. La cucina tende al moderno, spaziando dalla carne al pesce.

CERVERE – Cuneo (CN) – **561** I5 – 2 135 ab. – alt. 304 m – ✉ 12040   **22** B3

▶ Roma 656 – Cuneo 43 – Torino 58 – Asti 52

Antica Corona Reale-da Renzo (Gian Piero Vivalda) 🌳 🆓 ↔

⭐⭐ *via Fossano 13* – ☎ 01 72 47 41 32 🆚 ⭕ 🆎 ⓪ 🅢

– *www.anticacoronareale.com* – *chiuso dal 26 dicembre al 10 gennaio, dal 5 al 25 agosto, martedì sera, mercoledì*

Rist – Menu 65 € – Carta 54/85 € 🍴

Spec. Uovo in cocotte al tartufo bianco d'Alba. Risotto carnaroli agli ovuli reali e gallina di Villanova. Capretto di Roccaverano allo spiedo d'ulivo, la sua fianaziera in doppio servizio.

♦ Un tempio gastronomico per gli amanti del Piemonte: un locale che vanta quasi due secoli di storia, ma sempre sulla cresta dell'onda grazie ai continui lavori di rinnovo. Se il tempo lo permette, godetevi la magia del cortile fiorito, dove nella bella stagione si effettua il servizio all'aperto.

CERVESINA – Pavia (PV) – **561** G9 – 1 205 ab. – alt. 72 m – ✉ 27050   **16** A3

▶ Roma 580 – Alessandria 46 – Genova 102 – Milano 72

Il Castello di San Gaudenzio 🌿 🕸 🎣 ⏩ 🆓 👔 🛏 🅿

via Mulino 1, località San Gaudenzio, Sud : 3 km 🆚 ⭕ 🆎 ⓪ 🅢

– ☎ 03 83 33 31 – *www.castellosangaudenzio.com*

45 cam – �100110 € ♊180 €, ⬚ 10 € – 3 suites – ½ P 125 €

Rist *Castello di San Gaudenzio* – vedere selezione ristoranti

♦ Un'oasi di pace, questo castello del XIV secolo con interni in stile e dépendance intorno ad un bel giardino all'italiana. L'attrezzata area congressi rende, inoltre, la struttura particolarmente interessante per una clientela business.

XXX **Castello di San Gaudenzio** – Hotel Il Castello di San Gaudenzio

via Mulino 1, località San Gaudenzio, Sud :
3 km – 𝒞 *03 83 33 31 – www.castellosangaudenzio.com*
Rist – (consigliata la prenotazione) Carta 34/59 €
♦ Bianche colonne e soffitto di legno con grosse travi a vista in un ristorante, le cui dimensioni, nonché la raffinatezza, lo rendono particolarmente adatto per cerimonie ed eventi. Cucina del territorio, in sintonia con le stagioni.

CERVIA – Ravenna (RA) – **562** J19 – 28 861 ab. – ✉ 48015   **9** D2

▶ Roma 382 – Ravenna 22 – Rimini 31 – Bologna 96
🛈 via Evangelisti 4, 𝒞 0544 97 44 00, www.cerviaturismo.it
🏌 Cervia Adriatic via Jelenia Gora 6, 0544 992786, www.golfcervia.com – chiuso martedì

🏠🏠🏠 **Gambrinus**

lungomare Grazia Deledda 102 – 𝒞 *05 44 97 17 73 – www.gambrinushotel.it*
– maggio-settembre
79 cam ⊑ – †75/96 € ††118/160 € – 3 suites – ½ P 115 €
Rist – Carta 38/55 €
♦ Sul lungomare, l'elegante hotel dispone di spazi comuni molto ampi, camere arredate in tinte pastello e di gusto neoclassico. Nuovo centro benessere con cabine per trattamenti e vasca idromassaggio. I piatti della cucina nazionale allietano i commensali del lussuoso ristorante.

🏠🏠🏠 **Universal**

lungomare Grazia Deledda 118 – 𝒞 *0 54 47 14 18 – www.hoteluniversalcervia.it*
– marzo-ottobre
94 cam ⊑ – †65/100 € ††110/200 € – 1 suite – ½ P 65/110 €
Rist – Menu 35 €
♦ 20 metri è la distanza che vi separa dalla spiaggia dorata, in questa struttura i cui toni pastello della facciata sono riproposti nelle luminose camere, dotate di moderni confort, tutte con balcone. Accomodandovi al ristorante capirete, invece, perchè la regione è tra le più celebrate dal punto di vista gastronomico.

🏠 **Ascot**

viale Titano 14 – 𝒞 *0 54 47 23 18 – www.hotelascot.it – 15 maggio-15 settembre*
36 cam – †50/70 € ††70/90 €, ⊑ 5 € – ½ P 62 €   **Rist** – Menu 20 €
♦ Un piccolo albergo a gestione familiare, poco distante dal mare, dispone di ampi spazi in giardino, allestiti con tavolini ed ombrelloni, e semplici camere di recente rinnovate.

XX **Locanda dei Salinari**

circonvallazione Sacchetti 152 – 𝒞 *05 44 97 11 33 – chiuso mercoledì escluso*
giugno-agosto
Rist – Carta 30/55 €
♦ Locale raccolto ed accogliente nell'antico borgo dei Salinari: il giovane e talentuoso chef propone una cucina creativa usufruendo dei migliori prodotti della Romagna.

a Pinarella Sud : 2 km – ✉ 48015

🛈 via Tritone 15/b, 𝒞 0544 98 88 69, www.cerviaturismo.it

🏠🏠 **Club Everest**

viale Italia 230 – 𝒞 *05 44 98 72 14 – www.severihotels.it*
– 20 maggio-15 settembre
47 cam ⊑ – †64/130 € ††94/174 € – ½ P 59/99 €   **Rist** – Menu 35 € bc
♦ In posizione tranquilla davanti alla pineta marittima e a pochi passi dalla spiaggia, l'albergo dispone di camere nuove e riposanti aree comuni. Al ristorante, le classiche proposte della tradizione culinaria italiana.

a **Milano Marittima** Nord : 2 km – ⊠ 48015 Cervia

i viale Matteotti 39/41, ℰ 0544 99 34 35, www.cerviaturismo.it

🏨 **Palace Hotel**   ⚒ 🌊 💿 🛖 🎱 🛗 ⟲ ☂ 🅰🅲 ℀ rist, ℣ 🛁 🚗
viale 2 Giugno 60 – ℰ 05 44 99 36 18   VISA ◌◌ 🅰🅴 ⓞ ⚜
– *www.selecthotels.it – marzo-ottobre*
112 cam ⌷ – ♦200/340 € ♦♦220/420 € – 13 suites – ½ P 160/270 €
Rist – Menu 70/90 €
◆ Prestigiosa ed esclusiva struttura a pochi metri dal mare ospita eleganti spazi arredati con mobili intagliati, preziosi lampadari e ceramiche e la tranquillità di un parco di ulivi millenari. L'elegante e capiente sala da pranzo offre una vista sul giardino e piatti della tradizione nazionale.

🏨 **Premier & Suites**   ⚒ ☂ 🖥 🅰🅲 ⟲ ℀ rist, ℣ 🛁 🅿 🚗
VII Traversa 15 – ℰ 05 44 99 58 39   VISA ◌◌ 🅰🅴 ⓞ ⚜
– *www.premierhotels.it*
40 cam ⌷ – ♦190/600 € ♦♦250/700 € – 3 suites   **Rist** – Carta 101/168 €
◆ Nuova struttura - tutta design e minimalismo - con un confort di ottimo livello ed una spiccata vocazione per una clientela business. Spiaggia privata, belle camere e lussuose suite con terrazzo benessere. Al ristorante: un viaggio nel gusto che fa tappa nei sapori regionali e nella più alta cucina internazionale.

🏨 **Waldorf**   ⟵ ⚒ 🌊 🖥 🛗 ⟲ 🅰🅲 ⟲ ℀ ℣ 🅿 🚗 VISA ◌◌ 🅰🅴 ⓞ ⚜
VII Traversa 17 – ℰ 05 44 99 43 43 – www.premierhotels.it – aprile-settembre e 15 dicembre- 6 gennaio
30 cam ⌷ – ♦230/410 € ♦♦310/590 € – 3 suites
Rist *La Settima* – vedere selezione ristoranti
◆ Design, raffinatezza, innovazione: spazi che ripropongono i colori e i movimenti del mare. Le camere sono arredate con ricercatezza e dotate di terrazze, mentre le lussuose suite sono dislocate su due livelli con giardino pensile ed angolo benessere.

🏨 **Grand Hotel Gallia**   ⟲ 🌊 ℀ 🖥 🛗 🅰🅲 ℀ rist, ℣ 🛁 🅿 VISA ◌◌ ⚜
piazzale Torino 16 – ℰ 05 44 99 46 92 – www.selecthotels.it – Pasqua-15 ottobre
99 cam ⌷ – ♦110/195 € ♦♦110/300 € – 2 suites – ½ P 60/155 €
Rist – Menu 50 €
◆ Un luminoso salotto all'ingresso accoglie i clienti in questo hotel dai grandi spazi arredati con preziose ceramiche ed eleganza di eco settecentesca. Attrezzata sala riunioni e piscina in giardino. Al ristorante, i sapori della gastronomia tradizionale.

🏨 **Mare e Pineta**   ⟲ ⟲ ⚒ 🌊 🛗 ℀ 🖥 ⟲ cam, 🛗 🅰🅲 ℀ rist, 🛁 🅿 🚗
viale Dante 40 – ℰ 05 44 99 22 62 – www.selecthotels.it   VISA ◌◌ ⚜
– *aprile-3 ottobre*
161 cam ⌷ – ♦110/150 € ♦♦180/300 € – 5 suites – ½ P 170/220 €
Rist – Menu 60 €
◆ Uno dei primi alberghi aperti in città alla fine degli anni Venti, dispone oggi di numerose camere confortevoli e di un lussureggiante parco con campi da tennis e piscina. La sua spiaggia privata è una tra le le più ampie della località.

🏨 **Aurelia**   ⟵ ⟲ ⚒ 🌊 💿 🛖 🎱 ℀ 🖥 ⟲ 🛗 🅰🅲 ℀ rist, ℣ 🛁 🅿 ◌◌ ⚜
viale 2 Giugno 34 – ℰ 05 44 97 54 51 – www.selecthotels.it
94 cam ⌷ – ♦75/150 € ♦♦100/270 € – 2 suites – ½ P 65/150 €
Rist – Menu 40/65 €
◆ Sito direttamente sul mare e circondato da un ampio giardino che conduce alla spiaggia, l'hotel annovera camere suddivise tra corpo centrale e villa, un centro benessere e piscina climatizzata. I sapori della tradizione vengono serviti presso la sala ristorante arredata in calde tonalità.

🏨 **Le Palme**   ⟵ ⟲ ⚒ ☂ 🌊 🌊 💿 🛖 🎱 🛗 ⟲ cam, 🛗 🅰🅲 ℀ ℣ 🛁 🚗
VII Traversa 12 – ℰ 05 44 99 46 61 – www.premierhotels.it   VISA ◌◌ 🅰🅴 ⓞ ⚜
102 cam ⌷ – ♦85/240 € ♦♦110/380 € – 2 suites – ½ P 95/190 €
Rist – Menu 40 € – Carta 35/79 €
◆ Fronte mare e vicino al centro, ma discosto dalle vie più affollate, questo hotel coniuga la quiete della pineta con il côté glamour di Milano Marittima. Camere confortevoli, spiaggia privata, due zone benessere e due piscine: una semi olimpica e un'altra più piccola. Ricette regionali di terra e di mare al ristorante.

Globus

viale 2 Giugno 59 – ℰ 05 44 99 21 15
– www.baldisserihotels.it – marzo-ottobre
80 cam ☐ – ♦80/130 € – ♦♦130/250 € – ½ P 170 €
Rist – Carta 35/53 €

♦ Un hotel esclusivo con ingresso al primo piano tra lampadari in pregiato cristallo, camere rinnovate, un moderno centro benessere ed un giardino dove allestire spettacoli. Presso la rilassante sala da pranzo, un menù alla carta con proposte ad hoc per chi segue diete specifiche e per i più piccoli.

Delizia

VIII Traversa 23 – ℰ 05 44 99 54 41
– www.hoteldelizia.it – marzo-ottobre
40 cam ☐ – ♦75/110 € – ♦♦115/210 € – ½ P 68/150 €
Rist – (solo per alloggiati)

♦ Sita direttamente sul mare e a pochi passi dal centro, questa nuova struttura dispone di camere luminose e confortevoli dall'arredo moderno. Palestra ben attrezzata, nonché piscina in terrazza all'ultimo piano. Stuzzicante buffet a pranzo.

Mazzanti

via Forlì 51 – ℰ 05 44 99 12 07
– www.hotelmazzanti.it – Pasqua-20 settembre
54 cam – ♦70/90 € ♦♦100/150 € – 2 suites – ½ P 70/95 €
Rist – (chiuso fino al 7 maggio) (solo per alloggiati) Menu 24 €

♦ In una zona tranquilla direttamente sul mare, una struttura a gestione familiare con semplici spazi comuni arredati con divani. Ideale per una vacanza di relax con i bambini.

Majestic

X Traversa 23 – ℰ 05 44 99 41 22
– www.majesticgroup.it – aprile-settembre
47 cam – ♦60/110 € ♦♦60/140 €, ☐ 15 € – 5 suites – ½ P 70/110 €
Rist – Menu 25/30 €

♦ Adatta per una vacanza con la famiglia, una struttura semplice con spaziosi e confortevoli ambienti, sita direttamente sulla spiaggia. Colazione all'aperto nei mesi caldi. Buffet di insalate e cucina classica nella grande e sobria sala ristorante.

Alexander

viale 2 Giugno 68 – ℰ 05 44 99 19 16
– www.alexandermilanomarittima.it – aprile-20 settembre
52 cam – ♦90/130 € ♦♦90/180 €, ☐ 10 € – ½ P 120/130 €   **Rist** – Menu 40 €

♦ Tavolini e piscina dominano l'ingresso di questo hotel costruito in posizione centrale che offre accoglienti camere, una terrazza-solarium ed un centro benessere.

Isabella senza rist

viale 2 Giugno 152 – ℰ 05 44 99 40 68
– www.isabella-garni.it – Pasqua-10 ottobre
31 cam ☐ – ♦♦60/120 €

♦ Se volete un bagno di mondanità, il viale principale non è molto lontano. Altrimenti godetevi la quiete del grazioso giardino, in questa struttura dagli ambienti moderni, piscina riscaldata e colazione a buffet.

XXXX La Settima – Hotel Waldorf

VII Traversa 17 – ℰ 05 44 99 43 43
– www.premierhotels.it – aprile-settembre e 15 dicembre- 6 gennaio
Rist – (chiuso a mezzogiorno) Carta 83/113 €

♦ Salendo le scale, accompagnati dal rumore rilassante delle cascate e dal gorgoglio della fontana, si ha l'impressione di camminare sospesi sull'acqua, ma una volta accomodati al tavolo ci si ritrova – piacevolmente – con i piedi per terra, intenti a gustare una cucina del territorio, creativa e personale.

XXX La Frasca 🛐 👌 AC ⇔ P VISA ⚊ AE ⚄

€3 *rotonda Don Minzoni 3 – ℰ 05 44 99 58 77 – www.lafrasca.it – chiuso domenica sera, lunedì, martedì*

Rist – *(chiuso a mezzogiorno in giugno-settembre)* (consigliata la prenotazione) Carta 73/100 €

Spec. Gamberi marinati al mojito con gelatina di cetriolo. Tagliatelle gratinate ai fegatini di pollo. Insalatina ricca di crostacei con petali di foie gras e aceto balsamico.

♦ E' cambiata la gestione, ma non lo stile e il fascino del locale: un salotto affacciato sulla celebre rotonda, spazi ed eleganza si moltiplicano anche all'interno, mentre i piatti sono un inno alla più classica tradizione romagnola.

XX Terrazza Bartolini 🛐 VISA ⚊ AE ⚄

⚐ *via Leoncavallo 13 – ℰ 0 54 41 82 05 39 – www.terrazzabartolini.com – 15 maggio-15 settembre*

Rist – *(chiuso a mezzogiorno)* Carta 46/70 €

Rist Osteria Del Gran Fritto – *(chiuso novembre e lunedì)* Carta 20/28 €

♦ All'inizio del lungomare, accanto al centro velico, bianca struttura in legno dove al primo piano la romantica terrazza diventa il palcoscenico di un'esperienza gourmet per gli amanti del pesce (ottimi i crudi). Al piano inferiore, ancora specialità ittiche, ma qui è il fritto ad imporsi.

CERVIGNANO DEL FRIULI – Udine (UD) – 562 E21 – 13 425 ab. 11 C3
– ✉ 33052

▶ Roma 627 – Udine 34 – Gorizia 28 – Milano 366

🏠 Internazionale 🖼 👌 AC 🍴 ⁗ 🐾 P VISA ⚊ AE ⓪ ⚄

via Ramazzotti 2 – ℰ 0 43 13 07 51 – www.hotelinternazionale.it – chiuso dal 20 al 26 dicembre

69 cam ⚏ – ♦65/77 € ♦♦108 € – ½ P 78/88 €

Rist La Rotonda – vedere selezione ristoranti

♦ Nato negli anni '70 e concepito soprattutto per una clientela d'affari, l'albergo dispone di un centro congressi con sale polivalenti e camere confortevoli.

XX La Rotonda – Hotel Internazionale AC ⁗ P VISA ⚊ AE ⓪ ⚄

via Ramazzotti 2 – ℰ 0 43 13 07 51 – www.hotelinternazionale.it – chiuso dal 20 al 26 dicembre

Rist – *(chiuso 20 giorni in agosto, domenica sera, lunedì)* Carta 39/51 €

♦ Ambienti accoglienti e raffinati, in grado di ospitare grandi numeri: è il ristorante La Rotonda, che propone specialità tipiche friulane e piatti mediterranei. Ottimo servizio.

X Al Campanile 🛐 P VISA ⚊ ⚄

via Fredda 3, località Scodovacca, Est : 1,5 km – ℰ 0 43 13 20 18 – chiuso dal 25 al 31 dicembre, dal 1° gennaio all'11 febbraio, Pasqua, 3 settimane in ottobre, lunedì e martedì

Rist – Carta 27/35 €

♦ Ben sette generazioni son passate da questo storico ristorante, una trattoria che dalla fine dell'Ottocento conserva il suo spirito semplice e familiare. Cucina genuinamente casalinga.

CERVINIA – Aosta (AO) – Vedere Breuil-Cervinia

CERVO – Imperia (IM) – 561 K6 – 1 150 ab. – alt. 66 m – ✉ 18010 14 B3
▌ Liguria

▶ Roma 605 – Imperia 10 – Alassio 12 – Genova 106

🚩 piazza Santa Caterina 2, ℰ 0183 40 81 97, www.visitrivieradeifiori.it

◉ Località★ - Facciata★ della chiesa di S. Giovanni Battista

XX **San Giorgio** (Caterina Lanteri Cravet) con cam ⌂ 🐾 cam,
🕸 *via Alessandro Volta 19, centro storico* – ℰ *01 83 40 01 75* VISA ⓸ AE 🐾
– *www.ristorantesangiorgio.net* – *chiuso 24-25 dicembre, martedì a mezzogiorno
in luglio-agosto, anche martedì sera e lunedì negli altri mesi*
2 cam ⌕ – ♦♦130/180 €
Rist – (consigliata la prenotazione) Menu 55 € – Carta 59/113 € ⌂
Spec. Gamberi di Oneglia crudi. Maltagliati al pesto. Pesce del giorno al forno
con contorno di stagione.
♦ Nel tipico borgo di Cervo, un elegante locale dove le ottime materie prime
danno vita ad una fragrante cucina di mare. Ospitata in un frantoio del XIII sec
la vineria San Giorgino è l'alternativa più economica ed informale, ma sempre di
buon livello. Due accoglienti camere per indugiare nella tranquillità del posto.

CESANA TORINESE – Torino (TO) – **561** H2 – **1 052 ab.** – alt. 1 354 m   22 A2
– Sport invernali : 1 354/2 823 m (Comprensorio Via Lattea 🎿 6 🎿 72) 🎿
– ⌂ 10054

▶ Roma 752 – Bardonecchia 25 – Briançon 21 – Milano 224

🛈 piazza Vittorio Amedeo 3, ℰ 0122 8 92 02, www.cesanatorinese.valsusainfo.it

XX **La Ginestra** con cam 🐾 🐾 P VISA ⓸ 🐾
via Roma 20 – ℰ *01 22 89 78 84* – *www.laginestra-cesana.it* – *chiuso 2 settimane
in giugno, 3 settimane in ottobre*
8 cam ⌕ – ♦60/80 € ♦♦90/120 € – ½ P 60/75 €
Rist – (chiuso martedì) Carta 26/46 €
♦ In centro paese, piacevole ambiente familiare con una solida cucina della
regione rivisitata in chiave moderna. La struttura conta anche nuove camere in
stile: particolarmente belle quelle mansardate.

a Champlas Seguin Est : 7 km – alt. 1 776 m – ⌂ 10054 Cesana Torinese

X **La Locanda di Colomb** 🐾 🐾 P VISA ⓸ 🐾
frazione Champlas Seguin 27 – ℰ *01 22 83 29 44* – *dicembre-Pasqua e
15 giugno-7 settembre; chiuso lunedì*
Rist – Carta 27/47 €
♦ Nella piccola e pittoresca frazione, quella che una volta era una stalla è stata
trasformata in una locanda con pareti in pietra, dove potrete gustare la cucina
tipica piemontese.

CESANO BOSCONE – Milano (MI) – **561** F9 – **23 776 ab.** – alt. 119 m   18 B2
– ⌂ 20090

▶ Roma 582 – Milano 10 – Novara 48 – Pavia 35

Pianta d'insieme di Milano

🏠 **Roma** senza rist 📶 🐾 AC 🐾 🐾 🐾 P VISA ⓸ AE ① 🐾
via Poliziano 2 – ℰ *0 24 58 18 05* – *www.roma-wagner.com* – *chiuso dal 10 al
20 agosto*   **1APk**
34 cam – ♦90/449 € ♦♦125/549 €, ⌕ 15 €
♦ Camere signorili e particolarmente confortevoli, in una struttura molto curata sia
a livello di confort e servizi, sia sotto il profilo delle soluzioni d'arredo ad effetto.

XX **Antica Partenope** AC VISA ⓸ AE ① 🐾
via Roma 101 – ℰ *0 24 50 43 16* – *chiuso domenica*
Rist – Carta 33/47 €
♦ Se cercate l'ossobuco alla milanese, l'orecchia d'elefante o la cassoeula, trala-
sciate e passate oltre, perché qui il menu "parla" solo campano: pasta, pizze,
pesce fresco in un trionfo di sapori e colori mediterranei.

CESANO MADERNO – Monza e Brianza (MB) – **561** F9 – **36 889 ab.**   18 B2
– alt. 198 m – ⌂ 20031

▶ Roma 613 – Milano 20 – Bergamo 52 – Como 29

🏨 **Parco Borromeo** 〔icons〕
via Borromeo 29 , (piazza Procaccini) – 📞 *03 62 55 17 96*
– www.hotelparcoborromeo.it – chiuso dal 28 dicembre al 4 gennaio e dal 3 al 26 agosto
40 cam ⌷ – ♦80/115 € ♦♦110/170 €
Rist *Il Fauno* – vedere selezione ristoranti
♦ Il "parco" non è solo nel nome, ma tutt'attorno... In un edificio del '600, belle camere con elementi architettonici tipici dell'epoca (soffitto a cassettoni in legno o decorato in gesso).

✕✕ **Il Fauno** – Hotel Parco Borromeo 〔icons〕
via Borromeo 29, (piazza Procaccini) – 📞 *03 62 54 09 30 – www.ilfauno.it*
Rist – *(chiuso dal 1° al 22 agosto e lunedì a mezzogiorno)* Menu 18 € bc (pranzo)/28 € bc – Carta 36/56 €
♦ E' sicuramente la veranda affacciata sul parco il suo punto di forza: una splendida location soprattutto per la bella stagione, mentre la sala interna ha un taglio più classico con trompe-l'oeil alle pareti che richiamano il giardino della villa. In menu, piatti della tradizione con i "classici" lombardi.

CESENA – Forlì-Cesena (FC) – **562** J18 – **96 171 ab.** – **alt. 44 m**   9 D2
📖 Italia Centro Nord
▶ Roma 336 – Ravenna 31 – Rimini 30 – Bologna 89
🛈 piazza del Popolo 15, 📞 0547 35 63 27, www.turismo.comune.cesena.fc.it
◉ Biblioteca Malatestiana ★★

🏨 **Casali** 〔icons〕
via Benedetto Croce 81 ✉ *47521 –* 📞 *0 54 72 27 45*
– www.hotelcasalicesena.com
46 cam ⌷ – ♦♦74/252 € – 2 suites
Rist – *(chiuso domenica da giugno a settembre, solo domenica sera negli altri mesi)* Carta 40/57 €
♦ L'hotel più rappresentativo della città, completamente ristrutturato in chiave classico-moderna, vanta ambienti confortevoli e spaziosi di sobria eleganza. Atmosfera raffinata e rivisitazione creativa della tradizione regionale al ristorante.

🏨 **Meeting Hotel** senza rist 〔icons〕
via Romea 545 ✉ *47522 –* 📞 *05 47 33 31 60 – www.meetinghotelcesena.it*
26 cam ⌷ – ♦65/120 € ♦♦75/140 €
♦ In zona periferica, la risorsa annovera camere spaziose e confortevoli di taglio moderno recentemente rinnovate ed arredate con mobili in legno scuro e parquet.

uscita autostrada A 1 Cesena Nord

🏨 **Unaway Hotel Cesena Nord** senza rist 〔icons〕
piazza Modigliani 104, località Pievesestina di Cesena
– 📞 *05 47 31 30 07 – www.unawayhotels.it – chiuso dal 21 dicembre al 6 gennaio*
117 cam ⌷ – ♦70/160 € ♦♦80/170 €
♦ Albergo di catena dalle linee moderne e dai colori vivaci garantisce confort e servizi up-to-date: camere funzionali, ideali per una clientela business e di passaggio.

CESENATICO – Forlì-Cesena (FC) – **562** J19 – **25 375 ab.** – ✉ **47042**   9 D2
▶ Roma 358 – Ravenna 31 – Rimini 22 – Bologna 98
🛈 viale Roma 112, 📞 0547 67 32 87, www.cesenatico.it/turismo

🏨 **Grand Hotel Cesenatico** 〔icons〕
piazza Andrea Costa 1 – 📞 *0 54 78 00 12*
– www.grandhotel.cesenatico.fo.it – 15 aprile-15 ottobre
78 cam ⌷ – ♦108/173 € ♦♦140/220 € – ½ P 100/140 €   **Rist** – Carta 27/62 €
♦ Centralissimo, in uno splendido edificio del '29, è un omaggio ad una mondanità sfarzosa e rutilante. Camere più sobrie, eleganti e funzionali. Raffinata sala ristorante con possibilità di gustare in terrazza sia la prima colazione, sia una classica cucina a base di pesce.

Internazionale ← ⚓ ⃗ ⌇ ⌂ ⌁ Ⓐ ⚒ rist, ⌖ 🄿 ⅦⅪ ⑳ ⌓

via Ferrara 7 – ℰ 05 47 67 33 44 – www.hinternazionale.it – maggio-settembre
60 cam ⊇ – †92/100 € ††150/160 € – 1 suite – ½ P 110 €
Rist – Carta 25/62 €

♦ Direttamente sul lungomare, annovera una spiaggia privata ed una piscina attrezzata con scivoli ad acqua. Offre camere arredate sia in stile classico che moderno. La cucina propone un menù di impostazione classica, ma soprattutto specialità ittiche.

Sporting ← ⚓ ⌇ Ⓐ ⚒ 🄿 ⅦⅪ ⑳ ⓞ ⌓

viale Carducci 191 – ℰ 0 54 78 30 82 – www.hotelsporting.it
– 20 maggio-20 settembre
48 cam ⊇ – †80/100 € ††90/110 € – ½ P 74/84 €   **Rist** – *(solo per alloggiati)*
♦ A più di un km dal centro - direttamente sulla spiaggia - l'hotel è consigliato a chi vuole evitare gli schiamazzi notturni e preferisce una zona verde e tranquilla. Graziose camere con carta da parati in stile inglese.

Miramare ← ⌖ ⃗ ⌇ Ⓐ ⚒ rist, ⌖ ⌘ 🄿 ⅦⅪ ⑳ Ⓐ ⓞ ⌓

viale Carducci 2 – ℰ 0 54 78 00 06 – www.welcompany.it
27 cam ⊇ – ††141/152 € – ½ P 102 €
Rist – *(chiuso martedì escluso da aprile ad ottobre)* Carta 16/43 €

♦ L'hotel offre un'atmosfera rilassante, camere semplici e spaziose arredate in stile moderno, adatte a nuclei familiari. Possibili anche soluzioni business. Affacciato sul porto leonardesco, il ristorante-pizzeria propone ricette classiche che puntano sulle specialità ittiche.

Atlantica ← ⚓ ⌇ ⌂ ⌁ Ⓐ ⚒ 🄿 ⅦⅪ ⑳ ⌓

viale Bologna 28 – ℰ 0 54 78 36 30 – www.hotelatlantica.it – Pasqua-settembre
24 cam – †65/100 € ††95/150 €, ⊇ 15 € – ½ P 87/115 €
Rist – Carta 23/50 €

♦ Affacciata sul mare, è una caratteristica villa degli anni '20 successivamente trasformata in albergo. Piacevole veranda in ferro battuto, camere semplici e gestione familiare.

Zeus ⌇ Ⓐ ⚒ 🄿 ⅦⅪ ⑳ Ⓐ ⓞ ⌓

viale Carducci 46 – ℰ 0 54 78 02 47 – www.hotelzeus.it – chiuso dal 16 novembre al 3 dicembre
28 cam – †47/52 € ††73/96 €, ⊇ 7 € – ½ P 70 €   **Rist** – Menu 25/35 €
♦ Albergo semplice a gestione familiare, ma con camere inappuntabili e confortevoli: diverse su viale Carducci - alcune con grande terrazza - per assistere alla movida locale.

✗✗✗ Magnolia (Alberto Faccani) ⌖ Ⓐ ⅦⅪ ⑳ Ⓐ ⓞ ⌓

viale Trento 31 – ℰ 0 54 78 15 98 – www.magnoliaristorante.it – chiuso mercoledì
Rist – *(chiuso a mezzogiorno escluso sabato e domenica da settembre a maggio)* Menu 75 € – Carta 57/85 € ⌘
Spec. In fondo al mare: crudo di pesci, molluschi e crostacei. Passatelli asciutti con lumachine di mare, finocchietto e limone. Rombo arrostito con indivia, agrumi e salsa alla carota e zenzero
♦ Giovane astro della gastronomia nazionale, propone una cucina personalizzata, ardita e fantasiosa negli accostamenti, quanto rispettosa di eccellenti prodotti.

✗✗ Vittorio ⌖ 🄿 ⅦⅪ ⑳ Ⓐ ⌓

porto turistico Onda Marina, via Andrea Doria 3 – ℰ 05 47 67 25 88
– www.vittorioristorante.it – chiuso dal 15 dicembre al 10 febbraio, martedì a mezzogiorno, mercoledì, anche martedì sera da ottobre ad aprile
Rist – *(chiuso a mezzogiorno escluso sabato e domenica in luglio e agosto)*
Menu 50/60 € – Carta 41/85 €
♦ Affacciato sulla darsena, le serate estive in terrazza sono un incanto di fronte agli alberi delle barche ormeggiate. La cucina celebra il mare e segue il pescato del giorno.

XX **La Buca** ⌂ & AC VISA ⌂ AE ⌂
*corso Garibaldi 45 – ℰ 0 54 71 86 07 64 – www.labucaristorante.it – chiuso
lunedì escluso maggio-settembre*
Rist – Menu 55 € – Carta 44/75 €
♦ Semplicità, minimalismo e design: una sala moderna per eccellenti piatti di
crudo, ricette creative o tradizionali grigliate... Ed una sfrenata passione per gli
champagne.

X **Osteria del Gran Fritto** ⌂ & AC VISA ⌂ ⌂
corso Garibaldi 41 – ℰ 0 54 78 24 74 – www.osteriadelgranfritto.com
Rist – Carta 29/42 €
♦ Lungo il suggestivo porto canale, il nome ne indica già la specialità, il fritto, a
cui si aggiungono piatti della tradizione popolare adriatica: seppie, sarde, pove-
razze, calamari...

a Valverde Sud : 2 km – ✉ 47042 Cesenatico

🛈 viale Carducci 292/b, ℰ 0547 8 51 83, www.cesenatico.it/turismo

🏠 **Caesar** ⌂ ⌂ ⌂ ⌂ ⌂ Ĺ♪ |♣| ♣♦ AC ⌂ rist, P VISA ⌂ ⌂
viale Carducci 290 – ℰ 0 54 78 65 00 – www.hotel-caesar.com – aprile-settembre
48 cam – †50/100 € ††80/150 € – ½ P 95 € **Rist** – Carta 24/40 €
♦ Una gestione con 40 anni di esperienza nel settore: ecco il punto forte di questa struttura, ideale per famiglie con bambini. Piscina, sauna ed idromassaggio
per il relax. Di recente apertura, il ristorante può contenere oltre un centinaio di
coperti cui propone piatti classici e, ovviamente, tanto pesce.

🏠 **Colorado** ⌂ ⌂ ⌂ ⌂ AC ⌂ |♀| P VISA ⌂ ⌂
viale Carducci 306 – ℰ 0 54 78 62 42 – www.hotelcolorado.it – maggio-settembre
55 cam ⌂ – †60/105 € ††110/150 € – ½ P 90/100 € **Rist** – Menu 30/40 €
♦ Una struttura moderna che dispone di camere semplici ma accoglienti arredate con sobrietà, tutte con balcone vista mare. Prima colazione a buffet anche
all'aperto.

a Villamarina Sud : 3 km – ✉ 47030 Cesenatico

🏠 **Nettuno** ⌂ ⌂ Ĺ♪ |♣| & cam, AC cam, ⌂ cam, |♀| ♨ P VISA ⌂ ① ⌂
Lungomare Carducci 338 – ℰ 0 54 78 60 86 – www.riccihotels.it
41 cam ⌂ – ††120/150 € – 4 suites – ½ P 77/94 €
Rist – *(solo per alloggiati)*
♦ Sul lungomare, la struttura si è trasformata da bruco in farfalla: camere nuove e
di moderno design, confort di livello superiore, piscina a sfioro con angolo idromassaggio... e pensare che il restyling non è ancora ultimato!

🏠 **Sport & Residenza** ⌂ ⌂ Ĺ♪ ♣♦ AC ⌂ rist, |♀|
via Pitagora 5 – ℰ 0 54 78 71 02 – www.riccihotels.it – 19 maggio-15 settembre
68 cam – †47/79 € ††74/138 €, ⌂ 9 € – 32 suites – ½ P 71/103 €
Rist – *(solo per alloggiati)* Menu 25 €
♦ In posizione tranquilla a 100 metri dalla spiaggia, questo hotel recentemente
rinnovato dispone, ora, di attrezzate camere e possibilità di appartamenti anche
in formula residence.

a Zadina Pineta Nord : 2 km – ✉ 47042 Cesenatico

🏠 **Beau Soleil-Wonderful** ⌂ ⌂ |♣| ♣♦ AC ⌂ |♀| P VISA ⌂ AE ⌂
*viale Mosca 43 – ℰ 0 54 78 22 09 – www.hotelbeausoleil.it
– 24 marzo-22 settembre*
86 cam ⌂ – †60/80 € ††80/120 € – ½ P 80/100 € **Rist** – *(solo per alloggiati)*
♦ Hotel sito in posizione silenziosa in prossimità della pineta, a pochi passi dal
mare, dispone di camere sobrie. Ideale per una vacanza in famiglia.

🏠 **Renzo** ⌂ ⌂ |♣| AC ⌂ rist, |♀| P VISA ⌂ ⌂
viale dei Pini 55 – ℰ 0 54 78 23 16 – www.renzohotel.it – Pasqua-20 settembre
36 cam – †50/60 € ††90/110 €, ⌂ 15 € – ½ P 55/65 € **Rist** – Menu 20/30 €
♦ Al termine di una strada chiusa, cinquanta metri di pineta e poi il mare: verde
e silenzio. Piscina sul roof garden con solarium e camere di due tipologie, standard o confort.

CETARA – Salerno (SA) – **564** F26 – **2 352 ab.** – **alt. 10 m** – ✉ **84010**   6 B2
▶ Roma 255 – Napoli 56 – Amalfi 15 – Avellino 45

🏨   **Cetus**   ≼ ⚓ 𝄞 🅰 🅐 ⅏ rist, ᵗ P VISA ⊕ AE ① ⅚
strada statale 163 – 𝒞 0 89 26 13 88 – www.hotelcetus.com
37 cam ⌑ – 🛉100/150 € 🛉🛉180/260 € – 1 suite – ½ P 120/160 €
Rist – Carta 36/57 €
♦ Un'incomparabile vista sul golfo di Salerno dalle camere di questo hotel a picco sul mare, aggrappato alla roccia dell'incantevole costiera amalfitana. Da poco, anche una saletta per massaggi e qualche trattamento estetico. Quasi foste a bordo di una nave, anche dalle raffinate sale ristorante dominerete il Tirreno.

✗   **San Pietro**   🏠 🅰 VISA ⊕ AE ① ⅚
piazzetta San Francesco 10 – 𝒞 0 89 26 10 91 – www.sanpietroristorante.it
– chiuso dal 10 gennaio al 5 febbraio e martedì escluso giugno- settembre
Rist – Carta 35/49 €
♦ Gestione familiare per questa piccola e sobria trattoria marinara, rinnovata pochi anni fa e dotata di un grazioso dehors estivo, in parte sotto un porticato.

✗   **Al Convento**   🏠 🅰 VISA ⊕ AE ① ⅚
🙂 *piazza San Francesco 16 – 𝒞 0 89 26 10 39 – www.alconvento.net*
Rist – *(chiuso mercoledì in inverno)* Carta 22/48 € ⅋
♦ Ci sono tre spumeggianti fratelli dietro questa bella trattoria-pizzeria dalle sale decorate con affreschi risalenti al medioevo. In menu, tante gustose specialità marinare e piatti della tradizione cetarese (serviti d'estate anche sulla suggestiva piazzetta).

CETONA – Siena (SI) – **563** N17 – **2 935 ab.** – **alt. 385 m** – ✉ **53040**   29 D2
▌ Toscana
▶ Roma 155 – Perugia 59 – Orvieto 62 – Siena 89
🅹 piazza Garibaldi 63, 𝒞 0578 23 91 43, www.cetona.org

✗✗✗   **La Frateria di Padre Eligio** con cam ⌑   ≼ 🔖 🏠 ⌑ ⅏ ⅝ P
– 𝒞 05 78 23 82 61 – www.lafrateria.it – *chiuso gennaio e febbraio*   VISA ⊕ AE ⅚
7 cam ⌑ – 🛉150 € 🛉🛉240 €   **Rist** – *(chiuso martedì)* Menu 90/110 € ⅋
♦ In un parco, convento francescano medievale gestito da una comunità di ex-tossicodipendenti. Tra suggestioni mistiche, ci si lascia andare a "peccati" di gola. Camere di austera esclusività.

CETRARO – Cosenza (CS) – **564** I29 – **10 144 ab.** – **alt. 120 m** – ✉ **87022**   5 A1
▶ Roma 466 – Cosenza 55 – Catanzaro 115 – Paola 21
🎦 San Michele località Bosco, 0982 91012, www.sanmicheli.it

sulla strada statale 18 Nord-Ovest : 6 km :

🏨   **Grand Hotel San Michele** ⌑   ≼ 🔖 ⚓ ⌇ ⅏ 🖼 🛗 🅰 ⅓ ⅘ P
località Bosco 8/9 ✉ 87022 – 𝒞 0 98 29 10 12   VISA ⊕ AE ① ⅚
– www.sanmichele.it – aprile-ottobre
88 cam ⌑ – 🛉90/160 € 🛉🛉120/320 € – 6 suites
Rist San Michele – vedere selezione ristoranti
♦ Vi incanteranno i profumi del giardino-frutteto, l'ampio, meraviglioso panorama e il morbido fascino retrò degli interni di una nobile villa; ascensore per la spiaggia.

✗✗✗   **San Michele** – Grand Hotel San Michele   ⅓ ⚓ 🏠 🅰 ⅏ P
località Bosco 8/9 ✉ 87022 – 𝒞 0 98 29 10 12   VISA ⊕ AE ① ⅚
– www.sanmichele.it – chiuso novembre e febbraio
Rist – Carta 28/70 €
♦ Sospesi tra cielo e mare sulla terrazza, o nelle raffinate sale interne, godetevi le prelibatezze regionali di questa tavola: molti degli ingredienti (frutta, verdura, olio, vino, carne…) provengono dall'azienda agricola biologica che circonda la risorsa. Una garanzia di qualità e freschezza non da poco!

CHAMPAGNE (AO) – Vedere Verrayes

CHAMPLAS-SEGUIN – Torino (TO) – Vedere Cesana Torinese

CHAMPOLUC – Aosta (AO) – 561 E5 – alt. 1 570 m – Sport invernali : 1 568/2 714 m 2 8, – ✉ 11020 34 B2

Roma 737 – Aosta 64 – Biella 92 – Milano 175

via Varasc 16, ✆ 0125 30 71 13, www.lovevda.it

Breithorn

cam, rist,

route Ramey 27 – ✆ 01 25 30 87 34 – www.breithornhotel.com – dicembre-15 aprile e luglio- 6 settembre

30 cam – 175/185 € 310/430 € – 1 suite

Rist – Carta 35/55 €

Rist *Brasserie du Breithorn* – Carta 35/70 €

◆ Gioiello di architettura montana dei primi '900, con affascinanti ambienti interni in un trionfo di legno intarsiato: dal parquet alle decorazioni è un moltiplicarsi di tonalità.

Hotellerie de Mascognaz – dependance Hotel Breithorn

località Mascognaz – ✆ 01 25 30 87 34 – www.hotelleriedemascognaz.com

8 cam – solo ½ P 90/195 €

◆ Nel silenzio del paesaggio alpino, finiture di pregio, belle camere ed un'accoglienza proverbiale in due tipici rascard in pietra.

Relais des Glacier

route G.B. Dondeynaz – ✆ 01 25 30 81 82 – www.hotelrelaisdesglaciers.com – 8 dicembre-aprile e 15 giugno-settembre

42 cam – 80/160 € 140/300 € – 6 suites – ½ P 100/180 €

Rist – Menu 30/60 €

◆ Per una ritemprante "remise en forme" in una splendida cornice montana è ideale l'attrezzato centro benessere, con cure naturali, di un elegante hotel inaugurato nel 2000. Soffitti di legno nel raffinato ristorante che propone tre linee diversificate di menù.

Petit Tournalin

rist,

località Villy 2 – ✆ 01 25 30 75 30 – www.hotelpetittournalin.it

19 cam – 80/110 €, 8 € – ½ P 56/90 €

Rist – *(dicembre-marzo e giugno-settembre)* Carta 25/30 €

◆ Ambiente familiare in un grazioso hotel in legno e pietra, ubicato sulla pista di fondo, ai margini della pineta, con camere accoglienti e bagni di buona fattura.

Villa Anna Maria

rist,

via Croues 5 – ✆ 01 25 30 71 28 – www.hotelvillaannamaria.com

13 cam – 58/80 € 85/130 € – ½ P 74/96 €

Rist – *(chiuso maggio e novembre)* Carta 29/85 €

◆ Vista dei monti, quiete silvestre e fascino d'altri tempi in un rustico chalet d'atmosfera, con giardino e pineta, i cui interni sono tutti rigorosamente di legno. Suggestiva sala da pranzo rivestita di legno.

B&B Le Vieux Rascard senza rist

rue des Guides 35 – ✆ 01 25 30 87 46 – www.levieuxrascard.com – 7 dicembre-Pasqua e 15 giugno-settembre

6 cam – 38/59 € 60/95 €

◆ Leggermente in salita, ma il centro ancora raggiungibile a piedi, una tipica casa di montagna con camere curate e tanta gentilezza.

CHANAVEY – Aosta (AO) – 561 F3 – Vedere Rhêmes Notre Dame

CHATILLON – Aosta (AO) – 561 E4 – 4 917 ab. – alt. 549 m – ✉ 11024 34 B2

Roma 723 – Aosta 28 – Breuil-Cervinia 27 – Milano 160

Relais du Foyer

cam, cam,

località Panorama 37 – ✆ 01 66 51 12 51 – www.relaisdufoyer.it

32 cam – 50/105 € 100/160 €

Rist – (consigliata la prenotazione) Carta 35/61 €

◆ Vicino al Casinò di Saint Vincent, per turisti o clientela d'affari un'elegante struttura recente, con zona fitness e solarium; boiserie nelle camere in stile classico.
Vicino al Casinò di Saint Vincent, per turisti o clientela d'affari un'elegante struttura recente, con zona fitness e solarium; boiserie nelle camere in stile classico.

CHERASCO – Cuneo (CN) – **561** I5 – 8 428 ab. – alt. 288 m – ⊠ 12062 **22** B3

▶ Roma 646 – Cuneo 52 – Torino 53 – Asti 51

🛈 via Vittorio Emanuele-Palazzo Comunale 79, 𝒞 0172 42 70 50, www.cherasco2000.com

🔟 via Fraschetta 8, 0172 489772, www.golfcherasco.com – chiuso martedì

🏠 Somaschi 　　　　🚲 ⅃ ☻ ⍟ ↳ ➡ ⅃ 🅰 ↳ ⁿ 🔆 🅿 🆚 ☻ 🆎 ⚡
via Nostra Signora del Popolo 9 – 𝒞 01 72 48 84 82 – www.marachellagruppo.it
21 cam ☲ – ♦120/150 € ♦♦140/160 € – 3 suites
Rist Il Marachella – vedere selezione ristoranti

◆ Un'offerta di alto livello per soggiorni dedicati al relax e al benessere psicofisico, in una dimora storica all'interno del monastero settecentesco di Cherasco. La struttura si sviluppa a ferro di cavallo intorno ad un curato giardino all'italiana, le sue camere brillano in quanto a confort e tenuta, mentre le originali suite sono intitolate a tre famosi stilisti: Armani, Cavalli e Versace.

XXX Il Marachella – Hotel Somaschi 　　　 ⅃ 🅰 ⅙ ⟳ 🆚 ☻ 🆎 ⚡
via Nostra Signora del Popolo 9 – 𝒞 01 72 48 84 82 – chiuso agosto, domenica sera e lunedì
Rist – Carta 47/64 € 🍴

◆ Al primo piano dell'antico complesso, nello spazio un tempo adibito a teatro, è la cucina a salire oggi sul palcoscenico per interpretare - in chiave moderna - le tradizionali ricette del territorio. Ma c'è anche una cigar room per gli irriducibili del fumo.

X La Lumaca 　　　　　　　　　　　　 🅰 🆚 ☻ ⚡
via San Pietro 26/a – 𝒞 01 72 48 94 21 – www.osterialalumaca.it – chiuso dal 28 dicembre al 7 gennaio, 3 settimane in agosto, lunedì
Rist – Menu 35 € – Carta 34/44 € 🍴

◆ Nelle cantine di un edificio di origini cinquecentesche, caratteristico ambiente con volte in mattoni per una cucina tradizionale dove regnano due elementi: la lumaca nel piatto e i vini in cantina.

CHIAMPO – Vicenza (VI) – **562** F15 – 12 892 ab. – alt. 175 m **35** B2
– ⊠ 36072

▶ Roma 539 – Verona 52 – Venezia 91 – Vicenza 24

🛈 viale Stazione 8, 𝒞 346 5 99 56 59, www.vicenza.goturismo.it

🏠 La Pieve 　　　　　 ➡ ⅙ 🅰 ↳ ⍟ ⁿ 🔆 🅿 🚗 🆚 ☻ ⚡
via Pieve 69 – 𝒞 04 44 42 12 01 – www.lapievehotel.it
61 cam ☲ – ♦63/67 € ♦♦82/85 € – 4 suites
Rist – (chiuso sabato a mezzogiorno, domenica sera) Carta 33/49 € (+5 %)

◆ In una lineare struttura di taglio moderno un albergo recente, dotato di buoni confort e piacevoli camere d'impostazione classica; ideale per un turismo d'affari. Gustose ricette del territorio da assaporare nell'ampia e piacevole sala da pranzo.

CHIANCIANO TERME – Siena (SI) – **563** M17 – 7 483 ab. – alt. 475 m **29** D2
– ⊠ 53042 ▮ Toscana

▶ Roma 167 – Siena 74 – Arezzo 73 – Firenze 132

🛈 piazza Italia 67, 𝒞 0578 67 11 22, www.vivichianci+ anoterme.it

🔵 Museo Civico Archeologico delle Acque★

🔶 Madonna col Bambino★ Museo della Collegiata a Chianciano Vecchia: 2 km nord-est

🏠 Admiral Palace 　　　 ⅃ ⅃ ☻ ⍟ ↳ ➡ ⅙ 🅰 ⅙ rist, ⁿ 🔆 🅿 🚗
via Umbria 2 – 𝒞 0 57 86 32 97 　　　　　　　　　 🆚 ☻ 🆎 ⓪ ⚡
– www.admiralpalace.it
109 cam ☲ – ♦79/99 € ♦♦158/198 € – 1 suite – ½ P 74/129 €
Rist – (solo per alloggiati)

◆ Per chi è alla ricerca del confort e della qualità a 360°. Lussuoso albergo nato nel 2007, prodigo di spazi comuni e contraddistinto da uno stile moderno con qualche spunto di design. A completare l'offerta: un'ampia zona benessere e un attrezzato centro congressi.

Moderno

🕭 🗴 ⅃ፚ ✻ 🗐 🖾 ⅌ rist, ⁏⁏ 🄿 🚗 𝚅𝚂𝙰 ⊙⊙ 🄰🄴 ① 🔥

viale Baccelli 10 – ℰ 0 57 86 37 54 – www.albergomodernochianciano.com
– aprile-ottobre
64 cam ⌷ – †60/80 € †††100/140 € – 2 suites – ½ P 75/95 €
Rist – Menu 25 €

♦ Albergo dagli ariosi spazi comuni. Il bianco domina nelle camere all'ultimo piano - le più recenti - le altre sono di diversa tipologia. Piacevoli angoli relax nel parco con tennis e piscina riscaldata. Una maestosa stalattite di cristallo troneggia al centro della sala da pranzo.

Ambasciatori

⅃ ⅃ፚ 🗐 🖾 ✻ ⁏⁏ 🛁 🄿 🚗 𝚅𝚂𝙰 ⊙⊙ 🄰🄴 ① 🔥

viale della Libertà 512 – ℰ 0 57 86 43 71 – www.barbettihotels.it
115 cam ⌷ – †78/120 € †††98/130 € – 4 suites – ½ P 90 €
Rist – *(solo per alloggiati)*

♦ Clientela termale, ma anche congressuale, in un centrale e comodo albergo degli anni '60. Camere confortevoli, alcune recentemente rinnovate, piscina riscaldata e solarium in terrazza panoramica. Ristorante d'impostazione classica.

Ave

🏠 🗐 ᵭ rist, 🖾 ✻ 🛁 🄿 𝚅𝚂𝙰 ⊙⊙ ① 🔥

via Piave 27 – ℰ 0 57 86 36 19 – www.hotelave.it
55 cam ⌷ – †50 € †††90 € – ½ P 45/63 €   **Rist** – Menu 12/25 €

♦ Piccolo albergo ben tenuto. I colori pastello sono protagonisti tanto negli spazi comuni quanto nelle camere, confortevoli e con arredi in legno.

Cristina

🗐 ᵭ cam, 🛧 🖾 ✻ rist, 🄿 🚗 𝚅𝚂𝙰 ⊙⊙ 🔥

via Adige 31, angolo viale di Vittorio – ℰ 0 57 86 05 52
– www.hotelcristinachiancianoterme.it – marzo-ottobre
45 cam ⌷ – †45/54 € †††60/72 € – ½ P 55 €   **Rist** – Menu 24 €

♦ Hotel familiare, ben tenuto e ben gestito dai genitori insieme ai figli, presenta camere sobrie, con arredi pratici e bagni di diverso confort (quattro con vasca idromassaggio). Piacevole terrazza solarium.

Aggravi

🗐 🖾 cam, ✻ 🛁 🄿 🚗 𝚅𝚂𝙰 ⊙⊙ 🔥

viale Giuseppe di Vittorio 118 – ℰ 0 57 86 40 32 – aprile-ottobre
34 cam ⌷ – †35/45 € †††60/80 € – ½ P 52 €   **Rist** – *(solo per alloggiati)*

♦ Cordiale gestione familiare per un albergo dagli accoglienti spazi comuni. Le camere, non nuovissime ma funzionali, dispongono di un comodo terrazzino. All'ultimo piano, il solarium panoramico.

Sole ed Esperia

🚿 🗐 🖾 ✻ rist, 🛁 🄿 ⊙⊙ 🄰🄴 ① 🔥

via delle Rose 40 – ℰ 0 57 86 01 94 – www.hotelsolechiancianoterme.it
– Pasqua-ottobre
108 cam ⌷ – †40/55 € †††60/78 € – 4 suites – ½ P 44/74 €
Rist – Menu 25 €

♦ In zona tranquilla vicina alle terme, la struttura si compone di un corpo centrale e di una dépendance, l'Esperia, con camere più moderne. Giardino ombreggiato e terrazza solarium. Grandi finestre affacciate sul verde illuminano la sala ristorante.

Montecarlo

⅃ 🗐 🖾 ✻ rist, 🄿 🚗 𝚅𝚂𝙰 ⊙⊙ 🔥

viale della Libertà 478 – ℰ 0 57 86 39 03 – www.hotel-montecarlo.it
– maggio-ottobre
41 cam – †44/56 € †††67/79 €, ⌷ 6 € – ½ P 65 €
Rist – *(solo per alloggiati)* Menu 30 €

♦ Accogliente struttura a conduzione diretta, che dispone di terrazza panoramica con solarium e piscina. Arredi molto semplici, ma funzionali nelle sobrie stanze.

San Paolo

🗐 🖾 cam, ✻ 🄿 𝚅𝚂𝙰 ⊙⊙ ① 🔥

via Ingegnoli 22 – ℰ 0 57 86 02 21 – www.hotelsanpaolochianciano.it
– marzo-15 novembre
44 cam ⌷ – †50 € †††70 € – ½ P 35/45 €
Rist – *(solo per alloggiati)* Menu 18 €

♦ Squisita gestione familiare per una struttura essenziale, ma non priva di confort. Ai piani, le semplici camere: linde e tinteggiate di azzurro.

X **Hostaria il Buco**   AC VISA ⓪ AE ① ⑤

via Della Pace 39 – ☏ 0 57 83 02 30 – www.mangiareasiena.it – chiuso dal 2 al 15 novembre, mercoledì

Rist – Carta 23/34 €

♦ Appena sotto al centro storico, nella parte alta della località, un piccolo locale dalla calorosa atmosfera familiare. In menu: proposte tipiche toscane, paste fatte in casa, funghi e tartufi.

CHIARAMONTE GULFI Sicilia – Ragusa (RG) – **365** AX61   **40** D3
– 8 200 ab. – alt. 668 m – ✉ 97012 ▌ Sicilia

▶ Agrigento 133 – Catania 88 – Messina 185 – Palermo 257

X **Majore**   AC VISA ⓪ AE ① ⑤

via Martiri Ungheresi 12 – ☏ 09 32 92 80 19 – www.majore.it – chiuso luglio e lunedì

Rist – Carta 16/25 € ⊛

♦ Il maiale, la sua immancabile presenza nella storia di una famiglia e la lunga tradizione nell'arte di cucinarlo. Majore è tutto questo e la sorpresa finale sarà un conto davvero limitato.

CHIAVARI – Genova (GE) – **561** J9 – 27 569 ab. – ✉ 16043 ▌ Liguria   **15** C2

▶ Roma 467 – Genova 38 – Milano 173 – Parma 134

🛈 corso Assarotti 1, ☏ 0185 32 51 98, www.turismo.provincia.genova.it

◉ Basilica dei Fieschi ★

🏨 **Monte Rosa**   ⌇ ⃗ AC cam, ⚙ rist, ☎ 🕉 🚗 VISA ⓪ AE ① ⑤

via Monsignor Marinetti 6 – ☏ 01 85 31 48 53 – www.hotelmonterosa.it

64 cam ⌷ – †45/130 € ††70/195 € – 3 suites – ½ P 90 €

Rist – (chiuso gennaio, febbraio e 3 settimane in novembre) Carta 33/53 €

♦ Ubicato in pieno centro, hotel di taglio classico gestito da una volenterosa famiglia, che si prodiga a soddifare la propria clientela. Obiettivo raggiunto! Al ristorante viene proposta una buona cucina di mare senza trascurare i classici nazionali.

XXX **Lord Nelson** con cam   ⪕ ⚙ cam, VISA ⓪ AE ① ⑤

corso Valparaiso 27 – ☏ 01 85 30 25 95 – www.thelordnelson.it – chiuso novembre

5 suites ⌷ – ††181 €   **Rist** – (chiuso mercoledì) Carta 51/82 €

♦ Direttamente sul lungomare, locale raffinato con american bar ed enoteca: una profusione di legno lucidato a specchio in elegante stile marinaro e stuzzicanti proposte a base di pesce.

XX **Da Felice**   🕊 AC VISA ⓪ ⑤

corso Valparaiso 136 – ☏ 01 85 30 80 16 – www.ristorantefelice.it
– chiuso 15 giorni in settembre e lunedì

Rist – (chiuso a mezzogiorno escluso dal 15 settembre al 15 giugno) (consigliata la prenotazione) Carta 33/45 €

♦ Nuova sede per questo storico ristorante presente in città dal 1903! Oggi, un ambiente moderno dai toni caldi e dallo stile minimalista, con cucina a vista e dehors estivo. In menu: pesce in tante varianti, ma subordinato al mercato del giorno.

X **Vecchio Borgo**   🕊 AC VISA ⑤

piazza Gagliardo 15/16 – ☏ 01 85 30 90 64 – chiuso dal 6 al 30 gennaio e martedì escluso luglio-agosto

Rist – Carta 27/59 €

♦ In un vecchio edificio alla fine della passeggiata, sale in stile rustico ricercato e un bel dehors sulla piazzetta; fragranti piatti classici per lo più di pesce.

CHIAVENNA – Sondrio (SO) – **561** D10 – 7 310 ab. – alt. 333 m   **16** B1
– ✉ 23022 ▌ Italia Centro Nord

▶ Roma 684 – Sondrio 61 – Bergamo 96 – Como 85

🛈 piazza Caduti della Libertà, ☏ 0343 3 34 42, www.valchiavenna.com

◉ Fonte battesimale ★ nel battistero

◉ Valtellina ★★

Sanlorenzo 🕮 👤 🏧 ⁽ᵀ⁾ 🅿 🚗 VISA ⦿ AE 👍

corso Garibaldi 3 – ✆ *0 34 33 49 02 – www.sanlorenzochiavenna.it*
29 cam ⛌ – ♦55/70 € ♦♦85 € – ½ P 58 € **Rist** – Carta 24/41 €
♦ Nuova struttura adiacente al centro ed a pochi passi dalla stazione, si caratterizza per gli arredi moderni di buon confort e le camere luminose nonchè funzionali. Il ristorante propone piatti del territorio gustosamente rivisitati.

Aurora 🚗 🍴 🛏 🕮 👤 ⁽ᵀ⁾ 🏊 🅿 VISA ⦿ ⓪ 👍

via Rezia 73, località Campedello, Est : 1 km – ✆ *0 34 33 27 08*
– www.albergoaurora.it – chiuso dal 5 al 19 novembre
48 cam ⛌ – ♦50/75 € ♦♦75/100 € – ½ P 54/65 €
Rist Garden – vedere selezione ristoranti
Rist – Menu 15 € (pranzo)/30 €
♦ Una struttura fuori dal centro, con spazi comuni ridotti e camere dagli arredi essenziali ma ben tenute; di particolare interesse la piscina in un grazioso giardino.

Al Cenacolo 🍴 VISA ⦿ AE ⓪ 👍

via Pedretti 16 – ✆ *0 34 33 21 23 – www.alcenacolo.info – chiuso giugno,*
martedì sera, mercoledì
Rist – Carta 38/48 €
♦ Tocchi di rusticità (legni al soffitto, camino, pavimento in cotto), ma tono elegante in un ristorante del centro, con minuscolo terrazzino; specialità locali, ma non solo.

Garden – Hotel Aurora 🚗 🍴 👤 🍴 🅿 VISA ⦿ ⓪ 👍

via Rezia 73, località Campedello, Est: 1 km – ✆ *0 34 33 27 08*
– www.albergoaurora.it – chiuso dal 5 al 19 novembre, mercoledì
Rist – Carta 28/48 €
♦ Il nome è il miglior biglietto da visita: immerso in un giardino ai piedi delle montagne, nel Garden dell'albergo Aurora troverete un'accoglienza familiare, specchio di una cucina schietta e locale: ecco l'immancabile bresaola, i pizzoccheri filanti di formaggio e la selvaggina di bosco. E per gli amanti del pesce, trote!

a Mese Sud-Ovest : 2 km – ✉ 23020

Crotasc 🍴 ⟲ 🅿 VISA ⦿ AE ⓪ 👍

via Don Primo Lucchinetti 63 – ✆ *0 34 34 10 03 – www.ristorantecrotasc.com*
– chiuso dal 21 giugno al 15 luglio, lunedì, martedì
Rist – Carta 36/55 € ❀
♦ Dal 1928 il fuoco del camino scalda le giornate più fredde e le due sale riscoprono nella pietra la storia del crotto e una cordiale accoglienza; in cucina, la tradizione rivive con creatività.

CHIERI – Torino (TO) – 561 G5 – 35 963 ab. – alt. 283 m – ✉ 10023   22 B1
■ Italia Centro Nord

▶ Roma 649 – Torino 18 – Asti 35 – Cuneo 96

◎ Duomo★

◉ Museo Martini di Storia dell'Enologia★ a Pessione: 5 km a sud

Sandomenico 🏧 ⟲ VISA ⦿ AE ⓪ 👍

via San Domenico 2/b – ✆ *01 19 41 18 64*
– www.web.tiscali.it/chieri/sandomenico – chiuso sabato a mezzogiorno,
domenica sera, lunedì
Rist – (prenotare) Carta 48/87 € ❀
♦ Luminoso ed elegante dal soffitto con travi a vista ed arredato con pochi tavoli rotondi. Dalle cucine, piatti di terra e di mare, dalle cantine, bottiglie italiane e francesi.

CHIESA IN VALMALENCO – Sondrio (SO) – 561 D11 – 2 661 ab.   16 B1
– alt. 960 m – Sport invernali : 1 050/2 236 m ⛷1 ⛷6, ⚐ – ✉ 23023

▶ Roma 712 – Sondrio 14 – Bergamo 129 – Milano 152

🛈 contrada Vassalini, ✆ 0342 45 11 50, www.valmalenco.it

⌂⌂⌂ Tremoggia ← ⌘ ⅃₆ 🖾 ↔ ⌘ rist, ⌘ 🚿 P VISA ⚌ AE ⌂

via Bernina 6 – ⌁ 03 42 45 11 06 – www.tremoggia.it – *chiuso novembre*
43 cam ⚏ – ♦82/160 € ♦♦119/214 € – 4 suites – ½ P 132 €
Rist – Menu 34 €

♦ Calda accoglienza familiare in un albergo storico della località rinnovato nel tempo; oggi offre servizi completi e di alto livello; centro benessere all'ultimo piano. Ristorante che dispone di varie, confortevoli sale.

⌂ La Lanterna ⌘ rist, ⌘ VISA ⚌ AE ⓪ ⌂

via Bernina 88 – ⌁ 03 42 45 14 38 – www.hotellanterna.it – *dicembre-aprile e luglio-25 settembre*
16 cam – ♦40/45 € ♦♦70/80 €, ⚏ 8 € – ½ P 55/60 €
Rist – *(solo per alloggiati)*

♦ Un semplice hotel che gode i buoni risultati di una ristrutturazione di anni recenti; solida conduzione familiare, camere pulite, spaziose e dal confort adeguato. Ristorante casalingo seguito direttamente dai gestori dell'albergo.

✗✗ La Volta ⇄ VISA ⚌ AE ⓪ ⌂

via Milano 48 – ⌁ 03 42 45 40 51 – *chiuso 15 giorni in maggio, dal 20 ottobre al 10 novembre, martedì, mercoledì*
Rist – *(chiuso a mezzogiorno escluso sabato e domenica)* Menu 29/35 €
– Carta 41/51 € ⊛

♦ Tradizione e modernità: è il binomio che descrive un locale classico all'interno di un edificio storico ristrutturato; ai fornelli si fondono creatività e competenza.

✗✗ Il Vassallo ⌖ ⇄ P VISA ⚌ ⌂

via Vassalini 27 – ⌁ 03 42 45 12 00 – www.ristorantevassallo.it – *chiuso lunedì*
Rist – Carta 27/38 €

♦ Costruita intorno ad un grande masso di granito dalle sfumature policrome, l'antica residenza vescovile offre atmosfere suggestive e stuzzicanti ricette del territorio.

✗✗ Malenco ← ⇄ P VISA ⚌ AE ⓪ ⌂

via Funivia 20 – ⌁ 03 42 45 21 82 – www.malencofre.it – *chiuso dal 20 giugno al 5 luglio e martedì*
Rist – Carta 33/43 €

♦ Di taglio moderno l'arredo della sala, con vetrata panoramica sulla valle, di impostazione tipica-locale invece la carta: piatti della tradizione a prezzi contenuti.

CHIETI P **(CH)** – **563** O24 – 54 305 ab. – alt. 330 m – ✉ 66100 **1 B2**
▊ Italia Centro Sud

▸ Roma 205 – Pescara 14 – L'Aquila 101 – Ascoli Piceno 103
🛈 via B. Spaventa 47, ⌁ 0871 6 36 40, www.abruzzoturismo.it
◉ Museo Archeologico Nazionale degli Abruzzi★★ – Giardini★ della Villa Comunale

⌂⌂ Harri's ← ⌘ ⅃₆ 🅰 ⌘ rist, ⌘ 🚿 ⌂ VISA ⚌ AE ⓪ ⌂

via Padre Alessandro Valignani 219, prossimità casello autostrada
– ⌁ 08 71 32 15 55 – www.harrishotels.it
19 cam ⚏ – ♦60/90 € ♦♦70/100 € – 4 suites – ½ P 45/60 €
Rist – *(chiuso agosto e giorni festivi) (chiuso a mezzogiorno) (solo per alloggiati)*
Carta 21/44 €

♦ Ubicata su una collina, con la vista che abbraccia la vallata, questa piccola struttura non manca di un'attrezzata area benessere e dispone di camere classiche, ma moderne nelle installazioni (Sky e wi-fi gratuito), tutte con balcone.

sulla strada statale 5 Tiburtina - località Brecciarola Sud-Ovest : 9 km :

⌂⌂ Enrica ⌖ 🅰 ⌘ ⌘ P VISA ⚌ AE ⓪ ⌂

via Aterno 441 – ⌁ 0 87 16 85 41 – www.hotelenrica.it
15 cam ⚏ – ♦45/60 € ♦♦70/90 €
Rist *Da Gilda*⊛ – vedere selezione ristoranti
♦ Un piccolo ascensore panoramico conduce alle confortevoli e moderne camere di questa elegante struttura: dai balconi la vista spazia sul Gran Sasso. Sotto, momenti di relax nel bar-gelateria.

☆ Da Gilda – Hotel Enrica 🔠 🕉 🄿 🆅🆂🅰 ⊙⊙ 🄰🄴 ⊙ 🖑
via Aterno 464 – ✆ 08 71 68 41 57 – chiuso lunedì
Rist – *(chiuso la sera escluso giovedì, venerdì e sabato)* Carta 21/45 €
♦ Oltre 40 anni di cucina semplice e genuina a prezzi onesti! Ecco il segreto di questa schietta trattoria, che punta su ricette locali - pasta fatta in casa o agnello alla brace - ma anche grigliate di pesce.

CHIOANO – Perugia (PG) – Vedere Todi

CHIOGGIA – Venezia (VE) – **562** G18 – 50 772 ab. – ⊠ 30015   **36** C3
▮ Venezia
▶ Roma 510 – Venezia 53 – Ferrara 93 – Milano 279
◎ Duomo★

☆☆ El Gato 🕮 🕉 🔠 🕉 🆅🆂🅰 ⊙⊙ 🄰🄴 🖑
corso del Popolo 653 – ✆ 0 41 40 02 65 – www.elgato.it – chiuso gennaio e lunedì
Rist – Carta 30/56 €
♦ In pieno centro, tre moderne sale dove pareti e soffitti bianchi contrastano con il nero degli arredi, creando un originale effetto positivo/negativo. Sulla tavola il mare, in ricette fragranti e gustose. Infine, l'interessante rapporto qualità/prezzo. Difficile non rimanere soddisfatti.

a Sottomarina Est : 1 km – ⊠ 30015

🚻 lungomare Adriatico 101, ✆ 041 40 10 68, www.infopointviaggi.it

🏨 Bristol ⇐ 🚗 🖑 🛌 🖼 🖩 🛋 🏤 🕮 🕉 rist, 🎱 🄿 🆅🆂🅰 ⊙⊙ 🄰🄴 ⊙ 🖑
lungomare Adriatico 46 – ✆ 04 15 54 03 89 – www.hotelbristol.net – 15 marzo-15 novembre
64 cam 🍽 – †55/130 € ††90/200 €
Rist – *(giugno-agosto) (solo per alloggiati)* Menu 40 €
♦ Sobria eleganza sia nelle sale, sia nelle accoglienti camere di questa struttura di taglio classico. Sebbene ubicato sul lungomare, con la spiaggia a due passi, il giardino e la piscina meritano una sosta.

🏨 Le Tegnue ⇐ 🚗 🖑 🛌 🖩 🖼 🕉 🎱 🛋 🄿 🆅🆂🅰 ⊙⊙ 🄰🄴 🖑
lungomare Adriatico 48 – ✆ 0 41 49 17 00 – www.hotelletegnue.it – aprile-ottobre
83 cam 🍽 – †79/90 € ††128/153 € – 2 suites – ½ P 86/97 €
Rist – Carta 35/55 €
♦ Situato davanti al mare e circondato da un ampio giardino, questo grande complesso a conduzione diretta dispone di una spiaggia privata e camere di diverse tipologie, recentemente rinnovate. La vista dell'Adriatico si propone da tutte le stanze. Cucina tradizionale chioggiotta e specialità marinare al ristorante.

🏨 Sole 🖑 🖩 🖼 🖩 🖧 🏤 🕮 🕉 🖑 🛋 🆅🆂🅰 ⊙⊙ 🄰🄴 ⊙ 🖑
viale Mediterraneo 9 – ✆ 0 41 49 15 05 – www.hotel-sole.com – aprile-ottobre
58 cam 🍽 – †55/60 € ††90/100 €
Rist – *(aprile-settembre) (solo per alloggiati)*
♦ Elegante, all'inizio del lungomare, una spiaggia riservata, con piscina, a pochi metri di distanza. Luminosi gli spazi comuni, mentre le camere sono state recentemente rinnovate.

CHIRIGNAGO – Venezia (VE) – Vedere Mestre

CHIUDUNO – Bergamo (BG) – **561** F11 – 5 775 ab. – alt. 218 m   **19** D1 – ⊠ 24060
▶ Roma 598 – Milano 70 – Bergamo 23 – Lecco 99
🍴 La Rossera via Montebello 4, 035 838600, www.rossera.it – chiuso martedì

XXX **A'anteprima** (Daniel Facen)   ⅁ 🅐🅒 ⅍ 🅿 🆅🆂🅰 ⓒ 🅰🅔 ⓞ 🅢

❀ via F.lli Kennedy 12 – ☏ 03 58 36 10 30
– www.ristoranteanteprima.it – chiuso dal 1° al 14 gennaio, dal 13 al 31 agosto,
domenica e lunedì
Rist – (consigliata la prenotazione) Menu 35 € bc (pranzo)/105 €
– Carta 73/124 € 🕸
Spec. Sfera croccante al mango con parfait al foie gras e spuma di ciliegie. Casoncelli farciti al foie gras su letto di bruscandoli con granita al Porto. Piccione cotto
in casseruola, affumicato al legno di ciliegio, pane al cumino e salsa al ribes.
◆ Le lande bergamasche accolgono la cucina molecolare con un menu che contempla circa dodici assaggi, proposti in un'elegante sala alle porte della località. A
disposizione, anche la carta con piatti di consistenza più "conoscibile", ma sempre
d'impronta moderno/creativa. Scelta enologica superlativa.

CHIUSA (KLAUSEN) – Bolzano (BZ) – **562** C16 – 4 863 ab. – alt. 525 m   **31** C1
– ✉ 39043 Chiusa D'Isarco ▊ Italia

▶ Roma 671 – Bolzano 30 – Bressanone 11 – Cortina d'Ampezzo 98
🔢 piazza Mercato 1, ☏ 0472 84 74 24, www.klausen.it

🏠🏠 **Aquila d'Oro-Goldener Adler**   🖼 🕊 ⅃∂ 🛏 ⅁ 🅐🅒 ⅍ rist, 🗺 ⅏ 🅿
piazza Fraghes 14 – ☏ 04 72 84 61 11   🚗 🆅🆂🅰 ⓒ 🅰🅔 ⓞ 🅢
– www.goldeneradler.it – chiuso 2 settimane in gennaio e 2 settimane in luglio
20 cam ⌕ – †65/82 € ††124/158 € – ½ P 87/154 €
Rist *Adlerstube* – (chiuso mercoledì) Carta 30/51 €
◆ A pochi passi dal centro, hotel in tipico stile sudtirolese, ideale per chi vuole
soggiornare in uno dei borghi più suggestivi dell'Alto Adige: attrezzata zona
benessere e prezzi interessanti. Al ristorante un intelligente mélange di cucina
locale, nazionale ed internazionale.

🏠 **Ansitz Fonteklaus** 🔊   ≤ 🍽 🖼 🍸 ⅍ rist, 🅿 🆅🆂🅰 ⓒ 🅢
via Freins 4, Est : 3,6 km, alt. 897 – ☏ 04 71 65 56 54
– www.fonteklaus.it – aprile-novembre
8 cam ⌕ – †51/57 € ††74/84 € – 2 suites – ½ P 60/65 €
Rist – (chiuso giovedì) Carta 26/57 €
◆ Potreste incontrare i caprioli, il picchio o lo scoiattolo in questa incantevole
oasi di pace; laghetto-piscina naturale; confort e relax in un hotel tutto da scoprire. Calda atmosfera nella sala da pranzo in stile stube.

🏠 **Bischofhof**   🍽 🍸 🕊 🛏 ⅍ rist, 🅿 🆅🆂🅰 ⓒ 🅢
via Gries 4 – ☏ 04 72 84 74 48
– www.bischofhof.it – chiuso novembre
21 cam ⌕ – †50 € ††80 € – ½ P 55 €
Rist *Jasmin*❀❀ – vedere selezione ristoranti
Rist – (solo per alloggiati)
◆ Pochi minuti a piedi dal centro della cittadina e raggiungerete questa pensione familiare: all'interno camere comode ed accoglienti, una piscina e giochi
per i più piccoli.

XXX **Jasmin** (Martin Obermarzoner)   🍽 ⅍ 🅿 🆅🆂🅰 ⓒ 🅢
❀❀ via Gries 4 – ☏ 04 72 84 74 48
– www.bischofhof.it – chiuso novembre, domenica sera e martedì
Rist – (chiuso a mezzogiorno escluso domenica) (prenotazione obbligatoria)
Menu 85/150 €
Spec. Creazione di gamberi rossi di Sicilia. Coda di rospo in burro all'arancia su
spinacetti e confit di pomodori. L'agnello della Val di Funes in crosta di timo su
ratatouille e salsa alla menta.
◆ In un locale piacevolmente minimalista, la creatività è tutta nel piatto: cucina
d'avanguardia nelle tecniche e personalizzata in alcune originali invenzioni. Se la
regione è celebre per le maestose Dolomiti, non mancano tuttavia specialità di
pesce.

a Gudon (Gufidaun)**Nord-Est : 4 km** – ✉ 39043

✕✕   **Unterwirt** con cam 🐾   🚗 ⅃ P̱ 🆅🆂🅰 ⊕ 🅰🅴 ⓢ
📺   *Gudon 45 – ℰ 04 72 84 40 00 – www.unterwirt-gufidaun.com – chiuso dal
7 gennaio al 2 febbraio, dal 18 al 30 giugno, domenica, lunedì*
5 cam � 🛏 – ♦55 € ♦♦104 €
Rist – *(chiuso a mezzogiorno escluso da luglio a settembre)* Menu 58 €
– Carta 50/83 €
♦ Se la buona cucina costituisce uno dei requisiti che concorrono a qualificare il
valore dell'ospitalità, qui l'avete trovata! Piatti moderni in tre caratteristiche stube,
personalizzate con stufe in muratura e colorati acquerelli.

CHIUSI – Siena (SI) – **563** M17 – **8 866 ab.** – alt. 398 m – ✉ 53043   **29** D2
▌ Toscana

▶ Roma 159 – Perugia 52 – Arezzo 67 – Chianciano Terme 12
ℹ via Porsenna 79, ℰ 0578 22 76 67, www.comune.chiusi.si.it
◉ Museo Archeologico ★
◖ A Sarteano, Annunciazione ★★ nella chiesa di S. Martino: 10 km sud-ovest

✕   **Osteria La Solita Zuppa**   🅰🅲 🆅🆂🅰 ⊕ 🅰🅴 ⓞ ⓢ
🍽   *via Porsenna 21 – ℰ 0 57 82 10 06 – www.lasolitazuppa.it – chiuso dal
15 gennaio al 1° marzo e martedì*
Rist – *(consigliata la prenotazione)* Menu 22 € – Carta 30/36 € 🍷
♦ Un'ottima accoglienza riscalda questa rustica trattoria del centro. La
cucina "parla" toscano, con un occhio di riguardo per i piatti antichi e le ricette
povere: immancabili, le proverbiali zuppe.

in prossimità casello autostrada A1 Ovest : 3 km:

🏨   **Il Patriarca**   ⇐ ⓟ ⅃ 📶 & ♣♣ 🅰🅲 ⅍ rist, 📶 🕍 P̱ 🆅🆂🅰 ⊕ ⓞ ⓢ
*località Querce al Pino, strada statale 146 ✉ 53043 Chiusi – ℰ 05 78 27 44 07
– www.ilpatriarca.it*
23 cam 🛏 – ♦79/89 € ♦♦119/139 € – ½ P 85/95 €
Rist *I Salotti* ❀ – vedere selezione ristoranti
Rist *La Taverna del Patriarca* – Carta 31/43 €
♦ Racchiusa in un parco meraviglioso, la villa ottocentesca è stata edificata su un
insediamento di origine etrusca e ottimamente ristrutturata con buon gusto. I
classici regionali alla Taverna del Patriarca.

✕✕✕   **I Salotti** (Katia Maccari) Hotel Il Patriarca   🍴 🍽 ⅃ & 🅰🅲 ⅍ P̱
❀   *località Querce al Pino, strada statale 146*   🆅🆂🅰 ⊕ ⓞ ⓢ
✉ 53043 Chiusi – ℰ 05 78 27 44 07 – www.ilpatriarca.it – aprile-ottobre; chiuso
lunedì
Rist – *(chiuso a mezzogiorno)* Menu 54/120 € – Carta 69/105 € 🍷
Spec. Tortello alla carbonara con aria di pepe. Variazione di maialino al miele
toscano. Foresta nera.
♦ Un ristorante che convince anche i più critici gourmet. Sulle sue eleganti tavole,
infatti, la cucina reinterpreta i prodotti regionali con grande estro e creatività.

CHIVASSO – Torino (TO) – **561** G5 – **25 981 ab.** – alt. 183 m – ✉ 10034   **22** B2
▶ Roma 684 – Torino 22 – Aosta 103 – Milano 120

✕✕   **Locanda del Sole**   🅰🅲 ⇔ 🆅🆂🅰 ⊕ 🅰🅴 ⓢ
⊜   *via Roma 16 – ℰ 01 19 12 12 29 – chiuso dal 7 al 21 agosto, domenica sera,
lunedì*
Rist – Menu 15 € bc (pranzo)/25 € bc – Carta 29/47 €
♦ Nel centro della località, due salette molto curate ed una veranda in stile giardino
d'inverno, dove gustare una casalinga cucina regionale.

CIAMPINO – Roma (RM) – **563** Q19 – Vedere Roma

CICOGNARA – Mantova (MN) – Vedere Viadana

CICOGNOLO – Cremona (CR) – **561** G12 – 938 ab. – alt. 44 m   **17** C3
– ✉ 26030

▶ Roma 541 – Milano 108 – Cremona 15 – Mantova 55

  ⌂   **Pilgrim's** senza rist   🔲 ⬛ 🔒 🅰 ↔ 🗤 🔊 🅿 VISA ⓪ 🅰🅴 ① 🔋
strada provinciale 33, 9 – 📞 *03 72 83 00 85 – www.pilgrimshotel.it – chiuso agosto*
34 cam � – ⭘45/90 € ⭘⭘60/150 €
   ◆ Gestione giovane e competente per una struttura efficiente con buoni spazi comuni e camere rinnovate nei confort: la maggior parte delle quali offre una suggestiva vista sul maestoso castello di Cicognolo.

CIMASAPPADA – Belluno (BL) – Vedere Sappada

CIMEGO – Trento (TN) – **562** E13 – 411 ab. – alt. 557 m – ✉ 38082   **30** A3
▶ Roma 630 – Trento 64 – Brescia 86 – Sondrio 143

  🏠   **Aurora**   🍴 🔲 🏠 ⬛ ⛷ 🅰 🅿 VISA ⓪ ① 🔋
località Casina dei Pomi 139, Nord-Est : 1,5 km – 📞 *04 65 62 10 64*
– www.hotelaurora.tn.it
18 cam ⊠ – ⭘36/42 € ⭘⭘70/78 € – ½ P 54 €
Rist *Aurora* – vedere selezione ristoranti
   ◆ Lungo la strada per Campiglio, un grazioso edificio con camere in continuo rinnovo e rilassante giardino sul retro.

  ✗   **Aurora** – Hotel Aurora   🍴 ⇄ 🅿 VISA ⓪ ① 🔋
località Casina dei Pomi 139, Nord-Est : 1,5 km – 📞 *04 65 62 10 64*
– www.hotelaurora.tn.it
Rist – *(chiuso lunedì)* Carta 21/28 € 🍴
   ◆ Molto frequentato, si consiglia – infatti – di prenotare, il ristorante gode di una certa fama in provincia. Tra le specialità: piatti trentini, numerose varianti della polenta di Storo (il paese dista pochi km) e i formaggi di malga, autentica passione del titolare.

CINISELLO BALSAMO – Milano (MI) – **561** F9 – 73 659 ab.   **18** B2
– alt. 154 m – ✉ 20092

▶ Roma 583 – Milano 13 – Bergamo 42 – Como 41

Pianta d'insieme di Milano

  🏨🏨   **Cosmo Hotel Palace**   🏠 🎬 ⬛ 🔒 🅰 🎬 🗤 🔊 🅿 🚗 VISA ⓪ 🅰🅴 ① 🔋
via De Sanctis 5 – 📞 *02 61 77 71 – www.cosmohotels.it*   **2B0x**
201 cam ⊠ – ⭘89/289 € ⭘⭘109/309 € – 4 suites – ½ P 85/185 €
Rist – *(chiuso sabato e domenica a mezzogiorno)* Carta 39/57 €
   ◆ Struttura imponente, visibile anche dall'autostrada da cui è facilmente raggiungibile. Interni comunque perfettamente insonorizzati, arredati in stile semplice e funzionale. Grande sala open-space, a pranzo nei giorni feriali fornito self-service.

  🏨🏨   **Premier Monza e Brianza Palace**   🏠 🎬 ⬛ 🔒 cam, 🅰 ↔ 🗤 🔊
viale Brianza 160/166 – 📞 *0 26 60 21 11*   🅿 VISA ⓪ 🅰🅴 ① 🔋
– www.monzaebrianzapalace.it
105 cam ⊠ – ⭘95/350 € ⭘⭘99/470 € – 1 suite – ½ P 140/190 €
Rist – *(chiuso dal 6 al 26 agosto)* Carta 45/72 €
   ◆ Nasce dalla ristrutturazione di un edificio industriale degli anni '60, questo moderno albergo particolarmente vocato ad una clientela business: attrezzate sale riunioni, spazio fitness, nonché navetta di collegamento con il polo fieristico Rho-Pero (in occasione di fiere importanti).

  🏠   **Lincoln** senza rist   ⬛ 🅰 🗤 🗤 🔊 🅿 VISA ⓪ 🅰🅴 ① 🔋
viale Lincoln 65 – 📞 *0 26 17 26 57 – www.hotellincoln.it*   **2B0k**
18 cam ⊠ – ⭘77/150 € ⭘⭘95/190 €
   ◆ Frequentazione, per lo più abituale, di clientela di lavoro o di passaggio per una risorsa di buon confort, con spazi comuni limitati, ma camere ampie e ben arredate.

CINQUALE – Massa Carrara (MS) – **563** K12 – Vedere Montignoso

---

CIOCCARO – Asti (AT) – **561** G6 – Vedere Penango

CIPRESSA – Imperia (IM) – **561** K5 – **1 370 ab.** - **alt. 240 m** – ⊠ 18017   **14** A3

▶ Roma 628 – Imperia 19 – San Remo 12 – Savona 83

✗ **La Torre**   🅅🅂🄰 ⊚ 🄰🄴 🄾 ⚡
piazza Mazzini 2 – ℰ *0 18 39 80 00 – 16 febbraio-14 ottobre; chiuso lunedì*
Rist – Carta 24/39 €
♦ Una serie di tornanti vi condurrà alla volta di Cipressa e di una spettacolare vista sul mare. E' nel centro di questo caratteristico paese che si trova la trattoria: accoglienza familiare e cucina di terra.

CIRELLA – Cosenza (CS) – **564** H29 – **alt. 27 m** – ⊠ 87020   **5** A1

▶ Roma 430 – Cosenza 83 – Castrovillari 80 – Catanzaro 143

⌂ **Agriturismo Fattoria di Arieste**   ⩽ 🚗 🏡 🄰🄲 cam, 🍴 cam,
strada per Maierà, Est: 1,5 km – ℰ *09 85 88 90 50 – www.fattoriadiarieste.it
– aprile-settembre*
6 cam 🖵 – †35/45 € ††70/90 € – ½ P 45/55 €
Rist – *(chiuso lunedì)* Menu 25 € bc
♦ Azienda agricola con meravigliosa vista sul golfo di Policastro: amabile accoglienza familiare in colorate ed accoglienti camere. Cucina casalinga e genuina.

CIRIÉ – Torino (TO) – **561** G4 – **18 919 ab.** – **alt. 344 m** – ⊠ 10073   **22** B2

▶ Roma 698 – Torino 20 – Aosta 113 – Milano 144

✗✗ **Nuovo Carretto**   🏡 ✿ 🅅🅂🄰 ⊚ 🄾 ⚡
via Biaune 4 – ℰ *01 19 20 32 06 – www.ilnuovocarretto.it – chiuso 1 settimana in gennaio, dal 15 al 30 agosto e lunedì*
Rist – Menu 50 € – Carta 41/60 € 🍷
♦ Ristorante in un cascinale dei primi '900, dove il titolare propone un menu quotidiano basato sulla tradizione piemontese rivisitata con fantasia. Buona scelta enologica ed ottima selezione di champagne, ai quali è dedicata una carta a parte. Servizio estivo all'aperto.

CIRÒ MARINA – Crotone (KR) – **564** I33 – **14 885 ab.** – ⊠ 88811   **5** B1

▶ Roma 561 – Cosenza 133 – Catanzaro 114 – Crotone 36

🏨 **Il Gabbiano** ⌂   ⩽ 🚗 🔥 🏡 🏊 🛎 ㊎ rist, 🄰🄲 📶 🛁 🄿 🅅🅂🄰 ⊚ 🄾 ⚡
località Punta Alice, Nord : 2 km – ℰ *0 96 23 13 38 – www.gabbiano-hotel.it*
45 cam 🖵 – †60/80 € ††85/140 € – ½ P 80/95 €   **Rist** – Carta 16/35 €
♦ Alla fine del lungomare - alle porte del paese - hotel recentemente rinnovato: modernità e confort sia nelle camere sia negli spazi comuni. Due sale di tono elegante nel ristorante, con servizio estivo di fronte alla piscina.

CISANO BERGAMASCO – Bergamo (BG) – **561** E10 – **6 303 ab.**   **19** C1
– **alt. 267 m** – ⊠ 24034

▶ Roma 610 – Bergamo 18 – Brescia 69 – Milano 46

🏨 **La Sosta**   ⩽ 🚗 🔥 🛎 🛁 🄰🄲 📶 ⊚ 🄰🄴 🄾 ⚡
via Sciesa 7, Ovest: 1,5 km – ℰ *03 54 36 42 32 – www.hotellasosta.it – chiuso dal 16 al 28 agosto*
11 cam 🖵 – †80/100 € ††95/115 € – 1 suite – ½ P 72 €
Rist *La Sosta* – vedere selezione ristoranti
♦ Bella ristrutturazione di una palazzina proprio sulla sponda del fiume Adda, su cui si affaccia con le sue terrazze: camere semplici e funzionali, in uno stile minimalista che non eslude il confort.

✗✗ **La Sosta** – Hotel la Sosta   ⩽ 🏡 🄰🄲 📟 🅅🅂🄰 ⊚ 🄰🄴 🄾 ⚡
via Sciesa 3, Ovest: 1,5 km – ℰ *0 35 78 10 66 – www.ristorantelasosta.it*
Rist – Carta 32/71 €
♦ Locale di tradizione e di sapore classico caratterizzato da grandi vetrate, nonché da una bella veranda romanticamente affacciata sul fiume Adda. Cucina di ampio respiro con ricette di carne, ma anche specialità di pesce: d'acqua dolce e di mare.

XX **Fatur** con cam   🚗 🖼 📶 🖾 cam, **P** 📧 ⚫ 🄰🄴 ⚫ 💰

via Roma 2 – 𝒞 0 35 78 12 87 – www.fatur.it – chiuso dal 2 al 10 gennaio e dal 16 al 30 agosto

12 cam 🛏 – 🕴50/60 € 🕴🕴75/90 € – 1 suite – ½ P 90 €

Rist – (chiuso venerdì) Carta 36/50 €

♦ Ai piedi del castello, nel centro del paese, questo accogliente ristorante propone i sapori del territorio, rivisitati con fantasia. Nella bella stagione, approfittate del piacevole servizio in giardino. Al piano superiore, camere spaziose ed arredate in stile funzionale.

CISON DI VALMARINO – Treviso (TV) – 562 E18 – 2 701 ab.   36 C2
– alt. 261 m – ✉ 31030

▶ Roma 582 – Belluno 32 – Trento 114 – Treviso 41

🏠 **CastelBrando** 🌿   ⊲ 🖼 ⊕ 🕸 🖽 🖾 🕅 🏊 ⚿ **P** 🚗 📧 ⚫ 🄰🄴 ⚫ 💰

via Brandolini 29 – 𝒞 04 38 97 61 – www.castelbrando.it

80 cam 🛏 – 🕴🕴160/200 € – 2 suites – ½ P 125/145 €

Rist Sansovino – vedere selezione ristoranti

Rist La Fucina – 𝒞 04 38 97 66 58 – Carta 30/46 €

♦ Sorge in posizione elevata questo complesso storico, le cui fondamenta risalgono all'epoca romana; grandi spazi e servizi completi, anche per congressi e area museale aperta al pubblico (su prenotazione). Piatti più semplici e servizio pizzeria alla Fucina.

XXX **Sansovino** – Hotel CastelBrando   ⊲ 🖾 ⚿ **P** 📧 ⚫ 🄰🄴 ⚫ 💰

via Brandolini 29 – 𝒞 04 38 97 61 – www.castelbrando.it – chiuso lunedì, martedì, mercoledì

Rist – (chiuso a mezzogiorno escluso sabato e i giorni festivi) Carta 41/63 €

♦ Il Sansovino è il ristorante gourmet all'interno dell'albergo Castelbrando, tra le antiche mura di una fortezza sopra il paese. Un'importante scalinata conduce alla bella sala settecentesca dagli arredi classici: classica è anche la cucina che segue la tradizione locale e si basa su prodotti di stagione.

CISTERNA D'ASTI – Asti (AT) – 561 H6 – 1 319 ab. – alt. 350 m   25 C1
– ✉ 14010

▶ Roma 626 – Torino 46 – Asti 21 – Cuneo 82

X **Garibaldi** con cam   🖾 📶 📧 ⚫ 🄰🄴 ⚫ 💰

via Italia 1 – 𝒞 01 41 97 91 18 – www.albergoristorantegaribaldi.it – chiuso 2 settimane in gennaio e dal 16 al 30 agosto

12 cam 🛏 – 🕴40 € 🕴🕴60/90 € – ½ P 50 €

Rist – (chiuso mercoledì) Carta 21/33 €

♦ C'è tutta la storia di una famiglia nella raccolta di oggetti d'epoca di uso comune (dalle pentole alle fotografie) esposta in questo originale locale; cucina piemontese.

CISTERNA DI LATINA – Latina (LT) – 563 R20 – 35 025 ab.   13 C2
– alt. 77 m – ✉ 04012

▶ Roma 50 – Anzio 26 – Frosinone 72 – Latina 16

XX **Il Piccolo Ducato**   🚗 🖼 🖾 **P** 📧 ⚫ 🄰🄴 ⚫ 💰

via Tivera – 𝒞 06 96 01 28 4 – www.ilpiccoloducato.it – chiuso dal 15 al 30 agosto, lunedì

Rist – Carta 30/56 €

♦ In aperta campagna, piatti mediterranei di terra e di mare secondo ricette abbastanza classiche e, soprattutto, senza fronzoli. Ambiente piacevolmente rustico, ma se il tempo è bello, meglio optare per il fresco dehors sotto moderni ombrelloni.

CISTERNINO – Brindisi (BR) – 564 E34 – 11 894 ab. – alt. 393 m   27 C2
– ✉ 72014

▶ Roma 524 – Brindisi 56 – Bari 74 – Lecce 87

Lo Smeraldo 🍃 ← 🚗 🏖 ⚓ 🏊 ✕ 🖥 🏋 🚶 AC ✂ 🍴 🏃 P   VISA ⓒⓞ AE ① 💰

contrada Don Peppe Sole 7, località Monti , Nord-Est :
3 km – ℰ 08 04 44 87 09 – www.hotellosmeraldo.com
82 cam ⚏ – 🛏55/65 € 🛏🛏75/95 € – ½ P 70 €   **Rist** – Carta 20/37 €
♦ Si vedono il mare e la costa in lontananza da questa funzionale struttura di taglio moderno, in zona verdeggiante e soleggiata; gestione familiare attenta e ospitale. Varie sale, luminose e signorili, nel ristorante a vocazione banchettistica.

CITARA – Napoli (NA) – Vedere Ischia (Isola d') : Forio

CITTADELLA – Padova (PD) – **562** F17 – 20 027 ab. – alt. 48 m   **37** B1
– ✉ 35013 ▐ Italia

▶ Roma 527 – Padova 31 – Belluno 94 – Milano 227
🇮 Casa del Capitano Porte Bassanesi, ℰ 049 9 40 44 85, www.comune.cittadella.pd.it.
◉ Cinta muraria★

Filanda 🍹 🎢 🖥 🍴 cam, AC ✂ 🍴 🏋 P VISA ⓒⓞ AE ① 💰
via Palladio 34 – ℰ 04 99 40 00 00 – www.hotelfilanda.it
70 cam ⚏ – 🛏60/110 € 🛏🛏83/165 € – 2 suites – ½ P 110 €
Rist – (chiuso dal 4 al 26 agosto, domenica e lunedì a mezzogiorno)
Carta 27/51 €
♦ Poco fuori dal centro storico della località, il vecchio opificio ottocentesco è stato riconvertito in hotel, con camere funzionali e confortevoli: molte con vista sulle mura duecentesche. Ricette di terra e di mare al ristorante, che dispone anche di un fresco gazebo per la bella stagione.

CITTADELLA DEL CAPO – Cosenza (CS) – **564** I29 – alt. 23 m   **5** A1
– ✉ 87020

▶ Roma 451 – Cosenza 61 – Castrovillari 65 – Catanzaro 121

Palazzo del Capo 🍃 ← 🚗 🏖 🏡 🏊 🖥 🚶 AC ✂ 🍴 🏃 P
via Cristoforo Colombo 5 – ℰ 0 98 29 56 74   VISA ⓒⓞ AE ① 💰
– www.palazzodelcapo.it
11 cam ⚏ – 🛏150/180 € 🛏🛏230/265 € – ½ P 155/173 €
Rist – (chiuso lunedì) (prenotazione obbligatoria) Menu 50/70 €
♦ Uno scrigno di insospettate sorprese questa residenza storica fortificata sul mare, con torre spagnola nel giardino: eleganti interni d'epoca e servizi di elevato profilo tra cui la nuova beauty farm. Molti spazi per la ristorazione; a disposizione - solo in estate - anche la rotonda sul mare.

CITTÀ DELLA PIEVE – Perugia (PG) – **563** N18 – 7 762 ab.   **32** A2
– alt. 509 m – ✉ 06062 ▐ Italia Centro Nord

▶ Roma 154 – Perugia 41 – Arezzo 76 – Chianciano Terme 22
🇮 piazza Matteotti 1, ℰ 0578 29 93 75, www.cittadellapieve.org
◉ Oratorio di S. Maria dei Bianchi: Adorazione dei Magi★ del Perugino

Vannucci 🚗 🍹 🖥 🍴 🔊 AC ↯ 🕻 VISA ⓒⓞ AE ① 💰
viale Vanni 1 – ℰ 05 78 29 80 63 – www.hotel-vannucci.com
30 cam ⚏ – 🛏76/100 € 🛏🛏95/125 € – ½ P 76/93 €
Rist *Zafferano* – (chiuso dal 2 al 20 novembre, mercoledì) (chiuso a mezzogiorno) Carta 40/71 €
♦ Abbracciata dal verde, la risorsa dispone di camere nuove spaziose e luminose arredate con gusto moderno in chiare tonalità, un centro benessere ed una sala lettura. Accanto ad un elegante locale ben arredato con proposte à la carte di respiro regionale ed internazionale, anche un servizio pizzeria.

Relais dei Magi 🍃 ← 🚗 🏡 🏊 🍹 🖥 🍴 AC 🏋 P VISA ⓒⓞ AE ① 💰
località le Selve Nuove 45, Sud-Est : 4 km – ℰ 05 78 29 81 33 – www.relaismagi.it
– aprile-settembre
4 cam ⚏ – 🛏126/135 € 🛏🛏165/185 € – 6 suites – ½ P 110/125 €
Rist – (chiuso giovedì) (chiuso a mezzogiorno) Menu 35/40 €
♦ Occorre percorrere una strada sterrata per giungere a quest'incantevola risorsa che accoglie i propri ospiti in tre diversi edifici. Un soggiorno appartato e raffinato.

⌂ **Agriturismo Madonna delle Grazie** ⌀ ⪡ ⑃ 🕿 ⤢ & rist, ⌘
località Madonna delle Grazie 6, Ovest : 1 km **P** **VISA** ⑳ **AE** ⓪ ⑤
– ℰ *05 78 29 98 22 – www.madonnadellegrazie.it*
10 cam ⊑ – ⋔⋔90/120 € – ½ P 80 €
Rist – (prenotazione obbligatoria) Carta 22/31 €
♦ Offre uno spaccato di vita contadina questo agriturismo immerso nella quiete dei colli tosco-umbri, perfetto per una vacanza a contatto con la natura, tra passeggiate a piedi e a cavallo e qualche tuffo in piscina. Nella sala ristorante interna o all'aperto, la gustosa cucina regionale.

CITTÀ DEL VATICANO – Vaticano (VAT) – Vedere Roma

CITTÀ DI CASTELLO – Perugia (PG) – **563** L18 – **40 455 ab.**   **32** B1
– alt. 288 m – ✉ 06012

▶ Roma 258 – Perugia 49 – Arezzo 42 – Ravenna 137

ℹ piazza Matteotti-Logge Bufalini, ℰ 075 8 55 49 22, www.regioneumbria.eu

🏠 **Borgo di Celle** ⌀ ⪡ ⤢ ⌰ ⑃ 🕅 & ⌘ rist, ⛨ **VISA** ⑳ **AE** ⓪ ⑤
località Celle 7 – ℰ 07 58 51 00 25 – www.borgodicelle.it
26 cam ⊑ – ⋔65/100 € ⋔⋔100/140 € – 3 suites – ½ P 75/95 €
Rist – Carta 24/38 €
♦ Una gran bella risorsa ubicata in collina e all'interno di un piccolo borgo medioevale: cotto e arredi essenziali in arte povera negli spazi comuni composti da sale e salette. Superlativi i giardini con la piscina panoramica. L'attrezzato centro relax completa l'offerta di questo angolo di paradiso.

🏨 **Tiferno** 🛏 ⑃ **AC** ⇎ ⌘ cam, ⛨ ⑃ **P** **VISA** ⑳ **AE** ⓪ ⑤
piazza Raffaello Sanzio 13 – ℰ 07 58 55 03 31 – www.hoteltiferno.it
47 cam ⊑ – ⋔60/90 € ⋔⋔95/145 € – 2 suites – ½ P 72/98 €
Rist *Le Logge* – ℰ 07 58 64 23 04 *(chiuso mercoledì)* Carta 31/46 €
♦ Porta l'antico nome della città questo raffinato albergo ricavato in un edificio d'epoca: bei soffitti a cassettone e pregevoli mobili antichi; moderne invece le ampie camere.

🏨 **Garden** 🞉 🕿 ⑃ 🕅 🛏 ⑃ **AC** ⌘ rist, ⛨ ⑃ **P** ⊜ **VISA** ⑳ **AE** ⑤
viale Bolgni 96 Nord-Est : 1 km – ℰ 07 58 55 05 87 – www.hotelgarden.com
56 cam ⊑ – ⋔52/75 € ⋔⋔70/100 € – 1 suite – ½ P 56 €
Rist – Carta 25/44 €
♦ Periferico e tranquillo - adiacente un centro sportivo - hotel di taglio moderno con piscina, centro benessere e palestra; camere ben accessoriate. Tono elegante nell'ampia sala ristorante.

🏨 **Le Mura** 🛏 & **AC** ⇎ ⌘ rist, ⛨ ⑃ **P** **VISA** ⑳ **AE** ⑤
➳ *via borgo Farinario 24/26 – ℰ 07 58 52 10 70 – www.hotellemura.it*
35 cam ⊑ – ⋔40/50 € ⋔⋔62/90 € – ½ P 49/63 €   **Rist** – Carta 18/24 €
♦ Ricavato nelle ex manifatture di tabacco e a ridosso delle antiche mura cittadine, struttura di buon confort generale; ottime le sobrie camere, rinnovate di recente. Bella sala ristorante con vetrate affacciate sulla fontana nella suggestiva corte interna.

🗙🗙 **Il Bersaglio** 🕿 **AC** ⇔ **P** **VISA** ⑳ **AE** ⑤
➳ *viale Orlando 14 – ℰ 07 58 55 55 34 – www.ristoranteilbersaglio.com*
– chiuso 3 settimane tra giugno e luglio e mercoledì
Rist – (consigliata la prenotazione) Menu 17 € (pranzo)/33 € – Carta 23/42 € ⅋
♦ Un classico della città questo locale fuori le mura, che si propone con le specialità stagionali della zona: funghi, tartufi bianchi dell'alto Tevere e cacciagione.

CITTANOVA – Reggio di Calabria (RC) – **564** L30 – **10 517 ab.**   **5** A3
– alt. 400 m – ✉ 89022

▶ Roma 661 – Reggio di Calabria 69 – Catanzaro 121 – Lamezia Terme 94

🏠 Casalnuovo   🕭 AC 🛇 rist, 🛉 🛁 🚗 VISA ⑳ AE ① 🕭
viale Merano 103 – 🕾 *09 66 65 58 21 – www.hotelcasalnuovo.com*
18 cam ⚏ **–** 🛉42/62 € 🛉🛉57/77 € **–** ½ P 43/52 €
Rist *– (chiuso 15 giorni in agosto, sabato, domenica a mezzogiorno)* Carta 19/32 €
♦ Curato albergo a gestione familiare, ideale come sosta per chi è in viaggio di lavoro ma anche come base d'appoggio per visitare i dintorni. Camere con arredi lineari. Sobria e ampia sala ristorante.

CITTÀ SANT'ANGELO – Pescara (PE) – 563 O24 – 14 352 ab.   1 B1
– alt. 317 m – ✉ 65013
▶ Roma 223 – Pescara 25 – L'Aquila 120 – Chieti 34

in prossimità casello autostrada A 14 Est : 9,5 km :

🏨 Giardino dei Principi   🛋 🕪 & AC 🛇 cam, 🛉 🛁 P VISA ⑳ AE ① 🕭
viale Petruzzi 30 ✉ *65013 –* 🕾 *08 59 50 23 35 – www.hotelgiardinodeiprincipi.it*
34 cam ⚏ **–** 🛉50/95 € 🛉🛉85/140 €   **Rist –** Carta 29/44 €
♦ Romanticamente abbracciata da un fresco giardino, questa funzionale struttura di taglio moderno dispone di spazi comuni un po' limitati, camere assolutamente accoglienti. Cucina classica nella luminosa sala ristorante.

🏨 eKK   🕪 & AC 🛉 🛁 P VISA ⑳ AE ① 🕭
strada Lungofino 185 ✉ *65013 –* 🕾 *08 59 18 91 – www.ekkhotel.it*
33 cam ⚏ **–** 🛉69/120 € 🛉🛉85/170 € **–** 1 suite
Rist *– (chiuso domenica sera)* Carta 50/70 €
♦ L'originalità non si esaurisce nel nome, ma s'insinua nell'architettura di questa moderna risorsa, ricavata dal recupero di una cantina vinicola ed abbracciata da un lussureggiante parco (dove trova spazio anche un laboratorio di ricerca botanica). Cromismi che ricordano la trasformazione del vino caratterizzano le camere ospitate in botti.

CITTIGLIO – Varese (VA) – 561 E7 – 3 965 ab. – alt. 254 m – ✉ 21033   16 A2
▶ Roma 650 – Stresa 53 – Bellinzona 52 – Como 45

※※ La Bussola con cam   🛋 & rist, AC cam, 🛉 🛁 VISA ⑳ AE ① 🕭
via Marconi 28 – 🕾 *03 32 60 22 91 – www.hotellabussola.it*
21 cam ⚏ **–** 🛉35/65 € 🛉🛉55/90 € **–** 1 suite **–** ½ P 38/68 €
Rist – Carta 33/48 € (+10 %)
♦ Un locale che può soddisfare esigenze e gusti diversi: sale eleganti di cui una per la pizzeria serale, salone banchetti, cucina eclettica e camere curate.

CIVATE – Lecco (LC) – 561 E10 – 4 019 ab. – alt. 269 m – ✉ 23862   18 B1
▶ Roma 619 – Como 24 – Bellagio 23 – Lecco 5

※ Cascina Edvige   🛋 🛇 ♻ P VISA ⑳ AE 🕭
via Roncaglio 11 – 🕾 *03 41 55 03 50 – www.cascinaedvige.it – chiuso dal 26 al 30 dicembre, agosto e martedì*
Rist – Carta 25/34 €
♦ Il grande camino consente di preparare le specialità del cascinale: le carni alla griglia. Ma c'è spazio anche per salumi, paste fatte in casa, selvaggina e il caldo benvenuto della famiglia. D'estate si cena nel cortile interno.

CIVIDALE DEL FRIULI – Udine (UD) – 562 D22 – 11 628 ab.   11 C2
– alt. 135 m – ✉ 33043 ▮ Italia Centro Nord
▶ Roma 655 – Udine 16 – Gorizia 30 – Milano 394
🛈 piazza Paolo Diacono 10, 🕾 0432 71 04 22, www.cividale.net
◉ Tempietto★★ – Museo Archeologico★★

🏨 Roma senza rist   🕪 & 🛉 P VISA ⑳ AE ① 🕭
piazza Picco 17 – 🕾 *04 32 73 18 71 – www.hotelroma-cividale.it*
53 cam ⚏ **–** 🛉55/78 € 🛉🛉85/130 €
♦ In centro paese, questo albergo a conduzione diretta saprà ospitarvi in camere funzionali e confortevoli. Ideale per una clientela business.

✗✗ Locanda al Castello con cam

via del Castello 12, Nord-Ovest : 1,5 km
– 𝒞 04 32 73 32 42 – www.alcastello.net
27 cam ⎵ – †75/105 € ††80/150 € – ½ P 70/90 €
Rist – *(chiuso mercoledì)* Carta 23/48 €

♦ All'interno dell'ottocentesco castello, inizialmente anche convento, cucina sia di terra sia di mare in ambienti rustico-eleganti: immancabile il fogolar in sala. Originariamente luogo di riposo e di raccoglimento per la meditazione dei gesuiti, le camere sono ora moderne ed accoglienti.

✗✗ Al Monastero con cam e senza ⎵

via Ristori 9 – 𝒞 04 32 70 08 08 – www.almonastero.com
5 cam – ††60/120 €
Rist – *(chiuso domenica sera e lunedì)* Menu 25 € bc/40 € bc – Carta 24/36 € (+10 %)

♦ Cucina legata al territorio con piccole rivisitazioni, in questo curato ristorante dalle accoglienti sale: originale quella con il tipicó *fogolar furlan*, o quella con l'affresco celebrativo di Bacco. Per chi desidera prolungare il soggiorno, cinque graziosi appartamenti con soppalco e angolo cottura.

CIVITA CASTELLANA – Viterbo (VT) – **563** P19 – 16 772 ab. 12 B1
– **alt.** 145 m – ⊠ 01033 ▮ Italia Centro Sud
▶ Roma 55 – Viterbo 50 – Perugia 119 – Terni 50
◉ Duomo★ - Rocca★

🏨 Relais Falisco

via Don Minzoni 19 – 𝒞 07 61 54 98 – www.relaisfalisco.it
42 cam ⎵ – †80/110 € ††100/150 € – 8 suites
Rist *La Scuderia* – vedere selezione ristoranti

♦ Il soggiorno in un palazzo signorile con origini secentesche offre atmosfere suggestive sia per il turista sia per chi viaggia per affari. Vasca idromassaggio negli originali sotterranei scavati nel tufo.

✗✗ Val Sia Rosa

via Nepesina al km 1 – 𝒞 07 61 51 78 91 – www.valsiarosa.it – chiuso mercoledì
Rist – Carta 27/45 €

♦ Rosa antico e giallo oro, sono caldi colori ad avvolgere le pareti dell'ottocentesca villa che oggi ospita il ristorante. Giovane e dinamica, la gestione. Cucina mediterranea.

✗✗ La Scuderia – Hotel Relais Falisco

via Don Minzoni 19 – 𝒞 07 61 51 67 98 – chiuso dal 1° al 21 agosto, domenica sera e lunedì
Rist – *(chiuso a mezzogiorno escluso sabato e domenica)* Carta 40/50 €

♦ Un'armoniosa fusione di tipicità ed eleganza in questo caratteristico ristorante ricavato nelle scuderie del palazzo secentesco, all'interno del complesso del Relais Falisco. Piatti esposti a voce.

✗ La Giaretta

via Ferretti 108 – 𝒞 07 61 51 33 98 – chiuso dal 9 al 25 agosto, domenica sera e lunedì
Rist – Carta 24/37 €

♦ Ogni proposta è presentata a voce in questo sobrio locale situato in zona centrale, che alla cucina laziale affianca qualche piatto di pesce. Seria ed esperta conduzione familiare.

a Quartaccio Nord-Ovest : 5,5 km – ⊠ 01034 Fabrica Di Roma

🏨 Aldero

– 𝒞 07 61 51 47 57 – www.aldero.it
60 cam ⎵ – †70/95 € ††80/105 € – 1 suite
Rist – *(chiuso dal 5 al 20 agosto e domenica)* Carta 31/71 €

♦ Lentamente, ma con perseveranza, la famiglia apporta ogni anno piccole e piacevoli migliorie alla struttura: due le tipologie di camere offerte, parcheggio coperto, sala conferenze. Al ristorante, i piatti della tradizione regionale.

CIVITANOVA MARCHE – Macerata (MC) – **563** M23 – **38 706 ab.**   **21** D2
– ⌧ 62012

▸ Roma 276 – Ancona 47 – Ascoli Piceno 79 – Macerata 27

▣ corso Umberto I 193, ℰ 0733 81 39 67, www.comune.civitanova.mc.it

---

Palace senza rist   ⏶ 🄰🄲 ⓣ 🗕 🆅🅸🆂🅰 ⓪ 🄰🄴 ⓞ ♿
piazza Rosselli 6 – ℰ 07 33 81 04 64 – www.royalre.it
37 cam ⌑ – †56/100 € ††96/130 €
◆ Ubicata di fronte alla stazione e recentemente rinnovata, una risorsa che offre un'ospitalità curata nelle sue camere ben insonorizzate e dotate di ogni confort.

Aquamarina senza rist   ⏶ 🄰🄲 ⅏ ⓣ 🆅🅸🆂🅰 ⓪ 🄰🄴 ♿
viale Matteotti 47 – ℰ 07 33 81 08 10 – www.hotelaquamarina.it
14 cam ⌑ – †65/78 € ††95/115 €
◆ In un piacevole edificio centrale, non lontano dal mare, hotel a gestione familiare, inaugurato nel 1995; stanze di lineare, funzionale semplicità e bagni moderni.

Galileo   🄰🄲 ⅏ 🆅🅸🆂🅰 ⓪ ♿
via IV Novembre conc. 25 – ℰ 07 33 81 76 56 – chiuso dal 20 dicembre al 20 gennaio
Rist – (chiuso martedì) (consigliata la prenotazione) Carta 28/70 € 🕮
◆ Il mare a 360° grandi: non solo perché il locale è ospitato in uno stabilimento balneare con una luminosa sala a vetrate che guardano la distesa blu, ma anche perché il menu è un invitante inno alla ricchezza ittica del Mediterraneo.

CIVITAVECCHIA – Roma (RM) – **563** P17 – **52 204 ab.** – ⌧ 00053   **12** A2

▸ Roma 78 – Viterbo 59 – Grosseto 111 – Napoli 293

⛴ per Golfo Aranci – Sardinia Ferries, call center 899 929 206

⛴ per Cagliari, Olbia ed Arbatax – Tirrenia Navigazione, call center 892 123

La Bomboniera   🗕 🄰🄲 ⅏ 🆅🅸🆂🅰 ⓪ 🄰🄴 ♿
corso Marconi 50 – ℰ 0 76 62 57 44 – www.labomboniera.info – chiuso lunedì
Rist – Carta 29/60 €
◆ Grazioso localino dove troneggia un grande camino e alle pareti, dal vivace colore arancione, stampe e riproduzioni. La cucina è prevalentemente a base di pesce con specialità sarde (per quest'ultime si consiglia la prenotazione).

CIVITELLA ALFEDENA – L'Aquila (AQ) – **563** Q23 – **317 ab.**   **1** B3
– alt. 1 123 m – ⌧ 67030

▸ Roma 162 – Frosinone 76 – L'Aquila 122 – Caserta 122

Antico Borgo La Torre   🗕 ⅏ 🅿
via Castello – ℰ 08 64 89 01 21 – www.albergolatorre.com
24 cam ⌑ – †40/50 € ††55/60 € – ½ P 45/50 €
Rist – (chiuso a mezzogiorno) (solo per alloggiati) Menu 18/22 €
◆ Nel centro del paese, preservato nella sua integrità storica, due strutture divise dalla torre del '300 che dà il nome all'albergo; camere semplici e rinnovate.

CIVITELLA CASANOVA – Pescara (PE) – **563** O23 – **1 968 ab.**   **1** B2
– alt. 400 m – ⌧ 65010

▸ Roma 209 – Pescara 33 – L'Aquila 97 – Teramo 100

La Bandiera con cam   🗕 🔾 🕭 rist. 🄰🄲 ⓣ 🅿 🆅🅸🆂🅰 ⓪ ⓞ ♿
contrada Pastini 4, Est : 4 km – ℰ 0 85 84 52 19 – www.labandiera.it
– chiuso 20 giorni in gennaio, domenica sera, mercoledì
3 cam ⌑ – †60/70 € ††80/90 €   **Rist** – Menu 40/45 € – Carta 24/55 € 🕮
Spec. Fusilli con guance di baccalà. La porchetta tiepida con sott'olii. Faraona farcita con i suoi fegatini e purea di mele.
◆ Isolato e sperduto (meglio farsi consigliare la strada migliore per arrivarci), il ristorante è un'oasi di tranquillità, la cucina una bandiera delle specialità abruzzesi di terra. Avvolti dalla cortesia e dalle attenzioni dei titolari, c'è anche la possibilità di pernottare in camere semplici, ma che eviteranno viaggi dopo la cena.

XX **Il Ritrovo d'Abruzzo** ⬆ ⬆ AC VISA ⓒ AE ⬆

contrada Bosco 16 – ℰ 08 58 46 00 19 – chiuso lunedì a mezzogiorno, martedì
Rist – (prenotare) Carta 33/43 €
◆ In posizione isolata (meglio consultare una carta o farsi spiegare la strada), locale d'impronta rustico-elegante gestito da tre intraprendenti fratelli, amanti della buona tavola: cucina del territorio in chiave moderna.

CIVITELLA DEL LAGO – Terni (TR) – **563** O18 – **Vedere Baschi**

CIVITELLA DEL TRONTO – Teramo (TE) – **563** N23 – **5 438 ab.**   1 A1
– alt. 589 m – ✉ 64010
▶ Roma 200 – Ascoli Piceno 24 – Ancona 123 – Pescara 75

XX **Zunica 1880** con cam   ⬅ ⬆ AC cam, ⬆ VISA ⓒ AE ⓞ ⬆

piazza Filippi Pepe 14 – ℰ 0 86 19 13 19 – www.hotelzunica.it – chiuso dal 10 al 30 gennaio
17 cam ⬛ – †60/85 € ††70/110 € – 3 suites – ½ P 90/110 €
Rist – (chiuso domenica sera, mercoledì) Carta 27/61 €
◆ All'interno di un borgo in pietra in cima ad un colle dal quale abbracciare con lo sguardo colline, mare e montagne, un locale elegante ormai tappa gourmet dove gustare il meglio della cucina regionale. Camere confortevoli, recentemente ristrutturate.

CIVITELLA IN VAL DI CHIANA – Arezzo (AR) – **563** L17   29 C2
– 9 133 ab. – alt. 280 m – ✉ 52040
▶ Roma 209 – Siena 52 – Arezzo 18 – Firenze 72

X **L'Antico Borgo**   ⬆ VISA ⓒ ⬆

via di Mezzo 35 – ℰ 05 75 44 81 60 – www.antborgo.it – chiuso martedì
Rist – (consigliata la prenotazione) Carta 28/50 €
◆ Nel borgo medioevale che domina la valle, caratteristico ristorante ricavato in un ex locale per la macina dei cereali. Sulla tavola: la tipica cucina toscana, rigorosamente stagionale.

CIVITELLA MARITTIMA – Grosseto (GR) – **563** N15 – **alt. 329 m**   29 C2
– ✉ 58045
▶ Roma 206 – Grosseto 33 – Perugia 142 – Siena 43

X **Locanda nel Cassero** con cam ⬆   ⬆ VISA ⓒ AE ⓞ

via del Cassero 29/31 – ℰ 05 64 90 06 80 – www.locandanelcassero.com
5 cam – †55/76 € ††84/96 €, ⬛ 7 €
Rist – (chiuso dal 1° al 15 dicembre, dal 15 gennaio al 15 febbraio e martedì) (chiuso a mezzogiorno in inverno) (coperti limitati, prenotare) Carta 25/45 €
◆ All'ombra del campanile del paese, questa piccola locanda propone specialità toscane sapide e gustose. Apprezzabile la flessibilità d'orario in cucina che propone - anche a "fornelli spenti" - una serie di piatti, sia caldi sia freddi. Al piano superiore: camere arredate in modo semplice, in armonia con l'ambiente.

CLAVIERE – Torino (TO) – **561** H2 – **199 ab.** – alt. 1 760 m – **Sport**   22 A2
invernali : 1 760/2 823 m (Comprensorio Via Lattea ⬆ 6 ⬆ 72) ⬆ – ✉ 10050
▶ Roma 758 – Bardonecchia 31 – Briançon 15 – Milano 230
🄸 via Nazionale 30, ℰ 0122 87 88 56, www.comune.claviere.to.it
🄶 strada Nazionale 47, 0122 878917, www.golfclubclaviere – giugno-settembre

X **'I Gran Bouc**   ⬆ VISA ⓒ AE ⓞ ⬆

via Nazionale 24/a – ℰ 01 22 87 88 30 – www.granbouc.it – chiuso maggio, novembre e mercoledì in bassa stagione
Rist – Carta 29/45 €
◆ Nato nel 1967 come sala giochi e bar, il locale è suddiviso in due sale di stile diverso - una rustica e l'altra più raffinata - dove gustare piatti nazionali, specialità piemontesi e pizze.

CLERAN = KLERANT – Bolzano (BZ) – **Vedere Bressanone**

CLES – Trento (TN) – **562** C15 – 6 732 ab. – alt. 658 m – ✉ 38023   30 B2

▶ Roma 626 – Bolzano 68 – Passo di Gavia 73 – Merano 57
Lago di Tovel★★★ Sud-Ovest : 15 km

XX   **Antica Trattoria** con cam   🛗 & 🗚 ¶¶ 📶 ⬛ Æ ⓪ ⑤
*via Roma 13 – ℰ 04 63 42 16 31 – www.anticatrattoriacles.it
– chiuso 1 settimana in gennaio e 1 settimana in luglio*
8 cam ⬜ – †58/68 € ††78/95 € – ½ P 75 €
Rist – *(chiuso sabato)* Carta 37/55 €
♦ Locale completamente ristrutturato, con una stufa in maiolica di fine '800 che ben si inserisce in un contesto di stile contemporaneo, caldo e accogliente. Belle camere.

CLUSANE SUL LAGO – Brescia (BS) – **561** F12 – Vedere Iseo

CLUSONE – Bergamo (BG) – **561** E11 – 8 784 ab. – alt. 648 m   16 B2
– ✉ 24023

▶ Roma 635 – Bergamo 36 – Brescia 64 – Edolo 74

X   **Commercio e Mas-cì** con cam   🌿 📶 ⬛ Æ ⑤
piazza Paradiso 1 – ℰ 0 34 62 12 67 – www.mas-ci.it – chiuso giugno
14 cam ⬜ – †60/70 € ††75/85 € – ½ P 75/95 €
Rist – *(chiuso giovedì)* Carta 27/46 €
♦ Albergo, ma soprattutto ristorante, nel grazioso centro storico. Due belle salette con camino - intime ed accoglienti - fanno da palcoscenico ad una cucina dove primeggiano le specialità locali: molta carne, anche alla griglia, e polenta.

COCCAGLIO – Brescia (BS) – **561** F11 – 8 510 ab. – alt. 162 m   19 D2
– ✉ 25030

▶ Roma 573 – Bergamo 35 – Brescia 20 – Cremona 69

🏨   **Touring**   🚗 🔟 🐾 ⅙ ✕ 🛗 & 🗚 🌿 ¶¶ 🖓 P 🚗 📶 ⬛ Æ ⓪ ⑤
via Vittorio Emanuele II 40 – ℰ 03 07 72 10 84 – www.hotel-touring.it
96 cam ⬜ – †85/100 € ††100/120 €
Rist *Touring* – vedere selezione ristoranti
♦ Per affari o relax nella Franciacorta, un albergo di ottimo confort, con annesso centro sportivo; raffinata scelta di tessuti d'arredo negli eleganti interni in stile.

XXX   **Touring** – Hotel Touring   🚗 🕼 & 🗚 🌿 ¶¶ 🖓 P 📶 ⬛ Æ ⓪ ⑤
via Vittorio Emanuele II 40 – ℰ 03 07 72 10 84 – www.hotel-touring.it
Rist – Carta 31/51 €
♦ Nel verde della Franciacorta, un servizio impeccabile fa da corollario ad una cucina che passa con nonchalance dai piatti internazionali, alle specialità locali, senza tralasciare il prodotto gastronomico più esportato all'estero: la pizza, ma solo la sera!

COCCONATO – Asti (AT) – **561** G6 – 1 639 ab. – alt. 491 m – ✉ 14023   23 C2

▶ Roma 649 – Torino 50 – Alessandria 67 – Asti 32

🏠   **Locanda Martelletti**   ≤ 🚗 & cam, ¶¶ 🛗 📶 ⬛ Æ ⓪ ⑤
piazza Statuto 10 – ℰ 01 41 90 76 86 – www.locandamartelletti.it
10 cam ⬜ – †65 € ††98/115 € – 1 suite
Rist – *(chiuso a mezzogiorno)* (prenotazione obbligatoria) Carta 32/50 €
♦ Nella parte alta del paese, spicca l'armonia tra le parti più antiche dell'edificio e soluzioni attuali di confort. Prima colazione servita in un delizioso dehors. Piccola ed accogliente sala da pranzo con proposte piemontesi e toscane, terra di provenienza dei proprietari.

CODEMONDO – Reggio Emilia (RE) – Vedere Reggio nell'Emilia

CODIGORO – Ferrara (FE) – **562** H18 – 12 615 ab. – ✉ 44021   9 D1

▶ Roma 404 – Ravenna 56 – Bologna 93 – Chioggia 53
🇮 via Pomposa Centro 1, ℰ 0533 71 91 10, www.ferraraterraeacqua.it

Locanda del Passo Pomposa   🛦 🄰🄲 🕉 rist, 𝖵𝖨𝖲𝖠 ⚫⚫ 🄰🄴 ⓞ 🕉
via Provinciale per Volano 13, Est: 6 km – 𝒞 05 33 71 91 31
– *www.locandapassopomposa.com*
20 cam 🖵 – ✝67 € ✝✝114 € – ½ P 70 €
Rist – *(chiuso domenica sera)* Carta 24/47 €
♦ Sull'argine sinistro del Po di Volano, in una posizione suggestiva, questo edificio d'epoca dispone di attracco privato, di una piccola videoteca, nonché di una torretta per il*birdwatching*. Al ristorante i classici piatti di pesce del delta, ma anche carne.

La Capanna di Eraclio (Maria Grazia Soncini)   🍴 🄰🄲 ⟺ 🄿
località Ponte Vicini, Nord-Ovest: 8 km – 𝒞 05 33 71 21 54   𝖵𝖨𝖲𝖠 ⚫⚫ 🄰🄴 🕉
– *chiuso Natale, dal 10 agosto al 7 settembre, mercoledì, giovedì*
Rist – *(consigliata la prenotazione)* Carta 49/75 €
Spec. Sapori di una passeggiata nel delta del Po. Anguilla "arost in umad". Germano con cipolla al vino rosso.
♦ Un'autentica osteria di genuina ospitalità: un viaggio gastronomico tra i suggestivi canali del delta, tra ricercatezze ittiche, grandi fritti e volatili acquatici di palude.

CODOGNE – Treviso (TV) – 562 E19 – 5 356 ab. – ⊠ 31013   36 C2
▶ Roma 589 – Venezia 71 – Treviso 46 – Pordenone 33

Agriturismo Villa Toderini senza rist   🏥 🛗 🄰🄲 ⤧ 🕉 🄿
via Roma 4/a – 𝒞 04 38 79 60 84 – *www.villatoderini.com*   𝖵𝖨𝖲𝖠 ⚫⚫ 🄰🄴 🕉
10 cam 🖵 – ✝75/85 € ✝✝105/120 €
♦ Lo specchio d'acqua della peschiera riflette la maestosità e l'eleganza della nobile dimora settecentesca, dalla quale dista solo un breve viale di piante secolari e silenzio!

CODROIPO – Udine (UD) – 562 E20 – 15 704 ab. – alt. 43 m – ⊠ 33033   10 B2
▶ Roma 612 – Udine 29 – Belluno 93 – Milano 351
🔢 piazza Manin 10, 𝒞 0432 81 51 11, www.turismofvg.it

Ai Gelsi   🍴 🏥 🄰🄲 🕉 🏮 🛦 🄿 𝖵𝖨𝖲𝖠 ⚫⚫ 🄰🄴 ⓞ 🕉
via Circonvallazione Ovest, 12, Ovest: 12 km – 𝒞 04 32 90 70 64
– *www.gelsigroup.com*
39 cam 🖵 – ✝64/74 € ✝✝84/94 € – 1 suite
Rist – *(chiuso lunedì)* Carta 32/75 €
♦ Non lontano dalla storica Villa Manin, un piacevole hotel dagli ambienti accoglienti e dalle camere semplici nella loro linearità, ma confortevoli. Al ristorante: proposte sia di carne sia di pesce in un'atmosfera sobriamente elegante.

COGNE – Aosta (AO) – 561 F4 – 1 481 ab. – alt. 1 534 m – Sport   34 A2
invernali : 1 534/2 252 m 🚠 1 🚡 2, 🎿 – ⊠ 11012
▶ Roma 774 – Aosta 27 – Courmayeur 52 – Colle del Gran San Bernardo 60
🔢 via Bourgeois 34, 𝒞 0165 7 40 40, www.lovevda.it

Bellevue   ← 🌳 🍴 🔲 ⊕ 🏔 🖥 🛦 🕉 🏮 🏮 🐾 𝖵𝖨𝖲𝖠 ⚫⚫ 🄰🄴 ⓞ 🕉
rue Gran Paradiso 22 – 𝒞 01 65 74 8 25 – *www.hotelbellevue.it* – *chiuso dal 7 ottobre al 6 dicembre*
38 cam 🖵 – ✝150/240 € ✝✝170/350 € – 3 suites – ½ P 160/215 €
Rist Le Petit Restaurant❀ – vedere selezione ristoranti
Rist – *(chiuso mercoledì in bassa stagione)* Carta 64/109 €
♦ Elegante chalet con interni da fiaba: mobili d'epoca, boiserie, raffinata scelta di stoffe e colori, nonché un piccolo museo d'arte popolare valdostana.

Miramonti   ← 🌳 🔲 ⊕ 🏔 🖥 🛦 rist, 🛦 🐾 𝖵𝖨𝖲𝖠 ⚫⚫ 🄰🄴 🕉
viale Cavagnet 31 – 𝒞 01 65 74 40 30 – *www.miramonticogne.com*
45 cam 🖵 – ✝70/140 € ✝✝140/250 € – ½ P 145 €
Rist Coeur de Bois – Carta 32/44 €
♦ L'hotel ha tutto il fascino della tradizione alpina: soffitti a cassettoni, legno alle pareti, il calore del camino e libri antichi in esposizione. Nel centro benessere, invece, le più moderne installazioni per la*remise en forme*. E' nel soffitto ligneo dell'elegante stube che si svela il significato del suo nome.

Du Grand Paradis senza rist 🛋 🏠 🗐 🕯 P VISA 🐵 AE ① 🕭
via dottor Grappein 45 – 𝒞 0 16 57 40 70 – www.cognevacanze.com
– chiuso novembre
27 cam – ♦55/87 € ♦♦96/148 €
♦ Ristrutturato nei toni caldi, tipici delle case di montagna, dispone di un grazioso giardino interno e di una suggestiva spa che ricorda il fienile di un vecchio chalet.

La Madonnina del Gran Paradiso 🛋 🗐 ♣ 💰 🕯 rist, 🕯 🚗
via Laydetré 7 – 𝒞 0 16 57 40 78 – www.lamadonnina.com VISA 🐵 AE 🕭
– 17 dicembre-12 aprile e 10 giugno-2 novembre
30 cam ⊑ – ♦75/95 € ♦♦120/170 € – ½ P 90/110 € **Rist** – Carta 23/40 €
♦ Panoramico albergo immediatamente accanto alle piste di fondo. Accoglienti le zone comuni, tra cui una taverna dai tipici arredi valdostani, e graziose le camere in legno di pino. Conduzione familiare. Anche nella sala ristorante dominano il calore del legno e la caratteristica accoglienza montana.

Le Bouquet senza rist 🛋 🗐 🕭 💰 🕯 P 🏠 VISA 🐵 🕭
via Gran Paradiso 61/a – 𝒞 01 65 74 96 00 – dicembre-gennaio e luglio-settembre
12 cam ⊑ – ♦80/110 € ♦♦110/125 €
♦ L'atmosfera tipica degli ambienti di montagna e deliziose camere con nomi di fiori in una piccola casa in legno e pietra ai margini del paese, inaugurata nel 1999.

Lo Stambecco senza rist 🛋 🗐 💰 🕯 P VISA 🐵 🕭
via des Clementines 21 – 𝒞 0 16 57 40 68 – www.hotelstambecco.com
– giugno-settembre
14 cam ⊑ – ♦50/90 € ♦♦80/120 €
♦ Familiari la conduzione e l'ospitalità in una risorsa nel centro del paese, con ambienti comuni ridotti, ma curati; camere sobrie e confortevoli, bagni funzionali.

Belvedere ⊗ 🛋 🏠 🗐 💰 🕯 cam, 🕯 P VISA 🐵 AE ① 🕭
località Gimillan, Nord : 2 Km – 𝒞 01 65 75 18 12 – www.albergobelvedere.net
7 cam ⊑ – ♦37/45 € ♦♦62/70 € – ½ P 60 € **Rist** – Carta 21/36 €
♦ Un hotel che ha già dalla "sua", la stupenda ubicazione: nella parte alta e panoramica della località, la vista spazia su tutta Cogne e sul Gran Paradiso. E poi - nella sua semplicità - la struttura non manca di nulla, dalla piccola area relax totalmente rivestita in legno, alle camere con graziose personalizzazioni.

🕭🕭🕭 Le Petit Restaurant – Hotel Bellevue 🛋 🏠 💰 🕯 P
rue Gran Paradiso, 22 – 𝒞 0 16 57 48 25 VISA 🐵 AE ① 🕭
– www.hotelbellevue.it – chiuso dal 30 settembre al 20 dicembre e mercoledì
Rist – *(chiuso a mezzogiorno escluso sabato e domenica)* (consigliata la prenotazione) Menu 90 € – Carta 64/109 € 🕮
Spec. L'uovo di re Vittorio: fonduta di toma stagionata con tuorlo d'uovo e tartufo nero. Filetto di manzetta cucinato nel sale e fieno di montagna. Tegola di foie gras d'anatra e d'oca.
♦ Il nome non tragga in inganno: nel "piccolo ristorante" si celebra la cucina valdostana in grande stile, dalle carni ai formaggi tutto è sontuoso e coreografico. Divagazioni di mare e francesi.

🕭🕭 Lou Ressignon con cam 🕯 P VISA 🐵 🕭
via des Mines 23 – 𝒞 0 16 57 40 34 – www.louressignon.it
– chiuso dal 2 al 27 maggio e dal 7 al 30 novembre
4 cam ⊑ – ♦45/55 € ♦♦75/95 €
Rist – *(chiuso lunedì sera e martedì escluso luglio-agosto)* Carta 28/42 €
♦ Simpatica tradizione di famiglia sin dal 1966! La cucina semplice e genuina valorizza i prodotti del territorio valdostano, mentre nei week-end, musica e allegria animano la taverna. Quattro accoglienti camere sono a disposizione per chi volesse prolungare la sosta.

🕭 Bar à Fromage 🛋 P VISA 🐵 AE ① 🕭
rue Grand Paradis 21 – 𝒞 01 65 74 96 96 – www.hotelbellevue.it – chiuso dal 7 ottobre al 6 dicembre, 3 settimane in aprile-maggio e giovedì
Rist – *(chiuso a mezzogiorno escluso sabato, domenica, lunedì e alta stagione)* Carta 32/50 €
♦ Particolare e ricercato, un piccolo ristorante in legno dove il formaggio è re e il legno e lo stile valligiano creano un'atmosfera intima e calda.

a Cretaz Nord : 1,5 km – ⊠ 11012 Cogne

🏨 **Notre Maison** ⟨ 🚁 🏞 📺 💻 🏠 ⚜ ☖ ⚜ rist, 🍴 🅿 🚗 VISA ⓸ ⑤
- 𝒞 016 57 41 04 – www.notremaison.it
- 18 dicembre-1° maggio e 9 giugno-3 ottobre
30 cam ⊑ – ♦75/115 € ♦♦100/180 € – 6 suites – ½ P 95 €
Rist – Carta 27/41 €
♦ In un giardino-solarium e collegati da un passaggio coperto, un caratteristico chalet e un corpo più recente, con centro fitness e nuove camere molto confortevoli. Rustica e accogliente sala ristorante.

in Valnontey Sud-Ovest : 3 km – ⊠ 11012 Cogne

🏠 **La Barme** 🌿 ⟨ 🚁 🏞 ☖ cam, ⚜⚜ 🚗 VISA ⓸ ⑤
- 𝒞 01 65 74 91 77 – www.hotelcogne.com – chiuso novembre
16 cam ⊑ – ♦45/80 € ♦♦70/130 € – 2 suites – ½ P 71 €
Rist – (chiuso lunedì a mezzogiorno in bassa stagione) Carta 19/36 €
♦ Se rifuggite dalla mondanità, avventuratevi ai piedi del Gran Paradiso: antiche baite in pietra e legno, calda e quieta atmosfera, e forse avvisterete anche gli stambecchi. Arredato nel rispetto del caldo stile valdostano, il ristorante propone piatti tipici regionali.

COGNOLA – Trento (TN) – Vedere Trento

COGOLETO – Genova (GE) – **561** I7 – 9 175 ab. – ⊠ 16016   **14** B2
▶ Roma 527 – Genova 28 – Alessandria 75 – Milano 151
🏌 St. Anna via Bellavista 1, località Lerca, 010 9135322, www.santannagolf.com
🏌 Arenzano, 010 9111817, www.golfarenzano.com

🏠 **Eco del Mare** senza rist ⟨ 💻 ☖ 🅰 🍴 🅿 🚗 VISA ⓸ ⑤
via della Madonnina Inferiore 5 – 𝒞 01 09 18 20 09 – www.hotelecodelmare.net
16 cam ⊑ – ♦70/90 € ♦♦80/110 €
♦ Nuovo hotel fronte mare dalla cordiale conduzione familiare: ariosi spazi comuni ed ampie, comode camere.

🍴 **Class** ☖ 🅰 ⚜ VISA ⓸ AE ⑤
piazza Stella Maris 7 – 𝒞 01 09 18 19 25 – www.ristoranteclass.it – chiuso 2 settimane in gennaio, 1 settimana in novembre e lunedì escluso le sere in estate
Rist – Carta 36/64 €
♦ Non lontano dal centro, locale di tono moderno e dalla giovane, appassionata conduzione: gustosi piatti che flirtano con il mare.

COGOLO – Trento (TN) – **562** C14 – Vedere Peio

COLFIORITO – Perugia (PG) – **563** M20 – alt. 760 m – ⊠ 06034   **33** C2
▶ Roma 182 – Perugia 62 – Ancona 121 – Foligno 26

🏨 **Villa Fiorita** ⟨ 🚁 🏊 🏞 📺 🏠 👶 💻 ⚜ cam, 🍴 🅿 VISA ⓸ ⑤
via del Lago 9 – 𝒞 07 42 68 13 26 – www.hotelvillafiorita.com
38 cam ⊑ – ♦45/70 € ♦♦80/140 € – 2 suites – ½ P 115 €
Rist – (chiuso martedì) Carta 20/36 € (+10 %)
♦ Belle camere, nonché una romantica suite con letto a baldacchino e vasca idromassaggio (matrimoniale) in questa struttura dall'accogliente gestione familiare. Sosta al centro benessere per prendersi cura di sé o distensive passeggiate nel fresco giardino. La cucina ammicca ai sapori locali.

COLFOSCO = KOLFUSCHG – Bolzano (BZ) – Vedere Alta Badia

COLICO – Lecco (LC) – **561** D10 – 7 488 ab. – alt. 218 m – ⊠ 23823   **16** B1
▶ Roma 661 – Chiavenna 26 – Como 66 – Lecco 41
◉ Lago di Como ★★★

a Olgiasca Sud : 5 km – ✉ 23824

X
Belvedere con cam ⌂ ← AC cam, 🛜 P VISA ⚈ ♿
⊂⊃
frazione Olgiasca 53 – 𝒞 33 38 96 03 74 – www.hotelristorantebelvedere.com
– chiuso dall'11 gennaio al 2 febbraio
8 cam ⌸ – †49 € ††68 €
Rist – (chiuso lunedì da settembre a maggio) Carta 18/43 €
◆ Su un promontorio con vista lago un esercizio a conduzione familiare.
Ambienti dai toni rustici e cucina che permette di gustare specialità di lago e di
mare a buoni prezzi.

COLLALBO = KLOBENSTEIN – Bolzano (BZ) – Vedere Renon

COLLEBEATO – Brescia (BS) – **561** F12 – 4 763 ab. – alt. 192 m   **17** C1
– ✉ 25060

▶ Roma 534 – Brescia 8 – Bergamo 54 – Milano 96

a Campiani Ovest : 2 km – ✉ 25060 Collebeato

XXX
Carlo Magno 🏠 AC ⇔ P VISA ⚈ AE ① ♿
via Campiani 9 – 𝒞 03 03 37 58 95 – www.carlomagno.it
– chiuso dal 1° al 19 gennaio, dal 6 al 23 agosto, lunedì e martedì
Rist – Carta 42/65 € ⊕
◆ In una possente, austera casa di campagna dell'800, sale di suggestiva eleganza d'epoca, con travi o pietra a vista, dove gustare piatti del territorio in
chiave moderna.

COLLECCHIO – Parma (PR) – **562** H12 – 13 860 ab. – alt. 112 m   **8** A3
– ✉ 43044

▶ Roma 469 – Parma 11 – Bologna 107 – Milano 126

🔟 La Rocca via Campi 8, 0521 834037, www.golflarocca.com – chiuso 20 giorni in
gennaio e lunedì

🏨
My One Hotel Campus senza rist 🛗🔥 ⏶ AC ↔ 🛜 P
via Mulattiera 1 – 𝒞 05 21 80 26 80 VISA ⚈ AE ① ♿
– www.myonehotel.it – chiuso dal 12 al 21 agosto
55 cam ⌸ – †39/180 € ††41/220 € – 2 suites
◆ Dispone di comodo parcheggio questa moderna struttura, costantemente aggiornata da una giovane e dinamica gestione, che offre buoni servizi e camere spaziose.

🏨
Ilga 🛗 ♿ AC ⌂ rist, 🛜 ⛟ VISA ⚈ AE ① ♿
via Sandro Pertini 39 – 𝒞 05 21 80 26 45 – www.ilgahotel.it
⊂⊃ – chiuso dal 12 al 19 agosto
48 cam ⌸ – †45/75 € ††60/120 €   **Rist** – Menu 15/20 €
◆ Ai margini della località, la struttura è dotata di moderni confort e camere
omogenee. Per godersi i dintorni: biciclette a disposizione dei clienti per gite nel
vicino bosco.

🏨
Tonino Lamborghini 🔲 🎞 🛗🔥 ⏶ ♿ AC 🛜 🔊 P ⚈ AE ① ♿
via del Giardinetto 6 – 𝒞 05 21 80 11 62 – www.lamborghinihotel.it
36 cam – †85/120 € ††100/160 € – 2 suites – ½ P 80/95 €
Rist – Carta 24/60 €
◆ Un hotel dal design contemporaneo che prende il nome, nonchè il marchio,
dalla famosa casa automobilistica e dove l'originalità si concretizza in camere ispirate alle differenti parti di una macchina. La struttura sorge di fianco ad un centro sportivo a cui gli ospiti possono accedere.

XXX
Villa Maria Luigia-di Ceci 🏮 🏠 ⏶ ⇔ P VISA ⚈ AE ① ♿
via Galaverna 28 – 𝒞 05 21 80 54 89 – www.ristorantevillamarialuigia.it – chiuso
dal 15 febbraio al 1° marzo, mercoledì sera e giovedì
Rist – Menu 45/70 € – Carta 37/57 € ⊕
◆ Imponente villa ottocentesca all'interno di un parco, cucina poliedrica che
incontra ogni gusto, dalla tradizione parmense ai piatti più creativi sia di carne
che pesce.

a Cafragna Sud-Ovest : 9 km – ⊠ 43045 Gaiano

XX **Trattoria di Cafragna**   🛱 ⌖ ♧ 🅿 𝚟𝚒𝚜𝚊 ⓿ 🄰🄴 ⓪ ♿
via Banzola 4 – ℰ 05 25 23 63 – www.trattoriadicafragna.it – chiuso dal 24 dicembre al 15 gennaio, agosto, lunedì e domenica sera
Rist – Carta 32/63 € ⌘

♦ Si respira aria di tradizione e di buona cucina del territorio in questo ambiente piacevole e accogliente, di sobria eleganza rustica, con servizio estivo all'aperto.

COLLE DI VAL D'ELSA – Siena (SI) – **563** L15 – 21 556 ab.   **29** D1
– alt. 141 m – ⊠ 53034 Toscana
▶ Roma 255 – Firenze 50 – Siena 24 – Arezzo 88
🚺 via Campana 43, ℰ 0577 92 27 91, www.comune.collevaldelsa.it

🏠🏠 **Palazzo San Lorenzo**   📺 🕏 🕏 &. 🄰🄲 ❌ rist, ♔ 🛋 ⓿ 🄰🄴
via Gracco del Secco 113 – ℰ 05 77 92 36 75 – www.palazzosanlorenzo.it
48 cam ⌸ – †95/152 € ††122/172 € – ½ P 96/121 €
Rist – *(chiuso a mezzogiorno)* Carta 26/50 €

♦ Nel centro storico di Colle Alta, l'ex ospedale seicentesco propone una raffinata e moderna reinterpretazione del tradizionale stile alberghiero. Sono cinque, le imperdibili camere con straordinaria vista sul borgo.

🏠🏠 **Relais della Rovere**   ≤ 🗔 🛱 🎬 🄰🄲 ❌ cam, ♔ 🛋 🅿 𝚟𝚒𝚜𝚊 🄰🄴 ♿
via Piemonte 10 – ℰ 05 77 92 46 96 – www.relaisdellarovere.it – aprile-ottobre
30 cam ⌸ – †120/220 € ††140/319 € – 4 suites – ½ P 95/185 €
Rist *Il Cardinale* – ℰ 05 77 92 34 53 – Menu 31/41 € – Carta 28/57 €

♦ Eclettica fusione di stili e di design, tra antico e moderno, in un complesso di gran classe, nato dal recupero di un'antica dimora patrizia e di un'abbazia dell'XI sec.

XXXX **Arnolfo** (Gaetano Trovato) con cam   🛱 🄰🄲 ♔ 𝚟𝚒𝚜𝚊 🄰🄴 ⓪ ♿
ঞ ঞ *via XX Settembre 50/52 – ℰ 05 77 92 05 49 – www.arnolfo.com – chiuso martedì e mercoledì*
4 cam ⌸ – †160/190 € ††190 € – ½ P 215/230 €
Rist – *(consigliata la prenotazione)* Menu 105/120 € – Carta 100/140 € ⌘
Spec. Tartare di chianina, panzanella, ortaggi croccanti. Ravioli, melanzane viola, ricotta di pecora, peperone rosso. Piccione: petto, cosce, sedano rapa, caffè (primavera).

♦ L'immagine che ogni turista ha della Toscana tra colline, cipressi e la cinta di mura medievali. La ricetta del sogno si sublima nei piatti: carosello dei migliori prodotti regionali, interpretati con fantasia. Splendido servizio estivo sulla terrazza panoramica. Bomboniera per charme e dimensioni il piccolo albergo.

XXX **L'Antica Trattoria**   🛱 ❌ 𝚟𝚒𝚜𝚊 ⓿ 🄰🄴 ♿
piazza Arnolfo 23 – ℰ 05 77 92 37 47 – chiuso 10 giorni in gennaio, 1 settimana in giugno e martedì
Rist – Carta 41/51 €

♦ *Boiserie* e lampadari di Murano in un ristorante caldo ed elegante, che d'estate si espande nel dehors sulla bella piazza recentemente rinnovata. In menu: proposte eclettiche con un occhio di riguardo per la tradizione.

XX **Da Simone**   🛱 🄰🄲 𝚟𝚒𝚜𝚊 ⓿ ⓪ ♿
piazza Bartolomeo Scala 11 – ℰ 05 77 92 67 01 – www.ristorantedasimone.it – chiuso 2 settimane in gennaio, 2 settimane in novembre, lunedì, venerdì a mezzogiorno
Rist – Menu 25/50 € – Carta 38/61 €

♦ Una giovane coppia propone da alcuni anni una linea di cucina fortemente legata al mare - semplice, ma di qualità - ampliata ultimamente anche da qualche specialità di terra.

COLLE DI VILLA = KOHLERN – Bolzano (BZ) – **562** C16 – Vedere Bolzano

---

COLLEPIETRA (STEINEGG) – Bolzano (BZ) – **561** C16 – alt. 820 m   **31** D3
– ⊠ 39053
▶ Roma 656 – Bolzano 15 – Milano 314 – Trento 75
🚺 frazione Collepietra 97, ℰ 0471 37 65 74, www.suedtirol.info/Collepietra

🏠 **Steineggerhof** 🌿 ⟨ 🚗 📺 🏠 🛗 ⚡ 🍽 📶 **P** **VISA** 🆎

Collepietra 128, Nord-Est : 1 km – ℰ 04 71 37 65 73 – www.steineggerhof.com
– aprile-ottobre
35 cam ⬚ – †60/80 € ††110/140 € – ½ P 65/80 €   **Rist** – Carta 26/56 €
♦ Per ritemprarsi e rilassarsi nello splendido scenario dolomitico, una panoramica
casa tirolese dai tipici interni montani, dove il legno regna sovrano. Struttura
ideale per gli amanti della mountain bike. Curata sala ristorante dal soffitto ligneo.

COLLESECCO – Perugia (PG) – **563** N19 – Vedere Gualdo Cattaneo

COLLI DEL TRONTO – Ascoli Piceno (AP) – **563** N23 – 3 510 ab.   **21** D3
– alt. 168 m – ✉ 63030
▶ Roma 226 – Ascoli Piceno 24 – Ancona 108 – L'Aquila 115

🏠 **Villa Picena** 🚗 🏠 ᏝᏢ 🛗 🆗 ⚡ rist, 📶 🔏 **P** **VISA** 🆎 ① ⚡

via Salaria 66 – ℰ 07 36 89 24 60 – www.villapicena.it
41 cam ⬚ – †70/100 € ††110/150 € – 2 suites – ½ P 85 €
Rist – Carta 40/45 €
♦ Nel cuore della vallata del Tronto, la dimora ottocentesca offre ambienti ricchi
di fascino e camere arredate con gusto e sobrietà, in sintonia con lo stile della
villa. Ricavata nella parte più antica della villa, la sala da pranzo propone menù
degustazione e la possibilità di consumare piatti veloci o leggeri.

COLLI SUL VELINO – Rieti (RI) – **563** O20 – 523 ab. – ✉ 02010   **12** B1
▶ Roma 112 – Rieti 19 – Perugia 103 – Ancona 203

🏠 **Relais Villa d'Assio** 🌿 ⟨ 🏠 🎾 ᏲᏝ ⚡ 🆗 🏊 🔏 **P**
strada statale 79, località Mazzetelli, Sud-Est: 3km   **VISA** 🆎 ① ⚡
– ℰ 07 46 63 62 00 – www.relaisvilladassio.com
43 cam ⬚ – †90/125 € ††105/140 € – 14 suites – ½ P 61/111 €
Rist – *(chiuso lunedì)* Menu 35/45 € – Carta 22/59 €
♦ A dieci minuti di macchina da Rieti, un grazioso borgo del 1500 convertito in
albergo con arredi semplici ed essenziali nelle camere ospitate in casette in pietra. Determinanti gli spazi esterni, il parco e le attività sportive: caccia a tre dimensioni, tiro con l'arco, basket e calcetto.

COLLOREDO DI MONTE ALBANO – Udine (UD) – **562** D21   **10** B2
– 2 216 ab. – alt. 212 m – ✉ 33010
▶ Roma 652 – Udine 15 – Tarvisio 80 – Trieste 85

🍴🍴 **La Taverna** ⟨ 🚗 🏠 🆗 **P** **VISA** 🆎 ① ⚡
ᆱ *piazza Castello 2 – ℰ 04 32 88 90 45 – www.ristorantelataverna.it – chiuso*
domenica sera, mercoledì
Rist – Menu 70 € – Carta 60/87 € 🍷
Spec. Garganelli all'olio con crostacei d'Istria, profumo d'aglio e peperoncino.
Carré d'agnello in crosta d'erbe e patate fondenti. "La sfera", crema al Rosolio e
petali di rosa.
♦ Di fronte al castello, ambiente curato ma informale, sfumature rustiche e camino
con affaccio sul giardino. Cucina contemporanea che valorizza le materie prime.

COLMEGNA – Varese (VA) – Vedere Luino

COLOGNE – Brescia (BS) – **561** F11 – 7 594 ab. – alt. 187 m – ✉ 25033   **19** D2
▶ Roma 575 – Bergamo 31 – Brescia 27 – Cremona 72

🍴🍴🍴 **Cappuccini Resort** con cam 🌿 🎾 📺 🎥 🏠 ᏲᏝ 🛗 🆗 cam, 📶 🔏 **P**
via Cappuccini 54, Nord : 1,5 km – ℰ 03 07 15 72 54   **VISA** 🆎 ① ⚡
– www.cappuccini.it
14 cam ⬚ – †110 € ††180 € – 2 suites – ½ P 150 €
Rist – Menu 65 € – Carta 42/80 €
♦ L'elegante sala da pranzo propone antiche ricette accanto ad una cucina più
creativa. Abbracciato da un fresco parco, l'albergo si trova tra le mura di un convento del '500 ristrutturato con cura ed offre confortevoli ambienti ed un attrezzato centro benessere.

COLOGNO AL SERIO – Bergamo (BG) – **561** F11 – 10 649 ab.
– alt. 156 m – ✉ 24055

▶ Roma 581 – Bergamo 14 – Brescia 45 – Milano 47

Antico Borgo la Muratella 🚗 🏧 🏄 ♨ ❄ 👫 ♿ 🎦 🚫 rist, ⁇ 🕍 **P**
località Muratella, Nord-Est : 2,5 km – ℰ *03 54 87 22 33*   🅅🄸🅂🄰 ⓶⓪ 🄰🄴 ⓪ 💰
– www.lamuratella.it – chiuso agosto
52 cam ⌇ – ♦75/180 € ♦♦100/350 € – 2 suites
Rist – *(chiuso sabato a mezzogiorno, domenica sera)* Menu 40/80 €
 ♦ Pronti per un viaggio nella storia? La cinquecentesca dimora appartenente ai Conti di Medolago vi attende per un soggiorno di relax o di lavoro in un'atmosfera d'altri tempi: giardino, laghetto e curati interni in stile. Nuovo piccolo centro benessere.

COLOMBARO – Brescia (BS) – **562** F11 – Vedere Corte Franca

COLONNA DI GRILLO – Siena (SI) – **563** M16 – Vedere Castelnuovo Berardenga

---

COLONNATA – Massa Carrara (MS) – **563** J12 – Vedere Carrara

---

COLORNO – Parma (PR) – **562** H13 – 8 989 ab. – alt. 29 m – ✉ 43052
▶ Roma 466 – Parma 16 – Bologna 104 – Brescia 79
ℹ piazza Garibaldi 26, ℰ 0521 31 37 90, www.turismo.comune.colorno.pr.it

Versailles senza rist   🏧 ♿ 🎦 🚫 ⁇ **P** 🅅🄸🅂🄰 ⓶⓪ 🄰🄴 💰
via Saragat 3 – ℰ *05 21 31 20 99 – www.hotelversailles.it – chiuso dal
23 dicembre al 10 gennaio ed agosto*
48 cam ⌇ – ♦65/90 € ♦♦90/130 €
 ♦ Nell'ex "Versailles dei Duchi di Parma", un albergo a conduzione familiare, indicato per clientela turistica e d'affari; camere semplici, ma funzionali.

a Vedole Sud-Ovest : 2 km – ✉ 43052 Colorno

Al Vedel   ♿ 🎦 ⇄ **P** 🅅🄸🅂🄰 ⓶⓪ 🄰🄴 ⓪ 💰
via Vedole 68 – ℰ *05 21 81 61 69 – www.alvedel.it – chiuso dal 24 dicembre al
5 gennaio, luglio, lunedì, martedì*
Rist – Menu 30/36 € – Carta 27/45 € 🏵
 ♦ Da generazioni fedele alla lunga tradizione di ospitalità e alla buona cucina emiliana, arricchisce ora le proprie elaborazioni con una vena di fantasia. Visitabile la cantina, tra vini e salumi di produzione propria.

COL SAN MARTINO – Treviso (TV) – **562** E18 – Vedere Farra di Soligo

---

COLTODINO – Rieti (RI) – **563** P20 – Vedere Fara in Sabina

COMABBIO – Varese (VA) – **561** E8 – 1 166 ab. – alt. 307 m – ✉ 21020
▶ Roma 634 – Stresa 35 – Laveno Mombello 20 – Milano 57

sulla strada statale 629 direzione Besozzo al Km 4,5 :

Cesarino   ⇐ 🏧 ⇄ **P** 🅅🄸🅂🄰 ⓶⓪ 🄰🄴 💰
via Labiena 1861 ✉ *21020 –* ℰ *03 31 96 84 72 – www.ristorantecesarino.com
– chiuso dal 10 al 20 agosto e mercoledì*
Rist – Carta 32/52 €
 ♦ Fate attenzione a non mancare la stretta ed unica entrata di questo locale familiare di lunga tradizione, in riva al lago. Proposte del territorio legate alle stagioni.

COMACCHIO – Ferrara (FE) – **562** H18 – 23 084 ab. – ✉ 44022
▌ Italia Centro Nord
▶ Roma 419 – Ravenna 37 – Bologna 93 – Ferrara 53
ℹ via Mazzini 4, ℰ 0533 31 41 54, www.turismocomacchio.it.
◉ Abbazia di Pomposa★★: 15 km Nord

↑ **B&B Al Ponticello** senza rist 🚗 🕬 🛗 🔲 AC 🕏 **P** VISA ⚫ ⓪ 💰
via Cavour 39 – 𝒞 *05 33 31 40 80 – www.alponticello.it*
8 cam ⌁ – 🛏65 € 🛏🛏90 € – 2 suites
♦ In un edificio d'epoca del centro, affacciato su un canale, una risorsa conforte-vole e accogliente. Gestione giovane, disponibile ad organizzare escursioni: parti-colarmente apprezzate quelle in canoa.

a Porto Garibaldi Est : 5 km – ✉ 44029

i via Ugo Bassi 36/38, 𝒞 0533 32 90 76, www.turismocomacchio.it

XX **Da Pericle** 🏠 🛗 AC 🕏 VISA ⚫ AE ⓪ 💰
via dei Mille 203 – 𝒞 *05 33 32 73 14 – www.ristorantepericle.it – chiuso dal 7 al 18 gennaio, dal 15 al 30 novembre e lunedì*
Rist – Carta 39/53 €
♦ Non esitate a prendere posto nella panoramica terrazza al primo piano per restare ammaliati dalla vista. La cucina predilige il pesce, servito in abbondanti porzioni.

a Lido degli Estensi Sud-Est : 7 km – ✉ 44024

i via Ariosto 10, 𝒞 0533 32 74 64, www.turismocomacchio.it

🏨 **Logonovo** senza rist 🔟 🕬 AC ♨ **P** VISA ⚫ AE ⓪ 💰
viale delle Querce 109 – 𝒞 *05 33 32 75 20 – www.hotellogonovo.com*
45 cam ⌁ – 🛏55/80 € 🛏🛏75/120 €
♦ In zona residenziale, a poca distanza dal mare, l'indirizzo è adatto tanto ai vacanzieri, quanto alla clientela di lavoro. Particolarmente confortevoli le camere al quinto piano, ampie e arredate con gusto.

a Lido di Spina Sud-Est : 9 km – ✉ 44024

i viale Leonardo da Vinci 112, 𝒞 0533 33 36 56, www.turismocomacchio.it

XX **Aroldo** 🏠 ♨ VISA ⚫ AE ⓪ 💰
viale delle Acacie 26 – 𝒞 *05 33 33 05 36 – www.ristorantearoldo.com – chiuso martedì escluso dal 15 maggio al 15 settembre*
Rist – Carta 40/60 €
♦ Grande ristorante-pizzeria che agli ampi spazi unisce la cura della presenta-zione dei piatti, classici, locali e di pesce. La veranda è costruita intorno a due pini marittimi e in estate si apre completamente.

COMANO TERME – Trento (TN) – **562** D14 – alt. 395 m – ✉ 38070   **30** B3
Ponte Arche

▶ Roma 586 – Trento 24 – Brescia 103 – Verona 106

a Ponte Arche – alt. 400 m – ✉ 38071

i via Cesare Battisti 38/d, 𝒞 0465 70 26 26, www.infopointviaggi.it

🏨 **Grand Hotel Terme** ♨ ⇐ 🚗 🕪 🔟 🖥 ◎ ₰ ♨ 🛗 ♣ ♨ 🟊 P
– 𝒞 *04 65 70 14 21 – www.ghtcomano.it* 🚗 VISA ⚫ AE ⓪ 💰
– 4 dicembre-13 gennaio e 23 marzo-8 novembre
82 cam ⌁ – 🛏104/188 € 🛏🛏148/346 € – 2 suites – ½ P 89/188 €
Rist – Carta 29/55 €
♦ Circondata dalla tranquillità del Parco delle Terme, una nuova struttura arre-data secondo le linee del design nei suoi interni spaziosi. Benessere e cure termali per il relax. Dalla sala ristorante una splendida vista sul parco con cui conciliare la degustazione di una cucina nazionale.

🏨 **Cattoni-Plaza** ⇐ 🚗 🔟 ◎ ♨ ♨ ♨ 🖥 🛗 ♣ AC cam, ♨ 🟊 P 🚗
via Battisti 19 – 𝒞 *04 65 70 14 42* VISA ⚫ AE ⓪ 💰
– www.cattonihotelplaza.it – 2 dicembre-20 gennaio e aprile-8 novembre
73 cam ⌁ – 🛏45/70 € 🛏🛏88/130 €   **Rist** – Menu 28/40 €
♦ Nella verde cornice del parco, l'hotel è stato studiato nei dettagli e dispone di confortevoli camere, piscina coperta, centro benessere ed un'area animazione per i bambini. Nell'elegante sala ristorante ricchi buffet per la colazione, menù sempre diversi e cene a lume di candela.

a Campo Lomaso – alt. 492 m – ✉ 38070 Lomaso

🏨 **Villa di Campo** ⤳ 📢 🐾 ✵ 📶 ✵ rist, 🅿 💳 ⏏ 🛗
– 𝒞 04 65 70 00 72 – www.villadicampo.it – chiuso marzo
33 cam ☕ – †‡110/220 € – ½ P 87/141 € **Rist** – Carta 37/62 €
◆ Un edificio ottocentesco sapientemente ristrutturato ospita questa bella risorsa immersa in un grande parco: camere di due tipologie e centro benessere per trattamenti estetico-curativi. Nell'elegante sala ristorante, atmosfere d'altri tempi e prodotti biologici legati ai colori ed ai sapori delle stagioni.

COMELICO SUPERIORE – Belluno (BL) – **562** C19 – **2 634 ab.**   **36** C1
– alt. 1 210 m – Sport invernali : 1 218/1 656 m ✛3, ⤫ – ✉ 32040
▶ Roma 678 – Cortina d'Ampezzo 52 – Belluno 77 – Dobbiaco 32

a Padola Nord-Ovest : 4 km da Candide – ✉ 32040

🛈 piazza San Luca 18, 𝒞 0435 6 70 21, www.infodolomiti.it

🏠 **D'la Varda** ⤳ ⤳ ✵ ⟋⟍ 🅿 💳 ⏏
via Martini 29 – 𝒞 0 43 56 70 31 – www.hotellavarda.it – 20 dicembre-20 marzo
e 20 giugno-20 settembre
22 cam ☕ – †40/60 € †‡70/110 € – ½ P 45/65 € **Rist** – Carta 21/30 €
◆ Un idillio per chi ama le cime innevate: semplice e caratteristico, l'hotel si trova proprio di fronte agli impianti di risalita e alle piste. Camere semplici e confortevoli. Cucina creativa al ristorante.

COMISO Sicilia – Ragusa (RG) – **365** AW62 – **30 365 ab.** – ✉ 97013   **40** C3
▶ Palermo 229 – Ragusa 23 – Siracusa 105 – Catania 106

🏠 **Agriturismo Tenuta Margitello** ⤳ ⟋⟍ ⤳ Ⅹ 🅰 ✵ rist, 🅿
strada statale 115 km 310,700, Est : 3,5 km   💳 💳 AE ① ⏏
– 𝒞 09 32 72 25 09 – www.tenutamargitello.com
21 cam ☕ – †30/50 € †‡60/84 € – ½ P 57 € **Rist** – Menu 18 € bc
◆ Sulle pendici dei monti Iblei, avvolto dalla macchia mediterranea, una risorsa che gode di una vista spettacolare. Camere confortevoli e bel giardino con piscina. Il menu presenta un'appetitosa cucina del territorio, a prezzi competitivi.

COMMEZZADURA – Trento (TN) – **562** D14 – **903 ab.** – alt. 852 m   **30** B2
– Sport invernali : 1 400/2 200 m ✛ 5 ✛19 (Comprensorio sciistico Folgarida-Marilleva) ⤫ – ✉ 38020
▶ Roma 656 – Bolzano 86 – Passo del Tonale 35 – Peio 32
🛈 frazione Mestriago 1, 𝒞 0463 97 48 40, www.comune.commezzadura.tn.it

🏠 **Tevini** ⤳ ⟋⟍ ⟍ ⛰ 🖥 ⤳ 🐾 ᝰ ⛄ 🅰 cam, ✵ ᳃ 🅿 🚗 💳 💳 AE ① ⏏
località Almazzago – 𝒞 04 63 97 49 85 – www.hoteltevini.com
– 8 dicembre-15 aprile e giugno-settembre
54 cam ☕ – †85/186 € †‡122/310 € – 3 suites **Rist** – Carta 21/62 €
◆ In Val di Sole, un soggiorno di sicuro confort in un albergo curato; spazi comuni rifiniti in legno e gradevole centro benessere; suggestiva la camera nella torretta. Boiserie e tende di pizzo alle finestre, affacciate sul verde, nella sala ristorante.

COMO 🅿 (CO) – **561** E9 – **84 812 ab.** – alt. 201 m – ✉ 22100 ▯ Italia   **18** A1
▶ Roma 625 – Bergamo 56 – Milano 48 – Monza 42
🛈 piazza Cavour 17, 𝒞 031 26 97 12, www.lakecomo.com
🏌 Villa d'Este via per Cantù 13, 031 200200, www.golfvilladeste.com – chiuso gennaio, febbraio e martedì
🏌 Monticello via Volta 63, 031 928055, www.golfmonticello.it – chiuso dal 7 gennaio al 4 febbraio e lunedì
🏌 Carimate via Airoldi 2, 031 790226, www.golfcarimate.it – chiuso lunedì
🏌 La Pinetina via al Golf 4, 031 933202, www.golfpinetina.it – chiuso martedì
◎ Lago★★★ – Duomo★★ Y – Broletto★★ Y **A** – Chiesa di San Fedele★ Y – Basilica di Sant'Abbondio★ Z – ✛★ su Como e il lago da Villa Olmo 3 km per ④

Pianta pagina seguente

COMO

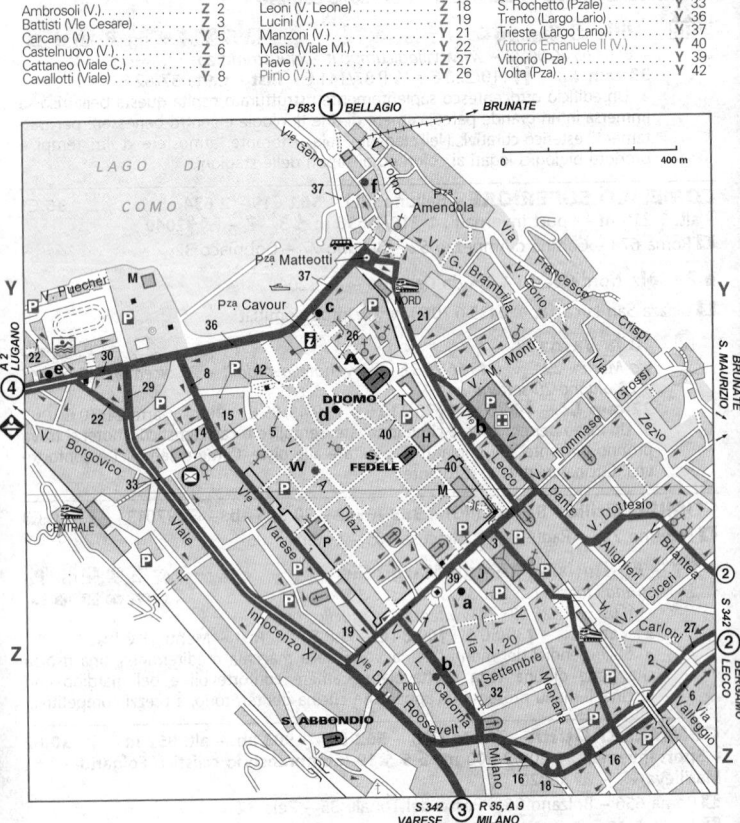

Grand Hotel di Como

via per Cernobbio 41/a, 2,5 km per ④ – ℘ 031 51 61 – www.grandhoteldicomo.com – chiuso dal 17 dicembre al 15 gennaio

153 cam ☑ – ✦80/320 € ✦✦110/380 €

Rist KK – vedere selezione ristoranti

Rist Il Botticelli – Carta 36/93 €

◆ La moderna efficienza delle installazioni si coniuga con la raffinatezza degli interni in una struttura, che dispone di superbe camere e di un attrezzato centro congressi. Nell'incantevole parco è incastonata come un'acquamarina la piscina, con area riscaldata ed idromassaggio.

Terminus

lungo Lario Trieste 14 – ℘ 031 32 91 11 – www.albergoterminus.com

50 cam ☑ – ✦150/178 € ✦✦159/330 € – 4 suites

Yc

Rist Bar delle Terme – ℘ 031 32 92 16 (chiuso martedì) Carta 43/64 €

◆ Dal '94 ritornato al suo originario splendore, prestigioso palazzo in stile liberty, dagli interni personalizzati ed eleganti, per un soggiorno esclusivo in riva al lago. Calda ambientazione d'epoca nella raccolta saletta del caffè-ristorante.

Le Due Corti ⊐ 🛊 ᕦ cam, 🗚 ↔ 🍸 ᠮᠮ🛁 🅿 ᵥₛₐ ᥊ ᴀᴇ ❶ ᵍ

piazza Vittoria 12/13 – ℰ 0 31 32 81 11 – chiuso dal 20 dicembre al 9 gennaio
65 cam ⌑ – †100/170 € ††154/245 € – 2 suites   **Za**
– ½ P 107/153 €

Rist *Sala Radetzky* – *(chiuso sabato a mezzogiorno e domenica)* Carta 35/45 €
♦ Magistrale, raffinato connubio di vecchio e nuovo in un hotel elegante ricavato in un'antica stazione di posta; mobili d'epoca nelle camere, con pareti in pietra a vista. Ristorante di sobria eleganza con arredi in stile.

Villa Flori ≤ 🖼 🏠 ᠗ 🛊 ᕦ cam, 🗚 🍸 rist, ᠮᠮ 🛁 🅿 ᵥₛₐ ᥊ ᴀᴇ ❶ ᵍ

via per Cernobbio 12, 2 km per ④ – ℰ 03 13 38 20 – www.hotelvillaflori.com
– chiuso gennaio e febbraio
52 cam ⌑ – †178/202 € ††202/330 €

Rist *Raimondi* – ℰ 0 31 33 82 33 – Carta 44/76 €
♦ In splendida posizione panoramica, una bella struttura rinnovata di recente con camere minimaliste, ma chic, come moda impone. Cucina contemporanea nel luminoso ristorante dotato di romantica terrazza affacciata sul lago.

Tre Re 🛊 ᕦ rist, ⁂ 🗚 🍸 ᠮᠮ 🅿 ᵥₛₐ ᥊ ᵍ

via Boldoni 20 – ℰ 0 31 26 53 74 – www.hoteltrere.com – chiuso dal 18 dicembre al 10 gennaio   **Yd**
47 cam ⌑ – †85/115 € ††120/170 € – 1 suite – ½ P 115 €
Rist – Carta 28/46 €
♦ Potenziato e rinnovato in anni recenti, è un albergo confortevole, a conduzione familiare, che dispone di comodo parcheggio custodito; arredi moderni nelle stanze. Sale da pranzo con elementi (colonne e pitture murali) di un'antica struttura conventuale.

Park Hotel senza rist 🛊 ᕦ 🗚 ᠮᠮ ᵥₛₐ ᥊ ᴀᴇ ❶ ᵍ

viale F.lli Rosselli 20 – ℰ 0 31 57 26 15 – www.parkhotelcomo.it
– marzo-novembre   **Ye**
41 cam – †68/90 € ††88/123 €, ⌑ 10 €
♦ Edificio condominiale, si rivaluta negli spazi interni frutto di recenti investimenti. La clientela, soprattutto commerciale, apprezzerà anche i prezzi convenienti.

✗✗✗ Navedano 🖼 🏠 ᕦ ⇔ 🅿 ᵥₛₐ ᥊

via Velzi, 1,5 km per ② – ℰ 0 31 30 80 80 – www.ristorantenavedano.it
– chiuso gennaio, martedì, mercoledì a mezzogiorno
Rist – Carta 76/100 € ❀
♦ Romantico locale immerso in un tripudio di fiori, dove modernità e rusticità si fondono a perfezione; servizio estivo in terrazza e rivisitazioni di classici in cucina.

✗✗✗ La Colombetta 🗚 ᵥₛₐ ᥊ ᴀᴇ ᵍ

via Diaz 40 – ℰ 0 31 26 27 03 – www.colombetta.it – chiuso dal 23 dicembre al 4 gennaio e domenica   **Yw**
Rist – Carta 45/83 €
♦ Fedeli alle proprie origini, le tre sorelle titolari preparano, su prenotazione, piatti sardi che, con quelli di pesce, sono le specialità del loro elegante locale.

✗✗ I Tigli...a lago 🗚 ⇔ ᵥₛₐ ᥊ ᴀᴇ ❶ ᵍ

via Coloniola 44 – ℰ 0 31 30 13 34 – www.itiglialago.it – chiuso 15 giorni in gennaio, 15 giorni in agosto e domenica   **Yf**
Rist – Menu 18 € bc (pranzo)/70 € – Carta 45/98 €
♦ Se il côté romantico è affidato al lago, a deliziare il palato ci pensa il menu: una carrellata di proposte ittiche - dal crudo a ricette più "strutturate" – in un ambiente raccolto ed elegante. Una delle migliori tavole di Como.

✗✗ KK – Grand Hotel di Como 🏠 🍸 ᵥₛₐ ᥊ ᴀᴇ ❶ ᵍ

via per Cernobbio 41/a, 2,5 km per ④ – ℰ 0 31 51 64 60 – www.k-como.com
– chiuso dal 17 dicembre al 15 gennaio
Rist – *(chiuso a mezzogiorno)* Carta 46/73 €
♦ KK: Kincho & Kitchen. Ovvero, fondute e barbecue nell'intima villetta del Kitchen (aperto tutto l'anno), churrasco e grill sotto il gazebo del Kincho (solo nella bella stagione).

🍴🍴 **Locanda dell'Oca Bianca** con cam ♿ cam, Wi-Fi [P] VISA [MC] [AE] [D] [S]
via Canturina 251, 5 km per ② – ☎ 0 31 52 56 05 – www.hotelocabianca.it – chiuso 1 settimana in gennaio e 1 settimana in agosto
18 cam ☕ – 🚹55/75 € 🚹🚹80/90 €
Rist – *(chiuso lunedì) (chiuso a mezzogiorno escluso domenica)* Carta 31/52 €
♦ Calda atmosfera e ambiente curato in un ristorante sulla strada per Cantù, dove d'estate si mangia all'aperto; camere ristrutturate, ottimo rapporto qualità/prezzo.

🍴🍴 **Er Più** [AC] VISA [MC] [AE] [D] [S]
via Pastrengo 1, per via Leoni – ☎ 0 31 27 21 54 – www.erpiucomo.com – chiuso dal 2 al 10 gennaio, dal 5 al 30 agosto e martedì Z**f**
Rist – Menu 19 € (pranzo) – Carta 37/57 €
♦ Uno dei ristoranti più popolari della città, offre un'impressionante scelta di piatti: dalle paste alla carne passando per i prodotti del mare. Difficile uscirne scontenti.

🍴🍴 **L'Angolo del Silenzio** [AC] VISA [MC] [AE] [D] [S]
viale Lecco 25 – ☎ 03 13 37 21 57 – www.osterialangolodelsilenzio.it – chiuso dal 10 al 24 gennaio, dal 10 al 24 agosto, lunedì, martedì a mezzogiorno Y**b**
Rist – Menu 15 € bc (pranzo)/38 € bc – Carta 35/50 €
♦ Esperta gestione per un locale classico, con dehors estivo nel cortile; la cucina, di matrice lombarda, è senza fronzoli e fa della concretezza la sua arma vincente.

🍴🍴 **L'Antica Trattoria** [AC] VISA [MC] [AE] [S]
via Cadorna 26 – ☎ 0 31 24 27 77 – www.lanticatrattoria.co.it – chiuso dal 16 al 31 agosto, domenica Z**b**
Rist – (consigliata la prenotazione) Carta 37/57 €
♦ Locale storico ubicato in centro città: ampia sala luminosa e ricette della tradizione italiana, gastronomia di stagione nonché specialità di carne. Eventuali preparazioni senza glutine per i celiaci.

🍴 **Namaste** [AC] VISA [MC] [AE] [D] [S]
piazza San Rocco 8, per ③ – ☎ 0 31 26 16 42 – www.ristorante-namaste.it – chiuso lunedì
Rist – Carta 18/35 €
♦ La semplicità di un'autentica ambientazione indiana, senza orpelli folcloristici, per provare specialità etniche che vengono da molto lontano: un'alternativa esotica.

COMO (Lago di) o LARIO – Como – 561 E9 Italia

CONCA DEI MARINI – Salerno (SA) – 564 F25 – 734 ab. – ✉ 84010 6 B2

▶ Roma 272 – Napoli 58 – Amalfi 5 – Salerno 30

🏨 **Belvedere** ≤ [AC] rist, Wi-Fi [P] VISA [MC] [AE] [D] [S]
via Smeraldo 19 – ☎ 0 89 83 12 82 – www.belvederehotel.it – aprile-ottobre
36 cam ☕ – 🚹140/205 € 🚹🚹170/230 € – 3 suites – ½ P 130/150 €
Rist – Carta 56/71 €
♦ E' davvero splendida la vista che si gode da questa struttura lungo la costiera amalfitana, dotata di terrazza con piscina d'acqua di mare; camere di diverse tipologie. Dalla bella sala e dalla veranda del ristorante scorgerete la calma distesa d'acqua blu.

🏨 **Le Terrazze** senza rist ≤ [AC] [P] VISA [MC] [AE] [S]
via Smeraldo 11 – ☎ 0 89 83 12 90 – www.hotelleterrazze.it – 5 aprile-6 ottobre
27 cam ☕ – 🚹60/110 € 🚹🚹70/180 €
♦ A picco sul mare, quasi aggrappato alla roccia, l'hotel dispone di una terrazza panoramica mozzafiato ed ampie camere dalle tonalità pastello.

CONCESIO – Brescia (BS) – 561 F12 – 14 770 ab. – alt. 216 m – ✉ 25062 17 C1

▶ Roma 544 – Brescia 10 – Bergamo 50 – Milano 91

XXX **Miramonti l'Altro** (Philippe Léveille) 🛱 🎢 **P.** **VISA** **①** 🖭 ⑩ ⚶
🕸 🕸 *via Crosette 34, località Costorio* – 𝒞 *03 02 75 10 63 – www.miramontilaltro.it*
– chiuso lunedì
Rist – Menu 45 € (pranzo)/90 € – Carta 70/122 € 🕸
Spec. Risotto ai porcini e formaggi dolci di montagna. Rane saltate al burro, prezzemolo ed aglio. Gelato di crema.
♦ Elegante villa in zona periferica, l'ospitalità dei titolari è celebrata quanto la cucina: spunti bresciani e lacustri, divagazioni marine, ispirazioni francesi.

CONCO – Vicenza (VI) – **562** E16 – **2 236 ab.** – alt. 830 m – Sport   35 B2
invernali : 830/1 250 m 乡3, 炙 – ⊠ 36062
▶ Roma 556 – Padova 72 – Belluno 94 – Trento 64

🏨 **La Bocchetta**   🚙 🔲 🏠 ⃒≣⃒ 🝞 **P.** **VISA** **①** 🖭 ⑩ ⚶
sulla strada per Asiago località Bocchetta 6, Nord : 5 km – 𝒞 *04 24 70 00 24*
– www.labocchetta.it – chiuso dal 10 al 20 novembre
8 cam ⊑ – ✦61/67 € ✦✦85/110 € – 13 suites – ½ P 65 €
Rist *La Bocchetta* – vedere selezione ristoranti
♦ Sono in stile tirolese, sia la struttura, sia i caldi interni di questo albergo, dove troverete graziose camere personalizzate con boiserie e tessuti a motivi floreali.

XX **La Bocchetta** – Hotel La Bocchetta   🚙 ✿ **P.** **VISA** **①** 🖭 ⑩ ⚶
🕸🕸 *sulla strada per Asiago località Bocchetta 6, Nord : 5 km* – 𝒞 *04 24 70 00 24*
– www.labocchetta.it – chiuso dal 10 al 20 novembre
Rist – *(chiuso lunedì e martedì in bassa stagione)* Carta 21/43 €
♦ Specialità tipicamente locali, con un'ampia scelta di vini anche pregiati, in una sala dallo stile smaccatamente altoatesino.

CONCORDIA SULLA SECCHIA – Modena (MO) – **562** H14   8 B1
– **8 961 ab.** – alt. 22 m – ⊠ 41033
▶ Roma 429 – Bologna 68 – Ferrara 63 – Mantova 54

XXX **Vicolo del Teatro**   ⚶ 🎢 ⅍ **VISA** **①** 🖭 ⑩ ⚶
via della Pace 94 – 𝒞 *0 53 54 03 30 – www.vicolodelteatro.it – chiuso 2 settimane in agosto*
Rist – *(chiuso sabato a mezzogiorno, domenica sera, lunedì)* Carta 62/141 €
♦ Al primo piano di un palazzo adiacente il teatro, sprofondati in comode poltrone, ci si delizia con piatti in prevalenza di pesce (poche le proposte di carne).

CONCOREZZO – Monza e Brianza (MB) – **561** F10 – **15 178 ab.**   18 B2
– alt. 171 m – ⊠ 20049
▶ Roma 587 – Milano 26 – Bergamo 33 – Como 43

XX **Via del Borgo**   🛱 ⚶ **P.** **VISA** **①** ⑩ ⚶
via Libertà 136 – 𝒞 *03 96 04 26 15 – www.viadelborgo.it – chiuso dal 1° al 7 gennaio, 3 settimane in agosto, domenica e lunedì a mezzogiorno da giugno a settembre, domenica sera e lunedì a mezzogiorno negli altri mesi*
Rist – Menu 22 € (pranzo)/42 € – Carta 41/60 € 🕸
♦ Nel centro, in una vecchia casa di ringhiera ristrutturata, una sala moderna con richiami al rustico e servizio estivo sotto il portico; piatti di impronta creativa.

CONDINO – Trento (TN) – **562** E13 – **1 511 ab.** – alt. 444 m – ⊠ 38083   30 A3
▶ Roma 598 – Brescia 65 – Milano 155 – Trento 64

🏨 **Da Rita**   ⚶ 🚙 ⃒≣⃒ 🎢 🎢 **AC** cam, ⅍ ⅍ 🝞 **P.** **VISA** **①** 🖭 ⚶
🕸🕸 *via Roma 140* – 𝒞 *04 65 62 12 25 – www.hoteldarita.it – chiuso dal 20 al 31 agosto*
18 cam ⊑ – ✦48 € ✦✦84 € – 2 suites – ½ P 48 €
Rist – *(chiuso lunedì sera)* Carta 19/49 €
♦ Nella zona industriale della località, l'albergo ne rappresenta la nota più colorata, come gli interni: moderni e variopinti. Valido indirizzo per una clientela, soprattutto, commerciale.

CONEGLIANO – Treviso (TV) – **562** E18 – **35 676 ab.** – alt. 72 m
– ✉ **31015** ▮ Italia

🚗 Roma 571 – Belluno 54 – Cortina d'Ampezzo 109 – Milano 310

🔃 via XX Settembre 61, ☏ 0438 2 12 30, www.visittreviso.it

◉ Sacra Conversazione★ nel Duomo – ❊★ dal castello – Affreschi★ nella Scuola dei Battuti

🏨 **Relais le Betulle** 🚗 ⋔ ⅃ᵇ 🕃 ⌖ ⛢ 🅰 🛁 cam, ⁿ⸾ 🛗 🅿
via Costa Alta 56, Nord-Ovest : 2,5 : km 🆅🅸🆂🅰 ⊙⊙ 🄰🄴 ⓸ ⓢ
– ☏ 0 43 82 10 01 – www.relaislebetulle.it
39 cam – †60/90 € ††80/220 €, ⬦ 10 €
Rist *Le Betulle* – (chiuso 2 settimane in agosto) Carta 26/45 €
♦ In collina e vicino al castello, albergo commerciale con camere dal design moderno, quasi tutte dotate di terrazza. Al ristorante: cucina a base di prodotti tipici e carta light (solo a pranzo).

🏨 **Canon d'Oro** 🕃 ⛢ 🅰 ⁿ⸾ 🅿 🆅🅸🆂🅰 ⊙⊙ 🄰🄴 ⓢ
via 20 Settembre 131 – ☏ 0 43 83 42 46 – www.hotelcanondoro.it
48 cam ⬦ – †70/170 € ††80/225 € – 2 suites
Rist *InContrada* – vedere selezione ristoranti
♦ Hotel del centro storico ospitato in un edificio del '500 con loggia ed affreschi originali sulla facciata. Le camere - di tre tipologie, ma tutte recentemente rinnovate - assicurano un buon standard di confort.

🍴🍴 **InContrada** – Hotel Canon d'Oro 🏠 ⛢ 🅰 ⁿ⸾ 🅿 🆅🅸🆂🅰 ⊙⊙ 🄰🄴 ⓢ
via 20 Settembre 131 – ☏ 0 43 84 55 0 42 – www.ristoranteincontrada.net – chiuso domenica sera e lunedì a mezzogiorno, anche domenica a mezzogiorno in estate
Rist – Carta 34/45 €
♦ Sono tre soci di navigata esperienza a gestire il centralissimo ristorante dell'hotel Canon d'Oro: in due seguono la cucina, mentre l'unica donna del gruppo si occupa con grande professionalità della sala. In carta, piatti classici italiani (carne e pesce in egual misura); gradevole servizio all'aperto sul corso.

🍴 **Città di Venezia** 🏠 🅰 ⟺ 🆅🅸🆂🅰 ⊙⊙ 🄰🄴 ⓢ
via 20 Settembre 77/79 – ☏ 0 43 82 31 86 – chiuso lunedì, domenica sera
Rist – Carta 24/53 €
Rist *Osteria La Bea Venezia* – Carta 22/32 €
♦ Nel salotto cittadino, raffinata atmosfera veneziana nelle sale interne o più fresca nel dehors estivo. Dalla cucina un'appetitosa scelta di piatti di pesce. Identiche proposte gastronomiche nella piccola osteria annessa, dove viene svolto il servizio in assenza di prenotazioni particolari.

CONERO (Monte) – Ancona (AN) – **563** L22 – Vedere Sirolo

CONVENTO – Vedere nome proprio del convento

CONVERSANO – Bari (BA) – **564** E33 – **25 503 ab.** – alt. 219 m **27** C2
– ✉ **70014** ▮ Puglia

🚗 Roma 440 – Bari 31 – Brindisi 87 – Matera 68

◉ Tele★★ seicentesche nei musei civici

🏨 **Grand Hotel d'Aragona** 🚗 ⅃ 🕃 ⛢ 🅰 🛁 ⁿ⸾ 🛗 🅿 🆅🅸🆂🅰 ⊙⊙ 🄰🄴 ⓸ ⓢ
via San Donato 5, strada provinciale per Cozze – ☏ 08 04 95 23 44
– www.grandhoteldaragona.it
69 cam ⬦ – †40/150 € ††60/150 € **Rist** – Carta 30/52 €
♦ Un grande giardino con piscina circonda questo complesso di concezione classica, che offre confort adeguato alla categoria sia nelle spaziose aree comuni sia nelle camere. Ampia sala ristorante e terrazza coperta.

🏨 **Corte Altavilla** ⋔ 🅰 🛁 rist, ☏⸾ 🛗 🅿 🆅🅸🆂🅰 ⊙⊙ 🄰🄴 ⓸ ⓢ
vico Altavilla 8 – ☏ 08 04 95 96 68 – www.cortealtavilla.it
31 cam ⬦ – ††75/130 € – 5 suites – ½ P 71/93 €
Rist – (chiuso domenica sera) (chiuso a mezzogiorno escluso domenica) (prenotazione obbligatoria) Carta 22/36 €
♦ Più di mille anni di storia, nel centro storico di Conversano, tra i vicoli medievali che accolgono camere, appartamenti e suites di notevole fascino. Gestione affidabile.

⛰ **Agriturismo Montepaolo** 🌿 ⬅ 🚗 🏠 🎄 🌂 **P** **VISA** ⓒ **AE** ⓪ ⓢ
contrada Montepaolo 2, Nord-Est : 4 km – ℰ 08 04 95 50 87
– www.montepaolo.it
10 cam ⬚ – ♦63/109 € ♦♦95/146 € – 2 suites – ½ P 93 €
Rist – *(chiuso a mezzogiorno, domenica e i giorni festivi)* (prenotazione obbligatoria) Menu 30 € (pranzo)/50 €
♦ Tra ulivi e macchia mediterranea, una dimora cinquecentesca - meticolosamente restaurata - con diversi arredi e pavimenti d'epoca. A 200 m la Torre del Brigante dispone di due appartamenti per 4 persone ciascuno (affitto settimanale). Piatti regionali nella sala ristorante, un tempo utilizzata per la vinificazione.

XXX **Pashà** 🏠 🎄 🌂 **VISA** ⓒ **AE** ⓪ ⓢ
piazza Castello 5-7 – ℰ 08 04 95 10 79 – www.pashaconversano.it – chiuso 2 settimane in gennaio e martedì, da ottobre ad aprile anche domenica sera
Rist – (prenotare) Menu 40 € bc/60 € – Carta 50/65 € 🏵
♦ Di fronte al castello normanno, occorre salire al primo piano dell'edificio per raggiungere l'elegante ristorante. Al suo interno, vi attende un viaggio alla scoperta di sapori antichi: dalle orecchiette di grano arso fatte a mano, al risotto di orzo con gamberi rossi al rosmarino, e tante altre specialità.

CORATO – Bari (BA) – **564** D31 – 47 872 ab. – alt. 232 m – ⊠ 70033 **26** B2
▶ Roma 414 – Bari 44 – Barletta 27 – Foggia 97

🏨 **Nicotel Wellness** 🚗 🎄 📺 ⓔ ⓢ 🗄 ⬧ 🎄 🍷 rist. 🍴 🏊 **P**
via Gravina – ℰ 08 08 72 24 30 **VISA** ⓒ **AE** ⓪ ⓢ
– www.nicotelhotels.com
76 cam ⬚ – ♦70/120 € ♦♦90/150 € – ½ P 80 € **Rist** – Carta 25/42 €
♦ Recente realizzazione frutto di design moderno, lineare ed essenziale, particolarmente adatta ad una clientela sportiva o d'affari, tra centro benessere e business rooms. Analoga atmosfera al ristorante: nessun orpello e cucina protagonista.

🏨 **Appia Antica** 🚗 ⬧ 🎄 🌂 🍷 rist. 🍴 🏊 **P** **VISA** ⓒ **AE** ⓢ
strada provinciale 231 al km 32,200 Sud : 3 km – ℰ 08 08 72 25 04
– www.appiantica.it
34 cam ⬚ – ♦60/96 € ♦♦80/150 € – 2 suites – ½ P 58/93 €
Rist – *(chiuso domenica sera e lunedì a mezzogiorno)* Carta 27/68 €
♦ Una costruzione anni '70 ospita un albergo comodo sia per i turisti sia per la clientela d'affari; interni funzionali e confortevoli, arredi recenti nelle curate camere. Il ristorante dispone di un'accogliente sala d'impostazione classica.

CORCIANO – Perugia (PG) – **563** M18 – 20 417 ab. – alt. 408 m **32** B2
– ⊠ 06073
▶ Roma 138 – Perugia 11 – Arezzo 71 – Terni 92

⛰ **Palazzo Grande** – Residenza d'epoca 🌿 🗄 🎄 ⬧ 🌂 🏊 **P**
via Palazzo Grande 20, Est: 2 km – ℰ 07 56 97 92 60 **VISA** ⓒ **AE** ⓢ
– www.palazzogrande.com – chiuso dal 23 al 27 dicembre
19 cam ⬚ – ♦135/170 € ♦♦150/270 € – 7 suites
Rist – (prenotazione obbligatoria) Carta 33/47 €
♦ Ambienti eleganti e mobilio d'epoca in un glorioso palazzo seicentesco con "radici" storiche medioevali e romane. All'esterno, un immenso bosco ed una deliziosa piscina appartata.

CORGENO – Varese (VA) – alt. 270 m – ⊠ 21029 **16** A2
▶ Roma 631 – Stresa 35 – Laveno Mombello 25 – Milano 54

XXX **La Cinzianella** con cam 🌿 ⬅ 🚗 🏠 🎄 🌂 🍷 🍴 🏊 **P**
via Lago 26 – ℰ 03 31 94 63 37 – www.lacinzianella.it **VISA** ⓒ **AE** ⓪ ⓢ
– chiuso gennaio
9 cam ⬚ – ♦75/85 € ♦♦90/110 € – 1 suite – ½ P 80/90 €
Rist – *(chiuso martedì, anche lunedì sera da ottobre a febbraio)* Carta 53/67 €
♦ In riva al lago, la sala da pranzo è stata recentemente rinnovata in tono elegante, mentre nella bella stagione si pranza sulla panoramica terrazza. Cucina innovativa, legata al territorio.

CORIANO VERONESE – Verona (VR) – Vedere Albaredo d'Adige

CORLO – Modena (MO) – Vedere Formigine

CORMONS – Gorizia (GO) – **562** E22 – **7 721 ab.** – **alt. 56 m** – ⊠ **34071**   11 C2

▶ Roma 645 – Udine 25 – Gorizia 13 – Milano 384

🛈 Enoteca Comunale piazza 24 Maggio 21, 𝒞 0481 63 03 71, www.cormons.info

🛏️ **Felcaro** 🦢   🗺️ 🎿 🏠 🎿 🍴 🛏️ 🎿 🅰️🅲 📶 🛁 🅿️ VISA ⬤⬤ 🄰🄴 ⓘ 🦪
♋ *via San Giovanni 45 – 𝒞 0 48 16 02 14 – www.hotelfelcaro.it*
59 cam ⭤ – 🛏️65/75 € 🛏️🛏️110/125 € – ½ P 68/76 €
Rist – *(chiuso gennaio e lunedì)* Carta 19/44 €
♦ In posizione tranquilla, alle pendici della collina sovrastante il paese, la villa ottocentesca offre camere spaziose e confortevoli, alcune delle quali arredate con mobili antichi. Articolato in più sale dall'aspetto rustico, il ristorante propone piatti regionali.

🍴🍴 **Al Cacciatore-della Subida** con cam 🦢   🗺️ 🏠 🅿️ VISA ⬤⬤ 🦪
🕸️ *località Monte 22, Nord-Est : 2 km – 𝒞 0 48 16 05 31 – www.lasubida.it – chiuso dal 19 al 28 febbraio, martedì, mercoledì*
17 cam ⭤ – 🛏️🛏️90/180 €
Rist – *(chiuso a mezzogiorno escluso sabato e domenica)* Menu 52/60 €
– Carta 43/62 € 🍴
Spec. Zlikrofi: tortelli ripieni di patate e sugo d'arrosto. Stinco di vitello al forno con patate in tecia. Gnocchi di susine con burro fuso e cannella.
♦ In un ambiente bucolico, ma al tempo stesso elegante, tradizione regionale ed innovazione si fondono in una ricerca gastronomica che ricorda il passato, guardando già al futuro.

🍴🍴 **Al Giardinetto** con cam   🏠 📶 🅿️ VISA ⬤⬤ ⓘ 🦪
via Matteotti 54 – 𝒞 0 48 16 02 57 – www.jre.it – chiuso 3 settimane in luglio
3 cam ⭤ – 🛏️70 € 🛏️🛏️90 €   **Rist** – *(chiuso lunedì, martedì)* Carta 36/65 €
♦ Oltre un secolo di storia, nel corso del quale si sono succedute ben tre generazioni. Oggi, nelle accoglienti sale e nel dehors potrete gustare piatti ricchi di tradizione e di creatività. Per prolungare il soggiorno, la risorsa mette a disposizione anche piacevoli alloggi.

CORNAIANO = **GIRLAN** – Bolzano (BZ) – Vedere Appiano sulla Strada del Vino

CORNAREDO – Milano (MI) – **561** F9 – **20 447 ab.** – **alt. 140 m**   18 A2
– ⊠ **20010**

▶ Roma 584 – Milano 17 – Bergamo 56 – Brescia 102

🏨 **Le Favaglie**   🗺️ 🎿 🏠 🎿 🛏️ 🎿 🅲 🎿 🍴 📶 🎿 🚗 VISA ⬤⬤ 🄰🄴 ⓘ 🦪
via Merendi 26 – 𝒞 0 29 34 84 11 – www.hotelfavaglie.it – chiuso dal 3 al 19 agosto
109 cam ⭤ – 🛏️80/309 € 🛏️🛏️90/329 € – 3 suites
Rist Corniolo – vedere selezione ristoranti
♦ Strategico per il polo fieristico di Rho-Pero, hotel dal design minimalista con dotazioni di ultima generazione. Navetta gratuita per la stazione metropolitana di Molino Dorino; a pagamento per aeroporti e Milano centro.

🍴🍴🍴 **Corniolo** – Hotel Le Favaglie   🗺️ 🏠 🅰️🅲 🎿 VISA ⬤⬤ ⓘ 🦪
via Merendi 26 – 𝒞 02 93 48 44 50 – www.ristoranteilcorniolo.it – chiuso dal 24 dicembre al 6 gennaio e 3 settimane in agosto
Rist – *(chiuso sabato a mezzogiorno, domenica)* Carta 34/65 €
♦ Il ristorante riprende lo stile dell'albergo, fatto di linee semplici e colori caldi, mentre il menu sciorina una serie di specialità d'ispirazione regionale-mediterranea, basati sulla filosofia dei "tre elementi": piatti dove non prevalgono mai più di tre prodotti, contraddistinti da colore, sapore e presentazione.

a San Pietro all'Olmo Sud-Ovest : 2 km – ✉ 20010

✗ **D'O** (Davide Oldani)   🕭 Ⓜ 💱 **P**

⊗ *via Magenta 18 –* ☎ *0 29 36 22 09 – chiuso dal 25 dicembre al 3 gennaio, dal 18 luglio al 28 agosto, domenica, lunedì*

✿ **Rist** – (prenotazione obbligatoria) Menu 12 € (pranzo)/32 € – Carta 34/44 €
Spec. Parmigiana di melanzane caramellata (estate). Marron glacé, bottarga sbriciolata, buccia di cedro e riso (autunno). Carciofi in carpione, trippetta di pesce, zafferano, gorgonzola cremoso e freddo (inverno).

♦ I prezzi contenuti e la qualità della cucina hanno messo il suggello sulle capacità di Davide Oldani. In sale semplici e senza pretese, una cucina innovativa, ma sempre rispettosa della tradizione lombarda ed italiana.

CORNIGLIANO LIGURE – Genova (GE) – Vedere Genova

CORONA – Gorizia (GO) – Vedere Mariano del Friuli

CORPO DI CAVA – Salerno (SA) – **564** E26 – Vedere Cava de' Tirreni

---

CORREGGIO – Reggio Emilia (RE) – **562** H14 – 24 985 ab. – alt. 31 m   **8 B2**
– ✉ 42015

▶ Roma 422 – Bologna 60 – Milano 167 – Verona 88

🏨 **Dei Medaglioni**   🎐 🕭 Ⓜ ↳ 📞 ⚒ **P** 🚳 **VISA** ⊗ ⒶⒺ ⓪ 🕭
corso Mazzini 8 – ☎ *05 22 63 22 33 – www.albergodeimedaglioni.com
– chiuso agosto e Natale*
53 cam ⌷ – 🛏70/80 € 🛏🛏103/120 € – 3 suites – ½ P 82/90 €
Rist *Il Correggio* – vedere selezione ristoranti
♦ Camere curate, fascino del passato con tutti i confort del presente, in due eleganti palazzi del centro storico.

🏨 **President**   🕭 🎐 🕭 cam. Ⓜ ↳ 💱 📞 ⚒ **P** 🚗 **VISA** ⊗ ⒶⒺ ⓪ 🕭
via Don Minzoni 61 – ☎ *05 22 63 37 11 – www.hotelpresident.re.it
– chiuso dal 3 al 20 agosto e dal 21 dicembre al 2 gennaio*
84 cam ⌷ – 🛏80/130 € 🛏🛏110/170 € – 3 suites – ½ P 70/100 €
Rist – *(chiuso domenica)* Carta 27/51 €
♦ Una bella hall con colonne vi accoglie in questa moderna struttura di recente realizzazione, dotata di confortevoli camere ben accessoriate; attrezzate sale convegni. Luminoso ristorante con un'originale soffittatura in legno.

✗✗✗ **Il Correggio** – Hotel Dei Medaglioni   🕭 Ⓜ 💱 **VISA** ⊗ ⒶⒺ ⓪ 🕭
⊗ *corso Mazzini 8 –* ☎ *05 22 64 10 00 – www.albergodeimedaglioni.com – chiuso agosto e Natale*
Rist – *(chiuso sabato a mezzogiorno e domenica)* Menu 18 € bc (pranzo)
– Carta 23/47 €
♦ Ricavato nel cortile interno dell'antico palazzo che ospita l'hotel, il locale si presta molto bene per una cena romantica. Anche la cucina si presta al gioco, proponendo i proverbiali piatti della tradizione emiliana, in presentazioni accattivanti.

✗ **Come una volta** con cam 🕭   🖭 ⚒ 🍴 Ⓜ **P** **VISA** ⊗ ⒶⒺ ⓪ 🕭
via Costituzione 75, Est : 2 km zona industriale – ☎ *05 22 63 30 63
– chiuso 2 settimane in dicembre, 2 settimane in agosto*
8 cam ⌷ – 🛏50/65 € 🛏🛏70/95 € – ½ P 45/60 €
Rist – *(chiuso domenica)* Carta 29/31 €
♦ E' vero che ci si trova in zona industriale, ma questa risorsa è stata ricavata all'interno di una storica cascina completamente ristrutturata, ambientazione suggestiva.

CORRUBBIO – Verona (VR) – Vedere San Pietro in Cariano

CORSANICO – Lucca (LU) – **562** K12 – Vedere Massarosa

CORSICO – Milano (MI) – **561** F9 – 34 080 ab. – alt. 115 m – ⊠ 20094   18 B2

▶ Roma 593 – Milano 10 – Lodi 46 – Pavia 40

XX **Il Vicolo**   🔲 ᴀᴄ ᴠɪsᴀ ᴀᴇ ⓢ
via Vittorio Emanuele II 27 – ℰ 02 45 10 33 37 – www.ilvicoloristorante.it – chiuso
dal 20 al 30 agosto
Rist – (consigliata la prenotazione) Carta 35/50 €
♦ Specialità di pesce in una struttura ricavata dalla riconversione delle stalle di
una stazione di posta dei primi dell'800: tappa finale prima di giungere nel capoluogo lombardo. Ancora ben visibili le mangiatoie e gli abbeveratoi.

CORTACCIA SULLA STRADA DEL VINO   31 D3
(KURTATSCH AN DER WEINSTRASSE) – Bolzano (BZ) – **562** D15
– 2 245 ab. – alt. 333 m – ⊠ 39040

▶ Roma 623 – Bolzano 20 – Trento 37

ⅰ piazza Schweiggl 8, ℰ 0471 88 01 00, www.suedtiroler-unterland.it

🏨 **Schwarz-Adler Turmhotel**   ← 🚗 🛜 ⌱ 🐾 ♨ ℘ 🕻 🅿 🚗
Kirchgasse 2 – ℰ 04 71 88 06 00 – www.turmhotel.it   ᴠɪsᴀ ⓬ ᴀᴇ ⓪ ⓢ
– chiuso dal 22 al 28 dicembre e dal 5 al 13 marzo
23 cam ⌻ – ✝75/94 € ✝✝130/160 € – 1 suite – ½ P 95 €
Rist – Menu 32/55 €
♦ Si sono seguiti stilemi tradizionali con materiali moderni in questo hotel, che
ha ampie camere di particolare confort, molte con loggia o balcone; giardino
con piscina.

XX **Zur Rose**   ⇦ ᴠɪsᴀ ⓬ ᴀᴇ ⓢ
Endergasse 2 – ℰ 04 71 88 01 16 – www.baldoarno.com – chiuso luglio,
domenica e lunedì a mezzogiorno in settembre-ottobre, domenica e lunedì negli
altri mesi
Rist – Carta 44/81 €
♦ Edificio tipico che regala ambienti caldi, arredati con molto legno, in tipico stile
tirolese. Cucina del territorio non priva di influenze mediterranee.

XX **Schwarz Adler**   ⇦ ᴠɪsᴀ ⓬ ᴀᴇ ⓪ ⓢ
Schweigglplatz 1 – ℰ 04 71 09 64 05 – www.schwarzadler.it
Rist – (chiuso martedì in giugno-agosto) Carta 34/53 €
♦ All'interno di un palazzo d'epoca, locale modaiolo dalla veste rustico-signorile
diviso in più salette arredate in legno e al centro una grande griglia. Completa il
delizioso quadretto l'originale cantina a vista: per scegliere direttamente tra un'articolata varietà di etichette. Cucina prevalentemente altoatesina.

CORTE DE' CORTESI – Cremona (CR) – **561** G12 – 1 125 ab.   17 C3
– alt. 60 m – ⊠ 26020

▶ Roma 535 – Brescia 42 – Piacenza 47 – Cremona 16

XX **Il Gabbiano**   🔲 ᴀᴄ ᴠɪsᴀ ⓬ ᴀᴇ ⓢ
🐣 piazza Vittorio Veneto 10 – ℰ 0 37 29 51 08 – www.trattoriailgabbiano.it
– chiuso mercoledì sera e giovedì
Rist – Carta 28/42 € 🍷
♦ Salumi, marubini, faraona della nonna e torrone: la trattoria di paese ha conservato la sua caratteristica atmosfera nella quale ripropone antichi ricettari. Con un
tocco di eleganza.

CORTE FRANCA – Brescia (BS) – **562** F11 – 5 952 ab. – alt. 214 m   19 D1
– ⊠ 25040

▶ Roma 576 – Bergamo 32 – Brescia 28 – Milano 76

🏌 Franciacorta via Provinciale 34/B, 030 984167, www.franciacortagolfclub.it – chiuso
martedì

a Colombaro Nord : 2 km – ⊠ 25040 Corte Franca

🏠 Relaisfranciacorta 🐾　　< 🗻 🕭 ⚹ 🕅 🐾 🔊 📠 **P** 🚗 🏧 **AE** **①** 🖒
via Manzoni 29 – 𝒞 03 09 88 42 34 – www.relaisfranciacorta.it
50 cam ☐ – †98/200 € ††108/350 € – 2 suites
Rist *La Colombara* – vedere selezione ristoranti
   ♦ Adagiata su un vasto prato, una cascina seicentesca ristrutturata offre la tranquillità e i confort adatti ad un soggiorno sia di relax, sia d'affari.

XXX La Colombara – Hotel Relaisfranciacorta　　　⚹ 🕅 🍴 🔄 **P**
*via Manzoni 29 – 𝒞 03 09 88 42 34　　　　　　　　　　　　🚗 🏧 **AE** **①** 🖒
– www.relaisfranciacorta.it*
Rist – *(chiuso domenica sera, lunedì, martedì)* Menu 60 € – Carta 41/61 € 🍷
   ♦ All'interno dell'albergo Relaisfranciacorta, una tappa gastronomica di grande interesse con una cucina di raffinata semplicità: qualche proposta locale - senza limiti di fantasia - in piatti sofisticati nell'ideazione, ma essenziali nell'elaborazione.

a Borgonato Sud: 3 km – ⊠ 25040

XXX Due Colombe (Stefano Cerveni)　　　　🍴 🕅 🔄 **VISA** 🚗 **AE** **①** 🖒
🕸　*via Foresti 13 – 𝒞 03 09 82 82 27 – www.duecolombe.com*
   – chiuso dal 1° all'8 gennaio, dall'8 al 18 agosto, lunedì, domenica sera
Rist – *(consigliata la prenotazione)* Menu 28 € *(pranzo)*/65 €
– Carta 62/103 € 🍷
Spec. Patata viola, gambero rosso e Franciacorta. Spaghetti tiepidi, mazzancolle e polpa di riccio di mare. Manzo all'olio delle "Due Colombe".
   ♦ Abbandonato Rovato, ora è un borgo antico - le cui origini risalgono al '900 d. C. - ad ospitare questo ristorante: elementi architettonici interessanti e ambiente raffinato. La cucina non volta le spalle alla tradizione regionale, ma la reinterpreta con fantasia.

CORTEMILIA – Cuneo (CN) – 561 I6 – 2 488 ab. – alt. 247 m　　**25** D2
– ⊠ 12074

▶ Roma 613 – Genova 108 – Alessandria 71 – Cuneo 106

🏠 Villa San Carlo　　　🚗 🍴 ⛲ 🕭 ⚹ cam, **P** **VISA** 🚗 **AE** **①** 🖒
corso Divisioni Alpine 41 – 𝒞 0 17 38 15 46 – www.hotelsancarlo.it – chiuso dal 22 al 28 febbraio
23 cam ☐ – †68/78 € ††98/115 € – 2 suites
Rist *San Carlino* – *(chiuso lunedì)* *(chiuso a mezzogiorno)* (coperti limitati, prenotare) Carta 33/46 € 🍷
   ♦ Ottima risorsa a gestione familiare, che ha nel bel giardino sul retro - al centro la piscina - il suo punto di forza. La cucina si affida alla tradizione, mentre in cantina sosta ad invecchiare un'interessante selezione di vini.

CORTERANZO – Alessandria (AL) – Vedere Murisengo

CORTINA D'AMPEZZO – Belluno (BL) – 562 C18 – 6 093 ab.　　**36** C1
– alt. 1 211 m – Sport invernali : 1 224/2 732 m ⛷6 ⛷31 (Comprensorio Dolomiti superski Cortina d'Ampezzo) ⚐ – ⊠ 32043 ▌ Italia Centro Nord

▶ Roma 672 – Belluno 71 – Bolzano 133 – Innsbruck 165

🛈 piazza San Francesco 8, 𝒞 0436 32 31, www.infodolomiti.it

⛳ località Fraina 14/15, 0436 860952, www.cortinagolf.it – maggio-ottobre; chiuso lunedì

◉ Posizione pittoresca ★★★

☉ Dolomiti ★★★- Tofana di Mezzo ★★★: 15 mn di funivia – Tondi di Faloria ★★★:
20 mn di funivia – Belvedere Pocol ★★ (andarci preferibilmente al tramonto)

Pianta pagina seguente

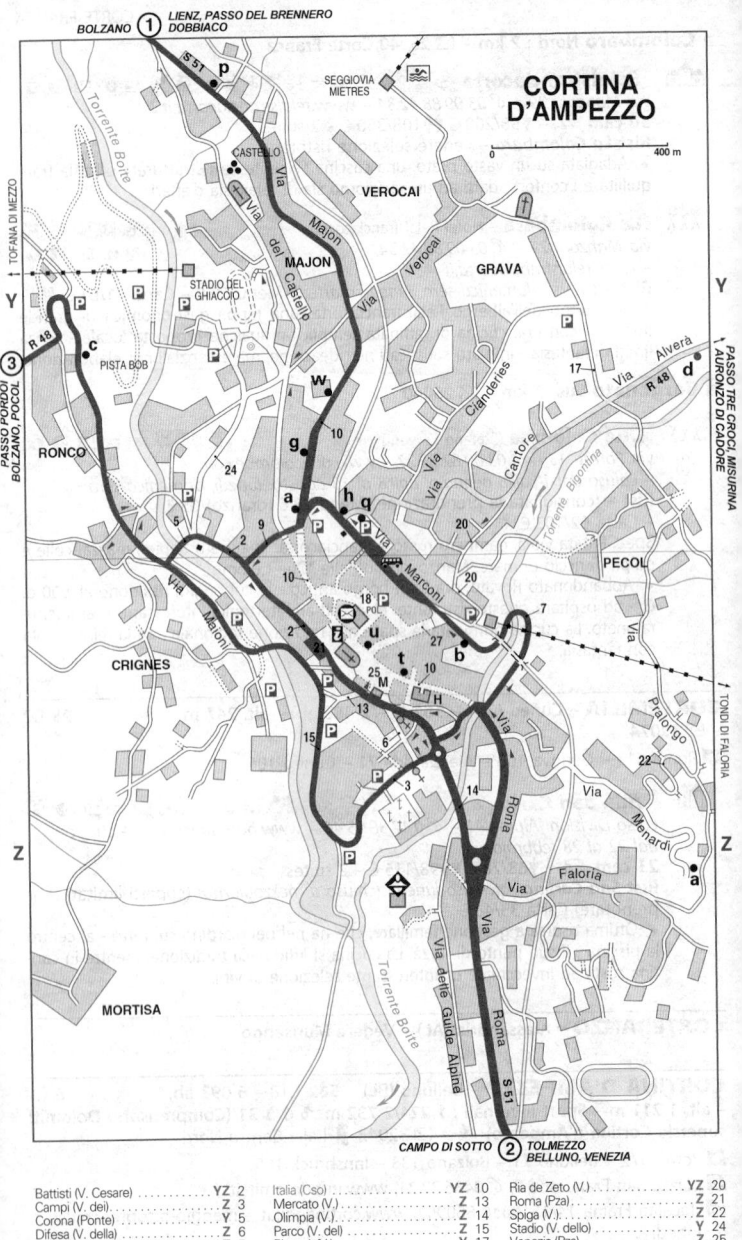

CORTINA D'AMPEZZO

Cristallo

via Rinaldo Menardi 42 – ℰ 04 36 88 11 11
– www.cristallo.it – dicembre-marzo e luglio-agosto   Za
74 cam ⚏ – †340/670 € ††340/790 € – 22 suites – ½ P 250/475 €
Rist *La Veranda del Cristallo* – vedere selezione ristoranti
♦ Marmo di Carrara, boiserie e migliaia di rose dipinte a mano sono solo alcune delle ricercatezze che fanno del Cristallo la quintessenza del lusso e il tempio de l'art de vivre. Ampie camere e moderno centro benessere.

Grand Hotel Savoia

via Roma 62 – ℰ 04 36 32 01
– www.grandhotelsavoiacortina.it
– 17 dicembre-10 aprile e 8 luglio-3 settembre   Zb
125 cam ⚏ – †150/950 € ††200/1300 € – 5 suites – ½ P 150/1000 €
Rist – Carta 70/90 €
♦ Un grand hotel in pieno centro completamente rinnovato sfoggia ora una veste di moderno design e confort dell'ultima generazione. Belle camere dai toni caldi ed un centro benessere che s'ispira ad un famoso guru del benessere. Cucina di tipo mediterraneo con qualche rivisitazione al ristorante.

Park Hotel Faloria

località Zuel di Sopra 46, 2,5 km per ② – ℰ 04 36 29 59
– www.parkhotelfaloria.it – dicembre- 4 aprile e giugno-20 settembre
31 cam ⚏ – †100/180 € ††120/260 € – ½ P 80/175 €   **Rist** – Carta 45/50 €
♦ Nasce dalla fusione di due chalet dei quali conserva il caratteristico stile montano e ai quali aggiunge eleganza, esclusività e un attrezzato centro benessere. Per un soggiorno di classe. La calda e raffinata atmosfera è riproposta nella sala da pranzo.

Ancora

corso Italia 62 – ℰ 04 36 32 61 – www.hotelancoracortina.com
– 7 dicembre-8 aprile, 4 maggio-20 ottobre   Zt
49 cam ⚏ – †60/200 € ††100/400 € – 23 suites – ½ P 208 €
Rist – Carta 40/56 €
♦ Un vero gioiello, dove tutto, dai mobili antichi ai tessuti e ai dettagli concorre a creare quella sua atmosfera da raffinata casa privata, ricca di charme e di calore. Ideale per cene a lume di candela nella romantica sala da pranzo, dove gustare una cucina creativa dalle elaborate presentazioni.

Bellevue

corso Italia 197 – ℰ 04 36 88 34 00 – www.bellevuecortina.com
– dicembre-marzo e luglio-settembre   Ya
64 cam ⚏ – †199/385 € ††252/500 € – 44 suites – ½ P 146/290 €
Rist *L'Incontro* – (dicembre-marzo e luglio-settembre; chiuso lunedì) Carta 47/71 €
♦ In pieno centro, questo gioiello dall'accoglienza ampezzana dispone di ampie camere e raffinate suite, arredate con eleganti stoffe e legni naturali. Al ristorante: boiserie, soffitti a cassettoni e colorati bouquet alle pareti. Sapori mediterranei e specialità locali nel piatto.

Europa

corso Italia 207 – ℰ 04 36 32 21 – www.hoteleuropacortina.it
– 19 dicembre-marzo e 15 maggio-ottobre   Yg
48 cam ⚏ – †140/220 € ††222/400 € – 1 suite – ½ P 165/250 €
Rist – (chiuso a mezzogiorno escluso luglio e agosto) Carta 51/84 €
♦ Vicino al centro, ma l'impressione è di trovarsi in una baita: legni grezzi, camino e arredi d'epoca per un caldo soggiorno anche in pieno inverno. L'atmosfera rustica continua nella sala da pranzo, dove assaporare specialità locali.

Menardi

via Majon 110 – ℰ 04 36 24 00 – www.hotelmenardi.it – 7 dicembre-24 marzo e giugno-15 settembre   Yp
49 cam ⚏ – †50/120 € ††100/220 € – ½ P 150 €   **Rist** – Carta 26/55 €
♦ Divenuta albergo negli anni '20, questa casa di famiglia sfoggia pezzi di antiquariato locale e religioso negli interni e mette a disposizione vellutate e rilassanti distese nel parco ombreggiato. Si affacciano sulla vegetazione esterna le vetrate della curata sala ristorante di tono rustico.

381

Columbia senza rist

via Ronco 75 – 04 36 36 07 – www.hcolumbia.it – dicembre-aprile e giugno-5 ottobre
24 cam – ✦65/110 € ✦✦100/200 €, ⊡ 8 € Yc
◆ Sulla strada per il Falzarego, hotel a conduzione familiare con ampie e gradevoli camere arredate in legno naturale. Deliziosa prima colazione a buffet con torte fatte in casa.

Natale senza rist

corso Italia 229 – 04 36 86 12 10 – www.hotelnatale.it – chiuso maggio e novembre
13 cam ⊡ – ✦50/150 € ✦✦90/250 € Yw
◆ A due passi dal centro della rinomata località, una confortevole casa di montagna con ampie camere rivestite in legno ed arredate con mobili realizzati da artigiani locali. Zona relax con sauna, bagno turco, docce multifunzione e idromassaggio.

Cornelio

via Cantore 1 – 04 36 22 32 – www.hotelcornelio.com – chiuso dal 15 al 30 aprile e dal 5 novembre al 1° dicembre Yh
20 cam ⊡ – ✦70/120 € ✦✦95/230 € – 3 suites **Rist** – Carta 31/58 €
◆ Nel centro di Cortina, in posizione panoramica e soleggiata, questo accogliente albergo in stile montano dispone di camere graziose e confortevoli. Da oltre mezzo secolo, il ristorante conquista i palati con piatti storici e tradizionali.

Montana senza rist

corso Italia 94 – 0 43 68 62 12 6/ 86 04 98 – www.cortina-hotel.com – chiuso dal 25 maggio al 25 giugno e dal 10 novembre al 15 dicembre Zu
30 cam ⊡ – ✦39/87 € ✦✦76/180 €
◆ Risorsa semplice, di piccole dimensioni, dalla cordiale e amichevole ospitalità. In pieno centro storico, la struttura offre tutto ciò che serve per una vacanza piacevole e rilassante, a cominciare dalla ricca prima colazione a buffet.

Oasi senza rist

via Cantore 2 – 04 36 86 20 19 – www.hoteloasi.it – chiuso dal 23 settembre al 21 ottobre Yq
10 cam ⊡ – ✦50/85 € ✦✦80/150 €
◆ A pochi passi dalla zona pedonale e dalla funivia, questo piccolo e curato hotel racconta dagli anni Venti la storia della famiglia. Camere semplici dal piacevole arredo ligneo.

La Veranda del Cristallo – Hotel Cristallo

via Rinaldo Menardi 42 – 04 36 88 11 11
– www.cristallo.it – dicembre-marzo e luglio-agosto Za
Rist – Carta 60/94 €
◆ Una raffinata combinazione di piatti internazionali, abbinati ai tradizionali sapori della gastronomia locale, in una luminosa veranda interamente affacciata sulla valle di Cortina d'Ampezzo.

Tivoli (Graziano Prest)

località Lacedel 34, 2 km per ③ – 04 36 86 64 00 – www.ristorantetivoli.it
– dicembre-Pasqua e 18 giugno-16 settembre; chiuso lunedì in bassa stagione
Rist – (consigliata la prenotazione) Menu 100 € – Carta 76/104 €
Spec. Insalata tiepida di baccalà con salsa di acciughe e spinaci. Astice sauté con riso venere al limone. Carosello ai cinque cioccolati.
◆ Le dimensioni minute del locale e una richiestissima verandina sulle montagne nascondono una cucina sfavillante e portentosa: a suo agio con la tradizione, così come con piatti più creativi.

Baita Fraina con cam

località Fraina, 2 km per ② – 04 36 36 34 – www.baitafraina.it
– 5 dicembre-15 aprile e 20 giugno-25 settembre
6 cam ⊡ – ✦✦44/75 € – 3 suites – ½ P 82/108 €
Rist – (chiuso lunedì in bassa stagione) Carta 40/59 €
◆ Tre accoglienti salette arredate con oggetti e ricordi tramandati da generazioni in una tipica baita, dove gustare curati piatti del territorio. Il personale in sala veste i costumi tradizionali. Per assaporare più a lungo il silenzio e il profumo dei monti, deliziose camere in calde tonalità di colore.

XX **Il Meloncino al Caminetto** ⟨ 斧 **P** ᴠɪꜱᴀ ⓒ ⓞ ⚹

località Rumerlo 1, 6 km per ③ – ℰ 04 36 44 32 – www.ilmeloncino.it – chiuso giugno e martedì (in ottobre e novembre aperto solo nei fine settimana)
Rist – Carta 46/66 €

◆ Particolarmente apprezzato dagli sciatori che a mezzogiorno arrivano fin qui a rinfocillarsi, la sera regna la tranquillità; tra polenta e selvaggina primeggiano i sapori della montagna.

X **Leone e Anna** ᴠɪꜱᴀ ⓒ ⒶⒺ ⚹

via Alverà 112 – ℰ 04 36 27 68 – www.leoneanna.it – dicembre-aprile e agosto-ottobre; chiuso martedì in bassa stagione **Yd**
Rist – Carta 37/70 €

◆ Anche Cortina annovera un angolo di Sardegna! Questa la peculiarità del locale, un ambiente rustico e raffinato con panche di legno che corrono lungo le pareti. Su ogni tavolo, l'antipasto della casa.

X **Baita Piè Tofana** 斧 ⇄ ᴠɪꜱᴀ ⓒ ⒶⒺ ⚹

località Rumerlo, 6,5 km per ③ – ℰ 04 36 42 58 – www.baitapietofana.it – novembre-Pasqua e luglio-settembre
Rist – *(chiuso mercoledì in bassa stagione)* (coperti limitati, prenotare)
Carta 42/109 €

◆ Alle pendici del Tofana, questa caratteristica e romantica baita propone accattivanti piatti che spaziano tra terra e mare, in chiave moderna.

al Passo Giau per ③ : 16,5 km :

XX **Da Aurelio** con cam ⌂ ⟨ 斧 ⌟⌢ **P** ᴠɪꜱᴀ ⓒ ⒶⒺ ⓞ ⚹

passo Giau 5 ✉ 32020 Colle Santa Lucia – ℰ 04 37 72 01 18 – www.da-aurelio.it – 24 dicembre-10 aprile e luglio-15 settembre
2 cam ⌷ – ♥♥100/150 €
Rist – *(chiuso mercoledì in inverno)* (consigliata la prenotazione) Carta 41/59 €
◆ Un paradisiaco angolo naturale, la calorosa accoglienza, e soprattutto la curata cucina della tradizione rivisitata in chiave moderna. Terrazza panoramica per il servizio estivo. Due sole le camere, accoglienti e confortevoli per prolungare il vostro soggiorno sulle Dolomiti.

sulla strada statale 51 per ① : 11 km :

X **Ospitale** 斧 **P** ᴠɪꜱᴀ ⓒ ⒶⒺ ⓞ ⚹

via Ospitale 1 ✉ 32043 – ℰ 04 36 45 85 – dicembre-aprile e 15 giugno-ottobre; chiuso lunedì in bassa stagione
Rist – Carta 35/43 €

◆ Il nome è quello della località, ma anche una qualità dell'accoglienza che troverete in questo semplice ristorante rustico e familiare, dove gusterete piatti della tradizione locale e nazionale.

CORTINA VECCHIA – Piacenza (PC) – Vedere Alseno

CORTONA – Arezzo (AR) – **563** M17 – 23 083 ab. – alt. 494 m **29** D2
– ✉ 52044 ▮ Toscana

▶ Roma 200 – Perugia 51 – Arezzo 29 – Chianciano Terme 55
▯ piazza Signorelli 9, ℰ 0575 63 02 23, www.apt.arezzo.it
◎ Museo Diocesano★★ – Palazzo Comunale : sala del Consiglio★ **H** – Museo dell'Accademia Etrusca★ nel palazzo Pretorio★ **M1** – Tomba della Santa★ nel santuario di Santa Margherita – Chiesa di Santa Maria del Calcinaio★★3 km per ②

Pianta pagina seguente

🏠🏠 **Villa Marsili** senza rist ⟨ 🖬 🆔 ⑨ ᴠɪꜱᴀ ⓒ ⒶⒺ ⓞ ⚹

viale Cesare Battisti 13 – ℰ 05 75 60 52 52 – www.villamarsili.net – chiuso gennaio e febbraio **b**
26 cam ⌷ – ♥80/130 € ♥♥110/200 € – 3 suites
◆ Dal restauro di una struttura del '700 è nato nel 2001 un hotel raffinato, dove affreschi e mobili antichi si sposano con soluzioni impiantistiche moderne e funzionali.

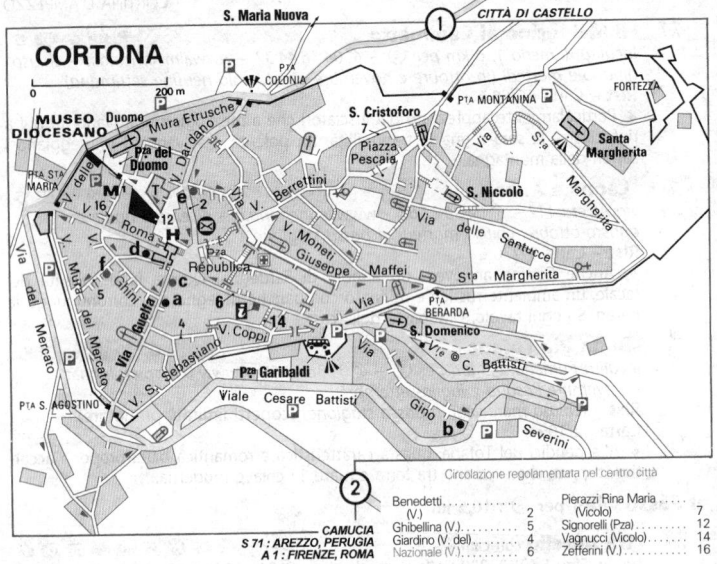

CAMUCIA
S 71 : AREZZO, PERUGIA
A 1 : FIRENZE, ROMA

San Michele senza rist

🛗 AC ⚄ VISA ⚄ AE ① ↺

via Guelfa 15 – ℰ 05 75 60 43 48
– www.hotelsanmichele.net – 21 marzo-ottobre

42 cam ⌷ – ♦89/150 € ♦♦99/250 € – 4 suites

a

◆ Camere di standard elevato e interni signorili in un palazzo cinquecentesco, che vanta anche una sala colazioni dall'imponente soffitto a cassettoni. Un paio di stanze hanno il privilegio di un terrazzino dal quale si può godere di una vista spettacolare sulla valle.

Italia senza rist

🛗 AC ⟨⟩ VISA ⚄ AE ↺

via Ghibellina 5/7 – ℰ 05 75 63 02 54
– www.planhotel.com

d

25 cam ⌷ – ♦60/105 € ♦♦80/145 €

◆ A pochi metri dalla piazza centrale, palazzo seicentesco restaurato di cui ricordare gli alti soffitti e soprattutto la vista sulla Val di Chiana dalla sala colazioni.

Osteria del Teatro

🏠 AC ⟡ VISA ⚄ AE ① ↺

via Maffei 2 – ℰ 05 75 63 05 56
– www.osteria-del-teatro.it – chiuso dal 7 al 30 novembre e mercoledì

e

Rist – Carta 27/39 € 🏠

◆ Diverse sale che spaziano dall'eleganza cinquecentesca con camino, ad ambienti più conviviali in stile trattoria, ma sempre accomunate dalla passione per il teatro.

Hostaria la Bucaccia

⚄ VISA ⚄ AE ① ↺

via Ghibellina 17 – ℰ 05 75 60 60 39
– www.labucaccia.it
– chiuso dal 15 al 30 gennaio e lunedì (escluso in estate)

f

Rist – (consigliata la prenotazione) Menu 18 € bc (pranzo)/29 € bc
– Carta 24/29 € 🏠

◆ In un antico palazzo del XIII secolo, edificato su una strada romana il cui lastricato costituisce oggi il pavimento della saletta principale, una cucina squisitamente regionale e casalinga.

a San Martino Nord : 4,5 km – ⊠ 52044 Cortona

ᴀᴀᴀ **Il Falconiere Relais** ⚜ ← 🚗 ⌾ 🍽 ⬧ 🕭 ⛪ 🏋 ⅃⅃ **P** 🚗 🚗 ⅄ **VISA** 🚗🚗 **AE** 🚗
– ☏ 05 75 61 26 79 – www.ilfalconiere.com
14 cam ⌸ – †190 € ††270/290 € – 8 suites – ½ P 205/215 €
Rist *Il Falconiere*✿ – vedere selezione ristoranti
♦ All'interno di una vasta proprietà, questa villa seicentesca ricca di fascino e di suggestioni, dispone anche di un piccolo centro benessere con vinoterapia. Camere di raffinata e nobile eleganza, per un soggiorno straordinario.

✕✕✕ **Il Falconiere** – Hotel Il Falconiere Relais 🏠 ⅃⅃ ⚘ ⇄ **P** **VISA** 🚗🚗 **AE** 🚗
✿ – ☏ 05 75 61 26 79 – www.ilfalconiere.com – chiuso martedì a mezzogiorno, lunedì (escluso da aprile ad ottobre)
Rist – Menu 75/95 € – Carta 79/109 € 🍷
Spec. I nostri pici con pomodorini e trucioli di pecorino. Maialino da latte arrosto, salsa ai grani di senape e topinambur. La chianina: fiorentina con verdure grigliate e tradizionale capperata.
♦ Gli appassionati di cucina toscana ne ritroveranno qui tutta la forza, tra carni, spezie ed erbe aromatiche: non manca il pesce e neppure l'eleganza delle grandi occasioni!

a San Pietro a Cegliolo Nord-Ovest : 5 km – ⊠ 52044 Cortona

ᴀᴀ **Relais Villa Baldelli** senza rist ⚜ ⟠ ⅃⅃ 🍽 🕭 ⅄ ⚘ ⒯ **P**
– ☏ 05 75 61 24 06 – www.villabaldelli.it **VISA** 🚗🚗 **AE** 🚗 🚗
– maggio-ottobre
15 cam ⌸ – †110/220 € ††130/240 €
♦ Una casa delle bambole a misura d'uomo: una signorile villa settecentesca impreziosita da un lussureggiante giardino e dotata di campo pratica golf. Al suo interno, ambienti sontuosi ricchi di tessuti preziosi e decorazioni.

a Farneta Ovest : 10 km – ⊠ 56048 Cortona

ᴀᴀ **Relais Villa Petrischio** ⚜ ← ⟠ ⅃⅃ ⅄ ⒯ **P** **VISA** 🚗🚗 **AE** 🚗 🚗
via del Petrischio 25 – ☏ 05 75 61 03 16 – www.villapetrischio.it – chiuso dal 3 gennaio al 3 aprile
15 cam ⌸ – †115/169 € ††155/169 € – 3 suites – ½ P 110/120 €
Rist *La Terrazza* – vedere selezione ristoranti
♦ Varcato il cancello, un viale fiabesco vi accompagna alla bella dimora, dove trova spazio anche un giardino d'ispirazione giapponese con un ponticello che attraversa una vasca di ninfee. L'albergo segue la tipica dislocazione toscana articolandosi in edifici indipendenti: borgo, cappella e ristorante.

✕✕ **La Terrazza** – Hotel Relais Villa Petrischio ⟠ ⅃⅃ ⚘ **P** **VISA** 🚗🚗 **AE** 🚗 🚗
via del Petrischio 25 – ☏ 05 75 61 03 16 – www.villapetrischio.it
Rist – (aprile-ottobre) Menu 45 € – Carta 30/62 €
♦ Pini e cipressi vi accolgono nel parco dell'albergo Villa Petrischio, dove troverete anche il ristorante. Il nome è una promessa di ciò che vi aspetta, una terrazza panoramica a perdi vista sulla valle, i cui prodotti si ritroveranno nei piatti della cucina. A pranzo, anche menu light.

sulla strada provinciale 35 verso Mercatale

ᴀ **Villa di Piazzano** – Residenza d'Epoca ⚜ ← 🚗 🏠 ⅃⅃ 🍽 ⅃⅃ ⚘ rist,
località Piazzano 7, Est: 8 km ⊠ 06069 Tuoro sul ⒯ **P** **VISA** 🚗🚗 **AE** 🚗 🚗
Trasimeno – ☏ 0 75 82 62 26 – www.villadipiazzano.com – marzo-novembre
21 cam ⌸ – †135/180 € ††160/340 € – ½ P 129/209 €
Rist – (chiuso martedì) (chiuso a mezzogiorno) Carta 39/49 €
♦ Voluta dal Cardinale Passerini come casino di caccia, una splendida villa patrizia del XVI secolo sita tra le colline della Val di Chiana, il Lago Trasimeno e Cortona. Cucina italiana, con una particolare predilezione per i sapori umbri e toscani.

385

ХХ **Locanda del Molino** con cam   🛢 ⤳ AC P VISA ◎ AE ⚓

località Montanare 8/9/10, Est: 9 km ✉ *52044 Montanare –* ✆ *05 75 61 40 16*
– www.locandadelmolino.com
8 cam ⯐ – ♦100/125 € ♦♦120/145 € – 1 suite – ½ P 95/120 €
Rist *– (chiuso martedì in bassa stagione) (chiuso a mezzogiorno escluso i giorni festivi)* Carta 29/42 €

♦ Il vecchio mulino di famiglia rinasce nella veste di ristorante rustico, ma vezzoso. Il gentil sesso si adopera in cucina, mentre la tradizione campeggia in menu. Le belle camere sfoggiano l'elegante semplicità della campagna toscana.

CORVARA IN BADIA – Bolzano (BZ) – **562** C17 – Vedere Alta Badia

---

COSENZA P (CS) – **564** J30 – **69 717 ab.** – alt. 238 m – ✉ 87100   5 A2
🛢 Italia

▶ Roma 519 – Napoli 313 – Reggio di Calabria 190 – Taranto 205
🛈 piazza Cenisio, ✆ 800 013 6 07, www.perleditalia.it
◉ Tomba d'Isabella d'Aragona★ nel Duomo Z

🏨 **Holiday Inn Cosenza**   🛢 & ⩲ AC ↤ ℅ ⁞ ⅀ P ⌂
via Panebianco – ✆ *0 98 43 11 09 – www.hicosenza.it*   VISA ◎ AE ① ⚓
79 cam ⯐ – ♦75/129 € ♦♦85/149 € – ½ P 61/93 €   Ya
Rist *L'Araba Fenice* – Carta 30/40 €
♦ Annesso ad un centro commerciale, hotel di taglio moderno con confort e soluzioni di ultima generazione. Ideale per un soggiorno d'affari. Al 1° piano l'Araba Fenice: cucina ad impronta regionale e stagionale. Una delle migliori in città!

🏨 **Home Club**   🛢 AC cam, ℅ rist, ⁞ ⌂ VISA ◎ AE ① ⚓
viale Giacomo Mancini 28 – ✆ *0 98 47 68 33 – www.homeclub.it*   Yc
66 cam ⯐ – ♦55/85 € ♦♦60/90 € – 30 suites – ½ P 45/63 €
Rist *– (chiuso agosto)* Carta 17/23 €
♦ Non ci sono camere in questo moderno hotel-residence, ma solo appartamenti ben attrezzati con angolo cottura. La prima colazione viene servita direttamente in camera, all'ora desiderata. Risorsa ideale per chi è alla ricerca di spazi generosi con comodo garage (compreso nel prezzo).

🏨 **Link**   🛢 & AC ℅ ⅀ P ⌂ VISA ◎ AE ① ⚓
via Raffaele Coscarella, (uscita A3 Cosenza Centro) – ✆ *09 84 48 20 27*
– www.linkhotel.it
24 cam ⯐ – ♦78/105 € ♦♦88/120 € – 1 suite – ½ P 69/85 €
Rist *Windows Restaurant* – vedere selezione ristoranti
♦ Interni impreziositi da quadri e sculture di un artista locale in questa moderna struttura aperta a fine 2008: camere lineari e molto confortevoli. Indirizzo d'elezione per una clientela business.

🏨 **Centrale** senza rist   🛢 & AC ↤ ⁞ P VISA ◎ AE ① ⚓
via del Tigrai 3 – ✆ *0 98 47 57 50 – www.hotelcentralecosenza.it*   Ys
54 cam ⯐ – ♦50/115 € ♦♦65/125 €
♦ Hotel di taglio moderno in fase di ampliamento: gli spazi comuni sono ridotti, ma le camere dispongono di ogni confort.

ХХХ **Windows Restaurant** – Hotel Link   🛢 & AC ℅ P VISA ◎ AE ① ⚓
via Raffaele Coscarella, (uscita A3 Cosenza Centro) – ✆ *09 84 40 85 48*
– www.linkhotel.it
Rist – Carta 25/58 €
♦ Specialità di terra e di mare, accompagnate da una buona scelta enologica, in un piacevolissimo, moderno, ristorante alle porta della città. In posizione strategica, due schermi Lcd vi permetteranno di seguire la preparazione dei piatti in cucina.

in prossimità uscita A 3 Cosenza Nord - Rende

🏨 **Sant'Agostino** senza rist   AC ⁞ ⅀ P VISA ◎ ⚓
via Modigliani 49 ✉ *87036 Rende –* ✆ *09 84 46 17 82 – www.hotelsantagostino.eu*
24 cam ⯐ – ♦38/50 € ♦♦50/75 €
♦ Poco fuori dal centro di Rende - nei pressi di un imponente centro commerciale - un albergo semplice, ma funzionale, dotato di parcheggio privato. Arredi essenziali nelle camere (alcune con bagni rinnovati di recente).

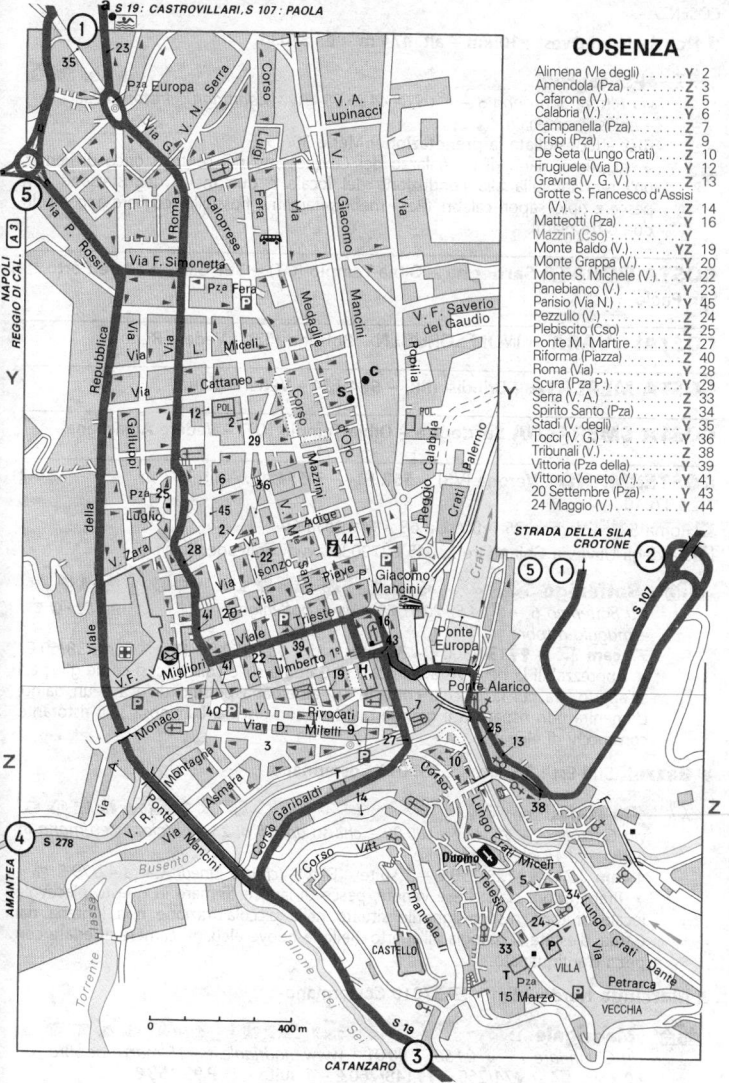

✗ **Il Setaccio-Osteria del Tempo Antico**   AC P VISA ©© AE ① ✆

contrada Santa Rosa 62 ⊠ 87036 Rende
– ℰ 09 84 83 72 11
– chiuso domenica
Rist – Carta 15/27 €

♦ Arredi rustici e ambiente informale, in questo ristorante che propone in veste casalinga la sapida cucina calabrese. Alle pareti le foto autografate dei molti artisti, cantanti e vip che hanno onorato il locale.

a Rende Nord-Ovest : 10 km – alt. 474 m – ✉ 87036

XX **Pantagruel** ⓋⒾⓈⒶ ◎ ⓞ ⓖ
via Pittore Santanna 3 – ℰ 09 84 44 35 08 – www.pantagruelilristorante.it
– chiuso domenica
Rist – (consigliata la prenotazione) Menu 30/45 €
◆ Al primo piano di un palazzo del Cinquecento nel centro storico di Rende, un'intera famiglia alla conduzione del locale e due menu degustazione con pesce e tipici sapori calabri. (Per i meno affamati è possibile scegliere anche solo due o tre piatti).

COSTA DORATA Sardegna – Olbia-Tempio (OT) – **366** S38 – Vedere Porto San Paolo

---

COSTALOVARA = WOLFSGRUBEN – Bolzano (BZ) – Vedere Renon

COSTA MERLATA – Brindisi (BR) – **564** E34 – Vedere Ostuni

COSTA SMERALDA Sardegna – Olbia-Tempio (OT) – Vedere Arzachena

---

COSTERMANO – Verona (VR) – **562** F14 – 3 554 ab. – alt. 237 m   **35** A2
– ✉ 37010
▶ Roma 531 – Verona 35 – Brescia 68 – Mantova 69
▣ Cà degli Ulivi via Ghiandare 2, 045 6279030, www.golfcadegliulivi.it

🏠🏠 **Boffenigo** ♨ ← 🚗 ❄ 🔲 ◎ 🐾 🛁 ✕ 📶 ᾗ 🔌 🅟 🚗
via Boffenigo 6 – ℰ 04 57 20 01 78 – www.boffenigo.it ⓋⒾⓈⒶ ⒶⒺ ◎ ⓖ
– maggio-ottobre
77 cam ☂ – �♦130/300 € – 3 suites – ½ P 135/250 €   **Rist** – Carta 38/60 €
◆ Apprezzabili la bella vista sul golfo di Garda e sulle colline, così come gli spazi all'aperto, tra cui la piccola corte in cui albergano persino un'oca e un daino. L'amenità non risparmia il grande giardino con piscina. Luminosa sala ristorante con tocchi di eleganza.

a Gazzoli Sud-Est : 2,5 km – ✉ 37010 Costermano

XX **Da Nanni** con cam   🍴 ⒶⒸ ✕ 🅟 ⓋⒾⓈⒶ ◎ ⒶⒺ ◎ ⓖ
via Gazzoli 34 – ℰ 04 57 20 00 80 – chiuso dal 15 al 28 febbraio, 1 settimana in luglio, dal 15 al 30 novembre
4 cam ☂ – ♦♦120/250 € – 1 suite   **Rist** – (chiuso lunedì) Carta 42/79 € ⅋
◆ Preparazioni classiche e venete, pesce di lago e di mare in questo piacevole locale di tono rustico-signorile situato nella piccola frazione non lontana dal Garda; d'estate si mangia all'aperto. Belle le nuove eleganti camere arredate con pezzi d'antiquariato.

a Marciaga Nord : 3 km – ✉ 37010 Costermano

🏠🏠 **Madrigale** ♨ ← 🚗 ❄ 📶 ⒶⒸ ✕ ✕ 🅟 ⓋⒾⓈⒶ ◎ ⒶⒺ ◎ ⓖ
via Ghiandare 1 – ℰ 04 56 27 90 01 – www.madrigale.it – 15 marzo-ottobre
60 cam ☂ – ♦74/260 € ♦♦148/260 € – 1 suite – ½ P 99/155 €
Rist *Bellevue* – vedere selezione ristoranti
◆ Circondato dalle colline e dall'azzurrità del lago, la risorsa garantisce un soggiorno di relax e perfetta tranquillità nei suoi ampi e freschi ambienti. Un'ottima cucina tipica da assaporare in una sala moderna e romantica o in un panoramico dehors estivo.

XXX **Bellevue** – Hotel Madrigale   🚗 🍴 ⒶⒸ ✕ ↻ 🅟 ⓋⒾⓈⒶ ◎ ⒶⒺ ◎ ⓖ
via Ghiandare 1 – ℰ 04 56 27 90 01 – www.madrigale.it – marzo-novembre
Rist – Carta 36/53 €
◆ L'indirizzo giusto per una cena romantica: se il tempo lo permette a lume di candela sulla terrazza panoramica, quando il clima si fa più rigido nei raffinati spazi interni. Sempre e comunque, i migliori piatti della cucina italiana, accompagnati da una buona scelta enologica.

verso San Zeno di Montagna

i via Cà Montagna 2, ℰ 045 6 28 92 96, www.comunesanzenodimontagna.vr.it

XXX **La Casa degli Spiriti** ⇐ 斎 ⅋ 🅿 📟 🆚 ⓐ ⓘ ⓢ
✿ *via Monte Baldo 28, Nord-Ovest : 5 km – ℰ 04 56 20 07 66*
– *www.casadeglispiriti.it – chiuso da lunedì a venerdì da novembre a Pasqua*
Rist – Menu 60/85 € – Carta 85/130 € 🕸
Rist *La Terrazza* – *(Pasqua-ottobre)* Carta 54/69 € 🕸
Spec. Gnocchi ripieni al monte veronese (formaggio) con guanciale di maiale
croccante e cipollotti. Branzino d'amo su crema di cannellini e spuma d'acqua
pazza. Salmerino fumé con ravioli d'ananas e finocchi, salsa d'arancia.
♦ Un luogo magico, il nome lo indica, con superba vista sul lago. All'interno, l'appun-
tamento è con la grande cucina di pesce, anche di lago, e qualche proposta di carne.
A mezzogiorno, la Terrazza si apre ai commensali con piatti legati al territorio.

COSTIERA AMALFITANA – Napoli e Salerno – 564 F25 ▮ Italia

COSTIGLIOLE D'ASTI – Asti (AT) – 6 119 ab. – alt. 242 m – ⊠ 14055   25 C2

▶ Roma 629 – Torino 77 – Acqui Terme 34 – Alessandria 51

🏠 **Langhe e Monferrato** senza rist 🦢 ⟱ 🖈 🗦 ⅋ 🄰 🕪 ∿ ⚐ 🅿
  via Contessa di Castiglione 1 – ℰ 01 41 96 18 53 📟 🆚 ⓐ ⓢ
– *www.hotellanghemonferrato.it – chiuso gennaio e dal 7 al 15 agosto*
58 cam ⊊ – †80/97 € ††120/145 € – 4 suites
♦ Una moderna struttura tra i boschi e le rinomate colline vinicole, dotata di
accoglienti camere, nonché di un moderno spazio congressi. L'attrezzato centro
estetico propone diversi trattamenti (vinoterapia, bagni di fieno, cioccoterapia):
c'è solo l'imbarazzo della scelta!

COSTIGLIOLE SALUZZO – Cuneo (CN) – 561 I4 – 3 305 ab.   22 B3
– alt. 460 m – ⊠ 12024

▶ Roma 668 – Cuneo 23 – Asti 80 – Sestriere 96

🏠 **Castello Rosso** 🦢 ⇐ 🕭 斎 ⅄ 🕪 🗦 ⅋ cam, 🄰 🍴 🟊 🅿
  via Ammiraglio Reynaudi 5 – ℰ 01 75 23 00 30 📟 🆚 ⓐ ⓘ ⓢ
– *www.castellorosso.com*
24 cam ⊊ – †100/140 € ††100/165 € – 1 suite – ½ P 80/113 €
Rist – Carta 33/43 €
♦ Antico maniero, naturalmente rosso, eretto nel XVI secolo sulla sommità di un colle,
oggi – come allora – avvolto dai vigneti. Charme e attenzioni all'altezza di chi ricerca confort e buon gusto. Eleganti sale accolgono il ristorante che propone una cucina eclettica.

COSTOZZA – Vicenza (VI) – Vedere Longare

COURMAYEUR – Aosta (AO) – 561 E2 – 2 923 ab. – alt. 1 224 m   34 A2
– Sport invernali : 1 224/2 624 m ⥿ 9 ⥻ 12, 🎿 (Comprensorio in Val Ferret); anche
sci estivo – ⊠ 11013 ▮ Italia

▶ Roma 784 – Aosta 35 – Chamonix 24 – Colle del Gran San Bernardo 70

i piazzale Monte Bianco 13, ℰ 0165 84 20 60, www.lovevda.it

▣ località Le Pont-Val Ferret, 0165 89103, www.golfcourmayeur.it – giugno-ottobre BX

◉ Località ★★

Ⓖ Valle d'Aosta ★★ : ⇐ ★★★ per ②

Pianta pagina seguente

🏨 **Grand Hotel Royal e Golf** ⇐ ⅄ 🕭 🕪 ⅋ 🟊 rist, 🍴 🟊 🕭
  via Roma 87 – ℰ 01 65 83 16 11 📟 🆚 ⓐ ⓘ ⓢ
– *www.hotelroyalegolf.com – dicembre-aprile e luglio-settembre* AZ**a**
70 cam ⊊ – †350/425 € ††380/480 € – 5 suites – ½ P 300 €
Rist *Petit Royal* – vedere selezione ristoranti
Rist – Menu 42 €
♦ In pieno centro, la prestigiosa area congressi farebbe pensare alla classica struttura vocata unicamente al business. Quanto di più sbagliato! Questo grand hotel è
in assoluto una tra le migliori risorse della Valle d'Aosta dove trascorre piacevoli
vacanze: coccolati dall'esclusivo centro benessere, appagati dalla vista mozzafiato.

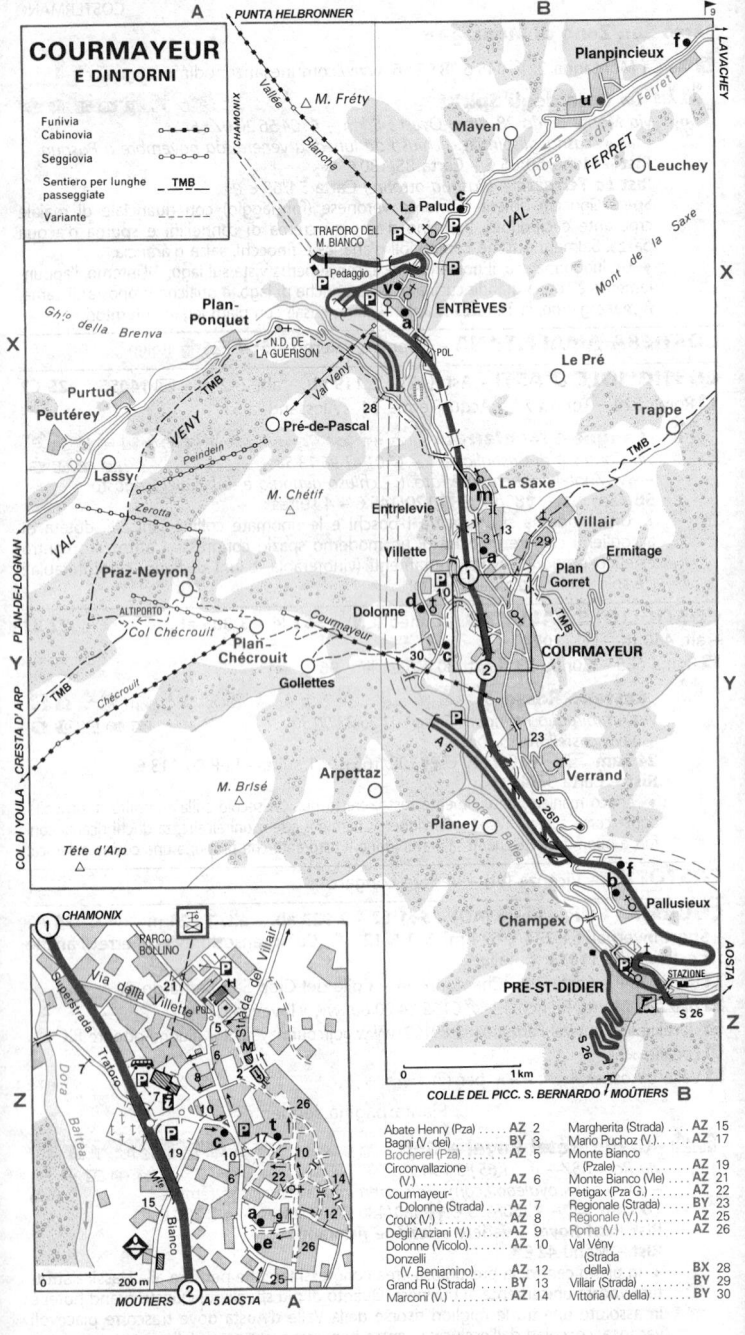

COURMAYEUR
E DINTORNI

Funivia Cabinovia	●–●–●–●
Seggiovia	o–o–o–o
Sentiero per lunghe passeggiate	TMB
Variante	- - - -

PUNTA HELBRONNER

CHAMONIX

Vallée Blanche

△ M. Fréty

Mayen

La Palud ● c

TRAFORO DEL M. BIANCO

Pedaggio

ENTRÈVES

Plan-Ponquet

N.D. DE LA GUÉRISON

Gh⁰ della Brenva

Purtud

Peutérey

VENY

Val Veny

Pré-de-Pascal

Lassy

Peindern

Zerotta

M. Chétif △

Entrelevie

Villette

Praz-Neyron

ALTIPORTO

Col Chécrouit

Plan-Chécrouit

Courmayeur

Dolonne

Gollettes

Chécrouit

M. Brisé △

Arpettaz

Téte d'Arp △

Planey

Planpincieux ● f

LAVACHEY

● u

FERRET

Leuchey

VAL

Mont de la Saxe

Le Pré

Trappe

TMB

La Saxe ● m

Villair

Ermitage

Plan Gorret

COURMAYEUR

TMB

Verrand

S 260

Dora Baltea

Champex

Pallusieux

● b ● f

PRE-ST-DIDIER

STAZIONE

AOSTA

S 26

COLLE DEL PICC. S. BERNARDO / MOÛTIERS

0 — 1 km

CHAMONIX

PARCO BOLLINO

Via della Villette

Superstrada

Traforo

Dora Baltea

M.te Bianco

Strada del Villair

MOÛTIERS   A 5 AOSTA

0 — 200 m

390

Cresta et Duc
⇐ 🕸 📶 AC cam, ⁂ rist, ☏ P VISA ⚫ AE ① ⛐

via Circonvallazione 7 – ℰ 01 65 84 25 85
– *www.crestaetduc.it – dicembre-aprile e giugno-settembre*   AZ**e**
44 cam ⌷ – ♦90/180 € ♦♦100/200 € – ½ P 130 €
Rist – Menu 25 € (pranzo)/35 €
♦ Al limitare del centro e a 150 metri dagli impianti di risalita, l'hotel è stato completamente ristrutturato in anni recenti, mantenendo immutate affabilità e cortesia. Cucina locale al ristorante.

Villa Novecento
⇐ 🕸 🛁 ⧫ ⅍ ⁊ 🅟 P ⌂ VISA ⚫ AE ① ⛐

viale Monte Bianco 64 – ℰ 01 65 84 30 00
– *www.villanovecento.it*   BY**a**
26 cam ⌷ – ♦95/256 € ♦♦120/360 € – 4 suites – ½ P 90/210 €
Rist Novecento – vedere selezione ristoranti
♦ Villa liberty completamente ristrutturata che presenta una hall raffinata attraverso cui accedere a camere accoglienti, dotate di ogni confort, con arredi ricercati.

Maison Saint Jean
📺 🕸 🖼 ⁂ cam, ⁊ P ⌂ VISA ⚫ AE ① ⛐

vicolo Dolonne 18 – ℰ 01 65 84 28 80
– *www.msj.it – chiuso dall'8 al 28 giugno e dal 4 al 30 novembre*   AZ**c**
20 cam ⌷ – ♦60/120 € ♦♦90/180 € – 1 suite – ½ P 94 €
Rist Aria – Carta 34/64 € ⿳
♦ Vicino all'elegante via Roma e a 300 m dagli impianti di risalita, albergo interamente rinnovato nel caldo stile valdostano: legno e raffinata rusticità. Ristorante con cucina fantasiosa, una simpatica alternativa ai piatti classici valdostani, ed ottima carta dei vini: il titolare è sommelier!

Centrale
⇐ 🚗 🕸 🛁 🖼 ⧫ cam, ⁂ ⁊ P ⌂ VISA ⚫ ⛐

via Mario Puchoz 7 – ℰ 01 65 84 66 44
– *www.hotelscentrale.it – dicembre-aprile e luglio-settembre*   AZ**t**
31 cam – ♦60/110 € ♦♦102/149 €, ⌷ 10 € – ½ P 108 €
Rist – (luglio-settembre) (solo per alloggiati) Menu 25 €
♦ In pieno centro, ma dotata di comodo parcheggio, una risorsa ad andamento familiare, con accoglienti spazi comuni; chiedete le camere rimodernate, con bagni nuovi. Tradizionale cucina d'albergo.

Dei Camosci
⇐ 🚗 🖼 ⧫ ⁂ rist, ⁊ P VISA ⚫ ⛐

località La Saxe – ℰ 01 65 84 23 38
– *www.hoteldeicamosci.com – 5 dicembre-24 aprile e 16 giugno-29 settembre*
24 cam ⌷ – ♦50/70 € ♦♦80/100 € – ½ P 85 €   BY**m**
Rist – Carta 27/38 €
♦ Per un soggiorno tranquillo, ma non lontano dal centro del paese, un albergo a conduzione familiare, rinnovato in anni recenti; buon confort nelle camere. Caratteristica atmosfera montana al ristorante, cucina della tradizione.

XXX Petit Royal – Grand Hotel Royal e Golf
⁂ VISA ⚫ AE ① ⛐

via Roma 87 – ℰ 01 65 83 16 11
– *www.hotelroyalegolf.com – dicembre-aprile e luglio-settembre*   AZ**a**
Rist – (chiuso lunedì e martedì) (chiuso a mezzogiorno) Carta 67/89 €
♦ Si accede dalla bella hall del Grand Hotel, e subito ci si accorge che Petit Royal è un piccolo, regale, angolo gastronomico, dove la cucina - pur ispirandosi al territorio - riesce ad essere creativa, grazie alla fantasia di Patrick, lo chef. Soffermatevi ad osservare le originali sedie: lo schienale evoca le corna dell'alce.

XX Novecento – Hotel Villa Novecento
⧫ ⁂ P VISA ⚫ AE ① ⛐

viale Monte Bianco 64 – ℰ 01 65 84 30 00
– *www.villanovecento.it – chiuso ottobre e novembre*   BY**a**
Rist – Carta 38/66 €
♦ Nei pressi del centro paese, il ristorante rispecchia l'atmosfera del piccolo hotel-bomboniera. Anche la cucina merita di essere provata: soprattutto, per chi non chiede solo specialità regionali. Ampia scelta enologica.

ad Entrèves Nord : 4 km – alt. 1 306 m – ⊠ 11013

Auberge de la Maison ✍ ≤ 🚗 🕸 ᴌᵴ 🖥 ⅙ ⁿ⁺ **P** 🚗
via Passerin d'Entreves 16 – ℰ 01 65 86 98 11 🔲🖸 ⊚ AE ① **ś**
– www.aubergemaison.it – chiuso maggio BX**a**
33 cam ⊊ – †125/180 € ††140/230 € – 1 suite – ½ P 100/145 €
Rist *Rosa Alpina* – vedere selezione ristoranti
♦ Fedele al suo nome, un'atmosfera da raffinata "casa" di montagna con tanto di boiserie, camino, camere personalizzate e bel centro relax.

Pilier d'Angle ✍ ≤ 🕸 🖥 ⅛ ⁿⱾ **P** 🚗 🔲🖸 ⊚ AE **ś**
via Grandes Jorasses 18 – ℰ 01 65 86 97 60 – www.pilierdangle.it – chiuso
maggio e ottobre BX**v**
24 cam ⊊ – †80/120 € ††100/200 € – 3 suites – ½ P 120 €
Rist *Taverna del Pilier* – Carta 39/59 €
♦ Due chalet separati, con parcheggio in comune, compongono questa risorsa, che ha camere di diversa tipologia, ma tutte accoglienti e con lo stesso livello di confort. Il calore del camino della sala da pranzo è il miglior accompagnamento alla saporita cucina.

Rosa Alpina – Hotel Auberge de la Maison 🚗 ⅙ ⅛ **P** 🔲🖸 ⊚ AE ① **ś**
via Passerin d'Entreves 16 – ℰ 01 65 86 98 11 – www.aubergemaison.it – chiuso
maggio BX**a**
Rist – Carta 40/58 €
♦ All'interno di una struttura fra le più esclusive di Courmayeur, la suggestiva vista del Monte Bianco dall'elegante sala esalta una cucina fatta di tradizione e prodotti locali. In estate, non perdete l'occasione di una sosta gastronomica sulla tranquilla terrazza-dehors.

a La Palud Nord : 4,5 km

Dente del Gigante senza rist ≤ ⅛ ⁿⱾ **P** 🔲🖸 ⊚ ① **ś**
strada la Palud 42 – ℰ 0 16 58 91 45 – www.dentedelgigante.com – chiuso dal
15 maggio al 5 luglio, ottobre e novembre
13 cam ⊊ – †55/75 € ††90/120 €
♦ Ai piedi del Monte Bianco, vicino alle funivie e alla Val Ferret, legno e pietra conferiscono alla struttura quell'inconfondibile atmosfera montana. Lo stesso "calore" lo si ritrova nelle belle camere: diverse tipologie, ma tutte curate nei minimi dettagli.

in Val Ferret

Miravalle ✍ ≤ 🚗 ⅛ cam, **P** 🔲🖸 ⊚ **ś**
località Planpincieux, Nord : 7 km – ℰ 01 65 86 97 77
– www.courmayeur-hotelmiravalle.it – dicembre-aprile e 21 giugno-settembre
11 cam ⊊ – ††65/140 € – ½ P 92 € BX**f**
Rist – *(chiuso martedì in bassa stagione)* Carta 30/70 €
♦ Nella cornice di una valle unica al mondo, al cospetto di sua maestà il Monte Bianco, un semplice albergo familiare, con accoglienti camere in legno massiccio. La sala da pranzo ha un simpatico ambiente, in tipico stile di montagna.

a Dolonne

Stella del Nord senza rist ≤ 🖥 ⅙ ⅛ **P** 🚗 🔲🖸 ⊚ ① **ś**
strada della Vittoria 2 – ℰ 01 65 84 80 39 – www.stelladelnord.com
– dicembre-marzo e luglio-agosto BY**c**
12 cam ⊊ – †50/110 € ††70/170 €
♦ Conduzione giovane, ma esperta per un albergo di recente apertura, situato nella parte alta della frazione; arredi in legno e moquette nelle nuovissime camere.

Maison lo Campagnar 🕸 ↯ ⁿⱾ 🔲🖸 ⊚ ① **ś**
rue de Granges 14 – ℰ 01 65 84 68 40 – www.maisonlocampagnar.com
11 cam ⊊ – †70/130 € ††130/200 € – ½ P 85/120 € BY**d**
Rist *Lo Campagnar* – vedere selezione ristoranti
♦ Ubicato nel verde e sulle piste da sci, un elegante chalet in legno dagli spazi interni raccolti e ricchi di charme. Molto belle le camere personalizzate: piccole bomboniere di confort.

✗ **Lo Campagnar** – Hotel Maison lo Campagnar 🛜 VISA ⦿ ⓸ ⓹
rue de Granges 14 – ℰ 01 65 84 68 40 – www.maisonlocampagnar.com – chiuso
maggio e novembre BY**d**
Rist – Carta 39/52 €
♦ Il connubio ideale fra tradizione e creatività. All'interno di una "calda" e raccolta saletta in stile montano, si assaporano prodotti freschi e locali, magari stappando una fra le numerose etichette custodite nella fornitissima cantina.

COVIGLIAIO – Firenze (FI) – **563** J15 – alt. 831 m – ✉ 50030　　　　29 C1
▶ Roma 326 – Bologna 51 – Firenze 52 – Pistoia 67

🏠🏠🏠 **Il Cigno** 🐾　　　　　⇐ 🏊 🕭 🍴 VISA ⦿ AE ⓹
strada statale 65 della Futa km 49,5 – ℰ 0 55 81 24 81 – www.ilcigno.it
– 15 marzo-15 novembre
31 cam 🛏 – ♦♦99/190 € – 3 suites
♦ Risorsa concepibile come l'elegante evoluzione di un agriturismo di lusso. Tutte le camere sono spaziose e dotate di accesso indipendente, spazi comuni accoglienti. Piacevole isolamento e tranquillità.

✗✗✗ **Il Cerro** – Hotel Il Cigno　　　　🍴 🅿 VISA ⦿ AE ⓹
strada statale 65 della Futa km 49,5 – ℰ 0 55 81 24 81 – www.ilcigno.it
– 15 marzo-15 novembre
Rist – *(luglio-agosto)* Carta 29/43 €
♦ Nel corpo centrale dell'hotel Il Cigno, un monumentale camino domina il ristorante, ma il ruolo di primadonna spetta senza dubbio alla cucina: attenta all'alternarsi delle stagioni, riscopre con successo gli antichi sapori del territorio.

CRANDOLA VALSASSINA – Lecco (LC) – **561** D10 – 271 ab.　　16 B2
– alt. 780 m – ✉ 23832
▶ Roma 647 – Como 59 – Lecco 30 – Milano 87

✗✗ **Da Gigi** con cam　　　　　⇐ 📶 VISA ⦿ ⓹
piazza IV Novembre 4 – ℰ 03 41 84 01 24 – www.dagigicrandola.it – chiuso dal
15 al 30 giugno
8 cam 🛏 – ♦40/55 € ♦♦60/70 € – ½ P 50/55 €
Rist – *(chiuso mercoledì escluso luglio-agosto)* Carta 29/48 €
♦ Per gustare le specialità della Valsassina: un simpatico locale in posizione panoramica con due sale di tono rustico e una cucina attenta ai prodotti del territorio.

CRAVANZANA – Cuneo (CN) – **561** I6 – 394 ab. – alt. 585 m – ✉ 12050　　25 C2
▶ Roma 610 – Genova 122 – Alessandria 74 – Cuneo 48

✗ **Da Maurizio** con cam 🐾　　　🍴 rist. 📶 🅿 VISA ⦿ AE ⓹
via Luigi Einaudi 5 – ℰ 01 73 85 50 19 – www.ristorantedamaurizio.net – chiuso
dal 9 gennaio al 10 febbraio e dal 25 giugno al 6 luglio
11 cam 🛏 – ♦50 € ♦♦70 € – 3 suites – ½ P 60 €
Rist – *(chiuso mercoledì, giovedì a mezzogiorno)* Carta 23/36 €
♦ Da quattro generazioni saldamente nelle mani della stessa famiglia, la trattoria si sviluppa su due salette dall'arredo classico. La cucina? Naturalmente langarola, arricchita da una buona selezione di formaggi. Camere accoglienti, con gradevole vista sulle colline circostanti.

CREMA – Cremona (CR) – **561** F11 – 33 982 ab. – alt. 79 m – ✉ 26013　　19 C2
▮ Italia Centro Nord
▶ Roma 546 – Piacenza 40 – Bergamo 40 – Brescia 51
🔟 via Ombrianello 21, 0373 231357, www.golfcremaresort.com
◉ Cattedrale ★

🏠 **Il Ponte di Rialto** senza rist　　🛗 ⓺ 🆔 🍴 📶 🆘 🅿 🛜 VISA ⦿ AE ⓸ ⓹
via Cadorna 5/7 – ℰ 0 37 38 23 42 – www.pontedirialto.it
33 cam – ♦92 € ♦♦112 €, 🛏 5 €
♦ In un palazzo d'epoca, l'albergo dispone di camere arredate alternativamente in stile classico o con pezzi d'antiquariato ed ospita, inoltre, un'attrezzata sala conference.

CREMENO – Lecco (LC) – **561** E10 – **1 373 ab.** – alt. 792 m – Sport   **16 B2**
invernali : a Piani di Artavaggio : 650/1 910 m 🎿1 ⛷6, 🏂, – ✉ 23814

▶ Roma 635 – Bergamo 49 – Como 43 – Lecco 14

  XX **Al Clubino**   🚗 🍴 **P** 💳 ⓿ ⓞ ⛊
via Ingegner Combi 15 – ☎ *03 41 99 61 45* – *www.alclubino.it* – *chiuso 10 giorni in giugno, 10 giorni in settembre, martedì (escluso luglio-agosto)*
Rist – Carta 26/50 €
♦ Locale a gestione familiare e di discreta eleganza avvolto da ampie vetrate affacciate sul giardino. Dalla cucina, piatti casalinghi e golosi, indimenticabili dolci.

CREMNAGO – Como (CO) – alt. 335 m – ✉ 22044   **18 B1**
▶ Roma 605 – Como 17 – Bergamo 44 – Lecco 23

  X **Antica Locanda la Vignetta dal 1910**   🍴 ⛊ 🅰 ⛊ **P** 💳 ⓿ ⛊
via Garibaldi 15 – ☎ *03 31 69 82 12* – *www.ristorantelavignetta.it* – *chiuso dal 2 al 26 agosto e martedì*
Rist – Carta 36/52 €
♦ Familiari sia la gestione ultraventennale che l'accoglienza in un frequentato, simpatico locale con solida cucina del territorio; servizio estivo sotto un pergolato.

CREMOLINO – Alessandria (AL) – **561** I7 – **1 093 ab.** – alt. 405 m   **23 C3**
– ✉ 15010
▶ Roma 559 – Genova 61 – Alessandria 50 – Milano 124

  XX **Bel Soggiorno** con cam   ⛊ ⛊ **P** 💳 ⓿ ⒶⒺ ⛊
via Umberto I, 69 – ☎ *01 43 87 90 12* – *www.ristorantebelsoggiorno.it* – *chiuso 15 giorni in gennaio e 15 giorni in luglio*
3 cam ⌑ – ♦55 € ♦♦80 € **Rist** – *(chiuso mercoledì)* Carta 30/56 € ⛊
♦ Da oltre 30 anni fedeltà alle tradizioni culinarie piemontesi, i cui piatti tipici, stagionali, vengono proposti in una piacevole sala con vetrata affacciata sui colli.

CREMONA ℗ (CR) – **561** G12 – **72 248 ab.** – alt. 45 m – ✉ 26100   **17 C3**
▮ Italia
▶ Roma 517 – Parma 65 – Piacenza 34 – Bergamo 98
� piazza del Comune 5, ☎ 0372 2 32 33, www.turismocremona.it
🏌 Il Torrazzo via Castelleonese 101, località San Predengo, 0372 471563, www.golfiltorrazzo.it – chiuso gennaio e lunedì
◉ Piazza del Comune★★ BZ : campanile del Torrazzo★★, Duomo★★, Battistero★ BZ **L** – Palazzo Fodri★ BZ **D** – Chiesa di S. Agostino AZ **B** : ritratti★ di Francesco Sforza e della moglie, pala★ del Perugino - Museo Stradivariano ABY

  🏨🏨🏨 **Delle Arti** senza rist   ⛊ 🛗 ⛊ ♣♣ 🅰 ⛊ 📶 ⛊ 💳 ⓿ ⒶⒺ ⓞ ⛊
via Bonomelli 8 – ☎ *0 37 22 31 31* – *www.cremonahotels.it* – *chiuso dal 23 al 31 dicembre e agosto*   BZ**a**
30 cam ⌑ – ♦95/119 € ♦♦129/169 € – 3 suites
♦ Sin dall'esterno si presenta come un design hotel caratterizzato da forme geometriche e colori sobri, prevalentemente scuri. La sala colazioni è adibita anche a galleria d'arte visitabile: un vera eccezione di modernità nel centro storico.

  🏨🏨🏨 **Continental**   ⛊ ⛊ 🅰 📶 ⛊ 💳 ⓿ ⒶⒺ ⛊
piazza Libertà 26 – ☎ *03 72 43 41 41* – *www.cremonahotels.it*   BY**e**
60 cam ⌑ – ♦69/99 € ♦♦110/169 € – 3 suites – ½ P 77/125 €
Rist *Al Quarto* ⛊ – vedere selezione ristoranti
Rist *Bistrot* – ☎ *0 37 22 08 09 53* – Carta 38/50 €
♦ Rinasce una vecchia gloria dell'hôtellerie cittadina, ora con una nuova veste eco-friendly. Costruito secondo i più innovativi criteri del risparmio energetico e a basso impatto ambientale, l'hotel propone confort moderni per una clientela business, ma non solo. Piatti veloci e cucina della tradizione al Bistrot.

  🏨🏨 **Impero** senza rist   ⛊ ⛊ ♣♣ 🅰 ⛊ 📶 ⛊ 💳 ⓿ ⒶⒺ ⓞ ⛊
piazza Pace 21 – ☎ *03 72 41 30 13* – *www.cremonahotels.it*   BZ**d**
53 cam ⌑ – ♦69/99 € ♦♦120/149 € – ½ P 84/99 €
♦ Nel cuore del centro storico, in un austero edificio anni '30, albergo rinnovato con camere più tranquille sul retro o con vista su piazza o Torrazzo dagli ultimi piani.

CREMONA

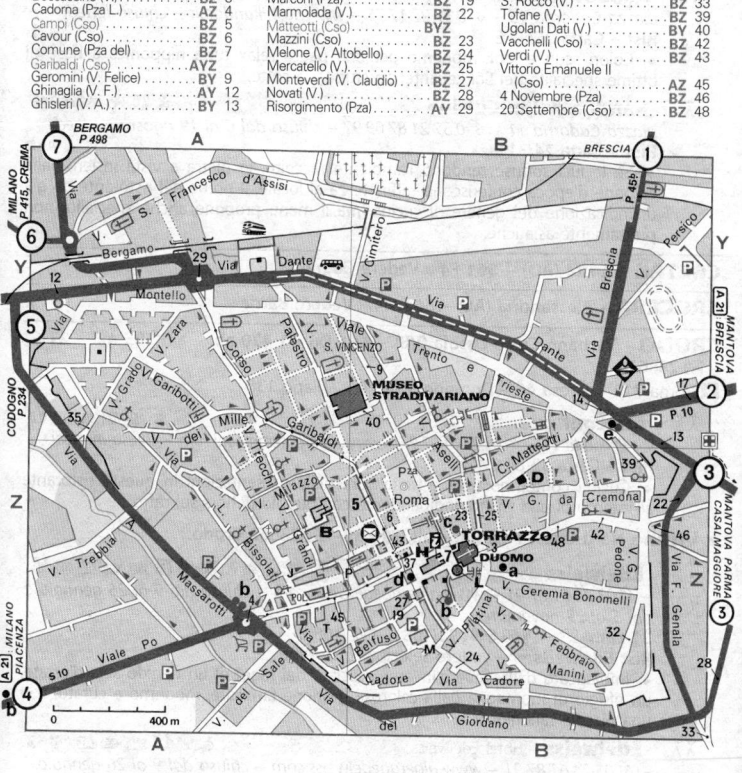

Cremona senza rist

🏠 🛗 & AC 🛜 P VISA ⚫ AE ① 🆓

viale Po 131 – ℰ 037 23 22 20 – www.hotelcremona.it   AZ**b**

32 cam ☕ – ✝50/80 € ✝✝70/110 € – 2 suites

◆ In zona Po, lungo una strada di grande scorrimento, trafficata ma comoda, presenta camere rinnovate con un design moderno: le migliori si trovano al primo piano.

🍴🍴🍴 Al Quarto – Hotel Continental

⟨ 🏠 & AC 🍽 VISA ⚫ AE ① 🆓

🌼 piazza Libertà 26 – ℰ 03 72 08 09 53 – www.cremonahotels.it – chiuso dal 9 al 20 gennaio, dall'8 al 22 agosto, domenica sera e lunedì   BY**e**

Rist – (chiuso a mezzogiorno)

Spec. Bourguignonne fredda di fassone. Ravioli di ossobuco, crema di riso allo zafferano. Coda di rospo, culatello ed erbette all'aglio.

◆ Maura Gosio trasferisce la sua cucina da Ferno alla città dei violini: piatti creativi in un locale roof garden, la cui vista spazia romanticamente dai tetti al Torrazzo. Nella bella stagione, servizio en plein air.

🍴🍴 La Sosta

AC VISA ⚫ ① 🆓

via Sicardo 9 – ℰ 03 72 45 66 56 – www.osterialasosta.it – chiuso 1 settimana in febbraio, 2 settimane in agosto, domenica sera, lunedì   BZ**b**

Rist – Menu 40 € – Carta 35/45 €

◆ Osteria nel nome ma un moderno e colorato locale nell'ambiente. A pochi passi dal Duomo, i classici della cucina cremonese ed altre specialità nazionali.

XX **Kandoo Nippon**   🈺 ⅙ AC ⅛ ᵛⁱˢᵃ ᶜᵒ Ꞩ
piazza Cadorna 15 – ☎ 0 37 22 17 75 – www.sushikandoo.it – chiuso lunedì
Rist – Carta 25/32 €   AZ**b**
♦ Colori scuri e look moderno per una pausa relax tutta nipponica a base di
ottime specialità del Sol Levante: sia crude, sia cotte.

X **Kandoo Asian Cuisine**   ⅙ AC ⅛ ᵛⁱˢᵃ ᶜᵒ Ꞩ
piazza Cadorna 11 – ☎ 0 37 21 87 09 97 – chiuso dal 6 al 19 agosto e lunedì
Rist – Carta 24/31 €   AZ**b**
♦ Se le luci soffuse rendono l'ambiente raccolto, le pietre a vista insieme alle
colonne d'epoca conferiscono raffinatezza al locale. Il nome del ristorante dà già
un'indicazione del genere di cucina, ma il menu propone anche specialità non
prettamente asiatiche.

CRETAZ – Aosta (AO) – **561** F4 – **Vedere Cogne**

CROCERA – Alessandria (AL) – **561** H4 – **Vedere Barge**

CRODO – Verbano-Cusio-Ossola (VB) – **561** D6 – **1 470 ab.** – alt. 505 m   **23** C1
– ⊠ **28862**
🛣 Roma 712 – Stresa 46 – Domodossola 14 – Milano 136

XX **Marconi**   🈺 ⅙ AC ᵛⁱˢᵃ ᶜᵒ AE Ꞩ
via Pellanda 21 – ☎ 03 24 61 87 97 – www.ristorantemarconi.com – chiuso martedì
Rist – Carta 32/66 €
♦ Cucina contemporanea e tanta cura nelle presentazioni in questo ristorante
all'interno di una villetta indipendente con piccolo dehors sul retro.

a Viceno Nord-Ovest : 4,5 km – alt. 896 m – ⊠ 28862 Crodo

🏨 **Edelweiss** ⊗   ≤ 🚗 🔲 🖥 ♨ 🖢 ⅙ AC 🌐 P ᵛⁱˢᵃ ᶜᵒ AE ⓘ Ꞩ
🔲 – ☎ 03 24 61 87 91 – www.albergoedelweiss.com – chiuso dal 9 al 26 gennaio e
dal 5 al 29 novembre
31 cam � – †60 € ††98/108 € – ½ P 68 €
Rist *Edelweiss* 🏠 – vedere selezione ristoranti
♦ Imbiancato dalla neve d'inverno, baciato dai raggi di un tiepido sole d'estate,
un rifugio di montagna dalla calorosa gestione familiare, moderno e curato, con
una piccola sala giochi.

XX **Edelweiss** – Hotel Edelweiss   🚗 ⅙ ⅛ P ᵛⁱˢᵃ ᶜᵒ AE ⓘ Ꞩ
☺ – ☎ 03 24 61 87 91 – www.albergoedelweiss.com – chiuso dal 9 al 26 gennaio,
dal 5 al 29 novembre e mercoledì escluso dal 15 giugno al 15 settembre
Rist – Carta 26/36 €
♦ Un vero caposaldo della gastronomia locale: piatti della tradizione montana, in
primis gli gnocchi all'ossolana, in un ambiente rilassato ed informale. Buona scelta
di vini locali e non.

CROSA – Vercelli (VC) – **561** E6 – **Vedere Varallo Sesia**

CROTONE P (KR) – **564** J33 – **61 392 ab.** – ⊠ **88900** 🏳 Italia   **5** B2
🛣 Roma 593 – Cosenza 112 – Catanzaro 73 – Napoli 387
🛬 di Isola di Capo Rizzuto Contrada Sant'Anna ☎ 0962 794388
🈯 via Mario Nicoletta 28, ☎ 0962 95 24 04, www.crotoneturismo.it

🏨 **Palazzo Foti** senza rist   🖥 ⅙ AC ⅛ ⚙ 🌐 P ᵛⁱˢᵃ ᶜᵒ AE ⓘ Ꞩ
via Colombo 79 – ☎ 09 62 90 06 08 – www.palazzofoti.it
39 cam ⊠ – †80/120 € ††135/200 €
♦ Sul lungomare del centro città, nuovo albergo design dalle linee moderne
e dalle camere luminose, dotate di ogni confort.

🏠 **Helios**   ≤ 🌊 ♨ ⅛ AC ⅛ 🌐 🖥 ⚙ P ᵛⁱˢᵃ ᶜᵒ AE ⓘ Ꞩ
viale Magna Grecia, traversa via Makalla 2, Sud: 2 km – ☎ 09 62 90 12 91
– www.helioshotels.it
42 cam ⊠ – †70/110 € ††95/140 € – ½ P 75 €
Rist – (chiuso domenica sera) Carta 22/38 €
♦ A pochi passi dalla spiaggia, questo sobrio, ma gradevole albergo dispone di
piacevoli terrazze con piscina e bella vista. Camere funzionali.

XX **Da Ercole** 🏛 AK 🍴 ⇄ VISA ⚫ AE ⓪ 🕏

viale Gramsci 122 – 𝒞 09 62 90 14 25 – www.daercole.com – chiuso 15 giorni in novembre e domenica escluso luglio e agosto
Rist – Carta 40/61 €

♦ Il sapore e il profumo del mar Ionio esaltati nei piatti cucinati da Ercole nel suo accogliente locale classico sul lungomare della località. Una sala è decorata con mosaici.

XX **La Sosta da Marcello** VISA ⚫ AE ⓪ 🕏

via Emanuele di Bartolo 22 – 𝒞 09 62 90 22 43 – www.lasostadamarcello.it
Rist – *(chiuso domenica sera da settembre a giugno, tutto il giorno negli altri mesi)* Carta 37/57 €

♦ Una sosta gastronomica in un ristorante che saprà ammaliarvi con le sue specialità di pesce: dal carpaccio di pesce spada, ad una croccante frittura, passando per dei tagliolini al sugo di cernia o i classici spaghetti alle cozze.

CUASSO AL MONTE – Varese (VA) – **561** E8 – 3 571 ab. – alt. 530 m   16 A2
– ✉ 21050

▶ Roma 648 – Como 43 – Lugano 31 – Milano 72

XX **Al Vecchio Faggio** 🏛 P VISA ⚫ AE 🕏

😊 *via Garibaldi 8, località Borgnana, Est : 1 km – 𝒞 03 32 93 80 40
– www.vecchiofaggio.com – chiuso dal 7 al 22 gennaio, dal 15 al 30 giugno e mercoledì*
Rist – Menu 35 € – Carta 28/45 €

♦ All'ombra del secolare faggio che domina il parco, un'imperdibile vista sul lago di Lugano e una cucina legata alla tradizione che sfocia in moderne e fantasiose interpretazioni.

a Cavagnano Sud-Ovest : 2 km – ✉ 21050 Cuasso Al Monte

🏠 **Alpino** 🚗 🏛 |📶| 🕏 rist, 🛎 P 🚐 VISA ⚫ 🕏

via Cuasso al Piano 1 – 𝒞 03 32 93 90 83 – www.hotelalpinovarese.it
19 cam ☕ – †50/60 € ††75/90 € – ½ P 55/60 €   **Rist** – Carta 29/37 €

♦ Una risorsa accogliente nella sua semplicità, per un soggiorno tranquillo e familiare in una verde località prealpina; camere con arredi essenziali. Ambiente semplice di tono rustico, con soffitto a cassettoni e grande camino in sala da pranzo.

a Cuasso al Piano Sud-Ovest : 4 km – ✉ 21050

XX **Molino del Torchio** con cam 📞 P VISA ⚫ AE 🕏

🏨 *via Molino del Torchio 17 – 𝒞 03 32 92 03 18 – www.molinodeltorchio.com*
2 cam – †50/60 € ††70/80 €, ☕ 5 € – 2 suites
Rist – *(chiuso lunedì e martedì)* Menu 37 € – Carta 26/41 €

♦ All'interno di un suggestivo vecchio mulino, antiche ricette lombarde animano menu giornalieri attenti alla stagionalità dei prodotti. Camere personalizzate e ben tenute.

CUMA – Napoli (NA) – **564** E24 – Vedere Pozzuoli

CUNEO P (CN) – **561** I4 – 55 464 ab. – alt. 534 m – ✉ 12100   22 B3

▶ Roma 643 – Alessandria 126 – Briançon 198 – Genova 144

🅳 via Roma 28, 𝒞 0171 69 32 58, www.provincia.cuneo.it

🅳 via Vittorio Amedeo II 8A, 𝒞 0171 69 02 17

🝆 I Pioppi via della Magnina, 0171 412825 – marzo-novembre; chiuso martedì

🝆 via degli Angeli 3, frazione Mellana, 071 387041, www.golfclubcuneo.it – marzo-novembre; chiuso mercoledì

🝆 Torre dei Ronchi via Pollino 42, frazione Ronchi, 320 0370224,
www.torredeironchi.it – chiuso lunedì

◎ Contrada Mondovì ★

Pianta pagina seguente

CUNEO

Alba (V.)	Y	2
Audiffredi (Largo)	Y	3
Bellavista (V.)	Y	4
Boves (Pza)	Y	6
De Amicis (Largo Edmondo)	Y	8
Dronero (V.)	Y	10
Foro Boario (Pza)	Y	12
Galimberti (Pza)	Z	13
Garibaldi (Cso)	Z	14
Giovanni XXIII (Lungo Gesso)	YZ	15
Martiri d. Libertà (Pza)	Z	16
Mondovì (Via)	Y	7
Nizza (Cso)	Z	
Roma (V.)	Y	21
Santa Maria (V.)	Y	23
Savigliano (V.)	Y	24
Virginio (Pza)	Y	26

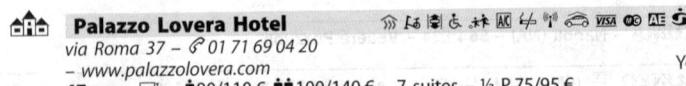

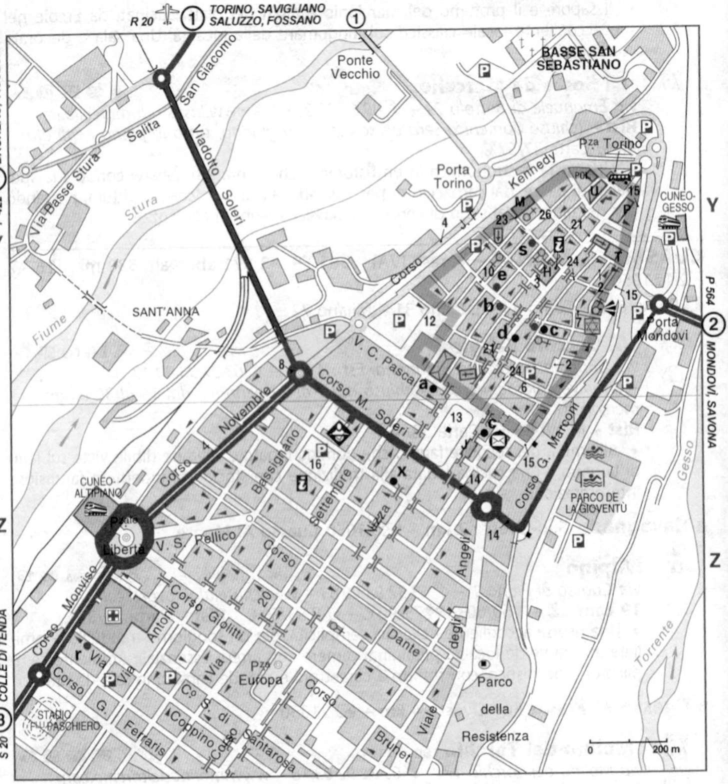

Palazzo Lovera Hotel

via Roma 37 – ℰ 01 71 69 04 20
– www.palazzolovera.com **Yd**

47 cam ☕ – 🕴90/110 € 🕴🕴100/140 € – 7 suites – ½ P 75/95 €

Rist *Lovera* – vedere selezione ristoranti

◆ Nel cuore della città, un palazzo nobiliare del XVI secolo che ebbe illustri ospiti, è oggi un albergo di prestigio con spaziose, eleganti, camere in stile, nonché un'eccellente gestione diretta.

Principe senza rist

piazza Galimberti 5 – ℰ 01 71 69 33 55
– www.hotel-principe.it **Zc**

50 cam ☕ – 🕴85/135 € 🕴🕴105/200 € – 1 suite

◆ Dalla piazza principale un ingresso "importante" con scalinata di marmo introduce in un hotel di lunga storia, rinnovatosi nel tempo: camere moderne, ben accessoriate. A disposizione anche pochi posti auto.

Royal Superga senza rist 🎁 &. AC ⑨ 🖳 P VISA ◎ AE ⑤
via Pascal 3 – 𝄢 01 71 69 32 23 – www.hotelroyalsuperga.com Ya
39 cam ☲ – †59/99 € ††79/149 €
♦ In una dimora storica ottocentesca, la dinamica gestione al timone dell'hotel è sicuramente uno dei suoi punti di forza, ma anche le continue migliorie in termini di confort e tecnologie lo rendono ideale sia per un clientela business sia per un turismo leisure.

Cuneo Hotel senza rist 🎁 &. ⑨ VISA ◎ AE ① ⑤
via Vittorio Amedeo II, 2 – 𝄢 01 71 68 19 60 – www.cuneohotel.com
21 cam ☲ – †55/70 € ††70/90 € – 1 suite Zx
♦ Confort ed essenzialità negli arredi, moderni e in stile minimalista, per questa piccola risorsa situata in comoda posizione centrale. Disponibilità di alcuni posti auto (solo per la notte).

Ligure senza rist 🎁 &. AC ⑨ 🖳 P VISA ◎ ⑤
via Savigliano 11 – 𝄢 01 71 63 45 45 – www.ligurehotel.it Yc
22 cam ☲ – †58/65 € ††78/85 € – ½ P 60 €
♦ Nella parte storica di Cuneo, questa semplice risorsa (recentemente rinnovata) dispone di spazi comuni funzionali e camere accoglienti. A rendere l'indirizzo particolarmente interessante contribuiscono ànche il comodo parcheggio e la non esosa politica dei prezzi.

XXX **Delle Antiche Contrade** 🎁 AC VISA ◎ AE ① ⑤
🕸 via Savigliano 11 – 𝄢 01 71 48 04 88 – www.antichecontrade.it
– chiuso 1 settimana in aprile, dal 13 agosto al 3 settembre, domenica sera, lunedì, anche domenica a mezzogiorno in estate Yc
Rist – (consigliata la prenotazione) Menu 45/65 € – Carta 56/72 € 🕸
Spec. Giardiniera di verdure e quaglia arrosto. Riso al nero di seppia e blu della Bisalta. Carrè d'agnello alle ortiche con purea di ramassin e melanzana fondente.
♦ E' un giovane chef ad occuparsi, ora, dei fornelli di questo elegante locale nel centro storico: il suo talento si esprime nella capacità di realizzare piatti innovativi e raffinati, a cui si associano un servizio caloroso ed un'ottima cantina.

XXX **Lovera** – Palazzo Lovera Hotel 🎁 AC VISA ◎ AE ① ⑤
via Roma 37 – 𝄢 01 71 69 04 20 – www.palazzolovera.com Yd
Rist – (chiuso 15 giorni in gennaio, 15 giorni in agosto e lunedì a mezzogiorno) Carta 32/38 € 🕸
♦ Nel centro storico della città, Lovera è un locale a cui non manca nulla: suggestivo dehors con vista sulla chiesa barocca di Santa Chiara, ottima cucina piemontese ed una carta dei vini che conta circa 400 etichette (tra cui, una bella selezione di mezze bottiglie).

XX **Osteria della Chiocciola** VISA ◎ AE ⑤
🕸 via Fossano 1 – 𝄢 0 17 16 62 77 – chiuso dal 31 dicembre al 15 gennaio e
🕸 domenica Ys
Rist – Menu 19 € (pranzo)/35 € – Carta 26/38 € 🕸
♦ Al locale sito in un vicolo ci si arriva passeggiando sotto ai portici. Al pianterreno c'è l'enoteca, al primo piano la sala ristorante: entrambe semplici, ma piacevoli. La cucina di cui l'osteria va fiera è quella della tradizione locale, che utilizza i prodotti del territorio e segue l'alternarsi delle stagioni.

X **Torrismondi** AC VISA ◎ ⑤
via Coppino 33 – 𝄢 01 71 63 08 61 – chiuso domenica e le sere di lunedì, martedì e mercoledì Zr
Rist – Carta 29/35 €
♦ Un locale semplice, dove godere della convivialità è di un'affezionata clientela di habitué buongustai: amanti della cucina locale, rigorosamente fatta in casa. Una lavagnetta elenca i vini al bicchiere.

X **Bottega dei Vini delle Langhe** VISA ◎ AE ① ⑤
via Dronero 8 – 𝄢 01 71 69 81 78 – chiuso 2 settimane in agosto, domenica, le sere di lunedì, martedì, mercoledì Ye
Rist – Carta 23/30 €
♦ Più che una "bottega" una "mescita" di vini, oramai da anni convertita in osteria. I piatti del giorno, rigorosamente della tradizione piemontese, a mezzodì vengono elencati su una lavagna; la sera à la carte.

Ⓧ **L'Osteria di Christian** 　　　　　　　　　*VISA* ⦿ Ⓢ
via Dronero 1e – 𝒞 34 71 55 63 83 – chiuso 1 settimana in gennaio, 10 giorni in
agosto-settembre e lunedì, anche domenica da maggio a settembre　　　Y**b**
Rist *– (chiuso a mezzogiorno escluso domenica in inverno)* (prenotazione
obbligatoria) Carta 30/40 €
◆ L'Osteria di Christian: ma veramente solo sua! Questo istrionico ed energico
chef-patron si cura di tutto dalla a alla z, dalla cucina alla sala, dove a voce vi propone i migliori piatti della tradizione piemontese, elaborati partendo da ottime
materie prime.

CUREGGIO – Novara (NO) – 2 527 ab. – alt. 289 m – ✉ 28060　　**24** A3
▶ Roma 657 – Stresa 42 – Milano 80 – Novara 33

⌂ **Agriturismo La Capuccina** 🕭　　🚿 ⌇ 🕎 🛁 ⚡ 🄰🄲 🛁 🄿
via Novara 19/b, località Capuccina – 𝒞 03 22 83 99 30　　　*VISA* ⦿ Ⓐ𝐄 ⓪ Ⓢ
– www.lacapuccina.it
8 cam ⌨ – ♦60 € ♦♦80/90 € – 1 suite
Rist *– (chiuso dal 24 dicembre al 14 gennaio, lunedì, martedì e a*
mezzogiorno (escluso domenica)) (consigliata la prenotazione) Menu 32 € ⅋
◆ Cascina restaurata, in aperta campagna, presenta un'ambientazione rustico-
moderna con camere di buon confort. Intorno le attività dell'azienda, coltivazioni
e bestiame. Grazioso ristorante con quadri moderni e vecchi utensili di campagna.

CURNO – Bergamo (BG) – **561** E10 – 7 735 ab. – alt. 244 m – ✉ 24035　　**19** C1
▶ Roma 607 – Bergamo 6 – Lecco 28 – Milano 49

ⓍⓍ **Trattoria del Tone** 　　　　　🏠 🄰🄲 ⟺ 🄿 *VISA* ⦿ Ⓐ𝐄 ⓪ Ⓢ
⬠ *via Roma 4 – 𝒞 0 35 61 31 66 – chiuso 3 settimane in agosto, martedì, mercoledì*
Rist – Menu 16 € – Carta 33/47 €
◆ Siamo ormai alla terza generazione per questo piacevole ristorante, la cui cucina può
permettersi di diversificarsi con estrema sicurezza: classica, legata al territorio come
negli immortali casoncelli o nel coniglio al rosmarino, oppure ispirata al mare.

CURTATONE – Mantova (MN) – **561** G14 – 100 ab. – alt. 26 m　　**17** C3
– ✉ 46010
▶ Roma 475 – Verona 55 – Bologna 112 – Mantova 8

a Grazie Ovest : 2 km – ✉ 46010

ⓍⓍ **Locanda delle Grazie** 　　　　　　🏠 ⟺ *VISA* ⦿ Ⓢ
⬡ *via San Pio X 2 – 𝒞 03 76 34 80 38 – chiuso 1 settimana in gennaio, dal 20 al*
30 giugno, dal 16 al 30 agosto, martedì, mercoledì
Rist *– (consigliata la prenotazione)* Menu 25 € (pranzo)/30 € – Carta 24/42 €
◆ Grazioso locale in una frazione di campagna. Casalinga cucina del territorio,
con alcuni piatti di mare, in un ambiente lindo e curato. Gestione familiare, clientela abituale.

CUSAGO – Milano (MI) – **561** F9 – 3 443 ab. – alt. 126 m – ✉ 20090　　**18** A2
▶ Roma 582 – Milano 12 – Novara 45 – Pavia 40

ⓍⓍ **Da Orlando** 　　　　　　　🏠 🄰🄲 ⟺ *VISA* ⦿ Ⓐ𝐄 Ⓢ
⬡ *piazza Soncino 19 – 𝒞 02 90 39 03 18 – www.daorlando.com – chiuso dal*
25 dicembre al 1° gennaio, dal 4 al 26 agosto, sabato a mezzogiorno, domenica
Rist – Menu 18 € (pranzo)/44 € – Carta 37/61 € ⅋
◆ Su una scenografica piazza con castello, ambienti classici con tavoli distanziati
e accogliente gestione familiare. La cucina si divide equamente tra carne e pesce.

CUSTOZA – Verona (VR) – **562** F14 – Vedere Sommacampagna

CUTIGLIANO – Pistoia (PT) – **563** J14 – 1 587 ab. – alt. 678 m – Sport　　**28** B1
invernali : 1 600/1 800 m ⚞2 ⚟3, ⚘ – ✉ 51024 ▮ Toscana
▶ Roma 348 – Firenze 70 – Pisa 72 – Lucca 52
ℹ️ via Brennero 42/A, 𝒞 0573 6 80 29, www.turismo.pistoia.it

X **Trattoria da Fagiolino** con cam ⚘ ← 📶 VISA ⓿ ① ⚸

via Carega 1 – 𝒞 05 73 68 01 14 – www.trattoriadafagiolino.it – chiuso novembre
4 cam ⎍ – †55/65 € ††80/90 € – ½ P 63 €
Rist – *(chiuso martedì e mercoledì)* Carta 23/48 €

♦ Funghi e selvaggina, tra i piatti della tradizione locale, ed una calorosa accoglienza familiare caratterizzano il locale. Cucina completamente a vista dall'ingresso. Moderne e confortevoli le camere; terrazza panoramica a disposizione
per la prima colazione e per il tempo libero.

CUTROFIANO – Lecce (LE) – **564** G36 – 9 262 ab. – alt. 85 m   **27** D3
– ✉ 73020

▣ Roma 617 – Bari 187 – Brindisi 75 – Lecce 33

🏨 **Sangiorgio Resort** ⚎ 🛏 📶 🕸 ⯅ 📶 ⎉ ⚶ ⚿ 📶 🅿
provinciale Noha-Collepasso – 𝒞 08 36 54 28 48   VISA ⓿ AE ① ⚸
– www.sangiorgioresort.it
18 cam ⎍ – †115/145 € ††230/260 € – ½ P 165/180 €
Rist *Il Chiostro* – vedere selezione ristoranti

♦ Nato come residenza estiva per le suore del convento di Santa Maria di Leuca,
di cui conserva ancora una cappella consacrata, il resort si estende in orizzontale
ed è circondato da una grande proprietà: due piscine distanti l'una dall'altra assicurano agli ospiti una certa privacy. Stile elegante ed opulento.

XXX **Il Chiostro** – Hotel Sangiorgio Resort ⯅ ⎉ 📶 ⚿ VISA ⓿ AE ① ⚸
provinciale Noha-Collepasso – 𝒞 08 36 54 28 48
Rist – Carta 41/56 € ⚶

♦ Sotto tipiche volte in tufo si sviluppa questo localino classico-elegante con specialità di ispirazione regionale, rivisitate in chiave contemporanea. Considerate le
modeste dimensioni del ristorante, è preferibile prenotare.

DARFO BOARIO TERME – Brescia (BS) – **561** E12 – 15 553 ab.   **17** C2
– alt. 218 m – ✉ 25047

▣ Roma 613 – Brescia 54 – Bergamo 54 – Bolzano 170
🄸 piazza Einaudi 2, 𝒞 030 3 74 87 51, www.provincia.brescia.it/turismo

a Boario Terme – ✉ 25041

🏨 **Rizzi Aquacharme** ⚎ 🕸 📶 ⯅ 📶 ⚿ rist, 📶 🅿 ⚎
via Carducci 5/11 – 𝒞 03 64 53 16 17   VISA ⓿ AE ① ⚸
– www.rizziaquacharme.it
85 cam – †85/120 € ††140/160 € – ½ P 100 €   **Rist** – Carta 35/60 €

♦ Una struttura in grado di accontentare qualsiasi tipo di clientela, dal manager
in cerca di spazi dove organizzare riunioni ed eventi, alla coppia che vuole trascorrere un week-end romantico tra natura e remise en forme. Nell'ariosa sala da
pranzo l'eleganza incontra il gusto: piatti tradizionali e menu benessere.

🏨 **Brescia** 📶 📶 ⯅ 🅿 ⚎ VISA ⓿ AE ① ⚸
via Zanardelli 6 – 𝒞 03 64 53 14 09 – www.hotelbrescia.it
51 cam ⎍ – †53/58 € ††75/85 € – 1 suite – ½ P 60 €
Rist – *(chiuso dal 15 al 30 gennaio)* Carta 32/50 €

♦ Imponente struttura con curati spazi comuni dai toni signorili, accoglienti e
funzionali, con decorativi pavimenti a scacchiera; camere sobrie con arredi in
stile moderno. Ambiente distinto nelle due sale del ristorante ben illuminate da
grandi finestre.

🏨 **Diana** ⯅ 📶 📶 ⚿ rist, 📶 🅿 VISA ⓿ AE ⚸
via Manifattura 12 – 𝒞 + 39 03 64 53 14 03 – www.albergodiana.it
– aprile-ottobre
43 cam ⎍ – †40/55 € ††60/85 € – ½ P 50/63 €   **Rist** – Menu 19/25 €

♦ Albergo del centro a pochi passi dalle terme, con un gradevole e raccolto cortiletto interno; al piano terra luci soffuse, grandi quadri alle pareti e comodi
divani. Capiente sala ristorante con un bianco soffitto costellato di piccole luci.

🏠 Armonia 🌊 ⋒ 🗐 🖃 🖔 📶 cam, 🍴 rist, 📞 🄿 VISA AE ① 🖔
via Manifattura 11 – ℰ 03 64 53 18 16 – www.albergoarmonia.it
26 cam – ♦35/45 € ♦♦48/58 €, ⊑ 6 € – ½ P 31/52 €   **Rist** – Menu 16/19 €
♦ In posizione centrale, ristrutturato pochi anni fa, alberghetto con piccola piscina su una terrazza; ambienti funzionali e camere non grandi, ma accoglienti. Piatti classici e della tradizione presso la sobria e luminosa la sala da pranzo dagli arredi lignei.

🍴🍴 La Svolta ⋒ VISA ⬤⬤ AE ① 🖔
*viale Repubblica 15 – ℰ 03 64 53 25 80 – www.ristorantepizzerialasvolta.it
– chiuso dal 1° al 20 febbraio*
Rist – (chiuso a mezzogiorno) Carta 22/34 €
♦ In una villetta con ampio terrazzo per il servizio estivo e una sala di taglio semplice, ma curata, tante proposte per soddisfare ogni palato: pesce, piatti locali e pizza. Per i piccoli ospiti, un attrezzato parco giochi per distrarsi tra una portata e l'altra.

a Montecchio Sud-Est : 2 km – ⊠ 25047 Darfo Boario Terme

🍴🍴 La Storia ⋒ AK 🍴 🄿 VISA ⬤⬤ AE 🖔
*via Fontanelli 1, Est : 2 km – ℰ 03 64 53 87 87 – www.ristorantelastoria.it
– chiuso dal 1° al 3 gennaio e mercoledì*
Rist – Carta 30/37 €
♦ Villetta periferica con un piccolo parco giochi per bambini e due ambienti gradevoli in cui provare una cucina con tocchi di originalità, a base di piatti di mare.

DEIVA MARINA – La Spezia (SP) – **561** J10 – **1 473 ab.** – ⊠ 19013   **15** D2
🗌 Liguria
🚩 Roma 450 – Genova 74 – Passo del Bracco 14 – Milano 202
🗊 corso Italia 85, ℰ 0187 81 58 58, www.turismoprovincia.laspezia.it

🏠🏠 Clelia 🚗 ⋒ 🌊 🖃 AK 🍴 rist, 🍴 🄿 VISA ⬤⬤ AE ① 🖔
corso Italia 23 – ℰ 01 87 82 62 6 – www.clelia.it – aprile-5 novembre
29 cam ⊑ – ♦60/84 € ♦♦80/156 € – 1 suite – ½ P 66/103 €
Rist – Carta 20/40 €
♦ Ottima gestione familiare, ospitale e professionale, in un albergo a 100 mt. dal mare, con bella piscina circondata da un giardino e solarium. Camere molto confortevoli e funzionali. Apprezzato ristorante dove assaporare specialità liguri, molte delle quali a base di pesce.

🏠 Riviera 🚗 🏖 AK 🍴 🄿 VISA ⬤⬤ ① 🖔
*località Fornaci 12 – ℰ 01 87 81 58 05 – www.hotelrivieradeivamarina.it
– Pasqua-settembre*
28 cam ⊑ – ♦48/70 € ♦♦68/130 € – ½ P 80 €   **Rist** – (solo per alloggiati)
♦ A pochi passi dalle spiagge, un hotel a conduzione diretta, di recente ristrutturazione; zona comune semplice e camere essenziali, ma accoglienti e personalizzate. Nella fresca sala ristorante caratterizzata da una stupenda vista sul mare, cucina regionale rivisitata e menù degustazione di pesce.

🏠 Eden 🗐 🖔 🍴 VISA ⬤⬤ ① 🖔
corso Italia 39 – ℰ 01 87 81 58 24 – www.edenhotel.com – aprile-ottobre
16 cam ⊑ – ♦70/80 € ♦♦75/95 € – ½ P 68 €   **Rist** – Carta 27/52 €
♦ In centro paese, ma al tempo stesso non lontano dal mare, piccolo albergo a gestione familiare, con camere spaziose e confortevoli.

🍴🍴 Lido con cam ⋒ 🗐 AK 🍴 🍴 🄿 VISA ⬤⬤ AE ① 🖔
*località Fornaci, 15 – ℰ 01 87 81 59 97 – www.hotelristorantelido.com
– marzo-ottobre*
14 cam – ♦♦120/150 € – ½ P 90 €   **Rist** – Carta 36/61 €
♦ Cucina di mare con un pizzico di fantasia, in un piccolo albergo-ristorante a due passi dal mare. L'ospitale conduzione diretta rende la sosta piacevole; i dehors estivo si propone come alternativa alla sala interna.

DELEBIO – Sondrio (SO) – **561** D10 – **3 173 ab.** – alt. 218 m – ⊠ 23014   **16** B1

▶ Roma 674 – Sondrio 34 – Brescia 136 – Milano 106

XX   **Osteria del Benedet**   AC ⇔ VISA ◎◎ AE ① ᕽ

    via Roma 2 – ℰ 03 42 69 60 96 – www.osteriadelbenedet.com – chiuso dal 1° al 7 gennaio, dal 10 al 23 agosto, domenica e lunedì dal 15 giugno al 25 agosto, domenica sera e lunedì negli altri mesi
    Rist – Menu 20 € bc/33 € – Carta 33/54 € ⊗

    ♦ Osteria di antica tradizione, si sviluppa oggi in verticale: wine-bar al piano terra e sale al piano superiore. Cucina di ispirazione contemporanea e tradizionale.

DERUTA – Perugia (PG) – **563** N19 – **9 521 ab.** – alt. 218 m – ⊠ 06053   **32** B2

▶ Roma 153 – Perugia 20 – Assisi 33 – Orvieto 54

XX   **L'Antico Forziere** con cam   🚗 🚡 ⌧ AC 🗲 rist, ⁋ P VISA ◎◎ AE ᕽ

    via della Rocca 2, località Casalina, Sud : 4 km – ℰ 07 59 72 43 14 – www.anticoforziere.it – chiuso dal 10 al 30 gennaio e lunedì
    7 cam ⊒ – ♦65/75 € ♦♦90/100 € – 2 suites   **Rist** – Carta 32/44 €

    ♦ Ristorante all'interno di un antico casale con giardino e piscina: ambiente elegante ed accogliente; cucina ricca di spunti creativi.

DESENZANO DEL GARDA – Brescia (BS) – **561** F13 – **26 912 ab.**   **17** D1
– alt. 67 m – ⊠ 25015 ▮ Italia Centro Nord

▶ Roma 528 – Brescia 31 – Mantova 67 – Milano 118

ℹ via Porto Vecchio 34, ℰ 030 3 74 87 26, www.provincia.brescia.it/turismo

⛳ Gardagolf via Angelo Omodeo 2, 0365 674707, www.gardagolf.it – chiuso lunedì dal 2 novembre al 15 marzo

⛳ Arzaga via Arzaga 1, 030 6806266, www.palazzoarzaga.com – chiuso dal 20 dicembre al 14 gennaio e martedì in gennaio-febbraio

◉ Ultima Cena★ del Tiepolo nella chiesa parrocchiale – Villa Romana: mosaici★

🏨   **Acquaviva**   ⩽ 🚗 ⌧ 🚡 ⌧ 🔲 ⊚ 🏊 ♨ 🗲 AC 🗲 rist, ☎ P 🚘

    viale Francesco Agello 84, località Rivoltella, Est: 4 km   VISA ◎◎ AE ① ᕽ
    – ℰ 03 09 90 15 83 – www.hotelacquaviva.it
    81 cam ⊒ – ♦140/183 € ♦♦186/244 € – 3 suites – ½ P 118/147 €
    Rist – Carta 29/54 €

    ♦ Fronte lago, l'acqua è il tema dell'albergo dagli ambienti moderni, minimalisti e rilassanti. Curati spazi verdi all'esterno, oggetti d'arte e tonificante centro benessere.

🏨   **Park Hotel**   ⩽ ⌧ 🖹 AC ⁋ 🍴 🚘 VISA ◎◎ AE ① ᕽ

    lungolago Cesare Battisti 17 – ℰ 03 09 14 34 94 – www.parkhotelonline.it
    50 cam ⊒ – ♦90/180 € ♦♦130/210 € – 12 suites
    Rist *Due Colombe* – vedere selezione ristoranti

    ♦ Albergo storico fronte lago: l'ingresso si apre su un'elegante hall dal gusto retrò, quasi un caffè letterario. Camere dagli arredi classici e, all'ultimo piano, la piscina panoramica dotata di idromassaggio e cascata a lame d'acqua.

🏨   **Nazionale** senza rist   ⌧ 🖹 AC ⁋ 🚘 VISA ◎◎ AE ① ᕽ

    via Marconi 23 – ℰ 03 09 15 85 55 – www.hotelnazionaledesenzano.it
    41 cam ⊒ – ♦90/150 € ♦♦120/190 € – 2 suites

    ♦ Vicino al centro, storico albergo di Desenzano risorto dopo un completo restauro propone ambienti moderni, rilassanti e dai colori sobri.

🏨   **Desenzano** senza rist   ⌧ 🖹 AC 🗲 ⁋ 🚘 P 🚘 VISA ◎◎ AE ① ᕽ

    viale Cavour 40/42 – ℰ 03 09 14 14 14 – www.hoteldesenzano.it
    40 cam ⊒ – ♦80/100 € ♦♦100/140 €

    ♦ In una zona tranquilla, a soli 5 minuti a piedi dal centro storico, la struttura dispone di camere eleganti, piscina, sale congressi multifunzionali e accesso gratuito Wi-Fi.

XXX **Esplanade** (Massimo Fezzardi)   ≤ 😊 🅰️ 🛠 🅿️ VISA ◑ 🆎 ① 🌀

via Lario 10 – ℰ 03 09 14 33 61 – www.ristorante-esplanade.com – chiuso mercoledì e le sere di Natale e Pasqua

Rist – Menu 100 € – Carta 70/101 €

Spec. Rotolini di anguilla con giardiniera profumata all'aceto di dragoncello. Ravioli d'anatra profumati al rosmarino con fegato d'oca e riduzione al mosto d'uva (autunno-inverno). Rombo scottato con cuori di spinacini, crudo di gamberi rossi e falsa crema di riso al nero di seppia.

♦ In posizione panoramica sul lago, gestione trentennale che propone piatti di mare in preparazioni che ne esaltano la freschezza e l'ottima qualità. Per una cena all'insegna del romanticismo, prenotate un tavolo sul pontile.

XXX **Due Colombe** – Park Hotel   🅰️ 🛠 VISA ◑ 🆎 ① 🌀

lungolago Cesare Battisti 17 – ℰ 03 09 14 34 94 – www.parkhotelonline.it

Rist – Carta 45/55 €

♦ Elegante e romantico, affacciato sul lago di Garda, è il ristorante dove sognare una cena tête-à-tête con la persona amata. La cucina parte da una matrice nazionale per raggiungere esiti intriganti, da gustare portando in tavola una delle ottime etichette della fornita cantina.

XXX **Antica Hostaria Cavallino**   😊 ⇄ VISA ◑ 🆎 ① 🌀

via Gherla 30 ang. via Murachette – ℰ 03 09 12 02 17
– www.ristorantecavallino.it – chiuso dal 5 al 23 novembre, 25 e 26 dicembre, domenica sera, lunedì

Rist – Carta 61/109 €

♦ Centrale ed elegante, lo si può definire una roccaforte per gli amanti del pesce, con qualche declinazione sarda: dalla bottarga alla catalana, regione d'origine dei titolari.

DEUTSCHNOFEN = Nova Ponente

DEVINCINA – Trieste (TS) – Vedere Sgonigo

DIACCETO – Firenze (FI) – **563** K16 – Vedere Pelago

DIANO MARINA – Imperia (IM) – **561** K6 – **6 307 ab.** – ✉ 18013   **14** A3

🔲 Liguria

▶ Roma 608 – Imperia 6 – Genova 109 – Milano 232

ℹ piazza Dante, ℰ 0183 49 69 56, www.visitrivieradeifiori.it

🔳 Il grazioso borgo di Diano Castello★: 3 km a nord-ovest.

🏨 **Grand Hotel Diana Majestic** 🌿   ≤ 🚗 🔑 😊 ⛲ 🛗 🛠 cam, 🅰️
   🔁 🛠 rist, ⚡ 🛗 🅿️ VISA ◑ 🆎 ① 🌀

via degli Oleandri 15
– ℰ 01 83 40 27 27 – www.dianamajestic.com – chiuso dal 21 ottobre al 24 dicembre

86 cam ⌑ – ♦69/340 € ♦♦79/360 € – 4 suites – ½ P 180 €

Rist – Carta 38/65 €

♦ Frontemare, cinto da un profumato giardino-uliveto che accoglie ben due piscine, l'albergo offre spaziosi ambienti dotati di ogni confort e moderne, eleganti, camere. I più conosciuti piatti italiani dalla cucina.

🏨 **Bellevue et Mediterranée**   ≤ 🔑 ⛲ 🛗 🅰️ 🛠 rist, ⚡ 🅿️ VISA ◑ 🌀

via Generale Ardoino 2 – ℰ 01 83 40 93 – www.bellevueetmediterranee.it
– aprile-10 ottobre

72 cam ⌑ – ♦90/150 € ♦♦120/220 € – 2 suites – ½ P 125 €

Rist – Carta 80/96 €

♦ Da un lato l'Aurelia con la sua mondana frenesia, dall'altro la vista sul mare e sulla spiaggia. Imponente, signorile e spiccatamente familiare, l'hotel dispone di due piscine: una riscaldata, l'altra coperta per la talassoterapia.

Torino   🔧 🏊 📺 🛗 📶 🧳 🅰️ ♿ 🚭 rist, 🍴 ⛳ 🅿️ 🚗 💳 🆘

via Milano 72 – ℰ 01 83 49 51 06 – www.hoteltorinodiano.it – chiuso da novembre all'15 gennaio
72 cam 🛏 – †75/150 € ††90/220 € – 8 suites – ½ P 140 €
Rist – Carta 33/78 €

♦ Servizio accurato in un signorile hotel centrale, dotato di spazi interni accoglienti e camere recentemente rinnovate, di buon confort; nuova sala per l'ascolto della musica.

Gabriella 🖋   🚿 🔧 🏊 📺 📶 🧳 rist, 🍴 🅿️ 💳 🆑 🆘

via dei Gerani 9 – ℰ 01 83 40 31 31 – www.hotelgabriella.com – chiuso dal 25 ottobre al 15 gennaio
50 cam 🛏 – †65/120 € ††100/210 € – ½ P 100 € **Rist** – Menu 30 €

♦ Sul mare verso San Bartolomeo, un'imponente struttura circondata da un verde giardino: semplice nelle zone comuni, offre camere spaziose e di recente rinnovo.

Caravelle 🖋   ⩽ 🚿 🔧 🏊 🐎 📺 📶 🧳 rist, 🍴 🅿️ 🚗 💳 🆑 🆗

via Sausette 34 – ℰ 01 83 40 53 11 – www.hotelcaravelle.it – Pasqua-10 ottobre
53 cam 🛏 – ††130/230 € – ½ P 118 € **Rist** – Menu 27/35 €

♦ Diverse piscine con acqua di mare, alcune riscaldate altre con idromassaggi: gran parte delle attenzioni della gestione è stata destinata al centro di cure estetiche e talassoterapiche. Il ristorante, moderno e da poco rinnovato, dispone di grandi vetrate che permettono allo sguardo di spaziare.

Eden Park   🚿 🔧 🐎 🏊 📺 ♿ 📶 🧳 rist, 🍴 🅿️ 💳 🆑 🆘

via Generale Ardoino 70 – ℰ 01 83 40 37 67 – www.edenparkdiano.it
33 cam 🛏 – †116/126 € ††200/220 € – ½ P 117 € **Rist** – Menu 28/37 €

♦ E' sufficiente una breve passeggiata attraverso i gradevoli ambienti comuni per arrivare al bel giardino con piscina, proprio in riva al mare. Quanto alle camere, fresche e luminose, sono tutte arredate con vivaci colori. La sala ristorante offre una gradevole vista sul giardino, piatti locali ed internazionali.

Jasmin   ⩽ 🔧 🐎 📺 📶 rist, 🍴 🅿️ 💳 🆑 🆗 ⓞ 🆘

viale Torino 15 – ℰ 01 83 49 53 00 – www.hoteljasmin.com – chiuso dal 10 ottobre al 22 dicembre
32 cam – †40/100 € ††50/180 €, 🛏 10 € – 3 suites – ½ P 88 €
Rist – *(solo per alloggiati)* Menu 25 €

♦ Molte le vetrate musive policrome, alcune anche nelle stanze: accogliente, vivace e dinamico, grazie all'uso sapiente dei colori, l'hotel si trova direttamente sulla spiaggia (privata).

Arc en Ciel 🖋   ⩽ 🔧 📺 📶 cam, 🧳 rist, 💳 🆑 🆗 ⓞ 🆘

viale Torino 39 – ℰ 01 83 49 52 83 – www.hotelarcenciel.it – Pasqua-15 ottobre
50 cam – †65/100 € ††95/145 €, 🛏 11 € – ½ P 93 € **Rist** – Menu 25 €

♦ Circondato da ville di prestigio, l'albergo ha una piccola spiaggia privata fatta di sassi e scogli e alcune camere sono provviste di un balcone coperto, lambito dal mare.

Sasso senza rist   📺 🧳 🅿️ 💳 🆑

via Biancheri 17 – ℰ 01 83 49 43 19 – www.hotelsassoresidence.com – chiuso ottobre-dicembre
42 cam – †37/48 € ††60/95 €, 🛏 5 € – 10 suites

♦ Collocato nel cuore della cittadina eppure non lontano dal mare, tutte le camere dell'hotel sono dotate di balcone. Dispone anche di alcune unità provviste di angolo cottura.

DIGONERA – Belluno (BL) – Vedere Rocca Pietore

DIMARO – Trento (TN) – **562** D14 – 1 244 ab. – alt. 766 m – Sport **30** B2
invernali : 1 400/2 200 m (Comprensorio sciistico Folgarida-Marilleva) 🎿5 ⛷19 🎿
– ✉ 38025

▶ Roma 633 – Trento 62 – Bolzano 61 – Madonna di Campiglio 19
ℹ piazza Giovanni Serra 10, ℰ 0463 97 45 29, www.comune.dimaro.tn.it

Sporthotel Rosatti ≤ ⊟ ⋙ ⌂ ⋮ ⋏ **P** 🚗 VISA ⚫ AE ⓞ ⑤
via Campiglio 14 – ℰ 04 63 97 48 85 – www.sporthotel.it
60 cam ⌕ – ♦55/140 € ♦♦80/170 € – 2 suites – ½ P 100 €
Rist – Menu 20/45 €
♦ Lungo la strada che porta al passo, una bella struttura che sdoppia le camere in due edifici distinti collegati da un tunnel sotterraneo. Quelle del corpo principale un po' datate, ma comunque accoglienti. Le stanze della dépendance, più recenti e moderne. Piacevole taverna in legno per serate in compagnia.

DIOLO – Parma (PR) – Vedere Soragna

DOBBIACO (TOBLACH) – Bolzano (BZ) – 562 B18 – 3 249 ab. 31 D1
– alt. 1 256 m – Sport invernali : 1 242/1 500 m ≤3 (Comprensorio Dolomiti superski Alta Pusteria) ≈ – ⊠ 39034 ▮ Italia

▶ Roma 705 – Cortina d'Ampezzo 33 – Belluno 104 – Bolzano 105
ℹ via Dolomiti 3, ℰ 0474 97 21 32, www.dobbiaco.info

Santer ≤ ⊟ ⋒ ⊠ ⊛ ⋙ ⌂ ⋮ ⋏ ⋏ ⋏ cam, ⋔ ⋏ **P** VISA ⚫ AE ⓞ ⑤
via Alemagna 4 – ℰ 04 74 97 21 42 – www.hotel-santer.com – chiuso maggio e novembre
60 cam ⌕ – ♦90/155 € ♦♦130/240 € – 10 suites – ½ P 95/150 €
Rist *Santer* – vedere selezione ristoranti
Rist – *(solo per alloggiati)*
♦ Tra i monti e con un invitante giardino, l'atmosfera si fa vellutata negli spazi comuni e nella moderna zona benessere; difficile invece stabilire quali delle 7 suite sia la più bella.

Park Hotel Bellevue ⊟ ⋒ ⊠ ⊛ ⋙ ⌂ ⋮ ⋏ ⋏ ⋏ **P**
via Dolomiti 23 – ℰ 04 74 97 21 01 VISA ⚫ AE ⓞ ⑤
– www.parkhotel-bellevue.com – dicembre-marzo; 15 maggio-15 ottobre
38 cam ⌕ – ♦75/115 € ♦♦126/200 € – 5 suites – ½ P 73/110 €
Rist – Carta 22/52 €
♦ Albergo di tradizione nel centro della località, immerso in un parco ombreggiato; all'interno ambienti accoglienti, camere recentemente rinnovate e centro fitness con piscina. Ampie finestre nella sala da pranzo: arredi in stile lineare, con un tocco di eleganza.

Cristallo ≤ ⊟ ⊠ ⊛ ⋙ ⌂ ⋮ ⋔ ⋏ **P** 🚗 VISA ⚫ ⑤
via San Giovanni 37 – ℰ 04 74 97 21 38 – www.hotelcristallo.com
– 18 dicembre-20 marzo e 28 maggio-9 ottobre
36 cam ⌕ – ♦65/125 € ♦♦102/210 € – 2 suites – ½ P 103 €
Rist – *(solo per alloggiati)* Carta 28/46 €
♦ In bella posizione panoramica con vista sulle Dolomiti, graziosa struttura bianca immersa nel verde: interni confortevoli, piacevoli camere e una deliziosa area benessere. Sala ristorante ariosa e molto luminosa.

XXX Santer – Hotel Santer ⊟ ⋒ **P**
via Alemagna 4 – ℰ 04 74 97 21 42 – chiuso maggio e novembre
Rist – Carta 32/85 €
♦ Porta lo stesso nome dell'hotel, il ristorante à la carte che ne riprende anche lo stile da grande casa di montagna. Al timone del locale il figlio dei titolari, che propone piatti altoatesini e di terra con carni di produzione propria.

XX Tilia ⋒ AC **P** VISA ⚫ ⑤
via Dolomiti 31b – ℰ 33 58 12 77 83 – www.tilia.bz – chiuso domenica sera e lunedì
Rist – *(coperti limitati, prenotare)* Menu 57 € – Carta 49/75 €
♦ Formula moderna ed intrigante: numero limitato di coperti, pochi piatti di cucina contemporanea e vini proposti solo a voce. Eppure, la mano felice dello chef-patron, Chris, nonché i suoi illuminanti consigli renderanno la sosta un felice momento gourmet.

sulla strada statale 49 Sud-Ovest: 1,5 km

XX **Gratschwirt** con cam ⌧ ⬚ ⑆ ⬚ ⑉ ⑉ **P** **VISA** ⊕ **AE** ⓪ ⑂
via Grazze 1 ⊠ *39034 –* ⑊ *04 74 97 22 93 – www.gratschwirt.com*
– 3 dicembre-marzo e giugno-14 settembre
25 cam ⬚ – †72/85 € ††110/130 € – 4 suites
Rist – *(chiuso martedì)* Carta 30/50 €

♦ All'ombra dell'imponente gruppo delle Tre Cime, in una casa dalle origini cinquecentesche ai margini della località, un ristorante dagli interni curati dove gustare piatti tipici regionali. Camere di differenti tipologie.

a Santa Maria (Aufkirchen) **Ovest : 2 km** – ⊠ 39034 Dobbiaco

⌂ **Oberhammer** ⑂ ⬚ ⑈ ⑆ **P** **VISA** ⊕ ⑂
Santa Maria 5 – ⑊ *04 74 97 21 95 – www.oberhammer.it – chiuso
novembre-5 dicembre*
21 cam ⬚ – †40/75 € ††70/150 € – 1 suite – ½ P 79 €
Rist – *(chiuso lunedì escluso febbraio e dal 15 luglio al 15 settembre)*
Carta 24/41 €

♦ Albergo in bella posizione panoramica, dotato di terrazze esposte al sole; spazi interni in stile locale e camere arredate con un moderno utilizzo del legno. Cucina tipica, servita anche all'aperto durante la bella stagione.

a Monte Rota/ Radsberg (Radsberg) **Nord-Ovest : 5 km – alt. 1 650 m**

⌂ **Alpenhotel Ratsberg-Monte Rota** ⑂ ⑇ ⬚ ⑈ ⑈ ⬚ ⑆ ⑆ X
⑈⑈ *via Monte Rota 12* ⊠ *39034* ⒶⓀ cam, ⑇ ⑉ **P** ⑆ ⑇ ⑂
– ⑊ *04 74 97 22 13 – www.alpenhotel-ratsberg.com – 23 dicembre-15 marzo e
28 maggio-16 ottobre*
29 cam ⬚ – †42/91 € ††74/160 € – ½ P 98 €   **Rist** – Carta 20/42 €

♦ Ideale per le famiglie e per gli amanti dell'assoluta tranquillità, questo hotel a conduzione diretta che domina Dobbiaco e le valli; ambienti interni in stile montano. Per i pasti, sala da pranzo e servizio estivo all'aperto.

DOGANA NUOVA – Modena (MO) – **562** J13 – Vedere Fiumalbo

DOGLIANI – Cuneo (CN) – **561** I5 – 4 799 ab. – alt. 295 m – ⊠ 12063 **25 C3**
◪ Roma 613 – Cuneo 42 – Asti 54 – Milano 178

XX **Il Verso del Ghiottone** ⬚ ⑂ ⇔ **VISA** ⊕ ⑂
via Demagistris 5 – ⑊ *01 73 74 20 74 – www.ilversodelghiottone.it – chiuso
gennaio, 3 settimane in luglio, lunedì, martedì*
Rist – *(chiuso a mezzogiorno escluso sabato e domenica)* Menu 38 €
– Carta 36/48 €

♦ Nel cuore del centro storico, in un palazzo settecentesco, tavoli neri quadrati con coperto all'americana e bei quadri alle pareti: ne risulta un ambiente giovanile, ma elegante. La cucina simpatizza con le ricette del territorio, che rivisita e alleggerisce.

DOGLIO – Perugia (PG) – **563** N18 – Vedere Monte Castello di Vibio

---

DOLCEACQUA – Imperia (IM) – **561** K4 – 2 067 ab. – alt. 51 m **14 A3**
– ⊠ 18035 ▯ Liguria
◪ Roma 662 – Imperia 57 – Genova 163 – Milano 286
◪ Località ★

⬆ **Agriturismo Terre Bianche** senza rist ⑂ ⑇ ⑆ **P**
località Arcagna, Ovest : 9 km – ⑊ *0 18 43 14 26* **VISA** ⊕ **AE** ⓪ ⑂
– www.terrebianche.com – chiuso novembre
7 cam ⬚ – †70 € ††90/110 € – 1 suite

♦ L'impagabile vista sul mare e sull'entroterra offerte dalla risorsa, ricompenseranno la pazienza necessaria per raggiungere la vostra meta. Avvolti dal silenzio e dai profumi delle colline, fra i vigneti e gli oliveti della stessa azienda agricola.

DOLEGNA DEL COLLIO – Gorizia (GO) – **562** D22 – 389 ab. **11 C2**
– alt. 90 m – ⊠ 34070
◪ Roma 656 – Udine 25 – Gorizia 25 – Milano 396

⌂ **Agriturismo Venica e Venica-Casa Vino e Vacanze** senza rist ⌂
località Cerò 8, Nord : 1 km ✉ *34070*   🚗 ⏝ ※ ✆ **P** VISA ⚈ AE ① ♿
– ℘ 04 81 60 17 77 – www.venica.it – aprile-ottobre
6 cam – ♦70/77 € ♦♦100/110 €, ⏛ 14 €
♦ Immerso nel verde e nella tranquillità della propria azienda vinicola, questo agriturismo dall'attenta conduzione familiare offre camere ampie ed accoglienti.

a Ruttars Sud : 6 km – ✉ **34070** Dolegna Del Collio

🍴🍴🍴 **Castello di Trussio dell'Aquila d'Oro** (Anna Tuti)   🏠 ⇆ **P**
🌸 *località Trussio 13 – ℘ 04 81 61 12 55 – chiuso dal 1°*   VISA ⚈ ♿
all'8 gennaio, dall'8 al 20 agosto, domenica, lunedì
Rist – (consigliata la prenotazione) Menu 50/75 € – Carta 53/83 € ஃ
Spec. Carpaccio di manzetta con la salsa di capperi, sarde ed olio extravergine friulano. Orzotto biologico di Trussio mantecato con verdure ed il pescato del giorno. Guancia di vitello agli aromi.
♦ Elegante ristorante con piacevole servizio estivo in giardino. Ambiente in sintonia con la struttura, dove l'eleganza e la cucina si esprimono in armonioso parallelismo.

DOLO – Venezia (VE) – **562** F18 – **15 078 ab.** – ✉ **30031** ▯ Venezia   **36** C3
▶ Roma 510 – Padova 18 – Chioggia 38 – Milano 249
◉ Villa Nazionale⋆ di Strà : Apoteosi della famiglia Pisani⋆⋆ del Tiepolo SO :
6 kmpolo Sud-Ovest : 6 km – Riviera del Brenta⋆⋆ Est per la strada S 11

🏨 **Villa Ducale**   🚗 🐕 AC ✆ 🛁 **P** VISA ⚈ AE ① ♿
riviera Martiri della Libertà 75, Est : 2 km – ℘ 04 15 60 80 20 – www.villaducale.it
10 cam ⏛ – ♦♦70/180 € – ½ P 60/115 €
Rist *Le Colonne* – vedere selezione ristoranti
♦ A pochi chilometri dal centro del paese, una bella villa settecentesca cinta da un grazioso giardino propone camere personalizzate ed in stile, nonché ambienti comuni impreziositi da affreschi.

🏠 **Villa Gasparini** senza rist   ᕤ AC � ¼ VISA ⚈ AE ① ♿
🌸 *riviera Martiri della Libertà 37, Est : 1,8 km – ℘ 04 15 60 81 56 – www.villagasparini.it*
15 cam ⏛ – ♦60/100 € ♦♦70/130 €
♦ Lungo la Riviera di Brenta, una romantica villa del '700 con soffitti originali e mobili in stile veneziano: un soggiorno aristocratico a prezzi contenuti.

🍴🍴 **Le Colonne** – Hotel Villa Ducale   🚗 🐕 AC ✆ ⇆ **P** VISA ⚈ AE ① ♿
riviera Martiri della Libertà 75, Est : 2 km – ℘ 04 15 60 80 20 – www.villaducale.it
Rist – (chiuso martedì) Carta 25/120 €
♦ Non c'è una linea di cucina vera e propria, ma questo è solo un vantaggio, perché la sua poliedricità permette di accontentare un po' tutti: ricette della tradizione veneta (soprattutto a base di pesce) e piatti creativi.

🍴🍴 **Villa Goetzen** con cam   🏠 AC ✆ **P** VISA ⚈ ① ♿
via Matteotti 6 – ℘ 04 15 10 23 00 – www.villagoetzen.it
12 cam ⏛ – ♦60/90 € ♦♦90/140 €
Rist – (chiuso agosto, giovedì, domenica sera) Carta 37/49 €
♦ Tanto charme nelle piccole sale e un pizzico di romanticismo sul molo prospicente il Brenta. E poi i piatti della tradizione - soprattutto a base di pesce - riproposti in chiave moderna. Torte e dolci fatti in casa deliziano, invece, le prime ore del mattino di coloro che vogliono prolungare il soggiorno in villa.

🍴🍴 **Villa Nani Mocenigo**   🚗 🏠 ⇆ **P** VISA ⚈ ① ♿
riviera Martiri della Libertà 113, Est : 2,5 km – ℘ 04 15 60 81 39
– www.villananimocenigo.com – chiuso 10 giorni in agosto e lunedì
Rist – (consigliata la prenotazione) Menu 39 € – Carta 32/70 €
♦ Abbracciata da un parco secolare, splendida villa settecentesca suddivisa in varie eleganti salette dalle pareti affrescate; più informali gli ambienti ricavati nelle ex scuderie. Servizio alla russa con *guéridon* ed ottime specialità ittiche.

DOLOMITI – Belluno, Bolzano e Trento

DOLONNE – Aosta (AO) – Vedere Courmayeur

DOMODOSSOLA – Verbano-Cusio-Ossola (VB) – **561** D6 – 18 464 ab. **23** C1
– alt. 272 m – ⊠ 28845

▶ Roma 698 – Stresa 32 – Locarno 78 – Lugano 79

🖪 piazza Matteotti 24, ℰ 0324 24 82 65, www.prodomodossola.it

Corona ⌂⌘ 🏨 📶 ⇄ ℗ 🅟 VISA ⊚ AE ① ⌙
via Marconi 8 – ℰ 03 24 24 21 14 – www.coronahotel.net
56 cam ⌸ – †72/80 € ††90/120 € – ½ P 90 € **Rist** – Carta 21/36 €

♦ Sito nel centro della località, una risorsa di lunga tradizione e dalla solida conduzione familiare ospita ambienti arredati con signorilità e camere recentemente rinnovate. Nella spaziosa ed elegante sala da paranzo, proposte gastronomiche dai tipici sapori piemontesi.

Eurossola 🏨 ⌘ 📶 ⇄ 🅟 VISA ⊚ AE ⌙
piazza Matteotti 36 – ℰ 03 24 48 13 26 – www.eurossola.com – chiuso dal 7 al
31 gennaio
29 cam ⌸ – ††70/90 € – ½ P 80 €
Rist Terrazza Grill-Da Sergio – (chiuso domenica sera, lunedì) Menu 13 €
– Carta 26/53 €

♦ In posizione centrale e a conduzione familiare, la moderna risorsa dispone di confortevoli camere vivacemente colorate, nonché ampi spazi comuni arredati con sobria eleganza. Nella luminosa sala da pranzo al piano terreno, adatta per allestire banchetti e riunioni, una cucina contemporanea. Servizio estivo all'aperto.

✕✕ La Stella con cam ⌂ ⪡ ⌘ ⌙ rist, 📶 🅟 VISA ⊚ AE ⌙
borgata Baceno di Vagna 29, strada per Domobianca 1,5 Km – ℰ 03 24 24 84 70
– www.ristorantelastella.com – chiuso 10 giorni in gennaio e 10 giorni in novembre
3 cam ⌸ – †50/60 € ††80 €
Rist – (chiuso mercoledì) (consigliata la prenotazione) Carta 38/58 €

♦ Un originale caminetto di design moderno (girevole a 360°), legno e travi a vista conferisce "calore" e tipicità a questo rustico sapientemente ristrutturato. La cucina subisce il fascino del mare, proponendo ottime specialità di pesce. Tre camere piacevoli e moderne in sintonia con la semplicità del luogo.

✕✕ Sciolla con cam ⌘ 📶 VISA ⊚ AE ① ⌙
piazza Convenzione 5 – ℰ 03 24 24 26 33 – www.ristorantesciolla.it
6 cam ⌸ – †40/50 € ††60/80 € – 1 suite – ½ P 55/65 €
Rist – (chiuso dal 10 al 20 gennaio, dal 23 agosto all'11 settembre, domenica
sera, mercoledì) Menu 25/30 € – Carta 24/40 € ⌘

♦ In un vecchio edificio di origine seicentesca, un ristorante centrale considerato un punto di riferimento nel campo della ristorazione cittadina; cucina del territorio.

✕ La Meridiana dal 1968 📶 VISA ⊚ AE ① ⌙
via Rosmini 11 – ℰ 03 24 24 08 58 – www.ristorantelameridiana.it – chiuso dal
20 giugno al 10 luglio, domenica sera, lunedì
Rist – Menu 10 € bc (pranzo)/35 € bc – Carta 21/41 €

♦ Pesce e selvaggina in questa trattoria elaborati in due stili: da un lato la tradizione italiana, dall'altra quella spagnola. Ambiente familiare e cordiale nel cuore della località.

DONORATICO – Livorno (LI) – **563** M13 – Vedere Castagneto Carducci

DORGALI Sardegna – Nuoro (NU) – **366** S42 – 8 514 ab. – alt. 390 m **38** B2
– ⊠ 08022 ▌ Sardegna

▶ Cagliari 213 – Nuoro 32 – Olbia 114 – Porto Torres 170

◎ Grotta di Ispinigoli★★ Nord : 8 km – Strada★★ per Cala Gonone Est : 10 km
– Nuraghi di Serra Orios★ Nord-Ovest : 10 km – Strada★★★ per Arbatax Sud

✕ Colibrì 📶 ⌘ 🅟 VISA ⊚ ① ⌙
via Gramsci ang. via Floris – ℰ 0 78 49 60 54 – febbraio-ottobre;
chiuso domenica escluso luglio-agosto
Rist – Carta 26/37 €

♦ Una cucina casalinga fedele ai sapori e alle tradizioni della gastronomia dorgolese, accompagnata dalla cordiale ospitalità dei gestori.

a Cala Gonone Est : 9 km – ✉ 08020

Nuraghe Arvu
🚗 🏡 🔽 ⅃ & AC ⅋ rist. ♨ P VISA ⚫ AE ⓞ ⑤

viale Bue Marino – ℰ 00 39 07 84 92 00 75 – www.hotelnuraghearvu.com
– aprile-ottobre
50 cam 🖵 – ♦♦160/220 € – 3 suites – ½ P 140 € **Rist** – Carta 28/51 €
♦ Belle camere costruite ad anfiteatro intorno alla piscina in questo nuovissimo albergo dagli interni in stile locale, curati e luminosi. Tra il verde dei millenari ulivi, il relax non è mai stato così a portata di mano! (Una navetta conduce alla spiaggia, a circa 500 m).

Costa Dorada
≤ 🏡 AC ⅋ rist. ⅋ VISA ⚫ AE ⑤

lungomare Palmasera 45 – ℰ 0 78 49 33 32 – www.hotelcostadorada.it
– aprile-ottobre
27 cam – ♦74/135 € ♦♦108/215 €, 🖵 15 € – 1 suite – ½ P 100/135 €
Rist – Carta 24/73 €
♦ Ubicato direttamente sul lungomare, l'hotel ospita camere raccolte arredate in stile sardo-spagnolo, un solarium ed ampie terrazze ombreggiate con vista sul golfo. Piatti di carne, ma soprattutto di pesce, nonché proposte regionali sul terrazzino affacciato sul blu.

Miramare
≤ 🏡 ⓢ AC VISA ⚫ AE ⑤

piazza Giardini 12 – ℰ 0 78 49 31 40 – www.htlmiramare.it
– 26 marzo-4 novembre
35 cam 🖵 – ♦40/75 € ♦♦60/155 € – ½ P 50/98 €
Rist – *(maggio-settembre)* Carta 24/59 €
♦ A pochi metri dalla spiaggia, il primo hotel sorto in zona negli anni '50: ampi spazi comuni, una bella terrazza panoramica, camere semplici e piacevoli. Nel giardino-ristorante ombreggiato dalle palme vengono serviti piatti della tradizione gastronomica regionale e, soprattutto, specialità di mare.

Il Pescatore
≤ 🏡 AC VISA ⚫ ⑤

via Acqua Dolce 7 – ℰ 0 78 49 31 74 – Pasqua-ottobre
Rist – Carta 35/53 €
♦ Fronte mare, il locale ricorda l'antico villaggio di pescatori, annovera un dehors e una semplice sala interna più informale dove gustare la cucina regionale e piatti di pesce.

alla Grotta di Ispinigoli Nord : 12 km :

Ispinigoli con cam ⑳
≤ 🏡 AC ♨ P VISA ⚫ AE ⑤

strada statale 125 al km 210 ✉ 08022 Dorgali – ℰ 0 78 49 52 68
– www.hotelispinigoli.com – marzo-ottobre
26 cam 🖵 – ♦60/90 € ♦♦75/110 € – ½ P 70/75 €
Rist – Menu 38/40 € – Carta 29/52 € ㊝
♦ Valido punto d'appoggio per chi desidera visitare le omonime grotte, celebri perché conservano la più alta stalagmite d'Europa, e per assaporare una buona cucina regionale. Dalle camere, semplici e confortevoli con arredi in legno, si può contemplare la tranquillità della campagna circostante.

DOSSOBUONO – Verona (VR) – **562** F14 – Vedere Villafranca di Verona

---

DOSSON – Treviso (TV) – Vedere Casier

DOVERA – Cremona (CR) – **561** H15 – 3 943 ab. – alt. 76 m – ✉ 26010   **19** C2
▶ Roma 554 – Piacenza 43 – Brescia 85 – Cremona 56

Osteria la Cuccagna
AC P VISA ⚫ ⑤

località Barbuzzera, Nord-Ovest : 2,5 km – ℰ 03 73 97 84 57
– www.osterialacuccagna.it – chiuso dal 27 dicembre al 4 gennaio, dal 7 al 24 agosto, mercoledì, giovedì a mezzogiorno
Rist – Menu 42 € – Carta 33/60 €
♦ In una frazione isolata e tranquilla, tra quadri moderni appesi alle pareti e camerieri in divisa, la vecchia trattoria punta ora su proposte più elaborate, partendo dalla tradizione. Immutata la gestione squisitamente familiare.

DOZZA – Bologna (BO) – **562** I16 – 6 434 ab. – alt. 190 m – ⊠ 40060   **9** C2
▶ Roma 392 – Bologna 32 – Ferrara 76 – Forlì 38

🏠🏠🏠   **Monte del Re** ⚜   ← 🍴 ⅃ 🏖 ⅍ ☖ 🚿 ⅍ 🆎 📶 ♨ **P** VISA ⑳ AE ① ⅗
via Monte del Re 43, Ovest : 3 km – ℰ *05 42 67 84 00* – *www.montedelre.it*
38 cam ⊑ – †90/280 € ††120/320 € – 6 suites – ½ P 115/215 €
Rist *Monte del Re* – vedere selezione ristoranti
 ♦ Un'atmosfera che invita alla meditazione e alla speculazione filosofica: del resto, la struttura si trova all'interno di un convento del XIII sec, sapientemente ristrutturato, con mobili in stile, letti in ferro battuto e tappeti persiani. Notevoli il chiostro ed il pozzo del 1200, nonché la bella terrazza panoramica.

XXX   **Monte del Re** – Hotel Monte del Re   🍴 🏖 ⅍ 🆎 ☆ 🐾 **P** VISA ⑳ AE ① ⅗
via Monte del Re 43, Ovest : 3 km – ℰ *05 42 67 84 00* – *www.montedelre.it*
Rist – Carta 48/95 €
 ♦ All'interno di un convento del XIII sec, nell'ex refettorio, piatti tipici della gastronomia emiliano-romagnola, nazionale ed internazionale. Se la cucina convince per la competente selezione di pregiati ingredienti, l'ampia scelta enologica l'accompagna: un'oasi di piacere per attimi d'indimenticabile soddisfazione.

XX   **Canè** con cam   ← 🍴 ⅍ 🆎 ☆ ᵗⁱ **P** VISA ⑳ AE ① ⅗
via XX Settembre 27 – ℰ *05 42 67 81 20* – *www.ristorantecanet.it* – *chiuso dal 7 gennaio al 6 febbraio*
12 cam ⊑ – †65/73 € ††80/100 €   **Rist** – Carta 30/43 €
 ♦ Nel centro storico, ristorante con una sala classica ed elegante e un'altra più caratteristica aperta ai fumatori; servizio estivo sulla bella terrazza. Camere confortevoli.

DRAGA SANT' ELIA – Trieste (TS) – Vedere Pesek

DRIZZONA – Cremona (CR) – **561** G13 – ⊠ 26034   **17** C3
▶ Roma 491 – Parma 44 – Cremona 26 – Mantova 41

a Castelfranco d'Oglio Nord : 1,5 km – ⊠ 26034 Drizzona

↑   **Agriturismo l'Airone** ⚜   ⅃ ⅍ cam, 🆎 cam, ☆ **P** VISA ⑳ AE ① ⅗
strada comunale per Isola Dovarese 2 – ℰ *03 75 38 99 02*
– www.laironeagriturismo.com
14 cam ⊑ – †55/65 € ††75/85 € – 1 suite   **Rist** – Menu 30 €
 ♦ Nel verde della campagna del parco naturale del fiume Oglio, una risorsa accolta da un tipico cascinale ottocentesco, sapientemente ristrutturato. Camere eleganti.

DRONERO – Cuneo (CN) – **561** I4 – 7 333 ab. – alt. 622 m – ⊠ 12025   **22** B3
▶ Roma 655 – Cuneo 20 – Colle della Maddalena 80 – Torino 84
ℹ piazza XX Settembre 3, ℰ 0171 91 70 80, www.comune.dronero.cn.it

XX   **Rosso Rubino**   VISA ⑳ AE ① ⅗
piazza Marconi 2 – ℰ *01 71 90 56 78* – *www.ristoranterossorubino.it* – *chiuso 2 settimane in febbraio, 2 settimane in novembre e lunedì*
Rist – Menu 17/35 € – Carta 27/49 €
 ♦ Piccolo quanto grazioso locale che offre interessanti proposte - anche con menu a prezzo fisso - alcune derivanti dalla tradizione, altre più moderne. Qualche ricette di mare per gli amanti del pesce.

DUINO AURISINA – Trieste (TS) – **562** E22 – 8 633 ab. – ⊠ 34013   **11** D3
▶ Roma 649 – Udine 50 – Gorizia 23 – Grado 32

X   **Gruden**   🍴 ☆ VISA ⑳ AE ① ⅗
località San Pelagio 49, Nord-Est: 5 km ⊠ 34011 San Pelagio – ℰ *04 20 01 51*
– www.myresidence.it – *chiuso settembre, lunedì, martedì*
Rist – Carta 20/30 €
 ♦ La passione per la buona tavola non ha mai abbandonato questa trattoria familiare, che da più di cent'anni propone ricette locali e cucina casalinga.

a Sistiana **Sud-Est : 4 km – ✉ 34019**

🏨 **Eden** senza rist

Sistiana 42/a – ☎ 04 02 90 70 42 – www.edensistiana.it
15 cam ☕ – 👤75/100 € 👥100/160 €
♦ Lungo la strada che attraversa il paese - in un edificio del 1906 - interni di ricercata e moderna semplicità, nonché camere dai colori pastello (mansardate quelle al secondo piano).

🍴🍴 **Gaudemus** con cam

Sistiana 57 – ☎ 0 40 29 92 55 – www.gaudemus.com – chiuso gennaio
9 cam ☕ – 👥90/150 € – ½ P 80 €
Rist – *(chiuso domenica, lunedì) (chiuso a mezzogiorno)* Carta 38/63 €
♦ Paradiso o purgatorio? In ciascuna di queste - già dal nome - originali sale, due confessionali dell'Ottocento perfettamente conservati. Sulla tavola: piatti della tradizione carsica e sfiziose ricette di pesce. Camere modernamente rinnovate.

DUNA VERDE – Venezia (VE) – Vedere Caorle

EBOLI – Salerno (SA) – 564 F27 – 38 034 ab. – alt. 145 m – ✉ 84025 7 C2

▶ Roma 296 – Potenza 77 – Napoli 85 – Salerno 34

🍴🍴 ✿ **Il Papavero**

corso Garibaldi 112/113 – ☎ 08 28 33 06 89 – chiuso domenica sera, lunedì
Rist – (consigliata la prenotazione) Menu 30/40 € – Carta 28/37 €
Spec. Crostacei con carciofi scomposti ed il loro brodo. Risotto con fichi bianchi del Cilento, pistacchi e provola con riduzione di aglianico. Trancio di pescato affumicato con variazioni di broccoli.
♦ Nel centro storico, la storia gastronomica campana si unisce alla fantasia e alla dinamicità dello chef. Il risultato? Carne e pesce si sfidano in piatti dalle originali elaborazioni. Interessante carta dei vini con molte etichette regionali di cui buona parte anche al bicchiere.

EGADI (Isole) Sicilia – Trapani (TP) – 365 AI56 – 4 358 ab. Sicilia 39 A2

👁 Favignana★★: Cala Rossa★ – Levanzo★: Grotta del Genovese★ – Marettimo★: giro dell'isola in barca★★

FAVIGNANA (TP) – 565 N18 – ✉ 91023 39 A2

⛴ per Trapani – a Favignana, Siremar, call center 892 123

🏨 **Aegusa**

via Garibaldi 11/17 – ☎ 09 23 92 24 30 – www.aegusahotel.it – aprile-ottobre
28 cam ☕ – 👤50/100 € 👥70/180 € – 3 suites – ½ P 120 €
Rist – *(aprile-settembre)* Carta 32/57 €
♦ Proprio nel centro del paese, hotel aperto non molti anni or sono, ricavato in un signorile palazzo. Arredi semplici e freschi che ingentiliscono le già graziose camere. Per i pasti ci si accomoda nel giardinetto esterno.

🏠 **Egadi**

via Colombo 17/19 – ☎ 09 23 92 12 32 – www.albergoegadi.it – aprile-ottobre
11 cam ☕ – 👤65/115 € 👥100/200 € – ½ P 85/135 € **Rist** – Carta 33/66 €
♦ Un'accogliente risorsa a gestione familiare nel cuore della località con colorate e funzionali camere in tinte pastello, nonché vista panoramica sul mare e sulla costa. Nella raffinata ed intima sala ristorante, piatti tipici a base di pesce interpretati con creatività.

EGNA (NEUMARKT) – Bolzano (BZ) – 562 D15 – 4 926 ab. – alt. 214 m – ✉ 39044 31 D3

▶ Roma 609 – Bolzano 19 – Trento 42 – Belluno 120

🏠 **Andreas Hofer** 　　　🛜 🍽 🏢 ঙ 🕳 P VISA ⊙ ৬

via delle Vecchie fondamenta 21-23 – ℰ 04 71 81 26 53
– www.hotelandreashofer.com
32 cam ⌷ – †55/65 € ††90/100 € – 3 suites – ½ P 60 €
Rist – *(chiuso domenica)* Carta 26/54 €

◆ Nel centro storico e di fronte ai portici, albergo sviluppato su tre costruzioni adiacenti, in un curioso stile veneziano; ampie camere ricavate da alcuni antichi vani. La cucina offre proposte altoatesine.

✗ **Johnson & Dipoli** 　　　🛜 VISA ⊙ ① ৬

via Andreas Hofer – ℰ 0 47 38 03 23
Rist – Carta 54/65 €

◆ Sotto i portici del bel centro storico, è Enzo che con grande passione e savoir-faire gestisce questo piacevole locale: vini in primo piano (ottima la selezione di etichette al bicchiere) e in carta piatti d'impostazione classico-italiana.

EGNA = Egna (BZ)

ELBA (Isola d')★ – Livorno (LI) – 563 N12 – 31 059 ab. – alt. 1 019 m　　28 B3
█ Toscana

🛬 a Marina di Campo località La Pila (marzo-ottobre) ℰ 0565 976037
🚢 vedere Portoferraio e Rio Marina
ℹ️ vedere Portoferraio
⛳ Acquabona, 0565 940066, www.elbagolfaquabona.it – chiuso lunedì da aprile a settembre

---

CAPOLIVERI (LI) – 563 N13 – 3 840 ab. – ✉ 57031　　28 B3
▶ Porto Azzurro 5 – Portoferraio 16
◎ ⁂ ★★ dei Tre Mari

✗ **Il Chiasso** 　　　🛜 AK VISA ⊙ AE ৬

vicolo Nazario Sauro 13 – ℰ 05 65 96 87 09 – Pasqua-ottobre; chiuso martedì (escluso da giugno a settembre)
Rist – *(chiuso a mezzogiorno)* Carta 39/71 € ⅋

◆ Caratteristiche sale separate da un vicolo nelle viuzze del centro storico: piatti di terra e di mare in un ambiente simpaticamente conviviale.

✗ **Da Pilade** con cam 　　　🛜 ঙ AK ⁽ᵗ⁾ VISA ⊙ ৬

località Marina di Mola, Nord: 2,5 km – ℰ 05 65 96 86 35 – www.hoteldapilade.it – 20 aprile-20 ottobre
25 cam ⌷ – †50/75 € ††100/160 € – 15 suites – ½ P 95 €
Rist – *(chiuso a mezzogiorno da giugno a ottobre)* Carta 34/53 €

◆ Sulla strada per Capoliveri, ristorante a conduzione familiare dove gustare piatti tradizionali sia di carne sia di pesce. Ottime specialità alla brace.

---

a Pareti Sud : 4 km – ✉ 57031 Capoliveri

🏠 **Dino** ⌂ 　　　< 🚗 🗻 🛜 🕳 P VISA ⊙ ৬
⊗⊗

– ℰ 05 65 93 91 03 – www.elbahoteldino.com – Pasqua-ottobre
30 cam – †50/95 € ††70/128 €, ⌷ 12 € – ½ P 106 €　　**Rist** – Carta 19/42 €

◆ Ospitalità familiare per un semplice albergo in piacevole posizione: camere lineari e accesso diretto alla spiaggia privata. Cucina classica servita in un'ampia sala e in una terrazza esterna.

---

a Marina di Capoliveri Nord-Est : 4 km – ✉ 57031 Capoliveri

🏠 **Grand Hotel Elba International** ⌂ 　< 🚗 🗻 🛜 🏊 💆 ⁂ 🍽

Baia della Fontanella 1 　　　🎿🕳 AK 🛜 rist, 🕻 💪 P VISA ⊙ AE ① ৬
– ℰ 05 65 94 61 11 – www.elbainternational.it – 22 aprile-8 ottobre
128 cam ⌷ – †75/200 € ††140/230 € – 5 suites – ½ P 105/150 €
Rist – Carta 26/40 €

◆ Gestione dinamica ed ospitalità di alto livello sono i presupposti per una vacanza indimenticabile in questa struttura panoramica in continua evoluzione. Ottimo settore notte con camere spaziose e arredi di taglio moderno. Ristorante dalle ampie vetrate e menu ben articolato.

ELBA (Isola d')

a Lido Nord-Ovest : 7,5 km – ⊠ 57031 Capoliveri

🏨 **Antares** ⍉ ← 🚗 ᛣ 🏠 ᛁ 🛠 ᛧᛁ � rist, P ᛉᛠ 🞋 ᛜ
 – ☎ 05 65 94 01 31 – www.elbahotelantares.it – 20 aprile-7 ottobre
 49 cam ⌦ – ♦87/227 € ♦♦100/280 € – ½ P 145 € **Rist** – Menu 25/40 €
 ◆ A ridosso di un'insenatura, tra spiaggia e mare, due bianche strutture immerse
 in una tranquilla e verdeggiante macchia mediterranea; arredi in stile marinaro.

MARCIANA (LI) – **563** N12 – **2 236 ab.** – alt. 375 m – ⊠ 57030   28 B3

▶ Porto Azzurro 37 – Portoferraio 28
👁 ← ★
🄶 Monte Capanne★★ : ⁂★★

a Poggio Est : 3 km – alt. 300 m – ⊠ 57030

🍴🍴 **Publius** ← 🏠 ᛣ ᛉᛠ 🞋 ᛠ ᛜ
 piazza Del Castagneto 11 – ☎ 0 56 59 92 08 – www.ristorantepublius.it
 – aprile-novembre; chiuso lunedì a mezzogiorno dal 15 giugno al 15 settembre,
 tutto il giorno negli altri mesi
 Rist – Carta 30/60 €
 ◆ In posizione elevata, la vista si bea di costa e mare, il locale - caratteristico nel-
 l'arredo e nei piatti - propone una squisita cucina con solide radici isolane e
 toscane.

a Sant' Andrea Nord-Ovest : 6 km – ⊠ 57030 Marciana

🏨 **Gallo Nero** ⍉ ← 🚗 ᛣ 🛠 ᛁᛁ ᛧᛁ rist, ᛁᛁ P ᛉᛠ 🞋 ᛜ
 via San Gaetano 20 – ☎ 05 65 90 80 17 – www.hotelgallonero.it
 – Pasqua-20 ottobre
 29 cam – ♦80/120 € ♦♦100/160 € – ½ P 80/94 €
 Rist – (prenotazione obbligatoria) Carta 28/45 €
 ◆ Suggestiva posizione panoramica, contornata da rigogliose terrazze-giardino
 con piscina. Grande cura dei particolari, nonché arredi di buon gusto. Ristorante
 dalle enormi vetrate semicircolari per una vista mozzafiato a 180º; carne e pesce
 si spartiscono il menu.

🏨 **Barsalini** ⍉ ← 🚗 ᛣ 🛠 ᛧᛁ P ᛉᛠ 🞋 ᛜ
 piazza Capo Sant'Andrea 2 – ☎ 05 65 90 80 13 – www.hotelbarsalini.com
 – aprile-20 ottobre
 32 cam ⌦ – ♦80/160 € ♦♦80/180 € – 1 suite – ½ P 112 €
 Rist – Carta 28/57 €
 ◆ In zona nota per le belle scogliere e i fondali, Barsalini nasce dall'unione di piccole strutture rinnovate in anni diversi: camere differenti nel confort, quasi tutte
 vista mare. Sala da pranzo panoramica, ventilata e luminosa.

🏨 **Cernia Isola Botanica** ⍉ ← 🚗 ᛣ ᛉᛠ ᛧᛁ rist, ᛁᛁ P ᛉᛠ 🞋 ᛜ
 via San Gaetano 23 – ☎ 05 65 90 82 10 – www.hotelcernia.it
 – 10 aprile-20 ottobre
 27 cam ⌦ – ♦65/160 € ♦♦90/240 € – ½ P 110/140 €
 Rist – (chiuso a mezzogiorno) Menu 30/35 €
 ◆ Nati dalla passione dei proprietari, un giardino fiorito e un orto botanico con
 piscina avvolgono una struttura ricca di personalità e tocchi di classe. Interessanti
 proposte al ristorante, dove si valorizza il territorio in chiave moderna.

🏨 **Da Giacomino** ⍉ ← 🏠 ᛣ ᛉᛠ ᛠ cam, ᛧᛁ rist, ᛁᛁ P 🚗 ᛠ 🞋 ᛜ
 – ☎ 05 65 90 80 10 – www.hoteldagiacomino.it – aprile-ottobre
 33 cam – solo ½ P 109 € **Rist** – Menu 20/40 €
 ◆ Cercate la natura e gli spazi aperti? Un grande parco (in parte frutteto ed orto)
 attrezzato con sdraio vi separa, a terrazze digradanti, da un'incantevola costa rocciosa. Camere rinnovate in uno stile classico, squisita ospitalità familiare e
 sapori casalinghi al ristorante.

414

a Spartaia Est : 12 km – ⊠ 57030 Procchio

Desiree ⟡ ⟢ 🖼 🔥 ≋ 🛗 🍽 ↔ 🅰🅲 🍴 rist. ⟟ 🛎 🅿 🆅🆂🅰 ⓪ 🅰🅴 ⓪ ⟡

via Spartaia 15 – ☎ 05 65 90 73 11 – www.desireehotel.it – aprile-ottobre
76 cam ⌁ – ♦77/172 € ♦♦154/344 € – 7 suites – ½ P 97/192 €
Rist – Carta 34/61 €

♦ Appartato, in un giardino mediterraneo frontestante l'incantevole ed esclusiva baia di Spartaia, hotel dagli spazi ben organizzati e confortevoli camere con vista. Accesso diretto alla spiaggia privata.

a Procchio Est : 13,5 km – ⊠ 57030

Hotel del Golfo ⟡ ⟢ 🖼 🔥 ≋ 🛗 ⅃ rist. ↔ 🅰🅲 🍴 rist. ⟟ 🛎 🅿

via delle Ginestre 31 – ☎ 05 65 90 21 🆅🆂🅰 ⓪ 🅰🅴 ⓪ ⟡
– www.hoteldelgolfo.it – aprile-ottobre
120 cam ⌁ – ♦100/185 € ♦♦165/300 € – 4 suites – ½ P 195 €
Rist – Menu 35/55 €
Rist La Capannina – Carta 35/60 €

♦ Hotel composto da più strutture che abbracciano una parte della pittoresca baia: ampie e confortevoli camere inserite in curati giardini e piscina con acqua di mare. Al ristorante La Capannina: varie proposte di pesce da gustare vicino alla distesa blu.

a Pomonte Sud-Ovest : 15 km – ⊠ 57030

Da Sardi ↔ 🅰🅲 🅿 🆅🆂🅰 ⓪ 🅰🅴 ⓪ ⟡

via del Maestrale 1 – ☎ 05 65 90 60 45 – www.hotelsardi.it – 15 marzo-novembre
24 cam ⌁ – ♦39/75 € ♦♦78/150 € – ½ P 88 € **Rist** – Carta 19/41 €

♦ Nella parte rocciosa dell'isola, albergo a gestione familiare ampliato di recente, con camere che brillano per tenuta e pulizia: qualcuna è stata recentemente rinnovata. Ristorante dalle classiche proposte sia di carne sia di pesce.

Corallo ⟡ 🖼 🅰🅲 🍴 rist. ⟟ 🅿 🆅🆂🅰 ⓪ 🅰🅴 ⟡

via del Passatoio 28 – ☎ 05 65 90 60 42 – www.elbacorallo.it
– 15 marzo-10 novembre
14 cam ⌁ – ♦40/110 € ♦♦70/160 € – ½ P 86 € **Rist** – Menu 15/20 €

♦ Gestita da una giovane coppia, piccola struttura ben curata e gradevole con un numero di stanze non elevato. Mare vicino, entroterra invitante, se disponibili richiedere una delle due nuove camere. Al ristorante: tipica cucina elbana a base di pece.

MARCIANA MARINA (LI) – 563 N12 – **1 975 ab.** – ⊠ 57033 **28** B3
▶ Porto Azzurro 29 – Portoferraio 20

☓☓ Capo Nord ⟢ 🖳 🅰🅲 🆅🆂🅰 ⓪ 🅰🅴 ⟡

al porto, località La Fenicia – ☎ 05 65 99 69 83 – marzo-novembre
Rist – (chiuso lunedì da marzo a maggio) (prenotare) Carta 48/69 € 🍸

♦ Un palcoscenico sul mare da cui godere di tramonti unici: sale sobriamente eleganti e proposte a base di pesce.

☓☓ Scaraboci 🅰🅲 🆅🆂🅰 ⓪ 🅰🅴 ⓪ ⟡

via XX Settembre 29 – ☎ 05 65 99 68 68 – chiuso dal 7 gennaio all'8 marzo e mercoledì escluso da giugno al 15 settembre
Rist – (chiuso a mezzogiorno) (consigliata la prenotazione) Menu 39/51 € 🍸

♦ A pochi metri dall'incantevole lungomare di Marciana, ecco uno dei gioielli gastronomici dell'isola: di terra, o più spesso di mare, i piatti esaltano in prodotti, intrigano per accostamenti, seducono con le presentazioni.

MARINA DI CAMPO (LI) – 563 N12 – ⊠ 57034 **28** B3
▶ Marciana Marina 26 – Porto Azzurro 23 – Portoferraio 17
◉ Museo Nazionale di Villa Napoleone di San Martino ★

Dei Coralli 🖼 🖳 ⅃ 🔥 🍽 🛗 🅰🅲 🍴 rist. ⟟ 🅿 🆅🆂🅰 ⓪ 🅰🅴 ⟡

viale degli Etruschi 567 – ☎ 05 65 97 63 36 – www.hoteldeicoralli.it
– 20 aprile-10 ottobre
62 cam ⌁ – ♦75/210 € ♦♦120/214 € – ½ P 67/130 € **Rist** – Menu 22/40 €

♦ Edificio di moderna concezione, con servizi funzionali e buon livello di ospitalità. Non lontano dal centro cittadino e dal mare dal quale lo separa una fresca pineta.

🏨 **Meridiana** senza rist ≈ 🛗 ᵭ 🅰🅲 ¶ 🅿 VISA ⏺ 🄰🄴 ① ⑤

viale degli Etruschi 465 – ℰ 05 65 97 63 08 – www.hotelmeridiana.info
– Pasqua-15 ottobre
36 cam ☐ – ♦48/148 € ♦♦96/196 € – 1 suite
♦ Camere confortevoli e luminosi spazi comuni in questa piacevole struttura a conduzione familiare, immersa in una fresca pineta. (Su richiesta: disponibile un servizio spaghetteria e panini).

✗✗ **La Lucciola** ᒪ 🛋 VISA ⏺ ⑤

viale Nomellini 64 – ℰ 05 65 97 63 95 – www.lalucciola.it – Pasqua-ottobre;
chiuso martedì in bassa stagione
Rist – Carta 35/60 €
♦ Direttamente sulla spiaggia locale di piacevole atmosfera che si "ritocca" la sera per creare un'ambiance più discreta ed intima. La cucina rimane fedele al pescato giornaliero.

a Fetovaia Ovest : 8 km – ⊠ 57034 Seccheto

🏨 **Montemerlo** ≫ ≈ 🛋 ᵭ rist, 🅰🅲 ✗ rist, 🅿 VISA ⏺ ⑤

– ℰ 05 65 98 80 51 – www.welcometoelba.com – Pasqua-ottobre
37 cam ☐ – ♦42/85 € ♦♦84/170 € – ½ P 87 €   **Rist** – *(solo per alloggiati)*
♦ Stanze confortevoli con arredi classici, ricavate da quattro villette sparse nel delizioso giardino con piscina. Non lontano dalla spiaggia, in posizione arretrata e panoramica, la tranquillità regna sovrana.

🏠 **Galli** ≼ 🅰🅲 ✗ 🅿 VISA ⏺ ⑤
🅰️

– ℰ 05 65 98 80 35 – www.hotelgalli.it – Pasqua-ottobre
29 cam ☐ – ♦45/90 € ♦♦65/170 € – ½ P 105 €   **Rist** – Menu 20 €
♦ Nella splendida cornice della Fetovaia, belle camere (6 con vista mare) e terrazza comune attrezzata, in un insieme composto di logge e spazi differentemente articolati. In stile isolano, la genuinità di una solida gestione familiare.

PORTO AZZURRO (LI) – 563 N13 – 3 527 ab. – ⊠ 57036   28 B3
◉ Località ★

✗ **Osteria dei Quattro Gatti** 🛋 🅰🅲 ⟷ VISA ⏺ ⑤

piazza Mercato 4 – ℰ 05 65 95 92 40 – marzo-ottobre; chiuso lunedì escluso
15 giugno-15 settembre
Rist – *(chiuso a mezzogiorno)* (coperti limitati, prenotare) Carta 34/62 €
♦ Tra le viette del centro storico, una "ruspante" osteria con un côté vagamente romantico: gattini in ceramica, centrini e ninnoli vari. In menu: proposte a base di pesce, presentate con un pizzico di fantasia.

PORTOFERRAIO (LI) – 563 N12 – 12 182 ab. – ⊠ 57037   28 B3
🚹 Marciana Marina 20 – Porto Azzurro 15
🚢 per Piombino – Toremar, call center 892 123
🚢 Navarma-Moby Lines, call center 199 303 040
🛈 viale Elba 4, ℰ 0565 91 46 71, www.isoleditoscana.it
◉ Strada per Cavo e Rio Marina: ≼ ★★

🏨 **Villa Ombrosa** ≼ ᒪ 🛋 🛗 🅰🅲 ✗ rist, ¶ 🅿 VISA ⏺ ⑤

via De Gasperi 9 – ℰ 05 65 91 43 63 – www.villaombrosa.it
38 cam ☐ – ♦50/138 € ♦♦80/210 € – 5 suites – ½ P 132 €   **Rist** – Carta 27/62 €
♦ In zona panoramica, a 20 m dalla spiaggia delle Ghiaie, albergo a conduzione diretta dagli ambienti sobri e dalle camere lineari, ma non prive di confort. Due ambienti per la tavola - il più caratteristico ricorda una piacevole taverna - e in menu gustose ricette sia di carne sia di pesce.

✗✗ **Stella Marina** 🛋 🅰🅲 VISA ⏺ 🄰🄴 ① ⑤

via Vittorio Emanuele II° 1 – ℰ 05 65 91 59 83 – www.ristorantestellamarina.com
– chiuso dal 5 novembre al 5 dicembre e dal 20 gennaio al 20 febbraio
Rist – *(chiuso lunedì a mezzogiorno in luglio-agosto, tutto il giorno negli altri mesi)*
Carta 36/51 € 🏵
♦ La posizione sul porto di questo ristorantino è strategica, la cucina di mare affidabile e gustosa. Apprezzabili anche la cantina e il servizio.

a Viticcio Ovest : 5 km – ✉ **57037 Portoferraio**

🏨 Viticcio ⪦ ⛴ 🏠 ⛲ cam, 🍴 rist, **P** **VISA** **◎◎** **AE** **⑤**
– 𝒞 05 65 93 90 58 – www.hotelviticcio.it – aprile-ottobre
🍴 **32 cam** 🛏 – †40/155 € ††80/200 € – ½ P 155 €
Rist – (chiuso a mezzogiorno escluso dal 15 giugno ad agosto) Menu 20 €
♦ Giardino-solarium con vista costa e mare per una struttura in stile mediterraneo, a strapiombo sul mare. Intonacato di bianco con infissi blu come il mare. Sala da pranzo luminosa e servizio a buffet per il pranzo.

a Biodola Ovest : 9 km – ✉ **57037 Portoferraio**

🏨🏨🏨 Hermitage 🦢 ⪦ ⏺ 🔑 🏠 ⛲ 🌳 😊 🏊 🍴 📺 🖥 ✳ 🏸 **AC** 🍸 ⛳ **P**
– 𝒞 05 65 97 48 11 – www.hotelhermitage.it **VISA** **◎◎** **AE** **⑤**
– aprile-ottobre
127 cam 🛏 – †175/310 € ††350/620 € – 2 suites – ½ P 200/335 €
Rist Hermitage – vedere selezione ristoranti
♦ Un hotel esclusivo ed elegante, il cui parco-giardino ospita una piscina con acqua di mare: tanti confort in una struttura ineccepibile, completata dall'amenità della posizione.

🏨🏨 Biodola 🦢 ⪦ ⛴ 🔑 🏠 🏊 🌳 🍴 📺 🖥 🏸 **AC** 🍸 rist, **P** **VISA** **◎◎** **AE** **⑤**
via Biodola 21 – 𝒞 05 65 97 48 12 – www.biodola.it – aprile-ottobre
88 cam 🛏 – †100/185 € ††165/300 € – ½ P 195 € **Rist** – Carta 35/60 €
♦ Giardino fiorito con piscina per questo complesso ubicato in una delle baie più esclusive dell'isola. Stile classico con servizi e ospitalità sicuramente ad alto livello.

🍴🍴🍴🍴 Hermitage – Hotel Hermitage ⏺ **AC** 🍸 **P** **VISA** **◎◎** **AE** **⑤**
– 𝒞 05 65 97 48 11 – www.hotelhermitage.it – aprile-ottobre
Rist – Carta 55/70 €
♦ E' il ristorante principe dell'albergo: in un ambiente raffinato, la cucina rievoca i classici del Bel Paese, parteggiando però nella lista dei vini per i rossi toscani. Ottime, le specialità di pesce.

a Scaglieri Ovest : 9 km – ✉ **57037 Portoferraio**

🏨 Danila 🦢 ⪦ ⛴ **AC** 🍸 rist, **P** **VISA** **◎◎** **⑤**
golfo della Biodola – 𝒞 05 65 96 99 15 – www.hoteldanila.it
– 15 marzo-20 ottobre
27 cam 🛏 – ††92/260 € – ½ P 139 € **Rist** – Menu 25/45 € bc
♦ Gestione squisitamente al femminile che enfatizza l'attenzione al particolare delle signorili sale e delle confortevoli camere. Fiorite terrazze. Nella luminosa e calda sala ristorante, i sapori del territorio.

ad Ottone Sud-Est : 11 km – ✉ **57037 Portoferraio**

🏨🏨 Villa Ottone 🦢 ⪦ ⏺ 🔑 🏠 🏊 🌳 😊 🍴 🏸 **AC** 🛗 🍸 rist, 🍽 **P**
– 𝒞 05 65 93 30 42 – www.villaottone.com **VISA** **◎◎** **AE** **①** **⑤**
– maggio-ottobre
70 cam 🛏 – †95/175 € ††210/470 € – 6 suites – ½ P 130/260 €
Rist – (consigliata la prenotazione) Menu 49/86 €
♦ Suggestiva vista sul golfo di Portoferraio per questa raffinata struttura composta da una neoclassica villa ottocentesca (interamente affrescata), da un hotel e da graziosi cottage immersi in un parco secolare esteso fino alla spiaggia privata. Ultra-moderno centro benessere e golf a soli 3 km.

RIO MARINA (LI) – 563 N13 – **2 251 ab.** – ✉ **57038** **28** B3
▶ Porto Azzurro 12 – Portoferraio 20
🚢 per Piombino – Toremar, call center 892 123

🍴 La Canocchia **AC** ⇔ **VISA** **◎◎** **①** **⑤**
via Palestro 2/4 – 𝒞 05 65 96 24 32 – www.lacanocchia.com – chiuso lunedì in bassa stagione
Rist – Carta 37/54 €
♦ Calda atmosfera in un rustico e romantico locale del centro, che propone piatti sorprendentemente generosi, sapori di mare e specialità regionali.

RIO NELL'ELBA (LI) – **563** N13 – **1 224 ab.** – **alt. 165 m** – ✉ **57039**   28 B3

▶ Porto Azzurro 8 – Porto Ferraio 15

a Bagnaia Sud-Est : 12 km – ✉ 57037 Rio Nell'Elba

🏨 **Locanda del Volterraio** ⚓   ▱ ⚓ ⤢ 🕌 ✕ ♨ 🛌 🝙 ⚘ cam, 🕯
località Bagnaia-Residenza Sant'Anna   🛏 ⌂ 🆚 ⓪ 🆎 ① ♿
– ☎ 05 65 96 12 36 – www.volterraio.it – *29 maggio-26 settembre*
18 cam ⊑ – •70/170 € •100/220 € – ½ P 75/135 €
Rist – *(chiuso lunedì a mezzogiorno)* Carta 27/48 €
♦ All'interno di un complesso residenziale turistico, abbracciato da giardini fioriti e uliveti, grazioso hotel dalle ampie e confortevoli camere. Servizi in comune con l'intero complesso.

EMPOLI – Firenze (FI) – **563** K14 – **47 549 ab.** – **alt. 28 m** – ✉ **50053**   28 B1
▌ Toscana

▶ Roma 294 – Firenze 30 – Livorno 62 – Siena 68

✕✕ **Cucina Sant'Andrea**   🆎 ⇔ 🆚 ⓪ 🆎 ① ♿
via Salvagnoli 47 – ☎ 0 57 17 36 57 – www.cucinasantandrea.it
– *chiuso dal 16 al 21 agosto*
Rist – *(chiuso domenica in luglio e agosto, lunedì negli altri mesi)* Menu 28 €
– Carta 22/54 €
♦ "Appoggiato" alla vecchia cinta muraria, un locale con arredi in stile moderno, dove gustare piatti nazionali e locali, anche di pesce.

ENNA Sicilia ℙ **(EN)** – **365** AU58 – **27 963 ab.** – **alt. 931 m** – ✉ **94100**   40 C2
▌ Sicilia

▶ Agrigento 92 – Caltanissetta 34 – Catania 83 – Messina 180

ℹ via Roma 464, ☎ 0935 5 05 22 14, www.stupormundiviaggi.com.

◉ Castello★ ∶ ✳★★★ – Duomo: interno★ e soffitto★ – Torre di Federico★

🏨 **Sicilia** senza rist   🛁 ⮀ 🆎 🕯 🛏 🆚 ⓪ 🆎 ① ♿
piazza Colajanni 7 – ☎ + 39 09 35 50 08 50 – www.hotelsiciliaenna.it
60 cam ⊑ – •50/75 € ••70/120 €
♦ A cento metri dal Duomo, un albergo a gestione familiare con camere dagli arredi in stile e fantasiosi: alcune orientate sulla città, altre sulle motagne.

✕ **Centrale**   ☂ ♿ 🆎 🆚 ⓪ 🆎 ① ♿
😊 *piazza 6 Dicembre 9 – ☎ 09 35 50 09 63 – www.ristorantecentrale.net – chiuso sabato escluso da giugno a settembre*
Rist – Menu 22 € bc – Carta 23/35 €
♦ Ristorante a conduzione familiare, situato come evoca l'insegna nel cuore della città. Un salone dagli alti soffitti con arredi in bilico tra tradizione e modernità. Ogni giorno: gustoso buffet di antipasti.

ENTRACQUE – Cuneo (CN) – **561** J4 – **862 ab.** – **alt. 894 m** – **Sport   22 B3
invernali** : ☃4, ⚷ – ✉ **12010**

▶ Roma 667 – Cuneo 24 – Milano 240 – Colle di Tenda 40

ℹ piazza Giustizia e Libertà 2, ☎ 0171 97 86 16, www.entracque.org

🏨 **Miramonti**   ⇐ ▱ ♨ rist, ☎ ℙ 🆚 ⓪ 🆎 ① ♿
😊 *viale Kennedy 2 – ☎ 01 71 97 82 22 – www.hotelmiramontientracque.com*
– *chiuso dal 10 al 30 novembre*
18 cam – •35/50 € ••60/70 €, ⊑ 5 € – ½ P 55 €
Rist – *(24 dicembre-Pasqua e giugno-settembre)* Menu 15 €
♦ Caratteristica casa di montagna con giardinetto antistante e balconi punteggiati di fiori. La conduzione familiare è immutata nel tempo, così pure l'offerta di camere semplici, sempre piacevolmente ordinate.

ENTRÈVES – Aosta (AO) – **561** E2 – **Vedere Courmayeur**

EOLIE (Isole)★★★ Sicilia – Messina (ME) – 365 AY53 – 11 239 ab.

🛏 Sicilia

⛴ per Milazzo e Napoli – a Lipari, Siremar, call center 892 123

👁 Vulcano★★★ – Stromboli★★★ – Lipari★: Museo Archeologico Eoliano★★, ❅★★★ dal belvedere di Quattrocchi – Salina★ – Panarea★ – Filicudi★ – Alicudi★

LIPARI (ME) – 565 L26 – 11 268 ab. – ⊠ 98055

🅰 corso Vittorio Emanuele 202, ✆ 090 9 88 00 95, www.aasteolie.191.it

🏨 Tritone 🍴 🏊 🏋 🕴 🚪 🔉 🔒 📶 ⚑ 🅿 🚗 VISA ⊚ AE ① 💲

via Mendolita – ✆ 09 09 81 15 95 – www.bernardigroup.it
38 cam 🛏 – †85/145 € ††120/280 € – 1 suite – ½ P 180 €
Rist – *(marzo-ottobre)* Carta 34/47 €

♦ Non lontano dal centro, costruzione moderna con interni di classica eleganza e terrazza panoramica. Ottimo centro benessere con un'ampia scelta di trattamenti estetici e massaggi. Un'unica enorme sala è destinata alla ristorazione, ma d'estate ci si sposta a bordo piscina per il pranzo a buffet.

🏨 Aktea 🦋 🔉 🍴 🏊 🕴 🚪 🔉 AC 💲 🔊 🔒 🅿 VISA ⊚ AE ① 💲

via Falcone e Borsellino – ✆ 09 09 81 42 34 – www.hotelaktea.it
40 cam 🛏 – ††110/260 € – 3 suites – ½ P 85/160 €   **Rist** – Carta 23/88 €

♦ Recente struttura moderna e di prestigio accolta in due edifici, con molti spazi a disposizione degli ospiti: alcuni originali dettagli richiamano lo stile della casa eoliana.

🏨 Villa Meligunis ⪻ 🏊 🕴 AC 💲 cam, 🔊 🔒 VISA ⊚ AE ① 💲

via Marte 7 – ✆ 09 09 81 24 26 – www.villameligunis.it – Pasqua-10 ottobre
32 cam 🛏 – †110/140 € ††160/190 € – ½ P 112/127 €
Rist – *(Pasqua-ottobre)* Carta 34/56 € (+15 %)

♦ Nel caratteristico quartiere di pescatori, un'elegante struttura all'interno di un edificio storico con fontana all'ingresso e quadri di arte contemporanea a vivacizzare gli spazi comuni. Roof garden con piccola piscina. Fantastica la vista panoramica dalla sala da pranzo.

🏨 A' Pinnata senza rist ⪻ 🚶 AC 💲 🔊 🔒 VISA ⊚ AE ① 💲

baia Pignataro – ✆ 09 09 81 16 97 – www.bernardigroup.it – marzo-ottobre
12 cam 🛏 – †120/155 € ††150/270 €

♦ Perfetto per chi vi approda con un'imbarcazione, la vecchia piccola pizzeria di un tempo è oggi un hotel dagli spazi arredati con belle ceramiche. Prima colazione in terrazza dalla vista impagabile.

🏨 Rocce Azzurre 🦋 ⪻ 🍴 🕴 💲 🔊 VISA ⊚ 💲

via Maddalena 69 – ✆ 09 09 81 32 48 – www.hotelrocceazzurre.it – aprile-ottobre
33 cam 🛏 – †91/110 € ††150/170 € – ½ P 85/125 €   **Rist** – Menu 20/35 €

♦ Piattaforma-solarium sul mare e piccola spiaggetta per questa struttura non lontano dal centro, ma in posizione tranquilla. Camere in stile classico, marina o con ceramiche di Caltagirone.

🏨 Poseidon senza rist AC VISA ⊚ AE ① 💲

via Ausonia 7 – ✆ 09 09 81 28 76 – www.hotelposeidonlipari.com
– marzo-ottobre
18 cam 🛏 – †40/90 € ††65/150 €

♦ Semplici graziose camere con letti in ferro battuto dalle sfumature cerulee, premura e cortesia di un servizio familiare sempre presente e attento. In un vicolo del centro.

🏨 Oriente senza rist 🔊 AC 🅿 VISA ⊚ AE ① 💲

via Marconi 35 – ✆ 09 09 81 14 93 – www.hotelorientelipari.com
– maggio-ottobre
32 cam 🛏 – †40/80 € ††60/130 €

♦ Piccolo e semplice, raccoglie negli spazi comuni un'originale collezione di oggetti di interesse etnografico, vera passione del titolare. Comodo il servizio navetta gratuito dal porto.

Filippino 🛖 AC ⟷ VISA ◎ AE ① 🕭

*piazza Municipio – ℰ 09 09 81 10 02 – www.bernardigroup.it – chiuso dal
16 novembre al 15 dicembre e lunedì (escluso da aprile a settembre)*
Rist – Carta 34/48 € ⚘

♦ Piacevole e fresco il pergolato esterno di questo storico locale al traguardo dei
100 anni, dove vi verrà proposta una gustosa e ampia gamma di pescato locale
elaborato in preparazioni tipiche.

Kasbah Café 🛖 AC VISA ◎ ① 🕭

*via Maurolico 25 – ℰ 09 09 81 10 75 – www.kasbahcafe'.it – aprile-ottobre;
chiuso mercoledì escluso giugno-15 settembre*
Rist – *(chiuso a mezzogiorno)* Carta 31/47 €

♦ In un vecchio magazzino, una piccola sala e un grazioso dehors con sedie in
ferro e illuminazione orientaleggiante immerso in un limoneto. Semplice e autentica cucina di pesce.

Nenzyna 🛖 AC VISA ◎ AE ① 🕭

via Roma 4 – ℰ 09 09 81 16 60 – www.ristorantenenzyna.it – Pasqua-ottobre
Rist – Carta 25/49 €

♦ Curiosa risorsa articolata in due accoglienti salette, l'una di fronte all'altra,
divise tra di loro dal vicolo della Marina Corta. Nessuna ricercatezza invece in
cucina, il pesce è una garanzia.

PANAREA (ME) – **565** L27 – ✉ **98050**   **40** D1

Cincotta ⌂ ⩽ 🏊 AC ⚘ 🛰 VISA ◎ AE ① 🕭

via San Pietro – ℰ 0 90 98 30 14 – www.hotelcincotta.it – 20 aprile-20 ottobre
29 cam ⚏ – †70/360 € ††100/360 € – ½ P 220/250 €   **Rist** – Carta 50/65 €
♦ Terrazza con piscina d'acqua di mare, una zona comune davvero confortevole
e camere in classico stile mediterraneo, gradevoli anche per l'ubicazione con
vista mare.

Quartara ⌂ ⩽ 🛖 AC 🛰 VISA ◎ AE ① 🕭

via San Pietro 15 – ℰ 0 90 98 30 27 – www.quartarahotel.com – aprile-ottobre
13 cam ⚏ – †130/270 € ††200/450 € – ½ P 135/260 €
Rist Broccia – *(giugno-settembre)* Carta 38/78 €

♦ La terrazza panoramica offre una vista notevole, considerata la posizione arretrata rispetto al porto. Arredi nuovi e di qualità che offrono eleganza e personalizzazioni. Il ristorante offre una grande atmosfera.

Lisca Bianca senza rist ⩽ AC 🛰 VISA ◎ AE ① 🕭

via Lani 1 – ℰ 0 90 98 30 04 – www.liscabianca.it – aprile-ottobre
29 cam ⚏ – ††100/260 €
♦ Affacciato sul porto, offre una delle terrazze più suggestive dell'isola e camere
personalizzate con arredi e maioliche eoliani.

Hycesia con cam 🛖 🛰 VISA ◎ AE ① 🕭

via San Pietro – ℰ 0 90 98 30 41 – www.hycesia.it – 15 maggio-15 ottobre
8 cam ⚏ – †70/200 € ††100/240 € – 1 suite – ½ P 93/158 €
Rist – *(chiuso a mezzogiorno)* Carta 48/99 € ⚘

♦ Un ristorante esclusivo nel cuore di Panarea: una delle più fornite cantine ed
una selezione dei migliori prodotti, in un ambiente piacevole ed elegante in stile
eoliano...con qualche contaminazione etnica.

FILICUDI (ME) – **565** L25 – ✉ **98050**   **40** C1

La Canna ⌂ ⩽ 🛖 🏊 AC P VISA ◎ AE 🕭

contrada Rosa – ℰ 09 09 88 99 56 – www.lacannahotel.it – maggio-ottobre
14 cam – †40/110 € ††74/154 €, ⚏ 10 € – ½ P 112 €   **Rist** – Carta 25/34 €
♦ Ubicata nella parte alta e panoramica dell'isola, a picco sul porticciolo, risorsa a
gestione familiare con ampie terrazze, dotata anche di una godibile piscina-solarium. Spaghetti ai ricci di mare e pesce alla griglia tra le specialità del ristorante: il
finale è in dolcezza con il passito della casa.

✗ **La Sirena** con cam ⌂ ‹ 🖼 ⌘ cam, 𝘝𝘐𝘚𝘈 ⦿ 🜚
località Pecorini Mare – ✆ 09 09 88 99 97 – www.pensionelasirena.it
– 21 maggio-settembre
4 cam – solo ½ P 130 €   **Rist** – Carta 37/62 €
♦ Immaginarsi a cena su di una terrazza, affacciata sul piccolo porticciolo di un'incantevole isoletta del Mediterraneo. Il servizio estivo consente di vivere questo sogno.

STROMBOLI (ME) – **565** K27 – ✉ **98050**   **40** D1

🏨 **La Sirenetta Park Hotel** ⌂ ‹ 🖼 �🛋 🖼 ⌘ 🜚
via Marina 33, località Ficogrande – ✆ 0 90 98 60 25   𝘝𝘐𝘚𝘈 ⦿ AE ⓞ 🜚
– www.lasirenetta.it – aprile-ottobre
55 cam ⬚ – †90/155 € ††150/320 € – 3 suites – ½ P 175 €
Rist – Carta 34/57 €
♦ Il bianco degli edifici che assecondano la caratteristica architettura eoliana, il verde della vegetazione, la nera sabbia vulcanica e il blu del mare: dotazioni complete! Si può gustare il proprio pasto quasi in riva al mare, ai piedi del vulcano.

🏠 **La Locanda del Barbablu** 🅰🅒 cam, ⌘ 𝘝𝘐𝘚𝘈 ⦿ AE ⓞ 🜚
via Vittorio Emanuele 17-19 – ✆ 0 90 98 61 18 – www.barbablu.it – aprile-ottobre
6 cam ⬚ – †98/169 € ††150/260 €
Rist – *(chiuso a mezzogiorno)* Carta 40/50 €
♦ Lungo la strada sopraelevata che costeggia la spiaggia, grande cura di particolari e arredi artigianali in una tipica casa stromboliana. La signora Neva propone, ovviamente, la tradizionale cucina di pesce.

✗✗ **Punta Lena** 🖼 𝘝𝘐𝘚𝘈 ⦿ AE ⓞ 🜚
via Marina 8, località Ficogrande – ✆ 09 01 98 62 66 – maggio-ottobre
Rist – Carta 37/47 €
♦ Il servizio sotto un pergolato con eccezionale vista sul mare e sullo Strombolicchio, è la compagnia migliore per qualsiasi tipo di occasione. In cucina tanto pesce.

VULCANO (ME) – **565** L26 – ✉ **98055**   **40** D1

🏨 **Therasia Resort** ⌂ ‹ 🖼 🅛 🖼 🛋 🅰🅒 ⌘ 🅿 𝘝𝘐𝘚𝘈 ⦿ AE ⓞ 🜚
località Vulcanello – ✆ 09 09 85 25 55 – www.therasiaresort.it
– maggio-settembre
97 cam ⬚ – †100/260 € ††150/460 € – 2 suites   **Rist** – Carta 41/65 € 𝔅
♦ Circondata da un giardino con piante esotiche e palme, la struttura in stile mediterraneo privilegia gli spazi e la luminosità: qualche inserzione di elementi d'epoca, ma fondamentalmente ambienti moderni ed essenziali. A strapiombo sul mare, è l'unico punto dell'arcipelago da cui si vedono tutte le isole eoliane.

🏠 **Conti** ⌂ ‹ 🖼 🛋 cam, 🅰🅒 ⌘ rist, 🅿 𝘝𝘐𝘚𝘈 ⦿ AE 🜚
🍽 *località Porto Ponente* – ✆ 09 09 85 20 12 – www.contivulcano.it
– maggio-20 ottobre
71 cam ⬚ – †67/130 € ††112/175 € – 1 suite – ½ P 105 €
Rist – Menu 20/25 €
♦ Struttura in fresco stile eoliano che si sviluppa in vari corpi distinti. La celebre spiaggia nera è a pochi passi, è questa la risorsa ideale per godersela appieno. Cucina eclettica, con piatti che attingono a tradizioni regionali differenti.

SALINA (ME) – **565** L26 – **2 381 ab.**   **40** C1

🏨 **Signum** ⌂ ‹ 🖼 🖼 🛋 🅰🅒 ⌘ rist, 🜙 𝘝𝘐𝘚𝘈 ⦿ AE ⓞ 🜚
via Scalo 15, località Malfa ✉ 98050 Malfa – ✆ 09 09 84 42 22
– www.hotelsignum.it – 13 marzo-14 novembre
30 cam ⬚ – ††130/400 € – 3 suites – ½ P 125/260 €
Rist – Carta 43/89 € 𝔅
♦ Costruito come un tipico borgo eoliano dai caratteristici ambienti e dagli arredi artigianali, offre anche un piacevole centro benessere. Al ristorante: rinomata cucina con proposta serale più elaborata.

La Salina Borgo di Mare senza rist ⑤   ⟨ 🚘 🖭 📟 ⊗ 🖭 ⓞ ⑤
via Manzoni, frazione Lingua ✉ 98050 Santa Maria di Salina – 𝒞 09 09 84 34 41
– www.lasalinahotel.com – aprile-ottobre
24 cam ⵛ – ♦160/400 € – ♦♦200/400 €
♦ Attiguo alla salina, ormai dismessa, un borgo anticamente destinato ad abitazione di chi della salina si occupava... Oggi, un'elegante ristrutturazione rispettosa dell'architettura eoliana originaria consente di godere appieno delle belle camere e della deliziosa posizione in riva al mare.

Punta Scario senza rist   ⟨ 🚘 🖭 📟 🖭 ⓞ ⑤
via Scalo 8, località Malfa ✉ 98050 Malfa – 𝒞 09 09 84 41 39
– www.hotelpuntascario.it – aprile-ottobre
17 cam ⵛ – ♦♦90/220 €
♦ Albergo di sobria eleganza, ricavato in uno dei luoghi più suggestivi dell'isola, a strapiombo sulla scogliera, accanto ad una delle poche spiagge del litorale.

Nni Lausta   🏠 🕸 🖭 📟 ⑤
via Risorgimento 188, località Santa Marina Salina ✉ 98050 Santa Marina di Salina – 𝒞 09 09 84 34 86 – www.isolasalina.com – aprile-5 novembre
Rist – Menu 15 € (pranzo) – Carta 36/55 €
♦ E' il pesce il protagonista della tavola, la tradizione genuina e gustosa della cucina eoliana viene interpretata con abilità, fantasia e innovazione. Gestione dinamica.

EPPAN AN DER WEINSTRASSE = Appiano sulla Strada del Vino

ERACLEA – Venezia (VE) – 562 F20 – 12 844 ab. – ✉ 30020   36 D2
▶ Roma 569 – Udine 79 – Venezia 46 – Belluno 102
ℹ via Marinella 56, 𝒞 0421 6 61 34, www.turismovenezia.it

ad Eraclea Mare Sud-Est : 10 km – ✉ 30020

Park Hotel Pineta ⑤   🌙 ⟨ 🏊 🖭 🕸 🅿 🌲 🖭 ⊗ ⑤
via della Pineta 30 – 𝒞 0 42 16 60 63 – www.parkhotelpineta.com
– 10 maggio-25 settembre
58 cam ⵛ – ♦70/110 € ♦♦95/140 € – 23 suites – ½ P 82 €
Rist – Menu 18/25 €
♦ A pochi passi dal mare, avvolto dalla tranquillità di una pineta, hotel a conduzione familiare diviso in più strutture: comode camere ed appartamenti. Ideale per famiglie.

sulla strada provinciale 54 Nord: 10 km

La Tavernetta   🚘 🏠 🖭 📟 🖭 ⓞ ⑤
località Cittanova – 𝒞 04 21 31 60 91 – www.la-tavernetta.it
– chiuso dal 1° gennaio al 10 febbraio, lunedì e martedì
Rist – Menu 20 € bc/50 € bc – Carta 38/64 €
♦ Ricavato da un cascinale cinquecentesco, il ristorante si presenta con sale apparentemente di tono rustico (in realtà molto curate) ed un'ampia struttura esterna per il servizio estivo. Cucina contemporanea, soprattutto di pesce.

ERBA – Como (CO) – 561 E9 – 16 997 ab. – alt. 320 m – ✉ 22036   18 B1
▶ Roma 622 – Como 14 – Lecco 15 – Milano 44

Castello di Casiglio   🌙 🖭 ▦ ☗ 🖭 🕸 rist, ☏ 🚖 🅿 🖭 ⊗ ⓞ ⑤
via Cantù 21 verso Albavilla, Ovest: 1 km – 𝒞 0 31 62 72 88
– www.hotelcastellodicasiglio.it
45 cam ⵛ – ♦100/140 € ♦♦150/260 € – ½ P 110/165 €   **Rist** – Carta 44/96 €
♦ Abbracciato da un parco secolare, l'antico castello è oggi una suggestiva residenza adatta ad un soggiorno di relax, ma anche luogo ideale per attività congressuali e meeting. Al ristorante, ampie sale che si prestano soprattutto a tavole particolarmente numerose.

🏨 Leonardo da Vinci   🖨 📶 🕭 🎬 ⟨ᴵ⟩ 🍴 P VISA ⓪ AE ① ⛴

via Leonardo da Vinci 6 – 𝄢 *03 61 15 56 – www.hotelleonardodavinci.com*
71 cam ⌷ – †90/100 € ††130/150 € – 1 suite
Rist – *(chiuso domenica sera)* Carta 36/52 €

◆ Un suggestivo ascensore panoramico vi condurrà nelle ampie ed eleganti camere di questa grande struttura in stile moderno, particolarmente adatta per congressi e meeting. Ricercatezza nel ristorante, dove gustare la classica cucina italiana.

ERBUSCO – Brescia (BS) – 561 F11 – 8 540 ab. – alt. 236 m – ✉ 25030   19 D2

▶ Roma 578 – Bergamo 35 – Brescia 22 – Milano 69

🏌 Franciacorta Nigoline di Corte Franca via Provinciale 34/b, , Nord: 5 km, 030 984167, www.franciacortagolfclub.it – chiuso martedì

🏨 L'Albereta ⚘   ⟨ 🖨 🖥 🏊 🕭 Ⅼ₆ ✕ 📶 🚣 🕭 ⟨⟩ 🍴 🚵 P 🚗

via Vittorio Emanuele 23, Nord : 1,5 km
– 𝄢 *03 07 76 05 50 – www.albereta.it*   VISA ⓪ AE ① ⛴
57 cam – ††315/435 €, ⌷ 40 € – 9 suites
Rist *Gualtiero Marchesi* – vedere selezione ristoranti

◆ Affreschi d'epoca e decori di tipo provenzale rivaleggiano con lunette ed intarsi dell'800, ma anche con quadri d'ispirazione moderna, in un'antica dimora padronale con splendida vista sul lago d'Iseo. Dalle splendide camere, suggestivi scorci su questa oasi di pace.

🍴🍴🍴🍴 Gualtiero Marchesi – Hotel L'Albereta   🖨 📶 ⟲ P VISA ⓪ AE ① ⛴

via Vittorio Emanuele 23, Nord : 1,5 km – 𝄢 *03 07 76 05 62 – www.marchesi.it*
– chiuso dal 9 gennaio all'8 febbraio, domenica sera, lunedì
Rist – Menu 55 € bc/190 € – Carta 83/175 € 🏵

◆ Circondato da vigneti e da un parco secolare di cedri, querce e castagni, il ristorante si presenta con un'iscrizione che recita: "Parva domus, magna quies" (in una piccola casa, una grande quiete). Niente distrazioni, quindi, l'attenzione va riservata al piatto!

🍴🍴🍴 La Mongolfiera dei Sodi   🖨 🕭 VISA ⓪ AE ① ⛴

via Cavour 7 – 𝄢 *03 07 26 83 03 – www.mongolfiera.it – chiuso 1 settimana in gennaio, 20 giorni in agosto e giovedì*
Rist – Carta 44/89 € 🏵

◆ Una bella cascina del Seicento riconvertita in un tipico, ma distinto locale; quattro salette comunicanti e portico estivo, familiare cucina del territorio tra i filari.

ERCOLANO – Napoli (NA) – 564 E25 – 55 032 ab. – ✉ 80056 ▌ Italia   6 B2

▶ Roma 230 – Napoli 13 – Caserta 38 – Benevento 95

◉ Terme★★★ – Casa a Graticcio★★ – Casa dell'Atrio a mosaico★★ – Casa Sannitica★★
– Casa del Mosaico di Nettuno e Anfitrite★★ – Pistrinum★★ – Casa dei Cervi★★
– Casa del Tramezzo carbonizzato★ – Casa del Bicentenario★ – Casa del Bel Cortile★
– Casa del Mobilio carbonizzato★ – Teatro★ – Terme Suburbane★

🌋 Vesuvio★★★ Nord-Est : 14 km e 45 mn a piedi AR

🏨 Miglio D'Oro Parkhotel   🎐 🖨 🕭 📶 ✕ rist, 🕻 🚵 P

corso Resina 296 – 𝄢 *08 17 39 99 99*   VISA ⓪ AE ① ⛴
– www.migliodoroparkhotel.it
40 cam ⌷ – †88/169 € ††99/198 € – 3 suites – ½ P 130 €
Rist – Carta 23/46 €

◆ Imponente villa settecentesca nel cuore di Ercolano, gli scavi a due passi e un lussureggiante parco con fontana. Arredi moderni nelle spaziose camere e bagni di pregio: la vista più bella vi aspetta in alcune stanze dell'ultimo piano.

ERICE Sicilia – Trapani (TP) – 365 AK55 – 28 527 ab. – alt. 751 m   39 A2
– ✉ 91016 ▌ Sicilia

▶ Catania 304 – Marsala 45 – Messina 330 – Palermo 96

🛈 via Tommaso Guarrasi 1, 𝄢 0923 86 93 88, www.entasis.it

◉ Posizione pittoresca★★★ – ⟨★★★ dal castello di Venere – Chiesa Matrice★
– Mura Elimo-Puniche★

🏠 **Moderno** 📶 AC 🛰 rist. 🔚 VISA ⊕ AE ① ⑤

via Vittorio Emanuele 63 – ℰ 09 23 86 93 00 – www.hotelmodernoerice.it
40 cam ⊊ – ♦50/70 € ♦♦70/100 € – ½ P 70 €
Rist – *(chiuso lunedì da settembre a marzo)* Carta 24/40 €

♦ Centrale e familiare, una piccola dependance di fronte. Si può scegliere tra due tipologie di camere, moderne oppure arredate con mobili antichi, tutte confortevoli. Specialità del ristorante, molto noto in zona, indubbiamente il cous cous di pesce.

✗✗ **Monte San Giuliano** 🔗 🏠 🏠 AC VISA ⊕ AE ① ⑤

vicolo San Rocco 7 – ℰ 09 23 86 95 95 – www.montesangiuliano.it
– chiuso dal 7 al 31 gennaio, dal 10 al 30 novembre e lunedì
Rist – Carta 23/38 €

♦ Passando per la piccola corte interna, corredata da un pozzo, si arriva nella singolare terrazza-giardino, perfetta cornice in cui gustare i piatti della tradizione siciliana.

a Erice Mare Ovest : 10 km – ✉ 91016 Casa Santa-Erice Mare

🏘 **Baia dei Mulini** 🔗 🔓 🏠 ⊿ ✗ 📶 🛟 📶 🛰 rist. 🔚 P

lungomare Dante Alighieri – ℰ 09 23 58 41 11 VISA ⊕ AE ① ⑤
– www.baiadeimulini.it
94 cam ⊊ – ♦70/115 € ♦♦100/225 € – ½ P 75/138 €
Rist – *(chiuso a mezzogiorno gennaio e febbraio)* Carta 34/51 €

♦ La splendida posizione sul mare lo rende perfetto per una clientela estiva che vuole dedicarsi solamente a bagni e relax. Dalla piscina si accede direttamente alla spiaggia. Ampi spazi dedicati alla ristorazione, cucina nazionale con alcune specialità locali.

ESTE – Padova (PD) – **562** G16 – 16 902 ab. – alt. 15 m – ✉ 35042 ▮ Italia **35** B3

▶ Roma 480 – Padova 33 – Ferrara 64 – Mantova 76
𝒊 via Negri 9/A, ℰ 0429 60 04 62, www.comune.este.pd.it
◉ Museo Nazionale Atestino ★ – Mura ★

🏠 **Beatrice d'Este** 📶 AC 🛰 🛟 P VISA ① ⑤

viale delle Rimembranze 1 – ℰ 04 29 60 05 33 – www.hotelbeatricedeste.it
30 cam – ♦50/60 € ♦♦85/90 €, ⊊ 8 € – ½ P 50/55 €
Rist – *(chiuso domenica) (chiuso a mezzogiorno)* Carta 24/28 €

♦ Accanto all'omonimo Castello, una costruzione d'impronta moderna e recentemente ristrutturata: ideale base per visitare i dintorni e i Colli Euganei. Buon rapporto qualità/prezzo per il ristorante di sapore familiare e tranquillo.

ETROUBLES – Aosta (AO) – **561** E3 – 498 ab. – alt. 1 270 m – ✉ 11014 **34** A2

▶ Roma 760 – Aosta 14 – Colle del Gran San Bernardo 18 – Milano 198
𝒊 strada Nazionale Gran San Bernardo 13, ℰ 0165 7 85 59, www.lovevda.it

✗ **Croix Blanche** 🏠 P VISA ⊕ ⑤
⊜
via Nazionale Gran San Bernardo 10 – ℰ 0 16 57 82 38 – www.croixblanche.it
– chiuso maggio, novembre, lunedì sera e martedì
Rist – Menu 20/42 € – Carta 25/50 €

♦ In una locanda del XVII secolo, con tipici tetti in losa del posto e ubicazione strategica verso il Gran San Bernardo: ambiente rustico, sapori locali e nazionali.

FABBRICA CURONE – Alessandria (AL) – **561** H9 – 808 ab. **23** D2
– alt. 480 m – ✉ 15050

▶ Roma 545 – Alessandria 55 – Genova 79 – Milano 97

✗ **La Genzianella** con cam 🔚 🏠 P VISA ⊕ ⑤

frazione Selvapiana 7, Sud-Est : 4 km – ℰ 01 31 78 01 35
– www.lagenzianella-selvapiana.it – chiuso 3 settimane in settembre, lunedì e martedì escluso luglio-agosto
10 cam – ♦30/50 € ♦♦55/70 €, ⊊ 15 € – ½ P 35/50 € **Rist** – Carta 30/35 €

♦ In posizione isolata, il locale vanta una cordiale gestione familiare, giunta alla terza generazione, e propone una formula di menù degustazione d'ispirazione regionale. La struttura dispone anche di camere semplici e curate.

FABBRICO – Reggio Emilia (RE) – **562** H14 – 6 705 ab. – alt. 25 m   **8** B2
– ✉ 42042

🚗 Roma 438 – Bologna 81 – Mantova 37 – Modena 43

🏨 **San Genesio** senza rist   🕭 🕭 🅰 ⅍ 🕪 **P** 🚾 🐵 🆎 ⓞ 🕭
via Piave 35 – 🕿 05 22 66 52 40 – www.hotelsangenesio.it – chiuso dal
23 dicembre al 7 gennaio ed agosto
18 cam ☲ – ♦65/80 € ♦♦110/130 € – 2 suites
♦ Ideale "fil rouge" con il patrono e la chiesetta del Santo sita in campagna, un edificio d'inizio secolo scorso aggiornato nel confort ma fedele nello stile degli arredi.

FABRIANO – Ancona (AN) – **563** L20 – 31 798 ab. – alt. 325 m   **20** B2
– ✉ 60044 📗 Italia Centro Nord

🚗 Roma 216 – Perugia 72 – Ancona 76 – Foligno 58

🏛 piazza del Comune 4, 🕿 0732 62 50 67, www.fabrianoturismo.it

🔵 Museo della Carta e della Filigrana★★ - Piazza del Comune★

🅖 Grotte di Frasassi★★: 15 km nord-est

🏨 **Gentile da Fabriano**   🕭 🎐 🅰 ⅍ 🕪 🕭 **P** 🚾 🐵 🆎 ⓞ 🕭
via Di Vittorio 13 – 🕿 07 32 62 71 90 – www.hotelgentile.it
96 cam ☲ – ♦♦85/150 € – 6 suites
Rist – (chiuso agosto e Natale) Carta 28/48 €
♦ Circondato da un piccolo giardino, l'hotel è un complesso moderno dotato di
spaziose camere arredate in calde tonalità. Disponibili anche sale riunioni di
diversa capienza. Il ristorante, ideale per banchetti nel fine settimana, propone
una cucina classica e prodotti tipici regionali.

🏠 **Agriturismo Gocce di Camarzano** senza rist 🌜   ⇐ 🚗 ⅍ 🕭 **P**
località Mascano 70, Nord-Est : 3,5 km – 🕿 3 36 64 90 28   🚾
– www.goccedicamarzano.it
6 cam ☲ – ♦60/80 € ♦♦80/95 €
♦ Bella villa secentesca circondata dalle verdi colline marchigiane, dispone di
spaziose camere arredate con letti in legno e di una piacevole sala lettura.

sulla strada statale 76 in prossimità uscita Fabriano Est Nord-Est: 6 km

🍴🍴 **Villa Marchese del Grillo** con cam 🌜   🚗 🏠 🎐 ⅍ 🕪 🕭 **P**
località Rocchetta Bassa ✉ 60044 – 🕿 07 32 62 56 90   🚾 🐵 ⓞ 🕭
– www.marchesedelgrillo.com – chiuso10 giorni in agosto
15 cam ☲ – ♦70/100 € ♦♦90/150 € – 5 suites
Rist – (chiuso sabato a mezzogiorno, domenica sera e lunedì a mezzogiorno)
Carta 32/54 € ⅍
♦ Splendido edificio settecentesco fatto costruire dal celebre Marchese Onofrio:
le ex cantine ospitano oggi una cucina creativa ed elaborata, ricca di fantasia. Un
soggiorno aristocratico nelle camere, tra affreschi e lampadari di Murano.

FAENZA – Ravenna (RA) – **562** J17 – 57 664 ab. – alt. 35 m – ✉ 48018   **9** C2
📗 Italia

🚗 Roma 368 – Bologna 58 – Ravenna 35 – Firenze 104

🏛 Voltone Molinella 2, 🕿 0546 2 52 31, www.prolocofaenza.it

🅖 Le Cicogne via Sant'Orsola 10/a, 0546 608946, www.faenzagolf.com – chiuso
lunedì

🔵 Museo Internazionale della Ceramica★★

🏨 **Relais Villa Abbondanzi**   🚗 🛏 🛖 🕭 🅰 ⅍ 🕪 🚾 🐵 🆎 ⓞ 🕭
via Emilia Ponente 23, Ovest: 1 km – 🕿 05 46 62 26 72
– www.villa-abbondanzi.com – chiuso 25 e 26 dicembre
15 cam ☲ – ♦♦120/149 € – 7 suites
Rist Cinque Cucchiai – vedere selezione ristoranti
♦ In una dimora dei primi '800 - non proprio in centro, ma questo è solo un vantaggio in termini di tranquillità - il relais dispone di camere con mobili d'epoca,
soppalchi e caminetti. Se l'India vi sembra lontana, la sua scienza di vita, o meglio
Ayurveda, la ritrovate nei trattamenti del centro benessere.

XX **Cinque Cucchiai** – Hotel Relais Villa Abbondanzi　　　　🗷 ⚙ AC ℀
via Emilia Ponente 23, Est 1 km ✉ *48018 Faenza*　　　VISA ⊙⊙ AE ⊙ ⚙
– 𝒞 05 46 62 15 27 – www.villa-abbondanzi.com – chiuso 25 e 26 dicembre
Rist *– (chiuso lunedì e martedì a mezzogiorno)* Carta 38/85 €
♦ Situato sotto una grande quercia secolare, il ristorante è specializzato in cucina di pesce. In menu, piatti creativi, ma rispettosi dei sapori naturali. Qualche suggestione? Polipo tiepido con patate mantecate all'olio di Brisighella, risotto bianco del pescatore, mazzancolle allo scottadito.

al casello autostrada A 14 Nord-Est : 2 km :

🏢 **ClassHotel Faenza**　　🕪 🛉 cam, AC ⇔ ℀ rist, ℣ ⚙ P VISA ⊙⊙ AE ⊙ ⚙
⊜⊜ *via San Silvestro 171* ✉ *48018 Faenza – 𝒞 05 46 46 62 – www.classhotel.com*
69 cam � – †69/220 € ††79/250 € – ½ P 68/147 €
Rist *– (chiuso sabato a mezzogiorno e domenica)* Menu 15/22 €
♦ Posizionata strategicamente alle porte di Faenza, e nei pressi del casello autostradale, una risorsa utile al cliente d'affari o di passaggio; dotata di ogni comodità.

FAGAGNA – Udine (UD) – **562** D21 – **6 306 ab.** – alt. 177 m – ✉ 33034　　10 B2
▶ Roma 634 – Udine 14 – Gemona del Friuli 30 – Pordenone 54

XX **Al Castello**　　　　　← 🕱 AC ⇔ P VISA ⊙⊙ AE ⊙ ⚙
⊙ *via San Bartolomeo 18 – 𝒞 04 32 80 01 85 – www.ristorantealcastello.com*
– chiuso dal 16 al 29 gennaio e lunedì
Rist – Menu 26/35 € – Carta 29/40 €
♦ Nella parte alta della località, poco distante dal castello che ricorda nel nome; all'interno l'atmosfera coniuga rusticità ed eleganza, la tradizione della linea gastronomica e la modernità delle presentazioni.

XX **San Michele**　　　　　　🕱 🛉 VISA ⊙⊙ ⊙ ⚙
via Castello 33 – 𝒞 04 32 81 04 66 – www.ristorantesanmichele.eu
– chiuso 15 giorni in gennaio e martedì
Rist – Carta 35/55 €
♦ Accanto al castello, un giovane chef propone piatti legati al territorio e alle stagioni in chiave mderna. Ambiente suggestivo e rustico con bella terrazza panoramica per l'estate.

FAGNANO – Verona (VR) – **Vedere Trevenzuolo**

FAGNANO OLONA – Varese (VA) – **561** F8 – **11 917 ab.** – alt. 265 m　　18 A2
– ✉ 21054
▶ Roma 612 – Milano 40 – Bergamo 80 – Stresa 56

XX **Menzaghi**　　　　　　AC ⇔ VISA ⊙⊙ AE ⚙
via San Giovanni 74 – 𝒞 03 31 36 17 02 – www.ristorantemenzaghi.com
– chiuso dal 15 al 31 agosto, domenica sera, lunedì
Rist – Carta 35/44 €
♦ L'accesso avviene tramite un ampio disimpegno, con numerose bottiglie in bellavista, da cui si accede alla sala di taglio rustico-signorile. Menù vario e invitante.

FAI DELLA PAGANELLA – Trento (TN) – **562** D15 – **923 ab.**　　30 B2
– alt. 957 m – **Sport invernali :** 957/2 125 m ✆ 2 ✆16 (Consorzio Paganella-Dolomiti) – ✉ 38010
▶ Roma 616 – Trento 33 – Bolzano 55 – Milano 222
🚩 via Villa 1, 𝒞 0461 58 31 30, www.visitdolomitipaganella.it

🏢 **Arcobaleno**　　　← 🕉 🛁 🕪 AC cam, ℀ ℣ P 🚗 VISA ⚙
via Cesare Battisti 29 – 𝒞 04 61 58 33 06 – www.hotelarcobaleno.it – chiuso novembre
37 cam � – †45/55 € ††75/95 € – 1 suite – ½ P 67 €
Rist *– (solo per alloggiati)*
♦ All'uscita della località, verso Andalo, questa struttura di taglio moderno offre camere sobrie e luminose, con balconi godibili e panoramici. Bel centro benessere. Ristorante con tavoli ben distanziati e finestroni sul paesaggio montano.

FALCADE – Belluno (BL) – **562** C17 – **2 233 ab.** – alt. 1 145 m – Sport   35 B1
invernali : 1 100/2 513 m ⚡8 (Comprensorio Dolomiti superski Tre Valli) ⚡
– ✉ 32020

▶ Roma 667 – Belluno 52 – Cortina d'Ampezzo 59 – Bolzano 64

ℹ piazza Municipio 17, ℰ 0437 59 92 41, www.infodolomiti.it

🏨 **Belvedere**   ← 🐺 🗼 🖥 ♿ 🏖 rist, ⁺¹ **P** 🆚 ⊛ 🅰 ⓿ 🛠

via Garibaldi 24 – ℰ 04 37 59 90 21 – www.belvederehotel.info – dicembre-marzo
e giugno-settembre
40 cam � – †65/90 € ††130/200 € – ½ P 150 €   **Rist** – Carta 26/65 €
♦ Tripudio di legni per questa deliziosa e tipica casa di montagna, già piacevole
dall'esterno: a 600 m dal centro e non lontano dalle piste, confortevoli camere di
tono rustico, nonché attrezzata area wellness. Caratteristiche stube d'epoca costituiscono splendidi inviti per gustare la buona cucina del territorio.

🏨 **Sport Hotel Cristal**   🛁 🖥 ♿ 🏖 rist, ⁺¹ **P** 🆚 ⊛ 🛠

piazza Municipio 4 – ℰ 04 37 50 73 56 – www.sporthotelcristal.net
– 6 dicembre-marzo e 15 giugno-14 settembre
46 cam ⊏ – †40/70 € ††68/120 € – ½ P 49/75 €   **Rist** – Carta 22/40 €
♦ I prati tutt'intorno in estate si trasformano in una splendida spiaggia baciata
dal sole e da una piacevole brezza; all'interno ambienti riscaldati dal tepore del
legno e da luminose stoffe carminio. Una rilassante pausa alla scoperta dei sapori
regionali vi attende, invece, al ristorante.

FALCONARA MARITTIMA – Ancona (AN) – **563** L22 – **27 744 ab.**   21 C1
– ✉ 60015

▶ Roma 279 – Ancona 13 – Macerata 61 – Pesaro 63

🛬 Ovest: 0,5 km ℰ 071 28271

ℹ via Flaminia 548/a, ℰ 071 91 04 58, www.falconaramarittima.net

🏨 **Touring** 🐺   🏊 🖥 🆎 ⁺¹ 🛁 **P** 🚗 🆚 ⊛ 🅰 ⓿ 🛠

via degli Spagnoli 18 – ℰ 07 19 16 00 05 – www.touringhotel.it
75 cam ⊏ – †63/88 € ††86/120 € – 3 suites – ½ P 72 €
Rist Il Camino – vedere selezione ristoranti
♦ Ideale soprattutto per clienti di lavoro, l'albergo, di stampo moderno e non
vicino al mare, ma verso Falconara alta, è dotato di confort e di stanze abbastanza spaziose.

🍴🍴 **Il Camino** – Hotel Touring   🆎 🏖 🔄 🆚 ⊛ 🅰 ⓿ 🛠

via Tito Speri 2 – ℰ 07 19 17 16 47 – www.ristoranteilcamino.it – chiuso
domenica sera e lunedì a mezzogiorno
Rist – Menu 20/25 € – Carta 20/47 €
♦ Situato nella stessa struttura dell'hotel Touring, ma con accesso indipendente,
offre un primo grande ambiente classico con tanto di camino e una saletta più
intima e rustica.

🍴🍴 **Villa Amalia**   🆎 🔄 🆚 ⊛ 🅰 ⓿ 🛠

via degli Spagnoli 4 – ℰ 07 19 16 05 50 – www.villaamalia.it
Rist – (chiuso domenica sera e lunedì) Menu 50 € – Carta 32/69 €
♦ Villino d'inizio '900, a pochi metri dalla marina, tre sale di sobria eleganza e una
veranda estiva: piatti tradizionali o creativi sempre a base di pesce dell'Adriatico.
Le camere hanno ingresso indipendente dal cortile.

FALZES (PFALZEN) – Bolzano (BZ) – **562** B17 – **2 560 ab.** – alt. 1 022 m   31 C1
– Sport invernali : 1 022/2 275 m ⚡19 ⚡12 (Comprensorio Dolomiti superski Plan
de Corones) ⚡ – ✉ 39030

▶ Roma 711 – Cortina d'Ampezzo 64 – Bolzano 65 – Brunico 5

ℹ piazza del Municipio, ℰ 0474 52 81 59, www.suedtirol.info

ad Issengo (Issing) Nord-Ovest : 1,5 km – ⊠ 39030 Falzes

XX **Al Tanzer** con cam ⚜ 　　　　🖨 🏦 🛖 **P** **VISA** **AE** 🔥
via del Paese 1 – 𝒞 04 74 56 53 66 – www.tanzer.it – chiuso dal
20 marzo al 15 aprile e dal 6 al 25 novembre
24 cam ⌂ – ♦65/86 € ♦♦104/146 € – 1 suite – ½ P 124/190 €
Rist – (chiuso martedì e mercoledì a mezzogiorno) Menu 42/62 €
♦ Se la fama di questo ristorante ha valicato le alte montagne della zona, ci
sarà un motivo... In eleganti stube, l'ambiente si fa ovattato, la cucina offre il
destro alla fantasia, pur rimanendo squisitamente d'impronta altoatesina. Possibilità di alloggio.

a Molini (Mühlen) Nord-Ovest : 2 km – ⊠ 39030 Chienes

XXX **Schöneck** (Karl Baumgartner) 　　　　≼ 🏦 **AC** ⟐ **P** **VISA** ⓾ **AE** ⓿ 🔥
🕄 via Schloss Schöneck 11 – 𝒞 04 74 56 55 50 – www.schoeneck.it
– chiuso dal 26 marzo al 4 aprile, dal 18 giugno al 3 luglio, dal 15 al 23 ottobre,
martedì a mezzogiorno (escluso alta stagione) e lunedì
Rist – Menu 55/78 € – Carta 51/92 € ⅏
Spec. Mezzelune di pasta di carruba ripiene di fonduta di formaggio d'alpeggio
su crema d'aglio orsino. Stinco d'agnello della Val di Funes arrosto in forno a
legna, su cavolo cappuccio stufato e patate. Ravioli di ananas ripieni di crema di
ricotta di bufala su caramello con miele di pino mugo.
♦ Se la bellezza del locale si completa con una calorosa ospitalità, la cucina basta
a se stessa: prodotti, cotture e accostamenti, difficile stabilire dove il cuoco eccella.

FANNA – Pordenone (PN) – **562** D20 – **1 586 ab.** – **alt. 274 m**　　　**10** B2
– ⊠ 33092
▶ Roma 620 – Udine 50 – Belluno 75 – Pordenone 29

🏠 **Al Giardino** 　　　　🖨 ⏚ & **AC** 🛁 rist, 🍴 🕸 **P** **VISA** ⓾ **AE** ⓿ 🔥
⟐ via Circonvallazione Nuova 3 – 𝒞 0 42 77 71 78 – www.algiardino.com – chiuso
dal 10 gennaio al 10 febbraio
25 cam ⌂ – ♦40/70 € ♦♦60/120 € – ½ P 70 €
Rist – (chiuso martedì) Carta 21/48 €
♦ Il nome prelude all'indovinata cornice verde della struttura, ornata da specchi
d'acqua concepiti quasi all'orientale. Tutto spicca per l'estrema cura: la bella
piscina e le deliziose camere. Terra e mare coabitano nel menu del ristorante.

FANO – Pesaro e Urbino (PU) – **563** K21 – **63 907 ab.** – ⊠ 61032　　　**20** B1
▌ Italia Centro Nord
▶ Roma 289 – Ancona 65 – Perugia 123 – Pesaro 11
ℹ viale Cesare Battisti 10, 𝒞 0721 80 35 34, www.turismofano.com
◎ Corte Malatestiana★ – Chiesa di S. Maria Nuova: dipinti del Perugino★

🏠 **Elisabeth Due** 　　　　≼ ▐≡ 🛗 **AC** 🕸 🍴 **P** **VISA** ⓾ **AE** ⓿ 🔥
piazzale Amendola 2 – 𝒞 07 21 82 31 46 – www.hotelelisabethdue.it
28 cam – ♦120 € ♦♦155 €, ⌂ 12 € – 4 suites – ½ P 130 €
Rist Il Galeone – vedere selezione ristoranti
♦ Situato sulla passeggiata principale del lido, l'albergo vanta una meravigliosa
vista sull'Adriatico ed offre camere e spazi comuni d'impronta classica.

🏠 **Angela** 　　　　≼ 🗝 🏦 ▐≡ 🕸 🍴 **VISA** ⓾ **AE** ⓿ 🔥
viale Adriatico 13 – 𝒞 07 21 80 12 39 – www.hotelangela.it – chiuso dal
20 dicembre al 10 gennaio
37 cam – ♦57/63 € ♦♦79/91 €, ⌂ 7 € – ½ P 70 €
Rist – (chiuso venerdì e a mezzogiorno da ottobre ad aprile, sempre aperto negli
altri mesi) Carta 24/69 €
♦ Ubicato direttamente sul mare, l'hotel vanta una gestione familiare, graziosi
spazi comuni, camere semplici e funzionali. La cucina propone specialità regionali
e soprattutto di pesce.

🏨 **Augustus** 🕾 𝄞 |≋| ⅙ cam, 𝐀𝐂 cam, ↳ 🍴 rist, 🍴 𝘝𝘐𝘚𝘈 ◉ 𝐀𝐄 ⓞ ⚡
via Puccini 2 – 𝒞 *07 21 80 97 81 – www.hotelaugustus.it*
22 cam ⌑ – �75/95 € ♟♟110/130 € – ½ P 80/90 €
Rist *Casa Nolfi alla Darsena* *– (chiuso dal 7 al 21 gennaio)* Carta 26/63 €
♦ Sauna, palestra e confortevoli camere, in un albergo rinnovato in anni recenti e che, ora, può giustamente competere con altre moderne strutture della località.

⌂ **Villa Giulia** – Residenza storica 🕾 ⟨ 🛏 𝄞 𝄞 ↳ **P** 𝘝𝘐𝘚𝘈 ◉ 𝐀𝐄 ⚡
via di Villa Giulia, località San Biagio 40 – 𝒞 *07 21 82 31 59*
– www.relaisvillagiulia.com – chiuso gennaio e febbraio
16 cam ⌑ – ♟80/180 € ♟♟120/200 € – 6 suites
Rist *– (aprile-settembre) (solo per alloggiati)* Carta 24/44 €
♦ Immersa nel verde, struttura ricavata da un'antica residenza napoleonica con camere arredate secondo lo stile originale e 5 appartamenti con soggiorno e cucina (disponibili anche per brevi periodi).

✕✕ **Il Galeone** – Hotel Elisabeth Due 𝐀𝐂 𝄞 **P** 𝘝𝘐𝘚𝘈 ◉ 𝐀𝐄 ⓞ ⚡
piazzale Amendola 2 – 𝒞 *07 21 82 31 46 – www.ilgaleone.net*
Rist *– (chiuso domenica sera, lunedì a mezzogiorno escluso in estate)*
Menu 30 € bc/55 € bc – Carta 35/69 €
♦ Accolto tra gli spazi dell'albergo Elisabeth Due, il ristorante da tempo si è conquistato una fama che va ben oltre i frequentatori dell'hotel. Cucina nazionale, con una predilezione per le specialità di mare.

✕ **Da Maria al Ponte Rosso** 🛏 𝐀𝐂
via IV Novembre 86 – 𝒞 *07 21 80 89 62 – chiuso lunedì*
Rist *– (prenotazione obbligatoria)* Menu 45/55 €
♦ Pochi tavoli, molte piante e una scultura in legno, vetro, rame realizzata da Domenica, la proprietaria. L'ambiente è familiare, ma ancor più l'accoglienza e la gustosa cucina, particolarmente attenta all'offerta ittica del momento. Ai fornelli la titolare, che ha fatto della semplicità la propria forza.

FARA FILIORUM PETRI – Chieti (CH) – **563** P24 – 1 952 ab.   2 C2
– alt. 227 m – ✉ 66010

🚘 Roma 205 – Pescara 36 – Chieti 18 – L'Aquila 97
ℹ piazza Municipio 3, 𝒞 0871 70 60 37, www.prolocofara.it

✕✕ **Casa D'Angelo** 🛏 ⅙ 𝄞 ⇔ **P** 𝘝𝘐𝘚𝘈 ◉ 𝐀𝐄 ⓞ ⚡
via San Nicola 5 – 𝒞 *0 87 17 02 96 – chiuso dal 1° al 24 novembre, domenica sera, lunedì*
Rist *– (coperti limitati, prenotare)* Menu 40 € – Carta 28/55 € ⅋
♦ La vecchia casa di famiglia, un locale intimo e raffinato cui si aggiunge la sapienza di una gestione dalla lunga esperienza. Piatti del territorio vivacizzati dalla fantasia dello chef.

FARA IN SABINA – Rieti (RI) – **563** P20 – 13 070 ab. – alt. 482 m   12 B1
– ✉ 02032

🚘 Roma 55 – Rieti 36 – Terni 65 – Viterbo 83

a Coltodino Sud-Ovest : 4 km – ✉ 02030

⌂ **Agriturismo Ille-Roif** 🕾 ⟨ 🛏 𝄞 ↳ 🕾 𝄞 ⅙ 𝐀𝐂 cam, 𝄞 **P**
località Talocci, Ovest : 5,5 km – 𝒞 *07 65 38 67 49*   𝘝𝘐𝘚𝘈 ◉ 𝐀𝐄 ⓞ ⚡
– www.ille-roif.it
12 cam ⌑ – ♟♟150/240 € – ½ P 165 €
Rist *– (aperto le sere di venerdì, sabato e domenica) (prenotare)* Carta 30/80 €
♦ Originale, stravagante e colorato: a questo agriturismo sono state messe le ali alla fantasia e chi vi soggiorna non potrà che volare con essa per scoprire spazi e forme forse persino bizzarri! Prendere posto tra tavoli e sedie oppure mangiare su un'altalena e fare di un gioco infantile il pasto più divertente?

FARNETA – Arezzo (AR) – **563** M17 – Vedere Cortona

FARRA DI SOLIGO – Treviso (TV) – **562** E18 – **8 882 ab. – alt. 163 m**   **36** C2
– ✉ **31010**

▶ Roma 590 – Belluno 40 – Treviso 35 – Venezia 72
🛈 via Cal Nova 1, ☏ 0438 80 10 75, www.prolocofarra.it

a Soligo Est : 3 km – ✉ **31010**

XX   **La Candola** con cam ॐ   🛜 ☏ 🛅 ⅏ **P** **VISA** ◉◉ **AE** 👌
☕   *via San Gallo 43 – ☏ 04 38 90 00 06 – www.locandacandola.com – chiuso dal
15 febbraio al 15 marzo*
6 cam ☕ – 🛏100 € 🛏🛏120/140 €
Rist – *(chiuso martedì a mezzogiorno nel periodo estivo, tutto il giorno negli
altri mesi)* (consigliata la prenotazione) Menu 20/50 € – Carta 32/57 €
◆ In posizione panoramica, una rustica dimora è stata piacevolmente trasformata
in locanda gourmet dove una giovane chef valorizza i prodotti di stagione, perso-
nalizzandoli con un tocco di modernità.

a Col San Martino Sud-Ovest : 3 km – ✉ **31010**

XX   **Locanda Marinelli** con cam ॐ   ≤ 🛜 ⅏ cam, ⅏ **P** **VISA** ◉◉ **AE** 👌
   *via Castella 5 – ☏ 04 38 98 70 38 – www.locandamarinelli.it – chiuso 7 giorni in
gennaio e 15 giorni in settembre*
3 cam ☕ – 🛏🛏60/90 €
Rist – *(chiuso martedì e mercoledì a mezzogiorno)* Menu 30/60 €
– Carta 33/58 €
◆ Nella quiete di una tranquilla frazione tra i vigneti di Prosecco, due giovani
cuochi propongono una cucina innovativa a base di ottimi prodotti. Bella terrazza
panoramica.

X   **Locanda da Condo**   🛜 ⟳ **VISA** ◉◉ **AE** ◉ 👌
   *via Fontana 134 – ☏ 04 38 89 81 06 – www.locandadacondo.it – chiuso luglio,
agosto, martedì sera, mercoledì*
Rist – Carta 26/32 €
◆ Un'antica locanda che una famiglia gestisce da almeno tre generazioni.
Diverse sale ricche di fascino tutte accomunate dallo stile tipico di una trattoria.
Cucina veneta.

FARRA D'ISONZO – Gorizia (GO) – **1 762 ab.** – ✉ **34072**   **11** C2
▶ Roma 655 – Trieste 57 – Gorizia 11

🏠   **Ai Due Leoni**   👌 cam, 🗚 cam, ⅏ ⅏ 🛅 **P** **VISA** ◉◉ ◉ 👌
☕   *via Verdi 55/57 – ☏ 04 81 88 80 37 – www.aidueleoni.go.it*
21 cam ☕ – 🛏50/55 € 🛏🛏60/70 € – ½ P 45 €
🍽   **Rist** – *(chiuso dal 1° al 7 gennaio, dal 1° al 20 settembre e domenica)*
Carta 18/33 €
◆ Piccolo hotel a conduzione familiare rinnovato e ampliato in anni recenti: due
tipologie di camere, tra moderno e rustico, ma il confort è presente in entrambe.
Al ristorante proposte che spaziano dalla tradizione locale ai classici nazionali.

FASANO – Brindisi (BR) – **564** E34 – **38 493 ab. – alt. 118 m** – ✉ **72015**   **27** C2
▶ Roma 507 – Bari 60 – Brindisi 56 – Lecce 96
🛈 piazza Ciaia 10, ☏ 080 4 41 30 86, www.comune.fasano.br.it
◉ Regione dei Trulli ★★★ Sud

🏠🏠🏠   **Masseria Relais del Cardinale** ॐ   🖩 🏊 ⅏ ⅏ 🛅 👌 cam,
   via delle Croci 68   🗚 cam, ⅏ rist, ⅏ 🛅 **P** **VISA** ◉◉ **AE** ◉ 👌
☕   *– ☏ 08 04 89 03 35 – www.relaisdelcardinale.it*
28 cam ☕ – 🛏140/170 € 🛏🛏160/250 € – 37 suites – 🛏🛏200/260 €
– ½ P 125/150 €
Rist – *(solo per alloggiati)* Carta 49/65 €
◆ E' decisamente tranquilla la posizione di quest'antica masseria diventata, oggi,
una dimora di lusso dai grandi spazi: eliporto ad uso diurno e grande piscina con
effetto spiaggia.

✗ **Rifugio dei Ghiottoni**　　　　　　　　　AC VISA ⑩ AE 👌

(ⓐ) *via Nazionale dei Trulli 116 – ℰ 08 04 41 48 00 – chiuso dal 29 giugno al 13 luglio e mercoledì*
Rist – Carta 25/37 €

♦ E' il rifugio-pizzeria di chi cerca i sapori caserecci di una cucina regionale basata su prodotti ittici e proposte locali, da riscoprire in un ambiente piacevolmente familiare.

a Selva Ovest : 5 km – alt. 396 m – ✉ 72010 Selva Di Fasano

🏨 **Sierra Silvana** ◈　　　🚗 ⌁ ✕ 🛏 👌 cam, ✦✦ AC ✕ 📶 🏊 P

via Don Bartolo Boggia 5 – ℰ 08 04 33 13 22　　　　VISA ⑩ AE ① 👌
– www.apuliacollection.com
124 cam ⌥ – †49/131 € ††69/175 € – ½ P 112 €
Rist – *(28 dicembre-2 gennaio e aprile-2 novembre)* Carta 24/41 €

♦ In una delle zone più attraenti della Puglia, un complesso di moderne palazzine e qualche trullo in un giardino mediterraneo; arredi in midollino e bambù, validi spazi. Per ristorante un gazebo con buganvillee ed eleganti sale con bei soffitti a tendaggi.

a Speziale Sud-Est : 10 km – alt. 84 m – ✉ 72015 Montalbano Di Fasano

↑ **Agriturismo Masseria Narducci** senza rist　　🚗 🔧 AC 📶 📶 P

via Lecce 144 – ℰ 08 04 81 01 85　　　　　　　　VISA ⑩ 👌
– www.agriturismonarducci.it – chiuso novembre
9 cam ⌥ – †55/70 € ††90/100 €

♦ Caratteristico e familiare, all'ingresso della proprietà si trova anche un piccolo negozietto per la vendita di prodotti locali: tipica masseria con giardino-solarium e un'antica atmosfera rurale. Possibilità di ristorazione nel fine settimana, nonché in luglio-agosto (informarsi sulle aperture).

FASANO DEL GARDA – Brescia (BS) – **Vedere Gardone Riviera**

FAVIGNANA Sicilia – Trapani (TP) – **365** AI56 – **Vedere Egadi (Isole)**

FELINO – Parma (PR) – **562** H12 – 8 339 ab. – alt. 185 m – ✉ 43035　　**8** A3
▶ Roma 469 – Parma 17 – Cremona 74 – La Spezia 113

✗ **Antica Osteria da Bianchini**　　　　　　🏠 VISA ⑩ AE ① 👌

(ⓐ) *via Marconi 4/a – ℰ 05 21 83 11 65 – www.dabianchini.it – chiuso dal 1° al 15 gennaio, lunedì, martedì*
Rist – Carta 25/39 €

♦ L'ingresso è quello di una salumeria, accanto le due sale arredate nello stile di una tipica osteria di paese, dove trovare salumi, paste fresche, diversi tipi di carne e crostate.

a Barbiano Sud : 4 km – ✉ 43035

✗ **Trattoria Leoni**　　　　　　　　🏠 ✕ P VISA ⑩ AE ① 👌

ⓢ *via Ricò 42 – ℰ 05 21 83 11 96 – www.trattorialeoni.it – chiuso dal 24 dicembre al 10 gennaio e lunedì*
Rist – Menu 15 € bc/28 € – Carta 25/44 €

♦ In una cornice di affascinanti dolci colline, la classica sala propone piatti parmigiani che si aprono a suggestioni di montagna, funghi e cacciagione; imperdibile panorama estivo.

FELTRE – Belluno (BL) – **562** D17 – 20 783 ab. – alt. 325 m – ✉ 32032　　**35** B2
▌ Italia
▶ Roma 593 – Belluno 32 – Milano 288 – Padova 93
🛈 piazza Trento e Triesto 9, ℰ 0439 25 40, www.infodolomiti.it
◎ Piazza Maggiore ★ – Via Mezzaterra ★

Doriguzzi senza rist　🛗 ⁽ᵗ⁾ 🅿 🚗 🆅🅸🆂🅰 ⊕ 🅰🅴 ⓄⒾ Ⓢ
viale Piave 2 – 𝒞 04 39 20 03 – www.hoteldoriguzzi.it
26 cam ⊑ – **🛏**58/65 € **🛏🛏**80/85 €
♦ Accogliente struttura vicino al centro storico, è un valido punto di riferimento soprattutto per una clientela di lavoro grazie agli ambienti ben accessoriati a disposizione degli ospiti.

La Casona　🏠 🕭 🛗 🆉 🅿 🚗 🆅🅸🆂🅰 ⊕ 🅰🅴 Ⓞ Ⓢ
via Segusini 17/a – 𝒞 04 39 30 27 30 – www.lacasona.it
22 cam ⊑ – **🛏**45/75 € **🛏🛏**65/100 € – ½ P 55 €　**Rist** – Carta 19/42 €
♦ In una zona particolarmente tranquilla - alle spalle dell'ospedale e del campo sportivo - piccola risorsa familiare dagli ambienti moderni e camere confortevoli, ben accessoriate: ideale per una clientela business. Servizio ristorante (anche) in terrazza, nonché interessante menu con specialità alla griglia.

FENEGRÒ – Como (CO) – 3 094 ab. – alt. 290 m – ✉ 22070　　　**18** A1
▶ Roma 604 – Como 26 – Milano 34 – Saronno 10

In　🛗 ⇔ 🅿 🆅🅸🆂🅰 ⊕ 🅰🅴 Ⓢ
via Monte Grappa 20 – 𝒞 0 31 93 57 02 – www.ristorante-in.com – chiuso dal 26 dicembre al 4 gennaio, agosto, domenica sera, lunedì
Rist – Carta 34/58 €
♦ Un locale di tono moderno e accogliente, con interni signorili e un'atmosfera comunque familiare; un po' fuori paese, piatti di mare, ora più classici ora rivisitati.

FENER – Belluno (BL) – **562** E17 – alt. 198 m – ✉ 32031　　　**36** C2
▶ Roma 564 – Belluno 42 – Milano 269 – Padova 63

Tegorzo　🍴 🕭 🆉 cam, 🛗 cam, ⁽ᵗ⁾ 🅐 🅿 🆅🅸🆂🅰 ⊕ 🅰🅴 Ⓞ Ⓢ
via Nazionale 25 – 𝒞 04 39 77 97 40 – www.hoteltegorzo.it
30 cam ⊑ – **🛏**50/60 € **🛏🛏**75/97 € – ½ P 45/75 €
Rist – *(chiuso domenica sera)* Carta 23/31 €
♦ Ubicato nella prima periferia della località, un hotel a gestione familiare rinnovatosi negli anni, semplice e confortevole. Bel giardino e campo da tennis. Ristorante con proposte di cucina casereccia.

FENIS – Aosta (AO) – **561** E4 – 1 607 ab. – alt. 537 m – ✉ 11020　　　**34** B2
▌ Italia Centro Nord
▶ Roma 722 – Aosta 20 – Breuil-Cervinia 36 – Torino 82
◉ Castello ★

Comtes de Challant ⑤　🕭 🆉 🍴 rist, 🅐 🅿 🚗 🆅🅸🆂🅰 ⊕ 🅰🅴 Ⓞ Ⓢ
frazione Chez Sapin 95 – 𝒞 01 65 76 43 53 – www.hcdc.it
– chiuso dal 6 al 28 gennaio
28 cam ⊑ – **🛏**55/80 € **🛏🛏**86/115 € – ½ P 76 €
Rist – *(chiuso domenica sera e lunedì in bassa stagione)* Carta 27/57 €
♦ Ubicazione tranquilla, ai piedi dell'omonimo Castello, per questa tipica costruzione di montagna con bei terrazzi esterni e camere confortevoli, nuove, con parquet. Proposte sia valdostane che nazionali in un classico ristorante d'albergo.

FERENTILLO – Terni (TR) – **563** O20 – 1 960 ab. – alt. 260 m　　　**33** C3
– ✉ 05034 ▌ Italia
▶ Roma 122 – Terni 18 – Rieti 54

Abbazia San Pietro in Valle – Residenza d'epoca senza rist ⑤　 ≼
strada statale 209 Valnerina km 20, Nord-Est :　　🚃 🅐 🅿 🆅🅸🆂🅰 ⊕ 🅰🅴 Ⓢ
3,5 km – 𝒞 07 44 78 01 29 – www.sanpietroinvalle.com – Pasqua-2 novembre
19 cam ⊑ – **🛏**105/115 € **🛏🛏**130/145 € – 2 suites
♦ Nel cuore del misticismo umbro, un'esperienza irripetibile all'interno di un'abbazia d'origine longobarda del IX sec. Camere semplici in linea con lo spirito del luogo.

XX **Piermarini** con cam 🅂   🖪 &. rist, 🅰 rist, 🅿 ᵥₛₐ ⓞⓞ 🅰 ⓞ &
via Ancaiano 23 – ℰ 07 44 78 07 14 – www.saporipiermarini.it – chiuso
domenica sera, lunedì
2 cam � – ♦40 € ♦♦70 €
Rist – (prenotazione obbligatoria a mezzogiorno) Menu 40 € – Carta 30/47 €
♦ Poco fuori dal centro, giardino, veranda e sale sono l'elegante cornice di una
cucina spesso incentrata sul tartufo, coltivato direttamente dai titolari del ristorante.

FERENTINO – Frosinone (FR) – **563** Q21 – 21 157 ab. – **alt. 395 m**   **13** C2
– ✉ 03013

▶ Roma 75 – Frosinone 14 – Fiuggi 23 – Latina 66

ⓖ Anagni : cripta★★★ nella cattedrale★★, quartiere medioevale★, volta★ del
palazzo Comunale Nord-Ovest : 15 km

🏠 **Bassetto**   🖪 &. 🅰 ⅋ Ⓦⅈ 🕭 🅿 ᵥₛₐ ⓞⓞ 🅰 &
via Casilina Sud al km 74,600 – ℰ 07 75 24 49 31 – www.hotelbassetto.it
99 cam ⊻ – ♦50/90 € ♦♦70/140 € – ½ P 90 €   **Rist** – Carta 23/43 €
♦ Un esercizio storico da queste parti, ubicato sulla statale Casilina, ampliato e
rinnovato in tempi recenti e con una gestione familiare ormai consolidata e
capace. Un'ampia sala ristorante e ricette della consuetudine ciociara.

FERIOLO – Verbano-Cusio-Ossola (VB) – **561** E7 – **alt. 195 m** – ✉ 28831   **24** A1
▶ Roma 664 – Stresa 7 – Domodossola 35 – Locarno 48

🏠 **Carillon** senza rist   ⬗ 🖪 &. 🛗 🅿 ᵥₛₐ ⓞⓞ 🅰 ⓞ &
strada nazionale del Sempione 2 – ℰ 0 32 32 81 15 – www.hotelcarillon.it
– 25 marzo-20 ottobre
32 cam ⊻ – ♦60/85 € ♦♦80/130 €
♦ Direttamente sul lago, l'hotel dispone di camere spaziose con vista panoramica, un'ampia hall ed una zona veranda che ne accresce il respiro.

XX **Il Battello del Golfo**   ⬗ 🅰 ᵥₛₐ ⓞⓞ &
strada statale 33 – ℰ 0 32 32 81 22 – www.battellodelgolfo.com – chiuso martedì
(escluso luglio-agosto), anche lunedì da novembre a febbraio
Rist – Carta 31/45 € (+10 %)
♦ Il locale vanta una discreta eleganza ed è un curioso adattamento di una barca
trasportata ad hoc dal lago di Como ed ancorata a riva. Cucina stagionale, regionale e di lago.

XX **Serenella** con cam   &. 🅰 ⅋ 🅿 ᵥₛₐ ⓞⓞ 🅰 &
via 42 Martiri, 5 – ℰ 0 32 32 81 12 – www.hotelserenella.net
14 cam ⊻ – ♦65/90 € ♦♦70/130 € – ½ P 75/90 €
Rist – (chiuso mercoledì da ottobre ad aprile, sempre aperto negli altri mesi)
Carta 36/65 €
♦ Da oltre mezzo secolo il punto di riferimento in zona per gli amanti della
buona tavola: cucina di respiro classico-moderno in un ristorante dall'atmosfera
calda e raccolta. Poco distante dal lago, l'hotel dispone di camere recentemente
rinnovate con un taglio moderno e di una spiaggia privata.

FERMO – Fermo (FM) – **563** M23 – 37 834 ab. – **alt. 319 m** – ✉ 63900   **21** D2
▍ Italia

▶ Roma 263 – Ascoli Piceno 75 – Ancona 69 – Macerata 41

ℹ piazza del Popolo 6, ℰ 0734 22 87 38, www.turismo.fermo.net

◎ Posizione pittoresca★ – Duomo★ - Piazza del Popolo★ - Pinacoteca civica:
Adorazione dei Pastori★★ di Rubens

ⓖ Montefiore dell'Aso: polittico★★ di Carlo Crivelli: 20 km a sud

sulla strada statale 16-Adriatica

🏠🏠🏠 **Royal**   ⪡ ⪡ 🏠 ⌂ 🍴 cam, ⚡ 🅰🅺 ⅙ ⅍ rist, 🛜 🕹 VISA 🆎 AE ⓪ 💲

piazza Piccolomini 3, al lido, Nord-Est : 8 km ✉ *63023 –* ☎ *07 34 64 22 44*
– www.royalre.it
56 cam 🍽 – ✝68/100 € ✝✝96/135 € – 2 suites – ½ P 100 €
Rist *Nautilus* – Carta 39/100 €

♦ Terrazza solarium con piccola piscina su questa bianca costruzione di stile moderno sita sul limitare della spiaggia: materiali pregiati, arredi di design, ogni confort. Tenuta impeccabile nel moderno ristorante, dotato anche di fresca ed accogliente terrazza.

XX **Emilio** (Danilo Bei)   🍴 ⅍ VISA 🆎 AE 💲

🏵 *via Girardi 1, località Casabianca, Nord-Est : 12 km –* ☎ *07 34 64 03 65*
– www.ristoranteemilio.it – chiuso dal 23 dicembre al 3 gennaio, dal 25 al 31 agosto e lunedì
Rist *– (chiuso a mezzogiorno)* Menu 40/80 € – Carta 51/76 €
Spec. Spiedino di ostriche, fiori di zucchina e polpettine di baccalà con marmellata di pomodoro. Gnocchi al nero di seppia con vongole e bottarga di muggine. Marinara di pesce usando verdure e profumi di stagione.

♦ Un comodo parcheggio libero proprio di fronte all'ingresso di questo elegante locale, dove spiccano opere d'arte contemporanea. Piatti di pesce a seguire la falsariga delle tradizioni adriatiche, con molte sorprese proposte anche a voce.

X **Osteria il Galeone**   ⪡ 🍴 VISA 🆎 AE ⓪ 💲

via Piave 10, località Torre di Palme, Sud-Est : 12 km – ☎ *0 73 45 36 31*
– www.ilgaleoneosteria.it – chiuso dal 23 dicembre all'8 gennaio e lunedì escluso giugno-agosto
Rist *– (chiuso a mezzogiorno escluso domenica e da giugno a settembre)*
Carta 31/92 €

♦ Nel centro storico di un graziosissimo borgo medievale, locale dagli interni curati e romantici, dove gustare una cucina del territorio con qualche nota di fantasia e stagionalità. Bella terrazza panoramica con vista mare.

FERRARA 🅟 (FE) **– 562** H16 – **134 967 ab. – alt. 9 m**   **9** C1
▌ Italia Centro Nord

▶ Roma 423 – Bologna 51 – Milano 252 – Padova 73
ℹ largo Castello, ☎ 0532 29 93 03, www.ferrarainfo.com
📷 via Gramicia 41, 0532 708535, www.cusferraragolf.it
◎ Duomo★★ BYZ – Museo della Cattedrale★ BZ **M2**– Palazzo Schifanoia★ BZ **E** : affreschi★★ – Palazzo dei Diamanti★★ BY : pinacoteca nazionale★, affreschi★★ nella sala d'onore – Castello Estense★ BY **B** –Corso Ercole I d'Este★ BY – Palazzo di Ludovico il Moro★ BZ **M1** – Casa Romei★ BZ – Palazzina di Marfisa d'Este★ BZ **N**

🏠🏠🏠 **Duchessa Isabella**   🚗 🍴 🏠 🅰🅺 🛜 🅿 VISA 🆎 AE ⓪ 💲

via Palestro 70 ✉ *44121 –* ☎ *05 32 20 21 21 – www.duchessaisabella.it – chiuso agosto*   BYa
26 cam 🍽 – ✝268 € ✝✝299 € – 6 suites – ½ P 250 €
Rist *– (chiuso le sere di domenica e lunedì)* Carta 79/97 € (+20 %)

♦ Relais di infinito charme, elegante, arredato con pregiati tessuti, mobili ed oggetti antichi, autentica passione della titolare che cura altresì ogni più piccolo dettaglio: uno splendido omaggio alla sovrana d'Este. Soffittature a cassettoni con fregi in oro e dipinti: la precisione del servizio anche al ristorante.

🏠🏠🏠 **Annunziata** senza rist   🏠 🅰🅺 ⅍ 🛜 🕹 VISA 🆎 AE ⓪ 💲

piazza Repubblica 5 ✉ *44121 –* ☎ *05 32 20 11 11 – www.annunziata.it*
21 cam 🍽 – ✝✝109/300 €   BYf

♦ In pieno centro storico, proprio di fronte al castello, albergo con un buon livello di confort. Per chi desidera maggior autonomia, in una vicina dependance, propone camere più spaziose.

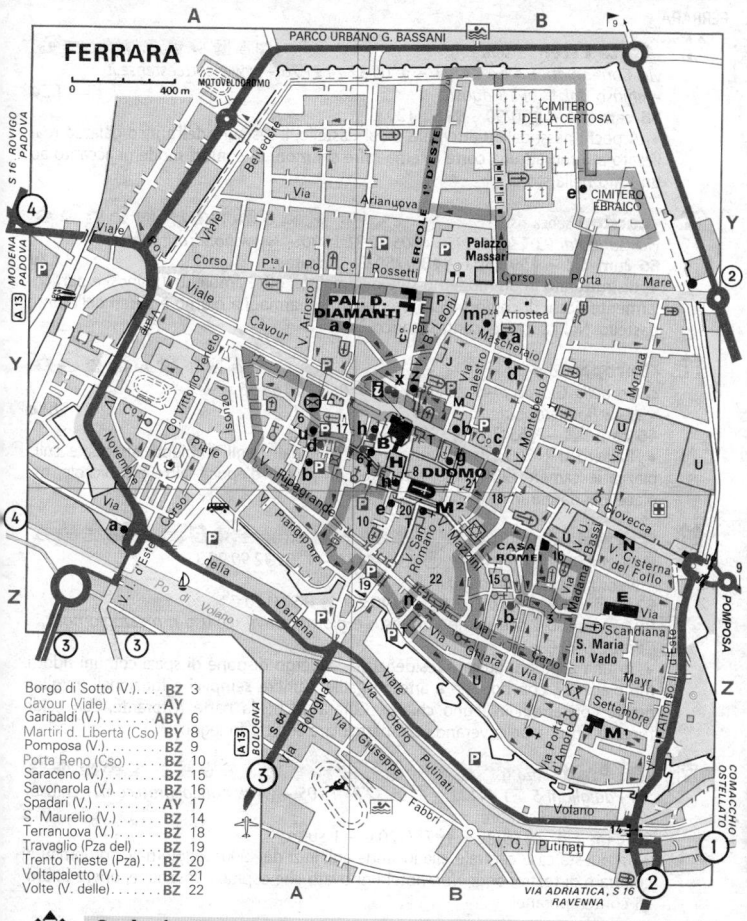

Orologio senza rist

🏛️ ⬛ 🔥 AC 💱 📶 💲 VISA ⚫ AE ⓞ ⚡

via Darsena 67 ⊠ 44122 – 𝒞 05 32 76 95 76 – www.hotelorologio.com
46 cam ⌷ – ♦85/140 € ♦♦115/220 € – 2 suites   AZ**a**

♦ Spaziose, confortevoli, arredate con mobili in legno sbiancato di stile classico, le camere così come l'intera struttura sono piacevolmente realizzate secondo criteri di moderna ispirazione.

Principessa Leonora senza rist

🚗 🏛️ ⬛ AC 💱 📶 🔥 VISA ⚫ AE ⓞ ⚡

via Mascheraio 39 ⊠ 44121 – 𝒞 05 32 20 60 20 – www.principessaleonora.it
– chiuso dal 16 gennaio al 6 febbraio   BY**d**
22 cam ⌷ – ♦116 € ♦♦190 €

♦ Tributo alla storica figura femminile, il palazzo gentilizio e i due edifici minori ospitano ricercate stanze personalizzate ed espongono una collezione di riproduzioni di arazzi.

Ferrara

🏛️ ⬛ AC 💱 📶 🔥 VISA ⚫ AE ⓞ ⚡

largo Castello 36 ⊠ 44121 – 𝒞 05 32 20 50 48 – www.hotelferrara.com
52 cam ⌷ – ♦140 € ♦♦210 €   BY**h**
Rist *Big Night-da Giovanni* – vedere selezione ristoranti

♦ Di fronte al castello, una nuova risorsa che offre camere moderne con parziale vista sul maniero antistante. Gestione professionale e dinamica. Curiosa presenza di canestri di frutta in prossimità dell'ascensore.

435

Corte Estense senza rist   ▣ ዿ ᴀᴄ ❄ ¶ 🚭 VISA ⦿ AE ✆
via Correggiari 4/a ✉ 44121 – ℰ 05 32 24 21 76 – www.corteestense.it
– chiuso dal 1° al 15 agosto   BZe
18 cam ☕ – ♦50/90 € ♦♦80/120 €
◆ A pochi passi dalla Cattedrale e dal Castello, il restauro dell'antico palazzo realizzato attorno ad una corte interna offre soluzioni di confort moderni accanto ad
un tuffo nella storia.

Carlton senza rist   ▣ ዿ ᴀᴄ ¶ 🕭 🚭 VISA ⦿ AE ① ✆
via Garibaldi 93 ✉ 44121 – ℰ 05 32 21 11 30 – www.hotelcarlton.net
66 cam ☕ – ♦59/150 € ♦♦80/250 € – 8 suites   AYu
◆ Ristrutturato in un moderno stile minimalista, offre ambienti luminosi e particolar-
larmente ricchi di confort e camere dai pratici armadi a giorno e pareti dalle tinte
pastello. Nel cuore del centro storico.

Europa senza rist   ▣ ዿ ᴀᴄ ¶ P VISA ⦿ AE ① ✆
corso della Giovecca 49 ✉ 44121 – ℰ 05 32 20 54 56
– www.hoteleuropaferrara.com   BYb
46 cam ☕ – ♦65/76 € ♦♦95/118 € – 2 suites
◆ Palazzo del '700 con alcuni affreschi originali negli ambienti; affacciate sulla
piazza le camere più ampie, arredate con mobili d'epoca, altre più piccole, ma
piacevoli, danno invece sul cortile.

Lucrezia Borgia ▣ ዿ cam, ᴀᴄ ❄ rist, ¶ 🕭 P 🚭 VISA ⦿ AE ① ✆
via Franchi Bononi 34, per ③ ✉ 44124 – ℰ 05 32 90 90 33
– www.hotellucreziaborgia.it
52 cam ☕ – ♦40/160 € ♦♦64/190 € – ½ P 52/120 €
Rist – (chiuso 2 settimane in agosto e giorni festivi) (chiuso a mezzogiorno)
Carta 22/43 €
◆ In una zona tranquilla e residenziale, l'albergo dispone di spazi comuni ridotti,
ma piacevoli, con boiserie e arredi in stile, camere semplici e funzionali (migliori
quelle con arredi in legno chiaro). Curata anche la parte ristorante, con calde
tonalità ed una bella veranda dal particolare soffitto in legno.

De Prati senza rist 🐾   ▣ ዿ ᴀᴄ ¶ VISA ⦿ AE ① ✆
via Padiglioni 5 ✉ 44121 – ℰ 05 32 24 19 05 – www.hoteldeprati.com – chiuso
dal 21 al 26 dicembre   BYz
16 cam ☕ – ♦50/85 € ♦♦75/120 € – 1 suite
◆ In questa casa centrale, già locanda agli inizi del '900, soggiornavano uomini di
cultura e di teatro; oggi è un hotel rinnovato che ospita, a rotazione, opere di artisti contemporanei.

Horti della Fasanara senza rist 🐾   ⊘ ᴀᴄ ¶ P VISA ⦿
via delle Vigne 34 – ℰ 33 81 54 37 21 – www.hortidellafasanara.com
6 cam ☕ – ♦♦120/350 €   BYe
◆ La campagna in città: all'interno dell'ex riserva di caccia degli Estensi, una residenza ottocentesca con camere moderne - bianche e luminose - bagni a vista,
cromoterapia.

Locanda il Bagattino senza rist   ▣ ᴀᴄ ❄ VISA ⦿ ✆
corso Porta Reno 24 ✉ 44121 – ℰ 05 32 24 18 87 – www.ilbagattino.it
6 cam ☕ – ♦65/75 € ♦♦90/110 €   BYn
◆ In ricordo della dodicesima parte di una moneta in circolazione nel XIII secolo,
la locanda si trova all'interno di un palazzo d'epoca: atmosfera di charme e una
camera con terrazzino.

Locanda d'Elite senza rist   ᴀᴄ VISA ⦿ AE ① ✆
via Francesco del Cossa 9 ✉ 44121 – ℰ 05 32 20 10 53 – www.delite.it
7 cam ☕ – ♦50/70 € ♦♦70/100 € – 1 suite   AYa
◆ Per la colazione o per un momento di assoluto relax, con la bella stagione, troverete senz'altro il tempo di fermarvi nel grazioso cortile interno. In posizione
centrale, poco distante dal Castello.

⌂ **R&B Dolcemela** senza rist ⌖   AC ℁ ⌂ VISA ⊛ ⇪

via della Sacca 35 ⊠ 44121 – ℰ 05 32 76 96 24 – www.dolcemela.it

7 cam ⚏ – ♦60/80 € ♦♦80/100 € – 1 suite   AY**b**

♦ In un quartiere di origini popolari dalle deliziose casette d'epoca, troverete anche una piccola corte-giardino con fontana di Serafini. Camere semplici, ma curate: diverse mansardate con travi a vista e due al piano terra con camino. Il risveglio sarà dolce con gustose torte della casa per colazione.

⌂ **Locanda Borgonuovo** senza rist ⌖   AC ⓼ P VISA ⊛ AE ⇪

via Cairoli 29 ⊠ 44121 – ℰ 05 32 21 11 00 – www.borgonuovo.com

6 cam ⚏ – ♦55/70 € ♦♦85/110 € – 2 suites   BY**g**

♦ Ottima accoglienza e arredi in stile ma è indubbiamente la colazione il punto forte della locanda: quasi "personalizzata" secondo i vostri gusti, d'estate servita in una piccola corte interna.

⌂ **La Duchessina** senza rist ⌖   AC P VISA ⊛ AE ① ⇪

vicolo del Voltino 11 ⊠ 44121 – ℰ 05 32 20 69 81 – www.laduchessina.it

5 cam ⚏ – ♦65 € ♦♦99 € – 1 suite   BY**m**

♦ In un vicolo trecentesco si affaccia una locanda dipinta di rosa, romantica e modernamente concepita; poche stanze per un'atmosfera curatissima, da casa delle bambole.

⌂ **Agriturismo Corte dei Gioghi** senza rist   ⌫ ⌆ AC P VISA ⊛ ⇪

via Pellegrina 8, 2 km per ② ⊠ 44124 – ℰ 05 32 74 50 49
– www.cortedeigioghi.com

7 cam ⚏ – ♦50/75 € ♦♦75/90 €

♦ Spaziose, arredate con gusto rustico le camere ricavate nel vecchio fienile della casa colonica; più moderne quelle realizzate nella nuova struttura attigua. Spazio all'esterno per colazioni estive.

✗✗ **Il Don Giovanni** (Pierluigi Di Diego)   ⇪ AC VISA ⊛ ⇪
☼
corso Ercole I° D'Este 1 ⊠ 44121 – ℰ 05 32 24 33 63 – www.ildongiovanni.com
– chiuso agosto, domenica, lunedì, anche sabato da ottobre a maggio

Rist – *(chiuso a mezzogiorno)* (consigliata la prenotazione)   BY**x**
Carta 69/91 € ⌘

Spec. Terrina di canocchie con pomodori confit ai tre pesti. Spaghetti alla chitarra all'aglio, olio e peperoncino in fonduta di parmigiano. Germano reale farcito con anguilla e spinaci in salsa di saba (ottobre-aprile).

♦ Nella corte interna e coperta di un suggestivo palazzo a due passi dalla fortezza, un piccolo ristorante moderno con cantina attigua. Cucina creativa ed elaborata. Per il vino - anche al calice - affidatevi ai preziosi consigli del *patron*.

✗✗ **Big Night-da Giovanni** – Hotel Ferrara   ⌫ ⇪ AC VISA ⊛ AE ① ⇪

via largo Castello 38 ⊠ 44121 – ℰ 05 32 24 23 67 – www.ristorantebignight.com

Rist – (consigliata la prenotazione) Menu 35/60 € – Carta 39/63 €   BY**f**

♦ Originale ubicazione all'interno di un cortile per questo apprezzato ristorante che propone piatti sia di terra che di mare. Dalle grandi vetrate è possibile godere della vista sul castello.

✗✗ **Quel Fantastico Giovedì**   ⌫ AC VISA ⊛ AE ① ⇪
☺
via Castelnuovo 9 ⊠ 44121 – ℰ 05 32 76 05 70
– www.quelfantasticogiovedi.com – chiuso dal 20 al 30 gennaio, dal 20 luglio al 20 agosto e mercoledì   BZ**n**

Rist – (consigliata la prenotazione) Carta 30/51 €

♦ Una sala più classica ed una moderna dai colori accesi: un piccolo indirizzo d'atmosfera, curato nel servizio e nella cucina, che propone piatti creativi o più legati alle tradizioni. Dispone anche di uno spazio all'aperto.

✗✗ **Max**   ⌫ AC ℁ VISA ⊛ AE ⇪

piazza Repubblica 16 ⊠ 40121 – ℰ 05 32 20 93 09 – chiuso 1 settimana in gennaio, 2 settimane in agosto, domenica a mezzogiorno e lunedì   BY**h**

Rist – Carta 48/68 €

♦ Pesce, formaggi e cioccolato: queste le specialità di un locale giovane dagli ambienti semplici, a pochi passi dal castello.

Zafferano ⚒⚒   ⚿ AC VISA ⚫ ⚿

via Fondobanchetto 2/A ⊠ 44121 – ☏ 05 32 76 34 92
– www.zafferanoristorante.it – chiuso lunedì, martedì a mezzogiorno
Rist – Menu 50 € – Carta 39/60 €   BZ**b**
♦ Edificio quattrocentesco in un angolo del centro storico poco bazzicato dai turisti. Ambiente caldo con tavoli ravvicinati per una cucina che esplora i sapori d'oggi.

Borgomatto ⚒   AC VISA ⚫ AE ⓘ ⚿

via Concia 2 ⊠ 44121 – ☏ 05 32 24 05 54 – www.borgomatto.it – chiuso
1 settimana in febbraio, 2 settimane in luglio, sabato a mezzogiorno, lunedì
Rist – (consigliata la prenotazione) Carta 35/66 €   AY**d**
♦ Nascosto in una viuzza del centro storico, un ambiente rustico per le due salette dai soffitti con travi a vista dove assaporare piatti del territorio presentati in chiave moderna.

Ca' d'Frara ⚒   AC ✂ VISA ⚫ ⚿

via del Gambero 4 ⊠ 44121 – ☏ 05 32 20 50 57 – www.ristorantecadfrara.it
– chiuso dal 9 al 30 luglio, martedì, mercoledì a mezzogiorno   BY**c**
Rist – (consigliata la prenotazione) Carta 23/45 €
♦ Non lasciatevi ingannare dall'ambiente moderno, questa casa ferrarese è il bastione della tradizione cittadina: prosciutti appesi, salama e pasticcio di maccheroni. Non manca qualche ricetta di pesce.

La Borsa Wine-Bar ⚒   ⛺ & AC VISA ⚫ ⚿

corso Ercole I D'Este 1 ⊠ 44121 – ☏ 05 32 24 33 63 – www.ildongiovanni.com
– chiuso dal 14 al 17 agosto, domenica in luglio-agosto, lunedì negli altri mesi
Rist – Carta 37/53 €   BY**x**
♦ Piacevole e ricco di fascino, un indirizzo informale dove fare una sosta per un piatto, caldo o freddo, così come per una selezione di formaggi e salumi. Benvenuti nella ex sede della Borsa di Commercio.

a Ponte Gradella Est : 3 km per via Giovecca BYZ – ⊠ 44123

🏠 Locanda Corte Arcangeli ⚒ 🛏 ⛺ ⚓ ⚐ AC cam, P VISA ⚫ ⚿

via Pontegradella 503 – ☏ 05 32 70 50 52 – www.locandacortearcangeli.it
6 cam ⊑ – †50/80 € ††60/85 € – ½ P 65 €
Rist – (chiuso mercoledì) (prenotazione obbligatoria) Carta 22/44 €
♦ Antico monastero rinascimentale, divenuta villa di campagna della famiglia Savonarola, la locanda propone ambienti rustico-eleganti, camere impreziosite da mobili d'epoca, relax, piscine ed ottimi servizi. Al ristorante: cucina emiliana con inserimenti umbri, in omaggio alle origini del titolare.

a Porotto-Cassana per ④: 5 km – ⊠ 44124

🏠 Agriturismo alla Cedrara senza rist 🍃   🌆 ⚓ AC ⚕ ✂ ⚙ P

via Aranova 104 – ☏ 05 32 59 30 33   VISA ⚫ AE ⓘ ⚿
– www.allacedrara.it
8 cam – †40/45 € ††70/100 €
♦ Completamente ristrutturato, il vecchio fienile è ora un curato agriturismo dalle belle camere arredate con pezzi antichi. Colazione in veranda con le torte fatte in casa; e poi: barbecue, cucina e un grande giardino a disposizione dei clienti.

a Gaibanella per ②: 8 km – ⊠ 44124

🏠 Locanda della Luna senza rist 🍃   🌆 🛏 AC P VISA ⚫ AE ⓘ ⚿

via Ravenna 571/5 – ☏ 05 32 71 85 15 – www.locandadellaluna.it
– chiuso gennaio
6 cam ⊑ – †98 € ††129 €
♦ Al piano superiore abita la titolare, al piano terra, la villa ottocentesca è stata convertita in bed and breakfast dalle camere moderne e raffinate. All'esterno, curato giardino con zona relax e piscina.

a Gaibana per ② : 10 km – ✉ 44124

X **Trattoria Lanzagallo**   AC ❀ **P** VISA ◉ ☺

⊛ via Ravenna 1048 – ℰ 05 32 71 80 01 – chiuso 2 settimane in gennaio,
2 settimane in luglio, dal 15 al 31 agosto, domenica, lunedì
Rist – Carta 34/47 €
♦ Non fatevi ingannare dall'ambiente semplice e privo di fronzoli, la *Trattoria Lanzagallo* è uno dei punti di riferimento in provincia per la qualità del pesce in preparazioni schiette e gustose.

a Ravalle per ④ : 16 km – ✉ 44123

XX **L'Antico Giardino**   ⇆ AC **P** VISA ◉ AE ☺

via Martelli 28 – ℰ 05 32 41 25 87 – chiuso lunedì e martedì a mezzogiorno
Rist – Carta 37/58 € ⊛
♦ Una cucina ricca di spunti fantasiosi, che mostra una predilezione per i sapori della terra, carne, funghi e tartufi particolarmente. Moderna anche l'atmosfera all'interno della villetta, nel centro della località.

FERRAZZE – Verona (VR) – **Vedere San Martino Buon Albergo**

FERRO DI CAVALLO – Perugia (PG) – **563** M19 – **Vedere Perugia**

FETOVAIA – Livorno (LI) – **563** N12 – **Vedere Elba (Isola d') : Marina di Campo**

FIANO – Torino (TO) – **561** G4 – 2 768 ab. – ✉ 10070   **22** B2

▶ Roma 712 – Torino 29 – Aosta 127 – Vercelli 93

🏠 **Relais Bella Rosina** ⊗   🚗 ⊿ 🕸 🛏 ₺ ¶¶ **P** VISA ◉ AE ① ☺

via Agnelli 2 – ℰ 01 19 23 36 00 – www.bellarosina.it
21 cam – †160/205 € ††205/320 €, ⊿ 15 € – 3 suites
Rist *Gemma di Rosa* – vedere selezione ristoranti
♦ Non lontano dalla Reggia di Venaria, tranquillo e con ampi spazi esterni, il relais si trova in una residenza sabauda patrimonio mondiale dell'Unesco. Camere eleganti ed una beauty farm nella cascina settecentesca appartenuta a Vittorio Emanuele II.

XXX **Gemma di Rosa** – Hotel Relais Bella Rosina   ⇆ ₺ VISA ◉ AE ① ☺

via Agnelli 2 – ℰ 01 19 23 36 33 – www.bellarosina.it
Rist – (chiuso mercoledì) Carta 73/99 €
♦ Soffitto con volte di mattoni a vista, pavimento in cotto, lampadari in rame: sono solo alcuni degli elementi che contribuiscono a rendere suggestivo questo elegante ristorante affacciato su un'antica corte. La cucina ripercorre le ricette della tradizione locale e, in aggiunta, anche qualche piatto internazionale.

FIANO ROMANO – Roma (RM) – **563** P19 – 13 369 ab. – alt. 97 m   **12** B2
– ✉ 00065

▶ Roma 39 – L'Aquila 110 – Terni 81 – Viterbo 81

in prossimità casello autostrada A 1 di Fiano Romano Sud : 5 km :

🏨 **Park Hotel** ⊗   🚗 ⇆ ⊿ 🛏 ₺ cam, AC ⇌ ❀ ¶¶ 🛗 **P** VISA ◉ AE ① ☺

via Milano 33 – ℰ 07 65 45 30 80 – www.parkhotelromanord.it
70 cam ⊿ – †60/120 € ††85/180 € – 23 suites – ½ P 75/122 €
Rist – Carta 35/45 €
♦ Tradizionale e moderno, non privo di una sobria eleganza, propone camere standard e funzionali nel corpo principale, più eleganti e spaziose nella*dépendance*. Per tutti un bel giardino con piscina. Cucina romana ai tavoli della graziosa sala da pranzo, affacciata sul verde e sulla piscina.

FIASCHERINO – La Spezia (SP) – **561** J11 – **Vedere Lerici**

FIÈ ALLO SCILIAR (VÖLS AM SCHLERN) – Bolzano (BZ) – **562** C16 **31** D3
– 3 427 ab. – alt. 880 m – Sport invernali : 1 800/2 300 m ❄ 2 ❄ 19 (Comprensorio Dolomiti superski Alpe di Siusi) ❄ – ✉ 39050

▶ Roma 657 – Bolzano 16 – Bressanone 40 – Milano 315
ℹ via del Paese 15, ℰ 0471 70 69 00, www.alpedisiusi.info

🏚 **Turm** ⌂ ≤ 🚗 🛋 🌐 🏊 🖥 🎯 🍴 VISA ⓸ 💰
piazza della Chiesa 9 – ℰ 04 71 72 50 14 – www.hotelturm.it – chiuso
dal 4 marzo al 5 aprile e dall'11 novembre al 22 dicembre
36 cam ⌸ – ♦116/160 € ♦♦180/268 € – 4 suites – ½ P 120/164 €
Rist *Turm* – vedere selezione ristoranti
• In un antico edificio medievale, un moderno hotel dal côté romantico con raccolta di quadri d'autore, camere ricche di fascino e suggestiva zona benessere.

🏚 **Heubad** ⌂ ≤ 🚗 🏡 🛋 🌐 🏊 🎯 🍴 rist, 📞 **P** 🚗 VISA ⓸ 💰
via Sciliar 12 – ℰ 04 71 72 50 20 – www.heubad.info
– chiuso dal 15 al 26 aprile e dal 4 novembre al 20 dicembre
45 cam ⌸ – ♦80/170 € ♦♦150/220 € – ½ P 86/121 €
Rist – (chiuso mercoledì) Carta 30/50 €
• Da menzionare certamente i bagni di fieno, metodo di cura qui praticato ormai da 100 anni e da cui l'hotel trae il nome: per farsi viziare in un'atmosfera di coccolante relax. Cucina locale servita in diversi ambienti raccolti, tra cui tre stube originali.

XXX **Turm** – Hotel Turm 🍽 🎯 ✿ VISA ⓸ 💰
piazza della Chiesa 9 – ℰ 04 71 72 50 14 – www.hotelturm.it – chiuso
dall'11 novembre al 22 dicembre e dal 4 marzo al 5 aprile
Rist – (chiuso giovedì) Carta 44/53 €
• Cucina moderna con tocchi di creatività per questo ristorante dalla stessa romantica e curata atmosfera dell'omonimo albergo. Se ai fornelli, un tempo, c'era il patron (curatore di libri e corsi di cucina), oggi c'è un ottimo chef che esegue con maestria le sue ricette.

FIERA DI PRIMIERO – Trento (TN) – **562** D17 – 510 ab. – alt. 710 m   **31** C2
– Sport invernali : Vedere San Martino di Castrozza – ✉ 38054

▶ Roma 616 – Belluno 65 – Bolzano 99 – Milano 314
ℹ via Dante 6, ℰ 0439 6 24 07, www.sanmartino.com

🏚 **Iris Park Hotel** ≤ 🚗 🌐 🏊 🖥 🎯 ♨ 🏋 🍴 🍽 **P** 🚗 VISA ⓸ AE ① 💰
via Roma 26, località Tonadico – ℰ 04 39 76 20 00 – www.brunethotels.com
– 5 dicembre-3 maggio e giugno-23 novembre
64 cam ⌸ – ♦68/82 € ♦♦136/164 € – 15 suites – ½ P 97 €
Rist – Carta 22/35 €
• Lungo la strada principale, hotel che presenta un ambiente montano davvero signorile, confortevole e personalizzato. Camere di varie tipologie, valido centro benessere. Calda atmosfera nell'elegante sala ristorante.

🏚 **Tressane** 🚗 🌐 🏊 🖥 🎯 ♨ 🏋 🍽 ⛷ **P** 🚗 VISA ⓸ AE ① 💰
via Roma 30, località Tonadico – ℰ 04 39 76 22 05 – www.hoteltressane.it
– chiuso dal 20 novembre al 3 dicembre, 3 settimane in maggio
35 cam ⌸ – ♦64/66 € ♦♦135/140 € – 5 suites – ½ P 98 €
Rist – Carta 37/50 €
• Posizionata di fianco all'Iris Park Hotel, con cui condivide il centro benessere, una gradevole risorsa montana completamente rinnovata. Ristorante di taglio rustico con elementi di signorilità.

🏨 **Luis** 🚗 🏊 ♨ 🏋 🍽 **P** 🚗 VISA ⓸ ① 💰
viale Piave 20 – ℰ 04 39 76 30 40 – www.hotelluis.it – dicembre-marzo e
giugno-ottobre
33 cam ⌸ – ♦40/80 € ♦♦60/140 € – ½ P 40/85 €   **Rist** – (solo per alloggiati)
• Villa Liberty alle porte della località, originali decori nelle zone comuni mentre le camere sono più tradizionali, centro benessere e gradevole giardino estivo. Ristorante classico con ambiente elegante.

La Perla ⑤ 　　　　　　　🖼 ⴲ ⚭ ⌘ rist, ⌔ 🅿 ⌂ 🆅🆂🅰 ⊙ 🅰🅴 ⓪ ⑤

via Venezia 26, frazione Transacqua – ℰ 04 39 76 21 15 – www.hotellaperla.it
63 cam ⌁ – ⍾70/120 € ⍾⍾90/140 € – ½ P 50/85 €　**Rist** – Carta 18/37 €
♦ Se avete voglia di mondanità, una breve passeggiata vi condurrà in centro. Altrimenti, godetevi la tranquillità di questa bella struttura dalla simpatica gestione familiare. Un consiglio: richiedere le camere più recenti con vista sulla valle. Al ristorante: cucina nazionale, trentina o spaghetteria.

※　Chalet Piereni con cam ⑤ 　　 ⌕ ⌂ ⌆ 🖼 ⍉ rist, ⌔ 🅿 🆅🆂🅰 ⊙ ⑤

località Piereni 8, a Val Canali ⌕ 38054 – ℰ 0 43 96 23 48 – www.chaletpiereni.it
– chiuso dal 10 gennaio a Pasqua
19 cam ⌁ – ⍾45/65 € ⍾⍾80/120 € – 2 suites – ½ P 50/65 €
Rist – *(chiuso mercoledì in bassa stagione)* Carta 25/36 €
♦ Terrazza sulle Dolomiti, tra boschi punteggiati da piccole e vecchie malghe; in sala, tra eleganza e ricercatezza, i piatti della tradizione trentina: semplici, gustosi e celebri. Verdi pascoli, incantevoli scorci e silenzio dalle finestre delle camere.

FIESOLE – Firenze (FI) – **563** K15 – **14 264 ab.** – alt. 295 m – ⌕ 50014　**29** D3
▌Toscana

▶ Roma 285 – Firenze 8 – Arezzo 89 – Livorno 124

🅾 via Portigiani 3/5, ℰ 055 5 96 13 23, www.comune.fiesole.fi.it/

◎ Paesaggio★★★ – ⌕★★ su Firenze – Convento di San Francesco★ – Duomo★ : interno★ e opere★ di Mino da Fiesole – Zona archeologica : sito★, Teatro romano★, museo★ – Madonna con Bambino e Santi★ del Beato Angelico nella chiesa di San Domenico Sud-Ovest : 2,5 km BR (pianta di Firenze)

Pianta di Firenze : percorsi di attraversamento

🏯　Villa San Michele ⑤ 　　 ⌕ ⌂ ⌁ 🖼 🅰 ⌔ 🅿 🆅🆂🅰 ⊙ 🅰🅴 ⓪ ⑤

via Doccia 4 – ℰ 05 55 67 82 00 – www.villasanmichele.com
– 21 marzo-12 novembre　　　　　　　　　　　　　　　　BR**b**
46 cam ⌁ – ⍾550 € ⍾⍾860/1070 € – 6 suites
Rist *La Loggia* – vedere selezione ristoranti
♦ Se sentite nostalgia di *Florentia*, in 10 min una navetta gratuita vi condurrà nel cuore della città. Altrimenti, godetevi la tranquillità e la maestosa vista di questa raffinata dimora del '400 immersa nel verde.

🏯　Il Salviatino ⑤ 　　 ⌕ ⌀ 🖼 🅰 ⌙ ⌔ 🅿 🆅🆂🅰 ⊙ 🅰🅴 ⓪ ⑤

via del Salviatino 21 – ℰ 05 59 04 11 11 – www.salviatino.com　　BR**e**
36 cam – ⍾414/514 € ⍾⍾444/546 € – 4 suites
Rist *Grappolo* – Carta 82/109 €
♦ Il lusso non contraddistingue solo gli spazi di questa villa cinquecentesca, con parco e vista panoramica sulla città, ma si esprime anche attraverso una formula di service ambassador: un referente a cui ogni cliente può rivolgersi 24h su 24h. Preparatevi: un soggiorno da sogno vi attende.

🏨　Villa dei Bosconi senza rist ⑤ 　 ⌕ ⌁ ⌂ 🖼 ⌙ 🅿 🆅🆂🅰 ⊙ 🅰🅴 ⓪ ⑤

via Francesco Ferrucci 51, Nord : 1,5 km – ℰ 05 55 95 78 – www.villadeibosconi.it
– chiuso dal 15 gennaio al 15 marzo　　　　　　　　　　　　BR
21 cam ⌁ – ⍾⍾90/180 €
♦ Tranquillo e accogliente albergo, condotto con professionalità, dispone di ottimi spazi all'aperto, camere di taglio moderno e una bella piscina con solarium recentemente inaugurata.

🏠　Pensione Bencistà ⑤ 　　　　 ⌕ ⌁ 🖼 ⌙ ⍉ rist, 🅿 🆅🆂🅰 ⊙ ⑤

via Benedetto da Maiano 4 – ℰ 05 55 91 63 – www.bencista.com
– 15 marzo-15 novembre　　　　　　　　　　　　　　　　BR**c**
41 cam ⌁ – ⍾90/130 € ⍾⍾158/200 € – 2 suites　**Rist** – Carta 23/32 €
♦ Cinta da un ampio parco e dagli ulivi, l'antica villa trecentesca celebra ogni pomeriggio - nei suoi eleganti ambienti arredati con mobili d'epoca - il rito del tè. Le belle camere attendono di ospitarvi... Nella semplice e candida sala da pranzo, cucina tipica toscana dalla prima colazione alla cena.

XXXX **La Loggia** – Hotel Villa San Michele ⬚ ⬚ 🅰🅒 🕪 ⬚ 🅿 ⬚ 🆅🅸🆂🅰 ⬚ 🅰🅴 ⬚ 🕭
via Doccia 4 – ℰ 05 55 67 82 00 – www.villasanmichele.com
– 3 aprile-15 novembre   **BRb**
Rist – Carta 86/176 €

♦ D'estate si apparecchia sotto il loggiato proteso verso Firenze, con il freddo ci si sposta nelle sale del chiostro e del cenacolo. Per il palato è sempre una gioia conoscere i prodotti toscani: le paste fatte in casa, le carni e - in stagione - i funghi.

a Montebeni Est : 5 km – ✉ 50014 Fiesole

X **Tullio a Montebeni** ⬚ 🕪 🆅🅸🆂🅰 ⬚ 🅰🅴 🕭
via Ontignano 48 – ℰ 0 55 69 73 54 – www.ristorantetullio.it – chiuso agosto, lunedì e martedì a mezzogiorno
Rist – Carta 25/45 €

♦ Tutto ha avuto inizio nel lontano 1958: una bottega di paese con qualche piatto caldo per ristorare contadini e cacciatori della zona. Oggi sono i figli di Tullio a riproporre con passione e fedeltà, i medesimi sapori e i vini di propria produzione.

ad Olmo Nord-Est : 9 km FT – ✉ 50014 Fiesole

🏠 **Dino** ⬚ ⬚ 🕪 🕆 🅿 ⬚ 🆅🅸🆂🅰 ⬚ 🅰🅴 ⬚ 🕭
via Faentina 329 – ℰ 0 55 54 89 32 – www.hotel-dino.it
18 cam – ♦50/70 € ♦♦70/90 €, ⬚ 5 € – ½ P 55/65 €
Rist – *(chiuso mercoledì)* Carta 22/27 €

♦ Tutto è all'insegna dell'accurata semplicità in quest'angolo di tranquilla collina: un albergo familiare, ben gestito, stanze con arredi sul rustico, ben tenute. Capiente sala ristorante e cucina di impronta locale. Nei fine settimana anche pizzeria.

FILANDARI – Vibo Valentia (VV) – **564** L30 – 1 892 ab. – alt. 486 m   **5 A2**
– ✉ 89851

🚗 Roma 594 – Reggio di Calabria 89 – Catanzaro 81 – Cosenza 111

a Mesiano Nord-Ovest : 3 km – ✉ 89851 Filandari

X **Frammichè** ⬚ 🅿
😊 *contrada Ceraso – ℰ 33 88 70 74 76 – chiuso domenica da luglio a settembre, lunedì negli altri mesi*
😊 **Rist** – *(chiuso a mezzogiorno escluso domenica da settembre a giugno)*
Menu 20/25 €

♦ Grande successo per questo piccolo casolare in tranquilla posizione campestre. Particolarmente grazioso il dehors estivo, dove antiche ricette riaffioreranno dall'oblio.

FILICUDI Sicilia – Messina (ME) – **365** AW52 – Vedere Eolie (Isole)

FINALE EMILIA – Modena (MO) – **562** H15 – 15 954 ab. – alt. 15 m   **9 C2**
– ✉ 41034

🚗 Roma 417 – Bologna 49 – Modena 46 – Padova 102

🏠 **Casa Magagnoli** senza rist ⬚ 🚶 🅰🅒 🕆 🆅🅸🆂🅰 ⬚ 🅰🅴 🕭
😊 *piazza Garibaldi 10 – ℰ 05 35 76 00 46 – www.casamagagnoli.com*
– chiuso 1 settimana in gennaio e 2 in agosto
13 cam ⬚ – ♦50/80 € ♦♦80/110 €

♦ Nell'Ottocento ospitò un pioniere dell'arte fotografica, oggi invece dedica ogni camera, arredata con gusto minimalista, ai personaggi di Finale ricordati tra gli annali della storia.

X **Osteria la Fefa** con cam ⬚ 🅰🅒 🕪 🕭 🆅🅸🆂🅰 ⬚ 🕭
via Trento-Trieste 9/C – ℰ 05 35 78 02 02 – www.osterialafefa.it
– chiuso 2 settimane in gennaio e 2 settimane in agosto
8 cam ⬚ – ♦50/65 € ♦♦70/120 €
Rist – *(chiuso martedì)* (consigliata la prenotazione) Carta 31/42 € 🍴

♦ Il nomignolo ricorda la signora che gestì il locale agli inizi del secolo scorso; nelle salette dall'antico pavimento in mattoni potrete invece ricordare la storia della cucina locale. Raffinate le stanze, arredate con mobili in legno di ciliegio e lenzuola di lino.

FINALE LIGURE – Savona (SV) – **561** J7 – **11 669 ab.** – ✉ 17024   **14** B2

▮ Liguria

▶ Roma 571 – Genova 72 – Cuneo 116 – Imperia 52

🅸 via San Pietro 14, ☏ 019 68 10 19, www.visitriviera.it

◉ Finale Borgo ★

◔ Castel San Giovanni: ≤ ★ 1 h a piedi A/R (da via del Municipio)

Punta Est   ≤ 🚗 🕭 🛋 🛋 🍴 rist, ♛ 🕹 **P** 🆅🆂🅰 ⊛ 🅰🅴 🕹

via Aurelia 1 – ☏ 0 19 60 06 11 – www.puntaest.com – aprile-ottobre

38 cam ⊑ – ♦110/220 € ♦♦200/400 € – 2 suites – ½ P 150/250 €

Rist – Carta 45/59 €

♦ Antica dimora settecentesca in un parco ombreggiato da pini secolari e da palme; tutti da scoprire i deliziosi spazi esterni, tra cui una caverna naturale con stalagmiti. Elegante sala da pranzo: soffitti a travi lignee, archi, camino centrale, dehors panoramico.

Villa Italia-Careni   ≤ 🛌 🕭 🛋 cam, 🔼 🍴 rist, 🚅 🆅🆂🅰 ⊛ ⓪ 🕹

via Torino 111 – ☏ 0 19 69 06 17 – www.hotelcareni.it – chiuso da ottobre al 28 dicembre

70 cam – ♦♦100/120 €, ⊑ 12 € – ½ P 50/110 €

Rist – (solo per alloggiati) Menu 30 €

♦ Hotel a conduzione familiare - in posizione leggermente arretrata rispetto al lungomare, ma raggiungibile con due passi - dispone di ambienti semplici e curati: gradevoli le due terrazze solarium.

Medusa   ≤ 🕭 🕭 🛋 cam, 🔼 🍴 🚅 🆅🆂🅰 ⊛ 🅰🅴 🕹

vico Bricchieri 7 – ☏ 0 19 69 25 45 – www.medusahotel.it

32 cam ⊑ – ♦52/82 € ♦♦82/160 € – ½ P 66/105 €

Rist – (chiuso novembre) (solo per alloggiati) Menu 25 €

♦ A pochi passi dal mare, ma sempre in pieno centro, albergo a conduzione familiare con piacevoli ed armoniosi arredi nelle camere. Proposte di mare e di terra nel ristorante dai toni rustici.

Internazionale   ≤ ≤ 🕭 🔼 🍴 rist, ♛ 🆅🆂🅰 ⊛ 🅰🅴 🕹

via Concezione 3 – ☏ 0 19 69 20 54 – www.internazionalehotel.it – chiuso dal 3 novembre al 28 dicembre

32 cam ⊑ – ♦65/105 € ♦♦85/140 € – ½ P 75/105 €   **Rist** – Menu 30 €

♦ Sul lungomare, hotel a conduzione familiare (da oltre 40 anni) completamente ristrutturato sia negli spazi comuni ben curati e luminosi, sia nelle camere funzionali ed accoglienti. Alcune stanze beneficiano di vista mare e terrazze arredate.

Rosita ⊛   ≤ **P** 🆅🆂🅰 ⊛ ⓪ 🕹

via Mànie 67, Nord-Est : 3 km – ☏ 0 19 60 24 37 – www.hotelrosita.it – chiuso dal 7 al 30 gennaio, 20 giorni in febbraio e novembre

11 cam ⊑ – ♦50/80 € ♦♦60/100 € – 1 suite – ½ P 50/70 €

Rist Rosita – vedere selezione ristoranti

♦ Panorama sul golfo per un piccolo albergo a conduzione familiare, in zona collinare vicina ad una oasi protetta dell'entroterra. Le semplici camere non lesinano sul confort.

Rosita – Hotel Rosita   🕭 🍴 **P** 🆅🆂🅰 ⊛ ⓪ 🕹

via Mànie 67, Nord-Est : 3 km – ☏ 0 19 60 24 37 – www.hotelrosita.it – chiuso dal 7 al 30 gennaio, 10 giorni a febbraio e novembre

Rist – (chiuso mercoledì) (consigliata la prenotazione) Carta 30/74 €

♦ Stile rustico, ma soprattutto una bella terrazza affacciata sul mare e sulla costa, che vi ripaga di un tratto di strada un po' stretto e tortuoso, necessario a raggiungere il locale. Curata direttamente dai titolari, la cucina è squisitamente all'insegna del territorio.

---

a Finalborgo Nord-Ovest : 2 km – ✉ 17024

🅸 piazza Porta Testa, ☏ 019 68 09 54, www.visitriviera.it

Ai Torchi   🆅🆂🅰 ⊛ 🅰🅴 ⓪ 🕹

via dell'Annunziata 12 – ☏ 0 19 69 05 31 – chiuso dal 7 gennaio al 10 febbraio e martedì (escluso agosto)

Rist – Carta 46/83 €

♦ Antico frantoio in un palazzo del centro storico: in sala sono ancora presenti la macina in pietra e il torchio in legno. Atmosfera e servizio curati, cucina marinara.

FINO DEL MONTE – Bergamo (BG) – **561** E11 – 1 159 ab. – alt. 700 m 16 B2
– ⊠ 24020

▶ Roma 600 – Bergamo 38 – Brescia 61 – Milano 85

🏨 **Garden** ⊗ ⌁ 🛗 ⅙ rist. ⅍ 🖃 🅿 ⌚ 🚾 ⓿ 🄰🄴 ⓿ ⓼
via Papa Giovanni XXIII, 1 – ℰ 0 34 67 23 69 – www.fratelliferrari.com
– chiuso 2 settimane in gennaio
20 cam ⊊ – ♦45/70 € ♦♦68/95 € – 1 suite – ½ P 65/80 €
Rist – (chiuso domenica sera e lunedì) Carta 38/69 € ⅋
♦ In un angolo verdeggiante, tra l'Altopiano di Clusone e la Conca della Presolana, una comoda struttura alberghiera mantenuta sempre "fresca" ed aggiornata
da un'attenta gestione familiare. Semplice e colorato ristorante disposto su due
salette classiche dove gustare anche ottimi piatti di pesce.

FIORANO AL SERIO – Bergamo (BG) – **561** E11 – 3 092 ab. 19 D1
– alt. 396 m – ⊠ 24020

▶ Roma 597 – Bergamo 22 – Brescia 65 – Milano 70

ⵣⵣ **Trattoria del Sole** ⌚ 🚾 ⓿ ⓿ ⓼
⊜ piazza San Giorgio 20 – ℰ 0 35 71 14 43 – www.trattoriadelsole.it
– chiuso dal 1° al 10 gennaio, dall'8 al 30 agosto, martedì sera, mercoledì
Rist – Menu 17 € (pranzo)/39 € – Carta 40/70 €
♦ Locale raccolto in cui rusticità ed eleganza convivono in armonia. Dalla cucina
piatti di carne e di pesce, talora ricercati, nelle belle cantine la possibilità di soffermarsi per una degustazione.

FIORANO MODENESE – Modena (MO) – **562** I14 – 16 990 ab. 8 B2
– alt. 115 m – ⊠ 41042

▶ Roma 421 – Bologna 57 – Modena 15 – Reggio nell'Emilia 35

🏨 **Alexander** senza rist 🛗 ⅙ 🄰🄲 ⅍ 🎧 🅿 🚾 ⓿ 🄰🄴 ⓿ ⓼
via della Resistenza 46, località Spezzano, Ovest : 3 km ⊠ 41040 Spezzano
– ℰ 05 36 84 59 11 – www.alexander-hotel.it – chiuso dal 10 al 20 agosto
48 cam – ♦50/68 € ♦♦70/98 €, ⊊ 7 €
♦ In quello che anticamente era luogo di villeggiatura di nobili famiglie locali ed
oggi un'area a forte vocazione industriale, una struttura moderna ideale per una
clientela business.

FIORENZUOLA D'ARDA – Piacenza (PC) – **562** H11 – 14 970 ab. 8 A2
– alt. 80 m – ⊠ 29017

▶ Roma 495 – Piacenza 24 – Cremona 31 – Milano 87

🏨 **Concordia** senza rist 🎧 🚾 ⓿ 🄰🄴 ⓿ ⓼
via XX Settembre 54 – ℰ 05 23 98 28 27 – www.hotelconcordiapc.com – chiuso
dal 15 al 30 agosto
19 cam ⊊ – ♦55 € ♦♦75 € – 2 suites
♦ Gestione familiare, tranquillità ed una gentile accoglienza per questo albergo
situato in pieno centro storico. L'ambiente è piacevole ed intimo, le stanze eleganti e in stile.

ⵣ **Mathis** con cam 🄰🄲 cam, 🎧 🅿 🚾 ⓿ 🄰🄴 ⓿ ⓼
⊜ via Matteotti 68 – ℰ 05 23 98 28 50 – www.mathis.it – chiuso dal 13 al
19 agosto
16 cam ⊊ – ♦60/70 € ♦♦80/90 € – ½ P 78 €
Rist – (chiuso domenica) Menu 18 € bc (pranzo)/30 € – Carta 27/39 €
♦ Piacevole atmosfera retrò con oggetti d'altri tempi a far da contorno alle specialità piacentine. Moto e macchine d'epoca in cantina. Originale, come il suo
nome!

FIRENZE

Piante pagine seguenti

– **368 901 ab.** – **alt. 50 m** – **563** K15 – ▮ Toscana

▶ Roma 285 – Bologna 129 – Livorno 106 – Prato 39

🛈 Uffici Informazioni turistiche

Via Cavour 1 r, ℰ 055 29 08 32, www.firenzeturismo.it
piazza della Stazione 4, ℰ 055 21 22 45, www.comune-fi.it

Aeroporto

✈ Amerigo Vespucci Nord-Ovest: 4 km AR ℰ 055 3061300

Golf

⛳ Parco di Firenze via dell'Isolotto 10, 055 785627, www.parcodifirenze.it
⛳ Dell'Ugolino via Chiantigiana 3, 055 2301009, www.golfugolino.it BS

Fiere

10.01 - 13.01 : Pitti immagine uomo
19.01 - 21.01 : Pitti immagine bimbo

◉ LUOGHI DI INTERESSE

Il centro : Piazza del Duomo★★★ Y • Piazza della Signoria★★: Palazzo Vecchio★★★ ZH •
S. Lorenzo e Tombe Medicee★★★ DUV • S. Maria Novella★★ DUW: affreschi★★★ del Ghir-
landaio • Palazzo Medici Riccardi★★ DUS: affreschi★★★ di B. Gozzoli • S. Croce★★ EU •
Ponte Vecchio★★ Z • Orsanmichele★ EUR: Tabernacolo★★ dell'Orcagna • SS. Annunziata-
★ ET • Ospedale degli Innocenti★ ET: Tondi★★ di A. della Robbia

Oltrarno : Palazzo Pitti★★ DV: Giardino Boboli★ DV • S.Maria del Carmine DUV: Cappella
Brancacci★★★ • S. Spirito★ DUV •Piazzale Michelangelo EFV: ❋★★★ S. Miniato al Mon-
te★★ EFV

I musei : Galleria degli Uffizi★★★ EUM • Museo del Bargello★★★ EUM • Galleria dell'Acca-
demia★★ ET: opere★★★ di Michelangelo • Palazzo Pitti★★ DV: Galleria Palatina★★★ •S.
Marco★★ ET: opere★★★ del Beato Angelico • Museo dell'Opera del Duomo★★ YM •
Museo Archeologico★★ ET • Opificio delle Pietre Dure★ ETM

Acquisti : Articoli di cartoleria: Piazza della Signoria, Via de' Tornabuoni, Piazza Pitti •
Ricami: Borgo Ognissanti Articoli in pelle: ovunque, e alla Scuola del cuoio di S. Croce •
Moda: Via de' Pucci e Via de' Tornabuoni • Gioielli: Via de' Tornabuoni e Ponte Vecchio

Dintorni : Certosa del Galluzzo★★ ABS

FIRENZE

PERCORSI DI
ATTRAVERSAMENTO E DI
CIRCONVALLAZIONE

FIRENZE

Circolazione regolamentata nel centro città

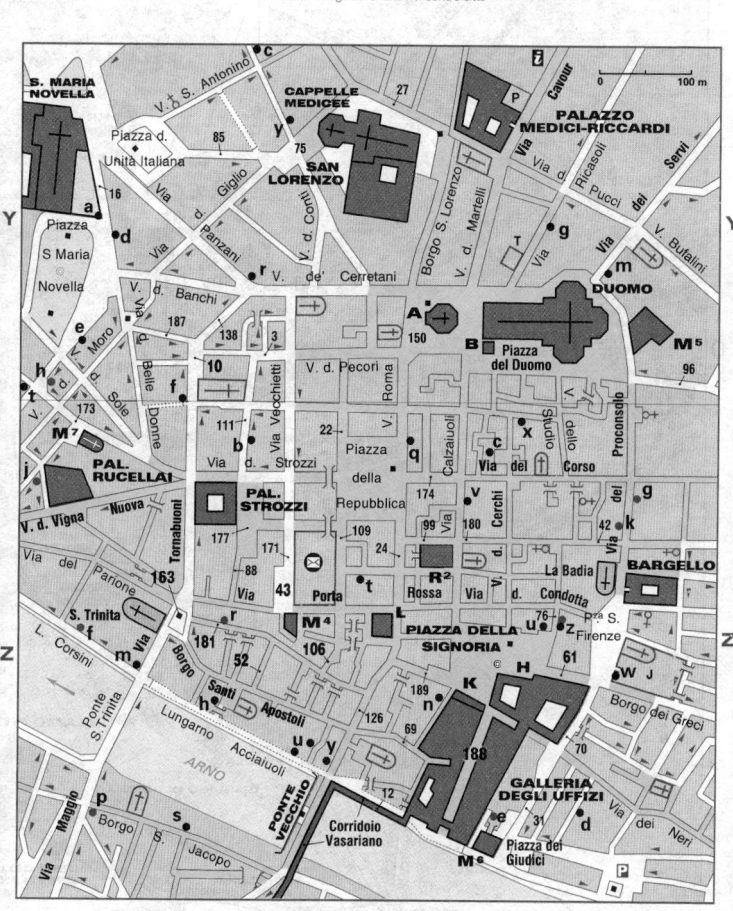

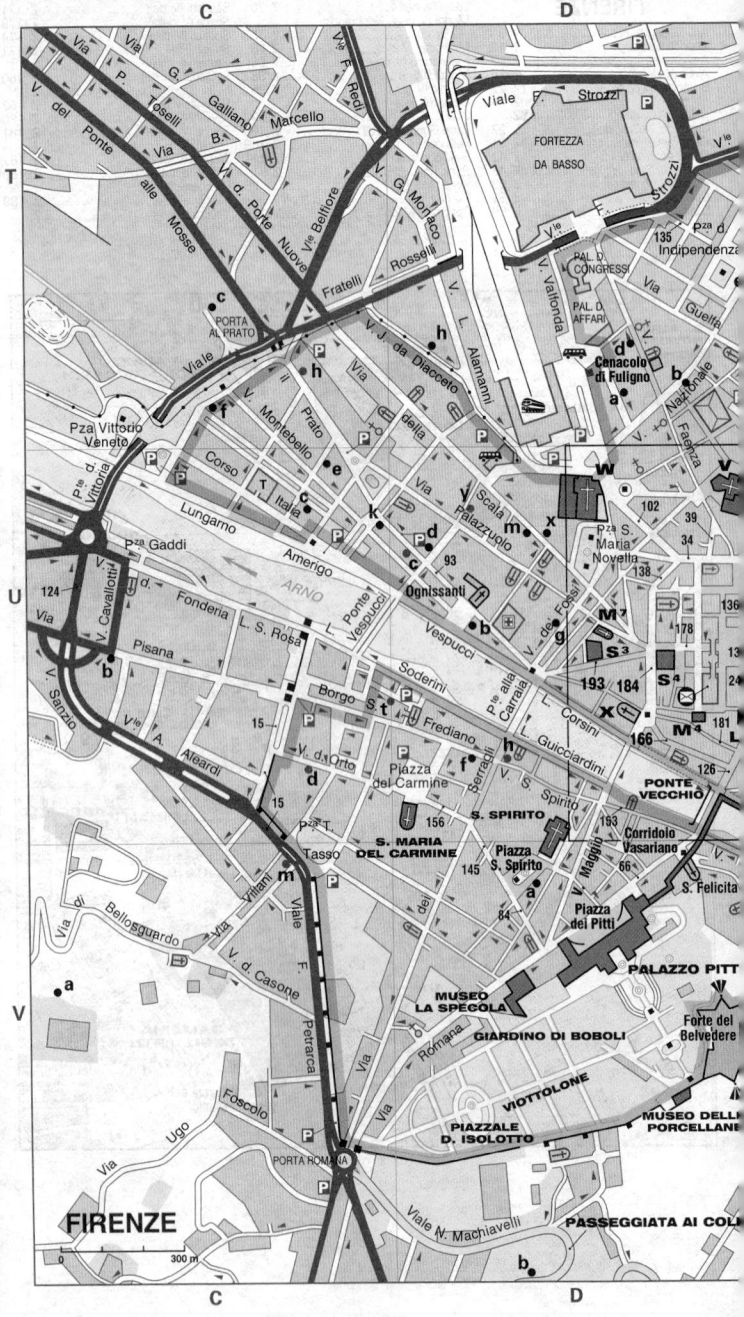

FIRENZE

0   300 m

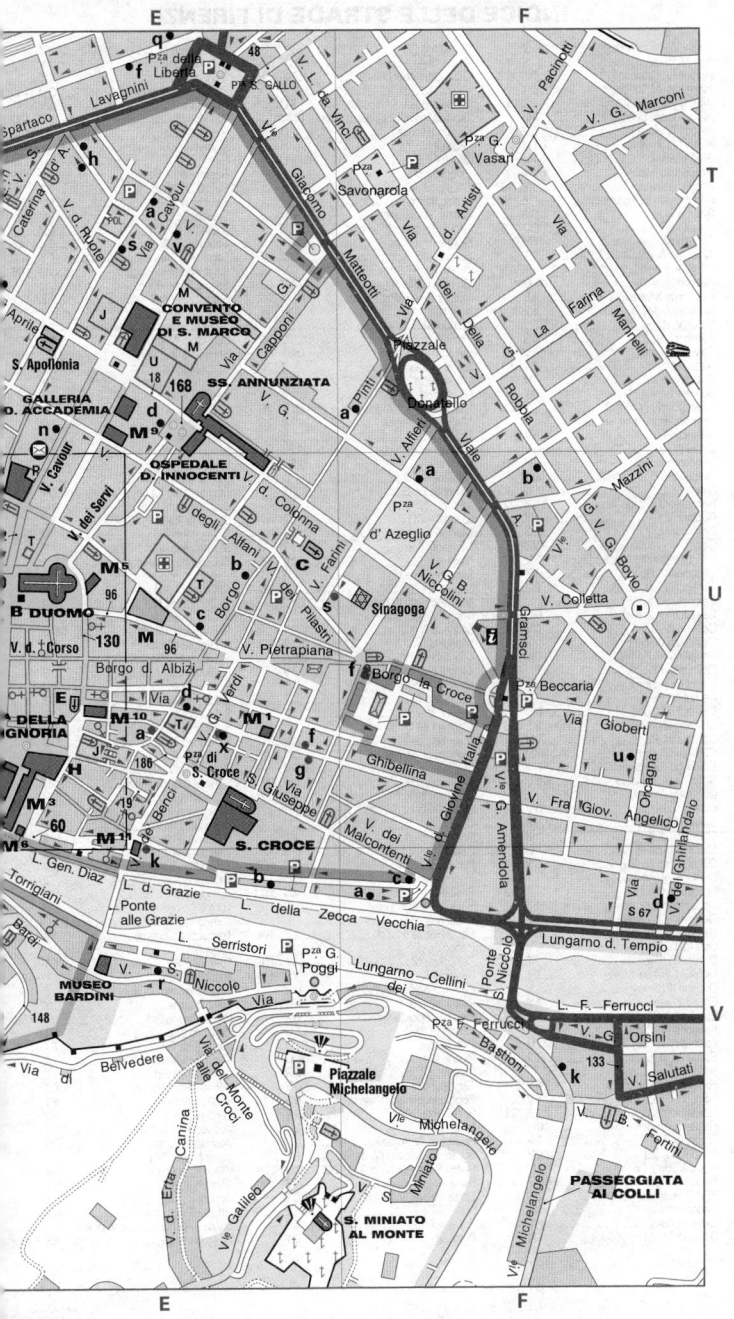

INDICE DELLE STRADE DI FIRENZE

🏨🏨🏨🏨 The Westin Excelsior
piazza Ognissanti 3 ✉ *50123* – ☎ *05 52 71 51*
– *www.westinflorence.com*
DU**b**
155 cam – ♦260/850 € ♦♦375/960 €, � 39 € – 16 suites
Rist – Carta 50/68 €

♦ Saloni e salette di questo aristocratico palazzo, affacciato sull'Arno, sono dedicati alla storia e ricchi di luce e di eleganza; confortevoli e raffinate le camere, arredate in porpora. Quadri alle pareti, soffitti a cassettoni, marmi di Carrara e sapori fiorentini nella sfarzosa sala da pranzo.

🏨🏨🏨🏨 Four Seasons Hotel Firenze
borgo Pinti 99 ✉ *50121* – ☎ *05 52 62 61*
– *www.fourseasons.com/florence*
FT**a**
116 cam ⊊ – ♦♦550/595 € – 18 suites
Rist *Il Palagio* – vedere selezione ristoranti
Rist *Al Fresco* – ☎ *05 52 62 64 50 (maggio-settembre)* Carta 50/80 €

♦ In un delizioso parco botanico, l'hotel si compone di due edifici: Palazzo della Gherardesca e il Conventino. Affreschi, bassorilievi, carta da parati in seta, l'eleganza è di casa in entrambe le strutture! Tappa gourmet al Palagio; più *light* Al Fresco.

🏨🏨🏨 Savoy
piazza della Repubblica 7 ✉ *50123* – ☎ *05 52 73 51* – *www.hotelsavoy.it*
Z**q**
102 cam – ♦440 € ♦♦530 €, ⊊ 30 € – 14 suites
Rist *L'Incontro* – vedere selezione ristoranti

♦ Camere ampie e confortevoli, impreziosite da bagni musivi, in un elegante hotel di storica data situato nelle vicinanze del Duomo, dei musei e delle grandi firme della moda.

🏨🏨🏨 Montebello Splendid
via Garibaldi 14 ✉ *50123* – ☎ *05 52 74 71*
– *www.montebellosplendid.com*
CU**e**
58 cam ⊊ – ♦150/380 € ♦♦199/680 € – 3 suites **Rist** – Carta 51/77 €

♦ Tra strade caratteristiche e palazzi storici, questo sontuoso e signorile palazzo vi accoglierà tra i marmi policromi dei suoi ambienti e nel grazioso giardino interno.

🏨🏨🏨 Regency
piazza Massimo D'Azeglio 3 ✉ *50121* – ☎ *0 55 24 52 47*
– *www.regency-hotel.com*
FU**a**
34 cam ⊊ – ♦220/405 € ♦♦230/540 € – 3 suites
Rist *Relais le Jardin* – vedere selezione ristoranti

♦ Nato per dare ospitalità agli uomini della storia politica fiorentina, l'hotel offre confort e tranquillità nei suoi eleganti spazi, in cui conserva ancora il fascino del passato.

🏨🏨🏨 Relais Santa Croce
via Ghibellina 87 ✉ *50122* – ☎ *05 52 34 22 30* – *www.relaisantacroce.com*
EU**x**
24 cam ⊊ – ♦230/599 € ♦♦300/649 € – 7 suites
Rist – Carta 52/90 €

♦ Lusso ed eleganza nel cuore di Firenze, un'atmosfera unica tra tradizione e modernità, nella quale mobili d'epoca si accostano a tessuti preziosi e ad elementi di design. Tempo, esperienza e passione gli ingredienti gli ingredienti essenziali per realizzare piatti semplici e gustosi di antiche ricette toscane.

🏨🏨🏨 Grand Hotel Villa Cora 🏡
viale Machiavelli 18 ✉ *50125*
– ☎ *0 55 22 87 90* – *www.villacora.it*
DV**b**
40 cam – ♦♦350/550 €, ⊊ 20 € – 6 suites
Rist *Il Pasha* – Carta 66/88 €

♦ E' tutto un susseguirsi di sale affrescate, marmi e stucchi in questa signorile villa di fine '800, immersa in un parco secolare con piscina. Dei giorni nostri, invece, l'attrezzato centro benessere. Cucina di ricerca nel ristorante con servizio estivo in veranda.

🏨🏨🏨 Helvetia e Bristol   🖿 AK ⁕¹ ᵗⁱ⁰ VISA ⁕⁕ AE ⓞ ⑤
via dei Pescioni 2 ⊠ *50123 –* ℰ *05 52 66 51 – www.royaldemeure.com*
67 cam – ♦215/355 € ♦♦460/760 €, ⌷ 26 € – 15 suites   Z**b**
Rist *Hostaria Bibendum* – vedere selezione ristoranti
♦ Accanto al Duomo e a Palazzo Strozzi, il fascino del passato rivive in questa elegante dimora dell'Ottocento: camere personalizzate, arredate con quadri d'epoca e pezzi d'antiquariato.

🏨🏨🏨 Albani   🕊 ₤ɕ 🖿 & AK ↤ ⁕ rist, ⁕¹ ⅗ VISA ⁕⁕ AE ⓞ
via Fiume 12 ⊠ *50123 –* ℰ *05 52 60 30 – www.albanihotels.icom*   DT**a**
102 cam ⌷ – ♦100/400 € ♦♦150/500 € – 2 suites – ½ P 110/285 €
Rist – Carta 28/65 €
♦ Elegante ed imponente palazzo del primo Novecento nei pressi della stazione, offre ambienti di raffinata eleganza neoclassica e ricchi di colore, dove non mancano cenni di arte e design.

🏨🏨🏨 Grand Hotel Minerva   🖳 🖿 & AK ↤ ⁕¹ ⅗ ⁕⁕ AE ⓞ ⑤
piazza Santa Maria Novella 16 ⊠ *50123 –* ℰ *05 52 72 30 –*
www.grandhotelminerva.com   Y**n**
102 cam ⌷ – ♦129/300 € ♦♦139/500 € – 5 suites – ½ P 103/288 €
Rist *I Chiostri* – vedere selezione ristoranti
♦ E' uno degli hotel più antichi della città ed offre un'accogliente atmosfera impreziosita da opere d'arte, camere arredate con eleganza ed una terrazza con piscina e splendida vista.

🏨🏨🏨 Hilton Florence Metropole   🖿 & AK ↤ ⁕ rist, ⁕¹ ⅗ 🅿 ⚇
via del Cavallaccio 36 ⊠ *50142 –* ℰ *05 57 87 11*   VISA ⁕⁕ AE ⓞ ⑤
– www.florencemetropole.hilton.com   AS**b**
212 cam – ♦♦90/340 €, ⌷ 15 €   **Rist** – Carta 40/69 €
♦ Moderno e facilmente raggiungibile dall'aeroporto, l'hotel mette a disposizione dei suoi ospiti camere e spazi comuni arredati con gusto minimalista ed un capiente centro congressi. Al primo piano, ampio ristorante dal moderno design, piacevolmente illuminato da ampie finestre.

🏨🏨🏨 Bernini Palace   🖿 AK ↤ ⁕ ⁕¹ ⅗ ⁕⁕ AE ⓞ ⑤
piazza San Firenze 29 ⊠ *50122 –* ℰ *0 55 28 86 21 – www.duetorrihotels.com*
69 cam ⌷ – ♦150/350 € ♦♦180/500 € – 5 suites   Z**w**
Rist – Carta 41/56 €
♦ Nella sala Parlamento si riunivano deputati e senatori ai tempi di Firenze, capitale del Regno d'Italia. Nei suoi ampi corridoi e nelle sue splendide camere (proverbiali quelle del*Tuscan Floor*), nonché nel suo delizioso ristorante, si aggirano oggi turisti esigenti in termini di qualità.

🏨🏨🏨 De la Ville senza rist   🖿 AK ⚇ ⅗ VISA ⁕⁕ AE ⓞ ⑤
piazza Antinori 1 ⊠ *50123 –* ℰ *05 52 38 18 05 – www.hoteldelaville.it*
68 cam ⌷ – ♦120/290 € ♦♦320/570 € – 14 suites   Y**f**
♦ Nella via dello shopping elegante, lussuoso albergo in edificio storico ristrutturato in stile classico-moderno con camere spaziose e la nuova suite collection: una serie di suite e junior suite per soddisfare i clienti più esigenti. Splendida penthouse di 180 mq con ampia terrazza e vista a 360° sulla città.

🏨🏨 Lungarno   ≼ 🖿 AK ↤ ⁕¹ ⅗ ⁕⁕ AE ⓞ ⑤
borgo San Jacopo 14 ⊠ *50125 –* ℰ *05 52 72 61 – www.lungarnohotels.com*
69 cam – ♦200/345 € ♦♦260/775 €, ⌷ 25 € – 4 suites   Z**s**
Rist *Borgo San Jacopo* – vedere selezione ristoranti
♦ Il nome di questo albergo non mente: difficile trovare posizione migliore sull'Arno, sito com'è tra Ponte Vecchio e Santa Trinità. Ogni angolo del palazzo offre spunti di gran classe ed eleganza. Numerose sono le terrazze ed i balconi che offrono allo sguardo il fiume: protagonista anche da molte finestre delle camere.

🏨🏨 J.K. Place Firenze senza rist   ≼ 🖿 AK ⁕¹ VISA ⁕⁕ AE ⑤
piazza Santa Maria Novella 7 ⊠ *50123 –* ℰ *05 52 64 51 81 – www.jkplace.com*
20 cam ⌷ – ♦♦350/600 € – 3 suites   Y**e**
♦ Era un condominio della città antica, il cui semplice portone ancora oggi si affaccia sulla storica piazza S. Maria Novella. Dietro l'uscio, la sorpresa è continua: con la ristrutturazione l'architetto Michele Bönan ha mixato lusso e personalizzazione, affinché ci si senta a proprio agio circondati dalla raffinatezza.

Continentale senza rist 🕭 𝄞 🖪 🖫 ⌨ 🎧 🖩 🛜 VISA ⊗ AE ⊙ ⚡
vicolo dell'Oro 6 r ⊠ 50123 – 𝒞 05 52 72 62 – www.lungarnohotels.com
42 cam – ♦180/330 € ♦♦200/700 €, ⌸ 25 € – 1 suite   Zy
• Hotel di moderna eleganza, sorto intorno ad una torre medievale e con una splendida vista su Ponte Vecchio; all'interno, ambienti in design dai vivaci e caldi colori.

Santa Maria Novella senza rist ⩽ 🕭 🖪 🖫 ⌨ 🎧 🖩 🛜 VISA ⊗ AE ⊙ ⚡
piazza Santa Maria Novella 1 ⊠ 50123 – 𝒞 0 55 27 18 40
– www.hotelsantamarianovella.it   Yd
71 cam ⌸ – ♦150/350 € ♦♦178/450 €
• Affacciato sull'omonima piazza, la struttura riserva agli ospiti un'accogliente atmosfera, fatta di piccoli salottini ed eleganti camere tutte diverse per colori, nonché arredi. E per non perdersi nulla di questa magica città, a disposizione anche una graziosa, panoramica, terrazza.

Gallery Hotel Art 🖪 🖫 ⌨ 🎧 4 🖩 rist, 🖩 VISA ⊗ AE ⊙ ⚡
vicolo dell'Oro 5 ⊠ 50123 – 𝒞 05 52 72 63 – www.lungarnohotels.com
69 cam – ♦♦170/500 €, ⌸ 25 € – 5 suites   Zu
Rist *The Fusion Bar & Restaurant* – (chiuso agosto) Carta 37/62 €
• Legni africani nelle stanze, bagni ricoperti da pietre mediorientali, scorci di Firenze alle pareti: quasi un museo, dove l'arte cosmopolita crea un'atmosfera indiscutibilmente moderna. Cucina*fusional* ristorante dallo stesso stile contemporaneo della struttura. A pranzo buffet a prezzo fisso. Sabato e domenica*brunch*.

Monna Lisa senza rist 🚄 🖪 🖫 ⌨ 🖩 🕍 VISA ⊗ AE ⊙ ⚡
via Borgo Pinti 27 ⊠ 50121 – 𝒞 05 52 47 97 51 – www.monnalisa.it
45 cam ⌸ – ♦119/275 € ♦♦149/398 € – 4 suites   EUb
• Nel centro storico, un palazzo di origini medievali con un imponente scalone, pavimenti in cotto e soffitti a cassettoni, ospita camere e spazi comuni arredati in stile rinascimentale. Stanze più recenti, ma sempre eleganti come la restante parte della dimora, nelle due dépendance al di là dello splendido giardino.

Plaza Hotel Lucchesi ⩽ 🖪 🖫 ⌨ 🎧 🎾 rist, 🖩 🕍 🖾 🛜 VISA ⊗ AE ⊙ ⚡
lungarno della Zecca Vecchia 38 ⊠ 50122 – 𝒞 05 52 62 36
– www.plazalucchesi.it   EVb
97 cam ⌸ – ♦140/270 € ♦♦200/440 € – 10 suites – ½ P 130/250 €
Rist – (chiuso domenica) Carta 37/64 €
• Elegante albergo sul lungarno caratterizzato da camere con arredi in stile impero e generosi spazi comuni, sia nella hall, sia ai piani. Incantevole vista sul fiume e su Santa Croce da numerose stanze; tenuta perfetta ovunque.

Hilton Garden Inn Florence Novoli 🖪 🖫 ⌨ 🎧 4 🎾 cam, 🖩 🖾
via Sandro Pertini 2/9, Novoli ⊠ 50127   VISA ⊗ AE ⊙ ⚡
– 𝒞 05 54 24 01 – www.florencenovoli.hgi.com   ARx
119 cam – ♦♦210 €, ⌸ 12 € – 2 suites
Rist *City* – Carta 36/60 €
• Nei pressi dell'imbocco autostradale, questa moderna struttura presenta spazi comuni luminosi e di grande respiro. Camere confortevoli arredate in squisito stile moderno. Accessori dell'ultima generazione.

Palazzo Magnani Feroni senza rist 🖪 🖫 ⌨ 4 🎾 🖩 🖾 VISA ⊗ AE ⚡
borgo San Frediano 5 ⊠ 50124 – 𝒞 05 52 39 95 44
– www.palazzomagnaniferoni.it   DUf
12 suites ⌸ – ♦♦280/800 €
• Solo lussuose suite in questo palazzo cinquecentesco che ha ospitato i fastosi ricevimenti del Ministro di Francia. Vista panoramica dalla terrazza, che d'estate si trasforma in bar.

AC Firenze 🖪 🖫 ⌨ 🖫 🎾 rist, 🖩 🕍 🄿 🖾 VISA ⊗ AE ⊙ ⚡
via Luciano Bausi 5 ⊠ 50144 – 𝒞 05 53 12 01 11 – www.ac-hotels.com
117 cam ⌸ – ♦♦110/432 € – 1 suite   **Rist** – Carta 32/48 €   CTc
• Nei pressi della Fortezza da Basso, una struttura di grande impatto visivo con un'ampia hall e confortevoli camere di ultima generazione. Modernità anche nella sala ristorante, dove si svolgono i tre servizi giornalieri: colazione, pranzo e cena.

🏠🏠 Brunelleschi ≤ 📶 📺 ⇄ 🏊 📶 🕍 📶 VISA ⚫ AE ⓪ 🔥

piazza Santa Elisabetta 3 ✉ *50122 –* ☎ *05 52 73 70 – www.hotelbrunelleschi.it*
95 cam ⬚ – ♦234/689 € ♦♦259/714 € – ½ P 175/402 €   **Z**c
Rist – *(chiuso a mezzogiorno)* Carta 67/95 €

♦ Sarà la bizantina Torre della Pagliazza, una delle costruzioni più antiche della città, ad ospitarvi. Nelle fondamenta, un piccolo museo conserva cimeli di epoca romana.

🏠🏠 Starhotels Michelangelo 📶 📺 ⇄ 🏊 rist 🕍 📶 VISA ⚫ AE ⓪ 🔥

viale Fratelli Rosselli 2 ✉ *50123 –* ☎ *0 55 27 84 – www.starhotels.com*
116 cam ⬚ – ♦♦110/500 € – 3 suites – ½ P 90/285 €   **CT**f
Rist – Carta 35/56 €

♦ Situato di fronte al Parco delle Cascine, offre spaziosi ambienti moderni e funzionali, camere confortevoli con dotazioni di ottimo livello e sale riunioni ben attrezzate. Sobria sala da pranzo al piano interrato.

🏠🏠 Borghese Palace Art Hotel *senza rist* 🦋 🛗 📶 📺 🕍

via Ghibellina 174/r ✉ *50122 –* ☎ *0 55 28 43 63*   VISA ⚫ AE ⓪ 🔥
– www.borghesepalace.com   **EU**d
25 cam ⬚ – ♦90/250 € ♦♦

♦ Nell'ottocentesco palazzo che fu residenza di Carolina Bonaparte, eleganza classica e moderni arredi si fondono mirabilmente per dar vita a questa bella struttura, i cui spazi comuni ospitano spesso mostre di arte contemporanea. Piacevole e caratteristica la zona relax.

🏠🏠 Londra 🦋 🛗 📶 📶 📺 ⇄ 🏊 rist 🕍 📶 🚆 VISA ⚫ AE ⓪ 🔥

via Jacopo da Diacceto 18-20 ✉ *50123 –* ☎ *05 52 73 90*
– www.concertohotels.com   **DT**h
166 cam ⬚ – ♦170/280 € ♦♦210/395 €   **Rist** – Carta 33/59 €

♦ A breve distanza dal polo congressuale e fieristico così come dai principali monumenti della città, offre accoglienti camere con balcone e spazi idonei ad ospitare riunioni di lavoro. La moderna la sala da pranzo dispone anche di salette dedicate ai fumatori.

🏠🏠 Cerretani *senza rist* 📶 🛗 📺 ⇄ 🏊 🕍 📶 VISA ⚫ AE ⓪ 🔥

via de' Cerretani 10 ✉ *50123 –* ☎ *05 52 38 13 01 – www.accorhotels.com*
83 cam – ♦105/324 € ♦♦120/436 €, ⬚ 18 € – 1 suite   **Y**r

♦ Cura ed eleganza per questo palazzo settecentesco situato a pochi passi dal Duomo dove troverete una cortese accoglienza e moderne camere ben insonorizzate. Servizio di wine-bar negli orari dei pasti.

🏠🏠 Starhotels Tuscany 📶 🛗 📺 ⇄ 🕍 📶 P VISA ⚫ AE ⓪ 🔥

via Di Novoli 59 ✉ *50127 –* ☎ *0 55 43 14 41 – www.starhotels.com*
102 cam ⬚ – ♦♦450 € – ½ P 265 €   **Rist** – Carta 41/52 €   **AR**c

♦ In direzione dell'aeroporto, struttura di moderna concezione omogenea e ben attrezzata ideale per una clientela commerciale. Design contemporaneo, colori scuri ed i sapori regionali al ristorante.

🏠🏠 UNA Hotel Vittoria 📶 🛗 📺 ⇄ 🕍 📶 🚆 VISA ⚫ AE ⓪ 🔥

via Pisana 59 ✉ *50143 –* ☎ *05 52 27 71 – www.unahotels.it*   **CU**b
84 cam ⬚ – ♦♦96/504 €
Rist – *(chiuso sabato a mezzogiorno)* Carta 32/65 €

♦ Albergo di ultima generazione dalle forme bizzarre, una miscela di confort, colori ed innovazione. La fantasia ha avuto pochi limiti e il risultato è assolutamente particolare, unico.

🏠🏠 Adler Cavalieri *senza rist* 🦋 🛗 📶 🛗 📺 🕍 📶 VISA ⚫ AE ⓪ 🔥

via della Scala 40 ✉ *50123 –* ☎ *0 55 27 78 10 – www.hoteladlercavalieri.com*
60 cam ⬚ – ♦115/285 € ♦♦145/370 €   **DU**x

♦ Albergo di equilibrata eleganza in prossimità della stazione. Ottimamente insonorizzato, dispone di camere luminose e di accoglienti spazi comuni dove il legno è stato ampiamente usato.

Grand Hotel Adriatico

🚗 🖘 🖢 cam, 🔟 ⇄ 🦑 rist, 🐾 🔄 🄿
🅅🄸🅂🄰 🆎 🄰🄴 🄾 ⚡

via Maso Finiguerra 9 ✉ 50123 – ℰ 05 52 79 31
– www.hoteladriatico.it
DU**d**

126 cam � – †110/230 € ††120/350 € – 3 suites
Rist – (chiuso domenica) Carta 32/58 €

♦ Ampia hall e moderne camere di sobria eleganza per questa struttura in comoda posizione centrale. Proposte toscane e nazionali nella tranquilla sala ristorante, recentemente rinnovata, o nel piacevole giardino.

Lorenzo il Magnifico senza rist

🚗 🖘 🖢 🔟 ⇄ 🔄 🄿 🅅🄸🅂🄰 🆎 🄰🄴 🄾 ⚡

via Lorenzo il Magnifico 25 ✉ 50129 – ℰ 05 54 63 08 78
– www.lorenzoilmagnifico.net
ET**f**

39 cam ⊒ – †110/260 € ††130/300 € – 1 suite

♦ Cinta da un piccolo giardino, un'elegante villa che nel tempo ospitò anche un convento. Oggi dispone di spazi accoglienti dove l'atmosfera del passato sposa le moderne tecnologie.

Pierre senza rist

🖘 🖢 🔟 🦑 🐾 🅅🄸🅂🄰 🆎 🄰🄴 🄾 ⚡

via Dè Lamberti 5 ✉ 50123 – ℰ 0 55 21 62 18
– www.remarhotels.com
Z**t**

49 cam ⊒ – †150/265 € ††220/350 € – 1 suite

♦ L'eleganza si affaccia ovunque in questo hotel sito in pieno centro e recentemente ampliato; caldi e confortevoli gli ambienti, arredati in stile ma dotati di accessori moderni.

Lungarno Suites senza rist

⇆ 🖘 🖢 🔟 ⇄ 🐾 🅅🄸🅂🄰 🆎 🄰🄴 🄾 ⚡

lungarno Acciaiuoli 4 ✉ 50123 – ℰ 0 55 27 26 80 00
– www.lungarnocollection.com
Z**u**

41 suites ⊒ – †245/1290 €

♦ Con un nome così, le camere non potevano che essere delle vere e proprie suite con angolo cottura: ideali per famiglie e clienti da soggiorni lunghi o semplicemente per chi vuole godere di ampi spazi con un servizio non stop di livello alberghiero.

Berchielli senza rist

⇆ 🖘 🔟 ⇄ 🦑 🐾 🔄 🅅🄸🅂🄰 🆎 🄰🄴 🄾 ⚡

lungarno Acciaiuoli 14 ✉ 50123 – ℰ 0 55 26 40 61
– www.berchielli.it
Z**h**

76 cam ⊒ – †120/300 € ††150/410 € – 4 suites

♦ Vetrate artistiche policrome, impagabili viste sull'Arno e su Ponte Vecchio e camere accoglienti dalle calde tonalità di colore: una finestra affacciata sulla storia di Firenze.

Il Guelfo Bianco senza rist

🖘 🖢 🔟 🐾 🅅🄸🅂🄰 🆎 🄰🄴 🄾 ⚡

via Cavour 29 ✉ 50129 – ℰ 0 55 28 83 30
– www.ilguelfobianco.it
ET**n**

40 cam ⊒ – †90/155 € ††99/250 €

♦ Nel cuore della Firenze medicea, la struttura dispone di spazi comuni di gusto moderno e camere spaziose, alcune con soffitto affrescato. Dalle 12 alle 15 piccolo bistrot con piatti caldi.

San Gallo Palace senza rist

🖘 🖢 🔟 ⇄ 🐾 🔄 🅅🄸🅂🄰 🆎 🄰🄴 🄾 ⚡

via Lorenzo il Magnifico 2 ✉ 50129 – ℰ 0 55 46 38 71
– www.sangallopalace.it
ET**q**

56 cam ⊒ – †115/230 € ††158/250 € – 2 suites

♦ Di recente apertura, il palazzo si affaccia sull'omonima porta e dispone di una signorile hall, confortevoli spazi comuni e moderne camere di sobria eleganza, tutte doppie.

Cellai senza rist

🖘 🔟 🦑 🐾 🔄 🅅🄸🅂🄰 🆎 🄰🄴 🄾 ⚡

via 27 Aprile 14 ✉ 50129 – ℰ 0 55 48 92 91
– www.hotelcellai.it
ET**x**

68 cam ⊒ – †120/169 € ††150/295 € – 5 suites

♦ Ambienti accoglienti, mobilio d'epoca e stampe antiche a soggetto botanico e zoologico in questa lussuosa casa fiorentina. All'ultimo piano la bella terrazza impreziosita da gelsomini, un sorta di "salotto all'aperto" dove rilassarsi senza mai distogliere lo sguardo dalla città.

455

Residenza del Moro senza rist 🚿 🗃 🕭 🎹 ¶¹ 🖾 ⓑⓑ 🖭 ① 🕭
via del Moro 15 ⊠ 50123 – ℰ 055 29 08 84
– www.residenzadelmoro.com   DU**g**
6 cam 🖵 – ♥♥265/310 € – 5 suites – ♥♥510/700 €
◆ Un accurato restauro ha restituito l'originario splendore a questo palazzo cinquecentesco costruito per volere dei marchesi Niccolini-Bourbon. Ora, gli antichi affreschi dialogano con stupende opere d'arte contemporanea: una lussuosa dimora nel cuore di *Florentia*.

Calzaiuoli senza rist 🗃 🎹 ✂ ¶¹ 🖾 ⓑⓑ 🖭 ① 🕭
via Calzaiuoli 6 ⊠ 50122 – ℰ 055 21 24 56 – www.calzaiuoli.it   Z**v**
52 cam 🖵 – ♥150/420 € ♥♥200/520 €
◆ In pieno centro storico, tra piazza del Duomo e piazza della Signoria, sorge sulle vestigia di una torre medievale; al suo interno, spazi comuni di modeste dimensioni e camere confortevoli.

Rivoli 🚿 🗃 🕭 🎹 ✂ ¶¹ 🖧 🖾 ⓑⓑ 🖭 ① 🕭
via della Scala 33 ⊠ 50123 – ℰ 05 52 78 61 – www.hotelrivoli.it   DU**m**
80 cam 🖵 – ♥120/230 € ♥♥130/350 € – 3 suites
Rist *Benedicta* – vedere selezione ristoranti
◆ Nel centro storico della Città del Giglio, un convento quattrocentesco è diventato, oggi, un raffinato hotel dai soffitti a volta (o a cassettoni) e con un grazioso patio che ospita la vasca idromassaggio. Camere spaziose.

Executive senza rist 🗃 🎹 ¶¹ 🖧 🖾 ⓑⓑ 🖭 ① 🕭
via Curtatone 5 ⊠ 50123 – ℰ 055 21 74 51 – www.hotelexecutive.it
48 cam 🖵 – ♥130/220 € ♥♥180/360 € – 2 suites   CU**k**
◆ Recentemente ampliato e sempre maestoso questo palazzo dell'800 ospita ampi spazi comuni e lussuose camere con affreschi ai soffitti, camini in marmo, stampe e mobili d'epoca.

Athenaeum 🏠 🗃 🕭 rist, 🎹 ✂ ¶¹ rist, ¶¹ 🖧 🍴 🖾 ⓑⓑ 🖭 🕭
via Cavour 88 ⊠ 50129 – ℰ 055 58 94 56
– www.hotelathenaeum.com   ET**v**
60 cam 🖵 – ♥95/260 € ♥♥120/430 € – ½ P 95/250 €
Rist – (chiuso sabato a mezzogiorno e domenica) Carta 34/62 €
◆ Ambiente moderno e di tendenza con camere dall'arredo essenziale, in sintonia con il resto della casa, ma sempre di tradizione artigiana. Garage privato. Design contemporaneo anche al ristorante che si vanta una cucina Toscana. Patio interno per piacevoli cene estive.

Villa Belvedere senza rist 🏡 ◁ 🏓 🏊 ✕ 🗃 🚕 🎹 ✂ ¶¹ 🅿
via Benedetto Castelli 3 ⊠ 50124 – ℰ 055 22 25 01   🖾 ⓑⓑ 🖭 🕭
– www.villabelvederefirenze.it – marzo-20 novembre   BS**c**
26 cam 🖵 – ♥65/130 € ♥♥100/207 €
◆ Al centro di uno splendido giardino con piscina, dal quale si possono ammirare la città e le colline tutt'intorno, la villa assicura tranquillità ed ambienti signorili, ma familiari.

Home senza rist 🎵 🗃 🕭 🎹 ✂ ¶¹ 🖧 🖾 ⓑⓑ 🖭 ① 🕭
piazza Piave 3 ⊠ 50122 – ℰ 055 24 36 68 – www.hhflorence.it   FV**c**
38 cam 🖵 – ♥180/290 € ♥♥210/350 €
◆ All'interno della graziosa palazzina si respira un'atmosfera giovane, modaiola, ma - come il nome lascia intendere - anche di casa. La prima colazione si condivide su tre soli tavoli e il colore bianco regna sovrano. Originale!

Inpiazzadellasignoria – Residenza d'epoca senza rist 🗃 🎹 ✂ ¶¹
via de' Magazzini 2 ⊠ 50122 – ℰ 05 52 39 95 46   🖾 ⓑⓑ 🖭 ① 🕭
– www.inpiazzadellasignoria.com   Z**z**
10 cam 🖵 – ♥200/250 € ♥♥250/300 € – 2 suites
◆ Elegante e ricca di personalità, una piccola residenza che vuole regalare agli ospiti la magia della Firenze rinascimentale: varcate una porta o affacciatevi ad una finestra e non avrete dubbi.

🏠 **Palazzo Benci** senza rist   🚗 📱 🏧 ℀ 🛰 🕍 VISA ⦿ AE ⓞ ⛟
piazza Madonna degli Aldobrandini 3 ✉ 50123 – 𝒞 055 21 38 48
– www.palazzobenci.com – chiuso dal 24 al 27 dicembre e dal 1°al 28 agosto
35 cam � – ✝80/150 € ✝✝120/210 €   **Yy**
◆ Risultato del restauro della cinquecentesca residenza della famiglia Benci, questo storico palazzo ospita sale comuni con soffitti a cassettoni e bassorilievi originali, nonché confortevoli camere di moderna eleganza. Come una perla rara custodita in un'ostrica, il grazioso cortile interno.

🏠 **Botticelli** senza rist   📱 ⛟ 🏧 ℀ 🛰 VISA ⦿ AE ⓞ ⛟
via Taddea 8 ✉ 50123 – 𝒞 055 29 09 05 – *www.hotelbotticelli.it*   **ETp**
34 cam ⊑ – ✝70/150 € ✝✝120/240 € – 1 suite
◆ Poco distante dal mercato di S.Lorenzo e dalla cattedrale, l'hotel si trova in un palazzo del '500 nelle cui zone comuni conserva volte affrescate; camere graziose ed una piccola terrazza coperta.

🏠 **Relais Uffizi** senza rist ⌁   📱 🏧 🛰 VISA ⦿ AE ⛟
chiasso de' Baroncelli-chiasso del Buco 16 ✉ 50122 – 𝒞 05 52 67 62 39
– www.relaisuffizi.it   **Zn**
12 cam ⊑ – ✝80/120 € ✝✝120/250 €
◆ In un vicoletto a due passi dagli Uffizi, un palazzo medievale dalla calda atmosfera con camere ampie e luminose, arredate con mobili d'epoca. Una sosta nel bel salotto sarà ricompensata dalla vista di piazza della Signoria, sulla quale le grandi finestre si affacciano.

🏠 **Loggiato dei Serviti** senza rist   📱 ⛟ 🏧 🛰 VISA ⦿ AE ⓞ ⛟
piazza Santissima Annunziata 3 ✉ 50122 – 𝒞 055 28 95 92
– www.loggiatodeiservitihotel.it   **ETd**
38 cam ⊑ – ✝90/150 € ✝✝120/240 € – 1 suite
◆ Costruito dai Padri serviti nel 1527, l'hotel offre tranquillità, confort ed una discreta eleganza e conserva anche negli interni le sue affascinanti caratteristiche originali.

🏠 **De Rose Palace** senza rist   📱 🏧 🛰 VISA ⦿ AE ⛟
via Solferino 5 ✉ 50123 – 𝒞 05 52 39 68 18 – *www.florencehotelderose.com*
18 cam ⊑ – ✝200 € ✝✝250 €   **CUc**
◆ Ospitato in un palazzo fiorentino nei pressi del teatro Comunale, offre eleganti e spaziose camere, alcune con arredo ricercato ed una piacevole atmosfera familiare.

🏠 **Caravaggio** senza rist   📱 ⛟ 🛋 🏧 🛰 VISA ⦿ AE ⓞ ⛟
piazza Indipendenza 5 ✉ 50129 – 𝒞 055 49 63 10 – *www.hotelcaravaggio.it*
37 cam ⊑ – ✝60/280 € ✝✝80/380 €   **DTe**
◆ Camere spaziose e ben arredate, accoglienza familiare ed una moderna saletta per la colazione a buffet in questo edificio del XIX secolo, sorto sulle ceneri di tre vecchie pensioni. Un dehors ombreggiato sul retro vi accoglierà nelle giornate più calde.

🏠 **Malaspina** senza rist   📱 ⛟ 🏧 ℀ 🛰 VISA ⦿ AE ⛟
piazza dell'Indipendenza 24 ✉ 50129 – 𝒞 05 55 48 98 69
– www.malaspinahotel.it   **ETg**
31 cam ⊑ – ✝70/168 € ✝✝100/250 €
◆ Nel XIII secolo i Malaspina ospitarono Dante presso il castello di Fosdinovo. La tradizione dell'accoglienza continua oggi in una dimora novecentesca e nei suoi ambienti in parte arredati in stile. Camere spaziose e ben accessoriate.

🏠 **Della Robbia** senza rist   📱 🏧 🛰 P VISA ⦿ AE ⓞ ⛟
via dei della Robbia 7/9 ✉ 50132 – 𝒞 05 52 63 85 70 – *www.hoteldellarobbia.it*
– chiuso agosto   **FUb**
19 cam ⊑ – ✝70/149 € ✝✝80/210 €
◆ Pratico ed utile indirizzo per chi sceglie un soggiorno alla scoperta della cultura artistica fiorentina: costruito nel primo Novecento, il villino sfoggia suggestioni liberty nei signorili interni.

🏠 **Grifone** senza rist   🛋 📱 🏧 🛰 🕍 P VISA ⦿ AE ⓞ ⛟
via Pilati 20/22 ✉ 50136 – 𝒞 055 62 33 00 – *www.hotelgrifonefirenze.com*
87 cam ⊑ – ✝69/160 € ✝✝69/220 € – 4 suites   **BSn**
◆ Ben collegato al Palaffari, l'albergo è frequentato per lo più da una clientela business e dispone di un ampio parcheggio gratuito e camere accessoriate.

River senza rist ← 🏨 ⚓ 🅐🅒 ⁞⁞⁞ 𝘝𝘐𝘚𝘈 ⊙⊙ ⅁
lungarno della Zecca Vecchia 18 ✉ *50122* – ✆ *05 52 34 35 29*
– www.lhphotels.com FVa
38 cam ⌧ – ♦♦84/220 €
♦ Palazzina dell'Ottocento, propone camere spaziose e confortevoli, quelle all'ultimo piano dispongono di un piacevole terrazzino dal quale contemplare il fiume ed il quartiere di Santa Croce.

Benivieni senza rist 🏨 ⚓ 🅐🅒 ⁞⁞⁞ 𝘝𝘐𝘚𝘈 ⊙⊙ 🅐🅔 ① ⅁
via delle Oche 5 ✉ *50122* – ✆ *05 52 38 21 33* – *www.hotelbenivieni.it*
15 cam ⌧ – ♦♦90/220 € Zx
♦ Palazzo del XV secolo che dalla seconda metà dell'800 ospitò un oratorio ebraico. Luminosa hall, camere ampie e confortevoli, piccolo giardino d'inverno nella corte interna coperta.

Rosary Garden senza rist 🏨 🅐🅒 ↔ ⁞⁞⁞ 🅟 𝘝𝘐𝘚𝘈 ⊙⊙ 🅐🅔 ① ⅁
via di Ripoli 169 ✉ *50126* – ✆ *05 56 80 01 36* – *www.rosarygarden.it*
13 cam ⌧ – ♦89/190 € ♦♦99/280 € BSv
♦ Intimo e piacevole hotel alla periferia della città, dall'atmosfera piuttosto inglese, propone confortevoli ed eleganti camere; un must le tè delle cinque, servito con torte e cantucci.

David senza rist 🚗 🏨 🅐🅒 ⁞⁞⁞ 🅟 𝘝𝘐𝘚𝘈 ⊙⊙ 🅐🅔 ⅁
viale Michelangiolo 1 ✉ *50125* – ✆ *05 56 81 16 95* – *www.davidhotel.it*
25 cam ⌧ – ♦♦140/170 € FVk
♦ Rinnovato e ben tenuto, con progetti d'ampliamento ed un nuovo piano di camere, questo albergo a gestione familiare si mantiene sempre al passo con i tempi.

Bonifacio senza rist 🏨 🅐🅒 ⁞⁞⁞ 𝘝𝘐𝘚𝘈 ⊙⊙ ① ⅁
via Bonifacio Lupi 21 ✉ *50129* – ✆ *05 54 62 71 33* – *www.hotelbonifacio.it*
19 cam ⌧ – ♦50/115 € ♦♦65/190 € ETh
♦ Non lontano dal Duomo, in un palazzo ottocentesco, l'albergo è stato recentemente rinnovato e dispone di ambienti confortevoli. Con la bella stagione la colazione è allestita all'aperto.

Palazzo Guadagni senza rist 🏨 🅐🅒 ✂ ⁞⁞⁞ 𝘝𝘐𝘚𝘈 ⊙⊙ 🅐🅔 ⅁
piazza Santo Spirito 9 ✉ *50125* – ✆ *05 52 65 83 76*
– www.palazzoguadagni.com DVa
14 cam ⌧ – ♦70/110 € ♦♦100/150 €
♦ Nel centro storico di Firenze - in zona Oltrarno – camere grandi e luminose all'interno di un palazzo rinascimentale. Anche l'accoglienza non fa difetto: calorosa, ma signorile, si adegua alla nobiltà del luogo.

Unicorno senza rist 🏨 🅐🅒 ⁞⁞⁞ 𝘝𝘐𝘚𝘈 ⊙⊙ 🅐🅔 ① ⅁
via dei Fossi 27 ✉ *50123* – ✆ *0 55 28 73 13* – *www.hotelunicorno.it*
27 cam ⌧ – ♦50/150 € ♦♦60/200 € Yt
♦ Nei pressi di piazza S.Maria Novella, un albergo che dispone di zone comuni contenute, ma di camere spaziose e confortevoli, con parquet e arredi recenti.

Fiorino senza rist 🅐🅒 ⁞⁞⁞ 𝘝𝘐𝘚𝘈 ⊙⊙ 🅐🅔 ⅁
via Osteria del Guanto 6 ✉ *50122* – ✆ *0 55 21 05 79* – *www.hotelfiorino.it*
– chiuso 15 giorni in dicembre, 15 giorni in agosto e 15 giorni in novembre
23 cam ⌧ – ♦75/130 € ♦♦75/160 € Zd
♦ Accoglienza cortese e familiare, passione per l'ospitalità e arredi semplici in questo piccolo albergo che occupa tre piani di un edificio alle spalle degli Uffizi e di palazzo Vecchio.

Orcagna senza rist 🏨 🅐🅒 ⁞⁞⁞ 🚗 𝘝𝘐𝘚𝘈 ⊙⊙ 🅐🅔 ① ⅁
via Orcagna 57 ✉ *50121* – ✆ *0 55 66 99 59* – *www.hotelorcagnafirenze.it*
18 cam ⌧ – ♦55/120 € ♦♦60/150 € FUu
♦ Piccolo ed informale, l'hotel si trova in una zona tranquilla, a due passi da Santa Croce, e propone camere semplici e molto curate. Graziosa la sala colazioni.

🏠 **Silla** senza rist — ⇅ [AC] 📶 🚗 VISA MC [AE] ⓓ ♿

via dei Renai 5 ✉ 50125 – ☎ 05 52 34 28 88 – www.hotelsilla.it EV**r**

36 cam ☕ – 👤70/190 € 👥90/220 €

♦ E' gradevole consumare d'estate la prima colazione o anche solo rilassarsi sull'ampia terrazza di questo albergo di ambiente familiare sito sulla riva sinistra dell'Arno.

🏠 **Lido** senza rist — [AC] ⚡ 🚭 📶 VISA MC ♿

via del Ghirlandaio 1 ✉ 50121 – ☎ 0 55 67 78 64 – www.hotel-lido.com

12 cam ☕ – 👤65/150 € 👥79/220 € FV**d**

♦ In riva all'Arno, a circa un chilometro dal centro storico, 12 camere nuove e ben accessoriate, nonché spazi comuni in tono con tutto il resto. Una corte estiva con sedie e tavolini vi aspetta per momenti di piacevole relax.

⌂ **Palazzo Niccolini al Duomo** – Residenza d'epoca senza rist — ⇅ [AC]

via dei Servi 2 ✉ 50122 – ☎ 0 55 28 24 12 — VISA MC [AE] ⓓ ♿

– www.niccolinidomepalace.com Y**m**

10 cam ☕ – 👤150/220 € 👥180/240 € – 3 suites

♦ Nel '400 in questo palazzo accanto al Duomo, Donatello aveva la sua bottega. Oggi, potrete trovare camere con soffitti affrescati, arredi di pregio e marmi bellissimi, anche la metratura si farà ricordare... mentre dalla "Dome suite" la cupola la si tocca quasi con la mano!

⌂ **B&B Antica Dimora Firenze** senza rist — ⇅ [AC] 🚭

via Sangallo 72 ✉ 50129 – ☎ 05 54 62 72 96 – www.anticadimorafirenze.it

6 cam ☕ – 👥95/160 € ET**s**

♦ Ogni camera racconta qualcosa di sè, a cominciare dalla tinta pastello che la contraddistingue: dal verde all'azzurro. La grammatica di base è però la stessa: cura e attenzione assolute, mobili antichi e tutte - salvo una - coccolano il sonno dell'ospite dentro letti a baldacchino impreziositi da vaporosi tendaggi.

⌂ **Antica Torre di via Tornabuoni N. 1** – Residenza d'epoca senza rist

via Tornabuoni 1 ✉ 50123 – ☎ 05 52 65 81 61 — ⇅ [AC] VISA MC [AE] ⓓ ♿

– www.tornabuoni1.com Z**m**

16 cam ☕ – 👥180/550 € – 3 suites

♦ Nella torre agli ultimi piani di un palazzo medievale e in una residenza attigua - collegata internamente - la struttura dispone di camere spaziose e belle suite. Tra i suoi punti di forza, le due terrazze panoramiche dalle quali si domina Firenze.

⌂ **B&B Le Residenze Johlea** senza rist — ⇅ [AC] 🚭

via Sangallo 76/80 n ✉ 50129 – ☎ 05 54 63 32 92 – www.johanna.it

12 cam ☕ – 👤55/130 € 👥85/170 € ET**a**

♦ Cortesia, signorilità, tocco femminile e bei mobili d'epoca in due piccole, calde bomboniere; eleganti le camere, tutte differenti tra loro grazie a ricercate personalizzazioni.

⌂ **B&B Relais Il Campanile** senza rist — [AC] 🚭 VISA MC [AE]

via Ricasoli 10 ✉ 50122 – ☎ 0 55 21 16 88 – www.relaiscampanile.it

6 cam – 👤40/65 € 👥60/110 €, ☕ 10 € Y**g**

♦ Nato nel 2001 al primo piano di un palazzo del Seicento a pochi passi dai negozi e dai musei del centro, offre camere carine, arredate con letti in ferro battuto da artigiani fiorentini. La prima colazione è servita (solo) in camera.

⌂ **Locanda di Firenze** senza rist — ⇅ [AC] VISA MC ♿

via Faenza 12 ✉ 50123 – ☎ 0 55 28 43 40 – www.locandadifirenze.com

6 cam – 👥50/120 €, ☕ 10 € Y**c**

♦ Sei piacevoli stanze al terzo piano di un elegante palazzo del Settecento, situate direttamente nel cuore culturale della città. La prima colazione è servita solo in camera.

⌂ **B&B Residenza Hannah e Johanna** senza rist 🐎 — ⇅ [AC] VISA MC

via Bonifacio Lupi 14 ✉ 50129 – ☎ 0 55 48 18 96 – www.johanna.it

10 cam ☕ – 👤60/90 € 👥80/140 € – 1 suite ET**h**

♦ Una cordiale accoglienza sarà il benvenuto offerto da questo sobrio e familiare b&b al primo piano di un palazzo dell'Ottocento caratterizzato da camere spaziose e di buon confort. A due passi, vi attende la basilica di S. Lorenzo con le tombe medicee ed il vivace mercato.

⤒ **Palazzo Galletti B&B** senza rist · 🅰🄲 ⌗ 🆅🄸🅂🄰 ⚹

via Sant'Egidio 12 ✉ *50122 –* ⌕ *05 53 90 57 50 – www.palazzogalletti.it*
7 cam ⌷ **–** ♦♦120/170 € **–** 4 suites **–** ♦♦170/240 € · EU**c**

◆ Se già Firenze è una città magica, pernottare in questa residenza ottocentesca sarà aggiungere ulteriore fascino al soggiorno… Camere eclettiche, dove pezzi etnici si alternano a mobili in stile toscano, in una sinfonia ben orchestrata che conferisce carattere e personalità alle stanze.

⤒ **Villa Antea** senza rist · 🖩 🅰🄲 ⇞ 🄿 🆅🄸🅂🄰 ⚹ ♿

via Puccinotti 46 ✉ *50129 –* ⌕ *0 55 48 41 06 – www.villaantea.com*
6 cam ⌷ **–** ♦79/169 € ♦♦89/179 € · BR**g**

◆ Un'elegante villa dei primi del '900 dotata di tutti i moderni confort, dove non manca un servizio di tono familiare, ma elevato. La raffinatezza della Firenze rinascimentale fa mostra di sé nelle decorazioni degli spazi interni, mentre castagni secolari ombreggiano il giardino.

⤒ **La Casa del Garbo** senza rist · ≼ 🅰🄲 ⇞ ᵗᵛ 🆅🄸🅂🄰 ⚹ ♿ 🄰🄴 ♿

piazza della Signoria 8 ✉ *50122 –* ⌕ *0 55 29 33 66 – www.casadelgarbo.it*
6 cam ⌷ **–** ♦♦90/210 € **–** 3 suites **–** ♦♦195/275 € · Z**u**

◆ Gode di una posizione veramente unica, questo piccolo bed & breakfast ricco di charme, che propone camere eleganti – molte delle quali affacciate su piazza della Signoria e Palazzo Vecchio – nonché miniappartamenti con angolo cottura: una piacevole soluzione per sentirsi "come a casa".

⤒ **B&B Residenza Johanna** senza rist · 🅰🄲 ⌗ 🄿
🎦

via Cinque Giornate 12 ✉ *50129 –* ⌕ *0 55 47 33 77 – www.johanna.it*
6 cam ⌷ **–** ♦70/90 € ♦♦75/95 € · BRS**a**

◆ Solo sei stanze, curate nell'arredo e nell'accostamento dei colori, all'interno di un villino dei primi del Novecento: nel grazioso giardino ornato da un romantico glicine sarà possibile lasciare l'auto (da specificare all'atto della prenotazione).

✕✕✕✕✕ **Enoteca Pinchiorri** (Annie Féolde) · 🕭 🅰🄲 ⇔ 🆅🄸🅂🄰 ⚹ 🄰🄴 ♿
❀ ❀ ❀

via Ghibellina 87 ✉ *50122 –* ⌕ *0 55 24 27 77 – www.enotecapinchiorri.com*
– chiuso dal 18 al 27 dicembre, agosto, domenica, lunedì · EU**x**
Rist *– (chiuso a mezzogiorno)* (consigliata la prenotazione) Menu 225 €
– Carta 185/280 € 🏦

Spec. Astice gratinato alle olive taggiasche con passato di peperoni e granfarro. Piccione: il petto grigliato con carote al timo, la coscia cotta nell'olio d'oliva, sedano al caffè. Crema di limone, sciroppo e zeste (scorza) di bergamotto, fragoline di bosco e gelato al miele di girasole.

◆ Scenografico sin dall'ingresso, è il tesoro gastronomico di Firenze: l'arte si mescola alla cucina in un moltiplicarsi di citazioni toscane e creative, leggendaria cantina.

✕✕✕✕✕ **Il Palagio** – Four Season Hotel Firenze · 🖩 🕭 🕭 ⅋ 🅰🄲 🆅🄸🅂🄰 ⚹ 🄰🄴 ♿
❀

borgo Pinti 99 ✉ *50121 –* ⌕ *05 52 62 64 50 – www.fourseasons.com/florence*
– chiuso gennaio, febbraio · FT**a**
Rist *– (chiuso domenica da novembre a maggio) (chiuso a mezzogiorno)*
Menu 90 € *– Carta 72/108 €* 🏦

Spec. Triglia di scoglio con peperoni friggitelli, crema al pecorino e limone candito. Fusilli al ferretto con polpa di granchio e 'nduja di cinghiale. Piccione al vin santo, foie gras scottato.

◆ Nell'antico Palazzo della Gherardesca, tra alte volte e maestosi lampadari, vi sentirete subito circondati dalle premure del personale: lusingati, nel palato, dall'eclettica cucina del talentuoso chef.

✕✕✕✕ **Relais le Jardin** – Hotel Regency · 🖩 🕭 🅰🄲 ⌗ ⇔ 🆅🄸🅂🄰 ⚹ 🄰🄴 ♿

piazza Massimo D'Azeglio 3 ✉ *50121 –* ⌕ *0 55 24 52 47*
– www.regency-hotel.com · FU**a**
Rist *– Carta 48/79 €*

◆ Sia che vi accomodiate nella sala Zodiaco con i suoi preziosi arredi, sia che optiate per la Veranda affacciata sul giardino privato, la "bussola del gusto" punta sempre su una cucina che coniuga la sapidità della tradizione toscana con una ricercata leggerezza contemporanea.

XXXX **L'Incontro** – Hotel Savoy 🚗 ⚗ AC 🕙 VISA ⚫ AE ① ⚕
piazza della Repubblica 7 ✉ *50123* – ℰ *05 52 73 58 91*
– www.roccofortehotels.com **Zq**
Rist – Carta 60/80 €
♦ E' l'incontro tra cucina toscana e nazionale, entrambe rivisitate ed "alleggerite",
in un bel locale che d'estate si apre sulla piazza.

XXXX **I Chiostri** – Grand Hotel Minerva ⚗ AC 🕙 VISA ⚫ AE ① ⚕
piazza Santa Maria Novella 16 ✉ *50123* – ℰ *05 52 72 30*
– www.grandhotelminerva.com **Yn**
Rist – *(chiuso domenica)* Carta 45/63 €
♦ Illuminato da finestre che si affacciano sul giardino interno, il ristorante propone i piatti della tradizione mediterranea e toscana reinterpretati con creatività.
Gnocchetti di patate con salsa di zucchini e pecorino di Pienza. Bistecca alla fiorentina cotta sui carboni. Frittura di calamari e gamberoni con verdure e salsa tartara. Ed altro ancora…

XXXX **Hostaria Bibendum** – Hotel Helvetia e Bristol AC 🕙 VISA ⚫ AE ① ⚕
via dei Pescioni 2 ✉ *50123* – ℰ *05 52 66 56 20* – *www.royaldemeure.com*
Rist – Carta 47/73 € **Zb**
♦ La terrazza si affaccia direttamente su piazza Strozzi, mentre la sala interna è
un melting pot di stili: i colori caldi delle spezie, suggestioni esotiche e dettagli
art nouveau. La cucina compie, invece, una decisa virata e si riappropria dei
sapori toscani, rivisitati però con fantasia.

XXX **Borgo San Jacopo** – Hotel Lungarno AC 🕙 VISA ⚫ AE ① ⚕
borgo San Jacopo 14 ✉ *50125* – ℰ *0 55 28 16 61*
– www.lungarnohotels.com **Zs**
Rist – *(chiuso agosto e martedì sera)* Carta 59/90 €
♦ Nel piatto dominano i sapori della regione, alleggeriti nelle preparazioni, da
accompagnare con il vino più amato, scelto nell'ottima carta (oltre 600 etichette).
Durante la bella stagione, concedetevi il privilegio dell'esclusivo terrazzino affacciato sull'Arno: sulla sua superficie, riflesse, le luci delle candele.

XXX **Alle Murate** AC 🕙 VISA ⚫ AE ① ⚕
via del Proconsolo 16 r ✉ *50122* – ℰ *0 55 24 06 18* – *www.allemurate.it* – *chiuso*
lunedì **Zg**
Rist – *(chiuso a mezzogiorno)* Carta 70/95 €
♦ Il locale di giorno è aperto alle visite turistiche e anche a cena (su richiesta)
viene fornita una guida sonora con cui orientarsi tra affreschi e scavi. Anche la
cucina si lascia ammaliare dal fascino del passato proponendo i tradizionali sapori
regionali. Inimitabile!

XXX **Ora D'Aria** AC VISA ⚫ AE ⚕
ॐ *via de' Georgofili 11/13 r* ✉ *50122* – ℰ *05 52 00 16 99*
– www.oradariaristorante.com – *chiuso 2 settimane in febbraio, dall'8 al*
23 agosto, domenica, lunedì a mezzogiorno **Ze**
Rist – *(consigliata la prenotazione)* Menu 50/70 € – Carta 64/84 €
Spec. L'uovo, le uova, la gallina: i riti della nonna toscana. Maialino morbido-croc-
cante, aglio e lavanda. Il piccione in tre cotture, mostarda di pomodoro e ginger.
♦ Il giovane cuoco toscano gioca in casa e porta a Firenze gli insegnamenti
appresi nei migliori ristoranti della regione e i suoi straordinari prodotti. Gli
amanti dei sapori forti avranno di che deliziarsi tra salumi e cacciagione, ma c'è
anche qualche proposta di pesce.

XXX **Benedicta** – Hotel Rivoli 🚗 🚗 AC 🕙 VISA ⚫ AE ① ⚕
via della Scala 33 ✉ *50123* – ℰ *05 52 78 61* – *www.hotelrivoli.it* **DUm**
Rist – *(chiuso domenica)* *(chiuso a mezzogiorno)* Carta 35/47 €
♦ Nel quartiere di Santa Maria Novella, le antiche volte a crociera e i mattoni
della Firenze di un tempo s'intrecciano ad elementi architettonici high-tech, per
dar vita ad un locale fresco, giovane, informale. Modernità anche ai fornelli, dove
la tradizione toscana cede il passo ad una cucina gustosamente creativa.

✗✗✗ Oliviero
via delle Terme 51 r ✉ *50123 –* ☎ *0 55 28 76 43 – www.ristorante-oliviero.it*
– chiuso 3 settimane in agosto, domenica **Zr**
Rist *– (chiuso a mezzogiorno)* Carta 44/68 €
♦ Nel cuore del centro storico, una vecchia gloria della ristorazione locale con una nuova gestione e due linee di cucina affiancate: una tradizionale, l'altra un po' più fantasiosa.

✗✗ Baccarossa
via Ghibellina 46/r ✉ *50122 –* ☎ *0 55 24 06 20 – www.baccarossa.it*
Rist *– (chiuso a mezzogiorno)* (consigliata la prenotazione) **EUf**
Carta 74/98 €
♦ Tavoli in legno, vivaci colori ed eleganza in questa enoteca bistrot che propone una gustosa cucina mediterranea: paste fatte in casa, specialità di pesce e qualche piatto a base di carne. Tutti i vini presenti nella carta sono disponibili anche al bicchiere.

✗✗ Belcore
via dell'Albero 30r ✉ *50123 –* ☎ *0 55 21 11 98 – www.ristorantebelcore.it*
– chiuso dal 16 al 25 agosto **DUy**
Rist *– (chiuso a mezzogiorno escluso da venerdì a domenica)* Carta 33/54 €
♦ Una carta dei vini generosa in quanto a numero di etichette ed un menu che contempla "idealmente" tre linee di cucina: specialità di pesce, ricette della tradizione italo-toscana e piatti più moderni.

✗✗ Buca Mario
piazza Degli Ottaviani 16 r ✉ *50123 –* ☎ *0 55 21 41 79 – www.bucamario.it*
Rist *– (chiuso a mezzogiorno escluso sabato e domenica)* **Yh**
Carta 38/81 €
♦ Nel cuore di Firenze - nelle cantine di Palazzo Niccolini - questo storico locale aperto nel 1886 continua a conquistare per la qualità della sua cucina. Nel piatto: il meglio della tradizione gastronomica toscana.

✗✗ Cibrèo
via A. Del Verrocchio 8/r ✉ *50122 –* ☎ *05 52 34 11 00*
– www.edizioniteatrodelsalecibreofirenze.it – chiuso dal 31 dicembre
al 6 gennaio, agosto, domenica e lunedì **FUf**
Rist *–* Carta 60/81 € 🍴
♦ Ambiente informale e alla moda, dove regnano un servizio giovane e spigliato ed una cucina curata e fantasiosa, ma sempre legata alla tradizione.

✗✗ Pane e Vino
piazza di Cestello 3 r ✉ *50124 –* ☎ *05 52 47 69 56 – www.ristorantepaneevino.it*
– chiuso 10 giorni in agosto e domenica **CDUt**
Rist *– (chiuso a mezzogiorno)* Carta 29/49 €
♦ Familiare e curato, provvisto di un curioso soppalco in legno, questo piacevole locale propone una cucina fantasiosa che prevede comunque anche piatti della tradizione locale.

✗✗ dei Frescobaldi
via dè Magazzini 2/4 r ✉ *50122 –* ☎ *0 55 28 47 24 – www.deifrescobaldi.it*
– chiuso dal 1° al 7 gennaio, dal 10 al 31 agosto, domenica e lunedì a
mezzogiorno **Zz**
Rist *–* Carta 40/51 € 🍴
♦ Per questi produttori di vino, il salto alla ristorazione è stato un'avventura. Ecco il risultato: due accoglienti salette tra pietra e affreschi, dove gustare piatti regionali e non solo. Annesso *wine-bar* per degustazioni meno elaborate.

✗✗ Angels
via del Proconsolo 29/31 r ✉ *50123 –* ☎ *05 52 39 87 62 – www.ristoranteangels.it*
– chiuso dal 10 al 20 agosto, domenica, anche sabato sera in estate **Zk**
Rist *–* Carta 22/60 € 🍴
♦ Cucina mediterranea e creativa in un ambiente moderno e in stile, seppur inserito in una cornice storica, ideale per una clientela giovane. Proposte più semplici a pranzo; *brunch* la domenica.

✗✗ Zibibbo

🔲 ⇔ VISA ∞ AE Ⓞ ⬥

via di Terzollina 3r ⊠ 50139 – ℰ 0 55 43 33 83 – www.trattoriazibibbo.com
– chiuso dal 12 al 22 agosto BR**h**

Rist – *(chiuso sabato a mezzogiorno, anche domenica a mezzogiorno da giugno a settembre)* Carta 35/63 €

♦ Decentrato ma piacevole e molto apprezzato dalla clientela locale, numerosa anche a pranzo. Piccola zona d'ingresso con bar, cucina leggermente eclettica e calorosa ospitalità.

✗✗ Dino

⬥ 🔲 VISA ∞ AE Ⓞ ⬥

via Ghibellina 49/47 r ⊠ 50122 – ℰ 0 55 24 14 52 – www.ristorantedino.it
– chiuso dal 10 al 16 agosto, domenica, lunedì a mezzogiorno EU**g**

Rist – Carta 32/47 €

♦ Fondato nel 1960 dal padre degli attuali titolari, il ristorante vanta una nuova, prestigiosa, sede all'interno di un palazzo rinascimentale nel quartiere di Santa Croce. La cucina porta avanti la tradizione toscana, non dimentica di qualche classico nazionale.

✗✗ Il Guscio

⬥ 🔲 ✻ ⇔ VISA ∞ AE ⬥

via dell'Orto 49 ⊠ 50124 – ℰ 0 55 22 44 21 – www.il-guscio.it – chiuso dal 10 al 30 agosto, sabato a mezzogiorno, domenica escluso dicembre CU**d**

Rist – Carta 26/47 € 🏵

♦ Gestito da diversi anni da una famiglia appassionata di vini, il locale propone una sfiziosa cucina legata al territorio. A pranzo: proposte più semplici ed economiche.

✗ Fiorenza

🔲 ✻ VISA ∞ AE Ⓞ ⬥

via Reginaldo Giuliani 51 r ⊠ 50141 – ℰ 0 55 41 28 47 – chiuso agosto, sabato a mezzogiorno e domenica BR**d**

Rist – Carta 33/56 €

♦ Piccola ed accogliente trattoria, frequentata da fiorentini e da una clientela di lavoro che, alle tradizionali proposte regionali, abbina, nel week-end, una cucina di pesce.

✗ Il Santo Bevitore

⇔ VISA ∞

via Santo Spirito 64/66 r ⊠ 50125 – ℰ 0 55 21 12 64 – www.ilsantobevitore.com
– chiuso dall' 11 al 21 agosto e domenica a mezzogiorno DU**h**

Rist – Carta 24/49 €

♦ Locale giovane ed accogliente, in buona posizione nel quartiere di Sanfrediano. Cucina della tradizione toscana, ma a cena anche tocchi di creatività. Buon rapporto qualità-prezzo.

✗ Osteria Caffè Italiano

🔲 ⇔ VISA ∞ ⬥

via Isola delle Stinche 11 ⊠ 50122 – ℰ 0 55 28 93 68 – www.caffeitaliano.it
– chiuso lunedì EU**a**

Rist – Carta 34/46 € 🏵 (+15 %)

♦ Caratteristico e informale. Situato nel trecentesco palazzo Salviati, il locale si compone di accoglienti salette nelle quali gustare una cucina non solo regionale. Ottima lista vini.

✗ Trattoria Cibrèo-Cibreino

🔲 VISA ∞ AE Ⓞ ⬥

via dei Macci 122/r ⊠ 50122 – ℰ 05 52 34 11 00
– www.edizioniteatrodelsalecibreofirenze.it – chiuso dal 31 dicembre
al 6 gennaio, agosto, domenica e lunedì FU**f**

Rist – Carta 28/35 €

♦ Superata la fila per entrare, troverete graziose sale molto semplici ed informali, arredate con tavoli piccoli, ed una sfiziosa cucina tradizionale a prezzi concorrenziali.

✗ Ruth's

🔲 VISA ∞ AE ⬥

via Farini 2 ⊠ 50121 – ℰ 05 52 48 08 88 – www.kosheruth.com – chiuso venerdì sera, sabato a mezzogiorno e le festività ebraiche EU**s**

Rist – Carta 22/37 €

♦ Accanto alla Sinagoga, un caposaldo della ristorazione etnica, originale alternativa ai sapori di casa dove sperimentare una fantasiosa cucina ebraica kosher, vegetariana e di pesce.

X **Il Profeta** 🔲 🍴 ⬦ 𝚟𝚒𝚜𝚊 ⊕ 🅰🅴 ⓪ ⑤

borgo Ognissanti 93 r ⊠ 50123 – ℰ 0 55 21 22 65 – www.ristoranteilprofeta.com – chiuso dal 10 al 25 dicembre e domenica escluso dal 15 marzo al 15 novembre
Rist – Carta 30/63 € (+10 %) DU**c**

♦ Recentemente rinnovata, questa accogliente trattoria situata nel centro storico propone piatti legati soprattutto alla tradizione toscana ed un servizio attento e ben organizzato. Prezzi onesti.

X **Baldini** 🔲 𝚟𝚒𝚜𝚊 ⊕ 🅰🅴 ⑤

via il Prato 96 r ⊠ 50123 – ℰ 0 55 28 76 63 – www.trattoriabaldini.com – chiuso dal 24 dicembre al 3 gennaio, dal 1° al 20 agosto, sabato, domenica sera, in giugno-luglio anche domenica a mezzogiorno CT**h**
Rist – Carta 29/43 €

♦ Semplice e familiare trattoria, nei pressi della Porta al Prato, si articola in due salette informali nelle quali gustare una cucina genuina, piatti tipici fiorentini ma anche nazionali.

X **La Giostra** 🔲 𝚟𝚒𝚜𝚊 ⊕ 🅰🅴 ⓪ ⑤

borgo Pinti 12 r ⊠ 50121 – ℰ 0 55 24 13 41 – www.ristorantelagiostra.com
Rist – Carta 38/73 € EU**e**

♦ Piccolo ristorante dalla doppia personalità ma con salde radici nella tradizione regionale: affollato all'ora di pranzo, intimo e d'atmosfera a cena. Grande savoir faire e competenza.

X **Alla Vecchia Bettola** 🔲 🍴

viale Vasco Pratolini 3/7 n ⊠ 50124 – ℰ 0 55 22 41 58 – www.allavecchiabettola.it – chiuso dal 23 dicembre al 2 gennaio, dal 15 al 22 agosto, domenica, lunedì CV**m**
Rist – Carta 30/62 €

♦ Caratteristica ed informale trattoria di S.Frediano, con tavoloni di marmo e fiasco di Chianti a consumo. Casalinga cucina fiorentina, atmosfera ospitale e servizio veloce.

X **Il Latini** 🔲 𝚟𝚒𝚜𝚊 ⊕ ⓪ ⑤
🕸
via dei Palchetti 6 r ⊠ 50123 – ℰ 0 55 21 09 16 – www.illatini.com – chiuso dal 20 dicembre al 2 gennaio e lunedì Z**j**
Rist – Carta 40/45 €

♦ Turisti e gente del posto fanno la coda anche a mezzogiorno per mangiare in questa trattoria, apprezzata tanto per la cucina quanto per l'esuberante ed informale atmosfera.

X **Del Fagioli** 🔲 🍴
🕸
corso Tintori 47 r ⊠ 50122 – ℰ 0 55 24 42 85 – www.localistorici.it – chiuso agosto, sabato, domenica EV**k**
Rist – Carta 22/35 € (+10 %)

♦ Tipica trattoria toscana in centro città: chi ai fornelli e chi in sala, l'intera famiglia si occupa del locale e propone una sana cucina fiorentina ed un, accoglienza schietta.

X **Bistrò del Mare** 🕭 🔲 𝚟𝚒𝚜𝚊 ⊕ 🅰🅴 ⓪ ⑤

lungarno Corsini 4 ⊠ 50123 – ℰ 05 52 39 92 24 – www.bistrodelmare.it – chiuso mercoledì Z**f**
Rist – Carta 45/96 €

♦ La breve distanza da Ponte Vecchio ed il background storico-letterario sono la cornice di questo raffinato ristorante, dove la cucina tradizionale incontra nuovi accostamenti.

X **Cammillo** 🔲 𝚟𝚒𝚜𝚊 ⊕ 🅰🅴 ⑤

borgo Sant'Jacopo 57 r ⊠ 50125 – ℰ 0 55 21 24 27 – chiuso dal 15 dicembre al 15 gennaio, agosto, martedì e mercoledì Z**p**
Rist – Carta 43/65 €

♦ Trattoria dalla conduzione diretta, attiva da ben sessant'anni, che trova consensi tra i concittadini: dalla cucina giungono piatti della tradizione, alcuni a base di pesce.

ad Arcetri Sud : 5 km BS – ✉ 50125

🏨 **Villa Le Piazzole** ⌖ ≼ 🚗 🏡 ⌅ 🕴 ⚡ 🖾 🔊 ⚱ 🅿️ 𝖵𝖨𝖲𝖠 ⊙⊙ 🅰🅴 ⬧
via Suor Maria Celeste 28 – 𝒞 *0 55 22 35 20*
– www.lepiazzole.com – chiuso dal 20 dicembre all'8 gennaio BS**b**
14 cam ⌑ – ✚190/210 € ✚✚210/350 € – 7 suites – ½ P 155/225 €
Rist – (prenotazione obbligatoria) Menu 40/90 €
♦ In posizione panoramica sulla valle dell'Ema, punteggiata di antiche pievi e case coloniche, un'ampia tenuta ove si producono vino e olio offre spazi personalizzati da ricercati arredi d'epoca. Splendido il verde del giardino all'italiana che la circonda.

✕✕ **Omero** ≼ 🏡 𝖵𝖨𝖲𝖠 ⊙⊙ 🅰🅴 ⓪ ⬧
via Pian de' Giullari 49 – 𝒞 *0 55 22 00 53*
– www.ristoranteomero.it – chiuso martedì BS**d**
Rist – Carta 46/59 € ⅜
♦ Curato ristorante con vista sui colli, da trent'anni gestito dalla medesima famiglia. Curioso e caratteristico l'ambiente dove gustare la cucina tipica. Servizio estivo serale in terrazza.

a Galluzzo Sud : 6,5 km BS – ✉ 50124

🏨 **Marignolle Relais & Charme** senza rist ⌖ ≼ 🚗 ⌅ 🖾 ↔ ⚘ ⚡
via di San Quirichino 16, località Marignolle 🅿️ 𝖵𝖨𝖲𝖠 ⊙⊙ 🅰🅴 ⓪ ⬧
– 𝒞 *05 52 28 69 10 – www.marignolle.com* AS**a**
7 cam ⌑ – ✚115/225 € ✚✚130/275 € – 1 suite
♦ In posizione incantevole sui colli, questa signorile residenza offre molte attenzioni e stanze tutte diverse, dai raffinati accostamenti di tessuti; piscina panoramica nel verde.

⌂ **B&B Residenza la Torricella** senza rist ⌖ 🚗 🅿️ 𝖵𝖨𝖲𝖠 ⊙⊙ ⬧
via Vecchia di Pozzolatico 25 – 𝒞 *05 52 32 18 18*
– www.farmholidaylatorricella.it – chiuso dal 20 gennaio al 20 marzo e dal 20 novembre al 20 dicembre BS**a**
8 cam ⌑ – ✚70/90 € ✚✚100/130 €
♦ Circondata dai colli e dalla tranquillità della campagna, questa antica casa colonica offre un'affabile accoglienza familiare, camere personalizzate, giardini e piccola piscina estiva.

✕ **Trattoria Bibe** con cam 🏡 ⚡ 🅿️ 𝖵𝖨𝖲𝖠 ⊙⊙ 🅰🅴 ⬧

via delle Bagnese 15 – 𝒞 *05 52 04 90 85*
– www.trattoriabibe.com – chiuso febbraio e 2 settimane in novembre
3 cam ⌑ – ✚50/80 € ✚✚70/120 € AS**c**
Rist – (chiuso a mezzogiorno escluso sabato e festivi) Carta 25/35 €
♦ Anche Montale immortalò nei suoi versi questa trattoria, gestita dalla stessa famiglia da quasi due secoli, dove trovare piatti tipici della tradizione toscana e un piacevole servizio estivo all'aperto. Appartamenti con cucina a disposizione non solo per soggiorni medio-lunghi.

sui Colli

🏨 **Torre di Bellosguardo** senza rist ≼ ⚘ ⌅ 🖾 ↔ 𝖵𝖨𝖲𝖠 ⊙⊙ 🅰🅴 ⬧
via Roti Michelozzi 2 ✉ *50124 –* 𝒞 *05 52 29 81 45*
– www.torrebellosguardo.com CV**a**
9 cam – ✚160/290 € ✚✚250/290 €, ⌑ 20 € – 7 suites – ✚✚340/390 €
♦ Si respira un fascino d'*antan* nei saloni e nelle camere di austera eleganza di questo albergo, che fa della vista mozzafiato su Firenze il proprio punto di forza. Parco con giardino botanico, voliera e piscina: sembra uscito direttamente da un libro di fiabe.

FISCHLEINBODEN = Campo Fiscalino

FISCIANO – Salerno (SA) – **564** E26 – 13 527 ab. – alt. 320 m – ⊠ 84084   6 B2

▶ Roma 260 – Napoli 63 – Latina 113 – Salerno 16

a Gaiano Sud-Est : 2 km – ⊠ 84084 Fisciano

↑   **Agriturismo Barone Antonio Negri** ⊗   ⇐ 🚗 🍴 🏠 ᴴ cam,
via Teggiano 8 – ℰ 0 89 95 85 61   ⋆⋆ 🍴 rist, 🅿 🆅🅸🆂🅰 ⚙ 🄵
– www.agrinegri.it
5 cam ⌂ – †55/65 € ††90/110 € – ½ P 70/80 €
Rist – (prenotazione obbligatoria) Menu 25 € bc
◆ In posizione tranquilla e dominante, agriturismo biologico di charme all'interno di una vasta tenuta con ampio giardino, deliziosa piscina e spaziose camere in stile rustico. Al ristorante: cucina casalinga, sapori tipici campani e squisiti dolci alla nocciola.

FIUGGI – Frosinone (FR) – **563** Q21 – 9 718 ab. – alt. 747 m – ⊠ 03014   13 C2

▶ Roma 82 – Frosinone 33 – Avezzano 94 – Latina 88

🔟 via Superstrada Anticolana 1, 0775 515250 – chiuso martedì

✗   **La Locanda**   🍴 🆅🅸🆂🅰 ⚙ 🄰🄴 🄵
via Padre Stanislao 4 – ℰ 07 75 50 58 55 – www.lalocandafiuggi.com – chiuso febbraio, dal 1° al 7 luglio e lunedì
Rist – Carta 23/36 €
◆ Troverete i sapori della tradizione ciociara nella rustica e caratteristica sala di questo ristorante, accolto nelle cantine di un edificio del '400. Cucina del territorio.

a Fiuggi Fonte Sud : 4 km – alt. 621 m – ⊠ 03014

🄸 piazza Frascara 4, ℰ 0775 51 50 19, www.apt.frosinone.it

🏰🏰🏰🏰   **Grand Hotel Palazzo della Fonte** ⊗   ⇐ 🅿 🍴 🄽 ⊜ 🏠 ᴸ🄰 🍴
via dei Villini 7 – ℰ 07 75 50 81   🛗 🄰🄲 🍴 🅒 🅿 🆅🅸🆂🅰 ⚙ 🄰🄴 🄾 🄵
– www.palazzodellafonte.com
152 cam ⌂ – †120/160 € ††160/212 € – 1 suite – ½ P 193/208 €
Rist Il Savoia – vedere selezione ristoranti
◆ Non sono tanti gli alberghi che possono vantare una tenuta così impeccabile. Qui, veramente, c'è un posto per ogni cosa ed ogni cosa è al suo posto… Sulla cima di un colle, un parco con piscina e, poi, stucchi , decorazioni, camere raffinate e bagni marmorei, in una dimora Liberty (già hotel dal 1912).

🏰🏰🏰   **Fiuggi Terme**   🚗 🍴 🍴 🄻 🄲 🄰🄲 🍴 rist, 🍴 🄻 🅿 🆅🅸🆂🅰 ⚙ 🄰🄴 🄵
via Capo i Prati 9 – ℰ 07 75 51 52 12 – www.hotelfiuggiterme.it
64 cam ⌂ – †75/150 € ††120/240 € – 4 suites – ½ P 70/130 €
Rist – Menu 35 € – Carta 70/86 €
◆ All'interno di un parco, elegante struttura con camere belle e confortevoli. Per gli amanti dello sport, una grande piscina e due campi da tennis tra pini ed ippocastani. Per tutti, una spa che coniuga tecnologie innovative nel campo del benessere e raffinate ambientazioni. Cucina mediterranea nel luminoso ristorante.

🏰🏰🏰   **Ambasciatori**   🍴 ⚙ 🅒 🛗 ⋆⋆ 🄰🄲 🍴 🍴 🄻 🅿 🅒 🆅🅸🆂🅰 ⚙ 🄰🄴 🄵
⚙   via dei Villini 8 – ℰ 07 75 51 43 51 – www.albergoambasciatori.it
– chiuso dal 23 al 26 dicembre
86 cam ⌂ – †48/160 € ††89/239 € – ½ P 54/135 €
Rist – (chiuso a mezzogiorno) (solo per alloggiati) Menu 15/40 €
◆ Centrale, vicino a terme e negozi, due grandi terrazze consentono di evadere dal rumore. Marmi lucenti nella hall, camere d'impostazione classica. Diverse sale ristorante, la più grande con soffitti a lucernari in vetro colorato.

🄷🄱   **Argentina**   🍴 🛗 ⋆⋆ 🄰🄲 🍴 🅿 🆅🅸🆂🅰 ⚙ 🄾 🄵
⚙   via Vollombrosa 22 – ℰ 07 75 51 51 17 – www.albergoargentina.it – chiuso dal 10 novembre al 25 marzo
54 cam ⌂ – †50/80 € ††80/90 € – ½ P 55 €   **Rist** – Menu 20/25 €
◆ Cinto dal verde di un piccolo parco ombreggiato che lo rende tranquillo, seppur ubicato a pochi passi dalle Fonti Bonifacio, un albergo semplice, a conduzione familiare.

Belsito   🚗 📶 📧 cam, 🍴 rist, **P.** **VISA** **☺☺** **AE** **ȯ**

via Fiume 4 – ℰ 07 75 51 50 38 – www.hotelbelsitofiuggi.it – maggio-ottobre
34 cam � – **♦**35/45 € **♦♦**45/55 € – ½ P 47 €   **Rist** – Menu 22 €
♦ Sito in centro, in una via di scarso traffico, un indirizzo comodo e interessante; piccolo spazio antistante, per briscolate serali all'aperto. Cortesia e familiarità.

Il Savoia – Grand Hotel Palazzo della Fonte   🔊 📶 🍴 ⇔ **P.**

via dei Villini 7 – ℰ 07 75 50 81   **VISA** **☺☺** **AE** **①** **ȯ**
– www.palazzodellafonte.com
Rist – Carta 45/95 €
♦ Negli ambienti che accolsero reali e personalità famose, alti soffitti, stucchi, tendaggi importanti: l'atmosfera è superba, la cucina ambiziosa. Il menu punta sulla selezione, proponendo pochi piatti dalle diciture moderne.

FIUMALBO – Modena (MO) – **562** J13 – **1 307 ab.** – **alt. 953 m**   **8 B2**
– ⊠ 41022

▶ Roma 369 – Pisa 95 – Bologna 104 – Lucca 73

a Dogana Nuova Sud : 2 km – ⊠ 41022

Val del Rio   ⟪ 🛏 📶 🕭 🍴 cam, **P.** **VISA** **☺☺** **AE** **①** **ȯ**

via Giardini 221 – ℰ 0 53 67 39 01 – www.valdelrio.com – chiuso dal 1° al 15 maggio
34 cam ⊑ – **♦**50/70 € **♦♦**80/140 €, ⊑ 8 € – 4 suites – ½ P 75 €
Rist – (chiuso mercoledì) Carta 27/54 €
♦ Circondato da sentieri che vi condurranno alle più alte cime dell'Appennino, l'hotel offre un'atmosfera familiare, ambienti in stile montano e camere rinnovate. Boiserie e drappeggi nell'ampia ed elegante sala da pranzo, dove troverete le specialità della cucina regionale. Per cene informali, la moderna pizzeria.

Bristol   ⟪ 🚗 🍴 rist, ໊¶ **P.** **VISA** **☺☺** **AE** **①** **ȯ**

via Giardini 274 – ℰ 0 53 67 39 12 – www.hotelbristol.tv – chiuso ottobre e novembre
24 cam ⊑ – **♦**38/55 € **♦♦**70/90 € – ½ P 50/60 €   **Rist** – Carta 19/41 €
♦ Situato all'inizio della Val di Luce, un elegante hotel realizzato in tipico stile montano che dispone di moderne e confortevoli camere. Ideale punto di partenza per escursioni estive. Accomodatevi nell'accogliente sala da pranzo per gustare i piatti della tradizione emiliana.

FIUME VENETO – Pordenone (PN) – **562** E20 – **11 396 ab.** – **alt. 20 m**   **10 B3**
– ⊠ 33080

▶ Roma 590 – Udine 51 – Pordenone 6 – Portogruaro 20

L'Ultimo Mulino 🦢   🔊 📶 ໊¶ ⚓ **P.** **VISA** **☺☺** **AE** **ȯ**

via Molino 45, località Bannia, Sud-Est : 3,5 km – ℰ 04 34 95 79 11
– www.lultimomulino.com – chiuso dal 2 al 17 gennaio e dal 1° al 22 agosto
8 cam ⊑ – **♦**110/130 € **♦♦**180/195 €
Rist L'Ultimo Mulino – vedere selezione ristoranti
♦ Questo magnifico esempio di architettura rurale ha mantenuto intatta la sua anima, trasformandosi nel tempo in un affascinante luogo di soggiorno, con camere arredate in chiave romantica, ma accessoriate con i più recenti confort. Le finestre regalano uno scorcio sulla natura circostante, tra fiori variopinti e l'allegro gorgoglio dei torrenti.

L'Ultimo Mulino – Hotel L'Ultimo Mulino   🔊 🌲 📶 **P.** **VISA** **☺☺** **AE** **ȯ**

via Molino 45, località Bannia, Sud-Est : 3,5 km – ℰ 04 34 95 79 11
– www.lultimomulino.com – chiuso dal 2 al 17 gennaio e dal 1° al 22 agosto
Rist – (chiuso domenica sera e lunedì) Menu 50 € – Carta 43/68 €
♦ Variazioni sul tema della cucina veneto-friulana: tanto pesce, ottime materie prime ed interessanti spunti creativi. Nella bella stagione, l'atmosfera si arricchisce dello scenario di una cena lungo il fiume.

FIUMICELLO SANTA VENERE – Potenza (PZ) – **564** H29 – Vedere Maratea

FIUMICINO – Roma (RM) – 563 Q18 – ✉ 00054   **12** B2

▶ Roma 31 – Anzio 52 – Civitavecchia 66 – Latina 78

🛬 Leonardo da Vinci, Nord-Est: 3,5 km ✆ 06 65951

⛴ per Arbatax e Golfo Aranci – Tirrenia Navigazione, call center 892 123

Hilton Rome Airport 🔲 🕉 ⅃₅ ✕ 🛋 ⅃ 🅰 ↩ ⅏ 🎿 ⅏ 🔢 🅿
via Arturo Ferrarin 2 – ✆ 06 65 25 8 – www.hilton.com   🆅🆂🅰 ⚫ 🅰🅴 ⓪ ✪
513 cam ⛱ – 👫165/360 € – 4 suites   **Rist** – Carta 49/67 €
◆ Ideale per una clientela business ed internazionale, questa maestosa e moderna struttura dispone di camere particolarmente ampie ed eleganti.

Courtyard Marriott Rome Airport ⎙ ⅃ ⅃₅ 🛋 ⅃ 🅰 ↩ ⅏ rist,
via Portuense 2470 – ✆ 06 99 93 51   ⅏ 🔢 🅿 🆅🆂🅰 ⚫ 🅰🅴 ⓪ ✪
– www.gwhotels.it
187 cam ⛱ – 👫410 €   **Rist** – Carta 60/75 €
◆ Moderno complesso di carattere internazionale, si trova nei pressi del principale scalo aeroportuale romano e propone camere tutte identiche tra loro per eleganza d'arredo e confort.

✕✕ Pascucci al Porticciolo con cam 🕉 🅰 ⅏ ⅏ 🆅🆂🅰 ⚫ 🅰🅴 ⓪ ✪
🕊   viale Traiano 85 – ✆ 06 65 02 92 04 – www.alporticciolo.net – chiuso dal 7 al 27 gennaio, dal 16 al 30 agosto, domenica sera e lunedì
9 cam ⛱ – 👤60/80 € 👫80/130 €
Rist – (chiuso a mezzogiorno in estate) Menu 65/75 € bc – Carta 53/79 € ⅋⅋
Spec. Calamari fritti in composta d'arancia e cipolla. Linguine aglio, olio e peperoncino con battutino di gambero rosso al lime. Arrosto di mazzancolle con finocchi al limone, polvere di zenzero e liquirizia.
◆ Dimenticate i viaggi aeroportuali e fermatevi da Pascucci, Fiumicino è ormai sulla mappa gourmet e non solo su quella del traffico internazionale. Rarità e ricercatezze premiano la sfida del cuoco che riesce ad essere originale pur nella necessaria e rispettosa semplicità di proposte in prevalenza ittiche. Anche le camere sono un porto sicuro.

FIVIZZANO – Massa Carrara (MS) – 563 J12 – 8 591 ab. – alt. 326 m   **28** A1
– ✉ 54013

▶ Roma 437 – La Spezia 40 – Firenze 163 – Massa 41

🏠 Il Giardinetto ⎙ ⅏ cam, 🆅🆂🅰 ⚫ ⓪ ✪
🕊   via Roma 155 – ✆ 0 58 59 20 60 – www.hotelilgiardinetto.com – chiuso dal 15 febbraio al 2 marzo e dall'11 al 27 ottobre
13 cam – 👤35 € 👫55 €, ⛱ 5 € – ½ P 55 €
Rist – (chiuso lunedì) Menu 15/30 € bc
◆ Con oltre cento anni di storia, un albergo familiare nel centro della località con un'ombreggiata terrazza-giardino e camere confortevoli. Gustosa cucina casalinga nelle due sale da pranzo o nella veranda affacciata sul verde.

FLAIBANO – Udine (UD) – 562 D20 – 1 210 ab. – ✉ 33030   **10** B2

▶ Roma 642 – Trieste 97 – Udine 23

✕ Grani di Pepe con cam 🕉 🕉 🅰 ⅏ 🆅🆂🅰 ⚫ ⓪ ✪
via Cavour 44 – ✆ 04 32 86 93 56 – www.granidipepe.com – chiuso 1 settimana in gennaio e 2 settimane in agosto
7 cam ⛱ – 👤65/75 € 👫95/105 €
Rist – (chiuso a mezzogiorno escluso sabato e domenica da settembre a giugno) (coperti limitati, prenotare) Menu 45 € – Carta 32/42 €
◆ Di antico c'è solo il fatto che nel '700 l'attuale ristorante era un umile casolare. Oggi il design si è piacevolmente impadronito degli spazi, mentre accenti moderni caratterizzano la cucina, che accontenta terra e mare. Sobrio minimalismo nelle camere.

FOGGIA 🅿 (FG) – 564 C28 – 152 959 ab. – alt. 76 m   **26** A2

▶ Roma 363 – Bari 132 – Napoli 175 – Pescara 180

🛬 Gino Lisa viale Aviatori – ✆ 0881 650542 - per Isole Tremiti ✆

ℹ via Perrone 17, ✆ 0881 72 31 41, www.ufficiodelturismo.it

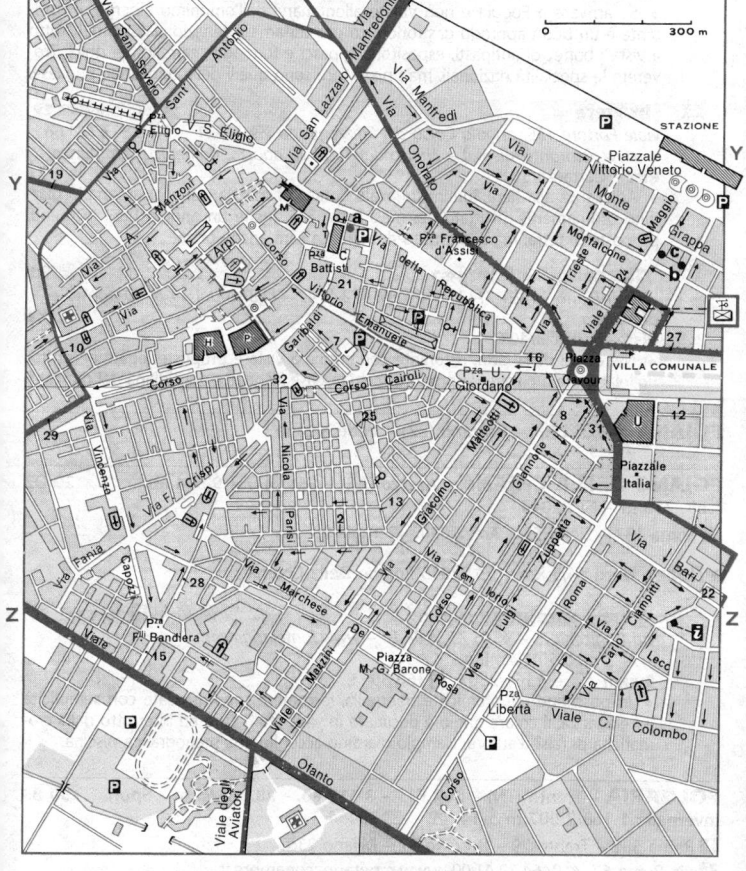

FOGGIA

Mercure Cicolella 　　　🏢 🅰 🛜 ♨ 🆅🆂🅰 ⊗ 🅰🅴 ⓓ ♿
viale 24 Maggio 60 ⊠ 71121 – 𝒞 08 81 56 61 11 – www.hotelcicolella.it
102 cam – 🛏100/160 € 🛏🛏145/190 €, 🍽 10 € – 13 suites 　　　**Yc**
– ½ P 120/145 €
Rist *Cicolella al Viale* – vedere selezione ristoranti
♦ In centro città e nei pressi della stazione ferroviaria, prestigioso hotel dei primi '900, da sempre gestito dai Cicolella: struttura versatile, in quanto indirizzo di riferimento per uomini d'affari e turisti.

White House senza rist 　　　🏢 ♨♨ 🅰 🛜 🆅🆂🅰 ⊗ 🅰🅴 ⓓ ♿
via Monte Sabotino 24 ⊠ 71121 – 𝒞 08 81 72 16 44 – www.hotelwhitehouse.it
35 cam – 🛏85/140 € 🛏🛏95/175 € 　　　**Yb**
♦ Nella zona centrale e vicina alla stazione, un indirizzo di classe, dall'atmosfera calda e accogliente, dotato di buoni confort. Curati e raccolti spazi comuni.

Cicolella al Viale – Hotel Mercure Cicolella 　　　🅰 🆅🆂🅰 ⊗ 🅰🅴 ⓓ ♿
viale 24 Maggio 60 – 𝒞 08 81 56 61 11 – www.hotelcicolella.it 　　　**Yc**
Rist – (chiuso 2 settimane in dicembre-gennaio, 2 settimane in agosto, sabato e domenica) Carta 35/54 €
♦ Se arrivate a Foggia e non volete allontanarvi dall'omonimo albergo, il ristorante è un buon approdo gastronomico per chi ama il servizio classico del "tutto a vista": buffet di antipasti, espositore di pesci e formaggi, carrello dei dolci. Troverete le specialità nazionali, ma i piatti forti sono quelli della tradizione pugliese.

In Fiera 　　　🍽 🍴 🅰 ✂ 🅿 🆅🆂🅰 ⊗ ♿
viale Fortore 155, angolo Corso del Mezzogiorno ⊠ 71121 – 𝒞 08 81 63 21 66 – www.ristoranteinfiera.it – chiuso dal 10 al 20 agosto, domenica sera, lunedì
Rist – Carta 23/50 € 　　　**Xr**
♦ Adiacente alla fiera, luminoso locale dotato di spazi ariosi e di un ampio giardino ottimamente sfruttato nei mesi estivi (c'è anche un angolo bar). In menu: proposte di terra, ma soprattutto di mare. La sera anche pizza.

Giordano-Da Pompeo 　　　🅰 ✂
vico al Piano 14 ⊠ 71121 – 𝒞 08 81 72 46 40 – chiuso dal 14 al 30 agosto e
domenica 　　　**Ya**
Rist – Carta 23/40 €
♦ Nel cuore della città, ristorante con cucina a vista e proposte legate al territorio, elaborate a partire da prodotti scelti in base all'offerta quotidiana del mercato.

FOIANA = VOLLAN – Bolzano (BZ) – Vedere Lana

FOIANO DELLA CHIANA – Arezzo (AR) – **563** M17 – 9 534 ab. 　　　**29 D2**
– alt. 318 m – ⊠ 52045
▶ Roma 187 – Siena 55 – Arezzo 30 – Perugia 59

a Pozzo Nord : 4,5 km – ⊠ 52045 Foiano Della Chiana

Villa Fontelunga senza rist 🌭 　　　< 🍴 ⊐ ✂ 🅰 🛜 🅿 🆅🆂🅰 ⊗ 🅰🅴 ♿
via Cunicchio 5 – 𝒞 05 75 66 04 10 – www.fontelunga.com
– 21 marzo-5 novembre
9 cam 🍽 – 🛏160/230 € 🛏🛏160/395 €
♦ In posizione panoramica e tranquilla, le camere sono arredate con semplicità ed eleganza: il colore grigio è declinato in varie sfumature ed interrotto dalla cromaticità di falsi d'autore. L'ampio giardino accoglie una scenografica piscina.

FOLGARIA – Trento (TN) – **562** E15 – 3 112 ab. – alt. 1 166 m – Sport 　　　**30 B3**
invernali : 1 168/2 007 m ⚡14, ⚡ – ⊠ 38064
▶ Roma 582 – Trento 29 – Bolzano 87 – Milano 236
🛈 via Roma 67, 𝒞 0464 72 41 00, www.montagnaconamore.it
🏌 località Costa Maso Spilzi, 0464 720480, www.golfclubfolgaria.it – 26 aprile-
4 novembre

🏠 **Villa Wilma** 🌿 ← 🚗 📶 & rist, 🍴 🐾 📶 P VISA ❶ 🍴
via della Pace 12 – ℰ 04 64 72 12 78 – www.hotelvillawilma.it – dicembre-marzo e giugno-settembre
24 cam ⊊ – †48/70 € ††76/98 € – ½ P 60/72 € **Rist** – Carta 24/38 €
♦ Nella parte alta e più tranquilla della località, un'accogliente gestione familiare con profusione di legni in stile tirolese. Vista sui tetti e sul campanile del paese. Sala ristorante calda e accogliente, per lo più frequentata dagli ospiti qui alloggiati.

FOLGARIDA – Trento (TN) – **562** D14 – alt. 1 302 m – **Sport**　　　　**30** B2
invernali : 1 300/2 180 m ⚡5 ⚡19 (Comprensorio sciistico Folgarida-Marilleva)⚡
– ✉ 38025 Dimaro
▶ Roma 644 – Trento 66 – Bolzano 63 – Verona 158
ℹ piazzale Telecabina, ℰ 0463 98 61 13, www.folgarida.it

🏠 **Alp Hotel Taller** 🌿 🔲 🛁 🌀 ⚡ 📶 📶 🍴 🐾 📶 P VISA ❶ 🍴
strada del Roccolo 39 – ℰ 04 63 98 62 34 – www.hoteltaller.it – dicembre-aprile e luglio-settembre
30 cam ⊊ – †60/94 € ††100/215 € – 4 suites **Rist** – Carta 30/44 €
♦ Nella parte alta della località, di fronte al palazzo del ghiaccio, l'hotel dispone di ampi spazi comuni, centro benessere completo e camere luminose. La conduzione è appassionata anche nella gestione del ristorante, in raffinato stile rustico.

FOLIGNO – Perugia (PG) – **563** N20 – 57 758 ab. – alt. 234 m　　　　**33** C2
– ✉ 06034 ▯ Italia
▶ Roma 158 – Perugia 36 – Ancona 134 – Assisi 18
ℹ corso Cavour 126, ℰ 0742 35 44 59, www.comune.foligno.pg.it
🅖 Spello★ : affreschi★★ nella chiesa di Santa Maria Maggiore Nord-Ovest : 6 km – Montefalco★ : ※★★★ dalla torre Comunale, affreschi★★ nella chiesa di San Francesco (museo), affresco★ di Benozzo Gozzoli nella chiesa di San Fortunato Sud-Ovest : 12 km

🏠 **Villa dei Platani** senza rist 📶 & 📶 🍴 🐾 📶 P VISA ❶ AE ❶ 🍴
viale Mezzetti 29 – ℰ 07 42 35 58 39 – www.villadeiplatani.com
27 cam ⊊ – †80/120 € ††90/180 €
♦ Pregevole realtà ricettiva nata dal sapiente restauro di un'eclettica villa del primo '900, con spazi interni di tono minimalista e dalle calde tonalità. Moderni confort *hi-tech* nelle belle camere e stupenda terrazza, al secondo piano della struttura, arredata con eleganti mobili da esterno.

🏠 **Casa Mancia** 🚗 🍴 & cam, 📶 cam, 🍴 rist, 🐾 📶 P VISA ❶ AE ❶ 🍴
via dei Trinci 44 – ℰ 0 74 22 22 65 – www.casamancia.com
16 cam ⊊ – †62/68 € ††92/108 €
Rist – (chiuso domenica) (chiuso a mezzogiorno) Carta 22/42 €
♦ A poca distanza dall'uscita Foligno Nord della superstrada, un albergo ricavato da una ex casa padronale con torre e chiesa sconsacrata. Camere moderne e confortevoli. Nuova bruschetteria serale con prenotazione obbligatoria.

🏠 **Le Mura** & 📶 🍴 🐾 📶 ❶ AE ❶ 🍴
via Bolletta 25 – ℰ 07 42 35 73 44 – www.albergolemura.com
36 cam ⊊ – †50/60 € ††68/85 € – ½ P 58 €
Rist *Le Mura*🍷 – vedere selezione ristoranti
♦ Nome già eloquente sulla collocazione: a ridosso della chiesa romanica di S. Giacomo e all'interno delle mura medievali. Un accogliente albergo, facile da raggiungere.

🍴🍴 **Le Mura** – Hotel Le Mura & 📶 VISA ❶ AE ❶ 🍴
🍷 *Via Mentana 25, angolo via Bollletta – ℰ 07 42 35 73 44*
　 – www.albergolemura.com
🍷 **Rist** – (chiuso dal 1° al 10 agosto e martedì) Carta 18/30 €
♦ Griglia ardente in sala, paste fresche e atmosfera conviviale, in un piacevole ristorante rinomato per le specialità umbre. Da Foligno si raggiungono facilmente le principali località storiche e turistiche della "regione verde" per eccellenza.

XX **Villa Roncalli** con cam 🍸   🔊 🕭 🎵 🛇 📶 🅿 🚾 🐬 🆎 💲
via Roma 25, Sud : 1 km – ℰ 07 42 39 10 91
10 cam ⬜ – ♦50/65 € ♦♦75/85 € – ½ P 80/85 €
Rist – *(chiuso 6 al 16 gennaio e dal 15 al 31 agosto) (chiuso a mezzogiorno escluso i giorni festivi)* Carta 40/60 €
♦ In una villa patrizia, parco con piscina e servizio estivo all'aperto: splendida cornice per un quadro elegante, con piatti di cucina locale, alleggerita e rivisitata.

sulla strada statale 77 Nord-Est : 10 km

🏨 **Guesia Village Hotel**   🛋 🎵 🐬 🏩 🍸 🛇 📶 🖇 🅿
località Ponte Santa Lucia 46 ⊠ 06034 Foligno   🚾 🐬 🆎 🅾 💲
– ℰ 07 42 31 15 15 – www.guesia.com
19 cam ⬜ – ♦70/90 € ♦♦100/130 € – 5 suites – ½ P 80/95 €
Rist – *(chiuso 2 settimane in novembre e lunedì)* Carta 30/44 €
♦ Sulla statale che porta verso il mare, una struttura di stile moderno, comoda, con grande giardino attrezzato e belle camere, arredate con gusto e soluzioni personali. Ampie sale ristorante, affacciate sul verde esterno.

FOLLINA – Treviso (TV) – **562** E18 – **4 019 ab.** – alt. 191 m – ⊠ 31051   **36** C2
▶ Roma 590 – Belluno 30 – Trento 119 – Treviso 36

🏨 **Villa Abbazia**   🛋 🏩 cam, ⇄ 🛇 cam, 🍸 🅿 🚗 🚾 🐬 🆎 💲
😊 *via Martiri della Libertà – ℰ 04 38 97 12 77 – www.hotelabbazia.it – chiuso dal 9 gennaio al 24 marzo*
18 cam ⬜ – ♦205/245 € ♦♦250/350 € – 6 suites – ½ P 185/235 €
Rist *La Corte* – vedere selezione ristoranti
Rist *Bistrot* – ℰ 04 38 97 05 35 *(chiuso martedì)* Carta 20/30 €
♦ Le rouge et le noir sono i colori che "firmano" lo spazio lounge di questa villa padronale del '600: la raffinatezza del nero della sala è accentuata dal rosso Tiziano delle pareti, mentre all'interno dell'edificio troneggia un cortile, impreziosito da un antico pozzo. Una risorsa originale ed un bistrot per piatti semplici della tradizione locale.

🏨 **Dei Chiostri** senza rist   🖇 🖇 🏩 🍸 🅿 🚗 🚾 🐬 🆎 🅾 💲
piazza 4 Novembre 20 – ℰ 04 38 97 18 05 – www.hoteldeichiostri.com – chiuso dal 9 gennaio al 6 marzo
15 cam – ♦85/130 €, ⬜ 15 €
♦ All'interno di un palazzo adiacente al municipio, struttura dotata di spazi comuni limitati, ma di piacevoli personalizzazioni e buon gusto nelle camere. E se l'appetito si fa sentire, il vicino ristorante la Corte vi attende con tante specialità.

XXX **La Corte** – Hotel Villa Abbazia   🕭 🏩 🛇 ⇄ 🚾 🐬 🆎 💲
via Roma 24 – ℰ 04 38 97 17 61 – www.hotelabbazia.it – chiuso dal 9 gennaio al 24 marzo, domenica in luglio-agosto e martedì negli altri mesi
Rist – (prenotazione obbligatoria a mezzogiorno) Carta 55/83 € 🕸
♦ Nel medesimo ambito dell'hotel Villa Abbazia, ma da esso indipendente, un ristorante con salette raffinate ed un servizio attento, nonché professionale. Dal 2011 la cucina è diretta da un nuovo chef di grande talento; piatti creativi.

a Pedeguarda Sud-Est : 3 km – ⊠ 31050

XX **Osteria al Castelletto**   🛋 🕭 🚾 🐬 🆎 🅾 💲
via Castelletto 3 – ℰ 04 38 84 24 84 – www.alcastelletto.com – chiuso martedì
Rist – Menu 45/50 €
♦ Piacevole è l'aggettivo che più si addice a questo locale dagli ambienti arredati con buon gusto, un servizio all'aperto che beneficia della frescura del giardino e una linea di cucina di squisita matrice regionale.

FOLLONICA – Grosseto (GR) – **563** N14 – **22 142 ab.** – ⊠ 58022   **28** B3
▍ Toscana
▶ Roma 234 – Grosseto 47 – Firenze 152 – Livorno 91
🛈 via Roma 51, ℰ 0566 5 20 12, www.turismoinmaremma.it
▦ Toscana-Il Pelagone località Il Pelagone, 0566 820471, www.golfclubtoscana.com

XX **Il Veliero** 🔲 🅿 💳 ⓒⓒ 🆎 ⓞ �
via delle Collacchie 20, località Puntone Vecchio, Sud-Est : 3 km
– ℰ 05 66 86 62 19 – www.ristoranteilveliero.it – chiuso mercoledì da settembre a giugno, i mezzogiorno di mercoledì e giovedì in luglio-agosto
Rist – Carta 38/69 €
♦ Conduzione familiare ormai più che trentennale e corretta proporzione qualità/prezzo per un classico ristorante con piatti tipicamente marinari, sito sulla via che conduce verso Punta Ala.

XX **Il Sottomarino** 🏠 � 🔲 💳 ⓒⓒ 🆎 ⓢ
ⓐ *via Marconi 18 – ℰ 0 56 64 07 72 – www.ilsottomarino.it – chiuso dal 22 dicembre al 22 gennaio e martedì*
Rist – Carta 27/48 €
♦ Una valida cucina soprattutto a base di pesce è la proposta di uno chef di grande esperienza insieme al giovane figlio. Alcune preparazioni sono più classiche, altre invece si concedono alle tentazioni della fantasia.

FONDI – Latina (LT) – **563** R22 – **37 279 ab.** – ✉ **04022**   **13** D3
▶ Roma 131 – Frosinone 60 – Latina 59 – Napoli 110

XX **Vicolo di Mblò** 🔲 💳 ⓒⓒ 🆎 ⓞ �
corso Appio Claudio 11 – ℰ 07 71 50 23 85 – www.mblo.it – chiuso dal 23 al 30 dicembre e martedì escluso luglio-agosto
Rist – Carta 24/45 €
♦ Proprio al termine del corso pedonale, dove si erge la torre con castello, un antico edificio di origine gonzaghesca nelle cui stalle è nato un ristorante caratteristico.

XX **Riso Amaro** 🔲 💳 ⓒⓒ ⓞ �
via 24 Maggio 17 – ℰ 07 71 52 36 55 – www.ristoranterisoamaro.it – chiuso lunedì, martedì e sabato a mezzogiorno in ottobre-giugno
Rist – Carta 35/50 €
♦ Welcome home! Un giovane cuoco dopo anni di esperienza nella capitale in ristoranti "stellati" e non, ha deciso di ritornare al paesello ed aprire - con successo - questo elegante locale. La sua impronta mediterranea si fa sentire sia nei piatti di pesce, sia nelle specialità di carne, mitigata solo da tocchi di fantasia.

FONDO – Trento (TN) – **562** C15 – **1 484 ab.** – **alt. 987 m** – ✉ **38013**   **30** B2
▶ Roma 637 – Bolzano 36 – Merano 39 – Milano 294
ℹ via Roma 21, ℰ 0463 83 01 33, www.visitvaldinon.it

🏨 **Lady Maria** 🚗 🔲 ⑳ 🏰 📶 🔲 cam, 🛎 rist, 📶 ⚎ 🅿 💳 ⓒⓒ 🆎 ⓞ �
ⓔ *via Garibaldi 20 – ℰ 04 63 83 03 80 – www.ladymariahotel.com – chiuso dal 15 al 30 novembre*
43 cam ⊆ – †35/60 € ††60/120 € – 2 suites – ½ P 48/78 €   **Rist** – Menu 15 €
♦ Struttura a seria conduzione familiare con ambientazioni e arredi tipicamente montani: le camere più belle si trovano al terzo piano, le altre sono oggetto di progressivo rinnovo. Specialità della cucina trentina, servite nel luminoso ristorante.

FONDOTOCE – Verbano-Cusio-Ossola (VB) – **561** E7 – **Vedere Verbania**

FONTANAFREDDA – Pordenone (PN) – **562** E19 – **11 458 ab.**   **10** A3
– ✉ **33074**
▶ Roma 596 – Belluno 60 – Pordenone 9 – Portogruaro 36

🏠 **Luna** senza rist 🚗 🔲 📶 🏰 🅿 💳 ⓒⓒ 🆎 �A
▧ *via B. Osoppo 127, località Vigonovo – ℰ 04 34 56 55 35 – www.hotelluna.net – chiuso dal 22 dicembre al 6 gennaio*
37 cam ⊆ – †40/75 € ††60/115 € – 2 suites
♦ Alle porte del paese e circondata da località di interesse storico, la struttura si sviluppa orizzontalmente ed è ideale per una clientela d'affari. Camere ampie, ben accessoriate, con anche accesso esterno.

FONTANASALSA Sicilia – Trapani (TP) – **365** AK56 – **Vedere Trapani**

FONTANELLE – Treviso (TV) – **562** E19 – **5 819 ab.** – alt. 18 m **36** C2
– ✉ 31043

▶ Roma 580 – Belluno 58 – Portogruaro 36 – Treviso 36

XX **La Giraffa** 🚗 🏠 🄰🄲 ⇄ 🄿 📷 ☎ 🄰🄴 🔊
via Roma 20 – ☎ 04 22 80 93 03 – chiuso lunedì sera e martedì
Rist – Carta 24/45 €
♦ Uno dei primi ristoranti della zona a proporre pesce, oggi la tradizione si è rinforzata con la passione e i viaggi in Giappone del cuoco-patron. Bella cucina a vista.

FONTANELLE – Cuneo (CN) – **561** J4 – **Vedere Boves**

FONTANELLE – Parma (PR) – **562** H12 – **Vedere Roccabianca**

FONTE – Treviso (TV) – **562** E17 – **6 158 ab.** – alt. 107 m – ✉ 31010 **35** B2
▶ Roma 559 – Venezia 93 – Treviso 40 – Vicenza 49

XX **Vecchio Mulino** 🏠 🄰🄲 🌿 ⇄ 🄿 📷 ☎ 🄰🄴 🄾 🔊
via Lastego 160, località Onè – ☎ 04 23 94 82 20
– www.ristorantevecchiomulino.eu – chiuso 15 giorni in gennaio, 15 giorni in agosto, lunedì, martedì a mezzogiorno
Rist – Carta 35/94 €
♦ Uno degli chef più esperti della provincia - all'interno di una grande casa di campagna, insieme a moglie e figlio - vi delizierà con un'ottima cucina moderna, sia di carne sia di pesce.

FONTEBLANDA – Grosseto (GR) – **563** O15 – ✉ 58010 **29** C3
▶ Roma 163 – Grosseto 24 – Civitavecchia 87 – Firenze 164
🄶 Maremmello strada Vicinale del Maremmello, 0564 886217, www.maremmello.it
– chiuso lunedì

🏠 **Rombino** *senza rist* 🏊 ㊁ 🄲 🄰🄲 🌿 📡 🄿 📷 ☎ 🄰🄴 🔊
via Aurelia Vecchia 40 – ☎ 05 64 88 55 16 – www.hotelrombino.it
39 cam ㊉ – †60/110 € ††70/110 €
♦ Nel cuore della Maremma, fra Talamone e il Monte Argentario, un hotel a conduzione familiare, rinnovato qualche anno fa, con camere confortevoli e spiaggia non lontana.

a Talamone Sud-Ovest : 4 km – ✉ 58010

🏠 **Baia di Talamone** *senza rist* ⇐ 🛗 🄰🄲 🄿 📷 ☎ 🔊
via della Marina 23 – ☎ 05 64 88 73 10 – www.hbt.it – aprile-settembre
18 cam ㊉ – †50/80 € ††90/130 € – 6 suites
♦ Affacciata sul porticciolo turistico, una bella struttura color salmone, contenuta ma comoda soprattutto a partire dall'ampio parcheggio; diverse stanze con salottino.

FOPPOLO – Bergamo (BG) – **561** D11 – **210 ab.** – alt. 1 508 m – **Sport** **16** B1
invernali : 1 570/2 200 m ⛷16, 🎿 – ✉ 24010
▶ Roma 659 – Sondrio 93 – Bergamo 58 – Brescia 110
🄳 via Moia 24, ☎ 0345 7 43 15, www.valbrembanaweb.it

X **K 2** ⇐ 🌿 🄿 📷 ☎ 🄾 🔊
via Foppelle 42 – ☎ 0 34 57 41 05 – www.ristorantek2.com – chiuso maggio e novembre (escluso sabato-domenica)
Rist – Carta 26/49 €
♦ Ambiente grazioso, con arredi in caldo legno chiaro e una curata rusticità; fuori dal centro abitato, offre piatti locali, come la selvaggina, e una conduzione familiare.

FORIO – Napoli (NA) – **564** E23 – **Vedere Ischia (Isola d')**

FORLÌ 🄿 (FC) – **562** J18 – **117 550 ab.** – alt. 34 m **9** D2
▶ Roma 354 – Ravenna 29 – Rimini 54 – Bologna 63
🄳 piazzetta della Misura 5, ☎ 0543 71 24 35, www.turismoforlivese.it
🄶 I Fiordalisi via Maglianella 11/B, 0543 89553, www.golfclubfiordalisi.it – chiuso lunedì

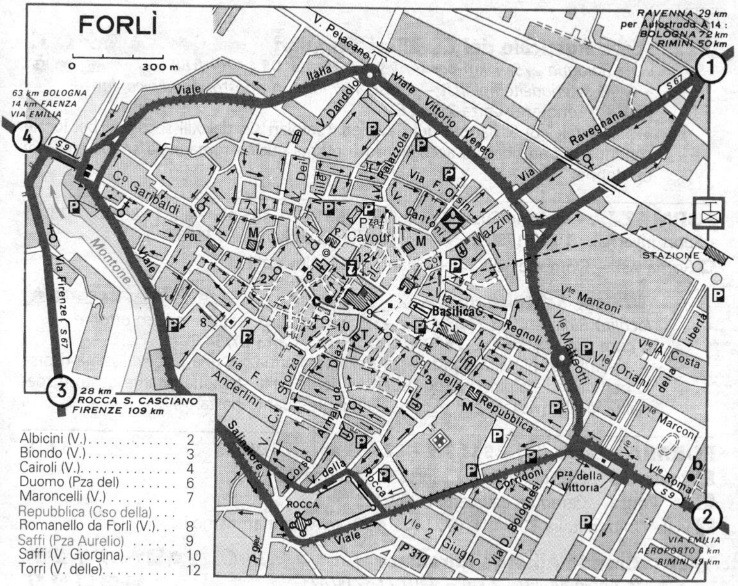
FORLÌ
0 300 m
RAVENNA 29 km
per Autostrada A 14 :
BOLOGNA 72 km
RIMINI 50 km
63 km BOLOGNA
14 km FAENZA
VIA EMILIA
28 km
ROCCA S. CASCIANO
FIRENZE 109 km
VIA EMILIA
AEROPORTO 6 km
RIMINI 49 km
STAZIONE
ROCCA
Basilica
Pza Cavour
Pza della Vittoria
Montone
Albicini (V.) 2
Biondo (V.) 3
Cairoli (V.) 4
Duomo (Pza del) 6
Maroncelli (V.) 7
Repubblica (Cso della) . . .
Romanello da Forlì (V.) . . . 8
Saffi (Pza Aurelio) 9
Saffi (V. Giorgina) 10
Torri (V. delle) 12

Globus City

via Traiano Imperatore 4, 3,5 km per ① ✉ 47122 – ✆ 05 43 72 22 15
– www.hotelglobuscity.com – chiuso dal 24 dicembre al 6 gennaio
98 cam ☕ – 🚹75/185 € 🚹🚹95/265 € – 2 suites
Rist – Carta 41/72 €
♦ Hotel di stile classico tra la città e il casello autostradale; una hall di grande respiro con angolo bar vi accoglie in un ambiente dal confort omogeneo, anche nelle camere. Comodo ristorante con due ampie sale, cucina classica con alcune proposte locali.

Masini senza rist

corso Garibaldi 28 ✉ 47121 – ✆ 0 54 32 80 72
– www.hotelmasini.it c
51 cam ☕ – 🚹60/110 € 🚹🚹80/180 € – 2 suites
♦ Hotel del centro che da fine '800 continua ininterrottamente a proporsi come riferimento cittadino e che oggi offre spazi funzionali e confortevoli, di taglio contemporaneo.

Michelangelo senza rist

via Buonarroti 4/6 ✉ 47122 – ✆ 05 43 40 02 33
– www.hotelmichelangelo.fc.it b
39 cam ☕ – 🚹70/130 € 🚹🚹80/150 €
♦ Poco fuori dal centro storico, l'albergo è stato totalmente ristrutturato pur mantenendo le vetrate a specchio per facciata: camere ampie e ben accessoriate, i requisiti per un piacevole soggiorno ci sono tutti!

San Giorgio senza rist

via Ravegnana 538/d, 4 km per ① ✉ 47122 – ✆ 05 43 79 66 99
– www.hotelsangiorgioforli.it
66 cam ☕ – 🚹60/165 € 🚹🚹75/215 €
♦ Sito nelle immediate vicinanze del casello autostradale, hotel di taglio moderno-commerciale con camere accessoriate, ideali per una clientela d'affari. Interessante rapporto qualità/prezzo.

Casa Rusticale dei Cavalieri Templari 🏛 ⚐ 🆔 🏧 ♻ 🅿

viale Bologna 275, 1 km per ④ ✉ 47121 – 𝒞 05 43 70 18 88   VISA ⬤⬤ ⑤

– www.osteriadeitemplari.it – chiuso 15 giorni in agosto, domenica, lunedì

Rist – (prenotare) Carta 27/43 €

♦ "Hospitale" di S. Bartolo dei Cavalieri Templari sin dal XIII secolo, il bel locale continua la tradizione di accoglienza e ottima cucina romagnola sotto l'egida di tre donne.

FORMAZZA – Verbano-Cusio-Ossola (VB) – 561 C7 – 445 ab. – alt. 1 280 m   23 C1
– Sport invernali : 1 260/1780 m � 4, ⛷ (anche sci estivo) – ✉ 28863

▶ Roma 738 – Domodossola 40 – Milano 162 – Novara 131

Walser Schtuba con cam ⌂   🏛 ♻ 🌐 VISA ⬤⬤ AE ① ⑤

località Riale – 𝒞 03 24 63 43 52 – www.locandawalser.it – chiuso ottobre

6 cam ⌓ – †60/70 € ††90/100 €   **Rist** – Carta 27/54 €

♦ Nella parte più alta e pittoresca della Val Formazza, una piacevolissima risorsa in perfetto stile alpino: grazioso dehors per la bella stagione e tante gustose specialità locali, rivisitate con estro e alleggerite quanto basta.

FORMIA – Latina (LT) – 563 S22 – 37 483 ab. – ✉ 04023   13 D3

▶ Roma 153 – Frosinone 90 – Caserta 71 – Latina 76

🚢 per Ponza – Caremar, call center 892 123

🛈 viale Unità d'Italia 30/34, 𝒞 0771 77 14 90, www.latinaturismo.it

Grande Albergo Miramare   ⟨ 🚗 ⚐ ⛵ 📶 🆔 rist. ♻ ⁿ 🏋 🅿

via Appia 44, Est : 2 km – 𝒞 07 71 32 00 47   VISA ⬤⬤ AE ① ⑤

– www.grandealbergomiramare.it

58 cam ⌓ – †94/114 € ††123/158 € – 1 suite – ½ P 130 €

Rist – Carta 25/62 €

♦ Serie di dependance tra i pini e il mare per un soggiorno di tono poco alberghiero e di esclusiva riservatezza. Le camere più affascinanti si affacciano sul golfo. Ampie sale al ristorante dal fascino retrò.

Fagiano Palace ⌂   ⟨ 🚗 ⚐ ❄ 🏛 📶 🆔 🏋 🅿 VISA ⬤⬤ AE ① ⑤

via Appia 80, Est : 3 km – 𝒞 07 71 72 09 00 – www.grandhotelfagiano.it

51 cam ⌓ – †60/85 € ††80/120 € – ½ P 100/115 €

Rist Il Ramaglino – vedere selezione ristoranti

♦ Per affari o vacanze, in direzione di Napoli, l'hotel dispone di camere spaziose (anche se non sempre recenti i bagni), la maggior parte con vista mare. L'ampio parcheggio vi risolverà il problema di dove lasciare la macchina.

Il Ramaglino – Hotel Fagiano Palace   🚗 🏛 🆔 ♻ ♻ 🅿

via Appia 80, Est : 3 km – 𝒞 07 71 72 09 00   VISA ⬤⬤ AE ① ⑤

– www.grandhotelfagiano.it

Rist – (consigliata la prenotazione) Carta 22/49 €

♦ Nell'elegante sala interna o sul terrazzo, il golfo di Gaeta con il suo splendido mare ruba ogni attenzione al locale. Piatti mediterranei, in prevalenza di pesce, abbinati ad una scelta enologica di tutto rispetto.

Italo   🆔 🅿 VISA ⬤⬤ AE ① ⑤

via Unità d'Italia 96, Ovest : 2 km – 𝒞 07 71 77 12 64 – www.ristoranteitalo.com

– chiuso dal 21 dicembre al 4 gennaio, dal 1° al 15 novembre, lunedì, martedì

Rist – Carta 28/72 €

♦ Per ogni esigenza, gastronomica, banchettistica o di semplice eleganza, un punto di riferimento di tutto rispetto qui a Formia; lungo la strada che affianca la costa.

Da Veneziano   🏛 🆔 ♻ VISA ⬤⬤ AE ① ⑤

via Abate Tosti 120 – 𝒞 07 71 77 18 18 – www.ristorante-veneziano.com

– chiuso lunedì

Rist – Carta 31/60 €

♦ Al primo piano di un edificio rosa che si affaccia sulla piazza del mercato e sul lungomare, il ristorante prosegue la tradizione gastronomica marinara di famiglia.

FORMICA – Modena (MO) – Vedere Savignano sul Panaro

FORMIGINE – Modena (MO) – **562** I14 – 33 440 ab. – alt. 82 m   8 B2
– ✉ 41043

▶ Roma 415 – Bologna 48 – Milano 181 – Modena 11

🏨 **La Fenice** senza rist   🛊 ⅙ 🎟 ⅜ ⅚ 🅿 🅿 ⚏ 🚾 ⚙ 🄰🄴 🄾 ⚙
via Gatti 3/73 – ☎ 0 59 57 33 44 – www.fenicehotel.it
48 cam ☲ – ♦50/65 € ♦♦70/90 €
♦ In una tranquilla zona residenziale, albergo a conduzione familiare le cui camere semplici, ma generalmente ampie, faranno la felicità di coloro che amano gli spazi generosi. Prima colazione a buffet.

a Corlo Ovest : 3 km – ✉ 41043

🏨 **Due Pini**   🚗 ⚘ ⅚ 🛊 ⅙ 🎟 ⚘ rist, ⅜ ⅚ 🅿 🚾 ⚙ 🄰🄴 🄾 ⚙
via Radici in Piano 177, Est: 0,5 km – ☎ 0 59 57 26 97 – www.hotelduepini.it
56 cam – ♦45/80 € ♦♦70/120 €, ☲ 5 € – ½ P 75/85 €
Rist – (chiuso agosto) Carta 24/35 €
♦ Ristrutturati, ampliati e dotati delle attuali tecnologie, tre antichi edifici di epoche differenti ospitano questo hotel, confortevole e moderno, circondato da un piccolo parco. Bella sala con ampi tavoli tondi, camino e finestre con tendaggi civettuoli.

FORMIGLIANA – Vercelli (VC) – **560** ab. – alt. 157 m – ✉ 13030   23 C2
▶ Roma 651 – Stresa 86 – Milano 80 – Torino 69

🍴🍴 **Franz**   ⅙ 🎟 ⟷ 🚾 ⚙ 🄰🄴 ⚙
via Roma 35 – ☎ 01 61 87 70 05 – www.ristorantefranz.it – chiuso 1 settimana in gennaio, agosto, lunedì, martedì
Rist – Carta 33/53 €
♦ Un locale d'impronta classica, periodicamente rinnovato e molto ben tenuto, gestito da una famiglia allargata, con accenti femminili. Cucina quasi esclusivamente di mare.

FORNI DI SOPRA – Udine (UD) – **562** C19 – 1 065 ab. – alt. 907 m   10 A1
– Sport invernali : 907/2 073 m ⅘5, ⚡ – ✉ 33024

▶ Roma 676 – Cortina d'Ampezzo 64 – Belluno 75 – Milano 418
ℹ via Cadore 1, ☎ 0433 88 67 67, www.turismofvg.it

🏠 **Edelweiss**   ⟨ 🚗 🛊 ⅙ cam, ⚘⚘ ⚘ ⅜ 🅿 🚾 ⚙ 🄰🄴 🄾 ⚙
⚭ via Nazionale 19 – ☎ 0 43 38 80 16 – www.edelweiss-forni.it – chiuso ottobre e novembre
27 cam ☲ – ♦35/50 € ♦♦70/110 € – ½ P 65 €   **Rist** – Carta 19/35 €
♦ Nel Parco delle Dolomiti Friulane, albergo a conduzione familiare che offre camere di differenti tipologie (chiedete quelle più recenti) e un bel giardino attrezzato. Tipica cucina d'albergo nella quale predominano erbe spontanee e i prodotti della Carnia.

🏠 **Nuoitas** ⚘   ⟨ 🚗 🚗 ⅙ cam, ⚘ ⅜ 🅿 🚾 ⚙ ⚙
⚭ località Nuoitas 7, Nord-Ovest: 2,8 km – ☎ 0 43 38 83 87 – www.albergonuoitas.it
– chiuso maggio e ottobre
19 cam ☲ – ♦38/58 € ♦♦60/85 €
Rist – (chiuso martedì escluso luglio-agosto) Carta 14/28 €
♦ In posizione incantevole, immersa in una verdeggiante cornice di silenzi e tranquillità, una risorsa dagli spazi di tono rustico e semplici camere. "Nuoitas" significa "polenta e frico": la specialità del ristorante.

FORNO DI ZOLDO – Belluno (BL) – **562** C18 – 2 598 ab. – alt. 848 m   36 C1
– ✉ 32012

▶ Roma 638 – Belluno 34 – Cortina d'Ampezzo 42 – Milano 380
ℹ via Roma 10, ☎ 0437 78 73 49, www.infodolomiti.it

a Mezzocanale Sud-Est : 10 km – alt. 620 m – ⊠ 32013 Forno Di Zoldo

X **Mezzocanale-da Ninetta** ⇔ P 🆚 ☯ ㏂ ᵹ
via Canale 22 – 🕿 *0 43 77 82 40* – *chiuso 10 giorni in giugno, settembre, martedì sera, mercoledì*
Rist – Carta 31/46 €
◆ Piacevole punto di ristoro lungo la strada per Forno di Zoldo: in un ambiente riscaldato da un *fogolar* ottocentesco, una cortese accoglienza familiare e le specialità della cucina dolomitica. Imperdibili i *canederli di rape rosse.*

FORNOVO DI TARO – Parma (PR) – **562** H12 – **6 252 ab.** – alt. 158 m   **8 B2**
– ⊠ 43045

▶ Roma 481 – Parma 22 – La Spezia 89 – Milano 131
🖪 via dei Collegati 19, 🕿 0525 25 99, www.iatfornovo.it

X **A la Maison** 🆚 ☯ ㏂ ⓞ ᵹ
piazza Matteotti 18 – 🕿 *05 25 26 91* – *www.ristorantemaison.com*
– *chiuso 15 giorni in agosto, martedì sera, mercoledì*
Rist – Carta 30/53 €
◆ Conduzione familiare in un accogliente locale ricavato nelle cantine di un antico palazzo del centro. In menu: gustose proposte di cucina regionale e stagionale.

FORTE DEI MARMI – Lucca (LU) – **563** K12 – **7 760 ab.** – ⊠ 55042   **28 A1**
🮏 Toscana

▶ Roma 378 – Pisa 35 – La Spezia 42 – Firenze 104
🖪 viale Achille Franceschi 8/b, 🕿 0584 8 00 91, www.versilia.toscana.it
🖬 Versilia via Della Sipe 100, 0584 881574, www.versiliagolf.com – chiuso martedì da ottobre a maggio
◉ Località ★

🏨 **Grand Hotel Imperiale** 🌊 🀄 🍴 ㏟ 📶 ❘ ᵹ 🀄 ❄ rist, 🍴 🚗
via Mazzini 20 – 🕿 *0 58 47 82 71*   🆚 ☯ ㏂ ⓞ ᵹ
– *www.grandhotelimperiale.it*
46 cam – 🛏385/700 €, ⌸ 28 € – 30 suites – ½ P 263/420 €
Rist – Carta 123/178 €
◆ Atmosfera e servizio impeccabile sono i principali atout di questo albergo, dove il lusso si declina nei dettagli dipinti color oro, nonché nell'attrezzata beauty farm. E l'esclusività raggiunge il mare: spiaggia privata (a pagamento) Minerva Beach con servizio ristorante annesso.

🏨 **Principe** 🚢 🀄 🍴 🖃 🕓 ㏟ 📶 ❘ ᵹ cam, 🀄 ❄ rist, 🍴 🚗 🆚 ☯ ㏂ ⓞ ᵹ
viale A. Morin 67 – 🕿 *05 84 78 36 36* – *www.principefortedeimarmi.com*
28 cam – 🛏330/700 € 🛏🛏330/950 €, ⌸ 30 € – ½ P 225/495 €
Rist – Carta 60/100 €
◆ Lontano dalla classicità alberghiera tradizionale, è un edificio moderno, inondato da luce, minimalista negli arredi e votato al lusso.

🏨 **Byron** 🚢 🍴 ❘ 🀄 ❄ 🍴 P 🆚 ☯ ㏂ ⓞ ᵹ
viale Morin 46 – 🕿 *05 84 78 70 52* – *www.hotelbyron.net* – *aprile-novembre*
29 cam – 🛏180/400 € 🛏🛏260/650 € – 6 suites – ½ P 195/390 €
Rist *La Magnolia* ❀ – vedere selezione ristoranti
◆ Si respira un'atmosfera discreta e riservata - quasi da dimora privata - in questa elegante struttura nata dall'unione di due ville di fine '800, immersa in un delizioso giardino con piscina.

🏨 **Augustus Lido** senza rist 🚯 🌊 ❘ 🀄 P 🆚 ☯ ㏂ ᵹ
viale Morin 72 – 🕿 *05 84 78 74 42* – *www.augustus-hotel.it* – *aprile-settembre*
17 cam ⌸ – 🛏250/510 € 🛏🛏300/620 € – 2 suites – ½ P 210/370 €
◆ Signorile residenza appartenuta alla famiglia Agnelli, è ora un albergo di lusso che conserva nei suoi ambienti l'originale atmosfera familiare. Charme di sapore inglese e diversi arredi d'epoca.

Villa Roma Imperiale senza rist ⚑

via Corsica 9 – ⌂ *0 58 47 88 30*
– www.villaromaimperiale.com – 5 aprile- 29 settembre
32 cam ☕ **–** †250/850 € ††400/900 € **– 5 suites**

♦ Abbracciata da un tranquillo giardino con piscina, una villa anni '20 d'impeccabile tenuta: interni sobri ed eleganti giocati sulle sfumature del colore sabbia e qualche accenno etnico in alcune camere.

The Grey

viale Italico 84 – ⌂ *05 84 78 74 96 – www.villagrey.it – chiuso dicembre-febbraio*
19 cam ☕ **–** †250/590 € ††370/590 € **– 2 suites** – ½ P 230/340 € **Rist** – Carta 53/85 €

♦ Fronte mare, siamo in un'elegante villa di fine '800 trasformata all'interno in ambienti moderni giocati sulle sfumature del grigio, a cui fa eco il verde dell'incantevole giardino sul retro.

California Park Hotel ⚑

via Cristoforo Colombo 32 – ⌂ *05 84 78 71 21*
– www.californiaparkhotel.com – aprile-ottobre
40 cam ☕ **–** †200/470 € ††220/600 € **– 6 suites** – ½ P 140/330 €
Rist – Menu 40/80 €

♦ Immersa in un lussureggiante parco, una bella struttura - moderna e funzionale - dall'aspetto estivo e mediterraneo. Composta da un corpo principale e da dépendence vanta un comune denominatore: l'ottimo confort.

Hermitage ⚑

via Cesare Battisti 50 – ⌂ *05 84 78 71 44*
– www.albergohermitage.it – maggio-settembre
60 cam **–** †130/270 € ††200/455 €, ☕ 25 € **– 3 suites** – ½ P 160/288 €
Rist – Carta 41/70 €

♦ Tra il verde dei pini e dei lecci, cinto da un giardino con piscina, un albergo piacevole, sito in una zona quieta della località. Simpatica area giochi per i bambini e comoda navetta per la spiaggia.

Ritz

via Flavio Gioia 2 – ⌂ *05 84 78 75 31 – www.ritzfortedeimarmi.com – chiuso dal 5 al 28 dicembre*
28 cam **–** †99/350 € ††150/580 €, ☕ 25 € **– 1 suite** – ½ P 360 €
Rist – *(chiuso dal 15 ottobre al 5 aprile)* Menu 45/55 €

♦ Centrale e contemporaneamente fronte mare, questo elegante edificio Liberty degli anni '30 reca uno stile molto sobrio, di sapore anglosassone, reso più caldo da inserimenti coloniali. Piatti della tradizione gastronomica italiana nel bel ristorante circondato dal verde.

Il Negresco

viale Italico 82 – ⌂ *0 58 47 88 20 – www.hotelilnegresco.com – chiuso 20 giorni in dicembre e 10 giorni in gennaio*
40 cam ☕ **–** †140/470 € ††190/650 € – ½ P 140/370 € **Rist** – Carta 28/72 €

♦ Proprio sul lungomare, la struttura conserva sempre le sue doti di assoluta piacevolezza sia negli spazi esterni, sia nelle eleganti e confortevoli camere. Una breve passeggiata vi separa dal mondano centro.

President

via Caio Duilio 4 ang. viale Morin – ⌂ *05 84 78 74 21 – www.presidentforte.it*
– Pasqua-settembre
44 cam **–** †190/230 € ††220/280 €, ☕ 15 € – ½ P 180/215 €
Rist – *(solo per alloggiati)*

♦ A pochi passi dal mare - in zona verde e residenziale - una struttura moderna con interni signorili e spaziose zone comuni. Spiaggia privata a disposizione degli ospiti.

St. Mauritius

via 20 Settembre 28 – ⌂ *05 84 78 71 31 – www.stmauritiushotel.com*
– Pasqua-15 ottobre
52 cam **–** †90/180 € ††110/270 €, ☕ 18 € – ½ P 200 € **Rist** – Carta 29/73 €

♦ Nelle vie interne della località, il punto di forza della risorsa è il bel giardino con piscina da cui è cinta. Le camere sono state rinnovate in tempi recenti.

Mignon

🖫 🔧 ⌇ 🕸 🎝 🖻 �ⅈ ⌇ rist, 🕯 **P** VISA ◉ AE ⓘ ⑤

via Carducci 58 – 𝒞 05 84 78 74 95 – www.hotelmignon.it – aprile-ottobre
34 cam ⌁ – ♦90/180 € ♦♦130/270 € – ½ P 146 € **Rist** – Menu 40 €
♦ Il verde della pineta e un grazioso giardino su cui s'affaccia l'ariosa veranda connotano questa piccola chicca: sapori quasi coloniali, signorilità e buon gusto ovunque.

Mirabeau

🔧 ⌇ 🕸 🎝 🗐 🖻 ঌ cam, 🄰🄲 ⌇ rist, 🕯 **P** VISA ◉ AE ⓘ ⑤

viale amm. Morin 135 – 𝒞 05 84 78 78 13 – www.hotelmirabeau.it
– maggio-settembre
40 cam ⌁ – ♦120/220 € ♦♦190/370 € – 3 suites – ½ P 190 €
Rist – Carta 40/45 €
♦ Luminoso e piacevole, l'hotel dispone di camere omogenee nel confort (anche se distinte in diverse tipologie) e di una bella piscina nella zona outdoor, arredata con pregevoli mobili da giardino. Impeccabile sotto il profilo della tenuta e della manutenzione.

Piccolo Hotel

🖫 ⌇ 🗐 🄰🄲 ⌇ rist, 🕯 **P** VISA ◉ AE ⑤

viale amm. Morin 24 – 𝒞 05 84 78 74 33 – www.albergopiccolohotel.it
– aprile-settembre
32 cam ⌁ – ♦100/190 € ♦♦150/300 € – ½ P 175 €
Rist – *(maggio-settembre)* Carta 35/50 €
♦ Immerso nel verde e vicino alla spiaggia (con accesso anche dal lungomare), un hotel a gestione familiare, che da oltre mezzo secolo offre buoni confort e piacevoli camere.

Kyrton ঌ

🖫 🔧 ⌇ 🗐 ঌ cam, 🄰🄲 ⌇ rist, 🕯 **P** VISA ◉ AE ⓘ ⑤

via Raffaelli 16 – 𝒞 05 84 78 74 61 – www.hotelkyrton.it – aprile-settembre
33 cam ⌁ – ♦50/260 € ♦♦80/260 € – 1 suite – ½ P 139 € **Rist** – Menu 20 €
♦ Camere semplici, ma confortevoli, in un hotel immerso nel verde di un curato giardino con piscina, la cui cordiale gestione familiare vi farà sentire un po' come ospiti da amici.

Tarabella ঌ

🖫 ⌇ 🗐 ঌ cam, 🄰🄲 ⌇ ⑭ **P** VISA ◉ AE ⑤

viale Versilia 13/b – 𝒞 05 84 78 70 70 – www.tarabellahotel.it – Pasqua e
maggio-settembre
32 cam – ♦70/110 € ♦♦90/190 €, ⌁ 10 € – 4 suites – ½ P 135 €
Rist – *(solo per alloggiati)*
♦ Piacevole edificio niveo con qualche decorazione dipinta, un piccolo giardino lo circonda. E' una risorsa dal sapore familiare, confortevole e tranquilla, con una sala giochi per i bambini.

Sonia

🖫 🄰🄲 cam, ⌇ 🕯 VISA ◉ AE ⓘ ⑤

via Matteotti 42 – 𝒞 05 84 78 71 46 – www.hotel-sonia.it
20 cam ⌁ – ♦100/200 € ♦♦150/220 € – ½ P 130 € **Rist** – Menu 35/60 €
♦ Femminile e familiare la conduzione di questo semplice e piacevole indirizzo a metà strada tra il centro della località e il mare: una casa di inizio '900, curata in ogni particolare. Nella semplice sala da pranzo, un piccolo cimelio d'epoca.

Le Pleiadi ঌ

🖫 🗐 🄰🄲 cam, ⌇ 🕯 **P** VISA ◉ ⑤

via Civitali 51 – 𝒞 05 84 88 11 88 – www.hotellepleiadi.it – aprile-settembre
30 cam ⌁ – ♦70/150 € ♦♦100/240 € – ½ P 130 € **Rist** – Menu 25/40 €
♦ Pini marittimi ad alto fusto lo circondano e in parte lo nascondono. Nella quiete delle vie più interne, camere fresche e la semplicità di una gestione familiare.

XXX La Magnolia – Hotel Byron

🖫 🏗 🄰🄲 ⌇ **P** VISA ◉ AE ⓘ ⑤

viale Morin 46 – 𝒞 05 84 78 70 52 – www.hotelbyron.net – 16 marzo-1° novembre
Rist – Carta 67/87 € ঌ
Spec. Carpaccio di gamberi rossi, gnocchi di polpo, caviale. Maltagliati di germe di grano alle maruzzelle (lumachine di mare), pomodoro fresco, basilico, olio al peperoncino. Agnello di Zeri cotto nel testo.
♦ Un grazioso villino nel giardino dell'hotel Byron è la fucina di un cuoco tanto giovane quanto abile nel presentare una cucina all'apparenza semplice e minimalista, in realtà giocata su sottili sofisticazioni. A suo agio sia con il pesce che con la carne, di preferenza toscani.

XXX Lorenzo   🅚 🕯️ ⇔ 🆅🆂🅰 ⓒⓞ 🅰🅴 ⓞ 🕭

£3 *via Carducci 61 – ℰ 0 58 48 96 71 – www.ristorantelorenzo.com – chiuso dal 15 dicembre al 31 gennaio, lunedì (escluso agosto), martedì a mezzogiorno*
Rist – *(chiuso a mezzogiorno dal 15 giugno al 15 settembre)* Carta 65/110 € 🏶 (+10 %)

Spec. Natura di calamaretti di sabbia in forno (primavera-estate). Bavette sul pesce. Coda di rospo in gremolada con timballo di riso basmati allo zafferano.

♦ Sarà l'originale insegna (caricatura di un famoso vignettista), sarà la qualità del pescato e le sue gustose elaborazioni, quel che è certo è che Lorenzo continua ad essere una delle tavole più "interessanti" della Versilia.

XXX Bistrot   🕍 🅚 ⇔ 🆅🆂🅰 ⓒⓞ 🅰🅴 ⓞ 🕭

£3 *viale Franceschi 14 – ℰ 0 58 48 98 79 – www.bistrotforte.it – chiuso dal 14 al 26 dicembre, martedì in inverno*
Rist – *(chiuso a mezzogiorno escluso i giorni festivi)* (consigliata la prenotazione) Menu 86 € – Carta 67/105 € 🏶

Spec. Fish and crock di scampi in crosta, tempura di gamberi, crocchette di baccalà e fiori di zucca. Spaghettino fresco alla chitarra di grano saraceno con astice, asparagi e loro estratto. Arrostino d'aragosta (pescato locale) in crosta di frutta secca e pane.

♦ Non aspettatevi un bistrot: qui troverete uno dei ristoranti più eleganti del Forte. Giovane e raffinata atmosfera, vi verranno servite delle elaborate e fantasiose proposte in prevalenza di mare, ma c'è anche un forno a legna per piatti più semplici e fragranti. Cantina-enoteca al piano inferiore.

X The Fratellini's   🕍 🅚 🆅🆂🅰 ⓒⓞ 🅰🅴 ⓞ 🕭

via Franceschi 2b – ℰ 0 58 48 29 31 – www.marcodavid.com
Rist – Carta 48/75 € 🏶

♦ Nel punto più strategico della città, un sorprendente cubo di cristallo si protende su un bel giardino: luogo d'elezione per cocktail e aperitivi. All'interno, lo stile si fa più minimalista, l'illuminazione soft. Il pesce crudo è la star del locale, ma non manca un interessante menu con piatti più o meno tradizionali.

FORTUNAGO – Pavia (PV) – 386 ab. – alt. 482 m – ⌂ 27040   **16** B3

🖪 Roma 585 – Alessandria 66 – Milano 78 – Pavia 41

⌂ Agriturismo Cascina Casareggio ॐ   🕮 🕍 ⤢ 🕯️ rist, ॐ 🅿

località Casareggio, Ovest : 5 km – ℰ 03 83 87 52 28   🆅🆂🅰 ⓒⓞ 🕭
– www.cascinacasareggio.it
12 cam ⌘ – †50/60 € ††75/85 € – ½ P 60 €   **Rist** – Carta 24/58 €

♦ In posizione isolata e tranquilla, immerso in un parco, l'agriturismo ha preso il posto del piccolo paesino. Nei diversi caseggiati, il fascino di camere accoglienti, inaspettatamente arredate con mobili classici. Piacevoli e curate, le sale del ristorante si aprono su una cucina casalinga e regionale.

FORZA D'AGRÒ Sicilia – Messina (ME) – 565 N27 – 921 ab.   **40** D2
– alt. 420 m – ⌂ 98030

🖪 Catania 61 – Messina 41 – Palermo 271 – Taormina 15

🏨 Baia Taormina ॐ   ⇐ 🕮 🕍 ⤢ 🖊 ⓘ 🕭 🅚 🕯️ rist, 🍴 ॐ 🅿

statale dello Jonio km 39, Est : 5 km – ℰ 09 42 75 62 92   🆅🆂🅰 ⓒⓞ 🅰🅴 ⓞ 🕭
– www.baiataormina.com – aprile-ottobre
119 cam ⌘ – †90/230 € ††120/310 €   **Rist** – Carta 38/62 €

♦ Sito sullo scoglio panoramico che si affaccia sull'omonima baia, un suggestivo hotel recentemente ampliatosi con una nuova ala: spiaggia privata e, in terrazza, due piscine raggiungibili con l'ascensore.

FOSDINOVO – Massa Carrara (MS) – 563 J12 – 4 971 ab. – alt. 500 m   **28** A1
– ⌂ 54035

🖪 Roma 388 – La spezia 25 – Genova 108 – Livorno 86

La Castellana ≤ 🚗 🛏 ⬛ 🖥 & 🔟 📞 🖐 **P** 🆚 ⚭ 🆎 ① 🔆
via Pilastri 18, Sud-Est: 4 km – ☎ 01 87 68 00 10 – www.albergolacastellana.com
30 cam ⬜ – ♦70/90 € ♦♦90/120 € – ½ P 75/90 €
Rist – (chiuso domenica) Carta 27/56 €
◆ Sulla strada per Fosdinovo e in posizione panoramica, hotel di nuova costruzione dagli ambienti ariosi, piacevolmente arredati con mobili in stile contemporaneo. Linee sobrie nelle confortevoli camere.

FOSSANO – Cuneo (CN) – **561** I5 – 24 709 ab. – alt. 375 m – ✉ 12045   **22 B3**
▷ Roma 645 – Torino 73 – Cuneo 30 – Asti 65

XXX **Antiche Volte** & 🔟 ⬩ 🆚 ⚭ 🆎 🔆
via Giovanni Negri 20 – ☎ 01 72 66 66 66 – www.palazzorighini.it
Rist – Carta 45/62 € 🏵
◆ Sotto le antiche volte di Palazzo Righini una sosta gourmet: cucina moderna - soprattutto a base di carne - e qualche specialità di mare. Con oltre 4000 bottiglie tra vini d'autore, annate prestigiose, bollicine italiane e straniere, la cantina merita la lode.

FRABOSA SOPRANA – Cuneo (CN) – **561** J5 – 822 ab. – alt. 891 m   **22 B3**
– Sport invernali : 900/1 800 m ∮5 – ✉ 12082
▷ Roma 632 – Cuneo 35 – Milano 228 – Savona 87
🛈 piazza Municipio, ☎ 0174 24 40 10, www.turismocn.it

Miramonti 🦢 ≤ 🕭 ℀ 🎧 ✦✦ ℀ rist, 🖐 🖐 **P** 🚗 🆚 ⚭ 🔆
via Roma 84 – ☎ 01 74 24 45 33 – www.miramonti.cn.it – chiuso dal 26 marzo al 27 aprile e ottobre
48 cam – ♦55/85 € ♦♦85/116 €, ⬜ 8 € – ½ P 85 €   **Rist** – Menu 25/35 €
◆ La si sta rinnovando pian piano questa bella risorsa situata in un parco, specializzata nell'ospitare congressi e corsi di formazione inerenti la medicina olistica, shiatsu, yoga. Accogliente e familiare, non manca di riservare un occhio di riguardo ai piccoli ospiti. Cucina per buongustai e menu speciali per bambini.

FRANCAVILLA AL MARE – Chieti (CH) – **563** O24 – 24 514 ab.   **2 C1**
– ✉ 66023
▷ Roma 216 – Pescara 7 – L'Aquila 115 – Chieti 19
🛈 piazza Sirena, ☎ 085 81 71 69, www.abruzzoturismo.it
🖽 Miglianico contrada Cerreto 120, , Sud: 8 km, 0871 950566, www.miglianicogolf.it – chiuso lunedì

🏠🏠 **Sporting Hotel Villa Maria** 🦢 ≤ 🕭 🛋 🎧 ⬛ 🔲 🎏 ⅏ 🖧 🖐 🖨
contrada Pretaro, Nord-Ovest :   ✦✦ 🔟 ℀ rist, 🖐 🖐 **P** 🆚 ⚭ 🆎 ① 🔆
3 km – ☎ 0 85 45 00 51 – www.hvillamaria.it
87 cam ⬜ – ♦90/120 € ♦♦125/180 € – 10 suites – ½ P 91/118 €
Rist – (chiuso a mezzogiorno da ottobre ad aprile) Carta 27/44 €
◆ Piacevole soggiorno nella quiete di un grande parco e nel confort delle camere; attrezzata zona relax con doccia emozionale e una sala colazioni panoramica per lasciarsi svegliare dai riflessi del mare. In un'atmosfera intima e raffinata, la sobrietà del ristorante si coniuga alla valorizzazione del territorio.

Punta de l'Est ≤ ✦✦ 🔟 ℀ rist, 🖐 **P** 🆚 ⚭ 🆎 ① 🔆
viale Alcione 188 – ☎ 08 54 98 20 76 – www.puntadelest.it – 23 aprile-ottobre
48 cam ⬜ – ♦60/130 € ♦♦70/160 € – ½ P 100 €   **Rist** – Carta 21/30 €
◆ Praticamente sulla spiaggia, albergo a conduzione diretta composto dall'unione di due belle ville: luminosi gli spazi comuni, confortevoli le camere.

XX **Il Brigantino - Chiavaroli** 🔟 🆚 ⚭ 🆎 🔆
viale Alcione 101 – ☎ 0 85 81 09 29 – www.ilbrigantino.com – chiuso domenica sera escluso luglio-agosto e lunedì
Rist – Carta 24/56 €
◆ Ristorante non lontano dal mare, vanta un'affidabile ed esperta gestione familiare e piatti principalmente di pesce.

XX **La Nave**   ≤ 🛵 AC ⇔ AC 👁 VISA ⨷ AE ① 💍

viale Kennedy 2 – 𝒞 0 85 81 71 15 – chiuso mercoledì escluso luglio-agosto
Rist – Carta 26/67 €

♦ Una sorta di Titanic felliniano arenato sulla spiaggia di Francavilla questa nave-ristorante: sul "ponte", il servizio estivo, nei piatti, le fragranze del mare presentate a voce.

FRANZENSFESTE = Fortezza

FRASCATI – Roma (RM) – **563** Q20 – 20 957 ab. – alt. 320 m   **12** B2
– ⊠ 00044 ▮ Roma

🚹 Roma 19 – Castel Gandolfo 10 – Fiuggi 66 – Frosinone 68

◉ Villa Aldobrandini ★

🄲 Castelli romani ★★: sud-ovest per la strada S 216 e ritorno per la via dei Laghi (circuito di 60 km)

🏨 **Flora**   🚗 🛗 AC 🍽 rist, 🛜 🕌 P VISA ⨷ AE ① 💍
viale Vittorio Veneto 8 – 𝒞 06 9 41 61 10 – www.hotel-flora.it
37 cam � – †90/145 € ††145/200 € – 3 suites – ½ P 96/123 €
Rist – Carta 31/51 €

♦ A due passi dal centro, lo stile Liberty della struttura vi farà certamente assaporare l'aristocratica atmosfera di quando Frascati era meta di villeggiatura della nobiltà romana. *Roof garden* panoramico.

🏨 **Colonna** senza rist   🕹 AC 🍽 🛜 🕌 🛜 VISA ⨷ AE ① 💍
piazza del Gesù 12 – 𝒞 06 94 01 80 88 – www.hotelcolonna.it
20 cam ⊆ – †75/95 € ††95/125 €

♦ Siete nel centro storico, ma il palazzo che ospita l'albergo è di epoca più recente, ideale per chi vuole scoprire le ricchezze artistiche di Frascati senza rinunciare al confort moderno. Deliziosamente affrescata la sala per la prima colazione.

🏠 **Cacciani**   ≤ 🕹 AC 🛜 🛜 VISA ⨷ AE ① 💍
via Diaz 15 – 𝒞 06 9 40 19 91 – www.cacciani.it
22 cam ⊆ – †55/78 € ††65/100 € – ½ P 65 €
Rist Cacciani – vedere selezione ristoranti

♦ In posizione centrale, è un albergo semplice pensato per una clientela di lavoro ed offre una bella vista sui dintorni e su villa Aldobrandini; qualche camera con terrazza panoramica.

XX **Cacciani** – Hotel Cacciani   ≤ 🛵 AC VISA ⨷ AE ① 💍
via Diaz 13 – 𝒞 06 9 40 19 91 – www.cacciani.it – chiuso dal 7 al 14 gennaio, dal 16 al 23 agosto, domenica sera, lunedì
Rist – Carta 33/53 € ⌂

♦ Molte generazioni hanno contribuito al successo di questo locale, le cui proposte spaziano dai classici laziali a piatti più innovativi. Terrazza panoramica per il servizio estivo.

X **Zarazà**   🛵 VISA ⨷ 💍
viale Regina Margherita 45 – 𝒞 06 9 42 20 53 – chiuso 3 settimane in agosto, domenica sera (escluso da giugno a agosto), lunedì
Rist – Carta 25/39 €

♦ Locale a gestione familiare che nell'insegna ricorda il nome del nonno; semplice ma ben tenuto, propone l'autentica cucina popolare laziale. D'estate il servizio è all'aperto.

FRATTA – Forlì-Cesena (FC) – **562** J18 – **Vedere Bertinoro**

FRATTA TODINA – Perugia (PG) – **563** N19 – 1 880 ab. – alt. 215 m   **32** B2
– ⊠ 06054

🚹 Roma 139 – Perugia 43 – Assisi 55 – Orvieto 43

⌂ **La Palazzetta del Vescovo** – Country House ⌂ ≤ 🚗 🏊 & cam,
via Clausura 17, località Spineta, Ovest: 3 km ⇄ 🎾 **P** VISA ☾ 🔥
– 𝒞 07 58 74 51 83 – www.lapalazzettadelvescovo.com – *chiuso dall'8 gennaio*
al 15 marzo
9 cam � – ♦♦190/220 € – ½ P 133/148 € **Rist** – Menu 38 € bc 🕸
♦ Elegante e ricca di fascino, arredata con mobili antichi, attenzione ai particolari
e una calda armonia di colori; nel rigoglioso giardino, essenze mediterranee e
un'ampia piscina a raso.

FREIBERG – Bolzano (BZ) – Vedere Merano

FREIENFELD = Campo di Trens

FROSINONE **P** **(FR)** – **563** R22 – **48 361 ab.** – **alt. 291 m** – ✉ 03100   13 C2
▶ Roma 83 – Avezzano 78 – Latina 55 – Napoli 144
🛈 via Aldo Moro 467/469, 𝒞 0775 8 33 81, www.apt.frosinone.it .
🏛 Abbazia di Casamari★★ Est : 15 km

🏨 **Astor** 🛗 AC ⇄ 🎾 rist, 📶 🔥 **P** 🚗 VISA ☾ AE ① 🔥
⌘ *via Marco Tullio Cicerone 194 – 𝒞 07 75 27 01 32 – www.astorhotel.fr.it*
51 cam ⊡ – ♦57 € ♦♦90 € – 1 suite – ½ P 65 € **Rist** – Carta 18/33 €
♦ Per chi vuole trovare comodità e confort, una risorsa dotata di parcheggio e
garage, in una zona centrale e trafficata. Spazi comuni con foto di celebrità passate
di qui. Una cucina improntata alle tradizioni ciociare, nell'elegante sala da pranzo.

🏨 **Cesari** 🛗 & AC 🎾 📶 🔥 **P** VISA ☾ AE ① 🔥
via Licinio Refice, 331 – 𝒞 07 75 29 15 81 – www.hotelcesari.it
58 cam ⊡ – ♦75/85 € ♦♦100 € – ½ P 70 €
Rist *Cesari* – vedere selezione ristoranti
♦ Proprio dinanzi al casello autostradale, ideale quindi per soste nel corso di spostamenti veloci o di lavoro, l'hotel è stato rinnovato e dispone ora di
camere non ampie, ma dagli accessori moderni.

🏨 **Memmina** 🏮 🛗 & cam, AC 📶 🔥 **P** 🚗 VISA ☾ AE ① 🔥
⌘ *via Maria 172 – 𝒞 07 75 87 35 48 – www.albergomemmina.it*
37 cam ⊡ – ♦55 € ♦♦70 € – ½ P 50 € **Rist** – Carta 15/25 €
♦ Struttura semplice, ma poliedrica, in posizione semicentrale con camere recenti,
ordinate e pulite. Servizio self-service per pasti veloci o ristorante con piatti locali.

✕✕ **Cesari** – Hotel Cesari AC 🎾 **P** VISA ☾ AE ① 🔥
via Licinio Refice, 331 – 𝒞 07 75 29 15 81 – www.hotelcesari.it
Rist – Carta 25/40 €
♦ La sala è molto capiente, ma altrettanto vasta è l'offerta di pesce in menu: dai
primi ai secondi, si "salvano" solo i dolci!

✕✕ **Palombella** 🏮 AC 🎾 ↺ **P** VISA ☾ AE ① 🔥
via Maria 234 – 𝒞 07 75 87 21 63 – www.palombella.com
Rist – Carta 24/34 €
♦ Locale dai delicati accostamenti di colore in un'atmosfera squisitamente Liberty:
tra vetrate colorate e colonne, un tripudio di specchi, marmi intarsiati e gessi.

FROSSASCO – Torino (TO) – **561** ?P47H4 – **2 896 ab.** – **alt. 376 m**   22 B2
– ✉ 10060
▶ Roma 665 – Torino 36 – Asti 79 – Cuneo 71

🏨 **La Locanda della Maison Verte** ⌂ 🎐 🏮 🏊 🏠 🛝 & 🔥 📶
⌘ *via Rossi 34, per via XX Settembre* 🔥 **P** VISA ☾ AE ① 🔥
– 𝒞 01 21 35 46 10 – www.maisonvertehotel.com – *chiuso dal 1° al 7 gennaio*
28 cam ⊡ – ♦70/80 € ♦♦90/108 € – 1 suite – ½ P 70 € **Rist** – Carta 20/42 €
♦ È stato ispirandosi al verde circostante che la maison si è specializzata nella
cure per la salute e la bellezza. In questa bucolica atmosfera l'antica cascina ottocentesca ha saputo mantenere intatto il fascino d'antan. Anche il ristorante è un
omaggio al passato: è qui che si riscoprono i sapori tipici del territorio.

✗✗ **Adriano Mesa**   ⚓ VISA ⓒ ⑤

via Principe Amedeo 57 – ✆ 01 21 35 34 55 – chiuso lunedì
Rist – (prenotazione obbligatoria) Menu 35/50 €
♦ Sobrio e curato - situato in centro paese - il locale dispone di una cucina visibile dalla sala e propone un unico menu degustazione che varia secondo l'estro dello chef, ma dal quale è possibile scegliere i piatti preferiti.

FUMANE – Verona (VR) – 562 F14 – 4 139 ab. – alt. 198 m – ⌧ 37022   37 A2

▶ Roma 515 – Verona 18 – Brescia 69 – Mantova 52

⌂ **Costa degli Ulivi** ⌖   ⟨ ⬚ ⌂ ⌘ ☆ ⊠ ⌂ rist, ⇆ ☆ rist, **P**

via Costa 5 – ✆ 04 56 83 80 88 – www.costadegliulivi.com   VISA ⓒ AE ⑤
18 cam ⌸ – ♦60/90 € ♦♦90/110 € – ½ P 65/75 €
Rist – (chiuso dal 9 gennaio al 1° febbraio, mercoledì) Carta 24/39 €
♦ Vecchio casolare di campagna cinto da una vasta proprietà; all'interno camere semplici arredate con mobili rustici in legno, luminose quelle nuove affacciate sui vigneti. Polenta abbrustolita con soppressa e lardo, pasta e fagioli, grigliate miste e dolci casalinghi nell'ampia sala verandata del ristorante.

FUNES – Belluno (BL) – 562 C17 – 2 372 ab. – alt. 1 159 m – ⌧ 32010   31 C1

▶ Roma 680 – Bolzano 38 – Bressanone 19 – Milano 337
🖪 frazione San Pietro 11, ✆ 0472 84 01 80, www.funes.info

⌂⌂ **Sport Hotel Tyrol** ⌖   ⟨ ⬚ ⌘ ⋒ 📶 ⌂ cam, ☆ **P** VISA ⓒ ⑤

località Santa Maddalena 105 – ✆ 04 72 84 01 04 – www.tyrol-hotel.eu
– dicembre-marzo e maggio-ottobre
28 cam ⌸ – ♦50/80 € ♦♦100/170 € – 2 suites – ½ P 95 €
Rist – (chiuso martedì) Carta 26/50 €
♦ Immerso nei verdi prati e cinto dai monti: per godersi la tranquillità e la panoramicità del luogo, in un ambiente ricco di opere d'arte in legno create dal proprietario. Sale da pranzo rinnovate con molto legno.

FUNO – Bologna (BO) – Vedere Argelato

FURORE – Salerno (SA) – 564 F25 – 830 ab. – alt. 300 m – ⌧ 84010   6 B2

🖩 Italia
▶ Roma 264 – Napoli 55 – Salerno 35 – Sorrento 40
◉ Vallone ★★

⌂ **Bacco**   ⟨ ⬚ ⌸ ☆ ⁖ **P** 🚗 VISA ⓒ AE ① ⑤

via G.B. Lama 9 – ✆ 0 89 83 03 60 – www.baccofurore.it
– chiuso dal 14 al 25 novembre e Natale
19 cam ⌸ – ♦57/77 € ♦♦104/114 € – 1 suite – ½ P 85 €
Rist Bacco ⊕ – vedere selezione ristoranti
♦ Chi voglia scoprire il volto segreto della Costiera, si arrampichi fin qua: dove nel 1930 sorgeva una semplice osteria quasi a picco sul mare, oggi c'è un nido incantevole.

⋔ **Agriturismo Sant'Alfonso** ⌖   ⟨ ⬚ ⌧ ⌂ ☆ VISA ⓒ AE ① ⑤
⊗⊕
via S. Alfonso 6 – ✆ 0 89 83 05 15 – www.agriturismosantalfonso.it – chiuso dal 15 gennaio al 15 febbraio
8 cam ⌸ – ♦60/75 € ♦♦65/100 € – ½ P 70 €
Rist – (chiuso a mezzogiorno escluso domenica) (prenotazione obbligatoria) Carta 19/41 €
♦ Tra i tipici terrazzamenti della Costiera, un ex convento dell'800, ora agriturismo; conserva cappella, ceramiche, affreschi e forno a legna di quel periodo. Camere semplici. Prodotti di stagione, il vino dell'azienda ed il profumo elle erbe aromatiche in sala o in terrazza.

�X   **Bacco** – Hotel Bacco   ← 🚗 🛜 AC 🏥 P VISA ◎ AE ① 🅢

(🏠)   *via G.B. Lama 9 – 𝒞 089 83 03 60 – www.baccofurore.it – chiuso dal 15 al 26 novembre*
Rist – *(chiuso venerdì in inverno)* Carta 24/50 €
♦ Specialità ittiche in un ristorante che non cede alle lusinghe delle mode e delle tendenze, ma come un paladino porta avanti la tradizione del territorio e la riscoperta di sapori antichi. Le stagioni, qui, sono celebrate, insieme alla loro cornucopia di prodotti. Servizio estivo sulla terrazza panoramica.

FUSIGNANO – Ravenna (RA) – **562** I17 – **8 425 ab.** – ✉ 48010   **9** C2

▶ Roma 372 – Bologna 68 – Ravenna 29 – Faenza 26

🏠   **Cà Ruffo** senza rist   🖼 & AC 🏥 ⁋ VISA ◎ AE ① 🅢
via Leardini 8 – 𝒞 05 45 95 40 34 – www.caruffo.it – chiuso dal 1° al 7 gennaio e 3 settimane in agosto
8 cam ⌷ – ⁙75/80 € ⁙⁙100 € – 1 suite
♦ Nel cuore della Romagna, un palazzotto nobiliare oggi trasformato in un piccolo hotel, curato: poche stanze, tutte personalizzate, per sentirsi coccolati con eleganza.

XX   **La Voglia Matta**   🛜 AC ⇔ VISA ◎ AE ① 🅢
via Vittorio Veneto 63 – 𝒞 05 45 95 40 34 – www.caruffo.it – chiuso dal 1° al 7 gennaio, 3 settimane in agosto e domenica
Rist – Carta 35/58 € ⅋
♦ Al piano terra dell'albergo Ca' Ruffo, una piccola bomboniera dove gustare una saporita cucina di terra e di mare. Qualche ricetta vegetariana ed economiche proposte per pranzi di lavoro.

GABBIANO – Firenze (FI) – Vedere Scarperia

GABICCE MARE – Pesaro e Urbino (PU) – **563** K20 – **5 931 ab.**   **20** B1
– ✉ 61011

▶ Roma 316 – Rimini 23 – Ancona 93 – Forlì 70

🛈 viale della Vittoria 42, 𝒞 0541 95 44 24, www.gabiccemareturismo.com

🔳 Rivieragolfresort San Giovanni in Marignano via Conca Nuova 1236, , Sud-Ovest: 6 km, 0541 956499, www.rivieragolfresort.com – chiuso lunedì da novembre a marzo

🏠🏠   **Grand Hotel Michelacci**   ← ⬅ ⌇ 🔲 ⊕ 🛜 🏃 AC 🏥 rist, ⁋ 🎿
piazza Giardini Unità d'Italia 1 – 𝒞 05 41 95 43 61   P VISA ◎ AE ① 🅢
– www.michelacci.com
140 cam ⌷ – ⁙110/170 € ⁙⁙200/270 € – 10 suites – ½ P 152 €
Rist – Carta 52/69 €
♦ Nel cuore della città, l'elegante risorsa si affaccia sul golfo ed offre ambienti curati nei dettagli: bella piscina, moderno centro benessere ed un'attrezzata sala congressi.

🏠🏠   **Sans Souci**   ← 🚗 ⌇ 🛜 ₤ 🏥 & 🏃 AC 🏥 rist, ⁋ 🎿 P VISA ◎ AE ① 🅢
(☎)   *viale Mare 9 – 𝒞 05 41 95 01 64 – www.parkhotels.it – marzo-novembre*
66 cam ⌷ – ⁙55/125 € ⁙⁙84/220 € – 4 suites – ½ P 62/150 €
Rist – Carta 21/38 €
♦ In posizione panoramica, questo moderno hotel, recentemente rinnovato, domina la costa ed offre ambienti dai semplici arredi di gusto moderno ed una dependance.

🏠   **Alexander**   ← 🚗 ⌇ 🛜 ₤ 🏥 🏃 AC 🏥 rist, 🎿 P VISA ◎ AE 🅢
via Panoramica 35 – 𝒞 05 41 95 41 66 – www.alexanderhotel.it
– aprile-settembre
48 cam ⌷ – ⁙75/105 € ⁙⁙120/190 € – ½ P 110 €   **Rist** – Carta 30/50 €
♦ Ubicata tra mare e collina, una struttura classica con ambienti di moderna eleganza, area fitness, animazione ed attrezzature per le vacanze dei più piccoli. Inoltre, speciali attenzioni ai cicloturisti: è un bike hotel ben attrezzato!

Venus ← 🚗 🏊 🕍 L₅ 🕍 🏊 AC 🏊 rist, 🍴 P 🚗 AE 👶
via Panoramica 29 – ℰ 05 41 96 26 01 – www.hotelvenus.it – maggio-settembre
50 cam 🏊 – ♦88/132 € ♦♦154/242 € – ½ P 83/132 €
Rist – *(solo per alloggiati)*
♦ Ambienti spaziosi dal sobrio arredo, sauna, palestra e due piscine in questa grande risorsa ubicata in zona residenziale a pochi passi dal centro.

Majestic ← 🏊 L₅ 🕍 🏊 AC 🏊 rist, 🍴 P 🚗 AE ① 👶
via Balneare 10 – ℰ 05 41 95 37 44 – www.majestichotel.it
– 20 maggio-settembre
56 cam 🏊 – ♦50/75 € ♦♦85/145 €, 🏊 8 € – ½ P 100 € **Rist** – Carta 25/44 €
♦ Nella zona alta della località, una piscina separa la struttura principale dalla dependance, entrambi con interni ampi e signorili; possibilità di grigliate in spiaggia.

Thea ← 🕍 🏊 AC 🏊 rist, 🍴 🚗 🚗 AE ① 👶
via Vittorio Veneto 11 – ℰ 05 41 95 00 52 – www.hotelthea.it
– Pasqua-25 settembre
35 cam 🏊 – ♦38/70 € ♦♦70/130 € – ½ P 89 €
Rist – *(giugno-settembre)* Menu 28 €
♦ Direttamente sul mare con accessso diretto alla spiaggia, l'hotel mette a disposizione degli ospiti ambienti recentemente rinnovati negli arredi e camere con eco orientali. Sala da pranzo al primo piano con vista sul Mediterraneo.

Marinella ← 🕍 L₅ 🕍 🏊 AC 🏊 rist, 🍴 🚗 🚗 AE ① 👶
via Vittorio Veneto 127 – ℰ 05 41 95 45 71 – www.hotel-marinella.it
– Pasqua-settembre
46 cam 🏊 – ♦80/130 € ♦♦120/150 € – 8 suites – ½ P 80/150 €
Rist – Menu 15/25 €
♦ In pieno centro, la risorsa è gestita da una famiglia di provata esperienza e dispone di ampie camere. Ideale punto di appoggio per escursioni nei dintorni, serba un occhio di riguardo ai cicloturisti! Nella sala ristorante affacciata sul mare, in giardino o in veranda, vi attende un ricco buffet.

Il Traghetto 🕍 AC 🚗 🚗 AE ① 👶
via del Porto 27 – ℰ 05 41 95 81 51 – www.ristoranteiltraghetto.it – chiuso dal 24 novembre al 4 febbraio e martedì (escluso agosto)
Rist – Carta 38/58 €
♦ Dotata di uno spazio riservato ai fumatori, il ristorante propone una gustosa cucina regionale e di pesce. Tra le specialità: l'antipasto *Traghetto*. Nuovo dehors sulla banchina del porto canale.

a Gabicce Monte Est : 2,5 km – alt. 144 m – ✉ 61011 Gabicce Mare

Posillipo 🏊 ← 🚗 🕍 🏊 L₅ 🕍 🚐 AC 🍴 🏊 P 🚗 🚗 AE ① 👶
via dell'Orizzonte 1 – ℰ 05 41 95 33 73 – www.hotelposillipo.com
– aprile-novembre
33 cam 🏊 – ♦80/160 € ♦♦110/220 € – 2 suites – ½ P 145 €
Rist – *(chiuso lunedì escluso da giugno ad agosto) (chiuso a mezzogiorno da giugno al 15 settembre)* Carta 40/88 € 🏵
♦ Sovrastando il verde e il mare in cima al colle di Gabicce, l'hotel dispone di rilassanti spazi comuni tra cui una bella piscina ed ampie camere (di standard superiore le *junior suite* all'ultimo piano della casa). In menu tanto pesce ed una carta dei vini emozionante: più di mille etichette!

Osteria della Miseria 🕍 P 🚗 🚗 ① 👶
via Dei Mandorli 2, (Est 1,5 km) – ℰ 05 41 95 83 08
– www.osteriaosteriadellamiseria.it – chiuso lunedì
Rist – *(chiuso a mezzogiorno escluso domenica da ottobre ad aprile)*
Carta 26/41 €
♦ Un'allegra osteria con pareti tappezzate da foto in bianco e nero, che ritraggono musicisti di blues e di jazz. Cucina regionale semplice, ma curata.

GADANA – Pesaro e Urbino (PU) – Vedere Urbino

GAETA – Latina (LT) – **563** S23 – **21 668 ab.** – ⊠ 04024 ▮ Italia

▶ Roma 141 – Frosinone 99 – Caserta 79 – Latina 74

🚹 via Filiberto 5, 𝒞 0771 46 11 65, www.gaetanet.it

◉ Golfo★ – Duomo : Candelabro pasquale★

🏨 Villa Irlanda Grand Hotel 　　　　🕭 ⏚ 🕮 ﾟﾟ 🅿

lungomare Caboto 6, Nord : 4 km – 𝒞 07 71 71 25 81
– *www.villairlanda.com*　　　　　　　　　　　　　　 VISA ◐◯ AE ⓪ ⑤

43 cam ⊑ – ♦84/225 € ♦♦142/225 € – 5 suites – ½ P 106/148 €

Rist *Villa Irlanda* – vedere selezione ristoranti

♦ In un susseguirsi di situazioni diverse, ogni ambiente della risorsa celebra il gusto del bello in un mix di antico e moderno: si parte dalla piscina immersa nel parco con villa neoclassica e convento del '900, sino ai resti di una domus romana. Un complesso di grande fascino, tra il mare e le prime alture.

XXX Villa Irlanda – Villa Irlanda Grand Hotel 　　🕭 🕮 ﾟﾟ 🅿 VISA ◐◯ AE ⓪ ⑤

lungomare Caboto 6, Nord : 4 km – 𝒞 07 71 71 25 81
– *www.villairlanda.com*

Rist – Carta 35/45 €

♦ All'interno dell'omonimo hotel, una sala da pranzo di armonica bellezza, ricavata da un'antica chiesa, ancora con il ciborio. In menu, specialità locali e piatti nazionali: insalata di polipo con peperoni, zuppa di fagioli con crostini al piccante, filetto di spigola con carciofi e vongole.

X Trattoria la Cianciola 　　　　🕮 ﾟﾟ VISA ◐◯ AE ⓪ ⑤

😂 *vico 2 Buonomo 16 – 𝒞 07 71 46 61 90*
– *chiuso novembre*

Rist – *(chiuso lunedì escluso in estate)* Carta 16/25 €

♦ Il nome evoca l'antica pesca fatta dalle imbarcazioni con le lampare; oggi, un'eco nostalgica in uno stretto vicolo affacciato sul lungomare. Menù, come ovvio, di pesce.

sulla strada statale 213

🏨 Grand Hotel Le Rocce 　　　　◁ 🚗 ⏚ 🕮 ﾟﾟ 🅿 VISA ◐◯ AE ⓪ ⑤

via Flacca km 23,300, Ovest : 6,8 km ⊠ 04024 – 𝒞 07 71 74 09 85
– *www.lerocce.com – maggio-settembre*

57 cam ⊑ – ♦100/250 € ♦♦135/305 € – 4 suites – ½ P 107/193 €

Rist *La Terrazza degli Ulivi* – vedere selezione ristoranti

♦ Armoniosamente inserito in una suggestiva insenatura, fra una natura rigogliosa e un'acqua cristallina, questa struttura di un bianco abbacinante è intervallata da una serie di ariose terrazze fiorite. Le camere - pur essendo di differenti tipologie - sono tutte ampie e propongono una deliziosa vista sul Mediterraneo.

🏨 Grand Hotel Il Ninfeo 🌢 　　　　◁ 🚗 ⏚ 🕮 ﾟﾟ 🅿 VISA ◐◯ AE ⓪ ⑤

via Flacca km 22,700, Ovest : 7,4 km ⊠ 04024
– *𝒞 07 71 74 22 91 – www.grandhotelilninfeo.it – aprile-ottobre*

40 cam – ♦62/140 € ♦♦84/220 €, ⊑ 10 € – ½ P 170 €

Rist – Carta 28/75 €

♦ Proprio sulla spiaggia dell'incantevole insenatura di S. Vito, una bella struttura digradante sul mare attraverso la vegetazione; ambienti nuovi e luminosi, ben curati. Un vero quadro sulla marina blu la suggestiva sala ristorante.

XXX La Terrazza degli Ulivi – Grand Hotel Le Rocce 　　🚗 🌳 🕮 ﾟﾟ 🅿 VISA ◐◯ AE ⓪ ⑤

via Flacca km 23,300, Ovest : 6,8 km ⊠ 04024
– *𝒞 07 71 74 09 85 – www.lerocce.com – maggio-settembre*

Rist – *(chiuso a mezzogiorno)* Carta 35/77 €

♦ Ristorante di rustica e sobria eleganza con un'incantevole vista dalla terrazza: la cucina delizia i palati con piatti internazionali e specialità regionali. Tiella di polpo e alici. Scialatielli alle vongole veraci e pomodorini Pachino. Pesce azzurro alla scapece.

GAGGIANO – Milano (MI) – **561** F9 – **9 011 ab.** - alt. 117 m – ⊠ 20083   18 A2
▶ Roma 580 – Alessandria 92 – Milano 14 – Novara 37

a Vigano Sud : 3 km – ⊠ 20083 Gaggiano

XX **Antica Trattoria del Gallo**   🍴 🏠 ♿ 🅰🅲 🅿 📶 ⬭ 🄰🄴 ⓘ ⑤
  via Kennedy 1/3 – *℘ 0 29 08 52 76* – *www.trattoriadelgallo.com* – *chiuso dal 25 dicembre al 10 gennaio, agosto, lunedì, martedì*
  Rist – Carta 33/54 € ⓑ
  ♦ Nato a fine '800, un locale di vecchia tradizione rurale, rinnovato nelle strutture, con servizio estivo in giardino: i piatti mantengono salde matrici territoriali.

GAIANO – Salerno (SA) – **564** E26 – **Vedere Fisciano**

GAIBANA – Ferrara (FE) – **562** H16 – **Vedere Ferrara**

GAIBANELLA – Ferrara (FE) – **562** H17 – **Vedere Ferrara**

GAIOLE IN CHIANTI – Siena (SI) – **563** L16 – **2 751 ab.** - alt. 360 m   29 C2
– ⊠ 53013 ▌ Toscana
▶ Roma 252 – Firenze 60 – Siena 28 – Arezzo 56
🄸 via Galilei 1, ℘ 0577 74 94 11, www.terresiena.it

🏰 **Castello di Spaltenna** ⌖   ⬅ 🕊 🎱 📺 🍴 📶 🍴 ✖ 🅰🅲 cam, 🌿 🍴 🛁 🅿
  località Spaltenna 13 – *℘ 05 77 74 94 83*   📶 ⬭ 🄰🄴 ⓘ ⑤
  – *www.spaltenna.it* – *aprile-11 dicembre*
  35 cam 🛏 – †195/280 € ††230/330 € – 10 suites – ½ P 175/225 €
  Rist *Il Pievano* – vedere selezione ristoranti
  Rist – Carta 50/82 €
  ♦ Incorniciato dal tipico paesaggio toscano, l'albergo racconta di sé dalle antiche mura ed ospita ambienti confortevoli e caratteristici; attrezzature sportive e per il relax.

🏠 **L'Ultimo Mulino** ⌖   🍴 🏠 🎱 ♿ 🍴 🅰🅲 🌿 rist, 🅿 📶 ⬭ 🄰🄴 ⓘ ⑤
  località La Ripresa di Vistarenni 43, Ovest : 6 km – *℘ 05 77 73 85 20*
  – *www.ultimomulino.it* – *aprile-ottobre*
  13 cam 🛏 – †90/200 € ††120/240 € – 1 suite – ½ P 95/155 €
  Rist – Carta 35/62 €
  ♦ Celato dalla tranquillità dei boschi, l'hotel nasce dal restauro di un antico mulino medievale arredato in stile e dotato di confort moderni. In estate, allegri aperitivi a bordo piscina.

XXX **Il Pievano** – Hotel Castello di Spaltenna   🎱 🏠 🅰🅲 🌿 ⟳ 🅿
  località Spaltenna 13 – *℘ 05 77 74 94 83*   📶 ⬭ 🄰🄴 ⓘ ⑤
  – *www.spaltenna.it* – *aprile-12 dicembre*
  Rist – *(chiuso a mezzogiorno)* Carta 50/78 €
  ♦ La gastronomia si confonde con la storia: all'interno di un convento del Quattrocento, d'inverno i piatti saranno serviti nella sala dei papi o in quella degli arazzi, nella bella stagione ci si sposta nell'incantevole chiostro. Inevitabilmente e gustosamente toscana la cucina (paste, legumi, manzo e qualche proposta di pesce).

XX **Badia a Coltibuono**   🏠 🅿 📶 ⬭ ⑤
  località Coltibuono, Nord-Est : 5,5 km – *℘ 05 77 74 90 31* – *www.coltibuono.com*
  – *17 marzo-6 novembre; chiuso lunedì escluso maggio-ottobre*
  Rist – Carta 37/46 €
  ♦ Fondata quale luogo di culto e di meditazione, oggi la badia è un ambiente sobriamente elegante dove assaporare i profumi della terra del Chianti.

sulla strada statale 408

🏠 **Le Pozze di Lecchi** ⌖   🍴 🎱 🍴 🏠 🍴 🅰🅲 🍴 🅿 📶 ⬭ 🄰🄴
  località Molinaccio al km 21, Sud-Ovest: 6,3 km – *℘ 05 77 74 62 12*
  – *www.lepozzedilecchi.it* – *21 dicembre-9 gennaio e aprile-9 novembre*
  14 cam 🛏 – ††156/224 € – 1 suite
  Rist *Monna Ginevra* – vedere selezione ristoranti
  ♦ Ideale per un soggiorno di tranquillità, l'hotel è il risultato del restauro di un mulino quattrocentesco: arte povera e letti in ferro battuto nelle camere.

⛰ **Borgo Argenina** senza rist 🌿   ⇐ 🚗 💁 💬 🅿 VISA ⓐ AE ① ⚒

località Argenina, Strada Statale 408 al km 14, Sud : 12 km – ☎ *05 77 74 71 17*
– www.borgoargenina.it – 4 marzo-9 novembre
7 cam 🖵 – †130 € ††170 € – 3 suites
♦ Circondato da verdi colline che ne preservano la tranquillità, offre ambienti arredati nello stile del primo Novecento, cucina con camino e camere confortevoli ma semplici.

XX **Monna Ginevra** – Hotel le Pozze di Lecchi   🚗 🏡 AC 💬 🅿 VISA ⓐ ① ⚒

località Molinaccio al km 21, Sud-Ovest: 6,3 km – ☎ *05 77 74 62 12*
– www.lepozzedilecchi.it – chiuso dal 10 gennaio al 20 marzo
Rist – *(chiuso mercoledì)* Carta 38/46 €
♦ Cucina regionale ed ottimi vini in una piccola sala con soffitto a volte: il "palco-scenico" di un appassionato chef, che per garantire la massima freschezza dei propri ingredienti, si è addirittura creato un orto al di là del torrente.

GAIONE – Parma (PR) – **562** H12 – Vedere Parma

GALATINA – Lecce (LE) – **564** G36 – 27 317 ab. – alt. 75 m – ✉ 73013   **27** D3
▌ Puglia
▶ Roma 588 – Brindisi 58 – Gallipoli 22 – Lecce 20
◉ Chiesa di S. Caterina d'Alessandria★: affreschi★

🏨 **Palazzo Baldi**   🚗 AC 💬 rist, 🕭 🏡 VISA ⓐ AE ⚒

corte Baldi 2 – ☎ *08 36 56 83 45 – www.hotelpalazzobaldi.com*
15 cam 🖵 – †60/125 € ††80/250 € – 5 suites – ½ P 80/165 €
Rist – *(chiuso domenica) (chiuso a mezzogiorno)* Carta 16/30 €
♦ In pieno centro, un'elegante residenza vescovile di origini cinquecentesche custodisce camere di differenti tipologie con arredi in stile, arricchiti con inserti in ceramica.

GALLARATE – Varese (VA) – **561** F8 – 51 214 ab. – alt. 238 m   **18** A2
– ✉ 21013
▶ Roma 617 – Stresa 43 – Milano 40 – Como 50

🏨 **Astoria** senza rist   🛗 AC 💬 VISA ⓐ AE ⚒

piazza Risorgimento 9/A – ☎ *03 31 79 10 43 – www.astoria.ws*
50 cam 🖵 – †60/120 € ††90/150 €
♦ Ubicato nel centro del paese, costituisce un valido punto d'appoggio per il vicino aeroporto di Malpensa; camere pulite e ordinate, arredi sobri e confortevoli.

XXX **Ilario Vinciguerra**   🚗 🏡 AC 💬 ⟳ 🅿 VISA ⓐ ① ⚒
🏵
via Roma 1 – ☎ *03 31 79 15 97 – www.ilariovinciguerra.it – chiuso 1 settimana in gennaio, dal 15 al 31 agosto, domenica sera e lunedì*
Rist – *(consigliata la prenotazione)* Menu 35 € (pranzo)/80 € – Carta 66/98 €
❀
Spec. Profumo: tartare di gamberi e Gin tonic. "Opera" di terrina di fegato d'ana-tra. Maialino tenero e croccante con composta di limoni di Sorrento e scaloppa di fegato grasso.
♦ Abbandonato l'ex circolo delle bocce di Galliate Lombardo, Ilario si trasferisce nei locali liberty di una villa gallaratese abbracciata da un romantico giardino, ma la cucina non subisce mutamenti e continua ad essere intrigante, solare, creativa.

X **Trattoria del Ponte**   AC 🅿 VISA ⓐ AE ① ⚒

corso Sempione 99 – ☎ *03 31 77 72 92 – www.trattoriadelponte.com*
Rist – Carta 27/44 €
♦ Frequentata trattoria non molto distante dal centro. Le specialità profumano di mare e valgono una cena, ma per chi ha fretta c'è un'ottima lista di pizze.

GALLIERA VENETA – Padova (PD) – **562** F17 – 7 127 ab. – alt. 49 m   **37** B1
– ✉ 35015
▶ Roma 535 – Padova 37 – Trento 109 – Treviso 32

XX **Al Palazzon** 🏠 AC ⇔ P VISA AE ⚅

via Cà Onorai 2 località Mottinello Nuovo – ℰ 04 95 96 50 20
– www.alpalazzon.it – chiuso lunedì
Rist – Carta 31/44 €
♦ Esternamente la struttura è quella di un cascinale, all'interno si scoprono tre
salette eleganti, curate nei particolari; valida gestione familiare e piatti anche di
pesce.

GALLIO – Vicenza (VI) – **562** E16 – **2 483 ab.** – alt. 1 090 m – Sport   **35** B2
invernali : 1 090/1 730 m ⚡47 (Altopiano di Asiago) ⚡ – ✉ 36032
▶ Roma 577 – Trento 68 – Belluno 88 – Padova 94

🏠 **Gaarten** ⟨ 🔲 ⊕ 🌫 🛏 ⚅ rist, 🍴 rist, ⟨⟨ 🔲 P 🚗 VISA ⓪ AE ⓪ ⚅

via Kanotole 13/15 – ℰ 04 24 44 51 02 – www.gaartenhotel.it
45 cam ⚌ – ♦100/120 € ♦♦110/130 € – ½ P 70 €   **Rist** – Carta 26/36 €
♦ Risorsa polifunzionale d'impostazione moderna, decisamente confortevole e
ideale per congressi in altura. Grazie al nuovo centro benessere, la struttura risulta
anche indicata per vacanze "relax". Cucina internazionale nel rispetto e nell'attenta valorizzazione dei prodotti tipici.

GALLIPOLI – Lecce (LE) – **564** G35 – **21 038 ab.** – ✉ 73014 ▌ Puglia   **27** D3
▶ Roma 628 – Brindisi 78 – Bari 190 – Lecce 37
ℹ via Antonietta de Pace 108, ℰ 0833 26 25 29, www.prolocogallipoli.it
◎ Interno★ della chiesa della Purissima

🏠 **Palazzo del Corso** senza rist ⚕ 🛏 AC 🍴 ⟨⟨ P 🚗 VISA ⓪ AE ⓪ ⚅

corso Roma 145 – ℰ 08 33 26 40 40 – www.hotelpalazzodelcorso.it
8 cam – ♦175/350 € ♦♦220/450 €, ⚌ 25 € – 6 suites – ♦♦350/600 €
♦ A pochi passi dal centro storico, un palazzo ottocentesco dagli eleganti
ambienti arredati con tessuti e mobilia di pregio ed un roof-garden con buffet
caldi e freddi.

🏠 **Relais Corte Palmieri** senza rist ⚘ AC ⟨⟨ VISA ⓪ AE ⓪ ⚅

corte Palmieri 3 – ℰ 08 33 26 53 18 – www.relaiscortepalmieri.it – aprile-ottobre
13 cam ⚌ – ♦155/185 € ♦♦175/200 € – 3 suites
♦ In un palazzo del '700 restaurato nel pieno rispetto della struttura originaria
- tra terrazzamenti e muri bianchi - una risorsa unica, curata e ricca di personalizzazioni. Un gioiello nel cuore di Gallipoli!

🏠 **Palazzo Mosco Inn** senza rist AC ⟨⟨ VISA ⓪ AE ⓪ ⚅

via Micetti 26 – ℰ 08 33 26 65 62 – www.palazzomoscoinn.it – aprile-ottobre
9 cam ⚌ – ♦155/185 € ♦♦175/200 € – 1 suite
♦ Tra vicoli e palazzi storici, un edificio dell'Ottocento ospita nei suoi ambienti
decorati con mosaici originali, raffinate camere e terrazze con vista sul golfo (per
la prima colazione e l'aperitivo serale).

XX **La Puritate** AC VISA ⓪ AE ⓪ ⚅

via Sant'Elia 18 – ℰ 08 33 26 42 05 – chiuso ottobre e mercoledì escluso da
giugno a settembre
Rist – Carta 31/49 €
♦ Sulla passeggiata che costeggia le mura, il ristorante dispone di un'elegante
veranda in legno e una cucina con proposte esclusivamente a base di pesce.
Imperdibili: il giro di antipasti e i gamberi.

sulla strada litoranea per Santa Maria di Leuca Sud-Est: 6 km

🏠 **Grand Hotel Costa Brada** ⚘ ⟨ 🚗 🌊 ⚿ 🛏 ⚖ 🍽 🌫 ⚕ 🛏 ⚅

litoranea per Santa Maria di ⚡⚡ AC 🍴 ⚿ 🛏 P 🚗 VISA ⓪ AE ⓪ ⚅
Leuca ✉ 73014 – ℰ 08 33 20 25 51 – www.grandhotelcostabrada.it
76 cam – ♦♦120/600 € – ½ P 70/350 €   **Rist** – Carta 21/60 €
♦ Direttamente sulla spiaggia, una struttura dalle bianche pareti, dispone di
ampie zone comuni, camere confortevoli dagli arredi curati ed un attrezzato centro benessere. I tradizionali sapori mediterranei trovano consenso nell'elegante
sala da pranzo.

Ecoresort Le Sirenè 🦢   🖨 🌐 ⚅ 🛋 ⚒ 🏊 🛎 rist, 🦽 📶 🏧 ℅ **P**
litoranea per Santa Maria di Leuca – ℰ 08 33 20 25 36   VISA ⚅ AE ⓪ ℅
– *www.attiliocaroli.it* – *aprile-ottobre*
123 cam 🛌 – ♦150 € ♦♦180 € – ½ P 130 €   **Rist** – Menu 25/35 €
♦ Frontemare, ma circondata da una fresca pineta, la risorsa dispone di ambienti
dai sobri arredi ed offre spazi sia per lo sport sia per il relax. Per i più festaioli, c'è
anche l'animazione. Nella spaziosa sala ristorante, specialità gastronomiche legate
alla tradizione salentina.

Masseria Li Foggi senza rist 🦢   🖨 ⚒ 📶 **P** VISA ⚅ ℅
contrada Li Foggi – ℰ 08 33 27 72 17 – *www.kalekora.it* – *aprile-ottobre*
12 cam 🛌 – ♦♦120/250 €
♦ Immerso nella campagna salentina, l'eco-resort invita a ristabilire un autentico
contatto con la natura: i colori, i suoni e l'aria lievemente profumata di salmastro
ed erbe selvatiche riconciliano l'ospite con il mondo. Colori caldi e graziose personalizzazioni nelle belle camere e negli appartamenti.

GALLODORO Sicilia – Messina (ME) – **565** N27 – **394 ab.** – **alt. 388 m**   **40** D2
– ✉ **98030**
▶ Catania 57 – Messina 52 – Palermo 267 – Taormina 11

Noemi   ⪜ 🍴 📶 VISA ⚅ AE ℅
via Manzoni 8 – ℰ 0 94 23 71 62 – *chiuso dal 25 giugno al 15 luglio e martedì*
Rist – Menu 25/35 €
♦ Splendida la vista sulla costa, suggestivo biglietto da visita per questa trattoria
che propone un'ampia scelta di piatti all'interno di una cucina fedele alla tradizione. Servizio estivo all'aperto.

GALLUZZO – Firenze (FI) – **563** K15 – Vedere Firenze

GALZIGNANO TERME – Padova (PD) – **562** G17 – **4 435 ab.**   **35** B3
– alt. 22 m – ✉ 35030
▶ Roma 477 – Padova 20 – Mantova 94 – Milano 255
🏌 viale delle Terme 82, 049 9195100, www.golfclubgalzignano.it
🏌 Padova via Noiera 57, 049 9130078, www.golfpadova.it – chiuso lunedì

verso Battaglia Terme Sud-Est : 3,5 km :

Radisson Blu Majestic Resort   ⪜ 🖨 ⚅ ⚒ 🗔 🌐 🏊 🖽 🏌 🍴 🖥
viale delle Terme 84 ✉ 35030   🖐 ⚔ 📶 🏧 rist, 🏊 🦽 **P** VISA ⚅ AE
– ℰ 04 99 19 41 51 – *www.galzignano.it*
284 cam 🛌 – ♦110/180 € ♦♦130/270 € – 19 suites – ½ P 105/175 €
Rist – Menu 25/32 €
♦ Spogliata della veste classica, il totale restauro ha conferito alla struttura un
look moderno ed ecocompatibile, in un mirabile gioco tra estetica architettonica e natura. Fiera del proprio parco termale, la risorsa dispone di camere minimaliste ed accattivanti, ma sempre rispettose dell'ambiente: parquet di bambou,
tendaggi di lino, colori rilassanti.

GAMBARA – Brescia (BS) – **561** G12 – **4 782 ab.** – **alt. 51 m** – ✉ 25020   **17** C3
▶ Roma 530 – Brescia 42 – Cremona 29 – Mantova 63

Gambara senza rist   🖐 📶 📱 **P** VISA ⚅ AE ⓪ ℅
via campo Fiera 22 – ℰ 03 09 95 62 60 – *www.hotelgambara.it*
13 cam 🛌 – ♦50/65 € ♦♦75/90 €
♦ La tradizione alberghiera di questo edificio risale ai primi del '900; da poco rinnovato, assicura confort e atmosfera in un ambiente familiare. Belle camere personalizzate.

GAMBARARE – Venezia (VE) – Vedere Mira

GAMBARIE D'ASPROMONTE – Reggio di Calabria (RC) – **564** M29   **5** A3
– alt. 1 300 m – ✉ 89050
▶ Roma 672 – Reggio di Calabria 43 – Catanzaro 151 – Lamezia Terme 126

🏨 Centrale   🕸 📶 📟 🛜 VISA ⊗ 👌

piazza Mangeruca 23 – 𝒞 09 65 74 31 33 – www.hotelcentrale.net
48 cam ⬚ – †50/70 € †† 70/90 € – ½ P 60/80 €
Rist *Centrale* – vedere selezione ristoranti

♦ Nel centro della località e a pochi passi dalla seggiovia, una semplice risorsa con camere dall'arredo montano ed un grazioso centro benessere. Possibilità di escursioni in mountain-bike (presso un'associazione esterna).

🏠 Park Hotel Bellavista   🍃 📺 ₺ 📟 VISA ⊗ 👌

via delle Albe – 𝒞 09 65 74 41 43 – www.bellavistapark.it
13 cam ⬚ – †70/100 € ††100/130 € – ½ P 70/90 €
Rist – *(solo per alloggiati)* Carta 23/32 €

♦ Un curato giardino incornicia questa moderna struttura di recente costruzione: zone comuni e camere dagli arredi caldi e contemporanei. Cucina tipica montana al ristorante.

✕✕ Centrale – Hotel Centrale   📶 VISA ⊗ 👌

piazza Mangeruca 23 – 𝒞 09 65 74 31 33 – www.hotelcentrale.net
Rist – Carta 22/29 €

♦ In ambienti rinnovati, ma nel classico stile montano, potrete gustare prelibatezze della cucina regionale: zuppa di fagioli, funghi e carni (di provenienza prevalentemente locale). La cantina propone una buona offerta di vini calabresi e nazionali.

GAMBASSI TERME – Firenze (FI) – **563** L14 – **4 912 ab.** – alt. 332 m   **28** B2
– ✉ 50050

▶ Roma 285 – Firenze 59 – Siena 53 – Pisa 73

🏨 Villa Bianca senza rist ⚶   📶 🍃 ₺ 📶 📶 📟 VISA ⊗ AE 👌

via Gramsci 113 – 𝒞 05 71 63 80 75 – www.villabiancahotel.it – chiuso gennaio-14 marzo
9 cam ⬚ – †70/105 € ††110/180 €

♦ Immersa in un parco con piscina, si accede da una piccola elegante hall per arrivare alle camere: tutte personalizzate e arredate con cura del dettaglio. Sobria e raffinata.

GAMBELLARA – Vicenza (VI) – **562** F16 – **3 377 ab.** – alt. 70 m   **35** B3
– ✉ 36053

▶ Roma 532 – Verona 37 – Padova 56 – Venezia 89

✕✕ Antica Osteria al Castello   📶 ⇔ 📟 VISA ⊗ AE ⓞ 👌

via Castello 23, località Sorio, Sud : 1 km – 𝒞 04 44 44 40 85
– www.anticaosteriaalcastello.com – chiuso domenica
Rist – Carta 41/50 €

♦ Trattoria di tradizione familiare che ultimamente, con la giovane gestione, ha ricevuto un tocco di originalità ed eleganza sia nell'ambiente che nell'impostazione del menù.

GAMBOLÒ – Pavia (PV) – **561** G8 – **10 114 ab.** – alt. 106 m – ✉ 27025   **16** A3
▶ Roma 586 – Alessandria 71 – Milano 43 – Novara 36

✕ Da Carla con cam   📶 📶 📟 rist, 📶 📟 VISA ⊗ AE ⓞ 👌

frazione Molino d'Isella 3, Est : 6 km – 𝒞 03 81 93 95 82
– www.trattoriadacarla.com
9 cam ⬚ – †75/95 € ††95/120 € – ½ P 62 €
Rist – *(chiuso dal 16 al 31 agosto e mercoledì)* Carta 25/55 €

♦ Due accoglienti sale con soffitti in legno, pareti bianche e camino: una trattoria di campagna nei pressi di un pittoresco canale, dove gustare piatti regionali. Tra le specialità: oca, rane e lumache; i vini sono proposti a voce.

GANZIRRI Sicilia – Messina (ME) – **365** BC54 – **Vedere Messina**

GARBAGNATE MILANESE – Milano (MI) – **561** F9 – **26 907 ab.**   **18** B2
– alt. 179 m – ✉ 20024

▶ Roma 588 – Milano 16 – Como 33 – Novara 48

XXX **La Refezione**　　　　　　　　　　AC P VISA ◎◎ AE Ś

via Milano 166 – 𝒞 0 29 95 89 42 – www.larefezione.it – chiuso dal 25 dicembre al 6 gennaio, agosto, domenica, lunedì a mezzogiorno
Rist – Menu 22 € bc (pranzo)/55 € bc – Carta 45/73 €

♦ Una fantasiosa cucina per l'elegante "club-house" all'interno di un centro sportivo; lasciatevi guidare dall'esperto titolare e dalla sua giovane équipe di collaboratori.

GARDA – Verona (VR) – **562** F14 – 3 992 ab. – alt. 67 m – ⊠ 37016　　**35** A2

▮ Italia Centro Nord

▶ Roma 527 – Verona 30 – Brescia 64 – Mantova 65

🛈 piazza Donatori di Sangue 1, 𝒞 045 6 27 03 84, www.visitgarda.com

🏌 Cà degli Ulivi via Ghiandare 2, 045 6279030, www.golfcadegliulivi.it

◎ Località ★

🎦 Punta di San Vigilio ★★: ovest 3 km

🏨 **Regina Adelaide**　　　　 🚗 ⅀ ▨ ◉ 𝔪 ♨ 🎇 ⅃ AC ᵗ⁺ ⅍ P VISA ◎◎ AE Ś

via San Francesco d'Assisi 23 – 𝒞 04 57 25 59 77 – www.regina-adelaide.it
59 cam ⌧ – ♰110/175 € ♰♰158/260 € – 10 suites
Rist *Al Patio* – vedere selezione ristoranti

♦ Uno tra gli alberghi più blasonati del Garda. La fama che lo procede ha sicuramente un fondamento: la famiglia Tedeschi ed il suo staff coniugano la proverbiale simpatia italiana con una professionalità e una precisione quasi austro-ungarica, mentre le belle camere tradiscono l'amore del patron per l'antiquariato e i mobili d'epoca.

🏨 **Poiano** ⪘　　　 ⪡ 🚗 🎇 ⅃ 𝔪 🎇 ⅃ ☒ 𝔐 ♨ AC ⅄ ⅍ P VISA ◎◎ AE ⓞ Ś

via Poiano, Est : 2 km – 𝒞 04 57 20 01 00
– www.poiano.com – marzo-novembre
72 cam ⌧ – ♰65/120 € ♰♰89/199 € – 48 suites – ½ P 64/119 €
Rist – Carta 24/43 €

♦ In collina, tra il verde della vegetazione mediterranea, eppure non molto distante dal lago, enorme e tranquilla struttura a vocazione sia congressuale che vacanziera. Servizio ristorante all'aperto, nella rilassante atmosfera dell'entroterra lacustre.

🏨 **Benaco** senza rist　　　　　　 ⅍ AC ⅄ ⅎ ᵗ⁺ P VISA ◎◎ Ś

corso Italia 126 – 𝒞 04 57 25 52 83 – www.hotelbenacogarda.it – chiuso dal 6 gennaio al 22 marzo
16 cam ⌧ – ♰50/70 € ♰♰80/120 €

♦ Moderno, con qualche accenno di design nelle zone comuni, questo grazioso hotel a due passi dal lago e dal centro propone camere signorili arredate con mobili in legno scuro.

🏨 **All'Ancora**　　　　　 ⪡ 🎇 ▤ AC ⅄ ᵗ⁺ VISA ◎◎ AE ⓞ Ś

via Manzoni 7 – 𝒞 04 57 25 52 02 – www.allancora.com – 15 marzo-dicembre
18 cam ⌧ – ♰36/50 € ♰♰60/82 € – ½ P 58/69 €
Rist – *(chiuso lunedì)* Carta 26/50 €

♦ Ubicazione centralissima, a pochi metri dal lago; soluzione per un soggiorno senza pretese, ma con rara cura del cliente. Ottima la tenuta e simpatia nella gestione. Nell'accogliente sala da pranzo, fiori freschi a centrotavola.

🏨 **La Vittoria**　　　　 ▤ ⅍ cam, AC cam, ⅄ ⅎ cam, ᵗ⁺ VISA ◎◎ AE Ś

lungolago regina Adelaide 57 – 𝒞 04 56 27 04 73 – www.hotellavittoria.it – 22 marzo-22 novembre
12 cam ⌧ – ♰70/130 € ♰♰90/170 €　　**Rist** – Carta 25/56 €

♦ Fronte lago e nel centro della località, l'hotel occupa gli ambienti di una villa *Liberty* ristrutturata: camere spaziose e ben arredate, alcuni mobili d'epoca disseminati qua e là.

XXX **Al Patio** – Hotel Regina Adelaide ⌖ 🅰🅺 ⌘ ⌂ **P** 🆅🆂🅰 ⓒⓞ 🅰🅴 ⓢ
via San Francesco d'Assisi 23 – ℰ 04 57 25 59 77 – www.regina-adelaide.it
Rist – Carta 42/54 € ⊛
♦ Nella luminosa veranda abbellita da grandi affreschi che riproducono paesaggi locali, gli ospiti possono scegliere tra il menu del giorno, sempre diverso e curato, o quello à la carte con cucina tipica ed internazionale. Dalla fornitissima cantina: nobili vini regionali, italiani o esteri.

GARDA (Lago di) o BENACO – Brescia, Trento e Verona – **561** F13 ▮ Italia

---

GARDONE RIVIERA – Brescia (BS) – **561** F13 – **2 726 ab.** – **alt. 71 m**   **17** C2
– ⊠ **25083** ▮ Italia Centro Nord

🇮 Roma 551 – Brescia 34 – Bergamo 88 – Mantova 90
🅳 corso Repubblica 8, ℰ 030 3 74 87 36, www.provincia.brescia.it/turismo
🆁🆂 Bogliaco via del Golf 21, 0365 643006, www.golfbogliaco.com – chiuso martedì
◎ Posizione pittoresca★★ – Vittoriale★ (residenza e tomba di Gabriele d'Annunzio): nord-est 1 km

🏨🏨🏨 **Grand Hotel Gardone** ⇐ ⌖ 🅲 ⌁ ⓦ ⓝ 🅰🅺 🅰 **P**
corso Zanardelli 84 – ℰ 0 36 52 02 61 🆅🆂🅰 ⓒⓞ 🅰🅴 ⓞ ⓢ
– www.grandhotelgardone.it – aprile-15 ottobre
167 cam � – †123/160 € ††201/330 € – ½ P 131/195 €
Rist *Grand Hotel* – vedere selezione ristoranti
♦ Oziare negli ambienti accoglienti ed eleganti che furono testimoni dell'idillio tra Gabriele D'Annunzio ed Eleonora Duse. Oppure, godere delle vedute mutevoli ed accattivanti offerte dalla stupenda terrazza-giardino: un grand hotel, non solo nel nome.

🏨🏨 **Villa Sofia** senza rist ⇐ ⌖ ⌁ ▤ ⌂ **P** 🆅🆂🅰 ⓒⓞ 🅰🅴 ⓞ ⓢ
via Cornella 9 – ℰ 0 36 52 27 29 – www.savoypalace.it – aprile-ottobre
34 cam ⊊ – †98/200 € ††128/270 €
♦ Villa d'inizio '900 in posizione dominante e panoramica. Tanto verde ben curato vicino alle piscine, confort elevato e accoglienza cordiale nei caldi ambienti interni.

🏨🏨 **Savoy Palace** ⇐ ⌖ ⌁ ⓝ 🅵🅰 ▤ ⌂ rist, 🅰🅺 ⇆ ⌘ rist, 🅰 ⌬
via Zanardelli 2/4 – ℰ 03 65 29 05 88 🆅🆂🅰 ⓒⓞ 🅰🅴 ⓞ ⓢ
– www.savoypalace.it – aprile-ottobre
50 cam ⊊ – †110/200 € ††145/300 € – ½ P 180 €   **Rist** – Carta 39/53 €
♦ Imponente edificio liberty dominante il lago: panoramica terrazza e camere dagli arredi eleganti, ben rifiniti. Raffinata sala da pranzo con accesso diretto alla piscina; buona scelta in menu.

🏨🏨 **Villa Capri** senza rist ⇐ ⌀ ⌁ ▤ 🅰🅺 ⌘ ⓦ **P** 🆅🆂🅰 ⓒⓞ ⓢ
corso Zanardelli 172 – ℰ 0 36 52 15 37 – www.hotelvillacapri.com
– aprile-ottobre
45 cam ⊊ – †110/120 € ††200/260 €
♦ Grande e moderna struttura in riva al lago: ambienti spaziosi, ma il gioiello è il giardino-solarium affacciato sull'acqua.

🏨 **Bellevue** senza rist ⇐ ⌖ ⌁ ▤ 🅰🅺 ⓦ **P** 🆅🆂🅰 ⓒⓞ ⓢ
corso Zanardelli 87 – ℰ 03 65 29 00 88 – www.hotelbellevuegardone.com
– aprile-settembre
30 cam ⊊ – †65/85 € ††95/120 €
♦ Giardino con terrazza vista lago in questa villa di inizio '900 dallo stile eclettico-liberty. Spazi interni più semplici rispetto alla maestosità della facciata, camere sobrie, ma accoglienti.

⌂ **Dimora Bolsone** senza rist ⊛ ⇐ ⌀ ⇆ ⌘ **P** 🆅🆂🅰 ⓒⓞ ⓢ
via Panoramica 23, Nord-Ovest : 2,5 km – ℰ 0 36 52 10 22
– www.dimorabolsone.it – marzo-6 novembre
5 cam ⊊ – †170 € ††200 €
♦ Storico casale di campagna, le cui origini risalgono al XV sec., inserito in un grande parco che arriva a lambire il Vittoriale. "Giardino dei sensi" con piante di ogni tipo.

𝕏𝕏𝕏𝕏   Grand Hotel – Grand Hotel   🚗 ⚓ 🏫 ♿ 🅰 ⚒ 🔄 🅿 VISA ⓿ 🅰🅴 ⓪ 💲

corso Zanardelli 84 – 𝒞 0 36 52 02 61
– www.grandhotelgardone.it – 31 marzo-17 ottobre
Rist – Carta 49/90 €

♦ Cucina raffinata, attenta alle eccellenze del territorio e basata sulla tradizione dei sapori tipici locali, nonché prestigio d'altri tempi in un lussuoso ristorante caratterizzato da una bella veranda affacciata sul lago. Nei suoi fastosi ambienti è facile compiere un salto nel passato ed immaginare l'atmosfera delle grandi feste con balli e musiche.

𝕏𝕏𝕏   Villa Fiordaliso con cam   ≤ ⚓ ⚓ 🏫 🛥 🅿 VISA ⓿ 🅰🅴 💲
✿
corso Zanardelli 150 – 𝒞 0 36 52 01 58
– www.villafiordaliso.it – marzo-ottobre; chiuso lunedì, martedì a mezzogiorno
2 cam ⌷ – ♙♙350/500 € – 3 suites – ♙♙500/700 €
Rist – Menu 120 € – Carta 70/95 € 🦪

Spec. Risotto con stracchino, sarde di lago allo spiedo ed olio d'Argan. Cosciotto d'agnello da latte, aglio dolce e purea di patate ratte. Torta di rose cotta al momento, cremino di liquore all'uovo e limoni del Garda.

♦ Splendida e amena villa liberty sul lago verso cui si protendono gli ultimi tavoli in un'atmosfera esclusiva e romantica. Cucina creativa e mai banale.

𝕏𝕏   Agli Angeli con cam   🏫 VISA ⓿ 💲

piazza Garibaldi 2, località Vittoriale – 𝒞 0 36 52 08 32
– www.agliangeli.com – marzo-15 novembre
14 cam ⌷ – ♙55/75 € ♙♙95/150 € – 2 suites
Rist – *(chiuso martedì)* Carta 33/57 €

♦ Tra il Giardino Botanico e il Vittoriale, una locanda accogliente e romantica dove la cucina flirta con il pesce, ma non dimentica la carne: piatti, comunque, d'impronta regionale. A pochi metri dal ristorante, in un edificio d'epoca dalla caratteristica corte interna, graziose camere con letti a baldacchino.

Fasano del Garda Nord-Est : 2 km – ✉ 25083

🏨   Grand Hotel Fasano e Villa Principe   ≤ 🚗 ⚓ 🏊 🏊 ⓿ 🐾
🖫 💺 🅰 🛁 🛥 🔔 🅿 VISA 💲
corso Zanardelli 190 – 𝒞 03 65 29 02 20
– www.ghf.it – aprile-ottobre
75 cam ⌷ – ♙140/200 € ♙♙240/420 € – 5 suites – ½ P 160/250 €
Rist *Il Fagiano* – vedere selezione ristoranti

♦ Camere affacciate sul lago, oppure all'interno, con scenografici elementi barocchi, che ben si inseriscono in quel contesto di sobria eleganza dell'intera risorsa. Nell'attrezzata spa, il percorso Kneipp e saune varie rappresentano la moderna alternativa all'antica arte venatoria della caccia al fagiano.

🏨   Villa del Sogno ⚜   ≤ ⚓ 🏊 ⚒ 💺 🅰 🛁 ⚒ 🔔 🅿 ⓿ 🅰🅴 ⓪ 💲

corso Zanardelli 107 – 𝒞 03 65 29 01 81
– www.villadelsogno.it – 5 aprile-4 novembre
32 cam ⌷ – ♙203/273 € ♙♙290/390 € – 3 suites – ½ P 190/240 €
Rist *Maximilian 1904* – vedere selezione ristoranti

♦ Dal lontano 1904 (anno in cui fu costruita), questa raffinata risorsa non smette di affascinare grazie ai suoi spazi di neoclassica memoria con mobili antichi, preziosi tappeti e grandi quadri mitteleuropei: retaggi dell'Austria di fine '800. La struggente bellezza di una dimensione onirica, o meglio, Villa del Sogno!

🏨   Bella Riva   ≤ 🚗 🏊 🛁 🅰 🛥 🔔 🅿 VISA ⓿ 🅰🅴 💲

via Mario Podini 1/2 – 𝒞 03 65 54 07 73
– www.bellarivagardone.it – aprile-ottobre
23 cam ⌷ – ♙180/650 € ♙♙180/750 € – 8 suites – ½ P 140/375 €
Rist *Riva Carne al Fuoco* – vedere selezione ristoranti

♦ Frontelago, la ristrutturazione di un edificio d'epoca ha dato vita a questo design hotel dalle originali soluzioni: ad accogliervi, la splendida hall con riproduzioni di opere di G. Klimt. Belle camere e prestigiose suite con terrazza.

XXXX **Il Fagiano** – Grand Hotel Fasano e Villa Principe

corso Zanardelli 190 – ☎ *03 65 29 02 20* – *www.ghf.it*
– *7 aprile-15 ottobre*
Rist – *(chiuso a mezzogiorno)* Carta 44/64 €
♦ Per accedere a questo ristorante - all'interno del Grand Hotel Fasano e Villa Principe - si passa attraverso una suggestiva sala in legno: una delle più antiche e meglio conservate della struttura. La sala da pranzo, invece, ritorna ad un elegante classicismo alberghiero, mentre la carta propone diverse specialità lacustri.

XXX **Maximilian 1904** – Hotel Villa del Sogno

corso Zanardelli 107 – ☎ *03 65 29 01 81*
– *www.villadelsogno.it* – *aprile-novembre*
Rist – Carta 50/80 €
♦ All'interno dell'hotel Villa del Sogno, ambiente fin-de-siècle con soffitto decorato e bel pavimento ligneo: luci soffuse, sapori sublimi, creazioni di alta cucina presentate in modo impeccabile. Atmosfera esclusiva e la struggente bellezza di una dimensione onirica.

XX **Riva Carne al Fuoco** – Hotel Bella Riva

via Mario Podini 1/2 – ☎ *03 65 54 07 73* – *wwww.bellarivagardone.it* – *aprile-ottobre*
Rist – *(chiuso mercoledì escluso da maggio al 10 settembre)* Carta 35/82 €
♦ Il nome solletica l'immaginazione, mentre in delizia con piatti prevalentemente di terra e specialità alla brace: il grill a vista permette all'ospite di scegliere la provenienza ed il taglio delle carni. Ambiente informale.

GARGANO (Promontorio del) – Foggia – **564** B28

GARGNANO – Brescia (BS) – **561** E13 – **3 051** ab. – alt. 66 m   **17** C2
– ✉ **25084** ▯ Italia Centro Nord

▶ Roma 563 – Verona 51 – Bergamo 100 – Brescia 46

🔢 Bogliaco via del Golf 21, 0365 643006, www.golfbogliaco.com – chiuso martedì

◉ 🌸 ★★★ dalla cima del Monte Baldo - Castello Scaligero★

🏨 **Grand Hotel a Villa Feltrinelli** ⑳

via Rimembranze 38/40 – ☎ *03 65 79 80 00*
– *www.villafeltrinelli.com* – *20 aprile-21 ottobre*
17 cam ☕ – ♦♦900/2650 € – 4 suites
Rist *Villa Feltrinelli* ✤ – vedere selezione ristoranti
♦ In un incantevole parco in riva al lago, meravigliosa villa storica caratterizzata da preziose boiserie, arredi d'epoca, vetrate policrome e sontuosi affreschi: ambienti da sogno per un romantico soggiorno. A pranzo è disponibile un piccolo menu.

🏨 **Villa Giulia** ⑳

viale Rimembranza 20 – ☎ *0 36 57 10 22* – *www.villagiulia.it* – *aprile-ottobre*
23 cam ☕ – ♦140/150 € ♦♦300/355 € – 1 suite
Rist – *(chiuso mercoledì sera)* (solo per alloggiati) Carta 45/60 €
♦ Posizione incantevole, leggermente decentrata, per un'ex residenza estiva in stile Vittoriano, avvolta da un curato giardino in riva al lago e con due piccoli annessi. In riva al lago, il ristorante propone la cucina regionale e quella italiana.

🏨 **Meandro**

via Repubblica 40 – ☎ *0 36 57 11 28* – *www.hotelmeandro.it* – *15 marzo-novembre*
44 cam ☕ – ♦65/120 € ♦♦80/170 € – ½ P 57/107 €   **Rist** – Carta 18/39 €
♦ In posizione dominante il lago, edificio moderno le cui camere sono quasi tutte rivolte sul Garda, alcune rinnovate in stile moderno. Nuova sala da pranzo affacciata sul delizioso panorama circostante.

🏨 **Riviera** senza rist

via Roma 1 – ☎ *0 36 57 22 92* – *www.garniriviera.it* – *Pasqua-ottobre*
20 cam ☕ – ♦48/83 € ♦♦63/98 €
♦ Nel centro storico, a pochi metri dall'incantevole porticciolo, gestione familiare in un palazzo del 1840: camere accoglienti e splendida terrazza panoramica per la prima colazione.

🏠 Palazzina ⟨icons⟩

via Libertà 10 – ✆ 0 36 57 11 18 – www.hotelpalazzina.it – aprile-4 ottobre
25 cam �) – ♦53/62 € ♦♦90/108 € **Rist** – Carta 20/36 €

◆ Sopraelevato rispetto al paese, un albergo dotato di piscina su terrazza panoramica protesa sul blu; conduzione familiare e clientela per lo più abituale. Suggestiva anche l'atmosfera al ristorante grazie alla particolare vista sul lago e sui monti che offre ai commensali.

🍴🍴🍴 Villa Feltrinelli – Grand Hotel a Villa Feltrinelli ⟨icons⟩

via Rimembranza 38/40 – ✆ 03 65 79 80 00
– www.villafeltrinelli.com – maggio-15 ottobre
Rist – *(chiuso a mezzogiorno)* (prenotare) Menu 180 € – Carta 130/180 € (+5 %)

Spec. Tortelloni con ripieno alla carbonara, crema di broccoli profumata con colatura di alici di Cetara. Filetto di manzo alla griglia, consommé profumato d'agrumi. Crespella di latte, gratinata e farcita con spuma allo yogurt e zenzero, sciroppo al rosmarino.

◆ Nei raffinati interni Belle Epoque o in terrazza sul lago, la cucina si fa inventiva e sorprendente. Ricette risalenti alla Repubblica Veneziana ed esaltazione dei prodotti locali, ma lasciate che sia il menu a conquistarvi...

🍴🍴 La Tortuga (Maria Cozzaglio) ⟨icons⟩

via XXIV Maggio 5 – ✆ 0 36 57 12 51 – marzo-15 novembre; chiuso martedì
Rist – *(chiuso a mezzogiorno escluso domenica da settembre a giugno)*
Menu 60/80 € – Carta 61/86 € ⟨icon⟩

Spec. Cappesante scottate su crema di cannellini, gelatina al nero di seppia. Tagliolini con fonduta di Tombea (formaggio locale) e tartufo estivo del Garda (estate). Cialda di meringa con gelato e frutta fresca, salsa di frutta.

◆ Specialità ittiche lacustri, ma anche ricette di mare e qualche piatto di carne, in un grazioso, romantico, locale del centro storico.

sulla strada provinciale 9 Est: 7 km

🏨 Lefay Resort & SPA ⟨icons⟩

via Angelo Feltrinelli 118 – ✆ 03 65 24 18 00
– www.lefayresorts.com
82 cam �) – ♦188/443 € ♦♦250/590 € – 8 suites – ½ P 165/335 €
Rist – *(solo per alloggiati)* Carta 43/64 €

◆ Esclusivo e lussuoso. L'ottimo confort delle camere si sposa ad una sobria raffinatezza: pavimenti in legno d'ulivo e mobili in noce nazionale. La Spa è raggiungibile direttamente dalle stanze. All'esterno, la piscina a sfioro regala un meraviglioso effetto "infinito", dove acqua e cielo si fondono mirabilmente.

GARGONZA – **Arezzo (AR)** – **563** M17 – **Vedere Monte San Savino**

GARLENDA – **Savona (SV)** – **561** J6 – **890 ab.** – **alt. 70 m** – ✉ **17033**　　**14** A2

▶ Roma 592 – Imperia 37 – Albenga 10 – Genova 93
🛈 via Roma 1, ✆ 0182 58 21 14, www.visitriviera.it
🖼 via del Golf 7, 0182 580012, www.garlendagolf.it – chiuso dal 27 settembre all'8 ottobre e mercoledì in bassa stagione

🏨 La Meridiana ⟨icons⟩

via ai Castelli – ✆ 01 82 58 02 71 – www.lameridiana.eu – marzo-novembre
12 cam – ♦220/250 € ♦♦220/350 €, �) 22 € – 18 suites – ♦♦380/850 €
Rist *Il Rosmarino* – vedere selezione ristoranti
Rist *Il Bistrot* – Carta 45/75 €

◆ A metà strada fra la mondana Montecarlo e la pittoresca Portofino, ospitalità ad alti livelli per una deliziosa residenza di campagna avvolta dal profumo del mirto e della ginestra. Se eleganza e buon gusto caratterizzano tutti i suoi ambienti, piatti liguri vi attendono al Bistrot (a pranzo, a bordo piscina).

XXX **Il Rosmarino** – Hotel La Meridiana   🦐 🏠 🎧 🛇 ✿ 🅿 𝘝𝘐𝘚𝘈 ⊗ 🆎 ⓞ ⛱
via ai Castelli – € 01 82 58 02 71 – www.lameridianaresort.com – marzo-novembre
Rist – *(chiuso lunedì) (chiuso a mezzogiorno)* (consigliata la prenotazione)
Carta 65/110 € 🥬
♦ Piatti della tradizione mediterranea esaltati dai profumi di questa terra: il sentore del timo e della salvia, accompagnati dall'irrinunciabile basilico e da una vasta scelta enologica, che spazia dai vini già affermati a quelli più emergenti.

verso Villanova d'Albenga Ovest: 2,5 km

🏠 **Hermitage**   🦐 🐾 🎧 🖱 🛁 🅿 🏠 𝘝𝘐𝘚𝘈 ⊗ 🆎 ⓞ ⛱
via Roma 152 ✉ 17033 – € 01 82 58 29 76 – www.hotelhermitage.info – chiuso gennaio
11 cam ⊑ – ✝63/80 € ✝✝80/100 € – 2 suites – ½ P 85 €
Rist – *(chiuso lunedì) (chiuso a mezzogiorno escluso domenica)* Carta 30/50 €
♦ Comode stanze per un ambiente curato e familiare, situato in un giardino alberato, poco fuori dal centro: ideale per golfisti che desiderino sostare nei pressi del campo. Piatti classici italiani nell'accogliente sala ristorante o nell'ampia veranda.

GATTEO A MARE – Forlì-Cesena (FC) – **562** J19 – **5 992 ab.** – ✉ **47043**   **9** D2
▶ Roma 353 – Ravenna 35 – Rimini 18 – Bologna 102
🅸 piazza della Libertà 10, € 0547 86 06 83, www.comune.gatteo.fo.it

🏠 **Flamingo**   ≼ 🗠 🛁 🎖 🖱 🎧 🛇 rist, 🎖 🏠 𝘝𝘐𝘚𝘈 ⊗ 🆎 ⛱
viale Giulio Cesare 31 – € 05 54 78 71 71 – www.hotel-flamingo.com – Pasqua-ottobre
48 cam – ✝70/80 € ✝✝120/140 €, ⊑ 10 € – ½ P 100 €
Rist – *(solo per alloggiati)* Carta 25 €
♦ In un affascinante e bizzarro palazzo, troverete una gestione familiare di rara ospitalità: ottime camere con vista mare ed accesso diretto in spiaggia.

🏠 **Estense**   🖱 🖒 cam, 🎧 🛇 rist, 🎖 🏠 𝘝𝘐𝘚𝘈 ⊗ 🆎 ⛱
🆘 *via Gramsci 30 – € 05 54 78 70 68 – www.hotelestense.net – chiuso novembre*
72 cam – ✝40/70 € ✝✝60/90 €, ⊑ 6 € – ½ P 50/70 €   **Rist** – Carta 20/25 €
♦ In una traversa interna con il mare ad un centinaio di metri, ambienti accoglienti e colorati, carta da parati e richiami marinari. Sala da pranzo molto semplice con proposte gastronomiche ed enologiche di portata nazionale.

GATTINARA – Vercelli (VC) – **561** F7 – **8 326 ab.** – alt. 263 m   **23** C2
– ✉ **13045**
▶ Roma 665 – Stresa 38 – Biella 30 – Milano 87

🏠 **Barone di Gattinara** senza rist   🦐 🖱 🎧 🛇 🐾 🛁 🅿 𝘝𝘐𝘚𝘈 ⊗ 🆎 ⓞ ⛱
corso Valsesia 238 – € 01 63 82 72 85 – www.baronedigattinara.it – chiuso dal 21 dicembre al 6 gennaio e dal 10 al 24 agosto
22 cam ⊑ – ✝85 € ✝✝105 €
♦ Villa padronale, ubicata in zona periferica, la cui storia è stata sapientemente armonizzata con la modernità degli arredi. Camere ampie, due con soffitti affrescati.

XX **Carpe Diem**   🖒 🎧 🅿 𝘝𝘐𝘚𝘈 ⊗ 🆎 ⓞ ⛱
corso Garibaldi 244 – € 01 63 82 37 78 – www.ristorantecarpediem.com – chiuso dal 7 a 16 gennaio, dal 1° al 15 agosto e lunedì
Rist – Carta 35/47 € 🥬
♦ Locale classico in una bella villa circondata da un lussureggiante parco. Professionalità ed esperienza garantiscono un servizio di qualità ad ogni evenienza.

XX **Il Vigneto** con cam   🎧 cam, 🛇 cam, 🎖 𝘝𝘐𝘚𝘈 ⊗ 🆎 ⛱
piazza Paolotti 2 – € 01 63 83 48 03 – www.ristoranteilvigneto.it – chiuso dal 1° al 15 gennaio
12 cam ⊑ – ✝61/75 € ✝✝86/110 € – ½ P 74/86 €
Rist – *(chiuso lunedì)* Carta 34/53 €
♦ Locale signorile che può contare su una sala ristorante raccolta e curata e su un ampio salone dedicato ai banchetti. La cucina non si smentisce mai: un menu interessante con ottime specialità di pesce. Camere dal confort eccellente, spaziose e con mobili di linea classica.

GAVI – Alessandria (AL) – **561** H8 – 4 703 ab. – alt. 233 m – ⊠ 15066   **23** C3
Italia Centro Nord

▷ Roma 554 – Alessandria 34 – Genova 48 – Acqui Terme 42

▥ Colline del Gavi strada Provinciale 2, 0143 342264, www.golfcollinedelgavi.com
– chiuso gennaio e martedì

◉ Forte medievale★

🏨 **L'Ostelliere** ⌂   ≤ 🚘 🏊 🖐 ⅙ ⚙ 🅰 👖 🅿 🚗 ⅦⅣ ⚙ 🅰 ⓘ ⚙
frazione Monterotondo, 56, Nord-Est : 4 km – ℰ 01 43 60 78 01
– *www.ostelliere.it* – *marzo-novembre*
28 cam ⌁ – ✝110/150 € ✝✝130/220 € – 12 suites
Rist *La Gallina* – vedere selezione ristoranti
♦ All'interno dell'azienda vinicola, proprio sopra le cantine, un'importante azione
di recupero per una risorsa di charme e confort. Bella vista su colline e vigneti.

XX **La Gallina** – Hotel L'Ostelliere   ≤ 🅰 ⚙ ⅙ ⅦⅣ ⚙ 🅰 ⓘ ⚙
frazione Monterotondo, 56, Nord-Est : 4 km – ℰ 01 43 68 51 32
– *www.la-gallina.it* – *marzo-novembre*
Rist – *(chiuso a mezzogiorno escluso sabato e festivi)* Menu 50/60 €
– Carta 46/68 € ♨
♦ Ricavata nell'antico fienile, elegante sala in cui nuovo e antico si fondono
armoniosamente. Piacevole terrazza panoramica, per una cucina interessante.

XX **Cantine del Gavi**   ⅦⅣ ⚙ 🅰 ⓘ ⚙
via Mameli 69 – ℰ 01 43 64 24 58 – *www.ristorantecantinedelgavi.it* – *chiuso 25
giorni in gennaio, 25 giorni in luglio, lunedì, martedì a mezzogiorno*
Rist – Carta 45/55 € ♨
♦ Come ancelle di una regina, solo ottime materie prime vengono accolte nella
cucina di questo raffinato ristorante, che propone piatti del territorio con qualche
benevolo sguardo alla vicina Liguria.

GAVINANA – Pistoia (PT) – **563** J14 – alt. 820 m – ⊠ 51025   Toscana   **28** B1

▷ Roma 337 – Firenze 60 – Pisa 75 – Bologna 87

🏠 **Franceschi**   ≤ 🕸 ⚙ ⅙ ⅦⅣ ⚙ 🅰 ⚙
⚙ *piazza Ferrucci 121* – ℰ 0 57 36 64 44 – *www.albergofranceschi.it*
– *chiuso dal 10 al 30 novembre*
28 cam ⌁ – ✝40/51 € ✝✝60/80 € – ½ P 45/55 €   **Rist** – Menu 13/20 €
♦ Antiche origini per questo bianco edificio, posizionato nel cuore di un paesino
medievale; rinnovato totalmente all'interno, offre un'atmosfera accogliente e familiare. Sala da pranzo di taglio moderno, con un camino in uno stile d'altri tempi.

GAVIRATE – Varese (VA) – **561** E8 – 9 416 ab. – alt. 261 m – ⊠ 21026   **16** A2

▷ Roma 641 – Stresa 53 – Milano 66 – Varese 10

ℹ piazza Dante 1, ℰ 0332 74 47 07, www.progavirate.com

X **Tipamasaro**   🏡 🅿
⚙ *via Cavour 31* – ℰ 03 32 74 35 24 – *chiuso dal 10 al 25 luglio e lunedì*
Rist – Carta 26/38 €
♦ A metà strada tra il centro storico e il lago, l'intera famiglia si dedica con passione al locale: un ambiente simpatico e un fresco gazebo estivo per riscoprire
l'appetitosa cucina locale.

GAVOI Sardegna – Nuoro (NU) – **366** Q43 – 2 817 ab. – alt. 790 m   **38** B2
– ⊠ 08020

▷ Cagliari 179 – Nuoro 35 – Olbia 140 – Porto Torres 141

🏠 **Gusana** ⌂   ≤ 🚘 🏡 🏊 🗚 🖐 ⚙ � ⅦⅣ ⚙ 🅰 ⓘ ⚙
località lago di Gusana – ℰ 0 78 45 30 00 – *www.albergogusana.it* – *chiuso
novembre*
35 cam ⌁ – ✝50/70 € ✝✝70/85 € – ½ P 55/75 €   **Rist** – Carta 24/42 €
♦ Nel verde delle tranquille sponde dell'omonimo lago, di cui si ha la splendida
vista, una piccola struttura con buoni spazi comuni e camere semplici, ordinate e
confortevoli.

GAVORRANO – Grosseto (GR) – **563** N14 – **8 984 ab.** – **alt. 273 m**   **29** C3
– ✉ 58023

▶ Roma 213 – Grosseto 35 – Firenze 177 – Livorno 110

🏌 Toscana-Il Pelagone località Il Pelagone, 0566 820471, www.golfclubtoscana.com

a Caldana Sud : 8 km – ✉ 58020

🏠🏠   **Montebelli Agriturismo e Country Hotel** ⌂   🛋 🐾 ⌸ 🖼 ♨
    località Molinetto, Est : 2 km   ✗ 📶 ⚄ ❀ rist, 📶 🔥 **P** 🆅🆂🅰 ⊙⊙ 🄰🄴 ⓪ ⓢ
    – ℰ 05 66 88 71 00 – www.montebelli.com – *chiuso dal 7 gennaio al 25 marzo*
    45 cam � – †110/220 € ††160/270 € – 6 suites – ½ P 90/165 €
    Rist – Carta 18/46 €
    ♦ Imponente struttura che offre due possibilità: alloggio agrituristico o country
hotel di lusso (solo qui l'aria condizionata). Il resto è in comune, a partire dal
grande parco sino al nuovo centro benessere. Al ristorante viene proposta una
cucina semplice e regionale.

GAZZO – Padova (PD) – **562** F17 – **4 195 ab.** – **alt. 36 m** – ✉ 35010   **37** B1
▶ Roma 513 – Padova 27 – Treviso 52 – Vicenza 17

🏠🏠   **Villa Tacchi**   ⌖ 🛋 ⌸ 📶 ⚄ 🅰 ⇄ ❀ rist, 📶 🔥 **P** 🆅🆂🅰 ⊙⊙ 🄰🄴 ⓪ ⓢ
    via Dante 30 A, località Villalta, Ovest: 3 km – ℰ 04 99 42 61 11
    – www.antichedimore.com
    49 cam � – †70/120 € ††99/180 €
    Rist – *(chiuso a mezzogiorno)* (prenotazione obbligatoria) Carta 32/51 €
    ♦ Una splendida villa del XVII sec. circondata da un parco ombreggiato all'interno
del quale è stata ricavata anche la piscina. Arredi in stile, camere calde ed accoglienti. Ampio ed elegante ristorante.

GAZZO – Imperia (IM) – Vedere Borghetto d'Arroscia

GAZZOLA – Piacenza (PC) – **562** H10 – **2 018 ab.** – **alt. 139 m** – ✉ 29010   **8** A2
▶ Roma 528 – Piacenza 20 – Cremona 64 – Milano 87

a Rivalta Trebbia Est : 3,5 km – ✉ 29010 Gazzola

🏠   **Agriturismo Croara Vecchia** senza rist ⌂   ⌖ ⌸ ⚄ 🅰 **P**
    località Croara Vecchia, Sud : 1,5 km – ℰ 33 32 19 38 45   🆅🆂🅰 ⊙⊙ ⓢ
    – www.croaravecchia.it – *15 marzo-novembre*
    12 cam � – †75/95 € ††95/110 € – 5 suites
    ♦ Fino al 1810 fu un convento, poi divenne un'azienda agricola che oggi ospita gra-
ziose camere, tutte identificabili dal nome di un fiore. In un prato sempre curato, che
domina il fiume, la bella piscina, nonché un centro equestre con istruttori.

✗   **Locanda del Falco**   🐾 **P** 🆅🆂🅰 ⊙⊙ 🄰🄴 ⓪ ⓢ
    Al Castello di Rivalta – ℰ 05 23 97 81 01 – www.locandadelfalco.com – *chiuso*
    dal 1° al 7 gennaio, dal 9 al 15 agosto e martedì
    Rist – Menu 11 € bc (pranzo) – Carta 30/46 €
    ♦ In un antico borgo medievale una locanda caratteristica dove vengono serviti i
piatti della tradizione piacentina. A disposizione della clientela anche una bottega
con prodotti tipici.

GAZZOLI – Verona (VR) – **562** F14 – Vedere Costermano

GELA Sicilia – Caltanissetta (CL) – **365** AU61 – **77 209 ab.** – **alt. 46 m**   **40** C3
– ✉ 93012   Sicilia

▶ Caltanissetta 68 – Catania 107 – Palermo 187 – Siracusa 157

🖼 via Pisa 75, ℰ 0933 91 37 88, www.regione.sicilia.it

◉ Fortificazioni greche★★ a Capo Soprano – Museo Archeologico Regionale★

✗✗   **Casanova**   🅰 ❀ 🆅🆂🅰 ⊙⊙ 🄰🄴 ⓪ ⓢ
    via Venezia 89-91 – ℰ 09 33 91 85 80 – www.ristorantecasanova.net – *chiuso dal*
    5 al 25 agosto e domenica
    Rist – Carta 25/45 € 🍷
    ♦ Locale raccolto e confortevole, ubicato alle porte della località, dove la
cucina offre il meglio di sé nelle specialità a base di pesce. Graziosa enoteca con
vasta scelta di etichette.

GENGA – Ancona (AN) – 1 957 ab. – alt. 322 m – ⊠ 60040   **20** B2

▶ Roma 224 – Ancona 66 – Gubbio 44 – Macerata 72

🏨 **Le Grotte**   ≤ 🚗 ⌿ 🕸 ⅗ 🔟 ⇆ ⅗ 🐾 🎿 🅿 📼 ⊚ 🆎 ⑤

località Pontebovesecco, Sud : 2 km – ✆ *07 32 97 30 35 – www.hotellegrotte.it*
24 cam � – ♦75 € ♦♦110 € – 1 suite – ½ P 75 €
Rist – *(chiuso gennaio, domenica sera, lunedì)* Carta 27/43 €

♦ In un suggestivo paesaggio naturalistico fra gole e grotte di Frasassi, un albergo moderno con piccolo centro benessere, nonché camere spaziose ed eleganti. Nel ristorante dalla lunga tradizione gastronomica vi attendono ottimi piatti di cucina regionale. E' possibile organizzare colazioni di lavoro e cerimonie.

GENOVA 🅿 (GE) – 561 I8 – 609 746 ab. ▮ Liguria   **15** C2

▶ Roma 501 – Milano 142 – Nice 194 – Torino 170

🛧 Cristoforo Colombo di Sestri Ponente per ④: 6 km ✆ 010 60151

⛴ per Cagliari, Olbia, Arbatax e Porto Torres – Tirrenia Navigazione, call center 892 123

⛴ per Porto Torres, Olbia e per Palermo – Grimaldi-Grandi Navi Veloci, call center 010 2094591

🛈 via Garibaldi 12/r, ✆ 010 5 57 29 03, www.genova-turismo.it

🛈 Aeroporto Cristoforo Colombo, ⊠ 16154, ✆ 010 6 01 52 47

🛈 largo Sandro Pertini 13, ⊠ 16121, ✆ 010 8 60 61 22

Manifestazioni locali

06.10-14.10 : salone nautico internazionale

🔲 Porto★★★ AXY - Acquario★★★ AY - Cattedrale di San Lorenzo★★ BY K - Via Garibaldi e Musei di Strada Nuova★★ FY - Palazzo Tursi★★ BX **H** - Palazzo Reale★★ AX- Palazzo del Principe★★ - Galleria Nazionale di Palazzo Spinola★★ BY - Palazzo Ducale★ BY **M** - Chiesa del Gesù: opere★★ di Rubens BY - Villetta Di Negro CXY; ≤ sulla città e sul mare, museo Chiossone★ **M1** - Castello d'Albertis: Museo delle culture del Mondo★ BX - Galata Museo del Mare★ AX - Cimitero di Staglieno★ F

🔲 Riviera di Levante★★★ Est e Sud-Est

Piante pagine seguenti

🏨 **Grand Hotel Savoia**   🕸 🖪 🕸 ⅗ 🔟 ⇆ ⅗ 🕯 🎿 🐾 📼 ⊚ 🆎 ① ⑤

via Arsenale di Terra 5 ⊠ 16126 – ✆ 01 02 77 21
– www.grandhotelsavoiagenova.it   AX**c**
117 cam – ♦120/205 € ♦♦120/280 €, � 20 € – 2 suites – ½ P 190 €
Rist – Carta 34/58 €

♦ Storico hotel riportato allo splendore di un tempo grazie ad un accurato restauro: raffinatezza negli arredi e confort di alto livello. Piacevole zona relax.

🏨 **NH Marina**   🕯 ⅗ 🔟 ⇆ 🕯 🎿 🐾 📼 ⊚ 🆎 ① ⑤

molo Ponte Calvi 5 ⊠ 16124 – ✆ 01 02 53 91 – www.nh-hotels.com
140 cam � – ♦129/430 € ♦♦140/520 € – 7 suites   AY**c**
Rist *Il Gozzo* – Carta 37/74 €

♦ Ardesia, mogano e acero sono il leitmotiv degli eleganti, caldi interni di questo moderno, ideale "vascello", costruito sul Molo Calvi, di cui restano tracce nella hall. Decorazioni che evocano vele e navi nel ristorante "a prua" dell'hotel; dehors estivo.

🏨 **Bristol Palace**   🕯 ⯎ 🔟 ⅗ rist, 🕯 🎿 🐾 📼 ⊚ 🆎 ① ⑤

via 20 Settembre 35 ⊠ 16121 – ✆ 0 10 59 25 41 – www.hotelbristolpalace.com
129 cam � – ♦99/399 € ♦♦109/470 € – 5 suites   CY**n**
Rist – Carta 32/54 €

♦ Sull'elegante via 20 settembre, la raffinatezza d'antan in questo antico palazzo di fine '800. La splendida scala ellittica si snoda nella piccola hall per condurvi a camere d'indiscusso charme. Spazi comuni su differenti livelli con sale stuccate e tappezzeria. Cucina mediterranea nel caldo e accogliente bistrot.

Moderno Verdi 🕃 AK ※ rist, 🕼 🚗 VISA 🐵 AE ① ら
piazza Verdi 5 ⊠ 16121 – ℰ 01 05 53 21 04 – www.modernoverdi.it
87 cam 🖵 – †80/300 € ††95/360 € – ½ P 205 €   DY**b**
Rist – *(chiuso a mezzogiorno)* Carta 27/46 €
♦ In un palazzo d'epoca di fronte alla stazione Brignole, atmosfera retrò negli interni classici, con dettagli liberty, di un hotel ristrutturato; curate camere in stile.

NH Plaza 🕃 ḗ AK 4 ※ rist, 🖤 🏖 VISA 🐵 AE ① ら
via Martin Piaggio 11 ⊠ 16122 – ℰ 01 08 31 61 – www.nh-hotels.it
144 cam – †75/286 € ††99/330 €, 🖵 20 € – 1 suite   CY**q**
– ½ P 90/205 €
Rist – Carta 37/67 €
♦ Una moderna hall fa da ponte tra i due edifici ottocenteschi restaurati che formano un albergo signorile, affacciato sulla centrale piazza Corvetto; sale per convegni. Al ristorante raffinato ambiente classico.

City Hotel 🕃 AK 4 🖤 🏖 🚗 VISA 🐵 AE ① ら
via San Sebastiano 6 ⊠ 16123 – ℰ 01 05 58 47 07 – www.bwcityhotel-ge.it
65 cam 🖵 – †107/370 € ††112/440 €   CY**e**
Rist *Le Rune* – vedere selezione ristoranti
♦ Vicino a piazza De Ferrari, confort omogeneo per un hotel con zone comuni di taglio classico, camere sobrie e funzionali, nonché mini suite panoramiche all'ultimo piano.

Metropoli senza rist 🕃 AK 🖤 VISA 🐵 AE ① ら
piazza Fontane Marose ⊠ 16123 – ℰ 01 02 46 88 88 – www.hotelmetropoli.it
48 cam 🖵 – †80/189 € ††93/246 €   BY**c**
♦ A due passi dall'antica "Via Aurea" sorge questa piacevole struttura dotata di confortevoli camere, dove la predominanza dei colori pastello fa risaltare i mobili in noce e il caldo parquet.

Galles senza rist 🕃 AK 🖤 VISA 🐵 AE ① ら
via Bersaglieri d'Italia 13 ⊠ 16126 – ℰ 01 02 46 28 20
– www.hotelgallesgenova.it
21 cam 🖵 – †50/170 € ††70/185 €   AX**s**
♦ Nelle adiacenze della stazione di Principe, un hotel piccolo e raccolto con una bella hall signorile e buone soluzioni di confort in ogni settore.

Columbus Sea senza rist ⇐ 🕃 ḗ AK 🖤 🏖 🅿 VISA 🐵 AE ① ら
via Milano 63 ⊠ 16126 – ℰ 01 02 65 05 51 – www.columbussea.com
80 cam 🖵 – †84/180 € ††96/220 € – 4 suites – ½ P 68/130 €   E**a**
♦ Struttura contemporanea vicino all'ingresso degli imbarchi per le isole: arredi classici e confort omogeneo nelle camere.

Locanda di Palazzo Cicala senza rist 🕃 AK ※ VISA 🐵 AE ① ら
piazza San Lorenzo 16 ⊠ 16123 – ℰ 01 02 51 88 24 – www.palazzocicala.it
11 cam 🖵 – †99/139 € ††109/149 €   BY**g**
♦ Nel cuore della città storica - proprio dinnanzi al Duomo - tra design e stile moresco, modernità in un palazzo cinquecentesco con pc in tutte le camere.

XXX **Da Giacomo** 🏖 ⇔ 🅿 VISA 🐵 AE ① ら
corso Italia 1 r ⊠ 16145 – ℰ 01 03 11 04 1 – www.ristorantedagiacomo.it
Rist – Carta 40/59 € ⊛   F**e**
♦ Sul lungomare locale di tono elegante con due accoglienti sale e grazioso dehors. La carta celebra la cucina ligure, non disdegnando qualche guizzo di fantasia.

XXX **Ippogrifo** AK ⇔ VISA 🐵 AE ① ら
via Gestro 9/r ⊠ 16129 – ℰ 01 05 92 76 4 – www.ristoranteippogrifo.it – chiuso dal 12 al 24 agosto   DZ**n**
Rist – *(chiuso domenica dal 15 giugno ad agosto)* Carta 49/86 €
♦ In zona Fiera, boiserie e lampade in ferro battuto in un ampio ristorante non privo di eleganza, frequentato da estimatori e gestito da due abili fratelli.

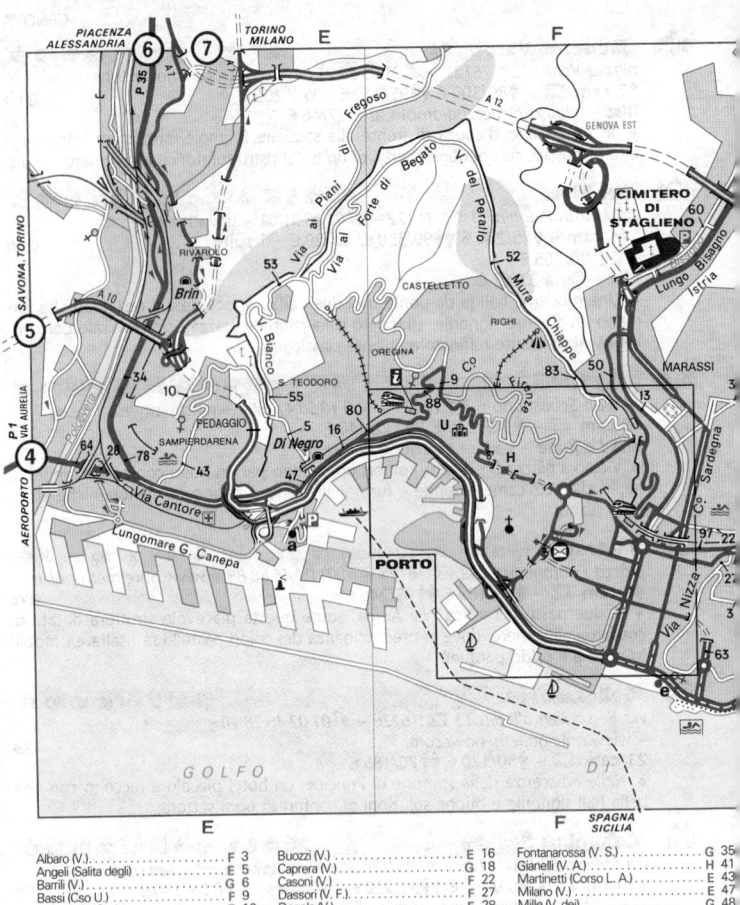

XXX **Gran Gotto**   &. AC VISA ●● AE ●

viale Brigate Bisagno 69/r ⊠ *16129 –* ℰ *010 58 36 44*
– www.mangiareinliguria.it – chiuso dal 14 al 30 agosto, sabato a mezzogiorno,
domenica ed i giorni festivi   DZ**m**
Rist – Menu 24 € (pranzo)/45 € – Carta 42/65 €

♦ Due luminosi ambienti (nuova sala fumatori) con quadri contemporanei, in un locale di tradizione, presente in città dal 1938; invoglianti proposte di pesce e non solo.

XXX **Le Perlage**   AC VISA ●● AE ●

via Mascherpa 4/r ⊠ *16129 –* ℰ *01 05 88 55 1/ 34 70 83 68 08*
– www.leperlage.com – chiuso dal 12 al 29 agosto e domenica   DZ**b**
Rist – Menu 40 € bc (pranzo)/80 € – Carta 48/96 €

♦ Ottimo indirizzo per gli amanti del pesce: nelle due piccole, ma eleganti salette, il *patron* vi farà assaggiare le squisitezze di mare preparate dalla moglie.

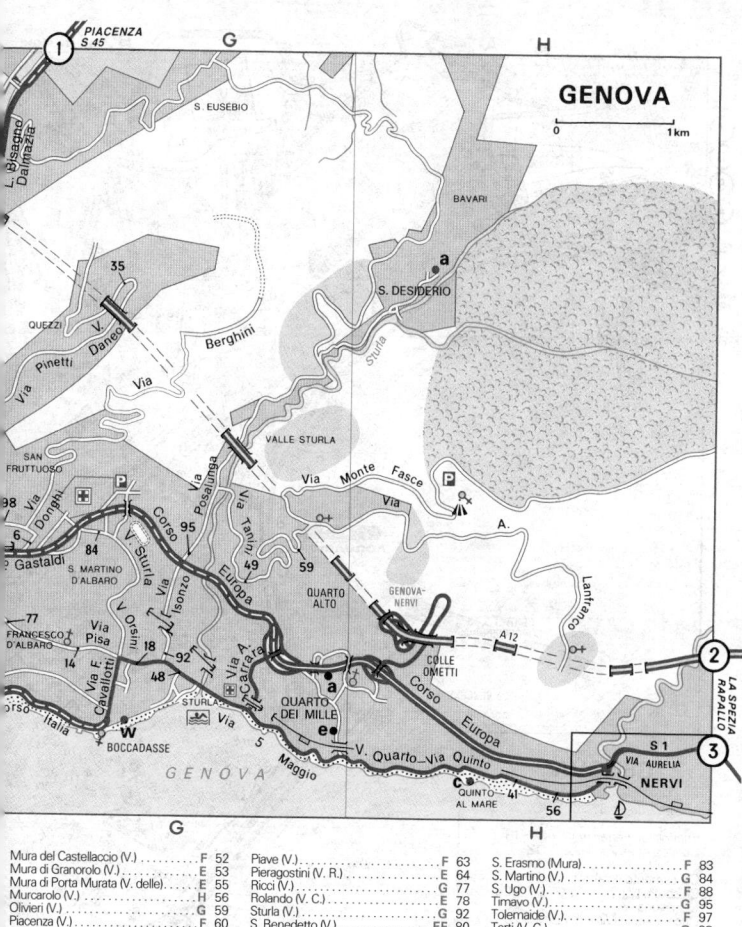

XX **Creuza de Ma**   AC VISA ◐◐ AE ◉ ⚓

piazza Nettuno 2 ⊠ 16146 – ℰ 01 03 77 00 91
– www.ristorantecreuzadema.it – chiuso dal 15 al 31 agosto, domenica, lunedì a
mezzogiorno   G**w**

Rist – Carta 43/65 €

♦ Locale raccolto, piacevolmente familiare e curato nei particolari, nell'incantevole
zona di Boccadasse. Gestione al femminile e menu con invitanti proposte di mare.

XX **Tiflis**   ⌂ AC VISA ◐◐ ⚓

vico del Fico 35R ⊠ 16128
– ℰ 0 10 25 64 79 – www.tiflis.it
– chiuso dal 13 al 21 agosto   BY**m**

Rist – Carta 31/49 €

♦ Simpatico ristorante che, rispecchiando le origini estoni di uno dei titolari, è
arredato in stile nordico. Cucina di terra e di mare con ottimi spiedoni di carne o
pesce.

505

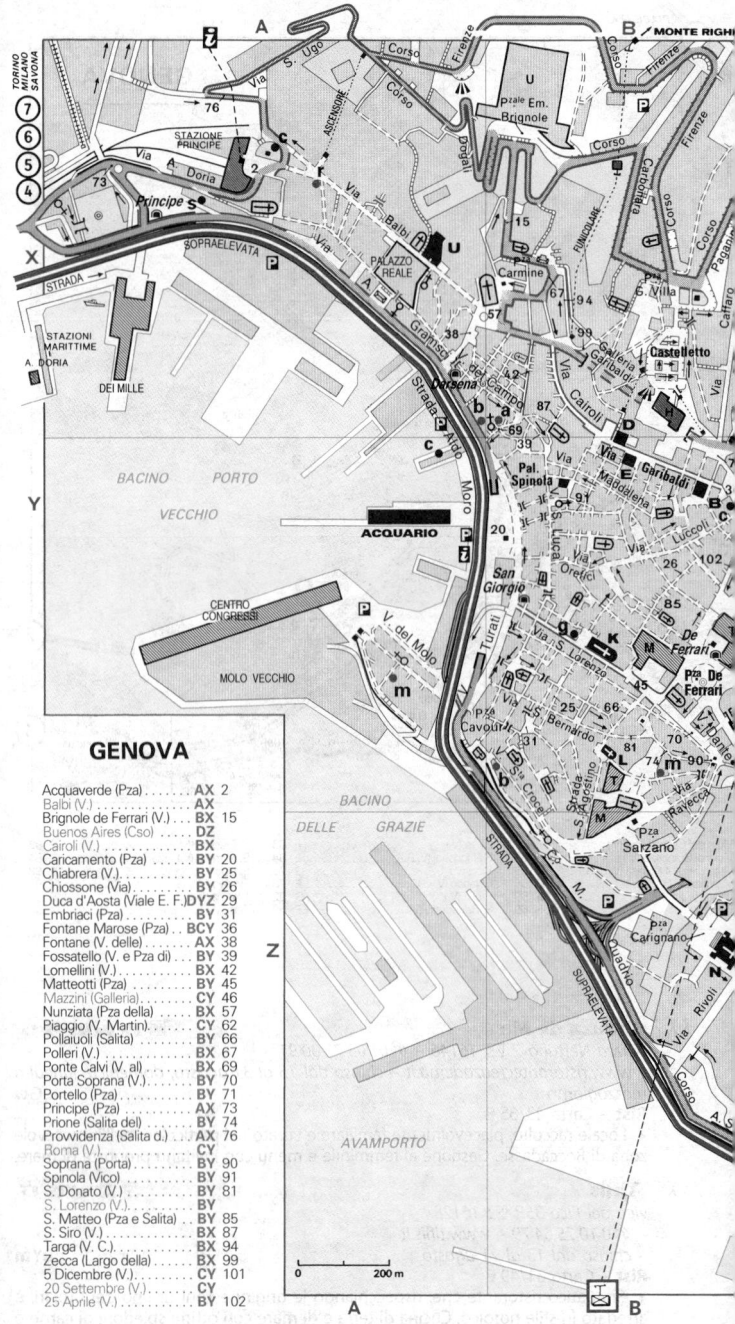

GENOVA

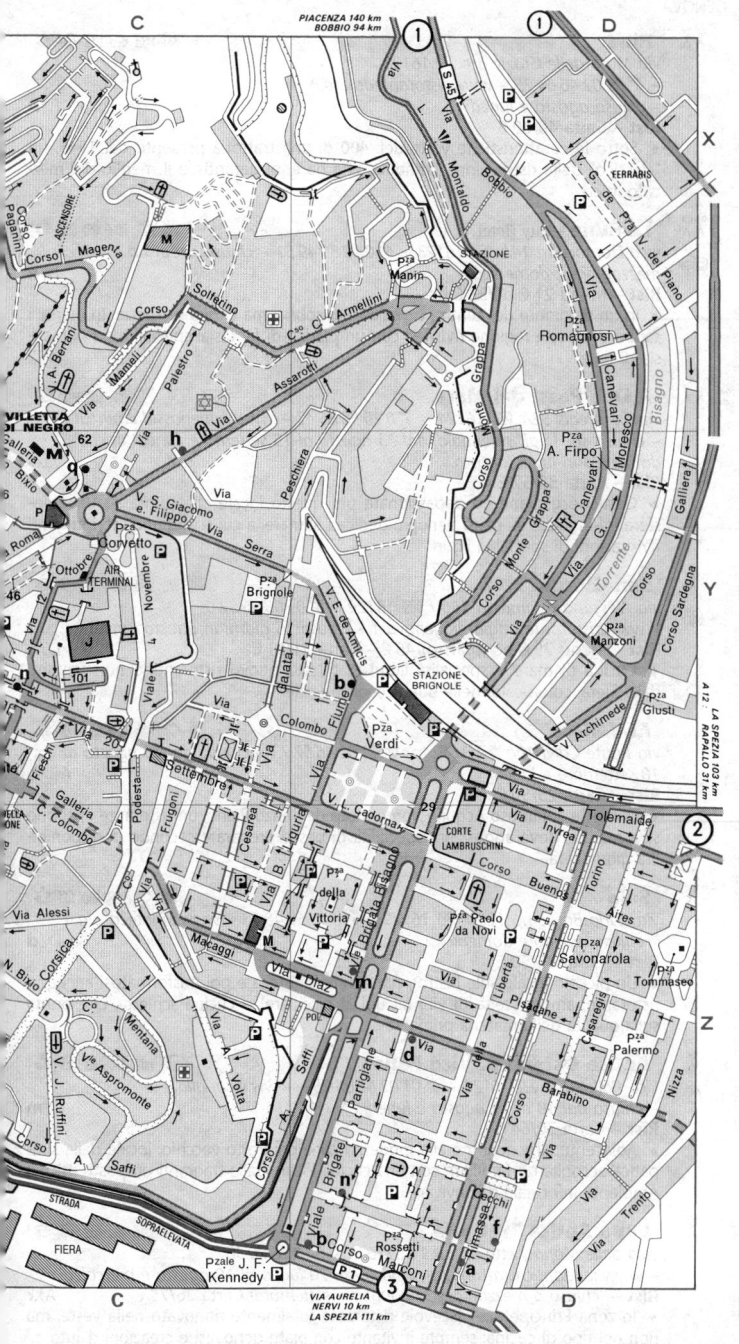

XX Rina

AC VISA ⓒⓞ AE ⓘ ⓢ

via Mura delle Grazie 3/r ✉ *16128*
– ☏ 01 02 46 64 75 – www.ristorantedarina.it
– chiuso agosto e lunedì   BY**b**
Rist – Carta 40/60 €
♦ Sotto le caratteristiche volte del '400 di una trattoria presente dal 1946, un "classico" della ristorazione cittadina, che da anni garantisce il meglio del mercato ittico.

XX Le Rune – City Hotel

AC ⇔ VISA ⓒⓞ AE ⓢ

ⓒⓢ
vico Domoculta 14/r ✉ *16123 – ☏ 0 10 59 49 51 – chiuso sabato a*
mezzogiorno, domenica   BY**d**
Rist – Menu 21 € bc/38 € bc
♦ In un ristorante del centro, tre salette di sobria, ma curata eleganza. In menu: i sapori di questa regione rivisitati con un pizzico di fantasia; specialità sia di mare sia di terra.

XX A Due Passi dal Mare

AC VISA AE ⓘ ⓢ

via Casaregis 52/r ✉ *16124 – ☏ 0 10 58 85 43 – www.aduepassidalmare.it*
– chiuso sal 1° all'8 gennaio, dal 23 agosto al 15 settembre, lunedì anche
domenica in luglio-agosto.   DZ**f**
Rist – Carta 38/52 €
♦ Gestione giovane ed appassionata per questo locale che punta su un'atmosfera informale e su piatti perlopiù dedicati al mare, a cui si aggiungono intriganti rivisitazioni di specialità liguri.

X San Giorgio

AC VISA ⓒⓞ AE ⓘ ⓢ

ⓒ
via Alessandro Rimassa 150 r ✉ *16129 – ☏ 01 05 95 52 05*
– www.ristorantesangiorgiogenova.it – chiuso 15 giorni in agosto lunedì
Rist – Menu 25 € bc (pranzo)/45 € – Carta 31/51 €   DZ**a**
♦ Cucina di mare e specialità liguri in questo nuovo ristorantino non lontano dalla Fiera: colori caldi nelle due accoglienti sale.

X Al Veliero

AC ⇔ VISA ⓒⓞ AE ⓘ ⓢ

via Ponte Calvi 10/r ✉ *16124 – ☏ 01 02 46 57 73 – chiuso dal 10 agosto al*
10 settembre e lunedì   ABX**b**
Rist – Carta 25/50 €
♦ Di fronte al famoso Acquario progettato da Renzo Piano, un ristorante in sobrio stile marina, dove apprezzare specialità di pesce preparate secondo la disponibilità giornaliera.

X Sola

AC ⇔ VISA ⓒⓞ AE ⓢ

via Carlo Barabino 120/r ✉ *16129 – ☏ 0 10 59 45 13 – www.vinotecasola.it*
– chiuso agosto e domenica   DZ**d**
Rist – Carta 33/50 € 🍷
♦ Un piccolo locale stile bistrot, nato come enoteca e poi trasformatosi anche in ristorante: ampia scelta di vini (alcuni al bicchiere) e cucina schietta, che punta sulla qualità della materia prima.

X Antica Osteria di Vico Palla

AC VISA ⓒⓞ AE ⓘ ⓢ

ⓒ
vico Palla 15/r ✉ *16128 – ☏ 01 02 46 65 75 – www.vicopalla.it*
– chiuso dal 10 al 20 agosto e lunedì   AY**m**
Rist – Carta 30/64 €
♦ Adiacente all'acquario e alla moderna zona del Porto vecchio, locale dalla simpatica accoglienza familiare con una cucina locale dalle fragranti proposte ittiche. Ambiente informale e conviviale.

X Lupo Antica Trattoria

AC VISA ⓒⓞ AE ⓘ ⓢ

vico delle Monachette 20/r ✉ *16126 – ☏ 0 10 26 70 36*
– www.lupoanticatrattoria.it – chiuso dal 20 luglio al 10 agosto e mercoledì
Rist – *(chiuso a mezzogiorno da luglio a settembre)* Carta 36/75 €   AX**r**
♦ In zona Principe, un piacevole ristorante totalmente rinnovato nella veste, ma non nel tipo di cucina: sempre invitante con piatti genovesi e creazioni d'autore.

Ⅹ **Voltalacarta** AC VISA ⨉ ⨏

via Assarotti 60/r ⊠ *16122 –* ℰ *01 08 31 20 46 – www.voltalacartagenova.it*
– chiuso dal 1° al 7 gennaio, dal 10 al 25 agosto, sabato a mezzogiorno,
domenica CYh

Rist – (coperti limitati, prenotare) Carta 40/72 €

♦ "Volta la carta" è una canzone estremamente allegorica: dietro ogni figura si nasconde un personaggio. Dietro la porta di questo locale si cela un ambiente grazioso e curato, dove gustare interessanti piatti per lo più a base di pesce.

Ⅹ **Soho-Ristorante e Pescheria** AC ⨁ VISA ⨉ AE ① ⨏

via al Ponte Calvi 20 r ⊠ *16124 Genova –* ℰ *01 08 69 25 48*
– www.ristorantesoho.it BXa

Rist – Carta 36/75 €

♦ In uno dei vicoli di fronte all'Acquario, locale multitasking ed informale, dominato dal contrasto fra antico e moderno: è un ristorante, wine-bar, pescheria. Pleonastico dire che le specialità attingono al mare.

verso Molassana per ① : 6 km :

Ⅹ **La Pineta** P VISA ⨉ AE ① ⨏

via Gualco 82, a Struppa ⊠ *16165 –* ℰ *0 10 80 27 72 – chiuso dal 21 al*
28 febbraio, agosto, domenica sera e lunedì

Rist – Carta 34/45 €

♦ Un gran camino troneggia in questa luminosa e calda trattoria, che dispone anche di un grazioso dehors. Cucina tradizionale casalinga, tra le specialità: carne e pesce alla brace.

all'aeroporto Cristoforo Colombo per ④ : 6 km E :

🏨 **Sheraton Genova** ≤ ⅙ 🖧 ⬕ AC ⇆ 𝒴 ⬌ ⅗ P 🅰 VISA ⨉ AE ① ⨏

via Pionieri e Aviatori d'Italia 44 ⊠ *16154 –* ℰ *01 06 54 91*
– www.sheratongenova.com/genova

281 cam � – ♯140/290 € ♯♯175/330 € – 2 suites

Rist *Il Portico* – Carta 37/53 €

♦ Originale contrasto tra la modernità della struttura e delle installazioni e la classicità dei raffinati interni di un hotel in zona aeroportuale; ampio centro congressi. Calda ed elegante sala ristorante in stile.

a Quarto dei Mille per ② o ③ : 7 km GH – ⊠ 16148

🏨 **AC Genova** 🕉 ⅙ 🖨 ⬕ AC ⬌ 𝒴 rist, ¶ ⅗ P VISA ⨉ AE ① ⨏

corso Europa 1075 – ℰ *01 03 07 11 80 – www.achotels.com* Ga

139 cam ⊄ – ♯85/330 € **Rist** – Carta 35/67 €

♦ Ambiente moderno e minimalista, due tipologie di camere (standard e business), bar self-service aperto 24 ore: una struttura capace di armonizzare innovazione e buon gusto. Presso una sala moderna e d'avanguardia potrete gustare piatti tradizionali ed internazionali.

🏠 **Iris** senza rist 🖨 AC ¶ ⅗ P VISA ⨉ AE ① ⨏

via Rossetti 3/5 – ℰ *01 03 76 07 03 – www.hoteliris.it* Ge

34 cam ⊄ – ♯60/90 € ♯♯90/160 €

♦ A pochi passi dal mare, albergo di piccole dimensioni con comodo parcheggio. Camere confortevoli e piacevole solarium per la bella stagione.

a Cornigliano Ligure per ④ : 7 km – ⊠ 16152

ⅩⅩ **Da Marino** AC VISA ⨉ AE ① ⨏

via Rolla 36/r – ℰ *01 06 51 88 91 – chiuso agosto, sabato, domenica*

Rist – (prenotazione obbligatoria la sera) Carta 37/59 €

♦ Locale semplice ed accogliente, grazie alla grande dedizione delle titolari. La stessa cura è riservata alla cucina: tradizionale ligure, eseguita con grande amore.

a San Desiderio Nord-Est : 8 km per via Timavo H – ⊠ 16133

ХХ **Bruxaboschi**   🛣 VISA ⊕ AE ① ⑤

via Francesco Mignone 8 – ℰ 01 03 45 03 02 – www.bruxaboschi.com – chiuso dal 24 dicembre al 5 gennaio e agosto   Ha

Rist – *(chiuso domenica sera e lunedì)* (prenotazione obbligatoria a mezzogiorno) Carta 27/45 € 🏵

♦ Dal 1862 la tradizione si è perpetuata di generazione in generazione in una trattoria con servizio estivo in terrazza. Cucina del territorio, nonché interessante selezione di vini e distillati.

a Quinto al Mare per ② o ③: 8 km GH – ⊠ 16166

ХХ **La Casa dei Capitani**   🛣 AC VISA ⊕ AE ① ⑤

piazzale Rusca 1 – ℰ 01 03 72 71 85 – www.lacasadeicapitani.it – chiuso lunedì; anche domenica sera da ottobre a maggio   Hc

Rist – (coperti limitati, prenotare) Menu 25 € (pranzo)/39 € – Carta 44/58 €

♦ La casa dei vecchi capitani - risalente al 1700 - ospita oggi un bel ristorante dalle signorili sale. Giovane la gestione e moderna la cucina di matrice regionale.

a Sestri Ponente per ④ : 10 km – ⊠ 16154

ХХ **Baldin** (Luca Collami)   AC ⇔ VISA ⊕ AE ① ⑤

🏵 *piazza Tazzoli 20/r – ℰ 01 06 53 14 00 – www.ristorantebaldin.com – chiuso domenica, lunedì*

Rist – Menu 40 € bc (pranzo)/80 € bc – Carta 47/89 €

Spec. Variazione dal crudo al cotto. Cappon magro. Triglie fritte in forno, fonduta di grana e carciofi trifolati.

♦ Volte a vela, parquet e boiserie di betulla in un accogliente locale rinnovato in senso minimalista; proposte di mare in sapiente equilibrio fra tradizione e creatività.

ХХ **Toe Drûe**   AC VISA ⊕ AE ⑤

via Corsi 44/r – ℰ 01 06 50 01 00 – www.toedrue.it – chiuso dal 1° al 3 gennaio, 20 giorni in agosto, sabato a mezzogiorno, domenica

Rist – Carta 45/55 €

Rist La Kantina – ℰ 01 06 00 19 91 – Carta 25/30 €

♦ C'è un fonte battesimale dell'800 all'ingresso di questa romantica trattoria alla moda, che propone ricette liguri rivisitate. Il Sol Levante splende invece sulla tavola di *La Kantina*: sushi, sashimi e tante altre specialità nipponiche... ma anche qualche piatto locale.

a Voltri per ④ : 18 km – ⊠ 16158

ХХ **Il Gigante**   AC VISA ⊕ AE ⑤

via Lemerle 12/r – ℰ 01 06 13 26 68 – www.ristoranteilgigante.it – chiuso dal 16 al 31 agosto, domenica sera, lunedì

Rist – Carta 33/79 €

♦ Un ex olimpionico di pallanuoto appassionato di pesca gestisce questo simpatico locale: due salette di taglio classico e sobria semplicità e piatti, ovviamente, di mare.

ХХ **La Voglia Matta**   ⑤ AC VISA ⊕ ⑤

via Cerusa 63 r – ℰ 01 06 10 18 89 – www.lavogliamatta.org – chiuso 15 giorni in gennaio, 15 giorni in agosto, domenica sera, lunedì

Rist – Menu 35 € – Carta 36/67 €

♦ Avete una voglia matta di gustare specialità di pesce? Bussate in questo bel palazzo del Cinquecento: fra le sue mura troverete un locale fresco e giovanile, con tante fantasiose proposte ittiche.

✗ **Ostaia da ü Santü** ⟨ 🖼 🕏 **P** VISA ⓪ ⛊

😊 *via al Santuario delle Grazie 33, Nord : 1,5 km* – ℰ 01 06 13 04 77
– *chiuso dal 25 dicembre al 31 gennaio, dal 16 al 30 settembre, domenica sera e le sere di mercoledì e giovedì da ottobre a giugno*
Rist – Carta 25/33 €

♦ La breve passeggiata a piedi lungo una stradina di campagna sarà l'anticipo di quello che troverete all'osteria: una gustosa cucina casalinga per riscoprire genuini sapori. Piacevole pergolato per il servizio estivo.

a Pegli per ④ : 13 km – ⊠ 16155 Pegli

📷 Parco Durazzo Pallavicini ★

🏨 **Torre Cambiaso** ⟨ 🖼 🕯 ♨ 🛏 🕭 cam, 🖼 🕏 rist, ⸙ 🔧 **P**
via Scarpanto 49 – ℰ 01 06 98 06 36 VISA ⓪ AE ① ⛊
– *www.antichedimore.com*
42 cam ⌂ – †82/156 € ††107/257 € – 6 suites – ½ P 87/157 €
Rist – Carta 29/51 €

♦ Spenti gli echi delle preghiere, in questa bella villa che fu un tempo anche convento, via libera al lusso e alla ricercatezza che caratterizzano ogni angolo della struttura: dagli spazi comuni con pezzi d'antiquariato alle camere eclettiche. Proposte mediterranee, soprattutto di pesce, nell'elegante ristorante.

GERACE – Reggio di Calabria (RC) – 564 M30 – 2 833 ab. – alt. 500 m 5 A3
– ⊠ 89040

▶ Roma 695 – Reggio di Calabria 96 – Catanzaro 107 – Crotone 160

🏨 **La Casa di Gianna e Palazzo Sant'Anna** ⌂ 🖼 🕭 rist,
via Paolo Frascà 4 – ℰ 09 64 35 50 24 VISA ⓪ AE ① ⛊
– *www.lacasadigianna.it* – *chiuso novembre*
20 cam ⌂ – †70/110 € ††110/156 € – 1 suite – ½ P 75/103 €
Rist – *(chiuso lunedì)* Carta 23/47 €

♦ Una casa incantevole, un angolo pittoresco in questo spaccato del nostro Mezzogiorno; un'antica dimora gentilizia rinnovata con grande stile e ovunque pervasa dal passato. La cucina locale su tavole dalle ricche tovaglie, servizio più informale in veranda.

🏨 **La Casa nel Borgo** senza rist ⟨ 🖼 VISA ⓪ AE ① ⛊
via Nazionale 66, Sud : 1 km – ℰ 09 64 35 51 50
– *www.lacasanelborgo.it* – *chiuso novembre*
13 cam ⌂ – †70/85 € ††110/130 € – ½ P 90 €

♦ In località Borgo, a circa un chilometro dal centro storico, una bella casa di taglio rustico-elegante caratterizzata da accessori in legno massiccio e letti in ferro battuto.

GEROLA ALTA – Sondrio (SO) – 561 D10 – 210 ab. – alt. 1 050 m 16 B1
– ⊠ 23010

▶ Roma 689 – Sondrio 39 – Lecco 71 – Lugano 85

🏨 **Pineta** ⌂ ⟨ 🖼 🕏 ⸙ **P** VISA ⓪ ⛊
località di Fenile, Sud-Est : 3 km alt. 1 350 – ℰ 03 42 69 01 80
– *www.albergopineta.com* – *chiuso novembre*
20 cam ⌂ – ††40/70 € – ½ P 52 €
Rist – *(chiuso martedì escluso da giugno a settembre)* Carta 30/59 €

♦ Marito valligiano e moglie inglese gestiscono questo piccolo albergo in stile montano, semplice e ben tenuto, comodo punto di partenza per escursioni. Al ristorante atmosfera da baita e pochi piatti, scelti con cura fra quelli di una genuina cucina locale.

GHEDI – Brescia (BS) – **561** F12 – **18 398 ab.** – alt. 85 m – ⊠ 25016   **17** C1

▶ Roma 525 – Brescia 21 – Mantova 56 – Milano 118

✗   **Trattoria Santi**   🚗 ⇔ ❄ **P** VISA ⊚ ⓪ ⑤
   via Calvisano 73, Sud-Est : 4 km – ℰ 03090 13 45 – www.trattoriasanti.it
   – chiuso gennaio, martedì sera, mercoledì
   Rist – Menu 12 € bc/27 € bc – Carta 18/26 €
   ◆ Dal 1919 un'intramontabile osteria di campagna; in cucina casonsei e grigliate
   di carne e di pesce ed ogni prelibatezza sfoggia un unico obiettivo, riscoprire la
   genuinità della tradizione agreste.

GHIFFA – Verbano-Cusio-Ossola (VB) – **561** E7 – **2 405 ab.** – alt. 201 m   **24** B1
– ⊠ 28823

▶ Roma 679 – Stresa 22 – Locarno 33 – Milano 102

🏨   **Ghiffa**   ⇐ 🚗 ⇔ 🚶 ⌂ ☑ ⑀ ⑄ cam, 𝗔𝗖 ⑀ 🕏 **P** VISA ⊚ ⑤
   corso Belvedere 88 – ℰ 0 32 35 92 85 – www.hotelghiffa.com – aprile-15 ottobre
   39 cam ☑ – †110/150 € ††155/260 € – ½ P 116/168 €   **Rist** – Carta 33/65 €
   ◆ In riva al lago, signorile struttura di fine '800 dotata di terrazza-giardino con
   piscina riscaldata: ottimi confort e conduzione professionale. Pavimento in parquet nella sala da pranzo con grandi vetrate; cucina classica e del territorio.

GHIRLANDA – Grosseto – Vedere Massa Marittima

GIARDINI NAXOS Sicilia – Messina (ME) – **365** BA56 – **9 638 ab.**   **40** D2
– ⊠ 98035 📖 Sicilia

▶ Catania 47 – Messina 54 – Palermo 257 – Taormina 5

🎦 via lungomare Tysandros 54, ℰ 0942 5 10 10, www.regione.sicilia.it

🏨🏨   **Hellenia Yachting Hotel**   ⇐ 🚗 ⌂ ☑ 🕏 ⑄ ⑀ ❄ 🕏
   via Jannuzzo 41 – ℰ 0 94 25 17 37 – www.hotel-hellenia.it   VISA ⊚ 𝖠𝖤 ⓪ ⑤
   112 cam ☑ – †90/147 € ††147/230 € – 2 suites – ½ P 140 €
   Rist – (marzo-ottobre) Carta 28/39 €
   ◆ Stucchi, marmi e dipinti nei sontuosi interni, ma spazio anche per il relax nella
   piscina con solarium ed accesso diretto alla spiaggia. Sale ristorante ampie, dominano l'eleganza, la luminosità e la cura dei particolari.

🏨   **Palladio**   ⇐ ⌂ ⇔ 🕏 𝗔𝗖 ⑀ VISA ⊚ 𝖠𝖤 ⓪ ⑤
   via Umberto 470 – ℰ 0 94 25 22 67 – www.hotelpalladiogiardini.com – chiuso
   gennaio-febbraio
   18 cam ☑ – †60/140 € ††60/190 € – 2 suites – ½ P 55/120 €
   Rist – (aprile-ottobre) (prenotazione obbligatoria) Carta 27/60 €
   ◆ Affacciato sulla baia, è un'ondata di genuina ospitalità siciliana che vi avvolgerà
   in ambienti carichi di artigianato e prodotti isolani. L'amore per questa terra continua anche nei piatti del ristorante con prodotti locali selezionati tra il biologico e
   il commercio equosolidale.

🏠   **La Riva** senza rist   ⇐ 🕏 ⑀ ⇔ VISA ⊚ 𝖠𝖤 ⓪ ⑤
   via lungomareTysandros 52 – ℰ 0 94 25 13 29 – www.hotellariva.com – chiuso
   novembre e dicembre
   40 cam ☑ – †50/87 € ††65/120 €
   ◆ La hall introduce ad un settore notte in cui tanti sono gli arredi e le decorazioni riferibili alla tradizione e all'artigianato siciliani. Dalle finestre delle camere:
   l'affascinante spettacolo della baia fino alla colata vulcanica preistorica.

✗✗   **Sea Sound**   ⇔ VISA ⊚ 𝖠𝖤 ⓪ ⑤
   via Jannuzzo 37 – ℰ 0 94 25 43 30 – aprile-ottobre
   Rist – Carta 27/57 €
   ◆ Locale estivo con servizio su una bella terrazza a mare dove, immersi nel verde, è
   possibile gustare ottimo pesce, in preparazioni semplici e decisamente sostanziose.

GIAU (Passo di) – Belluno – **562** C18 – Vedere Cortina d'Ampezzo

GIGLIO CAMPESE – Grosseto (GR) – **563** O14 – Vedere Giglio (Isola del) :
Giglio Porto

GIGLIO (Isola del) – Grosseto (GR) – **563** O14 – **1 413 ab.**   **29** C3
– alt. 498 m ▮ Toscana

GIGLIO PORTO (GR) – **563** O14 – ✉ **58012**   **29** C3

🚢 per Porto Santo Stefano – Toremar, call center 892 123

🚢 Maregiglio ✆0564 812920

🏨 **Castello Monticello**   ≤ 🚗 ※ ✻ ✵ rist, **P.** 🚗 VISA ⬤⬤ ⬤ 🕏
bivio per Arenella, Nord : 1 km – ✆ 05 64 80 92 52
– www.hotelcastellomonticello.com – 20 marzo-ottobre
29 cam ⚏ – ♦60/80 € ♦♦100/160 € – ½ P 95 €
Rist *– (solo per alloggiati)*
◆ In posizione elevata rispetto al paese, una villa-castello arredata in legno scuro con camere e terrazza che si affacciano direttamente sul mare.

🏠 **Bahamas** *senza rist* ⊗   ≤ 🏧 ✵ **P.** VISA ⬤⬤ AE ⬤ 🕏
via Cardinale Oreglia 22 – ✆ 05 64 80 92 54 *– www.bahamashotel.it – chiuso dal 20 al 26 dicembre*
27 cam ⚏ – ♦50/100 € ♦♦70/125 €
◆ Alle spalle della chiesa, una struttura bianca a conduzione familiare dagli arredamenti lineari con camere semplici e luminose e terrazzini con vista.

✗ **La Vecchia Pergola**   ≤ 🏧 VISA ⬤⬤ 🕏
via Thaon de Revel 31 – ✆ 05 64 80 90 80 *– marzo-ottobre; chiuso mercoledì*
Rist – Carta 30/46 €
◆ La risorsa a gestione familiare, consta di un'unica sala e di una terrazza, con vista contemporaneamente sul paese e sul porto, dove assaggiare prelibatezze di mare.

a Giglio Campese Nord-Ovest : 8,5 km – ✉ **58012**

🏨 **Campese** ⊗   ≤ ⟨ 🏧 ✵ rist, **P.** VISA 🕏
via Della Torre 18 – ✆ 05 64 80 40 03 *– www.hotelcampese.com*
– 15 aprile-settembre
39 cam ⚏ – ♦61/91 € ♦♦110/170 € – ½ P 105 €   **Rist** – Carta 25/53 €
◆ Direttamente sulla spiaggia, l'hotel vanta ampi ambienti di tono classico con soluzioni d'arredo lineari in legno in tinte chiare e sfumature azzurre. In posizione panoramica, affacciato sul mare, il ristorante propone una cucina locale, di mare e di terra.

a Giglio Castello Nord-Ovest : 6 km – ✉ **58012**

✗ **Da Maria**   🍴 VISA ⬤⬤ AE ⬤ 🕏
via della Casamatta 12 – ✆ 05 64 80 60 62 *– chiuso gennaio, febbraio e mercoledì escluso dal 15 giugno al 15 settembre*
Rist – Carta 41/50 €
◆ Nel centro medievale del Castello, una casa d'epoca dai toni rustici ospita un ristorante a conduzione familiare con proposte del territorio e soprattutto specialità di pesce.

✗ **Da Santi**   ≤ 🍴 🏧 VISA ⬤⬤ AE 🕏
via Santa Maria 3 – ✆ 05 64 80 61 88 *– www.vacanzealgiglio.net*
– chiuso dal 1° novembre al 15 dicembre e lunedì escluso dal 15 giugno al 15 settembre
Rist – Carta 42/58 €
◆ Nuova sede per questo storico locale dell'isola: appena fuori dal borgo, la posizione garantisce - soprattutto dal terrazzino, con il servizio all'aperto - una meravigliosa vista. La cucina rimane fedele alla tradizione.

GIGNOD – Aosta (AO) – **561** E3 – **1 562 ab.** – alt. 988 m – ✉ **11010**   **34** A2
▶ Roma 753 – Aosta 7 – Colle del Gran San Bernardo 25
🍴 Aosta Arsanières, 0165 56020

XX **La Clusaz** con cam · 🕸 rist, **P.** VISA 🆎 AE ⊙ ⚙

🕸 *località La Clusaz, Nord-Ovest : 4,5 km – 𝒞 0 16 55 60 75 – www.laclusaz.it*
– *chiuso dal 10 maggio al 10 giugno e dal 3 novembre al 3 dicembre*
🍽 **14 cam** – ♦55/60 € ♦♦70/130 €, ⌓ 7 € – ½ P 60/85 €
Rist – *(chiuso martedì, mercoledì a mezzogiorno)* Menu 43 € – Carta 37/49 € 🍴
Spec. Fonduta alla valdostana con polenta cotta su fuoco a legna. Straccetti di
farina di segale con verza e crema alla toma. Trancio di salmone confit in guazzetto di vongole, sale affumicato, lime candito
♦ La storia di questa casa montana è ormai millenaria, le sue pietre e i suoi
ambienti vi raccontano le tradizioni valdostane non meno della cucina, giunta
ora ad emozionanti livelli. Tra ricette storiche e prodotti locali, il territorio regala
piatti di grande originalità che non troverete altrove. L'ospitalità continua nelle
camere, da quelle più semplici a quelle decorate da un'artista locale.

GIOIA DEL COLLE – Bari (BA) – **564** E32 – **27 682 ab. – alt. 358 m**   27 C2
– ⊠ **70023**

▶ Roma 443 – Bari 39 – Brindisi 107 – Taranto 35

🏨 **Svevo** · 🚃 |📶| ♣♣ 🆔 🕸 cam, 🍴 🔥 **P** 🚗 VISA 🆎 AE ⊙ ⚙

via Cassano 319 – 𝒞 08 03 48 27 39 – www.hotelsvevo.it
78 cam ⌓ – ♦65/113 € ♦♦90/137 € – 3 suites
Rist – *(chiuso lunedì)* Carta 28/45 €
♦ Non lontano dal casello autostradale, dalla stazione e dall'aeroporto - nel cuore
dell'antica Puglia Peuceta - camere spaziose e confortevoli in un albergo di stile
classico. Al ristorante: interessanti proposte gastronomiche, perlopiù regionali, e
prezzi competitivi.

GIOVI – Arezzo (AR) – **563** L17 – Vedere Arezzo

GIOVO – Trento (TN) – **562** D15 – **2 464 ab. – alt. 496 m** – ⊠ 38030   30 B2
▶ Roma 593 – Trento 14 – Bolzano 52 – Vicenza 102

🏨 **Maso Franch** · 🝔 🚃 🕸 🍴 **P** 🚗 VISA 🆎 AE ⊙ ⚙

località Maso Franch 2, Ovest: 3 km ⊠ 38030 Giovo – 𝒞 04 61 24 55 33
– *www.masofranch.it – chiuso 15 giorni in gennaio e 10 giorni in agosto*
12 cam ⌓ – ♦70/120 € ♦♦105/150 €
Rist *Maso Franch* – vedere selezione ristoranti
♦ Alle porte della Valle di Cembra, camere tradizionali in stile montano o di
design moderno (più cittadino): in entrambe le situazioni, il confort è assicurato.
A disposizione degli ospiti un piccolo, ma accogliente spazio wellness.

XX **Maso Franch** – Hotel Maso Franch · 🚃 🕸 ♻ **P** VISA 🆎 AE ⊙ ⚙

località Maso Franch 2, Ovest: 3 km ⊠ 38030 Giovo – 𝒞 04 61 24 55 33
– *www.masofranch.it – chiuso 15 giorni in gennaio e 15 giorni in luglio*
Rist – *(chiuso martedì)* (prenotare) Menu 45 € – Carta 44/62 €
♦ Interpretazioni creative ed elaborate, ma sempre all'insegna dei sapori locali, in
un ambiente avveniristico ed "insolito" per la montagna. Lista dei vini intriganti e
dalla splendida terrazza, lo spettacolo della natura.

a Palù Ovest : 2 km – ⊠ 38030 Palù Di Giovo

⌂ **Agriturismo Maso Pomarolli** 🕸 · 🚃 🎋 ♦ cam, 🕸 rist, **P.**

località Maso Pomarolli 10 ⊠ 38030   VISA 🆎 AE ⊙ ⚙
– *𝒞 04 61 68 45 71 – www.agriturmasopomarolli.it – chiuso dal 9 gennaio*
al 24 febbraio
7 cam ⌓ – ♦40/50 € ♦♦70/80 € – ½ P 55 €
Rist – *(chiuso settembre e ottobre) (chiuso a mezzogiorno) (solo per alloggiati)*
♦ Piacevole e semplice gestione familiare, dove le camere senza fronzoli assicurano pulizia: prenotazione obbligatoria per quelle con imperdibile vista sulla valle
di Cembra.

GIULIANOVA LIDO – Teramo (TE) – **563** N23 – **21 634 ab. –** ⊠ **64021**   1 B1
▶ Roma 209 – Ascoli Piceno 50 – Pescara 47 – Ancona 113
🆔 *via Mamiani 2, 𝒞 085 8 00 30 13, www.abruzzoturismo.it*

Sea Park Resort 🕭 🏠 🖳 🛦 ⚗ 🏊 ⚴ rist, ⚑ 🔥 🚗
via Arenzano – ℰ 08 58 02 53 23 — 🆅🆂🅰 ⚭ 🅰🅴 ⓞ 🍴
– www.seaparkresort.com
50 cam ☐ – †80/122 € †† 98/175 € – ½ P 98/117 € **Rist** – Carta 28/44 €
◆ A 100 m dal mare, un'architettura originale tra terrazze pensili, piscina e confortevoli camere di tono moderno. Struttura con una spiccata vocazione sportiva dispone di palestra, campo e scuola calcio. Al ristorante, un ricco buffet di verdure calde e fredde, i prodotti classici nazionali e proposte di pesce.

 Cristallo ≤ 🖼 🕭 🖳 🛦 🛦 🕭 ⚗ ⚑ 🔥 🆅🆂🅰 ⚭ 🅰🅴 ⓞ 🍴
lungomare Zara 73 – ℰ 08 58 00 37 80 *– www.hcristallo.it*
70 cam ☐ – †55/110 € †† 85/170 € – 1 suite
Rist – *(chiuso dal 24 dicembre al 2 gennaio)* Carta 40/108 €
◆ Frontemare, l'hotel offre luminosi spazi comuni arredati con gusto moderno in calde tonalità di colore e camere confortevoli, adatte ad una clientela d'affari e turistica. Al ristorante, una delle più interessanti cucine di pesce della città.

 Parco dei Principi 🖼 🕭 🖳 🖳 & cam, 🛦 🕭 ⚗ rist, ⚑ 🅿 🚗
lungomare Zara – ℰ 08 58 00 89 35 🆅🆂🅰 ⚭ 🅰🅴 ⓞ 🍴
– www.giulianovaparcodeiprincipi.it – 22 maggio-20 settembre
87 cam ☐ – †70/150 € †† 90/200 € – ½ P 77/115 € **Rist** – Carta 33/45 €
◆ In prima fila sul lungomare - in un contesto tranquillo, immerso nel verde dei pini - l'hotel propone camere confortevoli (le migliori ai piani più alti), con vista panoramica sul mare o sulla collina. Gusti nuovi e sapori antichi al ristorante.

 Europa ≤ 🕭 🖳 🖳 & cam, 🛦 🕭 ⚗ ⚑ 🔥 🚗 🆅🆂🅰 ⚭ 🅰🅴 ⓞ 🍴
🕾 *lungomare Zara 57 –* ℰ 08 58 00 36 00 *– www.htleuropa.it*
72 cam ☐ – †54/98 € †† 69/125 € – 3 suites – ½ P 104 €
Rist – *(chiuso domenica e a mezzogiorno escluso da maggio a settembre)*
Menu 20 € bc/30 € bc
◆ In posizione centrale e davanti al mare, la clientela d'affari apprezzerà l'efficienza dei servizi mentre quella balneare sarà conquistata dalla singolare piscina in spiaggia. Presso le ampie sale del ristorante è possibile anche allestire banchetti.

XXX **Da Beccaceci** 🕭 🆅🆂🅰 ⚭ 🅰🅴 🍴
via Zola 18 – ℰ 08 58 00 35 50 *– www.ristorantebeccaceci.com – chiuso dal 30 dicembre al 12 gennaio, lunedì, martedì a mezzogiorno e domenica sera*
Rist – Menu 79 € – Carta 46/86 € ⚘
◆ Bastione delle specialità adriatiche, il meglio del pescato arriva qui: servito in preparazioni tradizionali e gustose, dalle paste alle grigliate di pesce.

GIUSTINO – Trento (TN) – **562** D14 – Vedere Pinzolo

GIZZERIA LIDO – Catanzaro (CZ) – **564** K30 – **3 648 ab.** – ✉ 88048 **5** A2
▶ Roma 576 – Cosenza 60 – Catanzaro 39 – Lamezia Terme (Nicastro) 13

sulla strada statale 18

 La Lampara ≤ 🕭 ⚗ ⚑ 🅿 🆅🆂🅰 ⚭ 🅰🅴 ⓞ 🍴
località Caposuvero, Nord-Ovest : 6 km ✉ 88040 *–* ℰ 09 68 46 61 93
– www.lalampararistorante.it – chiuso dal 22 dicembre al 5 gennaio
10 cam ☐ – †80/90 € †† 100/120 €
Rist *La Lampara* – vedere selezione ristoranti
◆ Fronte mare, con accesso diretto alla spiaggia, questa moderna struttura - non grande nelle dimensioni, ma dal confort di livello - dispone di belle camere arredate con gusto e cura.

 Palmed ≤ 🕭 ⚑ 🔥 🅿 🚗 🆅🆂🅰 ⚭ 🅰🅴 ⓞ 🍴
via Nazionale 35, Nord-Ovest : 2 km ✉ 88040 *–* ℰ 09 68 46 63 83
– www.palmedhotel.com
20 cam ☐ – †75/78 € †† 87/105 €
Rist *Pesce Fresco* – vedere selezione ristoranti
◆ Hotel a conduzione familiare collegato al ristorante di famiglia: camere ampie e confortevoli adatte sia per un soggiorno di lavoro sia per una vacanza. Più tranquille quelle orientate verso il mare. L'aeroporto è a 5 minuti.

XX **La Lampara** – Hotel La Lampara   🏠 ⚛ 🅰🅒 🕸 ⟳ 🄿 📺 🆚 ⑩ 🄰🄴 ⚡
località Caposuvero, Nord-Ovest : 6 km ✉ *88040 –* ✆ *09 68 46 61 93*
– www.lalampararistorante.it – chiuso dal 22 dicembre al 5 gennaio
Rist *– (chiuso martedì escluso luglio-agosto)* Carta 45/80 €
♦ A pochi metri dal mare su cui si affaccia con la sua grande la terrazza, un ristorante in stile classico-contemporaneo la cui attività risale al 1966. Da sempre pala-
dini di una cucina marinara, fra i piatti più apprezzati: l'antipasto della Lampara e
gli appetitosi fritti.

XX **Pesce Fresco** – Hotel Palmed   🏠 ⚛ 🅰🅒 🕸 🄿 📺 ⑩ 🄰🄴 ⓪ ⚡
via Nazionale 33, Nord-Ovest : 2 km – ✆ *09 68 46 62 00*
*– www.ristoranteilpescefresco.com – chiuso dal 24 dicembre al 5 gennaio e
domenica sera*
Rist *–* Carta 33/52 €
♦ Il nome è già un'indicazione: fresco pescato giornaliero alla base dei piatti,
seppur non manchino le carni. In posizione comoda, sulla statale ma non lontano dal mare.

GLORENZA (GLURNS) – Bolzano (BZ) – 562 C13 – 871 ab. – alt. 907 m   30 A2
– ✉ 39020 🏴 Italia Centro Nord

🛣 Roma 720 – Sondrio 119 – Bolzano 83 – Milano 260

🇮 piazza Municipio 1, ✆ 0473 83 10 97, www.altavenosta-vacanze.it

🏠 **Posta**   🚗 🐇 📶 🕸 ⛑ 🄿 🆚 ⑩ 🄰🄴 ⚡
via Flora 15 – ✆ *04 73 83 12 08 – www.hotel-post-glurns.com – chiuso
dal 7 gennaio ad aprile*
27 cam 🖂 – †40/60 € ††90/120 € – 2 suites – ½ P 66/75 €
Rist Posta 😊 – vedere selezione ristoranti
♦ All'interno della cinta muraria della pittoresca Glorenza, un albergo di antichis-
sime tradizioni: una sorta di gasthaus familiare e semplicissima, ideale per chi
vuole soggiornare in una struttura "corretta"a prezzi contenuti.

X **Posta** – Hotel Posta   🚗 🄿 🆚 ⑩ 🄰🄴 ⚡
😊 *via Flora 15 –* ✆ *04 73 83 12 08 – www.hotel-post-glurns.com – chiuso dal
7 gennaio a marzo*
Rist *–* Carta 25/54 €
♦ Locale sempre affollatissimo, un po' per la sua cucina a metà strada tra il regionale ed il classico-italiano, un po' per la tipicità dell'ambiente: ultimo, ma non
ultimo il buon rapporto qualità/prezzo.

GLURNS = Glorenza

GODIA – Udine (UD) – Vedere Udine

GOLA DEL FURLO – Pesaro e Urbino (PU) – 563 L20 – alt. 177 m   20 B1
🛣 Roma 259 – Rimini 87 – Ancona 97 – Fano 38

XX **Anticofurlo** con cam   🏠 🐇 rist, ⚛⚛ 📶 ⛑ 🄿 🆚 ⑩ 🄰🄴 ⓪ ⚡
via Furlo 66 ✉ *61041 Acqualagna –* ✆ *07 21 70 00 96 – www.anticofurlo.it
– chiuso dal 10 al 20 gennaio*
7 cam 🖂 – †42/50 € ††70/90 € – ½ P 60/70 €
Rist *– (chiuso lunedì sera, martedì escluso agosto e ottobre-novembre)*
(consigliata la prenotazione) Carta 34/56 € 🏵
♦ Locale dall'atmosfera informale, ma nel piatto la creatività fa "vibrare" i tradizionali sapori regionali. Imperdibile il rito dell'aperitivo, che si consuma nella caratteristica grotta scavata nella roccia. Confort moderno e mobili antichi nelle camere
rinnovate.

GOLFO ARANCI Sardegna – Olbia-Tempio (OT) – 366 S37   38 B1
– 2 378 ab. – ✉ 07020

🛣 Cagliari 304 – Olbia 19 – PortoTorres 140 – Sassari 122

⛴ per Civitavecchia e Livorno – Sardinia Ferries, call center 199 400 500

🔒 Gabbiano Azzurro 🐚 ⟨≠ 🛋 🕯 ⟨⊗ ⌇ ▮🖤 📶 🛜 🛰 🚗
via dei Gabbiani – ☎ 0 78 94 69 29   🅥🅘🅢🅐 ⊕⊕ 🅐🅔 ⓞ 🛦
– *www.hotelgabbianoazzurro.com* – *aprile-ottobre*
80 cam 🛏 – ♥69/300 € ♥♥79/310 € – 1 suite – ½ P 75/190 €
Rist – Carta 34/74 €
♦ Hotel a conduzione familiare ubicato all'inizio della "Terza Spiaggia". Bella vista dalle terrazze e da alcune delle confortevoli camere. Anche dalla sala ristorante si scorge l'isola di Tavolara. Cucina prevalentemente a base di pesce.

🔒 Villa Margherita ⟨≠ 🛋 🖤 🕯 ⌇ ▮🖤 📶 ⟨≠≠ 🅰🅲 🚻 rist, ▮🅿 🅥🅢🅐 ⊕⊕ 🅐🅔 ⓞ 🛦
via Libertà 91 – ☎ 0 78 94 69 12 – *www.margheritahotel.net* – *aprile-ottobre*
41 cam 🛏 – ♥115/260 € ♥♥139/310 € – 3 suites – ½ P 100/190 €
Rist – *(maggio-ottobre)* Carta 31/46 €
♦ Signorile hotel a conduzione diretta che si ubica in centro, ma fronteggia la spiaggia: ameno giardino con piscina, camere di buon livello tutte rinnovate. Piacevole zona relax con bagno turco. Ambiente ricercato dai caldi colori al ristorante, dove la cucina locale sposa sapori forti e semplici, terra e mare.

✗✗ Terza Spiaggia ⟨≠ 🅰🅲 🕯 🅥🅢🅐 ⊕⊕ 🅐🅔 🛦
località Terza Spiaggia – ☎ 0 78 94 64 85 – *www.terzaspiaggia.com*
– *maggio-settembre*
Rist – *(chiuso a mezzogiorno)* (consigliata la prenotazione) Menu 35 €
– Carta 37/68 € (+10 %)
♦ Approdare ad una spiaggia così, è il sogno di tutti: stabilimento balneare di giorno e romantico ristorante la sera, pochi coperti ed un'interessante cucina a base di pesce.

GOLFO DI BONAGIA – Trapani (TP) – **365** AK55 – Vedere Valderice

---

GORGO AL MONTICANO – Treviso (TV) – **562** E19 – 3 935 ab.   35 A1
– alt. 11 m – ✉ 31040

▶ Roma 574 – Venezia 60 – Treviso 32 – Trieste 116

🏨 Villa Revedin 🐚 🔔 ⌇ 🅰🅲 🕯 🛜 ▮🅿 🅥🅢🅐 ⊕⊕ 🅐🅔 ⓞ 🛦
via Palazzi 4 – ☎ 04 22 80 00 33 – *www.villarevedin.it*
32 cam 🛏 – ♥64/76 € ♥♥99/117 € – 4 suites – ½ P 75/84 €
Rist Villa Revedin – vedere selezione ristoranti
♦ Antica dimora dei nobili Foscarini, villa veneta del XVII secolo in un parco secolare, ampio, tranquillo: un'atmosfera raffinata e rilassante per sostare nella storia.

✗✗ Villa Revedin – Hotel Villa Revedin 🏡 🕭 🅰🅲 ▮🅿 🅥🅢🅐 ⊕⊕ 🅐🅔 ⓞ 🛦
via Palazzi 4 – ☎ 04 22 80 00 33 – *www.villarevedin.it* – *chiuso 10 giorni in gennaio, 10 giorni in agosto, domenica sera, lunedì*
Rist – Carta 34/49 €
♦ Arredi in stile marina inglese fanno da sfondo ad un ricco buffet di pesce del giorno, mentre una sala attigua e più classica soddisfa le domande di gruppi numerosi.

GORINO VENETO – Ferrara (FE) – **562** H19 – ✉ 44020 Ariano Nel   9 D1
Polesine

▶ Roma 436 – Ravenna 82 – Ferrara 78 – Rovigo 62

✗✗ Stella del Mare 🅰🅲 🕯 ▮🅿 🅥🅢🅐 ⊕⊕ 🅐🅔 ⓞ 🛦
via Po 36 – ☎ 04 26 38 83 23 – *www.ristorantestelladelmare.com* – *chiuso lunedì, martedì da marzo a ottobre; aperto venerdì, sabato, domenica a mezzogiorno negli altri mesi*
Rist – (consigliata la prenotazione) Carta 25/50 €
♦ Il paese è raggiungibile da Gorino attraversando un ponte di barche a pagamento, ben poche case e un locale molto noto nei dintorni per le sue gustose specialità che esplorano il panorama ittico.

GORIZIA 🅿 (GO) – **562** E22 – 35 980 ab. – alt. 84 m – ✉ 34170   11 D2
▶ Roma 649 – Udine 35 – Ljubljana 113 – Milano 388
🛬 di Ronchi dei Legionari Sud-Ovest: 25 km ☎ 0481 773224
🛈 corso Italia 9, ☎ 0481 8 19 46, www.infoturismofvg.it

🏠 Grand Hotel Entourage 🏢 ⅋ cam, 🅰️ℂ cam, ⅋⅋ ⑨ 🎿 VISA ⑤ AE ⑤

piazza Sant'Antonio 2 – ℰ 04 81 55 02 35 – www.entouragegorizia.com – chiuso dal 1° al 26 agosto

40 cam ⊇ – ⑨90/125 € ⑨⑨160/200 € – 8 suites

Rist *Il Vinattiere* – *(chiuso domenica sera e lunedì)* Carta 32/48 €

◆ Nel cinquecentesco palazzo dei conti Strassoldo, in un'atmosfera di raffinata tranquillità, ampie ed eleganti camere di gusto classico, nonché una corte interna ricca di storia. Salumi, formaggi e naturalmente vino al Vinattiere.

🏨 Internazionale ☒ ⅗ 🅵₆ ⅋ ⅗ rist, 🅰️ℂ ⅗ rist, ⑨ 🎿 🅿️ VISA ⑤ AE ⑩ ⑤

via Trieste 173 – ℰ 04 81 52 41 80 – www.hotelinternazionalegorizia.it

49 cam ⊇ – ⑨60/70 € ⑨⑨80/90 € – ½ P 50/55 € **Rist** – Menu 10/20 €

◆ Alle porte della città, questo comodo hotel è l'indirizzo ideale per una clientela d'affari, che potrà apprezzare - nei momenti liberi - l'attrezzata palestra e il centro benessere. Cucina mediterranea e pizza nell'elegante atmosfera del ristorante.

🏨 Gorizia Palace senza rist 🏢 ⅗ 🅰️ℂ ⅋⅋ ⑨ 🎿 VISA ⑤ AE ⑩ ⑤

corso Italia 63 – ℰ 48 18 21 66 – www.goriziapalace.com

69 cam ⊇ – ⑨71/128 € ⑨⑨86/165 € – 2 suites

◆ Moderno albergo situato in posizione centrale, dispone di ambienti funzionali e confortevoli, ideali tanto per soggiorni di relax quanto per incontri di lavoro.

✗✗ Majda ☗ ⅗ 🅰️ℂ VISA ⑤ AE ⑩ ⑤

via Duca D'Aosta 71/73 – ℰ 0 48 13 08 71 – chiuso gennaio, agosto, domenica e a mezzogiorno

Rist – Carta 30/39 € ⅙

◆ Gestione al femminile per questo ristorante dalla quarantennale esperienza, ricavato negli spazi di una vecchia fattoria, dove gustare la cucina del territorio, di mare e di terra. Sala enoteca.

✗ Rosenbar ☗ VISA ⑤ AE ⑩ ⑤

via Duca d'Aosta 96 – ℰ 04 81 52 27 00 – www.rosenbar.it – chiuso domenica, lunedì

Rist – Carta 29/64 €

◆ Piacevole, affermato, bistrot con ampio dehors estivo ed un menu stabilito di giorno in giorno: i piatti di pesce sono, tuttavia, in maggioranza (suggeriti al tavolo).

GOVONE – Cuneo (CN) – **561** H6 – **2 110 ab.** – **alt. 301 m** – ✉ **12040**   **25** C2
▸ Roma 634 – Cuneo 76 – Genova 134 – Novara 115

🏠 Il Molino senza rist ⅗ ⅗ 🅿️ VISA ⑤ AE ⑤

via XX Settembre 15 – ℰ 01 73 62 16 38 – www.ilmolinoalba.it – chiuso gennaio, febbraio

5 cam ⊇ – ⑨55/75 € ⑨⑨80/100 € – 1 suite

◆ Un'atmosfera d'altri tempi aleggia negli ambienti di questo mulino ottocentesco adiacente al castello sabaudo e che ospita eleganti camere in stile, dotate di balcone dall'impareggiabile vista panoramica. Gestione giovane e vivace.

✗✗✗ Pier Bussetti al Castello di Govone ⅗ 🅰️ℂ ⇔ VISA ⑤ AE ⑤

😃 *piazza Vittorio Emanuele II 17 – ℰ 0 17 35 80 57 – www.pierbussetti.it – chiuso dal 1° gennaio al 15 febbraio, lunedì*

Rist – *(chiuso a mezzogiorno escluso sabato e domenica)* Menu 75 € – Carta 59/81 € ⅙

Spec. Insalata russa in due versioni. Risotto con tè Earl Grey, calamaretti e lime. Scamone di vitello da latte in crosta di pane con crema di semolino al limone.

◆ Design moderno nelle ex scuderie reali del castello di Govone, mentre la cucina introduce sfumature contemporanee nelle ricette del territorio.

✗✗✗ Il San Pietro ☗ 🅿️ VISA ⑤ ⑤

strada per Priocca 3, frazione San Pietro – ℰ 0 17 35 84 45 – chiuso agosto e mercoledì

Rist – *(chiuso a mezzogiorno escluso sabato e festivi)* Carta 48/69 €

◆ Intimo ed elegante locale gestito con grande savoir-faire da due fratelli. Due sono anche le loro passioni: lo champagne da aprire sempre con la scenografica sciabola ed il pesce, quasi esclusivamente di provenienza sarda.

GRADARA – Pesaro e Urbino (PU) – **563** K20 – 4 636 ab. – alt. 142 m **20** B1
– ✉ 61012 ▯ Italia

🛣 Roma 315 – Rimini 28 – Ancona 89 – Forlì 76

👁 Rocca★

🏠 **Villa Matarazzo** senza rist ॐ ⟨ 🕊 ⤸ ⅃ ᵮᵴ 🖼 ᵐᵠ 🏋 **P**
via Farneto 1, località Fanano – ℰ 05 41 96 46 45 VISA ⓪ AE ① Ⓢ
– www.villamatarazzo.com – aprile-settembre
15 cam � – ✝70/130 € ✝✝100/230 €
♦ Su un colle di fronte al castello di Gradara, una serie di terrazze con vista panoramica su mare e costa; un complesso esclusivo, raffinato, piccolo paradiso nella natura.

✗✗ **La Botte** ⌂ VISA ⓪ AE ① Ⓢ
🍴 *piazza V Novembre 11* – ℰ 05 41 96 44 04 – www.labottegradara.it – *chiuso novembre e mercoledì*
Rist – (consigliata la prenotazione) Menu 21 € bc/30 € – Carta 26/43 €
Rist *Osteria del Borgo* – Menu 21 € bc – Carta 19/38 €
♦ Dolce entroterra marchigiano e storico piccolo borgo: qui, tra muri antichi che sussurrano il passato, un caratteristico ambiente medievale. Servizio estivo in giardino. Atmosfera più informale all'Osteria del Borgo (anche enoteca).

GRADISCA D'ISONZO – Gorizia (GO) – **562** E22 – 6 673 ab. **11** C3
– alt. 32 m – ✉ 34072

🛣 Roma 639 – Udine 33 – Gorizia 12 – Milano 378

🏠 **Al Ponte** ⤙ 🏠 🎫 ᬏ 🖼 ⤴ ᵐᵠ 🏋 **P** VISA ⓪ AE ① Ⓢ
viale Trieste 124, Sud-Ovest : 2 km – ℰ 04 81 96 11 16 – www.albergoalponte.it
42 cam – ✝73/95 € ✝✝100/140 €, ⊒ 12 €
Rist *Al Ponte* – vedere selezione ristoranti
♦ Alle porte della località in una zona verdeggiante e tranquilla, capace conduzione familiare in un hotel dagli ambienti signorili e dalle confortevoli camere.

🏠 **Franz** senza rist 🎫 ᬏ 🖼 ᵠ ᵐᵠ 🏋 **P** VISA ⓪ AE ① Ⓢ
viale Trieste 45 – ℰ 0 48 19 92 11 – www.hotelfranz.it
50 cam ⊒ – ✝62/93 € ✝✝78/138 € – 2 suites
♦ Poco distante dal centro e curato nei dettagli, offre camere confortevoli e buone infrastrutture per meeting. Ideale per una clientela d'affari.

✗✗ **Al Ponte** ⌂ 🖼 ⟷ **P** VISA ⓪ AE ① Ⓢ
viale Trieste 122, Sud-Ovest : 2 km – ℰ 0 48 19 92 13 – www.albergoalponte.it
– chiuso dal 1° al 14 gennaio, dal 15 al 31 luglio, domenica sera e lunedì
Rist – Carta 30/50 € ᵇ
♦ Tre sale di un gusto che spazia dal rustico al moderno: cucina locale di lunga tradizione, bella scelta di vini regionali e servizio estivo sotto un pergolato.

GRADO – Gorizia (GO) – **562** E22 – 8 614 ab. – ✉ 34073 ▯ Italia **11** C3

🛣 Roma 646 – Udine 50 – Gorizia 43 – Milano 385

ℹ viale Dante Alighieri 72, ℰ 0431 87 71 11, www.infoturismofvg.it

🔟 via Monfalcone 27, 0431 896896, www.tenutaprimero.com

👁 Quartiere antico★ : postergale★ nel Duomo

🏠 **Laguna Palace** ⟨ 🔲 ⓦ 🏠 🎫 ᬏ ⤪ 🖼 ᵠ rist, ᵐᵠ 🏋 🚐
Riva Brioni 17 ✉ 34073 Grado – ℰ 0 43 18 56 12 VISA ⓪ AE ① Ⓢ
– www.lagunapalacehotel.it
71 cam ⊒ – ✝135/159 € ✝✝220/288 € – 29 suites – ½ P 128/162 €
Rist – Carta 41/75 € (+10 %)
♦ Tre "M"- moda, modernità, mare – si sono date appuntamento in questa lussuosa struttura à la page affacciata sulla laguna: ampie camere dal graffiante design contemporaneo, tutte con balcone, ed attrezzato centro wellness per ritrovare se stessi partendo dal fisico. Cucina classica rivisitata nel panoramico ristorante.

Grand Hotel Astoria

largo San Grisogono 3 – ℰ 04 31 83 55 0
– www.hotelastoria.it
124 cam � – **♦**54/79 € **♦♦**120/172 € – 54 suites – ½ P 78/104 €
Rist – Carta 26/49 €

♦ A due passi dal centro e dalla spiaggia, camere confortevoli e rinnovato centro benessere in un albergo storico nella tradizione turistica dell'"Isola del Sole". Al settimo piano, panoramico ristorante *à la carte.*

Savoy

Riva Slataper 12 – ℰ 04 31 89 71 11 – www.hotelsavoy-grado.it
– 29 marzo-28 ottobre
71 cam ⊇ – **♦**105/146 € **♦♦**180/230 € – 6 suites – ½ P 130 €
Rist – Carta 40/74 €

♦ Nel cuore di Grado, sorge questo bel gioiello di confort e ospitalità; diversificata possibilità di camere ed appartamenti per soddisfare qualsiasi tipo di clientela.

Fonzari

piazza Biagio Marin – ℰ 04 31 87 63 60 – www.hotelfonzari.com – chiuso gennaio e febbraio
71 cam ⊇ – **♦**90/120 € **♦♦**120/160 € – 47 suites – ½ P 76/96 €
Rist *Fonzari* – vedere selezione ristoranti

♦ Adiacente il grazioso centro storico, questa moderna struttura ospita ampie camere e belle suite. Per gli amanti del fitness, l'hotel dispone di una piccola palestra.

Abbazia

via Colombo 12 – ℰ 04 31 80 00 38 – www.hotel-abbazia.com – aprile-ottobre
48 cam – **♦**45/88 € **♦♦**80/146 €, ⊇ 11 € – ½ P 90 €   **Rist** – Carta 20/50 €

♦ Ai margini della zona pedonale, hotel a conduzione diretta con spazi comuni personalizzati, camere ben accessoriate ed ampia piscina coperta. Il ristorante in estate si trasferisce nella veranda dai vetri decorati.

Metropole senza rist

piazza San Marco 15 – ℰ 04 31 87 62 07 – www.gradohotel.com – chiuso dal 3 gennaio al 12 febbraio
19 cam ⊇ – **♦**65/120 € **♦♦**96/140 € – 4 suites

♦ Gradevole atmosfera ed accogliente servizio in un mitico albergo di Grado, meta di vacanze degli Asburgo e della nobiltà mitteleuropea. Anche la gestione non delude: giovane e motivata, si farà in quattro per soddisfare le vostre richieste!

Diana

via Verdi 1 – ℰ 04 31 80 00 26 – www.hoteldiana.it – aprile-ottobre
60 cam ⊇ – **♦**50/80 € **♦♦**90/120 € – ½ P 82 €   **Rist** – Carta 22/39 €

♦ Nelle camere e negli eleganti spazi comuni domina una rilassante tonalità verde. Da oltre cinquant'anni una lunga tradizione familiare su una delle vie pedonali a vocazione commerciale. Proposte d'albergo con divagazioni marine, al ristorante.

Eden

via Marco Polo 2 – ℰ 04 31 80 01 36 – www.hoteledengrado.it – aprile-ottobre
39 cam – **♦**51/88 € **♦♦**81/164 €, ⊇ 8 € – ½ P 70/80 €
Rist – *(maggio-settembre)* Menu 23 €

♦ Nei pressi del Palazzo dei Congressi e del Parco delle Rose, albergo a conduzione diretta dagli ambienti e dalle camere in gradevole stile retrò; le piccole attenzioni al cliente arricchiscono il confort generale.

Antares senza rist

via delle Scuole 4 – ℰ 04 31 84 96 1 – www.antareshotel.info – chiuso dal 10 dicembre al 20 febbraio
19 cam ⊇ – **♦**75/100 € **♦♦**100/140 €

♦ Ai margini del centro storico, nei pressi del mare, una piccola struttura a conduzione familiare, dove l'attenzione al cliente è costante. Comode camere tutte con balcone.

⌂ **Villa Rosa** senza rist   🦮 🛗 AC ⁿⁱ VISA ⓪ AE ① ♿

via Carducci 12 – ℰ 0 43 18 00 26 – www.hotelvillarosa-grado.it – aprile-ottobre
25 cam ⌷ – †40/70 € ††80/110 €

♦ Tra la Riva prospiciente l'Isola della Schiusa e il Lungomare verso la spiaggia principale, sorge questa piccola risorsa - a conduzione familiare - rinnovata in anni recenti. Camere semplici, ma non manca nulla!

⌂ **Park Spiaggia** senza rist   🛗 AC VISA ⓪ ♿

via Mazzini 1 – ℰ 0 43 18 23 66 – www.hotelparkspiaggia.it – 31 marzo-4 novembre
28 cam ⌷ – †70/90 € ††100/120 €

♦ Nella zona pedonale, che la sera diviene un mondano passeggio, non lontano dalla grande e attrezzata spiaggia privata della località, l'hotel vanta spazi comuni confortevoli e camere luminose.

XX **Tavernetta all'Androna**   🌳 AC VISA ⓪ AE ① ♿

calle Porta Piccola 6 – ℰ 0 43 18 09 50 – www.androna.it – chiuso dal 15 ottobre al 30 marzo
Rist – Menu 65 € – Carta 48/79 €

♦ Tra le strette calli del centro, un locale d'atmosfera tra il rustico ed il moderno, dove gustare deliziosi piatti di pesce ricchi di fantasia.

XX **De Toni**   🌳 AC VISA ⓪ ♿

piazza Duca d'Aosta 37 – ℰ 0 43 18 01 04 – www.trattoriadetoni.it – chiuso gennaio e mercoledì
Rist – Carta 35/54 €

♦ Nel centro storico, sulla via pedonale, ristorante familiare di lunga esperienza (più di 60 anni!). Ricette gradesi e specialità di pesce, da gustare in un ambiente particolarmente curato: nella luminosa sala o nella bella veranda.

XX **Fonzari** – Hotel Fonzari   🌳 AC 🍽 VISA ⓪ AE ① ♿

piazza Biagio Marin – ℰ 04 31 87 63 60 – www.hotelfonzari.com – chiuso dicembre, gennaio e febbraio
Rist – Carta 29/43 €

♦ Questo ristorante all'ultimo piano dell'omonimo albergo, non solo propone sapori mediterranei, ma offre anche uno stupendo panorama sulla città.

X **Alla Buona Vite** con cam   🌳 🍽 rist, 🅿 VISA ⓪ AE ♿

via Dossi, località Boscat, Nord : 10 km – ℰ 0 43 18 80 90 – www.girardi-boscat.it – chiuso dicembre e gennaio
4 cam – ††80/90 €, ⌷ 5 €
Rist – (chiuso giovedì escluso giugno-settembre) Carta 27/59 €

♦ Superata la laguna prendete la prima strada a destra, per raggiungere questa trattoria gestita da una famiglia di viticoltori. Servizio estivo accanto al piccolo parco-giochi. Dispone anche di confortevoli appartamenti per chi desidera prolungare il soggiorno, immersi nella natura.

X **La Darsena**   ≤ 🌳 VISA ⓪ AE ♿
😊

Testata Mosconi, Nord: 0,300 km – ℰ 0 43 18 57 95 – chiuso dal 2 gennaio al 15 marzo, dal 5 al 30 novembre e giovedì escluso dal 15 maggio al 15 settembre
Rist – Menu 42 € – Carta 26/44 €

♦ All'interno dell'isolotto-darsena, poco fuori dal centro, un ristorante dall'aspetto semplice, ma dalla sorprendente cura nel servizio e nell'esecuzione dei piatti: prevalentemente a base di pesce e modernamente ispirati. Ottimo rapporto qualità/prezzo.

alla pineta Est : 4 km :

⌂ **Mar del Plata**   🌊 🦮 ⌷ 🛗 AC cam, 🍽 rist, ⁿⁱ 🅿 VISA ⓪ AE ① ♿
😊

viale Andromeda 5 – ℰ 0 43 18 10 81 – www.hotelmardelplata.it – 1° aprile-1° ottobre
35 cam ⌷ – †46/75 € ††92/150 € – ½ P 56/85 €   **Rist** – Carta 20/26 €

♦ Nella verdeggiante zona della pineta, hotel a conduzione familiare rinnovato in anni recenti: camere moderne e piacevole piscina sul retro. La spiaggia attrezzata dista circa 100 m.

GRADOLI – Viterbo (VT) – **563** O17 – **1 496 ab.** – alt. 470 m – ⊠ 01010   **12** A1

▶ Roma 130 – Viterbo 42 – Siena 112

ХХ　**La Ripetta**　　　　　　　　　　　　⌂ ⌘ **P** **VISA** ⦿ **AE** **ᕱ**
via Roma 38 – *⌒ 07 61 45 61 00* – *www.laripetta.com* – *chiuso* lunedì, martedì a mezzogiorno
Rist – Carta 28/37 €
♦ All'ingresso della località, lungo la strada principale, un ristorante dove gustare fragranti piatti di pesce, sia di lago che di mare. Servizio estivo su una grande terrazza.

GRANCONA – Vicenza (VI) – **562** F16 – **1 700 ab.** – alt. 36 m   **35** B3
– ⊠ 36040

▶ Roma 553 – Padova 54 – Verona 42 – Vicenza 24

sulla strata statale per San Vito Nord-Est : 3 km :

ХХ　**Vecchia Ostaria Toni Cuco**　　　　　　　⌂ **P** **VISA** **ᕱ**
via Arcisi 12 ⊠ *36040* – *⌒ 04 44 88 95 48* – *www.vecchiaosteriatonicuco.it*
– *chiuso 1 settimana in agosto, 1 settimana in gennaio,* lunedì, martedì
Rist – (prenotazione obbligatoria a mezzogiorno) Carta 27/42 €
♦ Si percorrono alcuni chilometri in salita prima di arrivare in questo locale, rustico eppure d'insospettabile eleganza, dove gustare carni alla brace e fantasiose rivisitazioni di ricette vicentine.

GRANDZON – Aosta (AO) – **561** E4 – **Vedere Verrayes**

GRANIGA – Verbano-Cusio-Ossola (VB) – **561** D6 – **Vedere Bognanco (Fonti)**

GRAN SAN BERNARDO (Passo del) – Aosta (AO) – **561** E3   **34** A2
– alt. 2 469 m

▶ Roma 778 – Aosta 41 – Genève 148 – Milano 216

🄱🄷　**Italia** ⤳　　　　　　　　　　　　　　**P** **VISA** ⦿ **AE** **ᕱ**
colle del Gran San Bernardo ⊠ *11010 Saint Rhémy* – *⌒ 01 65 78 09 08*
– *www.gransanbernardo.it* – *10 giugno-20 settembre*
15 cam – ♥50/65 € ♥♥70/95 €, ⊇ 10 € – ½ P 65/75 €　**Rist** – Carta 28/49 €
♦ Per i più ardimentosi amanti della vera montagna, sferzata dai venti e dalla neve anche in estate, un albergo alpino offre dal 1933 caratteristici interni in legno. Calda l'atmosfera al ristorante, articolato in tre sale, dove troverete i classici della cucina valdostana.

GRANTORTO – Padova (PD) – **562** F17 – **4 642 ab.** – alt. 36 m   **37** B1
– ⊠ 35010

▶ Roma 535 – Venezia 69 – Padova 33 – Trento 114

Х　**Villa Regina** con cam　　　　　　　　**AK** **⁽ᵗ⁾** **VISA** ⦿ **①** **ᕱ**
via Regina Margherita 42 – *⌒ 04 95 96 01 35* – *www.locandavillaregina.it*
– *chiuso domenica sera e lunedì*
5 cam ⊇ – ♥50/75 € ♥♥70/90 € – 4 suites　**Rist** – Carta 55/123 €
♦ A due passi dal centro, piacevole locanda composta da due curate salette, dove il pesce è protagonista assoluto: dai calamari e gamberoni in tempura, al fritto misto dell'Adriatico, passando per le proverbiali crudité del giorno (mare permettendo). Camere e mini appartamenti, per chi volesse prolungare la sosta.

GRAPPA (Monte) – Belluno, Treviso e Vicenza – alt. 1 775 m ▍ Italia
◎ Monte★★★

GRAVEDONA – Como (CO) – **428** D9 – **2 795 ab.** – alt. 201 m   **16** B1
– ⊠ 22015 ▍ Italia Centro Nord

▶ Roma 683 – Como 54 – Sondrio 52 – Lugano 46
◎ S. Maria del Tiglio★

La Villa senza rist   🚗 🎄 🍴 ♿ 🅰️ 🛰️ 🛎️ 🅿️ 🆚 ⓒⓐ 🅰️🅴 💳

via Regina Ponente 21 – 𝒞 03 44 89 01 7 – www.hotel-la-villa.com – chiuso dal 20 dicembre al 31 gennaio
14 cam 🛏️ – †70/95 € ††90/140 €

♦ Luminosa, moderna e accogliente: sono gli aggettivi che più si addicono a questa curata villa nell'incantevole scenario del lago di Como. Se ampie camere assicurano confort e relax, il giardino e la piscina garantiscono distensivi momenti en plein air.

GRAVINA IN PUGLIA – Bari (BA) – 564 E31 – 44 287 ab. – alt. 338 m – ✉ 70024   26 B2

▶ Roma 417 – Bari 58 – Altamura 12 – Matera 30

✗ Madonna della Stella con cam ⌕   ← 🚗 🏠 🅰️ 🛰️ 🛎️ 🅿️
                                🆚 ⓒⓐ 🅰️🅴 ⓞ 💳

via Madonna della Stella – 𝒞 08 03 25 63 83
– www.madonnadellastellaresort.com
10 cam 🛏️ – †45 € ††65 €   **Rist** – *(chiuso martedì)* Carta 24/32 €

♦ La sala scavata nella roccia naturale, il bianco e antico villaggio di fronte sarà il suggestivo ritratto da contemplare, dalla sapienza dei due fratelli i sapori e le tradizioni di un passato mai dimenticato! Una suggestiva struttura in tufo ospita le graziose semplici camere.

GRAZIE – Mantova (MN) – 561 G14 – Vedere Curtatone

GREMIASCO – Alessandria (AL) – 561 H9 – 349 ab. – alt. 400 m – ✉ 15056   23 D2

▶ Roma 563 – Alessandria 52 – Genova 70 – Piacenza 92

✗✗ Belvedere   🏠 ♿ 🅰️ 🅿️ 🆚 ⓒⓐ 🅰️🅴 ⓞ 💳
  🐾

via Dusio 5 – 𝒞 01 31 78 71 59 – www.belvederegremiasco.it – chiuso alla sera (escluso venerdì-sabato e domenica) e martedì da ottobre a giugno; lunedì, martedì e mercoledì a pranzo negli altri mesi
Rist – Carta 17/22 €

♦ Una vecchia osteria familiare - rinnovatasi nel tempo - con sale accoglienti e gustose proposte del territorio: ottime, le materie prime dalle quali si elaborano i piatti.

GRESSONEY LA TRINITÉ – Aosta (AO) – 561 E5 – 315 ab. – alt. 1 624 m – Sport invernali : 1 618/2 970 m ≼3 ≼5 ✗ – ✉ 11020   34 B2
▌ Italia Centro Nord

▶ Roma 733 – Aosta 86 – Ivrea 58 – Milano 171

🅔 Edelboden Superiore, 𝒞 0125 36 61 43, www.lovevda.it

Jolanda Sport   ← 🏠 🛗 🧖 🛰️ 🛎️ 🅿️ 🆚 ⓒⓐ 🅰️🅴 💳

località Edelboden Superiore 31 – 𝒞 01 25 36 61 40
– www.hoteljolandasport.com – chiuso maggio, ottobre e novembre
32 cam 🛏️ – †80/140 € ††140/180 € – 5 suites – ½ P 110 €
Rist – Carta 29/49 €

♦ Costruito con l'omonima seggiovia nel 1957, ma completamente ristrutturato in anni recenti, l'hotel ripropone la tradizione dei tipici*Stadel Walzer*: camere curate nei minimi particolari, con colori caldi e legno a vista. Assolutamente da provare, il moderno ed attrezzato centro benessere.

Lysjoch   ← 🚗 🏠 🛰️ 🧖 🅿️

località Fohre – 𝒞 01 25 36 61 50 – www.hotellysjoch.com – dicembre-aprile e 25 giugno-15 settembre
12 cam 🛏️ – †48/63 € ††96/126 € – ½ P 85 €
Rist – *(chiuso a mezzogiorno) (solo per alloggiati)*

♦ Direttamente sulle piste, in questa località a nord di Gressoney La Trinité, piccola struttura con un ambiente familiare e accogliente, reso ancor più caldo dal legno.

GRESSONEY SAINT JEAN – Aosta (AO) – 561 E5 – 811 ab. 34 B2
– alt. 1 385 m – Sport invernali : 1 385/2 020 m ✔3, ✗ – ⊠ 11025

◼ Italia Centro Nord

▶ Roma 727 – Aosta 80 – Ivrea 52 – Milano 165

🅸 Villa Deslex, ℰ 0125 35 51 85, www.lovevda.it

🔟 ℰ 0125 356314, www.golfgressoney.com – giugno-settembre

◉ Località ★

🏨 **Gran Baita** ◈ ≤ ✿ ▣ & ⊮ 🅿 VISA ⊕ ⑤
strada Castello Savoia 26, località Gresmatten – ℰ 01 25 35 64 41
– www.hotelgranbaita.it – dicembre-15 aprile e 20 giugno-15 settembre
12 cam � – •65/90 € ••110/150 € – ½ P 80 €
Rist – (chiuso lunedì) Carta 29/56 €
♦ Non lontano dal Castello Savoia e dalla passeggiata della Regina Margherita, in una baita del XVIII secolo, un'atmosfera da sogno ove coccolarsi a lungo tra ogni confort. Proposte nella tradizione gastronomica dei Walser.

XX **Il Braciere** ❀ 🅿 VISA ⊕ AE ⑤
località Ondrò Verdebio 2 – ℰ 01 25 35 55 26 – chiuso dal 12 al 23 dicembre, dal 3 al 30 giugno, mercoledì
Rist – Carta 32/48 €
♦ Cucina valligiana e piemontese e specialità alla griglia dalle porzioni abbondanti in questo caratteristico locale alle porte del paese. Piccola saletta con finestra panoramica.

GREVE IN CHIANTI – Firenze (FI) – 563 L15 – 14 304 ab. – alt. 236 m 29 D3
– ⊠ 50022 ◼ Toscana

▶ Roma 260 – Firenze 31 – Siena 43 – Arezzo 64

🅸 piazza Matteotti 9/11, ℰ 055 8 54 68 99, www.comune.greve-in-chianti.fi.it

◉ Montefioralle ★ ovest: 2 km

🏨 **Villa Bordoni** ◈ ≤ ◈ ⅃ ⒗ ▣ & 🅰 ❀ ⊮ 🅿 VISA ⊕ AE ⑤
via San Cresci 31/32, località Mezzuola, Ovest: 3 Km – ℰ 05 58 54 74 53
– www.villabordoni.com – chiuso da gennaio al 15 marzo
9 cam � – ••180/340 € – 2 suites – ½ P 135/215 €
Rist Villa Bordoni – vedere selezione ristoranti
♦ Un riuscito mix di lusso e design, rustico toscano e ultime mode del mondo in questa bella villa patrizia circondata dalla campagna chiantigiana: una bomboniera country-hip, dove trascorrere un indimenticabile soggiorno.

🏠 **Agriturismo Villa Vignamaggio** ◈ ≤ 🚗 ⅃ ⒗ ❀ 🅰 cam, ⇌
strada per Lamole, Sud-Est : 4 km – ℰ 05 58 54 66 53 🅿 VISA ⊕ ⓞ ⑤
– www.vignamaggio.com – 12 marzo-15 dicembre
9 cam – •120/170 € ••150/200 €, � 14 € – 18 suites – ••250/450 €
Rist – (chiuso martedì e domenica) Carta 30/60 €
♦ C'è anche un piccolo centro estetico in questo elegante podere quattrocentesco, che racchiude la memoria del Rinascimento toscano. Fra vigneti e uliveti, un'ospitalità da sogno nelle belle camere e negli appartamenti (con angolo cottura).

XX **Villa Bordoni** – Hotel Villa Bordoni 🚗 & 🅰 ❀ ❀ VISA ⊕ AE ⑤
via San Cresci 31/32, località Mezzuola, Ovest: 3 Km – ℰ 05 58 54 62 30
– www.villabordoni.com – chiuso da gennaio al 15 marzo
Rist – (chiuso lunedì sera escluso da aprile ad ottobre) (prenotare) Carta 43/55 €
♦ Nelle due intime stanze affacciate sul giardino che profuma di rose o, nella bella stagione, direttamente all'aperto tra le palme e le siepi, la terra e il mare s'incontrano nei piatti di questo ristorante: charmant, come il resto della casa.

a Panzano Sud : 6 km – alt. 478 m – ⊠ 50020

🏨 **Villa Sangiovese** ≤ 🚗 🚗 ⅃ ❀ ✆ VISA ⊕ ⑤
◐ piazza Bucciarelli 5 – ℰ 0 55 85 24 61 – www.villasangiovese.it – chiuso da Natale a febbraio
19 cam ⊠ – •100/120 € ••120/140 € – 1 suite
Rist – (chiuso mercoledì) Carta 20/33 €
♦ Gestione svizzera per una signorile villa ottocentesca, con annessa casa colonica, sita nel centro del paese e con una visuale di ampio respiro sui bei colli circostanti. Specialità toscane nell'elegante ristorante o sulla panoramica terrazza-giardino.

🏠 **Villa le Barone** 🐾 ⟨ 🚗 ⤮ ℀ 🅰🅲 cam, ℀ ⸤ 🅿 🚗 🆅🅸🆂🅰 ⓒⓞ 🅰🅴 ⓢ
via San Leonino 19, Est : 1,5 km – ℰ *0 55 85 26 21* – *www.villalebarone.com*
– aprile-ottobre
25 cam ⊡ – †150/275 € ††185/345 € – 3 suites   **Rist** – Menu 45 €
♦ Nel cuore del Chianti Classico - tra uliveti e vigne - in questa villa padronale di
proprietà dei Della Robbia, si sono dati appuntamento charme e raffinatezza.
Sulla fresca terrazza o all'interno dell'elegante ristorante viene servita una saporita
ed intrigante cucina con prodotti del territorio.

a Strada in Chianti Nord : 9 km – ✉ 50027

🍴🍴 **Il Caminetto del Chianti** 🚗 🏠 🅿 🆅🅸🆂🅰 ⓒⓞ 🅰🅴 ⓞ ⓢ
via della Montagnola 52, Nord : 1 km – ℰ *05 58 58 89 09* – *chiuso*
martedì, mercoledì a mezzogiorno
Rist – Carta 31/41 € 🏠
♦ Fuori dal centro della località, lungo la strada che porta a Firenze, un ristorantino dalla cordiale gestione familiare, dove gustare piatti della tradizione regionale ben presentati sulla carta (quasi giornaliera).

GREZZANA – Verona (VR) – **562** F15 – 10 878 ab. – alt. 169 m   37 A2
– ✉ 37023

▶ Roma 514 – Verona 12 – Milano 168 – Venezia 125

🏠 **La Pergola** 🏠 🏊 ⅊ cam, 🅰🅲 ⸤ 🅿 🚗 🆅🅸🆂🅰 🅰🅴 ⓢ
⊛ *via La Guardia 1* – ℰ *0 45 90 70 71* – *www.hotellapergolaverona.it*
35 cam – †46/58 € ††71/77 €, ⅊ 9 € – ½ P 50/59 €
🍽 **Rist** – *(chiuso dal 25 dicembre al 6 gennaio) (chiuso a mezzogiorno)*
Carta 17/35 €
♦ Protetto sul retro dal verde, questo albergo familiare è ideale soprattutto per
una clientela di lavoro; camere classiche e ben illuminate da ampie finestre nonché una bella hall con salottino moderno. Ampia sala da pranzo di tono moderno;
decorazioni alle pareti e soffitti futuristici.

GRIGNANO – Trieste (TS) – **562** E23 – **Vedere Trieste**
▶ Roma 677 – Udine 59 – Trieste 8 – Venezia 150

GRINZANE CAVOUR – Cuneo (CN) – **561** I5 – 1 786 ab. – alt. 260 m   25 C2
– ✉ 12060

▶ Roma 649 – Cuneo 62 – Torino 74 – Genova 149

🏠 **Casa Pavesi** senza rist ⟨ 🚗 📲 🅰🅲 ⸤ 🆅🅸🆂🅰 ⓒⓞ 🅰🅴 ⓞ ⓢ
via IV Novembre 11 – ℰ *01 73 23 11 49* – *www.hotelcasapavesi.it* – *chiuso dal*
21 dicembre al 6 gennaio e dal 9 al 19 agosto
12 cam ⊡ – †90/130 € ††130/180 € – 1 suite
♦ Vicino al celebre castello, una casa ottocentesca sapientemente restaurata diventa una bomboniera, dove salotti con boiserie si accompagnano a mobili
d'antiquariato. Cura ed eleganza in ogni angolo creano un'atmosfera da *country
house* inglese.

🍴🍴🍴 **Al Castello** (Alessandro Boglione) 🆅🅸🆂🅰 ⓒⓞ ⓢ
⊛ *via del Castello 5* – ℰ *01 73 26 21 72* – *www.castellodigrinzane.it* – *chiuso*
gennaio, lunedì sera, martedì
Rist – Menu 38 € – Carta 37/53 €
Spec. Fassone piemontese. Baccalà. Mousse al gianduia.
♦ Cucina piemontese con qualche timida rivisitazione in una struttura di grande
fascino, sia per la vista panoramica sui vigneti, sia per lo storico passato: un
castello tra i più antichi della zona che accolse tra le proprie mura anche Camillo
Benso, conte di Cavour.

GRISIGNANO DI ZOCCO – Vicenza (VI) – **562** F17 – 4 292 ab.   37 B2
– alt. 23 m – ✉ 36040

▶ Roma 499 – Padova 17 – Bassano del Grappa 48 – Venezia 57

Magnolia 🖢 AK ⚡ ⛄ 📶 P 🚗 VISA ⚊ AE ① ⚐

via Mazzini 1 – *C* 04 44 41 42 22 – www.hmagnolia.com

29 cam ☐ – ✦85 € ✦✦140 €

Rist – *(chiuso dal 25 dicembre al 6 gennaio, agosto, venerdì sera, sabato, domenica)* Carta 21/40 €

♦ Frequentato da clientela d'affari, quasi unicamente abituale, un albergo di stile classico, comodo e con camere spaziose, sulla statale Padova-Vicenza, vicino al casello. Confortevole e moderna anche l'area ristorante.

GRÖDNER JOCH = Gardena Passo di

GROPPARELLO – Piacenza (PC) – 562 H11 – 2 408 ab. – ⊠ 29025   8 A2

▶ Roma 53 – Bologna 164 – Piacenza 30 – Milano 98

⛰ Torre del Borgo *senza rist* 🛋 & AK ⚡ P VISA ⚊ AE ① ⚐

via Gavazzini 11, località Sariano di Gropparello, Nord: 3 km – *C* 05 23 24 65 03 – www.torredelborgo.it

9 cam ☐ – ✦75/90 € ✦✦100/120 €

♦ La torre d'avvistamento è ancora così come fu costruita nel '400 ed ospita una romantica camera soppalcata. Letti con spalliere d'epoca nelle altre stanze, più semplici ma confortevoli, una con grande terrazza.

GROSIO – Sondrio (SO) – 561 D12 – 4 693 ab. – alt. 656 m – ⊠ 23033   17 C1

▶ Roma 739 – Sondrio 40 – Milano 178 – Passo dello Stelvio 44

XX Sassella *con cam* 🏠 🛏 🖢 & rist, AK ⚡ ⛄ VISA ⚊ AE ① ⚐

via Roma 2 – *C* 03 42 84 72 72 – www.hotelsassella.it

26 cam ☐ – ✦65/75 € ✦✦96/120 € – ½ P 75/85 €

Rist – Menu 20/35 € – Carta 27/41 € 🕸

♦ Ai piedi della splendida chiesa di S. Giuseppe, la gestione familiare centenaria custodisce i tesori gastronomici dell'alta Valtellina: pizzoccheri, ma non solo. Camere confortevoli (nella loro semplicità), quelle all'ultimo piano offrono una graziosa vista sui tetti del centro storico.

GROSOTTO – Sondrio (SO) – 561 D12 – 1 626 ab. – alt. 590 m   17 C1
– ⊠ 23034

▶ Roma 712 – Milano 183 – Sondrio 41

🏠 Le Corti *senza rist* 🖢 AK ⚡ P 🚗 VISA ⚊ AE ⚐

via Patrioti 73 – *C* 03 42 84 86 24 – www.garnilecorti.it

14 cam ☐ – ✦50/60 € ✦✦80/120 €

♦ Grazioso albergo, ideale per famiglie, suddiviso in due edifici distanti un centinaio di metri. Camere spaziose con arredi in legno, gustosa e abbondante colazione.

GROSSETO P (GR) – 563 N15 – 80 742 ab. – alt. 10 m – ⊠ 58100   29 C3
▌ Toscana

▶ Roma 187 – Livorno 134 – Milano 428 – Perugia 176

ℹ️ viale Monterosa 206, *C* 0564 46 26 11, www.turismoinmaremma.it

ℹ️ corso Carducci 1/A, *C* 0564 48 82 08

◉ Museo Archeologico e d'Arte della Maremma ★

🏠🏠🏠 Airone 🏠 🛏 🖢 & cam, AK ⚡ 🕻 ⛄ 🚗 VISA ⚊ ⚐

via Senese 35 – *C* 05 64 41 24 41 – www.hotelairone.eu

68 cam ☐ – ✦70/80 € ✦✦130/150 € – 1 suite – ½ P 85/95 €

Rist – *(chiuso agosto)* (chiuso a mezzogiorno) Carta 25/35 €

♦ A pochi passi dal centro storico, l'hotel dispone di belle camere dal confort moderno e con soluzioni d'arredo di design. Una panoramica Spa al piano attico, parcheggio privato e 5 sale conferenze rendono la struttura ideale per una clientela d'affari (ma non solo).

Granduca 🕭 ₺ Ⓐ ⁴⁄₊ ✂ rist, ⁕ 🕸 Ⓟ 🖽 ⚬⚬ Ⓐ ⓪ ᵳ́
via Senese 170 – ⓒ 05 64 45 38 33 – www.hotelgranduca.com
71 cam ⌷ – †75/90 € ††95/130 € – 1 suite – ½ P 90/110 €
Rist – (chiuso a mezzogiorno) Carta 29/43 €
♦ In posizione semiperiferica una comoda, struttura di stile moderno il cui ingresso, sul piazzale, è segnalato da una fontana; ampi spazi, ideale per la clientela d'affari. Sapore attuale anche per gli ambienti del ristorante, vasti e usati anche per banchetti.

Bastiani Grand Hotel senza rist 🕭 Ⓐ ⁕ 🖽 ⚬⚬ Ⓐ ⓪ ᵳ́
piazza Gioberti 64 – ⓒ 0 56 42 00 47 – www.hotelbastiani.com
48 cam ⌷ – †78/105 € ††110/180 € – 4 suites
♦ Nel cuore della località, all'interno della cinta muraria medicea, una gradevole risorsa in un signorile palazzo d'epoca; dotata di confortevoli ed eleganti camere.

XXX Canapone 🕯 Ⓐ 🖽 ⚬⚬ Ⓐ ᵳ́
piazza Dante 3 – ⓒ 0 56 42 45 46 – chiuso dal 22 al 31 gennaio, dal 5 al 19 agosto, domenica e mercoledì sera
Rist – (consigliata la prenotazione) Menu 70 € – Carta 48/79 € 🕸
Rist Enoteca Canapino – Carta 22/39 € 🕸
♦ Nel cuore del centro storico della "capitale" della Maremma, un ristorante completamente ristrutturato che oggi si presenta con un aspetto elegante e raffinato. All'Enoteca Canapino una buona scelta di piatti tradizionali a prezzo contenuto.

X L'Uva e il Malto 🕯 Ⓐ 🖽 ⚬⚬ Ⓐ ⓪ ᵳ́
via Mazzini 165 – ⓒ 05 64 41 12 11 – www.luvaeilmalto.com – chiuso domenica
Rist – Menu 30/40 € – Carta 39/55 € 🕸
♦ In pieno centro, è una coppia molto brillante a gestire questo intimo e moderno locale con annesso wine-bar. In carta si trova soprattutto pesce, a voce il meglio del mercato ittico.

GROTTA... GROTTE – Vedere nome proprio della o delle grotte

GROTTAFERRATA – Roma (RM) – **563** Q20 – 20 926 ab. – alt. 320 m   **12** B2
– ✉ 00046 ▌ Roma

▶ Roma 21 – Anzio 44 – Frascati 3 – Frosinone 71

Park Hotel Villa Grazioli 🦢 ≼ 🖼 ⥩ 🕭 Ⓐ ⁴⁄₊ 🕸 Ⓟ
via Umberto Pavoni 19 – ⓒ 06 94 54 00   🖽 ⚬⚬ Ⓐ ⓪ ᵳ́
– www.villagrazioli.com
60 cam ⌷ – †160/300 € ††180/330 € – 2 suites – ½ P 135/160 €
Rist Acquaviva – vedere selezione ristoranti
♦ Abbracciata da un immenso parco, questa villa cinquecentesca vanta una splendida posizione panoramica sulle colline di Frascati. Ma il suo fascino non si esaurisce nella location: l'antica dimora custodisce al suo interno diverse sale decorate dal pennello di importanti artisti e camere con pregevoli mobili in noce.

La Locanda dei Ciocca senza rist 🖾 ₺ Ⓐ 🕸 ⁕ 🕸 Ⓟ
via Anagnina 134 – ⓒ 06 94 31 53 90 – www.alfico.it   🖽 ⚬⚬ Ⓐ ⓪ ᵳ́
21 cam ⌷ – †115/145 € ††170/210 €
♦ Calda atmosfera rustica fra travi a vista e camini, quiete, camere in stile e personalizzate: una locanda dove riscoprire il relax. Particolarmente curata la prima colazione.

Locanda dello Spuntino 🕭 Ⓐ 🕸 ⁕ 🖽 ⚬⚬ Ⓐ ⓪ ᵳ́
via Cicerone 22 – ⓒ 06 94 31 59 85 – www.locandadellospuntino.com
10 cam ⌷ – ††150/330 € – 1 suite
Rist Taverna dello Spuntino – vedere selezione ristoranti
♦ Divani e caminetti rendono piacevole l'ingresso di questa locanda, ma tutta la cura è riservata alle camere, dal parquet ai bagni in travertino con intarsi in marmo e mosaici.

XXX **Acquaviva** – Hotel Park Hotel Villa Grazioli ⏎ 🍴 AC ❄ ♻ P
via Umberto Pavoni 19 – ☏ *06 94 54 00* VISA ⓪ AE ⓪ ⏎
– *www.villagrazioli.com*
Rist – Carta 44/85 €
♦ Piatti della tradizione mediterranea, in un ristorante di tono elegante affacciato su un giardino pensile. Qualche idea dal menu? Spaghetti alla chitarra con calamari e zucchine avvolte in un carpaccio di pesce spada. Costoletta di agnello alla griglia panata in cacio e pepe. Millefoglie di pasta fillo caramellato con crema al mascarpone e datteri.

XX **Taverna dello Spuntino** – Locanda dello Spuntino AC ❄ VISA ⓪ ⏎
via Cicerone 20 – ☏ *06 94 45 93 66 – www.tavernadellospuntino.com*
Rist – Carta 29/59 € ⅏
♦ E' tutta all'interno la peculiarità di questa trattoria romana: scenografiche sale sotto archi in mattoni ed una coreografica esposizione di prosciutti, fiaschi di vino, frutta e antipasti.

XX **La Cavola d'Oro** 🍴 AC ❄ P VISA ⓪ AE
via Anagnina 35, Ovest : 1,5 km – ☏ *06 94 31 57 55 – www.lacavoladoro.it*
– *chiuso lunedì*
Rist – Menu 25 € bc/45 € bc – Carta 67/91 €
♦ Facile da raggiungere, lungo la strada per Roma, locale classico con camino e soffitti lignei nelle curate sale interne; piatti regionali, assortimento di antipasti e carni alla griglia.

XX **Nando** AC VISA ⓪ AE ⓪ ⏎
via Roma 4 – ☏ *06 94 45 99 89 – www.ristorantenando.it – chiuso lunedì*
Rist – Carta 31/48 €
♦ Due piccole sale ricche di decorazioni: da vedere la curiosa collezione di cavatappi e la caratteristica cantina (possibilità di degustazione); la cucina, regionale, guarda anche alla creatività.

X **L' Oste della Bon'Ora** AC P VISA ⓪ AE ⓪ ⏎
∞ *viale Vittorio Veneto133 –* ☏ *06 94 13 77 78 – www.lostedellabonora.com – chiuso 2 settimane in giugno e lunedì*
Rist – (consigliata la prenotazione) Menu 20 € bc/35 € – Carta 27/43 €
♦ Un localino che promuove la vera cucina romana in un ambiente piacevole, sovrastato dalla contagiosa simpatia del titolare: prodigo di consigli e suggerimenti. In sottofondo, la musica della ricca collezione di vinili.

GROTTAGLIE – Taranto (TA) – **564** F34 – 32 845 ab. – alt. 130 m **27** C2
– ✉ 74023
▶ Roma 514 – Brindisi 49 – Bari 96 – Taranto 22

🏠 **Gill** senza rist 📶 AC 🛜 💆 VISA ⓪ AE ⓪ ⏎
via Brodolini 75 – ☏ *09 95 63 82 07 – www.gillhotel.it*
48 cam ⌑ – †50/65 € ††70/90 €
♦ Piccola risorsa nei pressi del centro, tra le mura di un grande palazzo vocato alla semplicità e ad un'ospitalità dal sapore familiare. Carine le camere, completamente nuove!

GROTTAMMARE – Ascoli Piceno (AP) – **563** N23 – 15 546 ab. **21** D3
– ✉ 63066
▶ Roma 236 – Ascoli Piceno 43 – Ancona 84 – Macerata 64
ℹ piazzale Pericle Fazzini 6, ☏ 0735 63 10 87, www.grottammare.it

🏠 **La Torretta sul Borgo** senza rist ⬖ AC VISA ⓪ ⓪ ⏎
via Camilla Peretti 2 – ☏ *+ 39 07 35 73 68 64 – www.latorrettasulborgo.it*
6 cam ⌑ – †40/75 € ††55/80 €
♦ Un'attenta opera di restauro ha mantenuto le caratteristiche di questa bella casa nel centro del borgo antico: ambienti rustici e camere personalizzate.

✗ **Osteria dell'Arancio** 🛱 ✿ 𝘷𝘪𝘴𝘢 ⓒⓞ 🇦🇪 ⑤
piazza Peretti, Grottammare Alta – 𝒞 07 35 63 10 59 – www.osteriadellarancio.it – chiuso mercoledì
Rist – *(chiuso a mezzogiorno)* Menu 36 € – Carta 40/52 € ⅋
◆ Nella piazzetta di Grottammare Alta, una vecchia insegna recita ancora "Tabacchi e Alimentari": oggi, un locale caratteristico con menu tipico fisso e la possibilità di scegliere singoli piatti alla carta.

verso San Benedetto del Tronto

🏨 **Parco dei Principi** 🛋 ⚓ ⚒ 🛏 🚶 🎿 🏊 ⅋ ¶ ⚕ 🅿 𝘷𝘪𝘴𝘢 ⓒⓞ 🇦🇪 ⓞ ⑤
lungomare De Gasperi 90, Sud : 1 km ⊠ 63013 – 𝒞 07 35 73 50 66 – www.hotelparcodeiprincipi.it
54 cam � – †110 € ††170 € – 6 suites – ½ P 130 €
Rist – *(chiuso a mezzogiorno)* Carta 30/55 €
◆ Nel contesto di un paesaggio tropicale, avvolto da un parco in cui si collocano campi da gioco e persino una vivace voliera, dispone di ambienti in stile mediterraneo e spazi ad hoc per i più piccoli.

🏠 **Roma** ⚓ 🛋 ⚓ 🛏 🅰🅲 ⅋ rist, ¶ 🅿 𝘷𝘪𝘴𝘢 ⓒⓞ 🇦🇪 ⑤
😊 *lungomare De Gasperi 60 – 𝒞 07 35 63 11 45 – www.hotelromagrottammare.com – aprile-15 novembre*
59 cam ⊆ – †50/65 € ††90/110 € – ½ P 75/91 € **Rist** – Carta 20/35 €
◆ Nel corso del 2003 l'albergo è stato riaperto dopo aver subito un rinnovo completo. Oggi si presenta come una struttura fresca e attuale, sul lungomare con piccolo giardino.

✗✗ **Lacchè** 🛱 🅰🅲 ⅋ 𝘷𝘪𝘴𝘢 ⓒⓞ 🇦🇪 ⓞ ⑤
via Procida 1/3, Sud : 2,5 km ⊠ 63013 – 𝒞 07 35 58 27 28 – chiuso dal 24 dicembre al 6 gennaio e lunedì
Rist – Carta 38/56 €
◆ Menù a voce, sulla base del mercato ittico giornaliero, e alla carta: uno degli indirizzi più "gettonati" in paese, ove lasciarsi sedurre da sapori strettamente marini.

GROTTA ZINZULUSA – Lecce (LE) – **564** G37 – *Vedere Castro Marina*

GROTTE DI CASTRO – Viterbo (VT) – **563** N17 – **2 868 ab.** **12 A1**
– alt. 467 m – ⊠ 01025
▶ Roma 140 – Viterbo 47 – Grosseto 100 – Orvieto 27

🏠 **Agriturismo Castello di Santa Cristina** senza rist 🕭 ⚒ ⅋ ⅋
località Santa Cristina , Ovest : 3,5 km 🅿 𝘷𝘪𝘴𝘢 ⓒⓞ 🇦🇪 ⑤
– 𝒞 0 76 37 80 11 – www.santacristina.it – chiuso dal 15 gennaio al 29 febbraio
14 cam ⊆ – †70/90 € ††110/130 €
◆ Nel cuore della Tuscia antica, un signorile casale settecentesco arredato con gusto con mobili d'epoca. Tra le attività fruibili, il maneggio e la possibilità di organizzare gite ed escursioni.

GRUGLIASCO – Torino (TO) – **561** G4 – **37 590 ab.** – **alt. 293 m** **22 A1**
– ⊠ 10095
▶ Roma 672 – Torino 10 – Asti 68 – Cuneo 97

Pianta d'insieme di Torino

✗✗ **L'Antico Telegrafo** 🛱 𝘷𝘪𝘴𝘢 ⓒⓞ ⑤
via G. Lupo 29 – 𝒞 0 11 78 60 48 – chiuso agosto, domenica sera, lunedì
Rist – Carta 78/100 € FT**t**
◆ Sono due cugini a gestire questo ristorante sito al primo piano di un edificio in centro che propone piatti di carne e di pesce; sul retro, un dehors circondato da frutteti.

GRUMELLO DEL MONTE – Bergamo (BG) – **561** F11 – **7 260 ab.** **19 D1**
– alt. 208 m – ⊠ 24064
▶ Roma 598 – Milano 68 – Bergamo 22 – Brescia 42

Fontana Santa 🏠 🔌 📶 🅰 📶 🛜 🍴 🎐 📶 🅿 🚗 VISA 🆎 🅰 ① 🎐
via Fontana Santa – 📞 *03 54 49 10 08 – www.fontanasanta.it*
– chiuso 2 settimane in agosto
17 cam 🛏 *–* 🛏 *60/70 €* 🛏🛏 *100 €*
Rist *Osteria del Griso –* vedere selezione ristoranti
♦ In un suggestivo contesto paesaggistico, tra colline e vigneti, sorge questa bella risorsa ricavata dalla ristrutturazione di un vecchio cascinale. Nelle camere la modernità dei confort flirta con la rusticità dei soffitti con travi a vista.

Al Vigneto 🎐 📶 🅰 VISA 🆎 🅰 🎐
via Don P. Belotti 1 – 📞 *0 35 83 19 79 – www.alvigneto.it – chiuso dal 1° al 9 gennaio, dall'8 al 28 agosto, martedì*
Rist *–* Menu 20 € (pranzo)/46 € – Carta 53/70 €
Spec. Crudità di pesci e crostacei. Fritto di pesci e crostacei. Foie gras affumicato in casa.
♦ In zona precollinare, il vecchio fienile è stato trasformato in un elegante ristorante, circondato dai propri vigneti e frutteti, scorgibili dalle vetrate della sala. Nel piatto molto pesce - soprattutto siciliano - proposto in chiave moderna. Consigliatissimi, i crudi.

La Cascina Fiorita 🎐 🎐 📶 🎐 🅿 VISA 🆎 🎐
via Mainoni d'Intignano 11 – 📞 *0 35 83 00 05 – www.lacascinafiorita.com – chiuso dal 1° al 7 gennaio e 3 settimane in agosto, domenica sera, lunedì e martedì*
Rist *–* Menu 25 € bc/38 € bc – Carta 29/56 €
♦ La posizione panoramica sui colli è già un buon motivo per "spingersi" fino a qui: in questo piacevole locale ricavato da un antico casolare, dove non manca una veranda (aperta in estate). Carne e pesce in ricette d'impronta classico-nazionale.

Osteria del Griso *–* Hotel Fontana Santa 🎐 📶 🅰 🅿 VISA 🆎 🎐
via Fontana Santa – 📞 *0 35 83 38 71 – www.ristorantealgrottino.it*
– chiuso 2 settimane in agosto
Rist *– (chiuso i mezzogiorno di sabato e lunedì)* Carta 37/53 €
♦ In un ambiente elegantemente informale, la cucina flirta con i sapori mediterranei di terra e di mare; la nuova gestione al timone dal 2011 ha esordito "ribattezzando" il locale.

Vino Buono 🎐 📶 🅰 VISA 🆎 🎐
via Castello 20 – 📞 *03 54 42 04 50 – www.vinobuono.net – chiuso 2 settimane in agosto, lunedì e i mezzogiorno di sabato e domenica*
Rist *–* Carta 27/51 € 🎐
♦ Un'osteria con piccola cucina, o meglio: un originale wine-bar in pieno centro con ottima mescita di vino al bicchiere e possibilità di scegliere tra salumi, formaggi, piatti freddi e qualche specialità di carne, nonché di pesce (rigorosamente di lago).

GSIES = Valle di Casies

GUALDO CATTANEO – Perugia (PG) – **563** N19 – **6 463** ab.   **32** B2
– alt. 446 m – ✉ 06035
▶ Roma 160 – Perugia 48 – Assisi 28 – Foligno 32

a Saragano Ovest: 5 km – ✉ 06035

Agriturismo la Ghirlanda 🎐 🎐 🎐 🎐 🏊 🎐 rist, 🅿 🎐
via del Poggio 4 – 📞 *0 74 29 87 31* VISA 🆎 🅰 ① 🎐
– www.laghirlanda.it – chiuso dal 9 gennaio al 21 marzo
13 cam 🛏 *–* 🛏 *80/90 €* 🛏🛏 *110/130 € –* 1 suite *–* ½ P 92 €
Rist *– (chiuso a mezzogiorno)* (prenotazione obbligatoria) *(solo per alloggiati)*
♦ Una struttura ricca di charme: una casa patronale di fine '800 nel verde e nella tranquillità delle colline umbre. Ambienti personalizzati con mobili d'epoca e camere con caminetto. Ristorante con menu fisso e specialità locali. Servizio estivo all'aperto.

a Collesecco Sud-Ovest : 9 km – ⊠ 06035

X **La Vecchia Cucina** 🛥 🛠 **P** VISA ◎◎ AE ① ⑤
via delle Scuole 2 frazione Marcellano – ℰ *0 74 29 72 37 – chiuso agosto, lunedì*
Rist – Carta 22/43 €
♦ Nella villetta di una piccola frazione, ove la campagna umbra dà il meglio di sé, una sala colorata e allegra per portarsi a casa un ricordo gastronomico locale.

GUARDAMIGLIO – Lodi (LO) – **561** G11 – **2 707 ab. – alt. 49 m**   **16** B3
– ⊠ 26862
▶ Roma 520 – Piacenza 9 – Cremona 46 – Lodi 36

🏨🏨🏨 **Nord** 🛏 & 🔟 🏃 🛠 rist, 🎐 **P** VISA ◎◎ AE ① ⑤
via I Maggio 3 – ℰ *0 37 75 12 23 – www.hotelnord.it*
80 cam ☲ – †98/165 € ††118/165 €
Rist – *(chiuso 2 settimane in agosto) (chiuso a mezzogiorno) (solo per alloggiati)*
Carta 28/50 €
♦ A due passi dall'uscita autostradale Piacenza Nord, l'impostazione dell'hotel ricalca lo stile attualmente in voga: moderno e confortevole. Ampio e comodo parcheggio interno. Ristorante per i clienti alloggiati con un menu che cambia settimanalmente.

GUARDIAGRELE – Chieti (CH) – **563** P24 – **9 537 ab. – alt. 576 m**   **2** C2
– ⊠ 66016
▶ Roma 230 – Pescara 41 – Chieti 25 – Lanciano 23

XXX **Villa Maiella** (Angela Di Crescenzo) con cam 🛥 🛏 & cam, 🔟 🛠 🎐 🏖
❀ *località Villa Maiella 30, Sud-Ovest : 1,5 km* **P** VISA ◎◎ AE ① ⑤
– ℰ *08 71 80 93 19 – www.villamaiella.it*
– chiuso 1 settimana in gennaio, 2 settimane in luglio, domenica sera, lunedì
14 cam ☲ – †60/80 € ††90/120 € **Rist** – Menu 50 € – Carta 30/64 € 🍸
Spec. Ravioli di burrata allo zafferano. Agnello. Maiale nero della nostra fattoria.
♦ Ormai il locale più noto al limitare della Maiella, dove gustare i migliori sapori abruzzesi preparati con maestria dai proprietari. Per chi volesse indugiare nel romanticismo: spettacolare servizio estivo sulla terrazza. Confortevoli e luminose le camere, realizzate secondo le moderne tecnologie.

XX **Ta Pù** 🔟 🛠 VISA ◎◎ AE ① ⑤
via Modesto della Porta 37 – ℰ *0 87 18 22 74 – chiuso lunedì escluso agosto*
Rist – Carta 46/67 € 🍸
♦ Leccornie locali e stagionali, nonché creatività, in un ambiente di calda rusticità tra volte a botte e mattoni a vista. Nell'attiguo wine-bar: vini anche al calice e qualche piatto cucinato espresso.

GUARDISTALLO – Pisa (PI) – **563** M13 – **1 293 ab. – alt. 278 m**   **28** B2
– ⊠ 56040
▶ Roma 276 – Pisa 65 – Grosseto 100 – Livorno 44

a Casino di Terra Nord-Est : 5 km – ⊠ 56040

XX **Mocajo** 🛥 & 🔟 **P** VISA ◎◎ AE ① ⑤
❀ *strada statale 68 –* ℰ *05 86 65 50 18 – www.ristorantemocajo.it – chiuso dal 15 gennaio al 15 febbraio e mercoledì*
Rist – *(prenotazione obbligatoria a mezzogiorno)* Menu 45 €
– Carta 35/50 €
Rist *La Dispensa* – Carta 20/34 €
♦ Ambiente di tono, coperto elegante e camino, in un locale dalla solida gestione familiare che propone ottime specialità di carne (chianina, cinghiale, cinta senese, cacciagione). La carta dei vini annovera circa 300 etichette, ma è il rosso toscano a farla da padrone. Ancora piatti regionali nell'informale La Dispensa.

GUARENE – Cuneo (CN) – **561** H6 – **3 409 ab.** – alt. 360 m – ⊠ 12050   **25** C2

▶ Roma 649 – Torino 57 – Asti 32 – Cuneo 68

✕✕ **Osteria la Madernassa**   🚗 🏠 ⌄ ⇔ **P** 𝘝𝘐𝘚𝘈 ⓒⓑ 𝐀𝐄 ⓝ ⓢ

località Lora 2, Ovest : 2,5 km
– ℰ 01 73 61 17 16 – www.lamadernassa.it
– chiuso dal 8 gennaio al 13 febbraio
Rist – Menu 25/35 € – Carta 31/61 € ⌂

♦ Bellissima villa che ospita un locale polivalente: al piano terra vengono allestite mostre d'arte e riunioni, al piano superiore due eleganti sale per una moderna cucina del territorio, con qualche specialità di mare.

GUBBIO – Perugia (PG) – **563** L19 – **32 985 ab.** – alt. 522 m – ⊠ 06024   **32** B1
🮲 Italia

▶ Roma 217 – Perugia 40 – Ancona 109 – Arezzo 92

🅕 via della Repubblica 15, ℰ 075 9 22 06 93, www.comune.gubbio.pg.it

◉ Città vecchia★★ – Palazzo dei Consoli★★ **B** – Palazzo Ducale★ – Affreschi★ di Ottaviano Nelli nella chiesa di San Francesco – Affresco★ di Ottaviano Nelli nella chiesa di Santa Maria Nuova

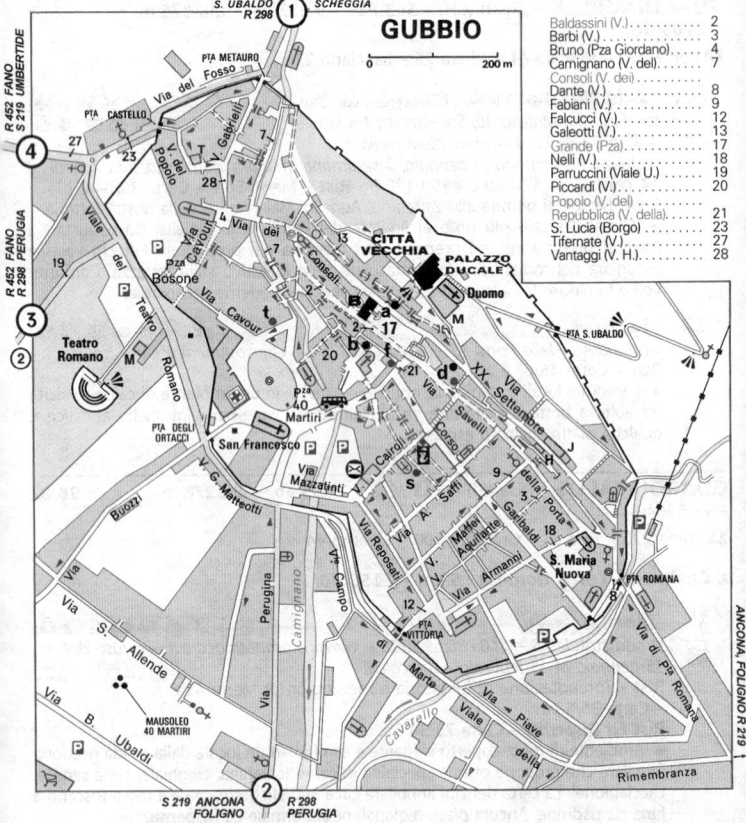

GUBBIO

Baldassini (V.)	2
Barbi (V.)	3
Bruno (Pza Giordano)	4
Carnignano (V. del)	7
Consoli (V. dei)	
Dante (V.)	8
Fabiani (V.)	9
Falcucci (V.)	12
Galeotti (V.)	13
Grande (Pza)	17
Nelli (V.)	18
Parruccini (Viale U.)	19
Piccardi (V.)	20
Popolo (V. del)	
Repubblica (V. della)	21
S. Lucia (Borgo)	23
Tifernate (V.)	27
Vantaggi (V. H.)	28

Park Hotel ai Cappuccini ⌘   ⟨ 🚗 🖂 ◉ ⋔ ⅃ఉ ✕ ⌘ ఉ 🅰 ⁿ 𝗌Å

via Tifernate, per ④ – ℰ 07 59 234   🅿 🚿 𝚅𝙸𝚂𝙰 ◉ 🄰🄴 ◑ ❺

– www.parkhotelaicappuccini.it

95 cam ⌕ – ♦152/210 € ♦♦192/310 € – 3 suites – ½ P 195 €

Rist Ai Cappuccini – vedere selezione ristoranti

♦ Un antico convento, completamente ristrutturato conservando il fascino delle strutture di un tempo, offre i più elevati confort per ospitare al meglio il cliente.

Relais Ducale senza rist ⌘   🚗 🖂 ఉ 🅰 ⁿ 𝗌Å 𝚅𝙸𝚂𝙰 ◉ 🄰🄴 ❺

via Galeotti 19 – ℰ 07 59 22 01 57

– www.relaisducale.com   **a**

26 cam ⌕ – ♦110/130 € ♦♦155/242 € – 5 suites

♦ Nella parte più nobile di Gubbio, giardino pensile con vista città e colline per un hotel di classe, ricavato da un complesso di tre antichi palazzi del centro storico.

Bosone Palace senza rist   🖂 𝚅𝙸𝚂𝙰 ◉ 🄰🄴 ❺

via 20 Settembre 22 – ℰ 07 59 22 06 88

– www.hotelbosone.com – chiuso dal 10 gennaio al 1° marzo   **d**

30 cam ⌕ – ♦80/90 € ♦♦110/140 € – 2 suites

♦ Nello storico palazzo Raffaelli, tessuti rossi e un'imponente scala portano alle camere, qualcuna con vista sul centro e due con soffitti affrescati, come la sala colazioni.

Gattapone senza rist   ⟨ 🖂 ఉ ✕ ⁿ 𝚅𝙸𝚂𝙰 ◉ 🄰🄴 ◑ ❺

via Beni 13 – ℰ 07 59 27 24 89

– www.hotelgattapone.net – chiuso dall'8 gennaio all'8 febbraio   **b**

18 cam ⌕ – ♦80/90 € ♦♦100/110 €

♦ In edificio medievale di pietra e mattoni, con persiane ad arco, camere in tinte pastello e scorci sui pittoreschi vicoli eugubini e sulla centrale chiesa di S. Giovanni.

𝕏𝕏𝕏𝕏 **Ai Cappuccini** – Park Hotel ai Cappuccini   🚗 🏠 ఉ 🅰 ✕ ⟷ 🅿

via Tifernate, per ④ – ℰ 07 59 234   𝚅𝙸𝚂𝙰 ◉ 🄰🄴 ◑ ❺

– www.parkhotelaicappuccini.it

Rist – Carta 36/61 €

♦ In un attento mix di opere d'arte moderna e arredi d'epoca, la cucina recupera le tradizioni contadine con grande attenzione alla scelta dei prodotti. Primo fra tutti: sua maestà, il tartufo!

𝕏𝕏𝕏 **Taverna del Lupo**   🏠 🅰 ✕ 𝚅𝙸𝚂𝙰 ◉ 🄰🄴 ◑ ❺

via Ansidei 21 – ℰ 07 59 27 43 68

– www.mencarelligroup.com – chiuso lunedì escluso agosto-settembre

Rist – Carta 40/56 € 𝒷𝒷   **f**

♦ Storico locale nel cuore di Gubbio, "legato" al Santo di Assisi e al feroce lupo, per una storica coppia di ristoratori; antichi ambienti e succulenta gastronomia locale.

𝕏𝕏 **Bosone Garden**   🚗 🏠 🅰 ✕ 𝚅𝙸𝚂𝙰 ◉ 🄰🄴 ◑ ❺

via Mastro Giorgio 1 – ℰ 07 59 22 12 46

– www.mencarelligroup.com – chiuso mercoledì escluso luglio-agosto

Rist – Carta 33/46 €   **d**

♦ Servizio estivo in giardino: nel verde, l'ingresso al ristorante, sito in Palazzo Raffaelli e legato ai due nobili Bosone, membri della casata. Spazi con arredi d'epoca.

𝕏 **Fabiani**   🏠 ఉ 🅰 𝚅𝙸𝚂𝙰 ◉ 🄰🄴 ◑ ❺

piazza 40 Martiri 26 A/B – ℰ 07 59 27 46 39

– www.ristorantefabiani.it – chiuso dal 10 al 30 gennaio e martedì

Rist – Carta 23/36 €   **t**

♦ In Palazzo Fabiani, di illustre casato locale, ambienti eleganti dislocati in varie sale e una magnifica "scenografia" cittadina per il servizio estivo nella piazzetta.

X **Grotta dell'Angelo** con cam   🛏 VISA ⓿ AE ① ♿

via Gioia 47 – *6 07 59 27 34 38*
– *www.grottadellangelo.it* – *chiuso dal 8 gennaio al 10 febbraio e martedì*
18 cam – ♦40/45 € ♦♦55/65 €, ⌂ 5 € – ½ P 55/65 €   **s**
Rist – Menu 15 € bc/30 € – Carta 25/36 €
◆ Nella grotta duecentesca è stata ricavata una rustica enoteca, familiare come l'atmosfera del locale; tra i vicoletti del centro, ma con un bel giardinetto per l'estate.

a Pisciano Nord-Ovest : 14 km – alt. 640 m – ✉ 06024 Gubbio

⛰ **Agriturismo Le Cinciallegre** ॐ   🗗 P VISA ⓿ AE ① ♿

frazione Pisciano 7 – *6 07 59 25 59 57*
– *www.lecinciallegre.it* – *25 marzo-30 settembre*
7 cam ⌂ – ♦40/55 € ♦♦80/100 € – ½ P 70 €
Rist – *(chiuso a mezzogiorno) (solo per alloggiati)*
◆ In un angolo fuori del mondo, un'accogliente dimora che gode di una posizione panoramica, quieta; una piccola bomboniera con gran cura dei dettagli e delle forme originali.

a Scritto Sud : 14 km – ✉ 06020

⛰ **Agriturismo Castello di Petroia** ॐ   🗗 rist, P

località Petroia – *6 0 75 92 02 87*   VISA ⓿ AE ① ♿
– *www.petroia.it* – *chiuso dal 15 gennaio al 15 marzo*
12 cam ⌂ – ♦90/110 € ♦♦110/170 € – 4 suites – ½ P 105 €
Rist – Carta 22/56 €
◆ Nell'assoluta tranquillità e nel verde, incantevole castello medioevale ricco di storia (nel 1422 vi nacque Federico da Montefeltro); ambienti raffinati con arredi in stile.

a Santa Cristina Sud-Ovest : 21,5 km – ✉ 06024 Gubbio

⛰ **Locanda del Gallo** – Country House ॐ   🗗 P VISA ⓿ ♿

località Santa Cristina – *6 07 59 22 99 12* – *www.locandadelgallo.it* – *chiuso dal 10 gennaio a marzo*
10 cam ⌂ – ♦105/115 € ♦♦140/160 € – 2 suites – ½ P 100 €
Rist – *(chiuso a mezzogiorno) (solo per alloggiati)*
◆ Antica magione nobiliare, immersa nel verde della campagna umbra; ideale per vacanze solitarie lontano da centri abitati. Camere con arredi indonesiani in tek.

a Monte Ingino per ① : 5 km – alt. 827 m – ✉ 06024

🏠 **La Rocca** senza rist ॐ   🗗 VISA ⓿ ♿

via Monte Ingino 15 – *6 07 59 22 12 22* – *www.laroccahotel.net* – *chiuso dall'8 gennaio al 31 marzo e dal 3 novembre al 23 dicembre*
12 cam ⌂ – ♦♦80/110 €
◆ Ambiente piacevolmente sobrio e sommesso per un hotel in posizione dominante sulla città, vicino alla Basilica di S. Ubaldo e sul Colle celebrato dai versi danteschi.

GUDON = GUFIDAUN – Bolzano (BZ) – Vedere Chiusa

GUGLIONESI – Campobasso (CB) – **563** Q26 – 5 395 ab. – alt. 369 m   **2 D2**
– ✉ 86034

▶ Roma 271 – Campobasso 59 – Foggia 103 – Isernia 103

verso Termoli Nord-Est : 5,5 km :

XX **Ribo** con cam   🛏 & AC ॐ ⓦ P VISA ⓿ AE ① ♿

contrada Malecoste 7 ✉ 86034 – *6 08 75 68 06 55* – *www.ribomolise.it* – *chiuso domenica sera e lunedì*
9 cam ⌂ – ♦♦80/128 € – 2 suites
Rist – (consigliata la prenotazione) Menu 40/45 € – Carta 33/52 €
◆ In campagna, sulle colline molisane, il rosso e il nero: Rita e Bobo, due figure veraci e "politiche". Nei piatti, una grande passione e la maniacale ricerca della qualità: strepitoso il pesce.

✗ **Terra Mia**   ♿ 🅺 ℅ 𝒱𝐼𝒮𝒜 ⊕ ᴬᴱ ⓞ ⚡
☞ *contrada Malecoste 7 ⊠ 86034 – ℰ 08 75 68 06 55 – www.ribomolise.it*
– chiuso lunedì
🕸 **Rist** – *(chiuso a mezzogiorno)* (consigliata la prenotazione) Menu 20 €
– Carta 28/35 € ⅋

♦ Caratteristico e moderno bistrot dove assaporare una gustosa selezione di
salumi, nonché formaggi, ed occasionalmente ascoltare un pò di musica. Ampia
scelta di vini anche al calice.

GUSPINI – Medio Campidano (VS) – **366** M46 – **12 443 ab.** – ⊠ 09036   **38** A3
▶ Roma 541 – Cagliari 70 – Sanluri 26 – Oristano 45

🏠 **Tarthesh**   🖼 ⌶ 🛗 ♿ ⚘ 🅺 ℅ 🅿 𝒱𝐼𝒮𝒜 ⊕ ᴬᴱ ⚡
via Parigi sn – ℰ 07 09 72 90 00 – www.tartheshotel.com – maggio-settembre
38 cam ⌷ – ♦102/138 € ♦♦144/216 € – ½ P 107/143 €   **Rist** – Carta 36/59 €
♦ Suggestioni etniche, influenze arabe e artigianato sardo in ambienti moderni e
ricchi di fascino. Splendida piscina.

HAFLING = Avelengo

IDRO – Brescia (BS) – **561** E13 – **1 896 ab.** – alt. 375 m – ⊠ 25074   **17** C2
▉ Italia Centro Nord
▶ Roma 577 – Brescia 45 – Milano 135 – Salò 33

✗ **Alpino** con cam ⌂   ≼ ☆ 🛗 ℅ 🅟 𝒱𝐼𝒮𝒜 ⊕ ⚡
via Lungolago Vittoria 14, località Crone – ℰ 0 36 58 31 46
– www.hotelalpino.net – chiuso dal 9 gennaio al 24 febbraio e martedì
24 cam – ♦36/51 € ♦♦56/70 €, ⌷ 8 € – 6 suites – ½ P 50/57 €
Rist – *(chiuso martedì)* Menu 23 € – Carta 29/38 € ⅋

♦ Sul lago, edificio con un'ala in pietra viva e l'altra esternamente dipinta di rosa:
due sale interne, di cui una con camino, per piatti anche locali e di pesce lacustre.

IGEA MARINA – Rimini (RN) – **563** J19 – **Vedere Bellaria Igea Marina**

ILLASI – Verona (VR) – **562** F15 – **5 307 ab.** – alt. 157 m – ⊠ 37031   **37** B2
▶ Roma 517 – Verona 20 – Padova 74 – Vicenza 44

✗✗ **Le Cedrare**   🖼 ☆ 🅺 ℅ 𝒱𝐼𝒮𝒜 ᴬᴱ ⚡
stradone Roma 8 – ℰ 04 56 52 07 19 – www.lecedrare.it – chiuso dal 20 gennaio
al 10 febbraio, lunedì e martedì
Rist – Carta 36/63 €

♦ Nella settecentesca villa Perez-Pompei-Sagramoso, nello spazio che un tempo
era adibito a serra per la conservazione delle piante di agrumi, cucina regionale
reinterpretata creativamente. Il luogo è incantevole, la tavola altrettanto.

a Cellore Nord : 1,5 km – ⊠ 37030

✗ **Dalla Lisetta**   🛗 🅺 ℅ ⇆ 🅿 𝒱𝐼𝒮𝒜 ⊕ ᴬᴱ ⓞ ⚡
☞ *via Mezzavilla 12 – ℰ 04 57 83 40 59 – www.ristorantedallalisetta.com*
– chiuso dal 15 al 31 agosto, dal 15 al 31 gennaio e martedì
Rist – *(chiuso a mezzogiorno escluso da mercoledì a sabato)* Carta 20/36 €

♦ Lisetta è la capostipite, l'ormai leggendaria fondatrice di questa classica trattoria che esiste già da 40 anni e che continua ad offrire piatti del territorio; servizio
estivo nel cortiletto.

IMOLA – Bologna (BO) – **562** I17 – **68 682 ab.** – alt. 47 m – ⊠ 40026   **9** C2
▉ Italia Centro Nord
▶ Roma 384 – Bologna 35 – Ferrara 81 – Firenze 98
🅸 via Emilia 135, ℰ 0542 60 22 07, www.visitare.comune.imola.bo.it
◉ Rocca ★ - Palazzo Tozzoni ★

Donatello Imola

via Rossini 25 – *℘ 05 42 68 08 00* – *www.imolahotel.it*
130 cam – ✦60/310 € ✦✦80/330 €
Rist *Il Veliero* – *(chiuso dal 10 al 25 agosto e martedì) (chiuso a mezzogiorno)*
Carta 16/25 €

✦ Recentemente ristrutturato, l'inventiva dell'architetto meglio ha avuto modo di esprimersi nelle camere al decimo piano. Nell'area residenziale della zona periferica sud della località. Al ristorante, un ambiente piacevolmente classico con ambienti curati. Cucina tradizionale.

Ziò senza rist

viale Nardozzi 14 – *℘ 0 54 23 52 74* – *www.hotelzioimola.com*
37 cam – ✦65/95 € ✦✦80/130 €

✦ Nel centro storico, presso la rocca sforzesca e il teatro, il più antico albergo di Imola: aperto nel 1926, oggi propone camere semplici, ma ben tenute.

San Domenico (Valentino Marcattilii)

via Sacchi 1 – *℘ 0 54 22 90 00* – *www.sandomenico.it* – *chiuso domenica sera, lunedì, da giugno ad agosto anche i mezzogiorno di sabato-domenica*
Rist – *(consigliata la prenotazione)* Menu 60 € bc (pranzo)/120 €
– Carta 105/160 €
Spec. Noce di capasanta con crema di carote all'acqua frizzante e pompelmo rosa. Uovo in raviolo "San Domenico" con burro di malga, parmigiano dolce e tartufi di stagione. Petto e coscia di piccione arrostiti con porcini e mirtilli di bosco in salsa al tartufo nero.

✦ Affacciato su un'elegante piazza del centro storico, una successione di sale moltiplica i piaceri di una cucina ad un tempo regionale e creativa, di terra e di mare.

Osteria Callegherie

via Callegherie 13 – *℘ 0 54 23 35 07* – *www.callegherie.it* – *chiuso 10 giorni in gennaio, agosto, sabato a mezzogiorno e domenica*
Rist – Menu 45 € – Carta 33/54 €

✦ Locale moderno a forma di L, arredato in tonalità chiare e dall'illuminazione piuttosto soft, indiscutibilmente di grande effetto la sera. La cucina propone sapori estrosi e gustosi.

Naldi

via Santerno 13 – *℘ 0 54 22 95 81* – *www.ristorantenaldi.com* – *chiuso dal 1° al 7 gennaio, dal 7 al 21 agosto e domenica*
Rist – Menu 15 € bc/35 € – Carta 30/39 €

✦ Uno dei punti fermi della tradizione gastronomica imolese a circa 1 km dal cuore della città. Carne e pesce tra le proposte, rielaborate con gusto e creatività.

Osteria del Vicolo Nuovo

via Codronchi 6, ang. via Calatafimi – *℘ 0 54 23 25 52* – *www.vicolonuovo.it* – *chiuso dal 20 luglio al 20 agosto, domenica, lunedì*
Rist – Menu 13/29 € – Carta 28/43 €

✦ Varcato un piccolo ingresso, ecco la prima sala, adorna di legni e richiami al tempo che fu; la seconda (al piano inferiore) è ancor più suggestiva. Cucina eclettica, affiatata gestione familiare.

E Parlamintè

via Mameli 33 – *℘ 0 54 23 01 44* – *www.eparlaminte.it* – *chiuso dal 25 dicembre al 6 gennaio, dal 15 luglio al 20 agosto, domenica sera, lunedì, da maggio ad agosto anche domenica a mezzogiorno*
Rist – Menu 29 € – Carta 22/34 €

✦ Una parte della storia politica italiana è passata di qui, a discutere sotto le stesse travi dell'800 ove, oggi, si gustano il pesce e i piatti della tradizione emiliana.

Hostaria 900

viale Dante 20 – *℘ 0 54 22 42 11* – *www.hostaria900.it* – *chiuso 10 giorni in gennaio, 15 giorni in agosto, sabato a mezzogiorno, domenica*
Rist – Menu 13 € bc/30 € – Carta 28/47 €

✦ Villa d'inizio '900 in mattoni rossi, circondata da un giardino rigoglioso che d'estate accoglie il servizio all'aperto. All'interno, una sala principale con tavoli spaziosi e ben allestiti, nonché una seconda saletta al piano superiore. Cucina tradizionale compiacente dei prodotti della regione.

in prossimità casello autostrada A 14 Nord : 4 km :

🏨 **Molino Rosso** 🚗 ⊼ 🖧 ❀ 🛗 ᶀ cam, ⒜ 🛠 ⁿ 🏧 🅿 🚗
prov. Selice 49 ✉ *40026* – ℰ *0 54 26 31 11* 🆅🆂🅰 ⓪ 🄰🄴 ⓞ 🅿
– *www.molinorosso.it*
120 cam ☕ – †50/100 € ††70/200 €
Rist – *(chiuso Natale e Ferragosto)* Carta 27/81 €
♦ Comodo soprattutto per chi desideri trovare alloggio all'uscita dell'autostrada, albergo con stanze di differenti tipologie, distribuite in tre edifici. Vaste sale da pranzo: alcune più raccolte, una a vocazione banchettistica.

IMPERIA 🅿 **(IM)** – **561** K6 – **42 319 ab.** – ✉ **18100** ▯ Liguria **14** A3
▶ Roma 615 – Genova 116 – Milano 239 – San Remo 23
🄸 piazza Dante 4, ℰ 0183 27 49 82, www.visitrivieradeifiori.it
◎ Museo dell'olivo★ a Oneglia

Pianta pagina seguente

ad Oneglia – ✉ 18100

🏨 **Rossini al Teatro** senza rist 🛗 ᶀ ⒜ 🛠 ⁿ 🏧 🚗 🆅🆂🅰 ⓪ 🄰🄴 ⓞ 🅿
piazza Rossini 14 – ℰ *0 18 37 40 00* – *www.hotel-rossini.it* AZ**b**
49 cam ☕ – †80/156 € ††99/230 € – 2 suites
♦ Sorto sulle vestigia dell'antico teatro, moderno hotel di design, all'avanguardia per dotazioni, dispone di camere decisamente confortevoli. Ascensore panoramico.

XXX **Agrodolce** (Andrea Sarri) 🚗 ⒜ 🆅🆂🅰 ⓪ 🄰🄴 🅿
ॐ *via De Geneys 34* – ℰ *01 83 29 37 02* – *www.ristoranteagrodolce.it* – *chiuso*
1 settimana in febbraio, 15 giorni in ottobre, mercoledì, giovedì a mezzogiorno
Rist – Menu 50/85 € – Carta 54/103 € AZ**d**
Spec. Polpo verace, aglio, olio e peperoncino con pinzimonio d'ortaggi e bagnetto verde. Baccalà su crema di trombettine (zucchine), asparagi violetti di Albenga, salsa di bagna cauda. Cappelletti ripieni di pappa al pomodoro su crema ai capperi con gamberi di Oneglia e limone candito.
♦ L'ubicazione è comune a tanti, sotto i portici del porto di Imperia, l'ingresso è duplice e altrettante sono le sale, entrambe bianche con soffitto a volta e quadri moderni alle pareti. La cucina è soprattutto di pesce.

XX **Salvo-Cacciatori** ⒜ 🆅🆂🅰 ⓪ 🄰🄴 🅿
via Vieusseux 12 – ℰ *01 83 29 37 63* – *www.ristorantesalvocacciatori.it* – *chiuso*
domenica sera e lunedì AZ**e**
Rist – Carta 36/58 €
♦ Ristorante di fama storica, nato come piccola osteria annessa alla mescita di vini e cresciuto negli anni. Sul retro una sala dello stesso stile classico-moderno già proposto nel resto del locale: ovunque primeggiano il pesce e i sapori liguri.

XX **Grock** 🚗 ⒜ 🆅🆂🅰 ⓪ 🄰🄴 🅿
calata Cuneo 45 – ℰ *01 83 30 99 96* – *www.ristorantegrock.it* – *chiuso lunedì*
Rist – Carta 34/46 € AZ**a**
♦ Sale dai colori vivaci ed ambiente informale per un ristorante idealmente dedicato al celebre clown Grock, che in questa città dimorò. L'esperta gestione ed una cucina contemporanea, nonché sfiziosa, spiegano il grande successo del locale.

a Porto Maurizio – ✉ 18100

🏨 **Croce di Malta** ≤ 🌐 🛗 ⒜ ❀ rist, ⁿ 🏧 🅿 🆅🆂🅰 ⓪ 🄰🄴 ⓞ 🅿
via Scarincio 148 – ℰ *01 83 66 70 20* – *www.hotelcrocedimalta.com*
39 cam ☕ – †68/90 € ††96/130 € – ½ P 68/85 € BZ**a**
Rist – *(chiuso a mezzogiorno)* Menu 25/30 €
♦ Richiama nel nome all'antico "Borgo Marina" di Porto Maurizio, dove sorgeva la chiesa dei Cavalieri Maltesi. Maggiormente vocato ad una clientela commerciale, una risorsa moderna a pochi passi dal mare e con comodo parcheggio privato (a pagamento). Spaziosa e dalle linee sobrie la sala da pranzo.

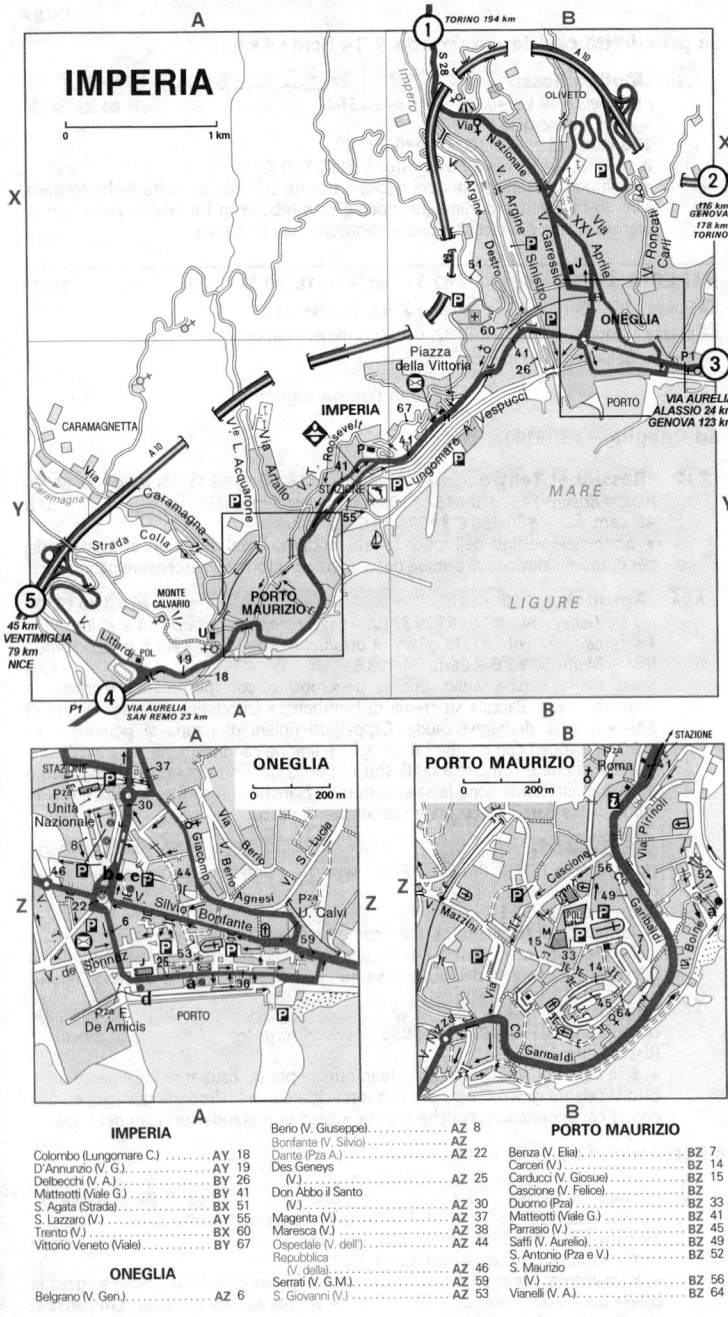

IMPERIA

0 _____ 1 km

TORINO 194 km

(1)

116 km GENOVA
178 km TORINO
(2)

VIA AURELIA
ALASSIO 24 km
GENOVA 123 km
(3)

45 km
VENTIMIGLIA
79 km NICE
(5)

VIA AURELIA
SAN REMO 23 km
(4)

CARAMAGNETTA

IMPERIA

ONEGLIA

PORTO MAURIZIO

MONTE CALVARIO

Piazza della Vittoria

MARE
LIGURE

ONEGLIA

0 _____ 200 m

Unità Nazionale

PORTO

Pza E. De Amicis

PORTO MAURIZIO

0 _____ 200 m

POL.

Garibaldi

538

verso Vasia Nord-Ovest : 7 km

 Agriturismo Relais San Damian senza rist ⌂   ◁ ⬚ ⌿ 🌣 🏧 🏊
strada Vasia 47 ⊠ 18100 Imperia – ℰ 01 83 28 03 09   🅿 𝖵𝖨𝖲𝖠 ⊙⊙ ᴬᴱ ⛐
– www.san-damian.com – marzo-15 novembre
9 suites ⌷ – ♥♥140/170 €
♦ Lasciata la vibrante costa alle proprie spalle, tra coltivazioni a terrazzo e distese di ulivi sorge questo elegante relais dalle preziose suite: alcune affacciate sul patio, altre con terrazza privata. La piscina a sfioro regala un emozionante effetto *infinity* con il cielo.

IMPRUNETA – Firenze (FI) – **563** K15 – **14 880 ab.** – **alt. 275 m**   **29** D3
– ⊠ 50023

▶ Roma 276 – Firenze 14 – Arezzo 79 – Siena 66

⌂ **Relais Villa L' Olmo** senza rist ⌂   ◁ ⬚ ⌿ ⅃₆ ⋏⋏ 🏧 🌣 🅿
via Imprunetana 19 – ℰ 05 52 31 13 11   𝖵𝖨𝖲𝖠 ⊙⊙ ᴬᴱ ⛐
– www.relaisfarmholiday.it
10 suites – ♥♥140/250 €, ⌷ 12 €
♦ Fattoria del '700 con un interessante ventaglio di sistemazioni: una casa colonica a più stanze, due villette (con piscina a loro uso esclusivo) e appartamenti dalla calda atmosfera familiare. Ideale per chi desidera vivere la tranquillità della campagna o la raccolta delle olive. Palestra per i cultori del fitness.

INDUNO OLONA – Varese (VA) – **561** E8 – **10 345 ab.** – **alt. 394 m**   **18** A1
– ⊠ 21056

▶ Roma 638 – Como 30 – Lugano 29 – Milano 60

🏢 **Porro Pirelli**   ⬚ ⌃ 🛖 ⅃₆ ⋔ 😓 🅿 🕭 𝖵𝖨𝖲𝖠 ⊙⊙ ᴬᴱ ⊙ ⛐
via Tabacchi 20 – ℰ 03 32 84 05 40 – www.boscolohotels.com
61 cam ⌷ – ♥♥110/154 € – 3 suites
Rist *Del Conte* – vedere selezione ristoranti
♦ In una villa nobiliare del Settecento, affreschi e mobili antichi affiancano oggetti di design: un hotel di charme con un numero limitato di stanze, per poter personalizzare il servizio e coccolare il cliente.

❌❌❌ **Del Conte** – Hotel Porro Pirelli   ⬚ ⛐ 🌣 🅿 𝖵𝖨𝖲𝖠 ⊙⊙ ᴬᴱ ⊙ ⛐
via Tabacchi 20 – ℰ 03 32 84 05 40 – www.boscolohotels.com
Rist – Carta 32/59 €
♦ Piatti internazionali e specialità mediterranee rivisitate con estro e fantasia, in un ristorante che non lesina in materia di lusso: splendidi stucchi alle pareti, un magnifico soffitto a cassettoni e piccole statue d'autore sui tavoli.

❌❌❌ **Olona-da Venanzio dal 1922**   ⬚ 😓 ⇄ 🅿 𝖵𝖨𝖲𝖠 ⊙⊙ ᴬᴱ ⊙ ⛐
via Olona 38 – ℰ 03 32 20 03 33 – www.davenanzio.com – chiuso lunedì
Rist – Carta 45/70 € ⅋
♦ Indirizzo di grande tradizione, con cucina del territorio rivisitata ed interessanti proposte enologiche. Ambiente elegante e servizio ad ottimi livelli.

INNICHEN = San Candido

INTRA – Verbano-Cusio-Ossola (VB) – **561** E7 – **Vedere Verbania**

INVERNO-MONTELEONE – Pavia (PV) – **561** G10 – **1 238 ab.**   **16** B3
– alt. 74 m – ⊠ 27010

▶ Roma 543 – Piacenza 35 – Milano 44 – Pavia 30

MONTELEONE (PV) – ⊠ 27010   **16** B3

❌ **Trattoria Righini**   🏧 🅿
⊙⊙ via Miradolo 108 – ℰ 0 38 27 30 32 – chiuso dal 7 al 30 gennaio, agosto, lunedì,
😓 martedì, i mezzogiorno di giovedì-venerdì e le sere di mercoledì-domenica
Rist – Menu 20 € bc/37 € bc
♦ Il contagioso buon umore, la speciale e calorosa accoglienza, abbondanti porzioni di piatti tipici del posto: non potrete che alzarvi da tavola sazi, allegri e con un "a presto"!

INVORIO – Novara (NO) – **561** E7 – 3 958 ab. – alt. 416 m   **24** A2
– ✉ 28045

▶ Roma 649 – Stresa 20 – Novara 42 – Varese 40

🏨   **Sciarane** senza rist   🏢 ✤ 🕮 ⇆ 🍴 ♨ 🅿 ☒☒ ☒☒ ☒☒ ☒
    viale Europa 21 – ☎ 03 22 25 40 14 – www.hotelsciarane.it
    33 cam ☷ – ✝65/140 € ✝✝80/180 €
    ♦ Il nome deriva da una varietà di castagne tipiche della zona, la struttura
    invece è nuova e di taglio decisamente moderno. Camere di buon confort, spazi
    comuni ridotti.

🍴🍴   **Pascia**   🕮 ✾ 🅿 ☒☒ ☒
✿   via Monte Rosa 9 – ☎ 03 22 25 40 08 – www.ristorantepascia.it
    – chiuso lunedì
    Rist – Menu 48 € – Carta 48/70 €
    Spec. Fagottino d'uovo alla carbonara e zucchine trombetta. Spaghetti senatore
    Cappelli con ragù di coniglio, calamari arrosto e pesto di ortiche. Pesche gialle di
    Volpedo, tortino agli amaretti e gelato al fior di latte (estate).
    ♦ Appena trent'anni, ma il giovane cuoco imbastice una carta che spazia con
    disinvoltura tra i migliori prodotti dello stivale e le sue ricette più golose, con
    due grandi amori: il Piemonte - i suoi ravioli, le sue carni, i suoi formaggi - e il
    pesce.

ISCHIA (Isola d')★★★ – Napoli (NA) – **564** E23 – 47 485 ab.   **6** A2
📙 Napoli e la Campania

⛴ per Napoli, Pozzuoli e Procida – Caremar, call center 892 123

⛴ per Pozzuoli e Napoli – Medmar ☎ 081 3334411

BARANO (NA) – **564** E23 – 10 007 ab. – alt. 210 m – ✉ 80070 Barano   **6** A2
D'Ischia

◉ Monte Epomeo★★★ 4 km Nord-Ovest fino a Fontana e poi 1 h e 30 mn a piedi AR

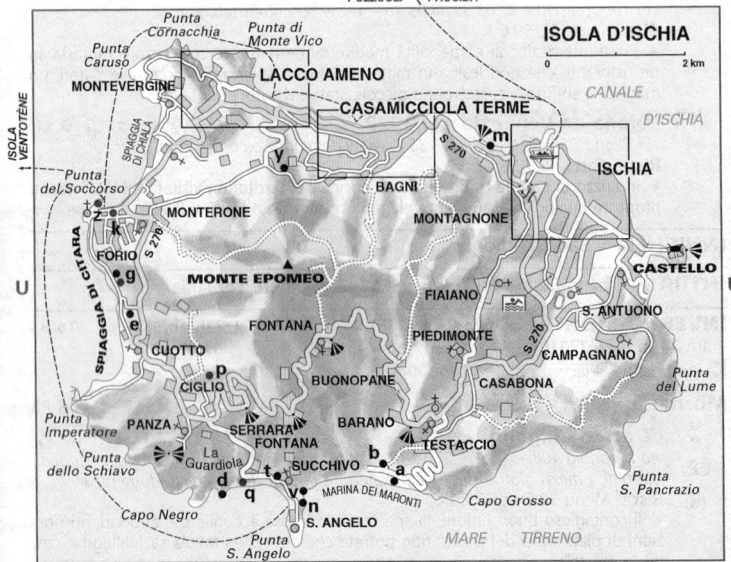

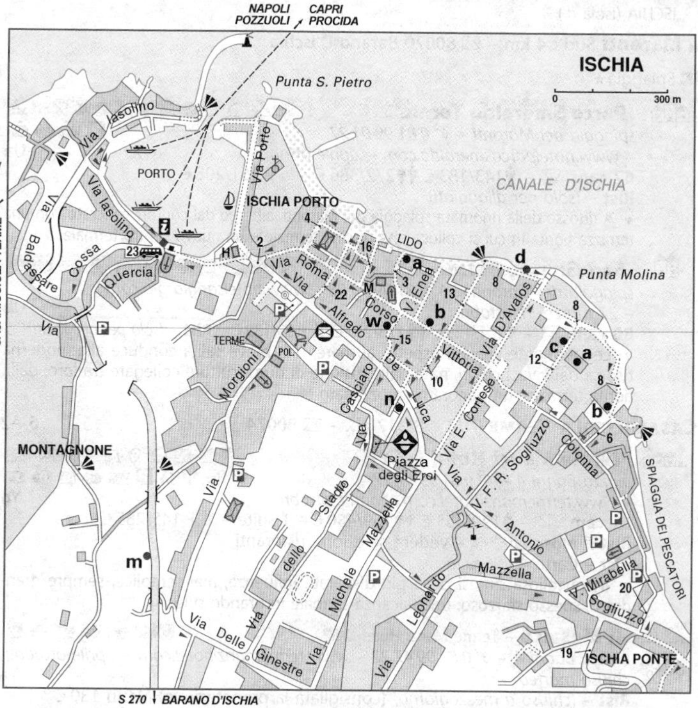

NAPOLI
POZZUOLI

CAPRI
PROCIDA

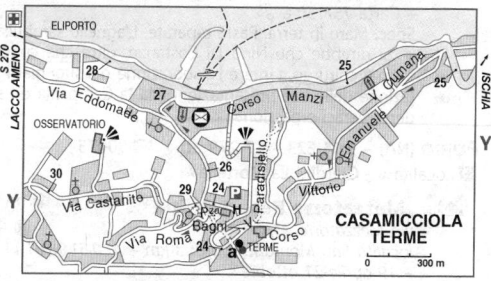

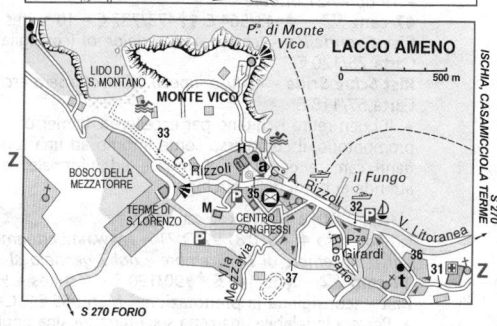

CASAMICCIOLA TERME

LACCO AMENO

a Maronti Sud : 4 km – ✉ 80070 Barano D'Ischia

◉ Spiaggia★

🏠🏠🏠 **Parco Smeraldo Terme** ⊗   ≤ 🛆 🎿 🖃 ⊛ 𝕝ら 平 ✕ 📶 🕮 🛠 ⍝ 𝕤ặ
spiaggia dei Maronti – ℰ 081 99 01 27   🅿 𝒱𝐼𝑆𝐴 ⊕ 🕏
– *www.hotelparcosmeraldo.com* – *aprile-ottobre*   Ua
67 cam ⌑ – ♦143/183 € ♦♦272/386 € – ½ P 151/208 €
Rist – *(solo per alloggiati)*
◆ A ridosso della rinomata spiaggia dei Maronti, albergo dal confort concreto con una terrazza fiorita in cui si colloca una piscina termale e un nuovo centro termale.

🏠🏠 **San Giorgio Terme** ⊗   ≤ 🛆 🎿 🖃 平 🕮 ✕ ⍝ 🅿 𝒱𝐼𝑆𝐴 ⊕ 🕏
spiaggia dei Maronti – ℰ 081 99 00 98 – *www.hotelsangiorgio.com*
– *27 marzo-31 ottobre*   Ub
80 cam ⌑ – ♦101/129 € ♦♦178/234 €, ½ P 99/139 €   **Rist** – *(solo per alloggiati)*
◆ Leggermente elevata rispetto al mare, una breve salita conduce alla moderna risorsa dai vivaci colori, nata dalla fusione di due strutture collegate tra loro; dalla fiorita terrazza, un panorama mozzafiato.

CASAMICCIOLA TERME (NA) – 8 317 ab. – ✉ 80074   6 A2

🏠🏠🏠 **Terme Manzi Hotel & SPA**   🛆 🎝 🎿 🖃 ⊛ 𝖆 𝕝ら 平 📶 🕮 rist,
piazza Bagni 4 – ℰ 081 99 47 22   ✕ rist, ⍝ 🎛 🅿 𝒱𝐼𝑆𝐴 ⊕ 🅐🅔 ⓞ 🕏
– *www.termemanzihotel.com* – *aprile-ottobre*   Ya
61 cam ⌑ – ♦129/355 € ♦♦169/450 € – 1 suite – ½ P 145/285 €
Rist *Il Mosaico* ✿ ✿ – vedere selezione ristoranti
Rist – Carta 43/96 € ⅋
◆ Meravigliosa sintesi delle più disparate influenze, mai semplice, sempre grandioso, spesso sfarzoso: una vacanza termale in grande stile.

✕✕✕✕ **Il Mosaico** – Terme Manzi Hotel & SPA   🎝 🕮 ✕ 𝒱𝐼𝑆𝐴 ⊕ 🅐🅔 ⓞ 🕏
✿ ✿ *piazza Bagni 4* – ℰ 081 99 47 22 – *www.termemanzihotel.com* – *aprile-ottobre;*
chiuso martedì   Ya
Rist – *(chiuso a mezzogiorno)* (consigliata la prenotazione) Menu 130 €
– Carta 75/150 € ⅋
Spec. Mare in terra. Pasta e patate. L'agnello sambucaro.
◆ Si direbbe che Nino Di Costanzo, oltre che cuoco, sia anche architetto, chimico e chirurgo, tanta è l'elaborazione dei suoi piatti nonché la coreografica esaltazione delle sue presentazioni. Ma la Campania e i suoi sapori sono lì ad attendervi, veraci e passionali come sempre.

FORIO (NA) – **564** E23 – **17 279** ab. – ✉ 80075   6 A2

◉ Località★ - Giardini La Mortella★

🏠🏠🏠 **Mezzatorre Resort & Spa** ⊗   ≤ 🖈 🛆 🎝 🎿 🖃 ⊛ 𝕝ら 平 ✕ 📶
via Mezzatorre 23,   🕮 ✕ rist, ⍝ 🅿 𝒱𝐼𝑆𝐴 ⊕ 🅐🅔 ⓞ 🕏
località San Montano, Nord: 3 km – ℰ 081 98 61 11 – *www.mezzatorre.it*
– *19 aprile-21 ottobre*   Zc
47 cam ⌑ – ♦443/564 € ♦♦473/737 € – 10 suites – ½ P 292/424 €
Rist *Chandelier* – *(chiuso a mezzogiorno)* (consigliata la prenotazione)
Carta 75/120 €
Rist *Sciue Sciue* – *(chiuso lunedì)* (chiuso la sera escluso da giugno a settembre)
Carta 57/118 €
◆ Il buen retiro ischitano per eccellenza. Immerso in un bosco e arroccato su un promontorio, il complesso sorge intorno ad una torre saracena del XVI sec: eleganti camere e privacy. Semplice ed informale, la cucina del Sciue Sciue vi attende ai bordi della piscina.

✕✕ **Umberto a Mare** con cam ⊗   ≤ 🛆 🎝 ✕ ⍝ 𝒱𝐼𝑆𝐴 ⊕ 🅐🅔 ⓞ 🕏
via Soccorso 4 – ℰ 081 99 71 71 – *www.umbertoamare.it* – *chiuso*
dal 1° novembre al 27 dicembre e dal 7 gennaio al 15 marzo   Uz
11 cam ⌑ – ♦60/140 € ♦♦90/190 € – 6 suites – ½ P 80/105 €
Rist – (consigliata la prenotazione) Menu 55 € – Carta 33/95 € ⅋
◆ Resterà indelebile una cena sulla terrazza, una ringhiera a strapiombo sul mare, per gustare una cucina in continua evoluzione eppure sempre fedele ad una tradizione di famiglia. Belle anche le camere, anch'esse panoramiche.

✕✕ Il Saturnino ≼ ※ VISA ⦿ AE ⓘ ⑤

via Marina sul Porto di Forio d'ischia – ✆ *0 81 99 82 96*
*– chiuso dall'11 gennaio al 28 febbraio, martedì (escluso dal 15 giugno al
15 settembre e dal 27 dicembre al 10 gennaio), in novembre e marzo aperto solo
sabato e domenica* **Uk**
Rist – (consigliata la prenotazione) Carta 42/71 €

◆ Vicino alla torre saracena, una giovane ed ospitale coppia, una veranda chiusa
sulla baia, ma soprattutto un'autentica cucina mediterranea: semplice, schietta e
saporita.

✕ Da "Peppina" di Renato ⌂ ⟡ 🄿 VISA ⦿ AE ⓘ ⑤

via Montecorvo 42 – ✆ *0 81 99 83 12 – www.trattoriadapeppina.it – chiuso
dicembre-15 febbraio e mercoledì (escluso giugno-settembre)* **Up**
Rist – *(chiuso a mezzogiorno escluso le domeniche dal 15 marzo al 30 maggio)*
(consigliata la prenotazione) Carta 27/40 €

◆ Occorre essere prudenti lungo la stretta strada ma la tipicità del posto costruita
su tradizione e originalità sarà una gradita ricompensa; in una grotta tufacea, la
cantina-enoteca. Piatti locali a partire dai prodotti dell'orto.

a Panza Sud : 4,5 km – alt. 155 m – ✉ 80070

🏠 Punta Chiarito �</> ≼ ⌂ 🏊 ⌂ ⅏ rist, 🄿 VISA ⦿ AE ⓘ ⑤

via Sorgeto 51, Sud : 1 km – ✆ *0 81 90 81 02 – www.puntachiarito.it
– 26 dicembre-10 gennaio e 17 marzo-5 novembre* **Ud**
28 cam ⌑ – †70/145 € ††100/240 € – ½ P 130 €
Rist – (consigliata la sera) Carta 51/90 €

◆ Ripida e stretta la strada per raggiungere questa panoramica struttura, piacevolmente inserita fra la roccia e la vegetazione, che ospita in una grotta naturale
una piccola piscina termale. Diversi ingredienti biologici di produzione propria
nelle specialità del ristorante: anche qui la vista spazia su costa e mare.

a Citara Sud : 2,5 km – ✉ 80075 Forio

◉ Spiaggia ★

🏨 Capizzo 🌀 ≼ 🌊 🏊 🄰🄲 ⅏ rist, 🄿 VISA ⦿ AE ⓘ ⑤

via Provinciale Panza 189 – ✆ *0 81 90 71 68 – www.hotelcapizzo.it
– 15 aprile-ottobre* **Ue**
34 cam ⌑ – †70/95 € ††105/135 € – ½ P 84 €
Rist – *(chiuso a mezzogiorno)* (solo per alloggiati)

◆ Splendida cornice per ammirare lo spettacolo d'infuocati tramonti sulla baia,
un taglio moderno caratterizza gli ambienti, freschi e luminosi. Ampi spazi per il
relax all'esterno.

🏨 Providence Terme 🌀 ≼ 🌊 🏊 🄴 ⌘ 🛎 🄰🄲 ⅏ rist, 🄿 VISA ⦿ ⓘ ⑤

via Giovanni Mazzella 1 – ✆ *0 81 99 74 77 – www.hotelprovidence.it
– aprile-ottobre* **Ug**
65 cam ⌑ – †64/100 € ††108/200 € – 1 suite – ½ P 94 €
Rist – Carta 46/63 €

◆ Si affaccia sulla spiaggia di Citara la bella struttura in stile mediterraneo che
dispone anche di una grande terrazza-solarium con piscina termale e di uno spazio dedicato al benessere. Una bella vista sulla baia, cucina casereccia e pizze
nella luminosa sala da pranzo.

✕✕✕ Il Melograno (Libera Iovine) 🌊 ⌂ 🄿 VISA ⦿ AE ⑤

❀
via Giovanni Mazzella 110 – ✆ *0 81 99 84 50 – www.ilmelogranoischia.it – chiuso
dal 7 gennaio al 16 marzo e lunedì da ottobre a gennaio* **Ug**
Rist – (consigliata la prenotazione) Menu 55/80 € – Carta 47/94 €
Spec. Crudo di crostacei con insalata di frutta di stagione. Zuppa di pesce spinato
con pomodoro e crostini. Doppia torta Sacher al frutto della passione.

◆ Un'oasi di silenzio, sotto il portico, dinnanzi ad una giardino di ulivi. La cucina,
semplice, non desidera stupire, ma puntare sui sapori isolani e campani.

ISCHIA (NA) – **564** E23 – **18 687 ab.** – ✉ **80077**   **6** A2

🆔 via Iasolino, ☎ 081 5 07 42 31, www.infoischiaprocida.it

◉ Castello aragonese★★ - Località★

🏨 **Grand Hotel Punta Molino Beach Resort & Spa** ⚓   ◁ 🐾

⚓ 🏊 🏖 ⌨ 🀄 🦮 🐾 ♨ 🛗 ↔ 🛎 ♨ 🅿 🆚 ⬚ 🅰 🅾 🅜

lungomare Cristoforo Colombo 23 – ☎ *0 81 99 15 44*

– www.puntamolino.it – 15 aprile-9 ottobre   X**b**

90 cam ⌑ – ♙200/260 € ♙♙450/560 € – 3 suites – ½ P 242/300 €

Rist *Punta Molino* – vedere selezione ristoranti

♦ Signorile e direttamente sul mare, due grandi piscine, nonché stanze abbellite dalle preziose ceramiche di Vietri e arredate con pezzi d'antiquariato. L'attigua villa per chi desidera maggior riservatezza e, per tutti, differenti possibilità per la ristorazione: sala interna, terrazza, o addirittura sul proprio balcone in camera.

🏨 **Grand Hotel Excelsior** ⚓   ◁ 🐾 🦮 🀄 🏊 🏖 ⌨ 🀄 🛗 ♨ 🛎

via Emanuele Gianturco   🦽 cam, 🀄 ↔ 🍴 rist, 🐾 ♨ 🅿 🆚 ⬚ 🅰 🅾 🅜

19 – ☎ *0 81 99 15 22 – www.excelsiorischia.it – 20 aprile-17 ottobre*   X**a**

86 cam ⌑ – ♙180/230 € ♙♙220/460 € – 4 suites – ½ P 205 €

Rist – Carta 48/73 €

♦ Tra la vegetazione, l'imponente struttura dall'architettura mediterranea fa capolino sul mare con le sue eleganti camere dai colori freschi e marini accentuati da belle maioliche. Completa zona benessere. La cucina regionale nell'elegante sala e in terrazza.

🏨 **Il Moresco** ⚓   ◁ 🚗 ⚓ 🏖 🏊 🏖 ⌨ 🀄 🛗 🛎 🀄 rist, ↔ 🍴 rist, 🍴

via Emanuele Gianturco 16 – ☎ *0 81 98 13 55*   🆚 ⬚ 🅰 🅾 🅜

– www.ilmoresco.it – Pasqua-ottobre   X**c**

67 cam ⌑ – ♙175/235 € ♙♙340/460 € – 2 suites

Rist – (consigliata la prenotazione) Carta 50/100 €

♦ Nasce come dimora privata questa casa dal fascino esclusivo: la piscina coperta è stata realizzata dove era prevista la serra e la zona benessere è negli ex alloggi del personale. All'ombra del pergolato o nella sala interna, le fragranze del Mediterraneo.

🏨 **Le Querce** ⚓   ◁ 🚗 ⚓ 🏖 🏊 🏖 ⌨ 🀄 🛗 🛎 🀄 🍴 🅿 🆚 ⬚ 🅰 🅾 🅜

via Baldassarre Cossa 29 – ☎ *0 81 98 23 78 – www.albergolequerce.it*

– 15 marzo-15 novembre   U**m**

75 cam ⌑ – ♙120/185 € ♙♙150/280 € – 4 suites – ½ P 150 €

Rist – Carta 85/140 €

♦ Camere non tutte nuove, alcune un po' datate, ma l'albergo offre una dei panorami più incantevoli dell'isola. Affascinanti terrazze a picco sul blu.

🏨 **Floridiana Terme**   🏊 🏖 🛗 🛎 🀄 🍴 rist, 🍴 🅿 🆚 ⬚ 🅰 🅾 🅜

corso Vittoria Colonna 153 – ☎ *0 81 99 10 14 – www.hotelfloridianaischia.com*

– aprile- 29 ottobre   V**b**

64 cam ⌑ – ♙99/142 € ♙♙161/246 € – ½ P 129/149 €

Rist – (chiuso a mezzogiorno) (solo per alloggiati)

♦ Villa d'inizio '900 dalla gestione seria e competente. Gli ambienti comuni sono caratterizzati da dipinti murali che ne dilatano gli spazi, le camere fresche e luminose. In questa località rinomata per le terme, la risorsa propone un centro benessere con piscine varie, percorso Kneipp, doccia eudermica ed altro ancora.

🏨 **Central Park Hotel Terme**   🚗 🏊 🀄 🛗 🛎 🀄 🍴 rist, 🍴 🅿

via Alfredo De Luca 6 – ☎ *0 81 99 35 17*   🆚 ⬚ 🅰 🅾 🅜

– www.centralparkhotel.it – Pasqua-5 novembre   X**n**

60 cam – ♙120 € ♙♙180 €, ⌑ 15 € – ½ P 130 €   **Rist** – Menu 35/50 €

♦ Avvolta da un rigoglioso giardino, annovera un articolato complesso termale con una vasca termo minerale utilizzata per i trattamenti; all'esterno una bella piscina per i momenti di relax. Per i pasti, accomodatevi in un ambiente piacevolmente familiare, buffet di antipasti la sera.

🏨 **La Villarosa** ⚓   🚗 ⚓ 🏖 🏊 🀄 🛗 🛎 🀄 🍴 rist, 🆚 ⬚ 🅜

via Giacinto Gigante 5 – ☎ *0 81 99 13 16 – www.dicohotels.it – aprile-ottobre*

37 cam ⌑ – ♙65/120 € ♙♙140/240 € – ½ P 85/120 €   VX**w**

Rist – (solo per alloggiati) Carta 25/35 €

♦ In pieno centro ma varcata la soglia del giardino sarete come inghiottiti da un'atmosfera d'altri tempi, un insieme di ambienti dal fascino antico, un susseguirsi di sale e salette tutte diverse fra loro. Panoramica sala ristorante all'ultimo piano.

Solemar Terme ⑤ ≤ ⚓ ⌇ 🕭 ♨ ❖ 🛋 🖭 ✂ rist, **P** 𝚅𝙸𝚂𝙰 ⓒⓞ 🅰🅴 ⓞ ⑤
via Battistessa 49 – 𝒞 *081 99 18 22 – www.hotelsolemar.it – aprile-ottobre*
78 cam ⌇ – ♦♦130/220 € – ½ P 85/130 €   **Rist** – Carta 30/37 €   V**a**
♦ Frequentato particolarmente da famiglie con bambini proprio per la sua tranquilla posizione sulla spiaggia, risorsa particolarmente vocata alla balneazione. Ospita anche un centro termale.

Punta Molino – Grand Hotel Punta Molino Beach Resort & Spa   ⚙ 🏖 🛋
lungomare Cristoforo Colombo 23   ✂ **P** 𝚅𝙸𝚂𝙰 ⓒⓞ 🅰🅴 ⓞ ⑤
– 𝒞 *081 99 15 44 – www.puntamolino.it – 20 aprile-14 ottobre*   X**b**
Rist – Carta 65/95 €
♦ Romanticamente affacciato sul mare, Punta Molino declina le sfumature marine nelle stoffe e negli arredi, mentre il menu celebra i sapori locali accompagnati da un'importante selezione di etichette nazionali ed estere.

Alberto ≤ 𝚅𝙸𝚂𝙰 ⓒⓞ 🅰🅴 ⓞ ⑤
lungomare Cristoforo Colombo 8 – 𝒞 *081 98 12 59 – www.albertoischia.it*
– 26 dicembre-6 gennaio e 20 marzo-4 novembre   V**d**
Rist – (consigliata la prenotazione la sera) Menu 50 € bc – Carta 42/74 € ⅋⅋
♦ Quasi una palafitta sulla spiaggia risalente ai primi anni '50, una sola sala verandata aperta sui tre lati per gustare una cucina di mare tradizionale reinterpretata con fantasia.

Damiano ≤ **P.** 𝚅𝙸𝚂𝙰 ⓒⓞ ⓞ ⑤
via Variante Esterna strada statale 270 – 𝒞 *081 98 30 32 – chiuso a mezzogiorno da aprile ad ottobre; negli altri mesi aperto solo sabato e domenica*   X**m**
Rist – Carta 36/58 €
♦ Lasciata l'auto, alcuni gradini conducono alla veranda dalle grandi finestre affacciate sulla città e sulla costa. Semplici le proposte della cucina basata soprattutto su aragoste e coniglio di fosso. Andamento familiare.

LACCO AMENO (NA) – 564 E23 **– 4 726 ab. –** ⊠ **80076**   6 A2
◉ Località★ - Coppa di Nestore★ nel museo archeologico di villa Arbusto

L'Albergo della Regina Isabella ≤ 🍽 ⚓ 🏖 ⌇ 🔲 ♨ 🕭 🛎 ♀
piazza Restituta 1   🛋 🖭 ✂ rist, ☎ 🛜 **P** ⚲ 𝚅𝙸𝚂𝙰 ⓒⓞ 🅰🅴 ⓞ ⑤
– 𝒞 *081 99 43 22 – www.reginaisabella.it – 27 dicembre-7 gennaio*
e Pasqua-4 novembre   Z**a**
128 cam ⌇ – ♦140/720 € ♦♦200/800 € – 9 suites – ½ P 165/565 €
Rist – Carta 44/169 €
♦ Piastrelle di Capodimonte, lampadari in vetro di Murano, prezioso mobilio antico, una nuova ala Royal con servizi personalizzati e di gran confort ed un prestigioso centro termale. Per un'elegante vacanza di relax. Diverse le soluzioni e gli spazi offerti per la ristorazione, tutte da scoprire in loco.

Grazia Terme ⑤ ≤ 🍽 🏖 ⌇ 🔲 ♨ 🛎 ♀ 🕭 🛋 🖭 ✂ rist, 🛁 **P.**
via Borbonica 2 – 𝒞 *081 99 43 33 – www.hotelgrazia.it*   𝚅𝙸𝚂𝙰 ⓒⓞ 🅰🅴 ⓞ ⑤
– aprile-ottobre   U**y**
80 cam ⌇ – ♦105/120 € ♦♦190/210 € – 3 suites – ½ P 130 €
Rist – Carta 25/47 €
♦ Sulla via Borbonica, la risorsa si sviluppa su diversi corpi raccolti intorno ad un grande giardino con piscina; dispone anche di una zona termale completa nell'offerta.

Villa Angelica 🍽 ⌇ 🔲 ✂ 🛜 𝚅𝙸𝚂𝙰 ⓒⓞ 🅰🅴 ⓞ ⑤
via 4 Novembre 28 – 𝒞 *081 99 45 24 – www.villaangelica.it – 15 marzo-ottobre*
20 cam ⌇ – ♦85/100 € ♦♦130/160 € – ½ P 85/110 €   Z**t**
Rist – (chiuso a mezzogiorno) (solo per alloggiati) Menu 25/30 €
♦ Raccolta attorno ad un piccolo rigoglioso giardino nel quale è stata realizzata anche una piscina, semplice struttura ad andamento familiare che si cinge del fascino di una casa privata.

SANT'ANGELO (NA) – ⊠ 80070   6 A2

◉ Località ★★

🏠🏠🏠 Miramare Sea Resort 🌿   ⟨ 🏊 🛜 K 🏖 VISA 😊 AE ⓪ ⑤

via Comandante Maddalena 29 – ☏ 0 81 99 92 19 – www.hotelmiramare.it
– aprile-4 novembre   Un
50 cam ☖ – †92/375 € ††260/414 € – 4 suites – ½ P 160/242 €
Rist – (chiuso a mezzogiorno) (solo per alloggiati) Carta 51/150 €
♦ Adagiato sulla baia più bella di S.Angelo, dalle camere o dalle terrazze, la vista sarà comunque memorabile. Ambienti spaziosi, servizio professionale. Piatti mediterranei nel ristorante di taglio elegante, affacciato sul mare.

🏠🏠 Casa Celestino 🌿   ⟨ 🏊 🛜 K cam, 🏖 rist, VISA 😊 ⑤

via Chiaia di Rose 20 – ☏ 0 81 99 92 13 – www.hotelcelestino.it
– 28 aprile-14 ottobre   Ut
20 cam ☖ – †70/145 € ††100/230 € – 1 suite – ½ P 140/155 €
Rist – (chiuso a mezzogiorno in giugno e agosto) Carta 35/60 €
♦ All'inizio del paese, ma già in zona pedonale, una dimora caratterizzata da un solare stile mediterraneo, dove il bianco abbinato al blu rallegra tessuti e ceramiche. Le stanze si adeguano a tale piacevolezza: spaziose e quasi tutte con balconcino. Ristorante dal design moderno e marinaro con terrazza sulla scogliera.

🏠 Casa Sofia senza rist 🌿   ⟨ 🏖 VISA 😊 ⑤

via Sant'Angelo 29/B – ☏ 0 81 99 93 10 – www.hotelcasasofia.com
– 15 marzo-10 novembre   Uv
11 cam ☖ – †50/70 € ††100/110 €
♦ In cima ad una ripida stradina percorribile solo a piedi o con navetta (servizio organizzato dall'albergo stesso), quasi tutte le camere si affacciano sull'incantevole baia. A disposizione degli ospiti, una bella terrazza ed un salotto con libreria.

✗ Lo Scoglio   ⟨ 🛜 VISA 😊 AE ⓪ ⑤

via Cava Ruffano 58 – ☏ 0 81 99 95 29 – aprile-ottobre   Uq
Rist – (consigliata la prenotazione la sera) Carta 24/48 €
♦ Su uno scoglio che si erge in riva al mare, prenotate per tempo il vostro tavolo in terrazza, è piccola e sempre molto richiesta: una sosta panoramica prima di visitare l'istmo più famoso dell'isola.

ISEO – Brescia (BS) – 561 F12 – 9 206 ab. – alt. 198 m – ⊠ 25049   19 D1
▌ Italia Centro Nord

▶ Roma 581 – Brescia 22 – Bergamo 39 – Milano 80

🛈 lungolago Marconi 2/c-d, ☏ 030 98 02 09, www.provincia.brescia.it/turismo

⛳ Franciacorta Nigoline di Corte Franca via Provinciale 34/B, , Sud-Ovest: 9 km,
030 984167, www.franciacortagolfclub.it – chiuso martedì

◉ Lago ★

◔ Monte Isola ★★ : ※★★ dal santuario della Madonna della Ceriola (in battello)

🏠🏠🏠 Iseolago & SPA 🌿   🏦 🏊 🏖 🛝 🎣 🖐 ⟨ ☎ K 🔁 🏖 🎶 🧖 P

via Colombera 2, Ovest : 1 km – ☏ 03 09 88 91   VISA 😊 AE ⓪ ⑤
– www.iseolagohotel.it
64 cam ☖ – †95/116 € ††132/179 € – 2 suites – ½ P 95/115 €
Rist L'Alzavola – vedere selezione ristoranti
♦ Inserito nel verde di un vasto impianto turistico alle porte della località, elegante complesso alberghiero, con belle camere ed accesso diretto al lago.

✗✗✗ L'Alzavola – Hotel Iseolago & SPA   🏦 🛜 K 🏖 P VISA 😊 AE ⓪ ⑤

via Colombera 2, Ovest : 1 km – ☏ 03 09 88 91 – www.iseolagohotel.it
Rist – (chiuso dal 1° al 15 gennaio) Menu 25/40 € – Carta 28/64 €
♦ Alla scoperta dei piatti e dei vini della Franciacorta in un elegante ristorante nel contesto di un bel complesso, il cui parco arriva a lambire il lago. Fresco pergolato per la stagione estiva.

✕✕ Il Paiolo   AK VISA ⊕ AE ⓪ ⑤

piazza Mazzini 9 – ℰ 03 09 82 10 74 – chiuso dal 15 al 28 febbraio, dal
26 agosto al 9 settembre e martedì
Rist – Carta 28/40 €

♦ E' con entusiasmo che un parmense di Busseto gestisce un localino davvero curato, in pieno centro storico. La cucina casalinga trova la propria massima espressione nei salumi, paste fresche fatte in casa, carni e pesce di lago.

✕ Il Volto   AK VISA ⊕ AE ⑤

via Mirolte 33 – ℰ 0 30 98 14 62 – chiuso 10 giorni in gennaio o
febbraio, mercoledì, giovedì a mezzogiorno
Rist – Menu 45 € – Carta 30/38 € ⅜

♦ Nel grazioso centro storico, gestione familiare in un locale semplice ed informale. La cucina sorprende spaziando dai classici del lago ad invenzioni creative.

sulla strada provinciale per Polaveno Est: 6 km

🏠 I Due Roccoli ⬙   ≤ ⅏ 🏡 ⌥ ✕ 🎐 ⅏ 🌡 🄿 VISA ⊕ AE ⑤

via Silvio Bonomelli ✉ 25049 – ℰ 03 09 82 29 77 – www.idueroccoli.com
– aprile-ottobre
20 cam – †117 € ††100/150 €, ⌷ 10 € – 3 suites – ½ P 120 €
Rist – Carta 38/57 €

♦ All'interno di una vasta proprietà affacciata sul lago, un'antica ed elegante residenza di campagna con parco, adeguata alle più attuali esigenze e con locali curati. Ristorante raffinato, con angoli intimi, camino moderno e uno spazio all'aperto, "sull'aia".

a Clusane sul Lago Ovest : 5 km – ✉ 25049

🏠 Relais Mirabella ⬙   ≤ ⅏ ⅏ ⌥ ✕ 🎐 ⅋ ⅊ ⅏ 🄿

via Mirabella 34, Sud : 1,5 km – ℰ 03 09 89 80 51   VISA ⊕ AE ⓪ ⑤
– www.relaismirabella.it – aprile-ottobre
29 cam ⌷ – †90/120 € ††134/164 € – 1 suite – ½ P 107 €
Rist *Il Conte di Carmagnola* – vedere selezione ristoranti

♦ Un'elegante oasi di tranquillità, in un borgo di antiche case coloniche con eccezionale vista sul lago, 70 ettari di bosco e piscina. All'atto della prenotazione, se disponibili, richiedere le camere con terrazzino panoramico.

✕✕✕ Il Conte di Carmagnola – Hotel Relais Mirabella   ⅏ ⅏ AK ⅜ 🄿

via Mirabella 34, Sud : 1,5 km – ℰ 03 09 89 80 51   VISA ⊕ AE ⓪ ⑤
– www.relaismirabella.it – aprile-dicembre
Rist – Carta 81/107 €

♦ In posizione dominante con splendida vista sul lago, il ristorante "mutua" il nome dalla prima tragedia di A. Manzoni. Elegante e à la page, la sua cucina propone piatti internazionale e specialità del lago, con grande attenzione all'olio (di produzione propria), nonché alla carta dei vini che annovera le eccellenze della Franciacorta.

✕✕ Punta-da Dino   ⅏ 🄿 VISA ⊕ AE ⑤

via Punta 39 – ℰ 0 30 98 90 37 – chiuso novembre e mercoledì (escluso
luglio-agosto)
Rist – Carta 25/37 €

♦ Solida gestione familiare per un locale moderno e accogliente, con dehors estivo; le proposte sono ovviamente incentrate sul pesce di lago, ma non disdegnano la carne.

✕ Al Porto   AK ⟷ VISA ⊕ AE ⓪ ⑤

piazza Porto dei Pescatori 12 – ℰ 0 30 98 90 14 – www.alportoclusane.it – chiuso
mercoledì escluso da aprile ad ottobre
Rist – Carta 26/46 €

♦ Un ristorante con oltre 100 anni di storia: in una villetta fine secolo, di fronte all'antico porticciolo, calde salette di buon gusto, cucina locale e lacustre.

ISERA – Trento (TN) – **562** E15 – **2 592 ab.** – ⊠ 38060　　　　30 B3

▶ Roma 575 – Trento 29 – Verona 75 – Schio 52

Ⅹ　**Locanda delle Tre Chiavi**　　　🛜 **P** 𝘝𝘐𝘚𝘈 ⓸ Æ ⓸ ⑤
　　via Vannetti 8 – ℰ 04 64 42 37 21 – www.locandadelletrechiavi.it
　　– chiuso domenica sera, lunedì
　　Rist – Menu 28/38 € – Carta 35/47 €
　　♦ Questo edificio settecentesco è oggi una tipica osteria gestita con passione da
　　un'abile famiglia di ristoratori. Tra vini e formaggi, la cucina è esclusivamente
　　trentina.

Ⅹ　**Casa del Vino**　　　　　🛜 𝘝𝘐𝘚𝘈 ⓸ Æ ⑤
⊜⊘　*piazza San Vincenzo 1 – ℰ 04 64 48 60 57 – www.casadelvino.info*
　　Rist – Menu 21/35 €
⊛　♦ In un palazzo del '500 in centro paese, è un'associazione di produttori della
　　Vallagarina che propone - con menu fisso - il fior fiore della gastronomia trentina.
　　Tutti i vini in carta sono serviti anche al bicchiere.

ISERNIA Ⓟ (IS) – **564** C24 – **21 997 ab.** – alt. 423 m – ⊠ 86170　　　2 C3

▶ Roma 177 – Avezzano 130 – Benevento 82 – Campobasso 50
🄸 via Farinacci 9, ℰ 0865 39 92, www.ufficiodelturismo.it

🏨　**Grand Hotel Europa**　　　🍱 |🛗| ⅅ rist, 𝘼𝘾 🛗 ⅀ rist, 📶 🚿 **P** 🚗
　　viale dei Pentri 76, strada statale per Campobasso,　　　　𝘝𝘐𝘚𝘈 ⓸ Æ ⓸ ⑤
　　svincolo Isernia Nord – ℰ 08 65 21 26 – www.grandhotel-europa.it
　　152 cam ⅀ – †85 € ††110 € – ½ P 78 €
　　Rist – Carta 22/43 €
　　♦ E' stato recentemente ampliato con molte nuove camere questo hotel d'impo-
　　stazione moderna situato nei pressi dell'entrata principale in Isernia. Per una
　　clientela commerciale e turistica. Ambienti di gusto contemporaneo e sapori tipici
　　molisani al ristorante.

a Pesche Est : 3 km – ⊠ 86090

🏠　**Santa Maria del Bagno**　　　≤ |🛗| 🚿 **P** 𝘝𝘐𝘚𝘈 ⓸ Æ ⓸ ⑤
　　viale Santa Maria del Bagno 1 – ℰ 08 65 46 01 36
　　– necarus@tin.it
　　43 cam – †47/52 € ††64/69 €, ⅀ 5 € – 5 suites – ½ P 57 €
　　Rist – *(chiuso lunedì)* Carta 23/30 €
　　♦ L'edificio spicca alle falde del bianco borgo medievale arroccato sui monti; vi
　　accoglierà un'affidabile gestione familiare, tra i confort degli spazi comuni e delle
　　camere. Due vaste sale da pranzo, disposte su differenti livelli.

ISOLA... ISOLE – Vedere nome proprio della o delle isole

ISOLA D'ASTI – Asti (AT) – **561** H6 – **2 012 ab.** – alt. 245 m　　　25 D1
– ⊠ 14057

▶ Roma 623 – Torino 72 – Asti 10 – Genova 124

🏨　**Castello di Villa** ⊗　　　≤ 🍽 🏊 𝘼𝘾 📶 **P** 𝘝𝘐𝘚𝘈 ⓸ Æ ⑤
　　via Bausola 2, località Villa, Est : 2,5 km – ℰ 01 41 95 80 06
　　– www.castellodivilla.it – marzo-novembre
　　10 cam – †135/180 € ††180/230 €, ⅀ 12 € – 4 suites
　　Rist – *(chiuso a mezzogiorno) (solo per alloggiati)* Menu 36/58 €
　　♦ Questa imponente villa patrizia del XVII sec. non smette di far sognare il vian-
　　dante: splendidi spazi comuni, nonché lussuose camere con soffitti affrescati,
　　arredi e decorazioni eclettiche. Uno stile barocco, ricco ma non *kitsch*, per rivivere
　　i fasti del passato senza rinunciare ai confort moderni.

sulla strada statale 231 Sud-Ovest : 2 km :

XXX   **Il Cascinalenuovo** (Walter Ferretto) con cam   🚗 🛋 🍽 🎿 🏨 ℗

☊   *statale Asti-Alba 15* ✉ *14057 – ℰ 01 41 95 81 66*   VISA ⊛ AE ⓪ ⚭
– *www.ilcascinalenuovo.it – chiuso dal 1° al 20 gennaio e dal 15 al 21 agosto*
15 cam – ❤70 € ❤❤100 €, ☡ 10 € – ½ P 130 €
Rist – *(chiuso domenica sera, lunedì) (chiuso a mezzogiorno escluso domenica)*
Menu 50/80 € – Carta 52/70 € ⅌

Spec. Millefoglie di lingua di vitello e foie gras, dadini di gelatina all'aceto di Porto. Agnolotti del plin al sugo d'arrosto. Piccione di cascina disossato, salsa al Marsala e verdure al burro.

♦ La sala elegante - sebbene essenziale - si allontana dall'ufficialità piemontese: non la cucina, che ne propone glorie e tradizioni in un carosello dei migliori piatti. In aggiunta anche del pesce.

ISOLA DELLE FEMMINE Sicilia – Palermo (PA) – 365 AO54   **39** B2
– 7 323 ab. – alt. 6 m – ✉ 90040

▶ Palermo 19 – Trapani 91

🏨   **Sirenetta**   🌊 🍽 📶 🛎 cam, 📶 🎿 🏨 ℗ VISA ⊛ AE ⚭
viale Dei Saraceni 81, Sud-Ovest : 1,5 km – ℰ 09 18 67 15 38 – www.sirenetta.it
29 cam ☡ – ❤100/150 € ❤❤140/210 € – 7 suites   **Rist** – *(solo per alloggiati)*
♦ Incastrato tra splendide montagne e un'affascinante baia, gestione familiare con camere semplici, ma accoglienti. Sala e cucina classiche d'albergo: spiccano i sottopiatti in ceramica siciliana.

ISOLA DEL LIRI – Frosinone (FR) – 563 Q22 – 12 100 ab. – alt. 217 m   **13** D2
– ✉ 03036

▶ Roma 107 – Frosinone 23 – Avezzano 62 – Isernia 91
◪ Abbazia di Casamari★★ Ovest : 9 km

🏨   **Scala**   📶 🛎 VISA ⊛ AE ⓪ ⚭
piazza De' Boncompagni 10 – ℰ 07 76 80 81 00 – www.scalallacascata.it
18 cam ☡ – ❤60 € ❤❤80 € – ½ P 45 €   **Rist** – Carta 23/35 €
♦ Una risorsa alberghiera di ridotte dimensioni, con poche camere ben tenute, alcune particolarmente spaziose, e pulite; sulla piazza principale, proprio sopra la banca. Sul fiume e vicino alle cascate, un riferimento gastronomico d'impostazione classica.

X   **Ratafià**   🛋 🎿 VISA ⊛ ⚭
vicolo Calderone 8 – ℰ 07 76 80 80 33 – www.ristoranteratafia.it – chiuso lunedì
Rist – Carta 34/48 €
♦ In una piccola traversa di una strada più trafficata, varcato un arco, un locale con proposte di tipo creativo, ma non solo; soprattutto gradevole in estate, con i fiori.

ISOLA DOVARESE – Cremona (CR) – 561 G12 – 1 224 ab. – alt. 35 m   **17** C3
– ✉ 26031

▶ Roma 500 – Parma 48 – Brescia 75 – Cremona 27

🏨   **Palazzo Quaranta**   🛋 🛎 📶 🏨 ℗ VISA ⊛ AE ⓪ ⚭
via Largo Vittoria 12 – ℰ 03 75 39 61 62 – www.palazzoquaranta.it
8 cam ☡ – ❤65/85 € ❤❤100/150 €   **Rist** – *(chiuso mercoledì)* Carta 29/52 €
♦ La casa signorile è stata completamente rinnovata ed, oggi, offre spazi comuni che si limitano al solo bar (aperto al pubblico), nonché camere davvero ampie e piacevoli. A garanzia della cucina, i titolari: da sempre nel mondo della ristorazione.

X   **Caffè La Crepa**   🛋 🎿 VISA ⊛ AE ⓪ ⚭
☊   *piazza Matteotti 13 – ℰ 03 75 39 61 61 – www.caffelacrepa.it*
– *chiuso dal 10 al 27 gennaio, dal 12 al 28 settembre, lunedì, martedì*
Rist – Carta 32/42 € ⅌
♦ Un'insegna d'epoca segnala questo locale storico: situato sulla piazza principale, propone specialità legate al territorio e a base di pesce d'acqua dolce; nell'adiacente enoteca salumi e paste fresche.

ISOLA RIZZA – Verona (VR) – **562** G15 – 3 234 ab. – alt. 23 m – ⊠ 37050

▶ Roma 487 – Verona 27 – Ferrara 91 – Mantova 55

35 B3

all'uscita superstrada 434 verso Legnago

XXXX **Perbellini**   🕭 🖺 🛠 ⇔ 🅿 VISA ⦿ Æ ① 💲

🏵 🏵   *via Muselle 130 ⊠ 37050 – 𝒞 04 57 13 53 52 – www.perbellini.com
– chiuso 10 giorni in febbraio, 3 settimane in agosto, lunedì, martedì, domenica
sera; anche domenica a mezzogiorno dal 15 giugno al 31 agosto*
Rist – Menu 65 € (pranzo in settimana)/150 € – Carta 101/152 € 🕸
Spec. Wafer al sesamo con tartare di branzino, caprino all'erba cipollina e sensazione di liquirizia. Caldofreddo di risotto mantecato al finocchio con emulsione di pomodoro crudo (estate). Trilogia di lamponi.
♦ Da un modesto contesto industriale all'inaspettata eleganza della sala, passando per una cucina che sebbene privilegi la linea gastronomica italiana sfugge con sgusciante agilità ai sentieri già tracciati, per "aprirsi" ad interpretazioni sempre nuove.

ISOLA ROSSA Sardegna – Olbia-Tempio (OT) – **Vedere Trinità d'Agultu**

ISOLA SANT'ANTONIO – Alessandria (AL) – 754 ab. – ⊠ 15050

23 C2

▶ Roma 596 – Torino 125 – Alessandria 39 – Novara 106

XX   **Da Manuela**   🚄 🖺 🅿 VISA ⦿ Æ 💲

😊   *via Po 31, Nord-Ovest : 3 km – 𝒞 01 31 85 71 77 – www.ristorantedamanuela.it
– chiuso dal 1° al 21 agosto e lunedì*
Rist – Menu 40 € – Carta 27/55 € 🕸
♦ In aperta campagna, locale accogliente composto da due ampie sale ed una saletta per i momenti di maggiore affluenza, propone una cucina lombarda con qualche spunto piemontese.

ISOLA SUPERIORE (o dei Pescatori) – Verbano-Cusio-Ossola (VB) – **Vedere Borromee (Isole)**

ISSENGO = ISSENG – Bolzano (BZ) – **Vedere Falzes**

ISSOGNE – Aosta (AO) – **561** F5 – 1 343 ab. – alt. 387 m – ⊠ 11020
▌ Italia Centro Nord

34 B2

▶ Roma 713 – Aosta 41 – Milano 151 – Torino 80
💿 Castello★

XX   **Al Maniero** con cam 🦢   🚄 🛠 cam, 🖤 🅿 VISA ⦿ Æ 💲
*frazione Pied de Ville 58 – 𝒞 01 25 92 92 19 – www.ristorantealmaniero.it
– chiuso dal 15 al 30 giugno*
6 cam ⯑ – †50/70 € ††70/90 € – ½ P 45/65 €
Rist – *(chiuso lunedì escluso agosto)* Carta 25/43 €
♦ Giovane coppia, pugliese lui, ferrarese lei, nei pressi del maniero valdostano: ambiente semplice con piatti del territorio e, solo su prenotazione, pesce. Camere accoglienti.

IVREA – Torino (TO) – **561** F5 – 24 250 ab. – alt. 253 m – ⊠ 10015
▌ Italia Centro Nord

22 B2

▶ Roma 683 – Aosta 68 – Torino 49 – Breuil-Cervinia 74
🖈 corso Vercelli 1, 𝒞 0125 61 81 31, www.comune.ivrea.to.it
💿 Affreschi★ nella chiesa di S. Berna ᵈino

al lago Sirio Nord : 2 km :

🏨   **Sirio** 🦢   🚄 📶 🖺 🛠 🖤 ⚒ 🅿 VISA ⦿ Æ 💲
via lago Sirio 85 ⊠ 10015 – 𝒞 01 ⫶ ⫶242 4⫶ – www.hotelsirio.it
46 cam ⯑ – †105/135 € ††125/⫶⫶5 € – ⫶ ⫶98/1⫶8 €
Rist *Finch* – vedere selezione risto⫶ a⫶⫶
♦ In posizione panoramica nei pressi d⫶ ⫶⫶⫶ o⫶ u⫶a risorsa di stampo moderno, con camere molto carine e spaziose. Le a⫶⫶ c⫶muni appaiono eleganti, a tratti, alla moda con luci soffuse e arredi essenziali.

XX **Finch** – Hotel Sirio 🍽 🛜 AC 🛇 🛜 ⏚ P VISA ☎ AE 👍
via lago Sirio 85 ⊠ 10015 – ℰ 01 25 42 42 47 – www.hotelsirio.it
Rist – *(chiuso dal 15 al 22 agosto e domenica) (chiuso a mezzogiorno escluso giugno-settembre)* Menu 35 € – Carta 40/57 €
♦ Totalmente rinnovato in anni recenti, questo moderno ristorante che negli arredi sfoggia un certo minimalismo modaiolo, in cucina non rinnega la tradizione: specialità alla griglia.

a San Bernardo Sud : 3 km – ⊠ 10015

🏠 **La Villa** 🍽 📶 ⏚ cam, AC 🛇 rist, ⏚ P VISA ☎ AE 👍
via Torino 334 – ℰ 0 12 56 31 69 6- 63 16 97 – www.ivrealavilla.com
36 cam � – ♦68/75 € ♦♦85/110 € – ½ P 55/65 €
Rist – *(chiuso 15 giorni in agosto, domenica , anche venerdì e sabato da novembre a gennaio)* Menu 22 €
♦ Accogliente e calda atmosfera familiare in questa villa in zona periferica, quasi una casa privata. Alcune camere e la sala colazioni si affacciano sulla catena alpina. Vicino agli stabilimenti.

JESI – Ancona (AN) – **563** L21 – 40 399 ab. – alt. 97 m – ⊠ 60035　　**21** C2
▌ Italia Centro Nord
▶ Roma 260 – Ancona 32 – Gubbio 80 – Macerata 41
◉ Località★ - Palazzo della Signoria★ - Pinacoteca★

🏨 **Federico II** 🛇 ≤ 🍽 ⏛ 🛜 🖿 ⏛ 🏊 ⏚ AC ↯ 🛇 rist, ⏚ 🏄 P
via Ancona 100 – ℰ 07 31 21 10 79 – www.hotelfederico2.it VISA ☎ AE ⓪ 👍
129 cam ⊑ – ♦100/170 € ♦♦139/260 € – 16 suites　　**Rist** – Carta 35/68 €
♦ Elegante complesso immerso nel verde, garantisce un soggiorno confortevole e rilassante grazie anche al moderno centro benessere. Gli spazi comuni sono ampi e le camere arredate con gusto classico. Una luminosa sala panoramica invita a gustare una cucina classica e locale.

🏨 **Mariani** senza rist AC 🛇 ⏚ VISA ☎ AE ⓪ 👍
via Orfanotrofio 10 – ℰ 07 31 20 72 86 – www.hotelmariani.com
33 cam ⊑ – ♦58/68 € ♦♦70/86 €
♦ A pochi passi dal centro storico, la struttura offre camere confortevoli e ben arredate per un soggiorno sia di turismo che di lavoro.

JESOLO – Venezia (VE) – **562** F19 – 25 232 ab. – ⊠ 30016　　**36** D2
▶ Roma 560 – Venezia 41 – Belluno 106 – Milano 299
⛳ via St. Andrews 2, ingresso via Grassetto, 0421 372862, www.golfclubjesolo.it

XXX **Da Guido** 🍽 🛜 ⏚ AC P VISA ☎ AE 👍
via Roma Sinistra 25 – ℰ 04 21 35 03 80 – www.ristorantedaguido.com – chiuso gennaio, lunedì, martedì a mezzogiorno
Rist – Menu 28 € bc (pranzo)/63 € – Carta 38/74 € ⌘
♦ Se il bianco è l'attore principale delle sale di tono elegantemente contemporaneo, sulla tavola il riflettore è puntato su appetitosi piatti di mare. Per i più romantici, il giardino d'atmosfera.

JOPPOLO – Vibo Valentia (VV) – **564** L29 – 2 135 ab. – alt. 177 m　　**5** A3
– ⊠ 89863
▶ Roma 644 – Reggio di Calabria 85 – Catanzaro 103 – Messina 77

🏨 **Cliffs Hotel** 🏊 🛜 ⏛ 🛇 ⏛ 🛇 📶 ⏚ AC 🏄 P VISA ☎ 👍
　 contrada San Bruno Melia – ℰ 09 63 88 37 38 – www.cliffshotel.it
⇔ *– giugno-settembre*
48 cam ⊑ – ♦43/83 € ♦♦66/130 € – ½ P 55/85 €　　**Rist** – Carta 17/42 €
♦ Non lontano dal mare, un hotel di recente apertura dotato di camere ampie e confortevoli. Gli spazi esterni sono particolarmente curati, invitante piscina con cascatella. Servizio ristorante anche all'aperto con menù vario e pizze.

JOUVENCEAUX – Torino (TO) – Vedere Sauze d'Oulx

KALTERN AN DER WEINSTRASSE = Caldaro sulla Strada del Vino

KASTELBELL TSCHARS = Castelbello Ciardes

KASTELRUTH = Castelrotto

KIENS = Chienes

KLAUSEN = Chiusa

KURTATSCH AN DER WEINSTRASSE = Cortaccia sulla Strada del Vino

---

LABICO – Roma (RM) – **563** Q20 – 5 834 ab. – alt. 319 m – ✉ 00030   **13** C2
▶ Roma 39 – Avezzano 116 – Frosinone 44 – Latina 50

⌂ **Agriturismo Fontana Chiusa** 🍃   🕭 ⛱ AC ⅙ ☏ P
    via Fontana Chiusa 3, (via Casilina al km 335.100)   VISA ⦿ AE ⓞ ⓢ
    – ℰ 06 95 10 05 0 – www.fontanachiusa.it
    7 cam ⊑ – ♦85/105 € ♦♦120/140 € **Rist** – Carta 30/40 €
    ◆ Avvolto dal verde, tra giardini fioriti e noccioli, il casolare ottocentesco è stato sapientemente ristrutturato per offrire camere in strile rustico arredate con buon gusto ed eleganza. All'elegante ed accogliente ristorante, carni e verdure dell'azienda compongono piatti dai sapori del territorio.

LA CALETTA Sardegna – Nuoro (NU) – **366** T40 – Vedere Siniscola

---

LACCO AMENO – Napoli (NA) – **564** E23 – Vedere Ischia (Isola d')

LACES (LATSCH) – Bolzano (BZ) – **562** C14 – 5 145 ab. – alt. 639 m   **30** B2
– Sport invernali : 1 200/2 250 m ⅘4, ⅍ – ✉ 39021
▶ Roma 692 – Bolzano 54 – Merano 26 – Milano 352
🅸 via Principale 38, ℰ 0473 62 31 09, www.laces-martello.it

🏢 **Paradies** 🍃   ⇐ 🚗 ⛱ ⌧ 🏊 ⓞ ⅗ 🖼 ✕ 🛎 & ⚕ AC cam, ⅙ rist, ℡ P
    via Sorgenti 12 – ℰ 04 73 62 22 25 – www.hotelparadies.com   VISA ⦿ ⓢ
    – 15 marzo-14 novembre
    48 cam ⊑ – ♦105/149 € ♦♦190/292 € – 20 suites – ½ P 115/161 €
    Rist – Carta 48/69 €
    ◆ In posizione davvero paradisiaca, bella struttura nella pace dei frutteti e del giardino ombreggiato con piscina; accoglienti ambienti interni e curato centro benessere.

LADISPOLI – Roma (RM) – **563** Q18 – 40 279 ab. – ✉ 00055   **12** B2
▶ Roma 39 – Civitavecchia 34 – Ostia Antica 43 – Tarquinia 53
🅸 piazza Della Vittoria 11, ℰ 06 9 91 30 49, www.comune.ladispoli.roma.it
🄶 Cerveteri : necropoli della Banditaccia★★ Nord : 7 km

🏨 **La Posta Vecchia** 🍃   ⇐ 🕭 🌊 ⌧ ✕ 🛎 ℡ 🕊 ⚓ P VISA ⦿ AE ⓞ ⓢ
    località Palo Laziale , Sud: 2 km – ℰ 06 99 49 50 1 – www.lapostavecchia.com
    – aprile ottobre
    15 cam ⊑ – ♦♦320/590 € – 4 suites
    Rist *The Cesar*❀ – vedere selezione ristoranti
    ◆ Quasi un fortino sul mare, uno scrigno di tesori d'arte d'ogni epoca, nelle fondamenta una villa romana con pavimenti musivi. Per tutti gli ospiti, la sensazione di essere stati invitati in una residenza nobiliare privata.

🍴🍴🍴 **The Cesar** – Hotel La Posta Vecchia   ⇐ 🕭 🌊 ⛱ ✕ AC ⅙ P
❀   *località Palo Laziale , Sud: 2 km – ℰ 06 99 49 50 1*   VISA ⦿ AE ⓞ ⓢ
    – www.lapostavecchia.com – 21 aprile - ottobre
    Rist – Menu 95/130 € – Carta 64/107 €
    Spec. Astice, tavolozza di calamaro, mosaico di frutta estiva (estate). Fagotto di burrata di Andria, vongole, fagiolini, origano fresco. Piccione, foie gras, ananas, biscotto di mandorle e salsa di cocco.
    ◆ Romanticamente affacciato sul mare, la sontuosità della sala rivaleggia con una cucina sapida e sofisticata: piatti mediterranei rivisitati in chiave moderna e preparati in gran parte con i prodotti biologici dell'orto dell'hotel.

LAGO – Vedere nome proprio del lago

LAGO MAGGIORE o VERBANO - Novara, Varese e Cantone Ticino - 561 E7
Italia

LAGONEGRO - Potenza (PZ) - 564 G29 - 5 844 ab. - alt. 666 m — 3 B3
- ✉ 85042
Roma 384 - Potenza 111 - Cosenza 138 - Salerno 127

Caimo senza rist
via dei Gladioli 3 - ✆ 0 97 32 16 21 - www.hotelcaimo.com
16 cam - 35/40 € 60 €
◆ Piccolo hotel a gestione familiare ubicato tra l'uscita dell'autostrada e l'ospedale: camere semplici ed accoglienti, con un buon rapporto qualità/prezzo.

in prossimità casello autostrada A 3 - Lagonegro Sud Nord : 3 km :

Midi rist, rist,
viale Colombo 76 ✉ 85042 - ✆ 0 97 34 11 88 - www.midihotel.it - chiuso Natale
36 cam - 43/47 € 65/72 €, 4 € - ½ P 55 € **Rist** - Carta 21/34 €
◆ In prossimità dello svincolo autostradale, albergo d'ispirazione classica, particolarmente adatto ad una clientela business, con camere moderne e funzionali. Ampia sala da pranzo e salone banchetti con capienza fino a 500 persone.

LAGUNDO - Bolzano (BZ) - 562 B15 - 4 782 ab. - alt. 350 m — 30 B1
- ✉ 39022
Roma 667 - Bolzano 30 - Merano 2 - Milano 328
piazza Hans Gamper 3, ✆ 0473 44 86 00, www.algund.com

Pianta: Vedere Merano

Pergola senza rist
san Cassiano 40 - ✆ 04 73 20 14 35 - www.pergola-residence.it - marzo-novembre
14 suites - 200/400 €, 20 €
◆ Eccellente esercizio architettonico del celebre Matteo Thun: in una piccola casa, profusione di legno, luce e - grazie alla posizione rialzata sul paese - splendido panorama. Le ampie camere dispongono tutte di un cucinino.

Ludwigshof cam, rist,
via Breitofen 9 - ✆ 04 73 22 03 55 - www.ludwigshhof.com
- 15 marzo-15 novembre — A**a**
24 cam - 60/62 € 120/124 € - 4 suites - ½ P 75/78 €
Rist - *(chiuso a mezzogiorno) (solo per alloggiati)*
◆ In un'oasi di tranquillità, incorniciato dal Gruppo del Tessa, albergo a gestione familiare con un invitante giardino; tappeti, quadri e soffitti in legno all'interno.

Agriturismo Plonerhof senza rist
via Peter Thalguter 11 - ✆ 04 73 44 87 28 - www.plonerhof.it — A**b**
7 cam - 28/36 € 56/70 € - 2 suites
◆ Non lontano dal centro, circondata da una riposante natura, casa contadina del XIII secolo con tipiche iscrizioni di motti tirolesi; interessanti arredi di epoche diverse.

Zur Blauen Traube
strada Vecchia 44 - ✆ 04 73 44 71 03 - www.blauetraube.it - chiuso dal 12 gennaio al 20 febbraio, dal 1° al 8 luglio, martedì
Rist - Carta 39/67 €
◆ In pieno centro, l'edificio storico ospita al suo interno una cucina d'impostazione attuale, che cita tanto la regione nella quale si trova, ma si concede anche ad altri sapori italiani.

Schnalshuberhof
Oberplars 2 - ✆ 04 73 44 73 24 - chiuso dal 27 dicembre al 15 febbraio, dal 30 luglio al 15 agosto, lunedì, martedì e mercoledì
Rist - *(chiuso a mezzogiorno)* (prenotazione obbligatoria) Carta 16/35 €
◆ Tra le mura di una casa del 1300, in due stube (unica nel suo genere quella ricoperta di giornali), la famiglia Pingerra propone gustosi piatti a base di ingredienti biologici, accompagnati da vini di produzione propria. Un vero maso con gusto!

LAIGUEGLIA – Savona (SV) – **561** K6 – **1 927 ab.** – ⊠ 17053 ▮ Liguria **14** B2

▶ Roma 600 – Imperia 19 – Genova 101 – Milano 224

🛈 via Roma 2, ℰ 0182 69 00 59, www.visitrivieradeifiori.it

🏨 **Splendid Mare** ⟨ 🛋 🏖 🛗 ⚙ 🐾 🅿 VISA ◎ AE ① ♿
piazza Badarò 3 – ℰ 01 82 69 03 25 – www.splendidmare.it – maggio-settembre
45 cam ⊊ – †65/95 € ††130/198 € – 1 suite – ½ P 108/132 €
Rist – (giugno-settembre) Menu 40 €
♦ Un soggiorno rilassante negli ambienti signorili di un edificio risalente al
1400, ristrutturato nel 1700, che conserva il fascino di un antico passato; camere
piacevoli.

🏨 **Mediterraneo** ⌖ 🛗 🛗 cam, 🐾 rist, 🅿 VISA ◎ ♿
∞ via Andrea Doria 18 – ℰ 01 82 69 02 40 – www.hotelmedit.it – chiuso dal
15 ottobre al 22 dicembre
32 cam – †40/68 € ††60/120 €, ⊊ 8 € – ½ P 57/87 € **Rist** – Menu 15/22 €
♦ La gestione familiare, le grandi camere ben arredate, la posizione tranquilla e
comoda, fuori ma non lontana dal centro, la grande terrazza solarium: buone
vacanze!

LAINATE – Milano (MI) – **561** F9 – **25 159 ab.** – alt. 176 m – ⊠ 20020 **18** A2

▶ Roma 609 – Milano 20 – Bergamo 62 – Brescia 107

🏌 Green Club via Manzoni 45, 02 9370869, www.greenclubgolf.it

🏨 **Litta Palace** 🛏 🏖 🛗 🛗 🛗 ⚙ 🐾 🔊 🅿 🛆 VISA ◎ AE ① ♿
via Lepetit 1, uscita autostrada – ℰ 02 93 57 16 40 – www.hotellittapalace.com
– chiuso 2 settimane in agosto
92 cam ⊊ – †70/230 € ††90/270 € – 2 suites
Rist Ninfeo – vedere selezione ristoranti
♦ Vicino all'ingresso dell'autostrada, è la struttura ideale per una clientela business: camere confortevoli, sale riunioni ed una zona fitness dove trovano posto
piscina, palestra, nonché sauna.

🍴🍴🍴 **Ninfeo** – Hotel Litta Palace 🎴 ♿ 🛗 🐾 🅿 VISA ◎ AE ① ♿
via Lepetit 1, uscita autostrada – ℰ 02 93 57 16 40 – www.hotellittapalace.com
– chiuso 2 settimane in agosto
Rist – (chiuso a mezzogiorno) Carta 39/57 €
♦ In un ambiente moderno, come del resto l'hotel che lo ospita, la filosofia del
locale sembra ispirarsi al famoso adagio "poco, ma buono": la proposta gastronomica, infatti, non è amplissima, ma allettante e di gusto contemporaneo. (Ninfeo dispone anche di una sala fumatori realizzata nel pieno rispetto della norma-
tiva vigente).

LAMA MOCOGNO – Modena (MO) – **562** J14 – **2 938 ab.** – alt. 842 m **8** B2
– ⊠ 41023

▶ Roma 382 – Bologna 88 – Modena 58 – Pistoia 76

🍴 **Vecchia Lama** 🎴 🐾 ♻ VISA ◎ AE ♿
via XXIV Maggio 24 – ℰ 0 53 64 46 62 – www.ristorantevecchialama.it
– chiuso 7 al 18 gennaio, lunedì escluso luglio-agosto
Rist – Carta 27/40 €
♦ Una familiare cordialità circonda questo ristorante che propone una cucina
casalinga, a partire da tartufi, porcini e carni. D'estate si pranza sulla terrazza
affacciata ai giardini.

LAMEZIA TERME – Catanzaro (CZ) – **564** K30 – **70 961 ab.** – alt. 216 m **5** A2
– ⊠ 88046

▶ Roma 580 – Cosenza 66 – Catanzaro 44

✈ a Sant'Eufemia Lamezia ℰ 0968 414333

🏨 **Bräm Hotel** senza rist 🛗 🛗 🛗 🛗 ♯ 🐾 🅿 VISA ◎ AE ♿
via del Mare 63 – ℰ 0 96 85 15 98 – www.bramhotel.it
17 cam ⊊ – †77/100 € ††100/120 € – 3 suites
♦ In prossimità della stazione ferroviaria, una nuova struttura elegante nello stile
e raffinata nei dettagli: con questi presupposti il soggiorno non potrà che essere
all'insegna della qualità e del confort.

a Nicastro – ✉ 88046

🏨 **Savant** 📧 🔥 📺 🛎 rist, ❄ 🏊 💳 🔟 🅰🅴 ⓪ 💲
via Capitano Manfredi 8 – ☎ *0 96 82 61 61* – *www.hotelsavant.it*
67 cam 🛏 – 🛏60/120 € 🛏🛏86/160 € – 2 suites – ½ P 100 €
Rist – Carta 28/65 €
◆ Posizione centrale per un hotel dal confort contemporaneo: ambienti classici e camere funzionali. Struttura ideale per una clientela business. Atmosfera gradevole nella spaziosa sala da pranzo.

🍴🍴 **Novecento** 🔥 📺 ❄ 💳 🔟 🅰🅴 ⓪ 💲
largo Sant'Antonio 5 – ☎ *09 68 44 86 25*
– *www.ristorantenovecentolameziaterme.it* – *chiuso dal 6 al 28 agosto, sabato a mezzogiorno e domenica*
Rist – Carta 23/47 € 🏵
◆ Nel centro storico della località, in fondo alla sala con mattoni a vista è stata ricavata nel pavimento un'area trasparente e calpestabile, il cui interno custodisce una riproduzione della vecchia Nicastro. La calda ospitalità accompagna invece i numerosi piatti della tradizione.

sulla strada statale 18 Sud-Ovest: 11 km

🏨 **Ashley** 📧 🏊 📧 🔥 cam, 📺 ❄ ❄ 🛎 🏊 🅿 💳 🔟 🅰🅴 ⓪ 💲
località Marinella ✉ *88046 Lamezia Terme* – ☎ *0 96 85 18 51*
– *www.hotelashley.it*
42 cam 🛏 – 🛏110 € 🛏🛏160 € – 4 suites
Rist Al Regina – Carta 37/52 €
◆ Nelle vicinanze dell'aeroporto, una nuova realtà dalla raffinata ed elegante atmosfera, caratterizzata da mobili d'antiquariato in stile Impero e da spazi curati in ogni settore. La piacevolezza della struttura non risparmia il ristorante: gustose specialità di pesce ed un'interessante carta dei vini.

sulla strada complanare SP 170/2 Est: 10 km

🏨 **THotel Lamezia** 🏊 📡 📺 📧 🔥 📺 ❄ ❄ 🛎 🏊 🅿 🔟 🅰🅴 ⓪ 💲
località Garrubbe ✉ *88043 Feroleto Antico* – ☎ *0 96 87 54 00 9- 75 13 16*
– *www.thotelgroup.it*
107 cam 🛏 – 🛏120/150 € 🛏🛏145/190 € – 1 suite   **Rist** – Carta 22/37 €
◆ Una nuova struttura a vocazione prettamente business dotata dei migliori confort moderni e completa di ogni servizio. Ideale per congressi, il ristorante propone una saporita cucina regionale, elaborata partendo da materie prime di buona qualità.

LA MORRA – Cuneo (CN) – **561** I5 – 2 765 ab. – alt. 513 m – ✉ 12064   **25** C2
🔼 Roma 631 – Cuneo 62 – Asti 45 – Milano 171

🏨 **Corte Gondina** senza rist 📧 🏊 🔥 📺 📧 🔟 💳 🔟 🅰🅴 💲
via Roma 100 – ☎ *01 73 50 97 81* – *www.cortegondina.it* – *chiuso dal 22 al 27 dicembre e dal 4 gennaio al 28 febbraio*
14 cam 🛏 – 🛏90/115 € 🛏🛏100/135 €
◆ Elegante casa d'epoca a due passi dal centro, curata in ogni dettaglio: all'interno camere personalizzate, mentre la sala colazioni e il salottino hanno un respiro quasi anglosassone. Nel rilassante giardino la piscina.

🏠 **Villa Carita** senza rist ← 📧 ❄ 🅿
via Roma 105 – ☎ *01 73 50 96 33* – *www.villacarita.it* – *chiuso dal 20 dicembre al 28 febbraio*
1 cam – 🛏90 € 🛏🛏100 €, 🛏 10 € – 4 suites – 🛏🛏110/120 €
◆ Bella casa d'inizio '900 con splendida vista su colline e vigneti: le camere, eccetto una, sono in realtà vere e proprie suite con cucinino. Dal belvedere realizzato nel grazioso giardino ed allestito con sedie in ferro battuto si possono ammirare i castelli di Grinzane Cavour, Castiglione Falletto e Serralunga.

⌂ **Fior di Farine** senza rist   🅰️🅲 🅿️ 🆅🅸🆂🅰️ ⊙⊙ 🅰️🅴 ⑤

via Roma 110 – ℰ 01 73 50 98 60 – www.fiordifarine.com – chiuso gennaio-febbraio

5 cam 🖵 – ☗75/80 € ☗☗90/95 €

♦ Nella corte interna di uno dei più celebri mulini in pietra, una struttura del '700 con soffitti a cassettoni e camere arredate in stile rustico-elegante. Imperdibile la prima colazione, dove si possono gustare le farine di produzione propria sotto forma di pane, brioche e pizza espressa.

✕✕ **Bovio**   ⛺🅰️🅲 🅿️ 🆅🅸🆂🅰️ ⊙⊙ 🅰️🅴 ⓞ ⑤

via Alba 17 bis – ℰ 01 73 59 03 03 – www.ristorantebovio.it – chiuso dal 15 febbraio al 12 marzo, dal 27 luglio al 13 agosto, mercoledì sera, giovedì

Rist – Menu 45 € – Carta 39/64 € ⅋⅋

♦ Famiglia storica di ristoratori, i Bovio, da qualche anno si sono trasferiti in questa bella villa con vista sui vigneti, dove continuano a portar avanti l'importante tradizione gastronomica delle langhe.

a Rivalta Nord : 4 km – ✉ 12064 La Morra

⌂ **Bricco dei Cogni** senza rist ⅏   ⇐ ⛝ ⅂ ⅋ 🅿️ 🆅🅸🆂🅰️ ⊙⊙ ⑤

frazione Rivalta Bricco Cogni 39 – ℰ 01 73 50 98 32 – www.briccodeicogni.it

6 cam – ☗80/100 € ☗☗90/110 €, 🖵 8 €

♦ Abbracciata dalle dolci colline dei nobili vigneti, un'elegante ed imponente casa padronale in stile ottocentesco. Bella piscina soleggiata e romantiche camere, arredate nei tenui colori del giallo, del rosa o del blu, impreziosite da antichi mobili e suppellettili d'epoca.

a Annunziata Est : 4 km – ✉ 12064 La Morra

⌂ **Red Wine** senza rist ⅏   ⅀ ⅂ 🖤 🅿️ 🆅🅸🆂🅰️ ⊙⊙ ⑤

frazione Annunziata 105 – ℰ 01 73 50 92 50 – www.red-wine.it

6 cam 🖵 – ☗65/75 € ☗☗85/98 €

♦ La piccola cascina secolare si è trasformata in colorato hotel, dove il passato si allea a confort moderni per offrire ambienti accoglienti e di elegante essenzialità. Tutt'attorno, il verde delle vigne.

⌂ **Agriturismo La Cascina del Monastero** ⅏   ⅀ ⛱ ⅂ ⅓ 🔖

cascina Luciani 112/a – ℰ 01 73 50 92 45   🛠 ⅋ rist, 🅿️ 🆅🅸🆂🅰️ ⊙⊙ ⑤

– www.cascinadelmonastero.it – chiuso dal 15 dicembre al 15 gennaio

10 cam 🖵 – ☗70/90 € ☗☗95/130 € – 8 suites

Rist – *(chiuso a mezzogiorno)* (prenotazione obbligatoria) *(solo per alloggiati)*

♦ Anticamente utilizzata dai frati per produrre il vino, la cascina offre accoglienti spazi dove soggiornare alla scoperta dei sentieri di Langa e degustare prodotti tipici locali. L'agriturismo vanta, ora, anche un piccolo centro benessere.

⌂ **Agriturismo Risveglio in Langa** senza rist ⅏   ⅀ 🅰️🅲 🅿️

borgata Ciotto 52, Sud-Est : 3 km – ℰ 0 17 35 06 74   🆅🅸🆂🅰️ ⊙⊙ 🅰️🅴 ⓞ ⑤

– www.risveglioinlanga.it – chiuso gennaio-febbraio

6 cam – ☗75 € ☗☗90 €, 🖵 5 €

♦ Ricavata da un cascinale ottocentesco, la risorsa è immersa nel verde di colline e vigneti: i proprietari sono infatti anche piccoli produttori di vino. La generosità in metri quadrati delle camere, permette loro di avere anche un angolo cottura.

✕✕ **Osteria Veglio**   ⛱ 🅿️ 🆅🅸🆂🅰️ ⊙⊙ 🅰️🅴 ⑤

frazione Annunziata 9 – ℰ 01 73 50 93 41 – chiuso febbraio, 10 giorni in marzo, 10 giorni in agosto, martedì, mercoledì

Rist – (coperti limitati, prenotare) Carta 32/40 €

♦ Alla ricerca dei migliori sapori langaroli in una piccola sala interna o - nella stagione estiva - sulla terrazza panoramica da cui si gode di una bella vista su colline e vigneti circostanti.

a Santa Maria Nord-Est :4 km – ⊠ 12064 La Morra

XX   **L'Osteria del Vignaiolo** con cam   🕭 ᴴ. rist, **AK** ⁿ¹ **VISA ꚙ** ᴚ
😊   𝒞 0 17 35 03 35 – chiuso dal 24 dicembre al 20 gennaio e 2 settimane in giugno
5 cam ⬛ – †50 € ††70 €   **Rist** – (chiuso mercoledì, giovedì) Carta 30/40 € ⚘
   ◆ In questa piccola frazione nel cuore del Barolo, un piacevole edificio in mattoni
   ospita quella che è diventata un'elegante osteria. Nella luminosa sala, i piatti della
   tradizione sono intepretati con raffinata fantasia. Spaziose e confortevoli le camere.

LAMPEDUSA (Isola di) Sicilia – Agrigento (AG) – **365** AK70 – **6 252 ab.** ▮ Sicilia

LAMPEDUSA – Agrigento (AG) – **565** U19 – ⊠ 92010

🔼 𝒞 0922 970006

🔲 Baia dell'Isola dei Conigli★★★ - ⟨★★★ sullo scoglio del Sacramento - Baia della
Tabaccara★★ - Baia della Madonnina★

🔲 Linosa★: giro dell'isola in barca★★ - Cala Pozzolana★★

🏨   **Martello**   ⟨ |▤| **AK** ᴚᵖ ⁿ¹ **VISA ꚙ AE** ᴚ
😊   piazza Medusa 1 – 𝒞 09 22 97 00 25 – www.hotelmartello.it
   25 cam ⬛ – †60/80 € ††100/240 € – ½ P 70/145 €   **Rist** – Menu 20/35 €
   ◆ Palazzina di due piani tinteggiata di chiaro, come tutte le abitazioni dell'isola,
   per un soggiorno confortevole grazie alle buone dotazioni. Attrezzato diving center. Ristorante semplice, fresco, schietto e sicuramente curato con passione.

🏠   **Cavalluccio Marino** ᴐ   ⟨ 🖫 🕭 **AK** ᴚᵖ rist, **P.** **VISA ꚙ AE** ⁰ ᴚ
   contrada Cala Croce 3 – 𝒞 09 22 97 00 53 – www.hotelcavalluccimarino.com
   – aprile-ottobre
   10 cam – solo ½ P 85/130 €   **Rist** – Carta 35/60 €
   ◆ Piccolo graziosissimo albergo nei pressi di una delle calette più belle dell'isola.
   Gestione familiare molto premurosa che sa mettere a completo agio i propri
   ospiti. Sentirsi a casa, ma con piaceri riscoperti: eccovi al ristorante!

XX   **Gemelli**   🕭 **AK** **VISA ꚙ AE** ⁰ ᴚ
   via Cala Pisana 2 – 𝒞 09 22 97 06 99 – Pasqua-ottobre
   Rist – (chiuso a mezzogiorno) Carta 31/69 €
   ◆ Ristorante a poca distanza dall'aeroporto, dove è possibile gustare al meglio i
   prodotti ittici locali. Il servizio estivo viene effettuato sotto ad un fresco pergolato.

XX   **Lipadusa**   🕭 **AK** **VISA ꚙ** ⁰ ᴚ
   via Bonfiglio 12 – 𝒞 09 22 97 02 67 – pietrodippolito@gmail.com – maggio-ottobre
   Rist – (chiuso lunedì) (chiuso a mezzogiorno) Carta 31/67 €
   ◆ Nel centro del paese, un locale impostato in modo classico per quel che
   riguarda l'ambiente, molto sobrio, familiare nella gestione e tipico nelle proposte
   gastronomiche.

LANA – Bolzano (BZ) – **562** C15 – **11 120 ab.** – alt. 310 m – Sport   **30** B2
invernali : a San Vigilio : 1 485/1 839 m 🚡1 🚠21, 🎿 – ⊠ 39011

▶ Roma 661 – Bolzano 24 – Merano 9 – Milano 322

🅸 via Andreas Hofer 9/1, 𝒞 0473 56 17 70, www.lana.info

🔲 Lana Gutshof Brandis via Brandis 13, 0473 564696, www.golfclublana.it – chiuso
dal 15 dicembre al 15 febbraio

🏠   **Eichhof** ᴐ   🖫 🕭 🏊 🔲 ⋒ 🎿 |▤| 🕭 ⁿ¹ **P.** **VISA ꚙ** ᴚ
   via Querce 4 – 𝒞 04 73 56 11 55 – www.eichhof.net – 10 aprile-5 novembre
   20 cam ⬛ – †55/65 € ††106/130 € – ½ P 66/78 €   **Rist** – (solo per alloggiati)
   ◆ A pochi passi dal centro, un piccolo albergo immerso in un ameno giardino
   ombreggiato con piscina; accoglienti e razionali gli spazi comuni in stile, spaziose
   le camere.

🏠   **Rebgut** senza rist ᴐ   🖫 🕭 **P.** **VISA ꚙ** ⁰ ᴚ
   via Brandis 3, Sud : 2,5 km – 𝒞 04 73 56 14 30 – www.rebgut.it – marzo-ottobre
   12 cam ⬛ – †60 € ††95 €
   ◆ Nella tranquillità della campagna, in mezzo ai frutteti, una graziosa casa nel
   verde con piscina; ambienti in stile rustico con arredi semplici in legno chiaro.

a Foiana (Völlan) **Sud-Ovest : 5 km – alt. 696 m –** ✉ **39011 Lana D'Adige**

🛈 via Mayenburg 44, ☎ 0473 56 17 70, www.lana.info

Völlanerhof ⌂   ≤ 🛁 🍴 🎿 🖥 ☺ 🏊 🍽 🖥 ⅛ ♨ ♫ ⛷ 📞 **P** 🚗
via Prevosto 30 – ☎ 04 73 56 80 33 – www.voellanerhof.com   VISA ➊ 💰
– 25 dicembre-6 gennaio e aprile-11 novembre
36 cam – 10 suites – solo ½ P 119/175 €   **Rist** – (solo per alloggiati)
♦ Un'oasi di pace nella cornice di una natura incantevole: piacevole giardino con piscina riscaldata, confortevoli interni d'ispirazione moderna, attrezzato centro fitness.

Waldhof ⌂   ≤ 🎿 🍴 🎿 🖥 ☺ 🏊 ⅛ 🍽 🖥 ⅢⅢ cam, 🍽 rist, 📞 **P**
via Mayenburg 32 – ☎ 04 73 56 80 81   VISA ➊ AE ➊ 💰
– www.derwaldhof.com – chiuso dal 10 gennaio al 30 marzo
43 cam ⬜ – 🛏96/133 € 🛏🛏192/282 € – 7 suites – ½ P 111/156 €
Rist – (solo per alloggiati)
♦ Due costruzioni distinte: classica con i tipici arredi altoatesini la prima, splendidamente avvolta dal legno la seconda. Spazio e luce in ambienti moderni.

✗✗ **Kirchsteiger** con cam   ≤ 🍴 ⅛ ⅢⅢ **P** VISA ➊ AE ➊ 💰
via Prevosto Wieser 5 – ☎ 04 73 56 80 44 – www.kirchsteiger.com – chiuso dall'11 gennaio al 3 marzo
16 cam ⬜ – 🛏39/53 € 🛏🛏78/106 € – 4 suites – ½ P 58/65 €
Rist – (chiuso giovedì) Carta 31/66 € 🍴
♦ Tipico stile tirolese nella bella sala classica e nella stube di una graziosa casa immersa nel verde: atmosfera romantica in cui assaporare una cucina innovativa imperdibile.

a San Vigilio (Vigiljoch) **Nord-Ovest : 5 mn di funivia – alt. 1 485 m –** ✉ **39011 Vigiljoch**

Vigilius Mountain Resort ⌂   ≤ 🍴 🍴 🖥 ☺ 🏊 🖥 ⅛ 🍽 rist, 📞
via Pavicolo 43 – ☎ 04 73 55 66 00   ⅔ 🚗 VISA ➊ AE ➊ 💰
– www.vigilius.it – chiuso dal 18 marzo al 4 aprile, dal 18 novembre al 6 dicembre
35 cam ⬜ – 🛏190/260 € 🛏🛏315/385 € – 6 suites
Rist 1500 – (chiuso a mezzogiorno) (prenotazione obbligatoria) Carta 49/85 €
Rist La Stube Ida – (chiuso la sera) (prenotazione obbligatoria) Carta 28/40 €
♦ Immerso nel silenzio della natura questo albergo, raggiungibile in funivia, nasce da un progetto di architettura ecologica. Oasi di pace con un panorama unico delle Dolomiti.

LANCIANO – Chieti (CH) – 563 P25 **– 36 442 ab. – alt. 265 m –** ✉ **66034**   **2** C2
▶ Roma 199 – Pescara 51 – Chieti 48 – Isernia 113
🛈 piazza del Plebiscito 50/51, ☎ 0872 71 78 10, www.abruzzoturismo.it

Anxanum   🎿 🏊 🖥 🖥 ⅢⅢ ⅛ ⅔ **P** 🚗 VISA ➊ AE ➊ 💰
via San Francesco d'Assisi 8/10 – ☎ 08 72 71 51 42 – www.hotelanxanum.com
42 cam – 🛏68 € 🛏🛏84 €, ⬜ 10 €   **Rist** – Carta 26/42 €
♦ Albergo in zona residenziale, dove ogni anno piccoli lavori di rinnovo gli conferiscono un aspetto curato e funzionale: l'ultima novità è il piacevole centro benessere. Per quanto riguarda le camere optare per le più recenti con dei solari bagni gialli.

LANGHIRANO – Parma (PR) – 562 I12 **– 9 714 ab. – alt. 265 m**   **8** B2
– ✉ **43013**
▶ Roma 476 – Parma 23 – La Spezia 119 – Modena 81
🛈 strada al Castello 10, ☎ 0521 35 50 09, www.comune.langhirano.pr.it

✗✗ **La Ghiandaia**   🍴 🍴 **P** VISA ➊ AE 💰
località Berzola , Sud : 3 km – ☎ 05 21 86 10 59 – www.la-ghiandaia.it – chiuso 15 giorni in gennaio, 6 giorni in agosto e lunedì
Rist – (chiuso a mezzogiorno escluso i giorni festivi) Carta 42/58 € 🍴
♦ Originale collocazione in un fienile ristrutturato, con un particolare spazio estivo all'aperto nel giardino in riva al fiume. Gustose specialità di pesce, all'insegna della semplicità.

a Pilastro Nord : 9 km – alt. 176 m – ⊠ 43013

🏠 **Ai Tigli** 🚗 ⊼ 📶 & cam, 🛗 ⅍ rist, ☏ 🛎 🅿 🚗 💳 ⑳ 🎴 ⇑
via Parma 44 – ☏ *05 21 63 90 06 –* www.hotelaitigli.it
40 cam ⊊ – 🛏60/88 € 🛏🛏90/110 € – ½ P 60 €
Rist – *(chiuso agosto)* Carta 25/34 €
  ◆ Semplici le camere realizzate nella struttura principale che dispone anche d'un fresco giardino con piscina; più eleganti quelle che si trovano nella dependance. Gestione familiare. Specialità parmensi di sola carne nella sala da pranzo adiacente l'ingresso.

✗ **Masticabrodo** 🚗 & 🛗 🅿 💳 ⑳ 🎴 ⓪ ⇑
strada provinciale per Torrechiara 45/A, Nord: 7 km – ☏ *05 21 63 91 10*
– www.masticabrodo.com *– chiuso dal 1° al 10 gennaio, dal 1° al 22 agosto, domenica sera, lunedì*
Rist *–* Carta 23/33 €
  ◆ All'ombra del Castello di Torrechiara, in aperta campagna, la trattoria propone piatti legati alle tradizioni locali e specialità di stagione. L'accurata selezione di materie prime, qui, è un imperativo categorico!

LANGTAUFERS = Vallelunga

LANZO D'INTELVI – Como (CO) – **561** E9 – 1 433 ab. – alt. 907 m   **16** A2
– ⊠ **22024** ▮ Italia

▶ Roma 653 – Como 30 – Argegno 15 – Menaggio 30

🅾 località Piano delle Noci, 031 839060, www.golflanzo.it – 13 marzo-7 novembre; chiuso lunedì

🅖 Belvedere di Sighignola★★★ : ≼ sul lago di Lugano e le Alpi Sud-Ovest : 6 km

🏨 **Milano** 🚗 📶 ⅍ cam, ☏ 🅿 💳 ⑳ ⓪ ⇑
via Martino Novi 26 – ☏ *0 31 84 01 19 –* www.hotelmilanolanzo.com *– aprile-ottobre*
30 cam ⊊ – 🛏45/55 € 🛏🛏80/100 € – ½ P 55/70 €
Rist *– (chiuso mercoledì)* Carta 23/38 €
  ◆ Solida gestione familiare ormai generazionale in un albergo classico abbracciato da un fresco giardino ombreggiato; spazi comuni razionali e camere ben accessoriate. Pareti in caldo color ocra ornate da piccoli quadri nella bella sala ristorante.

🏠 **Rondanino** ⌂ ≼ 🚗 🚗 ☏ 🅿 💳 ⑳ 🎴 ⇑
via Rondanino 1, Nord : 3 km – ☏ *0 31 83 98 58 –* www.rondanino.it
14 cam ⊊ – 🛏39/53 € 🛏🛏55/70 € – ½ P 45/53 €
Rist *– (chiuso mercoledì escluso dal 15 giugno al 15 settembre)* Carta 33/48 €
  ◆ Nell'assoluta tranquillità dei prati e delle pinete che lo circondano, un rustico caseggiato ristrutturato: spazi interni gradevoli e camere complete di ogni confort. Accogliente sala da pranzo riscaldata da un camino in mattoni; servizio estivo in terrazza.

LANZO TORINESE – Torino (TO) – **561** G4 – 5 315 ab. – alt. 515 m   **22** B2
– ⊠ **10074**

▶ Roma 689 – Torino 28 – Aosta 131 – Ivrea 68

🖸 via Umberto I 9, ☏ 0123 2 80 80, www.comune.lanzotorinese.to.it

✗ **Trattoria del Mercato** ⅍ 💳 ⑳ ⇑
via Diaz 29 – ☏ *0 12 32 93 20 – chiuso dal 15 al 30 giugno e giovedì*
Rist *–* Carta 22/41 €
  ◆ Nato nel 1938 e gestito sempre dalla stessa famiglia, è un locale molto semplice, forse un po' demodè, dove gustare piatti casalinghi della tradizione piemontese.

LA PALUD – Aosta (AO) – Vedere Courmayeur

LA PANCA – Firenze (FI) – Vedere Greve in Chianti

LAPIO – Vicenza (VI) – **562** F16 – Vedere Arcugnano

L'AQUILA 🅟 (AQ) – 563 O22 – 72 696 ab. – alt. 714 m – ✉ 67100   1 A2

▮ Italia

▶ Roma 119 – Napoli 242 – Pescara 105 – Terni 94

🅳 piazzale Acquasanta , ℰ0862 41 08 08, www.abruzzoturismo.it

🅶 San Donato Santi di Preturo piazza della Chiesa, , Nord-Ovest: 8 km, 0862 601212,
www.sandonatogolf.it – chiuso martedì

◉ Basilica di San Bernardino★★Y – Castello★Y: museo Nazionale d'Abruzzo★★
– Basilica di Santa Maria di Collemaggio Z – Fontana delle 99 cannelle★Z

◔ Il Gran Sasso★★

🏨 **San Michele** senza rist   🛎 ⌖ 🔟 ᵗⁱ 🚗 🆅🆂🅰 ⓪ 🅰🅴 ① ⌂
via dei Giardini 6 – ℰ 08 62 42 02 60
– www.stmichelehotel.it   Z**a**
32 cam ⌑ – †65/90 € ††100/160 €
♦ E' rimasta indenne al terremoto del 2009 questa struttura dalla
gestione squisitamente familiare, al limitare del centro storico. Gli esigui spazi
comuni sono ampiamente riscattati dalle ottime, confortevoli, camere. Bagni
all'avanguardia.

🏨 **Magione Papale**   🍽 🛎 ⌖ cam, 🔟 cam, 🍴 rist, ᵗⁱ 🅿 🆅🆂🅰 ⓪ 🅰🅴 ⌂
via Porta Napoli 67/I, per ③ : 1 km – ℰ 08 62 41 49 83
– www.magionepapale.it
17 cam ⌑ – †80/140 € ††100/160 € – 2 suites
Rist *Magione Papale*❀ – vedere selezione ristoranti
Rist – ℰ 08 62 40 44 26 *(chiuso domenica sera e lunedì)* Carta 32/64 €
♦ Un relais di campagna, dove tutti (almeno una volta nella vita) dovrebbero pernottare. In un mulino ristrutturato, camere tutte diverse, ma accomunate da elementi architettonici che rimandano all'originaria funzione della struttura.

🍴🍴 **Magione Papale** – Hotel Magione Papale   ⌖ 🔟 🍴 🆅🆂🅰 ⓪ 🅰🅴 ⌂
❀   *via Porta Napoli 67/I – ℰ 08 62 41 49 83*
– chiuso gennaio
Rist – *(chiuso lunedì) (chiuso a mezzogiorno)* Menu 40/85 €
– Carta 39/61 €
Spec. Tortello liquido di pecorino, pomodoro e sedano. Uovo, peperone e patate.
Variazione d'agnello.
♦ Di straniero, qui, c'è solo il nome dello chef, William: la cucina si avvale, infatti,
dei migliori prodotti della regione, plasmati dalla grande creatività del cuoco e
con una quasi "maniacale" attenzione alle cotture. Non è nella sala grande che si
cena, ma in quella un po' più piccola e comunque accogliente.

🍴🍴 **Le Rocce dell'Aquila**   🔟 🅿 🆅🆂🅰 ⓪ 🅰🅴 ① ⌂
🍽   *viale Croce Rossa 40 – ℰ 08 62 41 90 12*
– www.leroccedellaquila.com
– chiuso le sere di domenica e giovedì   Y**a**
Rist – Carta 20/28 €
♦ Quando i prodotti locali incontrano la creatività, non ci si vorrebbe più alzare
da tavola. E' quello che succede in questo piccolo ma originale ristorante, lungo
le mura cittadine.

---

a Camarda Nord-Est : 14 km – ✉ 67010

🏨 **Elodia nel Parco** ⌖   🍽 🛎 🔟 🍴 ᵗⁱ 🅿 🆅🆂🅰 ⓪ 🅰🅴 ① ⌂
via Valle Perchiana – ℰ 08 62 60 68 30
– www.elodia.it
5 cam ⌑ – †80 € ††120 € – 4 suites – ††140/160 €
Rist *Elodia* – vedere selezione ristoranti
♦ Come evoca il nome il relais è immerso nel verde, ma non di un qualsiasi giardino, bensì del Parco Nazionale del Gran Sasso! In questo bucolico contesto,
l'unica concessione alla modernità è data dalle camere: arredamento dalle linee
contemporanee, tv al plasma e connessione Internet.

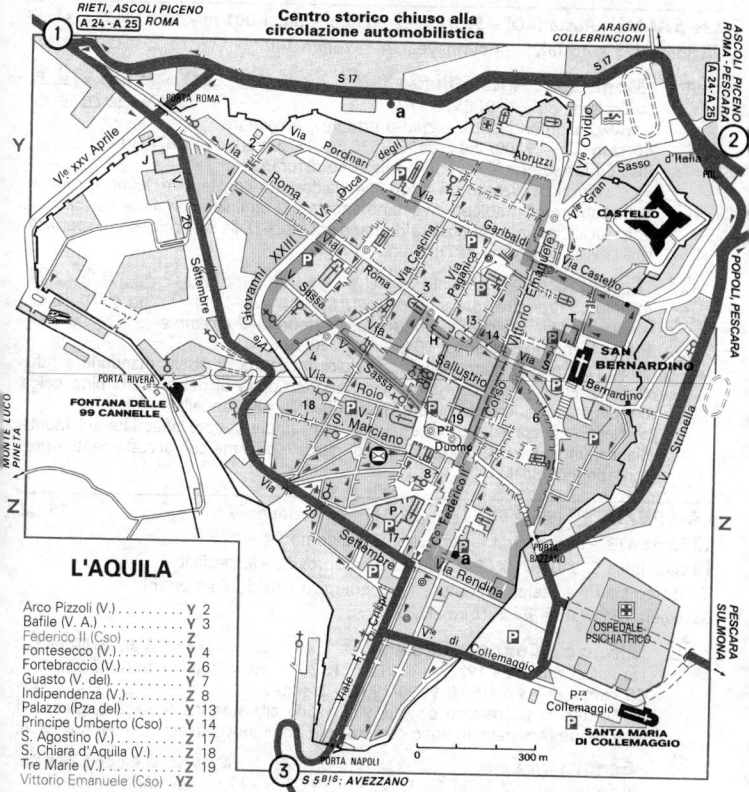

L'AQUILA

XXX **Elodia** – Hotel Elodia nel Parco
via Valle Perchiana – ☏ *08 62 60 68 30 – www.elodia.it – chiuso lunedì, martedì e a mezzogiorno escluso sabato e domenica*
Rist – (coperti limitati, prenotare) Menu 60 € – Carta 52/75 € 🕸
◆ Al primo piano dell'omonimo relais, *Elodia* è un ideale viaggio gourmet tra tipici prodotti abruzzesi - zafferano, agnello, legumi - in ricette elaborate e raffinate.

LARI – Pisa (PI) – 563 L13 – 8 718 ab. – alt. 130 m – ⊠ 56035   **28** B2
🄳 Roma 335 – Pisa 37 – Firenze 75 – Livorno 33

a Lavaiano Nord-Ovest : 9 km – ⊠ 56030

XX **Castero-Banca della Bistecca**
via Galilei 2 – ☏ *05 87 61 61 21 – www.bancadellabistecca.it – chiuso dal 15 al 30 agosto, domenica sera e lunedì*
Rist – Carta 40/60 € 🕸
◆ Locale all'interno di una villa d'epoca con ameno giardino: ambiente accogliente ed impreziosito da alcuni affreschi, servizio informale e veloce. La specialità? Il nome è un ottimo indizio: carne e ancora carne, naturalmente cotta alla brace.

LARIO – Vedere Como (Lago di)

LA SALLE – Aosta (AO) – **561** E3 – 2 065 ab. – alt. 1 001 m – ⊠ 11015   34 A2

▶ Roma 775 – Aosta 29 – Courmayeur 14 – Torino 140

Mont Blanc Hotel Village ⓢ
La Croisette 36 – ℰ 01 65 86 41 11
– www.hotelmontblanc.it – chiuso ottobre e novembre
40 cam � – †200/480 € ††224/530 € – 13 suites – ½ P 167/330 €
Rist La Cassolette ⓼ – vedere selezione ristoranti
♦ A darvi il benvenuto un caldo stile valdostano con tappeti, legno e camino. Nelle camere gli ambienti diventano ancora più originali, dormirete tra materiali tipici locali, ma in un'atmosfera di grande confort. Dalla sala colazioni è spettacolare la vista sulla cima da cui prende il nome.

XXX La Cassolette – Mont Blanc Hotel Village
⓼ località La Croisette 36 – ℰ 01 65 86 41 11
– www.hotelmontblanc.it – chiuso dal 4 ottobre al 2 dicembre
Rist – Menu 40 € (pranzo)/90 € – Carta 60/90 €
Spec. Foie gras d'anatra alle spezie dolci, insalatina di piselli, mandorle e riduzione di Porto. Trota con finocchi al vapore. Coppa di gelatina alla birra belga doppio malto, cioccolato puro e crema Chantilly alla cannella.
♦ Nella raffinata cornice di un locale con ampie vetrate affacciate sul Monte Bianco, un abile chef realizza ricette di pesce e di carne con accostamenti e presentazioni originali.

LA SPEZIA ℗ (SP) – **561** J11 – 95 641 ab. ▮ Liguria   15 D2

▶ Roma 418 – Firenze 144 – Genova 103 – Livorno 94

🅹 viale Italia 5, ℰ 0187 77 09 00, www.turismoprovincia.laspezia.it

◉ Museo Lia★★ - Stele★ nel museo archeologico Ubaldo Formentini

◪ Riviera di Levante ★★★ Nord-Ovest

Firenze e Continentale senza rist
via Paleocapa 7 ⊠ 19122 – ℰ 01 87 71 32 10 – www.hotelfirenzecontinentale.it
68 cam ⊡ – †70/160 € ††90/190 € – 2 suites   An
♦ Albergo in un palazzo d'inizio '900, vicino alla stazione ferroviaria; gradevoli aree comuni arredate in modo confortevole, con indovinati accostamenti di colori.

Genova senza rist
via Fratelli Rosselli 84/86 ⊠ 19121 – ℰ 01 87 73 29 72 – www.hotelgenova.it
37 cam ⊡ – †70/115 € ††90/150 €   Ad
♦ Cordiale gestione familiare in un hotel in pieno centro, ristrutturato di recente; camere semplici con qualche personalizzazione, gradevole giardino interno.

My One Hotel La Spezia senza rist
via 20 settembre 81 ⊠ 19121 – ℰ 01 87 73 88 48 – www.myonehotel.it
66 cam ⊡ – †89/220 € ††109/220 € – 6 suites   Bc
♦ Un po' scomodo da raggiungere in auto, ma con un comodo accesso pedonale al centro città, hotel di catena con spazi comuni ridotti e camere di taglio moderno, molto attuali nello stile.

Le Ville Relais ⓢ
salita al Piano 18/19, strada per Campiglia – ℰ 01 87 73 52 99
– www.levillerelais.it – chiuso febbraio e novembre
12 cam ⊡ – †70/110 € ††100/160 € – 1 suite – ½ P 80/110 €
Rist – (chiuso martedì) (chiuso a mezzogiorno escluso da luglio a settembre) Carta 31/50 €
♦ La posizione elevata con superba vista sul golfo, rende la struttura un'autentica oasi di tranquillità, dove trovano posto camere signorili, verdi terrazze ed una scenografica piscina. Sfiziose proposte liguri, nell'intimo ristorante.

XX La Posta
via Giovanni Minzoni 24 ⊠ 19121 – ℰ 01 87 76 04 37
– www.lapostadiclaudio.com – chiuso dal 1° al 20 agosto e domenica
Rist – Carta 52/78 € ⓼   Bd
♦ Locale di sobria eleganza e buon confort, aperto da pochi anni. In menu: piatti moderni, che riservano particolare attenzione alle materie prime e ai prodotti di stagioni. Un indirizzo da non trascurare.

LA SPEZIA

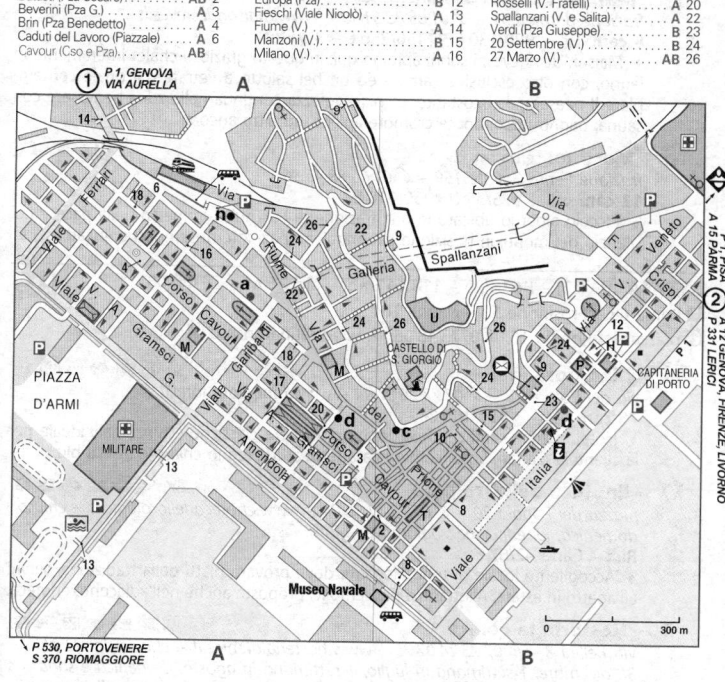

✗ L'Osteria della Corte

😊 *via Napoli 86 ⊠ 19122 – ℰ 01 87 71 52 10 – www.osteriadellacorte.com*
– chiuso lunedì a mezzogiorno

Rist – (consigliata la prenotazione) Carta 24/60 €

Aa

♦ Appassionata gestione familiare in un accogliente locale dai toni rustici e con piacevole cortile interno. La cucina propone stuzzicanti piatti di matrice mediterranea.

LA STRADA CASALE – Ravenna (RA) – **562** F17 – Vedere Brisighella

---

LA THUILE – Aosta (AO) – **561** E2 – 776 ab. – alt. 1 441 m – Sport **34** A2
invernali : 1 441/2 642 m ✝ 1 ⛷ 17 (impianti collegati con La Rosière - Francia) ⚹
– ⊠ 11016 ▯ Italia Centro Nord

▶ Roma 789 – Aosta 40 – Courmayeur 15 – Milano 227

🛈 via Marcello Collomb 36, ℰ 0165 88 41 79, www.lovevda.it

🛉🛉 Le Miramonti

via Piccolo San Bernardo 3 – ℰ 01 65 88 30 84 – www.lemiramonti.it
– dicembre-aprile e giugno-settembre

40 cam ⊡ – †90/180 € ††110/220 € – 4 suites – ½ P 80/130 €

Rist – Carta 39/57 €

♦ Recentemente ristrutturato, questo hotel ha il grande pregio di trovarsi in centro paese e nei pressi degli impianti di risalita. Internamente rivestito in legno presenta pochi spazi comuni, ma signorili, una piccola area benessere e camere piacevolmente arredate.

563

Maison des Reves senza rist ✿   🕭 🕅 🛏 🕪 **P** 𝗩𝗜𝗦𝗔 ◑ AE ① ✦

frazione Bathieu 51 – ℰ 01 65 88 51 19 – www.maisondesreves.it
8 cam ☐ – †80/130 € ††156/256 € – 3 suites

♦ Maison des Rêves, i sogni abitano qui: in questo grazioso chalet interamente in legno, con otto esclusive camere ed un bel salotto a vetrate dal quale contemplare il paesaggio circostante. La piacevolezza continua nella zona benessere con sauna, bagno turco, docce cromoterapiche, ed altro ancora.

Martinet senza rist ✿   ≼ ⅋ 🕪 **P** 🚗

frazione Petite Golette 159 – ℰ 01 65 88 46 56
12 cam ☐ – †25/55 € ††50/110 €

♦ Piccolo albergo ubicato in una frazione di La Thuile, immerso nella pace e nel silenzio dei monti, in posizione panoramica; spazi interni semplici e lineari.

LATINA **P** (LT) – 563 R20 – 118 612 ab. – alt. 21 m – ⌧ 04100   13 C3

▶ Roma 68 – Frosinone 52 – Napoli 164
🛈 piazza del Popolo 16, ℰ 0773 48 06 72, www.latinaturismo.it

Maggiora senza rist   🛏 ₫ 🕅 ⅋ 🕪 ⅏ **P** 𝗩𝗜𝗦𝗔 ◑ AE ① ✦

via dei Volsini 28 – ℰ 07 73 26 87 44 – www.maggiorahotel.it
75 cam ☐ – ††50/100 €

♦ Hotel in zona semi-centrale dotato di camere classiche e funzionali, ideale per la clientela d'affari. Spazi comuni caratterizzati da legno chiaro e inserti blu.

ⅩⅩ **Enoteca dell'Orologio**   🕭 🕅 ⅋ ⇄ 𝗩𝗜𝗦𝗔 ◑ AE ✦

piazza del Popolo 20 – ℰ 07 73 47 36 84 – www.enotecadellorologio.it – chiuso domenica, lunedì a mezzogiorno e i giorni festivi
Rist – Carta 42/67 €

♦ Accogliente locale di tono elegante dove provare piatti della tradizione, serviti all'aperto in estate. Allettanti e più semplici proposte anche nell'adiacente enoteca.

Ⅹ **Hosteria la Fenice**   🕅 ⅋ 𝗩𝗜𝗦𝗔 ◑ AE ① ✦

via Bellini 8 – ℰ 07 73 24 02 25 – www.hosterialafenice.it – chiuso dal 23 al 30 dicembre, 1 settimana in luglio, 1 settimana in agosto, domenica e sabato a mezzogiorno da giugno ad agosto, domenica sera e mercoledì negli altri mesi
Rist – Carta 33/45 € ❀

♦ Poco fuori dal centro, un'interpretazione moderna e piacevole dell'ambiente dell'osteria. La cucina affronta piatti dei territori d'Italia con approccio pacatamente creativo.

a Lido di Latina Sud : 9 km – ⌧ 04010 Borgo Sabotino

ⅩⅩ **Pino Il Tarantino**   ≼ 🕭 🕅 ⅋ 𝗩𝗜𝗦𝗔 ◑ AE ① ✦

via lungomare 2509, località Foce Verde – ℰ 07 73 27 32 53 – chiuso 15 giorni in gennaio, 15 giorni in settembre e mercoledì
Rist – Carta 46/60 €

♦ Locale tradizionale dalla conduzione solida ed esperta. Nella curata e capiente sala potrete gustare pesce e crostacei preparati con buona tecnica e capacità. Piccolo e piacevole dehors per la bella stagione.

ⅩⅩ **Il Funghetto**   🕭 🕭 **P** 𝗩𝗜𝗦𝗔 ◑ AE ① ✦

strada Litoranea 11412, località Borgo Grappa – ℰ 07 73 20 80 09 – www.ristoranteilfunghetto.it – chiuso 10 giorni in gennaio, dal 1° al 15 settembre e mercoledì, anche domenica sera da settembre a giugno
Rist – Menu 35/50 € – Carta 48/66 € ❀

♦ Dietro i fornelli e in sala lavora ormai la seconda generazione della medesima famiglia, e lo stile del locale continua a migliorare, tanto tra i tavoli quanto in cucina.

a Borgo Faiti Est : 10 km – ⌧ 04010

ⅩⅩ **Locanda del Bere**   ₫ 🕅 ⅋ ⇄ 𝗩𝗜𝗦𝗔 ◑ AE ✦

via Foro Appio 64 – ℰ 07 73 25 86 20 – chiuso dal 15 al 30 agosto e domenica
Rist – Carta 38/50 €

♦ Solida gestione per questo ristorante dall'accogliente e calda atmosfera. Le proposte della cucina si orientano su piatti di carne, in inverno, e sul pesce nei mesi più caldi.

LATISANA – Udine (UD) – **562** E20 – **13 802 ab.** – **alt. 7 m** – ✉ 33053   **10** B3

▶ Roma 598 – Udine 41 – Gorizia 60 – Milano 337

🏠   **Bella Venezia**   ⬚ 🌐 AC 📶 🅿 VISA ⬚ ⬚

via del Marinaio 3 – ☎ 0 43 15 98 60 – www.hotelbellavenezia.it – chiuso dal
25 dicembre all' 8 gennaio
23 cam ⬚ – ♦55/75 € ♦♦85/95 €
Rist *Bella Venezia* – vedere selezione ristoranti
♦ Una semplice costruzione bianca cinta da un rilassante giardino ombreggiato:
spazi interni ariosi e confortevoli, arredati in modo essenziale e camere tradizionali.

✗   **Bella Venezia** – Hotel Bella Venezia   ⬚ 🌐 🅿 VISA ⬚ AE ① ⬚

via del Marinaio 3 – ☎ 0 43 15 02 16 – chiuso dal 1° al 15 gennaio
Rist – (chiuso lunedì) Carta 30/46 €
♦ In un'accogliente sala dall'atmosfera un po' retrò, le verdure provenienti dalla
vicina campagna tentano d'imporsi, ma è sempre il pesce a primeggiare in menu.

LATSCH = Laces

LAURIA – Potenza (PZ) – **564** G29 – **13 441 ab.** – **alt. 430 m**   **3** B3

▶ Roma 406 – Cosenza 126 – Potenza 129 – Napoli 199

a Pecorone Nord : 5 km – ✉ 85044

✗   **Da Giovanni**   🅿 VISA ⬚ AE ① ⬚

⬚   Contrada Pecorone – ☎ 09 73 82 10 03
Rist – Carta 15/21 €
♦ Bar-ristorante in stile fresco e moderno con proposte casalinghe a base, soprat-
tutto, di carne alla brace. La quarantennale esperienza della cuoca è una garanzia!

LAVAGNA – Genova (GE) – **561** J10 – **12 966 ab.** – ✉ 16033   **15** C2

▶ Roma 464 – Genova 41 – Milano 176 – Rapallo 17

🛈 piazza Torino 38, ☎ 0185 39 50 70, www.comune.lavagna.ge.it

🏠   **Tigullio**   📠 🌐 AC cam, 📶 📶 VISA ⬚ ⬚

⬚   via Matteotti 1 – ☎ 01 85 39 29 65 – www.hoteltigullio.com
– chiuso dall' 11 al 19 marzo e dal 29 ottobre al 21 dicembre
39 cam ⬚ – ♦50/80 € ♦♦70/100 € – ½ P 60/70 €   **Rist** – Menu 19/25 €
♦ Nuova ed esperta gestione diretta in una struttura anni '50, rimodernata nel
corso degli anni, situata in zona centrale; arredi non nuovi, ma tenuti in modo
impeccabile. Pareti dipinte con paesaggi marini nella semplice sala ristorante.

🏠   **Ancora Riviera**   ⬚ 🌐 📶 rist, 📶 VISA ⬚ AE ① ⬚

⬚   via dei Devoto 81 – ☎ 01 85 30 85 80 – www.hotelancorariviera.com
– marzo-ottobre
28 cam ⬚ – ♦60/80 € ♦♦80/140 €   **Rist** – (solo per alloggiati) Menu 20/35 €
♦ Attenta e cordiale gestione familiare in un hotel fronte porto: in costante
miglioramento dispone di camere dal confort attuale.

✗✗   **Il Gabbiano**   ⬚ AC 🅿 VISA ⬚ ⬚

via San Benedetto 26, Est : 1,5 km – ☎ 01 85 39 02 28 – www.ristoranteilgabbiano.com
– chiuso 1 settimana in gennaio, 1 settimana in febbraio, 2 settimane in novembre,
lunedì, anche martedì da novembre a febbraio
Rist – Carta 29/42 €
♦ In posizione panoramica sulle prime colline prospicenti il mare, specialità ittiche e di terra da gustare nell'accogliente sala o nella veranda con vista.

LAVAGNO – Verona (VR) – **561** F15 – **6 222 ab.** – **alt. 70 m** – ✉ 37030   **37** B3

▶ Roma 520 – Verona 15 – Milano 174 – Padova 733

✗   **Antica Ostaria de Barco**   ⬚ 🌐 🅿 VISA ⬚ ⬚

via Barco di Sopra 5 – ☎ 04 58 98 04 20 – chiuso dal 1° al 7 gennaio,
dal 9 al 15 agosto, sabato a mezzogiorno e domenica sera
Rist – Carta 30/36 €
♦ Tra i vigneti, in una casa colonica riadattata conservando l'architettura originale, un ristorante in cui si entra passando dalla cucina. Servizio estivo in terrazza.

LAVAIANO – Pisa (PI) – **563** L13 – Vedere Lari

LAVENO MOMBELLO – Varese (VA) – **561** E7 – **9 098 ab.**   16 A2
– alt. 205 m – ⊠ 21014 ▊ Italia Centro Nord

▶ Roma 654 – Stresa 22 – Bellinzona 56 – Como 49

per Verbania-Intra – Navigazione Lago Maggiore, ℰ call center 800551801

🄸 piazza Italia 4, ℰ 0332 66 87 85, www.vareseturismo.it

◉ Sasso del Ferro★★ (raggiungibile in cabinovia)

XXX   **Il Porticciolo** con cam   ≼ 🏠 ✑ ¶¶ **P** VISA ⊕ Ꝺ
via Fortino 40, Ovest : 1,5 km – ℰ 03 32 66 72 57 – www.ilporticciolo.com
– chiuso una settimana in novembre e dal 23 gennaio al 6 febbraio
11 cam ⌑ – ♦80/130 € ♦♦95/200 € – ½ P 83/133 €
Rist – (chiuso i mezzogiorno di martedì e mercoledì in luglio-agosto, anche
martedì sera negli altri mesi) Carta 54/85 €
♦ L'incanto del lago rivaleggia con la cucina moderna e creativa di questo raffinato ristorante dal soffitto a volte e pilastri in pietra a vista. D'estate, non rinunciate alla romantica terrazza.

LA VILLA = **STERN** – Bolzano (BZ) – Vedere Alta Badia

LAVIS – Trento (TN) – **562** D15 – **8 588 ab.** – alt. 232 m – ⊠ 38015   30 B3
▶ Roma 587 – Trento 9 – Bolzano 49 – Verona 101

a Sorni Nord : 6,5 km – ⊠ 38015 Lavis

X   **Trattoria Vecchia Sorni**   🏠 ё ✑ VISA ⊕ Ꝺ
      piazza Assunta 40 – ℰ 04 61 87 05 41 – stra – chiuso dal 1° al 21 marzo,
⊛   domenica sera e lunedì
Rist – (chiuso domenica sera, lunedì) (consigliata la prenotazione) Carta 28/40 €
♦ Semplice e genuina gestione familiare con tutte le caratteristiche della trattoria
all'italiana...salvo, poi, lasciarsi sorprendere da una cucina curata e ben presentata.
Terrazza panoramica sulla valle.

LAZISE – Verona (VR) – **562** F14 – **6 877 ab.** – alt. 76 m – ⊠ 37017   35 A3
▶ Roma 521 – Verona 22 – Brescia 54 – Mantova 60

🄸 via Francesco Fontana 14, ℰ 045 7 58 01 14, www.tourism.verona.it

Cà degli Ulivi via Ghiandare 2, 045 6279030, www.golfcadegliulivi.it

🏢   **Lazise** senza rist   ⛵ 🛗 ℍ ↳ **P** 🗲 VISA ⊕ Ꝺ
via Manzoni 10 – ℰ 04 56 47 04 66 – www.hotellazise.it – aprile-ottobre
73 cam ⌑ – ♦60/85 € ♦♦80/150 €
♦ Gestione familiare, una meravigliosa posizione e una piacevole atmosfera
d'ispirazione contemporanea negli ampi e luminosi ambienti di questo hotel che
possiede persino un'enorme piscina.

🏢   **Cangrande** senza rist   ≼ 🛗 ё ℍ ↳ ✑ ¶¶ **P** VISA ⊕ Ꝺ
corso Cangrande 16 – ℰ 04 56 47 04 10 – www.cangrandehotel.it – chiuso dal
20 dicembre al 20 febbraio
18 cam ⌑ – ♦70/80 € ♦♦98/145 € – 1 suite
♦ In un bell'edificio del 1930 addossato alle mura, sorto come sede di cantine
vinicole, un albergo con camere di taglio moderno. Junior suite ricavata in un'antica torretta. Accanto la cantina vinicola di proprietà.

🏠   **Le Mura** senza rist   ⛵ 🛗 ↳ ✑ **P** VISA ⊕ Ꝺ
via Bastia 4 – ℰ 04 57 58 01 89 – www.hotel-lemura.com – marzo-novembre
26 cam ⌑ – ♦60/90 € ♦♦90/140 €
♦ Molto belle le 4 camere recentemente realizzate. Poco fuori le mura che circondano la cittadina, hotel semplice, ma ben tenuto con una piccola piscina esterna.

🏠   **Villa Cansignorio** senza rist   ✑ 🛗 ↳ ✑ ¶¶ **P** VISA ⊕ ᴀᴇ ① Ꝺ
corso Cangrande 30 – ℰ 04 57 58 13 39 – www.hotelcansignorio.com
– marzo-novembre
8 cam ⌑ – ♦95/109 € ♦♦104/125 €
♦ Signorili interni, poche le camere a disposizione degli ospiti ma deliziose e ben
arredate in questa elegante villa situata in pieno centro; il giardino confina con le
mura di cinta.

XX **Alla Grotta** con cam 🛱 🎬 🕏 cam, 🅿 🚾 🚳 ⑤

via Fontana 8 – ℰ 04 57 58 00 35 – www.allagrotta.it – chiuso dal 9 dicembre al 9 febbraio

12 cam – ♦♦80/85 €, ⚌ 9 € **Rist** – *(chiuso martedì)* Carta 31/54 €

♦ La brace a vista invita a gustare le tante proposte ittiche (d'acqua dolce e salata) di questo frequentatissimo ristorante sul lungolago. Situato all'interno di un edificio d'epoca, durante la bella stagione il servizio si sposta anche all'aperto.

sulla strada statale 249 Sud : 1,5 km :

🏠 **Casa Mia** 🛱 🛱 🏊 🏤 🍽 🕭 🕏 🕪 🕽 🅿 🚾 🚳 🇦🇪 ① ⑤

via del Terminon 1 ⊠ 37017 – ℰ 04 56 47 02 44 – www.hotelcasamia.com – marzo-ottobre

41 cam ⚌ – ♦80/128 € ♦♦92/154 € – 2 suites – ½ P 79/100 €
Rist – *(chiuso lunedì a mezzogiorno)* Carta 26/37 €

♦ Un soggiorno d'affari o di svago, lontano dall'animato centro storico, in un grande complesso con uno splendido giardino; camere di diverse tipologie, tutte comunque funzionali. Ambiente semplice nella classica e spaziosa sala da pranzo.

LECCE 🅿 **(LE)** – 564 F36 – 94 949 ab. – alt. 49 m – ⊠ 73100 ▮ Italia **27 D2**

🖸 Roma 601 – Brindisi 38 – Napoli 413 – Taranto 86

🛈 via Monte San Michele 20, ℰ 0832 31 41 17, www.pugliaturismo.com

🏌 Acaya Strada Comunale km 2, 0832 861385, www.acayagolfclub.it – chiuso lunedì

◉ Città barocca★★★ - Basilica di Santa Croce★★ Y – Piazza del Duomo★★: pozzo★ del Seminario Y – Museo provinciale Castromediano★: collezione di ceramiche★★ Z M – Chiesa di San Matteo★ Z – Chiesa del Rosario★ YZ – Altari★ nella chiesa di Sant'Irene Y

Pianta pagina seguente

🏨 **Risorgimento Resort** 🕭 🌿 🎦 🕿 🎬 🖐 🕏 cam, 🕪 🕭
🚾 🚳 🇦🇪 ① ⑤
via Augusto Imperatore 19 – ℰ 08 32 24 63 11 – www.risorgimentoresort.it Y**d**

42 cam ⚌ – ♦120/155 € ♦♦155/250 € – 5 suites
Rist *Le Quattro Spezierie* – vedere selezione ristoranti
Rist *Dogana Vecchia* – Carta 24/42 €

♦ Un albergo esclusivo nei pressi della centrale piazza Oronzo, il risultato del recupero di un antico palazzo, l'attenzione e la cura posta nella scelta dei materiali e dei confort sono garanzia di un soggiorno al top.

🏨 **Hilton Garden Inn** 🏊 ◉ 🕭 🎦 🕿 🕏 cam, 🎬 cam, 🕪 🕭 🅿 🚗
🚾 🚳 🇦🇪 ①
via Cosimo de Giorgi 62 – ℰ 08 32 52 52 – www.hgilecce.com X**h**

143 cam ⚌ – ♦73/240 € ♦♦106/262 € – 1 suite – ½ P 78/156 €
Rist – Carta 32/76 €

♦ In un moderno ed imponente edificio, la comodità e il benessere degli ospiti sono il "credo" dell'albergo, dai materassi alle sedie ergonomiche. All'ultimo piano, piscina panoramica su Lecce.

🏨 **Patria Palace Hotel** 🕭 🕏 cam, 🎬 🕏 🕪 🕭 🚗 🚾 🚳 🇦🇪 ① ⑤
piazzetta Gabriele Riccardi 13 – ℰ 08 32 24 51 11 – www.patriapalacelecce.com
67 cam ⚌ – ♦115/160 € ♦♦155/230 € – 1 suite – ½ P 100/142 €
Rist – *(chiuso domenica)* Carta 39/55 € Y**b**

♦ In centro, l'elegante hotel dispone di spazi comuni piacevolmente arredati in legno e camere in stile moderno, lievemente liberty, impreziosite da antichi inserti decorativi. In cucina, proposte accattivanti legate alla tradizione ma sapientemente rielaborate con gusto e ricercatezza.

🏨 **Santa Chiara** senza rist 🕭 🕏 🎬 🕏 🚗 🚾 🚳 🇦🇪 ① ⑤
via degli Ammirati 24 – ℰ 08 32 30 49 98 – www.santachiaralecce.it
21 cam ⚌ – ♦80/120 € ♦♦140/220 € Y**s**

♦ Tessuti strarripanti, marmi preziosi e un panoramico roof garden - per non farsi mancare nulla - in un palazzo del '700 adiacente all'omonima chiesa: alcune camere hanno una spettacolare vista sulla piazza alberata.

LECCE

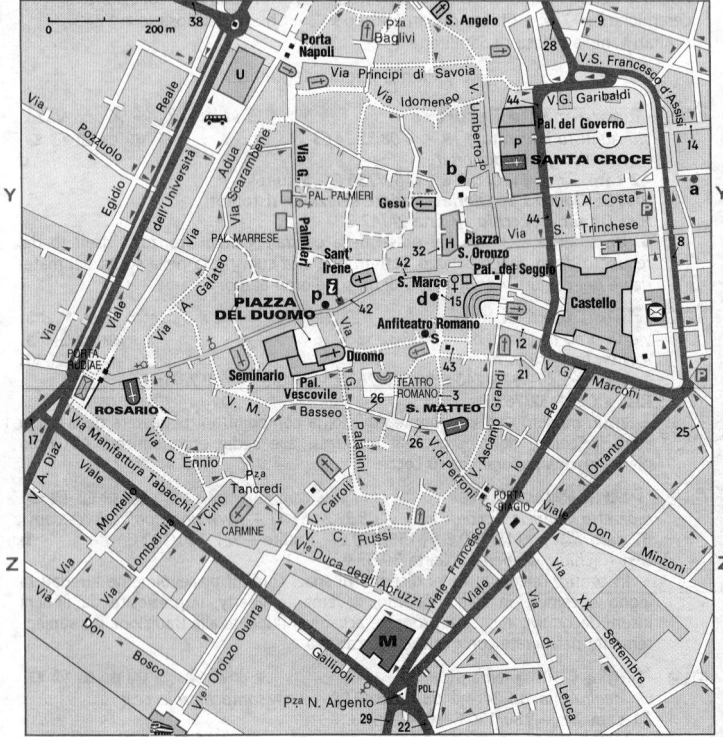

568

Delle Palme 🛗 AK 🎗 rist, ⁇ 🕍 🅿 VISA ⓒ AE ① 🛇

via di Leuca 90 – ℰ 08 32 34 71 71 – www.hoteldellepalmelecce.it   X**e**
96 cam ☕ – ♦75/130 € ♦♦110/180 € – 3 suites   **Rist** – Carta 20/48 €

• Non distante dal centro, dispone di un comodo posteggio, accoglienti zone comuni rivestite in legno ed arredate con poltrone in pelle e camere dai letti in ferro battuto. Discretamente elegante, il ristorante propone una cucina classica ed è ideale per ospitare confereze, manifestazioni e colazioni di lavoro.

Eos Hotel senza rist 🛗 & AK ↳ ⁇ 🕍 🛏 VISA ⓒ AE ① 🛇

viale Alfieri 11 – ℰ 08 32 23 00 30 – www.eoshotel.it   X**e**
30 cam ☕ – ♦75/140 € ♦♦90/190 €

• E' un omaggio al Salento questo design hotel dalla facciata in pietra leccese. Gli interni sono moderni, lineari, ma sempre ispirati a questa terra. Lo spazio per la prima colazione diventa anche wine-bar ed offre un servizio piatti freddi e snack, 24 ore su 24. Piccola sala riunioni all'ultimo piano.

Palazzo Rollo senza rist AK 🎗 🅿

via Vittorio Emanuele 14 – ℰ 08 32 30 71 52 – www.palazzorollo.it   Y**p**
9 cam ☕ – ♦55/75 € ♦♦80/90 € – 4 suites

• Affacciato su un'elegante strada pedonale, un palazzo del '600 con arredi d'epoca e splendidi pavimenti: non mancate di visitare il roof garden, la sera, con vista sul campanile del Duomo illuminato.

XXX **Le Quattro Spezierie** – Hotel Risorgimento Resort & AK 🎗

via Augusto Imperatore 19 – ℰ 08 32 24 63 11   VISA ⓒ AE ① 🛇
– www.risorgimentoresort.it – chiuso dal 15 al 30 gennaio   Y**d**
Rist – (chiuso lunedì escluso da giugno al 15 settembre) (chiuso a mezzogiorno escluso domenica) (consigliata la prenotazione) Carta 24/42 €

• Se cercate un'alternativa alla cucina semplice e popolare del Salento, Le Quattro Spezierie raccoglierà con successo la sfida che gli lanciate: all'interno del Risorgimento Resort, la modernità della sala rispecchia i tratti di una cucina elaborata, contemporanea e sofisticata.

XX **Osteria degli Spiriti** AK VISA ⓒ AE ① 🛇

via Cesare Battisti 4 – ℰ 08 32 24 62 74 – www.osteriadeglispiriti.it
– chiuso 2 settimane in settembre e domenica sera   Y**a**
Rist – Carta 30/48 €

• Vicino ai giardini pubblici, una trattoria dagli alti soffitti - tipici di una vecchia masseria - e cucina pugliese. E' consigliabile prenotare.

LECCO 🅿 (LC) – 561 E10 – 47 791 ab. – alt. 214 m – ✉ 23900 ▌ Italia   **18** B1
▶ Roma 621 – Como 29 – Bergamo 33 – Lugano 61
🚹 via Nazario Sauro 6, ℰ 0341 29 57 20, www.lakecomo.it
🏌 frazione Pizzighettone 1, 0341 579525, www.golfclublecco.it – chiuso martedì
◉ Lago ★★★

Pianta pagina seguente

NH Pontevecchio 🛗 & AK ↳ 🎗 rist, ⁇ 🕍 VISA ⓒ AE ① 🛇

via Azzone Visconti 84 – ℰ 03 41 23 80 00 – www.nh-hotels.it   BZ**a**
111 cam ☕ – ♦79/199 € ♦♦89/209 € – 2 suites   **Rist** – Carta 67/88 €

• Circondato dai monti, albergo moderno a vocazione congressuale, con amena terrazza-solarium: spazi comuni di taglio lineare ed eleganti camere d'ispirazione contemporanea. Ariosa sala da pranzo dalle linee essenziali; servizio in terrazza con vista sull'Adda.

Alberi senza rist ← 🛗 & AK ↳ 🎗 ⁇ VISA ⓒ AE ① 🛇

lungo Lario Isonzo 4 – ℰ 03 41 35 09 92 – www.hotelalberi.it – chiuso dal
23 dicembre al 7 gennaio   AZ**a**
20 cam ☕ – ♦65/70 € ♦♦105/125 €

• Hotel di recente costruzione a gestione diretta, in posizione panoramica di fronte al lago: aree comuni essenziali, belle camere di tono moderno, spaziose e confortevoli.

LECCO

XX **Nicolin**   🛖 ✿ **P** 𝖵𝖨𝖲𝖠 ⚫ ⓘ ⭑

via Ponchielli 54, località Maggianico, 3,5 km per ② – 𝒞 03 41 42 21 22 – chiuso dal 26 dicembre al 3 gennaio, agosto, domenica sera e martedì
Rist – Menu 50/60 € – Carta 46/67 €

♦ Gestito dalla stessa famiglia da oltre trent'anni, locale con proposte tradizionali affiancate da piatti più fantasiosi e da buona cantina; servizio estivo in terrazza.

XX **Al Porticciolo 84** (Fabrizio Ferrari)   🛖 𝖵𝖨𝖲𝖠 ⚫ 𝖠𝖤 ⓘ ⭑

සු *via Valsecchi 5/7, per via Don Pozzi – 𝒞 03 41 49 81 03 – www.porticciolo84.it – chiuso dal 1° al 10 gennaio, agosto, lunedì e martedì*   BY
Rist – *(chiuso a mezzogiorno escluso i giorni festivi)* Menu 55/80 €
– Carta 61/76 €

Spec. Tavolozza di pescato crudo nella fantasia dello chef. Tagliolini di curcuma con polpa di granchio, maggiorana e zenzero. Pescato giornaliero e crostacei grigliati su carbone di legna.

♦ Lungo la strada della Valsassina, il ristorante si trova in un piacevole vicolo di un quartiere periferico. Cucina di mare rispettosa del pescato in preparazioni gustose.

X **Trattoria Vecchia Pescarenico**   𝖠𝖢 𝖵𝖨𝖲𝖠 ⚫ 𝖠𝖤 ⓘ ⭑

via Pescatori 8 – 𝒞 03 41 36 83 30 – www.vecchiapescarenico.it – chiuso dal 15 al 31 agosto, dal 1° al 15 gennaio e lunedì   BZ**b**
Rist – *(chiuso a mezzogiorno escluso giorni festivi)* Carta 37/51 €

♦ Nel vecchio borgo di pescatori de "I Promessi Sposi" troverete una trattoria semplice, dall'ambiente simpatico e accogliente dove vi attenderà una gustosa cucina di mare.

LE CLOTES – Torino (TO) – Vedere Sauze d'Oulx

LEGGIUNO – Varese (VA) – 3 516 ab. – alt. 240 m – ⊠ 21038   **16** A2
🄳 Roma 663 – Milano 76 – Varese 24 – Bellinzona 93

XX **La Fontana**   🛖 **P** 𝖵𝖨𝖲𝖠 ⚫ 𝖠𝖤 ⭑

via Europa 6, località Cellina, Sud-Ovest: 1 km – 𝒞 03 32 64 73 96 – www.ristorantelafontanaleggiuno.it – chiuso dal 10 gennaio al 10 febbraio e mercoledì
Rist – Carta 34/49 €

♦ Esperta conduzione familiare in un locale classico, composto da due accoglienti salette, dove gustare una cucina regionale che non scende a compromessi con la scelta delle materie prime. Interessante, il rapporto qualità/prezzo.

LEGNAGO – Verona (VR) – **562** G15 – 25 556 ab. – alt. 16 m – ⊠ 37045   **35** B3
🄳 Roma 476 – Verona 43 – Mantova 44 – Milano 195

a San Pietro Ovest : 3 km – ⊠ 37045 San Pietro Di Legnago

🏨 **Pergola**   🎦 🕸 & 𝖠𝖢 🌿 ✿ 🎵 🕍 **P** 🛏 𝖵𝖨𝖲𝖠 ⚫ 𝖠𝖤 ⓘ ⭑

via Verona 140 – 𝒞 04 42 62 91 03 – www.hotelpergola.com – chiuso dal 10 al 20 agosto
78 cam ⬜ – †40/200 € ††40/250 € – 2 suites
Rist Pergola – *(chiuso dal 26 dicembre al 10 gennaio, dal 1° al 25 agosto, venerdì e domenica sera)* Carta 23/49 € 🍸

♦ Ambienti accoglienti e luminosi, periodicamente sottoposti a piccoli interventi di miglioramento, per questa valida struttura sita in zona industriale. Piacevoli e ben tenute le camere. Al ristorante: classiche sale di diversa capienza e dal coperto elegante, dove gustare le prelibatezze della casa.

LEGNANO – Milano (MI) – **561** F8 – 58 362 ab. – alt. 199 m – ⊠ 20025   **18** A2
🄳 Roma 605 – Milano 28 – Como 33 – Novara 37

🏨 **Welcome** senza rist   🎦 🛏 🕸 & 𝖠𝖢 🌿 🕻 🕍 **P** 🛏 𝖵𝖨𝖲𝖠 ⚫ 𝖠𝖤 ⓘ ⭑

via Grigna 14 – 𝒞 03 31 54 00 01 – www.welcomehotel.info
40 cam ⬜ – †75/95 € ††95/115 € – 2 suites

♦ Ha una vocazione spiccatamente business, quest'albergo che offre ai suoi ospiti accoglienti camere dai toni caldi ed una piccola zona relax. Tenuta impeccabile.

⌂ **2 C** senza rist 🔲 ♿ 🅰 ⌘ ⚡ 🅿 🚗 💳 ⓪ 🅰 ⓪ 💲
via Colli di Sant'Erasmo 51 – ☎ 03 31 44 01 59 – www.hotel2c.it – chiuso dal 4 al 21 agosto
60 cam ☑ – ♦50/100 € ♦♦70/145 €
♦ In comoda posizione di fronte all'ospedale cittadino, l'albergo è stato recentemente ampliato ed offre funzionali spazi comuni e confortevoli camere in stile moderno.

✗✗ **Schuman** 🍽 ♿ 🅰 ⌘ 🅿 💳 ⓪ 🅰 ⓪ 💲
☆ *via Matteotti 3 – ☎ 0 33 11 77 73 50 – www.ristoranteschuman.it – chiuso 10 giorni in agosto, 10 giorni in gennaio, domenica sera, lunedì*
Rist – (consigliata la prenotazione) Menu 26/75 € – Carta 55/88 €
Spec. Crudo di mare. Tagliolini al cacao, pesche, scampi e foie gras. Anatra al profumo di zenzero.
♦ Da Ispra a Legnano. Un piccolo viaggio per questo ristorante ospitato, ora, tra le mure di una villa liberty, ma la cui cucina non si è spostata di un centimetro dal proprio centro gravitazionale: piatti contemporanei dai forti legami con il territorio. Nella scelta lasciatevi guidare dallo chef.

LEGNARO – Padova (PD) – **562** F17 – 8 459 ab. – alt. 8 m – ✉ 35020 **36** C3
▶ Roma 508 – Venezia 48 – Padova 20 – Rovigo 50

✗✗ **AB Baretta** con cam 🍽 ♿ 🅰 ⌘ 🈯 🅿 💳 ⓪ 🅰 ⓪ 💲
via Roma 33 ✉ 35020 – ☎ 04 98 83 03 92 – www.ristorantebaretta.it
15 cam ☑ – ♦55/65 € ♦♦90/120 € – ½ P 67/90 €
Rist – (chiuso dal 1° al 10 gennaio, domenica sera e lunedì) Carta 33/78 €
♦ In una villa del '700, suggestivi affreschi nell'eleganti sale per una cucina che dà il meglio di sé nelle specialità di pesce e crostacei. Una cornice di grande fascino per "fare colpo"!

LE GRAZIE – La Spezia (SP) – **561** J11 – Vedere Portovenere

---

LENNO – Como (CO) – **561** E9 – 1 828 ab. – alt. 209 m – ✉ 22016 **16** A2
▶ Roma 652 – Como 27 – Menaggio 8 – Milano 75

🏨 **Lenno** 🌿 ≤ 🛋 📶 🔲 ♿ 🅰 ⌘ rist, ⚡ 🚗 💳 ⓪ 🅰 ⓪ 💲
via Lomazzi 23 – ☎ 0 34 45 70 51 – www.albergolenno.com – aprile-ottobre
46 cam ☑ – ♦70/160 € ♦♦80/200 € – ½ P 110/130 € **Rist** – Menu 25/30 €
♦ Ospitalità signorile in hotel moderno in posizione panoramica sul delizioso e tranquillo lungolago; ampie camere ben accessoriate, con vista sulla quieta distesa d'acqua. Ariosa sala da pranzo, con grandi vetrate che "guardano" un incantevole paesaggio.

🏨 **San Giorgio** 🌿 ≤ 🦢 ⚡ 🔲 ♿ 🅰 ⌘ ⚡ 🅿 💳 ⓪ 🅰 ⓪ 💲
via Regina 81 – ☎ 0 34 40 04 15 – www.sangiorgiolenno.com – aprile-ottobre
33 cam – ♦100/110 € ♦♦125/160 €, ☑ 10 € – ½ P 105/120 €
Rist – Carta 34/48 €
♦ Splendida veduta su lago e monti da un albergo circondato da un piccolo parco ombreggiato digradante sull'acqua; accoglienti interni signorili ricchi di arredi d'epoca.

LENTATE SUL SEVESO – Monza e Brianza (MB) – **561** E9 **18** B1
– 15 432 ab. – alt. 250 m – ✉ 20030
▶ Roma 599 – Milano 26 – Bergamo 59 – Como 18

✗✗ **Le Groane** 🍽 🍷 ♿ ⌘ 🅿 💳 ⓪ 🅰 ⓪ 💲
via Nazionale dei Giovi 101 – ☎ 03 62 57 21 19 – web.mac.com/groane – chiuso dal 1° al 6 gennaio, dal 16 al 30 agosto, sabato a mezzogiorno, martedì
Rist – Carta 39/52 €
♦ Al piano terra di un villino periferico, elegante e luminosa sala ornata da numerose piante che la rendono ancora più "fresca"; molto gradevole il servizio estivo in giardino.

LEONESSA – Rieti (RI) – **563** O20 – **2 632 ab.** – ⌧ 02016   **13** C1

▶ Roma 131 – Rieti 37 – Terni 50 – L'Aquila 66

※ **Leon d'Oro**   ⅍ 🆅🆂🅰 ⓿ 🅰🅴 ⓪ 🌀
corso San Giuseppe 120 – ℰ *07 46 92 33 20*
– www.ristoranteleondoroleonessa.com – chiuso lunedì
Rist – Carta 24/47 €

♦ Griglia e camino a vista per la cottura delle carni in questo accogliente locale rustico nel cuore della città, un ambiente simpatico ed informale, in cui regna la mano femminile.

LEONFORTE – Enna (EN) – **365** AV58 – **14 028 ab.** – ⌧ 94013   **40** C2

▶ Roma 879 – Palermo 153 – Enna 23 – Caltanissetta 55

🏨 **Villa Gussio-Nicoletti** ♨   ♤ 🛋 ⚒ 🏊 ⅍ ℅ 🆗 ⅍ ♨ 🅿
contrada Rossi, strada statale 121, km 94,750   🆅🆂🅰 ⓿ 🅰🅴 ⓪ 🌀
– ℰ *09 35 90 32 68 – www.villagussio.it*
49 cam ⌕ – †100/130 € ††140/160 € – 2 suites – ½ P 110/120 €
Rist – Carta 32/55 €

♦ Lungo la strada per Enna, tre corpi distinti di cui una villa settecentesca: ambienti raffinati, a tratti sontuosi, mirabilmente tenuti. Sulla terrazza panoramica o nelle sale da pranzo riccamente decorate si alternano le ricette della gastronomia tipica locale.

LE REGINE – Pistoia (PT) – **563** J14 – Vedere Abetone

LERICI – La Spezia (SP) – **561** J11 – **10 447 ab.** – ⌧ 19032 ▯ Italia   **15** D2

▶ Roma 408 – La Spezia 11 – Genova 107 – Livorno 84

🅸 via Biaggini 6, ℰ0187 96 91 64, www.costalerici.it

🏨 **Doria Park Hotel** ♨   ≼ ☞ 🛋 🆗 ⅋ 🅿 🆅🆂🅰 ⓿ 🅰🅴 ⓪ 🌀
via privata Doria 2 – ℰ *01 87 96 71 24 – www.doriaparkhotel.it*
53 cam ⌕ – †75/155 € ††110/180 € – 5 suites
Rist Doria – vedere selezione ristoranti

♦ In posizione tranquilla, sulla collina che domina Lerici, un hotel dotato di terrazza con suggestiva vista sul golfo: piacevoli interni ben accessoriati, camere luminose.

🏨 **Florida** senza rist   ≼ 🛋 🆗 🆅 ⅋ 🆅🆂🅰 ⓿ 🅰🅴 ⓪ 🌀
lungomare Biaggini 35 – ℰ *01 87 96 73 32 – www.hotelflorida.it – chiuso dal 20 dicembre al 1° marzo*
40 cam ⌕ – †100/130 € ††140/190 €

♦ Gestione familiare attenta e dinamica in un albergo tradizionale, di fronte al mare; nuova, elegante hall e camere funzionali recentemente rimodernate, quasi tutte vista mare.

🏨 **Shelley e Delle Palme**   ≼ 🌀 🛋 🆗 ⅍ rist, ⅋ 🚣 🍽
lungomare Biaggini 5 – ℰ *01 87 96 82 04*   🆅🆂🅰 ⓿ 🅰🅴 ⓪ 🌀
– www.hotelshelley.it
47 cam ⌕ – †80/125 € ††130/185 € – ½ P 90/128 €
Rist – *(chiuso dal 7 al 31 gennaio, lunedì, martedì a mezzogiorno escluso Pasqua-15 settembre)* Menu 25 €

♦ Invidiabile ubicazione davanti alla spiaggia, con veduta del golfo, per una struttura con interni classici, accoglienti e signorili; rinnovate camere in stile moderno.

🏨 **Piccolo Hotel del Lido** senza rist   ≼ 🌀 ℅ 🆗 ⅍ ⅋ 🅿 🆅🆂🅰 ⓿ 🅰🅴 🌀
lungomare Biaggini 24 – ℰ *01 87 96 81 59 – www.locandadellido.it*
– aprile-ottobre
12 cam ⌕ – ††250/310 €

♦ Poco distante dal centro, sulla bella spiaggetta della località, una risorsa non di grandi dimensioni, ma esclusiva nello stile, con camere caratterizzate da arredi minimalisti e romanticamente affacciate sul mare.

XX **Doria** – Doria Park Hotel 🔟 💱 🅿 ⊙⊙ 🅰🅴 ⊙ ⑤
via privata Doria 2 – ℰ 01 87 96 71 24 – www.doriaparkhotel.it
Rist – *(chiuso dal 15 dicembre al 15 gennaio e domenica) (chiuso a mezzogiorno)*
Carta 53/68 €
♦ Specialità ittiche nell'incantevole cornice di un'elegante sala, o in terrazza con vista sul Golfo dei Poeti.

XX **2 Corone** 🕅 🦺𝖘𝖆 ⊙⊙ 🅰🅴 ⊙ ⑤
via Vespucci 1 – ℰ 01 87 96 74 17 – www.ristorante2corone.it – chiuso dal 3 al 22 gennaio, dal 20 al 30 novembre, lunedì e martedì a mezzogiorno da giugno ad agosto; chiuso martedì negli altri mesi
Rist – Carta 32/50 €
♦ Ristorante a solida conduzione diretta: una sala raccolta, di tono elegante, con piccole finestre sul lungomare e esposizione di bottiglie; ricette marinare e creative.

XX **Il Frantoio** 🔟 ⇔ 𝖘𝖆 ⊙⊙ 🅰🅴 ⊙ ⑤
via Cavour 21 – ℰ 01 87 96 41 74 – www.ristoranteilfrantoiosp.it
Rist – Carta 33/64 €
♦ Conduzione affidabile in un esercizio del centro, con due sale dall'ambiente caratteristico, dove vengono servite preparazioni a base di pesce e di prodotti del luogo.

a Fiascherino Sud-Est : 3 km – ⊠ 19032

🕮 **Il Nido** senza rist ॐ ⩽ 𝄞 🏠 🔟 💱 🅿 ⌂ 𝖘𝖆 ⊙⊙ 🅰🅴 ⊙ ⑤
via Fiascherino 75 – ℰ 01 87 96 72 86 – www.hotelnido.com – aprile-ottobre
34 cam ⌑ – ♦60/100 € ♦♦110/160 €
♦ Gestione capace in un hotel sul mare immerso nella pace di una verde natura; belle terrazze-giardino e graziose camere con arredi recenti, semplici, ma confortevoli.

🕮 **Cristallo** ॐ ⩽ 🎇 🔟 💱 rist, ⁕⁕ 🅿 𝖘𝖆 ⊙⊙ 🅰🅴 ⊙ ⑤
via Fiascherino 158 – ℰ 01 87 96 72 91 – www.albergo-cristallo.it
– 31 marzo-2 novembre
44 cam ⌑ – ♦57/85 € ♦♦78/150 € – ½ P 52/95 € **Rist** – Carta 27/44 €
♦ Circondata da ulivi, struttura di recente costruzione collocata in posizione tranquilla e panoramica, sulla strada per Fiascherino; camere con balcone ben accessoriate. Classica sala ristorante, proposte tipiche italiane.

a Tellaro Sud-Est : 4 km – ⊠ 19032

🏠 **Miramare** ॐ ⩽ 🅿 𝖘𝖆 ⊙⊙ 🅰🅴 ⊙ ⑤
via Fiascherino 22 – ℰ 01 87 96 75 89 – www.miramaretellaro.com
– 22 dicembre-8 gennaio e Pasqua-ottobre
22 cam ⌑ – ♦65/70 € ♦♦95/100 € – 2 suites – ½ P 80 €
Rist – Carta 23/41 €
♦ Ambiente familiare e semplice in una classica pensione a valida gestione diretta; ben tenuti e arredati con gusto gli spazi interni, graziosa la terrazza-giardino. Grande sala da pranzo in stile lineare rischiarata da grandi finestre.

XX **Miranda** con cam 🔟 cam, ⁕⁕ 🅿 𝖘𝖆 ⊙⊙ 🅰🅴 ⑤
via Fiascherino 92 – ℰ 0 18 79 68 13 0- 96 40 12 – www.miranda1959.com
– chiuso dal 14 dicembre al 15 gennaio
7 cam ⌑ – ♦♦120 € – 2 suites – ½ P 100 €
Rist – *(chiuso lunedì)* Menu 40/50 € – Carta 47/92 €
♦ Nella splendida cornice del Golfo dei Poeti, locanda con interni raffinati e una sala ristorante che sembra un salotto, dove assaporare idilliache rielaborazioni culinarie.

LESA – Novara (NO) – **561** E7 – **2 349 ab.** – alt. 198 m – ⊠ 28040   **24** B2
▶ Roma 650 – Stresa 7 – Locarno 62 – Milano 73
🛈 via Vittorio Veneto 21, ℰ 0322 77 20 78, www.distrettolaghi.it

verso Comnago Ovest : 2 km :

✗   **Al Camino**   ⟨ 🍽 VISA ⚊ 🅰🅴 ⓘ 💰

(☺)   *via per Comnago 30* ✉ *28040 –* ℰ *03 22 74 71 – chiuso mercoledì*
Rist – Carta 28/45 €
♦ Un ex cascina dei primi del '900 ristrutturata: ambiente rustico accentuato da un intonaco grezzo, sala con camino e una deliziosa veranda affacciata sul lago. Piatti regionali campeggiano in menu.

LESINA – Foggia (FG) – **564** B28 – **6 424 ab. – alt. 5 m –** ✉ 71010   **26** A1

▶ Roma 335 – Bari 182 – Foggia 59 – Campobasso 101

⌂   **Liù Palazzo Ducale** senza rist   📶 🅰🅲

via Dante 19/21 – ℰ *08 82 99 02 58 – www.liupalazzoducale.it*
10 cam – †40/50 € ††65/75 €
♦ Nella "città dell'anguilla", il lago si trova a pochi passi da questo grazioso palazzo d'inizio '900: camere personalizzate, alcune di gusto retrò, altre moderne, deliziosi bagni.

LEVANTO – La Spezia (SP) – **561** J10 – **5 599 ab. –** ✉ 19015   **15** D2

▶ Roma 456 – La Spezia 32 – Genova 83 – Milano 218

🚹 piazza Mazzini 1, ℰ 0187 80 81 25, www.comune.levanto.sp.it

🏨   **Park Hotel Argento**   🚗 🔥 🌀 ♨ 🎱 ▣ & cam, 🅰🅲 cam, 📶 ▣ 🚘

via per Sant'Anna , località Moltedi – ℰ *01 87 80 12 23*   VISA ⚊ 🅰🅴
– www.parkhotelargento.com – chiuso dal 10 gennaio al 25 marzo
40 cam – †140/180 € ††220/300 € – 7 suites – ½ P 149/189 €
Rist – *(chiuso a mezzogiorno)* Menu 40/45 €
♦ Ideale punto di partenza per visitare le Cinque Terre, questo hotel di recente costruzione offre ampie camere con vista mare o colline ed un grazioso centro benessere. In posizione leggermente elevata rispetto alla cittadina, la tranquillità è assicurata.

⌂   **Stella Maris**   🚗 📶 ▣ VISA ⚊ 🅰🅴 ⓘ 💰

via Marconi 4 ✉ *19015 –* ℰ *01 87 80 82 58 – www.hotelstellamaris.it – chiuso novembre*
8 cam ☲ – †90/170 € ††130/200 €   **Rist** – *(aprile-settembre)* Carta 25/50 €
♦ Bel giardino con palme, ambiente e decorazioni fine 1800, atmosfera caratteristica ed elegante negli interni con soffitti affrescati e mobili originali in stile classico.

⌂   **Nazionale** senza rist   📶 🅰🅲 🚘 VISA ⚊ 💰

via Jacopo da Levanto 20 – ℰ *01 87 80 81 02 – www.nazionale.it*
– 30 marzo-4 novembre
38 cam ☲ – †65/90 € ††90/138 €
♦ Solida gestione diretta in un accogliente albergo dall'ambiente familiare: piacevoli spazi comuni e camere in stile lineare, recentemente rinnovate, arredate con gusto.

⌂   **Agriturismo Villanova** senza rist 🍃   🚗 ▣ VISA ⚊ 🅰🅴 💰

località Villanova, Est : 1,5 km – ℰ *01 87 80 25 17 – www.agriturismovillanova.it*
– chiuso dal 9 gennaio al 2 febbraio
7 cam ☲ – †85/110 € ††95/120 € – 2 suites
♦ All'interno di un rustico immerso nel verde, una risorsa agrituristica dall'ambiente molto curato e signorile, ideale per gli amanti della tranquillità e della natura.

✗   **Tumelin**   🍽 🅰🅲 VISA ⚊ 🅰🅴 ⓘ 💰

via Grillo 32 – ℰ *01 87 80 83 79 – www.tumelin.it – chiuso dal 7 gennaio al 7 febbraio e giovedì escluso dal 15 giugno al 15 settembre*
Rist – Carta 37/64 €
♦ Interni ben tenuti in un ristorante collocato nel cuore della cittadina, con una sala lineare dove si propone una classica cucina di mare, con alcune personalizzazioni.

a Mesco Sud : 2,5 km – ⊠ 19015 Levanto

🏠 **La Giada del Mesco** senza rist ⌂   ⩽ 🚗 🎄 🖧 🅿 💳 ⊛ 🆔 🌀 ᵴ
    via Mesco 16 – 𝒞 01 87 80 26 74 – www.lagiadadelmesco.it – marzo-ottobre
    12 cam ⌸ – 🛏100/130 € 🛏🛏140/170 €
    ♦ In splendida posizione su un promontorio da cui si gode un'incantevole vista di mare e coste, edificio dell'800 ristrutturato; camere nuove, amena terrazza per colazioni.

LEVICO TERME – Trento (TN) – **562** D15 – **7 409 ab.** – alt. 506 m   **30** B3
– Sport invernali : a Panarotta (Vetriolo Terme) : 1 500/2 002 m ⚡4, ⚡ – ⊠ 38056
▶ Roma 610 – Trento 21 – Belluno 90 – Bolzano 82
🅸 viale Vittorio Emanuele 3, 𝒞 0461 72 77 00, www.valsugana.info
🅸 Villa Sissi-Parco delle Terme 3, 𝒞 0461 72 77 00

🏨 **Grand Hotel Imperial** ⌂   🕭 🎄 🖼 ⊛ 🌀 ♨ 🍸 ☕ 🍴 🛗 🖧 cam, 🍴 rist,
    via Silva Domini 1 – 𝒞 04 61 70 61 04   "🍴 🆚 💳 ⊛ 🎗 ᵴ
    – www.imperialhotel.it – aprile-novembre
    81 cam ⌸ – 🛏88/120 € 🛏🛏146/260 € – 12 suites – ½ P 93/150 €
    Rist – Carta 33/89 €
    ♦ Un maestoso edificio che fu residenza estiva degli Asburgo, evoca la struttura e i colori del castello viennese ed ospita un elegante centro benessere ed una sala congressi. Particolarmente adatta per allestire banchetti, la spaziosa sala ristorante propone nelle sue sale una cucina classica.

🏨 **Bellavista Relax Hotel**   ⩽ 🚗 🎄 ♨ 🖧 🛗 🖼 cam, 🍴 rist, "🍴 🆚 🅿
    via Vittorio Emanuele III° 7 – 𝒞 04 61 70 61 36   💳 ⊛ ᵴ
    – www.bellavistarelax.it – chiuso dal 15 ottobre al 3 dicembre, dal 19 al 28 dicembre e dal 10 gennaio al 23 aprile
    85 cam ⌸ – 🛏60/162 € 🛏🛏90/176 € – 1 suite – ½ P 71/114 €
    Rist – Menu 30/38 €
    ♦ Immerso in un gradevole giardino con piscina, un complesso alberghiero risalente al primo Novecento dotato di ampi spazi comuni e confortevoli camere di gusto classico. Utilizzata anche per cerimonie, la capiente sala offre menù di stampo classico.

🏠 **Al Sorriso Green Park** ⌂   ⩽ 🚗 🕭 🖼 ⊛ ♨ 🖧 🍴 🛗 🍴 rist, "🍴
    lungolago Segantini 14 – 𝒞 04 61 70 70 29   🅿 🆚 ⊛ 🎗 ᵴ
    – www.hotelsorriso.it – Pasqua-dicembre
    63 cam ⌸ – 🛏55/105 € 🛏🛏110/210 € – 2 suites – ½ P 75/125 €
    Rist – Carta 22/66 €
    ♦ In posizione piacevolmente decentrata - davanti il lago, attorno un parco che dispone di numerose attrezzature sportive - l'hotel vanta ambienti luminosi, un centro benessere completamente ristrutturato ed una piscina coperta. Nell'elegante sala ristorante, cucina nazionale e locale accompagnata da vini trentini.

🏠 **Lucia**   🎄 🖧 🖼 cam, 🍴 rist, 🅿 💳 ⊛ ᵴ
    viale Roma 20 – 𝒞 04 61 70 62 29 – www.luciahotel.it – Pasqua-ottobre
    33 cam ⌸ – 🛏50/70 € 🛏🛏70/110 € – ½ P 45/65 €   **Rist** – Menu 24 €
    ♦ In posizione centrale, una casa a gestione familiare con camere moderne, mentre un parco con alberi d'alto fusto circonda la piscina. Ideale per vacanze di relax o sugli sci. Recentemente rinnovata, la raccolta sala ristorante propone i classici piatti del bel Paese.

🏠 **Scaranò** ⌂   ⩽ 🎄 🖼 cam, 🍴 🅿 💳 🆚 ⊛ ᵴ
🐕   *strada provinciale per Vetriolo 86, Nord : 2 km – 𝒞 04 61 70 68 10*
    – www.hotelscarano.it – chiuso dall'8 gennaio al 13 febbraio, domenica sera e lunedì escluso da luglio al 20 settembre
    33 cam ⌸ – 🛏45/50 € 🛏🛏80/85 € – ½ P 65 €   **Rist** – Carta 21/37 €
    ♦ In posizione tranquilla e un po' isolata, questa casa nasce intorno ad un vecchio maso ed ospita ambienti spaziosi al suo interno. Gestione trentennale per il ristorante che propone la tipica cucina trentina e piatti di pesce. Splendida la vista sulla vallata.

X **Boivin** 🛜 📷 ⓦ ⓐ ⓞ ⓢ
via Garibaldi 9 – ℰ 04 61 70 16 70 – www.boivin.it – chiuso dal 9 al 31 gennaio, dal 5 al 22 novembre e lunedì
Rist – (chiuso a mezzogiorno escluso 15 luglio-31 agosto) Carta 31/37 €
♦ All'interno di un'antica casa del centro, il locale ruota attorno alla personalità ed alle idee dello chef-patron, Riccardo, che mixa con grande originalità tradizione trentina e moderna innovazione.

LICATA Sicilia – Agrigento (AG) – **365** AS61 – **39 136 ab.** – ✉ 92027   **40** C3
▶ Agrigento 45 – Caltanissetta 52 – Palermo 189 – Ragusa 88

🏨 **Villa Giuliana** ⧖ ≼ 🚗 🛜 ⓘ & cam, ⓦ 🛝 🛜 P ⓦ ⓐ ⓐ
Via Orata Grata snc – ℰ 09 22 89 44 24 – www.hotelvillagiuliana.com
12 cam ⌷ – ♦30/90 € ♦♦59/100 € – ½ P 50/80 €   **Rist** – Carta 36/45 €
♦ E' piccolo nelle dimensioni, ma non nel confort, questo grazioso hotel che gode di una stupenda posizione panoramica. Spazi comuni e camere di gusto classico; cucina di mare e di terra al ristorante.

XXX **La Madia** (Pino Cuttaia) & ⓦ 🛝 ⓦ ⓐ ⓢ
🟢 🟢 corso Filippo Re Capriata 22 – ℰ 09 22 77 14 43 – www.ristorantelamadia.it – chiuso martedì, anche domenica sera in inverno e domenica a mezzogiorno in luglio-agosto
Rist – Menu 80/95 € – Carta 59/95 € 🎟
Spec. Polpo verace allo spiedo con crema di ceci e salsa al rosmarino. Arancino di riso al profumo di finocchietto selvatico, con ragù di triglie. Spigola arrosto con acqua di mare prezzemolata.
♦ Comode sedie in pelle e alle pareti - dalle calde tinte mediterranee - belle foto d'autore i cui soggetti sono legati ai prodotti e ai colori dell'isola. In tavola va in scena la Grande Sicilia, reinterpretata attraverso le importanti esperienze di uno chef che ha saputo imporsi per stile e personalità.

LIDO – Livorno (LI) – **563** N13 – Vedere Elba (Isola d') : Capoliveri

---

LIDO DEGLI ESTENSI – Ferrara (FE) – **563** I18 – Vedere Comacchio

---

LIDO DI CAMAIORE – Lucca (LU) – **563** K12 – ✉ 55041 ▍ Toscana   **28** B1
▶ Roma 371 – Pisa 23 – La Spezia 57 – Firenze 97
ℹ viale Colombo 342 ang. piazza Umberto, ℰ0584 61 73 97, www.comune.camaiore.lu.it

🏨🏨 **UNA Hotel Versilia** 🚗 🔈 🎿 🔲 ⓦ ⌷ 🍴 ✕ ☰ & ⓦ rist, 🛝 🛝 ⚐ P
viale Bernardini 335/337 – ℰ 05 84 01 20 01 ⓦ ⓐ ⓐ ⓞ ⓢ
– www.unahotels.it
69 cam ⌷ – ♦♦113/564 € – 42 suites – ♦♦344/702 € – ½ P 110/354 €
Rist – Carta 37/61 €
♦ Nuova ed imponente struttura sul lungomare progettata per offrire un alto standing di confort. Zone comuni ariose e luminose: non mancano lussureggianti spazi verdi. Ottime anche le camere.

🏨🏨 **Caesar** ≼ 🚗 🎿 🔲 🔈 🔈 ✕ ☰ & cam, ⓦ 🛝 🛝 ⚐ P ⓦ ⓐ ⓐ ⓞ ⓢ
viale Sergio Bernardini 325 – ℰ 05 84 61 78 41 – www.caesarhotel.it
72 cam ⌷ – ♦110/200 € ♦♦130/260 € – 37 suites – ♦♦210/320 € – ½ P 90/155 €
Rist – (aprile-ottobre) (solo per alloggiati) Menu 28/35 €
♦ Sul lungomare, un parco giochi per bambini e un campo da calcetto e bocce; all'interno, una piacevole zona soggiorno e camere in piacevole stile marinaresco, tutte di diversa tipologia. Dal ristorante, la vista sul parco e sulle piscine; dalla cucina, i sapori della Toscana.

🏨 **Bracciotti** 🚗 🎿 ☰ 🛝 rist, 🛝 ⚐ P ⓦ ⓐ ⓐ ⓞ ⓢ
viale Colombo 366 – ℰ 05 84 61 84 01 – www.bracciotti.com
63 cam ⌷ – ♦60/165 € ♦♦98/170 €, ½ P 88/127 €   **Rist** – (solo per alloggiati)
♦ Gestione dinamica per questo albergo, adatto tanto a una clientela turistica quanto a chi si sposta per affari; luminosi spazi comuni, un bel solarium con piccola piscina e vista sul mare. Allegri colori nella spaziosa sala ristorante; la cucina è del territorio.

Siesta
⟨ 🚗 🛜 ≣ AK ❄ rist, P VISA ⊙⊙ AE ① ⓢ

viale Bernardini 327 – ℰ 05 84 61 91 61 – www.hotelsiestatoscana.it – chiuso dicembre
33 cam ⌸ – ♦70/90 € ♦♦120/170 € – ½ P 95/120 €
Rist – *(Pasqua-settembre)* Menu 27/40 €
♦ Sono ora i figli a condurre questa risorsa sul lungomare cinta da un piacevole giardino; camere confortevoli e ben rifinite, una terrazza per la prima colazione e noleggio biciclette. Al ristorante è stato potenziato il servizio dei dolci con angolo di esposizione anche caldo.

Giulia
⟨ 🛜 ≣ AK ❄ rist, ⑨ ⑨ P VISA ⊙⊙ AE

lungomare Pistelli 77 – ℰ 05 84 61 75 18 – www.giuliahotel.it – 20 aprile-settembre
40 cam – ♦80/110 € ♦♦130 €, ⌸ 15 € – ½ P 115 €   **Rist** – Menu 25/40 €
♦ Felicemente ubicato di fronte al mare, la struttura dispone di zone comuni dagli arredi curati e camere spaziose, molte con balconcino abitabile. Calorosa conduzione familiare e tradizione alberghiera.

Sylvia ⌕
🚗 🛜 ≣ AK ❄ ⑨ P VISA ⊙⊙ AE ①

via Manfredi 15 – ℰ 05 84 61 79 94 – www.hotelsylvia.it – aprile-ottobre
34 cam ⌸ – ♦50/130 € ♦♦60/160 € – ½ P 90 €
Rist – *(solo per alloggiati)*
♦ Simpatico e curato albergo a gestione familiare, immerso nella quiete della natura offerta dal grazioso giardino. Interni piacevoli, camere luminose, confortevoli e spaziose.

Bacco ⌕
🚗 🛜 ≣ AK ❄ ⑨ ⑨ P VISA ⊙⊙ ⓢ

via Rosi 24 – ℰ 05 84 61 95 40 – www.hotelbacco.it – Pasqua-15 ottobre
28 cam ⌸ – ♦95/170 € ♦♦135/270 € – 1 suite – ½ P 140 €
Rist – Carta 27/43 €
♦ In una strada tranquilla non lontano dal mare, la hall è un omaggio alla figura mitologica di Bacco. Camere di diverse tipologie (da preferire quelle con grande terrazza). Sul retro, una semplice sala da pranzo per una cucina particolarmente curata.

Ariston Mare
🛜 ❄ P VISA ⊙⊙ AE ① ⓢ

viale Bernardini 660 – ℰ 05 84 90 47 47 – www.aristonmare.it – chiuso novembre, martedì
Rist – *(chiuso a mezzogiorno escluso sabato, domenica e da maggio a settembre)* *(consigliata la prenotazione)* Carta 40/72 € ⌂
♦ In un locale arioso ed elegante - dalla suggestiva ubicazione a ridosso della spiaggia - specialità ittiche elaborate partendo da un'accurata selezione delle materie prime. Belle presentazioni.

LIDO DI JESOLO – Venezia (VE) – 562 F19 – ⌧ 30016 ▮ Italia   36 D2
▶ Roma 564 – Venezia 44 – Belluno 110 – Milano 303
🛈 piazza Brescia 13, ℰ 0421 37 06 01, www.turismovenezia.it
🏔 via St. Andrews 2, ingresso via Grassetto, 0421 372862, www.golfclubjesolo.it

Park Hotel Brasilia
⟨ 🚗 ⌕ ⌦ ≣ ⓰ cam, AK ❄ rist, ⑨ ✦ P VISA ⊙⊙ AE ① ⓢ

via Levantina, 2° accesso al mare – ℰ 04 21 38 08 51 – www.parkotelbrasilia.com – aprile-ottobre
64 cam ⌸ – ♦98/170 € ♦♦120/210 € – 14 suites
Rist Ipanema – Carta 34/52 €
♦ Eleganza, signorilità e il mare a due passi per una struttura dalla gestione professionale con camere ben accessoriate, recentemente rinnovate, nonché bella piscina. Specialità ittiche e vetrate panoramiche nella sala da pranzo.

Ril
⟨ ⌕ 🛜 ⌦ ⓰ ≣ AK ❄ rist, ⑨ P VISA ⊙⊙ AE ① ⓢ

via Zanella 2 – ℰ 04 21 97 28 61 – www.hotelril.it – maggio-settembre
51 cam ⌸ – ♦140/160 € ♦♦160/240 € – ½ P 95/180 €
Rist – *(solo per alloggiati)* Menu 40/50 €
♦ Linee moderne unite a tinte calde, nonché leggeri tocchi di eleganza, tanto nelle camere quanto nei luminosi spazi comuni. Grazie alle belle vetrate, la zona ristorante si protende direttamente su piscina e mare.

Byron Bellavista ← 🗝 ⚒ 🐕 🏧 🛎 rist, 👘 🅿 🚇 ⬛ 🔳 ♿

via Padova 83 – ℰ 04 21 37 10 23 – www.byronbellavista.com
– maggio-settembre
46 cam ⬛ – †65/105 € ††125/175 € – 4 suites – ½ P 85/108 €
Rist – *(solo per alloggiati)* Menu 25/35 €
♦ Vista sul mare e gestione capace in una struttura ben tenuta, con distinti spazi comuni in stile classico, illuminati da ampie vetrate ornate da tendaggi importanti.

Cavalieri Palace ← 🗝 🏠 ⚒ 🐕 🛎 🕴 🏧 🛎 rist, 👘 🅿

via Mascagni 1 – ℰ 04 21 97 19 69 🚇 ⬛ 🔳 ♿
– www.hotelcavalieripalace.com – Pasqua-settembre
56 cam ⬛ – †75/150 € ††130/190 € – 4 suites – ½ P 110 €
Rist – Carta 25/42 €
♦ Bianco e blu si ripetono armonicamente nelle accoglienti sale di questa bella struttura che gode di una panoramica posizione frontemare: tutte le camere dispongono di un balcone, ma particolarmente gradevoli sono quelle personalizzate da colorati tessuti. Graziosa anche la sala da pranzo che si apre fino alla piscina.

Delle Nazioni ← 🗝 ⚒ 🐕 ⛴ 🛎 🏧 🛎 rist, 👘 🅱 🅿 🚇 ⬛ 🔳 ♿

via Padova 55 – ℰ 04 21 97 19 20 – www.nazioni.it – maggio-15 settembre
49 cam ⬛ – †110/170 € ††134/220 € – 4 suites – ½ P 118/134 €
Rist – *(chiuso a mezzogiorno) (solo per alloggiati)* Menu 26/40 €
♦ L'imponente torre che svetta sul fonte mare ospita tra le sue mura spazi comuni essenziali e signorili e camere recentemente rinnovate con gusto moderno, tutte con splendida vista sul mare. Al primo piano il ristorante, dalle interessanti proposte culinarie.

Atlantico ← 🗝 ⚒ 🐕 🛎 🕴 🏧 🛎 rist, 👘 🅿 🚇 ⬛ 🔳 ♿

via Bafile , 3° accesso al mare 11 – ℰ 04 21 38 12 73 – www.hotel-atlantico.it
– aprile-ottobre
74 cam ⬛ – †90/120 € ††126/175 € – ½ P 99 €
Rist – *(solo per alloggiati)* Menu 32 €
♦ Piacevolmente affacciato sulla spiaggia, l'hotel dispone di ambienti curati di gusto classico e belle camere. Dalla panoramica piscina situata all'ultimo piano (ce n'è una anche in basso) vi sembrerà di toccare il cielo con un dito!

Termini Beach Hotel ← 🗝 ⚒ 🛎 🏧 🛎 rist, 👘 🅿 🚇 ⬛ 🔳 ♿

via Altinate 4, 2° accesso al mare – ℰ 04 21 96 01 00 – www.hoteltermini.it
– Pasqua-settembre
52 cam ⬛ – †70/100 € ††125/195 € – 7 suites – ½ P 81/116 €
Rist – Menu 35/45 €
♦ Albergo che domina il mare, dotato di spazi comuni eleganti ed ariosi, arredati con gusto e camere di differenti tipologie, tutte confortevoli e personalizzate. Al ristorante, bianche colonne ed ampie finestre affacciate sul blu.

Beny ← 🚟 🗝 ⚒ 🛎 🏧 🛎 rist, 👘 🅿 🍴 🚇 ⬛ 🔳 ♿

via Levantina, 4° accesso al mare 3 – ℰ 04 21 96 17 92 – www.beny.it
– maggio-settembre
75 cam ⬛ – †50/73 € ††94/146 € – ½ P 86 € **Rist** – Menu 25/40 €
♦ Camere accoglienti in un'imponente struttura frontemare dagli ampi spazi arredati con oggetti della tradizione marinara ed area attrezzata per lo svago dei bambini. Particolare attenzione per le specialità della cucina veneta al ristorante.

Rivamare ← 🗝 ⚒ 🐕 ⛴ 🛎 🏧 🛎 rist, 👘 🅿 🚇 ⬛ ♿

via Bafile, 17° accesso al mare – ℰ 04 21 37 04 32 – www.rivamarehotel.com
– maggio-settembre
53 cam ⬛ – †80/132 € ††120/164 € – 6 suites – ½ P 72/94 €
Rist – Carta 30/40 €
♦ Conduzione familiare di grande esperienza in un albergo recentemente rinnovato, a due passi dalla spiaggia: camere dalle linee moderne e spazi comuni abbelliti da tappeti. Gradevole zona piscina.

⊞ **Montecarlo** ⇜ ⟆ 🕪 ⅙ 🄰🄲 ⚘ rist, ⁿⁱ **P** 𝗩𝗜𝗦𝗔 ⓪⓪ ⚲

via Bafile 5, 16° accesso al mare – ℰ *04 21 37 02 00* – *www.montecarlhotel.com*
– *maggio-24 settembre*
44 cam ⊡ – **†**70/85 € **††**110/150 € – 1 suite – ½ P 80 €
Rist – Menu 25/45 €
♦ La stessa famiglia al timone dal 1965, con la sua curata terrazza e le confortevoli camere arredate in un fresco e riposante color verde, la struttura si trova
direttamente sul mare.

⊞ **Adriatic Palace** ⇜ ⤢ ⟆ Ⅎ 🕪 ⅙ 🄰🄲 ⚘ rist, ⁿⁱ **P** ⌂

via Vittorio Veneto 30, 2° accesso al mare 𝗩𝗜𝗦𝗔 ⓪⓪ 🄰🄴 ⓞ ⚲
– ℰ *04 21 38 00 27* – *www.hoteladriaticpalace.com* – *aprile-settembre*
46 cam ⊡ – **†**95/244 € **††**116/244 € – 2 suites – ½ P 80/144 €
Rist – Carta 38/76 €
♦ E' il bianco a caratterizzare tutti gli ambienti di questa moderna struttura con
camere accoglienti e confortevoli. Frontemare, l'hotel dispone anche di una gradevole terrazza con piscina, per i più flemmatici che non vogliono compiere nemmeno due passi per raggiungere la spiaggia!

✗✗ **Cucina da Omar** 🕭 🄰🄲 𝗩𝗜𝗦𝗔 ⓪⓪ 🄰🄴 ⚲

via Dante 21 – ℰ *0 42 19 36 85* – *www.ristorantedaomar.it* – *chiuso*
dal 15 dicembre al 10 gennaio, mercoledì, domenica a mezzogiorno
Rist – (consigliata la prenotazione la sera) Menu 35 € (pranzo)/80 €
– Carta 51/107 €
♦ La passione vince gli ostacoli e guida verso i migliori risultati: è questa in sintesi la storia del percorso professionale del cuoco che prepara piatti di pesce ispirati ai classici della cucina italiana, talvolta rivisitati, sempre sorretti dalla qualità
del pescato.

✗✗ **Don Claudio** 𝗩𝗜𝗦𝗔 ⓪⓪ ⚲

via Ugo Foscolo 61 – ℰ *04 21 37 10 17* – *www.ristorantedonclaudio.it*
– *aprile-settembre; chiuso martedì da aprile al 15 maggio*
Rist – Carta 36/60 €
♦ Un locale piacevolmente curioso: sul corso principale, tanto colore e originalità,
per una cucina ironica e fantasiosa al tempo stesso. Ma anche un ristorante eco-
logically correct per l'utilizzo di prodotti freschi di stagione, provenienti da agricoltura biologica o naturale.

a Jesolo Pineta Est : 6 km – ⊠ **30016 Lido Di Jesolo**

⊞⊞ **Mediterraneo** ⓓ ⟆ 🕭 Ⅎ 🔊 ᝪ 🕪 ᚤ ⚘ rist, ⁿⁱ **P** 𝗩𝗜𝗦𝗔 ⓪⓪ 🄰🄴 ⚲

via Oriente 106 – ℰ *04 21 96 11 75* – *www.mediterraneojesolo.com*
– *15 maggio-settembre*
60 cam ⊡ – **††**140/290 € – ½ P 170 € **Rist** – Carta 40/61 €
♦ Immerso nella quiete di un lussureggiante giardino che lambisce la spiaggia,
offre gradevoli e "freschi" ambienti e camere particolarmente ampie, tutte con
terrazza. Sembra di pranzare nel parco nella sala ristorante con vetrate che si
aprono sul verde!

⊞⊞ **Jesolopalace** ⚘ ⇜ ⤢ ⟆ Ⅎ 🖵 ᝪ 🕪 ⅙ 🄰🄲 cam, ⚘ rist, ⁿⁱ **P**

via Airone 1/3 – ℰ *04 21 96 10 13* – *www.jesolopalace.it* 𝗩𝗜𝗦𝗔 ⓪⓪ ⚲
– *maggio-settembre*
59 cam ⊡ – **††**155/180 € – 24 suites – **††**202/408 €
Rist – (chiuso a mezzogiorno) (solo per alloggiati) Menu 30/50 €
♦ Immerso nella quiete di un lussureggiante giardino che lambisce la spiaggia, la
struttura rinnovata in tempi recenti propone gradevoli spazi comuni e camere
particolarmente ampie, tutte con terrazza.

⊞ **Gallia** ⚘ ⓓ ⟆ 🕭 Ⅎ ✗ 🕪 🄰🄲 ⚘ rist, ⁿⁱ **P** 𝗩𝗜𝗦𝗔 ⓪⓪ ⚲

via del Cigno Bianco 5 – ℰ *04 21 96 10 18* – *www.hotelgallia.com*
– *15 maggio-19 settembre*
58 cam ⊡ – **†**105/120 € **††**170/250 € – 10 suites **Rist** – (solo per alloggiati)
♦ Una splendida pineta separa dal mare e dalla piscina questo elegante hotel in
stile neoclassico, dotato di spaziose zone comuni . Perfetto per una vacanza a
tutto relax.

🏨 **Viña del Mar**   🍽 🤿 🛖 🍽 🎣 🌲 🔟 ⚡ rist, **P** 🆚 ⚫ ♿
via Oriente 58 – ☏ 04 21 96 11 82 – www.vinadelmar.it – maggio-settembre
48 cam 🖵 – ♥85/126 € ♥♥140/200 € – ½ P 96/106 €
Rist – Menu 30/40 € ☕

♦ Fresche e luminose, le camere sono arredate in bianco con sfumature sull'azzurro e il rosso; decorati con originalità gli spazi comuni: perfetto per una piacevole vacanza con i bambini! Dalla cucina i prodotti di stagione, carne e pesce; nella piccola taverna-enoteca è possibile degustare salumi e formaggi.

🏨 **Bauer & Sporting**   ⇐ 🍽 🤿 🛖 🔟 🍲 🍽 ⚹ cam, 🔟 ⚽ 🛜 **P**
via Bucintoro 6 – ☏ 04 21 96 13 33 – www.hotelbauer.it   🆚 ⚫ ♿
– maggio-settembre
42 cam 🖵 – ♥80/97 € ♥♥150/178 € – 6 suites – ½ P 110 €
Rist – (solo per alloggiati) Carta 28/64 €

♦ Una sobria struttura in mattoni e una grande villetta costituiscono la risorsa familiare situata fronte mare e avvolta da un fresco giardino. Gradevoli gli interni di taglio moderno.

a Cortellazzo Est: 7 km – ✉ 30016

🍴🍴 **Da Milena**   🛖 🔟 🆚 ⚫ ① ♿
via Massaua 59 – ☏ 04 21 98 02 24 – chiuso dicembre-gennaio
Rist – (chiuso martedì escluso dal 15 giugno al 15 settembre) Carta 36/60 €
Rist Downfloor – Carta 24/44 €

♦ In un ristorante dall'aura signorile e moderna, bella vista sulla foce del Piave, nonché curate proposte prevalentemente di mare. Al piano inferiore: bar con cucina e piatti più tradizionali.

LIDO DI LATINA – Latina (LT) – 563 R20 – Vedere Latina

LIDO DI METAPONTO – Matera (MT) – 564 F32 – ✉ 75012   4 D2
▶ Roma 471 – Bari 102 – Matera 48 – Potenza 112
🛈 Metaponto contrada Pizziche 9, , Ovest: 2,5 km, 0835 748916,
www.rivadeitessali.com

🏨 **Sacco**   ⇐ 🔟 🔟 ⚽ 🛜 🍲 **P** 🆚 ⚫ 🅰🅴 ① ♿
⚫ *piazzale Lido 1 – ☏ 08 35 74 19 55 – www.hotelsacco.com – giugno-settembre*
75 cam 🖵 – ♥50/60 € ♥♥90/110 € – ½ P 60/90 €   **Rist** – Carta 19/33 €

♦ A pochi metri dal mare, in una zona relativamente tranquilla, Sacco è l'hotel ideale per trascorrere serene vacanze in famiglia. Camere curate e una grande sala ristorante con ampia scelta di piatti.

LIDO DI NOTO Sicilia – Siracusa (SR) – 365 AZ62 – Vedere Noto

LIDO DI OSTIA – Roma (RM) – 563 Q18 ▌ Italia   12 B2
▶ Roma 36 – Anzio 45 – Civitavecchia 69 – Frosinone 108
◉ Scavi★★ di Ostia Antica Nord : 4 km

🍴🍴 **Il Tino**   🔟 ⚽ 🆚 ⚫ 🅰🅴 ♿
via dei Lucilii 19 ✉ 00122 – ☏ 06 56 22 77 78 – www.ristoranteiltino.com – chiuso
dal 2 al 15 gennaio, dal 1 al 20 settembre, lunedì e martedì
Rist – (chiuso a mezzogiorno escluso domenica dal 15 settembre al 15 maggio)
Carta 41/67 €

♦ Un locale intimo ed accogliente dove tre giovani soci-amici sorprendono con un'estrosa e creativa cucina di mare. Presentazioni curate ed abbinamenti originali.

LIDO DI PORTONUOVO – Foggia (FG) – 564 B30 – Vedere Vieste

LIDO DI SAVIO – Ravenna (RA) – 562 J19   9 D2
▶ Roma 385 – Ravenna 20 – Bologna 98 – Forlì 32
🛈 viale Romagna 244/a, ☏ 0544 94 90 63, www.turismo.ra.it

🔠 **Strand Hotel Colorado** ⪻ 🗝 🏊 ⌂ 🏢 ⚡ 🅰🅲 ⚓ rist, 🅿
VISA ⓒⓓ AE ⚡
viale Romagna 201 ⊠ *48125 –* ☎ *05 44 94 90 02*
– www.strandhotelcolorado.com – Pasqua-settembre
44 cam 🛏 – 🛏80 € 🛏🛏140 € – ½ P 95 €
Rist *– (solo per alloggiati)* Menu 26 €
♦ Una hall moderna e spaziosa introduce in questa risorsa che dispone di ambienti luminosi e confortevoli dall'arredo moderno (soprattutto nelle camera) l'ultimo piano) e di un'invitante piscina.

🏠 **Asiago Beach** ⪻ 🗄 🗝 🏊 ⌂ 🏢 ⚡ 🅰🅲 cam, 🍴 rist, 🛎 🅿
⚗ VISA ⓒⓓ AE ⚡
viale Romagna 217 ⊠ *48125 –* ☎ *05 44 94 91 87*
– www.hotelasiago.it – Pasqua-20 settembre
50 cam 🛏 – 🛏35/47 € 🛏🛏60/90 € – ½ P 45/69 € **Rist** – Menu 18/20 €
♦ Gestione familiare per questa struttura, ideale per una vacanza con i bambini: spazi ampi ed accoglienti direttamente sulla spiaggia e, all'esterno, piscina e campi da gioco. Nella sobria sala ristorante, la cucina mediterranea e vista sul mare.

LIDO DI SPINA – Ferrara (FE) – **562** I18 – **Vedere Comacchio**

LIDO DI SPISONE Sicilia – Messina (ME) – **Vedere Taormina**

LIDO DI TARQUINIA – Viterbo (VT) – **563** P17 – **Vedere Tarquinia**

LIDO DI VENEZIA – Venezia (VE) – **Vedere Venezia**

LIDO RICCIO – Chieti (CH) – **563** O25 – **Vedere Ortona**

LIERNA – Lecco (LC) – **561** E9 – **2 215 ab.** – **alt. 202 m** – ⊠ 23827   **16** B2
🛣 Roma 636 – Como 45 – Bergamo 49 – Lecco 16

🍴🍴🍴 **La Breva** 🈁 🅰🅲 ⇔ 🅿 VISA ⓒⓓ AE ⓞ ⚡
via Roma 24 – ☎ *03 41 74 14 90 – www.ristorantelabreva.it – chiuso gennaio, lunedì sera e martedì escluso da giugno a settembre*
Rist – Menu 26 € bc (pranzo) – Carta 38/63 €
♦ Prende il nome da una brezza foriera di bel tempo, questo accogliente salotto a conduzione familiare con un'appendice anche estiva per banchetti. Squisita cucina a base di pesce.

LIGNANO SABBIADORO – Udine (UD) – **562** E21 – **6 796 ab.**   **11** C3
– ⊠ **33054** ▮ Italia
🛣 Roma 619 – Udine 61 – Milano 358 – Treviso 95
🆔 via Latisana 42, ☎ 0431 7 18 21, www.turismofvg.it
🔟 via della Bonifica 3, 0431 428025, www.golflignano.it
◎ Spiaggia ★★★

🔠🔠 **Italia Palace** ⪻ 🗝 🏊 ⌂ 🏢 ⚡ 🅰🅲 🍴 rist, 🛎 🅿 VISA ⓒⓓ AE ⓞ ⚡
viale Italia 7 – ☎ *0 43 17 11 85 – www.hotelitaliapalace.it – aprile-9 ottobre*
62 cam 🛏 – 🛏85/137 € 🛏🛏130/210 € – 9 suites – ½ P 75/115 €
Rist *– (solo per alloggiati)*
♦ Sembra ancora di sentire il fruscio delle crinoline o il profumo di cipria, in questo storico albergo della Belle Epoque ritornato al suo antico splendore, grazie ad una sapiente ristrutturazione. E lo*charme*non risparmia le camere: generose per dimensioni, eleganti negli arredi.

🔠 **Florida** ⪻ 🗄 🖥 🏊 ⌂ 🏢 ⚡ cam, 🏢 🅰🅲 🍴 rist, 🛎 🅿 VISA ⓒⓓ AE ⚡
⚗ *via dell'Arenile 22 –* ☎ *04 31 72 01 01 – www.hotelflorida.net – aprile-ottobre*
86 cam 🛏 – 🛏83/138 € 🛏🛏110/190 € – ½ P 68/108 €
Rist *– (solo per alloggiati)* Carta 20/30 €
♦ In posizione leggermente arretrata rispetto al lungomare, albergo formato da due corpi adiacenti con camere recentemente rinnovate, moderno centro benessere ed una piscina panoramica, che in qualche occasione indurrà gli ospiti a "tra-dire" il mare.

Bellavista ⟨icons⟩ rist, 🚗 VISA ⚫ ♿

lungomare Trieste 70 – ℰ 0 43 17 13 13 – www.bellavistalignano.it
– aprile-ottobre
48 cam ⌑ – †82/130 € ††114/180 € – 4 suites – ½ P 105 €
Rist – *(maggio-ottobre)* Carta 28/45 €

♦ Le tonalità del blu e del giallo dominano ogni ambiente di questo hotel situato direttamente sul lungomare, dotato di terrazza solarium e camere accoglienti. Pareti color pastello rallegrano, invece, il ristorante dalle ampie vetrate; servizio estivo all'aperto.

Atlantic ⟨icons⟩ rist, P VISA ⚫ AE ♿

lungomare Trieste 160 – ℰ 0 43 17 11 01 – www.hotelatlantic.it
– maggio-18 settembre
61 cam ⌑ – †80/160 € ††120/210 € – ½ P 65/130 €
Rist – *(solo per alloggiati)* Menu 36/40 €

♦ Cordiale e premurosa gestione in un albergo classico di fronte alla celebre e rinomata spiaggia, visibile dalla maggior parte delle accoglienti camere: ideale per una vacanza a tutto mare!

✗✗ Bidin ⟨icons⟩ AE ⌑ P VISA ⚫ AE ⓸ ♿

viale Europa 1 – ℰ 0 43 17 19 88 – www.ristorantebidin.com
– 15 aprile-15 settembre; chiuso mercoledì a mezzogiorno
Rist – Carta 34/63 € ⟨icon⟩

♦ Nella bella stagione, la carta spazia dai piatti di pesce alla tradizione friulana, passando per una cucina che esplora le tendenze del momento, in una sala elegante e di grande effetto. Da ottobre ad aprile: le proposte si fanno più semplici e veloci, ad accogliervi l'ambiente informale dell'enoteca.

✗✗ Al Bancut ⟨icons⟩ VISA ⚫ AE ⓸ ♿

viale dei Platani 63 – ℰ 0 43 17 19 26 – www.albancut.it – chiuso dal 10 al 26 ottobre e lunedì in bassa stagione
Rist – Carta 32/68 €

♦ Arredato sullo stile degli yacht-club di prestigio, questo raffinato ristorante vi sorprenderà con gustose ricette ittiche e saporiti piatti di carne: antipasti di pesce crudo, tagliolini con noci di mare, tartare di vitello con pinoli tostati, ed altro ancora.

a Lignano Pineta Sud-Ovest : 5 km – ✉ 33054

🛈 via dei Pini 53, ℰ 0431 42 21 69, www.turismofvg.it

Greif ⟨icons⟩ rist, 🕹 P VISA ⚫ AE ⓸ ♿

arco del Grecale 25 – ℰ 04 31 42 22 61 – www.greifhotel.it – chiuso dal 20 dicembre a febbraio
87 cam ⌑ – †260/340 € ††320/600 € – 22 suites – ½ P 360/480 €
Rist – *(aprile-ottobre)* Carta 145/180 €

♦ La rigogliosa pineta costodisce non solo una piscina riscaldata ma anche un grande complesso alberghiero dai raffinati interni, pensato per un soggiorno di completo relax. Spazioso e raffinato il ristorante, illuminato da ampie vetrate che si aprono sul verde.

Park Hotel ⟨icons⟩ rist, P VISA ⚫ AE ♿

viale delle Palme 41 – ℰ 04 31 42 23 80 – www.parkhotel-lignano.com
– maggio-20 settembre
41 cam ⌑ – †70/95 € ††120/170 € – 5 suites – ½ P 75/90 €
Rist – Menu 30 €

♦ Albergo d'ispirazione moderna dal design essenziale, dispone di ambienti essenziali e luminosi; forse un po' decentrato rispetto al centro della località, poco distante dal mare.

Medusa Splendid ⟨icons⟩ rist, 🕹 P VISA ⚫ AE ♿

raggio dello Scirocco 33 – ℰ 04 31 42 22 11 – www.hotelmedusa.it
– 20 maggio-16 settembre
56 cam ⌑ – †75/120 € ††120/190 € – ½ P 90 €   **Rist** – Menu 30 €

♦ Verde e blu si ripetono ritmicamente in questo hotel di grandi dimensioni, dai corridoi alle ampie e confortevoli camere, fino al mare distante solo poche centinaia di metri. Fresca e piacevole sala ristorante semicircolare, con vetrate che guardano verso il giardino e la piscina.

Erica
🏠   🔥 🏢 & 🔟 💟 rist. 📞 🅿 🚗 🚗 ᴠɪsᴀ ⓒⓓ 🅰🅴 ⓞ ᴊ

arco del Grecale 21/23 –   04 31 42 21 23 – www.ericahotel.it
– 15 maggio-20 settembre
40 cam ☲ – 📍75/97 € 📍📍106/150 €, 1 suite – ½ P 69/88 € **Rist** – Menu 22/28 €
♦ All'interno, camere sobrie e confortevoli arredate in modo essenziale; all'esterno un piccolo giardino con qualche attrezzatura per i bambini e un nuovo parcheggio coperto. Ampia la sala ristorante, dalle caratteristiche sedie in bambu, dove troverete una fresca rilassante atmosfera.

Bella Venezia
🏠   🔄 🔥 🔟 🏢 🔟 💟 rist. 🅿 ᴠɪsᴀ ⓒⓓ 🅰🅴 ⓞ ᴊ

arco del Grecale 18/a –   04 31 42 21 84 – www.bellaveneziamare.it
– 15 maggio-15 settembre
50 cam ☲ – 📍65/85 € 📍📍96/140 € – ½ P 80/87 € **Rist** – *(solo per alloggiati)*
♦ A breve distanza tanto dal centro quanto dalla spiaggia, l'hotel è gestito da due giovani fratelli. Piacevole lo spazio destinato alla piscina, con vasca idromassaggio. Cucina mediterranea e buffet di verdure fresche a pranzo e a cena in una sala di sobria modernità.

a Lignano Riviera Sud-Ovest : 7 km – ✉ 33054 Lignano Sabbiadoro

Arizona
🏠🏠   🔟 🏢 🔥 🔟 💟 rist. 📞 🅿 ᴠɪsᴀ ⓒⓓ 🅰🅴 ⓞ ᴊ

calle Prassitele 2 –   04 31 42 85 28 – www.hotel-arizona.it – 6 maggio-19 settembre
42 cam ☲ – 📍67/104 € 📍📍120/149 € – ½ P 76/89 € **Rist** – Menu 21 €
♦ Accoglienza familiare e dinamica per un soggiorno di relax. All'ingresso, qualche arredo etnico in legno intrecciato e un design dalle linee moderne. Il mare poco distante.

Smeraldo
🏠🏠   🔥 🔟 🏠 🔟 🏢 💟 🅿 ᴠɪsᴀ ⓒⓓ ᴊ

viale della Musica 4 –   04 31 42 87 81 – www.hotelsmeraldo.net
– 15 maggio-20 settembre
64 cam ☲ – 📍80/100 € 📍📍120/160 € – ½ P 85 € **Rist** – Menu 25/30 €
♦ Camere fresche e luminose, vivacizzate dai colorati pannelli alle pareti, un nuovo piccolo centro benessere e la piacevole atmosfera da vacanze tra sole e mare. Conduzione familiare.

LIMANA – Belluno (BL) – **562** D18 – 4 983 ab. – alt. 319 m – ✉ 32020   **36** C2
▶ Roma 614 – Belluno 12 – Padova 117 – Trento 101
🛈 via Roma 90,   0437 96 61 20, www.infodolomiti.it

Piol
🏠   🍴 🔟 cam, 📞 🔥 🅿 ᴠɪsᴀ ⓒⓓ 🅰🅴 ⓞ ᴊ

via Roma 116/118 –   04 37 96 74 71 – www.hotelristorantepiol.com
25 cam ☲ – 📍57/70 € 📍📍65/80 € – ½ P 80 € **Rist** – Carta 20/37 €
♦ Gestione familiare e ambiente semplice in una struttura lineare ubicata in centro paese; funzionali camere in stile essenziale, con rivestimenti in perlinato. Caratteristica la sala da pranzo con pareti e soffitto ricoperti di legno dove ritrovare i piatti d'un tempo, ricchi di genuinità.

LIMITO – Milano (MI) – **561** F9 – **Vedere Pioltello**

LIMONE PIEMONTE – Cuneo (CN) – **561** J4 – 1 541 ab. – alt. 1 009 m   **22** B3
– Sport invernali : 1 010/2 050 m ᐟᑊ1 ᐟᑊ14, ⚶ – ✉ 12015 ▮ Italia Centro Nord
▶ Roma 670 – Cuneo 28 – Milano 243 – Nice 97
🛈 via Roma 32,   0171 92 52 81, www.limonepiemonte.it
⛳ frazione San Bernardo Tetto Paris 9, 0171 929166, www.golflimone.it – 15 giugno-15 settembre

Grand Palais Excelsior
🏠🏠🏠   🔟 🌐 🏠 🏢 💟 🔥 🚗 ᴠɪsᴀ ⓒⓓ 🅰🅴 ⓞ ᴊ

largo Roma 9 –   01 71 92 90 02 – www.grandexcelsior.com – chiuso maggio, novembre
10 cam ☲ – 📍70/120 € 📍📍80/160 € – 18 suites – ½ P 110/140 €
Rist *Il San Pietro* – vedere selezione ristoranti
♦ Tipiche decorazioni a graticcio sulle pareti esterne e all'interno raffinati ambienti di moderna concezione in un albergo provvisto di dépendance con appartamenti ad uso residence. Attrezzato centro *wellness*.

XXX **Il San Pietro** – Hotel Grand Palais Excelsior 🛜 ⬧ 𝚅𝙸𝚂𝙰 ⓒⓑ 𝙰𝙴 ⓞ ⑤
*largo Roma 9 – ℰ 01 71 92 90 74 – www.grandexcelsior.com – chiuso maggio e
dal 30 ottobre a novembre*
Rist – *(chiuso mercoledì escluso da luglio a settembre)* Carta 31/51 € (+8 %)
♦ Il locale giusto per chi ama il fascino retrò: nella sala in stile liberty riscaldata da
boiserie in legno di castagno e da un grande camino, una cucina di grande spessore che dà spazio ai sapori locali e alle materie prime della zona. Ciliegina sulla
torta: il coperto non è addebitato!

LIMONE SUL GARDA – Brescia (BS) – **561** E14 – **1 147 ab.** – **alt. 65 m**   **17** C2
– ✉ **25010** ▯ Italia Centro Nord

▶ Roma 586 – Trento 54 – Brescia 65 – Milano 160

◉ ≤★★★ dalla strada panoramica★★ dell'altipiano di Tremosine per Tignale

🏨 **Park Hotel Imperial** ⌾   🗇 🛜 ⌧ 🖳 🐵 🕅 𝐿♨ 𝕏 |➤| ⏦ rist, 𝐀𝐂 ⇄
via Tamas 10/b – ℰ 03 65 95 45 91   𝕏 rist, 🕈 𝔞𝔞 🄿 𝚅𝙸𝚂𝙰 ⓒⓑ 𝙰𝙴 ⓞ ⑤
– *www.parkhotelimperial.com – chiuso dicembre*
63 cam ⌧ – ♦144/200 € ♦♦204/268 € – 4 suites – ½ P 156 €
Rist – Carta 36/61 €
♦ Hotel di forma semicircolare, raccolto intorno a un piacevole giardino con
piscina; raffinati interni in stile moderno, attrezzato centro benessere di medicina
orientale. Soffitto con decorazioni a ventaglio nella sala da pranzo di sobria eleganza.

LINGUAGLOSSA Sicilia – Catania (CT) – **365** AZ56 – **5 470 ab.**   **40** D2
– **alt. 550 m** – ✉ **95015**

▶ Palermo 254 – Catania 64 – Messina 71 – Enna 131

🏨 **Il Nido dell'Etna** ≤ 🗇 🛜 |➤| ⏦ 𝐿♨ ⇄ 𝕏 𝔞𝔞 🄿 🐜 𝚅𝙸𝚂𝙰 ⓒⓑ 𝙰𝙴 ⑤
via Matteotti – ℰ 0 95 64 34 04 – www.ilnidodelletna.it – chiuso novembre
18 cam ⌧ – ♦70/90 € ♦♦100/140 € – ½ P 70/90 €
Rist – *(chiuso a mezzogiorno)* Carta 26/36 €
♦ Alle pendici dell'Etna, albergo a gestione familiare, ma sorprendentemente
moderno con arredi geometrici ed essenziali: per chi predilige la funzionalità.

LIPARI Sicilia – Messina (ME) – **365** AY53 – **Vedere Eolie (Isole)**

LISANZA – Varese (VA) – **Vedere Sesto Calende**

LIVIGNO – Sondrio (SO) – **561** C12 – **5 909 ab.** – **alt. 1 816 m** – **Sport**   **16** B1
invernali : 1 816/2 900 m ⛷3 ⛷29, ⛷ – ✉ **23030**

▶ Roma 801 – Sondrio 74 – Bormio 38 – Milano 240

🅸 via Saroch 1098, ℰ 0342 05 22 00, www.livigno.eu

🅸 via Dala Gesa, ℰ 0342 05 22 00

🅸 via Li Pont, ℰ 0342 05 22 00

🏨 **Lac Salin Spa & Mountain Resort** ⌾   🔲 🐵 🕅 𝐿♨ |➤| ⏦ 𝐀𝐂
via Saroch 496/d   𝕏 rist, 🕈 𝔞𝔞 🄿 🐜 𝚅𝙸𝚂𝙰 ⓒⓑ 𝙰𝙴 ⓞ ⑤
– *ℰ 03 42 99 61 66 – www.lungolivigno.com – chiuso maggio e dal 4 al
30 novembre*
58 cam ⌧ – ♦80/230 € ♦♦90/700 € – 7 suites
Rist *Milio Restaurant* – vedere selezione ristoranti
Rist – Carta 27/76 €
♦ Hotel dal design minimalista, in armonia con l'atmosfera montana. Originali le
feeling room: sette camere ispirate ai chakra (punti energetici del corpo, secondo
la filosofia orientale) ed arredate in base ai principi del feng-shui. Ottimo confort
anche nelle camere più classiche.

🏨🏨🏨 **Baita Montana** ⋞ 🏊 [Spa] ♨ 🛗 ♿ rist, 👪 🚭 📶 ⛷ 🅿 🚗 [VISA] [MC] $
via Mont da la Nef 87 – ☎ 03 42 99 06 11 – www.hotelbaitamontana.com – chiuso novembre
44 cam ☕ – 🚹92/145 € 🚹🚹144/250 € – 5 suites – ½ P 82/135 €
Rist – *(chiuso lunedì da settembre ad ottobre)* Carta 28/51 €
◆ Valida gestione in un hotel completamente rinnovato, con bella vista su paese e montagne; spazi comuni sui toni chiari del legno, luminose e recenti camere con balcone. Ampia sala da pranzo di tono elegante con arredi in legno e un'intera parete di vetro.

🏨🏨 ∞ **Posta** ⋞ ♨ 🏋 🍴 🛗 ♿ 🚭 rist, 📶 🅿 🚗 [VISA] [MC] [AE] [DC] $
plaza dal Comun 67 – ☎ 03 42 99 60 76 – www.hposta.it – chiuso da aprile al 10 giugno
32 cam ☕ – 🚹75/155 € 🚹🚹110/270 € – ½ P 75/155 €
Rist – *(chiuso dal 15 settembre a novembre)* Carta 21/43 €
◆ Nel cuore del paese, vicino ai campi da sci, un esercizio ristrutturato da poco, dall'ambiente essenziale e funzionale, ideale per gli amanti degli sport invernali. Calda atmosfera nella sala da pranzo.

🏨🏨 **Sonne** senza rist ⛱ ♨ ♿ 🚭 📶 🅿 🚗 [VISA] [MC] [AE] $
via Plan 151/c – ☎ 03 42 99 64 33 – www.hotelsonne.net – chiuso dal 31 ottobre al 26 novembre e dal 2 al 15 giugno
16 cam ☕ – 🚹85/165 € 🚹🚹130/290 € – 9 suites
◆ In centro, questa risorsa totalmente rinnovata è un fulgido esempio di armonia tra pietra e legno, linee tradizionali e spunti di design. Le camere si differenziano per tipologia e dimesioni. Piacevole centro benessere.

🏨🏨 **Bivio** 🏊 ♨ 🛗 ♿ cam, 👪 📶 🅿 🚗 [VISA] [MC] [AE] $
via Plan 422/a – ☎ 03 42 99 61 37 – www.hotelbivio.it
30 cam ☕ – 🚹60/112 € 🚹🚹110/210 € – 3 suites – ½ P 65/115 €
Rist – Carta 30/75 €
◆ In pieno centro storico, hotel a conduzione diretta dagli interni piacevoli e accoglienti, con pareti rivestite in perlinato; gradevoli camere in moderno stile montano.

🏨🏨 **Concordia** ♨ 🛗 ♿ 🚭 rist, 📶 [P] [VISA] [MC] [AE] [DC] $
via Plan 114 – ☎ 03 42 99 02 00 – www.lungolivigno.com
24 cam ☕ – 🚹100/250 € 🚹🚹120/320 € – 5 suites – ½ P 90/190 €
Rist – Carta 22/42 €
◆ Nel cuore della località, albergo di recente ristrutturazione, con interni curati dove il legno, lavorato o decorato, è l'elemento essenziale; confort di alto livello. Divanetti a parete e atmosfera distinta nell'ampia sala da pranzo.

🏨 **Palù** ⋞ 🛗 ⇸ 🚭 📶 🅿 🚗 [VISA] [MC] [AE] [DC] $
via Ostaria 313 – ☎ 03 42 99 62 32 – www.paluhotel.it – chiuso maggio e novembre
33 cam ☕ – 🚹50/97 € 🚹🚹70/170 € – ½ P 55/155 € **Rist** – Carta 27/49 €
◆ Camere ampie e luminose con arredi in pino e abete, bagni di grandi dimensioni e spazi comuni accoglienti caratterizzano questa risorsa ubicata accanto alle piste da sci. Luminosa sala ristorante con vetrate su impianti e discese.

🏨 **Francesin** senza rist ♨ 🏋 📶 🅿 🚗 [VISA] [MC] [AE] [DC] $
via Ostaria 442 – ☎ 03 42 97 03 20 – www.francesin.it
14 cam ☕ – 🚹60/120 € 🚹🚹80/130 €
◆ Accoglienza e servizio familiari in un piccolo albergo, che dispone di comode camere ed attrezzato centro fitness con palestra. In sintesi, l'indirizzo ideale per gli sportivi.

🏨 **Crosal** ♨ 🛗 ♿ cam, 🚭 📶 🅿 🚗 [VISA] [MC] $
via dal Gesa 38 – ☎ 03 42 99 62 14 – www.hotelcrosal.com – chiuso dal 2 al 25 maggio, dal 2 al 26 novembre
14 cam ☕ – 🚹85/105 € 🚹🚹120/160 € – ½ P 70/90 €
Rist – *(solo per alloggiati)*
◆ Centrale, lungo la strada pedonale del passeggio, semplice gestione familiare con camere di quattro tipologie: dalle più piccole alle più grandi.

XXX **Milio Restaurant**   ⚅ 🄰🄲 ⅏ 𝚅𝙸𝚂𝙰 ⓿ 🄰🄴 ⓪ 🅢

via Saroch 496/d – 𝒞 03 42 99 61 66 – chiuso maggio e dal 4 al 30 novembre
Rist *– (chiuso a mezzogiorno)* Carta 34/65 €
♦ Eleganza in alta quota: solo trenta coperti per chi è alla ricerca di sfide gastronomiche sofisticate ed elaborate, dalle sfumature internazionali. La cucina parte
dalla montagna per arrivare al mare, proponendo piatti raffinati all'interno dell'e-
sclusiva cornice dell'albergo Lac Salin.

XX **Camana Veglia** con cam   ⌂ ⚅ cam, ⅏ 🄿 𝚅𝙸𝚂𝙰 ⓿ ⓪ 🅢

*via Ostaria 583 – 𝒞 03 42 99 63 10 – www.camanaveglia.com – dicembre-aprile
e luglio-settembre*
14 cam – †40/100 € ††70/160 €, ⌇ 18 € – 1 suite   **Rist** – Carta 32/72 €
♦ Caratteristici interni in legno e ricercatezza nei particolari, in un locale tipico
con camere "a tema" di recente ristrutturazione; proposte di cucina valtellinese.

XX **Chalet Mattias** (Mattias Peri) con cam ⌂   ≼ ⚅ rist, ⅏ cam, ⅏ 🄿

£3 *via Canton 124 – 𝒞 03 42 99 77 94*   𝚅𝙸𝚂𝙰 ⓿ 🄰🄴 🅢
*– www.chaletmattias.com – chiuso mercoledì a mezzogiorno escluso da Natale a
Pasqua e agosto*
5 cam ⌇ – †80/110 € ††140/180 € – 2 suites
Rist – (consigliata la prenotazione) Menu 66 € – Carta 52/62 € ⅋
Spec. Ravioli di segale ripieni di polenta concia con porcini trifolati. Filetto di
torello cotto alla cenere con tortino di patate. Creme brûlée alle gemme di pino.
♦ Per contrastare i rigori dell'inverno, che da queste parti non scherza affatto, o
semplicemente per festeggiare il ritorno della bella stagione: cosa c'è di meglio di
una buona tavola? All'interno di un caratteristico chalet, una giovane coppia saprà
sedurvi con piatti del territorio rivisitati con intelligenza.

X **Alba-da Roby** con cam   ⌸ ⅏ rist, ⅏ 🄿 𝚅𝙸𝚂𝙰 🅢

*via Saroch 948 – 𝒞 03 42 97 02 30 – www.albahotel.com – chiuso maggio e dal
15 ottobre al 30 novembre*
18 cam ⌇ – †80/110 € ††90/150 € – ½ P 50/130 €
Rist – (prenotazione obbligatoria) Carta 31/64 €
♦ Indirizzo interessante sia per la piacevole sala sia per la gustosa cucina del territorio, rivisitata e sapientemente alleggerita.

LIVORNO 🄿 (LI) – 563 L12 – 160 742 ab. ▯ Toscana   **28** B2

▶ Roma 321 – Pisa 24 – Firenze 85 – Milano 294
▦ per Golfo Aranci e Bastia – Sardinia Ferries, call center 199400500
▯ piazza del Municipio, 𝒞 0586 20 46 11, www.comune.livorno.it
◉ I Quattro Mori★ AY**A**

Pianta pagina seguente

🏨 **NH Grand Hotel Palazzo**   ≼ ⌂ 🎔 🖥 🕸 🎪 ⚅ 🄰🄲 ↯ ⅏ rist, ⅏

viale Italia 195 ✉ 57127 – 𝒞 05 86 26 08 36   🄜 𝚅𝙸𝚂𝙰 ⓿ 🄰🄴 ⓪ 🅢
– www.nh-hotels.com   AZ**a**
122 cam ⌇ – †120/280 € ††140/300 € – 1 suite – ½ P 105/225 €
Rist – Carta 35/75 €
♦ E' in questo edificio storico di fine '800 - affacciato sul mare - che Guglielmo
Marconi effettuò i suoi primi esperimenti sul telegrafo. L'attrezzato centro congressi, il ristorante roof garden e l'area benessere completano la gamma di servizi
dell'hotel: albergo rinato a nuova vita dopo un'accurata ristrutturazione.

🏨 **Al Teatro** senza rist   ⌸ 🖥 🄰🄲 ⅏ 𝚅𝙸𝚂𝙰 ⓿ 🅢

*via Mayer 42 ✉ 57125 – 𝒞 05 86 89 87 05 – www.hotelalteatro.it – chiuso dal
24 dicembre al 6 gennaio*   AY**a**
8 cam ⌇ – †85/110 € ††120/160 €
♦ Piccolo e signorile albergo a conduzione diretta, dove spiccano gli arredi d'antiquariato, oltre ad una secolare magnolia nel curato giardino interno. A due
passi, il teatro.

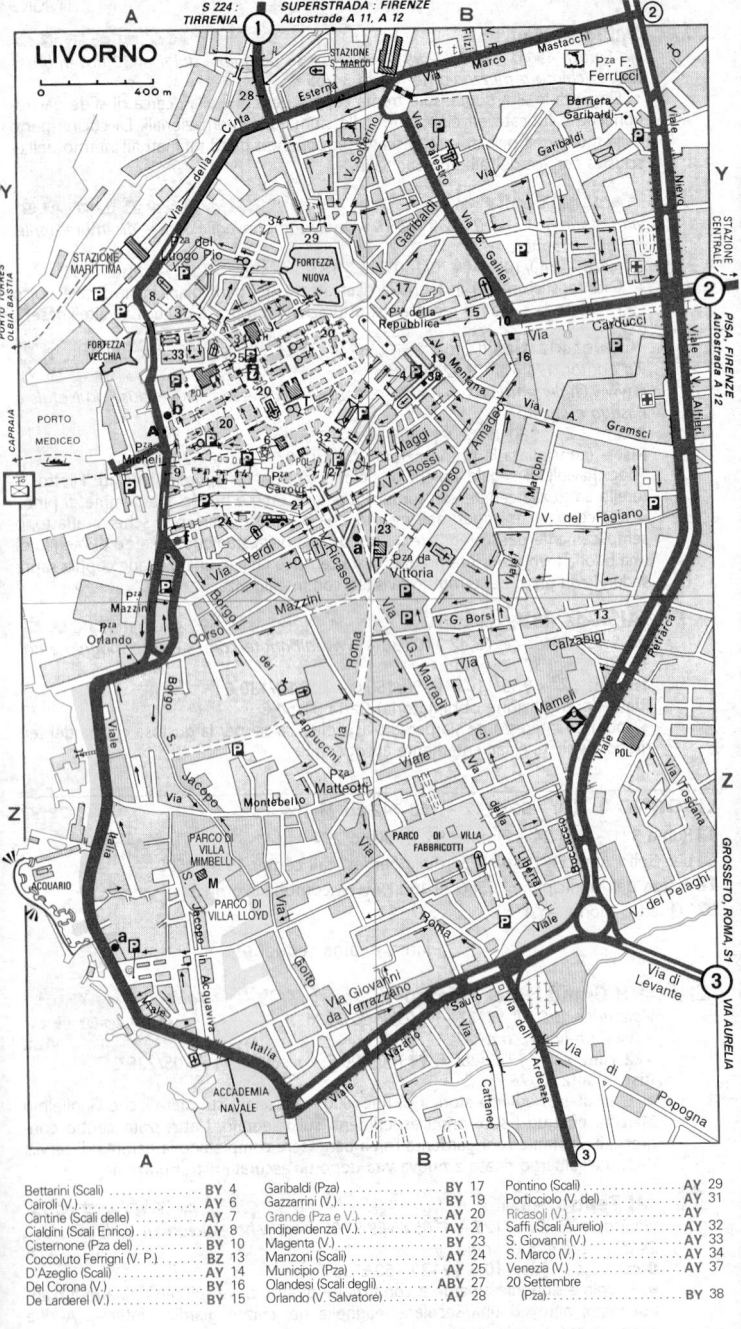

LIVORNO

0   400 m

Gran Duca 👁️ ᴌᴥ 🎑 AC ⁓¹ 🕍 VISA ⁒ AE ① ♻
piazza Giuseppe Micheli 16 ⊠ 57123 – 𝒞 05 86 89 10 24 – www.granduca.it
62 cam ⌑ – †80/105 € ††100/250 € – 1 suite – ½ P 80/155 €　　　　AYb
Rist *Gran Duca* – vedere selezione ristoranti
♦ Albergo ubicato nel tipico ambiente del Bastione Mediceo: spaziosa hall e camere di diversa tipologia, più o meno recenti nei rinnovi, ma comunque confortevoli.

Gran Duca – Hotel Gran Duca 　　　　　AC ⇔ VISA ⁒ AE ① ♻
piazza Giuseppe Micheli 16 ⊠ 57123 – 𝒞 05 86 89 10 24 – www.granduca.it
Rist – Carta 26/62 €　　　　　　　　　　　　　　　　　　AYb
♦ Di fronte al mare e a poche centinaia di metri dall'imbarco per le isole, un'ottima tappa gastronomica con l'immancabile caciucco. In menu, anche tante altre specialità di pesce.

Osteria del Mare 　　　　　AC ⁓⁄ VISA ⁒ AE ♻
borgo dei Cappuccini 5 ⊠ 57126 – 𝒞 05 86 88 10 27 – chiuso dal 30 agosto al 20 settembre e giovedì　　　　　　　　　　　　　　　　AYf
Rist – Carta 27/45 €
♦ In due piccole sale rustiche, un'atmosfera da taverna marinara con legno, timoni, gagliardetti e stemmi legati alla navigazione. Pur essendoci un menu scritto, lasciatevi consigliare dal cuoco che - in base alla stagione e alla disponibilità del pescato - saprà consigliarvi i migliori piatti che profumano di mare.

a Montenero Sud : 10 km – ⊠ 57128

La Vedetta 👁️ 　 ⟨ ⤢ 🎑 ᴌ. cam, AC ⁓⁄ rist, ⁓¹ 🕍 P VISA ⁒ AE ♻
via della Lecceta 5 – 𝒞 05 86 57 99 57 – www.hotellavedetta.it
31 cam ⌑ – †65/80 € ††80/115 € – ½ P 65 €
Rist – *(maggio-settembre; chiuso domenica) (chiuso a mezzogiorno)*
Menu 18/25 €
♦ Nei pressi del santuario, ambienti curati in un'imponente villa del '700 che ospitò personaggi illustri e che deve il proprio nome alla splendida vista su mare e costa. All'interno: pavimento in cotto negli ariosi spazi comuni, camere ampie e ben tenute.

ad Ardenza per ③ : 4 km – ⊠ 57128 Ardenza

Ciglieri 　　　　　　　　AC ⁓⁄ VISA ⁒ AE ① ♻
via Ravizza 43 – 𝒞 05 86 50 81 94 – www.ristoranteceglieri.it – chiuso mercoledì
Rist – *(prenotazione obbligatoria)* Carta 58/90 € ⁏
♦ Piatti ricchi di fantasia sia di pesce sia di carne in un ambiente elegante e raffinato; servizio curato direttamente dal titolare.

Oscar 　　　　　　　　　⤢ AC ⁓⁄ ⇔ VISA ⁒ AE ① ♻
via Franchini 78 – 𝒞 05 86 50 12 58 – www.ristoranteoscar.it
– chiuso dal 1° al 23 gennaio e lunedì
Rist – Carta 37/78 €
♦ Sobrio ristorante gestito da tre fratelli, dove protagonista indiscusso è il pesce: freschissimo e di ottima qualità!

LIVORNO FERRARIS – Vercelli (VC) – **561** G6 – **4 545 ab.** – alt. 188 m　　**23** C2
– ⊠ 13046

▶ Roma 673 – Torino 41 – Milano 104 – Vercelli 42

a Castell'Apertole Sud-Est : 10 km : – ⊠ 13046 Livorno Ferraris

Balin 　　　　　　　　　　AC ⇔ P VISA ⁒ AE ① ♻
– 𝒞 0 16 14 71 21 – www.balinrist.it – chiuso domenica sera e lunedì
Rist – Carta 30/56 € ⁏
♦ In un'antica cascina in aperta campagna, varcata la soglia si ha già la sensazione di aver fatto una buona scelta: due ambienti in stile rustico-elegante separati da un grande camino e piatti della tradizione piemontese.

LIZZANO IN BELVEDERE – Bologna (BO) – 562 J14 – 2 410 ab.   8 B2
– alt. 640 m – Sport invernali : a Corno alle Scale : 1 358/1 945 m ⚡6, ⚡
– ✉ 40042

▶ Roma 361 – Bologna 68 – Firenze 87 – Lucca 93

🛈 piazza Marconi 6, ℰ 0534 5 10 52, www.cornoallescale.net

a Vidiciatico Nord-Ovest : 4 km – alt. 810 m – ✉ 40042

🛈 via Marconi 31, ℰ 0534 5 31 59, www.emiliaromagnaturismo.it

🏨 **Montegrande**   ⚡ 📶 VISA ⓒⓞ AE ① ⚡
   via Marconi 27 – ℰ 0 53 45 32 10 – www.montegrande.it – chiuso dal 15 aprile
   al 15 maggio e dal 15 ottobre al 15 novembre
   14 cam – †60 € ††70 €, ⚌ 10 € – 2 suites – ½ P 50 €   **Rist** – Carta 17/32 €
   ♦ Ideale per una vacanza semplice e tranquilla, un albergo dall'atmosfera familiare a gestione pluriennale; spazi non ampi, ma curati e accoglienti, camere
dignitose. Piacevole sala ristorante con camino; piatti del territorio, con funghi e
tartufi in stagione.

a Rocca Corneta Nord-Ovest : 8 km – alt. 631 m – ✉ 40047

🏠 **Corsini Antica Trattoria**   ≤ 🚗 **P** VISA ⓒⓞ ⚡
   via Statale 36 – ℰ 0 53 45 31 04 – www.hotelcorsini.com – chiuso dal 7 gennaio
   al 7 febbraio, dal 29 marzo all'8 aprile e dal 10 settembre al 10 ottobre
   12 cam ⚌ – †50/60 € ††60/70 € – ½ P 45/50 €
   Rist *Antica Trattoria Corsini* – vedere selezione ristoranti
   ♦ Bella veduta sugli Appennini da questo piccolo alberghetto gestito da una
solida e dinamica conduzione diretta. Ambiente semplice anche nelle camere.

🍴 **Antica Trattoria Corsini** – Hotel Corsini Antica Trattoria   🚗 🏠 **P**
   via Statale 36 – ℰ 0 53 45 31 04 – www.hotelcorsini.com   VISA ⓒⓞ ⚡
   – chiuso dal 7 gennaio al 7 febbraio, dal 29 marzo all'8 aprile e dal 10 settembre
   al 10 ottobre
   Rist – *(chiuso martedì escluso luglio e agosto)* Carta 21/35 €
   ♦ Sala panoramica ed una cucina locale con un buon rapporto qualità/prezzo, nel
paese che diede i natali al noto giornalista e scrittore Enzo Biagi.

LOANO – Savona (SV) – 561 J6 – 11 848 ab. – ✉ 17025 ▮ Italia   14 B2

▶ Roma 578 – Imperia 43 – Genova 79 – Milano 202

🛈 corso Europa 19, ℰ 019 67 60 07, www.visitriviera.it

🏨🏨 **Grand Hotel Garden Lido**   ≤ 🚗 🔥 ⚡ 👪 ⚡ 📶 ⚡ rist, ⚡⚡ 🎼 ⚡ rist,
   lungomare Nazario Sauro 9 – ℰ 0 19 66 96 66   📶 🎼 **P** VISA ⓒⓞ AE ① ⚡
   – www.gardenlido.com
   66 cam ⚌ – †85/130 € ††120/250 € – 1 suite – ½ P 95/153 €
   Rist – Menu 50 €
   ♦ Albergo di fronte al porto turistico, in buona parte già ristrutturato negli ultimi
anni, ma i progetti non sono ancora finiti! Gradevole giardino con piscina e belle
camere di diverse tipologie. Quadri alle pareti e grandi finestre nella curata sala
da pranzo.

🏠 **Villa Mary**   📶 🎼 ⚡ rist, **P** VISA ⚡
   viale Tito Minniti 6 – ℰ 0 19 66 83 68 – www.panozzohotels.it – chiuso dal
   2 ottobre al 23 dicembre
   30 cam – †40 € ††70/85 €, ⚌ 10 € – 4 suites – ½ P 73 €
   Rist – *(chiuso martedì) (solo per alloggiati)* Menu 16/35 €
   ♦ Gestione cordiale e ambiente familiare in un albergo fuori dal centro con spazi
comuni non grandi, ma abbelliti da tappeti e comode poltrone; camere funzionali.
Pesce, cucina ligure e mediterranea nella semplice sala ristorante.

🍴 **La Vecchia Trattoria**   🎼 VISA ⓒⓞ AE ① ⚡
   via Raimondi 3 – ℰ 0 19 66 71 62 – www.lavecchiatrattoria.eu
   – chiuso dal 10 al 18 gennaio, dal 6 al 15 giugno, lunedì e martedì (escluso
   agosto)
   Rist – *(consigliata la prenotazione)* Carta 36/61 €
   ♦ In pieno centro, immersa tra i tipici carruggi, trattoria dall'attenta gestione al
femminile, molto curata nei particolari. In menù numerose proposte di pesce.

LOCOROTONDO – Bari (BA) – **564** E33 – **14 196 ab.** – **alt. 410 m**   27 C2
– ✉ 70010 ▯ Puglia

🚗 Roma 518 – Bari 70 – Brindisi 68 – Taranto 36

◎ Centro storico★

◎ Valle d'Itria★★ (strada per Martina Franca)

⌂ **Sotto le Cummerse** senza rist   ⬛ 🅰🅲 ⚭ 🆅🆂🅰 ⛟
    via Vittorio Veneto 138 – ℰ 08 04 31 32 98 – www.sottolecummerse.it
    4 cam ☲ – †60/68 € ††82/115 € – 6 suites – ††164/230 €
    ♦ Un sistema simpatico per vivere il caratteristico centro storico della località:
    camere ed appartamenti seminati in vari punti, sempre piacevoli e dotati di
    ogni confort.

✗ **Centro Storico**   🆅🆂🅰
    via Eroi di Dogali 6 – ℰ 08 04 31 54 73 – www.ilcentrostorico.biz – chiuso
    mercoledì
    Rist – Carta 22/31 €
    ♦ In pieno centro storico, cordiale accoglienza in una trattoria di tono sem-
    plice, ma dall'atmosfera piacevole. Proposte di casalinga cucina barese e piatti di
    ispirazione più classica.

LODI 🅿 **(LO)** – **561** G10 – **44 036 ab.** – **alt. 87 m** – ✉ 26900   16 B3
▯ Italia Centro Nord

🚗 Roma 548 – Piacenza 38 – Bergamo 49 – Brescia 67

🇮 piazza Broletto 4, ℰ 0371 40 92 38, www.turismo.provincia.lodi.it

◎ Santuario dell'Incoronata★★ - Duomo★

🏠 **Concorde Lodi Centro** senza rist   🛗 🅰🅲 ⚫ 🆅🆂🅰 ⓪ 🅰🅴 ⓪ ⛟
    piazzale Stazione 2 – ℰ 03 71 42 13 22 – www.hotel-concorde.it
    – chiuso 15 giorni in agosto
    29 cam ☲ – †80/120 € ††90/180 € – 1 suite
    ♦ In questa cittadina dal tipico carattere lombardo, un hotel centrale - situato
    proprio di fronte alla stazione ferroviaria - la cui attenta gestione apporta conti-
    nue migliorie. Camere confortevoli nella loro semplicità.

🏠 **Anelli** senza rist   🅰🅲 ⚫ 🖢 🆅🆂🅰 ⓪ 🅰🅴 ⓪ ⛟
    viale Vignati 7 – ℰ 03 71 42 13 54 – www.albergoanelli.com – chiuso Natale e
    dal 13 al 28 agosto
    29 cam ☲ – †75/90 € ††95/115 €
    ♦ Conduzione diretta pluridecennale in questa comoda struttura - in prossimità
    del centro - che dispone di graziose camere funzionali con parquet.

✗✗ **La Quinta**   🅰🅲 ⇄ 🆅🆂🅰 ⓪ 🅰🅴 ⓪ ⛟
    viale Pavia 76 – ℰ 0 37 13 50 41 – www.laquintalodi.it – chiuso dal 2 al
    9 gennaio, 3 settimane in agosto, domenica sera, lunedì
    Rist – Menu 25 € bc (pranzo)/48 € – Carta 48/99 € ⅋
    ♦ Se volete gustare la vera cucina lodigiana, nonché ottime specialità di pesce, in
    un ambiente accogliente e raccolto, sospendete le ricerche: l'indirizzo giusto
    l'avete già trovato! Il savoir-faire e la competente gestione sono ulteriori motivi
    per cui fermarsi...

✗✗ **3 Gigli**   🅰🅲 ⇄ 🆅🆂🅰 ⓪ 🅰🅴 ⛟
⊛⊛   piazza della Vittoria 47 – ℰ 03 71 42 14 04 – chiuso 3 settimane in agosto,
    domenica sera, lunedì
    Rist – Menu 13 € bc (pranzo)/35 € – Carta 31/46 €
    ♦ Dalla scenografica piazza, un breve passaggio porta al ristorante. Qui l'intera
    famiglia è al servizio ma l'artefice è il giovane cuoco, cucina creativa di terra e
    di mare.

LODRONE – Trento (TN) – **562** E13 – **Vedere Storo**

LOIANO – Bologna (BO) – **562** J15 – **4 507 ab.** – **alt. 714 m** – ✉ 40050   9 C2
🚗 Roma 359 – Bologna 36 – Firenze 85 – Milano 242

🔟 Molino del Pero via Molino del Pero 323, 051 677050, www.molinodelpero.it
    – chiuso lunedì

Palazzo Loup ⚜ ⟨ 🕭 ☆ ⅃ 🏋 ⅃ 🛒 ♫ 🛁 🅿 🆅🆂🅰 ⓒⓒ 🅰🅴 ⓞ 🅖
via Santa Margherita 21, località Scanello, Est: 3 km – ℰ 05 16 54 40 40
– www.palazzo-loup.it
49 cam 🖵 – †70/150 € – ††110/170 € – ½ P 75/95 €
Rist – (consigliata la prenotazione) Carta 24/55 €
◆ Incredibile fusione di passato e presente, in una dimora di origine medievale immersa in uno splendido parco con piscina e vista sulle colline tosco-emiliane. Atmosfera raffinata nella sala da pranzo con camino, ricavata dalle antiche cantine della villa. Ampi spazi per cerimonie.

LONATO – Brescia (BS) – **561** F13 – 15 624 ab. – alt. 188 m – ✉ 25017   **17** D1
🄳 Roma 530 – Brescia 23 – Mantova 50 – Milano 120

a Barcuzzi Nord : 3 km – ✉ 25080 Lonato

XX **Da Oscar** ⟨ 🕭 ☆ ⅃ 🄰🄲 🅿 🆅🆂🅰 ⓒⓒ 🅰🅴 🅖
via Barcuzzi 16 – ℰ 03 09 13 04 09 *– www.daoscar.it – chiuso dal 7 al 31 gennaio, lunedì, martedì a mezzogiorno*
Rist – Menu 43 € bc – Carta 39/62 €
◆ Ubicato sulle colline che guardano il lago di Garda, bel locale spazioso di tono raffinato, con incantevole servizio estivo sulla terrazza.

LONGARE – Vicenza (VI) – **562** F16 – 5 629 ab. – alt. 29 m – ✉ 36023   **37** B2
🄳 Roma 528 – Padova 28 – Milano 213 – Verona 60

⌂ **Agriturismo Le Vescovane** ⚜ ⟨ 🖼 ☆ ⅃ 🏋 🍴 cam, 🅿
🅾 *via San Rocco 19, Ovest : 4 km –* ℰ 04 44 27 35 70 🆅🆂🅰 ⓒⓒ 🅰🅴 ⓞ 🅖
– www.levescovane.com
8 cam 🖵 – †40/70 € ††78/110 € – 1 suite – ½ P 70 €
Rist – *(chiuso lunedì e martedì da maggio a settembre, anche mercoledì negli altri mesi)* Carta 21/36 €
◆ Pochi chilometri fuori Vicenza per trovare, meglio se facendosi consigliare la strada dai proprietari, una torre di caccia cinquecentesca nel silenzio dei monti Berici. Sala ristorante con camino, servizio estivo in giardino.

a Costozza Sud-Ovest : 1 km – ✉ 36023 Longare

XX **Aeolia** 🚗 ☆ 🄰🄲 🆅🆂🅰 ⓒⓒ 🅰🅴 ⓞ 🅖
🅾 *piazza Da Schio 1 –* ℰ 04 44 55 50 36 *– www.aeolia.com – chiuso dal 1° al 14 novembre e martedì*
🄐 **Rist** – Carta 18/47 €
◆ Un'esperienza artistica ancor prima che gastronomica, dalla sala del 1568 con affreschi di Zelotti e Fasolo, ai chilometrici cunicoli che ospitano le cantine. Cucina veneta e specialità di carne.

LONGIANO – Forlì-Cesena (FC) – **562** J18 – 6 862 ab. – alt. 179 m   **9** D2
– ✉ 47020
🄳 Roma 350 – Rimini 28 – Forlì 32 – Ravenna 46
🄸 via Porta del Girone 2, ℰ 0547 66 54 84, www.comune.longiano.fc.it

X **Dei Cantoni** 🄰🄲 🆅🆂🅰 ⓒⓒ 🅰🅴 ⓞ 🅖
🄐 *via Santa Maria 19 –* ℰ 05 47 66 58 99 *– www.ristorantedeicantoni.it – chiuso dal 15 febbraio al 15 marzo e mercoledì*
Rist – Carta 24/37 €
◆ All'ombra del castello malatestiano, due sale con mattoni a vista che ricordano il bel ciottolato del centro ed una simpatica gestione dal servizio veloce ma cortese. Piacevole il servizio estivo in veranda.

LONIGO – Vicenza (VI) – **562** F16 – 16 070 ab. – alt. 31 m – ✉ 36045   **35** B3
🄳 Roma 533 – Verona 33 – Ferrara 95 – Milano 186
🄸 piazza Garibaldi 1, ℰ 0444 83 09 48, www.prolonigo.it

La Peca (Nicola Portinari) ✿   ♿ ⌖ 🅿 VISA ☎ AE ① 💲

via Alberto Giovanelli 2 – ℰ 04 44 83 02 14 – www.lapeca.it
– chiuso domenica sera e lunedì
Rist – Menu 60 € (pranzo in settimana)/120 € – Carta 79/138 € 🕸

Spec. Tagliolini di carruba mantecati alla crema di broccolo fiolaro (autunno-inverno). Baccalà e merluzzo in tre declinazioni. Parfait al pepe verde di Sarawak con rapanelli, spinaci, arance e tartufo.

♦ Verso la chiesa francescana di San Daniele, un bell'edificio dalle forme asciutte e moderne anticipa la luminosa essenzialità degli interni. Ospite del primo piano, una fantasiosa cucina di terra e di mare. Ottima cantina.

LOREGGIA – Padova (PD) – 562 F17 – 7 247 ab. – alt. 26 m – ✉ 35010   36 C2
▶ Roma 504 – Padova 26 – Venezia 30 – Treviso 36

✗ Locanda Aurilia con cam 📶 & rist, 🅰🅲 📺 📶 🅿 VISA ☎ AE 💲

via Aurelia 27 – ℰ 04 95 79 03 95 /9 30 06 77 – www.locandaaurilia.com
16 cam ⬚ – †40/65 € ††75/110 € – ½ P 60/70 €
Rist – *(chiuso dal 1° al 6 gennaio, dal 1° al 17 agosto e martedì)* Carta 28/39 € 🕸

♦ La passione per la cucina e un forte legame per le tradizioni del territorio hanno scandito gli oltre cinquant'anni di attività della locanda. Recentemente rinnovata, continua a proporre gustosi piatti sia di terra sia di mare. Camere semplici e confortevoli.

LORETO – Ancona (AN) – 563 L22 – 12 325 ab. – alt. 127 m – ✉ 60025   21 D2
▌ Italia Centro Nord

▶ Roma 294 – Ancona 31 – Macerata 31 – Pesaro 90

🆔 via Solari 3, ℰ 071 97 02 76, www.comune.loreto.an.it

◉ Santuario della Santa Casa ★★ – Piazza della Madonna ★ – Opere del Lotto ★ nella pinacoteca **M**

✗✗ Andreina 🍽 🅰🅲 🅿 VISA ☎ AE ① 💲

via Buffolareccia 14 – ℰ 0 71 97 01 24 – www.ristoranteandreina.it – chiuso martedì
Rist – Carta 40/51 € 🕸

♦ Un ambiente rustico che ospita tre sale ben arredate con tocchi di moderna eleganza, dove è possibile gustare una cucina locale rivisitata ma anche pietanze alla brace.

✗✗ Vecchia Fattoria con cam 🚗 🍽 🅰🅲 📶 🅿 ☎ AE ① 💲

via Manzoni 19 – ℰ 0 71 97 89 76 – www.vecchiafattorialoreto.it
13 cam ⬚ – †55 € ††80 € – ½ P 70 €   **Rist** – Carta 24/41 €

♦ Il nome non lascia dubbi sull'originaria vocazione del complesso, oggi un locale di tono classico dedicato alla ristorazione, che presenta piatti tradizionali che spaziano dal mare alla terra. La piccola risorsa ai piedi del colle Lauretano dispone anche di camere arredate con semplicità.

LORETO APRUTINO – Pescara (PE) – 563 O23 – 7 749 ab. – alt. 294 m   1 B1
– ✉ 65014

▶ Roma 226 – Pescara 24 – Teramo 77

🆔 piazza Garibaldi, ℰ 085 8 29 02 13, www.abruzzoturismo.it

🏨 Castello Chiola 🍃   ⇐ 🧊 📶 & cam, 🅰🅲 📺 rist, 🏋 🅿 VISA ☎ AE ① 💲

via degli Aquino 12 – ℰ 08 58 29 06 90 – www.castellochiolahotel.com
36 cam ⬚ – †79/149 € ††89/189 € – 4 suites
Rist – *(prenotazione obbligatoria)* Carta 27/48 €

♦ Si respira una romantica atmosfera nelle sale ricche di fascino di un'incantevole, antica residenza medioevale, nella parte panoramica della cittadina; camere raffinate. Elegante ristorante dove apprezzare la tradizionale cucina italiana.

✗✗ Carmine & 🅰🅲 📺 ⌖ VISA ☎ AE ① 💲

contrada Remartello 52, Est : 4,5 km – ℰ 08 58 20 85 53
– www.ristorantecarmine.it – chiuso lunedì
Rist – Carta 28/57 € 🕸

♦ Gestione familiare di grande esperienza per un grazioso locale con veranda, dove gustare piatti di mare a base di ricette tradizionali abruzzesi.

LORO CIUFFENNA – Arezzo (AR) – **563** L16 – 5 879 ab. – alt. 330 m – ⊠ 52024　　29 C2

▶ Roma 238 – Firenze 54 – Siena 63 – Arezzo 31

※ **Il Cipresso-da Cioni** con cam　　ⒶⒸ cam, 🛎 🅿 ⓋⓈ🄰 ⓒⓄ 🄰🄴 ⑤
via De Gasperi 28 – 𝒞 05 59 17 20 67 – www.ilcipresso.it – chiuso dal 15 febbraio al 3 marzo
23 cam ⬳ – †35/45 € ††50/70 €
Rist – *(chiuso mercoledì sera e sabato a mezzogiorno)* Carta 30/38 €
◆ Affacciato su una rotonda, interni spogli, ma un grande amore per i migliori prodotti del territorio: salumi, pane, paste e le celebri carni toscane. Camere semplici in stile rustico.

LORO PICENO – Macerata (MC) – **563** M22 – 2 507 ab. – alt. 436 m – ⊠ 62020　　21 C2

▶ Roma 248 – Ascoli Piceno 74 – Ancona 73 – Macerata 22

※※ **Girarrosto**　　🕏 ⓋⓈ🄰 ⓒⓄ 🄰🄴 ① ⑤
via Ridolfi 4 – 𝒞 07 33 50 91 19 – chiuso dal 15 al 31 luglio e mercoledì
Rist – Carta 25/36 €
◆ Nel centro storico di questo paese inerpicato su una collina, un locale dove gustare specialità alla brace servite nel caratteristico ambiente di una sala in mattoni.

LOTZORAI Sardegna – Ogliastra (OG) – **366** S44 – 2 182 ab. – alt. 11 m – ⊠ 08040 ▮ Sardegna　　38 B2

▶ Cagliari 137 – Nuoro 93
◎ Isolotto dell'Ogliastra★

※ **L'Isolotto**　　🕏 ⓋⓈ🄰 ⓒⓄ 🄰🄴 ① ⑤
😊 *via Dante – 𝒞 07 82 66 94 31 – giugno-settembre; chiuso lunedì*
Rist – Carta 19/39 € (+5 %)
◆ Portavoce delle specialità gastronomiche ogliastrine, basate su prodotti di terra e di mare, il ristorante propone una cucina caratterizzata da forti sapori mediterranei; ambiente rustico e fresca veranda estiva.

LOVENO – Como (CO) – Vedere Menaggio

LOVERE – Bergamo (BG) – **561** E12 – 5 472 ab. – alt. 208 m – ⊠ 24065　　19 D1
▮ Italia Centro Nord

▶ Roma 611 – Brescia 49 – Bergamo 41 – Edolo 57
🅹 piazza 13 Martiri, 𝒞 035 96 21 78, www.comune.lovere.bg.it
◎ Lago d'Iseo★
◎ Pisogne★ : affreschi★ nella chiesa di Santa Maria della Neve Nord-Est : 7 km

🅷🅷 **Continental**　　≤ 🕏 🖪 🖮 & cam, ⒶⒸ ↯ ⅍ rist, 🛎 🔊 🚗 ⓋⓈ🄰 ⓒⓄ 🄰🄴
viale Dante 3 – 𝒞 0 35 98 35 85 – www.continentallovere.it
42 cam – †50/60 € ††60/80 €, ⬳ 5 €　　**Rist** – Carta 30/44 €
◆ Piccolo ma piacevole l'attrezzato centro benessere attivato negli ultimi anni. Situato in un piccolo centro commerciale, l'hotel guarda soprattutto ad una clientela d'affari.

🅷🅷 **Moderno**　　🕏 🖪 ⒶⒸ 🛎 🔊 ⓋⓈ🄰 ⓒⓄ 🄰🄴 ① ⑤
piazza 13 Martiri 21 – 𝒞 0 35 96 06 07 – www.albergomoderno.eu
24 cam – †60/75 € ††70/85 €, ⬳ 8,50 € – ½ P 70 €
Rist – *(chiuso lunedì escluso dal 15 maggio al 15 settembre)* Carta 25/48 € (+10 %)
◆ Davanti al lungolago, hotel storico recentemente ristrutturato, dalla piacevole facciata rosa che guarda la piazza centrale del paese; camere molto spaziose e funzionali. Al piano terra, un'accogliente sala da pranzo sobriamente arredata.

✗ **Mas** & ⚙ ♻ 🚾 ⓒⓞ 💲
➥ *via Gregorini 21 – ✆ 0 35 98 37 05 – chiuso dal 1° al 7 febbraio, dal 15 al 30 giugno e martedì*
Rist – Carta 19/49 € ⌂
♦ Una giovane e simpatica conduzione crea la giusta atmosfera di questo locale: piacevole e informale, con una cucina che propone piatti più leggeri a mezzogiorno e paste fresche la sera.

LUCCA ℗ (LU) – 563 K13 – 84 640 ab. – alt. 19 m – ⊠ 55100   28 B1
▌ Toscana

▶ Roma 348 – Pisa 22 – Bologna 157 – Firenze 74
🛈 piazza Santa Maria 35, ✆0583 91 99 31, www.luccaturismo.it
◎ Duomo★★ C – Chiesa di San Michele in Foro★★ : facciata★★ B – Battistero e chiesa dei Santi Giovanni e Reparata★ B **B** – Chiesa di San Frediano★ B – Centro storico★ BC – Passeggiata delle mura★
🖾 Parco★★ della villa reale di Marlia e di villa Grabau per① : 8 km – Parco★ di villa Mansi e villa Torrigiani★ per ② : 12 km

Piante pagine seguenti

🏨 **Ilaria e Residenza dell'Alba** senza rist 🕼 & 🅰 ↳ 🍸 ⁹⁹ 🏕 🚐
via del Fosso 26 – ✆ 0 58 34 76 15 🚾 ⓒⓞ 🅰🅴 ⓞ 💲
– www.hotelilaria.com Cz
41 cam ⌸ – ♦100/170 € ♦♦140/260 € – 5 suites
♦ Ampie camere avvolte da morbidi colori in questo raffinato hotel ricavato dalle antiche scuderie di Villa Bottini. Suite principesche nella dépendance: un'attigua chiesa sconsacrata della quale si conserva un antico portico.

🏨 **Noblesse** 🍴 🕼 & 🅰 ↳ 🍸 ⁹⁹ 🚐 🚾 ⓒⓞ 🅰🅴 ⓞ 💲
via Sant'Anastasio 23 – ✆ 05 83 44 02 75 – www.hotelnoblesse.it Ce
10 cam ⌸ – ♦200/220 € ♦♦259/350 € – 5 suites – ½ P 245 €
Rist – Carta 37/58 €
♦ Eleganti camere con tappeti persiani, preziosi arredi d'epoca, un grande impiego di tessuti e decorazioni dorate fanno di questo palazzo settecentesco un fastoso albergo. Carne, pesce e piatti di ogni ispirazione nella calda sala da pranzo o nell'accogliente veranda estiva.

🏨 **Grand Hotel Guinigi** 🕼 ⌕ 🕼 & 🅰 ↳ 🍸 rist, ⁹⁹ 🏕 🅿
➥ *via Romana 1247, per ③ – ✆ 05 83 49 91* 🚾 ⓒⓞ 🅰🅴 ⓞ 💲
– www.grandhotelguinigi.it
156 cam ⌸ – ♦80/120 € ♦♦90/210 € – 11 suites **Rist** – Carta 20/50 €
♦ Moderna struttura, sita fuori dal centro, dotata di ampi ambienti luminosi provvisti di ogni confort; ideale per una clientela di lavoro, ma adatto anche al turista di passaggio. Colori ambrati e arredi classici nella sala da pranzo con colonne e soffitto ad archi.

🏨 **Eurostars** 🕼 ⌕ 🕼 & 🅰 🍸 ⁹⁹ 🏕 🅿 🚾 ⓒⓞ 🅰🅴 ⓞ 💲
viale Europa 1135, per ⑤ – ✆ 05 83 31 78 14 – www.eurostarshotels.com
68 cam ⌸ – ♦♦99/349 € **Rist** – Carta 30/65 €
♦ Moderno albergo di impronta minimalista, situato a poca distanza dal casello autostradale, offre camere sobrie e funzionali, ideali per una clientela commerciale. Confort e tinte sobrie anche al ristorante.

🏨 **San Luca Palace** senza rist 🕼 & 🅰 ⁹⁹ 🏕 🅿 🚐 🚾 ⓒⓞ 🅰🅴 💲
via San Paolino 103 – ✆ 05 83 31 74 46 – www.sanlucapalace.com
26 cam ⌸ – ♦80/190 € ♦♦190/290 € – 3 suites Ad
♦ All'interno di un palazzo del '500 - a pochi passi dal centro - ospitalità e indiscussa professionalità in ambienti eleganti dai morbidi colori. Le camere si distinguono per l'ottimo livello e la cura del dettaglio. Attrezzata sala riunioni, bar/tea room, parcheggio e garage con servizio cortesia, biciclette gratuite.

LUCCA

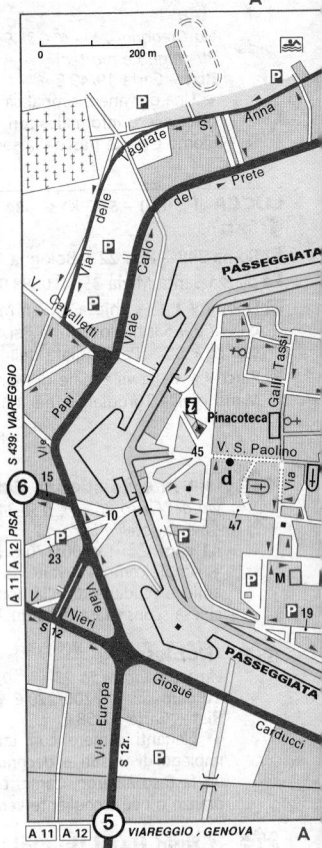

Hambros il Parco senza rist 🏡 🚗 🛗 & 🛠 📶 🕍 P VISA 🔄 AE 🔥

via Pesciatina 197, 1,5 km per ②
– 𝒞 05 83 93 53 55 – www.hotelhambros.com
– chiuso dal 21 dicembre al 6 gennaio
52 cam ⌑ – 🛏75/95 € 🛏🛏100/145 €

♦ Un bel parco ospitante numerose sculture di un artista locale fa da cornice a questa villa settecentesca, caratterizzata da un susseguirsi di sale secondo lo schema delle residenze dell'epoca. Nelle camere si è optato, invece, per uno stile più minimalista. Tranquillità e relax qui non mancano.

Celide senza rist 🛗 🛠 ↩ 📶 🕍 P VISA 🔄 AE ① 🔥

viale Giuseppe Giusti 25 – 𝒞 05 83 95 41 06
– www.albergocelide.it   D**a**
52 cam ⌑ – 🛏95/130 € 🛏🛏120/190 €

♦ Di fronte alle antiche mura, l'hotel propone camere dagli arredi moderni e funzionali, particolarmente confortevoli quelle al secondo piano, ricche di colore e design.

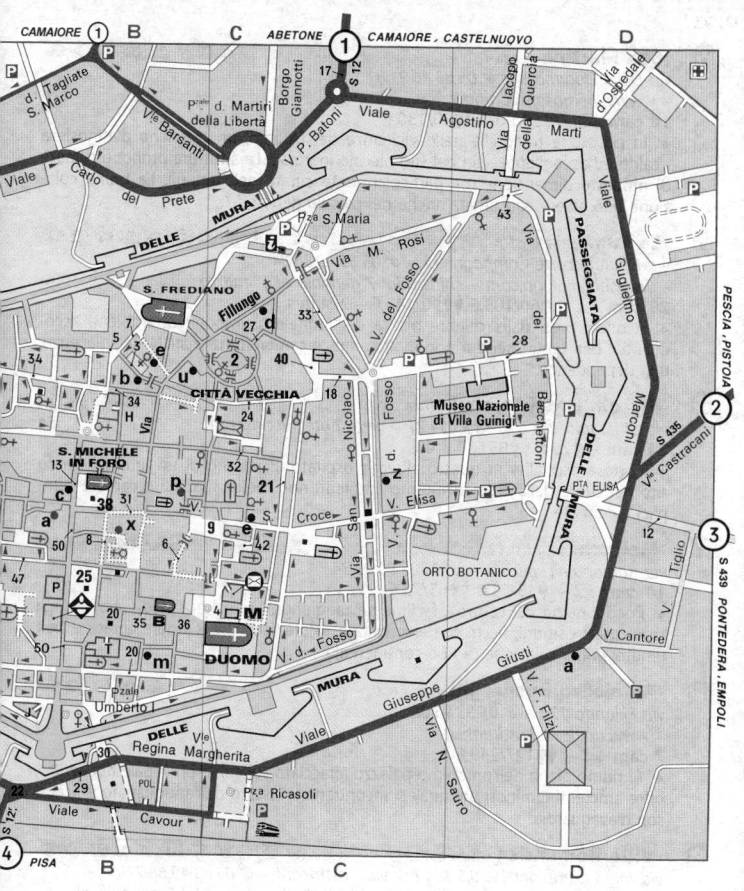

San Marco senza rist 🏊 🛗 👤 🅰🅒 📶 🅿 🚗 🆅🅘🆂🅰 ⊛ 🅰🅔 ① 🔥
via San Marco 368, per ① – ☎ 05 83 49 50 10
– www.hotelsanmarcolucca.com
42 cam 🛏 – 🚹70/130 € 🚹🚹95/143 €
♦ Moderno e originale edificio in mattoni che esternamente ricorda una chiesa, mentre al suo interno propone ariosi ambienti in stile contemporaneo. Piacevoli serate sorseggiando vino e birra (di produzione propria) sulla bella terrazza, dove viene anche servita la prima colazione.

Alla Corte degli Angeli senza rist 👤 🅰🅒 📶 🆅🅘🆂🅰 ⊛ 🅰🅔 ① 🔥
via degli Angeli 23 – ☎ 05 83 46 92 04
– www.allacortedegliangeli.com   **Bb**
10 cam 🛏 – 🚹80/120 € 🚹🚹110/190 €
♦ Incastonato in una struttura storica, ma dotato dei migliori confort moderni, l'hotel propone ambienti dai colori vivaci, travi a vista e camere arredate con estrema ricercatezza, seguendo come leit motiv le peculiarità cromatiche di un fiore.

597

San Martino senza rist   🔥 🎰 ⁽ᵗ⁾ 𝗩𝗜𝗦𝗔 ⓒⓓ 🅰🅴 ⓘ ⑤
via Della Dogana 9 – 𝒞 05 83 46 91 81
– www.albergosanmartino.it   **Bm**
10 cam ⌷ – ♦50/90 € ♦♦80/130 €
◆ In posizione tranquilla nelle vicinanze del Duomo, un gioiellino d'atmosfera - caldo ed accogliente - sin dal suo piccolo ingresso. La struttura propone camere di modeste dimensioni, ma particolarmente curate nei dettagli. La prima colazione può essere consumata anche nel piccolo dehors.

La Luna senza rist   🛗 🎰 ⇙ 🛇 🅰 𝗩𝗜𝗦𝗔 ⓒⓓ 🅰🅴 ⑤
via Fillungo-corte Compagni 12 – 𝒞 05 83 49 36 34
– www.hotellaluna.com – chiuso dal 7 gennaio al 1° marzo   **Bu**
29 cam ⌷ – ♦60/105 € ♦♦90/140 € – 2 suites
◆ A pochi passi dalla celebre piazza dell'Anfiteatro, dispone di ambienti accoglienti e ben tenuti, seppur non molto ampi, e camere funzionali. Nelle adiacenze, una dependance.

Piccolo Hotel Puccini senza rist   ⁽ᵗ⁾ 𝗩𝗜𝗦𝗔 ⓒⓓ 🅰🅴 ⑤
via di Poggio 9 – 𝒞 05 83 55 42 1 – www.hotelpuccini.com   **Bc**
14 cam – ♦70 € ♦♦95 €, ⌷ 4 €
◆ Cortese ospitalità in questo albergo ospitato all'interno di un antico palazzo sito nel cuore della città; all'interno ambienti non molto spaziosi e camere semplici e colorate.

Melecchi senza rist   🛗 🎰 ⇙ 🛇 ⁽ᵗ⁾ 🄿 𝗩𝗜𝗦𝗔 ⓒⓓ 🅰🅴 ⓘ ⑤
via Romana 41, per ③ – 𝒞 05 83 95 02 34
14 cam ⌷ – ♦45/55 € ♦♦65/75 €
◆ Poco lontano dal centro - facilmente raggiungibile anche a piedi - hotel dagli ampi spazi comuni, ricchi di personalità e calore familiare. Camere curate e ben tenute; prima colazione di tipo continentale.

A Palazzo Busdraghi senza rist   🎰 ⁽ᵗ⁾ 𝗩𝗜𝗦𝗔 ⓒⓓ 🅰🅴 ⓘ ⑤
via Fillungo 170 – 𝒞 05 83 95 08 56
– www.apalazzobusdraghi.it   **Cd**
7 cam ⌷ – ♦♦127/249 €
◆ Al primo piano dell'omonimo palazzo affacciato sul corso principale del centro, offre ambienti luminosi nei quali si incontrano il fascino dell'antiquariato e accessori d'avaguardia.

Villa Romantica senza rist   🚗 🏊 🐾 🅿 🛇 🄿 𝗩𝗜𝗦𝗔 ⓒⓓ 🅰🅴 ⓘ ⑤
via Inigo Campioni 19, 0,5 km per via Castracani – 𝒞 05 83 49 68 72
– www.villaromantica.it – chiuso dal 18 al 27 dicembre e dal 9 gennaio al 10 febbraio   **D**
6 cam ⌷ – ♦75/90 € ♦♦108/130 € – 1 suite
◆ Se il nome è già un'eloquente presentazione, all'interno troverete colori ed un'attenta cura per i dettagli. Romanticamente nel sottotetto, il piccolo centro benessere.

Alla Dimora Lucense senza rist   🎰 🛇 𝗩𝗜𝗦𝗔 ⓒⓓ 🅰🅴 ⓘ ⑤
via Fontana 19 – 𝒞 05 83 49 57 22
– www.dimoralucense.it   **Be**
8 cam – ♦96/100 € ♦♦125 €, ⌷ 9 € – 1 suite
◆ In una struttura del centro storico - a pochi passi dalle Mura e da piazza dell'Anfiteatro - piacevoli camere e godibile patio per momenti di fresco relax.

Buca di Sant'Antonio   🎰 ⇔ 𝗩𝗜𝗦𝗔 ⓒⓓ 🅰🅴 ⓘ ⑤
via della Cervia 1/5 – 𝒞 05 83 55 88 1
– www.bucadisantantonio.com – chiuso dal 9 al 16 gennaio, dall' 8 al 15 luglio, domenica sera, lunedì   **Ba**
Rist – Menu 22 € (pranzo) – Carta 35/47 € 🕸
◆ Al piano terra quella che in origine era la stalla per il cambio dei cavalli, mentre la "buca" è la sala al piano inferiore. Una grande varietà di oggetti appesi alle pareti o pendenti dal soffitto tipicizzano l'ambiente; il menu è invece vivacizzato da piatti regionali eseguiti secondo antiche ricette.

XX **Damiani** ☂ ▤ P ▤ ◉ AE ♭

viale Europa 797/a, 0,5 km per ⑤ – ℰ 05 83 58 34 16
– www.ristorantedamiani.it – chiuso dal 14 al 23 agosto e domenica a mezzogiorno
Rist – Carta 30/80 €

♦ Molto apprezzato dalla clientela d'affari, in comoda posizione nei pressi dell'uscita autostradale, è un locale luminoso con cucina a vista. Se il menu riporta qualche specialità di carne, è pur sempre il pesce il piatto forte della casa.

XX **Antica Locanda dell'Angelo** ☂ ▤ ▤ ◉ AE ♭
℃
via Pescheria 21 – ℰ 05 83 46 77 11
– www.anticalocandadellangelo.com – chiuso domenica sera e lunedì escluso estate **Bx**
Rist – Menu 20 € (pranzo)/49 € – Carta 39/55 € ☺

♦ Sorto probabilmente come locanda, oggi è certamente un locale elegante. Dalle cucine, un buon equilibrio tra tradizione locale e piatti nazionali. Un occhio di riguardo anche al vino.

XX **All'Olivo** ☂ ▤ ◊ ▤ ◉ AE ① ♭

piazza San Quirico 1 – ℰ 0 58 34 96 26 4; 49 31 29
– www.ristoranteolivo.it **Bp**
Rist – (consigliata la prenotazione) Menu 30 € – Carta 39/72 € ☺

♦ In una delle caratteristiche piazze del centro storico, tre sale elegantemente arredate, di cui una adibita ai fumatori, dove gustare una squisita cucina del territorio di terra e di mare. Piacevole servizio estivo all'aperto.

X **La Griglia di Varrone** ♻ ▤ P ▤ ◉ AE ① ♭

viale Europa 797/f, 0,5 km per ⑤ – ℰ 05 83 58 36 11
– www.lagrigliadivarrone.it – chiuso Natale-Capodanno e domenica
Rist – Carta 29/52 €

♦ La steak house più in voga a Lucca. In un ambiente moderno e frizzante, il menu annovera anche carni esotiche (canguro, antilope, zebra). A mezzogiorno due proposte a prezzo particolarmente interessante.

sulla strada statale 12 r A

🏠 **Locanda l'Elisa** ☂ ▣ ▤ ▤ ☎ P ▤ ◉ AE ① ♭

via Nuova per Pisa 1952 , Sud : 4,5 km ✉ 55050 Massa Pisana
– ℰ 05 83 37 97 37 – www.locandalelisa.it
10 cam ▢ – †120/160 € ††180/320 €
Rist *Gazebo* – vedere selezione ristoranti

♦ In un rigoglioso giardino che nasconde la piscina, questa villa ottocentesca sfoggia un certo stile inglese, sia nelle zone comuni sia nelle romantiche junior suite con letto a baldacchino.

🏠 **Villa Marta** ☂ ◁ ▣ ☂ ▣ ♻ ▤ ☙ ⚔ ♪ P ▤ ◉ AE ① ♭

via del Ponte Guasperini 873, località San Lorenzo a Vaccoli, Sud : 5,5 km
✉ 55100 – ℰ 05 83 37 01 01 – www.albergovillamarta.it – chiuso da gennaio all'8 febbraio
15 cam ▢ – †79/330 € ††99/330 €
Rist – *(chiuso a mezzogiorno)* Carta 25/80 €

♦ L'ottocentesca dimora di caccia, immersa nella placida campagna lucchese, ospita un albergo a gestione familiare: camere dal sapore antico, con pavimenti originali, alcune affrescate.

🏠 **Marta Guest House** senza rist ☂ ▣ P ▤ ◉ AE ♭

via del Querceto 47, località Santa Maria del Giudice, Sud: 10 km
✉ 55100 – ℰ 05 83 37 85 55
– www.martaguesthouse.it
5 cam ▢ – †45/65 € ††70/120 €

♦ Tra Lucca e Pisa, la nostalgica bellezza di una villa in stile tardo Liberty con splendidi pavimenti, bei soffitti ed arredi d'epoca. Due camere con ampio terrazzo e, per tutti, torte fatte in casa per colazione!

XXX **Gazebo** – Hotel Locanda l'Elisa

via Nuova per Pisa 1952, Sud : 4,5 km ☒ *55050 Massa Pisana*
– ☏ *05 83 37 97 37 – www.ristorantegazebo.it*
– *chiuso dal 9 gennaio al 1° marzo e domenica*
Rist – *(chiuso a mezzogiorno)* Carta 65/79 €

◆ Connubio tra sapori toscani e atmosfere inglesi, il matrimonio artistico con il mondo anglosassone viene ripercorso nella veranda di una villa ottocentesca: suggestioni letterarie, raffinatezze aristocratiche e una cucina regionale alleggerita.

X **La Cecca**

località Coselli, Sud : 5 km ☒ *55060 Capannori* – ☏ *0 58 39 42 84*
– *www.lacecca.it – chiuso dal 1° al 10 gennaio, una settimana in agosto, mercoledì sera e lunedì*
Rist – Carta 27/38 €

◆ Semplice trattoria di campagna nel moderno quartiere cittadino. La ricetta del successo è altrettanto semplice: saporiti e genuini piatti della tradizione lucchese a prezzi concorrenziali.

a Marlia per ① 6 km – ☒ 55014

XXX **Butterfly** (Fabrizio Girasoli)

strada statale 12 dell'Abetone – ☏ *05 83 30 75 73 – www.ristorantebutterfly.it*
– *chiuso 2 settimane in gennaio, 1 settimana in ottobre e mercoledì*
Rist – *(chiuso a mezzogiorno escluso i giorni festivi)* (consigliata la prenotazione)
Menu 60 € – Carta 51/74 €
Spec. Caprese e millefoglie di astice con pomodoro confit e fondente alla mozzarella di bufala. Creste di pasta fresca al piccione di fattoria con piselli e fegato grasso. Il pozzo dei desideri: panna fresca e "secchio" fondente con ciliege e amarene.

◆ Immerso in un curato giardino, ottocentesco casolare dove cotto e travi si uniscono ad un'elegante atmosfera. Gestione familiare, cucina elaborata dalle presentazioni ricercate.

a Capannori per ③ : 6 km – ☒ 55012

XX **Forino**

via Carlo Piaggia 21 – ☏ *05 83 93 53 02 – www.ristoranteforino.it*
– *chiuso dal 26 dicembre al 2 gennaio, dal 7 al 21 agosto, domenica sera, lunedì*
Rist – Carta 31/58 €

◆ Gestione simpatica e competente in un locale rinomato nella zona per la sua cucina di mare sapientemente elaborata, realizzata con selezionate materie prime.

a Ponte a Moriano per ① : 9 km – ☒ 55029

X **Antica Locanda di Sesto**

via Ludovica 1660, a Sesto di Moriano , Nord-Ovest : 2,5 km
– ☏ *05 83 57 81 81 – www.anticalocandadisesto.it*
– *chiuso dal 24 dicembre al 1° gennaio, agosto, sabato*
Rist – Carta 24/49 €

◆ Simpatica e calorosa gestione familiare per questa storica locanda di origini medievali che ha saputo conservare autenticità e genuinità, oggi riproposte in gustose ricette regionali.

I prezzi indicati davanti al simbolo ✝ corrispondono al prezzo minimo e massimo in alta stagione per una camera singola. Lo stesso principio è applicato al simbolo ✝✝ riferito ad una camera per due persone.

a Segromigno in Monte per ① : 10 km – ⊠ 55018

⛪ **Fattoria Mansi Bernardini** ⚞   🍴 ☕ ❄ ❄ 🅿 VISA ⓒ AE ⓞ ċ
via di Valgiano 34, Ovest : 3 km – ℰ 05 83 92 17 21
– www.fattoriamansibernardini.it
15 cam ⊇ – †90/110 € ††120/150 €
Rist – *(chiuso a mezzogiorno)* (prenotazione obbligatoria) *(solo per alloggiati)*
Menu 35/55 €
♦ In un'affascinante cornice, tra colline e vigneti, la grande azienda agricola produttrice di olio si compone di diversi casolari e riserva agli ospiti camere spaziose e confortevoli.

sulla strada statale 435 per ②

🍴🍴 **Serendepico** con cam   🍴 Ⓐ ❄ ⑪ 🅿 VISA ⓒ AE ċ
via della Chiesa di Gragnano 36, Est: 12 km ⊠ 55012 Capannori
– ℰ 05 83 97 50 26 *– www.serendepico.com*
6 cam ⊇ – †69/119 € ††79/169 € – 2 suites
Rist – *(chiuso domenica) (chiuso a mezzogiorno)* (consigliata la prenotazione)
Carta 38/56 €
♦ Seppie in zimino, spuma di patate e curry? O ravioli con cuore di baccalà, porro in agro dolce e nigella? Potendo, bisognerebbe assaggiare tutto del menu di questo locale, che propone una cucina "tecnica", ma anche tanto creativa. Graziose e semplici le camere; c'è anche un laghetto per la pesca sportiva alle carpe.

🍴 **I Diavoletti**   🍴 Ⓐ 🅿 VISA ⓒ ⓞ ċ
ⓔ *via stradone di Camigliano 302, Est: 9 km ⊠ 55012 Capannori*
🐾 *–* ℰ 05 83 92 03 23 *– www.ristorantepizzeriaidiavoletti.com – chiuso mercoledì*
Rist – *(chiuso a mezzogiorno escluso domenica e i giorni festivi)* Carta 21/35 €
♦ In questa ex casa del popolo (dove si riunivano i "diavoletti" rossi), un ambiente graziosamente personalizzato dall'accogliente taglio familiare. Cucina regionale elaborata partendo da ottimi ingredienti del territorio e frequenti serate a tema.

a Cappella per ① : 10 km – ⊠ 55100

⛪ **La Cappella** senza rist ⚞   ≤ 🍴 ☕ 🅿 VISA ⓒ AE ⓞ ċ
via dei Tognetti 469, località Ceccuccio – ℰ 05 83 39 43 47
– www.lacappellalucca.it
4 cam ⊇ – †80/100 € ††90/130 € – 1 suite
♦ Si procede in salita per qualche chilometro per arrivare alle porte di questa grande villa tra le colline, con vista panoramica e mobili d'epoca nelle accoglienti camere. Per chi volesse fare acquisti: vendita di vini della zona e di olio dell'azienda.

LUCERA – Foggia (FG) – **564** C28 – **34 659 ab. – alt. 219 m** – ⊠ 71036   **26** A2
▌ Puglia

▶ Roma 345 – Foggia 20 – Bari 150 – Napoli 157
◉ Fortezza★: ☀ ★ sul Tavoliere – Anfiteatro Romano★ – Museo Civico: statua di Venere★

🏨 **Sorriso** senza rist   🛗 🚶 Ⓐ ⑪ 🔌 🅿 VISA ⓒ AE ⓞ ċ
viale Raffaello-Centro Incom – ℰ 08 81 54 03 06 *– www.hotelsorrisolucera.it*
26 cam ⊇ – †40/75 € ††60/95 € – 1 suite – ½ P 50/68 €
♦ Giovane e intraprendente gestione in questo hotel recente, costantemente aggiornato. Gli ambienti comuni, come le camere, sono arredati con cura e gusto.

LUCRINO – Napoli (NA) – **Vedere Pozzuoli**

LUGANA – Brescia (BS) – **Vedere Sirmione**

LUGHETTO – Venezia – **Vedere Campagna Lupia**

601

LUGO – Ravenna (RA) – **562** I17 – 32 756 ab. – alt. 12 m – ⌧ 48022   **9** C2

▸ Roma 385 – Bologna 61 – Ravenna 32 – Faenza 19

🏠🏠🏠   **San Francisco** senza rist   📺 ⅃⊁ ⚹ 🐾 🛜 VISA ⓒⓒ AE ⓘ ⛐
via Amendola 14 – ℰ 0 54 52 23 24 – www.sanfranciscohotel.it – chiuso dal
24 dicembre al 1° gennaio e dal 5 al 26 agosto
23 cam ⌧ – ♦75 € ♦♦96 € – 5 suites
♦ Interni arredati con design anni '70, dove l'essenzialità non è mancanza del
superfluo, ma capacità di giocare con linee e volumi per creare confortevole piacevolezza. Luminose zone comuni e camere ampie (disponibile anche un appartamento per soggiorni medio-lunghi).

LUINO – Varese (VA) – **561** E8 – 14 294 ab. – alt. 202 m – ⌧ 21016   **16** A2

▸ Roma 661 – Stresa 73 – Bellinzona 40 – Lugano 23

🅸 via Piero Chiara 1, ℰ 0332 53 00 19, www.comune.luino.va.it/

a Colmegna Nord : 2,5 km – ⌧ 21016 Luino

🏠🏠   **Camin Hotel Colmegna**   ⩽ ⅃ 🛜 🐾 P VISA ⓒⓒ AE ⓘ ⛐
via Palazzi 1 – ℰ 03 32 51 08 55 – www.caminhotel.com – marzo-ottobre
24 cam ⌧ – ♦95/115 € ♦♦160/185 € – ½ P 130 €   **Rist** – Carta 38/62 €
♦ Villa d'epoca in splendida posizione panoramica, circondata da un ameno
parco in riva al lago; camere confortevoli, per un soggiorno piacevole e rilassante.
Gradevole terrazza sul lago per il servizio estivo del ristorante.

LUMARZO – Genova (GE) – **561** I9 – 1 527 ab. – alt. 353 m – ⌧ 16024   **15** C2

▸ Roma 491 – Genova 24 – Milano 157 – Rapallo 27

a Pannesi Sud-Ovest : 4 km – alt. 535 m – ⌧ 16024 Lumarzo

🍴🍴   **Fuoco di Bosco**   P VISA ⓒⓒ ⛐
via Provinciale 235 – ℰ 0 18 59 40 48 – chiuso dal 6 gennaio al 15 marzo e
giovedì
Rist – Carta 23/36 € 🍸
♦ Un ambiente rustico ma di tono elegante, dispone di una saletta con camino
e una veranda che si affaccia sul bosco dove assaporare specialità ai funghi e
alla brace.

LUSIA – Rovigo (RO) – **562** G16 – 3 598 ab. – alt. 10 m – ⌧ 45020   **35** B3

▸ Roma 461 – Padova 47 – Ferrara 45 – Rovigo 12

in prossimità strada statale 499 Sud: 3 km

🍴🍴   **Trattoria al Ponte**   🛜 📺 ⚹ ⇦ P VISA ⓒⓒ ⓘ ⛐
😊   *via Bertolda 27, località Bornio ⌧ 45020 – ℰ 04 25 66 98 90*
– www.trattoriaalponte.it – chiuso agosto e lunedì
Rist – Carta 22/32 €
♦ Fragranze di terra e di fiume si intersecano ai sapori di una volta e alla fantasia
dello chef per realizzare instancabili piatti della tradizione. Un'oasi nel verde, al
limitare di un ponte.

LUTAGO = LUTTACH – Bolzano (BZ) – Vedere Valle Aurina

MACERATA P (MC) – **563** M22 – 43 002 ab. – alt. 315 m – ⌧ 62100   **21** C2

▸ Roma 256 – Ancona 51 – Ascoli Piceno 92 – Perugia 127

🅸 piazza della Libertà 9, ℰ 0733 23 48 07, www.turismo.provinciamc.it

🏠🏠🏠   **Claudiani** senza rist   🛗 ⅃ 📺 🐾 ⅃ 🗄 VISA ⓒⓒ AE ⓘ ⛐
vicolo Ulissi 8 – ℰ 07 33 26 14 00 – www.hotelclaudiani.it
37 cam ⌧ – ♦70/99 € ♦♦105/137 € – 1 suite
♦ Un blasonato palazzo del centro storico che nei suoi interni offre agli ospiti
sobria, ovattata eleganza e raffinate atmosfere del passato, rivisitate in chiave
moderna.

Le Case ⋙   ⬅ 🚗 🛋 🖼 ⊛ 🐕 ⚙ ♿ cam, 🆎 ❄ ✦ 🍴 🅿
contrada Mozzavinci 16/17, Nord-Ovest : 6 km   💳 🅅🄸🅂🄰 ⓜ 🄰🄴 ⓞ 🍴
– ℰ 07 33 23 18 97 – www.ristorantelecase.it
– *chiuso 10 giorni in gennaio e 10 giorni in agosto*
19 cam 🛏 – 👤105 € 👤👤140 € – 5 suites
Rist *L'Enoteca* ⊛ – vedere selezione ristoranti
Rist – *(chiuso a mezzogiorno escluso sabato e domenica)* (prenotare)
Carta 21/33 € 🌿

◆ L'ombra dei cipressi conduce ad un complesso rurale del X sec, che comprende anche un piccolo, ma ben strutturato, museo contadino. Eleganza e buon gusto fanno da cornice a soggiorni di classe, immersi nella pace della campagna. Al ristorante: piatti marchigiani ed ingredienti dell'azienda agricola di famiglia.

I Colli senza rist   ⬅ ♿ 🆎 ⚙ 🅿 🚗 🅅🄸🅂🄰 ⓜ 🄰🄴 ⓞ 🍴
via Roma 149 – ℰ 07 33 36 70 63 – www.hotelicolli.com
60 cam 🛏 – 👤57/80 € 👤👤80/150 €

◆ In posizione semicentrale, una buona struttura con camere accoglienti e confortevoli. Discreti spazi comuni con tanto di piccola, ma attrezzata palestra.

Arcadia senza rist   🛗 ♿ 🆎 ❄ ⚙ 🅅🄸🅂🄰 ⓞ 🍴
via Padre Matteo Ricci 134 – ℰ 07 33 23 59 61 – www.harcadia.it – chiuso dal 23 dicembre al 6 gennaio
29 cam 🛏 – 👤45/70 € 👤👤65/100 € – 1 suite

◆ Nei pressi del Teatro e dell'Università, frequentato da artisti e accademici, propone accoglienti stanze di varie tipologie, alcune dotate anche di angolo cottura.

Arena senza rist   🛗 ♿ 🆎 ⚙ 🅅🄸🅂🄰 ⓞ
vicolo Sferisterio 16 – ℰ 07 33 23 09 31 – www.albergoarena.com
27 cam 🛏 – 👤40/70 € 👤👤55/100 €

◆ Chi si nasconde dietro all'Arena dello Sferisterio, all'interno delle mura del centro storico? Questo piccolo hotel dagli ambienti e dalle camere funzionali, ma accoglienti.

L'Enoteca (Michele Biagiola) – Hotel Le Case   🛋 🆎 ❄ ✦ 🅿
contrada Mozzavinci 16/17, Nord-Ovest : 6 km   🅅🄸🅂🄰 ⓜ 🄰🄴 ⓞ 🍴
– ℰ 07 33 23 18 97 – www.ristorantelecase.it
– *chiuso 10 giorni in gennaio, 10 giorni in agosto, domenica, lunedì*
Rist – *(chiuso a mezzogiorno)* Menu 75 € – Carta 46/86 € 🌿
Spec. Patata lessa. Riso, olio e parmigiano. "Pistacoppu ripienu": il piccione ripieno.
◆ In un ambiente rustico-elegante, un giovane cuoco dalle idee precise: carni del territorio selezionate personalmente, pesci dell'Adriatico ed una sfrenata passione per le erbe aromatiche.

sulla strada statale 77 Nord : 4 km

Recina   🛋 🛗 🆎 ⚙ 🅿 🚗 🅅🄸🅂🄰 ⓞ 🄰🄴 ⓞ 🍴
via Alcide De Gasperi 32F ✉ 62100 – ℰ 07 33 59 86 39 – www.recinahotel.it
56 cam 🛏 – 👤50/90 € 👤👤80/130 € – 3 suites – ½ P 85 €
Rist *Arlecchino* – vedere selezione ristoranti

◆ Arredi di gusto moderno, ma con tocchi di classicità, nonché abbondanti spazi comuni in una struttura lungo la statale. Le camere sul retro offrono una maggiore tranquillità.

Arlecchino – Hotel Recina   🆎 ❄ 🅿 🅅🄸🅂🄰 ⓞ 🄰🄴 ⓞ 🍴
via Alcide De Gasperi 32F – ℰ 07 33 59 86 39 – www.recinahotel.it
Rist – *(chiuso domenica)* Carta 23/56 €

◆ Vivace e molto frequentato da una clientela business, il ristorante è rinomato in zona per la varietà della sua carta: le proposte spaziano dalla carne al pesce, con qualche prodotto tipicamente stagionale.

MACUGNAGA – Verbano-Cusio-Ossola (VB) – **561** E5 – **646 ab.**   **22** B1
– alt. 945 m – Sport invernali : 1 327/3 000 m ⛷ 2 ⛷ 8, ⛷ – ✉ **28876**
▶ Roma 716 – Aosta 231 – Domodossola 39 – Milano 139
🛈 piazza Municipio 6, ℰ 0324 6 51 19, www.comune.macugnaga.vb.it

⌂ **Flora** ← 🈂 ⚡ ☎ 📶 ⓥⓘⓢⓐ ⓒⓞ ⓞ 🔥

piazza Mucipio 7, frazione Staffa – 𝓒 0 32 46 59 10 – www.albergoflora.com
– chiuso novembre, ottobre e maggio
11 cam 🛏 – ♦♦100/130 € – ½ P 70/80 €
Rist – *(chiuso a mezzogiorno)* Carta 35/45 €
♦ In pieno centro - accanto al municipio e ai piedi del massiccio del Monte Rosa - un hotel dallo stile rustico, ma piacevole nella sua semplicità. Cucina classica nel ristorante rallegrato da un bel caminetto.

MADDALENA (Arcipelago della) ★★ Sardegna – Olbia-
Tempio (OT) – **366** R36 ▐ Sardegna   **38** B1

◉ Isola della Maddalena★★ – Isola di Caprera★: casa-museo★ di Garibaldi

La **MADDALENA** – Olbia-Tempio (OT) – **366** R36 – 11 901 ab. – ⌷ 07024   **38** B1

▰ per Palau – Saremar, call center 892 123

🏨 **La Maddalena** ← 🈂 🛁 🛋 💆 ⚱ 🛎 cam. 🅰🅲 🎙 🏊 🄿 ⓥⓘⓢⓐ ⓒⓞ ⒶⒺ ⓞ

Piazza Faravelli – 𝓒 07 89 79 41 – www.lamaddalenahyc.com
– 11 maggio-settembre
89 cam 🛏 – ♦185/585 € ♦♦200/600 € – 6 suites – ½ P 150/350 €
Rist Momento – Carta 58/96 €
♦ Si rifà al concept minimal chic, questa moderna struttura che dispone di camere spaziose, ben accessoriate, la maggior parte con vista mare e porto. 350 mq di benessere vi attendono, invece, nella superba spa.

🏨 **Excelsior** senza rist   🛋 💆 ☎ ⓥⓘⓢⓐ ⓒⓞ ⒶⒺ ⓞ 🔥

via Amendola 7 – 𝓒 07 89 72 10 47 – www.excelsiormaddalena.com
27 cam 🛏 – ♦75/200 € ♦♦90/280 € – 1 suite
♦ In centro e fronte porto, questa struttura piccola nelle dimensioni, ma non nel confort, si contraddistingue per la moderna eleganza e il design. Piacevole terrazza-solarium con vista mare ed ottime camere, ampie e funzionali.

🍴🍴 **La Scogliera**   🈂 ⓥⓘⓢⓐ ⓒⓞ ⓞ 🔥

Loc Porto Massimo – 𝓒 34 79 89 35 78 – www.lascoglieraristorante.com
– 15 maggio-30 settembre
Rist – (prenotazione obbligatoria) Carta 90/140 €
♦ Su una scogliera nella parte più nascosta della Maddalena, di lontano si scorge Caprera, due terrazze in legno affacciate sul mare ed una saletta interna con arredi alla moda e raffinati. La cucina sorprende in quanto a modernità e mediterraneità: solo pesce fresco, pane e pasta fatti in casa.

MADESIMO – Sondrio (SO) – **561** C10 – 587 ab. – alt. 1 536 m – Sport   **16** B1
invernali : 1 550/2 948 m ≰3, ≰9, ≰ – ⌷ 23024 ▐ Italia Centro Nord

▶ Roma 703 – Sondrio 80 – Bergamo 119 – Milano 142

ℹ via alle Scuole 12, 𝓒 0343 5 30 15, www.prolocomadesimo.it

◉ Strada del passo dello Spluga★★ : tratto Campodolcino-Pianazzo★★★ Sud e Nord

🏨 **Andossi**   🖵 🛁 💆 🛋 🚼 ⚡ 🎙 🏊 🄿 ⓥⓘⓢⓐ ⓒⓞ ⒶⒺ 🔥

via A. De Giacomi 37 – 𝓒 0 34 35 70 00 – www.hotelandossi.com
– dicembre-Pasqua e luglio-agosto
43 cam 🛏 – ♦70/90 € ♦♦140/180 € – ½ P 80/150 €
Rist – *(chiuso a mezzogiorno) (solo per alloggiati)* Carta 35/47 €
♦ Hotel di tradizione non lontano dal centro, completamente ristrutturato; ambienti in stile montano di taglio moderno e camere semplici, ma funzionali; centro benessere.

🏨 **Emet**   🛋 ⚡ 🎙 🄿 ⓥⓘⓢⓐ ⓒⓞ ⒶⒺ 🔥

via Carducci 28 – 𝓒 0 34 35 33 95 – www.hotel-emet.com – dicembre-maggio e luglio-agosto
36 cam – ♦70/105 € ♦♦100/150 €, 🛏 15 € – ½ P 80/125 €
Rist – Carta 35/46 €
♦ Interni di buon livello che, con eleganza, contribuiscono a creare un'atmosfera ovattata e silenziosa. In ottima posizione: centrale, ma vicino alle piste da sci. Sala ristorante d'impostazione classica.

La Meridiana 🞂 rist, 🞂 P 🞂 VISA 🞂 🞂

via Carducci 8 – 𝒞 03 43 53 11 60 – www.hotel-lameridiana.com – dicembre-aprile e luglio-agosto
23 cam ⬚ – †40/65 € ††100/145 € – ½ P 125 €
Rist 1945 – Carta 20/40 €
♦ Per godere appieno delle bellezze naturali della zona, fermatevi in questa accogliente baita dagli arredi tipici. Praticamente sulle piste da sci, dopo una giornata di sport, vi attendono camere confortevoli ed un rigenerante centro benessere. Ristorante di medie dimensioni, terrazza per i mesi estivi.

Il Cantinone e Sport Hotel Alpina (Stefano Masanti) con cam 🞂

via A. De Giacomi 39 🞂 🞂 🞂 🞂 🞂 🞂 rist, 🞂 P VISA 🞂 AE 🞂 🞂
– 𝒞 03 43 56 12 0 – www.sporthotelalpina.it – chiuso dal 1° maggio al 1° giugno e dal 1° ottobre al 1° dicembre
8 cam ⬚ – ††110/240 € – ½ P 95/140 €
Rist – *(chiuso lunedì, martedì, mercoledì escluso dal 20 dicembre al 20 marzo e in luglio-agosto) (chiuso a mezzogiorno)* Menu 68 € – Carta 55/75 € 🞂
Spec. Risotto al forno a legna con "susei" (silene, erba selvatica) (estate). Lombo di cervo al miele di rododendro (inverno). Shokolatò (inverno).
♦ Locale elegante con belle camere e una sala da pranzo d'impostazione classica, "riscaldata" dall'ampio uso del legno; piccolo, ma attrezzato centro benessere.

a Pianazzo Ovest : 2 km – ⊠ 23024

Bel Sit con cam 🞂 P VISA 🞂 AE 🞂 🞂

via Nazionale 19 – 𝒞 03 43 53 36 5 – www.albergobelsit.com – chiuso dal 10 al 25 dicembre
10 cam ⬚ – ††63/90 € – ½ P 75 € **Rist** – *(chiuso giovedì)* Carta 23/42 €
♦ Ristorante ubicato lungo una strada di passaggio, presenta ambienti di estrema semplicità. Noto in zona per la cucina tradizionale, con ampio utilizzo di selvaggina.

MADONE – Bergamo (BG) – 562 F10 – 3 999 ab. – ⊠ 24040   19 C1
▶ Roma 621 – Milano 44 – Bergamo 17 – Monza 33

Le Ciel Restaurant 🞂 AC P VISA 🞂 🞂

piazza dei Vignali 2 – 𝒞 03 54 94 29 80 – http://leciel.interfree.it – chiuso dall'8 al 22 di agosto, martedì e mercoledì
Rist – *(consigliata la prenotazione)* Carta 31/56 €
♦ Sotto la volta stellata (in realtà un ingegnoso sistema d'illuminazione a fibre ottiche), vi sembrerà di toccare il cielo con un dito. La cucina vi ricorderà - invece - piaceri più terreni o, meglio, di mare: il menu è quasi interamente consacrato alle specialità ittiche.

MADONNA DI CAMPIGLIO – Trento (TN) – 562 D14 – alt. 1 522 m   30 B2
– Sport invernali : 1 500/2 500 m 🞂5 🞂17, 🞂 – ⊠ 38086 ▌ Italia Centro Nord
▶ Roma 645 – Trento 82 – Bolzano 88 – Brescia 118
🝔 via Pradalago 4, 𝒞 0465 44 75 01, www.campigliodolomiti.it
🝔 Campo Carlo Magno via Cima Tosa 16, 0465 420622, www.golfcampocarlomagno.com – luglio-settembre
◉ Località ★★
🝔 Massiccio di Brenta ★★★ Nord per la strada S 239

Lorenzetti 🞂 🞂 🞂 🞂 🞂 rist, 🞂 🞂 P 🞂 VISA 🞂 AE 🞂 🞂

viale Dolomiti di Brenta 119, Sud : 1,5 km – 𝒞 04 65 44 14 04
– www.hotellorenzetti.com – dicembre-aprile e luglio-settembre
48 cam ⬚ – †70/150 € ††120/200 € – 12 suites – ½ P 130 €
Rist – Carta 38/59 €
♦ Faro dell'ospitalità a Campiglio, il personale prevede e realizza ogni esigenza dei clienti. Relax sulla terrazza-solarium e dolci a volontà per i più golosi. Cucina ladina nell'elegante sala ristorante: i clienti privi di camera panoramica si rifaranno con le finestre sulle cime di Brenta.

Alpen Suite Hotel 🔲 🏠 🖻 ❄ 💱 rist, ❜❜ 🛁 🚗 VISA ⓪ AE ① ⬤
viale Dolomiti di Brenta 84 – ℰ 04 65 44 01 00 – www.alpensuitehotel.it
– dicembre-Pasqua e 25 giugno-15 settembre
28 suites – solo ½ P 155/255 €
Rist *Il Convivio* – vedere selezione ristoranti
Rist – Menu 55 €
♦ Per chi ama gli spazi, una sobria essenzialità e qualche richiamo montano: le camere sono ampie con pochi, eleganti arredi. Charme e relax alpino al centro benessere.

 Chalet Dolce Vita 🔲 🏠 🖻 ⬤ 💱 rist, ❜❜ 🚗 VISA ⓪ AE ① ⬤
via Castelletto Inferiore 10 – ℰ 04 65 44 31 91
– www.chaletdolcevita.it – dicembre-15 aprile e luglio-15 settembre
20 cam 🖵 – ❘140/430 € ❘❘180/560 € – ½ P 130/320 €
Rist – *(chiuso martedì escluso alta stagione)* Carta 52/89 €
♦ Una sferzata di novità negli alberghi montani! Dolce Vita propone affascinanti ambienti moderni, profili geometrici e colori sobri: il design sulle Alpi. In una sala più classica o nella stube, anche la cucina del ristorante si adegua all'impronta dell'hotel con proposte personali, creative ed elaborate.

 Cristal Palace ← 🚗 🔲 ⬤ 🏠 🝊 🖻 ⬤ 🏃 💱 rist, ❜❜ 🛁 P 🚗
VISA ⓪ AE ① ⬤
via Cima Tosa 104/a – ℰ 04 65 44 60 20
– www.cristalpalacecampiglio.it – dicembre-aprile e luglio-settembre
61 cam 🖵 – ❘155/270 € ❘❘170/400 € – 2 suites – ½ P 110/225 €
Rist – Carta 45/55 €
♦ Nella parte alta della località, l'alternanza di legno e marmo conferisce un côté modernamente raffinato a questo hotel di recente apertura, che dispone di camere molto confortevoli, nonché di un attrezzato centro benessere per momenti di piacevole relax.

 Bio-Hotel Hermitage ⬤ ← 🔕 🔲 🏠 🖻 ⬤ rist, 🏃 ↔ 💱 rist, ❜❜ P
🚗 VISA ⓪ AE ⬤
via Castelletto Inferiore 69, Sud : 1,5 km
– ℰ 04 65 44 15 58 – www.biohotelhermitage.it
– dicembre-Pasqua e luglio-settembre
22 cam 🖵 – ❘120/300 € ❘❘200/500 € – 3 suites – ½ P 170/255 €
Rist *Stube Hermitage* ❀ – vedere selezione ristoranti
Rist – *(solo per alloggiati)*
♦ Immerso in un parco con le cime del Brenta come sfondo. la natura si trasferisce all'interno. costruito secondo i criteri della bioarchitettura, la tranquillità e l'eleganza sono di casa.

 Gianna 🚗 🔲 🏠 ⬤ 💱 🕎 P 🚗 VISA ⓪ AE ① ⬤
via Vallesinella 16 – ℰ 04 65 44 11 06
– www.hotelgianna.it – dicembre-Pasqua e 20 giugno- 20 settembre
26 cam 🖵 – ❘72/160 € ❘❘120/216 € – 2 suites – ½ P 128 €
Rist – *(chiuso a mezzogiorno)* Carta 26/60 €
♦ In posizione tranquilla, ma non lontano dal centro, la tradizione trentina si sposa con il gusto moderno, grazie ad una gestione familiare che si adopera al continuo rinnovo. Appetitosa cucina regionale nelle due graziose sale ristorante e nella stube.

 Bertelli ← 🚗 🔲 🏠 🖻 ⬤ rist, 💱 rist, ❜❜ P 🚗 VISA ⓪ AE ① ⬤
via Cima Tosa 80 – ℰ 04 65 44 10 13
– www.hotelbertelli.it – dicembre-14 aprile e 26 giugno-14 settembre
49 cam 🖵 – ❘147/183 € ❘❘180/228 € – 5 suites – ½ P 139 €
Rist *Il Gallo Cedrone* – vedere selezione ristoranti
Rist – Carta 42/58 € ❀
♦ Apprezzabile la serietà della gestione e l'ampiezza degli spazi (mansarde comprese), in questo edificio montano da diversi lustri nelle mani della stessa famiglia. All'interno: ambienti in stile, con qualche arredo anni '70.

 Un esercizio evidenziato in rosso focalizza il fascino della struttura 🏨 ✕✕✕.

🏨 Alpen Hotel Vidi   ⇐ ⑰ 📳 ᇰ rist, 🕅 🐶 P̱ 🚗 ᵥₑₐ ☺ ᓯ

via Cima Tosa 50 – ☎ 04 65 44 33 44
– www.hotelvidi.it – dicembre-aprile e luglio-settembre
26 cam ⌣ – †40/130 € ††70/240 € – ½ P 65/170 €
Rist – Carta 22/38 €

♦ In stile montano, camere funzionali e gradevoli zone comuni che invitano a socializzare. Angolo benessere e area riservata al divertimento dei bimbi. Il ristorante è una piacevole rivisitazione della classica stube.

🏨 Garni del Sogno   🛏 🖽 ⑰ 🖪 📳 ᇰ cam, 🕅 cam, ᵥₑₐ ☺ 🖭 ᓯ

via Spinale 37/bis – ☎ 04 65 44 10 33 – *www.garnidelsogno.it*
– dicembre-20 aprile e 27 giugno-20 settembre
18 cam ⌣ – †90/240 € ††130/270 € – 12 suites – ††270/580 € – ½ P 90/160 €
Rist – Carta 30/60 €

♦ Il sogno diventa realtà: a due passi dagli impianti di risalita, albergo in stile montano - sapientemente realizzato secondo i diktat della bioarchitettura - con ambienti signorili ed ampie camere. Al termine di una giornata attiva e dinamica, quanto di meglio che una sosta nel moderno ed attrezzato centro benessere?

🏠 Crozzon   ⇐ ⑰ 🖪 📳 🕅 rist, 🐶 P̱ ᵥₑₐ ☺ 🖭 ➀ ᓯ

viale Dolomiti di Brenta 96 – ☎ 04 65 44 22 22 – *www.hotelcrozzon.com*
– dicembre-aprile e giugno-settembre
34 cam ⌣ – †90/130 € ††140/200 € – 3 suites – ½ P 150 €
Rist – Carta 25/43 €

♦ Un albergo gradevole e accogliente, con arredi e rifiniture in legno, sulla strada principale della località. A disposizione degli ospiti anche un angolo benessere. Cucina del territorio proposta in una calda sala dalle pareti perlinate.

🏠 Garnì dei Fiori *senza rist* �   📳 🐶 P̱ ᵥₑₐ ☺ 🖭 ➀ ᓯ

via Vallesinella 18 – ☎ 04 65 44 23 10 – *www.garnideifiori.it – dicembre-20 aprile e 20 giugno-28 settembre*
10 cam ⌣ – †75/100 € ††90/140 € – 2 suites

♦ Non lontano dal centro, ma in posizione più tranquilla, una graziosa casa di montagna dagli interni impeccabili nella loro semplicità.

🏠 Dello Sportivo *senza rist*   🕅 🐶 P̱ 🚗 ᵥₑₐ ☺ ᓯ

via Pradalago 29 – ☎ 04 65 44 11 01 – *www.dellosportivo.com – dicembre-aprile e 26 giugno-settembre*
11 cam ⌣ – †45/75 € ††80/140 €

♦ Ambiente simpatico in un hotel dal confort essenziale e gestito con passione. Ben posizionata tra impianti di risalita e centro, vi consentirà piacevoli soggiorni.

🍴🍴🍴 Il Convivio – *Alpen Suite Hotel*   🕅 ᵥₑₐ ☺ 🖭 ➀ ᓯ

viale Dolomiti di Brenta 84 – ☎ 04 65 44 01 00 – *www.alpensuitehotel.it*
– dicembre-Pasqua e 25 giugno-15 settembre
Rist – Carta 38/61 €

♦ Nel cuore della località, il menu à la carte di questa moderna stube propone piatti tipici della tradizione locale e della migliore cucina italiana. In una regione che vanta buone etichette, la selezione enologica del Convivio ne è portavoce.

🍴🍴 Stube Hermitage – *Bio-Hotel Hermitage*   ⇐ 🕭 ᇰ 🕅 P̱ ᵥₑₐ ☺ 🖭 ᓯ
🐦

via Castelletto Inferiore 69, Sud : 1,5 km – ☎ 04 65 44 15 58
– www.stubehermitage.it – dicembre-marzo e luglio-15 settembre; chiuso lunedì
Rist – *(chiuso a mezzogiorno)* Carta 84/130 €
Spec. Fegato d'oca e mela renetta. Giostra di ravioli di mare in diverse sensazioni. Il "Signor" Kobe cotto a bassa temperatura nel fieno di montagna.

♦ Nell'elegante stube, i legni dell'800 avvolgono una cucina creativa e fantasiosa con prodotti ed ispirazioni da ogni parte del mondo.

🍴🍴 Da Alfiero   🕅 ⇄ ᵥₑₐ ☺ 🖭 ➀ ᓯ

via Vallesinella 5 – ☎ 04 65 44 01 17 – *www.hotellorenzetti.it – dicembre-aprile e luglio-settembre*
Rist – Carta 38/58 €

♦ Colori, decorazioni e travi a vista: Alfiero è una tappa per serate romantiche, alla quale un'ambiziosa cucina aggiunge emozioni gourmet di grande interesse.

XX **Il Gallo Cedrone** – Hotel Bertelli   🕭 🕭 VISA ⓒ AE ① 🕭
via Cima Tosa 80 – ☏ 04 65 44 10 13 – www.ilgallocedrone.it
– dicembre-14 aprile e 26 giugno-14 settembre
Rist *– (chiuso lunedì) (chiuso a mezzogiorno)* Carta 66/94 € ❀
♦ Un locale originale, con una curiosa sala che ricrea l'atmosfera di una tipica casa trentina, fatta di legno e pietra; anche la cucina vuole sorprendere con piatti creativi ed abbinamenti di vini a bicchiere. Per gli incondizionati del tabacco, è disponibile un'elegante sala fumatori.

a Campo Carlo Magno Nord : 2,5 km – alt. 1 682 m – ⊠ 38086 Madonna Di Campiglio

◉ Posizione pittoresca★★ – ❄★★ sul massiccio di Brenta dal colle del Grostè Sud-Est per funivia

🏠 **Casa del Campo**   ⟨ 🕭 🕭 cam, 🕭 cam, 🕭 P. 🕭 VISA ⓒ AE ① 🕭
via Pian dei Frari 3/5 – ☏ 04 65 44 31 30 – www.casadelcampo.it
– dicembre-maggio e luglio-15 ottobre
13 cam ⌐ – ♦96/150 € ♦♦160/240 € – 2 suites   **Rist** – Carta 33/56 €
♦ La cordiale gestione familiare e le spaziose camere arredate con buon gusto faranno dimenticare gli spazi comuni un po' ridotti della struttura. La vista, poi, è tra le più suggestive di Campiglio.

MADONNA DI SENALES = UNSERFRAU – Bolzano (BZ) – Vedere Senales

MAGENTA – Milano (MI) – **561** F8 – **23 520 ab. – alt. 138 m** – ⊠ 20013   **18** A2
▶ Roma 599 – Milano 26 – Novara 21 – Pavia 43

XXX **Trattoria alla Fontana**   AC 🕭 VISA ⓒ AE ① 🕭
via Petrarca 6 – ☏ 02 97 92 61 4 – www.trattoriaallafontana.it – chiuso dal 25 dicembre al 4 gennaio, dal 16 al 24 agosto, sabato a mezzogiorno, domenica
Rist *– (coperti limitati, prenotare)* Menu 30 € (pranzo)/60 € – Carta 45/71 €
♦ Cornice di sobria e classica eleganza, con qualche puntata nel design più moderno, e servizio curato per proposte legate alla stagioni, grande varietà di risotti.

MAGGIORE (Lago) – Vedere Lago Maggiore

MAGIONE – Perugia (PG) – **563** M18 – **14 587 ab. – alt. 299 m**   **32** B2
– ⊠ 06063
▶ Roma 193 – Perugia 20 – Arezzo 58 – Orvieto 87

🏠 **Bella Magione** senza rist 🕭   🕭 🕭 AC 🕭 P VISA ⓒ AE ① 🕭
viale Cavalieri di Malta 22 – ☏ 07 58 47 30 88 – www.bellamagione.it – chiuso gennaio e febbraio
5 cam ⌐ – ♦80/120 € ♦♦100/160 €
♦ Tra le colline che incorniciano il lago Trasimeno, una villa signorile apre le sue porte agli ospiti; ricchi tessuti e finiture di pregio, biblioteca, giardino con piscina.

X **Al Coccio**   🕭 AC VISA ⓒ AE ① 🕭
◎ *via del Quadrifoglio 12/a – ☏ 0 75 84 18 29 – www.alcoccio.it – chiuso dal 10 al 20 gennaio e lunedì*
Rist – Carta 25/33 €
♦ Ristorante dagli ambienti raccolti e accoglienti. Dalla cucina le proposte della tradizione umbra, ideale sia per palati vegetariani che per gli amanti di carni e formaggi.

MAGLIANO IN TOSCANA – Grosseto (GR) – **563** O15 – **3 753 ab.**   **29** C3
– alt. 128 m – ⊠ 58051 ▮ Toscana
▶ Roma 163 – Grosseto 28 – Civitavecchia 118 – Viterbo 106

XX **Antica Trattoria Aurora**   🕭 🕭 🕭 VISA ⓒ 🕭
via Lavagnini 12/14 – ☏ 05 64 59 27 74 – chiuso gennaio, febbraio, mercoledì
Rist – Carta 49/63 €
♦ Con una caratteristica (e più che fornita) cantina direttamente scavata nella roccia, questo ristorante entro le mura propone anche gradevoli cene estive in giardino.

MAGLIANO SABINA – Rieti (RI) – **563** O19 – 3 929 ab. – alt. 222 m   **12** B1
– ✉ 02046

▶ Roma 69 – Terni 42 – Perugia 113 – Rieti 54

XX   **Degli Angeli** con cam   ← 🈁 ⬛ ⛳ cam, ⚶ 🏠 🖭 ⅏ ⅋ 📶 𝐏 𝗩𝗜𝗦𝗔 ⦿ 𝖠𝖤 ⓞ ⛝
località Madonna degli Angeli, Nord: 3 km – ℰ 07 44 49 13 77
– www.hoteldegliangeli.it – chiuso 2 settimane in luglio, domenica sera e lunedì
8 cam ⌁ – ♦47/67 € ♦♦83 €   **Rist** – Carta 30/45 € (+10 %)
♦ Affacciata sulla valle del Tevere, una luminosa sala da pranzo nella quale dominano il color panna, dall'arredo ai tessuti, ed una cucina tipicamente locale. Ospitalità, discrezione e semplicità avvolgono l'hotel, in posizione ideale per un week-end lontano dai ritmi frenetici della città.

sulla strada statale 3 - via Flaminia Nord-Ovest : 3 km :

🏨   **La Pergola**   ⌁ 🈁 ⛳ 🖭 ⅏ ⅋ ⛰ 𝐏 𝗩𝗜𝗦𝗔 ⦿ 𝖠𝖤 ⓞ ⛝
via Flaminia km 63,900 ✉ 02046 – ℰ 07 44 91 98 41 – www.lapergola.it
23 cam ⌁ – ♦70 € ♦♦110 €
Rist La Pergola – vedere selezione ristoranti
♦ Letti in ferro battuto, archi di mattoni a vista, nonostante sia ubicato sulla via Flaminia, si ha la piacevole impressione di alloggiare in un relais di campagna.

XX   **La Pergola** – Hotel La Pergola   🈁 ⌁ 🖭 ⅋ 𝐏 𝗩𝗜𝗦𝗔 ⦿ 𝖠𝖤 ⓞ ⛝
via Flaminia km 63,900 ✉ 02046 – ℰ 07 44 91 98 41 – www.lapergola.it
Rist – (chiuso martedì) Carta 33/52 €
♦ Cucina laziale nelle due sale ricavate in un'antica stazione di posta: una rustica, dove si trovano due griglie per la cottura delle carni, ed una elegante, illuminata da grandi vetrate.

MAGLIE – Lecce (LE) – **564** G36 – 14 982 ab. – ✉ 73024   **27** D3
▶ Roma 617 – Bari 187 – Lecce 33

⌂   **Corte dei Francesi** senza rist   ← 🖭 𝗩𝗜𝗦𝗔 ⦿ ⛝
via Roma 172 – ℰ 08 36 42 42 82 – www.cortedeifrancesi.it
8 cam ⌁ – ♦90/120 € ♦♦120/170 € – 1 suite
♦ All'interno di un museo d'arte conciaria, la risorsa dispone di camere dai caratteristici muri in pietra piacevolmente arredate in vivaci colori e con pezzi d'artigianato.

MAGRÈ SULLA STRADA DEL VINO – Bolzano (BZ) – **562** D15   **31** D3
– 1 295 ab. – alt. 241 m – ✉ 39040
▶ Roma 632 – Trento 38 – Bolzano 31 – Venezia 205

X   **Vineria Paradeis**   🈁 🖭 𝐏 𝗩𝗜𝗦𝗔 ⦿ ⓞ ⛝
piazza Geltrude 10 – ℰ 04 71 80 95 80 – www.aloislageder.eu – chiuso gennaio
Rist – Carta 38/50 €
♦ All'interno di un antico palazzo di proprietà della cantina Alois Lageder, moderno bistrot - aperto dalle 10 alle 20 (il giovedì, fino alle 23) - dove gustare piatti stagionali, buon vino, nonché la bevanda preferita dagli italiani: sua maestà, il caffè.

MAIORI – Salerno (SA) – **564** E25 – 5 644 ab. – ✉ 84010   **6** B2
▮ Napoli e la Campania
▶ Roma 267 – Napoli 65 – Amalfi 5 – Salerno 20
𝐢 corso Reginna 73, ℰ 089 87 74 52, www.aziendaturismo-maiori.it
◉ S. Maria de Olearia★
◨ Capo d'Orso★ Sud-Est : 5 km

XX   **Torre Normanna**   ← ← 🈁 🖭 ⅋ 𝐏 𝗩𝗜𝗦𝗔 ⦿ 𝖠𝖤 ⓞ ⛝
via Diego Taiani 4 – ℰ 0 89 87 71 00 – www.torrenormanna.net – chiuso
3 settimane in gennaio, 3 settimane in novembre, lunedì in ottobre-aprile
Rist – Carta 95/135 €
♦ Lungo questa costa che tutto il mondo c'invidia, specialità a base di pesce fresco e vista "ravvicinata" sul mare, in un delizioso locale all'interno dell'antica torre.

609

sulla costiera amalfitana Sud-Est : 4,5 km

XXX **Il Faro di Capo d'Orso** (Pierfranco Ferrara) ≤ 🜂 🜂 **P**

🕸 *via Diego Taiani 48 – ℰ 0 89 87 70 22* 🅥🅘🅢🅐 ⊛ 🜂 ① ઙ
– www.ilfarodicapodorso.it – chiuso dal 3 novembre al 25 gennaio e martedì; anche mercoledì dal 25 gennaio a marzo
Rist – Menu 65/130 € – Carta 54/99 € 🎄

Spec. Totano grigliato farcito con mozzarella, carpaccio di pomodoro e basilico. Spaghettoni al ragù di totano nero e fagiolini, mandorle tostate e limone d'Amalfi. Pesce bandiera, fior di latte, zucchine ed i suoi fiori fritti, salsa al basilico e ricotta.
♦ Arrampicato su un promontorio, la sala offre uno strepitoso panorama della costiera amalfitana. Lo stupore continua nel piatto con una cucina mediterranea e dai sapori campani, non priva di fantasia.

MALALBERGO – Bologna (BO) – **562** I16 – 8 732 ab. – alt. 12 m   9 C2
– ✉ 40051

◧ Roma 403 – Bologna 33 – Ferrara 12 – Ravenna 84

XX **Rimondi** 🜂 ⇄ 🅥🅘🅢🅐 ⊛ ઙ
via Nazionale 376 – ℰ 0 51 87 20 12 – chiuso dal 15 al 28 febbraio, dal 15 al 30 giugno, domenica sera e lunedì
Rist – *(chiuso a mezzogiorno escluso i giorni festivi)* Carta 38/56 €
♦ In centro paese, si entra in quella che pare una casa privata, per arredi e atmosfera, con due sale riscaldate da altrettanti camini. Il ristorante si è fatto un nome per la cucina di pesce che, nei classici piatti nazionali, esaurisce il menu, ma lo chef-cacciatore prepara anche selvaggina di valle (su prenotazione).

ad Altedo Sud : 5 km – ✉ 40051

⌂ **Agriturismo Il Cucco** 🜂 🜂 🜂 🜂 ♿ 🅐 🅘 🜂 **P** 🅥🅘🅢🅐 ⊛ ઙ
via Nazionale 83 – ℰ 05 16 60 11 24 – www.ilcucco.it – chiuso agosto
11 cam ⌑ – ✝58/105 € ✝✝78/120 € – ½ P 55/76 €
Rist *Il Cucco* – vedere selezione ristoranti
♦ Un centinaio di metri di strada sterrata e giungerete in un casolare, con orto e pollame, che offre stanze arredate con bei mobili e antiquariato.

X **Il Cucco** – Agriturismo Il Cucco 🜂 🜂 ♿ 🅐 🅘 ⇄ 🅥🅘🅢🅐 ⊛ ઙ
🕸 *via Nazionale 83 – ℰ 05 16 60 11 24 – www.ilcucco.it – chiuso agosto*
Rist – *(chiuso a mezzogiorno escluso domenica e festivi)* (prenotazione obbligatoria) Carta 17/38 €
♦ Nella città dell'asparago, questo è solo uno dei prodotti che troverete al Cucco, da sempre impegnato a garantire non solo la bontà, ma anche la derivazione biologica di parte degli ingredienti utilizzati in cucina. E per finire, i biscotti del re, creati in occasione della visita di Vittorio Emanuele III ed insaporiti con mandorle, anice e cedro.

MALBORGHETTO – Udine (UD) – **562** C22 – 984 ab. – alt. 721 m   11 C1
– ✉ 33010

◧ Roma 710 – Udine 82 – Tarvisio 12 – Tolmezzo 50

a Valbruna Est : 6 km – ✉ 33010

XX **Renzo** con cam 🜂 🜂 ♿ 🅐 cam, **P** ⊛ 🜂 🜂 ① ઙ
via Saisera 11/13 – ℰ 0 42 86 01 23 – www.hotelrenzo.com
8 cam ⌑ – ✝45/55 € ✝✝80/100 € – ½ P 50/60 €
Rist – *(chiuso dal 15 al 30 giugno e lunedì)* Carta 25/49 €
♦ Una buona occasione per gustare la tranquillità e il relax della verdeggiante valle nella quale si trova il ristorante. Sulla tavola arrivano invece i sapori di una cucina mediterranea di pesce e di carne. Spaziose le camere dall'arredamento semplice, ma sempre ben tenute.

MALCESINE – Verona (VR) – **562** E14 – 3 715 ab. – alt. 89 m – Sport   35 A2
invernali : 1 400/1 850 m ≼ 1 ≼ 4 – ✉ 37018 ▯ Italia

◧ Roma 556 – Trento 53 – Brescia 92 – Mantova 93

ℹ via Gardesana 238, ℰ 045 7 40 00 44, www.malcesinepiu.it

◉ ❊ ★★★ dal monte Baldo E : 15 mn di funivia – Castello Scaligero★

Bellevue San Lorenzo ⟨ 🚗 ⌕ 🏠 ⌕ 🎧 🌫 ⚠ 🍴 🚗 🚾 ⚙ ᵹ
via Gardesana 164, Sud: 1,5 km – ℰ 04 57 40 15 98 – *www.bellevue-sanlorenzo.it*
– aprile-25 ottobre
50 cam 🖵 – ♦103/133 € – ♦♦164/204 € – ½ P 112/134 €
Rist – *(chiuso a mezzogiorno escluso giugno-settembre) (solo per alloggiati)*
♦ E' il giardino la punta di diamante di questa villa d'epoca: dotato di piscina e con un'incantevole vista panoramica del lago, congiunge i diversi edifici della struttura. Tutte le camere sono state modernamente rinnovate e da molte si scorge il Garda.

 Maximilian ⧖ ⟨ 🚗 ⌕ 🖵 ⓦ 🏠 ⌕ 🎧 🌫 ⚠ ⚙ ⓦ ⚙ 🏤 🚗
località Val di Sogno 8, Sud: 2 km – ℰ 04 57 40 03 17 🚾 ⚙ 🄰🄴 ᵹ
– www.hotelmaximilian.com – Pasqua-ottobre
40 cam – ♦♦140/270 €, 🖵 15 € – ½ P 110/170 €
Rist – *(chiuso a mezzogiorno) (solo per alloggiati)*
♦ Un giardino-uliveto in riva al lago ed un piccolo ma completo centro benessere con vista panoramica caratterizzano questo hotel dalla gestione diretta sempre attenta alla cura dei servizi.

 Park Hotel Querceto ⧖ ⟨ 🚗 🌫 ⌕ 🏠 ⌕ 🄰🄲 ⚙ ⚙ ⓦ 🄿
via Panoramica 113, Est : 5 km, alt. 378 – ℰ 04 57 40 03 44 🚾 ⚙ 🄰🄴 ᵹ
– www.parkhotelquerceto.com – maggio-8 ottobre
22 cam 🖵 – ♦100/130 € ♦♦140/180 € – ½ P 105 €
Rist – Menu 30 €
♦ In posizione elevata, assai fuori dal paese e quindi tranquillissimo. Contraddistinguono gli arredi interni pietra, legno e un fine gusto per le cose semplici. I sapori della tadizione altoatesina avvolti dal calore di una romantica stube.

 Val di Sogno ⧖ ⟨ 🚗 🌫 ⌕ 🏠 🎧 🌫 ⚙ ⚙ ⚙ 🄰🄲 ⚙ ⚙ ⚙ 🄿 🚗
via Val di Sogno 16, Sud: 2 km – ℰ 04 57 40 01 08 🚾 ⚙ ᵹ
– www.hotelvaldisogno.com – 21 marzo-23 ottobre
35 cam 🖵 – ♦125/230 € ♦♦150/310 € – 1 suite – ½ P 100/170 €
Rist – *(8 aprile-10 ottobre, chiuso martedì)* Carta 27/58 €
♦ Il giardino con piscina in riva al lago, testimonia della magnifica posizione in cui l'hotel si trova. Bella zona comune, organizzato centro benessere e servizio di alto livello. Cucina italiana nella luminosa e confortevole sala da pranzo.

 Meridiana senza rist 🚗 🏠 🎧 ⚙ ⚙ 🄰🄲 ⚙ ⚙ 🄿 🚾 ⚙ ᵹ
via Navene Vecchia 39 – ℰ 04 57 40 03 42 – *www.hotelmeridiana.it*
– 30 marzo-28 ottobre
23 cam 🖵 – ♦85/135 € ♦♦95/150 €
♦ Vicino alla funivia del monte Baldo, struttura dalla gestione al femminile rinnovata secondo i canoni moderni del design e del confort, ospita sovente clientela internazionale. Bonus: la saletta per massaggi.

Alpi ⧖ 🚗 ⌕ 🏠 🎧 🄰🄲 ⚙ ⚙ cam, 🄿 🚾 ⚙ ᵹ
🐾 *via Gardesana 256, località Campogrande –* ℰ 04 57 40 07 17
– www.alpihotel.info – 28 dicembre-20 gennaio e 25 marzo-5 novembre
45 cam – ♦50/80 € ♦♦60/100 €, 🖵 10 € – ½ P 62/70 €
Rist – Carta 21/25 €
♦ A monte della statale gardesana, le camere più recenti di questo silenzioso hotel si trovano in posizione panoramica e dispongono di una bella terrazza. Piscina in giardino. Nella bella stagione si pranza anche nella terrazza all'aperto.

Erika senza rist 🚗 ⚙ ⚙ ⓦ 🚗
via Campogrande 8 – ℰ 04 57 40 04 51 – *www.erikahotel.net – aprile-1°novembre*
14 cam 🖵 – ♦50/70 € ♦♦100/134 €
♦ Piccolo e tranquillo albergo familiare in prossimità del centro storico, dispone di accoglienti camere recentemente rinnovate e di una raccolta ma graziosa sala colazioni.

XX **Vecchia Malcesine** (Leandro Luppi) ← 🚗 🏫 ⌁ ⇕ 𝗩𝗜𝗦𝗔 ⊙⊙ 𝗔𝗘 ⊙ 🖑

via Pisort 6 – ℰ 04 57 40 04 69 – www.vecchiamalcesine.com – chiuso
novembre, dal 25 gennaio al 10 marzo e mercoledì
Rist – Menu 30 € (pranzo)/60 € – Carta 72/92 €
Spec. Tartara di trota con frittata cremosa. Gnocchi rosolati con burrata e lavarello. Club sandwich di lago.
♦ Due passi a piedi e poi - superato il giardino - si entra nel locale colorato e
panoramico, dove lo chef-patron reinterpreta con fantasiosa leggerezza, le tradizioni del territorio e il pesce di lago.

sulla strada statale 249 Nord : 3,5 km

🏠 **Piccolo Hotel** ← 🔥 ⌁ 📶 ⚎ 🚼 🐾 𝗥 rist, 🛜 𝗣 𝗩𝗜𝗦𝗔 ⊙⊙ 🖑

via Molini di Martora 28 ⊠ 37018 – ℰ 04 57 40 02 64 – www.navene.com
– marzo-9 novembre
25 cam 🖵 – ✝42/58 € ✝✝64/70 € – 4 suites – ½ P 42/45 € **Rist** – Menu 19 €
♦ Attenzioni particolari per i surfisti, in questo piccolo hotel fuori dal centro della
località (sulla litoranea): camere semplici negli arredi, ma spaziose, quasi tutte con
vista lago. Al ristorante, menu fisso e splendida finestra panoramica.

MALÉ – Trento (TN) – **562** C14 – 2 138 ab. – alt. 738 m – Sport   30 B2
invernali : 1 400/2 200 m ⛄5 ⛷19 (Comprensorio sciistico Folgarida-Marilleva) 🎿
– ⊠ 38027

▶ Roma 641 – Bolzano 65 – Passo di Gavia 58 – Milano 236
🗓 piazza Regina Elena, ℰ 0463 90 08 62, www.valdisole.net

XX **Conte Ramponi** ⇕ 𝗩𝗜𝗦𝗔 ⊙⊙ 𝗔𝗘 🖑

piazza San Marco 38, località Magras, Nord-Est : 1 km – ℰ 04 63 90 19 89
– www.conteramponi.com – chiuso dal 1° al 20 giugno, dal 1° al 20 ottobre e
lunedì escluso dicembre ed agosto
Rist – Carta 29/61 €
♦ In un palazzo del '500 dalle aristocratiche ascendenze, tre salette ricche di storia - tra stucchi e parquet d'epoca - ospitano una gustosa cucina trentina, in prevalenza di carne.

MALEO – Lodi (LO) – **561** G11 – 3 294 ab. – alt. 58 m – ⊠ 26847   16 B3
▶ Roma 527 – Piacenza 19 – Cremona 23 – Milano 60

XX **Leon d'Oro** 𝗔𝗖 🐾 ⇕ 𝗩𝗜𝗦𝗔 ⊙⊙ 𝗔𝗘 ⊙ 🖑

via Dante 69 – ℰ 0 37 75 81 49 – www.leondoromaleo.com – chiuso dal
1° al 5 gennaio, dal 13 agosto al 1° settembre, mercoledì, sabato a mezzogiorno
Rist – Menu 35/65 € – Carta 44/64 € 🏵
♦ Prodotti scelti con cura garantiscono una cucina del territorio interpretata con
abilità dallo chef; un piccolo ingresso immette in tre salette eleganti in un piacevole stile rustico.

XX **Albergo Del Sole** con cam 🚗 🏫 🛜 𝗣 𝗩𝗜𝗦𝗔 ⊙⊙ 𝗔𝗘 🖑

via Monsignor Trabattoni 22 – ℰ 0 37 75 81 42 – www.ilsolemaleo.it – chiuso
gennaio ed agosto
3 cam – ✝70 € ✝✝120 €, 🖵 12 €
Rist – (chiuso domenica sera, lunedì) Carta 35/67 €
♦ Locanda di antica tradizione affacciata su un cortile interno, ricco di un pittoresco giardino. Nella bella stagione vale la pena di approfittare del servizio all'aperto.

MALESCO – Verbano-Cusio-Ossola (VB) – **561** D7 – 1 445 ab.   23 C1
– alt. 761 m – Sport invernali : a Piana di Vigezzo : 800/2 064 ⛄1 ⛷4, 🎿
– ⊠ 28854

▶ Roma 718 – Stresa 53 – Domodossola 20 – Locarno 29
🗓 via Ospedale 1, ℰ 0324 92 99 01, www.distrettolaghi.it

✕ Ramo Verde   *VISA* ◍ ⬥

via Conte Mellerio 5 – 𝒞 0 32 49 50 12 – chiuso novembre e mercoledì (escluso da giugno a settembre)

Rist – Menu 15 € (pranzo)/25 € – Carta 21/37 €

♦ Nell'incantevole scenario della Valle Vigezzo, talmente bella da essere stata ribattezzata Valle dei Pittori, una cucina d'impronta casalinga che non disdegna i prodotti del mare.

MALGRATE – Lecco (LC) – **561** E10 – 4 284 ab. – alt. 231 m – ⊠ 23864   **18** B1

▶ Roma 623 – Como 27 – Bellagio 20 – Lecco 2

⌂⌂⌂ Il Griso   ⤆ 📶 & 🅐🅚 ✗ ⁽ᵖ⁾ 🛁 **P** *VISA* ◍ AE ⓞ ⬥

via Provinciale 51 – 𝒞 0 34 12 39 81 – www.griso.info

43 cam – ♦80/200 € ♦♦120/220 €, ☲ 15 € – ½ P 140 €

Rist *Terrazza Manzoni* – vedere selezione ristoranti

♦ Affacciata sul celebre lago quest'affascinante architettura segue il profilo della costa: le camere di conseguenze beneficiano tutte di un'impareggiabile vista sulla natura circostante, oltre ad essere ampie ed accoglienti.

✕✕✕ Terrazza Manzoni – Hotel Il Griso   & 🅐🅚 **P** *VISA* ◍ AE ⬥

via Provinciale 51 – 𝒞 0 34 12 39 87 21 – www.griso.info

Rist – *(chiuso lunedì)* Carta 50/78 €

♦ Eleganza, cucina e panorama: qui tutto congiura per un pasto da favola. All'ultimo piano dell'albergo Il Griso, la città di Lecco e il lago sembrano un quadro incorniciato dalle vetrate della sala (abbiate cura, alla prenotazione, di riservare un tavolo con vista). Nei piatti, una cucina brillante, alleggerita ed originale.

MALLES VENOSTA (MALS) – Bolzano (BZ) – **562** B13 – 5 050 ab.   **30** A2
– alt. 1 051 m – Sport invernali : 1 750/2 500 m ≼3, 𝒳 – ⊠ 39024

▶ Roma 721 – Sondrio 121 – Bolzano 84 – Bormio 57

🛈 via San Benedetto 1, 𝒞 0473 83 11 90, www.cultura.bz.it

⌂ Greif   🏠 📶 & cam, **P** *VISA* ◍ AE ⓞ ⬥

via Verdross 40/A – 𝒞 04 73 83 11 89 – www.hotel-greif.com

12 cam ☲ – ♦50/80 € ♦♦100/160 €   **Rist** – Carta 32/56 €

♦ Hotel centralissimo, dal buon confort generale, che oltre al pregevole ristorante con interessante linea gastronomica offre ai propri clienti uno spazio bistrot e l'enoteca.

a Burgusio (Burgeis)Nord : 3 km – alt. 1 215 m – ⊠ 39024 Malles Venosta

🛈 frazione Burgusio 77, 𝒞 0473 83 14 22, www.vinschgau-suedtirol.info

⌂⌂ Weisses Kreuz ⬙   ⤆ ☲ 🔲 ◍ 🏠 📶 ✗ rist, 🚗 *VISA* ◍ ⬥

– 𝒞 04 73 83 13 07 – www.weisseskreuz.it – 20 dicembre-Pasqua e
15 maggio-2 novembre

22 cam ☲ – ♦78/99 € ♦♦118/154 € – 6 suites – ½ P 105 €

Rist – *(chiuso giovedì)* Menu 33 €

♦ Per un piacevole soggiorno, un hotel di tradizione recentemente rimodernato con particolari attenzioni alla zona relax. Bella terrazza baciata dal sole. Ampia e luminosa sala ristorante.

⌂⌂ Plavina ⬙   ⤆ 🚗 🔲 📶 🛁 📶 ♨ ✗ rist, ⁽ᵖ⁾ **P** *VISA* ◍ ⬥

*piazza Centrale 81 – 𝒞 04 73 83 12 23 – www.mohren-plavina.com – chiuso
dal 7 novembre al 25 dicembre e dal 7 al 28 gennaio*

45 cam ☲ – ♦50/90 € ♦♦50/110 € – ½ P 60/65 €

Rist *Al Moro-Zum Mohren* – *(chiuso martedì, mercoledì a mezzogiorno)*
Carta 30/43 €

♦ Ideale punto di appoggio per chi ama le montagne, l'hotel dispone di ampie camere in stile altoatesino e una zona benessere con saune ed idromassaggio. Per i pasti, è possibile rivolgersi al vicino ristorante Al Moro.

MALNATE – Varese (VA) – **561** E8 – **16 500 ab.** – alt. 355 m – ⊠ 21046   **18** A1
▶ Roma 618 – Como 21 – Lugano 32 – Milano 50

XX **Crotto Valtellina**   ⌂ 🗚 ⅍ ✥ **P** 𝚟𝚜𝚊 ⓿ 🅰🅴 ⓿ ⅙
via Fiume 11, località Valle – ℰ 03 32 42 72 58 – www.crottovaltellina.it – chiuso
martedì, mercoledì a mezzogiorno
Rist – Carta 37/69 € ❀

♦ All'ingresso la zona bar-cantina, a seguire la sala rustica ed elegante nel contempo. Cucina di rigida osservanza valtellinese e servizio estivo a ridosso della
roccia.

MALO – Vicenza (VI) – **562** F16 – **14 510 ab.** – alt. 116 m – ⊠ 36034   **37** A1
▶ Roma 561 – Verona 73 – Padova 59 – Venezia 93

XXX **La Favellina**   ⌂ ⅍ **P** 𝚟𝚜𝚊 ⓿
via Cosari 4/6, località San Tomio , Sud: 2,5 km – ℰ 04 45 60 51 51 – chiuso
lunedì, martedì
Rist – (chiuso a mezzogiorno escluso domenica) Carta 31/53 €

♦ La signora Gianello, innamoratasi di questo delizioso borgo di fine '800, acquistò
un locale e lo ristrutturò con gusto femminile e raffinato. Lei ai fornelli ed il figlio
ad occuparsi della sala, La Favellina ha saputo crearsi una propria fama in zona,
grazie alla sua cucina di stampo moderno e all'accurata selezione di materie prime.

MALOSCO – Trento (TN) – **562** C15 – **428 ab.** – alt. 1 041 m – ⊠ 38013   **30** B2
▶ Roma 638 – Bolzano 33 – Merano 40 – Milano 295

🏠🏠 **Bel Soggiorno** ⅏   ≼ 🚗 ⅍ 🗐 & rist, ⅍ rist, ⅏ **P** 𝚟𝚜𝚊 ⓿ 🅰🅴 ⓿ ⅙
⊛ via Miravalle 7 – ℰ 04 63 83 12 05 – www.h-belsoggiorno.com – chiuso novembre
39 cam ⌑ – †40/50 € ††64/72 € – ½ P 50 €
Rist – (chiuso lunedì) Menu 16 €

♦ In posizione rilassante, circondato da un giardino soleggiato, l'albergo offre
camere in stile rustico, sale da lettura e una piccola area benessere. Al ristorante,
la classica cucina trentina.

MALS = Malles Venosta

MANAROLA – La Spezia (SP) – **561** J11 – ⊠ 19017 ▮ Liguria   **15** D2
▶ Roma 434 – La Spezia 14 – Genova 119 – Milano 236
◉ Via dell'Amore★★: conduce in circa 30 min a Riomaggiore
◖ Regione delle Cinque Terre★★ Nord-Ovest e Sud-Est per ferrovia

🏠 **Ca' d'Andrean** senza rist ⅏   🚗 🗚 ⅍ 📶
via Discovolo 101 – ℰ 01 87 92 00 40 – www.cadandrean.it – chiuso
dall'11 novembre al 25 dicembre
10 cam – †55/73 € ††70/102 €, ⌑ 6 €

♦ Nel centro pedonale del grazioso borgo, alberghetto a gestione familiare
dotato anche di un piccolo giardino, dove nella bella stagione viene servita la
prima colazione. Risorsa semplice, ma assolutamente valida.

🏠 **La Torretta** senza rist ⅏   ≼ 🗚 ⅍ 𝚟𝚜𝚊 ⓿ 🅰🅴 ⓿ ⅙
Vico Volto 20 – ℰ 01 87 92 03 27 – www.torrettas.com
– chiuso dicembre-febbraio
9 cam ⌑ – †70/200 € ††125/200 € – 5 suites

♦ Tra i romantici color pastello delle tipiche case della zona, un piacevole bed &
breakfast con camere personalizzate: una con vasca cromoterapia, un'altra dal
design moderno. Da tutte l'incanto del mare, così come dalla piccola terrazza
per la prima colazione.

X **Marina Piccola** con cam   ≼ ⌂ 🗚 ⅍ cam, 📶 𝚟𝚜𝚊 ⓿ 🅰🅴 ⓿ ⅙
via lo Scalo 16 – ℰ 01 87 92 09 23 – www.ristorantemarinapiccola.it – chiuso
novembre e martedì
13 cam – †77/90 € ††95/105 €, ⌑ 10 € – ½ P 95 €   **Rist** – Carta 23/57 €

♦ Ristorante con gradevole servizio all'aperto in riva al mare, per apprezzare lo spirito delle Cinque Terre, passando dalla tavola. In cucina dominano i prodotti ittici.

a Volastra Nord-Ovest : 7 km – ⊠ 19017 Manarola

🏠 **Il Saraceno** senza rist ॐ   ⚠ 📶 ⟨ 📶 ⑳ 📧 ⑤ ⑤
– ⓒ 01 87 76 00 81 – www.thesaraceno.com – chiuso dal 7 gennaio al 12 febbraio
7 cam ⊡ – ♦♦72/100 €
♦ Il verde e la quiete regnano sovrani in questa confortevole struttura dagli spazi comuni lineari e dalle ampie camere di moderna essenzialità. Piacevole solarium per una sosta *en plein air.*

MANCIANO – Grosseto (GR) – **563** O16 – 7 626 ab. – alt. 444 m   **29** C3
– ⊠ 58014

🔼 Roma 141 – Grosseto 61 – Orvieto 65 – Viterbo 69

✗✗ **La Filanda**   ⓖ 🔟 ⚠ 📶 ⑳ 📧 ⑤ ⑤
via Marsala 8 – ⓒ 05 64 62 51 56 – www.lafilanda.biz – chiuso martedì
Rist – (chiuso a mezzogiorno escluso venerdì, sabato e domenica) (consigliata la prenotazione) Carta 44/82 €
♦ Al primo piano di un bell'edificio del centro, ambienti eleganti e sapori della Maremma alleggeriti: pasta fatta in casa, tanta carne, pecorini, verdure di stagione ed ottimi vini. Insomma, i presupposti per passare una bella serata ci sono tutti!

sulla strada statale 74-Marsiliana Ovest : 15 km

🏠 **Agriturismo Galeazzi** senza rist ॐ   ⟨ 🚗 🔟 📶 🅿
località Marsiliana 250 ⊠ 58010 Manciano – ⓒ 05 64 60 50 17
– www.agriturismogaleazzi.com
9 cam ⊡ – ♦45/60 € ♦♦55/70 €
♦ A mezza strada tra il mare e le terme di Saturnia, un agriturismo semplicissimo, ma ben tenuto, con laghetto per la pesca sportiva e tiro con l'arco. Ideale per una vacanza nella campagna toscana!

MANDELLO DEL LARIO – Lecco (LC) – **561** E9 – 10 611 ab.   **16** B2
– alt. 214 m – ⊠ 23826

🔼 Roma 631 – Como 40 – Bergamo 44 – Milano 67
ℹ️ via Manzoni 57, ⓒ 0341 73 29 12, www.prolocomandello.it

a Olcio Nord : 2 km – ⊠ 23826 Mandello Del Lario

✗✗ **Ricciolo**   📶 ⚠ 🅿 📶 ⑳ 📧 ⑤ ⑤
via Provinciale 165 – ⓒ 03 41 73 25 46 – www.ristorantericciolo.com – chiuso dicembre e gennaio, domenica sera, lunedì (escluso giugno-agosto)
Rist – Carta 34/65 €
♦ Pochi coperti in questo gradevole ristorante familiare, che propone solo ed esclusivamente piatti a base di pesce d'acqua dolce. Servizio estivo all'aperto, in riva al lago.

MANERBA DEL GARDA – Brescia (BS) – **561** F13 – 3 378 ab.   **17** D1
– alt. 132 m – ⊠ 25080

🔼 Roma 541 – Brescia 32 – Mantova 80 – Milano 131

✗✗✗ **Capriccio** (Giuliana Germiniasi)   ⟨ 🏠 🔟 🅿 📶 ⑳ 📧 ⑤
🐝 piazza San Bernardo 6, località Montinelle – ⓒ 03 65 55 11 24
– www.ristorantecapriccio.it – chiuso gennaio, febbraio e martedì
Rist – Menu 79 € – Carta 74/104 € 🕸
Spec. Variazione di scampi e gamberi, cotti e crudi. Tagliatella farcita con acciughe, finocchietto, pinoli, anacardi, pomodorini, su crema di finocchi. Crema di cioccolato fondente, cioccolato bianco e gelatina di Barolo chinato.
♦ Raffinato e spazioso ristorante, la cucina propone versioni moderne dei classici italiani con particolare cura nelle presentazioni. Apoteosi nei dolci, irrinunciabili.

✗ **Il Gusto**   🏠 🔟 🅿 📶 ⑳ ⑤
piazza San Bernardo località Montinelle – ⓒ 03 65 55 02 97
– www.ristorantecapriccio.it – chiuso gennaio, febbraio, martedì
Rist – (prenotazione obbligatoria a mezzogiorno) Carta 25/33 €
♦ Su una piazzetta con tanto di belvedere sul lago, una sala semplice e disimpeganta per piatti classici e sfiziosi: particolare attenzione è riservata ai vini.

MANFREDONIA – Foggia (FG) – **564** C29 – **57 294 ab.** – ⊠ **71043**   **26** B1

▌ Puglia

▶ Roma 411 – Foggia 44 – Bari 119 – Pescara 211

🔢 piazza della Libertà 1, *𝒞* 0884 58 19 98, www.pugliaturismo.com

◎ Stele dàune★ nel Museo archeologico nazionale del Gargano

◐ Chiesa di S. Leonardo di Siponto: 10 km sud – Isole Tremiti★ (in battello):
    ≤★★★ sul litorale - Chiesa di Santa Maria di Siponto★: 3 km sud

⌂⌂⌂   **Regio Hotel Manfredi**   🚗 ☒ 🏷 ☼ 🍴 🛋 🔕 ☒ ⚐ rist, 🗚 ☒ rist, ☂ ✂
strada statale per San Giovanni Rotondo al km 12,   🅿 🆅🅸🆂🅰 ⓒⓒ 🅰🅴 ⓪ 💲
Ovest : 2 km – 𝒞 08 84 53 01 22 – www.regiohotel.it
100 cam ☐ – ♦59/239 € ♦♦59/259 € – ½ P 49/149 €
Rist *Dama Bianca* – vedere selezione ristoranti
Rist – *(solo per alloggiati)*
♦ Poco lontano dal centro, ma già immersa tra grandi spazi verdi, struttura di taglio decisamente moderno dotata di un centro congressuale attrezzato e di uno spazio benessere aperto nel 2008.

✕✕✕   **Dama Bianca** – Regio Hotel Manfredi   🚗 ☒ 🔕 🗚 ☼ 🅿 🆅🅸🆂🅰 ⓒⓒ 🅰🅴 ⓪
strada statale per San Giovanni Rotondo al km 12, Ovest : 2 km
– 𝒞 08 84 53 01 22
Rist – Carta 26/48 €
♦ Una passeggiata gastronomica nei classici italiani, ma con molti riferimenti al territorio, cui si accosta - quasi con arte - una bella cantina. A rallegrare l'ambiente, i colorati dipinti di Keith Haring alle pareti.

✕   **Coppola Rossa**   🔕 🗚 🆅🅸🆂🅰 ⓒⓒ ⓪ 💲
via dei Celestini 13 – 𝒞 08 84 58 25 22 – www.coppolarossa.com
– chiuso dal 6 al 15 gennaio, dal 29 giugno al 5 luglio, domenica sera, lunedì
Rist – Carta 25/42 €
♦ Diventato oramai un'istituzione in paese, Coppola Rossa è il soprannome di questo simpatico chef, che insieme a moglie e figlio propone il prodotto principe di Manfredonia: il pesce. Buffet di antipasti e frutti di mare sono un must!

MANGO – Cuneo (CN) – **561** H6 – **1 338 ab.** – alt. 521 m – ⊠ **12056**   **25** C2

▶ Roma 612 – Cuneo 79 – Torino 91 – Genova 112

⌂   **Villa Althea** senza rist ⌁   ≤ 🚗 ☒ 🔕 🛋 🎿 ✂ 🍴 🆅🅸🆂🅰
località Luigi 18, Nord-Ovest : 1 km – 𝒞 33 55 29 55 08 – www.villaalthea.it
– chiuso da gennaio al 15 marzo
6 cam ☐ – ♦100/120 € ♦♦120/150 € – 1 suite
♦ Atmosfera allo stesso tempo familiare e raffinata, in una graziosa struttura riscaldata da sorprendenti accostamenti di colore. Per i vostri momenti ludici: una sala biliardo e un'enorme scacchiera all'aperto, avvolta dalla tranquillità delle colline.

MANIAGO – Pordenone (PN) – **562** D20 – **11 927 ab.** – alt. 283 m   **10** A2
– ⊠ **33085**

▶ Roma 636 – Udine 51 – Pordenone 27 – Venezia 124

⌂⌂   **Eurohotel Palace Maniago**   🎜 🔕 🖅 🍴 cam, 🗚 ☂ ✂ 🅿 🏡
viale della Vittoria 3 – 𝒞 0 42 77 14 32   🆅🅸🆂🅰 ⓒⓒ 🅰🅴 ⓪ 💲
– www.eurohotelfriuli.it – chiuso dal 1° al 10 gennaio e dal 10 al 20 agosto
38 cam ☐ – ♦85 € ♦♦137 € – 1 suite – ½ P 96 €
Rist – *(chiuso domenica sera, lunedì a mezzogiorno)* Carta 32/59 €
♦ Con un parco secolare alle spalle, hotel dagli spaziosi e confortevoli ambienti, arredati secondo i dettami dello stile minimalista attualmente in voga. Eleganza e soluzioni moderne anche per la sala da pranzo, dove gustare specialità di pesce.

MANTELLO – Sondrio (SO) – 353 R7 – 751 ab. – alt. 211 m – ⊠ 23016　16 B1
▶ Roma 686 – Milano 110 – Sondrio 34

⌂　**La Fiorida**　🚗 �)) 🖵 ⊛ 🏊 ⅃₄ 🏋 🌡 🛗 ⅍ ⅍ 🅿 🆚 🚥 📶 ⊙ ⅍
　via Lungo Adda 12 – ℰ 03 42 68 08 46 – www.lafiorida.com
　9 cam �byⁱ – †65/130 € ††165/173 € – 20 suites – 199/215 € ½ P 115/119 €
　Rist – Menu 45 € bc

　♦ Camere in frassino e pietra, sobriamente eleganti, per una moderna struttura
　dedicata agli amanti del benessere e della buona cucina. Al ristorante, quattro
　sale ciascuna dedicata ad una stagione, ma con un unico denominatore: la ricerca
　dei prodotti a km 0, spesso di produzione propria.

MANTOVA 🅿 (MN) – 561 G14 – 48 324 ab. – alt. 19 m – ⊠ 46100　17 C3
▌ Italia
▶ Roma 469 – Verona 42 – Brescia 66 – Ferrara 89
🚺 piazza Andrea Mantegna 6, ℰ 0376 43 24 32, www.turismo.mantova.it
🔵 Palazzo Ducale★★★ BY – Piazza Sordello★ BY 21 – Piazza delle Erbe★ : Rotonda
di San Lorenzo★ BZ B – Basilica di Sant'Andrea★ BYZ – Palazzo Te★★ AZ
🔴 Sabbioneta★ Sud-Ovest : 33 km

Pianta pagina seguente

🏨　**Casa Poli** senza rist　🖢 ⅍ 🅰 ⅍ ⁽⁾) 🛄 🚗 🆚 🚥 📶 ⊙ ⅍
　corso Garibaldi 32 – ℰ 03 76 28 81 70 – www.hotelcasapoli.it　　　　　BZ**b**
　34 cam – †95/135 € ††115/220 €, ⊔ 10 €

　♦ Bella novità nel panorama alberghiero cittadino: struttura dal confort moderno
　e omogeneo, con camere diverse per disposizione ma identiche per stile e servizi.

🏨　**La Favorita**　⅃₄ 🖢 ⅍ 🅰 ⅍ ⁽⁾) 🌡 🅿 🚗 🆚 🚥 📶 ⊙ ⅍
　via S. Cognetti De Martiis 1, 2 km per ② – ℰ 03 76 25 47 11
　– www.hotellafavorita.it
　93 cam ⊔ – †72/109 € ††79/190 € – 12 suites – ½ P 65/110 €
　Rist La Favorita – vedere selezione ristoranti

　♦ In posizione decentrata, all'interno di una zona commerciale di uffici, questa
　struttura di dimensioni ragguardevoli sfoggia un look decisamente moderno.
　Camere confortevoli ed accoglienti.

XXX　**Aquila Nigra** (Vera Caffini)　🅰 ⇄ 🆚 🚥 ⊙ ⅍
⊜　vicolo Bonacolsi 4 – ℰ 03 76 32 71 80 – www.aquilanigra.it – chiuso 1
　settimana in agosto, domenica e lunedì, in aprile-maggio e settembre-ottobre
☒　aperto domenica a mezzogiorno　　　　　　　　　　　　　　　BY**b**
　Rist – Menu 75 € – Carta 54/98 € ⅏
　Rist Osteria....la porta accanto – ℰ 03 76 36 67 51 – Menu 14 € (pranzo)
　– Carta 29/47 €
　Spec. Piccola frittura di saltarelli (gamberi di fiume) e zucchine. Tortelli di zucca al
　burro fuso e grana. Guancia di vitello in arrosto morbido al timo.

　♦ Vecchia casa in un vicolo nei pressi del Palazzo Ducale, che conserva ancora
　alcune caratteristiche originali: soffitti a cassettoni, affreschi alle pareti e tipica
　cucina mantovana. La porta accanto si schiude su un bistrot di design contempo-
　raneo con scelta gastronomica più ridotta, a prezzi più contenuti.

XX　**Il Cigno Trattoria dei Martini**　🖢 🅰 ⇄ 🆚 🚥 📶 ⊙ ⅍
　piazza Carlo d'Arco 1 – ℰ 03 76 32 71 01 – chiuso dal 31 dicembre al 5 gennaio,
　agosto, lunedì, martedì　　　　　　　　　　　　　　　　　　　AY**u**
　Rist – Carta 49/68 €

　♦ Lunga tradizione familiare, in una casa del Cinquecento, ovviamente classica,
　ma magicamente accogliente nel ricordare il passato. Le proposte partono dal
　territorio per arrivare in tavola.

XX　**Acqua Pazza**　🕅 🆚 🚥 📶 ⊙ ⅍
　Viale Monsignore Martini 1, 1 km per ④ – ℰ 03 76 22 08 91 – chiuso 10 giorni in
　agosto e giovedì
　Rist – Carta 40/63 €

　♦ Pavimenti chiari e soffitto in legno, che risalta sulle pareti dai colori caldi, tavoli
　spaziosi e vari complementi d'arredo concorrono a creare un ambiente piacevole
　e di buon gusto. L'insegna da un *incipit* sulla cucina: squisitamente di mare. Un
　locale da tenere in considerazione.

MANTOVA

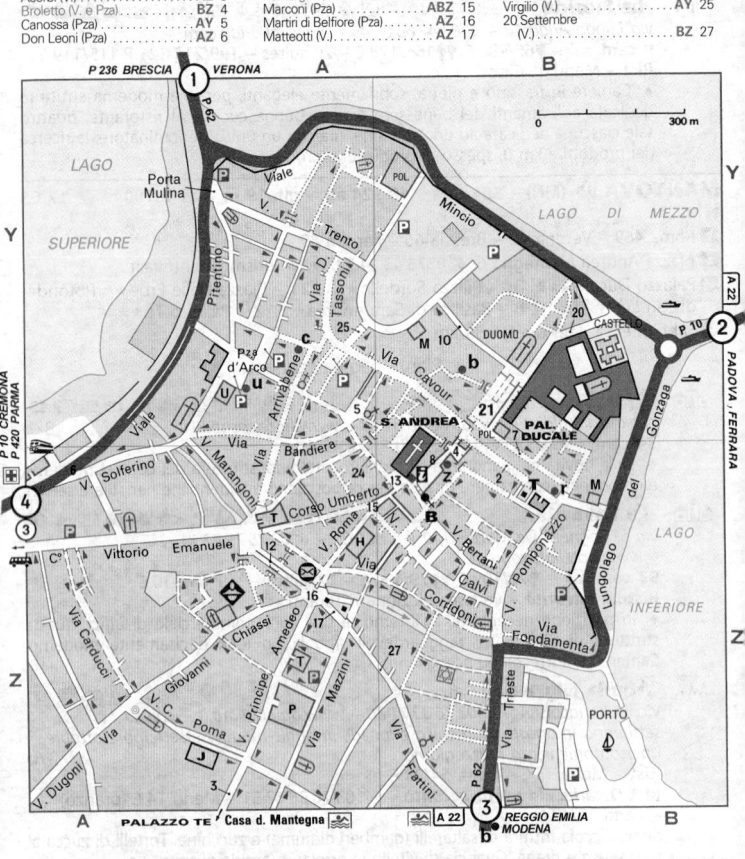

La Favorita – Hotel La Favorita
  🏧 🅰🅴 ✵ 🆅🅸🆂🅰 ⚫⚫ 🅰🅴 ⓘ 💲

via S. Cognetti De Martiis 1, 2 km per ② – ℰ 03 76 25 47 11

Rist – *(chiuso agosto, sabato a mezzogiorno, domenica)* Carta 31/52 €

♦ Se si pensa a Mantova, la mente corre subito ai suoi tortelli di zucca (qui serviti con petali di San Marzano), o ad altri piatti tipici come il risotto alla salsiccia, o la proverbiale sbrisolona di mandorle alla grappa. Ma fra tante specialità, quale sarà la vostra "favorita"?

Fragoletta
  🅰🅴 ✵ ⇔ 🆅🅸🆂🅰 ⚫⚫ 🅰🅴 ⓘ 💲

piazza Arche 5/a – ℰ 03 76 32 33 00 – www.fragoletta.it – chiuso lunedì

Rist – Carta 25/36 € 🍽   BZ**r**

♦ In un angolo del centro, due sale vivaci e colorate nelle quali vengono proposte le specialità della cucina locale, talvolta rielaborate con gusto; notevole assortimento di formaggi accompagnati dall'immancabile mostarda.

Cento Rampini
  🍴 ✵ 🆅🅸🆂🅰 ⚫⚫ 🅰🅴 ⓘ 💲

piazza delle Erbe 11 – ℰ 03 76 36 63 49 – chiuso domenica sera, lunedì

Rist – Carta 33/46 €   BZ**z**

♦ Uno dei locali storici della città, in splendida posizione centrale: fortunatamente non ha ceduto alle lusinghe della moda rustico-chic. Cucina tradizionalmente "ortodossa".

X **L'Ochina Bianca** 🔊 ✤ ⬩ 🗎 VISA ◑ AE ⓪ ⚡

via Finzi 2 – ℰ 03 76 32 37 00 – www.ochinabianca.it – chiuso dal 1° al
24 agosto, domenica sera e lunedì AYc
Rist – (consigliata la prenotazione la sera) Carta 32/48 €

♦ Un piccolo ristorante dal côté bistrot: due salette ed un piccolo privé - decorati
con foto, quadri e ricordi di viaggio - accolgono una cucina di chiara ispirazione
mantovana con qualche piatto di pesce. Il fritto di mare e verdure, tra le specialità
della casa.

a Porto Mantovano per ① : 3 km – ⊠ 46047

🏨 **Abacus** senza rist 🔊 ⬩ 🔊 ⬩ 💱 🗎 ⬩ 🗎 P VISA ◑ AE ⚡

strada Martorelli 92/94 – ℰ 03 76 39 91 42 – www.hotelmantova.it – chiuso dal
24 dicembre al 1° gennaio e 15 giorni in agosto
30 cam � – †62/156 € ††96/235 €

♦ Un hotel capace di coniugare la tranquillità tipica di una zona residenziale,
con la vicinanza a strutture produttive e industriali, molto apprezzata dalla clientela d'affari.

a Cerese di Virgilio per ③ : 4 km : – ⊠ 46030

🏨 **Cristallo** 🔊 ⬩ 🔊 🗎 ⬩ cam, 🔊 💱 cam, 🗎 ⬩ 🗎 P VISA ◑ AE ⓪
🅖🅔 *via Cisa 1/e – ℰ 03 76 44 83 91 – www.hotelcristallomantova.it*
65 cam – †45/85 € ††55/130 € – ½ P 42/85 €   **Rist** – Carta 21/40 €

♦ Interni nuovissimi, moderni e lineari, in questa struttura indicata soprattutto
per una clientela business: non mancano, infatti, il wi-fi gratuito ed attrezzate
salette riunioni. Cucina nazionale e specialità mantovane al ristorante.

XX **Corte Bertoldo Antica Locanda** ⬩ 🔊 💱 P VISA ◑ AE ⓪ ⚡

strada statale Cisa 116 – ℰ 03 76 44 80 03 – www.cortebertoldo.it
– chiuso dal 1° al 15 gennaio, dal 10 al 25 agosto, domenica sera e lunedì,
anche domenica a mezzogiorno in luglio e agosto
Rist – Carta 32/42 € ⬩

♦ Appassionata gestione con pregevoli e fantasiosi risultati. Atmosfera di calda
modernità nella bella sala, cucina prevalentemente di carne e con cotture alla
brace.

a Pietole di Virgilio per ③ : 7 km – ⊠ 46030

🏨 **Paradiso** senza rist ⬩ 🔊 ⬩ 🗎 ⬩ 🗎 P VISA ◑ AE ⚡

via Piloni 13 – ℰ 03 76 44 07 00 – www.albergohotelparadiso.com – chiuso dal
20 dicembre al 2 gennaio
7 cam ⊑ – †45/55 € ††75/85 €

♦ Inaspettata e semplice risorsa ricavata da una bella villetta familiare in posizione defilata e tranquilla. Camere carine e spaziose, soprattutto quelle della
dépendance.

MARANELLO – Modena (MO) – 562 I14 – 16 865 ab. – alt. 137 m   **8** B2
– ⊠ 41053

▶ Roma 411 – Bologna 53 – Firenze 137 – Milano 179
🚩 via Dino Ferrari 43, ℰ 0536 07 30 36, www.maranello.it

🏨 **Planet Hotel** senza rist 🔊 ⬩ 🔊 💱 🗎 ⬩ 🚗 VISA ◑ AE ⓪ ⚡

via Verga 22 – ℰ 05 36 94 67 82 – www.planethotel.org – chiuso dal 24 dicembre
al 3 gennaio e dal 7 al 22 agosto
25 cam ⊑ – †78/97 € ††105/140 € – 4 suites

♦ La hall è un omaggio alla scuderia del cavallino, mentre dalle terrazze di questo piccolo e semplice hotel è possibile sentire il rombo dei motori della Rossa.

🏨 **Domus** senza rist 🔊 🔊 💱 🗎 ⬩ 🗎 VISA ◑ AE ⚡

piazza Libertà 38 – ℰ 05 36 94 10 71 – www.hoteldomus.it
50 cam ⊑ – †54/79 € ††120 € – 1 suite

♦ Proprio accanto al municipio, annovera camere di differenti tipologie e curati
spazi comuni di modeste dimensioni. Sono in corso importanti interventi di rinnovamento.

XX **William** `AC` `%` `VISA` `OO` `$`
via Flavio Gioia 1 – ℰ 05 36 94 10 27 – www.ristorantewilliam.com
– chiuso 3 settimane in agosto, sabato a mezzogiorno, lunedì
Rist – Carta 30/70 €
♦ In zona periferica e residenziale, un'inaspettata "parentesi" ittica tra tanti bolliti modenesi: dalla cucina, infatti, i classici piatti marinari all'italiana.

sulla strada statale 12 - Nuova Estense Sud-Est : 4 km :

▥▤ **Locanda del Mulino** senza rist `⊞` `&` `AC` `?` `P` `VISA` `OO` `AE` `$`
via Nuova Estense 3430 ⊠ 41053 Maranello – ℰ 05 36 94 41 75
– www.locandadelmulino.com
17 cam � – ✝53/70 € ✝✝70/85 €
♦ Caratteristica struttura di gusto rustico con massicce travi in quercia, ricavata all'interno di un antico mulino. Singolare l'unica stanza con terrazzino affacciata sulla ruota ad acqua.

XX **La Locanda del Mulino** `?` `AC` `P` `VISA` `OO` `AE` `$`
⊜ *via Nuova Estense 3430 ⊠ 41053 Maranello – ℰ 05 36 94 88 95*
– www.locandadelmulino.com – chiuso sabato a mezzogiorno
Rist – Carta 21/43 €
♦ Simpatico locale dai sapori emiliani rivisitati, dalle cui vetrate è ancora possibile vedere parti del vecchio mulino che lo ospita. Piacevole il dehors estivo immerso nel verde.

MARANO LAGUNARE – Udine (UD) – **562** E21 – **1 987 ab.** 11 C3
– ⊠ **33050**

▶ Roma 626 – Udine 43 – Gorizia 51 – Latisana 21

XX **Alla Laguna-Vedova Raddi** `?` `AC` `⇔` `VISA` `OO` `AE` `①` `$`
piazza Garibaldi 1 – ℰ 0 43 16 70 19 – chiuso 15 giorni in novembre, domenica sera (escluso in estate) e lunedì
Rist – Carta 33/64 €
♦ Situato sul porto - di fronte al mercato ittico - il locale valorizza in preparazioni semplici, ma gustose, i prodotti del mare. Ristoratori da sempre, la lunga tradizione familiare è una garanzia!

MARATEA – Potenza (PZ) – **564** H29 – **5 212 ab.** – alt. 300 m – ⊠ **85046** 3 B3
▯ Italia

▶ Roma 423 – Potenza 147 – Castrovillari 88 – Napoli 217
🔢 piazza del Gesù 32, ℰ 0973 87 69 08, www.aptbasilicata.it
◉ Località★★ – ✳★★ dalla basilica di San Biagio

▦▦ **La Locanda delle Donne Monache** `?` `⊐` `f6` `AC` `%` `?` `sa` `P`
via Carlo Mazzei 4 – ℰ 09 73 87 61 39 `VISA` `OO` `AE` `①` `$`
– www.locandamonache.com – aprile-ottobre
27 cam ⊐ – ✝115/165 € ✝✝130/190 € – 5 suites – ½ P 100/130 €
Rist *Il Sacello* – vedere selezione ristoranti
♦ In un ex convento del XVIII sec, le spaziose camere - alcune con letto a baldacchino e vista panoramica - propongono una dimensione epicurea della vacanza: lo splendore della Lucania e il ritrovare il ritmo lento del tempo.

XX **Il Sacello** – Hotel La Locanda delle Donne Monache `?` `?` `AC` `%` `P`
via Carlo Mazzei 4 – ℰ 09 73 87 61 39 `VISA` `OO` `AE` `①` `$`
– www.mondomaratea.it – aprile-ottobre
Rist – Carta 34/74 €
♦ I sapori del Mediterraneo pervadono la tavola di questo grazioso ristorante: stracci di pasta fresca con baccalà e pepi cruschi - cernia di scoglio in umido con patate, capperi, pomodorini e olive - sformatino di ricotta di bufala con sorbetto al limone.

a Fiumicello Santa Venere Ovest : 5 km – ⊠ 85046

🏠🏠🏠 **Santavenere** ⊰ ≤ 🕮 🍴 🏠 ⚓ 🌀 👘 🕮 🎯 ✖ ⚓ 🕮 🎯 rist, 🍴 ♨ 🅿
via Conte Stefano Rivetti 1 – ℰ 09 73 87 69 10   VISA ⓪ 🕮 ⓪ ⓹
– www.santavenerehotel.eu – maggio-settembre
34 cam ⊑ – ☗280/660 € – 5 suites – ½ P 220/410 €   **Rist** – Carta 48/65 €
♦ In posizione ineguagliabile, all'interno di un parco con pineta affacciato sulla scogliera. Camere con pavimenti in ceramica di Vietri, finestre come quadri aperti sul mare. Si mangia fra cielo e mare, sospesi nella semplice magia del panorama.

🏠🏠 **Villa delle Meraviglie** senza rist ⊰ ≤ 🕮 ≤ 🕭 👥 🕮 🍴 🅿
località Ogliastro, Nord : 1,5 km – ℰ 09 73 87 78 16   VISA ⓪ 🕮 ⓹
– www.hotelvilladellemeraviglie.it – aprile-15 ottobre
23 cam ⊑ – ☗60/88 € ☗☗80/100 € – 9 suites
♦ Costruzione affacciata sulla costa e circondata da un parco privato con piscina. Accesso diretto al mare, camere sobrie e, in gran parte, dotate di patio o terrazzo.

✖✖ **Zà Mariuccia** ⊰ 🏠 VISA ⓪ 🕮 ⓪ ⓹
via Grotte 2, al porto – ℰ 09 73 87 61 63 – marzo-novembre; chiuso giovedì (escluso agosto)
Rist – (chiuso a mezzogiorno) Carta 41/66 €
♦ Caratteristico ristorante che coniuga felicemente specialità di mare e bell'ambiente. In estate, accomodatevi nella terrazza affacciata sul porto (pochi tavoli: è preferibile prenotare). Uno dei migliori locali della costa!

ad Acquafredda Nord-Ovest : 10 km – ⊠ 85046

🏠🏠 **Villa Cheta Elite** ⊰ 🚲 🕮 🏠 ⚓ 🕮 🎯 rist, 🍴 🅿 VISA ⓪ 🕮 ⓪ ⓹
via Timpone 46, Sud : 1 km – ℰ 09 73 87 81 34 – www.villacheta.it
– 10 aprile-4 novembre
23 cam ⊑ – ☗☗216/266 € – ½ P 148/173 €   **Rist** – Carta 42/67 € (+10 %)
♦ Pregevole villa liberty d'inizio secolo, dove vivere una dolce atmosfera vagamente retrò. O dove assaporare la fragranza delicata delle meravigliose terrazze fiorite. Sala sobria ma elegante e servizio ristorante estivo nell'incantevole giardino.

MARCELLISE – Verona – **562** F15 – Vedere San Martino Buon Albergo

---

MARCIAGA – Verona (VR) – Vedere Costermano

MARCIANA – Livorno (LI) – **563** N12 – Vedere Elba (Isola d')

MARCIANA MARINA – Livorno (LI) – **563** N12 – Vedere Elba (Isola d')

MARCIANO DELLA CHIANA – Arezzo (AR) – **563** M17 – **3 367 ab.**   **29** C2
– alt. 320 m – ⊠ 52047
▶ Roma 202 – Siena 53 – Arezzo 26 – Firenze 85

a Badicorte Nord : 3 km – ⊠ 52047 Marciano Della Chiana

🏠 **Agriturismo il Querciolo** senza rist ⊰ ⊰ 🚲 🕮 ≤ 🅿 VISA 🕮 ⓪ ⓹
via Bosco Salviati 5 – ℰ 33 98 63 99 09 – www.ilquerciolobadicorte.com – chiuso gennaio-febbraio
4 cam – ☗70/90 € ☗☗100/130 €, ⊑ 10 € – 6 suites
♦ Se le origini di questa casa colonica risalgono al '200, l'attuale "versione" è ascrivibile al XIX secolo, mentre le camere sono un'affascinante carrellata di originali arredi dal 1850 al Liberty.

MARCON – Venezia (VE) – **562** F18 – **15 425 ab.** – ⊠ 30020   **35** A2
▶ Roma 522 – Venezia 22 – Padova 46 – Treviso 16

🏠🏠🏠 **Antony Palace Hotel** 🏠 🕮 🕭 ≤ 🕮 🍴 ✖ 🅿 🚗 VISA ⓪ 🕮 ⓪ ⓹
via Mattei 26 – ℰ 04 15 96 23 01 – www.antonypalace.it
140 cam – ☗☗70/260 €, ⊑ 15 € – 1 suite, ½ P 55/150 €   **Rist** – Carta 28/52 €
♦ Pensato per una clientela business o come punto di partenza per escursioni, hotel di moderna concezione con spazi comuni in hi-tech e sobrio design nelle ampie camere. Ristorante open space con proposte di cucina nazionale e qualche piatto locale.

↑ **Relais Agriturismo Ormesani** 🌿　　🎵 📺 🏠 ⅃♨ Ⓐ 🔗 🍽 ⅄ **P**

via Zuccarello 42/g località San Liberale　　　🆅🅸🆂🅰 ⓒⓞ 🅰🅴 ⓞ

– 𝒞 04 15 96 95 10 – www.ormesanivenice.com

9 cam 🍽 – †70/90 € ††100/140 € – **2 suites**

Rist – (prenotazione obbligatoria) Menu 30/90 €

• In un parco con rarità botaniche e animali, il relais interpreta le nuove tendenze del design italiano: legno, vetro e acciaio concorrono a creare un'atmosfera di calda intimità negli spazi comuni, come nelle camere (ospitate in un edificio al piano terra, collegato al corpo centrale per mezzo di un suggestivo portico).

⅄ **La Osteria**　　　🍽 ⅄ 🅰🅲 🆅🅸🆂🅰 ⓒⓞ 🔗

piazza IV Novembre 9 – 𝒞 04 15 95 00 68 – www.laosteria.com

– chiuso 15 giorni in gennaio, 15 giorni in agosto, domenica, lunedì

Rist – Carta 31/63 €

• In pieno centro, una gradevole e rustica trattoria a conduzione diretta, dove il menu con piatti del territorio - leggermente rivisitati - viene stabilito di giorno in giorno. Piacevole servizio estivo.

MARCONIA – Matera (MT) – Vedere Pisticci

MARIANO COMENSE – Como (CO) – **561** E9 – 23 651 ab.　　　**18** B1

– alt. 252 m – ⊠ 22066

▶ Roma 619 – Como 17 – Bergamo 54 – Lecco 32

⅄⅄⅄ **La Rimessa**　　　🍽 🅰🅲 ♻ **P** 🆅🅸🆂🅰 ⓒⓞ 🅰🅴 ⓞ 🔗

via Cardinal Ferrari 13/bis – 𝒞 0 31 74 96 68 – www.larimessa.it – chiuso dal 2 al 10 gennaio, agosto, domenica sera e lunedì

Rist – Carta 30/60 € ♨

• In una villa di fine '800, all'interno della ex rimessa per le carrozze, un caratteristico ristorante con una ulteriore, intima saletta, ricavata nel fienile soppalcato. Dalla cucina, tante proposte tricolori pronte a soddisfare ogni palato!

MARIANO DEL FRIULI – Gorizia (GO) – **562** E22 – 1 579 ab.　　　**11** C2

– alt. 32 m – ⊠ 34070

▶ Roma 645 – Udine 27 – Gorizia 19 – Trieste 40

a Corona Est : 1,7 km – ⊠ 34070

⅄ **Al Piave**　　　🍽 ⅄ 🅰🅲 🆅🅸🆂🅰 ⓒⓞ 🅰🅴 🔗

😊 *via Cormons 6 – 𝒞 0 48 16 90 03 – chiuso martedì*

Rist – Carta 26/43 €

• Curata e accogliente trattoria a gestione familiare, che si articola in due gradevoli sale con camino e bel giardino estivo. In menu i piatti del territorio si avvicendano a seconda delle stagioni, elaborati con fantasia.

MARIGLIANO – Napoli (NA) – **564** E25 – 30 291 ab. – ⊠ 80034　　　**6** B2

▶ Roma 227 – Napoli 24 – Salerno 55 – Giugliano in Campania 32

🏨 **Casal dell'Angelo** senza rist　　　🚗 🛗 ⅄ 🅰🅲 ♨ 🔗 🔗 **P** 🆅🅸🆂🅰 ⓒⓞ 🅰🅴 ⓞ 🔗

via Variante 7 bis km 40,400 – 𝒞 08 18 41 24 71 – www.casaldellangelo.it

36 cam 🍽 – †70/85 € ††80/95 €

• Un piccolo gioiello di cura e personalizzazione, scelta di arredi e materiali di pregio in un antico casolare divenuto albergo. Particolarmente raffinate le camere mansardate.

MARINA DEL CANTONE – Napoli (NA) – **564** F25 – Vedere Massa Lubrense

---

MARINA DELLA LOBRA – Napoli (NA) – Vedere Massa Lubrense

MARINA DI ARBUS (Sardegna) – Medio Campidano (VS) – **366** L46　　　**38** A3

– ⊠ 09031 Arbus ▌ Sardegna

▶ Cagliari 88 – Iglesias 78 – Nuoro 160 – Olbia 240

Le Dune ⬧ ‹ ⌂ ☂ AC ⁂ P VISA ⬤ AE ⓞ ⓢ
località Piscinas di Ingurtosu Sud : 8 km – ℰ *0 70 97 71 30*
– www.leduneingurtosu.it – aprile-ottbre
26 cam ☐ – †130/210 € ††160/460 € – 1 suite – ½ P 265 €
Rist – Carta 37/64 €
♦ Lungo la costa sud occidentale, al centro della sabbiosa valle di Piscinas, l'albergo è stato ricavato da una struttura mineraria ottocentesca. In una dimensione surreale - tra dune di sabbia (le più alte d'Europa) ed un mare blu cobalto - camere spaziose, nonché una pittoresca corte con reperti punici e romani.

MARINA DI ASCEA – **Salerno (SA)** – **564** G27 – ✉ **84058**   **7** C3
▶ Roma 348 – Potenza 151 – Napoli 145 – Salerno 90

⌂ **Iscairia** 🍴 ☂ ⅋ cam, ⁂ cam, 🎙 ⁂ P VISA ⬤ ⓢ
località Velia via Isacia 7 – ℰ *09 74 97 22 41 – www.iscairia.it*
11 cam ☐ – †48/60 € ††80/100 € – ½ P 70/90 €
Rist – *(chiuso a mezzogiorno)* (consigliata la prenotazione) *(solo per alloggiati)*
Menu 30/50 €
♦ Nel giardino un laghetto balenabile, all'interno camere personalizzate con qualche pezzo di antiquariato e la possibilità acquistare alcuni prodotti tipici campani (ceramiche di Vietri, marmellate, etc.). Dalla cucina, la tradizione del Cilento, pane e dolci fatti in casa.

MARINA DI BIBBONA – **Livorno (LI)** – **563** M13 – ✉ **57020**   **28** B2
▶ Roma 277 – Pisa 69 – Grosseto 92 – Livorno 47
🅸 via dei Cavalleggeri Nord, ℰ 0586 60 06 99, www.bibbonaturismo.it

⌂⌂ **Marinetta** 🍴 ‹ ⌚ 🐾 ♨ ⅋ ♣ AC ⁂ 🎙 ♨ P VISA ⬤ AE ⓞ ⓢ
via dei Cavalleggeri Nord 3 – ℰ *05 86 60 05 98 – www.hotelmarinetta.it*
139 cam ☐ – †60/245 € ††70/290 € – 6 suites – ½ P 165 €
Rist – Carta 31/55 €
♦ Abbracciato da un parco-giardino, albergo recentemente rinnovato diviso in piu strutture. Per una vacanza immersi nella natura, senza rinunciare al confort.

✕✕ **La Pineta** (Luciano Zazzeri) ‹ ⌂ ☂ P VISA ⬤ AE ⓞ ⓢ
❀ *via dei Cavalleggeri Nord 27 –* ℰ *05 86 60 00 16 – chiuso dal 10 ottobre*
al 12 novembre, lunedì, martedì a mezzogiorno
Rist – Carta 50/73 € ❀
Spec. Straccetti di pasta fresca con le triglie. Bollito misto di pesce, crostacei e calamari. Caciucco della pineta.
♦ Si parcheggia già sulla sabbia per raggiungere il ristorante, quasi una palafitta sull'acqua; il mare entra nei piatti con crudo, preparazioni livornesi o più classiche.

MARINA DI CAMEROTA – **Salerno (SA)** – **564** G28 – ✉ **84059**   **7** D3
▶ Roma 385 – Potenza 148 – Napoli 179 – Salerno 128

✕ **Da Pepè** 🍴 ‹ ⌂ P VISA ⬤ AE ⓞ ⓢ
via delle Sirene 41 – ℰ *09 74 93 24 61 – www.villaggiodapepe.net*
– maggio-ottobre
Rist – Carta 46/57 €
♦ Lungo la strada che conduce a Palinuro, tra i riflessi argentei degli ulivi, ottima cucina di pesce approvvigionata da un peschereccio di proprietà del ristorante stesso.

MARINA DI CAMPO – **Livorno (LI)** – **563** N12 – **Vedere Elba (Isola d')**

MARINA DI CAPOLIVERI – **Livorno (LI)** – **Vedere Elba (Isola d') : Capoliveri**

MARINA DI CASAL VELINO – **Salerno (SA)** – **564** G27 – **100 ab.**   **7** C3
– ✉ **84050**
▶ Roma 349 – Potenza 136 – Napoli 138 – Salerno 87

Stella Maris 🔺 🛉 🖻 cam. 📺 🎾 📶 🅿 💳 💳 🆎 🕦 🖕
via Velia 156 – ℰ 09 74 90 70 40 – www.hotel-stella-maris.com
30 cam ☕ – 🛉104/140 € 🛉🛉168/196 € – ½ P 104/118 €
Rist – *(solo per alloggiati)* Menu 20 €
♦ Albergo recentemente ristrutturato, presenta arredi curati nelle parti comuni e camere luminose e confortevoli. In comoda posizione, a breve distanza dal mare.

MARINA DI CASTAGNETO CARDUCCI – Livorno (LI) – **563** M13 – Vedere Castagneto Carducci

MARINA DI CECINA – Livorno (LI) – **563** M13 – ⊠ **57023**   **28** B2
▶ Roma 288 – Pisa 57 – Cecina 3 – Firenze 125
🖬 piazza Sant'Andrea 6, ℰ 0586 62 06 78, www.marinadicecina.it

Tornese ≤ 🔥 🖻 📺 🎾 📶 🔊 🅿 💳 💳 🆎 🕦 🖕
viale Galliano 36 – ℰ 05 86 62 07 90 – www.hoteltornese.com
53 cam – 🛉50/90 € 🛉🛉70/150 €, ☕ 8 € – ½ P 52/92 €   **Rist** – Carta 27/36 €
♦ A breve distanza dalla spiaggia, struttura signorile di indubbio confort con accoglienti interni e belle camere: se disponibili optare per quelle con vista mare. Vari spazi dedicati alla ristorazione con menu diversificati (dalla pizza al pesce) e roof garden estivo.

Bagatelle 🔥 📺 🎾 🔄 💳 💳 🆎 🕦 🖕
via Ginori 51 – ℰ 05 86 62 00 89 – www.ristorante-bagatelle.it – chiuso dal 10 al 25 gennaio, mercoledì, giovedì a mezzogiorno
Rist – Carta 50/80 € 🕸
♦ Qui potrete scegliere tra due sale climatizzate, con tavoli spaziati e arredamento moderno, e un dehors; servizio attento e premuroso, ampia carta di terra e di mare.

El Faro ≤ 🔥 🍴 💳 💳 🆎 🕦 🖕
viale della Vittoria 70 – ℰ 05 86 62 01 64 – www.ristorantelfaro.it – chiuso dal 15 gennaio al 5 febbraio, mercoledì
Rist – Menu 29 € bc (pranzo)/45 € – Carta 40/60 €
♦ Oltre a gustosi piatti di mare, nel menu troverete le proposte del pescaturismo. Il pescaturismo consiste nel prenotare un'uscita in mare con la barca del locale (naturalmente accompagnati da alcuni addetti) e una volta tornati a terra, il ristorante cucina quanto pescato. Più fresco di così!

MARINA DI GIOIOSA IONICA – Reggio di Calabria (RC) – **564** M30   **5** B3
– 6 573 ab. – ⊠ **89046**
▶ Roma 639 – Reggio di Calabria 108 – Catanzaro 93 – Crotone 148

Gambero Rosso 📺 🔄 💳 💳 🆎 🕦 🖕
via Montezemolo 65 – ℰ 09 64 41 58 06 – www.gamberorosso.rc.it – chiuso gennaio o novembre e lunedì
Rist – Carta 40/58 € 🕸
♦ Gli amanti della cucina di mare troveranno qui il loro paradiso, un ristorante in cui si sommano esperienze gastronomiche in continua crescita. Le eleganti sale sono l'adeguato sfondo di tante leccornie.

MARINA DI GROSSETO – Grosseto (GR) – **563** N14 – ⊠ **58100**   **29** C3
▶ Roma 196 – Grosseto 14 – Firenze 153 – Livorno 125

Rosmarina 🚊 🔥 🖪 🖻 🖻 cam. 📺 🎾 📶 🅿 💳 💳 🖕
via delle Colonie 33/35 – ℰ 0 56 43 44 08 – www.rosmarina.it
38 cam ☕ – 🛉80/120 € 🛉🛉100/155 € – ½ P 100/120 €   **Rist** – Menu 30/35 €
♦ A pochi passi dal litorale marino, in una zona molto tranquilla, una risorsa di recente ristrutturata, totalmente immersa nella macchia mediterranea. Gestione accogliente. Ristorante ubicato nel seminterrato, rinnovato da poco, sala curata e cucina locale.

MARINA DI LEUCA – Lecce (LE) – **564** H37 – ⊠ **73040** 🗋 Puglia   **27** D3
▶ Roma 676 – Brindisi 109 – Bari 219 – Gallipoli 48
🔘 Grotte ★

L'Approdo ⟨ 🗫 🗺 🔟 🎐 🖼 🅰️🅲 ✗ rist, 🔙 🄿 🆅🆂🅰 ⑳ 🄰🄴 ⚡

via Panoramica – ℰ 08 33 75 85 48 *– www.hotelapprodo.com*
53 cam ⌷ – ♦70/200 € ♦♦80/260 € – 1 suite – ½ P 65/155 €
Rist *– (Pasqua-ottobre)* Carta 29/43 €
♦ Poco distante dal lungomare, l'hotel dalla caratteristica facciata nivea offre un comodo parcheggio, un'invitante piscina, luminose sale curate negli arredi e una boutique. Proposte di pesce presso l'ampia sala ristorante o sulla veranda panoramica con vista sul mare.

Terminal ⟨ 🔙 🔟 🎐 🕭 cam, 🅰️🅲 ✗ rist, 🔙 🆅🆂🅰 ⑳ 🄰🄴 ⓞ ⚡

lungomare Colombo 59 – ℰ 08 33 75 82 42 *– www.attiliocaroli.it – aprile-ottobre*
55 cam ⌷ – ♦130 € ♦♦170 € – ½ P 140 €   **Rist** – Carta 21/44 €
♦ Sul lungomare, un albergo dagli spazi luminosi caratterizzati da sobri arredi e camere in legno chiaro ciascuna dedicata ad un monumento della penisola salentina. Nella suggestiva sala ristorante è il pesce a dominare la tavola, accanto ad ortaggi, frutta, vini ed olii tipici della zona.

MARINA DI MASSA – Massa Carrara (MS) – 563 J12 – ✉ 54100   28 A1

▶ Roma 388 – Pisa 41 – La Spezia 32 – Firenze 114
ℹ viale Vespucci 24, ℰ 0585 24 00 63, www.aptmassacarrara.it

Excelsior 🗫 🔙 🔟 🎐 🖼 🔙 ♣ 🅰️🅲 ✗ rist, 🕪 🔙 🆅🆂🅰 ⑳ 🄰🄴 ⚡

via Cesare Battisti 1 – ℰ 05 85 86 01 *– www.hotelexcelsior.it*
70 cam ⌷ – ♦140/220 € ♦♦180/260 € – 4 suites – ½ P 165 €
Rist *Il Sestante –* ℰ 05 85 86 05 05 – Carta 34/63 €
♦ Sul lungomare, hotel di taglio contemporaneo adatto sia per una clientela business sia per vacanzieri in cerca di relax. Elegante ed accogliente, il ristorante è ideale per pranzi di lavoro e banchetti: cucina mediterranea.

Maremonti 🕪 🗫 🔟 🔙 🅰️🅲 ✗ rist, 🕪 🄿 🆅🆂🅰 ⑳ 🄰🄴 ⓞ ⚡

viale lungomare di Levante 19, località Ronchi – ℰ 05 85 24 10 08
– www.hotelmaremonti.com – aprile-15 ottobre
21 cam – ♦120/240 € ♦♦160/280 €, ⌷ 15 € – ½ P 110/170 €
Rist – Carta 47/65 €
♦ Di fronte al mare, villa ottocentesca tipica della Versilia, con parco e piscina: signorile negli arredi, sia nelle parti comuni sia nelle confortevoli camere. Al ristorante la cura dei dettagli è una piacevole compagna di pranzi e cene.

Cavalieri del Mare senza rist ⌂ 🗫 🔟 🕭 🅰️🅲 🕪 🄿 🆅🆂🅰 ⑳ 🄰🄴 ⓞ ⚡

via Verdi 23, località Ronchi – ℰ 05 85 86 80 10 *– www.cavalieridelmare.net*
– 20 aprile-20 settembre
28 cam ⌷ – ♦♦170/210 €
♦ Hotel ricavato da una villa del '700 ristrutturata e "ripensata" per un'accoglienza efficiente e dal confort attuale, piacevolmente immerso in un giardino con piscina.

Matilde senza rist ✗ 🕪 🄿 🆅🆂🅰 ⑳ 🄰🄴 ⓞ ⚡

via Tagliamento 4 – ℰ 05 85 24 14 41 *– www.hotelmatilde.it*
15 cam ⌷ – ♦80/100 € ♦♦120/130 €
♦ Arretrato rispetto al mare, questo piccolo hotel dall'attenta gestione familiare dispone di ambienti semplici e camere personalizzate con bei tendaggi ed originali dettagli.

Nedy ⌂ 🗫 🔟 🔙 🎐 🅰️🅲 🕪 🔙 🄿 🆅🆂🅰 ⑳ 🄰🄴 ⚡

via del Fescione, località Ronchi ✉ 54039 Ronchi – ℰ 05 85 80 70 11
– www.hotelnedy.it – febbraio-20 ottobre
25 cam ⌷ – ♦60/120 € ♦♦80/250 € – ½ P 63/148 €   **Rist** – Carta 19/48 €
♦ In zona decentrata e molto tranquilla, questo grazioso hotel totalmente rinnovato in anni recenti dispone di gradevoli sale e confortevoli camere: ideale per un soggiorno all'insegna del relax!

Da Riccà 🗫 🄿 🆅🆂🅰 ⑳ 🄰🄴 ⓞ ⚡

lungomare di Ponente, (angolo via Casola) – ℰ 05 85 24 10 70
– www.ristorantedaricca.com – chiuso dal 20 dicembre al 10 gennaio e lunedì
Rist – Carta 59/94 € 🕭
♦ Piatti a base di pesce in un ristorante di tono elegante dall'affermata conduzione: luminose sale e piccolo giardino zen.

625

XX **La Péniche**   AC 🍴 VISA ⑨ AE ① Ġ

via Lungo Brugiano 3 – 𝒞 05 85 24 01 17 – www.lapeniche.com
Rist – Menu 27 € (pranzo)/35 € – Carta 37/56 €
   ◆ Originale collocazione su una palafitta e arredi curiosi con richiami a Parigi e alla Senna. La cucina offre piatti di pesce, dal forno invece una buona lista di pizze.

MARINA DI NOCERA TERINESE – Catanzaro (CZ) – **564** J30   **5** A2
– ⊠ **88047**

▶ Roma 537 – Cosenza 63 – Catanzaro 67 – Reggio di Calabria 159

sulla strada statale 18 Nord : 3 km :

XX **L'Aragosta**   🌧 AC P VISA ⑨ AE ① Ġ

*villaggio del Golfo ⊠ 88040 – 𝒞 0 96 89 33 85 – www.ristorantelaragosta.com
– chiuso dal 15 al 30 ottobre e lunedì escluso luglio-agosto*
Rist – Carta 37/70 €
   ◆ Un'unica sala classica preceduta all'ingresso da un ampio banco con esposto il pesce fresco di giornata; ideale per gustare piatti fragranti.

MARINA DI PIETRASANTA – Lucca (LU) – **563** K12 – ⊠ **55044**   **28** B1

▶ Roma 378 – Pisa 33 – La Spezia 53 – Firenze 104

🔢 via Donizetti 24, 𝒞 0584 2 03 31, www.comune.pietrasanta.lu.it

🔟 Versilia via Della Sipe 100, 0584 881574, www.versiliagolf.com – chiuso martedì da ottobre ad aprile

🏨 **Mondial Resort & SPA**   🌫 🌧 🏊 🛗 Ġ cam, AC ⅘ 🍴 rist, 🛎 P

via Duca della Vittoria 129/131 – 𝒞 05 84 74 59 11   VISA ⑨ AE ① Ġ
– www.hmondial.com
40 cam 🖵 – ✝105/270 € ✝✝115/340 € – ½ P 93/213 €   **Rist** – Carta 42/78 €
   ◆ A 200 metri dal mare, è consigliato per la tranquillità, ma soprattutto per il design moderno d'ispirazione americana. Vista sul Tirreno dagli ultimi piani e motoscafo per gite al largo.

🏨 **Joseph**   ◁ 🚅 🏊 Ⅰ₅ 🛗 Ġ cam, AC 🍴 rist, 🛎 P VISA ⑨ Ġ

*viale Roma 323, località Motrone – 𝒞 05 84 74 58 97 – www.hoteljoseph.net
– aprile-ottobre*
85 cam 🖵 – ✝60/70 € ✝✝90/130 €   **Rist** – Menu 25/45 €
   ◆ Valida conduzione familiare per questa piacevole struttura con camere sobriamente arredate. Fiore all'occhiello: la bella terrazza con piscina affacciata sul lungomare.

🏠 **Airone**   🚅 Ⅰ₅ AC 🍴 rist, 🛎 VISA ⑨ AE ① Ġ

via Catalani 46 – 𝒞 05 84 74 56 86 – www.landinihotels.it
28 cam 🖵 – ✝50/100 € ✝✝80/130 € – ½ P 80/100 €   **Rist** – (solo per alloggiati)
   ◆ Arretrata rispetto al mare - in zona verde e residenziale - la risorsa dispone di camere semplici ed essenziali, recentemente rinnovate. Bella terrazza per piacevoli momenti di relax!

XX **Alex**   🌧 Ġ AC VISA ⑨ AE ① Ġ

via Versilia 157/159 – 𝒞 05 84 74 60 70 – www.ristorantealex.it – chiuso martedì, mercoledì (escluso giugno-settembre)
Rist – (chiuso a mezzogiorno escluso domenica, festivi e da giugno ad agosto)
Menu 50 € bc – Carta 46/83 € 🍷
   ◆ In un palazzo d'inizio '900, un piacevole ristorante-enoteca arredato con eco etniche, propone specialità di mare e di terra. Interessante selezione di vini dalla solatia Spagna!

MARINA DI PISA – Pisa (PI) – **563** K12 – ⊠ **56128**   **28** B2

▶ Roma 346 – Pisa 13 – Firenze 103 – Livorno 16

XXX **Foresta**   ◁ 🌧 Ġ AC VISA ⑨ AE Ġ

*via Litoranea 2 – 𝒞 05 03 50 82 – www.ristoranteforesta.it – chiuso
giovedì, domenica sera (escluso giugno-settembre)*
Rist – (consigliata la prenotazione) Carta 69/108 €
   ◆ Ristorante dall'ambiente elegante, affacciato sul Tirreno. Servizio attento e ottima accoglienza. La cucina è di qualità e propone molti piatti di pesce.

XX **Da Gino** 🅰️🄲 🆅🅸🆂🅰️ ⚙ ⛏️
via delle Curzolari 2 – ℰ 05 03 54 08 – www.daginoamarina.it – chiuso Natale, dal 2 all'11 gennaio, 20 giorni in settembre, lunedì, martedì
Rist – Carta 36/70 €
♦ Una ricca esposizione di pesce fresco accoglie i clienti all'ingresso di questo rinomato ristorante. Ambiente accogliente e luminoso, gestione familiare dalla collaudata esperienza.

MARINA DI PULSANO – Taranto (TA) – Vedere Pulsano

MARINA DI RAGUSA Sicilia – Ragusa (RG) – **365** AW63 – ✉ **97010**   **40** C3
🄳 Agrigento 156 – Caltanissetta 140 – Catania 126 – Ragusa 24

X **Da Serafino** ⇐ 🏡 ⅀ 🆅🅸🆂🅰️ ⚙ 🄰🄴 ⛏️
lungomare Doria – ℰ 09 32 23 95 22 – www.locandadonserafino.it
– aprile-15 ottobre; chiuso martedì a mezzogiorno in aprile-maggio
Rist – Carta 34/81 €
♦ La classica trattoria di mare, semplice ma estremamente corretta nella preparazione di una salda cucina del territorio. Oltre al servizio ristorante c'è anche la pizzeria.

MARINA DI SAN VITO – Chieti (CH) – **563** P25 – ✉ **66035**   **2** C2
🄳 Roma 234 – Pescara 30 – Chieti 43 – Foggia 154

🅑🄷 **Garden** ⇐ 🚗 🅲 ⅀ 🄸 ✦✦ 🅰️🄲 ⅀ rist, ⁈ 🅿 🆅🅸🆂🅰️ ⚙ 🄰🄴 ⓪ ⛏️
🅢🅢 *contrada Portelle 77 – ℰ 08 72 61 16 4 – www.hotelgarden.abruzzo.it – chiuso Natale*
49 cam ⅀ – ♯55/70 € ♯♯65/110 € – ½ P 60/80 €
Rist – *(chiuso a mezzogiorno)* Carta 20/28 €
♦ Lungo la Statale Adriatica, appena fuori dal centro, albergo con ottime attrezzature sia per la clientela turistica, che per chi viaggia per lavoro. A due passi dal mare. Ristorante distribuito in due ampie sale.

XX **L'Angolino da Filippo** 🅰️🄲 ⅀ ⇔ 🆅🅸🆂🅰️ ⚙ 🄰🄴 ⓪ ⛏️
via Sangritana 1 – ℰ 08 72 61 63 2 – www.langolinodafilippo.com – chiuso lunedì
Rist – Carta 35/55 €
♦ A pochi metri dal mare, affacciato sul molo, ristorante dall'ambiente rustico-elegante e cucina di pesce: alcuni piatti preparati secondo ricette tradizionali, altri leggermente più attuali.

MARINA DI TORRE GRANDE Sardegna – Oristano (OR) – **366** M44
– Vedere Oristano

MARINA DI VASTO – Chieti (CH) – **563** P26 – ✉ **66054**   **2** C2
🄳 Roma 275 – Pescara 72 – Chieti 74 – Vasto 3

sulla strada statale 16

🅑🄷 **Excelsior** ⇐ 🅲 ⅀ 🄵♂ 🄸🄱 🄳 cam, ✦✦ 🅰️🄲 ⅀ rist, ⁈ 🅰️ 🅿 🆅🅸🆂🅰️ ⚙ ⓪ ⛏️
contrada Buonanotte 266, Sud : 4 km ✉ 66055 – ℰ 08 73 80 22 22
– www.hotelexcelsiorvasto.com – chiuso dal 20 dicembre al 15 gennaio
45 cam ⅀ – ♯60/90 € ♯♯90/150 € – 10 suites – ½ P 60/90 €
Rist – *(chiuso a mezzogiorno escluso da giugno a settembre)* Carta 29/52 €
♦ Ideale per una clientela d'affari, funzionalità e confort in questa accogliente struttura a circa 400 metri dal mare: spazi comuni moderni, camere più classiche. Tono elegante nell'ampia sala ristorante.

🄷 **Sporting** 🚗 🅲 ⅀ 🅈 🄸🄱 🅰️🄲 ⅀ rist, 🅿 🚗 🆅🅸🆂🅰️ ⚙ ⓪ ⛏️
località San Tommaso 67, Sud : 2,5 km ✉ 66055 – ℰ 08 73 80 19 08
– www.hotelsportingvasto.it
22 cam ⅀ – ♯52/78 € ♯♯80/125 € – 2 suites – ½ P 78 €   **Rist** – Carta 26/40 €
♦ Circondato da una fiorita terrazza-giardino, a circa 400 m dal mare, la curata struttura è ideale per un soggiorno di relax in un ambiente signorile, ma dal calore familiare. Lo stesso spirito con cui il titolare, Vittorio, si occupa della cucina: genuina e a base di prodotti locali.

XX **Villa Vignola** con cam ⌂ ← 🚳 🔥 🏠 🖭 ⚡ ⁋ 🅿 💳 ⚙ 🆎 ⓞ ⚲
località Vignale, Nord : 6 km ⊠ 66054 – ℰ 08 73 31 00 50 – www.villavignola.it
– chiuso dal 21 al 28 dicembre e domenica sera
5 cam ⌸ – ♦80/100 € ♦♦110/140 € – 1 suite   **Rist** – Carta 35/64 €
◆ In un giardino con accesso diretto al mare e con una splendida vista della
costa, ristorante di tono elegante, dove trovare soprattutto proposte di mare. La
sera, servizio all'aperto. Camere curate e accoglienti, arredate con mobili d'antiquariato, per un soggiorno votato alla tranquillità.

MARINA EQUA – Napoli (NA) – Vedere Vico Equense

MARINA GRANDE – Napoli (NA) – **564** F24 – Vedere Capri (Isola di)

MARINELLA Sicilia – Trapani – **365** AM58 – Vedere Selinunte

---

MARINO – Roma (RM) – **563** Q19 – 39 199 ab. – alt. 360 m – ⊠ 00047   **12** B2
▶ Roma 26 – Frosinone 73 – Latina 44

🏨 **Grand Hotel Helio Cabala** ⌂ ← 🚳 🏊 ‖≋ & cam, 🖭 ⚡ cam, ⁋
via Spinabella 13/15, Ovest : 3 km 🕍 🅿 💳 ⚙ 🆎 ⚲
– ℰ 06 93 66 12 35 – www.heliocabala.it
80 cam ⌸ – ♦80/125 € ♦♦100/250 € – ½ P 75/155 €   **Rist** – Carta 28/60 €
◆ In posizione panoramica e tranquilla, grande albergo composto da tre strutture: un corpo principale, il Borgo, dallo stile più rustico con pavimenti in cotto e
mobili in arte povera, nonché il Cabalino che riprende il concept della casa principale. Il gorgoglio dei giochi d'acqua della piscina eccheggia nel ristorante.

MARLENGO (MARLING) – Bolzano (BZ) – **562** C15 – 2 488 ab.   **30** B2
– alt. 363 m – ⊠ 39020
▶ Roma 668 – Bolzano 31 – Merano 3 – Milano 329
🛈 piazza Chiesa 5, ℰ 0473 44 71 47, www.marlengo.info

Pianta : vedere Merano

🏨 **Oberwirt** 🏊 🖾 ⚙ ⑂ ♨ ℩ ⇄ ⚘ 🕍 🅿 🍽 💳 ⚙ 🆎 ⓞ ⚲
vicolo San Felice 2 – ℰ 04 73 22 20 20 – www.oberwirt.com
– 26 marzo-14 novembre **An**
59 cam ⌸ – ♦106/140 € ♦♦190/256 € – 17 suites – ½ P 127/160 €
Rist Oberwirt – vedere selezione ristoranti
◆ Nel centro del paese, due edifici congiunti da un passaggio sotterraneo con
begli arredi in legno. Cinquecento anni di vita: tradizione elegante, ma anche
confort moderni.

🏨 **Jagdhof** ⌂ ← 🚳 🏠 🏊 🖾 ⚙ ⑂ ℩ ⚒ ‖≋ ⚓ 🖭 cam, ⚡ rist, ⁋ 🅿
via San Felice 18 – ℰ 04 73 44 71 77 – www.jagdhof.it 💳 ⚙ ⚲
– marzo-novembre **Am**
28 cam – 8 suites – solo ½ P 97/115 €   **Rist** – (solo per alloggiati)
◆ Tra le Dolomiti, definite da *Le Corbusier* come "l'architettura naturale più bella
del mondo", *Jagdhof* ha tutto per piacere: un bellissima Spa, eleganti camere, un
fitto bosco che lo circonda. Le eccellenze dell'Alto Adige contribuiscono, invece, a
creare piatti memorabili, mentre la vista spazia tra i frutteti di Marlengo.

🏨 **Marlena** ⌂ ← 🚳 🏠 🏊 🖾 ⚙ ⑂ ℩ ⚒ ‖≋ & cam, ⚓ 🖭 cam, ⑂
via Tramontana 6 – ℰ 04 73 22 22 66 ⚡ rist, ℩ 🅿 🍽 💳 ⚙ ⚲
– www.marlena.it – aprile-12 novembre **Ak**
50 cam ⌸ – ♦100/137 € ♦♦160/240 € – ½ P 100/158 €
Rist – (solo per alloggiati) Menu 38 €
◆ Struttura dall'architettura innovativa, in linea con il moderno design degli
interni. Ovviamente il confort non ne risente per nulla, anzi acquista un sapore
contemporaneo.

XXX **Oberwirt** – Hotel Oberwirt 🏠 🍴 ✿ 🅿 🅐 🚗 VISA ⬤⬤ AE 🔥
vicolo San Felice 2 – ☏ 04 73 22 20 20 – www.oberwirt.com
– 20 marzo-12 novembre **An**
Rist – Carta 46/57 € 🍽

♦ Cucina con alcuni classici, come la tartare di manzo condita al tavolo, o la selvaggina (in famiglia ci sono parecchi cacciatori), ma - a sorpresa - anche un piatto di mare: il branzino in crosta di sale.

MARLIA – Lucca (LU) – 563 K13 – **Vedere Lucca**

MARLING = Marlengo

MARONTI – Napoli (NA) – 564 E23 – **Vedere Ischia (Isola d') : Barano**

MAROSTICA – Vicenza (VI) – 562 E16 – 13 761 ab. – alt. 103 m   **35 B2**
– ✉ 36063 ▌ Italia Centro Nord
▶ Roma 550 – Padova 60 – Belluno 87 – Milano 243
🛈 piazza Castello 1, ☏ 0424 7 21 27, www.turismo.veneto.it
◉ Piazza Castello★

Valle San Floriano Nord : 3 km – alt. 127 m – ✉ 36063

XX **La Rosina** con cam 🦌 ≤ 🅐 🌡 🛜 🛁 🅿 VISA ⬤⬤ AE ① 🔥
🏠 *via Marchetti 4, Nord : 2 km* – ☏ 04 24 47 03 60 – www.larosina.it
12 cam ⬜ – ♦60/80 € ♦♦90/110 € – ½ P 70/80 €
Rist – *(chiuso martedì)* Carta 27/45 €

♦ L'insegna ricorda la capostipite della famiglia, che negli anni della prima guerra mondiale iniziò ad offrire vino e un piatto di minestra ai soldati. Oggi è un elegante ristorante, con un monumentale camino. Affacciatevi ai balconi delle stanze: sarà il riposante verde dei colli tutt'intorno a cullare il vostro riposo.

MAROTTA – Pesaro e Urbino (PU) – 563 K21 – ✉ 61032   **20 B1**
▶ Roma 305 – Ancona 38 – Perugia 125 – Pesaro 25
🛈 piazzale della Stazione, ☏ 0721 9 65 91, www.marottaturismo.it

🏨 **Imperial** ≤ 🚗 🌡 🕴 🛗 � 🅐 🌡 🛜 🅿 ⬤⬤ AE 🔥
lungomare Faà di Bruno 119 – ☏ 07 21 96 94 45 – www.hotel-imperial.it
– maggio-settembre
42 cam – ♦40/80 € ♦♦70/140 €, ⬜ 8 € – ½ P 87 €
Rist – Menu 25 € (pranzo)/40 €

♦ Hotel completo di buoni confort, spazi generosi nelle parti comuni e camere di fattura moderna. Bel giardino attorno alla piscina.

🏠 **Caravel** ≤ 🗝 🕴 � 🅐 🌡 🅿 VISA ⬤⬤ ① 🔥
🐾 *lungomare Faà di Bruno 135* – ☏ 0 72 19 66 70 – www.hotel-caravel.it
– aprile-settembre
32 cam ⬜ – ♦35/50 € ♦♦70/100 € – ½ P 74 €   **Rist** – Menu 20 € bc

♦ Albergo di mare, a pochi passi dalla spiaggia, dall'atmosfera rilassata ed informale. Il bar e la hall sono a piano terra, ai piani superiori camere semplici e accoglienti.

MARRADI – Firenze (FI) – 563 J16 – 3 295 ab. – alt. 328 m – ✉ 50034   **29 C1**
▶ Roma 332 – Firenze 58 – Bologna 85 – Faenza 36

X **Il Camino** VISA ⬤⬤ AE 🔥
🐾 *viale Baccarini 38* – ☏ 05 58 04 50 69 – www.ristoranteilcamino.net – *chiuso dal 1° al 10 settembre e mercoledì*
🍽 **Rist** – Carta 20/38 €

♦ Fragrante e casereccia, la cucina s'ispira alla tradizione gastronomica del territorio: pasta fatta in casa e carne alla brace sono i migliori testimoni di questa trattoria dalla vivace atmosfera familiare.

MARSCIANO – Perugia (PG) – **563** N19 – **18 619 ab.** – ⊠ 06055   **32** B2
▶ Roma 163 – Perugia 34 – Terni 63 – Viterbo 108

XX   **Citrus**   🛜 *VISA* ⚙ 🖭 ① ⛎
viale della Vittoria 29 – ℰ *07 58 74 12 90 – www.citrus-online.it – chiuso*
3 settimane in gennaio, mercoledì ed i mezzogiorno di sabato e domenica
Rist – *(chiuso a mezzogiorno in agosto)* Menu 50 € bc – Carta 38/64 €
♦ Se a pranzo la cucina è più semplice ed il servizio informale, a cena tutto si
arricchisce di cura: dalle preparazioni non prive di fantasia all'ottima consulenza
per la scelta del vino.

MARTANO – Lecce (LE) – **564** G36 – **9 484 ab.** – alt. 91 m – ⊠ 73025   **27** D3
▶ Roma 588 – Brindisi 63 – Lecce 26 – Maglie 16

X   **La Lanterna** con cam   🛜 🖭 ⅍ *VISA* ⚙ 🖭 ① ⛎
😊   *via Ofanto 53 –* ℰ *08 36 57 14 41 – www.lalanternamartano.com*
– chiuso dal 10 al 20 settembre, mercoledì escluso agosto
6 cam ☑ – ♦30/40 € ♦♦50/80 € – ½ P 45/58 €
Rist – Menu 15 € bc (pranzo) – Carta 18/34 €
♦ Vicino alla piazza dove si svolge il mercato, un locale cassico a gestione familiare dove gustare piatti del territorio. La sera anche pizzeria. Recentemente sono
state aggiunte camere funzionali dagli arredi lignei in una struttura adiacente.

MARTINA FRANCA – Taranto (TA) – **564** E34 – **49 756 ab.**   **27** C2
– alt. 431 m – ⊠ 74015 ▌ Puglia
▶ Roma 524 – Brindisi 57 – Alberobello 15 – Bari 74
🆔 piazza Roma 37, ℰ 080 4 80 57 02, www.martinafrancatour.it
◉ Località ★ - Via Cavour ★

🏨🏨   **Relais Villa San Martino**   🔳 ⚙ 🛜 ⅄₅ 🈂 🖭 ⅍ ⁗ ⅍ 🅿
via Taranto 59, Sud : 2,8 km – ℰ *08 04 80 51 52*   *VISA* ⚙ 🖭 ① ⛎
– www.relaisvillasanmartino.com
21 cam ☑ – ♦195/295 € ♦♦260/395 € – 6 suites
Rist *Duca di Martina* – vedere selezione ristoranti
♦ Nella campagna pugliese punteggiata da ulivi e trulli, stampe antiche, sete preziose e mobili in stile Luigi XIV arricchiscono le camere e gli spazi comuni di questa struttura, mentre ampie terrazze sul parco ed un patio in prossimità della
piscina si fanno garanti di tranquillità e relax.

🏠   **Villa Rosa** senza rist   🔳 🔳 🈂 🖭 ⁗ ⅍ 🅿 *VISA* ⚙ ⛎
via Taranto 70, sulla strada statale 172 – ℰ *08 04 83 80 04 – www.ramahotels.com*
65 cam – ♦101 € ♦♦126 €, ☑ 8 €
♦ Nella barocca Martina Franca, calda accoglienza, nonché ambienti luminosi e
confortevoli dall'arredo ligneo.

XXX   **Duca di Martina** – Hotel Relais Villa san Martino   🖭 ⅍ 🅿
via Taranto 59, Sud : 2,8 km – ℰ *08 04 80 51 52*   *VISA* ⚙ 🖭 ① ⛎
– www.relaisvillasanmartino.com
Rist – *(chiuso a mezzogiorno da novembre a marzo)* (consigliata la prenotazione)
Carta 42/70 €
♦ Creatività mediterranea nelle due graziose sale che ospitano questo ristorante,
di cui una particolarmente intima. La cucina dialoga con le materie prime locali,
mentre diversi menu soddisfano i gusti più disparati: "à la carte", "della tradizione", e l'invitante "ritorno dal mercato".

X   **La Tana**   🖭 *VISA* ⚙ ⛎
via Mascagni 2 – ℰ *08 04 80 53 20 – www.ristorantelatana.it – chiuso giovedì*
Rist – Menu 25/35 € – Carta 27/54 €
♦ Nella facciata destra del barocco Palazzo Ducale, in quelli che una volta erano
gli uffici del dazio, un locale informale in stile trattoria. Specialità locali rivisitate.

MARTINSICURO – Teramo (TE) – **563** N23 – **17 112 ab.** – ⊠ 64014   **1** B1
▶ Roma 227 – Ascoli Piceno 35 – Ancona 98 – L'Aquila 118
🆔 via Aldo Moro 32/a, ℰ 0861 76 23 36, www.abruzzoturismo.it

🏨 **Sympathy**   ⟨ 🎐 ⟨ 🐾 AC 🍽 rist, ¶¶ 🚗 VISA ⟨ ⟨

lungomare Europa 26 – ℰ *08 61 76 02 22 – www.sympathyhotel.it*
– aprile-ottobre
40 cam ⌟ – ♥50/90 € ♥♥60/150 € – ½ P 70/105 €   **Rist** – Carta 31/62 €
♦ Fronte mare, nella zona più animata del centro, la prima colazione è servita su un'indimenticabile terrazza panoramica. Le camere migliori sono al terzo e quarto piano.

✕ **Leon d'Or**   AC VISA ⟨ AE ① ⟨

via Aldo Moro 55/57 – ℰ *08 61 79 70 70 – chiuso agosto, domenica sera, lunedì*
Rist – Menu 40 € bc/55 € bc – Carta 34/65 €
♦ Più di vent'anni di attività e ancora un'unica caratteristica sala ad angolo, quasi una vetrina sul passeggio; in cucina brace, piatti tipici regionali e specialità di mare.

a Villa Rosa Sud : 5 km – ⌧ 64014

🏨 **Paradiso**   ⟨ 🏊 🐾 🍽 🎐 🐾 AC 🍽 rist, ¶¶ 🅿 VISA ⟨ ⟨

via Ugo La Malfa 14 – ℰ *08 61 71 38 88 – www.hotelparadiso.it*
– 15 maggio-18 settembre
67 cam ⌟ – ♥50/70 € ♥♥60/120 € – ½ P 85 €   **Rist** – Menu 25 €
♦ Un hotel dedicato ai bambini: sin dall'arrivo, ogni momento della giornata sarà organizzato per loro con attività ad hoc, garantendo agli adulti un soggiorno di sport e relax.

🏠 **Haway**   ⟨ ⟨ 🏊 🎐 🐾 AC cam, 🍽 rist, ¶¶ 🅿 🚗 VISA ⟨ AE ① ⟨

lungomare Italia 62 – ℰ *08 61 71 26 49 – www.hotelhaway.it*
– 15 maggio-settembre
52 cam ⌟ – ♥50/80 € ♥♥90/140 € – ½ P 75/110 €
Rist – *(solo per alloggiati)* Menu 25 €
♦ In riva al mare, una struttura semplice con spazi confortevoli e ricca di cordialità, simpatia ed animazione sia per i grandi che per i piccini. Ideale per le famiglie.

✕ **Il Sestante**   AC VISA ⟨ AE ⟨

lungomare Italia – ℰ *08 61 71 32 68 – chiuso dal 23 dicembre al 7 gennaio, agosto, domenica sera, lunedì*
Rist – Carta 39/59 €
♦ Un elegante locale in posizione suggestiva, caratterizzato da decorazioni che richiamano l'ambiente marino; dalla cucina i sapori regionali e, ovviamente, prodotti ittici.

MARTIRANO – Catanzaro (CZ) – **564** J30 – **952 ab.** – alt. 381 m   5 A2
– ⌧ 88040

▶ Roma 553 – Catanzaro 75 – Cosenza 36 – Crotone 144

🏨 **L'Isola di Aurora**   🏊 🎐 🐾 cam, AC cam, 🍽 rist, ¶¶ 🛗 🅿 VISA ⟨ AE ⟨

località Savuto – ℰ *0 96 89 95 16 – www.lisoladiaurora.it*
20 cam ⌟ – ♥65/70 € ♥♥110 €   **Rist** – Carta 30/50 €
♦ Non è necessario seguire la "seconda stella a destra" per trovare il cammino. Basta allontanarsi di circa un km dallo svincolo autostradale A3(SA-RC) Altilia, e davanti a voi si paleserà in tutto il suo splendore L'Isola di Aurora: una struttura moderna con camere sfarzosamente eleganti ed una bella piscina.

MARZAMEMI Sicilia – Siracusa (SR) – **365** AZ63 – Vedere Pachino

---

MARZOCCA – Ancona (AN) – **563** K21 – Vedere Senigallia

MASARÈ – Belluno (BL) – **562** C18 – Vedere Alleghe

MASERÀ DI PADOVA – Padova (PD) – **562** G17 – **9 019 ab.**   36 C3
– alt. 9 m – ⌧ 35020

▶ Roma 496 – Venezia 50 – Padova 16 – Rovigo 37

Ca' Murà senza rist 🕭   📠 🕉 ↳ 👌 🅰 🛠 ✆ 🄿 VISA ◑ 🄰🄴 ⚓
via Ca' Murà 21/b, località Bertipaglia, Sud-Est: 2 km – ✆ 04 98 86 82 29
– www.ca-mura.com
24 cam ⌁ – ❙100 € ❙❙130 €
♦ Nella tranquillità di un frutteto che confina con l'antica chiesetta di Ca' Murà, l'hotel vuole ricreare al suo interno l'atmosfera agreste del luogo, ma lo fa sotto la cifra dell'eleganza: camere ampie in stile moderno ed un piccolo centro relax.

MASIO – Alessandria (AL) – **561** H7 – **1 486 ab.** – **alt. 142 m** – ✉ 15024   **25** D1
▶ Roma 607 – Alessandria 22 – Asti 14 – Milano 118

Trattoria Losanna   🅰 🛠 🄿 VISA ◑ 🄰🄴 ◑ ⚓
via San Rocco 40, Est : 1 km – ✆ 01 31 79 95 25 – *chiuso dal 27 dicembre al 13 gennaio, agosto, domenica sera, lunedì*
Rist – Menu 25/40 € – Carta 23/40 €
♦ L'atmosfera è simpaticamente chiassosa e l'ambiente familiare, mentre la cucina permette di gustare abbondanti piatti della tradizione monferrina.

MASSA 🅿 (MS) – **563** J12 – **70 818 ab.** – **alt. 65 m** – ✉ 54100 ▮ Toscana   **28** A1
▶ Roma 367 – La Spezia 37 – Carrara 8 – Firenze 114

Osteria del Borgo   🅰 VISA ◑ ⚓
via Beatrice 17 – ✆ 05 85 81 06 80 – *chiuso 1 settimana in settembre, martedì*
Rist – *(chiuso a mezzogiorno escluso sabato e domenica)* Carta 20/41 € ❀
♦ Sotto le volte in pietra di questo ristorante, tra foto in bianco e nero alle pareti e un'esposizione di bottiglie d'epoca, rivivono i sapori decisi e le genuine tradizioni gastronomiche locali.

L'Arco di Cybo   🅰 🛠 ↻ VISA ◑ 🄰🄴 ◑ ⚓
piazza Portone 5 – ✆ 05 85 41 01 0 – *www.larcodicybo.it* – *chiuso domenica e lunedì*
Rist – *(consigliata la prenotazione)* Carta 31/48 €
♦ Una cucina ricca di fantasia e creatività ha trovato dimora in un palazzo storico, dove le antiche mura contribuiscono a creare un'atmosfera suggestiva ed intima.

MASSACIUCCOLI – Lucca (LU) – **563** K13 – Vedere Massarosa

MASSACIUCCOLI (Lago di) – Lucca (LU) – **563** K13 – Vedere Torre del Lago Puccini

---

MASSAFRA – Taranto (TA) – **564** F33 – **32 210 ab.** – **alt. 110 m**   **27** C2
– ✉ 74016
▶ Roma 508 – Bari 76 – Brindisi 84 – Matera 64

sulla strada statale 7 Nord-Ovest : 2 km :

Appia Palace Hotel   🏊 ↳ 🛠 🖥 👌 cam, 🅰 🛠 ⚐ 🛎 🄿
✉ 74016 – ✆ 09 98 85 15 01   VISA ◑ 🄰🄴 ◑ ⚓
– www.appiapalacehotel.altervista.org
119 cam ⌁ – ❙73/75 € ❙❙95/100 € – ½ P 84 €   **Rist** – Menu 23 €
♦ Grande struttura alberghiera, ubicata lungo la strada per Bari, ideale per chi viaggia per motivi di lavoro anche per la vicinanza al casello autostradale. Ampie zone comuni. Tipico ristorante d'albergo dallo stile moderno.

MASSA LUBRENSE – Napoli (NA) – **564** F25 – **13 889 ab.** – **alt. 121 m**   **6** B2
– ✉ 80061 ▮ Italia
▶ Roma 263 – Napoli 55 – Positano 21 – Salerno 56

Delfino 🕭   ⬍ 📠 🏊 ↳ 🅰 🛠 ⚐ 🄿 VISA ◑ 🄰🄴 ◑ ⚓
via Nastro d'Oro 2, Sud-Ovest : 2,5 km – ✆ 08 18 78 92 61
– www.hoteldelfino.com – *aprile-ottobre*
65 cam ⌁ – ❙60/250 € ❙❙80/300 € – 1 suite – ½ P 65/175 €
Rist – Carta 37/47 €
♦ In una pittoresca insenatura con terrazze e discesa a mare, un albergo da cui godere di un panorama eccezionale sull'isola di Capri. Struttura d'impostazione classica. Ariosa sala ristorante ed elegante salone banchetti.

Bellavista ← 🍴 📺 ⚙ 🌀 *f₆* 🖨 AC ⛽ 🚗 P VISA ⓒⓞ AE ⓘ ⛟
*via Partenope 26, Nord : 1 km – ℰ 08 18 78 96 96 – www.francischiello.it
– chiuso 20 giorni in novembre*
31 cam ⊡ – †70/130 € ††79/200 € – 2 suites – ½ P 64/124 €
Rist *Riccardo Francischiello* – vedere selezione ristoranti
♦ Ampliata di anno in anno, la struttura dispone ora di un ottimo centro benessere, spaziose camere in stile mediterraneo, rallegrate dalle ceramiche di Vietri.

XX **Riccardo Francischiello** – Hotel Bellavista 🔝 AC 🍴 P
via Partenope 26, Nord : 1 km – ℰ 08 18 78 91 81 VISA ⓒⓞ AE ⓘ ⛟
– www.francischiello.it – chiuso dal 10 al 30 novembre
Rist – *(chiuso martedì in inverno)* Carta 29/41 €
♦ Lo chef porta in tavola la Campania: sapori della cucina partenopea e sorrentina, reinterpretati con gusto moderno, paste fresche, specialità di mare ed un occhio di riguardo per le etichette della regione.

XX **Antico Francischiello-da Peppino e Hotel Villa Pina** con cam
via Partenope 27, Nord : 1,5 km ← 🍴 AC 🍴 🌀 P VISA ⓒⓞ AE ⓘ ⛟
*– ℰ 08 15 33 97 80 – www.francischiello.com – chiuso mercoledì escluso
da maggio a ottobre*
25 cam ⊡ – †60/80 € ††80/100 € – ½ P 90/100 €
Rist – (consigliata la prenotazione) Carta 28/69 €
♦ Gli oggetti di varia natura che ricoprono le pareti testimoniano i cento anni di attività di questo locale, giunto ormai alla quarta generazione. La cucina segue la tradizione con una predilezione per i piatti di mare. Arredi classici in stile mediterraneo nelle camere, in un'atmosfera da casa privata.

a Marina della Lobra Ovest : 2 km – ✉ 80061 Massa Lubrense

🏠 **Piccolo Paradiso** ← 🍴 🍴 🖐 ⓗ cam, 🍴 rist, 📶 ⓒⓞ AE ⓘ ⛟
*piazza Madonna della Lobra 5 – ℰ 08 18 78 92 40 – www.piccolo-paradiso.com
– 15 marzo-15 novembre*
54 cam ⊡ – †65/78 € ††100/120 € – ½ P 80 €   **Rist** – Carta 31/51 € (+12 %)
♦ Nella piccola frazione costiera, albergo fronte mare dotato anche di una bella piscina disposta lungo un'ampia terrazza. Gestione familiare seria e professionale. Impostazione semplice, ma confortevole, nella grande sala ristorante dai "sapori" mediterranei.

a Santa Maria Annunziata Sud : 2,5 km – ✉ 80061 Massa Lubrense

X **La Torre** 🔝 AC VISA ⓒⓞ AE ⓘ ⛟
🙂 *piazza Annunziata, 7 – ℰ 08 18 08 95 66 – chiuso novembre e martedì (escluso
dal 10 luglio al 10 settembre)*
Rist – Carta 23/36 €
♦ Posizione invidiabile, a pochi metri da un belvedere con vista su Capri, per questa trattoria a conduzione familiare. I piatti non smentiscono la tradizione partenopea.

a Nerano-Marina del Cantone Sud-Est : 11 km – ✉ 80061 Termini

XXX **Quattro Passi** (Antonio Mellino) con cam 🌓 ← 🚗 🔝 🍴 *f₆* AC 🍴 📶
🌸🌸 *via Vespucci 13/n, Nord : 1 km – ℰ 08 18 08 28 00* P VISA ⓒⓞ AE ⛟
*– www.ristorantequattropassi.com – marzo-novembre; chiuso martedì sera e
mercoledì escluso dal 15 giugno al 15 settembre*
9 cam – †100/120 € ††160/180 € – 3 suites
Rist – Menu 100 € – Carta 102/162 € 🍴
Spec. Linguine con zucchine, fiori di zucchine e pepe nero. Triglia in crosta di pane, asparagi al naturale e salsa bouillabaisse. Torta di ricotta e amarene su biscotto al torroncino.
♦ La scelta è fra i tavoli all'aperto di un giardino-eden o la sala affacciata su azzurre lontananze. Nei piatti gli amanti della cucina campana troveranno qui una delle sue più sublimi espressioni, mai svilita da capricciosi personalismi, sempre esaltata nei colori e nei sapori che hanno regalato grandi capolavori alla gastronomia italiana. Eleganti camere distribuite sui terrazzamenti.

XXX **Taverna del Capitano** (Alfonso Caputo) con cam ⌂ ← ← AC
⌘ ⌘ *piazza delle Sirene 10/11 – ℰ 08 18 08 10 28* ✸ rist, 𝖵𝖨𝖲𝖠 ⓒ ⒶⒺ ⓞ ⑤
– *www.tavernadelcapitano.it – chiuso 24-25 dicembre e dal 9 gennaio*
al 10 marzo, lunedì, anche martedì da ottobre ad aprile
10 cam – ♦110/120 € ♦♦140/150 €, ⌷ 15 € – 2 suites – ½ P 140 €
Rist – (consigliata la prenotazione) Menu 70/110 € – Carta 66/108 € ☙
Spec. Seppia cruda con le sue uova, ricci e ceci. Eliche nere di pasta con triglia
affumicata, patate e alghe di mare. Pasta mischiata e patate con provola affumicata e pomodori secchi.
♦ Affacciato su una delle poche spiagge della penisola, un edificio bianco e
moderno dischiude le porte su due originali sale che sembrano palafitte in legno
con finestre sul mare. Cucina creativa, in prevalenza di pesce. Nelle camere, il
fascino delle case dei pescatori: soffitti a volta e ceramiche di Vietri.

a Termini Sud: 5 km – ✉ 80061

XXX **Relais Blu** con cam ⌂ ← ⌸ ⌂ ⌖ rist, ✚✚ ✸ rist, ⑪ 𝖵𝖨𝖲𝖠 ⓒ ⒶⒺ ⓞ ⑤
Via Roncato 60 – ℰ 08 18 78 95 52 – www.relaisblu.com – chiuso dal
6 novembre al 14 marzo e lunedì
13 cam ⌷ – ♦180/260 € ♦♦200/310 € – 1 suite – ½ P 175/225 €
Rist – Menu 65 € – Carta 50/85 €
♦ La sala interna sceglie la strada del minimalismo con pareti completamente
bianche e solo qualche quadro; la bella terrazza per il servizio estivo offre un'eccezionale vista su Capri. Nel piatto, sapori campani valorizzati con competenza e
fantasia.

MASSA MARITTIMA – Grosseto (GR) – 563 M14 – 8 820 ab. 28 B2
– alt. 380 m – ✉ 58024 ▮ Toscana

▶ Roma 249 – Siena 62 – Firenze 132 – Follonica 19
ℹ via Todini 3/5, ℰ 0566 90 27 56, www.altamaremmaturismo.it
◉ Piazza Garibaldi★★ – Duomo★★ – Fortezza dei senesi e torre del candeliere★

🏨 **Park Hotel La Fenice** senza rist ⌸ ⌶ ⏃ ⌖ AC ✸ ⑪ 𝖵𝖨𝖲𝖠 ⓒ ⒶⒺ ⑤
corso Diaz 63 – ℰ 05 66 90 39 41 – www.lafeniceparkhotel.it
13 cam ⌷ – ♦75/115 € ♦♦110/160 € – 4 suites
♦ Risorsa nata come residence, ora funziona come hotel: appartamenti di diverse
tipologie, ma tutti con angolo cottura e zona soggiorno. Piacevoli interni dai
colori caldi.

🏠 **Duca del Mare** senza rist ← ⌸ ⌶ ⏃ AC ✸ ⑪ 𝖯 𝖵𝖨𝖲𝖠 ⓒ ⒶⒺ ⑤
piazza Dante Alighieri 1/2 – ℰ 05 66 90 22 84 – www.ducadelmare.it
– chiuso gennaio e febbraio
28 cam ⌷ – ♦65/90 € ♦♦100/110 €
♦ Appena fuori le mura del centro storico, struttura a conduzione familiare con
camere non molto grandi, ma accoglienti.

X **Osteria da Tronca** AC 𝖵𝖨𝖲𝖠 ⓒ ⑤
⊂⊃ *vicolo Porte 5 – ℰ 05 66 90 19 91 – chiuso dal 15 dicembre al 1° marzo,*
mercoledì (escluso agosto)
Rist – *(chiuso a mezzogiorno in agosto)* Menu 15 € bc – Carta 21/39 €
♦ "Amo talmente il vino che maledico chi mangia l'uva", così si legge su una
lavagna posta all'ingresso. Cucina del territorio, ambiente rustico e ovviamente...
vino a volontà.

X **Taverna del Vecchio Borgo** ✸ 𝖵𝖨𝖲𝖠 ⓒ ⑤
via Parenti 12 – ℰ 05 66 90 39 50 – chiuso dal 15 gennaio al 15 febbraio e lunedì
Rist – *(chiuso a mezzogiorno)* Menu 30 € – Carta 23/51 €
♦ Caratteristico locale, o meglio, tipica taverna ricavata nelle antiche cantine di un
palazzo sorto nel Seicento. Insieme gestito con cura, specialità della cucina toscana.

a Ghirlanda Nord-Est : 2 km – ⊠ 58024

XXXX **Bracali** 🔤 ⚁ 🅿 🚈 ⊙⊙ 🝡 ⊙ ⚡

🝡 🝡 *via di Perolla 2 – ℰ 05 66 90 23 18 – www.mondobracali.it – chiuso lunedì, martedì e il mezzogiorno di mercoledì e giovedì*
Rist – (consigliata la prenotazione) Carta 105/140 € ⚑
Spec. Interpretazione di crudo di manzo. Rigatoni farciti di capocollo su salsa di farro. Piccione con crema di carote e cioccolato.

♦ Sulla tradizione familiare, iniziata con la trattoria di papà, si accendono ora i riflettori della ribalta nazionale: raffinati ambienti e un attento servizio sono la cornice di una cucina creativa ed elaborata, a tratti sofisticata e sperimentale, sempre personale e coinvolgente.

al lago di Accesa Sud: 10 km

⛫ **Agriturismo Tenuta del Fontino** ⚘ ⩤🝡 🈁 🝡 ⚡ rist, 🅿
località Accesa, Est : 1,5 km – ℰ 05 66 91 92 32 🔤 ⊙⊙ ⚡
– www.tenutafontino.it – aprile-novembre
20 cam ⚏ – †75/115 € ††104/170 € – 3 suites – ½ P 103 €
Rist – *(chiuso lunedì e giovedì) (chiuso a mezzogiorno) (solo per alloggiati)*
Menu 24 €

♦ Avvolta da un parco di alberi secolari con piscina e laghetto, la bella villa otto-centesca dispone di camere di diverse tipologie. Nelle serate più fresche, un salone con caminetto.

a Tatti Est: 23 km – ⊠ 58040

⛫ **La Fattoria dei Tatti** senza rist ⚘ ⩤ 🈁 🝡 🔤 ⊙⊙ 🚈 ⊙ ⚡
🝡 *via Matteotti 10 – ℰ 05 66 91 20 01 – www.tattifattoria.it – marzo-ottobre*
8 cam ⚏ – †50/80 € ††90/110 €

♦ E' un antidoto naturale contro lo stress, questa grande dimora al centro di una piccola frazione persa nel verde della Maremma. Al secondo e terzo piano (senza ascensore) si trovano le ampie camere, volutamente senza TV: la più bella sfoggia nel bagno una vasca parigina di fine '800.

MASSA MARTANA – Perugia (PG) – **563** N19 – **3 953 ab.** – ⊠ 06056   **32** B2
▶ Roma 134 – Perugia 63 – Terni 34 – Rieti 71

🏠🏠 **San Pietro Sopra Le Acque** ⩤🈁 🝡 🝡 ⚡ 🝡 🖻 & cam, 🔤 cam, ⚡ rist,
vocabolo Capertame 533, Sud-Ovest: 2 Km 🝡 ⚑ 🅿 🔤 ⊙⊙ 🚈 ⊙ ⚡
– ℰ 075 88 91 32 – www.sanpietroresort.com
15 cam ⚏ – †120/140 € ††180/200 € – 1 suite – ½ P 125/140 €
Rist – Carta 37/53 €

♦ Affreschi originali restaurati, in un ex convento del '600, convertito in elegante residenza di campagna completa nella mappa dei servizi offerti: interni curati, arredi d'epoca, nonché camere di diversa tipologia, nella magica quiete di un parco secolare con piscina e campo da tennis.

MASSAROSA – Lucca (LU) – **563** K12 – **22 933 ab.** – alt. 10 m   **28** B1
– ⊠ 55054
▶ Roma 363 – Pisa 29 – Livorno 52 – Lucca 19
🅳 piazza Taddei 12 ingresso via Cenami, ℰ 0584 97 92 60,
www.comune.massarosa.lu.it

XX **La Chandelle** ⩤ 🝡 🈁 🔤 🅿 🔤 ⊙⊙ ⊙ ⚡
via Casa Rossa 303 – ℰ 05 84 93 82 90 – www.lachandelle.it – chiuso gennaio, lunedì a mezzogiorno
Rist – Menu 30 € – Carta 33/74 €

♦ In posizione dominante sulle colline, circondato da un fiorito e fresco giardino in cui d'estate si trasferisce il servizio, ma è soprattutto per i suoi piatti di pesce che l'elegante e familiare locale è apprezzato.

635

a Massaciuccoli Sud : 4 km - ✉ 55054 Massarosa

🏨 **Le Rotonde** ᔓ   🍴 ☒ 🚗 ⅏ 🅿 VISA ◎ AE ⁵
via del Porto 77 – 🕿 *05 84 97 54 39 – www.lerotonde.it*
– chiuso dal 1° novembre al 15 dicembre
14 cam ☑ – †50/70 € ††80/110 € – ½ P 57/72 €
Rist *Le Rotonde* – vedere selezione ristoranti
◆ Avvolto dal verde, nel cuore della campagna lucchese, e ancora un giardino ombreggiato e sempre ben tenuto, il caseggiato offre una calorosa accoglienza familiare.

✂ **Le Rotonde** – Hotel Le Rotonde   🍴 ☒ 🚗 ⅏ 🅿 VISA ◎ AE ⁵
🗢 *via del Porto 77 –* 🕿 *05 84 97 54 39 – www.lerotonde.it – chiuso novembre e dicembre*
Rist *– (chiuso a mezzogiorno da ottobre a marzo)* Carta 17/41 €
◆ Classica è la sala, regionale la cucina: ottimi piatti della tradizione toscana – soprattutto ricette di pesce – e dulcis in fundo dessert fatti in casa. La sera del sabato e della domenica, anche le pizze.

a Corsanico Nord-Ovest : 10 km - ✉ 55040

🏠 **Agriturismo Le Querce di Corsanico** ᔓ   ≼ 🍴 ☒ ☒ ᛭ 🚗
via delle Querce 200 – 🕿 *05 84 95 46 80*   ⅏ rist, 🅿 VISA ◎ AE ⁵
– www.quercedicorsanico.com – Pasqua-novembre
10 cam ☑ – †60/65 € ††115/125 € – ½ P 85 €
Rist *– (chiuso a mezzogiorno) (prenotazione obbligatoria) (solo per alloggiati)*
◆ Edificio rustico in collina tra gli ulivi. Posizione panoramica sulla costa e sul mare aperto. Interni ristrutturati con risultati positivi; piscina nel verde del giardino.

MATERA 🅿 (MT) – **564** E31 – **60 522 ab.** – alt. 401 m – ✉ 75100 ▌ Italia   **4** D1
▶ Roma 461 – Bari 67 – Cosenza 222 – Foggia 178
🚃 via De Viti De Marco 9, 🕿 0835 33 19 83, www.aptbasilicata.it
◉ I Sassi★★ – Strada dei Sassi★★ – Duomo★ – Chiese rupestri★ – ≼★★ sulla città dalla strada delle chiese rupestri Nord-Est : 4 km

🏛 **Palazzo Gattini** ᔓ   ≼ 🍴 🛋 ♿ 🚗 ⅏ 🕼 ᛭ VISA ◎ AE ◑ ⁵
piazza Duomo 13/14 – 🕿 *08 35 33 43 58 – www.palazzogattini.it*
20 cam ☑ – †149/549 € ††179/699 € – 4 suites – ½ P 130/390 €
Rist *Pasch'nisch – (chiuso lunedì) (chiuso a mezzogiorno)* Menu 32 € bc – Carta 29/50 €
◆ Nella piazza centrale che da sui Sassi, un nuovo albergo di lusso con piccolo centro benessere: già casa nobiliare, il restauro l'ha riportata all'antico splendore.

🏛 **Del Campo**   🍴 🛋 🚗 ⅏ 🕼 ᛭ 🅿 VISA ◎ AE ◑ ⁵
via Lucrezio – 🕿 *08 35 38 88 44 – www.hoteldelcampo.it*
35 cam ☑ – †80/110 € ††120/150 € – ½ P 85/100 €
Rist *Le Spighe* – vedere selezione ristoranti
◆ Ricavato dove nel '700 sorgeva una villa, di cui rimangono alcuni resti nel bel giardino, un albergo che coniuga professionalità e personalità ad ottimi livelli. Alcune camere sono più moderne delle altre, ma tutte - comunque - non "tradiscono" la fiducia.

🏛 **Palace Hotel**   🍴 ᛭ 🛋 🚗 ⅏ 🕼 ᛭ 🅿 🚗 VISA ◎ AE ◑ ⁵
piazza Michele Bianco 1 – 🕿 *08 35 33 05 98 – www.palacehotel-matera.it*
65 cam ☑ – †84/120 € ††105/150 € – ½ P 95/135 €   **Rist** – Carta 26/32 €
◆ Ideale per una clientela di lavoro, questo hotel - in posizione strategica poco distante dal centro storico e vicino alla stazione - dispone di ampie camere dal confort moderno. Ristorante di tono garbato, accogliente con qualche piccolo tocco d'eleganza.

🏛 **San Domenico al Piano** senza rist   🍴 🛋 ⚼ 🚗 ⅏ 🕼 ᛭ 🚗
via Roma 15 – 🕿 *08 35 25 63 09 – www.hotelsandomenico.it*   VISA ◎ AE ◑ ⁵
69 cam ☑ – †90/100 € ††120/150 € – 3 suites
◆ Vicino alla frequentata piazza Vittorio Veneto, la risorsa è stata ristrutturata in anni recenti: oggi il confort è aggiornato, le camere moderne.

Locanda di San Martino senza rist ⌂
via Fiorentini 71 – ℰ 08 35 25 66 00
– www.locandadisanmartino.it
24 cam ☑ – †87/102 € ††89/129 € – 8 suites
♦ Nel cuore del centro storico, la risorsa dispone di originali camere ricavate all'interno di grotte naturali: stanze sobriamente eleganti, ingegnosamente collegate agli spazi comuni attraverso cunicoli. In un contesto altamente suggestivo e solo apparentemente spartano, trova posto anche un piccolo centro benessere.

Le Monacelle senza rist ⌂
via Riscatto 9 – ℰ 08 35 34 40 97 – www.lemonacelle.it
12 cam ☑ – †65/75 € ††86/96 €
♦ A ridosso del Duomo e nei pressi dei Sassi, splendide terrazze fiorite, biblioteca multilingue con circa 2000 volumi e cappella consacrata. Stanze ampie, anche su due livelli e due camerate adibite ad ostello.

Sassi Hotel senza rist ⌂
via San Giovanni Vecchio 89 – ℰ 08 35 33 10 09 – www.hotelsassi.it
33 cam ☑ – †70/85 € ††90/105 € – 2 suites
♦ Risorsa ideale per chi vuole scoprire l'attrazione più famosa della città, i Sassi. L'hotel s'inserisce a meraviglia in questo straordinario tessuto urbanistico: i suoi ambienti, infatti, sono stati ricavati da una serie di abitazioni del '700 restaurate rispettandone l'anima sobria.

Italia
via Ridola 5 – ℰ 08 35 33 35 61 – www.albergoitalia.com
46 cam ☑ – †75 € ††98 € – 1 suite
Rist *Basilico* – (chiuso venerdì) Carta 20/37 €
♦ Nel centro storico, in un palazzo d'epoca ottimamente restaurato ed affacciato sui celebri Sassi, camere confortevoli ed accoglienti. Ristorante-pizzeria con forno a legna.

Le Spighe – Hotel Del Campo
via Lucrezio – ℰ 08 35 38 88 44 – www.hoteldelcampo.it
Rist – (chiuso a mezzogiorno) Carta 26/43 €
♦ Ristorante elegante, suddiviso in tre salette a tutto vantaggio di un'atmosfera dolcemente intima: sotto caratteristici tetti a volta, tipici delle costruzioni settecentesche della zona, piatti locali accompagnati da un'accurata selezione di vini regionali. (Menu per celiaci, su richiesta).

Alle Fornaci
piazza Cesare Firrao 7 – ℰ 08 35 33 50 37 – www.ristoranteallefornaci.it – chiuso 2 settimane in agosto e lunedì
Rist – (chiuso a mezzogiorno escluso i giorni festivi) Carta 24/68 €
♦ Locale in posizione centrale a pochi passi dai Sassi, ambiente curato dove gustare fragranti piatti di mare: il pescato viene comprato giornalmente nei mercati dello Ionio e del Tirreno.

Trattoria Lucana
via Lucana 48 – ℰ 08 35 33 61 17 – www.trattorialucana.it – chiuso dal 10 al 20 luglio e domenica escluso da marzo ad ottobre
Rist – Carta 25/37 €
♦ Le genuine specialità lucane servite in un ristorante dall'ambiente simpatico e informale. Sia in cucina che in sala domina un'atmosfera allegra e conviviale.

Don Matteo
via S. Biagio 12 – ℰ 08 35 34 41 45 – www.donmatteoristorante.com – chiuso dal 10 al 30 agosto, domenica sera e lunedì
Rist – (chiuso a mezzogiorno escluso i giorni festivi) (prenotazione obbligatoria)
Menu 32 € – Carta 39/64 €
♦ A pochi passi dalla piazza centrale, con ingresso su una delle vie pedonali, piccola ed intima sala all'interno dei celebri *Sassi*. Proposte legate al territorio reinterpretate in chiave moderna.

MATTINATA – Foggia (FG) – **564** B30 – **6 534 ab.** – **alt. 75 m**   26 B1
– ⊠ 71030 ▊ Puglia

▶ Roma 430 – Foggia 58 – Bari 138 – Monte Sant'Angelo 19

◉ Baia delle Zagare★★

◎ Pugnochiuso★: baia di Campi★ e Cala di San Felice★

sulla strada litoranea Nord-Est : 17 km :

🏠🏠   **Baia dei Faraglioni** ⏺   ▦ ⟋ ⌇ ⋒ ☒ ᴬᶜ ⅄ rist. ⁰⁰⁰ P
località Baia dei Mergoli ⊠ 71030 – ℰ 08 84 55 95 84   *VISA* ◍ ᴀᴇ ① ᴕ
– *www.baiadeifaraglioni.it* – *aprile-ottobre*
78 cam ⊐ – �$180/300 € ♥♥180/600 € – 13 **suites** – ½ P 150/360 €
Rist – Carta 62/94 €
◆ La posizione di questo hotel offre una piacevole tranquillità, ci si trova a pochi
passi dalla spiaggia della baia di Mergoli, con una vista incantevole sui faraglioni.
Cene raffinate o meno formali, da gustare al ristorante o in terrazza.

MAULS = Mules

MAZARA DEL VALLO Sicilia – Trapani (TP) – **365** AK58 – **51 407 ab.**   39 A2
– ⊠ 91026 ▊ Sicilia

▶ Agrigento 116 – Catania 283 – Marsala 22 – Messina 361

◉ Museo del Satiro★★ - Cattedrale: interno★ e Trasfigurazione★ di A. Gagini - Il
Porto-Canale★

🏠🏠🏠   **Kempinski Giardino di Costanza**   ⋒ ⟋ ⌇ ☒ ⋒ 🖭 ⩜ ⁎⁎ ᴬᶜ
via Salemi km 7,100 – ℰ 09 23 67 50 00   ⅄ rist. ⁰⁰⁰ ⥥ P *VISA* ◍ ᴀᴇ ① ᴕ
– *www.kempinski.com/sicily* – *chiuso dal 1° gennaio al 15 marzo*
91 cam ⊐ – ♦240/460 € ♦♦270/530 € – ½ P 198/328 €   **Rist** – Carta 50/85 €
◆ Abbracciato da un immenso parco, un maestoso complesso con ambienti spaziosi e confortevoli in cui dominano l'eleganza, la ricercatezza, la tranquillità e la
professionalità. Nella raffinata sala da pranzo arredata con tavoli rotondi impreziositi da floreali centrotavola una fragrante cucina regionale rivisitata.

🏠🏠   **Mahara**   ▦ ⟋ ⌇ ☒ ⅄ ᴬᶜ ⅄ ⁰⁰⁰ ⥥ P ᴀᴇ
lungomare San Vito 3 – ℰ 09 23 67 38 00 – *www.maharahotel.it*
81 cam ⊐ – ♦65/125 € ♦♦85/175 € – ½ P 68/113 €
Rist *Ghibli* – vedere selezione ristoranti
◆ Dell'antica vineria appartenuta agli Hobbs, famosa dinastia inglese che insieme ad
altri connazionali contribuirono alla diffusione del marsala, vi è rimasto solo qualche
sbiadito ricordo: ora è un hotel moderno ed accogliente, piacevolmente frontemare.

XXX   **Ghibli** – Hotel Mahara   ᴬᶜ ⅄ *VISA* ◍ ᴀᴇ ᴕ
lungomare San Vito 3 – ℰ 09 23 67 38 00 – *www.maharahotel.it*
Rist – Carta 32/51 €
◆ Nero d'Avola, Pignatello, Insolia o Grillo sono solo alcune delle ottime etichette
presenti nella carta e che, al meglio, sapranno accompagnare le specialità della
casa: piatti di orgine araba (il cous cous, in primis), nonché il proverbiale pescato
mazzarese (gamberi rossi e pesce azzurro).

MAZZARÒ Sicilia – Messina (ME) – **365** BA56 – **Vedere Taormina**

MEDUNO – Pordenone (PN) – **562** D20 – **1 708 ab.** – **alt. 313 m**   10 B2
– ⊠ 33092

▶ Roma 633 – Udine 46 – Belluno 76 – Cortina D'Ampezzo 108

X   **Stella**   ᴬᶜ ⅄ ⇆ *VISA* ◍ ᴀᴇ ① ᴕ
via Principale 38 – ℰ 0 42 78 61 24 – *chiuso dal 1° al 10 gennaio, dal 1° al
7 settembre, sabato a mezzogiorno, domenica sera e mercoledì*
Rist – Carta 32/59 €
◆ Rimane fedele alla tradizione e ai prodotti tipici della zona (soprattutto salumi
e formaggi), la cucina di questa piccola trattoria di paese dalla brillante gestione
familiare.

MEINA – Novara (NO) – **561** E7 – **2 542 ab.** – **alt. 214 m** – ⊠ 28046   **24** B2

▶ Roma 645 – Stresa 12 – Milano 68 – Novara 44

🏨 **Villa Paradiso**   ≤ 🐕 ⟨ ⅃ 🕍 ⚹⚹ ⚿ ⅍ rist, ⛵ ⅍ 🅿 🚾 ⓪ 🗚 ⓪ ⚹
*via Sempione 125 – ℰ 03 22 66 04 88 – www.hotelvillaparadiso.com
– aprile-5 novembre*
57 cam � – ✦80/110 € ✦✦120/150 € – ½ P 75/90 €   **Rist** – Carta 34/48 €
♦ Grande costruzione fine secolo, in posizione panoramica, avvolta da un parco, in cui è inserita la piscina, dotata anche di spiaggetta privata. Gestione intraprendente. Al ristorante le ricercatezze negli arredi donano all'atmosfera una certa eleganza.

🏨 **Bel Sit** senza rist   ≤ ⟨ 🕍 ᡧ ⅍ ⛵ 🗚 🚾 ⓪ 🗚 ⚹
via Sempione 76 – ℰ 03 22 66 08 80 – www.bel-sit.it – chiuso dal 1° dicembre al 13 marzo
18 cam ⊇ – ✦90/120 € ✦✦140/160 €
♦ Piccola struttura dagli interni confortevoli e lineari, soprattutto nelle camere moderne. Il retro dell'hotel è tutto proiettato sul lago con attracco per barche e spiaggetta.

MELDOLA – Forlì-Cesena (FC) – **562** J18 – **10 140 ab.** – **alt. 58 m**   **9** D2
– ⊠ 47014

▶ Roma 418 – Ravenna 41 – Rimini 64 – Forlì 13

🍴 **Il Rustichello**   🏠 🗚 ⅍ 🚾 ⓪ 🗚 ⓪ ⚹
via Vittorio Veneto 7 – ℰ 05 43 49 52 11 – chiuso dal 20 gennaio al 5 febbraio, agosto, lunedì, martedì
Rist – Carta 22/34 €
♦ Appena fuori dal centro, in questa trattoria rivivono i sapori legati alla tradizione gastronomica regionale. Paste e dolci fatti in casa e specialità di carne. Servizio veloce e attento.

MELEGNANO – Milano (MI) – **561** F9 – **17 024 ab.** – **alt. 88 m**   **18** B2
– ⊠ 20077

▶ Roma 548 – Milano 17 – Piacenza 51 – Pavia 29

🏠 **Il Telegrafo**   🏠 🗚 ⛵ 🅿 🚾 ⓪ 🗚 ⓪ ⚹
via Zuavi 54 – ℰ 0 29 83 40 02 – www.hoteliltelegrafo.it – chiuso agosto
34 cam – ✦65/68 € ✦✦90/95 €, ⊇ 8 € – ½ P 65 €
Rist – (chiuso domenica) Carta 32/50 €
♦ Una volta era un'antica locanda con stazione di posta, oggi rimane un riferimento affidabile, nel centro della cittadina, personalizzata e perfettamente attrezzata. Ristorante semplice, curato, dal clima ruspante.

MELENDUGNO – Lecce (LE) – **564** G37 – **9 894 ab.** – **alt. 36 m**   **27** D3
– ⊠ 73026

▶ Roma 581 – Brindisi 55 – Gallipoli 51 – Lecce 19

a San Foca Est : 7 km – ⊠ 73026

🏠 **Côte d'Est**   ≤ ⟨ ⅃ 🕍 ᡧ cam, 🗚 ⅍ rist, ⛵ 🚾 ⓪ ⚹
lungomare Matteotti – ℰ 08 32 88 11 46 – www.hotelcotedest.it
48 cam ⊇ – ✦50/110 € ✦✦56/170 € – ½ P 105 €
Rist – (giugno-settembre) Menu 20/25 €
♦ Direttamente sul lungomare, un hotel a conduzione familiare rinnovato negli utlimi anni, offre stanze e spazi comuni arredati nelle tonalità del blu con decorazioni marittime.

MELETO – Arezzo (AR) – **563** L16 – **Vedere Cavriglia**

MELFI – Potenza (PZ) – **564** E28 – 17 435 ab. – alt. 530 m – ⊠ 85025   3 A1

▶ Roma 325 – Bari 132 – Foggia 60 – Potenza 52

🏠🏠 **Relais la Fattoria** 🔊 🗊 🖻 🕭 🗚 ⚡ cam, ⚡ 🖈 **P** 🚾 ⓒⓒ 🖭 ⓞ 🜚
strada statale 658-uscita Melfi Nord – 𝒞 0 97 22 47 76 – www.relaislafattoria.it
112 cam ⊑ – ♦70/80 € – ♦♦90/120 € – ½ P 60/85 €
Rist – *(chiuso a mezzogiorno)* Carta 20/30 €
◆ Alle porte della città, questa imponente struttura contornata dal verde di ulivi e vigneti, dispone di ampi spazi congressuali ed eleganti camere vagamente country. Ristorante con due sale curate, ora anche pizzeria.

🏠🏠 **Novecento** con cam 🏠 🗚 ⚡ ⚡ 🖈 **P** 🚾 ⓒⓒ ⓞ 🜚
*contrada Incoronata, Ovest: 1,5 km – 𝒞 09 72 23 74 70 – www.novecentomelfi.it
– domenica sera e lunedì*
7 cam ⊑ – ♦60/65 € ♦♦85/90 € – 3 suites – ½ P 80 €
Rist – Carta 21/39 € ✿
◆ Piatti del territorio proposti a voce, nonché golose torte casalinghe, in un accogliente ristorante appena fuori dal centro della cittadina. Graziose camere, recentemente ristrutturate.

🍴 **La Villa** 🗚 ⬦ **P** 🚾 ⓒⓒ ⓞ 🜚
*strada statale 303 verso Rocchetta Sant'Antonio, Nord: 1,5 Km
– 𝒞 09 72 23 60 08 – chiuso dal 23 luglio al 7 agosto, domenica sera, lunedì*
Rist – Carta 20/35 €
◆ Ricette locali rispettose dei prodotti del territorio, in un ristorante con orto e produzione propria di uova e farina: ambiente intimo e curato, grazie alle tante attenzioni della famiglia che lo gestisce.

MELITO IRPINO – Avellino (AV) – **564** D27 – 1 956 ab. – alt. 242 m   7 C1
– ⊠ 83030

▶ Roma 255 – Foggia 70 – Avellino 55 – Benevento 45

🍴 **Di Pietro** 🗚 🚾 ⓒⓒ 🖭 ⓞ 🜚
*corso Italia 8 – 𝒞 08 25 47 20 10 – www.anticatrattoriadipietro.com
– chiuso 10 giorni in settembre e mercoledì*
Rist – Carta 20/35 €
◆ Trattoria con alle spalle una lunga tradizione familiare, giunta ormai alla terza generazione. Pizze e cucina campana, preparata e servita con grande passione.

MELIZZANO – Benevento (BN) – **564** D25 – 1 908 ab. – alt. 190 m   6 B1
– ⊠ 82030

▶ Roma 203 – Napoli 50 – Avellino 70 – Benevento 35

🏠 **Country House Giravento** ❧ ≤ 🔊 🗊 ⚡ ⚡ **P**
*Contrada Nido Laura, via Vicinale Castagneto 7 – 𝒞 34 72 70 81 53
– www.giravento.it*
4 cam ⊑ – ♦60 € ♦♦90 €
Rist – *(giugno-settembre) (chiuso a mezzogiorno)* Menu 30 €
◆ Piacevolissimo agriturismo a pochi chilometri dal centro paese. A gestirlo sono due signori che dopo essersi occupati per tanto tempo di olivicoltura, e conseguente produzione di olio extra vergine, hanno deciso di aprire la loro bella casa ad ospiti esterni. Poche camere, ma molto accoglienti, ed una piscina panoramica: l'indirizzo giusto per chi vuole "staccare la spina".

MELS – Udine (UD) – Vedere **Colloredo di Monte Albano**

MELZO – Milano (MI) – **561** F10 – 18 373 ab. – alt. 118 m – ⊠ 20066   19 C2
▶ Roma 578 – Bergamo 34 – Milano 21 – Brescia 69

🏠 **Visconti** senza rist 🎮 🖻 🕭 🗚 ⚡ ⚡ 🖈 **P** 🚗 🚾 ⓒⓒ 🖭 🜚
*via Colombo 3/a – 𝒞 02 95 73 13 28 – www.hotelviscontimelzo.it – chiuso dal 6
al 22 agosto*
40 cam ⊑ – ♦60/115 € ♦♦85/155 €
◆ Struttura nuovissima e omogenea in tutte le sue parti con servizi, nonché dotazioni completi; la gestione brilla per serietà e competenza.

MENAGGIO – Como (CO) – **561** D9 – **3 253 ab.** – alt. 203 m – ⊠ **22017**   **16** A2
▮ Italia Centro Nord

▶ Roma 661 – Como 35 – Lugano 28 – Milano 83

⛴ per Varenna – Navigazione Lago di Como, *℘* call center 800 551 801

🛈 piazza Garibaldi 8, *℘* 0344 3 29 24, www.menaggio.com

▦ Menaggio & Cadenabbia via Golf 12, 0344 32103, www.golfclubmenaggio.it
  – marzo-novembre

◉ Località ★★

🏨 **Grand Hotel Menaggio**   ⟨icons⟩ rist, 🎈 🅿 🚗
via 4 Novembre 77 – *℘* 0 34 43 06 40   VISA ⓒⓞ AE ⓓ
– www.grandhotelmenaggio.com – marzo-ottobre
94 cam ⊡ – ♦150/170 € ♦♦180/320 € – 1 suite   **Rist** – Carta 52/72 €
♦ Prestigioso hotel affacciato direttamente sul lago, presenta ambienti di grande
signorilità ed eleganza e una terrazza con piscina dalla meravigliosa vista panoramica. Le emozioni di un pasto consumato in compagnia della bellezza del lago.

🏨 **Grand Hotel Victoria**   ⟨icons⟩ rist, 🏊 🅿
lungolago Castelli 9/13 – *℘* 0 34 43 20 03   VISA ⓒⓞ AE ⓓ ⓢ
– www.grandhotelvictoria.it
49 cam – ♦110/150 € ♦♦180/300 € – 6 suites – ½ P 120/190 €
Rist *Le Tout Paris* – Carta 38/58 €
♦ Grand hotel in stile liberty, capace di regalare sogni e suggestioni di un passato desiderabile. Nelle zone comuni abbondanza di stucchi, specchi e decorazioni. Il ristorante si apre sul giardino antico e curato dell'hotel.

🏠 **Du Lac** senza rist   ⟨icons⟩ 🎈 🚗 VISA ⓒⓞ AE ⓓ ⓢ
via Mazzini 27 – *℘* 0 34 43 52 81 – www.hoteldulacmenaggio.it
10 cam – ♦85/125 € ♦♦125 €, ⊡ 10 €
♦ Casa centralissima e a bordo lago, completamente ristrutturata ed adibita ad
hotel dai giovani proprietari. Al piano terra il bar, sopra le camere nuove ed
accoglienti.

a Nobiallo Nord : 1,5 km – ⊠ 22017 Menaggio

🏠 **Garden** senza rist   ⟨icons⟩ 🅿 VISA ⓒⓞ ⓢ
via Diaz 30 – *℘* 0 34 43 16 16 – www.hotelgarden-menaggio.com
– Pasqua-ottobre
13 cam ⊡ – ♦55/85 € ♦♦80/95 €
♦ Una dozzina di camere affacciate sul lago, così come sul bel giardino. Una villa
ben tenuta, con esterni di un rosa leggero, e spazi interni sobri e confortevoli.

a Loveno Nord-Ovest : 2 km – alt. 320 m – ⊠ 22017 Menaggio

🏨 **Royal** ⟨icon⟩   ⟨icons⟩ rist, 🎈 🅿 🚗 VISA ⓒⓞ AE ⓓ ⓢ
largo Vittorio Veneto 1 – *℘* 0 34 43 14 44 – www.royalcolombo.com
– 25 marzo-ottobre
18 cam ⊡ – ♦80/100 € ♦♦102/140 € – ½ P 94 €
Rist *Chez Mario* – Carta 27/50 €
♦ Nel verde di un curato giardino con piscina, in posizione tranquilla e soleggiata,
un hotel in grado di offrire soggiorni rilassanti in una cornice familiare, ma signorile. Al ristorante ambiente distinto, arredi disposti per offrire calore e intimità.

MENFI Sicilia – Agrigento (AG) – **365** AM58 – **12 911 ab.** – alt. 119 m   **39** B2
– ⊠ 92013
▶ Agrigento 79 – Palermo 122 – Trapani 100

in prossimità del bivio per Porto Palo Sud-Ovest : 4 km :

🏨 **Il Vigneto Resort** ⟨icon⟩   ⟨icons⟩ 🚗 cam, 🆔 cam, 🎈 🅿
contrada Gurra – *℘* 0 92 51 95 51 91   VISA ⓒⓞ AE ⓓ ⓢ
– www.ristoranteilvigneto.com
17 cam ⊡ – ♦50/80 € ♦♦80/110 €
Rist *Il Vigneto* – Carta 30/44 € (+10 %)
♦ Nell'ampia sala di questo grazioso edificio rustico in aperta campagna oppure
all'aperto, sotto un pergolato in legno, una saporita e abbondante cucina che si
ispira soprattutto al mare.

MERANO (MERAN) – Bolzano (BZ) – **562** C15 – 37 673 ab. – alt. 325 m   **30** B2
– Sport invernali : a Merano 2000 B : 1 600/2 300 m ⟨⟩2 ⟨⟩5, ⟨⟩ – ⊠ 39012

Italia

▶ Roma 665 – Bolzano 28 – Brennero 73 – Innsbruck 113

ℹ corso della Libertà 45, ☎ 0473 27 20 00, www.comune.merano.bz.it

⛳ Lana Gustshof Brandis via Brandis 13, 0473 564696, www.golfclublana.it – chiuso
dal 15 dicembre al 15 febbraio

⛳ Passiria Merano Kellerlahne 3, 0473 641488, www.golfclubpassiria.com – marzo-
novembre

◎ Passeggiate d'Inverno e d'Estate★★ D **24** – Passeggiata Tappeiner★★ CD – Volte
gotiche★ e polittici★ nel Duomo D – Via Portici★ CD – Castello Principesco★ C **C**
– Giardini di Castel Trauttmansdorff★★ 3 km dal centro, a piedi lungo il sentiero di
Sissi o in auto direzione Schenna/Scena - Merano 2000★ accesso per funivia, Est :
3 km B – Tirolo★ Nord : 4 km A

◧ Avelengo★ Sud-Est : 10 km per via Val di Nova B – Val Passiria★ B

🏨 **Meister's Hotel Irma** ⬚   ⟨⟩⟨⟩⟨⟩⟨⟩⟨⟩⟨⟩⟨⟩⟨⟩⟨⟩⟨⟩⟨⟩⟨⟩⟨⟩⟨⟩ cam,
via Belvedere 17 – ☎ 04 73 21 20 00 – www.hotel-irma.it   ⟨⟩ rist, ⟨⟩ ⬚
– 15 marzo-15 novembre   B**p**
50 cam ⬚ – ⟨⟩132/232 € ⟨⟩⟨⟩208/314 € – 19 suites
– ½ P 129/194 €
Rist – *(solo per alloggiati)* Carta 29/50 €
◆ Meraviglioso centro benessere, spaziosa zona comune con una bella sala
lettura e camere rinnovate...L'esterno non è da meno: delizioso parco-giardino
ed incantevole laghetto artificiale. Gli atout per una vacanza da sogno ci sono
tutti!

MERANO

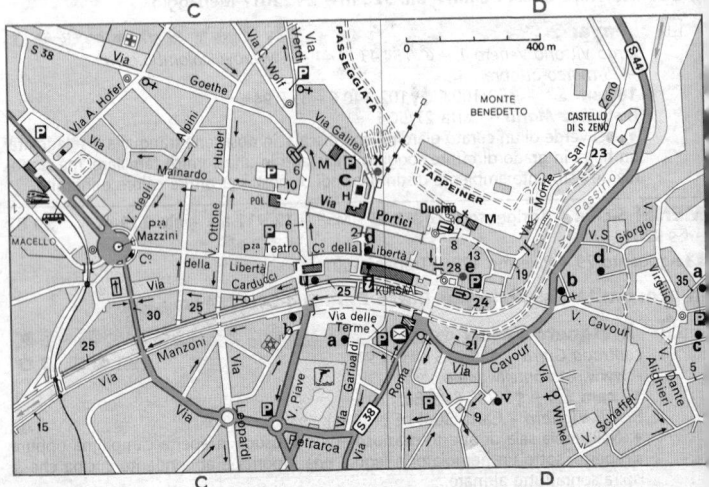

MERANO

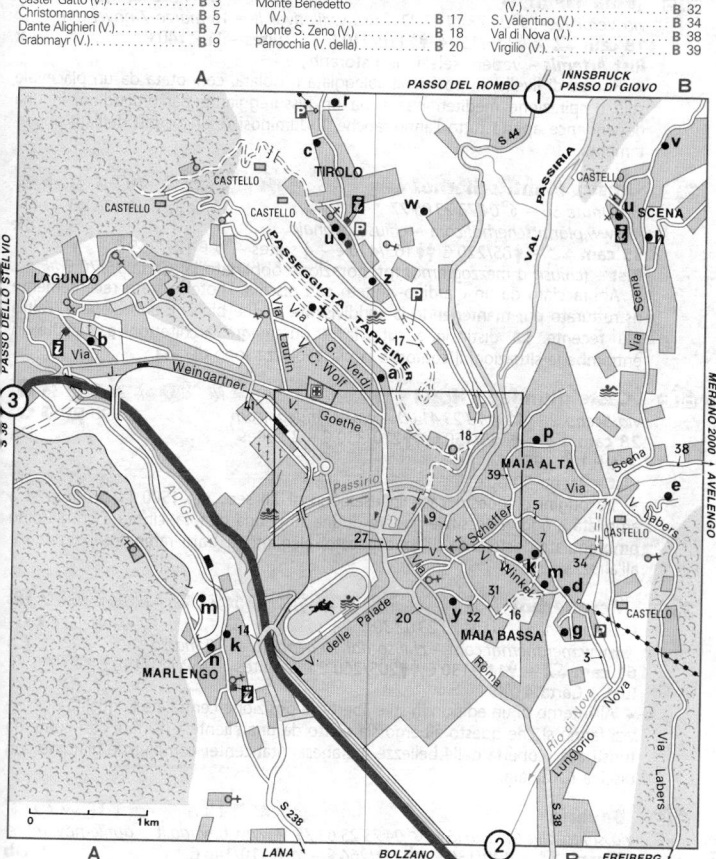

Park Hotel Mignon 🏵   ← 🚗 🐕 🏖 ᴣ 🔲 🍷 🏋 ᴸᴰ 🛎 ᴣ cam, ⇄ 🍴 rist, ꙺ 🛎 **P** 🏧 🚗 **VISA** **◑◐** **AE** 🛎

via Grabmayr 5 – ℰ 04 73 23 03 53

– www.hotelmignon.com – 15 marzo-15 novembre   D**v**

50 cam 🖵 – †180/250 € ††300/370 € – 13 suites   **Rist** – Carta 50/90 €

◆ Splendida cura nelle parti comuni di questo hotel che si presenta come un indirizzo affidabile per indimenticabili vacanze. Grazioso parco-giardino con piscina riscaldata ed attrezzato centro benessere.

Therme Meran 🏠 ᴣ 🔲 🍷 🏋 ᴸᴰ 🛎 ᴣ. 🕴 ᴬᴷ 🍴 rist, ꙺ 🛎 🚗 **VISA** **◑◐** **AE** **①** 🛎

piazza delle Terme 1 – ℰ 04 73 25 90 00

– www.hoteltermemerano.it   C**a**

114 cam 🖵 – †117/317 € ††173/373 € – 25 suites – ½ P 105/225 €

Rist – Carta 53/62 €

◆ Vicino al centro, un hotel dal design moderno, direttamente collegato alle nuove terme di Merano, ospita camere dai vivaci colori e splendide suites con preziosi dettagli. Un locale raccolto ed elegante con cucina a vista ed un'offerta gastronomica d'ispirazione mediterranea ed altoatesina sfornata dalla fervida fantasia dello chef.

643

Villa Tivoli ⊗   ≤ ◁ 🎘 🖂 🕅 🛋 ⅍ 🛠 🛏 ⅏ 🏊 ⓒ ⚙ **P** 🚗 VISA ⚙ 🆔

via Verdi 72 – ℰ 04 73 44 62 82 – www.villativoli.it – 16 marzo-7 novembre
18 cam 🖵 – 🛉115/150 € 🛉🛉170/210 € – 5 suites – ½ P 140 €   **Ax**
Rist *Artemis* – vedere selezione ristoranti
♦ Risorsa di livello, in posizione soleggiata e isolata, connotata da un piacevole stile d'ispirazione mediterranea e da un lussureggiante parco-giardino. In una dépendance aperta tutto l'anno, anche 10 luminosi (e ancor più defilati) appartamenti.

Ansitz Plantitscherhof ⊗   🚗 🏡 🎘 🖂 🕘 🕅 🛠 🛐 🖢 🅰🅒
  ⅍ rist, 🛐 **P** 🚗 ⚙ 🆔

via Dante 56 – ℰ 04 73 23 05 77
– www.plantitscherhof.com – chiuso gennaio   **Bk**
35 cam 🖵 – 🛉85/220 € 🛉🛉165/420 € – 4 suites – ½ P 127/255 €
Rist – *(chiuso a mezzogiorno)* (prenotazione obbligatoria) Carta 35/70 € 🏵
♦ Abbracciato da un giardino-vigneto con piscina, l'hotel è stato recentemente ristrutturato pur mantenendo la suddivisione in due blocchi: uno d'epoca, l'altro più recente. La distinzione tuttavia è puramente architettonica, perché in entrambe le situazioni il confort e la piacevolezza sono di casa.

Castel Rundegg Hotel   🚗 🏡 🖂 🕘 🕅 🖢 🖾 🅰 🛠 **P**
  VISA ⚙ 🅰🅔 ① 🆔

via Scena 2 – ℰ 04 73 23 41 00 – www.rundegg.com
28 cam 🖵 – 🛉125/150 € 🛉🛉210/330 € – 2 suites   **Da**
– ½ P 135/195 €
Rist – Menu 50/60 €
♦ Le origini di questo castello risalgono al XII sec., nel 1500 la struttura si è ampliata e oggi è possibile godere di una stupenda dimora, cinta da un giardino ombreggiato. Ristorante di tono pacato, elegante, a tratti raffinato; il servizio è all'altezza.

Meranerhof   🚗 🏡 🖂 🕘 🕅 🖢 🖾 🅰 🅰🅒 ⅍ rist, 🛐 🛠 **P**
  VISA ⚙ 🅰🅔 ① 🆔

via Manzoni 1 – ℰ 04 73 23 02 30
– www.meranerhof.com – chiuso dal 10 gennaio al 10 marzo   **Cb**
61 cam 🖵 – 🛉111/130 € 🛉🛉205/260 € – 3 suites – ½ P 121/148 €
Rist – Carta 41/49 €
♦ All'interno di un edificio in stile liberty, la posizione centrale e la qualità dei servizi fanno sì che questo albergo sia eletto da una clientela d'affari, così come da turisti alla scoperta delle bellezze meranesi. Vital center completo e giardino con piscina riscaldata.

Bavaria   🚗 🎘 🖂 🖢 ⅍ rist, 🛐 **P** VISA ⚙ 🆔

via salita alla Chiesa 15 – ℰ 04 73 23 63 75 – www.bavaria.it – aprile-novembre
50 cam 🖵 – 🛉90/130 € 🛉🛉192/264 € – ½ P 110/146 €   **Db**
Rist – *(solo per alloggiati)*
♦ Hotel ospitato da un caratteristico edificio, dall'architettura tipica. Un bel giardino con palme avvolge le facciate azzurre, i balconi fioriti e le camere classiche.

Pienzenau am Schlosspark   🚗 🏡 🎘 🖂 🕘 🕅 🖢 🖾 rist, 🅰🅒 cam,
  ⅍ rist, **P** 🚗 VISA ⚙ 🆔

via Pienzenau 1 – ℰ 04 73 23 40 30
– www.hotelpienzenau.com – aprile-6 novembre   **Bd**
25 cam 🖵 – 🛉185/205 € 🛉🛉235/255 € – 5 suites – ½ P 155 €
Rist – *(chiuso a mezzogiorno)* (solo per alloggiati) Carta 35/56 €
♦ Una romantica Landhaus, nonché un omaggio permanente alla rosa: dal colore dell'edificio al vero e proprio roseto, è tutto un susseguirsi di richiami al raffinato fiore. Deliziosa Spa, camere come bomboniere e due piscine (una all'aperto con acqua di torrente riscaldata, l'altra coperta e con diversi getti d'acqua).

Adria ⊗   🚗 🖂 🕘 🕅 🖢 🖢 🛏 🅰🅒 cam, ⅍ rist, 🛐 🛠 **P** VISA ⚙ 🅰🅔 🆔

via Gilm 2 – ℰ 04 73 23 66 10 – www.hotel-adria.com – marzo-novembre
42 cam 🖵 – 🛉94/119 € 🛉🛉142/226 € – 3 suites – ½ P 96/138 €   **Dc**
Rist – *(solo per alloggiati)*
♦ All'interno di un edificio in stile liberty, in zona residenziale, con un grazioso centro benessere. Così si presenta questo hotel, dotato di stanze confortevoli e spaziose.

Castello Labers ⊱ ⪡ 🚗 🏠 ⅃ 🏡 ⚙ ⅀ 🍴 🛗 ⅌ ℙ 𝖵𝖨𝖲𝖠 ⓪ 💲
via Labers 25 – ℰ 04 73 23 44 84 – www.castellolabers.it – 22 aprile-3 novembre
34 cam � – ♦120/200 € ♦♦160/300 € – 1 suite – ½ P 120/190 €   **Be**
Rist – Carta 38/71 €

♦ Un meraviglioso castello le cui origini affondano nella storia...Albergo dal 1885, vanta una posizione incantevole sulle prime montagne a ridosso di Merano: all'interno, tutto il fascino dell'antica dimora con accessori però moderni. Suggestivi spazi comuni, curati giardini e cappella privata.

Aurora 🏠 ⅀ 𝕷 🛗 𝔸�
ℂ ⅌ 🍴 𝕾𝖆 ℙ 𝖵𝖨𝖲𝖠 ⓪ 𝔸𝔼 💲
passeggiata Lungo Passirio 38 – ℰ 04 73 21 18 00 – www.hotelaurora.bz
– chiuso dall'8 gennaio al 1° marzo   **Cu**
36 cam ⊇ – ♦85/150 € ♦♦138/280 € – 2 suites – ½ P 99/170 €
Rist – Carta 31/66 €

♦ Lungo la bella passeggiata e di fronte alle nuovissime terme, hotel di gusto moderno con soluzioni di design in molte camere. Buona attenzione sulla qualità della cucina.

Pollinger ⊱ ⪡ 🚗 🏠 ⅃ 🔲 𝕾𝖆 𝕷 🛗 𝔸𝔻 cam, ⅍ rist, 🍴 ℙ 🚗
via Santa Maria del Conforto 30 – ℰ 04 73 27 00 04
– www.pollinger.it – 29 novembre-8 gennaio e 24 marzo-5 novembre   𝖵𝖨𝖲𝖠 ⓪ 𝔸𝔼 ⓪ 💲
32 cam ⊇ – ♦93/143 € ♦♦160/186 € – 1 suite – ½ P 100/116 €   **By**
Rist – *(solo per alloggiati)* Carta 35/43 €

♦ L'ubicazione consente di godere di una notevole tranquillità, aspetto che certamente è apprezzato dagli ospiti di questa ben attrezzata risorsa. Balconi in tutte le camere.

Alexander ⊱ ⪡ 🚗 ⅃ 🔲 ⊛ 𝕾𝖆 🛗 & cam, ⅍⅍ 𝔸𝔻 rist, ⅍ rist, ℙ 🚗
via Dante 110 – ℰ 04 73 23 23 45   𝖵𝖨𝖲𝖠 ⓪ 𝔸𝔼 ⓪ 💲
– www.hotel-alexander.it – chiuso dal 15 gennaio al 15 marzo   **Bg**
20 cam – 10 suites – solo ½ P 70/146 €   **Rist** – *(solo per alloggiati)*

♦ Elegante albergo familiare, in posizione periferica e panoramica, a tutto vantaggio della tranquillità e della piacevole ubicazione tra i vigneti. Ricco di accessori.

Juliane ⊱ 🚗 🏠 ⅃ 🔲 𝕾𝖆 🛗 & cam, ⅍⅍ ⅍ rist, 🍴 ℙ 𝖵𝖨𝖲𝖠 ⓪ 💲
via dei Campi 6 – ℰ 04 73 21 17 00 – www.juliane.it – 15 marzo-5 novembre
31 cam ⊇ – ♦72/90 € ♦♦144/180 € – ½ P 111 €   **Bk**
Rist – *(solo per alloggiati)* Carta 22/36 €

♦ Ubicata in una zona residenziale della città, questa struttura tranquilla e silenziosa pone a disposizione degli ospiti un giardino con piscina riscaldata ed una nuova, fiammante, area benessere.

Imperial Art senza rist   🛗 𝔸𝔻 🍴
corso della Libertà 110 – ℰ 04 73 23 71 72 – www.imperialart.it   **Cd**
12 cam ⊇ – ♦109/170 € ♦♦129/190 €

♦ Una modernissima risorsa in pieno centro: piccola è la hall, più spazio è dedicato invece all'omonimo bar adiacente, assai frequentato e dove si serve la prima colazione. Ai piani, le camere impreziosite dal lavoro di artisti contemporanei.

Sonnenhof ⊱ 🚗 🏠 ⅃ 𝕾𝖆 𝕷 🛗 & cam, ⅌ ⅍ rist, 🍴 ℙ 🚗
via Leichter 3 – ℰ 04 73 23 34 18   𝖵𝖨𝖲𝖠 ⓪ 𝔸𝔼 ⓪ 💲
– www.sonnenhof-meran.com – chiuso dall'8 gennaio al 29 marzo
e dal 12 al 29 novembre   **Dc**
16 cam ⊇ – ♦61/105 € ♦♦106/180 € – 2 suites – ½ P 100 €
Rist – *(chiuso a mezzogiorno) (solo per alloggiati)*

♦ Hotel edificato secondo uno stile che richiama alla mente una fiabesca dimora con giardino. Gli interni sono accoglienti, soprattutto le camere, semplici e spaziose.

Zima senza rist ⊱ 🚗 ⅃ 𝕾𝖆 𝕷 🛗 ⅍⅍ ⅍ rist, ℙ 𝖵𝖨𝖲𝖠 ⓪ 💲
via Winkel 83 – ℰ 04 73 23 04 08 – www.hotelzima.com – chiuso gennaio e febbraio   **Bm**
22 cam ⊇ – ♦58/63 € ♦♦98/120 €

♦ La zona dove è situato questo hotel offre il vantaggio di non presentare problemi di parcheggio. Ambienti dall'atmosfera calda e familiare, camere accoglienti e ordinate.

⋔ Agriturismo Sittnerhof senza rist ⌾ ☐ ⚜ **P**

via Verdi 60 – ℰ 04 73 22 16 31 – www.bauernhofurlaub.it **Ba**

3 cam ☐ – †58/70 € – ††90/102 € – 3 suites

♦ Lungo una via residenziale tranquilla e ombreggiata, questo splendido edificio, le cui fondamenta risalgono all'XI secolo, ospita due camere di taglio moderno con arredi funzionali, tre appartamenti con cucina ed una camera più antica.

ⅩⅩⅩ Kallmünz ☐ **P** **VISA** ⊛ 됴

piazza Rena 12 – ℰ 04 73 21 29 17 – www.kallmuenz.it – chiuso 3 settimane in gennaio, 2 settimane in luglio, lunedì **De**

Rist – Menu 30 € (pranzo in settimana)/60 € – Carta 48/84 € ⌘

♦ In pieno centro, un locale che presenta un aspetto moderno senza nascondere la tradizione della casa. La carta parte dall'Alto Adige, ma non disdegna le spezie orientali e il mare.

ⅩⅩ Sissi (Andrea Fenoglio) 쾨 ⇔ **VISA** ⊛ 됴 ᗠ

via Galilei 44 – ℰ 04 73 23 10 62 – www.sissi.andreafenoglio.com – chiuso 3 settimane tra febbraio e marzo, lunedì, martedì a mezzogiorno **Cx**

Rist – Menu 75 € – Carta 59/79 € ⌘

Spec. Filetto di sgombro affumicato al momento con mele e zenzero. Spalla d'agnello da latte al forno in crosta di pistacchi. Limoni, vaniglia, gelato alla ricotta di capra e olio d'oliva.

♦ Con attenzione - in sala - si colgono gli echi *liberty* della vecchia Merano, ma la cucina è tesa ad esaltare eccellenti prodotti con l'ausilio delle più moderne tecnologie gastronomiche.

ⅩⅩ Artemis – Hotel Villa Tivoli ≤ ⌾ ㎡ ☐ & ⚜ ⇔ **P** **VISA** ᗠ

via Verdi 72 – ℰ 04 73 44 62 82 – www.villativoli.it – 16 marzo-7 novembre

Rist – Menu 35/45 € – Carta 38/59 € **Ax**

♦ Cucina regionale con qualche tocco mediterraneo e piatti particolari come la zuppa al "marmo di Lasa" o il filetto di vitello al sugo di legna di melo, in questo ristorante che gode della posizione tranquilla ed isolata dell'hotel Villa Tivoli.

a Freiberg Sud-Est : 7 km per via Labers B – alt. 800 m – ✉ 39012 Merano

ᛜ Castel Fragsburg ⌘ ≤ ㎡ ☐ ⍟ ㎡ ⌾ 闽 ⇔ ⚜ ᵗᵗ **P** **VISA** ⊛ 됴 ᗠ

via Fragsburg 3 – ℰ 04 73 24 40 71 – www.fragsburg.com – 1° aprile-10 novembre

8 cam ☐ – †130/200 € – ††260/410 € – 12 suites – ††300/520 € – ½ P 155/300 €

Rist *Castel Fragsburg*⌘ – vedere selezione ristoranti

♦ Il fascino di una dimora storica, divenuta un caldo e confortevole rifugio, dove un'eleganza semplice e discreta è la compagna fedele di ogni soggiorno. Vista eccezionale.

ⅩⅩ Castel Fragsburg ≤ ㎡ ☐ ⚜ ⇔ **P** **VISA** ⊛ 됴 ᗠ

via Fragsburg 3 – ℰ 04 73 24 40 71 – www.fragsburg.com – 6 aprile-7 novembre, chiuso lunedì

Rist – Menu 58/92 € – Carta 57/83 €

Spec. Il meglio del salmerino con gelato alla senape. Bue tirolese: filetto e guancia. Sorbetto di albicocche di Merano (giugno).

♦ Un'eccellente tappa *gourmet*: ricette altoatesine, ma non mancano riferimenti alla cucina mediterranea e moderne personalizzazioni da parte dello chef. Il pane e la pasticceria sono fatti in casa, le carni sono biologiche, mentre le erbe aromatiche coltivate al castello. Ottima, la selezione di formaggi.

MERCATALE – Firenze (FI) – **563** L15 – Vedere San Casciano in Val di Pesa

---

MERCATO SAN SEVERINO – Salerno (SA) – **564** E26 – 21 590 ab. **6 B2**
– alt. 146 m – ✉ 84085

▶ Roma 256 – Napoli 61 – Salerno 17 – Avellino 27

XX **Casa del Nonno 13** (Raffaele Vitale)

Via Caracciolo 13, località Sant. Eustachio – ℰ 0 89 89 43 99
– www.casadelnonno13.com – chiuso agosto, domenica ser[a]
Rist – Menu 25/55 € – Carta 35/45 € 🏵
Rist La Salumeria – Carta 15/25 €
Spec. Scialatiello (pasta) di tarallo napoletano con broccoli e sepp[ie...]
scarola in crema di fagioli e pecorino. Capocollo di suino nero casertano lacc[...]
con purea di patate e cipollotto ripieno.

♦ Originale atmosfera in una cantina ristrutturata dal *patron*-architetto, dove
rustico ed elegante convivono in armonia. In tavola è la semplicità che regna
sovrana: pomodoro San Marzano, mozzarella e carne - rigorosamente - italiana!

MERCENASCO – Torino (TO) – **561** F5 – 1 257 ab. – alt. 249 m   **22** B2
– ✉ 10010

🖫 Roma 680 – Torino 40 – Aosta 82 – Milano 119

XX **Darmagi**   🖭 ⇔ 🅿 🎴 ☺ ⚕

via Rivera 7 – ℰ 01 25 71 00 94 – www.ristorantedarmagi.it – chiuso dal
15 giugno al 2 luglio, dal 16 al 31 agosto, lunedì, martedì
Rist – Menu 27 € bc (pranzo)/35 € – Carta 34/47 €

♦ Villetta in posizione defilata caratterizzata da una calda atmosfera familiare,
soprattutto nella bella sala con camino. La cucina è ricca di proposte della tradizione.

MERCOGLIANO – Avellino (AV) – **564** E26 – 12 519 ab. – alt. 550 m   **6** B2
– ✉ 83013

🖫 Roma 242 – Napoli 55 – Avellino 6 – Benevento 31

in prossimità casello autostrada A16 Avellino Ovest Sud : 3 km :

🏨 **Grand Hotel Irpinia**   🏊 🖭 🏋 🕸 🔒 ᐧ cam, 🖭 ℜ 🕸 🅿 🛜

via Nazionale ✉ 83013 – ℰ 08 25 68 36 72   🎴 ☺ 🆎 ⚕
– www.grandhotelirpinia.it
66 cam 🖙 – †60/75 € ††80/100 € – 5 suites – ½ P 75 €
Rist Chez-Lù – Carta 26/52 €

♦ Immerso in un giardino che custodisce una piscina circondata da statue, l'hotel
è facilmente raggiungibile ed offre un servizio efficiente ed ambienti spaziosi e
confortevoli. Le eleganti ed ampie sale ristorante ben si prestano per allestire ricevimenti e celebrare importanti ricorrenze.

MERCURAGO – Novara (NO) – Vedere Arona

MERGOZZO – Verbano-Cusio-Ossola (VB) – **561** E7 – 2 144 ab.   **24** A1
– alt. 204 m – ✉ 28802

🖫 Roma 673 – Stresa 13 – Domodossola 20 – Locarno 52
🛈 corso Roma 20, ℰ 0323 80 09 35, www.mergozzo.it

🏨 **Due Palme e Residenza Bettina**   ≤ 🗻 🖾 🖪 ✲✲ 🕸 rist, ℜ

via Pallanza 1 – ℰ 0 32 38 01 12   🎴 ☺ 🆎 ⓘ ⚕
– www.hotelduepalme.it – 10 marzo-ottobre
50 cam 🖙 – †65/85 € ††90/120 € – ½ P 70 €   **Rist** – Carta 30/45 €
♦ In un'oasi di tranquillità, sulle rive del lago di Mergozzo ma a pochi passi dal
centro, l'elegante residenza d'epoca trasformata in hotel, offre camere di taglio
classico. Belle e luminose le sale ristorante, caratteristiche nel loro stile leggere-
mente retrò, dove gustare la tradizionale cucina del territorio.

XX **La Quartina** con cam   🗻 ᐧ rist, 🅿 🎴 ☺ 🆎 ⓘ ⚕

via Pallanza 20 – ℰ 0 32 38 01 18 – www.laquartina.com – chiuso dicembre,
gennaio, febbraio e martedì (escluso la sera in estate)
10 cam – †70/95 € ††95/115 €, 🖙 12 € – 5 suites – ½ P 97/105 €
Rist – Carta 42/70 €
♦ Alle porte della località, un piacevole locale affacciato sul lago con una luminosa sala ed un'ampia terrazza dove assaporare la cucina del territorio e specialità
lacustri. Camere semplici, accoglienti e sempre curate.

…E – Como (CO) – 561 E9 – 4 164 ab. – alt. 284 m – ⌧ 22046

…a 611 – Como 18 – Bellagio 32 – Bergamo 47

Il Corazziere ❀ ◐ 🛇 ♿ ♨ 🅰 ⚊ ♨ ♨ 🅿 VISA ㏄ 🅰 ⓞ ⚹
via Mazzini 4 e 7 – ℰ 031 61 71 81 – www.corazziere.it
73 cam ⌸ – ♦80/90 € ♦♦110/130 €
Rist *Il Corazziere* – vedere selezione ristoranti
♦ Camere accoglienti, nonché buon confort generale, in una struttura moderna e
signorile ubicata in riva al fiume Lambro.

XXX **Il Corazziere** – Hotel Il Corazziere ◐ 🅰 ⇔ 🅿 VISA ㏄ 🅰 ⓞ ⚹
via Mazzini 4 e 7 – ℰ 031 65 01 41 – www.corazziere.it – chiuso dal 2 al 24 agosto
Rist – (chiuso martedì) Carta 31/72 € ⃰
♦ Spazi per tutte le esigenze - dal piccolo privé al salone per banchetti - dove
gustare la classica cucina italiana e qualche proposta di pesce.

MESAGNE – Brindisi (BR) – 564 F35 – 27 827 ab. – alt. 72 m – ⌧ 72023   27 D2
▶ Roma 574 – Brindisi 15 – Bari 125 – Lecce 42

Castello senza rist 🛇 ♿ 🅰 ⚸ ♨ ⚿ VISA ㏄ 🅰 ⓞ ⚹
piazza Vittorio Emanuele II 2 – ℰ 08 31 77 75 00 – www.hotelcastellomesagne.com
11 cam ⌸ – ♦35/75 € ♦♦50/95 €
♦ Al primo piano di un edificio del Quattrocento sito sulla piazza principale, una
piccola risorsa con soffitti a volta e dagli arredi semplici e lineari.

MESCO – La Spezia (SP) – 561 J10 – Vedere Levanto

MESE – Sondrio (SO) – Vedere Chiavenna

MESIANO – Vibo Valentia (VV) – 564 L30 – Vedere Filandari

MESSADIO – Asti (AT) – 561 H6 – Vedere Montegrosso d'Asti

MESSINA Sicilia 🅿 (ME) – 365 BC54 – 242 864 ab. ▌Sicilia   40 D1
▶ Catania 97 – Palermo 235
🚢 Villa San Giovanni – Stazione Ferrovie Stato, piazza Repubblica 1 ⌧ 98122 ℰ 090
671700 – e Società Caronte, ℰ 090 5726504, call center 800 627 414
🚹 piazza Cairoli 45, ℰ 090 2 93 52 92, www.culturasicilia.it/
◉ Museo Regionale★ BY: Adorazione dei pastori★★ e Resurrezione di
Lazzaro★★ del Caravaggio – Duomo: portale★ e Manta d'oro★ (opera di I.
Mangani) - Orologio astronomico★ sul campanile BY

NH Liberty 🛇 ♿ cam, 🅰 ⇔ ♨ cam, ♨ 🕭 🅰 VISA ㏄ 🅰 ⓞ ⚹
via 1° Settembre 15 ⌧ 98122 – ℰ 09 06 40 94 36 – www.nh-hotels.com – chiuso
dal 30 giugno al 15 settembre   BZb
51 cam ⌸ – ♦72/135 € ♦♦117/220 € – ½ P 83/145 €   **Rist** – Carta 32/50 €
♦ Vicino alla stazione ferroviaria, albergo in stile liberty nei cui interni la moderna
funzionalità ben si sposa con decorazioni e arredi primo '900. Anche le camere
- recentemente rinnovate - propongono la stessa raffinatezza degli spazi comuni.

XX **Piero** ♿ 🅰 ♨ ⇔ VISA ㏄ 🅰 ⓞ ⚹
via Ghibellina 119 ⌧ 98123 – ℰ 09 06 40 93 54 – chiuso agosto e domenica
Rist – Carta 40/55 €   AZs
♦ Dal 1962 l'omonimo titolare gestisce questo ristorante classico ed elegante
recentemente rinnovato; specialità marinare, ma non mancano insalatone e
piatti di carne.

XX **La Durlindana** 🛱 ♿ 🅰 ♨ VISA ㏄ ⓞ ⚹
via Nicola Fabrizi 143/145 ⌧ 98123 – ℰ 09 06 41 31 56
– www.ladurlindana.com – chiuso 2 settimane in agosto   AZa
Rist – Carta 23/47 €
♦ Alle spalle del tribunale, un ristorante di recente realizzazione: cucina a vista
nonché ambienti originali valorizzati da un curato cortile interno con veranda
dehors. Piatti e vini a carattere regionale.

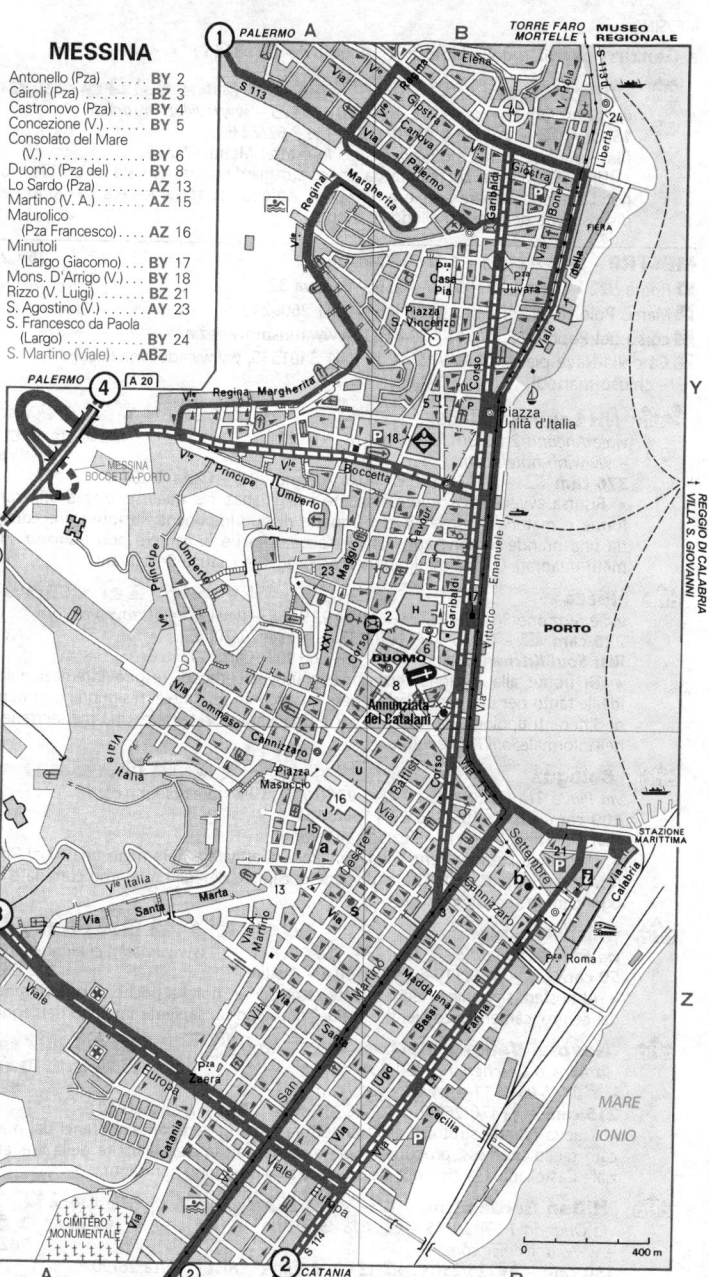

MESSINA

649

a Ganzirri per viale della Libertà N : 9 km BY – ✉ 98165

🏨 **Villa Morgana** 🚗 🏡 ⌇ 🔊 ₤₆ 🕍 🔟 ℃ ᵘᵖ 🈺 🅿 VISA ⊙⊙ AE 🛎
⊛ via Consolare Pompea 1965 – 𝓒 0 90 32 55 75 – www.villamorgana.it
15 cam ⌑ – †45/75 € ††70/110 € – ½ P 62/72 €
Rist – *(chiuso a mezzogiorno escluso in estate)* Menu 17/25 €
♦ Una villa privata circondata da un curato giardino, trasformata in un piccolo hotel, ma con camere ampie e funzionali. Attiguo centro benessere - Ki Klub - a disposizione degli ospiti alloggiati e non.

MESTRE – Venezia (VE) – 562 F18 Mestre 36 C2

▶ Roma 522 – Venezia 9 – Milano 259 – Padova 32
✈ Marco Polo di Tessera, per ③: 8 km 𝓒 041 2609240
🛈 corso del Popolo 65, 𝓒 041 5 29 87 11, www.turismovenezia.it/
🏎 Cá della Nave piazza della Vittoria 14, 041 5401555, www.cadellanave.com
– chiuso martedì

🏨 **NH Laguna Palace** ≤ 🏡 🛗 ₤ 🔟 ↩ ℀ cam, ᵘᵖ 🕍 🚗
⊛ viale Ancona 2 ✉ 30172 – 𝓒 04 18 29 69 11 VISA ⊙⊙ AE ⓘ 🛎
376 cam ⌑ – ††118/340 € **Rist** – Menu 20 € – Carta 44/54 € BYa
♦ Risorsa avveniristica, impressionante per gli spazi nei quali sono stati utilizzati forme e materiali innovativi, si compone di due imponenti strutture precedute da una grande fontana con giochi d'acqua. Anche le camere non lesinano sui metri quadrati. Cucina mediterranea nell'elegante Laguna Restaurant.

🏨 **Plaza** 🛗 🔟 ₤ ℀ ᵘᵖ 🕍 VISA ⊙⊙ AE ⓘ 🛎
viale Stazione 36 ✉ 30171 – 𝓒 0 41 92 93 88 – www.hotelplazavenice.com
226 cam ⌑ – †89/250 € ††89/350 € – ½ P 70/200 € AYf
Rist *Soul Kitchen Cafè* – 𝓒 04 12 52 60 90 – Carta 27/46 €
♦ Di fronte alla stazione ferroviaria, grande albergo di respiro internazionale, ideale tanto per una clientela business quanto leisure. Ambienti signorili e camere di differenti tipologie: la maggior parte rinnovate. Cocktail e cucina mediterranea nell'informale*Soul Kitchen Cafè*.

🏨 **Bologna** 🛗 🔟 ᵘᵖ 🕍 🅿 VISA ⊙⊙ AE ⓘ 🛎
via Piave 214 ✉ 30171 – 𝓒 0 41 93 10 00 – www.hotelbologna.com
109 cam ⌑ – †105/255 € ††165/360 € AYe
Rist *Da Tura* – vedere selezione ristoranti
♦ Davanti la stazione ferroviaria, cent'anni di attività e nemmeno una ruga! Rinnovato in tempi recenti, l'hotel dispone di camere di taglio moderno corredate di ogni confort tecnologico.

🏨 **Michelangelo** senza rist 🚗 🛗 🔟 ↩ ᵘᵖ 🕍 🅿 VISA ⊙⊙ AE ⓘ 🛎 rist,
via Forte Marghera 69 ✉ 30173 – 𝓒 0 41 98 66 00 – www.hotelmichelangelo.net
50 cam ⌑ – †60/110 € ††90/150 € – 1 suite BXx
♦ Atmosfera signorile e leggermente retrò per un hotel a poche decine di metri dal centro: camere accoglienti e "calde" grazie ad un sapiente impiego del legno.

🏨 **Novotel Venezia Mestre Castellana** 🏡 ⌇ ₤₆ 🔟 ₤ 🔟 ℀ rist,
via Alfredo Ceccherini 21 ✉ 30174 ᵘᵖ 🕍 🅿 VISA ⊙⊙ AE ⓘ 🛎
– 𝓒 04 15 06 65 11 – www.novotel.com BZa
215 cam – ††170/260 €, ⌑ 12 € – 1 suite **Rist** – Menu 30/60 €
♦ Nuova grande struttura dall'architettura e dal design contemporanei dal marcato taglio business, propone ampie e moderne camere. All'uscita della tangenziale Castellana. Classica sala ristorante d'albergo, molto ben tenuta.

🏨 **Hilton Garden Inn** 🚗 ⌇ ₤₆ 🛗 ₤ cam, 🔟 cam, ℀ rist, ᵘᵖ 🕍 🚗
via Orlanda 1 ✉ 30175 – 𝓒 04 15 45 59 01 VISA ⊙⊙ AE ⓘ 🛎
– www.hgivenice.com BZb
130 cam – ††125/250 €, ⌑ 13 € – 6 suites **Rist** – Carta 26/90 €
♦ Completamente ristrutturato in tempi recenti, funzionalità e modernità sono le sue note distintive, insieme a due particolari propri della catena: il Pavillon Pantry Market, piccolo negozio con generi alimentari, bevande e qualche articolo d'igiene, nonché la lavanderia a gettoni.

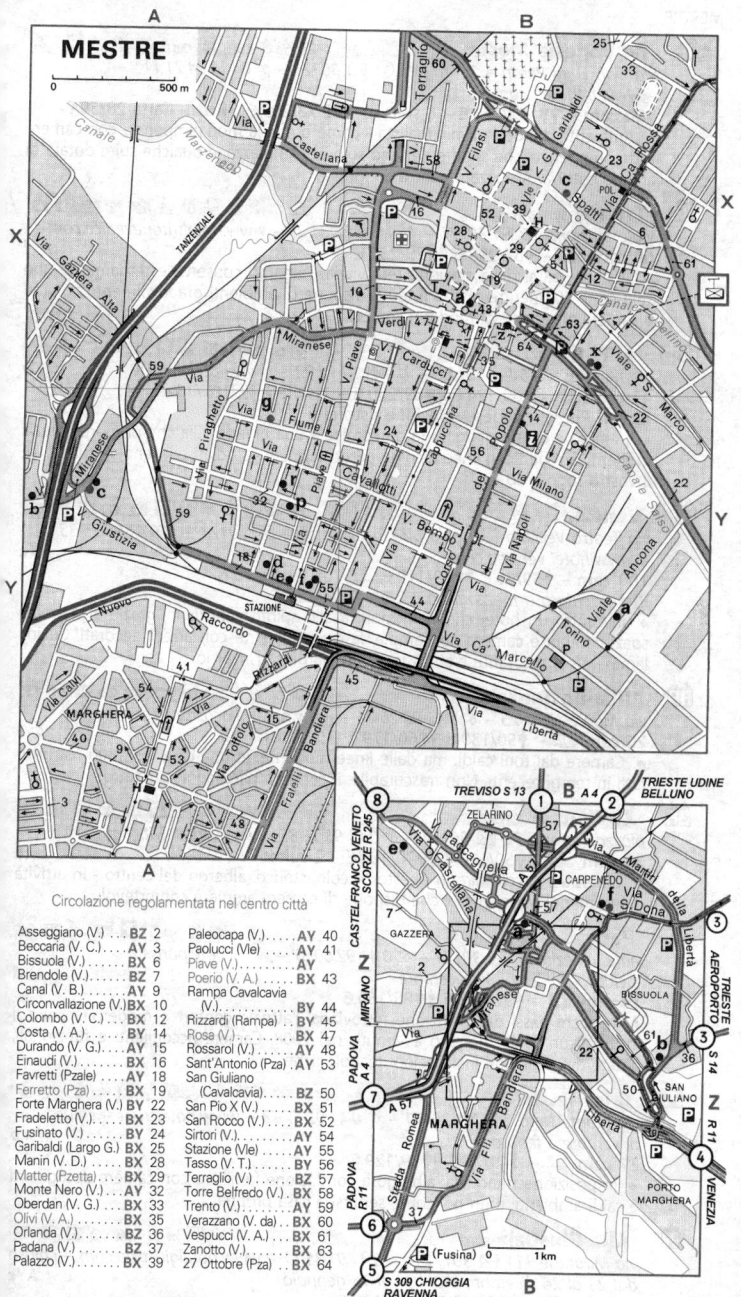

MESTRE

0 — 500 m

Circolazione regolamentata nel centro città

B4 Venezia Mestre 🏨📶 & cam, 🆎 cam, ↔ 📶 ♨ 🅿 🚗

via Don Luigi Peron 4, 3 Km per ① ⊠ 30175 – ℰ 04 13 94 21 11
– www.b4hotels.com
160 cam – ††100/350 € – 8 suites – ½ P 78/205 €   **Rist** – Carta 28/59 €
♦ Ambiente dal design minimalista - come ormai la moda impone - con camere tutte omogenee, che si differenziano solo per ampiezza, e qualche suite dotata di angolo cottura. Attrezzato centro congressi.

Tritone senza rist 📶 🆎 ↔ 📶 ♨ 🚗 ⊗ 🆎 ⓪ ⓢ

viale Stazione 16 ⊠ 30171 – ℰ 04 15 38 31 25 – www.hoteltritonevenice.com
60 cam 🔲 – ††79/199 €   AYf
♦ A pochi passi dalla stazione ferroviaria, l'albergo conserva esternamente uno stile anni '50, mentre al suo interno dispone di ambienti gradevolmente colorati e camere attrezzate di moderni confort.

Ai Pini Park Hotel 🚗 🏨 & 🆎 ↔ 📶 ♨ 🅿 🚗 ⊗ 🆎 ⓪ ⓢ

via Miranese 176 ⊠ 30174 – ℰ 0 41 91 77 22 – www.hotelaipini.it   AYb
47 cam 🔲 – †69/124 € ††89/220 € – 1 suite – ½ P 67/132 €
Rist *Al Parco* – vedere selezione ristoranti
♦ L'ampio e curato giardino fa da cornice a una grande villa che propone interni moderni, arredati con linee e colori particolarmente studiati per rendere piacevole il vostro soggiorno.

Venezia 📶 🆎 ♨ 📶 ♨ 🅿 🚗 ⊗ 🆎 ⓪ ⓢ

via Teatro Vecchio 5 angolo piazza 27 Ottobre ⊠ 30171 – ℰ 0 41 98 55 33
– www.hotel-venezia.com   BXz
100 cam – †59/99 € ††59/119 €, 🔲 10 € – ½ P 95 €
Rist – *(chiuso a mezzogiorno)* Carta 25/41 €
♦ In centro un hotel che vi introdurrà allo spirito veneziano, grazie a piacevoli spazi comuni e camere non ampie, la maggior parte con arredi decorati. Cucina lagunare nel ristorante d'atmosfera con giardino d'inverno.

Villa Costanza senza rist 📶 & 🆎 ♨ 📶 🅿 🚗 🚗 ⊗ 🆎 ⓢ

via Monte Nero 25 – ℰ 0 41 93 26 24 – www.hotelvillacostanza.com
26 cam 🔲 – †50/139 € ††60/179 € – 5 suites   AYr
♦ Camere dai toni caldi, ma dalle linee moderne, in una casa del 1800 ristrutturata in tempi recenti. Non trascurabile, il comodo parcheggio sul retro.

Al Vivit senza rist & 🆎 ↔ 📶 🅿 🚗 ⊗ 🆎 ⓪ ⓢ

piazza Ferretto 73 ⊠ 30174 – ℰ 0 41 95 13 85 – www.hotelvivit.com
33 cam 🔲 – †50/100 € ††70/180 € – 2 suites   BXa
♦ Cortesia e savoir-faire in questo piccolo, storico, albergo del centro - in attività dai primi del Novecento - che dispone di camere ampie e confortevoli.

Paris senza rist 📶 🆎 ♨ 📶 🅿 🚗 ⊗ 🆎 ⓢ

viale Venezia 11 ⊠ 30171 – ℰ 0 41 92 60 37 – www.hotelparis.it
– chiuso dal 23 al 30 dicembre   AYd
18 cam 🔲 – †70/105 € ††85/160 €
♦ A pochi passi dalla stazione ferroviaria, l'attuale confort e modernità sono il frutto di un totale rinnovo avvenuto nel 2008. Camere accoglienti e funzionali, dotate delle migliori installazioni tecnologiche.

Cris senza rist & 🆎 📶 🅿 🚗 ⊗ 🆎 ⓢ

via Monte Nero 3/A ⊠ 30171 – ℰ 0 41 92 67 73 – www.hotelcris.it – chiuso
novembre e febbraio   AYp
17 cam 🔲 – †49/75 € ††59/129 €
♦ In posizione tranquilla, albergo a conduzione familiare con camere accoglienti e caldi ambienti: è un po' come sentirsi a casa propria.

Alla Giustizia senza rist 🆎 ♨ 📶 🚗 ⊗ 🆎 ⓪ ⓢ

via Miranese 111 ⊠ 30171 – ℰ 0 41 91 35 11 – www.hotelgiustizia.com – chiuso
dal 23 al 26 dicembre e dal 1° al 15 gennaio   AYc
20 cam 🔲 – †77/100 € ††90/125 €
♦ Nei pressi della tangenziale, albergo a gestione familiare con camere graziose e accoglienti. Più semplici e meno ampi gli ambienti comuni.

⌂ **Kappa** senza rist 🔊 ⚙ ☊ 🅿 ⓥⓘⓢⓐ ⊛ 🄰🄴 ஃ
via Trezzo 8 ⊠ 30174 – ℰ 04 15 34 31 21 – www.hotelkappa.com BZf
19 cam ⌷ – †60/85 € ††70/130 €

• Accoglienti spazi comuni e luminose camere di taglio classico in questa palazzina ottocentesca poco distante dal centro. Momenti di relax nel piccolo cortile interno.

XXX **Marco Polo** ⌂ 🄰🄲 ⓥⓘⓢⓐ ⊛ 🄰🄴 ⓞ ஃ
via Forte Marghera 67 ⊠ 30173 – ℰ 34 97 74 49 21
– www.ristorantemarcopolo.it – chiuso dal 1° al 7 gennaio, dal 25 al 30 luglio, domenica BXx
Rist – Menu 70 € bc – Carta 32/77 €

• A due passi dal centro storico, elegante ristorante all'interno di una villetta indipendente: capriate a vista, spioventi decorati e alle pareti molti quadri moderni. Proposte gastronomiche legate alla stagione, prevalentemente di pesce.

XX **Al Parco** – Ai Pini Park Hotel ⌂ ⌂ 🄰🄲 🅿 ⓥⓘⓢⓐ ⊛ 🄰🄴 ⓞ ஃ
via Miranese 176 ⊠ 30174 – ℰ 0 41 91 77 22 – www.hotelaipini.it – chiuso domenica AYb
Rist – Carta 26/48 €

• C'è un po' di tutto nel successo di questo ristorante: il servizio professionale, la selezionata ricerca di ottime materie prime, la mano "felice" dello chef. Piatti della tradizione mediterranea in menu.

XX **Dall'Amelia** 🄰🄲 ⓥⓘⓢⓐ ⊛ 🄰🄴 ⓞ ஃ
via Miranese 113 ⊠ 30174 – ℰ 0 41 91 39 55 – www.dallamelia.it
– chiuso 2 settimane in agosto, domenica sera e mercoledì AYc
Rist – Menu 35 € bc (pranzo)/70 € – Carta 37/75 € ⚇

• Un classico in zona, ora nelle mani dei figli: ambiente signorile, piatti a base di pesce e specialità venete. Più informale l'osteria, dove si potrà apprezzare una cucina tipica.

XX **Da Tura** – Hotel Bologna 🄰🄲 ⚙ ⬦ 🅿 ⓥⓘⓢⓐ ⊛ 🄰🄴 ⓞ ஃ
via Piave 214 ⊠ 30171 – ℰ 0 41 93 10 00 – www.hotelbologna.com
Rist – (chiuso dal 25 dicembre al 6 gennaio, agosto e domenica) AYe
Carta 41/58 €

• Nei suoi moderni ambienti, la linea di cucina rimane fedele alla tradizione: il menu si accorda alla stagione offrendo il meglio dei prodotti locali. A pranzo, piatti unici e proposte a prezzi più contenuti.

X **Osteria la Pergola** ⌂ & 🄰🄲 ⬦ ⓥⓘⓢⓐ ⊛ 🄰🄴 ⓞ ஃ
via Fiume 42 ⊠ 30171 – ℰ 0 41 97 49 32 – chiuso dal 10 al 24 agosto, sabato a mezzogiorno e domenica AYg
Rist – (consigliata la prenotazione) Carta 25/58 €

• Sono due giovani soci a gestire questa caratteristica trattoria: un locale rustico con vecchie fotografie alle pareti e nei mesi più caldi la possibilità di approfittare di un fresco pergolato. Piatti legati al territorio eseguiti con semplicità e gusto.

X **Al Leone di San Marco** 🄰🄲 ⚙ ⓥⓘⓢⓐ ⊛ ஃ
via Trezzo 6, località Carpenedo ⊠ 30174 – ℰ 04 15 34 17 42 – chiuso dal 26 dicembre al 15 gennaio, dall'8 al 28 agosto, domenica sera, lunedì
Rist – Carta 53/73 € BZf

• Da sempre apprezzato per le sue fragranti specialità di pesce da gustare in un ambiente semplice e familiare. Accanto, una tipica "cicchetteria" veneziana per non farsi mancare un buon bicchiere di vino.

X **Ostaria da Mariano** 🄰🄲 ⓥⓘⓢⓐ ⊛ ஃ
☻ via Spalti 49 ⊠ 30137 – ℰ 0 41 61 57 65 – www.ostariadamariano.it – chiuso sabato, domenica BXc
Rist – Menu 40 € bc – Carta 25/50 €

• Vicino al centro storico, allegra e conviviale osteria a conduzione familiare, dove gustare paste fatte in casa e piatti legati alla tradizione leggermente rivisitati.

a Zelarino Nord : 2 km BZ – ✉ 30174

🏠🏠 **Antico Moro** senza rist   ⟨icons⟩

via Castellana 149 – ☏ 04 15 46 18 34 – www.anticomoro.com – chiuso dal 23 al 29 dicembre   BZ**e**

14 cam � – †59/99 € ††70/140 € – 1 suite

♦ In questo piccolo paese ben collegato con Venezia, signorile hotel all'interno di una residenza del XVIII secolo; buon livello di confort nelle piacevoli camere.

🏠 **Agriturismo al Segnavento** ⟨icon⟩   ⟨icons⟩

via Gatta 76/c, località Santa Lucia di Tarù – ☏ 04 15 02 00 75 – www.alsegnavento.it

14 cam ⊡ – †80/120 € ††90/180 € – 2 suites – ½ P 120 €

Rist *Al Segnavento* – vedere selezione ristoranti

♦ In una splendida tenuta di campagna, questo elegante agriturismo vi accoglierà in raffinate camere, dove ognuna di esse propone un leit motiv decorativo.

🍴 **Al Segnavento** – Agriturismo al Segnavento   ⟨icons⟩

via Gatta 76/c, località Santa Lucia di Tarù – ☏ 04 15 02 00 75 – www.alsegnavento.it – chiuso domenica sera, lunedì, martedì

Rist – (prenotazione obbligatoria a mezzogiorno) Carta 35/58 €

♦ Nell'armonia di una natura intatta, le stagioni definiscono il menu: carni e verdure di produzione propria - rigorosamente biologica - partecipano a creare gustosi piatti del territorio.

a Campalto per ③ : 5 km – ✉ 30030

🏠🏠🏠 **Antony**   ⟨icons⟩
😊
via Orlanda 182 – ☏ 04 15 42 00 22 – www.sogedinhotels.it

114 cam ⊡ – †86/130 € ††100/260 €

Rist – (solo per alloggiati) Menu 15/30 €

♦ Alle spalle di questa grande struttura contemporanea, un paesaggio d'eccezione: la laguna e i suoi incantevoli campanili! Funzionali e spaziose le camere dall'arredo classico. A pagamento, comodo servizio navetta per Venezia e l'aeroporto.

🍴 **Trattoria da Vittoria**   ⟨icons⟩

via Gobbi 311 – ☏ 0 41 90 05 50 – chiuso dal 25 dicembre al 10 gennaio, dal 14 al 29 agosto, domenica, anche sabato in luglio-agosto

Rist – Carta 33/42 € (+15 %)

♦ Carrello dei bolliti, arrosti e prodotti del territorio sono le specialità della cucina di questa accogliente trattoria in stile classico-moderno. Un'unica sala a forma di "L" lungo le cui pareti scorrono comode panche di legno.

a Chirignano Ovest : 2 km – ✉ 30030

🍴🍴 **Ai Tre Garofani**   ⟨icons⟩

via Assegiano 308 – ☏ 0 41 99 13 07 – chiuso dal 26 dicembre all'11 gennaio, dal 10 al 23 agosto e lunedì

Rist – (chiuso a mezzogiorno escluso domenica e festivi) Carta 40/60 €

♦ Si trova tra le mura di una casa di campagna questo raffinato locale a conduzione familiare: due sale di sobria eleganza e un'ampia terrazza per il servizio estivo. Fragranti specialità di pesce, "subordinate" alla disponibilità del mercato.

METANOPOLI – Milano (MI) – Vedere San Donato Milanese

MEZZANA – Trento (TN) – **562** D14 – 881 ab. – alt. 940 m – Sport   **30** B2
invernali : 1 400/2 200 m ✦5 ✦19 (Comprensorio sciistico Folgarida-Marilleva)✦
– ✉ 38020 Mezzana

▶ Roma 652 – Trento 69 – Bolzano 76 – Milano 239

🪧 via 4 Novembre 77, ☏ 0463 75 71 34, www.marilleva.it

🏠 **Val di Sole** ⟨icons⟩

via 4 Novembre 135 – ℰ *04 63 75 72 40 – www.hotelvaldisole.it*
– 2 dicembre-19 aprile e 16 giugno-19 settembre
66 cam ☐ – ♦60/75 € ♦♦110/130 € – ½ P 95 € **Rist** – Carta 25/49 €

♦ In posizione rientrante, ma sempre lungo la via principale del paese, un hotel a conduzione familiare - di medie dimensioni - con camere semplici e una grande palestra. Il ristorante propone una cucina di fattura casalinga.

MEZZANE DI SOTTO – Verona (VR) – **562** F15 – **2 344 ab.** 37 B2
– alt. 122 m – ⊠ 37030

▶ Roma 519 – Verona 19 – Milano 173 – Padova 83

🏠 **Agriturismo i Tamasotti** ⟨icons⟩

via dei Ciliegi 8, Nord: 2 km – ℰ *04 58 88 00 03 – www.itamasotti.it*
6 cam – ♦70/100 € ♦♦100/150 € – ½ P 90/100 €
Rist – *(chiuso domenica sera, lunedì, martedì e mercoledì) (chiuso a mezzogiorno escluso domenica)* Carta 35/47 €

♦ Per chi è in cerca di tranquillità - qui - ce n'è da vendere... Tra il verde dei vigneti, è la proprietaria ad occuparsi dei fornelli, proponendo gustosi piatti del territorio in un grazioso agriturismo con poche camere, tutte ben curate.

MEZZOCANALE – Belluno (BL) – Vedere Forno di Zoldo

MEZZOLOMBARDO – Trento (TN) – **6 801 ab.** – alt. 227 m 30 B2
– ⊠ 38017

▶ Roma 605 – Bolzano 45 – Trento 22 – Milano 261

🍴🍴 **Per Bacco** ⟨icons⟩

via E. De Varda 28 – ℰ *04 61 60 03 53 – www.ristorante-perbacco.com*
– chiuso 2 settimane in agosto o settembre e martedì
Rist – *(chiuso a mezzogiorno)* Carta 33/45 €

♦ Il ristorante è stato ricavato nelle stalle di una casa di fine Ottocento e arredato con lampade di design; nato come wine-bar vanta una bella scelta di vini locali al calice.

MIANE – Treviso (TV) – **562** E18 – **3 552 ab.** – alt. 259 m – ⊠ 31050 36 C2
▶ Roma 587 – Belluno 33 – Milano 279 – Trento 116

🍴🍴 **Da Gigetto** ⟨icons⟩

via De Gasperi 5 – ℰ *04 38 96 00 20 – www.ristorantedagigetto.it*
– chiuso 10 giorni in gennaio, 15 giorni in agosto, lunedì sera, martedì
Rist – Carta 34/52 € ⟨icon⟩

♦ Ristorante gradevole, con un'atmosfera familiare che non contrasta, anzi esalta, gli ambienti in stile rustico-elegante. La cucina attinge alla tradizione, splendida cantina.

MIGLIARA – Napoli (NA) – Vedere Capri (Isola di) : Anacapri

MILANO

Piante pagine seguenti

ilippe Renault / hemis.fr

1 307 495 ab. – alt. 122 m – 561 F9 – ▨ Milano e la Lombardia

▶ Roma 572 – Genève 323 – Genova 142 – Torino 140

🛈 Uffici Informazioni turistiche

piazza Castello 1 ✆02 77404343, www.visitamilano.it

✈ Aeroporti

Forlanini di Linate Est : 8 km CP ✆ 02 232323
Malpensa Nord-Ovest : 45 km ✆ 02 232323

Golf

🏌 Milano viale Mulini San Giorgio 7, 039 303081, www.golfclubmilano.it – chiuso dal 23 dicembre al 6 gennaio e lunedì
🏌 Molinetto SS Padana Superiore 11, 02 92105128, www.molinettocountryclub.it – chiuso lunedì
🏌 Barlassina via Privata Golf 42, 0362 560621, www.barlassinacountryclub.it – chiuso lunedì
🏌 Zoate via Verdi 8, 02 90632183, www.golfzoate.it – chiuso lunedì
🏌 Le Rovedine via Marx 18, 02 57606420, www.rovedine.com – chiuso lunedì

Fieramilanocity

24.02 - 27.02 : Mi Milano Pret-a-Porter
13.04 - 16.04 : miart (fiera internazionale d'arte moderna e contemporanea)
21.09 - 24.09 : Mi Milano Pret-a-Porter

Fieramilano Rho

26.01 - 29.01 : macef (salone internazionale della casa)
16.02 - 19.02 : bit (borsa internazionale del turismo)
04.03 - 07.03 : micam (esposizione internazionale della calzatura)
04.03 - 08.03 : mifur - mipel (salone internazionale della pellicceria e della pelle)
17.04 - 22.04 : (salone internazionale del mobile)
06.09 - 09.09 : macef (salone internazionale della casa)
13.11 - 18.11 : eicma moto (salone internazionale motociclo)

⊘ LUOGHI DI INTERESSE

Il centro : Duomo★★★MZ • Galleria Vittorio Emanuele II★★MZ • Teatro alla Scala★★MZ • Castello Sforzesco★★★JV

Milano dall'alto : Passeggiata sui terrazzi del Duomo★★★MZ • ≼ dalla Torre Branca★★VH

Il grandi musei : Pinacoteca di Brera★★★KV • Castello Sforzesco★★★JV: Museo di Arte Antica★★, Pinacoteca★ • Pinacoteca Ambrosiana★★★MZ • Museo del Duomo★★MZM[1] • Museo Poldi Pezzoli★★KVM[2] • Museo di Palazzo Bagatti Valsecchi★★KVL • Museo dell'Ottocento★★LVM • Museo Teatrale alla Scala★MZ • Museo della Scienza e della Tecnologia★★HXM[4] • Museo di Storia Naturale★LVM[6] • Museo Civico di Archeologia★JXM

Le basiliche e le chiese : S. Ambrogio★★★HJX • S. Lorenzo★★JY • S. Maria delle Grazie★★HX e Cenacolo Vinciano★★★ • S. Eustorgio★JY: Cappella Portinari★★ • S. Maurizio al Monastero Maggiore★JX: affreschi★★ •S. Maria della Passione★★ LX •S. Nazaro★KY • S. Maria presso S. Satiro★MZ: coro del Bramante★★

I luoghi suggestivi : Via e Piazza dei Mercanti★MZ[155] • La Ca' Granda★★ e Largo Richini KXY • Il quartiere Brera KV • I Navigli HY

Acquisti : Il quadrilatero della moda (via Montenapoleone, Via della Spiga, Via S. Andrea, Via Dante) • Corso Buenos Aires • Corso Vercelli

Dintorni : Abbazia di Chiaravalle★★: 13 km sud-est, direzione San Donato • Abbazia di Viboldone★: 13 km sud-est, direzione San Giuliano]

Elenco alfabetico degli alberghi
Index of hotels

Elenco alfabetico dei ristoranti
Index of Restaurants

MILANO

Gli esercizi con stelle
Starred Restaurants

Bib Gourmand

Pasti accurati a prezzi contenuti
Good food at moderate prices

Ristoranti per genere di cucina
Restaurants by cuisine type

Tavoli all'aperto
Outside dining

Ristoranti aperti in agosto
Restaurants open in August

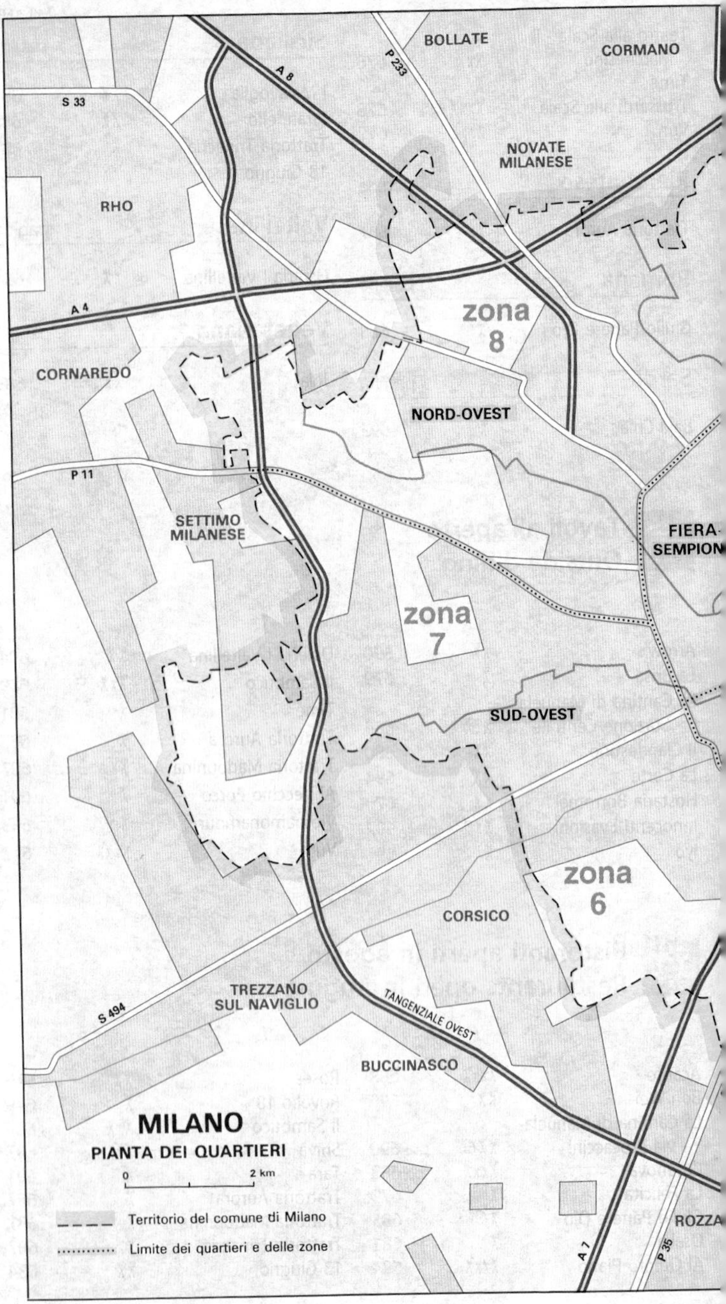

MILANO

BOLLATE

CORMANO

S 33

A 8

P 233

NOVATE
MILANESE

RHO

A 4

zona
8

CORNAREDO

NORD-OVEST

P 11

FIERA-
SEMPION

SETTIMO
MILANESE

zona
7

SUD-OVEST

zona
6

CORSICO

TREZZANO
SUL NAVIGLIO

TANGENZIALE OVEST

S 494

BUCCINASCO

MILANO
PIANTA DEI QUARTIERI

0   2 km

–––––– Territorio del comune di Milano

·········· Limite dei quartieri e delle zone

A 7

P 35

ROZZA

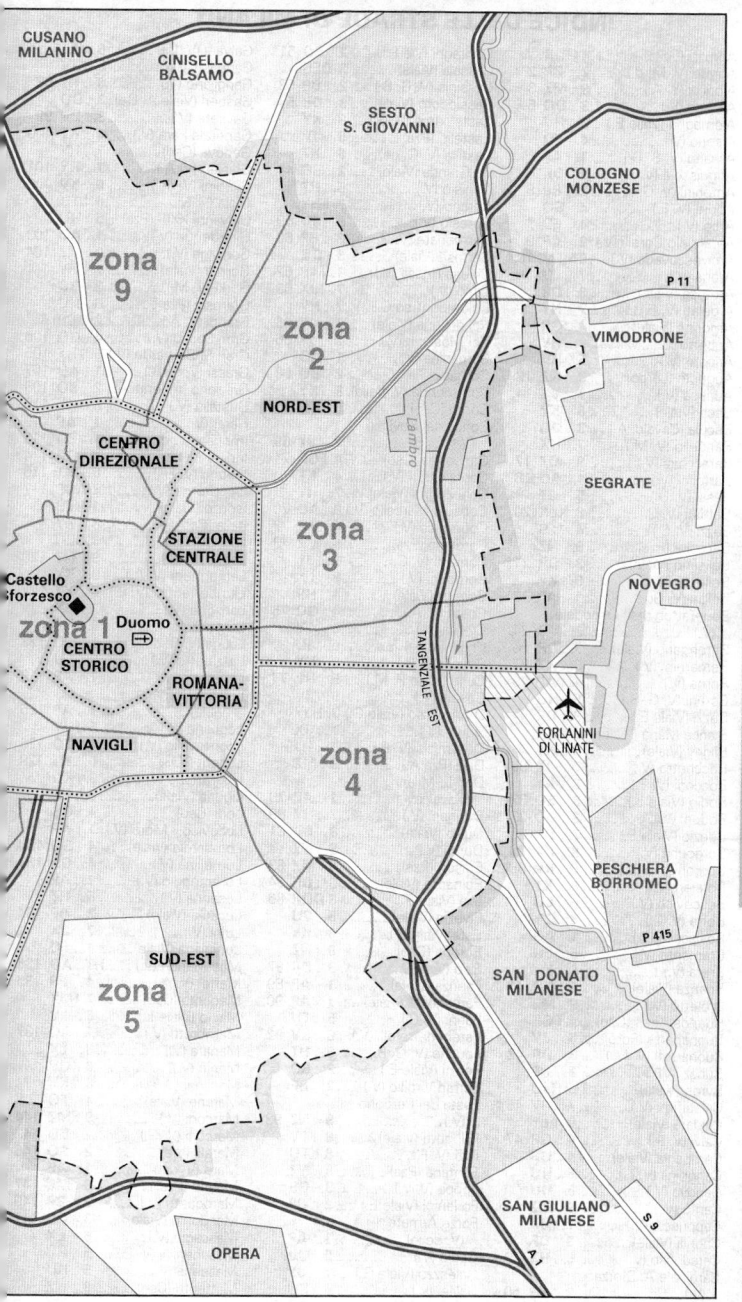

zona 9

CUSANO MILANINO

CINISELLO BALSAMO

SESTO S. GIOVANNI

COLOGNO MONZESE

P 11

zona 2

NORD-EST

VIMODRONE

CENTRO DIREZIONALE

SEGRATE

STAZIONE CENTRALE

zona 3

Castello Sforzesco

NOVEGRO

zona 1

Duomo

CENTRO STORICO

ROMANA-VITTORIA

FORLANINI DI LINATE

NAVIGLI

zona 4

PESCHIERA BORROMEO

P 415

SUD-EST

SAN DONATO MILANESE

zona 5

SAN GIULIANO MILANESE

OPERA

TANGENZIALE EST

Lambro

S 9

A 1

INDICE DELLE STRADE DI MILANO

MILANO

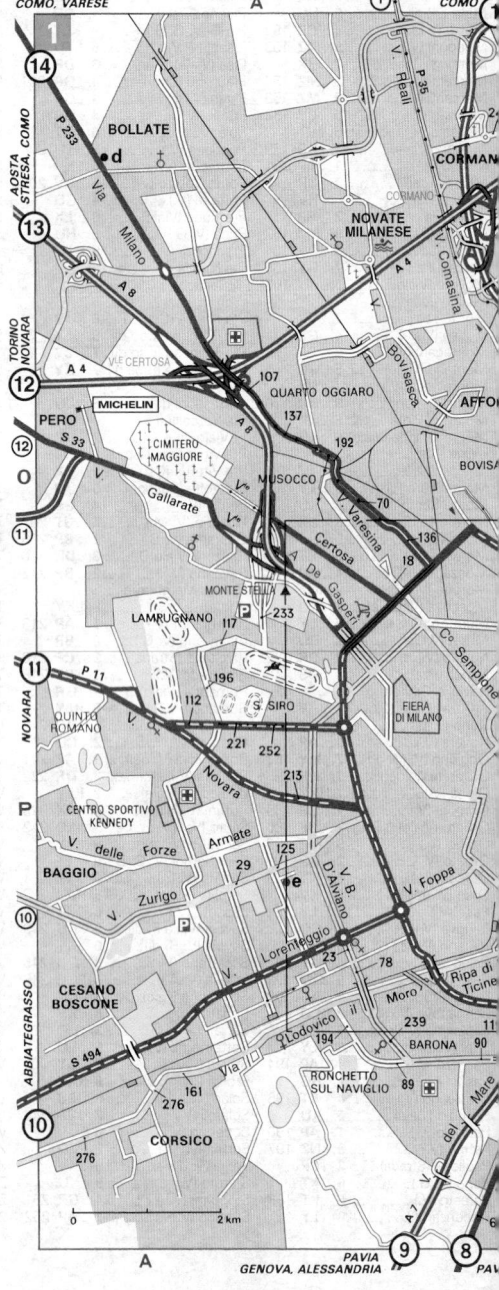

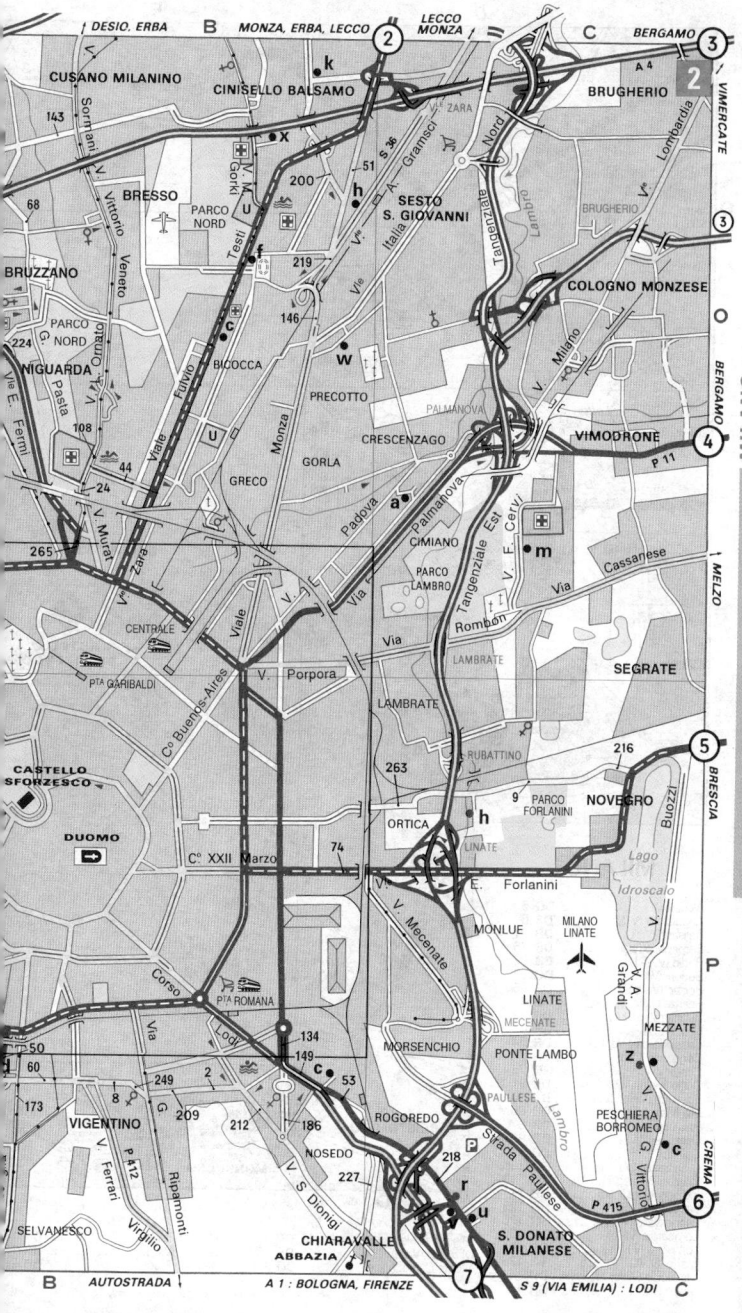

MILANO

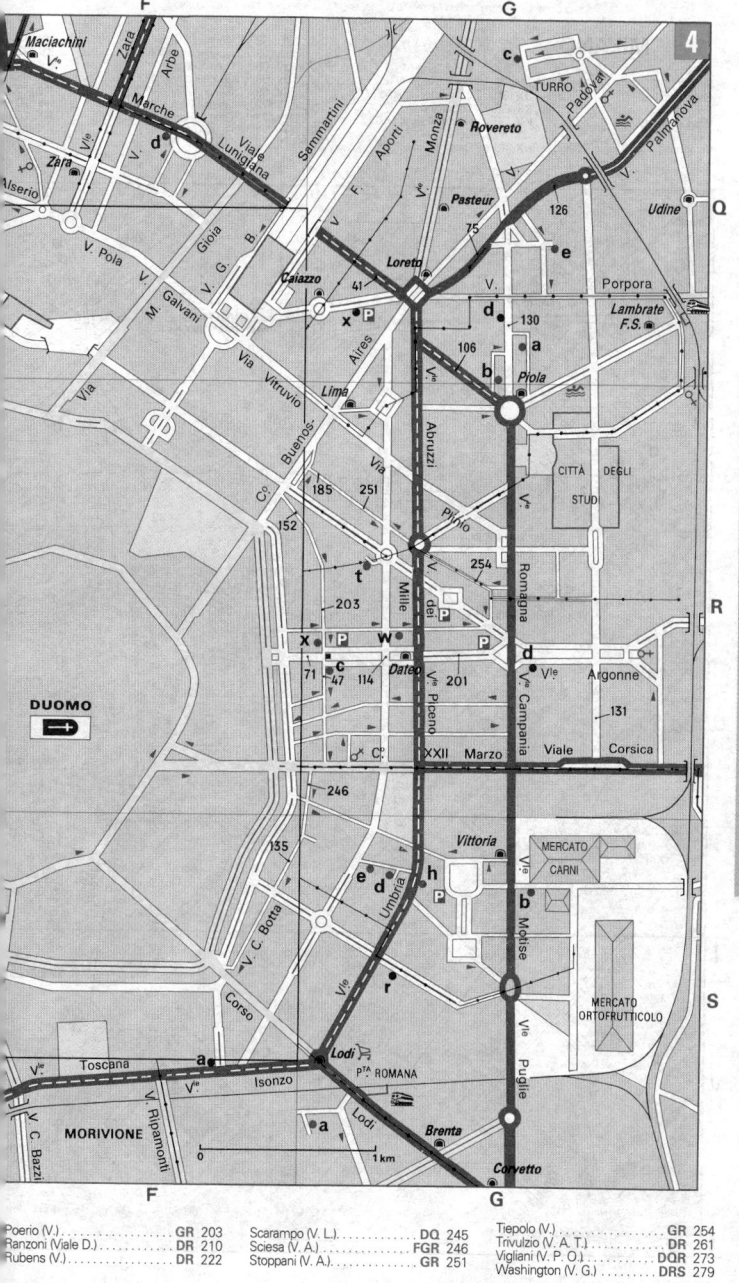

MILANO

DUOMO

All'interno della zona delimitata da un retino verde, la città è divisa in settori il cui accesso è segnalato lungo tutta la cerchia. Non è possibile passare in auto da un settore all'altro.

MILANO

670

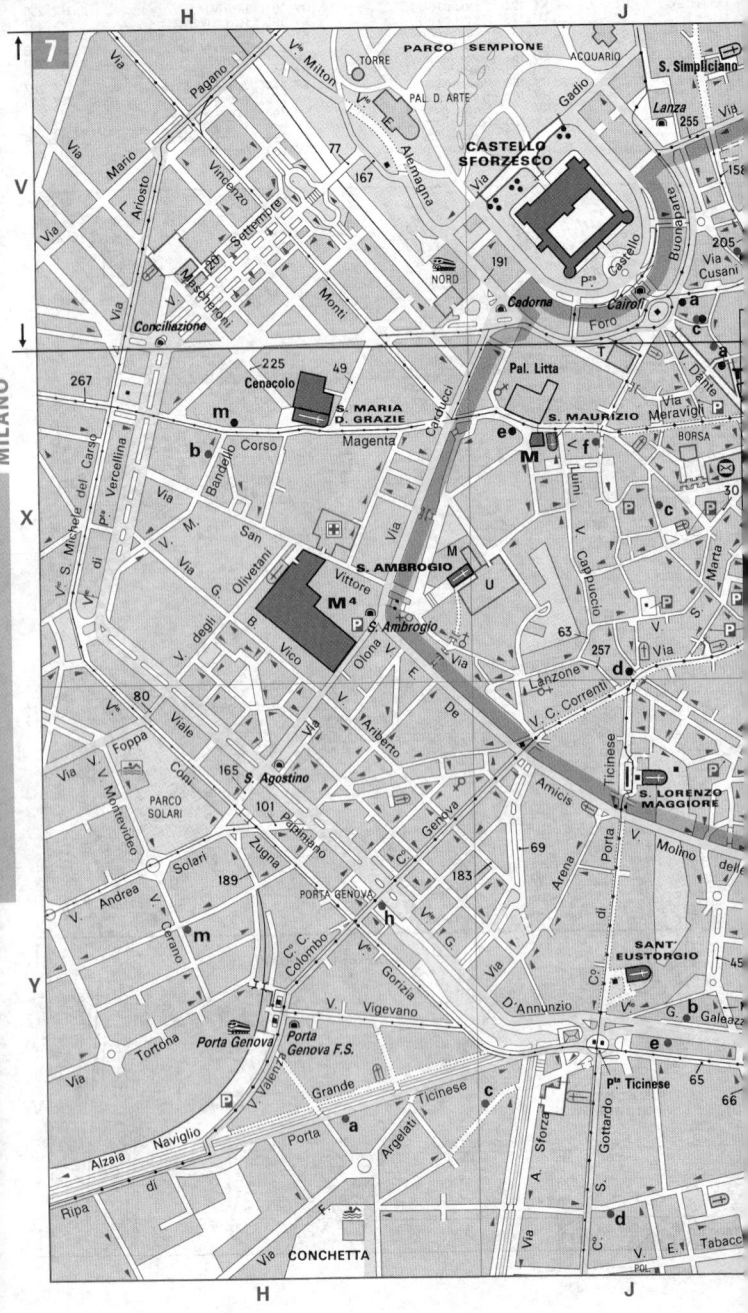

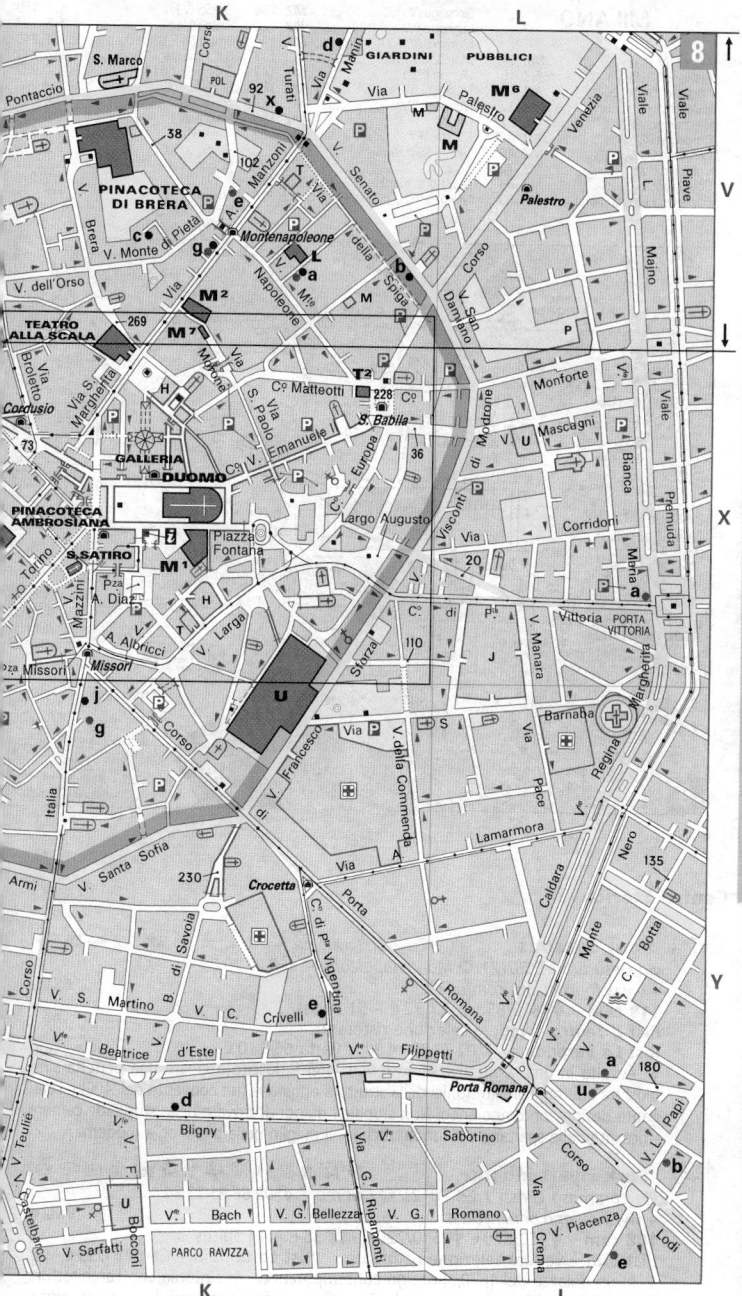

MILANO

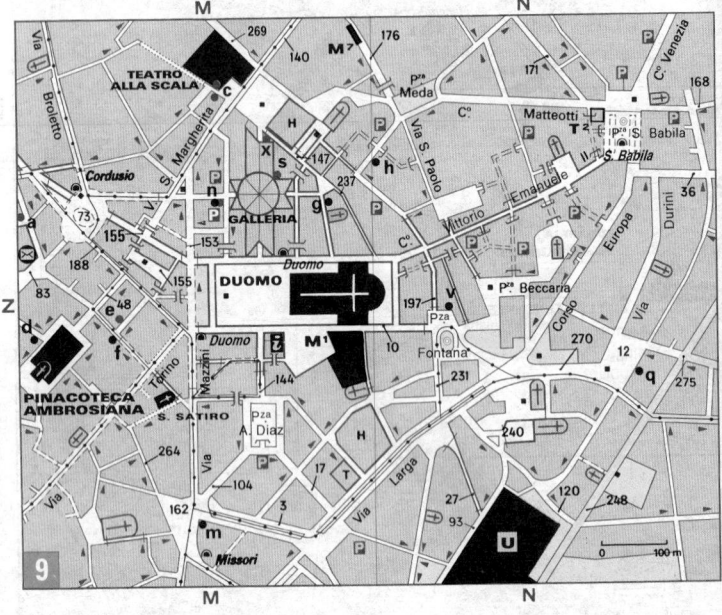

Centro Storico

🏨 **Four Seasons**   🚗 £ 🛋 & cam, 🅰🅲 ⇄ ✗ rist, 🛎 🔥 🚗 **VISA** **QO** **AE** **①**
via Gesù 6/8 ⊠ 20121 🚇 *Montenapoleone* – 𝒞 0 27 70 88
– www.fourseasons.com/milan   **6KVa**
118 cam – †610/850 €, 🍴32 € – 51 suites
Rist *Il Teatro* – vedere selezione ristoranti
Rist *La Veranda* – 𝒞 02 77 88 14 78 – Carta 66/110 €
♦ Avvolto in una suggestiva atmosfera, l'hotel è riuscito a creare una perfetta simbiosi tra i dettagli architettonici della struttura originaria (un convento del '400) e l'elegante design contemporaneo. Non stupitevi quindi di trovare nelle stupende camere
- ricavate dalle spartane celle monastiche – il meglio della tecnologia moderna.

🏨 **Park Hyatt Milano**   ⊛ £ 🛋 & ✦ 🅰🅲 ⇄ ✂ 🛎 **VISA** **QO** **AE** **①** 🛂
via Tommaso Grossi 1 ⊠ 20121 🚇 *Duomo* – 𝒞 02 88 21 12 34
– www.milano.park.hyatt.it   **9MZn**
108 cam – †460/670 € ††510/720 €, 🍴35 € – 14 suites
Rist *Vun* – vedere selezione ristoranti   **Rist *La Cupola*** – Carta 61/95 €
♦ In un palazzo del 1870, il design contemporaneo - in sintonia con l'architettura
dell'edificio - abbraccia ed accoglie i migliori confort moderni. Camere spaziose,
decorate con stucchi veneziani e lampade di Murano: elegantissima l'Imperial
Suite. A La Cupola: cucina tradizionale o a buffet, dalle 11 alle 23.

Grand Hotel et de Milan 🖪 🕼 & cam, 🕸 🕲 🕉 🤾 🚾 🕲 🄰🄴 🅞 ⓢ

via Manzoni 29 ⊠ *20121* Ⓜ *Montenapoleone –* ℰ *02 72 31 41*
– www.grandhoteletdemilan.it   **6KVg**
95 cam – ✝625 € ✝✝689 €, ⚏ 35 € – 6 suites
Rist *Don Carlos* – vedere selezione ristoranti
Rist *Caruso* – Carta 50/81 €

♦ Oltre un secolo e mezzo di vita per questo hotel che ha ospitato grandi nomi della musica, del teatro, del cinema e della politica nei suoi raffinati e suggestivi ambienti. Luminoso ristorante dedicato al tenore che in questo albergo registrò il suo primo disco.

Carlton Hotel Baglioni 🕼 🖪 🕼 🕏 🕸 🤾 🕉 rist, ¶ 🤾 🚐

via Senato 5 ⊠ *20121* Ⓜ *San Babila –* ℰ *0 27 70 77*   🚾 🕲 🄰🄴 🅞 ⓢ
– www.baglionihotels.com   **6KVb**
83 cam – ✝280/520 € ✝✝320/620 €, ⚏ 26 € – 9 suites
Rist *Il Baretto al Baglioni* – Carta 69/101 €

♦ Ospiti d'élite hanno pernottato in questa splendida struttura che si propone come una sorta di "casa fuori casa", trasmettendo una sensazione di calda familiarità, senza rinunciare al lusso. Pezzi d'antiquariato e dipinti impreziosiscono gli spazi comuni, mentre nelle camere convivono stucchi e moderne tecnologie.

Bulgari 🚗 🕼 🖭 🕲 🖪 🕼 & 🕸 🤾 ¶ 🤾 🚐 🚾 🕲 🄰🄴 🅞 ⓢ

via privata Fratelli Gabba 7/b ⊠ *20121* Ⓜ *Montenapoleone –* ℰ *02 80 58 05*
– www.bulgarihotels.com   **6KVc**
58 cam – ✝550/700 € ✝✝550/800 €, ⚏ 30 € – 11 suites
Rist – Menu 39 € (pranzo in settimana) – Carta 63/111 €

♦ Dalla famosa *maison* di gioielli, un tributo all'*hôtellerie* di lusso. Colori caldi e materiali preziosi nelle camere, nonché una delle più belle Spa della città, dove l'hammam in vetro verde ricorda uno smeraldo. Esclusivo ristorante affacciato su un inaspettato giardino.

Starhotels Rosa Grand 🖪 🕼 & 🕸 🤾 ¶ 🤾 🚐 🚾 🕲 🄰🄴 🅞 ⓢ

piazza Fontana 3 ⊠ *20122* Ⓜ *Duomo –* ℰ *0 28 83 11*
– www.starhotels.com   **9NZv**
320 cam – ✝165/900 € ✝✝300/1300 €, ⚏ 25 € – 7 suites – ½ P 195/695 €
Rist *Roses* – vedere selezione ristoranti

♦ Nel cuore di Milano, la risorsa è stata oggetto di un'importante ristrutturazione. L'interno ruota attorno alla corte, replicando forme semplici e squadrate, unite ad una naturale ricercatezza. Confort ed eleganza sono presenti in tutte le camere, ma solo da alcune è possibile ammirare le guglie del Duomo.

NH President 🖭 & cam, 🕸 🤾 🕉 rist, ¶ 🤾 🚾 🕲 🄰🄴 🅞 ⓢ

largo Augusto 10 ⊠ *20122* Ⓜ *San Babila –* ℰ *0 27 74 61*
– www.nh-hotels.it   **9NZq**
253 cam ⚏ – ✝380/600 € ✝✝390/750 € – 10 suites
Rist *Il Verziere* – Carta 45/81 €

♦ Un hotel di taglio internazionale adatto ad una clientela d'affari o turistica, offre ambienti ampi ed accoglienti nonchè spazi per sfilate, colazioni di lavoro o congressi. Il ristorante propone piatti della tradizione mediterranea e soprattutto specialità della cucina lombarda.

UNA Hotel Cusani 🖭 & cam, 🖭 🕉 ¶ 🤾 🚐 🕲 🄰🄴 🅞 ⓢ

via Cusani 13 ⊠ *20121* Ⓜ *Cairoli –* ℰ *0 28 56 01 – www.unahotels.it*
92 cam ⚏ – ✝220/450 € ✝✝240/470 € – 6 suites   **5JVa**
Rist – (chiuso sabato a mezzogiorno e domenica) Carta 42/72 €

♦ Situato in pieno centro storico, una posizione comoda per gli affari e per il turismo, la struttura dispone di camere molto ampie ed accoglienti con arredi semplici e moderni. Un'intima sala ristorante, dove gustare una classica cucina tradizionale ed internazionale.

De la Ville
⬚ 🏠 🖥 🎧 ⏵ cam, 🆔 ⅄ 📶 rist, 📶 🖧 VISA ⚫ AE ① ⵏ
via Hoepli 6 ⊠ 20121 Ⓜ Duomo – 𝒞 0 28 79 13 11
– www.sinahotels.com
9NZh
109 cam ⛌ – ♦396/428 € ♦♦429/440 € – 1 suite
Rist L'Opera – 𝒞 0 28 05 12 31 – Carta 48/70 €
♦ Di "meneghino", qui, c'è solo la sua posizione strategica nel cuore pulsante di Milano, perché il nome è francese e lo stile squisitamente old british: boiserie, camino, nonché belle stampe con soggetti ippici e caccia alla volpe. Aristocratica raffinatezza anche nelle camere.

The Gray
🖥 ⅄ 🆔 📶 📶 VISA ⚫ AE ① ⵏ
via San Raffaele 6 ⊠ 20121 Ⓜ Duomo – 𝒞 0 27 20 89 51
– www.sinahotels.com – chiuso agosto
9MZg
21 cam – ♦495/572 € ♦♦671/880 €, ⛌ 37 € – 5 suites
Rist – Carta 68/94 €
♦ Camere diverse fra loro, tutte da scoprire nei loro dettagli di pregio e dove la tecnologia regna sovrana (dalla connessione internet wireless ai televisori LCD). Gray solo nel nome - quasi un ironico omaggio al grigiore di certe giornate milanesi - in realtà, un esercizio di classe e stile come pochi in città.

Spadari al Duomo senza rist
🖥 🆔 ⅄ 📶 📶 VISA ⚫ AE ① ⵏ
via Spadari 11 ⊠ 20123 Ⓜ Duomo – 𝒞 02 72 00 23 71
– www.spadarihotel.com – chiuso dal 23 al 27 dicembre
9MZf
39 cam ⛌ – ♦168/368 € ♦♦238/388 € – 1 suite
♦ Soggiornare qui ha il duplice vantaggio di pernottare in una moderna struttura in pieno centro, godendo delle opere d'arte che i proprietari, appassionati collezionisti, mettono a disposizione dei clienti: camino di Giò Pomodoro nella hall e studiato gioco di luci, affinché gli oggetti non si sostituiscano ai soggetti.

Cavour
🖥 🆔 ⅄ 📶 📶 🖧 VISA ⚫ AE ① ⵏ
via Fatebenefratelli 21 ⊠ 20121 Ⓜ Turati – 𝒞 02 62 00 01
– www.hotelcavour.it – chiuso agosto
6KVx
113 cam ⛌ – ♦143/400 € ♦♦177/600 € – 5 suites
Rist Conte Camillo – 𝒞 0 26 57 05 16 (chiuso sabato e domenica)
Carta 43/66 €
♦ Preziosi i materiali usati, dai pavimenti alle boiserie, in questo albergo di sobria eleganza, poco distante dai principali siti d'interesse socio-culturale della città. Cucina tradizionale elaborata in chiave moderna al ristoranteConte Camillo.

Dei Cavalieri
🖥 🆔 cam, ✸ 🆔 cam, ⅄ 📶 📶 🖧 VISA ⚫ AE ① ⵏ
piazza Missori 1 ⊠ 20123 Ⓜ Missori – 𝒞 0 28 85 71
– www.hoteldeicavalieri.com
9MZm
165 cam ⛌ – ♦99/720 € ♦♦99/960 € – 2 suites
Rist – Carta 33/62 €
♦ In un palazzo storico della metà del secolo scorso, un'atmosfera rilassante e il servizio sempre attento ed efficiente, l'hotel dispone di eleganti e confortevoli camere, arredate in stile moderno.

Carrobbio senza rist
🖥 🆔 🆔 📶 📶 VISA ⚫ AE ① ⵏ
via Medici 3 ⊠ 20123 Ⓜ Duomo – 𝒞 02 89 01 07 40
– www.hotelcarrobbiomilano.com – chiuso agosto
7JXd
56 cam ⛌ – ♦198 € ♦♦356 €
♦ In una zona tranquilla nelle vicinanze del centro storico, si tratta di un hotel recentemente rinnovato nelle camere e dispone di un piccolo e rilassante giardino d'inverno.

King senza rist
🖥 🆔 ⅄ 📶 VISA ⚫ AE ① ⵏ
corso Magenta 19 ⊠ 20123 Ⓜ Cadorna F.N.M. – 𝒞 02 87 44 32
– www.mokinba.it
7JXe
48 cam ⛌ – ♦115/330 € ♦♦246/451 €
♦ Una struttura di sei piani poco distante dal Duomo, recentemente rinnovata negli arredi con qualche sfarzo negli spazi comuni e nelle camere non grandi, ma confortevoli.

Gran Duca di York senza rist
▤ AC 彩 ⸙⸙ VISA ⓸ AE ⸙

via Moneta 1/a ✉ *20123* Ⓜ *Duomo* – ℰ *02 87 48 63*
– *www.ducadiyork.com* – *chiuso del 23 al 27 dicembre* **9MZd**
33 cam ☷ – ♦98/260 € ♦♦140/260 €
♦ Un palazzo settecentesco a pochi passi dal Duomo e dalla Borsa di Milano, ospita un piccolo hotel con ambienti di classica eleganza e camere gradevolmente arredate.

Antica Locanda dei Mercanti senza rist
▤ AC 彩 ⸙⸙ VISA ⓸ AE ⸙

via San Tomaso 6 ✉ *20121* Ⓜ *Cordusio* – ℰ *0 28 05 40 80* – *www.locanda.it*
9 cam – ♦175/235 € ♦♦205/275 €, ☷ 15 € – 6 suites – **7JXa**
♦♦265/350 €
♦ Un albergo piccolo ma accogliente arredato con sobria eleganza e mobili antichi, dispone di camere spaziose e luminose, mollte delle quali sono proviste di un terrazzo.

Zurigo
▤ AC cam, 彩 ⸙⸙ VISA ⓸ AE ⓪ ⸙

corso Italia 11/a ✉ *20122* Ⓜ *Missori* – ℰ *02 72 02 22 60*
– *www.brerahotels.com* **8KYj**
42 cam ☷ – ♦65/340 € ♦♦95/490 €
Rist – *(chiuso la sera, sabato, domenica)* 25 €
♦ Un hotel moderno ricavato da un edificio d'epoca dove l'arredamento gioca con le luci ed alterna colori caldi e freddi negli ambienti. Biciclette disponibili gratuitamente.

Rovello senza rist
▤ ⸙⸙ AC VISA ⓸ AE ⓪ ⸙

via Rovello 18 ✉ *20121* Ⓜ *Cairoli* – ℰ *02 86 46 46 54* – *www.hotel-rovello.it*
– *chiuso dal 23 al 26 dicembre* **5JVc**
10 cam ☷ – ♦100/220 € ♦♦120/300 €
♦ Nei pressi della chiesa di Santa Maria delle Grazie, è un piccolo hotel a conduzione familiare, arredato in modo semplice ma confortevole negli spazi comuni e nelle camere.

XXXX Vun – Hotel Park Hyatt Milano
⸙⸙ ⸙ AC 彩 ⸙⸙ VISA ⓸ AE ⓪ ⸙

via Tommaso Grossi 1 ✉ *20121* Ⓜ *Duomo* – ℰ *02 88 21 12 34*
– *www.milan.park.hyatt.com* – *chiuso dal 6 al 26 agosto, sabato a mezzogiorno e domenica* **9MZn**
Rist – Carta 76/88 € ⸙
♦ Non c'è solo tradizione nel menu di questo raffinato ristorante nel cuore di Milano: il nuovo chef arricchisce, infatti, i suoi piatti con tecnica, innovazione ed una predilezione per le cotture semplici. Il tutto giocato in un contesto sofisticato e dai colori caldi.

XXXX Cracco
AC VISA ⓸ AE ⸙

❀❀ *via Victor Hugo 4* ✉ *20123* Ⓜ *Duomo* – ℰ *02 87 67 74*
– *www.ristorantecracco.it* – *chiuso dal 24 dicembre all'11 gennaio, 3 settimane in agosto, sabato a mezzogiorno, domenica, lunedì a mezzogiorno* **9MZe**
Rist – Menu 130/160 € – Carta 110/160 € ⸙
Spec. Insalata russa caramellata. Risotto al nero di seppia e ricci di mare. Tuorlo d'uovo marinato.
♦ Moderna, essenziale e razionalista: si parla della sala ma anche della cucina a cui si aggiunge un estro creativo e sperimentale con pochi eguali.

XXXX Il Teatro – Hotel Four Seasons
AC 彩 ⸙⸙ VISA ⓸ AE ⓪ ⸙

via Gesù 6/8 ✉ *20121* Ⓜ *Montenapoleone* – ℰ *02 77 08 14 35*
– *www.fourseasons.com/milan/dining* – *chiuso dal 17 luglio al 5 settembre e domenica* **6KVa**
Rist – *(chiuso a mezzogiorno)* (consigliata la prenotazione) Menu 85 €
– Carta 80/96 €
♦ Ambiente esclusivo ed estremamente elegante nel ristorante accolto nei meravigliosi ambienti dell'hotel Four Seasons. La cucina si afferma attraverso interpretazioni creative.

🍴🍴🍴🍴 **Savini** ♿ [AC] ❄ [P] VISA [MC] [AE] [D] $

galleria Vittorio Emanuele II ✉ 20121 [M] Duomo – ☎ 02 72 00 34 33 – www.savinimilano.it – chiuso 10 giorni in gennaio e 20 giorni in agosto **9MZs**

Rist – *(chiuso sabato a mezzogiorno, domenica)* (consigliata la prenotazione) Carta 78/134 € 🍇

Rist *Bistrot* – Carta 65/123 € 🍇

♦ E' il "fine dining restaurant" come uno se lo immagina: in un ambiente esclusivo e raffinato, la cucina omaggia il passato con la rivisitazione di alcuni classici meneghini. Dehors d'eccezione per il Bistrot che, affacciato sulla galleria con le storiche vetrate dell'Ottagono, fa della sosta un momento privilegiato.

🍴🍴🍴🍴 ✿✿ **Trussardi alla Scala** ♿ [AC] VISA [MC] [AE] [D] $

piazza della Scala 5, (palazzo Trussardi) ✉ 20121 [M] Duomo – ☎ 02 80 68 82 01 – www.trussardiallascala.it – chiuso 2 settimane in dicembre o gennaio, 3 settimane in agosto, sabato a mezzogiorno, domenica, anche sabato sera in luglio ed il primo lunedì di ogni mese **9MZc**

Rist – Menu 55 € (pranzo in settimana)/145 € – Carta 90/163 €

Spec. Gamberi rossi di Sicilia crudi e cotti, amaranto croccante, olio di oliva taggiasca. Risotto alla milanese con medaglione di ossobuco. Tiramisù cremoso nel bicchiere.

♦ Andrea Berton è passato dalla categoria di cuochi emergenti agli allori nazionali con la rapidità di un fulmine: la sua cucina s'impone per purezza e linearità, l'invenzione è cristallina, i prodotti eccellenti. Un saggio di cucina italiana contemporanea, a volte avanguardista.

🍴🍴🍴 **Don Carlos** – Grand Hotel et de Milan [AC] VISA [MC] [AE] [D] $

via Manzoni 29 ✉ 20121 [M] Montenapoleone – ☎ 02 72 31 46 40 – www.ristorantedoncarlos.it – chiuso agosto **6KVg**

Rist – *(chiuso a mezzogiorno)* Menu 80 € – Carta 70/100 €

♦ Se nel nome un tributo all'opera verdiana, al suo interno l'atmosfera si fa raccolta con boiserie, applique rosse e foto d'epoca. La carta dà spazio a specialità lombardo-piemontesi rivisitate in chiave creativa.

🍴🍴🍴 **Teatro alla Scala - il Marchesino** ♿ [AC] VISA [MC] [AE] [D] $

piazza della Scala ✉ 20121 [M] Duomo – ☎ 02 72 09 43 38 – www.ilmarchesino.it – chiuso dal 7 al 30 agosto e domenica **9MZc**

Rist – (consigliata la prenotazione) Menu 110 € – Carta 68/121 € 🍇

♦ Nel corpo del Teatro alla Scala, un bel locale che non si limita ad essere solo ristorante, ma anche caffetteria e sala da tè. Elegante e al tempo stesso informale, propone una cucina raffinata che non rinnega la tradizione.

🍴🍴 **Armani/Nobu** [AC] 🚭 ❄ VISA [MC] [AE] [D] $

via Pisoni 1 ✉ 20121 [M] Montenapoleone – ☎ 02 62 31 26 45 – www.armaninobu.it – chiuso dall'8 al 21 agosto e domenica a mezzogiorno **6KVe**

Rist – Carta 40/80 €

♦ Lo stilista *Armani* e *Nobuyuki*, uno dei migliori chef giapponesi, non potevano che creare un qualcosa di unico nel panorama gastronomico meneghino: in spazi essenziale e minimalisti, ispirati al design nipponico o a certi capi di "re" Giorgio, una cucina fusion con influenze sudamericane.

🍴🍴 **Emilia e Carlo** [AC] VISA [MC] [AE] [D] $

via Sacchi 8 ✉ 20121 [M] Cairoli – ☎ 02 87 59 48 – www.emiliaecarlo.it – chiuso agosto, sabato a mezzogiorno e domenica **5JVd**

Rist – Carta 52/70 € 🍇

♦ In un palazzo del primo Ottocento, ambientazione rustica con archi e soffitto con travetti a vista per una cucina giovane e creativa. Ottima, la scelta enologica.

XX **Roses** – Starhotels Rosa Grand   AC ✵ 🚗 VISA ⁒ AE ① ✆

piazza Fontana 3 ⊠ 20122 ◎ *Duomo* – ℰ 0 28 83 11

– *www.starhotels.com*   NZv

Rist – Carta 50/87 €

♦ Servizio impeccabile, fantasia in cucina ed ottime materie prime: sono questi gli atout del ristorante Roses che non pecca nemmeno dal punto di vista dell'ambiente. Con i suoi spazi fluidi e molto chic è il luogo ideale per una romantica cena o per un pranzo di lavoro.

XX **Hostaria Borromei**   🍴 ⇄ VISA ⁒ AE ✆

via Borromei 4 ⊠ 20123 ◎ *Cordusio* – ℰ 02 86 45 37 60

– *chiuso dal 24 dicembre al 7 gennaio, dall'8 al 31 agosto e i mezzogiorno di sabato e domenica*   7JXc

Rist – Carta 39/64 € (+10 %)

♦ Un piccolo locale in pieno centro storico con servizio estivo nella corte del palazzo settecentesco che lo ospita, propone una cucina regionale, particolarmente mantovana.

X **La Brisa**   🍴 AC VISA ⁒ AE ✆

via Brisa 15 ⊠ 20123 ◎ *Cadorna F.N.M.* – ℰ 02 86 45 05 21

– *chiuso dal 23 dicembre al 3 gennaio, dall'8 agosto all' 8 settembre, sabato, domenica a mezzogiorno*   7JXf

Rist – (consigliata la prenotazione) Menu 25 € bc/50 € – Carta 37/74 € 🕸

♦ Di fronte ad un sito archeologico d'epoca romana, trattoria moderna con cucina anche del territorio. D'estate la veranda si apre sul giardino per il servizio all'aperto.

X **La Felicità**   & AC ✵ VISA ⁒ AE ① ✆

☜ *via Rovello 3 ⊠ 20121* ◎ *Cordusio* – ℰ 02 86 52 35   7JXa

Rist – Menu 17/22 € – Carta 17/25 €

♦ Sapori della tradizione vietnamita, tailandese e coreana nelle sale di questo ristorante cinese semplice, ma curato, arredato con raffinati riferimenti alla cultura orientale.

X **Rovello 18**   AC VISA ⁒ AE ① ✆

via Rovello 18 ⊠ 20121 ◎ *Cairoli* – ℰ 02 72 09 37 09

– *chiuso sabato a mezzogiorno, domenica*   5JVc

Rist – (consigliata la prenotazione) Carta 39/71 € 🕸

♦ Trattoria dall'ambiente piacevolmente retrò, al tempo stesso informale e ricercato. Il menu contempla carne e pesce, ma la qualità della prima impone sicuramente un assaggio.

Centro Direzionale

ᐊᐊᐊ **AC Milano**   🖪 🖩 & AC ✵ ⁗ 🛁 🚗 VISA ⁒ AE ① ✆

via Tazzoli 2 ⊠ 20154 – ℰ 02 20 42 42 11 – *www.ac-hotels.com*

156 cam ☲ – †110/485 € ††120/534 € – 2 suites   5JTb

Rist – (solo per alloggiati) Carta 35/58 €

♦ A due passi dalla movida milanese, che anima corso Como la sera, un contesto di modernità e design al servizio di una clientela business di alto livello. Camere di gran pregio in linea con lo standard della struttura.

ᐊᐊᐊ **Atahotel Executive**   🖪 & cam, AC cam, ⇎ ✵ ⁗ 🛁 VISA ⁒ AE ① ✆

viale Luigi Sturzo 45 ⊠ 20154 ◎ *Porta Garibaldi FS* – ℰ 02 62 94 1

– *www.atahotels.it*   6KUe

414 cam ☲ – †230/415 € ††270/495 € – 6 suites

Rist – (chiuso sabato, domenica a mezzogiorno) Carta 37/49 €

♦ Di fronte alla stazione ferroviaria Garibaldi, questa moderna struttura vanta un' attrezzata zona congressuale. Ideale per una clientela business dispone di piacevoli ed accoglienti camere.

Four Points Sheraton Milan Center
via Cardano 1 ⊠ 20124 Ⓜ *Gioia* – ℰ 02 66 74 61
– *www.fourpoints.com/milan*

254 cam �𝄞 – †200/400 € ††200/500 € – 11 suites
Rist Nectare – Carta 40/68 €
6KTb
♦ All'interno di una struttura architettonica recente troverete arredi di sobria eleganza nei riposanti spazi comuni; belle camere confortevoli. Recente e luminosa sala ristorante arredata con gusto.

UNA Hotel Tocq
via A. de Tocqueville 7/D ⊠ 20154 Ⓜ *Porta Garibaldi FS* – ℰ 02 62 07 1
– *www.unahotels.it*
6KUk
121 cam ⊯ – ††130/615 € – 1 suite – ½ P 100/333 €
Rist – *(chiuso sabato, domenica a mezzogiorno)* Carta 40/50 €
♦ Vicino a quell'immenso cantiere che sta cambiando il volto di Milano, design moderno e arredi minimalisti in un hotel che risponde pienamente alle esigenze di una clientela business. Se per un aperitivo modaiolo ci si dà appuntamento nel lounge-bar, per gli amanti delle ore piccole la discoteca Hollywood è a due passi.

Holiday Inn Milan Garibaldi Station
via Ugo Bassi 1 angolo via Farini
⊠ 20159 Ⓜ *Porta Garibaldi FS* – ℰ 02 60 76 8 01
– *www.himilangaribaldi.com*
5JTa
129 cam – ††99/499 €, ⊯ 20 € – ½ P 70/270 €
Rist – Carta 42/64 €
♦ Sempre un valido riferimento nel panorama dell'hôtellerie meneghina: luminoso ed accogliente, di design minimalista, sfoggia un'originale sala colazioni con cupola in vetro. Proposte culinarie classiche nel ristorante di taglio moderno.

Maison Moschino
viale Monte Grappa 12 ⊠ 20124 Ⓜ *Porta Garibaldi FS*
– ℰ 02 29 00 98 58 – *www.maisonmoschino.com*
– *chiuso agosto*
6KUb
65 cam – ††198/451 €, ⊯ 20 € – 2 suites
Rist Il Clandestino – vedere selezione ristoranti
♦ In un elegante palazzo neoclassico, ex stazione ferroviaria, interni moderni e luminosi arredati dalla celebre casa di moda. Camere realizzate secondo 16 design concept, ma con un unico*fil rouge*: il mondo delle fiabe.

✕✕ Il Liberty
viale Monte Grappa 6 ⊠ 20124 – ℰ 02 29 01 14 39
– *www.il-liberty.it* – *chiuso 2 settimane in agosto, sabato a mezzogiorno, domenica*
6KUh
Rist – Menu 52 € – Carta 47/67 €
♦ All'interno di un palazzo liberty, un locale piccolo nelle dimensioni – due sale ed un soppalco – ma grande in quanto ad ospitalità e piacevolezza. La cucina s'interessa sia al mare, sia alla terra: in quest'ultimo caso, con materie prime provenienti dalle campagne lombarde.

✕✕ Il Clandestino – Hotel Maison Moschino
viale Monte Grappa 12 ⊠ 20121 >– ℰ 02 29 00 98 58
– *www.maisonmoschino.com* – *chiuso dal 23 dicembre al 6 gennaio, agosto e lunedì*
6KUb
Rist – *(chiuso lunedì)* Menu 30 € (pranzo in settimana)/80 €
– Carta 58/112 €
♦ La cucina meneghina si fa da parte per lasciar spazio a squisite specialità ittiche che si distinguono tuttavia per originalità e qualche ingrediente esotico. Tra i divertissement proposti a pranzo, c'è la scatola ispirata al gioco dell'oca dove si intervallano quattro preparazioni diverse di tonno.

✗ Casa Fontana-23 Risotti 🅰🅲 🍴 ⱽⁱˢᵃ ◯◯ ♿

piazza Carbonari 5 ✉ *20125* Ⓜ *Sondrio – ℰ 0 26 70 47 10 – www.23risotti.it*
– chiuso dal 23 dicembre al 9 gennaio, dal 9 al 12 aprile, dal 4 al 27 agosto,
lunedì, sabato a mezzogiorno **4FQd**
Rist – Menu 25/30 € – Carta 40/47 €
♦ Val la pena aspettare i canonici 25 minuti per assaggiare la specialità della
casa, celebrata anche dalle immagini di mondine alle pareti: il proverbiale
risotto. Declinato in tante gustose varianti.

✗ Timé 🛜 🅰🅲 ⱽⁱˢᵃ ◯◯ 🅰🅴 ⓪ ♿

via San Marco 5 ✉ *20121* Ⓜ *Moscova – ℰ 02 29 06 10 51*
– www.ristorantetime.it – chiuso dal 25 dicembre al 1° gennaio, agosto,
sabato a mezzogiorno e domenica **6KUx**
Rist – Menu 40 € – Carta 39/63 €
♦ La sala è ariosa, di taglio moderno, con tavoli ravvicinati in un ambiente
vivace: il servizio attento, e pronto a raccontare l'affidabile cucina. Solo a
pranzo, disponibilità di una seconda carta più economica.

✗ Osaka 🅰🅲 🍴 ⱽⁱˢᵃ ◯◯ ♿

corso Garibaldi 68 ✉ *20121* Ⓜ *Moscova – ℰ 02 29 06 06 78*
– www.milanoosaka.com **5JUc**
Rist – Carta 37/59 €
♦ Nascosto in una breve galleria, in sala regna un'atmosfera sobria e minimalista - tipicamente orientale - riservata a pochi commensali. Dalla cucina piatti
nipponici: serviti anche al banco, di fronte allo chef che li prepara espressi.

✗ Serendib 🅰🅲 ⱽⁱˢᵃ ◯◯ ♿

😊

via Pontida 2 ✉ *20121* Ⓜ *Moscova – ℰ 0 26 59 21 39 – www.serendib.it*
– chiuso dal 10 al 20 agosto **5JUb**
Rist – *(chiuso a mezzogiorno)* Menu 25 € – Carta 26/40 €
♦ *Serendib*, l'antico nome dello Sri Lanka, significa "rendere felici": un sfida
ardua, ma questo ristorante vince la scommessa! Fedele alle sue origini, la
cucina conquista con ricette indiane e cingalesi.

Stazione Centrale

🏨 Principe di Savoia ☒ 💷 🛜 🆓 🎞 🅰🅲 ↩ 🍴 🐎 ⱽⁱˢᵃ ◯◯ 🅰🅴 ⓪ ♿

piazza della Repubblica 17 ✉ *20124* Ⓜ *Repubblica – ℰ 0 26 23 01*
– www.hotelprincipedisavoia.com **6KUa**
401 cam – ♗♗385/1250 €, ⭐ 45 € – 54 suites
Rist *Acanto* – vedere selezione ristoranti
♦ Affacciata su piazza della Repubblica, la bianca costruzione ottocentesca
offre subito un'immagine maestosa e signorile, ma è forse il respiro internazionale che la contraddistingue, il suo vero fiore all'occhiello. Splendide
camere, attrezzature sportive e spazi benessere per un soggiorno di relax.

🏨 The Westin Palace 🆓 🖥 🍴 🅰🅲 ↩ 🍴 🐎 🍽 ⱽⁱˢᵃ ◯◯ 🅰🅴 ⓪ ♿

piazza della Repubblica 20 ✉ *20124* Ⓜ *Repubblica – ℰ 0 26 33 61*
– www.westinpalacemilan.it **6LUb**
228 cam – ♗200/2000 € ♗♗250/2700 €, ⭐ 40 € – 5 suites
Rist *Casanova* – vedere selezione ristoranti
♦ Apoteosi milanese dello stile impero: ambienti solenni ed austeri per un
soggiorno da grande albergo. Alcune camere con vista sul Duomo, per tutti
- l'estate - roof terrace.

🏨 Starhotels Anderson 🆓 🖥 ⅙ cam, 🅰🅲 ↩ 🍴 cam, 🍽 🐎

piazza Luigi di Savoia 20 ✉ *20124* Ⓜ *Centrale FS* ⱽⁱˢᵃ ◯◯ 🅰🅴 ⓪ ♿
– ℰ 0 26 69 01 41 – www.starhotels.com **6LTb**
106 cam ⭐ – ♗♗110/800 € **Rist** – Carta 49/60 €
♦ Hotel dalla calda atmosfera design: ambienti intimi e alla moda, camere
accoglienti dotate di tutti i confort della categoria. Un piccolo ristorante
serale allestito nella raffinata lounge con proposte gastronomiche di tono
moderno.

ᇸᇸᇸ NH Machiavelli 🄫 ᇰ 🄰🄲 ↩ 🎇 🎙️ 🛎️ 🆅🅸🆂🅰 ⊚ 🄰🄴 ⓪ 🅢

via Lazzaretto 5 ✉ 20124 Ⓜ Repubblica – ☏ 02 63 11 41 – www.nh-hotels.it
– chiuso dal 30 luglio al 21 agosto **6LUa**
103 cam ⯑ – ♦95/465 € ♦♦105/520 € – 3 suites – ½ P 130/290 €
Rist – *(chiuso sabato e domenica)* Carta 60/75 €

♦ Una struttura moderna con camere sobrie e luminose ed un ambiente open space che può inglobare più spazi comuni in uno solo. Eccellente prima colazione.

ᇸᇸᇸ ADI Doria Grand Hotel 🄫 ᇰ 🄰🄲 ↩ 🎇 rist, 🎙️ 🛎️ 🆅🅸🆂🅰 ⊚ 🄰🄴 ⓪ 🅢

viale Andrea Doria 22 ✉ 20124 Ⓜ Caiazzo – ☏ 02 67 41 14 11
– www.adihotels.com **4GQx**
122 cam ⯑ – ♦99/480 € ♦♦99/550 € – 2 suites – ½ P 88/313 €
Rist – *(chiuso dal 24 dicembre al 6 gennaio, agosto e domenica)*
Carta 43/64 €

♦ Struttura classica dotata di un'elegante hall con arredi del primo Novecento, ampi spazi comuni (sede anche di eventi culturali e musicali), camere spaziose e confortevoli. Il raffinato ristorante propone una squisita cucina regionale ed internazionale.

ᇸᇸᇸ Bristol *senza rist* 🄫 🄰🄲 🎇 🎙️ 🛎️ 🆅🅸🆂🅰 ⊚ 🄰🄴 ⓪ 🅢

via Scarlatti 32 ✉ 20124 Ⓜ Centrale FS
– ☏ 02 26 69 41 41 – www.hotelbristolmil.it
– chiuso dal 24 dicembre al 2 gennaio ed agosto **6LTm**
68 cam ⯑ – ♦80/150 € ♦♦100/200 €

♦ Nei pressi della stazione centrale, la struttura si presenta con una veste piuttosto tradizionale, per poi personalizzarsi con mobili antichi negli ambienti comuni e camere intime di classico confort.

ᇸᇸᇸ Auriga *senza rist* 🄫 🄰🄲 ↩ 🎇 🎙️ 🛎️ 🆅🅸🆂🅰 ⊚ 🄰🄴 ⓪ 🅢

via Giovanni Battista Pirelli 7 ✉ 20124 Ⓜ Centrale FS – ☏ 02 66 98 58 51
– www.auriga-milano.com – chiuso dal 21 dicembre al 8 gennaio e dal 3 al 26 agosto **6LTUk**
52 cam ⯑ – ♦90/270 € ♦♦120/360 €

♦ La compresenza di stili diversi, una facciata particolare ed i vivaci colori creano un originale effetto scenografico. Confort ed efficienza per turisti e clientela d'affari.

ᇸᇸᇸ Manin ⇐ 🚗 🚉 🄫 🄰🄲 ↩ 🎙️ 🛎️ 🆅🅸🆂🅰 ⊚ 🄰🄴 ⓪ 🅢

via Manin 7 ✉ 20121 Ⓜ Palestro – ☏ 02 65 96 51 1 – www.hotelmanin.it
– chiuso 4 settimane in agosto **6KVd**
111 cam ⯑ – ♦130/282 € ♦♦150/375 € – 7 suites
Rist *Bettolino* – *(chiuso dal 24 dicembre al 9 gennaio, sabato, domenica a mezzogiorno)* Carta 44/60 €

♦ Sito nel cuore dell'attività socio-culturale della città, l'hotel propone camere in stile classico con graziose scene decorative sopra le testiere dei letti e stanze di design contemporaneo, alcune con terrazza affacciata sul parco. Piatti della tradizione nell'ambiente raccolto del Bettolino.

ᇸᇸ Augustus *senza rist* 🄫 🄰🄲 🎙️ 🆅🅸🆂🅰 ⊚ 🄰🄴 ⓪ 🅢

via Napo Torriani 29 ✉ 20124 Ⓜ Centrale FS – ☏ 02 66 98 82 71
– www.augustushotel.it – chiuso dal 23 al 27 dicembre e dall'8 al 22 agosto
56 cam – ♦95/190 € ♦♦145/250 €, ⯑ 13 € **6LUq**

♦ In prossimità della stazione centrale, un hotel di taglio classico a conduzione diretta, particolarmente tranquillo in quanto tutte le camere si affacciano sul retro. La ricca colazione ben predispone alla giornata.

ᇸᇸ Sempione *senza rist* 🄫 ᇰ 🄰🄲 🎙️ 🆅🅸🆂🅰 ⊚ 🄰🄴 ⓪ 🅢

via Finocchiaro Aprile 11 ✉ 20124 Ⓜ Repubblica – ☏ 02 65 70 3 23
– www.hotelsempione.it **6LUr**
49 cam ⯑ – ♦70/240 € ♦♦80/320 €

♦ Una risorsa a gestione familiare recentemente ristrutturata, dispone di camere semplici ma confortevoli con arredi di gusto moderno, tutte con TV LCD.

Colombia senza rist ⊠ 🎦 AC ⟨⟩° VISA ⊕ AE ⓪ ⓢ
via Lepetit 15 ⊠ 20124 Ⓜ Centrale FS – ℰ 0 26 69 25 32
– www.hotelcolombiamilano.com – chiuso 2 settimane in dicembre o
gennaio e 3 settimane in agosto   **6LUd**
48 cam � – †100/270 € ††150/370 €

◆ Grazioso hotel a gestione familiare, ristrutturato negli ultimi tempi, dispone di camere confortevoli in stile minimal design. Piacevole giardinetto interno per la prima colazione: praticamente una rarità a Milano!

Sanpi senza rist 🖪 🔲 � AC ↤ ᐣ ⟨⟩° 🕍 VISA ⊕ AE ⓪ ⓢ
via Lazzaro Palazzi 18 ⊠ 20124 Ⓜ Porta Venezia – ℰ 02 29 51 33 41
– www.hotelsanpimilano.it – chiuso dal 24 dicembre al 2 gennaio
75 cam ⊆ – †95/350 € ††119/450 € – 4 suites   **6LUe**
◆ Struttura di dimensioni ridotte, ma di grande piacevolezza, soprattutto nelle camere al piano B1 (le più nuove). Snack bar con piatti freddi e, prima di tuffarsi nella frenetica vita milanese, colazione nella graziosa corte interna.

Aosta senza rist ⊠ AC ⟨⟩° VISA ⊕ AE ⓪ ⓢ
piazza Duca d'Aosta 16 ⊠ 20124 Ⓜ Centrale FS – ℰ 0 26 69 19 51
– www.minihotel.it   **6LTp**
63 cam ⊆ – †60/300 € ††85/500 €
◆ A pochi metri dalla stazione Centrale, le camere superior sono più recenti e migliori; per tutti, una superba vista dalla sala colazioni all'ottavo piano.

XXXX **Acanto** – Hotel Principe di Savoia AC ⟺ VISA ⊕ AE ⓪ ⓢ
piazza della Repubblica 17 ⊠ 20124 Ⓜ Repubblica – ℰ 02 62 30 20 26
– www.hotelprincipedisavoia.it   **6KUa**
Rist – Carta 80/136 €
◆ Tagliolini all'uovo con ragù di scampi e limone. Tempura di calamari, gamberi, trigliette con zucchine e salsa agrodolce. Strudel di mele con gelato al malaga. Quanto basta per far venire l'acquolina in bocca: cucina classico-contemporanea nell'elegante veste moderna di questo ristorante, dove grandi vetrate si affacciano su un inatteso giardino.

XXXX **Casanova** – Hotel The Westin Palace ᵴ AC ⟺ VISA ⊕ AE ⓪ ⓢ
piazza della Repubblica 20 ⊠ 20124 Ⓜ Repubblica – ℰ 0 26 33 61
– www.westin.com/palacemilan   **6LUb**
Rist – Carta 67/99 € ⍦
◆ Cucina prevalentemente mediterranea, con particolare attenzione alla cultura gastronomica lombarda, piemontese e ligure in un elegante ristorante che annovera anche una zona privée.

XXX **Gold** AC ⟺ VISA ⊕ AE ⓪ ⓢ
piazza Risorgimento,angolo via Poerio ⊠ 20129 Ⓜ Porta Venezia
– ℰ 0 27 57 77 71 – www.dolcegabbanagold.it – chiuso Natale e Capodanno,
agosto e domenica   **4GRc**
Rist – Carta 45/91 € ⍦
◆ Sempre ai vertici nella hit parade dei locali più trendy di Milano, Gold fa dell'oro il suo carattere distintivo. Aspettatevi quindi un ambiente lussuoso e sfavillante: magari, tra uno shooting e l'altro, avrete la fortuna di assistere all'apparizione di Louise Veronica Ciccone, alias Madonna.

XX **Joia** (Pietro Leemann) AC ⟺ VISA ⊕ AE ⓪ ⓢ
⍟ *via Panfilo Castaldi 18 ⊠ 20124 Ⓜ Repubblica – ℰ 02 29 52 21 24*
– www.joia.it – chiuso dal 25 dicembre all'8 gennaio, dal 7 al 30 agosto,
sabato a mezzogiorno, domenica   **6LUc**
Rist – Menu 35 € (pranzo)/80 € – Carta 67/91 € ⍦
Spec. Spuma di parmigiano ed asparagi, aceto balsamico di 25 anni e 4 sue imitazioni. Gnocchi senza farina, farciti di formaggio, con carpaccio di fragole e fonduta di crescenza. Tatin di mele con sfoglia soffice di saraceno, gelato alla cannella e latte alla vaniglia.
◆ Sale semplici e sobrie. Tutto si gioca su piatti vegetariani, dalle scenografiche presentazioni ed influssi orientali. La sera, in una sala-bistrot di fronte alle cucine a vista, qualche proposta meno ambiziosa, ma comunque significativa, a prezzi più contenuti.

XX **Torriani 25** 〔AC〕 ⚡ ⇔ 〔VISA〕 〔ⓒⓑ〕 〔AE〕 〔①〕 〔⑤〕
via Napo Torriani 25 ⊠ *20124* Ⓜ *Centrale FS –* ℰ *02 67 07 81 83*
– www.torriani25.it – chiuso dal 24 dicembre al 1° gennaio, dal 6 al
28 agosto, sabato a mezzogiorno e domenica **6LUt**
Rist – Carta 47/62 €
♦ Un locale di taglio moderno, caratterizzato da tinte calde e da una diffusa
illuminazione; un buffet a vista espone varietà di pesce, specialità cui è votata
la carta.

XX **I Malavoglia** 〔AC〕 〔VISA〕 〔ⓒⓑ〕 〔AE〕 〔①〕 〔⑤〕
via Lecco 4 ⊠ *20124* Ⓜ *Porta Venezia –* ℰ *02 29 53 13 87*
– www.ristoranteimalavoglia.com – chiuso dal 24 dicembre
al 7 gennaio, agosto, domenica, lunedì a mezzogiorno **6LUg**
Rist – Carta 50/68 €
♦ Nel capoluogo lombardo, un locale classico condotto da una trentennale
esperienza, dove assaporare i piatti tipici della gastronomia siciliana.

XX **13 Giugno** 〔AC〕 ⇔ 〔VISA〕 〔ⓒⓑ〕 〔AE〕 〔①〕 〔⑤〕
via Goldoni 44 ang.via Uberti 5 ⊠ *20129* Ⓜ *Dateo –* ℰ *02 71 96 54*
– www.ristorante13giugno.it **4GRw**
Rist – Carta 48/80 €
♦ Una sala di discreta eleganza, arricchitasi di una veranda-giardino d'inverno, con proposte di mare, specializzata particolarmente nei sapori siciliani.

X **La Cantina di Manuela** 〔☂〕 〔AC〕 〔VISA〕 〔ⓒⓑ〕 〔AE〕 〔⑤〕
ⓐ *via Carlo Poerio 3* ⊠ *20129* Ⓜ *Porta Venezia –* ℰ *02 76 31 88 92*
– www.lacantinadimanuela.it – chiuso dal 25 dicembre al 1° gennaio,
2 settimane in agosto, domenica **4GRx**
Rist – Carta 30/45 € ⅋
♦ Si mangia circondati da bottiglie di vino in un ambiente giovane e dinamico. Ad una carta di piatti particolarmente elaborati si aggiungono la sera
gli antipasti: sostituiti a pranzo da insalate assortite per una clientela business
orientata a proposte veloci.

X **Da Giannino-L'Angolo d'Abruzzo** 〔AC〕 〔VISA〕 〔ⓒⓑ〕 〔⑤〕
ⓐ *via Pilo 20* ⊠ *20129* Ⓜ *Porta Venezia –* ℰ *02 29 40 65 26 – chiuso agosto e*
lunedì **4GRt**
Rist – Carta 24/32 €
♦ Una calorosa accoglienza, un ambiente semplice ma vivace e sempre
molto frequentato e il piacere di riscoprire, in piatti dalle abbondanti porzioni,
la tipica cucina abruzzese.

Romana-Vittoria

🏨 **Grand Visconti Palace** 〔📠〕〔🖥〕〔📶〕〔🛗〕〔🛗〕〔🍴〕〔🛗〕〔&〕〔AC〕〔⚡〕〔✦〕〔♪〕〔🎱〕〔🚗〕
viale Isonzo 14 ⊠ *20135* Ⓜ *Lodi TIBB* 〔VISA〕 〔ⓒⓑ〕 〔AE〕 〔①〕 〔⑤〕
– ℰ *02 54 03 41 – www.grandviscontipalace.com* **4FSa**
162 cam ⊑ – ♦169/890 € ♦♦189/990 € – 10 suites
Rist Al Quinto Piano – vedere selezione ristoranti
♦ Nei grandi spazi di un ex mulino industriale è stato ricavato questo grande
albergo di tono elegante: accogliente centro benessere, sale congressi e grazioso giardino.

XXXX **Al Quinto Piano** – Hotel Grand Visconti Palace 〔AC〕 ⚡ 〔VISA〕 〔ⓒⓑ〕 〔AE〕 〔①〕 〔⑤〕
viale Isonzo 14 ⊠ *20135 –* ℰ *02 54 03 41*
– www.grandviscontipalace.com **4FSa**
Rist – Carta 43/68 €
♦ Morbidi colori pastello e qua e là, disseminati nella sala, piccoli inserti rossi
per vivacizzare l'ambiente: se l'espressione al "settimo cielo" indica uno stato
di grazia, al Quinto Piano il gusto ha trovato di che appagarsi... Cucina di
ricerca, di fantasia e di cuore.

✗✗ Globe
≤ ⅙ 🄰🄲 ⅦⅥⅦ 🄰🄴 🄾 ⅙

piazza 5 Giornate 1 ⊠ *20129 –* ℰ *02 55 18 19 69 – www.globeinmilano.it – chiuso 25-26 dicembre, Capodanno, Pasqua, 2 settimane in agosto e lunedì sera*   **8LXa**

Rist – Carta 36/48 €

• Se lo shopping ha stimolato il vostro appetito, all'ultimo piano di un importante negozio, un moderno open space - con terrazza panoramica - vi stupirà con una cucina poliedrica: nazionale, regionale e di pesce. *Brunch* domenicale e *lounge bar* tutti i giorni, tranne il lunedì, fino alle ore 02.

✗✗ Alice
🄰🄲 ⅦⅥⅦ 🄾🄾 🄰🄴 ⅙
❀

via Adige 9 ⊠ *20135* Ⓜ *Porta Romana –* ℰ *0 25 46 29 30 – www.aliceristorante.it – chiuso dal 1° al 7 gennaio, 3 settimane in agosto, domenica, lunedì a mezzogiorno*   **8LYe**

Rist – (consigliata la prenotazione la sera) Menu 25 € (pranzo in settimana)/65 € – Carta 59/94 €

Spec. Spaghettini in brodo affumicato con vongole, seppie e polvere di tarallo. Bocconcini di ali di razza su crema di finocchi e foie gras. Universo: mousse al cioccolato con cuore di liquirizia su salsa inglese allo zafferano.

• Che vi rivolgiate alla cuoca o alla sommelier, è sempre un locale al femminile che, partendo dall'alice, si tuffa nel mondo del pesce, proposto in estrose combinazioni e fantasiose presentazioni. Per gli irriducibili della carne, ci sono anche piatti di fassone piemontese e altre carni.

✗ Masuelli San Marco
🄰🄲 ⇔ ⅦⅥⅦ 🄾🄾 🄰🄴 ⅙

viale Umbria 80 ⊠ *20135* Ⓜ *Lodi TIBB –* ℰ *02 55 18 41 38 – www.masuellitrattoria.it – chiuso dal 25 dicembre al 6 gennaio, 3 settimane in agosto, domenica, lunedì a mezzogiorno*   **4GSh**

Rist – Carta 35/49 €

• Ambiente rustico di tono signorile in una trattoria tipica, con la stessa gestione dal 1921; linea di cucina saldamente legata alle tradizioni lombardo-piemontesi.

✗ Giulio Pane e Ojo
🄰🄲 ⇔ ⅦⅥⅦ 🄾🄾 🄰🄴 🄾 ⅙
☺

via Muratori 10 ⊠ *20135* Ⓜ *Porta Romana –* ℰ *0 25 45 61 89 – www.giuliopaneojo.com – chiuso Natale, Pasqua, 15 agosto, domenica escluso dicembre*   **8LYa**

Rist – Carta 28/34 €

• Osteria rustica ed informale, gestita da giovani, e sempre molto apprezzata in zona. La cucina è tipicamente romana, più semplice ed economica a pranzo. Per cena si consiglia di prenotare con anticipo.

✗ Dongiò
🄰🄲 ⅦⅥⅦ 🄾🄾 🄰🄴 ⅙
☺

via Corio 3 ⊠ *20135* Ⓜ *Porta Romana –* ℰ *0 25 51 13 72 – chiuso 3 settimane in agosto, sabato a mezzogiorno, domenica*

Rist – (consigliata la prenotazione) Carta 25/34 €   **8LYu**

• Come poteva approdare la Calabria tra i meneghini? Così come tutti la conosciamo: un ambiente semplice e frequentatissimo - a conduzione familiare - come ormai se ne trovano pochi. Cucina casalinga a base di paste fresche, 'nduja e l'immancabile peperoncino.

Navigli

🏨 D'Este senza rist
🛗 🄰🄲 ⅙ ⅌ ⁇ 🔏 ⅦⅥⅦ 🄾🄾 🄰🄴 🄾 ⅙

viale Bligny 23 ⊠ *20136 –* ℰ *02 58 32 10 01 – www.hoteldestemilano.it – chiuso dal 24 dicembre al 1° gennaio e 2 settimane in agosto*   **8KYd**

84 cam � – †100/250 € ††100/400 €

• Nella bohémien zona dei Navigli, tutte le camere di questa risorsa dagli ampi spazi comuni sono state recentemente ristrutturate. Non temete l'assegnazione di una stanza su strada: l'insonorizzazione è eccezionale!

Crivi's senza rist 　　　　🖼 AC ⚙ ♨ 🅿 🚗 VISA 🐵 AE ① Ġ
corso Porta Vigentina 46 ⊠ 20122 Ⓜ Crocetta – ℰ *02 58 28 91*
– www.crivis.com – chiuso Natale ed agosto　　　　　　　**8KYe**
86 cam ☲ *–* †120/250 € ††165/350 €
♦ In comoda posizione vicino al metrò, una confortevole risorsa dalle gradevoli zone comuni e camere con arredi classici, adeguate nei confort e negli
spazi.

Des Etrangers senza rist 　　🖼 Ġ AC ↵ ♨ ♨ ♨ 🚗 VISA 🐵 AE ① Ġ
via Sirte 9 ⊠ 20146 – ℰ *02 48 95 53 25 – www.hoteldesetrangers.it – chiuso*
dal 7 al 23 agosto　　　　　　　　　　　　　　　**3DSy**
94 cam ☲ *–* †60/150 € ††80/230 €
♦ Una risorsa ben tenuta ed ubicata in una via tranquilla; buon confort e funzionalità nelle aree comuni e nelle camere. Comodo garage sotterraneo.

Sadler 　　　　　　　　　　AC ♻ VISA 🐵 AE ① Ġ
via Ascanio Sforza 77 ⊠ 20141 Ⓜ Romolo
– ℰ *02 58 10 44 51 – www.sadler.it – chiuso dal 1° all'8 gennaio,*
dall'11 al 26 agosto, domenica　　　　　　　　　　**3ESa**
Rist *– (chiuso a mezzogiorno)* Menu 180 € bc – Carta 70/142 € 🏵
Spec. Interpretazione del crudo di pesce "Italian sashimi". Gallinella di mare al
forno farcita di panzanella e salsa livornese. Zuppa di pesche bianche con
spuma di mandorle e granita al vino brachetto.
♦ L'armonia qui regna sovrana: nelle linee pure degli arredi, nella scelta dei materiali, negli effetti luce ai quali contribuiscono le grandi vetrate. L'equilibrio non
risparmia la cucina, mirabile esempio di connubio tra tradizione e creatività.

Al Porto 　　　　　　　　　　AC VISA 🐵 AE ① Ġ
piazzale Generale Cantore ⊠ 20123 Ⓜ Porta Genova FS – ℰ *02 89 40 74 25*
– http//www.alportomilano.it – chiuso dal 24 dicembre al 3 gennaio, agosto,
domenica, lunedì a mezzogiorno　　　　　　　　**7HYh**
Rist – Carta 53/73 €
♦ Nell'800 era il casello del Dazio di Porta Genova, oggi un ristorante classico
d'intonazione marinara molto frequentato sia a cena che a pranzo, sicuramente per la qualità del pesce, fresco, proposto anche crudo.

Tano Passami l'Olio (Gaetano Simonato) 　　AC VISA 🐵 AE Ġ
via Villoresi, 16 ⊠ 20143 – ℰ *02 8 39 41 39 – www.tanopassamilolio.com*
– chiuso dal 24 dicembre al 6 gennaio, agosto, domenica　**3DSb**
Rist *– (chiuso a mezzogiorno)* (consigliata la prenotazione) Menu 78 €
– Carta 81/107 €
Spec. Uova di quaglia caramellate su mousse d'anatra e il suo foie gras, bottarga di uova d'anatra. Spaghetti alla chitarra ripieni di bottarga di uovo di
gallina in crema di burrata e grana padano. Crottin de chevre (formaggio di
capra) in glassa di zucchero al profumo d'arancia e distillato di mele con
aceto balsamico e tartufo.
♦ Luci soffuse, atmosfera romantica e creativi piatti di carne e di pesce,
ingentiliti con olii extra-vergine scelti ad hoc da una fornita dispensa. Salotto
fumatori con divano.

Il Navigante 　　　　　　　　AC 🅿 VISA 🐵 AE Ġ
via Magolfa 14 ⊠ 20143 – ℰ *02 89 40 63 20 – www.navigante.it*
– chiuso dal 6 al 31 agosto, sabato a mezzogiorno e domenica
Rist – Menu 18 € bc (pranzo in settimana)/35 €　　　　**7JYc**
– Carta 43/60 €
♦ In una via alle spalle del Naviglio, musica dal vivo tutte le sere in un
locale, gestito da un ex cuoco di bordo, con un curioso acquario nel pavimento; cucina di mare.

Pirandello 　　　　　　　　　AC VISA 🐵 AE Ġ
viale Gian Galeazzo 6 ⊠ 20136 – ℰ *02 89 40 29 01*
– chiuso dal 7 al 30 agosto, sabato a mezzogiorno, domenica　**7JYe**
Rist – Carta 44/60 €
♦ Atmosfera, gestione e cucina sono decisamente siciliane: fragranti piatti di
pesce e ricette trinacrie in entrambe le sale da pranzo.

X
ⓒ **Trattoria Aurora**   🍴 ⇔ 💳 ⓒⓒ 🄰🄴 ⑤
via Savona 23 ⊠ 20144 Ⓜ Sant' Agostino – ℰ 0 28 32 31 44 – chiuso lunedì
Rist – Menu 25/42 € – Carta 20/54 €   **7HYm**
♦ Vetrate smerigliate con motivi floreali e decorazioni liberty ovunque: la cucina del mezzogiorno è semplice ma mai banale, piatti tipici della tradizione piemontese come la bagna cauda e il carrello dei bolliti.

X
Chic'n Quick   🄰🄲 💳 ⓒⓒ 🄰🄴 ⓞ ⑤
*via Ascanio Sforza 77 ⊠ 20141 Ⓜ Romolo – ℰ 02 89 50 32 22
– www.sadler.it – chiuso dal 1° al 10 gennaio, dall'8 al 24 agosto, domenica, lunedì a mezzogiorno*   **3ESa**
Rist – Carta 35/56 €
♦ Chic'n Quick, per non rinunciare al fascino di una tavola curata ed un servizio veloce. Cucina semplice, ma non priva di spunti fantasiosi: salumi e grigliate tra le specialità.

X
Trattoria Trinacria   🄰🄲 ⅏ 💳 ⓒⓒ ⑤
via Savona 57 ⊠ 20144 Ⓜ Sant' Agostino – ℰ 0 24 23 82 50 – chiuso sabato a mezzogiorno e domenica   **3DSw**
Rist – Menu 35 € bc – Carta 23/59 €
♦ A gestione familiare, un locale accogliente nella sua semplicità confermata dal servizio informale. Tra luci soffuse e candele sui tavoli, il menu in dialetto con "sottotitoli" in italiano celebra le specialità isolane.

X
ⓒ **Shiva**   🄰🄲 ⅏ ⇔ 💳 ⓒⓒ ⓞ ⑤
*viale Gian Galeazzo 7 ⊠ 20136 – ℰ 02 89 40 47 46 – www.ristoranteshiva.it
– chiuso lunedì a mezzogiorno*   **7JYb**
Rist – Menu 12/28 € – Carta 23/36 €
♦ Ristorante indiano con grandi sale e un intimo soppalco. Ambienti confortevoli e caratteristici con luci soffuse e decori tipici. Cucina del nord con diverse specialità.

X
Trattoria Madonnina   🍴 💳 ⓒⓒ ⑤
via Gentilino 6 ⊠ 20136 – ℰ 02 89 40 90 89 – chiuso domenica e le sere di lunedì, martedì e mercoledì escluso dicembre   **7JYd**
Rist – Carta 24/30 €
♦ Trattoria milanese d'inizio '900 rimasta invariata nello stile: arredi d'epoca con locandine e foto, cucina semplice e gustosa. Piccolo dehors con pergola e tavoli in pietra.

X
ⓒ **Al Pont de Ferr**   🄰🄲 💳 ⓒⓒ ⑤
*Ripa di Porta Ticinese 55 ⊠ 20143 Ⓜ Porta Genova FS – ℰ 02 89 40 62 77
– www.pontdeferr.it – chiuso dal 24 dicembre al 10 gennaio e dal 6 al 24 agosto*   **7HYa**
Rist – Menu 50/70 € – Carta 52/68 €
Spec. Cipolla rossa di Tropea caramellata al formaggio di capra. Gnocchi di patate cotti sulla brace con zucchine e gamberi. Petto di piccione cotto in una sfera di sale.
♦ Sulla passeggiata del Naviglio Grande - davanti al vecchio ponte di ferro - l'ambiente è rustico e di grande semplicità, ma la cucina si esprime a livelli di fine ricerca gastronomica: tecnica raffinata a prezzi accessibili. Menu più semplice a pranzo (la carta è, comunque, disponibile su richiesta).

Fiera-Sempione

🏨🏨 **Hermitage**   🛗 ⅖ 🄰🄲 ⅏ ⁇ 🚭 🛏 🚗 💳 ⓒⓒ 🄰🄴 ⓞ ⑤
*via Messina 10 ⊠ 20154 Ⓜ Porta Garibaldi FS – ℰ 02 31 81 70
– www.monrifhotels.it – chiuso agosto*   **5HUq**
122 cam ⌑ – †80/290 € ††120/320 € – 9 suites
Rist *Il Giorno Bistrot* – vedere selezione ristoranti
♦ In un quartiere brulicante di attività e negozi, un indirizzo sempre valido nel panorama dell'hôtellerie milanese. Raffinatezza e confort, interni in stile classico e modernità delle installazioni: difficile, pretendere di più.

687

Milan Marriott Hotel ♿ ⓢ AC ⇄ ❄ ☎ ⚫ 🍷 VISA ⓪ AE ① 🍷

via Washington 66 ✉ *20146* Ⓜ *Wagner* – ☎ *0 24 85 21*
– *www.milanmarriott.com*   **3DRd**
321 cam – ♥♥150/680 €, ⌷ 20 €
Rist *La Brasserie de Milan* – Carta 38/87 €
♦ Non lontano dal brulicante corso Vercelli, la struttura si caratterizza per la
sua doppia anima: architettura esterna moderna ed ampi interni classicheggianti. Camere funzionali in stile. Specialità regionali e sapori mediterranei a
La Brasserie de Milan.

Wagner senza rist ⓢ AC ⇄ ❄ ☎ VISA ⓪ AE ① 🍷

via Buonarroti 13 Ⓜ *Buonarroti* – ☎ *02 46 31 51* – *www.roma-wagner.com*
– *chiuso dal 12 al 19 agosto*   **3DRp**
46 cam ⌷ – ♥♥179/798 € – 3 suites
♦ Accanto all'omonima stazione della metropolitana, l'hotel è stato completamente ristrutturato e offre ambienti ben curati nei dettagli, arredati con
marmi e moderni accessori.

Enterprise Hotel ⌂ ♿ ⓢ ♿ AC ⇄ ❄ rist, ☎ ⚫ 🚗 VISA ⓪ 🍷

corso Sempione 91 ✉ *20149* – ☎ *02 31 81 81*
– *www.enterprisehotel.com*   **3DQc**
126 cam ⌷ – ♥♥143/800 € – 2 suites
Rist *Sophia's* – ☎ 02 31 81 88 55 – Carta 35/65 €
♦ Rivestimento esterno in marmo e granito, arredi disegnati su misura, grande
risalto alla geometria: hotel d'eleganza attuale con attenzione al design e ai
particolari. Uno spazio gradevole e originale per pranzi e cene, d'estate anche
all'aperto.

Regency senza rist ♿ ⓢ AC ⇄ ❄ ☎ VISA ⓪ AE ① 🍷

via Arimondi 12 ✉ *20155* – ☎ *02 39 21 60 21*
– *www.regency-milano.com* – *chiuso dal 22 dicembre all'8 gennaio*
e dal 3 al 26 agosto   **3DQb**
71 cam ⌷ – ♥80/280 € ♥♥90/480 €
♦ Un "angolo" di ospitalità milanese insolito ed affascinante: una dimora
nobiliare di fine '800, una sorta di grazioso castelletto, con un piacevole cortile e raffinati interni.

ADI Hotel Poliziano Fiera ⓢ ♿ cam, AC cam, ⇄ ❄ rist, ☎ ⚫

via Poliziano 11 ✉ *20154* – ☎ *0 23 19 19 11*   VISA ⓪ AE ① 🍷
– *www.adihotels.com* – *chiuso dal 23 dicembre all'8 gennaio e dal 1° al*
26 agosto   **5HTa**
98 cam ⌷ – ♥94/450 € ♥♥108/450 € – 2 suites – ½ P 83/254 €
Rist – *(chiuso domenica) (solo per alloggiati)* Carta 24/45 €
♦ Albergo d'impostazione moderna per un'ospitalità cordiale e attenta: piacevoli ambienti comuni, nonché spaziose camere arredate nei toni verde chiaro
e sabbia.

Domenichino senza rist ⓢ ♿ AC ❄ ☎ ⚫ 🚗 VISA ⓪ AE ① 🍷

via Domenichino 41 ✉ *20149* Ⓜ *Amendola Fiera* – ☎ *02 48 00 96 92*
– *www.hoteldomenichino.it* – *chiuso dal 21 al 27 dicembre e dal 27 luglio al*
20 agosto   **3DRf**
71 cam ⌷ – ♥65/200 € ♥♥80/260 € – 2 suites
♦ In una via alberata, a due passi dalla Fieramilanocity, un hotel signorile che
offre dotazioni e servizi di buon livello, accoglienti spazi comuni e camere
confortevoli.

Mozart senza rist ⓢ AC ☎ ⚫ 🚗 VISA ⓪ AE ① 🍷

piazza Gerusalemme 6 ✉ *20154* – ☎ *02 33 10 42 15*
– *www.hotelmozartmilano.it* – *chiuso dal 27 luglio al 19 agosto*   **5HTb**
116 cam ⌷ – ♥90/374 € ♥♥100/418 € – 3 suites
♦ Nei pressi di FieraMilanoCity, arredi moderni nelle camere - dotate di ogni
confort e ideali per clienti business - in una struttura dall'attenta ospitalità.

Metrò senza rist   📶 ⌖ 🅰️ (p) 📶 VISA ⚫ 🅰️🅔 ⓪ ⌖
corso Vercelli 61 ⊠ 20144 Ⓜ *Wagner* – ℰ 0 24 98 78 97 – www.hotelmetro.it
40 cam ⊆ – ♦90/150 € ♦♦120/300 €   **3DRx**
• Conduzione familiare per una risorsa in una delle vie più rinomate per lo shopping; camere piuttosto eleganti, gradevolissima sala colazioni panoramica al roof-garden.

Lancaster senza rist   📶 🅰️ ↔ (p) 🏊 VISA ⚫ 🅰️🅔 ⓪ ⌖
via Abbondio Sangiorgio 16 ⊠ 20145 Ⓜ *Cadorna F.N.M.* – ℰ 02 34 47 05
– www.hotellancaster.it – *chiuso Natale e agosto*   **5HUc**
30 cam ⊆ – ♦65/139 € ♦♦99/240 €
• Un edificio ottocentesco situato in zona residenziale ospita una piacevole risorsa con spazi comuni non enormi, ma gradevoli ed accoglienti. Camere in stile.

Astoria senza rist   📶 🅰️ ↔ 🏊 (p) 🏊 VISA ⚫ 🅰️🅔 ⓪ ⌖
viale Murillo 9 ⊠ 20149 Ⓜ *Lotto* – ℰ 02 40 09 00 95
– www.astoriahotelmilano.com   **3DRm**
68 cam ⊆ – ♦330 € ♦♦450 €
• Lungo un viale di circonvallazione, albergo frequentato soprattutto dalla clientela d'affari; camere con arredi moderni e ottima insonorizzazione.

Portello senza rist   📶 🅰️ ↔ (p) 🏊 🚗 VISA ⚫ 🅰️🅔 ⓪ ⌖
via Guglielmo Silva 12 ⊠ 20149 – ℰ 0 24 81 49 44 – www.minihotel.it
– *chiuso dal 22 dicembre al 6 gennaio ed agosto*   **3DRa**
96 cam ⊆ – ♦70/300 € ♦♦90/550 €
• A due passi da FieraMilanoCity, la hall vi accoglie con poltroncine in pelle bianca ed uno stile moderno e piacevolmente minimalista. Le camere - anch'esse recentemente ristrutturate - sono piuttosto semplici, ma senza dubbio funzionali, in gran parte caratterizzate da grandi foto della Milano d'epoca.

Montebianco senza rist   📶 🅰️ (p) 🅿️ 📶 ⚫ 🅰️🅔 ⓪ ⌖
via Monte Rosa 90 ⊠ 20149 Ⓜ *Lotto Fiera* – ℰ 02 48 01 21 30
– www.mokinba.it   **3DRa**
46 cam – ♦115/330 € ♦♦120/451 €, ⊆ 9 €
• In un grazioso edificio d'epoca - lasciata la vettura nel parcheggio - si soggiorna all'insegna della comodità, davanti all'ingresso della metropolitana e con la vecchia FieraMilanoCity raggiungibile a piedi.

Antica Locanda Leonardo senza rist   🚗 📶 🅰️ ↔ (p)
corso Magenta 78 ⊠ 20123 Ⓜ *Conciliazione*   VISA ⚫ 🅰️🅔 ⓪ ⌖
– ℰ 02 48 01 41 97 – www.anticalocandaleonardo.com – *chiuso dal*
31 dicembre al 6 gennaio e dal 5 al 25 agosto   **7HXm**
16 cam ⊆ – ♦95/125 € ♦♦170/265 €
• L'atmosfera signorile si sposa con l'accoglienza familiare in un albergo affacciato su un piccolo cortile interno, in ottima posizione vicino al Cenacolo leonardesco.

Campion senza rist   📶 ⌖ 🅰️ (p) 📶 ⚫ 🅰️🅔 ⓪ ⌖
viale Berengario 3 ⊠ 20149 Ⓜ *Amendola Fiera* – ℰ 02 46 23 63
– www.hotelcampion.com – *chiuso agosto*   **3DRc**
27 cam ⊆ – ♦65/189 € ♦♦80/269 €
• Hotel situato di fronte all'ingresso di Fieramilano City, a pochi passi dal metrò. Conduzione familiare efficiente, camere classiche e confortevoli.

✕✕ **Il Giorno Bistrot** – Hotel Hermitage   🍴 🅰️ 🏊 🚗 VISA ⚫ 🅰️🅔 ⓪ ⌖
via Messina 10 ⊠ 20154 Ⓜ *Porta Garibaldi FS* – ℰ 02 31 81 70 – *chiuso*
agosto   **5HUq**
Rist – Carta 33/45 €
• Lo storico ristorante dell'hotel Hermitage ringiovanisce: nuova sala e nuovi cuochi. Rimane la passione per la cucina milanese, dalla cotoletta al bollito misto al quale è dedicata la serata del lunedì, nonché qualche proposta di pesce. Diversi piatti per celiaci.

Bon Wei
                                     ᕹ 🅰️ ⅏ 𝚅𝙸𝚂𝙰 ⓒⓞ 🅰🅴 ᕼ

via Castelvetro 16/18 ⊠ *20154 –* ☎ *02 34 13 08 – www.bon-wei.it – chiuso lunedì*   **5HTh**

Rist – (consigliata la prenotazione) Carta 27/81 €

♦ In sale moderne, scure nei colori, ma inondate di luce dalle finestre-vetrina, specialità in prevalenza cantonesi (sebbene non manchi l'anatra alla pechinese): gli ingredienti sono freschissimi, le presentazioni coreografiche. Forse il primo ristorante cinese gourmet della città, sicuramente l'etnico più elegante.

Arrow's
                                    ☲ ᕹ 🅰️ ⅏ 𝚅𝙸𝚂𝙰 ⓒⓞ 🅰🅴 ⓞ ᕼ

via A.Mantegna 17/19 ⊠ *20154 –* ☎ *02 34 15 33 – www.ristorantearrows.it – chiuso 3 settimane in agosto, domenica, lunedì a mezzogiorno*

Rist – Carta 35/75 €   **5HUf**

♦ Affollato anche a mezzogiorno, l'atmosfera diviene più intima la sera, ma non cambia la cucina: il mare proposto secondo preparazioni tradizionali.

La Cantina di Manuela
                             🅰️ 𝚅𝙸𝚂𝙰 ⓒⓞ 🅰🅴 ᕼ

via Procaccini 41 ⊠ *20154 –* ☎ *0 23 45 20 34 – www.lacantinadimanuela.it – chiuso domenica*   **5HUg**

Rist – Carta 33/53 € ⅋

♦ Non lontano dalla FieraMilanoCity, ristorante-enoteca composto da due sale comunicanti con un'originale esposizione di bottiglie. Piatti tradizionali, rivisitati con cotture leggere e con una grande attenzione per i sapori originari degli ingredienti.

La Taverna dei Golosi
                                ᕹ 🅰️ 𝚅𝙸𝚂𝙰 ⓒⓞ 🅰🅴 ⓞ ᕼ

corso Sempione 12 ⊠ *20154 –* ☎ *0 23 45 16 30 – www.tavernadeigolosi.com – chiuso 15 giorni in agosto, sabato a mezzogiorno e domenica*

Rist – Carta 38/62 €   **5HUf**

♦ Un ambiente caldo ed accogliente che ripropone lo stile, mai tramontato, della classiche trattorie toscane. La varietà della cucina soddisfa ogni palato: piatti della tradizione, moderne interpretazioni, pizze.

La Rosa dei Venti
                                  🅰️ 𝚅𝙸𝚂𝙰 ⓒⓞ 🅰🅴 ᕼ

via Piero della Francesca 34 ⊠ *20154 –* ☎ *02 34 73 38 – www.ristorantelarosadeiventi.it – chiuso dal 31 dicembre al 3 gennaio, dal 14 al 29 agosto, lunedì, sabato a mezzogiorno*   **5HTc**

Rist – Carta 38/70 €

♦ Piccolo locale ideale per chi ama il pesce, preparato secondo ricette semplici ma personalizzate e proposto puntando su un interessante rapporto qualità/prezzo.

Pane Acqua
                                    ᕹ 🅰️ 𝚅𝙸𝚂𝙰 ⓒⓞ ᕼ

via Bandello 14 ⊠ *20123 –* ☎ *02 48 19 86 22 – www.paneacqua.com – chiuso dal 25 dicembre al 6 gennaio, 3 settimane in agosto, domenica e lunedì a mezzogiorno*   **7HXb**

Rist – Menu 18 € bc/55 €

♦ Se cercate un indirizzo originale, questo farà al caso vostro: grazie alla collaborazione con una galleria d'arte moderna, in questo piccolo bistrot-ristorante gli arredi e le decorazioni cambiano periodicamente. La cucina, invece, rimane sempre gustosamente contemporanea e creativa.

Trattoria Montina
                                  🅰️ 𝚅𝙸𝚂𝙰 ⓒⓞ 🅰🅴 ⓞ ᕼ

via Procaccini 54 ⊠ *20154* Ⓜ *Porta Garibaldi FS –* ☎ *0 23 49 04 98 – chiuso dal 25 dicembre al 5 gennaio, dall'8 al 30 agosto, domenica, lunedì a mezzogiorno*   **5HUd**

Rist – Carta 30/48 €

♦ Simpatica atmosfera bistrot, tavoli vicini, luci soffuse la sera in un locale gestito da due fratelli gemelli; piatti nazionali e milanesi che seguono le stagioni.

🍴 **Quadrifoglio** [AC] [P] VISA
via Procaccini 21 angolo via Aleardi ✉ 20154 – ☎ 02 34 17 58 – chiuso dal 26 dicembre al 5 gennaio, dal 9 al 28 agosto, martedì, mercoledì a mezzogiorno **5HUa**
Rist – Carta 28/43 €
◆ In una delle zone più brillanti di Milano, due salette rallegrate da quadri e ceramiche alle pareti. In menu: piatti della cucina classica nazionale, tante insalate e sostanziosi piatti unici.

🍴 **Al Vecchio Porco** ♿ [AC] VISA [AE]
via Messina 8 ✉ 20154 – ☎ 02 31 38 62 – www.alvecchioporco.it – chiuso dal 24 dicembre al 2 gennaio, dal 6 al 28 agosto, domenica **5HUe**
Rist – *(chiuso a mezzogiorno)* (consigliata la prenotazione) Carta 29/53 €
◆ Forse il nome non è troppo elegante, ma si rifà ai tanti maialini che decorano i vari angoli di questo simpatico locale formato da due sale principali e da una taverna (utilizzata soprattutto per feste private, nonché eventi). Cucina locale, attenta ai prodotti stagionali.

🍴 **Tara** [AC] VISA [AE]
via Cirillo 16 ✉ 20154 [M] Moscova – ☎ 0 23 45 16 35 – www.ristorantetara.com – chiuso Natale e Ferragosto **5HUb**
Rist – Menu 13/30 € – Carta 24/36 €
◆ Tra sculture di *Ganesh* (il dio capace di rimuovere gli ostacoli) e *Lakshmi* (dea della fortuna, consorte di Visnù), tante specialità che profumano di spezie, alcune portate vegetariane e qualche piatto indo-birmano. Non mancano il tè allo zenzero e il *lassi* (bevanda rinfrescante preparata con yogurt e polpa di mango).

🍴 **Iyo** [AC] VISA [AE]
via Piero della Francesca 74 ✉ 20154 – ☎ 02 45 47 68 98 – www.iyo.it – chiuso 1 settimana in dicembre, 2 settimane in agosto, lunedì **3DQx**
Rist – (consigliata la prenotazione) Carta 40/49 €
◆ Il "mondo fluttuante" (in giapponese, ukiyo) apre le porte su sushi, sashimi e cotture alla piastra. Ma si ritorna in occidente con i dolci da scegliere su un invogliante vassoio.

Zona urbana Nord-Ovest

Rubens [AC] rist, [P] VISA [AE]
via Rubens 21 ✉ 20148 [M] Gambara – ☎ 0 24 03 02 – www.hotelrubensmilano.com – chiuso dal 3 al 26 agosto **3DRg**
87 cam – †89/370 € ††105/450 €
Rist – *(solo per alloggiati)* Carta 31/46 €
◆ L'hotel vanta eleganti ambienti, spaziose e confortevoli camere impreziosite da affreschi di artisti contemporanei ed arredate nei raffinati colori del beige, dell'oro o nelle tonalità pastello. E per propiziarsi la giornata, un'abbondante prima colazione nell'evocativa*Sala delle Nuvole*, all'ultimo piano.

Accademia [AC] rist, VISA [AE]
viale Certosa 68 ✉ 20155 – ☎ 02 39 21 11 22 – www.antareshotels.com – chiuso dal 11 al 26 agosto **3DQg**
65 cam – †80/300 € ††85/350 € – 1 suite
Rist – *(chiuso a mezzogiorno) (solo per alloggiati)* Carta 27/35 €
◆ Dopo un importante restyling la struttura dispone ora di camere nuove dai toni caldi e dagli arredi design; caratteristico il mosaico che incornicia le porte degli ascensori. Eccellente confort grazie alla studiata razionalizzazione degli spazi.

🏠 Mirage 　 🕰 ⓘ ⑤ cam, ⒶⒸ ⒧ ⒴ rist, ⚏ ⒼⒹ ⌂ 𝚟𝚒𝚜𝚊 ⓒⓞ ⒶⒺ ⓞ ⑤

viale Certosa 104/106 ✉ *20156 –* 𝒞 *02 39 21 04 71*
– www.hotelmirage-milano.com – chiuso dal 21 al 31 dicembre e
dal 27 luglio al 19 agosto   **3DQz**
86 cam 🛏 *–* †60/259 € ††70/344 €
Rist *– (chiuso venerdì, sabato) (chiuso a mezzogiorno)* Carta 62/82 €
♦ In virtù della sua posizione strategica, vicino all'imbocco delle principali
autostrade e non lontano dal polo fieristico di Rho-Pero, è la struttura ideale
per una clientela business. Camere rinnovate in stile classico, alcune con parquet.

🍴🍴🍴 La Pobbia 1850 　 ⑤ ⒶⒸ ⇧ 𝚟𝚒𝚜𝚊 ⓒⓞ ⒶⒺ ⓞ ⑤

via Gallarate 92 ✉ *20151 –* 𝒞 *02 38 00 66 41 – www.lapobbia.com – chiuso*
dal 1° al 10 gennaio, dal 5 al 26 agosto, domenica   **3DQw**
Rist *–* Carta 47/75 €
♦ La Pobbia, un omaggio ai pioppi che scuotevano le loro fronde lungo questa via che a fine '800 era ancora aperta campagna. Oggi, l'antica osteria convertita in raffinato locale con giardino interno, continua a proporre le tradizionali ricette della cucina lombarda, integrandole con qualche specialità di
pesce.

🍴🍴🍴 Unico (Fabio Baldassarre) 　 ⪡ ⑤ ⒶⒸ ⒴ 𝚟𝚒𝚜𝚊 ⓒⓞ ⒶⒺ ⑤

🏵
via Achille Papa 30, palazzo World Join Center ✉ *20121 Milano* Ⓜ *Lotto*
– 𝒞 *02 39 26 10 25 – www.unicorestaurant.it – chiuso 3 settimane in agosto*
e sabato a mezzogiorno   **DQu**
Rist *–* Menu 60/120 € *–* Carta 54/108 €
Spec. Gamberi al vapore, coste e gin. Risotto al melone cantalupo e battuto
di capperi (estate). Astice con toffee di cavolfiore e sale di Cervia.
♦ Nella zona del Portello, la vista rapisce il fiato dalla sala al ventesimo piano
del World Join Center. Non meno della cucina: protagonisti sono i suoi prodotti in sapidi accostamenti.

🍴🍴 Innocenti Evasioni (Arrigoni e Picco) 　 ⌂ ⌂ ⒶⒸ ⇧ 𝚟𝚒𝚜𝚊 ⓒⓞ ⒶⒺ ⓞ ⑤

🏵
via privata della Bindellina ✉ *20155 –* 𝒞 *02 33 00 18 82*
– www.innocentievasioni.com – chiuso dal 1° al 10 gennaio, agosto
e domenica   **3DQa**
Rist *– (chiuso a mezzogiorno)* (consigliata la prenotazione) Menu 68 €
– Carta 46/73 € 🍴
Spec. Tagliolini al nero di seppia, barba dei frati, julienne di seppie e filetti di
pomodoro. Terrina di foie gras con composta di rabarbaro alla vaniglia e pan
brioches. Frolla alla crema di mango, cioccolato bianco cremoso e meringhe
in salsa.
♦ Un piacevole locale dalle grandi vetrate che si aprono sul giardino dove
incontrare una cucina classica rivisitata con tecnica creativa. Splendido servizio estivo all'aperto.

Zona urbana Nord-Est

🏠🏠 Starhotels Tourist 　 ⌂ 🕰 ⓘ ⑤ ⒶⒸ ⒧ ⒴ rist, ⚏ 𝚜𝚊 Ⓟ

viale Fulvio Testi 300 ✉ *20126 –* 𝒞 *0 26 43 77 77*   𝚟𝚒𝚜𝚊 ⓒⓞ ⒶⒺ ⓞ ⑤
– www.starhotels.com   **2BOc**
134 cam 🛏 *–* †75/260 € ††75/310 €
Rist *– (chiuso venerdì sera, sabato, domenica a mezzogiorno)* Carta 43/71 €
♦ Decentrato, ma in zona comoda per le autostrade, la struttura è in linea
con gli standard della catena a cui appartiene. Ottima l'insonorizzazione
delle camere: tutte recentemente ristrutturate.

🏠 Agape senza rist 　 ⓘ ⒶⒸ ⚏ 𝚜𝚊 𝚟𝚒𝚜𝚊 ⓒⓞ ⒶⒺ ⓞ ⑤

via Flumendosa 35 ✉ *20132* Ⓜ *Crescenzago –* 𝒞 *02 27 20 07 02*
– www.agapehotel.com   **2COa**
43 cam 🛏 *–* ††70/200 €
♦ Non lontano dalle grandi direttrici stradali, l'hotel dispone di camere accoglienti e dalle calde cromie. Prezzi interessanti nei fine settimana.

🏠 **Susa** senza rist   𝄞 ▣ AC ⁿⁱ VISA ⓪ AE ⚙
viale Argonne 14 ⊠ 20133 – 𝒞 *02 70 10 28 97 – www.hotelsusamilano.it*
– chiuso dal 3 al 24 agosto   **4GRd**
19 cam ⊆ – ♦80/200 € ♦♦135/360 €
♦ Situato in una zona strategica di Milano, Città Studi, l'hotel si propone
come un valido riferimento sia per una clientela business sia per turisti in
visita al capoluogo lombardo. Camere moderne e funzionali; spazi comuni
arredati in stile sobrio e minimalista.

🏠 **San Francisco** senza rist   ✈ ▣ AC ↳ ⁿⁱ VISA ⓪ AE ⚙
viale Lombardia 55 ⊠ 20131 – 𝒞 *0 22 36 03 02 – www.hotel-sanfrancisco.it*
28 cam ⊆ – ♦65/90 € ♦♦85/120 € – 3 suites   **4GQd**
♦ In zona Città Studi, piccolo albergo dagli ambienti recentemente rinnovati:
circa metà delle camere si affacciano sul grazioso giardino ombreggiato, dove
in estate si può consumare la prima colazione.

✗✗ **Manna**   ♿ AC VISA ⓪ ⚙
piazzale Governo Provvisorio 6 ⊠ 20127 – 𝒞 *02 26 80 91 53*
– www.mannamilano.it – chiuso 25-26 dicembre, dal 1° al 7 gennaio, dal
15 agosto al 7 settembre, domenica   **4GQc**
Rist – Carta 39/48 €
♦ Ristorante dai toni vivaci, sia nei colori sia nella sua carta, che vi incuriosirà
e forse vi strapperà un sorriso... Due salette ed una cucina che rilegge in
chiave moderna i classici della tradizione lombarda: una "manna" nel grigiore
di certe giornate milanesi.

✗ **Vietnamonamour** con cam   🕭 AC ⁿⁱ VISA ⓪ AE ⚙
via A.Pestalozza 7 ⊠ 20131 Ⓜ *Piola –* 𝒞 *02 26 68 03 46*
– www.vietnamonamour.com – chiuso agosto   **4GQb**
4 cam ⊆ – ♦80/180 € ♦♦120/280 €
Rist – *(chiuso domenica, lunedì a mezzogiorno)* (consigliata la prenotazione)
Carta 33/59 €
♦ Il locale sarebbe sicuramente piaciuto alla scrittrice M.Duras, che qui
avrebbe ritrovato certe atmosfere del suo paese natale, il Vietnam. Se non
conoscete la cucina, non scoraggetevi nel leggere il menu: al momento del-
l'ordinazione vi saranno opportunamente illustrate ed anche voi soccombe-
rete al fascino d'Oriente.

✗ **Baia Chia**   AC ⇆ VISA ⓪ ⚙
via Bazzini 37 ⊠ 20131 Ⓜ *Piola –* 𝒞 *0 22 36 11 31*
– www.ristorantesardobaiachia.it – chiuso dal 24 dicembre al 4 gennaio,
Pasqua, dal 6 al 25 agosto, domenica, lunedì a mezzogiorno   **4GQa**
Rist – Carta 28/40 €
♦ Gradevole locale di tono familiare, suddiviso in due salette più una
veranda utilizzabile anche in inverno, dove gustare una buona cucina di
pesce e alcune saporite specialità sarde. Dell'isola anche la lista dei vini.

✗ **Mirta**   AC VISA ⓪ ⚙
piazza San Materno 12 ⊠ 20131 – 𝒞 *02 91 18 04 96 – www.trattoriamirta.it*
∞   *– chiuso 2 settimane in dicembre, agosto, sabato, domenica*   **4GQe**
Rist – Carta 21/47 €
♦ Una simpatica trattoria dalla doppia anima: affollata ed economica a
pranzo, più tranquilla la sera. L'ambiente è semplice ed informale, mentre la
cucina propone piatti della tradizione lombarda, ma non solo.

Zona urbana Sud-Est

🏠 **Mec** senza rist   𝄞 ▣ AC ⁿⁱ VISA ⓪ AE ⓪ ⚙
via Tito Livio 4 ⊠ 20137 Ⓜ *Lodi TIBB –* 𝒞 *0 25 45 67 15*
– www.hotelmec-milano.it   **4GSr**
40 cam – ♦50/220 € ♦♦50/330 €, ⊆ 10 €
♦ Struttura classica ben collegata alla stazione metropolitana ed attenta agli
interventi di manutenzione per garantire un soggiorno confortevole.

X 　　**Trattoria del Nuovo Macello** 　　　　　　　　AC ⇔
⌛
via Cesare Lombroso 20 ⊠ 20137 Ⓜ Corvetto – ☎ *02 59 90 21 22*
– www.trattoriadelnuovomacello.it – chiuso dal 31 dicembre al 6 gennaio,
dal 10 al 31 agosto e domenica 　　　　　　　　　　　4GS**b**
Rist – Menu 18 € bc/44 € – Carta 38/55 €
♦ Battezzata con questo nome nel 1927 - quando di fronte ad essa sorse il
nuovo macello - trent'anni dopo il nonno di uno degli attuali soci la prese in
gestione, fiutando il "buon affare" in base all'usura della soglia. Non si sbagliò
affatto! Piatti fedeli ai sapori di un tempo, rielaborati in chiave creativa.

Zona urbana Sud-Ovest

🏨 　　**La Spezia** senza rist 　　　　🖥 ⅙ AC 🕭 ♨ 🅿 🕭 VISA ⊙⊙ AE ① 🔥
via La Spezia 25 ⊠ 20142 Ⓜ Romolo – ☎ *02 84 80 06 60 – www.minihotel.it*
– chiuso dal 24 dicembre al 2 gennaio ed agosto 　　　　　2BP**d**
76 cam 🖵 – ♦70/300 € ♦♦90/500 €
♦ Nei pressi della tangenziale e dello svincolo autostradale, albergo per clientela commerciale con camere moderne, rallegrate da foto della vecchia
Milano.

XXX 　　**Il Luogo di Aimo e Nadia** (Aimo Moroni) 　　　　AC ⅍ ⇔
❀❀ 　　　　　　　　　　　　　　　　　　　　　VISA ⊙⊙ AE ① 🔥
via Montecuccoli 6 ⊠ 20147 Ⓜ Primaticcio
– ☎ *02 41 68 86 – www.aimoenadia.com – chiuso dal 1° al 8 gennaio,*
Pasqua, 3 settimane in agosto, sabato a mezzogiorno, domenica
Rist – Menu 39 € (pranzo in settimana)/120 € 　　　　　1AP**e**
– Carta 90/130 €
Spec. Risotto all'olio di olive Nocellara con gamberi di Sanremo, pomodori,
origano e capperi. Porcini dorati con zucchine in fiore, mozzarella di bufala e
pinoli, con salsa ai mirtilli e cacao. Dolci ortaggi: "parmigiana" di melanzane al
cioccolato, sorbetto di basilico e melissa.
♦ Portarono a Milano la cucina toscana per poi ampliarla alle altre regioni;
fedele a se stesso, la selezione di prodotti italiani che oggi il ristorante propone è difficilmente eguagliabile.

XX 　　**La Corte** 　　　　　　　　　　🕭 ⅙ 🅿 VISA ⊙⊙ 🔥
⌛
via Cusago 201, 8 km per via Zurigo ⊠ 20153 – ☎ *02 48 59 74 74*
– www.ristorantelacorte.com – chiuso 1 settimana in gennaio, 10 giorni in
agosto, lunedì sera, martedì 　　　　　　　　　　　　1AP
Rist – Menu 15 € bc – Carta 41/72 € ⅍
♦ All'uscita della tangenziale per Cusago, a pochi chilometri dal centro, si
respira già un'atmosfera di campagna. Nel piatto la tradizione italiana: ingredienti e presentazioni, nulla è trascurato!

XX 　　**Nicola Cavallaro al San Cristoforo** 　　AC ⇔ VISA ⊙⊙ AE ① 🔥
via Lodovico il Moro 11 ⊠ 20143 – ☎ *02 89 12 60 60*
– www.nicolacavallaro.it – chiuso 24-25-26 dicembre, dal 7 al 31 agosto,
sabato a mezzogiorno, lunedì 　　　　　　　　　　　3DS**a**
Rist – Carta 51/83 €
♦ Lungo il Naviglio, Nicola Cavallaro è un cuoco giovane e brillante che propone piatti originali con qualche richiamo all'oriente. Il pesce ha la meglio
con apoteosi nei crudi, classici o più elaborati.

Dintorni di Milano

al Parco Forlanini (lato Ovest) Est : 10 km (Milano : pianta 7)

XX 　　**Osteria I Valtellina** 　　　　　🕭 ⅍ 🅿 VISA ⊙⊙ AE 🔥
via Taverna 34 ⊠ 20134 Milano – ☎ *02 27 56 11 39 – www.ivaltellina.it*
– chiuso dal 26 dicembre al 7 gennaio, dal 4 al 24 agosto e venerdì
Rist – Carta 50/65 € 　　　　　　　　　　　　　2CP**h**
♦ Un ambiente caratteristico, quasi un museo della vita quotidiana lombarda,
l'osteria propone una cucina classica con piatti dai sapori tipicamente valtellinesi.

MILANO MARITTIMA – Ravenna (RA) – **563** J19 – Vedere Cervia

MILAZZO Sicilia – Messina (ME) – **365** BA54 – **32 655 ab.**　　　**40** D1
– ✉ **98057** 🔲 Sicilia

🚗 Catania 130 – Enna 193 – Messina 41 – Palermo 209

🚢 per le Isole Eolie – Siremar, call center 892 123

🅸 piazza Caio Duilio 20, ℰ 090 9 22 28 65, www.aastmilazzo.it

◎ Cittadella e Castello★ – Chiesa del Carmine : facciata★

◎ Roccavaldina : Farmacia★ Sud-Est : 15 km – Isole Eolie★★★ per motonave o aliscafo

🏨　　La Chicca Palace Hotel senza rist　　📶 ♿ 🆑 ⚄ ⁿⁱ ⅥⅭⅣⅭⅣ ⅭⅭ ⅥⅢ Ⅲ ⅾ
via Tenente La Rosa 1 – ℰ 09 09 24 01 51 – www.lachiccahotel.com
21 cam ⌂ – †75/95 € ††120/175 €
♦ In pieno centro ed un passo sia dal porto che dal lungomare, una nuova struttura raccolta e accogliente. Modernità ed essenzialità caratterizzano ogni settore con omogeneità.

🏨　　Cassisi senza rist　　📶 🆑 ⁿⁱ ⅥⅭⅣ ⅭⅭ ⅥⅢ Ⅲ ⅾ
via Cassisi 5 – ℰ 09 09 22 90 99 – www.cassisihotel.com
14 cam ⌂ – †60/110 € ††90/150 €
♦ Nell'area del porto, un albergo design dagli arredi sobri ed essenziali: linee geometriche e moderne. Prima colazione a buffet, ricca per varietà e qualità.

🏨　　La Bussola　　📶 🆑 ⚄ rist, 🚗 ⅥⅭⅣ ⅭⅭ ⅥⅢ Ⅲ ⅾ
via Nino Bixio 11/12 – ℰ 09 09 22 12 44 – www.hotelabussola.it
26 cam ⌂ – †55/110 € ††80/150 € – 3 suites – ½ P 90 €
Rist *Sofia's Bistrot – (chiuso lunedì a mezzogiorno) Carta 28/74 €*
♦ Agile punto di riferimento per quanti, dopo una buona e abbondante colazione, desiderano riprendere il viaggio alla volta delle Eolie: il recente rinnovo con soluzioni di design lo caratterizzano per eleganza e originalità. Al ristorante, cucina semplice e sapori di mare come ostriche, astici e crudi vari.

🏠　　Petit Hotel　　🖥 📶 🆑 ⁿⁱ ⅥⅭⅣ ⅭⅭ ⅥⅢ Ⅲ ⅾ
🐌　*via dei Mille 37 – ℰ 09 09 28 67 84 – www.petithotel.it*
9 cam ⌂ – †54/79 € ††79/124 €　**Rist** – Carta 19/24 €
♦ Un hotel ristrutturato secondo i dettami della bioarchitettura, dove la capace gestione si farà in quattro per rendere il soggiorno piacevole e rilassante. Piatti casalinghi, ma anche cucina vegetaria e biologica nella sala ristorante di tono moderno. D'estate fresca terrazza affacciata sul porto.

XXX　　Piccolo Casale　　🖥 🆑 ⅥⅭⅣ ⅭⅭ ⅥⅢ Ⅲ ⅾ
via Riccardo d'Amico 12 – ℰ 09 09 22 44 79 – www.piccolocasale.it – chiuso lunedì escluso in estate
Rist – Menu 30/50 € – Carta 42/68 € 🍃
♦ Praticamente invisibile dall'esterno, nella residenza di un generale garibaldino, ristorante curato ed elegante nelle sale interne così come sulla graziosa terrazza fiorita.

MILETO – Vibo Valentia (VV) – **564** L30 – **7 046 ab.** – alt. 365 m　　**5** A3
– ✉ **89852**

🚗 Roma 562 – Reggio di Calabria 84 – Catanzaro 107 – Cosenza 110

X　　Il Normanno　　🖥 🆑 ⅥⅭⅣ ⅭⅭ ⅥⅢ Ⅲ ⅾ
🐌　*via Duomo 12 – ℰ 09 63 33 63 98 – www.ilnormanno.com – chiuso dal 1° al 20 settembre, lunedì escluso agosto*
🍂　**Rist** – Menu 15 € bc – Carta 18/31 €
♦ Una cucina casalinga che ripropone i piatti della tradizione locale in questa rustica trattoria a conduzione familiare nel cuore della località. Marito in sala e moglie ai fornelli.

MINERBIO – Bologna (BO) – **562** I16 – 8 651 ab. – alt. 16 m   9 D3
– ✉ 40061

▶ Roma 399 – Bologna 23 – Ferrara 30 – Modena 59

🏨 **Nanni**   ⬛ 📶 ⅙ 🄰🄲 ⅗ ⅖ ⅊ 🅿 🆚🆂🅰 ⊛ 🄰🄴 ⓞ ⑤
via Garibaldi 28 – ℰ 051 87 82 76 – www.hotelnanni.com – chiuso dal 24 dicembre al 7 gennaio, dall'8 al 21 agosto
46 cam ⌷ – †70/110 € ††90/180 € – ½ P 100 €
Rist – *(chiuso sabato)* Carta 21/39 €
♦ Albergo dalla solida tradizione familiare: luminosi interni arredati in modo molto piacevole e belle camere, le più nuove e carine sono frutto del recente ampliamento. Capiente sala da pranzo in stile lineare e luminosa sala banchetti affacciata sul giardino.

MINERVINO MURGE – Barletta-Andria-Trani (BT) – **564** D30   26 B2
– 9 625 ab. – alt. 429 m – ✉ 70055

▶ Roma 364 – Foggia 68 – Bari 75 – Barletta 39

✕ **La Tradizione-Cucina Casalinga**   🄰🄲 ⅗ 🆚🆂🅰 ⊛ 🄰🄴 ⑤
via Imbriani 11/13 – ℰ 08 83 69 16 90 – www.osterialatradizione.net – chiuso dal 21 al 28 febbraio, dal 1° al 15 settembre, domenica sera, giovedì
Rist – Carta 19/27 €
♦ Celebre trattoria del centro storico, accanto alla chiesa dell'Immacolata. Ambiente piacevole, in stile rustico, foto d'epoca alle pareti; piatti tipici del territorio.

MINORI – Salerno (SA) – **564** E25 – 2 860 ab. – ✉ 84010   6 B2
▶ Roma 269 – Napoli 67 – Amalfi 3 – Salerno 22

🏠 **Santa Lucia**   ⬛ 🏠 📶 🄰🄲 ⅗ rist. ⅖ ⌂ 🆚🆂🅰 ⊛ 🄰🄴 ⓞ ⑤
via Nazionale 44 – ℰ 08 98 53 6 36 – www.hotelsantalucia.it
– 27 dicembre- 10 gennaio e marzo-10 novembre
35 cam ⌷ – †70/86 € ††87/130 € – ½ P 88 €
Rist – Carta 25/36 € (+10 %)
♦ Nella ridente cittadina dell'incantevole costiera Amalfitana, un albergo a gestione familiare, con camere nuove e davvero graziose. Sapori campani nella capiente sala da pranzo dai colori caldi.

✕✕ **Giardiniello**   🏠 🆚🆂🅰 ⊛ 🄰🄴 ⑤
corso Vittorio Emanuele 17 – ℰ 08 98 77 05 0
– www.ristorantegiardiniello.com – chiuso mercoledì escluso da giugno a settembre
Rist – Carta 45/60 €
♦ Ristorante e pizzeria situato nel centro della località, dove gustare piatti del luogo, soprattutto di mare; gradevole servizio estivo sotto un pergolato.

MIRA – Venezia (VE) – **562** F18 – 38 857 ab. – ✉ 30034 ▌ Venezia   36 C3
▶ Roma 514 – Padova 22 – Venezia 20 – Chioggia 39
🄸 via Nazionale 420, ℰ 041 5 29 87 11, www.turismo.provincia.venezia.it
🄶 Riviera e ville del Brenta★★ per la strada S11

🏨 **Villa Franceschi**   🕪 ⬛ ⅙ 🄰🄲 ⅘ ⅖ 🄿 🅿 🆚🆂🅰 ⊛ 🄰🄴 ⓞ ⑤
via Don Minzoni 28 – ℰ 04 14 26 65 31 – www.villafranceschi.com
25 cam ⌷ – †120/165 € ††175/240 € – 10 suites – ½ P 128/160 €
Rist Margherita – vedere selezione ristoranti
♦ Due strutture costituiscono la risorsa ed è quella principale a darle il nome: una splendida villa del XVI secolo abbracciata da giardini all'italiana e con camere che si contraddistinguono per confort e silenziosità.

🏨 **Villa Margherita** senza rist   🕪 🄰🄲 ⅘ ⅖ 🄿 🅿 🆚🆂🅰 ⊛ 🄰🄴 ⓞ ⑤
via Nazionale 416 – ℰ 04 14 26 58 00 – www.dalcorsohotellerie.it
19 cam ⌷ – †98/115 € ††145/175 € – 4 suites
♦ All'ombra di un ampio parco, una splendida villa secentesca per un soggiorno di classe: ambienti raffinati, riccamente ornati e abbelliti da affreschi e quadri d'autore. Il vicino ristorante Margherita vi attende con un menu tutto da scoprire.

⊞⊞ **Riviera dei Dogi** senza rist   ⅄ 🅰 🅿 📶 ⊚ 🅰🅴 ⚡

via Don Minzoni 33 – 𝒞 041 42 44 66 – www.bighotels.it

43 cam ⊑ – †60/78 € ††70/90 €

◆ Affacciata sul Brenta, questa villa secentesca racconta l'antico splendore mai tramontato. Incastonata tra i tesori artistici e architettonici dislocati lungo il fiume, la struttura accoglie affascinanti interni d'atmosfera quasi tutti sormontati da soffitti con travi a vista e un piacevole giardino d'inverno.

⊞⊞ **Isola di Caprera** senza rist   ⇌ ⌱ ⅄ 🅰 ⅍ 🙲 🅿 📶 ⊚ 🅰🅴 ⓪ ⚡

riviera Silvio Trentin 13 – 𝒞 04 14 26 52 55 – www.isoladicaprera.com
– chiuso dal 22 dicembre al 3 gennaio

16 cam ⊑ – †70/90 € ††90/140 €

◆ Lungo il fiume Brenta, gradevole giardino con piscina ed atmosfera da casa privata, sia nella bella villa ottocentesca, sia nelle due romantiche barchesse.

※※※ **Margherita** – Hotel Villa Franceschi   ♤ 🅰 ⇔ 🅿 📶 ⊚ 🅰🅴 ⓪ ⚡

via Don Minzoni 28 – 𝒞 04 14 26 65 31 – www.villafranceschi.com

Rist – Menu 45/85 € – Carta 92/138 €

◆ Le grandi vetrate della sala offrono deliziosi scorci del giardino, mentre la tradizione gastronomica regionale – con una predilezione per le ricette di pesce – è rivisitata: soprattutto, nelle presentazioni.

※※ **Nalin**   🅰 🅿 📶 ⊚ 🅰🅴 ⓪ ⚡

via Argine sinistro Novissimo 29 – 𝒞 0 41 42 00 83 – www.trattorianalin.it
– chiuso domenica sera e lunedì

Rist – Carta 33/66 € ⽊

◆ Una lunga tradizione, iniziata nel 1914, da parte della stessa famiglia per questo ristorante che propone una cucina d'ispirazione ittica. Bella veranda luminosa.

※ **Dall'Antonia**   🅰 ⅍ 🅿 📶 ⊚ ⚡
⊛

via Argine Destro del Novissimo 75, Sud : 2 km – 𝒞 04 15 67 56 18
– www.trattoriadallantonia.it – chiuso gennaio, agosto, domenica sera, martedì

Rist – Menu 65 € bc – Carta 31/52 €

◆ Accolti da un tripudio di fiori, quadri e da un'esperta conduzione familiare potrete gustare saporiti piatti a base di pesce.

a Gambarare Sud-Est : 3 km – ✉ 30030

⊞⊞ **Poppi**   ⇌ 🖃 ⅄ cam, 🅰 ⅊ ⅍ 🙲 🅿 🚗 📶 ⊚ 🅰🅴 ⓪ ⚡

via Romea 80 – 𝒞 04 15 67 56 61 – www.hotelpoppi.it

98 cam ⊑ – ††65/90 € – 2 suites   **Rist** – Carta 37/58 €

◆ Lungo la statale Romea, hotel dalla capace gestione familiare in grado di offrire un confort adeguato sia ad una clientela commerciale che a quella turistica. La cucina di mare è protagonista al ristorante, sempre molto apprezzato.

a Oriago Est : 4 km – ✉ 30034

⊞⊞ **Il Burchiello** senza rist   🖃 🅰 ⅍ 🙲 🅿 📶 ⊚ ⓪ ⚡

via Venezia 19 – 𝒞 0 41 42 95 55 – www.burchiello.it

63 cam ⊑ – †95/120 € ††130/180 €

◆ Camere signorili e personalizzate, realizzate in stili diversi e una gestione seria e professionale per questo hotel situato in posizione ottimale per escursioni sul fiume Brenta.

※ **Nadain**   🅰 ⅍ 🅿 📶 ⊚ ⚡
⊛

via Ghebba 26 – 𝒞 0 41 42 93 87 – www.nadain.it – chiuso 7 giorni in febbraio, 15 giorni in luglio, mercoledì, giovedì a mezzogiorno

Rist – Menu 20 € bc/65 € bc – Carta 30/46 €

◆ Piacevole ristorante a conduzione familiare in zona periferica: piatti della tradizione regionale a base di pesce, realizzati partendo da un'accurata selezione degli ingredienti.

MIRAMARE – Rimini (RN) – **563** J19 – Vedere Rimini

MIRANO – Venezia (VE) – **562** F18 – **26 795 ab.** – **alt. 9 m**   36 C2
– ✉ 30035 ▯ Venezia

▶ Roma 516 – Padova 26 – Venezia 21 – Milano 253

🏨 **Park Hotel Villa Giustinian** senza rist   ♨ ⬛ 🛗 AC ⸙ ⚙ P
via Miranese 85 – ☎ 04 15 70 02 00   VISA ⬤ AE ① ⬤
– www.villagiustinian.com
40 cam 🍴 – ♦56/81 € ♦♦99/131 € – 2 suites
♦ In un ampio parco con piscina, una villa del Settecento dagli ambienti
rilassanti e ornati in stile - sia nelle camere sia nella hall - affiancata da due
dépendance con stanze più sobrie.

🏨 **Relais Leon d'Oro**   🍴 ⬛ 🐎 ⬤ AC ↔ ⸙ ⚙ P VISA ⬤ AE ⬤
via Canonici 3, Sud : 3 km – ☎ 0 41 43 27 77 – www.leondoro.it
30 cam 🍴 – ♦74/88 € ♦♦108/138 € – ½ P 89 €
Rist *Gondola Brusada* – vedere selezione ristoranti
♦ Costruito nel 1860 dal Vescovado di Padova per il ritiro dei Padri Francescani, il relais si presenta oggi come una raffinata residenza di campagna
non priva di moderni confort: interni curati, ambienti signorili e camere personalizzate.

🍴🍴 **Gondola Brusada** – Hotel Relais Leon d'Oro   🍴 AC ⸙ P VISA ⬤ ⬤
via Canonici 3, Sud : 3 km – ☎ 0 41 43 27 77 – www.leondoro.it
Rist – (consigliata la prenotazione) Carta 39/58 €
♦ Sarde in saor, alici marinate, pappardelle al ragù d'anatra…C'è terra e
mare, tipicità autoctone e dessert fatti in casa nel variegato menu di questo
ristorante, che riserva un occhio di riguardo ai piccoli ospiti (menu a loro
dedicato).

🍴🍴 **Da Flavio e Fabrizio "Al Teatro"**   ⸙ AC ⸙ VISA ⬤ AE ⬤
😊 via della Vittoria 75 – ☎ 0 41 44 06 45 – www.ristorantedaflavioefabrizio.it
– chiuso dal 5 al 26 agosto e lunedì
Rist – (consigliata la prenotazione) Carta 28/41 €
♦ Nuova location per i due fratelli, all'interno della nuova struttura del teatro.
Al piano terra wine-bar e cicchetteria, al primo piano una curata sala di tono
moderno, dove gustare specialità di pesce.

a Scaltenigo Sud-Ovest : 4,8 km – ✉ 30035

🍴 **Trattoria la Ragnatela**   ⬤ AC ⸙ P VISA ⬤ ⬤
😊 via Caltana 79 – ☎ 0 41 43 60 50 – www.ristorantelaragnatela.com – chiuso
😊 mercoledì
Rist – Menu 11 € bc/25 € – Carta 26/52 €
♦ Locale fuori porta dagli ambienti curati nella loro semplicità. In menu: specialità di carne, ma soprattutto pesce, in ricette tradizionali con qualche proposta più creativa.

a Vetrego Sud: 4 km – ✉ 30035

🍴 **Il Sogno**   🍴 ⸙ AC ⸙ P VISA ⬤ ⬤
😊 via Vetrego 8 – ☎ 04 15 77 04 71 – www.trattoriailsogno.com
😊 **Rist** – Carta 20/34 €
♦ Ex circolo culturale, questo bel locale di campagna ha ereditato dalla vecchia attività una forma d'arte tutta sua: la cultura della buona cucina, che si
materializza in piatti con evidenti radici regionali, personalizzati da un pizzico
di fantasia.

MISANO ADRIATICO – Rimini (RN) – **562** K20 – **12 157 ab.**   9 D2
– ✉ 47843

▶ Roma 318 – Rimini 13 – Bologna 126 – Forlì 65
🛈 viale Platani 22, ☎ 0541 61 55 20, www.misano.org

ᵫ Atlantic Riviera ≪ ᴥ 🖃 ⁂ 🗚 ⅘ ⅋ rist. ⁙ 🎿 🅿 𝖵𝖨𝖲𝖠 ⊕ 🄰🄴 ⓞ 🌣

via Sardegna 28 – 𝒞 05 41 61 41 61 – www.atlanticriviera.com
– Pasqua-settembre
53 cam ⛌ – †80/115 € ††110/160 € – ½ P 100 €   **Rist** – Carta 31/51 €
♦ Particolare la terrazza solarium sulla quale si trova anche una bella piscina panoramica affacciata sulla Riviera; funzionali le camere, non prive di qualche tocco di eleganza. Dalla cucina romagnola ai classici nazionali, al ristorante.

✗✗ Taverna del Marinaio ≪ ⌂ 𝖵𝖨𝖲𝖠 ⊕ 🄰🄴 ⓞ 🌣

ᴄ❥ *via dei Gigli 16, Portoverde – 𝒞 05 41 61 56 58*
– www.tavernadelmarinaio.com – chiuso mercoledì escluso da giugno al 15 settembre
Rist – (prenotare) Menu 16/39 € – Carta 31/54 €
♦ Nei pressi di Portoverde, un ristorante di pesce in stile marinaro, con inserti in legno e lampade in ottone. Le pareti ospitano numerose stampe di velieri.

MISSIANO = MISSIAN – Bolzano (BZ) – Vedere Appiano sulla Strada del Vino

---

MISURINA – Belluno (BL) – **562** C18 – alt. 1 756 m – Sport   **36** C1
invernali : 1 755/2 200 m ⬥ 6 ⛷31 (Comprensorio Dolomiti superski Cortina d'Ampezzo) ⅗ – ⊠ 32040 ▮ Italia
▶ Roma 686 – Cortina d'Ampezzo 14 – Auronzo di Cadore 24 – Belluno 86
🄸 via Monte Piana, 𝒞 0435 3 90 16, www.infodolomiti.it
◉ Lago★★ – Paesaggio pittoresco★★★

ᵫ Lavaredo ⌇ ≪ ⌂ ⅋ 🅿 𝖵𝖨𝖲𝖠 ⊕ 🌣

ᴄ❥ *via M. Piana 11 – 𝒞 0 43 53 92 27 – www.laredohotel.it – Natale-Pasqua e giugno-settembre*
29 cam – †60/160 € ††70/170 €, ⛌ 9 € – ½ P 95 €
Rist – (chiuso lunedì) Carta 20/42 €
♦ Si riflette sullo specchio lacustre antistante questa risorsa a gestione familiare che offre un'incantevole vista sulle cime e camere semplici, ma accoglienti. Cucina classica italiana nel ristorante anch'esso affacciato sul lago.

MOCRONE – Massa Carrara (MS) – Vedere Villafranca in Lunigiana

---

MODENA 🅿 (MO) – **562** I14 – 183 114 ab. – alt. 34 m ▮ Italia   **8** B2
▶ Roma 404 – Bologna 40 – Ferrara 84 – Firenze 130
🄸 via Scudari 8, 𝒞 059 2 03 26 60, www.turismo.comune.modena.it
🄸⁸ via Castelnuovo Rangone 4, 059 553482, www.modenagolf.it – chiuso martedì
◉ Duomo★★★ AY – Metope★ nel museo del Duomo ABY **M1** – Biblioteca Estense★: Bibbia di Borso d'Este★★Galleria Estense★, nel palazzo dei Musei AY **M2** – Palazzo Ducale★ BY**A**

Pianta pagina seguente

ᵫᵫ Real Fini-Via Emilia senza rist ⌆ 🌀 🕍 🖃 ⅘ ⁙ 🎿 🚗

via Emilia Est 441, per ③ ⊠ 41122   𝖵𝖨𝖲𝖠 ⊕ 🄰🄴 ⓞ 🌣
– 𝒞 05 92 05 15 11 – www.hotelrealfini.it – chiuso dal 23 dicembre al 10 gennaio, dall'11 al 19 agosto
87 cam ⛌ – †59/170 € ††59/250 € – 5 suites
♦ Nell'antica città estense, questo hotel di prestigio propone eleganti zone comuni con boiserie in ciliegio e camere arredate con mobili su misura. Ampio centro congressi.

ᵫᵫ Canalgrande ⌆ 🕍 🖃 ⅋ 𝖵𝖨𝖲𝖠 ⊕ 🄰🄴 ⓞ 🌣

corso Canalgrande 6 ⊠ 41121 – 𝒞 05 92 17 71 60 – www.canalgrandehotel.it
68 cam ⛌ – †138 € ††184 € – 2 suites   BZ**v**
Rist *La Secchia Rapita* – vedere selezione ristoranti
♦ Convento nel Cinquecento, poi residenza nobiliare, è oggi un hotel di grande prestigio: sale neoclassiche con antichi ritratti di famiglia ed uno splendido giardino. Nelle ex cantine, il ristorante è dedicato alla gloria locale della Formula Uno.

MODENA

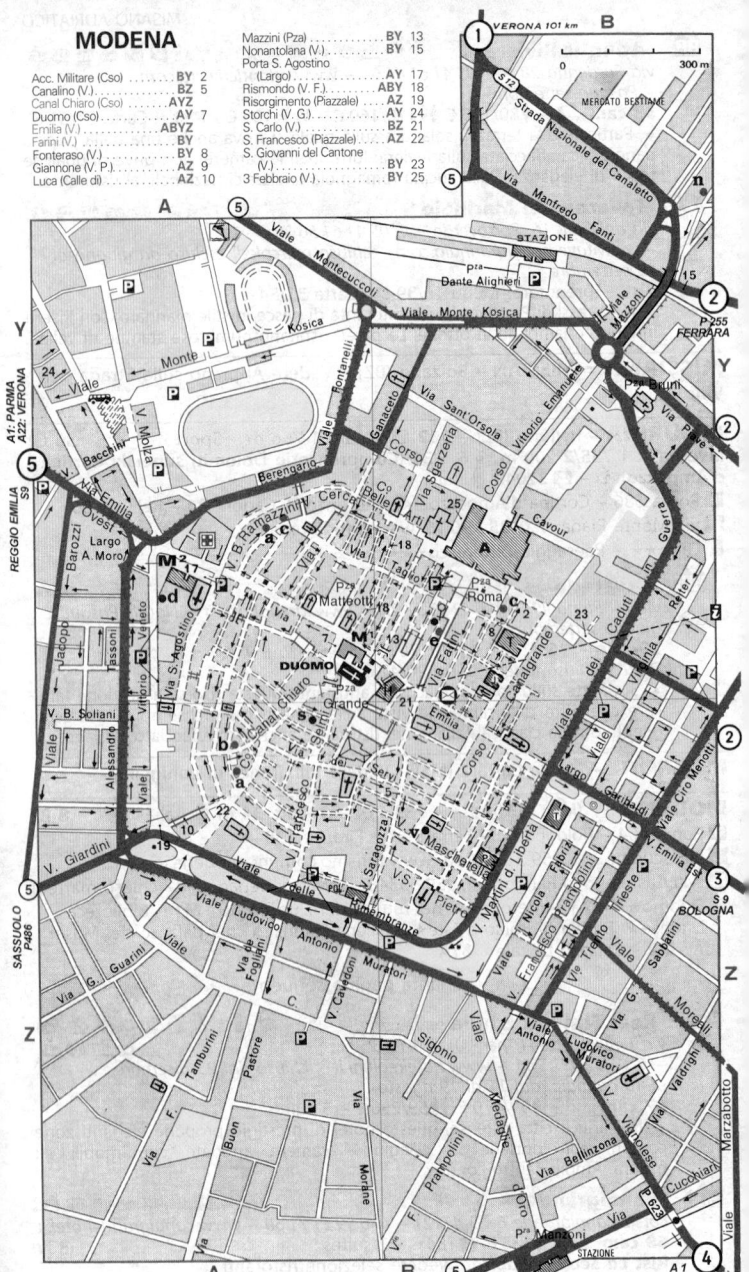

Central Park senza rist 🕎 🔥 🗚 ↵ 🍸 ⁽ᵗ⁾ 🚿 🚾 ⓐ 🅐🅔 ⓪ 🕭
via Vittorio Veneto 10 ⊠ 41124 – 𝒞 059 22 58 58
– www.centralparkmodena.com   AYd
45 cam � – ♦99/179 € ♦♦139/229 € – 2 suites

♦ A pochi passi dal centro, un albergo recentemente ristrutturato per soddisfare le esigenze di una clientela d'affari. Comodità e funzionalità all'ordine del giorno.

Libertà senza rist 🕎 🗚 ↵ 🍸 ⁽ᵗ⁾ 🍷 🚾 ⓐ 🅐🅔 ⓪ 🕭
via Blasia 10 ⊠ 41121 – 𝒞 059 22 23 65
– www.hotelliberta.it   BYe
51 cam ⊥ – ♦80/115 € ♦♦110/180 € – 1 suite

♦ Centrale, poco distante dal Palazzo Ducale e provvisto di un comodo garage, offre graziose e sobrie camere e moderni spazi comuni. Clientela soprattutto commerciale.

Daunia senza rist 🕎 🗚 🍸 ⁽ᵗ⁾ 🅿 🚾 ⓐ 🅐🅔 ⓪ 🕭
via del Pozzo 158, per ③ ⊠ 41124 – 𝒞 059 37 11 82
– www.hoteldaunia.it
42 cam ⊥ – ♦75 € ♦♦110 €

♦ Struttura moderna dei primi del novecento dalla caratteristica facciata rosa; di fronte all'ingresso, la terrazza è allestita con gazebo ed utilizzata anche per la prima colazione.

ⅩⅩⅩ **Osteria Francescana** (Massimo Bottura) 🔥 🗚 🚾 ⓐ 🅐🅔 ⓪ 🕭
❀❀❀ *via Stella 22 ⊠ 41121 – 𝒞 059 21 01 18*
– www.osteriafrancescana.it – chiuso dal 24 dicembre al 6 gennaio,
agosto, sabato a mezzogiorno, domenica   AZb
Rist – (consigliata la prenotazione) Menu 100/130 €
– Carta 105/150 € ❀

Spec. Cinque stagionature di parmigiano reggiano in cinque consistenze e temperature. Faraona non arrosto. Crostata al limone sottosopra.

♦ Se la soffusa raffinatezza della sala può richiamare eleganti semplicità francescane, l'osteria è ormai un ricordo superato dalle creazioni intellettuali del cuoco, profeta di una cucina avanguardista e concettuale nell'ideazione, ma evocatrice dei ricordi dell'infanzia e del modenese nei sapori.

ⅩⅩ **La Secchia Rapita** – Hotel Canalgrande 🌫 🍴 🗚 🍸 🚾 ⓐ 🅐🅔 ⓪ 🕭
corso Canalgrande 6 ⊠ 41121 – 𝒞 05 94 27 07 43
– www.canalgrandehotel.it   BZv
Rist – (chiuso agosto, domenica e lunedì a mezzogiorno)
Carta 38/54 €

♦ All'interno del cinquecentesco Palazzo Schedoni, l'ambiente è tutto un susseguirsi di richiami all'universo della Formula 1. Il menu si divide equamente tra carne e pesce, con un occhio di riguardo per quelle tipicità gastronomiche che hanno reso Modena, famosa in tutto il mondo.

ⅩⅩ **L'Erba del Re** (Luca Marchini) 🍴 🔥 🗚 🍸 🚾 ⓐ 🅐🅔 ⓪ 🕭
❀❀ *via Castelmaraldo 45 – 𝒞 059 21 81 88*
❀ *– www.lerbadelre.it – chiuso dal 1° al 6 gennaio, dal 1° al 20 agosto,*
domenica, lunedì a mezzogiorno   AYc
Rist – (consigliata la prenotazione) Menu 19 € (pranzo)/55 €
– Carta 44/91 € ❀

Spec. Passatelli asciutti con ragù di pollo ed uvetta. Maialino da latte con semi di finocchio, spinaci e scalogno in agrodolce. Gnocco fritto con mousse di cioccolato al latte, marmellata e prosciutto di Modena.

♦ Affacciato su una delle piazze più belle di Modena, arredi d'epoca e decorazioni più moderne sono la metafora di una carta equamente divisa fra tradizione e creatività.

Un pasto accurato a prezzo contenuto? Cercate i Bib Gourmand ☺.

XX **Hostaria del Mare** (Vittorio Novani)   AC 🖐 VISA ⊙⊙ AE ⓿ ⑤
☆ *via Castelmaraldo 29 ⊠ 41121 – 𝒞 0 59 23 85 61 – www.hostariadelmare.it*
– chiuso dal 1° al 6 gennaio, 2 settimane in agosto, lunedì, martedì a
mezzogiorno   AYa
Rist – (consigliata la prenotazione) Menu 45 € (pranzo)/65 €
– Carta 61/100 €
Spec. Spaghettino "iodio puro", olio verde e pepe nero. Gambero ...addormentato nel bosco. Petto e tulip di piccione in zuppetta di ciliegie di Vignola e lambrusco.
♦ In pieno centro storico, un ristorante sobrio e moderno il cui nome già ne preannuncia il genere: di pesce, declinato nelle più svariate proposte, dal crudo a ricette gustosamente creative. Per i tradizionalisti, c'è anche una selezione di classici regionali.

XX **Zelmira**   🏠 ⅙ AC ⇆ VISA ⊙⊙ ⑤
piazzetta San Giacomo 17 ⊠ 41121 – 𝒞 0 59 22 23 51 – chiuso giovedì,
venerdì a mezzogiorno   AZa
Rist – (consigliata la prenotazione) Carta 48/60 €
♦ Cucina emiliana e qualche piatto innovativo sono le proposte di questo locale dalla gestione esperta, situato in pieno centro storico. Servizio estivo sulla suggestiva piazzetta.

XX **Bianca**   🏠 AC Ⓟ VISA ⊙⊙ AE ⑤
via Spaccini 24 ⊠ 41122 – 𝒞 0 59 31 15 24 – chiuso dal 23 al 31 dicembre,
Pasqua, dal 4 al 19 agosto, sabato a mezzogiorno, domenica   BYn
Rist – Carta 43/55 €
♦ Trattoria dal 1948, è il bastione della tradizione modenese che si esplicita in alcuni piatti irrinunciabili: dagli gnocchi fritti al carrello dei bolliti, passando per i tortellini in brodo.

X **Oreste**   AC ⇆ VISA ⊙⊙ AE ⓿ ⑤
piazza Roma 31 ⊠ 41121 – 𝒞 0 59 24 33 24 – chiuso dal 26 dicembre al
6 gennaio, dal 10 al 31 luglio, domenica sera, mercoledì   BYc
Rist – Menu 25 € bc – Carta 37/56 €
♦ Qui regnano la tradizione, l'atmosfera un po' retrò con elementi d'arredo di indubbio pregio, ed è sempre qui che si rivedono i sapori d'un tempo, paste fatte a mano e familiare cortesia.

X **Hosteria Giusti**   🏠 AC 🖐 VISA ⊙⊙ AE ⑤
vicolo Squallore 46 ⊠ 41121 – 𝒞 0 59 22 25 33 – www.hosteriagiusti.it
– chiuso agosto, dal 1° dicembre al 15 gennaio, agosto, domenica
e lunedì   BYe
Rist – *(chiuso la sera)* (prenotazione obbligatoria) Carta 45/70 € 𝄐
♦ Un locale di nicchia con soli quattro tavoli sul retro di una celebre salumeria, nel vecchio macello dove venivano lavorate le carni del maiale e dell'oca: ambiente rustico, ma tovagliato più ricercato. Il menu dà spazio solo a specialità emiliane.

sulla strada statale 9 - via Emilia Est località Fossalta per ③ : 4 km

🏠 **Rechigi Park Hotel** senza rist   📶 ⅙ AC ↵ 📶 ⅍ Ⓟ VISA ⊙⊙ AE ⓿ ⑤
via Emilia Est 1581 ⊠ 41122 Modena – 𝒞 0 59 28 36 00
– www.rechigiparkhotel.it – chiuso Natale e agosto
68 cam ☐ – †85/145 € ††135/220 €
♦ Ospitato in un'antica residenza di grande fascino, l'hotel è circondato da un piccolo giardino e propone camere classiche e caldi spazi comuni. Encomiabile la cortesia.

XXX **Antica Moka**   🏠 AC Ⓟ VISA ⊙⊙ AE ⓿ ⑤
via Emilia Est 1496 ⊠ 41126 Modena – 𝒞 0 59 28 40 08 – www.anticamoka.it
– chiuso Natale, 1 settimana in agosto, sabato a mezzogiorno
Rist – Menu 35 € bc/55 € bc – Carta 48/85 € 𝄐
♦ I sapori regionali profumano le eleganti sale di questa ex scuola di inizio '900: i celebri tortellini in brodo, i succulenti arrosti ed una considerevole proposta di pesce.

✗✗✗ Vinicio   ☆ ६ 🗚 🅿 📧 ⓪ 🗚 ① ፩

via Emilia Est 1526 ⊠ 41126 Modena
– ℰ 0 59 28 03 13 – www.ristorantevinicio.it
– chiuso dal 24 dicembre al 6 gennaio, agosto e lunedì
Rist – Menu 41 € – Carta 42/57 € 🏶

♦ Caldo ed elegante il look di questo ristorante: ricavato negli ambienti in cui un tempo c'erano le stalle, propone piatti locali. D'estate si pranza anche all'aperto.

✗✗ La Quercia di Rosa   🗚 ☆ 🎜 ६ 🗚 ❀ 🅿 📧 ⓪ 🗚 ① ፩

via Scartazza 22 ⊠ 41126 Modena
– ℰ 0 59 28 07 30 – www.laquerciadirosa.com
– chiuso Natale, dal 1° al 23 agosto, martedì e domenica sera
Rist – Menu 35 € – Carta 34/63 €

♦ Incorniciata in un parco con laghetto, l'ottocentesca villa ospita un ristorante a gestione familiare che propone piatti della tradizione modenese. Dispone di un settore per fumatori.

sulla strada statale 486 per ⑤ - via Giardini AZ :

🏠 Mini Hotel Le Ville   🗚 ☆ 🎜 🕅 🕼 ६ cam, 🗚 ❀ rist, 🐾 ፚ 🅿

via Giardini 1270, Sud: 4,5 km ⊠ 41126 Modena   📧 ⓪ 🗚 ① ፩
– ℰ 0 59 51 00 51 – www.minihotelleville.it
– chiuso dal 12 al 16 agosto
46 cam ☲ – †70/120 € ††100/165 €
Rist *Le Ville* – ℰ 0 59 51 22 40 *(chiuso sabato a mezzogiorno, domenica)*
Carta 30/63 €

♦ Tre edifici, di cui uno d'epoca, danno il nome a questo hotel immerso in un rigoglioso giardino: camere spaziose e moderne nell'edificio principale, più semplici ed economiche nella dépendance.

in prossimità casello autostrada A1 Modena Nord per ⑤ : 7 km :

✗ La Piola   ☆ 🗚 🅿 📧 ⓪ 🗚 ① ፩

☜ *via Viazza di Ramo 248 ⊠ 41123 Modena – ℰ 0 59 84 80 52*
– chiuso dal 10 al 25 agosto, lunedì e martedì
Rist – Menu 20/25 €

♦ Menù semplici di ispirazione casalinga e del territorio in questo locale rustico, colorato e molto accogliente. Frequentato da Enzo Ferrari, un tavolo è a lui dedicato.

in prossimità casello autostrada A1 Modena Sud per ④: 8 km

🏠 Real Fini-Baia del Re   🕼 🖪 🎓 ६ 🗚 ፚ 🅿 📧 ⓪ 🗚 ① ፩

via Vignolese 1684 ⊠ 41126 Modena – ℰ 05 94 79 21 11
– www.hotelrealfini.it
84 cam ☲ – ††49/200 € – 6 suites – ½ P 125 €
Rist *Baia del Re* – vedere selezione ristoranti

♦ Funzionali camere in stile minimalista, molte delle quali dotate di un piccolo giardino per questo hotel di recente costruzione, ideale per una clientela business.

✗✗✗ Baia del Re – Hotel Real Fini-Baia del Re   ६ 🗚 🅿 📧 ⓪ 🗚 ① ፩

via Vignolese 1684 ⊠ 41126 Modena – ℰ 05 94 79 21 11
– www.hotelrealfini.it
Rist – *(chiuso dal 2 al 22 agosto e domenica)*
Carta 30/46 €

♦ Ristorante dalla tradizione decennale è sempre una garanzia in materia gastronomica: ben segnalato già dall'esterno propone le tipiche specialità emiliane, a cominciare dai tortellini e i bolliti.

sulla strada statale 9 - via Emilia Ovest per ⑤ :

XX **La Masseria**   🐾 ⇔ **P** 🆅🅸🆂🅰 ⑳ 💍
via Chiesa 61, località Marzaglia, Ovest : 9 km ✉ *41123 Modena*
– ℰ *0 59 38 92 62 – www.ristorantemasseria.com*
– *chiuso dal 16 agosto al 5 settembre e martedì*
Rist – Carta 30/50 €
♦ Restaurato, l'antico mulino è ora un accogliente ristorante in cui primeggiano i sapori di una cucina casalinga fedele alle tradizioni pugliesi. D'estate si pranza tra piante e fiori.

XX **Strada Facendo** (Emilio Barbieri)   🐾 🅰🅲 💝 ⇔ 🆅🅸🆂🅰 ⑳ 🅰🅴 💍
❀ *via Emilia Ovest 622* ✉ *41123 Modena – ℰ 0 59 33 44 78*
– *www.ristorantestradafacendo.it – chiuso 1 settimana in gennaio, 3 settimane in agosto, sabato a mezzogiorno, domenica*
Rist – Menu 32 € (pranzo)/75 € – Carta 50/68 € ⬚
Spec. Crudo di pesce. Tortellini in brodo di cappone. Filetto di manzo in salsa d'aceto balsamico, patate e crocchetta di crema e verdure dorate.
♦ Periferico, si dirà che manca il fascino del centro storico eppure le piccole sale sono diventate un appuntamento imperdibile per la Modena gourmet: vi si celebrano i salumi, i tortellini di una volta e i bolliti, ma anche proposte più moderne, pesce compreso.

a Baggiovara Sud-Ovest : 8 km – ✉ **41126**

🏠🏠 **UNA Hotel Modena**   🚗 🐾 🏠 ℓ₃ 🛗 🗱 cam, 🅰🅲 cam, 🎙️ 🕸️ **P**
via Settembrini 10 – ℰ 05 95 13 95 95   🆅🅸🆂🅰 ⑳ 🅰🅴 ⓪ 💍
– *www.unahotels.it*
95 cam 🍽️ – †105/190 € ††125/230 €
Rist – *(chiuso sabato, domenica e festivi)* Carta 32/65 €
♦ Ad un km dalla tangenziale, struttura interamente nuova, dove le esigenze del soggiorno d'affari incontrano un design avanguardista, geometrico e colorato. Terrazza solarium con giardino pensile.

MODICA Sicilia – Ragusa (RG) – **565** Q26 – 54 988 ab. – alt. 296 m   **40 D3**
– ✉ **97015** ▯ Sicilia

▶ Agrigento 147 – Caltanissetta 139 – Catania 116 – Ragusa 14
◎ Località★ - Chiesa di S. Giorgio★★ - Museo delle Arti e delle Tradizioni Popolari★ - Chiesa di S. Pietro: facciata★
◎ Cava d'Ispica, 9 km est: Larderia★ (catacomba di epoca paleocristiana)

🏠🏠 **Modica Palace Hotel**   🚗 🐾 🛎️ 🛗 🗱 🅰🅲 🎙️ rist, 🎙️ 🕸️ **P**
via Vanella 106-Polo Commerciale – ℰ 09 32 45 60 33   🆅🅸🆂🅰 ⑳ 🅰🅴 ⓪
– *www.modicapalacehotel.it*
31 cam 🍽️ – †55/95 € ††65/135 € – 1 suite – ½ P 58/93 €
Rist – Carta 33/45 €
♦ Nuova e moderna struttura nella zona commerciale della città: camere design, full optional, ma la "regina" è la suite Pasha. Al sobrio ristorante, guizzi creativi personalizzano ricette locali.

🏠 **Palazzo Failla**   🛎️ 🛠️ 🅰🅲 🎙️ 🕸️ 🐾 🆅🅸🆂🅰 ⑳ 🅰🅴 ⓪ 💍
via Blandini 5 – ℰ 09 32 94 10 59 – www.palazzofailla.it
10 cam 🍽️ – †59/75 € ††69/139 € – 1 suite – ½ P 60/95 €
Rist *La Gazza Ladra* ✿ – vedere selezione ristoranti
♦ In una città tanto bella e superba da regalarsi due centri storici, Palazzo Failla fu costruito nel '700 scegliendo la parte alta di Modica. Le camere sono di due tipologie: quelle al primo piano risalgono all'originaria dimora con preziosi mobili antichi, mentre al secondo gli arredi si fanno più moderni e funzionali.

Principe d'Aragona senza rist ⌕ 🛗 ⌕ 🅰 ⅓ ♔ 𝅘 🅿 📺 ⓥ ⒶⒺ ⓞ ⌕
corso Umberto I° 281 – ℰ 09 32 75 60 41
– www.hotelprincipedaragona.it
35 cam ⌑ – †65/90 € ††100/120 €
♦ In posizione strategica per visitare la città, al vostro ritorno in hotel vi aspetta un tuffo in piscina o una pausa rilassante sui lettini del solarium. Le camere sono moderne e confortevoli: come del resto tutta la struttura!

 De Mohàc senza rist 🅰 ⅓ 𝅘 📺 ⓥ ⒶⒺ ⓞ ⌕
via Campailla 15 – ℰ 09 32 75 41 30
– www.hoteldemohac.it
10 cam ⌑ – †55/70 € ††80/110 €
♦ In un dedalo di vicoli, alle spalle del centrale corso Umberto, albergo ricco di fascino e testimonianze d'epoca con camere curate nei dettagli, ognuna delle quali è simpaticamente "dedicata" ad un importante scrittore (di cui l'ospite troverà un libro).

 Relais Modica senza rist ≤ 🅰 ⅓ 📺 ⓥ ⌕
via Campailla 99 – ℰ 09 32 75 44 51
– www.hotelrelaismodica.it
10 cam ⌑ – †65/85 € ††85/110 €
♦ A pochi metri dal centrale corso Umberto, ma già in posizione rialzata per ammirare la città illuminata di sera, un antico palazzo nobiliare apre i propri battenti per accogliervi nel fascino discreto di un'elegante casa. Prenotare le spaziose camere con vista.

 Bristol senza rist 🛗 ⅓ 🅰 ⅓ 𝅘 ⅓ 🅿 📺 ⓥ ⒶⒺ ⓞ ⌕
via Risorgimento 8/b – ℰ 09 32 76 28 90
– www.hotelbristol.it – chiuso dal 23 dicembre al 3 gennaio
27 cam ⌑ – †45/60 € ††70/100 €
♦ Piccolo hotel nella zona moderna, condotto da una simpatica gestione; alla clientela d'affari si affiancano, in estate, i turisti in visita ai tesori barocchi della città.

 Casa Talia senza rist ≤ 🚗 🅰 ⅓ 𝅘 🅿 📺 ⓥ ⌕
via Exaudinos 1 – ℰ 09 32 75 20 75 – www.casatalia.it – chiuso dal 15 gennaio al 29 febbraio
9 cam ⌑ – †100/110 € ††130/150 €
♦ Camere ispirate ai paesi mediterranei in un contesto di straordinario fascino storico, giardino pensile e vista indimenticabile...

XXX **La Gazza Ladra** – Hotel Palazzo Failla 🏠 🅰 ⅓ 📺 ⓥ ⒶⒺ ⓞ ⌕
❀ *via Blandini 11 – ℰ 09 32 75 56 55*
– www.ristorantelagazzaladra.it – 15 marzo-ottobre; chiuso domenica sera e lunedì
Rist – *(chiuso a mezzogiorno escluso in agosto)* Menu 75 € – Carta 54/87 €
Spec. Fishburger e Ostrica Tonic: panino di pesce con acqua tonica, bergamotto e ostrica. Spremuta di Sicilia: linguine con cream di acciuga, finocchietto selvatico e cipollotto. Cannolo con crema di ricotta ovina.
♦ Come il buon vino migliora invecchiando, il valore di questo ristorante cresce negli anni. Prodotti isolani si prestano ad essere plasmati dalla travolgente personalità e dalle indiscusse capacità dello chef: il risultato è una raffinata cucina, che si discosta dalla tradizione se non nell'uso delle materie prime.

XX **Fattoria delle Torri** 🏠 ⇆ 📺 ⓥ ⒶⒺ ⓞ ⌕
vico Napolitano 14 – ℰ 09 32 75 12 86
– www.fattoriadelletorri.it – chiuso lunedì
Rist – Menu 35/45 € – Carta 39/48 € 🍴
♦ Ristorante che, percorso un vicolo, si mostra d'improvviso nello splendore di un palazzo del centro. Durante la bella stagione si cena all'aperto in un originale limoneto.

※※ La Locanda del Colonnello 🛋 💥 VISA ⬤⬤ AE ⓪ ⑤

vico Biscari 6 – ℰ 09 32 75 24 23
– www.palazzofailla.it – chiuso mercoledì
Rist – Menu 30 € – Carta 25/38 €

◆ In questo gioiello di città in cui s'incastonano chiese barocche e scalinate scenografiche, un piccolo ristorante dall'ambiente carino e curato, ma informale, per mangiare bene senza spendere una follia. Simpatica la formula dei due menu: uno interamente dedicato al mare, l'altro alla terra.

MOENA – Trento (TN) – **562** C16 – **2 690 ab.** – **alt. 1 184 m** – **Sport**   **31** C2
**invernali : ad Alpe Lusia e San Pellegrino (Passo) : 1 200/2 500 m 🚡 3 ⛷17
(Comprensorio Dolomiti Superski Tre Valli)** 🎿 – ✉ 38035 ▯ Italia
▶ Roma 671 – Belluno 71 – Bolzano 44 – Cortina d'Ampezzo 74
🛈 piaz de Navalge 4, ℰ 0462 60 97 70, www.fassa.com

🏨 Alle Alpi ❧ ⬅ 🔲 🏢 🕅 🖺 ᵹ ⊹ 💥 ⁖ 🏂 ℙ VISA ⬤⬤ ⑤

strada de Moene 67 – ℰ 04 62 57 31 94
– www.hotelallealpi.it – 19 dicembre-marzo e 20 giugno-20 settembre
33 cam ⌑ – ✦84/150 € ✦✦140/280 € – 5 suites
Rist – Menu 27 €

◆ Situato nella parte superiore della località, albergo con confortevoli interni caldi ed eleganti, cura dei dettagli e atmosfera familiare. Attivo centro benessere. Capiente sala ristorante dai toni freschi e luminosi, cucina d'ispirazione contemporanea.

🏨 Garden 🔲 🕅 🖺 ᵹ ⊹ 💥 ⁖ VISA ⬤⬤ ⑤

strada de le Chiesure 3 – ℰ 04 62 57 33 14
– www.hotelgarden-moena.it
– 18 dicembre-10 aprile e 18 giugno-20 settembre
44 cam ⌑ – ✦70/135 € ✦✦120/220 € – 1 suite – ½ P 95/145 €
Rist – Carta 25/55 €

◆ Albergo a ridosso del centro che punta ad offrire una vacanza "benessere" ai propri ospiti, sciatori e non. Vasta gamma di programmi di animazione o cure estetiche.

🏨 Park Hotel Leonardo ❧ ⬅ 🚗 🕅 🖺 ⊹ ↯ 💥 rist. ℙ VISA ⑤

strada dei Ciroch 15 – ℰ 04 62 57 33 55
– www.parkhotelleonardo.it – 30 novembre-15 aprile
e 16 giugno-23 settembre
32 cam ⌑ – ✦90/180 € ✦✦160/200 € – 7 suites – ½ P 90/130 €
Rist – Menu 30/60 €

◆ Tranquillo, panoramico, immerso nel verde: gli accoglienti interni s'ispirano alle tradizioni locali e quattro camere beneficiano di una terrazza-giardino. Il centro della località? Ancora raggiungibile a piedi.

🏨 Stella Alpina ❧ ⬅ 🕅 🖺 💥 ⁖ ℙ 🍽 VISA ⬤⬤ AE ⑤

strada de Ciampian 21 – ℰ 04 62 57 33 51
– www.hotelstellaalpina.it – 1° dicembre-15 aprile e 15 giugno-settembre
28 cam ⌑ – ✦40/99 € ✦✦60/130 € – 1 suite – ½ P 90 €
Rist – Carta 33/53 €

◆ Tranquillo e allo stesso tempo vicino al centro, la struttura propone camere semplici, ma ottimamente tenute. E se il tempo si guasta, l'energica signora Carla organizzerà la vostra giornata!

🏠 Rancolin 🕅 🖺 ᵹ 💥 rist, ⁖ ℙ VISA ⬤⬤ ⑤

strada de Moene 31 – ℰ 04 62 57 31 15
– www.hotelrancolin.it – dicembre-Pasqua e giugno-settembre
26 cam ⌑ – ✦50/150 € ✦✦60/200 € – ½ P 60/125 €
Rist – Carta 21/56 €

◆ Profusione di legno in questo piccolo hotel a gestione familiare, tranquillo sebbene centrale. Non trascurabile il buon rapporto qualità/prezzo.

XX **Malga Panna** (Paolo Donei) ⤆ 🛋 ⚒ 🅿 **P** **VISA** **⦾** **AE** 🛆
🏵 *strada de Sort 64, località Sorte, Ovest : 1,5 km – 𝒞 04 62 57 34 89*
– www.malgapanna.it – chiuso dal 1° maggio al 20 giugno, dal 15 ottobre
al 30 novembre, lunedì escluso luglio-agosto
Rist – Carta 52/74 € 🕸
Spec. Insalata tiepida di coniglio, grana padano, polvere di porcini e misticanza (estate). Tortelli alla farina di carrube, erbette, tartufo e meringhe con
caprino. Filetto di cervo arrosto, riduzione al pinot nero e polenta ai fiori d'arnica.
♦ A 1400 metri d'altitudine, il panorama su Moena e sulla valle è splendido.
All'interno, avvolti nel legno della sala, la creatività del cuoco vi farà volare
ancora più in alto.

XX **Tyrol** 🆎 **VISA** **⦾** **AE** 🛆
Piaz de Ramon 9 – 𝒞 04 62 57 37 60 – www.posthotelmoena.it
– 4 dicembre-10 aprile e 29 giugno-16 settembre; chiuso martedì in inverno
Rist – Carta 38/54 €
♦ La sala classica - in legno - l'avrete già vista in tanti ristoranti, ma non la
cucina: legata al territorio, esalta i sapori ladini senza inutili artifici. Per un'e-
sperienza indimenticabile.

sulla strada statale 48 Sud : 3 km :

🏨 **Foresta** 🕸 🎐 ⚒ 🎇 **P** **VISA** **⦾** **AE** **⓪** 🛆
strada de la Comunità de Fiem 42 – 𝒞 04 62 57 32 60 – www.hotelforesta.it
– chiuso dal 9 al 25 dicembre e dal 26 giugno al 18 luglio
17 cam 🖂 – ♦45/80 € ♦♦90/150 € – 7 suites – ½ P 100 €
Rist *Foresta*🏵 – vedere selezione ristoranti
♦ Una bella casa che offre un'accoglienza calorosa, tanto nella stagione scii-
stica, quanto nei mesi estivi. Spazi comuni caratteristici sebbene di modeste
dimensioni e graziose camere.

XX **Foresta** – Hotel Foresta ⚒ **P** **VISA** **⦾** **AE** **⓪** 🛆
🏵 *strada de la Comunità de Fiem 42 – 𝒞 04 62 57 32 60 – www.hotelforesta.it*
– chiuso dal 9 al 25 dicembre e dal 26 giugno al 18 luglio
Rist – *(chiuso venerdì in bassa stagione)* Menu 28 € – Carta 26/66 € 🕸
♦ Alle spalle di una fitta abetaia, uno scrigno di sorprese! Prima fra tutte la
cucina: verdura, carni e formaggi sono di produzione locale, ingredienti
genuini che accrescono il gusto di quanto verrà servito in tavola. Ultimo
tesoro, la cantina: bottiglie trentine ed un angolo dedicato alle grappe.

MOGGIONA – Arezzo (AR) – **563** K17 – Vedere Poppi

MOGLIANO VENETO – Treviso (TV) – **562** F18 – **28 125 ab.**   **35** A2
– ✉ **31021**
🔼 Roma 529 – Venezia 17 – Milano 268 – Padova 38
🅸 via Don G. Bosco 5, 𝒞 041 5 93 03 51, www.turismo.provincia.treviso.it
🏌 Villa Condulmer via della Croce 3, 041 457062, www.golfvillacondulmer.com
  – chiuso lunedì
🏌 Zerman via Malombra 4/B, 041 457369 – chiuso lunedì

🏠 **Villa Stucky** senza rist 🚝 🎐 🆎 ⚒ 🎇 🍴 **P** **VISA** **⦾** **AE** 🛆
via Don Bosco 47 – 𝒞 04 15 90 45 28 – www.villastucky.it
28 cam 🖂 – ♦75/110 € ♦♦120/180 €
♦ Hotel moderno in un'elegante villa d'epoca, splendidamente restaurata,
all'interno di un piccolo parco; ambienti in stile ricchi di fascino e belle
camere personalizzate.

🏠 **Duca d'Aosta** senza rist 🎐 🆎 ↔ ⚒ 🎇 🍴 🚗 **VISA** **⦾** **AE** 🛆
piazza Duca d'Aosta 31 – 𝒞 04 15 90 49 90 – www.ducadaostahotel.it
43 cam 🖂 – ♦90/220 € ♦♦140/330 €
♦ Bella costruzione d'ispirazione contemporanea ristrutturata di recente.
Situata nel cuore della cittadina offre piacevoli spazi comuni dai colori chiari,
ben arredati.

MOIA DI ALBOSAGGIA – Sondrio (SO) – Vedere Sondrio

MOLFETTA – Bari (BA) – 564 D31 – 59 923 ab. – ⊠ 70056 Puglia   26 B2
▷ Roma 425 – Bari 30 – Barletta 30 – Foggia 108
◉ Duomo vecchio★

🏨 **Garden**   🚐 📶 AC ⚛ rist. 🛰 🖄 🖻 P VISA ☎ AE ① ⚡
via provinciale Terlizzi – 𝒞 08 03 34 17 22 – www.gardenhotelmolfetta.it
60 cam ⌑ – †65 € ††90 €   **Rist** – Carta 22/33 €
♦ Nei pressi dello svincolo autostradale, una moderna struttura che ingloba anche un'importante zona riservata alla banchettistica (a questo scopo hanno ampliato il parcheggio e migliorato il giardino). Le camere sono di taglio classico: le migliori, in quanto più recenti, al secondo e terzo piano.

MOLINI = MÜHLEN – Bolzano (BZ) – Vedere Falzes

MOLTRASIO – Como (CO) – 561 E9 – 1 707 ab. – alt. 247 m   18 B1
– ⊠ 22010
▷ Roma 634 – Como 9 – Menaggio 26 – Milano 57

🏨🏨 **Grand Hotel Imperiale** ♨   ⟨ 🚐 🝔 🛰 🎾 𝄞 𝄞 Ⳟ 🍴 🖄 🖄 AC ⤢
via Regina Vecchia 24-26   🛰 rist. 🛰 🖄 🖄 ☎ AE ① ⚡
– 𝒞 031 34 61 11 – www.imperialemoltrasio.it – chiuso gennaio
122 cam – †160/370 € ††180/390 €, ⌑ 20 € – 1 suite – ½ P 220 €
Rist Imperialino – vedere selezione ristoranti
Rist – Menu 35/55 € – Carta 43/96 €
♦ Circondato da una lussureggiante vegetazione, splendido resort costruito in stile tardo Liberty, composto da un palazzo principale e dall'esclusiva Villa Imperiale: una sorta di hotel nell'hotel, che offre lussuose camere con balconi e bella vista. Specialità italiane e comasche nel luminoso ristorante con veranda.

🍴🍴🍴 **Imperialino** – Grand Hotel Imperiale   ⟨ 🚐 🛰 𝄞 🖄 🍴 AC ⤢ ⤢
via Regina Vecchia 26 – 𝒞 031 34 66 00   VISA ☎ AE ① ⚡
– www.imperialemoltrasio.it – chiuso gennaio
Rist – (chiuso lunedì) Menu 40/55 € bc – Carta 43/71 €
♦ Specialità mediterranee permeate da una vena creativa, da assaporare voluttuosamente nella raffinata atmosfera di questo ristorante, direttamente affacciato sul lago.

🍴🍴 **Posta** con cam   ⟨ 🖄 🖄 AC VISA ☎ AE ① ⚡
piazza San Rocco 5 – 𝒞 031 29 04 44 – www.hotel-posta.it – chiuso gennaio e febbraio
17 cam ⌑ – †59/149 € ††89/179 € – ½ P 75/115 €
Rist – (chiuso mercoledì a mezzogiorno escluso da giugno a settembre)
Carta 32/59 €
♦ In centro, ristorante a gestione diretta, con camere in parte ristrutturate: sala da pranzo di tono elegante dove gustare pesce lacustre; "fresco" servizio estivo all'aperto.

MOLVENO – Trento (TN) – 562 D14 – 1 128 ab. – alt. 865 m   30 B3
– Sport invernali : ad Andalo : 1042/1 528 m ⛄1 ⛷20 (Consorzio Paganella-Dolomiti) ⚐ – ⊠ 38018 Italia Centro Nord
▷ Roma 627 – Trento 44 – Bolzano 65 – Milano 211
🛈 piazza Marconi, 𝒞 0461 58 69 24, www.visitdolomitipaganella.it
◉ Lago★★

🏨🏨 **Alexander**   ⟨ 🚐 📺 ☎ 𝄞 🖄 ⛲ 🛰 🖄 🛰 🖄 P 🝔 VISA ☎ AE ⚡
via Nazionale – 𝒞 04 61 58 69 28 – www.alexandermolveno.com – chiuso da novembre al 17 dicembre e dal 21 marzo al 4 aprile
35 cam ⌑ – †60/120 € ††96/170 € – 6 suites – ½ P 110 €
Rist – Carta 28/76 €
♦ Affacciata sul lago, con il gruppo del Brenta a farle da sfondo, un'elegante dimora le cui camere si faranno ricordare per ampiezza e vivacità. La struttura pensa anche al divertimento dei più piccoli, riservando loro un'apposita sala. Piatti regionali e, settimanalmente, serata a tema presso l'originale ristorante.

Du Lac ≤ 🐾 🏊 🦵 🛋 ⅙ rist, ℅ ℗ 📶 ⚙ 🔥
via Nazionale 4 – ℰ 04 61 58 69 65 – www.hoteldulac.it – chiuso aprile e novembre
40 cam ⬜ – 🛇63/78 € 🛇🛇130/160 € – ½ P 80/95 €
Rist – *(chiuso a mezzogiorno)* Carta 28/35 €
♦ Alle porte del paese, una struttura tipica montana abbracciata dal verde e sita vicino lago, dispone di camere classiche ed accoglienti recentemente rinnovate. Sala da pranzo in stile rustico tirolese dove assaporare una sapiente cucina regionale.

Belvedere ≤ 🐾 🔲 📶 🦵 🛋 ⅙ rist, 🌲 ℅ rist, ℗ 🛥 📶 ⚙ 🔥
via Nazionale 9 – ℰ 04 61 58 69 33 – www.belvedereonline.com – luglio-ottobre
56 cam ⬜ – 🛇🛇100/220 € – 8 suites – ½ P 60/120 € **Rist** – Carta 26/65 €
♦ Immerso nel verde, un albergo rustico ravvivato da inserti in velluto e tendaggi rosso scarlatto, dispone di ambienti moderni e una nuova piscina dal grande effetto scenico. Al ristorante, un ambiente classico e luminoso con tocchi di tipicità e la classica cucina regionale.

Alle Dolomiti ≤ 🐾 🏊 🦵 🛋 ℅ rist, ℗ ℗ 📶 ⚙ 🜛 🔥
via Lungolago 18 – ℰ 04 61 58 60 57 – www.alledolomiti.com – 20 dicembre-9 gennaio e aprile-ottobre
38 cam ⬜ – 🛇70/90 € 🛇🛇100/150 € – 2 suites – ½ P 80/120 €
Rist – Carta 25/43 €
♦ Dinnanzi al parco del lungolago, una storica casa di famiglia è stata convertita in albergo: stile rustico, camere accoglienti e, sul retro, un ampio giardino con piscina. Nella raffinata sala da pranzo, arredata in calde tonalità rosse e gialle, la cucina classica trentina.

XX **El Filò** 🆎 ℅ 📶 ⚙ ℄ 🔥
😊 *piazza Scuole 5 – ℰ 04 61 58 61 51 – Natale-6 gennaio e maggio-ottobre; negli altri mesi aperto solo il fine settimana*
Rist – Carta 21/35 €
♦ Incantevole caratteristica stube, completamente rifinita in legno: luci soffuse, divanetti a muro rossi e proposte di cucina tipica, ma anche piatti legati alla stagione.

MOMBARUZZO – Asti (AT) – **561** H7 – **1 137 ab.** – ⊠ 14046   23 C3
▶ Roma 610 – Torino 98 – Asti 37 – Alessandria 28

a Casalotto Ovest : 4 km – ⊠ 14046

 La Villa ≤ 🐾 🏊 🆎 ℅ rist, ℗ ℗ 📶 ⚙ ℄ 🔥
via Torino 7 – ℰ 01 41 79 38 90 – www.lavillahotel.net – chiuso dal 18 dicembre al 15 marzo
14 cam ⬜ – 🛇95/140 € 🛇🛇165/195 € – 5 suites
Rist – *(chiuso martedì sera)* Menu 40 €
♦ Nel cuore delle colline del Monferrato, una signorile villa dei primi del '700 gestita da una coppia inglese, dispone di camere diverse negli arredi e una terrazza panoramica.

MOMBELLO MONFERRATO – Alessandria (AL) – **1 108 ab.**   23 C2
– alt. 273 m – ⊠ 15020
▶ Roma 626 – Alessandria 48 – Asti 38 – Milano 95

⌂ **Cà Dubini** senza rist 🐾 ℅ ℗ 📶 ⚙ 🜛 🔥
via Roma 17 – ℰ 01 42 94 41 16 – www.cadubini.it – chiuso dal 1° al 20 gennaio e dal 1° al 20 agosto
4 cam ⬜ – 🛇🛇50/80 €
♦ Immersa nel Monferrato Casalese, una caratteristica cascina ristrutturata nel pieno rispetto della struttura originale. Ambienti confortevoli, in puro stile country.

Dubini ⚠️ ♿ 📶 💳 ⓞ ⚕️

via Roma 34 – ℰ 01 42 94 41 16 – www.cadubini.it – chiuso dal 1° al 20 gennaio, dal 1° al 20 agosto e mercoledì

Rist – Menu 20 € bc/35 € bc – Carta 22/32 €

♦ Gestione diretta di grande ospitalità e simpatia in un locale familiare ubicato tra le splendide colline del Monferrato. In menu: proposte del territorio ricche di gusto.

MOMO – Novara (NO) – 561 F7 – 2 676 ab. – alt. 213 m – ✉ 28015   23 C2

▷ Roma 640 – Stresa 46 – Milano 66 – Novara 15

𝖷𝖷𝖷 Macallè con cam 🔲 ❄️ 📶 🅿️ 💳 ⓞ 🅰️🅴 ⓞ ⚕️

via Boniperti 2 – ℰ 03 21 92 60 64 – www.macalle.it – chiuso 10 giorni in gennaio e 10 giorni in luglio

8 cam 🖵 – †65/90 € ††80/120 €

Rist – *(chiuso mercoledì)* Carta 34/70 €

♦ Elegante locale storico della zona, con alcune accoglienti stanze e un'ampia sala luminosa di taglio moderno, dove si propongono ricercati piatti della tradizione.

MONASTEROLO DEL CASTELLO – Bergamo (BG) – 561 E11   19 D1
– 1 099 ab. – alt. 365 m – ✉ 24060

▷ Roma 585 – Bergamo 28 – Brescia 61 – Milano 72

🄸 via Casai 6, ℰ 035 81 46 87, www.comune.monasterolo-del-castello.bg.it

Locanda del Boscaiolo con cam �─ ≤ 🌲 🎍 🅿️

via Monte Grappa 41 – ℰ 0 35 81 45 13   💳 ⓞ 🅰️🅴 ⓞ ⚕️
– www.locandadelboscaiolo.it – chiuso novembre

11 cam – †50/60 € ††60/65 €, 🖵 8 € – ½ P 55 €

Rist – *(chiuso martedì escluso da maggio a settembre)* Carta 25/45 €

♦ Con la bella stagione potrete accomodarvi sotto un pergolato, in riva al lago; nelle serate più fredde vi attenderà invece l'accogliente e romantica saletta. Genuine proposte culinarie tipiche del luogo. Semplici e sempre tenute con cura le camere, ideali per un soggiorno di tranquillità.

MONASTIER DI TREVISO – Treviso (TV) – 562 F19 – 3 496 ab.   35 A1
– ✉ 31050

▷ Roma 548 – Venezia 30 – Milano 287 – Padova 57

Menegaldo 🔲 🅿️ 💳 ⓞ 🅰️🅴 ⓞ ⚕️

via Pralongo 216, Est : 4 km – ℰ 04 22 89 88 02 – www.trattoriamenegaldo.it – chiuso agosto, martedì sera, mercoledì

Rist – Menu 25/45 € – Carta 24/52 €

♦ L'insegna subito anticipa il carattere semplice e familiare del ristorante; all'interno, un ambiente familiare dalla calorosa accoglienza ed ampie salette dove fermarsi a gustare il pesce dell'Adriatico.

MONASTIR Sardegna – Cagliari (CA) – 366 P47 – 4 572 ab.   38 B3
– ✉ 09023

▷ Cagliari 24 – Carbonia 68 – Oristano 77

🏨 Palladium senza rist 🛗 ♿ 🔲 📶 🌐 💳 ⓞ 🅰️🅴 ⓞ ⚕️

viale Europa – ℰ 07 09 16 80 40
– www.hotelpalladiumweb.com

22 cam 🖵 – †58/70 € ††80/95 € – 1 suite

♦ Moderne e recenti negli arredi, le camere di questo elegante edificio sono tutte simili tra loro. In comoda posizione non lontano dalla statale per Oristano.

MONCALIERI – Torino (TO) – **561** G5 – 58 087 ab. – alt. 219 m   **22** A1
– ✉ **10024** ▌ Italia Centro Nord

▶ Roma 662 – Torino 10 – Asti 47 – Cuneo 86

⛳ strada Vallere 20, 011 6479918, www.moncalierigolfclub.com – chiuso martedì

⛳ I Ciliegi strada Valle Sauglio 130, 011 8609802, www.iciliegigolfclub.it – chiuso martedì

Pianta d'insieme di Torino

XX **Ca' Mia**   🚗 🕭 🔤 ⇔ **P** 🅿 🚾 ❻ 🆎 ① ♿
strada Revigliasco 138 – *℘ 01 16 47 28 08* – *www.camia.it*   **2HUc**
Rist – Carta 26/36 €
♦ Nella cornice delle colline di Moncalieri - un locale classico e affermato - ideale per ogni occasione, dai pranzi di lavoro alle cerimonie: cucina tradizionale e del territorio, ma anche forno a legna per pizze d'autore!

XX **La Maison Delfino**   🔤 🚾 ❻ 🆎 ① ♿
via Lagrange 4 - borgo Mercato – *℘ 011 64 25 52* – *www.lamaisondelfino.it* – chiuso dal 1° al 10 gennaio, dal 9 al 22 agosto, domenica e lunedì
Rist – *(chiuso a mezzogiorno)* Menu 45/55 € bc – Carta 41/61 €
♦ Sono due fratelli a gestire con passione e capacità questo elegante locale fuori dal centro. Due menu: uno semplice, l'altro più creativo, dai quali è possibile scegliere anche solo alcuni piatti. Ambiente molto signorile.

X **Al Borgo Antico**   🔤 ⇔ 🚾 ❻ ♿
via Santa Croce 34 – *℘ 011 64 44 55* – *www.al-borgoantico.it* – chiuso dal 15 luglio al 15 agosto, domenica sera e lunedì
Rist – Menu 28 € bc – Carta 31/49 €
♦ Nel centro storico, il ristorante annovera tre piccole sale dall'atmosfera rustica, una delle quali con cantina a vista, dove vengono proposti i piatti della tradizione.

a Revigliasco NE : 8 km – ✉ 10024

X **La Taverna di Fra' Fiusch**   🔤 🚾 ❻ 🆎 ♿
😊 *via Beria 32* – *℘ 01 18 60 82 24* – *www.frafiusch.it* – chiuso lunedì
Rist – *(chiuso a mezzogiorno escluso sabato, domenica e giorni festivi)* *(consigliata la prenotazione)* Menu 35 € – Carta 27/45 €
♦ Un ambiente semplice e familiare, il cui nome s'ispira alle avventure del mago alchimista: è qui che la giovane coppia fa riscoprire ai suoi ospiti i buoni sapori della regione.

MONCALVO – Asti (AT) – **561** G6 – 3 290 ab. – alt. 305 m   **23** C2
– ✉ **14036**

▶ Roma 633 – Alessandria 48 – Asti 21 – Milano 98

🏠 **La Locanda del Melograno** senza rist   ⇐ 🛏 🕭 🔤 🛜 **P**
corso Regina Margherita 38 – *℘ 01 41 91 75 99*   🚾 ❻ ① ♿
– *www.lalocandadelmelograno.it*
9 cam ⚌ – †70 € ††90/100 € – 2 suites
♦ Camere molto spaziose in un edificio di fine '800 sottoposto a restauro con esiti mirabili: rispetto per le origini e affascinanti incursioni nel moderno. Rivendita di vini e prodotti del territorio.

🏡 **Agriturismo Cascina Orsolina** senza rist 🍃   ⇐ 🚗 🍴 🕱 ⅃ᵶ 🕭
via Caminata 28 – *℘ 01 41 92 11 80*   🕱 🛜 🚣 **P** 🚾 ❻ 🆎 ① ♿
– *www.cascinaorsolina.it* – aprile-23 dicembre
4 cam ⚌ – ††130 € – 2 suites – ††170 €
♦ Volete provare l'ebbrezza di vivere in una vera azienda vinicola? In posizione tranquilla e con vista sui vigneti, questa elegante dimora farà al caso vostro. (Disponibile anche una suite con angolo cottura).

MONCENISIO – Torino (TO) – **561** G2 – 42 ab. – alt. 1 461 m   **22** B2
– ✉ **10050**

▶ Roma 722 – Torino 88 – Moncalieri 84

↑ **Chalet sul lago** ⊗ ← 🚲 **P. VISA ⦵ AE ⅁**
regione lago 8 – ℰ + 39 01 22 65 33 15 – www.chaletsullago.it – chiuso dal 3 novembre al 3 dicembre
6 cam 🖵 – ♥♥65/80 € – ½ P 55 € **Rist** – Carta 23/38 €
♦ Magnifica la vista dalle finestre di questo chalet magistralmente situato in posizione panoramica sulla riva di un laghetto naturale. Accoglienti le stanze, sobriamente arredate. Cucina genuina e casereccia con molti piatti di cacciagione.

MONCIONI - Arezzo (AR) – **563** L16 – vedere Montevarchi

MONDAVIO – Pesaro e Urbino (PU) – **563** K20 – **4 011 ab.**   **20 B1**
– alt. 280 m – ✉ 61040
▯ Roma 264 – Ancona 56 – Macerata 106 – Pesaro 44

🏠 **La Palomba** 🕿 **AC ⅏ P. VISA ⦵ AE ⓪ ⅁**
⊝ *via Gramsci 13 – ℰ 0 72 19 71 05 – www.lapalomba.it – chiuso 1 settimana in settembre*
15 cam – ♥♥45/70 €, 🖵 5 € – ½ P 55 €
Rist – *(chiuso lunedì escluso da giugno a settembre)* Carta 21/36 €
♦ Di fronte all'antica Rocca Roveresca, piacevole realtà familiare, nonché valido punto di riferimento per l'ospitalità della zona: interni curati e camere piccole, ma funzionali. Cucina regionale nel ristorante con camino e luminosa veranda. Pizzeria nel week-end.

MONDELLO Sicilia – Palermo (PA) – **365** AQ55 – Vedere Palermo

---

MONDOVÌ – Cuneo (CN) – **561** I5 – **22 023 ab.** – alt. 559 m   **22 B3**
– ✉ 12084
▯ Roma 616 – Cuneo 27 – Genova 117 – Milano 212
🛈 corso Statuto 16/d, ℰ 0174 4 03 89, www.turismocn.it

🍴🍴 **Il Baluardo** (Marc Lanteri) 🕿 **AC VISA ⦵ AE ⓪ ⅁**
⅏ *piazza d'Armi 2 – ℰ 01 74 33 02 44 – www.marclanteri.it*
– chiuso 2 settimane in agosto, lunedì a mezzogiorno, martedì
Rist – Menu 22 € (pranzo)/59 € – Carta 44/70 €
Spec. Terrina di foie gras d'anatra. Sugelli (pasta fresca) della Valle Roja. Agnello sambucano in crosta di erbe aromatiche.
♦ In un angolo della città vecchia, una casa d'epoca ristrutturata con modernità ripropone alcune testimonianze del glorioso passato. Dalla cucina a vista, il marito sforna piatti d'ispirazione franco-piemontese: un baluardo della buona tavola a Mondovì!

🍴🍴 **La Borsarella** ← 🕿 **AC ⟷ P. VISA ⦵ ⅁**
via del Crist 2, Nord-Est : 2,5 km – ℰ 0 17 44 29 99 – www.laborsarella.it
– chiuso dal 26 dicembre al 7 gennaio, domenica sera, lunedì
Rist – Menu 25/34 € – Carta 37/54 €
♦ Ricavato negli ambienti di un cascinale di origine settecentesca, propone una cucina piemontese ancorata ai sapori della tradizione. Nel cortile anche il vecchio forno per il pane e un laghetto artificiale.

🍴🍴 **Ezzelino** ← 🕉 ⟷ **VISA ⦵ ⅁**
via Vico 29 – ℰ 01 74 55 80 85 – chiuso 1 settimana in gennaio, 1 settimana in luglio, lunedì, martedì a mezzogiorno
Rist – (prenotare) Menu 43 € – Carta 37/84 €
♦ Nella parte alta della località, dove sorgeva il ghetto, un ristorante che miscela antico e moderno con gusto e armonia. Dalla cucina piatti italiani rivisitati e alleggeriti.

MONEGLIA – Genova (GE) – **561** J10 – **2 852 ab.** – ✉ 16030   **15 C2**
▯ Roma 456 – Genova 58 – Milano 193 – Sestri Levante 12
🛈 corso Longhi 32, ℰ 0185 49 05 76, www.comune.moneglia.ge.it

Villa Edera ⌖   ⟨ ⛴ ⅃ ☖ ⅃⅃ 🅟 ⟨ 🅥🅘🅢🅐 ⓿ 🄰🄴 ⅊

via Venino 12/13 – 𝒞 01 85 49 92 91 – www.villaedera.com – aprile-ottobre
27 cam ⌷ – †90/130 € ††110/195 € – ½ P 115 €
Rist – Carta 28/56 €

♦ Poco distante dal centro, un hotel a conduzione diretta d'ispirazione contemporanea: ampie e ariose sale, camere accoglienti. Ampia sala da pranzo, affidabile cucina d'albergo.

Piccolo Hotel   ☐ 🛗 ⅃ cam, ⋆⋆ 🄰🄲 ⅊ 🅟 ⟨ 🅥🅘🅢🅐 ⓿ ⅊

corso Longhi 19 – 𝒞 01 85 49 93 74 – www.piccolohotel.it – marzo-20 ottobre
38 cam – †60/120 € ††60/150 €, ⌷ 15 € – ½ P 110 €
Rist – Menu 25/35 €

♦ A pochi passi dalla spiaggia, valido albergo del centro che si sviluppa su due edifici collegati tra loro: accoglienti spazi comuni e piacevoli camere di buon confort. Grande e luminosa sala da pranzo.

Villa Argentina   ⛴ 🛗 ⅃ 🄰🄲 ⅊ ⁋ 🅟 🅥🅘🅢🅐 ⓿ ⓪ ⅊

via Torrente San Lorenzo 2 – 𝒞 01 85 49 92 28 – www.villa-argentina.it
18 cam ⌷ – †50/85 € ††70/120 € – ½ P 85 €
Rist – (aprile-ottobre) Carta 22/54 €

♦ Salda e professionale la gestione familiare di questa moderna struttura, caratterizzata da camere spaziose e ben insonorizzate: risultato di un'attenta ristrutturazione.

Abbadia San Giorgio senza rist   ⛴ 🄰🄲 ⅊ 🅟 🅥🅘🅢🅐 ⓿ 🄰🄴 ⅊

piazzale San Giorgio – 𝒞 01 85 49 11 19 – www.abbadiasangiorgio.com
– marzo-6 novembre
6 cam ⌷ – †110/180 € ††160/200 €

♦ Nella parte alta della località, eleganti camere ricavate da un ex convento francescano del 1484: un bel chiostro con alcuni affreschi originali conferisce ulteriore fascino e storicità alla struttura.

verso Lemeglio Sud-Est : 2 km :

✗✗ La Ruota   ⟨ ⅃ 🅟 🅥🅘🅢🅐 ⓿ ⅊

via per Lemeglio 6, alt. 200 ⌧ 16030 – 𝒞 01 85 49 95 65
– www.laruotamoneglia.it – chiuso novembre e mercoledì
Rist – Menu 52 €

♦ Giovane e dinamica conduzione in un locale dall'ambiente familiare, che propone solo menu degustazione a base di pesce fresco. Bella vista del mare e di Moneglia.

MONFALCONE – Gorizia (GO) – 562 E22 – 28 043 ab. – ⌧ 34074   11 C3
▶ Roma 641 – Udine 42 – Gorizia 24 – Grado 24
🛫 di Ronchi dei Legionari Nord-Ovest: 5 km 𝒞 0481 773224
🛈 aeroporto Ronchi dei Legionari, 𝒞 0481 47 60 79, www.turismofvg.it

Europalace   🛗 ⅃ cam, 🄰🄲 cam, ⁋ 🄪 🅟 🅥🅘🅢🅐 ⓿ 🄰🄴 ⅊

via Callisto Cosulich 20 – 𝒞 04 81 48 63 52 – www.europalacehotel.com
40 cam ⌷ – †65/140 € ††100/160 € – ½ P 70/100 €
Rist – (chiuso a mezzogiorno e domenica) Carta 40/60 €

♦ Dalla ristrutturazione di un palazzo degli anni '20, che fu albergo degli impiegati dei cantieri, nasce questa bella struttura con raffinati spazi comuni e camere elegantemente moderne.

Sam   🛗 ⅃ cam, 🄰🄲 ⅊ ⁋ 🅥🅘🅢🅐 ⓿ 🄰🄴 ⓪ ⅊

via Cosulich 3 – 𝒞 04 81 48 16 71 – www.samhotel.it – chiuso dal 24 al 31 dicembre
59 cam ⌷ – †60/76 € ††80/96 €
Rist – (chiuso domenica) (chiuso a mezzogiorno) Carta 20/52 €

♦ Ideale per una clientela d'affari, a pochi passi dal centro, la struttura annovera ambienti moderni e una luminosa sala colazioni, le cui ampie vetrate si affacciano sui dintorni. Carne e pesce nel menu del ristorante: ottime le porzioni.

XX   Ai Castellieri   🍴 ⚡ 🅿 VISA ☎ AE ⓘ ⬧

via dei Castellieri 7, località Zochet, Nord-Ovest: 2 km – ℰ 04 81 47 52 72
– chiuso dal 1° al 7 gennaio, dal 1° al 21 agosto, martedì e mercoledì
Rist – Carta 33/45 €

♦ Locale ricavato in un'accogliente casa colonica piacevolmente arredata, dove l'accoglienza e il servizio sono volutamente informali. Cucina contemporanea (soprattutto specialità di carne).

X   Ai Campi di Marcello con cam   🍴 🍴 🅰🅲 cam, ⁇ 🅿

via Napoli 11 – ℰ 04 81 48 19 37 –   VISA ☎ AE ⓘ ⬧
www.hotel-ami.it/h-133280-l/hotel-locanda-ai-campi-di-marce
14 cam 🔲 – †45/65 € ††88/110 €
Rist – *(chiuso lunedì)* (consigliata la prenotazione) Menu 80 €
– Carta 32/56 €

♦ Non lontano dai cantieri navali, un locale a conduzione familiare dalle valide proposte ittiche. Piacevole atmosfera. Confortevoli camere a disposizione degli ospiti.

MONFORTE D'ALBA – Cuneo (CN) – 561 I5 – 2 075 ab.   25 C3
– alt. 480 m – ⊠ 12065

🚘 Roma 621 – Cuneo 62 – Asti 46 – Milano 170
🔟 Monforte delle Langhe località Sant'Anna 110, 0173 789213, www.monfortegolf.com – chiuso gennaio

🏨   Villa Beccaris senza rist ⬧   ⬅ 🕊 🏊 🅰🅲 ↔ ⁇ 🛁 🚗 VISA ☎ AE ⬧

via Bava Beccaris 1 – ℰ 01 73 78 81 58 – www.villabeccaris.it
– chiuso dal 24 al 27 dicembre
23 cam 🔲 – †155/285 € ††180/310 € – 1 suite

♦ Immersa in un parco secolare, questa dimora settecentesca ospitò il famoso generale da cui ereditò il nome. All'eleganza degli spazi comuni fanno eco camere di alto livello, mentre il *savoir-faire* e la calorosa accoglienza costituiscono un ulteriore motivo per soggiornare in questo spaccato di storia italiana.

🏠   Le Case della Saracca ⬧   ⚡ VISA ☎ AE ⬧

via Cavour 5 – ℰ 01 73 78 92 22 – www.saracca.com
6 cam – †110 € ††130 €, 🔲 10 € – 3 suites
Rist – *(chiuso mercoledì)* *(chiuso a mezzogiorno)* (consigliata la prenotazione) Carta 24/45 € ✦

♦ Curioso e originale, chi potrebbe dire che questo un tempo era il quartiere dei poveri? Nella parte alta della località, tra le mura millenarie del castello, rocce, arredi indiani e design moderno. Moderno wine-bar serale con taglieri di salumi, formaggi e qualche piatto cucinato; molti vini anche al bicchiere.

🏠   Agriturismo il Grillo Parlante ⬧   ⬅ 🛏 ↔↔ ⚡ rist, 🅿

frazione Rinaldi 47, località Sant'Anna, Est: 2 km – ℰ 01 73 78 92 28
– www.piemonte-it.com – chiuso gennaio, febbraio
6 cam – ††56/74 €, 🔲 8 €
Rist – *(chiuso a mezzogiorno)* (prenotazione obbligatoria) *(solo per alloggiati)*

♦ Occorre percorrere una stradina sterrata avvolta dalla campagna langarola per giungere a questa risorsa. Vita agreste senza fronzoli in ambienti raccolti e curati.

XXX   Trattoria della Posta   🍴 ⬧ ⬧ 🅿 VISA ☎ AE ⬧

località Sant'Anna 87, Est : 2 km – ℰ 01 73 78 81 20 – www.trattoriadellaposta.it
– chiuso febbraio, giovedì, venerdì a mezzogiorno
Rist – Menu 40 € – Carta 31/78 € ✦

♦ In aperta campagna, un caldo sorriso e tanto savoir faire vi accoglieranno sin dall'ingresso in questa casa di campagna, non priva di tocchi romantici e spunti eleganti: lume di candela ed argenteria. La cucina perpetua la tradizione locale ed anche il proverbiale carrello dei formaggi propone il meglio della regione.

XX **Giardino-da Felicin** con cam ✿ ⤺ ⌂ **P** 🃏 ⊙ 🄰🄴 ♿
via Vallada 18 – ℰ 0 17 37 82 25 – www.felicin.it – chiuso dal 15 dicembre al 15 febbraio e 2 settimane in agosto
30 cam ☲ – ♦75/110 € ♦♦115/130 € – ½ P 115/130 €
Rist – *(chiuso domenica sera, lunedì) (chiuso a mezzogiorno escluso domenica)* Menu 55 € bc – Carta 52/66 € ⚜
♦ Se la tradizione gastronomica si perpetua in cucina, anche attraverso l'uso di prodotti biologici e carni locali, il nome fa intuire che nel periodo estivo il servizio si sposta felicemente all'aperto, sotto un verde pergolato.

MONFUMO – Treviso (TV) – **562** E17 – 1 460 ab. – alt. 227 m   **36** C2
– ✉ 31010
🚗 Roma 561 – Belluno 57 – Treviso 38 – Venezia 78

XX **Da Gerry** con cam ⌂ 🛗 ♿ 🄰🄲 ♛ 🃏 ⊙ 🄰🄴 ♿
⊡ *via Chiesa 6 – ℰ 04 23 54 50 82 – www.ristorantedagerry.com*
5 cam ☲ – ♦65 € ♦♦80 €
Rist – *(chiuso 1 settimana in agosto e lunedì)* Carta 31/53 €
♦ Carne e pesce si contendono la carta di questa moderna trattoria nel centro del paese, dotata anche di camere spaziose e confortevoli.

MONGARDINO – Bologna (BO) – **562** I15 – Vedere Sasso Marconi

MONGHIDORO – Bologna (BO) – **562** J15 – 3 901 ab. – alt. 841 m   **9** C2
– ✉ 40063
🚗 Roma 333 – Bologna 43 – Firenze 65 – Imola 54
🄸 via Matteotti 1, ℰ 051 6 55 51 32, www.comune.monghidoro.bo.it

X **Da Carlet** ⌂ ♨ 🃏 🄰🄴 ♿
via Vittorio Emanuele 20 – ℰ 05 16 55 55 06 – www.dacarlet.it – chiuso dal 7 al 22 settembre, lunedì sera e martedì
Rist – Carta 23/39 €
♦ Al confine fra due regioni, la cucina porta dalla Toscana la carne chianina per trovare in Emilia le paste fresche. Funghi, tartufi e prodotti dell'Appennino: difficile rimanere insoddisfatti!

in Valle Idice Nord : 10 km

⋔ **Agriturismo La Cartiera dei Benandanti** ✿ 🚲 **P**
via Idice 13, strada provinciale 7 km 28   🃏 ⊙ 🄰🄴 ⊙ ♿
✉ *40063 Monghidoro – ℰ 05 16 55 14 98 – www.lacartiera.it*
7 cam ☲ – ♦53/59 € ♦♦76/86 € – 2 suites – ½ P 59 €
Rist – *(aperto le sere di venerdì-sabato e domenicaa mezzogiuorno)* Menu 26 € bc
♦ Come indica il nome, si tratta di una vecchia cartiera risalente al XVII secolo, oggi, convertita in un semplice agriturismo isolato nel verde: tutto in pietra con legni a vista, anche le camere sono all'insegna dell'essenzialità, ma pur sempre confortevoli.

MONGUELFO (WELSBERG) – Bolzano (BZ) – **562** B18 – 2 797 ab.   **31** D1
– alt. 1 087 m – Sport invernali : 1 087/2 273 m 🎿17 ⚶8 (Comprensorio Dolomiti superski Plan de Corones) 🎿 – ✉ 39035
🚗 Roma 732 – Cortina d'Ampezzo 42 – Bolzano 94 – Brunico 17
🄸 via Pusteria 16, ℰ 0474 94 41 18, www.monguelfo-tesido.com

🏨 **Bad Waldbrunn** ✿ ⤺ 🚲 🖥 🕸 🗱 ♨ rist, ♛ **P** 🌬 🃏 ⊙ 🄰🄴 ⊙ ♿
via Bersaglio 7, Sud : 1 km – ℰ 04 74 94 41 77 – www.hotelbadwaldbrunn.com – dicembre-aprile e 17 giugno-settembre
25 cam – 5 suites – solo ½ P 67/92 €   **Rist** – *(solo per alloggiati)*
♦ Albergo in stile montano-tirolese, felicemente ubicato in zona quieta e dominante la vallata, dispone di gradevoli interni, centro fitness e belle camere con vista panoramica. La piccola zona benessere ospita anche la piscina.

a Tesido (Taisten)**Nord : 2 km – alt. 1 219 m –** ⊠ **39035 Monguelfo**

🏨 **Alpenhof** ⌖   ⌖ ⌖ ⌖ ⌖ ⌖ ⌖ ⌖ ⌖ ⌖ rist, ⌖ **P** ⌖ VISA ⚌ ⌖
Riva di Sotto 22, Ovest : 1 km – ℰ *04 74 95 00 20 – www.alpenhof.bz*
– 7 dicembre-12 aprile e 16 maggio -5 novembre
36 cam ⌑ **– †105/126 € ††198/212 € – 5 suites – ½ P 118 €**
Rist – Menu 28/45 €
♦ Appena sopra il paese, un soggiorno all'insegna del relax nella tranquillità
delle valli dolomitiche: spazi comuni in stile sudtirolese, camere confortevoli e
moderno centro benessere. Il menu del ristorante si declina in tante formule:
gourmet, à la carte, dietetico o vital per vegetariani.

MONIGA DEL GARDA – Brescia (BS) – 561 F13 **– 2 437 ab.**   **17** D1
– alt. 125 m – ⊠ **25080**

▶ Roma 537 – Brescia 28 – Mantova 76 – Milano 127

XXX **Al Porto**   ⌖ ⌖ VISA ⚌ AE ⓪ ⌖
via Porto 29 – ℰ *03 65 50 20 69 – www.trattoriaporto.com – chiuso 24 e*
26 dicembre, dal 7 gennaio al 7 febbraio, mercoledì
Rist – Menu 65 € – Carta 48/100 €
♦ In un'antica stazione doganale nei pressi del porticciolo, suggestivo servizio
estivo in riva al lago, ma ancor più convincente la cucina: solo pesce d'acqua
dolce.

XX **Quintessenza** (Fabio Mazzolini)   ⌖ ⌖ AC ⌖ VISA ⚌ AE ⌖
☖ *piazza San Martino 3 –* ℰ *03 65 50 21 16 – www.ristorantequintessenza.it*
– chiuso giovedì
Rist – Menu 30 € bc (pranzo)/60 € – Carta 38/77 € ⌖
Spec. Code di gamberi croccanti con ristretto agrodolce allo zenzero. Tortelli
di spiedo alla bresciana con crema di polenta taragna (autunno-inverno).
Agnello al forno in crosta di bagoss con verze saltate e ristretto di vino grop-
pello.
♦ Semplice ed essenziale, quanto accogliente e piacevole: è il regno di un
giovane cuoco che esprime sé stesso nei piatti con tanta creatività ed indiscussa personalità.

MONOPOLI – Bari (BA) – 564 E33 **– 49 488 ab. –** ⊠ **70043**   **27** C2
▶ Roma 494 – Bari 45 – Brindisi 70 – Matera 80

🏨 **Vecchio Mulino**   ⌖ ⌖ ⌖ ⌖ AC ⌖ ⌖ ⌖ **P** ⌖ VISA ⚌ AE ⓪ ⌖
viale Aldo Moro 192 – ℰ *0 80 77 71 33 – www.vecchiomulino.it*
30 cam ⌑ **– †102/120 € ††150/165 € – 1 suite – ½ P 110/120 €**
Rist – Carta 37/61 €
♦ Deve il nome alla sua primigenia funzione: un mulino per l'appunto. All'interno, spazi comuni razionali e ben organizzati, nonché camere arredate con
buon gusto. Piccolo eliporto e spiaggia privata con navetta di collegamento.
Caratteristico soffitto a volta nel piacevole ristorante.

🏨 **La Peschiera** ⌖   ⌖ ⌖ ⌖ ⌖ AC ⌖ ⌖ VISA ⚌ AE ⓪ ⌖
contrada Losciale 63, Sud-Est: 9 km ⊠ *70043 Monopoli –* ℰ *0 80 80 10 66*
– www.peschierahotel.com – aprile-ottobre
12 cam ⌑ **– ††570/640 € – 3 suites   Rist –** Carta 62/102 €
♦ Lussuoso hotel ricavato da un'antica peschiera borbonica: posizione invidiabile con il mare di fronte e tre grandi piscine alle spalle. Per un soggiorno
in assoluta tranquillità, non sono ammessi bambini di età inferiore ai 12 anni.
Ristorante dallo stile fresco e marino, ma elegante. Cucina di mare e del territorio.

※※ **Masseria Spina** 🛐 🕭 🔃 🄿 🆅🆂🅰 ⊕ 🄰🄴 ⓪ 🆖

*via Aldo Moro 27 – ℰ 0 80 80 23 96 – www.masseriaspina.com – chiuso
domenica sera e lunedì da ottobre a maggio; sabato a mezzogiorno e lunedì
negli altri mesi*
Rist – Menu 38 € – Carta 43/61 €

♦ All'interno di una suggestiva masseria seicentesca, le esperienze internazionali del giovane chef fanno volare la cucina pugliese verso piatti tecnici e raffinati, ma per i sapori è sempre "amarcord".

MONREALE Sicilia – Palermo (PA) – **365** AO55 – **37 757 ab.**
– **alt. 310 m** – ✉ **90046** ▐ Sicilia   **39** B2

🔼 Agrigento 136 – Catania 216 – Marsala 108 – Messina 242
◉ Località★★★ – Duomo★★★: salita alle terrazze★★★ – Chiostro★★★

※ **Taverna del Pavone** 🛐 🔃 🆅🆂🅰 ⊕ 🄰🄴 ⓪ 🆖

*vicolo Pensato 18 – ℰ 09 16 40 62 09 – www.tavernadelpavone.eu
– chiuso 2 settimane in giugno e lunedì*
Rist – Menu 23/28 € – Carta 25/37 € (+10 %)

♦ Tavoli piuttosto ravvicinati, di sicuro vantaggio per chi desidera gustare
semplici ma gustosi capolavori della Sicilia in un ambiente familiare e simpatico.

MONRUPINO – Trieste (TS) – **562** E23 – **891 ab. – alt. 418 m**
– ✉ **34016**   **11** D3

🔼 Roma 669 – Udine 69 – Gorizia 45 – Milano 408

※※ **Furlan** 🛐 🕭 ⟳ 🄿 🆅🆂🅰 🄰🄴 🆖

*località Col 19 – ℰ 0 40 32 71 25 – chiuso dal 15 al 31 gennaio, lunedì,
martedì e i mezzogiorno di mercoledì e giovedì*
Rist – Carta 31/40 €

♦ Una affabile gestione familiare e due accoglienti sale da pranzo al piano
terra per una cucina che sa rispettare la tradizione regionale. Proposte a
base di carne.

※ **Krizman** con cam 🕭 🚗 🛐 📶 🕭 cam, 🕭 cam, 🕪 🄿 🆅🆂🅰 ⊕ 🄰🄴 ⓪ 🆖

*località Repen 76, ovest: 1,5 km – ℰ 0 40 32 71 15 – www.hotelkrizman.eu
– chiuso dal 6 al 30 gennaio*
17 cam ⌛ – †50/60 € ††75/85 € – ½ P 54 €
Rist – *(chiuso lunedì a mezzogiorno e martedì)* Carta 25/38 € 🏵

♦ Vicino alla piazza, ambiente rustico dalla consolidata gestione familiare che
propone la cucina del territorio e un'interessante selezione di vini. Servizio
estivo in giardino. In posizione ideale per una rilassante vacanza nel verde,
offre camere semplici e di sicuro confort.

MONSELICE – Padova (PD) – **562** G17 – **17 603 ab. –** ✉ **35043**
▐ Italia   **35** B3

🔼 Roma 471 – Padova 23 – Ferrara 54 – Mantova 85
🇮 via del Santuario 6, ℰ 0429 78 30 26, www.monseliceturismo.it
◉ ≤★ dalla terrazza di Villa Balbi

※※ **La Torre** 🔃 🆅🆂🅰 ⊕ 🄰🄴 🆖

*piazza Mazzini 14 – ℰ 0 42 97 37 52 – chiuso Natale, dal 27 luglio al
24 agosto, domenica sera, lunedì*
Rist – Carta 32/57 €

♦ Locale classico in pieno centro storico, nella piazza principale della città,
nel quale provare piatti di cucina della tradizione e ricette a base di prodotti
pregiati.

sulla strada regionale 104 al km 1,100 Sud-Est: 4: km

🏠 **Ca' Rocca** senza rist   🍴 ⚒ ఉ 📶 👾 ⚘ 👹 🅿 VISA ⬤⬤ AE ⬧
📺
    via Basse 2 – ℰ 04 29 76 71 51 – www.carocca.it – chiuso dal 23 dicembre al 2 gennaio
19 cam ⬚ – †60/70 € ††80/100 € – 1 suite
♦ Recente costruzione a conduzione diretta con camere ampie e dotate di ogni confort: base ideale per escursioni nei dintorni.

MONSUMMANO TERME – Pistoia (PT) – 563 K14 – 21 140 ab.   28 B1
– alt. 20 m – ⬚ 51015 ▮ Toscana
▶ Roma 323 – Firenze 46 – Pisa 61 – Lucca 31
🔟 Montecatini via dei Brogi 1652, località Pievaccia, 0572 62218, www.montecatinigolf.com – chiuso martedì

🏨 **Grotta Giusti** ⌁   ⬚ ⬤ 🍴 🌐 👾 ⚘ ♨ ✂ 📶 👹 ⚒ 🅿
    via Grotta Giusti 1411, Est : 2 km – ℰ 05 72 90 77 11   VISA ⬤⬤ AE ⬤ ⬧
    – www.grottagiustispa.com
64 cam ⬚ – †260/406 € ††296/456 € – ½ P 183/263 €
Rist *La Veranda* – vedere selezione ristoranti
♦ Nella quiete di un grande parco con piscina - all'interno del celebre complesso termale con grotte naturali (di cui una vanta il primato europeo per dimensioni) - una bella struttura completa nella gamma dei servizi e con camere non molto ampie, ma lussuose.

↗ **Villa San Bastiano** ⌁   ⬧ ⬚ 📶 🅿 VISA ⬤⬤ AE ⬧
    località Monsummano Alto, piazza Castello 10 – ℰ 05 72 52 00 97
    – www.villasanbastiano.it
5 cam ⬚ – ††80/110 €
Rist *La Foresteria* – vedere selezione ristoranti
♦ All'interno di un piccolo borgo medievale, sei belle camere di moderno design, armoniose ed accoglienti. Nel curato giardino vi si offre una vista a 360° sulla vallata di Nievole.

✕✕✕✕ **La Veranda** – Hotel Grotta Giusti   ⬤ 📶 👾 🅿 VISA ⬤⬤ AE ⬤ ⬧
    via Grotta Giusti 1411, Est : 2 km – ℰ 05 72 90 77 11 – www.grottagiustispa.com
Rist – Carta 56/74 €
♦ Se dopo una rilassante sosta nella grotta termale o un rinvigorente bagno nella grande piscina vi fosse venuta fame, le gustose specialità toscane di questo ristorante verranno in vostro "soccorso". D'estate, il pranzo è servito anche all'aperto sulla bella terrazza oppure a bordo piscina.

✕✕ **La Foresteria** – Hotel Villa San Bastiano   ⬧ ⚘ 🅿 VISA ⬤⬤ AE ⬧
    località Monsummano Alto, piazza Castello 10 – ℰ 05 72 52 00 97
    – www.ristorantelaforesteria.it – chiuso 1 settimana in novembre e lunedì
Rist – *(chiuso a mezzogiorno da giugno ad agosto)* Menu 30 € – Carta 31/49 €
♦ Sovrasta la vallata di Nievole questo locale elegante e sobrio, all'interno di un piccolo borgo medievale. Un paesaggio suggestivo nel quale gustare specialità del territorio - leggermente rivisitate ed alleggerite - con buona cura delle presentazioni.

MONTÀ – Cuneo (CN) – 561 H5 – 4 641 ab. – alt. 316 m – ⬚ 12046   25 C2
▶ Roma 544 – Torino 48 – Asti 29 – Cuneo 76

🏠 **Belvedere**   ⬧ ⚘ 🏘 👾 👹 🅿 VISA ⬤⬤ ⬧
    vicolo San Giovanni 3 – ℰ 01 73 97 61 56 – www.albergobelvedere.com
    – chiuso 10 giorni in gennaio e 20 giorni in agosto
10 cam ⬚ – †65 € ††90 € – ½ P 75 €
Rist – *(chiuso domenica sera, martedì)* Menu 25/38 €
♦ Tra frutteti e vigne, la cortesia e la professionalità della gestione familiare mette a proprio agio anche l'ospite di passaggio e l'abbondante colazione allieterà l'inizio di ogni giornata. Camere ampie, alcune con balcone. Ottima cucina casalinga e specialità del territorio arricchite da tartufi e funghi porcini.

MONTAGNA (MONTAN) – Bolzano (BZ) – **562** D15 – **1 601 ab.**   **31** D3
– alt. 497 m – ⊠ 39040

▶ Roma 630 – Bolzano 24 – Milano 287 – Ora 6

🏠 **Tenz** ≼ 🚗 🛋 ⏚ 🔲 📶 🏋 🛋 & cam, 🏋 🛁 🛌 rist, 🍴 🛋 **P** 💳 ✆ ♿
*via Doladizza 3, Nord : 2 km – ℰ 04 71 81 97 82 – www.hotel-tenz.com
– chiuso dal 5 novembre al 18 dicembre*
44 cam 🍴 – ♦50/120 € ♦♦90/180 € – 5 suites
Rist *Ristorante Tenz* – *(chiuso martedì)* Carta 22/49 €
♦ Si gode una bella vista su monti e vallata da un albergo a gestione familiare dotato di accoglienti ambienti in stile montano di taglio moderno e
luminose camere. Cucina del territorio nel ristorante distribuito tra una stube
e la veranda panoramica.

🍴 **Dorfnerhof** con cam 🖉 ≼ 🛋 🍴 rist, **P** 💳 ✆
📧 *località Casignano 5, Sud: 8 Km – ℰ 04 71 81 97 98 – www.dorfnerhof.it
– chiuso 4 settimane in gennaio-febbraio e lunedì*
♿ **6 cam** 🍴 – ♦♦64 €   **Rist** – Carta 21/40 €
♦ Semplice e rustica abitazione con annesso maso, dove gustare la fragrante
cucina altoatesina: speck, luganiga di produzione propria e allevamento di
buoi, capre, maiali. Il tutto nel verde dei boschi.

MONTAGNA IN VALTELLINA – Sondrio (SO) – Vedere Sondrio

MONTAGNANA – Padova (PD) – **562** G16 – **9 546 ab.** – alt. 16 m   **35** B3
– ⊠ 35044 ▮ Italia

▶ Roma 475 – Padova 49 – Ferrara 57 – Mantova 60
◉ Cinta muraria★★

🏠 **Aldo Moro** 🛗 📺 🍴 🍴 🛋 🚗 💳 ✆ 🅰 ➀ ♿
*via Marconi 27 – ℰ 0 42 98 13 51 – www.hotelaldomoro.com
– chiuso dal 2 al 10 gennaio e dal 7 al 23 agosto*
24 cam – ♦70 € ♦♦100 €, 🍴 9 € – 5 suites – ½ P 85 €
Rist *Aldo Moro* – vedere selezione ristoranti
♦ Calde atmosfere - sia nelle camere, sia nel ristorante - per un albergo al cui
"timone", vi è la stessa famiglia da più di 70 anni!

🍴🍴 **Hostaria San Benedetto** 🛋 📺 💳 ✆ 🅰 ➀ ♿
*via Andronalecca 13 – ℰ 04 29 80 09 99 – www.hostariasanbenedetto.it
– chiuso dal 1° al 7 gennaio, dal 15 al 30 agosto e mercoledì*
Rist – Menu 32 € – Carta 31/47 €
♦ Locale ubicato nel cuore della "città murata": una sala di tono signorile in
cui provare proposte di cucina del luogo rivisitata; servizio estivo all'aperto.

🍴🍴 **Aldo Moro** – Hotel Aldo Moro 📺 🍴 💳 ✆ 🅰 ➀ ♿
*via Marconi 27 – ℰ 0 42 98 13 51 – www.hotelaldomoro.com
– chiuso dal 2 al 10 gennaio e dal 7 al 23 agosto*
Rist – *(chiuso lunedì)* Carta 30/57 €
♦ All'interno dell'omonimo hotel, in pieno centro storico, la calda atmosfera
delle sue sale lo rendono ideale per un cena a lume di candela. Le proposte
mantengono una forte radice nel territorio, ma non disdegnano i piatti del
non lontano mare.

MONTAGNANA – Modena (MO) – Vedere Serramazzoni

MONTAIONE – Firenze (FI) – **563** L14 – **3 779 ab.** – alt. 242 m   **28** B2
– ⊠ 50050 ▮ Toscana

▶ Roma 289 – Firenze 59 – Siena 61 – Livorno 75
◉ Convento di San Vivaldo★ Sud-Ovest : 5 km

UNA Palazzo Mannaioni ⟨ 🚗 🎿 ☒ 🛍 ⅗ cam, 🅰🅲 ⅘ ✼ rist, 🏊
via Marconi 2 – ℰ *05 71 69 27 77*   🚗 🆅🅸🆂🅰 ⓒⓞ 🅰🅴 ⓞ ⓢ
– www.unahotels.it – chiuso dal 10 gennaio al 28 febbraio
47 cam 🛏 *–* 🛏🛏 120/300 € *– 3 suites – ½ P 90/180 €*   **Rist** *– Carta 26/49 €*
♦ In un'antica dimora cinquecentesca addossata alle mura castellane, un hotel abbellito da un giardino con piscina: eleganti interni in stile rustico e confortevoli camere. La vera cucina toscana vi attende nella raffinata sala ristorante, un tempo frantoio, dal suggestivo soffitto a vela.

a San Benedetto Nord-Ovest : 5 km – ✉ 50050 Montaione

B&B Villa Sestilia ⌂   ⓛ 🎿 🅰🅲 🅿 🆅🅸🆂🅰 ⓒⓞ ⓢ
via Collerucci 39 – ℰ *05 71 67 70 81 – www.villasestilia.it*
4 cam 🛏 *–* 🛏 60/90 € 🛏🛏 100/140 €
Rist *Casa Masi –* vedere selezione ristoranti
♦ In un caratteristico borgo agricolo, questa elegante casa di campagna - accuratamente restaurata - ospita poche camere, ma tutte spaziose e personalizzate.

Casa Masi *– B&B Villa Sestilia*   🚗 🍽 🅰🅲 🅿 🆅🅸🆂🅰 ⓒⓞ 🅰🅴 ⓞ ⓢ
via Collerucci 53 – ℰ *05 71 67 71 70 – www.casamasimontaione.it*
– chiuso lunedì, martedì a mezzogiorno
Rist *–* (consigliata la prenotazione) Carta 30/58 € 🍴
♦ Un terra ricca di ottimi prodotti, tra i quali eccelle il tartufo bianco, e l'abilità di Luciana ai fornelli danno vita ad una cucina che si rifà alla tradizione montaionese, pur rimanendo moderna. Anche l'ambiente non è lasciato al caso: uno studiato mix di rustico ed elegante, una romantica limonaia, un bel giardino.

MONTALBANO – Rimini (RN) – Vedere Santarcangelo di Romagna

MONTALCINO – Siena (SI) – 563 M16 – 5 278 ab. – alt. 567 m   29 C2
– ✉ **53024** ▌ Toscana

🄳 Roma 213 – Siena 41 – Arezzo 86 – Firenze 109
🄸 costa del Municipio 1, ℰ 0577 84 93 31, www.prolocomontalcino.it
🄾 Rocca★★, Palazzo Comunale★
🄶 Abbazia di Sant'Antimo★★: 10 km a sud

Vecchia Oliviera *senza rist*   ⟨ 🚗 🎿 ⅖ 🅰🅲 ⅘ 🅿 🆅🅸🆂🅰 ⓒⓞ 🅰🅴 ⓞ ⓢ
via Landi 1 – ℰ *05 77 84 60 28 – www.vecchiaoliviera.com*
– chiuso dal 8 al 28 dicembre e dal 9 gennaio al 15 febbraio
11 cam 🛏 *–* 🛏 70/150 € 🛏🛏 120/190 € *– 1 suite*
♦ Alle porte della località, un antico frantoio è stato trasformato nel 2001 in hotel con eleganti interni in stile locale. All'aperto: piscina, giardino e bella terrazza panoramica per la prima colazione.

Il Giglio   ⟨ ⅘ 🅿 🆅🅸🆂🅰 ⓒⓞ 🅰🅴 ⓢ
via Soccorso Saloni 5 – ℰ *05 77 84 81 67 – www.gigliohotel.com*
– chiuso dal 7 al 31 gennaio
12 cam 🛏 *–* 🛏 90 € 🛏🛏 140 € *– ½ P 85 €*
Rist *–* (chiuso martedì) Carta 29/48 € 🍴
♦ A pochi passi dal Palazzo Comunale, in un albergo di antica tradizione, tipica ambientazione toscana con travi e mattoni a vista. Camere sempre molto ben tenute. Fiori freschi e buon vino (anche al bicchiere) nell'ottimo ristorante. Cucina regionale.

Boccon DiVino   ⟨ 🍴 ✼ 🆅🅸🆂🅰 ⓒⓞ ⓢ
via Traversa dei Monti 201 - località Colombaio Tozzi, Est : 1 km
– ℰ *05 77 84 82 33 – www.boccondivinomontalcino.it – chiuso martedì*
Rist *–* (prenotare) Carta 37/46 € 🍴 (+12 %)
♦ Una casa colonica alle porte del paese: si può scegliere fra la curata sala rustica o la terrazza estiva con vista. Nel piatto, i sapori del territorio leggermente rivisitati in chiave moderna.

a Poggio alle Mura Sud-Ovest : 19 km – ⊠ 53024 Montalcino

Castello Banfi-Il Borgo ⌘ ≤ ⚏ 𝕴 Ⓘ₆ ᴀᴄ % ☊ P
località Sant'Angelo Scalo – ℰ 05 77 87 77 00 Ⓥ𝕀𝕊𝔸 ⦿ ᴀᴇ ⓞ ⤓
– *www.castellobanfiilborgo.it* – *marzo-ottobre*
9 cam ⌂ – †270/570 € ††320/620 € – 5 suites – ††638/1650 €
Rist *Castello Banfi-La Taverna* – vedere selezione ristoranti
♦ In un tipico borgo in pietra del '700, se l'esterno di questa esclusiva risorsa rimanda alle forme architettoniche locali, l'interno è stato finemente ristrutturato per garantire il massimo confort. Camere eleganti ed intime, dove i colori tenui si alternano ai toni a contrasto delle nicchie. Su una terrazza a sbalzo, la piscina domina la magnifica Val d'Orcia.

XX **Castello Banfi-La Taverna** – Hotel Castello Banfi-Il Borgo ⅋ ᴀᴄ
località Sant'Angelo Scalo – ℰ + 39 05 77 87 75 24 % Ⓥ𝕀𝕊𝔸 ⦿ ᴀᴇ ⓞ ⤓
– *www.castellobanfiilborgo.it* – *marzo- 15 novembre*
Rist – *(chiuso dal 9 dicembre al 31 gennaio e domenica escluso da marzo a ottobre)* *(chiuso la sera in febbraio, novembre e dicembre)* Menu 55 € bc
♦ Senza grosse pretese gourmet, ma semplice e ben fatta, la cucina parla toscano. La proposta enologica, invece, è decisamente più cosmopolita: si va dai vini locali o piemontesi (di produzione propria), ad importazioni in esclusiva di etichette australiane e francesi.

a Poggio Antico Sud : 5 km per Grosseto – ⊠ 53024 Montalcino

XXX **Poggio Antico** ⚏ 🏛 ᴀᴄ P Ⓥ𝕀𝕊𝔸 ⦿ ᴀᴇ ⤓
– ℰ 05 77 84 92 00 – *www.ristorantepoggioantico.com* – *chiuso lunedì, anche domenica sera da novembre a marzo*
Rist – *(consigliata la prenotazione)* Carta 38/58 €
♦ All'interno dell'omonima azienda vinicola, due filari di maestosi cipressi conducono al ristorante, che vanta ora una nuova gestione. Spunti creativi dei piatti non tradiscono il carattere e la sapidità della cucina toscana.

MONTALI – Perugia (PG) – **563** M18 – **Vedere Panicale**

MONTAN = Montagna

MONTE = BERG – Bolzano (BZ) – **Vedere Appiano sulla Strada del Vino**

MONTE ... MONTI – **Vedere nome proprio del o dei monti**

MONTEBELLO VICENTINO – Vicenza (VI) – **562** F16 – **6 557 ab.**   **37** A2
– **alt. 53 m** – ⊠ 36054
▶ Roma 534 – Verona 35 – Milano 188 – Venezia 81

a Selva Nord-Ovest : 3 km – ⊠ 36054 Montebello Vicentino

XX **La Marescialla** ≤ 🏛 ᴀᴄ ⇔ P Ⓥ𝕀𝕊𝔸 ⦿ ᴀᴇ ⓞ ⤓
via Capitello 3 – ℰ 04 44 64 92 16 – *www.ristorantelamarescialla.it* – *chiuso dal 1° al 6 gennaio, dal 9 al 26 agosto, domenica sera, lunedì*
Rist – Carta 36/50 €
♦ Giovane gestione impegnata da qualche tempo in un locale di tradizione che offre piatti del territorio e qualche spunto più vario; in una sala rustica o nel dehors estivo.

MONTEBELLUNA – Treviso (TV) – **562** E18 – **30 948 ab.**   **36** C2
– **alt. 109 m** – ⊠ 31044 ⃞ Italia Centro Nord
▶ Roma 548 – Padova 52 – Belluno 82 – Trento 113
🄸 piazza A. Moro 1, ℰ 348 6 09 30 50, www.visittreviso.com
🄶 via Carpen, 0423 601169, www.golfclubmontebelluna.com – chiuso lunedì
Ⓒ Villa del Palladio★★★ a Maser Nord : 12 km

🏠 **Bellavista** senza rist ⌘ ≤ 🚗 🐾 Ló 🏢 AK ↵ 🛗 🛜 🏃 **P**

VISA ⊙⊙ AE ① 💰

via Zuccareda 20, località Mercato Vecchio
– ℰ 04 23 30 10 31 – www.bellavistamontebelluna.it – chiuso dal
21 dicembre al 7 gennaio e dal 1° al 25 agosto
42 cam ⊒ – ♦100/125 € ♦♦160/165 € – 2 suites

♦ Sulle prime colline alle spalle di Montebelluna; spaziose e confortevoli le zone comuni e le stanze con vista sulla città o, sul retro, sul Monte Grappa.

🍴 **Nidaba** 🛜 AK **P** VISA ⊙⊙ 💰

via Argine 15 – ℰ 04 23 60 99 37 – www.nidabaspirit.it – chiuso domenica
Rist – (chiuso a mezzogiorno) (consigliata la prenotazione) Carta 33/55 €
🍺

♦ L'esperienza di Andrea e Daniela, con l'entusiasmo dei giovani collaboratori, dà corpo ad un'alternativa al mondo del vino: un locale informale, dove si mangia bene, accompagnati da un'eccellente selezione di birre (forse, la migliore d'Italia!).

MONTEBENI – Firenze (FI) – Vedere Fiesole

MONTEBENICHI – Arezzo (AR) – **563** L15 – alt. 508 m – ✉ 52021   **29** C2
Pietraviva

🔁 Roma 205 – Siena 31 – Arezzo 40 – Firenze 73

🏠 **Castelletto di Montebenichi** senza rist ⌘ 🚗 ⛲ 🐾 Ló AK ↵

piazza Gorizia 19 – ℰ 05 59 91 01 10 🛜 🛜 **P** VISA ⊙⊙ AE 💰
– www.castelletto.it – aprile-3 novembre
9 cam ⊒ – ♦204/280 € ♦♦240/330 € – 3 suites

♦ L'emozione di soggiornare nei ricchi interni di un piccolo castello privato in un borgo medioevale, tra quadri e reperti archeologici; panoramico giardino con piscina.

🍴 **Osteria L'Orciaia** 🛜 VISA ⊙⊙ 💰

via Capitan Goro 10 ✉ 52021 – ℰ 05 59 91 00 67 – 15 marzo-10 novembre;
chiuso martedì
Rist – (consigliata la prenotazione) Carta 22/49 €

♦ Caratteristico localino rustico all'interno di un edificio cinquecentesco, con un raccolto dehors estivo. Cucina tipica toscana elaborata partendo da ottimi prodotti.

MONTECARLO – Lucca (LU) – **563** K14 – 4 573 ab. – alt. 162 m   **28** B1
– ✉ 55015

🔁 Roma 332 – Pisa 45 – Firenze 58 – Livorno 65

🏠 **Antica Dimora Patrizia** ⌘ 🛜 AK ✂ cam, VISA ⊙⊙ AE ① 💰

via Carmignani 10/12 – ℰ 05 83 22 21 56 – www.anticadimorapatrizia.it
6 cam ⊒ – ♦♦90/130 € – 2 suites
Rist – (chiuso a mezzogiorno) Carta 30/45 €

♦ Piacevole struttura ricavata in un palazzo medievale sito in un tranquillo angolo del centro storico, dispone di ambienti rustici, un salone con camino e alcune camere mansardate. Al piano terra, il ristorante propone le specialità della cucina toscana.

🏠 **Agriturismo Fattoria la Torre** ≤ 🚗 ⛲ 🏢 AK **P** VISA ⊙⊙ 💰

via provinciale di Montecarlo 7 – ℰ 05 83 22 98 1 – www.fattorialatorre.it
6 cam ⊒ – ♦80/100 € ♦♦80/140 €
Rist Enoteca la Torre – vedere selezione ristoranti

♦ Accanto alla produzione di olio e vino, l'ospitalità alberghiera: all'interno, un curioso contrasto tra l'atmosfera di una casa ottocentesca e camere realizzate in design. A completare la struttura anche nove appartamenti con cucina arredati in stile toscano.

ᯤᯤᯤ **Antico Ristorante Forassiepi** ⟨ 🚗 🏠 AC P VISA ⓖ AE ① ⑤
via della Contea 1 – ℰ 05 83 22 94 75 – www.ristoranteforassiepi.it – chiuso dal 10 al 20 luglio, martedì, mercoledì a mezzogiorno,
Rist – *(chiuso a mezzogiorno in luglio e agosto escluso la domenica)*
Menu 45/55 € – Carta 39/80 €
♦ Alle porte della località, l'ambiente signorile e la terrazza panoramica sono già un buon biglietto da visita. La conferma, tuttavia, arriva dalla cucina: piatti di carne e specialità di pesce alla conquista dei palati più esigenti.

ᯤᯤ **Nina** con cam e senza 🗖 🕭 ⟨ 🚗 🏠 AC ℅ 🔅 P VISA ⓖ ⑤
🞊 *via San Martino 54, Nord-Ovest : 2,5 km – ℰ 0 58 32 21 78 – www.lanina.org*
10 cam – †50 € ††60 € **Rist** – *(chiuso lunedì sera, martedì)* Carta 28/39 €
♦ In posizione panoramica, Nina propone la cucina della tradizione e diverse specialità alla griglia, agnello, manzo e piccione. Nella bella stagione scegliete i tavoli allestiti all'esterno del casolare, nella veranda che profuma di glicine e vite americana. Camere spaziose, arredate in stile. Prezzi interessanti.

ᯤ **Enoteca la Torre** – Agriturismo Fattoria la Torre 🚗 🏠 AC P
via provinciale di Montecarlo 7 – ℰ 05 83 22 94 95 VISA ⓖ AE ⑤
– www.fattorialatorre.it
Rist – *(chiuso martedì) (chiuso a mezzogiorno alla domenica nel periodo estivo)* Carta 28/46 €
♦ Un ristorantino che si esprime al meglio in estate, quando tutto si trasferisce all'aperto. La cucina, invece, non subisce influenze particolari se non un'attenzione encomiabile nel promuovere i prodotti di stagione. Specialità toscane.

MONTECAROTTO – Ancona (AN) – **563** L21 – **2 148 ab.** **20** B2
– **alt. 380 m** – ⊠ **60036**
▶ Roma 248 – Ancona 50 – Foligno 95 – Gubbio 74

ᯤᯤ **Le Busche** (Andrea Angeletti) ⟨ 🏠 ⅖ AC ℅ P VISA ⓖ AE ⑤
🕸 *contrada Busche 2, Sud-Est : 4 km – ℰ 0 73 18 91 72 – www.lebusche.it – chiuso domenica sera, lunedì*
Rist – Menu 65 € – Carta 50/65 €
Spec. Zuppa di cocomero con passion fruit, taccole e moscioli (cozze) di Portonovo (estivo). Lasagnetta alla coda di rospo con ricotta di bufala e calamari grigliati. Colata calda d'arancia con salsa di melanzane all'olio extravergine alle clementine.
♦ Avvolta in un paesaggio collinare, la sala è stata probabilmente ricavata nella vecchia stalla del casolare; la cucina elabora piatti di pesce influenzati dalla cucina marchigiana.

MONTECATINI TERME – Pistoia (PT) – **563** K14 – **21 288 ab.** **28** B1
– **alt. 29 m** – ⊠ **51016** ▮ Toscana
▶ Roma 323 – Firenze 48 – Pisa 55 – Bologna 110
🛈 viale Verdi 66, ℰ 0572 77 22 44, www.montecatiniturismo.it
🏌18 via dei Brogi 1652, località Pievaccia, 0572 62218, www.montecatinigolf.com – chiuso martedì

Pianta pagina seguente

🏛🏛🏛 **Grand Hotel e La Pace** 🕭 ⚙ 🕃 🌐 🏠 L₅ 🎿 🞖 AC ℅ 🧖 P
via della Torretta 1 – ℰ 05 72 92 40 VISA ⓖ AE ① ⑤
– www.grandhotellapace.it – chiuso febbraio e marzo AZ**y**
130 cam 🗖 – †200/400 € ††230/500 € – 28 suites – ½ P 160/285 €
Rist *Michelangelo* – vedere selezione ristoranti
♦ Come una perla al centro di una conchiglia, la piscina riscaldata è il pezzo forte del grande parco. Storico, prestigioso, e in stile belle époque, l'albergo è considerato uno dei vanti dell'hôtellerie nazionale. Belle camre e servizi di alto livello.

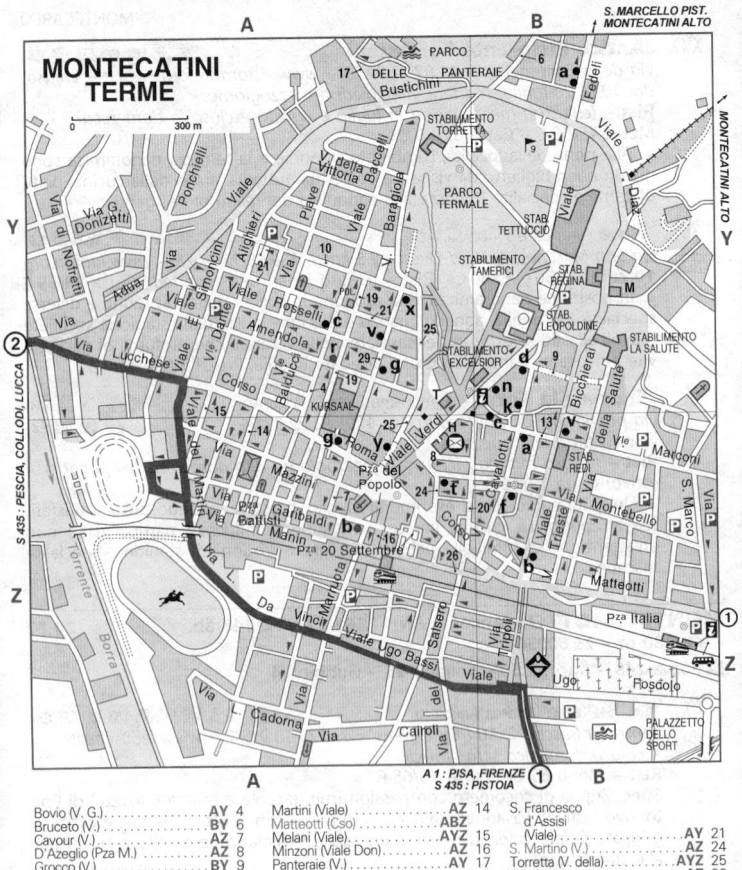

MONTECATINI TERME

🏨🏨🏨 Grand Hotel Tamerici e Principe 　　　🖥 🌀 ♨ 🛁 ⚐ ⚅ cam, 🅰🅲

viale 4 Novembre 4 – 𝒞 0 57 27 10 41 　　　 🍽 rist, ⊕ 🛁 🄿 VISA ⚋ 🆎 ① 🅢

– www.hoteltamerici.it – 27 dicembre-6 gennaio e 15 marzo-15 novembre

113 cam � – †75/150 € ††130/280 € – 27 suites 　　　　　　AY**g**

– ½ P 160 €

Rist – Menu 40 €

◆ "Un grand hotel a 360° gradi. Nel cuore di una delle destinazioni termali più note d'Italia, ampi spazi comuni con quadri d'epoca e camere dai raffinate arredi. La proverbiale attenzione del servizio ne decreta l'ulteriore successo mentre gustose specialità di terra e di mare vi danno appuntamento al ristorante.

🏨🏨🏨 Tettuccio 　　　　　　　🖥 🏠 🅰🅲 🍽 rist, ⊕ 🛁 🄿 VISA ⚋ 🆎 ① 🅢

viale Verdi 74 – 𝒞 0 57 27 80 51 – www.hoteltettuccio.it 　　　　BY**n**

75 cam � – †49/120 € ††59/160 € – ½ P 100 € 　**Rist** – Menu 30/70 €

◆ Di fronte alle terme Excelsior, esiste dal 1894 questo grande e storico albergo, con sale comuni completamente rinnovate; gradevole la terrazza ombreggiata. Al ristorante si respira un'aria fin de siècle.

Grand Hotel Croce di Malta

viale 4 Novembre 18 – ℰ 05 72 92 01
– *www.crocedimalta.com*
AYx
137 cam ⌑ – †130/175 € ††230/360 € – 15 suites – ½ P 147/192 €
Rist – Carta 28/42 €

♦ Hotel di gran classe, dove confort elevato, raffinatezza delle ambientazioni e ampiezza degli spazi si amalgamano alla perfezione. Piacevole giardino con piscina riscaldata. Sale ristorante dagli arredi in stile classico.

Ercolini e Savi
via San Martino 18 – ℰ 0 57 27 03 31
– *www.ercoliniesavi.it – chiuso dal 3 gennaio al 28 febbraio*
AZt
81 cam ⌑ – †60/80 € ††80/120 € – ½ P 85 €
Rist – Menu 25 €

♦ Conduzione diretta dinamica ed efficiente in un hotel classico e di tradizione, che offre belle camere ariose: in parte moderne, in parte in stile. Bella terrazza per i momenti di relax.

Michelangelo

viale Fedeli 9 – ℰ 0 57 27 45 71
– *www.hotelmichelangelo.org – aprile-ottobre*
BYa
69 cam ⌑ – †70/80 € ††90/100 € – ½ P 65/75 €
Rist – Carta 21/44 €

♦ Non lontano dalle terme, questa struttura rinnovatisi in tempi recenti si distingue per confort e arredi attuali. Citazioni orientali nella graziosa zona benessere. Ampio menu proposto nella moderna sala ristorante.

Columbia
corso Roma 19 – ℰ 0 57 27 06 61
– *www.hotelcolumbia.it – marzo-2 novembre*
AZg
64 cam ⌑ – †75/145 € ††95/195 € – 2 suites
Rist – *(solo per alloggiati)* Carta 34/58 €

♦ Le eleganti sale comuni di questo centralissimo hotel mantengono l'aspetto dello stile liberty che caratterizza il bell'edificio. Doverosa una sosta nel recente e moderno centro relax: non ve ne pentirete! Ristorante panoramico.

Adua et Regina di Saba

viale Manzoni 46 – ℰ 0 57 27 81 34
– *www.hoteladua.it – marzo-novembre*
BZa
70 cam ⌑ – †65/120 € ††80/180 € – 2 suites – ½ P 95 €
Rist – Menu 25/30 €

♦ Cordiale gestione familiare in un albergo centrale, che dispone di accoglienti spazi comuni e camere ampie. Nuovissimo centro benessere.

Settentrionale Esplanade
via Grocco 2 – ℰ 0 57 27 00 21
– *www.settentrionaleesplanade.it – marzo-novembre*
BYd
99 cam ⌑ – †105 € ††160 €
Rist – Menu 30/45 €

♦ Albergo di tradizione nato negli anni '20 e da allora gestito dalla stessa famiglia: arredi classici e ariosi spazi comuni. Sicuramente, uno dei capisaldi della tradizione alberghiera locale.

Francia e Quirinale

viale 4 Novembre 77 – ℰ 0 57 27 02 71
– *www.franciaequirinale.it – aprile-ottobre*
AYv
112 cam ⌑ – †80/100 € ††90/150 € – ½ P 80/110 €
Rist – *(solo per alloggiati)*

♦ Nei pressi dei principali stabilimenti termali, struttura di tono che coniuga bene la funzionalità dei servizi con la sobria eleganza degli interni. Camere ampie e funzionali.

Parma e Oriente
🌿 ⤳ ⋔ ⧉ AC ⅏ rist, ⸙ P VISA ⊛ AE ś
via Cavallotti 135 – ℰ 0 57 27 21 35 – www.hotelparmaoriente.it
– 25 marzo-10 novembre BY**k**
65 cam ⌑ – †39/81 € ††49/145 € – 2 suites   **Rist** – Menu 20/25 €
♦ Un soggiorno termale in un ambiente ospitale in questo hotel, gestito da una storica famiglia di albergatori: camere arredate con mobilio decorato in stile e bagni perlopiù rinnovati. Bella piscina e area relax.

Da Vinci
⤳ AC ⅏ ⸙ P VISA ⊛ AE ① ś
viale Bicchierai 31 – ℰ 0 57 27 03 78 – www.davincihotel.it – aprile-ottobre
42 cam ⌑ – ††49/189 € BZ**b**
Rist – *(solo per alloggiati)* Menu 20/30 €
♦ Albergo totalmente rinnovato in anni recenti con gradevoli spazi comuni e confortevoli, moderne camere.

Manzoni
🌿 ⤳ ⋔ ⧉ & AC ⅏ rist, ⸙ 🛆 P VISA ⊛ AE ① ś
viale Manzoni 28 – ℰ 0 57 27 01 75 – www.hotelmanzoni.info
– 28 dicembre-4 gennaio e marzo-novembre BZ**c**
94 cam ⌑ – †60/120 € ††80/160 € – 2 suites
Rist – Menu 18/30 € bc
♦ Possiede un certo fascino retrò questa casa in pieno centro, ma con piccolo giardino, arredata con mobili in stile e qualche pezzo d'antiquariato. Per rilassarsi niente di meglio che un tuffo in piscina o una sosta rigenerante nella nuova zona benessere.

Boston
⤳ ⧉ AC ⅏ ⸙ P VISA ⊛ AE ① ś
viale Bicchierai 16 – ℰ 0 57 27 03 79 – www.hotelboston.it – aprile-ottobre
70 cam ⌑ – ††49/189 €   **Rist** – Menu 20/35 € BZ**b**
♦ Il punto di forza di questo gradevole albergo in continuo rinnovamento è senz'altro la bella terrazza panoramica con solarium e piscina; camere lineari e luminose.

Brennero e Varsavia
⧉ AC ⅏ rist, P VISA ⊛ AE ① ś
viale Bicchierai 70/72 – ℰ 0 57 27 00 86 – www.hotelbrenneroevarsavia.it
– marzo-novembre BZ**v**
54 cam ⌑ – †60/65 € ††95/100 € – ½ P 73 €
Rist – Menu 20 €
♦ In comoda posizione per il centro e per le terme, una risorsa a gestione familiare con spazi comuni gradevoli e camere di confort attuale. Il ristorante dispone di una sala di taglio classico e di tono moderno.

La Pia
⧉ ⨅ AC ⅏ ⸙ P VISA ⊛ ś
via Montebello 30 – ℰ 0 57 27 86 00 – www.lapiahotel.it – aprile-ottobre
37 cam ⌑ – †50/70 € ††70/120 € – ½ P 80 € BZ**f**
Rist – Carta 24/34 €
♦ Una bella atmosfera familiare, che promette un'ospitalità premurosa, effettivamente poi elargita. Camere semplici, ma accoglienti e ben tenute.

Petit Château senza rist
🌿 AC VISA ⊛ AE ① ś
viale Rosselli 10 – ℰ 05 72 90 59 00 – www.petitchateau.it AY**c**
6 cam ⌑ – †50/85 € ††70/140 € – 1 suite
♦ Vicino alle terme, questa piccola risorsa familiare ospitata in una villa liberty dispone di camere arredate con signorili personalizzazioni. Sempre un buon indirizzo!

Villa le Magnolie senza rist
🌿 ⧉ AC ⅏ P 🚗 VISA ⊛ AE ś
viale Fedeli 15 – ℰ 05 72 91 17 00 – www.villalemagnolie.it BY**a**
6 cam ⌑ – †70/80 € ††90/100 €
♦ Sei camere complete di ogni confort, zona soggiorno molto raccolta e curata, sala colazioni con un'unica grande tavola. Disponibili tutti i servizi dell'hotel Michelangelo.

XXXX **Michelangelo** – Grand Hotel e La Pace 🕸 🕼 🗚 🛠 **P** 🚾 ⚙ 🗚 ⓘ ⛾

via della Torretta 1 – 𝒞 05 72 92 40 – www.grandhotellapace.it – aprile-ottobre

Rist – Carta 42/60 €   AZ**y**

♦ Nei suoi ambienti in stile belle époque, il profumo del talco e la fragranza
della cipria sono stati soppiantati dai profumi di una cucina toscana, che
abbandona un po' il côté rustico, per arricchirsi della fantasia dello chef.

XXX **Gourmet** 🗚 🚾 ⚙ 🗚 ⓘ ⛾

*viale Amendola 6 – 𝒞 05 72 77 10 12 – chiuso dal 7 al 20 gennaio, dal 1° al
16 agosto e martedì*   AY**r**

Rist – Carta 46/78 € 🥂 (+12 %)

♦ Arredi classico-eleganti con qualche inserto liberty, tavoli ben distanziati,
argenteria e personale in divisa: ampia la proposta in menu con specialità di
mare e di terra per una cucina di stampo contemporaneo.

XX **Enoteca Giovanni** 🕼 🗚 ⇄ 🚾 ⚙ ⓘ ⛾

*via Garibaldi 25/27 – 𝒞 0 57 27 30 80 – www.enotecagiovanni.it – chiuso dal
14 al 28 febbraio, dal 16 al 30 agosto e lunedì*   AZ**b**

Rist – Carta 59/77 € 🥂

♦ La cucina squisitamente italiana propone piatti di carne e di pesce accompagnati da ottimi vini. Poliglotta invece il menu, tradotto in cinque lingue
diverse! Dehors estivo per il servizio serale.

a Pieve a Nievole per via Matteotti ① : 2 km – ✉ 51018

🏠 **Uno Più** 🚗 🕼 🗚 ⚟ **P** 🚾 ⚙ 🗚 ⛾

via Amendola 58 – 𝒞 05 72 95 11 43 – www.locandaunopiu.net

9 cam ⌨ – †† 50/80 €   **Rist** – (chiuso lunedì) Carta 31/58 €

♦ Sulla strada per Pistoia, l'accurata ristrutturazione di un casolare agricolo ha
dato vita a questo hotel a conduzione familiare con camere dai sobri colori.
Interessanti proposte in cucina, sia di terra sia di mare.

a Nievole Nord: 7 km per viale Fedeli BY – ✉ 51010

X **Da Pellegrino** 🕼 ⇄ **P** 🚾 ⚙ ⛾

🍃 *località Renaggio 6 – 𝒞 0 57 26 71 58 – www.dapellegrino.com – chiuso dal
15 febbraio al 5 marzo e mercoledì*

Rist – (chiuso a mezzogiorno escluso sabato, domenica e i giorni festivi)
Carta 20/45 €

♦ In una frazione isolata, ambiente rustico e familiare dove gustare una casalinga cucina toscana in armonia con le stagioni.

MONTECCHIA DI CROSARA – Verona (VR) – **562** F15   **35** B3
– 4 527 ab. – alt. 87 m – ✉ 37030

🛣 Roma 534 – Verona 34 – Milano 188 – Venezia 96

XXX **Grazioso** ← 🚗 🕼 🗚 🛠 **P** 🚾 ⚙ 🗚 ⓘ ⛾

*via Cabalao – 𝒞 04 57 45 02 22 – www.baba-jaga.com – chiuso 3 settimane
in gennaio, 3 settimane in agosto, domenica sera, lunedì*

Rist – Carta 46/128 €

♦ Si ispira ad una creatura fatata della letteratura favolistica russe questo
luminoso locale immerso in un silenzioso giardino, in balia delle moderne
creazioni dello chef, di terra e di mare, anche alle griglia.

MONTECCHIO – Terni (TR) – **563** O18 – 1 792 ab. – alt. 377 m   **32** B3
– ✉ 05020

🛣 Roma 114 – Terni 51 – Viterbo 43 – Orvieto 25

🏠 **Agriturismo Poggio della Volara** 🍃 ← 🚗 🕼 ☒ **P**

*località Volara, Nord : 4,5 km – 𝒞 34 73 35 25 23 – www.poggiodellavolara.it
– chiuso gennaio*

6 cam ⌨ – † 50/90 € †† 80/120 € – 7 suites – ½ P 80 €   **Rist** – Menu 35 €

♦ In zona panoramica con una vista che spazia a 360°, un'azienda agrituristica semplice con ampi spazi esterni, una bella piscina e camere con arredi
in arte povera o vecchi mobili di casa.

MONTECCHIO – Brescia (BS) – **561** E12 – Vedere Darfo Boario Terme

MONTECCHIO EMILIA – Reggio Emilia (RE) – 10 376 ab.   **8** A3
– alt. 99 m – ✉ 42027

🏥 Roma 463 – Bologna 97 – Reggio Emilia 17 – Genova 235

🏨 **Conteverde**   🍽 📶 ㅊ cam, ⛛ cam, 🍴 rist, ℘ 🅿 🆅🆂🅰 ⨏ 🅰🅴 ⓘ ⟳
strada Barco 1 – ℘ 05 22 86 46 23 – www.albergoconteverde.it
55 cam ⛛ – †53/90 € ††65/140 € – 1 suite
Rist – (chiuso dal 24 dicembre al 7 gennaio, dal 6 al 26 agosto, sabato a mezzogiorno e domenica) Carta 31/62 €
♦ Adiacente il Santuario della Madonna dell'Olmo, hotel di taglio classico-signorile che ben si integra nel contesto locale. Non ripartite senza aver fatto una sosta al ristorante: qui, la generosità del territorio sposa la fantasia.

🍴 **La Ghironda**   ⛛ 🍴 🆅🆂🅰 ⨏ ⟳
via XX Settembre 61 – ℘ 05 22 86 35 50 – chiuso 1 settimana in gennaio, 2 settimane in luglio-agosto, domenica sera, lunedì
Rist – Carta 34/48 €
♦ Camillo in sala e Daniele in cucina, vi danno il benvenuto in questo semplice ristorante che propone specialità emiliane e piatti della tradizione gastronomica italiana, sapientemente alleggeriti.

MONTECCHIO PRECALCINO – Vicenza (VI) – **562** F16   **37** A1
– 5 031 ab. – alt. 84 m – ✉ 36030

🏥 Roma 544 – Padova 57 – Trento 84 – Vicenza 17

🍴🍴🍴 **La Locanda di Piero** (Renato Rizzardi)   🍽 🆍 ⟲ 🅿 🆅🆂🅰 ⨏ 🅰🅴 ⓘ ⟳
⛛ via Roma 32, strada per Dueville, Sud : 1 km – ℘ 04 45 86 48 27
– www.lalocandadipiero.it – chiuso dal 1° al 14 gennaio,
dal 13 al 31 agosto, domenica e i mezzogiorno di lunedì e sabato
Rist – Menu 45/70 € – Carta 48/79 € 🍷
Spec. Insalata tiepida di gamberi e fegati di coniglio con salsa citronette al tuorlo d'uovo. Tortelli di radicchio di campo, guanciale, pinoli e uvetta. Piccione disossato e grigliato con olio ai sapori d'estate e crostone di polenta.
♦ Quasi una residenza privata, a fatica si intuisce l'esistenza di un ristorante dentro questa villetta di campagna. Ma i piatti sono inequivocabili: con maestria il cuoco padroneggia materie prime d'ogni parte d'Italia in piatti personali che sposano gusto e amore per le presentazioni.

MONTECHIARO D'ASTI – Asti (AT) – **561** G6 – 1 461 ab.   **23** C2
– alt. 292 m – ✉ 14025

🏥 Roma 627 – Torino 78 – Alessandria 58 – Asti 20

🍴 **Tre Colli**   🍽 ⟲ 🆅🆂🅰 ⨏ ⟳
piazza del Mercato 3/5 – ℘ 01 41 90 10 27 – www.trecolli.com – chiuso lunedì , martedì, mercoledì
Rist – (consigliata la prenotazione) Carta 33/40 €
♦ Un ristorante che esiste dal 1898: salette rivestite di legno, con toni morbidi ed accoglienti, tavoli massicci, nonché una panoramica terrazza estiva per proposte piemontesi.

MONTECOSARO – Macerata (MC) – **563** M22 – 6 585 ab.   **21** D2
– alt. 252 m – ✉ 62010

🏥 Roma 266 – Ancona 60 – Macerata 25 – Perugia 147

🏨 **Luma** 🌿   ⟵ ㅊ 🆍 ℘ 🍴 🆅🆂🅰 ⨏ ⟳
via Cavour 1 – ℘ 07 33 22 94 66 – www.laluma.it – chiuso gennaio
11 cam ⛛ – †65 € ††85 € – 1 suite – ½ P 68 €
Rist La Luma – vedere selezione ristoranti
♦ In una struttura medievale, un delizioso alberghetto d'atmosfera, con terrazza panoramica e suggestive grotte tufacee nei sotterranei; camere in stile, alcune con vista.

728

XXX **La Luma** – Hotel Luma   🛍 🖾 ℅ 🚾 ⓿ ⓺
via Bruscantini 1 – ℰ 07 33 22 97 01 – www.laluma.it – chiuso gennaio
Rist – Carta 34/46 €
♦ Locale dal décor raffinato, ma spartano, consono allo spazio in cui si trova: i sotterranei di un centrale edificio settecentesco, con pareti e volte in mattoni e pietra.

XX **Due Cigni**   🛍 🖾 🚾 ⓿ 🅰�🄴 ⓿ ⓺
*via Santissima Annunziata 19, località Scalo – ℰ 07 33 86 51 82
– www.duecigniristorante.com – chiuso 3 settimane in agosto, domenica sera, lunedì*
Rist – Carta 33/63 € ⅋
♦ Il minimalismo, qui, interessa solo gli arredi, perché in cucina c'è abbondanza di tutto: fantasia, ricerca ed ottime materie prime. Un locale raffinato per una cucina che riscopre le specialità tipiche regionali, attualizzandole con accostamenti inusitati.

MONTECRESTESE – Verbano-Cusio-Ossola (VB) – 1 234 ab.   **23** C1
– alt. 486 m – ⊠ 28864

▶ Roma 714 – Stresa 50 – Domodossola 4 – Torino 183

X **Osteria Gallo Nero**   🛍 ⇪ 🚾 ⓿ 🅰🄴 ⓿ ⓺
⊜ *località Pontetto 102 – ℰ 03 24 23 28 70 – www.osteriagallonero.it – chiuso lunedì*
Rist – Carta 20/46 € ⅋
♦ Due fratelli hanno saputo valorizzare questo locale che deve il suo successo all'ambiente informale - soprattutto a mezzogiorno - alla cucina del territorio e ad una ricca cantina con oltre 400 etichette (alcuni vini sono serviti anche al calice e conservati sotto azoto in un'apposita apparecchiatura).

MONTEDORO – Bari (BA) – Vedere Noci

MONTEFALCO – Perugia (PG) – **563** N19 – 5 820 ab. – alt. 472 m   **33** C2
– ⊠ 06036 🏴 Italia

▶ Roma 145 – Perugia 46 – Assisi 30 – Foligno 12

◉ ≼ ★★★ su quasi tutta l'Umbria dalla Torre Comunale - Affreschi ★★ nel Museo di S. Francesco

🄶 Affresco ★ di Benozzo Gozzoli nella chiesa di S. Fortunato: 1 km a sud

🏠🏠🏠 **Palazzo Bontadosi**   🛍 ⅃ 🖾 🛁 cam, 🖾 cam, ℅ ⅋ 🚾 🅰🄴 ⓿ ⓺
piazza del Comune 19 – ℰ 07 42 37 93 57 – www.hotelbontadosi.com
10 cam � – †120/180 € ††160/240 €
Rist – *(chiuso mercoledì)* Carta 33/41 €
♦ Antichi muri rinascimentali ospitano moderne forme di design, e se gli ambienti comuni accolgono una piccola galleria d'arte, la struttura coccola anche gli amanti della forma fisica con un piccolo centro benessere dotato di bagno turco e zona massaggi.

🏠🏠 **Villa Pambuffetti** ⅍   ≼ ⅍ 🛍 ⅃ 🖾 ℅ 🛁 🅿 🚾 ⓿ 🅰🄴 ⓿ ⓺
*viale della Vittoria 20 – ℰ 07 42 37 94 17 – www.villapambuffetti.com
– chiuso gennaio*
15 cam ⊻ – †80/130 € ††110/240 € – 3 suites – ½ P 90/155 €
Rist – *(chiuso lunedì)* Carta 24/48 €
♦ Un curato parco ombreggiato con piscina circonda la villa ottocentesca che ospita un hotel con un buon livello di confort; mobili antichi negli interni di sobria eleganza. Ambientazione di austera raffinatezza al ristorante.

🏠 **Agriturismo Camiano Piccolo** ⅍   ≼ ⅌ 🛍 ⅃ 🛁 cam, ℅ rist,
località Camiano Piccolo 5   ⑴ 🛁 🅿 🚾 ⓿ 🅰🄴 ⓿ ⓺
– ℰ 07 42 37 94 92 – www.camianopiccolo.com
23 cam ⊻ – †52/73 € ††62/100 € – ½ P 64/74 €   **Rist** – Carta 25/40 €
♦ Un borgo ristrutturato, immerso tra ulivi secolari, a poche centinaia di metri dalle mura della località. Bella piscina scoperta in giardino per chi è in cerca di relax.

※※ **Coccorone**   🖾 🌿 VISA ⬤ ♿

largo Tempestivi – 𝒞 07 42 37 95 35 – www.coccorone.com – chiuso mercoledì escluso agosto
Rist – Carta 26/51 €
◆ Un ristorante "tipico", come recita l'insegna, sia nell'ambientazione, con archi in mattoni e pietre a vista, sia nella cucina, del territorio, con secondi alla brace.

a San Luca Sud-Est : 9 km – ✉ 06036 Montefalco

🏨 **Villa Zuccari** ⚜   🖾 🌿 ⊼ 📶 AC 🌿 rist, ⁕ 🆚 P VISA ⬤ AE ⓘ ♿
– 𝒞 07 42 39 94 02 – www.villazuccari.com
31 cam ⊑ – †95/170 € ††110/240 € – 3 suites
Rist – (chiuso domenica in bassa stagione) (chiuso a mezzogiorno)
Carta 31/55 €
◆ Una villa ottocentesca, un colpo di bacchetta magica e l'omonima famiglia gestisce oggi un'incantevole risorsa dotata di ampi spazi verdi ambienti suggestivi. Un'elegante atmosfera, pasta fatta in casa e cucina tradizionale negli spazi in cui un tempo si pigiava l'uva.

MONTEFIASCONE – Viterbo (VT) – 13 676 ab. – alt. 590 m   **12** A1
– ✉ 01027 📖 Italia Centro Sud
▶ Roma 96 – Viterbo 17 – Orvieto 28 – Perugia 95
◎ Chiesa di S. Flaviano★

🏨 **Urbano V** senza rist   🖾 ♿ ⚿ AC 🌿 ⁕ VISA ⬤ AE ⓘ ♿
corso Cavour 107 – 𝒞 + 39 07 61 83 10 94 – www.hotelurbano-v.it
22 cam ⊑ – †54/70 € ††70/110 € – 2 suites
◆ Palazzo storico seicentesco, completamente ristrutturato, raccolto attorno ad un cortiletto interno e impreziosito da una terrazza con vista quasi a 360° su tetti e colline.

MONTEFIORE CONCA – Rimini (RN) – **562** K19 – **2 196 ab.**   **9** D3
– alt. 385 m – ✉ 47834
▶ Roma 300 – Rimini 22 – Ancona 100 – Pesaro 34
🄸 via Roma 3, 𝒞 0541 98 00 35, www.comune.montefiore-conca.rn.it

※※ **Locanda della Corona** con cam   🖾 ⁕ VISA ⬤ ♿
piazza della Libertà 12 – 𝒞 05 41 98 03 40 – www.locandadellacorona.it
5 cam ⊑ – †40/55 € ††70/80 € – 2 suites – ½ P 45/60 €
Rist – (chiuso da lunedì a giovedì da novembre a marzo, lunedì e martedì in aprile-maggio e settembre- ottobre, sempre aperto negli altri mesi)
Carta 24/50 €
◆ Ai piedi del castello malatestiano, locale semplice e informale dalle proposte del territorio con un ampio dehors sulla piazza e suggestive salette ricavate nelle cantine di origine medievale. Molto graziose le camere, in stile e tutte diverse fra loro: d'atmosfera per week-end e brevi soggiorni.

MONTEFIORINO – Modena (MO) – **562** I13 – **2 262 ab.** – alt. 797 m   **8** B2
– ✉ 41045
▶ Roma 409 – Bologna 95 – Modena 57 – Lucca 116
🄸 via Rocca 1, 𝒞 0536 96 27 27, www.comune.montefiorino.mo.it

※※ **Lucenti** con cam   ⬅ VISA ⬤ AE ♿
via Mazzini 38 – 𝒞 05 36 96 51 22 – www.lucenti.net
7 cam – †40 € ††55 €, ⊑ 8 € – ½ P 45 €
Rist – (chiuso lunedì e martedì a mezzogiorno escluso luglio-agosto)
(prenotare) Carta 34/44 €
◆ In questa piccola casa a gestione familiare trova posto un locale di taglio classico, arredato in caldi colori pastello, dove potrete gustare una cucina fedele al territorio. Accoglienti e ben tenute le camere, tutte con vista sulla valle del Dolo.

MONTEFIRIDOLFI – Firenze (FI) – **563** L15 – alt. 310 m — ⊠ 50020

29 D3

▶ Roma 289 – Firenze 27 – Siena 57 – Livorno 90

⛫ **Agriturismo Fonte de' Medici** ॐ ← 🚗 🕭 🔟 🌣 ⛲ 🖙 ✕ 🗚
località S. Maria a Macerata 41, Sud- ½ 🗱 rist, 🖴 **P.** 🖭 ⓩ 🗚 ⓪ ⚄
Est : 3 km – ℰ 05 58 24 47 00 – www.fontedemedici.com – chiuso
dal 10 gennaio al 10 febbraio
17 cam ⊑ – ♦100/120 € ♦♦150/190 € – 12 suites – ♦♦170/200 €
– ½ P 105/130 €
Rist – (marzo-ottobre) Carta 31/51 €
♦ Risorsa armoniosamente distribuita all'interno di tre antichi poderi dell'a-
zienda vinicola Antinori. Per una vacanza difficile da dimenticare, tra viti e
campagne.

⛫ **Il Borghetto Country Inn** senza rist ॐ ← 🚗 🔟 🗱 **P.** 🖭 ⓩ ⚄
via Collina Sant'Angelo 23, Nord-Ovest : 2 km – ℰ 05 58 24 44 42
– www.borghetto.org – aprile-novembre
5 cam ⊑ – ♦100/120 € ♦♦120/140 € – 3 suites – ♦♦180/240 €
♦ Lungo la strada che porta al paese, piacevole agriturismo dagli ambienti
curati ed originali: mobili in stile locale, travi a vista e pavimenti in cotto. Se
in un apposito spazio (sempre all'interno della struttura) si organizzano corsi
di cucina, nell'omonima azienda agricola si producono vino ed olio extra vergine.

MONTEFOLLONICO – Siena (SI) – **563** M17 – alt. 567 m — ⊠ 53040

29 D2

▶ Roma 187 – Siena 61 – Firenze 112 – Perugia 75

🏠 **La Costa** – Residenza d'epoca ॐ ← 🗚 🗱 📶 **P.** 🖭 ⓩ 🗚 ⓪ ⚄
via Coppoli 15/19/25 – ℰ 05 77 66 94 88 – www.lacosta.it – chiuso dal 10 al
31 gennaio
9 cam ⊑ – ♦70/90 € ♦♦100/120 € – 2 suites – ½ P 85 €
Rist La Costa – vedere selezione ristoranti
♦ Più case unite, tutte con caratteristiche omogenee allo stile architettonico
locale, ospitano camere rustiche, ma eleganti, alcune con vista sull'incantevole Val di Chiana.

✕✕ **La Costa** – Hotel La Costa ← 🗚 🗱 ⟳ **P.** 🖭 ⓩ 🗚 ⓪ ⚄
via Coppoli 15/19/25 – ℰ 05 77 66 80 26 – www.lacosta.it – chiuso dal 10 al
31 gennaio
Rist – (chiuso giovedì) Carta 22/39 €
♦ Sulla terrazza estiva o sotto gli archi in pietra degli ex granai, la cucina perpetua la storia: ricette antiche legate al territorio, pici, risotti e grigliate.

MONTEFORTINO – Fermo (FM) – **563** N22 – **1 261 ab.**
– alt. 612 m – ⊠ 63044

21 C3

▶ Roma 195 – Ascoli Piceno 33 – Ancona 112 – Perugia 138

⛫ **Agriturismo Antico Mulino** 🕭 🖃 🕭 cam, 🗱 **P.** 🖭 ⓩ 🗚 ⓪ ⚄
⊝ località Tenna 2, Nord : 2 km – ℰ 07 36 85 95 30 – www.anticomulino.it
– Pasqua-6 novembre
15 cam ⊑ – ♦55/75 € ♦♦70/90 € – ½ P 60 €   **Rist** – Menu 20/30 €
♦ Un mulino ad acqua fortificato, con origini trecentesche, ristrutturato per
accogliere una struttura caratteristica, di tono sobrio e con arredi in arte
povera. Alla dimensione agreste contribuiscono anche gli animali dell'azienda
agricola (cavalli, caprette, etc.) che si aggirano liberamente nei pressi.

MONTEGABBIONE – Terni (TR) – **563** N18 – **1 241 ab.**
– alt. 594 m – ⊠ 05010

32 A2

▶ Roma 149 – Perugia 40 – Orvieto 39 – Terni 106

sulla strada per Parrano Sud-Ovest : 9 km

⌂ **Agriturismo Il Colombaio** ⌖   🚷 🏠 ☒ 🏧 cam, ♿ 🅿
località Colombaio – ℰ *07 63 83 84 95*   𝗩𝗜𝗦𝗔 ⦿ ⓞ ♿
– *www.agriturismoilcolombaio.it* – *chiuso dal 10 gennaio al 10 febbraio*
22 cam ⊑ – ♦51/66 € ♦♦90/120 € – 1 suite – ½ P 90 €
Rist – (prenotazione obbligatoria) Carta 26/57 €
◆ Immerso nel verde di grandi prati, una risorsa ospitata da una struttura in pietra, a conduzione familiare. Camere curate e confortevoli, bella piscina. Arredi in legno e soffitti con pietre a vista nella sala da pranzo. D'estate scegliete la terrazza.

MONTEGIORGIO – Fermo (FM) – **563** M22 – **7 111 ab.**   **21** D2
– alt. 411 m – ✉ 63025

▶ Roma 249 – Ascoli Piceno 69 – Ancona 81 – Macerata 30

a Piane di Montegiorgio Sud : 5 km – ✉ 63025

🏠 **Oscar e Amorina**   🚷 ☒ 🏧 🏧 ⅍ ⁌ ♿ 🅿 𝗩𝗜𝗦𝗔 ⦿ 🅐🅔 ⓞ ♿
via Faleriense Ovest 69 – ℰ *07 34 96 73 51* – *www.oscareamorina.it*
19 cam ⊑ – ♦50/65 € ♦♦75/90 € – ½ P 80 €
Rist *Oscar e Amorina*☺ – vedere selezione ristoranti
◆ Cinto da un grazioso giardino con piscina, un accogliente hotel che si contraddistingue per la garbata eleganza degli ambienti. Ottime camere a prezzi più che competitivi.

XX **Oscar e Amorina** – Hotel Oscar e Amorina   🚷 🏧 ⅍ ⁌ 🅿
☺ *via Faleriense Ovest 69* – ℰ *07 34 96 73 51*   𝗩𝗜𝗦𝗔 ⦿ 🅐🅔 ⓞ ♿
– *www.oscareamorina.it* – *chiuso lunedì*
Rist – Carta 31/39 €
◆ Sala rossa o sala rosa? Qualsiasi sia la scelta, la cucina "sforna" tipiche specialità marchigiane (in porzioni abbondanti) ed un interessante menu d'affari.

MONTEGRIDOLFO – Rimini (RN) – **562** K20 – **1 031 ab.**   **9** D3
– alt. 290 m – ✉ 47837

▶ Roma 297 – Rimini 35 – Ancona 89 – Pesaro 24
ℹ via Borgo 2, ℰ 0541 85 50 67, www.regione.emilia-romagna.it

🏨 **Palazzo Viviani** ⌖   ⪡ 🚷 ☒ 🏧 ⅏ ⁌ ♿ 🅿 🕿 𝗩𝗜𝗦𝗔 ⦿ 🅐🅔 ⓞ ♿
via Roma 38 – ℰ *05 41 85 53 50* – *www.montegridolfo.com*
54 cam ⊑ – ♦75/150 € ♦♦150/500 € – 3 suites
Rist *Osteria dell'Accademia* – vedere selezione ristoranti
◆ Un tempo residenza di una nobile famiglia (le cui origini risalgono al XIII sec), la struttura è stata restaurata nel rispetto dell'originale architettura. Oggi, l'hotel si diffonde su tutta l'area del borgo medievale e propone diverse sistemazioni, per soddisfare le più disparate esigenze.

XXX **Osteria dell'Accademia** – Hotel Palazzo Viviani   🚷 🏠 🏧 🅿
via Roma 38 – ℰ *05 41 85 53 50*   𝗩𝗜𝗦𝗔 ⦿ 🅐🅔 ⓞ ♿
Rist – (chiuso martedì) Carta 34/55 €
◆ Tra le pareti in pietra delle ex cantine di Palazzo Viviani, un elegante ristorante dove rinnovare piacevoli soste all'insegna della convivialità. La cucina propone sapori costruiti con sapiente tecnica: frutto di un armonico equilibrio tra tradizione ed innovazione.

MONTEGROSSO – Barletta-Andria-Trani (BT) – **564** D30 – **Vedere Andria**

MONTEGROSSO D'ASTI – Asti (AT) – **561** H6 – **2 254 ab.**   **25** D1
– alt. 244 m – ✉ 14048

▶ Roma 616 – Alessandria 45 – Asti 9 – Torino 70

a Messadio Sud-Ovest : 3 km – ⊠ 14048 Montegrosso D'Asti

XX **Locanda del Boscogrande** con cam ⟋ ⟨ ⌂ 🕿 ⊼ 🅰🅲 cam, ⁇
via Boscogrande 47 – 𝒞 01 41 95 63 90 🅿 🆅🆂🅰 ⚙ ⓘ ⚶
– *www.locandaboscogrande.com – chiuso dal 6 al 27 gennaio*
7 cam ⌧ – †80/95 € ††110/130 € **Rist** – *(chiuso martedì)* Carta 30/49 €
♦ Per godersi il rilassante panorama delle colline del Monferrato, cascina ristrutturata con un ottimo equilibrio tra qualità gastronomica e confort delle camere.

MONTEGROTTO TERME – Padova (PD) – **562** F17 – **11 025 ab.** **35** B3
– **alt. 11 m** – ⊠ 35036 ▮ Italia Centro Nord
🚩 Roma 482 – Padova 14 – Mantova 97 – Milano 246
🛈 viale Stazione 60, 𝒞 049 8 92 83 11, www.turismopadova.it

🏨 **Grand Hotel Terme**   ⌨ ⊼ 🔲 ⊛ ⋔ 𝄕 ♇ ⅍ 🛉 🕭 🅰🅲 ⅍ rist, ⁇ 🛋
viale Stazione 21 – 𝒞 04 98 91 14 44 🅿 🆅🆂🅰 ⚙ 🅰🅴 ⓘ ⚶
– *www.grandhotelterme.it – chiuso dal 13 novembre al 22 dicembre*
107 cam ⌧ – †111/145 € ††178/196 € – **29 suites**
Rist – *(solo per alloggiati)*
♦ Grandi lavori di restyling hanno recentemente interessato questa imponente struttura - in pieno centro - con eleganti spazi comuni, giardino e piscine termali (scoperte e coperte). Ristorante panoramico al 7° piano.

🏨 **Garden Terme**   ⟲ ⊼ 🔲 ⊛ ⋔ ♇ ⅍ 🛉 🛉 ⋏ 🅰🅲 ⅍ rist, ☏ 🛋 🅿
corso delle Terme 7 – 𝒞 04 98 91 15 49 🆅🆂🅰 ⚙ 🅰🅴 ⓘ ⚶
– *www.gardenterme.it – chiuso dal 10 dicembre al 15 febbraio*
112 cam ⌧ – †76/87 € ††134/154 € – 7 suites – ½ P 100 €
Rist – Carta 28/43 €
♦ In un parco-giardino con piscina termale, un bel complesso, che offre un'ampia gamma di cure rigenerative psico-fisiche; eleganti interni, con un'esotica "sala indiana".

🏨 **Continental Terme**   ⟲ ⊼ 🔲 ⊛ ⋔ ♇ ⅍ 🛉 🕭 rist, ⋏ 🅰🅲 ⅍ rist,
via Neroniana 8 – 𝒞 0 49 79 35 22 ⁇ 🅿 🆅🆂🅰 ⚙ 🅰🅴 ⓘ ⚶
– *www.continentaltermehotel.it – chiuso dal 10 al 18 dicembre e dall'11 gennaio al 9 febbraio*
110 cam ⌧ – †63/67 € ††108/116 € – 65 suites – ½ P 78 €
Rist – Carta 23/37 €
♦ Parco con piscine termali e confortevoli interni neoclassici, in un albergo completo per le cure, per il relax e per lo sport; eleganti le suite.

🏨 **Terme Sollievo**   ⟲ ⊼ 🔲 ⊛ ⋔ ♇ ⅍ 🛉 🕭 cam, 🅰🅲 ⅍ rist, ⁇ 🅿
viale Stazione 113 – 𝒞 0 49 79 36 00 🆅🆂🅰 ⚙ 🅰🅴 ⓘ ⚶
– *www.hotelsollievoterme.it – chiuso dal 18 novembre al 21 dicembre*
108 cam ⌧ – †66/91 € ††112/160 € – ½ P 91 € **Rist** – Menu 27/45 €
♦ Non lontano dalla stazione, un hotel di signorile ospitalità circondato da un tranquillo e rilassante parco. Attrezzato centro benessere.

🏨 **Terme Preistoriche** ⟋ ⟲ ⊼ 🔲 ⋔ ♇ ⅍ 🛉 🕭 🅰🅲 ⅍ rist, 🛋 🅿
via Castello 5 – 𝒞 0 49 79 34 77 – www.termepreistoriche.it 🆅🆂🅰 ⚙ ⚶
– *chiuso dal 10 gennaio al 12 marzo e dal 9 al 26 dicembre*
47 cam ⌧ – †75 € ††120 € – ½ P 88 € **Rist** – Menu 28 €
♦ Piacevole villa dei primi '900 con ampio parco-giardino e piscine termali: gli interni riflettono l'eleganza esterna grazie a raffinate sale ed accoglienti camere. Ottimo servizio.

🏨 **Terme Olimpia**   ⌨ ⊼ 🔲 ⊛ ⋔ ♇ ⅍ 🛉 🕭 ⋏ 🅰🅲 ⁇ 🅿
viale Stazione 25 – 𝒞 0 49 79 34 99 🆅🆂🅰 ⚙ 🅰🅴 ⓘ ⚶
– *www.hoteltermeolimpia.com – chiuso dall' 8 al 22 dicembre*
108 cam ⌧ – †60/120 € ††120/240 € – 6 suites – ½ P 85 €
Rist – Carta 25/50 €
♦ Il tocco femminile della gestione si fa sentire nella calorosa accoglienza e nei gradevoli spazi comuni. Camere confortevoli - in parte rinnovate - ed attrezzato centro benessere. Originale, il giardino zen. Cucina mediterranea al ristorante.

🏨 **Terme Bellavista** rist, [P]
via dei Colli 5 – ☎ 0 49 79 33 33 [VISA] [MC] [AE] [DC]
– www.bellavistaterme.com – chiuso dal 10 gennaio al 28 febbraio
72 cam ☕ – †48/90 € ††80/130 € – ½ P 95 € **Rist** – Menu 22/30 €
◆ Cordiale conduzione diretta che vi accoglierà in curati salotti ed un'attrezzata zona benessere: camere in buona parte rinnovate e di piacevole stile. Nella spaziosa sala ristorante sobriamente arredata, le tradizionali proposte culinarie.

🍴🍴 **Da Mario** [AC] [VISA] [MC] [AE] [DC]
corso delle Terme 4 – ☎ 0 49 79 40 90 – chiuso martedì, mercoledì a mezzogiorno
Rist – Carta 33/41 €
◆ All'entrata della località, una sala con ampie vetrate, una saletta in stile "giardino d'inverno" e un dehors per una linea gastronomica tradizionale, di terra e di mare.

🍴🍴 **Da Cencio** [AC] [P] [VISA] [MC] [AE] [DC]
via Fermi 11, Ovest : 1,5 km – ☎ 0 49 79 34 70 – chiuso lunedì
Rist – (consigliata la prenotazione) Carta 26/46 €
◆ Affezionata clientela di habitué per questo ristorante di impostazione classica, fuori dal centro, che propone cucina del territorio e qualche piatto di pesce.

MONTE INGINO – Perugia (PG) – Vedere Gubbio

MONTELEONE – Forlì-Cesena (FC) – Vedere Roncofreddo

MONTELEONE – Pavia (PV) – 561 G10 – Vedere Inverno-Monteleone

MONTELUCCI – Arezzo (AR) – Vedere Pergine Valdarno

MONTEMAGGIORE AL METAURO – Pesaro e Urbino (PU) **20** B1
– **563** K20 – **2 710 ab.** – **alt. 197 m** – ✉ 61030

▶ Roma 288 – Ancona 86 – Pesaro 30 – Perugia 122

🏠 **Agriturismo Villa Tombolina** senza rist [AC]
via Tombolina, Sud: 4,5 km – ☎ 07 21 89 19 18 [P] [VISA] [MC]
– www.villatombolina.it – chiuso dal 3 novembre al 28 dicembre e dal 7 gennaio al 10 marzo
14 cam ☕ – ††80/200 € – 4 suites
◆ Una villa settecentesca restaurata per fare spazio ad un agriturismo con vista sulle colline, che accosta ambienti spaziosi e signorili (nella residenza principale) a zone più informali (nel casale).

MONTEMAGNO – Asti (AT) – 561 G6 – 1 228 ab. – alt. 260 m **23** C2
– ✉ 14030

▶ Roma 617 – Alessandria 47 – Asti 18 – Milano 102

🍴🍴🍴 **La Braja** [AC] [P] [VISA] [MC] [AE] [DC]
via San Giovanni Bosco 11 – ☎ 01 41 65 39 25 – www.labraja.it – chiuso dal 28 dicembre al 20 gennaio lunedì, martedì
Rist – Carta 39/63 €
◆ I bei dipinti che decorano le pareti sono realizzati dal titolare e da suo figlio, ma l'arte non si limita ai quadri e trova una propria espressione anche in cucina: proposte locali condite da un pizzico di fantasia.

MONTEMAGNO – Lucca (LU) – 563 K12 – Vedere Camaiore

MONTEMARCELLO – La Spezia (SP) – 563 J11 – Vedere Ameglia

MONTEMARCIANO – Arezzo (AR) – Vedere Terranuova Bracciolini

MONTEMARZINO – Alessandria (AL) – **561** H8 – 356 ab.   **23** D2
– alt. 448 m – ⊠ 15050

▶ Roma 585 – Alessandria 41 – Genova 89 – Milano 89

XX   **Da Giuseppe**   ≤ 🄰🄲 *VISA* ◍ 🄰🄴 ✤
*via 4 Novembre 7 – 🕾 01 31 87 81 35 – www.ristorantedagiuseppe.it – chiuso
gennaio, martedì sera, mercoledì*
Rist – Menu 45 € – Carta 26/40 €
♦ Gestione familiare e piacevole sala rustica con camino in un ristorante tra
le colline, che propone i classici piemontesi nella formula del menù degustazione.

MONTE MELINO – Perugia (PG) – **563** M18 – **Vedere Magione**

MONTEMERANO – Grosseto (GR) – **563** O16 – alt. 303 m   **29** C3
– ⊠ 58014

▶ Roma 189 – Grosseto 50 – Orvieto 79 – Viterbo 85

🄷🄷   **Relais Villa Acquaviva** ⌘   ≤ 🍴 ⌂ ※ ṡ ↵ 🄿 *VISA* ◍ 🄰🄴 ✤
*località Acquaviva 10, Nord : 2 km – 🕾 05 64 60 28 90
– www.villacquaviva.com – chiuso dal 9 al 26 gennaio*
22 cam ⊑ – ♦75/81 € ♦♦102/180 € – 3 suites – ½ P 86/125 €
Rist *La Limonaia* – vedere selezione ristoranti
♦ Gode di splendida vista sui colli quest'antica casa al cui ingresso vi da il
benvenuto un grande ulivo: raffinata rusticità negli interni, giardino ombreggiato e bella piscina.

🄷🄷   **Il Melograno**   ≤ 🄰🄲 🕻 🄿 *VISA* ◍ 🄰🄴 ✤
*località Ponticello di Montemerano, Nord : 1,8 km – 🕾 05 64 60 26 09
– www.hotelilmelograno.it*
6 cam ⊑ – ♦70/90 € ♦♦80/140 € – 1 suite
Rist *Trattoria Verdiana* – vedere selezione ristoranti
♦ Piccolo albergo a conduzione familiare posizionato su di una collina, non
distante dalle terme di Saturnia. Camere spaziose, luminose e con un buon
livello di confort.

⌂   **Agriturismo Le Fontanelle** ⌘   ≤ 🍴 🛋 🄿 *VISA* ◍ ① ✤
*località Poderi di Montemerano, Sud : 3 km – 🕾 05 64 60 27 62
– www.lefontanelle.net*
11 cam ⊑ – ♦51 € ♦♦85 € – ½ P 69 €   **Rist** – *(solo per alloggiati)*
♦ Una tipica casa di campagna offre tranquillità, semplici, ma accoglienti
interni rustici e, per completare il paesaggio bucolico, un laghetto con animali selvatici.

XXX   **Caino** (Valeria Piccini) con cam ⌘   🄰🄲 ※ 🕻 *VISA* ◍ 🄰🄴 ① ✤
❀❀❀   *via della Chiesa 4 – 🕾 05 64 60 28 17 – www.dacaino.it – chiuso
24-26 dicembre, dall'8 gennaio all'8 febbraio e 2 settimane in luglio*
3 cam ⊑ – ♦180 € ♦♦250 €
Rist – *(chiuso mercoledì, giovedì a mezzogiorno)* Carta 111/149 € ❀
Spec. Lumache alla mentuccia con funghi porcini e cialda al bergamotto.
Centrifugato di pomodori verdi con baccalà arrosto, verdure ed erbe di stagione. Ravioli di porcini, animelle, salsa di sambuco e prezzemolo.
♦ Viaggio paesaggistico e gastronomico nel cuore della Maremma: il ristorante è una bomboniera per cura e raffinatezza nelle ridotte dimensioni. Nel
piatto, gusto toscano che privilegia carne e sapori valorizzati dal grande
talento di Valeria. Enoteca con prodotti regionali e tre preziose camere.

XX   **La Limonaia** – Hotel Relais Villa Acquaviva   🍴 ※ 🄿 *VISA* ◍ 🄰🄴 ✤
*località Acquaviva 10, Nord : 2 km – 🕾 05 64 60 28 90
– www.villacquaviva.com – marzo-novembre e 26 dicembre-10 gennaio;
chiuso lunedì*
Rist – *(chiuso a mezzogiorno)* Carta 37/60 €
♦ E' la titolare stessa ad occuparsi della cucina: piatti maremmani con ampio
uso di materie prime (e vini) di produzione propria. Dalle ampie vetrate, si
scorge in lontananza l'antico borgo medievale di Montemerano.

XX **Trattoria Verdiana** – Hotel Il Melograno   🛜 🕌 **P** 🚗 **VISA** 🌐 **AE** ⓪ 💍
località Ponticello di Montemerano, Nord : 1,8 km – 𝒞 *05 64 60 25 76*
– chiuso 20 giorni in gennaio, 1 settimana in luglio e mercoledì
Rist – (consigliata la prenotazione) Carta 49/64 € 🏵
♦ Locale che ricrea un ambiente campagnolo: grande camino e tessuti country, ma arredi di qualità e dettagli eleganti. Cucina maremmana rivisitata e cantina di grande valore.

MONTENERO – Livorno (LI) – **563** L13 – **Vedere Livorno**

MONTEPAONE LIDO – Catanzaro (CZ) – **564** K31 – **4 215 ab.**   **5 B2**
– ✉ 88060
▶ Roma 632 – Reggio di Calabria 158 – Catanzaro 33 – Crotone 85

sulla strada per Petrizzi Sud-Ovest : 2,5 km :

X **Il Cantuccio**   🛜 ⚹ **AC** 🛇 **VISA** 🌐 **AE** ⓪ 💍
via G. di Vittorio 6 – 𝒞 *0 96 72 20 87 – chiuso dal 15 ottobre al 15 novembre, mercoledì e a mezzogiorno escluso domenica e i giorni festivi*
Rist – Menu 35 € bc/40 € bc
♦ Piacevoli sale all'interno di una graziosa villetta per un ristorante a conduzione familiare: piatti a base di pesce in diversi menu degustazione (i cui prezzi variano a seconda delle portate scelte).

MONTE PORZIO CATONE – Roma (RM) – **563** Q20 – **8 934 ab.**   **12 B2**
– alt. 451 m – ✉ 00040
▶ Roma 24 – Frascati 4 – Frosinone 64 – Latina 55

🏨 **Villa Vecchia**   ⇙ 🚗 🛜 🛋 🖥 ⚹ **AC** 🛇 rist. 🛜 🛎 **P** **VISA** 🌐 **AE** 💍
via Frascati 49, Ovest : 3 km – 𝒞 *06 94 34 00 96 – www.villavecchia.it*
96 cam 🛏 – ♦130/155 € ♦♦200/225 € – ½ P 122/135 €
Rist – Carta 29/46 €
♦ Incastonato in una quieta cornice di ulivi centenari, il convento cinquecentesco è stato ampliato e modernamente ristrutturato per ospitare congressi e soggiorni di relax. Il ristorante è stato ricavato sotto antiche volte, nelle ex cantine dell'edificio.

X **I Tinelloni**   🛜 **AC** ⚹ **VISA** 🌐 ⓪ 💍
via dei Tinelloni 10 – 𝒞 *0 69 44 70 71 – www.itinelloni.com – chiuso dal 15 al 30 luglio e mercoledì*
Rist – Carta 25/35 €
♦ In posizione dominante sul paese, una vista che si estende fin sui dintorni ed un ambiente accogliente e familiare dove poter gustare i piatti della tradizione.

MONTEPULCIANO – Siena (SI) – **563** M17 – **14 506 ab.**   **29 D2**
– alt. 605 m – ✉ 53045 ▮ Toscana
▶ Roma 176 – Siena 65 – Arezzo 60 – Firenze 119
🇮 piazza Don Minzoni 1, 𝒞 0578 75 73 41, www.prolocomontepulciano.it
◎ Città Antica★ – Piazza Grande★★ : ❈★★★ dalla torre del palazzo Comunale★, palazzo Nobili-Tarugi★, pozzo★ – Chiesa della Madonna di San Biagio★★ Sud-Est : 1 km

🏨 **San Biagio** senza rist   ⇙ 🚗 🖥 🛋 ⚹ **AC** ⚹ **P** **VISA** 🌐 💍
via San Bartolomeo 2 – 𝒞 *05 78 71 72 33 – www.albergosanbiagio.it*
– chiuso dal 10 al 31 gennaio
27 cam 🛏 – ♦75/110 € ♦♦95/135 €
♦ Leggermente decentrato, con vista sul tempio di San Biagio e su Montepulciano, salotti signorili e camere curate per un buon rapporto qualità/prezzo.

⌂ **Residenza d' Epoca -Villa Poggiano** senza rist 🕭 ⟨ 🕭 ⟩
via di Poggiano 7, Ovest : 2 km
– ℰ 05 78 75 82 92 – www.villapoggiano.com – aprile-3 novembre   🔳 🕭 🕭 🅿 💳 ◉ 🕭
3 cam ⌟ – †190/215 € ††215/330 € – 11 suites
♦ Un vasto parco, con pochi eguali in zona, accoglie gli ospiti tra silenzio e profumi. Nel mezzo una villa del '700 che ha mantenuto intatta l'atmosfera della dimora storica.

⌂ **Hotelito Lupaia** senza rist 🕭 ⟨ 🕭 🕭 🔳 💳 ◉ 🕭
località Lupaia 74 – ℰ 05 77 66 80 28 – www.lupaia.com
– *marzo-3 novembre*
8 cam ⌟ – †243/288 € ††270/320 € – 2 suites
♦ Camere diverse una dall'altra, estremamente personalizzate con pavimenti colorati, tessuti leggeri e mobili acquisiti un po' ovunque e restaurati direttamente dalla proprietaria. Un piacevole stile country modaiolo con splendidi spazi en *plein air*, vista su Montepulciano e sulla campagna circostante.

ⅩⅩ **La Grotta** 🕭 🕭 🔳 💳 ◉ 🔳 🕭
località San Biagio 16, Ovest : 1 km – ℰ 05 78 75 74 79
– *www.lagrottamontepulciano.it – chiuso gennaio, febbraio e mercoledì*
Rist – Carta 42/58 € 🕭
♦ Di fronte alla chiesa di San Biagio, all'interno di un edificio del '500, locale rustico-elegante, con bel servizio estivo in giardino. Ottima la cucina: toscana, sapientemente rivisitata.

ⅩⅩ **Le Logge del Vignola** 🔳 💳 ◉ ◑ 🕭
via delle Erbe 6 – ℰ 05 78 71 72 90 – www.leloggedelvignola.com
– *chiuso 15 giorni in novembre, 15 giorni in dicembre e martedì*
Rist – Carta 36/46 € 🕭
♦ Buona risorsa questo piccolo locale nel centro storico, con tavoli un po' ravvicinati, ma coperto e materia prima regionale assai curati. Interessante anche la carta dei vini.

MONTERIGGIONI – Siena (SI) – 563 L15 – 9 035 ab. – alt. 274 m   **29** D1
– ✉ 53035 ▌ Toscana

▣ Roma 245 – Siena 15 – Firenze 55 – Livorno 103

🏠 **Il Piccolo Castello** 🕭 🕭 🕭 🕭 ⅙ ⧉ 🔳 🕈 ⅍ 🅿 💳 ◉ 🔳 ◑ 🕭
via Colligiana 8, Ovest : 1 km – ℰ 05 77 30 73 00
– *www.ilpiccolocastello.com*
50 cam ⌟ – †90/180 € ††125/260 € – 2 suites – ½ P 99/166 €
Rist La Ducareccia – Carta 38/69 €
♦ Elegante complesso nato pochi anni fa, che si sviluppa orizzontalmente attorno alla corte con giardino all'italiana. Gli interni s'ispirano al lavoro dell'architetto Agostino Fantastici, che lavorò nel senese tra '700 e '800.

🏠 **Monteriggioni** senza rist 🕭 🕭 🕭 🔳 🅿 💳 ◉ 🔳 🕭
via 1° Maggio 4 – ℰ 05 77 30 50 09 – www.hotelmonteriggioni.net – *chiuso dal 7 gennaio al 28 febbraio*
12 cam ⌟ – †100/130 € ††180/250 € – 1 suite
♦ All'interno del borgo medievale, un hotel in pietra di piccole dimensioni con camere in stile rustico dai letti in ferro battuto, un piacevole giardino sul retro e piscina.

⌂ **Agriturismo Borgo Gallinaio** 🕭 🕭 🕭 🕭 ⅍ 🅿 💳 ◉ 🕭
strada del Gallinaio 5, Ovest : 2 km – ℰ 05 77 30 47 51 – www.gallinaio.it
– *22 aprile-17 ottobre*
12 cam ⌟ – †103/119 € ††125/158 € – ½ P 95/111 €
Rist – *(chiuso martedì) (chiuso a mezzogiorno) (solo per alloggiati)*
Menu 32 €
♦ Abbracciata da ulivi e boschi, la risorsa è una fattoria del '400 con arredi rustici e pavimenti in cotto e dispone di sale meeting, piscina e campo per il tiro con l'arco.

XX **Il Pozzo** ⌂ ⇔ VISA ⬤ AE ⓪ ⓢ
piazza Roma 20 – ℰ 05 77 30 41 27 – www.ilpozzo.net
– chiuso dal 7 gennaio al 7 febbraio, domenica sera e lunedì
Rist – Carta 34/47 €
♦ Nel cuore del piccolo borgo chiuso da mura, la chiesa e il piccolo pozzo al centro, un locale rustico dove soffermarsi a gustare i sapori della Toscana, dai cibi al vino.

a Strove Sud-Ovest : 4 km – ⌧ 53035

⌂ **Agriturismo Castel Pietraio** senza rist ⌂ ⓣ AK ⓣ ⓢ P
località Castelpietraio strada di Strove 33, VISA ⬤ ⓢ
Sud- Ovest : 4 km – ℰ 05 77 30 00 20 – www.castelpietraio.it
– chiuso dal 20 al 25 gennaio
8 cam ⌂ – †††120/190 €
♦ Meta ideale per trascorrere romantici soggiorni a contatto con la natura: la struttura di origine altomedievale - un avamposto difensivo senese - ospita ora camere ben arredate ed una piscina.

XX **Casalta** con cam ⌂ ⌂ ⓣ VISA ⬤ ⓢ
via Matteotti 22 – ℰ 0 57 73 01 23 8/ 05 77 30 11 – www.ristorantecasalta.it
– chiuso dal 10 gennaio al 15 marzo
10 cam ⌂ – †70/116 € ††75/116 €
Rist – *(chiuso dal 10 gennaio al 12 febbraio e mercoledì)* (consigliata la prenotazione) Carta 43/78 € ⓑ
♦ Ristorante dagli interni moderni, composto da raccolte salette con poltroncine in pelle e pareti gialle. Tavola raffinata e cucina contemporanea, che non fa preferenze tra terra e mare. Mobili d'antiquariato nelle piacevoli camere.

MONTERONI D'ARBIA – Siena (SI) – **563** M16 – **8 572 ab.** **29** C2
– alt. 161 m – ⌧ 53014
▶ Roma 226 – Siena 16 – Arezzo 74 – Firenze 90

verso Buonconvento Sud-Est : 6 km :

⌂ **Casa Bolsinina** ⌂ ⌁ ⓘ ⓣ ⓣ P VISA ⬤ ⓢ
località Casale Caggiolo – ℰ 05 77 71 84 77 – www.bolsinina.com – chiuso
dal 15 gennaio al 15 marzo
6 cam ⌂ – †100/120 € ††120/135 € – 1 suite
Rist – *(15 aprile-settembre) (chiuso a mezzogiorno)* (prenotazione obbligatoria) *(solo per alloggiati)*
♦ Tipico esempio di architettura toscana, questa casa di campagna si caratterizza per i suoi interni caldi e familiari. Dopo una giornata all'aria aperta, sarà piacevole ritirarsi nelle sue belle camere arredate con qualche mobile d'epoca.

MONTEROSSO AL MARE – La Spezia (SP) – **561** J10 – **1 527 ab.** **15** D2
– ⌧ 19016
▶ Roma 450 – La Spezia 30 – Genova 93 – Milano 230

⌂⌂⌂ **Porto Roca** ⌂ ⌁ ⓐ ⌂ ⓢ ⓣ AK ⓢ rist, VISA ⬤ AE ⓪ ⓢ
via Corone 1 – ℰ 01 87 81 75 02 – www.portoroca.it
– aprile-3 novembre
38 cam ⌂ – †170/280 € ††190/320 € – 3 suites – ½ P 188 €
Rist – Carta 32/69 €
♦ Davvero unica e paradisiaca la posizione di questa struttura abbarbicata alla scogliera a strapiombo sul mare, e dall'atmosfera un po' démodé negli interni in stile. Camere di differenti tipologie, ma tutte confortevoli. Suggestiva vista anche dal ristorante, dove gustare specialità mediterranee.

La Colonnina senza rist 🏠   🚗 📶 🗚 ⚡ 📶
via Zuecca 6 – ℰ 01 87 81 74 39 – www.lacolonninacinqueterre.it
– Pasqua-ottobre
21 cam ⌑ – 🍴🍴100/185 €

♦ Nei tranquilli "carruggi" pedonali, hotel dall'attenta conduzione familiare: sempre in miglioramento per offrirvi un'accoglienza di qualità. Piccolo giardino ombreggiato e camere confortevoli.

Cinque Terre senza rist   🚗 📶 P 🗚 ⚫ ⊙ ⚡
via IV Novembre 21 – ℰ 01 87 81 75 43 – www.hotel5terre.com
– aprile-ottobre
53 cam ⌑ – 🍴80/120 € 🍴🍴100/150 €

♦ Dedicato alle 5 "perle" liguri, un albergo che, al discreto confort nei vari settori, unisce la comodità di un parcheggio e la piacevolezza di un giardino ombreggiato. Poco distante dal mare.

Ca' du Gigante senza rist   🗚 ⚡ 🗚 ⚫ ⚡
via IV Novembre 11 – ℰ 01 87 81 74 01 – www.ilgigantecinqueterre.it
6 cam ⌑ – 🍴🍴80/180 €

♦ A pochi metri dal mare, signorili ambienti comuni e confort contemporaneo di buon livello nelle accoglienti camere: per una vacanza romantica e rilassante.

Locanda il Maestrale senza rist   🗚 ⚡ 🗚 ⚫ ⚡
via Roma 37 – ℰ 01 87 81 70 13 – www.locandamaestrale.net – chiuso gennaio e febbraio
6 cam ⌑ – 🍴50/115 € 🍴🍴90/145 € – 2 suites

♦ In un palazzo del 1700, un rifugio raffinato e romantico: soffitti affrescati nella sala comune e nelle due suite, belle camere in stile, terrazza per colazioni all'aperto.

Miky   🗚 🗚 🗚 ⚫ AE ⊙ ⚡
via Fegina 104 – ℰ 01 87 81 76 08 – www.ristorantemiky.it
– marzo-novembre; chiuso martedì escluso agosto
Rist – Carta 44/75 €

♦ Sempre tra i più quotati in zona, piacevole locale frontemare con giardino d'inverno, dove gustare fragranti specialità di pesce e non solo.

La Cantina di Miky   🗚 🗚 🗚 ⚫ AE ⊙ ⚡
lungomare Fegina 90 – ℰ 01 87 80 25 25 – www.ristorantemiky.it/cantina
– marzo-novembre; chiuso mercoledì escluso agosto
Rist – Carta 30/52 €

♦ Sulla passeggiata che porta al centro storico, locale moderno ed informale dove gustare piatti regionali preparati con gusto e tanta cura nelle presentazioni. Piacevole dehors.

MONTEROTONDO – Roma (RM) – **563** P19 – **39 092 ab.**   **12** B2
– alt. 165 m – ✉ 00015
◗ Roma 27 – Rieti 55 – Terni 84 – Tivoli 32

Dei Leoni   🗚 🗚 cam, 🗚 VISA ⚫ AE ⚡
via Vincenzo Federici 23 – ℰ 06 90 62 35 91 – www.albergodeileoni.it
34 cam ⌑ – 🍴🍴50/140 € – 3 suites
Rist – (chiuso mercoledì a mezzogiorno) Carta 22/44 €

♦ Nel centro storico, poco oltre la porta delle mura, risorsa ad andamento familiare, semplice, ma ben tenuta. Camere nuove e funzionali, con arredi recenti. Il ristorante dispone di un piacevole servizio estivo all'aperto, specialità carne alla brace.

MONTE SAN PIETRO = PETERSBERG – Bolzano (BZ) – Vedere Nova Ponente

---

MONTE SAN SAVINO – Arezzo (AR) – **563** M17 – **8 709 ab.**   **29** C2
– alt. 330 m – ✉ 52048 ▮ Toscana
◗ Roma 191 – Siena 41 – Arezzo 21 – Firenze 83

Logge dei Mercanti senza rist   🛗 ♿ 🅰🅲 🆅🅸🆂🅰 ⓒ🅾 🅰🅴 ⓞ ⑆

corso San Gallo 40/42 – ℰ 05 75 81 07 10 – www.loggedeimercanti.it
13 cam 😴 – †65/75 € ††80/90 € – 1 suite
♦ Nel centro storico, di fronte alle cinquecentesche logge dei mercanti, la vecchia farmacia di paese è stata trasformata in un incantevole albergo, specchio di un altrettanto piccolo gioiello: Monte S. Savino. Le tante decorazioni introdotte in fase di rinnovo hanno aggiunto un ulteriore tocco di amenità alla struttura.

La Terrasse   🖼 🅰🅲 🆅🅸🆂🅰 ⓒ🅾 🅰🅴 ⓞ ⑆

via di Vittorio 2/4 – ℰ 05 75 84 41 11 – www.ristorantelaterrasse.it – chiuso dal 15 al 30 novembre e mercoledì
Rist – Carta 21/41 €
♦ Totalmente rinnovato ed ancora più piacevole, il ristorante dispone anche di una bella veranda estiva: un angolo verde e raccolto affacciato sulle colline. Cucina toscana e nazionale con qualche specialità di pesce; la carta dei vini non manca di farsi onore.

a Gargonza Ovest : 7 km – alt. 543 m – ✉ 52048 Monte San Savino

Castello di Gargonza 🌿   ≤ 🖼 🏊 ♨🄿 🆅🅸🆂🅰 ⓒ🅾 🅰🅴 ⓞ ⑆

– ℰ 05 75 84 70 21 – www.gargonza.it – chiuso dal 10 gennaio al 1° marzo, in novembre aperto solo nei fine settimana
23 cam 😴 – †110/140 € ††140/160 € – 22 suites – ††190 €
– ½ P 100/110 €
Rist *La Torre di Gargonza* – vedere selezione ristoranti
♦ Isolamento, silenzio e la suggestione di un glorioso passato: gli ospiti che hanno alloggiato al castello non sono solo vip, ma anche illustri personaggi nazionali (D.Alighieri, ad esempio, si fermò qui in fuga da Firenze). Una strada a mulinello si arrampica fino ad una piazzetta: intorno, camere di sobria eleganza.

La Torre di Gargonza – Hotel Castello di Gargonza   ≤ 🖼 🄿

– ℰ 05 75 84 70 65 – www.gargonza.it – chiuso dal   🆅🅸🆂🅰 ⓒ🅾 🅰🅴 ⓞ ⑆
10 gennaio al 1° marzo, martedì escluso da maggio ad ottobre
Rist – Carta 23/39 €
♦ A pochi passi dall'albergo Castello di Gargonza, cucina piacevolmente toscana: dai celebri affettati ai piatti di carne, selvaggina e fiorentina. Non mancano le famose zuppe e i pici.

MONTE SANT' ANGELO – Foggia (FG) – **564** B29 – 13 250 ab.   **26** B1
– alt. 796 m – ✉ 71037 ▯ Puglia

🄳 Roma 427 – Foggia 59 – Bari 135 – Manfredonia 16
🄾 Posizione pittoresca★★ – Santuario di S. Michele Arcangelo★★ – Tomba di Rotari★
🄶 Promontorio del Gargano★★★ est e nord-est

Palace Hotel San Michele   ≤ 🖼 🏊 🄽 🌀 🄻🄵 🖼 🅲 cam, 🅰🅲

via Madonna degli Angeli   🍴 rist, 🍸 🏊 🄿 🚗 🆅🅸🆂🅰 ⓒ🅾 🅰🅴 ⓞ ⑆
– ℰ 08 84 56 56 53 – www.palacehotelsanmichele.it
66 cam 😴 – †70/95 € ††130/170 € – 5 suites – ½ P 105 €
Rist – (aprile-2 novembre) Carta 30/58 €
♦ Sulla sommità del paese, dalla quale si domina il Gargano, l'hotel si è ampliato col centro benessere e la dépendance dotata di camere con vista: foresta, castello o golfo, a voi la scelta. Ristorazione disponibile in vari ambienti, ugualmente curati.

Li Jalantuùmene   🖼 🍴 🆅🅸🆂🅰 ⓒ🅾 🅰🅴 ⓞ ⑆

piazza de Galganis 5 – ℰ 08 84 56 54 84 – www.li-jalantuumene.it – chiuso dall'8 al 28 gennaio e martedì da ottobre a marzo
Rist – (consigliata la prenotazione) Menu 28/38 € – Carta 36/53 €
♦ Fedeltà alla cultura gastronomica del proprio territorio, ma con spirito di ricerca in un ristorante rustico ma con numerosi tocchi d'eleganza.

X **Medioevo** ⎯ 🦐 VISA ⬤ AE ⓪ ⑤

🍴 via Castello 21 – ✆ 08 84 56 53 56 – www.ristorantemedioevo.it – chiuso lunedì

🙂 **Rist** – Carta 15/38 €
♦ Specialità regionali elaborate partendo da prodotti stagionali come erbe, verdure, carne e le immancabili zuppe! Ottimo questo semplice ristorante del centro, raggiungibile solo a piedi.

MONTE SAN VITO – Ancona (AN) – **563** L21 – 6 569 ab. **21** C1
– alt. 135 m – ✉ 60037

▶ Roma 284 – Ancona 29 – Perugia 148 – Pesaro 75

⌂ **Poggio Antico** senza rist ⎯ ≤ 🌡 🍃 🐾 AK ⁋ P VISA ⬤ ⑤

via Malviano B, località Santa Lucia – ✆ 07 1 74 00 72
– www.poggio-antico.com
13 suites – ♦75/120 € ♦♦90/180 €, ⬜ 12 €
♦ La risorsa, in posizione panoramica tra le colline, dispone di appartamenti, zona notte separata, in stile rustico-contadino, arredati con un tocco di romanticismo.

MONTESARCHIO – Benevento (BN) – **564** D25 – 13 661 ab. **6** B2
– alt. 300 m – ✉ 82016

▶ Roma 223 – Napoli 53 – Avellino 54 – Benevento 18

🏨 **Cristina Park Hotel** ⎯ 🍃 🖥 AK 🦐 ⁋ 🖧 P VISA ⬤ AE ⑤

via Benevento 102, Est : 1 km – ✆ 08 24 83 58 88 – www.cristinaparkhotel.it
28 cam ⬜ – ♦65/68 € ♦♦88/98 € – ½ P 65/69 €
Rist – (chiuso domenica) (chiuso a mezzogiorno) Carta 31/47 €
♦ A breve distanza da Benevento, una struttura con giardino e interni curati in stile classico non privi di tocchi d'eleganza come la boiserie, i marmi e i mobili d'epoca. Eleganza neoclassica nelle belle sale del ristorante.

MONTESCANO – Pavia (PV) – **561** G9 – 386 ab. – alt. 137 m **16** B3
– ✉ 27040

▶ Roma 597 – Piacenza 42 – Alessandria 69 – Genova 142

🏨 **Locanda Montescano** ⎯ 🍃 AK 🦐 ⁋ 🖧 P VISA ⬤ ⑤

via Montescano 61 – ✆ 0 38 56 13 44 – www.locandamontescano.com
– chiuso dal 1° al 15 agosto
22 cam ⬜ – ♦50 € ♦♦75 € – ½ P 53 €
Rist Locanda Montescano – vedere selezione ristoranti
♦ Una bella locanda tra i vigneti dell'Oltrepò Pavese, per coloro che ricercano il fascino della dimensione agreste, senza però rinunciare ai confort dell'era moderna. Camere curate e confortevoli.

XX **Locanda Montescano** – Hotel Locanda Montescano ⎯ 🍃 🌿 AK P

via Montescano 61 – ✆ 0 38 56 13 44 VISA ⬤ AE
– www.locandamontescano.com – chiuso dal 1° al 15 agosto, domenica sera, lunedì
Rist – Carta 25/40 €
♦ Dalle finestre piacevoli scorci del bel giardino, dove in estate vengono disposti alcuni tavoli, mentre in cucina si preparano specialità regionali e piatti più classici: un'imperdibile tappa gastronomica sulla Via Francigena.

MONTESCUDAIO – Pisa (PI) – **563** M13 – 1 901 ab. – alt. 242 m **28** B2
– ✉ 56040

▶ Roma 281 – Pisa 59 – Cecina 10 – Grosseto 108
🛈 via Roma 2, ✆ 0586 65 53 94, www.comunemontescudaio.pi.it

✗ Il Frantoio ⬚ ⬚ ⬚ ⬚ ⬚ ⬚

*via della Madonna 9 – ☏ 05 86 65 03 81 – www.ristorantefrantoio.com
– chiuso martedì*
Rist – *(chiuso a mezzogiorno escluso i giorni festivi da ottobre a giugno)*
Carta 28/47 € ⬚

♦ Sotto i caratteristici archi in mattone di un vecchio frantoio nell'entroterra toscano, marito e moglie - lei in sala e lui ai fornelli - propongono cucina del territorio, anche di pesce.

MONTESILVANO MARINA – Pescara (PE) – 563 O24   1 B1
– 50 389 ab. – ✉ 65015

▶ Roma 215 – Pescara 13 – L'Aquila 112 – Chieti 26

� via Europa 73/4, ☏ 085 4 45 88 59, www.abruzzoturismo.it

🏨 Promenade ⬚ ⬚ ⬚ ⬚ ⬚ ⬚ ⬚ ⬚ rist, ⬚ ⬚ ⬚ ⬚ ⬚ ⬚ ⬚ ⬚

viale Aldo Moro 63 – ☏ 08 54 45 22 21 – www.hotelpromenadeonline.com
80 cam ⬚ – †70/110 € ††110/220 € – 6 suites   **Rist** – Carta 26/50 €

♦ Proprio di fronte al mare e alla spiaggia, una bella struttura caratterizzata da camere confortevoli, nonché spazi comuni piacevoli e signorili. Al ristorante: piatti di mare e specialità di terra si dividono equamente il menu.

✗✗ Ninì ⬚ ⬚ ⬚ ⬚ ⬚ ⬚

*piazza Calabresi 1, località Montesilvano Colle Ovest: 4 km
– ☏ 08 54 68 91 74 – www.nininini.it – chiuso lunedì e a mezzogiorno escluso sabato, domenica e i giorni festivi*
Rist – (prenotare) Carta 38/55 €

♦ In posizione panoramica con vista mare e servizio all'aperto, il locale è caratterizzato da pietra a vista e soffitti a botte. La cucina omaggia soprattutto la terra con interessanti rivisitazioni.

✗✗ La Polena ⬚ ⬚ ⬚ ⬚ ⬚ ⬚

viale Aldo Moro 3 – ☏ 08 56 60 07 – www.lapolena.it – chiuso lunedì
Rist – Carta 33/80 €

♦ Protagonista è il mare, non solo per la strategica posizione del locale a pochi passi dalla spiaggia, o per la scelta del nome, ma soprattutto per le fragranti specialità ittiche presenti in menu: il cui posto d'onore è riservato ai crostacei.

MONTESPERTOLI – Firenze (FI) – 563 L15 – 13 412 ab.   29 C2
– alt. 257 m – ✉ 50025

▶ Roma 287 – Firenze 34 – Siena 60 – Livorno 79

✗ L'Artevino ⬚ ⬚ ⬚ ⬚ ⬚

via Sonnino 28 – ☏ 05 71 60 84 88 – www.ristoranteartevino.com – chiuso dal 15 gennaio al 7 febbraio
Rist – Carta 33/41 €

♦ Piacevole localino in posizione centrale dall'ambiente curato e raccolto. La cucina si diletta con la tradizione gastronomica del territorio, a cui aggiunge rivisitazioni personali.

MONTESPLUGA – Sondrio (SO) – 561 C9 – alt. 1 908 m   16 B1
– ✉ 23024

▶ Roma 711 – Sondrio 89 – Milano 150 – Passo dello Spluga 3

✗✗ Posta con cam ⬚ ⬚ ⬚ ⬚ ⬚ ⬚ ⬚

via Dogana 8 – ☏ 03 43 54 23 34 – chiuso gennaio e febbraio
8 cam – †60 € ††100 €, ⬚ 10 € – ½ P 79 €   **Rist** – Carta 25/47 € ⬚

♦ In un paesino di alta montagna, quasi al confine svizzero, un'accogliente sala in stile montano con molto legno, cucina ispirata alla tradizione e camere personalizzate.

MONTEU ROERO – Cuneo (CN) – **561** H5 – 1 671 ab. – alt. 395 m   25 C2
– ⊠ 12040

▶ Roma 625 – Torino 53 – Asti 33 – Cuneo 65

  ✗   **Cantina dei Cacciatori**   🕭 🔟 ⅍ ⇔ **P** 🚾 ◑ ⅋ ⅍
     località Villa Superiore 59, Nord-Ovest : 2 km – ℰ 01 73 90 81 5
     – www.trattoria-cantinadeicacciatori.it – chiuso lunedì, martedì a
     mezzogiorno
     Rist – Menu 20/26 € – Carta 25/37 € ⅍

     ♦ L'insegna originale dipinta sulla facciata ammicca alla storia ultracentenaria
     del locale. Nato dal recupero di una vecchia trattoria fuori paese, fra castagni
     e rocce di tufo, il ristorante propone piatti e vini piemontesi sotto antiche
     volte in mattoni. Incantevole dehors per la bella stagione.

MONTEVARCHI – Arezzo (AR) – **563** L16 – 24 022 ab. – alt. 144 m   29 C2
– ⊠ 52025   Toscana

▶ Roma 233 – Firenze 49 – Siena 50 – Arezzo 39

  🏠   **Valdarno** senza rist   🕭 🗐 ₺ 🔟 ↔ ⅍ ⁝⁞ ⅍ 🚗 🚾 ◑ ⅋ ◐ ⅍
     via Traquandi 13/15 – ℰ 05 59 10 34 89 – www.hotelvaldarno.net – chiuso
     dal 23 al 26 dicembre
     65 cam ⌂ – ♦72/85 € ♦♦92/100 €

     ♦ Struttura recente che coniuga la modernità dei confort e delle infrastrut-
     ture con la sobria ed elegante classicità delle scelte d'arredo; belle camere ben
     insonorizzate.

  🏠   **Relais la Ramugina-Fattoria di Rendola** 🌣   ⪦ ⅍ ₺ 🔟
     località Rendola 89, Sud : 4 km   ⅍ **P** 🚾 ◑ ⅋ ⅍
     – ℰ 05 59 70 77 13 – www.fattoriadirendola.it – chiuso dall'11 al 27 gennaio
     11 cam ⌂ – ♦69/90 € ♦♦99/130 € – 3 suites – ½ P 75/90 €
     Rist *Osteria di Rendola* – vedere selezione ristoranti

     ♦ Camere di taglio rustico-elegante con letti in ferro battuto ed alcuni pezzi
     d'epoca contribuiscono a ricreare all'interno l'atmosfera agreste della strut-
     tura, composta da case coloniche raccolte intorno ad una corte ed un casale
     leopoldino del '700.

  ✗   **Osteria di Rendola** – Hotel Relais la Ramugnina-Fattoria di Rendola
     località Rendola 89, Sud : 4 km   🕭 ₺ 🔟 ⅍ **P** 🚾 ◑ ⅋ ⅍
     – ℰ 05 59 70 74 91 – www.fattoriadirendola.it – chiuso dall'11 al 27 gennaio
     Rist – *(mercoledì, giovedì a mezzogiorno)* (consigliata la prenotazione)
     Carta 28/80 €

     ♦ Le semplici sale del ristorante lasciano il posto alla cucina a vista da cui
     escono piatti ispirati alla tradizione toscana: dalle paste fresche agli stufati di
     carne, chi ama i sapori intensi qui si sentirà a casa. L'esperienza sarà ancor
     più suggestiva d'estate, quando ci si trasferisce sulla terrazza panoramica.

a Moncioni Sud-Ovest: 8,5 km – ⊠ 52025

  🏠   **Villa Sassolini** 🌣   ⪦ 🕭 ⌸ 🔟 ⅍ rist, **P** 🚾 ◑ ⅋ ⅍
     piazza Rotondi 17 – ℰ 05 59 70 22 46 – www.villasassolini.it
     – 15 marzo-15 novembre
     10 cam ⌂ – ♦♦183/318 € – 2 suites
     Rist – *(chiuso domenica) (chiuso a mezzogiorno)* Carta 36/75 € (+10 %)

     ♦ In un piccolo maniero pregno di fascino, camere eleganti dove le tonalità
     del grigio sono declinate nelle varie sfumature e riscaldate da elementi d'ar-
     redo di grande suggestione. Zone comuni non molto spaziose, ma sapiente-
     mente dislocate, creano un'atmosfera da casa privata. Creatività in cucina.

MONTEVECCHIA – Lecco (LC) – **561** E10 – 2 497 ab. – alt. 479 m   18 B1
– ⊠ 23874

▶ Roma 602 – Como 34 – Bergamo 44 – Lecco 24

XX **La Piazzetta** 🕭 🍴 ⇔ 🅿 VISA ⊙⊙ AE ⓞ ⑤
largo Agnesi 3 – 𝒞 03 99 93 01 06 – www.ristolapiazzetta.it
– chiuso 15 giorni in gennaio, 15 giorni in agosto o settembre, lunedì,
martedì a mezzogiorno
Rist – Carta 41/65 €
♦ Nella parte alta del paese, un locale ubicato all'interno di un edificio ristrutturato. Un ristorante di taglio classico con due sale luminose e una cucina
interessante con proposte classiche e contemporanee.

MONTIANO – Forlì-Cesena (FC) – **562** J18 – **1 698 ab.** – **alt. 159 m**   **9 D2**
– ✉ 47020

▶ Roma 347 – Bologna 98 – Forlì 38

XXX **Le Giare** 🕭 🕭 AK 🍴 ⇔ VISA ⊙⊙ AE ⓞ ⑤
via al Castello 368 A/B, località Montenovo, Est: 2 km
– 𝒞 0 54 75 14 30 – www.legiare.com – chiuso novembre, lunedì e martedì in
inverno
Rist – *(chiuso a mezzogiorno)* Carta 50/65 €
♦ In posizione panoramica, la terrazza offre un bello scorcio sulla costa, mentre gli ambienti interni di moderna eleganza accolgono una cucina ricca di
fantasia, tra terra e mare.

MONTICCHIELLO – Siena (SI) – **563** M17 – **Vedere Pienza**

MONTICELLI BRUSATI – Brescia (BS) – **4 310 ab.** – **alt. 283 m**   **19 D1**
– ✉ 25040

▶ Roma 576 – Brescia 21 – Milano 96 – Parma 134

XX **Uva Rara** 🕭 AK VISA ⊙⊙ AE ⓞ ⑤
via Foina 42 – 𝒞 03 06 85 26 43 – www.hostariauvarara.it
– chiuso mercoledì
Rist – Menu 40/70 € – Carta 37/87 €
♦ Gestione professionale in un antico cascinale del '400 con arredi di gusto e
caratteristici soffitti sorretti da volte in pietra. Valida cucina del territorio e a
pranzo, disponibilità di menu più economici.

MONTICELLI D'ONGINA – Piacenza (PC) – **562** G11 – **5 457 ab.**   **8 A1**
– **alt. 40 m** – ✉ 29010

▶ Roma 530 – Parma 57 – Piacenza 23 – Brescia 63

X **Antica Trattoria Cattivelli** 🕭 AK 🅿 VISA ⊙⊙ AE ⓞ ⑤
☺ *via Chiesa 2, loc. Isola Serafini – 𝒞 05 23 82 94 18 – www.trattoriacattivelli.it*
– chiuso 15 giorni in luglio, martedì sera, mercoledì
Rist – Carta 28/43 €
♦ Pisarei e fasò della tradizione, cosciotto d'oca nostrana o lumache alla
piacentina: insomma, una cucina del territorio con molti ingredienti di produzione propria, in questa trattoria da sempre gestita dall'omonima
famiglia.

---

a San Pietro in Corte Sud : 3 km – ✉ 29010 Monticelli D'Ongina

X **Le Giare** AK ⇔ VISA ⊙⊙ AE ⓞ ⑤
via San Pietro in corte Secca 6 – 𝒞 05 23 82 02 00 – chiuso dal 1° al
10 gennaio, agosto, domenica sera, lunedì
Rist – (consigliata la prenotazione) Carta 37/55 €
♦ Sotto il campanile di una piccola frazione, una casa colonica sorta sulle
ceneri di una vecchia osteria e tre salette arredate con mobili in bambù. La
cucina sposa tradizione e pesce.

MONTICHIARI – Brescia (BS) – **561** F13 – **22 873 ab.** – **alt. 104 m**   17 D1
– ⊠ 25018

▶ Roma 490 – Brescia 20 – Cremona 56 – Mantova 40
🛧 Gabriele D'Annunzio 𝒞 030 2041599

🏢 **Garda** senza rist   🕅 🖪 📱 🕭 🕸 🖽 🛱 🖹 🚗 ᴠⁱˢᵃ 🕮 ᴬᴱ ⓞ ᵍ
via Brescia 128 – 𝒞 03 09 65 15 71 – www.infogardahotel.it
82 cam � – †65/80 € ††100/120 €

♦ Sale riunioni, camere spaziose, servizio efficiente e un'ottima ubicazione di
fronte alla fiera e vicino all'aeroporto, insomma un hotel ideale per chi viaggia per lavoro.

MONTICIANO – Siena (SI) – **563** M15 – **1 580 ab.** – **alt. 375 m**   29 C2
– ⊠ 53015

▶ Roma 186 – Siena 37 – Grosseto 60
🎫 Abbazia di San Galgano★★ Nord-Ovest : 7 km

🍴 **Da Vestro** con cam   🎢 🛱 🌂 🖹 ᴠⁱˢᵃ 🕮 ᴬᴱ ⓞ ᵍ
*via Senese 4 – 𝒞 05 77 75 66 18 – www.davestro.it – chiuso dal 1° febbraio
al 12 marzo*
14 cam – †40/60 € ††60/85 €, � 8 € – ½ P 65/75 €
Rist – *(chiuso lunedì) (chiuso a mezzogiorno escluso venerdì e sabato in
inverno)* (prenotare) Carta 24/33 €

♦ Alle porte della località e circondato da un ampio giardino, un antico
podere ospita una trattoria dalle cui cucine si affacciano i piatti e i sapori
della tradizione toscana. Dispone anche di alcune camere semplici dagli
arredi in legno e ben curate.

MONTICOLO = MONTIGGLER SEE – Bolzano (BZ) – **Vedere Appiano sulla
Strada del Vino**

MONTIERI – Grosseto (GR) – **563** M15 – **1 250 ab.** – **alt. 704 m**   29 C2
– ⊠ 58026

▶ Roma 269 – Siena 50 – Grosseto 51

🏠 **Agriturismo La Meridiana-Locanda in Maremma** ⌂
strada provinciale 5 Le Galleraie,   ≤ 🕭 🛱 🌂 🖪 🕸 🖺 🖫 ᴠⁱˢᵃ 🕮 ᴬᴱ ᵍ
*Sud-Est : 2,5 km – 𝒞 05 66 99 70 18 – www.lameridiana.net – chiuso dal
10 gennaio al 28 febbraio*
13 cam ⊻ – †70/90 € ††110/140 € – ½ P 98 €   **Rist** – Carta 25/51 €

♦ Arredi di grande gusto in questa elegante country house ricavata da un'antica stalla: letti in ferro battuto e ampio scrittoio in travertino nelle amene
camere. Percorso vita di circa 1 km e grazioso giardino che sconfina nel
bosco. Piatti regionali nel rustico ristorante.

MONTIGNOSO – Massa Carrara (MS) – **563** J12 – **9 798 ab.**   28 A1
– alt. 132 m – ⊠ 54038

▶ Roma 386 – Pisa 39 – La Spezia 38 – Firenze 112

🍴🍴🍴 **Il Bottaccio** con cam ⌂   🖪 🕭 🛱 🕸 🖹 ᴠⁱˢᵃ 🕮 ᴬᴱ ᵍ
via Bottaccio 1 – 𝒞 05 85 34 00 31 – www.bottaccio.it
8 cam – †200/280 € ††280/360 €, ⊻ 20 € – 4 suites
Rist – Carta 50/108 €

♦ Dolci colline fanno da cornice a questa dimora di campagna, che di rurale
ha giusto qualche elemento architettonico, come i pavimenti in cotto o i soffitti a cassettoni. Terra e mare si contendono il menu, ma sono i dessert a
scatenare la fantasia dello chef: dolci che evocano le tele di Matisse, Gauguin,
Klimt…

MONTIGNOSO

a Cinquale Sud-Ovest : 5 km – ⊠ 54030

🛈 via Grillotti, ℰ 0585 80 87 51, www.aptversilia.it

🏨 **Villa Undulna** 🛋 🏞 🖥 🕸 🕷 ⅃₄ ♨ ⅋ 🛋 ₺ 🗚 ⅋ rist, 🏮 🕍 🅿 🚗
viale Marina 191 – ℰ 05 85 80 77 88 ⟪VISA⟫ ⓪⓪ 🆎 ⓪ ⅅ
– www.villaundulna.com – aprile-2 novembre
20 cam 🖵 – 🕆130/220 € 🕆🕆160/340 € – 24 suites 240/460 €
½ P 115/205 €
Rist – Carta 24/60 €
♦ Un curato e piacevole giardino incornicia le varie strutture dell'hotel: centro benessere ed ampie camere per una vacanza a tutto relax. Il ristorante propone una cucina nazionale e regionale in sale sobrie e signorili.

🏠 **Eden** 🛋 🏞 ⅃ 🛋 ₺ cam, ⚹⚹ 🗚 ⅋ rist, 🏮 🕍 🅿 ⟪VISA⟫ ⓪⓪ 🆎 ⅅ
viale Gramsci 26 – ℰ 05 85 80 76 76 *– www.edenhotel.it – chiuso
dal 19 dicembre al 26 gennaio*
27 cam 🖵 – 🕆68/120 € 🕆🕆110/250 € – ½ P 155 €
Rist – *(chiuso domenica e a mezzogiorno escluso dal 15 maggio al
15 settembre)* Carta 40/75 €
♦ A pochi passi dal mare, l'hotel dispone di ariosi e freschi ambienti, nonché ampie camere. Piacevole giardino con piscina: ideale per una vacanza all'insegna del relax! Specialità locali al ristorante.

🏠 **Giulio Cesare** senza rist 🛏 🛋 🗚 ⅋ 🅿 ⟪VISA⟫ ⓪⓪ ⅅ
via Giulio Cesare 29 – ℰ 05 85 30 93 18 *– Pasqua-settembre*
12 cam 🖵 – 🕆70/100 € 🕆🕆100/140 €
♦ Un piccolo giardino garantisce un soggiorno all'insegna della tranquillità presso questa risorsa familiare; all'interno gli ambienti sono arredati con gusto moderno e sobrio.

MONTOGGIO – Genova (GE) – **561** I9 – **2 103 ab.** – **alt. 438 m**   **15** C1
– ⊠ 16026

▶ Roma 538 – Genova 38 – Alessandria 84 – Milano 131

🍴🍴 **Roma** 🛋 🗚 ⟪VISA⟫ ⓪⓪ ⅅ
😊 *via Roma 15 –* ℰ 0 10 93 89 25 *– chiuso dal 1° al 15 luglio, giovedì, anche le
sere di lunedì, martedì, mercoledì da ottobre a maggio*
Rist – Carta 25/39 €
♦ Accogliente locale dall'esperta gestione familiare, dispone d'un grazioso salotto che conduce alla luminosa sala con vetrate. Aperitivo in giardino e cucina d'impronta ligure.

MONTONE – Perugia (PG) – **563** L18 – **1 685 ab.** – **alt. 482 m**   **32** B1
– ⊠ 06014

▶ Roma 205 – Perugia 39 – Arezzo 58

🍴🍴 **La Locanda del Capitano** con cam 🛏 🏞 ⅋ rist, 🏮
via Roma 7 – ℰ 07 59 30 65 21 ⟪VISA⟫ ⓪⓪ 🆎 ⓪ ⅅ
– www.ilcapitano.com – chiuso dal 4 gennaio al 4 marzo
10 cam 🖵 – 🕆90/100 € 🕆🕆120/140 € – ½ P 110 €
Rist – *(chiuso lunedì) (chiuso a mezzogiorno escluso sabato, domenica e
festivi) (consigliata la prenotazione)* Carta 32/55 € 🏵
♦ Delizie tipiche locali (funghi, tartufo) in piatti rivisitati con approccio personale. Un antico edificio, ultima dimora del capitano di ventura Fortebraccio, per assaporare l'incanto e la quiete fuori del tempo di un borgo medievale tra confort attuali.

MONTOPOLI IN VAL D'ARNO – Pisa (PI) – **563** K14   **28** B2
– **11 163 ab.** – **alt. 98 m** – ⊠ 56020

▶ Roma 307 – Firenze 45 – Pisa 39 – Livorno 44

🛈 piazza Michele 14, ℰ 0571 44 90 24, www.montopoli.net

XX **Quattro Gigli** con cam   🖼 🏠 🛗 🅰 cam, 🍴 💳 ⓒⓓ 🅰🅴 ⓞ ⓢ
piazza Michele da Montopoli 2 – 𝒞 *05 71 46 68 78*
– www.quattrogigli.it
21 cam 🛏 – 🍴50/62 € 🍴🍴80/95 € – ½ P 63/73 €
Rist *– (chiuso dal 16 al 31 agosto e lunedì)* Carta 29/55 € 🍸
Rist Trattoria dell'Orcio *– (chiuso lunedì)* Carta 23/39 € 🍸
♦ Nel caratteristico borgo, locali dagli interni decorati con terrecotte e terrazza estiva con vista sulle colline. Piatti regionali di terra e di mare, ma
molta attenzione è riservata alle ricette storiche e alla cucina rinascimentale
(una serie di portate, generalmente per due persone). Camere dalla calda
atmosfera.

MONTORFANO – Como (CO) – 561 E9 – 2 692 ab. – alt. 414 m   18 B1
– ✉ 22030

▶ Roma 631 – Como 9 – Bergamo 50 – Lecco 24

🔟 Villa d'Este via per Cantù 13, 031 200200, www.golfvilladeste.com – chiuso
gennaio, febbraio e martedì

🏨 **Tenuta Santandrea** 🐾   ≤ 🏖 ♨ 🅰 🛜 🄿 💳 ⓞ ⓢ
via Como 19 – 𝒞 *0 31 20 02 20 – chiuso dal 22 dicembre al 12 gennaio*
9 cam 🛏 – 🍴100/150 € 🍴🍴130/220 € – 1 suite – ½ P 160 €
Rist Sant'Andrea *– vedere selezione ristoranti*
♦ Abbracciata da un parco che digrada fino alle rive del lago, la tenuta
ospita raffinati ambienti di tono moderno e spaziose camere (alcune con
angolo soggiorno). Nel piccolo cortile, a testimonianza del nobile passato, si
trova il poggio dove pare abbia soggiornato anche il Barbarossa...

XX **Sant'Andrea** – Hotel Tenuta Santandrea   🍷 🛜 ⇔ 🄿 💳 ⓒⓓ ⓞ ⓢ
via Como 19 – 𝒞 *0 31 20 02 20 – chiuso dal 23 dicembre al 15 gennaio*
Rist *– (chiuso martedì) (chiuso a mezzogiorno)* Carta 55/70 €
♦ Sapori innovativi in un intimo e raffinato ristorante dotato di una luminosa
veranda affacciata sul parco. La location romantica, lo rende ideale per eventi
e festeggiamenti.

MONTORIO – Verona (VR) – 562 F15 – ✉ 37141   37 B2

▶ Roma 522 – Verona 8 – Brescia 84 – Padova 82

🏨 **Brandoli**   🏠 🖼 ♿ 🅰 ↯ 🛜 🍴 🄿 💳 ⓒⓓ 🅰🅴 ⓞ ⓢ
⛽ *via Antonio da Legnago 11 –* 𝒞 *04 58 84 01 55 – www.hotelbrandoli.it*
34 cam 🛏 – 🍴70/180 € 🍴🍴85/200 € – ½ P 120 €
Rist *– (chiuso domenica e i giorni festivi)* Carta 21/35 €
♦ Dopo attenti interventi interni è finalmente tornato a nuova vita, questo
hotel appena fuori Verona è ora un ottimo punto di riferimento per chi si
sposta per lavoro. Spaziose camere. Ampia sala ristorante e servizio estivo
all'aperto. Specialità del territorio.

MONTRIGIASCO – Novara (NO) – 561 E7 – Vedere Arona

MONTÙ BECCARIA – Pavia (PV) – 561 G9 – 1 746 ab.   16 B3
– alt. 277 m – ✉ 27040

▶ Roma 544 – Piacenza 34 – Genova 123 – Milano 66

XX **La Locanda dei Beccaria**   🅰 ⇔ 💳 ⓒⓓ 🅰🅴 ⓞ ⓢ
via Marconi 10 – 𝒞 *03 85 26 23 10 – www.lalocandadeibeccaria.it*
– chiuso 2 settimane in gennaio, lunedì, martedì
Rist *– Menu 35/40 € – Carta 40/60 €* 🍸
♦ All'interno della Cantina Storica della località, un ristorante rustico e curato
con caratteristici soffitti in legno, dove assaporare due linee di cucina: una
con proposte curiose e innovative, una più tradizionale.

XX **Colombi**

località Loglio di Sotto 1, Sud-Ovest : 5 km – ✆ 0 38 56 00 49 – www.ristorantecolombi.it – chiuso lunedì

Rist – Carta 28/39 €

◆ Da quasi 70 anni la famiglia Colombi offre la propria esperienza nel settore della ristorazione, gestendo con grande professionalità e calorosa ospitalità questo locale classico. La cucina così come la carta dei vini ha solide radici nella tradizione dell'Oltrepò: qualche concessione al mare, tra i secondi.

MONZA P (MB) – 561 F9 – 121 545 ab. – alt. 162 m – ✉ 20900 — 18 B2

Italia Centro Nord

Roma 592 – Milano 21 – Bergamo 38

piazza Carducci, ✆ 039 32 32 22, www.monzaebrianzainrete.it

Brianza località Cascina Cazzù, 039 6829089, www.brianzagolf.it – chiuso martedì

Duomo★ : facciata★★, Corona Ferrea★★, cappella di Teodolinda★, tesoro★ – Giardini★★ di Villa Reale e il celebre autodromo (✆ 039 22366) nella parte settentrionale

De la Ville

viale Regina Margherita di Savoia 15 – ✆ 03 93 94 21 – www.hoteldelaville.com – chiuso dal 24 dicembre al 7 gennaio e dal 1° al 29 agosto

70 cam – †129/257 € ††159/367 €, ☕ 29 € – 3 suites

Rist ***Derby Grill*** – vedere selezione ristoranti

◆ Un lusso discreto tutto inglese avvolge gli ospiti (tra cui VIP della Formula Uno) in un grande albergo di fronte alla Villa Reale; collezione di oggetti d'antiquariato.

XXX **Derby Grill** – Hotel De la Ville

viale Regina Margherita di Savoia 15 – ✆ 03 93 94 21 – www.derbygrill.it – chiuso dal 24 dicembre al 7 gennaio, dal 1° al 29 agosto

Rist – *(chiuso i mezzogiorno di sabato e domenica)* (consigliata la prenotazione) Menu 39/49 € – Carta 55/77 €

◆ Boiserie, quadri di soggetto equestre, argenti e porcellane in un raffinatissimo ristorante, perfetto per un pranzo d'affari o una cena romantica; creatività in cucina.

XX **Il Gusto della Vita**

via Bergamo 5 – ✆ 0 39 32 54 76 – www.ilgustodellavita.it – chiuso dal 1° al 10 gennaio, 3 settimane in agosto, martedì

Rist – Carta 37/59 €

◆ Una giovane coppia gestisce con passione e professionalità questo curato locale nei pressi del centro cittadino. Pochi coperti, ambiente lindo e gradevole per una cucina classica con qualche excursus nella creatività.

MONZUNO – Bologna (BO) – 562 J15 – 6 477 ab. – ✉ 40036 — 9 C2

Roma 366 – Bologna 45 – Prato 75 – Firenze 82

Molino del Pero via Molino del Pero 323, 051 6770506, www.molinodelpero.it – chiuso lunedì

Lodole senza rist

località Lodole 325, Ovest: 2,4 km – ✆ 05 16 77 11 89 – www.lodole.com

6 cam ☕ – †70 € ††90 €

◆ Questa rustica dimora del Seicento, all'interno del Golf Club Molino del Pero, ripropone l'atmosfera informale di una vera country house, non priva di spunti di eleganza made in Italy.

MORANO CALABRO – Cosenza (CS) – 564 H30 – 4 813 ab. – alt. 694 m – ✉ 87016 — 5 A1

Roma 445 – Cosenza 82 – Catanzaro 175 – Potenza 148

Villa San Domenico ⫷ 🚗 🕍 🎬 📶 🛁 🅿️ VISA ⦿ AE ① ⛭

via Paglierina 13 – ℰ 09 81 39 98 81 – www.albergovillasandomenico.it
11 cam ⌳ – †80 € ††110 € – 3 suites – ½ P 70 €
Rist – *(chiuso lunedì)* (prenotazione obbligatoria) Menu 25/30 €
– Carta 20/33 €
♦ All'ombra di olmi secolari e nelle vicinanze del monastero di San Bernardino, signorile dimora del '700 con alcune vestigia ancora più antiche, come uno scorcio del sistema idraulico d'epoca romana. Al suo interno, raffinatezza e mobili d'epoca; mentre i balconi delle camere offrono lo spettacolo naturale del Pollino.

Agriturismo la Locanda del Parco ⫸ ⫷ 🚗 🍴 ⌲ 🍽️ rist,

contrada Mazzicanino 12, Nord-Est : 4 km 🅿️ VISA ⦿ ⛭
– ℰ 0 98 13 13 04 – www.lalocandadelparco.it
7 cam ⌳ – †40/50 € ††60/80 € – 2 suites – ½ P 60 €
Rist – (prenotazione obbligatoria) Menu 20/25 €
♦ Signorile ed accogliente centro per il turismo equestre, ma anche sede di corsi di cucina. Un villino circondato dalla campagna e incorniciato dai monti del Parco del Pollino. Di taglio più classico le sale da pranzo, con due soli tavoli ai quali siedono tutti i comensali.

MORBEGNO – Sondrio (SO) – **561** D10 – **12 038 ab.** – **alt. 262 m**   **16** B1
– ✉ 23017

▶ Roma 673 – Sondrio 25 – Bolzano 194 – Lecco 57

Osteria del Crotto ⫷ 🍴 ⌲ ⌲ 🅿️ VISA ⦿ AE ⛭

via Pedemontana 22-24 – ℰ 03 42 61 48 00 – www.osteriadelcrotto.it
– chiuso dal 24 agosto al 13 settembre e domenica
Rist – Carta 31/43 €
♦ Risale all'inizio dell'800 questo caratteristico crotto addossato alla parete boscosa delle montagne. Due salette interne più una fresca terrazza estiva. Cucina locale.

MORDANO – Bologna (BO) – **562** I17 – **4 617 ab.** – **alt. 21 m**   **9** C2
– ✉ 40027

▶ Roma 396 – Bologna 45 – Ravenna 45 – Forlì 35

Ville Panazza 🍸 🎬 🕍 🍴 🤸 🎬 🍽️ 🛁 🅿️ VISA ⦿ AE ① ⛭

via Lughese 269 – ℰ 0 54 25 14 34 – www.villepanazza.it
45 cam ⌳ – †49/105 € ††59/160 € – ½ P 46/105 €
Rist *Panazza* – vedere selezione ristoranti
♦ Nel verde di un piccolo parco con piscina, camere di diverse tipologie in due edifici d'epoca, tra cui una villa dell'Ottocento ristrutturata. L'ex cappella sconsacrata ospita una saletta riunioni.

Panazza – Hotel Ville Panazza 🍸 🍴 ⌲ 🎬 🅿️ VISA ⦿ AE ① ⛭

via Lughese 269/319 – ℰ 0 54 25 14 34 – www.hotelpanazza.it
Rist – Carta 26/32 €
♦ Oltre alle piacevoli sale interne, il ristorante utilizza anche una grande veranda ed, in estate, la terrazza prospiciente l'ingresso. La cucina proposta è quella locale, preparata con un'attenta selezione delle materie prime ed accompagnata da un servizio attento e premuroso. Per i piccoli ospiti, un menu a loro dedicato.

MORGEX – Aosta (AO) – **561** E3 – **2 080 ab.** – **alt. 923 m**   **34** A2
– ✉ 11017

▶ Roma 771 – Aosta 27 – Courmayeur 9
🇮 piazza de l'Archet, ℰ 0165 80 99 12, www.prolocomorgex.it.

⚙⚙ **Café Quinson** (Agostino Buillas) 🅰🄲 ⚙ ♻ 𝗩𝗜𝗦𝗔 ⚙ 🅰🄴 🄾 ⚙
⚙ *piazza Principe Tomaso 10 – ℰ 01 65 80 94 99 – www.cafequinson.it – chiuso mercoledì*
Rist – *(chiuso a mezzogiorno)* (consigliata la prenotazione) Carta 60/80 € ⚙
Spec. Crudo di trota salmonata di Morgex al fumo di legno di pino, olio di noci, tartufo di stagione. Scaloppa di foie gras d'anatra, sauté di frutta di stagione. Fonduta di fontina d'alpeggio in chiave moderna.
♦ La passione per i vini e per i formaggi qui si unisce ad una saggia carta di prodotti locali, anche interpretati con fantasia; caldo legno scuro e pietra a vista in sala.

MORIMONDO – Milano (MI) – 561 F8 – 1 203 ab. – alt. 109 m 18 A3
– ✉ 20081 📘 Italia Centro Nord

▶ Roma 587 – Alessandria 81 – Milano 30 – Novara 37
◎ Abbazia★

⚙⚙ **Trattoria Di Coronate** 🏠 ⚙ 🅰🄲 𝗩𝗜𝗦𝗔 ⚙ 🅰🄴 ⚙
*località Coronate di Morimondo, Sud: 2 km – ℰ 02 94 52 98
– www.trattoriadicoronate.it – chiuso domenica sera, lunedì ed agosto*
Rist – (consigliata la prenotazione) Carta 80/118 € ⚙
♦ Sull'antica strada del sale, una cascina lombarda di origini cinquecentesche ospita un ristorante di raffinata semplicità, dove gustare una cucina di taglio contemporaneo. Nella bella stagione, il servizio si sposta all'aperto: allora, vi si proporrà uno scorcio da cartolina di altri tempi.

⚙ **Trattoria Basiano** 🏠 ⚙ ♻ 🅿 𝗩𝗜𝗦𝗔 ⚙ 🅰🄴 ⚙
*Cascina Basiano 1, Sud : 3 km – ℰ 02 94 52 95 – www.trattoriabasiano.it
– chiuso dal 24 al 26 dicembre, dal 1° al 7 gennaio, dal 16 agosto al 10 settembre, lunedì sera, martedì*
Rist – Carta 29/46 €
♦ Ristorante semplice e familiare, con un ampio dehors anche invernale; la semplicità regna anche nella cucina, che propone piatti stagionali del territorio e di pesce.

MORNAGO – Varese (VA) – 561 E8 – 4 834 ab. – alt. 281 m 18 A1
– ✉ 21020

▶ Roma 639 – Stresa 37 – Como 37 – Lugano 45

⚙⚙ **Alla Corte Lombarda** ⚙ 🅿 𝗩𝗜𝗦𝗔 ⚙ 🅰🄴 🄾 ⚙
via De Amicis 13 – ℰ 03 31 90 43 76 – chiuso dal 1° al 10 gennaio, dal 20 agosto al 5 settembre, domenica sera, lunedì
Rist – Carta 39/67 € ⚙
♦ In un bel rustico ai margini del paese, un vecchio fienile ristrutturato racchiude un locale suggestivo; servizio di tono familiare, cucina tradizionale rivisitata.

MORRANO NUOVO – Terni (TR) – 563 N18 – Vedere Orvieto

MORTARA – Pavia (PV) – 561 G8 – 15 638 ab. – alt. 108 m 16 A3
– ✉ 27036

▶ Roma 601 – Alessandria 57 – Milano 47 – Novara 24

🏠 **San Michele** 🅰🄲 🙶 🅿 𝗩𝗜𝗦𝗔 ⚙ 🅰🄴 ⚙
corso Garibaldi 20 – ℰ 0 38 49 91 06 – www.ilcuuc.it – chiuso dal 5 agosto al 3 settembre
18 cam ⚏ – ♦55/58 € ♦♦88/91 € – 1 suite – ½ P 55 €
Rist Il Cuuc – *(chiuso domenica sera e lunedì)* Carta 31/60 €
♦ Albergo familiare nel centro della località, con parcheggio interno: le camere sono semplici, personalizzate negli arredi, e si affacciano sul tranquillo cortile. Mobilio e calda atmosfera da casa privata nelle due sale ristorante.

XX **Guallina**　　　　　　　　AC P VISA ⊗ AE ① ⟨s⟩

via Molino Faenza 19, località Guallina, Est : 4 km – 𝒞 03 84 91 96 2
– www.trattoriaguallina.it – chiuso 20 giorni in giugno-luglio, martedì
Rist – Carta 30/58 € ⽊

♦ Nella generosa campagna lomellina, circondata da acacie e sambuchi,
sorge questa bella trattoria, intima e raccolta. La cucina è prevalentemente
legata al territorio e alla tradizione, riveduta e corretta in base alla stagionalità dei prodotti, nonché all'offerta del mercato.

MOSCIANO – Firenze (FI) – **563** K15 – Vedere Scandicci

MOSCIANO SANT'ANGELO – Teramo (TE) – **563** N23　　　　**1** B1
– **9 165 ab.** – alt. 227 m – ✉ 64023

▶ Roma 191 – Ascoli Piceno 39 – Pescara 48 – L'Aquila 77

🏠 **Breaking Business Hotel**　　🏖 ℩♦ 🅱 ⟨& ℅ ℆ ⟨ P VISA ⊗ AE ⟨s⟩

via Italia, Sud: 3,5 km – 𝒞 08 58 06 90 39 – www.breakinghotel.com
48 cam ⊒ – ♦65/75 € ♦♦80/90 € – ½ P 69/79 €
Rist *Acquaviva* – *(chiuso domenica)* Carta 30/55 €

♦ Indirizzo ideale per una clientela d'affari, la struttura dispone di camere
ben accessoriate, terrazza panoramica con vasche idromassaggio e piccolo
centro relax. Carne e pesce tra le proposte del ristorante.

↑ **Casale delle Arti** senza rist　　　⇐ ℅ & ⤧ AC ℅ ℅ P VISA

strada Selva Alta, Sud : 4 km – 𝒞 08 58 07 20 43 – www.casaledellearti.it
15 cam ⊒ – ♦45/55 € ♦♦65/80 € – 2 suites

♦ Su una collina che offre una vista dall'Adriatico al Gran Sasso, il casale
dispone di ambienti dall'arredo sobrio, spazi per conferenze e sale adatte
ad ospitare cerimonie.

XX **Borgo Spoltino**　　　⇐ ℅ AC P VISA ⊗ ① ⟨s⟩

strada Selva Alta, Sud : 3 km – 𝒞 08 58 07 10 21 – www.borgospoltino.it
– chiuso domenica sera, lunedì, martedì
Rist – *(chiuso a mezzogiorno escluso domenica)* Menu 22/45 €
– Carta 20/42 € ⽊

♦ Tra colline e campi di ulivi e, all'orizzonte, mare e monti, un locale luminoso con mattoni e cucina a vista, dove assaporare piatti regionali accanto a
fantasiose creazioni.

MOSO = MOOS – Bolzano (BZ) – Vedere Sesto

MOTTA DI LIVENZA – Treviso (TV) – **562** E19 – **10 663 ab.**　　**35** B1
– ✉ 31045

▶ Roma 562 – Venezia 55 – Pordenone 32 – Treviso 36

XX **Bertacco** con cam　　　🅱 AC ℅ ⟨& P VISA ⊗ AE ① ⟨s⟩

via Ballarin 18 – 𝒞 04 22 86 14 00 – www.hotelbertacco.it
20 cam ⊒ – ♦70 € ♦♦90 € – 1 suite – ½ P 75 €
Rist – *(chiuso domenica sera, lunedì)* Menu 25 € – Carta 39/67 €

♦ In un bel palazzo ristrutturato, un accogliente ristorante con cucina in prevalenza di mare. Per gli appassionati di vini è disponibile una saletta-enoteca.
Camere con piacevole arredamento moderno.

MOTTOLA – Taranto (TA) – **564** F33 – **16 349 ab.** – alt. 387 m　　**27** C2
– ✉ 74017

▶ Roma 487 – Brindisi 96 – Taranto 29 – Bari 72

Cecere
🍴 📶 🏧 ⚒ rist, ⚑ 🔥 🅿 💳 ⓪ 🆎 💰

strada statale 100 km 52,7, Nord-Ovest : 7 km – ✆ *09 98 86 79 34*
– *www.hotelcecere.com*

43 cam ☐ – ♦70/90 € ♦♦85/110 € – 2 suites

Rist – *(chiuso domenica sera, lunedì)* Carta 25/55 €

♦ Recente grande struttura di taglio moderno e sobrio design lungo la strada tra Bari e Taranto, ideale per chi viaggia per affari. Belle le camere, complete e ben accessoriate. Ristorante dagli arredi attuali con interessanti proposte di mare.

MOZZO – Bergamo (BG) – 7 429 ab. – alt. 252 m – ✉ 24030   19 C1
▶ Roma 607 – Bergamo 8 – Lecco 28 – Milano 49

La Caprese
🍴 ⚒ 🏧 💳 ⓪ 🆎 💰

via Garibaldi 7, località Borghetto – ✆ *03 54 37 66 61* – *chiuso dal 22 dicembre al 4 gennaio, domenica sera, lunedì*

Rist – Carta 60/80 €

♦ Padre, madre e figlia vi accolgono nel proprio raffinato salotto: una bomboniera ospitale dove poter saggiare i sapori ed i profumi della bella Capri, proposti sempre secondo il mercato giornaliero.

MUGGIA – Trieste (TS) – 562 F23 – 13 410 ab. – ✉ 34015 ▮ Italia   11 D3
▶ Roma 684 – Udine 82 – Milano 423 – Trieste 11

Trattoria Risorta
🍴 💳 ⓪ ① 💰

riva De Amicis 1/a – ✆ *0 40 27 12 19* – *www.trattoriarisorta.it* – *chiuso lunedì, domenica sera, anche domenica a mezzogiorno in luglio-agosto*

Rist – *(consigliata la prenotazione)* Carta 43/57 €

♦ Direttamente sul caratteristico molo della località, piccola trattoria rustica dove gustare una fragrante cucina di pesce non priva di spunti di creatività. D'estate si mangia in terrazza, affacciati sul mare.

a Santa Barbara Sud-Est : 3 km – ✉ 34015 Muggia

Taverna Famiglia Cigui 🌱
🍴 � 🔥 🅿 💳 ⓪ 💰

via Colarich 92/D – ✆ *0 40 27 33 63* – *www.tavernacigui.it*

6 cam ☐ – ♦35/45 € ♦♦70/90 €

Rist – *(chiuso lunedì, martedì a mezzogiorno)* Carta 24/58 €

♦ In zona verdeggiante, un indirizzo di tono rustico e dalla calda gestione familiare con camere semplici e gradevoli, ideali per chi cerca un soggiorno all'insegna della tranquillità. In sala da pranzo sopravvivono i sapori della tradizione, una cucina casalinga che segue le stagioni.

MÜHLWALD = Selva dei Molini

MULES (MAULS) – Bolzano (BZ) – 562 B16 – alt. 905 m – Sport   31 C1
invernali : Vedere Vipiteno – ✉ 39040 Campo Di Trens
▶ Roma 699 – Bolzano 56 – Brennero 23 – Brunico 44

Stafler
🍴 🚗 📺 📶 📶 🏋 ⚑ ✚ ⚑ 🔥 🅿 💳 ⓪ 💰

Campo di Trens – ✆ *04 72 77 11 36* – *www.stafler.com* – *chiuso dal 7 novembre al 3 dicembre*

34 cam ☐ – ♦69/99 € ♦♦112/180 € – 2 suites – ½ P 104/115 €

Rist Gourmetstube Einhorn ❀ – vedere selezione ristoranti

Rist Romantik – Carta 40/60 €

♦ Quella che sul finire del XIII secolo era una stazione di posta, si è trasformata oggi in un hotel ricco di fascino, eleganza e tradizione tirolese: romantik, per parlare nella loro lingua! Al ristorante, sapori della regione con qualche delicata reinterpretazione.

XXX **Gourmetstube Einhorn** – Hotel Stafler   🛜 **P** VISA ⓸ AE ⑤

🏵 *Campo di Trens – ℰ 04 72 77 11 36 – www.stafler.com – chiuso mercoledì*
Rist – (coperti limitati, prenotare) Menu 99/121 € – Carta 66/78 € ☒
Spec. Acqua di mare: composizioni di cappasanta con fegato d'oca e anguilla
affumicata. Bue da pascolo: sella provenzale e scorzanera bio, purè di patate
dolci, guancia e sedano nel bicchiere. Variazione di cioccolata mascao dalle
Filippine con frutti tropicali.
♦ Una piccola sala con soli 5 tavoli, la stube dell'unicorno (simbolo antico
dell'hotel) è dedicata a chi vuole gustare piatti scenografici, ricchi di spunti
creativi, lungo il percorso dei menu degustazione.

MURANO – Venezia (VE) – Vedere Venezia

MURISENGO – Alessandria (AL) – **561** G6 – 1 482 ab. – alt. 338 m   23 C2
– ✉ 15020
▶ Roma 641 – Torino 51 – Alessandria 57 – Asti 28

a Corteranzo Nord : 3 km – alt. 377 m – ✉ 15020 Murisengo

⟨ **Canonica di Corteranzo** senza rist ☒   ⟨ ☒ ☒ 🛗 🄰🄲 ☆ ⟨⟨ **P**
   via Recinto 15 Murisengo – ℰ 01 41 69 31 10   VISA ⓸
   – www.canonicadicorteranzo.it – marzo-dicembre
   10 cam – †92 € ††125/155 €
   ♦ Nel cuore del piccolo paese - all'interno di una casa di fine '600, che fu
   anche canonica - ambienti raffinati e camere personalizzate, alcune con affreschi.

XX **Cascina Martini**   🛜 🄰🄲 ↻ **P** VISA ⓸ ⑤
   via Gianoli 15 – ℰ 01 41 69 30 15 – www.cascinamartini.com
   – chiuso 15 giorni in gennaio, domenica sera, lunedì, anche martedì
   e mercoledì da novembre a febbraio
   Rist – *(chiuso a mezzogiorno escluso venerdì, sabato e domenica)*
   Carta 38/60 €
   ♦ Ricavato nelle stalle ristrutturate di un'antica cascina, il ristorante si propone con un'ottima e accurata ricerca dei piatti del territorio, a volte anche
   alleggeriti.

MUTIGNANO – Teramo (TE) – **563** O24 – Vedere Pineto

NAPOLI

Piante pagine seguenti

© Bertrand Gardel / Hemis.fr

– 962 940 ab. – 564 E24 – 📖 Italia, Napoli e la Campania

🖪 Uffici Informazioni turistiche

via San Carlo 9 ☎ 081 402394. www.inaples.it
Stazione Centrale ☎ 081 268779
piazza del Gesù 7 ☎ 081 552338

🛦 Aeroporto

Ugo Niutta di Capodichino Nord-Est : 6 km CT ☎ 081 7896259

Trasporti marittimi

🚢 per Ischia – Medmar ☎ 081 3334411
🚢 per le Isole Eolie dal 15 giugno al 15 settembre – Siremar, call center 892 123

Golf

⛳ via Campiglione 11, 081 5264296, www.golfnapoli.it – chiuso martedì

🔘 LUOGHI DI INTERESSE

Spaccanapoli e il Decumano Maggiore : Cappella Sansevero★★KY: Cristo velato★★ • Duomo★★ e cappella di S. Gennaro★★LY • Napoli sotterranea★★LY • Pio Monte della Misericordia LY: Sette opere di Misericordia di Caravaggio★★★ • S. Chiara★★ e il chiostro★★KY • S. Lorenzo Maggiore★★LY • G. Giovanni a Carbonara★★LY

Il centro monumentale : Castel Nuovo★★KZ • Palazzo Reale★★KZ • Piazza del Plebiscito★★ JKZ • Teatro S. Carlo★★KZT[1] • Galleria di Palazzo Zevallos Stigliano★★KZ: il Martirio di Sant'Orsola★★★ del Caravaggio

I grandi musei : Museo Archeologico Nazionale★★★KY • Certosa di S. Martino★★JZ • Museo d'Arte contemporanea DonnaREgina (MADRE)★★LY • Palazzo e Galleria di Capodimonte★★BT

Il lungomare : Porto di S. Lucia★★BU e Castel dell'Ovo★ • Mergellina★BU • Posillipo★ AU • Marechiaro★AU • Quartiere di Chiaia★JZ

Rione Sanità e Capodimonte : Cimitero delle Fontanelle★★ FU • Catacombe di S. Gennaro★★ BT

Acquisti : Mercati rionali di via Pignasecca e via Porta Medina • Via S. Gregorio Armeno e dintorni per figurine del presepe • Abiti e accessori: via Scarlatti (Vomero); via Calabritto, via Riviera a Chiaia, via Filangeri (Chiaia)

Grand Hotel Vesuvio

via Partenope 45 ✉ *80121* – *☎ 08 17 64 00 44*
– *www.vesuvio.it*
3FXn

160 cam – ♦230/430 € ♦♦260/460 € – 21 suites
Rist *Caruso Roof Garden* – vedere selezione ristoranti
♦ Lussuosi saloni distribuiti sotto lampadari di Murano, splendide camere e wellness center: Grand Hotel Vesuvio domina l'offerta alberghiera cittadina, quanto l'omonimo vulcano svetta sul golfo di Napoli.

Excelsior

via Partenope 48 ✉ *80121* – *☎ 08 17 64 01 11* – *www.excelsior.it*
4GXw

111 cam – ♦200/370 € ♦♦215/400 € – 10 suites
Rist *La Terrazza* – vedere selezione ristoranti
♦ Di fronte al mare e al Castel dell'Ovo, un edificio sontuoso che preannuncia - sin dall'esterno - i fasti passati della Belle Epoque: tourbillon di saloni con lampadari a goccia, colonne e, come poi nelle camere, tappezzeria alle pareti e parquet. Stanze con arredi classici per chi non vuole sorprese moderniste o design.

Romeo

via Cristoforo Colombo 45 ✉ *80133* – *☎ 08 10 17 50 01* – *www.romeohotel.it*
83 cam – ♦220/280 € ♦♦240/300 € – 11 suites
5KZa
– ½ P 190/220 €
Rist *Il Comandante* – vedere selezione ristoranti
Rist *Sushi Bar* – *☎ 08 10 17 50 05 (chiuso agosto, lunedì e martedì) (chiuso a mezzogiorno)* Carta 46/80 € (+10 %)
♦ Splendida sintesi di antico e moderno, arte contemporanea e oggetti d'antiquariato in ambienti originali e d'avanguardia: le camere sono "firmate" da celebri designer. Cuoco giapponese e specialità del Sol Levante al Sushi Bar.

Grand Hotel Parker's

corso Vittorio Emanuele 135 ✉ *80121*
– *☎ 08 17 61 24 74* – *www.grandhotelparkers.com*
3EXr

73 cam – ♦290/350 € ♦♦360/420 € – 9 suites
Rist *George's* – vedere selezione ristoranti
♦ Eleganti saloni in marmo e camere dagli arredi classici, ideali per chi non desidera brividi modernisti high-tech, in un albergo nato dall'infatuazione di un turista inglese per la città partenopea. Facile suggerire di prenotare una camera nei piani alti: da qui le finestre si aprono sul golfo e sul Vesuvio.

Grand Hotel Santa Lucia

via Partenope 46 ✉ *80121* – *☎ 08 17 64 06 66*
– *www.santalucia.it*
4GXc

88 cam – ♦150/190 € ♦♦170/295 € – 7 suites – ½ P 125/188 €
Rist – *(solo per alloggiati)*
♦ Ospitalità curata in una struttura di fine '800 con splendida vista sul golfo e su Castel dell'Ovo: interni di grande fascino e raffinatezza classica, camere all'altezza.

Palazzo Caracciolo

via Carbonara 112 ✉ *80139* – *☎ 08 10 16 01 11*
– *www.hotel-palazzo-caracciolo-naples.com*
5LYa

143 cam – ♦109/243 € ♦♦119/253 €, ⌇ 12 € – ½ P 85/157 €
Rist *La Cucina* – Carta 25/63 €
♦ Dopo una sosta nell'antico salone di epoca angioina, trasformato in tearoom, le camere vi aspettano per offrirvi momenti di relax in un ambiente sobrio ed elegante, dove geometria e confort moderno si fondono con il classico e la storia del luogo. Cucina mediterranea al ristorante.

Palazzo Alabardieri senza rist

via Alabardieri 38 ✉ *80121* – *☎ 08 1 41 52 78* – *www.palazzoalabardieri.it*
32 cam – ♦130/220 € ♦♦170/250 €
5JZe
♦ Tra i negozi più chic, palazzo di fine '800 riportato a pieno splendore con camere eleganti e raffinate. American bar con boiserie, servizio e accoglienza giovani e motivati.

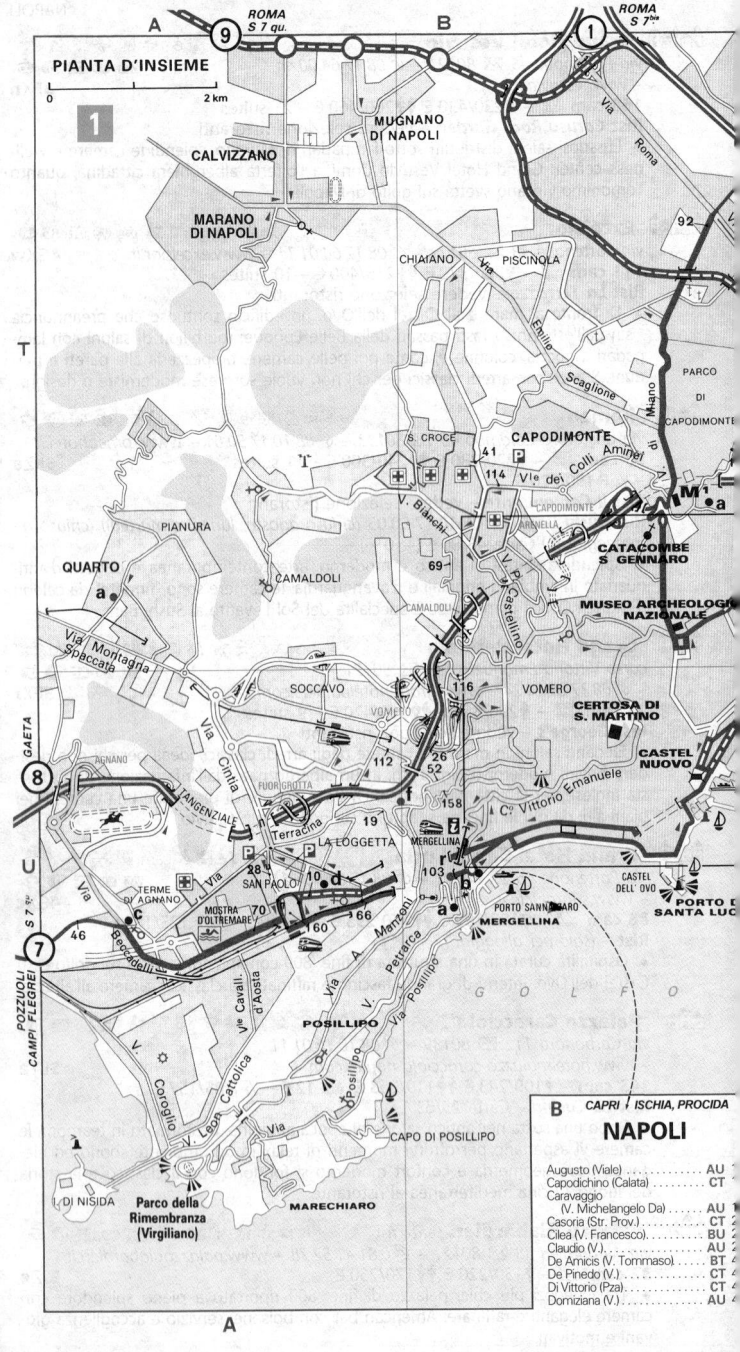

PIANTA D'INSIEME

0   2 km

1

ROMA S 7 qu.

ROMA S 7 bis

MUGNANO DI NAPOLI

CALVIZZANO

MARANO DI NAPOLI

CHIAIANO

PISCINOLA

S. CROCE

CAPODIMONTE

PARCO DI CAPODIMONTE

Vle dei Colli Aminei

CAPODIMONTE

CATACOMBE S GENNARO

ARENELLA

MUSEO ARCHEOLOGICO NAZIONALE

PIANURA

CAMALDOLI

QUARTO

Via Montagna Spaccata

SOCCAVO

VOMERO

CERTOSA DI S. MARTINO

CASTEL NUOVO

AGNANO

Via Cinzia

FUORIGROTTA

TANGENZIALE

Terracina

LA LOGGETTA

MERGELLINA

C° Vittorio Emanuele

CASTEL DELL'OVO

PORTO DI SANTA LUCIA

TERME DI AGNANO

MOSTRA D'OLTREMARE

SAN PAOLO

PORTO SANNAZARO

MERGELLINA

POSILLIPO

Via A. Manzoni

Via Posillipo

GOLFO DI

DI NISIDA

Parco della Rimembranza (Virgiliano)

CAPO DI POSILLIPO

MARECHIARO

B   CAPRI / ISCHIA, PROCIDA

NAPOLI

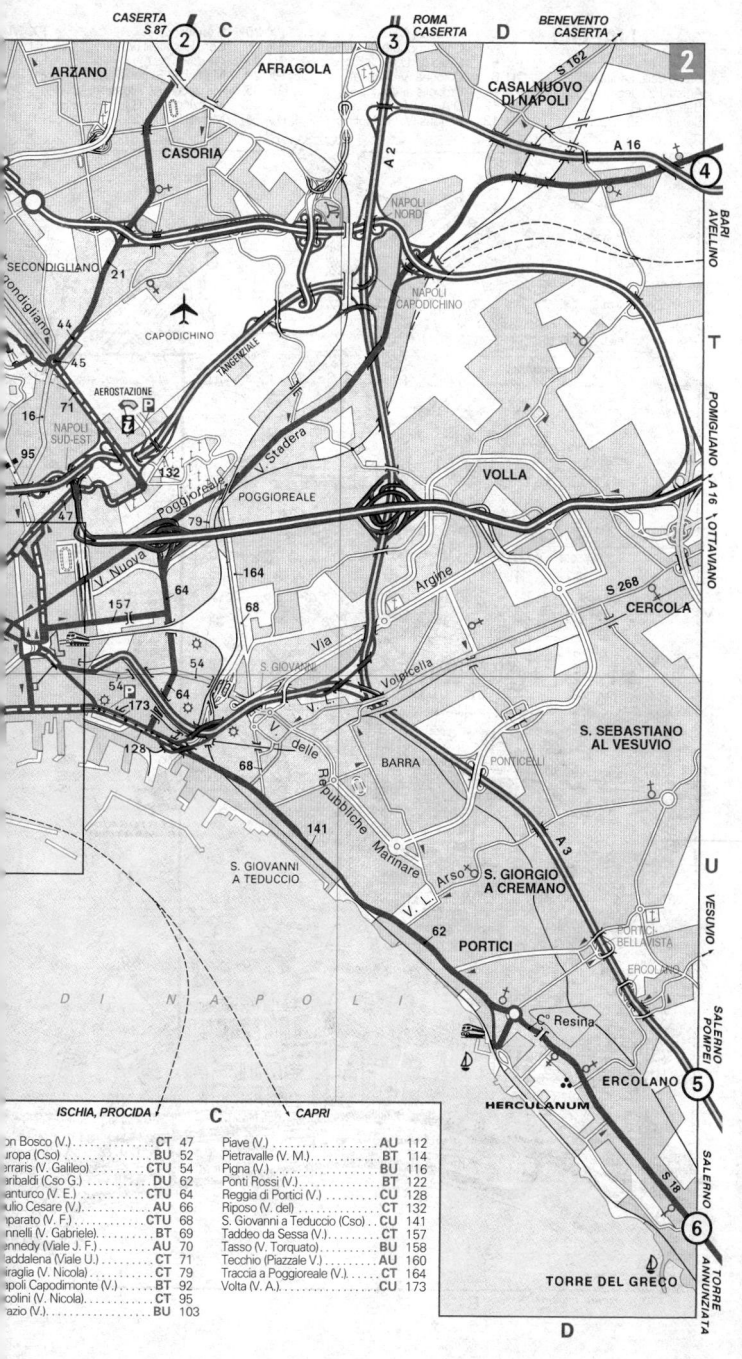

NAPOLI

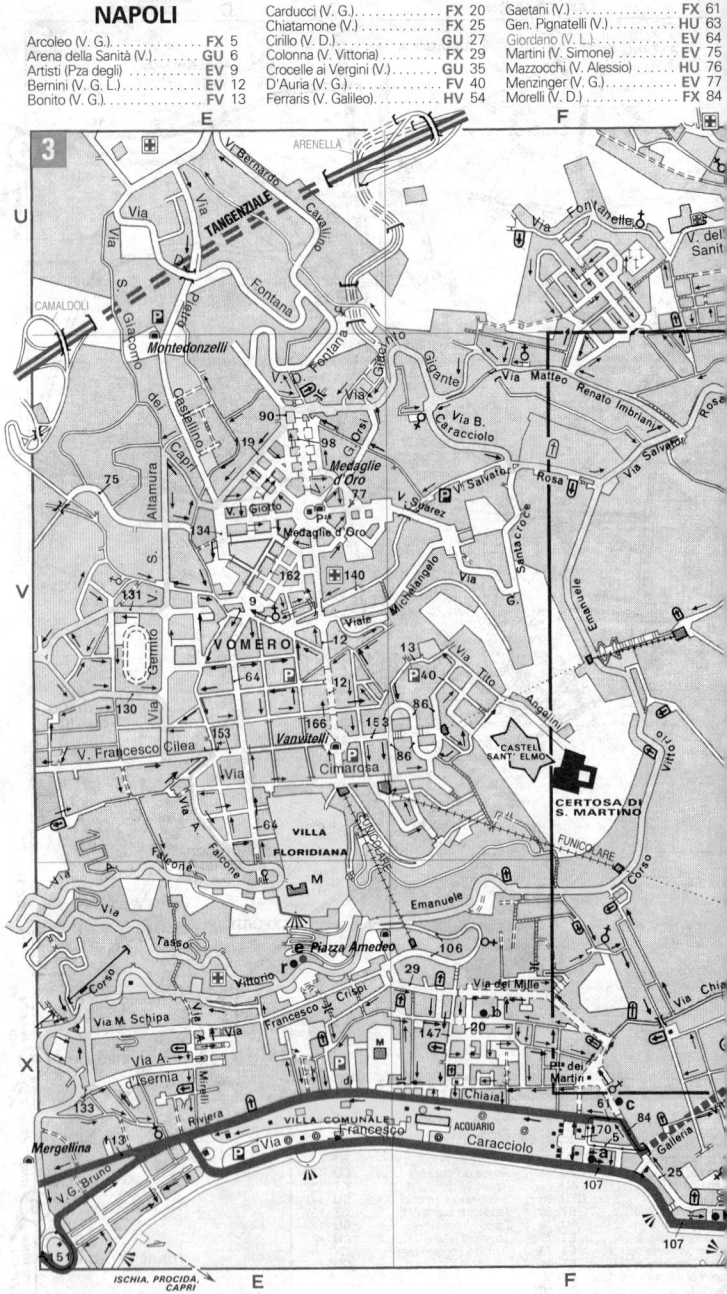

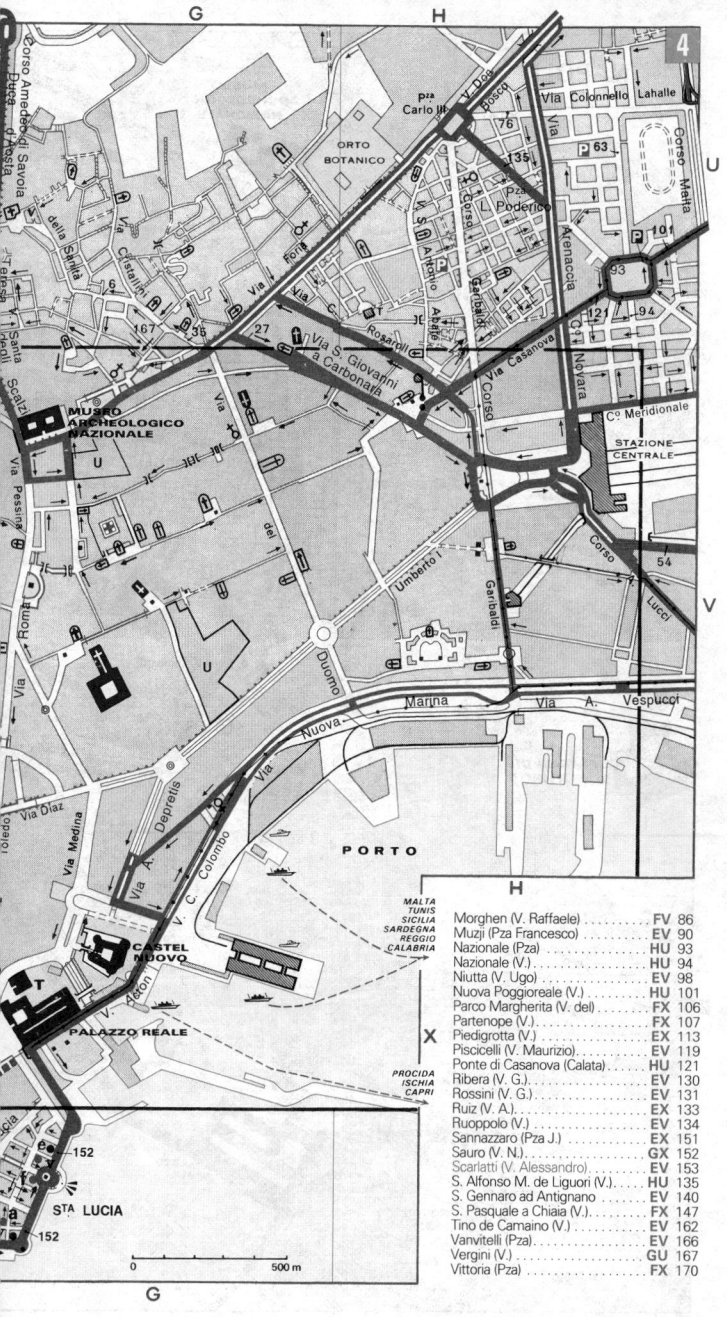

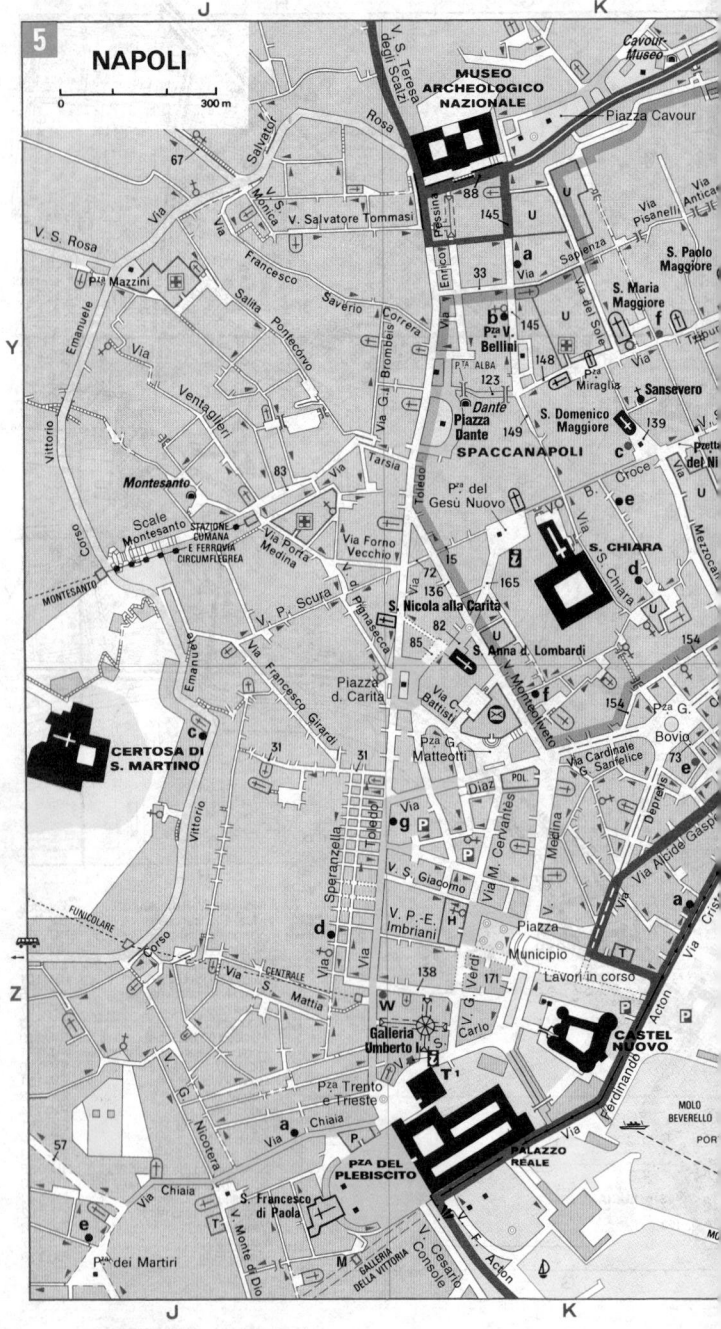

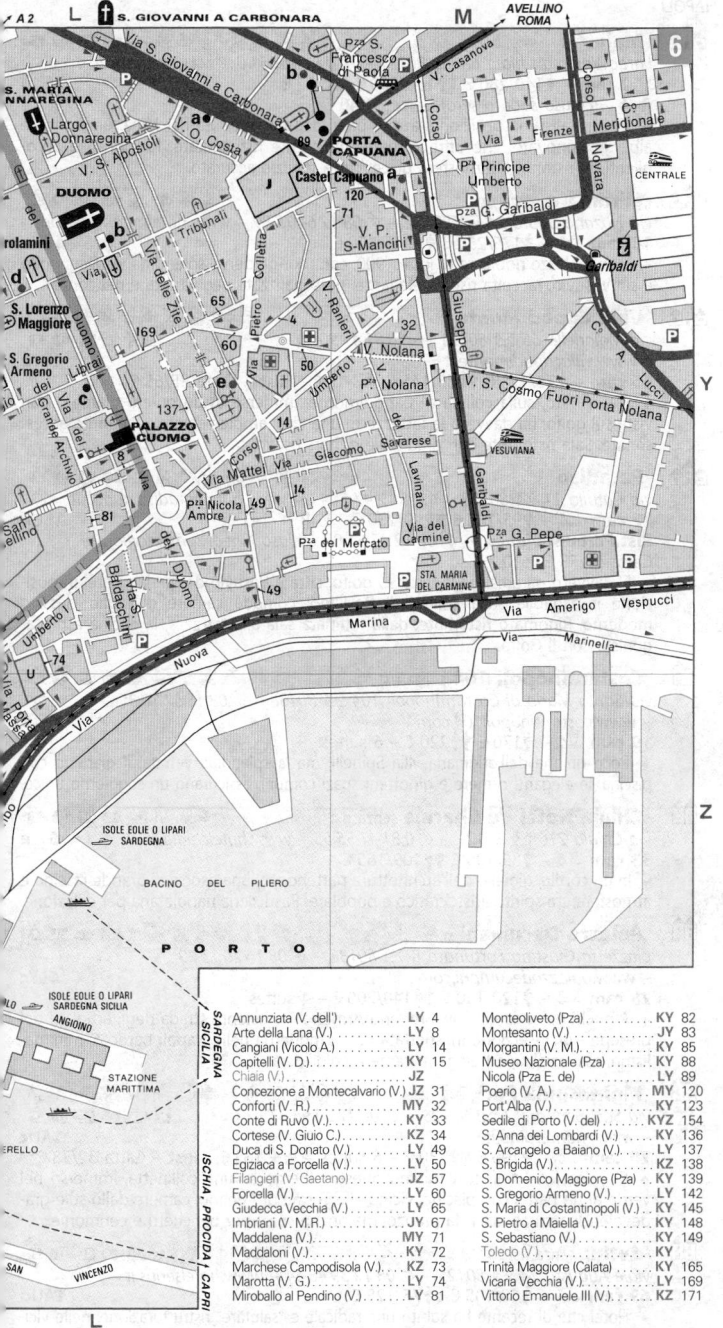

Majestic
🏨🏨🏨   🛗 ♿ 🅰 ⇄ ⚓ rist, ¶ ⓦ 𝘝𝘐𝘚𝘈 ◎ 🅰🅴 ⓞ Ġ

Largo Vasto a Chiaia 68 ⊠ *80121* – ℰ *081 41 65 00* – *www.majestic.it*
112 cam – 🛏140/280 €, 🛏🛏160/300 €, 🖵 12 €   3FX**b**
Rist – *(chiuso sabato sera)* Carta 30/40 €

♦ In centralissima posizione, a due passi dall'elegante via dei Mille, un signorile albergo rinnovato, che offre camere totalmente ristrutturate, funzionali e accoglienti. Al ristorante atmosfera piacevole e servizio accurato.

Miramare senza rist
🏨🏨🏨   ≤ 🖥 🅰 ¶ 𝘝𝘐𝘚𝘈 ◎ 🅰🅴 ⓞ Ġ

via Nazario Sauro 24 ⊠ *80132* – ℰ *08 17 64 75 89* – *www.hotelmiramare.com*
18 cam 🖵 – 🛏175/250 € 🛏🛏225/350 €   4GX**e**

♦ In un palazzo nobiliare di inizio '900, con roof-garden e splendida vista sul golfo e sul Vesuvio, raccolta risorsa elegante, personalizzata negli arredi e nel confort.

Villa Capodimonte ⌂
🏨🏨🏨   ≤ 🚗 🏡 ℅ 🖥 ♿ 🅰 ¶ 🕍 🅿

via Moiariello 66 ⊠ *80131* – ℰ *081 45 90 00*   𝘝𝘐𝘚𝘈 ◎ 🅰🅴 ⓞ Ġ
– *www.villacapodimonte.it*   1BT**a**
55 cam – 🛏75/125 € 🛏🛏85/145 €, 🖵 10 €   **Rist** – Carta 35/65 €

♦ Decentrato, sulla collina di Capodimonte, immerso in un quieto giardino con vista sul golfo, ha davvero le fattezze di una villa; ampie camere, eleganti e accessoriate. Sala ristorante con gradevole dehors estivo.

Paradiso
🏨🏨🏨   ≤ 🚗 🖥 🅰 ℅ ⚓ rist, ¶ 🕍 🅰🅴 ◎ 🅰🅴 ⓞ Ġ

via Catullo 11 ⊠ *80122* – ℰ *08 12 47 51 11* – *www.hotelparadiso.napoli.it*
72 cam 🖵 – 🛏95/180 € 🛏🛏99/230 € – ½ P 76/141 €   1BU**a**
Rist *Paradisoblanco* – ℰ *08 12 47 51 07 (chiuso lunedì a mezzogiorno)*
Carta 46/73 € (+10 %)

♦ E' davvero paradisiaca la vista su golfo, città e Vesuvio da questo hotel in posizione impagabile sulla collina di Posillipo; comode camere di taglio classico moderno. Rinomato ristorante: dalla raffinata sala alla terrazza, la cucina è protagonista con il Golfo.

Costantinopoli 104 senza rist
🏨🏨   🚗 🏊 🅰 ¶ 🅿 𝘝𝘐𝘚𝘈 ◎ 🅰🅴 ⓞ Ġ

via Santa Maria di Costantinopoli 104 ⊠ *80138* – ℰ *08 15 57 10 35*
– *www.costantinopoli104.com*   5KY**b**
19 cam 🖵 – 🛏170 € 🛏🛏220 € – 6 suites

♦ Poco rimane dell'originaria villa Spinelli, ma la splendida vetrata, il giardino con piscina, le eleganti camere e gli ottimi spazi comuni, assicurano un soggiorno unico.

Chiaja Hotel de Charme senza rist
🏨🏨   🖥 🅰 ¶ 𝘝𝘐𝘚𝘈 ◎ 🅰🅴 ⓞ Ġ

via Chiaia 216 ⊠ *80121* – ℰ *081 41 55 55* – *www.hotelchiaia.it*   5JZ**a**
33 cam 🖵 – 🛏85/105 € 🛏🛏109/165 €

♦ In un cortile, gioiello dell'architettura partenopea, una risorsa di grande fascino e atmosfera, tra spirito aristocratico e popolare. Pasticceria napoletana per colazione.

Palazzo Decumani senza rist
🏨🏨   🖥 ♿ 🅰 ℅ ¶ 𝘝𝘐𝘚𝘈 ◎ 🅰🅴 Ġ

piazzetta Giustino Fortunato 8 ⊠ *80138* – ℰ *08 14 20 13 79*
– *www.palazzodecumani.com*   6LY**c**
28 cam 🖵 – 🛏120/150 € 🛏🛏140/200 € – 4 suites

♦ A pochi passi da via San Gregorio Armeno - la celebre strada degli artigiani del presepe - un'inserzione inaspettatamente moderna nella Napoli barocca: minimalismo, essenzialità, ed eleganti camere color ocra.

Montespina Park Hotel
🏨🏨   🐾 🏡 🏊 🏌 🖥 ♿ cam, 🅰 ℅ rist, ¶ 🕍

via San Gennaro 2 ⊠ *80125* – ℰ *08 17 62 96 87*   🅿 𝘝𝘐𝘚𝘈 ◎ 🅰🅴 ⓞ Ġ
– *www.montespina.it*   1AU**c**
70 cam 🖵 – 🛏190 € 🛏🛏230 € – 6 suites – ½ P 165 €   **Rist** – Carta 32/78 €

♦ E' un'oasi nel traffico cittadino questo albergo su una collinetta, immerso nel verde di un parco con piscina, vicino alle Terme di Agnano; camere dallo stile gradevole. Una curata sala da pranzo, ma anche spazi per banchetti e cerimonie.

Serius senza rist
🏨🏨   🖥 🅰 ℅ ¶ 🚐 𝘝𝘐𝘚𝘈 ◎ 🅰🅴 ⓞ Ġ

viale Augusto 74 ⊠ *80125* – ℰ *08 12 39 48 44* – *www.hotelserius.it*
69 cam 🖵 – 🛏68/105 € 🛏🛏75/125 €   1AU**d**

♦ Hotel che di recente ha subito una radicale e "salutare" ristrutturazione; nelle vicinanze dello stadio, offre camere omogenee funzionali e un buon livello di servizio.

Caravaggio senza rist 🏨 AC ⚡ 𝗩𝗜𝗦𝗔 ⊚ AE ⓪ ⑤
piazza Cardinale Sisto Riario Sforza 157 ⊠ *80139* – ⌀ *08 12 11 00 66*
– www.caravaggiohotel.it
6LYb

15 cam ⌷ – †70/140 € ††110/190 € – 2 suites

◆ Nel cuore del centro storico, nella piazza dove svetta la guglia più vecchia di
Napoli, un palazzo del '600 con reperti storici ma camere arredate con grande
modernità.

Decumani senza rist 🏨 AC ⚡ 𝗩𝗜𝗦𝗔 ⊚ AE ⓪ ⑤
via S.Giovanni Maggiore Pignatelli 15 ⊠ *80134* – ⌀ *08 15 51 81 88*
– www.decumani.com
5KYe

22 cam ⌷ – †89/119 € ††109/144 €

◆ Al secondo piano di un palazzo del '600, splendido salone con stucchi barocchi
rivestiti d'oro, arredi d'epoca ed eleganti bagni: un soggiorno aristocratico nel
cuore di Napoli.

Pignatelli senza rist ⚡ ⚡ 𝗩𝗜𝗦𝗔 ⊚ AE ⓪ ⑤
via San Giovanni Maggiore Pignatelli 16 ⊠ *80134* – ⌀ *08 16 58 49 50*
– www.hotelpignatellinapoli.com
5KYd

9 cam – †40/50 € ††60/75 €, ⌷ 3 € – 1 suite

◆ Nel vociante e caratteristico quartiere Spaccanapoli, al primo piano di un
palazzo del XV secolo, le originali camere si caratterizzano per elementi architettonici e decorativi tipici del periodo della Repubblica Napoletana. Gestione giovane e motivata; buon rapporto qualità/prezzo.

Il Convento senza rist 🏨 ⚹ AC ⚡ 𝗩𝗜𝗦𝗔 ⊚ AE ⓪ ⑤
via Speranzella 137/a ⊠ *80132* – ⌀ *0 81 40 39 77* – *www.hotelilconvento.it*
14 cam ⌷ – †55/85 € ††70/130 €
5JZd

◆ Nei caratteristici quartieri spagnoli, a pochi passi dalla frequentatissima via
Toledo, un piccolo albergo dallo stile molto ricercato. Gradevoli ambienti per la
colazione.

Principe Napolit'Amo senza rist 🏨 ⚡ 𝗩𝗜𝗦𝗔 ⊚ AE ⑤
via Toledo 148 ⊠ *80132* – ⌀ *08 15 52 36 26* – *www.napolitamo.it*
5KZg

19 cam ⌷ – †50/79 € ††60/100 €

◆ Nel centro di Napoli, a 200 m da Palazzo Reale, un piccolo hotel che offre un'accoglienza di tono tipicamente familiare ad un prezzo corretto. Al primo piano.

Belle Arti Resort senza rist AC ⚡ 𝗩𝗜𝗦𝗔 ⊚ AE ⑤
via Santa Maria di Costantinopoli 27 ⊠ *80138* – ⌀ *08 15 57 10 62*
– www.belleartiresort.com
5KYa

7 cam ⌷ – ††80/160 €

◆ Attorno alla corte interna di un palazzo del XVII sec., alcune camere hanno affreschi originali sapientemente restaurati, tutte sono spaziose e bene accessoriate.

Parteno senza rist 🏨 AC ⚡ 𝗩𝗜𝗦𝗔 ⊚ AE ⓪ ⑤
lungomare Partenope 1 ⊠ *80121* – ⌀ *08 12 45 20 95* – *www.parteno.it*
6 cam ⌷ – †99 € ††125 €
3FXa

◆ Sul lungomare, al primo piano di un palazzo signorile, elegante bed and
breakfast che unisce i caratteri storici di un palazzo ottocentesco a dotazioni all'a-
vanguardia.

L'Alloggio dei Vassalli senza rist ⚡ AC ⚡ ⚡ 𝗩𝗜𝗦𝗔 ⊚ ⑤
via Donnalbina 56 ⊠ *80134* – ⌀ *08 15 51 51 18* – *www.bandbnapoli.it*
7 cam ⌷ – †59/79 € ††79/99 €
5KZf

◆ Lontano dal formalismo alberghiero ma con camere ricche di fascino e storia.
In un pittoresco palazzo del centro, grazioso centro benessere e apprezzabile
cordialità.

Cappella Vecchia 11 senza rist 🏨 AC ⚡ 𝗩𝗜𝗦𝗔 ⊚ AE ⑤
via Santa Maria a Cappella Vecchia 11 ⊠ *80121* – ⌀ *08 12 40 51 17*
– www.cappellavecchia11.it
3FXc

6 cam ⌷ – †50/70 € ††75/100 €

◆ Al piano nobile di un bel palazzo centrale, una risorsa dotata di due tipologie
di camere più o meno moderne e caratterizzata da piccoli spazi comuni di
uguale livello.

✗✗✗✗✗ Caruso Roof Garden – Grand Hotel Vesuvio   ⟨ 🍴 AK 🎿
via Partenope 45 ✉ *80121* – 𝒞 *08 17 64 00 44*   **VISA ◐ AE ① ⑤**
– www.vesuvio.it – chiuso 2 settimane in agosto e lunedì   **FXn**
Rist – Carta 60/78 €
◆ In una città già ricca di roof garden, Caruso si segnala come uno dei ristoranti più prestigiosi per frequentazione e vista panoramica. In menu, qualche piatto di cucina internazionale, ma sono le proposte napoletane che vi consigliamo di provare: dalla pasta, alla celebre mozzarella.

✗✗✗✗✗ La Terrazza – Hotel Excelsior   🍴 AK 🎿 **VISA ◐ AE ① ⑤**
via Partenope 48 ✉ *80121* – 𝒞 *08 17 61 01 11* – *www.excelsior.it – chiuso domenica*   **GXw**
Rist – Carta 60/92 €
◆ Dalla terrazza, il golfo di Napoli in tutto lo splendore e, nel piatto, i veri sapori campani. Polipetti veraci in casseruola, fusilli avellinesi con fiori di zucca e vongole, spigola in crosta di sale con salsa mediterranea…Armando, lo chef, sa come legare a sé i clienti!

✗✗✗✗ George's – Grand Hotel Parker's   ⟨ & AK 🎿 ⇕ **VISA ◐ AE ① ⑤**
corso Vittorio Emanuele 135 ✉ *80121* – 𝒞 *08 17 61 24 74*
– www.grandhotelparkers.com   **EXr**
Rist – Carta 62/80 €
◆ All'ultimo piano del Grand Hotel Parker's, da qui la vista sul golfo è inevitabilmente mozzafiato. Di giorno il mare, la sera le luci: vale la pena fare il bis perché ogni volta lo spettacolo è diverso. Non meno della cucina che reinterpreta con creatività i classici campani.

✗✗✗ La Cantinella   AK 🎿 **VISA ◐ AE ① ⑤**
ॐ   *via Cuma 42* ✉ *80132* – 𝒞 *08 17 64 86 84* – *www.lacantinella.it – chiuso 24-25 dicembre, dall'8 al 30 agosto e domenica*   **4GXv**
Rist – (consigliata la prenotazione la sera) Menu 60 € – Carta 48/70 € 👹
Spec. Spaghetti con pomodorini del piennolo, peperoncini di fiume (ortaggio), cremoso di bufala e tartare di alici. Pezzogna d'amo croccante su vellutata di finocchio e pesto di olive. Babà 3 lievitazioni, aroma-consistenza-sapore.
◆ Uno scrigno di bambù con finestre sul Golfo: un grande classico che torna alla ribalta con un giovane cuoco che sposa la tradizione partenopea a piatti più inventivi e personali.

✗✗✗ Palazzo Petrucci   AK **VISA ◐ AE ① ⑤**
ॐ   *piazza San Domenico Maggiore 4* ✉ *80134* – 𝒞 *08 15 52 40 68*
– www.palazzopetrucci.it – chiuso dal 3 al 23 agosto, domenica sera, lunedì a mezzogiorno, anche domenica a mezzogiorno in giugno-luglio   **5KYc**
Rist – Menu 50 € – Carta 42/70 €
Spec. Lasagnetta di mozzarella di bufala e crudo di gamberi su salsa di piselli. Timballo di paccheri ripieni di ricotta con ragù e ricotta di pecora. Stratificazione di pastiera napoletana.
◆ Affacciato su una delle piazze più belle di Napoli, Palazzo Petrucci ospita questo splendido ristorante dall'eleganza minimalista: l'ex stalla-grotta dell'edificio cinquecentesco si farà ricordare per la sobrietà di linee e arredi. La cucina, per i sapori locali, esaltati e rivisitati.

✗✗✗ Il Comandante – Hotel Romeo   ⟨ 🝔 & AK
via Cristoforo Colombo 45 ✉ *80133* – 𝒞 *08 10 17 50 05* – *www.romeohotel.it – chiuso agosto, domenica, lunedì e a mezzogiorno*   **5KZa**
Rist – (consigliata la prenotazione) Menu 75/100 € – Carta 70/94 € 👹
◆ La splendida vista sul porto di Napoli potrebbe già essere un buon motivo per fermarsi qui, ma c'è dell'altro: un ambiente di moderna eleganza tutto giocato sul colore nero ed una cucina di matrice mediterranea permeata da una simpatica vena creativa.

✗✗ Ciro a Santa Brigida   AK 🎿 ⇕ **VISA ◐ AE ① ⑤**
via Santa Brigida 73 ✉ *80132* – 𝒞 *08 15 52 40 72* – *www.ciroasantabrigida.it – chiuso dal 5 al 21 agosto e domenica escluso dicembre*   **5JZw**
Rist – Carta 30/92 €
◆ Nel cuore di Napoli, tra suggestivi palazzi, Ciro è un'istituzione cittadina e un locale storico: elegante nell'aspetto, tradizionale nella cucina (di terra e di mare).

×× Mimì alla Ferrovia 🛍 AC VISA ⓒⓒ AE ⓞ ⛟

via Alfonso d'Aragona 21 ⊠ *80139 –* ✆ *08 15 53 85 25*
– www.mimiallaferrovia.com – chiuso 1 settimana in agosto e domenica escluso
dicembre   **6LYb**

Rist – (consigliata la prenotazione) Carta 29/39 € (+15 %)

♦ Ne sono passati di personaggi da questo storico locale e, le foto ricordo appese alle pareti, ne testimoniano la sosta. Anche la cucina è un inno alla città: ricette di mare e di terra elaborate secondo la più classica tradizione partenopea. Una tappa obbligatoria per chi passa da Napoli!

×× Veritas AC ⛟ VISA ⓒⓒ AE ⓞ ⛟

corso Vittorio Emanuele 141 ⊠ *80121 –* ✆ *081 66 05 85*
– www.veritasrestaurant.it – chiuso agosto, lunedì da ottobre a maggio,
domenica in giugno, luglio e settembre   **3EXa**

Rist – *(chiuso a mezzogiorno escluso domenica e giorni festivi)* Carta 36/47 €

♦ Gli arredi sono minimalisti, un po' come la moda del momento impone, ma la cucina si riappropria della "napoletaneità" offrendo gustosi piatti di matrice mediterranea.

× La Piazzetta 🛍 ᴁ AC ⛟ VISA ⓒⓒ AE ⓞ ⛟

ⓐ *via Nazario Sauro 21/22* ⊠ *80132 –* ✆ *08 17 64 61 95 – www.lacantinella.it*
– chiuso lunedì   **4GXf**

Rist – Carta 24/52 €

♦ Originale ambientazione proprio a forma di piazzetta con tanto di orologio, targhe e insegne. Grandi vetrate sul lungomare e trompe l'oeil in tema. Cucina locale e pizze.

× Sbrescia ≤ AC VISA ⓒⓒ AE ⓞ ⛟

rampe Sant'Antonio a Posillipo 109 ⊠ *80122 –* ✆ *081 66 91 40 – chiuso lunedì*

Rist – Carta 25/50 €   **1BUr**

♦ Ristorante tipico, a gestione familiare, con notevole vista sulla città e sul golfo e belle vasche di pesci e crostacei: in cucina, ovviamente, domina sovrano il mare.

× L'Europeo di Mattozzi AC ⇔ VISA ⓒⓒ AE ⓞ ⛟

via Campodisola 4/6/8 ⊠ *80133 –* ✆ *08 15 52 13 23 – www.mattozzieuropeo.com*
– chiuso 2 settimane in agosto e domenica sera in estate   **5KZe**

Rist – Carta 22/54 € (+12 %)

♦ Habitué o no, sarete comunque coccolati dal titolare di un frequentato, semplice ristorante-pizzeria, da decenni con la stessa gestione familiare; cucina locale.

PIZZERIE *in ambienti vivaci ed informali il meglio delle pizze partenopee*

× Sorbillo AC VISA ⓒⓒ ⓞ ⛟

ⓒⓔ *via Tribunali 38* ⊠ *80138 –* ✆ *08 10 33 10 09 – www.sorbillo.eu – chiuso*
domenica   **5KYf**

Rist – Menu 14/20 €

♦ Uno dei nomi più celebrati fra le pizzerie cittadine, tanto da moltiplicarsi in filiali. Questa è l'ultima nata: per chi desidera un confort più attento rispetto ad altri indirizzi più spartani.

× La Notizia ⛟ VISA ⓒⓒ ⓞ ⛟

ⓒⓔ *via Michelangelo da Caravaggio 94/a* ⊠ *80126 –* ✆ *081 19 53 19 37*
– www.enzococcia.it – chiuso dal 24 al 31 dicembre, Pasqua, agosto e domenica

Rist – *(chiuso a mezzogiorno)* (consigliata la prenotazione)   **1ABUf**
Carta 15/20 €

♦ Non pensate alla solita pizzeria tradizionale, qui tutto è minuscolo, ma di grande vi è la sua pizza: una delle migliori al mondo! (Inevitabile, un po' di attesa fuori dal locale).

× Da Michele ⛟

ⓒⓔ *via Cesare Sersale 1/3* ⊠ *80139 –* ✆ *08 15 53 92 02 – www.damichele.net*
– chiuso 3 settimane in agosto, domenica escluso dicembre   **6LYe**

Rist – Carta 4/10 €

♦ La pizzeria dei record: qui dal 1870 - con i numeri distribuiti all'esterno per regolare l'affluenza - è anche una delle migliori di Napoli. Solo "marinara" e "margherita". Orario continuato dalle 10 alle 23.

X **Di Matteo** `AC` `VISA` `CO` `S`
via Tribunali 94 ⊠ 80138 – ℰ 081 45 52 62 – www.pizzeriadimatteo.it – chiuso dall'8 al 22 agosto e lunedì escluso novembre-dicembre **6LYd**
Rist – Menu 5/15 € (+15 %)

♦ Dal 1936, un'istituzione a Napoli: da Mastroianni a Clinton sono passati tutti di qui per deliziarsi con pizze nei tradizionali gusti campani e l'immancabile friggitoria.

NAPOLI (Golfo di)★★★ – Napoli – **564** E24 ▯ Italia

NARNI – Terni (TR) – **563** O19 – 20 427 ab. – alt. 240 m – ⊠ 05035   **33** C3
▶ Roma 89 – Terni 13 – Perugia 84 – Viterbo 45

⌂ **Agriturismo Regno Verde** ⤳   ≼ 🌄 ⌷ `AC` `P` `VISA` `CO` `AE` `①` `S`
strada Colli San Faustino 1, (Ponte San Lorenzo), Nord-Est: 5 km – ℰ 07 44 74 43 35 – www.agriturismoregnoverde.it
16 cam ⌷ – †50/70 € ††80/100 € – ½ P 60/70 €
Rist – (chiuso lunedì) (chiuso a mezzogiorno) Menu 20/30 €

♦ La ristrutturazione di un antico casolare con chiostro interno ha dato vita a questo splendido agriturismo in cima ad un colle: tranquillità e vista paradisiaca. Per chi ama l'equitazione è a disposizione un piccolo maneggio. Attrezzi agricoli disseminati qua e là conferiscono rusticità al ristorante. Cucina casalinga.

a Narni Scalo Nord : 2 km – ⊠ 05035 Narni Stazione

▥ **Terra Umbra Hotel**   ⌷ 🍸 `L6` 🖥 🛗 `AC` 📶 🏋 `P` `VISA` `CO` `AE` `①` `S`
via Maratta Bassa 61, Nord-Est : 3 km – ℰ 07 44 75 03 04 – www.terraumbra.it
29 cam ⌷ – †44/95 € ††55/135 € – 2 suites – ½ P 54/94 €
Rist Al Canto del Gallo – vedere selezione ristoranti

♦ Elegante struttura a vocazione congressuale offre confortevoli interni in elegante stile rustico, dove il calore del legno ben si armonizza con i prevalenti toni del giallo. E per i più sportivi, campi regolamentari da calcio e beach volley.

XX **Al Canto del Gallo** – Terra Umbra Hotel   🍽 `AC` ⇔ `P` `VISA` `CO` `AE` `①` `S`
via Maratta Bassa 61, Nord-Est : 3 km – ℰ 07 44 75 08 71 – www.alcantodelgallo.it – chiuso lunedì
Rist – Carta 24/58 €

♦ Ideale per ospitare cerimonie e pranzi di lavoro, la capiente sala con travi a vista e arredi lignei ospita una cucina di matrice regionale dai sapori decisi: carne, tartufo, pizza (la sera).

NARZOLE – Cuneo (CN) – **561** I5 – 3 546 ab. – alt. 325 m – ⊠ 12068   **22** B3
▶ Roma 608 – Torino 68 – Alessandria 88 – Cuneo 44

▥ **Victor**   🚲 ⌷ 🍽 🖥 🛗 🏋 `AC` 📶 🍴 🏋 `P` `VISA` `CO` `AE` `①` `S`
località Chiabotti 10, Sud-Est : 2 km – ℰ 01 73 77 63 45 – www.hotelvictorlanghe.it – chiuso gennaio
35 cam ⌷ – †50/90 € ††80/130 € – 1 suite – ½ P 70 €   **Rist** – Carta 22/44 €
♦ Squisita gestione familiare per una struttura sorta a fine anni '80, in posizione decentrata rispetto al paese: gli interni sono spaziosi, mentre lo stile degli arredi è classico e funzionale. Classica la veste del ristorante con proposte del territorio a prezzi decisamente interessanti.

NATURNO (NATURNS) – Bolzano (BZ) – **562** C15 – 5 440 ab.   **30** B2
– alt. 528 m – ⊠ 39025
▶ Roma 680 – Bolzano 41 – Merano 15 – Milano 341
ℹ via Municipale 1, ℰ 0473 66 60 77, www.naturno.info

▦ **Lindenhof** ⤳   ≼ 🚲 🍽 ⌷ 🖥 ⊕ 🍸 `L6` 🖥 🛗 🍴 `AC` cam, 📶 🍴 🏋 `P`
via della Chiesa 2 – ℰ 04 73 66 62 42 – www.lindenhof.it   `CO` `VISA` `CO` `S`
– 9 marzo-12 novembre
12 cam – 48 suites – solo ½ P 97/168 €   **Rist** – Menu 59/63 € 🍷

♦ Uno splendido giardino con piscina riscaldata, centro benessere e ambienti eleganti, felice connubio di moderno e tradizionale, per regalarvi un soggiorno esclusivo. Sala da pranzo molto luminosa che d'estate si sposta in terrazza.

Feldhof 🚗 ⌱ 🏷 ⊛ 🕸 ⅃⌂ ✕ 📶 占 cam, 🛏 🔲 cam, ⇆ 🎿 cam, ⍦ 🚗

via Municipio 4 – 𝒞 *04 73 66 63 66 – www.feldhof.com* ᴠɪsᴀ ☺ 占
– 22 dicembre-8 gennaio e 18 marzo-20 novembre
35 cam ⌵ – ♦115/160 € ♦♦280 € – 14 suites – ♦♦300/352 € – ½ P 145/187 €
Rist *– (solo per alloggiati)* Carta 38/62 €
♦ Albergo centrale, circondato da un ameno giardino con piscina; interni in stile tirolese, graziose camere e completo centro benessere in cui ritagliarvi momenti di relax.

🏠 Preidlhof �⃕ ⮜ 🚗 ⌱ 🏷 ⊛ 🕸 ⅃⌂ 📶 ⌱ 占 cam, 🎿 rist, ⍦ 🚗 ᴠɪsᴀ 占

via San Zeno 13 – 𝒞 *04 73 66 62 51 – www.preidlhof.it*
– chiuso dall'8 al 25 dicembre e dal 6 al 28 gennaio
30 cam ⌵ – ♦♦210/330 € – 35 suites – ♦♦245/455 € – ½ P 159/174 €
Rist *Dolce Vita Stube* – vedere selezione ristoranti
Rist *– (chiuso a mezzogiorno)* Carta 45/71 €
♦ Se non fosse che all'esterno vi aspetta l'incantevole scenario delle Dolomiti, sarebbe da non uscire più da quest'oasi di relax e benessere. Romantiche camere fornite di ogni confort ed una spa come poche in Italia: "I Mondi delle Acque" vi aspettano per rigenerarvi.

🏠 Funggashof ⍕ ⮜ 🚗 🏠 ⌱ 🏷 ⊛ 🕸 ⅃⌂ 📶 ✕ 🔲 cam, 🎿 rist, 🅿

via al Fossato 1 – 𝒞 *04 73 66 71 61 – www.funggashof.it* ᴠɪsᴀ ☺ 占
– 15 marzo-15 novembre
24 cam ⌵ – ♦80/125 € ♦♦160/250 € – 10 suites – ½ P 95/140 €
Rist – Carta 34/73 €
♦ In posizione panoramica, hotel immerso in un giardino-frutteto con piscina, ideale per gli amanti della quiete; eleganti ambienti "riscaldati" dal sapiente uso del legno. Nella stube tirolese, una cucina leggera e gustosa con prodotti del territorio.

XXX Dolce Vita Stube – Hotel Preidlhof 🚗 🏠 占 🎿 ᴠɪsᴀ 占

via San Zeno 13 – 𝒞 *04 73 66 62 51 – www.preidlhof.it – chiuso dall'8 al 26 dicembre e dal 6 al 28 gennaio*
Rist *– (chiuso a mezzogiorno)* (prenotazione obbligatoria) Carta 46/85 €
♦ All'interno dell'imponente albergo Preidlhof, i titolari hanno creato un delizioso angolo gastronomico: una stube di taglio classico-elegante con piccolo dehors, dove lasciar carta bianca allo chef, Jurgen Kerschbaum. Cucina moderna con tocchi creativi per deliziare i fortunati che siedono ai (soli) 7 tavoli del locale.

NAVA (Colle di) – Imperia (IM) – 561 J5 – alt. 934 m 14 A2
▶ Roma 620 – Imperia 35 – Cuneo 95 – Genova 121

🏠 Colle di Nava ⮜ 🚗 🅿 ᴠɪsᴀ ☺ ᴀᴇ ① 占

🍽 *via Nazionale 65* ✉ *18020 Case di Nava –* 𝒞 *01 83 32 50 44*
– www.albergolorenzina.com – chiuso dal 15 gennaio al 10 marzo
37 cam – ♦40/45 € ♦♦60/65 €, ⌵ 10 € – ½ P 60 €
Rist *Lorenzina* – vedere selezione ristoranti
♦ Semplice e accogliente struttura dall'esperta e attenta gestione familiare, dispone di un grande giardino attrezzato anche con giochi per gli ospiti più piccoli.

XX Lorenzina – Hotel Colle di Nava 🚗 🎿 🅿 ᴠɪsᴀ ☺ ᴀᴇ ① 占

via Nazionale 65 ✉ *18020 Case di Nava –* 𝒞 *01 83 32 50 44*
– www.albergolorenzina.com – chiuso dal 15 gennaio al 10 marzo, lunedì sera e martedì
Rist – Carta 26/70 €
♦ Sul colle, con la sua tranquilla bellezza e i suoi 940 m di altitudine, cucina ligure e piemontese in due ampie sale: stile rustico per momenti d'informale convivialità.

NE – Genova (GE) – **561** I10 – **2 459 ab.** – **alt. 186 m** – ⊠ 16040   **15** C2

▸ Roma 473 – Genova 50 – Rapallo 26 – La Spezia 75

XX   **La Brinca**   🏠 📶 🍴 ⇄ **P** 🚾 ⊕ 🅰 ⓞ 💰
via Campo di Ne 58 – 🕿 01 85 33 74 80 – www.labrinca.it – chiuso 15 giorni in luglio, 15 giorni in novembre e lunedì
Rist – Menu 30/35 € 🏵
♦ Animato da una grande passione enologica, il proprietario ha curato personalmente l'allestimento della cantina, che vanta infatti un'ampia selezione di etichette nazionali ed estere. Tale entusiasmo permea anche la tavola: piatti del territorio alleggeriti e presentati con cura.

NEGRAR – Verona (VR) – **562** F14 – **17 207 ab.** – **alt. 190 m** – ⊠ 37024   **37** A2

▸ Roma 517 – Verona 12 – Brescia 72 – Milano 160

🏠   **Relais La Magioca** senza rist 🌿   🄰 ⅃ 📶 ↔ ⁇ 🕍 **P**
località Moron 3, Sud : 3 km – 🕿 04 56 00 01 67   🚾 ⊕ 🅰 ⓞ 💰
– www.magioca.it
6 cam 🗌 – †150/250 € ††190/390 €
♦ Immerso nei vigneti, l'antico casolare con chiesetta originaria del XIII secolo offre ambienti rustici, carichi di romantico fascino all'insegna dell'esclusività, tra calore e charme.

NEIVE – Cuneo (CN) – **561** H6 – **3 357 ab.** – **alt. 308 m** – ⊠ 12052   **25** C2

▸ Roma 643 – Genova 125 – Torino 70 – Asti 31

XX   **La Luna nel Pozzo**   🄰 ⇄ 🚾 ⊕ 🅰 ⓞ 💰
piazza Italia – 🕿 0 17 36 70 98 – www.lalunanelpozzo-neive.it – chiuso dal 7 al 17 gennaio, dal 25 giugno al 15 luglio, martedì sera, mercoledì
Rist – Menu 55 € – Carta 45/66 € 🏵
♦ La passione per la cucina e per l'accoglienza ha incentivato un medico ed una biologa a passare alla ristorazione: in questo locale del centro storico, la tradizione è regina incontrastata.

XX   **La Contea** con cam   🕿 📢 🚾 ⊕ 🅰 ⓞ 💰
piazza Cocito 8 – 🕿 01 73 67 12 6- 67 75 58 – www.la-contea.it – chiuso dal 23 al 29 dicembre e dal 15 febbraio al 10 marzo
21 cam 🗌 – †70 € ††90 €
Rist – *(chiuso domenica sera e lunedì escluso da settembre a novembre)*
Carta 56/79 €
♦ Tonino ha sempre avuto una predilezione per i prodotti della terra, per il vino e il buon cibo: tutto questo si concretizza nella sua cucina dove la tradizione incontra la fantasia. Mobili d'antiquariato e il dolce respiro delle Langhe nelle graziose camere.

NEPI – Viterbo (VT) – **563** P19 – **9 463 ab.** – **alt. 227 m**   **12** B1

▸ Roma 55 – Viterbo 47 – Guidonia 66 – Perugia 134

XX   **Casa Tuscia**   🏠 ё 🄰 ⇄ 🚾 ⊕ 🅰 💰
via di Porta Romana – 🕿 07 61 55 50 70 – www.ristorantecasatuscia.it – chiudo domenica sera e lunedì in inverno
Rist – Menu 45 € – Carta 24/46 €
♦ Una passeggiata archeologica tra porte romane, mura e castello rinascimentali: nell'ex mattatoio novecentesco una sorprendente cucina nazionale rivisitata con fantasia.

NERANO – Napoli (NA) – Vedere Massa Lubrense

NERVESA DELLA BATTAGLIA – Treviso (TV) – **562** E18 – **6 976 ab.**   **36** C2
– **alt. 78 m** – ⊠ 31040

▸ Roma 568 – Belluno 68 – Milano 307 – Treviso 20

XX   **Miron Cibi e Vini**   🏠 🄰 ⇄ 🚾 ⊕ 🅰 💰
piazza Sant'Andrea 26 – 🕿 04 22 88 51 85 – www.ristorantemirontv.com – chiuso dal 16 al 31 marzo, lunedì e martedì
Rist – Carta 31/54 € 🏵
♦ Locale classico gestito dal 1935 dalla stessa famiglia, dove provare le specialità ai funghi. Carta dei vini con numerose proposte francesi e distillati di ogni tipo.

▶ Roma 495 – Genova 11 – Milano 147 – Savona 58

◉ Passeggiata ★★ Anita Garibaldi - Parchi ★ - Musei di Nervi ★

🏯 Villa Pagoda   ⇐ 🔊 ⌁ 📶 ⛄ 🔝 AC ⓣ 🔊 P VISA ⓒⓒ AE ⓞ ⓺
via Capolungo 15 – ℰ 0 10 32 32 00 – www.villapagoda.it
17 cam ☲ – ♦100/200 € ♦♦130/260 € – 4 suites – ½ P 135 €
Rist *Il Roseto* – vedere selezione ristoranti
 ◆ Una villa ottocentesca, costruita per volere di un ricco mercante che sperava, in tal modo, di placare la struggente nostalgia della sua asiatica compagna, ospita raffinati interni con candelieri di Murano e pavimenti in marmo. Tra olii essenziali e musiche di sottofondo, è bello concedersi un massaggio nel moderno centro benessere.

🏯 Astor   ◫ ⇗ 🔝 🔊 AC ⅋ rist, ⓣ 🔊 P VISA ⓒⓒ AE ⓞ ⓺
viale delle Palme 16 – ℰ 0 10 32 90 11 – www.astorhotel.it
41 cam ☲ – ♦100/165 € ♦♦120/210 € – ½ P 85/130 €   **Rist** – Carta 34/63 €
 ◆ Abbracciato da un piccolo parco secolare, l'hotel totalmente ristrutturato dispone di interni di taglio classico e camere confortevoli. Ideale per una clientela d'affari, ma anche per gli amanti di un soggiorno rilassante. Servizio ristorante estivo sulla fresca veranda.

🏠 Esperia   ◫ ⇗ 🔝 AC ⅋ rist, ⓣ 🔊 P VISA ⓒⓒ AE ⓞ ⓺
via Val Cismon 1 – ℰ 0 10 32 17 77 – www.hotelesperia.it – chiuso 3 settimane in novembre
27 cam ☲ – ♦65/100 € ♦♦75/150 € – ½ P 65/95 €
Rist – *(solo per alloggiati)* 28 €
 ◆ Albergo fine anni '50 - completamente ristrutturato nel corso degli ultimi anni - dispone di ambienti interni d'ispirazione contemporanea, camere lineari e possibilità di accesso gratuito al vicino stabilimento balneare (sugli scogli).

🍴🍴🍴 Il Roseto – Hotel Villa Pagoda   🔊 🔝 AC ⅋ ⇆ P VISA ⓒⓒ AE ⓞ ⓺
via Capolungo 15 – ℰ 0 10 32 32 00 – www.villapagoda.it
Rist – Carta 44/70 €
 ◆ Se l'architettura che ospita questo ristorante è una celebrazione dell'Oriente, la cucina si riappropria dell'identità locale con piatti regionali e i classici italiani. Splendida terrazza estiva ed ambienti raffinati.

🍴🍴 The Cook (Ivano Ricchebono)   AC VISA ⓒⓒ AE ⓞ ⓺
ɛʒ *via Marco Sala 77/79 r* – ℰ 01 03 20 29 52 – www.thecook.it
 – chiuso 1 settimana in marzo, 2 settimane in luglio e lunedì
Rist – *(chiuso a mezzogiorno escluso sabato e domenica)* (consigliata la prenotazione) Menu 60 € – Carta 42/87 €
Spec. Variazione di gambero di Santa Margherita. Gnocchetti di patate, capasanta affumicata e barbabietola rossa. Novellame croccante, zabaione all'aceto balsamico.
 ◆ Lungo la strada che attraversa il centro di Nervi, la cucina sposa le irrinunciabili tradizioni liguri, ma le svecchia, reinterpretandole e alleggerendole. Una successione di piatti che sono lo specchio del locale, informato ad un design moderno ed elegante.

▶ Roma 600 – Milano 25 – Como 45 – Novara 34

🏠 Antica Locanda del Villoresi   AC ⓣ P VISA ⓒⓒ AE ⓞ ⓺
strada statale Sempione 4 – ℰ 03 31 55 94 50 – www.locandavilloresi.it – chiuso agosto
16 cam ☲ – ♦55/120 € ♦♦70/150 €
Rist *Antica Locanda del Villoresi* – vedere selezione ristoranti
 ◆ Lungo la strada del Sempione, una vecchia cascina completamente ristrutturata propone spazi interni dal design contemporaneo, arredi chiari e luminosi.

X **Antica Locanda del Villoresi** – Hotel Antica Locanda del Villoresi
strada statale Sempione 4 – ℰ 03 31 55 94 50   AC ⅏ ℀ rist. VISA ⑤ AE ① ⑤
– *www.locandavilloresi.it* – *chiuso dal 6 al 27 agosto,* sabato a mezzogiorno
e lunedì
Rist – Carta 29/59 €
♦ Tante specialità d'impronta mediterranea in un caratteristico ristorante, le cui
ampie vetrate affacciate sul canale Villoresi offrono un simpatico scorcio della Pianura
Padana. Piatti di pesce, pasta fresca e dolci fatti in casa, fra gli highlights del menu.

NETTUNO – Roma (RM) – **563** R19 – **46 847 ab.** – ⊠ 00048 ▮ Italia   **13** C3
▶ Roma 55 – Anzio 3 – Frosinone 78 – Latina 22

🏠 **Astura Palace Hotel**   ⇐ 🚗 ⅙ AC ⅏ rist. ℀ 🛎 VISA ⑤ AE ① ⑤
viale Matteotti 75 – ℰ 0 69 80 56 54 – *www.asturapalace-hotel.it*
57 cam ⚏ – ♦105/160 € ♦♦165/230 € – 4 suites – ½ P 118/150 €
Rist – *(aprile-settembre)* Menu 30 €
♦ Di fronte al porto turistico, nella zona più elegante e commerciale della città, un
moderno ed imponente albergo, particolarmente indicato per una clientela d'affari.

NEVIANO DEGLI ARDUINI – Parma (PR) – **561** I12 – **3 742 ab.**   **8** B2
– alt. 517 m – ⊠ 43024
▶ Roma 463 – Parma 32 – Modena 65 – Reggio nell'Emilia 35
🇮 via Capetta 1, ℰ 0521 84 01 51, www.monefuso.it

XX **Trattoria Mazzini**   🌳 AC ⅏ ⇔ VISA ⑤ AE ⑤
via Ferrari 84 – ℰ 05 21 84 31 02 – *chiuso 10 giorni in ottobre, lunedì e martedì*
Rist – Carta 30/40 €
♦ Cucina del territorio in una deliziosa saletta caratterizzata da quadri e ceramiche, nonché curiose composizioni di frutta e fiori secchi. Se la stagione lo permette,
non esitate a prendere posto all'aperto, sulla fresca terrazza cinta da belle fioriere.

NEVIGLIE – Cuneo (CN) – **428 ab.** – ⊠ 12050   **25** C2
▶ Roma 662 – Torino 98 – Cuneo 78 – Asti 36

XX **Locanda San Giorgio** con cam   ⇐ 🌳 ☰ AC ℀ P VISA ⑤ AE ① ⑤
località Castellero 9 – ℰ 01 73 63 01 15 – *www.locandasangiorgio.it* – *chiuso
gennaio-febbraio*
14 cam ⚏ – ♦70 € ♦♦95 € – 2 suites – ½ P 60 €   **Rist** – Carta 66/149 €
♦ Raffinato ristorante situato fuori paese, nella splendida e tranquilla cornice
delle Langhe, propone piatti tradizionali a base di funghi e tartufi. Questo casolare ottocentesco, che un tempo è stato convento per frati, propone camere personalizzate e molto carine.

NIBIONNO – Lecco (LC) – ⊠ 23895   **18** B1
▶ Roma 620 – Milano 44 – Lecco 21 – Monza 24

🏠 **La California Relais** ℅   ⇐ 🚗 ☰ 🎐 🚇 ⅙ AC ℀ ℀ 🛎 P
località California 2 – ℰ 0 31 69 09 12   VISA ⑤ AE ⑤
– *www.relaislacalifornia.it*
20 cam ⚏ – ♦95/120 € ♦♦120/150 €
Rist *I Melograni* – vedere selezione ristoranti
♦ Lunghi anni di restauri e poi il fiocco azzurro per questo relais immerso nel
verde e dagli ambienti personalizzati: la maggior parte delle eleganti camere si
trovano nel corpo centrale, le rimanenti in una dépendance di fronte alla piscina.
Percorso vita nel giardino, centro benessere e vista pregevole.

XXX **I Melograni**   🌳 ⅙ AC ⅏ P VISA ⑤ AE ⑤
località California 2 – ℰ 0 31 69 11 03 – *www.ristoranteimelograni.com*
Rist – Carta 52/67 €
♦ All'interno del suggestivo relais La California, il ristorante propone la tradizionale cucina del territorio con i suoi ineguagliabili sapori rivisitati in chiave
moderna. Ambiente elegante.

NICASTRO – Catanzaro (CZ) – **564** K30 – Vedere Lamezia Terme

NICOLOSI Sicilia – Catania (CT) – 365 AZ58 – 7 092 ab. – alt. 700 m   40 D2
– ✉ 95030 ▯ Sicilia

▶ Catania 16 – Enna 96 – Messina 89 – Siracusa 79

ℹ via Martiri d'Ungheria 38, ✆ 095 91 15 05, www.regione.sicilia.it

a Piazza Cantoniera Etna Sud Nord : 18 km – alt. 1 881 m

🏠   **Corsaro** ⤢   ⟨ ⚅ ¶ **P** 🚗 **VISA** 👁 **AE** ⚄
       piazza Cantoniera – ✆ 0 95 91 41 22 – www.hotelcorsaro.it – chiuso dal
       15 novembre al 24 dicembre
       17 cam ⚏ – †65/75 € ††90/100 € – ½ P 70 €   **Rist** – Carta 23/44 €
       ♦ In un paesaggio lunare di terreno lavico, è quasi un rifugio con vista su un
       quarto della Sicilia, mare e Calabria da alcune camere del secondo piano. Impianti
       di risalita nelle vicinanze. Gli autentici sapori locali nel capiente ristorante. Prover-
       biali: le paste, i funghi e le grigliate di carne.

NIEVOLE – Pistoia (PT) – Vedere Montecatini Terme

NIZZA MONFERRATO – Asti (AT) – 561 H7 – 10 502 ab. – alt. 138 m   25 D2
– ✉ 14049

▶ Roma 604 – Alessandria 32 – Asti 28 – Genova 106

🏠   **Agriturismo Tenuta la Romana** senza rist ⤢   ⟨ 🚗 ⌿ ⅏ **AC** ¶
       strada Canelli 59, Sud : 2 km – ✆ 01 41 72 75 21   ♨ **P** **VISA** 👁 **AE** ⚄
       – www.tenutalaromana.it – chiuso dal 4 gennaio al 3 febbraio
       12 cam ⚏ – †80/130 € ††120/175 €
       ♦ Una breve strada in salita è sufficiente per abbandonare la zona industriale di
       Nizza e raggiungere un panoramico edificio settecentesco dagli ampi e gradevoli
       spazi comuni, sia interni sia esterni. Risorsa ben strutturata per l'organizzazione di
       meeting e banchetti.

NOALE – Venezia (VE) – 562 F18 – 15 749 ab. – alt. 18 m – ✉ 30033   36 C2
▶ Roma 522 – Padova 25 – Treviso 22 – Venezia 20

🏨   **Due Torri Tempesta**   🛗 ⅙ cam, **AC** ⌿ ¶ ♨ **P** **VISA** 👁 **AE** ⓘ ⚄
🏘   via dei Novale 59 – ✆ 04 15 80 07 50 – www.hotelduetorritempesta.it – chiuso
       dal 1° al 9 gennaio e dal 10 al 20 agosto
       40 cam ⚏ – †55/75 € ††83/105 € – ½ P 80 €
       Rist – (chiuso domenica) Carta 23/36 €
       ♦ Poco fuori dal centro, hotel dall'originale design d'impronta contemporanea
       con piacevoli spazi nei quali predomina il legno elaborato anche in alcuni piloni
       dalle geometrie particolari. Una sorta di curiosa "ossatura" centrale in legno cur-
       vato domina la sala da pranzo.

NOBIALLO – Como (CO) – 561 D9 – Vedere Menaggio

NOCERA SUPERIORE – Salerno (SA) – 564 E26 – 24 117 ab.   6 B2
– alt. 70 m – ✉ 84015

▶ Roma 246 – Napoli 43 – Avellino 36 – Salerno 15

🏨   **Villa Albani**   🚗 ⅉ 🛗 **AC** ⌿ ¶ **P** **VISA** 👁 **AE** ⓘ ⚄
       via Pecorari 65 – ✆ 08 15 14 34 37 – www.villaalbani.it
       26 cam ⚏ – †95 € ††130 € – 4 suites
       Rist – (prenotazione obbligatoria) Carta 30/45 €
       ♦ Nel centro storico, questa recente e signorile risorsa dispone di camere confor-
       tevoli e di un curato giardino con piscina: piacevole isola di tranquillità.

XX   **La Fratanza**   🚗 🏠 **AC** **P** **VISA** 👁 **AE** ⓘ ⚄
       via Garibaldi 9 – ✆ 08 19 36 83 45 – www.lafratanza.it – chiuso sabato a
       mezzogiorno, domenica sera, lunedì
       Rist – Carta 22/39 €
       ♦ Locale a gestione familiare, ubicato in una zona tranquilla fuori dal centro.
       L'esterno è circondato dal giardino, all'interno una sala di tono rustico con arredi
       curati.

X **Luna Galante** 🏠 🅰️ 🕏 🅿️ 🆅🅸🆂🅰️ ⊕ 🅰️🅴 ⓞ ⚓
😊 via Santa Croce 13 – ℰ 08 15 17 60 65
– www.lunagalante.it – chiuso dal 24 dicembre al 2 gennaio e lunedì
Rist – Carta 19/35 €
♦ Al confine con Nocera Inferiore, in posizione tranquilla, ristorante dalla motivata gestione familiare. Proposte del territorio, arricchite da fantasia e ottime
materie prime.

NOCI – Bari (BA) – **564** E33 – 19 410 ab. – alt. 420 m – ✉ 70015   27 C2
🚩 Roma 497 – Bari 49 – Brindisi 79 – Matera 57
🛈 piazza Plebiscito 43, ℰ 080 4 97 88 89, www.noci.it

🏘️ **Abate Masseria** 🌿 🚗 🏠 ⌛ 🕏 🕭 cam, 🅰️ 🕏 🕲 🅿️ 🆅🅸🆂🅰️ ⊕ 🅰️🅴 ⓞ ⚓
strada provinciale per Massafra km 0,300, Sud-Est: 1 km
– ℰ 08 04 97 82 88 – www.abatemasseria.it
– aprile-ottobre
8 cam ⌛ – ♦75/140 € ♦♦100/218 € – ½ P 80/139 €
Rist *Il Briale* – (chiuso novembre e mercoledì) Carta 32/53 €
♦ Bel complesso agricolo con edifici in tufo e trulli intorno a un curato giardino
cinto da mura. Le camere affacciate sul prato - alcune di esse con un proprio spazio riservato – vantano una tenuta perfetta e bei mobili. Per chi non rinuncia allo
sport neanche in vacanza: piscina, campo da tennis e da calcetto.

🏠 **Cavaliere** 🛗 🕭 🅰️ 🕏 🕮 🅿️ 🏠 🆅🅸🆂🅰️ ⊕ 🅰️🅴 ⓞ ⚓
via Tommaso Siciliani 47 – ℰ 08 04 97 75 89
– www.hotelcavaliere.it
33 cam ⌛ – ♦70/80 € ♦♦80/140 € – 3 suites – ½ P 65/95 €
Rist – (chiuso domenica sera) Menu 25 € bc (pranzo)/35 € bc
♦ Una completa ristrutturazione ha riconsegnato un albergo accogliente, con
stanze eleganti dalle linee classiche e una bella terrazza per piacevoli serate o
per il relax. Due ampie sale da pranzo, molto luminose.

🏠 **Agriturismo Le Casedde** 🚗 ⌛ 🕏 🏕️ 🕏 🅿️
🏡 strada provinciale 239 km 12,800, Ovest : 2,5 km – ℰ 0 80 49 78 94 6-
– www.lecasedde.com
8 cam ⌛ – ♦60/68 € ♦♦72/78 € – ½ P 65 €
Rist – (chiuso domenica sera) (chiuso a mezzogiorno escluso domenica)
(prenotazione obbligatoria) Menu 25 €
♦ All'interno di caratteristici trulli, una risorsa agrituristica semplice nelle
strutture, ma con piacevoli interni d'ispirazione contemporanea, curati e
accoglienti. Piatti preparati con prodotti locali, nella sala ristorante con
camino centrale.

X **L'Antica Locanda** 🏠 🅰️ 🕏 🆅🅸🆂🅰️ ⊕ 🅰️🅴 ⓞ ⚓
via Spirito Santo 49 – ℰ 08 04 97 24 60
– www.pasqualefatalino.it – chiuso domenica sera, martedì
Rist – Carta 22/40 €
♦ In uno dei vicoli del caratteristico borgo - sotto volte in tufo - i sapori autentici
della regione ispirano la cucina, elaborata partendo dai prodotti di questa terra.
Stile rustico e allegre tovaglie colorate.

a Montedoro Sud-Est : 3 km – ✉ 70015 Noci

XX **Il Falco Pellegrino** 🚗 🏠 🕭 🅰️ 🕏 🅿️ 🆅🅸🆂🅰️ ⊕ 🅰️🅴 ⓞ ⚓
zona B 47/c – ℰ 08 04 97 43 04
– www.ilfalcopellegrino.com – chiuso domenica sera, lunedì
Rist – Carta 23/43 €
♦ Ristorante all'interno di una bella villetta nel cuore della campagna, propone specialità di pesce e proposte di cucina locale; invitante servizio estivo
in giardino.

NOICATTARO – Bari (BA) – 564 D32 – 25 603 ab. – ⌧ 70016 27 C2
▶ Roma 449 – Bari 19 – Taranto 92 – Barletta 82

🏛️ UNA Hotel Regina ⌘ 🚗🏠♨️🗄️📺🛁📶👥⚕️🅰️🅲️♿️🏊‍♀️🅿️
strada provinciale Torre a Mare – ℰ 08 05 43 09 07 💳 🆚 ® 🅰🅴 ⓄⓈ
– www.unahotelregina.com
100 cam ⌁ – ♦80/250 € ♦♦100/300 € – 20 suites – ½ P 75/175 €
Rist – Carta 26/47 €
♦ Suggestiva riproduzione di un borgo in pietra, lo stile piacevolmente rustico si coniuga con la vocazione sportiva: 400 m2 di palestra, piscine semiolimpioniche e vasca con acqua termale.

NOLA – Napoli (NA) – 564 E25 – 32 759 ab. – alt. 34 m – ⌧ 80035 6 B2
▶ Roma 217 – Napoli 33 – Benevento 55 – Caserta 34

🍴 Le Baccanti 🏠🅰🅲🆚 ® 🅰🅴 ⓄⓈ
via Puccini 5 – ℰ 08 15 12 21 17 – chiuso dal 24 al 25 dicembre, dal 10 al 13 aprile, dal 7 al 26 agosto, domenica sera, lunedì
Rist – Carta 35/62 €
♦ Semplice locale dotato di due grandi finestre che si affacciano sulle cucine, dalle quali giungono piatti fantasiosi in cui tradizione e creatività diventano un tutt'uno; servizio informale.

NOLI – Savona (SV) – 561 J7 – 2 872 ab. – ⌧ 17026 ▌ Liguria 14 B2
▶ Roma 563 – Genova 64 – Imperia 61 – Milano 187
🈁 corso Italia 8, ℰ 019 7 49 90 03, www.visitriviera.it
◉ Chiesa di S. Paragorio ★

🏨 Italia senza rist ⪡ 🖕♿️🅰🅲 📶 🆚 🆚 ® 🅰🅴 ⓈⓈ
corso Italia 23 – ℰ 0 19 74 83 26 – www.hotelitalianoli.com – chiuso novembre
16 cam ⌁ – ♦90/130 € ♦♦110/170 € – 3 suites
♦ Nel centro di Noli, ma affacciato sul mare, questo hotel rinnovato in anni recenti propone ambienti comuni e camere arredate in modo moderno e dalle calde tonalità.

🏠 Residenza Palazzo Vescovile ⪡ 🆚 🆚 ® 🅰🅴 ⓈⓈ
piazzale Rosselli – ℰ 01 97 49 90 59 – www.hotelvescovado.it – chiuso dal 5 novembre al 6 dicembre
7 cam ⌁ – ♦90/160 € ♦♦140/220 € – 5 suites – ½ P 120/160 €
Rist Il Vescovado-La Fornace di Barbablù – vedere selezione ristoranti
♦ Una suggestiva e indimenticabile vacanza nell'antico Palazzo Vescovile, in ambienti ricchi di fascino: alcuni impreziositi da affreschi e con splendidi arredi d'epoca. Vista sublime dalle terrazze.

🍴🍴🍴 Il Vescovado-La Fornace di Barbablù – 8 Residenza Palazzo Vescovile
❀ piazzale Rosselli – ℰ 01 97 49 90 59 🏠 🆚 ⟷ 🆚 ® 🅰🅴 ⓈⓈ
– www.ristorantevescovado.it – chiuso mercoledì a mezzogiorno, anche martedì a mezzogiorno in luglio-agosto, tutto il giorno negli altri mesi
Rist – Menu 30 € (pranzo)/60 € – Carta 60/90 €
Spec. Cappon Magro. Palamita in crosta di pane con maionese di bottarga. Tortelli di pesto e formaggio zuncà (giuncata) su fonduta di cuori di bue.
♦ Tre deliziose salette all'interno del prestigioso complesso architettonico noto come Palazzo Vescovile e nel periodo estivo un piacevole servizio in terrazza con vista mare. Curiosi di saperne di più circa la cucina? Decisamente ligure, con qualche apprezzabile tocco estroso.

🍴 Nazionale 🅰🅲 🆚 ® ⓈⓈ
corso Italia 37 – ℰ 0 19 74 88 87 – chiuso 1 settimana in maggio, dal 15 ottobre al 24 dicembre e lunedì
Rist – Carta 40/55 €
♦ Lungo la statale, all'estremità della località, locale di lunga tradizione familiare "vecchia maniera". Preparazioni semplici, sapori netti, porzioni abbondanti.

NOLI

a **Voze** Nord-Ovest : 4 km – ⊠ 17026 Noli

%% **Lilliput** 🚗 🛱 AC P VISA ⓭ AE ♿
via Zuglieno 49 – ℰ 0 19 74 80 09 – chiuso dal 9 gennaio al 10 febbraio, dal 5 al 30 novembre, lunedì
Rist – *(chiuso a mezzogiorno escluso sabato e i giorni festivi)* Carta 45/73 €
♦ In una piacevole casa circondata da un giardino ombreggiato con minigolf, un locale dall'ambiente curato che propone piatti di mare; servizio estivo in terrazza.

NONANTOLA – Modena (MO) – **562** H15 – 15 361 ab. – alt. 24 m   **9** C3
– ⊠ 41015 ▌ Italia
▶ Roma 415 – Bologna 34 – Ferrara 62 – Mantova 77
◉ Sculture romaniche★ nell'abbazia

a **Rubbiara** Sud: 7 km – ⊠ 41015

% **Osteria di Rubbiara** 🛱 ⅌ P VISA ⓭
via Risaia 2/4 – ℰ 0 59 54 90 19 – www.acetaiapedroni.it – chiuso dal 20 dicembre al 10 gennaio, agosto e martedì
Rist – *(chiuso la sera escluso venerdì e sabato)* (prenotazione obbligatoria)
Menu 20 € bc/35 € bc – Carta 18/29 €
♦ In aperta campagna, osteria pluricentenaria dall'ambiente tipico, con sala in stile rustico; annessa l'azienda agricola per la produzione di vino e aceto balsamico, visitabile previo appuntamento.

NORCIA – Perugia (PG) – **563** N21 – 4 990 ab. – alt. 604 m – ⊠ 06046   **33** D2
▌ Italia Centro Nord
▶ Roma 157 – Ascoli Piceno 56 – L'Aquila 119 – Perugia 99
◉ Località★
◉ Parco dei Monti Sibillini★

🏨 **Palazzo Seneca** 🚗 🛱 ♿ AC ⅜ ⅌ VISA ⓭ AE ⓪ ♿
via Cesare Battisti 10 – ℰ 07 43 81 74 34 – www.palazzoseneca.com
24 cam ⬚ – ♦112/260 € ♦♦140/325 € – 1 suite
Rist *Vespasia* – vedere selezione ristoranti
♦ Nel cuore di Norcia, una deliziosa risorsa all'interno di un palazzo storico: arredi in stile, a partire dalla bella ed ampia hall sino alle camere, tutte personalizzate e di ottima fattura.

🏨 **Salicone** senza rist 🚗 ⅃ ⬚ 🛱 ⅙ ⅞ 🛉 ♿ AC ⅛ 🏊 P ⇆
viale Umbria – ℰ 07 43 82 80 81 – www.bianconi.com VISA ⓭ AE ⓪ ♿
71 cam ⬚ – ♦67/118 € ♦♦84/148 €
♦ Alle porte della cittadina - nei pressi del centro sportivo - questa struttura è particolarmente indicata per una clientela d'affari con ambienti comuni ridotti, ma camere ampie dagli arredi classici e provviste di uno spazioso piano di lavoro.

🏨 **Grotta Azzurra** 🛉 AC ⅞ 🏊 VISA ⓭ AE ⓪ ♿
via Alfieri 12 – ℰ 07 43 81 65 13 – www.bianconi.com
46 cam ⬚ – ♦47/90 € ♦♦59/113 € – 4 suites – ½ P 95 €
Rist *Granaro del Monte* ⊕ – vedere selezione ristoranti
♦ Semplice alberghetto in pieno centro storico, in un edificio d'epoca, dove è stata ricreata l'atmosfera del tempo passato con arredi in stile antico; camere funzionali.

🏠 **Agriturismo Casale nel Parco dei Monti Sibillini** ⅖ ⇐
Località Fontevena 8, Nord : 1,5 km 🚗 🛱 ⅃ ♿ P VISA ⓭ ♿
– ℰ 33 56 58 67 36 – www.casalenelparco.com – chiuso dal 12 novembre al 6 dicembre
15 cam ⬚ – ♦70/90 € ♦♦90/110 € – 2 suites – ½ P 70/80 €
Rist – *(chiuso lunedì)* (consigliata la prenotazione) Carta 25/41 €
♦ Casa colonica trasformata in agriturismo: il corpo centrale, i pollai e la stalla sono stati riconvertiti in camere con letti a baldacchino e travi a vista. Alcune di esse attrezzate con angolo cottura, ma per tutti c'è a disposizione una cucina per preparare le pappe ai bimbi o una tisana.

XXX Vespasia – Hotel Palazzo Seneca

via Cesare Battisti 10 – ℰ 07 43 81 74 34 – www.palazzoseneca.com – chiuso dal 9 al 26 gennaio

Rist – Carta 46/112 €

♦ Il piccolo orto delle erbe nel cortile del palazzo rappresenta il rispetto della tradizione, le proposte di cucina partono da qui per elaborare anche gusti e abbinamenti innovativi. Il contesto, nel cuore della terra del tartufo nero, è affascinante, un saggio mix tra rispetto per le architetture originarie e moderno confort.

XX Taverna de' Massari

via Roma 13 – ℰ 07 43 81 62 18 – www.tavernademassari.com – chiuso martedì escluso dal 15 luglio al 15 settembre

Rist – Carta 21/49 €

♦ Taverna nel cuore della località: una piccola saletta con tre tavoli, da cui si accede alla sala principale, con soffitti ad arco e affreschi; piatti della tradizione.

X Granaro del Monte – Hotel Grotta Azzurra

via Alfieri 12 – ℰ 07 43 81 65 13 – www.bianconi.com

Rist – Carta 19/52 €

♦ Pietra miliare nella storia della ristorazione della regione, una bella sala da pranzo dominata da un grande e scoppiettante caminetto con le antiche volte che fanno da sfondo ad un ambiente vivo ed accogliente, un bancone utilizzato per i salumi. Dalla cucina escono i piatti della tradizione locale.

X Beccofino

piazza San Benedetto 12/b – ℰ 07 43 81 60 86 – chiuso mercoledì

Rist – (consigliata la prenotazione) Menu 50 € – Carta 28/45 € ♨

♦ Cucina della tradizione in un locale situato all'ombra della statua di S. Benedetto: due salette contigue, semplici nello stile senza tanti orpelli, ma solo un grande affresco ad impreziosire una delle pareti ed una cantina con oltre 250 etichette. Alla Dispensa di Beccofino è possibile invece acquistare salumi, formaggi, confetture e golosità varie.

NOSADELLO – Cremona (CR) – Vedere Pandino

NOTARESCO – Teramo (TE) – **563** O23 – 6 999 ab. – alt. 267 m – ✉ 64024   1 B1

🚗 Roma 180 – Ascoli Piceno 59 – Chieti 55 – Pescara 42

sulla strada statale 150 Sud : 5 km :

XX 3 Archi

via Antica Salara 25 ✉ 64024 – ℰ 0 85 89 81 40 – www.trearchi.net – chiuso novembre, martedì sera e mercoledì

Rist – Carta 22/40 €

♦ Locale caldo ed accogliente, caratterizzato da un grande disimpegno arredato in stile rustico e due sale con spazio per la cottura di carni alla griglia. Cucina abruzzese e teramana.

NOTO Sicilia – Siracusa (SR) – **365** AZ62 – 23 900 ab. – alt. 152 m   40 D3
– ✉ 96017   ▮ Sicilia

🚗 Catania 88 – Ragusa 54 – Siracusa 32

🛈 piazza XVI Maggio, ℰ 0931 57 37 79, www.pronoto.it

◎ Località ★★ - Centro Barocco ★★ - Cattedrale ★★ - Piazza Municipio ★ – Balconi ★★★ di Palazzo Nicolaci di Villadorata - Via Nicolaci ★ - Chiesa di S. Domenico ★

🄶 Cava Grande del Cassìbile ★★: 19 km nord

a Lido di Noto Sud-Est : 7,5 km – ⊠ 96017 Noto

La Corte del Sole ⧖ ⬅ ⧖ ⧖ ⥥ 🅰 ⧖ 🅿 VISA ⦿ 🆎 ⦿ ⧖

*contrada Bucachemi, località Eloro-Pizzuta – ℰ 09 31 82 02 10
– www.lacortedelsole.it – marzo-5 novembre*
34 cam ⊡ – ╬68/124 € ╬╬104/206 € – ½ P 82/132 € **Rist** – Carta 24/42 €
♦ Tipica struttura siciliana ottocentesca con baglio interno: camere accoglienti, ma il punto forte è un panoramico giardino-terrazza su campagna e mare. Il caratteristico ristorante è stato ricavato all'interno del vecchio frantoio.

Villa Mediterranea senza rist ⧖ ⧖ 🅰 ⥥ 〽️ 🅿 VISA ⦿ ⧖

viale Lido – ℰ 09 31 81 23 30 – www.villamediterranea.it – aprile-novembre
15 cam ⊡ – ╬70/150 € ╬╬90/180 €
♦ Struttura che di recente ha pressoché raddoppiato la propria capacità ricettiva, mantenendo però intatto lo spirito d'accoglienza familiare. Accesso diretto alla spiaggia.

NOVACELLA (NEUSTIFT) – Bolzano (BZ) – **562** B16 – alt. 590 m   **31** C1
– Sport invernali : La Plose-Plancios : 1 503/2 500 m ⛷ 1 ⫟9 (Comprensorio Dolomiti superski Val d'Isarco) ⤳ – ⊠ 39040 ▌ Italia Centro Nord
▶ Roma 685 – Bolzano 44 – Brennero 46 – Cortina d'Ampezzo 112
◉ Abbazia ★★

Pacherhof ⧖ ⬅ ⧖ ⥥ 🔲 ⦿ 〽️ ⧖ cam, 🅿 VISA ⦿ ⧖

*vicolo Pacher 1, località Varna – ℰ 04 72 83 57 17 – www.pacherhof.com
– chiuso dal 15 gennaio al 5 marzo*
27 cam ⊡ – ╬63/70 € ╬╬110/150 € – 5 suites – ½ P 80/100 €
Rist – (prenotazione obbligatoria) Menu 34/58 €
♦ Splendidamente rinnovata tra vigneti dei bianchi dell'Alto Adige, questa bella casa in stile garantisce piacevoli soggiorni conditi con una sana eleganza agreste. Cucina servita in tre caratteristiche stube antiche.

Pacher ⧖ ⧖ 🔲 〽️ ⧖ ⧖ 🅿 VISA ⦿ 🆎 ⧖

*via Pusteria 6 – ℰ 04 72 83 65 70 – www.hotel-pacher.com – chiuso dal
7 novembre al 3 dicembre*
35 cam ⊡ – ╬60/85 € ╬╬110/150 € – 2 suites – ½ P 70/90 €
Rist – (chiuso lunedì) Carta 29/71 €
♦ Sarà piacevole soggiornare in questa struttura circondata dal verde, con gradevoli interni in moderno stile tirolese e ariose camere. Ampia sala da pranzo completamente rivestita in legno; servizio ristorante estivo in giardino.

Ponte-Brückenwirt ⧖ ⧖ ⥥ 🔲 ⧖ ⧖ rist, 〽️ cam, 🅿 VISA ⦿ ⦿ ⧖

*via Abbazia 2 – ℰ 04 72 83 66 92 – www.hotel-brueckenwirt.com – chiuso dal
20 gennaio al 18 marzo*
12 cam ⊡ – ╬45/50 € ╬╬84/94 € – ½ P 62 €
Rist – (chiuso mercoledì) Carta 22/36 €
♦ A pochi passi dalla famosa abbazia, hotel immerso in un piccolo parco con piscina riscaldata: accoglienti spazi comuni arredati in stile locale, belle camere mansardate. Grande e luminosa sala ristorante, servizio all'aperto nella bella stagione.

NOVAFELTRIA – Rimini (RN) – **563** K18 – 7 343 ab. – alt. 275 m   **9** D3
– ⊠ 61015
▶ Roma 315 – Rimini 32 – Perugia 129 – Pesaro 83

✕✕ Due Lanterne con cam ⧖ ⬅ ⧖ 〽️ 🅿 VISA ⦿ 🆎 ⧖

*frazione Torricella 215, Sud : 2 km – ℰ 05 41 92 02 00 – chiuso dal 23 al
31 dicembre*
12 cam ⊡ – ╬45 € ╬╬65 € – ½ P 55 €
Rist – (chiuso lunedì) (consigliata la prenotazione) Carta 18/27 €
♦ Cucina regionale con tante specialità al tartufo in un ambiente caldo ed accogliente: una sala rivolta verso la vallata e le colline circostanti, curata nell'arredamento come nella tenuta. Terrazza e dehors estivo.

✗ Del Turista-da Marchesi 🛱 ⇔ 𝐏 𝘃𝘪𝘴𝘢 ⓪ ⓘ ♿

località Cà Gianessi 7, Ovest : 4 km – 𝒞 *05 41 92 01 48* – *www.damarchesi.it*
– *chiuso dal 20 giugno al 5 luglio e martedì escluso luglio-agosto*
Rist – Carta 17/43 €
♦ Tra Marche e Romagna, un rifugio per chi riconosce la buona cucina, quella
attenta a ciò che la tradizione ha consegnato. Piacevole l'ambiente, di tono
rustico, riscaldato da un caminetto in pietra.

NOVA LEVANTE (WELSCHNOFEN) – Bolzano (BZ) – 562 C16   31 D3
– 1 922 ab. – alt. 1 182 m – **Sport invernali : 1 182/2 350 m ☃ 11 (Vedere anche**
Carezza al Lago e passo di Costalunga) ⚐ – ✉ 39056 📗 Italia Centro Nord

▶ Roma 665 – Bolzano 19 – Cortina d'Ampezzo 89 – Milano 324

ⓘ via Carezza 21, 𝒞 0471 61 31 26, www.carezza.com

⛳ Carezza via Carezza 171, 0471 612200, www.carezzagolf.com – maggio-ottobre

Ⓖ Lago di Carezza★: 5,5 km sud-est

🏠 Engel ⚘ ← 📨 🛱 📺 ⊕ 🎵 ʄ₃ ✗ 🛎 ♿ cam, 🛗 🖨 cam, ↳ ✗ rist, 🎙 𝐏

via San Valentino 3 – 𝒞 *04 71 61 31 31*   𝘃𝘪𝘴𝘢 ⓪ 𝘈𝘌 ⓘ ♿
– *www.hotel-engel.com* – *chiuso dal 12 aprile al 15 maggio*
65 cam ☲ – †90/213 € ††180/315 € – 2 suites – ½ P 138/168 €
Rist Johannes-Stube❀ – vedere selezione ristoranti
Rist – *(solo per alloggiati)*
♦ Belle camere, spaziose e signorili (da preferire le ultime rinnovate), in un hotel
che offre servizi completi ed un centro benessere tra i più belli della zona.

✗✗✗ Johannes-Stube – Hotel Engel ✗ 𝘃𝘪𝘴𝘢 ⓪ 𝘈𝘌 ⓘ ♿

via San Valentino 3 – 𝒞 *04 71 61 31 31* – *www.hotel-engel.com* – *chiuso*
dal 14 aprile al 15 maggio e martedì
Rist – (consigliata la prenotazione) Menu 58 € – Carta 42/72 €
Spec. Pappardelle fatte in casa con ragù di selvaggina. Risotto con confit di
pomodori, formaggio fresco di capra e timo su ragù di capretto. Filetto di manzo
in crosta di sale e pino mugo.
♦ Tanto legno e tipicità in una bella stube: alla modernità ci pensa il navigato
chef, Markus Baumgartner, che con la sua tecnica ed abilità sa lavorare al meglio
le ottime materie prime. Segue la sala, con cortesia e professionalità, la moglie.

NOVA PONENTE (DEUTSCHNOFEN) – Bolzano (BZ) – 562 C16   31 D3
– 3 876 ab. – alt. 1 357 m – **Sport invernali : a Obereggen : 1 512/2 500 m ☃ 1 ☃7**
(Comprensorio Dolomiti superskiVal di Fassa-Obereggen) ⚐ – ✉ 39050

▶ Roma 670 – Bolzano 25 – Milano 323 – Trento 84

ⓘ via Centro 9/a, 𝒞 0471 61 65 67, www.eggental.com

⛳ Petersberg Unterwinkel 5, 0471 61512, www.golfclubpetersberg.it – 17 aprile-
7 novembre

🏠 Pfösl ⚘ ← 📨 🛱 📺 ⊕ 🎵 ʄ₃ 🖨 ♿ cam, 🛎 ✗ rist, 𝐏 𝘃𝘪𝘴𝘢 ⓪

via rio Nero 2, Est : 1,5 km – 𝒞 *04 71 61 65 37* – *www.pfoesl.it*
– *7 dicembre-25 aprile e 15 maggio-7 novembre*
34 cam ☲ – †115/200 € ††170/280 € – 10 suites – ½ P 99/150 €
Rist – Carta 39/49 €
♦ Grande casa in stile montano ristrutturata con gusto moderno, in mezzo al
verde, con incantevole veduta delle Dolomiti; camere rinnovate di recente, bel
centro relax. Per soddisfare l'appetito si può optare per la sala con vista sulla
valle o per la stube.

---

a Monte San Pietro (Petersberg)Ovest : 8 km – alt. 1 389 m – ✉ 39050

🏠 Peter ← 📨 🛱 📺 🎵 ✗ 🖨 ✗ 🎙 𝐏 ⊕ 𝘃𝘪𝘴𝘢 ⓪ ♿

Paese 24 – 𝒞 *04 71 61 51 43* – *www.hotel-peter.it* – *chiuso dal 5 al 30 novembre*
38 cam ☲ – †75/85 € ††150/180 € – 2 suites   **Rist** – Menu 27/45 €
♦ Tipico albergo tirolese in una graziosa struttura immersa nel verde e nella tranquillità; romantici spazi interni, camere confortevoli, luminosa zona fitness. Soffitto
in legno a cassettoni nella sala da pranzo.

▌ Italia

▶ Roma 625 – Stresa 56 – Alessandria 78 – Milano 51

🖪 corso Garibaldi 23, 🕿 0321 33 16 20, www.turismonovara.it

🖭 località Castello di Cavagliano, 0321 927834 – chiuso lunedì

◉ Basilica di San Gaudenzio★ AB : cupola★★ – Pavimento★ del Duomo AB

🏩 **La Bussola**   🛗 ও. cam, 🆔 🛜 ⅍ 🆅🅸🆂🅰 ⊙⊙ 🄰🄴 ⓪ ἐ
via Boggiani 54 – 🕿 *03 21 45 08 10*
– *www.labussolanovara.it*   A**c**
94 cam ⊒ – †89/135 € ††114/152 € – 3 suites – ½ P 82/101 €
Rist *Al Vecchio Pendolo* – Carta 33/51 € 🍴

♦ Albergo dallo stile ricercato, un po' barocco, con zone comuni che abbondano di preziosi divanetti, statue liberty ed orologi antichi (vera passione del titolare-collezionista). Generosità di metri quadrati nelle camere e nei bagni. Curato ristorante di tono elegante.

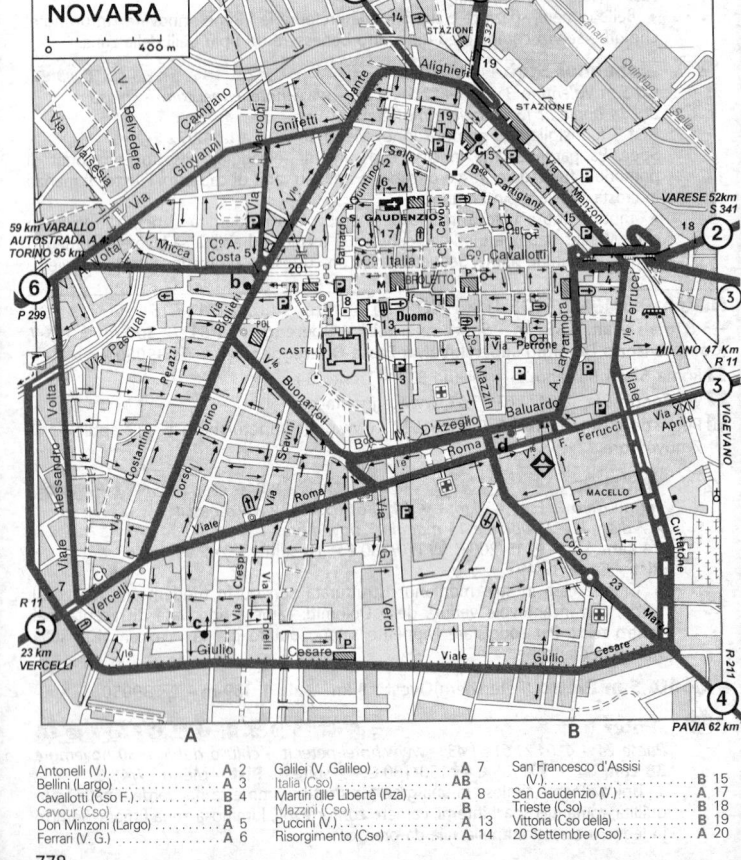

Cavour senza rist ॐ 🍴 🖩 🛗 🌡 🖭 ↔ 🕯 🛜 🆚 🔟 👁 ⚡
via San Francesco d'Assisi 6 – ℰ 03 21 65 98 89 – www.panciolihotels.it
38 cam ⌲ – 🛉80/150 € 🛉🛉100/200 €　　　　　　　　　　　Bc
♦ La bella hall con ampie vetrate affacciate sul piazzale della stazione anticipa lo stile moderno dell'hotel. Taglio contemporaneo e soluzioni di design anche nelle camere, dove il minimalismo delle testiere in legno wengé s'intreccia con l'eleganza degli armadi in legno laccato bianco.

Croce di Malta senza rist 🖨 🖩 🌡 🕯 🖭 🆚 🆗 🖭 ⚡
via Biglieri 2/a – ℰ 0 32 13 20 32 – www.crocedimaltanovara.it – chiuso agosto
20 cam ⌲ – 🛉50/64 € 🛉🛉75/130 € – 2 suites　　　　　　　　Ab
♦ In posizione centrale, un piccolo albergo che dispone di ambienti comuni un po' ridotti, ma camere molto spaziose con mobili classici, angolo salotto e un grande piano di lavoro. Una valida struttura, prevalentemente ad indirizzo business.

XXX **Tantris** (Marta Grassi) con cam 🌡 rist, 🖩 rist, 🌡 rist, 🆚 🆗 🔟 ⚡
€³ *corso Risorgimento 384, località Vignale, Nord: 3 km – ℰ 03 21 65 73 43*
– www.ristorantetantris.com – chiuso dal 1° al 6 gennaio, 3 settimane in agosto, domenica sera, lunedì
2 cam ⌲ – 🛉90 € 🛉🛉120 €
Rist – (consigliata la prenotazione) Menu 60/80 € – Carta 59/82 €
Spec. Essenza di peperone, plin di acciuga, bettelmat. Ricciola cotta in tempura, croccante di porri e gamberi, yogurt e barbabietola. Cremoso al cioccolato, gelato al torrone.
♦ Piatti semplici e sofisticati allo stesso tempo, dove ogni proposta è un delicato equilibrio di diversi ingredienti: carne, pesce, ma anche tanti formaggi.

NOVA SIRI MARINA – Matera (MT) – **564** G31 – 6 725 ab. – ⊠ 75020　　**4** D3
🄳 Roma 498 – Bari 144 – Cosenza 126 – Matera 76

Imperiale 🔥 🖨 🖩 🌡 🕯 🛄 🅿 🛜 🆚 🆗 🖭 ⚡
€³ *via Pietro Nenni – ℰ 08 35 53 69 00 – www.imperialehotel.it*
31 cam ⌲ – 🛉65/80 € 🛉🛉90/120 € – ½ P 60/80 €　　**Rist** – Carta 14/47 €
♦ Imponente struttura con ampi spazi per meeting e banchetti, nonché piacevoli aree comuni in stile contemporaneo. Anche le confortevoli camere ripropongono la modernità della risorsa.

NOVATE MILANESE – Milano (MI) – **561** F9 – 20 160 ab. – ⊠ 20026　**18** B2
🄳 Roma 605 – Milano 14 – Monza 16 – Lodi 59

Domina Inn Milano Fiera 🍴 🖨 🌡 🖩 ↔ 🌡 🕯 🛄 🅿 🛜
　　　　　　　　　　　　　　　　　　　🆚 🆗 🖭 ⚡
via Don Orione 18/20 angolo via Edison
– ℰ 0 03 90 23 56 79 91 – www.dominahotels.com – chiuso dal 20 dicembre al 7 gennaio ed agosto
194 cam ⌲ – 🛉95/359 € 🛉🛉120/419 € – 6 suites　　**Rist** – Carta 34/89 €
♦ Di recente apertura questo moderno hotel business risponde magistralmente alle esigenze di tutti gli operatori del polo fieristico Rho/Pero. A pochi chilometri dal centro di Milano, può essere ideale anche per un turismo*leisure*, che preferisce la sera un luogo più tranquillo rispetto alla movida meneghina.

NOVELLO – Cuneo (CN) – **561** I5 – 1 044 ab. – alt. 471 m – ⊠ 12060　**25** C2
🄳 Roma 620 – Cuneo 63 – Asti 56 – Milano 170
🄶 Vigne del Barolo località Saccati 11, 0173 776893, www.barologolfresort.com

Agriturismo il Noccioleto ॐ 🍴 🛜 🍽 🌡 🖩 🅿 🆚 🆗 ⚡
località Chiarene 4, Ovest: 2,5 km – ℰ 01 73 73 13 23 – www.ilnoccioleto.com – chiuso gennaio-15 febbraio
8 cam ⌲ – 🛉46/70 € 🛉🛉76/120 €
Rist – (chiuso domenica sera e lunedì) (chiuso a mezzogiorno escluso domenica) Menu 30 € bc
♦ Ubicazione ideale per chi cerca quiete e relax, in aperta campagna tra vigne e noccioli, l'agriturismo dispone di camere confortevoli e spazi comuni in quantità. Specialità langarole nelle tre sale ristorante, contraddistinte da nomi di vitigni.

779

NOVENTA DI PIAVE – Venezia (VE) – **562** F19 – **6 721 ab.** 35 A1
– ✉ 30020

▶ Roma 554 – Venezia 41 – Milano 293 – Treviso 30

Omniahotel senza rist *Ġ* 🛗 ⅙ 🅰🅲 ↯ 🍸 🍴 🕍 🅿 🚗 🆅🅸🆂🅰 ⚬⚬ 🅰🅴 ⓪ 🛎
via Rialto 1 – *&* 04 21 30 73 05 – www.omniahotel.com
60 cam ⊑ – ♦55/95 € ♦♦65/150 € – 2 suites
◆ Facile da raggiungere, all'uscita autostradale, hotel di taglio business con spazi comuni confortevoli e stanze di varie tipologie.

Guaiane 🅰🅲 🍸 🅿 🆅🅸🆂🅰 ⚬⚬ 🅰🅴 ⓪ 🛎
via Guaiane 146, Est : 2 km – *&* 0 42 16 50 02 – www.guaiane.com
– chiuso dal 8 al 25 agosto, lunedì, martedì sera
Rist – Carta 29/54 €
Rist L' Ostaria – Carta 25/35 €
◆ In campagna, un locale tradizionale dagli ampi spazi e dalla vasta scelta di piatti sia di carne sia di pesce: quest'ultimo è la specialità della casa. Nata da una piccola bottega e valida alternativa al ristorante, l'Ostaria propone piatti più semplici.

NOVENTA PADOVANA – Padova (PD) – **562** F17 – **10 814 ab.** 36 C3
– alt. 13 m – ✉ 35027 Venezia

▶ Roma 501 – Padova 8 – Venezia 37

Boccadoro 🅰🅲 🍸 ⇔ 🆅🅸🆂🅰 ⚬⚬ 🅰🅴 🛎
via della Resistenza 49 – *&* 0 49 62 50 29 – www.boccadoro.it – chiuso dal 1° al 15 gennaio, dal 5 al 25 agosto, martedì sera e mercoledì
Rist – Menu 45 € – Carta 34/46 € 🕸
◆ Un'intera famiglia al lavoro per proporvi il meglio di una cucina legata al territorio e alle stagioni, in un ambiente curato e piacevole. Degna di nota, la cantina.

NOVENTA VICENTINA – Vicenza (VI) – **562** G16 – **8 800 ab.** 35 B3
– alt. 16 m – ✉ 36025

▶ Roma 479 – Padova 47 – Ferrara 68 – Mantova 71

Alla Busa con cam ⌂ 🛖 *Ġ* 🛗 ⅙ 🅰🅲 🍴 🕍 🅿 🆅🅸🆂🅰 ⚬⚬ 🅰🅴 ⓪ 🛎
corso Matteotti 70 – *&* 04 44 88 71 20 – www.alla-busa.it
18 cam ⊑ – ♦50 € ♦♦80 € – 1 suite – ½ P 65/75 €
Rist – (chiuso lunedì) Carta 29/41 €
◆ Nel centro storico, una struttura a tradizione familiare ampliatasi nel tempo fino alle attuali quattro sale decorate con falsi d'autore. Settore notte con camere eleganti.

Primon con cam 🅰🅲 🆅🅸🆂🅰 ⚬⚬ 🛎
via Garibaldi 6 – *&* 04 44 78 71 49 – www.ristoranteprimon.it
– chiuso dal 1° al 20 agosto
8 cam – ♦35 € ♦♦50 €, ⊑ 5 € **Rist** – (chiuso giovedì) Carta 26/49 €
◆ Ristorante di tradizione familiare dal 1875 con cucina di ispirazione regionale, paste fatte in casa e carni cotte su uno spiedo di origine leonardesca. Ambienti di sobria modernità.

NOVERASCO – Milano (MI) – Vedere Opera

NOVI LIGURE – Alessandria (AL) – **561** H8 – **28 687 ab.** – alt. 197 m 23 C3
– ✉ 15067

▶ Roma 552 – Alessandria 24 – Genova 58 – Milano 87

🛈 viale dei Campionissimi 2, *&* 0143 7 25 85, www.comune.noviligure.al.it

🏌 Colline del Gavi strada Provinciale 2, 0143 342264, www.golfcollinedelgavi.com
– chiuso gennaio e martedì

🏌 Villa Carolina località Villa Carolina 32, 0143 467355, www.golfclubvillacarolina.com
– chiuso gennaio e lunedì

🏠 Relais Villa Pomela ⌖ ≼ 🕭 ⛛ ⟐ 🖐 🛗 ⟨•⟩ 🚗 🅿 💳 ⚈ 🆎 🔥

via Serravalle 69, Sud : 2 km – ℰ 01 43 32 99 10 – www.pomela.it – chiuso dal 25 dicembre al 7 gennaio e dal 1° al 23 agosto
47 cam ⌂ – †90/120 € ††125/200 € – 2 suites – ½ P 103/140 €
Rist Al Cortese – vedere selezione ristoranti

♦ Su di una collina dominante la pianura e la città di Novi, avvolta nel soave silenzio di un parco, questa elegante villa dell'800 dispone di ambienti signorili, sale per congressi, camere accoglienti.

XXX Al Cortese – Hotel Relais Villa Pomela 🕭 ⟐ ⟐ 🖐 🅿 💳 ⚈ 🆎 🔥

via Serravalle 69, Sud : 2 km – ℰ 01 43 32 32 19 – ww.alcortese.com – chiuso dal 25 dicembre al 7 gennaio e dal 1° al 23 agosto
Rist – Carta 35/71 €

♦ Cucina di stampo regionale con qualche rivisitazione ed alcune proposte a base di pesce, in un locale di gusto vagamente british, con ampie vetrate sul bel giardino e dehors per il servizio estivo. Possibilità di visite guidate e degustazioni presso la rimarchevole cantina.

a Pasturana Ovest : 4 km – ✉ 15060

XX Locanda San Martino 🍴 🛗 🅿 💳 ⚈ 🆎 🔥

via Roma 26 – ℰ 0 14 35 84 44 – www.locandasanmartino.com – chiuso dal 17 gennaio all'11 febbraio, 1 settimana in settembre, lunedì sera, martedì
Rist – Carta 34/49 €

♦ Piatti tipici della tradizione piemontese, ligure e lombarda basati essenzialmente su alimenti freschi di stagione in un ambiente simpatico ed elegante nel verde delle colline.

NUCETTO – Cuneo (CN) – **561** I6 – **446 ab.** – **alt. 450 m** – ✉ 12070   **23 C3**
▶ Roma 598 – Cuneo 52 – Imperia 77 – Savona 53

X Osteria Vecchia Cooperativa 🍴 💳 ⚈ 🆎 ⓞ 🔥

via Nazionale 54 – ℰ 0 17 47 42 79 – chiuso lunedì, martedì e le sere di mercoledì e giovedì
Rist – Carta 27/54 €

♦ Fidata piccola osteria dalla calorosa conduzione familiare, propone una tradizionale cucina piemontese con elaborazioni casalinghe. Accogliente e informale.

NUMANA – Ancona (AN) – **563** L22 – **3 912 ab.** – ✉ 60026   **21 D1**
▶ Roma 303 – Ancona 20 – Loreto 15 – Macerata 42
🛈 via Flaminia angolo Avellaneda, ℰ 071 9 33 06 12, www.turismonumana.it.
🏌 Conero via Betelico 6, frazione Coppo, 071 7360613, www.conerogolfclub.it
  – chiuso martedì

🏨 Scogliera ≼ 🏖 ⚊ 🎣 🛗 🍴 rist, 🅿 💳 ⚈ 🆎 🔥

via del Golfo 21 – ℰ 07 19 33 06 22 – www.hotelscogliera.it – aprile-15 ottobre
36 cam ⌂ – †80/120 € ††110/190 € – ½ P 85/125 €   **Rist** – Carta 32/51 €
♦ In prossimità del centro e del porto turistico, a ridosso della scogliera di Numana, un hotel di moderna costruzione con camere confortevoli, gestito dai proprietari. Il punto di forza è la ristorazione che propone una cucina regionale e soprattutto di mare nella caratteristica saletta con pilastri a specchio.

🏨 Eden Gigli ⌖ ≼ 🕭 🏖 ⚊ 🎣 ⟨4⟩ ⟨5⟩ ✻ 🍴 rist, ⟨•⟩ 🖐 🅿 🚗 💳 ⚈ 🔥

viale Morelli 11 – ℰ 07 19 33 06 52 – www.giglihotels.com – aprile-ottobre
40 cam ⌂ – †85/100 € ††135/180 € – ½ P 115/130 €   **Rist** – Carta 28/62 €
♦ Nel centro storico, ma già immerso in un giardino digradante su un'incantevole spiaggia incastonata fra le rocce bianche, camere confortevoli nella loro squisita semplicità. Cucina classica nella saletta da pranzo arredata in modo sobrio.

🏠 La Spiaggiola senza rist ≼ ⚊ 🛗 ✻ ⟨•⟩ 🅿 💳 ⚈ 🔥

via Colombo 12 – ℰ 07 17 36 02 71 – www.laspiaggiola.it – Pasqua-settembre
21 cam ⌂ – †60/80 € ††70/120 €
♦ Al termine di una strada chiusa, che conduce al mare, l'albergo si trova proprio di fronte alla spiaggia. Camere semplici, ma confortevoli.

XX **La Torre**   🕃 🗚 🚾 ⓾ 🗚 ⓞ 💲

via La Torre 1 – ☏ 07 19 33 07 47 – www.latorrenumana.it
Rist – Carta 34/48 €
♦ In prossimità del belvedere, il ristorante offre una spettacolare vista a 180° del litorale. Cucina eclettica: si passa dalle tradizionali grigliate dell'Adriatico a piatti più estrosi.

X **La Costarella**   🗚 🍴 🚾 ⓾ 🗚 ⓞ 💲

via 4 Novembre 35 – ☏ 07 17 36 02 97 – Pasqua-settembre; chiuso martedì escluso da giugno a settembre
Rist – Carta 44/67 €
♦ Affacciata sulla caratteristica via a gradini, una sala sobria dall'atmosfera familiare ma dalla gestione professionale propone gustosi piatti di pesce.

NUSCO – Avellino (AV) – **564** E27 – 4 354 ab. – alt. 914 m – ✉ 83051   **7** C2
▶ Roma 287 – Potenza 107 – Avellino 41 – Napoli 99

XX **La Locanda di Bu** (Antonio Pisaniello)   🍴 ⇔ 🚾 ⓾ 🗚 💲

ॐ *vicolo dello Spagnuolo 1 – ☏ 08 27 64 61 9 – www.lalocandadibu.com – chiuso gennaio e luglio, domenica sera, lunedì, martedì e mercoledì*
Rist – (consigliata la prenotazione) Menu 45/65 € – Carta 34/64 €
Spec. Hamburger di podolica (razza bovina) con maionese agli agrumi. Caldo freddo di baccalà. Rivisitazione della cassata con crema di datteri e granella di pistacchi.
♦ Tra il verde dei Monti Irpini, in un vicolo nel cuore del centro storico, una cucina da provare per farsi sorprendere dall'interpretazione moderna dei prodotti del territorio.

OCCHIOBELLO – Rovigo (RO) – **562** H16 – 11 403 ab. – ✉ 45030   **35** B3
▶ Roma 432 – Bologna 57 – Padova 61 – Verona 90

🏨 **Unaway Hotel Occhiobello A13**   🕃 🏢 � cam, 🗚 🛜 ॐ 🅿
                                        🚾 ⓾ 🗚 ⓞ 💲
via Eridania 36, prossimità casello autostrada A 13 – ☏ 04 25 75 07 67 – www.unawayhotels.it
84 cam ☕ – †59/120 € ††69/170 € – 5 suites
Rist *Hostaria dei Savonarola* – (chiuso domenica sera) Carta 26/48 €
♦ In comoda posizione non lontano dal casello autostradale, albergo all'interno di una cascina ristrutturata, ideale per una clientela d'affari; ampie e curate le camere. Grande sala da pranzo con sobri arredi in legno.

a Santa Maria Maddalena Sud-Est : 4,5 km – ✉ 45030

XX **La Pergola**   🕃 🗚 🍴 ⇔ 🚾 ⓾ 🗚 💲

via Malcantone 15 – ☏ 04 25 75 77 66 – www.lapergolasulpo.it – chiuso agosto, sabato, domenica
Rist – Carta 28/47 €
♦ Ambiente caldo e accogliente, quasi fosse il salotto di casa, in un locale proprio sotto l'argine del Po: indirizzo ideale per provare una gustosa cucina del territorio.

ODERZO – Treviso (TV) – **562** E19 – 20 110 ab. – alt. 13 m – ✉ 31046   **35** A1
▶ Roma 559 – Venezia 54 – Treviso 27 – Trieste 120
🖼 calle Opitergium 5, ☏ 0422 81 52 51, www.visittreviso.it

🏨 **Postumiahoteldesign**   🕃 🏢 ⅙ 🗚 📞 ॐ 🅿 🚾 ⓾ 🗚 💲

via Cesare Battisti 2 – ☏ 04 22 71 38 20 – www.postumiahoteldesign.it – chiuso 1 settimana in gennaio e 1 settimana in agosto
28 cam ☕ – †70/105 € ††130/145 € – 1 suite
Rist – (chiuso 1 settimana in agosto) Carta 34/54 €
♦ In pieno centro, ma con parcheggio privato videosorvegliato, un hotel dal design moderno, personalizzato con opere di artisti trevisani ed accessori rari. *L'art de bien vivre* non risparmia le camere, che dispongono di aroma e cromoterapia. Interessanti piatti di gusto contemporaneo al ristorante.

Primhotel senza rist 🔊 ⓖ 🕴 AC 🍴 🛁 P 🚗 VISA ⓒⓞ AE ⓞ ⓢ
via Martiri di Cefalonia 13 – ℰ 04 22 71 36 99 – www.primhotel.it
50 cam ☕ – †60/65 € ††80/95 €
♦ Recente albergo moderno a vocazione congressuale, con ampie zone comuni ben tenute, in stile lineare di taglio contemporaneo; camere confortevoli e funzionali.

XXX **Gellius** (Alessandro Breda) AC 🍴 ⇔ VISA ⓒⓞ AE ⓞ ⓢ
🍃 *calle Pretoria 6 – ℰ 04 22 71 35 77 – www.ristorantegellius.it – chiuso domenica sera, lunedì*
Rist – Menu 80 € – Carta 67/104 € 🍴
Spec. Mazzancolle siciliane con brodo di cipollotto e frutto della passione. Tagliatella farcita di parmigiano reggiano con porcini, burro affumicato e polvere di cappero. Anatra al torchio "Gellius".
♦ Metà ristorante, metà museo: fra resti archeologici - in un ambiente decisamente unico - cucina moderna ed elaborata. Le presentazioni sono curate quanto la scelta dei prodotti.

OFFIDA – Ascoli Piceno (AP) – **563** N23 – **5 335 ab.** – alt. 293 m
– ✉ 63035   **21** D3

▶ Roma 243 – Ascoli Piceno 29 – Ancona 102 – L'Aquila 129

verso San Benedetto del Tronto e Castorano Est : 6 km:

⌂ **Agriturismo Nascondiglio di Bacco** senza rist 🍃 ⇠ 🚗 🛁 AC
contrada Ciafone 97 – ℰ 07 36 88 95 37 P VISA ⓒⓞ AE ⓢ
– www.nascondigliodibacco.it – chiuso novembre, gennaio e febbraio
7 cam ☕ – †65/75 € ††75/85 €
♦ In posizione isolata, immersa nella campagna marchigiana, una vecchia cascina ristrutturata offre confortevoli camere in stile rustico realizzate tra travi a vista e mattoni.

OLBIA Sardegna – Olbia-Tempio (OT) – **366** S38 – **54 873 ab.**
– ✉ 07026 ▯ Sardegna   **38** B1

▶ Cagliari 268 – Nuoro 102 – Sassari 103
✈ della Costa Smeralda Sud-Ovest: 4 km ℰ 0789 563444
🚢 da Golfo Aranci per Livorno – Sardinia Ferries, call center 199 400 500
🚢 per Civitavecchia e Genova – Tirrenia Navigazione, call center 892 123
🛈 via Nanni 39, ℰ 0789 55 77 32, www.olbiatempioturismo.it

Piante pagine seguenti

Martini senza rist 🌀 🛁 ⓖ ⓖ AC 🍴 🛁 P VISA ⓒⓞ AE ⓞ ⓢ
via D'Annunzio, 22 – ℰ 0 78 92 60 66 – www.hotelmartiniolbia.it AYa
70 cam ☕ – †81/91 € ††130/150 €
♦ Cenni d'insospettabile eleganza all'interno di un grande complesso commerciale affacciato sul porto romano. Chiedete le camere che danno sul retro (sono le più tranquille) e non ripartite senza aver fatto un salto nel nuovissimo wellness center.

Double Tree - by Hilton 🌀 🛁 🌀 🛁 ⓖ ⓖ cam, AC 🍴 🛁 P
via Isarco 5 – ℰ 07 89 55 61 – www.hoteldbtolbia.com VISA ⓒⓞ AE ⓞ
111 cam ☕ – †80/165 € ††110/200 € – 13 suites AYb
Rist – Carta 23/56 €
♦ Un grande lucernario al centro di questa struttura ottagonale illumina la sottostante hall e gli spazi comuni: interni moderni e raffinati in stile minimal-chic e camere essenziali, ma non prive di confort.

Stella 2000 ⓖ ⓖ AC 🍴 🛁 P VISA ⓒⓞ AE ⓞ ⓢ
🍃 *viale Aldo Moro 70 – ℰ 0 78 95 14 56 – www.hotelstella2000.it* AYc
31 cam ☕ – †40/80 € ††60/120 € – ½ P 50/75 € **Rist** – Carta 16/42 €
♦ Scelta soprattutto da una clientela commerciale, è una piccola accogliente risorsa di buon gusto e dagli interni raffinati caratterizzati da piacevoli tonalità di colore.

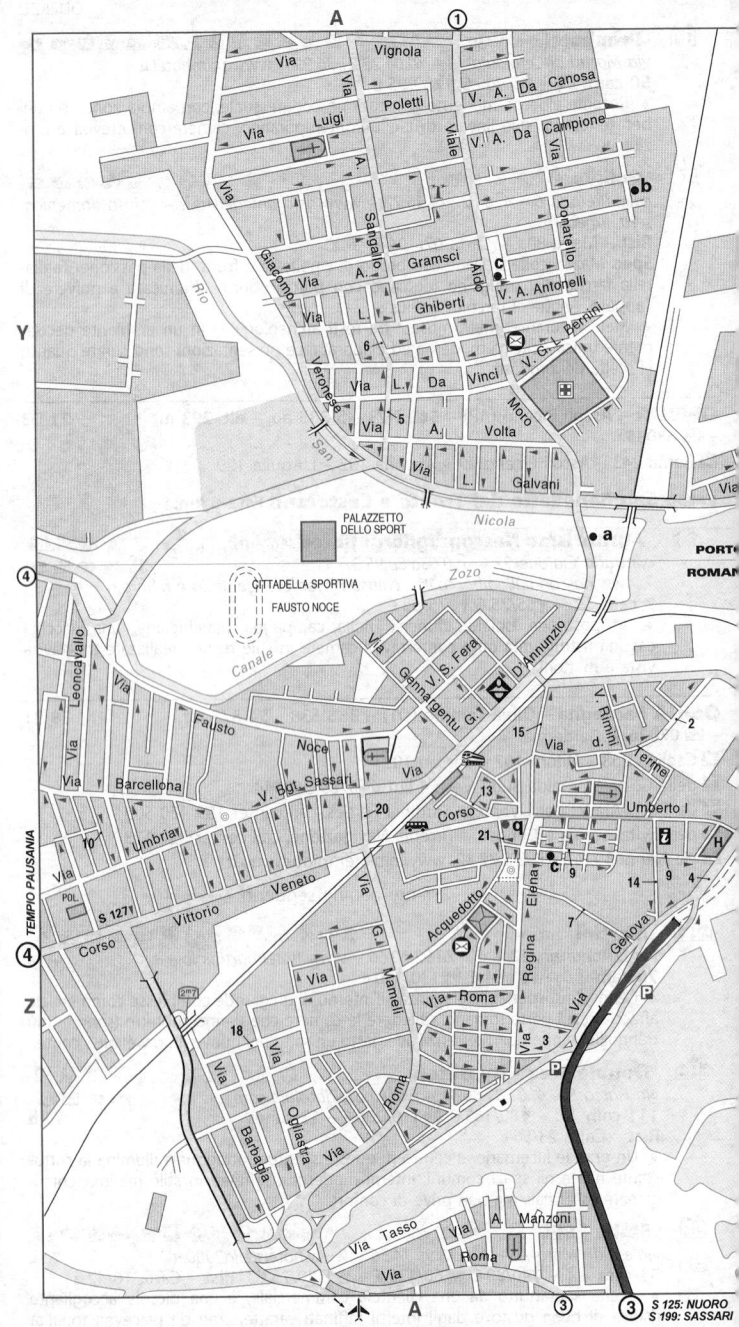

OLBIA

🏠 **Cavour** senza rist   🛗 ♿ 🏧 📶 🅿️ 🆚 ⓪ 🍴

via Cavour 22 – ☎ 07 89 20 40 33

– www.cavourhotel.it   AZc

21 cam 🛏 – 🛏50/65 € 🛏🛏75/90 €

♦ Dall'elegante ristrutturazione di un edificio d'epoca del centro storico è nato un hotel dai sobri interni rilassanti, arredati con gusto; parcheggio e piccolo solarium.

🍴🍴 **Gallura**   🏧 🆚 ⓪ 🅰🅴 ⓪ 🍴

corso Umberto 145 – ☎ 0 78 92 46 48

– chiuso dal 20 dicembre al 6 gennaio, dal 15 al 30 ottobre e lunedì

Rist – Carta 57/75 €   AZq

♦ Un ristorante dagli ambienti demodé, dove un'effervescente cuoca reinventa la cucina sarda caricandola di colori, aromi, spezie, in uno straordinario carosello di antipasti e zuppe.

sulla strada Panoramica Olbia-Golfo Aranci   per ②

🏨🏨🏨 **Geovillage**   🚗 🏕 🎱 🖥 💪 🍴 🛗 ♿ ⛷ 🏧 ⇄ 🎾 🐎 🅿️ 🚗

Geovillage – ☎ 07 89 55 40 00 – www.geovillage.it   🆚 ⓪ 🅰🅴 ⓪ 🍴

219 cam 🛏 – 🛏100/235 € 🛏🛏110/312 € – ½ P 80/182 €

Rist – Carta 29/57 €

♦ Una struttura imponente circondata dal mare, realizzata in stile moderno e funzionale, dispone di ampie camere eleganti e di un'originale e ombreggiata piscina con pool-bar. Al ristorante vengono proposti interessanti percorsi gastronomici nei quali la tradizione isolana incontra la cucina internazionale.

🏨🏨 **Pozzo Sacro**   ⇐ 🏕 🎱 🖥 ♿ cam. 🏧 🎾 📶 🅿️ 🆚 ⓪ 🍴

strada panoramica Olbia-Golfo Aranci, Nord-Est: 4 km – ☎ 0 78 95 78 55

– www.hotelpozzosacro.com – marzo-ottobre

50 cam 🛏 – 🛏🛏100/220 € – 2 suites – ½ P 78/138 €

Rist – Menu 39 €

♦ In posizione leggermente rialzata sulla costa, l'albergo brilla per i generosi spazi delle camere, tutte tinteggiate in colori pastello e con vista sul golfo di Olbia.

🏨🏨 **Pellicano d'Oro** 🦢   ⇐ 🚗 🛶 🏕 🎱 💪 ♿ 🏧 📶 🅿️ 🚗 🆚 ⓪ 🅰🅴 🍴

via Mar Adriatico 34, località Pittulongu, Nord-Est : 7 km – ☎ 0 78 93 90 94

– www.hotelpellicanodoro.it – maggio-ottobre

71 cam 🛏 – 🛏145/255 € 🛏🛏200/390 € – 1 suite – ½ P 120/215 €

Rist – Carta 37/56 €

♦ Il verde del giardino e il turchese del mare circondano questa bella risorsa divisa in due strutture: la "neonata" con ambienti piu moderni e rotonda piscina in terrazza. Camere confortevoli in entrambe le costruzioni. Al ristorante oltre al menu degustazione, la carta offre specilità locali e di mare.

🏨🏨 **Stefania**   ⇐ 🚗 🛶 🎱 💪 🖥 🏧 🎾 🚗 🅿️ 🆚 ⓪ 🅰🅴 ⓪ 🍴

località Pittulongu, Nord-Est : 6 km – ☎ 0 78 93 90 27

– www.stefaniahotel.it – aprile-ottobre

39 cam 🛏 – 🛏85/235 € 🛏🛏110/310 € – ½ P 85/185 €

Rist Nino's – vedere selezione ristoranti

♦ Non lontano dal mare, in una grande baia di fronte all'isola di Tavolara, struttura di taglio moderno con giardino, piscina panoramica e camere di buona ampiezza.

🍴🍴 **Nino's** – Hotel Stefania   ⇐ 🚗 🛶 🏕 🎱 🏧 🎾 🅿️ 🆚 ⓪ 🅰🅴 ⓪ 🍴

località Pittulongu, Nord-Est : 6 km – ☎ 0 78 93 90 27

– www.stefaniahotel.it – aprile-ottobre

Rist – Carta 39/94 €

♦ In un'oasi di pace e tranquillità, circondati da colori mediterranei, questo ristorante vi farà sentire ancor più in vacanza: buon pesce di "lenza", ottimi vini e cortesia.

sulla strada statale 125 Sud-Est : 10 km

Ollastu 🔌 🏠 🏊 🎿 ⛷ 🅰️ 📶 📺 📻 VISA ⑩ AE ⓪ 🔌
località Costa Corallina ⊠ 07026 Olbia – ☎ 0 78 93 67 44 – www.ollastu.it
– *marzo-novembre*
54 cam ⬜ – †95/200 € ††130/280 € – 2 suites – ½ P 115/180 €
Rist – Carta 46/96 €
◆ In posizione panoramica sovrastante il promontorio, una costruzione in stile
mediterraneo ospita ampi ambienti di moderna eleganza, piscina, campi da tennis e da calcetto. Nelle caratteristiche sale ristorante, un menù alla carta per
gustare i sapori della tradizione regionale.

Jazz Hotel 🎿 📶 📺 ⓛ 🅰️ 📞 📶 📻 🚗 VISA ⑩ AE ⓪
Via degli Astronauti 2 ⊠ 07026 Olbia – ☎ 07 89 65 10 00 – www.jazzhotel.it
72 cam ⬜ – †90/190 € ††155/250 € – 3 suites
Rist *Bacchus* – Carta 34/68 €
◆ Sono carinissime, spaziose e ben insonorizzate, le camere di questa moderna
risorsa che, grazie al suo ampio parcheggio e alle moderne installazioni, risulta
particolarmente adatta ad una clientela business.

a Porto Rotondo per ① : 15,5 km – ⊠ 07020

Sporting 🔌 ⬅ 🚊 🔌 🏠 🎿 ⬇ cam, 🅰️ 🍴 rist, 📶 📻 🅿️ VISA ⑩ AE ⓪ 🔌
via Clelia Donà dalle Rose 16 – ☎ 0 78 93 40 05
– www.sportingportorotondo.com – *20 aprile-3 ottobre*
47 cam ⬜ – †270/969 € ††330/1200 € – 1 suite **Rist** – Menu 50/80 €
◆ Cuore della mondanità, un elegante villaggio mediterraneo con camere simili a
villette affiancate, affacciato sul giardino o splendidamente proiettati sulla spiaggetta privata. In sala e soprattutto in veranda, la tradizione regionale a base di
pesce rivisitata con creatività.

S'Astore 🔌 ⬅ 🚊 🏠 🎿 🅰️ 🍴 📶 📻 🅿️ VISA ⑩ AE ⓪ 🔌
via Monte Ladu 36, Sud : 2 km – ☎ 0 78 93 00 00 – www.hotelsastore.it
– *marzo-ottobre*
18 cam ⬜ – †70/105 € ††100/252 € – ½ P 80/156 € **Rist** – Carta 39/121 €
◆ Ubicato nel verde e nella tranquillità, un caratteristico hotel, piccolo e confortevole, con camere accoglienti arredate con pezzi di artigianato locale, veranda e
piscina. Cucina nazionale e locale da assaporare nella calda e particolare sala
ristorante.

OLCIO – Lecco (LC) – Vedere Mandello del Lario

OLEGGIO – Novara (NO) – **988** 2 – 13 405 ab. – alt. 233 m – ⊠ 28047 **23** C2
▶ Roma 637 – Novara 19 – Milano 63 – Monza 69

Ramada Malpensa Hotel 🎿 📶 📺 🅰️ ↔ 📻 🔌 🅿️ VISA ⑩ AE ⓪ 🔌
via per Gallarate 116 a – ☎ 03 21 96 06 38 – www.ramadamalpensahotel.it
132 cam ⬜ – †82/295 € ††89/335 € – 6 suites **Rist** – Carta 27/58 € 🍴
◆ A pochi chilometri da Malpensa, il complesso è stato pensato per una clientela
congressuale ed internazionale ed offre camere spaziose arredate in stile minimalista. Interessanti proposte gastronomiche sia nella sala classica sia in quella di
impronta esotica.

OLEGGIO CASTELLO – Novara (NO) – **561** E7 – 1 974 ab. **24** A2
– alt. 293 m – ⊠ 28040
▶ Roma 639 – Stresa 20 – Milano 72 – Novara 43

Luna Hotel Motel Airport senza rist 🚗 📶 📺 ⬇ 🅰️ ↔ 📻 📶 🅿️ 🚗
via Vittorio Veneto 54/c – ☎ 03 22 23 02 57 VISA ⑩ AE ⓪ 🔌
– www.lunahotelmotel.it
51 cam ⬜ – †89/180 € ††99/230 €
◆ Sito lungo la strada che conduce al lago, questo hotel di nuova costruzione è
ideale per una clientela d'affari ed offre funzionali ambienti arredati con gusto
moderno.

✗✗ Bue D'Oro ⚞ P VISA AE ✆

via Vittorio Veneto 2 – ✆ 0 32 25 36 24 – chiuso dal 1° al
10 gennaio, agosto, mercoledì
Rist – Carta 33/57 €
♦ Bel locale a solida gestione familiare, con una sala dall'ambiente rustico-elegante, dove si propongono piatti della tradizione rivisitati e cucina stagionale.

OLEVANO ROMANO – Roma (RM) – 563 Q21 – 6 907 ab. — 13 C2
– alt. 571 m – ⊠ 00035
▶ Roma 60 – Frosinone 46 – L'Aquila 97 – Latina 64

✗✗ Sora Maria e Arcangelo AC ✗ ⇔ VISA ⬚ AE ✆

via Roma 42 – ✆ 06 95 64 043 – www.soramariaearcangelo.com
– chiuso dal 1° al 10 febbraio, dal 10 al 30 luglio, lunedì, mercoledì
Rist – Menu 38 € – Carta 37/48 € ⌘
♦ Scendete le scale per raggiungere le sale ricche di atmosfera, situate negli stessi spazi in cui un tempo si trovavano i granai; dalla cucina, piatti da sempre legati alle tradizioni.

OLGIASCA – Lecco (LC) – 561 D9 – Vedere Colico

OLGIATE OLONA – Varese (VA) – 561 F8 – 12 061 ab. – alt. 239 m — 18 A2
– ⊠ 21057
▶ Roma 604 – Milano 32 – Como 35 – Novara 38

✗✗ Ma.Ri.Na. (Rita Possoni) AC ✗ ⇔ P VISA ⬚ AE ⓞ ✆
❀
piazza San Gregorio 11 – ✆ 03 31 64 04 63 – chiuso dal 25 dicembre al
5 gennaio, agosto, mercoledì
Rist – *(chiuso a mezzogiorno escluso domenica)* Carta 80/115 €
Spec. Fettine di capesante crude con robiola e caprino. Aragosta cruda con pomodorini secchi, capperi e aceto balsamico. Scampi sgusciati con puré di patate, nocciole e foie gras.
♦ Ambiente di sobria eleganza: la cucina di mare predilige la freschezza del pesce in preparazioni semplici e rispettose dei sapori, nonché dei prodotti.

in prossimità uscita autostrada di Busto Arsizio Nord-Ovest : 2 km:

✗✗ Idea Verde ⚞ ✗ P VISA ⬚ AE ✆

via San Francesco 17/19 – ✆ 03 31 62 94 87 – www.ristoranteideaverde.eu – chiuso
dal 26 dicembre al 5 gennaio, dall' 8 al 31 agosto, sabato a mezzogiorno, domenica
Rist – Carta 34/64 €
♦ Nuova sede per un ristorante di tono moderno, abbracciato da un piccolo centro sportivo. La linea di cucina continua, invece, a preferire il mare.

OLIENA Sardegna – Nuoro (NU) – 366 R42 – 7 439 ab. – alt. 379 m — 38 B2
– ⊠ 08025 ▮ Sardegna
▶ Cagliari 193 – Nuoro 12 – Olbia 116 – Porto Torres 150
◧ Sorgente Su Gologone★ Nord-Est : 8 km

✗✗ Sa Corte con cam ⛱ ⚞ AC ✆ VISA ⬚ AE ⓞ ✆
❀
via Nuoro 143 – ✆ 0 78 41 87 61 31 – www.sacorte.it – chiuso dal 20 gennaio al
10 febbraio
10 cam ⌂ – †50/60 € ††70/80 € – ½ P 70/80 € **Rist** – Carta 25/35 €
♦ La tradizione gastronomica nuorese è presentata al meglio in questo locale rustico che propone squisite paste, ottime carni e profumati - quanto alcolici - vini sardi!

✗ Enis con cam ⛱ ⟨ ⚞ VISA ⬚ ✆
❀
località Monte Maccione, Est : 4 km – ✆ 07 84 28 83 63 – www.coopenis.it
17 cam ⌂ – †40/50 € ††68/82 € – ½ P 54/62 €
Rist – *(Natale, marzo-novembre)* Carta 20/36 €
♦ In posizione isolata, circondato dal verde e dalla tranquillità ed ideale per gli amanti delle escursioni in montagna, ristorante-pizzeria con proposte di cucina regionale. Dispone anche di alcune camere semplici ma confortevoli, dalle quali si ha una bella vista sulle cime.

alla sorgente Su Gologone Nord-Est : 8 km :

🏠🏠🏠 **Su Gologone** 🦢 ⟨ 🚗 ⅃ 🖐 ✕ ♨ Ⓐ 🕯 ⅛ 🅿 🚾 ⓪ AE ⓪ ⅙
✉ 08025 – ✆ 07 84 28 75 12 – www.sugologone.it – 15 marzo-3 novembre
60 cam ⌸ – ✝105/160 € ✝✝140/260 € – 8 suites – ½ P 160 €
Rist *Su Gologone* 🙂 – vedere selezione ristoranti
◆ Su Gologone, trent'anni anni fa un chiosco rivendita di panini e bibite per chi
andava al mare, è diventato oggi uno dei migliori alberghi dell'isola senza temere
il confronto con i più blasonati della costa Smeralda, ma con un'anima ben più
sarda e artistica.

✕✕ **Su Gologone** – Hotel Su Gologone ⟨ 🚗 ☆ ✕ Ⓐ ⇔ 🅿
😊 ✉ 08025 – ✆ 07 84 28 75 12 – www.sugologone.it 🚾 ⓪ AE ⓪ ⅙
– 15 marzo-3 novembre
Rist – Carta 33/46 € 🏠
◆ Tre sale, scegliere la più suggestiva non è facile: quella con immenso camino
per assistere alla cottura del celebre porceddu, quella più intima dedicata ad una
celebre ceramista, o ancora quella di un pittore sardo. Comunque sia, il ristorante si
fa scrupolo di seguire e ricercare la tradizione sarda, ovviamente dell'entroterra.

OLMO – Firenze (FI) – **563** K16 – **Vedere Fiesole**

OME – Brescia (BS) – **561** F12 – **3 234 ab.** – **alt. 231 m** – ✉ **25050** **19** D1
▶ Roma 544 – Brescia 17 – Bergamo 45 – Milano 93

✕✕✕ **Villa Carpino** 🚗 ₺ Ⓐ ⇔ 🅿 🚾 ⓪ AE ⓪ ⅙
via Maglio 15, alle terme, Ovest : 2,5 km – ✆ 03 06 52 1 14
– www.villacarpino.com – chiuso dal 27 dicembre al 6 gennaio, dal 7 al
20 agosto e lunedì
Rist – Carta 26/54 €
◆ In una grande villa circondata da un giardino curato, locale a gestione diretta,
con eleganti ambienti dallo stile ricercato; cucina con solide radici nel territorio.

ONEGLIA – Imperia (IM) – **Vedere Imperia**

OPERA – Milano (MI) – **561** F9 – **13 751 ab.** – **alt. 101 m** – ✉ **20090** **18** B2
▶ Roma 567 – Milano 14 – Novara 62 – Pavia 24
🔟 Le Rovedine via Marx 18, 02 57606420, www.rovedine.com – chiuso lunedì

a Noverasco Nord : 2 km – ✉ 20090 Opera

🏨 **Sporting** 🏠 🖐 🖨 Ⓐ ₺ ✕ rist, 🕯 ⅛ 🅿 🚾 ⓪ AE ⓪ ⅙
via Sporting Mirasole 56 – ✆ 02 25 76 80 31 – www.hotelsportingmilano.com
80 cam ⌸ – ✝70/280 € ✝✝80/300 € **Rist** – (solo per alloggiati) Carta 28/42 €
◆ Alle porte di Milano, compatta struttura a vocazione congressuale, da poco rinnovata; confortevoli spazi comuni e camere, comodo servizio navetta per il centro
città. Sala ristorante adatta alle necessità della clientela congressuale e individuale.

OPI – L'Aquila (AQ) – **563** Q23 – **459 ab.** – **alt. 1 250 m** – ✉ **67030** **1** B3
▶ Roma 186 – Campobasso 113 – Frosinone 119 – Isernia 63

lungo la Strada Statale 83, al bivio per Forca D'Acero Sud : 1 km:

✕ **La Madonnina** ☆ ₺ ⇔ 🚾 ⅙
😊 Via Forca D'Acero – ✆ 08 63 91 27 14 – chiuso lunedì
Rist – Carta 19/37 €
◆ Ai piedi di Opi, bar-trattoria a gestione familiare specializzato in carni alla gri-
glia ma con un'appetitosa selezione di salumi, formaggi e paste fresche in lista.

OPICINA – Trieste (TS) – **562** E23 – **alt. 348 m** – ✉ **34151** 📗 Italia **11** D3
▶ Roma 664 – Udine 64 – Gorizia 40 – Milano 403
◉ ⟨ ★★ su Trieste e il golfo
Ⓖ Grotta Gigante★ Nord-Ovest : 3 km

🏨 **Nuovo Hotel Daneu** senza rist 🔲 ⚏ ⏸ ⚙ 🅰 ⸙ 🅿 🚲
strada per Vienna 55 – ✆ *0 40 21 42 14* 🆅🆂🅰 ⚌ 🅰🅴 ⓪ ⓢ
– www.hoteldaneu.com
26 cam ⚏ – †80/110 € ††100/120 €
♦ Alle porte del paese - in direzione del confine - questa comoda struttura di taglio contemporaneo è il punto di partenza ideale per spostarsi nei dintorni. Confortevoli camere e zona sportiva dotata di piscina, sauna e bagno turco.

OPPEANO – Verona (VR) – **562** G15 – **9 304 ab.** – ⊠ 37050 35 B3
▶ Roma 516 – Venezia 136 – Verona 29 – Vicenza 71

🏨 **Il Chiostro** 🅰 ⚙ ⸙ 🅰 🅿 🚲 🆅🆂🅰 ⚌ ⓪ ⓢ
via Roma 85 – ✆ *04 56 97 08 68 – www.hotelilchiostro.it*
27 cam ⚏ – †55/75 € ††83/103 € **Rist** – Carta 22/39 €
♦ Nel centro della località, fiori, stucchi e persino una fontana decorano il bel chiostro secentesco da cui l'hotel prende il nome e che conduce direttamente alle camere, arredate in calde e morbide tonalità. Accogliente la sala da pranzo e suggestivo il terrazzo costeggiato da un fossato naturale.

ORA (AUER) – Bolzano (BZ) – **562** C15 – **3 529 ab.** – **alt. 242 m** 31 D3
– ⊠ 39040
▶ Roma 617 – Bolzano 20 – Merano 49 – Trento 40
🛈 piazza Principale 5, ✆ 0471 81 02 31, www.castelfeder.info

🏨 **Amadeus** 🚗 🏠 🔲 ⏸ ⚙ cam, ⚙ ⸙ 🅿 🆅🆂🅰 ⚌ ⓢ
via Capitello 23 – ✆ *04 71 81 00 53 – www.hotel-amadeus.it*
32 cam ⚏ – †57/62 € ††88/108 € – ½ P 62 €
Rist – *(aprile-ottobre) (chiuso a mezzogiorno) (solo per alloggiati)*
♦ Un tipico maso di aspetto decisamente gradevole con camere graziose. In questa risorsa il soggiorno è allietato anche da una gestione familiare particolarmente ospitale. Al ristorante, la cucina classica, accompagnata da vini della zona.

ORBASSANO – Torino (TO) – **561** G4 – **22 172 ab.** – **alt. 273 m** 22 A1
– ⊠ 10043
▶ Roma 673 – Torino 17 – Cuneo 99 – Milano 162

Pianta d'insieme di Torino

🏯 **Il Vernetto** 🅰 🆅🆂🅰 ⚌ ⓢ
via Nazario Sauro 37 – ✆ *01 19 01 55 62 – www.ilvernetto.it – chiuso*
agosto, domenica sera e lunedì 1EUe
Rist – Menu 35/60 €
♦ Sembra un salotto caldo e accogliente questo locale familiare ed elegante con soffitti affrescati e mobili in stile; così come i vini, il patron presenta a voce una cucina fantasiosa.

ORBETELLO – Grosseto (GR) – **563** O15 – **15 217 ab.** – ⊠ 58015 29 C3
▌ Toscana
▶ Roma 152 – Grosseto 44 – Civitavecchia 76 – Firenze 183
🛈 piazza della Repubblica, ✆ 05 64 86 09 13, www.turismoinmaremma.it

🏨 **Relais San Biagio** ⚏ ⏸ 🅰 ⚙ 🅰 🆅🆂🅰 ⚌ 🅰🅴 ⓪ ⓢ
via Dante 40 – ✆ *05 64 86 05 43 – www.sanbiagiorelais.com*
41 cam ⚏ – ††160/430 € – 8 suites
Rist – *(chiuso a mezzogiorno) (consigliata la prenotazione)* Carta 40/60 €
♦ In un antico palazzo nobiliare del centro, un incantevole albergo recentemente rinnovato con interni signorili e spaziosi dotati di rifiniture di tono moderno. Le camere non smentiscono la signorilità della struttura.

sulla strada statale 1 - via Aurelia Est : 7 km :

XX   **Locanda di Ansedonia** con cam   🚗 AC 🍽 rist. P VISA ⦿ AE 🖐
via Aurelia km 140,500 ⊠ 58016 Orbetello Scalo – ℰ 05 64 88 13 17
– www.lalocandadiansedonia.it – chiuso 2 settimane in febbraio e 2 settimane in
novembre
12 cam � – ♦85 € ♦♦130 € – ½ P 90 €
Rist – (chiuso martedì escluso luglio-agosto) Carta 31/48 €
♦ Vecchia trattoria riadattata, con grazioso giardino e camere arredate con
mobili d'epoca; proposte di cucina di mare e maremmana, servite in una sala di
discreta eleganza.

ORIAGO – Venezia (VE) – Vedere Mira

ORISTANO Sardegna ℙ (OR) – **366** M44 – **32 156 ab.** – ⊠ **09170**   **38** A2
▌ Sardegna

▷ Alghero 137 – Cagliari 95 – Iglesias 107 – Nuoro 92
ℹ piazza Eleonora 18, ℰ0783 3 68 32 10, www.provincia.or.it
◎ Opere d'arte★ nella chiesa di San Francesco
◩ Basilica di Santa Giusta★ Sud : 3 km - Tharros★

🏨   **Mistral 2**   🔅 🔳 ⅗ rist. AC ⇄ 🍽 rist. "❦" 🐾 🚙 VISA ⦿ AE ⓞ 🖐
via XX Settembre 34 – ℰ 07 83 21 03 89 – www.hotel-mistral.it
132 cam ⊙ – ♦55/88 € ♦♦92/120 € – 6 suites   **Rist** – Carta 29/52 €
♦ Non lontano dal centro, hotel di contemporanea fattura con ambienti sobri e
funzionali adatti ad una clientela di lavoro. Al ristorante ampi spazi adatti anche
per banchetti.

ORMEA – Cuneo (CN) – **561** J5 – **1 804 ab.** – **alt. 736 m** – Sport   **23** C3
invernali : 750/1 600 m ⚡ – ⊠ **12078**

▷ Roma 626 – Cuneo 80 – Imperia 45 – Milano 250
ℹ via Roma 3, ℰ0174 39 21 57, www.regione.piemonte.it

sulla strada statale 28 verso Ponte di Nava Sud-Ovest : 4,5 km :

🏠   **San Carlo**   ⇐ 🚗 XX � P 🚙 VISA ⦿ 🖐
via Nazionale 23 ⊠ 12078 Ormea – ℰ 01 74 39 99 17
– www.albergosancarlo.com – 25 febbraio-settembre
36 cam ⊙ – ♦49 € ♦♦80 € – 4 suites – ½ P 68 €
Rist San Carlo – vedere selezione ristoranti
♦ In posizione panoramica, al centro di una riserva di pesca privata, atmosfera
informale e camere spaziose.

X   **San Carlo** – Hotel San Carlo   🚗 P VISA 🖐
via Nazionale 23 ⊠ 12078 Ormea – ℰ 01 74 39 99 17
– www.albergosancarlo.com – 25 febbraio-settembre
Rist – Carta 29/43 €
♦ Non solo ospitalità alberghiera, i clienti si prendono anche per la gola! Una
lezione che i proprietari, Renzo e Suzanne, hanno ormai capito da anni: in un'ampia sala, la cucina abbraccia due regioni - Ligure e Piemonte – in una panoplia di
piatti gustosi e genuini.

a Ponte di Nava Sud-Ovest : 6 km – ⊠ **12078**

X   **Ponte di Nava-da Beppe** con cam   ⇐ 🖐 ⅗ cam, 🍽 cam, P
⊜   via Nazionale 32 – ℰ 01 74 39 99 24   VISA ⦿ AE ⓞ 🖐
🙂   – www.albergopontedinava.it – chiuso dal 23 gennaio al 15 marzo
15 cam ⊙ – ♦45/48 € ♦♦60/70 € – ½ P 45/48 €
Rist – (chiuso mercoledì) Menu 16/27 € – Carta 21/49 € ⅙
♦ Il menu riflette l'ambiguità territoriale in cui sorge Ponte di Nava, fondendo le
tradizioni langarole con quelle dell'entroterra ligure. Ecco allora che dalla cucina
giungono sformati di verdure, bagna caoda, cacciagione, funghi e tartufi.

ORNAGO – Monza e Brianza (MB) – 4 520 ab. – alt. 193 m – ✉ 20060   18 B2

▶ Roma 610 – Bergamo 22 – Milano 30 – Lecco 31

XX   **Osteria della Buona Condotta**   ⌂ 🅐🅒 🅟 VISA ☺ 🄰🄴 ⓪ 🐧
via per Cavenago 2 – ☏ *03 96 91 90 56 – www.osteriadellabuonacondotta.it*
– chiuso domenica sera e lunedì a mezzogiorno
Rist – Carta 45/59 € ✿
♦ Un cascinale d'inizio '900, sapientemente ristrutturato, ospita questo piacevole ristorante che propone una cucina d'impronta regionale. Pregevole e vasta cantina, ottima varietà di formaggi, antipasti e piatti di carne.

OROSEI Sardegna – Nuoro (NU) – **366** T41 – 6 790 ab. – alt. 19 m   38 B2
– ✉ 08028

▶ Dorgali 18 – Nuoro 40 – Olbia 93

XX   **Su Barchile** con cam   ⌂ 🅘 🅐🅒 ⓦ 🅟 VISA ☺ 🄰🄴 🐧
via Mannu 5 – ☏ *07 84 98 88 79 – www.subarchile.it*
12 cam � – ♦40/60 € ♦♦60/120 € – ½ P 65/95 €   **Rist** – Carta 43/73 €
♦ Nella cornice della costa sarda, grazioso ristorante arredato con piacevole gusto femminile, fedele ai colori locali. Piatti derivati dalla tradizione agropastorale dell'isola, ma anche qualche ricetta di pesce.

ORTACESUS Sardegna – Cagliari (CA) – **366** P46 – 941 ab. – ✉ 09040   38 B3

▶ Roma 589 – Cagliari 44 – Quartu Sant' Elena 47 – Selargius 45
ℹ *via Giovanni XXIII,* ☏ *070 9 80 42 00, www.cagliari.goturismo.it*

XX   **Da Severino "Il Vecchio"** con cam   ⌂ 🅘 🅖 🅐🅒 🅨 rist, ⓦ 🅟
via Kennedy 1 – ☏ *07 09 80 41 97*   VISA ☺ 🄰🄴 ⓪ 🐧
– www.daseverinoilvecchio.com – chiuso lunedì
26 cam � – ♦35/60 € ♦♦55/70 € – ½ P 60/70 €   **Rist** – Carta 27/57 €
♦ Un'intera famiglia ruota intorno al successo di questo ristorante all'ingresso del paese; diversi piatti di carne ma la brillante nomea è stata costruita intorno al pesce. Avvolte dalla medesima familiare atmosfera, confortevoli e semplici camere ben arredate.

ORTA SAN GIULIO – Novara (NO) – **561** E7 – 1 160 ab. – alt. 294 m   24 A2
– ✉ 28016 ▌ Italia Centro Nord

▶ Roma 661 – Stresa 28 – Biella 58 – Domodossola 48
ℹ *via Panoramica 2,* ☏ *0322 90 51 63, www.distrettolaghi.it*
◉ Lago d'Orta★★ – Palazzotto★ – Sacro Monte d'Orta★
◙ Isola di San Giulio★★ : ambone★ nella chiesa - Madonna del Sasso★★

🏠   **San Rocco** ⌖   ≤ 🚗 ⌛ 🐧 🅘 🅐🅒 ↯ 🅨 🏊 🚲 VISA ☺ 🄰🄴 ⓪ 🐧
via Gippini 11 – ☏ *03 22 91 19 77 – www.hotelsanrocco.it*
78 cam ⊇ – ♦♦175/500 € – 2 suites – ½ P 148/310 €
Rist *San Rocco* – vedere selezione ristoranti
♦ In un ex monastero del '600 e villa barocca della prima metà del '700, esclusivo albergo con vista sull'isola di San Giulio. La posizione è idilliaca, gli interni signorili non sono da meno; amena terrazza fiorita in riva al lago con piscina.

🏠   **Villa Crespi** ♨   ◔ 🐧 🎴 🅘 🅐🅒 ⓦ 🅟 VISA ☺ 🄰🄴 ⓪ 🐧
via Fava 18, Est : 1,5 km – ☏ *03 22 91 19 02 – www.villacrespi.it – chiuso*
dal 7 gennaio all'8 marzo
14 cam ⊇ – ♦225/325 € ♦♦250/750 € – 8 suites
Rist *Villa Crespi*❀❀ – vedere selezione ristoranti
♦ Stregato dalla bellezza di Baghdad, C.B. Crespi fece costruire nel 1879 questa villa in stile moresco, immersa in un parco degradante verso il lago. Oggi, bellezza del passato e fascino d'Oriente si alleano con i più sofisticati confort per un soggiorno da favola.

La Bussola
⟵ 🚗 🛋 ⚒ |🛏| ⚙ cam, 🅰️ ⚡ ⚒ rist, 📶 **P** 🆅🆂🅰 ⓪⓪ 🅰🅴 ① ⟱
via Panoramica 24 – ℰ 03 22 91 19 13 – www.hotelbussolaorta.it – chiuso novembre
42 cam � – †80/125 € – ††120/180 € – 2 suites – ½ P 75/115 €
Rist – (aprile-ottobre) Carta 33/56 €

♦ A ridosso del centro in posizione elevata, un hotel dall'atmosfera vacanziera con una bella vista sul lago e sull'isola di San Giulio. Camere recenti, bella piscina. La sala ristorante si apre sulla terrazza e sul panorama.

La Contrada dei Monti senza rist 🌿
|🛏| ⚒ ⚙ 🆅🆂🅰 🅰🅴 ① ⟱
via dei Monti 10 – ℰ 03 22 90 51 14 – www.lacontradadeimonti.it – chiuso gennaio
17 cam ⊃ – †100/110 € ††110/160 €

♦ Affascinante risorsa, ricca di stile e cura per i dettagli. Un nido ideale per soggiorni romantici dove si viene accolti con cordialità familiare e coccolati dal buon gusto.

AracoEli senza rist 🌿
⟵ 🅰️ 🆅🆂🅰 ⓪⓪ 🅰🅴 ① ⟱
piazza Motta 34 – ℰ 03 22 90 51 73 – www.ortainfo.com – chiuso dal 20 novembre al 15 dicembre
7 cam ⊃ – †90/120 € ††120/200 €

♦ Arredi moderni di tono minimalista in questo piccolo e originale hotel. Ottima illuminazione naturale degli ambienti e bagni con particolari docce "a vista".

Villa Crespi (Antonino Cannavacciuolo) – Hotel Villa Crespi
XXXX ❀❀
⚙ 🚗 🅰️ ⟱
via Fava 18, Est : 1,5 km – ℰ 03 22 91 19 02 **P** 🆅🆂🅰 ⓪⓪ 🅰🅴 ① ⟱
– www.villacrespi.it – chiuso dal 7 gennaio all'8 marzo, lunedì, martedì a mezzogiorno
Rist – Menu 88 € – Carta 88/154 € 🐌

Spec. Spiedino di capesante e scampi, cipollotti al limone, infuso di mela verde e sedano rapa. Linguine di Gragnano con calamaretti spillo e salsa al pane di segale. Capretto della Bisalta in crepinette con le sue interiora.

♦ Villa ottocentesca in stile moresco in riva al lago, il moltiplicarsi di stucchi e decorazioni è pari solo all'effervescente cucina del giovane cuoco napoletano, tecnica, colori e sapori.

San Rocco – Hotel San Rocco
XXX ⟵ 🚗 ⚒ 🅰️ ⚙ 🆅🆂🅰 ⓪⓪ ① ⟱
via Gippini 11 – ℰ 03 22 91 19 77 – www.hotelsanrocco.it
Rist – Menu 72 € – Carta 67/96 €

♦ In una fra le cornici più romantiche e suggestive del lago, un'elegante sala dove godere di una bella vista sulla pittoresca isola di San Giulio: cucina creativa, relax e charme sulla terrazza estiva a bordo lago.

Ai Due Santi
X ⚙ ⚙ ⟱ 🆅🆂🅰 ⓪⓪ ① ⟱
piazza Motta 18 – ℰ 0 32 29 01 92 – chiuso dal 16 al 24 febbraio, novembre, mercoledì
Rist – Carta 26/46 €

♦ Un bel dehors sulla suggestiva piazzetta davanti all'imbarcadero per l'isola di San Giulio e due caratteristiche salette in sasso per una cucina mediterranea in sintonia con le stagioni.

ORTE – Viterbo (VT) – **563** O19 – 8 986 ab. – alt. 132 m – ✉ 01028   **12** B1
▶ Roma 88 – Terni 33 – Perugia 103 – Viterbo 35

La Locanda della Chiocciola 🌿
⟵ 🚗 🅰️ ⚒ 🏠 🅰️ ⚙ **P**
località Seripola Nord-Ovest : 4 km – ℰ 07 61 40 27 34 🆅🆂🅰 ⓪⓪ ⟱
– www.lachiocciola.net – marzo-9 dicembre
8 cam ⊃ – †90/110 € ††130/170 € – ½ P 85/105 €
Rist – (aperto venerdì sera, sabato e domenica a mezzogiorno; da maggio a settembre tutte le sere su prenotazione) Carta 27/44 €

♦ Tra verdi colline, un casale del XV sec ospita camere raffinate ed eleganti, arredate con mobili di antiquariato. La bella vallata è lo spettacolo offerto dall'intimo centro benessere, che propone diversi trattamenti. Cucina casalinga servita in una bella sala da pranzo, impreziosita da un camino del XVI secolo.

– alt. 1 234 m – **Sport invernali : della Val Gardena : 1 236/2 518 m ⌁ 10 ⌁75**
(Comprensorio Dolomiti superski Val Gardena), ⚑ – ✉ 39046 ▮ Italia

▶ Roma 677 – Bolzano 36 – Bressanone 32 – Cortina d'Ampezzo 79

ℹ via Rezia 1, ☎ 0471 77 76 00, www.valgardena.it

◐ Val Gardena★★★ per la strada S 242 – Alpe di Siusi★★ per funivia

---

🏠🏠🏠 **Gardena-Grödnerhof**   ⩽ ⛴ 🏊 🖼 ⓦ 🕸 ♨ 🛬 🛗 ⚑ ♿ ♣ 🎾 ♨ 🎿 **P**
strada Vidalong 3 – ☎ *04 71 79 63 15*   🚗 **VISA 🆗 AE ① ⑤**
– *www.gardena.it* – *3 dicembre-10 aprile e 24 maggio-7 ottobre*
51 cam ⌷ – †155/593 € ††238/658 € – 5 suites – ½ P 138/346 €
Rist *Anna Stuben* – vedere selezione ristoranti
Rist – *(solo per alloggiati)* Carta 33/60 € ❀
 ◆ Una struttura ampia e capiente con numerosi spazi ben strutturati e ben arredati a disposizione dei propri ospiti, tra cui spicca il nuovo centro benessere. Ottimo confort.

🏠🏠🏠 **Adler Dolomiti & Adler Balance**   ⩽ ⛲ 🏊 🖼 ⓦ 🕸 ♨ 🛬 🛗 ♣♣
via Rezia 7 – ☎ *04 71 77 50 01*   **AC** cam, ⚑ ♿ ♨ ⓦ 🚗 **VISA 🆗 AE ⑤**
– *www.adler-resorts.com* – *chiuso dal 15 aprile al 20 maggio*
130 cam – 9 suites – solo ½ P 216/355 €   **Rist** – *(solo per alloggiati)*
 ◆ Cinto da un grazioso parco, questo storico hotel nel cuore di Ortisei offre ambienti eleganti in stile montano. Adler Balance è il "fratello" aperto pochi anni fa, di dimensioni più contenute ospita una medical Spa. L'ampio e completo centro benessere è a disposizione di entrambi le strutture, ma ognuna di esse ha il suo ristorante: ampio per l'Adler, più intimo al Balance.

🏠🏠 **Alpin Garden** ♨   ⩽ 🏊 🖼 ⓦ 🕸 🛬 🛗 ♨ rist, 🕯 🚗 **VISA 🆗 AE ⑤**
via J. Skasa 68 – ☎ *04 71 79 60 21* – *www.alpingarden.com* – *chiuso dal 5 al 30 novembre*
32 cam ⌷ – †110/265 € ††200/550 € – 5 suites – ½ P 300 €
Rist – *(chiuso lunedì e martedì) (chiuso a mezzogiorno)* Carta 55/98 €
 ◆ Nato come garni, oggi è un lussuoso hotel dal côté modaiolo, dove farsi coccolare: luogo d'elezione è sicuramente il bel centro benessere con molti trattamenti pensati ad hoc per le coppie.

🏠🏠 **Angelo-Engel**   ⩽ ⛴ 🏊 🖼 ⓦ 🕸 🛬 🛗 ⚑ ♨ ⓦ **P** 🚗 **🆗 AE ⑤**
via Petlin 35 – ☎ *04 71 79 63 36* – *www.hotelangelo.net* – *chiuso novembre*
35 cam ⌷ – †121/140 € ††170/220 € – 6 suites – ½ P 153 €
Rist – *(solo per alloggiati)*
 ◆ Completamente ristrutturato quest'hotel, con accesso diretto alla via pedonale del centro. Nuova e completa zona benessere, così come nuovi sono gli arredi delle camere.

🏠🏠 **Genziana-Enzian**   🖼 ⓦ 🕸 🛬 🛗 ♿ ♣♣ ⚑ ♨ ⓦ 🚗 **VISA 🆗 AE ⑤**
via Rezia 111 – ☎ *04 71 79 62 46* – *www.hotelgenziana.it*
– *14 dicembre-14 aprile e 19 maggio-15 ottobre*
54 cam ⌷ – †150/229 € ††238/382 € – 1 suite – ½ P 124/191 €
Rist – Carta 31/62 €
 ◆ Solida gestione familiare per questa bella struttura di tonalità azzurra, in pieno centro. Piacevoli e ampi spazi comuni, zona fitness in stile pompeiano, camere ben arredate. Finestre abbellite da tendaggi importanti, nella sala da pranzo di taglio moderno.

🏠🏠 **Alpenhotel Rainell** ♨   ⩽ ⛴ 🕸 🛬 🛗 ♨ **P** **VISA 🆗 ⑤**
strada Vidalong 19 – ☎ *04 71 79 61 45* – *www.rainell.com* – *20 dicembre-Pasqua e 15 giugno-15 ottobre*
27 cam ⌷ – †55/145 € ††100/280 € – 2 suites – ½ P 148 €
Rist – *(chiuso a mezzogiorno) (solo per alloggiati)*
 ◆ Circondato da un ampio giardino, l'albergo si trova in posizione isolata e vanta una splendida vista su Ortisei e sulle Dolomiti, interni caratteristici e camere confortevoli. Piatti regionali, un soffitto in legno lavorato ed ampie finestre che si affacciano sul paese caratterizzano la sala ristorante.

🏠 **Grien** 🦌　　　≤ 🚗 🏠 🏊 🎿 ♨ 🍴 **P** 🅿️ **VISA** ⓒⓞ **AE** 🔑

via Mureda 178, Ovest : 1 km – 𝒞 *04 71 79 63 40 – www.hotel-grien.com*
– chiuso dal 15 aprile al 25 maggio e novembre
25 cam 🍽 **– ♦♦260/420 € – 3 suites – ½ P 130/210 €**
Rist *– (consigliata la prenotazione) Carta 28/59 €*
♦ Nella quiete della zona residenziale, struttura circondata dal verde, da cui si gode una superba vista del Gruppo Sella e di Sassolungo; accogliente ambiente tirolese. Il panorama è la chicca anche della sala ristorante.

🏠 **Hell**　　　　≤ 🚗 🏠 🏊 🎿 ♨ 🍴 **P** 🅿️ **VISA** ⓒⓞ 🔑

via Promeneda 3 – 𝒞 *04 71 79 67 85 – www.hotelhell.it – 15 dicembre-15 aprile*
e 15 giugno-15 ottobre
28 cam 🍽 **– ♦125/185 € ♦♦216/266 € – 2 suites – ½ P 108/133 €**
Rist *– (solo per alloggiati)*
♦ Nei pressi di una pista da sci per bimbi e principianti, albergo in tipico stile locale d'ispirazione contemporanea, abbellito da un ameno giardino; camere confortevoli.

🏠 **Digon** 🦌　　　　≤ 🚗 🍴 ♨ 🍴 **P** **VISA** ⓒⓞ 🔑

via Digon 22 – 𝒞 *04 71 79 72 66 – www.hoteldigon.com – 6 dicembre-16 aprile e*
28 maggio-3 ottobre
17 cam 🍽 **– ♦40/80 € ♦♦80/160 € – 4 suites – ½ P 55/95 €**
Rist *– (chiuso a mezzogiorno) (solo per alloggiati)*
♦ Lungo la strada che porta a Bulla, piccola casa a gestione familiare con ambienti in arioso stile montano e camere confortevoli, più o meno grandi. Ristorante classico, ma carta dei vini e dei distillati tutt'altro che scontata.

🏠 **Villa Park** *senza rist*　　　≤ 🚗 🍴 ♿ ♨ **P** **VISA** ⓒⓞ 🔑

via Rezia 222 – 𝒞 *04 71 79 69 11 – www.hotelvillapark.com – chiuso novembre*
20 cam 🍽 **– ♦♦78/190 € – 3 suites**
♦ Nel cuore della località, albergo con gradevoli interni illuminati da grandi vetrate; camere confortevoli, alcune dotate anche di angolo cottura.

🏠 **Ronce** 🦌　　≤ 🚗 🏠 🍴 ♿ cam, ♨ rist, **P** 🅿️ **VISA** ⓒⓞ **AE** ① 🔑

via Ronce 1, Sud : 1 km – 𝒞 *04 71 79 63 83 – www.hotelronce.com*
– Natale-Pasqua e 15 giugno-15 ottobre
26 cam 🍽 **– ♦50/90 € ♦♦80/170 € – 2 suites – ½ P 55/95 €**
Rist *– (solo per alloggiati)*
♦ Appagherà i vostri occhi la splendida veduta di Ortisei e dei monti e il vostro spirito la posizione isolata di questa struttura; all'interno, piacevole semplicità.

🏠 **Fortuna** *senza rist*　　　≤ 🍴 ♨ 🍴 **P** 🅿️ **VISA** ⓒⓞ 🔑

via Stazione 11 – 𝒞 *04 71 79 79 78 – www.hotel-fortuna.it – chiuso dal 5 al*
30 novembre
15 cam 🍽 **– ♦55/110 € ♦♦78/170 €**
♦ In prossimità del centro, piccolo hotel a valida conduzione diretta: ambienti arredati in modo semplice ed essenziale, secondo lo stile del luogo. Particolarmente belle le camere mansardate.

🏠 **Cosmea**　　　🚗 🍴 ♿ ♨ cam, 🍴 **P** 🅿️ **VISA** ⓒⓞ 🔑

via Setil 1 – 𝒞 *04 71 79 64 64 – www.hotelcosmea.it – chiuso dal 18 ottobre al*
5 dicembre
24 cam 🍽 **– ♦60/110 € ♦♦120/220 € – ½ P 85/135 €**
Rist *– (chiuso a mezzogiorno) Carta 23/54 €*
♦ Nei pressi del centro, hotel a gestione diretta con spazi comuni dai colori piacevoli e dagli arredi essenziali. Camere d'ispirazione contemporanea. Divanetti a muro e graziosi lampadari in sala da pranzo, cucina regionale in menu.

🏠 **Villa Luise** 🦌　　　≤ ♨ **P** 🅿️ **VISA** ⓒⓞ 🔑

via Grohmann 43 – 𝒞 *04 71 79 64 98 – www.villaluise.com*
– 15 dicembre-20 aprile e luglio-20 ottobre
13 cam *– solo ½ P 60/105 €* **Rist** *– (solo per alloggiati)*
♦ Cordiale e simpatica accoglienza in questa pensione familiare all'interno di una piccola casa di montagna; ambiente alla buona e camere in stile lineare, ben tenute.

XXX **Anna Stuben** – Hotel Gardena-Grödnerhof ♨ ⇔ P̄ ᴠɪꜱᴀ ⊕ Æ ① ⑤
strada Vidalong 3 – ℰ 04 71 79 63 15 – www.annastuben.it – 4 dicembre-9 aprile
e 25 maggio-6 ottobre; chiuso lunedì
Rist – *(chiuso a mezzogiorno)* Menu 95 € – Carta 58/105 € ﷺ
♦ Due splendide stube, candele accese, stufe in maiolica, tavoli distanziati e servizio accorto: una delle esperienze gastronomiche più romantiche dell'Alto
Adige avvolti in uno scrigno di legno.

XX **Concordia** Æ ⇔ ᴠɪꜱᴀ ⊕ Æ ⑤
via Roma 41 – ℰ 04 71 79 62 76 – www.restaurantconcordia.com
– dicembre-Pasqua e giugno-ottobre
Rist – Carta 29/39 € ﷺ
♦ Conduzione e ambiente familiare e linea gastronomica legata al territorio in un
ristorante poco distante dal centro, al secondo piano di un edificio privato.

X **Tubladel** ᗗ ⇔ P̄ ᴠɪꜱᴀ ⊕ ⑤
via Trebinger 22 – ℰ 04 71 79 68 79 – www.tubladel.com – chiuso maggio e
novembre
Rist – *(consigliata la prenotazione la sera)* Carta 34/61 €
♦ Rivestimenti in legno e rusticità in un caratteristico ristorante, la cui cucina non
può che cavalcare la tradizione enogastronomica locale. Ma la carta dei vini
mette a disposizione le proprie pagine anche per altre etichette nazionali.

a Bulla (Pufels)Sud-Ovest : 6 km – alt. 1 481 m – ⊠ 39040 Ortisei

▦▦ **Uhrerhof-Deur** ⌂ ≤ 🚗 🕭 Ⅰ🅰 🛁 ⑭ ♨ ⑭ P̄ 🚗 ᴠɪꜱᴀ ⊕
Bulla 26 – ℰ 04 71 79 73 35 – www.uhrerhof.com – chiuso dal 10 al 29 aprile e
dal 14 ottobre al 22 dicembre
10 cam – 4 suites – solo ½ P 110/154 €
Rist – *(chiuso a mezzogiorno) (solo per alloggiati)*
♦ Una cornice di monti maestosi e una grande casa di cui vi innamorerete subito:
calore e tranquillità, romantici arredi, nonché un rosarium con più di 5000 rose di
120 varietà.

▦ **Sporthotel Platz** ⌂ ≤ 🚗 ᗗ ⅃ 🅧 🕭 ⚎ ♨ P̄ ᴠɪꜱᴀ ⊕ ① ⑤
☜ *via Bulla 12 – ℰ 04 71 79 69 35 – www.sporthotelplatz.com – dicembre-marzo e*
giugno-ottobre
22 cam ⌸ – †45/70 € ††90 € – ½ P 60/100 € **Rist** – Carta 20/49 €
♦ Un angolo di quiete in un paesino fuori Ortisei: un hotel dall'ambiente familiare
in posizione panoramica, immerso nella natura; caldo legno negli interni in stile
alpino. Accogliente atmosfera e tipici arredi montani nella sala ristorante.

ORTONA – Chieti (CH) – **563** O25 – 23 892 ab. – ⊠ 66026 **2** C2
▶ Roma 227 – Pescara 20 – L'Aquila 126 – Campobasso 139
🛈 piazza della Repubblica 9, ℰ 085 9 06 38 41, www.abruzzoturismo.it

▦ **Ideale** senza rist ≤ 🕭 Æ ♨ ⑭ 🚗 ᴠɪꜱᴀ ⊕ Æ ① ⑤
corso Garibaldi 65 – ℰ 08 59 06 60 12 – www.hotel-ideale.it
24 cam ⌸ – †58/60 € ††85/90 €
♦ A pochi metri dalla centrale piazza della Repubblica, un albergo semplice, con
camere essenziali: da alcune la vista sul porto e sul mare.

ORVIETO – Terni (TR) – **563** N18 – 21 053 ab. – alt. 325 m – ⊠ 05018 **32** B3
▌ Italia
▶ Roma 121 – Perugia 75 – Viterbo 50 – Arezzo 110
🛈 piazza Duomo 24, ℰ 0763 34 17 72, www.comune.orvieto.tr.it
◎ Posizione★★★ – Duomo★★★ – Pozzo di San Patrizio★★ – Palazzo del Popolo★
– Quartiere vecchio★ – Palazzo dei Papi★ **M2** – Collezione etrusca★ nel museo
Archeologico Faina **M1**

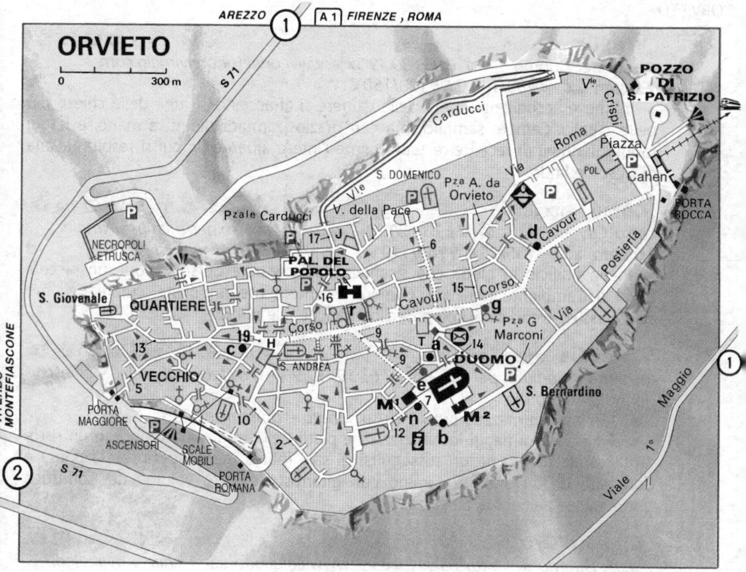

ORVIETO

0 — 300 m

AREZZO ① A1 FIRENZE, ROMA

S 71

POZZO DI S. PATRIZIO

Carducci

Roma

Piazza. Cahen

PORTA ROCCA

NECROPLI ETRUSCA

S. Giovenale

QUARTIERE

Pzale Carducci

S. DOMENICO

V. della Pace

Pza A. da Orvieto

PAL. DEL POPOLO

Cavour

Corso

Cavour

Posterla

Via

S. ANDREA

VECCHIO

Corso

DUOMO

Pza G. Marconi

Via

S. Bernardino

PORTA MAGGIORE

ASCENSORI

SCALE MOBILI

PORTA ROMANA

S 71

Viale

Maggio

S 71

La Badia ⑤ ≤ ◇ ☂ ✕ AC ☆ ♨ P VISA ⑳ AE ⑤

località La Badia 8, per ② – ℰ 07 63 30 19 59 – www.labadiahotel.it – chiuso gennaio e febbraio

22 cam ☲ – ♦♦150/270 € – 5 suites – ½ P 120/180 €

Rist La Badia – vedere selezione ristoranti

♦ Complesso "aristocratico" non solo per la signorile impostazione e i suoi lussuosi spazi, ma in quanto proprietà dei conti Fiumi di Sterpeto (discendenti da Santa Chiara). Il tufo è l'elemento principe: ad esso si accompagnano mobili antichi ed un prezioso affresco della Crocifissione.

Maitani senza rist ⫷ AC ☆ ⌂ VISA ⑳ AE ⑤

via Maitani 5 – ℰ 07 63 34 20 11 – www.hotelmaitani.com – chiuso dal 7 al 31 gennaio **n**

35 cam – ♦79 € ♦♦130 €, ☲ 10 € – 4 suites

♦ Un hotel che è parte della storia della città: ampi spazi comuni dalla piacevole atmosfera un po' démodé, terrazza colazione con bella vista sul Duomo, camere in stile.

Duomo senza rist ⫷ & AC ☆ ⁽ᵖ⁾ P VISA ⑳ AE ① ⑤

vicolo Maurizio 7 – ℰ 07 63 34 18 87 – www.orvietohotelduomo.com

18 cam ☲ – ♦70/85 € ♦♦100/140 € **a**

♦ A pochi passi dal Duomo, una palazzina da poco completamente restaurata, con facciata in stile liberty; hall ornata con opere del pittore Valentini, camere accoglienti.

Filippeschi senza rist AC ☆ ⁽ᵖ⁾ VISA ⑳ AE ① ⑤

via Filippeschi 19 – ℰ 07 63 34 32 75 – www.albergofilippeschi.it – chiuso Natale

15 cam – ♦45/65 € ♦♦60/95 €, ☲ 8 € **c**

♦ Nel cuore della cittadina, un albergo piacevolmente collocato in un palazzo con origini settecentesche: accogliente hall e camere confortevoli con parquet.

Virgilio senza rist 🔢 🛇 ⁽ᵗ⁾ 📶 VISA ⊗ AE ⓪ ⑤

piazza del Duomo 5 – ℰ 07 63 39 49 37 – www.orvietohotelvirgilio.com
13 cam ⬜ – ♦80/100 € ♦♦120/150 €   **b**

♦ Intimo e accogliente, metà delle camere si affacciano su una delle chiese più belle d'Italia. Camere semplici, ma con graziosi armadi dipinti a mano, e bagni moderni: nuovi di recente restauro come l'intero albergo, in cui si respira un'aria di fresco e lindo.

Corso senza rist 📧 � 🔢 🛇 📶 VISA ⊗ AE ⓪ ⑤

corso Cavour 343 – ℰ 07 63 34 20 20 – www.hotelcorso.net – chiuso Natale
16 cam ⬜ – ♦55/75 € ♦♦85/110 €   **d**

♦ In un edificio in pietra che si affaccia sul centrale Corso Cavour, un piccolo hotel dall'ambiente familiare. Camere recentemente rinnovate, curate nel loro stile classico e con caldi colori declinati anche alle pareti.

XXX La Badia – Hotel La Badia 🛇 🏠 🔢 🛇 📶 VISA ⊗ AE ⑤

località La Badia 8, per ② – ℰ 07 63 30 19 59 – www.labadiahotel.it – chiuso gennaio e febbraio
Rist – *(chiuso a mezzogiorno escluso sabato e domenica)* Carta 41/61 €

♦ Selvaggina, formaggi locali speziati e piatti della tradizione umbra in un ristorante caratterizzato da un susseguirsi di sale (più o meno spazioso): la prima è dominata da un enorme camino con girarrosto e l'alto volume del soffitto a botte spicca per la sua ampiezza.

XXX Giglio d'Oro 🏠 🔢 ⇔ 📶 VISA ⊗ AE ⑤

piazza Duomo 8 – ℰ 07 63 34 19 03 – www.ilgigliodoro.it – chiuso mercoledì
Rist – Carta 35/53 €   **e**

♦ Ristorante elegante, con una saletta dagli arredi essenziali, pareti bianche e raffinati tavoli con cristalli e argenteria; incantevole servizio estivo in piazza Duomo.

XX I Sette Consoli 🏠 🏠 🔢 📶 VISA ⊗ AE ⓪ ⑤

*piazza Sant'Angelo 1/A – ℰ 07 63 34 39 11 – www.isetteconsoli.it
– chiuso dal 24 al 26 dicembre, mercoledì, domenica sera*   **g**
Rist – *(consigliata la prenotazione)* Menu 45 € – Carta 40/52 € 🕸

♦ Indimenticabili proposte di cucina creativa e servizio estivo serale in giardino con splendida vista del Duomo, in un locale dal sobrio ambiente rustico di tono signorile.

X Del Moro - Aronne 🔢 📶 VISA ⊗ AE ⑤
⊜
*via San Leonardo 7 – ℰ 07 63 34 27 63 – www.trattoriadelmoro.info
– chiuso 10 giorni in luglio, 10 in novembre e martedì*   **r**
🐿 **Rist** – Carta 19/37 €

♦ Ambiente informale in un ristorante del centro: quattro salette su tre livelli all'interno di un palazzo cinquecentesco ristrutturato; casereccia cucina del luogo.

ad Orvieto Scalo per ① : 3 km – ✉ 05018

Villa Acquafredda senza rist 🏠 ⌧ 🔢 ἀ 🔢 ⁽ᵗ⁾ 🅿 📶 VISA ⊗ AE ⑤

località Acquafredda 1 – ℰ 07 63 39 30 73 – chiuso dal 21 al 27 dicembre
11 cam ⬜ – ♦36/50 € ♦♦53/70 €

♦ Fuori dal centro, vecchio casale di campagna totalmente ristrutturato: saletta comune con camino, camere nuove stile "arte povera" in legno chiaro, ambiente familiare.

sulla strada statale 71 per ① : 4 km

Villa Ciconia 🏠 ⌧ 🔢 🛇 rist, ⁽ᵗ⁾ 🅿 📶 ⊗ AE ⓪ ⑤

*via dei Tigli 69 ✉ 05018 – ℰ 07 63 30 55 82 – www.hotelvillaciconia.com
– chiuso dal 10 gennaio al 28 febbraio*
12 cam ⬜ – ♦90 € ♦♦120/140 € – ½ P 85/95 €
Rist – *(chiuso lunedì) (chiuso a mezzogiorno)* Carta 40/62 €

♦ Immersa nel verde del suo parco, elegante casa cinquecentesca con camere che mantengono inalterato il fascino di un tempo, ma offrono moderni confort.

ORVIETO

a Morrano Nord : 15 km – ⊠ 05018

↑↑ **Agriturismo Borgo San Faustino e Relais del Borgo** ॐ
borgo San Faustino 11/12 – ⧼ ⌂ ⊐ ⋒ 🅰️ cam, ⅍ rist, 🅿️ 🆅🆂🅰 ⚫ ♿
– ⟨𝒞⟩ 07 63 21 53 03 – www.borgosanfaustino.it – chiuso dall'11 gennaio al
12 febbraio
21 cam ⌱ – †80/95 € ††110/130 € – 1 suite – ½ P 55/85 €
Rist – (consigliata la prenotazione) Carta 25/40 € (+10 %)
♦ Una costellazione di casali in pietra nel classico stile contadino, con camere originali e letti in ferro battuto. Stanze più eleganti, nel Relais del Borgo. Ricette tradizionali rivisitate per una cucina raffinata, realizzata con materie prime dell'agriturismo, dove i piatti variano in funzione della produzione.

a Rocca Ripesena Ovest: 5 km – ⊠ 05018

↑↑ **Locanda Palazzone** ॐ   ⧼ ⌂ ⋒ ⊐ 🔌 ♿ 🅰️ ⅍ 🅿️ 🆅🆂🅰 ⚫ 🅰🅴 ♿
Rocca Ripesena 67, Ovest: 7 km – ⟨𝒞⟩ 07 63 39 36 14
– www.locandapalazzone.com – chiuso dal 9 gennaio al 25 marzo
7 suites – ††150/190 €, ⌱ 7 €
Rist – (chiuso a mezzogiorno escluso da giugno ad agosto) (prenotazione
obbligatoria) Menu 26 €
♦ L'antica dimora cardinalizia, cinta da vigneti dove si produce l'Orvieto, è oggi un elegante e moderno agriturismo che conserva mura originali, alcune bifore ed alti soffitti.

↑↑ **Agriturismo la Rocca Orvieto** ॐ   ⧼ ⌂ ⊐ ⋒ 🄻🄳 🅰️ ⅍ 🅿️
– ⟨𝒞⟩ 07 63 34 42 10 – www.laroccaorvieto.com – chiuso dal   🆅🆂🅰 ⚫ 🅰🅴 ♿
11 gennaio al 28 febbraio
9 cam ⌱ – †78/104 € ††98/140 €
Rist La Rocca – vedere selezione ristoranti
♦ Tra i vigneti dell'azienda, la rocca offre un soggiorno all'insegna del relax in una piacevole struttura immersa nel verde dei colli orvietani.

✕✕ **La Rocca** – Agriturismo la Rocca Orvieto   ⌂ ⋒ 🅰️ ⅍ 🅿️ 🆅🆂🅰 ⚫ 🅰🅴 ♿
– ⟨𝒞⟩ 07 63 34 42 10 – www.laroccaorvieto.com – chiuso dall'11 gennaio al
28 febbraio
Rist – Menu 38 € – Carta 47/65 €
♦ Considerato il contesto in cui si trova, ci si aspetterebbe un ambiente rustico e rurale: niente di più sbagliato! Sale moderne e creatività in cucina.

OSIMO – Ancona (AN) – **563** L22 – 33 270 ab. – alt. 265 m – ⊠ 60027   **21** C2
▶ Roma 308 – Ancona 19 – Macerata 28 – Pesaro 82
🛈 piazza del Comune 1, ⟨𝒞⟩ 071 7 24 92 47, www.osimoturismo.it

✕ **Gustibus**   ⋒ 🅰️ 🆅🆂🅰 ⚫ 🅰🅴 ♿
⊜ piazza del Comune 11 – ⟨𝒞⟩ 0 71 71 44 50 – chiuso domenica, anche lunedì da
ottobre a maggio
Rist – Carta 19/45 € ॐ
♦ Un moderno ristorante wine bar in centro, propone pranzi semplici e cene ricercate, da gustare attingendo ad una carta dei vini per accompagnare degnamente i prodotti locali.

sulla strada statale 16 Est: 4 km

🏨 **G Hotel** senza rist   📶 ♿ 🅰️ ⦿ ♨ 🅿️ 🆅🆂🅰 ⚫ 🅰🅴 ⓞ ♿
via Sbrozzola 26 ⊠ 60027 – ⟨𝒞⟩ 07 17 21 19 – www.ghotelancona.it
84 cam ⌱ – †69/169 € ††85/185 €
♦ A vocazione commerciale, è un albergo moderno, essenziale, a tratti minimalista negli arredi. Ampie camere, grandi docce e un'ottima colazione servita fino a mezzogiorno.

OSNAGO – Lecco (LC) – **561** E10 – **4 805 ab.** – alt. 249 m – ⊠ 23875   **18** B1

🚗 Roma 613 – Milano 36 – Bergamo 48 – Lecco 23

XXX   **Osteria Roncate**   🖸 P̄ VISA ⚫ AE ⓪ ⚡
via Pinamonte 24 – ℰ 03 95 82 20 – www.osteriaroncate.altervista.org – chiuso dal 27 dicembre al 4 gennaio, dal 16 agosto al 5 settembre e lunedì
Rist – Carta 38/66 €
◆ Cucina di mare e siciliana in un locale signorile: raccolta ed intima la sala al piano terra dove troneggia un bel camino, più solare ed ariosa quella al primo piano.

OSOPPO – Udine (UD) – **562** D21 – **3 003 ab.** – alt. 184 m – ⊠ 33010   **10** B2

🚗 Roma 665 – Udine 31 – Milano 404

🏠   **Pittis**   🖸 🖸 ⁿℐ P̄ VISA ⚫ AE ⓪ ⚡
⊛   *via Andervolti 2 – ℰ 04 32 97 53 46 – www.hotelpittis.com*
40 cam – ♦46 € ♦♦68 €, � 6 € – ½ P 55 €
Rist – *(chiuso dal 25 dicembre al 7 gennaio e dal 6 al 22 agosto e domenica)* Carta 20/41 €
◆ Nel centro storico del paese, albergo dalla cortese conduzione familiare con ampie e confortevoli camere in stile essenziale. Spazioso ed elegante, un fogolar a vista, il ristorante propone piatti casalinghi della tradizione veneta e friulana.

OSPEDALETTI – Imperia (IM) – **3 630 ab.** – ⊠ 18014 ▌ Liguria   **14** A3

🚗 Roma 655 – Imperia 40 – Genova 152 – San Remo 8
🛈 corso Regina Margherita 1, ℰ 0184 68 90 85, www.visitrivieradeifiori.it

XX   **Byblos**   ⚷ 🛋 🖸 P̄ VISA ⚫ AE ⓪ ⚡
lungomare Colombo 6 – ℰ 01 84 68 90 02 – www.ristorantebyblos.it – chiuso novembre e lunedì
Rist – Carta 31/56 €
◆ All'estremo della bella passeggiata, ristorante di una certa eleganza affacciato sul mare: piatti a base di pesce semplici e gustosi.

XX   **Acquerello**   🛋 🖸 ⁒ VISA ⚫ AE ⓪ ⚡
corso Regina Margherita 25 – ℰ 01 84 68 20 48 – chiuso dal 1° al 18 ottobre
Rist – *(chiuso martedì e mercoledì) (chiuso a mezzogiorno escluso domenica)* Carta 44/57 €
◆ La nostalgia può fare anche questo...ritornare dagli Stati Uniti ed aprire un piccolo, ma raffinato, ristorante con cucina a vista e piatti della migliore tradizione mediterranea. In sala, la travolgente simpatia della titolare predispone al buon umore.

OSPEDALETTO – Verona (VR) – Vedere Pescantina

OSPEDALETTO D'ALPINOLO – Avellino (AV) – **564** E26 – **1 895 ab.**   **6** B2
– alt. 725 m – ⊠ 83014

🚗 Roma 248 – Napoli 59 – Avellino 8 – Salerno 44

XX   **Osteria del Gallo e della Volpe**   VISA ⚫ AE ⓪ ⚡
piazza Umberto I 14 – ℰ 08 25 69 12 25 – www.osteriadelgalloedellavolpe.com – chiuso dal 23 al 25 e 31 dicembre, dal 1° al 15 luglio, domenica sera, lunedì
Rist – *(chiuso a mezzogiorno escluso i giorni festivi)* (prenotare) Carta 22/32 € 🏵
◆ Una sala accogliente, pochi tavoli e molto spazio. Conduzione familiare, servizio curato e cordiale, menù che propone la tradizione locale con alcune personalizzazioni.

OSPEDALICCHIO – Perugia (PG) – **563** M19 – Vedere Bastia Umbra

---

OSSANA – Trento (TN) – **562** D14 – **839 ab.** – alt. 1 003 m – Sport   **30** B2
invernali : Vedere Tonale (Passo del) – ⊠ 38026

🚗 Roma 659 – Trento 74 – Bolzano 82 – Passo del Tonale 17
🛈 via San Michele 1, ℰ 0463 75 13 01, www.valdisole.net

🏠 Pangrazzi 🖼 ⬛ 🏠 📶 ⬛ 📺 cam, 🍴 🅿 ⬛ 📹 ⬛ ⬛
🐕 *frazione Fucine alt. 982 –* ⏱ *04 63 75 11 08 – www.hotelpangrazzi.com*
– *dicembre-aprile e 15 giugno-10 settembre*
34 cam ⬛ – †40/60 € ††70/90 € – 4 suites – ½ P 52/62 €
Rist – Carta 19/38 €
◆ Struttura rifinita in legno e pietra con invitanti spazi comuni in stile montano. Abbellita da un gradevole piccolo giardino è ideale per un turismo familiare. Al ristorante si servono piatti del territorio e tradizionali.

OSTELLATO – Ferrara (FE) – **562** H17 – 6 592 ab. – ⬛ 44020   9 C2
▶ Roma 395 – Ravenna 65 – Bologna 63 – Ferrara 33

🏠 Villa Belfiore 🦢 🖼 ⬛ 🏠 ⬛ 🍴 🏊 🅿 📹 ⬛ ⬛ ⬛ ⬛
via Pioppa 27 – ⏱ *05 33 68 11 64 – www.villabelfiore.com*
18 cam ⬛ – †75/85 € ††100/115 € – ½ P 70/90 €
Rist *Casa Belfiore* – vedere selezione ristoranti
◆ Ambienti dagli arredi rustici e un piccolo centro benessere con sauna, massaggi, nonché bagni di fieno, nelle tranquillità della campagna ferrarese. Belle ed ampie le camere.

🍴🍴 Casa Belfiore – Hotel Villa Belfiore   🖼 ⬛ 🍴 🅿 📹 ⬛ ⬛ ⬛ ⬛
via Pioppa 27 – ⏱ *05 33 68 11 64 – www.villabelfiore.com – chiuso gennaio e febbraio, lunedì, martedì e mercoledì*
Rist – *(chiuso a mezzogiorno escluso domenica)* (consigliata la prenotazione) Carta 25/40 €
◆ Sono le erbe selvatiche ed officinali del Delta del Po le protagoniste indiscusse della cucina, ma anche pane e pasta preparati con farine biologiche ottenute dalla macinazione diretta di cereali contribuiscono a tipicizzare il menu. Su richiesta, piatti kousminiani curati da un esperto.

OSTERIA GRANDE – Bologna (BO) – **562** I16 – Vedere Castel San Pietro Terme

---

OSTUNI – Brindisi (BR) – **564** E34 – 32 453 ab. – alt. 218 m – ⬛ 72017   27 C2
🟩 Puglia

▶ Roma 530 – Brindisi 42 – Bari 80 – Lecce 73
ℹ corso Mazzini 8, ⏱ 0831 30 12 68, www.pugliaturismo.com
◉ Facciata★ della cattedrale
Ⓖ Regione dei Trulli ★★★

🏠 La Sommità 🦢   ⬛ 🏠 📶 ⬛ 🍴 📹 ⬛ ⬛ ⬛
via Scipione Petrarolo 7 – ⏱ *08 31 30 59 25 – www.lasommita.it*
10 cam ⬛ – †200/310 € ††250/390 € – 5 suites
Rist *Cielo* ⬛ – vedere selezione ristoranti
◆ Nella parte più alta di Ostuni, in un palazzo cinquecentesco, eleganti camere in stile moderno-minimalista ed imperdibili terrazze con vista mozzafiato.

🏠 La Terra 🦢   📶 ⬛ 🍴 📹 ⬛ ⬛ ⬛ ⬛
via Petrarolo 20/24 – ⏱ *08 31 33 66 52 – www.laterrahotel.it*
17 cam ⬛ – †70/105 € ††99/170 € – 3 suites – ½ P 75/110 €
Rist *San Pietro* – vedere selezione ristoranti
◆ Nella zona pedonale, all'interno di un palazzo del '500, i soffitti a stella e i saloni del secondo piano testimoniano gli antichi splendori; le camere al terzo sono mansardate e panoramiche.

🏠 Masseria Tutosa senza rist 🦢   🖼 ⬛ 🏊 ⬛ 🍴 📶 🅿 📹 ⬛ ⬛ ⬛
contrada Tutosa , Nord-Ovest : 7,5 km – ⏱ *08 31 35 90 46*
– *www.masseriatutosa.com – marzo-ottobre*
23 cam – †80/150 € ††120/180 €, ⬛ 8 €
◆ Una vacanza a tutto relax - tra piscina e spazi verdi - in un'antica masseria fortificata: poche camere semplici ed essenziali, nonché qualche appartamento con angolo cottura.

⌂ **Masseria Il Frantoio** ⌖   🛋 🏠 ♨ ❄ **P** 🆅🅸🆂🅰 ◎ ⚹
strada statale 16 km 874, Nord-Ovest : 5 km – ℰ 08 31 33 02 76
– www.masseriailfrantoio.it
13 cam ☖ – ♦79/119 € ♦♦139/259 € – 1 suite – ½ P 116/186 €
Rist – *(chiuso a mezzogiorno da giugno a settembre)* (prenotazione obbligatoria) *(solo per alloggiati)* Menu 59 €
♦ Uno scorcio che potrebbe far pensare ad una hacienda messicana, se non fosse che siamo nel cuore della Puglia! Mobili antichi e personalizzazioni nelle camere (ricavate nella parte ottocentesca della struttura), contraddistinte con nomi di fiori: quando la bellezza della natura circostante varca la porta d'ingresso.

ΧΧΧ **Cielo** – Hotel La Sommità   🏠 🅰🅲 ♨ 🆅🅸🆂🅰 ◎ 🅰🅴 ◍ ⚹
☺ *via Scipione Petrarolo 7* – ℰ 08 31 30 59 25
Rist – (consigliata la prenotazione) Carta 48/70 €
Spec. Ravioli di cime di rapa e burrata con acciughe. Manzo podolico ai carboni e stufato. Carosello di dolci pugliesi.
♦ Una bianca sala dal soffitto a botte è il palcoscenico delle magie del giovane cuoco: combinazioni e divagazioni nell'eccellenza pugliese. Romantiche cene estive tra gli agrumi del piccolo giardino.

ΧΧΧ **Porta Nova**   🏠 🅰🅲 ⇔ 🆅🅸🆂🅰 ◎ 🅰🅴 ◍ ⚹
via Petrarolo 38 – ℰ 08 31 33 89 83 – *www.ristoranteportanova.it*
Rist – Carta 33/54 €
♦ *Location* invidiabile su un torrione aragonese con vista panoramica sulla distesa di ulivi e sulla Marina di Ostuni, per questo elegante ristorante che propone essenzialmente cucina di mare.

ΧΧ **San Pietro** – Hotel La Terra   🅰🅲 🆅🅸🆂🅰 ◎ 🅰🅴 ◍ ⚹
via Petrarolo 20/24 – ℰ 08 31 33 66 52 – *www.laterrahotel.it/com*
Rist – *(chiuso mercoledì)* Carta 31/78 €
♦ Nel centro storico della "città bianca", ha un'entrata separata questo ristorante che funge da punto di ristoro non solo per gli ospiti dell'albergo, ma anche per i clienti di passaggio. Sulla tavola: piatti della tradizione pugliese, pesce e carne.

ΧΧ **Osteria Piazzetta Cattedrale**   🅰🅲 ♨ 🆅🅸🆂🅰 ◎ 🅰🅴 ◍ ⚹
☺ *via Arcidiacono Trinchera 7* – ℰ 08 31 33 50 26 – *www.piazzettacattedrale.it*
– chiuso febbraio e martedì escluso luglio-agosto
Rist – (consigliata la prenotazione) Menu 30 € – Carta 25/48 €
♦ Nel centro storico, un elegante ristorante con pavimenti in marmetto, luminosi lampadari di cristallo ed arredi in stile. Cucina del territorio rivisitata in chiave moderna.

Χ **Osteria del Tempo Perso**   🅰🅲 ♨ 🆅🅸🆂🅰 ◎ 🅰🅴 ◍ ⚹
via Tanzarella Vitale 47 – ℰ 08 31 30 48 19 – *www.osteriadeltempoperso.com*
– chiuso dal 10 al 31 gennaio e lunedì escluso luglio agosto
Rist – *(chiuso a mezzogiorno da giugno a agosto)* Carta 39/55 €
♦ Suggestivo. In un antico mulino a due passi dalla cattedrale, due salette in sasso scavato per una cucina sfiziosa che propone ricette regionali rivisitate con talento.

a Costa Merlata Nord-Est : 15 km – ✉ 72017

🏨 **Grand Hotel Masseria Santa Lucia** ⌖   ⚓ ⅃ 🛁 ♨ ♿ cam,
strada statale 379 km 23,500   ♨ 🅰🅲 ♨ ⸝⸍ ⅍ **P** 🆅🅸🆂🅰 ◎ 🅰🅴 ◍ ⚹
– ℰ 08 31 35 61 11 – www.masseriasantalucia.it
127 cam ☖ – ♦135/235 € ♦♦210/320 € – 4 suites – ½ P 160 €
Rist – Carta 30/64 €
♦ Ricavato dal riadattamento di un'antica masseria, ogni ambiente si distingue per funzionalità ed omogeneità degli arredi, nonché per l'atmosfera di relax e tranquillità che vi aleggia. Vocazione turistica e congressuale.

OTRANTO – Lecce (LE) – 564 G37 – 5 531 ab. – ✉ 73028 ▮ Puglia   **27** D3
▐ Roma 642 – Brindisi 84 – Bari 192 – Gallipoli 47
🚩 piazza Castello 5, ℰ 0836 80 14 36, www.pugliaturismo.com
◙ Cattedrale ★★: pavimento ★★★ - Chiesa di S. Pietro ★

🏨 **Degli Haethey** 🔣 ☒ 🖀 ₺ 🄰🄲 🛇 ⁹ψ 🛁 🚗 🚈 ☻ 🄰🄴 ⚡
via Sforza 33 – 𝒞 08 36 80 15 48 – www.hoteldeglihaethey.com
49 cam ☲ – †55/170 € ††90/280 € – ½ P 135/165 €
Rist – *(giugno-settembre)* Menu 18/25 €
♦ Ad un quarto d'ora dal centro e non lontano dalla spiaggia, apprezzerete la tranquillità della zona residenziale e il confort delle recenti e moderne camere all'ultimo piano.

🏨 **Valle dell'Idro** senza rist 🔣 ☒ 🖀 ₺ 🄰🄲 🛇 ⁹ψ 🄿 ☒ ☻ 🄰🄴 ☻ ⚡
via Giovanni Grasso 4 – 𝒞 08 36 80 44 27 – www.otrantohotel.com
– aprile-ottobre
27 cam – †90/200 € ††110/230 €, ☲ 15 €
♦ I dettagli qui non sono lasciati al caso, ma studiati con grande senso estetico: ne deriva una bella realtà con accoglienti camere e un piccolo, ma grazioso giardino, dove nella bella stagione viene servita la prima colazione. La terrazza propone una suggestiva vista sulla città vecchia e sul mare.

🏨 **Villa Rosa Antico** senza rist ☒ ₺ 🄰🄲 🛇 ⁹ψ 🄿 ☒ ☻ 🄰🄴 ☻ ⚡
strada statale 16 – 𝒞 08 36 80 15 63 – www.hotelrosaantico.it
– aprile-2 novembre
25 cam ☲ – †60/90 € ††80/190 € – 2 suites
♦ E' una storica villa di fine Cinquecento ad ospitare il piccolo albergo dall'attenta e capace gestione familiare. Graziose e ben accessoriate le camere, piacevole sostare in giardino.

🏠 **Masseria Panareo** 🌿 ☒☼ 🖀 ☒ 🄰🄲 🛇 cam, ⁹ψ 🄿 ☒ ☻ ⚡
litoranea Otranto-S.Cesarea Terme, Sud: 6 km Otranto – 𝒞 08 36 81 29 99
– www.masseriapanareo.com – chiuso novembre
17 cam ☲ – †68/105 € ††90/140 € – ½ P 73/98 €
Rist – *(chiuso lunedì) (chiuso a mezzogiorno)* Carta 34/44 €
♦ Un antico eremo ospita questa bella masseria, interamente ristrutturata, ubicata in aperta campagna ma non troppo lontana dal mare. Moderna piscina con bella terrazza-solarium per momenti di piacevole relax.

OTTAVIANO – Napoli (NA) – **564** E25 – **23 944 ab.** – **alt. 220 m**   6 B2
– ☒ 80044

🛣 Roma 240 – Napoli 22 – Benevento 70 – Caserta 47

🏨 **Augustus** senza rist 🔣 🄰🄲 ↔ 🛇 ⁹ψ 🛁 🚗 ☒ ☻ 🄰🄴 ☻ ⚡
viale Giovanni XXIII 61 – 𝒞 08 15 28 84 55 – www.augustus-hotel.com
41 cam ☲ – †110/130 € ††140/170 €
♦ Adatto a una clientela d'affari, albergo in posizione centrale con ambienti in stile lineare d'ispirazione contemporanea; ampie e funzionali le camere.

OTTONE – Piacenza (PC) – Vedere Elba (Isola d') : Portoferraio

OVADA – Alessandria (AL) – **561** I7 – **11 901 ab.** – **alt. 186 m**   23 C3
– ☒ 15076 ▊ Italia Centro Nord

🛣 Roma 549 – Genova 50 – Acqui Terme 24 – Alessandria 40
🎔 via Cairoli 107, 𝒞 0143 82 10 43, www.comune.ovada.al.it
🄶 Strada dei castelli dell'Alto Monferrato★ (o strada del vino) verso Serravalle Scrivia

🍴🍴 **La Volpina** 🔣 ↻ 🄿 ☒ ☻ ☻ ⚡
strada Volpina 1 – 𝒞 0 14 38 60 08 – www.ristorantelavolpina.it
– chiuso dal 24 al 26 dicembre, dall'8 al 30 gennaio, dall'8 al 29 agosto, domenica sera, lunedì; chiuso martedì e mercoledì sera in inverno
Rist – Menu 52 € – Carta 39/51 €
♦ In tranquilla posizione collinare, La Volpina propone una gustosa cucina del territorio - tra Piemonte e Liguria - con caratteristiche di entrambe le regioni: ricette reinterpretate con fantasia e creatività.

X **L'Archivolto**   🚫 🎔 VISA ⓒ AE ① ⑤

piazza Garibaldi 25/26 – ℰ 01 43 83 52 08
– chiuso 15 giorni in gennaio, 15 giorni in luglio, mercoledì
Rist – Menu 38 € – Carta 35/60 € ⅋

♦ Cucina piemontese con influenze liguri, porzioni abbondanti e valide materie prime, in una tipica trattoria di paese con prosciutti appesi, gelosamente custoditi in una piccola nicchia, e tovaglie a quadrettoni. Il tutto "condito" da una buona dose di cordialità e simpatia.

OVIGLIO – Alessandria (AL) – **561** H7 – 1 299 ab. – alt. 107 m   **23** C2
– ⊠ 15026

🔁 Roma 601 – Torino 83 – Alessandria 21 – Asti 31

🏠 **Castello di Oviglio**   ≤ 🚗 ⵔ 🕄 🎔 ♈ 🛁 P VISA ⓒ AE ① ⑤

via 24 Maggio 1 – ℰ 01 31 77 61 66 – www.castellodioviglio.it
8 cam ⌷ – †90/150 € ††100/180 € – 1 suite
Rist – (prenotazione obbligatoria) Carta 46/83 €

♦ All'interno di un affascinante castello del XIII secolo, raffinato hotel per un soggiorno d'atmosfera. Camere di prestigio e spazi comuni ricercati. Accoglienza di tono familiare.

XX **Donatella** (Mauro Bellotti)   🎔 VISA ⓒ ⑤

£3 *Piazza Umberto I, 1 – ℰ 01 31 77 69 07 – www.ristorantedonatella.it – chiuso 10 giorni in gennaio, 3 settimane in luglio o agosto, lunedì, martedì*
Rist – (chiuso a mezzogiorno escluso domenica) Menu 51 € – Carta 50/80 €
Spec. Piccione laccato al miele, scalogni caramellati, confettura di cipolle di Tropea. Uovo pochè, fonduta di robiola di Roccaverano, asparagi, croccante di pane (primavera). Ravioli pizzicati al ripieno di cappone e foie gras mantecati al timo (inverno).

♦ Nell'antica canonica del 1700, un elegante e raffinato locale con mobili di antiquariato e quadri contemporanei: la passione dei titolari si traduce in un'ottima cucina dalle squisite materie prime.

OZZANO DELL'EMILIA – Bologna (BO) – **562** I16 – 12 600 ab.   **9** D3
– alt. 66 m – ⊠ 40064

🔁 Roma 399 – Bologna 15 – Forli 63 – Modena 60

🏠 **Eurogarden Hotel**   🛁 🕄 🚫 🎔 ⅌ ⵔ 🛁 P VISA ⓒ AE ① ⑤

via dei Billi 2/a – ℰ 05 1 79 45 11 – www.eurogardenhotel.com
72 cam ⌷ – ††59/320 € – ½ P 48/184 €
Rist – (chiuso domenica) (chiuso a mezzogiorno) Menu 18/24 €

♦ Albergo moderno dagli interni arredati in ciliegio e dotati di ogni confort: le camere al piano terra beneficiano di un piccolo giardino, che le rende particolarmente adatte agli ospiti con animali. Cene a base di specialità del luogo.

PACECO Sicilia – Trapani (TP) – **365** AK56 – **Vedere Trapani**

PACENTRO – L'Aquila (AQ) – **563** P23 – 1 268 ab. – alt. 690 m   **1** B2
– ⊠ 67030

🔁 Roma 171 – Pescara 78 – Avezzano 66 – Isernia 82

XX **Taverna De Li Caldora**   🍴 🚫 ⅍ VISA ⓒ AE ⑤

piazza Umberto I 13 – ℰ 0 86 44 11 39 – www.ristorantecaldora.it – chiuso domenica sera, martedì, anche lunedì in inverno
Rist – Menu 28/38 € – Carta 23/31 €

♦ Un curioso intrico di stradine disegna il centro storico di Pacentro, mentre nelle cantine di un imponente palazzo del '500 si celebra la cucina regionale. Servizio estivo in terrazza panoramica.

PADENGHE SUL GARDA – Brescia (BS) – **561** F13 – 4 309 ab.   **17** D1
– alt. 127 m – ⊠ 25080

🔁 Roma 526 – Brescia 36 – Mantova 53 – Verona 43

✗✗ **Aquariva**   🔟 ⇔ 𝘝𝘐𝘚𝘈 ⚈ 🅰🅴 🅞 ⬧
via Marconi 57, strada statale Gardesana, Est : 1 km – ℰ 03 09 90 88 99
– www.aquariva.it
Rist – Menu 65 € – Carta 51/100 €
♦ Se è vero che "nomen est omen", qui aspettatevi di trovarvi in riva al lago, in un locale dalle tinte mediterranee e con una bellissima terrazza affacciata sul porticciolo. La cucina è di alto livello: specialità di mare, in elaborazioni semplici, per non togliere ai sapori il ruolo di veri protagonisti.

PADERNO – Treviso (TV) – Vedere Ponzano Veneto

PADERNO DEL GRAPPA – Treviso (TV) – **562** E17 – 2 165 ab.   35 B2
– alt. 292 m – ✉ 31017

🕨 Roma 547 – Padova 61 – Treviso 41 – Venezia 72

✗ **Osteria Bellavista**   🕿 🔟 𝘝𝘐𝘚𝘈 ⚈ 🅰🅴
via Piovega 30 – ℰ 04 23 94 93 29 – www.trevisoristoranti.com – chiuso mercoledì
Rist – Carta 31/50 €
♦ Un'osteria di moderna concezione dalla calda accoglienza familiare. La cucina asseconda l'estro, il mercato e le tradizioni.

PADERNO FRANCIACORTA – Brescia (BS) – **561** F12 – 3 750 ab.   19 D2
– alt. 186 m – ✉ 25050

🕨 Roma 550 – Brescia 15 – Milano 84 – Verona 81

🏠 **Franciacorta** senza rist   🚗 🛗 🔟 🕾 🅿 🕿 𝘝𝘐𝘚𝘈 ⚈ 🅰🅴 🅞 ⬧
via Donatori di Sangue 10/d – ℰ 03 06 85 70 85 – chiuso agosto
24 cam ⌂ – †70 € ††90 €
♦ In zona strategica, facile da raggiungere, una risorsa di concezione moderna, quasi confusa fra le molte altre ville dell'area residenziale in cui si trova.

PADOLA – Belluno (BL) – Vedere Comelico Superiore

PADOVA 🅿 (PD) – **562** F17 – 212 989 ab. – alt. 12 m   36 C3
▌ Venezia e ville venete

🕨 Roma 491 – Milano 234 – Venezia 42 – Verona 81
🆔 piazza del Santo, ✉ 35123, ℰ 049 8 75 30 87
🆔 vicolo Pedrocchi, ✉ 35122, ℰ 049 8 76 79 27
🖪 Montecchia, 049 8055550, www.golfmontecchia.it – chiuso lunedì
🖪 Frassanelle via Rialto 5/A, 049 9910722, www.golffrassanelle.it – chiuso martedì
🖪 via Noiera 57, 049 9195100, www.golfpadova.it – chiuso gennaio e lunedì
◎ Affreschi di Giotto★★★, Vergine★ di Giovanni Pisano nella cappella degli Scrovegni DY – Basilica del Santo★★ DZ – Statua equestre del Gattamelata DZ **A** – Palazzo della Ragione★ DZ **J** : salone★★ – Pinacoteca Civica★ DY **M** – Chiesa degli Eremitani e museo★ DY : affreschi★ di Mantegna e Guariento e opere★★ venete – Oratorio di San Giorgio★ DZ **B** – Scuola di Sant'Antonio★ DZ **B** – Piazza della Frutta★ DZ **25** – Piazza delle Erbe★ DZ **20** – Torre dell'Orologio★ (in piazza dei Signori CYZ) – Pala★ del Veronese nella chiesa di Santa Giustina DZ
🌀 Colli Euganei★ Sud-Ovest per ⑥

Piante pagine seguenti

🏠🏠 **NH Mantegna**   🛗 🕭 🔟 ⬄ 🍴 rist, 🕾 🔌 🕿 𝘝𝘐𝘚𝘈 ⚈ 🅰🅴 🅞 ⬧
via Tommaseo 61, zona Fiera ✉ 35131 – ℰ 04 98 49 41 11
– www.nh-hotels.com   BV**e**
190 cam ⌂ – ††60/270 € – 10 suites   **Rist** – Carta 36/80 €
♦ A pochi minuti dal centro storico, l'architettura contemporanea di questo enorme grattacielo anticipa gli ottimi spazi di cui la risorsa è dotata. 13 piani di design, ambienti moderni e luminosi, camere ultra confortevoli. Non perdetevi la stupenda vista dal ristorante panoramico, al dodicesimo piano.

PADOVA

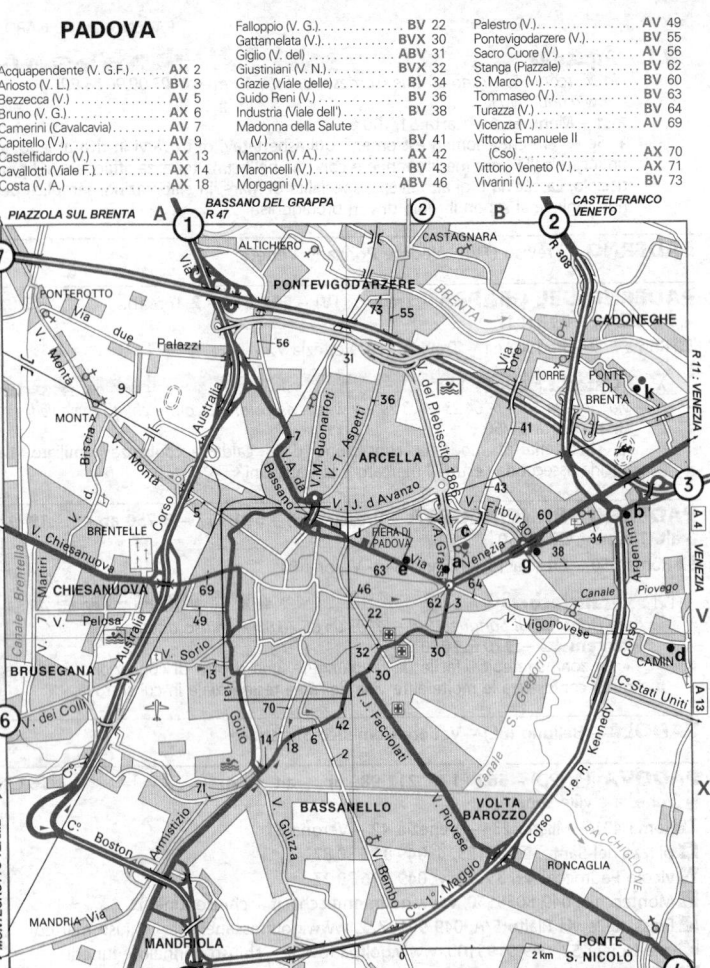

Grand'Italia senza rist 🏠🏠🏠
corso del Popolo 81 ✉ 35131 – ℰ 04 98 76 11 11
– www.hotelgranditalia.it   DYa
61 cam ⊇ – ♦99/115 € ♦♦130/165 € – 3 suites
• Trasformato in hotel nel 1907, Palazzo Folchi rappresenta un mirabile esempio di stile liberty. Stanze rinnovate secondo criteri di piacevole modernità.

Plaza 🏠🏠🏠
corso Milano 40 ✉ 35139 – ℰ 0 49 65 68 22
– www.plazapadova.it   CYm
130 cam ⊇ – ♦65/90 € ♦♦99/220 € – 5 suites
Rist – (chiuso agosto, domenica) Carta 37/58 €
• Vantaggiosa posizione, in prossimità del centro storico e commerciale: buon servizio e ottima gestione per una comodissima e piacevole risorsa dall'atmosfera elegante. Ristorante raffinato frequentato in prevalenza da clienti d'affari.

PADOVA

807

Methis senza rist
riviera Paleocapa 70 ⊠ 35142 – ✆ 04 98 72 55 55 – www.methishotel.com
59 cam – 100/200 € – 7 suites CZ**a**
◆ Lungo il canale e non lontano dalla Specola, nuovo albergo dagli interni moderni e funzionali. Quattro piani ispirati ai quattro elementi: aria, acqua, terra e fuoco.

Biri cam,
via Grassi 2 ⊠ 35129 – ✆ 04 98 06 77 00 – www.hotelbiri.com BV**a**
100 cam – 71/156 € 88/200 € – 1 suite
Rist – *(chiuso domenica) (chiuso a mezzogiorno)* Carta 31/46 €
◆ Un enorme albergo situato in prossimità di un importante crocevia non lontano dalla zona fieristica; risorsa di buon livello, con camere in gran parte rimesse a nuovo.

Europa cam, rist,
largo Europa 9 ⊠ 35137 – ✆ 0 49 66 12 00 – www.hoteleuropapd.it
80 cam – 70/130 € 120/180 € – ½ P 74/115 € DY**c**
Rist *Zaramella* – largo Europa 10, ✆ 04 98 76 08 68 *(chiuso agosto, sabato a mezzogiorno, domenica)* Carta 35/49 €
◆ Cappella degli Scrovegni e centro storico sono a pochi metri, così anche la stazione: rinnovatosi in anni recenti, l'hotel presenta camere moderne, nonché spazi comuni luminosi e dai caldi toni. Ideale per una clientela business. Elegante sala di un rilassante color azzurro pastello e di tono moderno, ma con piacevoli tocchi dal passato quali il vecchio comò o le decorazioni alle pareti.

Milano
via Bronzetti 62/d ⊠ 35138 – ✆ 04 98 71 25 55 – www.hotelmilano-padova.it
80 cam – 62/115 € 98/195 € – ½ P 67/116 € CY**g**
Rist – *(chiuso sabato sera)* Carta 19/42 €
◆ Offre un insieme funzionale e ha caratteristiche tipiche degli alberghi dell'ultima generazione, con tutti i confort e le modernità, in un'area cittadina molto comoda. Ampie sale ristorante, gestione familiare, cucina del territorio.

Donatello senza rist
via del Santo 102/104 ⊠ 35123 – ✆ 04 98 75 06 34 – www.hoteldonatello.net
– chiuso dal 21 dicembre al 7 gennaio DZ**z**
44 cam – 95/120 € 105/184 €
◆ Nel cuore storico della città, una struttura d'inizio secolo scorso gestita, da generazioni, dalla medesima famiglia; recenti rinnovamenti e bella vista da alcune stanze.

Majestic Toscanelli senza rist
via dell'Arco 2 ⊠ 35122 – ✆ 0 49 66 32 44 – www.toscanelli.com DZ**b**
31 cam – 85/119 € 125/179 € – 3 suites
◆ Uno dei vecchi alberghi nel centro cittadino, con una zona comune incentrata sulla hall e stanze, di fattura diversa, con arredi di vari stili d'epoca. American bar serale.

Giotto senza rist
piazzale Pontecorvo 33 ⊠ 35121 – ✆ 04 98 76 18 45 – www.hotelgiotto.com
35 cam – 55/75 € 70/95 € DZ**c**
◆ Poco lontano dalla basilica di Sant'Antonio, albergo riaperto da poco in seguito ad una totale ristrutturazione. Offre soluzioni di taglio moderno e funzionale.

Al Fagiano senza rist
via Locatelli 45 ⊠ 35123 – ✆ 04 98 75 33 96 – www.alfagiano.com
40 cam – 55/70 € 90 €, 7 € DZ**n**
◆ Ciò che vorremmo trovare in ogni città, arrivando come turisti con tutta la famiglia: un discreto hotel, un po' nascosto, in pieno centro, con un buon rapporto qualità/prezzo.

Igea senza rist
via Ospedale Civile 87 ⊠ 35121 – ✆ 04 98 75 05 77 – www.hoteligea.it
54 cam – 60/75 € 85/110 € DZ**d**
◆ Un buon hotel che lavora molto con la clientela dell'Ospedale Civile di fronte a cui è posizionato: un'area comunque centralissima anche per le varie mete turistiche.

Al Cason
rist,

via Frà Paolo Sarpi 40 ✉ 35138 – ☎ 0 49 66 26 36 – www.hotelalcason.com
48 cam ☕ – 🛉44/100 € 🛉🛉59/140 € CDY**d**
Rist – *(chiuso dal 23 dicembre al 6 gennaio, agosto, sabato e domenica)*
Carta 20/30 €
♦ Periferico e tuttavia molto comodo, in prossimità della stazione ferroviaria, hotel a conduzione familiare dotato di confort essenziali e camere funzionali. Il ristorante è momentaneamente chiuso per rinnovo, ma l'albergo propone, comunque, qualche piatto veloce.

Belle Parti
via Belle Parti 11 ✉ 35139 – ☎ 04 98 75 18 22 – www.ristorantebelleparti.it – chiuso domenica CDY**e**
Rist – Carta 46/72 €
♦ Come un'araba fenice, questo locale rinasce ancora più bello dopo l'incendio che lo danneggiò nel 2006: quadri alle pareti, specchi e boiserie. Il menu si accorda con le stagioni, proponendo una rassegna di "irrinunciabili" di carne e di pesce.

Il Presidentino
via Boccalerie 5 ✉ 35139 – ☎ 04 98 75 72 05 – www.presidentino.it – chiuso dal 6 al 28 agosto, lunedì DYZ**f**
Rist – Carta 38/85 €
♦ Arredi minimalisti e legni pregiati in un piccolo, ma elegante, ristorante, dove schermi alle pareti offrono immagini della cucina e dei piatti, in una sorta di show cooking di grande effetto. Oltre al mare, si avvicendano in menu piatti di carne, reinterpretazioni di antiche ricette padovane e i mitici "cicheti". Servizio all'aperto in una delle più belle piazza della città.

Per Bacco
piazzale Ponte Corvo 10 ✉ 35121 – ☎ 04 98 75 28 83 – www.per-bacco.it – chiuso domenica DZ**a**
Rist – (consigliata la prenotazione) Menu 36 € – Carta 32/50 €
♦ Bottiglie esposte all'ingresso, libri e riviste a tema, tutto favorisce un piacevole incontro con la divinità che dà il nome a questo simpatico ed accogliente locale.

La Finestra
via dei Tadi 15 ✉ 35139 – ☎ 0 49 65 03 13 – www.ristorantefinestra.it – chiuso 1 settimana in gennaio, 3 settimane in agosto, domenica sera, lunedì
Rist – *(chiuso a mezzogiorno escluso venerdì, sabato, domenica)* CZ**d**
(consigliata la prenotazione) Carta 32/54 €
♦ Ambiente raccolto ed accogliente, dove le importanti esperienze professionali dello chef si riflettono in una prelibata cucina contemporanea, resa originale da qualche spunto creativo, "misurato" e non invadente.

a Camin Est : 4 km per A 4 BX – ✉ 35127

Admiral senza rist
via Vigonovese 90 – ☎ 04 98 70 02 40 – www.hoteladmiral.it BX**d**
46 cam ☕ – 🛉50/110 € 🛉🛉70/150 €
♦ Sito nella zona industriale, sull'arteria principale che attraversa la località, un albergo di fattura moderna, distribuito su tre edifici, ideale per la clientela d'affari.

in prossimità casello autostrada A 4 Padova Est per ③: 5 km BV

AC Padova
via Prima Strada 1 ✉ 35129 – ☎ 0 49 77 70 77 – www.ac-hotels.com
98 cam ☕ – 🛉60/175 € 🛉🛉70/195 € BV**g**
Rist – *(chiuso a mezzogiorno)* Carta 28/50 €
♦ Non lontano dalla fiera e dall'uscita autostradale, il design moderno della struttura caratterizza tutti gli hotel di questa catena alberghiera. Spazi comuni non ampissimi, ma organizzati con grande raziocinio; camere di media ampiezza e notevole confort.

Sheraton Padova Hotel ⚿ ⌶ 🖼 ⓴ 🧊 ✗ rist, 📞 🏧 🅿
corso Argentina 5 ⌧ 35129 – ℰ 04 97 80 82 30 ⟨🅅🄸🅂🄰⟩ ⓸ 🄰🄴 ⓞ ⓢ
– www.sheratonpadova.it BV**b**
226 cam ⌸ – †95/250 € ††95/290 € – 9 suites
Rist *Les Arcades* – ℰ 04 98 99 80 86 – Carta 36/60 €
♦ In posizione strategica per scoprire sia Padova sia Venezia, un hotel che riesce a soddisfare la clientela turistica e d'affari con standard di confort in linea con la catena. Al ristorante raffinata atmosfera ovattata.

in prossimità casello autostrada A 4 Padova Ovest per ①: 6 km AV

Crowne Plaza Padova ⛲ ⚿ ⌶ 🧊 🖼 ✗ rist, 📞 🏧 🅿 🍽
via Po 197 ⌧ 35135 – ℰ 04 98 65 65 11 ⟨🅅🄸🅂🄰⟩ ⓸ 🄰🄴 ⓞ ⓢ
– www.promohotels.it
177 cam ⌸ – ††85/200 € – 2 suites **Rist** – Carta 37/56 €
♦ Recente ed elegante, nel contesto di una città d'arte ricca di storia, annovera ampi spazi arredati in un design contemporaneo particolarmente luminoso e colorato. Classe e raffinatezza continuano al ristorante dalle dimensioni modulabili a seconda delle esigenze.

a Ponte di Brenta Nord-Est : 6 km per S 11 BV – ⌧ 35129

Sagittario ⌘ ⌸ ⌶ 🖼 ✗ 🍽 🏧 🅿 🅅🄸🅂🄰 ⓸ 🄰🄴 ⓞ ⓢ
via Randaccio 6, località Torre – ℰ 0 49 72 58 77 – www.hotelsagittario.com
– chiuso dal 24 dicembre al 6 gennaio ed agosto BV**k**
43 cam ⌸ – †55/98 € ††65/114 €
Rist *Dotto di Campagna* – vedere selezione ristoranti
♦ Decentrato, ma immerso nel verde, un valido appoggio per chi sia soltanto di passaggio o chi desideri visitare meglio le località vicine; camere semplici.

Dotto di Campagna – Hotel Sagittario ⌸ ⌲ 🖼 ✗ 🍽 🏧 🅿
via Randaccio 4, località Torre – ℰ 0 49 62 54 69 🅅🄸🅂🄰 ⓸ 🄰🄴 ⓞ ⓢ
– www.hotelsagittario.com – chiuso dal 26 dicembre al 6 gennaio, agosto,
domenica sera, lunedì BV**k**
Rist – Carta 29/57 €
♦ Un simpatico indirizzo, un po' fuori città, ove poter assaporare i piatti della tradizione veneta nella più completa rilassatezza e in un ambiente di elegante rusticità.

PAESTUM – Salerno (SA) – **564** F27 – ⌧ 84047 ▌ Napoli e la Campania **7** C3
▶ Roma 305 – Potenza 98 – Napoli 99 – Salerno 48
ℹ via Magna Grecia 887/891, ℰ 0828 81 10 16, www.infopaestum.it
◉ Tempio di Nettuno★★★ – Basilica★★ - Tempio di Cerere★★ - Museo★★: Tomba del Tuffatore★★

Savoy Beach ⌲ ⌾ ⌶ 🧊 ⛲ ⚿ ✗ ⌶ 🧊 🖼 ⓴ 🍽 🏧 🅿
via Poseidonia 41 – ℰ 08 28 72 01 00 🅅🄸🅂🄰 ⓸ 🄰🄴 ⓞ ⓢ
– www.hotelsavoybeach.it
42 cam ⌸ – †83/164 € ††110/258 € – 1 suite – ½ P 95/169 €
Rist *Tre Olivi* – vedere selezione ristoranti
♦ Si parte dall'amplissima hall in stile neo-classico, così come l'esterno che cita il tempio degli scavi archeologici, per proseguire nelle confortevoli camere, anch'esse generose in metri quadrati. Gli spazi si dilatano ulteriormente negli esterni, dove padroneggia l'ampia piscina ad anfiteatro.

Esplanade ⌲ ⌾ ⌶ 🧊 ⓴ 🖼 ⓴ ✗ rist, 🍽 🏧 🅿 🅅🄸🅂🄰 ⓸ 🄰🄴 ⓞ ⓢ
via Poseidonia – ℰ 08 28 85 10 05 – www.hotelesplanade.com
24 cam ⌸ – †53/113 € ††70/150 € – ½ P 65/105 € **Rist** – Carta 25/42 € ❀
♦ Hotel completamente rinnovato secondo il concept moderno-lineare attualmente tanto in voga. Il fresco giardino con piscina e l'ampia zona verde, che conduce direttamente alla spiaggia, restano tra gli aspetti più apprezzati della struttura. Al ristorante: cucina nazionale e un'interessante carta dei vini.

🏠 Grand Hotel Paestum Tenuta Lupo' 🌲 🖫 🗖 🛬 cam, 🚾

via Laura 201 – ℰ 08 28 85 18 13 🍴 🕮 🛱 **P** 🚾 🐽 🖭 🕦 🖕
– www.grandhotelpaestum.it

63 cam 🖵 – ▼80/149 € ▼▼100/179 € – 3 suites – ½ P 75/115 €
Rist – *(solo per alloggiati) Carta 28/38 €*

♦ All'interno di una vasta proprietà, nel XIX secolo tenuta di caccia, eleganti soluzioni sia nella residenza originaria, sia nel moderno corpo centrale costruito in anni recenti. A disposizione degli ospiti un vasto giardino ed una piscina.

🏠 Le Palme ⌂ 🚗 🐧 🕭 🗖 🎖 🖾 🕮 🕵 🛱 **P** 🚾 🐽 🖭 🕦 🖕

via Poseidonia 123 – ℰ 08 28 85 10 25 – www.lepalme.it – aprile-ottobre
84 cam 🖵 – ▼70/110 € ▼▼100/170 € – ½ P 115 €
Rist – *(solo per alloggiati) Carta 30/48 €*

♦ Fuori dall'area dell'antica Poseidonia e non lontano dal mare, questa risorsa anni '70 - rinnovata nel corso del tempo - offre un settore notte con camere spaziose. Ampia sala ristorante di taglio classico.

🏠 Schuhmann ⌂ 🚗 🐧 🕭 🗖 🕮 🕵 🕪 🕭 **P** 🚗 🚾 🐽 🖭 🖕

via Marittima 5 – ℰ 08 28 85 11 51 – www.hotelschuhmann.com
53 cam 🖵 – ▼60/100 € ▼▼80/120 € – ½ P 70/90 € **Rist** – *(solo per alloggiati)*

♦ Alle spalle una piccola pineta, mentre di fronte l'affaccio è sul mare, dove si trova la spiaggia privata. Camere spaziose ed arredate in stile classico. Enormi sale e veranda al ristorante.

🏠 Il Granaio dei Casabella 🚗 🕤 🕮 cam, 🕵 🕪 🕭 **P** 🚾 🐽 🖭 🖕

🍝 *via Tavernelle 84 – ℰ 08 28 72 10 14 – www.ilgranaiodeicasabella.com – chiuso gennaio*
14 cam 🖵 – ▼70/100 € ▼▼90/120 € – ½ P 70/85 €
Rist – *(chiuso domenica sera e lunedì escluso aprile-settembre) Carta 21/46 €*

♦ Adiacente al sito archeologico, hotel familiare ricavato da un antico granaio, con esito sorprendente. Camere arredate con gusto, mobili d'epoca o in arte povera. Sapori del Cilento nella piccola, ma elegante sala ristorante con coperto colorato e bellissimo dehors sull'erba.

🏠 Villa Rita ⌂ 🚗 🗖 🕮 🕵 rist, 🕪 **P** 🚾 🐽 🖭 🕦 🖕

via Nettuno 9, zona archeologica – ℰ 08 28 81 10 81 – www.hotelvillarita.it – marzo-15 novembre
22 cam 🖵 – ▼70/80 € ▼▼90/130 € – ½ P 61/81 € **Rist** – 16 €

♦ Nella campagna prospiciente le antiche mura, immerso in un parco-giardino, un tranquillo alberghetto a conduzione familiare in cui si respira semplicità e sobrietà.

🏠 Agriturismo Seliano ⌂ 🚗 🕤 🗖 🕮 **P** 🚾 🐽 🖭 🖕

via Seliano – ℰ 08 28 72 36 34 – www.agriturismoseliano.it – 25 marzo-2 novembre
14 cam 🖵 – ▼60/100 € ▼▼75/120 € – ½ P 75 €
Rist – *(prenotazione obbligatoria) Menu 25 € bc*

♦ L'allevamento di bufale e il grazioso giardino: ecco le vere chicche di questo agriturismo! Nel casale, camere curate e gestite con professionalità, nonché grande cordialità. Il ristorante propone un menu fisso con piatti elaborati partendo dai prodotti dell'azienda.

🏠🏠🏠 Tre Olivi – Hotel Savoy Beach 🚗 🕭 🕤 🕮 🕵 **P** 🚾 🐽 🖭 🕦 🖕

via Poseidonia 291 – ℰ 08 28 72 00 23 – www.hotelsavoybeach.it
Rist – Carta 26/47 € 🏵

♦ Invitanti specialità del Cilento nell'elegante sala, affacciata sul giardino dalla lussureggiante vegetazione sub-tropicale. Mozzarella di bufala, pasta di Gragnano, pesce locale, ed altro ancora: nel piatto, il top gastronomico del Meridione.

🏠🏠 Nonna Sceppa 🕤 🕮 🕵 🚾 🐽 🖭 🖕

via Laura 45 – ℰ 08 28 85 10 64 – www.nonnasceppa.com – chiuso dal 10 al 28 ottobre e giovedì escluso luglio-agosto
Rist – Carta 24/58 € (+10 %)

♦ Fondata negli anni '60 da nonna Giuseppa, la trattoria è diventata oggi ristorante, ma la conduzione è sempre nelle mani della stessa famiglia: nipoti e pronipoti si dividono tra sala e cucina. Ricette del cilento nel menu, che cambia quotidianamente. Pizzeria solo la sera.

XX **Nettuno** 🔲 🏠 🅰🄲 ✍ 🅿 📇 ⚙ 🄰🄴 🄾 ⛔

zona archeologica via Nettuno 2 – ℰ 08 28 81 10 28
– www.ristorantenettuno.com – chiuso dal 7 gennaio al 7 febbraio, 15 giorni in
novembre , lunedì in bassa stagione
Rist *– (chiuso la sera)* Carta 26/61 €
♦ Cucina ittica e cilentina in un una casa colonica di fine '800, già punto di
ristoro negli anni '20, con servizio estivo in veranda: splendida vista su Basilica e
tempio di Nettuno.

sulla strada statale 166 Nord-Est : 7,5 km

XXX **Le Trabe** 🔔 🏠 🅰🄲 ✍ 🅿 📇 ⚙ 🄾 ⛔

via Capodifiume 4 – ℰ 08 28 72 41 65 – www.letrabe.it – chiuso dal 20 dicembre
all' 8 gennaio, domenica sera, lunedì
Rist *– (chiuso a mezzogiorno escluso sabato e domenica)* (consigliata la prenotazione) Menu 32/50 € – Carta 29/49 € (+10 %)
♦ All'interno di un lussureggiante parco lungo il corso di un fiume, la vecchia
centrale idroelettrica - sapientemente restaurata - si abbellisce di anno in anno.
In menu: piatti creativi e di mare.

PALADINA – Bergamo (BG) – Vedere Almè

PALAGIANELLO – Taranto (TA) – 564 F32 – 7 896 ab. – alt. 133 m   27 C2
– ✉ 74018

▶ Roma 477 – Bari 62 – Matera 44 – Taranto 33

XX **Masseria Petrino** 🏠 🅰🄲 ✍ 🅿 📇 ⚙ 🄰🄴 🄾 ⛔

zona Petrino – ℰ 09 98 43 40 65 – www.masseriapetrino.it – chiuso dal 7 al
31 gennaio, domenica sera, lunedì, martedì a mezzogiorno
Rist *– (consigliata la prenotazione)* Menu 30/45 € – Carta 31/43 €
♦ In una zona residenziale appena fuori Palagianello, ristorante classico con un
tocco di eleganza anche negli arredi e nello stile del servizio. Cucina di impronta
contemporanea, che non disdegna le proprie origini.

PALAU Sardegna – Olbia-Tempio (OT) – 366 R36 – 4 424 ab.   38 B1
– ✉ 07020

▶ Cagliari 325 – Nuoro 144 – Olbia 40 – Porto Torres 127
⛴ per La Maddalena – Saremar, call center 892 123
🛈 piazza Fresi, ℰ 0789 70 70 25, www.palau.it/turismo
🅖 Arcipelago della Maddalena★★ – Costa Smeralda★★

🏨 **La Vecchia Fonte** senza rist 📺 ⛵ ♿ 🅰🄲 📞 🍽 📇 ⚙ 🄰🄴 🄾 ⛔

via Fonte Vecchia 48 – ℰ 07 89 70 97 50 – www.lavecchiafontehotel.it
– aprile-ottobre
36 cam ⌂ – †60/190 € ††79/270 € – 2 suites
♦ In centro paese di fronte al porto turistico, piccolo hotel di arredo signorile con
ampie e confortevoli sale dai caldi colori. La vista sulla Maddalena rapisce...

🏨 **La Roccia** senza rist 🅰🄲 ✍ 📶 🅿 📇 ⚙ ⛔

via dei Mille 15 – ℰ 07 89 70 95 28 – www.hotellaroccia.com – aprile-ottobre
22 cam ⌂ – †50/90 € ††80/160 €
♦ Un ambiente familiare sito nel cuore della località offre camere semplici ed
ordinate e deve il suo nome all'imponente masso di granito che domina sia il
giardino che la hall.

XXX **La Gritta** ≤ 🍽 🏠 ✍ 🅿 📇 ⚙ 🄰🄴 ⛔

località Porto Faro – ℰ 07 89 70 80 45 – www.ristorantelagritta.it
– Pasqua- ottobre; chiuso mercoledì escluso dal 15 giugno-15 settembre
Rist *–* Carta 63/94 €
♦ Un indirizzo ideale per chi desidera deliziare insieme vista, spirito e palato: lo
sguardo si perderà tra i colori dell'arcipelago di fronte ad una sapiente cucina di
pesce.

PALAU

XXX **Da Franco**   🅰🅲 ♒ 𝘝𝘐𝘚𝘈 ⓓⓩ 🅰🅴 ⓞ ⓢ
via Capo d'Orso 1 – ℰ 07 89 70 95 58 – www.ristorantedafranco.it – chiuso dal
22 dicembre al 15 gennaio, lunedì (escluso da giugno a settembre)
Rist – Carta 44/86 €
♦ Sulla via pricipale - a pochi passi dal porto - elegante ristorante a conduzione
familiare con interessanti proposte di pesce: in alcune ricette reinterpretate in
chiave moderna.

XX **Da Robertino**   🅰🅲 𝘝𝘐𝘚𝘈 ⓓⓩ 🅰🅴 ⓞ ⓢ
via Nazionale 20 – ℰ 07 89 70 96 10 – chiuso gennaio e lunedì escluso da giugno
a settembre
Rist – *(coperti limitati, prenotare)* Carta 39/68 €
♦ Esperta gestione familiare in una simpatica trattoria sulla via principale della
località. In una terra tradizionalmente di pastori, il locale non dimentica il mare...
Gustose ricette di pesce a prezzi interessanti.

PALAZZAGO – Bergamo (BG) – 561 E10 – 4 097 ab. – alt. 397 m   19 C1
– ✉ 24030
🄳 Roma 599 – Bergamo 18 – Brescia 68 – Milano 61

X **Osteria Burligo**   🛋 𝘝𝘐𝘚𝘈 ⓓⓩ ⓢ
☺ *località Burligo 12, Nord-Ovest : 2,5 km – ℰ 0 35 55 04 56 – chiuso lunedì,*
martedì
Rist – *(chiuso a mezzogiorno escluso i giorni festivi)* Carta 29/36 €
♦ Semplice esercizio fuori porta dalla vivace e volenterosa gestione familiare che
propone piatti genuini e gustosi, memoria di una tradizione contadina. Due sale
interne e una terrazza estiva.

PALAZZOLO SULL'OGLIO – Brescia (BS) – 561 F11 – 19 558 ab.   19 D2
– alt. 166 m – ✉ 25036
🄳 Roma 581 – Bergamo 26 – Brescia 32 – Cremona 77

XX **La Corte**   🅰🅲 ♒ ♻ 🄿 𝘝𝘐𝘚𝘈 ⓓⓩ ⓢ
via San Pancrazio 41 – ℰ 03 07 40 21 36 – chiuso dal 25 gennaio al 2 febbraio,
dal 3 al 26 agosto, sabato a mezzogiorno, lunedì
Rist – Carta 39/65 € 🕸
♦ Ricavati da una casa colonica ristrutturata, ambienti rustici e accoglienti, in cui
assaporerete originali proposte culinarie, accompagnate da un'ottima scelta di vini.

X **Osteria della Villetta** con cam   🛋 ♿ cam, 📞 𝘝𝘐𝘚𝘈 ⓓⓩ 🅰🅴 ⓢ
via Marconi 104 – ℰ 03 07 40 18 99
5 cam ⚏ – †35/45 € ††55/65 €
Rist – *(chiuso domenica, lunedì, e le sere di martedì e mercoledì)* Carta 25/44 €
♦ Nelle vicinanze della stazione, un'antica osteria dagli inizi del secolo scorso:
lunghi tavoloni massicci, una lavagna con la selezione dei piatti del giorno, fragranti e caserecci. Al piano superiore dell'edificio le camere, una simpatica e
variopinta sintesi tra antico e moderno.

PALAZZUOLO SUL SENIO – Firenze (FI) – 563 J16 – 1 199 ab.   29 C1
– alt. 437 m – ✉ 50035
🄳 Roma 318 – Bologna 86 – Firenze 56 – Faenza 46

🏠 **Locanda Senio** ⚜   🛋 𝍐 ᨈ 𝘝𝘐𝘚𝘈 ⓓⓩ 🅰🅴 ⓞ ⓢ
borgo dell'Ore 1 – ℰ 05 58 04 60 19 – www.locandasenio.com – chiuso
dal 7 gennaio al 12 febbraio
8 cam ⚏ – †100/135 € ††150/195 € – 2 suites – ½ P 125 €
Rist *Locanda Senio* – vedere selezione ristoranti
♦ Come cornice un caratteristico borgo medievale, come note salienti la cura, le
personalizzazioni, la bella terrazza con piscina...insomma un soggiorno proprio
piacevole.

✗ **Locanda Senio** – Locanda Senio 📶 VISA ⦿ AE ① ⚡

borgo dell'Ore 1 – ℰ 05 58 04 60 19 – www.locandasenio.com – chiuso dal
6 gennaio al 13 febbraio
Rist – *(chiuso a mezzogiorno escluso sabato, domenica e giorni festivi)*
Menu 45 € bc – Carta 42/54 €
♦ Ci sono tanti locali che vantano una cucina del territorio, ma in questa locanda
si fa della tradizione il proprio verbo! In una bella atmosfera familiare, Roberta
vi proporrà i piatti forti della regione, accompagnandovi inoltre alla scoperta di
ricette medievali rivisitate con passione.

PALERMO Sicilia ℙ (PA) – 365 AP55 – 656 081 ab. ▮ Italia **39** B2

▶ Messina 235
✈ Falcone-Borsellino per ④: 30 km ℰ 091 7020273
🚢 per Genova e Livorno – Grimaldi-Grandi Navi Veloci, call center 010 2094591
🚢 per Napoli, Genova e Cagliari – Tirrenia Navigazione, call center 892 123
🛈 piazza Castelnuovo 34, ℰ091 6 05 83 51, www.turismopalermo.it
🛈 Aeroporto Falcone Borsellino, ⊠ 90100, ℰ091 59 16 98
◉ Palazzo dei Normanni★★★: Cappella Palatina★★★, Antichi Appartamenti Reali★★
AZ – Oratorio del Rosario di San Domenico★★★ BY **N2** – Oratorio del Rosario di
Santa Cita★★★ BY **N1** – Chiesa di San Giovanni degli Eremiti★★: chiostro★ AZ
– Piazza Pretoria★★ BY – Piazza Bellini★★ BY: Martorana★★, San Cataldo★★
– Palazzo Abatellis★: Galleria Regionale di Sicilia★★ CY **G** – Museo Internazionale
delle Marionette★ CY **M3** – Museo Archeologico★: metope dei Templi di
Selinunte★★, ariete★ BY **M1** – Villa Malfitano★★ – Orto Botanico★★ CDZ
– Catacombe dei Cappuccini★★ EV – Villa Bonanno★ AZ – Cattedrale★★ AYZ
– Quattro Canti★ BY – Gancia: interno★ CY – Magione: facciata★
CZ – SanFrancesco d'Assisi★★ CY – Palazzo Mirto★ CY – Palazzo Chiaramonte★
CY – Santa Maria alla Catena★ CY **S3** – Galleria d'Arte Moderna★★ AX – Villino
Florio★ EV **W** – San Giovanni dei Lebbrosi★ FV **Q** – La Zisa★ EV – Cuba★ EV
◙ Monreale★★★ EV per ③: 8 km – Grotte dell'Addaura★ EF

Piante pagine seguenti

🏨🏨🏨 **Villa Igiea Hilton** ← 🚗 🍸 🏋 🏊 ♨ ⛱ 🅰🅲 ⚹ ⚲ 🈂 🅿

salita Belmonte 43 ⊠ 90142 – ℰ 09 16 31 21 11 VISA ⦿ AE ① ⚡
– www.villaigiea.hilton.com FV**e**
123 cam ⬡ – ♦160/400 € ♦♦160/450 € – 13 suites – ½ P 120/285 €
Rist – Carta 45/75 €
♦ Imponente villa Liberty di fine '800, strategicamente posizionata sul golfo di
Palermo e da sempre esclusivo ritiro per principi e regnanti. Nel ristorante le emozioni gastronomiche si mescolano a quelle artistiche con un dipinto di G. Boldini,
che fa da sfondo ad una cucina eclettica e siciliana.

🏨🏨 **Centrale Palace Hotel** 📶 🈂 🈁 🏤 ⚹ cam, 🅰🅲 🏤 ⚹ 🕻 🈂 🌄

corso Vittorio Emanuele 327 ⊠ 90134 VISA ⦿ AE ① ⚡
– ℰ 0 91 33 66 66 – www.angalahotels.it BY**b**
102 cam ⬡ – ♦99/173 € ♦♦139/273 € – 1 suite
Rist – *(chiuso a mezzogiorno)* Carta 41/70 €
♦ Si respira un fascino d'epoca in questa nobile dimora settecentesca, ma dietro
a questa cortina c'è un hotel che offre tecnologia moderna in ogni ambiente.
Nuova palestra con piccola sauna. Piccola sala all'ultimo piano e terrazza panora-
mica per l'estate; la cucina, rivisitata, è a base di soli prodotti locali.

🏨🏨 **Grand Hotel Wagner** senza rist 🈁 🈂 🅰🅲 ⚹ ⚹ ⚹ 🈂
via Wagner 2 ⊠ 90139 – ℰ 0 91 33 65 72 VISA ⦿ AE ① ⚡
– www.grandhotelwagner.it BX**f**
58 cam ⬡ – ♦130/310 € ♦♦210/410 € – 3 suites
♦ Sorto nel 1921 come palazzo nobiliare, stucchi, boiserie ed affreschi ne ripropongono lo stile sontuoso e neobarocco. Amanti del minimalismo: astenersi!

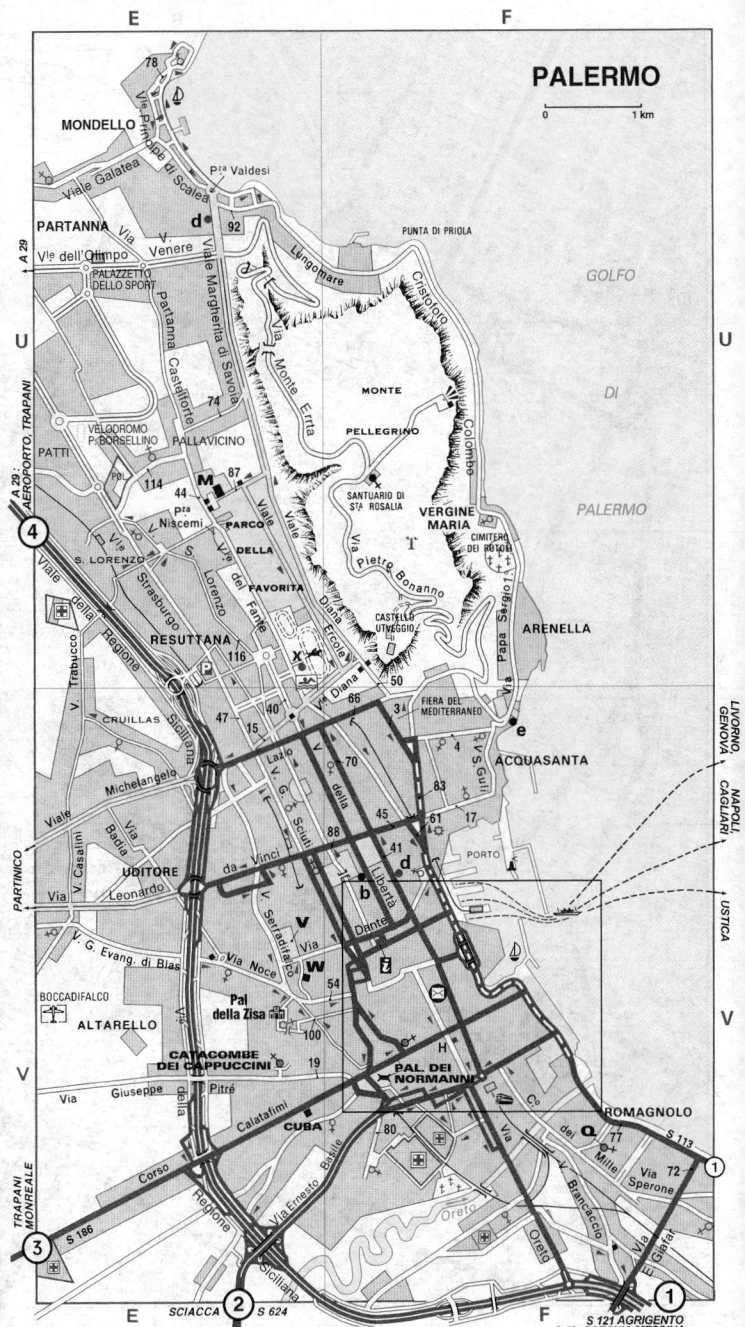

PALERMO

0   1 km

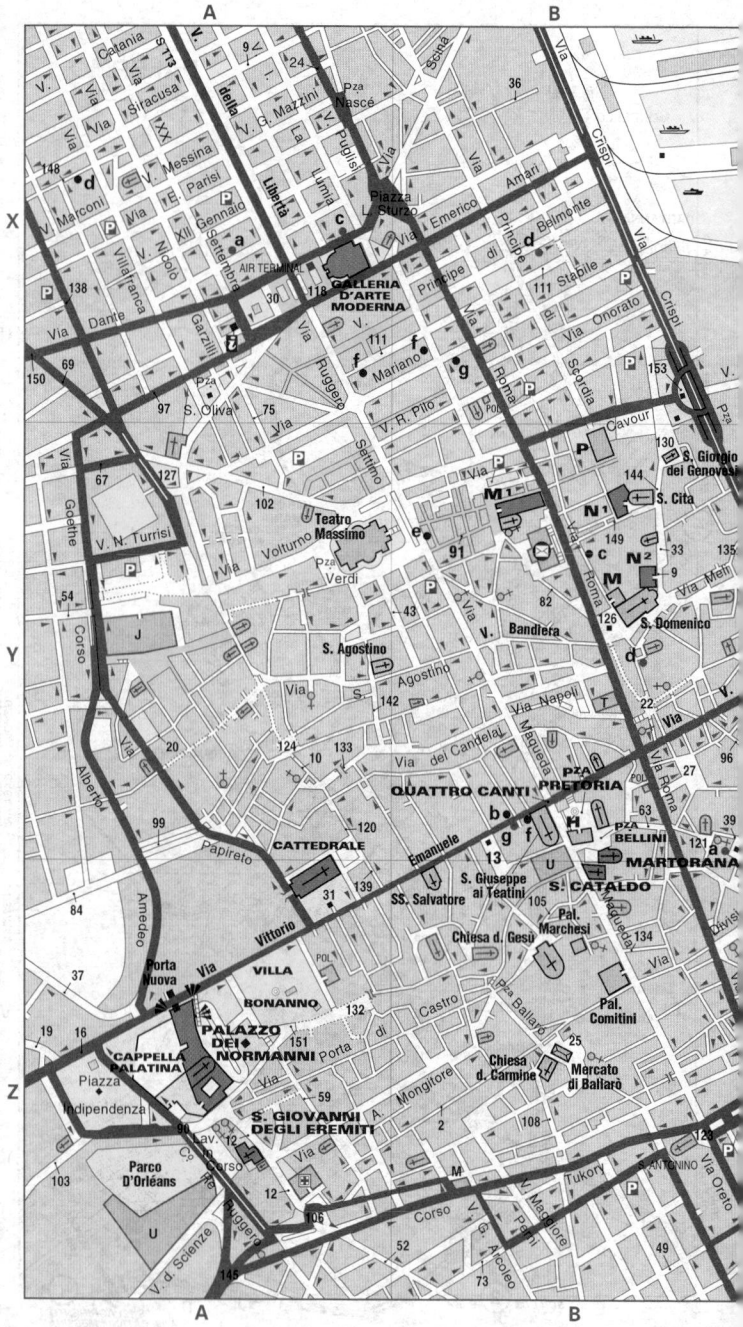

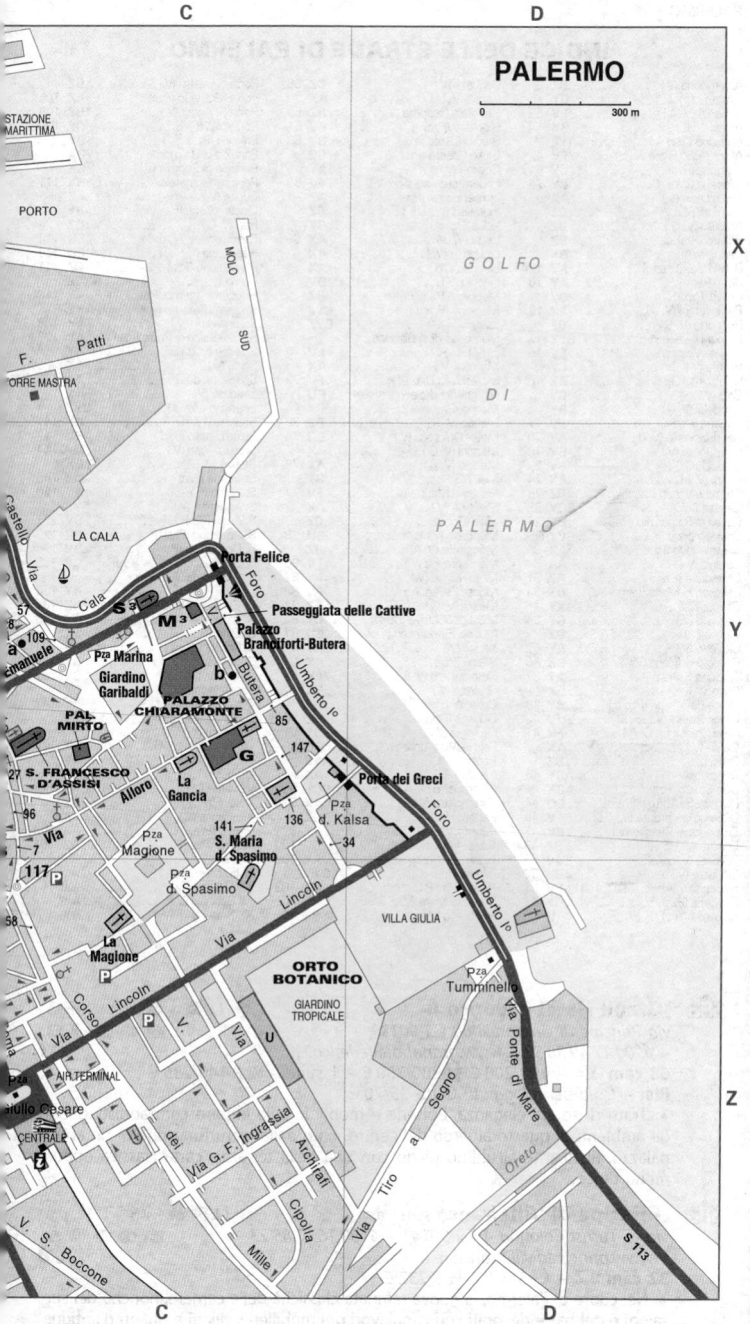

INDICE DELLE STRADE DI PALERMO

Grand Hotel Federico II

🏠 £å 🛗 & 🅰️🅲 ⚒ rist, ⁐ ⅍

via Principe di Granatelli 60 ⊠ 90139
– ℰ 09 17 49 50 52 – www.grandhotelfedericoii.it
🆅🅸🆂🅰 ⓒⓒ 🅰🅴 ① ⅍
AXf
63 cam � – ♦98/200 € ♦♦200/350 € – 1 suite – ½ P 140/235 €
Rist – *(solo per alloggiati)* Carta 35/70 €

♦ Tratti di sobria eleganza, boiserie e mobili in stile impero contraddistinguono gli ambienti di questo albergo del centro, nato dalla ristrutturazione di un antico palazzo. Ristorante all'ultimo piano con una bella terrazza, carta classica oppure menu tipico.

Principe di Villafranca senza rist

£å 🛗 🅰🅲 ⅋ ⚒ ⁐ ⅍ 🚐

via G. Turrisi Colonna 4 ⊠ 90141 – ℰ 09 16 11 85 23
🆅🅸🆂🅰 ⓒⓒ 🅰🅴 ① ⅍
– www.principedivillafranca.it
AXd
32 cam ⊠ – ♦♦363 € – ½ P 232 €

♦ Nel cuore di Palermo, la nuova raffinata classicità delle camere, nonché dei suoi saloni e del bar – decorati con capolavori dei mobilieri siciliani e quadri d'antiquariato – avvolge l'ospite in una suggestiva atmosfera di casa nobiliare di altri tempi.

Excelsior Hilton Palermo   🖪 📶 🗱 rist, 🐾 🕍 VISA ⓒ AE ⓪ ⚅
via Marchese Ugo 3 ⊠ *90141 –* 𝒞 *09 17 90 90 01 – www.hilton.com*
122 cam ⚏ – ♦♦110/230 € – 6 suites   **Rist** – Carta 35/58 €   FV**b**
♦ In un elegante quartiere tra lussureggianti giardini ed eleganti negozi, albergo aperto nel 1891 e tutt'oggi ai vertici della migliore hôtellerie cittadina.

Porta Felice senza rist   🕍 📶 🖪 占 📶 🗱 🐾 🕍 VISA ⓒ AE
via Butera 45 ⊠ *90133 –* 𝒞 *09 16 17 56 78 – www.hotelportafelice.it*
30 cam ⚏ – ♦100/150 € ♦♦140/190 € – 3 suites   CY**b**
♦ Quando l'antico incontra il moderno: in un bel palazzo del '700, camere spaziose con arredi design ed un'attrezzata area benessere. A darvi il buongiorno, la suggestiva sala colazioni nel roof garden con vista sulla Palermo vecchia.

Massimo Plaza Hotel senza rist   📶 🗱 VISA ⓒ AE ⓪ ⚅
via Maqueda 437 ⊠ *90133 –* 𝒞 *0 91 32 56 57 – www.massimoplazahotel.com*
15 cam ⚏ – ♦♦100/200 €   BY**e**
♦ Di fronte al Teatro Massimo, l'attenzione è protesa a creare un ambiente elegante e in stile, armonioso nei colori e ricercato nei particolari. Moderno e di classe.

Tonic senza rist   🖪 占 📶 🗱 🗱 VISA ⓒ AE ⓪ ⚅
via Mariano Stabile 126 ⊠ *90139 –* 𝒞 *0 91 58 17 54 – www.hoteltonic.it*
39 cam ⚏ – ♦59/189 € ♦♦59/239 €   BX**g**
♦ In un edificio del XIX secolo, in comoda posizione nel centro storico della località, una gestione cortese ed efficiente propone camere molto spaziose e confortevoli spazi comuni.

Quintocanto   🕍 🖪 占 📶 🗱 🗱 VISA ⓒ AE ⓪ ⚅
corso Vittorio Emanule 310 ⊠ *90132 –* 𝒞 *0 91 58 49 13*
– www.quintocantohotel.com   BY**f**
17 cam – ♦85/115 € ♦♦99/310 €
Rist *Officina del Gusto Bye Bye Blues* – vedere selezione ristoranti
♦ In pieno centro storico, hotel ricavato in un'ala di un palazzo cinquecentesco: camere di moderna eleganza e graziosa zona beauty con piccola piscina relax.

Posta senza rist   🖪 ☩ 📶 🗱 VISA ⓒ AE ⓪ ⚅
via Antonio Gagini 77 ⊠ *90133 –* 𝒞 *0 91 58 73 38 – www.hotelpostapalermo.it*
30 cam ⚏ – ♦60/90 € ♦♦60/120 €   BY**c**
♦ Gestito da oltre ottant'anni dalla stessa famiglia e spesso frequentato da attori che recitano nel vicino teatro, l'hotel è sermpre un valido indirizzo di riferimento in città. Camere curate e graziosa sala colazioni.

Letizia senza rist   📶 🗱 VISA ⓒ AE ⓪ ⚅
via Bottai 30 ⊠ *90133 –* 𝒞 *0 91 58 91 10 – www.hotelletizia.com*   CY**a**
13 cam ⚏ – ♦60/100 € ♦♦60/115 € – 1 suite
♦ Piccolo accogliente hotel dalla calda gestione familiare. L'esterno è piuttosto anonimo ma al suo interno nasconde graziose camere alle quali si accede per una breve rampa di scale.

XXX **La Scuderia**   🛋 📶 🗱 ⟺ 🅿 VISA ⓒ AE ⓪ ⚅
viale del Fante 9 ⊠ *90146 –* 𝒞 *0 91 52 03 23 – chiuso dal 13 al 24 agosto,*
domenica   EU**x**
Rist – Carta 40/64 € 🕸
♦ Ristorante nel cuore del Parco della Favorita, una spaziosa sala idealmente divisa da più colonne e servizio all'aperto tra pini e bouganville. Storico il locale, della tradizione la cucina.

XX **Lo Scudiero**   占 📶 🗱 VISA ⓒ AE ⓪ ⚅
ⓐ *via Turati 7* ⊠ *90139 –* 𝒞 *0 91 58 16 28 – chiuso 2 settimane in agosto e*
domenica   AX**c**
Rist – Carta 31/58 €
♦ Attento e garbato il personale ben si destreggia in questo elegante ristorante del centro, sempre molto apprezzato dalla clientela locale: un ambiente vivace dove gustare pesce fresco e tradizione.

XX **Bellotero** AC ⅍ VISA ☺ AE Ⓢ
😊 *via Giorgio Castriota 3* ⊠ *90139* – ℰ *0 91 58 21 58* – *chiuso dal 10 al 25 agosto e lunedì* FVd
Rist – Carta 33/48 €
• Al piano interrato di un palazzo, alle pareti un'esposizione di opere d'arte contemporanea, dalla cucina le maggiori ricette siciliane, di mare così come di terra. Classico ed elegante.

XX **Santandrea** ⌂ AC ⇔ P VISA ☺ AE Ⓢ
😊 *piazza Sant'Andrea 4* ⊠ *90133* – ℰ *0 91 33 49 99*
– *www.ristorantesantandrea.eu* – *chiuso domenica* BYd
Rist – *(chiuso a mezzogiorno)* (consigliata la prenotazione) Carta 31/41 €
• Legno e pietre a vista in un'accogliente oasi nel caotico, pittoresco mercato della Vuccira; i piatti della tradizione regionale riflettono la tipicità dell'ubicazione.

XX **Sapori Perduti** ⌂ AC ⅍ VISA ☺ Ⓢ
via Principe di Belmonte 32 ⊠ *90139* – ℰ *0 91 32 73 87*
– *www.saporiperduti.com* – *chiuso domenica sera e lunedì* BXd
Rist – Carta 38/67 €
• Ovunque, in sala, un pizzico di design moderno; qualche licenza di fantasia anche in cucina dove, accanto ai piatti della tradizione si trovano creazioni originali semplici ma gustose.

XX **Osteria dei Vespri** ⌂ AC ⅍ VISA ☺ AE Ⓞ Ⓢ
piazza Croce dei Vespri 6 ⊠ *90133* – ℰ *09 16 17 16 31* – *www.osteriadeivespri.it*
– *chiuso 15 giorni in febbraio e domenica* BYa
Rist – Menu 45 € bc (pranzo)/75 € – Carta 54/93 € ⅍⅍
• Uno dei saloni è stato immortalato in una storica pellicola cinematografica; anche la cucina è immutata, sempre al passo coi tempi, con proposte moderne a partire da prodotti locali.

XX **Officina del Gusto Bye Bye Blues** – Hotel Quintocanto ⌂ AC ⅍
corso Vittorio Emanule 316 ⊠ *90132* VISA ☺ AE Ⓞ Ⓢ
– ℰ *09 16 11 66 78* – *www.officinabyebyeblues.com* BYg
Rist – Carta 31/54 €
• Locale di tendenza e à la page: se l'arredo moderno si rifà in un certo senso allo stile "bistrot", la cucina richiama i sapori dell'isola con rivisitazioni contemporanee.

X **Trattoria Biondo** AC VISA ☺ AE Ⓢ
😊 *via Carducci 15* ⊠ *90141* – ℰ *0 91 58 36 62* – *www.trattoriabiondo.com* – *chiuso dal 10 agosto al 10 settembre e mercoledì* AXa
Rist – Carta 32/39 € (+10 %)
• Nei pressi del teatro Politeama, questa semplice ed accogliente trattoria propone gustose specialità regionali e molto pesce. In stagione, piatti a base di funghi.

a Mondello Ovest: 11 km – ⊠ 90151

XX **Bye Bye Blues** (Patrizia Di Benedetto) AC ⅍ VISA ☺ AE Ⓞ Ⓢ
🌼 *via del Garofalo 23* – ℰ *09 16 84 14 15* – *www.byebyeblues.it* – *chiuso novembre, domenica sera e lunedì* EUd
Rist – Menu 60 € – Carta 44/68 € ⅍⅍
Spec. Minestra d'aragosta con fettuccine spezzettate. Scottata di ricciola su macco di fave (zuppa). Cagliata di gelsomino, gelo di anguria e meringhe alla cannella.
• Un televisore piatto in sala mostra in diretta i gustosi e curati piatti elaborati in cucina da Patrizia, che riscopre la tradizione regionale, arricchendola con fantasia. In un ambiente moderno e minimalista - tra tanti vini al bicchiere - sarà facile dire "addio" alla malinconia.

a Borgo Molara per ③ : 8 km – ⊠ 90100 Palermo

🏠 **Baglio Conca d'Oro** ⌂ 🛗 ⅙ cam, AC ⅍ ⅍ ⅍ P VISA ☺ AE Ⓞ Ⓢ
via Aquino 19 c/d – ℰ *09 16 40 62 86* – *www.baglioconcadoro.com*
27 cam ⊡ – ♦100/130 € ♦♦100/140 € – 1 suite – ½ P 80 €
Rist – (consigliata la prenotazione) Carta 33/60 €
• Situato nella periferia di Palermo, l'antica corte accentra intorno a sè il passato e la memoria di questo hotel di classe e di eleganza, sorto sulle ceneri di una cartiera settecentesca. Arredi d'epoca nelle camere. Ristorante di austera raffinatezza d'altri tempi, in armonia con la struttura che lo ospita.

PALINURO – Salerno (SA) – **564** G27 – ✉ **84064**

▶ Roma 376 – Potenza 173 – Napoli 170 – Salerno 119

ℹ piazza Virgilio, ℰ 0974 93 81 44, www.turismoinsalerno.it

Grand Hotel San Pietro ⌖
corso Carlo Pisacane – ℰ 09 74 93 14 66
– *www.grandhotelsanpietro.com* – *maggio-settembre*
48 cam ⌴ – †105/200 € ††125/470 € – 1 suite – ½ P 98/270 €
Rist – Carta 32/64 €
♦ Camere spaziose ed un'esclusiva suite con grande vasca idromassaggio interna, in una bella struttura la cui ubicazione offre un'impareggiabile vista su Tirreno e costa cilentina.

Santa Caterina
via Indipendenza 53 – ℰ 09 74 93 10 19 – *www.albergosantacaterina.com*
– *aprile-ottobre*
27 cam ⌴ – †65/165 € ††80/225 € – ½ P 65/140 €
Rist – *(maggio-settembre)* Carta 29/89 €
♦ Un rinnovo radicale per un risultato ottimale, così oggi l'hotel appare moderno e al passo coi tempi, ma nel rispetto della propria storia. Bella vista dalle camere. Affidabile ristorante con ampi scorci sul paesaggio.

La Conchiglia
via Indipendenza 52 – ℰ 09 74 93 10 18 – *www.hotellaconchiglia.it*
28 cam ⌴ – †65/120 € ††95/180 € – 2 suites – ½ P 100 €
Rist – *(aperto sabato e domenica da novembre a marzo)* Carta 21/56 €
♦ Hotel di taglio moderno, completamente ristrutturato, ubicato in pieno centro. Spazi comuni completi, camere spaziose, arredi di qualità e una bella terrazza vista mare.

Lido Ficocella ⌖
via Ficocella 51 – ℰ 09 74 93 10 51 – *www.lidoficocella.com* – *Pasqua-ottobre*
31 cam ⌴ – †35/40 € ††70/80 € – ½ P 80/90 €   **Rist** – Carta 20/25 €
♦ Albergo familiare, situato ancora in centro, rispetto alla località, ma al contempo appartato e direttamente sulla scogliera che scende all'omonima spiaggetta.

🍴 Da Carmelo con cam
località Isca, Est : 1 km – ℰ 09 74 93 11 38 – *www.dacarmelo.it*
7 cam ⌴ – ††60/120 €
Rist – *(chiuso dicembre, gennaio e lunedì escluso da aprile a settembre)*
Carta 31/42 € (+10 %)
♦ Al confine della località, lungo la statale per Camerota, il ristorante propone una gustosa cucina di mare, basata su ottime materie prime.

🍴 Da Isidoro
via Indipendenza 56 – ℰ 09 74 93 10 43 – *15 marzo-15 ottobre*
Rist – Carta 20/57 €
♦ Trattoria ruspante, la cui cucina propone piatti della tradizione locale ed una specialità della casa: la *Vicciatella della Nonna* (un misto di verdure e al centro una frisella di pane su cui si dispone - a piacere - un uovo, o la scamorza, oppure delle alici marinate).

PALLANZA – Verbano-Cusio-Ossola (VB) – **561** E7 – **Vedere Verbania**

PALLEUSIEUX – Aosta – **Vedere Pré Saint Didier**

PALMANOVA – Udine (UD) – **562** E21 – **5 430 ab.** – **alt. 27 m** **11** C3
– ✉ **33057**

▶ Roma 612 – Udine 31 – Gorizia 33 – Grado 28

Ai Dogi
piazza Grande 11 – ℰ 04 32 92 39 05 – *www.hotelaidogi.it*
14 cam ⌴ – †66/75 € ††86/99 € – ½ P 60 €
Rist – *(chiuso dal 24 al 30 dicembre e domenica sera)* Carta 43/50 €
♦ Accanto alla cattedrale, piccolo albergo di recente apertura dagli ambienti raccolti e sobriamente arredati: camere di taglio classico-elegante dotate di ogni confort.

Ⓧ **Al Convento** 🏧 ⇦ 𝘷𝘪𝘴𝘢 ⓸ Ⓐ Ⓔ ⓸ ⓹

borgo Aquileia 10 – 𝒞 04 32 92 30 42 – www.ristorantealconvento.it
– chiuso 1 settimana in gennaio, 1 settimana in agosto e domenica
Rist – *(prenotare)* Carta 31/48 €
◆ Durante la bella stagione, i tavoli nel portico saranno la giusta ambientazione per gustare la saporita cucina di carne e di pesce, ma il punto forte di questo dinamico locale è il personale: pronto ad accostare il vino giusto al piatto da voi scelto.

PALMI – **Reggio di Calabria (RC)** – **564** L29 – **19 436 ab.** – **alt. 228 m**   **5** A3
– ✉ **89015** ▯ Italia

▶ Roma 668 – Reggio di Calabria 49 – Catanzaro 122 – Cosenza 151

ⓍⓍ **De Gustibus-Maurizio**   � 🏧 𝒴 𝘷𝘪𝘴𝘢 ⓸ ⓸ ⓹

viale delle Rimembranze 58/60 – 𝒞 0 96 62 50 69 – chiuso 2 settimane in settembre, domenica e lunedì escluso dal 15 luglio al 30 agosto
Rist – *(chiuso a mezzogiorno in agosto)* Carta 36/49 €
◆ Ristorante del centro, nei decori l'omaggio alla città e ad alcuni personaggi illustri, nel piatto l'inno ai frutti della pesca. Carta a voce, illustrata dal titolare.

PALÙ – **Trento (TN)** – **Vedere Giovo**

PANAREA Sicilia – **Messina (ME)** – **365** AZ52 – **Vedere Eolie (Isole)**

PANCHIÀ – **Trento (TN)** – **562** D16 – **755 ab.** – **alt. 981 m** – **Sport**   **31** D3
invernali : Vedere Cavalese (Comprensorio sciistico Val di Fiemme-Obereggen) 𝒳
– ✉ **38030**

▶ Roma 656 – Bolzano 50 – Trento 59 – Belluno 84
ℹ via Nazionale 32, 𝒞 0462 81 50 05, www.visitfiemme.it

🏠 **Castelir Suite Hotel** senza rist   ⓘ 🜊 🕸 𝒴 ὧ 𝒴 🜓 𝘷𝘪𝘴𝘢 ⓸ Ⓐ Ⓔ ⓸ ⓹

via Nazionale 57 – 𝒞 04 62 81 00 01 – www.castelir.it – dicembre-26 marzo e giugno-25 settembre
7 cam ⏗ – ✦98/140 € ✦✦140/240 € – 2 suites
◆ Lo spazio come prerogativa del lusso: camere enormi con stufe d'epoca e accesso diretto sul parco per questo albergo in legno d'abete costruito secondo i dettami della biodinamica. Protagonista indiscussa, la natura.

PANDINO – **Cremona (CR)** – **561** F10 – **9 090 ab.** – **alt. 85 m** – ✉ **26025**   **19** C2
▶ Roma 556 – Bergamo 36 – Cremona 52 – Lodi 12

a Nosadello Ovest : 2 km – ✉ 26025 Pandino

ⓍⓍ **Volpi**   ὧ 🏧 🅿 𝘷𝘪𝘴𝘢 ⓸ Ⓐ ⓹

via Indipendenza 36 – 𝒞 0 37 39 01 00 – chiuso dal 1° al 15 gennaio, dal 15 al 30 agosto, domenica sera, lunedì
Rist – Carta 28/42 €
◆ Un locale elegante ricavato all'interno di un edificio d'epoca, ideale per cene importanti nelle comode salette interne oppure in veranda.

PANICALE – **Perugia (PG)** – **563** M18 – **5 989 ab.** – **alt. 431 m**   **32** A2
– ✉ **06064**

▶ Roma 158 – Perugia 39 – Chianciano Terme 33
🄵 Lamborghini località Soderi 1, 075 837582, www.lamborghinionline.it

⌂ **Villa le Mura** senza rist   ⮜ 🝑 ⓘ 🜊 𝒴 🅿

località Villa le Mura 1, Nord-Est : 1 km – 𝒞 0 75 83 71 34
– www.villalemura.com – aprile-ottobre
4 cam ⏗ – ✦90/110 € ✦✦120/140 € – 2 suites
◆ Grande villa nobiliare, contornata da un curato giardino fiorito e avvolta da un parco secolare. All'interno ambienti di notevole fascino, saloni sontuosi e camere affrescate.

verso Montali – ✉ 06068 Panicale

Villa di Monte Solare – Country House ⌂ ≼ ◎ 🍸 ⌱ ◎ 🔊 🍴 ※ 🎰
via Montali 7, località Colle San Paolo, 🍴 rist, ⁋ 🛗 🅿 🚾 ⓒ 🆎 ⓞ ⚉
Est : 11 km – ✆ 07 58 35 58 18 – www.villamontesolare.com
15 cam ☲ – 🛏130/145 € 🛏🛏200/280 € – 10 suites – 🛏🛏300/450 € – ½ P 142/182 €
Rist – Carta 43/62 € ⌸
♦ All'interno di un'area sottoposta a vincolo paesaggistico e archeologico, una villa patrizia di fine '700 e annessa fattoria; elevata ospitalità e cura dei particolari. Accogliente sala da pranzo riscaldata da un bel camino; gustosi piatti del territorio.

Agriturismo Montali ⌂ ≼ 🚃 ◎ ⌱ 🍴 cam, 🅿 🚾 ⓒ ⚉
via Montali 23, località Montali, Nord-Est : 15 km – ✆ 07 58 35 06 80
– www.montalionline.com – 15 aprile-15 ottobre
9 cam – solo ½ P 110 €
Rist – (chiuso a mezzogiorno) (prenotazione obbligatoria) Menu 50 €
♦ Chilometri di strada panoramica non asfaltata e, con una vista che spazia sul Lago Trasimeno, il basso Senese e il Perugino, un complesso rurale in posizione isolata.

PANNESI – Genova (GE) – Vedere Lumarzo

PANTELLERIA (Isola di)★★ Sicilia – Trapani (TP) – 365 AG62   **39** A3
– **7 442 ab.** ▌Sicilia
🛫 Sud-Est : 4 km ✆ 0923 911398
🚢 per Trapani – Siremar, call center 892 123
◉ Entroterra★★ – Montagna Grande★★ sud-est: 13 km
🅖 Giro dell'isola in auto★★ e in barca★★

PANTELLERIA (TP) – 565 Q17 – ✉ 91017   **39** A3

La Nicchia   🍴 🚾 ⓒ 🆎 ⚉
a Scauri Basso – ✆ 09 23 91 63 42 – www.lanicchia.it – 10 aprile-ottobre
Rist – (chiuso a mezzogiorno) Carta 28/67 €
♦ Un locale semplice, ma ben tenuto dove provare specialità marinare tipiche, nelle sale interne con arredi essenziali o all'esterno, sotto un delizioso pergolato.

PANTIERE – Pesaro e Urbino (PU) – Vedere Urbino

PANZA – Napoli (NA) – Vedere Ischia (Isola d') : Forio

PANZANO – Firenze (FI) – Vedere Greve in Chianti

PARABIAGO – Milano (MI) – 561 F8 – 26 607 ab. – alt. 184 m – ✉ 20015   **18** A2
▶ Roma 598 – Milano 21 – Bergamo 73 – Como 40

Da Palmiro   🅵 🎰 🍴 🚾 ⓒ 🆎 ⚉
via del Riale 16 – ✆ 03 31 55 20 24 – www.ristorantedapalmiro.com
– chiuso dal 1° al 7 gennaio, dal 15 al 21 agosto, domenica sera e lunedì
Rist – Carta 45/61 €
♦ In posizione centrale, una vera chicca per gli amanti della cucina di mare: ampia scelta e grande varietà anche sul crudo. Non manca qualche piatto stagionale, di terra.

PARADISO – Udine (UD) – Vedere Pocenia

PARAGGI – Genova (GE) – 561 J9 – ✉ 16038   **15** C2
▶ Roma 484 – Genova 35 – Milano 170 – Rapallo 7

Eight Paraggi   ≼ 🦢 ⬱ 🎰 🍴 rist, ⁋ 🅿 🚾 ⓒ 🆎 ⚉
via Paraggi a Monte 8 – ✆ 01 85 28 99 61 – www.paraggieighthotels.it
– aprile-ottobre
12 cam ☲ – 🛏330 € 🛏🛏440 € – 1 suite – ½ P 290 €   **Rist** – Carta 57/93 €
♦ In una delle baie più esclusive della Penisola - tra Portofino e S. Margherita - spazi comuni ridotti, ma signorili, e camere ineccepibili dal punto di vista del confort. Splendida location sul mare.

⌂ **Argentina**　　　　　　　　　　　　　　　　　　　　AC ⁽ᵢ⁾

via Paraggi a Monte 56 – ☎ 01 85 28 67 08 – www.hotelargentinaportofino.com
– chiuso dall'8 gennaio al 31 marzo e dal 4 novembre al 5 dicembre
12 cam – †100/150 € – ††130/180 € – ½ P 100/130 €　**Rist** – Carta 46/58 €
◆ A pochi passi dal mare, l'interessante rapporto qualità/prezzo fa di lui una simpatica alternativa ai più impegnativi alberghi della zona: semplicità, ma buoni confort e, al ristorante, gustose specialità della tradizione ligure.

PARCINES (PARTSCHINS) – Bolzano (BZ) – 562 B15 – 3 477 ab.　　　30 B2
– alt. 626 m – ✉ 39020

🚗 Roma 674 – Bolzano 35 – Merano 8 – Milano 335
🆔 via Spauregg 10, ☎ 0473 96 71 57, www.suedtirol.info

a Rablà (Rabland)**Ovest : 2 km** – ✉ 39020

🏠🏠 **Hanswirt**　　　　　🚗 🏊 ♨ 🅿 ⬄ 👫 ⁽ᵢ⁾ P 🚘 VISA ⊙ 💲

piazza Gerold 3 – ☎ 04 73 96 71 48 – www.hanswirt.com – 8 dicembre-6 gennaio
e 20 marzo-15 novembre
21 cam ⊋ – †85/158 € ††170/210 € – 5 suites – ½ P 120/140 €
Rist *Hanswirt* – vedere selezione ristoranti
◆ Uno dei pochi alberghi storici di tutto l'Alto Adige, questa recente struttura nata dall'ampliamento di un bell'edificio antico va ad arricchire l'offerta dell'omonimo ristorante. Ampi spazi e camere eleganti.

🏠 **Roessl**　　　⬄ 🚗 🍴 🏊 🖥 ⊙ ♨ ⅙ 🅿 👫 AC cam, ⁽ᵢ⁾ P 🚘 VISA ⊙ AE 💲

via Venosta 26 – ☎ 04 73 96 71 43 – www.roessl.com – chiuso dal 10 dicembre
all'11 febbraio
29 cam ⊋ – †52/78 € ††108/230 € – 3 suites – ½ P 79/160 €
Rist – Carta 25/61 €
◆ Decorato e sito lungo la via principale, con molte stanze affacciate sui frutteti, albergo con buone attrezzature e piacevole giardino con piscina. Specialità sudtirolesi, in sala o immersi nell'ambiente tipico delle stube.

✕✕ **Hanswirt** – Hotel Hanswirt　　　　　　🍴 ⅙ ⬄ P VISA ⊙ 💲

piazza Gerold 3 – ☎ 04 73 96 71 48 – www.hanswirt.com – 8 dicembre-6 gennaio
e 20 marzo-15 novembre
Rist – Carta 39/52 €
◆ Ricavato all'interno di un antico maso, stazione di posta, un locale elegante e piacevole, dall'ambiente caldo e tipicamente tirolese.

PARCINES = Parcines (BZ)

PARCO NAZIONALE D'ABRUZZO – L'Aquila-Isernia-Frosinone – **563** Q23
▊ Italia

PARETI – Livorno (LI) – Vedere Elba (Isola d') : Capoliveri

PARGHELIA – Vibo Valentia (VV) – **564** K29 – **1 349 ab.** – ✉ 89861　　5 A2
🚗 Roma 600 – Reggio di Calabria 106 – Catanzaro 87 – Cosenza 117

🏠🏠 **Panta Rei** ⊗　　　　⬄ 🚗 ⅙ 🍴 🏊 AC ♨ 🅿 P VISA ⊙ AE ① 💲

località Marina di San Nicola, Nord-Est : 2 km – ☎ 09 63 60 18 65
– www.hotelpantarei.com – maggio-settembre
21 cam ⊋ – †150/320 € ††250/560 € – 3 suites – ½ P 320 €
Rist – (solo per alloggiati)
◆ Esclusiva e lussuosa residenza in pietra con accesso diretto ad una spiaggetta privata. Camere spaziose e confortevoli, tutte con terrazza. Romantiche cene sulla terrazza e pranzi a buffet in riva al mare.

PARMA Ⓟ (PR) – 562 H12 – 184 467 ab. – alt. 57 m 🏛 Italia Centro Nord 8 A3

▶ Roma 458 – Bologna 96 – Brescia 114 – Genova 198

✈ Giuseppe Verdi via dell'Aeroporto 44/a ℰ 0521 95151

🛈 via Melloni 1/A, ℰ 0521 21 88 89, www.turismo.comune.parma.it

⛳ La Rocca via Campi 8, 0521 834037, www.golflarocca.com – chiuso 20 giorni in gennaio e lunedì

Manifestazioni locali

03.03-11.03 : mercantinfiera primavera (mostra internazionale di modernariato)

07.05-10.05 : cibus (salone internazionale dell'alimentazione)

◉ Complesso Episcopale★★★ CY : Duomo★★, Battistero★★★ **A** – Galleria nazionale★★, teatro Farnese★★ BY – Chiesa di San Giovanni Evangelista★ CYZ – Camera di S. Paolo★ CY – Fondazione-Museo Glauco Lombardi★ BY **M1** – Affreschi★ del Parmigianino nella chiesa della Madonna della Steccata BZ **E** – Parco Ducale★ ABY

◨ Reggia di Colorno: 15 km nord

Piante pagine seguenti

🏨 Grand Hotel de la Ville

◈ 𝓕ᵦ ▥ ⓺ ▦ ⮑ ⅏ 📶 🏋 🚗

largo Piero Calamandrei 11 , (Barilla Center) ✉ 43121 — ℰ 05 21 03 04 – www.grandhoteldelaville.it 🆅🅸🆂🅰 ⓒⓞ 🅰🅴 ⓞ 🅶
CZ**a**

110 cam � – ♥135/330 € ♥♥165/350 € – 3 suites

Rist – (chiuso agosto) Carta 40/63 €

◆ Elegante hall con spazi e luci d'avanguardia per questa risorsa ricavata da un ex pastificio, riprogettato all'esterno da Renzo Piano. Ottima insonorizzazione nelle belle camere dagli arredi più classici. Ristorante con proposte di ogni origine: ricette parmigiane, elaborazioni classiche e specialità di pesce.

🏨 Stendhal

▥ ▦ ⮑ ⅏ rist, 🟊 🏋 🚗 ⓒⓞ 🅰🅴 ⓞ 🅶

piazzetta Bodoni 3 ✉ 43121 – ℰ 05 21 20 80 57 – www.hotelsat.it

67 cam ⊡ – ♥80/180 € ♥♥125/290 € BY**r**

Rist La Pilotta – (chiuso dal 1° al 23 agosto) Carta 38/48 €

◆ Nel cuore di Parma, in un'area cortilizia dell'antico Palazzo della Pilotta, una piacevole struttura con camere variamente decorate, dallo stile veneziano al Luigi XIII. Al primo piano, invece, nuove stanze dall'arredo più moderno.

🏨 Verdi senza rist

▥ ▦ ⅏ 🟊 🅿 🚗 🆅🅸🆂🅰 ⓒⓞ 🅰🅴 ⓞ 🅶

via Pasini 18 ✉ 43125 – ℰ 05 21 29 35 39 – www.hotelverdi.it – chiuso dal 24 dicembre al 6 gennaio e dal 6 al 31 luglio AY**b**

20 cam ⊡ – ♥100/220 € ♥♥140/250 € – 3 suites

◆ Dal rinnovo di un edificio in stile liberty, di cui si notano le eco nei begli esterni color glicine e negli interni, un comodo albergo prospiciente il Parco Ducale.

🏨 Farnese

𝓕ᵦ ▥ ▦ ⮑ 🟊 🏋 🅿 🆅🅸🆂🅰 ⓒⓞ 🅰🅴 ⓞ 🅶

via Reggio 51/a, per via Reggio ✉ 43126 – ℰ 05 21 99 42 47 – www.farnesehotel.it BY

76 cam ⊡ – ♥85/280 € ♥♥99/295 €

Rist 51/A Restaurant – vedere selezione ristoranti

◆ Moderno complesso totalmente rinnovato negli ultimi anni, la cui posizione strategica - a pochi metri dalla tangenziale - consente di raggiungere agevolmente stazione, aeroporto e fiera.

🏨 My One Hotel Villa Ducale

🚗 ▥ ⓺ ⮑⮑ ▦ ⅏ rist, 🟊 🏋 🅿 🆅🅸🆂🅰 ⓒⓞ 🅰🅴 ⓞ 🅶

via Moletolo 53/a, 2 km per ① ✉ 43122 – ℰ 05 21 27 27 27 – www.myonehotel.it

113 cam ⊡ – ♥60/180 € ♥♥80/250 € – 3 suites

Rist – (chiuso sabato e domenica) Carta 24/46 €

◆ Per una clientela d'affari che ha esigenza di muoversi fra il centro cittadino e l'autostrada, una villa del '700 recentemente ristrutturata. Camere up-to-date e confortevoli, le più moderne (sebbene un po' più care) in un corpo indipendente da quello della residenza, collegato ad essa tramite un tunnel.

PARMA

🏨 **Daniel** 📶 🅰🅲 📞 🅿 💳 ⚫⚫ 🅰🅴 ⓘ 🔖

via Gramsci 16 ang. via Abbeveratoia, per ⑤ ✉ 43126 – ☎ 05 21 99 51 47
– www.hoteldaniel.biz – chiuso dal 24 al 26 dicembre, agosto
32 cam ☐ – †70/150 € ††90/200 € – ½ P 85/140 €
Rist *Cocchi* – vedere selezione ristoranti
♦ Importanti lavori di rinnovo effettuati negli ultimi anni hanno conferito un confort moderno ed aggiornato a questo piacevole albergo, a soli 100 m dall'inizio del centro storico. Camere dal design contemporaneo e dai colori sobri.

🏨 **Holiday Inn Express** 📶 🅰🅲 ✂ rist, 🛜 📶 🅿 💳 ⚫⚫ 🅰🅴 ⓘ 🔖

via Naviglio Alto 50, per via Trento ✉ 43122 – ☎ 05 21 27 05 93
– www.parma.hiexpress.it   CY
70 cam ☐ – †65/120 € ††75/130 € – ½ P 90 €   **Rist** – Carta 23/36 €
♦ Nei pressi dei centri commerciali e in prossimità delle grandi arterie di comunicazione, una struttura moderna ed accogliente con piacevoli *family room*. Cucina nazionale, nonché specialità emiliane al ristorante.

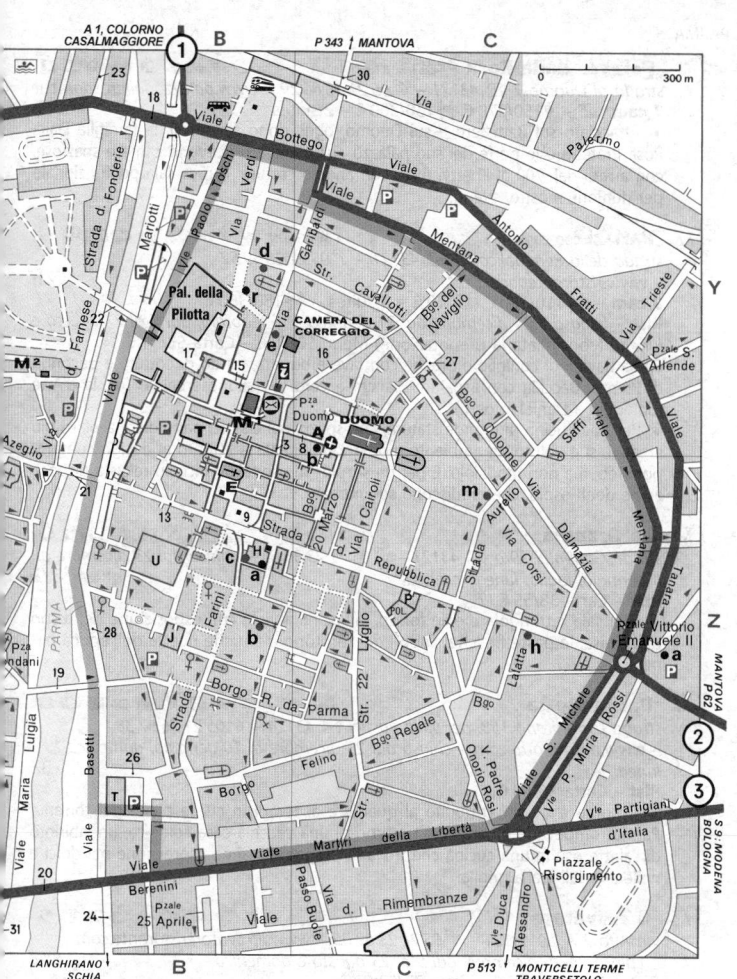

🏨 **Button** senza rist   🔄 AC 📶 VISA 🌐 AE ① 🔧

via della Salina 7 ⊠ 43121 – ℰ 05 21 20 80 39 – www.hotelbutton.it

– chiuso dal 23 dicembre al 2 gennaio e dal 18 luglio al 17 agosto   BZ**a**

40 cam – †75 € ††100 €, � 9 €

♦ Nel cuore di Parma, nei pressi dell'Università e altre mete cittadine, sorge questa risorsa dove la semplicità delle camere è compensata dall'ampiezza e cortesia nel servizio.

🏠 **My One Hotel Arte** senza rist   🔄 & AC 📞 🅿 VISA 🌐 AE ① 🔧

via Mansfield 3, per via Trento ⊠ 43122

– ℰ 05 21 77 69 26 – www.myonehotel.it

– chiuso dal 23 dicembre all'8 gennaio   CY

44 cam ⊠ – †50/90 € ††65/120 €

♦ Piccolo e recente hotel, tra la città e le autostrade. Le camere sono confortevoli, pur se arredate sobriamente; la sala colazioni dimostra un tocco di personalità in più.

⌂ **Palazzo dalla Rosa Prati** senza rist 🏧 🖾 🛠 🔊 🆚 🚳 🗛 🖸
strada al Duomo 7 ⊠ 43121 – ℰ 05 21 38 64 29 – www.palazzodallarosaprati.it
7 cam ⊆ – ♦150/270 € ♦♦150/300 € – 2 suites   CY**b**
• Affacciato sul Battistero e sul Duomo, oggi, dopo sei secoli, la famiglia Dalla Rosa Prati apre le porte del suo palazzo agli ospiti e li riceve in camere spaziose, con arredi dal '700 al liberty, tutte con angolo cottura. Nuova sala polifunzionale per riunioni, mostre, eventi.

🍴🍴🍴🍴 **Parizzi** con cam 🖃 🕭 rist, 🖾 🛠 rist, 🕻 🆚 🚳 🗛 🖸 🖸
🕸 strada della Repubblica 71 ⊠ 43121 – ℰ 05 21 28 59 52
– www.ristoranteparizzi.it   CZ**h**
9 cam – ♦♦110/180 €, ⊆ 10 € – 4 suites – ♦♦180/300 €
Rist – (chiuso il 24 dicembre, dal 31 gennaio al 6 febbraio, dal 7 al 27 agosto e lunedì) (consigliata la prenotazione) Menu 50/70 € – Carta 53/71 € 🕭
Spec. Ravioli di coniglio e ortiche con fave e burrata, fondo di cottura e pecorino di Pienza. Baccalà con asparagi bianchi e verdi e maionese calda. Tavola d'Arte (omaggio a Daniel Spoerri).
• Per una cucina di grande statura, che spazia dai classici parmigiani a piatti più creativi, si è voluto un ambiente moderno-minimalista attento al design contemporaneo, ma non modaiolo. E per un surplus di ospitalità: piccolo relais a disposizione degli ospiti, che gradiscono soggiornare.

🍴🍴 **La Greppia** 🖾 🆚 🚳 🗛 🖸 🖸
strada Garibaldi 39/a ⊠ 43121 – ℰ 05 21 23 36 86 – chiuso dal 23 dicembre al 5 gennaio, luglio, lunedì, martedì   BY**e**
Rist – Carta 38/55 € 🕭
• Una sala rettangolare e, in fondo, la cucina a vista con esposizione dei tesori della casa: le paste fresche! Sapori del territorio e antiche ricette dell'epoca farnese.

🍴🍴 **Parma Rotta** 🍽 🛠 🖧 🄿 🆚 🚳 🗛 🖸 🖸
strada Langhirano 158, per viale Rustici ⊠ 43124 – ℰ 05 21 96 67 38
– www.parmarotta.com – chiuso dal 23 dicembre al 10 gennaio, domenica, lunedì   BZ
Rist – Carta 36/60 € 🕭
• Il nome è quello attribuito al quartiere ai tempi in cui le piene del torrente Parma rompevano gli argini. All'interno di una vecchia casa colonica, un labirinto di salette ospita una cucina che trova la propria massima espressione nei dolci e nelle specialità alla griglia.

🍴🍴 **Il Trovatore** 🍽 🖾 🆚 🚳 🗛 🖸 🖸
via Affò 2/A ⊠ 43121 – ℰ 05 21 23 69 05 – www.iltrovatoreristorante.com
– chiuso 24-26 dicembre, dal 5 al 25 agosto e domenica   BY**d**
Rist – Menu 30/45 € – Carta 37/52 € 🕭
• Un omaggio a Verdi per l'appassionata gestione che ha rinnovato, anche nel nome, un vecchio locale in pieno centro. Vari i piatti, dal parmense al mare, e una bella cantina visitabile: una scelta enologica che mette le ali alla fantasia.

🍴🍴 **Folletto** 🖾 🛠 🄿 🆚 🚳 🗛 🖸
via Emilia Ovest 17/A, per ⑤ ⊠ 43126 – ℰ 05 21 98 18 93 – chiuso lunedì
Rist – Carta 37/51 € 🕭
• Giovane gestione in un locale semplice e accogliente, un po' decentrato, ma sulla strategica via Emilia; un buon riferimento per gli amanti del pesce.

🍴🍴 **Osteria del Gesso** 🍽 🖾 🆚 🚳 🗛 🖸
via Ferdinando Maestri 11 ⊠ 43121 – ℰ 05 21 23 05 05 – www.osteriadelgesso.it
– chiuso dal 4 al 14 gennaio, luglio, mercoledì e giovedì a mezzogiorno da ottobre a maggio, domenica e lunedì da giugno a settembre   BZ**b**
Rist – Carta 37/54 €
• Indubbiamente le specialità locali, ma la ricerca dei prodotti e i voli della fantasia fanno fare ai piatti il giro del mondo! La piccola sala al piano interrato riporta alla memoria la locanda settecentesca.

XX **Cocchi** – Hotel Daniel   🖭 ⇔ 🅿 🇻🇮🇸🇦 ⓒⓞ ⓞ ⑤
via Gramsci 16/a, per ⑤ ⊠ 43126 – ☏ 0 52 19 81 99 0- 99 51 47
*– www.hoteldaniel.biz – chiuso dal 24 dicembre al 6 gennaio, agosto, sabato,
anche domenica in giugno-luglio*
Rist – Carta 30/59 € 🍴

• Annessa all'hotel Daniel, una gloria cittadina che, in due ambienti raccolti e
rustici, propone la tipica cucina parmigiana accompagnata da una ricercata lista
vini.

XX **Al Tramezzo** (Alberto Rossetti)   🈵 🖭 ⇔ 🇻🇮🇸🇦 ⓒⓞ ⓞ ⑤
✿ *via Del Bono 5/b, 3 km per ③ ⊠ 43123 – ☏ 05 21 48 79 06 – www.altramezzo.it*
– chiuso dal 25 al 30 gennaio, dal 1° al 15 luglio e domenica
Rist – Menu 66 € – Carta 44/64 € 🍴
Spec. Spiedo di pesci e crostacei al rum, funghi freschi e pan brioches. Nastrine al
ragù di scampetti, pomodoro, capperini e olive taggiasche. Cartoccio trasparente
di orata con asparagi, curry e caffè.

• In zona periferica, semplice e classico negli arredi, le energie si concentrano su
una cucina che spazia dalla tradizione parmense, paste e salumi, a piatti più creativi anche di pesce.

XX **51/A Restaurant** – Hotel Farnese   🈵 🖭 🈹 🅿 🇻🇮🇸🇦 ⓒⓞ 🈵 ⓞ ⑤
via Reggio 51/a, per via Reggio – ☏ 05 21 29 49 29 – www.farnesehotel.it
Rist – *(chiuso domenica a mezzogiorno)* Carta 30/47 €   BY

• Da secoli Parma è al centro dell'interesse di un turismo colto, amante dell' arte,
della musica e della buona tavola. E' facendo leva su quest'ultimo aspetto, che vi
invitiamo a provare il 51/A: specialità della tradizione gastronomica locale si alternano a piatti di cucina internazionale (con un occhio di riguardo ad esigenze alimentari specifiche). Insomma, ce n'è per tutti i gusti!

X **Gallo d'Oro**   🈵 ⇔ 🇻🇮🇸🇦 ⓒⓞ 🈵 ⓞ ⑤
borgo della Salina 3 ⊠ 43121 – ☏ 05 21 20 88 46 – www.gallodororistorante.it
– chiuso domenica sera   BZc
Rist – Carta 23/37 €

• Ubicazione centrale, alle spalle della Piazza cittadina per antonomasia, per una
tipica trattoria dove gustare specialità emiliane quali paste ripiene, salumi e stra-
cotti. Caratteristica la sala interrata con volte a mattoni e salumi appesi.

X **Osteria del 36**   🖭 🇻🇮🇸🇦 ⓒⓞ 🈵 ⓞ ⑤
*via Saffi 26/a ⊠ 43121 – ☏ 05 21 28 70 61 – www.e20del36.it – chiuso
dal 15 luglio al 20 agosto, domenica*   CZm
Rist – Carta 26/41 €

• Paste fresche preparate all'istante, selezione di formaggi e torte sono alcuni dei
piatti forti di questo semplice ed informale locale a conduzione familiare.

X **I Tri Siochètt**   🈵 🖭 ⇔ 🅿 🇻🇮🇸🇦 ⓒⓞ 🈵 ⓞ ⑤
☺ *strada Farnese 74, per viale della Villetta ⊠ 43125 – ☏ 05 21 96 88 70*
*– www.itrisiochett.it – chiuso dal 24 dicembre al 3 gennaio, dall'8 al 22 agosto
e lunedì*   AZ
Rist – Carta 22/39 €

• C'era una volta una sorella e due fratelli un po' pazzerelli, *tri siochètt*, che gesti-
vano la trattoria con annessa drogheria. Del tempo che fu, è rimasta la bella casa
colonica: fucina di specialità gastronomiche locali per golosi buongustai.

a Castelnovo di Baganzola per ① : 6 km – ⊠ 43126

XX **Le Viole**   🖭 🈹 🅿 🇻🇮🇸🇦 ⓒⓞ 🈵 ⑤
*strada nuova di Castelnuovo 60/a – ☏ 05 21 60 10 00 – chiuso dal 15 gennaio al
10 febbraio, dal 15 al 30 agosto, domenica e lunedì in luglio-agosto, mercoledì e
giovedì negli altri mesi*
Rist – Carta 29/37 €

• Cucina creativa in questo simpatico indirizzo alle porte di Parma, dove due
dinamiche sorelle sapranno allettarvi prendendo semplicemente spunto dai prodotti di stagione.

a Gaione Sud-Ovest : 5 km per via della Villetta AZ – ✉ 43100

XX **Trattoria Antichi Sapori** 　AC ⇔ VISA ◎ AE ① ⎷

via Montanara 318 – ✆ 05 21 64 81 65 – www.cucinaparmigiana.it – chiuso
Natale, 3 settimane in agosto, martedì
Rist – Menu 30 € – Carta 26/40 €
♦ Trattoria di campagna alle porte della città, propone una cucina regionale,
accompagnata da qualche piatto di pesce e dal dinamismo di una giovane con-
duzione.

PASIANO DI PORDENONE – Pordenone (PN) – **562** E19 – **7 972 ab.**　　**10** A3
– alt. 13 m – ✉ 33087

▶ Roma 570 – Udine 66 – Belluno 75 – Pordenone 11

a Cecchini di Pasiano Nord-Ovest : 3 km – ✉ 33087

🏠 **Il Cecchini** 🦢　　🛁 🖥 ⅙ AC ⅌ P 🚗 VISA ◎ AE ⎷
🏯 via Sant'Antonio 9 – ✆ 04 34 61 06 68 – www.ilcecchini.it
30 cam ☕ – †42/52 € ††52/62 €
Rist Il Cecchini ❀ **Rist Il Bistrot** – vedere selezione ristoranti
♦ Forte della sua posizione tranquilla, in un piccolo paesino, l'hotel offre spazi
comuni confortevoli e camere di taglio moderno. Buon rapporto qualità prezzo.

XXX **Il Cecchini** (Marco Carraro) – Hotel Il Cecchini　　🏠 AC ⇔ P VISA ◎ AE ⎷
❀ via Sant'Antonio 9 – ✆ 04 34 61 06 68 – www.ilcecchini.it
– chiuso dal 1° all'8 gennaio, dal 10 al 24 agosto, sabato a mezzogiorno,
domenica
Rist – Carta 60/99 € ❀
Spec. Zuppa fredda di pomodori, granchio reale con frullato di sedano. Spaghettoni con tartufi di mare al barbecue e cru-dimare. Il fritto di mare.
♦ In un ristorante che unisce il rustico fascino di un'antica casa alla raffinatezza
d'arredo delle sale, le capacità tecniche del brillante chef consentono alla cucina
di mare di abbandonare i sentieri battuti per intraprendere gustosi percorsi nella
creatività.

X **Il Bistrot** – Hotel Il Cecchini　　P VISA ◎ AE ⎷
⊖ via Sant'Antonio 9 – ✆ 04 34 61 06 68 – www.ilcecchini.it – chiuso 2 settimane in
agosto
Rist – (chiuso dal 10 al 24 agosto e domenica) Menu 18/35 € bc
– Carta 30/42 € ❀
♦ Ambientazione moderna e à la page per una proposta che spazia da moderne
rivisitazioni dei chichetti ad influenze asiatiche, con qualche piatto unico. Piacevole "anticamera" di una cucina gourmet!

a Rivarotta Ovest : 6 km – ✉ 33087

🏠 **Villa Luppis** 🦢　　🕉 🏮 ⊼ 🛁 ⅙ 🖥 AC ⅌ 🏋 P VISA ◎ AE ① ⎷
via San Martino 34 – ✆ 04 34 62 69 69 – www.villaluppis.it
39 cam ☕ – †120/155 € ††145/220 € – 7 suites – ½ P 120/157 €
Rist Lupus in Tabula – vedere selezione ristoranti
Rist Cà Lupo – (chiuso dal 4 al 22 gennaio, martedì) Carta 39/77 € ❀
♦ Storia e raffinatezza negli antichi ambienti di un convento dell'XI secolo circondato da un ampio parco con giardino all'italiana, piscina e campi da tennis. Tradizione e creatività in cucina, oggetti d'arte ed eleganza nel ristorante Cà Lupo.

XX **Lupus in Tabula** – Hotel Villa Luppis　　AC VISA ◎ AE ① ⎷
via San Martino 34 – ✆ 04 34 62 69 69 – www.villaluppis.it – chiuso martedì
Rist – Carta 25/38 €
♦ Giovane, fresco, informale: sono i tre aggettivi che meglio descrivono questo
ristorantino dalle proposte gastronomiche tipiche della zona, ma che non manca
di offrire anche piatti più creativi e "strutturati".

PASSAGGIO – Perugia (PG) – **563** M19 – Vedere Bettona

– 5 650 ab. – alt. 289 m – ⌧ 06065

▶ Roma 211 – Perugia 27 – Arezzo 48 – Siena 80

Kursaal ⌘   ← 🚗 ⅃ ⌆ 🛏 ⌃ ⚎ ⌐ 📶 ⌥ P VISA ⚌ ⌧

via Europa 24 – ✆ 0 75 82 80 85 – www.kursaalhotel.net – aprile-1° novembre
18 cam ⌤ – †74 € ††88/94 € – 2 suites – ½ P 69 €
Rist – *(chiuso lunedì a mezzogiorno escluso luglio e agosto)* Carta 25/45 €
♦ Direttamente sul lago, un piccolo albergo ricavato in una villa dei primi '900 (nella proprietà anche un camping) con camere accoglienti ed eleganti: l'attenta conduzione si avverte anche nelle zone comuni, luminose e spaziose. Servizio ristorante estivo effettuato nella bella veranda.

Lidò   ← 🚗 ⅃ 🛏 ⌃ rist. 🎞 ⌐ 🏋 P VISA ⚌ ⌧ ⌥ ⌧

via Roma 1 – ✆ 0 75 82 72 19 – www.umbriahotels.com – marzo-ottobre
53 cam ⌤ – †50/75 € ††98/130 € – ½ P 85 €
Rist Lidò Perugia – Carta 27/37 €
♦ Hotel ubicato proprio in riva al lago, la cui vista è una piacevole compagnia durante il soggiorno. Camere accoglienti: alcune dotate di attrezzi ginnici. Il ristorante si trova su di un grande pontile, dove la parte terminale è una romantica terrazza affacciata sullo specchio d'acqua. In menu: prelibatezze lacustri.

Il Fischio del Merlo   🚗 🌳 ⅃ ⌆ 🎞 ⌃ 🏋 VISA ⚌ 🎞 ⌥ ⌧

località Calcinaio 17/A, Est : 3 km – ✆ 0 75 82 92 83 – www.ilfischiodelmerlo.it – chiuso dal 5 al 25 novembre e martedì
Rist – Carta 30/45 €
♦ Fuori dal paese, in un elegante e luminoso rustico, cucina del territorio e sapori di pesce. Nel giardino, a disposizione degli ospiti, una bella piscina.

a Castel Rigone Est : 10 km – ⌧ 06065

Relais la Fattoria ⌘   ← 🌳 ⅃ ⚎ ⌐ 🏋 P VISA ⚌ 🎞 ⌥ ⌧

via Rigone 1 – ✆ 0 75 84 53 22 – www.relaislafattoria.com – chiuso dall'8 gennaio all'8 febbraio
30 cam ⌤ – †69/139 € ††89/189 € – ½ P 73/123 €
Rist La Corte – Carta 28/36 €
♦ La posizione elevata e la distanza dai luoghi più turistici ha preservato questo seicentesco complesso patronale: due case raccolte intorno ad un cortiletto in pietra e lo stile rustico delle zone comuni che lascia il posto alla modernità nelle camere.

PASSO – Vedere nome proprio del passo

PASSO DI MONTE CROCE DI COMELICO = KREUZBERGPASS
– Belluno (BL) – **562** C19 – Vedere Sesto

PASTENA – Frosinone (FR) – **563** R22 – 1 545 ab. – alt. 318 m   **13** D2
– ⌧ 03020

▶ Roma 114 – Frosinone 32 – Latina 86 – Napoli 138

Mattarocci   ← 🌳 ⌀

piazza Municipio – ✆ 07 76 54 65 37
Rist – Carta 16/22 €
♦ Vicoli stretti in cima al paese, poi la piazza del Municipio: qui un bar-tabacchi. All'interno, un localino noto per le leccornie sott'olio. Servizio estivo in terrazza.

PASTRENGO – Verona (VR) – **561** F14 – 2 809 ab. – alt. 192 m   **35** A3
– ⌧ 37010

▶ Roma 509 – Verona 18 – Garda 16 – Mantova 49

Stella d'Italia   🌳 ⌀ ⌂ VISA ⚌ 🎞 ⌥ ⌧

piazza Carlo Alberto 25 – ✆ 04 57 17 00 34 – www.stelladitalia.it – chiuso domenica sera e mercoledì
Rist – Carta 33/51 € ⌗
♦ Da architetto si è convertito a ristoratore per onorare una tradizione di famiglia. Le sale sono due: un piccolo privée dedicato alla battaglia di Pastrengo e la sala principale ariosa ed elegante. Cucina del territorio.

a Piovezzano Nord : 1,5 km – ⊠ 37010

✗ **Eva**   🛱 🛱 🗚 🛠 🅿 💳 ⊛ 🆎 ⓞ 👍
☺ *via Due Porte 43 – ℰ 04 57 17 01 10 – www.ristoranteeva.com – chiuso dall'11 al 19 agosto, martedì sera e sabato*
Rist – Carta 23/30 €
♦ Nelle colline appena fuori dal paese, una trattoria vecchia maniera, con un'ampia sala dagli alti soffitti, gestione familiare e piatti locali, tra cui i bolliti al carrello.

PASTURANA – Alessandria (AL) – Vedere Novi Ligure

PATRICA – Frosinone (FR) – **563** R21 – 3 128 ab. – alt. 450 m   **13** C2
– ⊠ 03010

◘ Roma 101 – Frosinone 19 – L'Aquila 170 – Latina 51

sulla strada statale 156 Sud-Est : 11,5 km :

✗✗ **Dal Patricano** con cam   🕭 🗚 ⁏ 🔊 💳 ⊛ 🆎 ⓞ 👍
strada statale Monti Lepini Km 11,300 ⊠ 03010 Patrica – ℰ 07 75 22 24 59 – www.dalpatricano.it
8 cam 🖵 – ♥75/85 € ♥♥85/100 €
Rist – *(chiuso domenica sera)* Carta 24/43 €
♦ Alle porte del piccolo paese, un ampio parcheggio renderà la sosta ancora più comoda: in una moderna sala con ampie vetrate, cucina regionale e buon vino.

PAVARETO – La Spezia (SP) – **561** J10 – Vedere Carro

PAVIA ℗ (PV) – **561** G9 – 71 184 ab. – alt. 77 m – ⊠ 27100   **16** A3
▌ Italia Centro Nord

◘ Roma 563 – Alessandria 66 – Genova 121 – Milano 38

🖪 piazza della Vittoria, ℰ0382 59 70 01, www.turismo.provincia.pv.it

◙ Castello Visconteo★ BY – Duomo★ AZ **D** – Chiesa di San Michele★★ BZ **B** – San Pietro in Ciel d'Oro★: Arca di Sant'Agostino★ – Cenotafio★ nella chiesa di San Lanfranco Ovest : 2 km

◪ Certosa di Pavia★★★ per ① : 9 km

🏨 **Moderno**   🕭 ₰ �· 🗚 🛠 ⁏ 🛡 🔊 💳 ⊛ 🆎 ⓞ 👍
viale Vittorio Emanuele 41 – ℰ 03 82 30 34 01 – www.hotelmoderno.it – chiuso dal 23 dicembre al 2 gennaio e dall'11 al 19 agosto   AY**a**
49 cam 🖵 – ♥99/138 € ♥♥139/178 € – 3 suites – ½ P 105/124 €
Rist *Gli Amici di Edo* – ℰ 03 82 53 84 49 *(chiuso dal 23 dicembre al 6 gennaio, agosto, sabato a mezzogiorno, domenica)* Carta 35/45 €
♦ Sul piazzale della stazione, questo albergo d'inizio '900 si sta rinnovando progressivamente, soppiantando le vecchie camere - ancora funzionali - con stanze assai più moderne ed accattivanti.

🏨 **Cascina Scova** 🦢   🕭 🛱 🔊 🖥 ⊛ ⁏⁏ 🛡 🕭 🗚 🛠 rist, ⁏⁏ ₰ 🅿
via Vallone 18, per Viale Partigiani 3 km   💳 ⊛ 🆎 ⓞ 👍
– ℰ 03 82 57 26 65 – www.cascinascova.com – chiuso dal 23 dicembre al 3 gennaio   BZ
39 cam 🖵 – ♥155 € ♥♥170 € – ½ P 110 €
Rist – *(chiuso domenica sera)* Carta 27/46 €
♦ Avvolta dal sottile fascino della campagna pavese, una ex-cascina totalmente ristrutturata secondo i criteri moderni propone ampi spazi comuni ed un attrezzato centro benessere.

🏨 **Excelsior** senza rist   🕭 🗚 ⁏⁏ 🖘 💳 ⊛ 🆎 ⓞ 👍
piazza Stazione 25 – ℰ 0 38 22 85 96 – www.hotelexcelsiorpavia.com
35 cam 🖵 – ♥65/80 € ♥♥93/103 €   AY**b**
♦ Comoda posizione nei pressi della stazione, gestione diretta e attenta all'ospitalità. Camere piacevolmente arredate, spazi comuni limitati.

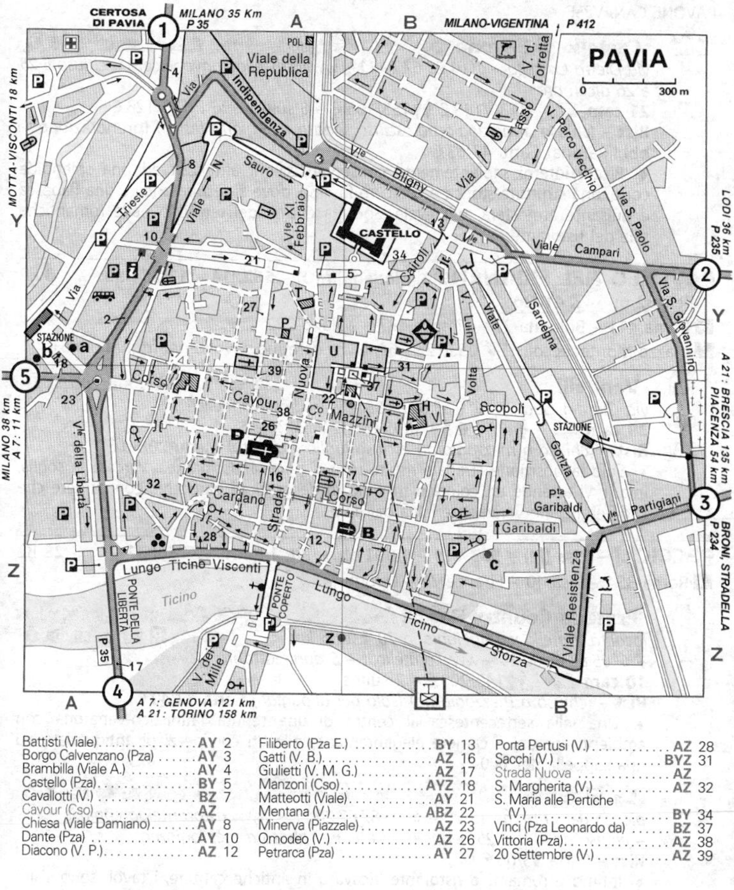

Battisti (Viale)	AY	2
Borgo Calvenzano (Pza)	AY	3
Brambilla (Viale A.)	AY	4
Castello (Pza)	BY	5
Cavallotti (V.)	BZ	7
Cavour (Cso)	AZ	
Chiesa (Viale Damiano)	AY	8
Dante (Pza)	AY	10
Diacono (V. P.)	AZ	12
Filiberto (Pza E.)	BY	13
Gatti (V. B.)	AZ	16
Giulietti (V. M. G.)	AZ	17
Manzoni (Cso)	AYZ	18
Matteotti (Viale)	AY	21
Mentana (V.)	ABZ	22
Minerva (Piazzale)	AZ	23
Omodeo (V.)	AZ	26
Petrarca (Pza)	AY	27
Porta Pertusi (V.)	AZ	28
Sacchi (V.)	BYZ	31
Strada Nuova	AZ	
S. Margherita (V.)	AZ	32
S. Maria alle Pertiche (V.)	BY	34
Vinci (Pza Leonardo da)	BZ	37
Vittoria (Pza)	AZ	38
20 Settembre (V.)	AZ	39

🍴🍴 **Antica Osteria del Previ** [AC] [VISA] [CB] [S]

via Milazzo 65, località Borgo Ticino – ☎ 0 38 22 62 03 – www.anticaosteriadelprevi.com – chiuso dal 1° al 10 gennaio, agosto e domenica sera ABZ**z**

Rist – Carta 29/39 €

♦ Nel vecchio borgo di Pavia lungo il Ticino, un piacevole e curato locale con specialità tipiche della cucina lombarda; travi in legno, focolare, aria d'altri tempi.

sulla strada statale 35 per (1) : 4 km :

🍴🍴🍴 **Al Cassinino** [AC] [P] [VISA] [CB] [S]

via Cassinino 1 ✉ 27100 – ☎ 03 82 42 20 97 – chiuso 15 giorni in agosto e mercoledì

Rist – Carta 58/83 € 🍇

♦ Sul Naviglio pavese, tra Pavia e la Certosa, elegante casa direttamente sul corso d'acqua, dove gustare sapori classici sia del territorio sia di mare. La carta non le riporta, ma in cantina ci sono tante importanti etichette.

PAVONE CANAVESE – **Torino (TO)** – **561** F5 – **3 847 ab.** – **alt. 262 m** **22** B2 – ✉ **10018**

▶ Roma 668 – Torino 45 – Aosta 65 – Ivrea 5

Castello di Pavone ⚞ ← ⚘ ⚑ ⚐ ⚕ rist, ⚓ ⚙ **P** ⚏ **VISA** ⚐ **AE** ⚐ ⚘
via Dietro Castello – ℰ 01 25 67 21 11 – www.castellodipavone.com – chiuso il 25 e 26 dicembre
21 cam ⚏ – ✚130/145 € ✚✚155/165 € – 6 suites – ½ P 118/123 €
Rist – *(chiuso a mezzogiorno escluso sabato ed i giorni festivi)* (prenotazione obbligatoria) Carta 47/63 €
♦ Ricchi interni sapientemente conservati, saloni affrescati ed una splendida corte: una struttura storica e di sicuro fascino, dove si respira ancora una fiabesca e pulsante atmosfera medievale. Squisita cucina del territorio nelle romantiche sale del ristorante.

PAVULLO NEL FRIGNANO – Modena (MO) – **562** I14 – **17 284 ab.**   8 B2
– alt. 682 m – ✉ 41026
▶ Roma 411 – Bologna 77 – Firenze 137 – Milano 222
🛈 piazza Montecuccoli 1, ℰ 0536 2 99 64, www.comune.pavullo-nel-frignano.mo.it

Vandelli ⚏ ⚕ rist, ⚓ ⚙ ⚘ **VISA** ⚐ **AE** ⚘
via Giardini Sud 7 – ℰ 05 36 20 28 8 – www.hotelvandelli.it
39 cam ⚏ – ✚40/75 € ✚✚70/95 € – ½ P 65/80 €
Rist – *(chiuso a mezzogiorno escluso luglio e agosto)* Menu 20/50 €
♦ Solo la posizione stradale risulta un po' poco affascinante... Varcata la soglia, infatti, vi attende un colorato tripudio di decorazioni barocche, con camere che si differenziano veramente l'una dall'altra.

PECCIOLI – Pisa (PI) – **563** L14 – **4 991 ab.** – alt. 144 m – ✉ 56037   28 B2
▶ Roma 354 – Pisa 40 – Firenze 76 – Livorno 47

Pratello Country Resort ⚞ ← ⚘ ⚑ ⚒ ⚕ ⚐ cam, **AC** cam,
località Pratello via di Libbiano 70, Est : 5 km ⚕ rist, **P** **VISA** ⚐ **AE** ⚐ ⚘
– ℰ 05 87 63 00 24 – www.pratello.it – 5 aprile-ottobre
10 cam ⚏ – ✚✚140/200 € – 2 suites
Rist – *(chiuso a mezzogiorno)* (solo per alloggiati) Carta 32/40 €
♦ Una villa settecentesca al centro di una tenuta faunistico-venatoria con ambienti comuni e camere elegantemente allestiti con pezzi di antiquariato ed una cappella del '600

La Greppia ⚑ **AC** **VISA** ⚐ **AE** ⚐ ⚘
piazza del Carmine 19/20 – ℰ 05 87 67 20 11 – www.ristorantelagreppia.it
– chiuso dall'11 al 25 gennaio, martedì e sabato a mezzogiorno
Rist – Carta 35/66 € ⚘
♦ Intimo e romantico ristorante, ricavato in antiche cantine, i tavoli sono sistemati nelle nicchie che accoglievano le botti. Proposte eclettiche per accontentare ogni palato.

PECETTO TORINESE – Torino (TO) – **561** G5 – **3 898 ab.** – alt. 407 m   22 A1
– ✉ 10020
▶ Roma 661 – Torino 13 – Alessandria 81 – Asti 46
🛈 I Ciligi strada Valle Sauglio 130, 011 8609802, www.iciligigolfclub.it – chiuso martedì

Pianta d'insieme di Torino

Hostellerie du Golf senza rist ⚞ ⚒ ⚐ ⚎ **AC** ⚐ ⚓ ⚙ **P**
strada Valle Sauglio 130, Sud : 2 km – ℰ 01 18 60 81 38 **VISA** ⚐ **AE** ⚘
– www.hostelleriedugolf.it – chiuso dal 22 dicembre al 9 gennaio 2HUa
26 cam ⚏ – ✚64/92 € ✚✚94/118 €
♦ Nel contesto del Golf Club, l'hotel offre belle camere in stile country ed è ideale tanto per una clientela sportiva che per quella d'affari, considerata la vicinanza a Torino.

PECORONE – Potenza (PZ) – **564** G29 – **Vedere Lauria**

PEDEGUARDA – Treviso (TV) – **562** E18 – **Vedere Follina**

PEDEMONTE – Verona (VR) – **562** F14 – Vedere San Pietro in Cariano

---

PEDENOSSO – Sondrio (SO) – Vedere Valdidentro

PEGLI – Genova (GE) – **561** I8 – Vedere Genova

PEIO – Trento (TN) – **562** C14 – 1 908 ab. – alt. 1 389 m – Sport   **30** A2
invernali : 1 400/2 400 m ⛷ 1 ⛷ 5, ⛷, – ✉ 38020 ▯ Italia
▶ Roma 669 – Sondrio 103 – Bolzano 93 – Passo di Gavia 54
🔢 via delle Acque Acidule, 𝒞 0463 75 31 00, www.valdisole.net

a Cogolo Est : 3 km – ✉ 38024

🏨 **Kristiania Alpin Wellness**   ⟨ 🚗 🔟 🍴 🛁 🎱 🛋 ⟩
via Sant'Antonio 18 – 𝒞 04 63 75 41 57   🛏 𝕍𝕀𝕊𝔸 ⓪ ⓪ ⓢ
– www.hotelkristiania.it – dicembre-2 maggio e 15 giugno-2 ottobre
43 cam ⊑ – †80/135 € ††130/240 € – 5 suites
Rist – Carta 25 €
♦ Ideale per svagare la mente, ci si perderà tra il disco-pub, il bar après-ski o nelle eleganti camere in stile montano. Ci si riapproprierà invece del corpo nel seducente centro benessere con piscina, sauna pietra e fuoco, trattamenti ayurvedici ed altro ancora. Cucina classica e piatti locali al ristorante.

🏠 **Cevedale**   🔟 🍴 🛁 🎱 🛋 𝕍𝕀𝕊𝔸 ⓪ ⓢ
via Roma 33 – 𝒞 04 63 75 40 67 – www.hotelcevedale.it – 5 dicembre-Pasqua e 10 giugno-5 ottobre
33 cam ⊑ – †50/60 € ††80/100 € – 3 suites – ½ P 85 €
Rist – Carta 24/42 € 🍽
♦ Sulla piazza centrale, senza essere sfarzoso la gestione familiare moltiplica le cure per i classici ambienti montani. Piacevole centro benessere dallo stile inaspettatamente moderno. Al ristorante, si cena avvolti nel legno: specialità tradizionali trentine e vini consigliati dai titolari sommelier.

🏠 **Chalet Alpenrose** 🌿   🚗 🍴 🎱 rist. 🅿 𝕍𝕀𝕊𝔸 ⓪ 𝔸𝔼 ⓢ
via Malgamare, località Masi Guilnova, Nord : 1,5 km – 𝒞 04 63 75 40 88
– www.chaletalpenrose.it
18 cam ⊑ – †50/80 € ††100/160 € – 4 suites – ½ P 75/105 €
Rist – (6 dicembre-30 marzo e 20 giugno-5 settembre) (chiuso a mezzogiorno) (prenotazione obbligatoria) Carta 26/46 €
♦ Fuori località, nella tranquillità del verde, un maso settecentesco ristrutturato con estrema cura e intimità. Caratteristica sauna ricavata nel capanno del giardino. Ambienti caldi, rifiniti in legno e ben curati in ogni particolare nella zona ristorante.

PELAGO – Firenze (FI) – **563** K16 – 7 634 ab. – alt. 309 m – ✉ 50060   **29** C1
▶ Roma 279 – Firenze 25 – Prato 55 – Arezzo 69

a Diacceto Nord : 3 km – ✉ 50060

🏠 **Locanda Tinti**   𝔸ℂ cam, 🍴 cam, 𝕍𝕀𝕊𝔸 ⓪ ⓢ
via Casentinese 65 – 𝒞 05 58 32 70 07 – www.locandatinti.it
6 cam ⊑ – ††70/80 €
Rist – (chiuso lunedì, martedì e mercoledì) (chiuso a mezzogiorno escluso domenica) Carta 30/35 €
♦ Sei belle camere doppie, distribuite su due piani, attrezzate di tutto punto e arredate con mobilio d'epoca. Sul retro un bel dehors utilizzato anche per la prima colazione.

PELLARO – Reggio di Calabria (RC) – **564** M28 – Vedere Reggio di Calabria

---

PELLESTRINA – Venezia (VE) – **562** G18 – Vedere Venezia

PELLIO INTELVI – Como (CO) – 1 031 ab. – alt. 750 m – ✉ 22020   **16** A2

▶ Roma 669 – Como 34 – Bergamo 128 – Milano 82

🏠 **La Locanda del Notaio** ॐ   🚗 🗐 🕭 🖨 **P** 💳 🐗 🆎 ⓪ ᚷ
piano delle Noci, Est : 1,5 km – ℰ *03 18 42 70 16 – www.lalocandadelnotaio.com*
– chiuso in dicembre e gennaio
18 cam � – ☗95/120 € ☗☗110/180 € – 2 suites
Rist *La Locanda del Notaio* ॐ – vedere selezione ristoranti
 ◆ Villa dell'Ottocento che in passato fu locanda e oggi è una risorsa arredata
con grande cura. Belle camere in legno personalizzate; giardino con laghetto
d'acqua sorgiva.

XX **La Locanda del Notaio**   🚗 🏠 🕭 **P** 💳 🐗 🆎 ⓪ ᚷ
ॐ   *piano delle Noci, Est : 1,5 km* – ℰ *03 18 42 70 16 – www.lalocandadelnotaio.com*
– chiuso da novembre a marzo, lunedì, martedì a mezzogiorno
Rist – Carta 52/79 €
Spec. Tartare di cervo, spuma allo yogurt e brunoise di verdure. Spaghetti neri
alla chitarra, bianchetti e vellutata di piselli. Petto d'anatra, patate schiacciate,
confettura di pomodoro e lavanda.
 ◆ Nella regione dei laghi, a due passi dalla Svizzera, il recente cambio in cucina è
all'insegna di giovanili entusiasmi con un palcoscenico d'eccezione: si chiama
locanda, ma in realtà è un buen retiro affacciato sul verde, tra eleganti sale e
piatti fantasiosi.

PENANGO – Asti (AT) – 529 ab. – alt. 264 m – ✉ 14030   **23** C2

▶ Roma 609 – Alessandria 52 – Asti 19 – Milano 102

a Cioccaro Est : 3 km – ✉ 14030 Cioccaro Di Penango

🏠🏠 **Locanda del Sant'Uffizio** ॐ   ⟨ 🞲 ⊼ 🕭 🔠 ↯ 🕯 ⚔ **P**
strada Sant'Uffizio 1 – ℰ *01 41 91 62 92*   💳 🐗 🆎 ᚷ
– www.locandasantuffizio.net
35 cam ⊒ – ☗100/150 € ☗☗110/240 € – 5 suites – ½ P 95/160 €
Rist *Locanda del Sant'Uffizio da Beppe* – vedere selezione ristoranti
 ◆ Nel cuore del Monferrato, all'interno di un parco con piscina, un edificio seicentesco - ex convento domenicano - è stato convertito in una struttura di lusso con
belle camere personalizzate.

🏠 **Relais Il Borgo** ॐ   ⟨ 🚗 ⊼ 🕭 🕯 **P** 💳 🐗 🆎 ᚷ
via Biletta 60 – ℰ *01 41 92 12 72 – www.ilborgodicioccaro.com – chiuso dal*
20 dicembre a febbraio
12 cam ⊒ – ☗90/110 € ☗☗100/140 € – ½ P 95 €
Rist – *(chiuso martedì) (chiuso a mezzogiorno)* Menu 50/60 €
 ◆ Un piccolo borgo costruito ex novo con fedeli richiami alla tradizione piemontese. Invece è quasi inglese l'atmosfera delle camere, ricche di tessuti e decorazioni.

XXX **Locanda del Sant'Uffizio da Beppe** – Hotel Locanda del Sant'Uffizio
strada Sant'Uffizio 1 – ℰ *01 41 91 62 92*   ⟨ 🞲 🕭 🔠 🞳 **P** 💳 🐗 🆎
– www.locandasantuffizio.net – chiuso dal 23 dicembre al 28 febbraio
Rist – *(chiuso a mezzogiorno)* Carta 53/67 € 🞱
 ◆ Sapori che nascono da un'intelligente reinterpretazione della cucina tradizionale piemontese, in eleganti salette protese sul verde giardino. Il locale è molto
conosciuto in zona: meglio prenotare!

PENNA ALTA – Arezzo (AR) – Vedere Terranuova Bracciolini

PENNABILLI – Rimini (RN) – 563 K18 – 3 063 ab. – alt. 629 m   **9** D3
– ✉ 61016

▶ Roma 295 – Ancona 164 – Pesaro 86 – San Marino SMR 35

XX **Il Piastrino** (Riccardo Agostini) ⌂ & P VISA ⊚ AE ♿
🕄 *via Parco Begni 9 – ⌀ 05 41 92 81 06 – www.piastrino.it – chiuso martedì e mercoledì*
Rist – (consigliata la prenotazione) Menu 40 € – Carta 40/62 € ⌘
Spec. Cotechino di coniglio al vapore, crema di piselli, radici e balsamico. Piccione in due cotture, fegatini e olive. Cannolo croccante di mascarpone, zuppa di sedano, zenzero e pepe di Sichuan.
♦ Bella costruzione in pietra all'interno di un parco: pavimento in cotto, sedie e divanetti in pelle, il tutto sapientemente dosato e misurato negli accostamenti. La cucina si distingue per le sue spaziali alchimie di molecole ricche e povere, territoriali e lontane, stagionali e perenni.

PERA – Trento (TN) – Vedere Pozza di Fassa

PERGINE VALDARNO – Arezzo (AR) – **563** L17 – 3 255 ab.   **29** C2
– alt. 361 m – ⌂ 52020
▶ Roma 231 – Firenze 62 – Arezzo 19 – Perugia 106

a Montelucci Sud-Est : 2,5 km – ⌂ 52020 Pergine Valdarno

⌂ **Agriturismo Fattoria Montelucci** ♨   ◁ ⌦ ⊒ ⌘ P VISA ⊚ ♿
– ⌀ 05 75 89 65 25 – www.montelucci.it – chiuso dall'8 gennaio al 3 marzo
22 cam ⊑ – ♦60/105 € ♦♦90/125 € – 7 suites – ½ P 70/88 €
Rist *Locanda di Montelucci* – vedere selezione ristoranti
♦ Fattoria seicentesca isolata sulle colline e completa di ogni confort, ideale per una vacanza di relax, ma anche per un soggiorno di sport: mountain bike, escursioni in pick up, pesca sportiva, caccia, nonché ippica.

X **Locanda di Montelucci** – Agriturismo Fattoria di Montelucci   ◁ ⌦
– ⌀ 05 75 89 65 25 – www.montelucci.it – chiuso   ⌂ ⌘ P VISA ⊚ ♿
dall'8 gennaio a marzo
Rist – (chiuso da lunedì a giovedì) (prenotare) Carta 33/46 €
♦ Nel centro della sala campeggia la macina in pietra dell'ex frantoio, mentre in menu è tutto un inseguirsi di piatti legati al territorio con molti ingredienti di produzione propria.

PERGINE VALSUGANA – Trento (TN) – **562** D15 – 20 187 ab.   **30** B3
– alt. 482 m – ⌂ 38057
▶ Roma 599 – Trento 12 – Belluno 101 – Bolzano 71
🆔 viale Venezia 2/F, ⌀ 0461 53 12 58, www.valsugana.info

XX **Castel Pergine** con cam ♨   ◁ ⌗ ⌘ rist. P VISA ⊚ ♿
via al Castello 10, Est : 2,5 km – ⌀ 04 61 53 11 58 – www.castelpergine.it – 29 marzo-4 novembre
21 cam ⊑ – ♦39/67 € ♦♦78/134 € – ½ P 63/86 €
Rist – (chiuso lunedì a mezzogiorno) Carta 37/47 € ⌘
♦ Sito in posizione particolarmente suggestiva all'interno di un castello medievale, presso le due sale dagli alti soffitti a cassettoni potrete gustare la gastronomia locale. La risorsa dispone anche di alcune camere dagli arredi sobri ed essenziali, in linea con lo stile del maniero.

PERO – Milano (MI) – **561** I7 – 10 680 ab. – alt. 144 m – ⌂ 20016   **18** B2
▶ Roma 578 – Milano 10 – Como 29 – Novara 40

⌂ **Atahotel Expo Fiera**   ⌂ ⌗ ⌦ ⌗ & ⌦ ⌠ ⌘ ⌗ ⌘ P ⌂
via Keplero 12 – ⌀ 02 30 05 51 – www.atahotels.it   VISA ⊚ AE ① ♿
– chiuso dal 22 dicembre all'8 gennaio e dal 30 luglio al 26 agosto
462 cam ⊑ – ♦339/450 € ♦♦369/480 €   **Rist** – Carta 30/73 €
♦ Vicino al nuovo polo fieristico di Rho/Pero, una struttura moderna prodiga di servizi e confort. Camere ampie ed un centro congressuale concepito per la massima flessibilità degli spazi. Nel ristorante con cucina a vista, non mancano i classici italiani.

▶ Roma 172 – Firenze 154 – Livorno 222 – Milano 449

✈ di Sant'Egidio Est per ②: 17 km ℰ 075 592141

🛈 piazza Matteotti18, ℰ 075 5 73 64 58, www.perugia.umbria2000.it

🛅 località Santa Sabina, 075 5172204, www.golfclubperugia.it – chiuso lunedì escluso luglio-agosto

◎ Piazza 4 Novembre★★ BY : fontana Maggiore★★, palazzo dei Priori★★ **D** (galleria nazionale dell'Umbria★★) – Chiesa di San Pietro★★ BZ – Oratorio di San Bernardino★★ AY – Museo Archeologico Nazionale dell'Umbria★★ BZ **M1** – Collegio del Cambio★ BY **E** : affreschi★★ del Perugino – ◁★★ dai giardini Carducci AZ – Chiesa di San Domenico★ BZ – Porta San Pietro★ BZ – Via dei Priori★ AY – Chiesa di Sant'Angelo★ AY **R** – Arco Etrusco★ BY **K** – Via Maestà delle Volte★ ABY **29** – Cattedrale★ BY **F** – Via delle Volte della Pace★ BY **55**

◎ Ipogeo dei Volumni★ per ② : 6 km

🏨🏨🏨 **Brufani Palace** ◁ 🔲 🕸 ⑁ 🄳 🕏 Ⅿ ⑪ 🔄 🍴 Ⅵ◢ Ⅵ 😊 Ⅵ ⑪ 🔄
piazza Italia 12 ⊠ 06121 – ℰ 07 55 73 25 41 – www.sinahotels.com
94 cam – ✜259/352 € ✜✜358/424 €, ⊋ 37 € – 35 suites   AZ**x**
Rist Collins – vedere selezione ristoranti
♦ Storico e sontuoso hotel della Perugia alta, in splendida posizione, impreziosito da un roof-garden da cui godere di una vista incantevole sulla città e i dintorni.

🏨🏨🏨 **Sangallo Palace Hotel** ◁ 🔲 🄳 🕏 🄳 Ⅿ ⑪ ⑪ 🄳 Ⅵ 😊 Ⅵ ⑪ 🔄
via dei Masi 9 ⊠ 06121 – ℰ 07 55 73 02 02 – www.sangallo.it   AZ**m**
98 cam ⊋ – ✜80/120 € ✜✜95/180 € – 2 suites – ½ P 110 €
Rist Il Sangallo – vedere selezione ristoranti
♦ Sito nel centro storico, a pochi passi dall'antica Rocca Paolina, l'hotel unisce richiami rinascimentali a confort moderni. Un albergo eccellente, sotto tutti i punti di vista!

🏨🏨🏨 **Perugia Plaza Hotel** ⑁ 🕸 ⑁ 🄳 🕏 🄳 Ⅿ ⑪ 🕏 ⑪ 🄳 ℙ
via Palermo 88, per via dei Filosofi ⊠ 06129
– ℰ 07 53 46 43 – www.umbriahotels.com   Ⅵ 😊 Ⅵ ⑪ 🔄
                                                       BZ
106 cam ⊋ – ✜55/165 € ✜✜90/230 € – 2 suites – ½ P 69/139 €
Rist – Carta 28/42 €
♦ Struttura moderna nello stile, comoda da raggiungere all'uscita della super-strada; ambienti ben distribuiti e stanze con ogni confort. Ideale per una clientela d'affari. Ristorante ove, oltre alla carta tradizionale, si consulta quella di oli e aceti.

🏨🏨🏨 **Castello di Monterone** – Residenza d'epoca ◁ 🚃 ⑁ 🄳 Ⅿ ⑪ 🄳 ℙ
strada Montevile 3, 2,5 km per via del Pozzo ⊠ 06126   Ⅵ 😊 Ⅵ ⑪ 🔄
– ℰ 07 55 72 42 14 – www.castellomonterone.com – chiuso dall'8 gennaio all'8 febbraio   BY
18 cam ⊋ – ✜100/150 € ✜✜120/290 €
Rist Il Postale ❀ **Rist Il Gradale** – vedere selezione ristoranti
♦ Lungo l'ultimo tratto dell'antica via regalis che conduce da Roma a Perugia, una residenza d'epoca ricca di fascino sia nelle raffinate camere sia negli spazi comuni impreziositi da pezzi di antiquariato.

🏨🏨 **La Rosetta** 🕸 🄳 Ⅿ ⑪ 🄳 Ⅵ 😊 Ⅵ ⑪ 🔄
piazza Italia 19 ⊠ 06121 – ℰ 07 55 72 08 41   AZ**r**
90 cam ⊋ – ✜79/119 € ✜✜130/168 € – ½ P 93/112 €
Rist – (chiuso a mezzogiorno) Carta 25/55 € (+15 %)
♦ Centralissimo, gestito dalla medesima famiglia ormai da tre generazioni, le camere migliori hanno subito un recente rinnovo con arredi in stile anni '20 o barocco. La cucina propone anche specialità regionali umbre.

🏨🏨 **Giò Wine e Jazz Area** 🄳 🄳 Ⅿ 🄳 ℙ Ⅵ 😊 Ⅵ ⑪ 🔄
via Ruggero D'Andreotto 19, per ③ ⊠ 06124 – ℰ 07 55 73 11 00 – www.hotelgio.it
206 cam ⊋ – ✜73/118 € ✜✜100/150 € – 4 suites
Rist Giò Arte e Vini – vedere selezione ristoranti
♦ Due aree distinte per un hotel assolutamente originale: troverete insoliti e curiosi scrittoi che diventano teche per la conservazione di ricercate bottiglie, così come richiami dal mondo del jazz.

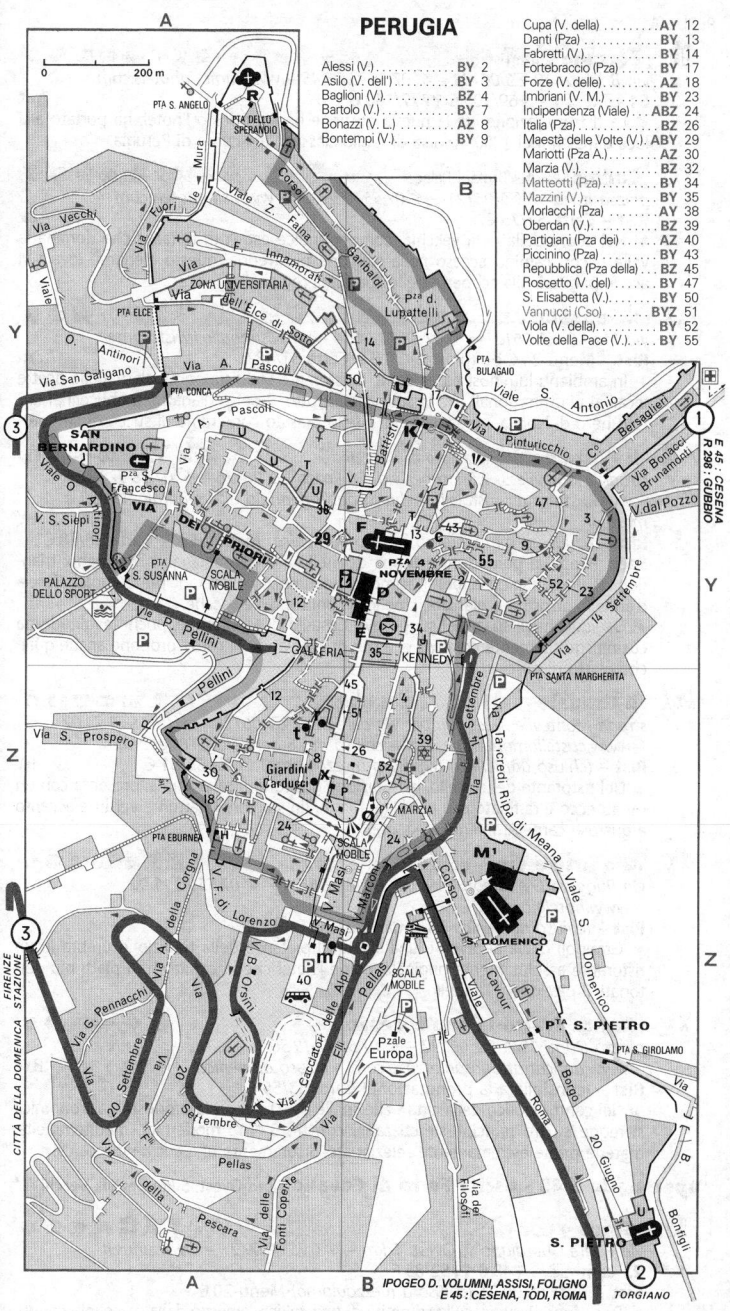

PERUGIA

Fortuna senza rist 🏠🅰🅲 🛰 🚾 🚫 🅰🅴 ⓪ ♿

via Bonazzi 19 ⊠ 06123 – ℰ 07 55 72 28 45 – www.umbriahotels.com

51 cam ☲ – †69/105 € ††77/140 € AZ**t**

♦ La ristrutturazione cui la nuova gestione ha sottoposto l'hotel, ha portato alla luce affreschi del 1700. Risorsa di taglio classico, nel cuore di Perugia.

Collins – Hotel Brufani Palace 🏡 ♿ 🅰🅲 🛰 🚾 🚫 🅰🅴 ⓪ ♿

piazza Italia 12 ⊠ 06121 – ℰ 07 55 73 25 41 – www.sinahotels.com

Rist – Carta 51/75 € AZ**x**

♦ Nel cuore della città vecchia, con appendice estiva in terrazza che domina la valle o con camino acceso nella stagione più fredda, questo elegante locale vi accompagnerà alla scoperta delle specialità regionali.

Il Sangallo – Sangallo Palace Hotel ♿ 🅰🅲 🎇 ⇄ 🚾 🚫 ♿

via Masi 9 ⊠ 06121 – ℰ 07 55 73 14 34 – www.sangallo.it/ristorante/

Rist – Menu 24 € bc (pranzo)/30 € – Carta 31/48 € AZ**m**

♦ In ambienti luminosi ed eleganti, il ristorante soddisfa ogni palato, dalle ricette locali ai piatti nazionali. Tra le specialità: risotto al petto d'anatra, umbricelli al tartufo nero di Norcia, medaglione di vitello brasato con crema di succo di limone.

Il Postale – Hotel Castello di Monterone 🏡 🅰🅲 🅿 🚾 🚫 🅰🅴 ⓪ ♿

🕄 strada Monteville 3, 2,5 km per via del Pozzo ⊠ 06126 – ℰ 07 58 52 13 56
– www.ristoranteilpostale.it – chiuso dall'8 gennaio all'8 febbraio, lunedì e
martedì BY

Rist – (chiuso a mezzogiorno escluso domenica) Menu 85 € – Carta 56/78 €

Spec. Pappa al pomodoro e trippa di vitello alla parmigiana. Il Trasimeno: triangoli di tinca, fagiolina del Trasimeno (legume), schiuma di prezzemolo. Coscia d'agnello arrostita e glassata, cipollotti confit e olive secche.

♦ Ospitato negli spazi del suggestivo Castello di Monterone, pochi tavoli ed una cucina squisitamente creativa, che pur privilegiando la carne propone anche qualche piatto di pesce.

Il Gradale – Hotel Castello di Monterone 🍽 🅿 🚾 🚫 🅰🅴 ⓪ ♿

strada Monteville 3, 2,5 km per via del Pozzo ⊠ 06126 – ℰ 07 55 71 74 02
– www.castellomonterone.com – chiuso dall'8 gennaio all'8 febbraio

Rist – (chiuso domenica) (chiuso a mezzogiorno) Carta 33/51 € BY

♦ Nel ristorante del castello, la tradizione gastronomica umbra si presenta con un menu ricco e raffinato che predilige funghi (in stagione), tartufi e verdure accanto a gustose carni. Ambiente elegante.

Giò Arte e Vini – Hotel Giò Wine e Jazz Area ♿ 🅰🅲 🅿 🚾 🚫 🅰🅴 ⓪ ♿

via Ruggero D'Andreotto 19, per ③ ⊠ 06124 – ℰ 07 55 73 11 00
– www.hotelgio.it

Rist – (chiuso domenica sera) Carta 27/37 € 🍷

♦ Grappoli d'uva ai tavoli e una sfilata di pietanze della tradizione umbra in un ristorante assolutamente originale, come l'hotel che lo ospita. Tra i piatti più gettonati: il piccione e l'agnello.

Antica Trattoria San Lorenzo 🅰🅲 ⇄ 🚾 🅰🅴 ⓪ ♿

piazza Danti 19/A ⊠ 06122 – ℰ 07 55 72 19 56
– www.anticatrattoriasanlorenzo.com – chiuso domenica BY**c**

Rist – (consigliata la prenotazione) Carta 43/55 €

♦ Nel centro storico della città - alle spalle del Duomo - la proposta gastronomica si regge su tre principi, sintetizzabili con tre 3 "M": modernità, mediterraneità, materie prime estremamente selezionate. Sicuramente una cucina di ricerca!

superstrada E 45 - uscita Ferro di Cavallo Nord-Ovest: 5 km per via Vecchi AY

Sirius 🍃 ⇐ 🍽 🏡 🎇 🛰 🚝 🅿 🚾 🚫 🅰🅴 ♿

🕸 via Padre Guardiano 9, Ovest: 1 km – ℰ 07 56 90 09 21 – www.sirius.it

23 cam ☲ – †48 € ††52/85 €

Rist – ℰ 75 69 09 21 (chiuso a mezzogiorno) Menu 20 €

♦ Poco fuori Perugia, sulla sommità di una collina, albergo dalla piacevole conduzione familiare e due tipologie di camere: le più recenti (con piccolo sovrapprezzo), da preferire.

verso Ponte Felcino per ① : 5 km

⌂   **Agriturismo San Felicissimo** senza rist ॐ   ⩽ 🚗 ⌶ 🅿 🗚🗚 ⓪ ⑤
strada Poggio Pelliccione ⊠ 06134 Perugia – ℰ 07 56 91 94 00
– www.sanfelicissimo.net
10 cam � – ✝45/70 € ✝✝70/80 €
♦ Un piccolo agriturismo periferico, raggiungibile dopo un breve tratto di strada
sterrata; edificio rurale, con arredi rustici, tutto rinnovato e cinto da colline e uliveti.

a Ferro di Cavallo per ③ : 6 km – alt. 287 m – ⊠ 06132

🏢   **Arte Hotel**   🔄 🖭 🖄 ⅏ 🎿 rist, 🍴 🔏 🅿 🚗 🗚🗚 ⓪ ⒶⒺ ⑤
strada Trasimeno Ovest 159 z/10 – ℰ 07 55 17 92 47
– www.artehotelperugia.com
82 cam ⊥ – ✝58/110 € ✝✝73/160 € – 1 suite – ½ P 95 €
Rist – (chiuso 3 settimane in agosto e domenica) (chiuso a mezzogiorno)
Carta 25/40 €
♦ Lungo una strada di grande transito, ma ben insonorizzato e comodo da raggiungere, opere d'arte moderna ispirano gli interni recentemente rinnovati.

In una località, quale scegliere tra due esercizi della stessa categoria?
Sappiate che in ogni categoria le risorse sono elencate in ordine di
preferenza: le migliori, per prime.

a Cenerente Nord-Ovest: 8 km per via Vecchi AY – ⊠ 06070

🏠🏠🏠   **Castello dell'Oscano** ॐ   ⩽ ⌕ 🍴 ⌶ 𝄞 🔄 🖭 ₺ cam, 🍴 🔏 🅿
strada della Forcella 37 – ℰ 0 75 58 43 71   🗚🗚 ⓪ ⒶⒺ ⓪ ⑤
– www.oscano.com
11 cam ⊥ – ✝✝120/160 € – 4 suites
Rist – (chiuso a mezzogiorno) Menu 38 €
♦ Salottini, biblioteche, angoli sempre da scoprire e una terrazza immensa in un
castello neogotico abbracciato da un parco secolare.

    Villa Ada 🏠 ॐ   🚗 🍴 ⌶ 🍴 🅿
strada della Forcella 37 – ℰ 0 75 58 43 71
26 cam – ✝80/120 € ✝✝120/160 €
♦ Sempre immersa nel verde, la residenza di fine '800 - Villa Ada - propone gli
stessi confort del castello e camere con mobili in stile.

ad Olmo per ③ : 8 km – alt. 284 m – ⊠ 06012 Corciano

🏠🏠🏠   **Relais dell'Olmo** senza rist   ⌶ 🔄 🖭 ₺ 🖭 🍴 🔏 🅿 🚗
strada Olmo Ellera 2/4 – ℰ 07 55 17 30 54   🗚🗚 ⓪ ⒶⒺ ⓪ ⑤
– www.relaisolmo.com
32 cam ⊥ – ✝90/120 € ✝✝120/170 €
♦ Una casa colonica radicalmente ristrutturata e trasformata in una struttura
alberghiera moderna e funzionale. Ampia gamma di servizi, arredi curati e di
stile elegante.

a Bosco per ① : 12 km – ⊠ 06134

🏠🏠🏠   **Relais San Clemente** ॐ   ⩽ 🍴 ⌶ 🎿 🔄 ₺ 🖭 🎿 rist, 🍴 🔏 🅿
strada Passo dell' Acqua 34 – ℰ 07 55 91 51 00   🗚🗚 ⓪ ⒶⒺ ⓪ ⑤
– www.relais.it – chiuso dal 7 gennaio al 31 marzo
64 cam ⊥ – ✝63/170 € ✝✝78/210 € – ½ P 135 €
Rist – (chiuso lunedì) Carta 32/59 €
♦ Un'antica dimora in un grande parco, un relais che trae il nome dalla chiesa
ancora compresa nel complesso; camere senza fronzoli, ineccepibili per tenuta e
confort. Ristorante orientato al comparto congressuale e banchettistico.

a Ripa per ① : 14 km – ✉ 06134

↑ **Ripa Relais Colle del Sole** ॐ   ← 🕸 🏊 🎇 ↳ 🍴 rist, 🏋 🅿

via Aeroporto Sant'Egidio 5, Sud: 1,5 km   🆚 ⦿ 🆎 ① 🔥
 – ℰ 07 56 02 01 31 – www.riparelais.com
16 cam ⬜ – 🛏50/70 € 🛏🛏60/100 € – 4 suites – ½ P 55/75 €
Rist – *(chiuso dal 7 gennaio al 10 febbraio e mercoledì) (chiuso a mezzogiorno escluso sabato, domenica e giugno, luglio e agosto)* Carta 28/47 €
 ♦ Romantici letti a baldacchino, pavimenti in cotto e travi a vista, suite con graziosi angoli soggiorno: tutto concorre a creare un'atmosfera raffinata in questa risorsa che si sviluppa su quattro costruzioni, raccolte intorno ad un giardino ricco di profumi ed erbe aromatiche.

a Ponte San Giovanni per ② : 7 km – alt. 189 m – ✉ 06135

🏙 **Park Hotel**   🖪 🎇 🎠 🛗 🏋 🆔 ↳ 🕻 🏊 🅿 🚗 🆚 ⦿ 🆎 ① 🔥
via Volta 1 – ℰ 07 55 99 04 44 – www.perugiaparkhotel.com – chiuso dall 24 al 27 dicembre
140 cam ⬜ – 🛏60/130 € 🛏🛏70/165 € – ½ P 55/100 €   **Rist** – Carta 27/36 €
 ♦ Una torre "spaziale" unita a un corpo centrale: una grande struttura, soprattutto per clientela d'affari e congressuale. Camere con ogni confort e curate nei particolari. Stile moderno anche per le sale del ristorante.

🏙 **Decohotel**   🚏 🎋 🛗 🆔 ↳ 🕻 🏊 🅿 🆚 ⦿ 🆎 🔥
via del Pastificio 8 – ℰ 07 55 99 09 50 – www.decohotel.it – chiuso dal 24 al 26 dicembre
35 cam ⬜ – 🛏70/98 € 🛏🛏70/146 € – ½ P 90 €
Rist *Deco* – vedere selezione ristoranti
 ♦ Negli anni in cui imperversava l'art déco in Francia e all'estero, in Italia sorge questa caratteristica costruzione all'interno di un giardino con piante secolari e dépendance annessa. E se la piacevolezza qualifica l'architettura esterna, moderni confort diventano ospiti fissi delle belle camere.

✕✕ **Deco** – Hotel Decohotel   🚏 🕸 🆔 ♧ 🅿 🆚 ⦿ 🆎 ① 🔥
via del Pastificio 8 – ℰ 0 75 39 42 20 – www.decohotel.it – chiuso dal 23 dicembre al 3 gennaio, dal 10 al 20 agosto e domenica
Rist – Carta 34/47 €
 ♦ Sito entro il Decohotel, ma in una struttura a parte, un ristorante classico, di tono elegante, che propone anche cucina locale e ittica. Servizio estivo all'aperto.

✕ **Tevere** – Hotel Tevere   🕸 🆔 🎇 🅿 🆚 ⦿ 🆎 ① 🔥
via Mario Bochi 14 – ℰ 0 75 39 43 41 – www.tevere.it
Rist – *(chiuso domenica sera e sabato)* Menu 16 € bc (pranzo)/35 € bc
 – Carta 22/45 €
 ♦ E' la brace, la vera star di questo capiente ristorante ubicato all'uscita della superstrada E45: non solo carne, ma anche pesce (soprattutto il giovedì e il venerdì), cotti in bellavista nel focolare che campeggia in sala.

PESARO 🅿 **(PU)** – **563** K20 – **94 799 ab.** ▌ Italia Centro Nord   **20** B1
▶ Roma 300 – Rimini 39 – Ancona 76 – Firenze 196
🛈 viale Trieste 164, ℰ 0721 6 93 41, www.turismo.pesarourbino.it/
🛈 via Mazzolari 4, ℰ 0721 35 95 01
◉ Località★ - Pala di Pesaro★★ di G. Bellini nella pinacoteca Z - Museo della ceramica★★ Z
◐ Costa★ tra Pesaro e Gabicce: 15 km a nord

🏙 **Vittoria**   ← 🔔 🕸 🏊 🎇 🆔 🛗 ⁂ 🆔 ↳ 🕻 🏋 🆚 ⦿ 🆎 ① 🔥
piazzale della Libertà 2 ✉ 61121 – ℰ 0 72 13 43 43 – www.viphotels.it
27 cam – 🛏260/700 € 🛏🛏325/1200 €, ⬜ 16 € – 9 suites   Ye
Rist *Agorà Rossini* – ℰ 0 72 16 41 07 – Carta 31/75 €
 ♦ In una zona tranquilla e con un'eccellente vista mare, questa storica villa che ospita eleganti spazi arredati con mobili antichi, sale conferenza, sauna ed una piccola palestra ha ricevuto - a ragione - il marchio di qualità dell'ospitalità italiana.

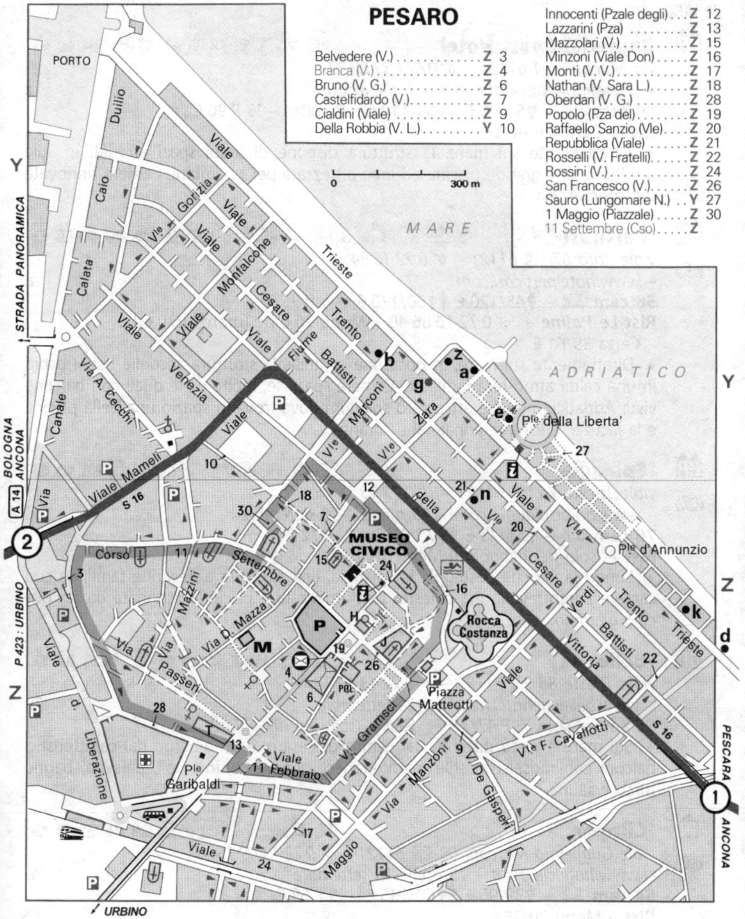

PESARO

Savoy

Z n

viale della Repubblica 22 ✉ *61121 –* ✆ *0721 33 13 33*
– www.viphotels.it
61 cam – †90/140 € ††120/198 €, ⌿ 13 € – 9 suites – ½ P 126 €
Rist *Ariston Blue Dream* – ✆ 0721 16 74 49 – Carta 22/66 €

◆ Sul viale principale, a pochi passi dal mare e dai monumenti più importanti, l'hotel è particolarmente vocato ad una clientela d'affari e vanta ambienti ampi e funzionali.

Alexander Museum Palace

Z

viale Trieste 20 ✉ *61121 –* ✆ *0721 34 44 41*
– www.alexandermuseum.it
63 cam ⌿ – †64/250 € ††89/250 € – 4 suites
Rist – *(chiuso domenica e a mezzogiorno escluso in estate)* Carta 35/50 €

◆ Albergo-museo dove ogni stanza è unica, per vivere l'arte in maniera insolita. Questa piacevole atmosfera avvolge anche le aree comuni. Il ristorante si farà ricordare per la moderna cucina e il servizio sui generis.

843

🏨 **Imperial Sport Hotel** ⟨ 🛱 ⊼ 🏠 🛗 🖐 ☀ ¶¶ 🚗 VISA 🚫 ᵴ
via Ninchi 6 ✉ *61121 –* ☏ *07 21 37 00 77*
– www.imperialsporthotel.it – aprile-ottobre **Yz**
40 cam ⌧ – †50/90 € ††65/110 € – 8 suites – ½ P 90 €
Rist – Carta 26/40 €
♦ Direttamente sul mare, la struttura dispone di ampi spazi arredati in stile moderno, una grande piscina ed aree attrezzate per i bambini. Camere rinnovate recentemente.

🏨 **Perticari** ⟨ 🔥 ⊼ 🛗 🖐 ᵴ rist, 🖐 🆉 🕸 rist, ¶¶ 🎿 🚗 VISA 🚫 🅰🅴 ᵴ
🍽 *viale Zara 67* ✉ *61121 –* ☏ *0 72 16 84 11*
– www.hotelperticari.com **Ya**
58 cam ⌧ – †45/120 € ††60/170 € – ½ P 95 €
Rist *Le Palme* – ☏ *0 72 16 86 40* – Menu 20 € bc (pranzo)/30 € bc
– Carta 39/61 €
♦ Direttamente sul mare, in posizione centrale, la struttura accoglie i suoi ospiti in una calda atmosfera familiare. Camere spaziose, molte delle quali con balcone vista Adriatico, nonché attrezzato solarium dove trovano spazio una bella piscina e la jacuzzi. Cucina regionale al ristorante.

🏨 **Spiaggia** ⟨ 🔥 ⊼ 🛗 ☀ 🅰🅲 cam, 🕸 rist, ¶¶ 🅿 VISA 🚫 ᵴ
🍽 *viale Trieste 76* ✉ *61121 –* ☏ *0 72 13 25 16*
– www.hotelspiaggia.com – 19 maggio-20 settembre **Zd**
76 cam ⌧ – †55/73 € ††75/95 € – ½ P 72 €
Rist – *(solo per alloggiati)* Menu 18/20 €
♦ Lungo la via che costeggia la spiaggia, una struttura a gestione familiare con camere confortevoli, una palestra ben attrezzata e piscina circondata da un piccolo giardino.

🏨 **Bellevue** ⟨ 🔥 ⊼ 🏠 🛗 🖐 ☀ 🅰🅲 🕸 ¶¶ 🚗 VISA ᵴ
viale Trieste 88 ✉ *61121 –* ☏ *0 72 13 19 70*
– www.bellevuehotel.net – aprile-settembre **Zk**
55 cam – solo ½ P 47/75 € **Rist** – *(solo per alloggiati)*
♦ Sul mare e poco distante dal centro di Pesaro, è un albergo dai caratteristici balconi con mosaici in stile mediterraneo, camere confortevoli, palestra, bagno turco e sauna.

🏨 **Clipper** 🔥 🛗 🅰🅲 cam, 🕸 rist, 🅿 VISA 🚫 🅰🅴 ⓞ ᵴ
🍽 *viale Guglielmo Marconi 53* ✉ *61121 –* ☏ *0 72 13 09 15*
– www.hotelclipper.it – 15 aprile-15 settembre **Yb**
54 cam ⌧ – †39/95 € ††60/135 € – ½ P 68 €
Rist – Menu 20/25 €
♦ In "seconda fila" rispetto alla battigia, ma a pochi passi dal mare, l'hotel offre stanze con arredi essenziali e un piacevole terrazzo ombreggiato; gestione familiare.

XX **Commodoro** 🛱 ᵴ 🅰🅲 VISA 🚫 🅰🅴 ⓞ ᵴ
viale Trieste 269 ✉ *61121 –* ☏ *0 72 13 26 80*
– www.ilcommodoro.com – chiuso dall' 8 al 28 novembre e lunedì
Rist – Carta 41/76 € **Yg**
♦ Accogliente e moderno ristorante con un piccolo dehors ed un'enoteca con scaffali a vista, dove farsi servire i sapori di una cucina mediterranea attenta alle proposte giornaliere.

XX **Da Alceo** ⟨ 🛱 🅰🅲 🕸 🅿 VISA 🚫 🅰🅴 ⓞ ᵴ
via Panoramica Ardizio 121, 6 km per ① ✉ *61122 –* ☏ *0 72 15 13 60*
– www.ristorantealceo.it – chiuso lunedì, domenica sera dal 15 settembre a maggio, domenica a mezzogiorno in giugno-settembre.
Rist – *(consigliata la prenotazione)* Carta 43/76 €
♦ Da sempre il riferimento per il pesce più fresco in preparazioni tradizionali, mediterranee e rispettose dei sapori. D'estate ci si sposta in terrazza con vista mare.

in prossimità casello autostrada A 14 Ovest : 5 km :

⛰ **Locanda di Villa Torraccia** senza rist ⚄   ⬅ 🚗 🅰 🅿 🆅🆂🅰 ⚄ 🅰🅴 ⚄
strada Torraccia 3 ⊠ *61122 – ℰ 07 21 21 18 52 – www.villatorraccia.it – chiuso dal 20 al 28 dicembre*
5 cam – ♦65/80 € ♦♦100/130 €, ⚏ 10 € – 5 suites
◆ Ricavata da una piccola torre medievale circondata da piante secolari, una risorsa accogliente con suites suggestive per un romantico soggiorno nel rispetto della tradizione.

PESCANTINA – Verona (VR) – **562** F14 – **16 088 ab.** – alt. 80 m   **37** A2
– ⊠ 37026
▶ Roma 503 – Verona 14 – Brescia 69 – Trento 85

ad Ospedaletto Nord-Ovest : 3 km – ⊠ 37026 Pescantina

🏨🏨 **Villa Quaranta Park Hotel** ⚄   🔊 🍴 🎨 ⚙ 🏊 ↳ 🖪 🅰 ↔ 🎾 rist,
via Ospedaletto 57 – ℰ 04 56 76 73 00   🍴 🆚 🅿 🚗 🆅🆂🅰 ⚄ 🅰🅴 ⓞ ⚄
– www.villaquaranta.com
87 cam ⚏ – ♦104/129 € ♦♦182/229 € – 10 suites – ½ P 127/151 €
Rist Borgo Antico – Carta 39/88 €
◆ Antico e moderno, gli opposti si attraggono. Una villa del '600 (con tanto di cappella consacrata) ed un edificio più recente formano questo raffinato complesso, poliedrico nell'offerta dei servizi: camere con una forte identità, sale congressi ed una bella spa. Il tutto immerso nella splendida cornice di un grande parco.

🍴🍴 **Alla Coà**   🍴 🅰 🅿 🆅🆂🅰
via Ospedaletto 70 – ℰ 04 56 76 74 02 – www.trattoriaallacoa.it – chiuso dal 2 al 20 gennaio, dal 26 luglio al 24 agosto, domenica, lunedì
Rist – Carta 43/52 €
◆ Lungo una strada piuttosto trafficata, la vecchia casa di paese è stata arredata in stile country e un pizzico di romanticismo e propone ai suoi avventori piatti legati al territorio e alle stagioni.

PESCARA 🅿 (PE) – **563** O24 – **123 062 ab.**   **2** C1
▶ Roma 208 – Ancona 156 – Foggia 180 – Napoli 247
✈ Pasquale Liberi per ②: 4 km ℰ 899130310
🛈 piazza della Repubblica, ℰ 085 4 22 54 62, www.abruzzoturismo.it
🛈 Aeroporto, ℰ 085 4 32 21 20
◎ Pineta dannunziana★

Pianta pagina seguente

🏢🏢 **Esplanade**   ⬅ 🛁 🍴 🖪 🅰 rist, 🅰 🎾 rist, 🍴 🆚 🆅🆂🅰 ⚄ 🅰🅴 ⓞ ⚄
piazza 1° Maggio 46 ⊠ *65122 – ℰ 08 5 29 21 41 – www.esplanade.net*
150 cam ⚏ – ♦104/130 € ♦♦148/163 €   AX**a**
Rist – *(chiuso a mezzogiorno)* Carta 39/85 €
◆ Sale e camere di classica eleganza in un imponente edificio del 1905, a pochi passi dal mare. Luminoso ristorante - al sesto piano - dotato di bella terrazza panoramica.

🏢🏢 **Plaza**   🅰 🎾 🆚 🆔 🆅🆂🅰 ⚄ 🅰🅴 ⓞ ⚄
piazza Sacro Cuore 55 ⊠ *65122 – ℰ 08 54 21 46 25 – www.schiratohotels.it*
66 cam ⚏ – ♦95/219 € ♦♦139/239 € – 2 suites   AX**b**
Rist – *(chiuso domenica)* Carta 30/52 €
◆ In posizione centrale ma tranquilla, poco distante dalla stazione e dal mare, l'hotel dispone di sale conferenza ed accoglienti ambienti arredati con tessuti eleganti e marmo. La piccola e classica sala ristorante propone i piatti della tradizione italiana e soprattutto specialità di pesce.

🏨 **Victoria** senza rist   🛁 🎨 🖪 🅰 🎾 🍴 🆚 🅿 🆅🆂🅰 ⚄ 🅰🅴 ⓞ ⚄
via Piave 142 ⊠ *65122 – ℰ 0 85 37 41 32 – www.victoriapescara.com*
23 cam ⚏ – ♦95/105 € ♦♦135/145 € – 1 suite   AX**c**
◆ In pieno centro, nuova risorsa di grande effetto e squisito confort. Modernità e design per una clientela esigente. Piccola zona benessere.

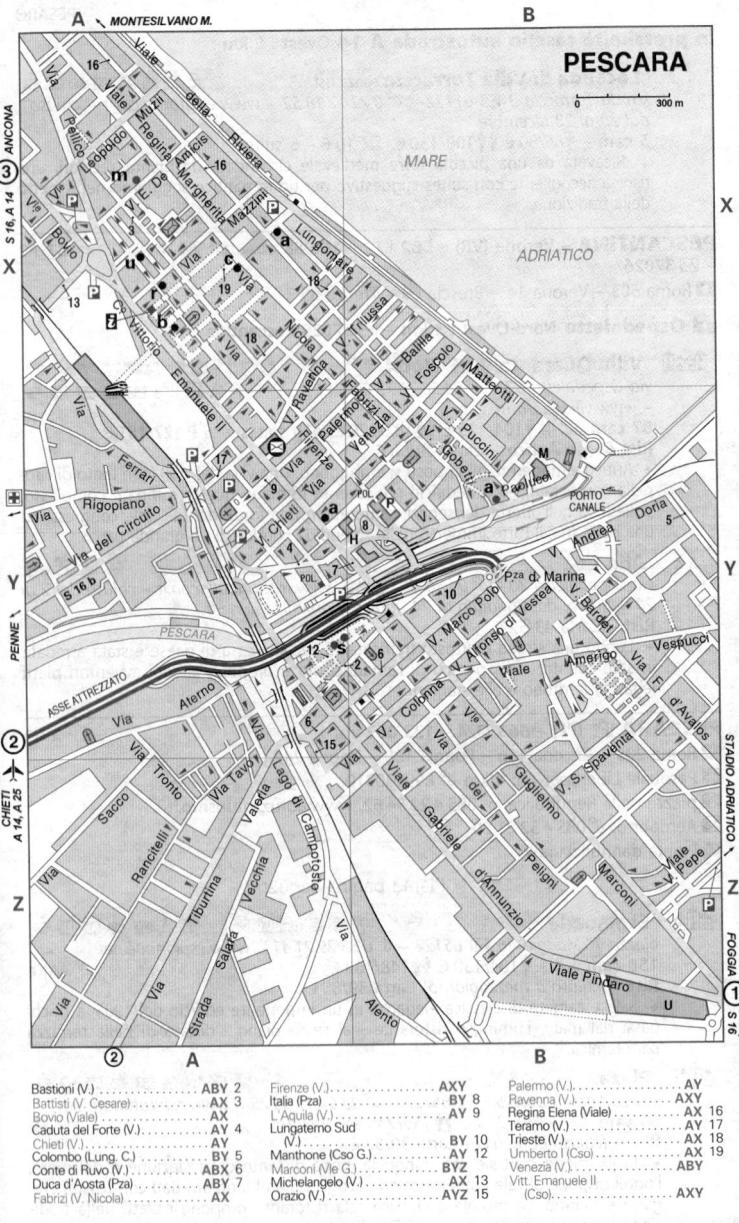

PESCARA

0   300 m

MARE

ADRIATICO

846

🏨 **Duca D'Aosta** senza rist
[AC] 📶 🧖 VISA 💳 [AE] 💳 $

piazza Duca d'Aosta 4 ✉ 65121 – ☎ 0 85 37 42 41 – www.schiratohotels.it/duca
72 cam ☕ – 🛏82/199 € 🛏🛏100/219 € AY**a**
◆ L'insegna svetta sull'omonima piazza, in vicinanza del Porto Canale, a pochi passi di distanza dal centro. Spazi comuni non ampissimi, ma ben distribuiti, e camere accoglienti.

🏨 **Alba** senza rist
🛗 [AC] 📶 VISA 💳 [AE] 💳 $

via Forti 14 ✉ 65122 – ☎ 0 85 38 91 45 – www.hotelalba.pescara.it
50 cam ☕ – 🛏60/80 € 🛏🛏75/120 € AX**r**
◆ Nel centro turistico-commerciale della città, piccolo ma piacevole hotel caratterizzato da sale in stile liberty - stuccate ed affrescate - più classiche, invece, le camere.

🏨 **Ambra Palace** senza rist
🛗 [AC] 🚭 📶 🚗 VISA 💳 [AE] 💳 $

via Quarto dei Mille 28/30 ✉ 65122 – ☎ 0 85 37 82 47 – www.hotelambrapalace.it AX**u**
61 cam ☕ – 🛏55/95 € 🛏🛏85/130 €
◆ In centro città, a 300 m dal mare, comodo albergo a gestione familiare, in attività dal 1963; spazi comuni adeguati, camere classiche, con bagni completi e funzionali.

🍴🍴🍴 ✿ **Café les Paillotes**
🌊 ⛱ [AC] 🚭 🍷 VISA 💳 [AE] 💳 $

piazza Le Laudi 2, per lungomare Cristoforo Colombo ✉ 65129 – ☎ 08 56 18 09 – www.lidodellesirene.net – chiuso 24-25 dicembre, dal 1° gennaio al 7 febbraio, domenica, lunedì BY
Rist – Menu 80 € – Carta 56/86 € 🍇
Spec. Tagliolini agli scampi, asparagi, lime e zenzero. Trancio di rombo chiodato in crosta di carciofi con salsa all'arancia, menta e fiori eduli. Coda di rospo, crema di cicoria, fave e chips di ventricina vastese (salume).
◆ All'interno di un esclusivo lido balneare, colori, fragranze e pezzi d'arredo sembrano ammiccare con eleganza a racconti esotici, mentre in cucina non si accettano distrazioni: mare e ricerca per un'indimenticabile esperienza gourmet.

🍴🍴 **Carlo Ferraioli**
[AC] 🚭 VISA 💳 [AE] 💳 $

via Paolucci 79 ✉ 65121 – ☎ 08 54 21 02 95 – www.carloferraioli.it – chiuso lunedì BY**a**
Rist – Menu 50 € bc – Carta 28/56 € 🍇
◆ Elegante ristorante affacciato sul canale e sui caratteristici pescherecci: cucina rigorosamente a base di pesce. A disposizione, un sala per fumatori.

🍴 **La Rete**
⛱ [AC] 🚭 VISA 💳 [AE] 💳 $

via De Amicis 41 ✉ 65123 – ☎ 08 52 70 54 – chiuso domenica sera, lunedì a mezzogiorno AX**m**
Rist – (consigliata la prenotazione) Carta 30/48 €
◆ Solo pesce in questo locale dalla cordiale gestione familiare: semplice e gustoso, il menu della giornata è tracciato ogni mattina a seconda di quello che offrono l'Abruzzo e l'Adriatico.

🍴 ☺ **Locanda Manthonè**
🪑 [AC] 🚭 🍷 VISA 💳 [AE] 💳 $

corso Manthonè 58 ✉ 65127 – ☎ 08 54 54 90 34 – www.locandamanthone.it – chiuso domenica AY**s**
Rist – *(chiuso a mezzogiorno)* Menu 37 € – Carta 33/45 €
◆ La trattoria prende il nome dalla via dove visse D'Annunzio. All'interno la giovane gestione propone una gustosa cucina locale, in accordo con le stagioni.

🍴 $ ☺ **Taverna 58**
[AC] 🚭 🍷 VISA 💳 [AE] 💳 $

corso Manthoné 46 ✉ 65127 – ☎ 0 85 69 07 24 – www.taverna58.it – chiuso dal 24 dicembre al 1° gennaio, agosto, domenica e i mezzogiorno di venerdì e sabato ABY**s**
Rist – Menu 20/34 € – Carta 31/40 €
◆ Trattoria dall'ambiente curato, dove un'interessante cucina legata alla tradizione gastronomica abruzzese, da vita a piatti sapidi e generosi. Visitabili le cantine con vestigia medievali e romane.

PESCASSEROLI – L'Aquila (AQ) – 563 Q23 – 2 252 ab. – alt. 1 167 m   1 B3
– Sport invernali : 1 167/1 945 m ✎6; a Opi ⚓ – ✉ 67032 ▯ Italia
▶ Roma 163 – Frosinone 67 – L'Aquila 109 – Castel di Sangro 42
🛈 via Principe di Napoli, ℰ 0863 91 04 61, www.abruzzoturismo.it
◎ Parco Nazionale d'Abruzzo ★★★

🏠🏠🏠 **Villa Mon Repos**   🕭 ▯☆ ❄ rist. �🛈 🅿 🚗 VISA ©© AE ① ♒
viale Santa Lucia – ℰ 08 63 91 28 58 – www.villamonrepos.it
13 cam ☲ – †120/130 € ††140/160 € – 1 suite   **Rist** – Menu 35 €
♦ Costruita nel 1919 dallo zio di Benedetto Croce, una residenza d'epoca in un
parco non lontano dal centro; stile tardo liberty, molto eclettico, anche all'interno.
Piatti abruzzesi o di pesce serviti nell'elegante ristorante.

🏠🏠 **Paradiso**   🖾 ▯☆ 🕭 cam. ❄❄ ❄ rist. ▯ 🅿 VISA ©© AE ① ♒
   via Fonte Fracassi 4 – ℰ 08 63 91 04 22 – www.albergo-paradiso.it – chiuso dal 3
😋 al 30 novembre
21 cam ☲ – †45/120 € ††60/140 € – ½ P 82 €   **Rist** – Menu 20/35 €
♦ A meno di 2 km dal centro, è ideale per una vacanza familiare nel verde: il
parco entra in albergo con atmosfere rustiche in legno, camino e una tavernetta.

🏠🏠 **Villino Quintiliani**   🖾 ▯☆ ❄ ❄ ▯ 🅿 VISA ©© AE ① ♒
viale Santa Lucia1 – ℰ 08 63 91 07 55 – www.villinoquintiliani.it
15 cam ☲ – †100/130 € ††150/180 € – ½ P 90/130 €
Rist – (solo per alloggiati)
♦ All'ingresso del paese, siamo in un grazioso villino dei primi '900 dalle camere
moderne e confortevoli. La gestione familiare organizza attività all'insegna dello
sport e della natura.

🏠 **Alle Vecchie Arcate**   ▯☆ ❄ ℅ VISA ① ♒
via della Chiesa 57/a – ℰ 08 63 91 06 18
32 cam ☲ – †55/65 € ††65/85 € – ½ P 55/95 €   **Rist** – (solo per alloggiati)
♦ Un sapiente restauro conservativo ha ricavato un hotel all'interno di un edificio
d'epoca in pieno centro storico; gestione familiare, camere con arredi in legno.

✕ **Alle Vecchie Arcate**   ❄ VISA ©© AE ① ♒
via della Chiesa 41 – ℰ 08 63 91 07 81 – chiuso dal 5 novembre al 5 dicembre,
lunedì
Rist – Carta 24/34 €
♦ Di proprietà della stessa famiglia che gestisce l'omonimo albergo, il locale offre
sapori abruzzesi e piatti invece più tradizionali. Sala con arcate in pietra e camino.

PESCHE – Isernia (IS) – 564 C24 – Vedere Isernia

PESCHICI – Foggia (FG) – 564 B30 – 4 401 ab. – ✉ 71010 ▯ Puglia   26 B1
▶ Roma 400 – Foggia 114 – Bari 199 – Manfredonia 80
◎ Promontorio del Gargano★★★ Sud-Est

🏠 **Elisa**   ⬅ ⚓ ⌇ ▯☆ 🕭 cam. AC ❄ rist. ▯ 🚗 VISA ©© AE ① ♒
   borgo Marina 20 – ℰ 08 84 96 40 12 – www.hotelelisa.it – aprile-ottobre
😋 **40 cam** ☲ – †55/70 € ††80/120 € – ½ P 95 €   **Rist** – Carta 21/49 €
♦ Ai piedi del borgo marinaro di Peschici e vicino al porto turistico, un hotel dal-
l'ottima gestione familiare con camere luminose dagli arredi in legno bianco o
azzurro e vista sul mare. Ampie vetrate ed ottimi piatti di pesce al ristorante: buo-
nissime le paste fatte in casa.

🏠 **Peschici** ♒   ⬅ ⚓ ▯☆ AC cam. ❄ 🅿 🚗 VISA ©© ♒
via San Martino 31 – ℰ 08 84 96 41 95 – www.hotelpeschici.it – aprile-settembre
13 cam – †45/65 € ††55/70 €, ☲ 9 € – ½ P 70 €   **Rist** – (solo per alloggiati)
♦ Sito sulla scogliera in posizione panoramica ma poco distante dal centro storico, un familiare hotel dalle aree comuni semplici e con camere lineari dal sobrio
arredo moderno.

🏠 **La Chiusa delle More** ♒   ⬅ 🕭 🗝 ⌇ AC cam. ❄ ⅋ 🅿
località Padula, Ovest : 1,5 km – ℰ 3 30 54 37 66   VISA ©© AE ①
– www.lachiusadellemore – 21 maggio-18 settembre
10 cam ☲ – ††160/240 €   **Rist** – (chiuso a mezzogiorno) Menu 40 €
♦ Circondati da un parco di ulivi secolari, dormirete in un antico frantoio rupestre
trasformato in elegante agriturismo, a meno di 1 km dal mare.

✗✗ Porta di Basso 　　　　🏠 AC VISA ⓪ ⬤ ♿

*via Colombo 38 – 𝒞 08 84 91 53 64 – www.portadibasso.it – chiuso
gennaio, febbraio, mercoledì (escluso giugno-settembre)*
Rist – *(prenotazione obbligatoria a mezzogiorno)* Carta 33/63 €
♦ Tra i vicoli del centro storico della città - in suggestiva posizione a strapiombo
sul mare - un ottimo ristorante di tono moderno, dove lo chef propone eccellenti
piatti di mare non privi di una creativa elaborazione.

sulla litoranea per Vieste

🏠 Park Hotel Paglianza Paradiso ⌂ 　　🔈 ⟡ ⛱ 🏊 ✗ 🛎 ⛩ AC

località Paglianza, Est : 10,5 km ⊠ 71010 　　　　✗ rist, ⟡ 🔒 🅿 VISA ⓪ ♿
– 𝒞 08 84 91 10 18 – www.gruppoaccia.it – giugno-settembre
138 cam **Rist** – *(solo per alloggiati e solo pensione completa 57/147 €)*
♦ Immerso in una vasta pineta a metà strada tra Peschici e Vieste, l'albergo vanta
ambienti spaziosi, tra cui un'attrezzata area giochi per bambini. All'interno rilassanti ambienti nelle tonalità del verde.

PESCHIERA BORROMEO – Milano (MI) – **561** F9 – **22 673 ab.** 　　**18** B2
– alt. 101 m – ⊠ 20068

▶ Roma 573 – Milano 18 – Piacenza 66

Pianta d'insieme di Milano

🏠🏠 NH Linate 　　　　🛎 ♿ AC ↯ ✗ rist, ⟡ 🔒 VISA ⓪ AE ⓪ ♿

via Grandi 12 – 𝒞 0 25 47 76 88 11 – www.nh-hotels.com 　　　　**2CPZ**
65 cam ⊇ – †75/330 € ††90/350 € – 2 suites
Rist – *(chiuso a mezzogiorno)* Carta 33/59 €
♦ Nuovo albergo commerciale e congressuale vicino all'aeroporto di Milano
Linate propone una buona serie di servizi ed accoglienti camere. Omogeneo, funzionale e dal design minimalista. Zona ristorante ricavata nella hall: piccola carta
con servizio a cena.

🏠 Montini senza rist 　　　🛎 ♿ AC ↯ ⟡ 🔒 🅿 VISA ⓪ AE ⓪ ♿

*via Giuseppe di Vittorio 39 – 𝒞 0 25 47 50 31 – www.hotelmontini.com – chiuso
dal 24 dicembre al 2 gennaio e dal 3 al 19 agosto* 　　　　**2CPc**
65 cam ⊇ – †65/173 € ††90/225 €
♦ Nella zona industriale alle spalle dell'aeroporto di Milano Linate, giovane conduzione familiare che mantiene sempre aggiornata una valida risorsa, comoda e
confortevole.

✗✗ La Viscontina con cam 　　　　AC 🅿 VISA ⓪ AE ⓪ ♿

*via Grandi 5 – 𝒞 0 25 47 03 91 – www.laviscontina.it – chiuso dal 3 al 26 agosto
e domenica sera* 　　　　**2CPz**
14 cam ⊇ – †70/100 € ††80/140 € – ½ P 115 € **Rist** – Carta 36/54 €
♦ Un ristorante, con qualche camera, curato e a gestione familiare, per proposte
quotidiane che seguono le stagioni, la disponibilità del mercato e l'estro dello
storico chef.

✗ Trattoria dei Cacciatori 　　　🔈 🏠 🛎 AC ⟳ 🅿 VISA ⓪ ⓪ ♿

*via Trieste 2, Nord : 4 km – 𝒞 0 27 53 11 54 – www.trattoriacacciatori.it – chiuso
dal 31 dicembre al 6 gennaio, dal 7 al 24 agosto, domenica sera, lunedì*
Rist – *(consigliata la prenotazione)* Carta 31/46 €
♦ Cascinale all'interno del castello di Longhignana, antica residenza di caccia
della famiglia Borromeo; belle sale rustiche, cucina legata alle tradizioni e grigliate.

PESCHIERA DEL GARDA – Verona (VR) – **562** F14 – **9 847 ab.** 　　**35** A3
– alt. 68 m – ⊠ 37019

▶ Roma 513 – Verona 23 – Brescia 46 – Mantova 52
🛈 piazzale Betteloni 15, 𝒞 045 7 55 16 73, www.tourism.verona.it
🏌 Paradiso del Garda SS 249-località Paradiso, 045 6405802, www.golfclubparadiso.it

🏠 **Puccini** senza rist 〰 🍽 📶 AC ↻ ✂ ⛲ 🅿 VISA ☯ AE 🆎

via Puccini 2 – ☎ 04 56 40 14 28 – www.hotelpuccini.it – 12 marzo-14 novembre

33 cam – ♦58/95 € ♦♦88/105 €, ☒ 8 €

◆ Piacevole hotel, con bella piscina e giardino, posizionato in prossimità del lungolago, defilato dal centro; ampie stanze, ben tenute, alcune con gradevole tappezzeria colorata.

🍴🍴 **Piccolo Mondo** AC VISA ☯ AE 🆎 🆎

riviera Carducci 6 – ☎ 04 57 55 00 25 – www.ristorantepiccolomondo.com – chiuso dal 24 dicembre al 20 gennaio, dal 30 giugno al 15 luglio, lunedì, martedì

Rist – Carta 33/65 €

◆ Pesce di mare. Esposto in vetrina, così come nel buffet degli antipasti è servito in un'unica grande sala affacciata sul lago; conduzione diretta da più di cinquant'anni.

🍴🍴 **Locanda Ai Capitani** AC ↔ VISA ☯ AE 🆎 🆎

via Don Lenotti 9 – ☎ 04 56 40 01 62 – www.locandaaicapitani.it – chiuso martedì, mercoledì a mezzogiorno

Rist – Carta 32/55 €

◆ A "Peschiera, dove il lago si fa fiume" (Dante, Inferno XX canto) sorge in pieno centro questa elegante struttura dalle tinte scure: atmosfera soffusa e cucina di stampo moderno.

🍴🍴 **Luisa** AC ✂ 🅿 VISA ☯ 🆎

via Frassino 16 – ☎ 04 57 55 07 60 – chiuso dal 23 dicembre al 20 gennaio, dal 21 al 30 giugno e martedì

Rist – Carta 23/39 €

◆ Prodotti regionali e stagionali in una bella trattoria di stampo familiare. In cucina: lo chef-proprietario con grandi capacità ai fornelli e lunga esperienza nel settore.

a San Benedetto di Lugana Ovest : 2,5 km – ✉ 37019

🏠 **The Ziba Hotel & Spa** 〰 🍽 🏊 📶 🍴 & AC ↻ ✂ ⛲ 🅿

via Bell'Italia 41 – ☎ 04 56 40 25 22 VISA ☯ AE 🆎 🆎

– www.thezibahotel.it

25 cam ☒ – ♦75/120 € ♦♦100/250 € – 2 suites

Rist *Zibaldone* – vedere selezione ristoranti

◆ Stupendo e d'impatto già al primo sguardo, questo moderno hotel nato dalla ristrutturazione di un edificio ottocentesco dispiega il proprio fascino anche all'interno: arredi lineari ed essenziali, belle camere equipaggiate con tecnologia d'avanguardia. Nel sottosuolo un'area benessere molto carina ed attrezzata.

🍴🍴🍴 **Zibaldone** – The Ziba Hotel & Spa 🍴 & AC VISA ☯ AE 🆎 🆎

via Bell'Italia 41 – ☎ 04 56 40 25 22 – www.thezibahotel.it – chiuso novembre

Rist – (chiuso lunedì) (chiuso a mezzogiorno escluso domenica) Carta 52/67 €

◆ Il ristorante ripropone l'accattivante design della struttura che lo ospita: un originale albergo, all'interno di un'antica bottiglieria di fine '800. Il menu non si sottrae alla fantasia, sciorinando una serie di piatti dai sapori mediterranei, ma presentati come piccole opere d'arte.

🍴 **Trattoria al Combattente** 🍴 VISA ☯ AE 🆎 🆎

strada Bergamini 60 – ☎ 04 57 55 04 10 – www.alcombattente.it – chiuso 1 settimana in febbraio, 3 settimane in novembre e lunedì

Rist – Carta 23/37 €

◆ Clientela affezionata, atmosfera familiare e solo pesce di lago, elaborato secondo ricette classiche e legato all'offerta del mercato giornaliero.

PESCIA – Pistoia (PT) – **563** K14 – 19 762 ab. – alt. 62 m – ✉ 51017 **28** B1

▌ Toscana

▶ Roma 335 – Firenze 57 – Pisa 39 – Lucca 19

San Lorenzo Hotel e Residence ⌂ ⇐ ⛉ ⌱ ⛻ ⌱⌱ AC ⌘ P

località San Lorenzo 15/24, Nord : 2 km – ☎ *05 72 40 83 40* VISA ⓪ AE ⛬
– www.rphotels.com

72 cam ⌷ – †49/54 € ††78/95 € – ½ P 61/70 €
Rist *– (chiuso martedì) (chiuso a mezzogiorno escluso i giorni festivi)*
Carta 26/47 €

♦ Hotel ricavato dalla sapiente ristrutturazione di una cartiera del 1700 affacciata sul fiume Pescia: ambienti piacevolmente rustici e confort moderni. Sala ristorante con soffitti a volte; simpatica enoteca con vecchi macchinari.

✗✗ Cecco con cam ⌂ AC VISA ⓪ AE ⛬

via Forti 96 – ☎ *05 72 47 79 55 – www.ristorantececco.com*
6 cam – †40 € ††50/70 €, ⌷ 8 € – 1 suite
Rist *– (chiuso lunedì escluso giugno-settembre)* Menu 20 € bc/29 € bc

♦ Questa storica trattoria conquista il palato degli ospiti con golose specialità di carne alla brace e di pesce, la zuppa con verdure di stagione, il risotto con punte di asparagi, fritti e antipasti di salumi. Le camere si affacciano sul centro storico.

✗✗ Atman ⌂ AC VISA ⛬

❀ *via Roma 4 –* ☎ *0 57 21 90 36 78 – www.ristoranteatman.it – chiuso 15 giorni in agosto e martedì*
Rist *–* Carta 50/94 €
Spec. Insalata tiepida con piccione con canditi di Buggiano. Risotto tuttopomodoro. Ricciola di fondale con salsa al cioccolato bianco, crudità di asparagi e uova di salmone Balik.

♦ In pieno centro, una saletta dagli arredi minimal-eleganti ed una deliziosa terrazza, al piano superiore, affacciata su una rilassante piazzetta. Ai fornelli, il cuoco sposa con successo le tradizioni romagnole con quelle toscane in piatti creativi.

PESCOCOSTANZO – L'Aquila (AQ) – 563 Q24 – 1 186 ab. 1 B2
– alt. 1 395 m – ⌧ 67033

🛣 Roma 198 – Campobasso 94 – L'Aquila 101 – Chieti 89
ℹ️ vico delle Carceri 4, ☎ 0864 64 14 40, www.abruzzoturismo.it

Relais Ducale ⌱ ⌂ ⌤ ⛳ P ⌱ ⛬ ⌘ VISA ⓪ AE ⛬

via dei Mastri Lombardi 26 – ☎ *08 64 64 24 84 – www.relaisducale.it*
– dicembre-aprile e luglio-agosto
26 cam ⌷ – †95/105 € ††190/300 € – 3 suites – ½ P 130/190 €
Rist La Corniola *– vedere selezione ristoranti*

♦ All'ingresso del paese, la montagna è protagonista in albergo con le tipiche decorazioni in legno, camino e selvaggina. Camere più classiche, navetta per le piste da sci e mini club per bambini.

San Francesco senza rist ⌘ ⛳ P VISA ⓪ AE ⛬

via San Francesco 34 – ☎ *08 64 64 10 88 – www.albergosanfrancesco.net*
9 cam ⌷ – †100/180 € ††100/200 €

♦ In un'antica chiesa francescana appartenuta ad un ordine mendicante, camere dall'arredo ricercato (alcune con possibilità di terzo letto) e spazi comuni di elegante sobrietà.

Il Gatto Bianco ⌂ ⌱ ⌤ ⛳ ⌱ P VISA ⓪ AE ⛬

viale Appennini 3 – ☎ *08 64 64 14 66 – www.ilgattobianco.it*
8 cam ⌷ – †140/180 € ††180/250 € – 2 suites – ½ P 200 €
Rist *– (dicembre-Pasqua e luglio-agosto) (solo per alloggiati)* Menu 45 €

♦ Nuova risorsa di grande fascino avvolta da un'atmosfera di eleganza ed intimità. Insolito connubio di legno antico e moderno. Piccola zona benessere.

Garni lo Scrigno senza rist ⌂ ⌘ AC ⛳ ⌱ VISA ⓪ ⓪ ⛬

piazza Manzi 5 – ☎ *08 64 64 24 68 – www.lo-scrigno.net*
6 cam ⌷ – ††70/120 €

♦ Nel centro storico della località - gioiello in pietra tra i paesi abruzzesi - camere recenti ed accoglienti, nonché una gestione giovane e premurosa da far venire voglia di ritornarci.

XX **La Corniola** – Hotel Relais Ducale   &. ✵ VISA ⬤ AE ⓞ ⑤
via dei Mastri Lombardi 26 – ℰ 08 64 64 24 70 – www.lacorniola.com
– dicembre-aprile e luglio-agosto
Rist – *(chiuso mercoledì)* (prenotare) Menu 35/40 € – Carta 39/64 €
  ◆ Se la cittadina di Pescocostanzo è rinomata in tutta Italia per i suoi merletti al tombolo, i veri sapori abruzzesi hanno trovato dimora alla Corniola: polenta grigliata, lardo di montagna, ricotta affumicata al ginepro e ultimo, ma non ultimo, il proverbiale zafferano. Il tutto ingentilito e rivisitato con passione.

PESEK – Trieste (TS) – **562** F23 – alt. 474 m – ✉ 34018 Basovizza   **11** D3
▶ Roma 678 – Udine 77 – Gorizia 54 – Milano 417

a Draga Sant'Elia Sud-Ovest : 4,5 km – ✉ 34018 Sant'Antonio In Bosco

X **Locanda Mario** con cam ⌂   斎 画 cam, P VISA ⬤ AE ⓞ ⑤
☺ *Draga Sant'Elia 22 – ℰ 04 02 28 19 3*
7 cam – †40/50 € ††60/70 €, ☐ 4 € – ½ P 50/65 €
Rist – *(chiuso martedì)* Carta 26/42 €
  ◆ Nel caratteristico paesino carsico, vicino al confine sloveno, accogliente trattoria gestita da decenni dalla stessa famiglia, dove gustare la cucina del posto: rane, lumache e selvaggina. Semplici, lineari e confortevoli le camere.

PETRALIA SOTTANA Sicilia – Palermo (PA) – **365** AT57 – 3 038 ab.   **40** C2
– ✉ 90027
▶ Agrigento 118 – Caltanissetta 64 – Catania 132 – Palermo 107

in prossimità svincolo A 19 Sud : 6,5 km

⌂ **Agriturismo Monaco di Mezzo** ⌂   斎 斎 ⏉ ✵ &. 画 ✵ rist, P
contrada Monaco di Mezzo – ℰ 09 34 67 39 49   VISA ⬤ AE ⓞ ⑤
– www.monacodimezzo.com
15 cam – †60/73 € ††80/100 €, ☐ 6 € – 6 suites – ½ P 80 €
Rist – (prenotazione obbligatoria) Menu 25 € bc
  ◆ Nel verde delle Madonie, un'antica masseria ristrutturata offre diversi appartamenti con cucina dall'aspetto curato. Il paesaggio si può ammirare comodamente anche dal bordo della piscina. Nel ristorante vengono proposti piatti della tradizione.

PETROGNANO – Firenze (FI) – **563** L15 – Vedere Barberino Val d'Elsa

---

PETROSA (SA) – **564** G27 – Vedere Ceraso

PETTENASCO – Novara (NO) – **561** E7 – 1 372 ab. – alt. 300 m   **24** A2
– ✉ 28028
▶ Roma 663 – Stresa 25 – Milano 86 – Novara 48
🛈 piazza Unità d'Italia 3, ℰ 331 2 66 82 66, www.lagodorta-cusio.com

🏨 **L'Approdo**   ≤ 斎 &. 斎 ⏉ 斎 ✵ ⬥ ✵ rist, ⓣ ☝ P VISA ⬤ AE ⓞ ⑤
corso Roma 80 – ℰ 0 32 38 93 45 – www.approdohotelorta.it
– 31 marzo-31 ottobre
72 cam ☐ – †85/140 € ††100/190 € – 5 suites – ½ P 75/110 €
Rist – Carta 32/65 €
  ◆ Con un grande sviluppo orizzontale e un grazioso giardino con vista lago e monti, completamente protesa sull'acqua, una valida risorsa per clienti d'affari e turisti. Al ristorante ambienti curati e di tono o una gradevole terrazza esterna.

🏨 **Giardinetto**   ≤ 斎 ⏉ ⬥ ⓣ P VISA ⬤ AE ⓞ ⑤
via Provinciale 1 – ℰ 0 32 38 91 18 – www.giardinettohotel.com
– 8 aprile-23 ottobre
58 cam ☐ – †65/95 € ††83/150 € – 1 suite
Rist Giardinetto – vedere selezione ristoranti
  ◆ Un bianco albergo lambito dalle acque del lago, una struttura confortevole dotata di camere più che discrete, con arredi classici di buona funzionalità.

XX **Giardinetto** – Hotel Giardinetto ⓟ 🚾 ⓐ 🅰 ⓞ ⓼
via Provinciale 1 – ℰ 0 32 38 91 18 – www.giardinettohotel.com
– aprile-20 ottobre
Rist – Carta 37/57 €
♦ Con numerose terrazze, sia interne, sia esterne, d'estate l'atmosfera si fa particolarmente romantica: lumi di candela ed ampia vista sul lago. I piatti sono creativi con una solida base regionale e dalla cantina etichette pregevoli.

PETTINEO Sicilia – Messina (ME) – **365** AU56 – **1 445** ab. – alt. 300 m   **40** C2
– ✉ 98070

▶ Caltanissetta 134 – Catania 140 – Messina 140 – Palermo 100

⌂ **Casa Migliaca** 🈂   ≤ 🚗 ⅍ ⓟ 🚾 ⓐ 🅰 ⓼
contrada Migliaca – ℰ 09 21 33 67 22 – www.casamigliaca.com
8 cam 🖵 – †80 € ††120 € – ½ P 78 €
Rist – (chiuso a mezzogiorno) (solo per alloggiati)
♦ Appena fuori dal paese e contornato da ulivi, un ex frantoio del '600 propone una tranquillità assoluta e una vista impagabile attraverso la vallata, fino al mare. I 12 ettari dell'azienda agrituristica sono in parte coltivati con metodi biodinamici. Alcuni di questi prodotti imbandiscono la tavola del ristorante.

PFALZEN = Falzes

PIACENZA ⓟ (PC) – **562** G11 – **102 687** ab. – alt. 61 m   **8** A1
▮ Italia Centro Nord

▶ Roma 512 – Bergamo 108 – Brescia 85 – Genova 148

🛈 piazza Cavalli 7, ℰ 0523 32 93 24, www.comune.piacenza.it

🖟 Castello La Bastardina strada Grintorto 1, 393 9036927 – chiuso lunedì

🖟 Croara località Croara Nuova, 0523 977105, www.croaracountryclub.com – chiuso dal 7 gennaio al 5 febbraio e martedì

◉ Il Gotico★★ antico Palazzo del Comune - Piazza dei Cavalli★: statue equestri★★ B **D** - Duomo★ B **E** - S. Savino B: pavimenti musivi★ - Musei Civici★ di Palazzo Farnese B - Madonna di Campagna★ A - Ecce Homo★★ di Antonello da Messina nella Pinacoteca del Collegio Alberoni

Pianta pagina seguente

🏨 **Grande Albergo Roma**   🕭 ᴌᴓ 🕭 ⅛ 🖩 ⅍ ᛃ 🚾 ⓐ 🅰 ⓞ ⓼
via Cittadella 14 ✉ 29121 – ℰ 05 23 32 32 01 – www.grandealbergoroma.it
76 cam 🖵 – †135/170 € ††180/220 € – 4 suites – ½ P 120 €   B**a**
Rist *Piccolo Roma* – vedere selezione ristoranti
♦ All'esterno un modesto edificio anni '50, gli interni però si riscattano con stucchi, lampadari, ricercatezze: è il grande, classico albergo cittadino con una panoramica sala colazioni.

🏨 **Park Hotel**   🕭 ᴌᴓ 🕭 ⅛ 🖩 ⅍ ⅍ rist, ᛃ ᛃ ⓟ 🚗 🚾 ⓐ 🅰 ⓞ ⓼
strada Valnure 5/7, per ③ ✉ 29122 – ℰ 05 23 71 26 00
– www.parkhotelpiacenza.it
97 cam 🖵 – †79/155 € ††79/225 € – 2 suites – ½ P 89/140 €
Rist – Carta 27/50 €
♦ Taglio spiccatamente moderno per questa struttura a vocazione commerciale, comoda e facile da raggiungere da centro storico e dall'autostrada. Cortese e disponibile il personale. Eleganza e tocchi di contemporaneità nella sala del ristorante.

🏨 **Hotel Ovest**   🕭 ⅛ cam, 🖩 ⅍ ⅍ rist, ᛃ ᛃ ⓟ 🚗 🚾 ⓐ 🅰 ⓞ ⓼
via I Maggio 82, per ④ ✉ 29121 – ℰ 05 23 71 22 22 – www.hotelovest.it
59 cam 🖵 – ††80/170 € – ½ P 80/125 €   **Rist** – Carta 35/69 €
♦ La conduzione è cordiale e attenta, l'insonorizzazione perfetta, la posizione stradale estremamente pratica. In sintesi: un indirizzo interessante con camere dal design moderno e minimalista oppure più classiche e riccamente decorate.

853

PIACENZA

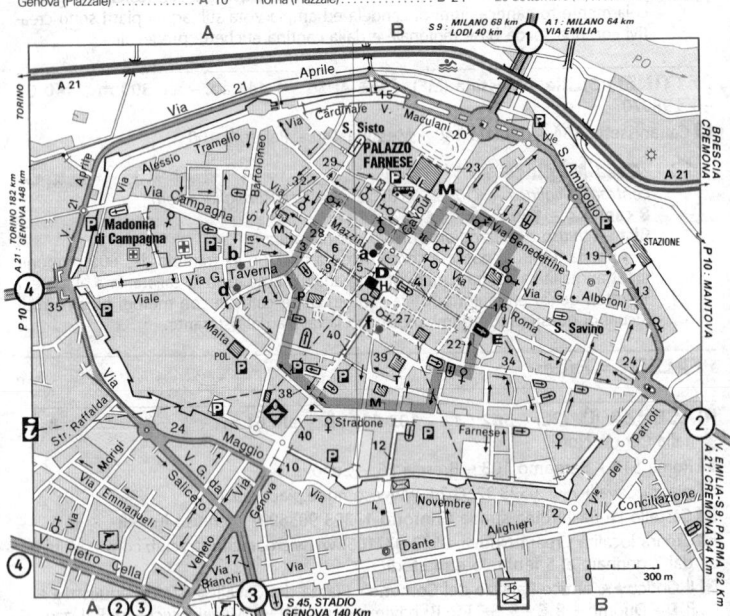

XXX **Antica Osteria del Teatro** (Filippo Chiappini Dattilo)
AC ℅ ✿ VISA ☺ ❺
£3
via Verdi 16 ⊠ 29121 – ℰ 05 23 32 37 77
– www.anticaosteriadelteatro.it – chiuso dal 1° al 10 gennaio, dal 1° al
25 agosto, domenica, lunedì   B**f**
Rist – (consigliata la prenotazione) Menu 30 € bc (pranzo)/90 €
– Carta 64/108 € ⅋
Spec. Terrina di fegato grasso d'anatra al naturale marinata al Porto e Armagnac.
Tortelli dei Farnese al burro e salvia. "Il branzino 2011".
◆ Vero salotto piacentino, l'austero palazzo del '400 si è rinnovato negli eleganti
interni. Squisita cucina regionale e di mare, nonché splendida cantina con i più
rinomati *château*.

XXX **Piccolo Roma** – Grande Albergo Roma
AC ℅ VISA ☺ AE ① ❺
via Cittadella 14 ⊠ 29121 – ℰ 05 23 32 32 01 – www.grandealbergoroma.it
– chiuso 1 settimana in luglio, agosto, sabato, domenica sera   B**a**
Rist – Carta 38/54 €
◆ Autografi e dediche ricoprono quasi interamente le pareti di questo apprezzato
ristorante. Seduti tra arredi d'epoca o a lume di candela, le specialità emiliane
faranno gli onori di casa.

XX **Vecchia Piacenza**
& AC ℅ ✿ VISA ☺ ❺
via San Bernardo 1 ⊠ 29121 – ℰ 05 23 30 54 62
– www.ristorantevecchiapiacenza.it – chiuso dal 1° al 6 gennaio, luglio e
domenica   A**b**
Rist – (consigliata la prenotazione) Carta 39/63 €
◆ Sulla via per il centro storico, un ambiente caratteristico, affrescato e decorato
dalla sapiente mano della titolare; il marito, in cucina, realizza piatti fantasiosi.

✗ **Osteria del Trentino da Marco** 🎏 🎵 🏧 💱 🅥🅘🅢🅐 ⑳ 🖕

via Castello 71 ⊠ *29121 –* ℰ *05 23 32 42 60 – www.osteriadeltrentino.it – chiuso*
1 settimana in agosto e domenica **Ad**
Rist – (consigliata la prenotazione la sera) Carta 31/36 €
♦ Ristorante storico: il nome allude all'origine di uno dei primi titolari, ma il locale
oggi è la roccaforte di una cucina piacentina con le tipiche specialità cittadine.

PIADENA – Cremona (CR) – **561** G13 – **3 639 ab.** – **alt. 34 m** – ⊠ 26034 **17 C3**
🚘 Roma 489 – Parma 41 – Cremona 28 – Mantova 38

✗ **Dell'Alba** 🏧 ⇄ 💱 🅥🅘🅢🅐 ⑳ 🖕
🛆 *via del Popolo 31, località Vho, Est : 1 km –* ℰ *03 75 98 53 9*
– www.trattoriadellalba.com – chiuso dal 25 dicembre al 2 gennaio, dal 15 al
30 giugno, dal 30 luglio al 18 agosto, domenica sera, lunedì
Rist – Carta 27/45 € 🍴
♦ Tradizionale osteria di paese con mescita a bicchiere, solidi tavoli antichi e piatti
casalinghi. Le specialità ovviamente derivano dal territorio: oca, arrosti e bolliti.

PIANAZZO – Sondrio (SO) – Vedere Madesimo

PIANCASTAGNAIO – Siena (SI) – **563** N17 – **4 176 ab.** – **alt. 772 m** **29 D3**
– ⊠ 53025
🚘 Roma 176 – Firenze 155 – Perugia 86 – Siena 83

✗ **Anna** con cam 💱 🅥🅘🅢🅐 ⑳ 🅐🅔 ⑩ 🖕
viale Gramsci 486 – ℰ *05 77 78 60 61 – www.annaristorante.it – chiuso dal 7 al*
15 gennaio, dal 10 al 30 settembre, lunedì escluso dal 15 luglio al 31 agosto
8 cam ⊑ – †40 € ††60 € – ½ P 65 € **Rist** – Carta 22/37 €
♦ Accogliente ristorante a conduzione familiare che sazierà il vostro appetito con
genuini piatti del territorio. Per chi desidera fare una sosta, camere semplici e
decorose.

PIAN DELLE BETULLE – Lecco (LC) – Vedere Margno

PIANE DI MONTEGIORGIO – Fermo (FM) – Vedere Montegiorgio

PIANFEI – Cuneo (CN) – **561** I5 – **2 191 ab.** – **alt. 503 m** – ⊠ 12080 **22 B3**
🚘 Roma 629 – Cuneo 15 – Genova 130 – Imperia 114

🏨 **La Ruota** 🚗 ⅀ 🎵 🗗 ⅙ cam, ☆☆ 🏧 ⸙ 🕍 🅿 🚙 💱 🅥🅘🅢🅐 ⑳ 🅐🅔 ⑩ 🖕
strada statale Monregalese 5 – ℰ *01 74 58 57 01 – www.hotelruota.it*
63 cam ⊑ – †60/85 € ††80/110 € – 4 suites – ½ P 60/90 €
Rist *La Ruota* – vedere selezione ristoranti
Rist – Carta 26/42 €
♦ Sulla statale Cuneo-Mondovì, una grande struttura particolarmente indicata per
accogliere clientela d'affari e gruppi numerosi. Camere spaziose e confortevoli.

✗✗ **La Ruota** – Hotel La Ruota 🚗 🏧 🅿 💱 🅥🅘🅢🅐 ⑳ 🅐🅔 ⑩ 🖕
🍴 *strada statale Monregalese 5 –* ℰ *01 74 58 57 01 – www.hotelruota.it*
Rist – (chiuso lunedì) Carta 21/44 €
♦ Accomodatevi nella sua ampia sala (con possibilità di zone riservate) e non
abbiate fretta di ordinare: il menu spazia, infatti, dalla tipica cucina piemontese a
quella internazionale.

PIANIGA – Venezia (VE) – **562** F18 – **11 737 ab.** – ⊠ 30030 **36 C2**
🚘 Roma 517 – Padova 18 – Ferrara 98 – Venezia 31

🏠 **15.92** senza rist 🎵 🗗 🏧 💱 🕻 🅿 🅥🅘🅢🅐 ⑳ 🅐🅔 🖕
via provinciale Nord 5, località Cazzago di Pianiga, Sud-Est : 5 km
– ℰ *0 41 46 45 05 – www.hotel15-92.com*
15 cam ⊑ – †60/80 € ††80/100 € – 1 suite
♦ Suggerito dall'architetto, l'insolito nome indica il grado di curvatura del tetto di
questo piacevole hotel dall'arredo sobrio e minimalista. Il bianco domina ovunque.

In senza rist   ⌂ ❄ **P** _VISA_ ◎ **AE** ① ⑤
via Provinciale Nord 47, località Cazzago di Pianiga, Sud-Est: 5 Km
– ℰ 04 15 13 83 36 – www.hotel-in.it
12 cam ⌕ – †70/90 € ††80/120 €
♦ Gestione tutta al femminile, per questo piccolo e moderno hotel (solo per non fumatori) con ampie camere dotate di ogni confort e arredi bagno design.

PIANO D'ARTA – Udine (UD) – Vedere Arta Terme

PIANOPOLI – Catanzaro (CZ) – 564 K31 – 2 540 ab. – alt. 250 m   5 A2
– ✉ 88040

▶ Roma 594 – Cosenza 81 – Catanzaro 33

Agriturismo Le Carolee ⊗   ⇐ 🚗 🏠 🛝 ❄ rist, **P** _VISA_ ◎ **AE** ① ⑤
contrada Gabella 1, Est : 3 km – ℰ 0 96 83 50 76 – www.lecarolee.it
7 cam ⌕ – †50/60 € ††80/100 € – ½ P 75 €
Rist – _(chiuso lunedì a mezzogiorno)_ (prenotazione obbligatoria) Carta 22/42 €
♦ Una casa padronale ottocentesca fortificata, in splendida posizione e immersa nel silenzio degli ulivi; il passato della terra di Calabria riproposto in chiave moderna.

PIANORO – Bologna (BO) – 562 I16 – 17 231 ab. – alt. 200 m – ✉ 40065   9 C2
▶ Roma 370 – Bologna 16 – Firenze 96 – Modena 59

a Rastignano Nord : 8 km – ✉ 40067

Osteria al numero Sette   **AC** _VISA_ ◎ ⑤
via Costa 7 – ℰ 0 51 74 20 17
Rist – _(chiuso domenica, lunedì, martedì a mezzogiorno)_ (consigliata la prenotazione) Carta 28/40 €
♦ Non solo minestre, come da queste parti vengono chiamati i primi piatti. L'offerta si è ampliata e il merito è da ricondurre alla passione per la ricerca degli ingredienti: territorio e qualità!

PIAZZA ARMERINA Sicilia – Enna (EN) – 365 AV59 – 20 928 ab.   40 C2
– alt. 697 m – ✉ 94015 ▌ Sicilia

▶ Caltanissetta 49 – Catania 84 – Enna 34 – Messina 181

🛈 via Generale Muscarà 57, ℰ 0935 68 02 01, www.comune.piazzaarmerina.en.it

◉ Località ★ - Quartieri Medievali ★ - Madonna delle Vittorie ★ e croce lignea dipinta ★ nel Duomo

◉ Villa imperiale del Casale ★★★: 5 km sud-ovest

Gangi   ⌂ **AC** cam, 🛜 _VISA_ ◎ **AE** ① ⑤
Via Gen. Ciancio 68 – ℰ 09 35 68 27 37 – www.hotelgangi.it
18 cam ⌕ – †55/65 € ††75/105 € – 1 suite – ½ P 53/73 €
Rist – Carta 20/30 €
♦ Ai piedi del centro storico, il celebre Duomo raggiungibile a piedi, la struttura è stata oggetto d'importanti lavori di ristrutturazione, che hanno ulteriormente aumentato il già buon livello di confort.

Selene   ⌂ 🛆 cam, **AC** ❄ rist, 🛜 🛁 **P** _VISA_ ◎ **AE** ① ⑤
via Generale Gaeta 30/32 – ℰ 09 35 68 34 12 – www.hotel-selene.it
50 cam – †40/55 € ††70/90 € – ½ P 51/65 €   **Rist** – Carta 16/38 €
♦ Alle porte del centro storico, ideale per una clientela business e non, hotel di taglio classico con camere attrezzate in maniera funzionale. Ristorante con piatti nazional-regionali.

Mosaici-da Battiato   ⌂ 🛆 cam, ❄ **P** _VISA_
contrada Paratore Casale 11, Ovest : 3,5 km – ℰ 09 35 68 54 53
– www.hotelmosaici.com
23 cam – †40 € ††50 €, ⌕ 5 € – ½ P 43 €   **Rist** – Carta 19/26 €
♦ In posizione strategica per chi voglia visitare i mosaici della villa romana del Casale, così come le altre bellezze della cittadina. Hotel sobrio, ordinato e funzionale. Ristorante che si è conquistato una buona fama in zona.

✗✗   Al Fogher   🛜 & 🅿 VISA ◑◑ AE ⚡

strada statale 117 bis, Nord : 3 km – 𝒞 *09 35 68 41 23 – www.alfogher.net*
– chiuso 1 settimana in gennaio, domenica sera, lunedì
Rist *–* Carta 36/60 €

♦ Nel cuore di una Sicilia dagli spettacolari paesaggi, intorno al focolare sta prendendo forma e decollando una cucina che interpreta con grande estro i prodotti
isolani con divagazioni sul continente.

✗   Trattoria la Ruota   🛜 ✾ 🅿 VISA ◑◑ AE ⚡

contrada Casale, Ovest : 3,5 km – 𝒞 *09 35 68 05 42 – www.trattorialaruota.it*
Rist *– (chiuso la sera)* Carta 19/30 €

♦ A pochi metri dai resti archeologici della villa romana, un piacevole edificio con
rustico porticato dove godersi una sana e genuina cucina siciliana.

PICERNO – Potenza (PZ) – **564** F28 – **6 109 ab.** – alt. 721 m – ✉ 85055   **3** A2
🚹 Roma 307 – Potenza 24 – Bari 165 – Foggia 128

in prossimità Superstrada Basentana Ovest : 3 km :

🏠🏠   Bouganville   🚄 🔲 ⊕ 🏠 🖴 🖐 & ✖ AC ⚂ rist, 🍴 🖴 🅿

strada provinciale 83 ✉ *85055 Picerno*   VISA ◑◑ AE ◐ ⚡
– 𝒞 *09 71 99 10 84 – www.hotelbouganville.it*
34 cam 🖵 – �64/125 € ♦♦89/155 € – 2 suites – ½ P 70/103 €
Rist *–* Carta 27/48 €

♦ Camere sempre molto up-to-date e wellness center dotato delle più moderne
attrezzature, in una struttura che non smette di essere ai vertici delle classifiche.
Al ristorante: eleganti ambienti, vasti e luminosi, con affaccio esterno.

PIEGARO – Perugia (PG) – **563** N18 – **3 786 ab.** – alt. 356 m – ✉ 06066   **32** A2
🚹 Roma 155 – Perugia 33 – Arezzo 82 – Chianciano Terme 28

⌂   Ca' de Principi – *Residenza d'epoca*   🔲 🖴 VISA ◑◑ AE ◐ ⚡

via Roma 43 – 𝒞 *07 58 35 80 40 – www.dimorastorica.it – aprile-3 novembre*
28 cam 🖵 – ♦65/83 € ♦♦80/120 € – 7 suites – ½ P 86 €
Rist *–* Carta 30/45 €

♦ Un edificio settecentesco, appartenuto alla nobile famiglia dei Pallavicini, con
affreschi d'epoca, all'interno di un borgo ricco di fascino. Insieme di notevole pregio.

PIENZA – Siena (SI) – **563** M17 – **2 190 ab.** – alt. 491 m – ✉ 53026   **29** C2
▌ Toscana

🚹 Roma 188 – Siena 52 – Arezzo 61 – Chianciano Terme 22
🅸 piazza Dante Alighieri 18, 𝒞 0578 74 83 59, www.comune.pienza.siena.it
◎ Piazza Pio II★★ - Cattedrale★: Assunzione della Vergine★★ del Vecchietta
– Museo Diocesano★ - Museo Diocesano★ - Palazzo Piccolomini★
◪ San Quirico d'Orcia★: 10 km sud-ovest

🏠🏠   Relais Il Chiostro di Pienza ✾   ← 🚄 🔲 🖴 & 🖐 AC 🍴 🖴

corso Rossellino 26 – 𝒞 *05 78 74 84 00*   VISA ◑◑ AE ◐ ⚡
– www.relaisilchiostrodipienza.com – da gennaio a marzo aperto solo nei week-end
37 cam 🖵 – ♦♦70/200 €
Rist *La Terrazza del Chiostro* – vedere selezione ristoranti

♦ Nel cuore di questo gioiellino toscano voluto da Pio II Piccolomini, un chiostro
quattrocentesco incastonato in un convento: per soggiornare nella suggestione
della storia.

🏠🏠   San Gregorio   🛜 🔲 🖴 AC 🍴 🖴 🅿 VISA ◑◑ AE ⚡

via della Madonnina 4 – 𝒞 *05 78 74 80 59 – www.sangregorioresidencehotel.it*
3 cam 🖵 – ♦65/85 € ♦♦80/100 € – 16 suites 110/115 € – ½ P 65/75 €
Rist *– (chiuso dal 15 al 31 gennaio e martedì)* Carta 18/38 €

♦ La città rinascimentale progettata dal Rossellino, il vecchio teatro del 1935,
oggi riproposto come risorsa ricettiva. Ampie e comode camere, la maggior
parte con angolo cottura (affittate anche in formula residence). Delizie toscane
nel raffinato ristorante: ideale per cerimonie e feste private.

🏠 **Piccolo Hotel La Valle** senza rist ⋞ [AC] 🐕 📶 🚗 VISA ⚭ [AE] $
via di Circonvallazione 7 – ☎ 05 78 74 94 02 – www.piccolohotellavalle.it
15 cam ☕ – 🚹65/80 € 🚹🚹90/130 €
◆ Ubicata in comoda posizione, risorsa recente di buon confort con spazi comuni contenuti e camere arredate con letti in ferro battuto e pavimento in parquet.

XX **La Terrazza del Chiostro** – Hotel Relais il Chiostro di Pienza 🪑 ⛱
corso Rossellino 26 – ☎ 05 78 74 81 83 [AC] 🐕 VISA ⚭ [AE] $
– www.relaisilchiostrodipienza.com – chiuso dal 7 gennaio al 20 marzo
Rist – Carta 36/57 € (+10 %)
◆ Il connubio cibo-paesaggio raggiunge qui una delle vette della Val d'Orcia: attendete l'estate per cenare all'aperto ed ammirare l'incanto di una vista che pare uscita da un libro di favole. La cucina, conseguentemente, rispecchierà i sapori di una delle eccellenze gastronomiche italiane, quella toscana.

sulla strada statale 146 Nord-Est: 7,5 km

🏡 **Relais La Saracina** senza rist 🐌 ⋞ 🪑 🏊 % 🐕 [P] VISA ⚭ [AE] $
strada statale 146 km 29,7 – ☎ 05 78 74 80 22 – www.lasaracina.it – chiuso dal 10 gennaio al 1° marzo
6 cam ☕ – 🚹🚹200/270 € – 3 suites
◆ In un antico podere tra l'ocra senese degli antichi pendii, la suggestiva magia di un ambiente di rustica signorilità con camere amene di differenti tipologie.

a Monticchiello Sud-Est : 6 km – ✉ 53026

X **La Porta** ⋞ ⛱ VISA ⚭ $
via del Piano 2 – ☎ 05 78 75 51 63 – www.osterialaporta.it – chiuso dal 10 gennaio al 5 febbraio e giovedì
Rist – Carta 28/53 €
◆ Come dice il nome, si trova all'ingresso del piccolo e caratteristico borgo di Monticchiello per un'osteria - simpatica e informale - in cui non manca la terrazza panoramica. Cucina regionale e ampia scelta enologica (anche al bicchiere).

PIETOLE – Mantova (MN) – 561 G14 – Vedere Mantova

PIETRA LIGURE – Savona (SV) – 561 J6 – 9 345 ab. – ✉ 17027 14 B2

[▶] Roma 576 – Imperia 44 – Genova 77 – Milano 200
[i] piazza Martiri della Libertà 30, ☎ 019 62 90 03, www.visitriviera.it

XX **Buca di Bacco** [AC] [P] VISA ⚭ [AE] $
corso Italia 149 – ☎ 0 19 61 53 07 – chiuso dall'8 gennaio all'8 febbraio e lunedì (escluso luglio-agosto)
Rist – Carta 33/65 €
◆ Le specialità marinare, la cura nella scelta delle materie prime e l'originalità del proprietario caratterizzano questo locale, sito nel seminterrato di un edificio.

PIETRALUNGA – Perugia (PG) – 563 L19 – 2 297 ab. – alt. 566 m – ✉ 06026 32 B1

[▶] Roma 225 – Perugia 54 – Arezzo 64 – Gubbio 24

🏡 **Agriturismo La Cerqua e La Balucca** 🐌 ⋞ 🪑 🏊 [P]
case San Salvatore 27, Ovest : 2,2 km alt. 650 VISA ⚭ [AE] ⓓ $
– ☎ 07 59 46 02 83 – www.cerqua.it – chiuso gennaio e febbraio
20 cam ☕ – 🚹50/60 € 🚹🚹80/95 € – 1 suite – ½ P 70 €
Rist – (prenotazione obbligatoria) Menu 24 € (pranzo)/30 €
◆ Sulle spoglie di un antico monastero in cima ad un colle, due tipici casolari, nel rispetto delle antiche forme, per una vacanza tutta relax e belle passeggiate a cavallo.

PIETRANSIERI – L'Aquila (AQ) – 563 Q24 – Vedere Roccaraso

PIETRAPIANA – Firenze (FI) – Vedere Reggello

PIETRASANTA – Lucca (LU) – **563** K12 – **24 833 ab.** – **alt. 14 m**   **28** B1
– ✉ 55045 ▮ Toscana

▶ Roma 376 – Pisa 30 – La Spezia 45 – Firenze 104

🛈 piazza Statuto, 𝒞 0584 28 33 75, www.comune.pietrasanta.lu.it

🏨 Versilia via Della Sipe 100, 0584 881574, www.versiliagolf.com – chiuso martedì da ottobre ad aprile

◎ Località★ - Guerriero★: statua bronzea di Botero (entrata nord della città)
- Affreschi della chiesa di S. Antonio Abate (o della Misericordia)★

🏨🏨 **Albergo Pietrasanta** senza rist   🚗 ♨ 🕸 🔟 🛏 ⛲ 📶 ⑳ 🆎 ① ⚡
via Garibaldi 35 – 𝒞 05 84 79 37 26 – www.albergopietrasanta.com
20 cam ⚖ – ♦126/220 € ♦♦203/605 €, ⚖ 20 € – 2 suites
♦ In pieno centro storico, questo palazzo seicentesco emana fascino e raffinatezza da ogni suo angolo: eleganti spazi comuni e lussuose camere, nonché una pregevole collezione di arte contemporanea. Piante esotiche nel delizioso giardino.

🏨🏨 **Versilia Golf** 🐾   🚗 ♨ 🔳 ♨ 🛗 🔟 🏊 ⛲ 📶 ♨ 🅿 📶 ⑳ 🆎 ① ⚡
via della Sipe 100 – 𝒞 05 84 88 15 74 – www.versiliagolf.com – febbraio-ottobre
17 cam ⚖ – ♦350/500 € ♦♦400/1200 € – 1 suite   **Rist** – Carta 45/93 €
♦ Per gli amanti del golf ma anche le art de vivre, una raffinata struttura pregna di fascino: eleganti camere arredate con mobili d'antiquariato e con autentiche opere d'arte.

🏨🏨 **Palagi** senza rist   🔳 🔟 ♨ 📶 ⑳ 🆎 ① ⚡
piazza Carducci 23 – 𝒞 0 58 47 02 49 – www.hotelpalagi.it
17 cam ⚖ – ♦55/140 € ♦♦90/170 € – 1 suite
♦ Posizione centrale e comoda - nei pressi della stazione ferroviaria e del Duomo - per questo albergo a conduzione diretta dalle fresche e colorate zone comuni. Camere semplici ed accoglienti. Bella terrazza solarium.

🍴 **Filippo**   🏡 ⛲ 🔟 📶 ⑳ 🆎 ⚡
via Stagio Stagi 22 – 𝒞 0 58 47 00 10 – www.ristorantefilippo.it – chiuso lunedì
Rist – Carta 30/49 €
♦ Un ristorantino nel centro storico dall'ambiente moderno e con la cucina a vista, dove specialità di mare e piatti di terra - elaborati in maniera semplice e fragrante - si contendono la tavola.

PIETRAVAIRANO – Caserta (CE) – **564** D24 – **3 127 ab.** – **alt. 250 m**   **6** A1
– ✉ 81040

▶ Roma 165 – Avellino 95 – Benevento 65 – Campobasso 74

🍴🍴 **La Caveja** con cam   🏡 🔳 ♨ rist. 🔟 ⛲ ♨ 🅿 📶 ⑳ 🆎 ⚡
😊 via Santissima Annunziata 10 – 𝒞 0 82 39 84 82 4- 08 23 98 49
– www.lacaveja.com
16 cam ⚖ – ♦60/80 € ♦♦80 € – 1 suite
Rist – (chiuso domenica sera, lunedì) Carta 26/38 €
♦ La cucina proposta da questo antico cascinale è un'istituzione in zona. Spontanea, varia e genuina, ripercorre i sentieri della tradizione gastronomica locale, rielaborandola con ottimi prodotti.

PIETRELCINA – Benevento (BN) – **564** D26 – **3 069 ab.** – **alt. 345 m**   **6** B1
– ✉ 82020

▶ Roma 253 – Benevento 13 – Foggia 109

🏨🏨 **Lombardi Park Hotel**   🚗 ♨ 🕸 ♨ 🔳 ♨ 🛏 ♨ ⛲ 📶 ♨ 🅿
via Nazionale 1 – 𝒞 08 24 99 12 06   📶 ⑳ 🆎 ① ⚡
– www.lombardiparkhotel.it
51 cam ⚖ – ♦75/85 € ♦♦110/120 € – 4 suites – ½ P 80/90 €
Rist Cosimo's – vedere selezione ristoranti
♦ Nel paese natale di Padre Pio, vicino al convento dei Cappuccini, un complesso di moderna concezione dagli arredi classici. Servizio impeccabile, valida gestione familiare.

%% **Cosimo's** – Lombardi Park Hotel   🚗 ⛄ Ⓜ ⚙ 🅿 🚾 ⚤ 🅰🅴 ⓪ ♿

via Nazionale 1 – ℰ 08 24 99 11 44 – www.lombardiparkhotel.it – chiuso martedì

Rist – Carta 24/33 € (+10 %)

◆ Che si tratti di un business lunch o di una romantica cena tête-à-tête, Cosimo's saprà come farsi apprezzare con piatti della tradizione gastronomica sannita: grande importanza è riservata ai primi piatti a base di pasta, condita con sughi o accompagnata a legumi.

PIEVE A NIEVOLE – Pistoia (PT) – 563 K14 – Vedere Montecatini Terme

---

PIEVE D'ALPAGO – Belluno (BL) – 562 D19 – 1 983 ab. – alt. 690 m   36 C1
– ✉ 32010

▶ Roma 608 – Belluno 17 – Cortina d'Ampezzo 72 – Milano 346

%%% **Dolada** (Enzo De Prà) con cam 🌿   ⇐ 🚗 📶 🅿 🚾 ⚤ 🅰🅴 ⓪ ♿

via Dolada 21, località Plois alt. 870 – ℰ 04 37 47 91 41 – www.dolada.it
– chiuso dal 10 al 30 gennaio

6 cam ⌂ – ♦65/96 € ♦♦85/129 € – 1 suite

Rist – *(chiuso domenica sera e lunedì escluso luglio-agosto)* (consigliata la prenotazione) Menu 40/54 € – Carta 47/71 € 🍷

Rist *Doladino Osteria* – Menu 19 € – Carta 18/25 €

Spec. Nuovi spaghetti alla carbonara. Agnello dell'Alpago in cottura tradizionale. Lumache gratinate alle erbe di montagna

◆ Splendidamente arroccato sull'Alpago, la saga familiare continua da 40 anni all'insegna dei sapori del territorio e proposte più creative; più semplice e con un ottimo rapporto qualità/prezzo sono, invece, le caratteristiche del Doladino Osteria. Arredi moderni e "calda" atmosfera nelle piacevoli camere.

PIEVE DI CENTO – Bologna (BO) – 562 H15 – 7 018 ab. – alt. 18 m   9 C3
– ✉ 40066

▶ Roma 408 – Bologna 32 – Ferrara 37 – Milano 209

%% **Buriani dal 1967**   🏠 Ⓜ 🚾 ⚤ 🅰🅴 ♿

via Provinciale 2/a – ℰ 0 51 97 51 77 – www.ristoranteburiani.com
– chiuso 15 giorni in agosto, martedì e mercoledì

Rist – Carta 44/72 €

◆ Sobria eleganza e atmosfera accogliente in questo locale recentemente rinnovato: qui la famiglia Buriani insegue la stagionalità dei prodotti, interpretati tra tradizione e ricerca. Nella bella stagione, optate per il dehors estivo "all'ombra" di Porta Bologna.

PIEVE DI CHIO – Arezzo (AR) – Vedere Castiglion Fiorentino

PIEVE DI CORIANO – Mantova (MN) – 561 G15 – 1 050 ab.   17 D3
– alt. 16 m – ✉ 46020

▶ Roma 484 – Milano 223 – Mantova 44 – Bologna 104

%% **Corte Matilde**   ⛄ Ⓜ ⚙ ⇄ 🚾 ⚤ 🅰🅴 ⓪ ♿

via Pelate 38 – ℰ 0 38 63 93 52 – www.cortematilde.it – chiuso lunedì,
martedì, sabato a mezzogiorno e domenica sera

Rist – (consigliata la prenotazione) Menu 13 € bc (pranzo) – Carta 28/52 €

◆ La professionalità e la passione dei titolari si accompagnano ad una cucina fatta con prodotti eccellenti, in preparazioni semplici, ma gustose, che esaltano il sapore degli ingredienti. La location: una bella cascina ristrutturata sulla strada che percorse Matilde di Canossa.

PIEVE DI LIVINALLONGO – Belluno (BL) – 562 C17 – alt. 1 475 m   35 B1
– Sport invernali : Vedere Arabba (Comprensorio Dolomiti superski Arabba-Marmolada) – ✉ 32020

▶ Roma 716 – Belluno 68 – Cortina d'Ampezzo 28 – Milano 373

🏠 **Cèsa Padon** ⌂ ⟨ 🕭 🕏 ⁽ᵗ⁾ **P** 🚗 **VISA** ⓪ 🕭

via Sorarù 62 – ℰ 04 36 71 09 – www.cesa-padon.it
– chiuso dal 20 ottobre al 4 dicembre
16 cam ⌷ – †44/82 € ††68/114 € – ½ P 78 €
Rist – *(chiuso a mezzogiorno)* Menu 25/40 €

♦ In un'incantevole posizione panoramica, ideale tanto per chi predilige gli sport invernali quanto per chi non può fare a meno di una passeggiata estiva tra i boschi, ambienti tipici montani e camere in stile. Servizio navetta per gli impianti da sci. Il calore del legno e piatti regionali al ristorante.

PIEVE DI SOLIGO – Treviso (TV) – **562** E18 – **12 131 ab.** – alt. 132 m **36** C2
– ☒ 31053

▶ Roma 579 – Belluno 38 – Milano 318 – Trento 124
ⓘ piazza Vittorio Emanuele II 12, ℰ 0438 98 06 99, www.venetando.it

🏠🏠 **Contà** senza rist 🛏 ⅙ **AC** ↤ ⁽ᵗ⁾ 🕏 🚗 **VISA** ⓪ **AE** ① 🕭

Borgo Stolfi 25 – ℰ 04 38 98 04 35 – www.hotelconta.it
– chiuso dal 10 al 20 agosto
48 cam ⌷ – †70/95 € ††95/120 € – 2 suites

♦ Hotel a pochi passi dalla piazza centrale, con porticato prospiciente il corso d'acqua, all'interno propone confort moderni e camere generalmente spaziose.

❌ **Enoteca Corte del Medà** 🕭 **AC** ⇔ **VISA** ⓪ **AE** 🕭
🍴
corte del Medà 15 – ℰ 04 38 84 06 05
– chiuso dal 1° al 7 gennaio, 1 settimana a Pasqua, 3 settimane in agosto, domenica
Rist – *(chiuso a mezzogiorno)* Carta 18/33 €

♦ Una semplice e informale enoteca con una zona degustazione all'ingresso e una sala nella quale trovare proposte culinarie fragranti, alla buona, ma curate.

a Solighetto Nord : 2 km – ☒ 31053

❌❌ **Da Lino** con cam ⌂ 🕭 **AC** ⁽ᵗ⁾ 🕏 **P** **VISA** ⓪ **AE** ① 🕭

via Roma 19 – ℰ 0 43 88 21 50 – www.locandadalino.it
– chiuso luglio
10 cam ⌷ – †70 € ††95 € – 7 suites – ††130 €
Rist – *(chiuso lunedì)* Carta 34/56 € 🍷

♦ Un caratteristico ambiente ai piedi delle Prealpi Trevigiane: raccolta di bicchieri di Murano, 3.000 pentole di rame al soffitto, quadri e sapori caserecci. Belle camere, alcune delle quali arredate con la collaborazione d'importanti nomi dello spettacolo degli anni '60-'70.

PIEVEPELAGO – Modena (MO) – **562** J13 – **2 335 ab.** – alt. 781 m **8** B2
– ☒ 41027

▶ Roma 373 – Pisa 97 – Bologna 100 – Lucca 77

🏠 **Bucaneve** 🛏 🕏 **P** **VISA** ⓪ 🕭
🍴
via Giardini Sud 31 – ℰ 0 53 67 13 83 – www.albergobucaneve.com
– chiuso novembre
24 cam ⌷ – †40/55 € ††64/80 € – ½ P 53 €
Rist – *(chiuso martedì)* (chiuso a mezzogiorno escluso i giorni festivi ed in estate) Carta 20/27 €

♦ Poco distante sia dalle piste da sci che dal centro, ideale per una vacanza all'insegna dello sport o alla scoperta dei dintorni, questo piccolo albergo familiare vanta una giovane e intraprendente gestione. Atmosfera semplice e casalinga per gustare piatti tipici locali.

PIEVE SAN QUIRICO – Perugia (PG) – ✉ 06134   **32** B1
▶ Roma 200 – Perugia 22 – Ancona 147

⌂   **Le Torri di Bagnara** ⌖   🍴 🛋 ⌵ AC ⚘ **P** 🚾 ⊙ AE ⚡
strada della Bruna 8 – ☎ 07 55 79 20 01 – www.letorridibagnara.it
– aprile-1° novembre
7 cam ⌵ – †95/125 € ††130/175 € – ½ P 104/127 €
Rist – *(chiuso a mezzogiorno)* Menu 48 € bc
♦ Qui non manca nulla: una piscina con acqua salata, tanto verde (la struttura è ubicata su un colle), camere accoglienti ed una vasta tenuta dove si allevano lepri, caprioli e bovini razza Chianina. C'è perfino una chiesetta consacrata! Un vero relais di charme per soggiorni di classe.

PIEVESCOLA – Siena (SI) – **563** M15 – **Vedere Casole d'Elsa**

PIGANO = PIGEN – Bolzano (BZ) – **Vedere Appiano sulla Strada del Vino**

PIGAZZANO – Piacenza (PC) – **562** H10 – ✉ 29020   **8** A2
▶ Roma 547 – Bologna 181 – Piacenza 27 – Milano 96

⌂   **Colombara** ⌖   ⌵ ⌖ 🛋 ⊛ 🕸 ⌕ ⫿ ⚡ cam, AC ⚘ cam, ⚒ **P** ⌖
località Colombara – ☎ 0 52 3. 95 23 64   🚾 ⊙ AE ⓞ ⚡
– www.borgocolombara.it – chiuso dal 10 gennaio al 10 febbraio
17 cam ⌵ – †95/200 € ††109/350 € – 1 suite
Rist – *(chiuso lunedì) (chiuso a mezzogiorno)* Carta 36/60 €
♦ In un borgo di origini quattrocentesche sulle colline piacentine, romantici interni con camere dotate di stufa-camino e splendidi bagni. Suggestivo centro benessere d'ispirazione indiana con trattamenti selezionati dalle diverse culture, orientale e occidentale. Cucina nazionale, nonché regionale nell'intimo ristorante.

PIGNA – Imperia (IM) – **561** K4 – **909 ab.** – alt. 280 m – ✉ 18037   **14** A3
▶ Roma 673 – Imperia 72 – Genova 174 – Milano 297

⌂   **La Casa Rosa** senza rist ⌖
corso De Sonnaz 35 – ☎ 34 75 22 71 19 – www.bebcasarosa.com – chiuso
dal 9 gennaio al 10 febbraio
5 cam ⌵ – †45/50 € ††65/75 €
♦ Nel centro storico un'ingegnosa ristrutturazione ha dato vita a questa particolare risorsa con poche camere, ma tanta originalità, all'interno di un antico edificio tinteggiato di rosa.

✗   **Terme** con cam ⌖   ⌖ **P** 🚾 ⊙ AE ⓞ ⚡
😊   *via Madonna Assunta – ☎ 01 84 24 10 46 – chiuso dal 9 gennaio al 10 febbraio*
12 cam ⌵ – †35/45 € ††55/65 € – ½ P 50/60 €
Rist – *(chiuso mercoledì)* Menu 23/30 € – Carta 25/42 €
♦ Nell'entroterra ligure, un ristorante-trattoria che offre una serie di piatti ben fatti e fragranti; ambiente piacevole, di rustica semplicità, e gestione familiare.

PILA – Aosta (AO) – **561** E3 – **Vedere Aosta**

PILASTRO – Parma (PR) – **Vedere Langhirano**

PINARELLA – Ravenna (RA) – **563** J19 – **Vedere Cervia**

PINEROLO – Torino (TO) – **561** H3 – **35 938 ab.** – alt. 376 m – ✉ 10064   **22** B2
▌ Italia Centro Nord
▶ Roma 694 – Torino 41 – Asti 80 – Cuneo 63
🖪 viale Giolitti 7/9, ☎ 0121 79 55 89, www.comune.pinerolo.to.it
◧ Località ★ - Via Principi d'Acaja ★
◩ Rocca di Cavour ★: 12 km a sud (prendere la SS 589)

🏠 **Relais Barrage** 🏨 🛗 🍴 ⚠ 🅿 💳 VISA ⊕ 🛗 ⛵
stradale San Secondo 100 – ☎ 01 21 04 05 00 – www.marachellagruppo.it
44 cam ⬜ – ♦80 € ♦♦120 € – 2 suites – ½ P 82 €
Rist *Marachella Le Siepi* – vedere selezione ristoranti
♦ Situato ai piedi delle montagne pinerolesi, l'ottocentesco cotonificio è stato convertito con grande maestria in un hotel dalla linearità minimalista. Al suo interno, tutto è all'insegna della funzionalità e luminosità: in particolare un invidiabilissimo scrittoio che, in ciascuna camera, corre lungo l'intera parete.

XX **Taverna degli Acaja** 🍴 VISA ⊕ 🛗 ⓪ ⛵
corso Torino 106 – ☎ 01 21 79 47 27 – www.tavernadegliacaja.it
– chiuso dal 1° al 6 gennaio, domenica, lunedì a mezzogiorno
Rist – Carta 37/51 € ⛱
♦ E' una giovane coppia a gestire questo piccolo ristorante arredato con calde tonalità color pastello. Situato a pochi passi dal centro, propone piatti regionali, carne e pesce.

XX **Marachella Le Siepi** – Hotel Relais Barrage 🏨 🍴 ⚠ 🅰 🅿
stradale San Secondo 100 – ☎ 01 21 04 05 00 VISA ⊕ 🛗 ⓪ ⛵
– www.relaisbarrage.com
Rist – *(chiuso agosto e domenica)* Carta 27/42 €
♦ Il nome del ristorante svela il legame con il mondo dell'equitazione, mentre la cucina d'ispirazione nazionale e classica propone mensilmente un menu dedicato ad una regione, di volta in volta diversa. Sala fumatori.

XX **Regina** con cam 🅰 cam, 🍴 🅲 🅿 VISA ⊕ 🛗 ⛵
piazza Barbieri 22 – ☎ 01 21 32 21 57 – www.albergoregina.net – chiuso dal 1° al 21 agosto e domenica
15 cam – ♦55/70 € ♦♦82/95 €, ⬜ 7 € – ½ P 66/75 €
Rist – Menu 30 € bc – Carta 31/51 €
♦ La scenografia è quella di un ristorante in cui si respira la tradizione piemontese, il cast è costituito dai piatti e dai vini del territorio che qui si susseguono. La risorsa dispone anche di camere semplici ma confortevoli per quanti desiderano prolungare il loro soggiorno nel cuore della città.

PINETO – Teramo (TE) – **563** O24 – **14 591 ab.** – ⊠ **64025**   1 B1
🚗 Roma 216 – Ascoli Piceno 74 – Pescara 31 – Ancona 136
🗺 via G. D'Annunzio, ☎ 085 9 49 17 45, www.abruzzoturismo.it

🏨 **Ambasciatori** ⛵ ⬅ 🏨 🛁 🍴 🏨 🅰 🍴 🍴 🅿 VISA ⊕ ⛵
via XXV Aprile 110 – ☎ 08 59 49 29 00 – www.pineto.it
31 cam ⬜ – ♦70/90 € ♦♦80/140 € – ½ P 100 €
Rist – *(aprile-settembre) (chiuso a mezzogiorno) (solo per alloggiati)*
Menu 25/30 €
♦ Fronte mare e poco fuori dal centro, albergo a conduzione familiare dai sobri arredi nelle sale e nelle camere, bel giardino con piscina e accesso alla spiaggia.

a Mutignano Sud-Ovest : 6,5 km – ⊠ 64038

X **Bacucco D'Oro** VISA ⊕ ⛵
🍴 *via del Pozzo 10 – ☎ 0 85 93 62 27 – www.bacuccodoro.com – chiuso mercoledì*
Rist – Carta 20/42 €
♦ Piccolo ristorante di tono rustico a conduzione familiare, dalla cui terrazza estiva si gode una splendida vista della costa. Cucina tipica a base di prodotti locali e, in stagione, profumati funghi raccolti dal titolare.

PINO TORINESE – Torino (TO) – **561** G5 – **8 672 ab.** – alt. 495 m   22 A1
– ⊠ **10025** 📗 Italia Centro Nord
🚗 Roma 655 – Torino 10 – Asti 41 – Chieri 6
🅖 ≼★★ su Torino dalla strada per Superga

Pianta d'insieme di Torino

XX **Pigna d'Oro** 🔊 P VISA ☎ AE ① ⑤

via Roma 130 – 𝒞 011 84 10 19 – www.ristorantepignadoro.com – chiuso
3 settimane in gennaio, 1 settimana in agosto, lunedì, martedì a mezzogiorno
Rist – Menu 40 € – Carta 36/46 €   **2HTt**
♦ Lungo la strada che taglia il paese, un piacevole edificio rustico, tipico delle
campagne piemontesi, nel quale gustare la cucina locale, i cui ingredienti
seguono le stagioni.

PINZOLO – Trento (TN) – 562 D14 – 3 132 ab. – alt. 770 m – Sport   30 B3
invernali : 800/2 100 m ⭤ 1 ⭍8, ⭤ – ⊠ 38086 ▌ Italia Centro Nord

▶ Roma 629 – Trento 56 – Bolzano 103 – Brescia 103

🄸 piazza S. Giacomo, 𝒞 0465 50 10 07, www.campigliodolomiti.it

🄶 Rendena località Ischia 1, 0465 806049, www.golfrendena.it – aprile-novembre;
chiuso martedì escluso luglio-agosto

🄶 Val di Genova★★★ Ovest – Cascata di Nardis★★ Ovest : 6,5 km - Val Rendena★

🏨 **Beverly** 🔊 � 🉐 & ❄ 🍽 🏊 P VISA ☎ AE ① ⑤

via Carè Alto 2 – 𝒞 04 65 50 11 58 – www.beverlyhotel.it – dicembre-aprile
e giugno-settembre
24 cam ⌖ – ♦100/150 € ♦♦150/200 € – 12 suites – ½ P 125/150 €
Rist – Carta 32/60 €
♦ Strategicamente ubicato fra il centro e gli impianti di risalita, l'hotel ripropone
il tipico stile trentino: ambienti luminosi e legno chiaro, relax e bella piscina.

🏨 **Europeo** ⭤ 🚃 🉐 ❄ 🍽 P 🏊 VISA ☎ ⑤

corso Trento 63 – 𝒞 04 65 50 11 15 – www.hoteleuropeo.com
– 20 dicembre-marzo e giugno-settembre
50 cam ⌖ – ♦85/130 € ♦♦150/210 €   **Rist** – Menu 45 €
♦ Vicino al centro, ma anche adiacente al parco, questa risorsa offre alcuni dei
più eleganti salotti della località. Al secondo piano, si trovano le camere migliori.
Nell'ampio ristorante: la cucina, l'orgoglio della casa!

🏨 **Cristina** 🔊 ☎ ŵ 🛏 ⚶ ❄ rist, 🍽 P VISA ☎ ① ⑤

viale Bolognini 39 – 𝒞 04 65 50 16 20 – www.hotelcristina.info – dicembre-aprile
e giugno-settembre
31 cam ⌖ – ♦45/100 € ♦♦90/150 € – 11 suites – ½ P 125 €
Rist – Carta 28/43 €
♦ Albergo nel più classico stile montano, da poco ristrutturato e dotato di un piccolo e completo centro benessere. Ambiente familiare, in posizione strategica per
gli impianti.

🏨 **Corona** ŵ 🉐 & ⚶ ❄ rist, 🍽 P VISA ☎ ⑤

corso Trento 27 – 𝒞 04 65 50 10 30 – www.hotelcorona.org – dicembre-aprile e
giugno-settembre
45 cam ⌖ – ♦73/107 € ♦♦116/184 € – ½ P 48/92 €   **Rist** – Carta 22/29 €
♦ Nel centro cittadino, simpatica gestione familiare dai gradevoli spazi comuni,
camere accoglienti ed ottimi bagni. L'attrezzato wellness center vi aspetta per
rimettervi in forma dalla testa ai piedi. Ampia sala ristorante con proposte gastronomiche per clientela e gusti di ogni genere.

🏨 **Ferrari** 🚃 🉐 ❄ rist, 🍽 P VISA ☎ ⑤
♻

via Matteotti 44 – 𝒞 04 65 50 26 24 – www.ferrarihotel.it – 20 dicembre-Pasqua e
10 giugno-settembre
22 cam ⌖ – ♦60/90 € ♦♦90/160 € – ½ P 90 €   **Rist** – Menu 16/30 €
♦ In prossimità della pineta e del palaghiaccio, una casa a conduzione familiare
dai semplici arredi in legno: particolarmente apprezzata dagli amanti della natura,
è la meta ideale per un turismo sia estivo sia invernale. Cucina tradizionale e casalinga nella luminosa sala da pranzo in stile montano.

🏨 **La Locanda** senza rist ⭤ 🉐 & ☏ P VISA ☎ ⑤

viale Dolomiti 20 – 𝒞 04 65 50 11 22 – www.residencelalocanda.eu
18 cam ⌖ – ♦♦60/100 €
♦ Alle porte di Pinzolo, una piccola locanda dal caratteristico stile montano: caldi
arredi in legno, ampie camere e suite con possibilità di angolo cottura.

a Giustino Sud : 1,5 km – alt. 770 m – ⊠ 38086

XX **Mildas** ⇔ P VISA ⊙ ♿
via Rosmini 7, località Vadaione, Sud : 1 km – 𝒞 04 65 50 21 04
*– www.ristorantemildas.it – novembre-aprile e 20 giugno-settembre; chiuso
lunedì*
Rist *– (chiuso a mezzogiorno escluso sabato e domenica)* (consigliata la prenotazione) Carta 38/64 €
♦ In una cripta del '300 con moderno refettorio, la cucina rivisita i classici trentini: a cominciare dalla polenta, protagonista di diversi piatti. Carta dei vini illustrata e descritta.

a Sant'Antonio di Mavignola Nord-Est : 6 km – alt. 1 122 m – ⊠ 38086

⬆ **Maso Doss** 🐕 ⇐ 🐎 🏠 ℅ P VISA ⊙ ♿
via Val Brenta 74, Nord-Est : 2,5 km – 𝒞 04 65 50 27 58 *– www.masodoss.com
– dicembre-Pasqua e giugno-ottobre*
6 cam � – ♦♦120/200 € **Rist** *– (solo per alloggiati)* Menu 25 € bc
♦ Se vi appassiona la natura e la storia, o cercate un soggiorno romantico, ecco il
vostro indirizzo: un maso del '600 con reperti di vita montana, camino e arredi
d'epoca.

PIOLTELLO – Milano (MI) – 561 F9 – 35 496 ab. – alt. 122 m   18 B2
– ⊠ 20096

▶ Roma 563 – Milano 17 – Bergamo 38

a Limito Sud : 2,5 km – ⊠ 20090

XX **Antico Albergo** 🏠 AC ⇔ VISA ⊙ AE ♿
via Dante Alighieri 18 – 𝒞 0 29 26 61 57 *– www.anticoalbergo.it – chiuso dal
26 dicembre al 6 gennaio, dal 6 agosto al 15 settembre, sabato a mezzogiorno
e domenica*
Rist – Carta 36/58 €
♦ Papà Elio con la moglie ha trasmesso ai figli l'amore per la cucina lombarda e per
l'ospitalità, in quest'antica, elegante, locanda con servizio estivo sotto un pergolato.

PIOMBINO – Livorno (LI) – 563 N13 – 34 921 ab. – ⊠ 57025   28 B3
▯ Toscana

▶ Roma 264 – Firenze 161 – Grosseto 77 – Livorno 82
⛴ per l'Isola d'Elba-Portoferraio – Navarma-Moby Lines, call center 199 303 040
⛴ per l'Isola d'Elba-Portoferraio e Rio Marina-Porto Azzurro – Toremar, call center
892 123
🛈 via Ferruccio, 𝒞 0565 22 56 39, www.turismopiombino.it
🛈 al Porto via Stazione Marittima, 𝒞 0565 22 66 27
◉ Isola d'Elba★★

🏨 **Centrale** 📺 AC ℅ ℗ 🛎 🍴 VISA ⊙ AE ① ♿
piazza Verdi 2 – 𝒞 05 65 22 01 88 *– www.hotel-centrale.net*
41 cam � – ♦80/115 € ♦♦130/169 € – ½ P 115 €
Rist Centrale – vedere selezione ristoranti
♦ Il nome indica l'ubicazione: in pieno centro storico, questo hotel di taglio classico presenta spazi ben distribuiti e camere funzionali. E' l'indirizzo ideale per una
clientela di lavoro.

XX **Centrale** – Hotel Centrale AC ⇔ VISA ⊙ AE ① ♿
piazza Verdi 2 – 𝒞 05 65 22 18 25 *– www.hotel-centrale.net*
Rist *– (chiuso dal 26 dicembre al 7 gennaio, sabato e domenica)* Carta 30/49 €
♦ Non lontano dalla stazione, dal porto commerciale e da quello turistico, un
ambiente accogliente nella sua semplicità, che fa dei sapori mediterranei il proprio credo. Tra le specialità: gli "strangozzi misto mare".

Lo Scoglietto   `AC` `VISA` `OO` `AE` `O` `ᵴ`

via Carlo Pisacane 118 – ℰ 0 56 53 05 94 – chiuso dal 24 al 30 settembre e martedì

Rist – Menu 16 € bc (pranzo)/25 € bc – Carta 27/66 €

♦ L'impegno e la passione profusi un cucina si concretizzano in piatti sorprendenti, per i quali l'attenta ricerca dei prodotti si unisce all'esaltazione del gusto degli stessi.

a Populonia Nord-Ovest : 13,5 km – ✉ 57020

Il Lucumone   `AC` `VISA` `OO` `AE` `O` `ᵴ`

al Castello – ℰ 0 56 52 94 71 – chiuso domenica sera e lunedì da ottobre a maggio

Rist – Carta 42/65 €

♦ All'interno dell'affascinante borgo-castello, intimo ed elegante locale in curate salette e, nella bella stagione, grazioso dehors nel piccolo vicolo medievale. Sulla tavola piatti unicamente a base di pesce e menu degustazione.

PIOVE DI SACCO – Padova (PD) – 562 G18 – 19 109 ab. – ✉ 35028   36 C3

▶ Roma 514 – Padova 19 – Ferrara 88 – Venezia 43

Point Hotel *senza rist*   `AC` `ᵴ` `AC` `⌖` `⚒` `P` `VISA` `OO` `AE` `O` `ᵴ`

via Adige 2 – ℰ 04 99 70 52 79 – www.pointhotel.it

71 cam ⌂ – †69/88 € ††96/115 €

♦ Albergo ubicato in posizione leggermente periferica propone una gestione squisitamente femminile; camere di tono classico in piacevole legno scuro, ben tenute e con confort adeguati alla categoria. Ideale per una clientela d'affari, rimane comunque un indirizzo interessante anche per turisti itineranti.

La Saccisica   `AC` `ᵴ` `AC` `⇔` `P` `VISA` `OO` `AE` `O` `ᵴ`

via Adige 18 – ℰ 04 99 70 40 10 – www.lasaccisica.it
– chiuso dal 16 al 20 agosto, domenica sera, lunedì

Rist – Menu 30 € bc/60 € bc – Carta 34/44 € ❀

♦ In un edificio circolare, anche gli ambienti sono divisi in spicchi mentre il vino diventa elemento decorativo oltre che contorno di piatti di mare e terra.

Meridiana (Carraro Daniele)   `AC` `ᵴ` `P` `VISA` `OO` `AE` `O` `ᵴ`

via Jacopo da Corte 45 – ℰ 04 95 84 22 75 – www.meridianaristorante.it – chiuso lunedì

Rist – Carta 53/65 €

Spec. Insalata liquida con gnocchi di seppie e cips di riso al pomodoro. Tagliolini al nero di seppia con astice e cipollotto. Filetto di San Pietro in salsa di verdure "spontanea".

♦ Un minuzioso restauro ha resuscitato le tradizioni nobiliari di una barchessa veneta. Tra ambienti sontuosi ed affreschi cinquecenteschi, solo l'ordinazione si fa più informale: niente menu, il pescato del giorno è discusso ed ordinato a voce con i clienti.

PIOZZO – Cuneo (CN) – 1 020 ab. – ✉ 12060   23 C3

▶ Roma 637 – Torino 82 – Cuneo 45 – Asti 58

Casa Baladin *con cam*   `AC` `⌖` `VISA` `OO` `ᵴ`

piazza V Luglio 15 – ℰ 01 73 79 52 39 – www.casabaladin.it – chiuso mercoledì

5 cam ⌂ – †80/100 € ††120 €

Rist – *(chiuso a mezzogiorno)* (prenotazione obbligatoria) Menu 60 € bc

♦ Conturbante, giovane, alla moda: una casa della birra - unica bevanda, oltre a qualche tè - intesa ad accompagnare in tavola il menu degustazione di cucina moderna e creativa. Lo stile si ripropone anche nelle camere impreziosite da materiali naturali e affreschi recenti.

PISA Ⓟ **(PI)** – **563** K13 – **87 440 ab.** ▮ Toscana

▶ Roma 335 – Firenze 77 – Livorno 22 – Milano 275

🛫 Galileo Galilei Sud: 3 km BZ ✆ 050 849300

ℹ piazza Stazione, ✆ 050 4 22 91, www.comune.pisa.it

ℹ via Pietro Nenni 24, ✉ 56124, ✆ 050 92 97 77

ℹ Aeroporto Galileo Galilei, ✆ 050 50 37 00

🏠 Cosmopolitan viale Pisorno 60, 050 33633, www.cosmopolitangolf.it

👁 Torre Pendente★★★ AY – Battistero★★★ AY – Duomo★★ AY: facciata★★★, pulpito★★★ di Giovanni Pisano – Camposanto★★ AY: ciclo affreschi Il Trionfo della Morte★★★, Il Giudizio Universale★★, L'Inferno★ – Museo dell'Opera del Duomo★★ AY **M1** – Museo di San Matteo★★ BZ – Chiesa di Santa Maria della Spina★★ AZ – Museo delle Sinopie★ AY **M2** – Piazza dei Cavalieri★ AY: facciata★ del palazzo dei Cavalieri ABY **N** – Palazzo Agostini★ ABY – Facciata★ della chiesa di Santa Caterina BY – Facciata★ della chiesa di San Michele in Borgo BY **V** – Coro★ della chiesa del Santo Sepolcro BZ – Facciata★ della chiesa di San Paolo a Ripa d'Arno AZ

🌇 San Piero a Grado★ per ⑤ : 6 km

Pianta pagina seguente

🏨🏨🏨 **Relais dell'Orologio**   🚗📶♿⚱🅰️↔️📺🛰☕🆚🆎①💲
via della Faggiola 12 ✉ 56126 – ✆ 050 83 03 61
– www.hotelrelaisorologio.com   AY**d**
19 cam ☕ – ♦135/240 € ♦♦135/375 € – 2 suites – ½ P 98/218 €
Rist – (chiuso domenica) Carta 37/47 €
♦ Nel cuore della città, una casa-torre trecentesca da sempre appartenuta alla stessa famiglia: eleganza e personalizzazioni in ogni ambiente. Imperdibile, la sala-lettura. La tradizione gastronomica italiana è servita al ristorante, accompagnata dai migliori vini locali.

🏨🏨 **San Ranieri**   🚗📶♿🅰️↔️📺🛁☕🆚🆎①💲
via Filippo Mazzei 2, 2 km per ③ ✉ 56124 – ✆ 050 97 19 51
– www.sanranierihotel.com
88 cam ☕ – ♦104/200 € ♦♦119/220 € – 2 suites
Rist Squisitia – vedere selezione ristoranti
♦ Uno scenografico involucro di cristallo che la sera si accende di diverse sfumature: all'interno, le linee sono essenziali. Il bianco e il nero la fanno da padroni, insieme agli specchi dove si celano le luci e persino i piccoli schermi dei televisori...

🏨🏨 **NH Cavalieri**   📶♿🅰️🍴↔️rist, 📺🛁☕🆚🆎①💲
piazza Stazione 2 ✉ 56125 – ✆ 050 43 29 0 – www.nh-hotels.com
100 cam ☕ – ♦77/212 € ♦♦97/237 € – 3 suites   AZ**a**
Rist – Carta 61/90 €
♦ A pochi metri dalla stazione ferroviaria e dall'air terminal, valida struttura che si sta completamente rinnovando. Ideale per una clientela internazionale. Stile moderno, ma lineare per la sala ristorante dove gustare ricette classiche.

🏨 **Grand Hotel Bonanno**   📶♿cam, 🅰️🍴rist, 📞🛁🅿️ 🆚🆎①💲
via Carlo Francesco Gabba 17 ✉ 56122
– ✆ 050 52 40 30 – www.grandhotelbonanno.it   AY**c**
89 cam ☕ – ♦90/110 € ♦♦115/145 € – 6 suites – ½ P 90 €
Rist – Carta 24/36 €
♦ Hotel adiacente al centro storico, di recente realizzazione, molto comodo per chi viaggia in automobile. Camere di confort omogeneo, ambienti comuni ben distribuiti.

XXX **Squisitia** – Hotel San Ranieri   🚗🏠♿🅰️↔️🅿️🆚🆎①💲
via Filippo Mazzei 2, 2 km per ③ – ✆ 050 97 19 55
– www.ristorantesquisitia.com
Rist – Carta 36/66 €
♦ Nel nome, l'aggettivo che meglio esprime la sua cucina: squisiti piatti della tradizione toscana rivisitati in chiave moderna e a pranzo, in alternativa alla carta, anche un veloce ed economico buffet.

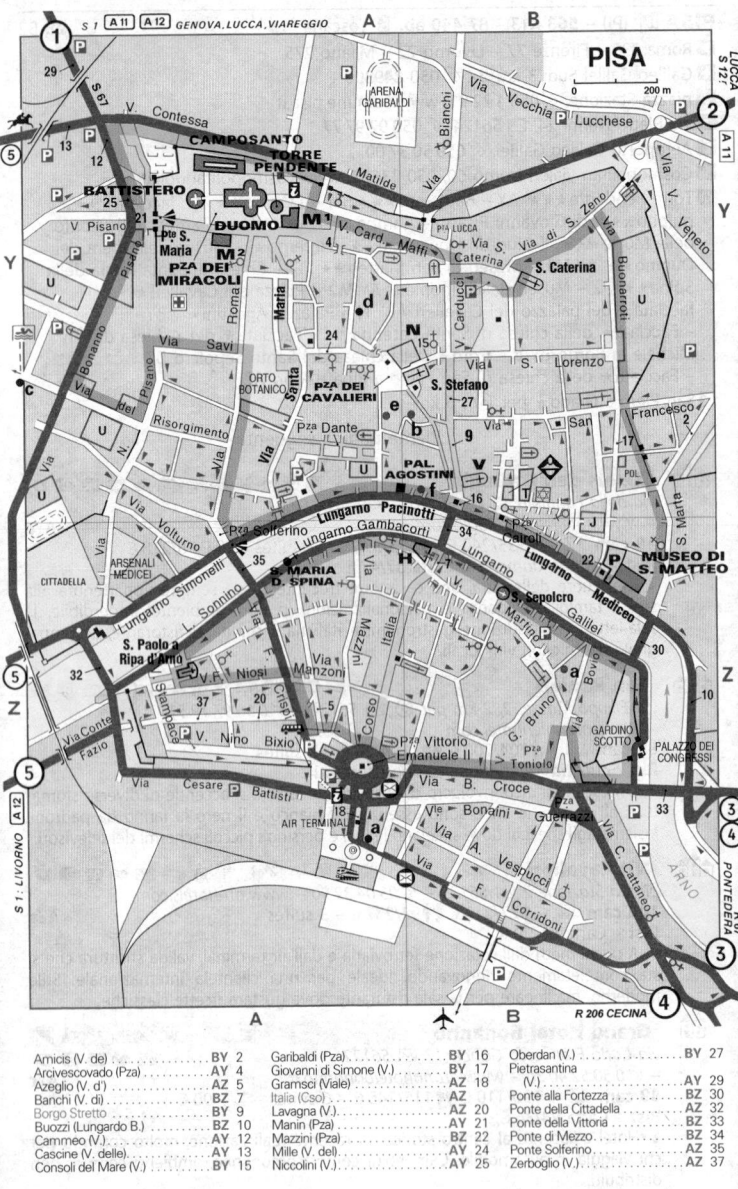

PISA

XX **La Clessidra**　　　　　　　　　　　　　🗦 ᕼ 🎤 ⇌ 🗺 ⊚ 🄰🄴 ⓪ 🌣

via del Castelletto 26/30 ✉ 56127 – ℰ 0 50 54 01 60

– www.ristorantelaclessidra.net – chiuso dal 1° al 7 gennaio, dal 5 al 25 agosto,
domenica　　　　　　　　　　　　　　　　　　　　　　　　BY**b**
Rist – *(chiuso a mezzogiorno)* Carta 23/38 € (+10 %)
♦ Nuova sede, ma stessa cucina di mare e di terra (a prezzi contenuti), che aveva
conquistato gli avventori del precedente locale. Riconfermate anche le proposte
del dopocena, tra piccoli spuntini e buon vino.

X **Osteria dei Cavalieri**　　　　　　　　　　　🎤 🍴 🗺 ⊚ 🄰🄴 🌣

via San Frediano 16 ✉ 56126 – ℰ 0 50 58 08 58

– www.osteriacavalieri.pisa.it – chiuso dal 29 dicembre al 7 gennaio, agosto,
sabato a mezzogiorno, domenica　　　　　　　　　　　　　　AY**e**
Rist – (coperti limitati, prenotare) Menu 26/30 € – Carta 28/47 €
♦ A pochi passi dall'Università, un'osteria frequentatissima con ambienti semplici
e impostati per una cucina casereccia di terra e di mare. Buona selezione di vini
e distillati.

X **Osteria del Porton Rosso**　　　　　　　　🎤 🍴 ⇌ 🗺 ⊚ 🄰🄴 ⓪ 🌣
😊
via Porton Rosso 11 ✉ 56126 – ℰ 0 50 58 05 66

– www.osteriadelportonrosso.com – chiuso dal 10 al 30 agosto e domenica
Rist – Carta 22/55 €　　　　　　　　　　　　　　　　　　BY**f**
♦ Nelle strette viuzze di una delle zone più caratteristiche e popolari di Pisa, un
rustico angolo gastronomico: in sala è appesa una lavagnetta con i piatti del
giorno, mentre dalla cucina arrivano sapori di terra e di mare (vellutata di pasta
e fagioli, baccalà cipolle e peperoni, filetto di manzo alla griglia...).

X **Osteria del Violino**　　　　　　　　　　　　　🎤 🗺 ⊚ 🌣
😊
via la Tinta 33 ✉ 56125 – ℰ 05 02 62 65

– ratatouilleart.com – chiuso dal 15 luglio al 1° settembre, domenica sera e
lunedì sera　　　　　　　　　　　　　　　　　　　　　　BZ**a**
Rist – Carta 23/51 €
♦ Un accogliente localino con originali decorazioni ed allestimenti che cambiano
periodicamente. Sempre "fisso", invece, il camino accanto alle cui braci riposano
le verdure al fiasco: una delle tante specialità regionali presenti in menu, oltre
alla pappa al pomodoro, all'agnello o all'immancabile risotto.

PISCIANO – Perugia (PG) – **563** L19 – Vedere Gubbio

PISCIOTTA – Salerno (SA) – **564** G27 – **2 879 ab.** – alt. 170 m – ✉ 84066　　7 C3
▶ Roma 367 – Potenza 154 – Castellammare di Stabia 139 – Napoli 156

⭣ **Marulivo** senza rist 🐾　　　　　　≤ 🎤 🍴 🅿 🗺 ⊚ 🄰🄴 ⓪ 🌣

via Castello – ℰ 09 74 97 37 92 – www.marulivohotel.it
– 16 marzo-4 novembre
9 cam 🖵 – ♦60/120 € ♦♦80/160 € – 2 suites
♦ Un giorno il fascino bussò alle porte di un convento trecentesco nel centro storico del pittoresco borgo di Pisciotta, e nacque Marulivo: una splendida struttura
con una suggestiva terrazza affacciata sul mare e camere dove l'austerità mona-
stica ha lasciato il posto a raffinate personalizzazioni e confort moderni.

X **Angiolina**　　　　　　　　　　　　　　　🗦 🗺 ⊚ 🄰🄴 ⓪ 🌣
😊
via Passariello 2, località Marina di Pisciotta, Sud: 4 km – ℰ 09 74 97 31 88
– www.ristoranteangiolina.it – Pasqua-15 ottobre
Rist – (consigliata la prenotazione) Carta 30/44 €
♦ Se avete – giustamente - optato per questo tranquillo localino dal piacevole
servizio estivo all'aperto, non potete non gustare le tipiche ricette a base di alici
di "menaica" (una particolare rete a maglie strette utilizzata per la pesca da queste parti). In menu, però, anche tanti altri piatti campani.

PISTICCI – Matera (MT) – **564** F31 – **17 933 ab.** – ✉ 75015   **4** D2

▶ Roma 455 – Potenza 93 – Matera 76

a Marconia Sud-Est: 15 km – ✉ 75015

⌂   **Agriturismo San Teodoro Nuovo**   🍴 🅿 VISA ⚹ AE ⛫
     contrada San Teodoro Nuovo km 442 – 🕿 08 35 47 00 42
     – www.santeodoronuovo.com
     10 cam ⬕ – ♦80/90 € ♦♦140/160 € – ½ P 95 €
     Rist – (prenotazione obbligatoria) *(solo per alloggiati)* Menu 25 € bc
     ♦ Tra le mura di una masseria del Novecento adagiata nella pianura metapon-
     tina, una tenuta agricola orto-frutticola ospita appartamenti arredati con ricerca-
     tezza e personalità. Presso le antiche scuderie, le specialità della gastronomia
     regionale.

PISTOIA 🅿 (PT) – **563** K14 – **90 147 ab.** – alt. 67 m – ✉ 51100   **28** B1
▌ Toscana

▶ Roma 311 – Firenze 36 – Bologna 94 – Milano 295

🛈 piazza del Duomo, 🕿 0573 2 16 22, www.pistoia.turismo.toscana.it

👁 Duomo★ B : dossale di San Jacopo★★★ e Madonna in Trono★ – Battistero★ B
– Chiesa di Sant'Andrea★ A: pulpito★★ e crocifisso★ di Giovanni Pisano –
Fregio★★ dell'Ospedale del Ceppo B – Chiesa di San Giovanni Fuorcivitas B **R:**
Visitazione★★ (terracotta invetriata di Luca della Robbia), pulpito★ e fianco nord★
– Facciata★ del Palazzo del Comune B **H** – Palazzo dei Vescovi★ B – Basilica della
Madonna dell'Umiltà★ A **D**

🏤   **Villa Cappugi** 🐾   🕭 🛖 🏊 🐾 🍴 🛏 ⛫ ⛫ 🔼 🍴 ▮ 🔽 🅿
     via di Collegigliato 45 , per viale Italia   VISA ⚹ AE ① ⛫
     – 🕿 05 73 45 02 97 – www.hotelvillacappugi.com
     66 cam ⬕ – ♦180 € ♦♦190 € – 4 suites – ½ P 160 €
     Rist – (chiuso a mezzogiorno escluso venerdì, sabato e domenica)
     Carta 82/102 €
     ♦ In aperta campagna ai piedi delle colline pistoiesi, la struttura dispone d'instal-
     lazioni e tecnologie ideali per una clientela business, ma l'eleganza dei suoi
     ambienti e la tranquillità della location saranno apprezzate anche dai turisti in
     visita alla città.

🏨   **Villa Giorgia - Albergo in Collina**   ⬅ 🍴 🛖 🏊 ⛫ cam,
     via Bolognese 164, per 5 km ①   🔼 cam, 🍴 rist, 🔽 🅿 🚗 VISA ⚹ AE
     – 🕿 05 73 48 00 42 – www.villa-giorgia.com – 12 marzo-ottobre
     18 cam ⬕ – ♦88/140 € ♦♦115/174 €
     Rist – (aprile-ottobre; chiuso lunedì, martedì a mezzogiorno) Carta 24/54 €
     ♦ Abbandonata la città, ci si inerpica tra le tipiche colline pistoiesi: l'edificio è
     d'inizio '900, ma le camere sono moderne e sobrie. Nel curato giardino, potrete
     rilassarvi e godere del bel panorama.

⌂   **Villa de' Fiori**   🍴 🏊 ⛫ cam, ⛫ 🔼 cam, 🍴 rist, 🔽 🔼 🅿
     via di Bigiano e Castel Bovani 39, 2,5 km per via di   VISA ⚹ AE ① ⛫
     Porta San Marco – 🕿 05 73 45 03 51 – www.villadefiori.it
     – 20 dicembre-6 gennaio e aprile-ottobre
     8 cam ⬕ – ♦60/100 € ♦♦80/160 € – ½ P 74/94 €
     Rist – (chiuso lunedì) (chiuso a mezzogiorno escluso domenica) Carta 35/56 €
     ♦ Tra il verde degli ulivi, questa villa settecentesca dispone di camere conforte-
     voli e ambienti comuni signorili. Corsi di ginnastica orientale a bordo piscina. Pro-
     fumati piatti mediterranei vi attendono al ristorante.

⌂   **Puccini** senza rist e senza ⬕   🍴 🔼 ⛫ cam, 🕻 VISA ⚹ AE ① ⛫
     vicolo Malconsiglio 4 – 🕿 0 57 32 67 07 – www.puccini.tv   B**c**
     10 cam – ♦85/95 € ♦♦99/120 € – 1 suite
     ♦ Camere di dimensioni ragguardevoli, dove i romantici affreschi non stridono
     con gli arredi lineari e moderni. La struttura deve il proprio nome al prestigioso
     palazzo settecentesco che la ospita, nel quale ebbe i suoi natali l'intellettuale,
     mecenate, Niccolò Puccini.

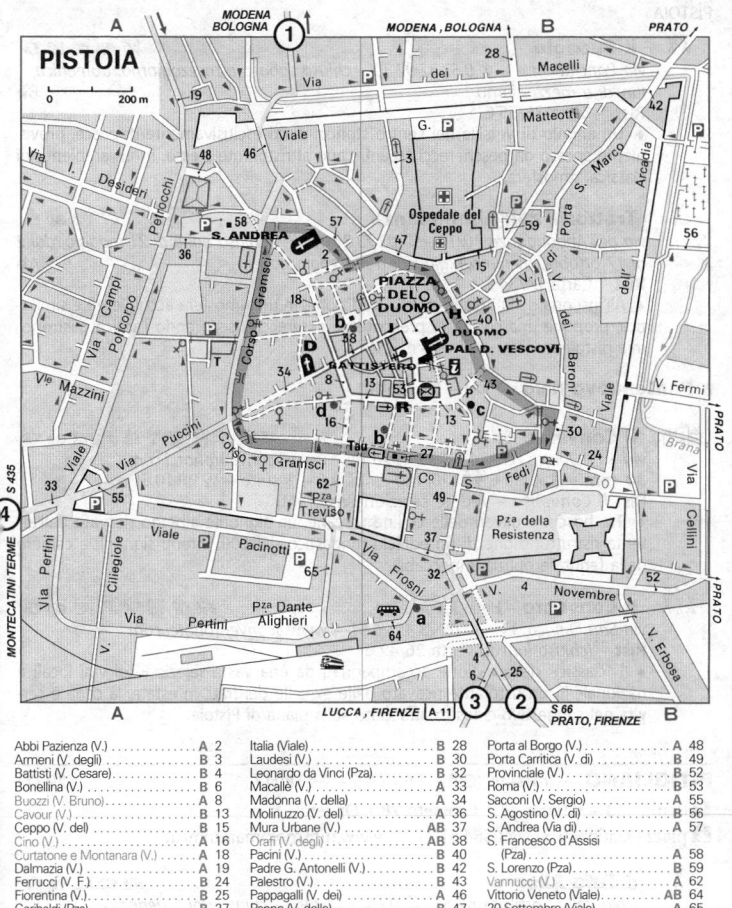

PISTOIA

0 ___ 200 m

MODENA BOLOGNA

MODENA, BOLOGNA

PRATO

LUCCA, FIRENZE — A 11 — ③ ②

S 66
PRATO, FIRENZE

✕✕ Corradossi

AC ✗ VISA OO AE ⑤

viale Attilio Frosini 112 – ℰ 0 57 32 56 83
– chiuso domenica   B**a**
Rist – Carta 35/45 €

♦ Ristorante gestito da due fratelli e rinomato in città per le sue specialità di pesce, sebbene non disdegni la carne e la tradizione. Locale di taglio semplice, sfoggia una veste più curata la sera.

✕✕ Aoristò

♿ AC VISA OO AE ① ⑤

via De' Buti 11 – ℰ 0 57 32 65 06
– www.aoristo.it – chiuso 3 settimane in agosto, domenica, lunedì   A**d**
Rist – Menu 15 € (pranzo)/39 € – Carta 44/68 €

♦ La fantasia non interessa solo l'architettura del locale - sul tetto di un palazzo del centro con profusione di vetro, acciaio e mirabile vista sulla cupola del duomo - ma sconfina nella cucina con proposte gustosamente creative.

871

Il Cucciolo
AC VISA ③ AE ☉

via Panciatichi 4 – ℰ 0 57 32 92 30 – chiuso sabato a mezzogiorno, domenica,
lunedì a mezzogiorno **Bb**
Rist – Carta 35/55 €

♦ Un angolo di Versilia nel centro storico: piatti esclusivamente di pesce, proveniente spesso da pescherecci facenti capo al ristorante stesso, in un ambiente di classica atmosfera.

Trattoria dell'Abbondanza
☆ VISA ③ ☉

via dell'Abbondanza 10/14 – ℰ 05 73 36 80 37 – chiuso dal 6 al 21 maggio, dal 2
al 17 ottobre, mercoledì, giovedì a mezzogiorno **Ab**
Rist – Carta 24/34 €

♦ All'insegna della tipicità e della tradizione, in un'atmosfera accogliente e simpatica, propone una cucina di prelibatezze caserecce riscoprendo l'antica gastronomia pistoiese.

a Pontenuovo Nord : 4 km – ✉ 51100

Il Convento ⤳
⟨ ☞ ⊿ ⌷ AC ⅍ ⅋ ⌁ Ṕ VISA ③ ☉

via San Quirico 33 – ℰ 05 73 45 26 51 – www.ilconventohotel.com
30 cam – ✝80/90 € ✝✝120/140 €, ⊊ 9 € – 1 suite – ½ P 110 €
Rist *Il Convento* – vedere selezione ristoranti

♦ Tra boschi e uliveti delle colline toscane, un signorile albergo ricavato dall'attenta ristrutturazione di un edificio monastico dell'800. Interni signorili e camere dalla tenuta e pulizia impeccabili.

Il Convento – Hotel Il Convento
☞ ☆ AC ⅍ Ṕ VISA ③ ☉

via San Quirico 33 – ℰ 05 73 45 26 51 – www.ilconventohotel.com
Rist – *(chiuso lunedì)* Carta 26/42 €

♦ I "classici" della regione accompagnati da una vasta selezione di vini locali e nazionali, in un ristorante ricavato dalle ex-celle dei frati. In estate, la cena è servita nel suggestivo chiostro affacciato sulla piana di Pistoia.

PITIGLIANO – Grosseto (GR) – **563** O16 – ✉ **58017** **29 D3**

▶ Roma 153 – Viterbo 48 – Grosseto 78 – Orvieto 51

🛈 piazza Garibaldi 51, ℰ 0564 61 71 11, www.turismoinmaremma.it

Il Tufo Allegro
VISA ③ AE ① ☉

vicolo della Costituzione 5 – ℰ 05 64 61 61 92 – chiuso dal 9 gennaio
al 9 febbraio, martedì, mercoledì a mezzogiorno
Rist – Menu 20 € (pranzo)/55 € – Carta 36/60 € ⅋

♦ Nel cuore della località etrusca, nei pressi della Sinagoga: piatti toscani, un piccolo ristorante con una nutrita cantina di vini e salette ricavate nel tufo.

PITRIZZA Sardegna – Olbia-Tempio (OT) – Vedere Arzachena : Costa Smeralda

---

PIZZIGHETTONE – Cremona (CR) – **561** G11 – 6 743 ab. – alt. 46 m **16 B3**
– ✉ 26026

▶ Roma 526 – Piacenza 23 – Cremona 22 – Lodi 33

Da Giacomo
☆ AC VISA ③ ☉

piazza Municipio 2 – ℰ 03 72 73 02 60 – www.dagiacomo.it – chiuso 10 giorni in
gennaio, 20 giorni in agosto, lunedì
Rist – *(coperti limitati, prenotare)* Carta 39/56 €

♦ Nel centro storico di questa pittoresca località cinta da mura, un ristorantino che esprime una riuscita miscela di rusticità e design. Cucina del territorio reinterpretata.

PIZZO – Vibo Valentia (VV) – **564** K30 – **9 235 ab.** – alt. 44 m – ⊠ 89812   5 A2
▶ Roma 603 – Reggio di Calabria 105 – Catanzaro 59 – Cosenza 88

🏠 **Marinella**   🍴 ⅃ 🏠 ⌃ ⅃ 🅰 🔟 💫 ⚘ 🅿 VISA ⚛ 🔼
contrada Marinella Prangi, Nord : 4 km – ℰ 09 63 53 48 60
– www.hotelmarinella.info
45 cam ⌖ – †55/65 € ††85/95 € – ½ P 80 €   **Rist** – Carta 30/45 €
♦ Hotel a conduzione diretta sulla litoranea e a 300 metri dal mare: camere confortevoli, nonché piacevole sala e terrazza per la prima colazione. Piu rustico il ristorante con proposte sia di mare sia di terra.

✕✕ **Locanda Toscano** con cam   🏠 🔟 💯 ⚘ VISA ⚛ 🔼
via Benedetto Musolino 14/16 – ℰ 09 63 53 41 62 – www.locandatoscano.it
– chiuso gennaio e lunedì
4 cam ⌖ – †40/70 € ††50/90 €
Rist – (consigliata la prenotazione) Carta 35/55 €
♦ In un angolo del piccolo centro storico, con la vista che dal dehors abbraccia castello e mare, la passione dei proprietari vi accompagnerà alla scoperta dei migliori sapori locali.

POCENIA – Udine (UD) – **562** E21 – **2 636 ab.** – ⊠ 33050   10 B3
▶ Roma 607 – Udine 35 – Gorizia 53 – Milano 346

a Paradiso Nord-Est : 7 km – ⊠ 33050 Pocenia

✕✕ **Al Paradiso**   🏠 🔟 ⇔ 🅿 VISA ⚛ 🔼
via Sant' Ermacora 1 – ℰ 04 32 77 70 00 – www.trattoriaparadiso.it – chiuso dal 15 al 29 febbraio, 2 settimane in agosto, lunedì, martedì
Rist – (chiuso a mezzogiorno escluso sabato-domenica) Menu 55 € bc
– Carta 29/45 €
♦ Una piccola bomboniera in un antico cascinale, con decorazioni e tendaggi ovunque. Spunti moderni nella cucina che segue il territorio (tanta carne e cacciagione). Ideale per una cena romantica.

PODENZANA – Massa Carrara (MS) – **563** J11 – **1 715 ab.** – alt. 32 m   28 A1
– ⊠ 54010
▶ Roma 419 – La Spezia 24 – Genova 108 – Parma 99

✕ **La Gavarina d'Oro**   ≤ 💯 🅿 VISA ⚛ 🔼
via del Gaggio 28 – ℰ 01 87 41 00 21 – www.lagavarinadoro.com
⚛ – chiuso dal 3 al 17 marzo, dal 25 agosto al 22 settembre e mercoledì
Rist – Menu 20 € bc/25 € bc – Carta 23/38 €
♦ Un ristorante tradizionale, un punto di riferimento nella zona, ove poter assaggiare anche la tipica cucina della Lunigiana e specialità come i panigacci. Nella rusticità.

POGGIBONSI – Siena (SI) – **563** L15 – **29 478 ab.** – alt. 116 m   29 D1
– ⊠ 53036
▶ Roma 262 – Firenze 44 – Siena 29 – Livorno 89

🏠 **Villa San Lucchese** ⚘   ≤ 🦢 🏠 ⅃ 💯 🍴 ⇈ 🔟 💫 ⚘ 🅰 🅿
località San Lucchese 5, Sud : 1,5 km   VISA ⚛ 🅰 🔼
– ℰ 05 77 93 71 19 – www.villasanlucchese.com
35 cam ⌖ – †80/124 € ††110/194 € – 2 suites – ½ P 84/126 €
Rist – (marzo-ottobre) (chiuso a mezzogiorno) (prenotazione obbligatoria)
Carta 26/53 €
♦ Abbracciata da un parco e affacciata sulle colline senesi, in quest'antica dimora patrizia del '400 è come se il tempo si fosse fermato: solo i confort sono al passo con i giorni nostri. Sobria eleganza, in un ambiente ricco di charme e confort. Bel ristorante con accogliente terrazza per il servizio estivo.

✕✕ **La Galleria**   🏠 🔟 💯 VISA ⚛ 🅰 🔼
galleria Cavalieri Vittorio Veneto 20 – ℰ 05 77 98 23 56 – chiuso agosto e domenica
Rist – Carta 28/55 €
♦ All'interno di una galleria commerciale, locale di stampo classico con cucina a vista. Proposte di mare e di terra, elaborate da materie prime scelte con cura.

873

XX **Osteria al Torrione** ⚘ ⚘ 🅐🅒 ⟷ 🆅🅸🆂🅰 ⚘ 🅰🅴 💍
località il Torrione 2, Est: 5 Km – ℰ 05 77 97 92 12 – www.osteriaaltorrione.it
– 15 marzo-ottobre; chiuso lunedì
Rist – (consigliata la prenotazione) Carta 32/77 €
♦ La tranquillità della campagna senese è uno dei tanti piacevoli aspetti di questo grazioso locale tra cipressi, vigneti e colline. Al suo interno, lo stile rustico toscano introduce l'ospite ad una cucina moderna, ma saldamente ancorata alla tradizione locale.

POGGIO – Livorno (LI) – **563** N12 – Vedere Elba (Isola d') : Marciana

---

POGGIO ALLE MURA – Siena (SI) – Vedere Montalcino

POGGIO MURELLA – Grosseto (GR) – **563** N16 – ☒ **58014** 29 C3
▶ Roma 163 – Grosseto 63 – Firenze 182 – Perugia 126

🏠 **Saturnia Tuscany Hotel** ⚘ ≤ ⚘ 🏊 🕥 🅛🅢 🅘 🛗 🅐🅒 🥐 🆂🅰 🅿
strada Marco Pantani – ℰ 05 64 60 76 11 🆅🅸🆂🅰 ⚘ 🅰🅴 🅞 💍
– www.saturniatuscanyhotel.com – 27 dicembre-8 gennaio e 15 marzo-ottobre
39 cam ⌲ – †99/180 € ††129/190 € – ½ P 95/130 €
Rist *La Chianina Pescatrice* – vedere selezione ristoranti
♦ In posizione panoramica e tranquilla, una bella struttura completa nei servizi offerti, con camere più o meno spaziose, tutte riccamente arredate. Articolata gamma di trattamenti presso il centro benessere.

🏠 **Il Cantuccio** senza rist ⚘ ⚘ 🅐🅒 🅢🅟 🕪 🆅🅸🆂🅰 ⚘ 🅞 💍
via Termine 18 – ℰ 05 64 60 79 73 – www.termesaturnia.it
– chiuso dall'11 al 31 gennaio
6 cam ⌲ – †45/60 € ††65/90 €
♦ Piccola risorsa in posizione dominante a breve distanza dalle terme di Saturnia. Camere graziose e ricche di decorazioni. Colazione con torte fatte in casa.

XX **La Chianina Pescatrice** – Saturnia Tuscany Hotel ⚘ ⚘ ⚘ 🅐🅒 🅢🅟
strada Marco Pantani – ℰ 05 64 60 76 11 – www.saturniatuscanyhotel.com
– 27 dicembre - 8 gennaio e 15 marzo-ottobre
Rist – Carta 30/62 €
♦ Se siete ospiti durante la bella stagione e avete i presupposti per una cena romantica, chiedete un tavolo sotto il portico con vista sulla vallata. Altrimenti, c'è sempre l'accogliente sala, dove gustare bruschette, carni alla griglia ed altri piatti della regione. Light lunch a pranzo.

POIRINO – Torino (TO) – **561** H5 – 10 253 ab. – alt. 249 m – ☒ 10046 22 B2
▶ Roma 661 – Torino 28 – Moncalieri 19

🏨 **Brindor Hotel** 🅛🅢 🖳 🖧 🅐🅒 🥐 🅿 🅿 🏧 🆅🅸🆂🅰 ⚘ 🅰🅴 💍
via Torino36 – ℰ 01 19 45 31 75 – www.brindorhotel.info
– chiuso dal 12 al 22 agosto
57 cam ⌲ – †75 € ††88 € – 1 suite – ½ P 62 €
Rist *Andrea-re degli asparagi* – ℰ 01 19 45 27 28 (chiuso sabato a mezzogiorno e domenica sera) – Carta 23/39 €
♦ Distante dal centro, questo hotel recente e di taglio moderno dispone di graziosi spazi comuni e di ampie camere ed è ideale per una clientela d'affari. Ideale per pranzi informali o cene di lavoro, il moderno ristorante propone piatti del territorio, paste fatte in casa e specialità agli asparagi.

POLESINE PARMENSE – Parma (PR) – **562** G12 – 1 501 ab. 8 A1
– alt. 36 m – ☒ 43010
▶ Roma 496 – Parma 43 – Bologna 134 – Cremona 23

XXX **Al Cavallino Bianco** ⚘ 🅐🅒 🅿 🆅🅸🆂🅰 ⚘ 🅰🅴 🅞 💍
⚘ *via Sbrisi 2 – ℰ 0 52 49 61 36 – www.fratellispigaroli.it – chiuso dall'8 al 23 gennaio e martedì*
Rist – Menu 55 € – Carta 32/48 € 🍷
Rist *Tipico di Casa Spigaroli* – Menu 13 € (pranzo)/38 € bc
♦ Secolare tradizione familiare alla quale affidarsi per assaporare il proverbiale culatello e specialità regionali, lungo le rive del grande fiume. Al "Tipico di Casa Spigaroli", scelta ristretta di ricette emiliane.

XXX **Antica Corte Pallavicina** (Massimo Spigaroli) con cam 🚗 |🏨| 📶 Ⓟ
ॐ *strada del Palazzo Due Torri 3 – ℰ 05 24 93 65 39* 🆅🆂🅰 ⓪ 🅰🅴 ⓪ ⓖ
– *www.acpallavicina.com/relais – chiuso dal 16 al 26 gennaio e lunedì*
6 cam ⌷ – †120/230 € †† 150/260 € – 2 suites
Rist – Menu 78 € – Carta 48/87 €
Spec. Il Podio dei culatelli. Ravioli di lumache fondenti in sfoglia di grano-
turco. Faraona ricoperta di culatello, accompagnata dai nostri ortaggi.
♦ Apoteosi della bassa padana, nonché regno dei culatelli a cui è dedicato un
tempio-cantina: si mangia in un castello di origini medioevali trasformato in
vetrina gourmet. Il viaggio nel tempo continua nelle camere dagli arredi d'epoca
e atmosfere d'antan.

a Santa Franca Ovest : 3 km – ✉ 43010 Polesine Parmense

XX **Colombo** 🈁 |Ⓚ| Ⓟ 🆅🆂🅰 ⓪ 🅰🅴 ⓪ ⓖ
via Mogadiscio 119 – ℰ 0 52 49 81 14 – chiuso dal 10 al 30 gennaio,
dal 24 luglio al 6 agosto, lunedì sera, martedì
Rist – Carta 31/46 €
♦ Servizio estivo sotto un pergolato in una mitica trattoria familiare: l'attuale proprietaria segue le orme paterne anche per produzione e stagionatura di salumi
(tra i quali il prezioso culatello). Cucina emiliana.

POLIGNANO A MARE – Bari (BA) – 564 E33 – 17 718 ab. – ✉ 70044   27 C2
▯ Puglia
🔼 Roma 486 – Bari 36 – Brindisi 77 – Matera 82
◉ Località ★ - Grotta Palazzese ★

🏨 **Covo dei Saraceni** ⇐ |🏨| 🅺 🅺 🕉️ ⚅ 🛜 🆅🆂🅰 ⓪ 🅰🅴 ⓪ ⓖ
via Conversano 1/1 A – ℰ 08 04 24 11 77 – www.covodeisaraceni.com
46 cam ⌷ – †60/150 € †† 60/160 € – 6 suites
Rist *Il Bastione* – vedere selezione ristoranti
♦ Su uno dei promontori della celebre località, camere recenti ma in grado di
rendere indimenticabile il vostro soggiorno, chiedendone una con vista mare.

🏨 **Grotta Palazzese** ॐ ⇐ 🈁 🅺 🕉️ 🛜 🆅🆂🅰 ⓪ 🅰🅴 ⓪ ⓖ
via Narciso 59 – ℰ 08 04 24 06 77 – www.grottapalazzese.it
25 cam ⌷ – †80/115 € †† 140/260 €
Rist – *(lunedì in bassa stagione)* Carta 65/110 €
♦ Puglia, terra di trulli e di grotte: nell'antico borgo di Polignano, un hotel
costruito sugli scogli, proprio a strapiombo sul blu; per dormire cullati dalle
onde. Suggestivo servizio ristorante estivo in una grotta sul mare.

🏠 **Malù** senza rist |🏨| 🅺 🅺 🛜 ⓪ 🅰🅴 ⓪ ⓖ
lungomare Domenico Modugno 7 – ℰ 33 37 99 13 53 – www.bebmalu.it – chiuso
novembre
6 cam ⌷ – †55/100 € †† 100/140 €
♦ Proprio di fronte alla statua di Modugno, originario della località, sei camere ciascuna intitolata ad una sua canzone. Tre si affacciano sul mare, ma tutte sono accomunate dalla piacevolezza di ciò che è nuovo e fresco: complici i colori chiari, nonché la luce che filtra dalle finestre. Sulla terrazza panoramica, la prima colazione.

XX **Il Bastione** – Hotel Covo dei Saraceni 🈁 🅺 🅺 🕉️ 🛜 🆅🆂🅰 ⓪ 🅰🅴 ⓪ ⓖ
via Conversano 1/1 A – ℰ 08 04 24 11 77 – www.covodeisaraceni.com
Rist – *(chiuso martedì escluso marzo-ottobre)* Menu 35 € bc – Carta 30/63 €
♦ Suggeriamo di aspettare la bella stagione per approfittare di uno dei più spettacolari servizi all'aperto della regione: di fronte ad un paesaggio da cartolina di case
e rocce a strapiombo sul mare, è da qui che vengono anche i prodotti del ristorante. Scelto da un espositore, il pescato si offre nelle tradizionali preparazioni.

XX **L'Osteria di Chichibio** 🈁 🅺 🛜 ⓪ 🅰🅴 ⓪ ⓖ
largo Gelso 12 – ℰ 08 04 24 04 88 – www.osteriadichichibio.it – chiuso dal
23 dicembre al 31 gennaio e lunedì
Rist – Carta 34/78 €
♦ Connubio di semplicità e allegria - non privo di eleganza - e l'occasione per
mangiare pesce e verdure cotti in un forno a legna, serviti in piatti di ceramica. Il
locale si è recentemente ampliato e anche la cucina non smette di "crescere".

sulla strada provinciale Polignano-Castellana Sud-Ovest: 6 km

🏠🏠🏠 **Borgobianco** ⬙   🖼 🛜 ⛆ 🖨 ⊚ 🕸 🖥 🛗 🚫 Ⓜ 💱 ⛾ 🔱 **P**   VISA ⊕ 🆎 ①
contrada Foggia Notarnicola ✉ *70044 Polignano a Mare*
– 𝒞 08 08 87 01 11 – www.borgobianco.it – chiuso novembre
48 cam ⌚ – 🛏160/250 € 🛏🛏195/440 € – ½ P 148/270 €   **Rist** – Carta 42/82 €
♦ Immerso nella campagna - il blu del mare visibile in lontananza - Borgobianco
ripropone l'antico disegno delle masserie, coniugato con le facilitazioni di una
costruzione moderna. Vasti spazi esterni, sobrio charme nelle camere e, al ristorante, cucina creativa con proposte più leggere a pranzo.

POLLEIN – Aosta (AO) – **Vedere Aosta**

POLLENZO – Cuneo (CN) – **561** H5 – **Vedere Bra**

POLLONE – Biella (BI) – **561** F5 – 2 196 ab. – alt. 630 m – ✉ 13814   23 C2
🔻 Roma 671 – Aosta 92 – Biella 9 – Novara 62

🍴🍴🍴 **Il Patio** (Sergio Vineis)   🖼 🛜 ⇄ **P** VISA ⊕ 🆎 💰
❀   *via Oremo 14 – 𝒞 01 56 15 68 – chiuso lunedì, martedì*
Rist – (prenotare) Carta 52/71 € 🍷
Spec. Gambero caldo e freddo con spuma di birra e salsa ai ricci di mare. Bottoni
di patate ripieni di piselli con crema di parmigiano e zuppa al basilico. Coscia di
coniglio in crosta di polenta e funghi con puré di cavolfiori.
♦ Ristorante dall'atipica ambientazione in antiche stalle. I piatti semplici puntano sulla valorizzazione dei prodotti, ma c'è anche spazio per elaborazioni più
complesse.

POLTU QUATU Sardegna – Olbia-Tempio (OT) – **366** R37 – **Vedere
Arzachena : Costa Smeralda**

POLVANO – Arezzo (AR) – **Vedere Castiglion Fiorentino**

POLVERINA – Macerata (MC) – **563** M21 – **Vedere Camerino**

POMEZIA – Roma (RM) – **563** Q19 – 60 167 ab. – alt. 108 m – ✉ 00040   12 B2
🔻 Roma 28 – Anzio 31 – Frosinone 105 – Latina 41
🏌 Marediroma via Enna 30, 06 9133250, www.golfmarediroma.it – chiuso lunedì

🏠🏠🏠 **Selene**   🖼 ⛆ 🕸 🖥 🛗 ⛵ 🏊 ⇆ ⛾ rist, ⛾ 🔱 **P** VISA ⊕ 🆎 ① 💰
via Pontina km 30 – 𝒞 06 91 17 01 – www.hotelselene.com
193 cam ⌚ – 🛏248/424 € 🛏🛏347/525 € – 2 suites   **Rist** – Carta 30/50 €
♦ Imponente e moderna struttura alberghiera arredata in stile design, tra essenzialità ed assenza di colori; il servizio è attento e professionale, le sale comuni ampie
ed eleganti. Ristorante di taglio moderno con vasta scelta di specialità alla griglia.

POMONTE – Livorno (LI) – **563** N12 – **Vedere Elba (Isola d') : Marciana**

POMPEI – Napoli (NA) – **564** E25 – 25 757 ab. – alt. 14 m – ✉ 80045   6 B2
▍ Napoli e la Campania
🔻 Roma 237 – Napoli 29 – Avellino 49 – Caserta 50
🛈 via Sacra 1, 𝒞 081 8 50 72 55, www.prolocopompei.it
◉ Foro★★★ : Basilica★★, Tempio di Apollo★★, Tempio di Giove★★ – Terme
Stabiane★★★ – Casa dei Vettii★★★ – Villa dei Misteri★★★ – Odeion★★ – Casa
del Menandro★★ – Via dell'Abbondanza★★ – Fullonica Stephani★★ – Casa del
Fauno★★ – Porta Ercolano★★ – Via dei Sepolcri★★ – Foro Triangolare★ – Teatro
Grande★ – Tempio di Iside★ – Termopolio★ – Casa di Loreius Tiburtinus★ – Villa
di Giulia Felice★ – Anfiteatro★ – Necropoli fuori Porta Nocera★ – Casa degli
Amorini Dorati★ – Torre di Mercurio★ : ≤★★ – Casa del Poeta Tragico★
– Pitture★ nella casa dell'Ara Massima – Fontana★ nella casa della Fontana Grande
◉ Villa di Oplontis★★ a Torre Annunziata Ovest : 6 km

Forum senza rist 🚗 📧 ⚓ 🔟 ⚡ 🛎 **P** 𝚟𝚒𝚜𝚊 ⓬ 𝔸𝔼 ⓪ ⑤
via Roma 99/101 – ℰ 08 18 50 11 70 – www.hotelforum.it
35 cam ☑ – †70/109 € ††89/120 € – 1 suite

♦ Vicino al famoso Santuario, varcato l'ingresso dell'hotel è un piacere sentire il silenzio dell'incantevole giardino interno. Man mano che si sale di piano, le camere si fanno di categoria superiore: più costose e con vista sul parco della zona archeologica.

Amleto senza rist 📧 ⚓ 🔟 ⚡ 🛎 🛎 ⚐ 𝚟𝚒𝚜𝚊 ⓬ 𝔸𝔼 ⓪ ⑤
via Bartolo Longo 10 – ℰ 08 18 63 10 04 – www.hotelamleto.it
26 cam ☑ – †50/65 € ††80/120 €

♦ A pochi passi dal Santuario, edificio degli anni Venti ristrutturato con cura: ingresso in stile neoclassico, con una breve rampa di scale, e pavimento con riproduzioni musive.

Maiuri senza rist 📧 ⚓ 🔟 ⚡ 🛎 **P** 𝚟𝚒𝚜𝚊 ⓬ 𝔸𝔼 ⓪ ⑤
viale Unità d'Italia 20 – ℰ 08 18 56 27 16 – www.hotelmaiuri.it
24 cam ☑ – †70/80 € ††95/110 € – ½ P 73/80 €

♦ Forse un omaggio all'antica Pompei, nella ripresa del nome di un famoso archeologo italiano; certo un hotel nuovo, molto comodo, dai toni pastello anche negli interni.

Giovanna senza rist 🚗 📧 🔟 ⚡ **P** 𝚟𝚒𝚜𝚊 ⓬ 𝔸𝔼 ⓪ ⑤
viale Unità d'Italia 18 – ℰ 08 18 50 61 61 – www.hotelgiovanna.it
24 cam ☑ – †50/70 € ††70/130 € – ½ P 50/80 €

♦ Un bel giardino fa da cornice a questo albergo consigliato a clienti d'affari e turisti, desiderosi di trovare un'oasi di relax; camere spaziose e confortevoli.

Iside senza rist 📧 ⚓ 🔟 ⚡ **P** 𝚟𝚒𝚜𝚊 ⓬ 𝔸𝔼 ⑤
via Minutella 27 – ℰ 08 18 59 88 63 – www.hoteliside.it
18 cam ☑ – †50/70 € ††60/90 €

♦ Non lontano dall'ingresso agli scavi archeologici, in una zona residenziale tranquilla, offre un'accoglienza familiare e ambienti luminosi; alle spalle dell'albergo un orto-agrumeto.

XXX **President** 🌁 🔟 ⚡ **P** 𝚟𝚒𝚜𝚊 ⓬ 𝔸𝔼 ⓪ ⑤
piazza Schettini 12/13 – ℰ 08 18 50 72 45 – www.ristorantepresident.it – chiuso dal 7 al 16 gennaio, dal 10 al 18 agosto, domenica sera, anche lunedì da ottobre ad aprile
Rist – (consigliata la prenotazione) Menu 50 € bc – Carta 32/48 € 🍷

♦ Stucchi e lampadari a gocce impreziosiscono questo elegante ristorante, dove gustare una cucina che propone piatti di mare...secondo la disponibilità quotidiana del pescato!

X **Maccarone** 🌁 ⚓ 🔟 **P** 𝚟𝚒𝚜𝚊 ⓬ 𝔸𝔼 ⓪ ⑤
☜ *viale Unità d'Italia 51 – ℰ 08 18 50 09 67 – www.ristorantemaccarone.it – chiuso Natale e luendì*
Rist – Menu 20 € bc/35 € bc – Carta 21/42 €

♦ In un edificio che ricorda vagamente una casa colonica, si trova questo ristorante-pizzeria. L'ambiente è moderno, pulito nello stile, e con prezzi competitivi.

PONTE A MORIANO – Lucca (LU) – 563 K13 – Vedere Lucca

PONTE ARCHE – Trento (TN) – 562 D14 – Vedere Comano Terme

PONTE DELL'OLIO – Piacenza (PC) – 561 H10 – 5 068 ab. – alt. 216 m 8 A2
– ✉ 29028

▶ Roma 548 – Piacenza 22 – Genova 127 – Milano 100

XX **Riva** 🌁 🔟 𝚟𝚒𝚜𝚊 ⓬ 𝔸𝔼 ⓪ ⑤
via Riva 16, Sud : 2 km – ℰ 05 23 87 51 93 – www.ristoranteriva.it – chiuso lunedì, martedì a mezzogiorno
Rist – Menu 60 € – Carta 52/75 € 🍷

♦ In un piccolo borgo con un affascinante castello merlato, la moglie propone una cucina raffinata, misurato equilibrio di territorio e creatività; ai vini pensa il marito.

※ **Locanda Cacciatori** 🕾 AK ⅋ P̲ VISA ⤫ AE ① ⅋

località Mistadello di Castione, Est : 2,5 km – ℰ *05 23 87 72 06 – chiuso dal 10 al 30 gennaio, mercoledì*

Rist – Carta 20/35 €

♦ 40 anni di esperienza per questa locanda da sempre gestita dalla stessa famiglia. Semplici le quattro sale affacciate sulle colline, dove riscoprire una cucina regionale, gustose paste fatte in casa e tenere carni.

PONTEDERA – Pisa (PI) – **563** L13 – **28 198 ab.** – alt. 14 m – ✉ 56025   28 B2

▶ Roma 314 – Pisa 25 – Firenze 61 – Livorno 32

🛈 via della Stazione Vecchia 6, ℰ 0587 5 33 54, www.comune.pontedera.pi.it

🏠🏠 **Armonia** senza rist 🗚 ⅋ AK ⅋ "ı" 🕏 🚗 VISA ⤫ AE ① ⅋

piazza Caduti Div. Acqui, Cefalonia e Corfù 11 – ℰ *05 87 27 85 11*
– www.hotelarmonia.it

31 cam � – †95/130 € ††115/150 € – 4 suites

♦ Storico edificio per una storica accoglienza, in città, sin da metà '800; ospiti illustri, atmosfere eleganti, qualità impeccabile e signorile.

🏠 **Il Falchetto** senza rist 🗚 "ı" VISA ⤫ AE ① ⅋

piazza Caduti Div. Acqui, Cefalonia e Corfù 3 – ℰ *05 87 21 21 13*
– www.hotelfalchetto.it

16 cam – †50/60 € ††70/80 €, � 6 €

♦ Hotel gestito da una coppia di coniugi che ne ha cura quasi come fosse una casa privata; ambienti piacevoli e ricchi di dettagli personali, dotati di ogni confort.

↑ **Agriturismo Fattoria Santa Lucia** ⊗ 🖘 Ⅎ ⅋ cam, AK cam, "ı"

via di San Gervasio 4, località La Rotta, Est : 6 km – ℰ *05 87 48 20 99*
– www.fattoriasantalucia.it

6 cam � – †50 € ††80/100 € – 9 suites

Rist *Fattoria Santa Lucia – (chiuso dal 24 dicembre al 5 gennaio, dall'8 al 29 agosto, lunedì, martedì) (chiuso a mezzogiorno)* (consigliata la prenotazione) Carta 33/45 €

♦ Varcata la soglia di questo agriturismo e "ristoro", un soffitto di grappoli d'uva e rose, i tavoli stretti fra le botti in cemento dell'azienda vinicola, il riposo in bucoliche stanze vagamente provenzali.

※※ **La Polveriera** 🕾 ⅋ AK ⅋ VISA ⤫ AE ① ⅋

via Fratelli Marconcini 54 – ℰ *05 87 54 76 5 – www.ristorantelapolveriera.it
– chiuso dal 9 al 15 aprile, sabato a mezzogiorno, domenica*

Rist – Carta 36/48 €

♦ Un localino nato dalla ristrutturazione di un effervescente circolo ricreativo, dove spesso la discussione terminava in scazzottate e in un gran "polverone" (da qui il soprannome di polveriera). Nell'insospettabile cortile durante la bella stagione, o nelle curate salette la cucina omaggia la tradizione regionale.

PONTE DI BRENTA – Padova (PD) – **562** F17 – Vedere Padova

PONTE DI LEGNO – Brescia (BS) – **561** D13 – **1 811 ab.** – alt. 1 257 m   17 C1
– Sport invernali : – ✉ 25056

▶ Roma 677 – Sondrio 65 – Bolzano 107 – Bormio 42

🛈 corso Milano 41, ℰ 030 3 74 87 61, www.provincia.brescia.it/turismo

🏌 via Risorgimento 5, 0364 900269, www.golfpontedilegno.it – giugno-settembre; chiuso martedì

🏠🏠 **Sorriso** ⊗ ⬅ 🖘 ⅃ ⅂ ⅋ ※ ⅋ "ı" P̲ 🚗 VISA ⤫ AE ⅋

via Plazza 6, località Temù – ℰ *03 64 90 04 88 – www.hotelsorriso.com
– dicembre-Pasqua e giugno-settembre*

20 cam – †80/190 € ††140/240 € – ½ P 130 €   **Rist** – Menu 25 €

♦ Circondata dal parco dello Stelvio, forte della sua posizione panoramica e soleggiata, questa bella struttura in stile alpino rappresenta il luogo ideale, dove trascorrere un soggiorno all'insegna dello sport e del relax.

▲ **Pegrà** senza rist ⟨ 🛋 🏖 🎵 🄿 🚗 🆚🅰 🆎 🅱

via Nazionale – ℰ 03 64 90 31 19 – www.hotelpegra.com
33 cam ⌷ – †40/160 € ††60/160 €

♦ Sulla strada statale, poco lontano dagli impianti di risalita, albergo dallo stile montano-contemporaneo: luminose camere con angolo bowindow ed alcune family room soppalcate.

XX **San Marco** 🏖 🆚🅰 🆎 🅱

piazzale Europa 18 – ℰ 0 36 49 10 36 – www.ristorante-sanmarco.it – chiuso dal 15 al 30 giugno e lunedì
Rist – Menu 15 € bc (pranzo) – Carta 27/44 €

♦ Centrale, ma non nella zona storica della cittadina, e al piano terra di una villetta; taglio rustico e una cucina di sapore mutevole, tra il camuno e il "tirolese".

PONTE DI NAVA – Cuneo (CN) – **561** J5 – **Vedere Ormea**

PONTE GRADELLA – Ferrara (FE) – **562** H16 – **Vedere Ferrara**

PONTE IN VALTELLINA – Sondrio (SO) – **562** D11 – 2 295 ab.   **16** B1
– alt. 485 m – ✉ 23026

▶ Roma 709 – Sondrio 9 – Edolo 39 – Milano 148

XX **Cerere** ⟨ 🄰 ⇄ 🆚🅰 🆎 🅾 🅱

via Guicciardi 7 – ℰ 03 42 48 22 94 – www.ristorantecerere.it – chiuso dal 10 al 20 gennaio, dal 1° al 25 luglio e mercoledì
Rist – Menu 38 € – Carta 30/41 €

♦ Elegante, sito in un palazzo del XVII secolo, locale d'impostazione classica, con "inserti" rustici, che non si limita ad offrire solo piatti di tradizione valtellinese.

PONTELONGO – Padova (PD) – **562** G18 – 3 984 ab. – alt. 5 m   **36** C3
– ✉ 35029

▶ Roma 508 – Venezia 54 – Padova 33 – Rovigo 50

XX **Lazzaro 1915** 🏠 🕭 🄰 🆚🅰 🆎 🅾 🅱

via Roma 26 – ℰ 0 49 97 77 50 72 – www.albergo-trieste.com – chiuso dal 15 al 30 luglio, martedì, anche domenica in agosto
Rist – Menu 18 € bc (pranzo)/70 € – Carta 38/56 €

♦ Quasi cent'anni per un locale di lunga tradizione familiare. Oggi, la nuova generazione ha voluta dare una sferzata di modernità non solo nello stile del locale, ma anche nella cucina che abbandona gli schemi classici per diventare più innovativa.

PONTENUOVO – Pistoia (PT) – **Vedere Pistoia**

PONTENUOVO DI CALENZANO – Firenze (FI) – **563** K15 – **Vedere Calenzano**

PONTE SAN GIOVANNI – Perugia (PG) – **563** M19 – **Vedere Perugia**

PONTE SAN MARCO – Brescia (BS) – **561** F13 – **Vedere Calcinato**

PONTIDA – Bergamo (BG) – **561** E10 – 3 240 ab. – alt. 310 m – ✉ 24030   **19** C1
▶ Roma 609 – Bergamo 18 – Como 43 – Lecco 26

X **Hosteria la Marina** con cam 🏠 🏖 🆚🅰 🆎 🅾 🅱

via Don Aniceto Bonanomi 283, frazione Grombosco, Nord : 2 km
– ℰ 0 35 79 50 63 – www.lamarinaristotel.it – chiuso martedì
9 cam ⌷ – †60/80 € ††80/100 €   **Rist** – Carta 21/46 €

♦ Sulle colline alle spalle di Pontida, semplice trattoria familiare per piatti ruspanti e saporiti, legati anche alle tradizioni locali. Il vino lo si può scegliere direttamente nella piccola cantina.

PONTREMOLI – Massa Carrara (MS) – **563** I11 – 7 823 ab. – alt. 236 m   **28** A1
– ✉ 54027 ▮ Toscana

▶ Roma 438 – La Spezia 41 – Carrara 53 – Firenze 164

Cà del Moro   🚗 🐾 🍃 🛏 🎮 🗚 cam, ⅍ rist, 📞 🕸 🅿 🆚 ⓪ 🆎 ⚹
via Casa Corvi 9 – ℰ 01 87 83 22 02 – www.cadelmororesort.it
23 cam ⊑ – ♦60/90 € ♦♦98/138 € – 2 suites – ½ P 89 €
Rist *Cà del Moro* – vedere selezione ristoranti
Rist – *(solo per alloggiati)* Menu 20 €
• Immerso nella campagna lunigianese tra prati, golf 4 buche e campo pratica, delizioso resort di recente costruzione con un buon livello di confort nelle ampie camere.

Agriturismo Costa D'Orsola 🕸   ≼ 🕸 🍃 ⅍ ⅍ rist, 🅿
località Orsola, Sud-Ovest : 2 km – ℰ 01 87 83 33 32   🆚 ⓪ 🆎 ⓪ ⚹
– www.costadorsola.it – marzo-novembre
11 cam ⊑ – ♦60/90 € ♦♦98/125 € – 3 suites – ½ P 77 €
Rist – *(chiuso a mezzogiorno)* (prenotazione obbligatoria) Menu 35 € bc
• Camere di buona fattura, ricavate nei caratteristici locali di un antico borgo rurale restaurato con cura. Gestione familiare cortese, atmosfera tranquilla e rilassata. Ristorante suggestivo, con ampi spazi esterni.

Cà del Moro – Hotel Cà del Moro   🚗 🕸 🗚 ⅍ ⇄ 🅿 🆚 ⓪ 🆎 ⚹
via Casa Corvi 9 – ℰ 01 87 83 05 88 – chiuso gennaio-febbraio
Rist – Carta 29/44 €
• Ristorante dalle caratteristiche ed intime sale, dove gustare piatti del territorio soprattutto a base di carne. Interessante ed articolata la scelta enologica.

PONZA (Isola di) – Latina (LT) – 563 S18 – 3 312 ab.   13 C3
🔲 Italia Centro Sud
🚢 per Anzio e Formia – Caremar, call center 892 123
🚢 per Terracina – Anxur Tours ℰ 0771 72291
◉ Località ★

PONZA (LT) – ✉ 04027   13 C3
🔳 molo Musco, ℰ 0771 8 00 31, www.prolocodiponza.it

Grand Hotel Santa Domitilla 🕸   🚗 🍃 ⅍ 🎮 ☀ 🗚 🕸 🕺 🅿
via Panoramica – ℰ 07 71 80 99 51   🚘 🆚 ⓪ 🆎 ⓪ ⚹
– www.santadomitilla.com – Pasqua-15 ottobre
48 cam ⊑ – ♦115/230 € ♦♦170/340 € – 6 suites – ½ P 125/200 €
Rist *Melograno* – vedere selezione ristoranti
• In posizione tranquilla, ma sempre vicino al centro, troverete ispirazioni orientali e ceramiche vietresi, ma sono le piscine a rappresentare il *clou* di un raffinato soggiorno.

Bellavista 🕸   ≼ 🔧 🎮 🗚 ⅍ cam, 📞 🆚 ⓪ ⚹
via Parata 1 – ℰ 07 71 18 00 36 – www.hotelbellavistaponza.it
– marzo-9 novembre
24 cam ⊑ – ♦80/180 € ♦♦120/220 € – ½ P 140 €
Rist – *(16 maggio-14 settembre)* Carta 40/55 €
• Arroccato su uno scoglio e cullato dalle onde, l'hotel dispone di ampi spazi comuni, confortevoli camere arredate in legno scuro e un piccolo terrazzo con vista panoramica. Classico ambiente arredato nelle tinte del verde, la sala da pranzo propone la cucina mediterranea e quella regionale.

Acqua Pazza (Lucia e Patrizia Ronca)   ≼ 🕸 🗚 ⅍ 🆚 ⓪ 🆎 ⚹
piazza Carlo Pisacane – ℰ 07 71 18 06 43 – www.acquapazza.com
– marzo-novembre
Rist – *(chiuso a mezzogiorno)* Carta 55/108 € 🕸
Spec. Tortelli di dentice con spremuta di pomodoro. Ricciola arrosto con zucchine alla scapece. Millefoglie di mandorle con salsa di cioccolato.
• Lungo lo splendido proscenio del porto, un anfiteatro sul mare, mentre la cucina ne celebra i prodotti: dal crudo all'omonima acqua pazza.

Orestorante   ≼ 🕸 🆚 ⓪ ⚹
via Dietro la Chiesa 4 – ℰ 07 71 18 03 38 – www.orestorante.it
– Pasqua-settembre
Rist – Carta 70/88 € 🕸
• Un intrico di terrazzi con vista sull'incantevole Ponza: è l'appuntamento romantico per eccellenza, esaltato da una cucina di pesce dai profumi mediterranei.

XX **Melograno** – Grand Hotel Santa Domitilla   🖨 🖾 ⇆ 🅿 🗺 ⚫ 🄐 ⓞ ⑤
via Panoramica – ✆ 07 71 80 99 51 – www.santadomitilla.com
– Pasqua-15 ottobre
Rist – *(giugno-settembre)* Carta 53/68 €
♦ Noi vi consigliamo di prenotare, perché il locale è frequentatissimo e sarebbe un peccato, per indolenza, perdere un appuntamento gastronomico come questo: sotto il pergolato di glicine o nell'originale sala, le tante varietà di pesce del Mare Nostrum in ricette sfiziose.

X **Il Tramonto**   ≤ 🛱 🗺 ⚫ ⑤
via campo Inglese, Nord : 4 km – ✆ 07 71 80 85 63 – maggio-settembre
Rist – Carta 47/70 €
♦ Un servizio giovane e dinamico, una cucina legata alla tradizione isolana dove regna il pesce ed una meravigliosa vista sull'isola di Palmarola per veder declinare il sole.

PONZANO – Firenze (FI) – Vedere Barberino Val d'Elsa

PONZANO VENETO – Treviso (TV) – **562** E18 – **10 894 ab.** – **alt. 28 m**   **35** A1
– ✉ **31050**
▶ Roma 546 – Venezia 40 – Belluno 74 – Treviso 5

a Paderno di Ponzano Nord-Ovest : 2 km – ✉ 31050 Ponzano

🏨🏨 **Relais Monaco** ⚓   ⟳ 🍃 🏠 🎴 🍴 🕹 🖾 ⇜ 🎾 ¶ 🏖 🅿
via Postumia 63, Nord : 1 km – ✆ 04 22 96 41   🗺 ⚫ 🄐 ⓞ ⑤
– www.relaismonaco.it
78 cam 🖵 – †125/190 € ††190/210 € – 1 suite
Rist *La Vigna* – vedere selezione ristoranti
♦ Tra i colli della campagna veneta, la parte centrale della villa è quella storica, ma ad essa si è aggiunta un'ala più nuova. Ottima per un soggiorno di svago (soprattutto estivo), la struttura è anche indicata per una clientela business, grazie all'ampio ed attrezzato centro congressi.

XXX **La Vigna** – Hotel Relais Monaco   ⟳ 🛱 🕹 🖾 🎾 ⇆ 🅿 🗺 ⚫ 🄐 ⓞ ⑤
via Postumia 63, Nord : 1 km – ✆ 04 22 96 41 – www.relaismonaco.it
Rist – Carta 41/62 € (+10 %)
♦ Alle porte di Treviso, oltre a vantare uno splendido parco, il Relais Monaco sfoggia questo elegante ristorante (in linea con il resto della villa). In menu: tante specialità venete, ma non mancano piatti della tradizione nazionale.

POPPI – Arezzo (AR) – **563** K17 – **6 379 ab.** – **alt. 437 m** – ✉ **52014**   **29** C1
▌ Toscana
▶ Roma 247 – Arezzo 33 – Firenze 58 – Ravenna 118
🖸 Casentino via Fronzola 6, 0575 529810, www.golfclubcasentino.it – chiuso dal 7 gennaio al 5 febbraio e martedì
◉ Cortile★ del Castello★

🏨 **Parc Hotel**   🖨 🍃 🎴 🕹 🖾 ¶ 🏖 🅿 🗺 ⚫ 🄐 ⓞ ⑤
via Roma 214, località Ponte a Poppi ✉ 52013 – ✆ 05 75 52 99 94
– www.parchotel.it
40 cam 🖵 – †35/75 € ††70/115 €
Rist *Parc* – vedere selezione ristoranti
♦ Lungo la strada che attraversa il paese, l'ingresso sul retro dinnanzi al verde e alla piscina lo rende tranquillo, quasi idilliaco nella vista del castello. Camere confortevoli: da preferire quelle più interne.

🏠 **La Torricella** ⚓   ≤ 🛱 🎴 ¶ 🅿 🗺 ⚫ 🄐 ⓞ ⑤
ⓒⓒ   *località Torricella 14, Ponte a Poppi ✉ 52013 – ✆ 05 75 52 70 45*
– www.latorricella.com
21 cam 🖵 – †40/55 € ††65/75 € – ½ P 50 €   **Rist** – Carta 16/27 €
♦ Sulla cima di una collina panoramica, a due passi dal rinomato borgo medievale ove sorge il castello dei Conti Guidi, in un tipico casolare toscano ben ristrutturato. Sala da pranzo rustica con travi in legno e veranda panoramica.

XX **Parc** – Parc Hotel 🖙 🖘 ⵗ ᅸ Ⅺ ⅏ P ᵛᴵˢᴬ ☯ ᴬᴱ ⓪ 🖔

via Roma 214, località Ponte a Poppi ⊠ 52013 – ℰ 05 75 52 91 01
– www.parchotel.it – chiuso 3 settimane in gennaio e lunedì
Rist – Carta 21/57 €

♦ Un ristorante che piacerà sia a chi si trova in zona per affari, sia ai turisti che visitano il Casentino: i menu spaziano, infatti, dalla classica cucina d'albergo alla gastronomia locale, senza trascurare le ottime alle pizze.

XX **L'Antica Cantina** 🖘 Ⅺ ᵛᴵˢᴬ ☯ 🖔

via Lapucci 2 – ℰ 05 75 52 98 44 – www.anticacantina.com – chiuso
gennaio, martedì a mezzogiorno e lunedì escluso agosto
Rist – Carta 34/45 € ⍟

♦ Lasciata la parte più moderna del paese a valle, sulla collina è adagiato un incantevole borgo medievale: in un ambiente suggestivo, sotto antiche volte in mattoni adibite per lungo tempo a cantina, una cucina moderna non dimentica delle tradizioni.

a Moggiona Sud-Ovest : 5 km – alt. 708 m – ⊠ 52014

🏠 **I Tre Baroni** ⌂ ⧉ 🖙 🖘 ⵗ ⅏ rist, ⁽ᵗ⁾ P ᵛᴵˢᴬ ☯ ᴬᴱ 🖔

via di Camaldoli 52 – ℰ 05 75 55 62 04 – www.itrebaroni.it – chiuso
dal 5 novembre al 4 dicembre e dal 7 gennaio al 15 marzo
23 cam – †40/80 € ††50/90 €, � 5 € – ½ P 62 € **Rist** – Carta 22/34 €

♦ Lungo la strada per Camaldoli, un piccolo gioiello di ospitalità ricavato da un antico fienile, con terrazza panoramica e un'originale piscina a sfioro con bordo in pietra. La tranquillità regna sovrana. Signorile sala ristorante con proposte di cucina toscana.

X **Il Cedro** ⌁

via di Camaldoli 20 – ℰ 05 75 55 60 80 – chiuso lunedì
Rist – (chiuso la sera escluso da marzo a ottobre) (consigliata la prenotazione)
Carta 20/32 €

♦ A pochi chilometri dal suggestivo convento di Camaldoli, piccola trattoria a conduzione familiare, propone una cucina del territorio dedicata particolarmente a grigliate, funghi e cacciagione.

POPULONIA – Livorno (LI) – **563** N13 – Vedere Piombino

PORCIA – Pordenone (PN) – **562** E19 – **15 330 ab.** – alt. 29 m   **10** A3
– ⊠ 33080

🔺 Roma 608 – Belluno 67 – Milano 333 – Pordenone 4

🏠 **Purlilium** 🖙 🖘 ▐ ⅏ ⁽ᵗ⁾ P ᵛᴵˢᴬ ☯ ᴬᴱ ⓪ 🖔

via Bagnador 5, località Talponedo, Ovest: 1 km – ℰ 04 34 92 32 48
– www.hotelpurlilium.it
26 cam – †50/90 € ††80/130 €, ⊻ 7 € – ½ P 95 €
Rist – (chiuso sabato a mezzogiorno e domenica) Carta 31/47 €

♦ Atmosfera riposante, camere luminose e discretamente signorili, spazi comuni con pietre a vista ed un giardino interno: un moderno hotel custodito tra le mura di un antico borgo rurale. Piccolo ristorante per proposte del territorio rivisitate.

PORDENONE Ⓟ (PN) – **562** E20 – **51 404 ab.** – alt. 24 m – ⊠ 33170   **10** B3

🔺 Roma 605 – Udine 54 – Belluno 66 – Milano 343

✈ di Ronchi dei Legionari ℰ 0481 773224

ℹ via XX Settembre 11/B, ℰ 0434 52 03 81, www.turismofvg.it

🔟 Castel d'Aviano via IV Novembre 13, 0434 652305, www.golfclubcasteldaviano.it

🏛 **Palace Hotel Moderno** ⌂ ▐ ᅸ Ⅺ ⁽ᵗ⁾ ⅏ P 🖘 ᵛᴵˢᴬ ☯ ᴬᴱ ⓪ 🖔

viale Martelli 1 – ℰ 0 43 42 82 15 – www.palacehotelmoderno.it
96 cam ⊻ – †93 € ††150 €
Rist *Moderno* – vedere selezione ristoranti

♦ Centralissimo, proprio accanto al teatro Verdi, gradevoli sale arredate con gusto ed ampie camere in linea con lo stile della struttura. Brillano per originalità le due *design suite*.

Minerva senza rist 👜 🛗 ᴀᴄ 🕿 🖳 🅿 🗚 ☎ ᴀᴇ ⓞ ⚡
piazza XX Settembre 5 – ℰ 0 43 42 60 66 – www.hotelminerva.it
40 cam ⧠ – †65/120 € ††95/140 €
♦ Nel cuore della città e della sua vita socio-culturale, un signorile salotto di casa per il relax e comode camere arredate con gusto.

Park Hotel senza rist 🛗 ᴀᴄ ↔ ᴪ ᴀ 🅿 🗚 ☎ ᴀᴇ ⓞ ⚡
via Mazzini 43 – ℰ 0 43 42 79 01 – www.parkhotelpordenone.it
– chiuso dal 17 dicembre al 9 gennaio
63 cam ⧠ – †75/150 € ††125/250 € – 3 suites
♦ Ideale per chi viaggia per lavoro - in virtù della sua vicinanza alla stazione, ma sempre nel centro storico - la struttura dispone di camere ampie e funzionali (in progressivo rinnovo).

XX **Moderno** – Palace Hotel Moderno 👜 ᴀᴄ ⇔ 🅿 🗚 ☎ ᴀᴇ ⚡
viale Martelli 1 – ℰ 0 43 42 90 09 – www.eurohotelfriuli.it – chiuso dal 26 dicembre all'8 gennaio, dal 7 al 31 agosto, sabato a mezzogiorno, domenica
Rist – (consigliata la prenotazione) Carta 43/55 €
♦ A dispetto del nome, si respira un'atmosfera di classica eleganza in questo ristorante, la cui cucina si sofferma più sui prodotti del mare che su quelli di terra.

X **La Ferrata** 🗚 ☎ ᴀᴇ ⚡
via Gorizia 7 – ℰ 0 43 42 05 62 – www.osterialaferrata.it – chiuso luglio e martedì
Rist – (chiuso a mezzogiorno escluso sabato e domenica) Carta 23/30 €
♦ Foto di locomotive, pentole e coperchi di rame arredano le pareti di questa enoteca-osteria accogliente e conviviale. Dalla cucina, i piatti della tradizione regionale, tra cui gustose lumache al burro.

PORLEZZA – Como (CO) – 561 D9 – 4 583 ab. – alt. 275 m – ⊠ 22018   16 A2
▶ Roma 673 – Como 47 – Lugano 16 – Milano 95
◉ Lago di Lugano★★

🛗 **Parco San Marco** 🌿 ⇐ ↻ ⟨ 🕿 ⎐ 🔳 ⊛ ⋔ 👜 ᴪ 🛗 👜 ᴀᴄ ✼ rist,
viale Privato San Marco 1 – ℰ 03 44 62 91 11 ᴀ 🞉 🗚 ☎ ᴀᴇ ⓞ ⚡
– www.parco-san-marco.com – chiuso dal 2 gennaio al 14 marzo
80 suites – †147/322 € ††210/460 €, ⧠ 19 € – ½ P 145/270 €
Rist *Grotto San Marco* – vedere selezione ristoranti
Rist – Carta 47/54 €
♦ Ottima struttura in stile svizzero-tedesco, suddivisa in diversi edifici digradanti sul lago: moderne suite con angolo cottura (più o meno spaziose) ed una panoplia di attività, nonché spazi, dedicati ai bambini. Assolutamente completo nella gamma dei servizi offerti.

XX **Grotto San Marco** – Hotel Parco San Marco 🕿 👜 ᴀᴄ ✼
⊛ *viale Privato San Marco 1 – ℰ 03 44 62 91 11 – chiuso* 🗚 ☎ ᴀᴇ ⓞ ⚡
dal 7 gennaio al 25 marzo
Rist – (aprile-ottobre; chiuso martedì) Carta 19/41 €
♦ Nell'ambiente rustico della bicentenaria cantina a volta, o sulla terrazza con il suo rilassante panorama, i piatti forti della cucina italiana, si succedono in menu con l'alternarsi delle stagioni.

POROTTO-CASSANA – Ferrara (FE) – 562 H16 – Vedere Ferrara

PORRETTA TERME – Bologna (BO) – 562 J14 – 4 784 ab. – alt. 349 m   9 C2
– ⊠ 40046
▶ Roma 345 – Bologna 59 – Firenze 72 – Milano 261
🄸 piazza Libertà 11, ℰ 0534 2 20 21, www.comune.porrettaterme.bo.it

🛗 **Helvetia** 🔳 ⊛ ⋔ 👜 ᵀ 🖳 👜 ⚡ 🖎 ᴀᴄ ↔ ✼ ᴪ 🕿 🗚 ☎ ⚡
piazza Vittorio Veneto 11 – ℰ 0 53 42 22 14 – www.helvetiabenessere.it – chiuso dal 4 al 21 giugno
48 cam ⧠ – †110/120 € ††140/150 € – ½ P 130 €   **Rist** – Carta 27/57 €
♦ Preparatevi ad un viaggio nel benessere: in un edificio Liberty dei primi del '900, moderne camere ed un'attrezzata Spa con una *zona secca* per i trattamenti medico-estetici, nonché una *zona umida* ricavata in una grotta, scavata nella roccia durante la I Guerra Mondiale. Menu light e proposte dello chef al ristorante.

Santoli 🚗 🏠 ❀ 🎮 🏂 🛥 📶 🏊 **P** 🚗 *VISA* ⓐ �🖿 🕭

via Roma 3 – ℰ 05 34 23 06 – www.hotelsantoli.com – chiuso Natale
48 cam ⌷ – †60/100 € ††85/130 € – ½ P 85 €
Rist *Il Bassotto* – Carta 30/50 €
♦ Complesso adiacente alle terme, in grado di rispondere alle esigenze di una clientela di lavoro o turistica; pulizia, serietà e ampi spazi con alcuni dipinti di fantasia. Ristorante capiente, ornato da decorazioni stagionali tematiche, cucina tradizionale.

PORTALBERA – Pavia (PV) – 561 G9 – 1 548 ab. – alt. 64 m   16 B3
– ⊠ 27040

▶ Roma 540 – Piacenza 42 – Alessandria 68 – Genova 120

Osteria dei Pescatori   ✿ **P** *VISA* ⓐ 🕭

località San Pietro 13 – ℰ 03 85 26 60 85 – chiuso dal 1° al 10 gennaio, dal 10 luglio al 1° agosto, mercoledì
Rist – Menu 12 € bc (pranzo)/30 € – Carta 24/33 €
♦ Semplice quanto piacevole trattoria di paese in una piccola frazione del Pavese. Il marito ai fornelli, la moglie in sala: la cucina è decisamente casalinga, dal gusto deciso, nonché legata al territorio. L'oca diventa la protagonista indiscussa di tanti piatti.

PORTESE – Brescia (BS) – Vedere San Felice del Benaco

PORTICELLO – Palermo (PA) – 365 AQ55 – Vedere Santa Flavia

PORTICO DI ROMAGNA – Forlì-Cesena (FC) – 562 J17 – alt. 309 m   9 C2
– ⊠ 47010

▶ Roma 320 – Firenze 75 – Forlì 34 – Ravenna 61

Al Vecchio Convento   ❀ rist, 📶 *VISA* ⓐ �🖿 🕭

via Roma 7 – ℰ 05 43 96 70 53 – www.vecchioconvento.it – chiuso dal 12 al 30 gennaio
15 cam – †50 € ††82 €, ⌷ 9 € – ½ P 79 €
Rist – *(chiuso mercoledì a mezzogiorno)* Carta 31/44 €
♦ Palazzotto ottocentesco in centro paese: consente ancora di respirare un'atmosfera piacevolmente retrò, del buon tempo antico che rivive anche nei mobili. Tre salette ristorante rustiche, con camini, cotto a terra e soffitto a travi.

PORTO AZZURRO – Livorno (LI) – 563 N13 – Vedere Elba (Isola d')

PORTOBUFFOLÈ – Treviso (TV) – 562 E19 – 806 ab. – alt. 10 m   36 C2
– ⊠ 31040

▶ Roma 567 – Belluno 58 – Pordenone 15 – Treviso 37

Villa Giustinian 🌿 🔊 🏡 ☖ 🏂 🔟 cam, ❀ rist, 📶 🏊 **P**
via Giustiniani 11 – ℰ 04 22 85 02 44   *VISA* ⓐ �🖿 ⓞ 🕭
– www.villagiustinian.it – chiuso dal 3 gennaio al 1° febbraio
43 cam ⌷ – †100/120 € ††165/175 € – 8 suites – ½ P 130 €
Rist *Ai Campanili* – vedere selezione ristoranti
Rist *Enoteca Cà Vin* – *(chiuso domenica in inverno, lunedì in estate) (chiuso a mezzogiorno)* Carta 36/60 €
♦ Sita in uno splendido parco, questa prestigiosa villa veneta del XVII secolo offre ampie suite di rara suggestione, decorate da fastosi stucchi ed affreschi. Nell'informale Enoteca Cà Vin: stuzzichi, cucina easy e molto vino.

Ai Campanili – Hotel villa Giustinian   🔊 🔊 ☖ 🔟 ❀ **P** *VISA* ⓐ �🖿 ⓞ 🕭
via Giustiniani 11 – ℰ 04 22 85 02 44 – www.villagiustinian.it – chiuso dal 3 gennaio all'8 febbraio
Rist – *(chiuso domenica e lunedì)* Menu 44 € – Carta 37/59 €
♦ In un'originale barchessa veneziana, accanto alla villa del XVII sec che ospita il romantik hotel, ambienti classico-eleganti e cucina della tradizione elaborata partendo dai famosi prodotti della "marca trevigiana".

PORTO CERVO Sardegna – Olbia-Tempio (OT) – **366** S37 – **Vedere Arzachena :** Costa Smeralda

---

PORTO CESAREO – Lecce (LE) – **564** G35 – 5 573 ab. – ⌧ 73010   **27** D3
▶ Roma 600 – Brindisi 55 – Gallipoli 30 – Lecce 27

🏨 **Lo Scoglio** ⌁ ⪕ 🚋 ⪍ 🏠 ⪎ 🎬 🛰 🍴 🛜 **P** **VISA** ⚏ **AE** ⓪ ⓢ
isola Lo Scoglio, raggiungibile in auto – 𝓒 *08 33 56 90 79* – *www.isolaloscoglio.it*
45 cam ⌑ – ⧊50/100 € ⧊⧊80/160 € – ½ P 95 €
Rist – *(chiuso martedì da aprile a settembre, negli altri mesi aperto solo sabato e domenica)* Carta 22/45 €
♦ Sito su un isolotto collegato alla terraferma da un ponticello, l'hotel è circondato da un giardino, vanta ambienti di arredo classico ed è ideale per una vacanza culturale. In cucina, i sapori della tradizione italiana.

PORTO CONTE Sardegna – Sassari (SS) – **366** K40 – **Vedere Alghero**

PORTO D'ASCOLI – Ascoli Piceno (AP) – **563** N23 – **Vedere San Benedetto del Tronto**

PORTO EMPEDOCLE Sicilia – Agrigento (AG) – **365** AQ60   **39** B2_3
– 17 222 ab. – alt. 2 m – ⌧ 92014
▶ Roma 965 – Palermo 138 – Agrigento 8 – Caltanissetta 66

🏨 **Villa Romana** ⌁ ⪕ ⪍ 🎍 🛌 ⪎ cam, 🎬 cam, ↯ 🍴 rist, 🛰 **P**
lungomare Nettuno 1 – 𝓒 *09 22 53 53 19* – *www.hotelvillaromana.com*
43 cam ⌑ – ⧊110/140 € ⧊⧊140/240 € – ½ P 100/150 €   **Rist** – Carta 39/65 €
♦ Hotel fronte mare nella bella zona dei lidi: ambienti signorili, originale piscina a forma di diamante, camere ampie ed eleganti (molte con terrazzo). Mare e terra nel menu del ristorante.

PORTO ERCOLE – Grosseto (GR) – **563** O15 – ⌧ 58018 ▯ Toscana   **29** C3
▶ Roma 159 – Grosseto 50 – Civitavecchia 83 – Firenze 190
🏌 Argentario via Acquedotto Leopoldino, 0564 810292, www.argentariogolfresortspa.it

🏨🏨🏨 **Argentario Golf Resort** ⌁ ⪕ 🏠 🎍 🎬 🛌 ⑩ 🛌 🍴 🎬 🛌 ⪎ 🎬
via Acquedotto Leopoldino   🛰 🛌 **P** 🛺 **VISA** ⚏ **AE** ⓪
– 𝓒 *05 64 81 02 92* – *www.argentariogolfresortspa.it*
73 cam – ⧊275/407 € ⧊⧊320/450 € – 7 suites – ½ P 215/280 €
Rist *Damadama* – Carta 51/68 €
♦ Campo da golf e hotel di lusso accomunati da un unico concept: il design personalizzato. All'interno dominano il bianco e il nero. Fuori, il verde della natura. La cucina è al passo con i tempi, ma le radici sono salde nella tradizione, di terra e di mare, rigorosamente del territorio.

🍴🍴 **Il Gambero Rosso** ⌁ ⪍ **VISA** ⚏ **AE** ⓢ
lungomare Andrea Doria 62 – 𝓒 *05 64 83 26 50* – *chiuso dal 15 novembre al 15 febbraio e mercoledì*
Rist – Carta 40/59 €
♦ Un punto di riferimento per il pesce, a Porto Ercole, preso d'assalto nei fine settimana; un classico locale sulla passeggiata, con servizio estivo in terrazza sul porto.

sulla strada Panoramica Sud-Ovest : 4,5 km :

🏨🏨🏨 **Il Pellicano** ⌁ ⪕ 🚋 ⪍ 🏠 🎍 🛌 🛌 🍴 🎬 cam, 🍴 rist, 🛰 🛌 🛺
località Lo Sbarcatello – 𝓒 *05 64 85 81 11*   **VISA** ⚏ **AE** ⓪ ⓢ
– *www.pellicanohotel.com* – *20 aprile-21 ottobre*
39 cam ⌑ – ⧊⧊420/965 € – 11 suites – ½ P 305/633 €
Rist *Il Pellicano*❀❀ – vedere selezione ristoranti
Rist – *(maggio-settembre)* Carta 88/110 €
♦ Nato come inno all'amore di una coppia anglo-americana che qui volle creare il proprio nido: in uno dei punti più esclusivi della Penisola, villini indipendenti tra verde e ulivi. Specialità toscane al ristorante.

XXXX **Il Pellicano** – Hotel il Pellicano   ← 🚗 🖳 🏠 ❄ ⊗ % 🚗 VISA ⊕ AE ① ⌂

🐚🐚 *località Lo Sbarcatello* ⊠ *58018 – ℰ 05 64 85 81 11 – www.pellicanohotel.com*
– 20 aprile-21 ottobre
Rist – *(chiuso a mezzogiorno)* (consigliata la prenotazione) Menu 150 €
– Carta 91/153 € 🏵
Spec. Risotto al nero di seppia e salvia con calamaretti spillo e crema di riso alla
curcuma. Agnello al cardamomo e zafferano con lattuga e salsa al cipollotto. Parfait alla liquirizia con foglie di tabacco cristallizzate.
♦ Uno degli indirizzi più esclusivi ed internazionali dell'Argentario trova nella
cucina di Antonio Guida il suo coerente corrispettivo: raffinata e ricercata, soddisfa gli occhi oltre che il palato, stupendo anche i conoscitori più navigati con
accostamenti sempre nuovi e sorprendenti.

PORTOFERRAIO – Livorno (LI) – **563** N12 – **Vedere Elba (Isola d')**

PORTOFINO – Genova (GE) – **561** J9 – **493 ab.** – ⊠ **16034** ▌ Liguria   **15** C2

▷ Roma 485 – Genova 38 – Milano 171 – Rapallo 8

🔹 via Roma 35, ℰ 0185 26 90 24, www.turismo.provincia.genova.it

◉ Località e posizione pittoresca★★★ ← ★★★ dal castello

🔲 Passeggiata al faro★★★: 1 h a piedi AR – Strada panoramica★★★ per Santa
Margherita Ligure – San Fruttuoso★★: 20 mn di motobarca

🏨🏨 **Splendido** – (dipendenza: Splendido Mare) 🍃   ← 🔺 🏠 ⊿ 🎐 ♨ % ▐

salita Baratta 16   AC % rist, ⁋ 🍴 🅿 🚗 VISA ⊕ AE ① ⌂
– ℰ 01 85 26 78 01 – www.hotelsplendido.com – 30 marzo-5 novembre
64 cam ⊑ – ♦645/1085 € ♦♦830/1420 € – 8 suites – ½ P 499/794 €
Rist – Carta 82/142 € 🏵
♦ Nella magnifica cornice del Golfo del Tigullio, questo esclusivo hotel si propone
come un microcosmo di eleganza e raffinatezza. Confort di ottimo livello e cura
del dettaglio nelle lussuose camere: la maggior parte delle quali dotate di balcone o terrazza con vista sulla baia. Piatti di ligure memoria al ristorante.

🏨🏨 **Splendido Mare**   ▐ AC ⁋ VISA ⊕ AE ① ⌂
via Roma 2 – ℰ 01 85 26 78 01 – www.hotelsplendido.com – 22 aprile-16 ottobre
16 cam ⊑ – ♦♦750/847 € – 2 suites – ½ P 464/513 €
Rist *La Terrazza* – vedere selezione ristoranti
♦ Posizionato proprio sulla nota piazzetta di questa capitale della mondanità, un
gioiellino dell'hôtellerie locale: pieno confort e comoda eleganza.

🏨 **Piccolo Hotel**   ← 🚗 🖳 ▐ AC % rist, ⁋ 🅿 🚗 VISA ⊕ AE ① ⌂
via Duca degli Abruzzi 31 – ℰ 01 85 26 90 15 – www.dominahome.it
– 2 marzo-ottobre
23 cam ⊑ – ♦250/350 € ♦♦300/500 €
Rist – *(solo per alloggiati)* Menu 25/45 €
♦ Totalmente rinnovato, questo piccolo hotel nella baia del Canone sfoggia - ora
- un look moderno e accattivante: un intrigante gioco di bianco e nero, affascinante come la località che la ospita. Ampie le camere.

XXX **La Terrazza** – Hotel Splendido Mare   🏠 AC % VISA ⊕ AE ① ⌂
via Roma 2 – ℰ 01 85 26 78 01 – www.hotelsplendido.net – 29 marzo-11 novembre
Rist – Carta 63/109 € 🏵
♦ Nella splendida cornice di Portofino, locale di tono elegante con fresco dehors
sulla famosa piazzetta. La sera, le dolci note di un piano accompagneranno le
deliziose specialità di mare. Non dimenticatevi di prenotare!

PORTOFINO (Promontorio di) – Genova ▌ Italia

PORTO GARIBALDI – Ferrara (FE) – **563** H18 – **Vedere Comacchio**

PORTOGRUARO – Venezia (VE) – **562** E20 – **25 406 ab.** – ⊠ **30026**   **36** D2
▌ Italia

▷ Roma 584 – Udine 50 – Belluno 95 – Milano 323

🔹 corso Martiri della Libertà 19-21, ℰ 0421 7 35 58, www.portogtruaroturismo.it

◉ corso Martiri della Libertà★★ – Municipio★

⌂ **La Meridiana** senza rist   🖪 🗚 ✂ 📶 P 🚾 ⊕ AE ① 🅖
via Diaz 5 – 𝒞 04 21 76 02 50 – www.albergolameridiana.net – chiuso dal 22 al 30 dicembre
13 cam ⊆ – †67 € ††89 €
♦ Villino di fine '800 che sorge proprio di fronte alla stazione; una comoda risorsa, con poche camere, accoglienti e personalizzate. Familiare, piccolo e curato.

PORTOMAGGIORE – Ferrara (FE) – **562** H17 – 12 397 ab. – alt. 3 m   **9** C2
– ⊠ 44015

🄳 Roma 398 – Bologna 67 – Ferrara 25 – Ravenna 54

a Quartière Nord-Ovest : 4,5 km – ⊠ 44019

XX **La Chiocciola** con cam   🖼 & rist. 🗚 ✂ P 🚾 ⊕ AE ① 🅖
via Runco 94/F – 𝒞 05 32 32 91 51 – www.locandalachiocciola.it – chiuso 2 settimane in gennaio, 2 settimane in giugno e 2 settimane in settembre
6 cam ⊆ – †60 € ††75 €
Rist – *(chiuso domenica sera, lunedì, in luglio-agosto anche domenica a mezzogiorno)* Carta 34/53 € ⅏
♦ Ricavato con originalità da un vecchio magazzino di deposito del grano, il locale è curato sin nei dettagli e propone specialità locali dall'oca, alle rane e alle lumache. Sobrie e funzionali le camere.

PORTO MANTOVANO – Mantova (MN) – **Vedere Mantova**

PORTO MAURIZIO – Imperia (IM) – **561** K6 – **Vedere Imperia**

PORTONOVO – Ancona (AN) – **563** L22 – **Vedere Ancona**

PORTOPALO DI CAPO PASSERO Sicilia – Siracusa (SR)   **40** D3
– **365** AZ63 – 3 767 ab. – alt. 20 m – ⊠ 96010 ▮ Sicilia

🄳 Catania 121 – Palermo 325 – Ragusa 56 – Siracusa 58

X **Maurì 1987**   🖼 🗚 ✂ 🚾 ⊕ 🅖
via Tagliamento 22 – 𝒞 09 31 84 26 44 – chiuso dal 30 ottobre al 20 novembre e martedì
Rist – Menu 20 € bc/35 € bc – Carta 31/51 €
♦ Ristorante e pizzeria in un edificio di due piani, dove è possibile assaporare in tutta comodità il freschissimo pescato locale, in arrivo direttamente dai pescherecci.

PORTO POTENZA PICENA – Macerata (MC) – **563** L22 – ⊠ 62018   **21** D2
🄳 Roma 276 – Ancona 36 – Ascoli Piceno 88 – Macerata 32
🄵 piazza Stazione 9, 𝒞 0733 68 79 27, www.prolocoportopotenza.it

⌂ **La Terrazza**   🖪 & cam, 🗚 ✂ 📶 P 🚾 ⊕ AE 🅖
via Rossini 86 – 𝒞 07 33 68 82 08 – www.hotellaterrazza.com
21 cam ⊆ – †50/60 € ††70/80 €   **Rist** – *(chiuso mercoledì)* Carta 25/57 € ⅏
♦ Entro un piacevole edificio liberty-moderno, una piccola risorsa, da poco rinnovata e a gestione familiare, in una tranquilla via interna, comunque non distante dal mare. In una bella sala dai toni eleganti proverete una rinomata cucina di pesco.

PORTO RECANATI – Macerata (MC) – **563** L22 – 12 155 ab.   **21** D2
– ⊠ 62017
🄳 Roma 292 – Ancona 29 – Ascoli Piceno 96 – Macerata 32
🄵 corso Matteotti 111, 𝒞 071 9 79 90 84, www.rivieradelconero.info

⌂⌂ **Mondial**   🔏 🖪 🗚 ✂ rist. 📶 ♨ P 🗺 🚾 ⊕ AE ① 🅖
viale Europa 2 – 𝒞 07 19 79 91 69 – www.mondialhotel.com
42 cam ⊆ – †55/105 € ††80/136 € – ½ P 78 €
Rist – *(chiuso dal 20 dicembre al 10 gennaio)* Carta 18/40 € (+10 %)
♦ Alle porte della località, arrivando da sud, una risorsa che si mantiene costantemente aggiornata con camere spaziose, lineari ed essenziali. Ristorante al primo piano con proposte a menu fisso o à la carte.

sulla strada per Numana Nord : 4 km :

🏨   **Il Brigantino**   ≼ ⌂ ⌱ ⌘ ▐ ⌂ 🅰 ⌂ rist, ⌂ ⌂ **P** 🆅🅸🆂🅰 ⌂ 🅰🅴 ⌂ ⌂
viale Ludovico Scarfiotti 10/12 – ℰ 071 97 66 84 – www.brigantinohotel.it
– chiuso Natale
44 cam ⌂ – **†**56/72 € **††**89/122 € – ½ P 61/79 €   **Rist** – Carta 37/46 €
♦ Direttamente sul mare, con i monti del Conero che si stagliano sullo sfondo,
questo albergo rinnovato in anni recenti dispone di una scenografica terrazza
affacciata sul blu e belle camere (optate per quelle con vista mare). Specialità ittiche nel ristorante panoramico.

🍴🍴   **Dario**   ⌂ ⌂ **P** 🆅🅸🆂🅰 ⌂ 🅰🅴 ⌂
via Scossicci 9 ⌂ 62017 – ℰ 071 97 66 75 – www.ristorantedario.com – chiuso
dal 23 dicembre al 26 gennaio, domenica sera (escluso in luglio-agosto) e lunedì
Rist – Carta 40/73 €
♦ Sulla spiaggia, a poche centinaia di metri dai monti del Conero, una graziosa
casetta con persiane rosse: il pesce dell'Adriatico e una trentennale gestione.

PORTO ROTONDO Sardegna – Olbia-Tempio (OT) – **366** S37 – **Vedere Olbia**

PORTO SAN GIORGIO – Fermo (FM) – **563** M23 – **16 372 ab.**   **21** D2
– ⌂ **63017**

▶ Roma 258 – Ancona 64 – Ascoli Piceno 61 – Macerata 42
🛈 via Oberdan 6, ℰ 0734 67 84 61, www.portosangiorgio.it

🏨🏨   **David Palace**   ≼ ⌱ ▐ ⌂ 🅰 ⌂ ⌂ ⌂ ⌂ 🆅🅸🆂🅰 ⌂ 🅰🅴 ⌂ ⌂
lungomare Gramsci sud 503 – ℰ 07 34 67 68 48 – www.hoteldavidpalace.it
50 cam ⌂ – **†**80/120 € **††**120/180 €
Rist – *(chiuso dal 22 al 29 dicembre, dal 1° all'8 gennaio e domenica sera da*
settembre a maggio) Carta 28/47 €
♦ Di fronte al porto turistico, la risorsa annovera una hall con disponibilità di
quotidiani e confortevoli camere di varie tipologie e con prezzi differenti. Specialità marinare e marchigiane presso l'elegante ristorante.

🏨🏨   **Il Timone**   ⌂ ▐ ⌂ 🅰 ⌂ rist, ⌂ ⌂ **P** 🆅🅸🆂🅰 ⌂ 🅰🅴 ⌂ ⌂
via Kennedy 85 – ℰ 07 34 67 95 05 – www.hoteltimone.com
75 cam ⌂ – **†**105 € **††**150 €   **Rist** – Carta 41/61 € (+10 %)
♦ Una risorsa a spiccata vocazione commerciale articolata su due corpi separati
- uno dei quali rinnovato in anni recenti - dispone di camere dai moderni confort. Spaziose sale da pranzo, con proposte gastronomiche legate alla tradizione
italiana.

🏨   **Il Caminetto**   ≼ ⌂ ▐ ⌂ rist, 🅰 ⌂ ⌂ **P** ⌂ 🆅🅸🆂🅰 ⌂ 🅰🅴 ⌂ ⌂
lungomare Gramsci 365 – ℰ 07 34 67 55 58 – www.hotelcaminetto.it
34 cam – **†**70/130 € **††**100/160 €, ⌂ 8 € – ½ P 105 €
Rist – *(chiuso lunedì)* Carta 24/67 €
♦ Frontemare, l'esercizio è adatto per un soggiorno balneare ma anche per una
clientela commerciale ed è dotata di un ascensore panoramico in vetro che conduce alle camere. Presso la capiente sala da pranzo arredata nelle calde tinte del
rosa e dell'arancione, proposte di stampo nazionali e di pesce.

🍴   **Damiani e Rossi Mare**   ⌂ 🆅🅸🆂🅰 ⌂ ⌂
concessione 29 lungomare Gramsci – ℰ 07 34 67 44 01 – chiuso gennaio
Rist – Menu 65 € – Carta 44/59 €
♦ Ristorante estivo del *Damiani e Rossi* posizionato proprio sulla spiaggia e sul
mare: anche in questa sede la cucina propone piatti regionali, soprattutto a
base di pesce.

PORTO SAN PAOLO Sardegna – Olbia-Tempio (OT) – **366** S38   **38** B1
– ⌂ **07020 Vaccileddi**

▶ Cagliari 268 – Nuoro 87 – Olbia 15 – Sassari 114

a Costa Dorata Sud-Est : 1,5 km – ⊠ 07020 Vacci: ileddi

🏠🏠🏠 **Don Diego** ⚲ ← 🚗 🕿 🏠 ⚒ 🛤 ☆ 🍴 🌡 **P** 𝖵𝖨𝖲𝖠 ⚙ 𝖠𝖤 ① ♿
– ☎ 0 78 94 00 06 – www.hoteldondiego.com – 12 maggio-26 settembre
52 cam ⬚ – †120/230 € ††160/310 € – 6 suites – ½ P 115/190 €
Rist – Menu 35/80 €
♦ Per gli amanti del silenzio e della privacy, una serie di villini indipendenti circondati da giardini e terrazze fiorite: la posizione è strepitosa, la vista è splendida
su Tavolara. Suggestiva sala da pranzo con terrazza sul mare.

PORTO SANTA MARGHERITA – Venezia (VE) – Vedere Caorle

PORTO SANT'ELPIDIO – Fermo (FM) – **563** M23 – **25 434 ab.**   **21** D2
– ⊠ 63018

◨ Roma 265 – Ancona 53 – Ascoli Piceno 70 – Pescara 103

🍴🍴 **Il Baccaro** 🄰🄲 𝖵𝖨𝖲𝖠 ⚙ 𝖠𝖤 ① ♿
☺ via San Francesco d'Assisi 41 – ☎ 07 34 90 34 36 – www.ilsibillino.it – chiuso lunedì
Rist – (chiuso la sera escluso sabato e domenica) Carta 30/55 €
♦ All'ingresso, un salotto-enoteca arredato con un grande bancone in legno, dove
concedersi un rilassante aperitivo. Al piano superiore, un paio di eleganti salette
nelle quali apprezzare la creatività dei due giovani chef: abili nel ricomporre
ricette ormai note.

🍴🍴 **La Lampara** 🏠 🄰🄲 ⇳ 𝖵𝖨𝖲𝖠 ⚙ 𝖠𝖤 ① ♿
via Potenza 22 – ☎ 07 34 90 02 41 – chiuso dal 1° al 15 settembre, lunedì
Rist – Carta 34/50 €
♦ A pochi passi dal mare, il ristorante consta di due salette luminose arricchite da
decorazioni murali, dove scegliere tra i molti piatti, esclusivamente a base di pesce.

PORTO SANTO STEFANO – Grosseto (GR) – **563** O15 – ⊠ 58019   **29** C3
▮ Toscana

◨ Roma 162 – Grosseto 41 – Civitavecchia 86 – Firenze 193
⛴ per l'Isola del Giglio – Toremar, call center 892 123
⛴ Maregiglio ☎0564 812920
🄸 piazzale Sant'Andrea, ☎ 0564 81 42 08, www.turismoinmaremma.it
◉ ← ★ dal forte aragonese

🍴 **La Fontanina** con cam ⚲ ← 🏠 🄰🄲 cam, **P.** 𝖵𝖨𝖲𝖠 ⚙ 𝖠𝖤 ① ♿
località San Pietro, Sud : 3 km – ☎ 05 64 82 52 61 – www.lafontanina.com
– chiuso dal 7 gennaio al 14 febbraio, dal 5 al 30 novembre, mercoledì
2 cam ⬚ – ††90 €   **Rist** – Carta 32/68 € (+12 %)
♦ Servizio estivo sotto un pergolato: siamo in aperta campagna, attorniati da vigneti e
frutteti. Solo la musica di cicale e grilli accompagna leccornie di pesce e buoni vini.

a Santa Liberata Est : 4 km – ⊠ 58019

🏠🏠 **Villa Domizia** ← 🚗 🕿 🖧 🄰🄲 ☆ 🕻 🛁 **P** 𝖵𝖨𝖲𝖠 ⚙ 𝖠𝖤 ① ♿
☺☺ strada provinciale 161, 40 – ☎ 05 64 81 27 35 – www.villadomizia.it – aprile-ottobre
37 cam ⬚ – †85/130 € ††108/228 € – ½ P 84/144 €   **Rist** – Carta 20/47 €
♦ Pochi km separano la località da Orbetello e Porto Santo Stefano. Qui, una villetta proprio sul mare e una caletta privata allieteranno il vostro soggiorno. Belle
camere (chiedete tuttavia quelle più nuove). Accattivante ubicazione della sala da
pranzo: sarà come mangiare sospesi nell'azzurro.

a Cala Piccola Sud-Ovest : 10 km – ⊠ 58019 Porto Santo Stefano

🏠🏠 **Torre di Cala Piccola** ⚲ ← 🚗 🕿 ⚒ 🄰🄲 🛁 **P** 𝖵𝖨𝖲𝖠 ⚙ 𝖠𝖤 ① ♿
– ☎ 05 64 82 51 11 – www.torredicalapiccola.com – marzo-ottobre
46 cam ⬚ – ††120/580 € – 2 suites – ½ P 100/295 €
Rist – (prenotazione obbligatoria) Carta 55/75 €
♦ Attorno ad una torre spagnola del '500, nucleo di rustici villini nel verde di pini
marittimi, oleandri e olivi su un promontorio panoramico: Giglio, Giannutri e Montecristo davanti a voi!

PORTOSCUSO – Carbonia-Iglesias (CI) – **366** L48 – Vedere Sardegna alla fine dell'elenco alfabetico

---

PORTOSCUSO Sardegna – Carbonia-Iglesias (CI) – **566** J7 – 5 280 ab. **38** A3
– ⊠ 09010

▣ Cagliari 77 – Oristano 119

XXX   **La Ghinghetta** (Gianluca e Nicola Vacca) con cam ⌂   ≤ AC ⁇ ⁇
ⓔ   *via Cavour 26 – ℰ 07 81 50 81 43*   ⸍⸍⸍ VISA ◉◉ AE ① ⑤
– *www.laghinghetta.com – aprile-ottobre*
8 cam ⌷ – †105/120 € ††150/155 € – ½ P 135 €
Rist – *(chiuso domenica)* Carta 49/83 €
Spec. Carpaccio di branzino con limoncello al lime e zafferano caramellato. Tagliolini casarecci con aragosta a tocchetti. Grigliata di pescato locale sui carboni ardenti.
♦ Vicino alla torre spagnola, una piccola bomboniera di cinque tavoli in un'atmosfera piacevolmente démodé. I piatti creativi si associano alla tradizionale grigliata.

PORTO TORRES Sardegna – Sassari (SS) – **366** L38 – 22 461 ab. – alt. 5 m
– ⊠ 07046

▣ Cagliari 237 – Sassari 30 – Olbia 126

sulla strada statale 131 Sud-Est : 3 km :

X   **Li Lioni**   ⸍⸍ ⸙ AC ⁇ ⇔ P VISA ◉◉ ⑤
ⓔ   *regione Li Lioni ⊠ 07046 – ℰ 0 79 50 22 86 – www.lilioni.it – chiuso mercoledì*
Rist – *(consigliata la prenotazione)* Carta 31/41 €
♦ Ristorante a gestione familiare dove gustare una buona e fragrante cucina casalinga realizzata a vista, piatti alla brace e specialità regionali. Servizio estivo all'aperto.

PORTOVENERE – La Spezia (SP) – **561** J11 – 3 942 ab. – ⊠ 19025   **15** D2
▐ Italia

▣ Roma 430 – La Spezia 15 – Genova 114 – Massa 47

ℹ piazza Bastreri 7, ℰ 0187 79 06 91, www.prolocoportovenere.it

◉ Località ★★

X   **Locanda Lorena** con cam ⌂   ≤ ⸙ ⁇ VISA ◉◉ AE ① ⑤
via Cavour 4, (sull'isola Palmaria) – ℰ 01 87 79 23 70 – www.locandalorena.it
– *febbraio-novembre; chiuso mercoledì escluso da giugno a settembre*
6 cam ⌷ – †100/130 € ††130/150 €   **Rist** – Carta 38/60 €
♦ Il servizio barca privato vi condurrà sull'isola Palmaria dove potrete apprezzare piatti di pesce freschissimo e soggiornare immersi nella quiete della natura.

a Le Grazie Nord : 3 km – ⊠ 19025 Le Grazie Varignano

▐▐   **Della Baia**   ≤ ⸙ ⊼ ▐ & cam, AC ⁇ rist, ⁇ ⅃ VISA ◉◉ AE ① ⑤
via lungomare Est 111 – ℰ 01 87 79 07 97 – www.baiahotel.com
34 cam ⌷ – †70/105 € ††130/180 € – ½ P 95/120 €
Rist – *(chiuso gennaio)* Carta 29/61 €
♦ In quel gioiellino che è il porticciolo delle Grazie, con la sua tranquilla caletta e l'antico borgo, un hotel familiare dal buon confort e affaccio sul mare. Cucina di pesce e regionale nel ristorante recentemente rinnovato: luminosa veranda, che si apre quasi completamente in estate.

POSITANO – Salerno (SA) – **564** F25 – 3 985 ab. – ⊠ 84017 ▐ Italia   **6** B2
▣ Roma 266 – Napoli 57 – Amalfi 17 – Salerno 42

ℹ via del Saracino 4, ℰ 089 87 50 67, www.aziendaturismopositano.it

◉ Località ★★

◉ Vettica Maggiore : ≤ ★★ Sud-Est : 5 km

San Pietro 🌸 ≤ 🔥 🏤 ⅈ 🏊 🎿 Ⅼ🔌 ✕ 🎐 🖭 cam, 🎿 rist, 📶 🅿

via Laurito 2, Est: 2 km – ℰ 089 87 54 55   🚗 ⓿ 🅰🄴 ⓞ 🍴

– www.ilsanpietro.it – aprile-ottobre

45 cam ☕ – 🛏420/580 € 🛏🛏420/900 € – 14 suites

Rist San Pietro 🌸 – vedere selezione ristoranti

Rist – (maggio-ottobre) (chiuso la sera) (solo per alloggiati) Carta 30/40 €

♦ E' stato definito uno degli alberghi più belli del mondo. Invisibile all'esterno, si snoda in un promontorio affacciato su Positano con cui sembra rivaleggiare in bellezza.

Le Sirenuse 🌸 ≤ 🚗 🏤 ⅈ 🍷 🏊 Ⅼ🔌 ⅈ 🖭 cam, 🎿 rist, 📶 🅿

via Colombo 30 – ℰ 089 87 50 66 – www.sirenuse.it   🚗 ⓿ 🅰🄴 ⓞ 🍴

– 31 marzo-31 ottobre

59 cam ☕ – 🛏🛏380/1200 € – 2 suites

Rist La Sponda 🌸 – vedere selezione ristoranti

Rist Oyster e Champagne bar – (giugno-settembre) Carta 57/80 €

♦ Nel centro della località, un'antica dimora patrizia trasformata in raffinato e storico hotel negli anni '50: terrazza panoramica con piscina riscaldata e charme, ovunque. Due terrazze estive per finger-food, sushi e tante bollicine all'Oyster e Champagne bar.

Covo dei Saraceni ≤ 🏤 🏊 ⅈ 🖭 🎿 rist, 📶 🚗 ⓿ 🅰🄴 ⓞ 🍴

via Regina Giovanna 5 – ℰ 089 87 54 00 – www.covodeisaraceni.it

– 29 marzo-4 novembre

61 cam ☕ – 🛏🛏275/480 € – ½ P 180/282 €

Rist – (consigliata la prenotazione) Carta 41/69 € (+15 %)

♦ Un'antica casa dei pescatori, al limitar del mare, legata alla saga saracena: oggi, elegante hotel con angoli signorili e ottimo servizio. All'ultimo piano, la terrazza con piscina. Da sogno! Indimenticabili pasti all'aperto avvolti dalla brezza marina sotto il pergolato.

Le Agavi 🌸 ≤ 🔥 🏤 ⅈ 🖭 🎿 📶 🆙 🅿 🖭 🚗 ⓿ 🅰🄴 ⓞ 🍴

via Marconi 127, località Belvedere Fornillo – ℰ 089 87 57 33 – www.agavi.it

– 21 aprile-20 ottobre

48 cam ☕ – 🛏270/480 € 🛏🛏290/500 € – 5 suites – ½ P 310 €

Rist – Carta 45/70 €

♦ Poco fuori Positano, lungo la Costiera, una serie di terrazze digradanti sino al mare, dove si scende con ascensori e funicolare in una riuscita sintesi tra elegante confort e natura. La vista? Mozzafiato! Sala da pranzo dalle tonalità mediterranee e ristorante estivo in spiaggia.

Palazzo Murat 🌸 ≤ 🚗 🖭 🎿 📶 🖭 🚗 ⓿ 🅰🄴 ⓞ 🍴

via dei Mulini 23 – ℰ 089 87 51 77 – www.palazzomurat.it – chiuso dal 10 gennaio al 21 marzo

31 cam ☕ – 🛏127/420 € 🛏🛏150/495 € – 2 suites

Rist Al Palazzo – vedere selezione ristoranti

♦ Barocco napoletano in questo bel palazzo dotato di splendida terrazza-giardino, scelto da Murat quale dimora estiva. Charme tra gli scorci suggestivi nel cuore del borgo antico e camere incantevoli.

Villa Franca 🌸 ≤ 🍷 🏊 📶 Ⅼ🔌 ⅈ 🖭 📶 🚗 ⓿ 🅰🄴 ⓞ 🍴

viale Pasitea 318 – ℰ 089 87 56 55 – www.villafrancahotel.it

37 cam ☕ – 🛏180/400 € 🛏🛏200/430 € – ½ P 140/255 €

Rist Li Galli – vedere selezione ristoranti

♦ Nella parte alta della località, tripudio di bianco, di blu, di giallo, di luce che penetra ovunque: un'ambientazione molto elegante e una terrazza panoramica con piscina.

Poseidon ≤ 🚗 🏤 🏊 📶 Ⅼ🔌 ⅈ 🖭 cam, 📶 🍽 🚗 ⓿ 🅰🄴 ⓞ 🍴

via Pasitea 148 – ℰ 089 81 11 11 – www.hotelposeidonpositano.it

– 5 aprile-30 ottobre

48 cam ☕ – 🛏🛏240/280 € – 4 suites – ½ P 165/185 €   **Rist** – Carta 40/60 €

♦ Tipicamente mediterranea questa casa anni Cinquanta, sorta come abitazione e successivamente trasformata in hotel, dispone di un'ampia e panoramica terrazza-giardino con piscina.

Eden Roc ← 🛋 ⚗ 🏤 Ⅰ₅ 🗑 🖿 🛠 ☆⅋ 🍸 ⚞ 🚾 ⚹⚹ AE ① 💳

via G. Marconi 110 – 𝒞 089 87 58 44 – www.edenroc.it – marzo-novembre
25 cam ☲ – ♦100/330 € ♦♦225/330 € – 3 suites – ½ P 168/215 €
Rist – Carta 42/62 €

♦ Uno dei primi alberghi che si incontrano provenendo da Amalfi. Il servizio è di buon livello e le camere, quasi tutte junior-suite, brillano per dimensioni, raffinatezza e confort. Pasti al ristorante o sulla terrazza con piscina e vista sulla costa.

Marincanto senza rist ⮥ ← 🚗 ⚗ 🗑 🏤 🍸 🖿 🚾 ⚹⚹ AE ① 💳

via Colombo 50 – 𝒞 089 87 51 30 – www.marincanto.it – 5 aprile-1° novembre
26 cam ☲ – ♦♦170/220 € – 2 suites

♦ Completamente restaurato qualche anno fa, elegante hotel con bella terrazza-giardino; invitanti poltrone bianche nella hall, arredi stile mediterraneo, camere con vista mare.

Posa Posa ← 🛋 🗑 🏤 ☆⅋ rist. 🍸 🛁 🚾 ⚹⚹ AE ① 💳

viale Pasitea 165 – 𝒞 08 98 12 23 77 – www.hotelposaposa.com – chiuso dall'8 gennaio al 14 marzo
24 cam ☲ – ♦135/265 € ♦♦165/295 €
Rist – *(aprile-ottobre) (chiuso a mezzogiorno)* Carta 31/51 €

♦ Delizioso edificio a terrazze nel tipico stile di Positano, con una splendida veduta del mare e della città; arredi in stile nelle camere, dotate di ogni confort. All'ultimo piano, il bel ristorante: il panorama? Ça va sans dire.

Buca di Bacco ⮥ ← 🗑 🏤 ☆⅋ 🍸 🚾 ⚹⚹ AE ① 💳

via rampa Teglia 4 – 𝒞 089 87 56 99 – www.bucadibacco.it – aprile-ottobre
47 cam ☲ – ♦190/230 € ♦♦240/280 €
Rist *Buca di Bacco* – vedere selezione ristoranti

♦ Da un'originaria taverna - sorta ai primi del '900 come covo di artisti - un hotel creato da tre corpi collegati, estesi dalla piazzetta alla spiaggia. Il buon livello di confort non risparmia le camere.

Miramare senza rist ⮥ ← 🏤 🍸 🖿 🚾 ⚹⚹ AE ① 💳

via Trara Genoino 27 – 𝒞 089 87 50 02 – www.miramarepositano.it
– aprile-ottobre
15 cam ☲ – ♦♦150/335 € – 1 suite

♦ Una bella struttura raggiungibile solo a piedi: una casa arancione che spicca sullo sfondo di questa bianca località. Affacciato sulla scogliera, l'albergo nasce nel dopoguerra: classica architettura a terrazze con camere in stile ed un'originale sala colazioni a veranda, il cui soffitto è rallegrato da tralci di bouganville insinuatisi nel tempo al suo interno.

Punta Regina senza rist ← 🗑 🏤 🚗 🚾 ⚹⚹ AE 💳

viale Pasitea 224 – 𝒞 089 81 20 20 – www.puntaregina.com – aprile-novembre
16 cam ☲ – ♦150/180 € ♦♦195/270 € – 2 suites

♦ Hotel di piccole dimensioni con una terrazza panoramica sulla quale viene allestita la prima colazione e graziose camere, quelle al primo piano con terrazzi molto ampi abbelliti da piante.

Savoia senza rist ← 🗑 🏤 🚾 ⚹⚹ 💳

via Colombo 73 – 𝒞 089 87 50 03 – www.savoiapositano.it – chiuso dal 2 novembre all'11 febbraio
36 cam ☲ – ♦50/90 € ♦♦100/170 € – 3 suites

♦ Tipica costruzione locale, con pavimenti in maiolica (il disegno per la sala colazioni è unico) e soffittature costituite da volte a cupola. Una gestione piacevolmente familiare, per vivere il cuore di Positano.

Montemare ← 🛋 🏤 ☆⅋ rist. 🍸 🖿 🚾 ⚹⚹ AE

viale Pasitea 119 – 𝒞 089 87 50 10 – www.hotelmontemare.it
– aprile-5 novembre
27 cam ☲ – ♦130 € ♦♦155/280 € – 1 suite – ½ P 113/180 €
Rist *Il Capitano* – Carta 32/65 €

♦ Squisita gestione familiare in ambienti semplici, essenziali, funzionali: le camere sono accoglienti, dalla terrazza la vista spazia su mare e costa.

🏠 **Royal Prisco** senza rist   🅰🅲 ⁽¹⁾ 🆅🆂🅰 ⓪⓪ 🅰🅴 ⓪ 🍸

viale Pasitea 102 – ℰ 08 98 12 20 22 – www.royalprisco.com
– aprile-10 novembre
13 cam � – †100/150 € ††150/210 € – 2 suites
♦ Giovane gestione per questo piccolo, ma grazioso hotel: un imponente scalone conduce alle spaziose camere, dove vi sarà anche servita la prima colazione.

🏠 **Reginella** senza rist   ≼ 🅰🅲 ⅍ ⁽¹⁾ 🆅🆂🅰 ⓪⓪ 🍸

via Pasitea 154 – ℰ 0 89 87 53 24 – www.reginellahotel.it – chiuso dal
4 novembre al 15 marzo
12 cam ⊡ – †80/140 € ††100/190 €
♦ Bella vista di mare e costa da un hotel a gestione diretta, con camere semplici, ma ampie, tutte rivolte verso il mare; un'offerta più che dignitosa a un prezzo interessante.

🏠 **Casa Albertina** senza rist ⏴   ≼ 🏢 🅰🅲 ⁽¹⁾ 🆅🆂🅰 ⓪⓪ 🍸

via della Tavolozza 3 – ℰ 0 89 87 51 43 – www.casalbertina.it
20 cam ⊡ – †90/220 € ††100/250 €
♦ Sul percorso della mitica Scalinatella, che da Punta Reginella conduce alla parte alta della località, una tipica dimora positanese: intima, quieta, di familiare eleganza. E per gli estimatori di Pirandello, vi consigliamo la camera un tempo dimora dello scrittore durante i suoi soggiorni nella "perla della costiera".

🏠 **Villa Rosa** senza rist   ≼ 🅰🅲 ⅍ 🆅🆂🅰 ⓪⓪ 🅰🅴 🍸

via Colombo 127 – ℰ 0 89 81 19 55 – www.villarosapositano.it – aprile-ottobre
11 cam ⊡ – ††165/195 € – 1 suite
♦ Bella villa a terrazze digradanti verso il mare, nel tipico stile di Positano: le camere hanno piacevoli arredi chiari (alcuni dipinti dalla proprietaria) ed enormi terrazze con vista da sogno.

🏠 **Villa La Tartana** senza rist ⏴   ≼ 🅰🅲 🆅🆂🅰 ⓪⓪ 🅰🅴 🍸

vicolo Vito Savino 4/8 – ℰ 0 89 81 21 93 – www.villalatartana.it – aprile-ottobre
9 cam ⊡ – ††160/190 €
♦ A due passi dalla spiaggia e al tempo stesso nel centro della località, bianca struttura dai "freschi" interni nei colori chiari e mediterranei. Piacevoli e ariose le camere, dove vi serviranno anche la prima colazione.

🏠 **La Fenice** senza rist   ≼ 🛏 🌊 🏊 ⅍

via Marconi 8, Est : 1 km – ℰ 0 89 87 55 13 – www.lafenicepositano.com
10 cam ⊡ – †120/140 € ††140/170 € – 2 suites
♦ Due ville distinte - una ottocentesca, l'altra d'inizio '900 - impreziosite dalla flora mediterranea che fa del giardino un piccolo orto botanico. La semplicità delle camere non le priva di personalità...Cento gradini per raggiungere il mare.

XXXX **La Sponda** – Hotel Le Sirenuse   🚃 🏡 🌤 🅿 🆅🆂🅰 ⓪⓪ 🅰🅴 ⓪ 🍸
⌘

via Colombo 30 – ℰ 0 89 87 50 66 – www.sirenuse.it – aprile-ottobre
Rist – (consigliata la prenotazione) Menu 140 € bc – Carta 70/125 € ⅍
Spec. Torta di alici di menaica con olive bianche, burrata pugliese e pomodori confit. Fettuccelle di grano duro con aragosta. San Pietro cotto a bassa temperatura in olio extravergine e clorofilla di limone, agretti (barba del frate).
♦ Cena a lume di candela e sapori mediterranei: Matteo, lo chef, dopo un'esperienza significativa presso il famoso Don Alfonso 1890, è venuto qui con il suo ricco bagaglio di conoscenza e ha dato vita ad un menu di ricette semplici - ispirate alla tradizione napoletana - elaborando i migliori prodotti locali.

XXXX **San Pietro** – Hotel San Pietro   ≼ 🏡 🌤 🅿 🆅🆂🅰 ⓪⓪ 🅰🅴 ⓪ 🍸
⌘

via Laurito 2, Est: 2 km – ℰ 0 89 87 54 55 – www.ilsanpietro.it – aprile-ottobre
Rist – (consigliata la prenotazione) Carta 62/106 €
Spec. Battuta di manzo con mozzarella di bufala e tartufo campano. I nostri maccheroncelli di semolino con astice, limone sotto sale e mentuccia. Triglie spadellate con salsa d'arance e zafferano, cipollotti caramellati.
♦ La cucina campana, una tra le più seducenti d'Italia, viene qui proposta creativamente con tutta la forza dei suoi colori e sapori. Il sogno diventa realtà grazie alla terrazza affacciata sul mare.

XXX **Al Palazzo** – Hotel Palazzo Murat 　　　　🚗 🛋 VISA ⚫⚫ AE ⚡
via Dei Mulini 23/25 – ℰ 08 89 87 51 77 – www.ristorantealpalazzo.it
– 22 marzo-4 novembre
Rist – *(chiuso a mezzogiorno)* Menu 80 € – Carta 42/78 € 🏵
♦ Prelibati piatti - sia di mare sia di terra - da assaporare all'aperto in un piccolo angolo di paradiso: un incantevole giardino botanico nella corte del palazzo. All'interno, piccole ed eleganti salette per romantiche cene.

XXX **Li Galli** – Hotel Villa Franca 　　　🖥 🛋 🏊 AC 🏖 VISA ⚫⚫ AE ① ⚡
viale Pasitea 318 – ℰ 08 89 87 56 55 – www.villafrancahotel.it
Rist – *(aprile-ottobre)* Carta 32/74 €
♦ La saletta à la carte di questo elegante e suggestivo ristorante è una terrazza cinta da cristalli: di fronte a voi, gli isolotti che danno il nome al locale. Cucina mediterranea in chiave moderna.

XX **Le Terrazze** 　　　　　　　🖥 🛋 VISA ⚫⚫ AE ① ⚡
via Grotte dell'Incanto 51 – ℰ 08 89 87 58 74 – www.leterrazzerestaurant.it
– aprile-ottobre
Rist – *(chiuso a mezzogiorno)* (consigliata la prenotazione) Menu 80 €
– Carta 53/85 € 🏵
♦ Ristorante in incantevole posizione sul mare; all'ingresso elegante wine bar, al primo piano due sale con vista su Praiano e Positano; suggestiva cantina scavata nella roccia.

XX **Buca di Bacco** – Hotel Buca di Bacco 　　🖥 🛋 VISA ⚫⚫ AE ① ⚡
via rampa Teglia 4 – ℰ 08 89 87 56 99 – www.bucadibacco.it – aprile-ottobre
Rist – Carta 39/77 €
♦ Piatti campani ed un trionfo di pesce per questo storico locale che ha più di un secolo di vita. Passando nella via, gettate l'occhio - attraverso la grande vetrata - sulla cucina, ed accomodatevi nella veranda affacciata sulla Spiaggia Grande: uno dei punti più animati della "città romantica".

XX **Next2** 　　　　　　　　　　🛋 VISA ⚫⚫ AE ⚡
via Pasitea 242 – ℰ 08 98 12 35 16 – www.next2.it – aprile-ottobre
Rist – *(chiuso a mezzogiorno)* Carta 33/73 € 🏵
♦ Lungo la strada che attraversa il paese, è un susseguirsi di vari locali, ma noi vi suggeriamo di fermarvi qui: in questo moderno ristorante (piacevole anche per il dopocena) con una bella zona all'aperto, cucina a vista e saletta "enoteca" per un ambiente più informale. Specialità di mare.

X **Da Vincenzo** 　　　　　　　🛋 AC 🏖 VISA ⚫⚫ ⚡
viale Pasitea 172/178 – ℰ 08 89 87 51 28 – www.davincenzo.it – marzo-novembre;
chiuso martedì a mezzogiorno in estate
Rist – Carta 44/54 €
♦ Nonno Vincenzo fondò il locale oltre 50 anni fa ed, oggi, l'omonimo nipote ne ha preso il timone. I piatti in menu, pur variando a seconda della disponibilità del mercato e del pescato, mantengono sempre quella inconfondibile impronta casareccia di un tempo.

X **La Cambusa** 　　　　　　🖥 🛋 AC VISA ⚫⚫ AE ① ⚡
piazza Vespucci 4 – ℰ 08 89 81 20 51 – www.lacambusapositano.com – chiuso
dal 6 gennaio a febbraio
Rist – Carta 31/80 €
♦ Nel cuore di Positano, nella piazzetta di fronte alla spiaggia, una specie di terrazza-veranda, un ambiente di sobria classicità; per gustare piatti legati al territorio.

POSTA FIBRENO – Frosinone (FR) – **563** Q23 – **1 216 ab.** – alt. 430 m 　　**13 D2**
– ✉ 03030
▶ Roma 121 – Frosinone 40 – Avezzano 51 – Latina 91

sulla strada statale 627 Ovest : 4 km :

XXX **Il Mantova del Lago** 　　　🚗 AC 🏖 P. VISA ⚫⚫ AE ① ⚡
località La Pesca 9 ✉ 03030 – ℰ 07 76 88 73 44 – www.ilmantovadellago.it
– chiuso dall'11 al 17 agosto, 3 settimane in novembre, domenica sera, lunedì
Rist – Carta 48/70 €
♦ In riva al piccolo lago, all'interno di un edificio rustico ben restaurato e cinto da un parco, un'elegante oasi di pace: soffitti decorati, sapori di pesce e di carne.

POSTAL (BURGSTALL) – Bolzano (BZ) – **562** C15 – **1 715 ab.**   30 B2
– alt. 270 m – ✉ 39014

🚹 Roma 658 – Bolzano 26 – Merano 11 – Milano 295

ℹ️ via Roma 48, 🕿 0473 56 17 70, www.lana.info

Muchele ⬅🚗🛏🍴🛖♨️🍽🍴♿ cam, 🚶🏧 🎿 rist, ☕🅿🚗

vicolo Maier 1 – 🕿 04 73 29 11 35 – www.muchele.com   🆅🅸🆂🅰 ⑳ 🅰🅴 🅶
– 26 dicembre-10 gennaio e 25 marzo-10 novembre

36 cam ⚑ – ♦65/75 € ♦♦130/150 € – 2 suites – ½ P 81/91 €
Rist – Carta 33/63 €

♦ In questo ameno angolo di Sud Tirolo, immerso tra le montagne e circondato da un giardino fiorito con piscina riscaldata, un bel complesso con numerose offerte sportive. Dimenticatevi dello stress nella Sensi Spa: il nome è già tutto un programma! Possibilità di assaporare le delizie culinarie dell'Alto Adige.

✂✂ Hidalgo 🛏🅿🆅🅸🆂🅰 ⑳ 🅰🅴 ⓪ 🅶

via Roma 7, Nord : 1 km – 🕿 04 73 29 22 92 – www.restaurant-hidalgo.it
Rist – Menu 46 € – Carta 38/48 € 🍽

♦ Cucina in prevalenza di tradizione mediterranea con tanta carne, anche alla griglia, ma soprattutto pesce... tra le vette dell'Alto Adige!

POTENZA 🅿 (PZ) – **564** F29 – **68 556 ab.** – alt. 819 m – ✉ 85100   3 B2
▯ Italia

🚹 Roma 363 – Bari 151 – Foggia 109 – Napoli 157

ℹ️ via del Gallitello 89, 🕿 0971 50 76 22, www.aptbasilicata.it

◉ Portale★ della chiesa di San Francesco Y

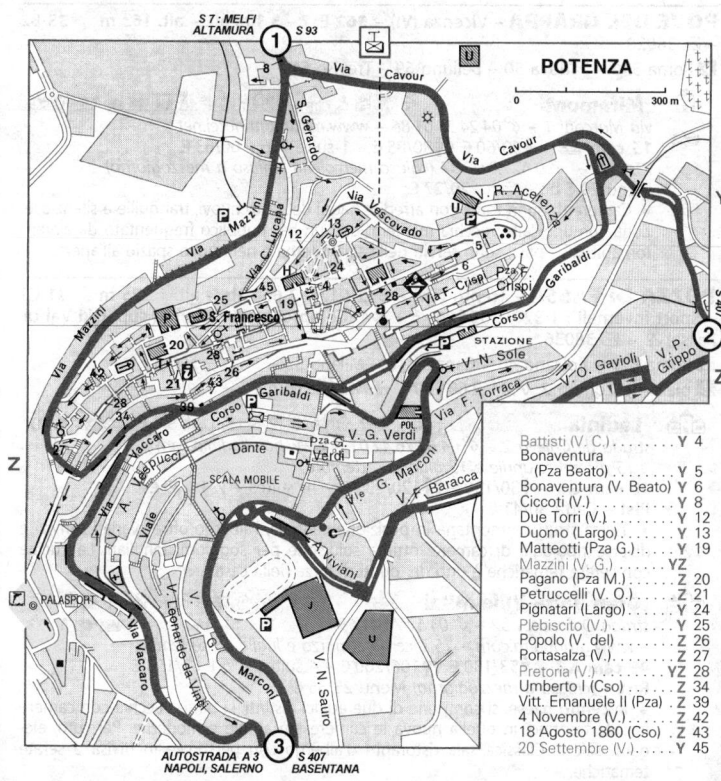

Grande Albergo ← | | | AK | % rist, ¶ | SÅ | VISA | ⊙ | AE | ⊙ | ⑤
corso 18 Agosto 46 – ℰ 09 71 41 02 20 – www.grandealbergopotenza.it
63 cam ☲ – †78/89 € ††108 € – ½ P 77 €   Y**a**
Rist – Carta 30/40 €
♦ Nei pressi del centro storico (con qualche difficoltà di parcheggio, sormontabile), un grande albergo nato nel 1959, le cui camere sono state rinnovate in anni recenti; ampie e funzionali le aree comuni. Calde tonalità nell'elegante ristorante, dove gustare specialità lucane e piatti della gastronomia internazionale.

XX **Antica Osteria Marconi** 🚗 VISA ⊙ AE ⑤
viale Marconi 235 – ℰ 09 71 15 69 00 – www.anticaosteriamarconi.it – chiuso 2
settimane in agosto, domenica sera e lunedì Z**c**
Rist – Menu 17 € (pranzo)/35 € – Carta 33/45 €
♦ In un piccolo stabile, il locale si presenta con una zona d'ingresso (che d'inverno diventa saletta) ed una sala principale, fresca ed intima, mentre la cucina è permeata da un'interessante vena creativa. Accogliente dehors.

sulla strada statale 407 Est : 4 km :

La Primula 🍃 🚗 🏠 ☒ | | & AK % rist, ¶ | SÅ P 🚗 VISA ⊙ AE ⊙ ⑤
località Bucaletto 61-62/a ☒ 85100 – ℰ 0 97 15 83 10
– www.albergolaprimula.it
46 cam ☲ – †75/80 € ††120/300 €   **Rist** – Carta 30/50 €
♦ In posizione decentrata, a circa 5 minuti dal centro cittadino, interni personalizzati e piacevoli esterni, dove spicca la grande piscina nel bel mezzo di un curato giardino. Nel ristorante intimo e curato sono di casa i sapori locali.

POVE DEL GRAPPA – Vicenza (VI) – **562** E17 – **3 100 ab.** – alt. 163 m   **35** B2
– ☒ 36020
▶ Roma 536 – Padova 50 – Belluno 69 – Treviso 51

Miramonti ← 🍴 | | & cam, AK % rist, ¶ | SÅ P VISA ⊙ AE ⊙ ⑤
via Marconi 1 – ℰ 04 24 55 01 86 – www.miramontihotel.net
15 cam ☲ – †50/60 € ††80/85 € – 1 suite – ½ P 60/63 €
Rist *Mì* – ℰ 0 42 48 06 97 (chiuso mercoledì) (chiuso a mezzogiorno)
Menu 29 € bc – Carta 20/27 €
♦ Camere di buon tono, con arredi e bagni del tutto nuovi, tranquille e silenziose. Zona comune "alla vecchia maniera" con un bar pubblico frequentato da avventori abituali. I pasti sono serviti nella sala interna e nel nuovo spazio all'aperto.

POZZA DI FASSA – Trento (TN) – **562** C17 – **2 060 ab.** – alt. 1 325 m   **31** C2
– **Sport invernali** : 1 320/2 354 m ⬍ 1 ⬍4 (Comprensorio Dolomiti superski Val di
Fassa) ⬍ – ☒ 38036
▶ Roma 677 – Bolzano 40 – Canazei 10 – Milano 335
🅸 piaza de Comun 2, ℰ 0462 60 96 70, www.fassa.com

Ladinia ← 🚗 🏠 ⊙ ☈ 🌸 % 🍴 | | & cam, % ⋈ 🌸 P 🚗 VISA ⊙ ⑤
strada de Chieva 2 – ℰ 04 62 76 42 01 – www.hotelladinia.com
– 15 dicembre-aprile e 15 giugno-settembre
40 cam ☲ – †80/150 € ††120/235 € – 10 suites – ½ P 125 €
Rist – Carta 30/41 €
♦ Tipica struttura montana in posizione centrale, l'albergo offre svariati serivizi e diverse tipologie di camere: ottima soluzione per soggiorni familiari. La cucina con serate tematiche è uno dei punti di forza della casa.

Gran Baita Villa Mitzi ← 🚗 🌸 | | & cam, % rist, SÅ P 🚗
strada Dolomites 32 – ℰ 04 62 76 41 63   VISA ⊙ AE ⑤
– www.granbaita.com – 15 dicembre-marzo e luglio-15 settembre
49 cam ☲ – †53/130 € ††106/260 € – 4 suites – ½ P 63/150 €
Rist – (chiuso a mezzogiorno) Menu 25/35 €
♦ In centro paese, si compone di due edifici distinti: la parte vecchia con camere in stile trentino, in quella nuova le camere più ampie e moderne. Per tutti, eleganti saloni. Classica sala ristorante d'albergo con personale in divisa e serate tematiche.

Sport Hotel Majarè ⪡ 俞 📧 🏃 ⚬ cam, 🅿 🚗 VISA ⚬ 🗲
strada De Sot Comedon 51 – ☎ 04 62 76 47 60 – www.hotelmajare.com
– dicembre-11 aprile e giugno-26 settembre
33 cam – solo ½ P 50/75 €   **Rist** – Carta 31/42 €
♦ A soli 100 m dagli impianti di risalita del Buffaure, risorsa a gestione familiare,
offre ambienti ispirati alla tradizione tirolese. Piccolo e accogliente centro benessere. Caldo legno avvolge pareti e soffitto della grande sala ristorante.

René ⪡ 🚗 🔲 俞 📧 ⚬ 🕯 🅿 🚗 VISA ⚬ AE 🗲
via do la Veish 69 – ☎ 04 62 76 42 58 – www.hotelrene.com – 18 dicembre-aprile
e 20 giugno-settembre
40 cam 🖾 – ♦50/150 € ♦♦100/200 € – ½ P 65/115 €   **Rist** – Menu 16/35 €
♦ Gestione familiare in una zona tranquilla, ma ancora centrale, per un'accogliente struttura con camere ben tenute ed una new entry dal nome promettente: il centro benessere La Carezza. Indimenticabile la piscina sotto un cono di
vetro. Al ristorante, piatti regionali e nazionali.

Touring ⪡ 俞 🖪 📧 🕭 cam, 🏃 ⚬ rist, ⚬ 🅿 🚗 VISA ⚬ 🗲
Troi de Vich 72, Sud : 2 km – ☎ 04 62 76 32 68 – www.touringhotel.info
– dicembre-9 aprile e 21 maggio-30 settembre
27 cam 🖾 – ♦90 € ♦♦80/160 € – ½ P 90 €
Rist – (solo per alloggiati) Menu 20 €
♦ E' l'albergo ideale per partire in vacanza con la famiglia: gestione cordiale (e
paziente con i piccoli ospiti), piacevoli spazi comuni e camere semplici, ma confortevoli. Interessante rapporto qualità/prezzo.

El Filò ⚬ VISA ⚬ 🗲
strada Dolomites 103 – ☎ 04 62 76 32 10 – www.el-filo.com – chiuso 20 giorni in
giugno, 20 giorni in ottobre, mercoledì, giovedì a mezzogiorno
Rist – (chiuso a mezzogiorno in bassa stagione escluso sabato-domenica) (consigliata la prenotazione) Menu 30/40 € – Carta 32/55 €
♦ Tappa imperdibile per chi vuole completare la vacanza con una conoscenza
anche gastronomica delle Dolomiti, El Filo' propone prodotti e piatti della
regione, talvolta rivisitati dal giovane cuoco.

a Pera Nord : 1 km – ✉ 38036 Pera Di Fassa

Soreje ⪡ 📧 🏃 ⚬ rist, 🅿 VISA ⚬ AE 🗲
strada Dolomites 167 – ☎ 04 62 76 48 82 – www.soreie.com – chiuso dal
10 aprile al 15 giugno e dal 1° ottobre al 15 dicembre
21 cam 🖾 – ♦60/70 € ♦♦90/120 € – ½ P 75 €   **Rist** – Menu 18/20 €
♦ Balconi in legno e decori in facciata per quest'hotel a gestione familiare, ubicato in una piccola frazione lungo la statale; bell'angolo soggiorno dotato di
stube. Prenotate una delle camere ladine con gli originali arredi dipinti!

POZZI – Lucca (LU) – Vedere Seravezza

POZZO – Arezzo (AR) – **563** M17 – Vedere Foiano della Chiana

POZZOLENGO – Brescia (BS) – **561** F13 – **3 410 ab.** – alt. 135 m   **17** D1
– ✉ 25010

▶ Roma 502 – Brescia 43 – Milano 130 – Padova 116
🖫 Chervò San Vigilio località San Vigiglio, 030 91801, www.chervogolfsanvigilio.it

Moscatello Muliner con cam ⌖ 🚗 🛏 🔲 🄰🄲 cam, 🏃 rist,
località Moscatello 3/5, Sud-Est : 2,5 km VISA ⚬ AE ⓞ 🗲
– ☎ 0 30 91 85 21 – www.agriturismomoscatello.it – chiuso dal 14 al
30 novembre e martedì
13 cam – ♦50/70 € ♦♦60/140 €, 🖾 6 €
Rist – (consigliata la prenotazione) Menu 20 € (pranzo)/45 € – Carta 32/53 €
♦ All'interno di una vasta proprietà agricola, in un bucolico contesto, una macina
per il grano dei primi '900 campeggia al centro di questo piacevole ristorante. Il
menu "sposa" la tradizione con piatti regionali, a prezzi contenuti.

❌ **Antica Locanda del Contrabbandiere** con cam 🏠 ⬅ 🚗 🏠
località Martelosio di Sopra 1, Est : 1,5 km 🍴 📶 📶 🍴
– 𝒞 030 91 81 51 – www.locandadelcontrabbandiere.com – chiuso dal 10 al
30 gennaio
3 cam ☕ – †80/100 € ††100/125 € – 1 suite
Rist – (chiuso lunedì) (chiuso a mezzogiorno escluso i giorni festivi) (consigliata
la prenotazione) Carta 32/52 €
♦ Fuori lo spettacolo di un tramonto in aperta campagna; dentro due semplici e
intime salette. I piatti del giorno sono quelli consegnati dalla tradizione. Fatevi
consigliare dallo chef per comporre il menù. Per chi desidera gustare più a
lungo la bellezza del posto, camere d'atmosfera arredate con mobili d'epoca.

POZZOLO FORMIGARO – Alessandria (AL) – 561 H8 – 4 903 ab.   23 C3
– alt. 171 m – ✉ 15068
▶ Roma 571 – Torino 115 – Alessandria 21 – Genova 66

❌❌ **Locanda dei Narcisi** 🏠 🚗 📶 📶 📶 📶 🍴
strada Barbotti 1, località Bettole, Nord-Est: 4 km – 𝒞 01 43 31 98 22
– www.lalocandadeinarcisi.it – chiuso lunedì
Rist – (consigliata la prenotazione) Menu 35 € bc – Carta 37/78 €
♦ Un "gioiellino" di locale in una piccola frazione. Ambiente curato e romantico,
dove sfiziosl piatti di mare (e qualche specialità del territorio) vengono proposti in
chiave moderna. Qui si fa tutto in casa: dal buon pane, alle paste, passando per le
verdure dell'orto.

POZZUOLI – Napoli (NA) – 564 E24 – 83 426 ab. – ✉ 80078 ▌ Italia   6 A2
▶ Roma 235 – Napoli 16 – Caserta 48 – Formia 74
🛳 per Procida ed Ischia - Caremar, call center 892 123
🛳 Medmar 081 3334411
🛈 largo Matteotti 1/a, 𝒞 081 5 26 66 39, www.comune.pozzuoli.na.it/
◉ Anfiteatro★★ – Tempio di Serapide★ – Tempio di Augusto★ – Solfatara★★ Nord-
Est : 2 km
◎ Rovine di Cuma★ : Acropoli★★, Arco Felice★ Nord-Ovest : 6 km – Lago
d'Averno★ Nord-Ovest : 7 km – Campi Flegrei★★ Sud-Ovest per la strada costiera
– Isola d'Ischia★★★ e Isola di Procida★

🏠 **Tiro a Volo** senza rist 🏠 📶 🚗 📶 📶 📶 📶 🍴
via San Gennaro 69/A, Est : 3 km – 𝒞 08 15 70 45 40 – www.hoteltiroavolo.it
14 cam ☕ – †40/60 € ††60/80 €
♦ Il "tiro" al quale ci si esercitava in quest'area, poco distante dall'area archeologica dei Campi Flegrei, era quello del piccione. Oggi, vi sorge un albergo confortevole e tranquillo.

❌❌ **La Marinella** 🏠 📶 🚗 📶 📶 🍴
via Matteotti 48 – 𝒞 08 15 26 95 39 – www.ristorantelamarinella.it – chiuso 24 e
25 dicembre
Rist – Carta 30/50 €
♦ Sedie in pelle e piatti in ceramica di Vietri per questo elegante ristorante con
proposte esclusivamente di pesce: in mostra all'ingresso, tra i secondi è spesso
alla griglia.

❌❌ **La Cucina degli Amici** 🏠 📶 📶 📶 📶 📶 🍴
corso Umberto I 47 – 𝒞 08 15 26 93 93 – www.lacucinadegliamici.it – chiuso 24,
25 e 31 dicembre
Rist – Carta 30/48 €
♦ Sul lungomare: all'esterno un dehors estivo, all'interno una sala in cui si erge, in
bella mostra, una scaffalatura lignea con una consistente esposizione di etichette
campane. Cucina di pesce.

a Lucrino Ovest : 2 km – ⊠ 80078

🏨   **Villa Luisa** senza rist   🕸 *L₅* |📶| 📶 🖋 **P** 🕭 🎟️ 🐵 AE ① ઈ
via Tripergola 50 – ℰ 08 18 04 28 70 – www.villaluisaresort.it
37 cam ⊡ – ♦60/100 € ♦♦70/150 €
• Oasi di ristoro incastonata tra le terme romane neroniane e il lago d'Averno, la villa propone camere arredate in legno chiaro, molte con terrazza, e un piccolo gradevole centro benessere.

a Cuma Nord-Ovest : 10 km – ⊠ 80070

⌂   **Villa Giulia** 🍃   ≤ 🚗 🔏 🛏 rist, **P** 📶 🐵 AE ① ઈ
via Cuma Licola 178 – ℰ 08 18 54 01 63 – www.villagiulia.info
6 cam ⊡ – ♦75/110 € ♦♦80/150 €
Rist – (prenotazione obbligatoria) *(solo per alloggiati)* Menu 30 €
• Villa settecentesca in tufo circondata da un delizioso giardino mediterraneo. All'interno, arredi ricercati, materiali di pregio e una gentilissima titolare seguita da una muta di splendidi Siberian Husky.

POZZUOLO – Perugia (PG) – **563** M17 – Vedere Castiglione del Lago

---

PRADELLA – Bergamo (BG) – Vedere Schilpario

PRADIPOZZO – Venezia (VE) – **562** E20 – ⊠ 30020   **36** D2
▶ Roma 587 – Udine 56 – Venezia 63 – Milano 328

🍴   **Tavernetta del Tocai**   ॐ AC **P** 📶 🐵 ઈ
😊   *via Fornace 93 – ℰ 04 21 20 47 06 – ristorantetavernettadeltocai.it – chiuso dal*
     1° al 23 agosto, domenica sera, lunedì
😋   **Rist** – Menu 15 € bc *(pranzo)*/35 € – Carta 20/38 €
• Ristorante-enoteca a gestione familiare dall'atmosfera rustica e semplice, caratterizzato dal tipico fogolar, propone una cucina stagionale e grigliate di carne.

PRAGS = Braies

PRAIA A MARE – Cosenza (CS) – **564** H29 – **6 824 ab.** – ⊠ 87028   **5** A1
▶ Roma 417 – Cosenza 100 – Napoli 211 – Potenza 139
🖸 Golfo di Policastro★★ Nord per la strada costiera

sulla strada statale 18 Sud-Est : 3 km :

🏠   **New Hotel Blu Eden**   ≤ 🌲 🏡 🔏 AC 🛁 ᖇ 🕸 **P** 📶 🐵 AE ① ઈ
😊   *località Foresta ⊠ 87028 – ℰ 09 85 77 91 74 – www.blueden.it*
     16 cam – ♦47/85 € ♦♦60/93 €, ⊡ 5 € – ½ P 70 €
     Rist – *(solo per alloggiati)* Carta 16/43 €
• Simpatica gestione familiare che un hotel in posizione defilata con camere linde, alcune dotate di grandi terrazzi. Spazi comuni arriosi. La zona ristorante, con ambienti moderni e luminosi, si apre sul blu del Tirreno.

PRAIANO – Salerno (SA) – **564** F25 – **2 068 ab.** – ⊠ 84010   **6** B2
▶ Roma 274 – Napoli 64 – Amalfi 9 – Salerno 34

🏨   **Tramonto d'Oro**   ≤ 🏡 🔏 🕸 *L₅* |📶| 🛏 🕸 rist, ᖇ **P** 📶 🐵 AE ① ઈ
via Gennaro Capriglione 119 – ℰ 0 89 87 49 55 – www.tramontodoro.it
– 30 marzo-28 ottobre
40 cam ⊡ – ♦90/200 € ♦♦140/300 € – ½ P 190 €
Rist – *(chiuso sino al 21 aprile)* Carta 25/58 €
• Un hotel dal nome già indicativo sulla possibilità di godere di suggestivi tramonti dalla bella terrazza-solarium con piscina; una costruzione mediterranea confortevole. Due ampie sale ristorante al piano terra.

Onda Verde ⚭ ≤ 🛗 AC 🍽 📶 P VISA ⚏ ① ✆
via Terra Mare 3 – 𝒞 08 89 87 41 43 – www.ondaverde.it – aprile-ottobre
25 cam ⊑ – †100/180 € ††110/230 € – ½ P 90/140 €
Rist – Carta 25/40 € (+15 %)
♦ Poco fuori dalla località, lungo la costa, ubicazione tranquilla e suggestiva, per una struttura le cui camere sono state recentemente rinnovate con buon gusto e ricercatezza. La sala ristorante offre una vista mozzafiato a strapiombo sugli scogli ed una cucina casalinga dai sapori del mare.

Margherita ≤ 🚗 🏡 ☐ 🛗 AC cam, 🍽 📶 P 🚗 VISA ⚏ AE ① ✆
via Umberto I 70 – 𝒞 08 89 87 46 28 – www.hotelmargherita.info
– 1° marzo-30 novembre
28 cam ⊑ – ††90/160 € – ½ P 70/105 €
Rist M' Ama – Menu 25 € – Carta 26/57 €
♦ Struttura a circa 1 km dalla costa - da sempre di famiglia - oggi gestita dalla nuova generazione: il reparto notte è già stato rimodernato, così come le terrazze all'aperto. Ottima sosta gastronomica al ristorante, dove dominano i sapori della costiera.

sulla costiera amalfitana Ovest : 2 km :

Casa Angelina ⚭ ≤ ≤ 🔗 ☐ ◑ ⋒ 🛗 AC 🍽 📶 P VISA ⚏ AE ① ✆
via Capriglione 147 – 𝒞 08 98 13 13 33 – www.casangelina.it – aprile ottobre
41 cam ⊑ – †175/250 € ††355/565 €
Rist Un Piano nel Cielo – Carta 50/87 €
♦ E' il bianco a prevalere in questa raffinata struttura, forse una delle più belle della costiera, dove nella hall trovano ospitalità opere di artisti famosi. Elementi di design e materiali pregiati conferiscono alle camere la vera cifra del lusso, mentre il nome del ristorante è presagio della vista mozzafiato che offrirà. Cucina mediterranea.

Tritone ⚭ ≤ ≤ 🏡 ☐ 🛗 AC 🍽 rist, 📶 ⋀ P VISA ⚏ AE ① ✆
via Campo 5 ⊠ 84010 – 𝒞 08 89 87 43 33 – www.tritone.it – 22 aprile-22 ottobre
57 cam ⊑ – †180/290 € ††230/310 € – 3 suites – ½ P 160/200 €
Rist – Carta 45/78 €
♦ Aggrappato alla scogliera, oltre all'ascensore c'è un sinuoso e ripido camminamento adatto solo ai più sportivi, in fondo la piscina ed una "spiaggia" ricavata fra gli scogli. Capiente sala da pranzo e servizio ristorante in terrazza, a picco sulla Costiera.

PRALBOINO – Brescia (BS) – **561** I8 – 2 921 ab. – alt. 47 m – ⊠ 25020   **17** C3
▶ Roma 550 – Brescia 44 – Cremona 24 – Mantova 61

XXX **Leon d'Oro** (Alfonso Pepe) 🏡 AC VISA ⚏ ✆
❀ *via Gambara 6 – 𝒞 0 30 95 41 56 – www.locandaleondoro.it – chiuso 10 giorni in gennaio, agosto, domenica sera, lunedì*
Rist – Menu 60 bc/85 € – Carta 60/105 €
Spec. Tortelli di zucca alla pralboinese. Tempura di merluzzo. Capretto cotto in coccio alla bresciana (inverno-primavera).
♦ Ospitato in un bel caseggiato rustico in centro paese, caldi ambienti in legno con camino e una simpatica carta che propone piatti creativi a prevalenza di pesce.

PRATA DI PORDENONE – Pordenone (PN) – **562** E19 – 8 458 ab.   **10** A3
– alt. 18 m – ⊠ 33080
▶ Roma 614 – Trieste 122 – Pordenone 11 – Venezia 92

XX **Aqua** ⎚ AC 🍽 P VISA ⚏ AE ✆
⚭ *via Opitergina 47 – 𝒞 04 34 62 19 16 – www.aquaristorante.it – chiuso sabato a mezzogiorno e domenica*
Rist – Menu 20 € bc (pranzo)/65 € bc – Carta 35/65 €
♦ Interni moderni e alla moda, per un locale che propone una cucina fantasiosa e curata, prevalentemente a base di pesce. A mezzogiorno: un menu più ridotto e veloce (con prezzi contenuti).

PRATI DI TIVO – Teramo (TE) – **563** O22 – Vedere Pietracamela

PRATO Ⓟ (PO) – **563** K15 – 186 798 ab. – alt. 61 m – ✉ 59100   **29** C1
🏳 Toscana

▶ Roma 293 – Firenze 17 – Bologna 99 – Milano 293

ℹ piazza del Duomo 8, ℰ 0574 2 41 12, www.pratoturismo.it

🏌 Le Pavionere via Traversa il Crocifisso snc, 0574 620855,
www.golfclubpavonerie.com – chiuso lunedì

👁 Duomo★ : affreschi★★ dell'abside (Banchetto di Erode★★★) e pulpito★
– Palazzo Pretorio★: collezione di polittici★ – Affreschi★ nella chiesa
di San Francesco **D** – Pannelli★ e arcate★ del chiostrino al museo dell'Opera
del Duomo **M**

🏨 Art Hotel Museo   ⏳ 🛗 ♿ 🎚 ⇋ 👜 🐾 🚗 VISA ⓒⓞ 🆎 ⓞ ⏱

viale della Repubblica 289, per viale Monte Grappa
– ℰ 05 74 57 87
– www.arthotel.it
110 cam 🖵 – †95/200 € ††114/200 €
Rist Art Hotel Museo – vedere selezione ristoranti

♦ Situato vicino al Museo d'Arte Contemporanea Luigi Pecci, la struttura offre
ampi spazi comuni e camere moderne dotate di ogni confort. Bella piscina all'a-
perto ed attrezzato centro congressi.

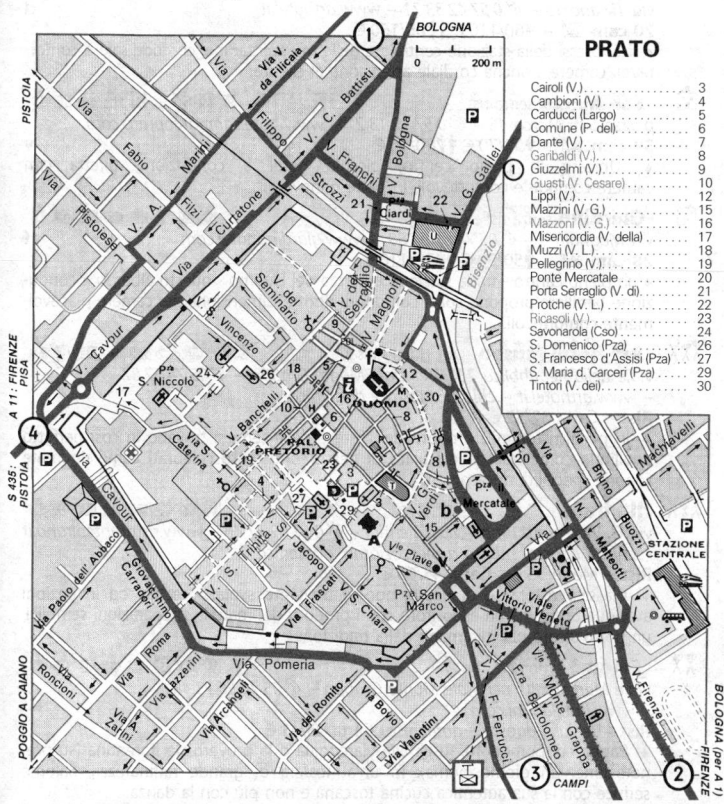

PRATO

ਜਿੰ Charme Hotel 〰 ⓢ 𝄐 |▤| ዼ ⓀⓊ ⅔ rist, ☏ ⅍ 🖶 𝑣𝑖𝑠𝑎 ⓒⓞ 𝔸𝔼 ✆

via delle Badie 228/230 per via Roma – ℰ 05 74 55 05 41 – www.charmehotel.it

72 cam ☷ – †85/130 € ††100/170 € – ½ P 125 €

Rist – (chiuso sabato e domenica) (chiuso a mezzogiorno) (solo per alloggiati)

♦ In zona residenziale e periferica, un albergo moderno che propone la funzionalità richiesta dalla clientela commerciale ed ambienti ben rifiniti, se non eleganti. Ampia ed attrezzata palestra.

ਜਿੰ Wall Art 〰 |▤| ዼ ⓀⓊ ⅔ ☏ ⅍ 🖶 𝑣𝑖𝑠𝑎 ⓒⓞ 𝔸𝔼 ⓞ ✆
⊗⊗

viale della Repubblica 8, per viale Monte Grappa – ℰ 05 74 59 66 00

– www.wallart.it

94 cam ☷ – †150 € ††200 € – 5 suites

Rist – (chiuso a mezzogiorno) (solo per alloggiati) Menu 15/30 €

♦ Appena fuori dal centro, questa moderna struttura non solo ospita camere generose nelle dimensioni e appartamenti confortevoli, ma anche un'interessante collezione privata di quadri contemporanei. Per un soggiorno nell'arte.

ਜਿੰ Datini 𝐿𝑓 |▤| ዼ ⓀⓊ ⅔ ☏ ⅍ 𝐏 𝑣𝑖𝑠𝑎 ⓞ ✆

viale Marconi 80, per viale Monte Grappa – ℰ 05 74 56 23 48

– www.hoteldatini.com

80 cam ☷ – †60/140 € ††80/170 €

Rist Salomè – vedere selezione ristoranti

♦ In prossimità dell'uscita autostradale, l'hotel è ideale per una clientela business: camere confortevoli, ampi spazi per convegni ed una piccola palestra.

ਜਿੰ Art Hotel Milano senza rist 𝐿𝑓 |▤| ዼ ☆ᗷ ⓀⓊ ⅔ ⅍ ⓒⓞ 𝔸𝔼 ⓞ ✆

via Tiziano 15 – ℰ 05 74 23 33 71 – www.arthotel.it **d**

70 cam ☷ – †60/110 € ††85/160 €

♦ Nei pressi della stazione centrale e delle mura cittadine, comode sale e confortevoli camere, nonché cordiale attenzione al cliente.

ਜਿ San Marco senza rist |▤| ⓀⓊ ⅔ ☏ 𝐏 𝑣𝑖𝑠𝑎 ⓒⓞ 𝔸𝔼 ✆

piazza San Marco 48 – ℰ 05 74 21 13 21 – www.hotelsanmarcoprato.com

39 cam ☷ – †55/70 € ††80/95 € **v**

♦ Ubicato in pieno centro, piccolo hotel a conduzione diretta con camere comode e confortevoli, in parte rinnovate.

ਜਿ Giardino senza rist |▤| ⓀⓊ ⅔ 𝑣𝑖𝑠𝑎 ⓒⓞ 𝔸𝔼 ⓞ ✆

via Magnolfi 4 – ℰ 05 74 60 65 88 – www.giardinohotel.com **f**

28 cam ☷ – †50/90 € ††70/110 €

♦ In pieno centro - tra la stazione e piazza del Duomo - questo albergo a conduzione familiare propone spazi comuni di ridotte dimensioni, ma camere piacevolmente confortevoli.

XXX Art Hotel Museo – Art Hotel Museo ዼ ⓀⓊ ⇄ 🖶 𝑣𝑖𝑠𝑎 ⓒⓞ 𝔸𝔼 ⓞ ✆

viale della Repubblica 289, per viale Monte Grappa – ℰ 05 74 57 87

– www.arthotel.it – chiuso agosto e domenica

Rist – Carta 32/52 €

♦ In pochi ristoranti i prodotti del mare e della terra si trovano in così perfetto equilibrio come qui, dove i piatti di pesce sono tanto celebrati come rinomate sono le specialità di carne.

XXX Il Piraña ⓀⓊ ⅔ ⇄ 𝑣𝑖𝑠𝑎 ⓒⓞ 𝔸𝔼 ⓞ ✆

via G. Valentini 110, per via Valentini – ℰ 05 74 25 74 6 – www.ristorantepirana.it

– chiuso agosto, sabato a mezzogiorno, domenica

Rist – Menu 55 € – Carta 45/65 €

♦ Classico ristorante di pesce, non vi troverete svolazzi tecnici od invenzioni avanguardiste, ma un espositore con i prodotti del mare in preparazioni semplici, un porto sicuro per gli amanti della tradizione.

XX Salomè – Hotel Datini ዼ ⓀⓊ ⇄ 𝐏 𝑣𝑖𝑠𝑎 ⓒⓞ 𝔸𝔼 ⓞ ✆

viale Marconi 80, per viale Monte Grappa – ℰ 05 74 56 23 48

– www.hoteldatini.com

Rist – (chiuso agosto e domenica) Carta 25/41 €

♦ Pappa col pomodoro, fusilli alla viareggina o la proverbiale fiorentina (su prenotazione, un giorno prima): in un'atmosfera di grande raffinatezza, Salomè seduce con la sua autentica cucina toscana e non più con la danza.

XX **Tonio**   🛜 Ⓚ ⇔ 🆅🆂🅰 ⓒⓞ 🅰🅴 ⓞ ⓢ

piazza Mercatale 161 – ℰ 05 74 21 12 66 – www.ristorantetonio.it
– chiuso dal 15 al 29 agosto, domenica, lunedì a mezzogiorno   **b**
Rist – Carta 33/62 € (+10 %)
♦ Più di mezzo secolo di attività nel settore della ristorazione per questo locale a conduzione familiare, dove gustare fragranti piatti di pesce.

X **Logli Mario**   🛜 ⅋ 🄿 🆅🆂🅰 ⓒⓞ 🅰🅴 ⓞ ⓢ

località Filettole, 2 km per via Machiavelli – ℰ 05 74 23 30 10
*– www.ristorantelogli.com – chiuso dal 1° al 7 gennaio, dall'8 al 31 agosto,
lunedì sera, martedì*
Rist – Carta 31/38 €
♦ Profumo di carne alla griglia già all'ingresso: un'invitante accoglienza per farvi accomodare nella bella trattoria rustica, sui colli, con servizio estivo in terrazza.

PREDAPPIO – Forlì-Cesena (FC) – 6 484 ab. – alt. 133 m – ⌧ 47016   **9** D2
▶ Roma 331 – Bologna 89 – Forlì 16 – Ravenna 46

X **Del Moro**   ⅋ Ⓚ ⅋ ⇔ 🆅🆂🅰 ⓒⓞ 🅰🅴 ⓢ

*viale Roma 8 – ℰ 05 43 92 22 57 – www.ristorantedelmoro.it – chiuso dal 9 al
19 gennaio, lunedì, martedì*
Rist – Carta 26/43 €
♦ Sulla via principale, in comoda posizione per quanti arrivano qui per riscoprire o curiosare nella storia del Duce, il locale propone una cucina dai sapori regionali, presentati in porzioni abbondanti.

PREDAZZO – Trento (TN) – 562 D16 – 4 508 ab. – alt. 1 018 m – Sport   **31** C2
invernali : 1 018/2 415 m ✦ 7 ✦ 38 (Comprensorio Dolomiti superski Val di
Fiemme) ✦ – ⌧ 38037
▶ Roma 662 – Bolzano 55 – Belluno 78 – Cortina d'Ampezzo 83
🆔 via Cesare Battisti 4, ℰ 0462 50 12 37, www.visitfiemme.it

🏠 **Sporthotel Sass Maor**   🛖 🄵 🅖 ⅋ 🄿 🚗 🆅🆂🅰 ⓒⓞ 🅰🅴 ⓞ ⓢ

*via Marconi 4 – ℰ 04 62 50 15 38 – www.sassmaor.com – chiuso dal 10 al
30 novembre*
27 cam ⌧ – †45/85 € ††75/120 € – 3 suites – ½ P 70 €
Rist – Carta 24/31 €
♦ Dotata di camere semplici ma confortevoli, in stile montano, e di un curato piano terra, oltre ad un comodo parcheggio privato, una risorsa davvero gradevole. Due piccole e graziose sale ristorante, una stube con legno antico.

PREGANZIOL – Treviso (TV) – 562 F18 – 16 988 ab. – alt. 12 m   **35** A1
– ⌧ 31022
▶ Roma 534 – Venezia 22 – Mestre 13 – Milano 273

🏨 **Park Hotel Villa Vicini** senza rist   🎋 🅖 🄵 Ⓚ 🛜 🏌 🄿

via Terraglio 447, Sud 1 km – ℰ 04 22 33 05 80   🆅🆂🅰 ⓒⓞ 🅰🅴 ⓞ ⓢ
– www.villavicini.com
38 cam ⌧ – †60/120 € ††80/165 € – 1 suite
♦ Variopinta villa ottocentesca con camere di diverse tipologie: le più tranquille si affacciano sul bel parco curato; nella *dépendance* le stanze più semplici ed economiche.

🏨 **Crystal**   🅖 🄵 Ⓚ ⅋ 🛜 🏌 🄿 🆅🆂🅰 ⓒⓞ 🅰🅴 ⓞ ⓢ

via Baratta Nuova 1, Nord : 1 km – ℰ 04 22 63 08 13 – www.crystalhotel.it
67 cam ⌧ – †50/100 € ††60/120 € – 2 suites – ½ P 50/92 €
Rist – (chiuso dal 1° al 25 agosto) Carta 19/30 €
♦ Albergo moderno di recente realizzazione, sviluppato in orizzontale secondo un impianto con richiami ad uno stile sobrio e minimalista. Ambienti ariosi e camere lineari. Sala ristorante ampia e dalle delicate tinte pastello.

⛌⛌ **Magnolia** 🚗 🏠 ♿ Ⓚ 🅿 💳 ⏺ AE ① ⛅
via Terraglio 136, Nord : 1 km – ℰ 04 22 63 31 31 – www.magnoliaristorante.com
– chiuso dal 5 al 25 agosto, domenica sera, lunedì
Rist – Carta 30/52 €
♦ Nel contesto dell'omonimo hotel, ma completamente indipendente, un ristorante, a valida gestione familiare con specialità venete, soprattutto a base di
pesce. Sale spaziose e curato giardino.

a San Trovaso Nord : 2 km – ✉ 31022

🏠 **Sole** *senza rist* 📶 Ⓚ 📶 🅿 🚗 💳 ⏺ AE ⛅
via Silvio Pellico 1 – ℰ 04 22 38 31 26 – www.hotelalsole.com
15 cam 🛏 – †45/55 € ††60/80 €
♦ Piccola e accogliente risorsa ubicata in periferia; recentemente ristrutturata, si
presenta davvero ben tenuta e ospitale, quasi come una confortevole casa privata.

⛌ **Ombre Rosse** 🏠 ⛱ 🅿 💳 ⏺ ⛅
via Franchetti 78 – ℰ 04 22 49 00 37 – www.enotecaombrerosse.it – chiuso
domenica
Rist – Carta 33/48 €
♦ Nato quasi per caso dalla passione del proprietario per i vini, e divenuto prima
una sorta di wine-bar, oggi, in stile "bistrot", accogliente, vanta fragranti leccornie.

PRÉ SAINT DIDIER – Aosta (AO) – 561 E2 – 983 ab. – alt. 1 014 m — 34 A2
– ✉ 11010

▶ Roma 779 – Aosta 30 – Courmayeur 5 – Milano 217

Pianta : vedere Courmayeur

a Palleusieux Nord : 2,5 km – alt. 1 100 m – ✉ 11010 Pré Saint Didier

🏨 **Le Grand Hotel Courmaison** ⛄ 🚗 🗔 ⏺ 🎿 🛁 ⛱ 🎐 🎣 ⛷ ⛱
route Mont Blanc – ℰ 01 65 83 14 00 📶 🧖 🅿 🚗 💳 ⏺ AE ① ⛅
– www.courmaison.it – 5 dicembre-9 aprile e 17 giugno-9 settembre BYf
55 cam 🛏 – †120/215 € ††165/350 € – 2 suites – ½ P 185 €
Rist *La Baita* – vedere selezione ristoranti
♦ Una struttura recente in cui la fresca aria di nuovo si è armoniosamente misce-
lata con la tradizione degli arredi e delle rifiniture. Grande piscina e camere ampie.

🏨 **Beau Séjour** ⛅ ⛄ 🚗 🛎 ♿ ⛱ 📶 🅿 🚗 💳 ⏺ ⛅
av. Dent du Géant 18 – ℰ 0 16 58 78 01 – www.hotelbeausejour.it
– dicembre-1° maggio e 17 giugno-settembre BYZb
32 cam 🛏 – †50/70 € ††100/135 €
Rist – *(chiuso a mezzogiorno nella stagione invernale)* Menu 22/32 €
♦ Condotto, da tanti anni, dalla mano esperta di una famiglia, un hotel comodo
sia per l'estate che per l'inverno, con giardino ombreggiato e bella vista sul
Bianco. Accomodatevi in sala da pranzo tra legno, pietra e piatti locali.

⛌⛌ **La Baita** – Le Grand Hotel Courmaison 🚗 ⛱ 🅿 💳 ⏺ AE ① ⛅
route Mont Blanc – ℰ 01 65 83 14 00 – www.courmaison.it – 5 dicembre-9 aprile
e 31 giugno-9 settembre
Rist – Carta 38/58 €
♦ Appena sopra il villaggio di Palleusieux - in posizione un po' isolata, ma questo
è solo un vantaggio in termini di tranquillità - ambiente classico ed una carta
dalle molteplici ispirazioni: primi piatti, carne, pesce ed un menu degustazione
valdostano.

PRIOCCA D'ALBA – Cuneo (CN) – 561 H6 – 1 960 ab. – alt. 253 m — 25 C2
– ✉ 12040

▶ Roma 631 – Torino 59 – Alessandria 56 – Asti 24

☓☓ Il Centro ॐ ⇔ 🔤 ⊕ 🖭 ⊙ ⓢ

via Umberto I 5 – ℰ 01 73 61 61 12 – www.ristoranteilcentro.com – chiuso martedì

Rist – (consigliata la prenotazione) Menu 50 € – Carta 31/45 € ∰

Spec. Fritto misto alla piemontese (inverno). Paste all'uovo fatte in casa. Peperoni in agrodolce e frutta sciroppata.

♦ Nel centro storico di un grazioso paese del Roero, qui troverete una delle più genuine espressioni della cucina piemontese. Poche rivisitazioni e ancor meno inutili artifici, ma una giurata fedeltà all'ortodossia regionale, le sue paste, le sue carni e naturalmente i suoi grandi vini.

PRIVERNO – Latina (LT) – **563** R21 – 14 317 ab. – alt. 151 m   **13** C3
– ✉ 04015

🝙 Roma 104 – Frosinone 28 – Latina 28 – Napoli 163

sulla strada statale 156 Nord-Ovest : 3,5 km

☓☓ Antica Osteria Fanti ॐ ⁓ 🅿 🔤 ⊕ ⓢ

località Ceriara – ℰ 07 73 92 40 15 – www.anticaosteriafanti.it – chiuso 25-26 dicembre, dal 20 al 30 ottobre e giovedì

Rist – Carta 30/38 € (+10 %)

♦ Quando si dice conduzione familiare: moglie in cucina, marito e figlio ad occuparsi della sala, in un locale curato con una lista legata al territorio e attenta alle stagioni.

PROCENO – Viterbo (VT) – **626** ab. – ✉ 01020   **12** A1

🝙 Roma 170 – Viterbo 59 – Orvieto 40 – Todi 76

⌂ Castello di Proceno ♨ 🐾 🅿 🔤 ⊕ 🖭 ⓢ

corso Regina Margherita 155 – ℰ 07 63 71 00 72 – www.castellodiproceno.it – chiuso dall'8 gennaio all'8 febbraio

3 cam – ⸙⸙100/130 €, ⇌ 7 € – 7 suites – ⸙⸙110/200 €

Rist *Enoteca del Castello* – *(lunedì e martedì) (chiuso a mezzogiorno)* (consigliata la prenotazione) Carta 23/36 €

♦ Ai piedi di una fortezza medievale, una risorsa carica di storia, antica e contemporanea: se gli oggetti che arredano gli ambienti parlano del tempo che fu, gli spettacoli musicali allestiti nella corte vi riporteranno al presente. Originale la tomba etrusca all'interno dell'enoteca. Cucina legata al territorio.

PROCIDA (Isola di) – Napoli (NA) – **564** E24 – 10 627 ab.   **6** A2
– La limitazione d'accesso degli autoveicoli è regolata da norme legislative

▌ Napoli e la Campania

🚢 per Napoli, per Pozzuoli ed Ischia – Caremar, call center 892 123

🚢 per Pozzuoli – Alilauro, al porto ℰ 081 5267736, Fax 081 5268411

🄴 Via Roma, ℰ 081 8 10 19 68, www.procida.net

◉ Località★★ - Borgo medievale Terra Murata★ - Belvedere★ di Punta Pizzaco

PROCIDA (NA) – ✉ 80079   **6** A2

🏠 La Casa sul Mare senza rist ⅋ ⇐ ॐ ⁕ 🔤 ⊕ 🖭 ⊙ ⓢ

via Salita Castello 13 – ℰ 08 18 96 87 99 – www.lacasasulmare.it

10 cam ⇌ – ⸙⸙95/175 €

♦ In salita, verso l'abbazia di San Michele, camere semplicemente arredate in stile locale: tutte con una superba vista sulla baia più pittoresca dell'isola.

☓ Gorgonia ⇐ 🏠 🔤 ⊕ 🖭 ⊙ ⓢ

località Marina Corricella – ℰ 08 18 10 10 60 – marzo-ottobre; chiuso lunedì

Rist – (consigliata la prenotazione) Carta 30/53 €

♦ Affacciato su una delle baie più romantiche d'Italia, capita ancora di vedere i pescatori cucire le reti, mentre nei piatti arriva il pesce in preparazioni classiche e fragranti.

PUIANELLO – Reggio nell'Emilia – **562** I13 – Vedere Quattro Castella

▶ Cagliari 29 – Nuoro 210 – Olbia 314 – Oristano 122

▦ Is Molas località Is Molas, 070 9241006, www.ismolas.it

◉ Museo Archeologico Giovanni Patroni★★

Baia di Nora ☞   🚗 ⚓ 🐟 ⌣ 𝄞 ※ ৬ cam, 🅰🅲 ⚡ ⁇ 🅿

località Su Guventeddu – ✆ *07 09 24 55 51*   ▨⊠ ⊙⊙ 🅰🅴 ⓞ 🆚
– www.hotelbaiadinora.com – 7 aprile-ottobre

121 cam ⌣ – ♦♦200/420 € – 1 suite – ½ P 220 €   **Rist** – Menu 50 €

♦ Vicino al sito archeologico di Nora, immersa in un rigoglioso giardino mediterraneo con piscina in riva al mare, struttura di grandi dimensioni dove scegliere i propri ritmi e i propri spazi. Camere moderne e funzionali. Al ristorante ampi, luminosi spazi di impostazione classica e un invitante dehors estivo.

Lantana Hotel e Residence ☞   🚗 ⌣ ৬ cam, ✦✦ 🅰🅲 ⚡ rist, ⁇ 🅿

viale Nora – ✆ *07 09 24 41 11 – www.lantanaresort.it*   ▨⊠ ⊙⊙ 🅰🅴 🆚
– 24 marzo-31 ottobre

52 cam ⌣ – ♦130/240 € ♦♦180/350 € – 32 suites – ½ P 200 €
Rist – Carta 38/48 €

♦ Gradevole struttura disposta attorno ad un grande giardino con palme, piscina e piccola fontana arabeggiante. Camere tutte identiche e tutte recenti negli arredi d'impeccabile tenuta: possibilità di alloggio con formula residence.

Nora Club Hotel senza rist ☞   🚗 ⌣ 🅰🅲 ⁇ 🅿 🆚🆂🅰 ⊙⊙ 🅰🅴 ⓞ 🆚

strada per Nora – ✆ *0 70 92 44 22 – www.noraclubhotel.it*
25 cam ⌣ – ♦95/150 € ♦♦135/180 €

♦ Paradisiaca enclave di quiete. Superato il caseggiato principale vi accoglie un seducente giardino di piante mediterranee e tropicali; distribuite a forma d'anello le semplici camere in arte povera.

---

sulla strada statale 195 Sud-Ovest : 9 km :

Is Morus Relais ☞   ⇐ 🕤 ⚓ 🐟 ⌣ ※ ৬ ✦✦ 🅰🅲 ⚡ 🆚 🅿

Sud-Ovest : 9 km ✉ *09010 Santa Margherita di Pula*   🆚🆂🅰 ⊙⊙ 🅰🅴 ⓞ 🆚
– ✆ *0 70 92 11 71 – www.ismorus.com – 20 aprile-ottobre*

50 cam ⌣ – ♦94/232 € ♦♦210/532 € – ½ P 247/410 €   **Rist** – Carta 40/76 €

♦ Immerso nella pineta, solo un giardino lo separa dal mare. Varie soluzioni di alloggio, camere classiche e romantiche ville, e nessun tipo di animazione: ideale per chi desidera silenzio e tranquillità.

---

sulla strada statale 195 Sud-Ovest : 11 km :

Forte Village Resort : Immersa in un giardino di 25 ettari una struttura con sette alberghi, quattordici ristoranti, un ottimo centro benessere - talassoterapia e strutture sportive di ogni tipo. Per i pasti ogni tipo di ristorante e un'infinita scelta di menù.

Villa del Parco e Rist. Belvedere – Forte Village ☞   🚗 🕤 ⚓

✉ *09010 Sa-*   🐟 ⌣ ⊙ 🀲 🄻🅂 ⚘ ※ 🍴 ✦✦ 🅰🅲 ⚡ ⁇ 🅿 🆚🆂🅰 ⊙⊙ 🅰🅴 ⓞ 🆚
nta Margherita di Pula – ✆ *07 09 21 71 – www.fortevillageresort.com*
– maggio-ottobre

47 cam – solo ½ P 410/750 €   **Rist** – *(chiuso a mezzogiorno)* Menu 120 €

♦ Incorniciata dal verde, la struttura dalla facciata lilla propone spaziose camere dagli arredi fioriti all'inglese ed eleganti bungalow. Il tutto vicino alle piscine di talassoterapia.

Castello e Rist. Cavalieri – Forte Village ☞   ⇐ 🚗 🕤 ⚓ 🐟 ⌣

✉ *09010 Santa*   ⊙ 🀲 🄻🅂 ⚘ ※ 🍴 ✦✦ 🅰🅲 ⚡ ⁇ 🅿 🆚🆂🅰 ⊙⊙ 🅰🅴 ⓞ 🆚
Margherita di Pula – ✆ *07 09 21 71 – www.fortevillageresort.com*
– maggio-ottobre

176 cam – 5 suites – solo ½ P 260/1400 €
Rist – *(chiuso a mezzogiorno)* Menu 105 €

♦ A un passo dal mare e per vivere un soggiorno da fiaba, è la struttura di punta del complesso con camere elegantemente arredate in un dettagliato e caratteristico stile locale.

Le Dune – Forte Village 🐾 ⟨⟨ 🛋 🕭 🦵 🍴 🏊 ♨ 🛝 💪 ♥ ✵ 🚶 🅰🅲 ✵
✉ 09010 Santa Margherita di Pula ⫽¹ 💪 **P** 👓 AE ◑ ⑤
– ℰ 07 09 21 71 – www.fortevillageresort.com – maggio-settembre
39 cam – 12 suites – solo ½ P 545/980 €
Rist – (chiuso a mezzogiorno) Menu 120 €
♦ Nel silenzio e nella discrezione del parco, il resort è pronto ad accogliere coloro che auspicano una vacanza in piena libertà, interessati solo a perseguire il relax ed il contatto con la natura: invitanti piscine e svariati villini indipendenti con giardinetto privato.

Il Borgo e Rist. Bellavista – Forte Village 🐾 ⟨⟨ 🛋 🕭 🦵 🍴 🏊
✉ 09010 Santa 👓 ♨ 🛝 ♥ ✵ 🚶 🅰🅲 ✵ ⫽¹ 💪 **P** 👓 ◑ ⑤
Margherita di Pula – ℰ 07 09 21 71 – www.fortevillageresort.com
– maggio-settembre
50 cam – solo ½ P 225/460 € **Rist** – Menu 100 €
♦ Le camere sfoggiano arredi e colori ispirati al tipico artigianato sardo, in questa struttura ideale per chi ama l'atmosfera raccolta di un antico villaggio. Adatto per le famiglie.

Le Palme e Rist. Bellavista – Forte Village 🐾 🛋 🕭 🦵 🍴 🏊 👓
✉ 09010 Santa ♨ 🛝 ♥ ✵ 🚶 🅰🅲 ✵ ⫽¹ 💪 **P** 👓 ◑ ⑤
Margherita di Pula – ℰ 07 09 21 71 – www.fortevillageresort.com – aprile-ottobre
140 cam ⌑ – ½ P 460 € **Rist** – Menu 100 €
♦ Particolarmente adatto per famiglie numerose, dispone di camere decisamente ampie (alcune comunicanti) e di un paradisiaco giardino con ben duemila varietà di piante.

Il Villaggio – Forte Village 🐾 🛋 🕭 🦵 🍴 🏊 👓 ♨ 🛝 ♥ ✵ 🚶 🅰🅲
✉ 09010 Santa Margherita di Pula ✵ ⫽¹ 💪 **P** 👓 👓 AE ◑ ⑤
– ℰ 07 09 21 71 – www.fortevillageresort.com – maggio-settembre
158 cam – solo ½ P 215/370 € **Rist** – (chiuso a mezzogiorno) Menu 95 €
♦ Immerso in un giardino tropicale, il villaggio propone accoglienti bungalow, molti comunicanti, tutti con patio e giardino privato. Prima colazione presso la piscina Oasis.

Royal Pineta e Rist. Bellavista – Forte Village 🐾 🛋 🕭 🦵 🍴
🏊 👓 ♨ 🛝 ♥ ✵ 🚶 🅰🅲 ✵ ⫽¹ 💪 **P** 👓 👓 AE ◑ ⑤
✉ 09010 Santa Margherita di Pula – ℰ 07 09 21 71
– www.fortevillageresort.com – 15 aprile-15 ottobre
102 cam – solo ½ P 310/610 € **Rist** – (chiuso a mezzogiorno) Menu 100 €
♦ Adagiata nel parco all'ombra di alberi secolari, la struttura offre ampie camere arredate in caldi colori: una proposta ideale per una vacanza di tranquillità, riposo e mare. Numerose attività di animazione per i piccoli ospiti.

PULFERO – Udine (UD) – 562 D22 – 1 077 ab. – alt. 184 m – ✉ 33046   11 C2
▶ Roma 662 – Udine 28 – Gorizia 42 – Tarvisio 66

Al Vescovo 🍴 ♨ 🦵 🚰 👓 AE ◑ ⑤
via Capoluogo 67 – ℰ 04 32 72 63 75 – www.alvescovo.com – chiuso febbraio
18 cam – ♦48 € ♦♦74 €, ⌑ 7 € – ½ P 54 €
Rist – (chiuso mercoledì e da ottobre a marzo anche martedì sera) Carta 22/38 €
♦ Una tradizione alberghiera che risale ai primi anni dell'Ottocento: adiacente il fiume Natisone, camere curate in una struttura dalla cordiale gestione familiare. Proposte del territorio al ristorante con piacevole dehors.

PULSANO – Taranto (TA) – 564 F34 – 10 904 ab. – alt. 37 m – ✉ 74026   27 C3
▶ Roma 536 – Brindisi 68 – Bari 120 – Lecce 78

a Marina di Pulsano Sud : 3 km – ✉ 74026 Pulsano

XX **La Barca** 🍴 🅰🅲 **P** 🚰 👓 AE ◑ ⑤
litoranea Salentina – ℰ 09 95 33 33 35 – chiuso dal 7 al 20 gennaio, 1 settimana in novembre, domenica sera e lunedì escluso luglio-agosto
Rist – Carta 27/55 €
♦ Desiderate mangiare pesce? La sala costeggia l'acqua e a tavola prodotti freschi e locali. D'estate si esce nella veranda di canne, tra il fresco dei pini marittimi.

PUNTA ALA – Grosseto (GR) – **563** N14 – ⊠ **58040** ▮ Toscana **28** B3

▶ Roma 225 – Grosseto 43 – Firenze 170 – Follonica 18

🆆 via del Golf 1, 0564 922121, www.puntaala.net/golf

🅷🅷🅷🅷 Gallia Palace Hotel ⚲ 🛋 ⚿ 🌳 🏊 ⅃⅃ 🎾 ⌖ & 🅰🅲 🍴 rist, ⌖ 👗 🅿
via delle Sughere – 𝒞 05 64 92 20 22 🆅🅸🆂🅰 ⓦ 🅰🅴 ⓞ 🍴
– www.galliapalace.it – 17 maggio-25 settembre
78 cam ⚏ – ♦204/250 € ♦♦270/495 € – 11 suites – ½ P 244 €
Rist – (chiuso a mezzogiorno) Menu 53 € – Carta 54/92 €
Rist La Pagoda – (chiuso mercoledì sera) Carta 44/68 €
♦ Immerso nella macchia mediterranea, l'hotel dispone di un piccolo centro benessere e camere spaziose dagli arredi classici: punto d'appoggio ideale per una vacanza tutto mare e sole. Sulla spiaggia, il ristorante La Pagoda: ambiente informale con buffet e griglia.

🅷🅷🅷 Cala del Porto ≤ 🛋 ⚿ 🌳 ⅃⅃ 🅰🅲 🍴 rist, ⌖ 👗 🅿 🆅🅸🆂🅰 ⓦ 🅰🅴 ⓞ 🍴
via del Pozzo – 𝒞 05 64 92 24 55 – www.baglionihotels.com – Pasqua-ottobre
28 cam ⚏ – ♦250/750 € ♦♦300/760 € – 9 suites – ½ P 220/450 €
Rist – Carta 138/227 €
♦ In posizione dominante dall'alto della baia, l'elegante struttura vanta la vista sul porto e sul mare: spazi comuni dal grazioso arredo e camere confortevoli. Sulla terrazza panoramica e nella sala ristorante interna, proposte di cucina moderna.

PUNTA DEL LAGO – Viterbo (VT) – **563** P18 – **Vedere Ronciglione**

PUNTALDIA Sardegna – Olbia-Tempio (OT) – **Vedere San Teodoro**

PUOS D'ALPAGO – Belluno (BL) – **562** D19 – **2 478 ab.** – alt. 419 m **36** C1
– ⊠ **32015**

▶ Roma 605 – Belluno 20 – Cortina d'Ampezzo 75 – Venezia 95

🆆 piazza Papa Luciani 7, 𝒞 0437 45 46 50, www.infodolomiti.it

XX Locanda San Lorenzo (Renzo Dal Farra) con cam 🌳 ⌖ 🅿
𝕮 via IV Novembre 79 – 𝒞 04 37 45 40 48 🆅🅸🆂🅰 ⓦ 🅰🅴 🍴
– www.locandasanlorenzo.it – chiuso 20 giorni in marzo e mercoledì
11 cam ⚏ – ♦68/74 € ♦♦94/98 € – 1 suite – ½ P 74/85 €
Rist – Menu 30 € (pranzo)/68 € – Carta 53/68 € ⌘
Spec. Testina di vitello con gelato al cren. Ravioli con peperoni di Carmagnola, ragù d'agnello d'Alpago e curry. Sorbetto al finocchio con gelée al lime, latte di cocco e lemon grass.
♦ Passione e costanza sono le caratteristiche di un'intera famiglia che da oltre un secolo entusiasma gli avventori con una cucina saldamente legata ai prodotti locali, in certi piatti reinterpretata con gusto contemporaneo. Due differenti arredi per le camere: uno sobrio leggermente moderno, l'altro tipicamente rustico.

QUADRIVIO – Salerno (SA) – **Vedere Campagna**

QUARONA – Vercelli (VC) – **561** E6 – **4 276 ab.** – alt. 406 m – ⊠ **13017** **23** C1
▶ Roma 668 – Stresa 49 – Milano 94 – Torino 110

🅷🅷 Grand'Italia 🎛 & 🅰🅲 🍴 ⌖ 🎧 🆅🅸🆂🅰 ⓦ 🅰🅴 🍴
piazza Libertà 19 – 𝒞 01 63 43 12 44 – www.albergograndItalia.it
14 cam ⚏ – ♦78/85 € ♦♦110/130 € – 4 suites
Rist Italia – vedere selezione ristoranti
♦ Completamente trasformato e ristrutturato, è ora un'elegante palazzina con interni moderni e spaziosi, linee sobrie ed essenziali ed accenni di design minimalista.

XX Italia – Hotel Grand'Italia 🍴 🆅🅸🆂🅰 ⓦ 🅰🅴 🍴
𝕮 piazza della Libertà 27 – 𝒞 01 63 43 01 47 – www.albergograndItalia.it – chiuso
dal 1° al 21 agosto e lunedì
Rist – Menu 15 € bc – Carta 29/47 €
♦ E' una piacevole sorpresa questo curato e familiare locale di taglio moderno in una casa del centro della località; piatti di creativa cucina piemontese.

QUARTACCIO – Viterbo (VT) – **Vedere Civita Castellana**

QUARTIÈRE – Ferrara (FE) – **562** H17 – **Vedere Portomaggiore**

QUARTO – Napoli (NA) – **564** E24 – **39 810 ab.** – **alt. 55 m** – ✉ 80010   **6** A2

▶ Roma 250 – Napoli 28 – Caserta 54 – Benevento 114

Pianta d'insieme di Napoli

XX **Sud**   🎴 🕃 **P** 🆅🆂🅰 ⓩ 🅰🅴 ⚡

🏵 *via Santi Pietro e Paolo 8 – ℰ 08 10 20 27 08 – www.sudristorante.it – chiuso dal
7 al 14 gennaio, 2 settimane in agosto, domenica sera e lunedì*   AT**a**
Rist – *(chiuso a mezzogiorno escluso sabato da ottobre a maggio e domenica)*
Menu 35 € – Carta 30/50 €
Spec. Cheese cake di baccalà, pomodori confit, finocchietto, buccia di limone e
ceci. Linguine con quinto quarto di calamaro. Polpo e polpessa fritti su insalatine
semi-inconsistenti.

♦ Superato un contesto ambientale non brillante, apprezzerete ancor di più gli
sforzi di una delle cucine emergenti più interessanti del napoletano. Il nome del
ristorante è un lapidario ma eloquente manifesto gastronomico che vi conduce
attraverso appetiti meridionali.

QUARTO CALDO – Latina (LT) – Vedere San Felice Circeo

QUARTO D'ALTINO – Venezia (VE) – **562** F19 – **8 077 ab.** – ✉ 30020   **35** A1

▶ Roma 537 – Venezia 24 – Milano 276 – Treviso 17

🏠 **Villa Odino** *senza rist*   🚗 🎐 🖃 🕃 🎴 🕃 🕪 🕍 **P** 🚙 🆅🆂🅰 ⓩ 🅰🅴 ⓞ ⚡
via Roma 146 – ℰ 04 22 82 31 17 – www.villaodino.it – chiuso dal 24 al 29 dicembre
34 cam 🍽 – ♦99/148 € ♦♦99/190 € – 3 suites

♦ Facile da raggiungere dall'autostrada, è una verde oasi di pace sulla riva del
Sile: eleganti e confortevoli, le due strutture propongono ambienti arredati in
stile. Ricca prima colazione.

🏠 **Crowne Plaza Venice East**   🕃 🕍 🖃 🕃 🎴 🕃 rist, 🕨 🕍 **P**
via Della Resistenza 18/20 – ℰ 04 22 70 38 11   🆅🆂🅰 ⓩ 🅰🅴 ⓞ ⚡
– www.crowneplazavenezia.it
152 cam 🍽 – ♦70/500 € ♦♦80/600 € – 2 suites – ½ P 70/330 €
Rist – Carta 38/105 €

♦ Grande hotel di recente costruzione e in grado di offrire un servizio completo
in ambienti dal design semplice ma moderno; mostre d'arte allestite negli spazi
comuni. Tre sale ristorante, in menù proposte di mare e di terra.

🏠 **Park Hotel Junior** 🍃   🕪 🕴 🕍 🕃 **P** 🆅🆂🅰 ⓩ 🅰🅴 ⓞ ⚡
via Roma 93 – ℰ 04 22 82 37 77 – www.parkhoteljunior.it
33 cam 🍽 – ♦60/250 € ♦♦60/450 € – 1 suite
Rist *Park Ristorante Da Odino* – vedere selezione ristoranti

♦ Tranquillità e relax grazie all'ampio parco che abbraccia la struttura. Camere
spaziose, in stile classico o moderno (le più recenti): tutte le stanze sono dotate
di ampia terrazza. Area giochi per bambini e piscina estiva.

XXX **Park Ristorante Da Odino** – Park Hotel Junior   🕪 🕭 🕃 🎴 **P**
via Roma 89 – ℰ 04 22 82 42 58 – www.daodino.it   🆅🆂🅰 ⓩ 🅰🅴 ⓞ ⚡
– chiuso martedì, mercoledì a mezzogiorno
Rist – Carta 46/65 € 🕭

♦ Da oltre 40 anni, la stessa famiglia gestisce con grande savoir-faire questo gradevole locale dalla particolare sala tondeggiante. Dal menu fanno capolino squisite specialità di pesce.

X **Cosmorì**   🕭 🎴 **P** 🆅🆂🅰 ⓩ 🅰🅴 ⓞ ⚡
*viale Kennedy 15 – ℰ 04 22 82 53 26 – www.cosmori.it – chiuso dal 1° al
15 gennaio, dal 5 al 20 agosto, domenica sera e lunedì*
Rist – Menu 45 € bc – Carta 27/48 €

♦ Un ambiente semplicemente familiare, dove le specialità della casa - esposte a
voce - sono a base di pesce. Buon rapporto qualità/prezzo.

QUARTO DEI MILLE – Genova (GE) – Vedere Genova

QUARTU SANT' ELENA Sardegna – Cagliari (CA) – **366** Q48   **38** B3
– **71 430 ab.** – ✉ 09045

▶ Cagliari 7 – Nuoro 184 – Olbia 288 – Porto Torres 232

🏌 Sa Tanca via delle Bounganville, 070 807145, www.golfsatanca.it

🏠 **Italia** senza rist   🛏 & AC 🎙 📶 🛁 **P** 🚗 🚐 VISA ⑩ AE ① ⑤

via Panzini 67 ang. viale Colombo – ℰ *07 082 70 70*
– www.residenceitaliahotel.it – chiuso dal 21 dicembre al 16 gennaio
76 cam – †55/77 € ††66/96 €, � 8 € – 7 suites

♦ A poco più di un km dalla spiaggia del Poetto, moderna struttura di sette piani frequentata anche da una clientela d'affari. Le camere sono spaziose e funzionali, dotate di angolo cottura.

✗ **Hibiscus**   🍽 AC VISA ⑩ AE ① ⑤

via Dante 81 – ℰ *070 88 13 73 – www.antoniofigus.it – chiuso sabato a mezzogiorno, domenica*
Rist – Carta 32/63 €

♦ Nelle sale della dimora liberty o nella suggestione della fresca corte mediterranea, potrete scegliere tra una creativa cucina di pesce o una "bisteccheria" su griglia a carboni.

QUATTORDIO – Alessandria (AL) – 1 695 ab. – alt. 135 m – ⊠ 15028   25 D1

▶ Roma 592 – Alessandria 18 – Asti 20 – Milano 111

🏠🏠 **Relais Rocca Civalieri**   🚗 🍽 ⤢ 🏊 🔲 ⑩ 🏠 🎄 🍽 🛏 & AC 🎙 📶 🛁

strada Cascina Rocca Civalieri 23 ⊠ *15028 Quattordio*   **P** VISA ⑩ AE ⑤
– ℰ *01 31 79 73 33 – www.hotelroccacivalieri.it*
22 cam ⊻ – †119/162 € ††140/270 € – 7 suites   **Rist** – Carta 41/74 €

♦ Bella struttura dotata di ampi spazi comuni, sia interni sia esterni, in cui convivono elementi del passato e arredi, nonché confort attuali. Cucina contemporanea al ristorante, che ricalca lo stile della casa.

QUATTRO CASTELLA – Reggio Emilia (RE) – **562** I13 – 12 986 ab.   8 B3
– alt. 161 m – ⊠ 42020

▶ Roma 443 – Parma 29 – Bologna 83 – Modena 40

a Rubbianino Nord: 13 km – ⊠ 42020

✗✗ **Ca' Matilde** (Andrea Incerti Vezzani) con cam   🚗 🍽 🎙 **P**
❀ *via della Polita 14 –* ℰ *05 22 88 95 60 – www.camatilde.it*   VISA ⑩ AE ⑤
– chiuso dal 7 al 14 gennaio e lunedì
6 cam ⊻ – †70/80 € ††90/110 €
Rist – (chiuso a mezzogiorno escluso i giorni festivi) Menu 44/60 €
– Carta 55/73 €
Spec. Tortelli verdi e di zucca mantecati al burro. Stinchetto di maialino da latte con crema di patate, finocchi croccanti e gelato alla senape. Zuppa inglese con gelato allo zabaione e ciambella.

♦ In aperta campagna, a metà strada fra la bassa e le colline, calorosa accoglienza in una casa colonica ristrutturata: due sale moderne e solari ospitano una cucina che reinterpreta sapientemente i prodotti del territorio. Semplici le camere dai vivaci tocchi di colore.

QUERCEGROSSA – Siena (SI) – **563** L15 – Vedere Siena

QUINCINETTO – Torino (TO) – **561** F5 – 1 075 ab. – alt. 295 m   22 B2
– ⊠ 10010

▶ Roma 694 – Aosta 55 – Ivrea 18 – Milano 131

🏠 **Mini Hotel Praiale** senza rist   ↳ VISA ⑩ AE ① ⑤

via Umberto I, 5 – ℰ *01 25 75 71 88 – www.hotelpraiale.it*
9 cam – †35/40 € ††50/55 €, ⊻ 7 €

♦ Era un'abitazione di famiglia. Poi è stata aperta al pubbblico: una piccola e accogliente struttura tra vie strette e tranquille, nel cuore del paese. La colazione è servita nella vecchia stalla, sotto una volta di mattoni.

QUINTO AL MARE – Genova (GE) – **561** I8 – vedere Genova

QUINTO DI TREVISO – Treviso (TV) – **562** F18 – 9 807 ab. – alt. 17 m   36 C2
– ⊠ 31055

▶ Roma 548 – Padova 41 – Venezia 36 – Treviso 7

BHR Treviso Hotel   🛎 ♨ 📶 🅿 AC ⇄ 🌐 🕸 🛐 ⏰ 📶 ☉ AE ① 👍
via Postumia Castellana 2, Ovest: 3 km – 𝒞 *04 22 37 30 – www.bhrtrevisohotel.it*
133 cam – †89/209 € ††99/219 €, 🍽 15 € – 18 suites – ½ P 150 €
Rist *Divina Osteria Trevigiana* – vedere selezione ristoranti
♦ Indicata soprattutto per una clientela business e congressuale, questa nuova struttura - moderna e trasparente, alle porte della città - dispone di camere di alto livello e soluzioni architettoniche attuali. Completa l'offerta una caffetteria alla moda: il Gioia Lounge bar, per caffè, "cicchetti" e aperitivi.

XXXX **Divina Osteria Trevigiana** – BHR Treviso Hotel   👍 AC 🌐 🅿
via Postumia Castellana 2, Ovest: 3 km – 𝒞 *04 22 37 30*   📶 ☉ AE ① 👍
– www.bhrtrevisohotel.it
Rist – Carta 38/57 €
♦ Nei pressi dell'aeroporto, all'interno del nuovo albergo BHR, la tavola è legata al territorio trevigiano. Cucina semplice, menu light e buffet di antipasti, a mezzogiorno. La sera, la grande carta.

QUINTO VERCELLESE – Vercelli (VC) – 425 ab. – ⊠ 13030   **23** C2
▶ Roma 638 – Alessandria 60 – Milano 70 – Novara 17

XX **Bivio**   AC 🌐 🅿 📶 ☉ 👍
via bivio 2, sud 1 km – 𝒞 *01 61 27 41 31 – chiuso gennaio, agosto, lunedì, martedì*
Rist – (consigliata la prenotazione) Carta 38/54 € 🎰
♦ Una luminosa saletta dagli arredi di taglio moderno e pochi tavoli ben distanziati, dove apprezzare creativi piatti locali curati nella selezione delle materie prime.

QUISTELLO – Mantova (MN) – 561 G14 – 5 873 ab. – alt. 17 m   **17** D3
– ⊠ 46026
▶ Roma 458 – Verona 65 – Ferrara 61 – Mantova 29

XXXX **Ambasciata** (Romano Tamani)   AC ⇄ 🅿 📶 ☉ AE ① 👍
✿ *via Martiri di Belfiore 33 –* 𝒞 *03 76 61 91 69 – www.ristoranteambasciata.com*
– chiuso 2 settimane in gennaio, 2 settimane in agosto, domenica sera, lunedì e le sere di Natale e Pasqua
Rist – (consigliata la prenotazione) Menu 80/120 € – Carta 105/140 € 🎰
Spec. Flan di rane e piselli con verdure. Pasta fagioli e cotechino. Purea di patate e tartufi di golena del Po.
♦ Uno sfarzo circense e rinascimentale è il contorno di piatti sontuosi e barocchi, l'eccesso è favorito, la misura osteggiata: i fratelli Tamani mettono in scena i fasti della gloriosa cucina mantovana.

XX **All'Angelo**   AC 📶 ☉ AE ① 👍
😊 *via Martiri di Belfiore 20 –* 𝒞 *03 76 61 83 54 – www.allangelo.eu*
– chiuso dal 12 al 24 gennaio, dal 13 luglio al 1° agosto, domenica sera, lunedì
Rist – Menu 18/34 € bc – Carta 31/69 € 🎰
♦ L'impostazione è quella classica da trattoria, mentre la cucina si sposa con la tradizione proponendo piatti del territorio, specialità al tartufo (in stagione) ed una pregevole carta dei vini.

RABLÀ = RABLAND – Bolzano (BZ) – Vedere Parcines

RACALE – Lecce (LE) – 564 H36 – 10 839 ab. – ⊠ 73055   **27** D3
▶ Roma 633 – Bari 203 – Lecce 53

X **L'Acchiatura** con cam   🛐 AC 🌐 🕸 📶 ☉ AE ① 👍
😊 *via Marzani 12 –* 𝒞 *08 33 55 88 39 – www.acchiatura.it – chiuso dal 9 gennaio al 8 febbraio e dal 1° al 24 ottobre*
😊 **6 cam** 🍽 – †40/65 € ††80/110 € – 1 suite
Rist – (chiuso martedì escluso da giugno a settembre) (chiuso a mezzogiorno escluso la domenica e i giorni festivi da novembre a maggio) Carta 17/39 €
♦ Cucina pugliese ricca di genuini sapori in un ambiente suggestivo, caratterizzato da diverse sale e patii interni. Il fascino del passato rivive anche nelle belle ed accessoriate camere, nonché nella scenografica piscina ospitata in una grotta.

RACINES (RATSCHINGS) – Bolzano (BZ) – 3 902 ab. – alt. 1 290 m   30 B1
– Sport invernali : 1 300/2 250 m ⑧, ☃ – ✉ 39040

▶ Roma 700 – Bolzano 70 – Cortina d'Ampezzo 111 – Merano 102

ℹ palazzo Municipio, ℰ 0472 75 66 66, www.valleisarco.info

🏠 **Sonklarhof** ⚘   ⫷ 🍴 🏡 🏊 🔲 ⊛ 🏛 🛁 � ⚘ ⌂ & rist, ᵡ rist, ⁇ 🅿
località Ridanna alt. 1342 – ℰ 04 72 65 62 12   𝚅𝙸𝚂𝙰 ⓒ 🅢
– *www.sonklarhof.com* – *chiuso dal 6 novembre al 8 dicembre e dal 15
al 29 aprile*
70 cam ⬚ – †65/115 € ††75/130 € – 15 suites   **Rist** – Carta 33/58 €
♦ Struttura ben organizzata, nel cuore della Val Ridanna, in grado di offrire un'accoglienza di buon livello. Apprezzabile il confort delle camere e la dolce atmosfera tirolese. Ambiente ospitale nella colorata e confortevole sala da pranzo.

🏠 **Taljörgele** ⚘   ⫷ 🍴 🔲 ⊛ 🏛 🛁 ⌂ 🗸 rist, ⁇ 🅿
Obere Gasse 14 – ℰ 04 72 65 62 25 – *www.taljoergele.it*
20 cam – 20 suites – solo ½ P 83/137 €   **Rist** – Carta 28/58 €
♦ Grande struttura a gestione familiare, in posizione squisitamente panoramica ed
in perfetto stile altoatesino: il legno regna sovrano e la generosità degli spazi interessa sia le camere, sia il centro benessere. Non lontano, il maneggio di proprietà.

RADDA IN CHIANTI – Siena (SI) – 563 L16 – 1 693 ab. – alt. 530 m   29 D1
– ✉ 53017 ▌ Toscana

▶ Roma 261 – Firenze 54 – Siena 33 – Arezzo 57

ℹ piazza del Castello 2, ℰ 0577 73 84 94, www.terresiena.it

🏨 **Palazzo Leopoldo**   🏡 🔲 🏛 🛁 🎰 ⚘ 🅿 𝚅𝙸𝚂𝙰 ⓒ 🄰🄴 ⓞ 🅢
via Roma 33 – ℰ 05 77 73 56 05 – *www.palazzoleopoldo.it* – *chiuso
dal 7 gennaio al 10 febbraio*
19 cam – †99/200 € ††120/250 €, ⬚ 20 € – 4 suites – ½ P 95/155 €
Rist *La Perla del Palazzo* – ℰ 05 77 73 92 70 *(chiuso mercoledì)* Carta 33/60 € ⚘
♦ Nella piccola via del centro storico, un ottimo esempio di conservazione di un
palazzo medievale: vi si ripropongono con sobrietà ed eleganza stili ed atmosfere
cariche di storia. Ristorante dalla forte impronta locale, sia negli ambienti sia nelle
proposte gastronomiche.

🏨 **Palazzo San Niccolò** senza rist   🍴 ⚑ 🎰 ⁇ 🎰 🅿 𝚅𝙸𝚂𝙰 ⓒ 🄰🄴 🅢
via Roma 16 – ℰ 05 77 73 56 66 – *www.hotelsannicolo.com* – *aprile-novembre*
18 cam ⬚ – †90/162 € ††117/207 €
♦ Tra boschi, vigneti e uliveti, il palazzo quattrocentesco offre ampie camere arredate con gusto ed un suggestivo salone, al primo piano, interamente affrescato
in stile '900.

🏨 **Relais Vignale**   ⫷ 🍴 🏊 🎰 ⁇ 🅿 𝚅𝙸𝚂𝙰 ⓒ 🄰🄴 ⓞ 🅢
via Pianigiani 9 – ℰ 05 77 73 83 00 – *www.vignale.it* – *aprile-ottobre*
37 cam ⬚ – †130/160 € ††250/280 € – 5 suites – ½ P 145/175 €
Rist *Relais Vignale* – vedere selezione ristoranti
♦ All'inizio del paese, un'elegante casa di campagna curata ed arredata con buon gusto
e stile toscano dispone di accoglienti camere e graziosi salotti nelle zone comuni.

🍴🍴 **Relais Vignale** – Hotel Relais Vignale   🍴 🏡 🎰 ⁇ 🅿 𝚅𝙸𝚂𝙰 ⓒ 🄰🄴 ⓞ 🅢
via Pianigiani 9 – ℰ 05 77 73 80 94 – *www.vignale.it* – *aprile-ottobre*
Rist – *(chiuso a mezzogiorno in aprile,maggio e ottobre)* Carta 28/51 €
♦ E quando la bella stagione bussa alle porte, il ristorante si "sposta" all'aperto,
sulla splendida terrazza panoramica affacciata sul verde. In menu: cucina regionale con un'ampia scelta di piatti di terra.

🍴🍴 **La Botte di Bacco**   🏡 🎰 𝚅𝙸𝚂𝙰 ⓒ 🄰🄴 ⓞ 🅢
via XX Settembre 23 – ℰ 05 77 73 90 08 – *www.ristorantelabottedibacco.it*
– *chiuso dal 15 gennaio al 28 febbraio, giovedì a mezzogiorno in estate, anche
giovedì sera e venerdì a mezzogiorno negli altri mesi*
Rist – Carta 36/48 €
♦ Due fratelli campani innamorati della cucina toscana vi deliziano con i tortelli
maremmani, le tagliatelle con cinta senese e lo stracotto al Chianti. Unico, ma
richiestissimo amarcord, le lasagne napoletane con polpette e mozzarella.

verso Volpaia

🏠 **La Locanda** 🌿   ⪡ 🍴 🏠 ⌚ 🕭 🅿 VISA ⊚ 🖥
strada sterrata per Panzano, località Montanino, Nord: 10,5 km
– ℰ 05 77 73 88 32 – www.lalocanda.it – aprile-ottobre; chiuso 10 giorni in agosto
7 cam ⏢ – ♦200/270 € ♦♦220/290 € – 1 suite
Rist – ℰ 0 57 77 38 83 2- 33 – Menu 35 €
♦ Podere in posizione molto isolata che appare come una vera e propria oasi di pace. La vista sulle splendide colline circostanti è davvero eccezionale.

🏠 **Agriturismo Podere Terreno** 🌿   ⪡ 🕭 🅿 VISA ⊚ AE 🖥
via della Volpaia 21, Nord : 5,5 km – ℰ 05 77 73 83 12 – www.podereterreno.it
– chiuso dal 20 al 27 dicembre
6 cam ⏢ – ♦♦80/100 € – ½ P 80 €
Rist – *(chiuso a mezzogiorno)* (prenotazione obbligatoria) Carta 35 €
♦ Contornata da vigneti a coltivazione biologica, in questa casa colonica del '500 si coglie lo spirito verace di una terra ospitale. In una bella sala con camino, si mangia con i proprietari attorno ad una grande tavola.

🏠 **Agriturismo Castelvecchi** 🌿   🍴 ⏚ 🕭 rist, 🅿 VISA ⊚ 🖥
   Nord : 6 km – ℰ 05 77 73 80 50 – www.castelvecchi.com – aprile-novembre
11 cam ⏢ – ♦60/75 € ♦♦80/105 € – ½ P 70 €
Rist – *(chiuso lunedì) (chiuso a mezzogiorno)* Menu 20 €
♦ Struttura inserita in un'antica tenuta vitivinicola molto attiva, un grazioso borgo di campagna con giardino. Gli ambienti e gli arredi sono di rustica ed essenziale finezza.

sulla strada provinciale 429

🏠🏠 **My One Hotel Radda** 🌿   ⪡ 🍴 🏚 🖭 ⊕ ⓥ 🛏 ⏚ 🕭 ⇄ 🍴 rist, 🅿
località La Calvana 138, Ovest : 1,5 km   VISA ⊚ AE ① 🖥
– ℰ 0 57 77 35 11 – www.myonehotel.it – 15 dicembre-15 gennaio e aprile-ottobre
60 cam ⏢ – ♦240 € ♦♦350 € – ½ P 205 €   **Rist** – Carta 33/41 €
♦ Hotel realizzato rispettando la tradizione locale nell'utilizzo di pietra e legno, ma declinati in forme di design moderno con colori che spaziano dal grigio al sabbia. Le camere sono ampie e confortevoli.

🏠 **Il Borgo di Vescine** 🌿   ⪡ 🍴 🏚 🔾 AC 🍴 rist, 🅿 VISA ⊚ AE ① 🖥
località Vescine, Ovest : 6,5 km – ℰ 05 77 74 11 44 – www.vescine.it
– 15 aprile-ottobre
21 cam ⏢ – ♦130/180 € ♦♦170/290 € – 7 suites – ½ P 113/180 €
Rist – *(solo per alloggiati)* Menu 30/45 €
♦ L'abitazione di campagna conserva l'originaria struttura del paesino medievale e dispone di camere confortevoli, sala colazioni in terrazza, campo da tennis e piccolo fitness. I sapori chiantigiani vanno in scena nel ristorante con camino; mentre per gli amanti del frutto della vite, appuntamento al bar-enoteca.

🏠 **Villa Sant'Uberto** senza rist 🌿   ⪡ 🍴 🕭 🅿 VISA ⊚ AE 🖥
località Sant'Uberto 33, Ovest : 6,8 km – ℰ 05 77 74 10 88
– www.villasantuberto.it – marzo-novembre
14 cam ⏢ – ♦67/82 € ♦♦79/95 €
♦ Immersa nel silenzio dei colli, un'antica fattoria è stata convertita nell'attuale risorsa e dispone di camere spaziose: alcune più rustiche, altre quasi signorili. D'estate, godetevi la piacevolezza della prima colazione all'aperto.

RADEIN = Redagno

RADICONDOLI – **Siena (SI)** – **563** M15 – **974 ab.** – **alt. 509 m**   **29** C2
– ✉ 53030

▶ Roma 270 – Siena 44 – Firenze 80 – Livorno 95

⌂ **Agriturismo Fattoria Solaio** ⇘ ⇐ ⊐ 🕾 🛦 **P** **VISA** ⊚ **AE** ♿
località Solaio, Sud-Ovest : 12 km ✉ 53030 – 𝒞 05 77 79 10 29
– *www.fattoriasolaio.it* – *15 marzo-ottobre*
8 cam ⊐ – ✝70/80 € ✝✝80/90 €
Rist – *(chiuso a mezzogiorno) (solo per alloggiati)* Menu 25 €
♦ Dopo alcuni km di strada non asfaltata si trovano l'antica fattoria cinquecentesca, la villa padronale e la chiesetta dell'800. Avvolte da un giardino all'italiana.

RAGONE – Ravenna (RA) – **561** I18 – *Vedere Ravenna*

RAGUSA Sicilia **P** (RG) – **365** AX62 – **73 333 ab.** – alt. 502 m   **40** D3
– ✉ **97100** ▯ Sicilia

▶ Agrigento 138 – Caltanissetta 143 – Catania 104 – Palermo 267
ℹ piazza San Giovanni, 𝒞 0932 68 47 80, www.ragusaturismo.it
◉ ⇐★★ sulla città vecchia dalla strada per Siracusa – Posizione pittoresca★
– Ragusa Ibla★★: duomo di San Giorgio★★ – Palazzo Nicastro★★
🖾 Modica★ : San Giorgio★★, Museo delle Arti e Tradizioni Popolari★– Castello di Donnafugata★ Ovest : 18 km

🏨 **Villa Carlotta** ⇘ ◑ ⊐ 🗛 ♿ 🕮 🕾 🛦 **P** **VISA** ⊚ **AE** ⓪ ♿
via Gandhi 3 – 𝒞 09 32 60 41 40 – *www.villacarlottahotel.com*
25 cam ⊐ – ✝129 € ✝✝169 €
Rist *La Fenice*❁ – vedere selezione ristoranti
♦ In una cornice di macchia mediterranea, tra carrubi e olivi secolari, l'albergo è frutto del restauro di una fattoria dell'800: tipicità dell'architettura rurale ragusana si coniugano a soluzioni d'arredo moderne per dar vita a camere essenziali e ben equipaggiate.

🏨 **Locanda Don Serafino** ⇘ 🕮 🕾 **VISA** ⊚ **AE** ⓪ ♿
via XI Febbraio 15, (Ibla) – 𝒞 09 32 22 00 65 – *www.locandadonserafino.it*
10 cam ⊐ – ✝90/118 € ✝✝129/195 € – 1 suite – ½ P 115/152 €
Rist *Locanda Don Serafino*❁ – vedere selezione ristoranti
♦ Piccola bomboniera a due passi dal Duomo, la locanda nasce dal restauro di un palazzo ottocentesco. Non molti gli spazi comuni, eppure tutti carichi di un fascino particolare.

🏨 **Il Barocco** senza rist ⇘ 🕾 📶 ♿ 🕮 ⁈ 🛦 **VISA** ⊚ **AE** ⓪ ♿
via S. Maria La Nuova 1, (Ibla) – 𝒞 09 32 66 31 05 – *www.ilbarocco.it*
16 cam ⊐ – ✝50/80 € ✝✝80/110 €
♦ Un immobile di fine '800 nato come falegnameria e riconvertito con buon gusto. Si apre intorno ad una corte lastricata. Affreschi su alcune pareti e arredi in arte povera.

🏨 **Antica Badia** 🎋 📶 📶 🕮 ♿ rist. ⁈ 🛦 **P** **VISA** ⊚ **AE** ⓪ ♿
corso Italia 115 – 𝒞 09 32 24 79 95 – *www.anticabadia.com*
12 cam ⊐ – ✝✝89/155 € – ½ P 75/123 €
Rist *La Cuisine dell' Antica Badia* – Carta 40/84 €
♦ In un palazzo del 1700 accanto alla cattedrale, un'elegante residenza dai preziosi marmi e soffitti nobili, a cui fanno eco camere dalle intriganti personalizzazioni. Raffinatezza anche al ristorante che propone leggere rivisitazioni di ricette isolane.

⌂ **Caelum Hyblae** senza rist ⇘ ⇐ ♿
Salita Specula 11, (Ibla) – 𝒞 09 32 68 90 48 – *www.bbcaelumhyblae.it* – *chiuso 15 giorni in febbraio e 15 giorni in novembre*
5 cam ⊐ – ✝60/80 € ✝✝90/120 €
♦ La struttura, splendidamente affacciata sulla cupola del Duomo e monti Iblei, vanta interni che declinano testimonianze e materiali d'epoca con moderni accessori. Curiosità: in passato, fu abitata da un astronomo che ispirò T. di Lampedusa nel delineare il personaggio di Salina (e la sua passione per le stelle).

XXX XX Duomo (Ciccio Sultano) 🔲 ↔ VISA ∞ AE ⑤

via Cap. Bocchieri 31, (Ibla), – ℰ 09 32 65 12 65
– www.ristoranteduomo.it – chiuso domenica e lunedì a mezzogiorno in
maggio-ottobre; domenica sera e lunedì in novembre-aprile; solo i mezzogiorno
di lunedì, giovedì e domenica in agosto
Rist – Menu 135/140 € bc – Carta 77/128 € 🍴
Spec. Tortino di ragusano con cipolla al sale, salsa d'azzeruole (mele), ridotto
d'aceto di nero d'Avola. Fidelini con ricci crudi ai profumi d'oriente. Maialino
nero dei Nebrodi ripieno, con il suo sugo e salsa d'erbette selvatiche.
♦ Nel 1693 un terremoto sconvolge Ragusa: nasce il Barocco. Oggi, un
sisma di natura gastronomica dà vita ad una cucina che mette al bando semplicità e minimalismi per creare piatti composti e seducenti, barocchi per
l'appunto! Scrigno di raffinatezza, tra carta da parati stile inglese e arredi
d'epoca siciliani.

XXX X Locanda Don Serafino 🏠 🔲 ⅍ ↔ VISA ∞ AE ① ⑤

via Avv. Ottaviano sn, (Ibla), – ℰ 09 32 24 87 78
– www.locandadonserafino.it – chiuso 2 settimane in novembre, 2 settimane in
gennaio, martedì dal 15 settembre al 15 luglio, negli altri mesi i mezzogiorno di
domenica, lunedì e martedì
Rist – Carta 60/90 € 🍴
Spec. Coniglio alla stimpirata (piatto della tradizione rivisitato). Spaghetti freschi al
nero di seppia, ricci di mare, ricotta e seppia. Tonno all'origano fresco, cipollata
alle mandorle e vino cerasuolo di Vittoria (estate).
♦ In un contesto suggestivo essendo in parte ricavato in una grotta, il ristorante
si trova nel fulcro da cui Ragusa si è sviluppata, Ibla. L'eleganza non è penalizzata,
ma da il meglio di sé negli arredi e nelle terrazze. I sapori isolani predominano nel
piatto, cedendo solo alle lusinghe della creatività.

XXX X La Fenice – Hotel Villa Carlotta 🕭 🔲 🅿 VISA ∞ AE ① ⑤

via Gandhi 3 – ℰ 09 32 60 41 40 – www.villacarlottahotel.com;
www.lafeniceristorante.com
Rist – Menu 65 € bc – Carta 48/70 €
Spec. Saccottini di gamberi crudi con ricottina tiepida e centrifuga di pomodori. Rombo arrosto con salsa iodata e vinaigrette al tartufo. Gnocchi di mandorle
con salsa di cioccolato fondente alla carruba.
♦ Pareti in cristallo per questo elegante ristorante che non manca di calore. Il
parquet fa da contrappunto al soffitto in legno, moderne sedie bianche e nel
piatto ottime materie prime, elaborate con creatività e lodevoli capacità tecniche
dallo chef.

XX Baglio la Pergola 🏠 🕭 🔲 ⅍ ↔ 🅿 VISA ∞ AE ① ⑤

contrada Selvaggio, zona stadio – ℰ 09 32 68 64 30 – www.baglio.it – chiuso 2
settimane in gennaio e martedì
Rist – Carta 29/52 € 🍴
♦ Un antico baglio che è stato trasformato in un locale di sobria e contenuta
eleganza. Tavoli estivi sotto l'ampio porticato, ampia carta dei vini, servizio pizzeria serale.

verso Marina di Ragusa Sud-Ovest : 14 km :

🏨 Poggio del Sole 🏊 🏠 🎿 🖃 🕭 cam, 🔲 ⅍ 🎿 🖧 🅿 🚗 VISA ∞ ⑤

strada provinciale 25 Ragusa/Marina km 5,700 ⊠ 97100 Ragusa
– ℰ 09 32 66 85 21 – www.poggiodelsoleresort.it
66 cam 🖃 – †69/90 € ††99/149 € – 2 suites – ½ P 75/95 €
Rist Dell'Angelo – vedere selezione ristoranti
Rist Hosteria – Menu 30/38 €
♦ Ricavato da una residenza di fine '700, l'hotel si sviluppa intorno ad una
piscina pensile, incastonata da un lato dalle camere e dall'altro dalla sala ban-
chetti. Arredi di design dai caldi colori vagamente etnici. Piatti regionali all'-
Hosteria.

🏨 **Eremo della Giubiliana** ⌖   🖼 ⚙ 🌳 ⏏ 🔥 🎫 ⚙ rist, 🚗 **P**
contrada Giubiliana ✉ *97100 Ragusa –* ✆ *09 32 66 91 19*   🆚🆂🅰 🆎 🅰🅴 🔥
– www.eremodellagiubiliana.com
24 cam 🛏 – 🛏124/169 € 🛏🛏190/260 € – 6 suites
Rist *Don Eusebio* – *(chiuso a mezzogiorno)* Carta 58/97 €
♦ Sull'altopiano ibleo, a 10 km circa dal centro città e da Marina di Ragusa, l'ex convento è oggi una risorsa ricca di fascino Arredi d'epoca isolani ornano ogni ambiente, comprese le originali camere ricavate dalle celle dei frati: notevoli, quelle con terrazza privata.

🍴🍴 **Dell'Angelo** – Hotel Poggio del Sole   🎫 🎫 ⚙ 🅿 🚗 🆚🆂🅰 🆎 🔥
strada provinciale 25 Ragusa/Marina km 5,700 ✉ *97100 Ragusa*
– ✆ *09 32 66 85 21 – www.poggiodelsoleresort.it*
Rist – Carta 28/41 €
♦ Nelle antiche stalle di una masseria, piacevoli sale dalle volte in pietra bianca e sulla tavola i migliori sapori del Mediterraneo, in un'alleanza fra terra e mare.

verso Donnafugata Sud-Ovest : 14 km :

🏨 **Relais Parco Cavalonga** ⌖   🖼 & 🎫 🔄 🎫 ⚙ **P** 🆚🆂🅰 🔥
strada provinciale 80 Km 3,200 ✉ *97100 Ragusa –* ✆ *09 32 61 96 05*
– www.parcocavalonga.it – 5 marzo-19 novembre
31 cam 🛏 – 🛏100/150 € 🛏🛏130/200 € – 7 suites – ½ P 90/125 €
Rist – *(chiuso a mezzogiorno)* Menu 35/40 €
♦ Fra ulivi e carrubi centenari, preparatevi ad un'esperienza di autentica*country life*in camere dotate di moderni confort, ma tipicizzate da materiali originariamente impiegati nelle costruzioni locali: ferro, tavelloni in legno e pietra arenaria. Due splendide piscine e una vista che si bea della natura circostante.

strada per Santa Croce Camerina Sud-Ovest : 25 km :

🏨 **Donnafugata Resort** ⌖   ⬅ 🖼 🏊 🎫 🔄 🔳 💆 🛁 🎫 🅱 🔥 🏃
Contrada Piombo ✉ *97100 Ragusa*   🎫 🔄 🎽 🏌 🅿 🚗 🆎 🆔
– ✆ *09 32 91 42 00 – www.donnafugatagolfresort.com*
202 cam 🛏 – 🛏150/229 € 🛏🛏175/265 € – 10 suites – ½ P 143/188 €
Rist – *(chiuso la sera)* Carta 34/56 €
Rist *Il Carrugo* – *(chiuso a mezzogiorno)* Carta 65/95 €
♦ Direttamente sui campi da golf, moderno ed elegante resort dove natura e tranquillità accompagnano un soggiorno ad alti livelli. Stuzzicanti piatti in leggera chiave moderna presso il ristorante gourmet Il Carrugo.

RAITO – Salerno (SA) – Vedere Vietri sul Mare

RANCIO VALCUVIA – Varese (VA) – **561** E8 – 952 ab. – alt. 296 m   16 A2
– ✉ **21030**
▶ Roma 651 – Stresa 59 – Lugano 28 – Luino 12

🍴🍴 **Gibigiana**   **P** 🆚🆂🅰 🚗 🔥
🍴🍴 *via Roma 19 –* ✆ *03 32 99 50 85 – chiuso dal 1° al 15 agosto, martedì*
🍷 **Rist –** Menu 15/35 € – Carta 24/34 €
🙂 ♦ Caldi e accoglienti ambienti in legno dove apprezzare una cucina affidabile ed incentrata su specialità tradizionali e alla brace, eseguite davanti agli occhi dei clienti.

RANCO – Varese (VA) – **561** E7 – 1 370 ab. – alt. 214 m – ✉ **21020**   16 A2
▶ Roma 644 – Stresa 37 – Laveno Mombello 21 – Milano 67

🏨 **Il Sole di Ranco** ⌖   ⬅ 🖼 🎫 🏃 🎫 🎫 ⚙ 🚗 **P** 🆚🆂🅰 🚗 🆎 🆔 🔥
piazza Venezia 5 – ✆ *03 31 97 65 07 – www.ilsolediranco.it – chiuso dal 15 novembre al 15 gennaio*
6 cam 🛏 – 🛏🛏180/190 € – 8 suites – 🛏🛏216/361 €
Rist *Il Sole di Ranco* ❀ – vedere selezione ristoranti
♦ All'interno di un'antica villa che ha affiancato il ristorante omonimo. Posizione elevata, fronte lago con giardino. Camere e ambienti comuni molto curati, arredi eleganti.

🏨 **Conca Azzurra** ♨ ← 🍴 🕭 🎿 🐟 ⚒ 🌐 ⚓ ⛓ 🅿 VISA ☜ AE ⑩ ⟲
via Alberto 53 – ☎ 03 31 97 65 26 – www.concazzurra.it – chiuso dal 4 gennaio al 13 febbraio
29 cam ⊑ – ✝82/100 € ✝✝100/165 € – ½ P 80/113 €
Rist *La Veranda* – vedere selezione ristoranti

◆ Un albergo di tono classico con una buona offerta di servizi, tra cui un moderno centro benessere, e camere accoglienti (tutte dotate di balcone o terrazzo). Ideale per chi vuole approfittare di un rilassante soggiorno in riva al lago.

🏨 **Belvedere** ← 🍴 🖼 🐟 🖥 & cam, 💱 ⚒ 🅿 VISA ☜ AE ⑩ ⟲
via Piave 11 – ☎ 03 31 97 52 60 – www.hotelristorantebelvedere.it – chiuso dal 24 dicembre al 7 febbraio
12 cam ⊑ – ✝70/90 € ✝✝90/140 € – ½ P 83/98 €
Rist – *(chiuso mercoledì)* Carta 26/51 €

◆ In centro e contemporaneamente a pochi passi dal lago, l'hotel offre ai suoi ospiti un'atmosfera familiare ed ampie camere confortevoli arredate con mobili in legno chiaro. Dalla cucina, specialità di lago, piatti rivisitati in chiave moderna e una lunga tradizione nel campo della ristorazione.

🍴🍴🍴 **Il Sole di Ranco** (Davide Brovelli) – Hotel Il Sole di Ranco ← 🍴 🖼 🖼
✿ *piazza Venezia 5 – ☎ 03 31 97 65 07* 🍴 ⟳ 🅿 VISA ☜ AE ⑩ ⟲
– www.ilsolediranco.it – chiuso dal 15 novembre al 21 gennaio, lunedì e martedì; dal 15 aprile ad ottobre aperto lunedì sera
Rist – Menu 50/100 € – Carta 70/125 € 🌿
Spec. "Zuppa pavese": uovo a 60°, ricci di mare e lardo croccante. Tagliolini verdi al lavarello affumicato, pomodori confit e caviale di luccio. Gomitolo di salmone in fili di patate croccanti, purea di carote e arance, maionese acidula.

◆ Il Sole splende anche in tavola: piatti che intrecciano tradizione e modernità, senza tralasciare il rispetto e la riscoperta delle materie prime del territorio, in ambienti di raffinata eleganza. Bella terrazza vista lago e delizioso giardino d'inverno.

🍴🍴 **La Veranda** – Hotel Conca Azzurra 🍴 🎿 🖼 💱 🅿 VISA ☜ AE ⑩ ⟲
via Alberto 53 – ☎ 03 31 97 57 10 – www.laverandaranco.it – chiuso dal 7 gennaio al 13 febbraio
Rist – *(chiuso a mezzogiorno escluso sabato e domenica e da giugno a settembre)* Menu 45 € – Carta 36/68 €

◆ Intimo ed elegante, aperto tutto l'anno, d'estate il ristorante può far leva su un ulteriore appeal: la bella terrazza affacciata sul lago. La cucina promuove la valorizzazione dei piatti della tradizione lacustre e della campagna lombarda.

RANDAZZO Sicilia – Catania (CT) – **365** AY56 – **11 160 ab.** 40 D2
– alt. 765 m – ⊠ 95036 🛈 Sicilia

▶ Catania 69 – Caltanissetta 133 – Messina 88 – Taormina 45
◎ Centro Storico ★

🏠 **Scrivano** 🖥 & 🖼 ⚒ 🅿 VISA ☜ AE ⑩ ⟲
via Bonaventura 2 – ☎ 0 95 92 11 26 – www.hotelscrivano.com
30 cam ⊑ – ✝50/60 € ✝✝85/90 € – ½ P 60/65 €
Rist *Le Delizie* ⊛ – vedere selezione ristoranti

◆ A breve distanza dal cratere del Vulcano, questa piccola struttura dalla valida conduzione familiare si trova all'inizio del paese. La tradizione per l'ospitalità il punto fermo. Passata dal padre al figlio, la cucina ha mantenuto un legame molto forte con il territorio. Servizio professionale e veloce.

🏠 **Agriturismo L'Antica Vigna** ♨ ← 🍴 🎿 🖼 🍴 🖼 🅿
località Montelaguardia, Est : 3 km – ☎ 34 94 02 29 02 – www.anticavigna.it – chiuso dal 10 gennaio al 10 febbraio
12 cam ⊑ – ✝40/45 € ✝✝70/80 € – 2 suites – ½ P 60 € **Rist** – Menu 25 € bc
◆ Nell'incantevole contesto del parco naturale dell'Etna, una risorsa che consente di vivere appieno una rustica e familiare atmosfera bucolica, tra vigneti e ulivi. Tra cotto, paglia e legno, la cucina tipica siciliana.

Veneziano 🍴🍴 ⊗

contrada Arena, strada statale 120 km 187, Est: 2 km – ☎ 09 57 99 13 53
– www.ristoranteveneziano.it – chiuso lunedì
Rist – Carta 18/37 €

♦ Sono i funghi i padroni assoluti della cucina, che, qui, alle pendici dell'Etna, si trovano con facilità. Piatti della tradizione, quindi, e un servizio familiare serio ed efficiente.

Le Delizie 🍴 ⊗

via Bonaventura 2 – ☎ 0 95 92 11 26 – www.hotelscrivano.com
Rist – Carta 19/36 €

♦ Appassionata gestione familiare, per un locale di tono classico alle porte del centro; piatti della tradizione rivisitati con estro e fantasia.

RANZANICO – Bergamo (BG) – 561 E11 – 1 297 ab. – alt. 519 m   **19 D1**
– ✉ 24060

▶ Roma 622 – Bergamo 30 – Brescia 62 – Milano 94

Pampero 🍴🍴

via Nazionale 27 – ☎ 0 35 81 13 04 – www.ristorantepampero.com
Rist – (chiuso dal 15 al 31 gennaio, lunedì e martedì a mezzogiorno) (consigliata la prenotazione) Carta 49/71 €

♦ Cucina prevalentemente a base di pesce con piatti elaborati in chiave moderna, in una piacevolissima struttura ubicata lungo la statale del piccolo e suggestivo lago di Endine. Ad introdurre gli ospiti, un bel giardino con prato all'inglese.

RANZO – Imperia (IM) – 561 J6 – 556 ab. – alt. 300 m – ✉ 18020   **14 A2**

▶ Roma 597 – Imperria 30 – Genova 104 – Milano 228

Il Gallo della Checca 🍴🍴

località Ponterotto 31, Est : 1 km – ☎ 01 83 31 81 97 – www.gallochecca.ory.it
– chiuso lunedì
Rist – (consigliata la prenotazione) Menu 45 € – Carta 46/53 €

♦ Ristorante-enoteca che offre interessanti proposte gastronomiche sull'onda di una cucina prevalentemente regionale. In sala bottiglie esposte ovunque: cantina di buon livello.

RAPALLO – Genova (GE) – 561 I9 – 30 571 ab. – ✉ 16035 ▯ Liguria   **15 C2**

▶ Roma 477 – Genova 37 – Milano 163 – Parma 142

🄸 Lungomare Vittorio Veneto 7, ☎ 0185 23 03 46, www.turismo.provincia.genova.it

🔟 via Mameli 377, 0185 261777, www.golfetennisrapallo.it

🄾 Lungomare Vittorio Veneto ★

🄶 Portofino ★★★ - Strada panoramica ★★ per Santa Margherita Ligure e Portofino sud-ovest - San Fruttuoso ★★

Excelsior Palace Hotel

via San Michele di Pagana 8 – ☎ 01 85 23 06 66
– www.excelsiorpalace.it   **d**
130 cam – ♦130/320 € ♦♦155/530 € – 5 suites
Rist *Eden Roc* – vedere selezione ristoranti
Rist – Carta 64/107 €

♦ Un "grande" albergo: non solo per le sue dimensioni, ma in quanto punto di riferimento per il bel mondo internazionale. Splendida cornice per weekend e per soggiorni più lunghi, la risorsa propone ambienti eleganti ed accoglienti, con colori che riflettono l'azzurro del mare e le tinte del Golfo del Tigullio.

Grand Hotel Bristol

via Aurelia Orientale 369 : 1,5 km – ☎ 01 85 27 33 13
– www.grandhotelbristol.it
83 cam – ♦95/265 € ♦♦120/370 € – 6 suites – ½ P 99/224 €
Rist *Le Cupole* – vedere selezione ristoranti
Rist – Carta 43/92 €

♦ Storico albergo frontemare - rinnovato in anni recenti - con ambienti comuni moderni, camere spaziose ed un iper moderno centro benessere.

RAPALLO

Riviera   ⟨ 🛗 AC ⁺ॎ⁺ VISA ⓒⓞ AE ① 🌀
piazza 4 Novembre 2 – ℰ 0 18 55 02 48
– www.hotelrivierarapallo.com   **r**
20 cam 🛌 – ✝75/125 € ✝✝85/150 € – 3 suites – ½ P 78/110 €
Rist *Il Gambero* – vedere selezione ristoranti
♦ Struttura d'epoca, completamente rinnovata, affacciata sul mare, dotata di ampi e luminosi ambienti. Buon livello delle camere e del servizio.

L'Approdo senza rist   ⟨ 🛗 ⅙ AC ⅗ ⁺ॎ⁺ VISA ⓒⓞ AE 🌀
via Pagana 160, località San Michele di Pagana, per ② – ℰ 01 85 23 45 68
– www.approdohotel.it – 16 aprile-ottobre
32 cam 🛌 – ✝65/140 € ✝✝85/180 €
♦ Ambienti moderni e camere minimaliste in una struttura che ha subito un'importante ristrutturazione qualche anno fa. Il panorama dalle stanze dell'ultimo piano non delude mai!

Stella senza rist   🛗 AC ⁺ॎ⁺ 🚗 VISA ⓒⓞ AE ① 🌀
via Aurelia Ponente 6 – ℰ 0 18 55 03 67
– www.hotelstella-riviera.com – chiuso novembre, dicembre e gennaio
28 cam 🛌 – ✝55/80 € ✝✝75/120 €   **u**
♦ In posizione centrale, all'inizio della via Aurelia di ponente, hotel a conduzione familiare con accoglienti spazi comuni e camere semplici, ma confortevoli.

XXXX Eden Roc – Excelsior Palace Hotel   🍴 AC P VISA ⓒⓞ AE ① 🌀
via San Michele di Pagana 8 – ℰ 01 85 23 06 66
– www.excelsiorpalace.thi.it   **d**
Rist – *(giugno-settembre)* (prenotazione obbligatoria) Carta 52/127 €
♦ In un ambiente esclusivo ed elegante, le proposte culinarie abbracciano la tradizione regionale, ma la creatività riesce comunque a raggiungere i fornelli, la modernità la tavola.

XXXX **Le Cupole** – Grand Hotel Bristol 🚗 🏡 ㅎ AC ऍ P VISA ಞ AE ⓘ ⚫

via Aurelia Orientale 369 : 1,5 km – ℰ *01 85 27 33 13* – *www.grandhotelbristol.it*
Rist – Menu 25/70 € – Carta 43/92 €

♦ Se leggendo il nome di questo ristorante, immaginate un roof garden con vista mozzafiato sul Promontorio di Portofino: ebbene, avete indovinato! Al decimo piano del Grand Hotel Bristol, la cucina abbraccia tutto lo Stivale, ma riserva un occhio di riguardo alle specialità regionali. Impedibili: i tortelli di Preboggion (erbe tipiche locali) su crema di Vaise con spuma di noci.

XX **Il Gambero** – Hotel Riviera 🏡 AC ऍ VISA ಞ AE ⓘ ⚫

piazza IV Novembre 2 – ℰ *0 18 55 02 48* – *www.hotelrivierarapallo.com* – *chiuso novembre*   **r**
Rist – Menu 32 € bc/38 € – Carta 33/75 €

♦ Se il tempo è mite, non perdetevi la bella terrazza con vista sul Golfo, ma anche nell'elegante sala interna l'appuntamento è - comunque - con un'ampia scelta tra i piatti della migliore tradizione italiana e ligure con predilezione per il pesce. La carta dei vini annovera più di 100 etichette.

XX **Luca** 🏡 AC VISA ಞ AE ⚫

via Langano 32, porto Carlo Riva – ℰ *0 18 56 03 23* – *www.ristoranteluca.it*
– *chiuso martedì escluso luglio e agosto*   **y**
Rist – Carta 38/55 €

♦ Risorsa ubicata proprio lungo il porticciolo turistico della cittadina. Ariosa sala, dove un fresco stile marinaro accompagna le semplici e gustose specialità ittiche.

RAPOLANO TERME – Siena (SI) – **563** M16 – **5 248 ab.** – alt. 334 m   **29** C2
– ✉ **53040**

▶ Roma 202 – Siena 27 – Arezzo 48 – Firenze 96

2 Mari 🚗 🏡 ⌁ 🔲 🌀 ऍ ँ ⌂ P VISA ಞ AE ⓘ ⚫

via Giotto 1, località Bagni Freddi – ℰ *05 77 72 40 70* – *www.hotel2mari.com*
– *chiuso dal 4 giugno al 4 luglio*
57 cam ⌁ – ♦54/80 € ♦♦78/140 € – ½ P 62/87 €   **Rist** – Carta 24/43 €

♦ Ambienti accoglienti e funzionali in questo hotel dalla capace gestione familiare. All'esterno un bel giardino custodisce la piscina, mentre nel centro benessere si usano prodotti *home made*. Menu regionali presso la luminosa sala ristorante.

Villa Buoninsegna ⇐ 🚗 ⌁ P VISA ಞ ⚫

località La Buoninsegna, Sud-Est: 5 km – ℰ *05 77 72 43 80*
– *www.buoninsegna.com* – *15 marzo-7 novembre*
6 cam ⌁ – ♦85/95 € ♦♦110/120 € – ½ P 81/86 €
Rist – *(chiuso da lunedì a giovedì) (chiuso a mezzogiorno)* (prenotazione obbligatoria) Menu 30 € bc

♦ Una poderosa villa del 1600 al centro di una vastissima proprietà, le cui ampie camere - arredate con mobili antichi - si affacciano sul salone del piano nobile. La struttura dispone di due piscine all'aperto e di vasti percorsi per escursioni.

RASEN ANTHOLZ = Rasun Anterselva

RASUN ANTERSELVA (RASEN ANTHOLZ) – Bolzano (BZ)   **31** C1
– **562** B18 – **2 882 ab.** – alt. 1 030 m – Sport invernali : 1 030/2 273 m ☇ 19 ☇ 12
(Comprensorio Dolomiti superski Plan de Corones) ⚐ – ✉ **39030**

▶ Roma 728 – Cortina d'Ampezzo 50 – Bolzano 87 – Brunico 13

a Rasun (Rasen) – alt. 1 030 m – ✉ **39030**

🛈 Rasun di Sotto 60, ℰ *0474 49 62 69*, www.valpusteria.com

Alpenhof ⇐ 🔲 ಞ 🌀 ほ ⛾ AC ऍ rist. ँ P ⌂ VISA ಞ ⚫

a Rasun di Sotto 123 – ℰ *04 74 49 64 51* – *www.hotel-alpenhof.info* – *chiuso dal 1° novembre al 4 dicembre*
32 cam ⌁ – ♦59/149 € ♦♦118/256 € – 5 suites – ½ P 128/178 €
Rist – Carta 29/50 €

♦ Piacevole hotel che nasce dall'unione di una casa ristrutturata e di un'ala più moderna, offre camere ed ambienti comuni piacevoli, connotati da spunti di eleganza. E' possibile cenare presso caratteristiche stube o nella calda sala con soffitto in legno.

ad Anterselva (Antholz) – **alt. 1 100 m** – ✉ 39030

🅸 ad Anterselva di Mezzo, 𝒞 0474 49 21 16, www.valpusteria.com

🏨 **Santéshotel Wegerhof** ⏦ 🖥 ⊕ 🈳 🛗 ⅙ cam, 🏄 ⮕ ✗ rist, 🍴 🅿
ad Anterselva di Mezzo, via Centrale 15 🆚 ⓿ ⓞ 💲
– 𝒞 04 74 49 21 30 – www.santeshotel.it – Natale-Pasqua e maggio-ottobre
28 cam ⌑ – ♦40/90 € ♦♦80/160 € – 2 suites – ½ P 65/105 €
Rist – (solo per alloggiati) Carta 23/64 €
Rist Peter's Stube – Carta 24/63 €
♦ Struttura caratterizzata da una gestione attenta, capace di mantenersi sempre al passo coi tempi. Grande considerazione per le esigenze dei "grandi" come dei più piccoli. Piccola e intima stube per apprezzare una genuina cucina del territorio.

RASTIGNANO – Bologna (BO) – Vedere Pianoro

RATSCHINGS = Racines

RAVALLE – Ferrara (FE) – **562** H16 – Vedere Ferrara

RAVELLO – Salerno (SA) – **564** F25 – **2 475 ab.** – **alt. 350 m** – ✉ 84010   **6** B2
▮ Napoli e la Campania
▶ Roma 276 – Napoli 59 – Amalfi 6 – Salerno 29
🅸 via Roma 18 bis, 𝒞 089 85 70 96, www.ravellotime.it
◉ Posizione e cornice pittoresche★★★ – Villa Rufolo★★★ : ❋★★★ – Villa Cimbrone★★★ : ❋★★★ – Duomo: amboni in marmo★★ e porta in bronzo★ – Chiesa di San Giovanni del Toro: ambone★

🏨 **Caruso** ⏦   ⪉ ⏦ 🍳 🈳 Ⅰ6 🛗 🆎 🍴 🍸 🚗 🆚 ⓿ 🆎 ⓞ 💲
piazza San Giovanni del Toro 2 – 𝒞 08 98 58 88 01 – www.hotelcaruso.com
– 5 aprile-5 novembre
50 cam ⌑ – ♦470/590 € ♦♦620/1050 € – 6 suites – ½ P 394/609 €
Rist Belvedere – vedere selezione ristoranti
♦ Vivere tra cielo e mare, succede nell'incantevole Ravello, così accade al Caruso, abbarbicato com'è nella parte alta della località, fa del panorama a strapiombo sulla costiera amalfitana il proprio dna: camere perfette, infinity pool e moderno centro benessere.

🏨 **Palazzo Sasso** ⏦   ⪉ ⏦ 🍳 🍳 ⊕ 🈳 Ⅰ6 🛗 ⅙ cam, 🆎 ✗ rist, 🍴 🕭
via San Giovanni del Toro 28 – 𝒞 08 98 18 181   🚗 🆚 ⓿ 🆎 ⓞ 💲
– www.palazzosasso.com – 28 marzo-ottobre
34 cam ⌑ – ♦224/320 € ♦♦476/680 € – 9 suites
Rist Rossellinis ❀❀ – vedere selezione ristoranti
Rist Caffè dell'Arte – Carta 61/79 €
♦ Senza dubbio uno dei migliori alberghi della costiera: grande eleganza e servizio di livello eccellente. Ambienti comuni raffinati, stanze perfette, panorama mozzafiato. Leggere proposte culinarie al Caffè dell'Arte, da gustare in una distinta saletta o in terrazza.

🏨 **Villa Cimbrone** ⏦   ⪉ ⏦ ⏦ 🍳 🛗 🏄 🆎 ✗ 🍴 🕭
via Santa Chiara 26 – 𝒞 0 89 85 74 59   🆚 ⓿ 🆎 ⓞ 💲
– www.villacimbrone.com – aprile-ottobre
17 cam ⌑ – ♦400/720 € ♦♦450/750 € – 2 suites
Rist Il Flauto di Pan – vedere selezione ristoranti
Rist – (chiuso la sera) Carta 30/45 €
♦ Dimora patrizia del XII sec e hotel di lusso: due anime per una villa che offre intense suggestioni, sia per la posizione - su un costone dominante il mare - sia per lo spessore della sua storia.

🏨 **Palumbo** ⏦   ⪉ ⏦ 🏄 🆎 ✗ rist, 🍴 🚗 🆚 ⓿ 🆎 ⓞ 💲
via San Giovanni del Toro 16 – 𝒞 0 89 85 72 44 – www.hotelpalumbo.it
17 cam ⌑ – ♦160/300 € ♦♦200/350 € – 3 suites – ½ P 165/245 €
Rist – (maggio-ottobre) Carta 47/78 €
♦ Volte, nicchie, passaggi, corridoi e colonne in stile arabo-orientale. Una dimora del XII sec. con terrazza-giardino fiorita: spazi imprevedibili e piaceri sorprendenti. Imperdibile vista dalla terrazza del ristorante.

Rufolo 🕭   ≤ 🚗 ⚒ 🕸 ⛱ 🖢 🕭 ★ Ⓜ 🕆 🖏 🅿 🚗 ₥₥ ⊚ Æ ① ♿
via San Francesco 1 – ☎ 0 89 85 71 33 – www.hotelrufolo.it
35 cam ⛌ – ♦185/245 € – ♦♦235/350 € – 9 suites – ½ P 158/215 €
Rist *Sigilgada* – vedere selezione ristoranti
♦ Nel centro storico con panorama sul golfo e sulla Villa Rufolo, la struttura dispone di camere curate e di una bella piscina inserita nell'ampio giardino.

Villa Maria 🕭   ≤ 🚗 🕆 Ⓜ 🕆 🅿 🅿 ₥₥ ⊚ Æ ① ♿
via Santa Chiara 2 – ☎ 0 89 85 72 55 – www.villamaria.it
23 cam ⛌ – ♦165/195 € – ♦♦195/240 € – ½ P 155 €   **Rist** – Carta 27/86 €
♦ Struttura signorile ubicata in una zona tranquilla del paese e raggiungibile soltanto a piedi (il parcheggio è molto vicino). Dotata di un'elegante zona soggiorno comune. Servizio ristorante estivo sotto un pergolato con una stupefacente vista di mare e costa.

Giordano senza rist 🕭   🚗 ⚒ 🕆 Ⓜ 🕆 🖏 🅿 ₥₥ ⊚ Æ ① ♿
via Trinità 14 – ☎ 0 89 85 72 55 – www.giordanohotel.it – aprile-ottobre
32 cam ⛌ – ♦140/165 € – ♦♦160/185 €
♦ A pochi passi dalla piazza, nella direzione di Villa Cimbrone, facilmente raggiungibile in auto e dotato di parcheggio. Camere sobrie e funzionali, grazioso giardino.

Graal   ≤ ⚒ 🕆 ★ Ⓜ cam, 🕆 rist, 🕆 🚗 ₥₥ ⊚ Æ ① ♿
via della Repubblica 8 – ☎ 0 89 85 72 22 – www.hotelgraal.it
42 cam ⛌ – ♦105/225 € – ♦♦130/300 € – ½ P 100/185 €
Rist *Al Ristoro del Moro* – ☎ 0 89 85 79 01 (aprile-dicembre) (consigliata la prenotazione) Carta 40/60 €
♦ Vicino al centro storico, in posizione tale da regalare una splendida vista sul golfo, questa bella struttura - costantemente sottoposta a lavori di rinnovo - dispone di camere di varia tipologia. Sapori campani nella luminosa sala ristorante dalle ampie vetrate.

Rossellinis – Hotel Palazzo Sasso   🚗 🕆 Ⓜ 🕆 ₥₥ ⊚ Æ ① ♿
⍟ ⍟ *via San Giovanni del Toro 28 – ☎ 0 89 81 81 81 – www.palazzosasso.com*
– aprile-ottobre
Rist – (chiuso a mezzogiorno) Menu 70/110 € – Carta 72/116 € ⅋
Spec. Ravioli soffiati ripieni di granchio, battuto di zucchine e sugo alla colatura d'alici. Tonno "sott'olio" con emulsione ai capperi. Agnello in crosta di provolone podolico con patate vetrificate.
♦ Sui monti di Ravello, più vicino al cielo che al mare, è così che vi sentirete dopo aver gustato la cucina di Pino Lavarra. Splendida combinazione di tradizione napoletana e creatività, i piatti seducono al pari dell'atmosfera e del servizio. Un quadro d'autore.

Belvedere – Hotel Caruso   🚗 🕆 Ⓜ 🕆 ⇄ ₥₥ ⊚ Æ ① ♿
piazza San Giovanni del Toro 2 – ☎ 0 89 85 88 01 – www.hotelcaruso.com
– 5 aprile-5 novembre
Rist – Carta 87/128 €
♦ Tonnarelli con ragù di Bufala e pesto di limone della Costiera, Pezzogna ai pomodorini di Corbara, e per i più golosi Pasticciotto napoletano con gelato al latte di mandorla: tutto questo dove? Sulla spettacolare terrazza affacciata sul Mediterraneo o nell'elegante sala interna, quando il clima è un po' più rigido.

Il Flauto di Pan – Hotel Villa Cimbrone   ≤ 🚗 🕅 🕆 ⚒ 🕆 Ⓜ 🕆 ⇄
via Santa Chiara 26 – ☎ 0 89 85 74 59   ₥₥ ⊚ Æ ① ♿
– www.villacimbrone.com – aprile-ottobre
Rist – (chiuso a mezzogiorno) Carta 89/127 € ⅋
♦ All'interno di una straordinaria villa storica a picco sul mare, la musica del *Flauto di Pan* vi incanta con piatti autenticamente mediterranei ed echi partenopei.

Sigilgada – Hotel Rufolo   🚗 🕆 Ⓜ 🕆 🅿 ₥₥ ⊚ Æ ① ♿
via San Francesco 1 – ☎ 0 89 85 71 33 – www.hotelrufolo.it
Rist – (chiuso dicembre, gennaio e febbraio) Carta 42/68 €
♦ E' la costiera, insieme alla cucina campana, la protagonista del ristorante, che con la sua terrazza-veranda permette di cenare tra cielo e mare. Pescato del golfo.

sulla costiera amalfitana Sud : 6 km :

🏨 **Marmorata** ⌖ ⟨ icons ⟩
via Bizantina 3, località Marmorata ✉ 84010 – ℰ 089 87 77 77
– www.marmorata.it – marzo-novembre
39 cam ⌷ – †135/255 € ††149/270 € – ½ P 110/170 €
Rist *L'Antica Cartiera* – vedere selezione ristoranti
♦ Arroccato sugli scogli, ma con discesa privata a mare, albergo ricavato dall'abile ristrutturazione di un'antica cartiera: arredi in stile vecchia marina e deliziosa piscina con idromassaggio.

🏠 **Villa San Michele** ⌖ ⟨ icons ⟩
via Carusiello 2 – ℰ 089 87 22 37 – www.hotel-villasanmichele.it – *chiuso dal 15 novembre al 20 febbraio*
12 cam ⌷ – †80/160 € ††100/170 € – ½ P 76/111 €
Rist – *(13 aprile-ottobre) (solo per alloggiati)* Menu 26 €
♦ Hotel letteralmente affacciato sul mare, a ridosso degli scogli, inserito in un verde giardino. In perfetta armonia con la natura: per un soggiorno dalle forti emozioni.

✗✗ **L'Antica Cartiera** – Hotel Marmorata ⟨ icons ⟩
via Bizantina 3, località Marmorata ✉ 84010 – ℰ 089 87 77 77
– www.marmorata.it – marzo-novembre
Rist – *(maggio-ottobre)* Menu 35 € bc – Carta 31/65 €
♦ All'interno di un albergo in perfetto ed elegante stile marina, anche il ristorante non si sottrae a questa linea: dalla sala interna Delle Catene, alle terrazze con sottofondo delle onde che si infrangono sulla scogliera, cucina mediterranea e specialità ittiche.

RAVENNA Ⓟ (RA) – 562 I18 – 157 459 ab. **9** D2
▶ Roma 366 – Bologna 74 – Ferrara 74 – Firenze 136
🛈 via Salara 8/12, ℰ 0544 3 54 04, www.turismo.ravenna.it
🛈 via delle Industrie 14, ℰ 0544 45 15 39
◉ I mosaici★★★ nel Mausoleo di Galla Placidia Y – Basilica di San Vitale★★★ Y
– Battistero Neoniano★ : mosaici★★★ Z – Basilica di Sant'Apollinare Nuovo★★ Z
– Cattedra d'avorio★★ e cappella di S. Andrea★ nel museo Arcivescovile Z **M2**
– Mausoleo di Teodorico★ Y **B** – Statua funeraria di Guidarello Guidarelli★ (opera di Tullio Lombardo) nel Museo d'arte della città Z
ⓖ Basilica di Sant'Apollinare in Classe★★ per ③ : 5 km

Pianta pagina seguente

🏨 **NH Ravenna** ⟨ icons ⟩
piazza Mameli 1 ✉ 48121 – ℰ 0 54 43 57 62 – www.nh-hotels.com
83 cam ⌷ – †72/170 € ††95/225 € – 1 suite – ½ P 73/138 € **Y**c
Rist – Menu 25/50 €
♦ Comodo e funzionale per la clientela commerciale ma anche ricco di attenzione per i particolari e per l'estetica adatta alla clientela turistica. Semplice e luminoso ristorante con proposte classiche alla carta o buffet.

🏨 **Cube** senza rist ⟨ icons ⟩
via Luigi Masotti 2, per ⑤*: 2 km* ✉ 48124 – ℰ 05 44 46 46 91
– www.premierhotels.it/cube
80 cam ⌷ – †69/139 € ††94/154 €
♦ Nella città dei mosaici, una struttura moderna con camere spaziose, dotate di comode scrivanie per utilizzare agevolmente il computer, ma perfettamente insonorizzate per garantire sonni tranquilli. Confort al cubo!

🏨 **Holiday Inn** ⟨ icons ⟩
via Mattei 25, per ①*: 3 km* ✉ 48122 – ℰ 05 44 45 59 02 – www.hiravenna.it
112 cam ⌷ – †99/199 € ††129/229 € – 12 suites **Rist** – Carta 31/67 €
♦ La proverbiale cordialità romagnola in una nuova struttura di moderna concezione con buone installazioni ed ottime camere di ampia metratura. Il tutto nell'imperante stile design minimalista.

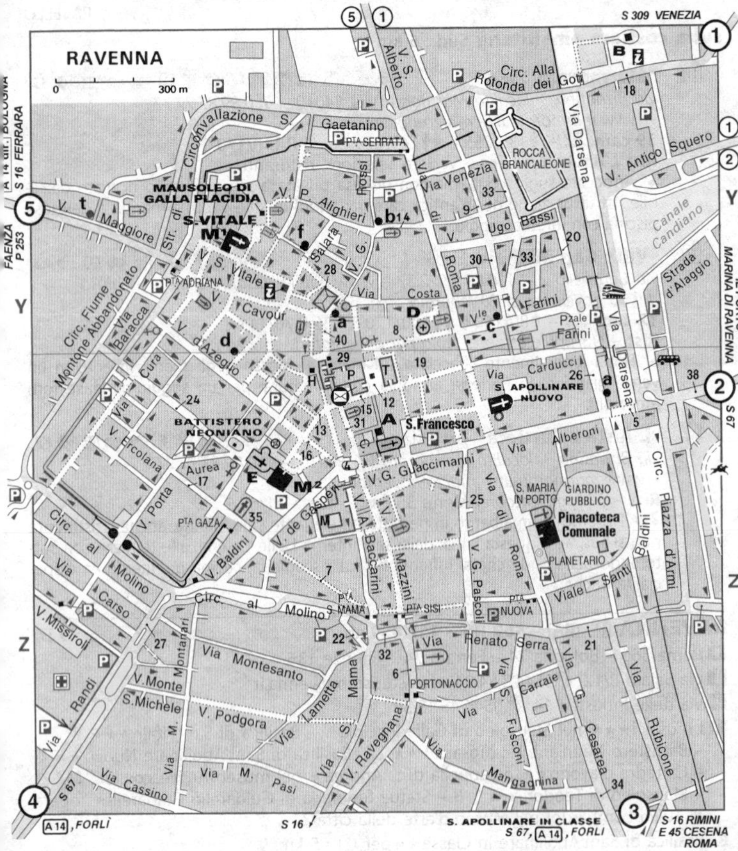

Caduti per la Libertà (Pza)	Z 4	Guidarelli (V.)	Z 17	Ponte Marino (V.)	Y 28
Candiano (V.)	Z 5	Industrie (V. delle)	Y 18	Popolo (Pza del)	Z 29
Castel S. Pietro (V.)	Z 6	Mariani (V.)	Z 19	Rava (V. L.)	Y 30
Corti alle Mura (V.)	Z 7	Maroncelli (Viale)	Y 20	Ricci (V. C.)	Z 31
Diaz (V.)	Y 8	Molinetto (Circ. canale)	Z 21	Ricci (V. Romolo)	Z 32
Falier (V.)	Y 9	Molino (V.)	Z 22	Rocca Brancaleone (V.)	Y 33
Garibaldi (Pza)	Z 12	Monfalcone (V.)	Z 23	Romea (V.)	Z 34
Gessi (V. Romolo)	Z 13	Oberdan (V.)	Z 24	S. Teresa (V.)	Z 35
Ghiselli (V. G.)	Y 14	Oriani (V. A.)	Z 25	Trieste (V.)	Z 38
Gordini (V.)	Z 15	Pallavicini (Viale G.)	Z 26	4 Novembre (V.)	Y 40
Guerrini (V.)	Z 16	Piave (V.)	Z 27		

Bisanzio senza rist
via Salara 30 ✉ 48121 – ✆ 05 44 21 71 11 – www.bisanziohotel.com
38 cam ☕ – †86/116 € ††108/180 € **Yf**
◆ Nel centro della località, nei pressi della Basilica di San Vitale, un albergo con marmi e lampadari di murano nella hall; camere lineari e complete nei servizi.

S. Andrea senza rist
via Cattaneo 33 ✉ 48121 – ✆ 05 44 21 55 64 – www.santandreahotel.com – febbraio-novembre **YZd**
12 cam ☕ – †80/120 € ††90/140 € – 1 suite
◆ Ex convento di origine secentesca, ha conservato l'atmosfera tranquilla acquisendo un tono familiare più da casa privata che da albergo. Piccolo giardino, grande oasi.

ClassHotel Ravenna 🛗 AC ✗ rist. ⁋ ṣÁ P. VISA ⚫ AE ⓪ ♿
viale della Lirica 141, prossimità strada statale 16 per ④ ⊠ *48124*
– ℰ 05 44 27 02 90 – www.classhotel.com
70 cam ☐ – †60/99 € ††74/119 € – ½ P 52/79 €
Rist – *(chiuso sabato a mezzogiorno e domenica)* Carta 27/45 €
♦ Hotel moderno, a pochi metri dall'uscita della tangenziale e per questo particolarmente indicato per una clientela di lavoro. Servizi e dotazioni recenti e apprezzabili. Ristorante frequentato soprattutto da ospiti dell'hotel e da uomini d'affari.

Italia 🛗 ⴟ AC ✗ rist. ⁋ P. VISA ⚫ AE ⓪ ♿
viale Pallavicini 4/6 ⊠ *48121 – ℰ 05 44 21 23 63 – www.hitalia.it* **Za**
45 cam ☐ – †60/103 € ††90/151 €
Rist – *(chiuso sabato a mezzogiorno, domenica)* Carta 31/47 €
♦ A pochi passi dalla stazione ferroviaria, l'hotel dispone di camere funzionali e accoglienti. Adatto a chi ha bisogno di parcheggio e desidera essere prossimo al centro.

Diana senza rist 🛗 ⴟ AC ⁋ VISA ⚫ AE ⓪ ♿
via G. Rossi 47 ⊠ *48121 – ℰ 0 54 43 91 64 – www.hoteldiana.ra.it*
33 cam ☐ – †70/99 € ††80/125 € **Yb**
♦ Camere di diverse metrature, ma tutte confortevoli, in un hotel del centro
città. A disposizione anche appartamenti in una dépendance a 200 m: questa struttura fa capo all'albergo per tutti i servizi.

Cappello 🛗 AC ⁋ ṣÁ VISA ⚫ AE ♿
via IV Novembre 41 ⊠ *48121 – ℰ 05 44 21 98 13 – www.albergocappello.it*
7 cam ☐ – †110/190 € ††130/200 € – 2 suites **Ya**
Rist *Cappello* – vedere selezione ristoranti
♦ In uno degli edifici rinascimentali più interessanti di Ravenna, pezzi di design
convivono nelle belle camere con affreschi e soffitti a cassettoni: stanze piacevolmente decorate in diversi colori che ne hanno ispirato i nomi, Oro Verde, Sogno
Amaranto, Gemma Gialla…

XXX **Antica Trattoria al Gallo 1909** ✗ ⇔ VISA ⚫ AE ♿
via Maggiore 87 ⊠ *48121 – ℰ 05 44 21 37 75 – www.algallo1909.it – chiuso dal
20 dicembre al 10 gennaio, domenica sera, lunedì, martedì* **Yt**
Rist – Carta 28/79 €
♦ Trattoria nel nome, un semplice edificio di mattoni fuori ma un tripudio di decorazioni
liberty all'interno. Riferimento ineludibile nel panorama della ristorazione ravennate.

XX **Cappello** – Hotel Cappello AC ✗ VISA ⚫ AE ⓪ ♿
*via IV Novembre 41 – ℰ 05 44 21 98 13 – www.albergocappello.it
– chiuso dal 9 al 29 gennaio, domenica sera, lunedì* **Ya**
Rist – Carta 30/61 €
♦ Ricercata e antica eleganza in un ristorante, dove troverete una deliziosa cucina
di mare che cambia secondo la disponibilità del mercato. Lo chef ha un suo personale ed encomiabile credo: i suoi piatti sono composti dal 4, massimo 5 ingredienti, che hanno cotture separate e differenti per conservare intatta la fragranza.

a San Michele Ovest : 8 km – ⊠ 48124 Ravenna

X **Osteria al Boschetto** 🔲 🔲 ⇔ P. VISA ⚫ AE ♿
*via Faentina 275 – ℰ 05 44 41 43 12 – chiuso dal 7 al 14 gennaio, dal 15 agosto
al 4 settembre, giovedì*
Rist – Carta 40/76 €
♦ Non lontano dal casello autostradale di S. Vitale, all'interno di una palazzina
d'inizio '900, locale assai gradevole con due salette disposte su due piani ed un
fresco dehors estivo. Cucina di varia ispirazione.

RAVINA – Trento (TN) – **562** D15 – **Vedere Trento**

RAZZES = RATZES – Bolzano (BZ) – **Vedere Siusi allo Sciliar**

RECANATI – Macerata (MC) – **563** L22 – **21 728 ab.** – **alt. 293 m** **21 C2**
– ⊠ **62019** ▌ Italia Centro Nord
▶ Roma 290 – Ancona 37 – Macerata 23 – Perugia 172
◉ Villa Colloredo Mels: opere★ di L. Lotto nel Museo Civico

Gallery Hotel Recanati ⬩ ⬩ ⬩ ⬩ ⬩ ⬩ ⬩ ⬩ ⬩ ⬩ ⬩ ⬩ ⬩
via Falleroni 85 – ℰ 071 98 19 14 – www.ghr.it
68 cam ⬜ – †55/199 € †† 89/299 € – 16 suites   **Rist** – Carta 26/55 €
♦ Nato dall'accurato restauro di un seicentesco palazzo nobiliare del centro storico (in seguito diventato seminario e scuola), un hotel che coniuga modernità e recupero di parti storiche.

RECCO – Genova (GE) – 561 I9 – 10 210 ab. – ✉ 16036   **15** C2
▶ Roma 484 – Genova 32 – Milano 160 – Portofino 15
i via Ippolito D'Aste 2A, ℰ 0185 72 24 40, www.iat.it

La Villa ⬩ ⬩ ⬩ ⬩ ⬩ ⬩ ⬩ ⬩ ⬩ ⬩ ⬩ ⬩
via Roma 296 – ℰ 01 85 72 07 79 – www.manuelina.it
23 cam ⬜ – †80/120 € †† 100/180 €
Rist Manuelina – vedere selezione ristoranti
♦ Non manca nulla a questa villa d'epoca in tipico stile genovese: piscina, solarium, belle camere. Ristorante gourmet per palati raffinati, o Focacceria per soste gastronomiche più informali.

Da ö Vittorio con cam ⬩ ⬩ cam, ⬩ cam, ⬩ ⬩ ⬩ ⬩ ⬩
via Roma 160 – ℰ 01 85 74 02 9 – www.daovittorio.it
29 cam ⬜ – †60/100 € †† 85/160 € – 4 suites – ½ P 65/85 €
Rist – (chiuso dal 16 novembre al 6 dicembre e martedì) Menu 25/30 €
– Carta 30/60 € 🥬
♦ Piatti liguri e specialità ittiche in uno dei Locali Storici d'Italia composto da due piacevoli sale: una di tono rustico-elegante, l'altra più sobria. Settore notte con camere di taglio classico nel corpo principale, in stile e moderne nella dépendance.

Manuelina – Hotel La Villa ⬩ ⬩ ⬩ ⬩ ⬩ ⬩ ⬩
via Roma 296 – ℰ 01 85 74 12 8 – www.manuelina.it
Rist – (chiuso gennaio) Carta 42/59 €
♦ Sono pochi i locali che possono competere con la lunga tradizione gastronomica di Manuelina: più di 125 anni di cucina ligure, ricerca di ricette che seguono le stagioni, rivalutazione dei prodotti autoctoni e scrupolosa selezione delle materie prime. Difficile stargli al passo!

RECOARO TERME – Vicenza (VI) – 562 E15 – 6 849 ab. – alt. 450 m   **35** B2
– Sport invernali : a Recoaro Mille : 1 000/1 700 m ⬩ 1 ⬩ 3, ⬩ – ✉ 36076
▶ Roma 576 – Verona 72 – Milano 227 – Trento 78
i via Roma 15, ℰ 0445 7 50 70, www.vicenzae.org.

Trettenero ⬩ ⬩ ⬩ ⬩ ⬩ rist, ⬩ ⬩ ⬩ ⬩
via Vittorio Emanuele 18 – ℰ 04 45 78 03 80 – www.hoteltrettenero.it
58 cam ⬜ – †† 40/110 € – 1 suite – ½ P 73 €
Rist – (chiuso a mezzogiorno escluso stagione estiva) (consigliata la prenotazione) Carta 44/57 €
♦ Sorto all'inizio dell'Ottocento, prende il nome dal suo fondatore. Si distingue per l'originalità dei decori, per gli ampi spazi a disposizione e per il piccolo parco. Molto capiente la sala da pranzo: colpisce per l'altezza del soffitto e per le decorazioni.

Verona ⬩ ⬩ ⬩ ⬩ ⬩
via Roma 52 – ℰ 04 44 57 50 10 – www.albergoverona.it – maggio-ottobre
35 cam ⬜ – †43/50 € †† 60/70 € – ½ P 53 €   **Rist** – Carta 23/33 €
♦ Albergo centralissimo che presenta un livello di confort e un grado di ospitalità più che discreto, sotto ogni aspetto. In particolare le stanze sono semplici ma moderne. Luminosa sala ristorante classica.

RECORFANO – Cremona (CR) – Vedere Voltido

REDAGNO (RADEIN) – Bolzano (BZ) – 562 C16 – alt. 1 566 m   **31** D3
– ✉ 39040
▶ Roma 630 – Bolzano 38 – Belluno 111 – Trento 60

Villa Berghofer ⟨⟩ ⟨icons⟩ rist, ⟨icons⟩
via Oberradein 54 – ℰ 04 71 88 71 50 – www.berghofer.it
– 7 dicembre-9 gennaio e 2 maggio-4 novembre
14 suites ⟨⟩ – ♦160/219 € – ½ P 187 €   **Rist** – Carta 47/79 €
♦ Solo suite, contraddistinte dai nomi delle montagne che si scorgono da questa panoramica e tranquilla struttura, per garantire agli ospiti una dimensione di assoluto relax. Piatti tradizionali della cucina altoatesina sono serviti al ristorante e nella quattrocentesca stube gotica.

Zirmerhof ⟨icons⟩ rist, ⟨icons⟩
Oberradein 59 – ℰ + 39 04 71 88 72 15 – www.zirmerhof.com
– maggio-novembre
33 cam ⟨⟩ – ♦82/122 € ♦♦152/266 € – 5 suites – ½ P 147 €
Rist *Stube 1600* – vedere selezione ristoranti
Rist – *(chiuso la sera)* (consigliata la prenotazione) Carta 34/65 €
♦ Albergo di tradizione ricavato da un antico maso tra i pascoli: un'oasi di pace con bella vista su monti, arredi d'epoca e quadri antichi.

✗✗ Stube 1600 – Hotel Zirmerhof ⟨icons⟩
Oberradein 59 – ℰ 04 71 88 72 15 – www.zirmerhof.com – maggio-novembre
Rist – *(chiuso giovedì)* *(chiuso a mezzogiorno)* (prenotazione obbligatoria)
Carta 47/72 €
♦ La tipica stube fatta di legni antichi si è trasformata in piccolo ristorante, la Stube 1600: data d'origine della costruzione, ma anche altitudine della casa. Cucina tradizionale, con tanti ingredienti coltivati in loco, ed un impedibile Gewurztraminer "Pinus" di propria produzione.

REGGELLO – Firenze (FI) – 563 K16 – 16 089 ab. – alt. 390 m
– ✉ 50066   **29 C1**
▶ Roma 250 – Firenze 38 – Siena 69 – Arezzo 58

a Pietrapiana Nord : 3,5 km – ✉ 50066

Archimede ⟨⟩ ⟨icons⟩
strada per Vallombrosa – ℰ 0 55 86 90 55 – www.ristorantearchimede.it – chiuso dal 20 al 30 gennaio
19 cam ⟨⟩ – ♦55/65 € ♦♦75/95 € – ½ P 70 €
Rist *Da Archimede* – vedere selezione ristoranti
♦ Albergo sorto a metà anni Ottanta, che si caratterizza per la solida struttura in pietra. Arredi di taglio classico, bella hall anche se di dimensioni contenute.

✗✗ Da Archimede – Hotel Archimede ⟨icons⟩
strada per Vallombrosa – ℰ 05 58 66 75 00 – www.ristorantearchimede.it
– chiuso dal 20 al 30 gennaio e martedì escluso da aprile ad ottobre
Rist – Carta 25/40 €
♦ Ristorante tipico, apprezzato dai clienti del luogo ma ancor più da avventori provenienti da fuori, dove gustare i piatti più tradizionali della cucina toscana.

a Vaggio Sud-Ovest : 5 km – ✉ 50066

Villa Rigacci ⟨⟩ ⟨icons⟩
via Manzoni 76 – ℰ 05 58 65 67 18 – www.villarigacci.it
24 cam ⟨⟩ – ♦85/95 € ♦♦120/160 € – 4 suites – ½ P 85/120 €
Rist *Relais le Vieux Pressoir* – vedere selezione ristoranti
♦ Incantevole villa di campagna quattrocentesca - immersa nel verde - dispone di camere confortevoli, recentemente ristrutturate. Un luogo ideale per trascorrere un indimenticabile soggiorno nell'amena terra toscana.

✗✗ Relais le Vieux Pressoir – Hotel Villa Rigacci ⟨icons⟩
via Manzoni 76 – ℰ 05 58 65 67 18 – www.villarigacci.it ⟨icons⟩
Rist – *(aprile-ottobre)* *(chiuso a mezzogiorno escluso giugno-agosto)*
Carta 25/37 €
♦ I rustici spazi, un tempo adibiti a magazzino, ospitano oggi la vera cucina toscana: carni, affettati e verdure, provenienti - principalmente - da macellai ed aziende locali.

a San Donato Fronzano Nord : 4,5 km – ⊠ 50066

⛫ **Agriturismo Podere Picciolo** ◁ 🛋 ⛲ 🗚 cam, 🤚 🕊 🐾 **P**
via Picciolo 72 – 𝒞 05 58 65 21 65 𝘝𝘐𝘚𝘈 ⓪③
– www.agriturismopoderepicciolo.com
– chiuso dall'8 gennaio al 15 marzo
5 cam ⌂ – ♦60/100 € ♦♦80/130 € – 1 suite – ½ P 65/90 €
Rist – Menu 25 €

◆ In un pittoresco casale cinquecentesco immerso nella campagna toscana, le camere s'ispirano ad antichi mestieri, proponendo - così come gli ambienti comuni - un'atmosfera di grande serenità domestica.

REGGIO DI CALABRIA 🄿 (RC) – 564 M28 – 185 854 ab. 🗐 *Italia* 5 A3

▶ Roma 705 – Catanzaro 161 – Napoli 499
🛪 di Ravagnese per ③: 4 km 𝒞 0965 630301
⛴ per Messina – Stazione Ferrovie Stato, 𝒞 0965 97957
◉ Museo Nazionale★★ Y : Bronzi di Riace★★★ – Lungomare★ YZ

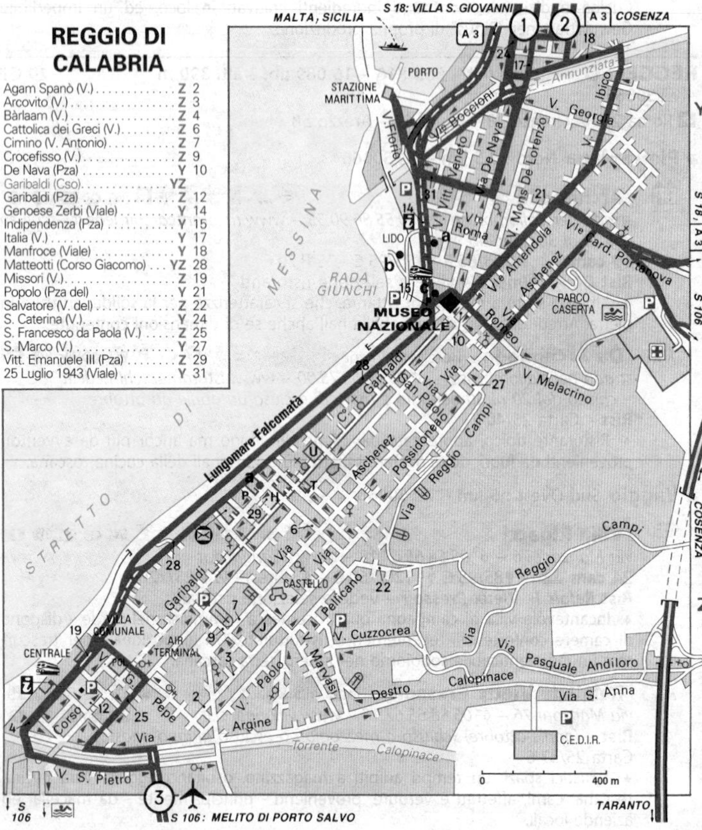

REGGIO DI CALABRIA

Grand Hotel Excelsior 🏢 🄰🄲 🅨 ⁙ 🄳 ⊜ 🄰🄴 ① 🄶

via Vittorio Veneto 66 ⊠ *89123 –* ℰ *09 65 81 22 11 – www.montesanohotels.it*
80 cam ⌷ – †120/250 € ††200/340 € – 4 suites   Y**c**
– ½ P 130/200 €

Rist *Gala* – vedere selezione ristoranti
♦ In pieno centro, ma comodamente vicino al lungomare, un punto di riferimento nel panorama alberghiero locale: confort e dotazioni all'altezza del nome!

è Hotel ≼ 🏢 ⅙ cam, 🄰🄲 cam, ↯ 🅨 rist, ⁙ 🄳 🄿 🆅🆂🅰 ⊜ 🄰🄴

via Giunchi 6 ⊠ *89123 –* ℰ *09 65 89 30 00 – www.ehotelreggiocalabria.it*
52 cam ⌷ – †140/190 € ††180/240 € – 2 suites   Y**b**
– ½ P 115/145 €

Rist – *(chiuso i mezzogiorno di lunedì e venerdì)* Carta 26/71 €
♦ In centro e al tempo stesso sul mare, nuova struttura dal design contemporaneo con vocazione business, ma non solo. Cucina fusion-mediterranea nel ristorante panoramico affacciato sullo stretto, che regala la sensazione di essere sulla prua di una nave.

Lungomare senza rist ≼ 𝄢 🏢 🄰🄲 ⁙ 🆅🆂🅰 ⊜ 🄰🄴 ① 🄶

viale Zerbi 13/b ⊠ *89123 –* ℰ *0 96 52 04 86 – www.hotellungomare.rc.it*
32 cam ⌷ – †60/80 € ††85/110 €   Y**a**
♦ Sorto dalla ristrutturazione di un palazzo del primo Novecento, offre un'incantevole terrazza panoramica affacciata sul lungomare e sullo Stretto, dove d'estate viene servita la prima colazione.

Gala – Grand Hotel Excelsior 🍴 ⅙ 🄰🄲 🅨 🆅🆂🅰 ⊜ 🄰🄴 ① 🄶

via Vittorio Veneto 66 ⊠ *89123 –* ℰ *09 65 81 22 11 – www.montesanohotels.it*
Rist – Carta 36/52 €   Y**c**
♦ Alle spalle del Museo Archeologico della Magna Grecia e a pochi passi dal centro storico, cucina mediterranea in un moderno ristorante, la cui terrazza offre un suggestivo scorcio dello Stretto di Messina.

Il Fiore del Cappero 🍴 ⅙ 🄰🄲 🆅🆂🅰 ⊜ 🄰🄴 ① 🄶

via Zaleuco 7 ⊠ *89125 –* ℰ *0 96 52 09 55 – chiuso dal 7 al 21 gennaio e*
domenica   Z**a**
Rist – Carta 33/58 €
♦ Alle spalle della bella Villa Zerbi, un ristorante accogliente dall'arredo classico e dal servizio attento, dove gustare specialità siciliane-eoliane e piatti di pesce.

Baylik 🄰🄲 🆅🆂🅰 ⊜ 🄰🄴 ① 🄶

vico Leone 1, per ① ⊠ *89122 –* ℰ *0 96 54 86 24 – www.baylik.it*
Rist – Menu 25 € bc – Carta 26/38 €
♦ Siamo alla periferia della località, in un locale moderno tanto nell'atmosfera quanto nella cucina. Soffermiamoci su quest'ultima: sempre affidabile e sempre di mare.

a Pellaro Sud : 8 km – ⊠ 89134

La Lampara ≼ 🏢 ⅙ 🄰🄲 🅨 ⁙ 🄿 🆅🆂🅰 ⊜ 🄰🄴 ① 🄶

lungomare Pellaro – ℰ *09 65 35 95 90 – www.hotel-lampara.com*
23 cam ⌷ – †80/95 € ††100/120 € – ½ P 85 €
Rist *Alle Cantine della Lampara* – vedere selezione ristoranti
♦ Sul lungomare con vista sullo stretto e Sicilia, camere ampie e confortevoli in un edificio d'epoca totalmente ristrutturato: per chi volesse abbronzarsi senza scendere in spiaggia, recentemente è stato allestito un grazioso solarium.

Alle Cantine della Lampara – Hotel La Lampara 🍴 ⅙ 🄰🄲 🄿

lungomare Pellaro – ℰ *09 65 35 95 90 – www.hotel-lampara.com*
Rist – Carta 27/43 €
♦ Una romantica terrazza affacciata sullo Ionio, l'elegante patio, ma anche nuovi spazi di cui il locale si è arricchito dopo la recente ristrutturazione. E per quanto concerne la tavola? Sfiziose ricette calabresi e piatti che variano con l'alternarsi delle stagioni.

▶ Roma 434 – Bologna 80 – Mantova 39 – Modena 36

🏨 **Villa Nabila**   🚗 Ⓚ cam, 🍴 rist, 📶 🄿 VISA ⓒⓞ AE ⓞ ♿
via Marconi 4 – ℰ 05 22 97 31 97 – www.hotelvillanabila.it
– chiuso dal 1° al 9 gennaio e dall'7 al 21 agosto
26 cam ⬒ – ♦55/65 € ♦♦90/106 €   **Rist** – *(solo per alloggiati)*
♦ Villa di fine Settecento dall'insieme curato, di taglio moderno, ma con un notevole rispetto per gli elementi architettonici originali. Gestione giovane e brillante.

🏨 **Hotel dei Gonzaga**   🛴 🖥 ♿ cam, Ⓚ cam, 🍴 🐾 🏋 🄿
strada Pietro Malagoli 5 – ℰ 05 22 97 47 37   VISA ⓒⓞ AE ⓞ ♿
– www.hoteldeigonzaga.it – chiuso dal 23 dicembre al 1° gennaio e dal 6 al 21 agosto
33 cam – ♦63/73 € ♦♦98 €, ⬒ 8 € – 1 suite   **Rist** – Menu 26 €
♦ A pochi passi dal centro, hotel dalla calda atmosfera: reception spaziosa - impreziosita da pavimenti in marmo - camere moderne e ben accessoriate.

𝄪𝄪𝄪 **Il Rigoletto** (Giovanni D'Amato) con cam   🚗 🚿 Ⓚ 📶 🄿
❄❄ *piazza Martiri 29 – ℰ 05 22 97 35 20*   VISA ⓒⓞ AE ⓞ ♿
– www.ilrigoletto.it – chiuso 1 settimana in gennaio, dall'8 al 27 agosto; domenica sera e lunedì da ottobre a maggio, anche domenica a mezzogiorno da giugno a settembre
2 cam ⬒ – ♦125/180 € ♦♦180/200 € – 2 suites – ♦♦280/400 €
Rist – Menu 55 € bc (pranzo)/100 € – Carta 80/128 € 🍴
Spec. Tartufo e tartufi. Risotto cremoso al parmigiano reggiano e salsa al lambrusco. Merluzzo nero, salsa nera, funghi trombetta e ortiche.
♦ Una villa nel centro storico e l'ospitalità di un'elegante casa privata: piatti tecnici, ma fantasiosi, che nell'intelligenza degli accostamenti rivelano un raro talento. Al secondo piano, le splendide camere aggiungono ulteriore fascino alla struttura.

verso Gonzaga Nord-Est : 3,5 km :

🍴 **Trattoria al Lago Verde**   🚗 🚿 ♿ Ⓚ ⇆ 🄿 VISA ⓒⓞ AE ⓞ ♿
😊 *via Caselli 24 ✉ 42046 – ℰ 05 22 97 35 60 – www.trattoriaallagoverde.it*
– chiuso dal 27 dicembre al 5 gennaio, dal 7 al 21 agosto e lunedì
Rist – Carta 22/43 €
♦ Trattoria di campagna aperta pochi anni or sono, in posizione isolata e tranquilla. L'ambiente è molto accogliente e la cucina si fa apprezzare per la propria genuinità.

verso Guastalla Ovest : 3 km

🏨 **Villa Montanarini**   🔊 🚿 🖥 Ⓚ 💆 📶 🏋 🄿 VISA ⓒⓞ AE ♿
via Mandelli 29, località Villarotta ✉ 42045 Luzzara – ℰ 05 22 82 00 01
– www.villamontanarini.com – chiuso dal 1° al 15 gennaio e dal 1° al 26 agosto
16 cam ⬒ – ♦75/90 € ♦♦110/130 € – ½ P 80/95 €
Rist *Il Torchio* – *(chiuso domenica)* Menu 25/30 €
♦ Elegante villa patrizia del '600, immersa nel verde della campagna reggiana: ambienti confortevoli e lussuosi, impreziositi da tappeti persiani, mobili d'epoca ed arazzi policromi. Le camere si caratterizzano per le ampie dimensioni e la signorilità.

▌ Italia Centro Nord

▶ Roma 427 – Parma 29 – Bologna 65 – Milano 149

🛈 via Farini 1/A, ℰ 0522 45 11 52, www.municipio.re.it/turismo.

🏌 Matilde di Canossa via del Casinazzo 1, 0522 371295, www.matildedicanossagolf.it
– chiuso lunedì

📷 Madonna della Ghiara ★ AZ

Piante pagine seguenti

Albergo delle Notarie 🖩 ⴺ 🔟 ⴽⴰ ⴽ ⴽ ⴽ ⴽ VISA ⬤ ⴷ ⬤ ⴽ

via Palazzolo 5 ⊠ *42121 –* ℰ *05 22 45 35 00 – www.albergonotarie.it – chiuso agosto* AZ**r**

51 cam ⴺ – ⴽ105/150 € ⴽⴽ140/190 € – 3 suites

Rist *Delle Notarie* – vedere selezione ristoranti

◆ Ricavato da un centralissimo palazzo d'epoca, questo signorile albergo si farà ricordare per l'ampiezza delle camere e la ricercatezza degli arredi.

Posta senza rist 🖪 🖩 🔟 ⴽ ⴽ 🅿 VISA ⬤ ⴷ ⬤ ⴽ

piazza Del Monte 2 ⊠ *42121 –* ℰ *05 22 43 29 44 – www.hotelposta.re.it – chiuso dall'6 al 28 agosto* AZ**c**

38 cam ⴺ – ⴽ89/140 € ⴽⴽ98/190 € – 10 suites

◆ Ubicata nel medievale Palazzo del Capitano del Popolo, una risorsa ricca di fascino e dalla lunga tradizione nell'arte dell'ospitare che dispone di eleganti ambienti.

Reggio 🖩 – dependance Hotel Posta, senza rist 🖩 🔟 ⴽ 🅿

via San Giuseppe 7 – ℰ *05 22 45 15 33* VISA ⬤ ⴷ ⬤ ⴽ
– www.albergoreggio.it – chiuso dall'6 al 28 agosto AZ**e**

16 cam – ⴽ65/80 € ⴽⴽ80/105 €, ⴺ 9 €

◆ Ideale per partecipare alla vita culturale e commerciale di Reggio, offre ampie camere dagli arredi semplici e lineari.

Astoria Mercure ⴽ 🖪 🖩 ⴺ 🔟 ⴽ ⴽ ⴽ ⴽ 🅿 ⴽ VISA ⬤ ⴷ ⬤ ⴽ

viale Nobili 2 ⊠ *42121 –* ℰ *05 22 43 52 45 – www.mercurehotelastoria.com*

108 cam – ⴽ59/180 € ⴽⴽ64/225 €, ⴺ 12 € – 2 suites AY**f**

Rist *Le Bistrot* – vedere selezione ristoranti

◆ Una struttura che risponde agli standard della catena: ambienti comuni di gusto contemporaneo, impreziositi da lampadari in vetro di Murano, nonché ampie, luminose, camere.

Europa 🖩 🖪 🖩 ⴺ 🔟 ⴽ ⴽ 🅿 ⴽ VISA ⬤ ⴷ ⬤ ⴽ

viale Olimpia 2 ⊠ *42122 –* ℰ *05 22 43 23 23 – www.hoteleuropa.re.it*

66 cam ⴺ – ⴽ80/110 € ⴽⴽ100/160 € BZ**a**

Rist *Europa* – vedere selezione ristoranti

◆ Hotel d'ispirazione moderna, concepito soprattutto per una clientela d'affari, dispone di camere ampie e confortevoli. Il centro è raggiungibile a piedi in 10 minuti.

Airone ⴽ 🖩 ⴺ cam, 🔟 ⴽ rist, ⴽ ⴽ 🅿 VISA ⬤ ⴷ ⬤ ⴽ

via dell'Aeronautica 20, per via Adua ⊠ *42122 –* ℰ *05 22 92 41 11*
– www.aironehotel.it BY

56 cam ⴺ – ⴽ60/100 € ⴽⴽ80/160 € – 2 suites – ½ P 100 €

Rist – *(chiuso dal 12 al 19 agosto e domenica)* Carta 25/40 €

◆ L'ubicazione nei pressi della tangenziale, ma a soli due chilometri dal centro, fa di questo albergo recente un punto d'appoggio ideale per una clientela d'affari.

B&B Del Vescovado senza rist 🖩 🔟 ⴽ

stradone Vescovado 1 ⊠ *42101 –* ℰ *05 22 43 01 57 – www.delvescovado.it*
– chiuso agosto AZ**d**

6 cam ⴺ – ⴽ58/60 € ⴽⴽ80/85 €

◆ Entrando in questa risorsa si assapora la piacevole sensazione di sentirsi a casa. Lo stesso vale per le camere: arredate con mobili d'antiquariato, infondono un senso di grande armonia. A due passi dalla cattedrale.

XXX Delle Notarie – Albergo delle Notarie 🔟 ⴽ ⴽ VISA ⬤ ⴷ ⬤ ⴽ

via Aschieri 4 – ℰ *05 22 45 37 00 – www.ristorantenotarie.it – chiuso tre settimane in agosto* AZ**r**

Rist – *(chiuso domenica)* Menu 10 € bc/25 € – Carta 34/49 € ⴽ

◆ Ristorante raccolto, elegante e curato, propone piatti della tradizione con interessanti "escursioni" verso il mare e l'innovazione. A pranzo, possibilità di piatti più semplici.

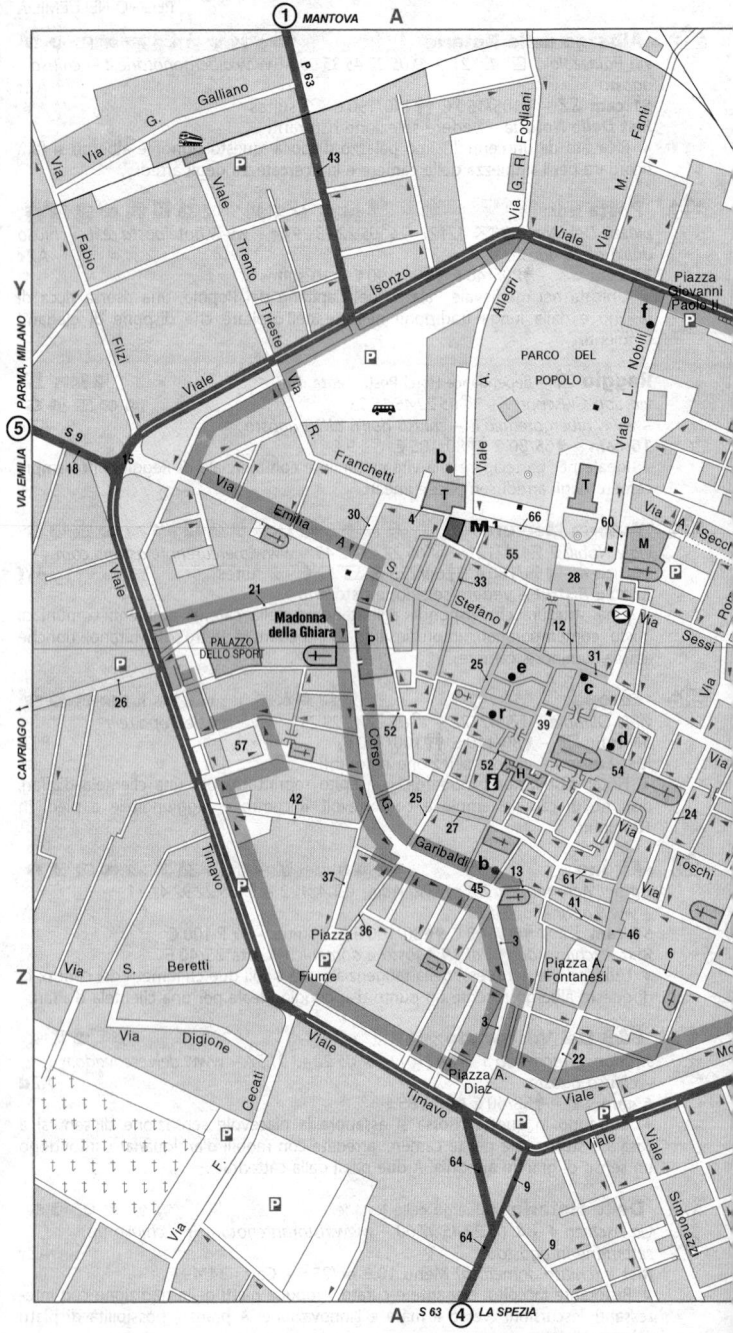

REGGIO NELL'EMILIA

XXX **Le Bistrot** – Hotel Astoria Mercure   ⬅ ⅙ 🅰🅲 **P** 🛋 🆚 ⚙ 🅰🅴 ⓪ ⑤
viale Nobili 2 ✉ *42121* – ☎ *05 22 43 42 07* – *www.mercurehotelastoria.com*
Rist – *(chiuso agosto)* Carta 28/35 €   AYf
♦ All'interno dell'hotel Mercure Astoria, le grandi vetrate permettono al locale di
godere del verde del parco cittadino su cui si affaccia. Se lo stile dell'ambiente
non lo caratterizza - in quanto potrebbe essere simile a Torino o a Siracusa - la
cucina "parteggia" per le specialità regionali.

XX **Europa** – Hotel Europa   🛋 ⅙ 🅰🅲 **P** 🆚 ⚙ 🅰🅴 ⑤
viale Olimpia 2 ✉ *42122 Reggio nell'Emilia* – ☎ *05 22 43 23 23*
– *www.hoteleuropa.re.it*   BZa
Rist – *(chiuso domenica)* Carta 50/75 €
♦ E' il bianco a dominare nella luminosa sala di questo ristorante, dove la pluriennale esperienza della famiglia Poli non passa certo inosservata… Dalla cucina,
specialità ittiche e piatti tradizionali con – al primo posto – la pasta fatta in casa.

XX **Trattoria della Ghiara**   ⅙ 🅰🅲 ⅍ 🆚 ⚙ ⑤
vicolo Folletto 1/C ✉ *42121* – ☎ *05 22 43 57 55* – *chiuso 1 settimana a Natale e*
3 settimane in agosto, domenica, lunedì   AZb
Rist – Menu 40 € – Carta 35/55 €
♦ Ambiente rinnovato pochi anni or sono alla ricerca di un tono moderno e di
una nuova e migliore accoglienza per le due sale del ristorante. Cucina attenta
alle stagioni.

XX **A Mangiare**   🅰🅲 ⅍ 🆚 ⚙ 🅰🅴 ⑤
viale Monte Grappa 3/a ✉ *42121* – ☎ *05 22 43 36 00*
– *www.ristoranteamagiare.it* – *chiuso dal 1° al 7 gennaio, 3 settimane in agosto*
e domenica   BZc
Rist – Menu 38 € – Carta 36/46 €
♦ Gestione giovane e dinamica per un ristorante classico, ubicato sulla cerchia
che circonda il centro storico di Reggio: in menu sia la godereccia Emilia, sia i
sapori nazionali.

X **Il Pozzo**   🛋 🅰🅲 ↔ 🆚 ⚙ 🅰🅴 ⑤
viale Allegri 7 ✉ *42121* – ☎ *05 22 45 13 00* – *chiuso dal 12 al 23 agosto,*
domenica, lunedì a mezzogiorno, anche sabato a mezzogiorno in luglio-agosto
Rist – Carta 32/53 €   AYb
♦ All'interno di un palazzo storico, in sale classiche o negli spazi che un tempo
ospitavano l'enoteca (soffitto a volte ed atmosfera più conviviale), la cucina spazia
dalla tradizione ai classici nazionali.

sulla strada statale 9 - via Emilia per ③: 4 km

🏨 **Classic Hotel**   🛋 🐾 Ⓛⓢ ⌘ ⅙ 🅰🅲 ↯ ⅍ rist, ⁿ ♨ 🆂 **P** 🛋 🆚 ⚙ 🅰🅴 ⓪ ⑤
via Pasteur 121 ✉ *42122 San Maurizio* – ☎ *05 22 35 54 11* – *www.classic-hotel.it*
91 cam ⌸ – †49/205 € ††59/245 € – 2 suites – ½ P 56/149 €
Rist *Sala de l'Amorotto* – *(chiuso domenica) (chiuso a mezzogiorno)*
Carta 33/55 €
♦ Confort e ottimi servizi in un hotel che manifesta esplicitamente l'intenzione di
dedicare attenzioni particolari alla clientela d'affari e congressuale (facendo in tal
modo dimenticare la propria distanza dal centro…). Piatti nazionali e qualche specialità regionale al ristorante.

a San Bartolomeo Ovest: 9 km – ✉ 42123

🏨 **Matilde di Canossa** 🍃   🌀 🏊 🍴 🐾 Ⓛⓢ 🎞 ⅙ 🅰🅲 ❖ **P** 🛋
via del Casinazzo 1/1, (all'interno del Golf Club)   🆚 ⚙ 🅰🅴 ⓪ ⑤
– ☎ *05 22 37 37 44* – *www.matildedicanossaresort.com*
54 cam ⌸ – †180 € ††270 € – 6 suites – ½ P 170 €
Rist *il Concilio* – vedere selezione ristoranti
♦ Tra il verde di un campo da golf - in un nuovo complesso che ricrea un tipico
borgo emiliano - hotel di sobria eleganza con camere spaziose, antiche casset-
tiere e moderna zona benessere.

il Concilio

  ⛄ AC VISA ⓪⓪ AE ⓪ 🛒

via del Casinazzo 1/1, (all'interno del Golf Club) – ℘ *05 22 57 59 11*
– www.ilconcilio.it

Rist *– (chiuso lunedì a mezzogiorno)* (consigliata la prenotazione) Carta 34/57 €
♦ Nella verde cornice del golf, un ambiente di sobria eleganza con qualche citazione rustica. La cucina si lascia ammaliare dai sapori mediterranei, mettendo in primo piano la qualità prodotti.

REMANZACCO – Udine (UD) – **562** D21 – 6 025 ab. – ⊠ 33047   **11** C2

▶ Roma 659 – Trieste 84 – Udine 9 – Gorizia 37

Bibendum

  AC VISA ⓪⓪ 🛒

piazza A. Angeli 3, fraz. Orzano, Sud-Est: 4 km – ℘ *04 32 64 90 55*
– chiuso lunedì, in giugno-agosto anche domenica

Rist *–* Carta 18/30 €
♦ L'ambiente da trattoria non tragga in inganno: la cuoca è in prima fila nell'uso di sifoni e tecnicismi gastronomici, senza dimenticare le tradizioni locali e il dialetto friulano che presenta buona parte dei piatti in menu.

RENDE – Cosenza (CS) – **564** J30 – vedere Cosenza

RENON (RITTEN) – Bolzano (BZ) – **562** C16 – 6 848 ab. – alt. 800 m   **31** C2
– **Sport invernali** : 1 530/2 260 m 🎿 1 🚠 3, 🛷

▶ Da Collalbo : Roma 664 – Bolzano 16 – Bressanone 52 – Milano 319

a Collalbo (Klobenstein) – **alt. 1 154 m** – ⊠ 39054

✉ via Paese 5, ℘ 0471 35 61 00, www.suedtirol-it

Bemelmans Post ⌘

  ☎ 🍽 📺 🏦 Ls ⚔ 🛋 rist, 🍔 ⛱ P

via Paese 8 – ℘ *04 71 35 61 27 – www.bemelmans.com*   VISA ⓪⓪ 🛒
– chiuso dal 26 febbraio al 2 aprile

48 cam ⊃ – †65/95 € ††130/180 € – 8 suites – ½ P 80/135 €

Rist *– (chiuso sabato)* Menu 20/35 €
♦ Un bel parco e un'affascinante fusione di antico e contemporaneo, le stufe originali e i complementi d'arredo più moderni. Può annoverare Sigmund Freud tra i suoi ospiti. Un'ampia sala da pranzo principale e tre stube più piccole ed intime.

Kemeten ⌘

  ☎ 🍽 ⚔ 🛋 P VISA ⓪⓪ AE 🛒

località Caminata 29, Nord-Ovest : 2,5 km
– ℘ *04 71 35 63 56 – www.kemeten.it*
– chiuso dal 16 novembre al 5 dicembre e dal 10 gennaio al 13 febbraio

21 cam ⊃ – †59/86 € ††118/162 € – 3 suites – ½ P 65/105 €

Rist Kemeten – vedere selezione ristoranti
♦ Posizione incantevole e vista sulle cime dolomitiche, per questa casa con stube neogotiche, mobili e decorazioni in stile tirolese. Ampio giardino-terrazza per piacevoli momenti di relax.

Kemeten – Hotel Kemeten

  P VISA ⓪⓪ AE 🛒

località Caminata 29, Nord-Ovest : 2,5 km – ℘ *04 71 35 63 56 – www.kemeten.it*
– chiuso dal 13 novembre al 4 dicembre

Rist *–* Carta 19/65 €
♦ Circondato da pascoli e boschi, il locale è stato ricavato in un antico fienile: avvolti dal "calore" del legno e dall'inconfondibile stile tirolese, è un piacere gustare le numerose proposte del territorio, nonché le specialità di stagione. Nei mesi caldi: qualche spunto mediterraneo e, soprattutto, la terrazza. panoramica.

a Costalovara (Wolfsgruben) **Sud-Ovest : 5 km – alt. 1 206 m –** ⊠ **39054**
Soprabolzano

🏠 **Lichtenstern** ⊗   ← ⌂ ⌂ ⊼ ⅀ ⋕ ⚲ rist, **P** _VISA_ ⬤ ➲
    via Stella 8, Nord-Est : 1 km – ℰ 04 71 34 51 47 – www.lichtenstern.it – chiuso
    dal 15 gennaio al 15 aprile
    23 cam ⌨ – †55/70 € ††110/150 € – ½ P 74/85 €   **Rist** – Carta 21/29 €
    ♦ Un'oasi di pace, con uno stupendo panorama sulle Dolomiti. Conduzione fami-
    liare caratterizzata da uno spiccato senso dell'ospitalità; ambienti curati, freschi e
    luminosi. Accoglienti sale da pranzo rivestite in legno e una bella e ariosa
    veranda coperta.

🏠 **Am Wolfsgrubener See** ⊗   ← ⌂ ⌀ ⌂ ⅀ ⋄ ⚑ ⅋ **P** _VISA_ ⬤ ➲
    Costalovara 14 – ℰ 04 71 34 51 19 – www.hotel-wolfsgrubenersee.com
    – 26 dicembre-19 febbraio e 21 aprile-4 novembre
    26 cam ⌨ – †67/101 € ††134/202 € – ½ P 95/109 €
    Rist – (chiuso lunedì) Carta 20/42 €
    ♦ Gli spazi interni sono generalmente ampi, e così le camere, luminose e arredate
    secondo lo stile altoatesino. In riva ad un lago che cinge l'albergo su tre lati. Molto
    apprezzato il servizio ristorante all'aperto nella bella terrazza a bordo lago.

a Soprabolzano (Oberbozen) **Sud-Ovest : 7 km – alt. 1 221 m –** ⊠ **39054**

🏠 **Park Hotel Holzner**   ← ⌂ ⌀ ⅀ ⅁ ⬡ ⅋ ⚑ ⋕ ⚲ rist, **P**
    via Paese 18 – ℰ 04 71 34 52 31   _VISA_ ⬤ ➲
    www.parkhotel-holzner.com – 26 novembre-18 dicembre,
    25 dicembre-8 gennaio, 31 marzo-7 novembre
    40 cam ⌨ – †110/160 € ††220/390 € – 12 suites – ½ P 120/205 €
    Rist – (chiuso domenica sera, lunedì) Carta 35/50 €
    ♦ Affascinante struttura d'inizio secolo sorta con la costruzione della ferrovia a
    cremagliera che raggiunge la località. Parco con tennis e piscina riscaldata; per
    famiglie. Gradevole la sala ristorante interna, così come la zona pranzo esterna.

RESIA (RESCHEN) **– Bolzano (BZ) – 562** B13 **– alt. 1 494 m – Sport**   30 A1
invernali : 1 400/2 500 m ⚐1 ⚐5, ⚐ **–** ⊠ **39027**

▶ Roma 742 – Sondrio 141 – Bolzano 105 – Landeck 49
🚹 via Principale 61, ℰ 0473 63 31 01, www.passoresia.it

🏠 **Al Moro-Zum Mohren**   ⅀ ⅁ ⬤ **P** _VISA_ ⬤ ➲
    via Nazionale 30 – ℰ 04 73 63 31 20 – www.mohren.com – chiuso dal 10 al
    20 dicembre e dal 15 al 30 giugno
    26 cam ⌨ – †60/80 € ††100/150 € – ½ P 98 €
    Rist – (chiuso mercoledì sera in bassa stagione) Carta 24/40 €
    ♦ In centro e sulla statale del passo, classico albergo di montagna altoatesino
    dalla salda ed affidabile conduzione familiare, che si fa apprezzare per la cura
    degli spazi comuni e delle ampie camere. Spaziosa zona ristorante, con tocchi di
    tipicità e tradizione.

REVERE **– Mantova (MN) – 561** G15 **– 2 567 ab. – alt. 16 m –** ⊠ **46036**   17 D3
▶ Roma 458 – Verona 48 – Ferrara 58 – Mantova 35

✕✕ **Il Tartufo**   ⌂ _AC_ ⅋ ⬧ _VISA_ ⬤ ➲
    via Guido Rossa 13 – ℰ 03 86 84 60 76 – www.ristoranteiltartufo.com – chiuso
    dal 15 febbraio al 10 marzo e giovedì
    Rist – Carta 42/74 €
    ♦ Ristorante accolto da una villetta nella zona residenziale del paese. Cucina man-
    tovana di ricerca, con specialità a base di tartufo. Atmosfera appartata e intima.

REVIGLIASCO **– Torino (TO) – Vedere Moncalieri**

REVINE – Treviso (TV) – **562** D18 – alt. 260 m – ✉ 31020   **36** C2

▶ Roma 590 – Belluno 37 – Milano 329 – Trento 131

🛏🛏 **Ai Cadelach-Hotel Giulia** ⚘   🖪 🍽 🏨 💆 ✖ 🚴 🏊 📶 🍸 ⛳ 🅿
via Grava 2 – 𝒞 04 38 52 30 11 – www.cadelach.it   VISA ⊚ AE 🅢
36 cam ⛶ – 🛏50/110 € 🛏🛏90/160 € – ½ P 70/130 €
Rist Ai Cadelach – vedere selezione ristoranti
♦ Il giardino con piscina e tennis, il continuo potenziamento della struttura e delle dotazioni, la gestione attenta: un insieme di fattori che rendono la struttura piacevole. Le camere migliori si trovano nella dépendance sul retro.

✕✕ **Ai Cadelach** – Hotel Giulia   🖪 🍽 ⇄ 🅿 VISA ⊚ AE 🅢
via Grava 2 – 𝒞 04 38 52 30 10 – www.cadelach.it
Rist – Carta 28/73 € ⅋⅋
♦ In una sala dallo stile rustico, o a bordo piscina nella bella stagione, il menu onora la tradizione locale, privilegiando le carni (soprattutto alla griglia): dalla classica fiorentina all'agnello d'Alpago. Per i seguaci di Bacco, un'ottima cantina gestita da uno dei titolari, Ezio.

REZZATO – Brescia (BS) – **561** F12 – 13 351 ab. – alt. 147 m – ✉ 25086   **17** C1

▶ Roma 522 – Brescia 9 – Milano 103 – Verona 63

🏠 **La Pina**   🖪 🍽 🏧 📶 🅿 VISA ⊚ AE ➀ 🅢
🍽   via Garibaldi 98, Sud : 1 km – 𝒞 03 02 59 14 43 – www.lapina.it
28 cam ⛶ – 🛏55/65 € 🛏🛏75/85 € – ½ P 53/58 €
Rist – (chiuso agosto e domenica sera) Carta 26/38 €
♦ Edificio anni '40 completamente ristrutturato con buona cura per dettagli e tecnologia; grande attenzione per la clientela d'affari, gestione affidabile e intra-prendente. Due sale ristorante, la più grande per l'attività banchettistica.

RHÊMES-NOTRE-DAME – Aosta (AO) – **561** F3 – 95 ab.
– alt. 1 723 m – **Sport invernali** : 1 696/2 200 m ✂2, ⚡ – ✉ 11010   **34** A2

▶ Roma 779 – Aosta 31 – Courmayeur 45 – Milano 216

a Chanavey Nord : 1,5 km – alt. 1 696 m – ✉ 11010 Rhêmes-Notre-Dame

🛏🛏 **Granta Parey** ⚘   ⪝ 🖪 🏨 💆 🖪 ⅋ 🚴 🍸 🅿 VISA ⊚ 🅢
– 𝒞 01 65 93 61 04 – www.rhemesgrantaparey.com – chiuso ottobre e novembre
31 cam ⛶ – 🛏40/80 € 🛏🛏80/130 € – ½ P 60/80 €   **Rist** – Carta 22/35 €
♦ Nelle camere i pavimenti sono in legno e gli arredi in pino. Lo stesso calore, senza ricercatezze, lo si ritrova negli ambienti comuni. A pochi metri dalla pista di fondo. Offerta di ristorazione differenziata, da self-service a classica sala da pranzo.

RHO – Milano (MI) – **561** F9 – 50 591 ab. – alt. 158 m – ✉ 20017   **18** A2

▶ Roma 590 – Milano 16 – Como 36 – Novara 38

🏌 Green Club via Manzoni 45, 02 9370869, www.greenclubgolf.it

🛏🛏🛏 **NH Fiera**   💆 🖪 ⅋ cam, 🏧 cam, ⇄ ✖ rist, 🍸 ⛳ 🅿 VISA ⊚ AE ➀
viale degli Alberghi 1 Ⓜ Rho-Fiera – 𝒞 02 30 03 71 – www.nh-hotels.com
– chiuso dal 24 dicembre al 7 gennaio, luglio e agosto
392 cam – 🛏67/750 € 🛏🛏87/770 € – 6 suites   **Rist** – Carta 57/70 €
♦ Albergo dall'originale architettura all'interno del nuovo polo fieristico: vocato ad una clientela business offre un design minimalista di grande funzionalità.

✕✕ **La Barca**   ⅋ 🏧 ✖ VISA ⊚ AE 🅢
via Ratti 54 – 𝒞 0 29 30 39 76 – www.trattorialabarca.it – chiuso martedì
Rist – (prenotare) Menu 30 € (pranzo)/55 € – Carta 48/64 € ⅋⅋
♦ Moderno ristorante, ristrutturato di recente, dalle linee sobrie ma gradevoli. La cucina trae ispirazione esclusivamente dal mare con aperture alla tradizione pugliese.

RIACE – Reggio di Calabria (RC) – **564** L31 – 1 959 ab. – alt. 300 m   **5** B3
– ✉ 89040

▶ Roma 662 – Reggio di Calabria 128 – Catanzaro 74 – Crotone 128

a Riace Marina Sud-Est : 9 km – ✉ 89040 Riace

🏠 **Federica** ⪡ 🍴 🔑 🏠 ẠC 🛇 rist, ፻ 🍸 🚗 VISA ⦿ AE ⓘ ⚹
☕ via Nazionale 182 – ☎ 09 64 77 13 02 – www.hotelfederica.it
15 cam 🛏 – †50/90 € ††75/160 € – 1 suite **Rist** – Carta 20/39 €
◆ Struttura recente, direttamente sulla spiaggia, a pochi metri dal mare blu dello Ionio. Condotta in modo serio e professionale da una giovane e frizzante gestione. Curata sala da pranzo con una grande capacità ricettiva; servizio all'aperto sotto un pergolato.

RICCIONE – Rimini (RN) – **562** J19 – 35 543 ab. – ✉ 47838   9 D2
📗 Italia Centro Nord

▶ Roma 326 – Rimini 13 – Bologna 120 – Forlì 59
🛈 piazzale Ceccarini 11, ☎ 0541 69 33 02, www.riccione.it
🛈 piazzale Cadorna, ☎ 0541 60 69 84

🏨 **Grand Hotel Des Bains** 🔑 🏠 🛎 🖼 ◎ ⍟ 📶 🖼 ẠC 🛇 rist, ፻ 🍸 🚗
viale Gramsci 56 – ☎ 05 41 60 16 50   VISA ⦿ AE ⓘ ⚹
– www.grandhoteldesbains.com
70 cam 🛏 – †90/240 € ††125/420 € – 6 suites – ½ P 93/240 €
Rist – Carta 34/85 €
◆ Sfarzo, originalità e charme per questo albergo centrale. L'ingresso è abbellito da una fontana, mentre ogni ambiente pullula di marmi, stucchi, specchi e dorature. Notevole anche la zona benessere.

🏨 **Luna** 🔑 🏠 ◎ 🛎 🖼 ẠC 🝊 🛇 rist, ፻ 🍸 🚗 VISA ⦿ AE ⓘ ⚹
viale Ariosto 5 – ☎ 05 41 69 21 50 – www.lunariccione.it
45 cam 🛏 – †95/280 € ††135/390 € – 8 suites – ½ P 195 €
Rist – (maggio-settembre) Carta 33/56 €
◆ L'eleganza esterna dell'edificio è solo un anticipo dei luminosi ambienti all'interno: una piccola risorsa in cui confort e raffinatezza si fondono con la verdeggiante tranquillità della zona residenziale in cui si inserisce. Un piacevole stile mediterraneo in sala da pranzo, con accenni di gusto contemporaneo.

🏨 **Atlantic** ⪡ 🔑 🛎 🖼 📶 🖼 🛗 🝱 ẠC 🛇 rist, ፻ 🍸 🚗 VISA ⦿ AE ⚹
lungomare della Libertà 15 – ☎ 05 41 60 11 55 – www.hotel-atlantic.com
64 cam 🛏 – †85/350 € ††150/500 € – 5 suites – ½ P 280 €
Rist – Carta 62/90 €
◆ Bianco e blu sono i colori dominanti di questa grande struttura mediterranea affacciata sul mare. A disposizione degli ospiti anche zone relax ben distribuite e una attrezzata zona benessere. Elegante e panoramica la sala da pranzo.

🏨 **Corallo** 🔑 🛎 📶 🖼 🝱 ẠC 🛇 rist, ፻ 🍸 🚗 VISA ⦿ AE ⓘ ⚹
viale Gramsci 113 – ☎ 05 41 60 08 07 – www.corallohotel.com – chiuso dal 20 al 27 dicembre
99 cam 🛏 – †125/225 € ††145/240 € – 33 suites – ½ P 165 €
Rist – Menu 30/40 €
◆ Imponente struttura per una vacanza in grande stile, arricchita da un complesso fronte mare con eleganti suite e una deliziosa piscina. Colori chiari e grandi motivi a rilievo sulle pareti nella spaziosa sala da pranzo.

🏨 **Roma** ⪡ 🍴 🛎 ẠC 🛇 rist, 🝊 🅿 🚗 VISA ⦿ AE ⓘ ⚹
☕ lungomare della Libertà 11 – ☎ 05 41 69 32 22 – www.hotelroma.it
44 cam 🛏 – †60/160 € ††100/250 € – 2 suites
Rist – (15 maggio-20 settembre) Menu 20/35 €
◆ A pochi passi dal celebre viale Ceccarini, edificio dei primi '900 con splendido ingresso sull'elegante lungomare fra verde e terrazze. Camere classiche o moderne, da preferire quelle con vista.

🏨 **Des Nations** senza rist ⪡ 📶 🝱 🛎 ẠC 🝊 🝊 🝱 🅿 VISA ⦿ ⚹
lungomare Costituzione 2 – ☎ 05 41 64 78 78 – www.desnations.it
36 cam 🛏 – †99/199 € ††170/275 € – 1 suite
◆ Essenze naturali diffuse negli ambienti, cure alternative che utilizzano colori e massaggi per un check up rivitalizzante e soprattutto una struttura originale dal tocco romantico.

Diamond   ⬛ 🛜 ☂ AC ⚡ ❄ rist, 🔊 P 🚗 VISA 💳 AE ✦

*viale Fratelli Bandiera 1 – ℰ 05 41 60 26 00 – www.hoteldiamond.it
– Pasqua-settembre*

39 cam ⬚ – ✝50/120 € ✝✝90/160 € – ½ P 130 €   **Rist** – *(solo per alloggiati)*

♦ Un bel giardino circonda questo gradevole hotel a conduzione familiare, che dispone di camere confortevoli arredate in stile mediterraneo. Una particolare organizzazione tiene impegnati i piccoli ospiti.

Select   🛏 ⬛ 🖥 💧 🛜 ☂ AC ❄ rist, 📶 🚗 VISA 💳 AE ① ✦

viale Gramsci 89 – ℰ 05 41 60 06 13 – www.hotelselectriccione.com

40 cam ⬚ – ✝40/180 € ✝✝50/250 € – 10 suites – ½ P 45/145 €
Rist – Menu 15/30 €

♦ Un ombreggiato giardino e alberi ad alto fusto circondano l'edifico e garantiscono una fresca siesta pomeridiana! All'interno, spazi dal design contemporaneo, camere minimaliste con spaziosi letti gemelli e 250 mq di benessere presso la nuovissima spa.

Novecento   ⬛ 🖥 🛜 ☂ 🔖 ⬚ cam, ☂ AC ❄ rist, 📶 🏔 P 🚗

viale D'Annunzio 30 – ℰ 05 41 64 49 90   VISA 💳 AE ① ✦
– www.hotelnovecento.it – chiuso novembre

33 cam ⬚ – ✝40/80 € ✝✝80/160 € – ½ P 78/107 €
Rist – *(15 maggio-settembre) (solo per alloggiati)* Carta 20/25 €

♦ Una piccola piscina con angoli idromassaggio, nonché giochi d'acqua, e poi la bella facciata Liberty a denunciare le origini della struttura: uno dei primi alberghi nati a Riccione agli inizi del XX secolo. Al ristorante: pranzo a buffet e servizio al tavolo per la cena.

Arizona   ⬛ 🖥 ☂ AC ❄ 🏔 P VISA 💳 AE ✦

viale D'Annunzio 22 – ℰ 05 41 64 44 22 – www.hotelarizona.com – chiuso novembre

64 cam – ✝85/160 € ✝✝140/250 €, ⬚ 6 €   **Rist** – Carta 25/60 €

♦ Fronte mare, ciclisti e bambini sono i benvenuti in questo albergo tipicamente balneare. Camere semplici, ma piacevoli, e luminose.

Admiral   ⬛ 🖥 AC ❄ 📶 P

*viale D'Annunzio 90 – ℰ 05 41 64 22 02 – www.hoteladmiral.com
– 15 maggio-30 settembre*

44 cam – ✝62/81 € ✝✝96/145 €, ⬚ 13 € – 4 suites   **Rist** – Menu 18/25 €

♦ Validissima gestione familiare, riscontrabile nella cura del minimo dettaglio e nelle inesauribili attenzioni riservate al cliente. Si respira un'atmosfera di residenza privata.

Gemma   ⬛ 🖥 ☂ AC ❄ P VISA 💳 ✦

viale D'Annunzio 82 – ℰ 05 41 64 34 36 – www.hotelgemma.it – chiuso dal 20 al 27 dicembre

38 cam ⬚ – ✝40/85 € ✝✝70/150 € – 3 suites – ½ P 88 €
Rist – *(marzo-ottobre)* Carta 23/51 €

♦ La passione della gestione, interamente rivolta all'accoglienza degli ospiti, è visibile tanto negli esterni, quanto negli ambienti comuni e nelle confortevoli stanze.

Soraya   ⬛ 🖥 AC rist, ❄ rist, P VISA 💳 ✦

via Torino 27/A – ℰ 05 41 60 09 17 – www.sorayahotel.it – 15 maggio-settembre

44 cam ⬚ – ✝77/82 € ✝✝94/104 € – ½ P 89 €   **Rist** – Menu 23 €

♦ Direttamente sulla spiaggia privata - neppure una strada vi separa dal mare - ambienti semplici, ma molto luminosi e ben tenuti, per un soggiorno all'insegna del relax.

Poker   ⬛ 🖥 ☂ AC ❄ 📶 🏔 P VISA 💳 AE ① ✦

viale D'Annunzio 61 – ℰ 05 41 64 77 44 – www.hotelpoker.it

60 cam ⬚ – ✝45/90 € ✝✝70/160 € – ½ P 93 €   **Rist** – Carta 30/45 €

♦ Rinomato tra gli appassionati ciclisti che vi trovano facilitazioni, il *Poker* offre camere moderne e lineari, sobrie e pulite. Cucina casalinga.

Gala senza rist 🔥 📶 AC ⚡ 📞 P VISA ⚫ AE ① ⛟
viale Martinelli 9 – ℰ 05 41 60 78 22 – www.hotelgalariccione.com – chiuso dal 1° al 28 dicembre
28 cam 🛏 – †70/85 € ††110/185 €
• Piccolo gioiello dai servizi contenuti, ma dall'indiscutibile charme: stile minimalista e moderno, bei bagni e diverse camere con spazioso terrazze.

Darsena 📶 ⋆⋆ AC ⚡ rist, ⚙ P VISA ⚫ AE ⛟
viale Galli 5 – ℰ 05 41 64 80 64 – www.darsenahotel.it – marzo-ottobre
36 cam 🛏 – †40/70 € ††70/120 € – ½ P 70 €   **Rist** – *(Pasqua-ottobre)*
• Semplice e funzionale, poco lontano dal mare offre camere recentemente ristrutturate, tutte dotate di un piccolo balcone; una di esse è stata proprio dedicata al mare. Accogliente e affidabile gestione familiare.

Atlas 📶 ⋆⋆ AC ⚡ rist, P VISA ⚫ AE ⛟
viale Catalani 28 – ℰ 05 41 64 66 66 – www.atlashotel.it – 10 maggio-25 settembre
38 cam 🛏 – †44/69 € ††70/132 € – ½ P 63/93 €
Rist – *(solo per alloggiati)* Menu 23 €
• Una di quelle risorse che hanno contribuito a costruire la fama e la forza della riviera romagnola: calorosa gestione familiare, tante attenzioni per l'ospite, nonché camere di diverse tipologie e prezzi.

Mon Cheri ≼ 📶 ⋆⋆ AC ⚡ rist, ⚙ P 🛋 VISA ⚫ AE ⛟
viale Milano 9 – ℰ 05 41 60 11 04 – www.hotelmoncheri.com – Pasqua-settembre
52 cam – †60/90 € ††105/155 €, 🛏 10 €   **Rist** – Menu 20 €
• Bianca struttura moderna in prima fila sul mare, la casa si rivolge chiaramente ad un turismo balneare e le sue attenzioni sono rivolte alle famiglie. Ampi balconi nelle stanze. Luminosa e panoramica la sala da pranzo.

Romagna 🔥 📶 ₤ᴈ 📶 AC ⚡ rist, ⚙ P VISA ⚫ ⛟
viale Gramsci 64 – ℰ 05 41 60 06 04 – www.hotelromagnariccione.com – Pasqua-15 settembre
50 cam – †54/64 € ††85/105 €, 🛏 8 € – ½ P 79 €   **Rist** – *(solo per alloggiati)*
• Poco distante dal vivace centro, una struttura non moderna, ma ben tenuta, con un'oasi all'aperto interamente dedicata al benessere: sauna, bagno turco e palestra.

Lugano 🔥 📶 AC VISA ⚫ ⛟
viale Trento Trieste 75 – ℰ 05 41 60 66 11 – www.hotellugano.com – 15 maggio-settembre
30 cam – †40/60 € ††60/80 €, 🛏 15 € – ½ P 70/80 €
Rist – *(chiuso a mezzogiorno) (solo per alloggiati)*
• Piccola e semplice struttura dalla cordiale gestione familiare, l'albergo si trova in una zona tranquilla, in prossimità delle Terme e del fulcro della mondanità cittadina.

Cannes 📶 AC ⚡ rist, P VISA ⚫ AE ⛟
via Pascoli 6 – ℰ 05 41 69 24 50 – www.hotelcannes.net – aprile-20 settembre
27 cam 🛏 – †40/80 € ††60/130 € – ½ P 81 €
Rist – *(20 maggio-settembre)* Menu 15/18 €
• Gestione giovane in un albergo completamente rinnovato, in posizione centrale; ambienti resi ancor più accoglienti dalle calde tonalità delle pareti e degli arredi.

XX Carlo ≼ 🔥 📶 AC VISA ⚫ AE ① ⛟
lungomare della Repubblica, zona 72 – ℰ 05 41 69 28 96 – marzo-ottobre
Rist – Carta 58/89 €
• Tavolini all'aperto sullo "struscio" del lungomare o quasi sulla spiaggia, ma a cena più romantica è una prenotazione al primo piano con vista sulla costa illuminata. Cucina di pesce.

XX Da Fino ≼ 📶 AC VISA ⚫ AE ⛟
Via Galli 1 – ℰ 05 41 64 85 42 – www.dafino.it – chiuso 2 settimane in novembre
Rist – Menu 20/40 € – Carta 30/59 €
• Le acque del porto canale lambiscono la terrazza di questo ristorante dal design moderno; ampie finestre scorrevoli consentono anche a chi pranza all'interno di gustare con lo sguardo la posizione. Un menù vegetariano ed uno per bambini.

RIETI 🅿 (RI) – **563** O20 – **47 780 ab.** – **alt. 405 m** – ✉ **02100** ▮ Italia   **13** C1

▶ Roma 78 – Terni 32 – L'Aquila 58 – Ascoli Piceno 113

🚹 piazza Vittorio Emanuele, 𝒞 0746 20 32 20, www.apt.rieti.it

🏌 Belmonte località Zoccani, 0765 77377, www.golfbelmonte.com – chiuso lunedì

🏌 Centro d'Italia via Tavola d'Argento 5, 0746 229035, www.golfclubcentroditalia.it – chiuso lunedì

◉ Giardino Pubblico★ in piazza Cesare Battisti – Volte★ del palazzo Vescovile

---

🏠 **Park Hotel Villa Potenziani** ⋙   ⟨ 🐕 ⎍ 🖪 🛠 ⬚ 🅰🅲 ⟨⟨•⟩⟩ 🏊 🅿
via San Mauro 6 – 𝒞 07 46 20 27 65   🆅🅸🆂🅰 ⚈ 🅰🅴 ⓪ 🖸
– www.villapotenziani.it
28 cam ⌲ – ♦70/115 € ♦♦100/130 € – 1 suite – ½ P 80/95 €
Rist *Belle Epoque* – vedere selezione ristoranti
♦ Raffinata ed accogliente, intima e maestosa, la dimora di caccia settecentesca racconta tra gli affreschi e i dettagli dei suoi ambienti la storia della ricca famiglia reatina.

🏠 **Miramonti**   ▣ 🏃 🅰🅲 ⟨⟨•⟩⟩ 🏊 🆅🅸🆂🅰 ⚈ 🅰🅴 ⓪ 🖸
piazza Oberdan 5 – 𝒞 07 46 20 13 33
– www.hotelmiramonti.rieti.it
25 cam ⌲ – ♦52/98 € ♦♦68/128 € – 2 suites – ½ P 75/90 €
Rist *Da Checco al Calice d'Oro* – vedere selezione ristoranti
♦ Soffermatevi nella Sala Romana: di fronte a voi il punto in cui partiva la trecentesca cinta muraria della città! Ma la risorsa non è solo il palazzo più antico di Rieti, Miramonti offre infatti camere accoglienti e servizi up-to-date.

🏠 **Grande Albergo Quattro Stagioni** senza rist   ▣ 🅰🅲 ⟨⟨•⟩⟩ 🏊
piazza Cesare Battisti 14 – 𝒞 07 46 27 10 71   🆅🅸🆂🅰 ⚈ 🅰🅴 ⓪ 🖸
– www.hotelquattrostagioni.com
43 cam ⌲ – ♦45/85 € ♦♦65/100 €
♦ Struttura storica, ubicata nella piazza principale della città. Si distingue per la ricercatezza degli arredi in stile, l'eleganza degli ambienti e il confort delle camere.

XXX **Da Checco al Calice d'Oro** – Hotel Miramonti   🅶 🅰🅲 🍽 ⇔ 🅿
piazza Oberdan 5 – 𝒞 07 46 20 42 71   🆅🅸🆂🅰 ⚈ 🅰🅴 ⓪ 🖸
– www.dachecco.rieti.it
Rist – (chiuso dal 15 luglio al 5 agosto e lunedì) Carta 33/55 €
♦ Se dopo una giornata di escursioni - Rieti è un ottimo punto di partenza per seguire i passi di S. Francesco, che visse e predicò nei dintorni - l'appetito si fa sentire, fermatevi qui per rifocillarvi con deliziosi piatti della tradizione reatina: tagliolini al limone, bolliti, fritto misto ed altro ancora.

XX **Belle Epoque** – Park Hotel Villa Potenziani   🐕 🅰🅲 🍽 🅿 🆅🅸🆂🅰 ⚈ 🅰🅴 ⓪ 🖸
via San Mauro 6 – 𝒞 07 46 20 27 65
– www.villapotenziani.it
Rist – (chiuso gennaio e lunedì) (chiuso a mezzogiorno) Carta 35/60 €
♦ Un soffitto ligneo dei primi del '900 sormonta la sontuosa sala da pranzo, riscaldata da un enorme camino. Il menu narra la cucina italiana spaziando dal nord al sud: risotto al balsamico mantecato con parmigiano, noci e fichi - bocconcini di ombrina croccanti al profumo di arance - petto d'anatra in salsa di prezzemolo e mandorle.

XX **Bistrot**   🍴 🆅🅸🆂🅰 ⚈ 🅰🅴 🖸
⊛ piazza San Rufo 25 – 𝒞 07 46 25 13 25
– www.bistrotrieti.com – chiuso dal 20 ottobre al 15 novembre, domenica, lunedì
Rist – (chiuso a mezzogiorno) (consigliata la prenotazione) Carta 29/40 €
♦ Locale caratteristico ed accogliente, affacciato su una graziosa e tranquilla piazzetta, dove gustare le specialità della tradizione locale. Nel pomeriggio, tè e pasticcini.

RIGUTINO – Arezzo (AR) – **563** I17 – Vedere Arezzo

▶ Roma 334 – Ancona 107 – Milano 323 – Ravenna 52

🛧 di Miramare per ①: 5 km ☏ 0541 715755

🛈 piazzale Cesare Battisti 1, ☏ 0541 5 13 31, www.riminiturismo.it

🛈 Aeroporto, ☏ 0541 37 87 31

▦ via Molino Bianco 109, 0541 678122, www.riminiverucchiogolf.it – chiuso lunedì da novembre a febbraio

◉ Località★ - Tempio Malatestiano★★ ABZ **A** - Pietà★ di G. Bellini nel Museo della Città AZ¹⁵

🏨	**Card International** senza rist 🛏 🖨 ⚑ 🆔 ⅍ 📶 ⅍ 🄿 VISA ⚈ AE ① ⚡

    via Dante Alighieri 50 ⊠ 47921 – ☏ 0 54 12 64 12 – www.hotelcard.it
    53 cam 🛌 – ✝60/300 € ✝✝80/300 € – 2 suites   BZ**g**
    ◆ Indubbiamente "International", grazie alle foto d'autore che contraddistinguono ogni camera, ciascuna dedicata ai viaggi. Espressamente studiato per una clientela business, l'hotel offre soluzioni tecnologiche e di confort all'avanguardia.

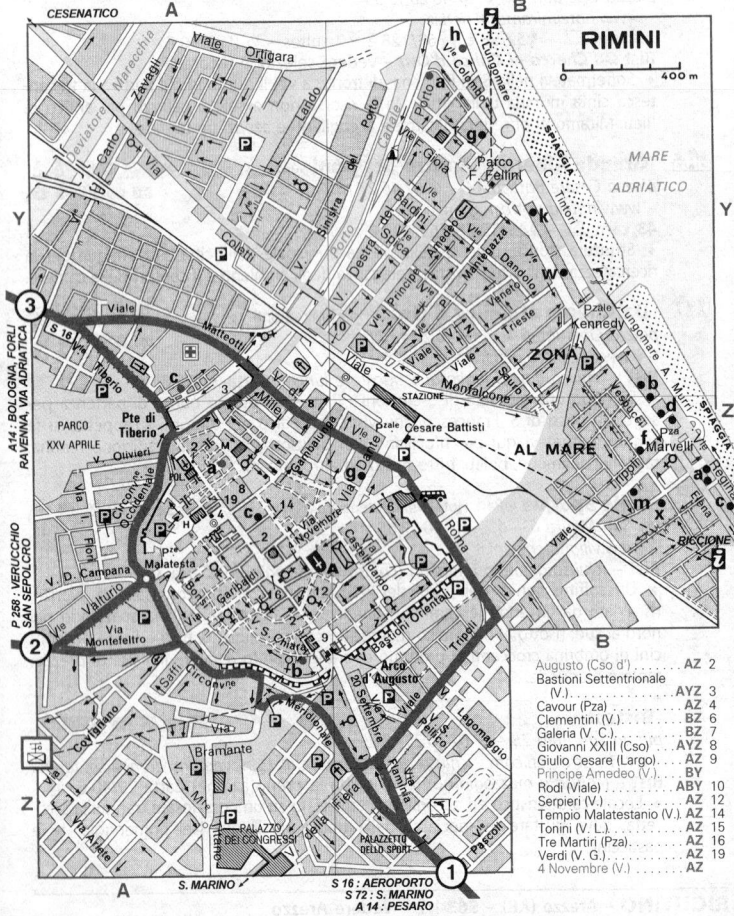

Augusto (Cso d') . . . . **AZ** 2
Bastioni Settentrionale
  (V.) . . . . **AYZ** 3
Cavour (Pza) . . . . **AZ** 4
Clementini (V.) . . . . **BZ** 6
Galeria (V. C.) . . . . **BZ** 7
Giovanni XXIII (Cso) . . . **AYZ** 8
Giulio Cesare (Largo) . . . **AZ** 9
Principe Amedeo (V.) . . . **BY**
Rodi (Viale) . . . . **ABY** 10
Serpieri (V.) . . . . **AZ** 12
Tempio Malatestiano (V.) **AZ** 14
Tonini (V. L.) . . . . **AZ** 15
Tre Martiri (Pza) . . . . **AZ** 16
Verdi (V. G.) . . . . **AZ** 19
4 Novembre (V.) . . . . **AZ**

XX **Dallo Zio** 🔝 ⇔ 💳 ⊕ AE ⓪ ⑤
via Santa Chiara 16 ✉ *47921 –* ℰ *05 41 78 67 47 – www.ristorantedallozio.it*
Rist – (consigliata la prenotazione) Menu 28/38 € – Carta 22/59 €   AZb
♦ Un giovane cuoco s'ispira ai classici dell'Adriatico: dal crudo agli antipasti misti e grigliate, serviti in salette moderne alle quali fanno eco *affiche* pubblicitarie retrò.

XX **Quartopiano Suite Restaurant** 🔝 🔝 🄿 💳 ⊕ AE ⑤
via Chiabrera 34/b, per via Lagomaggio ✉ *47924 –* ℰ *05 41 39 32 38*
– www.quartopianoristorante.com – chiuso domenica   BZ
Rist – Carta 38/50 € ⊛
♦ Gestione esperta e competente, in un locale moderno all'ultimo piano di un edificio adibito ad uffici. A pranzo, buffet o menu degustazione di carne o pesce. La sera, servizio à la carte.

X **Osteria de Börg** 🔝 💳 ⊕ AE ⓪ ⑤
⊛ *via Forzieri 12* ✉ *47921 –* ℰ *0 54 15 60 74 – www.osteriadeborg.it*   AYc
Rist – (consigliata la prenotazione) Carta 21/47 €
♦ Ambiente rustico, ma curato, per questo ristorante in Borgo San Giuliano: specialità di carne e selezione di salumi e formaggi di produttori locali. Gradevole dehors estivo.

al mare

🅸 piazzale Fellini 3, ℰ 0541 5 69 02, www.riminiturismo.it

🏨 **Grand Hotel Rimini** ≤ 🚍 🅒 ⌶ 🛁 ⋇ 🕅 🟰 🎿 🕅 ↯ ⁙ � 🅿
parco Federico Fellini 1 ✉ *47921 –* ℰ *0 54 15 60 00*   💳 ⊕ AE ⓪ ⑤
– www.grandhotelrimini.com   BYg
164 cam ⊇ – ♦115/310 € ♦♦150/410 € – 4 suites
Rist *La Dolce Vita* – vedere selezione ristoranti
♦ Lussuose camere dall'atmosfera vagamente retrò, saloni decorati con stucchi, mobili in stile ed un parco con piscina riscaldata: Grand Hotel Rimini, da più di un secolo, l'icona della città!

🏨 **Holiday Inn Rimini** ≤ 🅒 ⌶ 🕅 🔆 🕴 ♿ 🟰 🕅 ↯ ⁙ � 🅿
viale Vespucci 16 ✉ *47921 –* ℰ *0 54 15 22 55*   💳 ⊕ AE ⓪ ⑤
– www.hirimini.com   BYk
64 cam ⊇ – ♦149/249 € ♦♦159/290 € – 8 suites – ½ P 149 €
Rist *Il Melograno* – vedere selezione ristoranti
♦ Struttura frontemare con eleganti camere, raffinati accessori ed un personale di rara cortesia, che coccola il cliente come fosse il solo.

🏨 **i-Suite** ≤ 🚍 ⌶ 🕅 🔆 ♿ 🕅 ⁙ 🍽 💳 ⊕ AE ⑤
viale Regina Elena 28 ✉ *47921 –* ℰ *05 41 30 96 71 – www.i-suite.it*
49 cam ⊇ – ♦135/265 € ♦♦180/350 € – 1 suite – ½ P 185 €   BZa
Rist *I Fame* – vedere selezione ristoranti
♦ Innovativo sin dall'esterno: è un tripudio di luce e trasparenze in ambienti essenziali e minimalisti. Nella panoramica Spa, non mancano gli ultimi ritrovati tecnologici.

🏨 **National** ≤ 🅒 ⌶ 🕅 🔆 ♿ cam, ⊁⊀ 🕅 ↯ ⁙⁙ rist, ⁙ � 🅿
viale Vespucci 42 ✉ *47921 –* ℰ *05 41 39 09 44*   💳 ⊕ AE ⓪ ⑤
– www.nationalhotel.it – chiuso dal 20 dicembre al 16 gennaio   BYZb
99 cam ⊇ – ♦90/250 € ♦♦110/300 € – 15 suites – ½ P 160 €
Rist – (maggio-settembre) Menu 38/60 €
♦ Se varcando la soglia, vasi, statue e preziosi mobili antichi ornano una delle hall più artistiche di Rimini, salendo al piano attico nel centro wellness, idromassaggio ed una superba vista si alleano a favore dell'ospite. Prenotando le camere, optare per le ultime nate: sobrie e moderne, in legno chiaro.

🏨 **De Londres** senza rist ≤ 🕅 🔆 🕴 ♿ 🕅 ⁙ � 🅿 💳 ⊕ AE ⓪ ⑤
viale Vespucci 24 ✉ *47921 –* ℰ *0 54 15 01 14 – www.hoteldelondres.it*
51 cam ⊇ – ♦99/190 € ♦♦139/250 € – 3 suites   BYw
♦ In prima fila sul mare, eleganza e charme si fondono alla tecnologia e ai confort attuali; il candore degli esterni, un piacevole contrappunto ai caldi ambienti che ricreano uno stile anglosassone. Meritevole di visita la stupenda Penthouse Spa.

Club House senza rist ≤ ⌐ 🏊 ▮ 🕭 🕭 🕪 🗇 🕪 🕆 🔠 ▣ 🅿 ▥ ⬤ 🄰 ⬤ 🕭

Viale Vespucci 52 ⊠ *47921 –* 🕿 *05 41 39 14 60 – www.clubhouse.it*

50 cam 🍽 – †40/240 € ††45/290 € – 1 suite BZ**d**

♦ Recentemente ristrutturata, una casa dal design moderno ed elegante con ampi balconi che girano intorno a ciascun piano, di cui il primo leggermente sopraelevato. Imperdibile la prima colazione.

Le Meridien Rimini ≤ ⌐ ⌐ 🏊 ⬤ ▮ 🕭 🕭 🕪 🗇 🕪 🕆 🔠 🏯

lungomare Murri 13 ⊠ *47921 –* 🕿 *05 41 39 66 00* ▥ ⬤ 🄰 ⬤ 🕭

– www.lemeridien.com/rimini BZ**d**

108 cam 🍽 – †89/225 € ††131/267 € – 2 suites

Rist *Soleiado* – vedere selezione ristoranti

♦ Su progetto dell'architetto P. Portoghesi, un'architettura curiosa: un'ampia "conchiglia" rivolta verso il viale centrale, dove l'ingresso principale è però sul lungomare. Al suo interno, tutti i confort propri alla catena, belle camere, molte delle quali affacciate sull'Adriatico.

Luxor senza rist ▮ 🕭 🕭 🕪 🗇 🕪 🕆 🔠 🅿 ▥ ⬤ 🄰 ⬤ 🕭

viale Tripoli 203 ⊠ *47921 –* 🕿 *05 41 39 09 90 – www.riminiluxor.com – chiuso dall'8 al 27 dicembre* BZ**m**

34 cam 🍽 – †72/125 € ††102/180 €

♦ Originalità e dinamismo. La realizzazione di questo edificio è stata affidata ad un architetto specializzato in discoteche: ricorrente è il motivo delle conchiglie, dalla facciata alle testiere del letto.

Villa Bianca & Litoraneo ≤ ⌐ ⌐ 🏊 ▮ 🕭 cam, 🕭 🕪 rist, 🕆 🅿

viale Regina Elena 24 ⊠ *47921 –* 🕿 *05 41 38 15 88* ▥ ⬤ 🄰 ⬤ 🕭

– www.tonihotels.it BZ**a**

110 cam – †50/90 € ††70/150 €, 🍽 8 € – 30 suites – ½ P 90 €

Rist – *(18 maggio-17 settembre)* Menu 27/30 €

♦ Due strutture con altrettante offerte: bilocali con angolo cottura o camere d'albergo, alcune rinnovate in stile design. In ogni caso, sul mare.

Levante ≤ ⌐ ▮ 🕭 🚶 🕭 🕪 cam, 🕆 🔠 🅿 ▥ ⬤ 🄰 🕭

viale Regina Elena 88 ⊠ *47921 –* 🕿 *05 41 39 25 54 – www.hotel-levante.it*

– Chiuso Natale BZ**c**

54 cam – †35/100 € ††80/125 €, 🍽 20 € – ½ P 50/100 €

Rist – Carta 24/44 €

♦ Simpatica e suggestiva la piscina idromassaggio con giochi d'acqua che si trova in giardino! Belle, colorate e confortevoli le camere, realizzate in tre stili leggermente diversi.

Ariminum 🕬 ▮ 🕭 🕪 rist, 🕆 🔠 🅿 ▥ ⬤ 🄰 🕭

viale Regina Elena 159 ⊠ *47921 –* 🕿 *05 41 38 04 72 – www.hotelariminum.com*

47 cam 🍽 – †100 € ††120 € – ½ P 75 €   **Rist** – Menu 15/18 € BZ**k**

♦ Spaziosa la hall, moderna e accogliente, ricca di specchi e di decorazioni dorate; più sobrie le camere, nelle quali domina il colore rosa. Lungo la passeggiata principale.

Rondinella e Viola 🏊 ▮ 🕭 🕪 rist, 🕆 ▥ ⬤ 🄰 🕭

via B.Neri 3, per viale Regina Elena ⊠ *47921 –* 🕿 *05 41 38 05 67*

– www.hotelrondinella.it BZ

59 cam – †38/52 € ††56/78 €, 🍽 4 € – ½ P 62 €

Rist – *(Pasqua-settembre)* Menu 15/18 €

♦ Pionieri del turismo riminese, aprirono poco dopo la guerra. A più di cinquant'anni da quel felice esordio, questa tranquilla struttura vicino al mare assicura ancora camere semplici, ma ordinate e pulite.

King ▮ 🕭 🕪 rist, 🕆 🏯 ▥ ⬤ 🄰 ⬤ 🕭

viale Vespucci 139 ⊠ *47921 –* 🕿 *05 41 39 05 80 – www.hotelkingrimini.com*

42 cam 🍽 – †90 € ††110 € – ½ P 85 € BZ**f**

Rist – *(giugno-15 settembre) (solo per alloggiati)* Menu 22 €

♦ Poco distante dal centro storico, la struttura offre camere semplici, ordinate e confortevoli arredate secondo lo stile veneziano, caratterizzate da colori differenti a seconda della tipologia.

⌂ **ACasaMia WelcHome Hotel** senza rist 〔icons〕
viale Parisano 34 ⊠ *47921 –* ℰ *05 41 39 13 70*
– www.acmhotel.com – chiuso dal 18 al 28 dicembre BZ**x**
37 cam ⊿ – ♦40/110 € ♦♦60/140 €

♦ Luminosa e vivacemente colorata, per una tappa che salta dal salato al dolce, la sala colazioni sarà il miglior appuntamento per iniziare le vostre giornate. La pregevole collocazione centrale, ma vicino al mare e la cordiale gestione faranno il resto!

XXXX **La Dolce Vita** – Grand Hotel Rimini 〔icons〕
parco Federico Fellini 1 ⊠ *47921 –* ℰ *0 54 15 60 00*
– www.grandhotelrimini.com BY**g**
Rist – (consigliata la prenotazione) Carta 50/100 €

♦ Se la cucina pesca dal mare e strizza l'occhio alle specialità di carne, in terra romagnola non possono mancare eccellenti primi; ambienti sontuosi ed un nome che è tutta una promessa!

XXXX **Il Melograno** – Hotel Holiday Inn Rimini 〔icons〕
viale Vespucci 16 ⊠ *47921 –* ℰ *0 54 15 22 55 – www.hirimini.com* BY**k**
Rist – (chiuso a mezzogiorno esclusa estate) Carta 70/148 €

♦ In un ambiente di moderna eleganza, la cucina è innanzitutto classica, ma limitarsi a questa definizione significherebbe fare un torto all'estro creativo del cuoco che esalta prodotti e ricette locali con rara capacità.

XXX **Soleiado** – Hotel le Meridien Rimini 〔icons〕
lungomare Murri 13 ⊠ *47921 –* ℰ *05 41 39 58 42*
– www.lemeridien.com/rimini BZ**d**
Rist – (chiuso lunedì) Carta 35/64 €

♦ Ristorante di piacevole impatto, dal taglio sobrio e minimalista, è l'indirizzo giusto dove assaporare la vera cucina romagnola, pesce e frutti di mare.

XX **Lo Squero** 〔icons〕
lungomare Tintori 7 ⊠ *47921 –* ℰ *0 54 12 76 76*
– www.ristorantelosquero.com – chiuso da novembre al 15 gennaio e martedì escluso agosto BY**h**
Rist – Carta 43/70 €

♦ Tanti coperti e altrettanto pesce: sono le cifre di un ristorante simbolo della cucina di mare, dopo decenni d'inossidabile attività. Tanti affezionati clienti si possono sbagliare?

XX **I Fame** – Hotel i-Suite 〔icons〕
viale Regina Elena 28 ⊠ *47921 –* ℰ *0 54 13 86 33 1*
– www.i-fame.it – chiuso lunedì e a mezzogiorno esclusa estate BZ**a**
Rist – Carta 32/71 €

♦ In una bella sala, che riprende lo stile bianco e moderno dell'albergo, piatti creativi ed elaborati con una continua ricerca delle eccellenze a "chilometro zero".

XX **Oberdan** 〔icons〕
via Destra del Porto 159 ⊠ *47921 –* ℰ *0 54 12 78 02*
– chiuso dal 1° al 6 gennaio e mercoledì BY**a**
Rist – (consigliata la prenotazione) Carta 35/53 €

♦ Foto d'epoca, alcune nasse appese in sala fungono da separè e caratterizzano l'atmosfera marinara di questo locale moderno ed elegante, evoluzione di un antico chiosco sul porto canale. Cucina esclusivamente di mare.

a Rivazzurra per ① : 4 km – ⊠ 47924

⌂⌂ **De France** 〔icons〕
viale Regina Margherita 48 – ℰ *05 41 37 15 51*
– www.hoteldefrance.it – 9 aprile-2 ottobre
75 cam ⊿ – ♦55/95 € ♦♦80/155 € – 9 suites – ½ P 80 €
Rist – Carta 24/43 €

♦ In prima fila sul mare, la hall si apre su un grande portico coperto che diventa la sala di soggiorno estiva, direttamente affacciata sulla piscina. Gestione prettamente familiare.

sulla strada statale 256-Marecchiese per ③ : 4,5 km – ✉ 47037 Vergiano di Rimini

X   **La Baracca** con cam   ☐ 🅺 🅰 cam. 🅿 🆅🆂🅰 ⑩ ⚹
   via Marecchiese 373 – ⟨ 05 41 72 71 55 – www.labaracca.com – chiuso mercoledì
   4 cam ☐ – ♦40/60 € ♦♦60/80 €   **Rist** – Carta 22/38 €
   ◆ In realtà sarete accolti in una veranda con pareti mobili di vetro che in estate scorrono sul soffitto. Cucina di terra e carni alla brace offerte in quantità generosa. Graziose le camere, in stile rustico, arredate con tessuti coordinati.

a Viserba per ④ : 5 km – ✉ 47922

🄸 viale G. Dati 180/a, ⟨ 0541 73 81 15, www.riminiturismo.it

🏠   **Zeus**   ← 🕸 ≣ ⊀ 🅺 🅿 🖾 🆅🆂🅰 ⑩ 🅰 ⚹
   viale Porto Palos 1 – ⟨ 05 41 73 84 10 – www.hotelzeus.net – chiuso dal 20 novembre al 15 gennaio
   48 cam ☐ – ♦50/70 € ♦♦70/100 € – ½ P 75 €   **Rist** – Carta 25/46 €
   ◆ Praticamente sarete già in spiaggia! Dopo importanti lavori di restyling, questa risorsa dalla simpatica gestione familiare si presenta con camere rinnovate e ben accessoriate.

a Miramare per ① : 5 km – ✉ 47924

🄸 viale Martinelli 11/a, ⟨ 0541 37 21 12, www.riminiturismo.it

🏛   **Terminal Palace & Spa**   ← 🗲 🕸 🅵🅰 ≣ ⚹ cam, 🅺 cam, 🆊 🅿 🚗
   ⚋   *viale Regima Margherita 100 – ⟨ 05 41 37 87 72*   🆅🆂🅰 ⑩ ⚹
   – www.terminalpalace.it
   85 cam – ♦50/130 € ♦♦80/190 € – ½ P 70/120 €
   Rist – *(giugno-settembre) (solo per alloggiati)* Menu 20 €
   ◆ "Rinato" dopo due anni di importanti lavori di ristrutturazione, Terminal Palace & Spa è ora un hotel moderno dotato di tutti i migliori confort e, come suggerisce il nome, provvisto di un wellness center. Non fa difetto nemmeno la posizione, proprio di fronte alla spiaggia.

XXX   **Guido** (Gian Paolo Raschi)   ← 🕸 🅺 🆅🆂🅰 ⑩ 🅰 ⑩ ⚹
   ⚘   *lungomare Spadazzi 12 – ⟨ 05 41 37 46 12 – www.ristoranteguido.it – chiuso dall'8 dicembre al 20 gennaio e lunedì*
   Rist – *(chiuso a mezzogiorno escluso sabato ed i giorni festivi)* Menu 65 €
   – Carta 55/75 €
   Spec. Seppia e squaquerone. Cappelletti alle poveracce. La "spiaggia" (triglie e gallinella di mare).
   ◆ Un legame con il mare che non si è mai interrotto, dal 1946 ad oggi: sulla spiaggia, di fronte al blu, la cucina esalta i profumi del pescato in piatti che rinnovano le tradizioni dell'Adriatico.

a Viserbella per ④ : 6 km – ✉ 47922

🏨   **Apollo**   🖀 🗲 🕸 🅵🅰 ≣ ⊀ 🅺 🆊 🆉 🅿 🆅🆂🅰 ⑩ 🅰 ⚹
   ⚋   *via Spina 3 – ⟨ 05 41 73 46 39 – www.apollohotel.it – aprile- settembre*
   56 cam ☐ – ♦55/85 € ♦♦70/130 € – 3 suites – ½ P 70 €   **Rist** – Menu 20 €
   ◆ Albergo dall'arredo sobrio, ma curato, dispone di un baby club per il divertimento degli ospiti più picccoli ed il relax di quelli più adulti; il tutto in un contesto tranquillo, non lontano dalla spiaggia.

🏨   **Life**   ← 🗲 🕸 🅵🅰 ≣ ⊀ 🅺 🆊 🆉 🅿 🆅🆂🅰 ⑩ ⚹
   ⚋   *via Porto Palos 34 – ⟨ 05 41 73 83 70 – www.hotellife.it – chiuso Natale*
   51 cam ☐ – ♦45/110 € ♦♦60/200 € – 2 suites   **Rist** – Menu 15/30 €
   ◆ Un edificio recente che mostra il meglio di sé al proprio interno: camere confortevoli, nella loro discreta semplicità, nonché spazi comuni ampi e ben rifiniti.

⌂ **Albatros** ≤ 🗓 🗣 🔟 rist, 🍽 rist, ¶ **P** **VISA** ⓒ 🇦🇪 ① 🔥
€€ *via Porto Palos 170 – € 05 41 72 03 00 – www.hotelalbatros.biz*
– 10 maggio-20 settembre
44 cam 🖵 – †30/48 € ††55/68 € – 1 suite – ½ P 65 €   **Rist** – Menu 20/28 €
♦ Schiettezza e simpatia ben si sposano con la professionalità di questa gestione familiare; posizione strategica - direttamente sul mare - e camere confortevoli, rendono la risorsa particolarmente interessante per le famiglie.

⌂ **Diana** ≤ 🗓 🔟 🍽 rist, ¶ **P** **VISA** ⓒ 🇦🇪 🔥
€€ *via Porto Palos 15 – € 05 41 73 81 58 – www.hoteldiana-rimini.com*
– marzo-settembre
38 cam – †30/50 € ††50/80 €, 🖵 7 € – ½ P 67 €   **Rist** – Menu 18/28 €
♦ Proprio di fronte alla spiaggia, offre una grande piscina, servizio gratuito di biciclette, ampi spazi all'aperto per il relax e una gestione familiare sempre attenta ai bisogni della clientela. Camere in progressivo rinnovo, prenotare una delle più nuove.

RIO DI PUSTERIA – Bolzano (BZ) – **562** B16 – 2 863 ab. – alt. 777 m   **31** C1
– Sport invernali : a Maranza e Valles : 1 350/2 512 m ≤ 3≤ 13 (Comprensorio Dolomiti superski Valle Isarco) 🎿 – ✉ 39037

▶ Roma 689 – Bolzano 48 – Brennero 43 – Brunico 25
🔢 via Katharina Lanz 90, € 0472 88 60 48, www.gitschberg-jochtal.com

⌂ **Giglio Bianco-Weisse Lilie** 🍽 🚗 **VISA** ⓒ 🇦🇪 ① 🔥
🔟 *piazza Chiesa 2 – € 04 72 84 97 40 – www.weisselilie.it*
– chiuso dal 15 al 30 giugno
13 cam 🖵 – †30/38 € ††60/76 € – ½ P 55 €   **Rist** – *(solo per alloggiati)*
♦ Semplice alberghetto a conduzione familiare, collocato nella piazzetta pedonale del caratteristico centro storico della località montana. Poche funzionali camere.

✗ **Ansitz Strasshof** 🏠 **P** **VISA** ⓒ 🔥
€€ *via Spinga 2 – € 04 72 88 61 42 – 2 settimane in giugno/luglio, mercoledì*
Rist – *(coperti limitati, prenotare)* Carta 30/50 €
♦ Graziosa osteria con pochi piatti in carta, integrati da specialità proposte a voce: un po' di territorio (coniglio alla cacciatora con purea di patate), un po' di mare e qualche specialità dalla terra d'origine della cuoca, la Sardegna (mallored-dus, culurgiones, etc.).

a Valles (Vals)Nord-Ovest : 7 km – alt. 1 354 m – ✉ 39037 Rio Di Pusteria

⌂ **Huber** ⑤ ≤ 🚗 🗓 ⑳ 🐾 Lå 🗣 🔥 ♣ 🔟 cam, 🍽 rist, ¶ **P** 🚗 **VISA** ⓒ 🔥
Via della Chiesa 4 – € 04 72 54 71 86 – www.hotelhuber.com – chiuso dal 4 aprile al 21 maggio e dal 23 ottobre al 7 dicembre
34 cam 🖵 – †100/170 € ††120/190 € – ½ P 80/160 €
Rist – *(solo per alloggiati)*
♦ L'inestimabile bellezza delle verdissime vallate, fa da sfondo naturale a vacanze serene e tranquille. Accogliente gestione familiare particolarmente indicata per famiglie.

⌂ **Masl** ≤ 🚗 🏠 🗓 ⑳ 🐾 Lå 🍽 🗣 ♣ cam, 🔥 🍽 rist, ¶ **P** 🚗 **VISA** ⓒ 🔥
€€ *Unterlande 21 – € 04 72 54 71 87 – www.hotel-masl.com – dicembre-aprile e maggio-ottobre*
30 cam 🖵 – †60/103 € ††100/186 € – 8 suites – ½ P 78/93 €
Rist – Menu 15/25 €
♦ Modernità e tradizione con secoli di vita alle spalle (dal 1680). Grande cordialità in questo hotel circondato da boschi e prati, verdi o innevati in base alle stagioni.

⌂ **Moarhof** ⑤ 🚗 🗓 🏠 🗣 🔥 ♣ 🍽 rist, ¶ **P** **VISA** ⓒ 🔥
Birchwald 10 – € 04 72 54 71 94 – www.hotel-moarhof.it – 6 dicembre-14 aprile e 26 maggio-4 novembre
23 cam 🖵 – †74/107 € ††128/194 € – 13 suites – ††154/284 €
Rist – *(chiuso a mezzogiorno) (solo per alloggiati)*
♦ Questo moderno albergo si trova nella splendida valle Pusteria, accanto ai campi della scuola di sci. Camere luminose e confortevoli. Piscina con vetrata sui prati.

RIOMAGGIORE – La Spezia (SP) – **561** J11 – 1 712 ab. – ⊠ 19017   15 D2
Italia

🄳 Roma 447 – Genova 123 – Milano 234 – La Spezia 14

🏠 **Due Gemelli** 🕭   ≤ 🕭 ⅍ rist, 🅿 ᵛⁱˢᵃ 🆗
via Litoranea 1, località Campi, Est : 4,5 km – ℰ 01 87 92 06 78
– www.duegemelli.it – marzo-ottobre
13 cam – †60/70 € ††80/90 €, ⊑ 6 € – ½ P 60/70 €   **Rist** – Carta 18/40 €
♦ Camere spaziose, tutte con balconi affacciati su uno dei tratti di costa più
incontaminati della Liguria. Gli ambienti non sono recenti ma mantengono ancora
un buon confort. Ristorante dotato di una sala ampia con vetrate panoramiche.

RIO MARINA – Livorno (LI) – **563** N13 – **Vedere Elba (Isola d')**

RIO NELL'ELBA – Livorno (LI) – **563** N13 – **Vedere Elba (Isola d')**

RIONERO IN VULTURE – Potenza (PZ) – **564** E29 – 13 511 ab.   3 A1
– alt. 656 m – ⊠ 85028

🄳 Roma 364 – Potenza 43 – Foggia 133 – Napoli 176

🏠 **La Pergola**   🌡🛗 ♿ 🆔 ⅏ 🅿 🕭 ᵛⁱˢᵃ 🆗 🆎 🅞 🕭
via Luigi Lavista 27/33 – ℰ 09 72 72 11 79 – www.hotelristorantelapergola.it
– Chiuso Natale
43 cam ⊑ – †53/60 € ††76 € – 1 suite – ½ P 60 €
Rist *La Pergola* – vedere selezione ristoranti
♦ Buon rapporto qualità/prezzo, in un albergo che offre camere confortevoli dal-
l'aspetto semplice, ma accogliente.

✗ **La Pergola** – Hotel La Pergola   🕭 🆔 ⇔ 🅿 ᵛⁱˢᵃ 🆗 🆎 🅞 🕭
via Luigi Lavista 27/33 – ℰ 09 72 72 11 79 – www.hotelristorantelapergola.it
– chiuso Natale
Rist – Carta 20/25 € ⅏ (+8 %)
♦ E' una gestione molto capace e di lunga esperienza – più di 50 anni - a condurre
questo grazioso locale, che oltre a deliziare i suoi ospiti con una cucina di stampo casalingo, la griglia sempre accesa, vanta un'ottima cantina. Dehors ombreggiato sul retro.

RIPA – Perugia (PG) – **Vedere Perugia**

RIPALTA CREMASCA – Cremona (CR) – **561** G11 – 3 048 ab.   19 C2
– alt. 77 m – ⊠ 26010

🄳 Roma 542 – Piacenza 36 – Bergamo 44 – Brescia 55

a Bolzone Nord-Ovest : 3 km – ⊠ 26010 Ripalta Cremasca

✗ **Trattoria Via Vai**   🕭 🆔
via Libertà 18 – ℰ 03 73 26 82 32 – www.trattoriaviavai.it – chiuso dal 1° al
10 gennaio, dal 1° al 18 agosto, martedì, mercoledì
Rist – (chiuso a mezzogiorno escluso domenica) Carta 26/49 €
♦ In un angolo incontaminato della pianura, tra campi di mais ed erbe mediche, un
locale semplice dove la cucina nobilita la tradizione, a partire dai tortelli dolci
cremaschi.

RIPARBELLA – Pisa (PI) – **563** L13 – 1 649 ab. – alt. 216 m – ⊠ 56046   28 B2
🄳 Roma 283 – Pisa 63 – Firenze 116 – Livorno 41

✗✗ **La Cantina**   🆔 ⇔ ᵛⁱˢᵃ 🆗 🅞 🕭
via XX Settembre 4 – ℰ 05 86 69 90 72 – www.ristorantelacantina.net – chiuso
dal 1° al 7 febbraio, dal 1° al 15 ottobre e martedì
Rist – Carta 28/47 € ⅏
♦ Chianina cruda tagliata al coltello, tagliolini al sugo di coniglio, cinghiale alla
cacciatora sono alcune delle specialità regionali servite in questo tipico locale.
Tante etichette ed un'attenzione particolare per i vini biologici nell'attigua enoteca, dove è possibile (su prenotazione) allestire un tavolo riservato.

RIPATRANSONE – Ascoli Piceno (AP) – **563** N23 – 4 442 ab.   21 D3
– alt. 494 m – ⊠ 63038

🄳 Roma 242 – Ascoli Piceno 38 – Ancona 90 – Macerata 77

a San Savino Sud : 6 km – ⊠ 63038

🏠 **I Calanchi** ⬦ ≤ 🏛 🏊 🕍 ⚡ rist, ⊕ 🛆 🅿 🚾 ⊛ 🖭 ⓪ 🖢
☜ contrada Verrame 1 – 🕾 +3 90 73 59 02 44 – www.i-calanchi.com
32 cam ⯑ – †75/95 € ††100/160 € – 2 suites – ½ P 75/105 €
Rist – (chiuso dal 7 gennaio al 6 febbraio, martedì in inverno, a mezzogiorno in estate) Carta 21/48 €
◆ Un'oasi di tranquillità sulle panoramiche colline dell'entroterra: ricavata da un antico podere agricolo, la risorsa dispone di camere accoglienti - la metà delle quali recentemente rinnovate - nonché ampi spazi comuni (anche all'aperto). Cucina marchigiana e soprattutto piatti di terra al ristorante.

RISCONE = REISCHACH – **Bolzano (BZ)** – **562** B17 – **Vedere Brunico**

RITTEN = Renon

RIVA DEL GARDA – **Trento (TN)** – **562** E14 – **15 986 ab.** – **alt. 73 m**   **30** B3
– ⊠ 38066 ▮ Italia Centro Nord
▮ Roma 576 – Trento 43 – Bolzano 103 – Brescia 75
▮ L.go Medaglie d'Oro al Valor Militare 5, 🕾 0464 55 44 44, www.gardatrentino.it
◉ Località ★ – Città vecchia ★
◔ Lago di Garda ★★★

🏨 **Du Lac et Du Parc** ⬦ ≤ 🛆 🏊 🗖 ⊛ 🕍 🏊 ⚡ 🗐 🛱 🎿 🅿
viale Rovereto 44 – 🕾 04 64 56 66 00   🚾 ⊛ 🖭 ⓪ 🖢
– www.dulacetduparc.com – 5 aprile-3 novembre
159 cam ⯑ – †130/300 € ††210/350 € – 67 suites – ½ P 140/210 €
Rist *Capannina* – vedere selezione ristoranti
◆ Grande e moderna struttura che attraverso un parco di alberi secolari vi porta sino al lago: davanti l'acqua, dietro le Dolomiti. Le camere sono tanto numerose quanto diverse tra loro, benché generalmente ispirate ad uno stile moderno e funzionale. Attrezzato centro benessere.

🏨 **Feeling Hotel Luise** 🛱 🏊 🗐 🕭 cam, 🛱 🕍 ⚡ ⚡ rist, ⊕ 🛆 🅿
viale Rovereto 9 – 🕾 04 64 55 08 58   🚾 ⊛ 🖭 ⓪ 🖢
– www.hotelluise.com
67 cam ⯑ – †89/169 € ††99/279 € – ½ P 75/165 €
Rist – (chiuso a mezzogiorno) (solo per alloggiati) Carta 26/39 €
◆ Una struttura fortemente personalizzata, dispone di camere di design arredate con colori caldi ed evidenti richiami etnici. Sala riunioni dedicata al futurista Depero; giardino e piscina sul retro. Due tipologie di cucina: una classica, con proposte regionali, ed una più leggera.

🏨 **Parc Hotel Flora** senza rist 🛱 🏊 ⊛ 🕭 🗐 ⓦ 🅿 🚾 ⊛ 🖭 🖢
viale Rovereto 54 – 🕾 04 64 57 15 71 – www.parchotelflora.it
42 cam ⯑ – †69/89 € ††139/169 € – 3 suites
◆ Ottenuto dal restauro e dall'ampliamento di una villa liberty, l'albergo è circondato da un giardino con piscina. Camere per ogni budget e confort: da quelle standard, alla raffinatezza di arredi delle più recenti.

🏠 **Villa Miravalle** 🛱 🏊 ⚡ ⓦ 🅿 🚾 ⊛ 🖢
via Monte Oro 9 – 🕾 04 64 55 23 35 – www.hotelvillamiravalle.com – chiuso dal 2 al 29 novembre
30 cam ⯑ – †70/100 € ††120/200 €
Rist – (chiuso domenica sera e lunedì dal 30 settembre al 1° giugno) Carta 39/57 €
◆ In prossimità delle mura della città, l'albergo è il risultato dell'unificazione di due edifici, dispone di un luminoso soggiorno verandato, camere semplici ma accoglienti.

🏠 **Venezia** senza rist ⬦ 🛱 🏊 🕭 🕍 ⓦ 🛆 🅿 🚾 ⊛ 🖭 🖢
via Franz Kafka 7 – 🕾 04 64 55 22 16 – 10 marzo-ottobre
21 cam ⯑ – †90/120 € ††110/135 € – 1 suite
◆ In prossimità del lago, la risorsa è ideale per gli appassionati di sport acquatici e dispone di un ampio soggiorno, camere classiche e piscina nel giardino solarium.

Gabry senza rist
via Longa 6 – ✆ 04 64 55 36 00 – www.hotelgabry.com – aprile-ottobre
42 cam – 55/85 € 84/118 €
◆ Un hotel a conduzione familiare recentemente ristrutturato dotando le camere di ciascun piano di un colore caratteristico, piacevole zona relax ed ampio giardino con piscina.

Vittoria senza rist
via dei Disciplini 18 – ✆ 04 64 55 92 31 – www.hotelvittoriariva.it – chiuso febbraio
11 cam – 45/75 € 75/105 € – 1 suite
◆ Nel cuore del centro storico, uno dei più "vecchi" hotel di Riva del Garda: piccolo, ma molto confortevole, dispone di camere spaziose arredate con semplicità.

Capannina – Hotel Du Lac et Du Parc
viale Rovereto 44 – ✆ 04 64 56 66 00 – www.dulacetduparc.com – 5 aprile-3 novembre
Rist – Carta 43/63 €
◆ Ventaglio di salmerino affumicato, trota salmonata del Garda alla griglia, tagliata di controfiletto di manzo con salsa di senape in grani... Alcune delle tante specialità che vi attendono in questo ristorante gourmet, raffinato e selettivo anche nella carta dei vini.

Kapuziner Am See
viale Dante 39 – ✆ 04 64 55 92 31 – www.kapuzinerriva.it – chiuso febbraio
Rist – Carta 19/41 €
◆ In centro paese, un locale nel caratteristico stile rustico che dispone di due piacevoli sale dagli arredi lignei, dove gustare la tipica e saporita cucina bavarese.

Al Volt
via Fiume 73 – ✆ 04 64 55 25 70 – www.ristorantealvolt.com – chiuso dal 15 febbraio al 15 marzo e lunedì
Rist – Menu 45 € – Carta 39/56 €
◆ Sito nel centro storico, un ambiente elegante articolato su più sale comunicanti, con volte basse e mobili antichi propone una cucina trentina con tocchi di creatività.

RIVA DEL SOLE – Grosseto (GR) – 563 N14 – Vedere Castiglione della Pescaia

RIVA DI SOLTO – Bergamo (BG) – 561 E12 – 868 ab. – alt. 186 m – ✉ 24060 19 D1

Roma 604 – Brescia 55 – Bergamo 40 – Lovere 7

Zu'
via XXV Aprile 53, località Zù, Sud : 2 km – ✆ 0 35 98 60 04 – www.ristorantezu.it – chiuso martedì a mezzogiorno dal 1° luglio al 30 agosto, anche martedì sera negli altri mesi
Rist – Carta 39/55 €
◆ Servizio in veranda panoramica con vista eccezionale sul lago d'Iseo. Locale d'impostazione classica, che non si limita ad offrire esclusivamente le specialità lacustri.

a Zorzino Ovest : 1,5 km – alt. 329 m – ✉ 24060 Riva Di Solto

Miranda con cam
via Cornello 8 – ✆ 0 35 98 60 21 – www.albergomiranda.it
25 cam – 50/56 € 80/92 € – ½ P 50/59 € **Rist** – Carta 27/45 €
◆ D'estate l'appuntamento è in terrazza, direttamente affacciati sul giardino e sul superbo specchio lacustre. La cucina è del territorio e privilegia i prodotti di mare e di lago. Belle camere e una fresca piscina a disposizione di chi alloggia.

RIVALTA – Cuneo (CN) – Vedere La Morra

RIVALTA SCRIVIA – Alessandria (AL) – 561 H8 – Vedere Tortona

RIVALTA SUL MINCIO – Mantova (MN) – **561** G14 – ⊠ **46040**   **17** C3

▶ Roma 490 – Milano 151 – Mantova 18 – Bologna 124

✗✗ **Il Tesoro** con cam ⌂   🚗 🚿 🏠 🦽 🕭 🗓 🎇 📶 ⚠ 🅿 🐾 VISA ⓪ ⓪ 🛎

🅐 *via Settefrati 96 – ℰ 03 76 68 13 81 – www.tesororesort.it – chiuso dal 9 al*
15 gennaio, 20 giorni in agosto, domenica sera, lunedì e martedì
4 suites – ††99/150 € Rist – Carta 29/46 €
♦ Gestione moderna e stile contemporaneo, in un locale la cui cucina è nella
mani di un'esperta cuoca che non impiegherà molto a convincervi della sua bra-
vura. Piatti italiani.

RIVALTA TREBBIA – Piacenza (PC) – **562** H10 – **Vedere Gazzola**

RIVANAZZANO – Pavia (PV) – **561** H9 – **5 135 ab. – alt. 153 m**   **16** A3
– ⊠ **27055**

▶ Roma 581 – Alessandria 36 – Genova 87 – Milano 71

🛈 Salice Terme via Diviani 8, 0383 933370, www.golfsaliceterme.it – chiuso gennaio e
martedì

✗✗ **Selvatico** con cam   🏠 🛗 🦽 🎇 📶 VISA ⓪ AE 🛎

via Silvio Pellico 19 – ℰ 03 83 94 47 20 – www.albergoselvatico.com – chiuso
dal 1° all'8 gennaio
21 cam ⌂ – †40/45 € ††80/85 € – ½ P 40/50 €
Rist – *(chiuso domenica sera, lunedì a mezzogiorno)* Carta 28/46 € ⅋
Rist Vineria – *(chiuso domenica sera e lunedì) (chiuso a mezzogiorno)*
Menu 25/35 € ⅋
♦ Gestito da sempre dalla stessa famiglia, mobili d'epoca ed un coperto elegante
allietano la sosta dei suoi clienti, la cucina li intrattiene con gustosi piatti del terri-
torio, mentre la cantina mette in fuga ogni tristezza con centinaia di etichette.
Svelato il segreto del successo di un locale che nel 2012 soffia su 100 candeline!

RIVAROLO CANAVESE – Torino (TO) – **561** F5 – **12 386 ab.**   **22** B2
– **alt. 304 m** – ⊠ **10086**

▶ Roma 702 – Torino 35 – Alessandria 122 – Novara 92

✗✗ **Antica Locanda dell'Orco**   🏠 🦽 📶 🎇 VISA ⓪ AE ⓪ 🛎

via Ivrea 109 – ℰ 01 24 42 51 01 – www.locanda-dellorco.it – chiuso dal 15 al
30 gennaio, dal 15 al 31 agosto e lunedì
Rist – Carta 32/48 € ⅋
♦ Ambiente rustico e signorile con tavoli ravvicinati, ai quali accomodarsi per
gustare la tradizionale cucina piemontese. Possibilità di prendere posto all'aperto
durante la bella stagione.

RIVAROLO MANTOVANO – Mantova (MN) – **561** G13 – **2 693 ab.**   **17** C3
– **alt. 26 m** – ⊠ **46017**

▶ Roma 484 – Parma 34 – Brescia 61 – Cremona 30

✗✗ **Enoteca Finzi**   🦽 📶 VISA ⓪ AE ⓪ 🛎

piazza Finzi 1 – ℰ 0 37 69 96 56 – www.enotecafinzi.it
– chiuso dal 1 al 15 gennaio e dal 1° al 20 agosto
Rist – *(chiuso sabato a mezzogiorno, lunedì)* Carta 39/53 € ⅋
♦ Sulla piazza principale, romanticamente sotto i portici, l'antica stazione di posta
è diventata una famosa enoteca-trattoria con piatti della tradizione locale ed un
pizzico di fantasia.

RIVAROTTA – Pordenone (PN) – **562** E20 – **Vedere Pasiano di Pordenone**

RIVA TRIGOSO – Genova (GE) – **Vedere Sestri Levante**

RIVAZZURRA – Rimini (RN) – **563** J19 – **Vedere Rimini**

RIVERGARO – Piacenza (PC) – **561** H10 – **6 777 ab. – alt. 140 m**   **8** A2
– ⊠ **29029**

▶ Roma 531 – Piacenza 18 – Bologna 169 – Genova 121

XX **Castellaccio**   < 🚗 **P** 𝗩𝗜𝗦𝗔 ⊕ ⚡

località Marchesi di Travo, Sud-Ovest : 3 km – ☎ *05 23 95 73 33*
– www.castellaccio.it – chiuso dal 12 al 21 marzo, dal 10 al 25 agosto, dal 4 al
12 novembre, martedì, mercoledì
Rist *– (chiuso a mezzogiorno escluso sabato e domenica)* (consigliata la prenotazione) Carta 38/52 € ⊗

♦ Ampie finestre rendono il locale luminoso ed accogliente, ma d'estate sarà sen-
z'altro più piacevole prendere posto in terrazza. La cucina dimostra salde radici
nel territorio, sapientemente reinterpretate.

RIVIERA DI LEVANTE – Genova e La Spezia ▌ Italia

RIVIGNANO – Udine (UD) – **562** E21 – **4 462 ab.** – alt. 13 m – ⊠ 33050   **10 B3**
🚩 Roma 599 – Udine 37 – Pordenone 33 – Trieste 88

XXX **Al Ferarùt**   🄰🄲 ⇔ **P** 𝗩𝗜𝗦𝗔 ⊕ 🄰🄴 ⓪ ⚡
⊗ *via Cavour 34 –* ☎ *04 32 77 50 39 – www.ristoranteferarut.it – chiuso dal*
20 giugno al 10 luglio e mercoledì
Rist – Carta 38/69 € ⊗
Rist *Al Tinel* – Menu 25 € bc/30 € bc
Spec. Gnocchi al cucchiaio con sgombro affumicato e caffè di tarassaco. Cernia
rossa all'olio di lavanda in zuppa emulsionata al limone e salsa di piccoli frutti.
Cannoli di pasta filo con polpa cremosa di fichi e gelato alla cannella (estate).

♦ All'eccellenza non si arriva per caso: il giovane cuoco è un appassionato studioso
del mare e ne conosce a fondo prodotti e misteri. A tutto vantaggio dei clienti: nei
suoi piatti troverete la fragranza della materia prima, ma anche un'originale personalità. Al Tinel l'ambiente si fa più informale e i piatti di tono più semplice.

XX **Dal Diaul**   🚗 🏠 ♉ ⇔ 𝗩𝗜𝗦𝗔 ⊕ ⚡
via Garibaldi 20 – ☎ *04 32 77 66 74 – www.daldiaul.com – chiuso*
gennaio, giovedì e a mezzogiorno escluso domenica
Rist *– (chiuso a mezzogiorno)* (prenotazione obbligatoria) Menu 35/45 € ⊗

♦ Seguendo l'estro del momento e la stagione, lo chef vi proporrà una serie di
piatti con ingredienti acquistati giornalmente ed elaborati per l'occasione: a voi
la scelta fra carne o pesce, e Luciano - come un cuoco privato - soddisferà i
vostri desideri.

RIVISONDOLI – L'Aquila (AQ) – **563** Q24 – **687 ab.** – alt. 1 320 m   **1 B3**
– Sport invernali : a Monte Pratello : 1 370/2 100 m ⚡2 ⚡25, ⚡ – ⊠ 67036
▌ Italia
🚩 Roma 188 – Campobasso 92 – L'Aquila 101 – Chieti 96
ℹ️ *via Marconi 21,* ☎ *0864 6 93 51, www.abruzzoturismo.it*

🄱🄰 **Como**   < 🚗 📶 ♉ ♉ **P** 𝗩𝗜𝗦𝗔 ⊕ 🄰🄴 ⓪ ⚡
via Dante Alighieri 45 – ☎ *08 64 64 19 42 – www.hotelcomo.com*
– 16 dicembre-14 aprile e 27 giugno-16 settembre
45 cam ⊏⊐ – ✦45/70 € ✦✦70/115 € – ½ P 90 €
Rist *– (chiuso lunedì)* Menu 25 €

♦ Albergo ubicato nella parte bassa della località, a salda gestione familiare, presenta camere spartane dagli arredi essenziali, preferite quelle con i bagni rinnovati. La cucina è particolarmente curata.

X **Da Giocondo**   🄰🄲 𝗩𝗜𝗦𝗔 ⊕ 🄰🄴 ⓪ ⚡
via Suffragio 2 – ☎ *08 46 91 23 – www.ristorantedagiocondo.it*
– chiuso dal 15 al 30 giugno e martedì
Rist – Carta 30/45 €

♦ Nel centro storico cittadino, la tradizione gastronomica abruzzese di montagna. Il locale dispone di un'unica sala dai toni caldi e dal clima particolarmente
conviviale.

RIVODUTRI – Rieti (RI) – **563** O20 – **1 322 ab.** – **alt. 560 m** – ⊠ 02010   **13** C1

▶ Roma 97 – Terni 28 – L'Aquila 73 – Rieti 17

XXXX   **La Trota** (Sandro Serva)   ⟨ 🖼 🗙 ⅓ 🗚 ⟡ 🅿 🗺 ⊚ 🗚 ① 🖢

🕄   *via Santa Susanna 33, località Piedicolle, Sud: 4 km –* 𝒞 *07 46 68 50 78*
– www.latrota.com – chiuso gennaio e 10 giorni in luglio, domenica sera e
mercoledì
Rist – (consigliata la prenotazione) Menu 85 € – Carta 60/92 € 🐝
Spec. L'uovo nero: uovo croccante in crosta di olive e tartufo con spuma di
faraona. Anguilla arrostita con ananas grigliato e aceto di lamponi. Anguria in crosta di pistacchi, gelato di lavanda e di menta (estate).
♦ Le trasparenze dell'adiacente torrente ne preannunciano le specialità d'acqua
dolce in sofisticate preparazioni. Il finale non è da meno: carrello di formaggi e
sontuosi dolci.

RIVOIRA – Cuneo (CN) – Vedere Boves

RIVOLI – Torino (TO) – **561** G4 – **49 753 ab.** – **alt. 390 m** – ⊠ 10098   **22** A1

▌ Italia Centro Nord

▶ Roma 678 – Torino 15 – Asti 64 – Cuneo 103

◎ Castello e Museo d'Arte Contemporanea★★

Pianta d'insieme di Torino

XXXX   **Combal.zero** (Davide Scabin)   ⟨ 🗚 🗙 🗺 ⊚ 🗚 ① 🖢

🕄 🕄   *piazza Mafalda di Savoia –* 𝒞 *01 19 56 52 25 – www.combal.org – chiuso dal*
25 dicembre al 6 gennaio, agosto, domenica, lunedì
Rist – *(chiuso a mezzogiorno)* Menu 110/190 € – Carta 125/165 € 🐝
Spec. Zuppa di agnolotti del plin, salvia e tartufo bianco d'Alba. Filetto di fassona
impanato alla torinese. Gambero rosso di Sanremo all'occhio di bue.
♦ Accanto al museo di arte contemporanea, del quale riprende le forme
moderne ed essenziali, è il regno dell'eclettismo gastronomico: dai classici piemontesi a piatti più estrosi.

RIVOLTA D'ADDA – Cremona (CR) – **561** F10 – **7 950 ab.** – **alt. 101 m**   **19** C2
– ⊠ 26027

▶ Roma 560 – Bergamo 31 – Milano 26 – Brescia 59

XX   **La Rosa Blu**   🗚 🗚 ⟡ 🅿 🗺 ⊚ 🗚 ① 🖢

via Giulio Cesare 56 – 𝒞 *0 36 37 92 90 – www.ristoranterosablu.com – chiuso*
dall'8 gennaio al 2 febbraio, martedì sera, mercoledì
Rist – Carta 34/46 €
♦ Verso il limitare del paese, locale di discreta eleganza ed arredi d'epoca. In
menu: proposte di carne e di pesce, non prive di creatività. Servizio anche all'a-
perto.

ROBECCO SUL NAVIGLIO – Milano (MI) – **561** F8 – **6 811 ab.**   **18** A2
– **alt. 129 m** – ⊠ 20087

▶ Roma 590 – Milano 28 – Novara 24 – Pavia 53

X   **L'Antica Trattoria**   🗚 🗚 ⟡ 🅿 🗺 ⊚ 🖢

🍝   *via Santa Croce 16 –* 𝒞 *0 29 47 08 71 – www.anticatrattoria.info*
– chiuso martedì
Rist – Carta 20/42 € 🐝
♦ Recentemente ristrutturata, la trattoria mantiene quell'aspetto caldo ed accogliente che da sempre la contraddistingue: pavimento in legno nei vari ambienti
ed un antico camino nella sala più piccola. La cucina offre suggestioni di ampio
respiro, dalla terra al mare, con particolare attenzione ai prodotti di stagione.

ROCCABIANCA – Parma (PR) – **562** G12 – **3 141 ab.** – **alt. 32 m**   **8** B1
– ⊠ 43010

▶ Roma 486 – Parma 32 – Cremona 34 – Mantova 73

a Fontanelle Sud : 5 km – ✉ 43010

XX **Hostaria da Ivan** con cam   🚗 よ. rist. 🔊 **P** 📷 ⓒ 🗚 ᔍ
*via Villa 24 – ℰ 05 21 87 01 13 – www.hostariadaivan.it – chiuso dal 1° al
21 agosto, lunedì e martedì*
4 cam ⊑ – ♦70 € ♦♦100 €   **Rist** – Carta 28/54 € ⅋
♦ Una casa anni Venti ospita una sala rustica, ma elegante, che d'estate si apre
su un graziosissimo giardino all'italiana. Cucina emiliana accompagnata da una
vasta e selezionata carta dei vini. Accoglienti camere mansardate per non rinunciare ad un buon riposo.

ROCCABRUNA – Cuneo (CN) – **561** I3 – 1 454 ab. – alt. 700 m   **22** B3
– ✉ 12020

▶ Roma 673 – Cuneo 30 – Genova 174 – Torino 103

a Sant'Anna Nord : 6 km – alt. 1 250 m – ✉ 12020 Roccabruna

X **La Pineta** con cam   🈂 🎇 ⅋ **P** 📷 ⓒ 🗚 ⓘ ᔍ
*piazzale Sant'Anna 6 – ℰ 01 71 90 58 56- 91 84 72 – www.lapinetaalbergo.it
– chiuso dal 7 gennaio al 25 febbraio*
12 cam – ♦50 € ♦♦75 €, ⊑ 5 € – ½ P 55 €
Rist – *(chiuso lunedì sera e martedì escluso dal 20 giugno al 20 settembre)*
Menu 20/35 €
♦ Un valido motivo per giungere al limitare della pineta? L'immancabile, quanto
goloso, fritto misto alla piemontese cucinato al momento! Ritroverete simpatia e
calore familiare anche nelle graziose camere, dalle quali respirare la tranquillità e
la purezza dei monti.

ROCCA CORNETA – Bologna (BO) – **561** I14 – Vedere Lizzano in Belvedere

---

ROCCA DI MEZZO – L'Aquila (AQ) – **563** P22 – 1 571 ab. – alt. 1 322 m   **1** A2
– ✉ 67048

▶ Roma 138 – Frosinone 103 – L'Aquila 27 – Sulmona 61

🏠 **Altipiano delle Rocche**   🚗 🛗 ᐸ ⅋ **P** 📷 ⓒ ⓘ ᔍ
strada statale 5 bis 47 – ℰ 08 62 91 70 65 – www.hotelaltopiano.it
26 cam ⊑ – ♦50/70 € ♦♦70/90 € – ½ P 70 €
Rist – *(chiuso la sera in agosto e a mezzogiorno negli altri mesi)* Menu 18 €
♦ Lungo la strada che attraversa il paese, su una salita che lo ripara dal traffico,
albergo in stile rustico-montano: semplicità e pulizia nelle confortevoli camere.
Ampia e semplice sala ristorante, contigua alla hall dell'hotel.

ROCCA DI ROFFENO – Bologna (BO) – **562** J15 – Vedere Castel d'Aiano

---

ROCCA PIETORE – Belluno (BL) – **562** C17 – 1 341 ab. – alt. 1 143 m   **35** B1
– **Sport invernali : a Malga Ciapela : 1 446/3 265 m (Marmolada)** ⚡ 5 ⚡2 (anche sci
estivo), ⚐ – ✉ 32020 ▌ Italia Centro Nord

▶ Roma 671 – Cortina d'Ampezzo 37 – Belluno 56 – Milano 374

ℹ Capoluogo 15, ℰ 0437 72 13 19, www.infodolomiti.it

🅖 Marmolada★★★ : ❄★★★ sulle Alpi per funivia Ovest : 7 km – Lago di
Fedaia★ Nord-Ovest : 13 km

🅱🅰 **Pineta**   ᐸ 🚗 🈂 𝄞 よ ⅋ 📞 **P** 📷 ⓒ ᔍ
*via Marmolada 13 , Ovest: 2 km – ℰ 04 37 72 20 35 – www.hotelpineta.net
– dicembre-Pasqua e 25 maggio-16 settembre*
33 cam – solo ½ P 52/116 €   **Rist** – Carta 21/39 €
♦ Ai piedi della Marmolada, una dinamica gestione familiare ha fatto sì che l'hotel si migliorasse di anno in anno: ambienti caratteristici e camere di due generi
(più in stile quelle recenti). Sapori locali al ristorante.

a Boscoverde Ovest : 3 km – alt. 1 200 m – ⊠ 32020 Rocca Pietore

⬜ **Rosalpina** ⪡ 🕸 ⬙ rist, ⁌ **P.** **VISA** 🌕 ➍
via Marmolada, 30 – ℰ 04 37 72 20 04 – www.rosalpinahotel.com
– dicembre-10 aprile e 23 giugno-16 settembre
32 cam ⬤ – ♦30/60 € ♦♦60/120 € – ½ P 37/85 € **Rist** – Carta 20/27 €
♦ Immersi nel meraviglioso paesaggio dolomitico, il calore di una casa di montagna e il piacere di sentirsi coccolati dall'estrema cortesia di un'intera famiglia. Piccola zona relax ed ampia taverna.

a Digonera Nord : 5,5 km – alt. 1 158 m – ⊠ 32020 Laste Di Rocca Pietore

⬜ **Digonera** ⪡ 🕸 ⬙ ⫰ ⁌ **P.** **VISA** 🌕 ﹙AE﹚ ① ➍
– ℰ 0 43 75 29 12 0 – www.digonera.com – chiuso dal 20 aprile al 20 maggio e
novembre
23 cam ⬤ – ♦40/60 € ♦♦80/120 € – ½ P 80 €
Rist – (chiuso lunedì) Carta 24/43 €
♦ In una frazione di passaggio, presenta la comodità di essere a pochi minuti
d'auto da quattro diversi comprensori sciistici. Raccolto e molto accogliente,
offre camere semplici, tutte differenti tra loro.

ROCCARASO – L'Aquila (AQ) – 563 Q24 – 1 661 ab. – alt. 1 236 m 1 B3
– Sport invernali : 1 236/2 140 m ⬙2 ⬙25, ⬙ – ⊠ 67037
▶ Roma 190 – Campobasso 90 – L'Aquila 102 – Chieti 98
🅳 via D'Annunzio 2, ℰ 0864 6 22 10, www.abruzzoturismo.it

🏨 **Suisse** ⬛ ⬙ ⬙ ⬙ ⬙ **VISA** 🌕 ➍
via Roma 22 – ℰ 08 64 60 23 47 – www.hotelsuisse.com – chiuso dal 3 maggio
al 20 giugno
45 cam ⬤ – ♦50/80 € ♦♦80/160 € – ½ P 90 €
Rist – (15 dicembre-12 aprile e 20 giugno-20 settembre) Carta 23/40 €
♦ Affacciato sulla strada più importante della località, si presenta completamente
ristrutturato. Le camere, abbastanza sobrie, hanno arredi in legno scuro e ottimi
bagni. Sala ristorante con inserti in legno e pannelli affrescati.

🏨 **Iris** ⬛ ⬙ ⬙ ⬙ **VISA** 🌕 ﹙AE﹚ ① ➍
viale Iris 5 – ℰ 08 64 60 23 66 – www.hoteliris.eu – dicembre-aprile e
giugno-settembre
52 cam – ♦♦95/110 €, ⬤8 € – ½ P 105/110 € **Rist** – Carta 29/37 €
♦ Centrale, ma contemporaneamente in una posizione tale da offrire una discreta
quiete, presenta esterni completamente ristrutturati e stanze in via di ammodernamento. Sala ristorante di tono abbastanza sobrio.

a Pietransieri Est : 4 km – alt. 1 288 m – ⊠ 67037

✗ **La Preta** ⬙ ⬙ **VISA** 🌕 ﹙AE﹚ ① ➍
via Adua, 11 – ℰ 0 86 46 27 16 – chiuso martedì in bassa stagione
Rist – Carta 24/34 €
♦ Piccolo ristorante familiare, custode della memoria storica e gastronomica del
paese tra foto d'epoca appese alle pareti e ricette della tradizione servite in tavola.

ad Aremogna Sud-Ovest : 9 km – alt. 1 622 m – ⊠ 67037

🏨 **Boschetto** ⬙ ⪡ 🔳 🕸 🕸 ⬙ ⬛ ⬙ ⬙ ⁌ ⬙ 🚗 **VISA** 🌕 ﹙AE﹚ ➍
via Aremogna 42 – ℰ 08 64 60 23 67 – www.hboschetto.it – dicembre-aprile e
luglio-settembre
48 cam ⬤ – ♦40/120 € ♦♦120/320 € – 2 suites – ½ P 170 €
Rist – Carta 26/54 €
♦ Per una vacanza tranquilla ed isolata, perfetta anche per gli amanti dello sci.
Accoglienti saloni in legno, camere sobrie, costantemente in via di ammodernamento. Sala ristorante dall'ambiente suggestivo, grazie all'incantevole vista sui
monti.

🛏️ **Pizzalto** ⟡ ⟨⟨ 🕳 📇 ✴ 𝒮 🍴 🛁 P 🅿 ⛱ 🚾 ⓒⓐ 🆎 ⓞ 🛎
via Aremogna 12 – ℰ 08 64 60 23 83 – www.pizzalto.com – dicembre-15 aprile e 15 giugno-15 settembre
53 cam – solo ½ P 180 €   **Rist** – Carta 35/68 €
♦ Grande albergo di montagna a ridosso degli impianti sciistici, è strutturato in modo tale da presentare servizi e dotazioni di ogni tipo, soprattutto estetico e sportivo.

ROCCA RIPESENA – Terni (TR) – Vedere Orvieto

ROCCA SAN CASCIANO – Forlì-Cesena (FC) – 562 J17 – 2 047 ab.   9 C2
– alt. 210 m – ✉ 47017

▶ Roma 326 – Rimini 81 – Bologna 91 – Firenze 81

🍴 **La Pace**   🚾 ⓒⓐ 🆎 ⓞ 🛎
piazza Garibaldi 16 – ℰ 05 43 95 13 44 – chiuso lunedì sera, martedì
Rist – Carta 15/21 €
♦ Affacciata sulla piazza principale, trattoria molto semplice con accoglienza e servizio familiari. Dal territorio le specialità di stagione, in preparazioni casalinghe.

ROCCA SAN GIOVANNI – Chieti (CH) – 563 P25 – 2 372 ab.   2 C2
– alt. 155 m – ✉ 66020

▶ Roma 263 – Pescara 41 – Chieti 60 – Isernia 113

in prossimità casello autostrada A 14 - uscita Lanciano
Nord-Ovest : 6 km :

🏨 **Villa Medici**   🍳 🔲 🕳 ✳ 📇 ✴ 🅰 𝒮 🍴 🛁 P 🅿 🚾 ⓒⓐ 🆎 ⓞ 🛎
contrada Santa Calcagna – ℰ 08 72 71 76 45 – www.hotelvillamediciabruzzo.it
46 cam – ♦70/99 € ♦♦80/130 € – ½ P 70 €
Rist – *(chiuso venerdì, sabato e domenica) (chiuso a mezzogiorno)* Carta 29/63 €
♦ Raffinatezza, modernità e confort di alto livello per questo hotel in comoda posizione stradale, non lontano da Lanciano. Ideale per una clientela d'affari che cerca cortesia, professionalità e un'ampia disponibilità di spazi. L'eleganza continua al ristorante, con un'ampia capacità ricettiva per ogni occasione.

ROCCASTRADA – Grosseto (GR) – 563 M15 – ✉ 58036   29 C2
▶ Roma 241 – Grosseto 37 – Firenze 129 – Livorno 141

🛏️ **La Melosa** ⟡ ⟨ 🍴 🍳 🕳 🅰 📶 P 🚾 ⓒⓐ 🆎 ⓞ 🛎
strada Provinciale 157, Nord : 2 km – ℰ 05 64 56 33 49 – www.lamelosa.it
12 cam ⌁ – ♦90/135 € ♦♦150/230 € – ½ P 112/152 €
Rist La Melosa – vedere selezione ristoranti
♦ In posizione defilata e tranquilla, la struttura di aspetto colonico propone nei suoi interni la spontanea arte toscana, che si esprime attraverso deliziosi affreschi presenti in ciascuna delle 12 camere. Non mancano, tuttavia, confort moderni, quali una bella piscina ed un attrezzato centro benessere.

🍴🍴 **La Melosa** – Hotel La Melosa   🍳 🍳 🅰 𝒮 P 🚾 ⓒⓐ 🆎 ⓞ 🛎
strada Provinciale 157, Nord : 2 km – ℰ 05 64 56 33 49 – www.lamelosa.it
Rist – Carta 36/46 €
♦ Cucina elaborata sulla base di selezionati prodotti locali - in sintonia con le stagioni - in un questo piccolo, grazioso, ristorante ospitato in un edifico indipendente, ma sempre facente parte dell'hotel de charme La Melosa.

ROCCELLA IONICA – Reggio di Calabria (RC) – 564 M31 – 6 738 ab.   5 B3
– alt. 16 m – ✉ 89047

▶ Roma 687 – Reggio di Calabria 110 – Catanzaro 85 – Vibo Valentia 90

sulla strada statale 106 Sud-Ovest : 2 km :

🏠 **Parco dei Principi Hotel** 〰 ☇ ♨ 🏠 🛏 🎐 ⅙ ♿ ⚴ 🅰 🖭 🛁 🅿
VISA ⓸ AE ① 💰
Strada Statale 106, località Badessa ✉ *89047*
– 𝒞 *09 64 86 02 01 – www.parcodeiprincipi-roccella.com*
58 cam ⊆ – ♦74/169 € ♦♦79/189 € – 2 suites
Rist L'Angolo del Pignolo – Carta 35/45 €
♦ Un uliveto dai riflessi argentei incornicia questa elegante struttura che richiama
i fasti del passato: una sontuosa hall e splendide sale dai soffitti affrescati, nonché
camere di moderno confort. Ristorante intimo di tono elegante che affianca l'atti-
vità banchettistica.

✗ **La Cascina** 〰 🏠 🅰 ♚ VISA ⓸ AE ① 💰
✉ *89047* – 𝒞 *09 64 86 66 75 – www.lacascina1899.it – chiuso martedì escluso
agosto*
Rist – Carta 34/48 €
♦ Lungo la statale, un piacevole e rustico locale ricavato dalla ristrutturazione di
un casolare di fine Ottocento: sale dalle pareti in pietra e dai soffitti in legno; proposte sia di mare sia di terra.

ROCCHETTA TANARO – Asti (AT) – **561** H7 – **1 472 ab.** – **alt. 107 m**   **25** D1
– ✉ **14030**

▶ Roma 626 – Alessandria 28 – Torino 75 – Asti 17

✗✗ **I Bologna** con cam 🏠 🅰 ♚ ♚ VISA ⓸ 💰
via Nicola Sardi 4 – 𝒞 *01 41 64 46 00 – www.trattoriaibologna.it – chiuso dal
10 gennaio al 10 febbraio e martedì*
6 cam ⊆ – ♦80 € ♦♦100 €   **Rist** – Menu 35/45 €
♦ Un classico della ristorazione monferrina, da anni propone gli immutabili piatti
che ci si aspetta di gustare in Piemonte. Gli ambienti sono rustici e l'atmosfera
calda. La corte interna ospita camere accoglienti e ben accessoriate.

RODDI – Cuneo (CN) – **561** H5 – **1 544 ab.** – **alt. 284 m** – ✉ **12060**   **25** C2

▶ Roma 650 – Cuneo 61 – Torino 63 – Asti 35

✗✗✗ **Il Vigneto** con cam ⌣ 🏠 ⅙ 🅰 🅿 VISA ⓸ 💰
località Ravinali 19/20, Sud-Ovest 2,5 Km – 𝒞 *01 73 61 56 30
– www.ilvignetodiroddi.com – chiuso dall'8 gennaio al 10 febbraio, martedì,
mercoledì sera*
6 cam ⊆ – ♦75/95 € ♦♦95 €   **Rist** – Carta 38/77 €
♦ Una tranquilla cascina di campagna - restaurata con gusto e raffinatezza - dove
gustare piatti piemontesi, ma non solo: in estate trionfa il pesce. Piacevole l'ombreggiato dehors. Accoglienza di classe e premurosa attenzione anche nelle
camere, dalle cui finestre si dominano le colline dei dintorni.

RODI GARGANICO – Foggia (FG) – **564** B29 – **3 704 ab.** – ✉ **71012**   **26** A1
 Puglia

▶ Roma 385 – Foggia 100 – Bari 192 – Barletta 131

🏠 **Tramonto** ◁ 🏠 ♨ 🏠 🛏 🅰 ♚ VISA ⓸ AE ① 💰
via Trieste 85 – 𝒞 *08 84 96 53 68 – www.hoteltramonto.it*
54 cam ⊆ – ♦50/90 € ♦♦80/170 € – ½ P 105 €
Rist – *(solo per alloggiati)*
Rist La Bussola – *(giugno- 15 settembre)* Carta 34/52 €
♦ Sulla strada litoranea - appena fuori dalla località - un albergo a solida gestione
familiare, che fa dei servizi il proprio punto di forza: piscina, stabilimento balneare, piccolissimo centro benessere. Pochi tavoli all'aperto: questa è la Bussola.
Direttamente sulla spiaggia, semplici ricette di pesce.

ROLETTO – Torino (TO) – **561** H3 – **2 050 ab.** – **alt. 412 m** – ⊠ **10060**   **22** B2

▶ Roma 683 – Torino 37 – Asti 77 – Cuneo 67

XX   **Il Ciabot**   ⌂ VISA ©© AE ⓢ

⊕   *via Costa 7 –* ☎ *01 21 54 21 32 – chiuso dal 15 giugno al 3 luglio, domenica sera,*
    lunedì
    Rist – (prenotazione obbligatoria) Menu 25/40 € – Carta 30/42 €
    ◆ Piacevolmente riscaldato nei mesi freddi da un caminetto, questo piccolo
    locale vanta un'appassionata gestione familiare e propone una cucina regionale,
    attenta alle tradizioni.

ROLO – Reggio Emilia (RE) – **562** H14 – **4 083 ab.** – **alt. 21 m** – ⊠ **42047**   **8** B1

▶ Roma 442 – Bologna 76 – Mantova 38 – Modena 36

⌂   **Cigno Reale** |≣| AC cam, ¶¶ VISA ©© AE ⓞ
    via Mazzini 1 – ☎ *05 22 65 84 40*
    16 cam ☐ – †40/60 € ††70/90 € – ½ P 50/60 €   **Rist** – Carta 26/46 €
    ◆ Ristrutturato in tempi recenti, questo piccolo albergo dispone di camere vario-
    pinte e confortevoli. Ampia scelta di piatti nazionali e tanti tipi di pizza al risto-
    rante; la bella terrazza vi attende - invece - per un aperitivo alla moda.

X   **Prima o Poi**   ⌂ AC VISA ©© ⓢ
    via Battisti 57 – ☎ *05 22 66 61 84 – www.primaopoi.eu – chiuso dal 1°*
    all'11 gennaio, dal 27 al 31 maggio, dal 15 agosto al 5 settembre, sabato a
    mezzogiorno e domenica
    Rist – Carta 31/55 €
    ◆ "Prima o poi", qui, bisogna venirci: all'interno di un rustico, il savoir-faire del
    titolare si allea ad una brillante cucina di terra e di mare per offrirvi un'indimenti-
    cabile esperienza gourmet.

→ *Scoprire la migliore tavola ?*
→ *Trovare l'albergo più vicino ?*
→ *Orientarsi sulle piante e le carte ?*
→ *Interpretare i simboli utilizzati nella guida...*

Seguite i Bib rossi !

I consigli del **Bib Chef**
per aiutarvi al ristorante.

I suggerimenti e le informazioni del
Bib Ammiccante per orientarsi
dentro la guida...e in strada.

I consigli del **Bib Groom**
per aiutarvi in albergo.

ROMA

Piante pagine seguenti

© Alessandro Villa / Marka / Age fotostock

2 743 796 ab. – alt. 20 m – 563 Q19 – ▌ Roma

🆔 **Ufficio Informazioni turistiche**

via Parigi 11, ✆ 06 51687240, www.aptprovroma.it

Aeroporti

🛫 di Ciampino Sud-Est : 15 km BR ✆ 06 65951
🛫 Leonardo da Vinci di Fiumicino per ⑧: 26 km ✆ 06 65631

Golf

🏌 Parco de' Medici viale Salvatore Rebecchini 39, 06 65287345,
  www.sheraton.com/golfrome – chiuso martedì BR
🏌 Parco di Roma via dei Due Ponti 110, 06 33653396, www.golfparcodiroma.it
🏌 Marco Simone via di Marco Simone 84/88, 0774 366469, www.golfmarcosimone.it
  – chiuso martedì
🏌 Arco di Costantino via Flaminia km 15,800, 06 33624440, www.golfarco.it – chiuso lunedì
🏌 Olgiata largo Olgiata 15, 06 30889141, www.olgiatagolfclub.it
🏌 Fioranello via della Falcognana 61, 06 7138080, www.fioranellogolf.it – chiuso mercoledì
🏌 Archi di Claudio via Gamiana 45, 06 7187550, www.archidiclaudiogolf.it – chiuso lunedì
🏌 Roma Acquasanta via Appia Nuova 716/a, 06 7803407, www.golfroma.it – chiuso lunedì

⊙ LUOGHI DI INTERESSE

Roma antica Appia Antica★★BR • Ara Pacis Augustae★★LU •Area Sacra del Largo Argentina★★MY •Castel Sant' Angelo★★★JKV • Colosseo★★★OYZ e arco di Costantino-★★★OE • Fori Imperiali★★★NY e Mercati di Traiano★★★NY • Foro Romano★★★NOY e Palatino★★★NOYZ • Pantheon★★★MVX • Terme di Caracalla★★★ET

Le chiese Chiesa del Gesù★★★MY • S. Andrea al Quirinale★★OV • S. Andrea della Valle★★LYQ • S. Carlo alle Quattro Fontane★★OVK • S. Clemente★★PZ • S. Giovanni in Laterano★★★FT • S. Ignazio★★MVL • S. Lorenzo fuori le Mura★★ FSTE • S. Luigi dei Francesi★★LV • S. Maria degli Angeli★★PVA • S. Maria d'Aracoeli★★NYA • S. Maria Maggiore★★★PX • S. Maria sopra Minerva★★ MXV • S. Maria del Popolo★★ MUD • S. Maria in Trastevere★★KZS • S. Maria della Vittoria★★PV • S. Paolo fuori le Mura★★BR

Piazze e fontane Campo dei Fiori★★KY • Piazza del Campidoglio★★★MNY • Piazza Navona★★★LVX • Piazza del Popolo★★MU • Piazza del Quirinale★★NV • Piazza di Spagna★★★MNU Fontana della Barcaccia★ • Fontana di Trevi★★★NV • Fontana del Tritone-★OV

Grandi musei Galleria Borghese★★★OU • Galleria Doria Pamphili★★ZG • Galleria di Palazzo Barberini★★OV • Musei Capitolini★★★NYH • Museo etrusco di Villa Giulia★★★DS • Palazzo Altemps★★★KLV • Palazzo Massimo alle Terme★★★PV

Vaticano Piazza S. Pietro★★★HV •Basilica di S. Pietro★★★GV • Musei Vaticani★★★GHUV

Capolavori del Rinascimento e del Barocco

Michelangelo: S. Pietro in Vincoli •Vaticano: Pietà nella basilica di S. Pietro, Cappella Sistina

Raffaello: Galleria Borghese, Galleria di Palazzo Barberini, Villa Farnesina, Vaticano: Stanze di Raffaello e Pinacoteca Vaticana

Bernini: Galleria Borghese, Fontana dei Fiumi di piazza Navona, S. Andrea al Quirinale, S. Maria della Vittoria • Vaticano: piazza S. Pietro, Baldacchino e cattedra di S. Pietro

Borromini: Oratorio dei Filippini, S. Agnese in Agone, S. Carlo alle Quattro Fontane, S. Ivo alla Sapienza

Caravaggio: Galleria Borghese, Galleria Doria Pamphili, Galleria di Palazzo Barberini, Pinacoteca Capitolina, S. Agostino, S. Luigi dei Francesi, S. Maria del Popolo • Vaticano: Pinacoteca Vaticana

Arte moderna e contemporanea GAM (Galleria Nazionale di Arte Moderna)★★DSM[7] • Museo MAXXI★ • Museo MACRO ES • Quartiere E.U.R.★★BR •Quartiere Coppedè EFS

I parchi Gianicolo★JY • Pincio MU • Villa Borghese★★★NU • Villa Celimontana OPZ • Palazzo Doria Pamphili ZG • Villa Torlonia FS

Le vie dello shopping Via dei Coronari★: antiquariato e brocantage • Il Tridente (via di Ripetta, via del Corso, via del Babuino): negozi di tutti i generi • Via del Babuino: antiquariato e brocantage • Via Margutta: gallerie d'arte e botteghe artigianali • Via Veneto★★ : negozi e hotel di lusso • Via dei Condotti, via Frattina, via Borgognona, via Bocca di Leone: alta moda

Di sera e di notte Trastevere★★LZ: osterie e trattorie • Testaccio LZ: locali notturni

Roma dall'alto Cupola di S. Pietro GV • Terrazza di Castel S. Angelo JKV • Gianicolo JY • Pincio MU • Portico del Vittoriano NY]

Elenco alfabetico degli alberghi
Index of hotels

✿ Gli esercizi con stelle
Starred Restaurants

Bib Gourmand

Pasti accurati a prezzi contenuti
Good food at moderate prices

ROMA

Ristoranti per genere di cucina
Restaurants by cuisine type

Mediterranea		pagina
Aroma	XxX	995
Al Bric	X	986
Enoteca Capranica	XxX	985
Settembrini	X	997
Vivendo	XxXxX	991

Moderna		pagina
Brunello Lounge i Restaurant	XxxX	991
Gaetano Costa	XxX	992
Glass Hostaria	XX❀	1000
Hostaria dell'Orso	XxxX	984
Imàgo	XxxX ❀	984
Locanda della Castelluccia	XxX	1005
Mirabelle	XxxX	991
Sangallo	XX	985
Il Sanlorenzo	XxX	985
I Sofà di Via Giulia	XxxX	985

Romana		pagina
Antica Pesa	XxX	1000
L'Arcangelo	XX	997
La Campana	X	986
Checchino dal 1887	XX	995
Domenico dal 1968	X⊕	1002
Felice a Testaccio	X⊕	995
Giggetto-al Portico d'Ottavia	X	986
Al Ristoro degli Angeli	X⊕	1004
R 13 Da Checco	XX	1005
Sora Lella	XX	1000
Le Streghe	X	986

Siciliana		pagina
Filippo La Mantia	XxxX	992

Tavoli all'aperto
Outside dining

Acquolina Hostaria in Roma	XX❀	1001
Ambasciata d'Abruzzo	X⊕	999
Antica Pesa	XxX	1000
Aroma	XxX	995
Checchino dal 1887	XX	995
Domenico dal 1968	X⊕	1002
Filippo La Mantia	XxxX	992
Giggetto-al Portico d'Ottavia	X	986
Giuda Ballerino	XX❀	1002
Hostaria dell'Orso	XxxX	984
Le Jardin de Russie	XxXxX	984
Mamma Angelina	XX⊕	1001
Mirabelle	XxxX	991
Oliver Glowig	XxxX ❀❀	999
Papà Baccus	XX	993

Pappa Reale	XX	1001
Pauline Borghese	XxxX	999
La Pergola	XxXxX ❀❀❀	997
Rinaldo all'Acquedotto	XX	1002
Al Ristoro degli Angeli	X⊕	1004
La Rosetta	XX	985
R 13 Da Checco	XX	1005
Sangallo	XX	985
Settembrini	X	997
Shangri Là-Corsetti	XxX	1004
Le Streghe	X	986
St. Teodoro	XX	995
Taverna Giulia	X	986
Villa Marsili	XX	1005

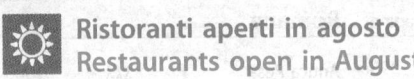

Ristoranti aperti in agosto
Restaurants open in August

Antica Pesa	🏠🏠🏠	1000
Antico Arco	🏠🏠	997
Aroma	🏠🏠🏠	995
Brunello Lounge i Restaurant	🏠🏠🏠🏠	991
Casa Bleve	🏠	986
Doney	🏠🏠🏠	992
Enoteca Capranica	🏠🏠🏠	985
Gaetano Costa	🏠🏠🏠	992
Giggetto-al Portico d'Ottavia	🏠	986
Glass Hostaria	🏠🏠 ✿	1000
Imàgo	🏠🏠🏠🏠 ✿	984
Le Jardin de Russie	🏠🏠🏠🏠	984

Locanda della Castelluccia	🏠🏠🏠	1005
Mirabelle	🏠🏠🏠🏠	991
Oliver Glowig	🏠🏠🏠🏠 ✿✿	999
Papà Baccus	🏠🏠	993
Pauline Borghese	🏠🏠🏠🏠	999
Sangallo	🏠🏠	985
Sapori del Lord Byron	🏠🏠🏠🏠	999
Settembrini	🏠	997
I Sofà di Via Giulia	🏠🏠🏠🏠	985
St. Teodoro	🏠🏠	995
La Terrazza	🏠🏠🏠🏠	991
Villa Marsili	🏠🏠	1005
Vivendo	🏠🏠🏠🏠🏠	991

INDICE DELLE STRADE DI ROMA

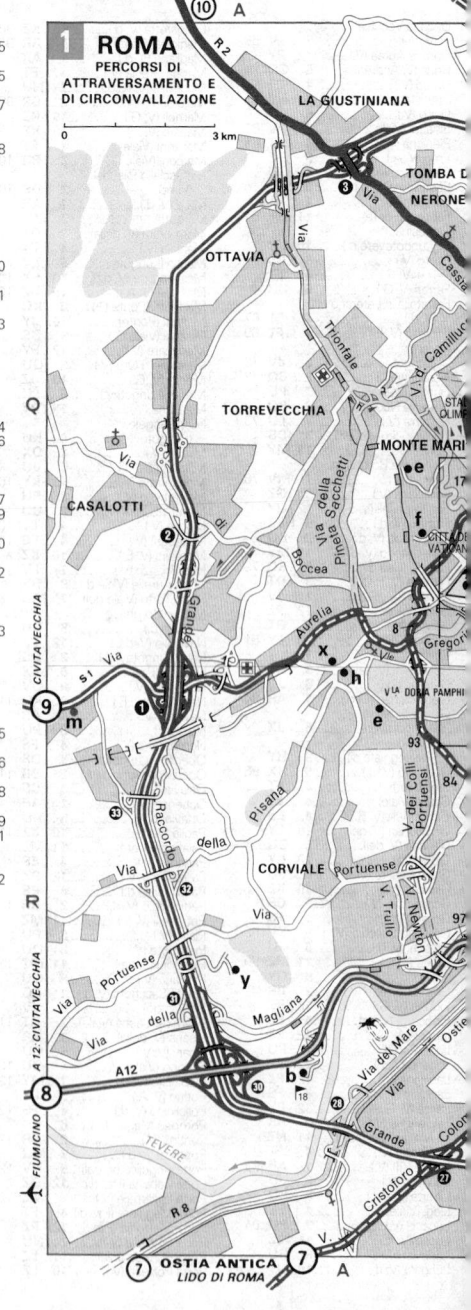

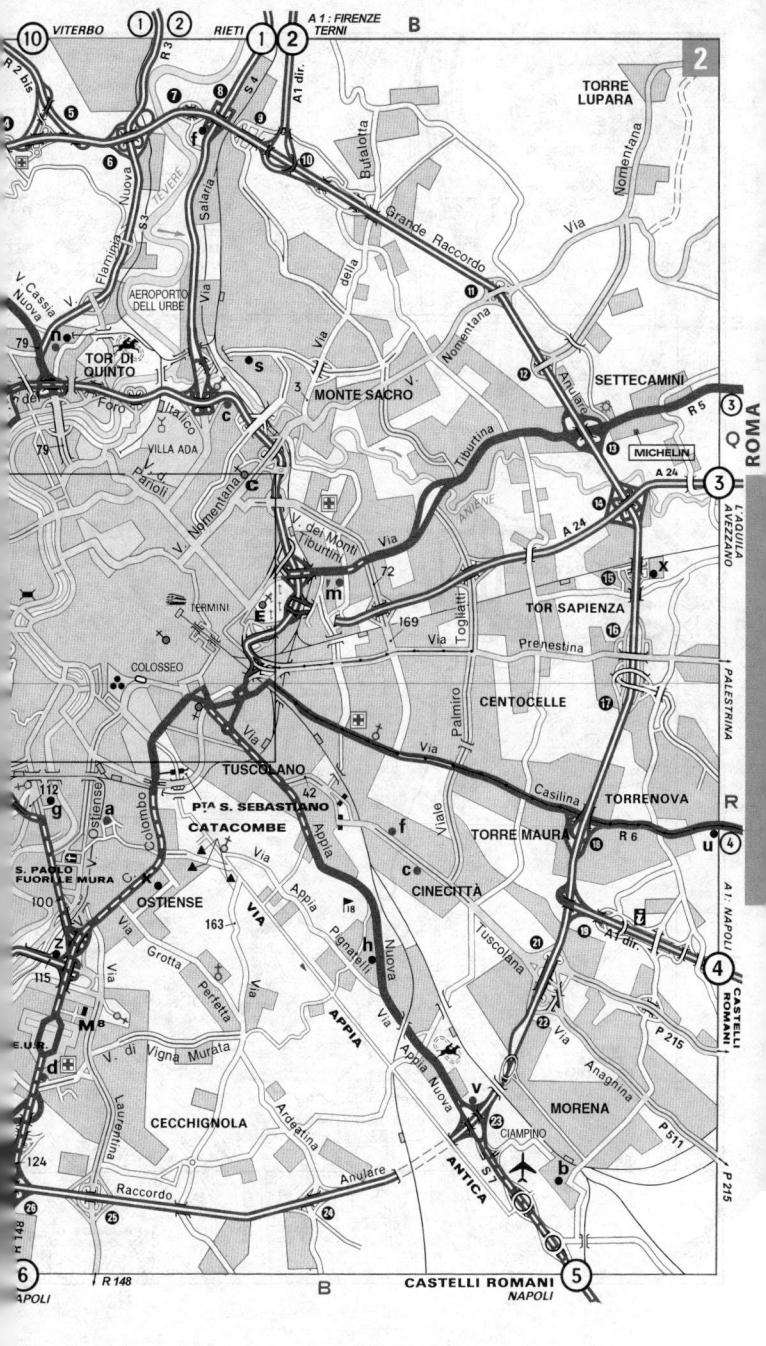

3

0   500 m

C

D

FLAMINIO

102

e

W

c

b

144

d.

M

VILLA GIULIA

Belle Art

VILLA

Piazza del Popolo

P.za di Spagna

CASTEL S. ANGELO

VATICANO

Piazza Navona

Corso

Vittorio

Emanuele II

P.za Venezia

P.za del Campidoglio

Ponte Sublicio

VILLA DORIA PAMPHILI

82

118

c

PIRAMIDE DI CAIO CESTIO

B

a

Via Trionfale

Via Cadiolo

Viale Medaglie d'Oro

V. Febo

Circ. Trionfale

V. Cipro

Aurelia

Gregorio VII

delle Fornaci

Via Aurelia Antica

Vitellia

Villa Pamphili

V.le di Donna Olimpia

A. Poerio

B. Franklin

Galvani

Testaccio

Marmorata

Trastevere

TEVERE

39

a

Gomenizza

Clodia

V. Neulada

Angelico

Viale

52

Carso

Oslavia

Mazzini

L. d. Vittoria

Flaminio

Lungotevere

Tiziano

L. Oberdan

Flaminia

L. d. Armi

Viale

G.

delle

Milizie

V. A. Doria

Trionfale

Viale

V.le

Via

Barrili

Via

Via

Via

Aurelia

S

T

C

D

E

F

x

Panama

Via

Trieste

C

Nomentana

V. R.

Lancfani

e

183

Buozzi

q

Salaria

C.so

Corso

Vle

Vle d. Parioli

Via

Via

Via

k

Chiana

Bruno

U. Aldrovandi

Liegi

V.

V.

Gorizia

M

Aprile

Rossi

a

87

Via

V.

Via De

Xxi

40

V.

Via

Regina

Trieste

Torlonia

193

V.

Bologna

BORGHESE

Salaria

Margherita

V. Ravenna

148

V.

Vle

V. Pinciana

109

Catafina

18

Via

V.

d.

PORTA PIA

x

Policlinico

Province

123

Vle Regina

V. Ippocrate

37

Castro Pretorio

V. Montebello

U

Vle dell' Università

Elena

P

E

c

V.

Via Ippocrate

QUIRINALE

133

Cavour

V.

V.

Tiburtina

Marsala

Tiburtina

Nazionale

S. MARIA

MAGGIORE

M

Via

V.

Via

T

FORI

IMPERIALI

V. Cavour

V.

Giolitti

b

Spallo

Lorenzo

Merulana

c

Vitt.

Emanuele

V.

Manzoni

S.

G.

PALATINO

51

P.za di

P.ta Maggiore

a

COLOSSEO

Via Labicana

Viale

Manzoni

63

D

69

V. C. Felice

36

33

P.za di

P.ta Capena

Via dell'Amba Aradam

S. GIOVANNI

IN LATERANO

Giovanni

La

P

Spezia

108

V.

12

d.

Terme

67

V. Druso

V. Magna Grecia

Via

10

Aventino

Vle

Re di Roma

184

S. SABA

Gallia

V. Vercelli

Appia

24

Via

Etruria

Ponte Lungo

TERME DI

CARACALLA

di

Caracalla

f

V. Acaia

4

N.uova

Viale

Giotto

P

E

F

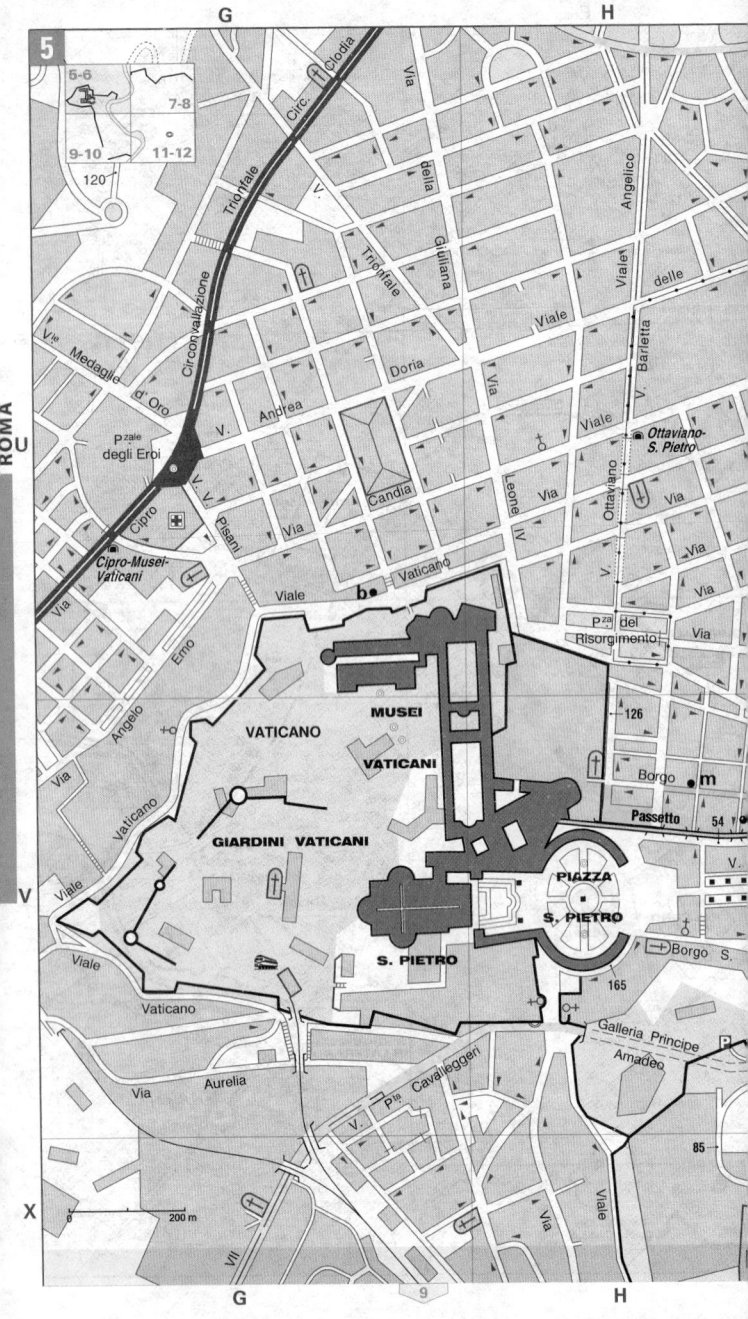

5

5-6

7-8

9-10

11-12

120

G

H

Circ.ne Clodia

Via

della

Giuliana

Via

Viale

Angelico

Trionfale

Circonvallazione

Trionfale

V.

V.

Viale

delle

V.le Medaglio d'Oro

V.

Andrea

Doria

Via

Viale

V. Barletta

P.zale degli Erbi

Via

Cipro

Candia

Leone IV

Via

Ottaviano

Ottaviano-S. Pietro

V.

Pisani

Via

Via

Via

Cipro-Musei-Vaticani

Viale

Vaticano

b

P.za del Risorgimento

Via

Emo

VATICANO

MUSEI

126

Angelo

VATICANI

Borgo

m

Passetto

54

Vaticano

GIARDINI VATICANI

V.

Viale

PIAZZA S. PIETRO

Viale

Vaticano

S. PIETRO

Borgo S.

165

Galleria Principe

Amadeo

Via

Aurelia

85

X

0   200 m

P.za Cavalleggeri

V.

Viale

Via

VII

G   9   H

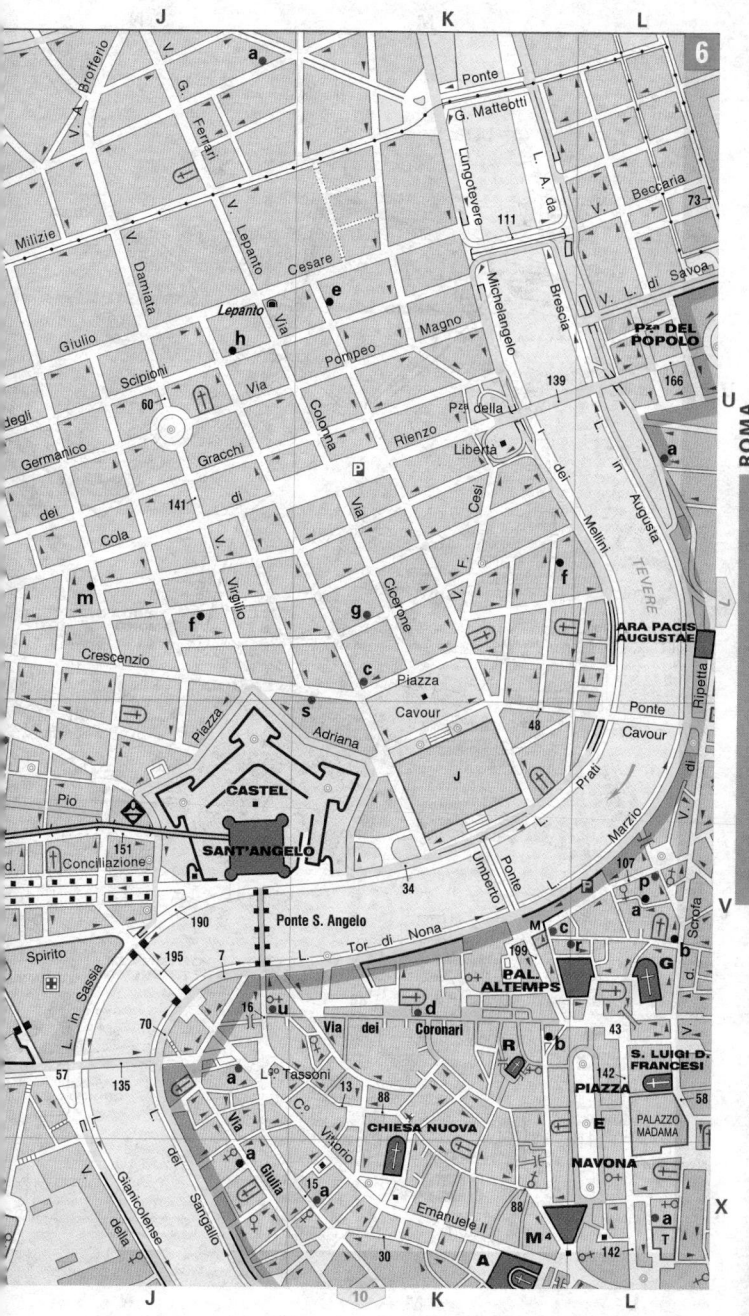

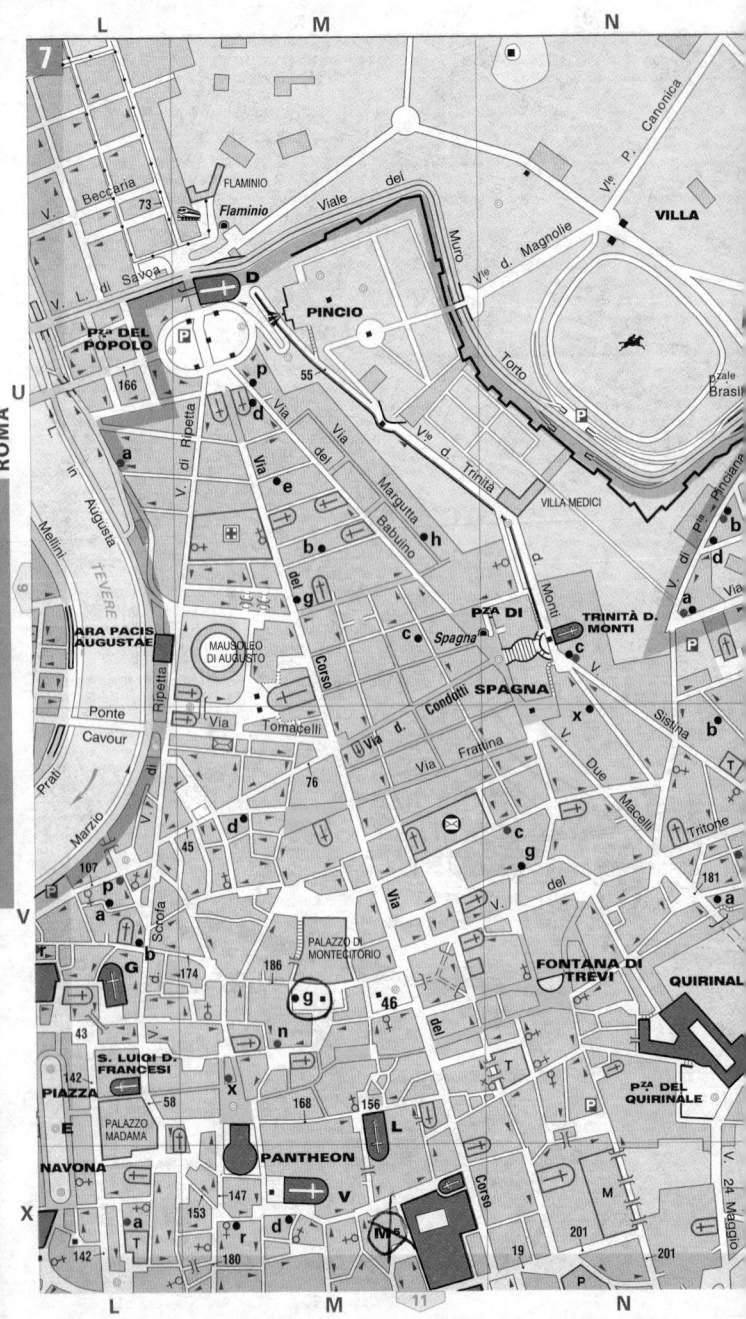

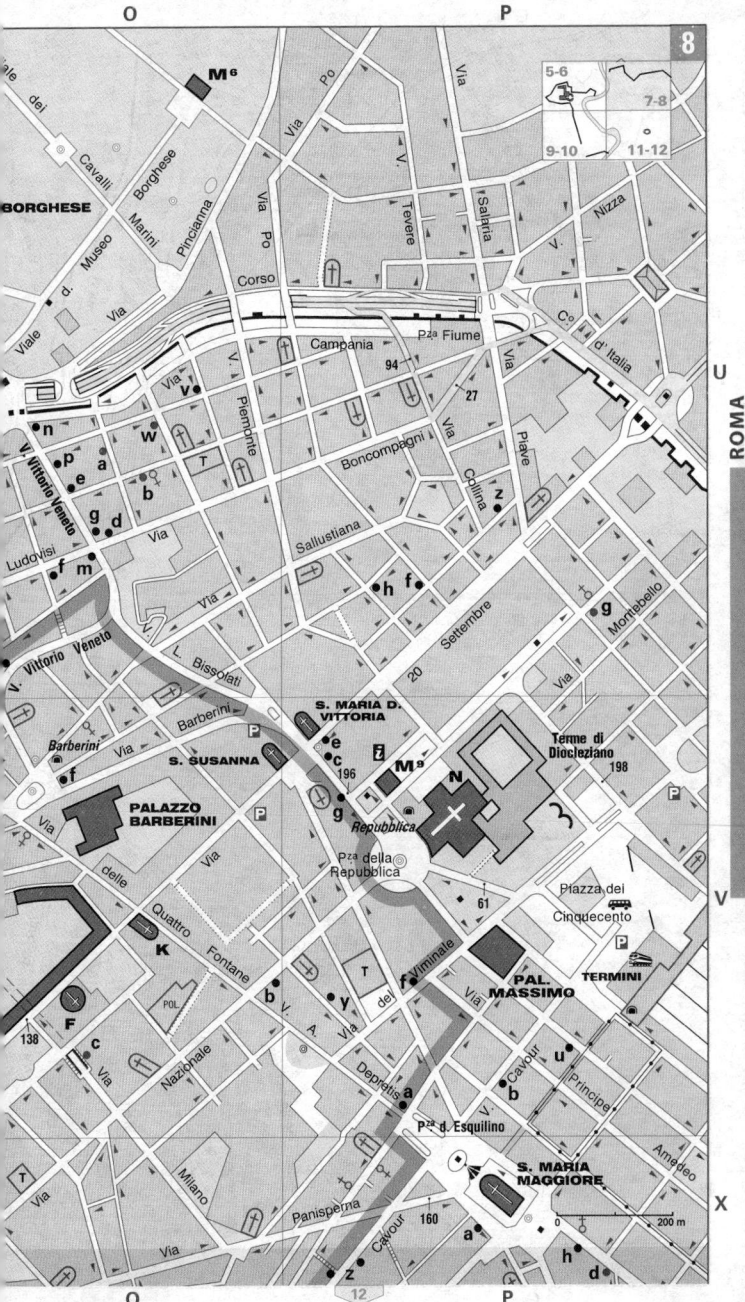

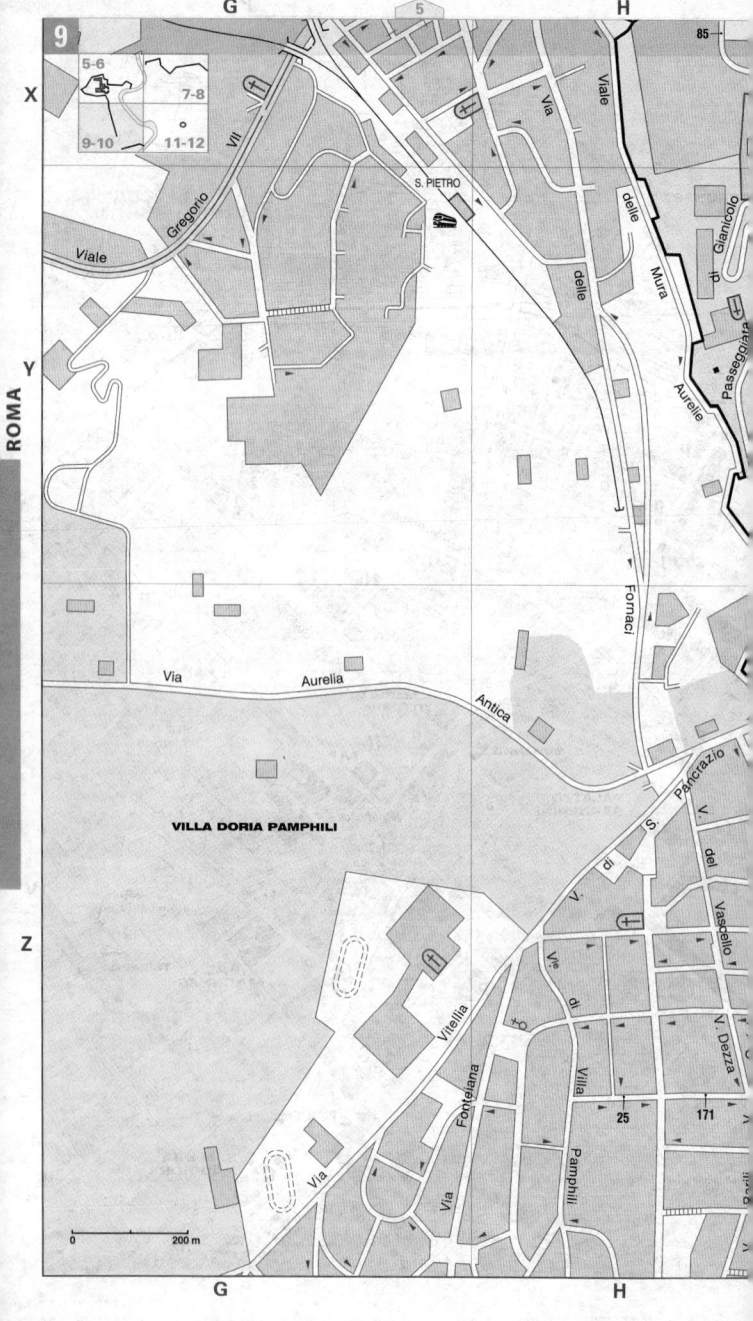

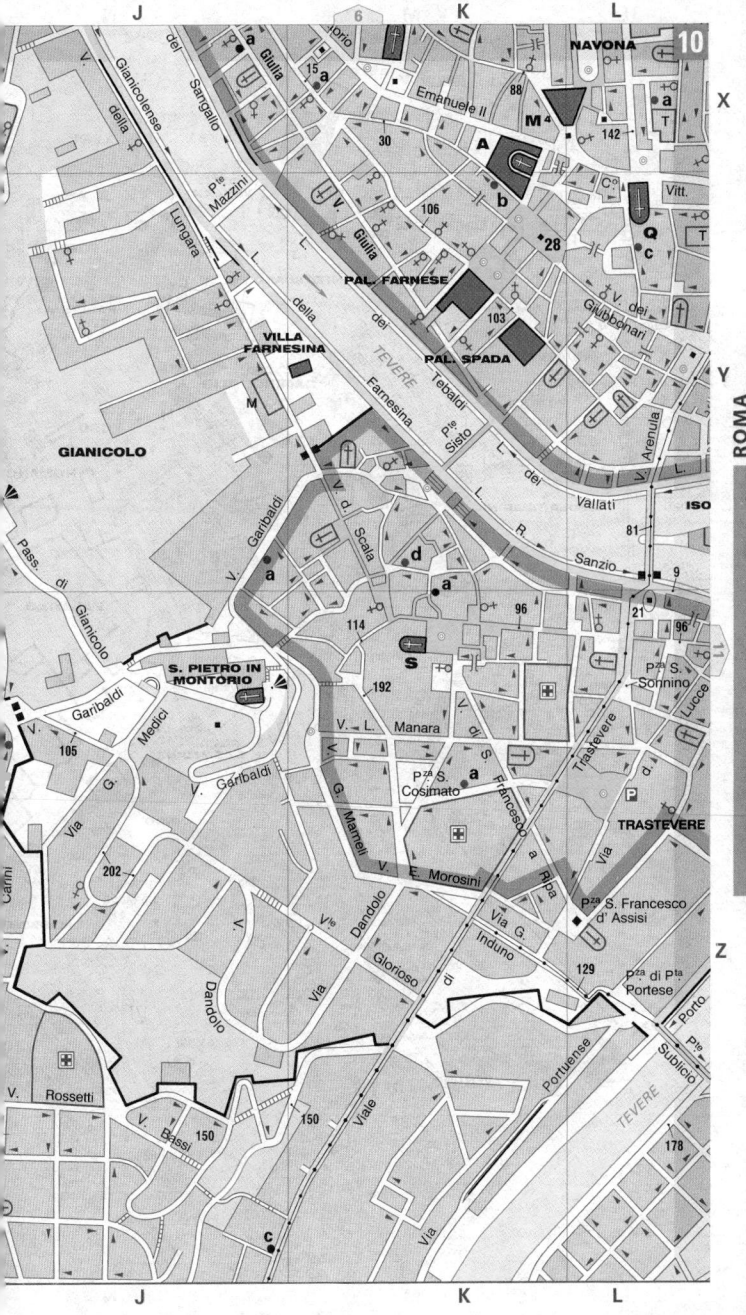

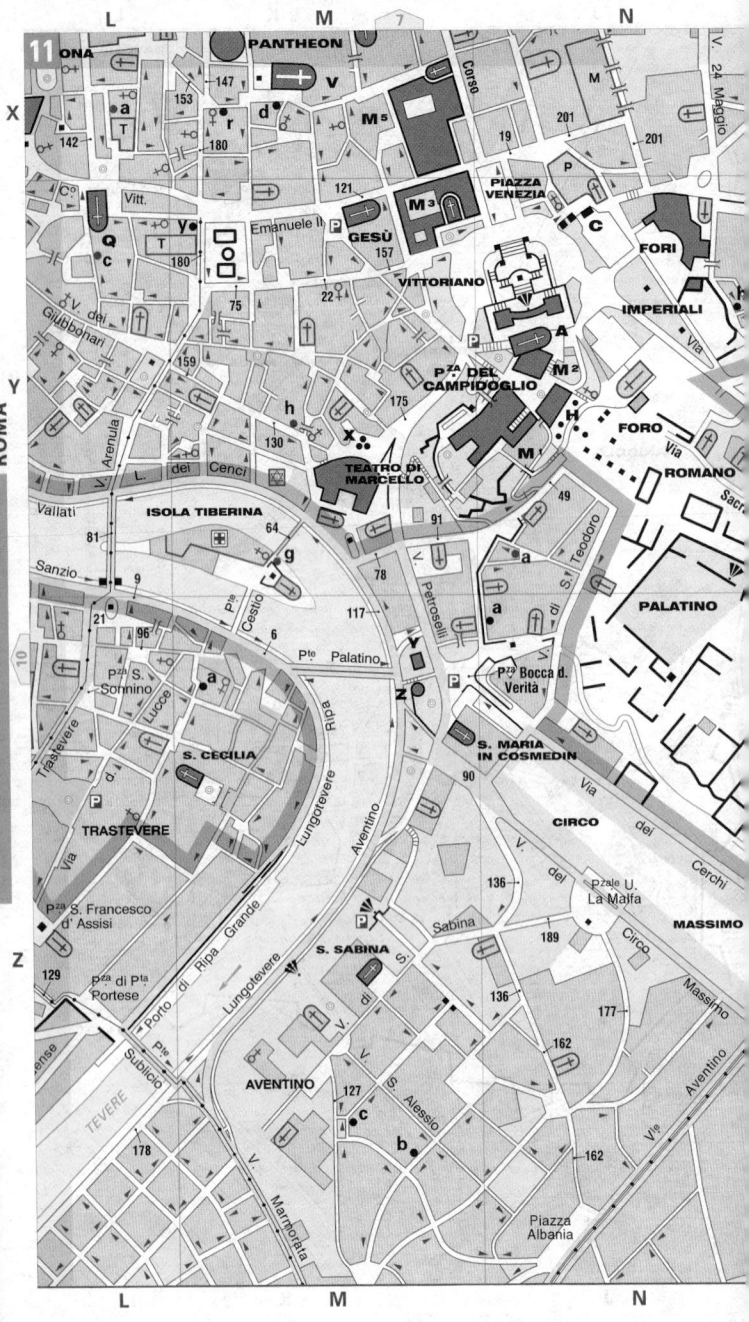

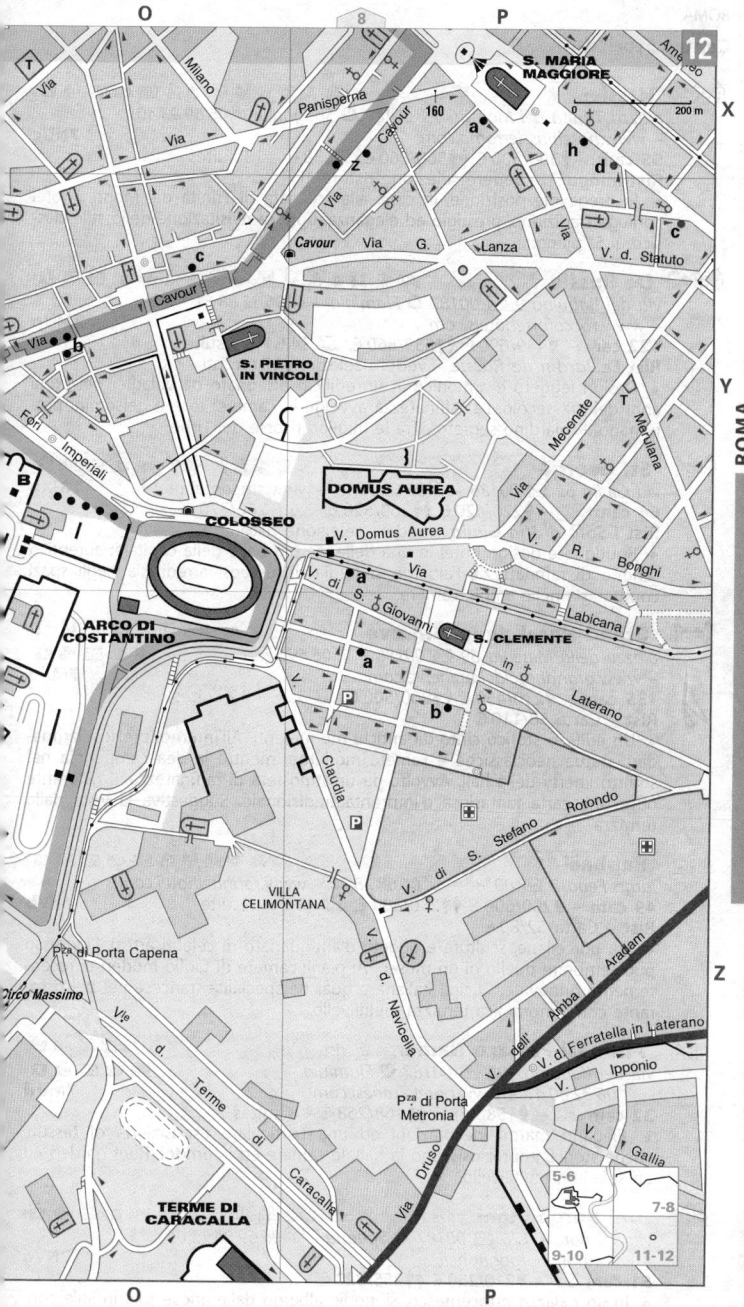

ROMA

Hassler ⌂ 𝄞 ♨ |≣| 🕭 🏧 🛠 🛜 🛜 🅟 VISA ⓿ AE ⓿ 🔥
piazza Trinità dei Monti 6 ✉ 00187 🚇 *Spagna –* ✆ 06 69 93 40
– www.hotelhasslerroma.com **7NU**c
95 cam – 💲390/500 € 💲💲500/860 €, ☕ 38 € – 13 suites
Rist *Imàgo*❀ *– vedere selezione ristoranti*
♦ In pregevole posizione, in cima alla scalinata di Trinità dei Monti, l'hotel coniuga tradizione, prestigio ed eleganza. Curiosa rivisitazione dello stile classico al 5° piano.

De Russie 🚗 𝄞 ♨ |≣| 🕭 ⚬ 🏧 🛠 🛜 🛜 🄰 VISA ⓿ AE ⓿ 🔥
via del Babuino 9 ✉ 00187 🚇 *Flaminio –* ✆ 06 32 88 81
– www.roccofortehotels.com **7MU**p
122 cam – 💲449/690 € 💲💲559/860 €, ☕ 34 € – 25 suites
Rist *Le Jardin de Russie – vedere selezione ristoranti*
♦ Design leggero e armonico in un edificio disegnato da Valadier nei primi anni del XIX secolo. La raffinatezza avvolge le camere; rose e gelsomini profumano il "giardino segreto". Tra le migliori risorse dell'Urbe.

St. George 🔲 𝄞 |≣| 🕭 🏧 🛠 🛜 VISA ⓿ AE ⓿ 🔥
via Giulia 62 ✉ 00186 – ✆ 06 68 66 11 – www.stgeorgehotel.it **10JX**a
64 cam ☕ – 💲220/420 € 💲💲260/520 € – ½ P 260/370 €
Rist *I Sofà di Via Giulia – vedere selezione ristoranti*
♦ Boutique e design hotel in una delle vie più belle della capitale: autentico scrigno di raffinatezza, l'albergo si fregia di lussuosi arredi, sia negli spazi comuni, sia nelle ampie camere.

Grand Hotel de la Minerve 🚗 🛠 |≣| 🕭 🏧 🛠 🛜 rist. 🛜 🄰
piazza della Minerva 69 ✉ 00186 – ✆ 06 69 52 01 VISA ⓿ AE ⓿ 🔥
– www.grandhoteldelaminerve.com **7MX**d
135 cam – 💲210/450 € 💲💲260/500 €, ☕ 35 € – 12 suites
Rist – Carta 58/110 €
♦ Un edificio storico cinto da antichi monumenti. All'interno, preziosi lampadari, statue neoclassiche e camere moderne, mentre la dea campeggia nel soffitto liberty della hall. Avvolto da un'atmosfera di raffinatezza, il ristorante offre una carta fantasiosa d'impronta tradizionale. Suggestiva la vista dalla terrazza.

Raphaël 🛠 🛠 |≣| 🄰 🛜 🄰 VISA ⓿ AE ⓿ 🔥
largo Febo 2 ✉ 00186 – ✆ 06 68 28 31 – www.raphaelhotel.com
49 cam – 💲200/600 € 💲💲250/800 €, ☕ 28 € – 1 suite **6KV**b
Rist – Carta 52/80 €
♦ Tra porcellane, sculture e oggetti d'antiquariato di celebri artisti, l'ingresso può sembrare quello di un museo. Ai piani: camere di taglio moderno, recentemente rinnovate. Cucina italiana e qualche specialità francese nel bel ristorante con panoramica terrazza multilivello.

Piranesi-Palazzo Nainer senza rist 𝄞 🛠 |≣| 🄰 🛠 🛜
via del Babuino 196 ✉ 00187 🚇 *Flaminio* VISA ⓿ AE ⓿ 🔥
– ✆ 06 32 80 41 – www.hotelpiranesi.com **7MU**d
32 cam ☕ – 💲158/168 € 💲💲168/268 € – 8 suites
♦ Eleganti marmi, decorazioni ed una particolare esposizione di tessuti, anche storici, impreziosiscono la hall, le camere e i corridoi. Roof garden ed un solarium multilivello.

Dei Borgognoni senza rist |≣| 🄰 🛜 🄰 🚗 VISA ⓿ AE ⓿ 🔥
via del Bufalo 126 ✉ 00187 🚇 *Spagna –* ✆ 06 69 94 15 05
– www.hotelborgognoni.it **7NV**g
51 cam ☕ – 💲210/250 € 💲💲255/320 €
♦ In un palazzo ottocentesco, signorile albergo dalle ariose sale in stile contemporaneo e camere confortevoli, che uniscono uno stile classico a soluzioni più moderne.

Nazionale 🛗 AC ⚡ rist, ¶⁰ 🔥 VISA ⚠️ AE ⓪ 🚶

piazza Montecitorio 131 ✉ *00186 –* ✆ *06 69 50 01 – www.hotelnazionale.it*
100 cam ⬜ – †200/290 € ††360/400 € – 1 suite   **7**MV**g**
Rist *31 al Vicario* – *(chiuso agosto, domenica e lunedì a mezzogiorno)*
Carta 40/63 €
  ♦ Affacciato sulla piazza di Montecitorio, l'hotel è ospitato in un edificio settecentesco: sale di tono signorile e camere arredate in stili diversi. Confore-
vole e raccolta la sala ristorante, dove apprezzare la classica cucina italiana.

Manfredi senza rist 🛗 AC ⚡ ¶⁰ VISA ⚠️ AE ⓪ 🚶

via Margutta 61 ✉ *00187* Ⓜ *Spagna –* ✆ *0 63 20 76 76*
– www.hotelmanfredi.it   **7**MU**h**
28 cam ⬜ – †99/215 € ††105/314 € – 1 suite
  ♦ Piccola bomboniera nella famosa via Margutta: al terzo piano di un palazzo
signorile, differenti tipologie di camere, ma tutte arredate con eleganza ed
accessori di ultima generazione. Proverbiale la prima colazione intercontinen-
tale a base di prodotti naturali (yogurt e dolci fatti in casa).

Santa Chiara senza rist 🛗 ♿ AC ⚡ ¶⁰ VISA ⚠️ AE ⓪ 🚶

via Santa Chiara 21 ✉ *00186 –* ✆ *0 66 87 29 79*
– www.albergosantachiara.com   **7**MX**r**
96 cam ⬜ – †170/205 € ††210/260 € – 3 suites
  ♦ Dal 1830 un'ininterrotta tradizione familiare di ospitalità in questo albergo
moderno e funzionale situato alle spalle del Pantheon ed articolato su tre differenti palazzi.

Due Torri senza rist 🛗 AC ⚡ VISA ⚠️ AE ⓪ 🚶

vicolo del Leonetto 23 ✉ *00186* Ⓜ *Spagna –* ✆ *0 66 87 69 83*
– www.hotelduetorriroma.com   **6**LV**a**
26 cam ⬜ – †110/165 € ††150/240 €
  ♦ In un angolo tranquillo della vecchia Roma, l'accogliente atmosfera di una
casa privata che nel tempo ha ospitato cardinali e vescovi. Negli ambienti,
arredi in stile e tessuti rossi.

Del Corso senza rist 🛗 AC ⚡ ¶⁰ VISA ⚠️ AE 🚶

via del Corso 79 ✉ *00186* Ⓜ *Spagna –* ✆ *06 36 00 62 33*
– www.hoteldelcorsoroma.com   **7**MU**g**
18 cam ⬜ – †100/180 € ††120/250 € – 1 suite
  ♦ Spazi comuni ridotti, camere in stile, ricerche di tessuti, bagni in marmo,
boiserie e un'atmosfera ovattata; la colazione è servita al primo piano o in
terrazza, tempo permettendo.

Gregoriana senza rist 🛗 AC ⚡ VISA ⚠️ AE ⓪ 🚶

via Gregoriana 18 ✉ *00187* Ⓜ *Spagna –* ✆ *0 66 79 42 69*
– www.hotelgregoriana.it   **7**NV**x**
22 cam ⬜ – †148/198 € ††228/288 € – 2 suites
  ♦ In una delle strade più eleganti di Roma, questo piccolo albergo occupa un
convento del XVII secolo. Spazi comuni limitati, ma belle camere dalle eleganti decorazioni art decò.

Mozart senza rist 🛗 AC ⚡ ¶⁰ VISA ⚠️ AE ⓪ 🚶

via dei Greci 23/b ✉ *00187* Ⓜ *Spagna –* ✆ *06 36 00 19 15*
– www.hotelmozart.com   **7**MU**b**
56 cam ⬜ – †99/185 € ††126/290 €
  ♦ Ospitato in un palazzo dell'800, l'albergo dispone di ambienti comuni di
raffinata eleganza e camere in stile: più ampie e moderne nella dépendance.

Portoghesi senza rist 🛗 AC ⚡ ¶⁰ VISA ⚠️ 🚶

via dei Portoghesi 1 ✉ *00186 –* ✆ *0 66 86 42 31*
– www.hotelportoghesiroma.it   **6**LV**b**
28 cam ⬜ – †130/160 € ††160/200 € – 4 suites
  ♦ Accanto alla chiesa intitolata a S.Antonio dei Portoghesi, offre camere rinnovate di recente, impreziosite da decorazioni classiche e da raffnati tessuti.
Solo per non fumatori.

Condotti senza rist ⬛ 🆚 ⏏ 🛜 VISA ⦾ AE ⬛ ♿
via Mario dè Fiori 37 ✉ 00187 Ⓜ Spagna – ℰ 06 67 94 66 1
– www.hotelcondotti.com 7MU**c**
16 cam ⚏ – ♦♦59/490 €
♦ Marmi e preziosi lampadari nella piccola hall: camere non ampie, ma di
buon confort (alcune in una dépendance poco distante).

Pensione Barrett senza rist 🆚 ⏏ 🛜 VISA ⦾ ♿
largo Torre Argentina 47 ✉ 00186 – ℰ 06 68 68 84 81
– www.pensionebarrett.com 11MY**y**
20 cam – ♦110 € ♦♦130 €, ⚏ 8 €
♦ Calorosa ospitalità familiare ed eco di storia senza fine in questo hotel: un
palazzo quattrocentesco con un autentico arco romano e camere dalle decorazioni barocche.

Fontanella Borghese senza rist ⬛ 🆚 ⏏ 🛜 VISA ⦾ AE ⬛ ♿
largo Fontanella Borghese 84 ✉ 00186 Ⓜ Spagna – ℰ 06 68 80 95 04
– www.fontanellaborghese.com 7MV**d**
24 cam ⚏ – ♦125/175 € ♦♦150/255 €
♦ Al 2° e 3° piano di un palazzo appartenuto ai principi Borghese, l'hotel
offre camere elegantemente arredate, particolarmente silenziose quelle affacciate sulla corte interna.

Centrale senza rist ⬛ 🆚 ⏏ 🛜 VISA ⦾ AE
via Laurina 34, (rione Campo Marzio) ✉ 00187 Ⓜ Flaminio
– ℰ 06 32 50 16 91 – www.hotelcentraleroma.it 7MU**e**
21 cam ⚏ – ♦55/200 € ♦♦75/349 €
♦ Alla scoperta della Città Eterna, partendo da questo albergo, recentemente
ristrutturato, che dispone di spazi comuni un po' ridotti, ma curati; come del
resto le camere: di diversa metratura, ma tutte confortevoli ed accoglienti.

Fellini senza rist 🆚 ⏏ VISA ⦾ AE ⬛ ♿
via Rasella 56 ✉ 00187 Ⓜ Barberini – ℰ 06 42 74 27 32
– www.fellinibnb.com 7NV**a**
30 cam ⚏ – ♦69/169 € ♦♦99/199 € – 4 suites
♦ Camere al 3° e al 5° piano di questo edificio a poca distanza dal Quirinale e
dalla Fontana di Trevi: una risorsa rinnovata che dispone anche di un terrazzino estivo per le colazioni.

XXXXX **Le Jardin de Russie** – Hotel De Russie 🍽 🌳 ♿ 🆚 ⏏ 🛜 VISA ⦾ AE ♿
via del Babuino 9 ✉ 00187 – ℰ 06 32 88 88 70 – www.roccofortehotels.com
Rist – Carta 74/114 € 7MU**p**
♦ A dispetto del nome francese, i sapori sono decisamente tricolori, reinter-
pretati creativamente da un grande della cucina: Fulvio Pierangelini.
Ambiente di estrema raffinatezza.

XXXX **Imàgo** – Hotel Hassler 🆚 ⏏ VISA ⦾ AE ⬛ ♿
🌼 piazza Trinità dei Monti 6 ✉ 00187 Ⓜ Spagna – ℰ 06 69 93 47 26
– www.imagorestaurant.com 7NU**c**
Rist – (chiuso a mezzogiorno) Menu 100 € – Carta 88/120 €
Spec. Capesante impanate ripiene di mozzarelle di bufala, foglie di sedano e
tartufo nero. Fusilloni alla carbonara, ragù di quaglia. Merluzzo carbonaro
(merluzzo nero) glassato al sake, pomodori verdoni e cipolline in agrodolce.
♦ Continua ad incantare i suoi ospiti la sala ristorante grazie alle ampie
vetrate e all'indimenticabile vista sulla città eterna. Cucina di stampo
moderno ed ottime materie prime.

XXXX **Hostaria dell'Orso** 🌳 🆚 ⏏ ⦿ VISA ⦾ AE ⬛ ♿
via dei Soldati 25/c ✉ 00186 – ℰ 06 68 30 11 92 – www.hdo.it – chiuso dal
10 al 25 agosto e domenica 6KV**c**
Rist – (chiuso a mezzogiorno) (consigliata la prenotazione) Menu 56/95 €
– Carta 68/100 € 🍴
♦ Uno storico riferimento della mondanità romana. Elegante, l'atmosfera
intima e romantica delle sale, volutamente prive di superflui artifici d'arredo,
in simbiosi con la cucina, omaggio alle materie prime prescelte.

🍴🍴🍴🍴 **I Sofà di Via Giulia** – Hotel St. George ♿ [AC] 🚭 VISA 💳 [AE] ⓓ 🍽
via Giulia 62 ✉ 00186 – ☎ 06 68 66 11 – www.isofadiviagiulia.com – chiuso domenica, lunedì e la sera in estate **10**JX**a**
Rist – Carta 58/103 €
◆ Tentazioni di terra, di mare e dell'orto, in percorsi gastronomici con piatti tipici italiani e delizie regionali. Anche la carta dei vini si mostra all'altezza del locale.

🍴🍴🍴 **Il Convivio-Troiani** (Angelo Troiani) [AC] ⇔ VISA 💳 [AE] ⓓ 🍽
✿ *vicolo dei Soldati 31 ✉ 00186 – ☎ 0 66 86 94 32 – www.ilconviviotroiani.com – chiuso 1 settimana in agosto e domenica*
Rist – *(chiuso a mezzogiorno)* Carta 81/124 € 🍇 **6**KLV**r**
Spec. Fiori di zucca in pastella, mozzarella di bufala, crema di acciughe, sorbetto agrodolce piccante di peperone. Rigatoni di Gragnano all'amatriciana. Stinco d'agnello da latte con salsa all'arancia e aglio, con carciofi.
◆ Un elegante salotto nel cuore del centro storico: tra affreschi, quadri e moderna essenzialità, brilla una cucina vetrina dei più celebri piatti italiani, dai risotti alle paste con un occhio di riguardo alle tradizioni laziali.

🍴🍴🍴 **Il Pagliaccio** (Anthony Genovese) [AC] 🚭 VISA 💳 [AE] ⓓ 🍽
✿✿ *via dei Banchi Vecchi 129 ✉ 00186 – ☎ 06 68 80 95 95 – www.ristoranteilpagliaccio.it – chiuso dal 9 al 17 gennaio, dall'8 al 31 agosto, domenica, lunedì, martedì a mezzogiorno* **6**KX**a**
Rist – (consigliata la prenotazione la sera) Menu 120/160 € – Carta 100/140 € 🍇
Spec. Ostrica, zuppa di burrata, granita di mela verde e fiori di camomilla. Tortelli di solo pomodoro e maialino con ragù piccante. Merluzzo, cavolfiore, capperi e brodo di prosciutto.
◆ Dall'est asiatico alla tradizione romana: il cuoco non pone limiti alla sua fantasiosa cucina proponendo piatti elaborati e tecnicamente ambiziosi.

🍴🍴🍴 **Enoteca Capranica** [AC] 🚭 ⇔ VISA 💳 [AE] ⓓ 🍽
piazza Capranica 99/100 ✉ 00186 – ☎ 06 69 94 09 92 – www.enotecacapranica.it – chiuso sabato a mezzogiorno, domenica
Rist – Carta 54/72 € 🍇 **7**MV**n**
◆ A pochi passi da Montecitorio, le alte volte colorate di un palazzo del 1400 ospitano un'elegante ristorante con un'importante carta dei di vini e stuzzicanti piatti mediterranei.

🍴🍴🍴 **Il Sanlorenzo** [AC] ⇔ VISA 💳 [AE] 🍽
via dei Chiavari 4/5 ✉ 00186 – ☎ 0 66 86 50 97 – www.ilsanlorenzo.it – chiuso dal 12 al 26 agosto e i mezzogiorno di sabato, domenica e lunedì, anche domenica sera in giugno, luglio e agosto , **10**LY**c**
Rist – Menu 75 € – Carta 64/106 € 🍇
◆ Un palazzo storico costruito sulle fondamenta del Teatro Pompeo per un locale d'atmosfera, che unisce storia ed arte contemporanea. In menu: piatti moderni e specialità di pesce.

🍴🍴 **Sangallo** ⛱ [AC] 🚭 ⇔ VISA 💳 [AE] ⓓ 🍽
via dei Coronari 180 ✉ 00186 – ☎ 0 66 86 55 49 – www.ristorantesangallo.com **6**KV**d**
Rist – Carta 54/70 €
◆ Quando l'antico si contrappone al moderno: in un palazzo del 1500 - accanto alla chiesa di San Salvatore in Lauro - diverse salette di tono elegante accolgono una cucina moderna e creativa.

🍴🍴 **La Rosetta** ⛱ [AC] 🚭 VISA 💳 [AE] ⓓ 🍽
via della Rosetta 8/9 ✉ 00186 – ☎ 0 66 86 10 02 – www.larosetta.com – chiuso 1 settimana in gennaio, 2 settimane in agosto, domenica a mezzogiorno **7**MV**x**
Rist – Carta 50/140 €
◆ A pochi passi dallo splendido scenario del Pantheon, pesce fresco e di grande qualità da fare invidia ad una località di mare... Saporite ricette mediterranee, tenendo ben presente l'evoluzione del gusto moderno. Proposte più elaborate la sera.

🍴🍴 **Hamasei** ♿ [AC] ✂ ☎ VISA [MC] [JCB]
via della Mercede 35/36 ✉ *00187*
– ☎ 06 67 92 134 – www.roma-hamasei.com
– chiuso 2 settimane in agosto e lunedì **7**NV**c**
Rist – Carta 35/65 €
◆ Sobri arredi minimalisti ed atmosfera curata, in questo ristorante giapponese recentemente ampliato e rinnovato. La carta propone ricette tradizionali del Sol Levante, sia di carne sia di pesce.

🍴 **Al Bric** [AC] ☎ VISA [MC]
via del Pellegrino 51 ✉ *00186*
– ☎ 06 68 79 533 – www.bric.it
– chiuso 3 settimane in agosto e lunedì **10**KY**b**
Rist – *(chiuso a mezzogiorno escluso domenica da ottobre a maggio)*
Carta 39/60 € 🍇 (+10 %)
◆ Alle pareti alcuni coperchi lignei con impressi nomi di vini e case vinicole: per gli amanti del formaggio e del frutto di Bacco, un indirizzo informale che vi conquisterà per le sue innumerevoli proposte. Cucina mediterranea.

🍴 **La Campana** [AC] VISA [MC] [AE] [JCB]
vicolo della Campana 18 ✉ *00186*
– ☎ 06 68 67 820 – www.ristorantelacampana.com
– chiuso agosto, lunedì **6**LV**p**
Rist – Carta 30/49 €
◆ Un locale tra la trattoria ed il ristorante, dove l'informale atmosfera romana è ingentilita da alcune decorazioni: la cucina è quella della tradizione ed il carciofo un must. Proverbiale il buffet degli antipasti.

🍴 **Giggetto-al Portico d'Ottavia** ☂ [AC] ✂ ☎ VISA [MC] [AE] [JCB]
via del Portico d'Ottavia 21/a ✉ *00186*
– ☎ 06 68 61 105 – www.giggettoalportico.it
– chiuso dal 21 luglio al 3 agosto e lunedì **11**MY**h**
Rist – Carta 35/56 € 🍇
◆ Locale familiare, in cui le specialità culinarie romane si incontrano con una storia generazionale di ospitalità e tradizione. Due servizi all'aperto: lato strada o nel cortile interno.

🍴 **Le Streghe** ☂ [AC] VISA [MC] [AE]
vicolo del Curato 13 ✉ *00186*
– ☎ 06 68 78 182 – www.osterialestreghe.it
– chiuso 20 giorni in agosto, domenica **6**JV**u**
Rist – Carta 26/49 €
◆ Nei pressi del Tevere, due piccole ed accoglienti sale, dove fermare il tempo per gustare la vera cucina romana e qualche piatto nazionale.

🍴 **Casa Bleve** [AC] ✂ VISA [MC] [AE] [JCB]
via del Teatro Valle 48/49 ✉ *00186*
– ☎ 06 68 65 970 – www.casableve.it
– chiuso agosto, domenica, lunedì **7**LX**a**
Rist – Carta 53/95 € 🍇
◆ Nei pressi di Palazzo Madama, in un antico palazzo del 1492 con ampi soffitti a volte, menu à la carte con specialità nazionali; in bella mostra all'entrata molte etichette di vini anche pregiati.

🍴 **Taverna Giulia** ☂ [AC] ✂ VISA [MC] [AE] [JCB]
vicolo dell'Oro 23 ✉ *00186*
– ☎ 06 68 69 768 – www.tavernagiulia.it
– chiuso agosto e domenica **6**JV**a**
Rist – (consigliata la prenotazione la sera) Carta 34/64 €
◆ Ci sono giorni in cui - complice il bel tempo - sottrarsi al fascino di Roma è impossibile. Se capitate in una di queste giornate optate per il grazioso dehors, altrimenti vi aspettano gli spazi interni – pur sempre piacevoli – dove gustare proposte di cucina ligure, terra di origine dei titolari.

Stazione Termini

🏨🏨🏨🏨 St. Regis Grand 　　　🏖 🕬 ⅙ 🤸 📶 ⁊ 🧖 💳 ⓿ 🅰🅴 ⓞ 🔔
via Vittorio Emanuele Orlando 3 ⊠ *00185* ⓜ *Repubblica* – ☎ *06 47 09 91*
– *www.stregisrome.com* 　　　　　　　　　　　　　　　　**8**PV**c**
161 cam – 🛏🛏930 €, ⚏ 43 € – 23 suites
Rist *Vivendo* – vedere selezione ristoranti
♦ Affreschi, tessuti pregiati, antiquariato stile Impero nelle lussuose camere e negli sfarzosi saloni di un hotel tornato agli antichi splendori delle sue origini (1894). Unica concessione alla modernità, la bella ed attrezzata spa.

🏨🏨🏨🏨 The Westin Excelsior 　　🖻 🈁 🕬 🏖 🖻 📶 ⁊ 🧖 💳 ⓿ 🅰🅴 ⓞ 🔔
via Vittorio Veneto 125 ⊠ *00187* ⓜ *Barberini* – ☎ *06 47 08 1*
– *www.westin.com/excelsiorrome* 　　　　　　　　　　　　　**8**OU**g**
316 cam – 🛏🛏970 €, ⚏ 29 € – 35 suites
Rist *Doney* – vedere selezione ristoranti
♦ Viziatevi con un soggiorno nella suite regale, la più grande d'Europa. Oppure, concedetevi il lusso di soggiornare nelle belle camere - profusione d'eleganza e raffinati dettagli - per un confort a tutto tondo con le più sofisticate tecnologie. La Dolce Vita abita qui.

🏨🏨🏨🏨 Eden 　　　　　　⋖ 🖻 📶 🅰🅲 ⁊ 🧖 💳 ⓿ 🅰🅴 ⓞ 🔔
via Ludovisi 49 ⊠ *00187* ⓜ *Barberini* – ☎ *06 47 81 21*
– *www.edenroma.com* 　　　　　　　　　　　　　　　　　**7**NU**a**
121 cam – 🛏🛏324/824 €, ⚏ 49 € – 13 suites
Rist *La Terrazza* – vedere selezione ristoranti
♦ Classe e sobrietà per un grande albergo dove l'eleganza e il tono non escludono il calore dell'accoglienza. Da alcune camere ai piani alti forse la più bella vista su Roma.

🏨🏨🏨 Grand Hotel Via Veneto 　🖻 📶 ⅙ 🅰🅲 ⁊ 🍸 📶 🧖
via Vittorio Veneto 155 ⊠ *00187* ⓜ *Barberini*
– ☎ *06 48 78 81* – *www.ghvv.it* 　　　　　　💳 ⓿ 🅰🅴 ⓞ 🔔　**8**OU**e**
122 cam – 🛏🛏400/650 €, ⚏ 33 € – 10 suites
Rist *Magnolia* – Carta 115/145 €
Rist *Time* – Carta 40/60 €
♦ Sulla via della Roma by night, un grand hotel nel vero senso della parola: stupende camere in stile retrò e una collezione di oltre 500 quadri d'autore. Il ristorante Magnolia testimonia l'amore per la tradizionale cucina italiana. Al *Time* piatti nazionali ed internazionali, ma anche grande scelta di cocktail.

🏨🏨🏨 Regina Hotel Baglioni 　　🖻 📶 ⅙ 🅰🅲 ⁊ 🍸 🧖 💳 ⓿ 🅰🅴 ⓞ 🔔
via Vittorio Veneto 72 ⊠ *00187* ⓜ *Barberini* – ☎ *06 42 11 11*
– *www.baglionihotels.com* 　　　　　　　　　　　　　　　**8**OU**m**
117 cam ⚏ – 🛏250/350 € 🛏🛏350/550 € – 9 suites
Rist *Brunello Lounge & Restaurant* – vedere selezione ristoranti
♦ Hotel storico in edificio Liberty, al suo interno ritroviamo quell'eleganza antica, ma mai tramontata, fatta di stucchi, mobili d'epoca ed un'imponente scalinata in bronzo e marmo. L'unica concessione alla modernità riguarda i confort e le installazioni, nonché le splendide camere: alcune di design.

🏨🏨🏨 Majestic 　　　　🖻 📶 ⅙ 🅰🅲 🍸 ⁊ 🧖 💳 ⓿ 🅰🅴 ⓞ 🔔
via Vittorio Veneto 50 ⊠ *00187* ⓜ *Barberini* – ☎ *06 42 14 41*
– *www.hotelmajestic.com* 　　　　　　　　　　　　　　　**8**OU**e**
94 cam ⚏ – 🛏465 € 🛏🛏640 € – 4 suites
Rist *Filippo La Mantia* – vedere selezione ristoranti
♦ Se gli appassionati di cinema riconosceranno lo scenario del celebre film di Fellini "La Dolce Vita", certo è che questo hotel nato a fine '800, rimane ancora oggi alfiere dell'ospitalità di lusso di via Veneto: pezzi d'antiquariato, arazzi, affreschi, ma anche confort attuali.

Sofitel Rome Villa Borghese 🏠🏠🏠

🛎 ⬩ ᵭᵵ 🎏 🛰 🛰

via Lombardia 47 ⊠ 00187 Ⓜ Barberini
– ℰ 06 47 80 21 – www.sofitel.com

VISA ⦿ AE ① 𝆕

7NUd

100 cam – ♦580 € ♦♦680 €, ☷ 30 € – 4 suites
Rist *La Terrasse* – Carta 80/87 €

♦ A due passi dalla cosmopolita via Veneto, camere stupende e raffinati spazi comuni d'ispirazione neoclassica. All'ultimo piano, il ristorante panoramico con Lounge Bar propone un romantico scorcio su Villa Medici.

Splendide Royal 🏠🏠🏠

ᵭᵣ ⬩ ᵭ 🎏 🛰 🛰 VISA ⦿

via di porta Pinciana 14 ⊠ 00187 Ⓜ Barberini – ℰ 06 42 16 89
– www.splendideroyal.com

7NUb

69 cam – ♦280/520 € ♦♦300/850 €, ☷ 35 € – 9 suites
Rist *Mirabelle* – vedere selezione ristoranti

♦ Stucchi dorati, tessuti damascati e sontuosi arredi antichi: un tributo al barocco romano dedicato a tutti coloro che non apprezzano l'imperante minimalismo. Nelle camere il blu pervinca, il giallo oro, il rosso cardinalizio si rincorrono creando un'atmosfera di lussuosa classicità.

Bernini Bristol 🏠🏠🏠

🏛 🛰 ᵭᵣ ⬩ ᵭ cam, AE ᵭ 🎏 rist, 🛰 🛰

piazza Barberini 23 ⊠ 00187 Ⓜ Barberini
– ℰ 06 48 89 31 – www.berninibristol.com

VISA ⦿ AE ① 𝆕

8OVf

127 cam – ♦374/528 € ♦♦594/660 €, ☷ 37 € – 10 suites
Rist *L'Olimpo* – ℰ 0 64 88 93 32 88 – Carta 74/116 €

♦ Ormai parte integrante della celebre piazza, raffinato hotel con camere dagli arredi classici o di stile contemporaneo: è consigliabile optare per quelle panoramiche poste ai piani più alti. Il roof-garden non poteva che accogliere il ristorante *L'Olimpo* con dehors estivo e splendida vista sulla Città Eterna.

Marriott Grand Hotel Flora 🏠🏠🏠

ᵭᵣ ⬩ ᵭ rist, AE ᵭ 🎏 🛰 🛰

via Vittorio Veneto 191 ⊠ 00187 Ⓜ Spagna
– ℰ 06 48 99 29 – www.grandhotelflora.net

VISA ⦿ AE ① 𝆕

8OUn

153 cam – ♦289/299 € ♦♦379/419 €, ☷ 30 € – 3 suites
Rist – Carta 42/77 €

♦ Un luogo-simbolo della Capitale. Alla fine di via Vittorio Veneto, Marriott Grand Hotel Flora vi attende nella sua elegante atmosfera neoclassica, punteggiata da qualche elemento moderno. Non è la solita cucina d'albergo quella proposta al ristorante, ma la consolidata tradizione italiana con qualche spunto campano.

Empire Palace Hotel 🏠🏠🏠

ᵭᵣ ⬩ ᵭ AE ᵭ 🎏 🛰 🛰 VISA ⦿ AE ① 𝆕

via Aureliana 39 ⊠ 00187 – ℰ 06 42 12 81 – www.empirepalacehotel.com
110 cam ☷ – ♦250 € ♦♦300 €

8PUh

Rist *Aureliano* – (chiuso domenica) Carta 39/64 €

♦ Sofisticata fusione di elementi dell'ottocentesca struttura e di design contemporaneo, con collezione d'arte moderna negli spazi comuni; sobria classicità nelle camere. Boiserie di ciliegio, tavoli ravvicinati, bei lampadari rosso-blu in sala da pranzo. Sapori e colori mediterranei vivacizzano il menu.

Rose Garden Palace 🏠🏠🏠

🛰 ᵭᵣ ⬩ ᵭ AE ᵭ 🎏 🛰 🛰 VISA ⦿ AE ① 𝆕

via Boncompagni 19 ⊠ 00187 Ⓜ Barberini – ℰ 06 42 17 41
– www.rosegardenpalace.com

8OUd

65 cam ☷ – ♦220/370 € ♦♦242/385 €
Rist – (chiuso domenica a mezzogiorno) Carta 51/89 €

♦ All'interno di un palazzo d'inizio '900, il design moderno di tono minimalista ha ispirato lo stile degli arredi di questa risorsa, che mantiene tuttavia alcuni elementi architettonici tipici dell'edificio: soffitti alti e marmi pregiati.

Mecenate Palace Hotel 🏠🏠🏠

🏛 ⬩ ᵭ AE ᵭ 🎏 🛰 🛰 VISA ⦿ AE ① 𝆕

via Carlo Alberto 3 ⊠ 00185 Ⓜ Vittorio Emanuele – ℰ 06 44 70 20 24
– www.mecenatepalace.com

8PXh

72 cam ☷ – ♦80/335 € ♦♦180/440 € – 3 suites   **Rist** – Menu 28 €

♦ I raffinati interni in stile non tradiscono lo spirito dell'ottocentesca struttura che ospita l'hotel. Se la vostra camera non si affaccia su S. Maria Maggiore, correte in terrazza: la vista è mozzafiato! Semplici sapori italiani nel ristorante all'ultimo piano.

Artemide 🖻 Ⅼ₅ 🖻 ₤ 🗚 ↩ ⅀ 🐾 🛧 🎞 ⮋ 🎞 ⓐ ⓢ
via Nazionale 22 ✉ *00184* Ⓜ *Repubblica –* ℰ *06 48 99 11*
– www.hotelartemide.it   8OV**b**
85 cam ⬚ – ♦♦150/450 € **Rist** *– (solo per alloggiati)* Carta 39/51 €
♦ In un pregevole edificio liberty di fine '800, un hotel di raffinatezza classica,
che soddisfa le esigenze di una moderna ospitalità; spazi congressuali ben
organizzati.

Marcella Royal senza rist 🖻 🗚 ⅀ 🐾 🎞 ⓐ 🎞 ⓐ ⓢ
via Flavia 106 ✉ *00187 –* ℰ *06 42 01 45 91 – www.marcellaroyalhotel.com*
90 cam ⬚ – ♦150/320 € ♦♦200/360 €   8PU**z**
♦ Che siano doppie o junior suite, le camere sono comunque belle ed accoglienti: le migliori sono tuttavia le superior al secondo piano (più moderne e
recenti). Gradevole roof garden per colazioni e stuzzichini serali.

Canada senza rist 🖻 🗚 ⅀ 🐾 🛧 🎞 ⓐ 🎞 ⓐ ⓢ
via Vicenza 58 ✉ *00185* Ⓜ *Castro Pretorio –* ℰ *0 64 45 77 70*
– www.hotelcanadaroma.com   4FS**u**
73 cam ⬚ – ♦128/164 € ♦♦146/198 €
♦ In un palazzo d'epoca nei pressi della stazione Termini, hotel di sobria eleganza con decorazioni d'epoca e affreschi dell'Ottocento (anche in alcune
camere).

Ambra Palace senza rist 🖻 ₤ 🗚 ↩ 🐾 🛧 🎞 ⓐ 🎞 ⓐ ⓢ
via Principe Amedeo 257 ✉ *00185* Ⓜ *Vittorio Emanuele –* ℰ *06 49 23 30*
– www.ambrapalacehotel.com   4FT**c**
78 cam ⬚ – ♦79/230 € ♦♦89/330 €
♦ La struttura è quella di un palazzo di metà Ottocento in un dinamico quartiere multietnico dietro la stazione. La risorsa è stata impostata per poter
rispondere al meglio alle esigenze di una clientela prevalentemente d'affari.

Britannia senza rist 🖻 🗚 🐾 🎞 ⓐ 🎞 ⓐ ⓢ
via Napoli 64 ✉ *00184* Ⓜ *Repubblica –* ℰ *0 64 88 31 53*
– www.hotelbritannia.it   8PV**y**
33 cam ⬚ – ♦120/220 € ♦♦150/280 €
♦ Graziose personalizzazioni e curati servizi in una struttura di piccole dimensioni, con camere di buon confort, quasi tutte rallegrate da un vivace acquario.

Antico Palazzo Rospigliosi senza rist 🖻 ₤ 🗚 ↩ 🐾 🛧 ℙ
via Liberiana 21 ✉ *00185* Ⓜ *Cavour*   🎞 ⓐ 🎞 ⓐ ⓢ
– ℰ *06 48 93 04 95 – www.hotelrospigliosi.com*   8PX**a**
39 cam ⬚ – ♦115/195 € ♦♦140/270 €
♦ Residenza nobiliare del 16 secolo, dell'epoca mantiene intatti il fascino che
aleggia nei grandi saloni e l'eleganza nonché cura del dettaglio che caratterizzano le belle camere. Pregevole il chiostro-giardino impreziosito da una
gorgogliante fontana e la splendida cappella interna del '600, perfettamente
conservata.

La Residenza senza rist 🖻 🗚 ⅀ 🐾 🎞 ⓐ ⓢ
via Emilia 22-24 ✉ *00187* Ⓜ *Barberini –* ℰ *0 64 88 07 89*
– www.hotel-la-residenza.it   8OU**f**
29 cam ⬚ – ♦90/110 € ♦♦150/220 €
♦ Ubicato tra via Veneto e Villa Borghese, un hotel di piccole dimensioni, che
unisce servizi alberghieri di buon livello all'atmosfera di un'elegante abitazione privata: affreschi ottocenteschi nelle zone comuni.

Astoria Garden senza rist 🚲 🖻 🗚 ⅀ 🐾 🛧 🎞 ⓐ 🎞 ⓐ ⓢ
via Bachelet 8/10 ✉ *00185* Ⓜ *Castro Pretorio –* ℰ *0 64 46 99 08*
– www.hotelastoriagarden.it   4FS**c**
33 cam ⬚ – ♦100/185 € ♦♦130/260 €
♦ Un giardino di aranci e banani, un'occasione quasi unica e rilassante per
soggiornare nella Città Eterna. Chiedete le camere che vi si affacciano: un
paio dispongono di un tavolino privato all'aperto.

🏨 **Valle** senza rist   🛗 🅰️🅲 🐦 🆅🆂🅰️ ⊚ 🅰️🅴 ⓞ ⓢ

via Cavour 134 ⌧ *00184* Ⓜ *Cavour –* ℰ *0 03 90 64 81 57 36*
– www.therelaxinghotels.com   **8PXz**

42 cam ⌑ – ♦95/160 € ♦♦105/220 €

♦ Spazi limitati in questo albergo nelle vicinanze della basilica di S.Maria Maggiore; curate e gradevoli le camere, in maggior parte dotate di lettore dvd.

🏨 **Villa San Lorenzo** senza rist   🛗 🅰️🅲 🐦 🅿️ 🆅🆂🅰️ ⊚ 🅰️🅴 ⓢ

via dei Liguri 7 ⌧ *00185* Ⓜ *San Giovanni –* ℰ *0 64 46 99 88*
– www.aventinohotels.com   **4FTb**

39 cam ⌑ – ♦50/120 € ♦♦70/200 €

♦ In una via appartata alle spalle della stazione Termini, la struttura dispone di spazi comuni limitati, ma camere comode con arredi di due tipi: in stile veneziano o classico. Piacevole corte interna e comodo posteggio.

🏨 **Mascagni** senza rist   🛗 ♿ 🅰️🅲 ❊ 🐦 🆅🆂🅰️ ⊚ 🅰️🅴 ⓞ ⓢ

via Vittorio Emanuele Orlando 90 ⌧ *00185 –* ℰ *06 48 90 40 40*
– www.hotelmascagnirome.com   **8PVg**

40 cam ⌑ – ♦300/400 € ♦♦370/500 €

♦ Un albergo curato nei minimi dettagli: camere arredate con mobili in legno massiccio, tappezzerie eleganti e bagni in stile retrò. Sicuramente un buon indirizzo per i vostri soggiorni nella capitale!

🏨 **Best Roma** senza rist   🛗 🅰️🅲 ❊ 🐦 🆅🆂🅰️ ⊚ 🅰️🅴 ⓢ

via di Porta Maggiore 51 ⌧ *00185 –* ℰ *06 77 07 69 28*
– www.hotelbestroma.com   **4FTa**

24 cam ⌑ – ♦♦80/220 €

♦ Aperto nel 2008 questo moderno albergo contrappone alla limitata disponibilità di spazi la qualità dei materiali utilizzati: marmi per reception e bagni, parquet di prestigio nelle camere con sfavillanti lampadari di Murano.

🏨 **Villa Pinciana** senza rist   ⊜ 🕸 🅛🅕 ♿ 🅰️🅲 ❊ 🐦 🅿️ 🆅🆂🅰️ ⊚ 🅰️🅴 ⓞ

via Abruzzi 9/11 ⌧ *00187* Ⓜ *Barberini –* ℰ *06 96 04 29 21*
– www.hotelvillapinciana.it   **8OUv**

25 cam ⌑ – ♦130/180 € ♦♦145/280 €

♦ A due passi da via Vento, ma in zona tranquilla, un incantevole villino d'inizio '900 dagli interni signorili ed un grazioso cortile per le colazioni estive. Un indirizzo suggestivo: ci si sente ospiti di un'esclusiva dimora privata.

🏠 **Invictus** senza rist   🛗 🅰️🅲 ❊ 🐦 🆅🆂🅰️ ⊚ 🅰️🅴 ⓞ ⓢ

via Quintino Sella 15 ⌧ *00187 –* ℰ *06 42 01 14 33 – www.hotelinvictus.com*

22 cam ⌑ – ♦70/300 € ♦♦90/400 €   **8PUf**

♦ Al secondo piano di un palazzo, un piccolo e semplice albergo con spazi comuni quasi inesistenti: tutta la cura è quindi destinata alle camere avvolte in gradevoli tessuti colorati.

🏠 **Columbia** senza rist   🛗 🅰️🅲 ❊ 🐦 🆅🆂🅰️ ⊚ 🅰️🅴 ⓞ ⓢ

via del Viminale 15 ⌧ *00184* Ⓜ *Termini –* ℰ *0 64 88 35 09*
– www.hotelcolumbia.com   **8PVf**

45 cam ⌑ – ♦124/177 € ♦♦195/252 €

♦ Camere accoglienti con arredi in arte povera e dettagli personalizzati, in una confortevole risorsa, nei pressi della stazione Termini. Nella bella stagione, prima colazione sulla terrazza roof garden.

🏠 **Modigliani** senza rist   🛗 🅰️🅲 ❊ 🐦 🆅🆂🅰️ ⊚ 🅰️🅴 ⓞ ⓢ

via della Purificazione 42 ⌧ *00187* Ⓜ *Barberini –* ℰ *06 42 81 52 26*
– www.hotelmodigliani.com   **7NVb**

23 cam ⌑ – ♦75/198 € ♦♦80/280 €

♦ Una simpatica coppia di artisti gestisce questo tranquillo hotel ubicato a due passi da via Veneto. Le zone comuni sono arredate con quadri d'arte moderna. Prima colazione nel grazioso Bar Modì o, all'aperto, nella piccola corte interna.

↑ **Residenza A-The Boutique Art Hotel** senza rist   🖭 ⅏
via Vittorio Veneto 183 ✉ *00187* Ⓜ *Barberini*   🆅🆂🅰 ⊙⊙ 🅰🅴 ⓪
– ℰ *06 48 67 00* – *www.hotelviaveneto.com*   **8OUp**
7 cam ⬓ – †110/215 € ††120/265 €
♦ Elegante palazzo affacciato su una delle vie più famose al mondo, ospita al suo interno ambienti di moderno design e opere d'arte. Prima colazione italiana in camera o, giù, in un bar di via Veneto.

↑ **58 Le Real de Luxe** senza rist   🔲 🖭 ⅏ 🆅🆂🅰 ⊙⊙ 🅰🅴 ⓢ
via Cavour 58 ✉ *00184* Ⓜ *Cavour* – ℰ *0 64 82 35 66*
– *www.lerealdeluxe.com*   **8PVb**
6 cam ⬓ – ††60/170 €
♦ Camere ampie e ben arredate, alcune con doccia cromoterapica, in un bed and breakfast dalla squisita gestione femminile, intraprendente e cordiale.

↑ **Relais La Maison** senza rist   🖭 ⅏ 🆅🆂🅰 ⊙⊙ ⓢ
via Depretis 70 ✉ *00184* Ⓜ *Repubblica* – ℰ *06 48 93 07 74*
– *www.relaislamaison.com*   **8PVa**
6 cam ⬓ – †90/160 € ††100/180 €
♦ All'ultimo piano di un palazzo, una "bomboniera" dove tutto è piccino, tranne le camere: spaziose, moderne e confortevoli...come essere ospiti di una bella abitazione privata nella Città Eterna.

↑ **Moses Fountain** senza rist   ≤ 🖭 ⅏ 🛜 🆅🆂🅰 ⊙⊙ 🅰🅴 ⓢ
via XX Settembre 98 ✉ *00187* – ℰ *06 69 94 12 56*
– *www.mosesfountain.com*   **8PVe**
7 cam ⬓ – †185/240 € ††220/380 €
♦ Una vera e propria dimora dentro un monumento storico: la cinquecentesca Fontana di Mosè. Gli interni sono invece recentissimi, curati, dal design modaiolo, soprattutto nell'elegante scelta cromatica. Un solo terrazzino come spazio comune: qui è servita la prima colazione baciati dal sole, altrimenti in camera.

XXXXX **Vivendo** – Hotel St. Regis Grand   ﯶ 🖭 ⅏ ⇄ 🆅🆂🅰 ⊙⊙ 🅰🅴 ⓪ ⓢ
via Vittorio Emanuele Orlando 3 ✉ *00185* Ⓜ *Repubblica* – ℰ *06 47 09 27 36*
– *www.stregisrome.com/en/vivendo*   **8PVc**
Rist – *(chiuso domenica e lunedì) (chiuso a mezzogiorno)* Carta 70/100 € ✿
♦ Se l'albergo è un po' più old style, il design del ristorante è sicuramente eclettico ed effervescente. In un'atmosfera così poco scontata, anche la cucina ci mette del suo: sapori mediterranei rivisitati in chiave moderna.

XXXX **Brunello Lounge & Restaurant** – Regina Hotel Baglioni   ﯶ 🖭
via Vittorio Veneto 72 ✉ *00187* Ⓜ *Barberini*   ⇄ 🆅🆂🅰 ⊙⊙ 🅰🅴 ⓪ ⓢ
– ℰ *06 48 90 28 67* – *www.brunellorestaurant.com* – *chiuso domenica*
Rist – Carta 89/123 €   **8OUm**
♦ Suggestioni orientali nella calda e raffinata sala, dove gustare meravigliose ricette dai sapori mediterranei, ma anche piatti internazionali adatti agli stranieri in visita alla capitale.

XXXX **Mirabelle** – Hotel Splendide Royal   ≤ 🌤 ﯶ 🖭 ⇄ 🆅🆂🅰 ⊙⊙ 🅰🅴 ⓪ ⓢ
via di porta Pinciana 14 ✉ *00187* Ⓜ *Barberini* – ℰ *06 42 16 88 38*
– *www.mirabelle.it*   **7NUb**
Rist – Carta 104/156 €
♦ Uno dei roof-garden più spettacolari di Roma, la vista spazia dai parchi al Vaticano per fermarsi su piatti di cucina locale e internazionale, trionfo di eclettismo gastronomico.

XXXX **La Terrazza** – Hotel Eden   ≤ 🖭 ⅏ ⇄ 🆅🆂🅰 ⊙⊙ 🅰🅴 ⓪ ⓢ
via Ludovisi 49 ✉ *00187* Ⓜ *Barberini* – ℰ *06 47 81 27 52* – *www.edenroma.it*
Rist – Carta 100/150 € ✿   **7NUa**
♦ Un breve tragitto in ascensore vi conduce alla sala da pranzo all'ultimo piano dell'edificio: una parete di vetro continua, per abbracciare in un solo sguardo l'intero centro storico. Straordinaria cornice per cene memorabili.

XXXX **Filippo La Mantia** – Hotel Majestic   🛱 🕭 🞧 🗘 💳 ⬮ 🄰🄴 🖢

via Vittorio Veneto 50 ✉ *00187* Ⓜ *Barberini*
– ✆ *06 42 14 47 15 – www.filippolamantia.com*
– *chiuso dal 1° al 10 gennaio, dall'8 al 30 agosto, sabato a mezzogiorno,*
domenica   8OU**e**

Rist – Menu 40 € (pranzo) – Carta 55/85 €

♦ Palcoscenico siciliano nel cuore di Roma: al primo piano di uno dei celebri alberghi di via Veneto, tutto è improntato intorno alle origini e alla personalità del cuoco, Filippo La Mantia. Cucina interamente ispirata alle specialità della Trinacria, talvolta reinterpretate, più spesso riproposte tali e quali (con eccezione di aglio e cipolla messi al bando dallo chef).

XXX **Agata e Romeo** (Agata Parisella)   🄰🄲 🞧 💳 ⬮ 🄰🄴 ⓞ 🖢
🕸
via Carlo Alberto 45 ✉ *00185* Ⓜ *Vittorio Emanuele*
– ✆ *06 44 66 11 15 – www.agataeromeo.it*
– *chiuso dal 2 al 16 gennaio, dal 6 al 27 agosto, sabato e domenica*
Rist – Menu 130 € – Carta 90/125 € ☃   8PX**d**
Spec. Budino di pecorino di fossa con miele di castagno. 5 modi di cucinare il baccalà. Il millefoglie di Agata.

♦ In un quartiere sempre più multietnico, il ristorante è un'eccezione per la continua ricerca sui prodotti e la rielaborazione di piatti romani e nazionali. Ormai un classico della capitale!

XXX **Antonello Colonna**   🄰🄲 💳 ⬮ 🄰🄴 ⓞ 🖢
🕸
scalinata di via Milano 9/a, (Palazzo delle Esposizioni) ✉ *00184* Ⓜ *Termini*
– ✆ *06 47 82 26 41 – www.antonellocolonna.it*
– *chiuso ad agosto, domenica e lunedì*   8OV**c**
Rist – (*chiuso a mezzogiorno*) (consigliata la prenotazione) Menu 130 €
– Carta 91/130 €
Spec. Negativo di carbonara. Carrè d'agnello, birra ai cereali e supplì alla menta. Diplomatico crema e cioccolato, caramello al sale.

♦ All'interno dell'imponente Palazzo delle Esposizioni, un *open space* di vetro è lo scrigno per una cucina creativa, ma rispettosa della tradizione, sempre pronta a stupire.

XXX **Doney** – Hotel The Westin Excelsior   🄰🄲 🞧 💳 ⬮ 🄰🄴 ⓞ 🖢
via Vittorio Veneto 125 ✉ *00187* Ⓜ *Barberini*
– ✆ *0 64 70 81*   8OU**g**

Rist – Carta 60/130 €

♦ La linea di cucina è tendenzialmente nazionale, ma non mancano piatti più internazionali per nostalgici clienti stranieri. I più curiosi dal punto di vista gastronomico troveranno, invece, soddisfazione nell'assaggiare alcune specialità tipiche della regione.

XXX **Gaetano Costa**   🄰🄲 🞧 💳 ⬮ 🄰🄴 ⓞ 🖢
via Sicilia 45 ✉ *00186* – ✆ *06 42 01 68 22*
– *www.gaetanocostarestaurant.com*   8OU**b**

Rist – Menu 50/100 € – Carta 54/85 €

♦ Nuovo ristorante moderno, sia negli arredi sia nella linea di cucina, che prevede carne e pesce. A pranzo, oltre alla carta gourmet anche alcuni menu di lavoro; mentre nel pomeriggio l'elegante sala diventa il luogo d'elezione per l'*afternoon tea*.

XX **Giovanni**   🕭 🄰🄲 🗘 💳 ⬮ 🄰🄴 ⓞ 🖢
via Marche 64 ✉ *00187* Ⓜ *Barberini* – ✆ *0 64 82 18 34*
– *www.ristorantegiovanni.net – chiuso 20 giorni in agosto e sabato*

Rist – Carta 35/69 €   8OU**a**

♦ L'indirizzo già rivela l'origine dei proprietari e il tipo di cucina, sebbene – da oltre 70 anni – nelle accoglienti sale di questo ristorante, ci sia spazio anche per specialità laziali e italiane.

✗✗ Papà Baccus
via Toscana 32/36 ✉ *00187* Ⓜ *Barberini – ℰ 06 42 74 28 08*
– www.papabaccus.com – chiuso sabato a mezzogiorno e domenica
Rist – Carta 55/87 € (+10 %)   **8OUw**
♦ Nella zona di via Veneto, se gli arredi del locale sono classici, la gestione è giovane e pimpante. In menu: invitanti proposte di mare, nonché una cucina che abbraccia Toscana (carne chianina e maiale di cinta senese), Lazio e, in generale, il Bel Paese.

✗ Colline Emiliane
via degli Avignonesi 22 ✉ *00187* Ⓜ *Barberini – ℰ 0 64 81 75 38 – chiuso agosto, domenica sera, lunedì*   **7NVd**
Rist – (consigliata la prenotazione) Carta 38/47 €
♦ A due passi da piazza Barberini, calorosa gestione familiare in questo semplice locale dai pochi tavoli serrati, dove gustare i piatti della tradizione emiliana: *in primis*, le paste tirate a mano come un tempo.

✗ Trimani il Wine Bar
via Cernaia 37/b ✉ *00185 – ℰ 0 64 46 96 30 – www.trimani.com – chiuso dal 3 al 25 agosto, domenica, anche sabato a mezzogiorno da giugno a settembre; sempre aperto in novembre-dicembre*   **8PUg**
Rist – Carta 29/45 €
♦ Moderna enoteca costruita nel rispetto di alcune peculiarità tipiche delle antiche mescite di vino capitoline: vastissima scelta di vini, con una pagina fitta dedicata a quelli offerti al bicchiere. Il menu propone piatti caldi e freddi, nonché un buon assortimento di formaggi italiani e d'Oltralpe.

Roma Antica

🏨 Fortyseven
via Luigi Petroselli 47 ✉ *00186 – ℰ 0 66 78 78 16*
– www.fortysevenhotel.com   **11NZa**
59 cam 🛆 – †200/300 € ††450/550 € – 2 suites
Rist *Circus* – Carta 50/75 €
♦ Il nome allude al numero civico della via che scende dal Teatro di Marcello, ognuno dei 5 piani di questo austero palazzo degli anni '30 è dedicato ad un artista italiano del '900: Greco, Quagliata, Mastroianni, Modigliani e Guccione. Quadri, sculture, litografie: l'arte contemporanea trova il suo albergo-museo.

🏨 Capo d'Africa *senza rist*
via Capo d'Africa 54 ✉ *00184* Ⓜ *Colosseo – ℰ 06 77 28 01*
– www.hotelcapodafrica.com   **12PZb**
65 cam 🛆 – †300/320 € ††380/400 €
♦ Camere suddivise in due tipologie in base alla metratura, ma la finezza degli arredi e l'ambiente moderno contraddistinguono tutta la struttura. A due passi dal Colosseo.

🏨 Palazzo Manfredi
via Labicana 125 ✉ *00184* Ⓜ *Colosseo – ℰ 06 77 59 13 80*
– www.hotelpalazzomanfredi.it   **12PYa**
16 cam – †320/460 € ††320/690 €, 🛆 30 € – 1 suite
Rist *Aroma* – vedere selezione ristoranti
♦ Fascino e ricercatezza nelle camere e nelle splendide suite affacciate sul Colosseo e sulla Domus Aurea, ma il più grande pregio dell'hotel è la terrazza roof garden: per la prima colazione o per una romantica cena.

🏨 Duca d'Alba *senza rist*
via Leonina 12/14 ✉ *00184* Ⓜ *Cavour – ℰ 06 48 44 71*
– www.hotelducadalba.com   **12OYc**
27 cam 🛆 – †100/220 € ††110/320 €
♦ Nel pittoresco quartiere anticamente detto della Suburra, l'albergo, completamente ristrutturato, è dotato di camere complete, con arredi classici eleganti.

ROMA

🏨 **Sant'Anselmo** senza rist ⬡   🚗 🛎 👍 AC ⚡ 🕪 **P** VISA ⚙ AE ① 🛎
piazza Sant'Anselmo 2 ⊠ *00153* – ℰ *06 57 00 57* – *www.aventinohotels.com*
34 cam ⊑ – †130/265 € ††150/290 €   **11**MZ**c**
♦ Villa liberty con piccolo giardino interno, dove modernità e antico fascino
si fondono armoniosamente dando vita ad uno stile cosmopolita e raffinato. Le camere esprimono un carattere ricercato e personalizzato, conden-
sato in nomi evocativi : Mille e una notte, Non ti scordar di me, Cuori coccole
e carezze…

🏨 **Borromeo** senza rist   🛎 AC 🕪 VISA ⚙ AE ① 🛎
via Cavour 117 ⊠ *00184* Ⓜ *Cavour* – ℰ *06 48 58 56*
– *www.hotelborromeo.com*   **12**PX**z**
30 cam ⊑ – †70/230 € ††80/280 € – 2 suites
♦ Nelle vicinanze della basilica di S. Maria Maggiore, comodo albergo con
camere confortevoli e ben accessoriate; arredi in stile classico e piacevole
roof-garden.

🏨 **Villa San Pio** ⬡   🚗 🌳 🛎 👍 AC ⚡ 🕪 **P** VISA ⚙ AE ① 🛎
via di Santa Melania 19 ⊠ *00153* Ⓜ *Piramide* – ℰ *06 57 00 57*
– *www.aventinohotels.com*   **11**MZ**b**
78 cam ⊑ – †65/200 € ††85/240 €
Rist – *(chiuso sabato) (chiuso a mezzogiorno) (solo per alloggiati)*
Carta 32/48 €
♦ La fisionomia di una bella villa residenziale, immersa in un rigoglioso giardino mediterraneo, e al suo interno mobili in stile impero, tappeti orientali e
quadri antichi; camere dalle piacevoli personalizzazioni e bagni in marmo.

🏨 **Celio** senza rist   ♨ 🛎 AC ✂ 🕥 VISA ⚙ 🛎
via dei Santi Quattro 35/c ⊠ *00184* Ⓜ *Colosseo* – ℰ *06 70 49 53 33*
– *www.hotelcelio.com*   **12**PZ**a**
19 cam ⊑ – †120/190 € ††150/270 € – 1 suite
♦ Un trionfo di mosaici artistici questo albergo - proprio di fronte al Colosseo
- che offre eleganti stanze personalizzate ed un hammam con annessa zona
relax.

🏨 **Solis** senza rist   🛎 👍 AC ⚡ 🕪 VISA ⚙ AE 🛎
via Cavour 311 ⊠ *00184* Ⓜ *Cavour* – ℰ *06 69 92 05 87* – *www.hotelsolis.it*
17 cam ⊑ – †70/200 € ††90/250 €   **12**OY**b**
♦ Dispone ora di una hall al piano terra questo signorile, piccolo albergo raccolto, nelle adiacenze del Colosseo; camere ampie, ben arredate, con ogni
confort moderno.

🏨 **Nerva** senza rist   🛎 👍 AC 🕪 VISA ⚙ AE ① 🛎
via Tor de' Conti 3/4/4 a ⊠ *00184* Ⓜ *Colosseo* – ℰ *0 66 78 18 35*
– *www.hotelnerva.com*   **11**NY**h**
19 cam ⊑ – †50/155 € ††60/240 € – 1 suite
♦ Spazi comuni limitati, ma graziosi, nonché camere confortevoli in una piccola risorsa a conduzione familiare, ubicata in una via nella zona dei Fori
Imperiali a cinque minuti dal Colosseo e dalla Fontana di Trevi.

🏨 **Paba** senza rist   🛎 AC 🕪 VISA ⚙ 🛎
via Cavour 266 ⊠ *00184* Ⓜ *Cavour* – ℰ *06 47 82 49 02*
– *www.hotelpaba.com*   **12**OY**b**
7 cam ⊑ – †75/100 € ††88/150 €
♦ Al secondo piano di un vecchio palazzo, una risorsa moderna, molto contenuta negli spazi, condotta da un'esperta gestione familiare. Prezzi decisamente interessanti.

🏠 **Anne & Mary** senza rist   🛎 AC ✂ VISA 🛎
via Cavour 325 ⊠ *00184* Ⓜ *Colosseo* – ℰ *06 69 94 11 87*
– *www.anne-mary.com*   **12**OY**b**
3 cam ⊑ – †80/100 € ††90/130 €
♦ La gestione affidabile e signorile ha saputo imprimere un'impronta omogenea a questa piccola e graziosa risorsa. Belle camere, al primo piano di un
palazzo vicino ai Fori.

✕✕✕ **Aroma** – Hotel Palazzo Manfredi ⋖ ☂ ♿ ❄ 🚭 VISA ⊜ AE ◑ ṡ
via Labicana 125 ✉ 00184 Ⓜ Colosseo – ✆ 06 77 59 13 80 – www.hotelpalazzomanfredi.it **12**PY**a**
Rist – (consigliata la prenotazione la sera) Carta 80/110 €
◆ Il nome è un omaggio alla città e agli aromi della cucina mediterranea, la terrazza - all'ultimo piano dell'albergo Palazzo Manfredi - offre un panorama mozzafiato su Roma antica, dal Colosseo sino al cupolone.

✕✕ **Checchino dal 1887** ☂ ❄ 🚭 ⇔ VISA ⊜ AE ṡ
via Monte Testaccio 30 ✉ 00153 Ⓜ Piramide – ✆ 0 65 74 38 16 – www.checchino-dal-1887.com – chiuso dal 24 dicembre al 2 gennaio, agosto, domenica, lunedì **3**DT**a**
Rist – Carta 30/63 € 🍇
◆ A tavola con la storia, e non solo perché la parete di fondo della cantina - accessibile attraverso la cucina - è formata da cocci di terracotta che nei secoli hanno dato vita al colle del Testaccio, ma perché il menu sciorina una serie di piatti tipici romani a base di carne e frattaglie.

✕✕ **St. Teodoro** ☂ ❄ 🚭 VISA ⊜ AE ◑ ṡ
via dei Fienili 49 ✉ 00186 – ✆ 0 66 78 09 33 – www.st-teodoro.it – chiuso dal 24 dicembre al 15 gennaio, domenica **11**NY**a**
Rist – (consigliata la prenotazione la sera) Carta 73/90 €
◆ In una caratteristica strada della città antica, tra rovine romane, verde e tesori rinascimentali, un ambiente moderno con quadri contemporanei alle pareti e una cucina che rivisita e alleggersce la tradizione.

✕ **Trattoria Monti** ❄ VISA ⊜ ◑ ṡ
via di San Vito 13/a ✉ 00185 Ⓜ Cavour – ✆ 0 64 46 65 73 – chiuso 10 giorni a Natale, 1 settimana a Pasqua, agosto, domenica sera, lunedì
Rist – (consigliata la prenotazione) Carta 35/50 € **12**PY**c**
◆ Dopo i lavori di restauro effettuati qualche anno fa, la trattoria si presenta in chiave pacatamente moderna, pur mantenendo un'aura particolare con sedie in legno e le lampade che scendono sui tavoli. Le specialità spaziano dal Lazio alle Marche, terra di origine del fondatore del locale.

✕ ☺ **Felice a Testaccio** ❄ 🚭 VISA ⊜ AE ṡ
via Mastrogiorgio 29 ✉ 00153 – ✆ 0 65 74 68 00 – www.feliceatestaccio.com – chiuso agosto **3**DT**c**
Rist – (consigliata la prenotazione) Carta 32/45 €
◆ Vetrate opache, muri con mattoni a vista, tavoli in legno: tutto richiama la schiettezza delle osterie d'inizio secolo. Anche la cucina non si discosta da questo impianto proponendo piatti rigorosamente romano/laziale per appetiti robusti.

San Pietro (Città del Vaticano)

⌂⌂⌂⌂⌂ **Rome Cavalieri Waldorf Astoria** ⋖ 🌳 ☂ ⛱ ▣ Ⓢ ♨ ⛹ ✂
via Cadlolo 101 ✉ 00136 ⇅ ♿ ✱ ❄ 🚭 📶 ⚐ 🅿 🚗 VISA ⊜ AE ◑ ṡ
– ✆ 0 63 50 91 – www.romecavalieri.com **3**CS**a**
366 cam – †230/980 € ††280/1040 €, ☕ 38 € – 4 suites
Rist *La Pergola* ✿✿✿ – vedere selezione ristoranti
Rist *L'Uliveto* – Menu 75 € – Carta 72/119 €
◆ E' un imponente edificio che severamente guarda dall'alto l'intera città; all'interno tutto è all'insegna dell'eccellenza, dalla collezione d'arte alle terrazze del giardino con piscina. Ai bordi della piscina, ristorante di ambiente informale per cenare con musica dal vivo.

⌂⌂⌂ **Farnese** senza rist ⇅ ❄ 📶 🅿 VISA ⊜ AE ◑ ṡ
via Alessandro Farnese 30 ✉ 00192 Ⓜ Lepanto – ✆ 0 63 21 25 53 – www.hotelfarnese.com **6**KU**e**
23 cam ☕ – †140/220 € ††180/300 €
◆ La hall è un curioso scrigno d'arte e di atmosfera d'epoca con il suo paliotto in marmo policromo del XVII secolo; atmosfera d'epoca e raffinatezza nei curati interni in stile. Dalla terrazza, la cupola di San Pietro.

Grand Hotel Tiberio
via Lattanzio 51 ✉ 00136 Ⓜ Cipro – ☎ 06 39 96 29 – www.ghtiberio.com **1**AQ**f**
91 cam – ♦295 € ♦♦400 € – 5 suites – ½ P 218 € **Rist** – Carta 30/50 €
♦ Nell'elegante e storica zona residenziale sorta sulle ceneri di un insediamento industriale, la bella facciata anticipa l'eleganza degli interni, dalla hall con grandi vetrate alle camere spaziose e confortevoli.

Grand Hotel del Gianicolo
viale Mura Gianicolensi 107 ✉ 00152 Ⓜ Cipro Musei Vaticani – ☎ 06 58 33 34 05 – www.grandhotelgianicolo.it
48 cam – ♦100/380 € ♦♦120/410 € **10**JZ**b**
Rist ***Corte degli Archi*** – Carta 38/53 €
♦ Raffinato hotel del Gianicolo con camere confortevoli, spazi comuni ricercati e l'illusione di essere ospiti di un'elegante dimora di campagna, grazie alla bella piscina all'aperto: praticamente, una rarità a Roma! Cucina moderna alla Corte degli Archi.

Dei Mellini senza rist
via Muzio Clementi 81 ✉ 00193 Ⓜ Lepanto – ☎ 06 32 47 71 – www.hotelmellini.com **6**KU**f**
66 cam – ♦180/230 € ♦♦215/415 € – 14 suites
♦ Splendida sintesi tra le ultime innovazioni tecnologiche e ambienti in stile art déco con diverse opere di gusto moderno nella hall; servizio e professionalità all'ordine del giorno.

Alimandi Vaticano senza rist
viale Vaticano 99 ✉ 00165 Ⓜ Ottaviano-San Pietro – ☎ 06 39 74 55 62 – www.alimandi.it **5**GU**b**
24 cam – ♦110/170 € ♦♦130/220 € – 3 suites
♦ Per un gradevole soggiorno proprio di fronte all'ingresso dei Musei Vaticani, marmi e legni pregiati contribuiscono all'eleganza delle camere, ricche di accessori e dotazioni.

Sant'Anna senza rist
borgo Pio 133 ✉ 00193 Ⓜ Ottaviano-San Pietro – ☎ 06 68 80 16 02 – www.hotelsantanna.com **5**HV**m**
20 cam – ♦90/150 € ♦♦120/230 €
♦ In un palazzo cinquecentesco a pochissimi passi da San Pietro, un piccolo e accogliente albergo caratterizzato da ambienti d'atmosfera con soffitti a cassettoni e da un grazioso cortile interno.

Bramante senza rist
vicolo delle Palline 24 ✉ 00193 Ⓜ Ottaviano-San Pietro – ☎ 06 68 80 64 26 – www.hotelbramante.com **5**HV**b**
16 cam – ♦100/160 € ♦♦150/240 €
♦ Nel cuore del caratteristico e pedonalizzato quartiere Borgo, l'albergo è stato crocevia della storia: ancora intuibile nelle parti più vecchie del '400.

Gerber senza rist
via degli Scipioni 241 ✉ 00192 Ⓜ Lepanto – ☎ 0 63 21 64 85 – www.hotelgerber.it **6**JU**h**
27 cam – ♦80/140 € ♦♦90/185 €
♦ Nelle vicinanze del metrò, un albergo classico a conduzione familiare: legno chiaro sia negli spazi comuni sia nelle confortevoli camere (in progressivo rifacimento, optare per quelle più recenti).

Arcangelo senza rist
via Boezio 15 ✉ 00192 Ⓜ Lepanto – ☎ 0 66 87 41 43 – www.hotelarcangeloroma.com **6**JU**f**
33 cam – ♦100/150 € ♦♦150/260 €
♦ Nel cuore pulsante di Roma - vicino a Castel Sant'Angelo - una bella risorsa recentemente ristrutturata con camere spaziose dagli alti soffitti, parquet o moquette inglese. Il delizioso roof garden incorniciato da rampicanti sempre verdi offre una pregevole vista sulla Basilica di S. Pietro.

XXXXX **La Pergola** – Hotel Rome Cavalieri   ← 🕭 🕭 Ⓐ℃ ⚹ ♿ **P**

🕭 🕭 🕭 *via Cadlolo 101* ⊠ *00136* – *𝒞 06 35 09 21 52*   🆅🆂🅰 ⓄⓄ Ⓐ🅴 Ⓞ 🕭
– *www.romecavalieri.com – chiuso dal 1° al 23 gennaio, dal 5 al 20 agosto,*
domenica e lunedì   **3CSa**
Rist – *(chiuso a mezzogiorno)* (prenotazione obbligatoria) Menu 175 €
– Carta 125/183 € 🕭
Spec. Infuso di erbe e fava di Tonka con tartare di tonno e sorbetto al tè
verde. Merluzzo nero con salsa di sedano e crosta al curry. Sfera ghiacciata
ai frutti rossi su crema al tè con lamponi cristallizzati.
♦ Parafrasando il celebre film, Heinz Beck è "*un tedesco a Roma*"…ormai più
italiano di molti suoi colleghi! Nel panoramico roof garden, la sua cucina è
romana e mediterranea, il servizio un riferimento per precisione e professionalità.

XX **Enoteca Costantini-Il Simposio**   Ⓐ℃ 🆅🆂🅰 ⓄⓄ Ⓐ🅴 🕭

piazza Cavour 16 ⊠ *00193* Ⓜ *Lepanto* – *𝒞 06 32 11 11 31*
– *www.pierocostantini.it – chiuso agosto, sabato a mezzogiorno, domenica*
– Carta 50/84 € 🕭   **6KUc**
♦ E' una lussureggiante vite metallica a disegnare l'ingresso di questo ristorante-enoteca dove è possibile gustare foie gras, come specialità, e formaggi,
accompagnati da un bicchiere di vino.

XX **Antico Arco**   Ⓐ℃ ♿ 🆅🆂🅰 ⓄⓄ Ⓐ🅴 Ⓞ 🕭

piazzale Aurelio 7 ⊠ *00152* – *𝒞 06 58 15 27 4* – *www.anticoarco.it*
Rist – Carta 49/73 € 🕭   **10JZa**
♦ Moderno, luminoso e alla moda, il cuoco seleziona i migliori prodotti ita-
liani per reinterpretarli con fantasia e creatività: piatti unici ed originali.

XX **L'Arcangelo**   Ⓐ℃ ⚹ 🆅🆂🅰 ⓄⓄ Ⓐ🅴 Ⓞ 🕭

via G.G. Belli 59 ⊠ *00193* Ⓜ *Lepanto* – *𝒞 0 63 21 09 92 – chiuso 20 giorni in*
agosto, sabato a mezzogiorno, domenica e giorni festivi   **6KUg**
Rist – Carta 52/78 €
♦ Semplice e austero: la meritata fama del ristorante è legata alla ricerca dei
migliori prodotti, regionali e non solo. Vera passione del proprietario che,
come un arcangelo, vi guida nel paradiso del gusto e delle nicchie gastronomiche.

X **Da Cesare**   Ⓐ℃ ⚹ 🆅🆂🅰 ⓄⓄ Ⓐ🅴 Ⓞ 🕭

via Crescenzio 13 ⊠ *00193* Ⓜ *Lepanto* – *𝒞 0 66 86 12 27*
– *www.ristorantecesare.com – chiuso dal 13 agosto al*
6 settembre, domenica sera   **6KUVs**
Rist – Carta 32/55 €
♦ Come allude il giglio di Firenze sui vetri all'ingresso, le specialità di questo
locale sono toscane, oltre che di mare. Ambiente accogliente, la sera anche
pizzeria.

X **Settembrini**   🕭 Ⓐ℃ 🆅🆂🅰 ⓄⓄ Ⓐ🅴 🕭

via Settembrini 25 ⊠ *00195* Ⓜ *Lepanto* – *𝒞 0 63 23 26 17*
– *www.ristorantesettembrini.it – chiuso dal 13 al 19 agosto, sabato a*
mezzogiorno, domenica   **6JUa**
Rist – (consigliata la prenotazione la sera) Carta 36/64 € 🕭
♦ Raffinata cucina dai sapori mediterranei, in un piacevole bistrot alla moda
dall'ambiente giovane e dinamico. Se amate i contesti insoliti, optate per il
tavolo in cantina circondato dai vini. Piatti più semplici ed economici a
pranzo.

La guida vive con voi: parlateci delle vostre esperienze.
Comunicateci le vostre scoperte più piacevoli e le vostre delusioni.
Buone o cattive sorprese? Scriveteci!

ROMA

🏨🏨🏨 **Grand Hotel Parco dei Principi** ← �̸ 🏊 📺 🎧 🛖 🐶 🕸 😕 🏋

via Gerolamo Frescobaldi 5 ⌨ 00198 — 🏧 🚻 🍴 🛁 🚗 🚘 _VISA_ ⚬⚬ 🆎 ⓪ 🄢

– ✆ 06 85 44 21 – www.parcodeiprincipi.com 4ES**a**

165 cam – ♦259/423 € ♦♦279/484 €, ⊑ 28 € – 14 suites

Rist Pauline Borghese – vedere selezione ristoranti

♦ In zona tranquilla e residenziale, l'albergo si bea del verde di Villa Borghese, mentre le camere ai piani più alti vedono la cupola di San Pietro. Trionfo di boiserie, tappeti e falsi d'autore, ma anche 2000 mq di centro benessere con le tecnologie e i trattamenti più all'avanguardia.

🏨🏨🏨 **Aldrovandi Villa Borghese** 🚗 🏊 🛖 🕸 😕 🏋 🏧 🚻 🍴 🛁 🅿

via Ulisse Aldrovandi 15 ⌨ 00197 – ✆ 06 32 23 99 93 _VISA_ ⚬⚬ 🆎 ⓪ 🄢

– www.aldrovandi.com 4ES**c**

108 cam – ♦650/850 € ♦♦750/900 €, ⊑ 44 € – 16 suites

Rist Oliver Glowig❀❀ – vedere selezione ristoranti

♦ Defilato ma esclusivo, in un quartiere prestigioso e a pochi passi da Villa Borghese, le camere sono classiche: migliori quelle recentemente rinnovate.

🏨🏨🏨 **Lord Byron** ❦ 🕸 🏧 🍴 🚻 _VISA_ ⚬⚬ 🆎 ⓪ 🄢

via G. De Notaris 5 ⌨ 00197 Ⓜ Flaminio – ✆ 06 32 20 44 04

– www.lordbyronhotel.com 3DS**b**

26 cam ⊑ – ♦220/405 € ♦♦230/540 € – 6 suites

Rist Sapori del Lord Byron – vedere selezione ristoranti

♦ A pochi metri dal verde di Villa Borghese, un'antica dimora patrizia caratterizzata da eleganza e suggestioni art déco. Le camere e gli ambienti comuni sono il risultato di un accurato studio finalizzato a sottolinearne -attraverso particolari tessuti o mobili - la personalità.

🏨🏨🏨 **The Duke Hotel** 🕸 & cam, 🏋 🏧 🚻 🍴 rist, 🍴 🛁 🚗

via Archimede 69 ⌨ 00197 – ✆ 06 36 72 21 _VISA_ ⚬⚬ 🆎 ⓪ 🄢

– www.thedukehotel.com 3DS**w**

78 cam ⊑ – ♦150/300 € ♦♦165/390 € – 7 suites **Rist** – Carta 48/75 €

♦ In una tranquilla zona residenziale, una discreta, ovattata atmosfera da raffinato club inglese dagli interni in stile ma con accessori moderni; davanti al camino il tè delle 5. Al ristorante, la cucina nazionale ed internazionale, riviste con creatività.

🏨🏨 **Villa Morgagni** senza rist 🎧 🕸 & 🏧 🚻 🍴 🅿 🚗 _VISA_ ⚬⚬ 🆎 ⓪ 🄢

via G.B. Morgagni 25 ⌨ 00161 Ⓜ Policlinico – ✆ 06 44 20 21 90

– www.villamorgagni.it 4FS**x**

34 cam ⊑ – ♦70/140 € ♦♦90/180 €

♦ Riservatezza e silenzio, accanto al ricercato confort delle camere, in un contesto di eleganza liberty. D'estate o d'inverno, il primo pasto della giornata è allestito sul panoramico roof garden.

🏨 **Villa Mangili** senza rist 🚗 🏧 🚻 🍴 _VISA_ ⚬⚬ 🆎 ⓪ 🄢

via G. Mangili 31 ⌨ 00197 Ⓜ Flaminio – ✆ 06 32 17 71 30

– www.hotelvillamangili.it 3DS**c**

12 cam ⊑ – ♦180/200 € ♦♦220 €

♦ Si gioca su un piacevole contrasto antico-moderno, quello di un edificio d'epoca che custodisce ambienti sorprendentemente moderni e colorati, con richiami etnici. Le camere si affacciano su un tranquillo piccolo giardino.

🏨 **Villa Glori** senza rist 🕸 🏋 🏧 🚻 🍴 _VISA_ ⚬⚬ 🆎 ⓪ 🄢

via Celentano 11 ⌨ 00196 Ⓜ Flaminio – ✆ 06 32 27 66 58

– www.hotelvillaglori.it 3DS**e**

52 cam ⊑ – ♦90/130 € ♦♦140/200 €

♦ Nella "piccola Londra", il quartiere dalle caratteristiche case basse precedute da un piccolo giardino, Villa Glori è un indirizzo familiare e accogliente, con interni signorili e funzionali.

🏨 Buenos Aires senza rist   🛗 AC 📶 ⚒ 🅿 VISA 🐵 AE ① 🍴

via Clitunno 9 ⊠ 00198 – ℰ 06 85 55 48 54 – www.hotelbuenosaires.it

51 cam �Ⲏ – †200 € ††290 €   **4ESk**

♦ Elegante e tranquilla la zona, facilmente raggiungibile il centro; questa palazzina dei primi del Novecento vanta recenti rinnovi nelle camere, realizzate tra design e forme ortogonali. Ideale per una clientela sia turistica che di lavoro.

XXXX Sapori del Lord Byron – Hotel Lord Byron   AC 🍽 ♻

via G. De Notaris 5 ⊠ 00197 🅜 Flaminio   VISA 🐵 AE ① 🍴

– ℰ 06 3 22 04 04 – www.lordbyronhotel.com – chiuso domenica, lunedì a mezzogiorno   **3DSb**

Rist – Carta 50/72 €

♦ Occhiali da sole alla mano per non rimanere accecati da tanto sfarzo, non per le dimensioni del ristorante, ma per il lusso sfrontato di specchi, quadri e bianchi marmi. Al talento dello chef si unisce il rispetto della tradizione che valorizza la generosità della cucina italiana. Originale: il carpaccio di barbabietola con gamberoni e wasabi.

XXXX Oliver Glowig – Hotel Aldrovandi Villa Borghese   🏡 AC 🍽 🅿

 ❀ ❀ via Ulisse Aldrovandi 15 ⊠ 00197 – ℰ 06 3 21 61 26   VISA AE ① 🍴

– www.aldrovandi.com – chiuso gennaio, domenica e lunedì   **4ESc**

Rist – Carta 81/109 €

Spec. Scampi con burrata e cuore di carciofo. Eliche cacio e pepe con ricci di mare. Piccione in crosta di frutta secca e olive.

♦ Di origini tedesche, il cuoco è uno dei più grandi interpreti della cucina italiana, dall'amore per il mare alla passione, tutta romana, per il quinto quarto. Incantevole il servizio all'aperto tra alberi secolari.

XXXX Pauline Borghese – Grand Hotel Parco dei Principi   🚗 🏡 🛗 AC 🍽

via Gerolamo Frescobaldi 5 ⊠ 00198   ♻ VISA 🐵 AE ① 🍴

– ℰ 06 85 44 21 – www.parcodeiprincipi.com   **4ESa**

Rist – Carta 55/90 €

♦ Un salotto incantevole affacciato su un giardino all'italiana, per cucina eclettica e ben interpretata che si muove con "agio" tra sapori mediterranei, classici francesi ed internazionali. Lo stile è quello inconfondibile dell'albergo.

XX Al Ceppo   AC VISA 🐵 AE ① 🍴

via Panama 2 ⊠ 00198 – ℰ 06 85 55 13 79 – www.ristorantealceppo.it

– chiuso dal 12 al 24 agosto, lunedì da settembre a maggio, sabato negli altri mesi   **4ESq**

Rist – Carta 44/73 € ♨

♦ Tono rustico, ma elegante per una cucina mediterranea che presenta piatti interpretati in chiave moderna. Specialità tra i secondi carni e pesce alla griglia, preparati direttamente in sala.

X Ambasciata d'Abruzzo   🏡 AC VISA 🐵 AE ① 🍴

via Pietro Tacchini 26 ⊠ 00197 🅜 Euclide – ℰ 06 80 78 25 6

– www.ambasciatadiabruzzo.com – chiuso dal 28 dicembre all'8 gennaio e dal 13 al 31 agosto   **4ESe**

Rist – (prenotare) Carta 34/69 €

♦ Appare quasi inaspettatamente, una trattoria a gestione familiare nel cuore di un quartiere residenziale. Sin dagli antipasti, i classici della cucina abruzzese, ma anche piatti laziali e di pesce.

X All'Oro (Riccardo Di Giacinto)   AC 🍽 VISA 🐵 AE 🍴

❀ via Eleonora Duse 1/e ⊠ 00197 – ℰ 06 97 99 69 07 – www.ristorantealloro.it

– chiuso 1 settimana in gennaio, 3 settimane in agosto, sabato a mezzogiorno, domenica, lunedì a mezzogiorno   **4ESx**

Rist – Menu 70 € – Carta 63/85 €

Spec. Cappelletti in brodo "asciutto", parmigiano e zafferano. Tiramisù di baccalà e patate con lardo di cinta senese. Lamb'urgher!

♦ Ambiente semplice e moderno per una cucina creativa e personalizzata, ma mai artificiosa, dove i sapori romani - veraci e gustosi - rimangono gli "eletti".

Zona Trastevere

ROMA

Trilussa Palace senza rist ⊙ 🏠 ⚡📶🔗 🖨 Ⓜ 🆑 🕊 ❄ 🎲 ♨
piazza Ippolito Nievo 25/27 ✉ 00153   🆅🆂🅰 ⬤⬤ 🅰🅴 🅾 🕊
– 𝒞 06 58 19 63 – www.trilussapalacehotel.it
45 cam ⊑ – ♦80/335 € ♦♦90/490 € – 4 suites   **10JZc**
◆ Tra la stazione di Trastevere ed il quartiere vecchio, hotel di tono signorile con pavimenti in marmo negli spazi comuni, piacevole centro benessere e panoramico roof garden: l'inconfondibile stile italiano in un albergo internazionale.

Santa Maria senza rist ॐ   🚗 Ⓜ 🕊 ❄ 🆅🆂🅰 ⬤⬤ 🅰🅴 🅾 🕊
vicolo del Piede 2 ✉ 00153 – 𝒞 06 58 94 26 – www.hotelsantamaria.info
20 cam ⊑ – ♦70/190 € ♦♦100/230 € – 6 suites   **10KYZa**
◆ Si sviluppa su un piano intorno ad un cortile-giardino questa nuova, tranquilla risorsa, nata dove c'era un chiostro del '400. A pochi passi da S.Maria in Trastevere.

Arco dei Tolomei senza rist   Ⓜ 🆅🆂🅰 ⬤⬤ 🅰🅴
via dell'Arco dè Tolomei 27 ✉ 00153 – 𝒞 06 58 32 08 19
– www.bbarcodeitolomei.com   **11MZa**
6 cam ⊑ – ♦120/185 € ♦♦140/210 €
◆ In un antico palazzo di origine medievale, una residenza privata apre le proprie porte ed accoglie l'ospite facendolo sentire come a casa propria: il calore del parquet nelle belle camere, arredate con gusto e piacevolmente funzionali.

Antica Pesa   🏠 Ⓜ ❄ 🆅🆂🅰 ⬤⬤ 🅰🅴 🅾 🕊
via Garibaldi 18 ✉ 00153 – 𝒞 06 58 09 23 6 – www.anticapesa.it – chiuso domenica e a mezzogiorno   **10JYa**
Rist – Carta 93/115 €
◆ La cucina seleziona accuratamente le materie prime, elaborandole poi in ricette dalla "firma" romana, in questo ex deposito del grano dell'attiguo Stato Pontificio. Alle pareti grandi dipinti di artisti contemporanei e presso l'ingresso un salottino davanti al caminetto.

Glass Hostaria (Cristina Bowerman)   Ⓜ 🆅🆂🅰 ⬤⬤ 🅰🅴 🅾 🕊
✿
vicolo del Cinque 58 ✉ 00153 – 𝒞 06 58 33 59 03 – www.glasshostaria.it
– chiuso 24, 25 e 26 dicembre, dal 9 al 24 gennaio, dal 9 al 31 luglio e lunedì   **10KYd**
Rist – (chiuso a mezzogiorno) Menu 70 € – Carta 55/92 € ☒
Spec. Raviolini di parmigiano 60 mesi, asparagi, burro della Normandia. Astice con mango, cipolle rosse e yogurt alla menta. Tartare di filetto di manzo con arancia, capperi, tobiko (uova di pesce volante) e salsa al wasabi.
◆ Nel cuore di Trastevere un locale all'insegna del design, dove un originale e creativo gioco di luci crea un'atmosfera avvolgente, qualche volta piacevolmente conturbante. Ad accenderlo in pieno è la cucina: fantasiosamente moderna.

Sora Lella   Ⓜ 🆅🆂🅰 ⬤⬤ 🅰🅴 🕊
via di Ponte Quattro Capi 16, Isola Tiberina ✉ 00186 – 𝒞 06 68 61 60 1
– www.soralella.com – chiuso 1 settimana in agosto   **11MYg**
Rist – Carta 34/64 €
◆ Figlio e nipoti della famosa "Sora Lella", ora scomparsa, perpetuano degnamente la tradizione sia nel calore dell'accoglienza che nella tipicità romana delle proposte.

A'Ciaramira   Ⓜ ⬦ 🆅🆂🅰 ⬤⬤ 🅰🅴 🕊
via Natale del Grande 41 ✉ 00153 – 𝒞 06 58 81 67 0 – www.aciaramira.it
– chiuso 1 settimana in agosto e domenica   **10KZa**
Rist – (chiuso a mezzogiorno) Carta 40/93 €
◆ Dopo i lunghi lavori di ristrutturazione, che hanno interessato il locale, il ristorante ha assunto un taglio più classico rispetto alla precedente impostazione: due belle sale con parquet e soffitto alto a volta. La carta, invece, è rimasta fedele a se stessa: tanto pesce, con qualche accattivante proposta di carne.

Zona Urbana Nord-Ovest

Colony
via Monterosi 18 ✉ 00191 – ✆ 06 36 30 18 43 – www.colonyhotel.it 2BQn
72 cam – †65/130 € ††70/160 € – ½ P 55/100 € **Rist** – Carta 21/35 €
◆ In una palazzina di un quartiere alberato e tranquillo, atmosfere coloniali e vagamente inglesi negli ambienti scuri e ricercati.

Zone Hotel
via A. Fusco 118 ✉ 00136 – ✆ 06 35 40 41 11 – www.zonehotel.com
68 cam – †80/250 € ††100/400 € 1AQe
Rist – *(solo per alloggiati)*
◆ Al termine di un cul-de-sac in zona residenziale e tranquilla, le camere superior sono più spaziose e offrono tocchi di design moderno.

Acquolina Hostaria in Roma (Giulio Terrinoni)
via Antonio Serra 60 ✉ 00191 – ✆ 0 63 33 71 92 – www.acquolinahostaria.it – chiuso Natale, 10 giorni in agosto e domenica
Rist – *(chiuso a mezzogiorno)* (consigliata la prenotazione) 2BQn
Menu 80 € – Carta 73/118 €
Spec. Crudo acquolina. Vermicelli alla carbonara di mare. Torta di baccalà e patate con bagna cauda moderna.
◆ Periferico e defilato, adesso anche rinnovato, è un indirizzo *cult* per chi vuole mangiare il pesce a Roma: da un grande antipasto di crudi a piatti più elaborati. Senza rivali, in quanto a specialità ittiche!

Zona Urbana Nord-Est

La Giocca
via Salaria 1223 ✉ 00138 – ✆ 0 68 80 44 11 – www.lagiocca.it 2BQf
85 cam – †112/150 € ††148/200 € – 3 suites
Rist ***Pappa Reale*** – vedere selezione ristoranti
◆ Moderno, confortevole e funzionale: ideale per una clientela di lavoro e di passaggio, ma soprattutto per chi ama lo sport, grazie alle tante risorse di svago e tempo libero a disposizione dei clienti.

Pappa Reale
via Salaria 1223 ✉ 00138 – ✆ 0 68 80 45 03 – www.pappareale.net – chiuso 10 giorni a Natale, 3 settimane in agosto, sabato a mezzogiorno e domenica 2BQf
Rist – Carta 27/39 €
◆ Pur lavorando con i grandi numeri, il ristorante non lesina sulla qualità: dal vivaio per crostacei e molluschi, alle grigliate di carne, senza tralasciare le pizze rigorosamente cotte su legno di quercia.

Gabriele
via Ottoboni 74 ✉ 00159 Ⓜ Tiburtina – ✆ 0 64 39 34 98 – www.ristorantegabriele.com – chiuso agosto, sabato, domenica
Rist – Carta 40/70 € 2BQm
◆ Un'esperienza quarantennale si destreggia tra i fornelli e il risultato sono gli esclusivi ma personalizzati piatti della tradizione italiana. Interessante scelta di vini.

Mamma Angelina
viale Arrigo Boito 65 ✉ 00199 – ✆ 0 68 60 89 28 – chiuso agosto e mercoledì 2BQc
Rist – Carta 23/36 €
◆ Dopo il buffet di antipasti, la cucina si trova ad un bivio: da un lato segue la linea del mare dall'altra la tradizione romana. Doveroso omaggio ai manicaretti della mamma!

Zona Urbana Sud-Est

Aran Mantegna Hotel
via Mantegna 130 ⊠ *00147 –* ☏ *06 98 95 21*
– www.aranhotels.com   2BR**x**
323 cam ⊡ – **✝**125/320 € **✝✝**155/410 € – 10 suites
Rist – Carta 32/58 €
♦ Imponente struttura di moderna concezione, dove il design si esprime con linee sobrie, tendenti a valorizzare i volumi e gli ariosi spazi comuni. Confort di ottimo livello nelle camere. Lo spirito minimalista non risparmia il ristorante, ma la cucina rimane saldamente ancorata alla tradizione.

Appia Park Hotel
via Appia Nuova 934 ⊠ *00178 –* ☏ *06 71 67 41*
– www.appiaparkhotel.it   2BR**h**
90 cam ⊡ – **✝**80/150 € **✝✝**90/180 €   **Rist** – *(solo per alloggiati)*
♦ Ideale per chi vuol stare fuori città, un albergo con un ameno giardino, non lontano dal complesso archeologico dell'Appia Antica; arredi classici nelle confortevoli camere.

Giuda Ballerino (Andrea Fusco)
largo Appio Claudio 346 ⊠ *00174* Ⓜ *Giulio Agricola –* ☏ *06 71 58 48 07*
– www.giudaballerino.it – chiuso agosto e mercoledì   2BR**c**
Rist – *(chiuso a mezzogiorno escluso domenica)* (consigliata la prenotazione)
Menu 70 € – Carta 59/99 € ❀
Rist L'Osteria – Carta 31/51 €
Spec. Ostriche in tempura con cotechino croccante e prugne caramellate. Ravioli di burrata con scampi e colatura di alici. Manzo al carbone con cipollotti e spuma di patate.
♦ Un locale che si sdoppia in maniera originale: da un lato l'Osteria con piatti legati al territorio ed un look rustico, dall'altro un piccolo ristorante gourmet dallo stile moderno e dalla cucina più creativa, dove il richiamo al fumetto -soprattutto Dylan Dog (grande passione dei titolari) - echeggia ovunque.

Rinaldo all'Acquedotto
via Appia Nuova 1267 ⊠ *00178 –* ☏ *0 67 18 39 10*
– www.rinaldoallacquedotto.it – chiuso dal 10 al 25 agosto, martedì
Rist – Carta 25/55 €   2BR**v**
♦ Vicino al raccordo anulare, un ristorante che da anni delizia i viaggiatori con la sua cucina regionale e le fragranti specialità di pesce. Ambiente di tono classico.

Domenico dal 1968
via Satrico23/25 ⊠ *00183 –* ☏ *06 70 49 46 02*
– www.domenicodal1968.it – chiuso 20 giorni in agosto, domenica e lunedì a mezzogiorno da maggio a settembre, domenica sera e lunedì negli altri mesi   4FT**f**
Rist – *(consigliata la prenotazione)* Carta 30/42 €
♦ Specialità romane e piatti ricchi di gusto e sostanza in una trattoria dall'accogliente atmosfera familiare; due salette rifinite in legno creano un clima di calda intimità.

Profumo di Mirto
viale Amelia 8/a ⊠ *00181 –* ☏ *06 78 62 06*
– www.profumodimirto.it – chiuso agosto e lunedì   2BR**f**
Rist – Carta 35/70 €
♦ Profumo di Mirto: un omaggio alla Sardegna, terra natia dei proprietari. E sempre dal Mediterraneo arrivano numerose varietà di pesce, che la cucina rielabora in specialità gustose e caserecce.

Zona Urbana Sud-Ovest

🏨 Sheraton Roma Hotel 🛎 ⚖ 🎱 ♨ ✕ 🍴 🔥 ⚥ ⚙ ♿ 🚗

viale del Pattinaggio 100 ✉ *00144* Ⓜ *Magliana* 🔲 VISA ❤ AE ① ⑤
– ℰ *0 65 45 31* – *www.sheraton.com/roma* **2BRz**
634 cam ⊑ – †150/410 € ††170/430 € – 6 suites **Rist** – Carta 59/68 €
♦ Un imponente complesso moderno e funzionale che offre camere di tipologia varia e completa; ideale per le attività congressuali grazie alle innumerevoli sale modulari. Ristorante elegante, dove gustare specialità italiane e internazionali.

🏨 Crowne Plaza Rome St. Peter's & Spa ⚖ ⚖ 🎱 ♨ 💿 🀄

via Aurelia Antica 415 🔥 ✕ ⚥ ♿ 🔥 ⚥ ⚙ ♨ 🀄 P VISA ❤ AE ① ⑤
✉ *00165* – ℰ *0 66 64 20* – *www.hotel-invest.com* **1AQRh**
308 cam ⊑ – †300 € ††350 € – 9 suites **Rist** – Carta 40/52 €
♦ Nel verde di Villa Doria Pamphili, l'hotel offre servizi e standard elevati per soddisfare tutte le esigenze dei suoi ospiti. Ampie camere arredate in stile moderno e dalle calde tonalità garantiscono un soggiorno ai massimi livelli. Al ristorante: cucina italiana ed internazionale in una sinfonia di sapori e colori.

🏨 Rome Marriott Park Hotel ⚖ ♨ 💿 🀄 🔥 ⚥ ♿ cam, ⚥

via Colonnello Tommaso Masala 54 ✕ ☏ 🀄 P VISA ❤ AE ① ⑤
✉ *00148* – ℰ *+ 39 06 65 88 21* – *www.romemarriottpark.com* **1ARy**
601 cam – †120/215 € ††130/235 €, ⊑ 28 € – 14 suites
Rist – Carta 41/63 €
♦ Che sia una struttura smisurata, lo si percepisce già dalle dimensioni della hall, dove giganteggia un originale affresco della Città Eterna, ma anche il numero delle camere - sempre ordinate e di tenuta impeccabile - nonché il centro benessere concorrono in questa ideale corsa verso il top!

🏨 Sheraton Golf Parco de' Medici ⚭ ⚖ ⚖ 🎱 ♨ 🔥 🀄 🎱 ♿

viale Salvatore Rebecchini 39 , AE ⚥ ⚙ rist, 🍴 🀄 P VISA ❤ AE ① ⑤
(uscita Parco dei Medici Grande Raccordo Anulare) ✉ *00148* – ℰ *0 66 52 88*
– *www.sheraton.com/golfrome* **1ARb**
836 cam ⊑ – †132/385 € ††165/418 € – 32 suites **Rist** – Carta 50/78 €
♦ Uno dei complessi alberghieri più grandi d'Europa, ideale per congressi, ma con un *côté* vacanziero, dove lo stile country si alterna all'essenzialità del moderno design. Immerso in uno splendido campo da golf, l'hotel si compone di tre edifici distinti ed autonomi (collegati da un servizio non stop di navetta).

🏨 Melià Roma Aurelia Antica ⚖ ⚖ 🎱 🔥 🎱 ♨ 🔥 ⚥ ✕ ☏ 🀄

via degli Aldobrandeschi 223 ✉ *00163* P ⚗ VISA ❤ AE ① ⑤
– ℰ *0 66 65 44* – *www.melia-roma.com* **1ARa**
269 cam ⊑ – †289 € ††309 € – 1 suite – ½ P 180 €
Rist – Carta 35/62 €
♦ A 9 km dal centro della città e vicino all'uscita n. 1 del Grande Raccordo Anulare, questo è l'albergo ideale per il businessman o per il turista in visita alla Città Eterna. Ottima struttura congressuale, indimenticabile confort. Piatti internazionali e specialità italiane al ristorante.

🏨 Atahotel Villa Pamphili ⚭ ⚖ ⚖ 🎱 🔥 💿 🀄 🔥 🎱 ♨ 🔥 ⚥ ✕

via della Nocetta 105 ✉ *00164* – ℰ *06 66 02* 🀄 P VISA ❤ AE ① ⑤
– *www.atahotels.it* **1ARe**
247 cam ⊑ – †109/280 € ††139/362 € – 11 suites **Rist** – Carta 36/54 €
♦ Ubicazione tranquilla, accanto al parco di Villa Doria Pamphili, per un'imponente struttura con piacevoli spazi esterni. Ma i complimenti si sprecano per i suoi interni: camere molto confortevoli, tutte con terrazzino, e un nuovissimo centro benessere. Ampio e luminoso, il ristorante si presta anche per eventi.

Shangri Là-Corsetti

viale Algeria 141 ⊠ *00144* Ⓜ *Eur Fermi* – 𝒞 *06 59 16 44 1*
– *www.shangrilacorsetti.it*   **2BRd**
52 cam ⊑ – ♦130/230 € ♦♦180/319 €
Rist *Shangri Là-Corsetti* – vedere selezione ristoranti
♦ Bianchi i soffitti a vela, i marmi e i divani nella hall di un hotel anni '60, nei pressi dell'EUR, frequentato soprattutto da clientela di lavoro; bel giardino alberato.

H10 Roma Città

via Pietro Blaserna 101 ⊠ *00146* – 𝒞 *06 55 65 215*
– *www.h10hotels.com*   **2BRg**
181 cam ⊑ – ♦89/360 € ♦♦119/390 € – 2 suites
Rist – Carta 28/68 €
♦ Vicino al famoso quartiere di Trastevere, questa nuova struttura dal design contemporaneo propone camere con dotazioni tecnologiche d'avanguardia, una piccola zona fitness ed una piscina sul roof garden. Sapori mediterranei al ristorante.

Black Hotel ⌂

via Raffaele Sardiello 18 ⊠ *00165* – 𝒞 *06 66 41 01 48*
– *www.blackhotel.it*   **1AQRx**
67 cam ⊑ – ♦80/170 € ♦♦80/200 €
Rist *Edon* – Carta 34/52 €
♦ Hotel di grande atmosfera grazie ai ricercati arredi di design moderno. Il colore nero predominante nelle zone comuni che, al contrario, sono luminose e minimaliste. La fantasiosa cucina dell'Edon vi attende in un ambiente d'ispirazione etnica, oppure all'aperto in un giardino di piante secolari.

XXX Shangri Là-Corsetti

viale Algeria 141 ⊠ *00144* Ⓜ *Eur Fermi*
– 𝒞 *06 59 18 8 61* – *www.shangrilacorsetti.it*
– *chiuso dal 2 al 7 gennaio e dall'11 al 26 agosto*   **2BRd**
Rist – Carta 38/70 €
♦ Il pesce in bellavista all'ingresso anticipa le specialità del menu, ma per una serata alternativa a base di pizza o carni alla brace, c'è anche *La Taverna* al piano inferiore. Gradevole servizio estivo all'aperto.

X Al Ristoro degli Angeli

via Luigi Orlando 2 ⊠ *00154* – 𝒞 *06 51 43 60 20* – *www.ristorodegliangeli.it*
– *chiuso dal 1° al 10 gennaio, dal 1° agosto al 15 settembre, domenica e lunedì*   **2BRa**
Rist – Carta 33/48 €
♦ Nei locali che furono occupati - nell'immediato dopoguerra - dall' Ente Comunale di Consumo e poi da una merceria, si trova oggi questa particolare osteria dall'atmosfera un po' bistrot. Cucina prevalentemente romana, ma anche qualche specialità gourmet.

Dintorni di Roma

sulla strada statale 6 - via Casilina Est : 13 km

Myosotis ⌂

piazza Pupinia 2, località Torre Gaia ⊠ *00133* – 𝒞 *06 20 05 44 70*
– *www.myosotishotelroma.it*   **2BRu**
50 cam ⊑ – ♦78 € ♦♦114 € – ½ P 77 €
Rist *Villa Marsili* – vedere selezione ristoranti
♦ Piacevole ambientazione da casa privata e confort all'altezza di un elegante hotel, in questa villa di fine Ottocento immersa nel verde: qui, non è certo la tranquillità a fare difetto!

XX **Villa Marsili** – Hotel Myosotis 🖼 🖼 ⇔ 🅿 🚾 ⓒⓞ AE ⓪ 🖢
via Casilina 1604 ⊠ *00133 –* ℰ *0 62 05 02 00 –* www.myosotishotel.it
Rist – Carta 28/32 € **2BRu**
♦ A poco più di 200 metri dall'albergo, per gli amanti dei primi piatti, qui, c'è
di che sbizzarrirsi... non mancano, tuttavia, grigliate espresse, e - la sera
- anche pizze.

sulla strada statale 1 - via Aurelia Ovest : 13 km

XX **R 13 Da Checco** 🖼 🖼 ⅍ ⇔ 🅿 🚾 ⓒⓞ AE ⓪ 🖢
via Aurelia 1249 al km 13, uscita zona commerciale ⊠ *00166*
– ℰ *06 66 18 00 96 –* www.ristorantecheccoal13.com
– chiuso agosto, domenica sera, lunedì
Rist – Carta 29/46 € **1ARm**
♦ Ebbene sì: un buon ristorante impermeabile alle mode con il buffet del
pesce, il carrello degli antipasti e quello dei dolci. Sulla tavola non mancano
i piatti tipici della tradizione locale. (Nei locali attigui – invece - un negozio di
antiquariato e modernariato, l'altra attività di famiglia).

a Ciampino Sud-Est : 15 km – ⊠ 00043

🏠 **Villa Giulia** senza rist 🖢 🖼 ⁱⁱ 🖾 🚾 ⓒⓞ AE ⓪ 🖢
via Dalmazia 9 – ℰ *06 79 32 18 74 –* www.hotelvillagiulia.com **2BRb**
23 cam ⊡ – †40/100 € ††65/140 €
♦ Sembra quasi un'abitazione privata, questo piccolo albergo centrale e tranquillo, semplice ma con camere funzionali e ben accessoriate.

sulla strada statale 3 - via Cassia Nord-Ovest : 15 :

🏠🏠 **Castello della Castelluccia** ⅍ 🖾 ⅏ 🖀 🖢 🖼 ⁱⁱ 🎴 🅿
località la Castelluccia, via Cavina 40 ⊠ *00123* 🚾 ⓒⓞ AE ⓪ 🖢
– ℰ *06 30 20 70 41 –* www.lacastelluccia.com
23 cam ⊡ – †109/169 € ††119/199 € – 5 suites
Rist *Locanda della Castelluccia* – vedere selezione ristoranti
♦ Immerso nel verde, un antico castello con angoli romantici e deliziosi giardini all'italiana. Le camere, personalizzate con mobili d'epoca e camini graziosamente disposti qua e là, costituiscono una piacevole successione di sorprese:
da quelle a mansarda o con letto a baldacchino, alle superior con piccola vasca
idromassaggio.

XXX **Locanda della Castelluccia** – Hotel Castello della Castelluccia 🖾
località la Castelluccia, via Cavina 40 🖼 ⅍ ⇔ 🅿 🚾 ⓒⓞ AE ⓪ 🖢
⊠ *00123 –* ℰ *06 30 20 70 41 –* www.lacastelluccia.com
Rist – (prenotazione obbligatoria) Carta 45/90 €
♦ Impreziosito da un bellissimo camino che troneggia in fondo alla sala, il
ristorante propone una cucina che spazia dalle specialità territoriali ad altre
con forte influenza umbra. Gli ingredienti sono rigorosamente di prima qualità e sempre in sintonia con le stagioni.

a Casal Palocco uscita 27 Grande Raccordo Anulare – ⊠ 00124

🏠 **Relais 19** senza rist ⅍ 🖾 🖾 𝄃ᵃ 🖼 🖾 🚾 ⓒⓞ 🖢
via Lisippo 19 – ℰ *06 97 27 32 55 –* www.relais19.com
5 cam ⊡ – †90/110 € ††120/150 € – 1 suite
♦ Per un soggiorno raffinato, nella villa che fu scelta come buen ritiro dal
regista S. Leone: poche camere, caratterizzate da un colore ed uno stile
diverso, ma accomunate da quella cura del dettaglio che fa la differenza.

Bed & breakfast e agriturismi 🏠 non offrono gli stessi servizi di un hotel.
Queste forme alternative di ospitalità si distinguono spesso per l'accoglienza
e l'ambiente: specchio della personalità del proprietario. Quelli contraddistinti
in rosso 🏠 sono i più ameni.

ROMANO CANAVESE – Torino (TO) – 2 960 ab. – alt. 270 m 22 B2
– ✉ 10090

▶ Roma 685 – Torino 42 – Alessandria 105 – Asti 112

🏠🏠🏠   **Relais Villa Matilde** ॐ   ≤ ⏱ ⌘ ⋔ 𝄞 ✕ 🍴 🗄 cam, ☒ ﹪ rist, 🛰
via Marconi 29 – ℰ 01 25 63 92 90   🅿 🚗 ᴠɪsᴀ ⑳ ᴀᴇ ① ⑤
– www.relaisvillamatilde.com – chiuso gennaio
43 cam � – †180/247 € ††258/393 € – 11 suites   **Rist** – Carta 43/56 €
♦ Cinta da un parco rigoglioso, la villa settecentesca è stata convertita in un gradevole e moderno albergo con ambienti comuni dalle sale affrescate, camere di diverse tipologie e un nuovo piccolo centro benessere. Suggestiva ed elegante la sala ristorante, realizzata nella vecchia scuderia.

ROMANO D'EZZELINO – Vicenza (VI) – **562** E17 – 13 547 ab. 35 B2
– alt. 132 m – ✉ 36060

▶ Roma 547 – Padova 54 – Belluno 81 – Milano 238

✕✕   **Al Pioppeto**   🍽 🏡 ☒ ⇔ 🅿 ᴠɪsᴀ ⑳ ᴀᴇ ① ⑤
ॐ   via San Gregorio Barbarigo 13, località Sacro Cuore, Sud : 4 km
– ℰ 04 24 57 05 02 – www.pioppeto.it – chiuso dal 1° all' 8 gennaio, dal 3 al 23 agosto e martedì
Rist – Carta 17/37 €
♦ Linea gastronomica d'ispirazione regionale e servizio attento in un ristorante di tono classico, dove troneggia un grande camino a "riscaldare" l'ambiente.

ROMAZZINO Sardegna – Olbia-Tempio (OT) – **366** S37 – **Vedere**
Arzachena : Costa Smeralda

ROMENO – Trento (TN) – **562** C15 – 1 387 ab. – ✉ 38010 30 B2

▶ Roma 644 – Trento 49 – Bolzano / Bozen 38 – Meran / Merano 48

✕   **Nerina**   ﹪ ᴠɪsᴀ ⑳ ᴀᴇ ① ⑤
☺   via De Gasperi 31, località Malgolo – ℰ 04 63 51 01 11
– www.albergonerina.it – chiuso dal 10 al 29 ottobre e martedì
Rist – (consigliata la prenotazione) Carta 28/36 €
♦ Tanta semplicità, ospitalità ed informalità in un locale che nasconde alcune gemme tra i prodotti trentini, nonché specialità genuine della casa. Ottimi i salumi.

RONCADELLE – Brescia (BS) – **Vedere Brescia**

RONCEGNO – Trento (TN) – **562** D16 – ✉ 38050 31 C3

▶ Roma 635 – Trento 38 – Vicenza 186

🏠   **Park Hotel Villa Angiolina** ॐ   ≤ 🍽 ⋔ 𝄞 ﹪ ﹪ rist, 🗄 🅿
via Roma 5 – ℰ 04 61 77 10 71   ᴠɪsᴀ ⑳ ᴀᴇ ① ⑤
– www.villaangiolina.it
43 cam – †50/66 € ††90/121 €, � 7 € – 1 suite – ½ P 85 €
Rist – (chiuso lunedì) Carta 28/52 €
♦ Ricavato da una villa dei primi del Novecento sita nella cornice delle Dolomiti, l'hotel ospita spaziose e confortevoli camere classiche, zona benessere e sala riunioni. Particolarmente vocato alla tradizione banchettistica, il ristorante è articolato su due sale e propone piatti classici regionali.

RONCOFREDDO – Forlì-Cesena (FC) – **562** J18 – 3 365 ab. 9 D2
– alt. 314 m – ✉ 47020

▶ Roma 326 – Rimini 27 – Bologna 109 – Forlì 44

🏠   **I Quattro Passeri** senza rist ॐ   ≤ 🍽 ⌘ ⋔ ☒ 🅿 ᴠɪsᴀ ⑳ ᴀᴇ ⑤
località Santa Paola – ℰ 05 41 94 95 22 – www.4passeri.com – chiuso gennaio e febbraio
6 cam ⊵ – †60/80 € ††110/180 € – 1 suite
♦ Casa colonica in pietra: il suo gioiello è la terrazza panoramica con piscina e vista sui colli fino al mare. Interni rustici con diversi arredi d'epoca.

a Monteleone Ovest: 6 km – ✉ 47020

⌂ **La Tana del Ghiro** senza rist ⟟   ⟵ 🖻 ⃞ 🅺 ⅍ 𝗩𝗜𝗦𝗔 ⓪ ⬧
    via provinciale Monteleone 3500 – ℰ *05 41 94 90 07*
    – www.tanadelghiro.com
    8 cam ⌸ – †70/80 € ††100/120 €
    ♦ Nella quiete di un piccolo borgo, una casa di campagna (totalmente ristrutturata) gestita da una coppia di coniugi, ritiratisi qui per sfuggire alla frenesia della città. Per un soggiorno di relax, sole e panorama.

RONTI – Perugia (PG) – **Vedere Città di Castello**

RONZONE – Trento (TN) – **562** C15 – 386 ab. – alt. 1 085 m   **30** B2
– ✉ 38010

▶ Roma 634 – Bolzano 33 – Merano 43 – Milano 291

🏠 **Villa Orso Grigio**   ♨ 🖻 🕪 ⅍ 🄿 ⌂ 𝗩𝗜𝗦𝗔 ⓪ 🄰🄴 ⓪ ⬧
    via Regole 10/12 – ℰ *04 63 88 05 59*
    – www.orsogrigio.it
    10 cam ⌸ – †145/195 € ††175/500 € – 4 suites – ½ P 108/310 €
    Rist *Orso Grigio*✿ – vedere selezione ristoranti
    ♦ In una cornice naturalistica che può ricordare una fiaba dei fratelli *Grimm*, una sintesi perfetta fra stile locale - con tanta profusione di legno - e modernità dei servizi. Le belle camere hanno un proprio spazio delimitato all'interno del parco, dove si trova anche un biolago.

XXX **Orso Grigio** (Cristian Bertol) – Hotel Villa Orso Grigio   ♨ 🖻 ⟲ 🄿 ⌂
✿   *via Regole 10 –* ℰ *04 63 88 06 25 – www.orsogrigio.it*   𝗩𝗜𝗦𝗔 ⓪ 🄰🄴 ⓪ ⬧
    – chiuso dal 10 gennaio al 10 febbraio e martedì
    Rist – Menu 45/60 € – Carta 44/69 € ⅋
    Spec. Bavarese di pomodoro su crema di peperone giallo e olio del Garda. Tagliata di filetto di cervo in salsa di mirtillo con polenta di Storo e radicchio. Strudel con mela renetta e salsa vaniglia.
    ♦ Ristorante di famiglia, gestito con grande professionalità da due fratelli gemelli: uno segue la cucina, classica e ben impostata, l'altro la fornitissima cantina, ricca di eccellenze.

ROSETO DEGLI ABRUZZI – Teramo (TE) – **563** N24 – 24 887 ab.   **1** B1
– ✉ 64026

▶ Roma 214 – Ascoli Piceno 59 – Pescara 38 – Ancona 131
🛈 piazza della Libertà 37, ℰ 085 8 99 11 57, www.abruzzoturismo.it

🏠 **Roses**   🖻 ⃙ ⅋ 🅺 ⅍ rist, ⟲ 🄿 ⌂ 𝗩𝗜𝗦𝗔 ⓪ 🄰🄴 ⬧
    viale Makarska 1 – ℰ *08 58 93 62 03*
    – www.roseshotel.it
    88 cam ⌸ – †60/130 € ††90/180 € – ½ P 60/125 €
    Rist – *(solo per alloggiati)* Menu 30 €
    ♦ Grande e moderno complesso per chi ama gli spazi e la tranquillità: ampie camere tutte vista mare, piscina semiolimpionica e accesso diretto alla spiaggia.

XX **Tonino-da Rosanna** con cam   ⟲ 𝗩𝗜𝗦𝗔 ⓪ ⓪ ⬧
🍴   *via Volturno 11 –* ℰ *08 58 99 02 74*
    – www.albergotoninodarosanna.com – chiuso dal 30 settembre al 30 novembre
    7 cam ⌸ – †40/50 € ††50/60 € – ½ P 57 €
    Rist – *(chiuso lunedì)* Carta 27/64 €
    ♦ La freschezza del mare da godere in ambienti di taglio diverso, ma di eguale piacevolezza: dal pranzo veloce, alla cena romantica, passando per l'evento speciale. Dispone anche di alcune camere.

ROSOLINA – Rovigo (RO) – **562** G18 – **6 495 ab.** – ⊠ 45010   **36** C3
▶ Roma 493 – Venezia 67 – Milano 298 – Ravenna 78

all'isola Albarella Est : 16 km – ⊠ 45010

🏨   **Golf Hotel** ⚜   ♨ 🌫 🏠 📺 🛗 ⅙ cam, 🅰️🅲 cam, ⚒ 🎱 ⛳ 🅿️
Via Po di Levante 4 – ℰ *04 26 36 78 11*   🆅🅸🆂🅰 ⓪ 🅰🅴 🛎
– www.marcegagliatourism.com – chiuso gennaio
21 cam – ♦81/149 € ♦♦162/280 €, � 10 € – ½ P 96/155 €
Rist – Carta 28/57 €
♦ All'interno dell'esclusiva isola privata di Albarella, le nuove e lussuose camere sono finemente arredate, il confort non fa difetto e la struttura dispone di una panoplia di servizi.

ROSSANO STAZIONE – Cosenza (CS) – **564** I31 – ⊠ 87068   **5** B1
▶ Roma 503 – Cosenza 96 – Potenza 209 – Taranto 154

🏠   **Agriturismo Trapesimi** ⚜   ⚒ rist, 🅿️ 🆅🅸🆂🅰 ⓪ 🅰🅴 🛎
contrada Amica, Est : 4 km – ℰ *09 83 64 39 2 – www.agriturismotrapesimi.it*
4 cam ⊒ – ♦25/30 € ♦♦50/60 € – ½ P 55 €
Rist – (prenotazione obbligatoria) *(solo per alloggiati)*
♦ Caratteristica risorsa ricavata dalla ristrutturazione di un antico casale circondato da ulivi. Offre una grande tranquillità, accompagnata dai piaceri di una cucina genuina.

ROTA D'IMAGNA – Bergamo (BG) – **561** E10 – **835 ab.**   **19** C1
– alt. 665 m – ⊠ 24037
▶ Roma 628 – Bergamo 26 – Lecco 40 – Milano 64

🏨   **Miramonti** ⚜   ≤ 🌫 🎿 🔲 🌐 🏠 🛗 🅰️🅲 rist, ⚒ rist, 🎱 🅿️ 🆅🅸🆂🅰 ⓪ 🅰🅴 🛎
    via alle Fonti 5 – ℰ *0 35 86 80 00 – www.hotelmiramontibergamo.com*
    – chiuso dal 10 gennaio al 15 febbraio
46 cam ⊒ – ♦50/60 € ♦♦85/100 € – ½ P 68/75 €   **Rist** – Carta 20/37 €
♦ In parte rinnovate le belle camere di questa piccola struttura familiare, che consentono di abbracciare con lo sguardo la valle, mentre oltre 500 mq della risorsa sono dedicati al benessere con trattamenti d'avanguardia e personale esperto.

ROTA (Monte) = RADSBERG – Bolzano – Vedere Dobbiaco

ROTONDA – Potenza (PZ) – **564** H30 – **3 616 ab.** – **alt. 580 m**   **4** C3
– ⊠ 85048
▶ Roma 423 – Cosenza 102 – Lagonegro 45 – Potenza 128

🍴   **Da Peppe**   🅰️🅲 ⇔ 🆅🅸🆂🅰 ⓪ 🅰🅴 ⓪ 🛎
    corso Garibaldi 13 – ℰ *09 73 66 12 51 – chiuso domenica sera e lunedì*
    escluso agosto
🍴   **Rist** – Carta 19/40 €
♦ Nel centro storico del paesello all'interno del parco del Pollino, locale gestito da più di trent'anni da una capace coppia ed, ora, anche dalla loro figlia. Tra i fornelli un unico imperativo: riscoprire i sapori della cucina lucana, dagli antipasti ai golosi dolci casalinghi, passando per paste e verdure di stagione.

ROTTOFRENO – Piacenza (PC) – **561** G10 – **11 325 ab.** – **alt. 65 m**   **8** A1
– ⊠ 29010
▶ Roma 517 – Piacenza 13 – Alessandria 73 – Genova 136

🍴🍴   **Trattoria la Colonna**   🅰️🅲 🆅🅸🆂🅰 ⓪ 🅰🅴 🛎
via Emilia Est 6, località San Nicolò, Est : 5 km – ℰ *05 23 76 83 43 – chiuso*
agosto e domenica
Rist – Carta 36/71 € ⚜
♦ Nel '700 era una stazione di posta, oggi può vantarsi di essere l'edificio più longevo della località! Nella vecchia stalla trova posto il ristorante che propone i piatti della tradizione, di terra e di mare.

✂ **Antica Trattoria Braghieri** 🔟 🕊 **P** 🚗 **VISA** ⊚ **AE** ① ⚲
🍸 *località Centora 21, Sud : 2 km – ℰ 05 23 78 11 23 – chiuso dal 1° al 15 gennaio, dal 25 luglio al 25 agosto e lunedì*
Rist – *(chiuso la sera escluso venerdì e sabato)* Carta 17/29 €
♦ E' dal 1921 che le donne di famiglia si succedono nella gestione della trattoria! Due sale, una sobria l'altra più elegante, dove assaporare paste fatte in casa e preparazioni casalinghe tradizionali.

ROVERETO – Trento (TN) – **562** E15 – 37 566 ab. – alt. 204 m   **30** B3
– ✉ 38068

▶ Roma 561 – Trento 22 – Bolzano 80 – Brescia 129
🛈 corso Rosmini 6, ℰ 0464 43 03 63, www.visitrovereto.it

🏨 **Leon d'Oro** senza rist   📶 🔟 ↩ ᵗ⁰ 🛆 **P** 🚗 **VISA** ⊚ **AE** ① ⚲
via Tacchi 2 – ℰ 04 64 43 73 33 – www.hotelleondoro.it
53 cam ⬚ – †69/119 € ††89/139 € – 3 suites
♦ Accogliente hotel dotato di diversi ambienti comuni a disposizione degli ospiti e di piacevoli camere arredate in stile classico, illuminate da graziose *abat-jour.*

🏨 **Mercure Nerocubo Rovereto**   🕾 🚿 📶 & 🔟 🕊 cam, ᵗ⁰ 🛆 **P**
via per Marco 16 , prossimità uscita autostrada Rovereto   **VISA** **AE** ①
Sud – ℰ 04 64 02 20 22 – www.nerocubohotel.it
91 cam – †73/147 € ††87/172 €, ⬚ 6 € – 10 suites – ½ P 62/111 €
Rist *Indovino* – *(chiuso sabato a mezzogiorno e domenica)* Carta 30/74 €
♦ Un nome curioso, ma ben appropriato, per questa moderna struttura dall'architettura lineare: nera fuori, luminosa dentro, adatta soprattutto ad una clientela business. All'ultimo piano anche un piccolo centro benessere. Specialità alla griglia all'Indovino, gestito da una storica famiglia di ristoratori trentini.

🏨 **Rovereto**   📶 🔟 ↩ ᵗ⁰ 🛆 **P** 🚗 **VISA** ⊚ **AE** ① ⚲
corso Rosmini 82 d – ℰ 04 64 43 52 22 – www.hotelrovereto.it
49 cam ⬚ – †55/115 € ††95/155 € – ½ P 73/103 €
Rist *Novecento* – vedere selezione ristoranti
♦ Il completo rinnovo delle camere, avvenuto pochi anni or sono, ha accresciuto il confort delle stanze che ora si distinguono esclusivamente per le diverse metrature.

✕✕ **Novecento** – Hotel Rovereto   🕾 🔟 ↩ **P** **VISA** ⊚ **AE** ① ⚲
corso Rosmini 82 d – ℰ 04 64 43 54 54 – www.hotelrovereto.it
Rist – *(chiuso 3 settimane in gennaio, 3 settimane in luglio, domenica)*
Carta 34/54 €
♦ Alle porte della località, la carta di questo ristorante pur muovendosi lungo un filone regionale, non è priva di spunti originali e personali. Lo stesso dicasi per l'ambiente: una sala interna piuttosto classica, ma accanto una bella veranda con eleganti arredi. Grazioso giardino per il servizio estivo.

✕✕ **San Colombano**   🕾 & 🔟 ↩ **P** **VISA** ⊚ **AE** ① ⚲
via Vicenza 30, strada statale 46, Est : 1 km – ℰ 04 64 43 60 06
– www.ristorantesancolombano.it – chiuso dal 6 al 21 agosto, domenica sera, lunedì
Rist – Carta 30/44 €
♦ Situato poco fuori città - lungo la strada che porta a Vicenza - la gestione è assolutamente familiare: nelle due sale dagli arredi classici "presidia" un fratello, mentre l'altro, coadiuvato da moglie e figlio, sta in cucina. Piatti regionali e la presenza fissa del venerdì, il baccalà!

ROVIGO ℗ (RO) – **562** G17 – 52 118 ab. – ✉ 45100   **36** C3

▶ Roma 457 – Padova 41 – Bologna 79 – Ferrara 33
🛈 piazza Vittorio Emanuele II 20, ℰ 0425 38 62 90,
   www.polesineterratraduefiumi.it
🖸 viale Tre Martiri 134, 0425 411230, www.golfrovigo.it – chiuso gennaio e lunedì

🏠 Cristallo 🎴 🅰 ⅃ 🎴 rist, ⁿ 🖺 🄿 🆅🆂🅰 ⊚ 🄰🄴 ⓞ 🅖

viale Porta Adige 1 – 𝒞 042 53 07 01 – www.cristallorovigo.com
48 cam ⌷ – †55/100 € ††59/140 € **Rist** – Carta 17/49 €

◆ Non lontano dalla tangenziale e dunque in posizione facilmente raggiungibile in auto, l'hotel ha subito importanti lavori di ristrutturazione confermandosi in tal modo al passo con i tempi: camere confortevoli e ben accessoriate. Ricette classiche nel menu del ristorante.

🏠 Corona Ferrea senza rist 🎴 🅰 ⁿ 🆅🆂🅰 ⊚ 🄰🄴 🅖

via Umberto I 21 – 𝒞 04 25 42 24 33 – www.hotelcoronaferrea.com
30 cam ⌷ – †44/85 € ††60/115 €

◆ Spazi comuni leggermente sacrificati, compensati da un ottimo servizio e da camere tutte simili, ma ben arredate. Prossimo al centro storico, ma in un palazzo moderno.

🍴 Tavernetta Dante 1936 🎴 🅰 ⇔ 🆅🆂🅰 ⊚ 🄰🄴 ⓞ 🅖

corso del Popolo 212 – 𝒞 042 52 63 86
– chiuso 1 settimana in gennaio, 8 giorni in agosto, domenica sera in febbraio-maggio, tutto il giorno negli altri mesi
Rist – Carta 25/44 €

◆ Un'oasi lungo il corso trafficato che attraversa il centro di Rovigo: dall'ambientazione all'interno di un piccolo e grazioso edificio, alla cucina di mare e di terra.

RUBANO – Padova (PD) – 562 F17 – 15 347 ab. – alt. 18 m   37 B2
– ✉ 35030

🄳 Roma 490 – Padova 8 – Venezia 49 – Verona 72

🏠 La Bulesca ⌀ 🍴 🎴 🅰 ⁿ 🖺 🄿 🆅🆂🅰 ⊚ 🄰🄴 ⓞ 🅖

via Fogazzaro 2 – 𝒞 04 98 97 63 88 – www.labulesca.it
54 cam ⌷ – †60/85 € ††97/140 € – 6 suites
Rist *La Bulesca* – vedere selezione ristoranti

◆ Fascino retrò - anni 70 - negli spazi comuni di questa risorsa a conduzione diretta. I confort delle accoglienti camere risulteranno particolarmente graditi ad una clientela business.

🏠 Maccaroni senza rist 🎴 🅰 🎴 ⁿ 🄿 🆅🆂🅰 ⊚ 🄰🄴 ⓞ 🅖

via Liguria 1/A, località Sarmeola – 𝒞 04 49 63 52 00 – www.alajmo.it
34 cam ⌷ – †50/100 € ††80/200 € – 1 suite

◆ Un albergo senza particolari pretese, ma comunque affidabile grazie alla solida gestione. Le stanze, d'impostazione tradizionale, sono complete di tutti i confort.

🍴🍴🍴🍴 Le Calandre (Massimiliano Alajmo) 🅰 🎴 ⇔ 🄿 🆅🆂🅰 ⊚ 🄰🄴 ⓞ 🅖

❀❀❀ *strada statale 11, località Sarmeola – 𝒞 04 49 63 03 03 – www.alajmo.it*
– chiuso dal 1° al 19 gennaio, Pasqua, dal 14 agosto al 1° settembre, domenica e lunedì
Rist – Menu 150/225 € – Carta 113/180 € ❀

Spec. Cappuccino di seppie al nero. Battuta di carne cruda sulla corteccia. Risotto allo zafferano con polvere di liquirizia.

◆ Esteti e fini gourmet preparatevi al suo nuovo look. Pareti rivestite di lino grezzo, tavoli in frassino bicentenario e punti luce strategici: dietro a linee essenziali si cela un attento studio finalizzato ad esaltare una cucina graniticamente ancorata ai vertici. Classici italiani e sperimentazioni creative.

🍴🍴 La Bulesca – Hotel la Bulesca 🎴 🅰 🄿 🆅🆂🅰 ⊚ 🄰🄴 🅖

via Medi 2 – 𝒞 04 98 97 52 97 – www.labulesca.com – chiuso dal 1° al 10 gennaio, dal 1° al 24 agosto, domenica, lunedì a mezzogiorno
Rist – Menu 25 € bc (pranzo)/65 € bc – Carta 31/65 € ❀

◆ Un ristorante che in particolari occasioni può arrivare a ricevere diverse centinaia di persone, ma che sa esprimere una buona accoglienza anche in situazioni più intime.

✕✕ LaVit con cam 🔲 ♿ Ⓜ 🛜 🅿 🆅🆂🅰 ⊙⊙ 🅰🅴 ⓪ 🌀

via della Provvidenza 4/6 – ✆ 04 98 97 55 88 – www.lavit.it – chiuso agosto
18 cam ☞ – ♦65/85 € ♦♦85/120 €
Rist – *(chiuso domenica)* Carta 45/58 € ⅏

◆ Cosa ci fanno influenze mediorientali in una cucina moderna a Rubano? Indubbiamente le ragioni sono da ricercarsi nella provenienza dei titolari di questo moderno locale con wine-bar, che a mezzogiorno propone una carta più ridotta con possibilità di piatto unico. Per la scelta, orientatevi sul pesce: pezzo forte della casa!

✕ Il Calandrino 🎢 Ⓜ ♿ 🅿 🆅🆂🅰 ⊙⊙ 🅰🅴 ⓪ 🌀

strada statale 11, località Sarmeola – ✆ 0 49 63 03 03 – www.alajmo.it – chiuso domenica sera
Rist – Carta 50/95 €

◆ Bar, enoteca, pasticceria, ristorante: il tutto ad ottimi livelli, per soddisfare in ogni momento la voglia di dolce o di salato. *Start up* con la prima colazione, per passare all'aperitivo, un pranzo veloce o una cena elegante. Piatti semplici, ma curati, per gustare al meglio gli ingredienti di stagione.

RUBBIARA – Modena (MO) – Vedere Nonantola

RUBIERA – Reggio Emilia (RE) – **562** I14 – **14 527 ab.** – **alt. 53 m**   **8 B2**
– ✉ **42048**

▶ Roma 415 – Bologna 61 – Milano 162 – Modena 12

✕✕ Osteria del Viandante 🎢 ♿ ♻ 🆅🆂🅰 ⊙⊙ 🅰🅴 ⓪ 🌀

piazza 24 Maggio 15 – ✆ 05 22 26 06 38 – www.osteriadelviandante.com – chiuso sabato a mezzogiorno e domenica
Rist – *(prenotare)* Carta 38/59 € ⅏

◆ All'interno di un edificio del 1300, il ristorante si compone di sale affrescate e ambienti eleganti. Ampia selezione di vini per accompagnare le ricercate carni proposte.

✕✕ Arnaldo-Clinica Gastronomica (Anna e Franca Degoli) con cam
❀ *piazza 24 Maggio 3* 🔲 ♿ cam, ♿ 🛜 🆅🆂🅰 ⊙⊙ 🅰🅴 ⓪ 🌀
– ✆ 05 22 62 61 24 – www.clinicagastronomica.net – chiuso dal 24 dicembre al 2 gennaio ed agosto, domenica (escluso a mezzogiorno da ottobre a marzo), lunedì a mezzogiorno
32 cam ☞ – ♦39/79 € ♦♦49/109 €   **Rist** – *(prenotare)* Carta 35/65 €
Spec. Spugnolata (lasagnetta bianca con funghi). Carrello dei bolliti e degli arrosti. Pera con zabaione.

◆ Bastione della cucina emiliana senza compromessi con la modernità, spume o sifoni: dai celebri salumi alle paste asciutte o in brodo fino alla celebrazione del bollito.

RUBIZZANO – Bologna (BO) – Vedere San Pietro in Casale

RUDA – Udine (UD) – **562** E22 – **3 001 ab.** – **alt. 12 m** – ✉ **33050**   **11 C3**
▶ Roma 650 – Trieste 56 – Udine 40

✕✕ Osteria Altran 🎢 ♿ ♻ 🅿 🆅🆂🅰 ⊙⊙ 🅰🅴 🌀
❀ *località Cortona 19, Sud-Est : 4 km – ✆ 04 31 96 94 02 – chiuso 10 giorni in febbraio, 10 giorni in luglio, 10 giorni in novembre, lunedì, martedì*
Rist – *(chiuso a mezzogiorno escluso sabato e i giorni festivi)* Menu 60 € – Carta 59/80 € ⅏
Spec. Terrina di coniglio panata alle mandorle, crema di piselli, fave, ristretto di zafferano. Spalla e costicine d'agnello di Cherso, carote al dragoncello. Torta paradiso, composta di nespole, gelato di yogurt, salsa al latte di mandorle.

◆ In un'azienda vinicola immersa nel verde, locale apparentemente rustico - in realtà, squisitamente romantico – dove gustare una cucina moderna ed "essenziale", che punta (a ragione) sulla qualità delle materie prime.

RUMIOD – Aosta (AO) – Vedere Saint Pierre

RUNATE – Mantova (MN) – Vedere Canneto sull'Oglio

RUSSI – Ravenna (RA) – **562** I18 – **12 048 ab.** – alt. 13 m – ✉ 48026   **9 D2**
🚩 Roma 374 – Ravenna 17 – Bologna 67 – Faenza 16

a San Pancrazio Sud-Est : 5 km – ✉ 48026

🏠 **Villa Roncuzzi** senza rist   ⌘ ⛵ ⌘ 🆒 🍴 ⅋ ⅋ 🆑 ⚫⚫ 🅰🅴 ⓪ ⛳
     via M. Silvestroni 6/10 – ☎ 05 44 53 47 76 – www.villaroncuzzi.it
     20 cam ⛲ – ♦85/130 € ♦♦95/150 €
     ♦ Immersa nel verde, residenza di campagna dei primi del '900 completa-
     mente ristrutturata e trasformata in uno scrigno accogliente, personalizzato
     ed accattivante.

🍴 **La Cucoma**   🆑 ⇔ 🅿 🆅🆂🅰 ⚫⚫ 🅰🅴 ⛳
     via Molinaccio 175 – ☎ 05 44 53 41 47 – www.ristorantecucoma.com
     – chiuso agosto, domenica sera, lunedì
     Rist – Menu 28 € bc (pranzo)/45 € bc – Carta 29/46 €
     ♦ Ubicato lungo la strada principale del paese, ristorante familiare con pro-
     poste che traggono ispirazione dal mare, elencate a voce. Buon rapporto
     qualità/prezzo.

RUTTARS – Gorizia (GO) – Vedere Dolegna del Collio

RUVO DI PUGLIA – Bari (BA) – **564** D31 – **25 803 ab.** – alt. 256 m   **26 B2**
– ✉ 70037 ▯ Puglia
🚩 Roma 441 – Bari 36 – Barletta 32 – Foggia 105
◉ Località★ -Cratere attico della Morte di Talos★★ nel museo Archeologico
Jatta★ – Cattedrale★

🏠 **Pineta**   🍴 ⛵ 🕭 🛏 🖥 🆒 🆑 ⅋ 🛁 🚗 🆅🆂🅰 ⚫⚫ 🅰🅴 ⛳
     via Carlo Marx 5 – ☎ 08 03 61 15 78 – www.hotelpinetaruvo.it
     39 cam ⛲ – ♦70/130 € ♦♦99/160 € – ½ P 90 €   **Rist** – Carta 23/46 €
     ♦ Bella struttura dalle linee moderne e sobrie, rese eleganti dai caldi colori.
     Le camere sono altrettanto notevoli e non manca un piccolo centro benes-
     sere. Al ristorante: linea di cucina classica sia di terra sia di mare. In estate
     - a bordo piscina - anche piatti freddi.

🍴 **U.P.E.P.I.D.D.E.**   ⇔ 🆅🆂🅰 ⚫⚫ 🅰🅴 ⓪ ⛳
🐌   corso Cavour ang. Trapp. Carmine – ☎ 08 03 61 38 79 – www.upepidde.it
     – chiuso dal 10 luglio al 20 agosto e lunedì
     Rist – (consigliata la prenotazione) Carta 23/44 € 🍴
     ♦ Indiscutibilmente caratteristico e fresco! Scavate all'interno della roccia che
     costituiva le antiche mura aragonesi, le quattro salette si susseguono sotto
     archi di mattoni con - dulcis in fundo - la bella cantina visitabile. Altrettanto
     storica la cucina tipica delle Murge.

SABAUDIA – Latina (LT) – **563** S21 – **19 381 ab.** – ✉ 04016 ▯ Italia   **13 C3**
🚩 Roma 97 – Frosinone 54 – Latina 28 – Napoli 142

sul lungomare Sud-Ovest : 2 km :

🏠 **Le Dune** ⌘   ← ⛵ ⌘ 🍴 ⛵ 🕭 🛁 🍴 🖥 🆒 ⅋⅋ 🆑 ⅋ 🛁 🅿
     via lungomare 16 ✉ 04016 – ☎ 0 77 35 12 91   🆅🆂🅰 ⚫⚫ 🅰🅴 ⓪ ⛳
     – www.ledune.com – aprile-ottobre
     77 cam ⛲ – ♦65/125 € ♦♦100/340 € – 2 suites – ½ P 90/210 €
     Rist – Carta 33/60 €
     ♦ Nel cuore del parco del Circeo, un edificio bianco di indubbio fascino,
     ideale per una vacanza di relax da trascorrere tra mare, campi da tennis ed
     ampi ambienti luminosi. Presso la spaziosa ed accogliente sala ristorante, la
     classica cucina nazionale.

Zeffiro senza rist   🖐 🗚 🛜 🄿 🚾 ⮾ 🄰🄴 🄾 ⟡

via Tortini – ℰ *07 73 59 32 97 – www.hotelzeffiro.it*
22 cam ⬜ – ♟♟60/200 €

♦ Un nuovo hotel situato all'interno di un centro residenziale, vanta camere dagli arredi moderni caratterizzati da accenni di design ed un piccolo giardino privato.

SACILE – Pordenone (PN) – **562** E19 – **20 302 ab.** – alt. 25 m   **10** A3
– ✉ 33077

🚹 Roma 596 – Belluno 53 – Treviso 45 – Trieste 126

Due Leoni senza rist   🏠 🖐 🛗 🖐 🗚 🛜 🖐 🕍 🚗 🚾 ⮾ 🄰🄴 🄾 ⟡

piazza del Popolo 24 – ℰ *04 34 78 81 11 – www.hoteldueleoni.com*
60 cam ⬜ – ♟110 € ♟♟150 € – 2 suites

♦ Affacciato sulla piazza, un edificio porticato che nei due leoni in pietra ricorda la storia della città. Al suo interno: ambienti di discreta eleganza e piccolo centro relax con palestra, sauna, nonché bagno turco.

SACROFANO – Roma (RM) – **563** P19 – **7 458 ab.** – alt. 260 m   **12** B2
– ✉ 00060

🚹 Roma 29 – Viterbo 59 – Perugia 152 – Rieti 88

Al Grottino   🖐 ⇄ 🚾 ⮾ 🄾 ⟡

piazza XX Settembre 9 – ℰ *06 90 86 26 63 – chiuso dal 16 al 28 agosto e mercoledì*
Rist – Carta 15/35 €

♦ Sembra scavato nella roccia il caratteristico labirinto di sale che si articola sulla piazza del paese; si assaggia un po' di tutto spronati dal fiasco di vino al tavolo. Secondi alla brace.

SAINT PIERRE – Aosta (AO) – **561** E3 – **3 074 ab.** – alt. 676 m   **34** A2
– ✉ 11010

🚹 Roma 747 – Aosta 9 – Courmayeur 31 – Torino 122

La Meridiana Du Cadran Solaire senza rist   🏠 🖐 🛗 🖐 🕍 🄿

località Chateau Feuillet 17 – ℰ *01 65 90 36 26*   🚗 🚾 ⮾ ⟡
– www.albergomeridiana.it
17 cam ⬜ – ♟105/150 € ♟♟130/150 € – 2 suites

♦ Affascinante contesto storico-naturalistico, lungo la strada per Courmayeur, *La Meridiana Du Cadran Solaire* è una raccolta struttura dall'amabile conduzione familiare; camere graziosamente arredate con mobili dalla tipica linea valdostana.

Lo Fleyè 🏠   ≤ & cam, 🖐 rist, 🄿 🚗 🚾 ⮾ 🄰🄴 🄾 ⟡

frazione Bussan Dessus 91, Nord :1 km – ℰ *01 65 90 46 25*
– www.lofleye.com
13 cam ⬜ – ♟40/55 € ♟♟70/90 € – ½ P 65 €
Rist – *(chiuso a mezzogiorno) (solo per alloggiati)* Menu 20 €

♦ Nuova gestione per questa gradevole risorsa all'interno di un tipico edificio in pietra. Piccola hall, camere luminose e una saletta colazioni, dalle cui vetrate si gode di una pregevole vista sul castello.

a Rumiod Nord-Ovest: 10 km – ✉ 11010

Al Caminetto   🖐 🄿 🚾 ⮾ ⟡

località Rumiod Dessus 1 – ℰ *01 65 90 88 32 – www.al-caminetto.com*
– chiuso dal 7 al 21 gennaio, lunedì in luglio e agosto, anche martedì, mercoledì e i mezzogiorno di giovedì, venerdì e sabato negli altri mesi; sempre aperto nei giorni festivi
Rist – *(prenotazione obbligatoria)* Menu 40 € – Carta 33/38 €

♦ Siete alla ricerca delle autentiche specialità valdostane, lontane dai cliché turistici e preparate con intelligenza? Questo indirizzo fa al caso vostro: una semplice trattoria di paese...ma che cucina!

SAINT RHEMY EN BOSSES – Aosta (AO) – **561** E3 – 425 ab.   34 A2
– alt. 1 632 m – **Sport invernali : 1 619/2 450 m** ⚡2, ⚡ – ✉ 11010

▶ Roma 760 – Aosta 20 – Colle del Gran San Bernardo 24 – Martigny 50

✗   **Suisse** con cam ⚘   ⚘ rist, ¶¶ 🆅🆂🅰 ⓒⓔ ⚓
      via Roma 26 – ℰ 01 65 78 09 06 – www.hotelsuisse.it – chiuso maggio,
      ottobre e novembre
      8 cam ⚏ – ❖45/57 € ❖❖80/90 € – ½ P 62/70 €
      Rist – *(chiuso giovedì escluso in luglio e agosto)* Carta 35/55 €
      ◆ A un passo dalla frontiera, in un agglomerato di poche abitazioni incu-
      neate fra due monti, una casa tipica del XVII secolo per assaporare le specia-
      lità valdostane. Camere confortevoli in un rustico adiacente.

SAINT VINCENT – Aosta (AO) – **561** E4 – 4 829 ab. – alt. 575 m   34 B2
– ✉ 11027 ▌ Italia Centro Nord

▶ Roma 722 – Aosta 28 – Colle del Gran San Bernardo 61 – Ivrea 46
🔎 via Roma 62, ℰ 0166 51 22 39, www.lovevda.it
◉ Località

🏢   **De La Ville** senza rist   🖼 ⚙ 🅰🅺 ⚘ ⚙ 🛏 🆅🆂🅰 ⓒⓔ 🅰🅾 ⓞ ⚓
      via Aichino 6 ang. via Chanoux – ℰ 01 66 51 15 02
      – www.hoteldelavillevda.it – chiuso dal 16 al 25 dicembre
      39 cam ⚏ – ❖75/110 € ❖❖95/150 € – 2 suites
      ◆ Nei pressi della centrale Via Chanoux, in area pedonale, un raffinato rifugio,
      curato e di buon gusto, con arredi in legno scuro, confort moderni ed
      estrema cordialità.

🏢   **Paradise** senza rist   ⚡ 🖼 🏠 🛏🛏 ⚙ 🚶 ¶¶ 🅿 🛏 🆅🆂🅰 ⓒⓔ 🅰🅾 ⓞ ⚓
      viale Piemonte 54 – ℰ 01 66 51 00 51 – www.hparadise.com
      32 cam – ❖65/75 € ❖❖100/130 €, ⚏ 8 €
      ◆ Graziosa hall con ricevimento, salottino e angolo per le colazioni, camere
      nuove, in legno chiaro e toni azzurri o salmone, comode; vicina al Casinò,
      una valida risorsa.

🏨   **Bijou**   🛏🛏 ⚙ 🅰🅺 ⚘ cam, ¶¶ 🆅🆂🅰 ⓒⓔ 🅰🅾 ⓞ ⚓
      piazza Cavalieri di Vittorio Veneto 3 – ℰ 01 66 51 00 67 – www.bijouhotel.it
      31 cam ⚏ – ❖60/70 € ❖❖90/120 € – 2 suites – ½ P 65/80 €
      Rist – *(chiuso martedì a mezzogiorno e lunedì)* Carta 27/36 €
      ◆ All'interno del centro storico, ma vicino ad un parcheggio comunale.
      Albergo da poco rinnovato con gusto e personalità. Interni allegri e camere
      affacciate sulla piazza. Ristorante indipendente, ma contiguo all'hotel.

🏠   **Olympic**   🏠 🅰🅺 ⚘ cam, ¶¶ 🆅🆂🅰 ⓒⓔ 🅰🅾 ⓞ ⚓
      via Marconi 2 – ℰ 01 66 51 23 77 – www.holympic.it – chiuso dal 6 al
      20 giugno e dal 24 ottobre all'8 novembre
      10 cam ⚏ – ❖55/80 € ❖❖85/110 € – ½ P 75 €
      Rist – *(chiuso martedì)* Carta 40/55 €
      ◆ Completamente rinnovato, un raccolto albergo centrale, a conduzione e
      andamento familiari; piccolo ricevimento e settore notte con camere nuove
      e comode. Salettina ristorante curata con una luminosa e panoramica
      veranda.

🏠   **Les Saisons** senza rist   ⚡ 🚗 🛏 ⚙ 🅿 🆅🆂🅰 ⚓
      via Ponte Romano 186 – ℰ 01 66 53 73 35 – www.hotellessaisons.com
      22 cam ⚏ – ❖45/50 € ❖❖75/80 €
      ◆ Posizione piuttosto tranquilla e panoramica, ai margini della cittadina:
      una casetta di recente costruzione, pulita e funzionale, con atmosfera fami-
      liare.

✗✗ Le Grenier   🔠 ⇄ 📶 ⚫ 🅰🅴 ⓪ ⅙

piazza Monte Zerbion 1 – ✆ *01 66 51 01 38 – www.ristorantelegrenier.com
– chiuso 15 giorni in luglio e mercoledì*
Rist *– (chiuso a mezzogiorno escluso venerdì, sabato, domenica e festivi)*
(consigliata la prenotazione) Carta 47/79 €
♦ Nel cuore di Saint-Vincent, la suggestione di un vecchio granaio (*grenier*, in
francese) con frumento a cascata, camino e utensili d'epoca alle pareti. Ma le
sorprese non finiscono qui: è il turno della cucina a sedurre gli ospiti, inaspettatamente moderna con qualche richiamo alle tradizioni valdostane.

✗✗ Batezar   🔠 📶 ⚫ 🅰🅴 ⓪ ⅙

via Marconi 1 – ✆ *01 66 51 31 64 – chiuso lunedì, martedì e i mezzogiorni di
mercoledì e giovedì*
Rist *–* Menu 45 € (pranzo)/55 € bc – Carta 48/83 € ✿
♦ Non lontano dal casinò si celebra una cucina versatile e assortita: un'anima
valdostana di salumi e polenta, diversi piatti di carne e proposte di pesce.

SALA BAGANZA – Parma (PR) – 562 H12 – 5 322 ab. – alt. 162 m   8 A3
– ✉ 43038

▶ Roma 472 – Parma 12 – Milano 136 – La Spezia 105

ℹ piazza Gramsci 1, ✆ 0521 33 13 42, www.comune.sala-baganza.pr.it

🏌 La Rocca via Campi 8, 0521 834037, www.golflarocca.com – chiuso 20 gironi in
gennaio e lunedì

🄶 Torrechiara★ : affreschi★ e ≼★ dalla terrazza del Castello Sud-Est : 10 km

✗ I Pifferi   🔠 🅿 📶 ⚫ 🅰🅴 ⓪ ⅙

via Zappati 36, Ovest : 1 km – ✆ *05 21 83 32 43 – www.ipifferi.com – chiuso
24-25 dicembre e lunedì*
Rist *–* Menu 30 € bc (pranzo)/35 € bc – Carta 29/46 €
♦ Un solo chilometro basta per abbandonare il paese ed entrare nel verde
del Parco Regionale dei Boschi di Carrega. Qui si trova un'antica stazione di
posta - risalente all'epoca di Maria Luigia - trasformata in ristorante: incantevole contesto per i piatti parmigiani di sempre.

SALA BOLOGNESE – Bologna (BO) – 562 I15 – 5 697 ab.   9 C3
– alt. 23 m – ✉ 40010

▶ Roma 393 – Bologna 20 – Ferrara 54 – Modena 42

✗ La Taiadèla   🔠 🅿 📶 ⚫ 🅰🅴 ⓪ ⅙

via Longarola 25, località Bonconvento, Est : 4 km – ✆ *05 1 82 81 43
– www.latajadela.it – chiuso 1 settimana in gennaio, 1 settimana in
giugno, domenica sera*
Rist *–* Carta 29/52 €
♦ Localino isolato nel verde della Bassa: dietro al semplice bar all'ingresso,
tre sale di cui una con veranda estiva, abbellita da vecchi oggetti. Piatti emiliani.

SALA COMACINA – Como (CO) – 561 E9 – 599 ab. – alt. 213 m   16 A2
– ✉ 22010

▶ Roma 643 – Como 26 – Lugano 39 – Menaggio 11

🏠 Taverna Bleu   ≼ 🖩 🛎 🔠 🅿 📶 ⚫ 🅰🅴 ⓪ ⅙

via Puricelli 4 – ✆ *0 34 45 51 07 – www.tavernableu.it – marzo-novembre*
15 cam ⌧ – ✝100 € ✝✝110/220 € – 2 suites
Rist *Taverna Bleu –* vedere selezione ristoranti
♦ Adiacente alla piccola darsena della navigazione lacustre, questo alberghetto affacciato sul lago dispone di un bel giardino con varie terrazze e
camere in arte povera.

✗ **Taverna Bleu** – Hotel Taverna Bleu   🖩 📶 ⚒ **P** 📼 ⓒ **AE** ⓪ 💰
via Puricelli 4 – ℰ 0 34 45 51 07 – www.tavernableu.it – marzo-novembre
Rist – *(chiuso martedì)* Carta 38/67 €
♦ Una fresca sala nei toni del colore da cui prende il nome e un romantico giardino affacciato sul lago. La cucina si fa apprezzare per le specialità del lago e per quelle del nuovo chef, attento alla qualità degli ingredienti che elabora.

SALEA – **Savona (SV)** – **561** J6 – **Vedere Albenga**

SALE MARASINO – **Brescia (BS)** – **561** E12 – **3 384 ab.**   **19** D1
– alt. 200 m – ☒ 25057
▶ Roma 558 – Brescia 31 – Bergamo 46 – Edolo 67

🏨 **Villa Kinzica**   ⪡ 🖩 🖢 🖾 🖢 ﹠ ⚒ 🖾 ⁇ **P** 🖾 📼 ⓒ ⓪ 💰
via Provinciale 1 – ℰ 03 09 82 09 75 – www.villakinzica.it
17 cam 🖵 – 🛏75/110 € 🛏🛏80/160 € – 1 suite – ½ P 70/110 €
Rist *L'Uliveto* – vedere selezione ristoranti
♦ Affacciata sul lago d'Iseo e separata da esso e dalla strada da un grazioso giardino, una bella villa con un patio esterno, ambienti e confort curati in ogni dettaglio.

✗✗ **L'Uliveto** – Hotel Villa Kinzica   📶 ﹠ 🖾 📼 ⓒ **AE** 💰
via Provinciale 1 – ℰ 03 09 86 71 02 – www.ristoranteuliveto.it
Rist – *(chiuso 2 settimane in novembre, 1 in gennaio, domenica sera e lunedì ad ottobre a maggio, lunedì a mezzogiorno da giugno a settembre)* Carta 36/66 €
♦ Al posto dei vecchi magazzini, un ristorante moderno e dai toni caldi, dove accomodarsi per gustare piatti regionali di terra, di mare, ma anche di lago, con spunti di creatività.

SALERNO Ⓟ **(SA)** – **564** E26 – **139 704 ab.** ▯ Italia   **6** B2
▶ Roma 263 – Napoli 52 – Foggia 154
🅸 piazza Vittorio Veneto 1, ℰ 089 23 14 32, www.turismoinsalerno.it
🅸 via Roma 258, ℰ 089 22 47 44
◉ Duomo★★ B – Via Mercanti★ AB – Lungomare Trieste★ AB
🅖 Costiera Amalfitana★★★

🏨 **Lloyd's Baia**   ⪡ 🅛 🖩 ﹠ cam, 🖾 🙼 ⚒ ⁇ 🖾 **P** 📼 ⓒ **AE** ⓪ 💰
via de Marinis 2, 3 km per ③ ☒ 84121 – ℰ 08 97 63 31 11 – www.lloydsbaiahotel.it
122 cam 🖵 – 🛏🛏59/240 € – 9 suites – ½ P 55/145 €
Rist – Carta 29/51 €
♦ Aggrappato alla roccia della costiera, grand hotel recentemente rinnovato, dotato di una terrazza con magnifica vista mare e di un comodo ascensore diretto per la spiaggia. D'estate è aperto anche un ristorante in riva al mare.

🏨 **Novotel Salerno Est Arechi**   ⪡ 🖾 🙼 🖢 🖩 ﹠ cam, ﹠ 🖾 🙼 ⁇
via Generale Clark 49, 5 km per ② ☒ 84131   🖢 **P** 🖾 📼 ⓒ **AE** ⓪
– ℰ 08 99 95 71 11 – www.novotel.com
112 cam – 🛏72 € 🛏🛏227 €, 🖵 12 € – 4 suites   **Rist** – Carta 32/59 €
♦ La certezza di un grande gruppo con i suoi consolidati standard di confort: l'attenzione verso i dettagli lo rende ideale per una clientela business, ma anche per le famiglie con bambini al seguito.

🏨 **Fiorenza** senza rist   🖾 ⁇ 🖢 **P** 🖾 📼 ⓒ **AE** ⓪ 💰
via Trento 145, località Mercatello, 3,5 km per ② ☒ 84131 – ℰ 0 89 33 88 00 – www.hotelfiorenza.it
30 cam 🖵 – 🛏55/72 € 🛏🛏72/107 €
♦ In posizione periferica, questa risorsa familiare è caratterizzata da camere funzionali e graziosi bagni colorati. Indirizzo ideale soprattutto per una clientela business.

SALERNO

0   300 m

Circolazione regolamentata nel centro città

XX Il Timone

AC VISA ⬤⬤ AE ⬧

via Salvador Allende 29/35, 4,5 km per ② ⊠ 84131 – ℰ 0 89 33 51 11
– chiuso domenica sera, lunedì
Rist – Carta 30/45 €

♦ Animazione e servizio veloce in un locale sempre molto frequentato, ideale per gustare del buon pesce fresco, che sta in mostra in sala e lì viene scelto dal cliente.

SALGAREDA – Treviso (TV) – **562** E19 – **5 215 ab.** – ⊠ 31040   **35** A1
◘ Roma 547 – Venezia 42 – Pordenone 36 – Treviso 23

XXX Marcandole

⌂ AC ⬧ P VISA ⬤⬤ AE ⬧

via Argine Piave 9, Ovest : 2 km
– ℰ 04 22 80 78 81 – www.marcandole.it
– chiuso mercoledì sera, giovedì
Rist – Carta 44/100 € ⌂

♦ Nei pressi dell'argine del fiume Piave, una giovane conduzione e due salette, eleganti e romantiche, o un gazebo, dove incontrare sapori di pesce assolutamente creativi.

SALICE TERME – Pavia (PV) – **561** H9 – alt. 171 m – ⊠ 27055   **16** A3

▶ Roma 583 – Alessandria 39 – Genova 89 – Milano 73

i via Diviani 11, ℰ 0383 9 12 07, www.provincia.pv.it

▣ via Diviani 8, 0383 933370, www.golfsaliceterme.it – chiuso gennaio e martedì

XXX **Il Caminetto**   ⌂ 冊 **P** 亙 ⓔⓔ AE 丘
*via Cesare Battisti 15 – ℰ 0 38 39 13 91 – www.ilcaminettodisaliceterme.it
– chiuso 1 settimana in gennaio, 1 settimana in novembre, domenica sera,
lunedì*
Rist – Carta 40/59 €
♦ Ristorante elegante, a salda conduzione familiare ormai di lunga tradizione:
un'accogliente sala con parquet, toni giallo-ocra e camino rifinito in marmo.
La cucina è classica italiana con alcuni piatti più legati al territorio.

XX **Guado**   ⌂ 冊 ⅍ 亙 ⓔⓔ ⓞ 丘
*viale delle Terme 57 – ℰ 0 38 39 12 23 – www.ristoranteguado.it – chiuso dal
26 dicembre al 15 gennaio, mercoledì, giovedì a mezzogiorno*
Rist – Carta 39/50 €
♦ Cucina d'impostazione classica e radici nella tradizione: paste fresche e
carni al forno tra le specialità. L'ambiente è accogliente con una sala da
pranzo curata e raccolta, leggermente *démodé*.

SALINA ISOLA Sicilia – Messina (ME) – **365** AQ55 – Vedere Eolie (Isole)

SALÒ – Brescia (BS) – **561** F13 – 10 707 ab. – alt. 75 m – ⊠ 25087   **17** D1
▮ Italia Centro Nord

▶ Roma 548 – Brescia 30 – Bergamo 85 – Milano 126

i piazza Sant'Antonio 4, ℰ 0365 2 14 23, www.provincia.brescia.it/turismo

▣ Gardagolf via Angelo Omodeo 2, 0365 674707, www.gardagolf.it – chiuso
lunedì dal 2 novembre al 15 marzo

▣ Il Colombaro via del Colombaro 1, 0365 43327, www.ilcolombaro.it

◉ Località ★ – Polittico ★ nel Duomo

▥▥▥ **Laurin**   ⊟ ⌂ ⅃ ⌷ 冊 cam, ⅍ rist, ⁓ ⅍ **P** 亙 ⓔⓔ AE ⓞ 丘
viale Landi 9 – ℰ 0 36 52 20 22 – www.laurinsalo.com – marzo-ottobre
32 cam – ♦100/145 € ♦♦125/300 €, ⌷ 15 € – ½ P 195 €
Rist – Carta 45/65 €
♦ Bella villa liberty con saloni affrescati e giardino con piscina; interni con arredi,
oggetti, dettagli del repertorio dell'Art Nouveau, per un romantico relax sul Garda.
Piatti classici rivisitati serviti tra un tripudio di decori floreali, dipinti, colonne.

▥▥▥ **Villa Arcadio**   ⋖ ⓐ ⌂ ⌗ 冊 cam, ⅍ rist, ⁓ **P** 亙 ⓔⓔ AE ⓞ 丘
*via Palazzina 2, località Villa di Salò, Sud: 3 km – ℰ 0 36 54 22 81
– www.hotelvillaarcadio.it – 23 marzo-ottobre*
18 cam ⌷ – ♦170/250 € ♦♦230/350 € – 1 suite   **Rist** – Carta 38/74 €
♦ Elegante risultato della ristrutturazione di un monastero del XIX secolo all'interno di un immenso parco, con piscina e terrazze panoramiche. Ambienti raffinati
che fondono modernità e charme, camere sobrie ma curate nella loro semplicità.

▥▥ **Bellerive**   ⋖ ⅃ ⌷ ⅍ rist, 冊 ⅍ rist, ⁓ ⅍ **P** 亙 ⓔⓔ AE ⓞ 丘
*via Pietro da Salò 11 – ℰ 03 65 52 04 10 – www.hotelbellerive.it – chiuso dal
15 dicembre al 15 gennaio*
49 cam ⌷ – ♦150/225 € ♦♦175/275 € – 6 suites   **Rist** – Carta 45/70 €
♦ Affacciato sul porticciolo turistico, un gradevole hotel di color bianco che
spicca in riva al lago blu; bella piscina circondata da un giardino alla provenzale. Sala ristorante con arredi minimal chic.

▥▥ **Vigna** senza rist   ⋖ ⌷ 冊 ⁓ 亙 ⓔⓔ ⓞ 丘
*lungolago Zanardelli 62 – ℰ 03 65 52 01 44 – www.hotelvignasalo.it – chiuso
dal 1° dicembre al 1° febbraio*
27 cam – ♦65/130 € ♦♦85/150 €, ⌷ 10 €
♦ Sullo splendido lungolago rinnovato e pedonalizzato, camere semplici ma
accoglienti: buona parte con vista sull'acqua.

⌂ Locanda del Benaco ⟨ 🛎 📶 👗 VISA ⓒⓞ AE ① ⚕

*lungolago Zanardelli 44 – ℰ 0 36 52 03 08 – www.benacohotel.com – chiuso
dal 15 gennaio al 15 marzo*
19 cam ⬜ – ♦70/90 € ♦♦105/130 € – ½ P 100 €
Rist – *(chiuso martedì)* Carta 35/45 €
♦ Un albergo da poco rinnovato, in felice posizione sul lungolago, in area
chiusa al traffico: centrale, ma tranquillo, offre camere confortevoli e conduzione familiare. Fresca veranda con un panorama delizioso, sul Garda e il territorio, per pasti estivi.

✗✗ Antica Trattoria alle Rose 🛖 ✿ P VISA ⓒⓞ AE ① ⚕

*via Gasparo da Salò 33 – ℰ 0 36 54 32 20 – www.trattoriaallerose.it – chiuso
mercoledì*
Rist – (consigliata la prenotazione) Carta 37/56 € 🏵
♦ Familiare e simpatico, moderno e vivace: la cucina si destreggia tra le specialità locali, lacustri innanzitutto, e bresciane per quel che riguarda la carne.

✗✗ Alla Campagnola 🛖 P VISA ⓒⓞ AE ① ⚕

*via Brunati 11 – ℰ 0 36 52 21 53 – www.lacampagnoladisalo.it – chiuso
febbraio, lunedì, martedì a mezzogiorno*
Rist – Carta 34/56 € 🏵
♦ Non direttamente sul lago, un ambiente piacevole, dai toni caldi, tipici di
certe vecchie osterie, e tuttavia oggi raffinato; impronta familiare e ampia
terrazza-veranda.

✗ Osteria dell'Orologio AE VISA ⓒⓞ AE ① ⚕

*via Butturini 26 – ℰ 03 65 29 01 58 – www.osteriadellorologio.it – chiuso
mercoledì*
Rist – Carta 31/44 € 🏵
♦ Una sosta veloce per un bicchiere e qualche stuzzichino oppure un pasto
completo? A voi la scelta, entrambe le soluzioni sono possibili in questa trattoria giovane e informale, in centro paese.

✗ La Rosa dei Venti 🛖 VISA ⓒⓞ ⚕

lungolago Zanardelli 27 – ℰ 03 65 29 07 47
Rist – Carta 38/50 €
♦ Piccolo ristorante sul lungolago, con pochi tavoli all'interno ed un piacevole spazio all'aperto (riscaldato, all'occorrenza). Cucina moderna con notevoli
spunti d'interesse.

a Barbarano Nord-Est : 2,5 km verso Gardone Riviera – ✉ 25087

🏨 Spiaggia d'Oro ⌘ ⟨ 🚗 🛖 ⼻ 🛎 AE 🍴 rist, ☎ 🛁 P

via Spiaggia d'Oro 15 – ℰ 03 65 29 00 34 VISA ⓒⓞ AE ① ⚕
– www.hotelspiaggiadoro.com – aprile-ottobre
36 cam ⬜ – ♦90/150 € ♦♦120/240 € – ½ P 90/150 €
Rist *La Veranda* – *(chiuso lunedì)* Carta 33/49 €
♦ Prospiciente il porticciolo di Barbarano e dotato di un giardino direttamente sul lago, gradevole hotel con piscina dotato di un'ottima offerta wellness e Spa. Rinomato ristorante con piatti creativi che rielaborano prodotti di
ogni regione d'Italia.

SALSOMAGGIORE TERME – Parma (PR) – 562 H11 – 20 146 ab.   8 A2
– alt. 157 m – ✉ 43039

▶ Roma 488 – Parma 30 – Piacenza 52 – Cremona 57
ℹ Galleria Warowland piazzale Berzieri, ℰ 0524 58 02 11,
www.portalesalsomaggiore.it.
🔟₈ Case Carancini 105/A, 0524 574128 – chiuso gennaio e mercoledì

Pianta pagina seguente

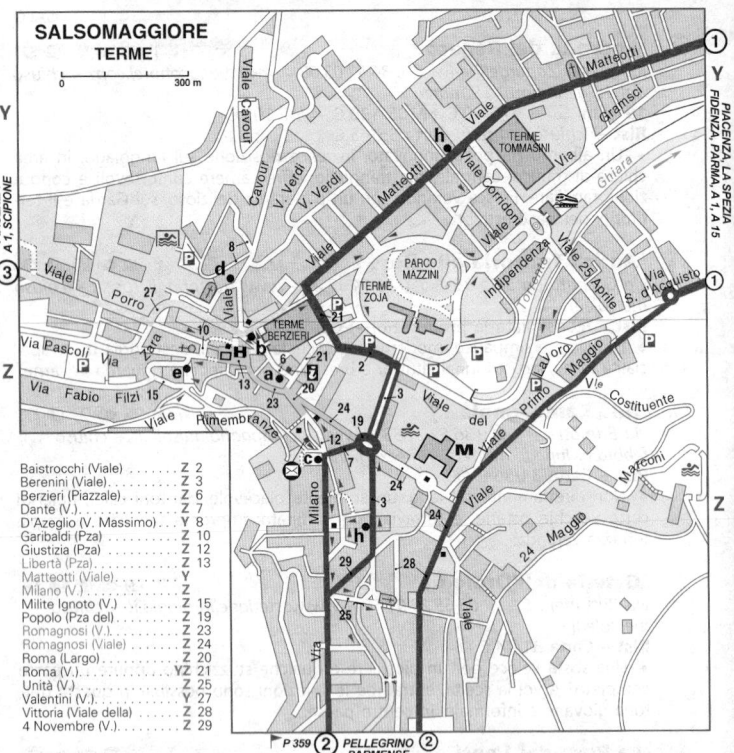

SALSOMAGGIORE TERME

🠔 P 359 ② PELLEGRINO PARMENSE ②

🏨 Villa Fiorita   🕉 🛗 ᕐ ☂ 🅰🅲 ⚡ rist, ⁽ᵗ⁾ ♨ 🅿 🚗 🆅🅸🆂🅰 ⓒⓞ 🅰🅴 ⓞ ♿

via Milano 2 – ℰ 05 24 57 38 05 – www.hotelvillafiorita.it – chiuso dal 18 al 29 dicembre   Z**c**

48 cam ☲ – ♦80/140 € ♦♦110/190 € – 4 suites – ½ P 105 €
Rist – *(chiuso dal 18 al 29 dicembre e luglio)* Menu 35/50 €

♦ Centralissimo albergo rinnovato recentemente grazie all'impegno della nuova conduzione familiare. Ottimo confort sia nelle camere che negli spazi comuni. Comodo parcheggio.

🏨 Romagnosi   🛗 ᕐ 🅰🅲 ⚡ rist, ⁽ᵗ⁾ 🅿 🆅🅸🆂🅰 ⓒⓞ 🅰🅴 ♿

piazza Berzieri 3 – ℰ 05 24 57 65 34 – www.albergoromagnosi.it – chiuso dal 20 al 26 dicembre   Z**a**

36 cam ☲ – ♦70/150 € ♦♦105/200 € – 3 suites
Rist – *(chiuso a mezzogiorno dal 15 novembre al 30 marzo)* Carta 30/40 €

♦ Affacciate sul corso o sulle terme, le camere di questo palazzo settecentesco sono tutte nuove, eleganti con un tocco di rusticità nei soffitti con travi a vista. Gestione familiare. Moderna e luminosa la sala da pranzo.

🏨 Kursaal   🗜 ᕐ 🅰🅲 ⚡ rist, ⁽ᵗ⁾ ♨ 🆅🅸🆂🅰 ⓒⓞ ♿

😊 *via Romagnosi 1 – ℰ 05 24 58 40 90 – www.hotelkursaalsalso.it – 19 marzo-18 novembre*   Z**b**

40 cam ☲ – ♦45/80 € ♦♦85/130 € – ½ P 90 €
Rist – Carta 18/30 €

♦ Un soffio di modernità in questa classica località; ambienti moderni, minimalisti ed essenziali per chi non ama il superfluo.

Ritz Ferrari 🔲 🕸 🏠 🖈 📶 🔞 ❄ 📡 🕍 🅿️ 🆚 🆚 🔥

viale Milite Ignoto 5 – 𝒞 05 24 57 77 44 – www.hotelrizferrari.it
– 26 dicembre-7 gennaio e marzo-15 novembre **Ze**
34 cam ⌷ – †75/90 € ††100/155 € – ½ P 85/105 €
Rist – *(solo per alloggiati)* Carta 35/48 €
♦ Grazie ad una dinamica gestione familiare, che ha effettuato importanti lavori di rinnovo nel corso degli anni, l'albergo dispone ora di confortevoli camere e di uno tra i più attrezzati centri benessere della località. Luminosa e ospitale sala da pranzo, dove gustare genuine ricette emiliane.

Excelsior 🔲 🛗 🖈 📶 cam, ❄ rist, 📶 🅿️ 🚗 🆚 🆚 🅾️ 🔥

viale Berenini 3 – 𝒞 05 24 57 56 41 – www.hotelexcelsiorsalsomaggiore.it
– marzo-novembre **Zh**
60 cam ⌷ – †55/65 € ††70/90 € – ½ P 55/65 €
Rist – *(solo per alloggiati)* 25 €
♦ Posizione centrale, nei pressi del Palazzo dei Congressi e delle Terme, per questa struttura a conduzione familiare con camere semplici ed essenziali. Non trascurabili i servizi offerti: solarium con bagno turco ed idromassaggio, piscina coperta e piccola palestra.

Elite 🚃 🖈 🖇 cam, 📶 ❄ rist, 📶 🅿️ 🚗 🆚 🆚 🔥

viale Cavour 5 – 𝒞 05 24 57 94 36 – www.hotelelitesalsomaggiore.it
28 cam ⌷ – †55/75 € ††110/130 € – ½ P 80 € **Yd**
Rist – *(solo per alloggiati)*
♦ Esperta gestione familiare per questa originale struttura in parte con pietra a vista, che dispone di camere semplici, ma corrette negli spazi e nella tenuta.

Nazionale 🚃 🖈 🖈 ❄ rist, 🆚 🆚 🅾️ 🔥

viale Matteotti 43 – 𝒞 05 24 57 37 57 – www.albergonazionalesalsomaggiore.it
– 26 dicembre-6 gennaio e marzo-7 novembre **Yh**
42 cam – †55/70 € ††90/130 €, ⌷ 10 € **Rist** – Carta 26/46 €
♦ Piccolo albergo a gestione familiare, semplice nella struttura, ma reso "grande" da una sincera e costante attenzione dei titolari per il benessere dei clienti. Ristorante ben organizzato, propone gustose ricette classiche.

a Cangelasio Nord-Ovest : 3,5 km – ✉ 43039 Salsomaggiore Terme

↑ Agriturismo Antica Torre 🐾 ⇐ 🚃 🏡 🔲 ❄ rist, 🕍 🅿️

Case Bussandri 197 – 𝒞 05 24 57 54 25 – www.anticatorre.it
– marzo-novembre
8 cam ⌷ – †55/65 € ††90/110 € – 3 suites – ½ P 75 €
Rist – *(solo per alloggiati)*
♦ Sulle colline attorno a Salsomaggiore, un complesso rurale seicentesco con torre militare risalente al 1300: bella e piacevole realtà di campagna ove l'ospitalità è di casa.

SALTUSIO = SALTAUS – Bolzano (BZ) – Vedere San Martino in Passiria

---

SALUDECIO – Rimini (RN) – **562** K20 – 2 973 ab. – alt. 343 m **9 D3**
– ✉ 47835

▶ Roma 393 – Bologna 152 – Pesaro 33 – Rimini 37
🅸 piazza Beato Amato Ronconi 1, 𝒞 0541 98 17 57, www.comunesaludecio.it

✕✕ Locanda Belvedere con cam 🐾 ⇐ 🏡 🔲 🖈 📶 🅿️ 🆚 🆚 🔥

via San Giuseppe 736, frazione San Rocco – 𝒞 05 41 98 21 44
– www.belvederesaludecio.it
8 cam ⌷ – †70/100 € ††80/100 € – ½ P 65/75 €
Rist – *(chiuso martedì)* (prenotazione obbligatoria a mezzogiorno) Carta 42/62 €
♦ La semplice trattoria-pizzeria è oggi un locale elegante avvolto da una calda accoglienza familiare. Nella nuova sala panoramica una cucina moderna che, tuttavia, non neglige i prodotti del territorio. Belle e accoglienti camere, arredate con buon gusto e mobili d'epoca. Tutte affacciate sulla vallata.

SALUZZO – Cuneo (CN) – 561 I4 – 16 877 ab. – alt. 340 m — ⊠ 12037 ▮ Italia Centro Nord

22 B3

▶ Roma 662 – Cuneo 32 – Torino 58 – Asti 76

🛈 piazzetta Mondagli 5, *6* 0175 4 67 10, www.comune.saluzzo.cn.it

🖻 Castellar via La Morra 8 bis, 0175 055227, www.golfcastellar.it – chiuso martedì

◉ Casa Cavassa★ - S. Giovanni★

🖫 Affreschi★★ nel castello della Manta: 4 km a sud - Abbazia di Staffarda★: 10 km a nord - Castello di Racconigi★★: 14 km a nord sulla SS 20

San Giovanni ⊁ ≤ 🛊 🕅 🛠 cam, ❞ 🛦 🅿 ᴠɪꜱᴀ ᴏᴏ ᴀᴇ 🖕

via San Giovanni 9/a – 6 0 17 54 54 20 – www.sangiovanniresort.it

13 cam �syℸ – †80/90 € ††110/135 € – ½ P 91/104 €

Rist Trattoria al Convento – *(chiuso domenica sera, lunedì) (chiuso a mezzogiorno)* Carta 29/47 €

♦ In un convento del '400 con un bel chiostro, una sala capitolare ed un refettorio - oggi sala riunioni - camere ricavate negli antichi ambienti, ma solo due in ex cellette. Un albergo suggestivo, dove anche l'apparente difficoltà nel raggiungerlo è sormontabile contattando la réception (pass per accedere alla ZTL).

Antico Podere Propano senza rist 🚗 🛊 🕭 🕅 ❞ 🛦 🅿
ᴠɪꜱᴀ ᴏᴏ ᴀᴇ 🖕

via Torino 75 – 6 01 75 24 80 87 – www.anticopoderepropano.com

29 cam ⊒ – †70/110 € ††90/120 € – 1 suite

♦ All'ingresso del paese con alle spalle i campi aperti, una cinquecentesca proprietà agricola si è trasformata da qualche anno in ospitale country-hotel dotato di camere molto confortevoli e spaziose.

Griselda senza rist 🛊 🕅 ↯ 🛠 🛦 🅿 🚗 ᴠɪꜱᴀ ᴏᴏ ᴀᴇ 🖕

corso 27 Aprile 13 – 6 0 17 54 74 84 – www.hotelgriselda.it

34 cam ⊒ – †60/95 € ††80/135 €

♦ Non lontana dal centro storico, una struttura in vetro e cemento caratterizzata da camere funzionali e confortevoli. La gestione seria ed affidabile rende questa risorsa perfetta per una clientela business.

La Gargotta del Pellico ᴠɪꜱᴀ ᴏᴏ ᴀᴇ ① 🖕

piazzetta Mondagli 5 – 6 0 17 54 68 33 – chiuso martedì, mercoledì a mezzogiorno

Rist – Carta 22/34 €

♦ In pieno centro, a due passi dalla casa natale di Silvio Pellico, due salette con pochi tavoli ed un arredo essenziale, ma curato, dove attendere sapori piemontesi rivisitati e qualche piatto di pesce.

Taverna San Martino 🕅 ᴠɪꜱᴀ ᴏᴏ ᴀᴇ ① 🖕

corso Piemonte 109 – 6 0 17 54 20 66 – www.tavernasanmartino.com – chiuso dal 1° al 20 agosto, lunedì sera, martedì sera, mercoledì

Rist – Carta 21/31 €

♦ Un piccolo ristorante con un'unica saletta, ordinata e curata nei particolari: quadri, travi in legno e sedie impagliate. Nel piatto specialità casalinghe e ricette piemontesi.

SALVAROSA – Treviso (TV) – Vedere Castelfranco Veneto

SAMBUCO – Cuneo (CN) – 561 I3 – 94 ab. – alt. 1 184 m — ⊠ 12010

22 B3

▶ Roma 657 – Cuneo 46 – Alessandria 171 – Asti 136

Della Pace con cam ⊁ ≤ 🚗 🛠 cam, 🛦 ᴠɪꜱᴀ ᴏᴏ ᴀᴇ ① 🖕

via Umberto I 32 – 6 0 17 19 65 50 – www.albergodellapace.com – chiuso 10 giorni in giugno, ottobre o novembre

14 cam ⊒ – †35/50 € ††67/70 € **Rist** – *(chiuso lunedì)* Carta 20/32 €

♦ Le finestre della luminosa sala si affacciano sulle granitiche guglie del monte Bersaio, dalla cucina fanno invece capolino specialità occitane: paste fatte in casa ed ottime carni. Vivamente consigliato l'agnello sambucano.

SAMPÈYRE – Cuneo (CN) – 561 I3 – 1 098 ab. – alt. 976 m
– ✉ 12020

▶ Roma 680 – Cuneo 49 – Milano 238 – Torino 88

Torinetto ⊱   ≼ 🚗 🏊 ₤ 🛏 ⛷ ⚄ 🏌 🅿 VISA ⓒ AE ① 💳
borgata Calchesio 7, Ovest : 1,5 km – ✆ 01 75 97 71 81
74 cam – †30/60 € ††50/80 €, ☲ 5 € – ½ P 50 €   **Rist** – Carta 21/37 €
◆ Poco lontano dalla statale, ma in posizione tranquilla, hotel di montagna dai tipici arredi lignei. Disponibilità anche di appartamenti ad uso settimanale e, per i più sportivi, un bel rifugio (1850 m). Cucina casalinga.

SAN PIETRO AL PICCOLO MARE – Taranto (TA) – Vedere Taranto

SAN BARTOLOMEO – Reggio Emilia (RE) – Vedere Reggio nell'Emilia

---

SAN BARTOLOMEO AL MARE – Imperia (IM) – 561 K6
– 3 126 ab. – ✉ 18016

▶ Roma 606 – Imperia 7 – Genova 107 – Milano 231

ℹ piazza XXV Aprile 1, ✆ 0183 40 02 00, www.visitrivieradeifiori.it

Bergamo   🏊 🛗 AC rist, ⚄ rist, 🍴 🚗 VISA ⓒ 💳
via Aurelia 15 – ✆ 01 83 40 00 60 – www.hotelbergamomare.it
– aprile-10 ottobre
52 cam ☲ – †60/70 € ††80/110 € – ½ P 76 €   **Rist** – Menu 25 €
◆ Sulla via Aurelia eppure poco lontano dal mare, confortevole hotel a gestione familiare ormai in auge da parecchi anni, offre un ambiente accogliente e vasti spazi comuni. Classica e luminosa la sala da pranzo, cinta da vetrate continue.

La Femme   ₤ AC VISA ⓒ 💳
via Cesare Battisti 58 – ✆ 01 83 49 31 25 – www.ristorantelafamme.com
– chiuso 10 giorni in maggio, 10 giorni in ottobre, lunedì, martedì e mercoledì in inverno (escluse festività)
Rist – (consigliata la prenotazione) Carta 30/55 €
◆ All'interno di un centro residenziale, affacciato sulla piscina del complesso e, sullo sfondo, il Santuario della Rovere, il ristorante si sottrae al caos rivierasco per proporre una cucina talentuosa, prevalentemente di mare.

SAN BASILIO – Rovigo (RO) – 562 H18 – Vedere Ariano nel Polesine

---

SAN BENEDETTO – Firenze (FI) – Vedere Montaione

SAN BENEDETTO DEL TRONTO – Ascoli Piceno (AP)
– 563 N23 – 48 036 ab. – ✉ 63039

▶ Roma 231 – Ascoli Piceno 39 – Ancona 89 – L'Aquila 122

ℹ viale delle Tamerici 3/5, ✆ 0735 59 22 37, www.rivieradellepalme.com

Progresso   ≼ 🏖 🛗 ⛷ AC ⚄ rist, 📞 🏌 VISA ⓒ AE 💳
viale Trieste 40 – ✆ 0 73 58 38 15 – www.hotelprogresso.it
39 cam – †50/100 € ††90/160 €, ☲ 7 € – ½ P 95 €
Rist – (marzo-ottobre) Carta 30/42 €
◆ Sul bel lungomare di San Benedetto, questo hotel degli anni '20 ha mantenuto il proprio stile architettonico Liberty, ad eccezione delle camere all'ultimo piano più moderne. Cucina nazionale e tante proposte di pesce nella luminosa sala ristorante.

Solarium   ≼ 🏖 🛗 ⛷ AC ⚄ rist, 🍴 🅿 VISA ⓒ AE 💳
viale Europa 102 – ✆ 0 73 58 17 33 – www.hotelsolarium.it
– chiuso dal 1° dicembre al 1° marzo
55 cam ☲ – †80 € ††125 € – ½ P 105 €
Rist – (chiuso lunedì a mezzogiorno) Carta 35/71 €
◆ Una struttura di color giallo, affacciata direttamente sulla passeggiata mare e rinnovata di recente in molti settori; è ideale punto di riferimento per tutto l'anno. Moderno ambiente nella sala da pranzo, con vetrate continue e colonne rosse.

a Porto d'Ascoli Sud : 5 km – ⊠ 63037

🏨🏨🏨 **Imperial** 🚗 ⚓ 🛁 🏠 🖥 🏊 ⛲ cam, 🅰🅲 ↔ ⚒ ⚑ 🅿 𝚟𝚒𝚜𝚊 ⓿ 🅰🅴 🛎
via Indipendenza 25 – ℰ 07 35 75 11 58 – www.hotelimperial.it – chiuso dal 6 dicembre al 10 gennaio
53 cam � – ♦80/120 € ♦♦100/150 € – 3 suites – ½ P 110 €
Rist – *(chiuso dal 15 ottobre al 31 dicembre e domenica) (chiuso a mezzogiorno)* Carta 49/88 €
♦ A pochi metri dal mare, valide soluzioni tecnologiche per una risorsa funzionale a gestione familiare. Ai primi due piani: camere standard, ma comunque di buon livello. Al terzo e al quarto: stanze superior, moderne e aggiornatissime. Ambienti colorati nella zona ristorante.

SAN BENEDETTO DI LUGANA – Verona (VR) – **Vedere Peschiera del Garda**

SAN BENEDETTO PO – Mantova (MN) – **561** G14 – **7 748 ab.**   **17 D3**
– alt. 19 m – ⊠ 46027

🔺 Roma 457 – Verona 58 – Mantova 23 – Modena 60
ℹ️ piazza Teofilo Folengo 22, ℰ 0376 62 30 36,
   www.comune.san-benedetto-po.mn.it

🏠 **Agriturismo Corte Medaglie d'Oro** senza rist 🌿   🚗 🅿
*strada Argine Secchia 63, Sud-Est : 4 km – ℰ 03 76 61 88 02
– www.cortemedagliedoro.it*
5 cam ⊡ – ♦40/70 € ♦♦54/70 €
♦ Un angolo incontaminato della Bassa più autentica, a pochi metri dall'argine del Secchia. Originale atmosfera rurale, immersi tra i frutteti e accolti con passione.

🍴🍴 **L'Impronta** 🅰🅲 ↔ 🅿 𝚟𝚒𝚜𝚊 ⓿ 🅰🅴 ⓪ 🛎
via Gramsci 10 – ℰ 03 76 61 58 43 – chiuso lunedì
Rist – *(prenotare)* Carta 28/38 €
♦ Un grazioso edificio d'epoca, restaurato e tinteggiato d'azzurro. In cucina uno chef che ama proporre una cucina personalizzata con estro, partendo dai prodotti del mantovano.

a San Siro Est : 6 Km – ⊠ 46027 San Benedetto Po

🍴 **Al Caret** 🅰🅲
via Schiappa 51 – ℰ 03 76 61 21 41 – chiuso dal 10 al 20 agosto e lunedì
Rist – *(consigliata la prenotazione)* Carta 22/27 €
♦ Il ristorante non ha alcun tipo d'insegna, attenzione quindi al numero civico! Una volta trovato, lasciatevi avvolgere dalla sua calda accoglienza. In una sala semplice, ma ben tenuta, piatti locali e carne di bufala: la specialità della casa.

SAN BERNARDINO – Torino (TO) – **Vedere Trana**

SAN BERNARDO – Torino (TO) – **Vedere Ivrea**

SAN BERNARDO – Genova (GE) – **Vedere Bogliasco**

SAN BONIFACIO – Verona (VR) – **562** F15 – **20 255 ab.**   **35 B3**
– alt. 31 m – ⊠ 37047

🔺 Roma 523 – Verona 24 – Milano 177 – Rovigo 71

XXX **Relais Villabella** con cam 🛏️   🚗 🛋️ 🌳 🔟 📶 ♨️ 🅿️ 💳 🔞 AE 🔥
via Villabella 72, Ovest : 2 km – 𝒞 04 56 10 17 77 – www.relaisvillabella.it
– chiuso gennaio
12 cam 🛏️ – ❗55/95 € ❗❗120/180 € – 9 suites
Rist – *(chiuso lunedì, martedì, sabato a mezzogiorno e domenica)*
Carta 39/48 €
♦ Tra i vigneti della Bassa Veronese, un relais di campagna ricavato da una elegante struttura colonica; per una pausa culinaria riservata scegliete la sala riscaldata da un camino intima e romantica. Ricche di fascino e di confort le camere, completate da graziosi piccoli bagni in marmo rosa.

SAN CANDIDO (INNICHEN) – Bolzano (BZ) – 562 B18 – 3 198 ab.   31 D1
– alt. 1 175 m – Sport invernali : – ✉️ 39038 ▯ Italia Centro Nord
🚗 Roma 710 – Cortina d'Ampezzo 38 – Belluno 109 – Bolzano 110
🅸 piazza del Magistrato 1, 𝒞 0474 91 31 49, www.provinz.bz.it
◉ Località★ – Collegiata★

🏠🏠🏠 **Dolce Vita Family Chalet Postalpina** senza 🛏️ 🛏️   🔥 🚗
via Elmo 9, località   🔟 🔆 ⊕ 🦶 🛋️ ⊟ 👣 🌿 🅿️ 🚗 💳 🔞 AE 🔥
Versciaco, Est 3 Km – 𝒞 04 74 91 31 33 – www.posthotel.it – chiuso maggio e novembre
60 suites – ❗❗ 98/190 €   **Rist** – Carta 37/57 €
♦ Un piccolo borgo a se stante, creato da dieci chalet e da un edificio centrale: piacevole giardino ed armonioso centro benessere per una vacanza tra natura e relax. Nella romantica sala da pranzo, specialità altoatesine e piatti d'ispirazione mediterranea.

🏠🏠🏠 **Panoramahotel Leitlhof** 🛏️   🔥 🚗 🛋️ 🔟 ⊕ 🦶 🛋️ 👣 🌿 rist,
via Pusteria 29 – 𝒞 04 74 91 34 40   🅿️ 💳 🔞 🔥
– www.leitlhof.com – 7 dicembre-4 marzo e 29 giugno-4 ottobre
37 cam 🛏️ – ❗78/217 € ❗❗156/338 € – ½ P 135/174 €
Rist – *(solo per alloggiati)*
♦ In tranquilla posizione periferica, con bel panorama su valle e Dolomiti, hotel recentemente ristrutturato con sapiente utilizzo del legno; attrezzato centro benessere.

🏨 **Cavallino Bianco-Weisses Rossl**   🔟 ⊕ 🦶 🛋️ 👣 🔟 cam,
via Duca Tassilo 1   🌿 cam, 📶 🅿️ 🚗 💳 🔞 AE ⓞ 🔥
– 𝒞 04 74 91 31 35 – www.cavallinobianco.info – 15 dicembre-1° aprile e 21 giugno-1° ottobre
42 cam 🛏️ – ❗79/160 € ❗❗140/280 € – 12 suites   **Rist** – Carta 25/38 €
♦ Le Dolomiti dell'Alta Pusteria fanno da cornice a questo piacevole hotel nella zona pedonale del centro: un susseguirsi di sorprese e cortesia, soprattutto per famiglie. Nell'accogliente stube dalle pareti rivestite in massello, una cucina d'ispirazione moderna.

🏨 **Parkhotel Sole Paradiso-Sonnenparadies** 🛏️   🚗 ⚙️ 🔟
via Sesto 13 – 𝒞 04 74 91 31 20   ⊕ 🦶 🌿 🛋️ 🌿 rist, ♨️ 🅿️ 💳 🔞 🔥
– www.sole-paradiso.com – dicembre-marzo e giugno-15 ottobre
42 cam 🛏️ – ❗90/180 € ❗❗150/250 € – 15 suites   **Rist** – Carta 32/49 €
♦ Un caratteristico chalet in un parco pineta, un hotel d'inizio secolo scorso in cui entrare e sentirsi riportare indietro nel tempo; fascino, con tocchi di modernità. Al ristorante gradevoli arredi tipici e cucina del territorio.

🏨 **Helmhotel**   🔥 🚗 🔟 🦶 🛋️ 🌿 rist, 🅿️ 💳 🔞 🔥
☯️ *via Bolzano 2 – 𝒞 04 74 91 00 42 – www.helmhotel.com – dicembre-15 aprile e 15 maggio-15 ottobre*
30 cam 🛏️ – ❗50/100 € ❗❗80/180 € – ½ P 50/100 €
Rist – *(solo per alloggiati)*
Rist *Helmhotel Ristorante e Pizzeria* – Carta 21/62 €
♦ Particolarmente adatto per le famiglie, la sua versatilità non mancherà di risultare gradita anche ai single, grazie ai suoi ambienti moderni e lineari, in stile rigorosamente montano. Nell'omonimo ristorante si servono specialità regionali, italiane e l'immancabile pizza (dal forno a legna).

Villa Stefania 🕭   🎏 ❄ 🔲 ⓦ 🕭 ₤ 🕭 ᕇ cam, ↟↟ ✗ rist, ᵗ 🕭 📶   VISA ㏇ 🕭
via al Ponte dei Corrieri, 1 – ℰ 04 74 91 35 88
– www.villastefania.com – chiuso dal 10 aprile al 30 maggio e dal 7 ottobre al 1° dicembre
36 cam ⊻ – †80/145 € ††150/260 € – 2 suites – ½ P 140 €
Rist – (prenotazione obbligatoria) Carta 36/56 €

♦ A due passi dall'isola pedonale, in posizione panoramica e tranquilla, questa piacevole struttura immersa nel verde vi accogliervi in un caldo abbraccio per farvi scordare lo stress e illustrarvi le bellezze dei monti. A disposizione camere nuove o più "nostalgiche".

Dolce Vita Alpina Post Hotel   🔲 🕭 ᕇ ↟↟ ✗ ᵗ 📶 🚘   VISA ㏇ AE 🕭
via dei Benedettini 11/c – ℰ 04 74 91 31 33
– www.posthotel.it – 17 dicembre-23 marzo e 10 giugno-21 ottobre
40 cam ⊻ – †69/125 € ††164/248 €   **Rist** – (solo per alloggiati)
♦ Un esercizio di antica tradizione, in pieno centro: camere classiche e luminose, nonché gradevoli spazi comuni. Amena la terrazza-solarium con bella vista sui dintorni.

SAN CASCIANO DEI BAGNI – Siena (SI) – 563 N17 – 1 698 ab.   29 D3
– alt. 582 m – ✉ 53040

▶ Roma 158 – Siena 90 – Arezzo 91 – Perugia 58

Fonteverde 🕭   ← 🔲 🔲 ⓦ 🕭 ₤ 🕭 🕭 ↟↟ AC ✗ rist, ᵗ 📶
località Terme 1 – ℰ 0 57 85 72 41   VISA ㏇ AE ① 🕭
– www.fonteverdespa.com
78 cam ⊻ – †280/345 € ††355/590 € – 15 suites – ½ P 214/331 €
Rist – (chiuso la sera) Menu 30 €
Rist Ferdinando I – (chiuso a mezzogiorno) Carta 48/74 €

♦ L'affascinante residenza medicea custodisce ambienti eleganti e camere in stile rinascimentale con bagni in marmo, ma dotate dei moderni confort. Proverbiali: le terme e il centro benessere. La cena è servita nell'elegante Ferdinandol: la cucina tradizionale si presenta accanto a piatti di ispirazione moderna.

Sette Querce   🎏 ᕇ AC ✗ rist, ᵗ VISA ㏇ AE ① 🕭
viale Manciati 2 – ℰ 0 57 85 81 74 – www.settequerce.it
9 cam ⊻ – †90/110 € ††130/210 €
Rist Daniela – piazza Matteotti 7, ℰ 0 57 85 82 34 (chiuso mercoledì da novembre a marzo) Carta 38/48 € (+10 %)

♦ All'ingresso del paese, un'antica locanda degli anni '30 è diventata un accogliente albergo, praticamente privo di aree comuni, ma dotato di ampie camere con angolo cottura.

a Celle sul Rigo Ovest : 5 km – 563 N17 – ✉ 53040

✗✗ **Il Poggio** con cam 🕭   ← 🎏 ❄ 🔲 AC ✗ cam, ᵗ 📶 📶 VISA ㏇ AE ① 🕭
– ℰ 0 57 85 37 48 – www.ilpoggio.net – chiuso dal 15 gennaio al 20 febbraio
5 cam ⊻ – †140/160 € ††190/220 € – 3 suites – ½ P 130/145 €
Rist – (chiuso martedì in aprile-settembre, da lunedì a venerdì in ottobre-marzo) Carta 29/58 € ❀

♦ La tradizionale cucina del territorio è proposta attraverso i prodotti della stessa azienda agricola biologica: carni e ortaggi da gustare in un ambiente rustico e curato, nello scenario delle crete senesi. Cinque camere belle e spaziose per un meritato riposo.

✗ **La Primavera da Fabio**   🎏 AC VISA ㏇ 🕭
via Torno al Fosso 17 – ℰ 0 57 85 30 17 – chiuso 15 giorni in gennaio e lunedì
Rist – Carta 25/41 €
♦ Nel paese dei pici, il celebre spaghetto toscano viene, qui, celebrato insieme ai salumi di cinta senese e al buglione (stufato) di cinghiale. Ambiente informale di una giovane osteria, anche nella conduzione.

SAN CASCIANO IN VAL DI PESA – Firenze (FI) – **563** L15   **29** D3
– **17 171 ab.** - alt. 310 m – ⊠ **50026** ▮ Toscana

▶ Roma 283 – Firenze 17 – Siena 53 – Livorno 84

🏨   **Villa il Poggiale**   ≤ 🖭 🍴 🍸 🛖 ♣ 🔟 ⚘ rist. 🆆 🖄 **P** 🆅🆂🅰 ⓒⓞ 🅰🅴 🖕
      via Empolese 69, Nord-Ovest : 1 km – 𝄞 0 55 82 83 11
      – www.villailpoggiale.it – chiuso dal 14 gennaio al 14 febbraio
      24 cam ⊴ – ♦90/210 € ♦♦130/270 € – 3 suites – ½ P 93/163 €
      Rist – Menu 18 €
      ♦ Ricordate la Toscana letta nei libri di *Forstere* vista nei film di *Ivory*? E' qui
      che ne ritroverete l'incanto, sotto i cipressi secolari del giardino all'italiana, il
      loggiato rinascimentale e le superbe camere. Massaggi e trattamenti di bel-
      lezza su prenotazione.

🏨   **Villa i Barronci** 🕭   ≤ 🖭 🍸 🛖 🚿 🔟 ⚘ ⓦ **P** 🆅🆂🅰 ⓒⓞ 🅰🅴 ❶ 🖕
      via Sorripa 8, Ovest : 3 Km – 𝄞 0 55 82 05 98 – www.ibarronci.com – chiuso
      dal 20 gennaio al 1° marzo
      21 cam ⊴ – ♦80/150 € ♦♦120/250 € – 6 suites   **Rist** – Carta 29/64 €
      ♦ Tranquillità e tanto verde in una struttura signorile con camere spaziose e
      personalizzate da bei mobili di famiglia. Piccolo centro benessere per pensare
      al soggiorno anche in termini di *remise en forme*. Piatti toscani al ristorante.

a Mercatale Sud-Est : 4 km : – ⊠ 50020

🏠   **Agriturismo Salvadonica** senza rist 🕭   ≤ 🖭 🍸 🚿 ♣ **P**
      via Grevigiana 82, Ovest : 1 km – 𝄞 05 58 21 80 39   🆅🆂🅰 ⓒⓞ 🅰🅴 🖕
      – www.salvadonica.com – 15 marzo-6 novembre
      5 cam ⊴ – ♦79/129 € ♦♦128/133 € – 10 suites – ♦♦154/160 €
      ♦ Un'oasi di tranquillità e di pace questo piccolo borgo agrituristico fra gli
      olivi; semplicità e cortesia familiare, in un ambiente rustico molto rilassante,
      accogliente.

a Cerbaia Nord-Ovest : 6 km – ⊠ 50020

🍴🍴🍴   **La Tenda Rossa** (Salcuni e Santandrea)   🆆 ⚘ 🆅🆂🅰 ⓒⓞ 🅰🅴 🖕
      🏵   piazza del Monumento 9/14 – 𝄞 0 55 82 61 32 – www.latendarossa.it
      – chiuso dal 9 al 17 gennaio, dal 13 al 27 agosto, domenica, lunedì a
      mezzogiorno
      Rist – Menu 50 € bc (pranzo)/110 € – Carta 63/107 € 🍷
      Spec. Tortelli di astice in sfoglia al latte, al burro bruno e noce moscata, con
      spinaci al cedro candito. Filetto di manzo grigliato in salsa di agrumi e mag-
      giorana, con carciofi e alici in bruschetta. Cuore freddo di meringa al lime con
      crema soffice di brie e muesli.
      ♦ Se la ristorazione italiana è tradizionalmente familiare, qui sono persino tre
      le famiglie che si occuperanno di voi: risultati moltiplicati, dal servizio ai piatti.

SAN CASSIANO = ST. KASSIAN – Bolzano (BZ) – Vedere Alta Badia

---

SAN CESAREO – Roma (RM) – **563** Q20 – **13 675 ab.** – alt. 312 m   **13** C2
– ⊠ **00030**

▶ Roma 33 – Avezzano 108 – Frosinone 55 – Latina 55

🍴   **Osteria di San Cesario** con cam   🍴 🆆 cam, ⚘ cam, 🆅🆂🅰 ⓒⓞ 🅰🅴 🖕
      via Corridoni 60 – 𝄞 0 69 58 79 50 – www.osteriadisancesario.it – chiuso dal
      1° al 15 agosto, domenica sera, lunedì
      3 cam ⊴ – ♦♦80 €   **Rist** – Carta 27/58 € 🍷
      ♦ Locale familiare di lunga tradizione, dove gustare specialità romano-laziale,
      ampia scelta di paste fatte in casa (e tirate a mano), nonché ricette che si
      rifanno alla cucina del Quinto Quarto: la cucina dei macellai del mattatoio di
      Testaccio. Tre graziose camere di notevole ampiezza.

SAN CIPRIANO – Genova (GE) – **561** I8 – alt. 239 m – ⊠ **16010**   **15** C1
Serra Riccò

▶ Roma 511 – Genova 16 – Alessandria 75 – Milano 136

XX **Ferrando** ☺   🚗 ⅍ ⇔ 🅿 📼 ⓒⓓ ⓢ

*via Carli 110 – ℰ 0 10 75 19 25 – www.ristorante-ferrando.com – chiuso 10
giorni in gennaio, 20 giorni in luglio-agosto, domenica sera, lunedì, martedì*
Rist – Carta 28/42 €

♦ Alle pareti, stampe e fotografie raccontano la passione per il vino e per le
sue diverse varietà, mentre in cucina si traccia l'indelebile storia della cucina
ligure. Bel giardino per un aperitivo o un breve relax.

SAN CIPRIANO = ST. ZYPRIAN – **Bolzano (BZ)** – Vedere Tires

SAN CIPRIANO PICENTINO – **Salerno (SA)** – **564** E26 – **6 712 ab.**   **7** C2
– ⊠ 84099

▶ Roma 288 – Napoli 78 – Salerno 26 – Torre del Greco 66

⌂ **Villa Rizzo-Masseria della Nocciola** senza rist 🍸   ≼ 🚗 ⅃

via Gerardo Napolitano,   🔢 🕅 🆔 ⅍ 🅿 📼 ⓒⓓ 🆎 ⓞ ⓢ
località Sigliano – ℰ 0 89 86 21 08 – www.villarizzo.com
20 cam ⊑ – †70/115 € ††80/130 € – 6 suites

♦ Tra ulivi, noccioli ed alberi da frutto, squisita accoglienza in un raffinato
relais dalle camere personalizzate con pezzi d'antiquariato e bei mobili di
recupero casalingo. Intrigante la proposta della Spa, che prevede la possibilità
di prenotare lo spazio a proprio uso esclusivo, per la durata del percorso
benessere.

XX **Rispoli**   🚗 🕅 🆔 ⅍ 🅿 📼 ⓒⓓ ⓢ

*via Gerado Napolitano, località Sigliano – ℰ 0 89 86 21 90 – chiuso dal
24 gennaio al 5 febbraio, domenica sera, lunedì*
Rist – (prenotazione obbligatoria a mezzogiorno) Menu 35 € (pranzo)/50 €
– Carta 45/61 € ⅋

♦ All'interno di un elegante relais di campagna - volutamente celato agli
occhi dei passanti - un ritrovo per raffinati *gourmet*, che fa della ricerca della
migliore materia prima la propria bandiera.

SAN CLEMENTE A CASAURIA (Abbazia di) – **Pescara** – **563** P23
▯ Italia
◉ Abbazia★★ : ciborio★★★

SAN COSTANZO – **Pesaro e Urbino (PU)** – **563** K21 – **4 932 ab.**   **20** B1
– alt. 150 m – ⊠ 61039

▶ Roma 268 – Ancona 43 – Fano 12 – Gubbio 96

X **Da Rolando**   🕅 🆔 🅿 📼 ⓒⓓ 🆎 ⓞ ⓢ

corso Matteotti 123 – ℰ 07 21 95 09 90 – www.darolando.it – chiuso mercoledì
Rist – (consigliata la prenotazione) Carta 28/55 €

♦ Situato lungo la strada principale, presenta un menù con proposte gastronomiche stagionali a base di carne, funghi, tartufi e formaggi, legate alla tradizione marchigiana.

SAN DANIELE DEL FRIULI – **Udine (UD)** – **562** D21 – **8 222 ab.**   **10** B2
– alt. 252 m – ⊠ 33038

▶ Roma 632 – Udine 27 – Milano 371 – Tarvisio 80
🔢 piazza Pellegrino 4, ℰ 0432 94 07 65, www.infosandaniele.com

🏗 **Al Picaron** 🍸   ≼ 🚗 ⅍ 🕼 & 🅅 🕋 🌡 🅿 📼 ⓒⓓ 🆎 ⓞ ⓢ

*via S.Andrat 3, località Picaron, Nord: 1 km – ℰ 04 32 94 06 88
– www.alpicaron.it*
35 cam ⊑ – †78/85 € ††115 € – 1 suite – ½ P 83 €
Rist *Al Picaron* – vedere selezione ristoranti

♦ Sulla sommità di una collina con bel panorama su San Daniele e sulla vallata, una piacevole struttura dalla gestione attenta, cinta da un ampio giardino.

Alla Torre senza rist ⬢ ⬢ ⬢ ⬢ ⬢ ⬢ ⬢ ⬢ ⬢ ⬢
via del Lago 1 – ℰ 04 32 95 45 62 – www.hotellatorrefvg.it – chiuso dal 24 dicembre al 2 gennaio
26 cam – †70 € ††110 €, ⬢ 8 €
♦ Gestione familiare e ospitale in questo valido punto di riferimento, sia per clienti di lavoro che di passaggio qui per soste culinarie, in pieno centro.

Al Picaron – Hotel Al Picaron ⬢ ⬢ ⬢ ⬢ ⬢ ⬢ ⬢ ⬢ ⬢
via S.Andrat 3, località Picaron, Nord: 1 km – ℰ 04 32 94 06 88 – www.alpicaron.it
Rist – *(chiuso martedì)* Carta 31/53 €
♦ Nell'ex casa di caccia del Patriarca di Aquileia, il ristorante riscopre i piatti della tradizione friulana, degnamente accompagnati dai grandi vini della regione. Particolare attenzione viene riservata agli oli d'oliva, selezionati da un assaggiatore professionista.

Osteria la Pergola ⬢ ⬢ ⬢ ⬢ ⬢ ⬢ ⬢ ⬢
via Venezia 57/a – ℰ 04 32 95 49 09 – www.lapergolasandaniele.it
Rist – *(prenotazione obbligatoria)* Carta 27/50 €
♦ Ambiente rustico con il celebre prosciutto di San Daniele a salutare i clienti all'ingresso. D'inverno il quadro si fa ancora più ruspante con le zuppe esposte in sala. Cucina fondamentalmente di terra, ma non manca qualche piatto di pesce.

SAN DESIDERIO – Genova (GE) – Vedere Genova

SAND IN TAUFERS = Campo Tures

SAN DOMINO – Foggia (FG) – **564** B28 – Vedere Tremiti (Isole)

SAN DONÀ DI PIAVE – Venezia (VE) – **562** F19 – 41 247 ab.   **35** A1
– ✉ 30027

▶ Roma 558 – Venezia 38 – Lido di Jesolo 20 – Milano 297
🗂 via Concordia 13, ℰ 0421 1 88 54 95, www.prolocosandonadipiave.it

Forte del 48 ⬢ ⬢ rist, ⬢ ⬢ ⬢ ⬢ ⬢ ⬢ ⬢ ⬢ ⬢ ⬢
via Vizzotto 1 – ℰ 0 42 14 40 18 – www.hotelfortedel48.com
46 cam ⬢ – †57/75 € ††77/110 €
Rist – *(chiuso dal 26 dicembre all'8 gennaio, dal 4 al 19 agosto, domenica)* Carta 24/47 €
♦ Hotel d'elezione per una clientela business: i continui lavori di rinnovo e la sua posizione strategica - non lontano dal centro storico - lo fanno preferire ad altre strutture. Clima informale e cucina sia di carne, sia di pesce, al ristorante.

Locanda al Piave ⬢ ⬢ ⬢ ⬢ ⬢ ⬢ ⬢ ⬢
corso Trentin 6 – ℰ 0 42 15 21 03 – www.locandaalpiave.it
28 cam ⬢ – †50/60 € ††70/80 € – ½ P 60 €
Rist Locanda al Piave – vedere selezione ristoranti
♦ Gestita da più di trent'anni dalla stessa famiglia, questa piccola ed accogliente risorsa ha subito importanti lavori di rinnovo: ora si presenta ancora più accogliente e funzionale.

Locanda al Piave – Hotel Locanda al Piave ⬢ ⬢ ⬢ ⬢ ⬢ ⬢
corso Trentin 6 – ℰ 0 42 15 21 03 – www.locandaalpiave.it
Rist – *(chiuso domenica)* Carta 50/76 €
♦ Anche il ristorante non si sottrae al côté casalingo dell'albergo, proponendo gustosi piatti della tradizione, capaci di sorprendere anche i palati più fini.

SAN DONATO FRONZANO – Firenze (FI) – Vedere Reggello

SAN DONATO IN POGGIO – Firenze – **563** L15 – Vedere Tavarnelle Val di Pesa

SAN DONATO MILANESE – Milano (MI) – **561** F9 – **32 606 ab.**　18 B2
– alt. 102 m – ✉ 20097

▶ Roma 566 – Milano 10 – Pavia 36 – Piacenza 57

Pianta d'insieme di Milano

🛏️ **Santa Barbara**　　🏠 ⅃ቴ 📶 ৬ 🎧 ❖ 🏊 ℙ 𝓿𝓲𝓼𝓪 ⓒⓞ 🅰🅴 ⓞ ⅋
piazzale Supercortemaggiore 4 – ✆ 02 51 89 11 – *www.hotelsantabarbara.it*
158 cam ☕ – 🛏120/230 € 🛏🛏150/270 € – 6 suites　　2CP**u**
Rist – *(chiuso sabato a mezzogiorno) (chiuso a mezzogiorno)*
◆ In parte rinnovato nelle stanze e nelle zone comuni, un albergo con differenti livelli di confort; ideale per clienti di lavoro e di passaggio, comodo da raggiungere.

✗ **I Tri Basei**　　🅰🅲 𝓿𝓲𝓼𝓪 ⓒⓞ 🅰🅴 ⅋
～ *via Emilia 54* Ⓜ *San Donato Milanese* – ✆ 02 39 98 12 38
– *chiuso 1 settimana in agosto, sabato, domenica*　　2CP**r**
Rist – Carta 21/38 €
◆ Sempre un gradevole indirizzo, semplice, frequentato in prevalenza da una clientela di lavoro soprattutto a pranzo; due salette, un dehors e piatti di tipo classico.

SANDRÀ – Verona (VR) – **562** F14 – Vedere Castelnuovo del Garda

SANDRIGO – Vicenza (VI) – **562** F16 – **8 620 ab.** – alt. 64 m　37 A1
– ✉ 36066

▶ Roma 530 – Padova 47 – Bassano del Grappa 20 – Trento 85

🅸 viale Ippodromo 9/11, ✆ 0444 65 81 48, www.baccalaallavicentina.it

✗✗ **Antica Trattoria Due Spade**　　৬ ❖ ℙ 𝓿𝓲𝓼𝓪 ⓒⓞ ⅋
via Roma 5 – ✆ 04 44 65 99 48 – *www.duespade.com* – *chiuso dal 1° al
7 gennaio, 15 giorni in agosto, lunedì sera e martedì*
Rist – Carta 25/35 €
◆ Un'antica trattoria sorta in una vecchia stalla con porticato e vasta aia: il locale del "bacalà" per antonomasia! Dal 1880, diverse generazioni si sono succedute ai fornelli, deliziando i palati con la specialità facilmente intuibile della casa. In suo onore, è stato addirittura creato un semifreddo.

SAN FELE – Potenza (PZ) – **564** E28 – **3 319 ab.** – alt. 937 m　3 A1
– ✉ 85020

▶ Roma 345 – Potenza 63 – Napoli 172 – Avellino 94

✗ **Tipicamente**　　🅰🅲 𝓿𝓲𝓼𝓪 ⓒⓞ 🅰🅴 ⓞ ⅋
corso Umberto I 40 – ✆ 0 97 69 40 04 – *www.ristorantetipicamente.it*
– *chiuso dal 1° al 15 settembre e lunedì*
Rist – (prenotazione obbligatoria a mezzogiorno) Menu 25 € (pranzo)/50 €
– Carta 62/73 €
◆ A due passi dal centro, ristorante nel retro del bar *Cafè Blues* (di proprietà): taglio moderno, gestione giovane e i piatti che propongono il territorio in chiave moderna.

SAN FELICE CIRCEO – Latina (LT) – **563** S21 – **8 496 ab.**　13 C3
– ✉ 04017

▶ Roma 106 – Frosinone 62 – Latina 36 – Napoli 141

🛏️ **Circeo Park Hotel**　　⩵ 🚗 ৬ ⅃ 📶 ⚿ 📶 ❀ ⅋⅋ 🏊 ℙ
via lungomare Circe 49 – ✆ 07 73 54 88 14　　𝓿𝓲𝓼𝓪 ⓒⓞ 🅰🅴 ⓞ ⅋
– *www.circeopark.it* – *marzo-ottobre*
46 cam ☕ – 🛏80/250 € 🛏🛏130/390 € – 2 suites – ½ P 100/230 €
Rist *La Stiva* – vedere selezione ristoranti
◆ Moderno nelle forme e nei materiali, ma anche vicino al mare, l'hotel è dotato di strutture per attività congressuali, belle camere, nonché un lussureggiante giardino di palme e pini marittimi.

XXX **La Stiva** – Circeo Park Hotel 　　　🚗 🏡 ㎞ ⅏ P VISA ⨂ AE ① ⅙
via lungomare Circe 49 – ℰ 07 73 54 72 76 – www.circeopark.it
– *aprile-ottobre*
Rist – Carta 39/76 €
♦ Come una sirena incantatrice, il ristorante si estende luminoso e bianco
lungo la spiaggia: non ammalia con lunghi capelli, ma con una cucina dai
sapori mediterranei, dove spiccano le specialità di pesce.

a Quarto Caldo Ovest : 4 km – ⌧ 04017 San Felice Circeo

🏠 **Punta Rossa** ⌂ 　　　≤ 🚗 🗻 ⌰ 🕭 ⅏ rist, 🍴 🔦 P VISA ⨂ AE ① ⅙
via delle Batterie 37 – ℰ 07 73 54 80 85 – www.puntarossa.it
– *aprile-ottobre*
32 cam ⌂ – †140/265 € ††200/450 € – 10 suites – ½ P 135/225 €
Rist – Carta 38/85 €
♦ Sulla scogliera, con giardino digradante a mare, il luogo ideale per chi sia
alla ricerca di una vacanza isolata, sul promontorio del Circeo; linee mediterranee e relax. Al ristorante una tavola panoramica da sogno.

SAN FELICE DEL BENACO – Brescia (BS) – **561** F13 – **3 388 ab.**　　　**17** D1
– alt. 109 m – ⌧ 25010

🅓 Roma 544 – Brescia 36 – Milano 134 – Salò 7

🏠 **Garden Zorzi** ⌂ 　　　≤ 🚗 🗻 ㎞ cam, ⅏ rist, 🍴 P VISA ⨂ ⅙
viale delle Magnolie 10, località Porticcioli, Nord : 3,5 km – ℰ 0 36 54 36 88
– www.hotelzorzi.it – *aprile-15 ottobre*
26 cam ⌂ – †60/75 € ††90/170 € – ½ P 110 €
Rist – *(solo per alloggiati)*
♦ Ideale per un soggiorno di relax a pochi metri dall'acqua e con spazi all'a-
perto, che vanno dalla spiaggia al giardino, passando per una terrazza-pontile
con solarium, la struttura dispone di confortevoli camere recentemente
ristrutturate.

XXX **Sogno** con cam 　　　≤ 🚗 🏡 ⌰ 🕭 ⅙ cam, ㎞ cam, 🍴 P ⌂
via Porto San Felice 41 – ℰ 0 36 56 21 02 　　　　　　VISA ⨂ AE ① ⅙
– www.sognogarda.it – *chiuso dal 6 gennaio al 31 marzo e lunedì da
ottobre a marzo*
18 cam ⌂ – †150/170 € ††210/240 € – 4 suites 　**Rist** – Carta 40/71 €
♦ In un ristorante come questo, è facile sognare ad occhi aperti : elegante, la
sua cucina di stampo contemporaneo conquisterà il vostro palato, la romantica terrazza in riva al lago, il vostro cuore.

a Portese Nord : 1,5 km – ⌧ 25010 San Felice Del Benaco

🏠 **Bella Hotel e Leisure** ⌂ 　　　≤ 🚗 🏡 ⌰ ⅏ ㎞ 🍴 P VISA ⨂ AE ⅙
via Preone 6 – ℰ 03 65 62 60 90 – www.bellahotel.com – *chiuso dal
20 dicembre al 10 marzo*
22 cam ⌂ – †80/95 € ††120/150 € – ½ P 95 € 　**Rist** – Carta 30/59 €
♦ Un piccolo hotel, affacciato sull'acqua, con andamento familiare e buon
confort nelle stanze e nelle aree comuni, esterne; offre un servizio estivo in
terrazza sul lago. Dalle raffinate sale da pranzo, una meravigliosa vista panoramica attraverso le ampie vetrate.

SAN FLORIANO (OBEREGGEN) – Bolzano (BZ) – **562** C16　　　**31** D3
– alt. 1 512 m – Sport invernali : 1 357/2 500 m ⅍ 1 ⅚7 (Comprensorio
Dolomiti superski Obereggen) ⅍ – ⌧ 39050 Ponte Nova

🅓 Roma 666 – Bolzano 22 – Cortina d'Ampezzo 103 – Milano 321

🅩 località Obereggen 9 Nova Ponente, ℰ 0471 61 65 67,
www.proloco-sanfloriano.it

Sonnalp ⟨⟩ ← ⌂ ⌷ ⌷ ⊕ ⊚ ⌵ ⌷ ⌷ ⌷ ⌵ ⌷ ⌷ ☑ ⌷ ⌷

Obereggen 28 – ℰ 04 71 61 58 42 – www.sonnalp.com
– 4 dicembre-14 aprile e 6 giugno-2 ottobre
30 cam ⊡ – †121/166 € ††202/286 € – 6 suites – ½ P 133/155 €
Rist – *(solo per alloggiati)*
Rist Gourmetstube – *(chiuso domenica e lunedì) (chiuso a mezzogiorno)*
(prenotazione obbligatoria) Carta 42/76 €
♦ Gestione familiare, sempre presente e professionale, camere spaziose con balcone direttamente sulle piste da sci e sui prati, ben soleggiate e con il massimo del confort.

Cristal ⟨⟩ ← ⌂ ⌷ ⊕ ⌵ ⌷ ⌷ ⌷ ⌷ ⌷ cam, ⌷ ⌷ ⌷ ☑ ⌷ ⌷

Obereggen 31 – ℰ 04 71 61 55 11 – www.hotelcristal.com
– 6 dicembre-15 aprile e 15 giugno-7 ottobre
41 cam ⊡ – †87/155 € ††128/260 € – 9 suites – ½ P 96/164 €
Rist – Carta 37/61 €
♦ Belle stanze moderne, con arredi in legno di cirmolo e larice, piacevolmente accessoriate; molte zone relax per il trattamento del corpo e dello spirito, conduzione seria. La cucina rivela una notevole cura e fantasia.

Maria ← ⌷ ⌵ ⌷ ⌷ ⌷ ⌷ ⌷ ⌷ ⌷ ⌷ ⌷ ☑ ⌷ ⌷

Obereggen 12 – ℰ 04 71 61 57 72 – www.hotel-maria.it – dicembre-15 aprile e 23 maggio-21 ottobre
25 cam ⊡ – †105 € ††180 € – ½ P 99/135 € **Rist** – *(solo per alloggiati)*
♦ Quasi un'abitazione privata dall'esterno: una tipica costruzione di queste valli, amorevolmente tenuta e condotta dalla famiglia dei proprietari; presso le piste da sci.

Royal ⟨⟩ ← ⌷ ⌵ ⌷ ⌷ ⌷ cam, ⌷ cam, ⌷ ⌷ ☑ ⌷ ⌷

Obereggen 32 – ℰ 04 71 61 58 91 – www.h-royal.com – 5 dicembre-25 aprile e 20 maggio-10 ottobre
21 cam – solo ½ P 70/120 €
Rist – *(chiuso a mezzogiorno) (solo per alloggiati)*
♦ Nei pressi degli impianti di risalita, un tipico albergo di montagna, ben condotto e ordinato, confortevole sia nel settore notte che nelle aree comuni.

Bewallerhof ⟨⟩ ← ⌷ ⌵ cam, ⌷ ☑ ⌷ ⌷ ⌷

verso Pievalle, Nord-Est : 2 km – ℰ 04 71 61 57 29 – www.bewallerhof.it
– chiuso maggio e novembre
18 cam – solo ½ P 58/68 € **Rist** – *(solo per alloggiati)*
♦ Una gradevole casa circondata dal verde e con una notevole vista sulle vette che creano un suggestivo scenario; ambiente tirolese curato, per sentirsi come a casa.

SAN FRANCESCO AL CAMPO – Torino (TO) – 561 G4   22 B2
– 4 822 ab. – alt. 327 m – ⌧ 10070
🛈 Roma 703 – Torino 24 – Alessandria 123 – Asti 88

Furno ⟨⟩ ⌷ ⌷ ⌷ ⌷ ⌷ ⌷ ⌷ ⌷ ⌷ ☑ ⌷ ⌷ ⌷ ⌷

via Roggeri 2 – ℰ 01 19 27 49 00 – www.romantikoteltorino.com – chiuso dal 10 al 31 agosto
33 cam ⊡ – †85/99 € ††145/200 €
Rist Restaurant Relais – vedere selezione ristoranti
♦ Alla fine dell'Ottocento era una dimora estiva per le battute di caccia. Oggi è un moderno albergo immerso in un'oasi verde con camere raffinate, che qua e là tradiscono il rustico passato.

✗✗ Restaurant Relais – Hotel Furno ⌷ ⌷ ⌷ ⌷ ⌷ ⌷ ☑ ⌷ ⌷ ⌷ ⌷

via Roggeri 2 – ℰ 01 19 27 49 00 – www.romantichotel.com
– chiuso dall'8 al 31 agosto
Rist – *(chiuso sabato a mezzogiorno escluso da giugno a settembre)*
Carta 25/42 €
♦ Negli spazi dai soffitti ad archi, in un'intima saletta o nel fresco del giardino, specialità di pesce e piatti tipici piemontesi, con piccole interpretazioni fantasiose.

SAN GENESIO – Bolzano (BZ) – 562 C16 – 1 281 ab. – alt. 1 353 m — 31 C1
– ⊠ 39050

▶ Roma 643 – Bolzano 9 – Trento 66

Belvedere Schoenblick ⊗ — ← 🚗 🏠 ⽴ 🏠 📶 ⽴⽴ ⽴ 🏠 rist, ⽴ 🅿
via Pichl 15 – ☏ 04 71 35 41 27 — VISA ⽴⽴ 🛆
– www.schoenblick-belvedere.com
– aprile-4 novembre e 1° dicembre-6 gennaio
28 cam 🛏 – †82/103 € ††128/170 € – 2 suites – ½ P 68/95 €
Rist – (chiuso a mezzogiorno) (solo per alloggiati) Carta 2/46 €
♦ In posizione panoramica, vanta una gestione familiare giunta alla terza generazione; di recente rinnovato ed ampliato dispone di ampie camere luminose e una nuova beauty farm. Cucina prevalentemente del territorio servita in diverse sale e in una piccola stube.

Antica Locanda al Cervo-Landgasthof zum Hirschen
via Schrann 9/c — ← 🏠 📶 🅙 🛆 cam, 📶 🅙 🅿 VISA ⽴⽴ 🛆
– ☏ 04 71 35 41 95 – www.hirschenwirt.it – chiuso febbraio e marzo
21 cam 🛏 – †60/75 € ††120/140 € – 4 suites – ½ P 65/90 €
Rist – (chiuso mercoledì) Carta 26/40 €
♦ I sessanta cavalli del maneggio rendono la locanda un indirizzo ideale per gli appassionati di equitazione. Affidabile e calorosa gestione familiare. Attenzioni particolari sono rivolte all'appetito e al palato della clientela.

SAN GIACOMO DI ROBURENT – Cuneo (CN) – 561 J5 — 23 C3
– alt. 1 011 m – Sport invernali : 1 011/1 610 m ✚8, ✗ – ⊠ 12080 Roburent

▶ Roma 622 – Cuneo 52 – Savona 77 – Torino 92

Valentine — 🏠 🛆 ✧ 🅿 VISA ⽴⽴ ⓵ 🛆
via Tetti 15 – ☏ 01 74 22 70 13 – www.valentineristorante.it
– chiuso novembre, maggio, lunedì, martedì, mercoledì e i mezzogiorno di giovedì e venerdì
Rist – Menu 35 € (pranzo)/55 € – Carta 66/87 €
♦ Con un nome così romantico, gli ambienti non potevano essere da meno: boiserie, pitture e sculture in uno chalet di lusso sullo sfondo della valle incorniciata dalle Alpi. La cucina è grande come le montagne di queste parti: moderna e raffinata.

SAN GIMIGNANO – Siena (SI) – 563 L15 – 7 770 ab. – alt. 324 m — 29 C2
– ⊠ 53037 ▯ Toscana

▶ Roma 268 – Firenze 57 – Siena 42 – Livorno 89

🇮 piazza Duomo 1, ☏ 0577 94 00 08, www.sangimignano.com

◉ Località★★★ – Piazza della Cisterna★★ – Piazza del Duomo★★: affreschi★★ di Barna da Siena nella Basilica di S. Maria Assunta★, ←★★ dalla torre del palazzo del Popolo★ H – Affreschi★★ di Benozzo Gozzoli nella chiesa di S. Agostino

Pianta pagina seguente

La Collegiata ⊗ — ← 🚗 🅙 🏠 ⽴ 🅙 Ⓐ 📶 🅿 VISA ⽴⽴ AE 🛆
località Strada 27, 1,5 km per ① – ☏ 05 77 94 32 01 – www.lacollegiata.it
– maggio-ottobre
19 cam – †200/250 € ††210/600 €, 🛏 20 € – 1 suite – ½ P 175/370 €
Rist – Carta 44/74 € ⊗
♦ Convento francescano cinquecentesco, edificio rinascimentale con giardino all'italiana, raffinato e curato in ogni particolare, in amena quiete. Per un soggiorno da favola. Ambiente suggestivo ed elegante per pasteggiare immersi nella storia.

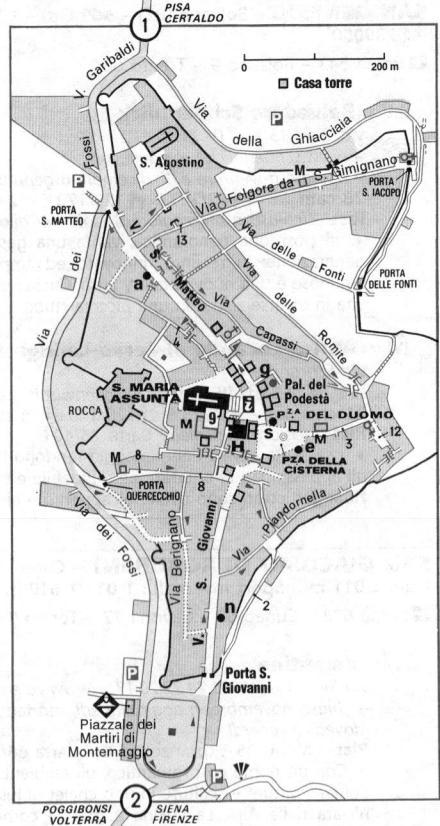

🏨 **L'Antico Pozzo** senza rist ⬛ & AC ⚡ ☐ VISA ⬤ ① ⛟
*via San Matteo 87 – ℰ 05 77 94 20 14 – www.anticopozzo.com – chiuso dal
10 gennaio al 5 febbraio* a
18 cam ☕ – †75/100 € ††100/180 €

♦ Atmosfera elegante in un palazzo del '400 nel cuore del centro storico:
stanze affrescate con pavimenti in cotto e ambienti di raffinato buon gusto.
In estate, la prima colazione è servita nella corte interna.

🏨 **La Cisterna** ⬅ ⬛ ⚡ VISA ⬤ AE ① ⛟
*piazza della Cisterna 24 – ℰ 05 77 94 03 28 – www.hotelcisterna.it – chiuso
dall'8 gennaio al 16 marzo* e
49 cam ☕ – †65/78 € ††88/160 € – ½ P 73/103 €
Rist Le Terrazze – vedere selezione ristoranti

♦ Nell'omonima e vivace piazza, all'interno di un edificio medievale, questo
panoramico albergo, "mosso" su vari corpi, dispone di una suggestiva sala in
stile trecentesco e mobili di gusto fiorentino nelle accoglienti camere.

🏨 **Sovestro** ⬛ 🍴 & AC ⚡ ⚄ P 🚗 VISA ⬤ AE ① ⛟
località Sovestro 63, Est : 2 km – ℰ 05 77 94 31 53 – www.hotelsovestro.com
40 cam ☕ – †75/95 € ††90/154 € – ½ P 73/105 €
Rist Da Pode – vedere selezione ristoranti

♦ Hotel a soli 2 km da S. Gimignano, immerso nel verde della campagna
senese: i continui lavori di manutenzione da parte degli attenti proprietari
fanno sì che la struttura garantisca sempre un buon confort.

Bel Soggiorno ◁ 🏠 ☒ ⌖ cam, 🆅🆂🅰 ⚫ 🆎 ⓪ 🔗
via San Giovanni 91 – ℰ 05 77 94 03 75 – www.hotelbelsoggiorno.it
– marzo-10 novembre **n**
21 cam – †65/95 € ††90/120 €, ☑ 8 €
Rist *– (chiuso mercoledì escluso da marzo a novembre)* (consigliata la prenotazione la sera) Carta 35/45 €
♦ Presso la Porta S. Giovanni, all'interno delle mura, un confortevole hotel di proprietà della stessa famiglia dal 1886! Camere di diversa tipologia, alcune dotate di bella terrazza con vista sulla campagna. Ristorante rustico, dove una grande vetrata regala un pregevole panorama; la tavola celebra la cucina toscana.

Leon Bianco senza rist 🛗 🏠 ☒ ⌖ 🆅🆂🅰 ⚫ 🆎 ⓪ 🔗
piazza della Cisterna 13 – ℰ 05 77 94 12 94 – www.leonbianco.com – chiuso dal 20 novembre al 28 dicembre e dal 7 gennaio al 10 febbraio
26 cam ☑ – †70/85 € ††85/118 € – 2 suites **s**
♦ Un albergo ricavato in un edificio d'epoca, di cui, nelle aree comuni soprattutto, conserva alcune peculiarità; camere sobrie e curate, affacciate sulla magnifica piazza.

Le Terrazze – Hotel La Cisterna 🏠 🆅🆂🅰 ⚫ 🆎 ⓪ 🔗
piazza della Cisterna 24 – ℰ 05 77 94 03 28 – www.hotelcisterna.it – chiuso dal 7 gennaio al 15 marzo, martedì escluso da aprile a ottobre
Rist *– (chiuso a mezzogiorno da novembre a marzo)* **e**
Carta 29/40 €
♦ E' da quasi un secolo che la stessa famiglia si occupa del ristorante, dove la favolosa vista accompagna una gustosa cucina del territorio: difficile scegliere chi delle due sia la migliore!

Da Pode – Hotel Sovestro 🚗 🏠 ⌖ 🏠 ⇄ 🅿 🆅🆂🅰 ⚫ 🆎 ⓪ 🔗
località Sovestro 63, Est : 2 km – ℰ 05 77 94 31 53 – www.hotelsovestro.com
Rist *– (chiuso lunedì)* (consigliata la prenotazione) Carta 37/59 €
♦ In un'antica cascina che conserva alcuni elementi architettonici propri della ruralità di un tempo, è la signora Lucia ad occuparsi della cucina… da cui escono prelibatezze toscane: un attentato alla linea, ma per la dieta c'è sempre tempo!

Dorandò ☒ ⇄ 🆅🆂🅰 ⚫ 🆎 ⓪ 🔗
vicolo dell'Oro 2 – ℰ 05 77 94 18 62 – www.ristorantedorando.it – chiuso dal 13 dicembre al 31 gennaio e lunedì escluso da Pasqua ad ottobre
Rist – Carta 42/51 € **g**
♦ In un vicolo del pittoresco centro, lo chef-patron rispolvera antichi ricettari regionali ed offre una schietta cucina locale, correttamente alleggerita. La carta dei vini parla esclusivamente con accento toscano.

verso Certaldo

 Villasanpaolo Hotel ◁ 🚗 🏊 ⚫ 🛗 ⌖ ☒ ⌖ 🕏 🅿
località Casini, 5 km per ① ✉ 53037 🆅🆂🅰 ⚫ 🆎 ⓪ 🔗
– ℰ 05 77 95 51 00 – www.villasanpaolo.com
78 cam ☑ – †138/166 € ††176/232 € – 6 suites – ½ P 123/151 €
Rist *Lampolla* – vedere selezione ristoranti
♦ In un superbo contesto panoramico e collinare, armoniosa fusione di moderno e tipico arricchito da una esposizione permanente di dipinti anni '70. Nuovo centro benessere.

 Le Renaie ◁ 🚗 🏠 🏊 🏠 ⌖ rist, 🕏 🅿 🆅🆂🅰 ⚫ 🆎 🔗
località Pancole 10/b, 6 km per ① ✉ 53037 Pancole – ℰ 05 77 95 50 44
– www.hotellerenaie.it – 15 marzo-ottobre
25 cam ☑ – †75/82 € ††106/142 € – ½ P 83/101 €
Rist *Leonetto* – ℰ 05 77 95 50 72 – Carta 31/41 € 🏵
♦ La vecchia casa colonica, immersa nella tranquilla campagna senese, si è trasformata in un hotel dallo stile sobrio, ma con tocchi di ricercatezza: colori tenui e stanze ben accessoriate per un relax a 360°. Curato ristorante con caminetto, cucina del territorio e vini locali.

⌂ **Agriturismo Il Casale del Cotone** ← 🚗 🏠 ⅃ ❄ rist. **P**
via Cellole 59, 3 km per ① ✉ *53037 San* VISA ◉ AE ① ⚹
Gimignano – ✆ *05 77 94 32 36* – *www.casaledelcotone.com* – *chiuso dal*
2 novembre al 23 dicembre
19 cam ☐ – **†**70/90 € **††**110/150 €
Rist – (*prenotare*) (*solo per alloggiati*)
♦ Camere dagli arredi rustici ma curati, in un complesso rurale di fine '600 cinto da 30 ettari di vigneti ed uliveti. La maggior parte delle stanze gode di una meravigliosa vista panoramica sulle colline circostanti.

⌂ **Agriturismo Il Rosolaccio** ⅋ ← 🚗 🏠 ⅃ ❄ rist. **P** VISA ◉ ⚹
località Capezzano ✉ *53037 San Gimignano* – ✆ *05 77 94 44 65*
– *www.rosolaccio.com* – *chiuso dal 4 novembre al 1° dicembre*
6 cam ☐ – **†**87/105 € **††**97/115 € – ½ P 73/83 €
Rist – (*chiuso martedì e mercoledì*) (*solo per alloggiati*)
♦ Quasi fuori dal mondo, nella più bella campagna toscana, in una posizione dominante e tranquilla, un casolare che, nella propria eleganza, conserva un'agreste rusticità.

⌂ **Agriturismo Fattoria Poggio Alloro** ⅋ ← 🚗 🏠 ⅃ ❄ **P**
via Sant'Andrea 23 località Ulignano, 5 km per ⑤ VISA ◉ ⚹
✉ *53037 San Gimignano* – ✆ *05 77 95 01 53*
– *www.fattoriapoggioalloro.com* – *chiuso dal 7 al 31 gennaio*
10 cam ☐ – **†**68/78 € **††**90/99 € – 1 suite – ½ P 85 €
Rist – (*chiuso martedì sera*) Menu 22 € bc (*pranzo*)/37 € bc
♦ L'agriturismo per antonomasia: un'azienda - in questo caso biologica - per la produzione di olio e l'allevamento di bovini di razza Chianina. Il tutto riproposto in tavola con un menu ogni giorno diverso, accompagnato da vini di produzione propria. Splendida vista sulla campagna e sulle celebri torri.

🍴🍴🍴 **Lampolla** – Villasanpaolo Hotel 🚗 🏠 🔠 ❄ **P** VISA ◉ AE ① ⚹
località Casini, 5 km per ① ✉ *53037* – ✆ *05 77 95 51 00*
– *www.villasanpaolo.com*
Rist – Carta 35/56 € ❧
♦ Nel romantico dehors affacciato sull'oliveto o nei raffinati spazi interni, la cucina rappresenta un ben riuscito compromesso fra tradizione e creatività. In una regione così ricca dal punto di vista della scelta enologica, la carta dei vini non poteva non essere "interessante".

SANGINETO LIDO – Cosenza (CS) – **564** I29 – **1 521 ab.** 5 A1
– ✉ 87020
🖪 Roma 464 – Cosenza 66 – Catanzaro 125

🍴🍴 **Convito** 🔠 ❄ VISA ◉ AE ① ⚹
⊛ *località Pietrabianca 11, Est : 1 km* – ✆ *0 98 29 63 33* – *www.convito.it*
– *chiuso novembre e martedì*
Rist – (*prenotazione obbligatoria*) Menu 25 € (*pranzo*) – Carta 29/45 €
♦ A poche centinaia di metri dal mare - lungo la strada per Sangineto - un localino con cucina di terra, fragrante e appetitosa, nonché qualche specialità di pesce (soprattutto nel fine settimana). Arredi classici, atmosfera familiare.

SAN GIORGIO DI LIVENZA – Venezia – Vedere Caorle

SAN GIORGIO DI VALPOLICELLA – Verona (VR) – Vedere Sant'
Ambrogio di Valpolicella

SAN GIOVANNI AL NATISONE – Udine (UD) – **562** E22 11 C2
– 6 170 ab. – alt. 66 m – ✉ 33048
🖪 Roma 653 – Udine 18 – Gorizia 19

✗✗ **Campiello** con cam   🔄 🕭 🕮 ❞ 🄿 VISA ⊕ AE ① 🕭

via Nazionale 40 – 𝒞 04 32 75 79 10 – www.ristorantecampiello.it – chiuso dal 23 dicembre al 3 gennaio, dal 6 al 27 agosto, sabato a mezzogiorno, domenica

17 cam – 🛏75 € 🛏🛏120 €, ⊑ 12 €
Rist – Menu 35 € bc (pranzo)/70 € – Carta 55/78 € ⅋
Rist *Hosteria Campiello* – Carta 50/95 € ⅋

♦ Accomodatevi in questa sala, recentemente rinnovata, per gustare le curiose e originali prelibatezze che provengono dal mare. Le camere, moderne e ben tenute, sono ottime per una clientela di lavoro o turistica. All'Hosteria wine-bar, invece, l'atmosfera è più informale e i piatti regionali, più semplici.

SAN GIOVANNI D'ASSO – Siena (SI) – **563** M16 – **901 ab.**   **29** C2
– alt. 310 m – ✉ 53020

▶ Roma 209 – Siena 42 – Arezzo 58 – Firenze 110

🏠 **La Locanda del Castello** ⌂   🏠 ⅋ cam, 🕮 VISA ⊕ AE 🕭

*piazza Vittorio Emanuele II 4 – 𝒞 05 77 80 29 39
– www.lalocandadelcastello.com – chiuso dal 10 gennaio al 3 marzo*
9 cam ⊑ – 🛏100/160 € 🛏🛏120/160 €   **Rist** – Carta 36/51 €

♦ In centro, adiacente al castello, una nuova risorsa ricca di fascino e storia. Camere accoglienti, ricche di colori, con pavimenti in legno. Sala ristorante affascinante, con menù di stagione a base di tartufo.

SAN GIOVANNI IN CROCE – Cremona (CR) – **561** G13   **17** C3
– 1 904 ab. – alt. 28 m – ✉ 26037

▶ Roma 490 – Parma 37 – Cremona 30 – Mantova 45

🏨 **Locanda Ca' Rossa** ⌂   🏖 🏠 🛋 🔄 🕭 🕮 ≠ ⅋ 🄿 VISA ⊕ AE ① 🕭

via Palvarino 5 – 𝒞 03 75 91 06 9 – www.locandacarossa.it – chiuso dal 23 dicembre al 5 gennaio e 3 settimane in agosto
14 cam ⊑ – 🛏65/70 € 🛏🛏100/110 € – 2 suites
Rist *Ca' Rossa* – vedere selezione ristoranti

♦ All'interno di un'oasi di tranquillità, vicino al Parco Villa Medici del Vascello, una casa padronale del XVIII secolo si è trasformata in piccolo albergo ricco di fascino. A camere linde e modernamente attrezzate, si aggiungono sauna, palestra e bagno turco per i cultori della forma fisica.

✗✗ **Ca' Rossa** – Hotel Locanda Ca' Rossa   🏖 🏠 🕭 🕮 ⅋ ⇔ 🄿
via Palvarino 5 – 𝒞 03 75 91 06 9   VISA ⊕ AE ① 🕭
– www.locandacarossa.it – chiuso dal 23 dicembre al 5 gennaio e 2 settimane in agosto
Rist – *(chiuso domenica sera e lunedì)* Carta 37/68 €

♦ Insalata di gamberi con punte d'asparago su fiorita di ananas, mezzelune di ricotta al profumo di menta, charlotte ai fichi …Nella quiete della campagna cremonese, avvolti da un'atmosfera di sofisticata eleganza, lasciate parlare la cucina, avrà tanto da raccontarvi di tradizione (e modernità).

SAN GIOVANNI IN FIORE – Cosenza (CS) – **564** J32 – **18 085 ab.**   **5** B2
– ✉ 87055

▶ Roma 582 – Cosenza 58 – Catanzaro 75 – Crotone 54

✗✗ **L'Antico Borgo**   🕮 ⇔ 🄿 VISA ⊕ AE ① 🕭
🕭 *via Salvatore Rota 3 – 𝒞 09 84 99 28 39*
Rist – Carta 20/27 €

♦ Non aspettatevi di trovarlo nel centro storico, il borgo è stato riscostruito all'interno di uno spazio chiuso. Tutto è nuovo e scenografico, non reale ma molto originale.

SAN GIOVANNI IN PERSICETO – Bologna (BO) – **562** I15   **9** C3
– 26 915 ab. – alt. 21 m – ✉ 40017

▶ Roma 392 – Bologna 21 – Ferrara 49 – Milano 193

X **Osteria del Mirasole**　　　AC ⇔ VISA ❤ AE ⑤
via Matteotti 17/a – ℰ 051 82 12 73 – chiuso dal 10 al 20 luglio e lunedì
Rist – (prenotazione obbligatoria) Carta 43/51 €
♦ A pochi passi dal Duomo, una piccola osteria stretta e allungata con una profusione di legni scuri, vecchie foto, utensili vari; sul fondo, una piccola brace. Menù vario.

SAN GIOVANNI LA PUNTA – Catania (CT) – **365** AZ58　　**40** D2
– 22 276 ab. – alt. 350 m – ✉ 95037

▶ Catania 10 – Enna 92 – Messina 95 – Siracusa 75

🏨 **Villa Paradiso dell'Etna**　　🔊 🦺 ⚒ 🕸 Ⅰ6 🛎 � AC 🕭 🐪 P
via per Viagrande 37 – ℰ 09 57 51 24 09　　VISA ❤ AE ① ⑤
– www.paradisoetna.it
33 cam ⌲ – †75/130 € ††160/270 € – 4 suites
Rist *La Pigna* – vedere selezione ristoranti
♦ Il piccolo parco con piscina e il servizio colazione in terrazza roof-garden con vista sull'Etna, completano il piacere di soggiornare in questa raffinata villa degli anni '20.

🏨 **Garden** ⌂　　🚗 🍴 ⚒ Ⅰ 🛎 AC 🕸 rist, ⚑ 🐪 P VISA ❤ AE ⑤
via Madonna delle Lacrime 12/b, località Trappeto, Sud : 1 km
✉ 95030 Trappeto – ℰ 09 57 17 77 67 – www.gardenhotelcatania.com
94 cam ⌲ – †49/140 € ††49/190 € – 1 suite – ½ P 49/160 €
Rist *La Vecchia Quercia* – Carta 35/49 €
♦ Vicino alle arterie di grande scorrimento, un piacevole giardino con palme e piante esotiche circonda di verde un albergo recente, con spazi ampi e camere confortevoli. Due luminose sale da pranzo di taglio moderno, affacciate sul giardino; bel dehors estivo.

XXX **La Pigna** – Hotel Villa Paradiso dell'Etna　　🔊 🍴 ⚒ AC 🕸 ⇔ P
via per Viagrande 37 – ℰ 09 57 51 24 09　　VISA ❤ AE ① ⑤
– www.paradisoetna.it
Rist – Carta 35/56 €
♦ La cucina è classica con proposte nazionali, ma i piatti siciliani sono indubbiamente i più allettanti. Consigliamo di accompagnarli con i celebri vini rossi dell'Etna: strutturati e invecchiati come pochi altri vini isolani.

XX **Giardino di Bacco**　　🚗 🍴 ⚒ AC 🕸 ⇔ VISA ❤ AE ⑤
via Piave 3 – ℰ 09 57 51 27 27 – www.giardinodibacco.com – chiuso lunedì
Rist – Carta 30/53 €
♦ Una volta la dimora del custode di una sontuosa villa, oggi un locale che unisce eleganza e tipicità tanto nell'ambiente, quanto nelle proposte. Servizio estivo in giardino.

SAN GIOVANNI ROTONDO – Foggia (FG) – **564** B29　　**26** A1
– 27 202 ab. – alt. 566 m – ✉ 71013

▶ Roma 352 – Foggia 43 – Bari 142 – Manfredonia 23
ℹ piazza Europa 104, ℰ 0882 45 62 40, www.pugliaturismo.com

🏨 **Grand Hotel Degli Angeli**　　← 🚗 ⚒ 🛎 AC 🕸 ⚑ P 🐁
prolungamento viale Padre Pio – ℰ 08 82 45 46 46　　VISA ❤ AE ① ⑤
– www.grandhoteldegliangeli.it – chiuso dal 12 dicembre a febbraio
113 cam ⌲ – †100 € ††130 € – ½ P 95 €　**Rist** – Carta 28/36 €
♦ Ubicato alle porte della località, poco distante dal Santuario, hotel signorile a gestione familiare dotato di un ottimo livello di confort generale. Al ristorante: sala rosa per la carta, verde per i gruppi.

Le Terrazze sul Gargano
⟨ 🛗 ❀ AC ℀ rist. P 🚗 VISA ⊕ ♿

via San Raffaele 9 – ✆ 08 82 45 78 83 – www.leterrazzesulgargano.it
32 cam – †††45/69 € , ⟱ 10 € – ½ P 57 €

Rist – *(chiuso dal 10 gennaio al 28 febbraio e mercoledi) (chiuso a mezzogiorno)* Carta 20/49 €

♦ Vicino al santuario e all'Ospedale di Padre Pio (raggiungibili a piedi), una piacevole struttura in posizione panoramica e tranquilla sulle pendici del monte. Specialità locali e cucina mediterranea al ristorante.

Cassano
🛗 ❀ cam, AC ℀ 🚗 VISA ⊕ AE ① ♿

viale Cappuccini 115 – ✆ 08 82 45 49 21 – www.hotelcassano.it
20 cam – †40/57 € ††65/75 €, ⟱ 8 € – ½ P 60 € **Rist** – Carta 17/39 €

♦ A pochi passi dal Santuario di Padre Pio e dall'Ospedale, hotel di dimensioni contenute e di taglio contemporaneo, con servizi e confort di ottima qualità.

SAN GIULIANO MILANESE – Milano (MI) – 561 F9 – 36 448 ab.   18 B2
– alt. 98 m – ⊠ 20098

▶ Roma 562 – Milano 12 – Bergamo 55 – Pavia 33

La Ruota
AC ℀ P VISA ⊕ AE ♿

via Roma 57 – ✆ 0 29 84 83 94 – www.rphotels.com – chiuso 3 settimane in agosto, lunedi sera, martedi
Rist – Carta 27/48 €

♦ Rustico, luminoso e vasto locale, con prevalenza di cotture alla brace sia per il pesce che per la carne; ben attrezzato per ospitare banchetti e cerimonie, anche estivi.

sulla strada statale 9 - via Emilia Sud-Est : 3 km

La Rampina
🏠 AC ⇔ P VISA ⊕ AE ① ♿

frazione Rampina 3 ⊠ 20098 – ✆ 0 29 83 32 73 – www.rampina.it – chiuso agosto e mercoledi
Rist – Carta 62/70 € ❀

♦ Da quasi trent'anni, in un cascinale del '500, rinnovato con cura, due fratelli, tra passione e competenza, propongono piatti stagionali e lombardi, spesso rivisitati.

SAN GIULIANO TERME – Pisa (PI) – 563 K13 – 31 621 ab.   28 B1
– alt. 6 m – ⊠ 56017

▶ Roma 370 – Firenze 102 – Pisa 8 – Genova 172

Bagni di Pisa
🚿 🛁 🍷 ☕ 🎋 ɪ6 🍸 🛗 ❀ AC ℀ ↳ ℀ rist. ☏ ☽ P   VISA ⊕ AE ① ♿

largo Shelley 18 – ✆ 05 08 85 01
– www.bagnidipisa.com
61 cam ⟱ – †182/280 € ††260/400 € – 9 suites – ½ P 235 €

Rist *Dei Lorena* – Carta 43/70 €

♦ Ritorna ai fasti lussuosi della sua origine settecentesca, quest'antica residenza con bellissimi affreschi ed una grande oasi termale per rilassarsi rigenerandosi. Ristorante di grande eleganza con la possibilità di scegliere tra i classici toscani o una linea mediterranea con molto pesce.

SAN GREGORIO – Lecce (LE) – 564 H36 – ⊠ 73053 Patù   27 D3
▶ Roma 682 – Brindisi 112 – Lecce 82 – Taranto 141

Monte Callini ❀
⟨ 🚿 ⚓ 🛗 ❀ AC ℀ ☏ 🍷 P VISA ⊕ AE ① ♿

via provinciale San Gregorio-Patù – ✆ 08 33 76 78 50
– www.hotelmontecallini.com
45 cam ⟱ – †40/100 € ††80/170 € – 5 suites – ½ P 115 €

Rist – *(chiuso sino a maggio)* Carta 26/35 €

♦ La struttura evoca le antiche masserie salentine dalle grandi arcate, offre camere spaziose e luminose e un bel giardino con vista, dove gustare la colazione a buffet.

※ **Da Mimì**　　　　　🔲 🅰 🅿 🆅🆂🅰 ⓒⓞ 🅰🅴 ⓘ ⑤
via del Mare – ℰ 08 33 76 78 61 – chiuso lunedì, la sera in gennaio-marzo e da lunedì al venerdì in novembre
Rist – Carta 23/58 €
◆ Un esercizio a gestione familiare con un'ampia sala interna arredata in modo semplice e una grande terrazza con pergolato dove assaporare piatti di pesce e proposte regionali.

SAN GREGORIO NELLE ALPI – Belluno (BL) – **562** D18　　　　**36** C1
– 1 624 ab. – alt. 528 m – ✉ **32030**
▶ Roma 588 – Belluno 21 – Padova 94 – Pordenone 91

※※ **Locanda a l'Arte**　　　　🔲 🅿 🆅🆂🅰 ⓒⓞ 🅰🅴 ⓘ ⑤
via Belvedere 43 – ℰ 04 37 80 01 24 – chiuso lunedì, martedì a mezzogiorno
Rist – *(prenotazione obbligatoria)* Carta 32/45 €
◆ Ampi spazi verdi cingono questo rustico casolare dagli interni signorili nei quali si incontrano piatti tipici del territorio conditi con stagionalità e un pizzico di fantasia.

SAN GUSMÈ (SI) – **563** L16 – Vedere Castelnuovo Berardenga

SANKTA CHRISTINA IN GRÖDEN = Santa Cristina Valgardena

SANKT LEONHARD IN PASSEIER = San Leonardo in Passiria

SANKT MARTIN IN PASSEIER = San Martino in Passiria

SANKT ULRICH = Ortisei

SANKT VALENTIN AUF DER HAIDE = San Valentino alla Muta

SANKT VIGIL ENNEBERG = San Vigilio di Marebbe

SAN LAZZARO DI SAVENA – Bologna (BO) – **562** I16　　　　**9** C3
– 31 184 ab. – alt. 62 m – ✉ **40068**
▶ Roma 390 – Bologna 8 – Imola 27 – Milano 219

Pianta d'insieme di Bologna

🏠 **Holiday Inn Bologna San Lazzaro** 🦢　　🚗 🈳 🎛 🅱 cam, 🅰🅲
via Emilia 514, località Idice　　🖐 🛁 rist, ⸙ 🛊 🅿 🅿 🆅🆂🅰 ⓒⓞ 🅰🅴 ⓘ ⑤
– ℰ 05 16 25 62 00 – www.hisanlazzaro.it　　　　　HV**d**
106 cam 🖵 – ♦49/175 € ♦♦59/185 € – 2 suites – ½ P 110 €
Rist – *(chiuso domenica)* Carta 28/52 €
◆ L'incantevole villa del '700 con giardino ombreggiato, è stata ampliata con una nuova struttura, le stanze sono ricche di fascino e calore. Per lavorare, e anche per sognare. Ristorante con camino per una cucina della tradizione.

SAN LEO – Rimini (RN) – **563** K19 – 3 034 ab. – alt. 589 m　　　**9** D3
– ✉ **61018** ▮ Italia Centro Nord
▶ Roma 320 – Rimini 31 – Ancona 142 – Milano 351
🅸 piazza Dante, ℰ 0541 92 69 67, www.comune.san-leo.ps.it
◉ Posizione pittoresca★★ - Forte★: ⁂★★★

🏠 **Castello** 🦢　　　　　🔲 🆅🆂🅰 ⓒⓞ 🅰🅴 ⑤
🕸 *piazza Dante 11/12 – ℰ 05 41 91 62 14 – www.hotelristorantecastellosanleo.com*
– *chiuso febbraio e dal 15 al 30 novembre*
14 cam 🖵 – ♦35/60 € ♦♦55/80 € – ½ P 55 €
Rist – *(chiuso giovedì da ottobre a marzo)* Carta 20/25 €
◆ Alberghetto familiare con bar pubblico, situato in pieno centro, nella piazzetta principale; offre camere semplici, ma funzionali, in un angolo medievale del Montefeltro. Ristorante non molto ampio con caminetto e atmosfera casereccia.

SAN LEONARDO IN PASSIRIA

(ST. LEONHARD IN PASSEIER) – Bolzano (BZ) – **562** B15
– 3 509 ab. – alt. 689 m – ⊠ 39015 ▯ Italia

▶ Roma 685 – Bolzano 47 – Brennero 53 – Bressanone 65

🛈 via Passiria 40, 𝒞 0473 65 61 88, www.valpassiria.it

▦ Passiria Merano Kellerlahne 3, 0473 641488, www.golclubpasseier.com
 – marzo-novembre

◩ Strada del Passo di Monte Giovo★ : ≼★★ verso l'Austria Nord-Est :20 km
 – Strada del Passo del Rombo★ Nord-Ovest

verso Passo di Monte Giovo Nord-Est : 10 km – alt. 1 269 m

🏠 **Jägerhof** ⌂   ≼ 🕅 ⁹⁷ **P** 𝗩𝗦𝗔 ⊙ 🐾

località Valtina 80 ⊠ 39010 Valtina – 𝒞 04 73 65 62 50 – www.jagerhof.net
– chiuso dall'7 novembre al 19 dicembre e dal 10 al 24 aprile
20 cam ⌕ – †45/65 € ††80/130 € – ½ P 59/85 €
Rist *Jägerhof*☺ – vedere selezione ristoranti
 ♦ In quasi tutte le camere regna il legno chiaro - non trattato - dei boschi
circostanti, l'atmosfera è piacevolmente familiare e lo stile tipicamente montano con arredi tirolesi.

※※ **Jägerhof** – Hotel Jägerhof   ≼ 🕅 **P** 𝗩𝗦𝗔 ⊙ 🐾
😊
località Valtina 80 ⊠ 39010 Valtina – 𝒞 04 73 65 62 50 – www.jagerhof.net
– chiuso dal 7 novembre al 18 dicembre e dal 10 al 24 aprile
Rist – (chiuso lunedì) Carta 28/46 €
 ♦ L'indirizzo giusto per chiarirsi le idee circa i concetti di genuinità e freschezza: sapori locali - primi piatti, ricette di terra e qualche specialità ittica
(di fiume) - con molti prodotti provenienti dai masi della valle.

SAN LEONE (Sicilia) – Agrigento (AG) – **365** AQ60 – **Vedere Agrigento**

SAN LEONINO – Siena (SI) – **Vedere Castellina in Chianti**

SAN LORENZO – Macerata (MC) – **563** M21 – **Vedere Treia**

SAN LORENZO IN CAMPO – Pesaro e Urbino (PU) – **563** L20   **20** B1
– 3 547 ab. – alt. 209 m – ⊠ 61047

▶ Roma 257 – Ancona 64 – Perugia 105 – Pesaro 51

🛈 via San Demetrio 4, 𝒞 0721 77 64 79, www.proloco-sanlorenzo.it

🏠 **Giardino**   ⌗ 🖀 ⅙ 🄰🄲 ⁹⁷ **P** 𝗩𝗦𝗔 ⊙ 🄰🄴 ⓪ 🐾
🏯
via Mattei 4, Ovest : 1,5 km – 𝒞 07 21 77 68 03 – www.hotelgiardino.it
– chiuso dal 10 gennaio al 10 febbraio
17 cam ⌕ – †60/65 € ††74/85 €
Rist *Giardino* – vedere selezione ristoranti
 ♦ Davvero una bella realtà, questo confortevole albergo a gestione familiare
poco fuori paese: camere un po' piccole, ma tutte diverse fra loro e piacevolmente personalizzate.

※※ **Giardino** – Hotel Giardino   🖀 ⅙ 🄰🄲 ⅞ **P** 𝗩𝗦𝗔 ⊙ 🄰🄴 ⓪ 🐾
via Mattei 4, Ovest : 1,5 km – 𝒞 07 21 77 68 03 – www.hotelgiardino.it
– chiuso dal 10 gennaio al 10 febbraio
Rist – (chiuso domenica sera e lunedì) (prenotare) Menu 23 € bc/50 € bc
– Carta 35/61 € ☙
 ♦ E' nella cucina, solida e dal gusto classico, che risiede la vera forza della
casa, ma come due damigelle al seguito, anche l'eccellente carta dei vini e
la cordialità del servizio.

SAN LUCA – Perugia (PG) – **563** N20 – **Vedere Montefalco**

SAN MARCELLO PISTOIESE – Pistoia (PT) – **563** J14   **28** B1
– 6 871 ab. – alt. 623 m – ⊠ 51028 ▯ Toscana

▶ Roma 340 – Firenze 67 – Pisa 71 – Bologna 90

🛈 via Marconi 70, 𝒞 0573 63 01 45, www.pistoia.turismo.toscana.it

Il Cacciatore 🕸 ⚑ 🏔 ℙ 🆅🆂🅰 ⓒⓑ 🅰🅴 🕭

via Marconi 727 – 𝒞 05 73 63 05 33 – www.albergoilcacciatore.it – chiuso dal 10 al 31 gennaio e dal 5 al 30 novembre
25 cam ☲ – ♦40/60 € ♦♦60/80 € – ½ P 50/60 €
Rist – *(chiuso lunedì)* Carta 25/39 €
♦ Ubicato sul passaggio per l'Abetone, un albergo che offre un ambiente familiare, all'insegna della semplicità: settore notte con arredi ben tenuti e camere accoglienti. Piatti caserecci in un contesto gradevole.

SAN MARINO (SMR) – **562** K19 – **Vedere alla fine dell'elenco alfabetico**

SAN MARTINO – Arezzo – **563** PM17 – **Vedere Cortona**

SAN MARTINO AL CIMINO – Viterbo (VT) – **563** O18 – **Vedere Viterbo**

SAN MARTINO BUON ALBERGO – Verona (VR) – **562** F15   **37** B3
– 14 017 ab. – alt. 45 m – ✉ 37036
▶ Roma 505 – Verona 8 – Milano 169 – Padova 73

in prossimità casello autostrada A 4 Verona Est Sud: 2 km

🏨 **Holiday Inn Verona Congress Centre**   🏩 📶 ♿ 🅰 ↯ 🕸 rist,
viale del Lavoro – 𝒞 0 45 99 50 00   ⚑ 🏔 🚗 🆅🆂🅰 ⓒⓑ 🅰🅴 ⓞ 🕭
– www.holidayinn.it/veronacongr
132 cam ☲ – ♦♦70/340 €
Rist Catullo – Carta 30/53 €
♦ All'uscita autostradale, un hotel d'impostazione classica, elegante e valido punto di riferimento per una clientela di lavoro; piccola hall e camere confortevoli. Tradizionale cucina d'albergo al ristorante dall'apparenza sontuosa.

a Marcellise Nord : 4 km – alt. 102 m – ✉ 37036

✗✗ **Vecchia Fontana**   🌳 🅰 ℙ 🆅🆂🅰 ⓒⓑ 🅰🅴 🕭
via Mezzavilla 29/a – 𝒞 04 58 74 04 44 – www.vecchiafontana.blogspot.com – chiuso martedì
Rist – Carta 27/43 €
♦ In questa graziosa frazione, un locale classico che non difetta di piccoli eleganti dettagli, dove fermarsi a gustare una cucina realizzata con prodotti provenienti da ogni angolo d'Italia.

a Ferrazze Nord-Ovest : 2 km – ✉ 37036

🏠 **Agriturismo Musella** senza rist   🐾 🛏 ♿ 🅰 ↯ ℙ 🆅🆂🅰 ⓒⓑ 🅰🅴 🕭
via Ferrazzette 2 – 𝒞 0 45 97 33 85 – www.musella.it – chiuso dal 15 dicembre al 31 gennaio
15 cam ☲ – ♦95 € ♦♦140/160 € – 4 suites
♦ La parte più antica di questa risorsa immersa nel verde risale alla fine del '400. Oggi offre camere e appartamenti in stile country, alcuni con caminetto. Troverete vino, olio e miele di loro produzione.

SAN MARTINO DI CASTROZZA – Trento (TN) – **562** D17   **31** C2
– alt. 1 467 m – **Sport invernali** : 1 450/2 380 m ⭣3 ⮋16, ⮋; al passo Rolle : 1 884/2 300 m ⮋5, (Comprensorio Dolomiti superski San Martino di Castrozza)
⮋ – ✉ 38054 ▮ Italia
▶ Roma 629 – Belluno 79 – Cortina d'Ampezzo 90 – Bolzano 86
🅸 via Passo Rolle 165, 𝒞 0439 76 88 67, www.sanmartino.com
◎ Località ★★

Regina

via Passo Rolle 154 – ☎ 0 43 96 82 21 – www.hregina.it
– dicembre-15 aprile e 15 giugno-20 settembre
36 cam – 🛏70/130 € 🛏🛏120/240 €, ☕ 10 € – 5 suites – ½ P 170 €
Rist *Regina* – vedere selezione ristoranti
◆ In centro paese, di sobrio c'è solo la facciata. Gli interni sono un tripudio di cavalli in legno, case delle bambole e splendide camere borghesi, arredi mitteleuropei con accenti inglesi.

Letizia

via Colbricon 6 – ☎ 04 39 76 86 15 – www.hletizia.it – dicembre-Pasqua e 20 giugno-20 settembre
19 cam ☕ – 🛏🛏120/220 € – 15 suites – ½ P 130 €
Rist – *(solo per alloggiati)*
◆ Per gli amanti dello stile tirolese, sin dall'esterno l'albergo è un tripudio di decorazioni. Camere tutte diverse, ma sempre affascinati: per i più romantici suggeriamo la 124 in legno di baita.

Jolanda

via Passo Rolle 267 – ☎ 0 43 96 81 58 – www.hoteljolanda.com
– dicembre-aprile e giugno-settembre
40 cam ☕ – 🛏60/110 € 🛏🛏100/200 € – 3 suites **Rist** – Carta 25/35 €
◆ All'ingresso del paese, Jolanda è una gestione familiare dalle tipiche atmosfere montane. Camere in continuo rinnovo, optare per le più recenti. Fresca e ariosa sala ristorante, cucina classica nazionale.

🍴🍴🍴 Regina – Hotel Regina

via Passo Rolle 154 – ☎ 0 43 96 82 21 – www.hregina.it
– 2 dicembre-14 aprile e 16 giugno-17 settembre
Rist – Carta 22/45 €
◆ Anche al ristorante si ritrova lo stesso gusto "regale" dell'hotel: stucchi ai soffitti, argenteria e candele accese la sera. La cucina è classica italiana, benché in menu figuri anche qualche suggestione ispirata alla tradizione locale.

🍴🍴 Malga Ces con cam

località Ces, Ovest : 3 km – ☎ 0 43 96 82 23 – www.malgaces.it
– dicembre-15 aprile e 15 giugno-settembre
7 cam ☕ – 🛏60/80 € 🛏🛏100/136 € – 2 suites – ½ P 65/95 €
Rist – Carta 24/48 €
◆ A 1600 metri di altitudine, è quasi un rifugio sulle piste innevate: cucina trentina e calorica per gli sciatori a pranzo, più raffinata per la clientela serale. Mancano i servizi del grande albergo, ma le camere sono inaspettatamente eleganti.

🍴 Da Anita

via Dolomiti 6 – ☎ 04 39 76 88 93 – chiuso da Pasqua al 15 giugno; da ottobre ad aprile aperto solo sabato e domenica
Rist – Carta 28/54 €
◆ Trattoria di grande semplicità ed ospitalità che offre ai propri avventori il meglio della cucina tradizionale montana: proposte di selvaggina e selezione di grappe e distillati.

SAN MARTINO IN CAMPO – Perugia (PG) – 563 M19 – Vedere Perugia

---

SAN MARTINO IN PASSIRIA (ST. MARTIN IN PASSEIER) 30 B1
– Bolzano (BZ) – 562 B15 – 3 111 ab. – alt. 597 m – ✉ 39010

Roma 682 – Bolzano 43 – Merano 16 – Milano 342

ĥêôĥ Andreus ⤴ ⬅ 🚋 ⬛ ❐ 🌐 ❄ ♨ ℅ 🍴 🎿 cam, ⚓ 🆑 cam, 🍴 rist, ⛄
località Kellerlahn 3 🚗 VISA ❻❸ AE
⌧ *39010 San Martino in Passiria / Sankt M* – ✆ *04 73 49 13 30*
– *www.andreus.it* – *chiuso dal 7 gennaio al 15 marzo*
73 suites – solo ½ P 120/400 € **Rist** – *(solo per alloggiati)*
♦ Accanto al Golf Club Val Passiria, esclusivo albergo completo sotto ogni
punto di vista: non manca nulla per trascorrere una vacanza perfetta, nemmeno il maneggio con 20 cavalli! Enorme spa ed una sala panoramica per
gli adepti dello yoga.

sulla strada Val Passiria Sud : 5 km :

Quellenhof Resort : Una struttura composta da risorse differenti, tutte gestite
dall'intraprendente famiglia Dorfer. Stile omogeneo, confort di diverso livello,
ospitalità sempre calorosa. Per i pasti diverse possibilità di scelta, ma
soprattutto una buona cucina locale.

Park-Vital – Quellenhof Resort ⤴ ⬅ ℗ 🚋 🔽 ⬛ 🌐 ❄ ♨ 🍴 ℅ ⚓
🆑 cam, 🍴 rist, ⛄ **P** 🚗 VISA ❻❸ AE ⓞ ♨
⌧ *39010 San Martino in Passiria* – ✆ *04 73 64 54 74* – *www.quellenhof.it*
– *chiuso dal 15 gennaio al 15 marzo*
25 suites – solo ½ P 125/195 € **Rist** – Carta 30/64 €
♦ Ultimo nato all'interno della struttura, questo impianto è interamente consacrato al confort e alla riscoperta della bellezza e del benessere da vivere
nelle lussuose suite.

Quellenhof-Forellenhof – Quellenhof Resort ⬅ ℗ 🚋 🔽 ⬛ 🌐
via Passiria 47 ❄ ♨ 🍴 ℅ ⚓ 🆑 cam, 🍴 rist, ⛄ **P** 🚗 VISA ❻❸ ♨
⌧ *39010 San Martino in Passiria* – ✆ *04 73 64 54 74* – *www.quellenhof.it*
– *chiuso dal 15 gennaio al 15 marzo*
150 cam – 70 suites – solo ½ P 125/195 € **Rist** – Carta 30/64 €
♦ Circondati da un giardino, i tre edifici dispongono di raffinate e spaziose
camere, un'invitante piscina e campi da gioco. Il Quellenhof è fulcro ammi-
nistrativo del resort. Luminosi ed accoglienti, il ristorante e le stube propongono specialità sudtirolesi, la cucina contadina e piatti della tradizione mediterranea.

ĥîĥ Alpenschlössl – Quellenhof Resort ⤴ ⬅ ℗ 🔽 ⬛ 🌐 ❄ ♨ 🍴 ℅
℅ cam, ⚓ 🆑 cam, 🍴 rist, ⛄ **P** 🚗 VISA ❻❸ AE ⓞ ♨
⌧ *39010 San Martino in Passiria* – ✆ *04 73 64 54 74* – *www.quellenhof.it*
– *chiuso dal 15 gennaio al 15 marzo*
25 cam – 15 suites – solo ½ P 125/195 € **Rist** – Carta 30/64 €
♦ Recente realizzazione, all'avanguardia sia nei materiali utilizzati sia nell'immagine d'insieme, moderna e con dotazioni di prim'ordine; ottima l'area per
il relax.

a Saltusio (Saltaus)Sud : 8 km – alt. 490 m – ⌧ 39010

ĥîĥ Castel Saltauserhof ⬅ 🚋 🔽 ⬛ 🌐 ❄ ♨ 🎿 ℅ ⚓ ⛄ **P** VISA ❻❸ ♨
via Passiria 6 – ✆ *04 73 64 54 03* – *www.saltauserhof.com*
– *marzo-10 novembre*
38 cam 🖵 – †60/150 € ††110/350 € – 3 suites **Rist** – Carta 37/57 €
♦ La parte più antica risale all'XI secolo, ma per chi preferisce la modernità,
c'è un'ala recente con camere classiche dotate di balcone. Gli spazi non lesinano sulla generosità. Quattro affascinanti stube dove gustare specialità
locali.

SAN MARTINO IN PENSILIS – Campobasso (CB) – **564** B27 **2** D2
– 4 899 ab. – alt. 281 m – ⌧ 86046

▶ Roma 285 – Campobasso 66 – Foggia 80 – Isernia 108

⌂ Santoianni 🖹 AC ⚅ 📶 P VISA ⊕ ⅖

via Tremiti 2 – ℰ 08 75 60 50 23 – www.hotelsantoianni.it
15 cam – †45 € ††60 €, � 3 €
Rist – *(chiuso domenica sera)* Menu 18 € bc (pranzo)/25 € – Carta 21/37 €
♦ Una casa di contenute dimensioni, con un insieme di validi confort e una tenuta e manutenzione davvero lodevoli; a gestione totalmente familiare, una piacevole risorsa. Capiente ristorante di classica impostazione.

SAN MARTINO SICCOMARIO – Pavia (PV) – 561 G9 – Vedere Pavia

SAN MARZANO OLIVETO – Asti (AT) – 561 H6 – 1 069 ab. 25 D2
– alt. 301 m – ✉ 14050

▶ Roma 603 – Alessandria 40 – Asti 26 – Genova 110

⌂ Agriturismo Le Due Cascine ⚿ ⊿ ⅖ cam, ⚭ AC P VISA ⊕ ⓘ ⅖

regione Mariano 22, Sud-Est : 3 km – ℰ 01 41 82 45 25
– www.leduecascine.com – chiuso dal 3 al 16 gennaio
10 cam ⊿ – †55/60 € ††90/110 € – ½ P 70 € Rist – Menu 20/30 €
♦ Sulle placide colline del Monferrato, una casa di campagna che offre ottima ospitalità in camere fresche ed attrezzate. Cucina casalinga in una bella sala luminosa.

✗ Del Belbo-da Bardon 🏠 AC ⚅ ⇔ P VISA ⊕ AE ⓘ ⅖

valle Asinari 25, Sud-Est : 4 km – ℰ 01 41 83 13 40 – chiuso dal 21 dicembre al 17 gennaio, dal 17 agosto al 3 settembre, mercoledì, giovedì
Rist – Carta 27/51 € ⅋
♦ La secolare storia della trattoria è raccontata dai contributi che ogni generazione vi ha lasciato: foto e suppellettili d'epoca fino alla esemplare cantina allestita dagli attuali proprietari. Cucina della tradizione astigiana.

SAN MASSIMO ALL'ADIGE – Verona (VR) – Vedere Verona

SAN MAURIZIO CANAVESE – Torino (TO) – 561 G4 – 9 496 ab. 22 B2
– alt. 317 m – ✉ 10077

▶ Roma 697 – Torino 17 – Aosta 111 – Milano 142

✗✗✗ La Credenza (Giovanni Grasso) AC ⇔ VISA ⊕ AE ⓘ ⅖

via Cavour 22 – ℰ 01 19 27 80 14 – www.ristorantelacredenza.it – chiuso dal 1° al 15 gennaio, martedì e mercoledì
Rist – Menu 90 € bc – Carta 54/72 € ⅋
Spec. Ravioli farciti con salsa verde, lingua scottata e spinaci freschi. Agnello marinato nel caffè, salsa al mais e germogli aromatici. Biscotto alle nocciole, mele al lime, salsa al gianduia.
♦ Sala accogliente, una luminosa veranda ed un grazioso giardino per caffé o aperitivi serali. Piatti creativi, sia di carne che di pesce, dalla tradizione locale e dall'estro dello chef.

SAN MAURO TORINESE – Torino (TO) – 561 G5 – 19 324 ab. 22 A1
– alt. 211 m – ✉ 10099

▶ Roma 666 – Torino 9 – Asti 54 – Milano 136

Pianta d'insieme di Torino

⌂ La Pace senza rist 🖹 📶 P VISA ⊕ AE ⅖

via Roma 36 – ℰ 01 18 22 19 45 – www.hotelapace.it **2HTs**
31 cam – †40/60 € ††50/70 €, ⊿ 5 €
♦ Un piccolo e confortevole albergo a gestione familiare posizionato lungo la strada che attraversa San Mauro: comodo punto di riferimento per il turismo e per gli affari.

X **Frandin-da Vito**   🐾 😋 P̄ VISA ⑩ AE ① ⬙

via Settimo 14 – 𝒞 01 18 22 11 77 – chiuso dal 18 agosto al 10 settembre e
lunedì   **2HTa**
Rist – Carta 25/58 €

♦ Cucina langarola e del monferrato, nonchè le specialità di stagione per
questa piacevole trattoria familiare, situata in zona periferica, quasi sulle rive
del fiume.

SAN MENAIO – Foggia (FG) – **564** B29 – ✉ 71010   **26** A1

▶ Roma 389 – Foggia 104 – Bari 188 – San Severo 71

🏠 **Park Hotel Villa Maria** 🌱   🛋 ⟋ 🐾 🛗 ⬙ 🃏 😋 cam, 🕻 P

via del Carbonaro 15 – 𝒞 08 84 96 87 00   VISA ⑩ AE ① ⬙
– www.parkhotelvillamaria.it – chiuso dicembre e gennaio
13 cam 🖵 – †50/120 € ††70/160 € – ½ P 95 €
Rist – (aprile-settembre; chiuso domenica sera, lunedì) Carta 26/58 €

♦ Un'affascinante villa di inizio '900 abbracciata da un bel giardino offre confortevoli camere, completamente ristrutturate e piacevolmente arredate
(alcune con terrazza). Nelle due eleganti salette interne e presso l'ombreggiato dehors, proposte di carne e di pesce.

SAN MICHELE = ST. MICHAEL – Bolzano (BZ) – Vedere Appiano sulla
Strada del Vino

SAN MICHELE ALL'ADIGE – Trento (TN) – **562** D15 – **2 803 ab.**   **30** B2
– alt. 228 m – ✉ 38010

▶ Roma 603 – Trento 15 – Bolzano 417 – Milano 257

🏨 **La Vigna** senza rist   🏠 🏢 ⬙ 🃏 😋 ⬙ 🛰 🚉 P 🚲 VISA ⑩ ⬙

via Postal 49/a – 𝒞 04 61 65 02 76 – www.garnilavigna.it
23 cam 🖵 – †60/65 € ††80/85 €

♦ All'uscita del raccordo autostradale e a poche centinaia di metri dal centro,
piacevole struttura di recente apertura caratterizzata da interni in legno
chiaro, stile Alto Adige. Graziose camere, funzionali ed accoglienti. Piacevole
start-up mattutino nella bella sala colazioni.

SAN MICHELE DEL CARSO – Gorizia (GO) – Vedere Savogna d'Isonzo

---

SAN MICHELE DI GANZARIA Sicilia – Catania (CT)   **40** C2
– **365** AV60 – **3 649 ab.** – alt. 490 m – ✉ 95040

▶ Agrigento 120 – Catania 88 – Caltagirone 15 – Ragusa 78

🏨 **Pomara** 🌱   ⟋ 🗏 🏢 🛏 🃏 😋 🕻 🛰 P VISA ⑩ AE ① ⬙
🐝 via Vittorio Veneto 84 – 𝒞 09 33 97 69 76 – www.hotelpomara.com
45 cam 🖵 – †50/70 € ††70/90 € – ½ P 53/63 € **Rist** – Menu 20 €

♦ A metà strada tra Caltagirone e Piazza Armerina, un indirizzo affidabile, che
deve la propria fortuna proprio all'ubicazione. Seria e competente gestione
familiare. Ristorante dove gustare una genuina cucina siciliana.

sulla strada statale 117 Bis km 60 Ovest: 4 km :

↑ **Agriturismo Gigliotto** 🌱   ⚙ 🕭 🏠 🛏 🃏 😋 rist, 🛰 P VISA ⑩ ⬙

contrada Gigliotto, s.s. 117bis, km 60 ✉ 94015 Piazza Armerina
– 𝒞 09 33 97 08 98 97 90 92 – www.gigliotto.com
26 cam 🖵 – †60/80 € ††80/100 € – ½ P 90 € **Rist** – Menu 30 € bc

♦ Grande tenuta, circa 300 ettari, dove da sempre si coltivano cereali, viti e
ulivi. Da pochi anni invece, all'interno di una masseria del '300, una dozzina
di belle camere. Gradevole ristorante con cucina siciliana.

SAN MICHELE EXTRA – Verona (VR) – **562** F14 – Vedere Verona

SAN MINIATO – Pisa (PI) – **563** K14 – 28 124 ab. – alt. 140 m   **28** B2
– ⊠ 56028 ▮ Toscana

▪ Roma 297 – Firenze 37 – Siena 68 – Livorno 52
▪ piazza del Popolo 1, ℰ 0571 4 27 45, www.comune.san-miniato.pi.it
▪ Fontevivo via Fontevivo, 0571 419012, www.fontevivogolf.it

🏠🏠🏠 **Villa Sonnino** 🚗 ⊘ 🎄 📶 ⅙ 🎤 🛐 ⑭ 🏊 🏄 🅿 🚾 ⓒ 🇦 ⚡
☕   via Castelvecchio 9/1 località Catena, Est : 4 km – ℰ 05 71 48 40 33
         – www.villasonnino.com
         13 cam ⌚ – ♦75/85 € ♦♦89/98 € – 1 suite   **Rist** – Carta 20/37 €
         ◆ La storia di questa villa ha inizio nel '500 quando viene edificato il corpo
         centrale, mentre nel '700 si procedette ad un ampliamento. Parco e signorilità
         sono invariati. Nell'affascinante sala ristorante, proposte di cucina toscana con
         ottimo rapporto qualità-prezzo.

🍴🍴 **Pepenero** 🎄 📶 ⇔ 🚾 ⓒ 🇦 ⓞ ⚡
       via IV novembre 13 – ℰ 05 71 41 95 23 – www.pepenerocucina.it – chiuso
       dal 6 al 21 gennaio, sabato a mezzogiorno e martedì
       Rist – (consigliata la prenotazione) Menu 25 € bc (pranzo)/50 €
       – Carta 30/50 € ⅋⅋
       ◆ Una sala a forma di ferro di cavallo, alla moda, con quadri contemporanei e
       tovagliato all'americana: la cucina si unisce anch'essa a questa ventata di
       modernità con una carta che si divide equamente tra terra e mare.

SAN PANCRAZIO – Brescia (BS) – Vedere Palazzolo sull'Oglio

SAN PANTALEO Sardegna – Olbia-Tempio (OT) – **366** R37   **38** B1
– alt. 169 m – ⊠ 07020

▪ Cagliari 306 – Olbia 21 – Sassari 124

🏠🏠🏠 **Rocce Sarde** ⅏ ≤ 🚗 🎄 🛐 🍴 📶 🎤 rist, 🅿 🚾 ⓒ 🇦 ⓞ ⚡
       località Milmeggiu, Sud-Est : 3 km – ℰ 0 78 96 52 65 – www.roccesarde.com
       – 5 maggio-6 ottobre
       70 cam ⌚ – ♦119/206 € ♦♦150/302 € – 10 suites – ½ P 166 €
       Rist – Menu 35/45 €
       ◆ Lontano dal caos e dalla mondanità, questa grande struttura ubicata tra i
       graniti di San Pantaleo dispone di camere confortevoli, un'invitante piscina e
       la vista sul golfo di Cugnana. Ampio parco mediterraneo. Cene a lume di can-
       dela nel ristorante con terrazza panoramica: piatti fedeli alla tradizione.

🍴🍴 **Giagoni** con cam 🎄 🛐 📶 🅿 🚾 ⓒ 🇦 ⓞ ⚡
       via Zara 36/44 – ℰ 0 78 96 52 05 – www.giagonigroup.com – aprile-settembre
       14 cam ⌚ – ♦67/106 € ♦♦110/180 € – 1 suite – ½ P 90/140 €
       Rist – Carta 49/64 €
       ◆ In centro paese, la risorsa ospita rustiche salette ed ambienti freschi, non-
       ché luminosi: spumeggiante la cucina, che passa dalla tradizione a piatti più
       moderni. Dispone anche di accoglienti camere per una sosta più prolungata.

SAN PAOLO D'ARGON – Bergamo (BG) – **561** E11 – 5 361 ab.   **19** C1
– alt. 255 m – ⊠ 24060

▪ Roma 575 – Bergamo 13 – Brescia 44 – Milano 60

🏠🏠 **Executive** senza rist 📶 ⅙ 📶 🎤 🛐 🅿 🚾 ⓒ 🇦 ⚡
     via Nazionale 67 – ℰ 0 35 95 96 96 – www.executive-hotel.it
     38 cam ⌚ – ♦50/80 € ♦♦60/100 €
     ◆ Ambienti sobri ed eleganti, nonché camere ben insonorizzate, per una
     moderna struttura in prossimità della strada statale e a pochi km dall'aero-
     porto. Ideale per una clientela d'affari.

SAN PELLEGRINO (Passo di) – Trento (TN) – **562** C17   **31** C2
– alt. 1 918 m – Sport invernali : 1 918/2 513 m ⅌ 3 ⅊18 (Comprensorio
Dolomiti superski Tre Valli) – ⊠ 38035 Moena

▪ Roma 682 – Belluno 59 – Cortina d'Ampezzo 67 – Bolzano 56

※ **Rifugio Fuciade** con cam ⟨icons⟩ cam, VISA ⊕ ⑤
località Fuciade – ℰ 04 62 57 42 81 – www.fuciade.it – chiuso novembre e
maggio
7 cam ⊆ – †45/50 € ††90/100 € – ½ P 75/85 €
Rist – (consigliata la prenotazione la sera) Menu 45 € bc/60 € bc
– Carta 27/58 €
♦ Telefonate e concordate il tragitto per tempo, perché con la neve vi occorrono 45 min a piedi o la motoslitta del ristorante...Per trovare, infine, un paesaggio mozzafiato tra le cime dolomitiche e sulla tavola una gustosa cucina regionale!

SAN PIERO IN BAGNO – Forlì-Cesena (FC) – **562** K17 – **Vedere Bagno di Romagna**

SAN PIETRO – Verona (VR) – **Vedere Legnago**

SAN PIETRO A CEGLIOLO – Arezzo (AR) – **563** M17 – **Vedere Cortona**

SAN PIETRO ALL'OLMO – Milano (MI) – **561** F9 – **Vedere Cornaredo**

SAN PIETRO IN CARIANO – Verona (VR) – **562** F14   **37** A2
– **13 118 ab. – alt. 151 m** – ⊠ 37029
🖬 Roma 510 – Verona 19 – Brescia 77 – Milano 164
🖬 via Ingelheim 7, ℰ 045 7 70 19 20, www.tourism.verona.it

a Pedemonte Ovest : 4 km – ⊠ 37029

🏨 **Villa del Quar** ⟨icons⟩ VISA ⊕ AE ① ⑤
via Quar 12, Sud-Est : 1,5 km – ℰ 04 56 80 06 81
– www.hotelvilladelquar.it – chiuso dall'8 gennaio al 15 marzo
15 cam ⊆ – †240/430 € ††310/430 € – 10 suites – ††450/990 €
Rist Arquade – vedere selezione ristoranti
Rist Quar 12 – (chiuso la sera escluso lunedì) Carta 56/82 €
♦ Arredi, decori e colori rievocano uno stile neoclassico che concilia il gusto delle comodità e della raffinatezza con la nobile bellezza dell'antichità.

XXX **Arquade** – Hotel Villa del Quar ⟨icons⟩ AE ① ⑤
via Quar 12, Sud-Est : 1,5 km – ℰ 04 56 85 01 49 – www.ristorantearquade.it
– chiuso dall'8 gennaio al 15 marzo
Rist – (chiuso lunedì sera da novembre a gennaio e in marzo) (chiuso a mezzogiorno) Carta 71/116 € ⟨icon⟩
♦ Cullati da un impeccabile servizio, il lusso ha preso dimora qui, mentre i sapori si moltiplicano in suggestive declinazioni. Cucina creativa.

a Corrubbio Sud-Ovest : 2 km – ⊠ 37029 San Pietro In Cariano

🏨 **Byblos Art Hotel Villa Amistà** ⟨icons⟩ P ⟨icons⟩ VISA ⊕ AE ① ⑤
via Cedrare 78, Corrubbio di Negarine N: 2Km
⊠ 37029 Corrubbio di Negarine – ℰ 04 56 85 55 55
– www.byblosarthotel.com
54 cam ⊆ – †243/270 € ††329/365 € – 6 suites
Rist Atelier – vedere selezione ristoranti
♦ Design, moda ed ospitalità si fondono nel suggestivo contesto di questa villa patrizia del XVI sec. Il risultato è Byblos Art Hotel Villa Amistà: un raffinato albergo concepito come una mostra permanente di arte contemporanea, che ospita nei suoi spazi opere di nomi famosi. La sera, cucina creativa all'Atelier; a pranzo, menu light al Peter's Bar.

XXX **Atelier** – Byblos Art Hotel Villa Amistà ⟨icons⟩ P VISA ⊕ AE ① ⑤
– ℰ 04 56 85 55 83 – www.byblosarthotel.com
Rist – (chiuso a mezzogiorno) Menu 125 € – Carta 58/74 €
♦ La cucina non smette di ricercare nuovi sapori, studiando l'accostamento più indicato e la cottura che esalta al meglio il gusto originale degli alimenti. La sfida è riuscita: accomodandovi al desco, vi attende un'esperienza gastronomica difficilmente narrabile.

SAN PIETRO IN CASALE – Bologna (BO) – 562 H16 – 11 626 ab.   9 C3
– alt. 17 m – ✉ 40018

▶ Roma 397 – Bologna 25 – Ferrara 26 – Mantova 111

XX   **Dolce e Salato**   AC 彩
   piazza L. Calori 16/18 – ℰ 051 81 11 11
   Rist – Carta 14/50 € ⅏
   ♦ Piazza del mercato: una vecchia casa, in parte ricoperta dall'edera, con ambienti rallegrati da foto d'altri tempi e la saletta denominata Benessum dallo stile più rustico ed informale. In menu: tante paste fresche, ottime carni che arrivano dall'attigua macelleria di famiglia e schietti piatti del territorio.

a Rubizzano Sud-Est : 3 km – ✉ 40018 San Pietro In Casale

X   **Tana del Grillo**   AC 彩 P VISA ⚫ AE ① ⛄
   via Rubizzano 1812 – ℰ 051 81 09 01 – chiuso dal 1° al 10 gennaio, agosto, lunedì sera, martedì, in luglio anche domenica
   Rist – (consigliata la prenotazione) Carta 26/53 €
   ♦ Cucina regionale e casalinga con molte materie prime a km 0, in questa piccola trattoria tra le poche case della frazione. Indirizzo ideale per chi ama i sapori semplici.

SAN PIETRO IN CERRO – Piacenza (PC) – 562 G11 – 953 ab.   8 A1
– alt. 44 m – ✉ 29010

▶ Roma 511 – Bologna 145 – Piacenza 33 – Milano 86

🏠   **Locanda del Re Guerriero** senza rist ॐ   🔊 AC ↤ 🌀 P
   via Melchiorre Gioia 5 – ℰ 05 23 83 90 56   VISA ⚫ AE ① ⛄
   – www.locandareguerriero.it
   12 cam ⌂ – †110 € ††130/180 €
   ♦ Un interessante mosaico di diverse situazione: il piacere di soggiornare nella natura, la storicità del luogo, ma anche i confort moderni. In sintesi, una country house a tutto tondo che non vi farà rimpiangere l'albergo tradizionale.

SAN PIETRO IN CORTE – Piacenza (PC) – Vedere Monticelli d'Ongina

SAN PIETRO (isola di) Sardegna – Carbonia-Iglesias (CI)   38 A3
– 6 692 ab.

CARLOFORTE (CI) – 366 K49 – ✉ 09014   38 A3
🚢 per Portovesme di Portoscuso e Calasetta – Saremar, call center 892 123
🅸 corso Tagliafico 2, ℰ 0781 85 40 09, www.carloforte.net

🏠   **Riviera** senza rist   ≼ 🛗 👌 AC 🌀 VISA ⚫ ⛄
   corso Battellieri 26 – ℰ 07 81 85 41 01 – www.hotelriviera-carloforte.com
   42 cam ⌂ – †60/200 € ††80/250 €, ⌂ 10 €
   ♦ Lungomare, un design inaspettatamente moderno accoglie i clienti; forme sobrie e lineari si ripetono nelle camere dai colori pastello; suggestiva la terrazza panoramica che abbraccia paese e mare.

🏠   **Hieracon**   ≼ 🚲 🛗 AC 🌀 VISA ⚫ ⛄
   corso Cavour 62 – ℰ 07 81 85 40 28 – www.hotelhieracon.com
   23 cam ⌂ – †50/100 € ††90/270 € – ½ P 95/160 €
   Rist *Hieracon* – vedere selezione ristoranti
   ♦ Affacciato sul lungomare, elegante edificio Liberty di fine '800 - forse uno dei palazzi più eleganti di Carloforte - arredato con elementi d'antiquariato, materiali raffinati e tutt'intorno il giardino con una chiesetta del '700.

🏠   **Nichotel** senza rist   🛗 👌 AC 彩 🌀 VISA ⚫ AE ① ⛄
   via Garibaldi 7 – ℰ 07 81 85 56 74 – www.nichotel.it – marzo-ottobre
   17 cam ⌂ – †70/100 € ††80/140 €
   ♦ Inaugurato nel 2007, piacevole hotel in un vicolo del centro con spazi comuni un po' limitati, ma in grado di offrire camere di grande charme: caratteristici pavimenti con inserti provenienti dalle vecchie case carlofortine.

XX   **Hieracon** – Hotel Hieracon   🚗 🏠 AC VISA ⓒⓑ ⓢ
ⓒⓑ
corso Cavour 62 – ☎ 07 81 85 40 28 – www.hotelhieracon.com
Rist – *(chiuso a mezzogiorno)* Menu 20 € bc/30 € bc – Carta 21/42 €
♦ Complimenti allo chef: per aver tratto spunto dalla tradizione gastronomica
carlofortina, arricchendola – però – con spunti personali, in fragranti piatti di
pesce. Piacevole dehors estivo.

XX   **Al Tonno di Corsa**   🏠 ⇔ VISA ⓒⓑ AE ⓢ
via Marconi 47 – ☎ 07 81 85 51 06 – www.tonnodicorsa.it – chiuso
dal 15 gennaio al 28 febbraio, lunedì (escluso luglio-agosto)
Rist – Carta 38/57 €
♦ Un locale vivace e colorato, due terrazze affacciate sui tetti del paese, dove
gustare uno sfizioso menu dedicato al tonno e tante altre specialità di mare.

XX   **Da Nicolo**   🏠 VISA ⓒⓑ AE ⓢ
ⓒⓑ
corso Cavour 32 – ☎ 07 81 85 40 48 – www.danicolo.com
– Pasqua-settembre; chiuso lunedì
Rist – Menu 20 € (pranzo) – Carta 35/71 €
♦ Strategica posizione sulla passeggiata, dove si svolge il servizio estivo in
veranda, ma il locale è frequentato soprattutto per la qualità della cucina: di
pesce con specialità carlofortine. E il tonno, avant tout.

SAN POLO DI PIAVE – Treviso (TV) – **562** E19 – **5 007 ab.**   **35** A1
– alt. 27 m – ⊠ 31020

🚩 Roma 563 – Venezia 54 – Belluno 65 – Cortina d'Ampezzo 120

XX   **Parco Gambrinus** con cam   🐦 🏠 🔥 cam, AC 🌂 🛜 🄿
ⓒⓑ   *località Gambrinus 18 – ☎ 04 22 85 50 43*   VISA ⓒⓑ AE ⓞ ⓢ
– www.gambrinus.it
6 cam ⊡ – ♦55 € ♦♦90 € – ½ P 80 €
Rist – *(chiuso dal 27 dicembre al 10 gennaio, dal 5 al 13 agosto, domenica
sera, lunedì non festivi)* Carta 40/52 €
Rist Osteria Caffè Gambrinus – Carta 18/32 €
♦ Cucina regionale e proposte più creative, la sorpresa viene dal parco con
animali esotici e un ruscello con le specialità della casa: anguilla, storione e
gamberi.

SAN PROSPERO SULLA SECCHIA – Modena (MO) – **562** H15   **8** B2
– **5 800 ab.** – alt. 22 m – ⊠ 41030

🚩 Roma 415 – Bologna 58 – Ferrara 63 – Mantova 69

🏨   **Corte Vecchia**   🔥 AC 🌂 🛜 🄿 VISA ⓒⓑ AE ⓢ
*via San Geminiano 1 – ☎ 0 59 80 92 72 – www.cortevecchia.com – chiuso
dal 23 dicembre al 1° gennaio e dal 3 al 19 agosto*
24 cam ⊡ – ♦82/103 € ♦♦121/135 € – ½ P 98 €
Rist – *(chiuso venerdì-sabato-domenica) (chiuso a mezzogiorno) (solo per
alloggiati)* Menu 22 €
♦ Ricavato dalla ristrutturazione di un antico casale affacciato su una corte,
dispone di camere spaziose arredate in un armonioso stile classico ma dotate
dei moderni confort.

SAN QUIRICO D'ORCIA – Siena (SI) – **563** M16 – **2 769 ab.**   **29** C2
– alt. 409 m – ⊠ 53027 ▌ Toscana

🚩 Roma 196 – Siena 44 – Chianciano Terme 31 – Firenze 111
🖆 piazza Chigi 2, ☎ 0577 89 72 11, www.comunesanquirico.it

Palazzo del Capitano – Residenza d'epoca ⬛ AC cam, ✂ cam, ⬛
via Poliziano 18 – ☏ *05 77 89 73 80* VISA ⬤⬤ AE ⬥
– www.palazzodelcapitano.com
8 cam ⬛ – ♦100/150 € ♦♦140/170 € – **14 suites** – ♦♦170/280 €
– ½ P 105/120 €
Rist *Trattoria al Vecchio Forno* – vedere selezione ristoranti
Rist *Enoteca Petessi* – ☏ *05 77 89 90 28* – Menu 25/35 € – Carta 35/48 €
♦ In pieno centro, una realtà di charme che si avvicina ai sogni di chi cerca fascino, storia ed eleganza, ma anche gustosi piatti del territorio come quelli proposti dall'Enoteca Petessi (il nome è mutuato dal Capitano del Popolo che dimorò in questo palazzo nel '400).

 Casanova ⬥ ⬛⬛⬛⬛⬛⬛⬛⬛⬛⬛⬛⬛⬛⬛ VISA ⬤⬤ AE ⬤ ⬥
località Casanova 6/c – ☏ *05 77 89 81 77 – www.residencecasanova.it*
– chiuso gennaio, febbraio e novembre
70 cam ⬛ – ♦96/116 € ♦♦152/196 € – ½ P 119 €
Rist *Taverna del Barbarossa* – vedere selezione ristoranti
♦ Circondata dalle colline toscane e vicina al centro storico, la struttura consta di una grande hall, camere dagli arredi sobri, un soggiorno panoramico ed un centro benessere.

 Agriturismo Il Rigo ⬥ ⬛⬛⬛⬛⬛ P VISA ⬤⬤ ⬥
località Casabianca, Sud-Ovest : 4,5 km – ☏ *05 77 89 72 91*
– www.agriturismoilrigo.com – chiuso dal 10 gennaio al 13 febbraio
14 cam ⬛ – ♦75/100 € ♦♦100/130 € – ½ P 80/90 €
Rist – (consigliata la prenotazione) Carta 22/36 €
♦ In aperta campagna, in un antico casale in cima ad un colle da cui si gode una suggestiva vista sul paesaggio circostante, ambienti piacevolmente rustici.

 Casa Lemmi senza rist ⬛ ⬛⬛ AC VISA ⬤⬤ AE ⬥
via Dante Alighieri 29 – ☏ *05 77 89 90 16 – www.casalemmi.com – chiuso*
dal 7 gennaio a febbraio
6 cam ⬛ – ♦59/109 € ♦♦69/129 € – **3 suites** – ♦♦149 €
♦ Moderni accessori di ultima generazione, ambienti particolari e personalizzati, nonché un piccolo giardino per la prima colazione in un palazzo medievale del centro (di fronte alla Collegiata).

XX **Taverna del Barbarossa** – Hotel Casanova ⬛ ⬛ P
⬤⬤ *località Casanova 6/c –* ☏ *05 77 89 82 99* VISA ⬤⬤ AE ⬤ ⬥
– chiuso gennaio, febbraio e novembre
Rist – (chiuso lunedì escluso agosto) Carta 21/45 €
♦ Il suo nome è dovuto ad un avvenimento storico accaduto qui nel 1154: l'incontro tra i messi Papali di Roma e l'imperatore Federico II di Svevia detto il "Barbarossa". Oggi, in un'ampia sala, i sapori della regione, ma con un attenzione particolare per i celiaci, ai quali il ristorante riserva ricette senza glutine.

X **Trattoria al Vecchio Forno** – Hotel Palazzo del Capitano ⬛ AC
⬤⬤ *via Poliziano 18 –* ☏ *05 77 89 73 80* VISA ⬤⬤ ⬥
– www.palazzodelcapitano.com
Rist – Menu 20 € (pranzo)/35 € – Carta 30/65 €
♦ Cucina schiettamente toscana, semplice e sapida, in un ambiente genuino con salumi appesi e bottiglie di vino in esposizione. Piacevole servizio estivo nel giardino denso di ricordi storici: tra un vecchio porticato ed un pozzo ancora funzionante.

a Bagno Vignoni Sud-Est : 5 km – ⬛ 53027

⬛⬛⬛ **Adler Thermae** ⬥ ⬛⬛⬛⬛⬛⬛⬛⬛⬛⬛⬛⬛⬛⬛
strada di Bagno Vignoni 1 – ☏ *05 77 88 90 00* VISA ⬤⬤ AE ⬥
– www.adler-thermae.com – chiuso dal 10 gennaio al 6 febbraio
90 cam – solo ½ P 235/335 € **Rist** – (solo per alloggiati)
♦ L'ospitalità tirolese si è trasferita nella verde Toscana. Gli ambienti interni sono signorili ed eleganti, quelli esterni generosi per dedicarsi in pieno al relax, alle cure termali, nonché ai trattamenti di bellezza.

🏨 Posta-Marcucci ⊗ ≤ 🚗 🛋 🔟 🔟 🕸 🛎 🖥 🤞 🔟 🛁 rist, ⛱ 🏊 🄿
via Ara Urcea 43 – ℰ 05 77 88 71 12 — VISA 🆗 AE ⓪ 🤞
– www.hotelpostamarcucci.it – chiuso dal 7 al 31 gennaio
36 cam ⌁ – †90/125 € ††160/210 € – 5 suites   **Rist** – Carta 27/46 € 🕸
♦ Da quattro generazioni un'ospitalità cordiale in ambienti personalizzati e volutamente familiari. Belle camere e, non solo in estate, una zona all'aperto con grande piscina termale. Ottimo ristorante dove gustare sapori regionali, nonché vini toscani e nazionali con un buon rapporto qualità/prezzo.

🏠 La Locanda del Loggiato senza rist — AC VISA 🆗 AE ⓪ 🤞
piazza del Moretto 30 – ℰ 05 77 88 89 25 *– www.loggiato.it*
– chiuso dal 22 al 25 dicembre
5 cam ⌁ – †70/100 € ††90/140 € – 1 suite
♦ Nel cuore della località - accanto alla vasca d'acqua un tempo piscina termale - edificio del 1300 rivisitato con grande senso estetico da due intraprendenti sorelle, che ne hanno fatto un rifugio davvero *charmant*. A pochi metri il wine-bar per le colazioni, ma anche per gustare taglieri, zuppe, dolci e vino.

🍴 Osteria del Leone — 🛖 VISA 🆗 AE 🤞
piazza del Moretto – ℰ 05 77 88 73 00 *– www.osteriadelleone.com – chiuso 10 giorni in novembre , dal 7 gennaio al 7 febbraio e lunedì escluso agosto e settembre*
Rist – Carta 34/49 €
♦ Osteria centralissima e di antica tradizione con tre confortevoli salette, dove accomodarsi per gustare i veri sapori toscani. Se il tempo lo permette, optate per il servizio all'aperto.

SAN QUIRINO – Pordenone (PN) – **562** D20 – **4 279 ab.**   **10** A2
– alt. 116 m – ✉ 33080
🛣 Roma 613 – Udine 65 – Belluno 75 – Milano 352

🍴🍴🍴 La Primula (Andrea Canton) con cam e senza ⌁ — 🛖 AC 🏊 🄿
via San Rocco 47 – ℰ 04 34 49 10 05 — VISA 🆗 AE 🤞
– www.ristorantelaprimula.it – chiuso 4 settimane in luglio, domenica sera, lunedì
7 cam – †50/60 € ††80/100 €
Rist – *(chiuso a mezzogiorno esclusi i giorni festivi)* Menu 70 €
– Carta 44/66 € 🕸
Spec. Capesante scottate, salsa di pisellini, zenzero (primavera). Raviolini di scampi, consommè di rosmarino, seppie. Filetto di manzo in crosta di asparagi con salsa al tartufo nero estivo (estate).
♦ L'esperienza qui sicuramente non fa difetto: a pochi passi dal centro, questo elegante locale vanta oltre cent'anni di attività. Gestita dall'intera famiglia, la bella sala è dominata da un camino e da piatti curati nei quali campeggia la fantasia, mentre la carta dei vini entusiasma per la scelta di etichette (a prezzi sorprendentemente onesti).

🍴 Osteria alle Nazioni — AC 🄿 VISA 🆗 AE 🤞
via San Rocco 47/1 – ℰ 0 43 49 10 05 *– www.ristorantelaprimula.it – chiuso domenica sera, lunedì*
Rist – Carta 20/33 € 🕸
♦ Rustico, accogliente e simpatico, un locale dove fermarsi per gustare un piatto tipico regionale preparato con cura, accompagnato da un bicchiere di vino.

SAN REMO – Imperia (IM) – **561** K5 – **56 879 ab.** – ✉ 18038   **14** A3
▐ Liguria
🛣 Roma 638 – Imperia 30 – Milano 262 – Nice 59
🛈 largo Nuvoloni 1, ℰ 0184 5 90 59, www.visitrivieradeifiori.it
🏌️ Degli Ulivi strada Campo Golf 59, 0184 557093, www.golfsanremo.com
– chiuso martedì
◉ Località★★ – La Pigna★ (città alta) B: ≤★ dal santuario della Madonna della Costa
◉ Monte Bignone★★: ⋇★★ 13 km a nord

SAN REMO

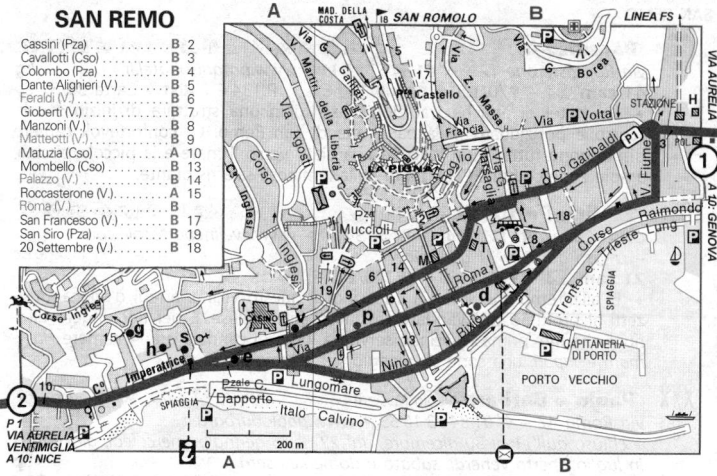

▲▲▲▲ Royal Hotel ⬧   ⟨ 🚗 🏠 ⛱ ⓘ ⛲ ⅃6 ✕ 🖪 ✦ 🖖 ⅏ rist, 🍽 � 🄵

corso Imperatrice 80 – ℰ 01 84 53 91   𝗩𝗜𝗦𝗔 ⓦ 𝖠𝖤 ⓞ ⓢ
– www.royalhotelsanremo.com – febbraio-novembre   **A h**
113 cam ⚏ – **†**221/305 € **††**412/558 € – 13 suites – ½ P 178/343 €
Rist – (chiuso a mezzogiorno da maggio ad agosto) Carta 72/105 €

♦ Grand hotel di centenaria tradizione, gestito dalla fine dell'800 dalla stessa famiglia; interni molto signorili e giardino fiorito con piscina d'acqua di mare riscaldata. In memoria degli antichi fasti, il grande salone con fiori in vetro di Murano firmerà una sosta gastronomica davvero esclusiva.

▲▲▲ Nazionale   🖪 க 𝖠𝖢 ⅏ ✕ rist, 🍽 � 𝗩𝗜𝗦𝗔 ⓦ 𝖠𝖤 ⓞ ⓢ

via Matteotti 3 – ℰ 01 84 57 75 77 – www.hotelnazionalesanremo.com
80 cam ⚏ – **†**99/149 € **††**129/280 € – 4 suites   **A v**
Rist Rendez Vous – ℰ 01 84 54 16 12 (chiuso mercoledì in bassa stagione)
Carta 32/43 €

♦ A pochi passi dal casinò e dalle boutique delle più celebri firme della moda, la risorsa offre ambienti moderni caratterizzati da continui ed attenti interventi di rinnovamento. Ampia terrazza roof garden e solarium per godere dell'aria iodata della Riviera. Specialità liguri nell'originale ristorante in stile marina.

▲▲▲ Europa   🖪 𝖠𝖢 🍽 � 𝗩𝗜𝗦𝗔 ⓦ 𝖠𝖤 ⓞ ⓢ

corso Imperatrice 27 – ℰ 01 84 57 81 70 – www.hoteleuropa-sanremo.com
65 cam ⚏ – **†**70/150 € **††**98/190 € – ½ P 110 €   **A e**
Rist – (chiuso mercoledì) Carta 24/44 €

♦ Dal 1923, in questa palazzina tardo Liberty nei pressi del Casinò e del centro storico, un albergo oggi rinnovato; offre gradevoli interni di taglio classico. Restaurato nello stile dei primi anni del secolo scorso, il ristorante propone i piatti della cucina nazionale e i sapori del territorio.

▲A Lolli Palace Hotel   ⟨ 🖪 𝖠𝖢 ✕ 🍽 𝗩𝗜𝗦𝗔 ⓦ 𝖠𝖤 ⓞ ⓢ

corso Imperatrice 70 – ℰ 01 84 53 14 96 – www.lollihotel.it – chiuso dal
4 novembre al 20 dicembre   **A s**
52 cam – **†**58/85 € **††**70/140 €, ⚏ 10 € – ½ P 90 €   **Rist** – Menu 20/30 €

♦ Il fascino del Liberty echeggia in questo edificio antistante il lungomare ed attiguo alla Chiesa Russa. Eleganti ambienti comuni e camere accoglienti, alcune più moderne in quanto recentemente rinnovate. Un accattivante roof garden con vista mare rende ancora più piacevole la sosta al ristorante.

🏠 Paradiso ॐ 〔🖼 🔄 🛗 🖼 ☆ rist, ⬆ 🏊 🚗 VISA ⚈ AE ① 💰〕

via Roccasterone 12 – ℰ 01 84 57 12 11 – www.paradisohotel.it A**g**
41 cam 🛏 – ♦70/120 € ♦♦100/190 € – ½ P 134 €   **Rist** – Carta 34/52 €
♦ Un hotel di antiche tradizioni, inserito in una struttura di inizio secolo
scorso e posizionato nella parte alta di San Remo. Le confortevoli camere
dispongono tutte di un balcone affacciato verso il mare e la piccola piscina;
ampie zone comuni. Piatti liguri nella luminosa sala ristorante.

🏠 Eveline-Portosole senza rist 〔🖼 🖼 ⬆ VISA ⚈ AE ① 💰〕

corso Cavallotti 111 – ℰ 01 84 50 34 30 – www.evelineportosole.com
– chiuso dal 7 al 21 gennaio B**c**
21 cam 🛏 – ♦110/160 € ♦♦140/217 €
♦ E' all'interno che si rivela il fascino di questo villino: arredi d'epoca, maz-
zetti al profumo di lavanda e tessuti in stile inglese...E per aggiungere ulteriore charme, prima colazione servita a lume di candela e le 4 camere *Hammam* e *Japan*, una sorta di "viaggio nel viaggio".

✗✗✗ Paolo e Barbara (Paolo Masieri) 〔🖼 🔄 VISA ⚈ 💰〕

🍃 *via Roma 47 – ℰ 01 84 53 16 53 – www.paolobarbara.it*
– chiuso dall'11 al 30 dicembre, dal 22 al 26 gennaio, mercoledì, giovedì;
in luglio aperto venerdì, sabato e domenica sera B**p**
Rist – *(chiuso a mezzogiorno escluso i giorni festivi)* (prenotare) Menu 75 €
– Carta 65/110 € 🍴
Spec. Gamberi di San Remo fiammeggiati al whisky. Cappon magro
(autunno-inverno). Stoccafisso a "brandacujun".
♦ Un affresco riproducente un bucolico paesaggio di campagna da profondità alla piccola sala, mentre a dar risalto alla cucina contribuiscono le ottime
materie prime: il pesce e le verdure (quasi tutte raccolte nella piccola azienda
agricola allestita per lo scopo).

✗✗ Da Vittorio 〔🖼 🔄 VISA ⚈ 💰〕

piazza Bresca 16 – ℰ 01 84 50 19 24 – chiuso dal 10 al 30 novembre
Rist – Carta 44/68 € B**d**
♦ Piatti liguri esposti a voce, da gustare all'aperto, su un'animata e caratteristica piazza, oppure in una delle curiose sale interne dal niveo soffitto a volta,
anticamente adibite a stalle.

✗✗ Ulisse 〔⬅ 🖼 🅿 VISA ⚈ AE 💰〕

via Padre Semeria 620, a Coldirodi – ℰ 01 84 67 03 38
– www.ristoranteulisse.com – chiuso ottobre e martedì
Rist – *(chiuso a mezzogiorno escluso sabato e i giorni festivi)* Menu 44 €
– Carta 26/48 €
♦ Non distante dall'uscita autostradale, è una strada panoramica tra mare e
monti a condurre sino a questo locale dove gustare una fragrante cucina di
mare; d'estate si pranza in terrazza.

a Bussana Est : 5,5 km – ✉ 18038

✗ La Kambusa 〔🖼 🖼 🖼 VISA ⚈ AE 💰〕

via al Mare 87 – ℰ 01 84 51 45 37 – chiuso dal 9 al 15 gennaio, dal 3 al
14 settembre e mercoledì
Rist – *(chiuso a mezzogiorno)* Menu 35 € – Carta 42/60 €
♦ Situato sul lungomare, il locale vanta una gestione appassionata ed una
cucina che spazia tra mare e terra e propone piatti della tradizione, così
come creazioni più innovative.

SAN ROCCO – Genova (GE) – Vedere Camogli

SAN SALVO – Chieti (CH) – **563** P26 – 19 093 ab. – alt. 100 m   **2** C2
– ✉ 66050

▶ Roma 280 – Pescara 83 – Campobasso 90 – Termoli 31
🛈 piazza Papa Giovanni XXIII, ℰ 0873 34 35 50, www.abruzzoturismo.it

a San Salvo Marina Nord-Est : 4,5 km – ⊠ 66050

XX **Al Metrò** 🔝 ₺ 🅰 🕏 ᵥₛₐ ◎ 🅰 ⚊
via Magellano 35 – 𝒞 08 73 80 34 28 – www.ristorantealmetro.it
– chiuso 1 settimana in novembre, domenica sera, lunedì
Rist – Menu 45 € – Carta 41/53 €
◆ Più di trent'anni fa l'avvio con una pasticceria, quindi anni di lavoro per arrivare all'ultima, travolgente crescita: piatti di pesce attenti alle tradizioni locali, proposte semplici, ma di sferzante sapidità.

SAN SAVINO – Ascoli Piceno (AP) – **563** M23 – **Vedere Ripatransone**

SAN SECONDO PARMENSE – Parma (PR) – **562** H12 – 5 600 ab.   8 B2
– ⊠ 43017
▶ Roma 486 – Bologna 120 – Parma 24 – Milano 117
🖼 piazza Mazzini 12, 𝒞 0521 87 21 47, www.emiliaromagnaturismo.it

XX **Relais Galù** con cam 🌙 🔝 🅰 🅿 ᵥₛₐ ◎ 🅰 ⚊
strada Albareto 16, Sud : 3 km – 𝒞 05 21 37 12 52 – www.relaisgalu.it
– chiuso lunedì
4 cam 🍽 – †50/70 € ††75/95 €   **Rist** – Menu 35/48 € – Carta 41/66 €
◆ Menu stagionale e qualche classico reinterpretato in un relais di campagna con mattoni stuccati, cassapanche e credenze: un ambiente rustico che non rinuncia all'eleganza.

SANSEPOLCRO – Arezzo (AR) – **563** L18 – 16 365 ab. – alt. 330 m   29 D2
– ⊠ 52037 ▌Toscana
▶ Roma 258 – Rimini 91 – Arezzo 39 – Firenze 114
◉ Museo Civico★★ : opere★★★ di Piero della Francesca – Deposizione★ di Rosso Fiorentino nella chiesa di San Lorenzo – Vie★

🏨🏨 **Borgo Palace Hotel** 📶 ₺ 🅰 ↔ 🕏 ⁿ 🎿 🅿 ᵥₛₐ ◎ 🅰 ⓪ ⚊
via Senese Aretina 80 – 𝒞 05 75 73 60 50 – www.borgopalace.it
74 cam 🍽 – †73/83 € ††90/125 € – 1 suite
Rist *Il Borghetto* – vedere selezione ristoranti
◆ Interni ricchi ed avvolgenti: marmi, boiserie e dorature, ampie sale di soggiorno, nonché camere confortevoli con tappezzerie coordinate ai tessuti d'arredo. Un indirizzo chic a prezzi contenuti.

🏨 **La Balestra** 📶 🅰 🕏 🎿 🅿 ᵥₛₐ ◎ 🅰 ⓪ ⚊
via Montefeltro 29 – 𝒞 05 75 73 51 51 – www.labalestra.it
51 cam 🍽 – †73/84 € ††103 € – 1 suite – ½ P 71 €
Rist *La Balestra* – vedere selezione ristoranti
◆ Arredi e confort di tipo classico, conduzione diretta e professionale, per questo valido indirizzo appena fuori dal centro storico. Il buon rapporto qualità/prezzo e la ristorazione di livello fanno sì che la risorsa sia particolarmente apprezzata da una clientela d'affari.

🏠 **Relais Palazzo di Luglio** 🌙 ← 🕊 🔝 🏊 ₺ 🅰 🕏 rist, 🅿
frazione Cignano 35, Nord-Ovest : 2 km ᵥₛₐ ◎ ⓪ ⚊
– 𝒞 05 75 75 00 26 – www.relaispalazzodiluglio.com
4 cam 🍽 – †90/100 € ††130 € – 10 suites – ††170/250 € – ½ P 110 €
Rist – *(chiuso a mezzogiorno) (solo per alloggiati)* Menu 35/50 €
◆ Sulle prime colline intorno al paese, aristocratica villa seicentesca un tempo adibita a soggiorni estivi in campagna. Spazi, eleganza e storia si ripropongono immutati.

XXX **Il Borghetto** – Borgo Palace Hotel 🔝 ₺ 🅰 🕏 ⇆ 🅿 ᵥₛₐ ◎ 🅰 ⓪ ⚊
via Senese Aretina 80 – 𝒞 05 75 73 60 50 – www.borgopalace.it
Rist – *(chiuso agosto)* Menu 35 € bc – Carta 31/46 €
◆ Classico e con spiccate note di eleganza, il ristorante propone le eccellenze, nonché le tipicità del territorio: tartufi, funghi porcini, formaggi e salumi stagionati, oli e cacciagione. Intrigante, la lista dei vini.

XX **La Balestra** – Hotel La Balestra   🍴 🗚 🕉 ⇆ **P** VISA ⬤ AE ① 🕏
via Montefeltro 29 – ℰ *05 75 73 51 51* – *www.labalestra.it*
Rist – *(chiuso dal 1° al 21 agosto e domenica sera)* Menu 24/30 €
– Carta 28/43 €
♦ Si sa che la Toscana vanta una grande tradizione enogastronomica, ma quando ci si accomoda al desco di questo ristorante, si capisce anche il perchè: tartufo bianco e funghi porcini, pasta fatta in casa, carne di razza Chianina, olio di oliva extra vergine proveniente dalle migliori aziende locali. E con tutto ciò dell'ottimo vino!

XX **Oroscopo di Paola e Marco** con cam   🗶 🕉 rist, ¶↑ **P**
via Togliatti 68, località Pieve Vecchia, Nord-Ovest :   VISA ⬤ ① 🕏
1 km – ℰ *05 75 73 48 75* – *www.relaisoroscopo.com* – *chiuso dal 1° al 10 gennaio, dal 15 al 30 giugno e domenica*
10 cam ⌣ – ✝40/60 € ✝✝60/80 € – ½ P 55/75 €
Rist – *(chiuso a mezzogiorno)* (consigliata la prenotazione) Carta 32/47 €
♦ Nella patria di Piero della Francesca, due giovani coniugi hanno creato questo elegante nido in cui poter anche pernottare ma, soprattutto, assaporare piatti creativi.

XX **Fiorentino e Locanda del Giglio** con cam   🗚 ¶↑ VISA ⬤ 🕏
⊜ *via Luca Pacioli 60* – ℰ *05 75 74 20 33* – *www.ristorantefiorentino.it*
– *chiuso 1 settimana in novembre, 1 settimana in febbraio, dal 24 al 31 luglio e mercoledì*
4 cam ⌣ – ✝60/65 € ✝✝85/90 €
Rist – Menu 20 € bc/35 € bc – Carta 23/35 €
♦ Gestione da cinquant'anni di mestiere che si adopera con professionalità e abilità per accogliere al meglio i propri ospiti in un locale che di anni ne ha circa duecento.

X **Da Ventura** con cam   🕉 cam, VISA ⬤ AE ① 🕏
⊛ *via Aggiunti 30* – ℰ *05 75 74 25 60* – *www.albergodaventura.it*
– *chiuso 10 giorni in gennaio e 20 giorni in agosto, domenica sera e lunedì*
5 cam ⌣ – ✝48 € ✝✝68 € – ½ P 52 €   **Rist** – Carta 23/36 €
♦ Un unico nome per quattro generazioni perché ciò che più conta è saper entusiasmare chi ama la cucina locale con prodotti freschi e genuini, dai funghi dei boschi dei dintorni alla pasta fatta a mano. Al piano superiore, camere semplici con pavimenti in parquet.

SAN SEVERINO LUCANO – Potenza (PZ) – **564** G30 – **1 739 ab.**   **4** C3
– alt. 877 m – ⊠ 85030
D Roma 406 – Cosenza 152 – Potenza 113 – Matera 139

🏠 **Paradiso** ⌖   ⇖ 🗶 🕅 ♨ 🍴 🍷 ♣ 🗚 🕉 🖾 **P** VISA ⬤ 🕏
⊜ *via San Vincenzo* – ℰ *09 73 57 65 86* – *www.hotelparadiso.info*
62 cam ⌣ – ✝45/60 € ✝✝60/94 € – ½ P 60 €
Rist – *(chiuso mercoledì escluso in alta stagione)* Carta 18/32 €
♦ Ideale punto di partenza per gite - motorizzate, a piedi o a cavallo - nel Parco del Pollino, questa risorsa dispone d'interessanti strutture sportive. Camere semplici. Immersi tra una natura ancora vera, i sapori locali "influenzano" i piatti.

SAN SEVERINO MARCHE – Macerata (MC) – **563** M21   **21** C2
– 13 259 ab. – alt. 235 m – ⊠ 62027 ▮ Italia Centro Nord
D Roma 228 – Ancona 72 – Foligno 71 – Macerata 30
◉ ≼★ dalla sommità del colle

🏠 **Palazzo Servanzi Confidati** senza rist ⌖   ▮ 🕭 🗚 ¶↑ ♣
via Cesare Battisti 13/15 – ℰ *07 33 63 35 51*   VISA ⬤ AE ① 🕏
– *www.servanzi.it*
22 cam ⌣ – ✝65 € ✝✝95 € – 1 suite
♦ Centrale e aristocratico palazzo settecentesco, magnifica corte interna coperta con lucernario e trasformata in hall, i ballatoi conducono nelle camere in arte "povera".

Locanda Salimbeni 🐾   🚗 ⛲ ⚙ ⁇ 🏛 🄿 🆅🆂🄰 ⓒⓞ 🄰🄴 ⓞ ⛎
strada provinciale 361, Ovest : 4 km – ℰ 07 33 63 40 47
– www.locandasalimbeni.it
8 cam ⬜ – 🛉50/55 € 🛉🛉70 € – ½ P 55 €
Rist – *(chiuso dal 15 al 31 gennaio e lunedì) (chiuso a mezzogiorno) (solo per alloggiati)* Carta 24/44 €
 • Veramente una bella realtà a pochi chilometri dal centro: camere gradevolissime e personalizzate, alcune con letto a baldacchino, altre con testiera in ferro battuto.

Due Torri con cam 🐾   🕭 ⚙ ⁇ 🆅🆂🄰 ⓒⓞ 🄰🄴 ⓞ ⛎
via San Francesco 21 – ℰ 07 33 64 54 19 – www.duetorri.it – chiuso dal 20 al 26 dicembre e dal 20 al 30 giugno, domenica sera e lunedì
15 cam ⬜ – 🛉50 € 🛉🛉70 € – ½ P 50 €
Rist – Menu 30 € bc – Carta 30/40 €
 • Nella parte più alta e vecchia del paese, vicino al castello, una cucina familiare alla scoperta delle fragranze del territorio ed un piccolo angolo-enoteca dove si vendono specialità alimentari della zona. Camere semplici ed essenziali, per un soggiorno nella tranquillità.

SAN SEVERO – Foggia (FG) – **564** B28 – 55 399 ab. – alt. 86 m   **26** A1
– ✉ 71016
🄳 Roma 320 – Foggia 36 – Bari 153 – Monte Sant'Angelo 57

La Fossa del Grano   🄰🄲 🆅🆂🄰 ⓒⓞ 🄰🄴 ⓞ ⛎
via Minuziano 63 – ℰ 08 82 24 11 22 – www.lafossadelgrano.it – chiuso dall'8 al 21 agosto, domenica sera e lunedì
Rist – Carta 32/47 €
 • Tappa gastronomica obbligata per chi è alla ricerca di antichi sapori casalinghi e la vera cucina pugliese. Consigliamo d'iniziare con gli antipasti e, poi, un primo o un secondo.

SAN SIRO – Mantova (MN) – Vedere San Benedetto Po

SANTA BARBARA – Trieste (TS) – Vedere Muggia

SANTA CATERINA VALFURVA – Sondrio (SO) – **561** C13   **17** C1
– alt. 1 738 m – Sport invernali : 1 738/2 727 m 🚠1 🚡6, 🎿 – ✉ 23030
🄳 Roma 776 – Sondrio 77 – Bolzano 136 – Bormio 13

Baita Fiorita di Deborah   🕭 🛗 ⁇ 🄿 🍽 🆅🆂🄰 ⓒⓞ 🄰🄴 ⛎
via Frodolfo 3 – ℰ 03 42 92 51 19 – www.compagnoni.it – chiuso maggio, ottobre e novembre
22 cam ⬜ – 🛉90/160 € 🛉🛉120/190 € – 4 suites – ½ P 90/130 €
Rist Caffè Bormio – vedere selezione ristoranti
 • E' proprio quello che si cerca in un albergo di montagna: il calore del legno, camere confortevoli e un piacevole centro benessere per rilassarsi dopo una giornata passata sulle piste o *en plein air*.

Vedig   🕭 🖥 ⛿ ⚙ rist, ⁇ 🄿 🆅🆂🄰 ⓒⓞ
via Vedig 14 – ℰ 03 34 29 35 33 05 – www.albergovedig.it – chiuso da ottobre al 15 novembre
20 cam – 🛉137/151 € 🛉🛉182/202 € – ½ P 130/144 €   **Rist** – Carta 37/64 €
 • In paese, ma anche in posizione più elevata con le camere panoramiche agli ultimi piani, è un felice connubio di antico e moderno, tradizione montana ed accessori d'oggi.

Pedranzini   🌳 🕭 🖥 ⛿ ⚙ ⁇ 🄿 🆅🆂🄰 ⓒⓞ 🄰🄴 ⓞ ⛎
piazza Magliavaca 5 – ℰ 03 42 93 55 25 – www.hotelpedranzini.it – chiuso ottobre
18 cam ⬜ – 🛉60/70 € 🛉🛉120/140 € – ½ P 110 €   **Rist** – Carta 29/54 €
 • Sulla famosa piazzetta di Santa Caterina, a soli 50 m dagli impianti di risalita, hotel familiare (completamente rinnovato) dispone di ambienti accoglienti e zona relax. Camere di buon livello dal ligneo arredo. Al ristorante, piatti della tradizione.

XXX **Caffè Bormio** – Hotel Baita Fiorita di Deborah   🕾 ♻ **P** **VISA** ◑ **AE** ♿
*via Frodolfo 3 – ℰ 03 42 92 51 19 – www.compagnoni.it – chiuso maggio,
ottobre e novembre*
Rist – Carta 30/60 € ♨

♦ Se la famosa sciatrice presta il nome all'albergo, la cucina non poteva che
essere…della mamma, custode di antiche ricette montane. In un ambiente
romantico ed elegante, al rientro da una sciata o da una passeggiata, c'è di
che deliziarsi!

SANTA CESAREA TERME – Lecce (LE) – **564** G37 – 3 070 ab.   27 D3
– alt. 25 m – ✉ 73020

▶ Roma 633 – Bari 203 – Lecce 49

🖬 via Roma 209, ℰ 0836 94 40 43, www.pugliaviaggi.com

🏨 **Alizè**   ⇐ ⛆ 🗐 🅰 ⅍ rist, ℉ **P** **VISA** ◑ ⓘ ♿
♋ *via Paolo Borsellino – ℰ 08 36 94 40 41 – www.hotelalize.it – maggio-ottobre*
56 cam ⊒ – ♦50/80 € ♦♦80/140 € – ½ P 55/85 €   **Rist** – Menu 15/25 €
♦ In posizione panoramica e poco distante dal centro, un hotel con eco
architettoniche arabeggianti, luminose aree comuni, camere sobrie negli
arredi, solarium e piscina. Al ristorante, la classica e gustosa cucina del bel
Paese.

SANTA CRISTINA – Perugia (PG) – **563** M19 – Vedere Gubbio

SANTA CRISTINA VALGARDENA   31 C2
(ST. CHRISTINA IN GRÖDEN) – Bolzano (BZ) – **562** C17 – 1 900 ab.
– alt. 1 428 m – Sport invernali : 1 428/2 518 m ⛷ 10 ⛷75
(Comprensorio Dolomiti superski Val Gardena) ⅍ – ✉ 39047 ▯ Italia

▶ Roma 681 – Bolzano 41 – Cortina d'Ampezzo 75 – Milano 338

🖬 strada Chemun 9, ℰ 0471 77 78 00, www.valgardena.it

🏠 **Interski** ⅏   ⇐ ⛆ 🗐 🏠 🛗 ♿ 🅰 ⅍ ℉ **P** 🚗 **VISA** ◑ ♿
*strada Cisles 51 – ℰ 04 71 79 34 60 – www.hotel-interski.com
– 4 dicembre-15 aprile e 15 giugno-15 ottobre*
25 cam ⊒ – ♦65/200 € ♦♦120/460 € – 2 suites
Rist – *(chiuso a mezzogiorno) (solo per alloggiati)*
♦ Un completo rinnovo, piuttosto recente, connota questo albergo, già gra-
devolissimo dall'esterno; stanze di ottimo confort, con legno chiaro e un
panorama di raro fascino.

sulla strada statale 242 Ovest : 2 km :

🏠 **Diamant Sport & Wellness**   ⇐ ⛆ 🗐 ⓘ 🏠 🛁 ℀ 🛗 ⩲ ⅍ rist,
via Skasa 1 ✉ 39047 – ℰ 04 71 79 67 80   ℉ 🛗 **P** 🚗 **VISA** ◑
– www.hoteldiamant.it – 7 dicembre-9 aprile e 10 giugno-9 ottobre
40 cam ⊒ – ♦101/240 € ♦♦160/360 € – 5 suites
Rist – *(solo per alloggiati)*
♦ Nella suggestiva cornice delle Dolomiti, una grande struttura con camere
ben accessoriate e un giardino che assicura quiete e relax. Dopo una giornata
di sci o di escursioni, ritempratevi nel centro benessere.

SANTA DOMENICA – Vibo Valentia (VV) – **564** L29 – Vedere Tropea

---

SANTA FLAVIA Sicilia – Palermo (PA) – **365** AQ55 – 10 802 ab.   39 B2
– ✉ 90017

▶ Agrigento 130 – Caltanissetta 116 – Catania 197 – Messina 223

◉ Rovine di Solunto★ : ⇐★★ dalla cima del colle Nord-Ovest : 2,5 km
– Sculture★ di Villa Palagonia a Bagheria Sud-Ovest : 2,5 km

a Porticello Nord-Est : 1 km – ⊠ 90010

XX **Al Faro Verde da Benito** 📶 VISA ❶❸ AE ❶ ♿
largo San Nicolicchia 14 – ℰ *09 19 57 97 7* – *www.maurizioabalistreri.it*
– chiuso novembre e martedì
Rist – Carta 38/48 € ⅋ (+10 %)
♦ Un'ampia scelta fra crostacei e pesce di ogni genere, preparato in maniera
semplice eppure gustosa, da accompagnarsi con eccellenti vini locali. Servizio
estivo all'aperto, le onde del mare lì accanto.

a Sant'Elia Nord-Est : 2 km – ⊠ 90017

🏠🏠 **Kafara** 🐾 ⟨ 🍴 ⚷ 🍴 🛎 🎖 图 ⛷ 🅿 VISA ❶❸ AE ❶ ♿
litoranea Mongerbano 18 – ℰ *09 19 57 37 7* – *www.kafarahotel.it*
62 cam 🖃 – †86/115 € ††140/190 € – 5 suites – ½ P 100/121 €
Rist – Carta 36 €
♦ Hotel dai grandi spazi esterni che scendono verso il mare, tra questi le due
piscine: la prima - suggestiva - con acqua di mare, l'altra - panoramica - tra
terrazze fiorite. Cucina d'albergo non della tradizione siciliana, ma che risente
degli influssi più vari. Diversi spazi all'aperto, con vista.

SANTA FOCA – Lecce (LE) – **564** G37 – **Vedere Melendugno**

SANTA FRANCA – Parma (PR) – **Vedere Polesine Parmense**

SANT'AGATA DE' GOTI – Benevento (BN) – **564** D25   6 B1
– 11 452 ab. – alt. 159 m – ⊠ 82019
🖸 Roma 220 – Napoli 48 – Benevento 35 – Latina 36

🏠 **Agriturismo Mustilli** 🍴 rist, ⛷ 🅿 VISA ❶❸ ❶ ♿
piazza Trento 4 – ℰ *08 23 71 81 42* – *www.mustilli.com* – *chiuso Natale*
6 cam 🖃 – †60 € ††90 € – 1 suite – ½ P 70 €
Rist – (prenotazione obbligatoria) Menu 25/30 €
♦ E' magica la combinazione di fascino, storia e cordiale accoglienza familiare
in questa elegante dimora nobiliare settecentesca, in pieno centro, gestita
con cura e passione. Per i pasti il ristorante con cucina casalinga o il wine bar.

SANT'AGATA SUI DUE GOLFI – Napoli (NA) – **564** F25   6 B2
– alt. 391 m – ⊠ 80064 ▯ Italia
🖸 Roma 266 – Napoli 55 – Castellammare di Stabia 28 – Salerno 56
🄶 Penisola Sorrentina★★ (circuito di 33 km) : ⟨ ★★ su Sorrento dal capo di
Sorrento (1 h a piedi AR), ⟨ ★★ sul golfo di Napoli dalla strada S 163

🏠🏠 **Sant'Agata** 🍴 🎖 🛎 ⁎★ 图 🍴 🅿 VISA ❶❸ ♿
via dei Campi 8/A – ℰ *08 18 08 08 00* – *www.hotelsantagata.com*
– marzo-novembre
42 cam 🖃 – †48/80 € ††72/99 € – ½ P 65 €   **Rist** – Carta 22/36 €
♦ Tranquillità e confort sono i principali atout di questa struttura, particolarmente indicata per spostarsi o soggiornare in Costiera; bel porticato esterno.
Ambiente curato al ristorante: sale capienti con arredi piacevoli.

XXXX **Don Alfonso 1890** (Alfonso ed Ernesto Iaccarino) con cam 🍴 🍴
⅋⅋ *corso Sant'Agata 11* 图 cam, 🍴 🍴 🚗 VISA ❶❸ AE ❶ ♿
– ℰ 08 18 78 00 26 – www.donalfonso.com – 26 marzo-1° novembre; chiuso
lunedì e martedì dal 16 settembre e sino al 14 giugno, lunedì e a
mezzogiorno negli altri mesi
4 cam 🖃 – †230/310 € ††300/450 € – 4 suites – ††420/650 €
Rist – Menu 170 € – Carta 114/153 € ⅋
Spec. Gnocchetti di patate con scamorza affumicata, pomodorini e basilico.
Capretto lucano alle erbe fresche mediterranee. Imressionismo di crema e
zabaione al caffé
♦ Massima espressione di accoglienza familiare: il loro ristorante è la vostra
casa, in una splendida collezione di arredi, ceramiche e lampadari. La cucina
è un'apoteosi campana le camere la cifra del buon gusto.

SANTA GIULETTA – Pavia (PV) – 1 702 ab. – alt. 78 m – ⊠ 27046   16 B3
▶ Roma 545 – Piacenza 43 – Milano 56 – Pavia 22

a Castello Sud : 4 km – ⊠ 27046 Santa Giuletta

XX   **Conte di Carmagnola**   ⇧ AC VISA ⊚⊙ ⑤
*via Castellana 7 – ℰ 03 83 89 90 02 – www.ilcontedicarmagnola.it – chiuso
dal 1° al 7 gennaio, 3 settimane in agosto, lunedì e martedì*
Rist – *(chiuso a mezzogiorno escluso i giorni festivi)* (consigliata la prenotazione) Carta 34/51 €
♦ Piuttosto decentrato, in una frazione della bassa pianura dell'Oltrepò
Pavese, locale dagli ambienti eleganti e dall'appassionata gestione. Ottima
cucina moderna e, come se non bastasse, terrazza panoramica per il servizio
estivo.

SANT' AGNELLO – Napoli (NA) – 564 F25 – 8 998 ab. – ⊠ 80065   6 B2
▶ Roma 255 – Napoli 46 – Castellammare di Stabia 17 – Salerno 48
▇ via De Maio 35, ℰ 081 8 07 40 33, www.sorrentotourism.com

🏛🏛🏛   **Grand Hotel Cocumella**   🏊 ⌇ 🏠 ♨ 🏖 ❦ 🍽 AC 🕈 🗝 P
via Cocumella 7 – ℰ 08 18 78 29 33   VISA ⊚⊙ AE ⑤
– www.cocumella.com – aprile-ottobre
50 cam ⌇ – ♔♔280/370 € – 7 suites – ½ P 190/245 €
Rist *La Scintilla* – vedere selezione ristoranti
♦ L'edificio risale al '500 quando fu costruito dai Padri Gesuiti. Diverse destinazioni e fortune ne accompagnarono da allora la storia, ma sono ormai
quasi due secoli che il Cocumella offre ospitalità ai viaggiatori di tutto il
mondo. Corollario di tanta atmosfera: camere incantevoli e bagni lussureggianti.

🏛🏛🏛   **Mediterraneo**   ⇦ 🏖 ⌁ ⌇ 🕈 ⋆⋆ AC 🕈 ♨ 🗝 P VISA ⊚⊙ AE ⊙ ⑤
via Marion Crawford 85 – ℰ 08 18 78 13 52
– www.mediterraneosorrento.com – 18 marzo-2 novembre
70 cam ⌇ – ♔♔90/350 € – ½ P 75/205 €
Rist – *(solo per alloggiati)* Carta 44/80 €
♦ Fronte mare e abbellito da un ameno giardino con piscina, hotel storico
ristrutturato che conserva l'immagine e il fascino di un tempo, offrendo confort adeguati al presente. Accomodatevi sulla bella terrazza panoramica per
sorseggiare un cocktail o gustare una pizza oppure assaporare la cucina partenopea.

🏛🏛   **Caravel**   ⌇ 🕈 AC 🕈 rist. P VISA ⊚⊙ AE ⊙ ⑤
☎   *corso Marion Crawford 61 – ℰ 08 18 78 29 55 – www.hotelcaravel.com
– aprile-30 ottobre*
89 cam ⌇ – ♔60/140 € ♔♔80/190 € – ½ P 110 €   **Rist** – Menu 18/20 €
♦ Recentemente ristrutturate le moderne camere di questo hotel situato nella
zona residenziale della località. Tranquilli gli ambienti, luminosi e ben insonorizzati.

XXXX   **La Scintilla** – Grand Hotel Cocumella   🏖 ⇧ AC 🕈 P VISA ⊚⊙ AE ⊙ ⑤
via Cocumella 7 – ℰ 08 18 78 29 33 – www.cocumella.com – aprile-ottobre
Rist – Carta 65/110 €
♦ Sarà una scintilla ad accendere il vostro appetito, perchè qui l'offerta
gastronomica è quanto mai variegata, si passa dai classici internazionali ai
piatti regionali campani. Anche per gli habitué sarà difficile trovare una ripe-
tizione: il cuoco, qui, è come Paganini.

SANT' AGOSTINO – Ferrara (FE) – 562 H16 – 7 079 ab. – alt. 19 m   9 C2
– ⊠ 44047
▶ Roma 428 – Bologna 46 – Ferrara 23 – Milano 220

XX **Trattoria la Rosa** con cam 🅐🅚 ⅍ ⁇ 𝖵𝖨𝖲𝖠 ⚹ 🄰🄴 ⑤
⊛ *via del Bosco 2 – ℰ 0 53 28 40 98 – www.trattorialarosa1908.it – chiuso domenica sera, lunedì; da giugno ad agosto anche sabato a mezzogiorno*
5 cam � – †65 € ††80 €
Rist – (prenotare) Menu 20 € bc (pranzo)/50 € – Carta 32/51 € ✿

♦ Due donne sempre ai fornelli in questa storica trattoria, nata all'inizio del secolo scorso. Classici regionali, salumi e paste restano i maggiori successi nati in cucina. Camere piccole, ma d'interessante ispirazione moderna.

SANTA LIBERATA – Grosseto (GR) – **563** O15 – Vedere Porto Santo Stefano

---

SANTA LUCIA DEI MONTI – Verona (VR) – Vedere Valeggio sul Mincio

---

SANTA MARGHERITA Sardegna – Cagliari (CA) – **366** O50 – Vedere Pula

---

SANTA MARGHERITA LIGURE – Genova (GE) – **561** J9   15 C2
– **10 035 ab.** – ✉ **16038** ▌ Liguria

▶ Roma 480 – Genova 40 – Milano 166 – Parma 149

🄸 piazza Vittorio Veneto, ℰ 0185 28 74 85, www.turismo.provincia.genova.it

◉ Località ★★ - Villa Durazzo ★

🄶 Strada panoramica ★★ per Portofino ★★★

🏨🏨 **Imperiale Palace Hotel** ◁ 🄓 🎐 🏊 🐟 🄵 🄰🄚 ⅍ ⁇ 🛁 🄿
via Pagana 19 – ℰ 01 85 28 89 91   𝖵𝖨𝖲𝖠 ⚹ 🄰🄴 ① ⑤
– www.hotelimperiale.com – maggio-settembre
89 cam ⊒ – †290/310 € ††340/460 € – 3 suites – ½ P 255/315 €
Rist – Carta 44/114 €

♦ Imponente struttura fine '800 a monte dell'Aurelia, ma con spiaggia privata; parco-giardino sul mare con piscina riscaldata e fascino di una pietra miliare dell'hotellerie. Suggestiva sala da pranzo: stucchi e decorazioni davvero unici; signorilità infinita.

🏨🏨 **Grand Hotel Miramare** ◁ 🄓 🗝 🏊 🄵 🖹 🄰🄚 🕻 🛁 𝖵𝖨𝖲𝖠 ⚹ 🄰🄴 ① ⑤
lungomare Milite Ignoto 30 – ℰ 01 85 28 70 13
– www.grandhotelmiramare.it
80 cam ⊒ – †179/285 € ††260/469 € – 4 suites
Rist *Les Bougainvillées* – vedere selezione ristoranti

♦ Palme, oleandri, pitosfori e un centenario cedro del Libano: no, non siamo in un giardino botanico, ma nello splendido parco di un'icona dell'ospitalità di Santa. Tra raffinatezza liberty e relax di lusso, c'è posto anche per un moderno centro benessere.

🏨🏨 **Metropole** ◁ 🄓 🗝 🎐 🐟 🄵 🖹 🄰🄚 ⅍ rist, ⁇ 🛁 🄿
via Pagana 2 – ℰ 01 85 28 61 34 – www.metropole.it   𝖵𝖨𝖲𝖠 ⚹ 🄰🄴 ① ⑤
– chiuso novembre
55 cam ⊒ – †100/140 € ††180/248 € – 4 suites – ½ P 145 €
Rist – Carta 44/56 €

♦ Con un parco fiorito, digradante verso il mare la spiaggia privata, tutto il fascino di un hotel d'epoca e la piacevolezza di una grande professionalità unita all'accoglienza. Elegante sala ristorante dove gustare anche piatti liguri di terra e di mare.

🏨🏨 **Continental** ◁ 🄓 🗝 🎐 🐟 🄵 🖹 🄰🄚 ⅍ rist, ⁇ 🛁 🄿 🚗
via Pagana 8 – ℰ 01 85 28 65 12   𝖵𝖨𝖲𝖠 ⚹ 🄰🄴 ① ⑤
– www.hotel-continental.it
69 cam ⊒ – †100/152 € ††160/265 € – ½ P 163 €   **Rist** – Carta 36/57 €

♦ In posizione panoramica e con ampio parco sul mare, questo hotel è stato oggetto di un sapiente *restyling* in anni recenti. Indirizzo tra i più "gettonati" per quanto riguarda confort e relax. La sala da pranzo è quasi un tutt'uno con la terrazza, grazie alle ampie vetrate aperte.

Jolanda
🏛️ 🦴 ⌗ 🛗 AC ⁇ 🎿 VISA ⅏ AE ① 🦽

via Luisito Costa 6 – ☎ 01 85 28 75 13 – www.hoteljolanda.it – chiuso dal 14 ottobre al 24 dicembre

46 cam ⌸ – †65/99 € ††96/166 € – 3 suites – ½ P 95 €

Rist – Carta 28/45 €

♦ Rinnovatosi di recente, l'albergo gode di una posizione arretrata rispetto al mare, raggiungibile però in pochi minuti, e di un servizio attento. Bel centro benessere.

Laurin senza rist
⇐ ☂ 🏛️ 🦴 ⌗ AC ⁇ VISA ⅏ AE ① 🦽

lungomare Marconi 3 – ☎ 01 85 28 99 71 – www.laurinhotel.it

43 cam ⌸ – †70/207 € ††110/302 €

♦ Di fronte al grazioso porticciolo, l'hotel è dotato di una terrazza-solarium con piscina e di una raccolta area relax. Tutte le camere si affacciano al mare, alcune con balcone.

Minerva 🦢
🍴 🏵️ ⌗ 🦽 AC 🍽️ ⁇ 🚗 VISA ⅏ AE ① 🦽

via Maragliano 34/d – ☎ 01 85 28 60 73 – www.hotelminerva.eu – chiuso da novembre al 20 dicembre

37 cam ⌸ – †80/110 € ††110/170 € – 1 suite   **Rist** – Carta 25/40 €

♦ Ubicazione tranquilla, a pochi minuti a piedi dalla marina: una risorsa d'impostazione classica, condotta con professionalità, passione e attenzione per la clientela. Sala ristorante d'impronta moderna, cucina mediterranea.

Tigullio et de Milan senza rist
⌗ AC ⁇ VISA ⅏ AE 🦽

viale Rainusso 3/a – ☎ 01 85 28 74 55 – www.hoteltigullio.eu – chiuso dal 1° gennaio al 15 febbraio

40 cam ⌸ – †60/90 € ††80/140 €

♦ Un albergo rinnovato nel corso degli ultimi anni; offre validi confort, strutture funzionali, ambienti signorili e terrazza-solarium.

Agriturismo Roberto Gnocchi senza rist 🦢
🚗 P

via San Lorenzo 29, località San Lorenzo della Costa, Ovest : 3 km – ☎ 01 85 28 34 31 – www.villagnocchi.it – maggio-15 ottobre

VISA ⅏ AE ① 🦽

12 cam ⌸ – †70/85 € ††90/110 €

♦ E' come essere ospiti in una casa privata negli accoglienti interni di questa risorsa in posizione incantevole: vista del mare dalla terrazza-giardino, anche durante i pasti. Deliziose camere arredate con gusto.

Les Bougainvillées – Grand Hotel Miramare
🔔 AC 🍽️

lungomare Milite Ignoto 30 – ☎ 01 85 28 70 13 – www.grandhotelmiramare.it

VISA ⅏ AE ① 🦽

Rist – Carta 54/74 €

♦ In un salone decorato con stucchi e affreschi la cucina sposa la tradizione ligure con la più raffinata modernità. Se poi volete aggiungere alla cornice un pizzico di romanticismo, prenotate un tavolo sulla terrazza: davanti ai vostri occhi, il Golfo del Tigullio.

Oca Bianca
AC ⇆ VISA ⅏ AE ① 🦽

via XXV Aprile 21 – ☎ 01 85 28 84 11 – www.ocabianca.it – chiuso dal 9 gennaio al 2 febbraio e lunedì

Rist – (chiuso a mezzogiorno) Carta 44/71 €

♦ Dedicato agli estimatori di tutto ciò che non è di mare, un locale con proposte di carne, verdura e formaggi, preparati con fantasia. Ambiente intimo e raccolto.

Altro Eden
🏵️ 🦽 AC VISA ⅏ 🦽

via Calata Porto 11 – ☎ 01 85 29 30 56 – chiuso febbraio e martedì

Rist – (chiuso a mezzogiorno escluso sabato e domenica) Carta 49/68 €

♦ Sul molo con vista porto, locale di taglio moderno con un'originale sala a forma di tunnel e fresco dehors. Il menu è un trionfo di specialità di pesce.

XX **Antonio**   A̅K̅ V̅I̅S̅A̅ OO A̅E̅ ① ⓢ
piazza San Bernardo 6 – ℰ 01 85 28 90 47 – chiuso dal 14 al 28 febbraio,
10 giorni in novembre e lunedì escluso dal 15 maggio al 15 ottobre
Rist – Menu 55 € – Carta 33/70 €
♦ Piatti ben curati sia sotto il profilo delle materie prime impiegate sia per
l'abilità di valorizzarne il gusto in un locale di taglio classico. Le proposte di
pesce sono predominanti.

SANTA MARIA = AUFKIRCHEN – Bolzano (BZ) – Vedere Dobbiaco

SANTA MARIA ANNUNZIATA – Napoli (NA) – vedere Massa Lubrense

SANTA MARIA DEGLI ANGELI – Perugia (PG) – **563** M19 – Vedere Assisi

---

SANTA MARIA DELLA VERSA – Pavia (PV) – **561** H9   **16** B3
– 2 576 ab. – alt. 199 m – ⌧ 27047
▶ Roma 554 – Piacenza 47 – Genova 128 – Milano 71
🄸 Municipio, ℰ 0385 27 80 11, www.comune.santa-maria-della-versa.pv.it

XX **Sasseo**   ⇐ 🛋 🏠 A̅K̅ ⟐ P̅ V̅I̅S̅A̅ OO A̅E̅ ⓢ
località Sasseo 3, Sud : 3 km – ℰ 03 85 27 85 63 – www.sasseo.com – chiuso
gennaio, lunedì, martedì a mezzogiorno
Rist – Menu 25 € bc (pranzo)/40 € bc – Carta 30/49 €
♦ Ubicato tra i vigneti, un grande casolare del 1700 sapientemente ristrutturato ospita due salette in tono rustico-elegante con camino. Cucina moderna
e fantasiosa.

XX **Al Ruinello**   🛋 🏠 A̅K̅ ⅍ P̅ V̅I̅S̅A̅ OO ① ⓢ
località Ruinello, Nord : 3 km – ℰ 03 85 79 81 64 – www.ristorantealruinello.it
– chiuso dal 15 al 30 gennaio, dal 10 al 30 agosto, lunedì sera e martedì
Rist – (consigliata la prenotazione) Carta 26/37 €
♦ Sembra di essere nel salotto "buono" di una casa privata... Ristorante a
conduzione familiare, ricavato in una villetta privata, con piatti del territorio
proposti a voce. Il menu segue le stagioni.

SANTA MARIA DI CASTELLABATE – Salerno (SA) – Vedere Castellabate

---

SANTA MARIA MADDALENA – Rovigo (RO) – **562** H16 – Vedere
Occhiobello

SANTA MARIA MAGGIORE Ossola (VB) – **561** D7 – 1 262 ab.   **23** C1
– alt. 816 m – Sport invernali : a Piana di Vigezzo : 800/2 064 m ⸙ 1 ⸙ 4, ⸙
– ⌧ 28857
▶ Roma 715 – Stresa 50 – Domodossola 17 – Locarno 32
🄸 piazza Risorgimento 28, ℰ 0324 9 50 91,
   www.comune.santamariamaggiore.vb.it

🏠 **Miramonti**   🏠 ⅍ rist, P̅ V̅I̅S̅A̅ OO A̅E̅ ⓢ
piazzale Diaz 3 – ℰ 03 24 95 01 3 – www.almiramonti.com
10 cam ⌧ – †60 € ††115/120 € – ½ P 86 €   **Rist** – Carta 34/59 €
♦ Dimora storica nel cuore della località che unisce al calore familiare la
discreta eleganza degli ambienti, una piccola realtà ricca di ricordi della
Valle e delle sue antiche tradizioni. Sapori ormai noti ai buongustai e nuovi
accostamenti: in cucina, la ricerca continua.

X **Le Colonne**   V̅I̅S̅A̅ OO A̅E̅ ⓢ
via Benefattori 7 – ℰ 0 32 49 48 93 – chiuso mercoledì
Rist – (consigliata la prenotazione) Menu 27/39 € – Carta 36/52 €
♦ Nel piccolo centro storico della località, una coppia di grande esperienza
gestisce questo ristorante sobrio e curato, dove viene proposta una cucina
eclettica.

SANT'AMBROGIO DI VALPOLICELLA – Verona (VR) 35 A3
– **562** F14 – **11 509 ab.** – **alt. 174 m** – ✉ 37010

🛣 Roma 511 – Verona 20 – Brescia 65 – Garda 19

XX **Groto de Corgnan** 🏠 🖇 🔄 💳 ⓐ 💲
*via Corgnano 41 – ℰ 04 57 73 13 72 – www.grotodecorgnan.it – chiuso
domenica, lunedì a mezzogiorno*
Rist – *(prenotazione obbligatoria)* Carta 45/59 € 🥢
• E' una cucina rispettosa della tradizione ed in sintonia con le stagioni,
quella proposta in questa piacevole casa di paese, con piccolo
dehors: ambiente decoroso e rallegrato dal camino.

a San Giorgio Nord-Ovest : 1,5 km – ✉ 37015 Sant'Ambrogio Di Valpolicella

X **Dalla Rosa Alda** con cam �─ 🏠 🖥 🕹 🖇 cam, 🔌 💳 ⓐ 🆎 ① 💲
🏠 *strada Garibaldi 4 – ℰ 04 57 70 10 18 – www.dallarosalda.it – chiuso
gennaio, febbraio*
10 cam 🍴 – †65/75 € ††90/105 € – ½ P 70/85 €
Rist – *(chiuso domenica sera e lunedì escluso luglio-agosto)* Carta 28/52 € 🥢
• Una cucina semplice, scandita e dominata dai prodotti del territorio selezionati con cura e passione, accostati ad un'ottima selezione di vini locali.
Chiedete consiglio ai proprietari. L'intuizione di accogliere delle camere nella
medesima struttura è degli anni Ottanta. Oggi, solo mobili d'epoca e confort.

SANT' ANDREA – Livorno (LI) – **563** N12 – Vedere Elba (Isola d') : Marciana

SANT'ANGELO – Macerata (MC) – Vedere Castelraimondo

SANT'ANGELO IN PONTANO – Macerata (MC) – **563** M22 21 C2
– **1 531 ab.** – **alt. 473 m** – ✉ 62020

🛣 Roma 192 – Ascoli Piceno 65 – Ancona 119 – Macerata 29

X **Pippo e Gabriella** 🕹 🖇 🅿 💳 ⓐ 💲
*località contrada l'Immacolata 33 – ℰ 07 33 66 11 20 – chiuso dal
12 gennaio al 12 febbraio e lunedì*
Rist – Carta 22/33 €
• Un'osteria molto semplice, in posizione tranquilla, dove vige un'atmosfera
informale ma cortese e si possono gustare specialità regionali. Griglia in sala.

SANT' ANGELO IN VADO – Pesaro e Urbino (PU) – **563** L19 20 A1
– **4 154 ab.** – **alt. 359 m** – ✉ 61048

🛣 Roma 283 – Ancona 136 – Pesaro 81

🏨 **Palazzo Baldani** 🕹 🆎 🕹 💳 ⓐ 🆎 💲
*via Mancini 4 – ℰ 07 22 81 88 92 – www.taddeoefederico.it
– chiuso dal 16 al 31 agosto*
14 cam 🍴 – †60/90 € ††90/130 €
Rist Taddeo e Federico – vedere selezione ristoranti
• Un palazzo del 1700 trasformato in un piccolo, ma delizioso albergo con
camere dai toni caldi e letti in ferro battuto. Per un surplus di romanticismo:
chiedete la stanza con il baldacchino.

XX **Taddeo e Federico** 🆎 💳 ⓐ 🆎 ① 💲
*via Mancini 4 – ℰ 07 22 81 88 92 – www.taddeoefederico.it – chiuso dal 7 al
25 gennaio, dal 22 agosto al 10 settembre, domenica sera e lunedì*
Rist – Carta 31/54 €
• "Non ci sono più le stagioni, come una volta…", ma in questa trattoria sì:
dai funghi, alla selvaggina, senza dimenticare quello che forse è il re di questa tavola, il tartufo, il menu va incontro al gusto moderno, senza perdere di
vista la periodicità dei prodotti.

SANT'ANGELO LODIGIANO – Lodi (LO) – **561** G10 16 B3
– **13 324 ab.** – **alt. 73 m** – ✉ 26866

🛣 Roma 544 – Piacenza 43 – Lodi 12 – Milano 38

San Rocco   𝄖 𝄖 & AC ⸙ P VISA ☎ ⸸
via Cavour 19 – ℰ 0 37 19 07 29 – www.sanroccoristhotel.it – chiuso dal 1° al 7 gennaio e agosto
16 cam – †59/75 € ††79/82 €, ⊊ 6 € – ½ P 57 €
Rist *San Rocco* – vedere selezione ristoranti
♦ Camere confortevoli in un piccolo albergo nel centro della località: gestito dalla stessa famiglia da tre generazioni è sempre un indirizzo raccomandabile.

San Rocco – Hotel San Rocco   & AC ⸙ P VISA ☎ ⸸
via Cavour 19 – ℰ 0 37 19 07 29 – www.sanroccoristhotel.it – chiuso dal 1° al 7 gennaio, agosto, domenica sera e lunedì
Rist – Carta 18/33 €
♦ I vini D.O.C. dei colli di San Colombano e dell'Oltrepò Pavese, ben si sposano con i piatti tipici della tradizione lodigiana di questo locale: una simpatica via di mezzo tra ristorante e trattoria.

SANT'ANNA – Como (CO) – Vedere Argegno

SANT'ANNA – Cuneo (CN) – Vedere Roccabruna

SANT' ANTIOCO Sardegna – Carbonia-Iglesias (CI) – **366** L49   **38** A3
– 11 730 ab. – ⊠ 09017 ▯ Italia
▶ Cagliari 92 – Calasetta 9 – Nuoro 224 – Olbia 328
◉ Vestigia di Sulcis★ : tophet★, collezione di stele★ nel museo

Moderno-da Achille con cam   AC cam, ⸙ ⸙ VISA ☎ AE ① ⸸
via Nazionale 82 – ℰ 0 78 18 31 05 – www.albergoristorantemoderno.com
16 cam ⊊ – †55/60 € ††92/100 € – ½ P 80/87 €
Rist – *(aprile-settembre) (chiuso a mezzogiorno)* Carta 36/62 €
♦ Un ambiente originale nelle mani di un abile chef, in grado di soddisfare il palato del cliente con proposte gastronomiche tradizionali e specialità sarde.

SANT'ANTONIO DI MAVIGNOLA – Trento (TN) – Vedere Pinzolo

SANTARCANGELO DI ROMAGNA – Rimini (RN) – **562** J19   **9** D2
– 21 118 ab. – alt. 42 m – ⊠ 47822
▶ Roma 345 – Rimini 10 – Bologna 104 – Forlì 43
🛈 via Cesare Battisti 5, ℰ 0541 62 42 70, www.comune.santarcangelo.rn.it

Della Porta senza rist   ⌂ 𝄖 & AC ⇄ ⸙ 𝄢 VISA ☎ AE ① ⸸
via Andrea Costa 85 – ℰ 05 41 62 21 52 – www.hoteldellaporta.com
22 cam ⊊ – †60/100 € ††85/120 €
♦ Soffitti finemente affrescati e mobili antichi nelle quattro graziose camere affacciate sul cortile, ciascuna in omaggio ad un fiore. Di tono più moderno le altre stanze.

Il Villino senza rist   𝄜 𝄖 & AC ⸙ P VISA ☎ AE ⸸
via Ruggeri 48 – ℰ 05 41 68 59 59 – www.hotelilvillino.it
12 cam ⊊ – †70/100 € ††100/150 €
♦ Ai margini del centro storico, villa seicentesca ristrutturata con atmosfere provenzali. Camere personalizzate e fantasiose, intitolate ad un volatile che in passato popolò il giardino: le stanze del *Pavone* e del *Fagiano* tra le migliori.

Osteria la Sangiovesa   𝄢 AC VISA ☎ AE ① ⸸
piazza Simone Balacchi 14 – ℰ 05 41 62 07 10 – www.sangiovesa.it – chiuso a mezzogiorno
Rist – Carta 38/52 € ⸙
Rist *Osteria* – Carta 21/32 € ⸙
♦ Nei magazzini di un palazzo settecentesco - comprensivi di grotta e sorgente - il trionfo della generosità gastronomica romagnola. All'Osteria: piadine ed altre sfiziosità per passaggi più veloci ed economici.

sulla strada statale 9 via Emilia Est : 2 km

🏨 **San Clemente** senza rist   🛗 ⚡ 🆎 ⇎ ❄ ⁽ᵠ⁾ 🅿 🆅🆂🅰 ⓪ 🅰🅴 ⓪ ⚡
via Ferrari 1 – ℰ 05 41 68 08 04 – www.hotelsanclemente.com – chiuso dal
23 al 28 dicembre
38 cam � – ♦40/300 € ♦♦60/300 €
♦ Lungo la via Emilia, un complesso inaugurato pochi anni or sono e progettato pensando soprattutto a chi viaggia per lavoro. Insieme curato e dotazioni complete, camere prestige da preferire alle standard.

a Montalbano Ovest: 6 km – ⊠ 47822 Santarcangelo Di Romagna

🏠 **Agriturismo Locanda Antiche Macine** ⚘   🗄 🍳 🏕 ❄ 🎿
via Provinciale Sogliano 1540 – ℰ 05 41 62 71 61   🅿 🆅🆂🅰 ⓪ 🅰🅴 ⓪ ⚡
– www.antichemacine.it – chiuso dal 1° al 19 gennaio
10 cam ⊡ – ♦60/70 € ♦♦90/130 € – 3 suites – ½ P 65/85 €
Rist *Antiche Macine* – vedere selezione ristoranti
♦ Ricavata in un antico frantoio, accogliente ed elegante locanda immersa
nel verde della campagna riminese, con un percorso natura ed un laghetto
per la pesca sportiva.

🍴 **Antiche Macine** – Agriturismo Locanda Antiche Macine   🗄 🍴 ✿ 🅿
via Provinciale Sogliano 1540 – ℰ 05 41 62 71 61   🆅🆂🅰 ⓪ 🅰🅴 ⓪ ⚡
– www.antichemacine.it – chiuso dal 7 al 22 gennaio e lunedì
Rist – Carta 24/33 €
♦ La tipicità non riguarda solo l'ambiente, ma "veste" anche la tavola con
piatti della più schietta tradizione romagnola: passatelli, strozzapreti al ragù,
salcicce con olive, crescioni ed una deliziosa pasticceria casalinga.

SANTA REGINA – Siena (SI) – Vedere Siena

SANTA REPARATA Sardegna – Olbia-Tempio (OT) – **366** Q36 – **Vedere Santa Teresa Gallura**

SANTA TECLA Sicilia – Catania (CT) – **365** BA58 – **Vedere Acireale**

SANTA TERESA GALLURA Sardegna – Olbia-Tempio (OT)   **38** B1
– **366** Q36 – **5 211 ab.** – ⊠ 07028

▶ Olbia 61 – Porto Torres 105 – Sassari 103

🄸 piazza Vittorio Emanuele 24, ℰ 0789 75 41 27,
  www.santateresagalluraturismo.com

🄶 Arcipelago della Maddalena★★

🏨 **Grand Hotel Corallaro** ⚘   ⪡ 🗄 🍳 🏊 🎿 🏋 🛗 ⚡ cam, 🆎 ❄ rist,
spiaggia Rena Bianca – ℰ 07 89 75 54 75   🎿 🅿 🆅🆂🅰 ⓪ ⚡
– www.hotelcorallaro.it – 26 maggio-19 ottobre
85 cam ⊡ – ♦80/175 € ♦♦110/220 € – 1 suite – ½ P 135 €
Rist – (chiuso a mezzogiorno escluso dal 12 giugno al 15 settembre)
Menu 25/30 €
♦ Immerso nella rigogliosa macchia mediterranea con vista sulle Bocche di
Bonifacio, un hotel moderno dalle camere confortevoli e ben arredate ed
una nuova piscina solarium. A due passi dalla bianca spiaggia.

🏠 **Marinaro** senza rist   🛗 🆎 🆅🆂🅰 ⓪ 🅰🅴 ⚡
via Angioy 48 – ℰ 07 89 75 41 12 – www.hotelmarinaro.it – marzo-novembre
27 cam ⊡ – ♦50/120 € ♦♦70/150 €
♦ Sito nel centro ma non distante dalla spiaggia, un'edificio dal tipico disegno architettonico locale con ambienti arredati nelle rilassanti tinte del
verde e del giallo.

Da Cecco senza rist 　🛗 🅰️ 🕭 🅿️ 🆅🆂🅰️ ∞ 🅰️🅴 ⓘ ᓚ

via Po 3 – 𝒞 *07 89 75 42 20 – www.hoteldacecco.com – aprile-ottobre*
32 cam ⌂ – ▪49/80 € ▪▪66/120 €
♦ A ridosso della spiaggia, un grazioso hotel a gestione familiare dai semplici, ma accoglienti spazi ed una terrazza-solarium con vista sulle Bocche di Bonifacio.

L'Osteria 　　🕭 🆅🆂🅰️ ⓘ ᓚ

al porto turistico – 𝒞 *07 89 75 52 16 – 25 aprile-20 settembre; chiuso lunedì sino al 15 giugno*
Rist – Carta 37/47 €
♦ Il classico ristorantino di pesce nel quale piacerebbe imbattersi un po' più spesso: in una saletta piccina, ma confortevole, sono le specialità ittiche le star del menu.

a Santa Reparata Ovest : 3 km – ✉ 07028 Santa Teresa Gallura

S'Andira 　🗄 🕭 🅿️ 🆅🆂🅰️ ∞ 🅰️🅴 ᓚ

via Orsa Minore 1 – 𝒞 *07 89 75 42 73 – www.sandira.it – maggio-settembre*
Rist – Carta 45/75 €
♦ Un indirizzo di solida gestione e simpatica cortesia: piacevoli sale, nonché grazioso dehors immerso nel verde della macchia mediterranea. Specialità di pesce in menu.

SANTA TRADA DI CANNITELLO – Reggio di Calabria (RC) – **564** M29 – Vedere Villa San Giovanni

---

SANTA VITTORIA D'ALBA – Cuneo (CN) – **561** H5 – **2 506 ab.**　**25** C2 – alt. 346 m – ✉ 12069

▶ Roma 655 – Cuneo 55 – Torino 57 – Alba 10

Castello di Santa Vittoria ⑤ 　　← 🗄 ⌷ 🕭 🕭 🅿️

via Cagna 4 – 𝒞 *01 72 47 81 98* 　　🆅🆂🅰️ ∞ 🅰️🅴 ⓘ ᓚ
– www.santavittoria.org – chiuso gennaio
38 cam ⌂ – ▪90/110 € ▪▪150/190 € – 1 suite – ½ P 103/123 €
Rist *Savino Mongelli* ❀ – vedere selezione ristoranti
Rist – *(chiuso a mezzogiorno escluso domenica)* Menu 28/70 €
♦ In un borgo di origini medievali, gli spazi interni sono inaspettatamente moderni, sobri e lineari, piacevolmente forniti di confort moderni. La posizione panoramica fa sì che la piscina goda di un belvedere sulle colline.

Savino Mongelli – Hotel Castello di Santa Vittoria 　🕭 🅿️ 🆅🆂🅰️ ∞ ᓚ
❀ *via Cagna 4 –* 𝒞 *01 72 47 85 50 – chiuso domenica sera, lunedì*
Rist – *(chiuso a mezzogiorno escluso sabato e domenica)* (consigliata la prenotazione) Menu 70 € – Carta 50/88 €
Spec. Aragosta con riso nero selvatico e pomodoro alla cipolla di Tropea. Capesante arrostite su melanzana fondente. Piccolo fritto dorato in semola.
♦ La passione per il pesce ispira la cucina: gustose ricette mediterranee, all'insegna dell'olio d'oliva. La scelta è volutamente ristretta per seguire la disponibilità del mercato ittico.

SANT'ELIA Sicilia – Palermo (PA) – **365** AQ55 – Vedere Santa Flavia

---

SANT'ELPIDIO A MARE – Fermo (FM) – **563** M23 – **17 020 ab.**　**21** D2 – alt. 251 m – ✉ 63019

▶ Roma 267 – Ancona 49 – Ascoli Piceno 85 – Macerata 33

Il Melograno 　　　← 🕭 ⟳ 🆅🆂🅰️ ∞ ᓚ

via Gherardini 9 – 𝒞 *07 34 85 80 88 – www.ristoranteilmelograno.it – chiuso lunedì sera e martedì escluso giugno-settembre*
Rist – *(prenotare)* Carta 24/39 €
♦ Un palazzo del Seicento in cui sorgono oggi ambienti ospitali, sulle calde tonalità dell'ocra e del bianco: per scoprire sapori casalinghi. Vista panoramica incantevole.

SAN TEODORO Sardegna – Olbia-Tempio (OT) – 366 Q36   38 B1
– 4 257 ab. – ⊠ 08020

🚗 Cagliari 258 – Nuoro 77 – Olbia 29 – Porto Torres 146

ℹ piazza Mediterraneo 1, ℰ 0784 86 57 67, www.santeodoroturismo.it

🏌 Puntaldia località Punta Sabatino, 0784 864477, www.duelune.com – marzo-novembre; chiuso lunedì e giovedì

a Puntaldia Nord : 6 km – ⊠ 08020 San Teodoro

🏨🏨 **Due Lune Resort Golf & Spa** ⊗   ≤ 🚗 🌡 🧖 🕅 🎢 ※ 🖻 🛠
– ℰ 07 84 86 40 75   🆔 ⊠ rist, 🎵 🎿 🅿 🚆 ⊚ 🕮 ⑩ 🔆
– www.duelune.com – 13 maggio-2 ottobre
64 cam ⊑ – †100/440 € ††324/540 € – 2 suites – ½ P 280/310 €
Rist – (consigliata la prenotazione) 60 €
♦ In riva al mare, vicina al campo da golf e circondata da un giardino con prato all'inglese, una struttura dal confort esclusivo e raffinato dotata di beauty farm e zona relax. In un'elegante sala ristorante interna è possibile farsi servire proposte gastronomiche classiche dai sapori regionali.

SANT'EUFEMIA DELLA FONTE – Brescia (BS) – Vedere Brescia

SANT'ILARIO D'ENZA – Reggio Emilia (RE) – 562 H13   8 A3
– 10 869 ab. – alt. 59 m – ⊠ 42049

🚗 Roma 444 – Parma 12 – Bologna 82 – Milano 134

✕✕ **Prater**   🆔 ⊠ ⇔ 🅿 🚆 ⊚ 🕮 🔆
via Roma 39 – ℰ 05 22 67 23 75 – www.praterfood.it – chiuso dal 1° al 7 gennaio, dal 1° al 25 agosto, sabato a mezzogiorno, domenica in giugno-luglio, mercoledì negli altri mesi
Rist – Carta 32/44 € 🍷
♦ Proposte radicate nella saga gastronomica di questa terra e accompagnate da una nutrita offerta di vini; da gustare in questo elegante locale in pieno centro storico.

SANT'OMOBONO TERME – Bergamo (BG) – 561 E10   19 C1
– 3 078 ab. – alt. 498 m – ⊠ 24083

🚗 Roma 625 – Bergamo 23 – Lecco 39 – Milano 68

🏨🏨 **Villa delle Ortensie** ⊗   ≤ 🔲 ⊚ 🕅 🎢 ⅌ 🍽 ⅍ 🛠 ⅄ 🎿 🅿
viale alle Fonti 117 – ℰ 0 35 85 22 42   🚆 ⊚ 🕮 🔆
– www.villaortensie.com – chiuso dall'11 al 28 dicembre e dal 9 al 27 gennaio
39 cam ⊑ – †90/150 € ††150/210 € – ½ P 115 €
Rist Villa delle Ortensie – vedere selezione ristoranti
♦ Nel cuore verde della valle Imagna, questa elegante residenza gentilizia di fine '800 ha mantenuto inalterato il fascino di un tempo, mentre le moderne e molteplici proposte in ambito salutistico o estetico fanno del soggiorno un momento di privilegiato benessere.

✕✕✕ **Villa delle Ortensie** – Hotel Villa delle Ortensie   🦽 🕊 ⇔ 🅿
viale alle Fonti 117 – ℰ 0 35 85 22 42   🚆 ⊚ 🕮 ⑩ 🔆
– www.villaortensie.com – chiuso dal 10 al 27 dicembre
Rist – Carta 30/51 €
♦ L'eleganza dello stile Liberty in una dimora di fine '800, che oltre ad ospitare un wellness hotel, offre gli spazi a questo elegante ristorante. Cavalcando lo spirito dell'albergo, la cucina propone piatti a base di cibi biologici, ricette vegetariane e menu à la carte, dove figurano i "classici" italiani.

✕✕ **Posta**   🆔 🚆 ⊚ 🕮 ⑩ 🔆
🍴 viale Vittorio Veneto 169 – ℰ 0 35 85 11 34 – www.frosioristoranti.it – chiuso lunedì sera, martedì
Rist – Menu 15 € bc (pranzo)/60 € – Carta 42/70 €
♦ Esperta conduzione familiare in un locale che propone una cucina fatta di piatti moderni e tradizione, mentre a pranzo è sempre presente un menu del giorno.

SANTO STEFANO AL MARE – Imperia (IM) – **561** K5   **14** A3
– 2 342 ab. – ✉ 18010
▶ Roma 628 – Imperia 18 – Milano 252 – San Remo 12

☆   **La Cucina**   🏠 AC VISA ◎ AE ① ⚡

    piazza Cavour 7 – ✆ 01 84 48 50 40 – chiuso lunedì, anche domenica sera da
    settembre a giugno e a mezzogiorno escluso sabato e domenica in luglio e
    agosto
    Rist – Menu 20 € (pranzo) – Carta 28/49 €
    ♦ Il turista non può che trovare di proprio gradimento questo locale! Tra i
    carruggi del centro, l'ingresso attraverso una veranda estiva, poi una sala più
    caratteristica, rustica e simpatica. Proposte locali, soprattutto marinare.

SANTO STEFANO BELBO – Cuneo (CN) – **561** H6 – 4 114 ab.   **25** D2
– alt. 170 m – ✉ 12058 📗 Italia Centro Nord
▶ Roma 573 – Alessandria 48 – Genova 100 – Asti 26

🏨   **Relais San Maurizio** ⚜   ≤ 🏠 🏠 🔆 🔲 ◎ 🏊 ♨ 🛁 & cam. AC ⁽ᵗ⁾

    località San Maurizio, Ovest : 3 km   🅰 🅿 VISA ◎ AE ① ⚡
    – ✆ 01 41 84 19 00 – www.relaissanmaurizio.it – chiuso febbraio
    20 cam – ♦♦280/540 €, ⬜ 19 € – 10 suites – ♦♦400/780 €
    Rist *Il Ristorante di Guido da Costigliole* ❀ – vedere selezione ristoranti
    Rist – *(chiuso la sera)* Carta 76/98 €
    ♦ Su una collina prospiciente il paese natale di C. Pavese, un'oasi di pace e di
    lusso in un monastero secentesco. Camere dai decori incantevoli, nonché una
    moderna Spa ristrutturata nel segno dell'eccellenza: come l'intera struttura.

☆☆☆   **Il Ristorante di Guido da Costigliole** (Luca Zecchin) – Hotel Relais San Maurizio
    località San Maurizio 39, Ovest :   ≤ 🏠 🏠 AC ⇔ 🅿 VISA ◎ AE ① ⚡
    3 km – ✆ 0 14 18 41 90 0/ 84 44 55 – www.relaissanmaurizio.it
    www.guidosanmaurizio.com – chiuso gennaio, febbraio, martedì
    Rist – *(chiuso a mezzogiorno escluso sabato e domenica)* Menu 85 €
    – Carta 80/105 € ❀
    Spec. Questo è "il " vitello tonnato. Dal 1960 i Plin. Sottopaletta di fassone
    con semolino dolce.
    ♦ Magnifica sintesi di ogni promessa paesaggistica e gastronomica langarola:
    sulla sommità di una panoramica collina, splendido edificio d'epoca, cucina
    avvolgente ed illustre cantina.

SANTO STEFANO DI CADORE – Belluno (BL) – **562** C19   **36** C1
– 2 684 ab. – alt. 908 m – ✉ 32045
▶ Roma 653 – Cortina d'Ampezzo 45 – Belluno 62 – Lienz 78
🔆 piazza Roma 37, ✆ 0435 6 22 30, www.infodolomiti.it

🏠   **Monaco Sport Hotel**   ≤ ♨ 🛗 AC 🍽 ⁽ᵗ⁾ 🅿 🚗 VISA ◎ AE ① ⚡

    via Lungo Piave 60 – ✆ 04 35 42 04 40 – www.monacosporthotel.com
    – chiuso dal 4 novembre al 4 dicembre
    26 cam – ♦35/80 € ♦♦60/150 €, ⬜ 10 € – ½ P 77 €
    Rist *Monaco Sport* – vedere selezione ristoranti
    ♦ Fuori dal centro, oltre il fiume, risorsa dall'atmosfera familiare che propone
    gradevoli aree comuni e camere semplici, arredate nel caratteristico stile
    montano.

☆   **Monaco Sport** – Monaco Sport Hotel   🍽 ⇔ 🅿 VISA ◎ AE ⚡

    via Lungo Piave 60 – ✆ 04 35 42 04 40 – www.monacosporthotel.com
    – chiuso dal 4 novembre al 4 dicembre e lunedì in bassa stagione
    Rist – Menu 18 € (pranzo)/45 € – Carta 24/48 €
    ♦ Si avvicina ai tre zeri, il numero di bottiglie custodite nella bella cantina:
    nessun indugio, quindi, nel scegliere il vino che meglio si accompagna
    con le gustose specialità regionali del locale.

SAN TROVASO – Treviso (TV) – Vedere Preganziol

SANTUARIO – Vedere nome proprio del santuario

(ST. VALENTIN AUF DER HAIDE) – **Bolzano (BZ)** – 562 B13
– alt. 1 470 m – Sport invernali : 1 500/2 700 m ⛷1 ⛷4, ⛷
– ✉ 39027

▶ Roma 733 – Sondrio 133 – Bolzano 96 – Milano 272
ℹ via Principale, ☎ 0473 63 46 03, www.suedtirolerland.it

   ⌂ **Stocker** ≤ ⚘ ⌂ 🛴 ♨ 🏢 & cam, ⓘ cam, ⇄ ※ rist, **P** ☒ ❷ 🅢
   ☞ *via Principale 42 – ☎ 04 73 63 46 66 – www.hotel-stocker.com*
– 16 dicembre-Pasqua e maggio-20 ottobre
30 cam ⌷ – ♥44/65 € ♥♥74/116 € – ½ P 47/68 €
Rist – (prenotazione obbligatoria) Menu 20/35 €
♦ Bella casa di montagna a conduzione familiare, ampliata e rimodernata nel corso degli anni; offre camere di diversa tipologia, alcune completamente in legno. Una sala ristorante classica e una più calda e più tipica.

SAN VIGILIO – Bergamo (BG) – Vedere Bergamo

SAN VIGILIO DI MAREBBE (ST. VIGIL ENNEBERG) 31 C1
– **Bolzano (BZ)** – 562 B17 – alt. 1 285 m – Sport invernali : 1 200/2 275m ⛷19
⛷12 (Comprensorio Dolomiti superski Plan de Corones) ⛷ – ✉ 39030 ▮ Italia

▶ Roma 724 – Cortina d'Ampezzo 54 – Bolzano 87 – Brunico 18
ℹ Str. Catarina Lanz 14, ☎ 0474 50 10 37, www.sanvigilio.com

   🏠 **Almhof-Hotel Call** ≤ ⚘ 🖥 🌐 ⌂ 🛴 ♨ & cam, ※ rist, **P** ☒ ❷ 🅢
   via Plazores 8 – ☎ 04 74 50 10 43 – www.almhof-call.com – chiuso
dal 10 aprile al 1° giugno e dal 20 ottobre al 2 dicembre
46 cam ⌷ – ♥90/130 € ♥♥130/350 € – ½ P 80/190 €
Rist – (chiuso a mezzogiorno) Menu 32/72 €
♦ Un piacevolissimo rifugio montano, valido punto di riferimento per concedersi un soggiorno all'insegna della natura, del relax e del benessere, coccolati dal confort. Al ristorante per un curato momento dedicato al palato.

   🏠 **Excelsior** ॐ ≤ ⚘ 🖥 🌐 ⌂ 🛴 ♨ 🏢 & ⚷ ※ ᵀⁱ **P** ⌘ ☒ ❷ 🄰🄴 ⓞ 🅢
   via Valiares 44 – ☎ 04 74 50 10 36 – www.myexcelsior.com – chiuso
dal 15 aprile al 30 maggio e dal 6 al 30 novembre
43 cam ⌷ – ♥121/178 € ♥♥254/373 € – 7 suites – ½ P 152/212 €
Rist – Carta 32/72 €
♦ In zona panoramica e tranquilla, direttamente sulle piste da sci, la struttura è già invitante dall'esterno. All'interno offre ogni tipo di confort, dalle accoglienti camere alla cigar room, passando per la bellissima spa: un vero e proprio castello dedicato al benessere.

   🏠 **Bella Vista Hotel Emma** ≤ ⚘ 🖥 🌐 ⌂ 🏢 & ⚷ ※ rist, ☏ **P**
   Str. Plan de Corones 39 – ☎ 04 74 50 11 33 ☒ ❷ 🅢
– www.hotelemma.it – 26 novembre-15 aprile e 16 giugno-14 ottobre
36 cam – ♥105/185 € ♥♥190/350 € – 2 suites   **Rist** – Carta 24/58 €
♦ La bella vista non è solo nel nome... Appena fuori dal paese - in posizione panoramica - questo hotel si caratterizza per il suo stile alpino, ma d'impronta moderna. Vasta scelta di trattamenti nell'ampio centro benessere. Il piacere degli occhi passa al palato nel ristorante gourmet.

   🏠 **Monte Sella** ≤ ⚘ ⌂ 🏢 ※ rist, ᵀⁱ **P** ⌘ ☒ ❷ 🄰🄴 ⓞ 🅢
   strada Catarina Lanz 7 – ☎ 04 74 50 10 34 – www.monte-sella.com
– dicembre-15 aprile e giugno-settembre
30 cam ⌷ – ♥110/160 € ♥♥130/180 € – 5 suites – ½ P 95/110 €
Rist – (solo per alloggiati) Menu 35/45 €
♦ Un'elegante casa d'inizio '900, uno degli hotel più vecchi della località, in cui si è cercato di mantenere il più possibile intatta l'atmosfera del buon tempo che fu.

🏠 Aqua Bad Cortina-Oasis Hotel 🌊   🗘 🖫 🕅 🖢 🛋 ⇔ ⅍ rist,

strada Fanes 40 – 𝒞 *04 74 50 12 15*   **P** 🆅🆂🅰 ⓸ 🕭

– www.aquabadcortina.it – dicembre-15 aprile e giugno-settembre

21 cam ⬡ – †70/80 € ††120/160 € – ½ P 84/104 €

Rist *– (chiuso a mezzogiorno)* (consigliata la prenotazione) Menu 24 €

♦ Un'oasi di tranquillità affacciata sul Parco Naturale: alcune camere sono dedicate alle leggende locali, altre s'ispirano all'acqua e alle proprietà curative della sorgente attorno alla quale la struttura si colloca. Nella bella stagione, non perdetevi l'incanto del giardino con idromassaggio a cielo aperto.

✕✕ Tabarel   ⇔ 🆅🆂🅰 ⓸ 🅰🅴 ⓸ 🕭

via Catarina Lanz 28 – 𝒞 *04 74 50 12 10 – dicembre-aprile e giugno-ottobre*

Rist – Carta 42/54 € ⊗

♦ Sulla piazza del paese, questo locale vi darà la possibilità di scegliere tra rustico bistrot e curato ristorante con proposte sia tipiche sia gourmet. Noi vi consigliamo il ristorante.

✕ Fana Ladina   🖙 **P** 🆅🆂🅰 ⓸ 🕭

strada Plan de Corones 10 – 𝒞 *04 74 50 11 75 – www.fanaladina.com*

– dicembre-16 aprile e 17 giugno-16 settembre; chiuso mercoledì in bassa stagione

Rist – Carta 30/43 €

♦ In una delle case più antiche di San Vigilio questo ristorante offre proposte tipiche della cucina ladina in sale arredate con abbondanza di legno e con una graziosa stube.

SAN VINCENZO – Livorno (LI) – **563** M13 – **7 002 ab.** – ✉ **57027**   **28** B2
▌ Toscana

▶ Roma 260 – Firenze 146 – Grosseto 73 – Livorno 60

ℹ via della Torre, 𝒞 0565 70 15 33, www.costadeglietruschi.it

🏠 La Coccinella senza rist   🗗 🖢 🔳 🖢 ⅍ **P** 🆅🆂🅰 ⓸ 🕭

via Indipendenza 1 – 𝒞 *05 65 70 17 94 – www.hotelcoccinella.it*

– 20 aprile-28 settembre

31 cam ⬡ – †60/85 € ††85/145 €

♦ In zona tranquilla, struttura semplice e raccolta, che si rinnova negli anni. Camere funzionali, gestione familiare attenta e spiaggia compresa nel prezzo.

🏠 Il Pino   🗗 🖢 🖙 🖢 🅰🅲 ⅍ 🖤 **P** 🆅🆂🅰 ⓸ 🕭

via della Repubblica 19 – 𝒞 *05 65 70 16 49 – www.ilpino.li.it*

– 15 marzo-15 ottobre

43 cam ⬡ – †50/115 € ††65/165 € – ½ P 110 €   **Rist** – Carta 23/46 €

♦ Del tutto ristrutturato di recente, un albergo sito nella zona residenziale di San Vincenzo: un'area verde e tranquilla, ideale cornice per una casa familiare e semplice. Ristorante classico.

🏠 Il Delfino senza rist   ⇐ 🖢 🖢 🅰🅲 ⅍ 🖤 🖙 🆅🆂🅰 ⓸ 🅰🅴 ⓸ 🕭

via Cristoforo Colombo 15 – 𝒞 *05 65 70 11 79 – www.hotelildelfino.it*

50 cam ⬡ – †60/100 € ††90/170 €

♦ Rinnovato negli ultimi anni, questo hotel dalla capace conduzione diretta dispone di camere funzionali e confortevoli. Il centro storico non dista molto.

🏠 Kon Tiki   🔳 🛋 🅰🅲 🖤 **P** 🖙 🆅🆂🅰 ⓸ 🕭

via Umbria 2 – 𝒞 *05 65 70 17 14 – www.kontiki.toscana.it – chiuso dal 24 dicembre al 7 gennaio*

25 cam ⬡ – †50/130 € ††80/160 € – ½ P 110 €

Rist *– (aprile-ottobre) (solo per alloggiati)*

♦ Nel nome, un omaggio alla famosa zattera norvegese che raggiunse la Polinesia: qui, tra il mare e le conifere, un po' isolato, un hotel semplice, con camere spaziose.

⌂ **Villa Marcella** 🔏 🛎 ᴊ cam, 🗚 🎿 ⁿⁱ 🛜 ⤾ 𝖵𝖨𝖲𝖠 ⊙ 𝖽
via Palombo 1 – ℰ 05 65 70 16 46 – www.villamarcella.it
45 cam ⊑ – †55/105 € – ††70/185 € – ½ P 125 € **Rist** – Carta 28/51 €
♦ Camere funzionali e moderne in un albergo dall'amabile gestione familiare, a pochi passi dalla spiaggia. Specialità mediterranee al ristorante.

sulla strada per San Carlo

⌂ **Poggio ai Santi** ⌕ ⤷ ⌖ 🗚 🎿 🄿 𝖵𝖨𝖲𝖠 ⊙ 𝔸𝔼 𝖽
via San Bartolo 100, frazione San Carlo , Est: 3,5 km – ℰ 05 65 79 80 32
– www.poggioaisanti.com – chiuso dall'8 gennaio al 10 febbraio
7 cam ⊑ – ††178/320 € – 5 suites – ††219/399 €
Rist Il Sale – vedere selezione ristoranti
♦ Arrampicato tra splendide colline, ma con vista che arriva sino alla Corsica, camere di raffinata eleganza ed uno splendido giardino botanico: un
eden tutto toscano!

✗✗ **Il Sale** – Poggio ai Santi 🗚 𝖵𝖨𝖲𝖠 ⊙ 𝔸𝔼 𝖽
via San Bartolo 100, frazione San Carlo , Est: 3,5 km – ℰ 05 65 79 80 32
– chiuso dal 10 gennaio al 10 febbraio, martedì a mezzogiorno da maggio a
ottobre, tutto il giorno negli altri mesi
Rist – (prenotazione obbligatoria) Carta 38/64 €
♦ Dove le colline, i cipressi e gli ulivi del più tipico paesaggio toscano incontrano il mare nasce il ristorante Il Sale: il legame con il territorio e la qualità
dei piatti sono rafforzati dai numerosi prodotti coltivati dall'azienda stessa.

SAN VITO AL TAGLIAMENTO – Pordenone (PN) – **562** E20 **10** B3
– 14 915 ab. – alt. 30 m – ✉ 33078
▶ Roma 600 – Udine 42 – Belluno 89 – Milano 339

⌂ **Patriarca** 🗚 🛎 ᴊ cam, 🗚 ⁿⁱ 🎿 🄿 𝖵𝖨𝖲𝖠 ⊙ 𝖽
via Pascatti 6 – ℰ 04 34 87 55 55 – www.hotelpatriarca.it
27 cam ⊑ – †49/79 € – ††69/125 € – 1 suite – ½ P 53/81 €
Rist – *(chiuso dal 1° all'8 gennaio e sabato a mezzogiorno)* Carta 23/45 €
♦ Accanto al municipio e all'ombra della torre Raimonda eretta alla fine del
Duecento dall'omonimo Patriarca, offre una cordiale gestione familiare e
luminose confortevoli camere. Nella piccola e graziosa sala da pranzo, proposte di mare e di terra. Ideale per pranzi di lavoro.

SAN VITO DEI NORMANNI – Brindisi (BR) – **564** F35 **27** C2
– 19 884 ab. – alt. 108 m – ✉ 72019
▶ Roma 532 – Bari 102 – Brindisi 31 – Taranto 70

⌂ **Relais Dei Normanni** 🗚 ⌖ 🛎 ᴊ cam, 🗚 🎿 rist, ⁿⁱ 🎿 🄿
strada statale 16, Est : 2 km – ℰ 08 31 95 18 84 𝖵𝖨𝖲𝖠 ⊙ 𝔸𝔼 𝖽
– www.hoteldeinormanni.it
63 cam ⊑ – †55/70 € – ††80/100 € – 1 suite – ½ P 75 €
Rist – *(chiuso a mezzogiorno escluso luglio e agosto)* Menu 20/25 €
♦ Aperta tutto l'anno, questa bella struttura presenta una completa gamma
di servizi ed è indicata sia per un turismo d'affari sia per un turismo leisure.
La piacevolezza delle camere non fa differenza fra quelle ubicate nel corpo
centrale e quelle della dépendance.

SAN VITO DI CADORE – Belluno (BL) – **562** C18 – 1 851 ab. **36** C1
– alt. 1 010 m – Sport invernali : 1 100/1 536 m 🚡 6 🚠 31 (Comprensorio
Dolomiti superski Cortina d'Ampezzo)🎿 – ✉ 32046 ▮ Italia Centro Nord
▶ Roma 661 – Cortina d'Ampezzo 11 – Belluno 60 – Milano 403
🈺 corso Italia 92/94, ℰ 0436 91 19, www.infodolomiti.it
◉ Località ★

Parkhotel Ladinia ⚜ ≤ 🖥 🖼 ☺ ⅏ ⅃⅄ ❍ 🖥 🖢 ⅍ 🍴 **P** 🏠
via Ladinia 14 – 𝒞 04 36 89 04 50 – www.hladinia.it 🅅🄸🅂🄰 ⚈ ⅊
– 8 dicembre-24 marzo e 16 giugno-14 settembre
34 cam 🖵 – †65/140 € ††120/260 € – ½ P 120/165 €
Rist – *(chiuso a mezzogiorno in inverno) (solo per alloggiati)* Carta 25/38 €
◆ Nella parte alta e soleggiata della località, in zona tranquilla e panoramica, l'hotel si è potenziato ed in parte rinnovato in anni recenti: 700 mq di benessere nell'attrezzata Spa e la splendida piscina coperta dalle cui vetrate a tutt'altezza si ammirano le Dolomiti.

Nevada ≤ ⅊ 🖥 🅅🄸🅂🄰 ⚈ 🄰🄴 ① ⅊
corso Italia 26 – 𝒞 04 36 89 04 00 – www.hotel-nevada.com
– dicembre-15 aprile e 15 giugno-settembre
31 cam – †40/52 € ††60/94 €, 🖵 8 € – ½ P 42/90 € **Rist** – Carta 22/30 €
◆ Semplice e curata, a gestione familiare, la risorsa va fiera della sua superba posizione alle pendici del monte Pelmo, nel centro di San Vito. Camere semplici e confortevoli. Caldi arredi in legno e cucina casalinga al ristorante.

SAN VITO DI LEGUZZANO – **Vicenza (VI)** – **562** E16 – **3 578 ab.** **35** B2
– alt. 158 m – ✉ 36030
▶ Roma 540 – Verona 67 – Bassano del Grappa 38 – Padova 62

🍴🍴 **Antica Trattoria Due Mori** con cam 🄰🄲 ⅋ **P** 🏠 🅅🄸🅂🄰 ⚈ 🄰🄴 ① ⅊
😊 *via Rigobello 39 – 𝒞 04 45 51 16 11 – www.trattoriaduemori.it – chiuso dal 1° al 20 agosto*
9 cam – †45 € ††65 €, 🖵 6 € **Rist** – *(chiuso lunedì)* Carta 25/37 €
◆ La stessa famiglia da sempre al timone del ristorante propone una linea gastronomica basata sulla memoria veneta con alcune specialità della casa. Antipasti a vista, dal pesce alla carne e alle verdure. Confortevoli le camere al primo piano, mansardate e più caratteristiche quelle al secondo.

SAN VITO LO CAPO **Sicilia** – **Trapani (TP)** – **365** AL54 **39** A2
– **4 283 ab.** – ✉ **91010** ▯ Sicilia
▶ Palermo 108 – Trapani 38
🄸 via Savoia 61, 𝒞 0923 97 43 00, www.sanvitolocapo.com

Capo San Vito ≤ ⅃ ⅏ 🖥 🕭 🄰🄲 ⅋⅋ 🅅🄸🅂🄰 ⚈
via San Vito 1 – 𝒞 09 23 97 21 22 – www.caposanvito.it – marzo-ottobre
35 cam 🖵 – †150/230 € ††200/270 € – 5 suites – ½ P 155 €
Rist *Jacaranda* – vedere selezione ristoranti
◆ Direttamente sulla spiaggia, la struttura dispone anche di uno spazio in cui si effettuano trattamenti benessere e massaggi. Eleganti le camere, molte delle quali con vista mare.

Ghibli ≤ ⅏ 🖥 🕭 🄰🄲 ⅋⅊ 🍴 🏠 **P** 🅅🄸🅂🄰 ⚈ 🄰🄴 ⅊
via Regina Margherita 80 – 𝒞 09 23 97 41 55 – www.ghiblihotel.it
16 cam 🖵 – †35/115 € ††70/200 € – 1 suite – ½ P 65/130 €
Rist *Profumi del Cous Cous* – vedere selezione ristoranti
◆ Grande attenzione è stata riservata alla scelta dell'arredo delle camere che presentano mobili d'epoca in stile liberty, tutti siciliani. Fresca corte interna e una piccola area wellness.

Mediterraneo ≤ ⅃ ⅊ 🖥 🕭 cam, 🄰🄲 ⅋⅊ 🍴 🏠 🅅🄸🅂🄰 ⚈ 🄰🄴 ① ⅊
via del Faro 37 – 𝒞 09 23 97 20 27 – www.hotelmediterraneotp.com – chiuso dal 10 gennaio al 15 marzo
15 cam 🖵 – †50/140 € ††80/180 € – 1 suite – ½ P 70/120 €
Rist – Carta 25/47 €
◆ Poco fuori dal centro e sulla litoranea vista mare, elegante risorsa dalla gestione familiare con camere spaziose arredate in stile orientaleggiante. Cucina regionale nell'accogliente ristorante munito di dehors.

⌂ **Vento del Sud** senza rist ☒ ⌥ ⓦ 📶 🆅🆂🄰 ⚫ ⚛
via Duca Degli Abruzzi 183 – ℰ 09 23 62 14 50 – www.hotelventodelsud.it
9 cam ☲ – ⚊45/80 € ⚊⚊70/150 €
♦ Albergo recente a conduzione familiare, ricco di influenze orientaleggianti tanto nello stile degli arredi quanto nelle decorazioni. Piccolo e semplice gioiello di charme.

⌂ **Halimeda** senza rist ⚛ ☒ ⌥ ⓦ 🆅🆂🄰 ⚫ 🄰🄴 ⓞ ⚛
*via Generale Arimondi 100 – ℰ 09 23 97 23 99 – www.hotelhalimeda.com
– marzo-ottobre*
9 cam – ⚊40/57 € ⚊⚊55/119 €, ☲ 8 €
♦ Accogliente e originale, a pochi metri dal mare, ad ogni camera è stato attribuito un nome che ha ispirato lo stile dell'arredamento: un viaggio tra i cinque continenti.

⌂ **L'Agave** senza rist ⚛ ☒ ⌥ ⓦ 📶 🆅🆂🄰 ⚫ ⚛
via Nino Bixio 35 – ℰ 09 23 62 10 88 – www.lagave.net – chiuso novembre
12 cam ☲ – ⚊37/120 € ⚊⚊50/150 € – 1 suite
♦ Nella frequentata località balneare dalle acque cristalline, camere semplici e nuove: molte familiari. Al piano superiore la terrazza per le colazioni.

XXX **Jacaranda** – Hotel Capo San Vito ⌂ ⚛ ☒ 🆅🆂🄰 ⚫ ⚛
*via San Vito 1 – ℰ 09 23 97 21 22 – www.caposanvito.it
– marzo-ottobre*
Rist – Carta 34/45 €
♦ Con vista sulla spiaggia bianca e l'azzurro mare, Jacaranda è il fiore all'occhiello dell'hotel Capo San Vito. I sapori di Trinacria campeggiano in menu: dal pesto alla trapanese, ai proverbiali dolci, nonché l'immancabile cous cous.

XX **Tha'am** con cam ⌂ ☒ ⌥ 🆅🆂🄰 ⚫ ⚛
via Duca degli Abruzzi 32 – ℰ 09 23 97 28 36 – chiuso gennaio
4 cam ☲ – ⚊⚊60/130 €
Rist – *(chiuso da novembre a marzo e mercoledì escluso da giugno a settembre)* Carta 34/49 €
♦ Ceramiche colorate, lampade e illuminazioni di gusto orientaleggiante: la Sicilia incontra le tendenze arabe per culminare in una cucina mediterranea dalle specialità tunisine. Curate e ricche di dettagli, le camere sono tutte graziose e della stessa atmosfera arabeggiante.

XX **Profumi del Cous Cous** – Hotel Ghibli ⌂ ⚛ ☒ 🆅🆂🄰 ⚫ 🄰🄴 ⚛
*via Regina Margherita 80 – ℰ 09 23 97 41 55 – www.ghiblihotel.it
– aprile-ottobre*
Rist – Carta 25/64 €
♦ Se al cous cous spetta il ruolo di primo attore della carta, non per questo vanno trascurate le altre specialità isolane. Locale d'atmosfera: soprattutto d'estate, nella bella corte interna tra le piante di agrumi.

X **Da Alfredo** ≤ 🚗 ⌂ 🅿 🆅🆂🄰 ⚫ 🄰🄴 ⚛
contrada Valanga 3, Sud : 1 km – ℰ 09 23 97 23 66 – chiuso dal 20 ottobre al 30 novembre, lunedì a mezzogiorno in estate, anche lunedì sera negli altri mesi
Rist – Carta 27/51 €
♦ La gestione è familiare e molto simpatica, a partire proprio da Alfredo che si occupa della cucina: saporita e siciliana, da provare le paste fatte in casa. Servizio estivo sotto il pergolato.

X **Gna' Sara** ⌂ ☒ ⌥ 🆅🆂🄰 ⚫ 🄰🄴 ⚛
via Duca degli Abruzzi 6 – ℰ 09 23 97 21 00 – www.gnasara.it – chiuso dicembre e gennaio
Rist – Carta 31/41 €
♦ Lungo la strada parallela al corso principale, un locale sobrio e affollato per riscoprire i piatti della tradizione locale, tra cui le busiate fatte a mano, e pizze.

SAN VITTORE OLONA – Milano (MI) – **561** F8 – 8 277 ab.   **18** A2
– alt. 197 m – ✉ 20028

▸ Roma 593 – Milano 24 – Como 37 – Novara 39

🏨🏨🏨 **Poli Hotel**   🕭 👌 🗚 ⅍ 🕻 🚗 🚾 ⓒ 🅰 ⓞ 👌
strada statale Sempione ang. via Pellico – ✆ 0 33 42 34 11
– www.polihotel.com
57 cam ⌧ – †75/220 € ††85/250 € – 4 suites
Rist *La Fornace* – vedere selezione ristoranti
♦ Nuovo hotel, lungo la statale del Sempione, contraddistinto da modernità
ed ottimo confort. Gestione cordiale e competente. Ideale per una clientela
business.

🍴🍴🍴 **La Fornace**   🗚 🚾 ⓒ 🅰 ⓞ 👌
strada statale Sempione ang.via Pellico – ✆ 03 31 51 83 08
*– www.ristorantelafornace.it – chiuso dal 26 dicembre al 1° gennaio, agosto,
sabato a mezzogiorno e domenica escluso in aprile e maggio*
Rist – Carta 40/66 €
♦ Nel contesto strutturale dell'hotel Poli, ma con ingresso indipendente, raccolto e curato ristorante con proposte stuzzicanti e gestione familiare consolidata.

SAN ZENO DI MONTAGNA – Verona (VR) – **562** F14   **35** A2
– 1 365 ab. – alt. 581 m – ✉ 37010

▸ Roma 544 – Verona 46 – Garda 17 – Milano 168

🛈 via Cà Montagna 2, ✆ 045 6 28 92 96, www.comunesanzenodimontagna.vr.it

🏨 **Diana** ⅋   ⇽ 🖚 🗲 🛏 👌 cam, 🗚 rist, 🕋 🄿 🚾 ⓒ 👌
via Cà Montagna 54 – ✆ 04 57 28 51 13 – *www.hoteldiana.biz*
– Pasqua-ottobre
50 cam ⌧ – †65/86 € ††87/134 € – ½ P 74 €   **Rist** – Carta 25/38 €
♦ Una grande struttura, immersa nel verde di un boschetto-giardino e con
vista sul Lago di Garda, aggiornata di continuo in servizi e dotazioni; sport,
relax e benessere. Dal ristorante ci si affaccia sulla verde quiete lacustre.

SAN ZENONE DEGLI EZZELINI – Treviso (TV) – **562** E17   **35** B2
– 7 413 ab. – alt. 117 m – ✉ 31020

▸ Roma 551 – Padova 53 – Belluno 71 – Milano 247

🍴🍴 **Alla Torre**   🖘 ⇄ 🄿 🚾 ⓒ 🅰 ⓞ 👌
via Castellaro 25, località Sopracastello, Nord : 2 km – ✆ 04 23 56 70 86
– www.allatorre.it – chiuso martedì, mercoledì a mezzogiorno
Rist – Carta 34/44 €
♦ Sotto il fresco pergolato con vista su colli o nei raffinati ambienti interni in
stile rustico, sapori locali e qualche proposta di pesce. Nella piccola sala *vineria*, mescita e assaggi di cucina.

SAPPADA – Belluno (BL) – **562** C20 – 1 414 ab. – alt. 1 250 m   **36** C1
– **Sport invernali : 1 250/2 000 m ⬳16, ⬱ – ✉ 32047**

▸ Roma 680 – Udine 92 – Belluno 79 – Cortina d'Ampezzo 66

🛈 borgata Bach 9, ✆ 0435 46 91 31, www.infodolomiti.it

⛳ borgata Bach 96, 0435 469585, www.golfclubsappada.com – maggio-
novembre; chiuso martedì escluso maggio

🏨 **Haus Michaela**   ⇽ 🖚 🗲 🛏 🖼 🎰 rist, 🕻 🕌 🄿 🚗 🚾 ⓒ 👌
borgata Fontana 40 – ✆ 04 35 46 93 77 – *www.hotelmichaela.com*
– dicembre-marzo e 21 maggio-settembre
18 cam ⌧ – †60/98 € ††86/150 € – 1 suite – ½ P 99 €
Rist – *(solo per alloggiati)* Menu 32/45 €
♦ In posizione panoramica, albergo a conduzione familiare caratterizzato da
accoglienti camere in stile montano e una piccola zona benessere.

Bladen ⟨ 🚗 🏠 🛋 🖥 ⨁ ⚡ 📶 **P** VISA ⊙ ☕

borgata Bach 155 – 𝒞 04 35 46 92 33 – www.hotelbladen.it
27 cam ⌂ – †52/68 € ††104/136 € **Rist** – Carta 22/48 €
♦ La calda atmosfera familiare sarà indubbiamente il piacevole benvenuto offerto da questo hotel al limitare del bosco, che si migliora di anno in anno: l'ultimo nato è un attrezzato e gradevole centro benessere. Sfiziosi piatti locali, nonché specifici menu senza glutine per celiaci.

Cristina ⌂ ⟨ 🕏 rist, ⁙ **P** VISA ⊙ AE ⊙ ☕

borgata Hoffe 19 – 𝒞 04 35 46 94 30 – www.albergocristina.it
– 5 dicembre-10 maggio e 10 giugno-15 ottobre
8 cam ⌂ – †50/70 € ††80/130 € – ½ P 75/85 €
Rist – *(chiuso a mezzogiorno escluso in estate)* Carta 27/38 €
♦ Caldi ambienti e rustici arredi in un hotel a conduzione familiare, ricavato dalla ristrutturazione di un vecchio fienile. Profusione di legno, soffitto decorato e piatti caserecci: eccovi al ristorante!

Posta ⟨ 🏠 🕏 rist, ⁙ **P** VISA ⊙ AE

via Palù 22 – 𝒞 04 35 46 91 16 – www.hotelpostasappada.com – chiuso maggio, ottobre e novembre
17 cam ⌂ – †30/60 € ††60/120 € – ½ P 47/76 €
Rist – *(chiuso ottobre)* Carta 18/36 €
♦ Piccole dimensioni, ma grande accoglienza: tutta la famiglia è coinvolta nella gestione della casa, che negli anni ha apportato continue migliorie. Camere in stile locale, sauna e bagno turco. Al ristorante, cucina casalinga legata al territorio.

Laite (Fabrizia Meroi) ☕ 🕏 VISA ⊙ AE ⊙ ☕

Borgata Hoffe 10 – 𝒞 04 35 46 90 70 – www.ristorantelaite.com – chiuso giugno, ottobre, mercoledì e giovedì a mezzogiorno escluso dicembre e luglio-agosto
Rist – *(consigliata la prenotazione)* Menu 90 € – Carta 59/97 € 🍷
Spec. Tortelli all'uovo. Tagliolini di riso venere con porro, curry e trota affumicata. Cervo con germogli di ginepro.
♦ Tra fienili e case d'epoca, si mangia in due romantiche, secolari stube. Una coppia al timone: lui in sala, competente ed ospitale, lei in cucina ad esaltare i prodotti e le ricette locali. Si punta ai sapori, più che ai virtuosismi tecnici!

Baita Mondschein ☕ 🕏 **P** VISA ⊙ AE ⊙ ☕

via Bach 96 – 𝒞 04 35 46 95 85 – www.ristorantemondschein.it
– chiuso dal 15 al 30 giugno, dal 10 novembre al 5 dicembre e martedì in bassa stagione
Rist – *(consigliata la prenotazione)* Carta 33/66 €
♦ Nel solco dell'atmosfera ospitale delle baite montane, a pranzo il locale è frequentato soprattutto da sciatori e dagli amanti delle passeggiate tra i boschi. Maggior intimità la sera. Piatti del territorio rivisitati e alleggeriti.

a Cima Sappada Est : 4 km – alt. 1 295 m – ⊠ 32047 Sappada

Agriturismo Voltan Haus senza rist 🚗 🕏 **P** VISA ⊙ ⊙ ☕

via Cima 65 – 𝒞 0 43 56 61 68 – www.voltanhaus.it – chiuso novembre
6 cam ⌂ – †40/60 € ††70/100 €
♦ Caratteristica casa in legno risalente al 1754, ristrutturata con cura e rispetto del passato: legno ovunque e attenzione al dettaglio. Nella graziosa *stube* è servita la prima colazione.

SAPRI – Salerno (SA) – **564** G28 – **7 056 ab.** – ⊠ 84073   7 D3
📍 Roma 407 – Potenza 131 – Castrovillari 94 – Napoli 201
◉ Golfo di Policastro★★ Sud per la strada costiera

🏨 **Pisacane**　　　≤ ⚓ 🕿 📶 AC 🌦 ⅍ VISA ⊕ AE ⓞ ⚷
via Carlo Alberto 35 – 𝓒 09 73 60 50 74 – www.hotelpisacane.it
16 cam ⬚ – ♦45/125 € – ♦♦60/140 € – ½ P 85 €
Rist – *(luglio-agosto) (chiuso a mezzogiorno) (solo per alloggiati)*
♦ Di recente apertura, hotel di piccole dimensioni dotato di camere arredate con mobilio di tono moderno e decorate con ceramiche. Graziosa facciata con balconi fioriti. Ristorante con servizio estivo sulla curata terrazza.

🏠 **Mediterraneo**　　≤ 🚗 ⚓ 🕿 AC 🌦 rist. P VISA ⊕ AE ⚷
via Verdi 15 – 𝓒 09 73 39 17 74 – www.hotelmed.it – 21 aprile-settembre
20 cam – ♦40/110 € – ♦♦60/150 €, ⬚ 15 € – ½ P 125 €
Rist – Carta 33/48 €
♦ All'ingresso della località, direttamente sul mare, un albergo familiare, di recente rimodernato; dotato di parcheggio privato, costituisce una comoda e valida risorsa. Cucina da gustare in compagnia del mare, un'infinita distesa blu.

🍴 **Lucifero**　　　　　　AC 🌦 VISA ⊕ AE ⓞ ⚷
corso Garibaldi I traversa – 𝓒 09 73 60 30 33 – www.ristorantelucifero.com – chiuso novembre e mercoledì escluso dal 15 luglio al 15 settembre
Rist – Carta 27/62 €
♦ Ambienti suddivisi da archi con profilo in mattoni, travetti al soffitto e pavimento in cotto: arredamento rustico per un ristorante che propone gustose specialità di mare e qualche piatto più elaborato.

SARAGANO – Perugia (PG) – Vedere Gualdo Cattaneo

SARENTINO (SARNTHEIN) – Bolzano (BZ) – **562** C16 – **6 863 ab.**　**30 B2**
– alt. 961 m – Sport invernali : 1 570/2 460 m ⭐1 ⚡3, ⚘ – ⬚ 39058
▶ Roma 662 – Bolzano 23 – Milano 316
🛈 via Europa 15/a, 𝓒 0471 62 30 91, www.sarntal.com

🍴🍴 **Bad Schörgau** con cam ⬧　　🚗 🌀 🕿 👥 ⅍ 🌦 P VISA ⊕ ⚷
sud . 2 km – 𝓒 04 71 62 30 48 – www.bad-schorgau.com
25 cam ⬚ – ♦83/92 € – ♦♦194/214 € – 5 suites – ½ P 110/123 €
Rist – *(chiuso mercoledì) (chiuso a mezzogiorno)* (coperti limitati, prenotare) Carta 55/80 €
Rist Bistrot – *(chiuso lunedì, martedì a mezzogiorno)* Carta 49/70 €
♦ Ai Bagni di Serga, design rustico-contemporaneo in un'accogliente casa di montagna, dove effettuare una caratteristica sosta gourmet con sapori tipici e tecniche di cottura moderne. Ancora atmosfera alpina, ma cucina più tradizionale al *Bistrot*.

🍴🍴 **Auener Hof** (Heinrich Schneider) con cam ⬧　≤ 🚗 🕿 🌦 rist. 📶 P
🏵　*località Prati 21, Ovest : 7 km, alt. 1 600*　　　VISA ⊕ AE ⓞ ⚷
　　– 𝓒 04 71 62 30 55 – www.auenerhof.it – chiuso domenica sera e mercoledì
10 cam ⬚ – ♦♦138/178 € – 3 suites – ½ P 98/118 €
Rist – Menu 78 € – Carta 53/75 € ⅊
Spec. Sedano rapa cotto alla brace con crema di funghi secchi e uovo di gallina. Anolini alla farina di malto con ricotta e tartufo nero. Pane dolce soffiato con gelato di betulla e crema speziata.
♦ Al termine di un tratto di strada tra i boschi, il piacere di assaporare i piatti della tradizione locale rivisitati in chiave moderna arricchiti dalla passione e dalla fantasia dello chef. Ambiente raffinato. Confortevoli e spaziose camere per recuperare le energie e poi partire alla scoperta delle Dolomiti.

SAREZZO – Brescia (BS) – **561** F12 – **13 260 ab.** – alt. 273 m　**17 C2**
– ⬚ 25068
▶ Roma 592 – Milano 104 – Brescia 16 – Bergamo 57

X **Osteria Vecchia Bottega** 🛜 ♿ 𝘃𝗜𝗦𝗔 ⓿ 𝟧
piazza Cesare Battisti 29 – ℰ 03 08 90 01 91
– www.osteriavecchiabottega.com – chiuso le sere di domenica e lunedì
Rist – Carta 34/45 €
◆ Dopo un accurato lavoro di restyling della "osteria" e della "vecchia bottega" rimane solo il nome...e la cucina: squisitamente fedele alla tradizione regionale e al Bel Paese.

SARNANO – Macerata (MC) – **563** M21 – 3 448 ab. – alt. 539 m   21 C3
– Sport invernali : a Sassotetto e Maddalena : 1 250/1 450 m ⚡10, ⚲
– ✉ 62028

▶ Roma 237 – Ascoli Piceno 54 – Ancona 89 – Macerata 39
🚹 largo Enrico Ricciardi 1, ℰ 0733 65 71 44, www.turismosarnano.com

🏨🏨 **Montanaria** ⤳ ≤ 🖼 🕭 🛜 🎿 𝕀ℱ 🍴 ♿ 𝐀𝐂 🎾 rist, ⁙ 𝐀 ℙ
località Marinella, Sud-Ovest : 3 km   𝘃𝗜𝗦𝗔 ⓿ 𝐀𝐄 ⓞ 𝟧
– ℰ 07 33 65 84 22 – www.montanaria.it – chiuso novembre
45 cam ⌸ – †65/80 € ††90/120 € – 2 suites – ½ P 105 €
Rist – *(chiuso lunedì)* Carta 23/34 €
◆ Struttura adatta soprattutto a soggiorni di relax da trascorrere presso la beauty farm o sui campi da tennis. All'interno, camere confortevoli arredate in maniera classica. Presso il ristorante si possono gustare piatti della tradizione gastronomica nazionale.

SARNICO – Bergamo (BG) – **561** E11 – 6 540 ab. – alt. 197 m   19 D1
– ✉ 24067

▶ Roma 585 – Bergamo 28 – Brescia 36 – Iseo 10
🚹 via Lantieri 6, ℰ 035 91 09 00, www.prolocosarnico.it

XX **Al Tram** 🛜 𝐀𝐂 ℙ 𝘃𝗜𝗦𝗔 ⓿ 𝟧
via Roma 1 – ℰ 0 35 91 01 17 – www.ristorantealtram.it – chiuso mercoledì escluso da maggio a settembre
Rist – Carta 30/46 €
◆ Sul lungolago, luminoso ed elegante; è d'uopo il servizio estivo all'aperto! In cucina vengono proposti piatti locali, sia di carne che di pescato, con menù degustazione a prezzi particolarmente interessanti.

SARNTHEIN = Sarentino

SARONNO – Varese (VA) – **561** F9 – 38 749 ab. – alt. 212 m   18 A2
– ✉ 21047

▶ Roma 603 – Milano 26 – Bergamo 67 – Como 26
🏌 Green Club via Manzoni 45, 02 9370869, www.greenclubgolf.it

🏨🏨🏨 **Starhotels Grand Milan** 📶 ♿ 𝐀𝐂 ⤸ ⁙ 𝐀 ℙ 🖼 𝘃𝗜𝗦𝗔 ⓿ 𝐀𝐄 ⓞ 𝟧
via Varese 23 – ℰ 02 96 36 31 – www.starhotels.com
248 cam ⌸ – ††255/450 €
Rist *Hostaria* – vedere selezione ristoranti
◆ Imponente struttura ubicata nella prima periferia di Saronno con un'ampia hall, moderna e luminosa, nonché grandi spazi comuni. Camere di ottimo livello e confort al passo con il terzo millennio.

🏨🏨 **Cyrano** senza rist 📶 ♿ 𝐀𝐂 ⁙ 𝐀 🖼 𝘃𝗜𝗦𝗔 ⓿ 𝐀𝐄 ⓞ 𝟧
via IV Novembre 11/13 – ℰ 02 96 70 00 81 – www.hotelcyrano.it – chiuso dal 1° al 21 agosto
40 cam ⌸ – †55/180 € ††65/230 €
◆ Alle spalle del municipio, valida impressione già dalla hall: ambienti e atmosfera raffinati, curati, con stanze spaziose e confortevoli, differenziate nei colori.

XXX **Hostaria** – Starhotels Grand Milan   🕭 🎵 🆚 🐵 🖭 ⓘ ⑤
via Varese 23 – ℰ 02 96 36 39 60 – www.hostaria.info – chiuso dal
23 dicembre al 6 gennaio, agosto, sabato e domenica
Rist – (consigliata la prenotazione) Carta 35/66 €
♦ Sono ampie vetrate a dividere il ristorante dalla hall dello Starhotels Grand
Milan: nei suoi ambienti l'essenza del minimalismo con colori tendenti al grigio e alle sue sfumature. La linea di cucina si fa moderna, a tratti creativa.

XX **Principe** con cam   🕭 🎵 🍽️ rist, 🛜 🆚 🐵 🖭 ⓘ ⑤
via Caduti della Liberazione 18/22 – ℰ 02 96 70 10 73
– www.hotelprincipedisaronno.com – chiuso 15 giorni in agosto
40 cam ☑ – †60/120 € ††75/150 € – ½ P 53/80 €
Rist – (chiuso domenica sera) Menu 22 € bc/38 € bc – Carta 31/54 €
♦ Vicino alla stazione, locale a conduzione familiare rinnovato di recente.
Cucina di pesce con proposte sfiziose e possibilità di alloggio nelle camere
del settore hotel.

X **La Cantina di Manuela**   🌳 🕭 🎵 ⇔ 🅿 🆚 🐵 🖭 ⑤
via Frua 12 – ℰ 02 96 00 75 – chiuso domenica
Rist – Menu 28/40 € – Carta 38/69 € 🕸
♦ Interessante locale enoteca che offre anche ristorazione dove passare piacevoli serate in buona compagnia. Cucina legata al territorio, accompagnata
da buone etichette.

SARRE – Aosta (AO) – **561** E3 – Vedere Aosta

SARTEANO – Siena (SI) – **563** N17 – 4 861 ab. – alt. 573 m   **29** D2
– ⊠ 53047 ▌ Toscana
🄳 Roma 156 – Perugia 60 – Orvieto 51 – Siena 81

↑ **Agriturismo Le Anfore** 🝙   ⇐ 🍃 🌡️ 🅿 🆚 🐵 🖭 ⑤
via Oriato 2, Est : 3 km – ℰ 05 78 26 58 40 – www.agriturismoleanfore.it
– dicembre-15 gennaio e aprile-settembre
7 cam ☑ – †50 € ††75 € – 3 suites – ½ P 70 €
Rist – (solo per alloggiati)
♦ In un vecchio casale ristrutturato, ambienti rustici e curati dall'arredo classico, un piacevole soggiorno con caminetto, giardino e piscina. Vendita
diretta di olio e vino.

XX **Santa Chiara** con cam 🝙   ⇐ 🍽️ 🌳 🅿 🆚 🐵 🖭 ⑤
piazza Santa Chiara 30 – ℰ 05 78 26 54 12 – www.conventosantachiara.it
– febbraio-novembre
10 cam ☑ – †90/110 € ††110/130 € – 1 suite – ½ P 80/93 €
Rist – (chiuso martedì) (chiuso a mezzogiorno) Carta 27/49 € 🕸
♦ Splendida collocazione in un convento del XV secolo immerso nel verde
per questo locale con camere; sala con travi e mattoni a vista, ameno servizio
estivo in giardino.

SARZANA – La Spezia (SP) – **561** J14 – 21 698 ab. – alt. 21 m   **15** D2
– ⊠ 19038 ▌ Liguria
🄳 Roma 403 – La Spezia 16 – Genova 102 – Massa 20
🄸 piazza San Giorgio, ℰ 0187 62 04 19, www.comune.sarzana.sp.it
🄾 Pala scolpita★ e crocifisso★ nella Cattedrale – Fortezza di Sarzanello★: ᾧ★★

🏠 **Antico Casale** senza rist   🌳 🌡️ 🕭 🎵 🛜 🅿 🆚 🐵 ⓘ
via Navonella 7, Sud Est: 1,5 km – ℰ 01 87 62 25 43
– www.anticocasalesarzana.com
2 cam – ††80/150 € – 13 suites – ††80/180 €
♦ Alle porte di Sarzana, residenza turistico-alberghiera ricavata dalla ristrutturazione di un antico casale dell'Ottocento: le camere e piccoli appartamenti
(dotati di angolo cottura) sono arredati con gusto tra il signorile ed il rustico.

⚴ I Capitelli
🟦 AC VISA ⊙⊘ AE ① ⚙

piazza Matteotti 38 – ℰ 01 87 62 28 92 – chiuso 10 giorni in marzo, 10 giorni in settembre, lunedì, martedì a mezzogiorno
Rist *– (chiuso a mezzogiorno in estate)* (consigliata la prenotazione)
Menu 40 € – Carta 39/60 €

♦ All'aperto sotto i portici oppure in una piccola sala sormontata da una volta di mattoni rossi, due fratelli propongono piatti principalmente a base di pesce con leggere rivisitazioni moderne.

SASSARI Sardegna 🅿 (SS) – 366 M39 – 130 366 ab. – alt. 225 m – ⊠ 07100 ▌ Sardegna

38 A1

▶ Cagliari 211
🛫 di Alghero-Fertilia, Sud-Ovest: 30 km ℰ 079 935282
🛈 via Sebastiano Satti 13, ℰ 079 2 00 80 72, www.comune.sassari.it
◎ Museo Nazionale Sanna★ Z M – Facciata★ del Duomo Y
ⓖ Chiesa della Santissima Trinità di Saccargia★★ per ③ : 15 km

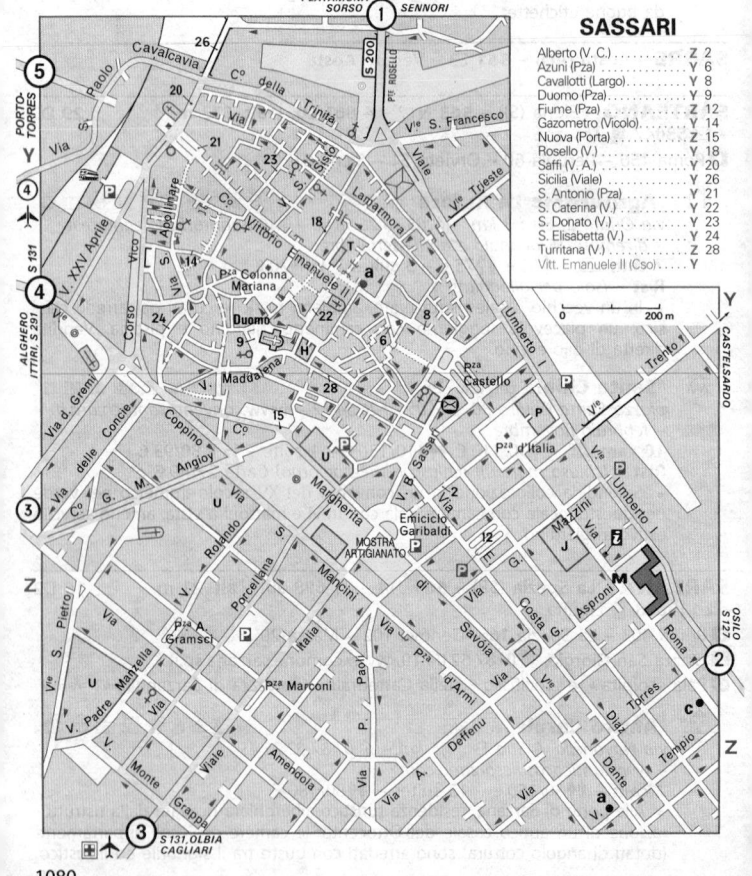

SASSARI

Alberto (V. C.)	Z 2
Azuni (Pza)	Y 6
Cavallotti (Largo)	Y 8
Duomo (Pza)	Y 9
Fiume (Pza)	Z 12
Gazometro (Vicolo)	Y 14
Nuova (Porta)	Z 15
Rosello (V.)	Y 18
Saffi (V. A.)	Y 20
Sicilia (Viale)	Y 26
S. Antonio (Pza)	Y 21
S. Caterina (V.)	Y 22
S. Donato (V.)	Y 23
S. Elisabetta (V.)	Y 24
Turritana (V.)	Z 28
Vitt. Emanuele II (Cso)	Y

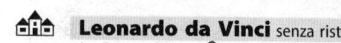

Leonardo da Vinci senza rist 🏨 ⬟ 🞲 🏧 🗄 ⚶ ⭘ 🔁 🚗 VISA ©© AE ⓞ ᵹ

via Roma 79 – 🕿 *079 28 07 44* – *www.leonardodavincihotel.it*   **Zc**
112 cam ⬚ – ♦55/90 € ♦♦75/130 €
♦ Marmi e divani nell'elegante, spaziosa hall che introduce in un centrale albergo di moderna funzionalità, comodo per clientela sia d'affari e congressuale sia turistica.

Carlo Felice 🏨 ⚶ cam, 🏧 🞲 rist, ⚶ 🗄 🅿 VISA ©© AE ⓞ ᵹ

via Carlo Felice 50, per via Roma – 🕿 *079 27 14 40* – *www.hotelcarlofelice.it*
74 cam ⬚ – ♦50/130 € ♦♦70/160 € – ½ P 60/110 €   **Z**
Rist – Carta 25/33 €
♦ Ubicata in zona periferica, una risorsa recentemente ristrutturata, ideale per la clientela di passaggio offre spazi comuni limitati, ma camere dalle eleganti rifiniture. Ampia, curata sala da pranzo.

XXX Liberty 🗄 🏧 ⮂ VISA ©© AE ᵹ

piazza Nazario Sauro 3 – 🕿 *079 23 63 61* – *www.ristoranteliberty.com*
– chiuso dal 24 dicembre al 6 gennaio, dal 15 al 30 agosto, domenica
Rist – Menu 35/45 € – Carta 34/60 €   **Ya**
♦ In una piazzetta affacciata sul corso Vittorio Emanuele sorge il palazzetto liberty restaurato dove gusterete pesce freschissimo in ambiente raffinato. Valida cantina sarda.

SASSELLA – Sondrio (SO) – Vedere Sondrio

SASSELLO – Savona (SV) – **561** I7 – 1 857 ab. – alt. 405 m   **14 B2**
– ✉ 17046
▶ Roma 559 – Genova 65 – Alessandria 67 – MIlano 155
🛈 via Badano 45, 🕿 019 72 40 20, www.visitriviera.it

🏠 Pian del Sole 🌆 🗄 🌊 🎿 ᵹ 🏨 ⚶ 🅿 🚗 VISA ©© ᵹ

viale Marconi (località Pianferioso 23) – 🕿 *019 72 42 55*
– www.hotel-piandelsole.com – chiuso dal 10 gennaio al 10 febbraio
32 cam ⬚ – ♦45/65 € ♦♦69/110 € – ½ P 45/80 €
Rist *Pian del Sole - da Ivano* – *(chiuso lunedì da novembre a marzo)*
Carta 24/37 €
♦ A pochi passi dal centro della località, struttura di recente costruzione e di taglio moderno: ampie zone comuni ben tenute e spaziose camere piacevolmente arredate.

SASSETTA – Livorno (LI) – **563** M13 – 583 ab. – alt. 330 m   **28 B2**
– ✉ 57020
▶ Roma 279 – Grosseto 77 – Livorno 64 – Piombino 40
🛈 via di Castagneto, 🕿 0565 79 45 21, www.costadeglietruschi.it

🏠 Agriturismo La Bandita 🕭 ≤ 🌆 🎿 🞲 🞲 rist, 🅿

via Campagna Nord 30, Nord-Est : 3 km   VISA ©© AE ⓞ ᵹ
– 🕿 05 65 79 42 24 – www.labandita.com – aprile-ottobre
24 cam ⬚ – ♦80/150 € ♦♦100/170 € – 3 suites – ½ P 80/115 €
Rist – *(prenotazione obbligatoria)* Carta 29/53 €
♦ Villa di fine '700 all'interno di una vasta proprietà. Interni molto curati con arredi d'epoca, notevoli soprattutto nelle aree comuni. Camere eleganti, bella piscina. Fiori ai tavoli, paste fatte in casa e selvaggina nella luminosa sala da pranzo.

SASSO MARCONI – Bologna (BO) – **562** I15 – 14 719 ab.   **9 C2**
– alt. 128 m – ✉ 40037
▶ Roma 361 – Bologna 16 – Firenze 87 – Milano 218
🛈 via Porrettana 312, 🕿 051 6 75 84 09, www.comune.sassomarconi.bologna.it

XX   **Marconi** (Aurora Mazzucchelli)   ⌂ ♿ AC ⇔ P VISA ⊚ AE ① ♻
{3}   *via Porrettana 291 – ☏ 05 18 46 21 6 – www.ristorantemarconi.it*
– chiuso 3 settimane in agosto, domenica sera, lunedì
Rist – Menu 66 € – Carta 52/82 € 綸
Spec. Ravioli di parmigiano reggiano al profumo di lavanda, noce moscata e
mandorle. Maccheroni al torchio ripieni d'anguilla affumicata, ragù d'ostriche
e spinaci. Lingua di manzo caramellata con rapa rossa alla senape e salsa
verde.
♦ Ottime materie prime, selezionate con cura, nonché una capacità di pro-
grammare e pensare che va oltre il piatto: un menu per abbracciare terra
e mare, in maniera creativa e mai scontata.

a Mongardino Nord-Ovest : 5 km – alt. 369 m – ✉ 40037

X   **Antica Trattoria la Grotta dal 1918**   ⌂ ℅ P VISA ⊚ ♻
via Tignano 3 – ☏ 05 16 75 51 10 – www.lagrotta1918.it
– chiuso 2 settimane in novembre, dal 7 al 21 gennaio, mercoledì e giovedì
a mezzogiorno
Rist – Carta 31/47 €
♦ Lunga tradizione familiare in un ristorante fondato nel 1918; ampia e
accogliente sala con parquet dove provare gustose proposte locali, terrazza
per i piatti estivi.

SASSUOLO – Modena (MO) – **562** I14 – **41 586 ab.** – **alt. 121 m**   **8 B2**
– ✉ 41049

▶ Roma 421 – Bologna 61 – Milano 177 – Modena 18
🛈 piazza Avanzini, ☏ 0536 1 84 48 53, www.comune.sassuolo.mo.it
🏠 San Valentino San Valentino di Castellarano via Telarolo 12, , Sud: 3,5 km,
0536 854033 – chiuso martedì

🏨   **Leon d'Oro** senza rist   🛗 ♿ AC ℅ ⁽ᵖ⁾ 🛁 P 🚗 VISA ⊚ AE ① ♻
via Circonvallazione Nord/Est 195 – ☏ 05 36 81 33 81
– www.hotel-leondoro.it – chiuso dal 22 dicembre al 6 gennaio e
dal 4 al 19 agosto
92 cam – ♦50/130 € ♦♦80/180 €, ☲ 7 € – 2 suites
♦ Pianta curva, eleganza, caldi colori rilassanti, design contemporaneo e
dotazioni tecnologiche d'avanguardia per questo hotel di recente apertura,
vocato ad una clientela d'affari.

🏨   **Michelangelo**   🛗 ♿ AC ℅ ℅ ⁽ᵖ⁾ 🛁 P 🚗 VISA ⊚ AE ① ♻
via Circonvallazione Nord/Est 85 – ☏ 05 36 99 85 11
– www.michelangelohp.com – chiuso Natale, Capodanno, agosto
75 cam ☲ – ♦50/112 € ♦♦60/175 € – 4 suites
Rist *Contessa Matilde* – vedere selezione ristoranti
♦ All'interno di un contesto residenziale, un elegante albergo di gusto classico, sobriamente arredato con legni, marmi e tessuti dalle calde tonalità.

XXX   **Osteria dei Girasoli**   ♿ AC ℅ ⇔ VISA ⊚ AE ♻
via Circonvallazione Nord/Est 217/219 – ☏ 05 36 80 12 33
– www.osteriadeigirasoli.com – chiuso 2 settimane in agosto sabato a
mezzogiorno, domenica e lunedì sera
Rist – (consigliata la prenotazione) Carta 33/50 € 綸
♦ Eleganza e modernità si coniugano perfettamente in questo ristorante di
design che dispone di una saletta privè e di un'ottima cantina. Cucina contemporanea e del territorio.

XXX   **Contessa Matilde** – Hotel Michelangelo   ♿ AC ℅ ⇔ P VISA ⊚ AE ① ♻
via Circonvallazione Nord/Est 85 – ☏ 05 36 18 11 08 2 – chiuso domenica
Rist – Carta 29/46 €
♦ Piatti tipici della cucina modenese e reggiana, in questo piacevole ristorante adiacente l'hotel Michelangelo: in sala, campeggia un caratteristico
camino in pietra.

La Paggeria 🍴🍴 · AC ⇄ VISA ⬤ AE ⓘ ⑤

via Rocca 16/20 – ℰ 05 36 80 51 90 – www.ristorantelapaggeria.com
– chiuso dal 1° al 15 gennaio, sabato a mezzogiorno, domenica
Rist – (consigliata la prenotazione) Carta 27/57 €
♦ Nel cuore del centro storico, a pochi passi dalla piazza dove emerge l'enorme mole del Palazzo Ducale, cucina classica e regionale. Imperdibili le paste fresche e secche, nonché il tartufo (in stagione).

I prezzi indicati davanti al simbolo 🛏 corrispondono al prezzo minimo e massimo in alta stagione per una camera singola. Lo stesso principio è applicato al simbolo 🛏🛏 riferito ad una camera per due persone.

SATURNIA – Grosseto (GR) – 563 O16 – alt. 294 m – ⊠ 58014   29 C3
🏴 Toscana

▶ Roma 195 – Grosseto 57 – Orvieto 85 – Viterbo 91

Bagno Santo 🌡 ≼ 🚗 ⤢ ⅃ ⅄ AC 🍽 rist, 📶 P VISA ⬤ AE ⓘ ⑤

località Pian di Caverna, Est : 3 km – ℰ 05 64 60 13 20
– www.bagnosantohotel.it – chiuso dal 7 al 30 gennaio
14 cam ⌑ – 🛏90/100 € 🛏🛏110/130 € – ½ P 75/85 €
Rist – (chiuso mercoledì) (chiuso a mezzogiorno) Carta 26/36 €
♦ Splendida vista su campagna e colline, tranquillità assoluta e ambienti confortevoli; piacevoli le camere in stile lineare, notevole piscina panoramica. Capiente sala da pranzo dagli arredi essenziali e dall'atmosfera raffinata.

Saturno Fontepura ≼ 🚗 ⅃ AC 🍽 rist, 📶 P VISA ⬤ ⓘ ⑤

località La Crocina, Sud : 1 km – ℰ 05 64 60 13 13
– www.hotelsaturnofontepura.com – chiuso dall'8 al 26 gennaio
25 cam ⌑ – 🛏100/120 € 🛏🛏140/200 € – ½ P 90/100 €
Rist – (aprile-ottobre) (solo per alloggiati) Carta 23/38 €
♦ Tra il paese e le terme - in posizione panoramica - un hotel di buon livello, ampliato nel 2010 con una nuova ala che ospita 15 camere. Nella bella piscina solo acqua termale!

Villa Clodia senza rist 🌡 ≼ 🚗 ⅃ 🕸 🛋 AC 🍽 📶 VISA ⬤ ⑤

via Italia 43 – ℰ 05 64 60 12 12 – www.hotelvillaclodia.com – chiuso dal 10 gennaio al 5 febbraio
9 cam ⌑ – 🛏60/70 € 🛏🛏100/120 € – 1 suite
♦ Nel centro, in zona panoramica, bella villa circondata dal verde; ambiente familiare negli interni decorati con gusto, ma originale e personalizzato; camere accoglienti.

Villa Garden senza rist 🌡 ≼ 🚗 AC P VISA ⬤ AE ⓘ ⑤

via Sterpeti 56, Sud : 1 km – ℰ 05 64 60 11 82 – www.villagarden.net
– chiuso dal 10 al 20 gennaio
9 cam ⌑ – 🛏60/70 € 🛏🛏70/80 € – 1 suite
♦ A metà strada tra il paese e le Terme, una villetta immersa nella quiete, con un gradevole giardino; piacevoli e curati spazi comuni, camere di buon livello.

I Due Cippi-da Michele 🍴🍴 · 🕸 ⇄ VISA ⬤ AE ⓘ ⑤

piazza Veneto 26/a – ℰ 05 64 60 10 74 – www.villagarden.net
– chiuso dal 9 al 25 gennaio e martedì (escluso agosto e festivi)
Rist – Carta 35/59 € 🌿
♦ Nella piazza del paese, ristorante a gestione diretta in cui gustare piatti toscani, dotato anche di enoteca con ottima scelta di vini e vendita di prodotti della zona.

alle terme Sud-Est : 3 km :

🏨 **Terme di Saturnia Spa & Golf Resort** ⠀ ⠀ ⠀ ⠀ ⠀ ⠀ ⠀ ⠀ ← ♨ 🛁 🎱 ⚐

⠀ ⠀ ⠀ ⠀ ⠀ ⠀ ⠀ ⠀ ⠀ 🛀 𝄞 ⚘ 🍴 🖼 🛎 & 🐕 💱 rist, ⚐ 🕯 🅿 VISA ⬤⬤ AE ⓘ 🌣

via della Follonata – ℰ 05 64 60 01 11 – www.termedisaturnia.it
– *chiuso dal 10 al 28 gennaio*
140 cam ⚍ – ⅋320/420 € ⅋⅋460/560 € – 5 suites – ½ P 270/335 €
Rist *Acquacotta* ✿ – vedere selezione ristoranti
Rist *Aqualuce* – Menu 40 € (pranzo)/55 €
◆ Vacanza rigenerante, in un esclusivo complesso con lussuose camere, spazi generosi e piscina termale naturale: il centro benessere è tra i migliori d'Italia. Ricco buffet e possibilità di piatti light al ristorante Aqualuce.

🎋🎋🎋 **Acquacotta** – Hotel Terme di Saturnia Spa & Golf Resort ⠀ ⠀ ⠀ ⠀ 🎐 ⚘

⠀ ✿ ⠀ *via della Follonata* – ℰ 05 64 60 01 11 ⠀ ⠀ ⠀ ⠀ ⠀ ⠀ VISA ⬤⬤ AE ⓘ 🌣
– *www.termedisaturnia.it* – *chiuso dall'11 al 29 gennaio*
Rist – (prenotazione obbligatoria) Carta 60/100 €
Spec. Raviolo di baccalà mantecato con fagioli all'uccelletto e la sua trippa. Filetto di manzo al morellino, patate dauphine. Lacrima divina con cioccolato fondente al 67%, caffé e gelato al cardamomo.
◆ Partendo da ottime materie prime, e questa regione come tutti sanno ne è ricca, la carta spicca il volo verso la modernità: a suo agio sia per quanto concerne i piatti di terra, sia per quanto riguarda le specialità di mare.

SAURIS – Udine (UD) – **562** C20 – 423 ab. – alt. 1 400 m – Sport ⠀ ⠀ **10** A1
invernali : 1 200/1 450 m ⚡3, ⚡ – ✉ 33020
🄓 Roma 723 – Udine 84 – Cortina d'Ampezzo 102

🏠 **Schneider** ⠀ ⠀ ⠀ ⠀ ⠀ ⠀ ⠀ ⠀ ⠀ ⠀ ⠀ ⠀ ← & 🚗 VISA ⬤⬤ 🌣

via Sauris di Sotto 92 – ℰ 0 43 38 60 10 – www.ristoranteallapace.it
– *chiuso dal 10 al 20 dicembre e dal 10 al 30 giugno*
8 cam ⚍ – ⅋40/55 € ⅋⅋65/75 € – ½ P 60 €
Rist *Alla Pace* – vedere selezione ristoranti
◆ A qualche numero civico di distanza dal ristorante di famiglia, solo poche camere in termini numerici, ma ampie per quanto riguarda i metri quadrati a loro consacrati: lo stile è montano, il confort internazionale.

🍴 **Alla Pace** – Hotel Schneider ⠀ ⠀ ⠀ ⠀ ⠀ ⠀ ⠀ ⠀ ⠀ ⠀ ⇔ VISA ⬤⬤ 🌣

⠀ 🎐 ⠀ *via Sauris di Sotto 38* – ℰ 0 43 38 60 10 – *chiuso dal 10*
al 20 dicembre, dal 10 al 30 giugno e mercoledì escluso luglio-settembre
Rist – Carta 24/35 € 🍸
◆ Locanda di tradizione situata in un antico palazzo fuori dal centro e gestita dalla stessa famiglia dal 1804. Accoglienti le salette, arredate con panche che corrono lungo le pareti, dove gustare cucina tipica del luogo.

SAUZE D'OULX – Torino (TO) – **561** G2 – 1 180 ab. – alt. 1 509 m ⠀ ⠀ **22** A2
– Sport invernali : 1 350/2 823 m (Comprensorio Via Lattea ⚡6 ⚡72)
– ✉ 10050
🄓 Roma 746 – Briançon 37 – Cuneo 145 – Milano 218
🄘 via Genevris 7, ℰ 0122 85 80 09, www.comune.sauzedoulx.to.it

Jouvenceaux Ovest : 2 km – ✉ 10050 Sauxe D'Oulx

🏠 **Chalet Chez Nous** senza rist ♨ ⠀ ⠀ ⠀ ⠀ ⠀ ⠀ ⠀ ⠀ ⚘ VISA ⬤⬤ 🌣

Via Principale 41 – ℰ 01 22 85 97 82 – www.chaletcheznous.it
– *7 dicembre-15 aprile e 20 giugno-10 settembre*
10 cam ⚍ – ⅋50/60 € ⅋⅋90/100 €
◆ In un borgo con strade strette e case in pietra, è una vecchia stalla adattata ad ospitare questo albergo accogliente e tranquillo, dotato di buoni confort. Sala colazioni con soffitto a volte.

a Le Clotes 5 mn di seggiovia o E : 2 km (solo in estate) – alt. 1 790 m
– ⊠ 10050 Sauze D'Oulx

Il Capricorno ⤸ ⬿ ≼ ⬧ ☂ ᛏ⁐ 𝚟𝚒𝚜𝚊 ⓿ ⑀
via Case Sparse 21 – ℰ 01 22 85 02 73
– *www.chaletilcapricorno.it*
9 cam ⌷ – †160/195 € ††230/290 € – ½ P 165/195 €
Rist – (consigliata la prenotazione) Carta 33/70 €
♦ In una splendida pineta e in comoda posizione sulle piste da sci, offre una magnifica vista su monti e sulle vallate. D'inverno, sarà una motoslitta ad accompagnarvi in hotel! Calda atmosfera, travi a vista, camino, arredi in legno e piatti regionali nella graziosa sala da pranzo.

SAVELLETRI – **Brindisi (BR)** – **564** E34 – ⊠ 72010   **27** C2
▶ Roma 509 – Bari 65 – Brindisi 54 – Matera 92
▦ San Domenico contrada Masciola, 080 4829200, www.sandomenicogolf.com

Masseria San Domenico ⤸ ⬧ ⬡ ☂ ⚒ ⬚ ⓾ ⋔ ᛚ ⚒ ⚙ ▦ ⒶⒸ
strada litoranea 379, località Petolecchia ⚙ ᛏ⁐ ⚙ ℙ 𝚟𝚒𝚜𝚊 ⓿ ᴬᴱ ⓪ ⑀
Sud-Est : 2 km ⊠ 72010 – ℰ 08 04 82 77 69
– *www.masseriasandomenico.com*
– *chiuso dal 10 gennaio a marzo*
47 cam ⌷ – †290/330 € ††440/638 € – 12 suites – ½ P 280/379 €
Rist – Carta 28/61 €
♦ Relax, benessere ed eco dal passato in questa masseria del '400 tra ulivi secolari e ampi spazi verdi; un caratteristico frantoio ipogeo ed un'incantevole piscina con acqua di mare. Nell'elegante terrazza come nella bella sala dal soffitto a volte i capolavori di una cucina della tradizione.

Borgo Egnazia ⤸ ⬓ ⬧ ⚒ ⓾ ⋔ ᛚ ▦ ⬚ ⬡ ⥃ ⚙ ᛏ⁐ ⚙ ℙ
contrada Masciola, Nord-Ovest : 2 Km   𝚟𝚒𝚜𝚊 ⓿ ᴬᴱ ⓪ ⑀
– ℰ 08 02 25 50 00 – *www.borgoegnazia.com*
175 cam ⌷ – ††450/1600 € – 7 suites – ½ P 480/825 €
Rist – Carta 53/67 €
♦ Il bianco che arreda le camere richiama la luce di questi luoghi, i materiali naturali e i muri in pietra locale ricordano la veracità di queste terre: nelle camere è solo l'arredamento ad essere tradizionale, perché i confort sono squisitamente moderni.

Masseria Torre Coccaro ⤸ ⬓ ⬧ ⬡ ⚒ ⓾ ⋔ ᛚ ▦ ⬚ ⒶⒸ
contrada Coccaro 8, Sud-Ovest : 2 km ⚙ rist. ᛏ⁐ ⚙ ℙ 𝚟𝚒𝚜𝚊 ⓿ ᴬᴱ ⓪ ⑀
– ℰ 08 04 82 93 10 – *www.masseriatorrecoccaro.com*
32 cam ⌷ – †238/560 € ††278/602 € – 1 suite – ½ P 194/356 €
Rist – (prenotare) Carta 55/73 €
♦ Elegante e particolare struttura che rispetta l'antico spirito fortilizio del luogo conservando la torre cinquecentesca: camere quasi tutte nello stesso stile con qualche particolarità. Suggestivo anche il ristorante, accolto in sale ricavate nelle stalle settecentesche.

Masseria Torre Maizza ⤸ ⬓ ⬧ ⬡ ⚒ ⓾ ⋔ ᛚ ▦ ⬚ cam, ⒶⒸ ⚙
contrada Coccaro, Sud Ovest : 2 Km ᛏ⁐ ⚙ ℙ 𝚟𝚒𝚜𝚊 ⓿ ᴬᴱ ⓪ ⑀
– ℰ 08 04 82 78 38 – *www.apuliacollection.com*
26 cam ⌷ – †244/402 € ††284/442 € – 2 suites – ½ P 202/281 €
Rist – Carta 50/76 €
♦ Scorci di Mediterraneo davanti ai vostri occhi, frutteti e coltivazioni i sentieri che attraverserete: l'eleganza del passato si unisce ad una storia più recente e alla sete di benessere. Molto bello il dehors con agrumeto, dove gustare specialità regionali.

⌂ **Masseria Cimino** ⬙   ⬚ ⬚ ⬚ ⬚ ⬚ ⬚ ⬚ 𝐏 𝘝𝘐𝘚𝘈 ⬚ 𝐀𝐄 ⬚ ⬚
contrada Masciola, Nord-Ovest : 2,5 Km – ℰ 08 04 82 78 86
– www.masseriacimino.com
15 cam – 2 suites – solo ½ P 170 €
Rist – *(chiuso a mezzogiorno) (solo per alloggiati)*
♦ Nata come guest house dell'annesso campo da golf, la struttura ha un'antica storia alle spalle… All'interno degli scavi archeologici di Egnatia, questa masseria con torre del '700 continua ad ammaliare l'ospite per la tranquillità della sua posizione isolata e per gli ambienti rustici, ma non privi di eleganza.

SAVIGNANO SUL PANARO – Modena (MO) – **562** I15   9 C3
– 9 403 ab. – alt. 102 m – ✉ 41056
▶ Roma 394 – Bologna 29 – Milano 196 – Modena 26

a Formica – ✉ 41056

⋇⋇ **Il Formicone**   𝐀𝐂 𝐏 𝘝𝘐𝘚𝘈 ⬚ ⬚
via Tavoni 463, verso Vignola, Sud: 1 km – ℰ 0 59 77 15 06
– www.ilformicone.it – chiuso martedì
Rist – (consigliata la prenotazione) Carta 30/40 € ⬚
♦ Ex stazione di posta, nell'acetaia (visitabile) si produce aceto balsamico, mentre in cucina si rinnova il successo dei piatti della tradizione locale. Molto utilizzati il camino e la griglia.

SAVIGNANO SUL RUBICONE – Forlì-Cesena (FC) – **562** J19   9 D2
– 17 329 ab. – alt. 32 m – ✉ 47039
▶ Roma 352 – Bologna 102 – Forlì 42 – Serravalle SMR 35

⌂ **Rubicone** senza rist   ⬚ ⬚ 𝐀𝐂 ⬚ ⬚ 𝘝𝘐𝘚𝘈 ⬚ ⬚
via Mazzini 1/B – ℰ 05 41 94 28 81 – www.rubiconehotel.it
11 cam ⬚ – †45/65 € ††65/90 €
♦ A 100 metri dalla via Emilia, piccola ed omogenea risorsa a conduzione familiare. Indirizzo funzionale e comodo.

SAVIGNO – Bologna (BO) – **562** I15 – 2 811 ab. – alt. 259 m   9 C2
– ✉ 40060
▶ Roma 394 – Bologna 39 – Modena 40 – Pistoia 80

⋇ **Trattoria da Amerigo** (Alberto Bettini) con cam   ⬚ ⬚
⬚ *via Marconi 16 – ℰ 05 16 70 83 26*   𝘝𝘐𝘚𝘈 ⬚ 𝐀𝐄 ⬚ ⬚
– www.amerigo1934.it – chiuso dal 20 gennaio al 10 febbraio e dal 20 agosto al 10 settembre, lunedì, anche martedì da gennaio a maggio
5 cam ⬚ – †50/70 € ††70/90 € – 1 suite
Rist – *(chiuso a mezzogiorno escluso festivi e sabato in ottobre-novembre)* (consigliata la prenotazione) Menu 40 € – Carta 34/53 € ⬚
Spec. Cosciotto di maialino al sale, misticanza ed olio alle erbe. Lasagne agli asparagi verdi della Valle del Samoggia con pamigiano stravecchio (primavera). Rassegna di funghi e tartufi di stagione.
♦ Se la vista è appagata dal suggestivo affresco murale "Il Bosco delle Meraviglie di Amerigo" in una delle due sale al primo piano, il palato è deliziato da una cucina rispettosa di una regione tanto prodiga di specialità. La ricerca dei prodotti sul territorio è davvero encomiabile.

SAVIGNONE – Genova (GE) – **561** I8 – 3 232 ab. – alt. 471 m   15 C1
– ✉ 16010
▶ Roma 514 – Genova 27 – Alessandria 60 – Milano 124

🏨 Palazzo Fieschi 🕭 📧 ⚅ 🎨 ☎ 🛜 🅿 🚗 🖼 ⚏ 📧 ① 💰

piazza della Chiesa 14 – ℰ 01 09 36 00 63 – www.palazzofieschi.it
– 11 marzo-15 dicembre
20 cam 🖵 – **†**70/120 € **††**100/240 €
Rist – *(chiuso a mezzogiorno)* Carta 34/70 €
♦ Nella piazza centrale del paese, in una dimora patrizia cinquecentesca con un grande giardino, un albergo a gestione diretta dalle preziose sale affrescate e dalle ampie stanze in stile. Soffitto decorato, camino e luminose vetrate nell'elegante sala ristorante.

SAVOGNA D'ISONZO – Gorizia (GO) – **562** E22 – 1 749 ab.   11 C2
– **alt. 49 m** – ⊠ 34070
▶ Roma 639 – Udine 40 – Gorizia 5 – Trieste 29

a San Michele del Carso Sud-Ovest : 4 km – ⊠ 34070

✖✖ Lokanda Devetak con cam 🚗 🖼 📧 ¶¹ 🅿 🖼 ⚏ 📧 ① 💰

😊 *Brezici 22 – ℰ 04 81 88 27 56 – www.devetak.com*
8 cam 🖵 – **†**75/90 € **††**110/135 €
Rist – *(chiuso lunedì, martedì e i mezzogiorno di mercoledì e giovedì)*
(prenotare) Carta 30/46 € 🏵
♦ Teatro di memorabili battaglie durante la I guerra mondiale, San Michele del Carso ospita questa tipica *gostilna*, la cui vicinanza con Slovenia ed Austria non poteva che riflettersi in tavola: piatti regionali e mitteleuropei, nonché una fornita cantina - ad uso enoteca - scavata nella pietra carsica. Ottime camere.

SAVONA ℙ (SV) – **561** J7 – 62 494 ab. – ⊠ 17100 ▌ Liguria   14 B2
▶ Roma 545 – Genova 48 – Milano 169
🖃 corso Italia 157/r, ℰ 019 8 40 23 21, www.visitriviera.it
◉ Polittico★ nella chiesa di Nostra Signora di Castello

Pianta pagina seguente

🏨 Mare ⇐ ⚓ 🍴 🏊 🏬 🏧 🏋¹ 🅿 🚗 🖼 ⚏ 📧 ① 💰

via Nizza 89/r – ℰ 0 19 26 40 65 – www.marehotel.it   AYc
66 cam – **†**75/95 € **††**125/170 €, 🖵 10 €
Rist A Spurcacciun-a – vedere selezione ristoranti
Rist Bagni Marea – *(aprile-ottobre)* *(consigliata la prenotazione la sera)*
Carta 27/44 €
♦ Direttamente sul mare - fuori dal centro - ambienti di moderna concezione e camere nuove: costantemente sottoposte a migliorie. Rist*Bagni Marea*: all'aperto tra spiaggia e piscina, piatti semplici, insalate e panini. A pranzo, solo self-service; la sera, sushi-bar.

🏨 NH Savona Darsena 📧 ⚅ cam, 🏬 cam, ⇪ ✖ rist, 🏋¹ 🏧

via A. Chiodo 9 – ℰ 0 19 80 32 11 – www.nh-hotels.it   🖼 ⚏ 📧 ① 💰
92 cam – **†**85/205 € **††**125/235 € – ½ P 90/140 €   CYb
Rist – Carta 34/54 €
♦ Un'altra struttura in città che non si sottrae al fascino del moderno design: adiacente il terminal della Costa Crociere e a pochi passi dalla torre del Brandale, l'estremo minimalismo delle camere è inversamente proporzionale al loro confort.

✖✖✖ A Spurcacciun-a – Hotel Mare ⇐ 🚗 🏬 🏧 ⇔ 🅿 🖼 ⚏ 📧 ① 💰

via Nizza 89/r – ℰ 0 19 26 40 65 – www.marehotel.it – chiuso
dal 22 dicembre al 20 gennaio e mercoledì   AYc
Rist – Carta 54/120 € 🏵
♦ Emozioni visive nella sala denominata "tappeti volanti", giochi di colore e luci alla "cromo dinner" o un'unica esperienza tattile al tavolo del menu "solo mani", ma in tutto ciò è sempre il mare a farla da padrone.

SAVONA

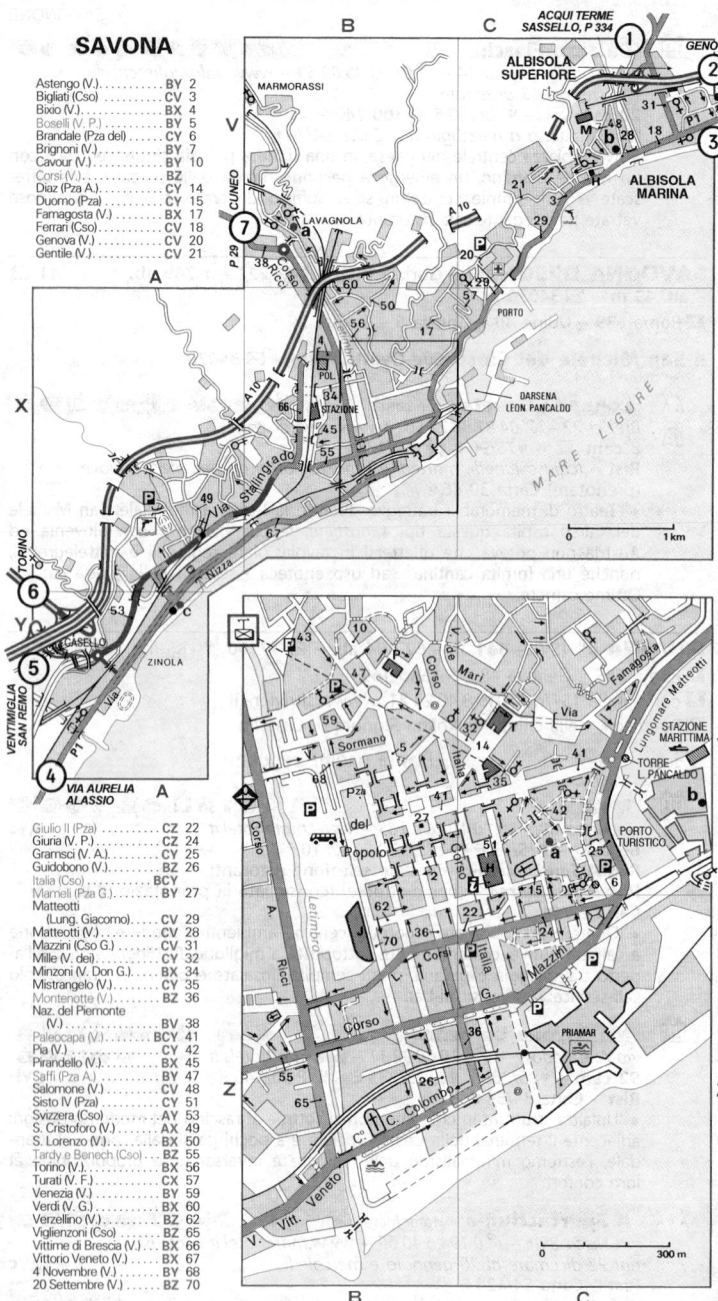

XX **L'Arco Antico** (Flavio Costa)　　　　　AC ⇔ VISA ⓒ AE ① ⑤

☆ *piazza Lavagnola 26 r – ℰ 0 19 82 09 38 – www.ristorantearcoantico.it*
– chiuso domenica　　　　　　　　　　　　　　　　BV**a**
Rist – (prenotazione obbligatoria a mezzogiorno) Menu 50/80 €
– Carta 54/96 € ※

Spec. Crema di zucchine trombette, seppie al nero e scorzette candite di
limoni. Triglie, carciofi e nocciola (inverno-primavera). Spaghettoni all'uovo,
crostacei, pomodori cuore di bue, basilico e cipollotti.

◆ La moderna periferia lascia posto a case d'epoca, tra le quali questo edificio del Settecento; nell'elegante saletta sormontata da antichi archi in mattoni, una carta creativa con piatti di carne e di pesce.

XX **L'Angolo dei Papi**　　　　　　　　AC ⇔ VISA ⓒ AE ① ⑤

vicolo del Marmo 10 – ℰ 0 19 85 42 63 – www.langolodeipapi.eu – chiuso
sabato a mezzogiorno e domenica　　　　　　　　　CY**a**
Rist – (prenotare) Carta 40/65 €

◆ Di fronte alla Cappella Sistina e al Duomo, locale piacevolmente moderno
modulato in diverse sale e riscaldato da un parquet in legno di acacia. In
menu: pochi piatti di terra o di mare dai sapori squisitamente liguri.

a Vado Ligure Sud-Ovest: 5 km – ✉ 17047

🏨 **Sea Art Hotel**　　　≤ ⌾ & cam, AC cam, ※ rist, ✆ 🕸 ⇔ VISA ⓒ

via Aurelia 454 – ℰ 0 19 21 62 61 – www.seaarthotel.it
63 cam ⌷ – †85/150 € ††110/180 €　**Rist** – Carta 25/49 €

◆ Affacciata sul porto di Vado, questa nuovissima struttura ricorda solo nella
sua architettura esterna lo stile ligure degli edifici d'epoca. Gli interni, invece,
celebrano il design più sfrenato: schermi LCD posizionati un po' ovunque e
colori incisivi a contraddistinguere i vari piani.

SCAGLIERI – Livorno (LI) – **563** N12 – **Vedere Elba (Isola d')** : Portoferraio

---

SCALEA – Cosenza (CS) – **564** H29 – **10 763 ab.** – ✉ 87029　　　**5** A1

▶ Roma 428 – Cosenza 87 – Castrovillari 72 – Catanzaro 153

🏨 **Grand Hotel De Rose**　　≤ 🍴 🏊 ⌾ 🛗 ※ 🕸 AC ※ rist, ✆ 🕯 P

☆ *lungomare Mediterraneo – ℰ 0 98 52 02 73*　　　　VISA ⓒ AE ① ⑤
– www.hotelderose.it – aprile-ottobre
66 cam ⌷ – †69/139 € ††96/163 € – ½ P 135 €　**Rist** – Carta 19/35 €

◆ In posizione panoramica dominante il mare, imponente struttura immersa
nel verde: grandi spazi interni e camere in stile navale. Gradevole piscina in
giardino pensile. Elegante sala da pranzo con deliziose proposte di cucina
mediterranea e del territorio.

🏨 **Talao**　　≤ 🍴 🏊 ⌾ 🍴 ✴✴ AC ※ rist, ✆ 🕯 P VISA ⓒ AE ⑤

☆ *corso Mediterraneo 66 – ℰ 0 98 52 04 44 – www.hoteltalao.it*
– aprile-novembre
59 cam ⌷ – †42/75 € ††65/125 € – ½ P 100 €
Rist – (giugno-settembre) Carta 18/35 €

◆ Sulla Riviera dei Cedri, buoni servizi e spazi generosi, soprattutto all'e-
sterno, in un albergo di taglio classico che propone camere confortevoli con
differente affaccio (e diverso prezzo). Una serie di camere si trovano ubicate
in cottage, tali a formare una sorta di dépendance "diffusa", vicina al mare.

SCALTENIGO – Venezia – **562** F18 – **Vedere Mirano**

SCANDIANO – Reggio Emilia (RE) – **562** I14 – **24 822 ab.** – **alt. 95 m**　　**8** B2
– ✉ 42019

▶ Roma 426 – Parma 51 – Bologna 64 – Milano 162

🏠 **Sirio** 📶 🄰🄲 cam, 🍴 rist, 🍽 🚗 𝚅𝙸𝚂𝙰 ⊕ 🄰🄴 ⓘ ⛷
⊚ via Palazzina 32 – ☎ 05 22 98 11 44
– www.hotelsirio.net – chiuso 1 settimana in agosto
32 cam ⊡ – ♦55/75 € ♦♦75/90 € – ½ P 50/57 € **Rist** – Carta 15/36 €
♦ Alle porte della località, piccola struttura di moderna concezione con ambienti comuni semplici e camere recentemente rinnovate. Piatti nazionali al ristorante; la sera anche pizza.

🍴 **Osteria in Scandiano** 🏠 🄰🄲 🍴 ⇔ 𝚅𝙸𝚂𝙰 ⊕ 🄰🄴 ⓘ ⛷
piazza Boiardo 9 – ☎ 05 22 85 70 79
– www.osteriainscandiano.com – chiuso dal 24 dicembre al 7 gennaio, luglio, agosto, domenica in giugno, giovedì negli altri mesi
Rist – Carta 32/56 € 🏵
♦ Piccolo ristorante di tono familiare e al contempo raffinato. Di fronte alla rocca Boiardo, all'interno di un palazzo del '600, per apprezzare al meglio la cucina emiliana.

ad Arceto Nord-Est : 3,5 km – ⊠ 42010

🍴🍴🍴 **Rostaria al Castello** 🏠 🄰🄲 𝚅𝙸𝚂𝙰 ⊕ 🄰🄴 ⓘ ⛷
via Pagliani 2 – ☎ 05 22 98 91 57
– www.larostaria.it – chiuso 1 settimana in gennaio, martedì a mezzogiorno e lunedì
Rist – Menu 40 € – Carta 35/71 €
♦ Tra le mura del castello di Arceto, un intimo, elegante, ristorante dove salame, pane e paste fresche (di propria produzione) si uniscono a prodotti tipici locali come aceto balsamico, parmigiano reggiano o culatello di Zibello dando vita ad una cucina stuzzicante, mai scontata.

sulla strada statale 467 Nord-Ovest : 4 km :

🍴🍴 **Bosco** 🏠 🄰🄲 ⇔ 🄿 𝚅𝙸𝚂𝙰 ⊕ 🄰🄴 ⛷
via Bosco 133 ⊠ 42019 – ☎ 05 22 85 72 42
– www.ristorantebosco.it – chiuso agosto, lunedì, martedì
Rist – Carta 38/59 € 🏵
♦ Ristorante a gestione familiare, con tre sale arredate in modo semplice, ma curato; proposte culinarie legate alla stagione e al territorio, interessante lista dei vini.

SCANDICCI – Firenze (FI) – **563** K15 – 50 071 ab. – alt. 47 m   **29** D3
– ⊠ 50018
🚗 Roma 278 – Firenze 6 – Pisa 79 – Pistoia 36
🛈 piazza della Resistenza, ☎ 055 7 59 13 02, www.comune.scandicci.fi.it

a Mosciano Sud-Ovest : 3 km – ⊠ 50018 Scandicci

🏠 **Tenuta Le Viste** ⊗ ≤ 🍴 🛌 ⋈ 🄰🄲 🍴 🍽 🄿 𝚅𝙸𝚂𝙰 ⊕ 🄰🄴 ⛷
via del Leone 11 – ☎ 0 55 76 80 02
– www.tenuta-leviste.it – chiuso dal 23 al 27 dicembre
4 cam ⊡ – ♦110/130 € ♦♦132/152 €
Rist – (chiuso a mezzogiorno) (solo per alloggiati) Carta 34/51 €
♦ In posizione dominante sulla città di Firenze, un'oasi di pace avvolta dal profumo degli ulivi: un'elegante residenza di campagna dagli ambienti arredati con mobili d'epoca. Splendidi spazi esterni ed una grande piscina.

SCANDOLARA RIPA D'OGLIO – Cremona (CR) – **561** G12   **17** C3
– 635 ab. – alt. 47 m – ⊠ 26047
🚗 Roma 528 – Brescia 50 – Cremona 15 – Parma 68

SCANDOLARA RIPA D'OGLIO

✗✗ Al Caminetto 🎧 🄰🄲 ♻️ 𝘝𝘐𝘚𝘈 ⬤⬤ 🄰🄴 ⓪ 🅖
via Umberto I, 26 – ✆ 0 37 28 95 89 – www.ristorantealcaminetto.com
– chiuso dal 7 al 15 gennaio e dal 29 luglio al 26 agosto
Rist *– (chiuso lunedì, martedì) (chiuso a mezzogiorno escluso domenica)*
(consigliata la prenotazione) Carta 52/72 €
Rist Locanda al Gheppio *–* ✆ 0 37 28 91 40 *(chiuso lunedì sera e martedì)*
Carta 26/40 €
♦ Atmosfera signorile in un locale intimo, dove gustare una prelibata cucina
moderna tra terra ed acqua: dolce e salata. Aperta anche a pranzo l'attigua
osteria Locanda al Gheppio propone piatti tipici a prezzi decisamente più
contenuti.

SCANNO – L'Aquila (AQ) – **563** Q23 – 1 986 ab. – alt. 1 050 m   1 B2
– ✉ 67038 ▮ Italia Centro Sud
▶ Roma 155 – Frosinone 99 – L'Aquila 101 – Campobasso 124
ℹ piazza Santa Maria della Valle 12, ✆ 0864 7 43 17, www.abruzzoturismo.it
◉ Località★
Ⓖ Gole del Sagittario★★: 6 km nord-ovest

🏠 Vittoria ♨ ⬅️ 🛗 ♻️ 🄿 𝘝𝘐𝘚𝘈 ⬤⬤ 🄰🄴 ⓪ 🅖
via Domenico di Rienzo 46 – ✆ 0 86 47 43 98
– www.abruzzo-green.com/vittoria – 20 dicembre-10 gennaio e
maggio-ottobre
27 cam ⚏ – ♦♦85 € – ½ P 75 € **Rist** – Carta 30/37 €
♦ Nella parte alta della località, una struttura semplice a gestione familiare.
Particolarmente affascinante la vista sul centro storico: chiedete una camera
che vi si affacci... Nella sobria sala ristorante, i piatti della tradizione italiana
interpretati con spunti moderni.

🏠 Grotta dei Colombi ⬅️ 🎧 ♻️ rist. 🄿 𝘝𝘐𝘚𝘈 ⬤⬤ 🅖
viale dei Caduti 64 – ✆ 0 86 47 43 93 – www.grottadeicolombi.it – chiuso
novembre
16 cam – ♦40 € ♦♦50/55 €, ⚏ 6 € – ½ P 50/57 €
Rist *– (chiuso mercoledì)* Carta 27/33 €
♦ Nel centro storico, una pensione familiare articolata su due piani con
camere e spazi comuni sobri e confortevoli identici nell'arredo, curiosamente
perlinati in legno bianco. Dalla cucina, sapori e prodotti locali.

✗✗ Osteria di Costanza e Roberto 𝘝𝘐𝘚𝘈 ⬤⬤ 🄰🄴 ⓪ 🅖
via Roma 15 – ✆ 0 86 47 43 45 – www.costanzaeroberto.it – chiuso dal
15 novembre al 15 dicembre, lunedì, anche martedì in bassa stagione
Rist – Carta 26/43 € 🏵
♦ A due passi dalla chiesa, un piccolo e vivace ristorante fedele alla tradizione gastronomica abruzzese senza rinunciare a qualche tocco di creatività
nelle presentazioni.

✗ Lo Sgabello ♻️ 🄿 𝘝𝘐𝘚𝘈 ⬤⬤ 🄰🄴 ⓪ 🅖
via Pescatori 45 – ✆ 0 86 47 74 74 76 – www.losgabelloscanno.it – chiuso
mercoledì
Rist – Carta 16/32 €
♦ In un paese tranquillo e caratteristico, un ristorante semplice dalla seria
conduzione dove apprezzare piatti fedeli alla tradizione abruzzese.

al lago Nord : 3 km :

🏠 Acquevive ♨ ⬅️ 🚲 🛗 ♻️ 🄿 𝘝𝘐𝘚𝘈 ⬤⬤ 🄰🄴 ⓪ 🅖
via Circumlacuale – ✆ 0 86 47 43 88 – www.hotelacquevivescanno.com
33 cam – ♦45/55 € ♦♦50/100 €, ⚏ 5 € – ½ P 75 € **Rist** – Carta 45/55 €
♦ In un'incantevole zona in riva al lago, una risorsa a gestione familiare particolarmente accogliente, dispone di spaziose camere luminose, discretamente eleganti negli arredi. Ampia e lievemente rustica, la sala da pranzo
propone una cucina nazionale.

SCANSANO – Grosseto (GR) – **563** N16 – **4 610 ab.** – **alt. 500 m**   29 C3
– ✉ 58054

▶ Roma 180 – Grosseto 29 – Civitavecchia 114 – Viterbo 98

🏨 **Antico Casale di Scansano** ⌖   ⊰ 🕭 ﹇ 🌊 ⊛ 🏊 **P**
località Castagneta, Sud-Est : 3 km – ℰ *05 64 50 72 19*   🆅🅸🆂🅰 ⊛ 🅰🅴 ⚹
– www.anticocasaledisoscansano.it
30 cam ⊊ – ♦80/110 € ♦♦140/180 € – 4 suites – ½ P 102/122 €
Rist *La Castagneta* – vedere selezione ristoranti
♦ Corsi di cucina, un centro equitazione e sentieri benessere disegnati nel
bosco: avvolti dalla natura incontaminata della Maremma, l'antico casolare è
perfetto per una vacanza rigenerante.

XX **La Castagneta** – Hotel Antico Casale di Scansano   🍽 🕭 ⅗ **P**
località Castagneta, Sud-Est : 3 km – ℰ *05 64 50 72 19*   🆅🅸🆂🅰 ⊛ 🅰🅴 ⚹
– www.anticocasaledisoscansano.it – chiuso dal 10 gennaio al 10 febbraio
Rist – Carta 29/46 €
♦ In un ambiente particolarmente curato, una versione aggiornata ed alleggerita della cucina toscana: olio extravergine d'oliva, paste e zuppe rigorosamente fatte in casa, nonché l'immancabile chinina. In carta, ottimi vini e, a
sorpresa, qualche buona birra artigianale.

XX **La Cantina**   🕭 ⅗ 🆅🅸🆂🅰 ⊛ ⚹
via della Botte 1 – ℰ *05 64 50 76 05 – chiuso dal 10 gennaio*
al 9 marzo, domenica sera e lunedì escluso agosto
Rist – Carta 35/62 € ⅋
♦ Un ristorante ricavato in un edificio secentesco del centro con soffitto a
volta in pietra e tavoli in legno massiccio; la cantina vanta un'ottima scelta di
vini regionali.

SCANZANO IONICO – Matera (MT) – **564** G32 – **7 156 ab.**   4 D2
– **alt. 21 m** – ✉ 75020

▶ Roma 483 – Matera 63 – Potenza 125 – Taranto 64

🏨 **Miceneo Palace Hotel**   🍽 🕭 🌊 🖥 ⅗ ⚹⚹ 🅰🅲 ⇙ 🕺 rist, ⁜ ⅍ **P**
strada Provinciale per Montalbano Ionico   🆅🅸🆂🅰 ⊛ 🅰🅴 ⓞ ⚹
– ℰ *08 35 95 32 00 – www.miceneopalace.it*
45 cam ⊊ – ♦50/80 € ♦♦70/100 € – 1 suite – ½ P 60/80 €
Rist – Carta 30/35 € ⅋
♦ Ampia risorsa a vocazione congressuale con una spaziosa hall di moderna
concezione e camere piacevolmente arredate: in stagione, una navetta collega la struttura al mare (servizio a pagamento). Specialità lucane e piatti
tipici della cucina italiana al ristorante.

SCAPEZZANO – Ancona – **563** K21 – Vedere Senigallia

SCARLINO – Grosseto (GR) – **563** N14 – **3 661 ab.** – **alt. 229 m**   28 B3
– ✉ 58020

▶ Roma 231 – Grosseto 43 – Siena 91 – Livorno 97

⌂ **Relais Vedetta** ⌖   ⊰ 🍽 🕭 🌊 ⅗ cam, 🅺 cam, **P** 🆅🅸🆂🅰 ⊛ 🅰🅴 ⓞ ⚹
poggio La Forcola 12, Ovest : 5 km – ℰ *0 56 63 70 23*
– www.relaislavedetta.eu
6 cam ⊊ – ♦♦220/370 €   **Rist** – (prenotazione obbligatoria) Menu 35 €
♦ Abbandonata la frenetica Milano, alla quale tuttavia rimane legatissima, la
proprietaria ha deciso di creare in una dimora di famiglia nella campagna
toscana questo bed and breakfast, nelle cui spaziose camere vi si ritrova un
simpatico mix di eclettismo, modernità e rusticità.

SCARPERIA – Firenze (FI) – **563** K16 – **7 794 ab.** – **alt. 292 m**   29 C1
– ✉ 50038

▶ Roma 293 – Firenze 30 – Bologna 90 – Pistoia 65

🔟 Poggio dei Medici via San Gavino 27, 055 8435562,
www.golfpoggiodeimedici.com

a Gabbiano Ovest : 7 km – ⊠ 50038 Scarperia

 UNA Poggio Dei Medici 🌿   ⇐ 🍴 ⍩ 🛁 📺 🕭 🎬 🕅 rist, 🍷 🖐 🅿

via San Gavino 27 – 𝒞 *05 58 43 50*   **VISA 🆎 🄰🄴 🄞 💲**
– *www.unahotels.it*
70 cam ⊡ – ⫠⫠131/540 € – 7 suites – ½ P 111/315 €
Rist – Carta 37/57 €

◆ Vicino al borgo medievale di Scarperia, nella valle del Mugello, questo elegante resort è il paradiso dei golfisti grazie al suo green 18 buche. Il restauro di antichi casali toscani ha preservato la tipicità del luogo, creando al tempo stesso camere spaziose, dotate di moderni confort.

SCENA (SCHENNA) – Bolzano (BZ) – 562 B15 – 2 836 ab.   **30** B1
– alt. 600 m – ⊠ 39017

▶ Roma 670 – Bolzano 33 – Merano 5 – Milano 331

🛈 piazza Arciduca Giovanni 1/D, 𝒞0473 94 56 69, www.schenna.com.

Pianta : vedere Merano

 Hohenwart 🌿   ⇐ 🍴 🍴 ⍩ 🎬 🍴 🚿 🛁 🎬 cam, 🎬 rist, 🍷 🖐 🅿

via Verdines 5 – 𝒞 *04 73 94 44 00*   🚗 **VISA 🆎 💲**
– *www.hohenwart.com* – *chiuso dall'11 al 17 dicembre e dal 10 gennaio al
13 marzo*   **B**h
82 cam – 7 suites – solo ½ P 101 €   **Rist** – Carta 37/66 €

◆ Bella struttura completa di ogni confort, con un'incantevole vista dei monti e della vallata, dotata di gradevole giardino con piscina riscaldata; ampie camere. Cucina del territorio nella capiente sala da pranzo.

Schlosswirt   ⇐ 🍴 🍴 ⍩ 🎬 🕭 🅿 **VISA 🆎 💲**

via Castello 2 – 𝒞 *04 73 94 56 20* – *www.schlosswirt.it* – *chiuso gennaio e
febbraio*   **B**u
32 cam ⊡ – ⫠60/95 € ⫠⫠70/110 € – ½ P 90 €
Rist – *(chiuso lunedì)* Carta 26/62 €

◆ Bella terrazza con vista e piscina riscaldata in giardino in questa centralissima struttura con interni in stile locale di moderna concezione; gradevoli le camere. Luminose finestre rischiarano la capace sala ristorante.

Zmailer-Hof   ⇐ 🍴 🅿
🍽 *via Berg 17* – 𝒞 *04 73 94 58 81* – *aprile-novembre; chiuso venerdì e la sera*
Rist – *(prenotazione obbligatoria la sera)* Carta 15/28 €

◆ Attraversato il bosco, si arriva alla casa, semplicissima e ruspante: un vero e proprio maso. Sul retro - nella bella stagione - i tavoli propongono una splendida vista sulla valle, mentre nel piatto speck, formaggi, canederli (ottimi quelli alle ortiche) allietano il palato; la domenica o su prenotazione arrosto, costine, gulasch.

SCHEGGINO – Perugia (PG) – 563 N20 – 488 ab. – alt. 282 m   **33** C3
– ⊠ 06040

▶ Roma 131 – Terni 28 – Foligno 58 – Rieti 45

🍴🍴 **Del Ponte** con cam 🌿   🍴 🍴 🕭 🎬 rist, 🅿 **VISA 🆎 🄰🄴 💲**

via borgo 15 ⊠ *06040* – 𝒞 *0 74 36 12 53* – *www.hoteldelpontescatolini.it*
– *chiuso dal 2 al 28 novembre*
12 cam – ⫠25/45 € ⫠⫠33/60 €, ⊡ 3 € – ½ P 50 €
Rist – *(chiuso lunedì)* Carta 22/33 €

◆ Trote e tartufi, i prodotti tipici della zona, sono i principali ingredienti cui si ispira la cucina. La sala, invece, un omaggio alla semplicità, aperta sul verde. Nasceva come locanda e ora dispone di accoglienti camere colorate e allegre, per un soggiorno immerso nella tranquillità della natura.

SCHENNA = Scena

SCHILPARIO – Bergamo (BG) – **561** D12 – **1 271 ab.** – alt. 1 124 m   17 C1
– Sport invernali : ⚹ – ✉ **24020**

▶ Roma 161 – Brescia 77 – Bergamo 65 – Milano 113

a Pradella Sud-Ovest : 2 km – ✉ 24020

✗   **San Marco** con cam ⌂   ≤ ⚐ 🛏 ⚙ cam, 🅿 ᴠɪꜱᴀ ⓪
     via Pradella 3 – ☎ 03 46 55 02 4 – www.albergo-sanmarco.it
     18 cam – †38/40 € ††45/62 €, ⌑ 4 € – ½ P 33/56 €
     Rist – *(chiuso lunedì)* Carta 22/39 €
     ♦ Da sempre nelle mani della stessa famiglia, un ambiente conviviale in cui gustare piatti casalinghi e verdure biologiche coltivate nel proprio orto. Interessante raccolta di fossili e minerali. Rustiche, ma confortevoli, le camere.

SCHIO – Vicenza (VI) – **562** E16 – **39 586 ab.** – alt. 200 m – ✉ 36015   35 B2
▶ Roma 562 – Verona 70 – Milano 225 – Padova 61

🏠🏠   **Nuovo Miramonti** senza rist   🛏 ૯ 🅰 ⅍ ⚙ ⌂ ᴠɪꜱᴀ ⓪ ᴀᴇ ⓺
     via Marconi 3 – ☎ 04 45 52 99 00 – www.hotelmiramonti.com – chiuso dal 23 dicembre all'8 gennaio e dal 3 al 19 agosto
     70 cam ⌑ – †59/79 € ††65/89 €
     ♦ Nel centro storico, hotel ideale per una clientela d'affari; ampia hall con angoli per il relax, singolari stanze con parti d'arredo che rendono omaggio ai celebri lanifici.

🏠🏠   **Schio**   🏠 🛏 ૯ cam, 🅰 cam, ⅍ ⚙ rist, ⓣ 🛁 🅿 ⌂ ᴠɪꜱᴀ ⓪ ᴀᴇ ⓪ ⓺
⊜   *via Campagnola 21/a – ☎ 04 45 67 56 11 – www.schiohotel.it*
     83 cam ⌑ – †85 € ††110 € – 3 suites – ½ P 75 €
     Rist – *(chiuso agosto e domenica)* Menu 20 € bc/30 € bc
     ♦ In un'imponente struttura a vetri, che comprende anche un piccolo centro commerciale, camere con arredi di tipo moderno, non grandi, ma molto funzionali. Nel ristorante/lounge bar campeggia un bel pianoforte a coda per serate e animazioni varie. Cucina classica.

SCHLANDERS = Silandro

SCHNALS = Senales

SCIACCA Sicilia – Agrigento (AG) – **365** AN58 – **41 023 ab.**   39 B2
– alt. 60 m – ✉ 92019 ▯ Sicilia
▶ Agrigento 63 – Catania 230 – Marsala 71 – Messina 327
🄸 via Vittorio Emanuele 84, ☎ 0925 2 11 82, www.comune.sciacca.ag.it
🛢 Verdura contrada Verdura Inferiore, , Est: 14 km, 0925 998180, www.verduraresort.it – chiuso lunedì
◻ Palazzo Scaglione★

🏠🏠🏠   **Verdura Resort** ⌂   ≤ ⚐ ◑ ⌾ 🏠 ⅃ 🄵 ⊕ 🏠 🛁 ✗ 🄺 ૯ cam,
     località Verdura   🛬 🅰 ⅍ ⚙ ⓣ 🛁 🅿 ᴠɪꜱᴀ ⓪ ᴀᴇ ⓪ ⓺
     – ☎ 09 25 99 80 01 – www.verduraresort.com
     177 cam ⌑ – †290/910 € ††330/950 € – 26 suites – ½ P 185/545 €
     Rist La Zagara – *(chiuso a mezzogiorno)* Carta 70/100 €
     ♦ Un resort di gran lusso che riassume nel nome i suoi principali atout: due campi da golf disegnati dall'architetto californiano K. Phillips ed una spa dove effettuare trattamenti e programmi benessere personalizzati. Tutte le camere sono dotate di terrazza privata; gli interni propongono decori siciliani e divagazioni moderne.

🏠   **Villa Palocla** ⌂   ⚐ 🏠 ⅃ ૯ 🄰 🅰 ⓣ ⓣ 🛁 🅿 ᴠɪꜱᴀ ⓪ ᴀᴇ ⓪ ⓺
     contrada Raganella, Ovest : 4 km – ☎ 09 25 90 28 12 – www.villapalocla.it – febbraio-ottobre
     8 cam ⌑ – †70/80 € ††115/135 € – ½ P 110 €
     Rist – *(chiuso a mezzogiorno)* Carta 22/45 €
     ♦ All'interno di un edificio in stile tardo barocco le cui origini risalgono al 1750, caratteristico hotel avvolto da un giardino-agrumeto in cui trova posto anche la piscina. Al ristorante per gustare una saporita cucina di mare.

⌂ **Locanda del Moro**   AC VISA ◯◯ AE ✿
via Liguori 44 – ☎ 09 25 86 76 56 – www.almoro.com
13 cam ☐ – †45/65 € ††70/100 € – 2 suites
Rist *Hostaria del Vicolo* – vedere selezione ristoranti
♦ In cima ad una scalinata del centro storico, tra mura duecentesche, si dorme in camere minimaliste ed essenziali. Piacevole corte interna per la prima colazione all'aperto ed enoteca.

✗✗ **Hostaria del Vicolo** – Locanda del Moro   AC VISA ◯◯ AE ◉ ✿
vicolo Sammaritano 10 – ☎ 09 25 23 07 1 – www.hostariadelvicolo.it
– chiuso dal 10 al 26 novembre e lunedì
Rist – (coperti limitati, prenotare) Carta 41/60 € 🌿
♦ In un vicoletto del centro storico, un locale raccolto ed invitante. Come il menu: ampio e articolato gioca intorno alle ricette, nonché ai prodotti siciliani, rielaborandoli in modo sfizioso. Una cinquantina le etichetta presenti nella carta dei vini.

SCICLI Sicilia – Ragusa (RG) – **365** AX63 – 26 409 ab. – **alt. 106 m**   **40** D3
– ✉ 97018

▶ Palermo 271 – Ragusa 32

🏨 **Novecento**   AC cam, 🛜 rist, 📶 VISA ◯◯ AE ✿
🐾 *via Dupré 11 – ☎ 09 32 84 38 17 – www.hotel900.it*
7 cam ☐ – †65/80 € ††90/150 € – 1 suite   **Rist** – Menu 15/20 €
♦ Nel cuore del centro storico barocco, un palazzo d'epoca con diversi soffitti affrescati, ma dagli interni inaspettatamente moderni e piacevoli.

SCOPELLO Sicilia – Trapani (TP) – **365** AL55 – **alt. 106 m**   **39** B2
– ✉ 91014 ▯ Sicilia

▶ Marsala 63 – Palermo 71 – Trapani 36
◉ Riserva naturale dello Zingaro★★

⌂ **Tranchina** ◈   🛜 VISA ◯◯ AE ✿
via A. Diaz 7 – ☎ 09 24 54 10 99 – www.pensionetranchina.com
10 cam ☐ – †55/70 € ††76/100 € – ½ P 76 €
Rist – (chiuso a mezzogiorno) (solo per alloggiati)
♦ Graziosa pensione dagli ambienti estremamente sobri e dall'accoglienza cordiale nel cuore del piccolo caratteristico paese. Lei, cinese, si occupa soprattutto delle camere. Il patron, siciliano, è l'anima e l'estro della buona tavola.

⌂ **Agriturismo Tenute Plaia**   🛏 ✿ cam, AC cam, 🛜 ▯ VISA ◯◯ AE ✿
contrada Scopello 3 – ☎ 09 24 54 14 76 – www.agriturismotenuteplaia.it
– 24 dicembre-7 gennaio e 12 marzo-2 novembre
10 cam ☐ – †79/124 € ††110/140 € – ½ P 77/92 €
Rist – (chiuso a mezzogiorno escluso agosto) (consigliata la prenotazione) Carta 22/48 €
♦ Costruita attorno ad una piccola corte interna, la struttura è gestita da una famiglia di imprenditori vinicoli. Semplici e accoglienti le camere con letti in ferro battuto e decorazioni floreali. Cucina tipica siciliana preparata con i prodotti dell'azienda agricola stessa e una particolare attenzione per il vino.

SCORZÈ – Venezia (VE) – **562** F18 – 19 032 ab. – **alt. 16 m**   **36** C2
– ✉ 30037

▶ Roma 527 – Padova 30 – Venezia 24 – Milano 266

Villa Soranzo Conestabile

🍴 🕭 AC ☝ ♨ P VISA ⚫ AE ⚡

via Roma 1 – ☎ 0 41 44 50 27 – www.villasoranzo.it – chiuso 1 settimana a Natale
18 cam ⊆ – ♦90/150 € ♦♦140/200 € – 3 suites – ½ P 97/127 €
Rist – *(chiuso domenica)* Carta 36/54 €

◆ Abbracciata da un ampio parco all'inglese in cui trova posto anche un grazioso laghetto, la seicentesca villa patrizia custodisce sale affrescate, arredate con mobili d'epoca, nonché lussuose camere. Cucina tradizionale nella raffinata atmosfera del ristorante.

Antico Mulino

🍽 🕭 AC ↵ ♨ P VISA ⚫ AE ⓞ ⚡

via Moglianese Scorzè 37 – ☎ 04 15 84 07 00 – www.hotelanticomulino.com
29 cam ⊆ – ♦29/110 € ♦♦39/220 € – 1 suite
Rist *Osteria Perbacco* – vedere selezione ristoranti

◆ In riva al fiume, rustici spazi comuni e confortevoli camere di tono classico occupano ora gli ambienti di questa caratteristica costruzione realizzata sui resti di un antico mulino ad acqua.

Osteria Perbacco – Hotel Antico Mulino

🕭 AC ⅍ P VISA ⚫ AE ⓞ ⚡

via Moglianese 37 – ☎ 04 15 84 09 91
– www.hotelanticomulino.com/it/restaurants/ – chiuso dal 1° al 9 gennaio, 3 giorni a Ferragosto, sabato a mezzogiorno e domenica
Rist – Carta 33/59 € 😳

◆ Il pescato della laguna o l'immancabile baccalà, ma anche il musetto (piccolo cotechino) con purè di patate e la guancetta di vitello: tante specialità – di terra e di mare - proposte in un grazioso locale con romantica terrazza sul fiume.

San Martino

AC VISA ⚫ AE ⚡

piazza Cappelletto 1, località Rio San Martino, Nord: 1 km
– ☎ 04 15 84 06 48 – www.ristorantesanmartino.info – chiuso domenica sera e lunedì
Rist – Carta 36/66 € 😳

◆ Nato come trattoria di paese è diventato poi un elegante ristorante del centro con ambienti d'ispirazione design. La linea gastronomica si rifà al territorio, reinterpretata in chiave leggermente moderna.

I Savi

🍴 AC ⇔ P VISA ⚫ AE ⚡

via Spangaro 6, località Peseggia di Scorzè – ☎ 0 41 44 88 22 – www.isavi.it
– chiuso dal 1° al 7 gennaio, dal 7 al 21 agosto, domenica sera, lunedì
Rist – Carta 40/65 €

◆ Rustico curato nella tranquillità della campagna e tuttavia non privo di tocchi di raffinatezza. La nuova e motivata gestione continua la linea delle specialità di pesce, in presentazioni esteticamente interessanti.

SCRITTO – Perugia (PG) – Vedere Gubbio

SCROFIANO – Siena (SI) – Vedere Sinalunga

SEBINO – Vedere Iseo (Lago d')

SEGGIANO – Grosseto (GR) – **563** N16 – 992 ab. – alt. 491 m   **29** C3
– ✉ 58038
▶ Roma 199 – Grosseto 61 – Siena 66 – Orvieto 109

Silene con cam 🍃

🍴 ⅍ ♨ P VISA ⚫ AE ⚡

località Pescina, Est : 3 km – ☎ 05 64 95 08 05 – www.ilsilene.it
6 cam ⊆ – ♦♦75/110 €
Rist – *(chiuso lunedì e domenica sera)* Carta 53/71 €

◆ In posizione tranquilla, antica locanda rinnovata negli anni: interni dagli arredi curati, sala di tono elegante; proposte di piatti tipici e di propria creazione.

SEGRATE – Milano (MI) – **561** F9 – 33 916 ab. – alt. 115 m   18 B2
– ⊠ 20090

▶ Roma 572 – Milano 12 – Bergamo 42 – Brescia 88

Pianta d'insieme di Milano

a Milano 2 Nord-Ovest : 3 km – ⊠ 20090 Segrate

⊞⊞⊞   NH Milano Due Ⓢ   ⅙ ⏐❋ ⅙ rist, ⯭ ❋ rist, ⟨¶⟩ ⅙ ⌂ ⱽⁱˢᴬ ⒸⒸ ⯭ ① ⅚
via Fratelli Cervi – ℰ 02 21 75 – www.nh-hotels.com – *chiuso dal*
24 dicembre al 6 gennaio ed agosto   **2COm**
142 cam ⌂ – ♦198/378 € ♦♦218/490 € – 1 suite
Rist *Al Laghetto* – Carta 47/61 €
♦ Totalmente rinnovato, in posizione tranquilla, hotel dotato di ambienti
molto luminosi, un attrezzato centro congressi e camere appropriate alla
clientela d'affari. Ambiente moderno al ristorante, dove troverete una cucina
classica.

SEGROMIGNO IN MONTE – Lucca (LU) – **563** K13 – Vedere Lucca

SEIS AM SCHLERN = Siusi allo Sciliar

SEISER ALM = Alpe di Siusi

SELINUNTE Sicilia – Trapani (TP) – **365** AL58 ▯ Sicilia   39 B2
▶ Agrigento 102 – Catania 269 – Messina 344 – Palermo 114
🛈 piazzale Bovio Marconi, ℰ 0924 4 62 51, www.selinunte.cc
◎ Rovine★★

a Marinella Sud : 1 km – ⊠ 91022

🛈 piazzale Bovio Marconi, ℰ 0924 4 62 51, www.selinunte.cc

⊞⊞   Admeto   ⅃ ⏐❋ ⯭ ⟨¶⟩ ⌂ ⱽⁱˢᴬ ⒸⒸ ⯭ ① ⅚
via Palinuro 3 – ℰ 0 92 44 67 96 – www.hoteladmeto.it
56 cam ⌂ – ♦60/88 € ♦♦84/140 € – 1 suite – ½ P 62/90 €
Rist – *(chiuso lunedì)* Carta 22/53 € (+10 %)
♦ Fronte mare, un candido edificio ospita camere moderne ed essenziali con
panoramica sala colazione sul celebre tempio greco.

⋔   Sicilia Cuore Mio senza rist   ⌸ ❋ ⯝ ⱽⁱˢᴬ ⒸⒸ ⯭ ① ⅚
via della Cittadella 44 – ℰ 0 92 44 60 77 – www.siciliacuoremio.it
– *marzo-novembre*
5 cam ⌂ – ♦40/65 € ♦♦55/90 € – 1 suite
♦ Ubicato nella zona residenziale di Marinella, un villino circondato da un
grazioso giardino e dotato di camere in stile tipicamente mediterraneo.
Un'ottima prima colazione.

SELLIA MARINA – Catanzaro (CZ) – **564** K32 – 6 419 ab.   5 B2
– ⊠ 88050
▶ Roma 628 – Cosenza 116 – Catanzaro 23 – Crotone 52

⋔   Agriturismo Contrada Guido Ⓢ   ⌸ ⅃ ⯝ ⑃ ⯭ ❋ cam, ⯝
località contrada Guido, strada statale 106 km 202   ⱽⁱˢᴬ ⒸⒸ ⯭ ① ⅚
– ℰ 09 61 96 14 95 – www.contradaguido.it – *chiuso dall'8 al 31 gennaio*
14 cam ⌂ – ♦50/70 € ♦♦100/140 € – ½ P 85 €
Rist – *(chiuso lunedì)* (consigliata la prenotazione) Menu 25 €
♦ Un signorile borgo agricolo settecentesco con una bella piscina circondata
da piante e fiori. Camere raffinate, cura per i dettagli. Cucina di insospettabile
fantasia.

SELVA – Brindisi (BR) – **564** E34 – Vedere Fasano

SELVA DI CADORE – Belluno (BL) – **562** C18 – 524 ab.   **36** C1
– alt. 1 335 m – Sport invernali : 1 347/2 100 m ⛷ 2 ⛷23 (Comprensorio Dolomiti superski Civetta) ⚡ – ⊠ **32020**

▶ Roma 651 – Cortina d'Ampezzo 39 – Belluno 60 – Bolzano 82

ℹ piazza San Lorenzo 3, ☎0437 72 02 43, www.valfiorentina.it

🏠   **Ca' del Bosco** 🍃   ≤ 🎋 🖥 ⛄ cam, ⚡ **P** 𝗩𝗜𝗦𝗔 ⓿ 𝗔𝗘 ⬧
via Monte Cernera 10, località Santa Fosca, Sud-Est : 2 km
– ☎04 37 52 12 58 – www.hotelcadelbosco.it
– 26 dicembre-10 marzo e 27 giugno-5 settembre
12 cam ⊑ – ♦35/50 € ♦♦70/110 € – ½ P 45/65 €
Rist *– (chiuso a mezzogiorno) (solo per alloggiati)*
♦ Moderna struttura che ben si integra con il contesto paesaggistico, panoramico e quieto, che la avvolge. Particolarmente curati gli arredi negli ambienti e nelle belle camere affrescate.

🏠   **La Stua** senza rist   🖥 ⛄ 📶 **P** 𝗩𝗜𝗦𝗔 ⓿ ⬧
via Dei Denever 25/27, località Santa Fosca, Sud Est : 2 Km
– ☎04 37 52 12 38 – www.hotelgarnilastua.com
12 cam ⊑ – ♦36/50 € ♦♦56/80 €
♦ Buon rapporto qualità/prezzo in questo piccolo garnì dalle piacevoli camere in stile montano. Tipica zona bar con una caratteristica stufa in pietra refrattaria.

SELVA DI VAL GARDENA (WOLKENSTEIN IN GRÖDEN)   **31** C2
– Bolzano (BZ) – **562** C17 – 2 624 ab. – alt. 1 563 m – Sport invernali : della Val Gardena 1 536/2 682 m ⛷10 ⛷75 (Comprensorio Dolomiti superski Val Gardena) ⚡ – ⊠ **39048** ▮ Italia Centro Nord

▶ Roma 684 – Bolzano 42 – Brunico 59 – Canazei 23

ℹ strada Mëisules 213, ☎0471 77 79 00, www.valgardena.it

◉ Località ★★

🄶 Passo Sella★★★: ❄★★★ Sud: 10,5 km – Val Gardena★★★ per la strada S 242

🏨   **Alpenroyal Grand Hotel - Gourmet & S.p.A.**   ≤ 🚗 🗻
via   🔟 ⓜ 🍸 🏋 🖥 ⛄ ⛱ ✚ ⚡ rist, 🌙 🎿 **P** 🚗 𝗩𝗜𝗦𝗔 ⓿ 𝗔𝗘 ⓞ ⬧
Meisules 43 – ☎04 71 79 55 55 – www.alpenroyal.com – dicembre-20 aprile e giugno-20 ottobre
55 cam – 24 suites – solo ½ P 182/440 €
Rist Alpenroyal Gourmet❀ – vedere selezione ristoranti
Rist *– (chiuso domenica)* Carta 51/82 € ⅋
♦ Albergo importante per dimensione e per qualità dell'offerta: spazi, luce, dettagli, zone relax, la splendida piscina per bagnarsi tra la neve. Tutto quello che serve ad una clientela internazionale!

🏠   **Gran Baita** 🍃   ≤ 🚗 🗻 🔟 ⓜ 🍸 🏋 🖥 ⛄ cam, ✚ ⚡ rist, 🌙 🎿 **P** 🚗
via Nives, 11 – ☎04 71 79 52 10   𝗩𝗜𝗦𝗔 ⓿ 𝗔𝗘 ⬧
– www.hotelgranbaita.com – 3 dicembre-12 aprile e 18 giugno-10 ottobre
51 cam – 14 suites – solo ½ P 90/250 €   **Rist** – Carta 40/65 €
♦ Hotel di tradizione, recentemente rinnovato, con vista sulle Dolomiti: il sapiente utilizzo del legno regala agli ambienti un'atmosfera avvolgente; camere luminose. Soffitto in legno, comode poltroncine e grandi vetrate in sala ristorante.

🏠   **Granvara** 🍃   ≤ 🚗 🗻 🔟 ⓜ 🍸 🏋 🖥 ⛄ ⚡ 🌙 **P** 🚗 𝗩𝗜𝗦𝗔 ⓿ ⬧
strada La Selva 66, Sud-Ovest : 1,5 km – ☎04 71 79 52 50
– www.granvara.com – 2 dicembre-10 aprile e giugno-10 ottobre
40 cam ⊑ – ♦84/300 € ♦♦120/700 € – 7 suites
Rist – Carta 46/66 €
♦ In favolosa posizione nella quiete assoluta delle Dolomiti e di Selva, un indirizzo speciale per rilassarsi nell'abbraccio della natura così come nei caldi ambienti in stile tirolese. L'intimità di una stube per le vostre cene.

Tyrol ◆ ⟨ 🚗 🏠 🌊 🍴 💆 ∱₆ 🎱 & cam, ※ rist, ¶ **P** 🚗 **VISA** 🐷 🖢
strada Puez 12 – 𝒞 04 71 77 41 00 – www.tyrolhotel.it
– 28 novembre-14 aprile e 20 giugno-1° ottobre
50 cam ⌑ – †85/210 € ††160/400 € – 2 suites – ½ P 115/235 €
Rist – Carta 28/54 €
♦ Nella tranquillità dei monti, un albergo che "guarda" le Dolomiti; zone comuni signorili, con soffitti in legno lavorato e tappeti; camere spaziose ed eleganti. Ambiente raccolto e accogliente nella capiente sala ristorante.

 Chalet Portillo ⟨ 🚗 🌊 🍴 💆 ∱₆ 🎱 ※ ¶ **P** 🚗 **VISA** 🐷 🖢
via Meisules 65 – 𝒞 04 71 79 52 05 – www.portillo.it – dicembre-aprile e luglio-settembre
35 cam ⌑ – †50/200 € ††100/400 € – ½ P 150/350 €
Rist – Menu 50/125 €
♦ Alle porte della località, calorosa ospitalità in un hotel all'interno di una tipica casa di montagna: bella piscina spaziosa, camere molto ampie e arredate con gusto.

 Genziana ⟨ 🚗 🌊 🍴 💆 ∱₆ 🎱 ※ ¶ **P** 🚗 **VISA** 🐷 🖢
via Ciampinei 2 – 𝒞 04 71 77 28 00 – www.hotel-genziana.it
– dicembre-20 aprile e luglio-settembre
27 cam – solo ½ P 90/268 €
Rist – *(chiuso a mezzogiorno) (solo per alloggiati)*
♦ Una vacanza rilassante in un albergo con giardino e zone comuni non spaziose, ma dall'atmosfera intima, piacevolmente arredate in stile tirolese; camere confortevoli.

 Mignon ⟨ 🚗 🌊 ∱₆ 🎱 & cam, ※ ¶ **P** **VISA** 🐷 🖢
via Nives 10 – 𝒞 04 71 79 50 92 – www.hotel-mignon.it
– 2 dicembre-10 aprile e 24 giugno-27 settembre
29 cam ⌑ – †90/140 € ††180/260 € – 1 suite – ½ P 175 €
Rist – *(solo per alloggiati)*
♦ Solo pochi passi separano questa risorsa dal centro cittadino, un albergo con un bel giardino e caratteristici interni in stile locale di moderna ispirazione; camere confortevoli e graziose.

 Nives 🌊 🍴 🎱 & 🚲 ※ ¶ 🚗 **VISA** 🐷 **AE** 🖢
Via Nives 4 – 𝒞 04 71 77 33 29 – www.hotel-nives.com
– 5 dicembre-10 aprile e 14 giugno-14 ottobre
11 cam – 2 suites – solo ½ P 105/235 €
Rist *Nives* – vedere selezione ristoranti
Rist – Menu 29/55 €
♦ Hotel nuovissimo dall'architettura accattivante: struttura quasi interamente in legno, con un'originale forma a mezzaluna. Buona parte delle camere sono disposte sul lato sole e godono di ampio balcone.

 Welponer ⟨ 🚗 🌊 🍴 ∱₆ 🎱 & cam, 🚶 ※ rist, ¶ **P** 🚗 **VISA** 🐷 🖢
strada Rainel 6 – 𝒞 04 71 79 53 36 – www.welponer.it – dicembre-20aprile e 25 maggio-15 ottobre
23 cam ⌑ – †90/248 € ††150/280 € – 3 suites – ½ P 110/175 €
Rist – *(solo per alloggiati)*
♦ Appagante vista di Dolomiti e pinete in un hotel dal curato ambiente familiare, dotato di ampio giardino soleggiato con piscina riscaldata; camere confortevoli.

 Small & Charming Hotel Laurin 🚗 🌊 🍴 ∱₆ 🎱 🚶 ※ ¶
strada Meisules 278 – 𝒞 04 71 79 51 05 **P** 🚗 **VISA** 🐷 🖢
– www.hotel-laurin.it – dicembre-aprile e luglio-settembre
27 cam ⌑ – †50/120 € ††80/200 € – 2 suites – ½ P 150 €
Rist – *(solo per alloggiati)*
♦ Giovane gestione per questo hotel centrale, ben tenuto e abbellito da un giardino; spazi comuni scaldati da soffitti in legno, buon centro fitness, camere accoglienti. Capiente sala da pranzo completamente rivestita in legno e calda moquette.

Freina
⫷ 🚇 ⌕ 🐾 🖦 🕾 cam, 🕪 **P** 🚗 ₩ᵢₛₐ ⓪ ⚡

via Freina 23 – 𝒞 04 71 79 51 10 – www.hotelfreina.com – dicembre-Pasqua e 10 giugno-15 ottobre

22 cam � – **♥**65/150 € **♥♥**130/210 € – 2 suites – ½ P 95/135 €
Rist – Carta 26/52 €

♦ Bianca struttura circondata da una verde natura: piacevoli ambienti riscaldati dal sapiente uso del legno e spaziose camere ben accessoriate, in moderno stile locale. Tradizionale sala ristorante in stile tirolese.

Dorfer
⫷ 🚇 🐾 ♨ 🖦 ⌕ cam, ⚡ 🕾 **P** ₩ᵢₛₐ ⓪ ⚡

via Cir 5 – 𝒞 04 71 79 52 04 – www.hoteldorfer.com – dicembre-10 aprile e 30 maggio-10 ottobre

27 cam ⊻ – **♥**60/180 € **♥♥**60/200 € – ½ P 68/138 €   **Rist** – Carta 29/63 €

♦ Hotel rinnovato nel segno dell'accoglienza e dello stile tirolese che continua a perpetuarsi grazie alla cordiale gestione familiare. Graziose camere, tutte con balcone, e centro wellness. Dalle cucine, antipasti e pane fatto in casa accanto ai piatti della tradizione altoatesina.

Linder
⫷ 🐾 ♨ 🖦 ⌕ cam, ⚡ rist, 🕪 **P** 🚗 ₩ᵢₛₐ ⓪ ⚡

strada Nives 36 – 𝒞 04 71 79 52 42 – www.linder.it – dicembre-Pasqua e 15 giugno-settembre

28 cam ⊻ – **♥**60/164 € **♥♥**96/294 € – 1 suite – ½ P 159 €
Rist – (solo per alloggiati)

♦ Piacevole aspetto esterno in stile tirolese, per questa struttura a gestione diretta pluridecennale; le camere sono spaziose e gradevoli.

Pozzamanigoni ◈
⫷ 🚇 🐾 🍴 🖦 🕾 ⚡ **P** 🚗 ₩ᵢₛₐ ⓪ ⚡

strada La Selva 51, Sud-Ovest : 1 km – 𝒞 04 71 79 41 38
– www.pozzamanigoni.it – dicembre-aprile e giugno-ottobre

12 cam – 2 suites – solo ½ P 130 €   **Rist** – Carta 30/40 €

♦ Tranquillità e splendida vista su Sassolungo e pinete da un albergo a gestione diretta, dotato di maneggio e laghetto con pesca alla trota; camere ben tenute.

Pralong
⫷ ⓜ 🐾 🖦 ⚡ 🕾 **P** ₩ᵢₛₐ ⓪ ⚡

via Meisules 341 – 𝒞 04 71 79 53 70 – www.val-gardena.com/hotel/pralong – dicembre-aprile e giugno-settembre

23 cam – solo ½ P 70/110 €
Rist – (chiuso a mezzogiorno) (solo per alloggiati)

♦ Simpatica e cordiale gestione in una piccola struttura, con spazi comuni in stile tirolese di taglio moderno dalla calda atmosfera; camere molto confortevoli.

Armin
🐾 🖦 ⚡ rist, 🕪 **P** ₩ᵢₛₐ ⓪ ⚡

via Meisules 161 – 𝒞 04 71 79 53 47 – www.hotelarmin.com
– 5 dicembre-15 aprile e 10 giugno-settembre

27 cam ⊻ – **♥**60/121 € **♥♥**95/270 € – ½ P 78/165 €
Rist – (solo per alloggiati)
Rist Grillstube – (20 dicembre-20 marzo; chiuso lunedì) (chiuso a mezzogiorno) Carta 25/51 €

♦ Semplice hotel familiare di buon confort, con accoglienti interni luminosi e camere lineari, tra cui alcune mansardate, ampie e ben arredate con mobilio chiaro. Ambiente curato e gradevole nella Grillstube.

Concordia senza rist
⫷ 🚇 🐾 🖦 ⚡ 🕪 **P** 🚗 ₩ᵢₛₐ ⓪ ⚡

strada Puez 10 – 𝒞 04 71 79 52 23 – www.garni-concordia.it
– 5 dicembre-Pasqua e giugno-settembre

16 cam ⊻ – **♥**35/100 € **♥♥**70/220 € – 2 suites

♦ Confortevole "garni" che offre il calore della gestione familiare e quello degli arredi tipici ove abbonda il legno chiaro. Camere pulite e ben tenute.

⌂ **Prà Ronch** senza rist ⌂   ≤ 🚗 ♯♯ ⅗ **P**

🏠 via La Selva 80 – 𝒞 04 71 79 40 64 – www.chaletpraronch.com – chiuso
novembre
5 cam 😊 – ♥♥34/65 €
♦ Una bella casa incastonata all'interno di un apprezzabile giardino panoramico: semplice, accogliente e familiare, insomma una vacanza ideale all'insegna del relax. Solo per non fumatori.

XXX **Alpenroyal Gourmet** – Alpenroyal Grand Hotel - Gourmet & S.p.A.
⅗ via Meisules 43 – 𝒞 04 71 79 55 55   🚗 ⅗ 🗚 ⅗ **P** **VISA** 🞉 **AE** ⓪ ⅗
– http://www.alpenroyal.com/itw/gourmet.htm – dicembre-20 aprile e
giugno-20 ottobre
Rist – (chiuso domenica) (chiuso a mezzogiorno) Menu 65 €
– Carta 63/97 € 🍴
Spec. Canederli di gamberi in consommé di porcini, cipollotto fresco e
limone. Carré d'agnello su crema di albicocche affumicate, ravioli di borragine
e lavanda fritti, budino di ricotta. Terrina di cioccolato bianco e pistacchi
avvolta in foglie di mango sciroppato e cialda al cacao.
♦ Tecnica moderna e creatività per la cucina di un hotel 5 stelle in Val Gardena. Lo chef, Felice Lo Basso, si impegna affinché non manchi nulla alle sue
creazioni: forme e colori, stagionalità della materia prima e fantasia.

XX **Nives** – Hotel Nives   🏠 ⅗ ⅗ ⇆ **VISA** 🞉 **AE** ⅗
via Nives 4 – 𝒞 04 71 77 33 29 – www.hotel-nives.com – 5 dicembre-10 aprile
e 14 giugno-14 ottobre
Rist – (consigliata la prenotazione) Carta 33/67 €
♦ Un wine bar con banco mescita vi accoglierà all'ingresso, mentre una bella
sala ristorante - più classica seppur in stile montano - vi ospiterà per ineffabili
soste gastronomiche. In tavola: ricette moderne che "simpatizzano" con gli
ingredienti regionali. Graziosa stube, interamente in legno.

verso Passo Gardena (Grödner Joch)**Sud-Est : 6 km :**

XX **Chalet Gerard** con cam   ≤ 🚗 🏠 🎿 🗚 🖼 ⅗ ⅗ cam, ⅌ **P** **VISA** 🞉 ⅗
via Plan de Gralba 37 ⌨ 39048 – 𝒞 04 71 79 52 74
– www.chalet-gerard.com – dicembre-15 aprile e 24 maggio-15 ottobre
12 cam – solo ½ P 83/155 €   **Rist** – Carta 29/55 €
♦ Se la recente ristrutturazione ha conferito un nuovo smalto al locale, la
cucina è rimasta fedele alla sua linea di sempre: piatti regionali elaborati partendo da ottime materie prime e belle presentazioni. Splendida vista del
gruppo Sella e Sassolungo.

SELVAZZANO DENTRO – Padova (PD) – **562** F17 – **22 172 ab.**   **35** B3
– alt. 18 m – ⌨ 35030
▸ Roma 492 – Padova 12 – Venezia 52 – Vicenza 27
⛳ Montecchia via della Montecchia 12, 049 8055550, www.golfmontecchia.it
– chiuso lunedì

XXX **La Montecchia** (Massimiliano Alajmo)   🗚 **P** **VISA** 🞉 **AE** ⓪ ⅗
⅗ via Montecchia 12, Sud-Ovest : 3 km – 𝒞 04 98 05 53 23 – www.alajmo.it
– chiuso dal 26 dicembre al 8 gennaio, dall'8 al 26 agosto, lunedì, martedì
Rist – Menu 70 € – Carta 49/96 € 🍴
Spec. Baccalà "mantegnato" (piatto d'ispirazione rinascimentale, dedicato ad
Andrea Mantegna). Coscia d'oca croccante con crema di patate, salsa ai pepi
e caponatina. Filetto alla tartara.
♦ Amena ubicazione nel Golf Club della Montecchia per un locale originale e
signorile ricavato in un vecchio essicatoio per il tabacco; piatti creativi su
base tradizionale.

a Tencarola Est : 3 km – ⊠ 35030

🏨 **Piroga Padova** 🚗 🛵 🏠 📶 AC 🚫 rist, ¶ 🛁 P VISA 🐵 AE ① 🖤
via Euganea 48 – 𝒞 0 49 63 79 66
– www.piroga.it
62 cam ☁ – ♦65/95 € ♦♦85/120 € – 1 suite
Rist – (chiuso 15 giorni in agosto e lunedì) Carta 22/46 €
♦ Un bel giardino è la cornice naturale di questo hotel dagli ariosi e luminosi interni. Attrezzata zona congressuale e camere dotate di ogni confort. Al ristorante: cucina del territorio elaborata con tanta cura.

SELVINO – Bergamo (BG) – **561** E11 – 2 020 ab. – alt. 960 m   **19** C1
– Sport invernali : 1 000/1 400 m ✠1 ✠2 – ⊠ 24020
🚩 Roma 622 – Bergamo 22 – Brescia 73 – Milano 68
🅸 corso Milano 19, 𝒞 035 76 59 59, www.comunediselvino.it

🏨 **Elvezia** 🌸   🚗 AC cam, 🚫 cam, ¶ P VISA 🐵 AE ① 🖤
🐾 via Usignolo 2 – 𝒞 03 5 76 30 58
– www.hotelelvezia.com – dicembre e giugno-settembre
16 cam ☁ – ♦50 € ♦♦80 € – ½ P 65/70 €
Rist – (chiuso lunedì) Carta 20/26 €
♦ In centro e in posizione tranquilla, un'accogliente struttura abbellita da un giardino ben curato; piacevoli spazi comuni di moderna ispirazione e confortevoli camere in stile rustico. Interessanti proposte gastronomiche legate al territorio.

SEMPRONIANO – Grosseto (GR) – **563** N16 – 1 193 ab.   **29** C3
– alt. 601 m – ⊠ 58055
🚩 Roma 182 – Grosseto 61 – Orvieto 85

a Catabbio Sud : 6 km – ⊠ 58014

🍴 **La Posta**   🛋 VISA 🐵 🖤
via Verdi 9 – 𝒞 05 64 98 63 76
– www.trattorialaposta.com – chiuso dal 7 al 27 gennaio, dal 15 al 30 luglio e lunedì
Rist – (chiuso a mezzogiorno esclusi fine settimana e giorni festivi)
Carta 25/38 €
♦ La proprietaria in cucina e i figli in sala in una curata trattoria di paese: locale genuino tanto nella tavola e nei piatti, quanto nel servizio schietto e informale.

SENAGO – Milano (MI) – **561** F9 – 21 096 ab. – alt. 176 m   **18** B2
– ⊠ 20030
🚩 Roma 591 – Milano 17 – Bergamo 51 – Brescia 97

🍴🍴 **La Brughiera**   🛋 AC P VISA 🐵 AE ① 🖤
via XXIV Maggio 23 – 𝒞 0 29 98 21 13
– www.labrughiera.it – chiuso 1 settimana in agosto
Rist – Carta 40/63 € 🍷
♦ Un bel locale ricavato da una vecchia cascina ora compresa nel parco delle Groane. Ampio e grazioso l'interno, ma anche il dehors non è da meno. Cucina di stampo regionale ed ampia carta dei vini.

SENALES (SCHNALS) – Bolzano (BZ) – **561** B14 – 1 403 ab.   **30** B1
– alt. 1 327 m – Sport invernali : a Maso Corto : 2 000/3 200 m ✠1 ✠11
(anche sci estivo), ✦ – ⊠ 39020
🚩 Da Certosa : Roma 692 – Bolzano 55 – Merano 27 – Milano 353
🅸 via Certosa 42, 𝒞 0473 67 91 48, www.valsenales.com

a Madonna di Senales (Unserfrau)**Nord-Ovest : 4 km – alt. 1 500 m**
– ✉ 39020 Senales

🏠 **Croce d'Oro - Goldenes Kreuz** ⟨ ⛰ 🖼 🍴 P VISA ⚫ ⑊
via Madonna 27 – ☎ 04 73 66 96 88 – www.goldenes-kreuz.com
– chiuso dal 6 al 30 novembre
25 cam ☐ – †53/75 € ††88/150 € – ½ P 54/85 €
Rist *Croce d'Oro* – vedere selezione ristoranti
♦ Accogliente casa a "misura" di famiglia, situata in posizione tranquilla tra prati e cime: perfetta per un soggiorno di passeggiate, sport e relax.

✗ **Croce d'Oro** – Hotel Croce d'Oro - Goldenes Kreuz 🏡 ⚘ P VISA ⚫ ⑊
via Madonna 27 – ☎ 04 73 66 96 88 – www.goldenes-kreuz.com – chiuso novembre e mercoledì
Rist – Carta 29/46 €
♦ Oltre che padrone di casa, Andreas Götsch è anche chef del ristorante (dell'omonimo albergo). Sua la passione per i prodotti biologici locali, che spesso rientrano nei suoi piatti: a volte legati alla tradizione, altre cucinati con tocco più mediterraneo. Lo strudel di mele nel bicchiere è tra i must della casa.

a Certosa (Karthaus)**Nord-Ovest : 2 km – alt. 1 327 m – ✉ 39020 Senales**
Schnals

🏠 **Rosa d'Oro-Zur Goldenen Rose** ⚘ ⟨ 🏡 ⛰ 🖼 ⚘ rist, 🍴 P
via Certosa 29 – ☎ 04 73 67 91 30 – www.goldenrose.it   VISA ⚫ ⑊
– chiuso maggio
20 cam ☐ – ††126/206 € – 8 suites   **Rist** – Carta 22/54 €
♦ Un nome prezioso per un gioiellino di ospitalità sito accanto all'antico convento quattrocentesco. Al suo interno, atmosfera retro e confort moderni, come il piccolo centro benessere o il collegamento wi-fi. Specialità locali e qualche piatto più mediterraneo al ristorante con scenografica cantina all'ingresso dell'hotel.

SENIGALLIA – Ancona (AN) – **563** K21 – **44 673 ab.** – ✉ 60019   **21** C1
🚗 Roma 296 – Ancona 29 – Fano 28 – Macerata 79
🛈 via Manni 7, ☎ 071 6 62 93 96, www.comune.senigallia.an.it

🏨 **Terrazza Marconi** ⟨ 🌊 🏡 🖼 ⑊ 🖼 ⚘ rist, 🍴 VISA ⚫ AE ① ⑊
lungomare Marconi 37 – ☎ 07 17 92 79 88 – www.terrazzamarconi.it
– chiuso 15 giorni tra dicembre e gennaio
27 cam ☐ – †169 € ††276 € – 3 suites   **Rist** – Carta 35/60 €
♦ Proprio di fronte alla Rotonda, una casa di taglio moderno con terrazza sul mare, offre spazi ampi un servizio curato e belle camere, nonché un nuovo piccolo centro benessere. Piatti regionali e di pesce nell'ampia ed elegante sala da pranzo che dispone anche di un servizio all'aperto.

🏨 **City** ⟨ 🌊 🛗 🖼 ⑊ cam, 🛋 🖼 ⚘ rist, 🍴 🏊 VISA ⚫ AE ① ⑊
lungomare Dante Alighieri 14 – ☎ 07 16 34 64 – www.cityhotel.it
64 cam ☐ – †170 € ††220 € – ½ P 150 €
Rist – *(chiuso domenica in inverno) (chiuso a mezzogiorno escluso da giugno a settembre)* Carta 31/55 €
♦ Sul lungomare di questa celebre località, apprezzata per la sua spiaggia di velluto, l'hotel presenta una facciata anni Sessanta, ma interni di moderno design e due sale congressi. Professionalità e cortesia.

🏨 **Duchi della Rovere** ⟨ 🛗 ⑊ cam, 🖼 cam, ⑊ ⚘ cam, 🍴 🏊 🚃
via Corridoni 3 – ☎ 07 17 92 76 23   VISA ⚫ AE ① ⑊
– www.hotelduchidellarovere.it
45 cam ☐ – †85/145 € ††110/170 € – 6 suites – ½ P 80/110 €
Rist – Carta 30/51 €
♦ Un albergo sempre di buon livello, forse ancora di più dopo i recenti lavori di rinnovo. In mano ad una famiglia dinamica e capace, che riserva tante piccole attenzioni ai propri ospiti, la struttura dispone di camere accoglienti e sale meeting.

🏨 Bologna ≤ ⟨ 📶 ⟨ rist, ♣♣ 🅰🅲 ⚡ 🎵 VISA ⓿ AE ⓿ ⑤

lungomare Mameli 57 – ℰ 07 17 92 35 90 – www.hbologna.net
37 cam ⌷ – ♦50/90 € ♦♦80/130 € – 35 suites
Rist – *(maggio-settembre) (solo per alloggiati)*
♦ Particolarmente idoneo per famiglie con bambini, l'albergo dispone di camere d'ispirazione contemporanea ed ampi spazi attrezzati per animare le giornate dei più piccoli. Un'ampia sala ristorante rimodernata dove gustare una cucina nazionale e di pesce, mentre l'originale Angolo di Capitan Uncino accoglie i bimbi.

🏨 Holiday Inn Express senza rist 📶 ⚐ 🅰🅲 ↩ ⟨ ⟨ 🅿 VISA ⓿ AE ⓿ ⑤

via Nicola Abbagnano 12, prossimità casello autostrada – ℰ 07 17 93 13 86 – www.hiexpress.it/exsenigallia
84 cam ⌷ – ♦♦80/120 €
♦ Nei pressi dell'uscita autostradale, l'hotel, ideale per una clientela d'affari, è dotato di camere nuove e spaziose e 7 sale riunioni per grandi e piccoli gruppi di lavoro.

🏠 Mareblù ≤ ⟨ ⊐ 📶 🅰🅲 ⚡ 🎵 VISA ⓿ ⑤
🜲

lungomare Mameli 50 – ℰ 07 17 92 01 04 – www.hotel-mareblu.it – Pasqua-settembre
53 cam – ♦35/90 € ♦♦50/140 €, ⌷ 5 € – ½ P 72/97 €
Rist – Menu 18/45 €
♦ Una piccola risorsa fronte mare a gestione familiare con ambienti classici e semplici negli arredi, sala giochi, biblioteca ed ampio giardino con piscina.

🏠 Bice ⟨ 🍴 📶 🅰🅲 ⚡ 🎵 ⟨ 🚲 VISA ⓿ AE ⓿ ⑤

viale Giacomo Leopardi 105 – ℰ 07 16 52 21 – www.albergobice.it
40 cam ⌷ – ♦55/65 € ♦♦75/100 € – ½ P 65 €
Rist – *(chiuso dal 27 settembre al 4 ottobre e domenica sera escluso da giugno a settembre)* Carta 22/57 €
♦ Appena fuori le mura del centro, un hotel a conduzione familiare dai luminosi interni di taglio moderno e caratteristiche camere arredate in modo piacevole. Presso l'ampia sala ristorante dalle calde tonalità, piatti tipici della tradizone locale.

🍴🍴🍴 Uliassi ≤ 🍴 🅰🅲 ⚡ VISA ⓿ AE ⓿ ⑤
❀❀

banchina di Levante 6 – ℰ 07 16 54 63 – www.uliassi.it – chiuso dal 27 dicembre a marzo e lunedì, anche martedì dal 15 settembre al 15 giugno
Rist – Menu 50 € (pranzo in settimana)/130 € – Carta 80/120 € 🍷
Spec. Scampi al finocchietto, guanciale, patate. Beccaccia alla marchigiana. Brodetto di pesce.
♦ All'esterno sembra uno dei tanti stabilimenti balneari costruiti sulla spiaggia, all'interno è un locale elegante e piacevolissimo: la vista e il gusto sprofondano nel mare, attraverso le finestre e nel piatto. I ricordi di vacanze sull'Adriatico si sublimano in emozioni nuove e dirompenti.

a Marzocca Sud : 6 km – ✉ 60019

🍴🍴🍴 Madonnina del Pescatore (Moreno Cedroni) ≤ 🍴 🅰🅲
❀❀

lungomare Italia 11 – ℰ 07 16 98 82 67 VISA ⓿ AE ⓿ ⑤
– www.morenocedroni.it – chiuso mercoledì escluso luglio e agosto
Rist – Menu 55/130 € – Carta 80/98 € 🍷
Spec. Paccheri all'uovo all'arrabbiata con sarde affumicate. Polpo, gelatina di pane e aceto, maionese. Fritto "un po' misto", quinoa (erba andina), granita agrodolce di cipolle, brodo leggero di lamponi.
♦ Instancabile ricercatore, Cedroni ha influenzato e trasformato la cucina di pesce all'italiana: dal crudo ai più originali accostamenti, i suoi piatti sono ormai storia continuamente aggiornata.

a Scapezzano Ovest : 6 km – ⊠ 60019

🏠 **Bel Sit** ⬩   ⬅ ◊ ⬩ ⬩ ⬩ 🏊 ⬩ ⬩ ⬩ 🛗 🔊 ⬩ 𝕡 🅿️ 📶 ⬩ AE ⬩
via dei Cappuccini 15 – ℰ 071 66 00 32 – www.belsit.net
– chiuso dal 2 al 10 gennaio
38 cam ⊑ – †60/98 € ††80/130 € – 6 suites – ½ P 78 €
Rist – *(2 aprile-2 ottobre) (chiuso a mezzogiorno escluso dal 27 maggio al 9 settembre)* Carta 24/34 €
◆ Abbracciato da un parco secolare e con vista sul mare, la villa Ottocentesca dispone di un nuovo centro benessere, sale comuni con arredi lignei e semplici camere spaziose.

🏠 **Locanda Strada della Marina**   ⬅ ◊ 🍴 ⬩ 🛗 𝕊 rist, 🛜
strada della Marina 265 – ℰ 07 16 60 86 33   📶 ⬩ ⬩ ⬩
– www.locandastradadellamarina.it
9 cam ⊑ – †73/83 € ††140/160 €
Rist – *(chiuso da settembre a maggio)* Menu 25/35 €
◆ Una casa colonica circondata dal parco offre camere sapientemente ristrutturate, arredate con mobili d'epoca, pavimenti lignei e sale per colazioni di lavoro e cerimonie. Quello che un tempo fu un essicatoio, è ora un elegante ristorante con varie proposte regionali di carne e di pesce.

🏠 **Antica Armonia** ⬩   ◊ 🍴 ⬩ 🄰🄺 🅿️ 📶 ⬩ AE ⬩ ⬩
🏛 *via del Soccorso 67 – ℰ 0 71 66 02 27 – www.anticaarmonia.it – chiuso dal 15 al 30 ottobre*
9 cam ⊑ – †45/60 € ††75/90 € – 1 suite – ½ P 70 €
Rist – *(chiuso lunedì) (chiuso a mezzogiorno)* Menu 25/30 €
◆ Ubicata nel verde delle colline marchigiane, una familiare ospitalità custodisce camere confortevoli e spazi comuni curati. Tra ulivi e gelsi secolari, sarà facile rilassarsi a bordo piscina. A tavola, piatti della tradizione regionale e del Bel Paese.

a Bettolelle Sud-Ovest: 8,5 km – ⊠ 60019

🏠 **Il Papavero** ⬩   ⬩ 🍴 🄰🄺 cam, 𝕊 rist, 🛜 🅿️ 📶 ⬩ AE ⬩ ⬩
strada provinciale Arceviese 98 – ℰ 07 16 64 05 – www.agrituristilpapavero.it
7 cam ⊑ – †60/70 € ††90/100 € – ½ P 70/80 €
Rist – *(chiuso a mezzogiorno)* (prenotazione obbligatoria) Carta 28/43 €
◆ In origine casa padronale, la struttura ospita oggi un grazioso agriturismo le cui ampie camere offrono bucolici scorci sui monti dell'Appennino o sul parco circostante. Posizionato su una leggera altura, un bel venticello marino delizia con la sua presenza gli ospiti; la spiaggia è raggiungibile in macchina in 10 min.

SERAVEZZA – Lucca (LU) – **563** K12 – **13 440 ab.** – alt. 50 m   **28** B1
– ⊠ 55047 ▯ Toscana
▶ Roma 376 – Pisa 40 – La Spezia 58 – Firenze 108

a Pozzi Sud : 3,5 km – ⊠ 55047 Seravezza

🍴🍴 **Antico Uliveto**   ⬩ 🍴 🅿️ 📶 ⬩ AE ⬩ ⬩
via Martiri di Sant'Anna 76 – ℰ 05 84 76 88 82 – www.antico-uliveto.it
– chiuso 20 giorni in gennaio, lunedì a mezzogiorno e martedì
Rist – Carta 35/54 € 🌿
◆ Nella piccola frazione di Pozzi, un'antica casa colonica immersa nel verde di ulivi secolari: al suo interno, due sale di taglio rustico-signorile ed una cucina d'ispirazione classica.

SEREGNO – Monza e Brianza (MB) – **561** F9 – **42 818 ab.**   **18** B2
– alt. 222 m – ⊠ 20038
▶ Roma 594 – Como 23 – Milano 25 – Bergamo 51

Osteria del Pomiroeu (Giancarlo Morelli) ⌂ 🚩 🌇 ⚹🗻🜨

via Garibaldi 37 – ℰ 03 62 23 79 73 – www.pomiroeu.it – chiuso dal 1° al 3 gennaio e dall'8 al 22 agosto
Rist – Carta 56/101 € ♨
Spec. Crema di foie gras (autunno-inverno). Risotto allo zafferano. Cotoletta alla milanese.
♦ Nella corte di un palazzo del centro storico, un locale sempre accogliente con dehors tranquillo e riparato. Eccellente lista dei vini ed una cucina che offre sempre spunti di creatività su basi legate alle tradizioni locali.

SERINO – Avellino (AV) – **564** E26 – **7 131 ab.** – **alt. 415 m** 7 C2
– ✉ 83028

▶ Roma 260 – Avellino 14 – Napoli 55 – Potenza 126

verso Giffoni Sud : 7 km :

� Chalet del Buongustaio ⟨🚩 ⟳ 🅿 🌇 ⚹🗻🜨

via Giffoni ✉ 83028 – ℰ 08 25 54 29 76 – www.chaletdelbuongustaio.com – chiuso martedì
Rist – Carta 19/31 €
♦ Avvolto dalla cornice verde dei castagneti, ristorante dall'ambiente familiare, semplice ed accogliente. Il menu propone una casereccia cucina del territorio e profumati vini locali.

SERLE – Brescia (BS) – **561** F13 – **3 147 ab.** – **alt. 493 m** – ✉ 25080 17 D1
▶ Roma 550 – Brescia 21 – Verona 73

a Valpiana Nord : 7 km : ✉ 25080 Serle

⍤ Valpiana ⟨🚃🚩⚹⟳🅿🌇 ⚹🗻🜨

località Valpiana 10 – ℰ 03 06 91 02 40 – chiuso gennaio, febbraio e lunedì
Rist – Menu 21/34 € – Carta 24/33 €
♦ In posizione quieta e pittoresca, incorniciato dai boschi e con una splendida vista sulle colline e sul lago, un locale rustico dalla cucina casereccia, funghi e cacciagione.

SERMONETA – Latina (LT) – **563** R20 – **8 814 ab.** – **alt. 257 m** 13 C2
– ✉ 04013
▶ Roma 77 – Frosinone 65 – Latina 17

⌂ Principe Serrone senza rist ☙ ⟨🅰 ⚹ 🌇 ⚹🗻🜨

via del Serrone 1 – ℰ 0 77 33 03 42 – www.hotelprincipeserrone.it
16 cam ☲ – †50/60 € ††90/100 €
♦ Nel borgo medievale, con bella vista sulla vallata, un edificio storico ospita questo hotel ideale per trascorrere soggiorni tranquilli; camere semplici ma confortevoli.

SERNAGLIA DELLA BATTAGLIA – Treviso (TV) – **562** E18 36 C2
– **6 381 ab.** – **alt. 117 m** – ✉ 31020
▶ Roma 602 – Treviso 33 – Venezia 84 – Trento 119

⍤ Dalla Libera 🚩⚹🅿🌇 ⚹🗻🜨

via Farra 24/a – ℰ 04 38 96 62 95 – www.trattoriadallalibera.it – chiuso 3 settimane in agosto, 10 giorni tra dicembre e gennaio e lunedì
Rist – (chiuso a mezzogiorno escluso venerdì) Carta 20/48 € ♨
♦ Nella sala in stile anni '70, vi verranno presentate - a voce - due linee di cucina: una più semplice e l'altra invece stagionale, pensata dallo chef-titolare giorno per giorno. Il tutto "coronato" da un eccellente rapporto Q/P.

SERRALUNGA D'ALBA – Cuneo (CN) – **561** I6 – **527 ab.** 25 C2
– ✉ 12050
▶ Roma 668 – Torino 88 – Cuneo 75 – Asti 43

Il Boscareto Resort 🏨

strada Roddino 21 – ℰ 01 73 61 30 36 – VISA ⦻ AE ⓪ ⑤
– www.ilboscaretoresort.it – chiuso gennaio o febbraio
38 cam ⬭ – †220/250 € – ††280/365 € – 9 suites – ½ P 250 €
Rist La Rei ❀ – vedere selezione ristoranti
♦ Lussuosa struttura concepita per offrire una vista a 360° sulle Langhe...e la magia continua nelle stupende camere dotate appositamente di ampie vetrate, nonché nella moderna Spa.

La Rei – Hotel Il Boscareto Resort

strada Roddino 21 – ℰ 01 73 61 30 42 – www.ilboscaretoresort.it – chiuso gennaio o febbraio
Rist – (chiuso lunedì e i mezzogiorno di martedì e mercoledì) Carta 55/97 €
Spec. Uovo in leggera salsa di scalogno, asparagi e gamberi rossi. Cappone allo spiedo con verdure croccanti di stagione. Sfogliatina di cioccolato con stracciatella di cioccolato bianco e albicocche.
♦ In una sala moderna di grande impatto scenico, una cucina ancorata al territorio, ma innovativa, con piatti equilibrati nei sapori, buona tecnica e perfette presentazioni.

SERRAMAZZONI – Modena (MO) – 562 I14 – 8 322 ab. — 8 B2
– alt. 791 m – ✉ 41028

▶ Roma 357 – Bologna 77 – Modena 33 – Pistoia 101

a Montagnana Nord : 10 km – ✉ 41028

La Noce

via Giardini Nord 9764 – ℰ 05 36 95 71 74 – www.lanoce.it – chiuso dal 1° al 15 gennaio, dal 1° al 20 agosto e domenica
Rist – Carta 43/73 €
♦ Lungo la strada che attraversa il paese, la struttura ha mantenuto intatto il suo fascino, complici la tenuta e le decorazioni nelle sale che coniugano raffinatezza ed atmosfera rustica. Annessa al ristorante un'acetaia, dove si trovano antichi utensili d'uso comune. Vendita di marmellate, miele e aceto balsamico.

SERRA SAN QUIRICO – Ancona (AN) – 563 L21 – 3 058 ab. — 20 B2
– ✉ 60048

▶ Roma 234 – Ancona 54 – Perugia 93 – Rimini 111

La Pianella

via Gramsci, Nord-Ovest : 1,3 km – ℰ 07 31 88 00 54 – chiuso dal 26 dicembre al 6 gennaio, 2 settimane in luglio, domenica sera e lunedì
Rist – Carta 29/40 €
♦ Piacevole trattoria appena fuori paese che propone esclusivamente piatti della tradizione marchigiana, abbinati a vini di selezione locale.

SERRAVALLE LANGHE – Cuneo (CN) – 561 I6 – 338 ab. — 25 C3
– alt. 762 m – ✉ 12050

▶ Roma 593 – Genova 121 – Alessandria 75 – Cuneo 55

La Coccinella

via Provinciale 5 – ℰ 01 73 74 82 20 – www.trattoriacoccinella.it – chiuso dal 6 gennaio al 10 febbraio, dal 27 giugno al 7 luglio, martedì, mercoledì a mezzogiorno
Rist – (consigliata la prenotazione) Menu 40 € – Carta 36/46 €
♦ Tre fratelli conducono con passione ed esperienza questo valido ristorante d'impostazione classica. La cucina è soprattutto piemontese - tal volta tradizionale, altre più moderna - con qualche piatto di pesce.

SERRAVALLE PISTOIESE – Pistoia (PT) – **563** K14 – **11 464 ab.**   **28** B1
– alt. 182 m – ✉ 51030

▶ Roma 320 – Firenze 40 – Livorno 75 – Lucca 34

X   **Trattoria Marino**   🕿 VISA ⦿ AE ℥
😋   *via Provinciale Lucchese 102, Ovest: 2 km – 𝒞 0 57 35 10 42*
      – chiuso martedì
      Rist – Menu 35 € – Carta 21/48 €
      ♦ Sulla strada per Montecatini, trattoria dai toni rusticamente caldi dove
      assaporare piatti regionali e qualche specialità di pesce. Non alzatevi da
      tavola, senza aver assaggiato i dolci...

SERRAVALLE SCRIVIA – Alessandria (AL) – **561** H8 – **6 373 ab.**   **23** C3
– alt. 225 m – ✉ 15069

▶ Roma 547 – Alessandria 31 – Genova 54 – Milano 95

🏌 via Monterotondo 60, 0143 62065, www.serravallegolfclub.it – chiuso gennaio
  e mercoledì (escluso maggio-settembre)

🏠🏨 **Villa la Bollina** 🍃   ≼ 🐱 🖼 🛗 ⅙ 🖵 🌡 ‼ 🌿 🅿 VISA ⦿ AE ℥
     via Monterotondo 60, Ovest: 2 km – 𝒞 0 14 36 53 34
     – www.hotelvillalabollina.com – chiuso dal 1° gennaio al 5 marzo
     12 cam ⌸ – ♦120/150 € ♦♦150/250 € – 2 suites
     Rist *La Bollina* – vedere selezione ristoranti
     ♦ In un'oasi di tranquillità, dimora nobiliare del XIX secolo trasformata in ele-
     gante ed accogliente hotel con camere raffinate, arredate con mobili in stile.
     Club House, ricavata da un'ampliamento della villa Liberty.

🏠 **Serravalle Golf Hotel** senza rist   ≋ 🖼 🌡 ‼ 🅿 VISA ⦿ AE ℥
    via Novi 25 – 𝒞 01 43 63 35 17
    – www.serravallegolfhotel.it – chiuso dal 23 dicembre al 2 gennaio
    32 cam ⌸ – ♦86/105 € ♦♦115/155 € – 2 suites
    ♦ Nel contesto dei campi da golf e dietro il famoso outlet, ampie e conforte-
    voli camere con accesso indipendente (stile motel) e posto auto.

XX **La Bollina** – Hotel Villa la Bollina   ≼ 🐱 🕿 ⅙ 🌡 🅿 VISA ⦿ AE ℥
    via Monterotondo 60, (Ovest: 2 km), Ovest: 2 km
    – 𝒞 0 14 36 53 34 – www.hotelvillalabollina.com
    – chiuso dal 1° gennaio al 2 marzo
    Rist – Carta 36/85 €
    ♦ All'interno della storica villa, il ristorante utilizza le nobili sale e le fresche
    terrazze con vista su parco e campi da golf. La cucina è espressamente dedi-
    cata ai piatti piemontesi con le sue carni, le sue paste, e l'immancabile tar-
    tufo. L'indirizzo giusto per una romantica cena.

SERRUNGARINA – Pesaro e Urbino (PU) – **563** K20 – **2 526 ab.**   **20** B1
– alt. 209 m – ✉ 61030

▶ Roma 245 – Rimini 64 – Ancona 70 – Fano 13

a Bargni Ovest : 3 km – ✉ 61030

🏠 **Casa Oliva** 🍃   ≼ 🐱 🖵 ⅙ cam, 🌡 ‼ 🅿 VISA ⦿ AE ⓘ ℥
    via Castello 19 – 𝒞 07 21 89 15 00
    – www.casaoliva.it – chiuso dal 9 al 30 gennaio
    23 cam ⌸ – ♦65/90 € ♦♦80/150 € – 2 suites
    Rist – *(chiuso lunedì) (chiuso a mezzogiorno)*
    Carta 28/44 €
    ♦ Nella quiete della campagna marchigiana, hotel composto da diversi
    caseggiati in mattoni all'interno di un caratteristico borgo d'epoca: camere
    di taglio moderno, nuova beauty farm e piccola piscina. Cucina casalinga e
    specialità regionali nella sala-veranda del ristorante.

SESSAME – Asti (AT) – **561** H7 – 295 ab. – ✉ 14058   25 D2

▶ Roma 598 – Torino 100 – Asti 39 – Alessandria 52

X   **Il Giardinetto**   🏡 **P** 💳 ◎ ① 🔥

strada provinciale Valle Bormida 24, Sud: 4 km – ℰ 01 44 39 20 01
– www.ilgiardinettoristorante.it – chiuso dal 20 febbraio al 10 marzo e
giovedì
Rist *– (chiuso a mezzogiorno escluso sabato, domenica e i giorni festivi)*
Carta 24/36 € ∰
♦ Gli antipasti sono fissati quotidianamente, si scelgono invece le portate
successive, specialità casalinghe piemontesi e liguri. Piccolo e tranquillo il
dehors.

SESTO (SEXTEN) – Bolzano (BZ) – **562** B19 – 1 940 ab.   31 D1
– alt. 1 310 m – Sport invernali : 1 310/2 200 m ⚡2 ✂7, 🎿; a Versciaco
Monte Elmo: 1 131/2 050 m 🎿1 ✂4 (Comprensorio Dolomiti superski Alta
Pusteria) – ✉ 39030 ▮ Italia Centro Nord

▶ Roma 697 – Cortina d'Ampezzo 44 – Belluno 96 – Bolzano 116

🛈 via Dolomiti 45, ℰ 0474 71 03 10, www.sesto.it

◉ Val di Sesto★★ Nord per la strada S 52 e Sud verso Campo Fiscalino

🏨   **Monika** ⊗   ⩽ 🚗 🔟 ◎ ⌂ 🛁 🛋 🍽 cam, 🕾 **P** 💳 ◎ 🜨 🔥

via del Parco 2 – ℰ 04 74 71 03 84 – www.monika.it – 30 novembre-9 aprile
e 26 maggio-28 ottobre
46 cam ⌨ – †95/145 € ††160/260 € – 4 suites – ½ P 150 €
Rist *Monika – (chiuso a mezzogiorno) (solo per alloggiati)*
♦ Nel Parco Naturale delle famose Tre Cime di Lavaredo, una risorsa recentemente ristrutturata in chiave moderna, ma rispettosa del contesto alpino
nella quale si trova: aspettatevi, quindi, un attrezzato spazio benessere con
una bellissima piscina coperta e tanto legno nelle "calde" camere.

🏨   **San Vito-St. Veit** ⊗   ⩽ 🚗 🏡 🔟 ◎ ⌂ 🛁 🙌 🕾 **P** 💳 ◎ 🔥

via Europa 16 – ℰ 04 74 71 03 90 – www.hotel-st-veit.com – Natale-Pasqua e
giugno-15 ottobre
43 cam ⌨ – †77/135 € ††148/266 € – 4 suites   **Rist** – Carta 30/46 €
♦ Gestione dinamica in un albergo in area residenziale, dominante la vallata;
zona comune ben arredata, camere tradizionali e con angolo soggiorno,
ideali per famiglie. Nella sala da pranzo, vetrate che si aprono sulla natura;
accogliente stube caratteristica.

a Moso (Moos) Sud-Est : 2 km – alt. 1 339 m – ✉ 39030 Sesto

🏨   **Sport e Kurhotel Bad Moos** ⊗   ⩽ 🚗 🔟 🔟 ◎ ⌂ 🛁 🌿 🛋 🙌

via Val Fiscalina 27   🆎 cam, 🍽 rist, 🕾 🛁 **P** 💳 ◎ 🜨 ① 🔥
– ℰ 04 74 71 31 00 – www.badmoos.it – dicembre-10 aprile e
giugno-4 novembre
62 cam – solo ½ P 92/170 €   **Rist** – Carta 31/53 €
♦ Suggestiva veduta delle Dolomiti da un hotel moderno, dotato di buone
attrezzature e adatto anche a una clientela congressuale; camere confortevoli.
Calda atmosfera nella sala da pranzo; ristorante serale in stube del XIV-XVII
secolo.

🏨   **Berghotel e Residence Tirol** ⊗   ⩽ 🚗 🔟 🔟 ◎ ⌂ 🛁 🛋 🙌

via Monte Elmo 10 – ℰ 04 74 71 03 86   🍽 rist, 🕾 **P** 🚗
– www.berghotel.com – 4 dicembre-Pasqua e giugno-20 ottobre
45 cam ⌨ – †60/100 € ††120/200 € – 8 suites – ½ P 120 €
Rist – Menu 35/50 €
♦ Splendida vista delle Dolomiti e della valle Fiscalina, da un albergo in posizione soleggiata: zona comune classica, in stile montano di taglio moderno;
belle camere luminose.

SESTO

🏠 **Tre Cime-Drei Zinnen** ≼ 🚗 ⌶ 🐾 🛗 ❄ rist, ❞ 🅿 🚾 ⚌ 🗚 🖢
via San Giuseppe 28 – ℰ 04 74 71 03 21 – www.hoteltrecime.it
– 15 dicembre-marzo e 5 giugno-settembre
35 cam ⌑ – 🛉95/170 € 🛉🛉150/280 € **Rist** – Menu 28/52 €
♦ Cordiale conduzione in una struttura in posizione dominante, progettata da un famoso architetto viennese nel 1930; interni luminosi ed eleganti, camere con arredi d'epoca.

a Monte Croce di Comelico (Passo) (Kreuzbergpass) **Sud-Est : 7,5 km**
– alt. 1 636 m – ⊠ 39030 Sesto

🏨 **Passo Monte Croce-Kreuzbergpass** ⑤ ≼ 🚗 🖾 🕸 🛗 🖢
via San Giuseppe 55 🍴 🖢 cam, 🏌 ❄ rist, ❞ 🅿 🚾 ⚌ 🗚 🖢
⊠ *39030 Sesto in Pusteria – ℰ 04 74 71 03 28 – www.passomontecroce.com*
– 15 novembre-10 aprile e giugno-10 ottobre
46 cam ⌑ – 🛉95/120 € 🛉🛉160/220 € – 12 suites – ½ P 125 €
Rist – Carta 31/55 € ⑳
♦ Nel silenzio di suggestive cime dolomitiche, una struttura a ridosso delle piste da sci, con campo pratica golf; all'interno ambienti eleganti e centro benessere. I pasti sono serviti al moderno ristorante a tema, in terrazza o nella suggestiva cantina.

a Campo Fiscalino (Fischleinboden) **Sud : 4 km – alt. 1 451 m – ⊠ 39030**
Sesto

🏠 **Dolomiti-Dolomitenhof** ⑤ ≼ 🚗 🖾 🕸 🛗 🖢 ❄ rist, ❞ 🅿 🚗
via Val Fiscalina 33 – ℰ 04 74 71 30 00 🚾 ⚌ 🗚 🖢
– www.dolomitenhof.it – dicembre-aprile e giugno-ottobre
42 cam ⌑ – 🛉🛉130/260 € – 3 suites – ½ P 75/150 € **Rist** – Carta 29/45 €
♦ La cornice naturale fatta di monti e pinete, avvolge questo albergo a gestione familiare in stile anni '70, con centro benessere; alcune camere di ispirazione bavarese. Cucina del territorio nell'ampia sala da pranzo.

SESTO AL REGHENA – Pordenone (PN) – **562** E20 – 6 247 ab.   10 B3
– alt. 13 m – ⊠ 33079

▷ Roma 570 – Udine 66 – Pordenone 22 – Treviso 52

🏠 **In Sylvis** 🖾 🖢 🖾 ❞ 🕸 🅿 🚾 ⚌ 🗚 ⓪ 🖢
via Friuli 2 – ℰ 04 34 69 49 11 – www.hotelinsylvis.com
37 cam ⌑ – 🛉65 € 🛉🛉85 € – ½ P 58 €
Rist *Abate Ermanno* – vedere selezione ristoranti
♦ Non lontano dalla suggestiva abbazia benedettina di S. Maria, hotel di non grandi dimensioni costituito da due strutture divise da un grazioso patio interno, usato anche per manifestazioni o serate a tema.

🍴🍴 **Abate Ermanno** – Hotel In Sylvis 🖢 🖾 ⇄ 🅿 🚾 ⚌ 🗚 ⓪ 🖢
via Friuli 2 – ℰ 0 43 46 94 95 0- 11 – www.hotelinsylvis.com – chiuso lunedì a mezzogiorno
Rist – Carta 27/37 €
♦ Bisogna avere le idee ben chiare (e un buon appetito), per accomodarsi in questo ristorante: la carta è amplissima e "racconta" di tante specialità regionali da perderci la testa. Qualche suggerimento tra gli impedibili? Stringoli al San Daniele, frico alla friulana.

SESTO CALENDE – Varese (VA) – **561** E7 – 10 818 ab.   16 A2
– alt. 198 m – ⊠ 21018

▷ Roma 632 – Stresa 25 – Como 50 – Milano 55
🖬 viale Italia 3, ℰ 340 1 01 77 44, www.prosestocalende.it

🏨 Tre Re ⪦ 📶 🅰🅲 🍴 rist, 🍽 🆅🅸🆂🅰 ⊛ 🅰🅴 💧

piazza Garibaldi 25 – 𝒞 03 31 92 42 29 – www.hotel3re.it – chiuso dal 20 dicembre a gennaio
31 cam – 🛏70/100 € 🛏🛏100/150 €, ☕ 10 € – ½ P 95 €
Rist – Carta 33/50 €

♦ Piacevolmente ubicato in riva al lago, albergo classico recentemente rinnovato, belle camere accoglienti, di buon confort e con dotazioni moderne. Luminosa e moderna sala ristorante fronte lago.

🏠 Locanda Sole ⪦ 🅲 rist, 🅰🅲 🍽 cam, 🆅🅸🆂🅰 ⊛ 🅰🅴 💧

*via Ruga del porto vecchio 1 – 𝒞 03 31 91 42 73
– www.trattorialocandasole.it – chiuso dal 24 dicembre al 6 gennaio*
7 cam ☕ – 🛏85 € 🛏🛏110 € – ½ P 80 €
Rist – *(chiuso martedì)* Carta 30/44 €

♦ Simpatica locanda a pochi passi dal lungolago, all'interno di un isolato costituito da caratteristiche case di ringhiera degli anni '40. Camere confortevoli, in stile rustico. Curata sala ristorante di tono rustico.

✕✕ La Biscia 🏠 🆅🅸🆂🅰 ⊛ 🅰🅴 ⓞ 💧

*piazza De Cristoforis 1 – 𝒞 03 31 92 44 35 – www.ristorantelabiscia.com
– chiuso dal 26 al 31 gennaio, dal 15 al 31 agosto, domenica sera, lunedì*
Rist – Carta 31/66 €

♦ Nel centro del paese, sul lungolago, ristorante con una confortevole sala di tono signorile e piacevole dehors fronte lago; linea culinaria di pesce, di mare e di lago.

a Lisanza Nord-Ovest : 3 km – ✉ 21018 Sesto Calende

✕✕ La Vela 🏠 🅰🅲 🆅🅸🆂🅰 ⊛ 🅰🅴 💧

piazza Colombo 1 – 𝒞 03 31 97 40 00 – www.ristorantelavela.it – chiuso lunedì
Rist – Carta 38/53 €

♦ Ambiente informale, ma carino, per questo bel locale che già dall'esterno trasmette un senso di cura e pulizia. La buona impressione viene confermata, accomodandosi al tavolo, da una genuina cucina mediterranea di pesce.

SESTOLA – Modena (MO) – 562 J14 – 2 630 ab. – alt. 1 020 m
– Sport invernali : 1 020/2 000 m 🎿1 🎿13, 🎿 – ✉ 41029   8 B2

▶ Roma 387 – Bologna 90 – Firenze 113 – Lucca 99
🅸 corso Umberto I, 𝒞 0536 66 23 24, www.appenninomodenese.net
🅶 Monte Cimone via Statale per Fanano, 0536 61372,
www.montecimonegolfclub.it – aprile-ottobre; chiuso mercoledì

🏨 Al Poggio ⪦ 🍽 🏊 🅲 💧 🍽 cam, 🍽 🅿 🆅🅸🆂🅰 ⊛ 🅰🅴 ⓞ 💧
☎☎

*via Poggioraso 88, località Poggioraso, Est: 2 km – 𝒞 0 53 66 11 47
– www.alpoggio.it – chiuso novembre*
32 cam ☕ – 🛏80 € 🛏🛏130 € – 1 suite – ½ P 50/105 €
Rist – Carta 18/39 €

♦ Hotel ubicato in posizione tranquilla, che offre una vista meravigliosa della vallata in particolar modo da alcune delle camere. Conduzione familiare al femminile. Sale sobrie e confortevoli dove accomodarsi a gustare la cucina tipica locale.

🏨 Roma senza rist 🍽 🅲 🍽 🅿 🆅🅸🆂🅰 ⊛ 🅰🅴 ⓞ 💧

corso Libertà 59 – 𝒞 05 36 90 80 03 – www.hotelromasestola.it
19 cam ☕ – 🛏70/90 € 🛏🛏80/110 €

♦ Accogliente risorsa situata in comoda posizione centrale. Di taglio moderno la sala colazioni e la saletta soggiorno al primo piano. Belle le camere, sobriamente eleganti.

XX **San Rocco** con cam   🏠 ৬ 🅰 🌿 ⁙ 🆅🆂🅰 ⓥ 🅰🅴 ⓞ ৬
corso Umberto I 39 – ℰ 0 53 66 23 82 – www.hotelsanrocco.net – chiuso maggio
10 cam – ♦70/80 € ♦♦110/120 €, � 15 € – 1 suite – ½ P 80/95 €
Rist – *(chiuso lunedì)* Carta 35/45 €
♦ All'ingresso del centro storico, inaspettata eleganza e piacevole terrazza estiva sono il contorno di una proposta ristretta, ma di indubbia qualità. L'eleganza continua nelle camere: uno squarcio di modernità nella tradizione montana.

SESTO SAN GIOVANNI – Milano (MI) – **561** F9 – **81 128 ab.**   **18** B2
– alt. 140 m – ✉ 20099

▶ Roma 565 – Milano 9 – Bergamo 43

Pianta d'insieme di Milano

🏠🏠🏠 **Grand Hotel Villa Torretta**   🏠 ৬ cam, 🅰 🌿 ⓣ 👶 🅿 🚗
via Milanese 3 – ℰ 02 24 11 21 – www.villatorretta.it   🆅🆂🅰 ⓥ 🅰🅴 ⓞ ৬
– chiuso agosto   **2**BO**f**
66 cam ⊆ – ♦150/474 € ♦♦188/594 € – 12 suites
Rist – *(chiuso sabato a mezzogiorno, domenica)* Carta 46/58 €
♦ Realtà molto elegante ricavata dalla ristrutturazione di una villa suburbana seicentesca. Gli interni sono molto curati e le camere ben tenute e sempre di ottimo livello. Ristorante con sale affrescate ed ambienti esclusivi, servizio accurato.

🏠🏠 **Abacus**   🏮 🖼 🌀 🏠 ৬ 🅰 ↔ 🌿 ⁙ 👶 🚗 🆅🆂🅰 ⓥ 🅰🅴 ⓞ ৬
via Monte Grappa 39 – ℰ 02 26 22 58 58 – www.abacushotel.it – chiuso Natale ed agosto   **2**BO**h**
95 cam ⊆ – ♦55/200 € ♦♦75/300 € – 2 suites
Rist – *(chiuso venerdì, sabato e domenica) (chiuso a mezzogiorno)* Carta 23/36 €
♦ Ospitalità*ecofriendly*in questa moderna struttura a pochi metri dal metrò e dalla stazione ferroviaria: eleganti interni, piscina nell'attrezzato centro fitness, camere spaziose con wi-fi.

🏠🏠 **NH Concordia**   ↔ 🏠 ৬ 🅰 ↔ 🌿 rist, ⁙ 👶 🅿 🆅🆂🅰 ⓥ 🅰🅴 ⓞ ৬
viale Edison 50 – ℰ 02 24 42 96 11 – www.nh-hotels.com   **2**BO**w**
152 cam ⊆ – ♦207/319 € ♦♦222/449 € – 3 suites
Rist – Carta 39/61 €
♦ Alle porte di Milano, un parallelepipedo di dieci piani moderno e funzionale: completo nella gamma dei servizi offerti è l'indirizzo ideale per una clientela *business*.

SESTRIERE – Torino (TO) – **561** H2 – **873 ab.** – alt. 2 033 m – Sport   **22** A2
invernali : 1 350/2 823 m (Comprensorio Via Lattea 🎿 6 🎿72) 🎿
– ✉ 10058

▶ Roma 750 – Briançon 32 – Cuneo 118 – Milano 240

ℹ via Louset 14, ℰ 0122 75 54 44, www.comune.sestriere.to.it

🗺 piazza Agnelli 4, 0122 76243, www.vialattea.it – giugno-settembre

🏠🏠 **Grand Hotel Sestriere**   🚗 🏊 🌀 🏠 ৬ 🌿 rist, ⁙ 👶 🚗
via Assietta 1 – ℰ 0 12 27 64 76   🆅🆂🅰 ⓥ 🅰🅴 ⓞ ৬
– www.grandhotelsestriere.it – chiuso da maggio al 26 giugno
92 cam ⊆ – ♦80/150 € ♦♦130/250 € – 5 suites – ½ P 75/135 €
Rist *La Vineria del Colle* – vedere selezione ristoranti
Rist – Menu 30/45 €
♦ Se dalle finestre e dai balconi potrete vedere le piste olimpiche, nei suoi ambienti ritroverete un'atmosfera rustica ed elegante. Beauty farm con vinoterapia.

🏨 Shackleton 📷 🛋 ♿ 🗚 ↯ 🕭 🛁 VISA 🚗 AE 🅢

via Assietta 3 – ℰ 01 22 75 07 73 – www.shackleton-resort.it
– dicembre-aprile 15 giugno-15 settembre
7 cam 🍴 – 🛏90/150 € 🛏🛏130/190 € – 12 suites – ½ P 85/115 €
Rist *Shackleton* – vedere selezione ristoranti

♦ Aperto circa cinque anni fa da una coppia di ottimi albergatori - professionali e molto attenti all'ospitalità - la struttura propone ampie suite personalizzate, tutte con bel balcone sulla vallata. Moderno centro relax e sale panoramiche molto conviviali.

🏨 Belvedere ⇐ 🛋 📶 🗚 🕭 P VISA 🚗 AE ① 🅢

via Cesana 18 – ℰ 01 22 75 06 98 – www.newlinehotels.com
– dicembre-aprile e giugno-settembre
36 cam 🍴 – 🛏100/190 € 🛏🛏110/200 € – 1 suite – ½ P 75/145 €
Rist *– (chiuso a mezzogiorno in estate)* Carta 29/48 €

♦ Incorniciato da un incantevole paesaggio sulla strada per Cesana Torinese, la struttura offre confortevoli ambienti di tono rustico che tuttavia non difettano in eleganza. Tra tradizione e modernità e circondati dalla calda atmosfera di un camino, al ristorante vengono proposte serate a tema.

🏨 Cristallo 📶 🛋 📶 ♿ 🗚 🕭 🛁 🚗 VISA 🚗 ① 🅢

via Pinerolo 5 – ℰ 01 22 75 01 90 – www.newlinehotels.com
– dicembre-aprile e luglio-agosto
46 cam 🍴 – 🛏126 € 🛏🛏136 € – ½ P 93 €   **Rist** – Carta 31/49 €

♦ Di fronte agli impianti di risalita, questa moderna ed imponente struttura propone camere eleganti ed accoglienti; di maggiore attrattiva quelle con vista sul colle. Sala ristorante ampia e luminosa.

🏨 Savoy Sestriere 📶 🛋 📶 ♿ 🗚 🕭 P 🚗 VISA 🚗 🅢

via Fraiteve, 7 – ℰ 0 12 27 70 40 – www.hotelsavoysestriere.com
– dicembre-15 aprile e luglio-agosto
29 cam 🍴 – 🛏65/190 € 🛏🛏90/360 € – 1 suite – ½ P 215 €
Rist – Carta 30/50 €

♦ Non lontano dal centro, un hotel che si farà ricordare per l'inconfondibile stile barocco piemontese. L'insieme è stato potenziato qualche anno fa ed ora si presenta con una piccola hall e numerose salette relax, camere ben accessoriate (sebbene non proprio spaziose) ed una graziosa area benessere. Sfavillanti lampadari di cristallo ed arredi in legno riprendono l'impronta dell'albergo.

🍴🍴🍴 Shackleton *– Hotel Shackleton* ♿ AC VISA 🚗 AE 🅢

via Assietta 3 – ℰ 01 22 75 07 73 – www.shackleton-resort.it
– dicembre-aprile 15 giugno-15 settembre
Rist – Carta 26/45 €

♦ Una bella sala luminosa e panoramica, grazie alle ampie vetrate che dal soffitto corrono fino a terra: un ambiente moderno e conviviale, dove gustare specialità territoriali (paste realizzate con farine artigianali, selvaggina selezionata, carni piemontesi, etc.).

🍴🍴 La Vineria del Colle *– Grand Hotel Sestriere* ♿ 🗚 VISA 🚗 AE ① 🅢

via Assietta 1 – ℰ 0 12 27 64 76 – novembre-aprile e giugno-settembre;
chiuso lunedì
Rist – Carta 30/57 €

♦ Cucina regionale, in un ristorantino rustico e signorile al tempo stesso, ricavato in una vecchia cantina: portatevi un maglione, perché la temperatura è quella originaria!

SESTRI LEVANTE – Genova (GE) – **561** J10 – 18 721 ab.   **15** C2
– ✉ 16039 ▍ Liguria

▶ Roma 457 – Genova 50 – Milano 183 – Portofino 34
🛈 piazza Sant'Antonio 10, ℰ 0185 45 70 11, www.turismo.provincia.genova.it
◉ Località★ - Baia del Silenzio★
◉ Le Cinque Terre★★

Grand Hotel Villa Balbi

viale Rimembranza 1 – ℰ 01 85 42 94 1
– www.villabalbi.it – chiuso dal 10 ottobre al 31 marzo
102 cam ⌑ – †90/200 € ††140/400 € – 3 suites – ½ P 110/240 €
Rist – Menu 35/50 €
♦ Sul lungomare, un'antica villa aristocratica del '600 con un rigoglioso parco-giardino con piscina: splendidi interni in stile con affreschi, camere eleganti. Continuate a viziarvi pasteggiando nella raffinata sala da pranzo.

 Vis à Vis 🖎

via della Chiusa 28 – ℰ 01 85 42 66 1 – www.hotelvisavis.com – chiuso in febbraio e marzo
46 cam ⌑ – †130/180 € ††170/290 € – 3 suites – ½ P 200 €
Rist *Olimpo* – vedere selezione ristoranti
♦ Albergo panoramico collegato al centro da un ascensore scavato nella roccia; splendida terrazza-solarium con piscina riscaldata, accoglienti interni di taglio moderno.

 Grand Hotel dei Castelli 🖎

via alla Penisola 26 – ℰ 01 85 48 70 20
– www.hoteldeicastelli.it – 15 marzo-15 novembre
43 cam ⌑ – †110/130 € ††210/270 € – 6 suites – ½ P 140/170 €
Rist – Carta 42/96 €
♦ Su un promontorio con bella vista di mare e coste, caratteristico hotel con costruzioni in stile medievale e ascensori per il mare. Piacevoli interni. Sottili colonne centrali nella raffinata sala da pranzo.

 Grande Albergo

via Vittorio Veneto 2 – ℰ 01 85 45 08 37 – www.hotelgrandealbergo.it
70 cam ⌑ – †105/120 € ††170/250 € – 4 suites – ½ P 120/160 €
Rist – Menu 35 €
♦ Storico hotel della Riviera di Levante, da pochi anni ha riaperto i battenti in seguito ad una salutare e radicale ristrutturazione. Atmosfera signorile, posizione suggestiva e piacevole piscina-solarium all'ultimo piano. Bell'ambientazione per la capiente sala ristorante, dehors per i mesi estivi.

 Miramare

via Cappellini 9 – ℰ 01 85 48 08 55 – www.miramaresestrilevante.com
– chiuso dal 7 gennaio al 3 febbraio
36 cam ⌑ – ††160/330 € – 3 suites
Rist *Baia del Silenzio* – vedere selezione ristoranti
♦ A ridosso della quieta Baia del Silenzio, la struttura è stata completamente rinnovata: le camere sono ora all'insegna del design attuale, molte con un'incantevole vista sulla distesa blu.

Due Mari

vico del Coro 18 – ℰ 01 85 42 26 95
– www.duemarihotel.it – chiuso dal 15 ottobre al 24 dicembre
55 cam ⌑ – †50/110 € ††95/195 € – 2 suites – ½ P 140 €
Rist – Carta 25/46 €
♦ Tra romantici edifici pastello, un classico palazzo seicentesco da cui si scorge la Baia del Silenzio, abbellito da un piccolo e suggestivo giardino; interni in stile. Elegante sala da pranzo, specialità di terra e di mare.

Suite Hotel Nettuno

piazza Bo 23/25 – ℰ 01 85 48 17 96 – www.suitehotelnettuno.com
18 cam ⌑ – ††150/450 € – 7 suites – ½ P 105/255 €
Rist – *(chiuso dal 12 ottobre al 3 dicembre)* Carta 30/74 €
♦ Direttamente sulla passeggiata del lungomare, edificio in stile che si caratterizza per la generosità degli spazi, sia nelle parti comuni sia nelle armoniose camere. Anche il ristorante si contraddistingue per le ampie dimensioni; la cucina, per le specialità liguri.

Helvetia senza rist

via Cappuccini 43 – ℰ 0 18 54 11 75 -4 30 48
– www.hotelhelvetia.it – aprile-ottobre
17 cam ☑ – †100/180 € ††180/250 € – 4 suites
♦ In un angolo tranquillo e pittoresco di Sestri, una costruzione d'epoca ristrutturata con eleganza, adornata da terrazze-giardino fiorite; luminosi ambienti arredati con gusto.

Marina

via Fascie 100 – ℰ 01 85 48 73 32
– www.marinahotel.it – chiuso dall'8 gennaio all'8 marzo e dal 4 novembre al 1° dicembre
22 cam – †45/60 € ††55/70 €, ☑ 8 € – ½ P 55 €
Rist – *(solo per alloggiati)*
♦ Sulla statale Aurelia e all'inizio del centro storico, ariose e comode sale, nonché camere aggiornate: per un soggiorno dall'ottimo rapporto qualità/prezzo.

Relais San Rocco senza rist

via Aurelia 261, frazione Makalle, Est: 5 km – ℰ 01 85 45 84 09
– www.relaissanrocco.com – chiuso dal 7 gennaio al 28 febbraio e novembre
10 cam ☑ – †55/105 € ††75/135 € – ½ P 66/96 €
♦ Sulla strada per il passo Bracco, questo piccolo hotel - rinnovato in anni recenti - dispone di camere accoglienti, ma i punti di forza sono indubbiamente la posizione e il panorama.

Olimpo – Hotel Vis à Vis

via della Chiusa 28 – ℰ 01 85 48 08 01
– www.hotelvisavis.com – chiuso febbraio e marzo
Rist – Carta 34/56 €
♦ Vi sembrerà di stare sul monte degli dei, grazie alle ampie vetrate che permettono alla vista di abbracciare il golfo e l'intrigante Sestri Levante: un ambiente decisamente elegante, per una cucina ricercata e di mare.

Portobello

via Portobello 16 – ℰ 0 18 54 15 66
– www.ristoranteportobello.com – chiuso febbraio, marzo e mercoledì escluso luglio e agosto; anche lunedì, martedì e giovedì da novembre a gennaio
Rist – *(chiuso a mezzogiorno in luglio e agosto)* Carta 46/68 €
♦ In una delle insenature più belle d'Italia, la Baia del Silenzio, cucina prevalentemente di pesce: in estate sull'incantevole terrazza affacciata sul mare, d'inverno vicino ad uno scoppiettante camino.

Baia del Silenzio – Hotel Miramare

via Cappellini 9 – ℰ 01 85 48 58 07
– www.ristorantebaiadelsilenzio.it – chiuso da dicembre al 15 febbraio e mercoledì escluso da maggio a settembre
Rist – Carta 50/100 €
♦ In un'elegante sala di taglio classico o sulle due terrazze con splendida vista sulla baia, la cucina si fa contemporanea, indugiando piacevolmente nelle presentazioni. La carta si divide equamente fra terra e mare.

El Pescador

via Queirolo, al porto – ℰ 0 18 54 28 88
– marzo-15 dicembre; chiuso martedì
Rist – Carta 39/52 €
♦ Lungo le pareti delle due sale corrono ampie vetrate che si affacciano su una colorata Baia delle Favole mentre tra i fornelli è esaltata la cucina regionale, carni alla griglia e fragranze marine.

🍴🍴 **San Marco 1957** < 🏠 [AC] VISA [AE]
via Pilade Queirolo 27, al porto – ☎ 0 18 54 14 59 – www.sanmarco1957.it – chiuso dal 10 al 30 gennaio e mercoledì dal 15 settembre a Pasqua
Rist – Carta 35/53 €
♦ Sulla punta estrema della banchina del porticciolo, direttamente sul mare, un ristorante pieno di luce e mondano, arredato in stile marina; proposte di piatti di pesce.

🍴🍴 **Rezzano Cucina e Vino** 🏠 [AC] VISA
via Asilo Maria Teresa 34 – ☎ 01 85 45 09 09 – chiuso 2 settimane in febbraio, 2 settimane in novembre, lunedì
Rist – *(chiuso a mezzogiorno)* Carta 42/84 €
♦ Sul lungomare, locale d'atmosfera - sobrio e signorile - dove la grande profusione di legno può ricordare vagamente lo stile nautico. Specialità di pesce.

a Riva Trigoso Sud-Est : 2 km – ✉ 16039

🍴 **Asseü** < 🏠 [P] VISA [AE]
via G.B. da Ponzerone 2, strada per Moneglia – ☎ 0 18 54 23 42 – www.asseu.it – chiuso novembre e mercoledì
Rist – (consigliata la prenotazione) Carta 31/61 €
♦ Piacevole ristorante che oltre ad offrire una posizione invidiabile - strategicamente sulla spiaggia - propone una fragrante cucina di mare.

SESTRI PONENTE – Genova (GE) – Vedere Genova

SETTEQUERCE = SIEBENEICH – Bolzano (BZ) – Vedere Terlano

SETTIMO TORINESE – Torino (TO) – 561 G5 – 47 713 ab. – alt. 207 m – ✉ 10036 22 B1

▶ Roma 698 – Torino 12 – Aosta 109 – Milano 132

Pianta d'insieme di Torino

🏨 **Green Hotel** ♿ cam, [AC] cam, cam, [P] VISA [AE]
via Milano 177, Nord-Est : 2 km – ☎ 01 18 00 56 61 – www.green-hotel.it
41 cam ☕ – †70/90 € ††90/110 € – ½ P 63/80 €
Rist – *(chiuso agosto)* Carta 50/70 €
♦ Benessere e accoglienza al primo posto. Questa moderna casa di campagna offre ampie camere, ben accessoriate, tutte diverse.

SEVESO – Monza e Brianza (MB) – 561 F9 – 22 412 ab. – alt. 211 m – ✉ 20030 18 B2

▶ Roma 595 – Como 22 – Milano 21 – Monza 15

[18] Barlassina via Privata Golf 42, 0362 560621, www.barlassinacountryclub.it – chiuso lunedì

🍴🍴🍴 **La Sprelunga** 🏠 [AC] [P] VISA [AE]
via Sprelunga 55 – ☎ 03 62 50 31 50 – www.lasprelunga.it – chiuso 1 settimana in gennaio, 3 settimane in agosto, domenica sera, lunedì
Rist – (consigliata la prenotazione) Carta 34/77 €
♦ Antica trattoria di cacciatori, è ora un confortevole locale di taglio contemporaneo, in posizione decentrata, con proposte culinarie quasi esclusivamente a base di pesce.

SEXTEN = Sesto

SGONICO – Trieste (TS) – 562 E23 – 2 102 ab. – alt. 278 m – ✉ 34010 11 D3

▶ Roma 656 – Udine 71 – Portogruaro 86 – Trieste 14

a Devincina Sud-Ovest : 3,5 km – ⊠ 34100 Sgonico

X **Savron** 🛱 𝕂 P̄ 𝕍𝕊𝔸 ⚬⚬ 𝔸𝔼 ⓞ ⑤
via Devincina 25 – ℰ 0 40 22 55 92 – chiuso 1 settimana in febbraio,
1 settimana in settembre, martedì e mercoledì
Rist – Carta 25/43 €
♦ Locale rustico articolato in due sale, la più piccola delle quali è decorata
con fotografie e storie di personaggi della storia austro-ungarica. Al tavolo,
la cucina mitteleuropea.

SICULIANA Sicilia – Agrigento (AG) – **365** AP59 – **4 624 ab.**   **39** B2
– alt. 129 m – ⊠ 92010
▶ Agrigento 19 – Palermo 124 – Sciacca 43

X **La Scogliera** 🛱 𝕂 𝕍𝕊𝔸 ⚬⚬ 𝔸𝔼 ⓞ ⑤
via San Pietro 54, a Siculiana Marina – ℰ 09 22 81 75 32
– www.ristorantelascogliera.com – chiuso dal 16 dicembre al 14 febbraio,
domenica sera e lunedì escluso da maggio a ottobre
Rist – Menu 29/52 € – Carta 35/46 €
♦ Ristorantino a conduzione familiare con una bella terrazza affacciata sul
mare. Una risorsa ideale per apprezzare appetitose preparazioni a base di
pesce fresco.

SIDERNO – Reggio di Calabria (RC) – **564** M30 – **18 000 ab.**   **5** B3
– ⊠ 89048
▶ Roma 697 – Reggio di Calabria 103 – Catanzaro 93 – Crotone 144

X **La Vecchia Hosteria** ⑤ 𝕂 𝕍𝕊𝔸 ⚬⚬ 𝔸𝔼 ⓞ ⑤
(☺) *via Matteotti 5 – ℰ 09 64 38 88 80 – www.lavecchiahostaria.com – chiuso*
mercoledì escluso luglio-agosto
Rist – (consigliata la prenotazione) Carta 29/40 €
♦ Rustico e accogliente, il locale conserva ancora l'atmosfera d'un tempo,
mentre la cucina assapora le fragranze del litorale, i profumi del mare, le
ricette del territorio: paccheri con crostacei, tagliata di tonno alla calabrese,
grigliata mista di pesce e verdure... solo per citarne alcune.

SIEBENEICH = Settequerce

SIENA P̄ (SI) – **563** M16 – **54 414 ab.** – alt. 322 m – ⊠ 53100   **29** C2
▌ Toscana
▶ Roma 230 – Firenze 68 – Livorno 116 – Milano 363
𝐢 piazza del Campo 56, ℰ 0577 28 05 51, www.terresiena.it
◎ Piazza del Campo★★★ BX : palazzo Pubblico★★★ **H,** ❊★★ dalla Torre del
Mangia – Duomo★★★ AX – Museo dell'Opera Metropolitana★★ ABX **M1**
– Battistero di San Giovanni★ : fonte battesimale★★ AX **A** – Palazzo
Buonsignori★ : pinacoteca★★★ BX – Via di Città★ BX – Via Banchi di Sopra★
BVX **4 e** Via Banchi di Sotto★ BX **6** – Piazza Salimbeni★ BV – Basilica di San
Domenico★ : tabernacolo★ di Giovanni di Stefano e affreschi★ del Sodoma
AVX – Adorazione del Crocifisso★ del Perugino, opere★ di Ambrogio
Lorenzetti e Sodoma nella chiesa di Sant'Agostino BZ

Piante pagine seguenti

🏨🏨🏨 **Grand Hotel Continental** 🕮 ⑤ 𝕂 ⁑ 𝕊𝔸 𝕍𝕊𝔸 ⚬⚬ 𝔸𝔼 ⓞ ⑤
via Banchi di Sopra 85 – ℰ 0 57 75 60 11 – www.royaldemeure.com
51 cam – †200/430 € ††200/600 €, ⍁ 26 € – 2 suites   BV**a**
– ½ P 165/365 €
Rist *Sapordivino* – vedere selezione ristoranti
♦ All'interno di un palazzo del '600, fatto costruire da Papa Alessandro VII,
l'albergo è impreziosito da affreschi, lampade in porcellana cinese e da una
torre medievale riportata ai suoi antichi splendori dopo un accurato restauro.
Le camere sono una riuscita sintesi di antico e moderno.

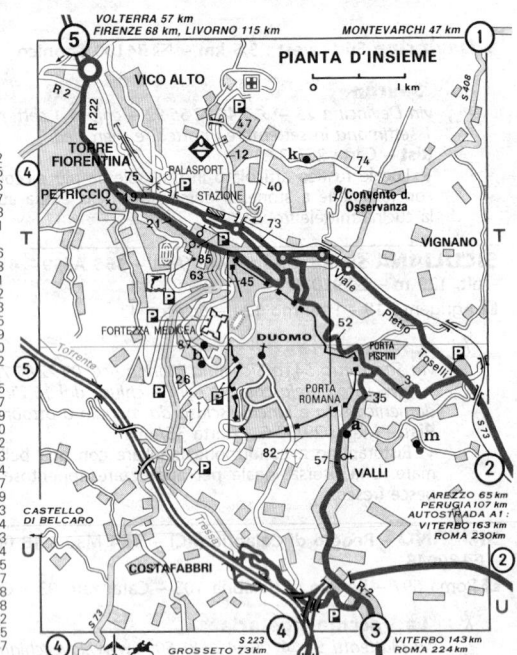

VOLTERRA 57 km
FIRENZE 68 km, LIVORNO 115 km
MONTEVARCHI 47 km

PIANTA D'INSIEME

VICO ALTO
TORRE FIORENTINA
PETRICCIO
PALASPORT
STAZIONE
Convento d. Osservanza
VIGNANO
FORTEZZA MEDICEA
DUOMO
PORTA PISPINI
PORTA ROMANA
VALLI
CASTELLO DI BELCARO
COSTAFABBRI

AREZZO 65 km
PERUGIA 107 km
AUTOSTRADA A1 :
VITERBO 163 km
ROMA 230 km

S 223 GROSSETO 73 km VITERBO 143 km ROMA 224 km

Certosa di Maggiano

cam, rist,

strada di Certosa 82
– 05 77 28 81 80 – www.certosadimaggiano.com
– marzo-novembre
9 cam – †370 € ††520/660 € – 8 suites – ½ P 360/430 €

U m

Rist *Il Canto* – vedere selezione ristoranti
Rist – Carta 51/76 €

♦ Le ex celle dei frati sono state trasformate in belle camere, diverse per tipologia, vista e arredo: la primitiva sobrietà ha lasciato il posto ad un lusso discreto e aristocratico.

Villa Scacciapensieri

cam, rist,

strada di Scacciapensieri 10
– 05 77 74 14 41 – www.villascacciapensieri.it
– chiuso in gennaio e febbraio

T k

31 cam – †90/140 € ††130/270 € – 3 suites – ½ P 103/173 €
Rist – (chiuso mercoledì) Carta 41/69 €

♦ Bella villa padronale dell'800 immersa in un parco con splendida vista sulla città e sui colli; gradevole saletta con camino centrale, camere con arredi in stile. Servizio ristorante estivo in giardino fiorito, cucina eclettica.

Palazzo Ravizza senza rist

Piano dei Mantellini 34 – 05 77 28 04 62 – www.palazzoravizza.it – chiuso
dal 6 gennaio al 15 febbraio

AX b

35 cam – †100/170 € ††100/230 € – 4 suites

♦ Un tuffo nel passato in un'incantevole costruzione del XVII sec. raccolta intorno a un pittoresco giardinetto; mobilio d'epoca, suggestive camere di monacale semplicità.

1118

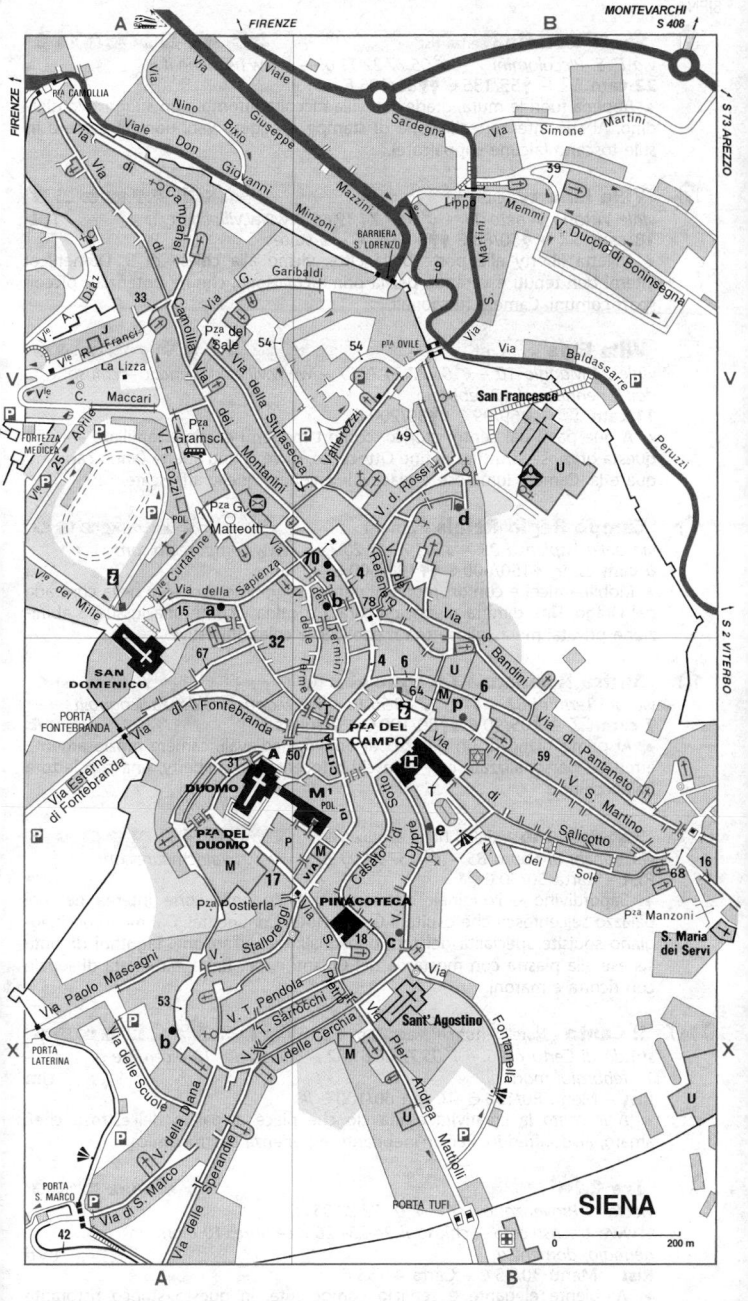

SIENA

Santa Caterina senza rist

via E. S. Piccolomini 7 – ℰ 05 77 22 11 05 – www.hscsiena.it   U**a**

22 cam 🛏 – †55/135 € ††85/195 €

♦ Appena fuori le mura, gradevole villa raccolta intorno a un suggestivo giardino. Al suo interno: collezione di stampe e oggetti vari, nonché camere in stile toscano (alcune soppalcate).

Villa Liberty senza rist

viale Vittorio Veneto 11 – ℰ 0 57 74 49 66 – www.villaliberty.it   TU**b**

18 cam 🛏 – †50/80 € ††80/160 € – 2 suites

♦ Villetta liberty alle porte della città, vicino alla chiesa di S. Domenico: interni ben tenuti e veranda per la prima colazione, che ne potenzia i piccoli spazi comuni. Camere funzionali.

Villa Elda senza rist

viale 24 Maggio 10 – ℰ 05 77 24 79 27 – www.villaeldasiena.it – chiuso dall'8 gennaio al 12 febbraio   U**b**

11 cam 🛏 – †69/99 € ††89/200 €

♦ A due passi dal centro storico, confort moderni e calore familiare abitano questa graziosa struttura di fine Ottocento, dove spunti liberty fanno capolino qua e là. Camere luminose e piacevoli: chiedete quelle affrescate.

Campo Regio Relais senza rist

via della Sapienza 25 – ℰ 05 77 22 20 73 – www.camporegio.com

6 cam 🛏 – †150/600 € ††190/600 € – 1 suite   AV**a**

♦ Mobili antichi e confort moderni per un soggiorno esclusivo nella contrada del Drago. Una dimora d'epoca - curata e calda - come una lussuosa abitazione privata: meraviglioso terrazzino per le colazioni estive.

Antica Residenza Cicogna senza rist

via dei Termini 67 – ℰ 05 77 28 56 13 – www.anticaresidenzacicogna.it

7 cam 🛏 – †65/90 € ††80/100 € – 2 suites   BV**b**

♦ Al primo piano di un palazzo di origini medievali, camere graziosamente arredate, personalizzate con affreschi ottoceschi o liberty, una con letto a baldacchino.

Sapordivino – Grand Hotel Continental

via Banchi di Sopra 85 – ℰ 0 57 74 90 20 – www.royaldemeure.com

Rist – Carta 50/70 € 🍷   BV**a**

♦ Sapordivino è l'originale ristorante ricavato nella corte interna del bel palazzo seicentesco che ospita il Grand Hotel Continental. Dal menu occhieggiano squisite specialità del territorio quali: pici all'aglione, fagottini di cinta senese alla piastra con mostarda del Chianti e, per finire, tartelletta di segale con ricotta e maroni.

Il Canto – Hotel Certosa di Maggiano

strada di Certosa 86 – ℰ 05 77 28 81 82 – chiuso dal 10 dicembre al 10 febbraio, martedì   U**m**

Rist – Menu 80/130 € – Carta 60/100 € 🍷

♦ A *Il Canto* la creatività esalta ciò che piace al palato dell'estroso chef: amaro, acido, freddo. Per un'inebriante esperienza gastronomica.

Tre Cristi

vicolo di Provenzano 1/7 – ℰ 05 77 28 06 08 – www.trecristi.com – chiuso il 24-25- 26 dicembre, 10 giorni in gennaio, domenica   BV**d**

Rist – Menu 30/65 € – Carta 41/53 €

♦ Ambiente elegante e servizio competente, in questo storico ristorante senese dove apprezzare lo stuzzicante menu di mare e qualche piatto del territorio.

✕ Osteria le Logge 🍴 🗚 ⇔ 💳 ⬤⬤ 🅰🄴 ⓄⓄ 🕭

*via del Porrione 33 – ℰ 0 57 74 80 13 – www.osterialelogge.it – chiuso
dal 9 gennaio al 2 febbraio, domenica* BX**p**
Rist – Carta 45/56 € ⅋ (+10 %)

♦ Nota trattoria del centro: all'ingresso la cucina a vista, nonché una saletta
con alti mobili a vetri ed atmosfera d'altri tempi, al piano superiore un
ambiente più classico. Nel piatto ottima cucina regionale leggermente rivisitata in chiave moderna. Entusiasmante la carta dei vini.

✕ La Taverna di San Giuseppe 🖐 🗚 💳 ⬤⬤ 🅰🄴 ⓄⓄ 🕭

*via Giovanni Duprè 132 – ℰ 0 57 74 22 86 – www.tavernasangiuseppe.it
– chiuso dal 15 al 30 gennaio, dal 15 al 30 luglio e domenica* BX**c**
Rist – (consigliata la prenotazione) Menu 35 € bc (pranzo)/60 € bc
– Carta 28/50 € ⅋ (+10 %)

♦ Locale rustico nel cuore di Siena: bei tavoli in legno massiccio e tovagliato
di carta all'americana, mentre la cucina è senese. Da vedere le cantine ricavate nel tufo di un'antica casa etrusca.

✕ Trattoria Papei 🍴 💳 ⬤⬤ 🅰🄴 🕭

*piazza del Mercato 6 – ℰ 05 77 28 08 94 – chiuso dal 25 luglio al 5 agosto e
lunedì in giugno-settembre* BX**e**
Rist – Carta 22/32 €

♦ Locale raccolto e informale gestito da un'intera famiglia: la mamma in
cucina propone i piatti più autentici della Toscana. Nelle vicinanze, la piazza
del palio.

a Santa Regina Est : 2,5 km – ✉ 53100 **Siena**

⌂ Frances' Lodge Relais senza rist ⌖ ⪡ �)🎏 ⫚↔ ❀ 🕭 🅿

strada Valdipugna 2 – ℰ 3 37 67 16 08 💳 ⬤⬤ 🕭
– www.franceslodge.it – chiuso dal 10 gennaio al 19 marzo
6 cam ⌁ – ♦♦190/250 €

♦ Casa immersa nel verde delle colline, impreziosita da un giardino storico in
cui spicca la limonaia. Ambienti di charme e gusto, camere personalizzate e
ispirate al viaggio: da sogno!

a Vagliagli Nord-Est : 11,5 km per Statale 222 ⊤ – ✉ 53010

⌂⌂⌂ Borgo Scopeto Relais ⌖ ⪡ 🚓🎏 🞉 🍴 ⌸ 🎇 🍴⌕ ↔ 🗚 ⫚

strada Comunale 14 Vagliagli 🎇 rist, 🕭) 🛗 🅿 💳 ⬤⬤ 🅰🄴 ⓄⓄ 🕭
– ℰ 05 77 32 00 01 – www.borgoscopetorelais.it – chiuso gennaio e febbraio
39 cam ⌁ – ♦200/250 € ♦♦240/350 € – 18 suites – ½ P 165/220 €
Rist – Carta 49/81 €

♦ Attorno ad un'antica torre di avvistamento del XIII sec, dove già nel 1700
sono stati costruiti altri rustici, si snoda questa originale struttura: un vero
borgo con camere personalizzate e curate nei dettagli. Nuovo centro benessere e cantina/showroom per i prodotti dell'omonima azienda agricola.

⌂ Casali della Aiola senza rist ⌖ ⪡ 🚓🎇 🅿 💳 ⬤⬤ 🅰🄴 ⓄⓄ 🕭

*località l'Aiola, Est : 1 km ✉ 53019 – ℰ 05 77 32 27 97 – www.aiola.net
– chiuso dal 20 dicembre al 7 gennaio*
7 cam ⌁ – ♦85 € ♦♦95 € – 1 suite

♦ Un soggiorno nella natura, tra vigneti e dolci colline, in un antico fienile
restaurato: camere molto piacevoli (una con salottino), arredi in legno e travi
a vista. Banditi i televisori!

✕ La Taverna di Vagliagli 🍴 🎇 💳 ⬤⬤ 🅰🄴 ⓄⓄ 🕭

*via del Sergente 4 – ℰ 05 77 32 25 32 – www.tavernadivagliagli.com – chiuso
dal 5 al 30 novembre, dall'8 al 31 gennaio e martedì*
Rist – (chiuso a mezzogiorno escluso sabato ed i giorni festivi) Carta 28/43 €

♦ In un caratteristico borgo del Chianti, locale rustico molto gradevole, con
pietra a vista e arredi curati; specialità alla brace, cucinate davanti ai clienti.

SIGNA – Firenze (FI) – **563** K15 – **18 213 ab.** – **alt. 96 m** – ⊠ 50058   **29** C1

▶ Roma 300 – Firenze 32 – Bologna 116 – Prato 26

  🏠 **Stilhotel** senza rist   🕭 🏧 ⇔ 📶 **P** **VISA** ⓪ 𝔸𝔼 ⓞ 🅓
  ⊠ *via Dei Macelli 22 – ℰ 05 58 73 62 02 – www.stilhotel.it – chiuso dal 12 al 19 agosto*
  22 cam � – †50/70 € ††70/90 €
  ♦ Ottimo rapporto qualità/prezzo in questa risorsa moderna e logisticamente interessante, sia come tappa, sia per la visita dei dintorni. Le famiglie potranno approfittare di alcuni mini appartamenti in una struttura attigua.

SIGNATO – Bolzano – **Vedere Bolzano**

SILANDRO (SCHLANDERS) – Bolzano (BZ) – **562** C14 – **6 014 ab.**   **30** A2
– **alt. 721 m** – ⊠ 39028

▶ Roma 699 – Bolzano 62 – Merano 34 – Milano 272
🎗 via Covelano 27, ℰ 0473 73 01 55, www.sudtirol.com

a Vezzano (Vezzan) Est : 4 km – ⊠ 39028 Silandro

  🏨 **Sporthotel Vetzan**   ⇐ 🚗 🏡 🔲 🕭 🏊 🗗 🎾 🕩 🎿 rist, **P** 🚗
  strada Del Paese 14 – ℰ 04 73 74 25 25   **VISA** ⓪ 🅓
  – www.sporthotel-vetzan.com – Natale-7 gennaio e Pasqua-novembre
  23 cam � – †80/95 € ††130/160 € – 3 suites – ½ P 82/120 €
  Rist – *(chiuso a mezzogiorno) (solo per alloggiati)*
  ♦ Per vacanze nel verde, un albergo immerso tra i frutteti in posizione soleggiata e tranquilla; zone comuni in stile montano di taglio moderno, spaziose camere classiche.

  🏨 **Val Venosta-Vinschgerhof**   ⇐ 🏡 🔲 🏊 🕩 **P** 🚗 **VISA** ⓪ 🅓
  vecchia strada Val Venosta 1 – ℰ 04 73 74 21 13 – www.vinschgerhof.com
  – aprile-dicembre
  42 cam � – †45/78 € ††96/158 € – ½ P 66/94 €
  Rist – *(chiuso lunedì)* Carta 27/36 €
  ♦ Per soggiorni tranquilli, piacevole struttura dalla gestione solida e affidabile, dotata di servizi completi e di un rilassante centro benessere. Ristorante molto attivo e frequentato.

SILEA – Treviso (TV) – **562** F18 – **10 052 ab.** – ⊠ 31057   **35** A1
▶ Roma 541 – Venezia 26 – Padova 50 – Treviso 5

  🍴🍴 **Da Dino**   🏡 🏧 🎾 **P** **VISA** ⓪ 🅓
  via Lanzaghe 13 – ℰ 04 22 36 07 65 – www.trattoriadadino.com – chiuso dal 24 dicembre al 6 gennaio,1 settimana in luglio, Ferragosto, martedì sera, mercoledì
  Rist – Carta 31/47 €
  ♦ Locale semplice e familiare: nelle due salette in stile rustico, ma di tono signorile, tante proposte gastronomiche locali da gustare - durante l'inverno - vicino ad uno scoppiettante camino.

SILVIGNANO – Perugia (PG) – **563** N20 – **Vedere Spoleto**

SILVI MARINA – Teramo (TE) – **563** O24 – **15 750 ab.** – ⊠ 64028   **1** B1
▶ Roma 216 – Pescara 19 – L'Aquila 114 – Ascoli Piceno 77
🎗 via Garibaldi 153, ℰ 085 93 03 43, www.abruzzoturismo.it
🄖 Atri : Cattedrale★★ Nord-Ovest : 11 km – Paesaggio★★ (Bolge), Nord-Ovest : 12 km

Mion ≤ ⚹ ⚹ 🛏 ⚹ 🚗 ⚹ 🅿 🚗 📶 🚗 🅰🅴 ⓪ ⚹
viale Garibaldi 22 – ⚹ *08 59 35 09 35 – www.mionhotel.com*
– maggio-settembre
59 cam ⚹ – ♦119/161 € ♦♦178/258 € – 5 suites – ½ P 165 €
Rist – *(chiuso a mezzogiorno)* Carta 37/67 €
♦ Fronte mare, l'hotel è cinto da un curato giardino, offre piacevoli spazi comuni arredati con eleganza e gusto coloniale ed alcune camere impreziosite da mobilio d'epoca. Nell'elegante sala ristorante proposte di cucina italiana; d'estate il servizio è anche nella fiorita terrazza accanto alla piscina.

Parco delle Rose ≤ 🚗 ⚹ 🛏 🚗 ⚹ rist, 🅿 📶 🚗 🅰🅴 ⓪ ⚹
viale Garibaldi 36 – ⚹ *08 59 35 09 89 – www.parcodellerose.it*
– 30 maggio-15 settembre
63 cam ⚹ – ♦75/130 € ♦♦105/135 € – 11 suites – ½ P 110 €
Rist – Menu 32 €
♦ Una bianca costruzione circondata da un profumato giardino di gelsomini e rose, dispone di vasti spazi comuni arredati con pezzi d'antiquariato e semplici camere confortevoli. Prodotti locali e nazionali presso le classiche sale da pranzo.

Miramare ≤ 🚗 ⚹ ⚹ 🛏 🚗 📶 cam, ⚹ rist, 📶 📶 🚗 🅰🅴 ⓪ ⚹
viale Garibaldi 134 – ⚹ *0 85 93 02 35 – www.miramaresilvi.it*
– aprile-settembre
51 cam ⚹ – ♦35/50 € ♦♦60/90 € – ½ P 85 € **Rist** – Menu 25/35 €
♦ Circondato da un giardino, l'albergo vanta un'atmosfera indiscutibilmente familiare e dispone di campi da gioco e confortevoli camere arredate con gusti differenti. Al ristorante, sobri arredi in calde tonalità, cucina nazionale e piatti di pesce.

XX **Don Ambrosio** con cam ⚹ 🚗 🚗 📶 cam, ⚹ 📶 🅿 📶 🚗 🅰🅴 ⓪ ⚹
⚹ *contrada Piomba 49 –* ⚹ *08 59 35 10 60 – www.donambrosio.it*
⚹ **6 cam** ⚹ – ♦40/50 € ♦♦80/90 € – ½ P 65/70 €
Rist – *(chiuso martedì e mercoledì a mezzogiorno)* Carta 25/48 € ⚹
♦ Appena fuori dal paese e in posizione panoramica, un casolare dalla lunga memoria familiare, che nell'insegna ancora ricorda il suo fondatore, vi attende per farvi gustare il meglio della cucina regionale (soprattutto a base di carne). Servizio estivo all'aperto. Confortevoli camere country, alcune con vista mare.

SINAGRA Sicilia – Messina (ME) – **365** AY55 – **2 803 ab.**   40 D2
– alt. 260 m – ⊠ 98069

▣ Catania 107 – Messina 89 – Palermo 165 – Taormina 85

X **Trattoria da Angelo** ≤ ⚹ 📶 ⚹ 🅿 📶 🚗 🅰🅴 ⓪ ⚹
⚹ *strada principale 139 per Ucria, Sud : 2 km –* ⚹ *09 41 59 44 33*
⚹ *– www.angeloborrello.it – chiuso lunedì*
⚹ **Rist** – *(consigliata la prenotazione)* Menu 20 € bc/25 € bc – Carta 20/26 €
♦ Distensivo e indimenticabile il pranzo in veranda: intorno a voi l'intera vallata, al suo centro un antico torchio per le olive, sul vostro piatto le specialità della Sicilia.

SINALUNGA – Siena (SI) – **563** M17 – **12 922 ab.** – alt. 364 m   29 C2
– ⊠ 53048 ▌ Toscana

▣ Roma 188 – Siena 45 – Arezzo 44 – Firenze 103

🄳 via G. Di Vittorio, ⚹ 0577 63 60 45, www.prolocosinalunga.it/

🄶 Valdichiana località Esse Secco-Bettolle, 0577 624439,
www.golfclubvaldichiana.it – chiuso mercoledì da novembre a febbraio

🏨 **Locanda dell'Amorosa** ◇ ⟨ 🚗 ⫶ Ⓜ ⌘ ⟨ᵖ⟩ 🄿 🄿

località l'Amorosa, Sud : 2 km – ℰ *05 77 67 72 11* 🆅🅸🆂🅰 ⓒⓞ 🄰🄴 Ⓞ Ś
– www.amorosa.it

27 cam ⌂ – ♦248/383 € ♦♦276/425 €

Rist *Le Coccole dell'Amorosa* – vedere selezione ristoranti

◆ Un'antica fattoria, al cui interno sono stati ricavati ampi e luminosi spazi dall'arredo rustico, ma suggestivo. Fuori, una piscina panoramica tra le colline senesi.

🏠 **San Giustino** ◇ ⟨ 🐕 🚗 ⫶ ⌘ ⟨ᵖ⟩ 🄿 🆅🅸🆂🅰 ⓒⓞ Ⓞ Ś

via Dei Frati 171, Ovest : 2 km – ℰ *05 77 63 04 14 – www.sangiustino.com*
– aprile-ottobre

14 cam ⌂ – ♦100/120 € ♦♦120/140 € – 2 suites – ½ P 80/120 €

Rist *– (chiuso a mezzogiorno)* Carta 27/40 € (+10 %)

◆ In aperta campagna, circondata da cipressi ed ulivi, questa elegante villa colonica offre ampi spazi comuni, colori tenui e arredi classici, ma adeguati alle esigenze moderne. Ricette tipiche toscane nel ristorante affacciato sulla piscina.

XXX **Le Coccole dell'Amorosa** – Hotel Locanda Dell'Amorosa ◇ ⟨ 🚗 🏠

località l'Amorosa, Sud . 2 km ⫶ Ⓜ ⌘ ⟲ 🄿 🆅🅸🆂🅰 ⓒⓞ 🄰🄴 Ⓞ Ś
– ℰ *05 77 67 72 11 – www.amorosa.it*

Rist – Carta 40/71 €

◆ Cucina d'impostazione regionale ed un interessante ventaglio di vini, in un locale ricavato da antiche stalle sotto rustiche volte in mattoni. Ma si cambia registro: il suo tratto distintivo, ora, è la raffinatezza!

a Bettolle Est : 6,5 km – ✉ 53040

XX **Walter Redaelli** con cam 🚗 🏠 Ⓜ ⌘ cam, ⟨ᵖ⟩ 🆅🅸🆂🅰 ⓒⓞ 🄰🄴 Ś

via XXI Aprile 10 – ℰ *05 77 62 34 47 – www.ristoranteredaelli.it*
– chiuso 2 settimane in febbraio

6 cam ⌂ – ♦85/100 € ♦♦110/180 €

Rist *– (chiuso martedì da novembre a marzo)* Carta 30/50 €

◆ In un'antica casa colonica di fine '700 con mattoni a vista, travi al soffitto e un imponente camino, si celebra la sapida cucina toscana elaborata partendo da ingredienti locali e con tanta carne. Abbandonatevi al piacere della tavola, comodamente adagiati nelle confortevoli poltroncine.

SINIO – Cuneo (CN) – **561** I6 – **519 ab.** – **alt. 357 m** – ✉ **12050** **25** C2

▶ Roma 605 – Cuneo 63 – Asti 47 – Savona 72

🏨 **Castello di Sinio** ◇ ⟨ ╠ Ⓜ ⌘ ⟨ᵖ⟩ 🆅🅸🆂🅰 ⓒⓞ 🄰🄴 Ś

località Castello 1 – ℰ *01 73 26 38 89 – www.hotelcastellodisinio.com*

17 cam – ♦135/185 € ♦♦165/205 €, ⌂ 8 € – 2 suites

Rist *Ristorante del Castello* – vedere selezione ristoranti

◆ Ristrutturato nel pieno rispetto della sua storia, l'antico castello troneggia nel centro del piccolo borgo isolato, al suo interno: charme, eleganza ed alcuni confort moderni (wi-fi gratuito, piccola piscina....). Nella corte, un grazioso giardino.

🏠 **Agriturismo Le Arcate** ◇ ⟨ ⫶ ⟨ᵖ⟩ 🄿 🆅🅸🆂🅰 🄰🄴 Ś

località Gabutto 2 – ℰ *01 73 61 31 52 – www.agriturismolearcate.it – chiuso gennaio e febbraio*

8 cam ⌂ – ♦45/50 € ♦♦70/75 € – ½ P 55 €

Rist *– (prenotazione obbligatoria)* Menu 20/30 €

◆ Un agriturismo vero e proprio ospitato nella centenaria azienda agricola di famiglia con stanze ampie e luminose, piacevolmente affacciate sulla campagna punteggiata di castelli. Un piccolo sogno a portata di tutti!

🍴🍴 **Ristorante del Castello** – Hotel Castello di Sinio   AC 🛇

località Castello 1 – ☏ 01 73 26 38 89   VISA ⓿ AE ⓢ
*– www.hotelcastellodisinio.com – chiuso dal 7 gennaio al 7 marzo, lunedì e
martedì*
Rist – *(chiuso a mezzogiorno)* Carta 50/63 € (+5 %)
♦ In una romantica sala al primo piano del castello, sarà la proprietaria stessa
a cucinare per voi squisiti piatti langaroli. Considerato, poi, che il piacere della
buona tavola è indissociabile dalla cantina, le migliori etichette della zona
nella carta dei vini.

SINISCOLA Sardegna – Nuoro (NU) – 366 T40 – **11 603 ab.**   **38** B1
– alt. 39 m – ✉ 08029

▶ Nuoro 47 – Olbia 57

a La Caletta Nord-Est : 6,5 km – ✉ 08020

🏠 **L'Aragosta** ⌂   🍽 🛋 ⚊ AC 🛇 cam, ¶ 🖄 P VISA ⓿ AE ⓪ ⓢ
via Ciusa, 33 – ☏ 07 84 81 07 33 – www.laragostahotel.com
24 cam ⚊ – †70/150 € ††90/170 €
Rist – *(aprile-settembre)* Carta 25/63 €
♦ Alle pendici di Montelongu, una struttura semplice e confortevole propone
angoli di lettura nell'ampia hall, spaziose camere moderne e due piscine di
cui una per bambini. Specialità di mare, cucina nazionale e tipici piatti della
gastronomia sarda presso la sobria sala ristorante.

SIRACUSA Sicilia P **(SR) – 365** BA61 – **123 768 ab.** – ✉ **96100**   **40** D3
▌ Sicilia

▶ Catania 59

🛈 via Maestranza 33, ☏ 0931 6 52 01, www.regione.sicilia.it/turismo

◉ Parco archeologico della Neapolis★★★AY: Teatro Greco★★★, Orecchio di
Dionisio★★★ **B**, Latomia del Paradiso★★ **L**, Anfiteatro Romano★ AY – Museo
Archeologico Regionale Paolo Orsi★★ BY – Catacombe di San Giovanni★★ BY
– Latomia dei Cappuccini★★ CY – Ortigia★★★ CZ: Piazza Duomo★★ **D**,
Duomo★ **D**, Fonte Aretusa★ , Galleria Regionale di Palazzo Bellomo★ CZ ,
Palazzo Mergulese-Montalto★ CZ **R4**, Via della Maestranza★ CZ **18**

◪ Fonte Ciane★★: 8 km sud-ovest - Castello Eurialo★: 9 km nord-ovest

Piante pagine seguenti

🏨 **Des Etrangers et Miramare**   🍽 🛋 ⌂6 🖄 ⅚ AC 🛇 rist, ¶ 🖄
passeggio Adorno 10/12 – ☏ 09 31 31 91 00   VISA ⓿ AE ⓪ ⓢ
– www.desetrangers.it   CZh
76 cam ⚊ – †90/315 € ††90/325 € – 11 suites – ½ P 80/203 €
Rist – Menu 35 € bc/60 € bc
♦ Tornato ai fasti del passato, un hotel di tradizione che non ha perso l'eleganza e la raffinatezza di un tempo. Spazi generosi nelle camere e negli
ambienti comuni. Ristorante roof-garden con vista affascinante sulla città.

🏨 **Grand Hotel Ortigia**   ⌂ 🛋 🖄 ⅚ cam, AC 🛇 rist, ¶ 🖄 P
viale Mazzini 12 – ☏ 09 31 46 46 00   VISA ⓿ AE ⓪ ⓢ
– www.grandhotelortigia.it   CZc
58 cam ⚊ – †85/170 € ††155/300 € – 1 suite – ½ P 170 €
Rist *La Terrazza sul Mare* – Carta 35/66 €
♦ Qui le camere, così come gli spazi comuni, riescono a fondere e a com-
prendere in modo mirabile, elementi di design contemporaneo, reperti classici e decorazioni moderne. Il ristorante roof-garden offre una vista panoramica eccezionale sulla città e sul mare.

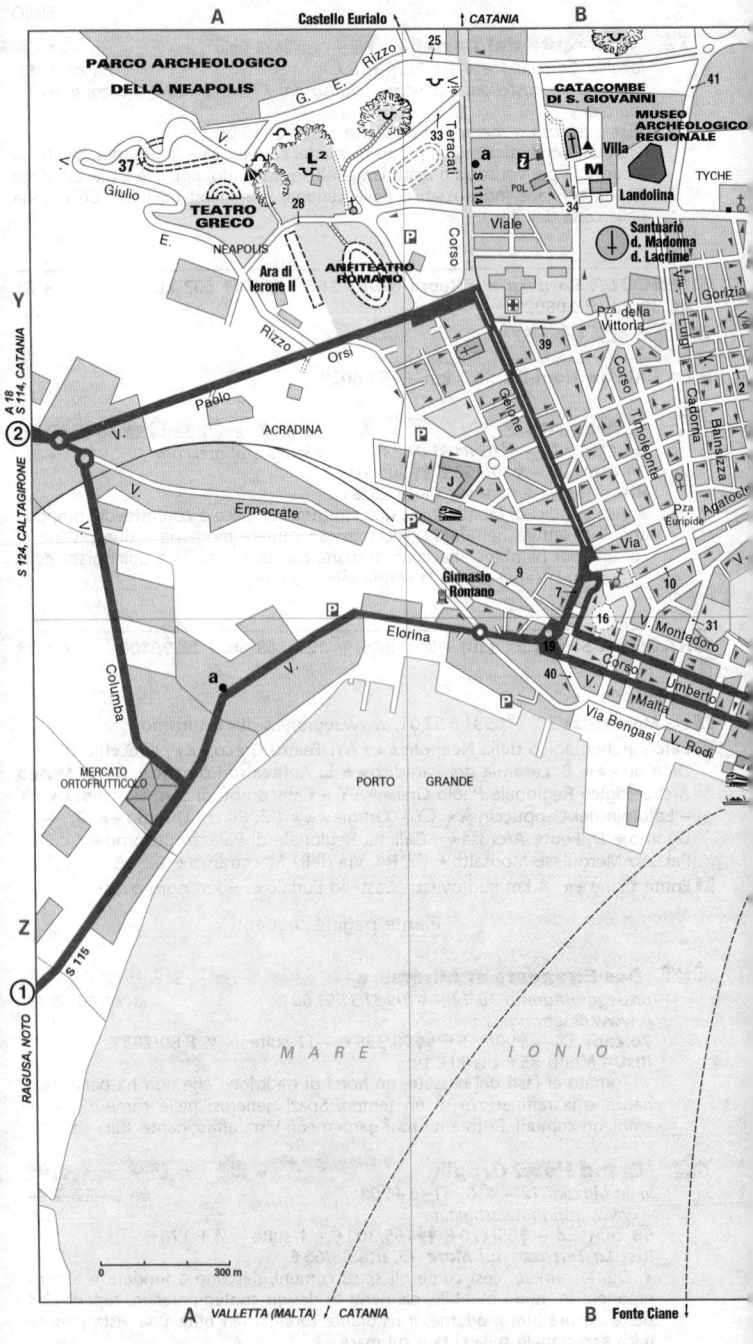

SIRACUSA

Grand Hotel Villa Politi
≤ ⌂ ⌶ ⅷ ⅷ 圙 ⅷ rist, ⅷ ⅷ **P**

via Politi Laudien 2 – *℘ 09 31 41 21 21* — VISA ⓒⓞ AE ⓞ

– *www.villapoliti.com* CYa

100 cam ⊒ – ⅷ105/140 € ⅷⅷ140/210 € – 2 suites – ½ P 100/135 €

Rist – *(chiuso a mezzogiorno escluso aprile-ottobre)* Menu 35 €

◆ Nello spettacolare contesto del parco delle Latomie dei Cappuccini, una villa liberty che ospita ambienti comuni sontuosi, stanze ampie, eleganti e (molte) panoramiche. Al ristorante ritroverete ancora l'atmosfera di una certa nobile e raffinata "sicilianità".

Mercure Siracusa Prometeo
⌶ ⌂ 圙 ⅷ ⅷ 圙 ⅷ ⅷ ⅷ **P** ⅷ

via Teracati 20 – *℘ 09 31 46 46 46* — VISA ⓒⓞ AE ⓞ

– *www.mercure.com* BYa

93 cam – ⅷ80/200 € ⅷⅷ90/280 €, ⊒ 10 € – 2 suites – ½ P 70/175 €

Rist – Carta 25/80 €

◆ Situato in una posizione invidiabile, nell'incantevole cornice del Parco Archeologico e a due passi dal centro storico dell'isola di Ortigia, complesso moderno e solare dispone di ottime camere e di un panoramico roof garden con piccola piscina.

Caol Ishka
⌂ ⌶ 圙 **P** VISA ⓒⓞ AE ⓞ

via Elorina 154 – *℘ 0 93 16 90 57* – *www.caolishka.com*

– *chiuso gennaio e febbraio* AZa

10 cam ⊒ – ⅷⅷ149/280 € – ½ P 110/175 €

Rist Zafferano Bistrot – vedere selezione ristoranti

◆ Nasce dall'esperienza londinese la passione della proprietaria per i dettagli anglosassoni che impreziosiscono e distinguono la vecchia masseria cinta dal verde: una strada sterrata la separa dalla città.

Livingstone
≤ ⌂ 圙 ⅷ cam, 圙 ⅷ ⅷ VISA ⓒⓞ AE ⓞ

via Nizza 17 – *℘ 09 31 46 34 60* – *www.livingstonhotel.it* CZs

17 cam ⊒ – ⅷ90/125 € ⅷⅷ110/170 € – ½ P 90/120 €

Rist – *(chiuso lunedì)* Carta 31/49 €

◆ Il blu del mare davanti ai vostri occhi e al suo interno eleganza classica con arredi in stile, camere molto curate ed un grazioso centro benessere. Sfiziose ricette di mare nel panoramico ristorante al roof garden.

Algilà
圙 ⅷ cam, 圙 ⅷ cam, VISA ⓒⓞ AE ⓞ

via Vittorio Veneto 93 – *℘ 09 31 46 51 86* – *www.algila.it* – *chiuso dal 23 genaio al 19 febbraio* CZe

30 cam – ⅷ99/160 € ⅷⅷ144/300 € – ½ P 92/170 €

Rist – *(chiuso a mezzogiorno in bassa stagione)* Carta 40/49 €

◆ Albergo di charme all'interno di un palazzo dove un'attenta ristrutturazione ha valorizzato le vecchie mura e particolari storici. Arte povera e qualche pezzo d'antiquariato impreziosiscono le camere, mentre il piccolo giardino d'inverno con una gorgogliante fontana rimanda inevitabilmente ad atmosfere moresche.

UNA Hotel One
⌂ ⌂ 圙 圙 ⅷ cam, 圙 cam, ⅷ ⅷ ⅷ **P**

via Diodoro Siculo 4, per via Puglia — VISA ⓒⓞ AE ⓞ

– *℘ 09 31 41 13 55* – *www.unahotels.it* CY

44 cam ⊒ – ⅷ69/139 € ⅷⅷ79/189 € – ½ P 75/130 € **Rist** – Carta 32/72 €

◆ Tutto fuorché convenzionale, questo hotel moderno che offre servizi curati nel dettaglio, belle camere ed un centro benessere di alto livello. Nelle camere predominano i colori della scacchiera, mentre la splendida terrazza diventa il luogo ideale per aperitivi modaioli.

Roma
⌂ ⌂ 圙 圙 ⅷ 圙 ⅷ ⅷ ⅷ ⅷ VISA ⓒⓞ AE ⓞ

via Roma 66 – *℘ 09 31 46 56 30* – *www.hotelroma.sr.it* CZf

44 cam ⊒ – ⅷ80/100 € ⅷⅷ100/160 € – ½ P 70/100 €

Rist Minosse – Carta 31/62 €

◆ Nel cuore di Ortigia, proprio alle spalle del Duomo, un albergo che si propone con una veste completamente rinnovata, secondo i dettami di uno stile moderno e funzionale. Appuntamento con i sapori locali al ristorante Minosse: pesce fresco, piatti tradizionali e un pizzico di fantasia.

🛏️ Royal Maniace ⟨≈ ⟩ |⯁| 👌 cam, 🅰🅲 cam, 🎝 rist, ⁛ 🆅�🅸🆂🅰 ⬥ 🅰🅴 ⓪ ⦂
lungomare d'Ortigia 13 – ℰ 09 31 67 43 7
– www.maniacehotel.it CZp
21 cam ⮾ – †75/110 € ††110/196 € – 2 suites – ½ P 77/119 €
Rist – *(chiuso domenica) (chiuso a mezzogiorno)* Menu 30 €
• Siracusa è una città di mare, che nello specchio blu si allunga con l'isola di Ortigia. Su questo splendido fazzoletto di terra si trova Royal Maniace, bella struttura ricavata da un palazzo trecentesco dove mura antiche accolgono arredi dalle linee più moderne. Le camere più ambite sono quelle affacciate sullo Ionio.

🛏️ Relax ⌂ 🚗 🍃 🝅 🀆 🛁 |⯁| 🅰🅲 🎝 rist, ⁛ 👟 🅿 ⬥ 🅰🅴 ⓪ ⦂
viale Epipoli 159, per viale Teracati – ℰ 09 31 74 01 22
– www.hotelrelax.it BY
57 cam ⮾ – †58/85 € ††89/108 € – 2 suites – ½ P 57/66 €
Rist – Carta 23/46 €
• Risorsa appropriata per la clientela d'affari, come per quella turistica. Attualmente in fase di ampliamento per accrescere il numero delle camere e il livello di confort. Cucina d'albergo con influssi eterogenei, senza forti connotazioni regionali.

🏠 Domus Mariae senza rist ⟨≈ 🅰🅲 🆅🅸🆂🅰 ⬥ 🅰🅴 ⓪ ⦂
via Vittorio Veneto 76 – ℰ 09 31 12 48 54
– www.domusmariae1.it – maggio-ottobre CZd
12 cam ⮾ – †120/130 € ††145/160 €
• Albergo d'impostazione classica, con camere grandi e accoglienti, ubicato sul lungomare, con una curiosa particolarità: la gestione è in mano alle suore orsoline.

🏠 Gran Bretagna senza rist 🅰🅲 ⁛ 🆅🅸🆂🅰 ⬥ ⦂
via Savoia 21 – ℰ 09 31 68 76 5
– www.hotelgranbretagna.it CZm
16 cam ⮾ – †80/90 € ††95/125 €
• Palazzo d'epoca completamente ristrutturato, costruito su antiche mura di contenimento ancora visibili. Alcune camere con soffitti affrescati. Terrazza solarium.

🏠 Gutkowski senza rist ⟨≈ |⯁| 🅰🅲 🆅🅸🆂🅰 ⬥ 🅰🅴 ⓪ ⦂
lungomare Vittorini 26 – ℰ 09 31 46 58 61
– www.guthotel.it – chiuso dal 15 gennaio al 15 febbraio CZx
25 cam ⮾ – †60/80 € ††75/130 €
• La piccola terrazza-solarium panoramica, l'accogliente e caratteristico spazio comune a piano terra, la discreta cura dei particolari, associata all'apprezzabile buon gusto.

🏡 Giuggiulena senza rist ⌂ ⟨≈ |⯁| 🅰🅲 🎝 🚗 🆅🅸🆂🅰 ⬥ 🅰🅴 ⓪ ⦂
via Pitagora da Reggio 35 – ℰ 09 31 46 81 42
– www.giuggiulena.it CYb
6 cam ⮾ – †70/100 € ††90/120 €
• In splendida posizione sul blu del Mediterraneo, che si vede da ogni camera, una casa gestita in modo simpatico e caloroso. Discesa diretta a mare, per un tuffo dagli scogli.

✗✗ Don Camillo 🅰🅲 🆅🅸🆂🅰 ⬥ 🅰🅴 ⓪ ⦂
via Maestranza 96 – ℰ 09 31 67 11 33
– www.ristorantedoncamillosiracusa.it – chiuso domenica e i giorni festivi
Rist – Carta 42/58 € ⌂ CZa
• Soffitti a volta, pietre a vista e un certo dinamismo nella disposizione degli spazi, connotano questo ristorante che dispone, tra l'altro, di un'interessante cantina.

XX **Zafferano Bistrot** – Hotel Caol Ishka   🗟 🛱 🛲 **P** VISA ⚉ AE ① ⚡

via Elorina 154 – ℰ 09 31 69 05 7 – www.caolishka.com – chiuso
gennaio, febbraio e lunedì   AZ**a**
Rist – Carta 29/58 €

♦ Alle porte di Siracusa, la masseria ottocentesca cede il passo – all'interno
– a spazi inaspettatamente moderni e di design. Ci pensa la cucina a pareg-
giare i conti: specialità regionali, con tanto pesce in cima alla lista.

XX **Porta Marina**   🛲 VISA ⚉ AE ① ⚡

via dei Candelai 35 – ℰ 09 31 12 25 53 – www.ristoranteportamarina.135.it
– chiuso dal 1° al 15 febbraio, lunedì   CZ**q**
Rist – (consigliata la prenotazione) Carta 40/50 €

♦ In un edificio del 1400 lasciato volutamente spoglio, in modo da eviden-
ziare le pietre a vista e il soffitto a volte a crociera, il locale si è imposto
come uno degli indirizzi più eleganti di Siracusa. Cucina promettente con
alcune preparazioni, che si sbilanciano verso elaborazioni e personalismi ben
riusciti.

X **Al Mazarì**   🛲 🕸 VISA ⚉ AE ⚡

via Torres 7/9 – ℰ 09 31 48 36 90 – www.almazari.com – chiuso domenica
Rist – Carta 27/55 €   CZ**n**

♦ Parentesi gastronomica trapanese nel cuore di Siracusa: tra cous cous e
pasta con le sarde, due sale semplici ed informali, che di sera si accendono
dell'intrigante magia delle candele. Menu scherzosamente in dialetto siciliano
(ma con traduzioni), per non prendersi troppo sul serio.

X **Oinos**   🛱 🛲 VISA ⚉ AE ① ⚡

via della Giudecca 69/75 – ℰ 09 31 46 49 00 – www.oinosrestaurant.it
– chiuso febbraio, domenica   CZ**b**
Rist – Menu 70 € – Carta 38/57 €

♦ Utilizzando prodotti e sapori provenienti da tutta Italia, la giovane cuoca di
origini milanesi propone con successo una cucina d'impostazione moderna.
Intimo e infomale locale sull'Ortigia.

verso Lido Arenella

🏨🏨 **Grand Hotel Minareto**   ⪕ 🛲 🕊 🛀 🛌 🎿 🛗 🛎 ፙ 🛁 ⅌ ஸ் 🐕 **P**
      VISA ⚉ AE ① ⚡
via del Faro Massolivieri 26/a, 7,8 km per ①
✉ 96100 Siracusa – ℰ 09 31 72 12 22 – www.grandhotelminareto.it
96 cam ⯑ – †90/190 € ††155/650 € – 4 suites – ½ P 125/375 €
Rist Nesos – vedere selezione ristoranti

♦ Atmosfera medio-orientale, e non solo per il nome, in questo resort che
occupa un intero promontorio. Elegante e con spiaggia privata, le sue camere
sono disseminate in intime strutture disseminate un po' ovunque (anche
intorno attorno alla scenografica piscina).

🏠 **Dolce Casa** senza rist   🛲 🛲 **P**

via Lido Sacramento 4, 4 km per ① ✉ 96100 Siracusa – ℰ 09 31 72 11 35
– www.bbdolcecasa.it
10 cam ⯑ – †40/60 € ††60/80 €

♦ Piacevole struttura a metà strada tra la città e le spiagge, attorniata da un
giardino mediterraneo, inserita in un'oasi di tranquillità: per un soggiorno
rilassante.

XXX **Nesos** – Grand Hotel Minareto   🛲 🛁 🛲 🕸 **P** VISA ⚉ AE ① ⚡

via del Faro Massolivieri 26/a, 7,8 km per ① – ℰ 09 31 72 12 22
– www.grandhotelminareto.it
Rist – Carta 41/85 €

♦ All'interno dell'elegante ed esclusivo hotel, il ristorante è impreziosito da
pregiate boiserie ed intarsi in marmo. Ma la ricerca estetica non si esaurisce
nell'ambiente e continua nell'elaborazione dei piatti, dove il territorio viene
valorizzato con gusto contemporaneo.

sulla strada provinciale 14 Mare Monti

🏨 **Lady Lusya** 🕙   🖼 ⅃ ♿ cam, 🄺 ❀ rist, ⁋ **P** 🆅🅸🆂🅰 ⓒⓒ 🄰🄴 ⓞ 🕭
località Spinagallo, Sud-Ovest : 14 km – ℰ *09 31 71 02 77 – www.ladylusya.it
– chiuso dal 1° gennaio al 15 marzo*
19 cam ⌲ – ♦60/100 € ♦♦80/160 € – 4 suites – ½ P 70/110 €
Rist – (prenotazione obbligatoria) Carta 26/47 €
♦ Masseria fortificata del '500 splendidamente trasformata in hotel: interni di classe, camere distribuite in edifici diversi, tutti circondati dal giardino. Bella piscina. Ristorante di aspetto sobrio, cucina siciliana doc.

⛺ **Agriturismo La Perciata** 🕙   🖼 ⌂ ⅃ ❀ 🄺 ❀ **P**
🕸 *località Spinagallo 77, Sud-Ovest : 10 km*   🆅🅸🆂🅰 ⓒⓒ 🄰🄴 ⓞ 🕭
✉ *96100 Siracusa –* ℰ *09 31 71 73 66 – www.perciata.it*
13 cam ⌲ – ♦55/80 € ♦♦75/99 € – 2 suites – ½ P 74 €
Rist – (giugno-settembre) Carta 18/30 €
♦ Casa dall'intenso sapore mediterraneo, immersa nella campagna siracusana. Un agriturismo di alto livello, con tante dotazioni e servizi, per un soggiorno di tutto relax.

⛺ **Agriturismo Limoneto** 🕙   🖼 ⅃ ♿ cam, 🄺 cam, ❀ **P** 🆅🅸🆂🅰 ⓒⓒ 🕭
via del Platano 3, Sud-Ovest : 9,5 km – ℰ *09 31 71 73 52 – www.limoneto.it
– chiuso novembre*
10 cam ⌲ – ♦60/80 € ♦♦90/120 € – ½ P 67 €
Rist – (chiuso a mezzogiorno escluso domenica) Menu 22/30 €
♦ Attorniata da un rigoglioso giardino agrumeto, struttura in aperta campagna in cui tutte le camere hanno accesso indipendente. La gestione si distingue per la simpatia.

SIRIO (Lago) – Torino – Vedere Ivrea

SIRMIONE – Brescia (BS) – 561 F13 – 8 050 ab. – alt. 66 m   17 D1
– ✉ 25019 ▮ Italia Centro Nord
▶ Roma 524 – Brescia 39 – Verona 35 – Bergamo 86
🛈 viale Marconi 6, ℰ 030 91 61 14, www.provincia.brescia.it/turismo
◎ Località★★ – Grotte di Catullo: cornice pittoresca★★ – Rocca Scaligera★

🏨🏨 **Villa Cortine Palace Hotel** 🕙   𝄪 ⚓ 🖼 ⅃ ❀ 🄸 🄸 🄺 ❀ rist, ⁋
via Caio Valerio Catullo 12 – ℰ *03 09 90 58 90*   🄰 **P** 🆅🅸🆂🅰 ⓒⓒ ⓞ 🕭
– www.palacehotelvillacortine.it – 4 aprile-14 ottobre
54 cam ⌲ – ♦300/420 € ♦♦335/480 € – ½ P 218/290 €
Rist – Carta 54/84 €
♦ Una vacanza esclusiva in una villa ottocentesca in stile neoclassico all'interno di uno splendido grande parco digradante sul lago; incantevoli interni di sobria eleganza. Raffinatezza e classe nell'ampia sala da pranzo; romantico servizio estivo all'aperto.

🏨🏨 **Grand Hotel Terme** ◁ 🖼 ⚓ 🖼 ⅃ 🄽 ◎ 𝄥 🄸 🕂 🄸 ♿ 🄺 ❀ rist,
viale Marconi 7 – ℰ *0 30 91 62 61*   ⁋ 🄰 **P** 🆅🅸🆂🅰 ⓒⓒ 🄰🄴 ⓞ 🕭
– www.termedisirmione.com – chiuso sino a febbraio
56 cam ⌲ – ♦♦190/1100 € – 1 suite
Rist L'Orangerie – Carta 54/72 €
♦ Un giardino in riva al lago con piscina impreziosisce questa bella struttura panoramica: colori vivaci negli interni arredati con gusto, wellness completo e area congressi. Comodi a tavola per ammirare il paesaggio lacustre e per assaporare la tradizione mediterranea.

🏨🏨 **Olivi** 🕙   ◁ 🖼 ⚓ ⅃ 🄺 🄺 🕂 ❀ ⁋ 🄰 **P** 🆅🅸🆂🅰 ⓒⓒ 🄰🄴 ⓞ 🕭
via San Pietro 5 – ℰ *03 09 90 53 65 – www.hotelolivi.com – marzo-15 novembre*
53 cam ⌲ – ♦85/150 € ♦♦105/236 € – 11 suites – ½ P 94/156 €
Rist – Carta 42/49 €
♦ In posizione panoramica - tra il centro e le grotte di Catullo - sfugge al caos turistico ed offre camere immerse nel verde, accoglienti e luminose. Ampia sala da pranzo di tono elegante, utilizzata anche per banchetti.

Catullo ⟨ ≤ ⋈ 🏨 AC ↳ 🌂 rist, 🛜 P VISA ⦿ AE ① 🕭

piazza Flaminia 7 – 𝒞 03 09 90 58 11
– www.hotelcatullo.it – marzo-ottobre
56 cam ⌂ – ♦70/100 € ♦♦110/150 € – ½ P 70/90 €
Rist – *(solo per alloggiati)*
♦ Uno dei più antichi alberghi di Sirmione, annoverato tra i "Locali storici d'Italia Affacciato sul suggestivo giardino che ricorda antichi fasti, il ristorante propone la cucina nazionale.

Du Lac ⟨ ≤ ⋈ 🛥 🏊 ⋈ 🌂 🛜 P VISA ⦿ 🕭

via 25 Aprile 60 – 𝒞 0 30 91 60 26
– www.hoteldulacsirmione.com – aprile-16 ottobre
35 cam ⌂ – ♦75/85 € ♦♦85/150 €
Rist – Carta 23/31 €
♦ Gestione diretta d'esperienza in un hotel classico, in riva al lago, dotato di spiaggia privata; zone comuni con arredi di taglio moderno stile anni '70, camere lineari. Fresca sala da pranzo, affidabile cucina d'albergo.

Marconi ⟨ ≤ ⋈ 🛥 🍽 AC cam, 🌂 rist, 🛜 P VISA ⦿ AE ① 🕭

via Vittorio Emanuele II 51 – 𝒞 0 30 91 60 07
– www.hotelmarconi.net – 3 marzo-20 novembre
23 cam ⌂ – ♦45/75 € ♦♦80/125 € – ½ P 70/100 €
Rist – *(aprile-ottobre) (chiuso a mezzogiorno) (solo per alloggiati)*
Menu 25 €
♦ In centro, direttamente sul lago, hotel con razionali ambienti per concedersi un momento di relax, con arredi stile anni '70 d'ispirazione contemporanea; camere lineari.

Pace 🏨 AC ↳ 🛜 VISA ⦿ AE ① 🕭

piazza Porto Valentino – 𝒞 03 09 90 58 77
– www.pacesirmione.it – chiuso dal 2 novembre al 20 dicembre
22 cam ⌂ – ♦50/80 € ♦♦90/150 € – ½ P 60/75 €
Rist *Pace* – vedere selezione ristoranti
♦ Nel centro storico e fronte lago, una dimora dei primi '900 dagli interni vagamente british: un dedalo di corridoi e scale in cui si è cercato di preservare gli elementi d'epoca.

Villa Rosa senza rist 🏨 ⛫ AC ↳ 🌂 🛜 P VISA ⦿ 🕭

via Quasimodo 4 – 𝒞 03 09 19 63 20
– www.hotel-villarosa.com – marzo-novembre
14 cam – ♦53/63 € ♦♦61/81 €, ⌂ 12 €
♦ Semplice gestione familiare in un piccolo hotel in zona residenziale: ambienti vivacemente variopinti, camere dotate di ogni confort (tutte con balcone) e centro storico raggiungibile con le biciclette dell'albergo.

Mon Repos senza rist 🐾 ⟨ ≤ ⋈ 🏊 AC 🌂 🛜 P VISA ⦿ 🕭

via Arici 2 – 𝒞 03 09 90 52 90
– www.hotelmonrepos.com – aprile-ottobre
23 cam ⌂ – ♦75/100 € ♦♦115/145 €
♦ Veri gioielli di questo hotel sono la splendida posizione, all'estremità della penisola, e il rigoglioso giardino-uliveto con piscina; interni essenziali, camere funzionali.

Corte Regina senza rist 🏨 ⛫ AC 🌂 P VISA ⦿ AE ① 🕭

via Antiche Mura 11 – 𝒞 0 30 91 61 47
– www.corteregina.it – aprile-ottobre
14 cam – ♦60/90 € ♦♦70/110 € – 2 suites
♦ Adiacente al castello, albergo semplice e piccolo, quanto dignitoso e ben tenuto, dove la sala mansardata per la prima colazione offre una romantica vista sui tetti.

XXX **La Rucola** (Gionata Bignotti) 　🅰🅒 𝗩𝗜𝗦𝗔 ⊚ 🄰🄴 ⚡
vicolo Strentelle 7 – ℰ 0 30 91 63 26 – www.ristorantelarucola.it – chiuso gennaio, giovedì, venerdì a mezzogiorno
Rist – Menu 75/120 € – Carta 82/110 € ⌘
Spec. Cappesante alla piastra con cipollotti, fave, germogli e maionese di pomodori confit. Spaghetti ai ricci di mare con pan grattato al limone e ricotta di pecora. Cubismo di scampi, porcini e riduzione di piccione.
♦ In un vicolo del centro, è il ristorante per le grandi occasioni tra candelabri, tappeti e un tocco rustico nelle pietre a vista. Cucina creativa prevalentemente di mare.

XXX **La Speranzina** 　⇐ 🅰🅒 𝗩𝗜𝗦𝗔 ⊚ 🄰🄴 ⚪ ⚡
via Dante 16 – ℰ 03 09 90 62 92 – www.lasperanzina.it – chiuso dal 7 al 17 gennaio, lunedì da novembre a febbraio
Rist – Carta 58/125 €
♦ Vicino al castello e con il lago che sembra una cartolina, gli ambienti ammiccano alla campagna provenzale mentre la cucina sforna piatti creativi e ricercati.

XX **Signori** 　⇐ 🏠 𝗩𝗜𝗦𝗔 ⊚ 🄰🄴 ⚪ ⚡
via Romagnoli 17 – ℰ 0 30 91 60 17 – www.ristorantesignori.it – chiuso dal 5 novembre al 20 dicembre, dal 7 gennaio al 20 febbraio, lunedì
Rist – Carta 44/102 € ⌘
♦ Locale d'ispirazione contemporanea con una sala, abbellita da quadri moderni, che si protende sul lago grazie alla terrazza per il servizio estivo; piatti rielaborati.

XX **Trattoria Antica Contrada** 　🏠 🅰🅒 𝗩𝗜𝗦𝗔 ⊚ 🄰🄴 ⚪ ⚡
via Colombare 23 – ℰ 03 09 90 43 69 – www.ristoranteanticacontrada.it – chiuso gennaio, lunedì, martedì a mezzogiorno
Rist – Menu 35 € – Carta 39/68 €
♦ Lungo la penisola - a 2 km dal centro - le tradizionali specialità lacustri sono oggi affiancate da piatti di terra e di mare. Se il tempo lo permette, optate per l'intimo dehors.

XX **Risorgimento** 　🏠 🅰🅒 ⇔ 𝗩𝗜𝗦𝗔 ⊚ 🄰🄴 ⚪ ⚡
piazza Carducci 5/6 – ℰ 0 30 91 63 25 – www.risorgimento-sirmione.com – chiuso martedì escluso da maggio a settembre
Rist – Carta 48/85 € ⌘
♦ Una cucina dall'ampio respiro e d'ispirazione contemporanea, in un ristorante rustico-elegante con dehors sulla centrale piazza Carducci. Prestigiose etichette ammiccano dagli scaffali della saletta-enoteca al primo piano.

X **Pace** – Hotel Pace 　🏠 🅰🅒 𝗩𝗜𝗦𝗔 ⊚ 🄰🄴 ⚪ ⚡
piazza Porto Valentino – ℰ 03 09 90 58 77 – www.pacesirmione.it – chiuso dal 2 novembre al 20 dicembre
Rist – Carta 50/82 €
♦ In posizione tranquilla e defilata, un ristorante dal nome fortemente evocativo; si può scegliere fra l'accogliente veranda direttamente sul lago oppure, nella bella stagione, all'esterno sotto un fresco pergolato di edera e rose selvatiche. Cucina di lago: la zuppa di pesce d'acqua dolce è tra i piatti forti.

a Lugana Sud-Est : 5 km – ✉ 25019 Colombare Di Sirmione

🏠 **Bolero** senza rist 　🚐 ⌿ 🅰🅒 ⚡ 🐾 🄿 𝗩𝗜𝗦𝗔 ⊚ 🄰🄴 ⚪ ⚡
via Verona 254 – ℰ 03 09 19 61 20 – www.hotelbolero.it
8 cam ⌿ – †80/160 €
♦ Sembra di essere in una casa privata in questo tranquillo e intimo albergo familiare; spazi comuni in stile rustico, abbelliti da quadri, camere confortevoli.

XXX **Vecchia Lugana**   🍽 🛋 ⅃ 🕳 ⇕ 📞 💳 ❿ 🅰🅴 ⓪ ⓢ
piazzale Vecchia Lugana 1 – 𝒞 0 30 91 90 12 – www.vecchialugana.com
– chiuso gennaio e martedì (escluso giugno-15 settembre)
Rist – Carta 57/90 €
♦ Nuova gestione e rinnovato slancio per questo locale storico affacciato sul lago. Rimane il pesce lacustre, incrementata l'offerta di quello di mare e qualche piatto di carne.

SIROLO – Ancona (AN) – **563** L22 – **3 826 ab.** – ✉ 60020   **21** D1
▶ Roma 304 – Ancona 18 – Loreto 16 – Macerata 43
ℹ via Peschiera, 𝒞 071 9 33 06 11, www.turismosirolo.it
🔟 Conero via Betelico 6, frazione Coppo, 071 7360613, www.conerogolfclub.it
– chiuso martedì

🏨   **Sirolo**   ← ⅃ 🕳 🛋 🎐 🔏 ↳ 🌿 rist, 📞 🏊 💳 ❿ 🅰🅴 ⓢ
via Grilli 26 – 𝒞 07 19 33 06 65 – www.hotelsirolo.it
31 cam 🛏 – †75/98 € ††110/156 € – ½ P 75/98 €   **Rist** – Carta 23/52 €
♦ Costruito nel cuore della città, all'interno del Parco del Conero, una moderna risorsa che ospita ampi ambienti arredati nei caldi colori mediterranei e con ferro battuto. Specialità marinare nella luminosa sala con vista sul giardino, mentre in estate l'angolo ristoro è sotto un gazebo vicino alla piscina.

⌂   **Locanda Rocco**   🎐 🅰🅲 🌿 💳 ❿ ⓢ
via Torrione 1 – 𝒞 07 19 33 05 58 – www.locandarocco.it
7 cam 🛏 – ††125/168 €
Rist *Rocco* – vedere selezione ristoranti
♦ Tra le mura di una locanda trecentesca, una struttura giovane e moderna con stanze design dai colori vivaci; altre 7 camere nella dépendance Rocco in Campagna.

⌂   **Valcastagno** senza rist 🍃   🎐 🅰🅲 🌿 📞 🔏 💳 ❿ 🅰🅴 ⓪ ⓢ
via Valcastagno 12 – 𝒞 07 17 39 15 80 – www.valcastagno.it
8 cam 🛏 – ††75/155 €
♦ Ricavato in una casa colonica e immerso nella natura incontaminata del Parco, un piccolo hotel con camere accoglienti e graziose sapientemente arredate in ferro battuto.

X   **Rocco** – Hotel Locanda Rocco   🍽 🅰🅲 🌿 💳 ❿ ⓢ
via Torrione 1 – 𝒞 07 19 33 05 58 – www.locandarocco.it
Rist – *(Pasqua-ottobre; chiuso martedì escluso dal 15 giugno al 15 settembre)* (coperti limitati, prenotare) Carta 39/63 €
♦ Come ogni locanda che si rispetti, anche questa ha il suo ristorantino e, per giunta, carino! In un tipico edificio in pietra marchigiano, un'intelligente e stuzzicante selezione di piatti di pesce, a cui si accompagna una buona scelta enologica (siamo in terra di Verdicchio).

al monte Conero (Badia di San Pietro) Nord-Ovest : 5,5 km – alt. 572 m – ✉ 60020 Sirolo

🏨   **Monteconero** 🍃   ← 🍷 🍽 ⅃ 🌿 🎐 🅰🅲 🌿 rist, 📞 🏊 🅿
via Monteconero 26 – 𝒞 07 19 33 05 92   💳 ❿ 🅰🅴 ⓪ ⓢ
– www.hotelmonteconero.it – Capodanno e marzo-novembre
60 cam 🛏 – †100/160 € ††160/200 € – 10 suites – ½ P 90/110 €
Rist – Carta 22/50 € (+10 %)
♦ In posizione isolata nel bosco del parco a picco sul mare, nacque nel 1400 come convento e ancor oggi il soggiorno è all'insegna del silenzio e della natura. La panoramica e luminosa sala ristorante propone piatti classici legati ai sapori della tradizione locale.

SISTIANA – Trieste (TS) – **562** E22 – **Vedere Duino Aurisina** – ✉ 34019

– **562** C16 – **alt. 988 m** – **Sport invernali : vedere Alpe di Siusi** – ⊠ 39040

▶ Roma 664 – Bolzano 24 – Bressanone 29 – Milano 322

🛈 via Sciliar 16, 𝒞 0471 70 70 24, www.siusi-allo-sciliar.com

▨ Castelrotto-Alpe di Siusi Castelrotto San Vigilio 20, , Nord: 2 km, 0471 708708, www.golfcastelrotto.it – marzo-novembre

🖻🖻 **Diana**   🗗 ⌧ 🖻 🕅 ⌂ ⌂ 🖻 & cam, 🏃 ⌦ rist, 🍴 🅿 ⇔ 🚾 ⚌ ⬦
via San Osvaldo 3 – 𝒞 04 71 70 40 70 – www.hotel-diana.it
– 18 dicembre-20 marzo e giugno-17 ottobre
54 cam ⌧ – ♦79/104 € ♦♦178/228 € – 2 suites – ½ P 114 €
Rist – *(solo per alloggiati)*
♦ Una gradevole struttura circondata dal verde, provvista di ampie e piacevoli zone comuni in stile montano di taglio moderno, dalla calda atmosfera; camere accoglienti.

🖻🖻 **Europa**   ≤ 🗗 ⌧ 🕅 🖻 🏃 ⌦ rist, 🅿 ⇔ 🚾 ⚌ ⬦
piazza Oswald Von Wolkenstein 5 – 𝒞 04 71 70 61 74
– www.wanderhoteleuropa.com – chiuso dal 15 aprile al 20 maggio e dal 2 novembre al 18 dicembre
32 cam – 2 suites – solo ½ P 90/140 €
Rist – *(solo per alloggiati)* Menu 35 €
♦ Gli eleganti saloni coniugano la tradizione tirolese con il design moderno. Camere più classiche, luminose ed accoglienti, bel centro benessere con immancabile zona relax. Cucina altoatesina nell'intima sala ristorante.

🖻🖻 **Silence & Schlosshotel Mirabell** 🕭   ≤ 🗗 ⌧ ⌧ 🕅 🖻 ⌦ rist,
via Laranza 1, Nord : 1 km – 𝒞 04 71 70 61 34   🍴 🅿 🚾 ⚌ ⬦
– www.hotel-mirabell.net – 22 dicembre-25 marzo e 26 maggio-15 ottobre
37 cam ⌧ – ♦♦160/360 € – ½ P 115/190 €
Rist – *(chiuso a mezzogiorno) (solo per alloggiati)* Menu 35/70 €
♦ Una bella casa recentemente ristrutturata, presenta spaziose ed accoglienti salette per il relax nonché un grande giardino con piscina dal quale ammirare il profilo dei monti.

🖻 **Schwarzer Adler**   🗗 ⌧ 🕅 🖻 & ⌦ rist, 🍴 🅿 🚾 ⚌ 🄰🄴 ⓞ ⬦
via Laurin 7 – 𝒞 04 71 70 61 46 – www.hotelaquilanera.it
– 21 dicembre-10 aprile e 25 maggio-20 ottobre
25 cam ⌧ – ♦79/136 € ♦♦156/224 € – 2 suites – ½ P 88/122 €
Rist – Carta 23/49 €
♦ Nel cuore della località, una bianca struttura che ospita un albergo di antica tradizione rinnovato nel tempo; camere confortevoli con graziosi arredi in legno chiaro. La cucina offre piatti saldamente legati al territorio.

✕✕ **Sassegg**   🖻 🅿 🚾 ⚌ 🄰🄴 ⬦
via Sciliar 9 – 𝒞 04 71 70 42 90 – www.sassegg.it – chiuso 3 settimane in giugno, 3 settimane in ottobre, lunedì
Rist – *(chiuso a mezzogiorno escluso domenica)* Carta 57/75 € 🕸
♦ Il design accattivante, l'ampio utilizzo di rivestimenti in pelle e legno, costituiscono la giusta ambientazione per un menù che spazia dalla tradizione locale al mare.

– ⊠ 28070

▶ Roma 641 – Stresa 50 – Biella 42 – Milano 66

✕✕ **Impero**   🄰🄲 ⇔ 🚾 ⚌ 🄰🄴 ⬦
via Roma 13 – 𝒞 03 21 82 05 76 – chiuso dal 26 dicembre al 4 gennaio, agosto, domenica sera, lunedì
Rist – Carta 25/45 €
♦ La solida conduzione familiare, affabile e premurosa, e la gustosa cucina del territorio sapientemente rielaborata sono senz'altro i punti di forza di questa moderna trattoria.

SOAVE – Verona (VR) – **562** F15 – 6 929 ab. – alt. 40 m – ⊠ 37038   **35** B3

▶ Roma 524 – Verona 22 – Milano 178 – Rovigo 76

ℹ Foro Boario 1, ℰ 045 6 19 07 73, www.tourism.verona.it

🏨 **Roxy Plaza** senza rist   🖪🕅🕭🕅🕏🕎🕍🖘 ₩️ ⓪ 🕭 **⚅**
via San Matteo 4 – ℰ 04 56 19 06 60 – www.hotelroxyplaza.it
43 cam ⊑ – †89/269 € ††99/289 €
♦ In pieno centro, albergo moderno dagli ambienti arredati nelle tonalità del
legno e del nocciola e abbelliti da tappeti; piacevoli le camere, alcune con
vista sul castello.

🍴🍴 **Locanda Lo Scudo** con cam   🕅🕅🕏🕍🕎 **P** ₩️ ⓪ **⚅**
via Covergnino 9 – ℰ 04 57 68 07 66 – www.loscudo.vr.it – chiuso agosto
4 cam ⊑ – †75 € ††110 €
Rist – (chiuso domenica, lunedì) (consigliata la prenotazione) Carta 33/47 €
♦ L'indirizzo giusto dove assaporare la gustosa cucina del territorio nel
dehors con giardino d'inverno o nella raccolta saletta dai soffitti in legno. Il
centro storico è a due passi.

🍴 **Al Gambero** con cam   🕎 ₩️ ⓪ 🕭 **⚅**
corso Vittorio Emanuele 5 – ℰ 04 57 68 00 10 – www.ristorantealgambero.it
– chiuso 1 settimana in gennaio, agosto, martedì sera e mercoledì
12 cam ⊑ – †40 € ††60 €
Rist – Carta 24/39 €
Rist Osteria La Scala – (chiuso una settimana in gennaio, 3 settimane in
agosto e mercoledì) (chiuso a mezzogiorno) Carta 22/31 €
♦ Sorto come locanda nella seconda metà dell'800, questo edificio storico
ospita un'ampia sala, accogliente e rustica, dove gustare i piatti della tradizione veneta, di terra e di mare. Graziose le camere, arredate con mobili
d'epoca. Qualche piatto e i dolci per un pasto veloce nella semplice osteria
wine-bar.

SOCI – Arezzo (AR) – **562** K17 – Vedere Bibbiena

SOGHE – Vicenza (VI) – Vedere Arcugnano

SOIANO DEL LAGO – Brescia (BS) – **561** F13 – 1 854 ab.   **17** D1
– alt. 196 m – ⊠ 25080

▶ Roma 538 – Brescia 27 – Mantova 77 – Milano 128

🍴🍴 **Villa Aurora**   ⟨ 🕎🕅🕏🕎 **P** ₩️ ⓪ 🕭 **⚅**
🌳 via Ciucani 1/7 – ℰ 03 65 67 41 01 – chiuso mercoledì
Rist – Menu 29 € – Carta 25/36 €
♦ Signorile e familiare, una splendida vista sul lago; nelle luminose e originali
sale del locale, una cucina del territorio, di carne e di pesce, rivisitata con
estro.

SOLANAS Sardegna – Cagliari (CA) – **366** R49 – Vedere Villasimius

---

SOLDA (SULDEN) – Bolzano (BZ) – **562** C13 – alt. 1 906 m – Sport   **30** A2
invernali : 1 860/3 150 m ⛷ 1 ⛷9, ⛷ – ⊠ 39029

▶ Roma 733 – Sondrio 115 – Bolzano 96 – Merano 68

🏨 **Sporthotel Paradies Residence**   ⟨ ⓪ 🕅 🖪🕭🕏🕭 rist, 🕎 **P**
via Principale 87 – ℰ 04 73 61 30 43   🖘 ₩️ ⓪ **⚅**
– www.sporthotel-paradies.com – 21 novembre-1° maggio e dal
10 giugno-25 settembre
59 cam ⊑ – †75/110 € ††124/146 € – 4 suites – ½ P 75 €
Rist – Carta 36/65 €
♦ Risorsa dall'affidabile gestione per una vacanza all'insegna di una genuina
atmosfera di montagna. Tutti gli spazi offrono un buon livello di confort,
soprattutto le camere. Sala ristorante ricca di decorazioni.

Cristallo ← 🚗 🖼 🕐 ⓦ 🎿 🖺 ↔ ❄ rist, ⁿ 🖭 🚗 ⓥⓢⓐ ⓪ ⓞ 🔔
Solda 31 – ℰ 04 73 61 32 34 – www.cristallo.info
– dicembre-aprile e 15 giugno-settembre
33 cam ⌷ – ♦57/67 € ♦♦104/124 € – ½ P 78/88 €   **Rist** – Carta 30/47 €
♦ In posizione centrale e panoramica, albergo ammodernato con spazi comuni luminosi e confortevoli. Centro benessere ben ristrutturato, camere spaziose. Ristorante con annessa stube tirolese.

Eller ⟲ ← 🚗 🖼 🕐 ⓦ 🖺 ↔ ❄ 🖭 ⓥⓢⓐ ⓞ 🔔
Solda 15 – ℰ 04 73 61 30 21 – www.hoteleller.com – dicembre-5 maggio e luglio-29 settembre
44 cam ⌷ – ♦55/80 € ♦♦90/160 € – 6 suites – ½ P 60/95 €
Rist – *(chiuso a mezzogiorno da dicembre a maggio)* Menu 25 €
♦ In posizione panoramica, albergo di tradizione rinnovato negli ultimi anni: ampi spazi comuni e piccolo centro relax; accoglienti camere spaziose. Capiente ristorante in stile montano di taglio moderno.

SOLIERA – Modena (MO) – **562** H14 – 15 226 ab. – alt. 28 m   8 B2
– ✉ 41019
▶ Roma 420 – Bologna 56 – Milano 176 – Modena 12

a Sozzigalli Nord-Est: 6 km – ✉ 41019

Osteria Bohemia con cam ⟲   🕐 ⅙ rist, 🝾 ❄ rist, 🖭 ⓥⓢⓐ ⓞ ⒶⒺ 🔔
via Canale 497, Nord: 1,5 km – ℰ 0 59 56 30 41 – www.osteriabohemia.it
– chiuso 3 settimane in agosto, 10 giorni a Natale, Pasqua, domenica, lunedì
2 cam ⌷ – ♦45 € ♦♦65 €
Rist – (consigliata la prenotazione) Carta 22/45 €
♦ In aperta campagna, il cuoco-contadino delizia - soprattutto in estate - con le erbe aromatiche dell'orto rinverdendo i classici emiliani. Graziose e semplici le due camere, ideali per fermarsi ad assaporare la quiete dei dintorni.

SOLIGHETTO – Treviso (TV) – Vedere Pieve di Soligo

SOLIGO – Treviso (TV) – Vedere Farra di Soligo

SOLOFRA – Avellino (AV) – **564** E26 – 12 227 ab. – ✉ 83029   7 C2
▶ Roma 271 – Napoli 75 – Avellino 15 – Benevento 53

Solofra Palace 🚗 🍹 🝾 🖺 🝾 ❄ rist, ⁿ 🍸 🖭 ⓥⓢⓐ ⓞ ⒶⒺ ⓞ 🔔
via Melito 6/a – ℰ 08 25 53 14 66 – www.solofrapalacehotel.com
30 cam ⌷ – ♦75/85 € ♦♦100/140 € – ½ P 65/88 €
Rist – *(chiuso a mezzogiorno escluso sabato, domenica e festivi)*
Carta 27/36 €
♦ Situato alle porte della località, l'hotel dispone di spaziosi ambienti arredati con gusto, giardino a terrazze e piccola beauty farm. Il ristorante si articola su due sale a differente vocazione: una ideale per allestire banchetti, l'altra con cucina regionale e servizio pizzeria.

SOLOMEO – Perugia (PG) – Vedere Corciano

SOLONGHELLO – Alessandria (AL) – 239 ab. – alt. 220 m   23 C2
– ✉ 15020
▶ Roma 640 – Torino 78 – Alessandria 51 – Asti 35

Locanda dell'Arte ⟲ 🚗 🖼 🝾 🖺 ⅙ cam, 🝾 cam, ❄ ⁿ 🍸 🖭 🚗
via Asilo Manacorda 3 – ℰ 01 42 94 44 70   ⓥⓢⓐ ⓞ 🔔
– www.locandadellarte.it – chiuso dal 9 gennaio al 10 febbraio
15 cam ⌷ – ♦90/110 € ♦♦130/150 € – 1 suite – ½ P 110 €
Rist – *(chiuso lunedì sera)* Carta 23/55 €
♦ Camere ampie e confortevoli all'interno di una villa del 1700 ubicata sulle pittoresche colline del Monferrato. Calorosa accoglienza e gestione diretta.

▶ Roma 500 – Verona 15 – Brescia 56 – Mantova 39

🏌 Verona località Ca' del Sale 15, 045 510060, www.golfclubverona.com – chisuo martedì

🏠 **Scaligero**   🕽 & 🄺 ⚘ 👗 P 🛏 ☕ 📼 ᴁᴇ ⓞ ⑤
🍳 via Osteria Grande 41 – ℰ 04 58 96 91 30 – www.hotelscaligero.com
23 cam ⌷ – †50/100 € ††65/120 € – ½ P 48/75 €
Rist – (chiuso i mezzogiorno di sabato e domenica) Carta 19/35 €
♦ All'imbocco dell'autostrada, struttura a conduzione familiare dotata di camere confortevoli, semplici ed ordinate. Tranquilla e sobriamente elegante l'atmosfera. La ristorazione consiste nell'attività originaria dei proprietari: buona cucina veneta ed internazionale, ma anche pizzeria.

🍴 **Merica** con cam ♨   🄺 cam, ⚘ 👗 P 📼 ☕ ᴁᴇ ⑤
🏚 via Rezzola 93, località Palazzo, Est : 1,5 km – ℰ 0 45 51 51 60
– www.trattoriamerica.it – chiuso dal 25 dicembre al 6 gennaio e agosto
10 cam ⌷ – †45/55 € ††60/70 €   **Rist** – (chiuso lunedì) Carta 27/40 €
♦ Il servizio è veloce e di certa esperienza in questo grazioso ristorante che occupa gli spazi di una villetta di campagna. La cucina è fedelmente ancorata alla tradizione. Graziose e sorprendentemente confortevoli le camere di questo hotel familiare.

---

a Custoza Sud-Ovest : 5 km – ⊠ 37066

🍴🍴 **Villa Vento**   🚗 🏠 & 🄺 ⚘ ⇄ P 📼 ☕ ⑤
strada Ossario 24 – ℰ 0 45 51 60 03 – www.ristorantevillavento.com – chiuso dal 1° al 21 gennaio, lunedì, martedì
Rist – Carta 26/37 €
♦ In una villa d'epoca, il ristorante vanta un andamento familiare. Dalla cucina, piatti tipici del posto ed in sala una griglia sempre calda. Il piccolo parco ombreggia la terrazza.

---

sull'autostrada A 4 area di servizio Monte Baldo Nord o per Caselle Est : 5 km

---

🏨 **Saccardi Quadrante Europa**   🏠 🏊 🖥 ⚘ 🏋 Ⅰ♭ 🕽 & 🄺 ↝ ⚘
via Ciro Ferrari 8 ⊠ 37066 Caselle di   ⚙ 🔆 P ☕ 📼 ☕ ᴁᴇ ⓞ ⑤
Sommacampagna – ℰ 04 58 58 14 00 – www.hotelsaccardi.it
126 cam – †50/208 € ††75/258 €, ⌷ 12 € – 6 suites
Rist – Carta 23/47 €
♦ Disponibilità, cortesia ed efficienza caratterizzano questo elegante complesso, punto d'incontro per la clientela d'affari. All'interno, camere di sobria modernità e centro fitness. Atmosfera raffinata e piatti della tradizione italiana al ristorante. È possibile pranzare anche in giardino, a bordo piscina.

▶ Roma 626 – Stresa 35 – Como 58 – Milano 49

🛈 piazza Vittorio Veneto 2, ℰ 0331 98 90 95, www.sommalombardotourism.com

---

🏨 **Hilton Garden Inn Milan Malpensa**   🕽 & 🄺 ↝ ⚘ rist, ⚙ 🔆
via Mazzini 63 – ℰ 03 31 27 89 11   P ☕ 📼 ☕ ᴁᴇ ⑤
– www.milanmalpensa.hgi.com
207 cam – †90/260 € ††100/270 €, ⌷ 10 € – 8 suites – ½ P 70/185 €
Rist – Carta 34/70 €
♦ Hotel moderno, dalle linee pulite e funzionali, è indicato soprattutto per una clientela d'affari: camere con dotazioni tecnologiche e sale meeting attrezzate. Ristorazione che consente sia pasti veloci a prezzo fisso, sia pause gastronomiche più "importanti".

✗✗ **Corte Visconti** 🎬 ⟺ 𝘷𝘪𝘴𝘢 ⓪ 🄰🄴 ⓪ 💰

via Roma 9 – ✆ *03 31 25 48 73 – www.cortevisconti.it – chiuso dal 16 agosto al 3 settembre, lunedì, martedì a mezzogiorno*
Rist – Menu 48/60 € – Carta 46/69 €
◆ Ambiente classico di tono rustico con mura in pietra, volte in mattone e soffitti in legno. La cucina invece, pur partendo dal territorio, spicca per creatività. Bel dehors estivo con suggestivi giochi di luce.

a Case Nuove Sud : 6 km – ✉ 21019 Somma Lombardo

🏨🏨 **Crowne Plaza Milan Malpensa Airport** 🕭 🛋 🛎 👍 ⅃⅄

via Ferrarin 7 – ✆ *03 33 12 11 61* 🍸 🎇 🛁 🄿 𝘷𝘪𝘴𝘢 ⓪ 🄰🄴 ⓪ 💰
– www.crowneplazamalpensa.com
133 cam – ♛♛65/500 €, ⌷ 15 € – 10 suites   **Rist** – Carta 32/64 €
◆ Nuova struttura di moderna concezione propone un elevato confort nelle belle camere insonorizzate, dove le dotazioni rispondono allo standard della catena. Design moderno nelle zone comuni con utilizzo di marmo e pannelli di legno wenge. Piccolo centro benessere con attrezzature cardio fitness.

🏨 **First Hotel Malpensa** ⅃ cam, 🎬 ⅃⅄ 🎇 rist, 🍸 🛁 🄿

via Baracca 34 – ✆ *03 31 71 70 45 – www.firsthotel.it* 𝘷𝘪𝘴𝘢 ⓪ 🄰🄴 ⓪ 💰
58 cam ⌷ – ♛89/230 € ♛♛94/250 € – ½ P 72/150 €
Rist – *(chiuso a mezzogiorno)* Carta 40/60 €
◆ Non lontano dall'aeroporto di Malpensa, nuova struttura dalla linea essenziale; all'interno originali ambienti personalizzati da moderne soluzioni di design, camere sobrie. La sala da pranzo è decorata con parti di aeroplani.

✗ **La Quercia** 🎬 🎇 🄿 𝘷𝘪𝘴𝘢 ⓪ 🄰🄴 ⓪ 💰

via Tornavento 11, a Case Nuove – ✆ *03 31 23 08 08*
– www.ilristorantelaquercia.it – chiuso dal 23 dicembre al 5 gennaio, martedì
Rist – Carta 30/40 €
◆ Buona accoglienza in un locale familiare da 40 anni nei pressi dell'aeroporto di Malpensa: classica sala dove gustare carrello di arrosti e bolliti.

SONA – Verona (VR) – **562** F14 – 16 992 ab. – **alt.** 169 m – ✉ 37060   **35** A3
▶ Roma 433 – Verona 15 – Brescia 57 – Mantova 39

✗ **El Bagolo** 🕭 ⅃ 𝘷𝘪𝘴𝘢 ⓪ 💰

via Molina 1 – ✆ *04 56 08 21 17 – chiuso dal 15 al 25 febbraio, dal 1° al 21 settembre, lunedì*
Rist – *(chiuso a mezzogiorno escluso i giorni festivi)* Carta 25/45 €
◆ Questa semplice dimora del XIII secolo è diventata una trattoria a gestione familiare dalla simpatica atmosfera in cui gustare cucina del territorio, tradizionale o rivisitata; gradevole servizio in giardino.

SONDRIO 🄿 (SO) – **561** D11 – 22 331 ab. – **alt.** 307 m – ✉ 23100   **16** B1
▶ Roma 698 – Bergamo 115 – Bolzano 171 – Bormio 64
ℹ via Tonale 13, ✆ 0342 21 92 46, www.sondrioevalmalenco.it
🏌 Valtellina via Valeriana 29/a, 0342 354009, www.valtellinagolf.it – marzo-novembre

🏨🏨 **Hotel Della Posta** 🖼 🕭 🛎 🍸 🛁 🄿 𝘷𝘪𝘴𝘢 ⓪ 🄰🄴 ⓪ 💰

piazza Garibaldi 19 – ✆ *03 42 05 06 44 – www.grandhoteldellaposta.eu*
37 cam ⌷ – ♛110/200 € ♛♛130/260 € – 1 suite – ½ P 100/136 €
Rist *Ristorante della Posta* – vedere selezione ristoranti
◆ Affacciato su una scenografica piazza del centro, edificio ed albergo nacquero insieme, nel 1862. Oggi rimangono diverse testimonianze d'epoca, arricchite da sculture e dipinti moderni. Camere signorili, mansardate all'ultimo piano.

Vittoria senza rist ⬛ 🅰 🎵 🛁 🅿 🚗 VISA ⓿ 🅰🅴 ♿

via Bernina 1 – ℰ 03 42 53 38 88 – www.vittoriahotel.com

40 cam ⬜ – ✝70/78 € ✝✝110/118 €

♦ In posizione semicentrale, albergo moderno di cui si apprezzerà la sorridente gestione familiare, gli spazi e la funzionalità. Se disponibili, richiedere le camere sul retro.

Europa ⬅ ⬛ 🅰 🍸 rist, 🎵 🚗 VISA ⓿ 🅰🅴 ♿

lungo Mallero Cadorna 27 – ℰ 03 42 51 50 10 – www.albergoeuropa.com

41 cam ⬜ – ✝66/72 € ✝✝96/104 € – ½ P 72 €

Rist – *(chiuso domenica)* Menu 25 €

♦ Albergo nato come semplice pensione a gestione familiare, è ora una struttura dai servizi completi, ubicata nel centro della località; interni e camere in stile lineare. Ristorante d'ispirazione contemporanea.

Sale & Pepe 🏠 VISA ⓿ 🅰🅴 ♿

piazza Cavour 13 – ℰ 03 42 21 22 10 – www.ristorantesalepepe.it
– chiuso 1 settimana in aprile, 2 settimane in luglio, 1 settimana in novembre, domenica

Rist – Menu 16 € bc (pranzo) – Carta 33/44 €

♦ Alla fine di una via pedonale che si apre sulla piccola piazza del vecchio mercato, locale caldo e signorile personalizzato alle pareti con quadri contemporanei dai colori decisi. Cucina moderna e creativa, ma rispettosa delle sue tradizioni.

Trippi Grumello 🏠 ✿ 🅿 VISA ⓿ 🅰🅴 ♿

via Stelvio 23, Est : 1 km ✉ 23020 Montagna in Valtellina
– ℰ 03 42 21 24 47 – chiuso domenica

Rist – Carta 33/55 €

♦ Atmosfera e proposte molto tipiche in un ristorante storico: accoglienti sale di buon livello, dove gustare caratteristici piatti del territorio, ma anche nazionali.

Ristorante della Posta – Hotel Della Posta 🚗 🏠 🅿

piazza Garibaldi 19 – ℰ 03 42 05 06 44 VISA ⓿ 🅰🅴 ♿
– www.grandhoteldellaposta.eu

Rist – *(chiuso domenica)* Carta 44/77 €

♦ La data è quella di apertura dell'omonimo albergo che ospita il ristorante, l'ubicazione, la più scenografica piazza di Sondrio, non è scelta a caso. Qui la montagna scende in città, anche metaforicamente, per incontrare una cucina eclettica ed inventiva, che si confronta agevolmente anche con il mare.

a Montagna in Valtellina Nord-Est : 2 km – alt. 567 m – ✉ 23020

Dei Castelli 🏠 🅿 VISA ⓿ 🅰🅴 ♿

via della Ruina 152 – ℰ 03 42 38 04 45 – chiuso dal 25 maggio al 15 giugno, dal 25 ottobre al 15 novembre, domenica sera, lunedì

Rist – Carta 37/49 €

♦ Ambiente caldo e accogliente, curato nella sua semplicità: tavoli di legno elegantemente ornati, camino acceso e atmosfera familiare; proposte di cucina valtellinese.

a Moia di Albosaggia Sud : 5 km – alt. 409 m – ✉ 23100 Sondrio

Campelli ⬅ 🚗 🏠 🏊 ⬛ ♿ cam, 🅰 🍸 🎵 🛁 🅿 🚗 VISA ⓿ 🅰🅴 ⓿ ♿

via Moia 6 – ℰ 03 42 51 06 62 – www.campelli.it

35 cam ⬜ – ✝60 € ✝✝90 € – 1 suite – ½ P 85 €

Rist – *(chiuso agosto, domenica sera, lunedì a mezzogiorno)* Carta 38/52 €

♦ In posizione dominante la valle, non lontano dalla città, albergo moderno recentemente ristrutturato: confortevoli interni dai colori caldi e intensi; camere accoglienti. Ristorante dove gustare proposte culinarie legate alla tradizione e al territorio.

SOPRABOLZANO = OBERBOZEN – Bolzano (BZ) – Vedere Renon

SORAFURCIA – Bolzano – Vedere Valdaora

SORAGA DI FASSA – Trento (TN) – **562** C16 – **709 ab.** 31 C2
– alt. 1 220 m – Sport invernali : Comprensorio Dolomiti superski Val di Fassa
– ✉ 38030

▶ Roma 664 – Bolzano 42 – Cortina d'Ampezzo 74 – Trento 74
🛈 stradon de Fascia 3, ℰ 0462 60 97 50, www.fassa.com

🏠 **Arnica** ⬙ ⊠ 🕸 🛋 🕸 **P** *VISA* ⊕ 🔔
🍴 strada De Parlaut 4 – ℰ 04 62 76 84 15 – www.hotelarnica.net
– 8 dicembre-pasqua e giugno-settembre
21 cam ⬡ – ♦50/70 € ♦♦110/180 € – 1 suite – ½ P 65/100 €
Rist *La Stua De Marco* – vedere selezione ristoranti
Rist – (chiuso a mezzogiorno) (prenotazione obbligatoria) Menu 15/30 €
♦ Nella parte alta della località, vi sembrerà di essere ospiti di amici: interni
funzionali, grazioso centro benessere e camere semplici, due delle quali in
un fienile del '700.

🍴🍴 **La Stua De Marco** – Hotel Arnica **P**
  strada De Parlaut 4 – ℰ 04 62 76 84 15 – dicembre-aprile e giugno-settembre
Rist – (chiuso a mezzogiorno) Carta 38/53 €
♦ Ottima location per questa stube del '700, con pochi tavoli per garantire il
massimo del servizio ad ogni cliente. Le specialità ladine vengono reinterpretate dall'estro di Marco, ma il menu contempla anche piatti di respiro più
internazionale.

SORAGNA – Parma (PR) – **561** H12 – **4 793 ab.** – alt. 47 m 8 B2
– ✉ 43019

▶ Roma 480 – Parma 27 – Bologna 118 – Cremona 35

🏨 **Locanda del Lupo** 🛋 ⟊ 🅰🅲 🕸 rist, 🍴 🛤 **P** *VISA* ⊕ 🅰🅴 ⓞ 🔔
  via Garibaldi 64 – ℰ 05 24 59 71 00 – www.locandadellupo.com – chiuso dal
23 al 28 dicembre e dall'8 al 23 agosto
46 cam ⬡ – ♦85/105 € ♦♦125/140 € – ½ P 83/90 € **Rist** – Carta 34/61 €
♦ Bella costruzione del XVIII sec., sapientemente restaurata: soffitti con travi a
vista negli interni di tono elegante con arredi in stile; camere accoglienti e
sala congressi. Calda atmosfera al ristorante con bel mobilio in legno.

🍴🍴 **Locanda Stella d'Oro** (Marco Dallabona) con cam 🏠 🅰🅲 🍴
🕸 via Mazzini 8 – ℰ 05 24 59 71 22 *VISA* ⊕ 🔔
– www.ristorantestelladoro.it
14 cam ⬡ – ♦60/80 € ♦♦90/120 € **Rist** – Menu 50 € – Carta 40/50 € 🕸
Spec. Insalata di provolone, tartufo nero e uovo pochè con colata di zucca.
Tortino di riso al lambrusco, riduzione di parmigiano e mariola (salume).
Suprema di faraona caramellata all'aceto balsamico con sedano, mele e ribes
rosso.
♦ Nelle terre verdiane, l'ambiente offre ancora tutto il sapore e la magia di
una trattoria. E neppure la cucina se ne discosta tanto, è la tradizione personalizzata.

a Diolo Nord : 5 km – ✉ 43019 Soragna

🍴 **Osteria Ardenga** 🏠 🅰🅲 🕸 ⟡ **P** *VISA* ⊕ 🅰🅴 ⓞ 🔔
  via Maestra 6 – ℰ 05 24 59 93 37 – www.osteriardenga.it
– chiuso dal 10 al 20 gennaio, dal 10 al 31 luglio, martedì sera, mercoledì
Rist – Carta 23/43 €
♦ Locale molto gradevole caratterizzato da uno stile rustico, ma signorile. Tre
salette, di cui una dedicata alle coppie, per apprezzare la genuina e gustosa
cucina parmense.

SORBO SERPICO – **Avellino (AV)** – **572 ab.** – ✉ **83050** **7** C2

[D] Roma 272 – Napoli 76 – Avellino 22 – Benevento 52

🍴🍴 **Marenna'**

✿ *località Cerza Grossa* – ☎ *08 25 98 66 66* – *www.feudi.it*
– chiuso 3 settimane in gennaio, 1 settimana in luglio, domenica sera, lunedì, martedì
Rist – Menu 48 € – Carta 42/54 €
Spec. Baccalà in bianco...al "nero". Guancia di manzo brasata all'aglianico, purea di zucca e liquirizia. Caffè e nocciole...
♦ Nata da un connubio d'idee tra designer di varie nazionalità, la sala propone una cucina fedele alla gastronomia locale, ma rivisitata con tocchi di modernità. Bella vista sulle colline circostanti dalle ampie vetrate.

SORGENTE SU GOLOGONE – **Nuoro (NU)** – **Vedere Oliena**

SORI – **Genova (GE)** – **561** I9 – **4 286 ab.** – ✉ **16030** **15** C2

[D] Roma 488 – Genova 17 – Milano 153 – Portofino 20

🍴 **Al Boschetto**

via Caorsi 44 – ☎ *01 85 70 06 59* – *chiuso dal 15 al 25 marzo, dal 10 settembre al 10 ottobre e martedì*
Rist – Carta 29/47 €
♦ Lungo il fiume, un locale familiare e luminoso caratterizzato da sale dalle ampie vetrate, dove gustare una cucina locale di terra e di mare. Servizio serale di focacceria.

SORISO – **Novara (NO)** – **561** E7 – **780 ab.** – **alt. 452 m** – ✉ **28010** **24** A2

[D] Roma 654 – Stresa 35 – Arona 20 – Milano 78

🍴🍴🍴🍴 **Al Sorriso** (Luisa Valazza) con cam [AC] cam,

✿✿✿ *via Roma 18* – ☎ *03 22 98 32 28* – *www.alsorriso.com* – *chiuso dall'8 al 23 gennaio e dall'8 al 18 agosto, lunedì e martedì*
8 cam ☕ – †150/180 € ††200 €
Rist – (consigliata la prenotazione) Menu 150 € bc/160 € bc – Carta 110/150 €
Spec. Patata all'uovo gratinata al parmigiano con tartufo d'Alba. Gnocco di patate farcito di crostacei, zabaglione di pomodoro e basilico. Riso carnaroli con zucca gialla, gorgonzola dolce, aceto balsamico e amaretti
♦ Marito in sala e moglie in cucina, una gestione familiare ai vertici della cucina italiana; locale di classica eleganza, cucina più eclettica, dai piatti piemontesi al pesce.

SORISOLE – **Bergamo (BG)** – **9 050 ab.** – **alt. 415 m** – ✉ **24010** **19** C1

[D] Roma 622 – Milano 62 – Bergamo 8

🍴🍴 **Al Rustico-Villa Patrizia**

via Rigla 27, località Petosino, Nord: 1 Km – ☎ *0 35 57 12 23*
– www.alrusticovillapatrizia.it – chiuso dal 1° al 7 gennaio, dal 1° al 21 agosto, lunedì, martedì
Rist – Carta 37/46 €
♦ Tra Bergamo e il fresco colle della Maresana, una villa dagli eleganti interni dove gustare la classica cucina italiana - di carne e di pesce - presentata con gusto moderno, accompagnata da una bella carta dei vini.

SORNI – **Trento (TN)** – **Vedere Lavis**

SORRENTO – Napoli (NA) – **564** F25 – **16 612 ab.** – ⊠ **80067** ▯ Italia   **6** B2

▶ Roma 257 – Napoli 49 – Avellino 69 – Caserta 74

🚢 per Capri – Caremar, call center 892 123

🛈 via De Maio 35, ℰ 081 8 07 40 33, www.sorrentotourism.com

◉ Villa Comunale : ⩤★★ A – Belvedere di Correale ⩤★★ B **A** – Museo Correale
di Terranova★ B **M** – Chiostro★ della chiesa di San Francesco A **F**

☉ Penisola Sorrentina★★ : ⩤★★ su Sorrento dal capo di Sorrento (1 h a piedi
AR), ⩤★★ sul golfo di Napoli dalla strada S 163 per ② (circuito di 33 km)
– Costiera Amalfitana★★★ – Isola di Capri★★★

🏨 Grand Hotel Excelsior Vittoria

⩤ 🍴 🛜 🛋 ⑤ 🧖 👥 🏃 🄰🄲 ❀ 🛜

piazza Tasso 34 – ℰ *08 18 77 71 11*   🛁 🅿 🆅🆂🅰 ⑩ 🄰🄴 ⓞ 🛎

– www.excelsiorvittoria.com   B**u**

72 cam ⬚ – †242/369 € ††281/726 € – 18 suites

Rist – Carta 56/78 €

♦ Il giardino con piascina, il nuovo piccolo centro benessere olistico e un
susseguirsi di saloni dal solare giardino d'inverno, alla sala della musica: sontuoso, storico e signorile. Maestosa la sala da pranzo, con eleganti pilastri di
marmo e uno stupendo soffitto dipinto.

🏨 Hilton Sorrento Palace ✎

⩤ 🍴 🛜 🛋 ⑤ 🧖 ❀ 🧖 👥 🏃 🄰🄲 ⇕ ❀

via Sant'Antonio 13, per via degli Aranci   ❀ 🛁 🅿 🆅🆂🅰 ⑩ 🄰🄴 ⓞ 🛎

– ℰ *08 18 78 41 41 – www.hiltonsorrentopalacehotel.com*   B

353 cam ⬚ – †164/514 € ††189/539 € – 4 suites – ½ P 130/310 €

Rist – Carta 35/85 €

♦ In posizione arretrata rispetto al mare, funzionalità, modernità e una certa
grandiosità di ambienti soddisfano una clientela internazionale e d'affari.
Varie sale ristorante, la più originale con pareti in roccia, vicino alla piscina.

🏨 Bellevue Syrene 1820 ✎

⩤ 🍴 🛜 🛜 🔊 🈁 🄰🄲 ❀ 🛜 🅿

piazza della Vittoria 5 – ℰ *08 18 78 10 24*   🆅🆂🅰 ⑩ 🄰🄴 ⓞ 🛎

– www.bellevue.it – chiuso dal 6 gennaio al 19 marzo   A**k**

46 cam ⬚ – †230/690 € ††250/710 € – 2 suites – ½ P 295/430 €

Rist – Carta 50/110 €

♦ Un soggiorno da sogno in un'incantevole villa del '700 a strapiombo sul
mare: vista sul golfo, terrazze fiorite e ascensore per la spiaggia; raffinati
ambienti con affreschi. Dalla colazione alla cena in una sala con ampie
vetrate a picco sul mare, per ammirare il sorgere del giorno e il calare della
sera.

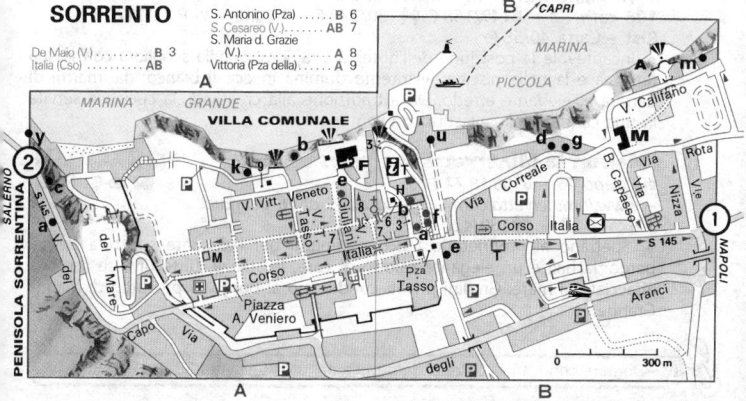

SORRENTO

De Maio (V.) . . . . **B** 3	S. Antonino (Pza) . . . . . . **B** 6
Italia (Cso) . . . . **AB**	S. Cesareo (V.) . . . . . . **AB** 7
	S. Maria d. Grazie (V.) . . . . **A** 8
	Vittoria (Pza della) . . . . **A** 9

Royal

via Correale 42 – ☏ 08 18 07 34 34
– www.royalsorrento.com – chiuso gennaio, febbraio **Bg**
114 cam ☲ – ♦110/360 € ♦♦160/500 € – 3 suites – ½ P 125/295 €
Rist – Carta 41/104 € (+15 %)
♦ Sulla scogliera, a picco sul mare, con terrazze, piscina e un indispensabile ascensore per la spiaggia; negli ambienti, mobili ad intarsio tipici dell'artigianato sorrentino. Ambiente distinto e arredi lineari nell'ariosa sala da pranzo. Terrazza all'aperto per uno snack e per cene estive.

Grand Hotel Europa Palace

via Correale 34/36 – ☏ 08 18 07 34 32
– www.europalace.com – marzo-ottobre **Bd**
61 cam ☲ – ♦200/265 € ♦♦215/275 € – 8 suites – ½ P 148/178 €
Rist – Carta 33/63 €
♦ Sulla scogliera a picco sul mare, la vista spazia sul Golfo di Napoli, tra Capri e il Vesuvio...Ampi saloni e camere curate, tutte con balconcino: godetevi la piacevole zona relax, in parte anche in giardino! Cucina mediterranea ed internazionale al ristorante (nella bella stagione è disponibile uno spazio all'aperto).

Imperial Tramontano

via Vittorio Veneto 1 – ☏ 08 18 78 25 88
– www.hoteltramontano.it – chiuso gennaio e febbraio **Ab**
113 cam ☲ – ♦215/270 € ♦♦230/340 €
Rist – Carta 48/77 €
♦ Un bel giardino e terrazze a strapiombo su Marina Piccola, per questa risorsa ospitata in un edificio del '500 (casa natale di T. Tasso). Camere arredate con sobria eleganza. Dalla sala da pranzo potrete ammirare un paesaggio che sembra dipinto.

Bristol

via Capo 22 – ☏ 08 18 78 45 22
– www.bristolsorrento.com **Aa**
132 cam ☲ – ♦100/200 € ♦♦140/280 € – ½ P 120/180 €
Rist – (prenotazione obbligatoria) Carta 38/70 €
♦ Complesso in posizione dominante il mare, abbellito da amene terrazze panoramiche con piscina; camere quasi tutte disposte sul lato mare, più silenziose agli ultimi piani. Incantevole vista su mare e città dalla spaziosa sala ristorante.

Grand Hotel Riviera ⌖

via Califano 22 – ☏ 08 18 07 20 11
– www.hotelriviera.com – marzo-ottobre **Bm**
106 cam ☲ – ♦147/168 € ♦♦180/270 € – 1 suite – ½ P 125/170 €
Rist – Carta 40/58 €
♦ Incantevole la posizione dell'hotel, a strapiombo sulla scogliera con la sua terrazza e la bella piscina; all'interno domina invece il bianco, dai marmi di Carrara all'elegante arredo. Dalla tradizione alla creatività, la cucina è servita in una candida sala, allestita con sontuosità.

Maison la Minervetta senza rist ⌖

via Capo 25 – ☏ 08 18 77 44 55
– www.laminervetta.com – chiuso dal 9 al 26 gennaio **Ac**
12 cam ☲ – ♦♦180/420 €
♦ Spettano al proprietario i riconoscimenti per l'elegante struttura dell'albergo: la hall è un elegante salotto di casa, le stanze, tutte diverse fra loro, affacciate sul mare. Gradini privati conducono al borgo di pescatori di Marina Grande.

Dormire con tutti i confort a prezzo contenuto? Cercate i Bib Hotel 🏠.

🏠🛁 **La Tonnarella** 🛥️ ≤ ⚓ 🛁 📶 🅰️ 🛎️ rist, 📶 🅿️ 💳 ⚫ ⓪ 💰
via Capo 31 – ☎ 08 18 78 11 53 – www.latonnarella.it – Capodanno e
15 marzo-ottobre   A**y**
24 cam 🛏️ – ♛♛150/220 € – 1 suite – ½ P 105/140 €
Rist Tonnarella a Mare – vedere selezione ristoranti
Rist – (chiuso a mezzogiorno) Carta 35/65 €
♦ Si respira un'atmosfera rustica e retrò in questo hotel sorto al posto di una
tonnara con belle camere e splendide junior suite. Aggrappato alla roccia, un
ascensore conduce alla spiaggia privata in basso.

🏠🛁 **Villa di Sorrento** senza rist   📶 🅰️ 🛎️ 📶 💳 ⚫ ⓐ 💰
viale Enrico Caruso 6 – ☎ 08 18 78 10 68 – www.villadisorrento.it
21 cam – ♛70/81 € ♛♛100/135 €, 🛏️ 13 €   B**e**
♦ La posizione stradale un po' rumorosa è attutita da piacevoli interni e da
camere confortevoli, per quanto semplici: uno scorcio di mare dai piani più
alti.

🏠🛁 **Gardenia** senza rist   🏊 📶 🅰️ 📶 🅿️ 📶 💳 ⚫ ⓐ 💰
corso Italia 258, per ① – ☎ 08 18 77 23 65 – www.hotelgardenia.com
27 cam – ♛60/120 € ♛♛70/140 €, 🛏️ 15 €
♦ Su una strada un po' trafficata, la struttura dispone di camere accoglienti e
ben insonorizzate. Tuttavia, all'atto della prenotazione, è meglio richiedere
una stanza sul retro.

🍴🍴 **Il Buco** (Giuseppe Aversa)   🏠 🅰️ 💳 ⚫ ⓐ ⓪ 💰
❀ Il Rampa Marina Piccola 5 – ☎ 08 18 78 23 54 – www.ilbucoristorante.it
– chiuso da gennaio al 15 febbraio e mercoledì   B**b**
Rist – (consigliata la prenotazione la sera) Menu 85 € – Carta 58/88 € 🍷
Spec. Il nostro crudo di mare. Fettuccelle, alici e noci. Spigola cotta a bassa
temperatura.
♦ Cucina tradizionale e creativa, ma anche simpatia e informalità, in un ele-
gante locale ricavato nelle cantine di un ex monastero nel cuore di Sorrento.

🍴🍴 **L'Antica Trattoria**   🏠 🅰️ ⇔ 💳 ⚫ ⓐ ⓪ 💰
via Padre R. Giuliani 33 – ☎ 08 18 07 10 82 – www.lanticatrattoria.com
– chiuso 2 settimane in gennaio o febbraio, lunedì (escluso da aprile a
ottobre)   A**e**
Rist – (consigliata la prenotazione) Menu 70 € bc – Carta 43/81 € 🍷
♦ Varie salette di taglio elegante, impreziosite con caratteristici elementi
decorativi, per questo ristorante che propone soprattutto piatti di pesce.
Ameno servizio estivo.

🍴🍴 **Caruso**   🅰️ ⇔ 💳 ⚫ ⓐ ⓪ 💰
via Sant'Antonino 12 – ☎ 08 18 07 31 56 – www.ristorantemuseocaruso.com
Rist – Carta 50/59 € 🍷   B**f**
♦ Ambiente ispirato al famoso cantante lirico: quattro piacevoli salette, decorate con foto e oggetti dedicati al maestro; cucina di mare d'ispirazione partenopea, ininterrotta da mezzogiorno a mezzanotte!

🍴🍴 **Tonnarella a Mare** – Hotel La Tonnarella   🅰️ 🛎️ 🅿️ 💳 ⚫ ⓐ ⓪ 💰
via Capo 31 – ☎ 08 18 78 10 16 – www.latonnarella.it – giugno-agosto
Rist – (chiuso la sera) Carta 30/50 €   A**y**
♦ Per gli irriducibili della vita en plein air, che non vogliono abbandonare
l'incanto della spiaggia, nemmeno il tempo di un pranzo, il ristorante propone i sapori del vicino mare.

🍴 **La Basilica**   🏠 🅰️ 💳 ⚫ ⓐ ⓪ 💰
via Sant'Antonino 28 – ☎ 08 18 77 47 90 – www.ristorantelabasilica.com
Rist – Carta 31/39 € 🍷   B**f**
♦ Cucina calda ininterrotta da mezzogiorno all'una di notte, per questo
locale attiguo alla piccola basilica dalla quale trae il nome. Proposte di terra,
di mare nonché vegetariane, in un'ampia sala dove troneggiano grandi quadri rappresentanti il Vesuvio in eruzione.

✗ **Zi' ntonio**   AC VISA ◐ AE ① ❺
via De Maio 11 – ℰ 08 18 78 16 23 – www.zintonio.it   B**a**
Rist – (consigliata la prenotazione) Carta 23/71 €
♦ Un locale decisamente caratteristico, che si sviluppa su tre livelli: al piano inferiore due sale rivestite in tufo con volta a botte, al piano terra un ambiente dall'alto soffitto in cui è stato ricavato un soppalco sorretto da grosse travi in legno. Cucina regionale con tradizionale buffet degli antipasti e pizze.

SOTTOMARINA – Venezia (VE) – Vedere Chioggia

SOVANA – Grosseto (GR) – **563** O16 – alt. 291 m – ✉ 58010   **29** D3
▪ Toscana
▶ Roma 172 – Viterbo 63 – Firenze 226 – Grosseto 82

🏠 **Sovana** senza rist ⌂   ⊿ ⌱ 🗐 ᴋ ⁍ P VISA ◐ AE ① ❺
*via del Duomo 66 – ℰ 05 64 61 70 30 – www.sovana.eu – chiuso
dal 7 gennaio al 26 febbraio*
18 cam ⌁ – ♦90/150 € ♦♦120/180 € – 1 suite
♦ Di fronte al duomo, casa colonica completamente rinnovata: ideale per un soggiorno ambientato nell'eleganza e con divagazioni nel verde degli uliveti, in fondo ai quali c'è anche un piccolo labirinto.

🏠 **Pesna** senza rist ⌂   ⅍ VISA ◐ AE ① ❺
via del Pretorio, 9 – ℰ 05 64 61 41 20 – www.pesna.it
6 cam ⌁ – ♦45/50 € ♦♦75/90 €
♦ Nel centro storico del paese, un antico palazzo il cui nome deriva da quello di un valoroso guerriero etrusco, dispone di funzionali e gradevoli camere recentemente rinnovate.

✗✗ **Taverna Etrusca** con cam   ⌗ AC VISA ◐ AE ① ❺
*piazza del Pretorio 16 – ℰ 05 64 61 41 13 – www.sovana.eu – chiuso dal
7 gennaio al 26 febbraio*
7 cam ⌁ – ♦50/75 € ♦♦75/110 € – ½ P 60/80 €
Rist – (chiuso mercoledì) Carta 39/55 €
♦ Nel cuore della Maremma, *Suana* (antico nome della città etrusca) racchiude come in un prezioso scrigno questo piccolo gioiello della ristorazione: cura del dettaglio e fantasiose proposte legate alle ricette locali. Camere confortevoli.

✗ **Dei Merli** con cam ⌂   ⊿ ⌗ AC ᴋ P VISA ◐ AE ① ❺
via Rodolfo Siviero 1/3 – ℰ 05 64 61 65 31 – www.sovana.eu
8 cam ⌁ – ♦50/75 € ♦♦75/110 € – ½ P 60/80 €
Rist – (chiuso martedì escluso agosto) Carta 25/39 € ⅍
♦ Nel caratteristico borgo d'origine etrusca, un locale gaio e luminoso, dove le specialità tipiche maremmane vengono preparate utilizzando solo materie prime locali. Nella bella stagione ci si accomoda in giardino. Camere di raffinata semplicità.

SOVERATO – Catanzaro (CZ) – **564** K31 – 10 805 ab. – ✉ 88068   5 B2
▶ Roma 636 – Reggio di Calabria 153 – Catanzaro 32 – Cosenza 123

🏠 **Il Nocchiero**   🗐 AC ⅍ ⁍ ᴋ VISA ◐ AE ① ❺
*piazza Maria Ausiliatrice 18 – ℰ 09 67 21 49 1 – www.hotelnocchiero.com
– chiuso dal 21 dicembre al 7 gennaio*
36 cam ⌁ – ♦50/80 € ♦♦75/90 € – 1 suite – ½ P 85 €
Rist – Carta 22/33 €
♦ Valida conduzione diretta in una struttura semplice, situata nel centro della cittadina, con interni decorati dagli arredi lineari; camere confortevoli e rinnovate. Sala da pranzo classica ed essenziale, con pareti ornate da quadri e bottiglie esposte.

XX **Osteria Lo Sciamano**   🏠 AK

via G. Marconi 28 – ℰ 09 67 52 25 64 – www.osterialosciamano.it – chiuso dal 20 dicembre al 3 gennaio, domenica sera e lunedì (escluso giugno-agosto)
Rist – (consigliata la prenotazione) Carta 40/60 €
♦ Nella parte più antica della città, un edificio di fine '800 ospita negli spazi adibiti un tempo a deposito agricolo, una cucina di pesce il cui fornitore unico è il mare antistante la città.

XX **Riviera**   ⅍ AK ⅍ VISA ⅏ AE ⅏ ⅍

via Regina Elena 4/6 – ℰ 09 67 53 01 96 – www.ristoranterivierasoverato.com
Rist – Carta 54/64 €
♦ Al timone di questo ristorante storico nel centro di Soverato, ormai, c'è Paolo, che continua a portare avanti una linea gastronomica attenta ai sapori locali: di grande qualità le materie prime utilizzate.

SOVICILLE – Siena (SI) – 563 M15 – 9 712 ab. – alt. 265 m   29 C2
– ✉ 53018
▶ Roma 240 – Siena 14 – Firenze 78 – Livorno 122

dalla strada statale 541 km 1,300 direzione Tonni Sud-Ovest: 13 km

🏠 **Borgo Pretale** ⅍   ⅏ ⅍ 🏠 ⅏ ⅍ ⅍ ⅍ ⅍ rist, ⅍ P VISA ⅏ AE ⅍

località Pretale – ℰ 05 77 34 54 01 – www.borgopretale.it – Pasqua-ottobre
35 cam ⚏ – †90/110 € ††120/140 € – 7 suites – ½ P 105 €
Rist – (chiuso a mezzogiorno) Carta 31/45 €
♦ In posizione bucolica all'interno di un antico borgo circondato dal parco e sormontato da una torre, la struttura offre ambienti arredati in pietra, legno e tessuti di pregio. Nella suggestiva sala ristorante che domina la vallata, prodotti stagionali di tradizione regionale.

SOZZIGALLI – Modena (MO) – Vedere Soliera

SPARONE – Torino (TO) – 561 F4 – 1 135 ab. – alt. 552 m   22 B2
– ✉ 10080
▶ Roma 708 – Torino 48 – Aosta 97 – Milano 146

XXX **La Rocca**   ⅍ P VISA ⅏ ⅍

via Arduino 6 – ℰ 01 24 80 88 67 – www.laroccasparone.it – chiuso dal 7 gennaio al 13 febbraio, dal 1° al 14 agosto, da lunedì a giovedì da ottobre a maggio
Rist – (chiuso a mezzogiorno escluso domenica) (prenotazione obbligatoria) Carta 22/42 €
♦ Alle porte del paese, locale elegante con una sala dalla parete rocciosa, dove apprezzare una cucina fantasiosa, con piatti di terra e, soprattutto, di mare.

SPARTAIA – Livorno (LI) – Vedere Elba (Isola d') : Marciana Marina

SPELLO – Perugia (PG) – 563 N20 – 8 673 ab. – alt. 280 m   33 C2
– ✉ 06038   ▌ Italia Centro Nord
▶ Roma 165 – Perugia 31 – Assisi 12 – Foligno 5
🄸 piazza Matteotti 3, ℰ 0742 30 10 09, www.turismo.comune.spello.pg.it
◉ Affreschi★★ del Pinturicchio nella chiesa di S. Maria Maggiore

🏠 **Palazzo Bocci** senza rist   ⅍ 🔔 AK ⅍ ⅍ VISA ⅏ AE ⅏ ⅍

via Cavour 17 – ℰ 07 42 30 10 21 – www.palazzobocci.com
23 cam ⚏ – †80/100 € ††130/160 € – 6 suites
♦ Confort moderni e ospitalità di alto livello in una signorile residenza d'epoca: eleganti spazi comuni in stile, tra cui una sala splendidamente affrescata, belle camere.

La Bastiglia ⚜   ⟨ ☐ 🅰🅲 ⁓ 🛁 🆅🆂🅰 ⊙ 🅰🅴 ⓪ ⑊

via Salnitraria 15 – ℰ 07 42 65 12 77
– www.labastiglia.com – chiuso dal 7 al 31 gennaio
33 cam ⊑ – ♥70/105 € ♥♥80/155 € – ½ P 75/113 €
Rist La Bastiglia⚘ – vedere selezione ristoranti
Rist – Carta 25/35 €

♦ Appena varcata la soglia di questo antico mulino è difficile non rimanere
ammaliati dalla raffinatezza dei suoi interni: oggetti d'arte, quadri e sculture,
nonché camere ariose e di confort elevato (quasi tutte dotate di uno spazio
esterno a loro riservato). La terrazza panoramica con piscina si affaccia sulla
vallata.

Del Teatro senza rist   ⟨ |⧢| 🅰🅲 🛁 🆅🆂🅰 ⊙ 🅰🅴 ⓪ ⑊

via Giulia 24 – ℰ 07 42 30 11 40
– www.hoteldelteatro.it – chiuso dal 10 gennaio al 10 febbraio
11 cam ⊑ – ♥65/85 € ♥♥95/110 €

♦ Nel caratteristico centro storico, piccolo albergo a conduzione familiare in
un palazzo settecentesco ristrutturato; interni essenziali, confortevoli camere
con parquet.

Il Cacciatore   ⟨

via Giulia 42 – ℰ 07 42 65 11 41
– www.ilcacciatorehotel.com
21 cam – ♥60/65 € ♥♥85/95 €   **Rist** – Carta 25/40 €

♦ Con l'hotel Del Teatro ha in comune la stessa simpatica gestione familiare
e la bella posizione panoramica (incantevole la terrazza). La risorsa è però un
po' più semplice ed economica.

𝔛𝔛𝔛 La Bastiglia – Hotel La Bastiglia   ⟨ 🏠 🅰🅲 ⟁ 🆅🆂🅰 ⊙ 🅰🅴 ⓪ ⑊
⚘

via Salnitraria 15 – ℰ 07 42 65 12 77
– www.labastiglia.com – chiuso dal 7 al 31 gennaio, mercoledì, giovedì
Rist – (chiuso a mezzogiorno escluso sabato e domenica) Carta 56/74 € ⅏
Spec. Microravioli di alici, zuppa di caprino al latte crudo, battuta di ostriche.
Cinturello orvietano (suino), in diverse cotture, tegame di verdure ed erbe.
Cioccolato su cioccolato su cioccolato, fragole e basilico (estate)

♦ Nell'elegante sala in stile rustico o sulla panoramica terrazza, la cucina è
creativa, a volte sofisticata, ma non tradisce mai la pienezza e la forza dei
sapori umbri.

𝔛𝔛 Il Molino   🏠 🅰🅲 🆅🆂🅰 ⊙ 🅰🅴 ⓪ ⑊

piazza Matteotti 6/7 – ℰ 07 42 65 13 05
– chiuso martedì
Rist – Carta 32/46 €

♦ Nel centro del paese, locale ricavato da un vecchio mulino a olio con fondamenta del 1300; sala con soffitto ad archi in mattoni e camino per preparare carni alla griglia.

SPERLONGA – Latina (LT) – 563 S22 – 3 273 ab. – ⌧ 04029   13 D3
Italia Centro Sud

🄳 Roma 127 – Frosinone 76 – Latina 57 – Napoli 106
🄸 corso San Leone 22, ℰ 0771 55 70 00, www.sperlongaturismo.it

Virgilio Grand Hotel   🏠 ☐ ⊙ 🎐 🛅 |⧢| 🕭 🅰🅲 🛁 🎐 🛁 🚪
   🆅🆂🅰 ⊙ 🅰🅴 ⓪ ⑊

via Prima Romita – ℰ 07 71 55 76 00
– www.virgiliograndhotel.it – chiuso dal 1° dicembre al 10 febbraio
72 cam ⊑ – ♥70/170 € ♥♥90/260 € – ½ P 85/170 €
Rist – (chiuso a mezzogiorno) Carta 35/47 €

♦ Risorsa di recente apertura articolata su tre edifici comunicanti, ospita
all'interno generosi spazi comuni e nelle camere un mix di legno, tessuti colorati e bagni a mosaico.

Aurora senza rist ≼ ⚮ 🛗 🄰 ⌘ 🐾 🅿 🆅🆂🄰 ⑳ 🄰🄴 ⓞ 🛆
via Cristoforo Colombo 15 – ✆ *07 71 54 92 66 – www.aurorahotel.it*
– Pasqua-ottobre
50 cam ⌑ – �js80/200 € ♟♟110/280 €
♦ Direttamente sul mare, albergo immerso nel verde di un giardino mediterraneo, un'impronta artistica contribuisce a rendere l'atmosfera familiare e straordinaria al contempo. Piacevole terrazza sul borgo antico.

La Playa ⚮ ⌇ 🛗 🄰 ⌘ rist, ⁋ 🅿 🆅🆂🄰 ⑳ 🄰🄴 ⓞ 🛆
via Cristoforo Colombo – ✆ *07 71 54 94 96 – www.laplayahotel.it*
60 cam ⌑ – ♟66/121 € ♟♟122/222 € – ½ P 131 €
Rist *– (giugno-settembre)* Menu 25 €
♦ Direttamente sul mare, ospita una rilassante piscina e camere dai nuovi arredi, alcune delle quali con pavimenti in maiolica. Graziose terrazze si affacciano sulla spiaggia.

La Sirenella ≼ ⚮ 🛗 🅖 🄰 ⌘ ⁋ 🅿 🚗 🆅🆂🄰 ⑳ 🄰🄴 🛆
via Cristoforo Colombo 25 – ✆ *07 71 54 91 86 – www.lasirenella.com*
– chiuso novembre, dicembre
40 cam ⌑ – ♟100/120 € ♟♟130/170 €
Rist *– (solo per alloggiati)* Menu 30/40 €
♦ Piacevole struttura situata sulla spiaggia, con camere ben tenute e confortevoli: una buona parte di esse dotate di balcone per godere le fresche brezze del Mediterraneo.

Gli Archi 🚗 🄰 ⌘ 🆅🆂🄰 ⑳ 🄰🄴 🛆
via Ottaviano 17, centro storico – ✆ *07 71 54 83 00 – www.gliarchi.com*
– chiuso gennaio e mercoledì escluso luglio-agosto
Rist *–* Carta 45/85 €
♦ Nel cuore della località, annovera una piccola sala ad archi ed un ambiente all'aperto dove gustare una cucina semplice, fedele ai prodotti ittici. Si consiglia di prenotare.

SPEZIALE – Brindisi (BR) – **564** E34 – **Vedere Fasano**

SPIAZZO – Trento (TN) – **562** D14 – **1 164 ab.** – **alt. 650 m**   **30** B3
– ✉ **38088**

▶ Roma 622 – Trento 49 – Bolzano 112 – Brescia 96

1/2 Soldo-dal 1897 con cam 🛗 ⌘ rist, ⁋ 🅿 🆅🆂🄰 ⑳ 🄰🄴 ⓞ 🛆
a Mortaso, Nord : 1 km – ✆ *04 65 80 12 46 – www.mezzosoldo.it*
26 cam ⌑ – ♟45/60 € ♟♟80/100 € – ½ P 55/80 €
Rist *– (chiuso giovedì in bassa stagione)* Menu 40/60 € – Carta 41/58 €
♦ Quattro sale personalizzate ma sempre con ambiente tipico e arredi d'epoca, dove assaporare specialità trentine, tra cui piatti non comuni, con materie prime ricercate. Camere dagli arredi d'epoca e fascino antico.

SPILIMBERGO – Pordenone (PN) – **562** D20 – **12 140 ab.**   **10** B2
– alt. 132 m – ✉ **33097**

▶ Roma 625 – Udine 30 – Milano 364 – Pordenone 33

La Torre 🄰 🆅🆂🄰 ⑳ 🄰🄴 ⓞ 🛆
piazza Castello 8 – ✆ *0 42 75 05 55 – www.ristorantelatorre.net – chiuso domenica sera, lunedì*
Rist – (consigliata la prenotazione) Menu 35/70 € – Carta 33/45 € 🍃
♦ Nella pittoresca cornice del castello medievale di Spilimbergo, due raccolte salette rustico-eleganti con muri in pietra e travi in legno, dove gustare specialità del territorio in chiave leggermente moderna. Pochi coperti: meglio prenotare!

X **Osteria da Afro** con cam   🛋 📶 ⚫ 🕹 📶 🚗 **P** 📟 ⚫⚫ 🅰🅴 🌣
via Umberto I 14 – ℰ *04 27 22 64* – *www.osteriadaafro.com*
– *chiuso dal 1° al 10 gennaio*
8 cam 🛏 – ♦60/65 € ♦♦95/110 € – ½ P 68/85 €
Rist – *(chiuso domenica sera)* (consigliata la prenotazione) Carta 25/34 €
♦ Trattoria dall'esperta conduzione familiare, poco distante dal centro storico:
due salette dalla calda atmosfera (soprattutto quella con camino) e genuini
piatti del giorno presentati su una lavagnetta. Un*bijou*di ospitalità che mette
a disposizione dei propri ospiti anche graziose camere in legno di abete o
ciliegio.

SPINETTA MARENGO – Alessandria (AL) – **561** H8 – Vedere Alessandria

---

SPIRANO – Bergamo (BG) – **561** F11 – 5 595 ab. – alt. 154 m   **19** C2
– ✉ 24050

▷ Roma 591 – Bergamo 16 – Brescia 48 – Milano 42

X **3 Noci-da Camillo**   🛋 ⚫ 📶 ⚫⚫ 🅰🅴 ⓪ 🌣
via Petrarca 16 – ℰ *0 35 87 71 58* – *www.ristorantetrenoci.it*
– *chiuso dal 1° al 10 gennaio, dal 10 al 25 agosto, domenica sera, lunedì*
Rist – Carta 33/54 €
♦ Il tocco femminile delle proprietarie ha ingentilito il côté rustico dell'ambiente. Ne risulta una piacevolissima trattoria, dove si possono gustare ancora
i ruspanti sapori della bassa e carni cotte sulla grande griglia in sala. Gazebo
per il servizio estivo all'aperto.

SPOLETO – Perugia (PG) – **563** N20 – 39 339 ab. – alt. 396 m   **33** C3
– ✉ 06049 ▌ Italia

▷ Roma 130 – Perugia 63 – Terni 28 – Ascoli Piceno 123
ℹ piazza della Libertà 7, ℰ 0743 21 86 20, www.spoletocard.it
◉ Piazza del Duomo★ : Duomo★★ Y – Ponte delle Torri★★ Z – Chiesa di San
Gregorio Maggiore★ Y **D** – Basilica di San Salvatore★ Y **B**
🄶 Strada★ per Monteluco per ②

🏨 **San Luca** senza rist   🚗 📶 ⚫ 📶 ↔ 🕹 🔸 🚗 📶 ⚫⚫ 🅰🅴 ⓪ 🌣
via Interna delle Mura 21 – ℰ *07 43 22 33 99* – *www.hotelsanluca.com*
35 cam 🛏 – ♦95/170 € ♦♦110/240 € – 1 suite   Y**b**
♦ Una volta conceria, oggi uno dei più bei palazzi della città. Tonalità ocra
accompagnano i clienti dalla corte interna alle camere, passando per raffinati
saloni e corridoi.

🏨 **Albornoz Palace Hotel**   ⟸ 🚗 📶 ⚫ cam, 📶 ↔ ⚥ rist, 🕹 🔸 **P**
viale Matteotti 16, 1 km per ②   🚗 📟 ⚫⚫ 🅰🅴 ⓪ 🌣
– ℰ *07 43 22 12 21* – *www.albornozpalace.com*
90 cam 🛏 – ♦69/141 € ♦♦94/165 € – 4 suites – ½ P 87/113 €
Rist – *(chiuso lunedì)* (chiuso a mezzogiorno) Carta 35/49 €
♦ Hotel moderno con originali e ampi interni abbelliti da opere di artisti contemporanei; camere eleganti e "artistiche", attrezzato ed apprezzato centro
congressi. Spazioso ristorante dove prevalgono le tonalità pastello.

🏨 **Villa Milani** – Residenza d'epoca ❧   ⟸ 🚗 🄺 🚗 📶 ⚥ rist, 🔸 **P**
località Colle Attivoli 4, 2,5 km per viale Matteotti   📟 ⚫⚫ 🅰🅴 ⓪ 🌣
– ℰ *07 43 22 50 56* – *www.villamilani.com* – *aprile-2 novembre*   Z
11 cam 🛏 – ♦190/380 € ♦♦240/570 €
Rist – *(maggio-settembre)* (chiuso a mezzogiorno) (solo per alloggiati)
Menu 40/50 €
♦ Un tributo all'omonimo architetto che progettò e visse in questa villa eclettica di fine '800. Sontuosi arredi di ogni epoca, giardino all'italiana e passeggiate nel parco.

SPOLETO

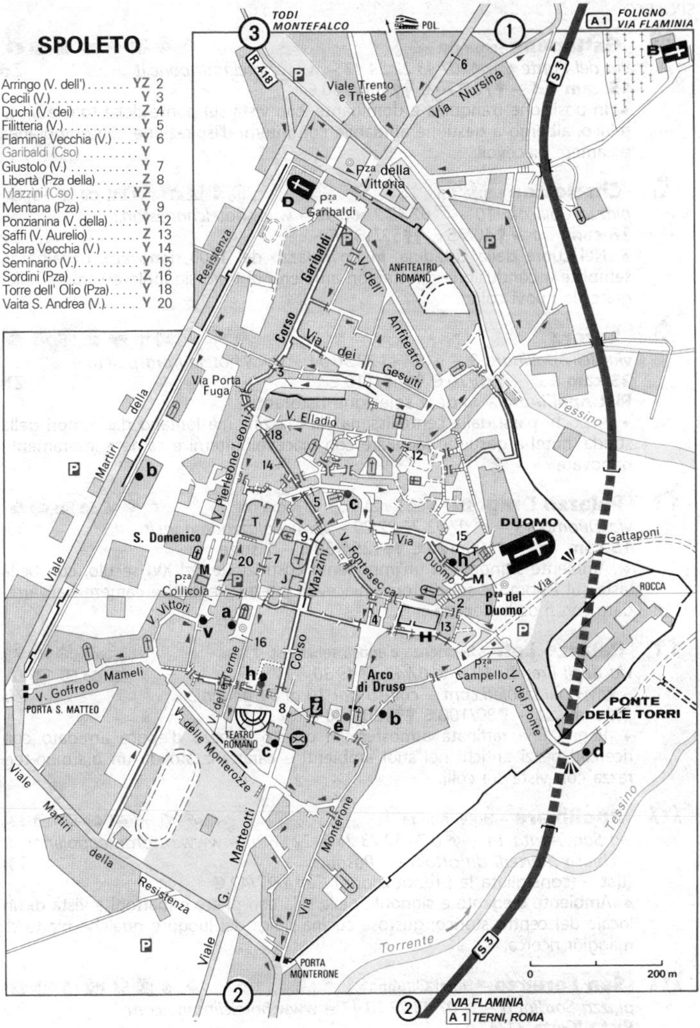

Dei Duchi

viale Matteotti 4 – ✆ 0 74 34 45 41 – www.hoteldeiduchi.com Zc

49 cam – 75/100 € 110/150 € – 2 suites – ½ P 80/100 €

Rist – *(chiuso martedì)* Carta 25/36 €

◆ Nel cuore della città un edificio recente in mattoni: grande e luminosa hall con comodi divani, camere molto spaziose, da poco rinnovate; ideale per uomini d'affari. Dalla grande vetrata del ristorante si gode una bella veduta sulle colline.

Clitunno

piazza Sordini 6 – ✆ 07 43 22 33 40 – www.hotelclitunno.com Za

52 cam – 50/90 € 70/130 € – 2 suites – ½ P 55/85 €

Rist *San Lorenzo* – vedere selezione ristoranti

◆ Tradizione e modernità, quando espressione del medesimo buon gusto, si esaltano a vicenda: vicino al teatro romano, spunti di design moderno si mescolano ad arredi d'epoca.

Gattapone senza rist ⌂   ⟨ 🚗 AC ⅍ VISA ⚫ AE ⚅
via del Ponte 6 – ℰ *07 43 22 34 47* – *www.hotelgattapone.it*   **Zd**
15 cam �"" – †70/170 € ††100/230 €
♦ In posizione tranquilla e dominante, con vista sul ponte delle torri e Monteluco, albergo a gestione affidabile con interni d'ispirazione contemporanea e camere piacevoli.

Charleston senza rist   ⌂ 🚿 ⽧ AC ⅋ 🚗 VISA ⚫ AE ⓪ ⚅
piazza Collicola 10 – ℰ *07 43 22 00 52* – *www.hotelcharleston.it*
18 cam �"" – †40/75 € ††52/135 €   **Zv**
♦ Nel cuore della cittadina, in un palazzo del 1600 rinnovato, un albergo semplice a conduzione diretta con ambienti di tono signorile e camere rallegrate da nuovi colori.

Aurora   AC ⽧ VISA ⚫ AE ⓪ ⚅
via dell'Apollinare 3 – ℰ *07 43 22 30 04* – *www.hotelauroraspoleto.it*
23 cam �"" – †30/70 € ††40/110 €   **Zh**
Rist *Apollinare* – vedere selezione ristoranti
♦ A pochi passi dalla centralissima via Mazzini, ma lontano dai rumori della strada, hotel a gestione familiare con piacevoli interni e camere interamente rinnovate.

Palazzo Dragoni – Residenza d'epoca senza rist   ⟨ ⽧ AC ⅍ VISA ⚫ ⚅
via Duomo 13 – ℰ *07 43 22 22 20* – *www.palazzodragoni.it*   **Yh**
15 cam �"" – †100/120 € ††125/150 € – 1 suite
♦ Ambiente signorile in un'imponente costruzione del XVI secolo, con bella vista sul Duomo e sui dintorni; piacevoli interni eleganti e camere ben arredate con mobili d'epoca.

Palazzo Leti – Residenza d'epoca senza rist ⌂   ⟨ 🚗 ⽧ AC ⅊
via degli Eremiti 10 – ℰ *07 43 22 49 30*
– *www.palazzoleti.com* – *chiuso dal 10 al 31 gennaio*   VISA ⚫ AE ⓪ ⚅
12 cam �"" – †80/100 € ††120/170 €   **Zb**
♦ Regna una raffinata atmosfera in questo palazzo d'epoca arredato con ricercati pezzi antichi nei suoi ambienti e caratterizzato da un giardino-terrazza con vista sui colli.

Apollinare – Hotel Aurora   🍴 AC ⅊ VISA ⚫ AE ⓪ ⚅
via Sant'Agata 14 – ℰ *0 74 32 23 25 6- 22 56 76* – *www.ristoranteapollinare.it*
– *chiuso martedì da ottobre a Pasqua*   **Zh**
Rist – (consigliata la prenotazione) Carta 27/42 €
♦ Ambiente elegante e signorile nella sala con pietre e mattoni a vista di un locale del centro storico; gustosa cucina tipica del luogo e qualche piatto di maggior ricerca.

San Lorenzo – Hotel Clitunno   🍴 ⅋ AC ⅊ VISA ⚫ AE ⓪ ⚅
piazza Sordini 6 – ℰ *07 43 22 18 47* – *www.hotelclitunno.com*   **Za**
Rist – Carta 31/43 €
♦ Condividerete l'elegante e luminosa sala interna, o il conviviale spazio esterno allestito su una piazza del centro storico, con una buona clientela locale che lo preferisce (anche) per i suoi piatti di mare. Non mancano tuttavia le proposte più legate alle tradizioni umbre, talvolta presentate in una veste più moderna.

Il Tempio del Gusto   🍴 AC VISA ⚫ AE ⓪ ⚅
via Arco di Druso 11 – ℰ *0 74 34 71 21* – *www.iltempiodelgusto.com* – *chiuso febbraio o marzo, giugno o settembre, giovedì*   **Ze**
Rist – (consigliata la prenotazione la sera) Menu 25 € (pranzo)/35 €
– Carta 28/53 €
♦ Pareti in pietra, tavoli piccoli e ravvicinati, perfino un reperto archeologico (un antichissimo selciato visibile attraverso un cristallo) tutto sembrerebbe orientato in una certa direzione… se non fosse per la cucina: autentico tempio del gusto, dove si "celebra" la creatività.

sulla strada statale 3 - via Flaminia YZ Nord: 8 km

X **Al Palazzaccio-da Piero** 🛋 🕸 P VISA ∞ ⅙

località San Giacomo km 134 ⊠ 06048 San Giacomo di Spoleto
– ℰ 07 43 52 01 68 – www.alpalazzaccio.it – chiuso lunedì
Rist – (consigliata la prenotazione) Carta 20/35 €
♦ Un accogliente angolo familiare e una meta gastronomica ormai più che trentennale per una sosta amichevole in compagnia; gustosi piatti locali e specialità al tartufo.

a Silvignano Nord-Est : 13 km – ⊠ 06049

⌂ **Le Logge di Silvignano** senza rist e senza 🖵 ⤴ 🗲 ⤴ 🕸

– ℰ 07 43 27 40 98 – www.leloggedisilvignano.it VISA ∞ ⅙
– marzo-ottobre
6 suites – ♦♦150/250 €
♦ Splendido esempio di architettura medievale, in passato sede di guarnigione militare e residenza patrizia, con un loggiato del '400 che ne orna la facciata: all'interno la cura del dettaglio si declina nei pavimenti in cotto, nelle ceramiche di Deruta o nelle maioliche di Vietri. Soggiorno in una dimensione atemporale.

SPOTORNO – Savona (SV) – 561 J7 – 4 094 ab. – ⊠ 17028   14 B2
▶ Roma 560 – Genova 61 – Cuneo 105 – Imperia 61
🖼 via Aurelia 121, ℰ 019 7 41 50 08, www.visitriviera.it

🏨 **Acqua Novella** ⤴   ⤴ ⤴ ⤴ 🗲 🖹 AC ⤴ 🕸 ⤴ ⤴ P VISA ∞ AE ① ⅙
via Acqua Novella 1, Est : 1 km – ℰ 0 19 74 16 65 – www.acquanovella.it
– marzo-ottobre
50 cam 🖵 – ♦62/280 € ♦♦80/300 € – ½ P 75/185 €
Rist – (chiuso a mezzogiorno) Carta 35/75 €
♦ In posizione elevata con vista panoramica, hotel recente dalla cordiale conduzione. Le camere sono luminose, molte con vista, impreziosite da belle ceramiche. Ristorante con grandi vetrate e vista a perdita d'occhio.

🏨 **Villa Imperiale** ⤴ 🛋 🖹 ⅙ cam, AC VISA ∞ AE ① ⅙
via Aurelia 47 – ℰ 0 19 74 51 22 – www.villaimperiale.it
26 cam 🖵 – ♦55/87 € ♦♦88/174 € – 6 suites
Rist Terredimare – (chiuso martedì da novembre ad aprile)
Carta 48/75 € ⅛
♦ In pieno centro lungo la passeggiata, camere ampie - accuratamente personalizzate - nonché spazi comuni ben distribuiti, in una villa anni '30 sapientemente ristrutturata. Piacevole ristorante con ingresso indipendente: cucina mediterranea in chiave moderna.

🏨 **Premuda** ⤴ ⤴ 🛋 ⤴ P VISA ∞ AE ⅙
piazza Rizzo 10 – ℰ 0 19 74 51 57 – www.hotelpremuda.it – Pasqua-ottobre
21 cam – ♦45/100 € ♦♦60/125 €, 🖵 8 €
Rist – (maggio-settembre) Carta 20/36 €
♦ Un dancing degli anni '30 divenuto ora un piccolo albergo ordinato e ben gestito, in bella posizione in riva al mare; piacevoli e "freschi" interni, camere lineari. Ariosa sala da pranzo resa luminosa dalle ampie vetrate che si aprono sulla spiaggia.

🏨 **Riviera** ⤴ 🛋 🕸 🖹 ⤴ AC ⤴ 🛐 ⤴ VISA ∞ AE ① ⅙
via Berninzoni 24 – ℰ 0 19 74 10 44 – www.rivierahotel.it
47 cam 🖵 – ♦50/100 € ♦♦70/130 € – ½ P 50/80 €
Rist – Menu 20/40 €
♦ Hotel ben tenuto, ristrutturato negli ultimi anni: gradevoli spazi esterni con giardino e piscina, accoglienti interni di moderna concezione, camere confortevoli. Capiente sala ristorante ornata in modo semplice; proposte gastronomiche del territorio.

Ⅹ **Al Cambio** ⒶⒸ
via XXV Aprile 72 – ℰ 01 97 41 55 37 – www.ristorantealcambio.com – chiuso 1 settimana in febbraio, martedì
Rist – (consigliata la prenotazione) Carta 27/40 €
♦ A pochi passi dalla passeggiata, il locale propone la tradizione gastronomica ligure rielaborata in una sfiziosa cucina mediterranea.

STEGONA = STEGEN – Bolzano (BZ) – **562** B17 – **Vedere Brunico**

STEINEGG = Collepietra

STENICO – Trento (TN) – **562** D14 – **1 167 ab. – alt. 666 m** 30 B3
– ⊠ 38070

▶ Roma 603 – Trento 31 – Brescia 103 – Milano 194

🏨 **Flora** ≼ 🚗 🕅 ⅃ₑ ℀ 🍴 🔟 cam, ℀ rist, 🕯️ 🔏 🅿 🚾 ⓒⓞ ⒶⒺ 🔓
località Maso da Pont 1, Sud: 2 km – ℰ 04 65 70 15 49
– www.hotelfloracomano.it – dicembre-8 gennaio e aprile-5 novembre
65 cam � – †62/85 € ††94/140 € – ½ P 79 € **Rist** – Carta 22/48 €
♦ Un'ottima base di appoggio per una vacanza all'insegna delle escursioni e del turismo termale: ariosi ambienti in stile contemporaneo e camere spaziose. Campo da tennis e vista sui monti dal grazioso giardino.

STERZING = Vipiteno

STEZZANO – Bergamo (BG) – **12 613 ab.** – ⊠ 24040 19 C1
▶ Roma 615 – Milano 50 – Bergamo 7 – Lecco 79

🏨 **Grand Hotel del Parco** 🕅 ⅃ₑ 🛗 ⅚ 🔟 ℀ ☏ 🔏 🅿 🚗
Via Galeno, 8 – ℰ 03 55 91 71 10 🚾 ⓒⓞ ⒶⒺ ① 🔓
– www.grandhoteldelparco.com – chiuso dicembre, agosto
46 cam ⊑ – †90/210 € ††110/380 € – ½ P 80/185 €
Rist – (chiuso venerdì, sabato e domenica) (chiuso a mezzogiorno)
Carta 34/52 €
♦ Albergo signorile costruito pochi anni fa, al suo interno offre confort moderni e camere spaziose contraddistinte da diversi colori. Perfetto soprattutto per una clientela business. Cucina classica italiana, specialità locali e qualche ricetta di pesce.

🏨 **Art & Hotel** senza rist 🛗 ⅚ 🔟 ℀ 🕯️ 🔏 🅿 🚗 🚾 ⓒⓞ ⒶⒺ ① 🔓
via Santuario 43 – ℰ 03 54 37 93 00 – www.artehotel.it
84 cam ⊑ – †45/200 € ††50/220 €
♦ Dotata di spazi ariosi e dallo stile uniforme, questa moderna struttura è il luogo ideale dove organizzare meeting e congressi. La città del Colleoni è a soli 6 km.

STIA – Arezzo (AR) – **2 952 ab. – alt. 441 m** – ⊠ 52017 29 C1
▶ Roma 274 – Firenze 50 – Arezzo 48 – San Marino SMR 165

🏨 **Falterona** senza rist 📶 🕯️ 🚾 ⓒⓞ ⒶⒺ ①
piazza Tanucci 85 – ℰ 05 75 50 45 69 – www.albergofalterona.it – chiuso dal 8 gennaio al 5 febbraio
23 cam ⊑ – †50/60 € ††70/100 € – 2 suites
♦ Palazzo di origini Quattrocentesche - affacciato sulla piazza principale - dispone di una stanza dal pregevole soffitto affrescato e di alcune camere nella prospiciente *dépendance*. Piccola corte interna per la prima colazione.

Ⅹ **Falterona Gliaccaniti** ⅚ 🔟 🚾 ⓒⓞ ① 🔓
piazza Tanucci 9 – ℰ 05 75 58 12 12 – www.gliaccaniti.it – chiuso dal 7 al 14 novembre, lunedì
Rist – Carta 26/38 €
♦ Riuscito matrimonio tra elementi moderni ed aspetti rustici. In menu: prelibatezze regionali accompagnate da una buona selezione enologica.

STORO – Trento (TN) – **562** E13 – 4 662 ab. – alt. 409 m – ✉ 38089   **30** A3

▶ Roma 601 – Brescia 64 – Trento 65 – Verona 115

a Lodrone Sud-Ovest : 5,5 km – ✉ 38089

🏠 **Castel Lodron**   ⌂ 🖻 ⌘ ⅍ ⏃ ⅍ ⌆ 𝘼 **P** 🚾 ⓪ 𐤀𐤄 ⓪ ⑆
↺ via 24 Maggio 41 – ℰ 04 65 68 50 02 – www.hotelcastellodron.it
42 cam ⊑ – ♦40/50 € ♦♦70/90 € – ½ P 55 €   **Rist** – Carta 20/37 €
♦ Lungo la strada per Campiglio, cortese ospitalità in un albergo completamente rinnovato: centro benessere, nonché bocce, calcetto e ping-pong in giardino. Camere confortevoli, quelle sul retro più tranquille e panoramiche.

STRADA IN CHIANTI – Firenze (FI) – **563** L15 – Vedere Greve in Chianti

---

STREGNA – Udine (UD) – **562** D22 – 426 ab. – alt. 404 m   **11** C2
– ✉ 33040

▶ Roma 659 – Udine 29 – Gorizia 43 – Tarvisio 84

🍴 **Sale e Pepe**   ⇔ 🚾 ⓪ 𐤀𐤄 ⑆
via Capoluogo 19 – ℰ 04 32 72 41 18 – chiuso martedì e mercoledì
Rist – (chiuso a mezzogiorno escluso sabato-domenica) Menu 28/40 €
– Carta 27/35 €
♦ Bella e accogliente trattoria ubicata nel centro della località, caratterizzata da una gestione volenterosa e davvero appassionata. Cucina con aperture mitteleuropee.

STRESA – Verbano-Cusio-Ossola (VB) – **561** E7 – 5 213 ab.   **24** A1
– alt. 200 m – **Sport invernali : a Mottarone: 803/1 492 m** ⚡2 ⚡6 – ✉ 28838
▨ Italia Centro Nord

▶ Roma 657 – Brig 108 – Como 75 – Locarno 55

🛈 piazza Marconi 16, ℰ 0323 3 01 50, www.comune.stresa.vb.it

🖫 Des Iles Borromeés località Motta Rossa, 0323 929285, www.golfdesiles.it
– chiuso gennaio e lunedì (escluso giugno-settembre)

🖫 Alpino di Stresa viale Golf Panorama 48, 0323 20642, www.golfalpino.it
– chiuso gennaio, febbraio e martedì (escluso dal 9 giugno all'8 novembre)

👁 Cornice pittoresca★★ – Villa Pallavicino★ Y

🖟 Isole Borromee★★★ : giro turistico da 5 a 30 mn di battello – Baveno★
– Mottarone★★

Pianta pagina seguente

🏨 **Grand Hotel des Iles Borromées**   ≪ 🖙 ⌘ ⍓ ℑ ⓪ ⌘ ⅃ ⅍
lungolago Umberto I 67   🖃 ⅍ 🖾 ⅍ rist, ⅍ 𝘼 🚗 🚾 ⓪ 𐤀𐤄 ⓪ ⑆
– ℰ 03 23 93 89 38 – www.borromees.it – chiuso 3 settimane tra dicembre e
gennaio   Yw
159 cam ⊑ – ♦186/330 € ♦♦193/440 € – 15 suites – ½ P 144/267 €
Rist Il Borromeo – Carta 57/91 €
♦ Abbracciato dal verde del parco e affacciato sul lago, un maestoso palazzo carico di fascino ospita ambienti lussuosi arredati nelle preziose tinte porpora, oro e indaco. Prelibata cucina dai sapori ricercati nello sfarzoso ristorante; menu personalizzato per gli ospiti che seguono una particolare dieta alla Spa.

🏨 **Grand Hotel Bristol**   ≪ ⌘ ⌘ ℑ ⓪ ⌘ ⅃ 🖃 ⅍ cam, 🖾 ⅃ ⅍ rist,
lungolago Umberto I 73/75   ⅍ 𝘼 🚗 🚾 ⓪ 𐤀𐤄 ⓪ ⑆
– ℰ 03 23 33 26 01 – www.zaccherahotels.com – aprile-ottobre   Yc
245 cam – ♦70/280 € ♦♦90/400 €, ⊑ 25 € – 8 suites – ½ P 55/300 €
Rist – Carta 32/100 €
♦ Una conduzione professionale per questo hotel dagli interni arredati con pezzi antichi, lampadari di cristallo e cupole in vetro policromo e nel parco una piscina riscaldata. Affacciata sulle Isole Borromee, la sontuosa sala ristorante propone una carta moderna, ricca di specialità regionali.

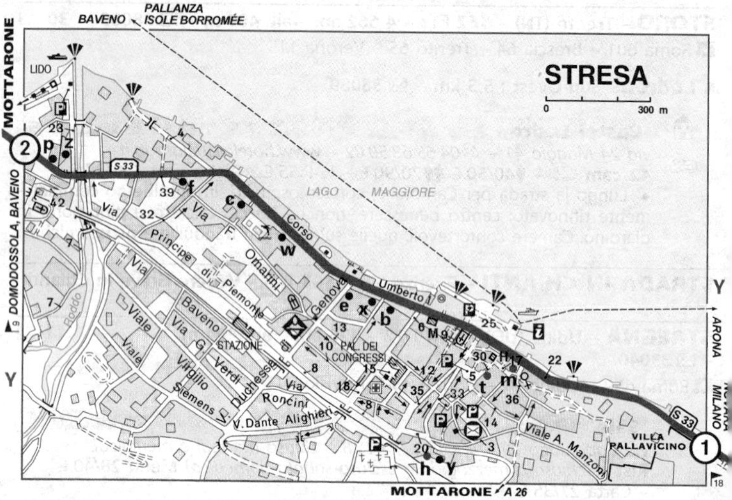

Bolongaro (V. F.) . . . . . Y 3
Borromeo (V. F.) . . . . . Y 4
Cadorna (Pza) . . . . . Y 5
Canonica (V. P.) . . . . . Y 6
Cardinale F. Borromeo (V.) . . . . . Y 7
Carducci (V. G.) . . . . . Y 8
Cavour (V.) . . . . . Y 9
D'Azeglio (V. M.) . . . . . Y 10
Devit (V.) . . . . . Y 14
De Amicis (V. E.) . . . . . Y 12
De Martini (V. C.) . . . . . Y 13
Europa (Piazzale) . . . . . Y 15
Fulgosi (V.) . . . . . Y 18
Garibaldi (V. G.) . . . . . Y 17
Gignous (V.) . . . . . Y 20
Italia (Cso) . . . . . Y 22
Lido (Viale) . . . . . Y 23
Marconi (Pza) . . . . . Y 25
Mazzini (V. G.) . . . . . Y 30
Monte Grappa (V. del) . . . . . Y 32
Principe Tomaso (V.) . . . . . Y 33
Roma (V.) . . . . . Y 35
Rosmini (V. A.) . . . . . Y 36
Sempione (Strada statale del) . . . . . Y 39
Volta (V. A.) . . . . . Y 42

Villa e Palazzo Aminta

cam, rist,

strada statale del Sempione 123, 1,5 km per ② – ✆ 03 23 93 38 18 – www.villa-aminta.it – chiuso gennaio

67 cam – 295/370 € 380/610 €, 35 € – 8 suites – ½ P 285/400 €

Rist *Le Isole* – Menu 58 €

Rist *I Mori* – Carta 70/176 €

◆ Un gioiello dell'hôtellerie italiana abbracciato da un parco secolare: l'unico albergo affacciato sulle isole Borromee incanta l'ospite per fascino ed eleganza. Piatti classici italiani e specialità del territorio nel raffinato ristorante. Nella colorata sala I Mori, la gastronomia italiana e business brunch.

Regina Palace

lungolago Umberto I 29 – ✆ 03 23 93 69 36 – www.regina-palace.it – chiuso dal 21 dicembre al 7 gennaio Y**b**

214 cam – 260 € 365 € – 11 suites – ½ P 240 €

Rist *Charleston* – vedere selezione ristoranti

Rist – Menu 40 €

◆ In un edificio del primo '900 immerso nel verde, ambienti eleganti, sale congressi, campo da tennis e da calcetto. Scenografica piscina con fondale riproducente quello marino nel centro benessere. Tinte dorate e cucina moderna nell'ampia sala da pranzo.

La Palma

cam, rist,

lungolago Umberto I 33 – ✆ 0 32 33 24 01 – www.hlapalma.it – chiuso dal 10 dicembre al 10 febbraio Y**e**

120 cam – 85/195 € 135/275 € – 2 suites – ½ P 150 €

Rist – Carta 39/65 €

◆ Risorsa a gestione attenta con accoglienti camere signorili, rilassanti spazi comuni e panoramica zona fitness attigua al roof-solarium. Dalla magnifica piscina in riva al lago si scorgono le isole Borromee! L'intima sala ristorante propone alta cucina italiana ed internazionale.

Astoria ← 🚗 🛋 🖧 🖾 🎿 rist, ¶ 🛎 🅿 🚗 ☎ 🖾 ① �
lungolago Umberto I 31 – ℰ 0 32 33 25 66 – www.hotelstresa.info
– aprile-ottobre   Y**x**
100 cam ☐ – ♦110/160 € ♦♦140/220 € – ½ P 92/132 €
Rist – Menu 30 €
◆ Situato sul lungolago, l'hotel dispone di ampi spazi e belle camere. Si contendono il fiore all'occhiello il curato giardino con piscina ed il roof garden con solarium. Il ristorante vanta una deliziosa veranda ed una cucina regionale di stampo moderno.

Royal ← 🚗 🛋 🖧 🖾 🎿 🅿 🖾 ☎ 🖾 🌀
strada statale del Sempione 22 – ℰ 0 32 33 27 77
– www.hotelroyalstresa.com – aprile-ottobre   Y**z**
72 cam – ♦50/70 € ♦♦120/170 €, ☐ 13 € – ½ P 116 €
Rist – Menu 15/35 €
◆ Nella cornice del Lago Maggiore, l'antica villa offre spazi moderni e confortevoli, una rilassante sala lettura, la tranquillità di un parco ed una terrazza solarium. Nuove camere panoramiche al quarto piano: spettacolari quelle d'angolo.

Du Parc senza rist   🚗 🖧 🖾 ¶ 🅿 🖾 🌀
via Gignous 1 – ℰ 0 32 33 03 35 – www.duparc.it – aprile-ottobre
21 cam – ♦60/100 € ♦♦80/140 €, ☐ 10 €   Y**y**
◆ Ambienti signorili ed accoglienti, nonché piacevoli spazi per il relax in una villa avvolta da una rilassante cornice verde. Camere luminose e spaziose; un po' più piccole, ma anche più economiche, quelle nella dépendance.

Flora ← 🚗 🛋 🖧 ⚅ 🖾 🎿 rist, ¶ 🅿 🖾 ☎ 🖾 ① 🌀
strada statale del Sempione 26 – ℰ 0 32 33 05 24
– www.hotelflorastresa.com – 15 marzo-3 novembre   Y**p**
32 cam – ♦70/120 € ♦♦70/140 €, ☐ 15 € – ½ P 90 €
Rist – *(chiuso a mezzogiorno) (solo per alloggiati)* Menu 45 € bc
◆ A pochi minuti dal centro della località, l'hotel è stato recentemente ristrutturato ed ampliato e dispone di nuove e moderne camere, nonché di una piccola piscina. Nella sobria sala da pranzo una cucina raffinata e fantasiosa, mentre d'estate è possibile anche il servizio in giardino.

La Fontana senza rist   ← 🚗 🖧 🖾 🅿 🖾 ☎ 🖾 🌀
strada statale del Sempione 1 – ℰ 0 32 33 27 07 – www.lafontanahotel.com
– chiuso dicembre e gennaio   Y**f**
20 cam – ♦75 € ♦♦90 €, ☐ 12 €
◆ Immersa in un rigoglioso parco, questa graziosa villa degli anni '40 dispone di camere semplici e confortevoli, spazi comuni dove sostare per rilassarsi o conversare.

𝕏𝕏𝕏𝕏 **Charleston** – Hotel Regina Palace   🚗 🎵 🖧 🖾 🅿 🖾 ☎ 🖾 ① 🌀
Corso Umberto Iº 29 – ℰ 03 23 93 69 36 – www.regina-palace.it – chiuso
20 dicembre al 6 febbraio   Y**b**
Rist – *(chiuso a mezzogiorno)* (consigliata la prenotazione) Carta 50/85 €
◆ All'interno di uno degli hotel più blasonati della località, una piccola e raffinata bomboniera dove gustare i grandi classici della cucina italiana. D'estate, accomodatevi in terrazza con vista lago.

𝕏𝕏 **Piemontese** 🖧 🖾 ☎ 🖾 🌀
via Mazzini 25 – ℰ 0 32 33 02 35 – www.ristorantepiemontese.com – chiuso
dicembre, gennaio, lunedì   Y**t**
Rist – Carta 36/55 € ⊗
◆ Nel cuore della località, ma a due passi dal lungolago, uno dei ristoranti più prestigiosi della romantica Stresa: piatti regionali e piacevole servizio estivo sotto un pergolato.

Il Clandestino ✕✕   AC VISA ⬤◯ AE ⓞ ⓢ

via Rosmini 5 – ℰ 0 32 33 03 99 – wwww.ristoranteilclandestino.com
– chiuso dal 6 febbraio a marzo, martedì   Y**m**
Rist – *(chiuso a mezzogiorno escluso venerdì, sabato, domenica)* Menu 40 €
– Carta 39/88 €

♦ A pochi metri dal lungolago, ma già nel cuore del centro storico, un grazioso locale dai toni caldi, dove gustare una gustosa cucina di pesce. Un suggerimento: lasciatevi consigliare dallo *chef-patron*!

Vicoletto ✕   ⬆ AC VISA ⬤◯ ⓢ

Vicolo del Poncivo 3 – ℰ 03 23 93 21 02 – www.ristoranteilvicoletto.com
– chiuso dal 15 gennaio a febbraio, 1 settimana in novembre, giovedì
escluso da aprile a settembre   Y**h**
Rist – Carta 26/46 €

♦ Nuovo ristorantino dal design contemporaneo condotto da una giovane e motivata gestione: la linea di cucina si conforma alla modernità del locale. Minuscolo, ma piacevole il dehors.

STROMBOLI Sicilia – **Messina (ME)** – **365** BA51 – **Vedere Eolie (Isole)**

STRONCONE – **Terni (TR)** – **563** O20 – **alt. 450 m** – ✉ **05039**   **33** C3

▶ Roma 112 – Terni 12 – Rieti 45

Taverna de Porta Nova ✕✕   VISA ⬤◯ AE ⓞ ⓢ

via Porta Nova 1 – ℰ 0 74 46 04 96 – www.ristorantetavernadeportanuova.it
– chiuso mercoledì
Rist – Menu 30/38 € – Carta 28/35 €

♦ All'interno di un ex convento quattrocentesco, un locale con quattro salette dall'ambiente rustico di tono signorile, dove provare cucina del territorio e carne alla brace.

STRONGOLI – **Crotone (KR)** – **564** J33 – **6 295 ab.** – **alt. 342 m**   **5** B2
– ✉ **88815**

▶ Roma 587 – Catanzaro 101 – Crotone 28 – Cosenza 124

Dattilo con cam ✕✕   ⬅ ⬆ ☒ AC rist, �✕ rist, P VISA ⬤◯ AE ⓞ ⓢ
✿
contrada Dattilo, Est : 2 km – ℰ 09 62 86 56 13 – www.dattilo.it
7 cam ⬢ – †35/40 € ††70/80 € – ½ P 55/65 €
Rist – *(chiuso dal 10 gennaio al 10 febbraio, da lunedì a mercoledì escluso da giugno a settembre)* *(chiuso a mezzogiorno escluso domenica)*
(prenotazione obbligatoria) Menu 65 € – Carta 35/62 €
Spec. Uovo di produzione propria cotto a 62° con asparagi al profumo di sardella (primavera). Passata di ciocoriella su fave, con seppie e limone candito (inverno). Spigola cotta su foglie di limone con crema di patate.

♦ Immerso nella campagna, è un agriturismo che si è distinto nella produzione di vino ed olio, ma ora l'attenzione va tutta alla qualità della cucina, semplice, schietta ed autenticamente calabrese. Le camere prolungano il soggiorno all'insegna di una vita piacevolmente rustica ed agricola, con una piscina all'ombra di un ulivo millenario.

STROVE – **Siena (SI)** – **563** L15 – **Vedere Monteriggioni**

SUBBIANO – **Arezzo (AR)** – **563** L17 – **6 383 ab.** – **alt. 266 m**   **29** D2
– ✉ **52010**

▶ Roma 224 – Rimini 131 – Siena 75 – Arezzo 15

🏨 **Relais Torre Santa Flora** ⟨ 🚗 🏡 🏊 ⅍ 🖵 💡 🅿 VISA ⊕ AE ⚡
località Il Palazzo 169, Sud-Est : 3 km – ℰ 05 75 42 10 45
– www.torresantaflora.it – chiuso 2 settimane in gennaio
15 cam ⌁ – †65/115 € ††95/145 € – 1 suite – ½ P 75/105 €
Rist – *(chiuso lunedì e martedì) (chiuso a mezzogiorno)* Carta 31/77 €
♦ Residenza di campagna seicentesca immersa nel verde: calda atmosfera negli splendidi interni in elegante stile rustico di taglio moderno, piacevoli camere accoglienti. Cucina toscana, quattro salette con soffitti in mattoni o con travi di legno a vista.

🍴 **La Corte dell'Oca** con cam 🏡 ⅋ 🅐 ⅍ 🖵 VISA ⊕ AE ⓪ ⚡
viale Europa 16 – ℰ 05 75 42 13 36 – www.cortedelloca.it
24 cam – †50 € ††65 €, ⌁ 3 € – 2 suites – ½ P 65 €
Rist – Menu 25 € – Carta 26/35 €
♦ Tra tortellini e bolliti si è avverato un sogno, quello del titolare, che ha raccolto oggetti, riviste e suppellettili degli anni '50 per ricreare un'atmosfera da amarcord. Tutte differenti tra loro, le camere si affacciano sul cortile o sul borgo.

SULDEN = Solda

SULMONA – L'Aquila (AQ) – **563** P23 – **25 217 ab.** – alt. 405 m   1 B2
– ☒ **67039** ▮ Italia Centro Sud

▶ Roma 154 – Pescara 73 – L'Aquila 73 – Avezzano 57

🇮 corso Ovidio 208, ℰ 0864 5 32 76, www.abruzzoturismo.it

◉ Località★ - Palazzo dell'Annunziata★★ – Porta Napoli★ - Acquedotto★ in piazza Garibaldi

◀ Itinerario nel Massiccio degli Abruzzi★★★

🏨 **Santacroce Ovidius** 📶 🅐 ⅋ 🖵 VISA ⊕ AE ⚡
via Circonvallazione Occidentale 177 – ℰ 0 86 45 38 24
– ovidius.hotelsantacroce.com
29 cam ⌁ – †75 € ††115 € – ½ P 75 €
Rist – *(chiuso lunedì)* Carta 22/36 €
♦ A due passi dal Duomo hotel moderno dalle calde sale rivestite in legno e camere dalle linee contemporanee, ben accessoriate.

🍴 **Gino** con cam e senza ⌁ 🅐 ⅋ 🖵 VISA ⊕ AE ⚡
piazza Plebiscito 12 – ℰ 0 86 45 22 89 – www.lalocandadigino.it – chiuso domenica
4 cam – †70 € ††80 €   **Rist** – Carta 26/38 €
♦ Piccola arca della tipicità gastronomica abruzzese: salumi, formaggi, pasta fresca e carni della regione. I primi anche acquistabili nell'adiacente negozio di famiglia.

SULZANO – Brescia (BS) – **561** E12 – **1 942 ab.** – alt. 200 m   19 D1
– ☒ **25058**

▶ Roma 586 – Brescia 33 – Bergamo 56 – Cremona 76

🏨 **Rivalago** senza rist 🌿 ⟨ 🚗 🔥 🏊 📶 🅐 ⅋ 🖵 🅿 VISA ⊕ AE ⓪ ⚡
via Cadorna 7 – ℰ 0 30 98 50 11 – www.rivalago.it – 24 marzo-ottobre
33 cam ⌁ – †88/110 € ††134/200 €
♦ Una giovane coppia - esperta nel settore - gestisce con competenza e *savoir-faire* questo nuovo albergo, deliziosamente in riva al lago: carino, lindo e con camere accoglienti.

🍴 **A Filo d'Acqua** ⟨ 🅐 VISA ⊕ AE ⚡
via Cesare Battisti 9, località Vertine – ℰ 33 87 41 63 90 – chiuso 3 settimane in gennaio, domenica sera, lunedì
Rist – *(chiuso a mezzogiorno escluso domenica)* (consigliata la prenotazione) Carta 55/78 €
♦ Palazzina sul lago, sapientemente ristrutturata per ospitare un locale gradevole, intimo e raccolto, gestito da una coppia appassionata. Cucina stagionale di gusto moderno.

SUNA – Verbania – **561** E7 – **Vedere Verbania**

SUSA – Torino (TO) – **561** G3 – **6 768 ab.** – **alt. 503 m** – ✉ **10059**   **22** B2
▮ Italia Centro Nord

▶ Roma 718 – Briançon 55 – Milano 190 – Col du Mont Cenis 30

🅹 Corso Inghilterra 39, ✆ 0122 62 24 47, www.lavalsusa.it

◉ Località★ - Porta Savoia★ - Campanile romanico★★ della cattedrale - Arco di
Augusto★

🏨   **Napoleon** senza rist   🏠 ♨ 🖥 & 🎬 ⁽ᵖ⁾ 🍴 🚗 🗞 VISA 🌐 AE ① 💰
via Mazzini 44 – ✆ 01 22 62 28 55 – www.hotelnapoleon.it
62 cam 🖵 – †68/78 € ††88/100 €
   ♦ Nel cuore della località, l'hotel vanta una gestione familiare e dispone di
moderne e graziose camere, nonchè di spazi per lettura, conversazioni e riunioni. Ottima la piccola palestra.

SUSEGANA – Treviso (TV) – **562** E18 – **12 082 ab.** – **alt. 76 m**   **36** C2
– ✉ **31058**

▶ Roma 572 – Belluno 57 – Trento 143 – Treviso 22

⌂   **Maso di Villa** senza rist 🦢   ≤ 🗇 ℑ 🍴 **P** VISA 🌐 💰
via Col di Guarda 15, località Collalto, Nord-Ovest : 5 km – ✆ 04 38 84 14 14
– www.masodivilla.it
6 cam 🖵 – †110/120 € ††135/175 €
   ♦ Il colore è il vero protagonista di questa casa colonica trasformata in
romantico relais, con tonalità diverse in ogni ambiente: dall'ocra del soggiorno al rosa dell'ingresso, fino al vinaccia delle camere, evocatore dell'uva
e dei suoi inebrianti prodotti. Letti in ferro battuto nelle 6 stanze affacciate sul
giardino.

sulla strada provinciale Conegliano-Pieve di Soligo Nord : 3 km :

✕✕   **La Vigna**   ≤ 🗇 🏕 🎬 🍴 ♻ **P** VISA 🌐 AE ① 💰
🍴   via Val Monte 7, località Crevada – ✆ 0 43 86 24 30
– www.ristorantelavigna.com – chiuso domenica sera, lunedì
Rist – Carta 21/32 €
   ♦ In collina, circondata dal verde, struttura di nuova creazione che ricorda un
casolare di campagna, ma con interni d'ispirazione contemporanea; piatti del
luogo.

SUTRI – Viterbo (VT) – **563** P18 – **6 583 ab.** – **alt. 291 m** – ✉ **01015**   **12** B1

▶ Roma 52 – Viterbo 31 – Civitavecchia 60 – Terni 76

🅶 Le Querce via Cassia km 44,500, 0761 600789, www.golflequerce.it – chiuso
mercoledì

sulla strada statale Cassia al km 46,700 Est : 3 Km :

🏨   **Il Borgo di Sutri**   🗇 🏕 🖥 & **P** VISA 🌐 AE ① 💰
località Mezzaroma Nuova km 46,700 ✉ 01015 – ✆ 07 61 60 86 90
– www.ilborgodisutri.it
21 cam 🖵 – †79/140 € ††99/240 € – 4 suites – ½ P 75/145 €
Rist – (chiuso dal 16 al 31 agosto, lunedì a mezzogiorno, martedì)
Carta 29/46 €
   ♦ Silenzioso, elegante e confortevole, l'hotel si trova nel contesto di un
antico borgo agricolo. All'esterno ampi spazi verdi ed una chiesetta consacrata. Negli ambienti di quella che un tempo era la casa colonica, il ristorante
propone una cucina che segue le stagioni. Ampio dehors estivo.

SUTRIO – Udine (UD) – **562** C20 – **1 380 ab.** – alt. 570 m – ⊠ 33020   **10** B1

▶ Roma 690 – Udine 63 – Lienz 61 – Villach 104

  ✗   **Alle Trote** con cam   🚗 🏠 ⅌ ⓦ 🅿 🆅🅸🆂🅰 ⓪ 🆎 ⑤

  ⊜   *via Peschiera, frazione Noiaris, Sud: 1 km –* ℰ 04 33 77 83 29
    – chiuso settembre od ottobre e martedì escluso agosto
    5 cam ⚏ – †35/45 € ††60/70 € – ½ P 45/55 €   **Rist** – Carta 18/28 €
    ♦ Nei pressi del torrente, un locale a gestione diretta, rinnovato "dalle fonda-
    menta ai soffitti" al fine di accrescere il livello di confort; annesso allevamento
    di trote.

SUVERETO – Livorno (LI) – **563** M14 – **3 128 ab.** – alt. 90 m   **28** B2
– ⊠ 57028

▶ Roma 232 – Grosseto 58 – Livorno 87 – Piombino 27

🛈 via Matteotti, ℰ 0565 82 93 04, www.comune.suvereto.li.it

  ⌂   **Agriturismo Bulichella** ⚘   🚗 🏠 ⅌ rist, 🏊 🅿 🆅🅸🆂🅰 ⓪ 🆎 ⓪ ⑤
    località Bulichella 131, Sud-Est : 1 km – ℰ 05 65 82 98 92 *– www.bulichella.it*
    14 cam ⚏ – †50/80 € ††70/110 €
    Rist – *(chiuso a mezzogiorno) (solo per alloggiati)* Menu 25 €
    ♦ Immerso nella campagna suveretana, ad 1 km dal borgo medievale, l'agri-
    turismo offre ospitalità in appartamenti e camere confortevoli: più isolate e
    tranquille, le stanze al di là dei vigneti. Tipica cucina toscana e possibilità di
    visitare la cantina con degustazione di alcuni vini.

  ✗   **Le Nuvole**   🏠 🅰🅲 🆅🅸🆂🅰 ⓪ 🆎 ⓪ ⑤
    via Palestro 2 – ℰ 05 65 82 90 92 *– www.lenuvoleristobistro.it – chiuso lunedì*
    Rist – Carta 36/61 €
    ♦ Tornato dall'America sulle orme dei suoi avi, il giovane cuoco si è installato
    nel borgo medioevale e propone una cucina di mare: piatti semplici, che
    puntano sulla qualità degli ingredienti. A pranzo, selezione ridotta e prezzi
    più contenuti.

SUZZARA – Mantova (MN) – **561** I9 – **20 343 ab.** – alt. 20 m   **17** C3
– ⊠ 46029

▶ Roma 453 – Parma 48 – Verona 64 – Cremona 74

  ✗✗   **Cavour**   🏠 🅰🅲 ⅌ ⟳ 🆅🅸🆂🅰 ⓪ ⓪ ⑤
    via Cavour 25 – ℰ 03 76 53 12 98 *– www.ristorantecavour.com – chiuso dal*
    14 al 25 gennaio, dal 10 al 25 luglio, lunedì, anche domenica sera da
    ottobre a maggio
    Rist – Carta 31/54 €
    ♦ Due sale separate da un corridoio dove accomodarsi a gustare un menù di
    terra e soprattutto di mare. Giovedì e sabato sera la sala più piccola è adibita
    anche a piano bar.

TABIANO – Parma (PR) – **562** H12 – alt. 162 m – ⊠ 43030   **8** A2

▶ Roma 486 – Parma 31 – Piacenza 57 – Bologna 124

🛈 viale Fidenza 20, ℰ 0524 56 54 82, www.turismo.parma.it

  🏨   **Park Hotel Fantoni** ⚘   🚗 ⚊ 🏠 Lð 🛗 ⚐ 🅰🅲 ⅌ rist, ⓦ 🆅🅸🆂🅰 ⓪ ⑤
  ⊜   *via Castello 6 –* ℰ 05 24 56 51 41 *– www.parkhotelfantoni.it*
    – maggio-ottobre
    34 cam ⚏ – †40/55 € ††70/90 € – 1 suite – ½ P 65 €
    Rist – Carta 21/44 €
    ♦ In una zona un po' defilata e già collinare, si apre un giardino con piscina:
    una parentesi blu nel verde, preludio alla comodità dell'hotel. Non manca
    l'ascensore diretto per le terme ed un piccolo, ma attrezzato, centro benes-
    sere con bagno turco, idromassaggio e trattamenti vari.

Rossini 🐾   🏠 🛗 🍴 rist, 🍴 🅿 𝘝𝘐𝘚𝘈 👍

via delle Fonti 10 – ℰ 05 24 56 51 73 – www.hotelrossini.net
– aprile-novembre
50 cam 🖵 – 🛏70/85 € 🛏🛏90/110 € – 5 suites – ½ P 60 €
Rist – Menu 25/28 €
◆ Un valido albergo che, nel corso degli anni, ha saputo mantenere alti la qualità e il livello dell'offerta; terrazza solarium con una vasca idromassaggio per più persone.

TALAMONE – Grosseto (GR) – **563** O15 – Vedere Fonteblanda

TAORMINA Sicilia – Messina (ME) – **565** N27 – 11 096 ab.   **40 D2**
– alt. 204 m – ⊠ 98039 ▯ Sicilia

▶ Catania 52 – Enna 135 – Messina 52 – Palermo 255
🛈 piazza Santa Caterina, ℰ 0942 2 32 43, www.gate2taormina.com
🏌 Il Picciolo via Picciolo 1, 0942 986252, www.ilpicciologolf.com – chiuso martedì
◉ Località★★★ – Teatro Greco★★★ : ≤★★★ BZ – Giardino pubblico★★ BZ
– ☀★★ dalla piazza 9 Aprile AZ – Corso Umberto★ ABZ – Castello : ≤★★ AZ
◉ Etna★★★ Sud-Ovest per Linguaglossa – Castel Mola★ Nord-Ovest : 5 km
– Gole dell'Alcantara★

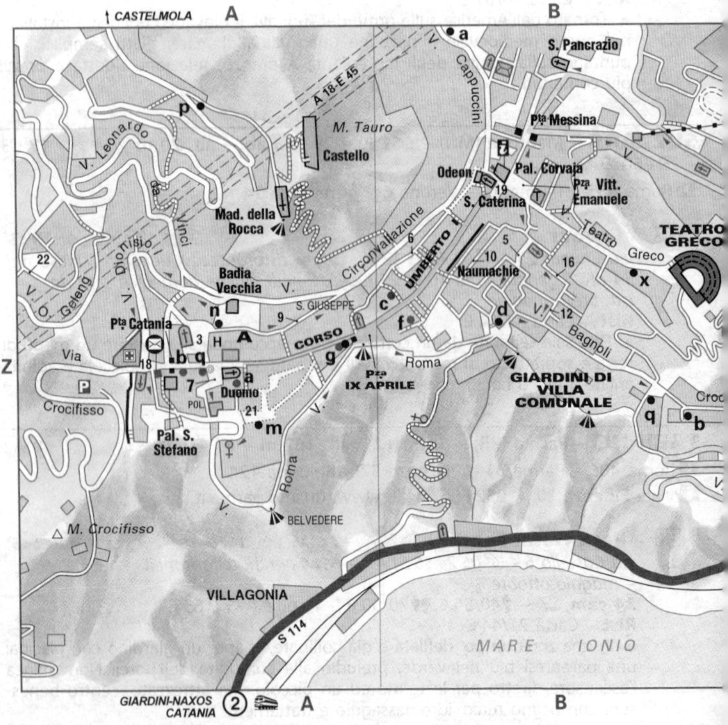

Grand Hotel Timeo ⌖ ← ♨ ⊼ 🐾 Ⅰ♨ ⊟ AC ⅋ ♨ P
via Teatro Greco 59 – ℰ 09 42 62 70 200   VISA ⬤⬤ AE ⓪ ⑤
– www.grandhoteltimeo.net
– 22 marzo-18 novembre   BZx
70 cam ⌷ – ✦425/660 € ✦✦480/700 € – 36 suites
– ½ P 310/420 €
Rist *Timeo* – vedere selezione ristoranti
♦ A pochi metri dal teatro greco, l'eccellenza del Timeo prende forme così
diverse che ogni turista finirà per portare a casa un ricordo proprio e personale: splendidi interni con fastosi saloni che dischiudono angoli più privati e belle camere con balconi panoramici (alcuni persino sul Teatro
Greco).

San Domenico Palace ⌖ ← 🚗 🏡 ⊼ Ⅰ♨ ⊟ ⅙ cam, ⊹⊹ AC ⅋ rist,
piazza San Domenico 5 – ℰ 09 42 61 31 11   ⅋ ♨ P VISA ⬤⬤ AE ⓪ ⑤
– www.amthotels.it   AZm
97 cam ⌷ – ✦300/550 € ✦✦400/950 € – 8 suites
– ½ P 265/540 €
Rist *Principe Cerami*✿✿ – vedere selezione ristoranti
Rist – Carta 69/116 € ⊛
♦ Eleganti ambienti ricchi di antichi ricordi in questo hotel di lusso ricavato
tra le mura di un convento medievale. Suggestive vedute dal giardino e dalle
terrazze. A tavola, i classici italiani e piatti locali.

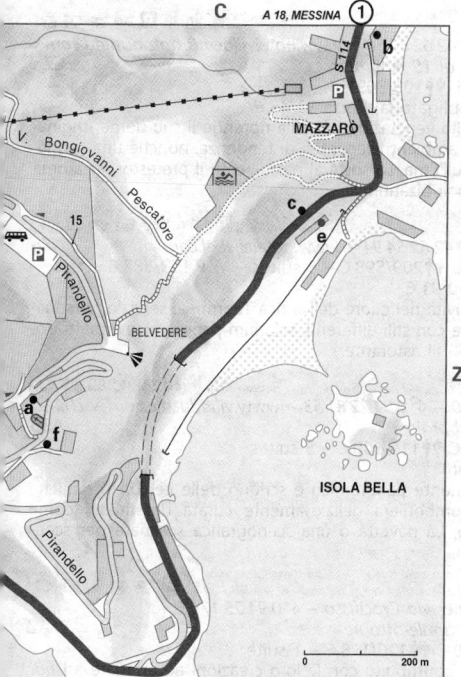

Circolazione regolamentata nel
centro città da giugno a settembre

TAORMINA

Grand Hotel San Pietro ⑧ ⤶ 🏠 🏡 ⌿ 🖪 🎛 ⌿ cam, 🏋 🏧 🕸
via Pirandello 50 – *℘ 09 42 62 07 11* 📶 🛁 **P** 🆅🆂🅰 ⓒⓞ 🅰🅴 ① ⑤
– *www.gaishotels.com* – *aprile-ottobre* CZf
58 cam ⬚ – 💲236/340 € 💲💲280/390 € – 5 suites – ½ P 220/275 €
Rist – Carta 61/100 €
◆ In splendida posizione panoramica ed abbracciata da un giardino con piscina, un'elegante struttura di nuova apertura con spazi accoglienti, una sala da the ed una biblioteca. Nella raffinata ed intima sala da pranzo, i genuini sapori della gastronomia siciliana.

Metropole ⤶ ⌿ 🕸 🎛 ⌿ 🏧 🕸 🛁 📶 🛁 **P** 🆅🆂🅰 ⓒⓞ 🅰🅴 ① ⑤
Corso Umberto I° 154 – *℘ 09 42 62 54 17* – *www.hotelmetropoletaormina.it*
– *chiuso febbraio* AZg
8 cam ⬚ – 💲319/352 € 💲💲359/396 € – 15 suites – 💲💲891/1980 €
Rist *Bellevue*❀ – vedere selezione ristoranti
◆ E' risorto dalle ceneri, ancora più bello, uno dei primi alberghi ad animare la località qualche lustro fa… Centralissimo con ingresso su corso Umberto, nonché affaccio su dirupo e mare, ambienti lussuosi, camere di alto standing ed un susseguirsi di terrazze panoramiche. Ma è solo l'ultima ad ospitare la piscina.

Villa Diodoro ⤶ ⌿ ⌿ 🖪 ⌿ cam, 🏧 🕸 🛁 **P** 🆅🆂🅰 ⓒⓞ 🅰🅴 ① ⑤
via Bagnoli Croci 75 – *℘ 0 94 22 33 12* – *www.gaishotels.com* BZq
102 cam ⬚ – 💲135/205 € 💲💲180/296 € – ½ P 124/182 €
Rist – Carta 30/60 €
◆ Attrezzata palestra e zona massaggi-trattamenti estetici in una storica risorsa dai generosi spazi all'aperto. Rinnovate le camere e la hall - ora più ampia ed ariosa - mentre incastonato su una terrazza, lo zaffiro di questo gioiello: la panoramica piscina. Al ristorante, primeggiano i sapori dell'isola.

Villa Carlotta ⤶ ⌿ ⌿ 🎛 🏧 📶 **P** 🆅🆂🅰 ⓒⓞ 🅰🅴 ⑤
via Pirandello 81 – *℘ 09 42 62 60 58* – *www.hotelvillacarlottataormina.com*
– *chiuso dal 15 gennaio al 15 febbraio* CZa
23 cam ⬚ – 💲89/299 € 💲💲109/309 €
Rist – (prenotazione obbligatoria) Carta 33/45 €
◆ Abbracciata da una folta vegetazione, la villa riprende il suo nome originario ed offre ai suoi ospiti ambienti eleganti e di tendenza, nonché una suggestiva vista sullo Ionio e sull'Etna. La sosta al bar diventa il pretesto per ammirare i resti di una necropoli bizantina.

El Jebel ⤶ 🎛 ⌿ cam, 🏧 🕸 rist, 📶 🆅🆂🅰 🅰🅴 ①
salita Ciampoli 9 – *℘ 09 42 62 54 94* – *www.hoteleljebel.com* AZn
5 cam ⬚ – 💲189/498 € 💲💲209/598 € – 5 suites – ½ P 153/387 €
Rist *Ciampoli* – Carta 50/91 €
◆ Riservatezza ed esclusività nel cuore dell'antica Taormina: servizio personalizzato in camere arredate con stili differenti, solarium panoramico e piatti isolani - in chiave moderna - al ristorante.

Villa Ducale ⑧ ⤶ 🏧 cam, 📶 **P** 🆅🆂🅰 ⓒⓞ 🅰🅴 ① ⑤
via Leonardo da Vinci 60 – *℘ 0 94 22 81 53* – *www.villaducale.com* – *chiuso*
dal 1° dicembre al 10 febbraio AZp
17 cam ⬚ – 💲90/500 € 💲💲110/500 € – 5 suites
Rist – (solo per alloggiati)
◆ Un rifugio splendidamente panoramico e scrigno delle celebri ceramiche siciliane: una piccola bomboniera deliziosamente curata dai titolari come un'elegante casa privata. La navetta o una scenografica scalinata per scendere in paese.

Villa Sirina senza rist ⑧ ⌿ ⤶ ⌿ 🏧 🕸 📶 **P** 🆅🆂🅰 ⓒⓞ 🅰🅴 ① ⑤
via Crocifisso 30, 2 km per via Crocifisso – *℘ 0 94 25 17 76*
– *www.villasirina.com* – *aprile-ottobre* AZ
16 cam ⬚ – 💲100/130 € 💲💲120/198 € – 1 suite
◆ Artigiani locali hanno contribuito con le loro creazioni ad arredare ad *hoc* le semplici camere della villa, già di famiglia dagli anni Settanta. Nel giardino, la bella piscina.

Villa Belvedere ≤ 🏛 🏝 ⌃ ⬚ 🄰🄲 🕏 rist, 🕯 🅿 🆅🅸🆂🅰 ⊕ 👍
*via Bagnoli Croci 79 – 🕾 0 94 22 37 91 – www.villabelvedere.it
– 10 marzo-26 novembre*   BZ**b**
49 cam 🍽 – ♦80/180 € ♦♦120/240 € – 3 suites – ½ P 78/138 €
Rist – *(aprile-ottobre) (chiuso la sera) (solo per alloggiati)* Carta 23/46 €
♦ Una vista mozzafiato sul bel parco con palme e piscina tanto dagli ambienti
comuni quanto dalla maggior parte delle camere. Storica struttura da sempre a
gestione familiare. Cucina classica nel ristorante esclusivamente all'aperto.

Villa Schuler senza rist ≤ 🚬 ⬚ 🛗 🏄 🄰🄲 🕏 🕯 🚐 🆅🅸🆂🅰 ⊕ 🄰🄴 ⊕ 👍
*piazzetta Bastione – 🕾 0 94 22 34 81 – www.hotelvillaschuler.com
– 3 marzo-18 novembre*   BZ**d**
27 cam 🍽 – ♦79/132 € ♦♦99/208 € – 6 suites
♦ Sorto nei primi anni del Novecento e gestito sempre dalla stessa famiglia,
storico albergo del centro incorniciato tra giardini mediterranei: ottimi per
immergersi nel relax!

Condor senza rist ≤ 🄰🄲 🕯 🆅🅸🆂🅰 ⊕ 🄰🄴 ⊕ 👍
*via Dietro Cappuccini 25 – 🕾 0 94 22 31 24 – www.condorhotel.com
– marzo-15 novembre*   BZ**a**
12 cam 🍽 – ♦55/90 € ♦♦60/120 €
♦ Una dozzina di stanze, una palazzina in posizione panoramica e una
gestione di lunga esperienza. Per chi non ricerca l'eleganza, ma si accontenta
della semplicità.

XXXX **Principe Cerami** – Hotel San Domenico Palace 🎯 🕏 🅿
🏵 🏵 *piazza San Domenico 5 – 🕾 09 42 61 31 11* 🆅🅸🆂🅰 ⊕ 🄰🄴 ⊕ 👍
– www.amthotels.it – aprile-ottobre; chiuso lunedì   AZ**m**
Rist – *(chiuso a mezzogiorno)* (consigliata la prenotazione) Menu 100 €
– Carta 84/144 € 🏶
Spec. Tagliatelle di seppia alla carbonara. Spaghettoni artigianali con caciocavallo, pepe nero e tartufo di Palazzolo Acreide. Babà oro verde di Bronte con
bavarese di pistacchi e carpaccio di frutta.
♦ Al Principe Cerami il merito di aver trasformato nel 1866 l'ex convento
domenicano in albergo, al cuoco Massimo Mantarro d'incantare i clienti con
le magie siciliane della sua cucina. Il tutto nell'antica opulenza delle sale
interne o, d'estate, su una romantica terrazza.

XXXX **Timeo** – Grand Hotel Timeo 🏛 🎯 🄰🄲 🕏 🕯 🆅🅸🆂🅰 🄰🄴 ⊕ 👍
*via Teatro Greco 59 – 🕾 0 94 26 27 02 00 – www.grandhoteltimeo.com
– 25 marzo-13 novembre*   BZ**x**
Rist – Carta 72/133 € 🏶
♦ La vista sul golfo e la ricercatezza dei particolari sono gli atout di questo
ristorante dove emerge, esplosiva come l'Etna, una cucina colorata, sapida
ed audace negli abbinamenti. Insomma, siciliana.

XXXX **La Giara** ≤ 🎯 🄰🄲 🕏 🆅🅸🆂🅰 ⊕ 🄰🄴 👍
*vico la Floresta 1 – 🕾 0 94 22 33 60 – www.lagiara-taormina.com
– aprile-ottobre*   BZ**f**
Rist – *(chiuso a mezzogiorno)* (consigliata la prenotazione) Carta 58/94 €
♦ Splendida la terrazza con dehors panoramico che incornicia la costa e il
vulcano; in sala dominano volutamente le tinte del bianco e dell'avorio, sulle
quali spicca la millenaria giara.

XXX **Bellevue** – Hotel Metropole ≤ 🎯 🄰🄲 🕏 🆅🅸🆂🅰 ⊕ 🄰🄴 ⊕ 👍
🏵 *Corso Umberto 154 – 🕾 09 42 62 54 17 – www.hotelmetropoletaormina.it
– chiuso febbraio*   AZ**g**
Rist – Carta 55/131 €
Spec. Gamberoni rossi di Mazara del Vallo su insalata di agrumi, croccante di
prosciutto. Spaghettoni di grano duro con crostacei del mar Ionio. Lombata
d'agnello gratinata con cipolla su purea di patate e sedano.
♦ Sulla splendida terrazza con vista mozzafiato, il nuovo chef, Andreas Zangerl, conosce la ricetta giusta per conquistare i suoi ospiti: sapori siciliani rivisitati con gusto moderno e, a pranzo, proposte più semplici, ma pur sempre
accattivanti.

Casa Grugno   🛋 AC VISA ⑥ AE ① ♿

via Santa Maria De' Greci – ☎ 0 94 22 12 08 – www.casagrugno.it – chiuso
dal 7 gennaio al 9 marzo e domenica   AZ**a**
Rist – (chiuso a mezzogiorno) (prenotazione obbligatoria)
Carta 63/105 € 🍴

Spec. Macco di fave fritto in guazzetto di cozze e carota. Tortelli di patata al
burro verde di finocchietto e alici marinate. Pera e pepe.

♦ La facciata gotico-catalana è quella di un palazzo appartenuto ad una
famiglia spagnola ed una splendida terrazza s'incastona a meraviglia fra gli
antichi edifici del centro. La cucina è ora firmata da un nuovo chef che pur
non essendo siciliano, si è fatto paladino dei sapori isolani a cui aggiunge
un pizzico di modernità.

Vicolo Stretto   🛋 VISA ⑥ AE ♿

vicolo Stretto 6 – ☎ 09 42 62 55 54 – www.vicolostrettotaormina.it
– 20 marzo-20 novembre   BZ**c**
Rist – (chiuso a mezzogiorno in agosto) Carta 43/65 €

♦ Nel pieno centro di Taormina, ristorante dall'ambiente raccolto e signorile,
dove gustare una cucina isolana intrigante e ben fatta. Dalla suggestiva terrazza, la vista abbraccia mare e Giardini Naxos.

Al Duomo   🛋 VISA ⑥ AE ♿

vico Ebrei 11 – ☎ 09 42 62 56 56 – www.ristorantealduomo.it
– chiuso gennaio, lunedì da novembre a marzo   AZ**q**
Rist – Carta 38/60 € (+10 %)

♦ In un angolo di piazza Duomo, da un vicolo stretto si accede ad un locale
dal caratteristico e panoramico dehors. La cucina propone unicamente piatti
di mare con prodotti davvero buoni.

Osteria Nero D'Avola   🛋 AC VISA ⑥ AE ① ♿

vico Spuches 8 – ☎ 09 42 62 88 74 – www.osterianerodavola.it – chiuso
gennaio-febbraio e lunedì escluso luglio-agosto-settembre   AZ**b**
Rist – (chiuso a mezzogiorno in estate) (consigliata la prenotazione)
Carta 36/72 €

♦ Sulla tavola di questo ristorantino con la cucina a vista, i sapori e i colori
dell'isola: in estate, si mangia su una graziosa piazzetta.

a Mazzarò Est 5,5 km o 5 mn di cabinovia CZ – ✉ 98030

Grand Hotel Mazzarò Sea Palace   ≤ ⟨ 🛋 🌊 ⑯ 🏋 🏊 AC

via Nazionale 147 – ☎ 09 42 61 21 11   ↳ 💎 🍴 🐾 🌊 VISA ⑥ AE ① ♿
– www.mazzaroseapalace.it – 19 marzo-14 novembre   CZ**b**
88 cam 🛏 – ♦150/380 € ♦♦246/530 € – 9 suites – ½ P 175/327 €
Rist – Carta 44/106 €

♦ L'esplosione del sole e dei colori siciliani si riflette nelle camere superba-
mente arredate, ricche di tessuti e decorazioni; marmi e lucernai nelle zone
comuni. Le terrazze si "sprecano": la più bella è un solarium con piscina sulla
splendida baia. Sala ristorante e spazi all'aperto dove cenare a lume di candela.

Grand Hotel Atlantis Bay 🌿   ≤ 🚗 ⟨ 🛋 🏊 ⑯ 🏋 🏨 AC 💎 🍴

via Nazionale 161 – ☎ 09 42 61 80 11   🏨 🅿 VISA ⑥ AE ① ♿
– www.atlantisbay.it – 19 marzo-14 novembre   CZ
75 cam – ♦253/453 € ♦♦356/556 €, 🛏 28 € – 8 suites
– ½ P 236/336 €
Rist – (prenotazione obbligatoria) Carta 50/109 €

♦ Una realtà raffinata ed elegante con interni sontuosi, camere ampie e provviste di ogni confort (tutte vista mare). Per chi vuole vizirasi fino in fondo:
suite presidenziale con piccola piscina privata e lusso al quadrato. Meravigliosa sala ristorante curata in ogni dettaglio.

🍴 **Da Giovanni**
via Nazionale – ☎ 0 94 22 35 31 – chiuso dal 7 gennaio al 10 febbraio e lunedì CZ**e**
Rist – Carta 28/56 €
◆ Qualche difficoltà nel trovare il posteggio, ma una breve passeggiata non potrà che farvi meglio apprezzare la semplice cucina di mare della tradizione. Veranda panoramica sul mare e sull'Isola Bella.

a Lido di Spisone Nord-Est: 1,5 km – ✉ 98030 Mazzarò

Caparena
via Nazionale 189 – ☎ 09 42 65 20 33
– www.gaishotels.com – aprile-ottobre
88 cam – 🛏160/248 € 🛏🛏178/300 € – ½ P 123/184 €
Rist – Carta 30/60 €
◆ Bellezza e confort, palme e acqua limpida, tranqllità e relax e una beauty farm davvero interessante con bagno turco e un'ampia gamma di trattamenti e massaggi. Spiaggia e bar. D'estate la sala da pranzo si apre all'esterno, completamente immersa nel verde; a pranzo carta leggera.

🍴🍴 **La Capinera** (Pietro D'Agostino)
via Nazionale 177 ✉ 98039 Taormina – ☎ 09 42 62 62 47
– www.ristorantelacapinera.com – chiuso dal 15 febbraio al 6 marzo, lunedì (escluso agosto) e da gennaio a marzo anche la domenica
Rist – (consigliata la prenotazione) Menu 65/75 € – Carta 50/76 €
Spec. Crudo di mare alla maniera dello chef Pietro. Vermicelli alle triglie. Filetto di ricciola con crema di melanzane al cioccolato modicano.
◆ Locale accogliente dalla giovane ed appassionata gestione, che propone una cucina innovativa su base regionale ed un servizio estivo in terrazza.

a Castelmola Nord-Ovest : 5 km AZ – alt. 529 m – ✉ 98030

Villa Sonia
via Porta Mola 9 – ☎ 0 94 22 80 82
– www.hotelvillasonia.com – 20 dicembre-6 gennaio e marzo-15 novembre,
44 cam – 🛏110/140 € 🛏🛏140/205 € – 2 suites – ½ P 110/143 €
Rist ***Parco Reale*** – Carta 36/59 €
◆ Caratteristico e tranquillo il borgo che accoglie questa antica villa arredata con una raccolta di preziosi oggetti d'antiquariato e d'artigianato siciliano. Suggestiva vista da molte camere. Sobriamente elegante la sala da pranzo arredata qua e là con numerose rare suppellettili. D'estate si pranza a bordo piscina.

TARANTO [P] (TA) – 564 F33 – 193 136 ab. – Puglia 27 C2

Roma 532 – Brindisi 70 – Bari 94 – Napoli 344
[i] corso Umberto I 113, ☎ 099 4 53 23 97, www.viaggiareinpuglia.it.
[18] Riva dei Tessali località Riva dei Tessali, 099 8431844, www.rivadeitessali.it
MARTA Museo archeologico nazionale★★★ – Lungomare Vittorio Emanuele★★ – Città vecchia★ – Giardini Comunali★ – Cappella di San Cataldo★ nel Duomo

Pianta pagina seguente

Akropolis
vico I° Seminario 3 ✉ 74123 – ☎ 09 94 70 41 10 – www.hotelakropolis.it
13 cam – 🛏110/125 € 🛏🛏145/165 € **a**
Rist – *(chiuso lunedì) (chiuso a mezzogiorno)* Carta 24/39 €
◆ Il palazzo racconta la storia di Taranto, dalle fondamenta greche agli interventi succedutisi fino all'800. Pavimenti in maiolica del '700, splendida terrazza sui due mari. Elementi d'antiquariato anche nella sala-ristorante e wine bar per una ristorazione veloce.

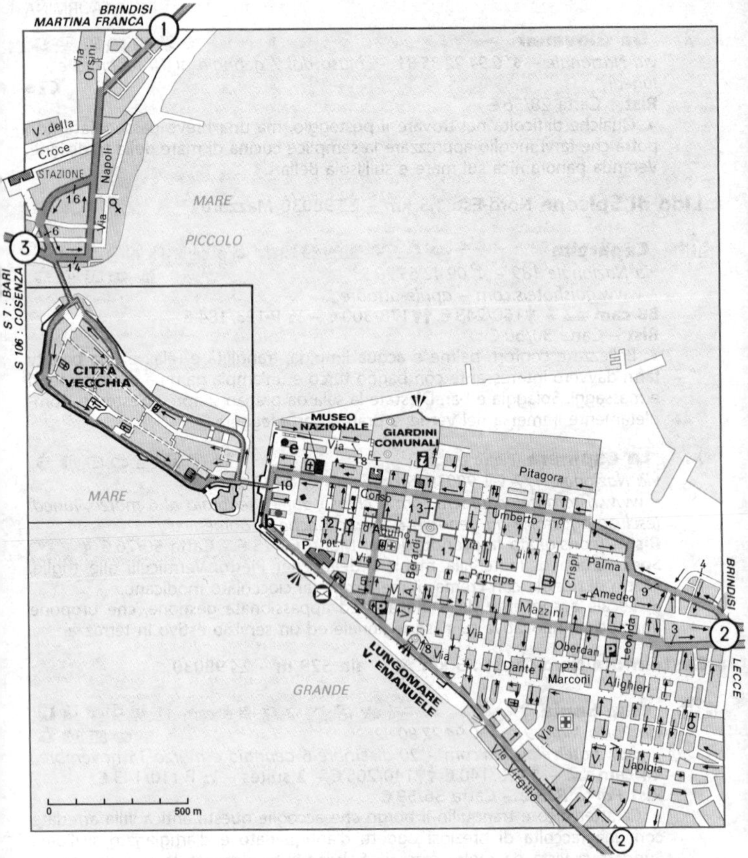

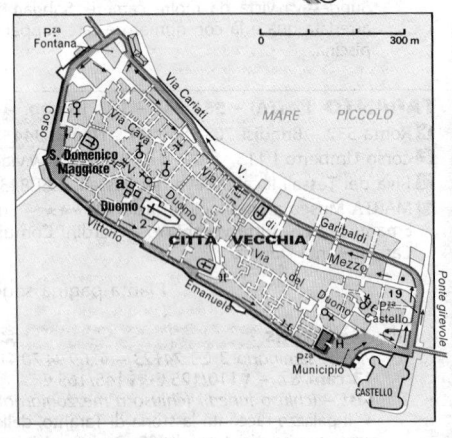

TARANTO

🏨 **Europa** ≼ 📲 ㎰ ❤ cam, ⁿ⁰ 📟 ⑳ ㏂ ⓓ

via Roma 2 ⊠ 74123 – ℰ 09 94 52 59 94 – www.hoteleuropaonline.it
42 cam � – **♦**73/110 € **♦♦**116/141 € – 1 suite   **e**
Rist – *(chiuso domenica) (chiuso a mezzogiorno)* Carta 27/57 €

♦ Sul Mar Piccolo con vista su ponte girevole e castello aragonese, funzionale hotel, ex residence, che offre moderne camere molto ampie, spesso sviluppate in due ambienti.

🏨 **Al Faro** ≼ 🚗 🖼 ❤ ㎰ ❤ ⁿ⁰ 📭 📟 ⑳ ㏂ ⓓ

via della Pineta 3/5, Nord : 1,5 km ⊠ 74123 – ℰ 09 94 71 44 44
– www.alfarotaranto.it
18 cam ⊻ – **♦**90/120 € **♦♦**120/150 € – 2 suites – ½ P 90/105 €
Rist – *(chiuso domenica sera, lunedì)* Carta 30/71 €

♦ Atipica masseria settecentesca, costruita in riva al mare per l'allevamento dei molluschi. L'attività volge oggi all'ospitalità alberghiera, di ottimo livello in ogni aspetto. Sala ristorante ricavata sotto suggestive volte a crociera.

a San Pietro sul Mar Piccolo Nord-Est: 13 km – ⊠ 74100

🏨 **Relais Histò** ॐ 🚗 🔥 ⏚ 🔳 ⊚ ⏦ ㎙ ⏚ ㎰ ❤ rist, ⁿ⁰ 🕸 📭

via Sant'Andrea, Circummarpiccolo – ℰ 09 94 72 11 88 – www.relaishisto.it
44 cam ⊻ – **♦**119/260 € **♦♦**119/300 € – 4 suites – ½ P 160/200 €
Rist *La Lanternaia* – Carta 32/77 €

♦ Sintesi perfetta di natura, storia, arte e tecnologia, Relais Histò è il risultato del restauro conservativo di una masseria medievale. Immerso in un grande uliveto e circondato da possenti mura, erette un tempo a difesa della dimora, l'hotel assicura ai propri ospiti tranquillità e privacy; camere moderne e rituali olistici presso la spa.

TARCENTO – Udine (UD) – **562** D21 – 9 148 ab. – alt. 230 m   **11** C2
– ⊠ 33017

🚹 Roma 657 – Udine 19 – Milano 396 – Tarvisio 76

🍴🍴 **Costantini** con cam 🚗 📲 ⏚ ㎰ ⁿ⁰ 📭 ⑳ ㏂ ⓓ

via Pontebbana 12, località Collalto, Sud-Ovest: 4 km – ℰ 04 32 79 20 04
– www.albergocostantini.com
22 cam ⊻ – **♦**53/75 € **♦♦**75/100 € – 2 suites – ½ P 55/70 €
Rist – *(chiuso 1 settimana in gennaio, 1 settimana in novembre, domenica sera e lunedì)* Carta 31/56 € 🍴

♦ Già tappa di sosta per chi dalla Germania si recava in Terrasanta, il ristorante propone una cucina che valorizza il prodotto locale con accostamenti leggermente*fusion*ed un'interessante selezione enologica con molte proposte anche al bicchiere. Accoglienti anche le camere di tono classico elegante.

🍴 **Osteria di Villafredda** 🚗 📭 📟 ⑳ ㏂ ⓓ

😊 *via Liruti 7, località Loneriacco, Sud : 2 km – ℰ 04 32 79 21 53*
– www.villafredda.com – chiuso gennaio, agosto, domenica sera, lunedì
Rist – Carta 24/36 €

♦ Ricavata da un'antica casa colonica, l'osteria può vantare oltre mezzo secolo di attività e di evoluzione ininterrotta, con una cucina non vittima della "globalizzazione", ma - al contrario - grata ai prodotti del territorio e paladina della tradizione regionale.

TARQUINIA – Viterbo (VT) – **563** P17 – 16 577 ab. – alt. 133 m   **12** A2
– ⊠ 01016 ▮ Italia Centro Sud

🚹 Roma 96 – Viterbo 45 – Civitavecchia 20 – Grosseto 92

🛈 barriera San Giusto, ℰ 0766 84 92 82, www.tarquiniaturismo.it

🏌 via Olimpia snc, 0766 812109 , www.tarquiniacountryclub.com – chiuso martedì mattina

◎ Necropoli di Monterozzi★★: pitture★★★ nelle camere funerarie – Palazzo Vitelleschi★ - Cavalli alati★★★ nel museo Nazionale Tarquiniese★ – Quartiere medievale★ -Chiesa di Santa Maria in Castello★

X **Arcadia** ⌂ AC VISA ◉ AE ⑤

via Mazzini 6 – ℰ 07 66 85 55 01 – www.arcadia-ristorante.it – chiuso gennaio e lunedì
Rist – Carta 24/54 €

♦ Si trova in un antico edificio del centro storico questo piacevole ristorante dove gustare specialità regionali di terra e di mare. Entusiasmo e passione in un'atmosfera di cordiale familiarità.

a Lido di Tarquinia Sud-Ovest : 6 km – ✉ 01010

🏨 **La Torraccia** senza rist ⌂ ⧖ AC ❄ ⟨⟩ P VISA ◉ AE ① ⑤

viale Mediterraneo 45 – ℰ 07 66 86 43 75 – www.torraccia.it – chiuso dal 22 dicembre al 17 gennaio
18 cam ⚏ – †70/100 € ††80/110 €

♦ In una tranquilla pineta dove assaporare momenti di piacevole relax, l'albergo - recentemente rinnovato con gusto - dispone di camere piccole ma personalizzate. Ottima posizione, vicino al mare.

XX **Gradinoro** ⧖ ⌂ AC VISA ◉ AE ① ⑤

lungomare dei Tirreni 17 – ℰ 07 66 86 40 45 – www.gradinoro.com – chiuso dal 15 dicembre al 15 gennaio
Rist – *(chiuso la sera in gennaio e febbraio)* Carta 39/69 €

♦ Ai fornelli c'è sempre la tenace signora Urbani, garante di una cucina della tradizione che propone succulenti preparazioni di pesce fresco. Design moderno-contemporaneo per la sala.

TARTANO – Sondrio (SO) – 561 D11 – 201 ab. – alt. 1 210 m 16 B1
– ✉ 23010

🅳 Roma 695 – Sondrio 34 – Chiavenna 61 – Lecco 77

🏠 **La Gran Baita** ⧖ ⟨ ⧖ ⋒ ⋔ ❄ rist, P VISA ◉ ⑤

via Castino 7 – ℰ 03 42 64 50 43 – www.albergogranbaita.com – chiuso febbraio, marzo
34 cam ⚏ – ††55/58 € – ½ P 45/48 € **Rist** – Carta 20/38 €

♦ In Val Tartano, nel Parco delle Orobie, un'oasi di assoluta pace e relax ove potersi godere anche vari servizi naturali per la salute; conduzione familiare e confort. Al ristorante ambiente rustico avvolto dal legno, con vetrate sulla natura.

TARVISIO – Udine (UD) – 562 C22 – 4 774 ab. – alt. 732 m – Sport 11 C1
invernali : 750/1 780 m ⛷3 ⛷13, ⛷ – ✉ 33018

🅳 Roma 730 – Udine 95 – Cortina d'Ampezzo 170 – Gorizia 133

🇮 via Roma 14, ℰ 0428 21 35, www.turismofvg.it

🖼 via Priesnig 5, 0428 2047, www.golftarvisio.it – aprile-ottobre

X **Ex Posta** con cam ⧖ ⌂ ⟨⟩ ⧖ AC P VISA ◉ ⑤

via Friuli 55, località Coccau, Est: 6 km – ℰ 04 28 64 40 55 – www.exposta.it – chiuso maggio e novembre
5 cam – ††80 €, ⚏ 6 € **Rist** – *(chiuso lunedì)* Carta 20/32 €

♦ Non lontano dal confine - tra rigogliose pinete - una settecentesca stazione di posta si è trasformata in piacevole ristorante dagli ambienti semplici e curati. Cucina regionale.

TATTI – Grosseto (GR) – 563 M15 – Vedere Massa Marittima

TAUFERS IM MÜNSTERTAL = Tubre

TAVARNELLE VAL DI PESA – Firenze (FI) – 563 L15 29 C2
– 7 692 ab. – alt. 378 m – ✉ 50028

🅳 Roma 268 – Firenze 29 – Siena 41 – Livorno 92

🇮 via Roma 190, ℰ 055 8 07 78 32, www.comune.tavarnelle-val-di-pesa.fi.it

Castello del Nero 🏡 🜔 🜖 🜗 🖧 🖽 👥 ♿ 📺 ♨ 🍴 rist, 🕻 🛁 **P**

strada Spicciano 7 – 𝒞 *0 55 80 64 70* VISA ◉◉ AE ⓪ 🜪
– www.castellodelnero.com – chiuso dal 15 gennaio al 3 marzo
32 cam 🛏 – 🛏🛏440/745 € – 18 suites – 🛏🛏750/2065 €
Rist – Carta 63/155 €

◆ In posizione dominante sulle colline, una residenza di campagna di origini duecentesche, dove gli elementi storici si fondono con arredi moderni e accessori d'avanguardia. Centro benessere con trattamenti*up-to-date*. Sapori tipici toscani interpretati con estro creativo in cucina.

Antica Pieve 🜔 🜖 🜗 AE VISA ◉◉ AE ⓪ 🜪

strada della Pieve 1 – 𝒞 *05 58 07 63 14 – www.anticapieve.net – chiuso febbraio*
7 cam 🛏 – 🛏75/115 € 🛏🛏85/120 € – ½ P 63/80 €
Rist *– (chiuso dall'8 al 31 gennaio e lunedì) (chiuso a mezzogiorno)*
Carta 20/36 €

◆ Una piacevole casa colonica - sapientemente ristrutturata - a metà strada fra Firenze e Siena, sulla famosa via Cassia: poche camere, ma ben arredate e curate nei particolari. Ottimi spazi all'esterno con piscina e giardino.

La Gramola 🜖 🜗 VISA ◉◉ AE ⓪ 🜪

via delle Fonti 1 – 𝒞 *05 58 05 03 21 – www.gramola.it – chiuso martedì*
Rist – Carta 26/46 € 🏵

◆ È un incontro tra l'architettura paesana e lo scorrere di una dimensione rurale fatta di antiche abitudini, lenti rituali e solide certezze. Vino, olio, carni provenienti da allevamenti della zona: Cecilia, la cuoca, sa valorizzare con grande talento i prodotti, le ricette e la cultura gastronomica della sua terra.

a San Donato in Poggio Sud-Est : 7 km – ✉ 50020

La Locanda di Pietracupa con cam 🜗 📶 VISA ◉◉ AE ⓪ 🜪

via Madonna di Pietracupa 31 – 𝒞 *05 58 07 24 00*
– www.locandapietracupa.com
4 cam – 🛏65/70 € 🛏🛏70/80 €, 🛏 5 €
Rist *– (chiuso gennaio, martedì)* (consigliata la prenotazione) Carta 38/52 € 🏵
◆ Immerso tra le dolci colline del Chianti, d'estate è senz'altro piacevole prendere posto ai tavoli in giardino; in cucina c'è passione e fantasia perchè ogni stagione sia rappresentata dal menu più consono. Colori tenui e rilassanti nelle camere e da tutte una vista spettacolare sul verde.

La Toppa 🜖 ♻ VISA ◉◉ AE 🜪

via del Giglio 41 – 𝒞 *05 58 07 29 00 – www.anticatrattorialatoppa.com*
– chiuso dal 7 gennaio all'8 febbraio, lunedì, anche a mezzogiorno in agosto
Rist – Carta 21/35 € (+10 %)
◆ Il vino è la bevanda prediletta di quanti desiderano gustare i sostanziosi piatti proposti in questo storico locale, che riscopre e tramanda le antiche e genuine ricette del passato. Attenti solo a non prendere una toppa, ovvero una sbronza!

a Badia a Passignano Est : 7 km – ✉ 50028 Tavarnelle Val Di Pesa

Osteria di Passignano 🜖 👥 AE 🜗 VISA ◉◉ AE ⓪ 🜪

via Passignano 33 – 𝒞 *05 58 07 12 78 – www.osteriadipassignano.com*
– chiuso dal 9 gennaio all'8 febbraio e domenica
Rist *– (consigliata la prenotazione la sera)* Menu 65 € – Carta 55/70 € 🏵
Spec. Piccione al forno. Tortello di pappa al pomodoro (estate). Zuccotto alla noce moscata (primavera).
◆ Incantevole ubicazione: di fianco all'abbazia, nelle cantine fine '800 dei marchesi Antinori; non è da meno la cucina, di stampo moderno con solide radici nella tradizione.

TAVIANO – Lecce (LE) – **564** H36 – **12 642 ab.** – alt. 58 m   **27** D3
– ✉ 73057
▶ Roma 616 – Brindisi 91 – Bari 203 – Lecce 55

✗ 🏵 **A Casa tu Martinu** con cam   🚗 🌄 📶 🍴 cam, 🍴 ᵛⁱˢᵃ ⊚ ᴬᴱ ⓪ 🛆
*via Corsica 97 – 𝒞 08 33 91 36 52 – www.acasatumartinu.com – chiuso
domenica sera, lunedì*
11 cam ⌷ – 🛏50 € 🛏🛏80/105 €
Rist – *(chiuso a mezzogiorno in luglio e agosto)* Carta 25/30 € 🏵
♦ Alla cucina tipica del Salento - semplice e gustosa, con molte verdure e
tanta griglia - sommate la possibilità di desinare all'aperto, avvolti dal profumo di agrumi e nespole. Romantico e incantato.

TEGLIO – Sondrio (SO) – **561** D12 – **4 765 ab.** – **alt. 851 m**   **16** B1
– ✉ 23036

▶ Roma 719 – Sondrio 20 – Edolo 37 – Milano 158

sulla strada statale 38 al km 38,750 Sud-Ovest: 8 km

✗✗ 🏵 **Fracia**   🌄 🛆 ᵛⁱˢᵃ ⊚ ᴬᴱ 🛆
*località Fracia ✉ 23036 Teglio – 𝒞 03 42 48 26 71 – www.fracia.it – chiuso
dal 15 al 30 giugno, mercoledì*
Rist – *(coperti limitati, prenotare)* Carta 29/40 €
♦ Tra terrazze digradanti e vigneti, un rustico cascinale in pietra ospita il
ristorante che gode di una vista panoramica sulla valle circostante. Interni
sobri con pareti anch'esse in pietra ed una bella stufa; il menu annovera
ottime specialità valtellinesi. Un'oasi di tradizione e gusto.

TELLARO – La Spezia (SP) – **561** J11 – **Vedere Lerici**

TEMPIO PAUSANIA Sardegna – Olbia-Tempio (OT) – **366** P38   **38** B1
– **14 256 ab.** – **alt. 566 m** – ✉ 07029

▶ Cagliari 253 – Nuoro 135 – Olbia 45 – Palau 48

ℹ piazza Mercato 1, 𝒞 079 6 39 00 80, www.comune.tempiopausania.ss.it

🏠 🏵 **Pausania Inn**   🌄 🏊 🌳 🍴 📶 🛆 ⚡ ᴹᶜ 🍴 rist, 🛆 🅿 ᵛⁱˢᵃ ⊚ ᴬᴱ ⓪ 🛆
*strada statale 133, Nord : 1 km – 𝒞 079 63 40 37
– www.hotelpausaniainn.com – chiuso dal 1° al 30 dicembre e dal
5 gennaio al 28 febbraio*
60 cam ⌷ – 🛏50/150 € 🛏🛏70/200 € – ½ P 120 €   **Rist** – Carta 20/38 €
♦ L'ariosa ampiezza degli interni caratterizza una struttura di recente realizzazione, alla periferia nord, valida per visitare la Gallura. Bel dehors e giardino
con piscina. Tutta giocata sul bianco e sul legno chiaro la sala ristorante.

TENCAROLA – Padova (PD) – **Vedere Selvazzano Dentro**

TENNA – Trento (TN) – **562** D15 – **976 ab.** – **alt. 569 m** – ✉ 38050   **30** B3

▶ Roma 607 – Trento 18 – Belluno 93 – Bolzano 79

ℹ via Alberè 35 , 𝒞 0461 70 63 96, www.comune.tenna.tn.it

🏠 🏵 **Margherita** 🛆   🔔 🌄 🏊 🐚 🌿 🍴 📶 🛆 ⚡ 🅿 ᵛⁱˢᵃ ⊚ ᴬᴱ ⓪ 🛆
*località Pineta Alberè 2, Nord-Ovest : 2 km – 𝒞 04 61 70 64 45
– www.hotelmargherita.it – 15 aprile-ottobre*
40 cam ⌷ – 🛏55/80 € 🛏🛏90/140 € – 4 suites – ½ P 90 €
Rist – Carta 26/43 €
♦ Nella pineta di Alberè, l'albergo vanta un ampio parco con piscina, campi
da tennis e da calcetto. I recenti lavori di rinnovo hanno delineato sue stili
diversi di camere: classiche arredate in legno di rovere o più moderne dalle
linee essenziali. Piatti italiani e specialità regionali al ristorante.

TEOLO – Padova (PD) – **562** F17 – **8 302 ab.** – alt. 175 m – ⊠ 35037   **35** B3

▶ Roma 498 – Padova 21 – Abano Terme 14 – Ferrara 83

🏠 **Villa Lussana**   ⩽ & cam, 🅰🅒 ⅋ rist, 🅿 ⇄ 🆅🅸🆂🅰 ⓿ 🅰🅴 ⚡

☺ *via Chiesa 1 – ℰ 04 99 92 55 30 – www.villalussana.com – chiuso dal 7 al 30 gennaio*
11 cam ⌑ – ♦61 € ♦♦92 € – ½ P 67 €
Rist – *(chiuso martedì escluso da giugno a settembre)* Carta 20/36 €
♦ Panoramica posizione sui Colli Euganei per una piacevole struttura ricavata da una villa Liberty dei primi '900. Sebbene l'elegante sala da pranzo offra una bella vista sul paesaggio, non distraetevi dalle bontà servite in tavola!

a Castelnuovo Sud-Est : 3 km – ⊠ 35038

🍴 **Trattoria al Sasso**   ⛲ & ⇔ 🅿 🆅🅸🆂🅰 ⚡
via Ronco 11 – ℰ 04 99 92 50 73 – chiuso mercoledì
Rist – Carta 39/55 € ⍤
♦ Una casa padronale immersa nei colli Euganei con sale di tono leggermente rustico e spunti di raffinatezza. La cucina soddisfa i palati con proposte legate al territorio.

TERAMO 🅿 (TE) – **563** O23 – **55 004 ab.** – alt. 432 m – ⊠ 64100   **1** B1

▶ Roma 182 – Ascoli Piceno 39 – Ancona 137 – L'Aquila 66
🄸 via Oberdan 16, ℰ 0861 24 42 22, www.abruzzoturismo.it

🍴🍴 **Duomo**   ⛲ 🅰🅒 ⅋ 🆅🅸🆂🅰 ⓿ 🅰🅴 ⓪ ⚡
*via Irelli 27 – ℰ 08 61 24 17 74 – www.ristoranteduomo.com
– chiuso dal 7 al 27 gennaio, 1 settimana in agosto, domenica sera, lunedì*
Rist – Carta 24/47 €
♦ Se la recente ristrutturazione gli ha "regalato" una zona enoteca, una saletta privata ed un delizioso dehors in un cortile ottocentesco, la cucina è irremovibile dalla tradizione abruzzese e dai classici nazionali. Un locale, da sempre garanzia di buona tavola!

TERLANO (TERLAN) – Bolzano (BZ) – **562** C15 – **4 132 ab.**   **31** D3
– alt. 248 m – ⊠ 39018

▶ Roma 646 – Bolzano 9 – Merano 19 – Milano 307
🄸 piazza Weiser 2, ℰ 0471 25 71 65, www.provinz.bz.it

🏠 **Weingarten**   ⛲ ⛲ 🏊 🛉 & 🅿 🆅🅸🆂🅰 ⓿ ⚡
via Principale 42 – ℰ 04 71 25 71 74 – www.hotel-weingarten.com – chiuso dall'8 gennaio al 25 marzo
20 cam ⌑ – ♦55/66 € ♦♦86/120 € – 2 suites – ½ P 61/78 €
Rist – Carta 29/49 €
♦ Giardino ombreggiato con piscina riscaldata, a due passi dal centro di Terlano, tra vigneti e frutteti. L'albergo dispone di camere luminose e panoramiche. Servizio ristorante all'aperto, all'ombra degli alberi, o nelle tipiche stube.

a Settequerce (Siebeneich) Sud-Est : 3 km – ⊠ 39018

🍴 **Patauner**   ⛲ 🅿 🆅🅸🆂🅰 ⓿ 🅰🅴 ⚡
via Bolzano 6 – ℰ 04 71 91 85 02 – chiuso dal 20 febbraio al 10 marzo, dal 30 giugno al 20 luglio, domenica da luglio al 30 settembre, giovedì negli altri mesi
Rist – Carta 24/40 €
♦ Dal bar pubblico si accede alla sala, senza pretese e tuttavia con una piacevole atmosfera del luogo; tirolesi anche alcuni piatti. Marito in cucina, moglie ai tavoli.

TERLANO

a Vilpiano (Vilpian) Nord-Ovest : 4 km – ✉ 39018

⌂ **Sparerhof** 📇 🏠 ⅃ 🕸 ⌘ rist, ¶ **P** **VISA** ⓪ **⑤**
via Nalles 2 – ℰ 04 71 67 86 71 – www.hotelsparerhof.it
15 cam ☑ – ♦50/70 € ♦♦80/99 € – ½ P 70 €
Rist – (aprile-novembre) (chiuso a mezzogiorno) Menu 22/45 €
♦ Simpatici e ospitali, i proprietari comunicano brio all'ambiente, gradevole e singolare; oggetti di design e opere d'arte sparsi un po' ovunque, anche nelle piccole camere. Nella semplice ed accogliente sala da pranzo oppure nel fresco giardino, piatti appetitosi e creativi.

TERME – Vedere di seguito o al nome proprio della località termale

---

TERME LUIGIANE – Cosenza (CS) – **564** I29 – alt. 178 m   5 A2
– ✉ **87020 Acquappesa**
▶ Roma 475 – Cosenza 49 – Castrovillari 107 – Catanzaro 110

🏨 **Grand Hotel delle Terme** 🔥 ⅃ 🛁 ♐ 🕴 🔟 ⌘ ♨ **P**
via Fausto Gullo 6 – ℰ 0 98 29 40 52   **VISA** ⓪ **AE** ⓪ **⑤**
– www.grandhoteltermeluigiane.it - www.termeluigiane.it – maggio-ottobre
125 cam ☑ – ♦80/90 € ♦♦130/150 € – ½ P 95 €   **Rist** – Menu 20/25 €
♦ Collegato alle Thermae Novae mediante un passaggio interno, ecco un hotel ideale per i soggiorni terapeutici, dotato di servizi appropriati tra cui un attrezzato parco termale con varie piscine e spazi dedicati al fitness.

TERMENO SULLA STRADA DEL VINO   31 D3
(TRAMIN AN DER WEINSTRASSE) – Bolzano (BZ) – **562** C15
– 3 282 ab. – alt. 276 m – ✉ 39040
▶ Roma 630 – Bolzano 24 – Milano 288 – Trento 48
🛈 via Mindelheim 10/A, ℰ 0471 86 01 31, www.tramin.com.

🏨 **Mühle-Mayer** 🔄 🔥 📇 🏠 🔟 🕸 ⌘ **P** **VISA** ⓪ **⑤**
via Molini 66, Nord : 1 km – ℰ 04 71 86 02 19 – www.muehle-mayer.it
– aprtile-10 novembre
10 cam ☑ – ♦73/91 € ♦♦116/152 € – 2 suites – ½ P 101 €
Rist – (chiuso a mezzogiorno, domenica, lunedì)
♦ Tra i verdi e riposanti vigneti in una zona isolata e tranquilla, un gradevole giardino-solarium e una casa situata su un antico mulino offre stanze eleganti e personalizzate.

🏨 **Tirolerhof** 🔥 📇 🏠 ⅃ 🕸 🛁 ⌘ rist, ¶ **P** **VISA** ⓪ **⑤**
via Parco 1 – ℰ 04 71 86 01 63 – www.tirolerhof.com – Pasqua-15 novembre
30 cam ☑ – ♦56/78 € ♦♦94/126 € – ½ P 76 €   **Rist** – (solo per alloggiati)
♦ Conduzione familiare ben rodata per quest'albergo che si sviluppa su due costruzioni; deliziosi il giardino e la veranda nonché gli spazi interni.

TERME VIGLIATORE Sicilia – Messina (ME) – **365** AZ55   40 D1
– 7 098 ab. – ✉ 98050 ▯ Sicilia
▶ Catania 123 – Enna 174 – Messina 50 – Palermo 184
👁 Villa Romana★

⌂ **Il Gabbiano** 🔥 🔥 ⅃ 🛁 ♣ 🔟 ⌘ rist, ¶ **P** **VISA** ⓪ **AE** **⑤**
via Marchesana 4, località Lido Marchesana – ℰ 09 09 78 23 43
– www.gabbianohotel.com – maggio-ottobre
40 cam ☑ – ♦50/90 € ♦♦80/140 € – 3 suites – ½ P 80 €
Rist – Carta 19/45 €
♦ Nel suggestivo golfo di Tindari, a poca distanza da numerose attrattive turistiche, una struttura moderna e panoramica che sfrutta appieno la posizione sulla spiaggia. Le sale del ristorante danno sulla terrazza a mare con piscina.

TERMINI – Napoli (NA) – **564** F25 – Vedere Massa Lubrense

– **27 568 ab.** – **alt. 77 m** – ⊠ **90018** ▌ Sicilia
▶ Agrigento 150 – Messina 202 – Palermo 36

🏨🏨 **Grand Hotel delle Terme**   🚐 🎄 🏛 🏨 ♨ 🛗 🖹 🏧 🍴 rist, ♿
piazza Terme 2 – 𝄞 *09 18 11 35 57*   💳 ⊙ 🅰🅴 ⊙ 🅖
– *www.grandhoteldelleterme.it*
69 cam ⊑ – †110/150 € ††170/240 € – 9 suites – ½ P 130 €
Rist – Carta 31/57 €
♦ Un edificio di fine '800 immerso in un giardino fiorito con piscina e vista
panoramica, nei cui suggestivi sotterranei sgorgano acque termali sfruttate
dal centro benessere dell'hotel. La sala degli specchi al primo piano ospita
l'elegante ristorante*à la carte.*

🏠 **Il Gabbiano**   🏧 🍴 🐾 🅿 💳 ⊙ 🅰🅴 🅖
via Libertà 221 – 𝄞 *09 18 11 32 62* – *www.hotelgabbiano.it*
24 cam ⊑ – †60/75 € ††80/95 € – ½ P 68 €   **Rist** – Carta 17/41 €
♦ Fuori dal caotico centro della località, una risorsa semplice e moderna grazie ai recenti interventi di rinnovo. Apprezzato soprattutto da una clientela
d'affari.

▌ Italia Centro Sud
▶ Roma 300 – Pescara 98 – Campobasso 69 – Foggia 88
🖼 piazza Melchiorre Bega 42, 𝄞 0875 70 39 13, www.termoli.net
🄲 Cattedrale ★

🏨🏨 **Santa Lucia** senza rist   ≤ 🏛 🏧 🐾 💳 ⊙ 🅰🅴 🅖
largo Piè di Castello – 𝄞 *08 75 70 51 01* – *www.santaluciahotel.it*
26 cam ⊑ – †100/110 € ††120/150 € – 1 suite
♦ Di recente apertura, hotel dagli ambienti raffinati in cui prevalgono i colori
caldi. Camere di buon livello sia per confort che per cura e stile negli arredi.

🏨 **Mistral**   ≤ 🏛 🏧 🐾 🍴 🔗 💳 ⊙ 🅰🅴 ⊙ 🅖
lungomare Cristoforo Colombo 50 – 𝄞 *08 75 70 52 46* – *www.hotelmistral.net*
66 cam ⊑ – †62/125 € ††90/160 € – 2 suites – ½ P 100 €
Rist – Carta 26/54 €
♦ Una struttura bianca che svetta sul lungomare prospiciente la spiaggia; di
tono piuttosto moderno, a prevalente vocazione estiva, offre camere funzionali. Capiente sala da pranzo movimentata da colonne e una vista sul blu
dalle vetrate.

🏨 **Meridiano**   ≤ 🏛 🏧 🐾 rist, 🕴 ♿ 🅿 💳 ⊙ 🅰🅴 ⊙ 🅖
lungomare Cristoforo Colombo 52/a – 𝄞 *08 75 70 59 46*
– *www.hotelmeridiano.com*
81 cam ⊑ – †58/85 € ††86/120 € – ½ P 75 €   **Rist** – Carta 25/46 €
♦ Affacciato sulla passeggiata mare, un albergo ideale sia per clienti di lavoro
che per turisti: discreti spazi esterni, con parcheggio, e confortevole settore
notte. Ristorante con vista sul Mediterraneo e sulle mura del centro storico.

🏠 **Residenza Sveva** senza rist 🍃   🏧 🐾 💳 ⊙ 🅰🅴 ⊙ 🅖
piazza Duomo 11 – 𝄞 *08 75 70 68 03* – *www.residenzasveva.com*
21 cam ⊑ – †69/199 € ††99/299 € – 1 suite
♦ Nel borgo antico, varie camere distribuite tra i vicoli, tutte affascinanti per
raffinatezza e personalizzazioni. Un'opportunità di soggiorno inusuale e molto
gradevole.

🏠 **Locanda Alfieri** senza rist 🍃   🏧 🔛 🐾 💳 ⊙ 🅖
via Duomo 39 – 𝄞 *08 75 70 81 12* – *www.locandalfieri.com*
13 cam ⊑ – †50/75 € ††80/95 €
♦ Nel pittoresco centro del Borgo Vecchio, un'antica dimora con camere
coloratissime, letti in ferro battuto, mobili in arte povera e dettagli di personalizzazione. Sotto l'intonaco fanno capolino le antiche mura.

XX **Svevia** – Hotel Residenza Sveva   AC ✦ VISA ☺ AE ① ♻

via Giudicato Vecchio 24 – ☏ 08 75 55 02 84 – www.svevia.it – chiuso lunedì
Rist – Menu 38 € – Carta 32/48 €
♦ Nelle cantine di un palazzo d'epoca, la storia si fonde abilmente con atmosfere moderne, mentre la cucina si ancora alla tradizione marittima molisana con solo pochi piatti di carne.

XX **Nonna Maria** con cam   ⌂ AC VISA ☺ AE ♻

via Oberdan 14 – ☏ 0 87 58 15 85 – www.nonnamaria.it – chiuso lunedì escluso luglio e agosto
5 cam ⌷ – †40/55 € ††60/80 € – ½ P 65 €   **Rist** – Carta 26/49 €
♦ Raccolta e curata trattoria del centro a conduzione familiare. In menù un'appetitosa lista di piatti tradizionali e di preparazioni a base di pesce fresco. Graziose camere arredate con letti in ferro battuto e colori pastello.

X **Da Noi Tre**   ⌂ AC ✦ VISA ☺ AE ① ♻

via Cleofino Ruffini 47 – ☏ 08 75 70 36 39 – chiuso dal 24 al 26 dicembre e lunedì
Rist – (consigliata la prenotazione) Carta 23/43 €
♦ Tradizionale cucina di mare, con specialità termolesi, nella nuova sede di un già noto indirizzo in città: ora sulla graziosa e piccola piazza del mercato.

sulla strada statale 16-Litoranea Termoli Nord

XX **Villa Delle Rose**   AC ✦ P VISA ☺ AE ① ♻

Ovest : 5 km ⌧ 86039 – ☏ 0 87 55 25 65 – chiuso dal 7 al 31 gennaio e lunedì
Rist – Carta 32/54 €
♦ Bel ristorante moderno e luminoso, ricavato da una nuova costruzione lungo la statale. Viene proposta una cucina di mare, ma non solo, tradizionale o più "adriatica".

TERNI P (TR) – 563 O19 – 112 735 ab. – alt. 130 m – ⌧ 05100   **33** C3
▌ Italia Centro Nord

▶ Roma 103 – Napoli 316 – Perugia 82
🛈 via Cassian Bon 4, ☏ 0744 42 30 47, www.marmore.it
◪ Cascata delle Marmore★★ per ③ : 7 km

🏛 **Michelangelo Palace**   ⌂ ⅄ ⍟ 🖭 & cam, AC ✦ ᵚ 🛖 P ⌂
                                            VISA ☺ AE ① ♻

viale della Stazione 63 – ☏ 07 44 20 27 11
– www.michelangelohotelumbria.it   BYa
78 cam ⌷ – †75/103 € ††105/138 € – 4 suites   **Rist** – Carta 22/36 €
♦ Dotato di ogni confort, avvolto da un'atmosfera moderna, ma elegante, un hotel recente, di fronte alla stazione; ideale per clienti d'affari e per turisti di passaggio. Ubicato all'ultimo piano, piacevole ristorante panoramico grazie alle vetrate continue.

uscita raccordo Terni Ovest

🏛 **Garden Hotel**   ⬚ ⅄ ⍟ 🖭 AC ↯ ᵚ 🛖 P VISA ☺ AE ① ♻

viale Donato Bramante 4/6, per via Cesare Battisti – ☏ 07 44 30 00 41
– www.gardenhotelterni.it   AY
93 cam ⌷ – †48/103 € ††72/138 € – 1 suite
Rist *Il Melograno* – vedere selezione ristoranti
♦ Gradevole costruzione creata da basse terrazze digradanti, piuttosto mimetizzate nella vegetazione e affacciata sulla zona piscina; confortevole e con ambiente signorile.

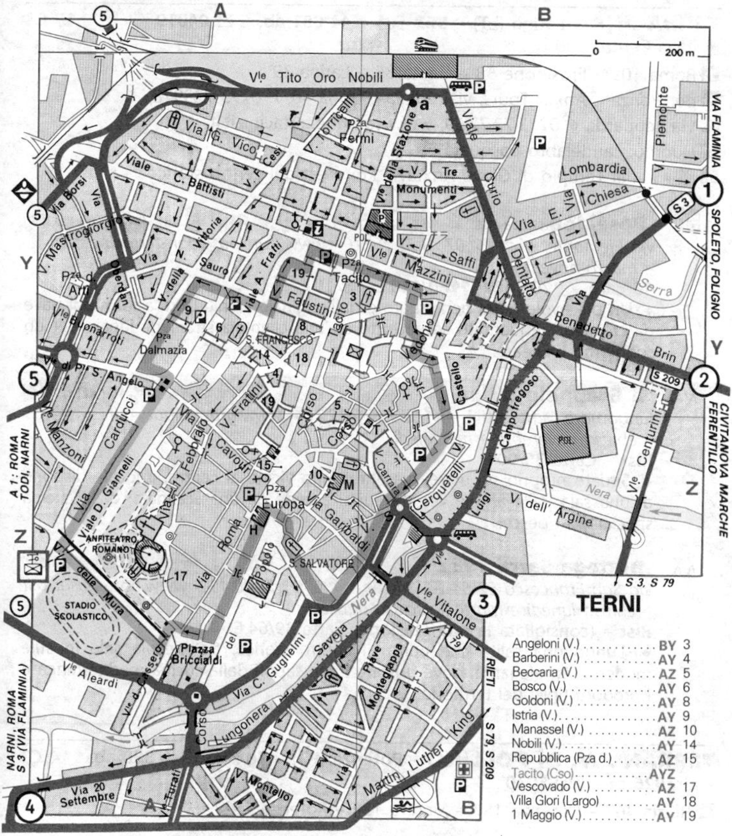

Map labels and street index:

Classic Hotel Tulipano

🛗 ⅋ cam, 🔳 ⅍ 🛜 rist, ℀ 🛁 🅿
VISA 🆗 AE ① ⑤

via Dalla Chiesa 24 – ℰ 07 44 30 60 24
– www.classichotelterni.com

69 cam ⧉ – ♦50/85 € ♦♦70/120 € – ½ P 60/85 €
Rist – (chiuso domenica) Carta 46/70 €

♦ In comoda posizione vicino alle principali autostrade e tangenziali, un albergo dotato di tutti i confort, consoni all'offerta della catena a cui appartiene.

Il Melograno – Garden Hotel

🚙 🔳 ⅍ 🅿 VISA 🆗 AE ① ⑤

viale Donato Bramante 4/6, per via Cesare Battisti – ℰ 07 44 30 03 75
– www.ristoranteilmelogranoterni.it

AY

Rist – (chiuso domenica sera) Carta 25/45 €

♦ Poco lontano dallo svincolo Terni ovest, ma circondato dalla natura, ristorante moderno con proposte di cucina umbra ed internazionale. D'estate il servizio si sposta (anche) all'aperto, a bordo piscina.

Il simbolo 🎀 segnala una carta dei vini particolarmente interessante.

TERRACINA – Latina (LT) – **563** S21 – **44 081 ab.** – ⊠ 04019   13 C3
▮ Italia Centro Sud

▶ Roma 109 – Frosinone 58 – Gaeta 35 – Latina 39
🚢 per Ponza – Anxur Tours, viale della Vittoria 40 ℰ 0773 723978,
🛈 via Leopardi, ℰ 0773 72 77 59, www.comune.terracina.lt.it
◎ Duomo: candelabro pasquale★
◉ ※★★ dal Tempio di Giove Anxur: 3 km a est del centro storico

🏠 **Poseidon** senza rist   ≕ ⌃ 🛗 🆔 ⅍ ⌂ 🆚 ⓪ ⓰
via Piemonte, snc – ℰ 07 73 73 36 60 – www.hotelposeidon-terracina.com
– marzo-novembre
46 cam – †70/140 € ††80/140 €, ⌇ 10 €
♦ Un piacevole hotel ben curato e dall'originale architettura a forma di nave da crociera, frequentato soprattutto da una clientela straniera: ideale per un soggiorno balneare.

🍴🍴 **Il Grappolo d'Uva**   ≺ ⌃ 🆔 🅿 🆚 ⓪ 🆎 ⓰
lungomare Matteotti 1 – ℰ 07 73 70 25 21 – www.grappoloduva.it
– chiuso novembre e mercoledì
Rist – Carta 36/90 €
♦ Situato proprio sul mare, ma altrettanto vicino al centro, il locale dispone di una sala dalle ampie vetrate cui si accede da una scalinata; dalla cucina specialità di pesce.

🍴🍴 **Bottega Sarra 1932**   ≺ 🆔 ⅍ ⟷ 🆚 ⓪ ⓰
via San Francesco 52-54 ⊠ 04019 – ℰ 07 73 70 20 45 – www.bottegasarra.it
– chiuso lunedì e martedì escluso agosto
Rist – (consigliata la prenotazione) Carta 39/64 €
♦ Lungo una salita che porta al centro storico, tre piccole sale in stile moderno ed elegante, dove gustare i veri sapori della cucina mediterranea e i prodotti tipici del territorio.

TERRANOVA DI POLLINO – Potenza (PZ) – **564** H30 – **1 380 ab.**   4 C3
– alt. 926 m – ⊠ 85030

▶ Roma 467 – Cosenza 157 – Matera 136 – Potenza 152

🏠 **Picchio Nero** ⌂   ≺ ≕ 🛗 ⅍ ⌃ 🅿 🆚 ⓪ 🆎 ⓪ ⓰
via Mulino 1 – ℰ 09 73 93 31 70 – www.picchionero.com
– chiuso novembre o dicembre
25 cam ⌇ – †65 € ††78 € – ½ P 68 €
Rist – Carta 27/38 €
♦ Nelle fredde sere d'inverno sarà piacevole ritrovarsi davanti al camino, ma anche d'estate momenti di amabile convivialità saranno offerti dagli spazi verdi di questa struttura felicemente ubicata nel Parco del Pollino. Deliziose proposte gastronomiche legate al territorio e alla cucina lucana.

🍴 **Luna Rossa**   ≺ ⌃ ⟷ 🆚 ⓪ 🆎 ⓰
🌐 via Marconi 18 – ℰ 09 73 93 32 54
– chiuso mercoledì
Rist – (consigliata la prenotazione) Carta 23/35 €
♦ In centro paese, locale rustico e conviviale con panoramica terrazza affacciata sulla valle. La ricerca dei piatti della tradizione parte dal mondo contadino per concretizzarsi nella continua passione e nel rinnovato talento dello chef. L'ottimo rapporto qualità-prezzo non guasta.

TERRANUOVA BRACCIOLINI – Arezzo (AR) – **563** L16   29 C2
– **12 206 ab.** – alt. 156 m – ⊠ 52028

▶ Roma 227 – Firenze 47 – Siena 51 – Arezzo 37

a Penna Alta Nord-Est : 3 km – ⊠ 52028 Terranuova Bracciolini

X **Il Canto del Maggio**   ← 🚗 🏠 **P** **VISA** ⊚ ⚹
– ✆ 05 59 70 51 47 – www.cantodelmaggio.com
– *chiuso domenica sera, lunedì*
Rist – Carta 30/39 €
♦ In un piccolo borgo dalla storia quasi millenaria, è proverbiale l'infaticabile ricerca del titolare per i prodotti del territorio. Una gemma, il servizio estivo in giardino.

a Montemarciano Nord : 5 km – ⊠ 52028

XX **La Cantinella**   🚗 🏠 **P** **VISA** ⊚ ⚹
– ✆ 05 59 17 27 05 – *chiuso dal 1° al 15 gennaio, lunedì e a mezzogiorno escluso i giorni festivi*
Rist – (consigliata la prenotazione) Carta 27/39 €
♦ Ristorantino di campagna dagli interni piacevolmente personalizzati, ma anche con un godevole servizio estivo in terrazza. La cucina rivista la tradizione toscana.

TERRASINI Sicilia – Palermo (PA) – **365** AN55 – 11 537 ab.   39 B2
– alt. 33 m – ⊠ 90049 ▐ Sicilia

▶ Palermo 29 – Trapani 71

◎ Museo Regionale di Storia Naturale★: carretti siciliani★

◙ Carini, 16 km a est: decorazione a stucchi★★ nell'Oratorio del SS. Sacramento

XX **Il Bavaglino**   ⚹ **VISA** ⊚ **AE** ① ⚹
via Benedetto Saputo 20 – ✆ 09 18 68 22 85
– www.giuseppecosta.com – *chiuso 2 settimane in gennaio e martedì escluso agosto*
Rist – Carta 40/54 €
♦ Nei pressi del porticciolo, un piccolo locale di soli cinque tavoli, dove gustare una squisita cucina di mare reinterpretata con fantasia e preparata con ottimi prodotti locali.

TESERO – Trento (TN) – **562** D16 – 2 835 ab. – alt. 1 000 m – Sport   31 D3
invernali : all'Alpe di Pampeago : 1 757/2 415 m ⚡7 (Comprensorio Dolomiti superski Val di Fiemme-Obereggen) ⚡ – ⊠ 38038

▶ Roma 644 – Bolzano 50 – Trento 54 – Belluno 91

🅩 via Roma 37, ✆ 0462 81 00 97, www.visitfiemme.it

🏨 **Park Hotel Rio Stava**   ← 🚗 🏤 🕍 ⅙ ⅙ ⚡ ⚡ rist, ⚡ **P** 🚗 **VISA** ⊚ ⚹
🅶🅶 *via Mulini 20* – ✆ 04 62 81 44 46
– www.hotelriostava.com
48 cam ⬚ – †82/98 € ††116/140 € – 15 suites – ½ P 90 €
Rist – Carta 19/45 €
♦ Una gradevole casa di montagna, in posizione isolata, poco fuori dal centro e cinta da un giardino; dispone di un'accogliente hall in legno e di camere ben rifinite. Il ristorante offre un caldo ambiente in legno, elegante, o la stube.

TESIDO = TAISTEN – Bolzano (BZ) – Vedere Monguelfo

TESIMO (TISENS) – Bolzano (BZ) – **562** C15 – 1 850 ab.   30 B2
– alt. 635 m – ⊠ 39010

▶ Roma 648 – Bolzano 20 – Merano 20 – Trento 77

🅩 Bäcknhaus 54, ✆ 0473 92 08 22, www.tisensprissian.com

※※ **Zum Löwen** (Anna Matscher) 🆅🅸🆂🅰 ⓒⓞ 🅰🅴 ⓞ 🔥
古 *via Principale 72 – ☏ 04 73 92 09 27 – www.zumloewen.it – chiuso lunedì e martedì*
Rist – Menu 65/75 € – Carta 55/87 €
Spec. Cappuccino d'animelle di vitello nostrano. Quaglie su purea di patate e salsa all'aceto balsamico. Canederli di quark (formaggio) su ragù di rabarbaro.
♦ Splendida ristrutturazione di un antico maso: dal fienile alle vecchie stalle, tutto è stato recuperato ed esaltato da inserimenti più moderni. Come la cucina, tecnica e femminile al tempo stesso, ripropone i piatti della tradizione reinterpretati con squisita creatività.

TESSERA – Venezia (VE) – **562** F18 – **alt. 3 m** – ✉ 30030   **36** C2
🛣 Roma 527 – Venezia 12 – Mestre 8 – Padova 43
✈ Marco Polo Est: 1 km ☏ 041 2609260

🏨 **Courtyard by Marriott Venice Airport** 🛋 ఉ 🅰🅺 ↔ 🍽 rist,
via Triestina 170 – ☏ 04 15 41 65 67   🛜 🅰 🅿 🚗 🆅🅸🆂🅰 ⓒⓞ 🅰🅴 ⓞ 🔥
– www.marriott.com
100 cam – 🛏🛏100/450 €, ⚏ 15 €
Rist – *(chiuso agosto, domenica)* Carta 42/73 €
♦ Poco distante dall'aeroporto, questa struttura ricavata da un antico casale è l'indirizzo ideale per una clientela business o di passaggio. Camere ampie, attrezzate di ogni confort; servizio veloce ed efficiente. Linee minimaliste nel luminoso ristorante, ma tutta la ricchezza della cucina italiana nel piatto.

TEZZE DI VAZZOLA – Treviso (TV) – **562** E19 – **alt. 36 m**   **35** A1
– ✉ 31028
🛣 Roma 560 – Belluno 58 – Padova 77 – Treviso 21

※※ **Strada Vecchia** 🛋 🏠 🅰🅺 🍽 🅿 🆅🅸🆂🅰 ⓒⓞ 🔥
😊 *via strada Vecchia 64 – ☏ 04 38 48 80 94*
– chiuso dal 7 al 14 gennaio, dal 7 al 25 agosto e mercoledì
Rist – Carta 29/38 €
♦ D'estate ci si accomoda in giardino, nei mesi più freddi invece nella sala di taglio classico, calda e accogliente. Carne e pesce in piatti locali e nazionali.

TIERS = Tires

TIGLIOLE – Asti (AT) – **561** H6 – **1 715 ab.** – **alt. 239 m** – ✉ 14016   **25** C1
🛣 Roma 628 – Torino 60 – Alessandria 49 – Asti 14

※※ **Vittoria** (Massimiliano Musso) con cam 🐦   ← 🛋 🔅 🍴 ఉ 🅰🅺 🍽 🛜 🅿
古 *via Roma 14 – ☏ 01 41 66 77 13*   🆅🅸🆂🅰 ⓒⓞ 🅰🅴 ⓞ 🔥
– www.ristorantevittoria.it – chiuso dal 7 gennaio al 12 febbraio e dal 7 al 25 agosto
11 cam ⚏ – 🛏125 € 🛏🛏150/200 € – ½ P 120 €
Rist – *(chiuso domenica sera e lunedì) (chiuso a mezzogiorno escluso sabato e domenica)* Menu 45/75 € – Carta 42/87 € 🍷
Spec. Gnocchi in estrazione di glutine di patate bianche e viola alle due ricotte. Petto di piccione e scaloppa di foie gras con salsa alla liquirizia e cioccolato, gelatina ai frutti di bosco. Soufflé di yogurt e menta con passata di lamponi.
♦ Nel cuore di un villaggio da cartolina, da diverse generazioni la stessa famiglia accoglie i clienti con serietà e professionalità piemontesi. E la regione ritorna nei piatti. Bella terrazza ed ottimo confort generale nell'attiguo, raccolto hotel.

TIRANO – Sondrio (SO) – **561** D12 – **9 248 ab.** – **alt. 441 m**   **17** C1
– ✉ 23037 ▌ Italia Centro Nord
🛣 Roma 725 – Sondrio 26 – Passo del Bernina 35 – Bolzano 163
ℹ piazza Stazione, ☏ 0342 70 60 66, www.valtellinaturismo.com

⌂ **Bernina** 🏠 ⟵ ⟶ ⟵ rist, AC cam, ⟶ rist, ⟶ ⟶ VISA ⟶ AE ⟶ ⟶
🔄 *via Roma 24 – ☏ 03 42 70 13 02 – www.saintjane.eu*
37 cam – ♦50/110 € ♦♦80/150 €, ⟶ 12 € – ½ P 59/130 €
Rist – Carta 21/54 €
♦ Un totale restauro ha coinvolto sia l'hotel che il ristorante, che si è arricchito del servizio di pizzeria. A poca distanza dalla stazione della ferrovia per la Svizzera.

sulla strada statale 38 Nord-Est : 3 km

⌂ **Valchiosa** ⟵ ⟶ rist, AC cam, P VISA ⟶ ⟶
🔄 *via Valchiosa 17* ✉ *23030 Sernio – ☏ 03 42 70 12 92*
– www.albergovalchiosa.it – chiuso dal 7 al 27 gennaio
18 cam ⟶ – ♦45/55 € ♦♦80/95 € – ½ P 70 €
Rist – *(chiuso domenica sera escluso agosto)* Carta 19/37 €
♦ Già osteria negli anni '30, rinnovato a fine anni '80, l'albergo, ricavato da una rustica casa del paese, presenta un buon livello di confort e scorci panoramici sulla valle. Il ristorante è da sempre un punto di riferimento per la zona; cucina valtellinese.

TIRES (TIERS) – Bolzano (BZ) – **562** C16 – **964 ab.** – alt. **1 028 m**　　**31** D3
– ✉ **39050**

🚩 Roma 658 – Bolzano 16 – Bressanone 40 – Milano 316
ℹ️ via San Giorgio 79, ☏ 0471 64 21 27, www.tires.to

a San Cipriano (St. Zyprian)**Est : 3 km** – ✉ **39050 Tires**

⌂⌂⌂ **Cyprianerhof** ⟶ ⟵ ⟶ ⟶ ⟶ ⟶ ⟶ ⟶ Lô ⟶ ⟶ ⟶ P VISA ⟶ ⟶ ⟶
*via San Cipriano 69 – ☏ 04 71 64 21 43 – www.cyprianerhof.com – chiuso
dal 21 novembre al 25 dicembre e dal 21 marzo al 22 aprile*
49 cam – ♦97/220 € ♦♦154/308 € – 1 suite – ½ P 161 €
Rist – *(chiuso giovedì escluso da maggio a novembre)* Carta 30/52 €
♦ Proprio di fronte al Catinaccio, una piacevole casa dalla tipica atmosfera tirolese, ideale per chi ama i monti e l'escursionismo anche invernale con le ciaspole. Impensabile, ripartire senza una sosta rigenerante al centro benessere. Ristorante dalla tipica atmosfera tirolese.

⌂ **Stefaner** ⟵ ⟶ ⟶ ⟶ ⟶ P VISA ⟶ ⟶
*via San Cipriano 88 d – ☏ 04 71 64 21 75 – www.stefaner.com – chiuso dal
6 novembre al 26 dicembre*
16 cam – solo ½ P 74 €　　**Rist** – *(solo per alloggiati)*
♦ Immerso nello splendido scenario alpino, l'autentico calore di una gestione familiare in una gradevole struttura dai pittoreschi balconi in stile altoatesino. Ampio parcheggio esterno.

TIRIOLO – Catanzaro (CZ) – **564** K31 – **3 982 ab.** – alt. **690 m**　　**5** B2
– ✉ **88056**

🚩 Roma 604 – Cosenza 91 – Catanzaro 16 – Reggio di Calabria 154

⌂ **Due Mari** ⟶ ⟵ ⟶ AC ⟶ ⟶ P VISA ⟶ AE ⟶ ⟶
via Cavour 46 – ☏ 09 61 99 10 64 – www.duemari.com
16 cam ⟶ – ♦60 € ♦♦80 € – 4 suites – ½ P 55 €
Rist *Due Mari* – vedere selezione ristoranti
♦ Hotel-residence in bella posizione panoramica, da cui nelle giornate terse si vedono davvero i "due mari": moderni confort in ambiente familiare. A dieci metri circa dalla struttura principale, altre camere ricavate all'interno di un'antica casa del centro storico.

✗ **Due Mari** – Hotel Due Mari ⟵ AC P VISA ⟶ AE ⟶ ⟶
🔄 *via Seggio 2 – ☏ 09 61 99 10 64 – www.duemari.com – chiuso lunedì escluso
da giugno a settembre*
Rist – Carta 15/23 €
♦ Piatti semplici di una cucina calabrese casalinga e dalle porzioni generose: il buon rapporto qualità/prezzo è un altro buon motivo per ritornarci.

TIRLI – Grosseto (GR) – Vedere Castiglione della Pescaia

TIROLO (TIROL) – Bolzano (BZ) – **562** B15 – **2 428 ab.** – **alt. 594 m** **30** B1
– ✉ **39019** Italia Centro Nord
Roma 669 – Bolzano 32 – Merano 4 – Milano 330
[i] via Principale 31, ☎ 0473 92 33 14, www.dorf-tirol.it
Località★

Pianta : vedere Merano

Castel rist, VISA AE
vicolo dei Castagni 18 – ☎ 04 73 92 36 93 – www.hotel-castel.com
– 15 marzo-15 novembre A**u**
44 cam – ♦179/250 € ♦♦278/452 € – 13 suites – ½ P 238 €
Rist *Trenkerstube* – vedere selezione ristoranti
Rist – *(solo per alloggiati)*
♦ Struttura lussuosa, arredamento elegante, moderno centro benessere: il concretizzarsi di un sogno, in un panorama incantevole. Comodità e tradizione ai massimi livelli.

Erika cam, rist, VISA AE
via Principale 39 – ☎ 04 73 92 61 11 – www.erika.it – chiuso gennaio e febbraio A**u**
63 cam – ♦145/196 € ♦♦200/342 € – 14 suites – ½ P 185 €
Rist – *(solo per alloggiati)*
♦ Importanti investimenti sono stati fatti per rendere sempre più performante l'area benessere e la struttura in generale: ampi spazi, saune, giardini con piscine varie e uno splendido panorama che abbraccia i monti e Merano. Un wellness hotel con i fiocchi! Al ristorante, specialità locali e settimanali serate a tema.

Gartner rist, [P] VISA
via Principale 65 – ☎ 04 73 92 34 14 – www.hotelgartner.it
– aprile-8 novembre AB**z**
39 cam – ♦103/130 € ♦♦158/308 € – 2 suites – ½ P 89/164 €
Rist – Carta 45/65 €
♦ Dopo importanti lavori di ristrutturazione, l'hotel si presenta ora con un'architettura esterna moderna e con interni dagli arredi essenziali e alla moda. Proposte di cucina regionale servite negli eleganti ambienti del ristorante.

Patrizia rist, [P] VISA
via Lutz 5 – ☎ 04 73 92 34 85 – www.hotel-patrizia.it
– 15 marzo-15 novembre A**c**
32 cam – 6 suites – solo ½ P 110/150 € **Rist** – *(solo per alloggiati)*
♦ Camere di varie tipologie, confortevoli e curate, per concedersi un soggiorno rigenerante per spirito e corpo (nell'attrezzato centro benessere). Bel giardino con piscina, fra i monti.

Küglerhof rist, [P] VISA AE
via Aslago 82 – ☎ 04 73 92 33 99 – www.kueglerhof.it – chiuso dall'11 novembre al 2 dicembre A**r**
35 cam – ♦136/162 € ♦♦200/280 € – 17 suites – ½ P 150 €
Rist – Carta 46/69 €
♦ Avrete la sensazione di trovarvi in un'elegante casa, amorevolmente preparata per farvi trascorrere ore di quiete e svago, anche nel giardino con piscina riscaldata.

Golserhof cam, rist, [P]
via Aica 32 – ☎ 04 73 92 32 94 – www.golserhof.it VISA AE
– 3 marzo-15 novembre e 24 novembre-17 dicembre B**w**
30 cam – ♦85/195 € ♦♦140/245 € – 8 suites – ½ P 90/143 €
Rist – Carta 34/60 €
♦ Vista meravigliosa, atmosfera informale ed una grande tradizione, nonché passione per l'ospitalità. Gli intraprendenti titolari organizzano per i più sportivi piacevoli escursioni in montagna. Per tutti: rilassante sosta al centro benessere. Cucina per buongustai al ristorante.

XXXX **Trenkerstube** – Hotel Castel ⟨ 🍽 🛜 ♨ 🔥 ⚕ ℁ 🚗 VISA ⊕ AE ⬧
☆☆ *vicolo dei Castagni 18* – ✆ 04 73 92 36 93
– *www.hotel-castel.com* – *15 marzo-15 ottobre; chiuso domenica e lunedì*
Rist – *(chiuso a mezzogiorno)* (coperti limitati, prenotare) A**u**
Menu 112/142 € – Carta 85/125 €
Spec. Salmerino di fiume in olio d'oliva, dressing di verdura e insalatina valeriana. Ravioli di patate con emulsione all'uovo e speck della Val d'Ultimo. Filetto di manzo in foglie di betulla, jus all'aceto di vino rosso, fagiolini misti.
♦ Uno scrigno ligneo di ovattato romanticismo custodisce una cucina raffinata e ingegnosamente sofisticata: è il regno di Gerhard Wieser, una bomboniera di delizie per i palati gourmet più esigenti.

XX **Culinaria im Farmerkreuz** ⟨ 🛜 ♻ **P** VISA ⊕ ⬧
via Aslago 105 – ✆ 04 73 92 35 08
– *www.culinaria-im-farmerkreuz.it* – *chiuso gennaio, febbraio, 10 giorni in luglio, domenica sera, lunedì*
Rist – Carta 39/89 €
♦ Niente mezze misure: la posizione è splendida e la vista sui monti impareggiabile! Il suo debutto fu negli anni '70 come trattoria, ma nel 2008 i figli dei titolari hanno messo mano ad un restyling che ha trasformato il vecchio locale in un ristorante moderno e alla moda. Formula bistrot a pranzo e, la sera, un menu innovativo dai sapori mediterranei.

TIRRENIA – Pisa (PI) – 563 L12 – ⊠ 56128 28 B2
▶ Roma 332 – Pisa 18 – Firenze 108 – Livorno 11
🖼 Cosmopolitan viale Pisorno 60, 050 33633, www.cosmopolitangolf.it
🔟 viale San Guido 1, 050 37518, www.golftirrenia.it – chiuso dal 10 al 22 febbraio e martedì

🏨 **Grand Hotel Continental** ⟨ 🍽 ⚓ 🔥 🔊 🈴 ⚕ ⇔ ℁ ⍦ 🕍
largo Belvedere 26 – ✆ 05 03 70 31 🚗 VISA ⊕ AE ⓪ ⬧
– *www.grandhotelcontinental.it*
175 cam ⌸ – ♦120/145 € ♦♦136/198 € – 4 suites – ½ P 128 €
Rist – Carta 35/48 €
♦ Direttamente sul mare, un grand hotel - non solo nel nome - propone confort di qualità e spazi comuni generosi, più contenuti nelle camere. Cucina mediterranea al ristorante.

XX **Dante e Ivana** AC VISA ⊕ AE ⓪ ⬧
via del Tirreno 207/c – ✆ 05 03 25 49
– *www.danteeivana.com* – *chiuso dal 20 dicembre al 20 gennaio, domenica e lunedì escluso luglio-agosto*
Rist – Menu 35/40 €
♦ Locale raccolto e signorile, non lontano dal centro, con una bella cantina "a vetro", visibile, e interessante selezione di vini; sapori di pesce, rielaborati con fantasia.

a Calambrone Sud : 3 km – ⊠ 56100 Tirrenia

🏨 **Green Park Resort** ⟨ 🔥 🔊 🈴 🌀 🔥 ℁ 🈴 ⚕ cam, AC cam, ⍦
via dei Tulipani 1 – ✆ 05 03 13 57 11 ℁ rist, 🕍 🕍 **P** VISA ⊕ AE ⓪ ⬧
– *www.greenparkresort.com*
144 cam ⌸ – ♦♦100/292 € – 4 suites – ½ P 82/178 €
Rist *Lunasia* ✿ – vedere selezione ristoranti
Rist *Le Ginestre* – Carta 40/50 €
♦ Un'oasi di pace inserita in una rigogliosa pineta, ideale per una clientela esigente in cerca di un soggiorno dedicato al relax e al benessere, ma anche al business (grazie all'attrezzato centro congressuale).

XXX   **Lunasia** – Hotel Green Park Resort   🕭 📶 🎄 **P** 𝚟𝚒𝚜𝚊 ✆ 🄰🄴 ➀ 🕭

🎯   *via dei Tulipani 1 – 🜂 05 03 13 57 11 – www.greenparkresort.com*
Rist – *(aprile-ottobre; chiuso domenica, lunedì) (chiuso a mezzogiorno)*
Menu 50/60 € – Carta 56/67 € ⬧

Spec. Fatti in casa: selezione di paste all'uovo alla marinara fumé. Zuppetta di
quello che il mare ci offre. Zagara, frutti del mediterraneo: fredde emozioni di
gelato & co.

♦ Affacciato sul grande giardino del resort, uno scrigno di cristallo dove
apprendere il nuovo alfabeto del gusto: dalla "G" di giostra di ravioli, alla "P"
di per-dita fritto, ed altro ancora.

TISENS = Tesimo

TITIGNANO – Terni (TR) – 563 N18 – alt. 521 m – ✉ 05010   32 B3
🄳 Roma 140 – Perugia 58 – Viterbo 66 – Orvieto 24

⛨   **Agriturismo Fattoria di Titignano** 🈂   ⬅ 🚿 ⌸ 🕭 cam, 🍴

  località Titignano – 🜂 07 63 30 80 22   **P** 𝚟𝚒𝚜𝚊 ✆ 🕭
– www.titignano.com
15 cam 🖵 – ✝60 € ✝✝90 € – ½ P 60 €
Rist – *(prenotazione obbligatoria)* Menu 25 €

♦ In un antico borgo rimasto intatto nei secoli con vista sulla valle e sul Lago
di Corbara, questa tenuta agricola di proprietà nobiliare sfoggia un fascino
atemporale. Cucina regionale e toscana negli ampi saloni del piano nobile
del palazzo, che ospitano il ristorante.

TIVOLI – Roma (RM) – 563 Q20 – 56 275 ab. – alt. 235 m   13 C2
– ✉ 00019 ▯ Roma
🄳 Roma 36 – Avezzano 74 – Frosinone 79 – Pescara 180
🄸 vicolo Barchetto, 🜂 0774 33 45 22, www.comune.tivoli.rm.it
◉ Località★★★ – Villa d'Este★★★ – Villa Gregoriana★: Grande Cascata★★
◧ Villa Adriana★★★ per ③ : 6 km

🏛   **Torre Sant'Angelo** 🈂   ⬅ 🚿 🛏 ⌸ 🕭 🕭 📶 🎄 ⁌ 🍴 **P**

  via Quintilio Varo – 🜂 07 74 33 25 33   𝚟𝚒𝚜𝚊 ✆ 🄰🄴 ➀ 🕭
– www.hoteltorresangelo.it
35 cam – ✝70/110 € ✝✝99/155 € – 4 suites – ½ P 82/110 €
Rist – *(chiuso lunedì)* Carta 40/102 €

♦ Sulle rovine della villa di Catullo, la città vecchia alle spalle sembra la scenografia di uno spettacolo; interni molto eleganti e piscina su una terrazza
con vista di Tivoli e della vallata. Estremamente raffinata la sala ristorante,
con tessuti damascati e lampadari di cristallo. Servizio estivo nella corte centrale.

a Villa Adriana Sud : 6 km – ✉ 00010

XX   **Adriano** con cam 🈂   🚿 🛏 🎄 📶 ⁌ **P** 𝚟𝚒𝚜𝚊 ✆ 🄰🄴 ➀ 🕭

  Largo M. Yourcenar 2 – 🜂 34 83 02 91 44 – www.hoteladriano.it
10 cam 🖵 – ✝50/100 € ✝✝100/120 € – ½ P 60/90 €
Rist – *(chiuso dal 1° gennaio al 15 marzo)* Carta 40/50 €

♦ In mezzo al verde dei cipressi, un ristorante di tono elegante dove trovare
proposte locali e nazionali, nonché corsi di cucina (organizzati con una certa
regolarità). Tra le camere - di varie tipologie - molto gettonata è quella dedicata a Marguerite Yourcenar, con vista sulla vicina Villa Adriana.

TIZZANO VAL PARMA – Parma (PR) – 562 I12 – 2 151 ab.   8 B2
– alt. 814 m – ✉ 43028
🄳 Roma 503 – Parma 40 – Bologna 140 – Modena 105
🄸 piazza Roma 1, 🜂 0521 86 89 35, www.comune.tivoli.rm.it

Agriturismo Casa Nuova ⓈⒿⓀ

strada di Carobbio 11, Sud-Ovest : 2 km – ℰ 05 21 86 82 78
– www.agriturismocasanuova.com
6 cam ⊑ – ♦60 € ♦♦80 € – ½ P 50 €
Rist – (prenotazione obbligatoria) Menu 20/30 €
♦ Un viaggio nella musica per gli interessati e un percorso in giardino predisposto ad hoc per non vedenti; nella verde quiete di un bosco le camere sono state ricavete in un vecchio fienile. Accogliente e caratteristica come l'intera struttura, al ristorante primeggiano i prodotti dell'azienda, dalla frutta al miele.

TOBLACH = Dobbiaco

TODI – Perugia (PG) – **563** N19 – **17 282 ab.** – alt. 400 m – ⊠ 06059   **32** B3
Italia Centro Nord

▶ Roma 130 – Perugia 47 – Terni 42 – Viterbo 88

ℹ piazza del Popolo 38/39, ℰ 075 8 95 62 27, www.comune.todi.pg.it

◎ Piazza del Popolo★★: Palazzo dei Priori★, Palazzo del Capitano★, Palazzo del Popolo★ – Chiesa di San Fortunato★★ – ≤★★ sulla vallata da piazza Garibaldi – Duomo★ – Chiesa di Santa Maria della Consolazione★: 1 km a ovest sulla strada per Orvieto

 **Fonte Cesia**

via Lorenzo Leonj 3 – ℰ 07 58 94 37 37
– www.fontecesia.it – chiuso dal 10 gennaio al 28 febbraio
36 cam ⊑ – ♦80/120 € ♦♦90/219 € – ½ P 78/143 €
Rist *Le Palme* – (aprile-dicembre; chiuso martedì) Carta 25/45 €
♦ In pieno centro storico e perfettamente integrato nel contesto urbano, un rifugio signorile con volte in pietra a vista: sobrio nei raffinati arredi, curato nei confort. L'eleganza è di casa anche al ristorante.

 Bramante

via Orvietana 48 – ℰ 07 58 94 83 81
– www.hotelbramante.it
50 cam ⊑ – ♦100/120 € ♦♦130/190 € – 4 suites – ½ P 85/120 €
Rist – Carta 42/64 € (+12 %)
♦ Ricavato da un convento del XII secolo - a 1 km dal nucleo cittadino e nei pressi di una chiesa rinascimentale (opera del Bramante) - un complesso comodo e tradizionale, dove non manca un attrezzato centro benessere. Servizio estivo in terrazza: un paesaggio dolcissimo fa da cornice alla tavola.

 Villaluisa

via Cortesi 147 – ℰ 07 58 94 85 71
– www.villaluisa.it
38 cam ⊑ – ♦60/85 € ♦♦75/140 € – ½ P 62/95 €
Rist – (chiuso mercoledì da novembre a marzo) Carta 22/50 €
♦ Inserito in un verde parco, nella zona più moderna di Todi e quindi agevole da raggiungere, un albergo moderno e funzionale con solida gestione familiare. Nell'accogliente sala che conserva ancora qualche eco rustica, una cucina legata alle tradizioni contadine e ai sapori della nostra terra.

 San Lorenzo Tre – Residenza d'epoca senza rist

via San Lorenzo 3 – ℰ 07 58 94 45 55
– www.sanlorenzo3.it – chiuso dal 9 gennaio al 9 marzo
6 cam ⊑ – ♦55/95 € ♦♦85/110 € – 1 suite
♦ Nel centro di Todi, a pochi passi dalla piazza centrale, un vecchio palazzo borghese: solo sei camere, piccoli curati gioielli, con arredi d'epoca e d'antiquariato.

⌂ **Agriturismo Borgo Montecucco** senza rist ⟰ ⟨ 🚗 ⤊ 🅰🅲
frazione Pian di Porto, vocabolo Rivo 197 VISA 🆎 ⓢ
– ✆ 34 75 51 54 38 – *www.borgomontecucco.it* – *chiuso dal 6 gennaio a febbraio*
10 cam ⌑ – †50/60 € ††70/90 €
◆ In un contesto agricolo lussureggiante, una serie di casolari della fine del XIX sec. - sapientemente restaurati - dispongono di camere rustiche arredate con mobili di arte povera. Un giardino curatissimo ospita un'originale scacchiera gigante per ludici momenti ricreativi.

✗✗ **Umbria** ⟰ VISA 🆎 🅰🅴 ⓞ ⓢ
via Bonaventura 13 – ✆ 07 58 94 27 37 – *www.ristoranteumbria.it* – *chiuso martedì*
Rist – Carta 27/53 €
◆ Nei pressi del Duomo, ristorante di lunga tradizione, con una terrazza a picco sulla vallata e due salette: una rallegrata da uno scoppiettante camino ed un'altra, denominata del '400, con affreschi che ricordano un momento storico della città. Cucina regionale.

✗ **Antica Hosteria De La Valle** ⟰ 🅰🅲 🅰🆈 VISA 🆎 🅰🅴 ⓢ
via Ciuffelli 19 – ✆ 07 58 94 48 48 – *chiuso lunedì*
Rist – (coperti limitati, prenotare) Carta 30/55 €
◆ Nuova gestione per una piccola osteria del centro storico: alle pareti, a rotazione, opere d'arte che ispirano anche la stampa del menu. Cucina moderna e fantasiosa.

a Chioano Est: 4,5 km – ✉ 06059

⌂ **Residenza Roccafiore** ⟰ ⟨ ⤊ 🏮 🕮 🈂 🅰🅲 ↯ 🅰🆈 ♨ 🅿
località Chioano – ✆ 07 58 94 24 16 VISA 🆎 🅰🅴 ⓞ ⓢ
– *www.roccafiore.it* – *chiuso dal 7 gennaio al 6 febbraio*
11 cam ⌑ – †142/192 € ††218/262 € – 2 suites
– ½ P 153/175 €
Rist *Fiorfiore* – vedere selezione ristoranti
◆ Una dimora degli anni '30 unita ad un casolare in pietra nasconde al proprio interno un attrezzato centro benessere. Il fienile è stato trasformato in una sala polivalente collegata alla residenza da un tunnel sotterraneo. Camere eleganti ed eclettiche. Per un soggiorno rilassante nell'incontaminata natura umbra.

✗✗ **Fiorfiore** – Hotel ResidenzaRoccafiore ⟰ 🅰🅲 🅰🆈 ⇔ 🅿 VISA 🆎 🅰🅴 ⓞ ⓢ
località Chioano – ✆ 07 58 94 24 16 – *www.roccafiore.it* – *chiuso dal 7 gennaio al 6 febbraio e martedì*
Rist – (consigliata la prenotazione) Carta 27/45 €
◆ In una villa degli anni '30, totalmente ristrutturata nel rispetto della tipicità della costruzione, atmosfera signorile ed arredamenti di grande pregio; terrazza estiva panoramica e cucina di respiro contemporaneo.

verso Duesanti Nord-Est : 5 km:

⌂ **Agriturismo Casale delle Lucrezie** ⟰ ⟨ 🚗 ⟰ ⤊ 🅵 🅰🆈 ⟨⟩
🅐🅖 *frazione Duesanti, Vocabolo Palazzaccio* ✉ 06059 🅿 VISA 🆎 ⓢ
– ✆ 07 58 98 74 88 – *www.agriturismo-casaledellelucrezie.com* – *chiuso dal 15 al 31 gennaio*
13 cam ⌑ – †50/60 € ††70/88 € – ½ P 55/64 €
Rist – (*chiuso a mezzogiorno*) Menu 20 €
◆ Insediamento romano, archi etruschi, residenza delle monache lucrezie dal 1200: punto privilegiato di osservazione su Todi, aperto di recente al pubblico con camere semplici. Pareti e soffitti in pietra anche nella sala ristorante.

verso Collevalenza Sud-Est : 8 km :

🛈 piazza del Popolo 38/39, 🕾 075 8 95 62 27, www.comune.todi.pg.it

🏨 **Relais Todini** ◁ 🕭 ⊐ 🌐 🎟 ♨ ⅃♂ ※ 🄰🄲 ↲ ♨ ♈ 🎕 **P**
vocabolo Cervara 24 – 🕾 0 75 88 75 21   🆅🆂🅰 ⓒⓞ 🄰🄴 ⓞ Ⓢ
– www.relaistodini.com
12 cam ⌂ – ♦112/203 € ♦♦160/290 € – 4 suites – ½ P 125/190 €
Rist *Relais Todini* – vedere selezione ristoranti
♦ Incantevoli camere in un maniero del '300 abbracciato da un parco che accoglie laghetti ed animali. Oltre ad una prorompente natura, vi attendono le coccole di una centro benessere con trattamenti personalizzati (ottimi quelli vinoterapici).

🏠 **Villa Sobrano** – Country House ◁ ◁ 🚗 🏠 ⊐ ※ rist, **P**
vocabolo Sobrano, frazione Rosceto 30/32   🆅🆂🅰 ⓒⓞ 🄰🄴 ⓞ Ⓢ
– 🕾 0 75 88 75 15 – www.villasobrano.com
12 cam ⌂ – ♦60/80 € ♦♦80/110 € – 2 suites – ½ P 80 €
Rist – (chiuso dall'8 marzo al 15 marzo e mercoledì) (chiuso a mezzogiorno) Carta 28/53 € (+5 %)
♦ In un complesso con tanto di cappella privata e castello di origini duecentesche, stanze confortevoli di cui otto in due annessi agricoli attigui, dove si trova anche un grande appartamento con cucina.

🍴🍴🍴 **Relais Todini** – Hotel Relais Todini ♨ 🄰🄲 ※ **P** 🆅🆂🅰 ⓒⓞ 🄰🄴 ⓞ Ⓢ
vocabolo Cervara 24 – 🕾 0 75 88 75 21 – www.relaistodini.com
Rist – (chiuso lunedì) (chiuso a mezzogiorno escluso sabato e domenica)
Carta 35/61 €
♦ Cucina a base di specialità della tradizione umbra, raffinati piatti di pesce e rinomata carne argentina da abbinare ai vini conservati nella nuova cantina, che ospita anche la sala degustazione.

per la strada statale 79 bis Orvietana bivio per Cordigliano
Ovest : 8,5 km :

🏠 **Agriturismo Tenuta di Canonica** ◁ ◁ 🚗 🏠 ⊐ ※ **P**
vocabolo Casalzetta, Canonica 75   🆅🆂🅰 ⓒⓞ 🄰🄴 ⓞ Ⓢ
– 🕾 07 58 94 75 45 – www.tenutadicanonica.com – marzo-novembre
13 cam ⌂ – ♦130/165 € ♦♦160/195 € – 2 suites – ½ P 127 €
Rist – (chiuso lunedì) (chiuso a mezzogiorno) (solo per alloggiati) Menu 40 €
♦ Annessa ad una fattoria dell'800, una splendida residenza di campagna di origini medievali elegantemente arredata: prezioso punto di ristoro situato sulla sommità d'un colle.

TOIRANO – Savona (SV) – **561** J6 – 2 633 ab. – alt. 38 m   **14** B2
– ✉ 17055

🚗 Roma 580 – Imperia 43 – Genova 87 – San Remo 71
🛈 piazzale Grotte, 🕾 0182 98 99 38, www.visitriviera.it

🍴 **Al Ravanello Incoronato** 🏠 🄰🄲 🆅🆂🅰 ⓒⓞ 🄰🄴 ⓞ Ⓢ
☺ via Parodi 27/A – 🕾 01 82 92 19 91 – www.alravanelloincoronato.it – chiuso dal 20 gennaio al 10 febbraio, dal 20 ottobre al 5 novembre e martedì
Rist – (consigliata la prenotazione) Carta 26/41 €
♦ Una breve passeggiata tra i vicoli del borgo antico, la simpatica insegna del locale e la cucina che si presenta con piatti del territorio, accattivanti e ricchi di gusto. D'estate in giardino.

🍴 **Il Cappello di Guguzza** 🄰🄲 🆅🆂🅰 ⓒⓞ ⓞ Ⓢ
via Polla 22 – 🕾 01 82 92 20 74 – www.ilcappellodiguguzza.com
– chiuso 1 settimana in maggio, 3 settimane in novembre e mercoledì
Rist – (chiuso a mezzogiorno escluso domenica da ottobre a giugno) (consigliata la prenotazione) Menu 26/37 € – Carta 33/43 €
♦ Un ex frantoio, le cui origini si perdono nel '500, piacevolmente ristrutturato in chiave antico-moderna. In cucina, trionfo di sapori italiani.

TOLÈ – Bologna (BO) – **562** J15 – alt. 678 m – ✉ **40040**   **9** C2

▶ Roma 374 – Bologna 42 – Modena 48 – Pistoia 66

🛏️ **Falco D'Oro**   🕭 📶 🛗 🅿️ 🚾 ⓒⓞ 🄰🄴 ⓞ ⑤
via Venola 27 ✉ *40038 –* ℰ *0 51 91 90 84 – www.falcodoro.com*
– *marzo-novembre*
62 cam ⌻ – †35/136 € ††49/250 €
Rist *Falco D'Oro* – vedere selezione ristoranti
♦ Il turismo estivo alla ricerca del fresco, lo apprezzerà per le sue camere del tutto semplici, ma all'insegna di prezzi contenuti, nonché per la sua proverbiale cucina emiliana.

🍴🍴 **Falco D'Oro** – Hotel Falco d'Oro   📶 ⇆ 🅿️ 🚾 ⓒⓞ 🄰🄴 ⓞ ⑤
🐾 *via Venola 27* ✉ *40038 –* ℰ *0 51 91 90 84 – www.falcodoro.com*
– *aprile-ottobre*
Rist – *(chiuso a mezzogiorno escluso giugno, luglio e agosto)* Carta 20/46 €
♦ Perno di tutto il menu sono i primi piatti - tortellini, tortelloni, tagliatelle, pappardelle - il tutto rigorosamente fatto a mano. Attorno a ciò, però, ruotano una serie di secondi (di terra), che in quanto a bontà non son da meno.

TONALE (Passo del) – Brescia (BS) – **562** D13 – alt. 1 883 m   **17** C1
– **Sport invernali : 1 880/3 069 m ⟨ 3 ⥥26, ⟩** (anche sci estivo) collegato con impianti di Ponte di Legno

▶ Roma 688 – Sondrio 76 – Bolzano 94 – Brescia 130

🄸 via Nazionale 12, ℰ 0364 90 38 38, www.vallecamonica.info

🛏️ **La Mirandola** ⌾   ≤ 🕭 🛗 🅿️ 🚾 ⓒⓞ 🄰🄴 ⑤
località Ospizio 3 ✉ *38020 Passo del Tonale –* ℰ *03 64 90 39 33*
– *www.lamirandolahotel.it – dicembre-Pasqua e 15 giugno-15 settembre*
27 cam ⌻ – †60/75 € ††90/120 € – 1 suite – ½ P 65/80 €
Rist – Carta 23/44 €
♦ Ristrutturato sui muri originali dell'Ospizio di S. Bartolomeo, rifugio per viandanti nel XII sec, la globalizzazione qui non ha trovato terreno fertile: antiche volte, soffitti in legno e preziosi dettagli. Di moderno, c'è il centro benessere con sauna, bagno turco, idromassaggio...

🛏️ **Delle Alpi**   ≤ 🕭 🛗 cam, 🍴 rist, 🚗 🚾 ⓒⓞ ⑤
via Circonvallazione 20 ✉ *38020 Passo del Tonale –* ℰ *03 64 90 39 19*
– *www.iridehotels.com – dicembre-Pasqua e 15 giugno-15 settembre*
34 cam ⌻ – †65/93 € ††80/160 €   **Rist** – Carta 27/47 €
♦ Vicino alla seggiovia di Valbiolo, un giovane e simpatico albergo realizzato in un personale stile montano; belle aree comuni con stube, camere soppalcate e soleggiate. Gradevoli ambienti accoglienti al ristorante: arredi e pavimenti lignei e pareti decorate.

🛏️ **Orchidea**   ≤ 🕭 🛗 🍴 📶 🅿️ 🚗 🚾 ⓒⓞ 🄰🄴 ⓞ ⑤
via Ciconvallazione 24 ✉ *38020 Passo del Tonale –* ℰ *03 64 90 39 35*
– *www.hotelorchidea.net – dicembre-20 aprile e luglio-agosto*
31 cam ⌻ – †40/80 € ††60/120 € – ½ P 40/70 €
Rist – *(chiuso martedì) (solo per alloggiati)* Menu 25 €
♦ Hotel dalla tradizionale impostazione rustico-alpina, dove semplicità rima con funzionalità, e piccolo centro benessere per rinvigorenti soste relax, dopo una giornata all'aria aperta. Specialità trentine al ristorante.

TORBIATO – Brescia (BS) – Vedere Adro

TORBOLE – Trento (TN) – **562** E14 – alt. 85 m – ✉ **38069**   **30** B3
▌ Italia Centro Nord

▶ Roma 569 – Trento 39 – Brescia 79 – Milano 174

🄸 lungolago Conca d'Oro 25, ℰ 0464 50 51 77, www.gardatrentino.it

Piccolo Mondo 🚗 🔥 🗊 🖼 🐕 🅼 🍴 ♿ 🛜 **P**
via Matteotti 108 – 𝓒 04 64 50 52 71 🆅🅸🆂🅰 ⓒ🅾 🅰🅴 🅾 ♿
– www.hotelpiccolomondotorbole.it
54 cam 🖵 – 👤78/109 € 👥👥116/178 € – 2 suites – ½ P 73/104 €
Rist *Piccolo Mondo* – vedere selezione ristoranti
♦ Avvolto in una suggestiva atmosfera, l'hotel è riuscito a creare una perfetta simbiosi tra le bellezza naturalistica del paesaggio ed il moderno confort degli interni: camere spaziose, giardino con piscina ed un attrezzato centro benessere.

🍴🍴🍴 **Piccolo Mondo** – Hotel Piccolo Mondo 🚗 ♿ 🅼 🍴 ♻ **P**
via Matteotti 108 – 𝓒 04 64 50 52 71 🆅🅸🆂🅰 ⓒ🅾 🅰🅴 🅾 ♿
– www.hotelpiccolomondotorbole.it
Rist – *(chiuso martedì escluso giugno-settembre)* Carta 33/43 €
♦ Rinomato centro velico, Torbole accoglie gli sportivi e non, in questo Piccolo Mondo di squisitezze gastronomiche: specialità trentine ed un menu interamente dedicato al frutto emblema della regione, la mela.

🍴🍴 **La Terrazza** 🅼 ♻ 🆅🅸🆂🅰 ⓒ🅾 🅰🅴 🅾 ♿
via Benaco 24 – 𝓒 04 64 50 60 83 – www.allaterrazza.com – chiuso febbraio, marzo, novembre e martedì escluso giugno-settembre
Rist – Carta 27/59 €
♦ Una piccola sala interna ed una veranda con vista sul lago, che in estate si apre completamente, dove farsi servire piatti di forte ispirazione regionale e specialità di lago.

TORCELLO – Venezia (VE) – Vedere Venezia

TORGIANO – Perugia (PG) – **563** M19 – 6 479 ab. – alt. 219 m **32** B2
– ✉ **06089** ▌ Italia Centro Nord
▶ Roma 158 – Perugia 15 – Assisi 27 – Orvieto 60
◉ Museo del Vino★

 Le Tre Vaselle ≤ 🚗 🍴 🗊 🐕 🖼 🔥🅼 ♿🅼 ♻ 🍴 rist, 🛜 🎐 **P** 🚐
via Garibaldi 48 – 𝓒 07 59 88 04 47 🆅🅸🆂🅰 ⓒ🅾 🅰🅴 🅾 ♿
– www.3vaselle.it – chiuso dal 7 gennaio al 25 marzo
52 cam 🖵 – 👤119/230 € 👥👥169/250 € – 18 suites
Rist *Le Melagrane* – Carta 48/60 €
♦ Tre boccali conventuali all'ingresso, danno il nome a questa struttura complessa, affascinante: una casa patrizia sviluppatasi in diverse epoche a partire dal '600, ma con un moderno centro benessere (ottimi trattamenti vinoterapici).

TORINO

Piante pagine seguenti

© Tibor Bognar / Photononstop

909 538 ab. – alt. 239 m – 561 G5 – ▮ Italia

▶ Roma 669 – Briançon 108 – Chambéry 209 – Genève 252

🖪 Uffici informazioni turistiche

piazza Castello 𝒞 011 535181, www.turismotorino.org
stazione Porta Nuova 𝒞 011 535181
aeroporto Caselle 𝒞 011 535181

Aeroporto

🛪 Città di Torino di Caselle per ① : 15 km 𝒞 011 5676361

Golf

🏌 Royal Park-I Roveri Rotta Cerbiatta 24, 011 9235500, www.royalparkgolf.it – chiuso lunedì
🏌 Torino La Mandria via Agnelli 40, 011 9235440, www.circologolftorino.it – chiuso gennaio, febbraio e lunedì
🏌 Le Fronde via Sant'Agostino 68, 011 9328053, www.golflefronde.it – chiuso gennaio, febbraio e martedì
🏌 Stupinigi corso Unione Sovietica 506/A, 011 3472640, www.golfclubstupinigi.it – chiuso lunedì FU
🏌 I Ciliegi strada Valle Sauglio 130, 011 8609802, www.iciliegigolfclub.it – chiuso martedì

Fiera

10.05 - 14.05 : fiera internazionale del libro

◎ LUOGHI DI INTERESSE

Centro monumentale Duomo★VX • Palazzo Carignano★★CXM² Palazzo Madama★★CXA • Palazzo Reale★CDVX • Piazza Castello★CX19 •Piazza S. Carlo★★CXY

Quadrilatero romano Palazzo Barolo★CV • Piazza del Palazzo di Cttà★CX 51 • Santuario della Consolata★CV •S. Domenico★CV

Da Piazza Castello al Po Via Po★DYX • Mole Antonelliana★★★DX •Museo di Arti Decorative★DY •Piazza Vittorio Veneto★DY • Parco del Valentino★CDZ

Musei GAM (Galleria di Arte Moderna)★★BY • Galleria Sabauda★★CXM¹ • Museo di Arte Antica di Palazzo Madama★★CXA • Museo dell'Automobile★★GUM⁵ • Museo del Cinema★★★DX •Museo Egizio★★★CXM¹ • Museo del Risorgimento★★CXM²

Dintorni Corona di delizie sabaude★★ 10 km a nord ET: Reggia di Venaria, La Mandria, Castello di Rivoli e Museo di Arte Contemporanea, Palazzina di Caccia di Stupinigi UF • La collina★★: Basilica di Superga TH e Colle della Maddalena UH • Sacra di San Michele in Val di Susa★★★

Acquisti Via Garibaldi e Via Roma: negozi di tutti i generi • Via Cavour, Via Accademia Albertina, Via Maria Vittoria: antiquariato • Quadrilatero romano: botteghe artigiane e brocantage • Mercato alimentare di Porta Palazzo in Piazza Repubblica • Via Borgo Dora: mercato delle pulci del Balôn il sabato mattina e Gran Balôn (antiquariato e brocantage) la seconda domenica del mese

Golden Palace

🖼 ☎ 🕸 *Lⓢ* 🖢 ⓖ 🚣 ⓐⓚ ↳ ⓣ *s̸ᴀ* ⓥⓘⓢⓐ ⓧⓧ ⓐⓔ ⓞ ⓖ

via dell'Arcivescovado 18 ✉ *10121 –* ☎ *01 15 51 21 11 – www.thi.it*

183 cam ☕ – 🛇180/220 € 🛇🛇220/240 € – 12 suites   **4CXYh**

Rist *Winner* – vedere selezione ristoranti

♦ Quando nel secondo dopoguerra fu costruito Palazzo Toro (attuale sede dell'hotel), l'opera fu citata nei più autorevoli testi di architettura, in quanto esemplare per concezione e struttura. A distanza di mezzo secolo, l'ispirazione decò e il suo design minimalista, non smettono di brillare: per un soggiorno da re Mida!

Principi di Piemonte

🕸 *Lⓢ* 🖢 🚣 ⓐⓚ ↳ ⓣ *s̸ᴀ* ⓧⓧ ⓐⓔ ⓞ ⓖ

via Gobetti 15 ✉ *10123 –* ☎ *01 15 51 51 –* *www.atahotels.it*   **4CYb**

99 cam ☕ – 🛇🛇160/300 € – 18 suites

Rist *Casa Savoia* – vedere selezione ristoranti

♦ A due passi dal centro, questo storico edificio anni '30 vanta camere spaziose e ricche di marmo: atmosfera elegante, confort assolutamente moderno.

NH Turin Art+Tech

🖢 ⓖ 🚣 ⓐⓚ ↳ ⓥ 🛠 rist, ⓣ *s̸ᴀ* **P** 🚗

via Nizza 230 ✉ *10126 –* ☎ *01 16 64 20 00*   ⓥⓘⓢⓐ ⓧⓧ ⓐⓔ ⓞ ⓖ

– www.nh-hotels.it – chiuso agosto   **2GUb**

139 cam ☕ – 🛇135/410 € 🛇🛇150/425 € – 1 suite – ½ P 170/235 €

Rist – Carta 38/79 €

♦ L'ascensore panoramico conduce alle balconate su cui si affacciano le camere, arredate con soli mobili di design. Gemello dell'hotel Lingotto, offre in aggiunta soluzioni più moderne. Ampi spazi, luce e legni di ciliegio fanno del ristorante un ambiente elegante e informale, dove trovare i piatti della tradizione.

NH Lingotto

🚗 🖢 ⓖ 🚣 ⓐⓚ ↳ ⓣ *s̸ᴀ* **P** ⓥⓘⓢⓐ ⓧⓧ ⓐⓔ ⓞ ⓖ

via Nizza 262 ✉ *10126 –* ☎ *01 16 64 20 00 – www.nh-hotels.it*   **2GUa**

226 cam ☕ – 🛇110/300 € 🛇🛇125/315 € – 14 suites – ½ P 100/200 €

Rist *Torpedo* – vedere selezione ristoranti

♦ Moderno hotel nel palazzo del Lingotto: un riuscito esempio del recupero di un immobile industriale. Camere in design nate dalla creatività di Renzo Piano e un giardino tropicale.

Grand Hotel Sitea

🖢 ⓐⓚ ⓣ *s̸ᴀ* ⓧⓧ ⓐⓔ ⓞ ⓖ

via Carlo Alberto 35 ✉ *10123 –* ☎ *01 15 17 01 71 – www.grandhotelsitea.it*

120 cam ☕ – 🛇139/260 € 🛇🛇178/350 € – 1 suite   **4CYt**

Rist *Carignano* – vedere selezione ristoranti

♦ La raffinata tradizione dell'ospitalità alberghiera si concretizza in questo hotel nato nel 1925, dove l'atmosfera è dettata dagli eleganti arredi, classici e d'epoca.

Starhotels Majestic

Lⓢ 🖢 ⓖ ⓐⓚ ↳ ⓣ *s̸ᴀ* ⓧⓧ ⓐⓔ ⓞ ⓖ

corso Vittorio Emanuele II 54 ✉ *10123 –* ☎ *0 11 53 91 53 – www.starhotels.com*

161 cam ☕ – 🛇99/310 € 🛇🛇109/340 € – 2 suites   **4CYe**

Rist *Le Regine* – vedere selezione ristoranti

♦ Sotto i portici di fronte alla stazione centrale, un grand hotel all'interno di un bel palazzo di fine '800. Se già la hall vi sembra imponente, signorile ed elegante, aspettate di vedere le camere: spaziose ed accessoriate di tutto punto, non deludono nemmeno nei bagni, anch'essi ampi e confortevoli.

AC Torino

Lⓢ 🖢 ⓖ ⓐⓚ ↳ 🛠 ⓣ *s̸ᴀ* **P** 🚗 ⓥⓘⓢⓐ ⓧⓧ ⓐⓔ ⓞ ⓖ

via Bisalta 11 ✉ *10126 –* ☎ *01 16 39 50 91 – www.ac-hotels.com*   **2GUd**

83 cam ☕ – 🛇100/345 € 🛇🛇110/357 € – 6 suites

Rist – *(solo per alloggiati)* Carta 35/56 €

♦ In un ex pastificio, l'hotel è raccolto in una tipica costruzione industriale d'inizio '900 e presenta interni dallo stile caldo e minimalista; confort e dotazioni all'avanguardia.

Victoria senza rist

🖼 🕸 *Lⓢ* 🖢 ⓐⓚ *s̸ᴀ* ⓥⓘⓢⓐ ⓧⓧ ⓐⓔ ⓞ ⓖ

via Nino Costa 4 ✉ *10123 –* ☎ *01 15 61 19 09 – www.hotelvictoria-torino.com*

106 cam ☕ – 🛇160/210 € 🛇🛇260/300 € – 4 suites   **4CYv**

♦ Mobili antichi, sinfonie di colori ed una attenta cura nel servizio e nei dettagli garantiscono calore ed accoglienza a questa elegante dimora. Nuovo centro benessere in stile egizio.

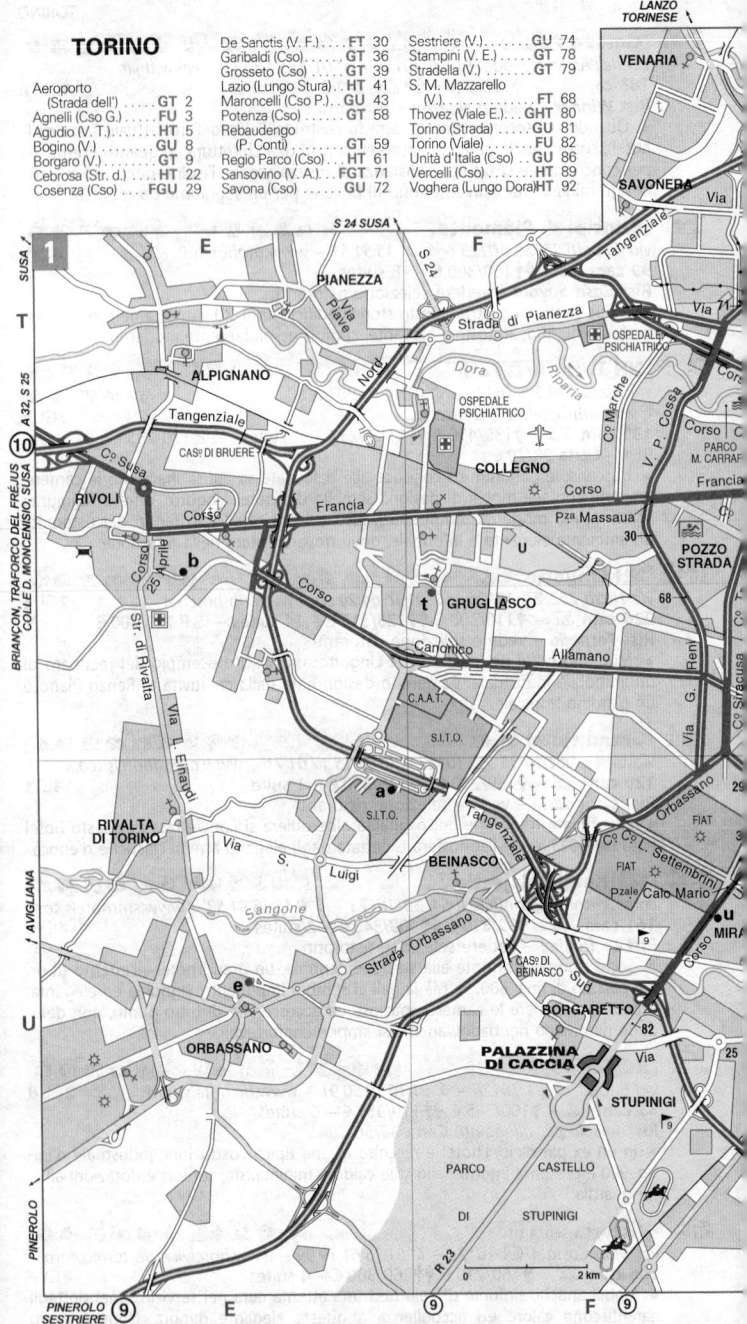

TORINO

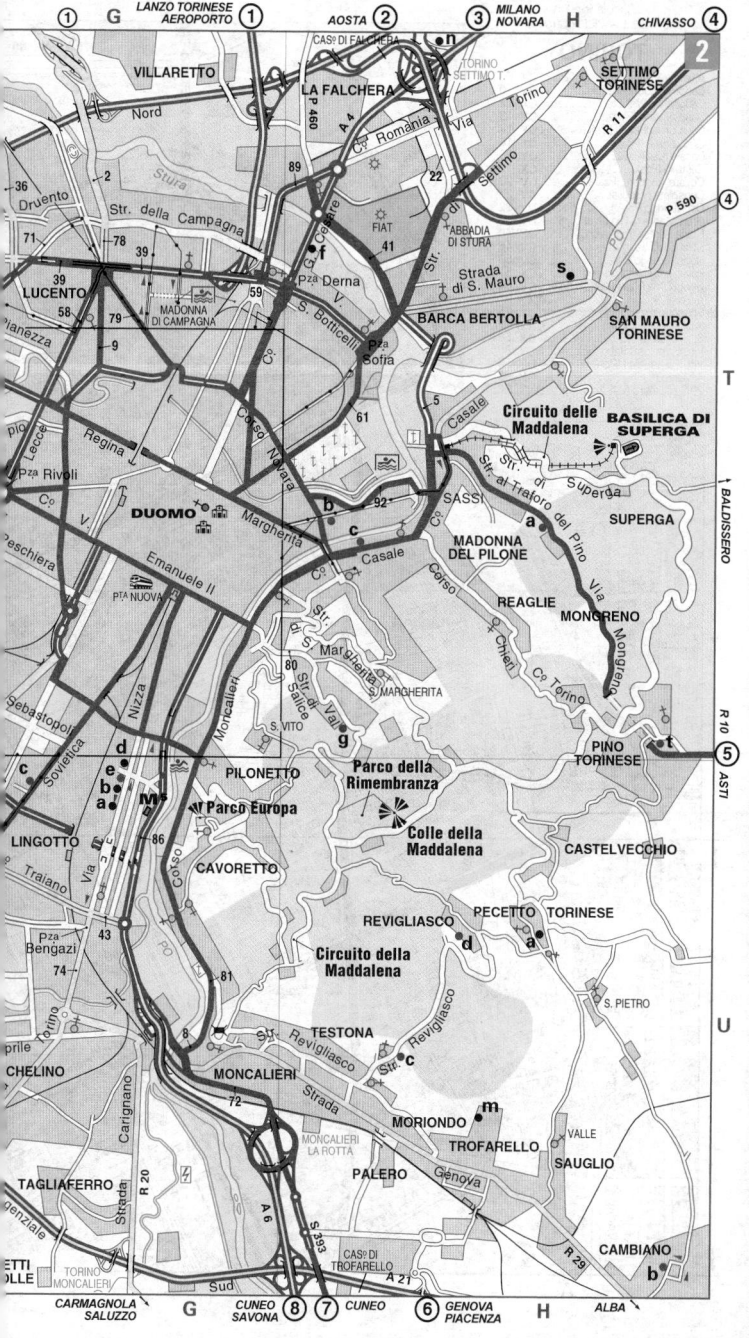

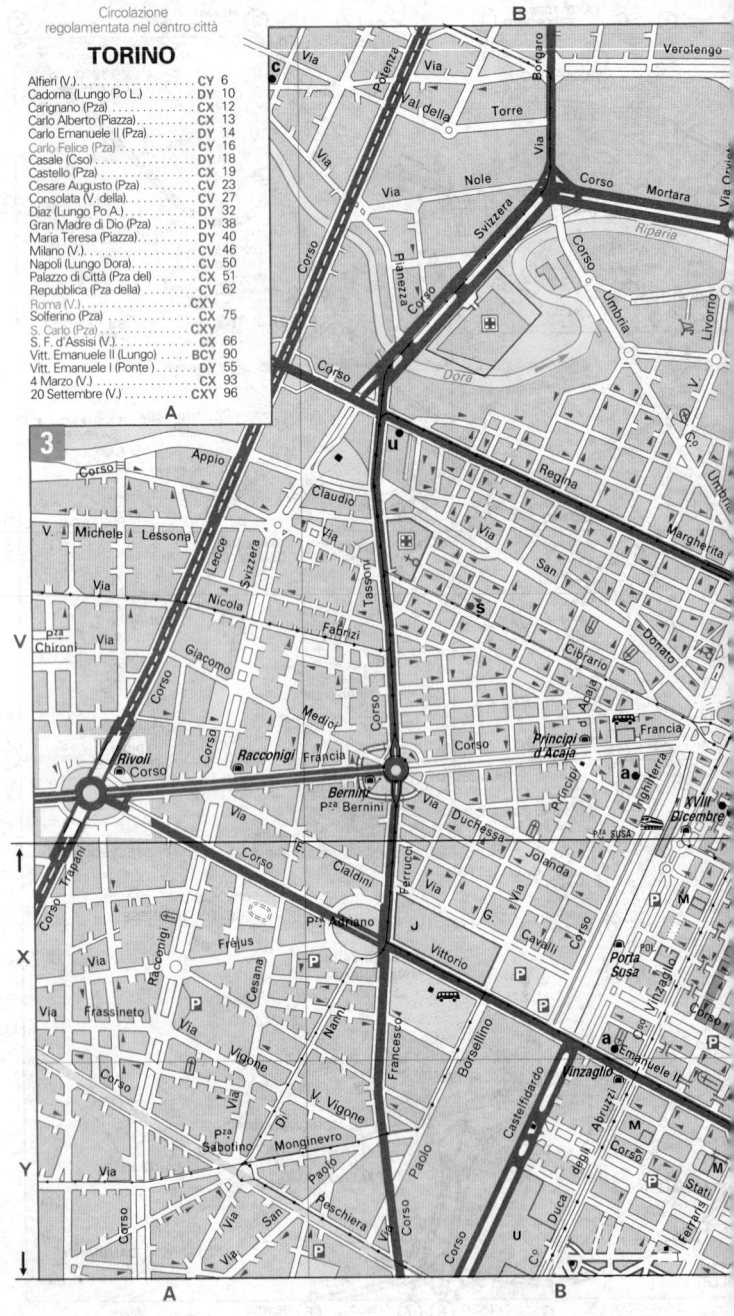

Circolazione
regolamentata nel centro città

TORINO

A

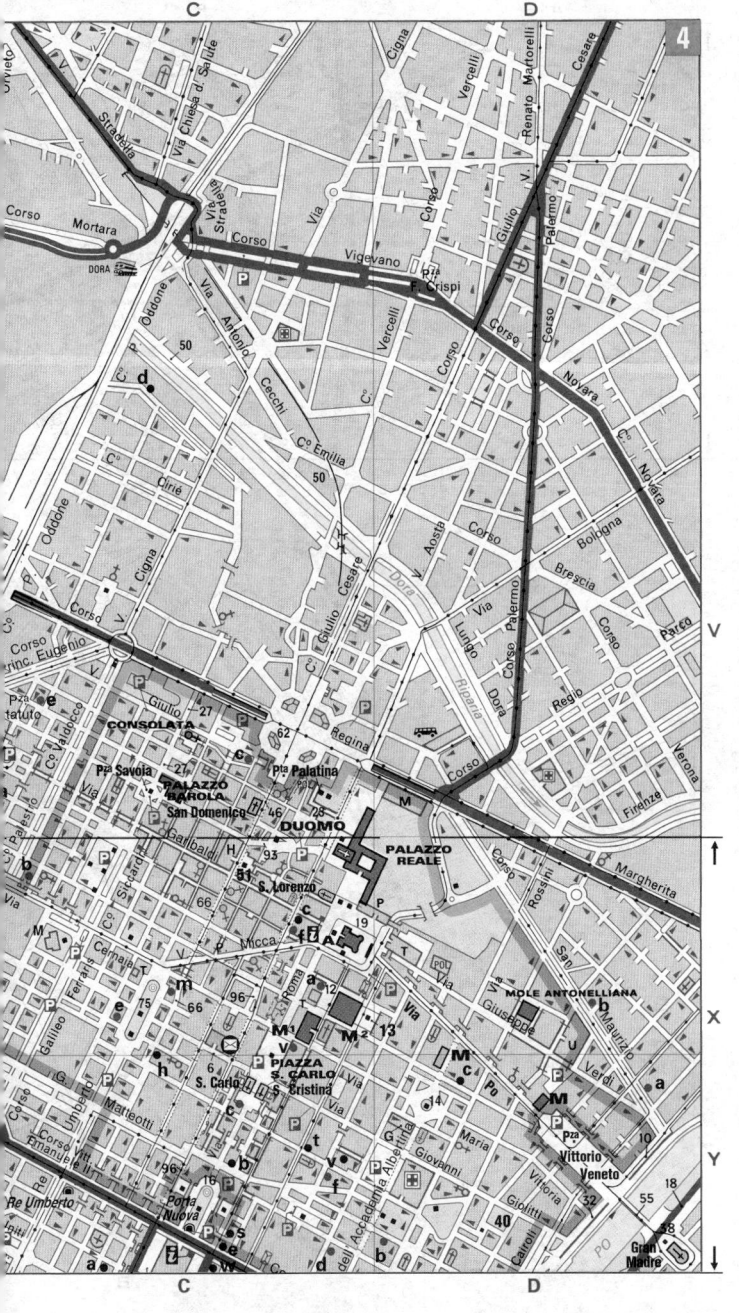

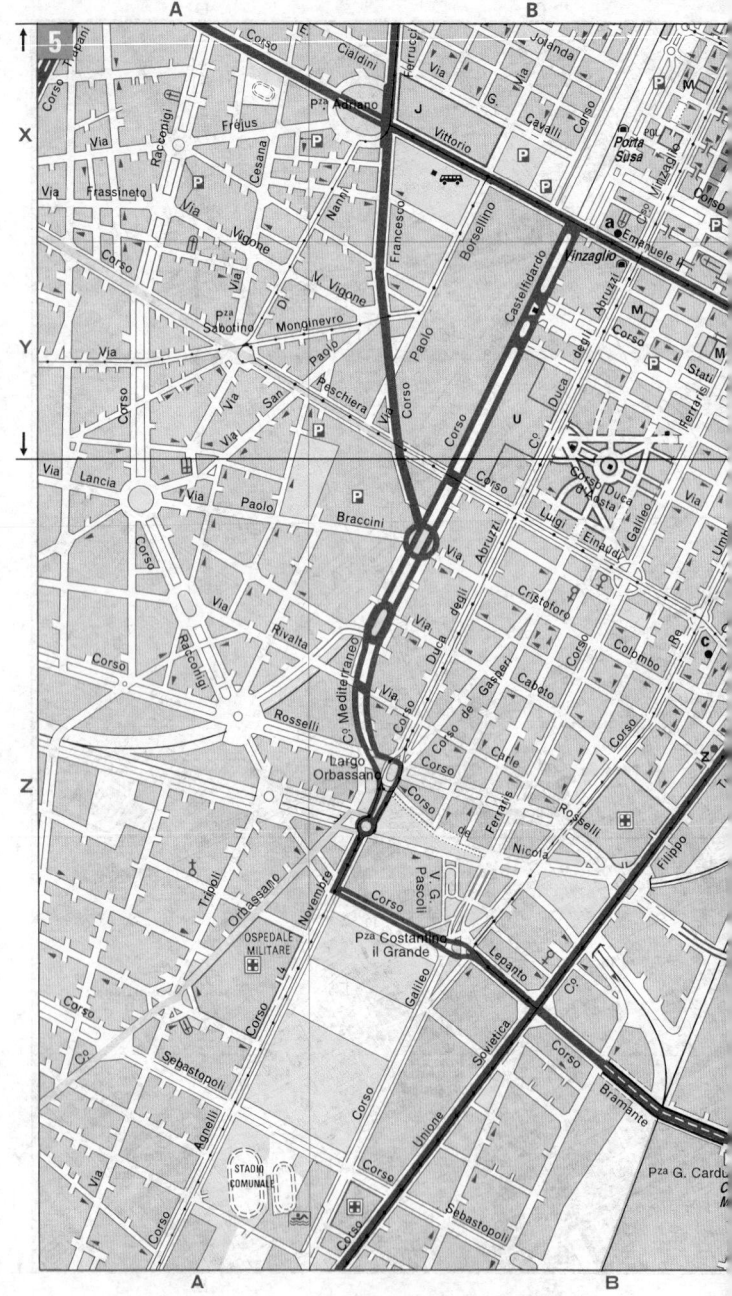

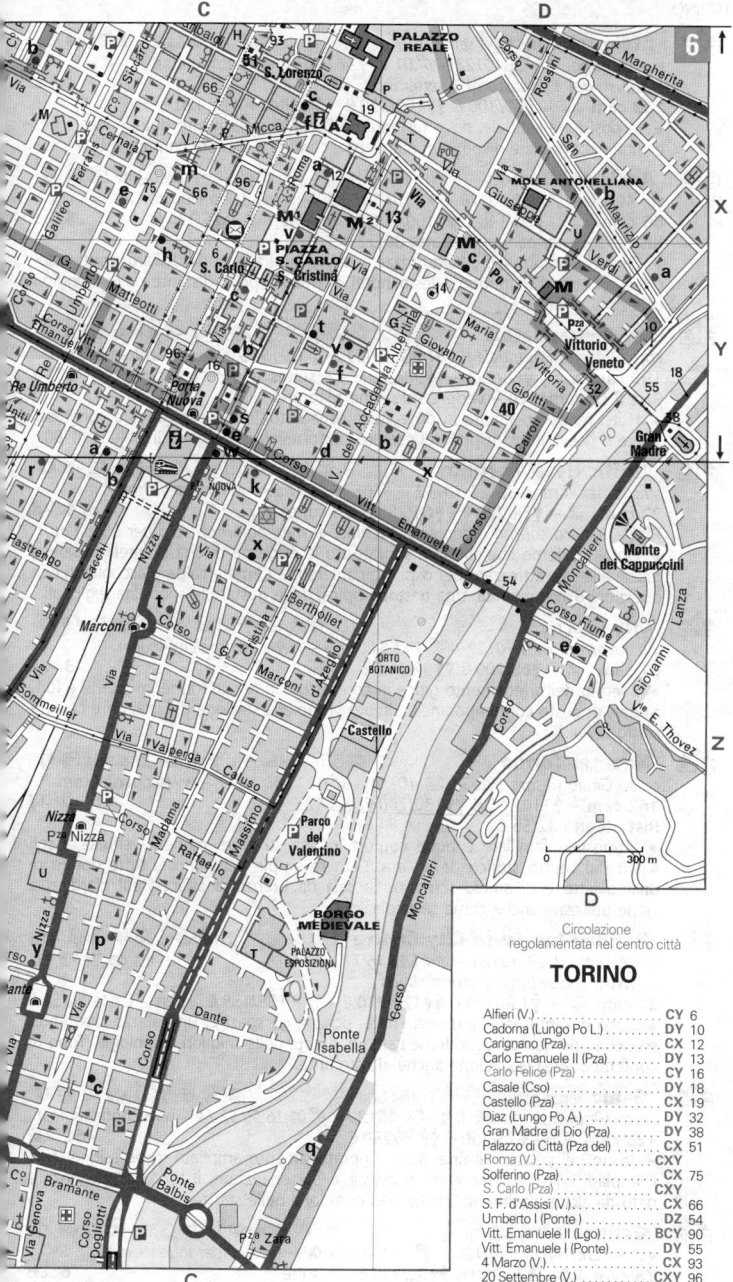

TORINO

Circolazione
regolamentata nel centro città

Atahotel Concord senza rist 🛗 🕭 🖩 ⅍ 📶 🖾 ⚠ 🜲 ⑩ ⓢ
via Lagrange 47 ⊠ 10123 – ℰ 01 15 17 67 56 – www.atahotels.it
– chiuso dal 1° agosto al 3 settembre **4CYs**
139 cam ⊇ – †99/300 € ††109/350 € – 5 suites – ½ P 120 €
◆ In posizione centrale, poco distante da Porta Nuova, questo hotel è ideale per ospitare congressi e dispone di ampi spazi comuni e camere confortevoli.

Art Hotel Boston 🕭 🛗 🕭 🖩 ⅍ 📶 🖾 ⚠ 🜲 ⑩ ⓢ
via Massena 70 ⊠ 10128 – ℰ 01 15 03 59 – www.arthotelboston.it
86 cam ⊇ – †80/140 € ††100/200 € – 1 suite – ½ P 75/125 € **5BZc**
Rist – (solo per alloggiati) Carta 30/52 €
◆ Camere confortevoli e caratterizzate da richiami alla storia dell'arte contemporanea, contraddistinguono questo hotel di design, poco distante dalle maggiori collezioni della città.

NH Ambasciatori 🛗 🖩 ⅍ 📶 🖾 🖾 ⚠ 🜲 ⑩ ⓢ
corso Vittorio Emanuele II 104 ⊠ 10121 – ℰ 01 15 75 21 – www.nh-hotels.it
199 cam ⊇ – †88/223 € ††98/233 € – 4 suites – ½ P 84/152 € **3BXa**
Rist Il Diplomatico – vedere selezione ristoranti
◆ Hotel moderno situato in un edificio squadrato, ideale per ospitare congressi, sfilate o ricevimenti, dispone di camere confortevoli ed eleganti in stile anni '80.

Pacific Hotel Fortino 🕭 🖩 ⅍ 📶 rist, 📶 🖾 🖾 🖾 ⑩ ⓢ
strada del Fortino 36 ⊠ 10152 – ℰ 01 15 21 77 57 – www.pacifichotels.it
92 cam ⊇ – †54/220 € ††64/280 € – 8 suites **4CVd**
Rist – (chiuso sabato e domenica) (chiuso a mezzogiorno) (solo per alloggiati)
◆ Hotel moderno che soddisfa soprattutto le esigenze di una clientela business, grazie alle sale attrezzate per ospitare conferenze. Camere calde e accoglienti con dotazioni d'avanguardia. Una trattoria tipica, dove gustare le specialità regionali.

City senza rist 🛗 🕭 🖩 ⅍ 📶 🖾 🖾 🖾 ⚠ 🜲 ⑩ ⓢ
via Juvarra 25 ⊠ 10122 – ℰ 01 11 54 05 46 – www.bwhotelcity-to.it
61 cam ⊇ – †68/200 € ††92/260 € **3BVe**
◆ Il legno dell'arredamento gioca in contrasto con le sue forme, moderne e funzionali, di gusto contemporaneo. Situato vicino alla stazione di Susa, offre camere confortevoli.

Novotel Torino 🚇 🛗 🕭 🖩 ⅍ 📶 rist, 📶 🖾 🅿 🖾 ⚠ 🜲 ⑩ ⓢ
corso Giulio Cesare 338/34 ⊠ 10154 – ℰ 01 12 60 12 11 – www.novotel.com
162 cam – †110/180 € ††130/200 €, ⊇ 12 € **2HTf**
Rist – Carta 32/56 €
◆ Atmosfera familiare e buon confort in una struttura moderna situata a soli 4 km dal centro storico della città. Camere ampie e luminose, tutte dotate di divano letto e di ampio scrittoio. La sala da pranzo si affaccia sul giardino e viene utilizzata anche come sala colazioni.

Holiday Inn Turin City Centre 🛗 🕭 cam, 🖩 ⅍ 📶 🖾 🖾
via Assietta 3 ⊠ 10128 – ℰ 01 15 16 71 11 🖾 🖾 ⚠ 🜲 ⑩ ⓢ
– www.holiday-inn.com/turin-cityctr **4CYa**
57 cam ⊇ – †150/170 € ††170/230 € – ½ P 105/135 € **Rist** – Carta 24/54 €
◆ Poco distante dalla stazione, l'hotel occupa gli spazi di un palazzo ottocentesco: comodo garage e moderne camere, dotate delle migliori tecnologie. Tono di contemporanea ispirazione anche al ristorante.

Genio senza rist 🛋 🛗 🖩 ⅍ 📶 🖾 🖾 ⚠ 🜲 ⓢ
corso Vittorio Emanuele II 47 ⊠ 10125 – ℰ 01 16 50 57 71 – www.hotelgenio.it
123 cam ⊇ – †75/150 € ††95/280 € **6CYZw**
◆ In un bel palazzo di fine '800 - opportunamente ampliato in occasione delle Olimpiadi - l'hotel offre camere curate e personalizzate. Il tocco di eleganza è dato da alcuni pavimenti artistici, nei corridoi e nelle stanze.

Genova senza rist 🛗 🕭 🖩 ⅍ 📶 🖾 🖾 ⚠ 🜲 ⑩ ⓢ
via Sacchi 14/b ⊠ 10128 – ℰ 01 15 62 94 00 – www.albergogenova.it
78 cam ⊇ – †70/180 € ††90/320 € – 1 suite **6CZb**
◆ La struttura ottocentesca ospita un ambiente signorile e curato, dove la classicità si coniuga con le moderne esigenze di confort. Una decina di camere vanta affreschi al soffitto.

Mercure Torino Royal 🏨 🕂 🏧 ⇄ ¶ 🛎 🅿 🚗 VISA 🅒 AE ① ⚹
corso Regina Margherita 249 ✉ 10144 – ℰ 01 14 37 67 77
– www.hotelroyaltorino.it   3BVu
75 cam – ♦90/200 € ♦♦120/240 €, ⚌ 12 € – ½ P 88/148 €
Rist – Carta 40/67 €

◆ A breve distanza dal centro storico, l'albergo lavora sia con una clientela turistica che con il mondo business: offre un attrezzato centro congressi, camere confortevoli e un ampio parcheggio. Ambiente classico in cui si respira una discreta raffinatezza, al ristorante.

Piemontese senza rist 🏨 ⅙ 🏧 ⇄ ⅌ VISA 🅒 AE ① ⚹
via Berthollet 21 ✉ 10125 – ℰ 01 16 69 81 01 – www.hotelpiemontese.it
37 cam ⚌ – ♦69/109 € ♦♦79/129 €   6CZx
◆ Tra Porta Nuova e il Po, l'hotel propone colorate soluzioni d'arredo e graziose personalizzazioni nelle camere: particolarmente belle le stanze mansardate con travi a vista e vasca idromassaggio Per la colazione ci si può accomodare in veranda.

Lancaster senza rist 🏨 🏧 ⅌ 🛎 VISA 🅒 AE ① ⚹
corso Filippo Turati 8 ✉ 10128 – ℰ 01 15 68 19 82 – www.lancaster.it – chiuso
dal 5 al 20 agosto   5BZr
83 cam ⚌ – ♦72/100 € ♦♦90/140 €
◆ Ogni piano di questo albergo si distingue per il colore. Piacevoli gli arredi, tutti personalizzati che rendono moderni gli spazi comuni, classiche le camere e country la sala colazioni.

Art Hotel Olympic 🚗 🏨 🏧 ⇄ ⅌ 🚗 VISA 🅒 AE ① ⚹
via Verolengo 19 ✉ 10149 – ℰ 01 13 99 97 – www.arthotelolympic.it
147 cam ⚌ – ♦70/250 € ♦♦90/350 € **Rist** – Carta 28/48 €   3AVc
◆ Come suggerisce il nome, l'hotel mette d'accordo arte e sport: nato in occasione dei recenti giochi invernali, vanta ambienti di design e spazi comuni abbelliti da alcune opere d'arte.

Giotto senza rist 🏨 🏧 ⅌ 🛎 VISA 🅒 AE ① ⚹
via Giotto 27 ✉ 10126 – ℰ 01 16 63 71 72 – www.hotelgiottotorino.com
50 cam ⚌ – ♦85/141 € ♦♦140/175 €   6CZc
◆ Non lontano dal Valentino, in una zona residenziale che costeggia il Po, un moderno albergo con camere spaziose e complete nei confort, molte con vasche o docce idromassaggio.

Crimea senza rist 🏨 🕂 🏧 ⇄ ⅌ 🛎 VISA 🅒 AE ① ⚹
via Mentana 3 ✉ 10133 – ℰ 01 16 60 47 00 – www.hotelcrimea.it – chiuso
dal 12 al 18 agosto   6DZe
47 cam ⚌ – ♦75/130 € ♦♦90/180 € – 1 suite
◆ La tranquillità dei dintorni e la sobria eleganza dell'arredo distinguono questo hotel, situato in zona residenziale lungo il Po. Dispone di piacevoli interni e confortevoli camere.

Town House 70 senza rist 🏨 🏧 ⇄ ⅍ 🛎 � VISA 🅒 AE ① ⚹
via XX Settembre 70 ✉ 10122 – ℰ 01 11 19 70 00 03 – www.townhouse.it
46 cam ⚌ – ♦118/237 € ♦♦133/265 € – 1 suite   4CXc
◆ Belle camere spaziose in una struttura centralissima e dal moderno design. Un unico grande tavolo nella piccola sala colazioni, al quale gli ospiti potranno accomodarsi per iniziare insieme la giornata.

Des Artistes senza rist 🏨 🏧 ⅍ ¶ VISA 🅒 AE ① ⚹
via Principe Amedeo 21 ✉ 10123 – ℰ 01 18 12 44 16 – www.desartisteshotel.it
– chiuso dal 10 al 26 agosto   4DYc
22 cam ⚌ – ♦70/98 € ♦♦95/130 €
◆ Varcato l'ingresso di quella che pare una palazzina residenziale, vi attenderà un'accoglienza garbata e attenta. L'albergo è in attività dal 1990 e propone ambienti puliti e curati.

🏠 **Statuto** senza rist 　　　📶 AC ♦️ 🎯 VISA 🐵 AE ① ⚡
via Principi d'Acaja 17 ✉ *10138 –* 𝒞 *01 14 34 46 38 – www.statutohotel.com*
22 cam – ♦50/80 € ♦♦60/90 €, ☐ 10 €　　　　　　　**3BV**a
◆ Se l'architettura esterna dell'edificio vi appare un po' anonima, sappiate che al suo interno vi attende una dimensione piacevolmente moderna con camere nuove, curate e confortevoli. Ottimo rapporto qualità/prezzo.

XXXX **Del Cambio** 　　　　　　　　　　🗻 AC ♦️ 🐵 VISA 🐵 AE ① ⚡
piazza Carignano 2 ✉ *10123 –* 𝒞 *01 15 43 76 00 11 54 66 90 – www.thi.it*
– chiuso 1 settimana in gennaio, 3 settimane in agosto e domenica
Rist – (consigliata la prenotazione) Menu 80 € – Carta 70/100 € ⅜　**4CX**a
◆ In 250 anni ha accolto e saziato personaggi come Cavour, Rattazzi e Lamarmora: ora attende voi, tra i suoi velluti rossi, per deliziarvi con piatti tradizionali o creativi.

XXXX **Winner** – Hotel Golden Palace 　　🗻 ♦ AC ♦️ 🐵 VISA 🐵 AE ① ⚡
via dell'Arcivescovado 18 ✉ *10121 –* 𝒞 *01 15 51 21 11 – www.goldenpalace.thi.it*
– chiuso dal 22 luglio al 20 agosto　　　　　　　　　　**4CXY**h
Rist – Carta 46/74 €
◆ Sofisticata naturalezza: sembra una contraddizione in termini, invece è la particolarità di questo ristorante. Il menu propone infatti piatti leggeri, che tuttavia non rinunciano al gusto, dove gli ingredienti del territorio - integrati a profumi e spezie lontane - danno vita a combinazioni gustose ed insolite.

XXXX **Carignano** – Grand Hotel Sitea 　　　AC ⇆ VISA 🐵 AE ① ⚡
via Carlo Alberto 35 ✉ *10123 –* 𝒞 *01 15 17 01 71 – www.grandhotelsitea.it*
– chiuso agosto, sabato a mezzogiorno, domenica　　　　**4CY**t
Rist – Carta 43/73 €
◆ Ampie finestre affacciate sul verde illuminano questo ristorante che elegge come protagonisti della propria carta, piatti mediterranei con molti richiami al Piemonte. A disposizione anche alcuni menu degustazione (Principe Amedeo, Re Umberto, Vittorio Emanuele), per chi preferisce lasciarsi "guidare" nella scelta.

XXX **Vintage 1997** (Pierluigi Consonni) 　　　AC VISA 🐵 AE ① ⚡
🍃　*piazza Solferino 16/h* ✉ *10121 –* 𝒞 *01 11 53 59 48 – www.vintage1997.com*
– chiuso dal 1° al 7 gennaio, 2 settimane in agosto, sabato a mezzogiorno, domenica　　　　　　　　　　　　　　　　　　　　**4CX**e
Rist – Menu 40/55 € – Carta 50/84 € ⅜
Spec. Insalata di gallina con robiola di Roccaverano e melograno. Risotto con pistilli di zafferano e carpaccio di fegato grasso d'anatra. La torinese: costoletta di vitello in crosta di nocciole e grissini.
◆ Tessuti scarlatti, paralumi ed eleganti boiserie ovattano l'interno di questo elegante ristorante, mentre la creatività prende spunto dalla tradizione per volteggiare in molteplici forme. Importazione diretta di champagne e selezionata cura nella scelta delle materie prime.

XXX **Casa Vicina-Guidopereataly** (Claudio Vicina Mazzaretto) 　♦ AC
🍃　*via Nizza 224* ✉ *10126 –* 𝒞 *01 11 19 50 68 40*　　　VISA 🐵 AE ⚡
– www.casavicina.it – chiuso periodo natalizio, dal 10 agosto all'8 settembre,
domenica sera, lunedì　　　　　　　　　　　　　　　**2GU**e
Rist – Menu 38 € (pranzo)/58 € bc – Carta 52/83 € ⅜
Spec. Tonno di coniglio con giardiniera di verdure in agrodolce. Agnolotti pizzicati a mano al sugo d'arrosto. Faraona novella composta in salmì.
◆ All'interno di Eataly, primo supermercato italiano con prodotti alimentari di "nicchia", ristorante di genere minimalista per una cucina creativa di grande spessore.

XXX **La Barrique** (Stefano Gallo) 　　　　AC ⇆ VISA 🐵 AE ⚡
🍃　*corso Dante 53* ✉ *10126 –* 𝒞 *01 11 65 79 00 – www.labarriqueristorante.it*
– chiuso domenica, lunedì a mezzogiorno　　　　　　　**6CZ**y
Rist – Menu 70 € – Carta 51/89 € ⅜
Spec. Vitella piemontese al coltello con gelato all'acciuga, salsa all'uovo e nocciola di Langa. Ravioli di patate affumicate con caviale di salmone e limone. Agnello da latte brasato e arrostito in salsa d'arancio.
◆ Simpatica gestione familiare per questa cucina che unisce classici regionali, paste fresche, carne e l'inevitabile trionfo di cioccolato a proposte più creative e di pesce.

🛱 **Torpedo** – Hotel NH Lingotto   🚗 🛱 ⅙ 🆔 🕯 **P** 💳 ⊙⊙ 🆎 ⊙ ⅙
via Nizza 262 ✉ *10126 – ℰ 01 16 64 27 14 – www.nh-hotels.it*   **2GUa**
Rist – Carta 38/79 €
♦ Situato nell'edificio che fu l'antica fabbrica di automobili della Fiat, emblema della Torino del '900, un elegante ristorante dove gustare una cucina di ottimo livello. Tra i must: il riso Vialone alla piemontese con porri, pancetta, patate e toma.

🛱 **Moreno**   🆔 🕯 ⇔ 💳 ⊙⊙ 🆎 ⊙ ⅙
corso Unione Sovietica 244 ✉ *10134 – ℰ 01 13 17 91 91*
– www.morenogroup.net – chiuso agosto e lunedì a mezzogiorno   **2GUc**
Rist – Menu 50/75 € – Carta 60/70 €
♦ Un'inattesa ubicazione nel verde custodisce questo elegante locale; all'interno, gradevoli tavoli collocati vicino a vetrate affacciate sul giardino ed una cucina che si muove tra tradizione e moderne elaborazioni.

🛱 **'L Caval 'd Brôns**   🛱 🆔 ⇔ 💳 ⊙⊙ 🆎 ⅙
piazza San Carlo 151 ✉ *10123 – ℰ 0 11 53 90 30 – www.ricri.it*   **4CXv**
Rist – Menu 29 € bc/48 € bc – Carta 50/110 €
♦ La tradizione piemontese è rivisitata con personalità, in questo elegante ristorante sotto i portici di un palazzo ottocentesco con bel dehors sulla piazza. Proposte anche di pesce.

🛱 **Arcadia**   💳 ⊙⊙ 🆎 ⊙ ⅙
galleria Subalpina ✉ *10123 – ℰ 01 15 61 38 98 – www.ristorantearcadia.com*
– chiuso domenica   **4CYc**
Rist – Carta 30/52 €
♦ Nella ottocentesca Galleria Subalpina, uno scenografico locale dalle alte volte, dove il gusto per la cucina del territorio incontra carne e pesce. Non mancano alternative più esotiche nel raffinato sushi-bar.

🛱 **Casa Savoia** – Hotel Principi di Piemonte   🆔 💳 ⊙⊙ 🆎 ⊙ ⅙
via Gobetti 15 ✉ *10123 – ℰ 01 15 51 51 – www.atahotels.it*   **4CYb**
Rist – Carta 38/70 €
♦ Lo sfarzo che contraddistingue l'hotel è ripreso anche nella sala ristorante, dove nessun dettaglio è lasciato al caso: la tappa gastronomica deve restare memorabile! Cucina mediterranea.

🛱 **Le Regine** – Starhotels Majestic   🆔 🕯 ⇔ 💳 ⊙⊙ 🆎 ⅙
corso Vittorio Emanuele II 54 ✉ *10123 – ℰ 0 11 53 91 53 – www.starhotels.com*
– chiuso sabato sera, domenica   **4CYe**
Rist – Carta 36/109 €
♦ Nella grande sala sormontata da una cupola di vetro policromo in stile Liberty, cucina internazionale, nonché locale, in un connubio affascinante che vi farà tornare...

🛱 **Al Garamond**   🆔 ⇔ 💳 ⊙⊙ ⅙
via Pomba 14 ✉ *10123 – ℰ 01 18 12 27 81 – www.algaramond.it – chiuso*
agosto, sabato a mezzogiorno, domenica   **4CYf**
Rist – Carta 40/76 € 🍽
♦ Il nome di questo piccolo locale si ispira a quello di un luogotenente dei Dragoni di Napoleone. Entusiasta la conduzione, che si esibisce nella creazione di estrosi piatti moderni.

🛱 **San Tommaso 10 Lavazza**   🆔 💳 ⊙⊙ 🆎 ⊙ ⅙
via San Tommaso 10 ✉ *10122 – ℰ 0 11 53 42 01 – www.lavazza.it – chiuso*
agosto e domenica   **4CXf**
Rist – Carta 44/60 €
♦ Proprio dietro al bar, l'estetica è l'elemento che caratterizza ogni creazione, il piacere si affaccia alla vista e delizia il palato, la fantasia reinterpreta la cucina italiana in delicate e intriganti ricette.

🛱 **Magorabin**   ⅙ 🆔 💳 ⊙⊙ 🆎 ⅙
corso San Maurizio 61/b ✉ *10124 – ℰ 01 18 12 68 08 – www.magorabin.it*
– chiuso domenica, lunedì a mezzogiorno   **4DXb**
Rist – Carta 45/70 €
♦ Simpatico e cordiale, l'istrionico chef-patron s'intrattiene ai tavoli prendendo direttamente lui la *commande*: piatti creativi e fantasiosi in un piccolo locale dagli arredi estremamente moderni. Da non perdere.

✗✗ Conti di Saluzzo · 𝔸ℂ ⇔ 𝚟𝚒𝚜𝚊 ⑳ ⓪ ⌚

via Saluzzo 36 ✉ 10125 – 𝒞 01 16 50 73 14 – www.ristoranti-piemonte.com
– chiuso lunedì   **6CZt**
Rist – (consigliata la prenotazione) Carta 30/50 €
♦ Le curate salette ed i soffitti a volta creano quasi un'atmosfera austriaca. Mettetevi comodi al tavolo ed affidatevi all'esperienza di questa coppia ed alla sua saporita cucina.

✗✗ Al Gatto Nero · 𝔸ℂ 𝚟𝚒𝚜𝚊 ⑳ 𝔸𝔼 ⌚

corso Filippo Turati 14 ✉ 10128 – 𝒞 01 11 59 04 14 – www.gattonero.it – chiuso
dal 20 agosto all' 8 settembre, domenica   **5BZz**
Rist – Carta 47/67 € ⅋
♦ Il gatto nero è diventato un amuleto per una piacevole sosta gastronomica: piatti piemontesi e toscani, con qualche eco mediterranea, ed una cantina che ospita circa mille etichette.

✗✗ Galante · 𝔸ℂ 𝚟𝚒𝚜𝚊 ⑳ 𝔸𝔼 ⓪ ⌚

corso Palestro 15 ✉ 10122 – 𝒞 01 11 53 21 63 – www.ristorantegalante.it
– chiuso dal 26 dicembre al 6 gennaio, dal 21 agosto al 5 settembre, sabato a
mezzogiorno, domenica   **4CXb**
Rist – Carta 33/56 €
♦ Una sala classica ed elegante, arredata in toni chiari e con sedie imbottite, tra colonne e specchi. Dalla cucina giungono due differenti proposte: una piemontese ed una di pesce.

✗✗ Porta Rossa · 𝔸ℂ 𝚟𝚒𝚜𝚊 ⑳ 𝔸𝔼 ⓪ ⌚

via Passalacqua 3/b ✉ 10122 – 𝒞 01 11 53 08 16 – www.laportarossa.it – chiuso
dal 26 dicembre al 6 gennaio, sabato a mezzogiorno, domenica   **4CVa**
Rist – Carta 40/70 € ⅋ (+10 %)
♦ Piccolo locale moderno allestito con tavoli vicini, specializzato nella preparazione di piatti a base di pesce e prodotti di stagione. Ottima scelta di vini e distillati.

✗✗ Tre Galline · 𝔸ℂ ⇔ 𝚟𝚒𝚜𝚊 ⑳ 𝔸𝔼 ⓪ ⌚

via Bellezia 37 ✉ 10122 – 𝒞 01 14 36 65 53 – www.3galline.it – chiuso
1 settimana in gennaio, 3 settimane in agosto, domenica, lunedì a mezzogiorno
Rist – Carta 38/63 € ⅋   **4CVc**
♦ A prima vista può sembrare una semplice trattoria, ma non lasciatevi ingannare: il locale propone la cucina tipica piemontese, semplice e fragrante, e presenta un'ampia scelta di vini.

✗✗ Perbacco · 𝔸ℂ ⇔ 𝚟𝚒𝚜𝚊 ⑳ 𝔸𝔼 ⌚

via Mazzini 31 ✉ 10123 – 𝒞 01 11 88 21 10 – www.ristoranteperbacco.it – chiuso
agosto, domenica   **6DZx**
Rist – Menu 32 € – Carta 35/70 €
♦ Moderno locale scelto dal popolo delle ore piccole e da molti personaggi dello spettacolo; il menu a 4 portate si costruisce a scelta dalla piccola carta. Centenaria esperienza familiare.

✗✗ Solferino · 🍴 𝔸ℂ 𝚟𝚒𝚜𝚊 ⑳ 𝔸𝔼 ⌚

piazza Solferino 3 ✉ 10121 – 𝒞 01 11 53 58 51 – www.ristorantesolferino.com
Rist – Carta 68/88 €   **4CXm**
♦ E' in questo locale che circa 30 anni fa è approdata la passione toscana nel campo della ristorazione. Oggi, la carta propone piatti di casa e, ovviamente, i classici piemontesi.

✗✗ Etrusco · 𝔸ℂ ⇔ 𝚟𝚒𝚜𝚊 ⑳ ⌚

via Cibrario 52 ✉ 10144 – 𝒞 0 11 48 02 85 – chiuso dal 10 gennaio al
10 febbraio e lunedì   **3BVs**
Rist – Carta 32/47 €
♦ A dispetto del nome, le specialità di questo locale situato in una delle zone più trafficate della città non sono toscane, bensì di pesce. A gestirlo, una coppia di coniugi.

%% **C'era una Volta**   🅰 ↔ 🆅🆂🅰 ⊕ 🅰🅴 ⓪ 🖕

corso Vittorio Emanuele II 41 ⊠ 10125 – ℰ 01 16 55 49 86 50 45 89
– www.ristorantecerunavolta.it – chiuso domenica   6CZk
Rist – (consigliata la prenotazione) Carta 62/82 €

♦ Rinnovato in occasione delle Olimpiadi, il locale ha conservato l'originale accogliente atmosfera; la cucina si ispira ai sapori regionali, ma c'è comunque spazio per la creatività.

%% **Taverna dell'Oca**   🅰 🆅🆂🅰 ⊕ 🅰🅴 ⓪ 🖕

via dei Mille 24 ⊠ 10123 – ℰ 0 11 83 75 47 – www.tavernadelloca.com – chiuso luglio, lunedì, sabato a mezzogiorno   6DYb
Rist – Menu 27/38 € – Carta 20/55 €

♦ In un locale colorato e informale, l'oca regna "sovrana" in tante ricette, ma "principesse" sono anche altre specialità regionali e - per la par condicio - il pesce, in un menu degustazione a lui interamente dedicato.

%% **Capriccioli**   📶 🅰 🆅🆂🅰 ⊕ 🅰🅴 🖕

via San Domenico 40 ⊠ 10122 – ℰ 01 14 36 82 33 – www.ristorantecapriccioli.it
– chiuso 1 settimana in gennaio, 2 settimane in agosto, lunedì, martedì a mezzogiorno   4CVe
Rist – Carta 46/89 €

♦ Un angolo di Sardegna nella città della Mole, quindi largo spazio a bottarga di muggine o al tonno di Carloforte, ma anche tanto pesce e crostacei di altri lidi d'Italia, in un locale raffinato le cui tinte écru evocano la sabbia di Capriccioli.

%% **Il Diplomatico** – Hotel NH Ambasciatori   🅰 🕉 🆅🆂🅰 ⊕ 🅰🅴 ⓪ 🖕

corso Vittorio Emanuele II 104 ⊠ 10121 – ℰ 01 15 75 21 – www.nh-hotels.com
Rist – Carta 32/54 €   BXa

♦ Conosciuta come la "città del motore", Torino ha tanto da offrire anche in termini di gastronomia. In questo raffinato ristorante dalle grandi vetrate, un piccolo saggio delle specialità regionali e piatti più internazionali per ospiti stranieri.

% **Ponte Vecchio**   🅰 🆅🆂🅰 ⊕ 🅰🅴 ⓪ 🖕

via San Francesco da Paola 41 ⊠ 10123 – ℰ 0 11 83 51 00
– www.ristorantino.net – chiuso agosto, lunedì, martedì a mezzogiorno
Rist – Carta 32/58 €   4CYd

♦ Classici sia l'arredo di inizio '900 sia la cucina, regionale e nazionale: giunto alla terza generazione di una capace gestione familiare, il locale è stato parzialmente rinnovato.

% **Taverna delle Rose**   🅰 🆅🆂🅰 ⊕ 🅰🅴 🖕

via Massena 24 ⊠ 10128 – ℰ 0 11 53 83 45 – chiuso agosto, sabato a mezzogiorno, domenica   6CZr
Rist – Carta 26/42 €

♦ Linea di cucina prettamente regionale in un ambiente accattivante ed informale. La sera, accomodatevi nella romantica sala con mattoni a vista e luci soffuse.

% **Da Toci**   📶 🅰 🆅🆂🅰 ⊕ 🅰🅴 🖕

corso Moncalieri 190 ⊠ 10133 – ℰ 01 16 61 48 09 – chiuso dal 13 agosto al 5 settembre, domenica, lunedì   6CZq
Rist – Carta 24/43 €

♦ Leit motiv di questo ristorante, semplice e ben tenuto, è quello del mare, tuttavia non mancano i sapori caratteristici della terra d'origine del suo titolare: la Toscana.

% **Ristorantino Tefy**   🅰 🆅🆂🅰 ⊕ 🅰🅴 🖕

corso Belgio 26 ⊠ 10153 – ℰ 0 11 83 73 32 – chiuso 15 giorni in luglio, 15 giorni in settembre, sabato a mezzogiorno, domenica   2HTb
Rist – Carta 30/40 €

♦ Un locale accogliente per un'esperienza gastronomica che viaggia tra Umbria e Piemonte: dalla cucina soprattutto i sapori della terra; il venerdì e il sabato si propone anche il pesce.

✗ Piccolo Lord ⬛ 🍴 🅅🅸🆂🅰 ⬤ 🄰🄴 ⚹

corso San Maurizio 69 bis/G ✉ *10124 –* ☏ *0 11 83 61 45*
– www.ristorantepiccololord.it – chiuso 1 settimana in gennaio, 2 settimane in giugno, domenica e a mezzogiorno   4DY**a**
Rist – (prenotazione obbligatoria a mezzogiorno) Carta 38/55 €

♦ Locale moderno ed accogliente nel quale si destreggiano due giovani cuochi, in grado di realizzare ricette semplici ma caratterizzate da una forte impronta personale. Servizio informale.

✗ Goffi del Lauro ⛲ ⬛ 🅅🅸🆂🅰 ⬤ ⚹

corso Casale 117 ✉ *10132 –* ☏ *01 18 19 06 19 – www.ristorantegoffi.it – chiuso dal 15 settembre al 5 ottobre e martedì*   2HT**c**
Rist – Carta 31/45 €

♦ In questa città che da secoli custodisce la Sindone, senza mai rinunciare al fascino esoterico, un ristorante molto tradizionale sia nell'ambiente sia nella cucina. Il menu propone i classici della regione con un rapporto qualità/prezzo piacevolmente interessante.

TORNELLO – Pavia (PV) – Vedere Mezzanino

TORNO – Como (CO) – **561** E9 – 1 209 ab. – alt. 225 m – ✉ **22020**   **18** B1
▌ Italia Centro Nord

◨ Roma 633 – Como 7 – Bellagio 23 – Lugano 40
◎ Portale ★ della chiesa di S. Giovanni

🏠 Vapore ⚞ 🚗 ⛲ 📶 🍴 cam, 🅅🅸🆂🅰 ⬤ ⚹

via Plinio 20 ✉ *22020 Torno –* ☏ *0 31 41 93 11 – www.hotelvapore.it – chiuso gennaio e febbraio*
12 cam – ✦65/80 € ✦✦80/90 €, ⬭ 10 € – ½ P 75 €
Rist – *(chiuso mercoledì)* (consigliata la prenotazione) Carta 23/49 €

♦ Nel centro storico della pittoresca località, l'hotel non manca di affacciarsi sul lago: camere belle e luminose in una piccola struttura di sicuro confort. Ristorante dotato di piacevole terrazza sullo specchio lacustre e specialità tipicamente italiane in menu.

TORRE A MARE – Bari (BA) – **564** D33 – ✉ **70126**   **27** C2
◨ Roma 463 – Bari 12 – Brindisi 101 – Foggia 144

✗ Osteria Varvamingo ⛲ ⬛ 🅅🅸🆂🅰 ⬤ 🄰🄴 ⬤ ⚹

via Garibaldi 4 – ☏ *08 05 43 36 58 – www.osteriavarvamingo.it – chiuso domenica*
Rist – Carta 35/60 € ❀

♦ In un'affascinante casa d'inizio '900, all'interno - scolpito - regna il tufo, insieme al pesce di giornata: da scegliere nell'espositore. Molti vini biodinamici nell'ottima lista.

✗ Da Nicola ⚞ ⛲ ⬛ 🄿 🅅🅸🆂🅰 ⬤ 🄰🄴 ⬤ ⚹

via Principe di Piemonte 3 – ☏ *08 05 43 00 43 – www.ristorantedanicola.com – chiuso dal 24 dicembre al 4 gennaio e domenica sera*
Rist – Carta 31/46 €

♦ Un buon localino, semplice e familiare, ubicato in riva al mare e a pochi passi dal centro del paese; piatti marinari e fresca terrazza esterna sul porticciolo.

TORRE ANNUNZIATA – Napoli (NA) – **564** E25 – 43 981 ab. – alt. 9 m   **6** B2
– ✉ **80058** ▌ Italia

◨ Roma 240 – Napoli 27 – Avellino 53 – Caserta 53
◎ Villa di Oplontis ★★

🏠 Grillo Verde 📶 ⬛ ↯ 📶 🄿 🚗 🅅🅸🆂🅰 ⬤ 🄰🄴 ⬤ ⚹

piazza Imbriani 19 – ☏ *08 18 61 10 19 – www.hotelgrilloverde.it*
15 cam ⬭ – ✦65 € ✦✦75 € – ½ P 68 €
Rist – *(chiuso martedì)* Carta 16/33 € (+15 %)

♦ Nei pressi della stazione ferroviaria e degli scavi di Oplontis e di Pompei - raggiungibili per mezzo di una navetta - camere semplici, ma ben tenute: le più grandi al piano terra. Splendido acquario nella hall. Piatti casalinghi al ristorante.

TORRE BOLDONE – Bergamo (BG) – **561** E11 – 8 309 ab. – alt. 280 m   **19** C1
– ⊠ 24020

🖪 Roma 618 – Milano 57 – Bergamo 6 – Lecco 47

XX   **Papillon**   ⪤ 🛱 AC P VISA ⚏ AE ♿

⊛   *via Gaito 36, Nord-Ovest : 1,5 km – ℰ 0 35 34 05 55 – www.papillonristorante.it*
– chiuso dal 1° al 5 gennaio, 3 settimane in agosto, lunedì, martedì
Rist – Menu 15/56 € – Carta 40/71 €

♦ Immerso nel verde di un parco e della collina alle spalle, un locale dalla lunga
tradizione familiare, che dal 2003 vede in cucina uno chef di grande esperienza.
Nelle sale d'impostazione classica vi saranno serviti piatti contemporanei e specialità alla griglia.

TORRE CANNE – Brindisi (BR) – **564** E34 – ⊠ 72010   **27** C2
🖪 Roma 517 – Brindisi 47 – Bari 67 – Taranto 57

🏨🏨   **Del Levante** ⤢   ⪤ 🗔 🝔 ⅃ ℀ 🖃 ♿ rist, ⇶ AC ℀ 🐾 P
⊡   *via Appia 22 – ℰ 08 04 82 01 60*   VISA ⚏ AE ① ♿
– www.apuliacollection.com
149 cam ⌑ – †78/217 € ††113/245 € – ½ P 145/158 €
Rist – *(marzo-15 novembre)* Carta 29/39 €

♦ Ideale non solo per chi vuole spendervi le vacanze ma anche per chi è in viaggio per lavoro, grande e moderno complesso in riva al mare con ampi spazi
esterni. Bella la grande piscina in giardino. Delicate tonalità mediterranee rendono accogliente la sala da pranzo.

🏨   **Eden**   🝔 ⅃ 🖃 ♿ cam, ⇶ AC ℀ 🐾 🐾 P VISA ⚏ AE ① ♿
via Potenza 46 – ℰ 08 04 82 98 22 – www.hoteledentorrecanne.it – aprile-ottobre
87 cam ⌑ – †60/110 € ††86/150 € – ½ P 100 €   **Rist** – Menu 25/50 €

♦ A pochi metri dal mare, in una località di antiche tradizioni marinare, squisita
gestione familiare in una risorsa dagli ampi spazi di taglio classico, terrazza roof
garden con solarium e piscina. Cucina tipica nazionale nel luminoso ristorante.

TORRECHIARA – Parma (PR) – **562** I12 – ⊠ 43010 ▯ Italia Centro Nord   **8** A3
🖪 Roma 469 – Parma 19 – Bologna 109 – Milano 141
◉ Affreschi★ nel castello e ⪤ ★

XX   **Taverna del Castello**   🛱 AC ⇔ VISA ⚏ AE ♿
via del Castello 25 – ℰ 05 21 35 50 15 – www.tavernadelcastello.it
Rist – Carta 31/58 €

♦ Un castello medioevale in pietra, quasi una fortezza se visto dal basso, da qui
la vista sulle colline circostanti: un bar pubblico e quattro sale dedicate alla ristorazione per una cucina tradizionale e creativa.

TORRE DEL GRECO – Napoli (NA) – **564** E25 – 87 323 ab. – ⊠ 80059   **6** B2
🖪 Roma 227 – Napoli 15 – Caserta 40 – Castellammare di Stabia 17
◉ Scavi di Ercolano★★ Nord-Ovest : 3 km
◓ Vesuvio★★★ Nord-Est : 13 km e 45 mn a piedi AR

in prossimità casello autostrada A 3

🏨🏨   **Mercure Napoli Torre del Greco** ⤢   ⪤ ⅃ 🖃 AC ⇜ ℀ rist, 🐾 🝔
via De Nicola 26/28 ⊠ 80059 – ℰ 08 18 49 31 44   P VISA ⚏ AE ① ♿
– www.mercure.com
77 cam – †70/115 € ††80/150 €, ⌑ 8 €   **Rist** – Menu 33/54 €

♦ In posizione elevata e tranquilla, con pittoreschi scorci del Golfo, una stuttura
moderna, dove le camere più spaziose occupano i piani inferiori; qualche arredo
d'epoca qua e là. Ampi spazi al ristorante dalla decorazioni nipponiche.

🏨   **Marad** ⤢   🗔 🛱 ⅃ 🝔 AC ℀ 🐾 🝔 P VISA ⚏ AE ① ♿
via Benedetto Croce 20 ⊠ 80059 – ℰ 08 18 49 21 68 – www.marad.it
74 cam ⌑ – †60/80 € ††75/120 € – ½ P 80 €   **Rist** – Carta 22/50 €

♦ Circondato da un piccolo giardino, le camere sono semplci anche negli arredi, ma
prenotarne una con vista sul Golfo lascerà un romantico ricordo. Terrazza solarium.

TORRE DEL LAGO PUCCINI – Lucca (LU) – **563** K12 – ✉ 55048   **28** B1

▮ Toscana

▶ Roma 369 – Pisa 14 – Firenze 95 – Lucca 25

al lago di Massaciuccoli Est : 1 km :

XX   **Da Cecco**   🏠 AC 🛱 VISA 👁 AE 💪

Belvedere Puccini 10/12 ✉ 55049 – ℰ 05 84 34 10 22 – *chiuso domenica sera (escluso luglio-agosto) e lunedì*
Rist – Carta 26/42 €

♦ Affacciato sul lago da uno scenografico belvedere - a fianco alla casa museo di Giacomo Puccini - proposte classiche di carne e di pesce, nonché cacciagione (nel periodo invernale), si contendono la carta. Boiserie al soffitto, trofei di caccia e fucili caratterizzano l'ambiente.

TORREGROTTA Sicilia – Messina (ME) – **365** BB54 – **7** 318 ab.   **40** D1
– alt. 44 m – ✉ 98040

▶ Catania 141 – Messina 29 – Palermo 215

🏠   **Thomas**   AC 🛱 rist. 🕎 P VISA 👁 AE ➊ 💪

😊   *via Sfameni 98, località Scala* – ℰ 09 09 98 19 47 – www.hotelristorantethomas.it
📺   – *chiuso dal 19 dicembre al 6 gennaio*
18 cam – ♦40/45 € ♦♦55/60 €, � 5 € – ½ P 55 €
Rist – *(chiuso lunedì)* Carta 19/35 €

♦ Sulla strada che porta al mare - tra le numerose case di villeggiatura della zona - una struttura i cui punti di forza sono l'ottimo rapporto qualità/prezzo ed il continuo ammodernamento, che crea ambienti "caldi" e personalizzati. Classico ristorante di mare, ambiente semplice e familiare.

TORRE PELLICE – Torino (TO) – **561** H3 – **4** 677 ab. – alt. 516 m   **22** B3
– ✉ 10066

▶ Roma 708 – Torino 58 – Cuneo 64 – Milano 201

XXX   **Flipot** con cam   🛱 🕎 VISA 👁 💪

corso Gramsci 17 – ℰ 0 12 19 12 36 – www.flipot.com
– *chiuso lunedì e martedì*
5 cam – ♦80/100 € ♦♦100/120 €
Rist – Menu 65 € – Carta 37/47 €

♦ In origine una cascina settecentesca, oggi un'elegante casa piemontese con due giardini interni dove vi sedurranno l'uso di erbe aromatiche e le specialità del territorio.

TORRE SAN GIOVANNI – Lecce (LE) – **564** H36 – ✉ 73059 Ugento   **27** D3

▶ Roma 652 – Brindisi 105 – Gallipoli 24 – Lecce 62

🏠🏠   **Hyencos Calòs e Callyon**   ≤ ⟨ ⎓ 🖻 ⟨⟩ 🏊 AC 🛱 rist. 🔩 P
piazza dei Re Ugentini – ℰ 08 33 93 10 88   VISA 👁 AE 💪
– www.hyencos.com – *giugno-settembre*
61 cam ⊋ – ♦45/140 € ♦♦90/280 € – ½ P 150 €
Rist – *(solo per alloggiati)* Menu 25 €

♦ In posizione centrale, all'interno di una villa dell'800, la struttura dispone di luminosi spazi, camere funzionali e semplici negli arredi, nonchè di una terrazza con vista.

TORRETTE – Pesaro e Urbino (PU) – **563** L22 – **Vedere Ancona**

In una località, quale scegliere tra due esercizi della stessa categoria?
Sappiate che in ogni categoria le risorse sono elencate in ordine di preferenza: le migliori, per prime.

TORRIANA – Rimini (RN) – **562** K19 – **1 544 ab.** – **alt. 337 m** – ✉ 47825   **9** D2

▶ Roma 307 – Rimini 21 – Forlì 56 – Ravenna 60

※※ **Il Povero Diavolo** con cam   ☆ ⁇ 🛁 📶 🚻 ∞ 🍴

☺ via Roma 30 – ☎ 05 41 67 50 60 – www.ristorantepoverodiavolo.com – chiuso dal 28 maggio al 15 giugno, dal 15 al 25 settembre e mercoledì

4 cam ⌧ – 🛏70 € 🛏🛏100 €

Rist – (chiuso a mezzogiorno escluso i giorni festivi da ottobre a maggio) (consigliata la prenotazione) Menu 58 € – Carta 45/68 € ⌨

Spec. Pomodoro al sugo (estate). Cappelletti del Povero Diavolo al formaggio di fossa. Tutto il piccione.

♦ In quella che parrebbe una semplice osteria di paese dalla gestione simpaticamente familiare, si officia una cucina inaspettatamente tecnica, a tratti innovativa, sempre intelligentemente legata ai prodotti del territorio. Pernottamento in camere semplici allietate da libri messi a disposizione dei clienti.

※ **Il Chiosco di Bacco**   ☆ 🅿 📶 ∞ 🄰🄴 ⓪ 🍴

via Santarcangiolese 62 – ☎ 05 41 67 83 42 – www.chioscodibacco.it – chiuso dal 24 al 31 dicembre, 2 settimane in settembre, lunedì e a mezzogiorno escluso domenica

Rist – (consigliata la prenotazione) Carta 28/40 €

♦ Un vero paradiso per gli amanti della carne. E poi formaggi e piatti della tradizione romagnola, il tutto in un ambiente rustico con finestre che corrono lungo tutto il perimetro.

TORRI DEL BENACO – Verona (VR) – **562** F14 – **2 924 ab.** – **alt. 67 m**   **35** A2
– ✉ 37010

▶ Roma 535 – Verona 37 – Brescia 72 – Mantova 73

⛴ per Toscolano-Maderno – Navigazione Lago di Garda, viale Marconi 8 ☎ call center 800 551 801

🛈 via Fratelli Lavanda 3, ☎ 045 6 29 61 62, www.tourism.verona.it

🏨 **Del Porto**   ◁ 🛗 ⅙ cam, 🄰🄲 ↯ ⅗ 🕻 🚗 📶 ∞ 🄰🄴 ⓪ 🍴

lungolago Barbarani – ☎ 04 57 22 50 51 – www.hoteldelportotori.com – marzo-novembre

29 cam ⌧ – 🛏🛏65/230 € – 8 suites – ½ P 63/145 €

Rist Del Porto – (chiuso mercoledì escluso giugno-settembre) Carta 51/80 €

♦ E' come se si fosse fatto un "voto" allo stile design/minimalista: belle camere ampie e funzionali, compatti gli spazi comuni, arieggiato il solarium per la bella stagione. E al ristorante, ancora, linee pure e cucina contemporanea.

🏨 **Gardesana**   ◁ 🛗 ⅙ 🄰🄲 ↯ ⁇ 🅿 📶 ∞ 🍴

piazza Calderini 5 – ☎ 04 57 22 54 11 – www.gardesana.eu – 20 aprile-30 settembre

34 cam ⌧ – 🛏80/180 € 🛏🛏110/200 €

Rist Torri – vedere selezione ristoranti

♦ All'ombra del turrito castello scaligero, le origini dell'edificio risalgono all'epoca tardo medievale: l'eleganza di un mitico passato si unisce ad un'attenta ospitalità.

🏨 **Galvani**   ◁ 🚲 ⚒ 🏊 🏠 🛗 🄰🄲 ↯ ⅗ 🕻 🅿 🚗 📶 ∞ 🍴

località Pontirola 7, Nord : 1 km – ☎ 04 57 22 51 03 – www.hotelgalvani.it – aprile-ottobre

35 cam – 🛏45/96 € 🛏🛏68/182 €, ⌧ 18 € – ½ P 57/127 €

Rist – (chiuso martedì) Carta 29/46 € ⌨

♦ A 2 km da Torri del Benaco, in posizione tranquilla di fronte al lago, l'hotel dispone di valide strutture sportive e belle camere, alcune rinnovate altre mansardate. Calda atmosfera nella piacevole e invitante sala da pranzo, rustica e di tono elegante.

🏠 **Al Caminetto**   🚲 🔑 ☆ 🛗 🄰🄲 ↯ ⅗ 🕻 🅿 📶 ∞ 🍴

via Gardesana 52 – ☎ 04 57 22 55 24 – www.hotelalcaminetto.it – Pasqua-novembre

20 cam ⌧ – 🛏50/100 € 🛏🛏78/120 € – ½ P 70 €   **Rist** – Menu 22 €

♦ Una gestione familiare di rara cortesia e un'accurata attenzione per i particolari per questa piccola, deliziosa risorsa a breve distanza tanto dal centro storico quanto dal lago.

Al Caval senza rist 🏠 ⽊⽤ 🚗 🅰 🎿 🅿 🆅🆂🅰 ⚫⚫

via Gardesana 186 – ℰ 04 57 22 56 66 – www.hotelalcaval.it – chiuso dal
15 gennaio al 15 marzo
20 cam ⚊ – ♦55/70 € ♦♦95/120 €

◆ Nella sua semplicità, questa risorsa rimane sempre un buon punto di riferimento: ubicata nei pressi del centro, dispone di camere carine e confortevoli, nonché spazi comuni arredati con gusto moderno.

Torri – Hotel Gardesana 🏠 🚗 🅿 🆅🆂🅰 ⚫⚫ 🅰🅴 ⓪ 🎿

piazza Calderini 20 – ℰ 04 57 22 54 11 – www.gardesana.eu
– 19 marzo-10 novembre
Rist – *(chiuso martedì escluso giugno-15 settembre)* Carta 40/70 €

◆ Piatti gardesani e buon vino, in un storica struttura sorta nella metà del '400 per ospitare il Palazzo del Capitano. Bella, anche la vista.

Viola 🏠 🅰 🅿 🆅🆂🅰 ⚫⚫ ⓪ 🎿

via Gardesana 186 – ℰ 04 57 22 50 83 – www.ristoranteviola.com – chiuso dal
10 gennaio al 15 febbraio e mercoledì
Rist – Carta 33/50 € 🍴

◆ *Viola*: un colore, un fiore o il nome di una donna… Viola è un locale piacevolmente informale, che negli anni ha saputo trasformarsi interpretando il trend del momento: una gustosa selezione di piatti per portata ed una carta dei vini, che pur non essendo ampissima, riesce a soddisfare l'ospite.

ad Albisano Nord-Est : 4,5 km – ⊠ 37010 Torri Del Benaco

Panorama 🏠 ← 🏠 🏊 🅰 🚗 🎼 🅿 🆅🆂🅰 ⚫⚫ 🅰🅴 ⓪ 🎿

via San Zeno 9 – ℰ 04 57 22 51 02 – www.panoramahotel.net – marzo-ottobre
28 cam ⚊ – ♦50/85 € ♦♦85/120 € – ½ P 56/76 € **Rist** – Carta 25/42 €

◆ Nel nome tutto ciò che delizierà la vostra vacanza: una vista spettacolare e un'ubicazione unica, dominante il lago. Camere non grandi, ma tutte ristrutturate di recente; particolarmente carine quelle ubicate sul grande terrazzo con solarium o quelle sul giardino.

Alpino senza rist 🏊 🅰 🎼 🚗 ✳ 🅰 ⽂ 🎼 🅿 ⚫⚫

via San Zeno 8 – ℰ 04 57 22 51 80 – www.albergo-alpino.it
– 20 marzo-15 novembre
12 cam ⚊ – ♦70/100 € ♦♦100/140 €

◆ Piccolo albergo completamente ristrutturato; la piacevolezza del soggiorno è assicurata dalla capace conduzione familiare e dalla qualità di camere e dotazioni.

TORRILE – Parma (PR) – **562** H12 – 7 720 ab. – alt. 32 m – ⊠ 43030   **8** B1
🄳 Roma 470 – Parma 13 – Mantova 51 – Milano 134

a Vicomero Sud : 6 km – ⊠ 43031

Romani 🏠 🅰 ♻ 🅿 🆅🆂🅰 ⚫⚫ 🅰🅴 ⓪ 🎿

via dei Ronchi 2 – ℰ 05 21 31 41 17 – www.ristoranteromani.it
– chiuso 2 settimane in gennaio, 1 settimana in luglio, mercoledì, giovedì
Rist – Carta 24/37 € 🍴

◆ In aperta campagna, la casa colonica d'epoca ed il suo fienile sono diventati un ristorante di sobria eleganza, dove la passione per la cucina emiliana si concretizza in un'attenta selezione dei migliori prodotti locali. Annessa bottega alimentare con vendita di salumi, formaggi e prodotti tipici.

TORRITA DI SIENA – Siena (SI) – **563** M17 – ⊠ 53049   **29** D2
🄳 Roma 199 – Firenze 100 – Siena 56 – Arezzo 43

Residenza D'Arte senza rist 🏠 🅿 🆅🆂🅰 ⚫⚫ 🅰🅴 ⓪ 🎿

località Poggio Madonna dell'Olivo – ℰ 33 87 28 30 82
– www.residenzadarte.com – chiuso febbraio, novembre
8 cam ⚊ – ♦135/145 € ♦♦165/175 € – 2 suites

◆ In posizione panoramica sul paese, un living-museum d'arte contemporanea all'interno di un borgo medievale per un soggiorno tra arredi antichi e nuove espressioni artistiche.

TORTOLÌ Sardegna – Ogliastra (OG) – **366** S44 – 10 749 ab. – alt. 13 m   **38** B2
– ⊠ 08048

▶ Cagliari 140 – Muravera 76 – Nuoro 96 – Olbia 177

🚢 da Arbatax per: Civitavecchia, Fiumicino e Genova – Tirrenia Navigazione, call center 892 123

◪ Strada per Dorgali★★★ Nord

🏠🏠🏠   **La Bitta**   ⩽ ⩘ 📶 🏊 ⋔ ⛱ & cam, 🎰 ⚓ 🛰 🅿 VISA 👁 AE ⬥
*località Porto Frailis – ℰ 07 82 66 70 80 – www.arbataxhotels.com
– marzo-novembre*
63 cam ⊑ – 📍65/210 € 📍📍240/530 € – ½ P 149/340 €   **Rist** – Carta 38/55 €
♦ Direttamente sul mare, una villa signorile con spaziose aree comuni, belle camere diverse negli arredi e nei tessuti, piscina, solarium ed un'oasi relax appartata nel verde. Piatti di pesce e prodotti tipici locali da gustare nella panoramica sala ristorante oppure all'aperto.

🏠🏠🏠   **Arbatasar Hotel**   📶 🏊 📱 & 🎰 ⚓ 🛰 ⩙ 🅿 VISA 👁 AE ⓞ ⬥
*località Porto Frailis – ℰ 07 82 65 18 00 – www.arbatasar.it – marzo-ottobre e
capodanno*
43 cam ⊑ – 📍50/150 € 📍📍80/220 € – ½ P 70/148 €
Rist – *(chiuso gennaio, febbraio e novembre)* Carta 31/55 € (+10 %)
♦ Il nome riporta alle origini arabe della località, una villa dai colori caldi e sobri con ampie aree, camere spaziose ed eleganti, una piscina invitante incorniciata da palme. Nell'elegante e raffinata sala da pranzo, proposte di cucina internazionale e regionale realizzate con prodotti locali e pesce del Mare Nostrum.

🏠   **Il Vecchio Mulino** senza rist 📵   🚗 📱 & 🎰 ⚓ 🛰 🅿 🏖 VISA 👁 AE ⬥
*via Parigi, località Porto Frailis – ℰ 07 82 66 40 41 – www.hotelilvecchiomulino.it
– chiuso dal 19 al 26 dicembre*
24 cam ⊑ – 📍40/80 € 📍📍55/140 €
♦ Una struttura dal sapore antico, ospita ambienti signorili arredati in calde tonalità, camere con travi a vista e bagni in marmo ed organizza escursioni in veliero nel Golfo.

🏠   **La Perla**   🚗 🏊 📶 📱 & cam, 🎰 cam, ⚓ cam, 🛰 🅿 VISA 👁 AE ⬥
*viale Europa 15, località Porto Frailis – ℰ 07 82 66 78 00
– www.hotel-arbatax-la-perla.it – chiuso dicembre e gennaio*
29 cam ⊑ – 📍60/95 € 📍📍80/150 € – ½ P 65/100 €   **Rist** – Menu 30 €
♦ Poco distante dal mare, questo albergo a conduzione familiare è circondato da un ampio giardino e dispone di moderne camere: recentissime quelle nella *dépendance*.

TORTONA – Alessandria (AL) – **561** H8 – 27 534 ab. – alt. 122 m   **23** C2
– ⊠ 15057

▶ Roma 567 – Alessandria 22 – Genova 73 – Milano 73

🎗 corso Alessandria 62, ℰ 0131 86 42 97, www.comune.tortona.al.it

---

🏠   **Villa Giulia** senza rist   📱 🎰 ⚓ 🛰 ⩙ 🅿 VISA 👁 AE ⓞ ⬥
s.s. Alessandria 7/A – ℰ 01 31 86 23 96 – www.villagiulia-hotel.com
12 cam ⊑ – 📍83/95 € 📍📍113 €
♦ Un'antica casa completamente ristrutturata e trasformata in albergo; periferica, all'ingresso della località arrivando da Alessandria. Pavimenti in marmo e bei parquet.

🏠   **Casa Cuniolo** senza rist 📵   🚗 🏊 🎰 VISA 👁 AE ⓞ ⬥
*viale Amendola 6 – ℰ 01 31 86 21 13 – www.gabriellacuniolo.com – chiuso
agosto*
4 cam ⊑ – 📍100/150 € 📍📍110/160 €
♦ Ubicata sulla collina del castello, la candida villa – costruita secondo i canoni dell'architettura razionalista che furoreggiava negli anni '30 – fu abitazione e studio del maestro G. Cuniolo. Poche camere, eleganti e raffinate, arredate secondo gli stilemi in voga in quel periodo e lo splendido giardino.

XX **Cavallino** con cam   🛗 ⬧ rist, AC rist, ⅏ VISA ☎ AE ⅚
corso Romita 83 – ℰ 01 31 86 23 08 – www.cavallino-tortona.it – chiuso
2 settimane in agosto e domenica
13 cam ⬁ – **♥**55/65 € **♥♥**85/95 €   **Rist** – Carta 39/57 €
◆ Tre giovani imprenditori, capaci ed appassionati della buona tavola, hanno rilevato questo storico locale vivacizzandolo con la loro verve. In tavola arrivano piatti di gusto contemporaneo, sfiziosi e attenti al territorio.

X **Vineria Derthona**   AC VISA ☎ ⅚
☺ *via Perosi 15 – ℰ 01 31 81 24 68 – www.vineriaderthona.it – chiuso 2 settimane*
in agosto, sabato, domenica a mezzogiorno e lunedì
Rist – Carta 22/40 € ⅋
◆ Non sarà facile trovare posteggio nelle vicinanze di questo locale che ricorda nel nome l'antica colonia romana, in compenso è un autentico wine-bar dai saporiti piatti locali.

sulla strada statale 35 Sud : 1,5 km :

XX **Aurora Girarrosto** con cam   🚗 ☂ 🛗 AC ⅏ cam, P VISA ☎ ⅚
strada statale dei Giovi 13 ⊠ 15057 – ℰ 01 31 86 30 33
– www.auroragirarrosto.com – chiuso 2 settimane in agosto
17 cam ⬁ – **♥**60/70 € **♥♥**90/100 €   **Rist** – Carta 38/60 €
◆ Sulla via per Genova, un indirizzo che può soddisfare, a validi livelli, esigenze sia di ristorazione che di pernottamento; a tavola, leccornie piemontesi e liguri.

TORTORETO – Teramo (TE) – 563 N23 – 9 952 ab. – alt. 239 m   **1** B1
– ⊠ 64018
▶ Roma 215 – Ascoli Piceno 47 – Pescara 57 – Ancona 108
🔢 via Archimede 15, ℰ 0861 78 77 26, www.abruzzoturismo.it

a Tortoreto Lido Est : 3 km – ⊠ 64018

🏨 **Green Park Hotel**   🚗 ⚓ 🏊 ⅃⅚ 🛗 ⅚ cam, ⅌⅌ AC ⅏ P VISA ☎ ⅚
via F.lli Bandiera 28 – ℰ 08 61 77 71 84 – www.hgreenpark.com
– maggio-settembre
48 cam ⬁ – **♥**60/90 € **♥♥**70/120 € – 8 suites – ½ P 89 €
Rist – (solo per alloggiati)
◆ A cento metri dal mare, camere di due tipologie - standard o gold - ma sempre confortevoli, nonché bella terrazza con palestra sotto una veranda. Benvenuti i bambini che troveranno spazi e giochi!

🏠 **Costa Verde**   ⩽ 🚗 ⚓ 🏊 🛗 ⅌⅌ AC ⅏ rist, P 🍴 VISA ☎ ⅚
☺ *lungomare Sirena 356 – ℰ 08 61 78 70 96 – www.hotel-costaverde.com*
– maggio-settembre
55 cam – **♥**50/60 € **♥♥**60/80 €, ⬁ 6 €   **Rist** – Menu 20/25 €
◆ Una costruzione moderna sul lungomare con ambienti demodè semplici ed essenziali; all'esterno, cinta dal verde, la piscina: una soluzione ideale per vacaze di sole e mare. Nella sobria sala da pranzo illuminata da grandi vetrate che si aprono sul cortile, la cucina mediterranea.

TORVAIANICA – Roma (RM) – 563 R19 – ⊠ 00040   **12** B2
▶ Roma 34 – Anzio 25 – Latina 50 – Lido di Ostia 20
🔢 Marediroma via Enna 30, 06 9133250, www.golfmarediroma.it – chiuso lunedì

X **Zi Checco**   ⩽ ⅃ ☂ P VISA ☎ AE ⅚
lungomare delle Sirene 1 – ℰ 0 69 15 71 57 – www.zichecco.it – chiuso
dal 22 dicembre al 4 gennaio e lunedì
Rist – (consigliata la prenotazione) Carta 26/36 €
◆ Come è intuibile dalla posizione sulla spiaggia, in menu primeggia il mare, ma non solo. Qui è infatti possibile gustare la specialità del luogo: i famosi "torvicelli", spaghettoni di farro conditi con pecorino e alici.

TOSCOLANO-MADERNO – Brescia (BS) – **561** F13 – **7 988 ab.**　　**17** C2
– alt. 86 m

▶ Roma 556 – Brescia 39 – Verona 44 – Bergamo 93

🚢 per Torri del Benaco – Navigazione Lago di Garda, Piazza Matteotti, Desenzano
　　𝒸 030 9149511 e fax 030 9149520

🛈 Bogliaco, 0365 643006

MADERNO (BS) – ✉ 25088　　**17** C2

❌ **Il Cortiletto**　　　　　　　　🏠 🍴 ᴠɪsᴀ ⓪ ⒶⒺ ⓿ 🅖
😊 　 *via F.lli Bianchi 1 – 𝒸 03 65 54 00 33 – www.ristoranteilcortiletto.com – chiuso*
dal 27 febbraio al 19 marzo
Rist – Menu 25/40 € – Carta 31/40 €
 ♦ Sulla statale Gardesana, cucina di ispirazione mediterranea con qualche tocco
di originalità in un piccolo ristorante, semplice, ma non banale. Nella bella stagione, anche servizio all'aperto nel dehors.

TOVO DI SANT'AGATA – Sondrio (SO) – **561** D12 – **619 ab.**　　**17** C1
– alt. 526 m – ✉ 23030

▶ Roma 680 – Sondrio 33 – Bormio 31

❌❌ **Franca** con cam　　　　　　🏠 ⭐ 🍴 🅿 ᴠɪsᴀ ⓪ 🅖
　 via Roma 11 – 𝒸 03 42 77 00 64 – www.albergofranca.it – chiuso dal 1° al
15 luglio
22 cam 🛏 – †48/53 € ††75/85 € – ½ P 55/65 €
Rist – *(chiuso domenica escluso 15 luglio-15 agosto)* Carta 22/38 €
 ♦ A metà strada tra Bormio e Sondrio, una villetta di recente costruzione con
buone camere ma anche un menù interessante, che spazia tra proposte classiche
e valtellinesi.

TOVO SAN GIACOMO – Savona (SV) – **561** J6 – **2 486 ab.** – alt. 80 m　　**14** B2
– ✉ 17020

▶ Roma 589 – Genova 78 – Savona 32 – Imperia 51

a Bardino Vecchio Nord: 2 km – ✉ 17020

🏨 **Il Casale** ⤳　　　 ⬅ 🍴 ⌇ ⑳ 🏊 🄺 🖃 🄰🄲 cam, 🍴 🛁 🅿 ᴠɪsᴀ ⓪ ⒶⒺ 🅖
　 via Briffi 22 – 𝒸 01 96 37 50 14 – www.ilcasale.it
20 cam 🛏 – †80/120 € ††120/180 € – 15 suites – ½ P 130 €
Rist – (prenotazione obbligatoria) Carta 36/110 €
 ♦ Casale di fine '800 all'interno di una proprietà agricola, che assicura anche
prodotti biologici al ristorante: camere (e villini indipendenti per soggiorni più
lunghi) dal piacevole stile romantico, ma soprattutto un centro benessere dal-
l'ampia offerta.

TRADATE – Varese (VA) – **561** E8 – **17 724 ab.** – alt. 303 m – ✉ 21049　　**18** A1
▶ Roma 614 – Como 29 – Gallarate 12 – Milano 39

❌❌ **Tradate**　　　　　　　　　　　　⭐ ᴠɪsᴀ ⓪ 🅖
　 via Volta 20 – 𝒸 03 31 84 14 01 – chiuso dal 24 dicembre al 5 gennaio, agosto,
domenica, lunedì a mezzogiorno
Rist – Carta 40/70 €
 ♦ Due sorelle gestiscono ormai da parecchi anni questo locale sito nel centro del
paese. Ambiente raccolto e ospitale, con arredi in stile e camino; specialità di pesce.

TRAMIN AN DER WEINSTRASSE = Termeno sulla Strada del Vino

TRANA – Torino (TO) – **561** G4 – **3 846 ab.** – alt. 372 m – ✉ 10090   **22** B2

▶ Roma 661 – Torino 29 – Aosta 135 – Asti 727

a San Bernardino Est : 3 km - ✉ Briona

XX   **La Betulla**   🏠 AC P VISA ✆ AE ♿
strada provinciale Giaveno 29 – ✆ 011 93 31 06 – www.ristorantelabetulla.it
– *chiuso dal 7 al 21 gennaio, dal 16 al 22 agosto e lunedì*
Rist – Menu 35/55 € – Carta 37/50 € ♨
♦ Ristorante luminoso, con ampie vetrate e giochi di specchi. Tocchi di eleganza e possibilità di pranzare all'aperto. Cucina del territorio rivisitata. Ottima cantina.

TRANI – Barletta-Andria-Trani (BT) – **564** D31 – **53 855 ab.** – ✉ 70059   **26** B2
▮ Puglia

▶ Roma 414 – Bari 46 – Barletta 13 – Foggia 97

🇮 piazza Trieste 10, ✆ 0883 58 88 30, www.comune.trani.bt.it

◉ Cattedrale★★ – Giardino pubblico★

🏠🏠🏠   **San Paolo al Convento** senza rist   ≤ 🛗 AC 📞 🏋 VISA ✆ AE ① ♿
via Statuti Marittimi 111 – ✆ 08 83 48 29 49 – www.hotelsanpaoloalconvento.it
33 cam ⌂ – ♦100/140 € ♦♦120/200 €
♦ Nel quattrocentesco convento dei padri barnabiti, con pavimenti e cenacolo originali, belle camere affacciate sul chiostro, sull'incantevole porto, o sui giardini pubblici.

🏠🏠🏠   **Maré Resort**   ≤ 🛗 ♿ cam, AC cam, 🍽 📶 VISA ✆ AE
piazza Quercia 8 – ✆ 08 83 48 64 11 – www.mareresort.it
13 cam ⌂ – ♦140/200 € ♦♦180/300 €   **Rist** – Carta 26/60 €
♦ A pochi metri dall'anfiteatro naturale del porto di Trani, l'albergo è stato ricavato all'interno di un palazzo aristocratico del '700 (i duchi abitano ancora al primo piano). Camere quasi tutte spaziose, dagli arredi minimalisti e forme rigorose; nella corte interna fanno mostra di sé due belle carrozze d'epoca.

🏠   **Lucy** senza rist e senza ⌂   🛗 VISA ✆ ♿
piazza Plebiscito 11 – ✆ 08 83 48 10 22 – www.albergolucy.com
10 cam – ♦50/65 € ♦♦65 €
♦ In un palazzo del 1840, è una simpatica gestione familiare che vi accoglie in camere semplici: alcune con scorci sul porto, altre sui giardini della villa comunale.

XX   **Gallo**   🏠 AC 🍽 VISA ✆ AE ① ♿
via Statuti Marittimi 48/50 – ✆ 08 83 48 72 55 – www.gallorestaurant.it – *chiuso domenica sera, mercoledì*
Rist – Carta 41/72 €
♦ Affacciato sul porto, i pescatori ricoveravano le barche proprio in questi locali, trasformati ora in eleganti sale e palcoscenico di una cucina creativa ed elaborata. Specialità di pesce.

XX   **Il Melograno**   🏠 AC ⇄ VISA ✆ AE ① ♿
⊛   *via Bovio 189* – ✆ 08 83 48 69 66 – www.ilmelogranotrani.it – *chiuso gennaio, 1 settimana in agosto e mercoledì*
Rist – Carta 20/51 €
♦ Ristorante centrale e accogliente, con due salette ben arredate e ordinate; gestione familiare e cucina a base di pescato con proposte del territorio o più classiche.

XX   **Torrente Antico**   AC VISA ✆ AE ① ♿
via Fusco 3 – ✆ 08 83 48 79 11 – *chiuso 1 settimana in febbraio, 2 settimane in luglio e lunedì*
Rist – Carta 35/60 €
♦ In centro storico, si mangia all'interno di un tipico palazzo pugliese del '700 con soffitto a botte: naturalmente pesce nelle tradizionali preparazioni regionali.

TRAPANI Sardegna Ⓟ (TP) – 365 AK55 – 70 654 ab. – ✉ 91100   **39** A2
    Sicilia

▶ Palermo 104

🛫 di Birgi Sud: 15 km per ① 🕿 0923 842502

🚢 per Cagliari – Tirrenia Navigazione, call center 892 123

🚢 per le Isole Egadi e Pantelleria – Siremar, call center 892 123

ℹ️ piazza Saturno, 🕿 0923 54 45 33, www.comune.trapani.it

👁 Museo Pepoli★ – Santuario dell'Annunziata★ – Centro Storico★

🏝 Isola di Pantelleria★★ Sud per motonave BZ – Isole Egadi★★ Ovest per motonave
o aliscafo BZ

Piante pagine seguenti

🏠 **Maccotta** senza rist e senza ☑ |≣| 🔟 🆚 ⓒ 🄰🄴 ① 👍
via degli Argenieri 4 – 🕿 0 92 32 84 18 – www.albergomaccotta.it   BZ**c**
20 cam – ♉35/40 € ♉♉65/75 €
♦ Sorge attorno ad un caratteristico baglio questa struttura che occupa gli spazi
di uno storico edificio in un vicolo del centro storico, privo di sala colazioni. Confort, tranquillità.

🏠 **Ai Lumi** senza rist   🔟 ⅍ 🆚 ⓒ 🄰🄴 ① 👍
corso Vittorio Emanuele 71 – 🕿 09 23 54 09 22 – www.ailumi.it   AZ**a**
12 cam ☑ – ♉40/70 € ♉♉70/100 € – 6 suites
♦ Il settecentesco palazzo Berardo Ferro, nel centro storico-pedonale della località, accoglie camere in stile ricche di fascino e di storia, affacciate sulla bella
corte interna.

🍴🍴 **Ai Lumi Tavernetta**   🏡 👍 🔟 🆚 ⓒ 🄰🄴 ① 👍
corso Vittorio Emanuele 75 – 🕿 09 23 87 24 18 – www.ailumi.it – chiuso
dal 10 gennaio al 10 febbraio e martedì   AZ**a**
Rist – (consigliata la prenotazione) Carta 31/49 €
♦ Giovane e alla moda. Lungo la via centrale della città, la cucina di questo
moderno ristorante esplora terra e mare in gustose ricette regionali: imperdibile
il cous cous.

---

a Fontanasalsa Sud : 9 km – ✉ 91100 Trapani

🏠 **Agriturismo Baglio Fontanasalsa** ⌂   🖼 🏡 🏊 🔟 🅿
via Cusenza 78 – 🕿 09 23 59 10 01   🆚 ⓒ 🄰🄴 ① 👍
– www.fontanasalsa.it
9 cam ☑ – ♉60/80 € ♉♉100/110 € – ½ P 80 €
Rist – (consigliata la prenotazione) Carta 24/42 €
♦ Oliveti e agrumeti cingono la caratteristica risorsa, quasi una scenografia cinematografica western, dove riscoprire la vita di campagna. Camere rustiche e ben
ristrutturate. Al ristorante, cucina regionale di sola carne, presentata a voce e con
menù fisso.

---

a Paceco Sud-Est: 12 km – ✉ 91027

🏠🏠 **Relais Antiche Saline** ⌂   ⇐ 🖼 🏊 👍 🔟 ⅍ rist, 🐾 🅿 🆚 ⓒ 🄰🄴 👍
via Verdi, località Nubia – 🕿 09 23 86 80 29 – www.relaisantichesaline.it – chiuso
dal 15 febbraio al 15 marzo
18 cam ☑ – ♉66/99 € ♉♉89/159 € – 1 suite – ½ P 70/105 €
Rist – (20 marzo-ottobre) Carta 30/77 €
♦ Tra i mulini e le vasche delle saline, un baglio con camere luminose ed accoglienti, affascinanti spazi comuni che attingono ai colori del cielo e del mare.

Il simbolo ⌂ sottolinea la tranquillità di un albergo.
In rosso ⌂: la quiete elevata all'ennesima potenza!

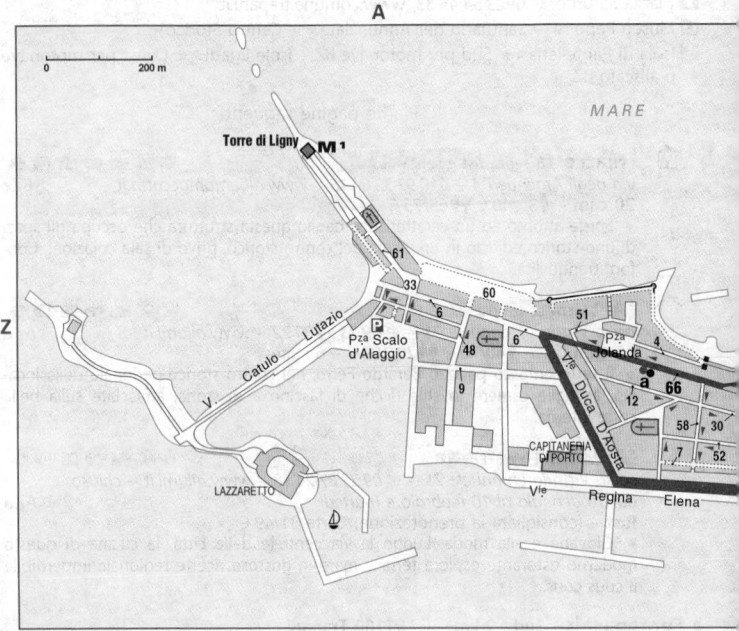

TRAVERSELLA – Torino (TO) – **561** F5 – 350 ab. – alt. 827 m

22 B2

– ✉ **10080**

▶ Roma 703 – Aosta 85 – Milano 142 – Torino 70

Le Miniere con cam

piazza Martiri – ℰ 01 25 79 40 06 – www.albergominiere.com – chiuso dall'8 gennaio al 10 febbraio

25 cam ⌂ – ♦40 € ♦♦70 € – ½ P 51 €

Rist – *(chiuso lunedì e martedì)* Menu 15 € (pranzo)/26 €
– Carta 20/37 €

♦ Lunga tradizione familiare per questo ristorante in bella posizione panoramica, in un paesino in fondo alla Valchiusella; sapori d'ispirazione piemontese, con fantasia.

TREBBO DI RENO – Bologna (BO) – **562** I15 – Vedere Castel Maggiore

---

TRECCHINA – Potenza (PZ) – **564** G29 – 2 377 ab. – alt. 500 m

3 B3

– ✉ **85049**

▶ Roma 408 – Potenza 112 – Castrovillari 77 – Napoli 205

PANTELLERIA, ISOLE EGADI
CAGLIARI, TUNISI   ↓ ISOLE EGADI   **B**

⚅ **L'Aia dei Cappellani** con cam ⚙   🏠 AC P

contrada Maurino, Nord : 2 km – ℰ 09 73 82 69 37 – chiuso novembre e martedì escluso dal 15 giugno al 30 agosto

3 cam 🖵 – ♛♛40/60 €

Rist – Menu 18/25 €

♦ Tra distese erbose e ulivi, potrete gustare prodotti freschi e piatti locali caserecci: in sala vecchie foto e utensili di vita contadina, dalla terrazza l'intera vallata. Tre camere con angolo cottura, nelle due case sul retro.

TRECENTA – Rovigo (RO) – **562** G16 – 3 018 ab. – alt. 11 m – ⌕ 45027   **35** B3

▶ Roma 451 – Padova 72 – Ferrara 33 – Rovigo 34

🏨 **La Bisa** ⚙   🍴 ⚒ 🏠 ⅃⅃ & AC ⚙ rist, 🍴 ⚙ P VISA ⚙ AE

via Tenuta Spalletti 400 – ℰ 04 25 70 04 04 – www.labisa.eu – chiuso dal 24 dicembre al 3 gennaio

17 cam 🖵 – ♛50/65 € ♛♛65/90 € – ½ P 48/60 €

Rist – (chiuso lunedì) (chiuso a mezzogiorno escluso sabato-domenica) Carta 22/47 €

♦ Negli ampi spazi della pianura, una realtà avvolta dal verde in cui trovano posto vari edifici per accogliere camere, sale ristorante, piscina e il centro ippico. Cucina locale e nazionale al ristorante.

TREGNAGO – Verona (VR) – **562** F15 – **4 949 ab.** - alt. 317 m   **37** B2
– ✉ 37039

▶ Roma 531 – Verona 22 – Padova 78 – Vicenza 48

XX   **Villa De Winckels** con cam ⌂   🚗 🏠 ❊ cam, ℰℐ 🄿 𝗩𝗜𝗦𝗔 ◍ 🄰🄴 ⚡
   via Sorio 30, località Marcemigo, Nord-Ovest : 1 km – ℰ 04 56 50 01 33
   – www.villadewinckels.it – chiuso dal 1° al 5 gennaio
   7 cam ⬭ – ✝60 € ✝✝90 € – 4 suites – ½ P 70 €
   Rist – Carta 31/47 €
   Rist *Cantina del Generale* – *(chiuso lunedì e martedì) (chiuso a mezzogiorno)*
   Carta 25/32 € ❀
   ♦ Uno scorcio da cartolina per questa villa del XVI secolo con tante intime
salette, ad ospitare una cucina improntata alla più radicata tradizione veneta. In
omaggio all'ultimo discendente della famiglia, alla Cantina avrete solo l'imbarazzo
della scelta fra le migliori annate dei più pregiati vini locali e non solo.

TREIA – Macerata (MC) – **563** M21 – **9 735 ab.** - alt. 342 m – ✉ 62010   **21** C2

▶ Roma 238 – Ancona 49 – Ascoli Piceno 89 – Macerata 16
🛈 piazza della Repubblica 3, ℰ 0733 21 73 57, www.prolocotreia.it

a San Lorenzo Ovest : 5 km – ✉ 62010 Treia

XX   **Il Casolare dei Segreti** con cam e senza ⬭   ← 🚗 🏠 🎏 ℐ 🄿
☺   *contrada San Lorenzo 28* – ℰ 07 33 21 64 41   𝗩𝗜𝗦𝗔 ◍ 🄰🄴 ⚡
   – www.casolaredeisegreti.it – chiuso dal 5 al 21 novembre
   3 cam – ✝40 € ✝✝65/70 €
   Rist – *(chiuso lunedì e martedì) (chiuso a mezzogiorno escluso i giorni festivi)*
   Carta 26/37 €
   ♦ Ristorante a conduzione familiare, giovane e motivata. All'interno quattro rustiche salette dove apprezzare una saporita cucina marchigiana. Camere confortevoli.

TREISO – Cuneo (CN) – **561** H6 – **804 ab.** - alt. 410 m – ✉ 12050   **25** C2

▶ Roma 644 – Torino 65 – Alba 6 – Alessandria 65

XXX   **La Ciau del Tornavento** (Maurilio Garola) con cam   ← ℐℐ 𝗩𝗜𝗦𝗔 ◍ ⚡
☖   *piazza Baracco 7* – ℰ 01 73 63 83 33 – *www.laciaudeltornavento.it – chiuso*
   febbraio, mercoledì, giovedì a mezzogiorno
   4 cam ⬭ – ✝80 € ✝✝120 €   **Rist** – Menu 70 € – Carta 50/80 € ❀
   Spec. Quadro di filetto di vitello ai 4 condimenti. Risotto mantecato, scaloppa di
foie gras al cacao. Gelato di panna cotta, salsa di cioccolato, sorbetto al caffè, sale
e pepe.
   ♦ Uno dei panorami più suggestivi delle Langhe ed una cucina moderna, nonché
fantasiosa, creano un idilliaco quadretto completato da vini conservati nell'eccellente cantina. Nessuna "sbavatura", nemmeno nel servizio. Possibilità di pernottamento per cullarsi tra le colline.

TREMEZZO – Como (CO) – **561** E9 – **1 288 ab.** - alt. 225 m – ✉ 22019   **16** A2
▨ Italia Centro Nord

▶ Roma 655 – Como 31 – Lugano 33 – Menaggio 5
🛈 piazzale Trieste 1, ℰ 0344 4 04 93, www.tremezzo.it
◎ Località ★★★ – Villa Carlotta ★★★ – Parco comunale ★
◪ Cadenabbia ★★ : ← ★★ dalla cappella di San Martino (1 h e 30 mn a piedi AR)

🏛   **Grand Hotel Tremezzo**   ← ⚘ ◣ ℐ 🄽 ◉ 🏠 ₲ ❊ 🛏 ₺ 🄺 ℐ 🅂
   via Regina 8 – ℰ 0 34 44 24 91   🄿 🚗 𝗩𝗜𝗦𝗔 ◍ 🄰🄴 ◉ ⚡
   – www.grandhoteltremezzo.com – marzo-ottobre
   90 cam ⬭ – ✝✝275/830 € – 8 suites
   Rist *La Terrazza* – vedere selezione ristoranti
   ♦ Testimone dei fasti della grande hôtellerie lacustre, questo splendido edificio
d'epoca vanta, ora, anche una lussuosa T Spa panoramica ed una piscina galleg-
giante sul lago. Spiaggia privata.

Villa Edy senza rist ⚜   🚗 ☞ ❄ 🛗 ✵ ⁿ⁾ **P** 𝗩𝗜𝗦𝗔 ⓪ 𝗔𝗘 ⅆ
via Febo Sala 18, (località Bolvedro), Ovest : 1 km – ℰ 03 44 01 61
– www.villaedy.com – aprile-ottobre
16 cam 🖵 – †80/95 € ††135/160 €
♦ In posizione leggermente defilata rispetto al lago, è la natura la cornice di questa piacevole struttura dalle camere spaziose, adatte anche a soggiorni familiari.

Rusall ⚜   ⇐ 🚗 ❄ 🛗 ✵ rist, ⁿ⁾ **P** 𝗩𝗜𝗦𝗔 ⓪ 𝗔𝗘 ⓪ ⅆ
via San Martino 2, (località Rogaro), Ovest : 1,5 km – ℰ 03 44 04 08
*– www.rusallhotel.com – chiuso dal 3 gennaio al 18 marzo; dal 5 novembre
a dicembre aperto solo nei week-end*
23 cam 🖵 – †70/90 € ††115/125 € – ½ P 80 €
Rist – *(chiuso mercoledì)* Carta 25/45 €
♦ Familiare e accogliente risorsa con ubicazione quieta e panoramica; qui troverete una terrazza-giardino con solarium, zone relax e stanze con arredi rustici.

Villa Marie senza rist   ⇐ 🚗 ⚓ ⅈ ✵ ⁿ⁾ 🌲 𝗩𝗜𝗦𝗔 ⓪ 𝗔𝗘 ⓪ ⅆ
via Regina 30 – ℰ 03 44 04 27 – www.hotelvillamarie.com – aprile-ottobre
21 cam 🖵 – †65/80 € ††85/150 €
♦ All'interno di un giardino con piccola piscina, una villa liberty-ottocentesca
fronte lago con alcune delle stanze affrescate (più moderne le camere nella
dépendance). Darsena con terrazza per rilassarsi.

XXXX **La Terrazza** – Grand Hotel Tremezzo   ⚞ 🎐 ⅆ 𝗔𝗖 ✵ ⁿ⁾ **P** 𝗩𝗜𝗦𝗔 ⓪ 𝗔𝗘 ⓪ ⅆ
via Regina 8 – ℰ 03 44 24 91 – www.grandhoteltremezzo.com – marzo-ottobre
Rist – *(chiuso a mezzogiorno)* Carta 82/124 €
♦ Dal 2011 c'è Gualtiero Marchesi, gran pioniere della nuova cucina italiana, a
consigliare lo chef nelle sue preparazioni, dove il lago non appaga solo la vista,
ma anche il palato.

TREMITI (Isole) – Foggia (FG) – **564** A28 – 374 ab. – alt. 116 m   **26** A1
▌ Puglia

◉ Isola di San Domino★ – Isola di San Nicola★

SAN DOMINO (ISOLA) (FG) – ✉ 71040 San Domino   **26** A1

San Domino ⚜   ⅆ 𝗔𝗖 ✵ ⁿ⁾ 𝗩𝗜𝗦𝗔 ⓪ ⅆ
via Matteotti 1 – ℰ 08 82 46 34 04 – www.hotelsandomino.com
25 cam 🖵 – †70/110 € ††100/180 € – ½ P 105 €   **Rist** – Carta 31/56 €
♦ Nella parte alta dell'isola, un hotel a conduzione familiare ospita ambienti dai
piacevoli arredi in legno, ideale punto di appoggio per gli appassionati di sport
acquatici. L'elegante ristorante propone la cucina tradizionale italiana.

Baely Resort ⚜   🚗 🎐 ⚬⚬ 𝗔𝗖 ✵ rist, ⁿ⁾ **P** 𝗩𝗜𝗦𝗔 ⓪ ⓪ ⅆ
via Matteotti – ℰ 08 82 46 37 67 – www.baely.it
11 cam 🖵 – †68/135 € ††100/200 € – ½ P 130 €
Rist – Carta 23/50 € (+10 %)
♦ Una struttura di piccole dimensioni con camere particolarmente confortevoli,
differenti tra loro per tipologioa di arredi ed accessori che spaziano dal classico
all'etnico.

TREMOSINE – Brescia (BS) – **561** E14 – 1 918 ab. – alt. 414 m   **17** C2
– ✉ 25010

▶ Roma 581 – Trento 62 – Brescia 64 – Milano 159

Lucia ⚜   ⇐ 🚗 ⅈ 🎐 ⅙ ✵ ✵ rist, ⁿ⁾ ⅆ **P** 𝗩𝗜𝗦𝗔 ⓪ 𝗔𝗘 ⅆ
⚿ *via del Sole 2, località Arias alt. 460 – ℰ 03 65 95 30 88 – www.hotellucia.it*
– 31 marzo-14 ottobre
34 cam 🖵 – †38/64 € ††64/96 € – ½ P 55 €
Rist – *(solo per alloggiati)* Carta 19/35 €
♦ Belle le zone esterne, con ampio giardino con piscina, una spaziosa terrazza-bar
e comode stanze, site anche nelle due dépendance; ambiente familiare, tranquillo.
Due vaste sale ristorante: l'una più elegante e di gusto retrò, l'altra di taglio rustico.

Miralago & Benaco ≤ 🎯 🕯 🕯 P VISA ⊙ ⑤

piazza Cozzaglio 2, località Pieve alt. 433 – ℰ 03 65 95 30 01 – www.miralago.it
– chiuso sino al 15 marzo

29 cam � – †39/50 € ††68/90 € – ½ P 57 €   **Rist** – Carta 17/32 €

♦ Centrali, ma tranquilli, posti su uno spuntone di roccia proteso direttamente sul Garda, due alberghi, due corpi distinti; alcune stanze sono state rinnovate di recente. Ristorante con veranda a strapiombo sul lago, ricavato in parte entro una cavità rocciosa.

Villa Selene senza rist ⑤ ≤ 🚗 🏠 🕮 ☆ P VISA ⊙ AE ⑤

via Lò, località Pregasio alt. 478 – ℰ 03 65 95 30 36 – www.hotelvillaselene.com
– chiuso dal 15 novembre al 18 dicembre

11 cam ⊟ – †77/122 € ††98/143 €

♦ Una gestione familiare e una posizione panoramica per questo piccolo hotel che offre camere molto curate e personalizzate, persino dotate di idromassaggio.

TRENTO P (TN) – 562 D15 – 115 511 ab. – alt. 194 m – Sport   30 B3
invernali : vedere Bondone (Monte) ▌ Italia Centro Nord

▶ Roma 588 – Bolzano 57 – Brescia 117 – Milano 230

🛈 via Manci 2, ℰ 0461 21 60 00, www.apt.trento.it

◉ Piazza del Duomo★ BZ **10** : Duomo★, museo Diocesano★ **M1** – Castello del Buon Consiglio★★ BYZ – Palazzo Tabarelli★ BZ **F**

◉ Gruppo del Brenta★★★ per ⑤

Grand Hotel Trento 🏠 🏢 ✝✝ 🕮 🙝 📞 🕸 P 🗪 VISA ⊙ AE ① ⑤

via Alfieri 1/3 ⊠ 38122 – ℰ 04 61 27 10 00 – www.grandhoteltrento.com
128 cam ⊟ – †99/230 € ††119/250 € – 8 suites   BZ**a**
Rist Clesio – vedere selezione ristoranti

♦ Interni imponenti con esposizione d'arte contemporanea e camere più semplici, spesso spaziose, in un edificio *art déco* tra il centro e i giardini. In una regione pioniera per quanto riguarda le Spa, la risorsa non poteva non disporre di un moderno centro benessere.

Aquila d'Oro senza rist 🕯 ♿ 🕮 🕯 🙝 VISA ⊙ AE ① ⑤

via Belenzani 76 ⊠ 38122 – ℰ 04 61 98 62 82 – www.aquiladoro.it
14 cam ⊟ – †78/120 € ††118/180 € – 2 suites   BZ**c**

♦ Design hotel con camere diverse l'una dall'altra (già a partire dal nome), ma tutte dotate di svariati confort, tra cui un angolo wellness con doccia multifunzione e sauna romana. Appuntamento al bar per un aperitivo o per iniziare con una buona prima colazione la giornata.

Sporting Trento ♿ 🕯 🕯 🙝 🕸 VISA ⊙ ⑤

via R. da Sanseverino 125, 1 km per ④ ⊠ 38123 – ℰ 04 61 39 12 15
– www.hotelsportingtrento.com

41 cam ⊟ – †60/90 € ††80/110 € – ½ P 57/70 €
Rist Olympic – vedere selezione ristoranti

♦ Lungo la tangenziale, ma vicino al centro, questa nuova risorsa di design propone camere confortevoli e un buon rapporto qualità/prezzo. Indirizzo particolarmente adatto per una clientela business.

America 🕯 🕮 🕯 🙝 VISA ⊙ AE ① ⑤

via Torre Verde 50 ⊠ 38122 – ℰ 04 61 98 30 10 – www.hotelamerica.it
67 cam ⊟ – †68/82 € ††104/130 € – ½ P 72 €   BYZ**d**
Rist – (chiuso 15 giorni in agosto) Carta 24/42 €

♦ Dal 1923 la stessa famiglia accoglie i clienti in camere piacevolmente decorate, alcune con pregevole vista sul Castello del Buonconsiglio (da preferire quelle con terrazzo). Se è vero che il "buon giorno" si vede dal mattino, non perdetevi le torte della prima colazione!

San Giorgio della Scala senza rist ≤ 🕯 🕯 P VISA ⊙ ① ⑤

via Brescia 133, 1 km per ⑤ ⊠ 38122 – ℰ 04 61 23 88 48
– www.garnisangiorgio.it   AZ

14 cam ⊟ – †50/65 € ††75/100 €

♦ Piacevole risorsa in posizione dominante sulla città e la valle. Camere arredate secondo un caldo stile rustico: molte dispongono di balcone o terrazzo. Buon rapporto qualità/prezzo.

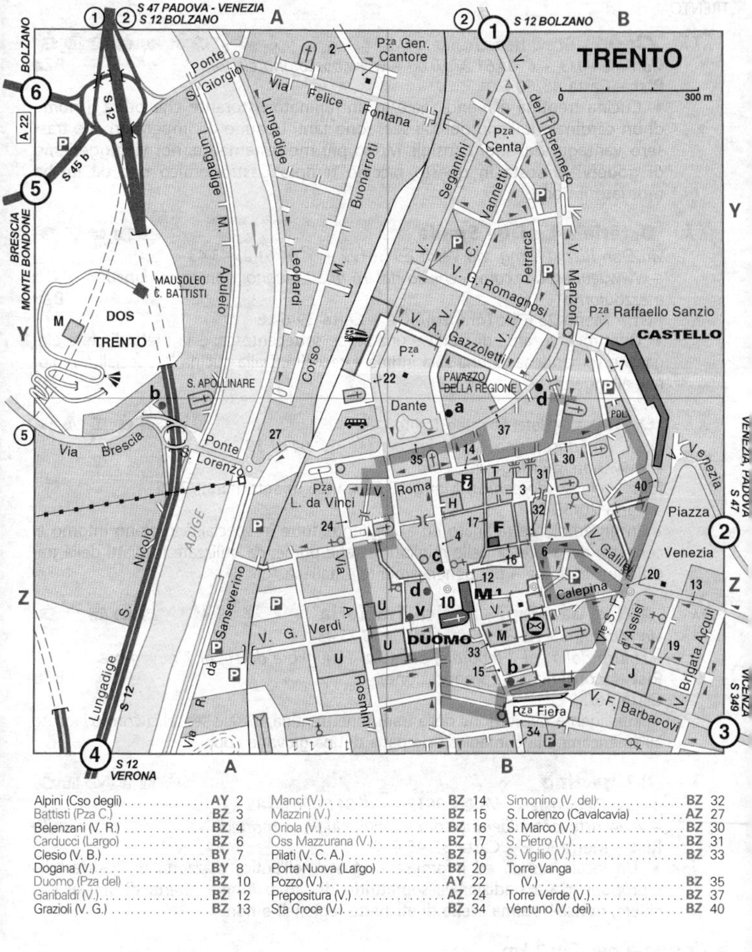

TRENTO

S 47 PADOVA - VENEZIA
S 12 BOLZANO

S 12 BOLZANO

0 — 300 m

XXX **Scrigno del Duomo**   AC ⇔ VISA ⚫ AE ① ♿

ॐ *piazza Duomo 29 ⊠ 38122 - ℰ 04 61 22 00 30*

– *www.scrignodelduomo.com*   BZ**d**

Rist – *(chiuso 20 giorni in gennaio, agosto, domenica e lunedì) (chiuso a mez-zogiorno)* Menu 65 € – Carta 39/65 € ❀

Rist Wine Bar – Carta 33/52 €

Spec. Ravioli di pere kaiser e puzzone di Moena con mandorle tostate. Cubo di salmerino di montagna confit con borragine, crema di formaggi dolci e lamponi. Frutta di bosco in versioni diverse.

♦ Sulla piazza centrale - gioiello architettonico della città - il locale occupa un bel palazzo, in cui si rintracciano tutte le vicende storiche che hanno coinvolto il capoluogo trentino. Tra fondamenta romane, affreschi del '400 e rifiniture dell'800, la cucina si "sdoppia" con generosità: creativa e sofisti-cata al piano inferiore, diventa regionale e più informale al Wine Bar (sempre aperto!).

XXX **Clesio** – Grand Hotel Trento   🔥 AC 🍴 🏧 P VISA ⓒⓞ AE ⓘ 🖣
via Alfieri 1/3 – ☎ 04 61 27 10 00 – *www.boscolohotels.com*   **BZa**
Rist – Carta 45/60 €
♦ Cucina trentina e meridionale in un raffinato ristorante che porta il nome di un cardinale italiano del XIII sec: sono tanti i papi e gli imperatori che trassero vantaggi dai suoi consigli. Molto più modestamente, noi vi suggeriamo di godervi la sosta in questo piccolo tempio gastronomico che da lui ha mutuato il nome.

XX **Osteria a Le Due Spade**   🔥 AC VISA ⓒⓞ AE 🖣
via Don Rizzi 11 ang. via Verdi ✉ *38122* – ☎ 04 61 23 43 43
– *www.leduespade.com* – *chiuso dal 16 al 30 giugno, domenica, lunedì a mezzogiorno*   **BZv**
Rist – Menu 25 € bc (pranzo)/60 € – Carta 39/64 €
♦ Quattrocento anni di storia e una stube settecentesca: è la meta di cene eleganti e romantiche in una sala intima e raccolta. Dalla cucina le specialità regionali alleggerite.

XX **Olympic** – Hotel Sporting Trento   🔥 VISA ⓒⓞ AE ⓘ 🖣
⊗⊗ *via R. da Sanseverino 125, 1 km per ④* – ☎ 04 61 39 12 15
– *www.hotelsportingtrento.com*
Rist – *(chiuso domenica)* Menu 15 € (pranzo in settimana)/25 €
– Carta 20/58 €
♦ In un ambiente raffinato ed accogliente, tutte le specialità ruotano intorno al concetto della ricerca delle migliori materie prime, da utilizzare in piatti della tradizione trentina e – più genericamente – italiana.

X **Ai Tre Garofani - Antica Trattoria**   🔥 AC ⇄ VISA ⓒⓞ AE ⓘ 🖣
via Mazzini 33 ✉ *38122* – ☎ 04 61 23 75 43
– *chiuso dal 1° al 7 febbraio, dal 1° al 15 luglio e dal 1° al 7 novembre*
Rist – (consigliata la prenotazione)   **BZb**
Carta 36/50 €
♦ Intelligente rivisitazione della tradizione trentina, in sale semplici con tovagliato all'americana e la contagiosa simpatia di una giovane coppia.

X **Il Libertino**   🔥 AC VISA ⓒⓞ AE 🖣
piazza Piedicastello 4/6 ✉ *38122* – ☎ 04 61 26 00 85
– *www.ristoranteillibertino.com* – *chiuso luglio e martedì*   **AZb**
Rist – Menu 35 € – Carta 35/45 € 🍴
♦ Un locale rustico ed informale - situato nell'antica piazzetta di Piedicastello - propone piatti tradizionali, soprattutto di carne. Ampia offerta di vini al bicchiere, nonché ottima scelta di etichette regionali e non.

a Cognola per ② : 3 km

🏠🏠 **Villa Madruzzo** 🌿   ≤ 🕭 📶 🔥 ⓦ 🏛 P VISA ⓒⓞ AE ⓘ 🖣
via Ponte Alto 26 ✉ *38121* – ☎ 04 61 98 62 20
– *www.villamadruzzo.it*
80 cam ☑ – †75/110 € ††99/170 € – 2 suites – ½ P 85 €
Rist *Villa Madruzzo* – vedere selezione ristoranti
♦ Sulle alture intorno a Trento, splendida villa dell'Ottocento, le cui camere riprendono l'atmosfera volutamente retrò della dimora: carta da parati, tappeti e tendaggi colorati.

XX **Villa Madruzzo** – Hotel Villa Madruzzo   🕭 🔥 ⇄ P VISA ⓒⓞ AE ⓘ 🖣
via Ponte Alto 26 ✉ *38121* – ☎ 04 61 98 62 20
– *www.villamadruzzo.it*
Rist – *(chiuso domenica)* Menu 35 € – Carta 33/58 €
♦ Non c'è bisogno di spingersi fino a Trento per trovare stimoli gastronomici: nella sala principale affacciata sul parco, o nella più piccola ospitata nella ex cappella della villa, ampia e articolata scelta à la carte, con diversi piatti regionali e qualcuno nazionale.

a Ravina per ④ : 4 km – ✉ 38123

XXX   **Locanda Margon**   ⪡ 🚗 🏤 🅰🅲 🄿 🆅🅸🆂🅰 ⬤⬤ 🅰🅴 ① ⚫
☸   *via Margone 15 – ℰ 04 61 34 94 01 – www.locandamargon.it – chiuso domenica sera, martedì*
    Rist – (consigliata la prenotazione) Menu 28 € (pranzo)/90 € bc – Carta 52/92 €
    Rist *La Veranda* – Menu 28 € (pranzo) – Carta 31/45 €
    Spec. Salmerino marinato, orzo tostato, crema di mele al coriandolo, burrata. Riso e bollicine rosé con erborinato di capra. Fracosta di manzo al vapore, patate cotte nel fondo bruno, verdure e dragoncello.
    ♦ Tra le cantine Ferrari e la storica villa Margon, un ristorante capace di coniugare tradizione gastronomica e modernità: piatti gourmet nell'elegante sala, cucina più light, ma sempre ad ottimi livelli, nella panoramica Veranda.

TREPORTI – Venezia (VE) – Vedere Cavallino

TREQUANDA – Siena (SI) – **563** M17 – **1** 383 ab. – alt. 453 m   **29** C2
– ✉ **53020** ▮ Toscana

▶ Roma 197 – Siena 45 – Firenze 110 – Perugia 72

XX   **Il Conte Matto** con cam   ⪡ 🏤 🅰🅲 rist, 🆅🅸🆂🅰 ⬤⬤ ⚫
  via Taverne 40 – ℰ 05 77 66 20 79 – www.contematto.it – chiuso martedì
    4 cam – 🛏60/70 €   **Rist** – (prenotare) Carta 24/33 €
    ♦ La trecentesca abitazione del guardiacaccia del castello si è stata trasformata in una vetrina di prodotti toscani: paste fresche, chianina, cinta senese e formaggi. Terrazza panoramica sulle colline e dalle camere scorci della campagna circostante.

TRESCORE BALNEARIO – Bergamo (BG) – **561** E11 – **9** 486 ab.   **19** D1
– alt. 305 m – ✉ 24069 ▮ Italia Centro Nord

▶ Roma 593 – Bergamo 15 – Brescia 49 – Lovere 27
🔰 via Suardi 20, ℰ 035 94 47 77, www.prolocotrescore.it

🏠   **Della Torre**   🚗 🏤 📶 🏃 🍴 🛎 🄿 🈯 🆅🅸🆂🅰 ⬤⬤ 🅰🅴 ① ⚫
☸   *piazza Cavour 26 – ℰ 0 35 94 13 65 – www.albergotorre.it*
    34 cam ⬜ – 🛏50/75 € 🛏🛏80/100 € – ½ P 75 €
    Rist *Sala del Pozzo* – vedere selezione ristoranti
    Rist – *(chiuso domenica sera e lunedì)* Menu 15 € bc (pranzo) – Carta 19/40 €
    ♦ In centro paese, edificio di antica fondazione costituito da un'ala storica e da una parte più recente che vanta - di conseguenza - camere più nuove. Se l'appetito si fa sentire, al ristorante troverete piatti locali, nonché i classici italiani.

XX   **Loro**   🅰🅲 ⬌ 🆅🅸🆂🅰 ⬤⬤ 🅰🅴 ⚫
☸   *via della Resistenza 34 – ℰ 0 35 94 50 73 – www.ristoranteloro.com*
☸   *– chiuso 1 settimana in gennaio, 15 giorni in agosto e lunedì*
    Rist – Menu 15 € bc (pranzo in settimana)/50 € – Carta 42/67 €
    Spec. Crema di patate bianche servita con uova di quaglia e ostriche Gillardeau. Crudité di pesci e crostacei con sorbetto agli agrumi. Tartara di fragole, crema Chantilly e mantecato alla vaniglia.
    ♦ Le iniziali dei cognomi dei due giovani soci, uno in sala, l'altro in cucina, sono eponimi del ristorante. Entusiasmo, cortesia, qualche piatto ispirato al territorio bergamasco, ma la cucina è fondamentalmente contemporanea e fantasiosa e spazia dalla carne al pesce.

XX   **Sala del Pozzo** – Hotel Della Torre   🚗 🏤 🄿 🆅🅸🆂🅰 ⬤⬤ 🅰🅴 ① ⚫
  piazza Cavour 26 – ℰ 0 35 94 13 65 – www.albergotorre.it
    Rist – *(chiuso domenica sera e lunedì)* Menu 45 € – Carta 38/60 € 🍴
    ♦ Una sorta di "oasi gastronomica" all'interno dell'hotel Della Torre. Se già non sarà facile scegliere tra le tante specialità del menu, aspettate di vedere la carta dei vini: più di 300 etichette da far girar la testa… ancor prima di aver bevuto! Alcune servite anche al bicchiere. Cucina contemporanea.

TRESCORE CREMASCO – Cremona (CR) – **561** F10 – **2** 926 ab.   **19** C2
– alt. 86 m – ✉ 26017

▶ Roma 554 – Bergamo 37 – Brescia 54 – Cremona 45

ХХ **Trattoria del Fulmine** (Celestina Lupo Stanghellini) 🛖 🗚

❄️ *via Carioni 12 – ℰ 03 73 27 31 03 – chiuso dal 1° al* 🆅🅸🆂🅰 ⊗ ⓞ ⓖ
10 gennaio, agosto, domenica sera, lunedì, martedì sera
Rist – Carta 50/72 €
Spec. Baccalà mantecato con patate su crema di pomodoro crudo. Raviolo d'anatra con verza stufata al vino bianco. Millefoglie di patate, funghi e fegato d'oca.
♦ Per chi ama la tradizione, qui il nome trattoria non è una concessione alla moda, ma l'introduzione ad una cucina del territorio fatta di salumi (primo fra tutti il culatello), animali da cortile e gli imperdibili tortelli dolci cremaschi.

ХХ **Bistek** 🗚 🖉 🅿 🆅🅸🆂🅰 ⊗ ⊗ 🅰🅴 ⓞ ⓖ

viale De Gasperi 31 – ℰ 03 73 27 30 46 – www.bistek.it – chiuso
dal 2 all'11 gennaio, dal 26 luglio al 22 agosto, martedì sera e mercoledì
Rist – Menu 30 € – Carta 27/48 €
♦ Al primo piano due sale per una cucina regionale accompagnata da un'ampia selezione di vini, anche al bicchiere (qui si organizzano manifestazioni gastronomiche e serate a tema). Al piano terra, invece, birreria jazz/cafè per serate musicali e spuntini veloci.

TREVENZUOLO – Verona (VR) – **562** G14 – **2 736 ab.** – ✉ 37060   **35** A3
▶ Roma 488 – Verona 30 – Mantova 24 – Modena 83

a Fagnano Sud : 2 km – ✉ 37060 Trevenzuolo

Х **Trattoria alla Pergola** 🗚 🖉 🆅🅸🆂🅰 ⊗ 🅰🅴 ⓖ

via Sauro 9 – ℰ 04 57 35 00 73 – chiuso dal 24 dicembre al 7 gennaio, dal
15 luglio al 20 agosto, domenica, lunedì
Rist – Carta 29/34 €
♦ Semplice ma invitante, di quelle che ancora si trovano in provincia; giunta con successo alla terza generazione, la trattoria propone la classica cucina del territorio, risotti e bolliti al carrello come specialità.

TREVIGLIO – Bergamo (BG) – **561** F10 – **28 769 ab.** – alt. 125 m   **19** C2
– ✉ 24047
▶ Roma 576 – Bergamo 21 – Brescia 57 – Cremona 62
🄸 piazza Cameroni 3, ℰ 0363 4 54 66, www.prolocotreviglio.it

ХХХ **San Martino** (famiglia Colleoni) con cam 🛖 🕌 🖪 🖿 🕭 🗚 🖉 🕍 🅿

❄️ *viale Cesare Battisti 3 – ℰ 0 36 34 90 75* 🆅🅸🆂🅰 ⊗ 🅰🅴 ⓞ ⓖ
– www.sanmartinotreviglio.it – chiuso dal 26 dicembre al 9 gennaio
e dal 10 al 27 agosto,
15 cam ☑ – †100/150 € ††120/180 € – 3 suites
Rist – *(chiuso domenica sera e lunedì, anche domenica a mezzogiorno in luglio-agosto)* Carta 60/120 € ❀
Spec. La bouillabaisse San Martino, pane tostato e salsa rouille. Il gran plateau royal di ostriche, crudità e crostacei al vapore. La cotoletta alla milanese "come una volta".
♦ Specialità di pesce ed alcuni prodotti francesi, quali formaggi e vini, in un elegante ristorante che dispone anche di camere moderne nello stile e nel confort. Nella saletta denominata Smartino, si può approfittare della formula "pranzo di lavoro": cucina di qualità, a tempi e costi contenuti.

TREVIGNANO ROMANO – Roma (RM) – **563** P18 – **5 897 ab.**   **12** B2
– alt. 220 m – ✉ 00069
▶ Roma 49 – Viterbo 44 – Civitavecchia 63 – Terni 86

ХХ **Acquarella** ⟨ 🚗 🛖 🕭 🖉 🅿 🆅🅸🆂🅰 ⊗ 🅰🅴 ⓖ

via Acquarella 4, Sud-Est: 6 km – ℰ 0 69 98 53 61 /1 31
– www.ristoranteacquarella.it – chiuso dal 20 dicembre al 10 gennaio, martedì
Rist – Carta 24/52 €
♦ Direttamente sul lago che lambisce con il suo giardino e con il suo pontiletto - una favola soprattutto in estate quando si può mangiare sotto il grande gazebo - il locale si farà ricordare per le fragranti specialità di pesce. In inverno, godetevi la rusticità degli spazi interni e la bella saletta con camino.

✗ **La Grotta Azzurra** ⬅ 🍴 𝘝𝘐𝘚𝘈 ⓪ 𝔸𝔼 ᔓ
piazza Vittorio Emanuele III° 4 – ℰ 0 69 99 94 20 – chiuso dal 15 settembre al 14 ottobre e martedì
Rist – Carta 28/43 €
◆ Cucina del territorio e di lago, semplice e casalinga, in questa moderna trattoria dall'esperta conduzione familiare; siete sulla piazza centrale del paese eppure, a pochi metri, c'è già il lago.

TREVINANO – Viterbo (VT) – **563** N17 – **Vedere Acquapendente**

TREVISO ℙ (TV) – **562** E18 – 82 208 ab. – alt. 15 m – ✉ 31100   **35** A1
▌ Italia Centro Nord

▶ Roma 541 – Venezia 30 – Bolzano 197 – Milano 264
🇮 via S. Andrea 3, ℰ 0422 54 76 32, www.visittreviso.it
🏌 Villa Condulmer via della Croce 3, 041 457062, www.golfvillacondulmer.com – chiuso lunedì
🏌 I Salici strada di Nascimben 1, 0422 324272, www.ghirada.it
◎ Piazza dei Signori★ BY **21** : palazzo dei Trecento★ **A**, affreschi★ nella chiesa di Santa Lucia **B** – Chiesa di San Nicolò★ AZ - Museo Civico Bailo★ AY
🈂 Villa Barbaro★★★ (Maser) affreschi★★★ del Veronese, nord-ovest: 29 km

Piante pagine seguenti

🏨 **Cà del Galletto** 🏊 🐕 𝄞 ✂ 🛗 𝔸�ℂ ↯ 🛰 🏋 ℙ 𝘝𝘐𝘚𝘈 ⓪ 𝔸𝔼 ᔓ
via Santa Bona Vecchia 30, per viale Luzzatti – ℰ 04 22 43 25 50
– www.hotelcadelgalletto.com   AY
65 cam ⬜ – 🛏79/115 € 🛏🛏115/160 € – 2 suites
Rist *Al Migò* – vedere selezione ristoranti
◆ In zona periferica relativamente tranquilla, grande complesso con camere generalmente ampie e moderne. Biciclette a disposizione per i clienti più sportivi.

🏨 **B4 Treviso Maggior Consiglio** 🈂 ⓪ 🐕 🛗 📶 🛗 ⛓ 🏋 ℙ 🚗
via Terraglio 140, per ④ – ℰ 04 22 40 93   𝘝𝘐𝘚𝘈 ⓪ 𝔸𝔼 ⓪ ᔓ
– www.boscolohotels.com
118 cam – 🛏🛏95/110 € – 3 suites
Rist *Orobasilico* – vedere selezione ristoranti
◆ Alle porte della città, moderno complesso alberghiero dotato di ampi spazi per i congressi, ma anche di un completo centro benessere.

🏠 **Focolare** senza rist   𝔸ℂ ↯ 🛰 𝘝𝘐𝘚𝘈 ⓪ 𝔸𝔼 ⓪ ᔓ
piazza Ancillotto 4 – ℰ 0 42 25 66 01 – www.albergoilfocolare.net   BY**b**
8 cam ⬜ – 🛏70/90 € 🛏🛏100/130 € – 6 suites
◆ Nel cuore del centro storico, una piccola bomboniera di cura ed eleganza a gestione familiare. Spazi comuni un po' ridotti, ma camere ampie ed accoglienti.

🏠 **Agriturismo Il Cascinale** 🐾   📦 🍴 𝔸ℂ ↯ ✂ cam, ℙ
🐄 *via Torre d'Orlando 6/b, Sud-Ovest : 3 km – ℰ 04 22 40 22 03*
🈺 *– www.agriturismoilcascinale.it – chiuso dal 7 al 18 gennaio e dal 16 agosto al 6 settembre*
14 cam – 🛏33/40 € 🛏🛏49/52 €, ⬜ 8 €
Rist – *(aperto domenica e le sere di venerdì-sabato)* Carta 18/25 €
◆ Ubicato nella prima periferia, ma già totalmente in campagna, un rustico ove troverete ambiente ospitale e familiare e camere molto confortevoli, realizzate di recente.

✗✗✗ **Al Migò** – Hotel Cà del Galletto   🍴 𝔸ℂ ✂ ⇔ ℙ 𝘝𝘐𝘚𝘈 ⓪ 𝔸𝔼 ᔓ
via Santa Bona Vecchia 30, per viale Luzzatti – ℰ 0 42 22 23 39
– www.ristorantealmigo.it   AY
Rist – *(chiuso dal 1° al 7 gennaio, 2 settimane in agosto, domenica) (chiuso a mezzogiorno)* Menu 58 € – Carta 32/61 €
◆ Non lontano dal centro cittadino, gode di una buonissima fama l'omonimo ristorante dell'albergo Cà del Galletto. In menu: le specialità della regione, con molte proposte a base di pesce, ma non mancano piatti classici italiani ed internazionali. Seria gestione familiare.

TREVISO

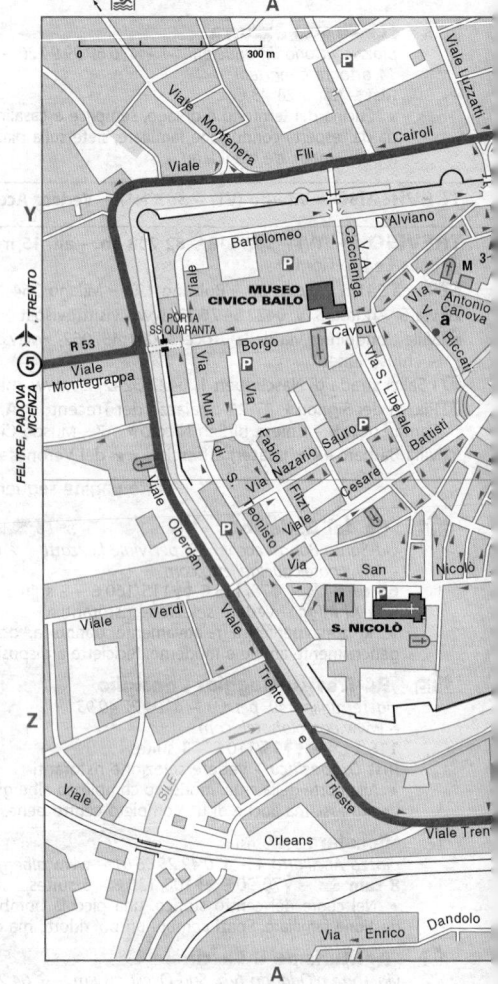

🍴🍴 L'Incontro

🅰️🅲 ⚘ 𝚅𝙸𝚂𝙰 ⓸ 🅰🅴 ⓪ 🦽

largo Porta Altinia 13 – ℰ 04 22 54 77 17
– www.ristorantelincontro.com – chiuso dal 10 al 31 agosto, mercoledì, giovedì a
mezzogiorno BZ**a**

Rist – Carta 45/60 €

♦ Sotto le volte dell'antica porta Altinia, un ambiente sorto dalla fantasia d'un noto architetto e dalla passione di due dinamici soci, propone sapori del territorio.

🍴🍴 Orobasilico – Hotel B4 Treviso Maggior Consiglio

🦽 🅰🅲 🅿️

via Terraglio 140, per ④ – ℰ 04 22 40 93 𝚅𝙸𝚂𝙰 ⓸ 🅰🅴 ⓪ 🦽

Rist – Carta 20/50 €

♦ E' il ristorante del nuovo albergo della catena Boscolo, il grande B4 Treviso Maggior Consiglio: al suo interno, ampi spazi ed una cucina prettamente regionale che si completa con il forno a legna per la pizza. Comoda zona attrezzata per famiglie con bambini.

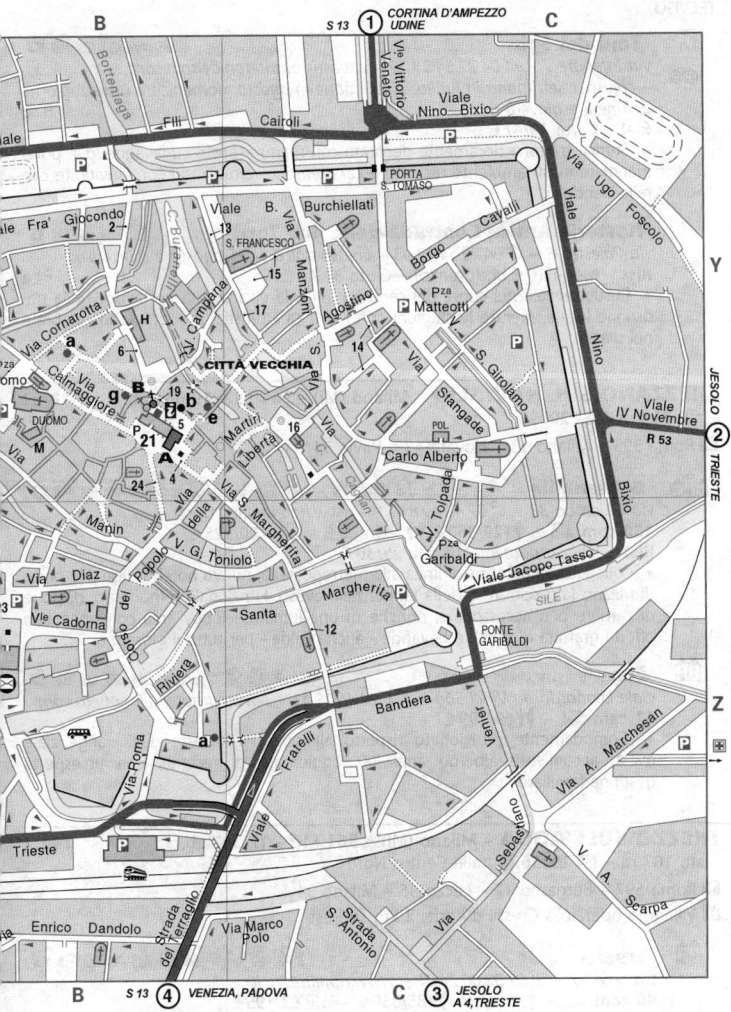

S 13 ① CORTINA D'AMPEZZO UDINE

CITTÀ VECCHIA

DUOMO

② JESOLO TRIESTE
R 53

B   S 13 ④ VENEZIA, PADOVA   C ③ JESOLO A 4, TRIESTE

XX **Antico Morer**   🛖 AC VISA ⓿ AE ⑤
via Riccati 28 – ℰ 04 22 59 03 45 – www.ristoranteanticomorer.com
– chiuso 10 giorni in febbraio, 2 settimane in agosto e lunedì   AY**a**
Rist – Carta 36/55 €
♦ Non lontano dal Duomo, questo storico locale prende il nome da una pianta di
gelso - morer, in dialetto - situata davanti all'ingresso, ma che ora non c'è più.
Oggi, sotto a travi di legno, in un ambiente sobrio (tendente all'elegante), potrete
gustare sapori di mare con tanto spazio ai crudi.

X   **All'Antica Torre**   AC ✿ VISA ⓿ AE ① ⑤
*via Inferiore 55 – ℰ 04 22 58 36 94 – www.anticatorre.info – chiuso 3 settimane
in agosto, domenica, lunedì sera*   BY**a**
Rist – Carta 37/55 €
♦ Romanticismo ed eleganza, nonché un'ampia collezione di quadri e oggetti
d'antiquariato, all'interno di una torre duecentesca. In menu: proposte di cucina
marinara e tradizionale. Vasta scelta di vini (oltre 200 etichette).

✗ **Toni del Spin** `AC` `VISA` `CO` `AE` `O` `ċ`

🍴 *via Inferiore 7 – ℰ 04 22 54 38 29 – www.ristorantetonidelspin.com*
– chiuso 1 settimana in luglio, 2 settimane in agosto, domenica e i mezzogiorno
di lunedì e giovedì BY**g**
Rist – Carta 19/47 €

♦ Storica trattoria riccamente decorata con menù esposto su lavagne, ove poter mangiare in un ambiente raccolto e caratteristico terminando con l'invitante carrello dei dolci.

✗ **Hosteria Antica Contrada delle due Torri** `AC` `VISA` `CO` `AE` `ċ`

🍴 *via Palestro 8 – ℰ 04 22 54 12 43 – chiuso dall'8 al 25 agosto e martedì*
Rist – Menu 10 € bc (pranzo) – Carta 30/47 € BY**e**
🏵 ♦ Rustico locale nel cuore del centro storico: la cucina si fa portavoce della tradizione locale, mentre le stagioni con i loro caratteristici prodotti sono celebrate nel piatto.

TREZZANO SUL NAVIGLIO – Milano (MI) – **561** F9 – 19 084 ab. **18** B2
– alt. 116 m – ✉ 20090

▶ Roma 595 – Milano 13 – Novara 43 – Pavia 34

🏨 **Goldenmile** `血` `ʆ` `ᑭ` `ċ` `AC` `⅙` `℀` rist, `ᵗ` `sA` `P` `☎` `VISA` `CO` `AE` `O` `ċ`
via Colombo 33 – ℰ 02 48 49 81 11 – www.hotelgoldenmile.it
150 cam 🖵 – †129/350 € ††149/400 € – ½ P 100/225 €
Rist – *(chiuso domenica)* Carta 25/30 €

♦ Collegato da autobus di linea alla metropolitana, nuovo hotel design alle porte di Milano (all'uscita n° 5 della tangenziale ovest). Funzionale e moderno, dispone di camere ben accessoriate, nonché di una luminosa lobby area con open bar: offerta gratuita di snack e bevande - anche calde - per tutto il giorno.

🏨 **Eur** senza rist `血` `AC` `℀` `ᵗ` `sA` `P` `VISA` `CO` `AE` `O` `ċ`
viale Leonardo da Vinci 36a – ℰ 0 24 45 19 51 – www.eurhotelmilanofiera.com
41 cam 🖵 – ††69/299 €

♦ Comodamente posizionato rispetto all'uscita Vigevanese della tangenziale ovest, accogliente albergo anni '60, aggiornato di recente, con un'esperta gestione familiare.

TREZZO SULL'ADDA – Milano (MI) – **561** F10 – 12 307 ab. **19** C2
– alt. 187 m – ✉ 20056 ▌ Italia Centro Nord

▶ Roma 597 – Bergamo 17 – Lecco 36 – Milano 34
▣ Villaggio operaio a Crespi d'Adda: 2 km sud-est

🏨 **Trezzo** `血` `ċ` `AC` `℀` `ᵗ` `sA` `P` `VISA` `CO` `AE` `O` `ċ`
via Sala 17 – ℰ 02 92 00 24 01 – www.hoteltrezzo.it
40 cam 🖵 – †75/320 € ††85/350 € – ½ P 63/195 €
Rist *La Cantina di Trezzo* – vedere selezione ristoranti

♦ A pochi km dai caselli autostradali di Capriate e Trezzo sull'Adda, la nobile villa settecentesca che ospita l'hotel colpisce per i suoi interni dai cromatismi intensi e per il design piacevolmente contemporaneo.

✗✗ **La Cantina di Trezzo** – Hotel Trezzo `ċ` `AC` `℀` `P` `VISA` `CO` `AE` `O` `ċ`
via Sala 17 – ℰ 0 29 20 02 48 02 – www.hoteltrezzo.it
Rist – *(chiuso Ferragosto)* Carta 31/39 €

♦ Cucina regionale in un ristorante piacevolmente rustico con decorazioni che alludono al mondo del vino e la cui "cave" custodisce etichette di pregio. D'estate, la bella corte en plein air si presta per romantiche cene a lume di candela.

TRICASE – Lecce (LE) – **564** H37 – 17 803 ab. – alt. 98 m – ✉ 73039 **27** D3
▌ Puglia

▶ Roma 670 – Brindisi 95 – Lecce 52 – Taranto 139

⌂ Adriatico 🔝 📶 📠 🍽 cam, ⁿ P VISA ◎ AE ① 🔋

via Tartini 34 – ℰ 08 33 54 47 37 – www.hotel-adriatico.com
18 cam ⌓ – ♦48/65 € ♦♦80/120 € – ½ P 65 €
Rist – *(chiuso domenica sera)* Carta 22/48 €
♦ A dieci minuti a piedi dal centro del paese, un piccolo hotel a conduzione familiare, dispone di camere semplici e lineari: ideale per una vacanza alla scoperta del Salento. Una sala di tono classico ed un dehors estivo dove gustare piatti nazionali. Ideale per banchetti e colazioni di lavoro.

ⅩⅩ Lemì 🔝 📠 VISA ◎ ① 🔋

via Vittorio Emanuele II 16 ✉ 73039 Tricase – ℰ 34 75 41 91 08
– www.ristorantelemi.it
Rist – (consigliata la prenotazione) Carta 32/47 €
♦ Se il paese non è sulle mappe turistiche, ci pensa il giovane cuoco a farne una tappa gourmet: cucina pugliese creativa, in prevalenza pesce e un amore per le cotture in forno a legna.

Ⅹ Bolina 🔝 📠 VISA ◎ AE ① 🔋

lungomare Cristoforo Colombo – ℰ 08 33 77 51 02 – chiuso dal 10 al
30 novembre e dal 10 gennaio al 27 marzo
Rist – (consigliata la prenotazione) Menu 37/50 € – Carta 40/55 €
♦ Romanticamente adagiato sul porto, si mangia all'aperto (a pochi metri dall'acqua) o in una veranda panoramica: naturalmente pesce, in piatti tesi ad esaltarne i sapori.

TRICESIMO – Udine (UD) – 562 D21 – 7 716 ab. – alt. 199 m   11 C2
– ✉ 33019

▶ Roma 642 – Udine 12 – Pordenone 64 – Tarvisio 86

ⅩⅩ Antica Trattoria Boschetti 🔝 ⅲ 📠 ⇔ P VISA ◎ AE 🔋

piazza Mazzini 10 – ℰ 04 32 85 15 09 – www.ristoranteboschetti.com – chiuso
domenica sera e lunedì
Rist – Menu 25/65 € – Carta 29/53 €
♦ Se il dolce (di solito) arriva a fine pasto, qui si ha subito un primo impatto varcando la soglia del bar-pasticceria, che anticipa le due sale ristorante - una di tono rustico con camino, l'altra più classica - mentre la cucina valorizza il territorio avvalendosi d'ingredienti di nicchia di piccoli produttori locali.

Ⅹ Miculan 🔝 📠 VISA ◎ AE 🔋
☺

piazza Libertà 16 – ℰ 04 32 85 15 04 – www.trattoriamiculan.com – chiuso dal
12 al 27 luglio, mercoledì sera e giovedì
Rist – Menu 28 € – Carta 27/37 €
♦ Sulla piazza di Tricesimo un piccolo bar, frequentatissimo dalla gente del posto, fa da "anticamera" a questa tipica trattoria della Valle del Cormor, che custodisce un significativo retaggio del passato: il caratteristico camino, il fogher, nonché specialità regionali con divagazioni di pescato.

TRIESTE P (TS) – 562 F23 – 205 523 ab. ▌ Italia Centro Nord   11 D3

▶ Roma 669 – Udine 68 – Ljubljana 100 – Milano 408
🛫 di Ronchi dei Legionari per ① : 32 km ℰ 0481 773224
🛈 piazza Unità d'Italia 4/b, ℰ 040 3 47 83 12, www.turismofvg.it
⛳ località Padriciano 80, 040 226159, www.golfclubtrieste.net – chiuso martedì
◉ Colle di San Giusto★★ AY – Piazza della Cattedrale★ AY 9 – Basilica di San Giusto★ AY : mosaico★★ nell'abside, ≼★ su Trieste dal campanile – Collezioni di armi antiche★ nel castello AY – Vasi greci★ e bronzetti★ nel museo di Storia e d'Arte AY M1 – Piazza dell'Unità d'Italia★ AY 35 – Museo del Mare★ AY M2 : sezione della pesca★★
◐ Castello e giardino★★ di Miramare per ① : 8 km – ≼★★ su Trieste e il golfo dal Belvedere di Villa Opicina per ② : 9 km – ☀★★ dal santuario del Monte Grisa per ① : 10 km

Piante pagine seguenti

1227

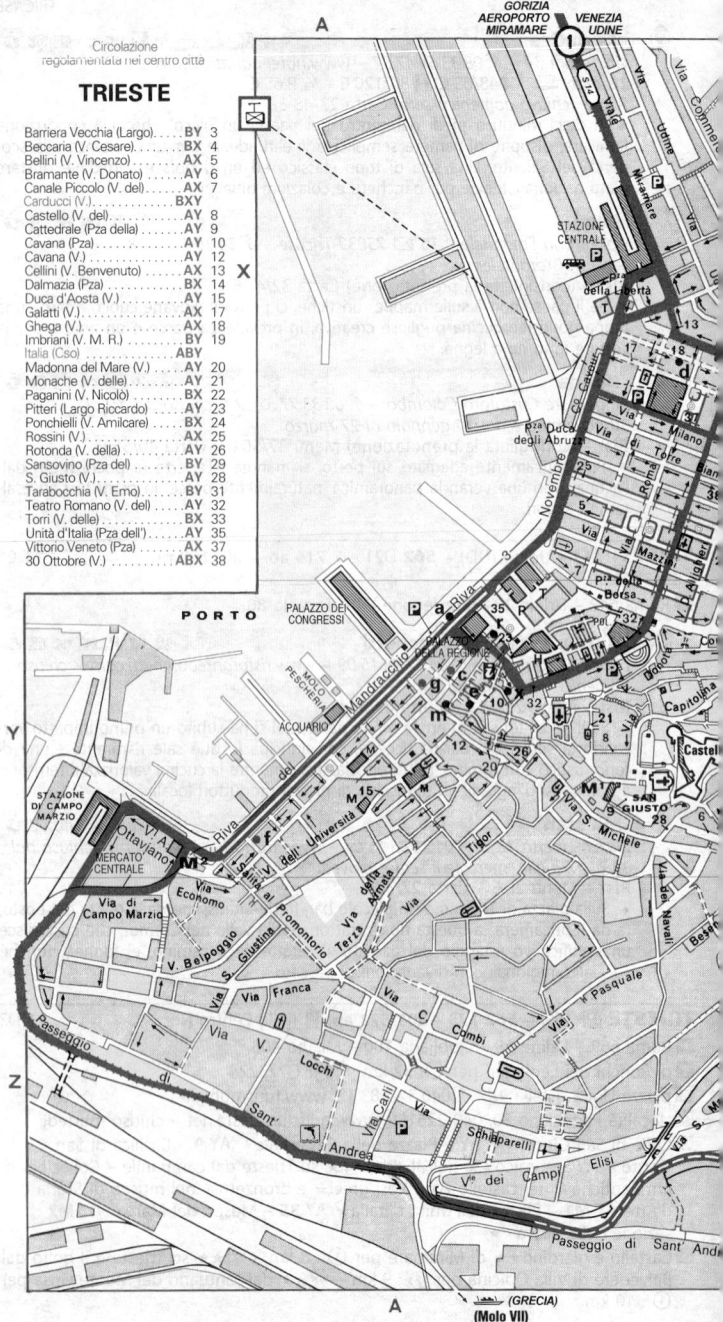

🏨 Starhotels Savoia Excelsior Palace

riva del Mandracchio 4 ⊠ *34124 –* ☎ *04 07 79 41*
– *www.starhotels.com*   AYa

142 cam ⌂ – ♦140/500 € ♦♦160/1000 € – 30 suites – ½ P 115/535 €
Rist *Savoy* – vedere selezione ristoranti
• Nel cuore della città, affacciato sul golfo di Trieste, l'hotel ripropone il fascino di un imponente palazzo dei primi '900, arricchito da design moderno e confort up-to-date. Originale lounge illuminata da un grande lucernario che ricorda i giardini d'inverno della *Belle Epoque*.

🏨 Grand Hotel Duchi d'Aosta

piazza Unità d'Italia 2 ⊠ *34121 –* ☎ *04 07 60 00 11 – www.magesta.eu*
52 cam ⌂ – ♦165/268 € ♦♦188/370 € – 3 suites   AYr
Rist *Harry's Grill* – vedere selezione ristoranti
• In una delle piazze più scenografiche e suggestive del Bel Paese, interni di sobria eleganza - particolarmente nelle piacevoli camere, tutte personalizzate - ed un centro benessere dal nome fortemente evocativo: Thermarium Magnum.

🏨 Urban Hotel Design senza rist

via Androna Chiusa 4 ⊠ *34121 –* ☎ *0 40 30 20 65*
– *www.urbanhotel.it*   AYx

40 cam ⌂ – ♦120/240 € ♦♦120/300 € – 7 suites
• Nella mitteleuropea Trieste, hotel di taglio moderno nato dalla fusione di palazzi rinascimentali: particolare la sala colazioni il cui pavimento propone le vestigia romane dell'antico muro di cinta della città.

🏨 Victoria senza rist

via Alfredo Oriani 2 ⊠ *34131 –* ☎ *0 40 36 24 15*
– *www.hotelvictoriatrieste.com*   BYa

43 cam ⌂ – ♦90/180 € ♦♦110/220 € – 1 suite
• In posizione centrale, hotel dall'elegante e moderna atmosfera ospitato in un palazzo liberty, dove soggiornò per un certo periodo lo scrittore J. Joyce. Graziose camere e piccola zona relax per un soggiorno di tutto confort.

🏨 Colombia senza rist

via della Geppa 18 ⊠ *34132 –* ☎ *0 40 36 93 33*
– *www.hotelcolombia.it*   AXa

40 cam ⌂ – ♦68/110 € ♦♦89/140 €
• Centrale, nonché poco distante dalla stazione, hotel dagli spazi comuni limitati, ma gradevolmente moderni e con arredi di design. Camere confortevoli.

🏨 Italia senza rist

via della Geppa 15 ⊠ *34132 –* ☎ *0 40 36 99 00 – www.hotel-italia.it*
38 cam ⌂ – ♦65/95 € ♦♦85/135 €   AXd
• Non lontano dalla stazione - nel cuore della città - comodo hotel dove camere spaziose e dotate di ogni confort rendendo la struttura ideale per una clientela d'affari.

🏨 James Joyce senza rist

via Cavazzeni 7 ⊠ *34121 –* ☎ *0 40 31 10 23*
– *www.hoteljamesjoyce.com*   AYe

15 cam ⌂ – ♦60/120 € ♦♦90/160 €
• Lo scrittore che tanto amò Trieste, James Joyce, presta il proprio nome a questa graziosa struttura del centro storico: piccoli spazi comuni, ma camere accoglienti dal confort aggiornato.

🏨 Porta Cavana senza rist e senza ⌂

via Felice Venezian 14 ⊠ *34124 –* ☎ *0 40 30 13 13*
– *www.hotelportacavana.it*   AYm

17 cam – ♦30/60 € ♦♦65/125 € – 6 suites
• Piccola e colorata risorsa, dove gradevoli ambienti e piacevoli camere vi offriranno un soggiorno semplice al giusto rapporto qualità/prezzo. La prima colazione vi aspetta al bar sottostante. (L'hotel si trova al primo piano di un palazzo nella parte vecchia della città).

XXXX **Harry's Grill** – Grand Hotel Duchi d'Aosta 🛋 AC VISA ⚌ AE ⌀

piazza Unità d'Italia 2 ⊠ *34121 –* 𝒞 *0 40 66 06 06*

– www.magesta.eu AY**r**

Rist – Carta 52/76 €

♦ Inaugurato negli anni '70 dallo stesso Arrigo Cipriani, dell'omonimo locale veneziano riprende lo stile dell'arredo. Eletto dalla stampa enogastronomica come "il ristorante più esclusivo di Trieste", la sua cucina si farà ricordare per la grande versatilità: specialità regionali e piatti internazionali.

XXX **Savoy** – Starhotels Savoia Excelsior Palace 🛋 AC 🍴 VISA ⚌ AE ⌀ ⌀

riva del Mandracchio 4 ⊠ *34124 –* 𝒞 *04 07 79 41 – www.starhotels.com*

Rist – *(chiuso domenica)* Menu 24 € bc (pranzo)/35 € bc AY**a**

– Carta 40/45 €

♦ Antipasto di frutti di mare. Ravioli di pasta fresca ripieni di formaggio del Carso. Branzino al forno con funghi porcini, cipolle e patate novelle. Se citando solo queste tre specialità vi abbiamo ingolosito, difficilmente sarete delusi da questo ristorante nel cuore di Trieste. Cucina italiana di taglio contemporaneo.

XX **Pepenero Pepebianco** AC VISA ⚌ AE ⌀ ⌀

via Rittmeyer 14/a ⊠ *34134 –* 𝒞 *04 07 60 07 16 – www.pepeneropepebianco.it*

– chiuso dal 12 luglio al 20 agosto BX**a**

Rist – *(chiuso domenica e lunedì)* Carta 36/67 €

♦ Non lontano dalla stazione, locale di taglio moderno gestito con passione da una simpatica coppia: ricette davvero stuzzicanti, dove territorio e pesce sono proposti in chiave moderno-creativa. A mezzogiorno, è prevista anche una formula più economica.

XX **Scabar** 🍂 🛋 🌣 P. VISA ⚌ AE ⌀ ⌀

Erta Sant'Anna 63, per ③ ⊠ *34149 –* 𝒞 *0 40 81 03 68 – www.scabar.it*

– chiuso lunedì

Rist – (consigliata la prenotazione) Carta 35/53 €

♦ La cordiale gestione familiare vi condurrà in un *excursus* di specialità ittiche e locali, in sale di tono classico o sulla panoramica terrazza. Non è facile da raggiungere, ma merita la sosta.

XX **Città di Cherso** AC 🌣 VISA ⚌ AE ⌀ ⌀

via Cadorna 6 ⊠ *34124 –* 𝒞 *0 40 36 60 44 – chiuso 1 settimana in gennaio,*

3 settimane in agosto e martedì AY**c**

Rist – Carta 38/50 €

♦ A due passi dalla grande piazza del centro, un ristorantino dalla cortese gestione familiare: a tavola vi terranno compagnia specialità di mare e la fantasia dello chef.

XX **L'Ambasciata d'Abruzzo** 🛋 AC P. VISA ⚌ AE ⌀ ⌀

via Furlani 6 ⊠ *34149 –* 𝒞 *0 40 39 50 50 – chiuso lunedì* CZ**x**

Rist – Menu 25/35 € – Carta 25/40 €

♦ In posizione dominante, nella parte alta della città, locale dalla calda accoglienza familiare. Come il nome suggerisce, sono di casa specialità abruzzesi e paste fatte in casa.

XX **Al Nuovo Antico Pavone** AC ⇆ VISA ⚌ AE ⌀

riva Grumula 2 e ⊠ *34123 –* 𝒞 *0 40 30 38 99 – www.nuovoanticopavone.it*

– chiuso domenica e lunedì AY**f**

Rist – Carta 30/50 €

♦ Diverse sale rifinite in legno e una fragrante cucina a base di pesce per questo accogliente locale antistante il porto turistico. Ampio dehors sulla passeggiata.

X **Al Bagatto** AC ⇆ VISA ⚌ AE ⌀

via Venezian 2 ang. via Cadorna ⊠ *34124 –* 𝒞 *0 40 30 17 71*

– www.albagatto.it – chiuso Natale, Pasqua e domenica AY**g**

Rist – *(chiuso a mezzogiorno)* (prenotazione obbligatoria) Carta 47/70 €

♦ Piccolo ristorante del centro dai toni caldamente rustici e dall'atmosfera signorile. Sulla tavola: piatti a base di pesce e grande cura nelle presentazioni.

a Grignano Nord: 5 km – ✉ 34014

🏨 **Riviera e Maximilian's** ⬅ 🚗 🅰 🛎 AC 🛜 🔥 P VISA ⦿ AE 🅖
strada costiera 22 – ✆ 0 40 22 45 51 – www.rivieramax.eu
66 cam 🛏 – ♦90/198 € ♦♦95/280 € – 2 suites
Rist Le Terrazze – vedere selezione ristoranti
♦ Elegante atmosfera moderna e la tranquillità della costa carsica per questo hotel ospitato in una villa di fine '800, poco distante dal castello di Miramare. La vista è impagabile, le camere signorili e spaziose (arredi più minimalisti nelle stanze dell'ala nuova).

🏨 **Miramare** ⬅ AC 🛜 P VISA ⦿ AE ⓞ 🅖
via Miramare 325/1 – ✆ 04 02 24 70 85 – www.hotelmiramaretrieste.it – chiuso dal 22 dicembre al 10 gennaio
32 cam 🛏 – ♦90/180 € ♦♦150/300 €
Rist Le Vele – vedere selezione ristoranti
♦ A breve distanza dall'omonimo castello, un hotel recente che propone ambienti confortevoli, arredati in tenue e rilassanti tonalità, nel contemporaneo gusto minimalista.

❌❌ **Le Terrazze** – Hotel Riviera e Maximilian's AC P VISA ⦿ AE ⓞ 🅖
strada costiera 22 – ✆ 0 40 22 24 70 33 – www.terrazze.eu
Rist – Carta 32/54 €
♦ Se la terrazza a picco sul mare, rivaleggia con la raffinata sala interna dei Delfini, carne e pesce si dividono equamente la carta di questo elegante ristorante, a pochi chilometri dalla città di Saba.

❌❌ **Le Vele** – Hotel Le Vele 🍴 AC P VISA ⦿ AE ⓞ 🅖
via Miramare 325/1 – ✆ 04 02 24 70 85 – www.hotelmiramaretrieste.it – chiuso dal 22 dicembre al 10 gennaio e domenica
Rist – (chiuso a mezzogiorno) Carta 31/51 € ⌘
♦ Vale la pena di abbandonare il centro storico della città per raggiungere questo esclusivo ristorante che, partendo dalla consolidata tradizione gastronomica mediterranea, la rielabora con vena moderna e creativa. Dalla terrazza: l'incantevole golfo di Trieste.

TRINITÀ D'AGULTU Sardegna – Olbia-Tempio (OT) – 366 O38   38 A1
– 2 157 ab. – alt. 365 m – ✉ 07038
▶ Cagliari 259 – Nuoro 146 – Olbia 75 – Porto Torres 59

ad Isola Rossa Nord-Ovest : 6 km – ✉ 07038 Trinità D'Agultu

🏨 **Marinedda** ⬧ ⬅ 🚗 🅰 🍴 🏊 🕸 🛖 Lᵃ ❌ 🔥 ⚕ AC 🍽 P
località Marinedda – ✆ 0 79 69 41 85 VISA ⦿ AE ⓞ 🅖
– www.delphina.it – maggio-settembre
195 cam 🛏 – ♦♦190/400 € – 52 suites – ½ P 200 €   **Rist** – Menu 20/50 €
♦ Tipica struttura sarda in sasso e tufo a pochi metri dalla spiaggia, consta di interni ben arredati, piscine panoramiche, un centro benessere, campi da tennis e da calcetto.

🏨 **Torreruja** ⬅ 🍴 🏊 🕸 🛖 Lᵃ 🛎 👥 🔥 AC 🍽 P VISA ⦿ AE ⓞ 🅖
via Paduledda 1/3 – ✆ 0 79 69 41 55 – www.delphina.it – 16 maggio-settembre
122 cam 🛏 – ♦118/308 € ♦♦156/336 € – 5 suites   **Rist** – Menu 20/50 €
♦ In prossimità di incantevoli calette di roccia rossa, un villaggio-hotel con camere in stile mediterraneo, alcune recentemente rinnovate, e servizi idonei per una vacanza di relax. Appena nate: cinque belle suite.

🏨 **Corallo** 🍴 🏊 🛎 AC 🍽 rist, VISA ⦿ AE 🅖
via Lungomare 66 – ✆ 0 79 69 40 55 – www.hotelcorallosardegna.it
– maggio-settembre
30 cam – ♦90/210 € ♦♦100/250 €, 🛏 10 € – 4 suites – ½ P 89/164 €
Rist – Carta 31/63 €
♦ Prezioso, come il nome che porta... Nel piccolo borgo di pescatori, con una suggestiva vista sul Golfo dell'Asinara, un hotel di moderna concezione con camere di diverse tipologie, ma dotate di ottimi confort e tecnologie up-to-date. Sapori mediterranei nell'elegante ristorante o sulla panoramica terrazza.

TRIORA – Imperia (IM) – **561** K5 – **409 ab.** – alt. 780 m – ⊠ 18010   **14** A2
▶ Roma 661 – Imperia 51 – Genova 162 – Milano 285

🏠 **Colomba d'Oro**   ⟨ 🚗 🏠 *VISA* ⚫ ⑤
corso Italia 66 – 𝒞 0 18 49 40 51 – www.colombadoro.it – 15 marzo-20 novembre
28 cam ⊑ – †55/70 € ††70/100 €   **Rist** – (solo per alloggiati) Carta 20/30 €
♦ Appoggiato alle mura di una chiesa cinquecentesca, questo semplice hotel a gestione familiare convince per il suo servizio attento e cordiale. Camere accoglienti e per vivacizzare il soggiorno dei graditi ospiti si organizzano serate a tema. Piatti della tradizione rivisitati con fantasia.

TRISSINO – Vicenza (VI) – **562** F16 – **8 554 ab.** – alt. 125 m – ⊠ 36070   **37** A1
▶ Roma 550 – Verona 49 – Milano 204 – Vicenza 21

ХХХ **Relais Cà Masieri** con cam 🦢   🏠 🥽 🅰🅲 🅿 *VISA* ⚫ 🅰🅴 ⑤
via Masieri 16, Ovest : 2 km – 𝒞 04 45 96 21 00 – www.camasieri.com – chiuso novembre, domenica, lunedì a mezzogiorno
8 cam ⊑ – †50/70 € ††80/100 € – 4 suites   **Rist** – Carta 29/40 €
♦ Un signorile casale di campagna, un complesso rurale del XVIII secolo; servizio estivo all'aperto, fra le colline e salette ove ancora si respira un'atmosfera antica.

TROFARELLO – Torino (TO) – **561** H5 – **11 066 ab.** – alt. 276 m   **22** A1
– ⊠ 10028
▶ Roma 656 – Torino 15 – Asti 46 – Cuneo 76

Pianta d'insieme di Torino

🏨 **Park Hotel Villa Salzea** 🦢   ⚫ 🗓 📶 ⅍ 🛎 rist, 🐾 🕤 🅿
via Vicoforte 2 – 𝒞 01 16 49 78 09 – www.villasalzea.it   *VISA* ⚫ 🅰🅴 ⑤
22 cam ⊑ – †80/110 € ††110/130 € – ½ P 100 €   **2HUm**
Rist – (chiuso a mezzogiorno) (consigliata la prenotazione) Carta 43/73 €
♦ La settecentesca villa del conte Negri è oggi un elegante hotel avvolto dal silenzio e dai colori dell'ampio parco; all'interno, spaziose camere confortevoli e ricche di fascino. Raffinatezza ed antico buon gusto regnano anche nelle intime sale da pranzo; ambienti più ampi per cerimonie.

TROPEA – Vibo Valentia (VV) – **564** K29 – **6 775 ab.** – ⊠ 89861 📋 Italia   **5** A2
▶ Roma 636 – Reggio di Calabria 140 – Catanzaro 92 – Cosenza 121

🏠 **Orizzonte Blu** 🦢   ⟨ 🗓 📶 🛎 rist, 🐾 🖥 🅰🅲 cam, 🕤 🅿
viale Don Mottola II° traversa – 𝒞 09 63 66 93 10   *VISA* ⚫ 🅰🅴 ⓪ ⑤
– www.orizzonteblu.it – maggio-15 ottobre
57 cam – †30/75 € ††50/110 € – ½ P 47/85 €
Rist – (solo per alloggiati) Menu 14/25 €
♦ Il problema della distanza dal mare è ovviato da un servizio gratuito di navetta. Per il resto, bella vista e tanti servizi che risulteranno particolarmente graditi alle famiglie con figli: piscina, piccola palestra (all'aperto), sauna e campo da tennis. Camere abbastanza ampie.

ХХ **Pimm's**   🅰🅲 🕤 *VISA* ⚫ ⓪ ⑤
largo Migliarese 2 – 𝒞 09 63 66 61 05 – www.ristorantepimms.it
Rist – (consigliata la prenotazione) Carta 37/57 €
♦ Nel cuore della località, stuzzicanti piatti di pesce in questo curato ristorante a picco sul mare: non perdetevi il panorama godibile dal grazioso balconcino.

a Santa Domenica Sud-Ovest : 6 km – ⊠ 89866

🏨 **Cala di Volpe** 🦢   ⟨ 🚗 🏠 🗓 🎾 🛎 rist, 🐾 🕤 rist, 🅿 *VISA* ⚫ ⑤
contrada Torre Marino – 𝒞 09 63 66 92 22 – www.caladivolpe.it
– 6 maggio-10 ottobre
82 cam ⊑ – †60/110 € ††90/140 € – ½ P 115 €   **Rist** – Carta 23/36 €
♦ Immersi in un lussureggiante giardino tropicale, avrete la possibilità di trascorrere una vacanza optando per la formula hotel o residence. Mare e spiaggia ai vostri piedi. Ristorante panoramico, suggestivo nei mesi estivi.

TRULLI (Regione dei) – Bari e Taranto – **564** E33 📋 Italia

🄳 Roma 89 – Viterbo 24 – Civitavecchia 44 – Orvieto 54

◉ Località★ - Chiesa di S. Pietro★: rosone★ nella facciata – Chiesa di S. Maria Maggiore★: portali★★

| 🏠 | **Tuscania Panoramico** senza rist   ≤ 🕭 👬 🄰🄲 🎇 **P** 🆚🆂🅰 ⚙ 🄰🄴 ⓞ 🕭 |

via dell'Olivo 53 – ℰ 07 61 44 40 80 – www.tuscaniahotel.it
24 cam ☲ – ♥42/76 € ♥♥64/104 €
♦ In posizione panoramica, le antiche mura della città raggiungibili anche a piedi, dalle camere una bella vista sulle Basiliche di San Pietro e di Santa Maria Maggiore.

🄳 Roma 638 – Milano 377 – Trieste 71 – Venezia 127

✈ di Ronchi dei Legionari per ③: 37 km ℰ 0481 773224, Fax 0481 474150

🄸 piazza I Maggio 7, ℰ 0432 29 59 72, www.turismofvg.it

🄸🄸 via dei Faggi 1-Villaverde, 0432 800418, www.golfudine.com – chiuso martedì

◉ Piazza della Libertà★★ AY **14** – Decorazione barocca★ nel Duomo ABY **B**
– Affreschi★ del Tiepolo nel palazzo Vescovile BY **A**

🄶 Passariano: Villa Manin★★ sud-ovest 30 km

| 🏨🏨 | **Astoria Hotel Italia**   🄸 🄰🄲 🎇 🕍 🍴 🆚🆂🅰 ⚙ 🄰🄴 ⓞ 🕭 |

piazza 20 Settembre 24 – ℰ 04 32 50 50 91 – www.hotelastoria.udine.it
66 cam ☲ – ♥82/165 € ♥♥123/257 € – 9 suites   AZ**a**
Rist – *(chiuso domenica)* Carta 27/66 €
♦ Camere recentemente rinnovate e spazi comuni in stile classico per questa struttura in pieno centro, ideale punto di riferimento per chi cerca prestigio, eleganza, comodità. Un'atmosfera luminosa e raffinata abbraccia l'ampio ristorante; la cucina spazia dal classico al regionale.

| 🏨🏨 | **Ambassador Palace**   🄸 🕭 cam, 🄰🄲 🎇 rist, 🍴 🕍 🆚🆂🅰 ⚙ 🄰🄴 ⓞ 🕭 |

via Carducci 46 – ℰ 04 32 50 37 77 – www.ambassadorpalacehotel.it
78 cam ☲ – ♥74/148 € ♥♥110/220 € – 2 suites – ½ P 145 €   BZ**a**
Rist – *(chiuso a mezzogiorno)* Carta 24/42 €
♦ Un grazioso giardino ed un elegante scalone vi introdurranno in questo raffinato hotel a pochi passi dal centro: stile classico impreziosito da piacevoli marmi e camere dotate di ogni confort. Cucina mediterranea.

| 🏨🏨 | **Là di Moret**   🖼 🖼 🖳 🍷 🍴 🍽 🕍 🄰🄲 🍴 🕍 **P** 🆚🆂🅰 ⚙ 🄰🄴 ⓞ 🕭 |

viale Tricesimo 276, Nord: 2 km – ℰ 04 32 54 50 96 – www.ladimoret.it
88 cam ☲ – ♥70/140 € ♥♥80/170 € – 4 suites – ½ P 110 €
Rist *Là di Moret* – vedere selezione ristoranti
Rist – Carta 33/57 €
♦ Piacevoli spazi per il relax e campi da gioco coperti, per un week-end all'insegna del dolce far niente o per ritemprarsi dopo giornata di intenso lavoro. Atmosfera di tono moderno al ristorante, ideale per un pasto veloce a mezzogiorno.

| 🏨 | **Villa Premiére**   🄸 🍴 🕍 **P** 🍽 🆚🆂🅰 ⚙ 🄰🄴 ⓞ 🕭 |

via Barcis 4, per ② *–* ℰ 04 32 58 14 34 – www.hotelvillapremiere.it
48 cam ☲ – ♥♥90/220 € – ½ P 63/128 €
Rist – *(chiuso lunedì)* Menu 15/25 €
♦ Poco fuori dal centro sulla strada per Cividale, gli spazi di questa piacevole struttura sfoggiano linee contemporanee e funzionali, mentre il ristorante (che è anche gelateria) propone specialità friulane e pizze.

| 🏨 | **Allegria**   🄸 🄰🄲 🍴 🕍 🍽 🆚🆂🅰 ⚙ 🄰🄴 🕭 |

via Grazzano 18 – ℰ 04 32 20 11 16 – www.hotelallegria.it – *chiuso 2 settimane in agosto*   AZ**b**
21 cam ☲ – ♥85/105 € ♥♥100/160 € – ½ P 80/105 €
Rist *Hostaria Allegria* – vedere selezione ristoranti
♦ L'architettura medievale si trasforma all'interno in spazi arredati secondo un ricercato design, ampie camere curate ed un'attenta gestione familiare di decennale esperienza.

Bartolini (Riva) . . . . **AY** 3
Calzolai (V.) . . . . **BZ** 4
Carducci (V.) . . . . **BZ** 5
Cavedalis (Piazzale G. B.) . . . **AY** 6
Cavour (V.) . . . . **AY** 7

D'Annunzio
(Piazzale) . . . . **BZ** 8
Diacono (Piazzale Paolo) . . . **AY** 9
Gelso (V. del) . . . . **AZ** 12
Leopardi (Viale G.) . . . . **BZ** 13
Libertà (Pza della) . . . . **AY** 14
Manin (V.) . . . . **BY** 16
Marconi (Pza) . . . . **AY** 17

Matteotti (Pza) . . . . **AY** 18
Mercato Vecchio
(V.) . . . . **AY** 19
Patriarcato (Pza) . . . . **BY** 20
Piave (V.) . . . . **BYZ** 21
Rialto (V.) . . . . **AY** 22
Vittorio Veneto (V.) . . . . **BY** 23
26 Luglio (Piazzale) . . . . **AZ** 24

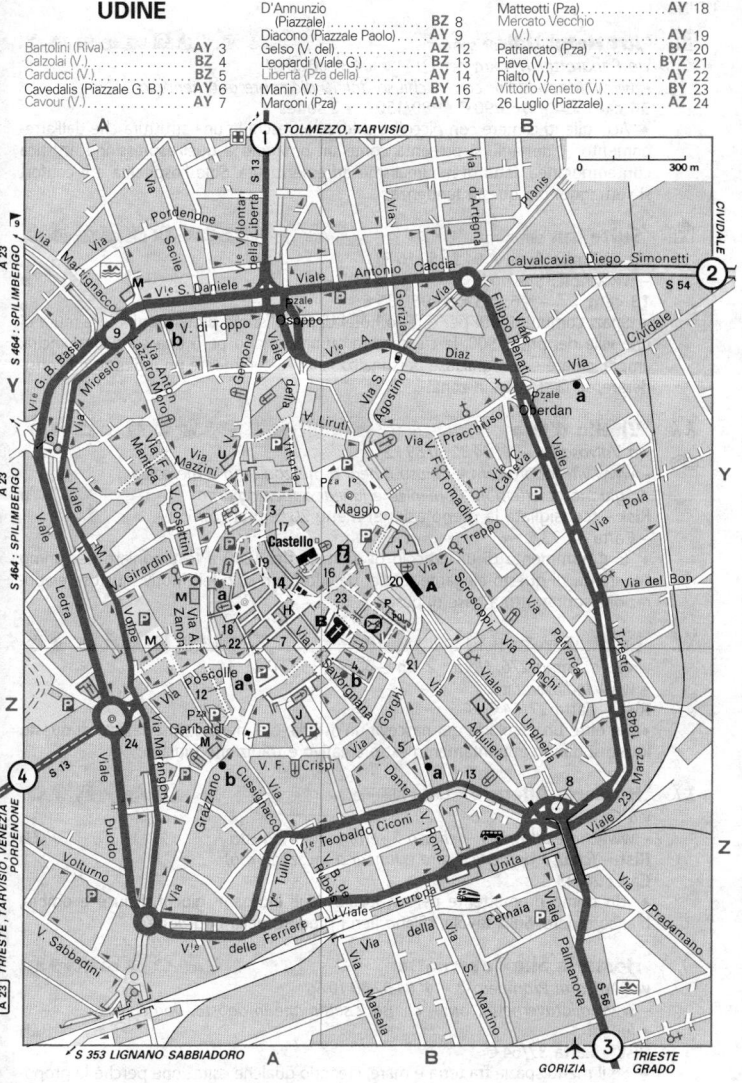

Clocchiatti & Next senza rist

via Cividale 29 – ℰ 04 32 50 50 47
– www.hotelclocchiattinext.it
– chiuso dal 21 dicembre all'8 gennaio e dall'11 al 18 agosto   BY**a**
27 cam ☕ – ♦60/120 € ♦♦100/200 €

♦ Classico o design? La risorsa è ideale tanto per gli amanti della tradizione
quanto per chi desidera essere à la page, scegliete l'ambiente che più s'intona al
vostro carattere: camere classiche nella villa *Clocchiatti*, più modaiole nella dépendance *Next*.

1235

🏨 **Art Hotel Udine** senza rist 🛗 🕸 📺 📶 🔌 🅿 🚾 ⚫ 🆎 ⓪ 🔥

via Paparotti 11, 4 km per ③ – 𝒞 04 32 60 00 61
– www.arthoteludine.com – chiuso dal 19 dicembre al 6 gennaio
36 cam ☕ – 🛏65/90 € 🛏🛏80/150 € – 2 suites

♦ Accoglienti camere con piccoli e colorati affreschi in una struttura che dall'arredamento ai dettagli, si presenta come un omaggio a quell'espressione artistica contemporanea, fatta di minimalismo ed essenzialità. Solo l'ospitalità e il confort si sottraggono a questa tendenza.

🏠 **Suite Inn** senza rist 📺 🕸 🕻 🅿 🚾 ⚫ 🆎 ⓪ 🔥

via di Toppo 25 – 𝒞 04 32 50 16 83
– www.hotelsuiteinn.it AY**b**
13 cam ☕ – 🛏65/95 € 🛏🛏95/135 €

♦ Spazi comuni ridotti per questo hotel di piccolissime dimensioni, tra le mura di una villa dei primi '900, le cui camere rappresentano però una sorta di rivincita: ampie, curate e con graziose personalizzazioni. Sicuramente un indirizzo da considerare, se ci si trova in zona!

🍴🍴 **Vitello d'Oro** 🍴 🕻 📺 ⇔ 🚾 ⚫ 🆎 ⓪ 🔥
🐾

via Valvason 4 – 𝒞 04 32 50 89 82
– www.vitellodoro.com – chiuso lunedì a mezzogiorno e mercoledì,
da giugno a settembre domenica e lunedì a mezzogiorno AY**a**
Rist – (consigliata la prenotazione) Menu 20 € (pranzo)/65 €
– Carta 42/73 €

♦ E' il frammento di un articolo di giornale del 1849 a testimoniare per primo l'esistenza di questo elegante locale. Da allora, un solo leit Motiv: gustose elaborazioni, soprattutto a base di pesce.

🍴🍴 **Là di Moret** – Hotel Là di Moret 🕻 📺 ⇔ 🅿 🚾 ⚫ 🆎 ⓪ 🔥

viale Tricesimo 276, Nord : 2 km – 𝒞 04 32 54 50 96
– www.ladimoret.it
Rist – Carta 27/64 € 🍷

♦ Se oltre un secolo fa qui nasceva un'osteria, ora, nelle intime salette di questo locale si danno appuntamento estro creativo e tradizione friulana.

🍴🍴 **Hostaria Allegria** – Hotel Allegria 📺 🕸 ⇔

via Grazzano 18 – 𝒞 04 32 20 11 16
– www.hotelallegria.it – chiuso 2 settimane in agosto AZ**b**
Rist – *(chiuso domenica sera e lunedì a mezzogiorno)*
Carta 26/43 €

♦ Un nome promettente per un locale dagli intriganti giochi di luce e ombra, bianco e nero. Sulla tavola, sfilano fieri i prodotti della tradizione.

🍴 **Hostaria alla Tavernetta** 🍴 📺 ⇔ 🚾 ⚫ 🆎 ⓪ 🔥

via Artico di Prampero 2 – 𝒞 04 32 50 10 66
– www.allatavernetta.com – chiuso 2 settimane in agosto, domenica
e lunedì BZ**b**
Rist – Carta 37/64 €

♦ Se il menu spazia tra terra e mare, creando qualche esitazione perché le proposte sono accattivanti e si vorrebbe assaggiare tutto, qualche incertezza si presenterà anche per la la scelta del tavolo: in sala, al calore di uno scoppiettante camino, o sulla terrazza, per una cena sotto le stelle?

🍴 **Alla Vedova** 🍴 🍴 🅿 🚾 ⚫ 🔥

via Tavagnacco 9, per ① – 𝒞 04 32 47 02 91
– www.trattoriaallavedova.it – chiuso dal 10 al 25 agosto, domenica sera,
lunedì
Rist – Carta 24/36 €

♦ Oltre un secolo di vita per questo ristorante, che agli albori ricordava l'imperatore. Oggi come allora specialità alla griglia e cacciagione da gustare, in estate, nel piacevole giardino.

a Godia per ① : 6 km – ⊠ 33100

XXX **Agli Amici** (Emanuele Scarello)   ⛾ 🅰🄼 ⇔ 🅿 𝚅𝚂𝙰 ⥀ 🄰🄴 ⚄
⛤   *via Liguria 252 – ℰ 04 32 56 54 11 – www.agliamici.it – chiuso domenica sera,*
lunedì, martedì a pranzo, anche domenica a mezzogiorno da giugno ad agosto
Rist – Carta 57/94 € ⊛
Spec. Capesante, lime, erba cipollina, caviale e acqua d'asparagi (primavera). Pez-
zata rossa friulana: filetto scottato, lingua leggermente salmistrata e pralina. Oltre
lo strudel: zuppetta di mele, gelato alla grappa, uvetta, pinoli e biscotti di nocciole.
♦ Immediata e creativa, questa cucina saldamente ancorata al territorio fa della
stagionalità degli ingredienti il proprio credo. In un ambiente elegante, una sosta
gastronomica indimenticabile: grazie anche ai proverbiali dessert.

UGENTO – Lecce (LE) – **564** H36 – **12 195 ab.** – **alt. 108 m** – ⊠ 73059   **27** D3
▶ Roma 641 – Bari 211 – Lecce 66

sulla strada provinciale Ugento-Torre San Giovanni Sud-Ovest: 4 km

⛫ **Masseria Don Cirillo** senza rist ⌂   🖻 ⅃ 🄼 ⅍ 🅿 𝚅𝚂𝙰 ⥀ ⚄
strada Provinciale Ugento-Torre S. Giovanni Km 3 – ℰ 08 33 93 14 32
– www.kalekora.it – febbraio e aprile-settembre
6 cam ⌂ – ♦95/250 € ♦♦140/250 €
♦ Abbracciata da profumate distese di ulivi, una piacevole risorsa ricavata da
una tenuta nobiliare settecentesca custodisce ampi spazi arredati in rilassanti e
chiare tonalità.

UGGIANO LA CHIESA – Lecce (LE) – **564** G37 – **4 414 ab.** – **alt. 77 m**   **27** D3
– ⊠ 73020
▶ Roma 620 – Brindisi 84 – Gallipoli 47 – Lecce 48

XX **Masseria Gattamora** con cam ⌂   🖼 ⛾ 🄼 ⅍ cam, ℡ 🅿
via campo Sportivo 33 – ℰ 08 36 81 79 36   𝚅𝚂𝙰 ⥀ 🄰🄴 ⓪ ⚄
– www.gattamora.it – chiuso gennaio o febbraio
11 cam ⌂ – ♦45/70 € ♦♦75/120 € – ½ P 88 €
Rist – *(chiuso lunedì escluso agosto) (chiuso a mezzogiorno escluso sabato*
e i giorni festivi) Carta 26/46 €
♦ Nel verde della campagna salentina, in giardino zampilla persino una fontana,
nella caratteristica sala a volte arredata in stile rustico i sapori del posto, rivisti con
creatività. Nel vecchio frantoio alcune camere dalla deliziosa atmosfera.

ULTEN = Ultimo

ULTIMO (ULTEN) – Bolzano (BZ) – **562** C15 – **2 998 ab.** – **alt. 1 190 m**   **30** B2
– **Sport invernali** : a Santa Valburga : 1 192/2 600 m ⚡3, ⚐ – ⊠ 39016
▶ Da Santa Valburga : Roma 680 – Bolzano 46 – Merano 28 – Milano 341
🛈 via Principale 154, ℰ 0473 79 53 87, www.ultental-deutschnonsberg.info

a San Nicolò (St. Nikolaus) Sud-Ovest : 8 km – alt. 1 256 m – ⊠ 39016

🏨 **Waltershof** ⌂   ≤ 🖼 🔲 ⊕ 🏊 ℅ ⅍ rist, 🅿 𝚅𝚂𝙰 ⥀ ⓪ ⚄
Dorf 59 – ℰ 04 73 79 01 44 – www.waltershof.it – 7 dicembre-12 dicembre,
25 dicembre-11 aprile e 16 maggio-11 novembre
31 cam ⌂ – ♦102/135 € ♦♦164/330 € – 4 suites – ½ P 92/175 €
Rist – *(chiuso a mezzogiorno) (solo per alloggiati)*
♦ Struttura con bei balconi fioriti, piacevolmente accolta in un verde giardino e
dotata di spazi ludici: taverna e fornita enoteca; zona per serate di musica e vino.

URBINO – Pesaro e Urbino (PU) – **563** K19 – 15 627 ab. – alt. 485 m   **20** A1
– ✉ **61029** ▌ Italia Centro Nord

▶ Roma 270 – Rimini 61 – Ancona 103 – Arezzo 107

🔢 via Puccinotti 35, ✆ 0722 26 13, www.turismo.pesarourbino.it

🔲 Palazzo Ducale★★★: Galleria Nazionale delle Marche★★ **M** – Strada
panoramica★★: ≤★★ – Affreschi★★ nella chiesa-oratorio di San Giovanni Battista
F – Presepio★ nella chiesa di San Giuseppe **B** – Casa di Raffaello★ **A**

🏨 **Mamiani** 🦢   ≤ 🎴 & 🕮 ⇄ 🕯 🕉 **P**. 💳 ⬥ 🅰🅴 ⑤
via Bernini 6, per via Giuseppe di Vittorio – ✆ 07 22 32 23 09
– www.hotelmamiani.it – aprile-ottobre
72 cam ⊡ – ♥65/75 € ♥♥85/105 €
Rist Il Giardino della Galla – vedere selezione ristoranti
♦ Albergo moderno situato in zona tranquilla, fuori dal centro storico: servizio impeccabile, grande cortesia e camere ampie accessoriate con confort all'avanguardia.

🏨 **San Domenico**   🚭 🎴 & cam, ⋆⋆ 🕮 cam, ⇄ 🕉 rist, 🕯 **P**
piazza Rinascimento 3 – ✆ 07 22 26 26 – www.viphotels.it   💳 ⬥ 🅰🅴 ⓪ ⑤
31 cam – ♥122 € ♥♥215 €, ⊡ 13 € – 2 suites   **e**
Rist – Carta 20/65 €
♦ Negli austeri spazi di un ex convento del '400 – ristrutturato rispettandone
l'elegante semplicità – sono state creati suggestivi salotti, ricchi di fascino. Particolarmente silenziose le camere, arredate con mobili di fine Ottocento.

🏨 **Italia** senza rist   🎴 & 🕮 🕯 💳 ⬥ 🅰🅴 ⓪ ⑤
corso Garibaldi 38 – ✆ 07 22 27 01 – www.albergo-italia-urbino.it   **a**
43 cam ⊡ – ♥50/70 € ♥♥80/120 €
♦ Già attivo come locanda alla fine dell'Ottocento, ora albergo del centro con confortevoli camere in stile essenziale e moderno. Per soggiornare nel cuore di Urbino.

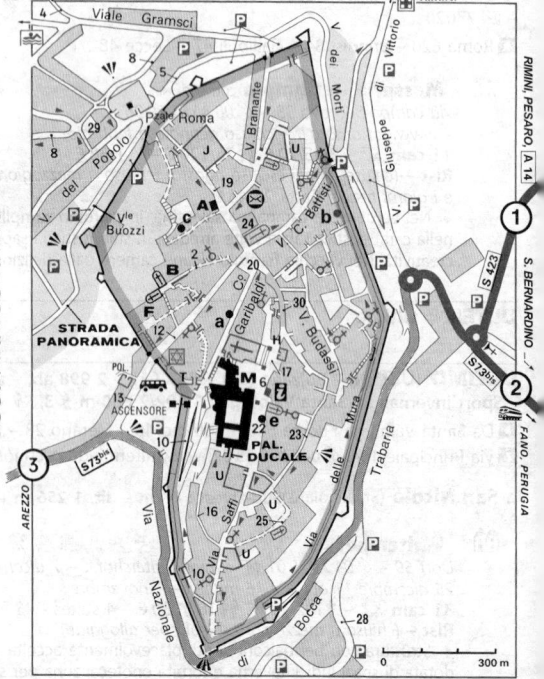

URBINO

Circolazione regolamentata
nel centro città

300 m

Raffaello senza rist   ❙⧈❙ 🅰🄲 ᵗ⁰ᵗ VISA 🅾 ⬧
via Santa Margherita 40 – ℰ 07 22 47 84 – www.albergoraffaello.com
14 cam ⌕ – ❖50/110 € ❖❖80/169 €   **c**
♦ Tra i vicoli del centro storico, di fronte alla casa natale di Raffaello, hotel di taglio moderno con ambienti comuni piacevoli e camere accoglienti.

XXX   **Il Giardino della Galla** – Hotel Mamiani   &⧉ 🅰🄲 🄿 VISA 🅾 🄰🄴 🅾 ⬧
via Bernini 6, per via Giuseppe di Vittorio – ℰ 07 22 24 55 – www.hotelmamiani.it
Rist – *(chiuso mercoledì)* Carta 22/42 €
♦ Se la vista si bea dello splendido panorama del Montefeltro, ad appagare il gusto ci pensa la cucina: pasta fatta in casa, carne alla brace, funghi porcini e tartufi, nonché l'immancabile pizza (cotta nel forno a legna).

a Gadana Nord-Ovest : 3 km – ✉ 61029 Urbino

⌂   **Agriturismo Cà Andreana** ⤴   🚗 ⌂ ⃒ & cam, ✗ rist, 🄿
via Cà Andreana 2 – ℰ 07 22 32 78 45   VISA 🅾 🅾 ⬧
– www.caandreana.it – chiuso dal 9 al 27 gennaio
6 cam ⌕ – ❖50/60 € ❖❖80/98 € – ½ P 75 €
Rist – *(chiuso lunedì) (chiuso a mezzogiorno)* (consigliata la prenotazione)
Carta 27/49 €
♦ In piena campagna, rustico ben tenuto, da cui si gode una splendida vista dei dintorni; offre belle camere, semplici, ma complete di tutti i confort. Le materie prime prodotte in azienda permettono di realizzare un'ottima scelta di piatti caserecci.

a Pantiere Nord : 13 km – ✉ 61029 Urbino

⌂   **Urbino Resort Santi Giacomo e Filippo** senza rist ⤴   ⊰⃒
via San Giacomo in Foglia 7   🔲 ⊕ ⧉ ❙⧈❙ & 🅰🄲 ↔ 🏊 VISA 🅾 🄰🄴 🅾 ⬧
– ℰ 07 22 58 03 05 – www.urbinoresort.it – chiuso 3 settimane in gennaio
32 cam ⌕ – ❖108/132 € ❖❖120/175 € – 15 suites
♦ All'interno di un ex borgo agricolo del '700, cinque edifici contraddistinti da stili differenti e da nomi fortemente evocativi: i Fiori, i Futti Dimenticati, le Erbe Aromatiche, le Scuderie (con attrezzi della civiltà rurale adibiti a mobili), i Preziosi (ovvero i prodotti di questa terra: tartufo, zafferano, vino).

USSEAUX – Torino (TO) – **561** G3 – 185 ab. – alt. 1 416 m – ✉ 10060   **22** B2
▶ Roma 806 – Torino 79 – Sestriere 18
ℹ via Eugenio Brunetta 53, ℰ 0121 88 44 00, www.comune.usseaux.to.it

X   **Lago del Laux** con cam ⤴   ✗ ᵗ⁰ᵗ 🄿 VISA 🅾 🄰🄴 🅾 ⬧
ⓔ   *via al Lago 7, Sud : 1 km – ℰ 0 12 18 39 44 – www.hotellaux.it*
– chiuso 2 settimane in maggio e 2 settimane in settembre
7 cam ⌕ – ❖❖105/126 € – ½ P 74/84 €
Rist – *(chiuso mercoledì escluso giugno, luglio, agosto, Natale, Pasqua, anche martedì negli altri mesi)* Carta 25/39 €
♦ In riva a un laghetto con minigolf e pesca sportiva, in questo ristorante potrete gustare i piatti della tradizione piemontese. Percorrete il sentiero che conduce al borgo per scoprirne la storia. Semplici, colorate ed accoglienti le camere in legno d'abete, tutte con vista sul parco.

VADA – Livorno (LI) – **563** L13 – ✉ 57016   **28** B2
▶ Roma 292 – Pisa 48 – Firenze 143 – Livorno 29
ℹ piazza Garibaldi 93, ℰ 0584 78 83 73, www.costadeglietruschi.it

XX   **Il Ducale**   🅰🄲 VISA 🅾 🄰🄴 🅾 ⬧
piazza Garibaldi 33 – ℰ 05 86 78 86 00 – chiuso lunedì
Rist – Carta 45/67 €
♦ Sotto volte di mattoni, gustose specialità di pesce (e selvaggina, su prenotazione) in un'atmosfera ricercata, tra arazzi, fiori e pezzi d'antiquariato. La conduzione familiare ha una lunga esperienza, e si sente!

VADO LIGURE – Savona (SV) – **561** J7 – Vedere Savona

VAGGIO – Firenze (FI) – **563** L16 – Vedere Reggello

VAGLIAGLI – Siena (SI) – Vedere Siena

VAHRN = Varna

VAIANO – Prato (PO) – **563** K15 – **9 945 ab.** – **alt. 150 m** – ✉ 59021   **29** C1
▸ Roma 325 – Firenze 41 – Prato 9 – Bologna 122

❌ **Trattoria La Tignamica**   🔝 🚲 📶 🅰🄴 ♿
via Val di Bisenzio 110/c, località La Tignamica, Sud : 3 km – ℰ 05 74 98 52 16
– chiuso lunedì
Rist – Carta 23/49 €
♦ Costeggia il Bisenzio questo bel ristorante lungo la valle, dal confort contemporaneo e dalle proposte culinarie legate al territorio e alle stagioni.

VAIRANO PATENORA – Caserta (CE) – **564** C24 – **6 505 ab.**   **6** A1
– **alt. 168 m** – ✉ 81058
▸ Roma 165 – Campobasso 91 – Caserta 43 – Napoli 70

❌❌ **Vairo del Volturno** (Martino Renato)   ♿ 🚲 📶 📶 🅰🄴 🅾 ♿
🏵 *via IV Novembre 60* – ℰ 08 23 64 30 18 – www.vairodelvolturno.com
– chiuso 3 settimane in luglio, domenica sera, martedì
Rist – Menu 40 € – Carta 44/71 €
Spec. Baccalà mantecato all'olio extravergine con salsa di scarola, capperi e olive di Gaeta. Ravioli di mozzarella al burro di bufala, bresaola e ortiche. Agnello laticauda: diverse interpretazioni.
♦ Pochi piatti, ma tanto amore per il territorio: dal celebre maialino nero casertano alla carne e mozzarella di bufala. Per il pesce, si passa nel fine settimana.

VALBREMBO – Bergamo (BG) – **561** E10 – **3 592 ab.** – **alt. 260 m**   **19** C1
– ✉ 24030
▸ Roma 606 – Bergamo 11 – Lecco 29 – Milano 47

❌❌ **Ponte di Briolo**   🔝 ⇄ 🅿 📶 📶 🅰🄴 ♿
via Briolo 2, località Briolo , Ovest : 1,5 km – ℰ 0 35 61 11 97
– www.ristorantepontedibriolo.com – chiuso mercoledì
Rist – Carta 49/68 €
♦ Oramai un'istituzione in provincia in virtù delle sue fragranti specialità ittiche, il locale tuttavia accontenta anche gli amanti della carne. Unanimi i consensi per la cordiale gestione e la raffinata atmosfera.

VALBRUNA – Udine – **562** C22 – Vedere Malborghetto

VALDAGNO – Vicenza (VI) – **562** F15 – **26 829 ab.** – **alt. 230 m**   **35** B2
– ✉ 36078
▸ Roma 561 – Verona 62 – Milano 219 – Trento 86

❌ **Hostaria a le Bele**   🚲 ⇄ 🅿 📶 📶 🅰🄴 🅾 ♿
😊 *località Maso 11, Ovest : 4 km* – ℰ 04 45 97 00 34 97 02 70 – chiuso dal 10 al
20 gennaio, agosto, lunedì, martedì a mezzogiorno
Rist – Carta 30/50 €
♦ Sulle colline, lontano dalla frenesia di Valdagno, una rustica trattoria, tipica come la sua cucina che prende spunto dalla tradizione vicentina per arricchirsi di ispirazione contemporanea.

VALDAORA (OLANG) – Bolzano (BZ) – **562** B18 – **2 975 ab.**   **31** C1
– **alt. 1 083 m** – **Sport invernali : 1 080/2 275 m** ⛄ 19 ⛷ 12 (**Comprensorio Dolomiti superski Plan de Corones**) ⛷ – ✉ 39030
▸ Roma 726 – Cortina d'Ampezzo 51 – Bolzano 88 – Brunico 11
🅸 piazza S. Floriani 4, ℰ 0474 49 62 77, www.olang.com

🏠 **Mirabell**   ⇐ 🚗 📺 🌐 🛁 🛋 🛗 ❄ 🚶 🚲 📞 🔄 🅿 🛰 📶 📶 ♿
via Hans Von Perthaler, a Valdaora di Mezzo – ℰ 04 74 49 61 91
– www.mirabell.it – chiuso dal 3 aprile al 2 giugno
55 cam ⛻ – †119/172 € ††194/312 € – ½ P 140/206 €   **Rist** – Carta 41/50 €
♦ Struttura rinnovata mantenendo inalterato lo stile architettonico locale. L'interno presenta abbondanza di spazi, signorilmente arredati con molto legno, anche nelle camere.

Post ⟨ 🗀 🛰 ⛨ 🄿 🛒 VISA ⚫ ♿

vicolo della Chiesa 6, a Valdaora di Sopra – ☏ *04 74 49 61 27*
– www.hotelresort-tolder.com – dicembre-15 aprile e giugno-24 ottobre
38 cam ⊑ – ♦104/176 € ♦♦158/298 € – 2 suites
Rist *– (chiuso a mezzogiorno) (solo per alloggiati)*
◆ Centrale, signorile albergo di tradizione, dotato di maneggio con scuola di equitazione; settore notte funzionale, rinnovato in anni recenti. Calda atmosfera e raffinata ambientazione tirolese nella sala ristorante.

Markushof ⟨ 🖫 🛰 ⛨ ᒥ⅃ ⛨ 🄿 🛒 VISA ⚫ ♿

via dei Prati 9, a Valdaora di Sopra – ☏ *04 74 49 62 50 – www.markushof.it*
– 2 dicembre-15 aprile e 25 maggio-14 ottobre
28 cam ⊑ – ♦45/72 € ♦♦84/124 € – ½ P 74 €   **Rist** – Menu 22/28 €
◆ Cortese gestione familiare in un confortevole hotel che vanta una posizione soleggiata e tranquilla, camere ampie ed un moderno centro benessere. Piacevole servizio ristorante in terrazza.

a Sorafurcia Sud : 5 km – ⊠ 39030 Valdaora

Berghotel Zirm ⟨ 🗂 🗀 ⊛ 🛰 ⛨ ⅍ rist, ⛨ 🄿 🛒 VISA ⚫ ♿

via Egger 16, (alt. 1 360) – ☏ *04 74 59 20 54 – www.berghotel-zirm.com*
– dicembre-20 aprile e giugno-20 ottobre
40 cam ⊑ – ♦91/150 € ♦♦138/240 € – 14 suites – ½ P 181 €
Rist *– (solo per alloggiati)*
◆ Vi riempirete gli occhi di un panorama splendido da questa tranquilla risorsa, di fianco alla pista da sci; confort e calore negli spazi comuni e nelle camere rinnovate.

Hubertus ⟨ 🖫 🗀 ⊛ 🛰 ᒥ⅃ ⛨ 🄰🄲 cam, ⅍ rist, ⛨ VISA ⚫ ⓪ ♿

via Furcia 5, (alt. 1 250) – ☏ *04 74 59 21 04 – www.hotel-hubertus.com*
– 17 dicembre-11 aprile e 20 maggio-1° novembre
36 cam – solo ½ P 151/191 €   **Rist** *– (chiuso a mezzogiorno)*
◆ Posizione isolata e vista impareggiabile sulla vallata per un'accogliente struttura dagli interni in stile tirolese; nuove camere con ampi spazi, scenografica piscina.

VALDERICE Sicilia – Trapani (TP) – **365** AK55 – **12 131 ab.** – alt. 240 m **39** A2
– ⊠ 91019

▶ Agrigento 99 – Palermo 184 – Trapani 9

a Bonagia Nord-Est : 4 km – ⊠ 91019

✗✗ **Saverino** con cam ⟨ ⛨ ♿ rist, 🄰🄲 ⅍ ⛨ 🄿 VISA ⚫ 🄰🄴 ♿

via lungomare 3/11 – ☏ *09 23 59 27 27 – www.saverino.it*
20 cam – ♦61/90 € ♦♦82/110 €, ⊑ 7 € – ½ P 62/76 €
Rist *– (chiuso lunedì escluso dal 15 giugno al 15 settembre)* Carta 22/60 €
◆ Nel piccolo borgo di mare, un'unica grande sala resa luminosa dalle enormi vetrate. La cucina è quella che l'ha reso celebre: ottimo pescato giornaliero in ricette gustosamente mediterranee. Camere semplici e luminose, con vista sul mare o sul monte Erice.

VALDIDENTRO – Sondrio (SO) – **561** C12 – **4 033 ab.** – alt. 1 350 m **17** C1
– Sport invernali : 1 345/2484 m ⅍9, ⅍ – ⊠ 23038

▶ Roma 711 – Sondrio 73 – Bormio 9 – Milano 210

🄸 piazza 4 novembre 1, ☏ 0342 98 53 31, www.valdidentro.net

🄶 Bormio via Giustizia, 0342 910730, www.bormiogolf.it – aprile-1° novembre

a Pedenosso Est : 2 km – ⊠ 23038 Valdidentro

🏠 **Agriturismo Raethia** ⟨ 🖫 🗀 ⅍ 🄿 🛒 VISA ⚫ ⓪ ♿

via Sant'Antonio 1 – ☏ *03 42 98 61 34 – www.agriturismoraethia.it – chiuso dal 5 novembre al 5 dicembre*
8 cam ⊑ – ♦40/60 € ♦♦60/100 € – ½ P 68 €
Rist *– (prenotazione obbligatoria)* Menu 28 €
◆ Una nuova risorsa agrituristica ubicata in posizione soleggiata e molto tranquilla. Una gestione familiare capace di trasmettere un genuino e caloroso spirito d'accoglienza. La tipica cucina valtellinese in una sala accogliente e caratteristica.

a Bagni Nuovi Est : 6 km – ⊠ 23032 Valdidentro

🏨🏨🏨 **Grand Hotel Bagni Nuovi** ⚜   🌐 🏠 ⅃₆ ⌷ 🆔 ⅃ ⁽¹⁾ 🏋 🅿
via Bagni Nuovi 7 – ℰ *03 42 91 01 31*   🆅🆂🅰 ⦿ 🅰🅴 ⓪ ♿
– www.bagnidibormio.it
74 cam ⌆ – ♥156/251 € ♥♥238/428 € – ½ P 157/252 €
Rist Salone dei Balli – vedere selezione ristoranti
♦ Imponente edificio liberty con ambienti in stile ed un favoloso centro termale: un inaspettato angolo di Belle Epoque nel parco dello Stelvio.

XXXX **Salone dei Balli** – Grand Hotel Bagni Nuovi   🆔 ⅍ ⇔ 🅿
via Bagni Nuovi 7 – ℰ *03 42 91 01 31*   🆅🆂🅰 ⦿ 🅰🅴 ⓪ ♿
– www.bagnidibormio.it
Rist – *(chiuso giovedì in bassa stagione) (chiuso a mezzogiorno)* Carta 44/64 €
♦ Cucina creativa, interessante scelta enologica ed uno straordinario salone delle feste per serate dal sapore mondano.

VALDOBBIADENE – Treviso **(TV)** – **562** E17 – **10 843 ab.** – **alt. 253 m**   **36** C2
– ⊠ 31049

▶ Roma 563 – Belluno 47 – Milano 268 – Trento 105
ℹ via Piva 53, ℰ 0423 97 69 75, www.valdobbiadene.com

🏨 **Vecchio Municipio** senza rist ⚜   ≼ ⌷ 🅖 ⁽¹⁾ 🅿 🆅🆂🅰 ⦿ 🅰🅴 ♿
via Borgo Berti 6, a San Pietro di Barbozza, Est: 2 km – ℰ *04 23 97 54 14*
– www.hotelvecchiomunicipio.com – chiuso dal 24 dicembre al 20 gennaio
23 cam – ♥55/80 € ♥♥80/94 €, ⌆ 7 € – **4 suites**
♦ Due intraprendenti signore al timone di questo accogliente albergo ricavato dal vecchio municipio del paese. Pochi spazi comuni, ma camere moderne e generose nelle metrature, alcune con interessanti soluzioni per le famiglie.

X **Alla Cima**   ≼ 🆅🆂🅰 ⦿ 🅰🅴 ⓪ ♿
via Cime 13, località San Pietro in Barbozza – ℰ *04 23 97 27 11*
– www.trattoriacima.it
Rist – *(chiuso sera, martedì)* Carta 22/43 €
♦ Dalla sala-veranda del locale godrete appieno della posizione isolata e della panoramica vista sui vigneti del Prosecco. Al centro del locale, invece, la specialità della casa: la griglia, accesa anche a mezzogiorno.

a Bigolino Sud : 5 km – ⊠ 31030

X **Tre Noghere**   🀇 🆔 ⅍ 🅿 🆅🆂🅰 ⦿ 🅰🅴 ⓪ ♿
☺ *via Crede 1 –* ℰ *04 23 98 03 16 – www.trenoghere.com – chiuso dal 1° al 20 luglio, domenica sera, lunedì*
Rist – Carta 28/39 €
♦ Ambiente rustico-informale avvolto dalla quiete di vigneti e campi coltivati. Nella spaziosa sala con camino, o all'aperto, nel piccolo dehors sotto il porticato, la trattoria riscopre i piatti della tradizione: antipasti caldi, zuppe nel pane o lasagnette alle "Tre Noghere"... giusto per citarne alcuni.

X **Casa Caldart**   🀇 🆔 🅿 🆅🆂🅰 ⦿ 🅰🅴 ♿
☜ *via Erizzo 265 –* ℰ *04 23 98 03 33 – www.ristorantecasacaldart.it – chiuso lunedì sera, martedì*
Rist – Carta 21/38 €
♦ Sala di stampo moderno e ampio gazebo per il servizio estivo in un locale molto frequentato da una clientela business. In menu: specialità venete e piatti legati ai prodotti stagionali.

VALEGGIO SUL MINCIO – Verona **(VR)** – **562** F14 – **14 175 ab.**   **35** A3
– **alt. 88 m** – ⊠ 37067 ▯ Italia Centro Nord
▶ Roma 496 – Verona 28 – Brescia 56 – Mantova 25
ℹ piazza Carlo Alberto 169 , ℰ 045 7 95 18 80, www.tourism.verona.it
◉ Parco Giardino Sigurtà★★

Eden 🖼️ ♿ 🆒 ❄️ 📶 🦽 🅿️ 🚾 💳 🆔 ↕️

via Don G. Beltrame 10 – € 04 56 37 08 50
– www.albergoedenvaleggio.com
30 cam 🛏️ – 🛏️47/67 € 🛏️🛏️78/88 € – 7 suites – ½ P 62 €
Rist – *(chiuso dal 23 luglio all'11 agosto e le sere di martedì e mercoledì)*
Carta 20/37 €

♦ Moderne camere e sale riunioni in questo hotel ideale per una clientela di lavoro ma anche per quanti sono tentati dalle molteplici escursioni alle attrazioni turistiche della zona. Un'unica semplice sala per i vostri pasti, nella quale assaporare la cucina regionale.

La Lepre 🍴 ❄️ 💳 💳 🆔 ↕️

via Marsala 5 – € 04 57 95 00 11
– chiuso 3 settimane in gennaio, 10 giorni in giugno, mercoledì, giovedì a mezzogiorno
Rist – Carta 22/35 €

♦ Osteria nell'800, poi ristorante, è oggi un locale di antica tradizione, nel cuore della cittadina; atmosfera simpatica e gustosi piatti del territorio, tra cui ovviamente la lepre.

Alla Borsa 🍴 ♿ 🆒 ❄️ 🔄 🅿️ 💳 💳 ↕️

via Goito 2 – € 04 57 95 00 93
– www.ristoranteborsa.it – chiuso dal 26 febbraio al 10 marzo, dal 10 luglio al 10 agosto, martedì sera, mercoledì, anche domenica sera da novembre a marzo
Rist – Carta 28/53 €

♦ Attivo da quasi 50 anni, due sale rustiche e una più piccina dall'atmosfera elegante. La gestione è familiare e la ricetta da sempre la stessa, piatti di cucina veronese e mantovana che si alternano.

a Borghetto Ovest : 1 km – alt. 68 m – ✉️ 37067 Valeggio Sul Mincio

Faccioli 🏡 🆒 📶 🅿️ 💳 💳 ↕️

via Tiepolo 4 – € 04 56 37 06 05
– www.hotelfaccioli.it – chiuso dal 6 al 16 gennaio
17 cam 🛏️ – 🛏️60/80 € 🛏️🛏️100/120 €
Rist La Cantina – *(chiuso dal 30 gennaio al 15 febbraio, dal 1° al 10 agosto, martedì e mercoledì) (chiuso a mezzogiorno)* Carta 31/41 €

♦ Una bella e romantica posizione nel piccolo borgo medievale per questo piccolo hotel a conduzione familiare, una casa contadina ristrutturata per offrire un soggiorno tranquillo e signorile. Al ristorante, un'atmosfera rustica e semplici preparazioni regionali.

Antica Locanda Mincio 🍴 🆒 🔄 💳 💳 🆔 ↕️

via Buonarroti 12 – € 04 57 95 00 59
– www.anticalocandamincio.it – chiuso dal 1° al 15 febbraio, dal 1° al 15 novembre, mercoledì e giovedì
Rist – Carta 23/53 €

♦ Gestito dalla stessa famiglia dal 1919 e Membro dei Locali Storici d'Italia, questo bel ristorante che dispone di una splendida terrazza-giardino in riva al fiume, propone una gustosa cucina legata al territorio. La sala del camino è decorata da un polittico a tempera dell'artista F. Bellomi.

Gatto Moro 🍴 🔄 🅿️ 💳 💳 ↕️

via Giotto 21 – € 04 56 37 05 70
– chiuso dal 30 gennaio al 15 febbraio, dal 1° al 10 agosto, martedì, mercoledì
Rist – Carta 31/41 €

♦ Sedie in legno massiccio, il piacere di sedersi a tavola in compagnia, la trattoria propone una sala enorme e due più intime e curate ed una cucina che si sbizzarrisce tra il veneto e il mantovano.

a Santa Lucia dei Monti Nord-Est : 5 km – alt. 145 m – ⊠ 37067 Valeggio Sul Mincio

X   **Belvedere** con cam ⌂   ⛱ ⌑ ⚘ **P** _VISA_ ⱺ ⓢ
– ☏ 04 56 30 10 19 – www.ristorantebelvedere.eu – chiuso dal 15 febbraio al
2 marzo, dal 5 al 23 novembre
7 cam – †40 € ††60/70 €, ⌑ 6 € – 3 suites – ½ P 65 €
Rist – (chiuso mercoledì, giovedì) Carta 23/45 €
♦ Molto apprezzato da chi lo conosce da sempre, è la griglia situata all'ingresso
ad annunciare le specialità della casa: paste fatte in casa e tradizione regionale.
Servizio estivo in giardino. Il silenzio e la tranquillità dell'alto del colle culleranno
il riposo nelle semplici stanze.

VAL FERRET – Aosta (AO) – Vedere Courmayeur

VALLE AURINA (AHRNTAL) – Bolzano (BZ) – 562 B17 – 5 483 ab.   31 C1
– alt. 1 457 m – Sport invernali : 951/2 350 m a Cadipietra: 1 050/2 050 m ⛷ 1
⛷10, ⚲ – ⊠ 39030
▶ Roma 726 – Cortina d'Ampezzo 78 – Bolzano 94 – Dobbiaco 48

a Cadipietra (Steinhaus) – alt. 1 054 m – ⊠ 39030
🄸 via Aurina 95, ☏ 0474 65 20 81, www.suedtirol-it

🏨   **Alpenschlössl & Linderhof**   ⪉ ⌤ ⌑ ⊕ ⌂ ⌸ 🄸 ⓖ cam, ⚘ ⚘ rist,
Cadipietra 123 – ☏ 04 74 65 21 90   ⌗ **P** ⛯ _VISA_ ⱺ ⓢ
– www.alpenschloessl.com
76 cam ⌑ – †120/220 € ††200/450 € – 11 suites – ½ P 140/225 €
Rist – (solo per alloggiati) Menu 35/68 €
♦ Elegante albergo in due edifici gemelli, che nei luminosi interni propone un'interpretazione moderna dello stile tirolese; ampie camere, anche con letti a baldacchino.

a Lutago (Luttach) – alt. 956 m – ⊠ 39030
🄸 via Aurina 22, ☏ 0474 67 11 36, www.tures-aurina.com

🏨   **Schwarzenstein** ⌂   ⪉ ⛱ ⌤ ⌑ ⊕ ⌂ ⌸ 🄸 ⓖ cam, ⚘ ⚘ ⌗ **P** ⛯
via del Paese 11 – ☏ 04 74 67 41 00   _VISA_ ⱺ ⓢ
– www.schwarzenstein.com – chiuso dal 5 novembre al al 1° dicembre e dal
16 aprile al 15 maggio
81 cam – 6 suites – solo ½ P 80/212 €   **Rist** – (chiuso a mezzogiorno)
♦ Grande struttura tradizionale di alto confort, con ampie sale comuni ben
disposte ed eleganti camere rinnovate, tutte con balcone. Nuova e completa
beauty farm.

a Casere (Kasern) – alt. 1 582 m – ⊠ 39030 Predoi
🄸 centro visite Parco Naturale Casere 5d, ☏ 0474 65 41 88, www.kasern.com

🏨   **Berghotel Kasern** ⌂   ⪉ ⛱ ⌑ ⌂ ⌸ rist, ⌗ ⋆ **P** _VISA_ ⱺ 🄰 ⓢ
via Casere 10 – ☏ 04 74 65 41 85 – www.kasern.com – 26 dicembre-4 maggio
e 2 luglio- novembre
37 cam ⌑ – †50/81 € ††80/176 € – 2 suites – ½ P 48/95 €
Rist – (chiuso mercoledì escluso luglio, agosto e dal 26 dicembre al 6 gennaio)
Carta 22/62 €
♦ Esiste da quattrocento anni come luogo di posta, oggi è un tipico hotel, con
camere graziose ed accoglienti: ottima base per passeggiate o per lo sci di
fondo. Al ristorante la stessa atmosfera genuina e familiare dell'omonimo albergo.

VALLECROSIA – Imperia (IM) – 561 K4 – 7 245 ab. – alt. 5 m   14 A3
– ⊠ 18019
▶ Roma 652 – Imperia 46 – Bordighera 2 – Cuneo 94

XX **Giappun** 🕭 AC VISA ⚫⚫ AE Ⓢ
via Maonaira 7 – ℰ 01 84 25 05 60 – chiuso novembre, mercoledì, giovedì a mezzogiorno
Rist – Menu 45/75 € – Carta 60/132 € 🕸
♦ La freschezza delle materie prime è la carta vincente di questo locale, nato come stazione di posta e che ancora ricorda nel nome il suo fondatore. Pesce del giorno e accattivanti presentazioni.

XX **Torrione** AC VISA ⚫⚫ AE Ⓞ Ⓢ
via Col. Aprosio 394 – ℰ 01 84 29 56 71 – www.ristorantetorrione.net – chiuso dal 1° al 10 luglio, dal 20 al 30 ottobre, domenica sera e lunedì escluso agosto
Rist – Carta 40/65 €
♦ Si trova lungo la via Aurelia: due salette in successione per pochi coperti e una cucina che si ispira solamente al mare e alla disponibilità del mercato locale. Gestione familiare.

VALLE DI CASIES (GSIES) – Bolzano (BZ) – 562 B18 – 2 186 ab. 31 D1
– alt. 1 262 m – **Sport invernali : a Plans de Corones : 1 200/2 275 m** ⛷ 19 ⛷12
(Comprensorio Dolomitisuperski Plans de Corones) ⚡ – ⊠ 39030

▶ Roma 746 – Cortina d'Ampezzo 59 – Brunico 31
🎫 piazza Centrale, ℰ 0474 97 84 36, www.infopointviaggi.it

🏨 **Quelle** ⚜ ← 🚗 ⚓ 🕭 🏊 🗓 🌐 🦌 ⅃͢ß 📶 🕭 cam, 🚶 🛁 rist, 📶 ⚙ 🅿
a Santa Maddalena alt. 1 398 – ℰ 04 74 94 81 11 🚐 VISA ⚫⚫ AE Ⓢ
– www.hotel-quelle.com – chiuso dal 25 novembre al 7 dicembre e dal 10 aprile all'11 maggio
65 cam – 15 suites – solo ½ P 170 €
Rist – (chiuso a mezzogiorno) (solo per alloggiati) 🕸
♦ In un giardino con laghetto e torrente, una bomboniera di montagna, ricca di fantasia, decorazioni, proposte di svago; curatissime camere, centro benessere completo. Legno, bei tessuti, profusione di addobbi e atmosfera raffinata nella sala ristorante.

X **Durnwald** 🕭 🅿 VISA ⚫⚫ Ⓢ
😊 *a Planca di Sotto alt. 1 223 – ℰ 04 74 74 69 20 – chiuso dall'8 al 24 dicembre, giugno, lunedì*
Rist – Carta 33/48 €
♦ Un inno al territorio, tanto nel paesaggio, che potrete ammirare dalle finestre affacciate alle piste da sci, quanto nella cucina, depositaria della genuina tradizione altoatesina.

VALLE IDICE – Bologna (BO) – 562 J15 – Vedere Monghidoro

VALLELUNGA (LANGTAUFERS) – Bolzano (BZ) – 562 B13 30 A1
– alt. 1 912 m – ⊠ 39027 Curon Venosta

▶ Da Melago: Roma 740 – Sondrio 148 – Bolzano 116 – Landeck 63

🏠 **Alpenjuvel** ← 🗓 🌐 🦌 ⅃͢ß 📶 🕭 cam, 🚶 rist, 📶 🅿 🚐 VISA ⚫⚫ AE Ⓞ Ⓢ
a Melago – ℰ 04 73 63 32 91 – www.alpenjuwel.it
– chiuso dal 10 giugno al 1° luglio e dal 1° novembre al 20 dicembre
14 cam 🖵 – †64/80 € ††96/130 € – 2 suites – ½ P 73 €
Rist – (solo per alloggiati)
♦ Soggiornare qui e dimenticare il resto del mondo: è ciò che promette e mantiene un piccolo, panoramico hotel alla fine della valle; camere non ampie, ma accoglienti.

VALLERANO – Viterbo (VT) – 563 O18 – 2 671 ab. – alt. 390 m 12 B1
– ⊠ 01030

▶ Roma 75 – Viterbo 15 – Civitavecchia 83 – Terni 54

XX **Al Poggio** 🛋 🅰 ⚄ 🅿 🆚 ⚅ 🅰🅴 ⓪ ⚄
via Janni 7 – ℰ 07 61 75 12 48 – www.ristorantealpoggio.it – chiuso dal
25 febbraio al 4 marzo, dal 23 al 30 luglio, lunedì sera e martedì
Rist – Carta 25/43 €
♦ Un grande camino decora la sala dall'arredamento sobrio che d'estate si apre
in una gradevole terrazza parzialmente coperta. Paste fatte in casa e il fine settimana anche pesce.

VALLES = VALS – Bolzano (BZ) – **Vedere Rio di Pusteria**

VALLESACCARDA – Avellino (AV) – **564** D27 – **1 368 ab.** – **alt. 650 m**   7 C1
– ⊠ **83050**

▶ Roma 301 – Foggia 65 – Avellino 60 – Napoli 115

XXX **Oasis-Sapori Antichi** (Lina e Maria Luisa Fischetti) 🅰 ⚄ ✧
via Provinciale Vallesaccarda – ℰ 0 82 79 70 21 🆚 ⚅ 🅰🅴 ⓪ ⚄
⚙ – *www.oasis-saporiantichi.it – chiuso 20 giorni in luglio, giovedì, le sere dei giorni
festivi*
Rist – (consigliata la prenotazione) Menu 19 € (pranzo in settimana)/45 €
– Carta 38/62 € ⚘
Spec. Paccheri con ragù all'antica e fonduta di caciocavallo (primavera, autunno e
inverno). Baccalà fritto, patate, limone e verdure. Agnello irpino, pomodorini e
menta (estate).
♦ Splendido binomio di generosa ospitalità e cucina territoriale: i piatti propongono i migliori prodotti irpini, in un contesto di rara cortesia ed accoglienza.

XX **Minicuccio** con cam 🏠 🅰 ⚄ cam, 🍴 🏔 🅿 🆚 ⚅ 🅰🅴 ⓪ ⚄
⚙ *via Santa Maria 24/26 – ℰ 0 82 79 70 30 – www.minicuccio.com*
10 cam – ♦45 € ♦♦75 €, ⊑ 5 € – ½ P 60 €
Rist – (chiuso lunedì) Carta 20/30 €
♦ Dall'inizio del '900 nel rinomato ristorante, quattro generazioni hanno coltivato
l'arte del buon mangiare, con le ricette di questa terra; ambienti classici, camere
decorose.

VALLE SAN FLORIANO – Vicenza (VI) – **Vedere Marostica**

VALLO DELLA LUCANIA – Salerno (SA) – **564** G27 – **8 853 ab.**   7 C3
– **alt. 380 m** – ⊠ **84078**

▶ Roma 343 – Potenza 148 – Agropoli 35 – Napoli 143

X **La Chioccia d'Oro** 🛋 🅰 ⚄ 🅿 🆚 ⚅ ⓪ ⚄
⚙ *località Massa-al bivio per Novi Velia ⊠ 84050 Massa della Lucania*
ℰ 0 97 47 00 04 – www.chiocciadoro.com – chiuso dal 1° al 10 settembre e venerdì
Rist – Carta 25/50 €
♦ Solida gestione familiare da oltre 20 anni per questo locale recentemente rinnovato: in una sala classicheggiante, o nel dehors estivo, piatti della tradizione
locale, a base di carne.

VALLO DI NERA – Perugia (PG) – **563** N20 – **446 ab.** – **alt. 450 m**   33 C2
– ⊠ **06040**

▶ Roma 147 – Terni 39 – Foligno 36 – Rieti 57

XX **La Locanda di Cacio Re** con cam ⚘ ⟨ 🛋 🛋 🏠 🅰 ⚄ 🍴 🅿
località i Casali – ℰ 07 43 61 70 03 – www.caciore.com 🆚 🅰🅴 ⚄
– chiuso novembre o gennaio
8 cam ⊑ – ♦55/65 € ♦♦70/80 € – ½ P 60/70 €   **Rist** – Carta 25/44 €
♦ Ai margini di un suggestivo borgo, un casolare del 1500 ristrutturato con
incantevole vista su monti e vallata. Cucina locale con particolare attenzione ai
formaggi.

VALLONGA – Trento (TN) – **Vedere Vigo di Fassa**

VALMADRERA – Lecco (LC) – **561** E10 – **11 542 ab.** – **alt. 234 m**   18 B1
– ⊠ **23868**

▶ Roma 626 – Como 27 – Bergamo 37 – Lecco 4

XX   **Villa Giulia-Al Terrazzo** con cam   ← 🚗 🛜 ⁿ° 🍴 🅿️
via Parè 73 – 𝒞 *03 41 58 31 06 – www.alterrazzo.com*   VISA ⊕⊕ AE ① ⑤
12 cam 🛏 – †50/60 € ††100/120 €, 3 suites, ½ P 85/90 €   **Rist** – Carta 42/70 €
♦ Sobria eleganza in una villa di fine Ottocento con un'ampia sala ed altre due salette graziosamente affrescate: se il tempo lo permette non rinunciate al romanticismo della terrazza affacciata sul lago. In menu, i sapori locali esaltati con grande capacità e senza stravolgimenti.

VALNONTEY – Aosta (AO) – **561** F4 – Vedere Cogne

VALPELLINE – Aosta (AO) – **561** E3 – 661 ab. – alt. 960 m – ✉ 11010   **34** A2
▶ Roma 752 – Aosta 17 – Colle del Gran San Bernardo 39 – Milano 203

🏠   **Le Lievre Amoureux**   ← 🚗 🛜 🛁 📶 ⑤ 🎾 🍴 ⁿ° 🍴 🅿️
località Chozod 12 – 𝒞 *01 65 71 39 66 – www.lievre.it*   VISA ⊕⊕ ① ⑤
– chiuso dal 7 novembre al 28 gennaio
31 cam 🛏 – †65/75 € ††94/140 € – 1 suite – ½ P 85 €
Rist – *(chiuso dal 15 ottobre al 2 dicembre e dall'8 al 28 gennaio)* Carta 23/48 €
♦ Gestione seria e accoglienza familiare in un simpatico albergo circondato da un ampio prato-giardino dove sono collocati anche quattro chalet; arredi in pino e parquet. Ambientazione di tono rustico nella sala del ristorante.

VALTOURNENCHE – Aosta (AO) – **561** E4 – 2 292 ab. – alt. 1 524 m   **34** B2
– Sport invernali : 1 600/3 100 m ⛷ 1 ⛷6, (Comprensorio Monte Rosa ski collegato con Breuil Cervinia e Zermatt - Svizzera) ⛷ – ✉ 11028
▶ Roma 740 – Aosta 47 – Breuil-Cervinia 9 – Milano 178
🛈 via Guido Rey 17, 𝒞 0166 94 91 36, www.lovevda.it

🏠   **Tourist**   🚗 📶 ⑤ 🍴 🛜 🍴 VISA ⊕⊕ AE ① ⑤
ⓔⓔ   *via Roma 32 –* 𝒞 *0 16 69 20 70 – www.hotel-tourist.it – chiuso ottobre*
34 cam – solo ½ P 75 €   **Rist** – *(chiuso giovedì)* Menu 18 €
♦ Camere spaziose e curate in una struttura moderna, che dispone di servizio navetta - gratuito - per gli impianti di risalita di Valtournenche (collegati a Cervinia e Zermatt).

🏠   **Grandes Murailles** senza rist   📶 ⑤ 🍴 ⁿ° 🚗 VISA ⊕⊕ ⑤
via Roma 78 – 𝒞 *01 66 93 27 02 – www.hotelgmurailles.com – dicembre-aprile e luglio-settembre*
15 cam 🛏 – †67/110 € ††114/220 €
♦ Lo charme e l'atmosfera di questo vecchio albergo anni '50 sono quelli di una casa privata, arredata con mobili d'epoca di famiglia. Camere personalizzate, quasi tutte con balcone, e leziose testiere dei letti.

VALVERDE – Forlì-Cesena (FC) – **563** J19 – Vedere Cesenatico

---

VANDOIES – Bolzano (BZ) – **562** B17 – 3 242 ab. – alt. 755 m – ✉ 39030   **31** C1
▶ Roma 685 – Bolzano 55 – Brunico 20 – Milano 327
🛈 via J. Anton Zoller 1, 𝒞 0472 86 91 00, www.comune.vandoies.bz.it

XX   **La Passion** (Wolfgang Kerschbaumer)   🛜 AC 🅿️ VISA ⊕⊕ AE ⑤
ⓔⓔ   *via San Nicolò 5/b, Vandoies di Sopra –* 𝒞 *04 72 86 85 95 – www.lapassion.it – chiuso lunedì*
Rist – *(prenotazione obbligatoria)* Menu 54/74 € – Carta 43/67 €
Spec. Testina di vitello tiepida con gallinacci (finferli). Cavatelli di pane nero con frutti di mare. Agnello panato con verdure.
♦ E' stata ricreata una caratteristica stube tra le mura di questa piccola casa privata, intima e accogliente, con graziose tendine alle finestre. Lei in sala, lui in cucina, a tavola la tradizione.

VARALLO SESIA – Vercelli (VC) – **561** E6 – 7 587 ab. – alt. 450 m   **23** C1
– ✉ 13019 ▌ Italia Centro Nord
▶ Roma 679 – Biella 59 – Milano 105 – Novara 59
🛈 corso Roma 38, 𝒞 0163 56 44 04, www.comunevarallo.com
◎ Sacro Monte★★

a Crosa Est : 3 km – ⊠ 13853

X **Delzanno**   ⌂ **P** 🚾 ⚫ AE ⓪ ⑤
località Crosa – ℰ 0 16 35 14 39 – www.ristorantedelzanno.it – chiuso lunedì escluso maggio-settembre
Rist – Carta 22/47 €
♦ Oltre un secolo e mezzo di fervida attività per questo storico locale, gestito da sempre dalla stessa famiglia: nelle due raccolte salette, una con camino, i sapori del territorio sono riproposti con fedeltà e schiettezza.

a Sacro Monte Nord : 4 km – ⊠ 13019 Varallo Sesia

⌂ **Sacro Monte** 🕲   ≤ 🚗 ⌂ 🍴 rist, **P** 🚾 ⚫ AE ⑤
località Sacro Monte 14 – ℰ 0 16 35 42 54 – www.albergosacromonte.eu – aprile-ottobre
24 cam ☑ – †45/60 € ††80/90 € – ½ P 52/62 €
Rist – *(chiuso lunedì escluso luglio-agosto)* Carta 24/53 €
♦ Vicino a un sito religioso meta di pellegrinaggi, ambiente piacevolmente "old fashion" in un hotel con spazi esterni tranquilli e verdeggianti; camere di buona fattura. Gradevole sala ristorante con camino e utensili di rame appesi alle pareti.

VARANO DE' MELEGARI – Parma (PR) – 562 H12 – 2 668 ab.   8 A2
– alt. 190 m – ⊠ 43040
▶ Roma 489 – Parma 36 – Piacenza 79 – Cremona 85

XX **Castello**   ⌂ 🍴 ⇨ **P** 🚾 ⚫ ⑤
via Martiri della Libertà 129 – ℰ 0 52 55 31 56 – chiuso dal 20 dicembre al 20 gennaio, dal 12 al 19 giugno, dal 12 al 19 settembre, lunedì, martedì
Rist – Carta 45/60 €
♦ Tra antico e moderno, proprio dove sorgeva il posto di guardia dell'attiguo castello, un piccolo e curato locale che propone estrose interpretazioni di piatti del territorio. Fresco servizio estivo in terrazza.

VARAZZE – Savona (SV) – 561 I7 – 13 732 ab. – ⊠ 17019 ▮ Italia   14 B2
▶ Roma 534 – Genova 36 – Alessandria 82 – Cuneo 112
🛈 corso Matteotti 56, ℰ 019 93 50 43, www.visitriviera.it

⌂🏠 **Le Roi**   ⌂ 📶 ఉ rist, 📶 ⇄ 🍴 rist, 🐾 **P** 🚾 ⚫ AE ⓪ ⑤
via Genova 43 – ℰ 01 99 59 02 – www.leroi.it – chiuso dal 10 al 26 dicembre
20 cam ☑ – †65/85 € ††110/140 € – ½ P 85/100 €
Rist Blu di Mare – *(chiuso lunedì)* Carta 24/47 €
♦ Un albergo fronte mare, raddoppiato nella capienza dalla nuova dependance: arioso negli spazi comuni, dispone di camere arredate modernamente e personalizzate. Il blu del mare è quanto si vede dalla luminosa sala da pranzo.

⌂🏠 **Villa Elena**   🚗 📶 ఉ 📶 cam, 🐾 **P** 🚾 ⚫ AE ⓪ ⑤
via Coda 16 – ℰ 01 99 75 26 – www.genovesevillaelena.it – chiuso da ottobre a Natale
50 cam – †55/120 € ††100/130 €, ☑ 10 € – ½ P 90 €   **Rist** – Carta 30/47 €
♦ Accoglienza cordiale e affezionata clientela di habitué in questa bella villa liberty, ristrutturata, che conserva al suo interno elementi architettonici originali. Ligneo soffitto a cassettoni intarsiato e lampadari in stile nella raffinata sala ristorante.

⌂🏠 **El Chico**   ≤ 🌣 ☄ 🎇 📶 🐾 🐾 ䷀ 🐾 **P** 🚾 ⚫ AE ⑤
strada Romana 63, Est: 1 km – ℰ 0 19 93 13 88 – www.elchico.eu – chiuso dal 20 dicembre al 31 gennaio
38 cam ☑ – ††135/145 € – ½ P 95 €   **Rist** – Menu 25 €
♦ Struttura anni '60 immersa in un parco ombreggiato con piscina; gradevoli e comodi spazi comuni, sia esterni che interni. Nuove sale riunioni per la clientela business. Ampia, luminosa sala da pranzo di taglio moderno, dove si propone cucina mediterranea.

Eden senza rist   🕮 ⇆ ⚿ 🛜 🏧 🅿 VISA ⦾ AE ⦿ ♿

via Villagrande 1 – 𝒞 0 19 93 28 88 – www.hoteledenvarazze.it – chiuso
dal 18 dicembre al 9 gennaio
45 cam – ♦50/80 € ♦♦90/130 €, ⬜ 8 €

♦ Gestione familiare in una comoda risorsa centrale, adatta a clientela sia turistica
che d'affari; zone comuni signorili e ben distribuite, stanze spaziose e confortevoli.

Cristallo   🛋 🕮 ⚿ rist, 🛜 🏧 🅿 VISA ⦾ AE ⦿ ♿

via Cilea 4 – 𝒞 01 99 72 64 – www.cristallohotel.it – chiuso dal 20 dicembre
al 10 gennaio
42 cam – ♦60/99 € ♦♦90/134 €, ⬜ 8 € – ½ P 94 €
Rist – *(da settembre a luglio chiuso venerdì-sabato-domenica) (chiuso a*
mezzogiorno) Carta 32/38 €

♦ Per un soggiorno marino in ambiente signorile e ospitale, un hotel che offre
camere di diversa tipologia, funzionali e dotate di ogni confort, alcune con idromassaggio. Gradevole sala ristorante, di impostazione classica; piatti italiani e liguri.

Astigiana   🕮 cam, ⇆ ⚿ VISA ⦾ ♿

via Busci 10 – 𝒞 01 99 74 91 – www.hotelastigiana.it – chiuso dal 15 ottobre al
23 dicembre
24 cam – ♦40/100 € ♦♦70/110 €, ⬜ 9 € – 4 suites – ½ P 96 €
Rist – Carta 30/45 €

♦ Nel cuore della località e a pochi metri dal mare, la risorsa può vantare una
lunga tradizione familiare (dal 1919). La recente ristrutturazione ha saputo esaltare al meglio l'incantevole natura dei suoi interni: dalla reception decorata con
ceramiche d'arte, alle belle camere con accenti provenzali.

Ines   ⚿ rist, 🛜 🅿 VISA ⦾ AE ⦿ ♿

via Cavour 10 – 𝒞 01 99 73 02 – www.hotelinesvarazze.it
12 cam ⬜ – ♦45/55 € ♦♦70/90 € – ½ P 55/64 €   **Rist** – *(solo per alloggiati)*
♦ Non lontano dal mare, villetta liberty circondata da una piacevole terrazza
solarium; accoglienti interni con originali pavimenti a mosaico, camere di taglio
classico.

✗ **Bri**   🏠 VISA ⦾ AE ⦿ ♿

piazza Bovani 13 – 𝒞 0 19 93 46 05 – www.ristorantebri.it – chiuso novembre e
mercoledì (escluso giugno-settembre)
Rist – Carta 33/50 €

♦ Mantiene la sua originaria "anima" di osteria, familiare e informale, questo ristorante classico; pochi fronzoli nella solida cucina, che è tipica ligure e di pesce.

VARENA – Trento (TN) – 562 D16 – 827 ab. – alt. 1 180 m – Sport   **31** D3
invernali : Vedere Cavalese (Comprensorio Dolomiti superski Val di Fiemme)
– ✉ 38030 ▌ Italia Centro Nord

▶ Roma 638 – Trento 64 – Bolzano 44 – Cortina d'Ampezzo 104

Alpino   ⬄ 🚗 🏠 🛖 🛋 ⬜ cam, 🛗 🕮 cam, ⚿ rist, 🛜 🅿 VISA ⦾ ♿

via Mercato 8 – 𝒞 04 62 34 04 60 – www.albergoalpino.it – chiuso 20 giorni in
maggio e 20 giorni in novembre
28 cam ⬜ – ♦55/70 € ♦♦70/120 € – ½ P 75 €   **Rist** – Carta 26/37 €

♦ In un bel palazzo sulla piazza centrale del paese, la gestione familiare non
lesina sforzi in continui rinnovi. Ottime camere con arredi in legno locale.
Moderna sala ristorante dall'ambiente informale, servizio estivo in giardino.

VARENNA – Lecco (LC) – 561 D9 – 824 ab. – alt. 220 m – ✉ 23829   **16** B2
▌ Italia Centro Nord

▶ Roma 642 – Como 50 – Bergamo 55 – Chiavenna 45
🚢 per Menaggio e Bellagio – Navigazione Lago di Como, call center 800 551 801
🛈 via 4 Novembre, 𝒞 0341 83 03 67, www.varennaitaly.com
◉ Giardini★★ di villa Monastero

Du Lac senza rist ⩽ ⬦ 🅰 🅰️ 🅿 🚗 𝐕𝐈𝐒𝐀 ⊙ 🅰🅴 🅾 ♿
*via del Prestino 11 – ℰ 03 41 83 02 38 – www.albergodulac.com
– marzo-15 novembre*
16 cam ⬜ – ♦85/155 € ♦♦145/245 €

♦ Sembra spuntare dall'acqua questo grazioso albergo ristrutturato, in splendida posizione panoramica; piacevoli ambienti comuni e un'amena terrazza-bar in riva al lago.

VARESE 🅿 (VA) – 561 E8 – 81 788 ab. – alt. 382 m – ✉ 21100   18 A1
📖 Italia Centro Nord

▶ Roma 633 – Como 27 – Bellinzona 65 – Lugano 32

ℹ️ via Romagnosi 9, ℰ 0332 28 19 13, www.provincia.va.it

🏌 via Vittorio Veneto 59, 0332 229302, www.golfclubvarese.it – chiuso lunedì

🏌 Dei Laghi via Trevisani 926, 0332 978101, www.golfdeilaghi.it – chiuso martedì

🏌 Panorama via Belmonte, 0332 330356, www.panoramagolf.it

👁 Villa Menafoglio Litta Panza★

Ⓖ ★★dal Sacro Monte★★: 8 km a nord-ovest – da Campo dei Fiori★★: 10 km a nord-ovest

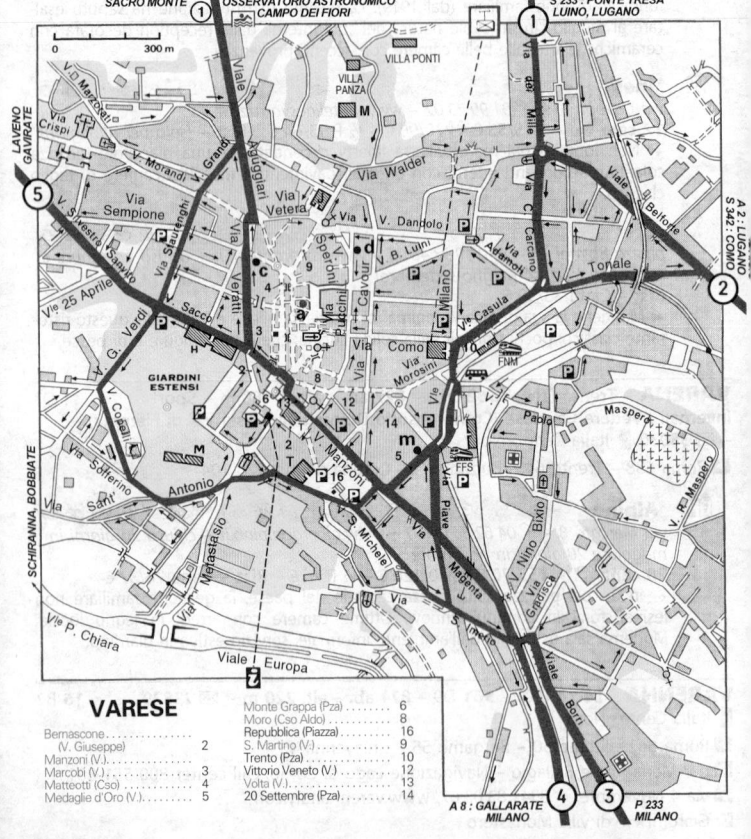

VARESE

Bernascone (V. Giuseppe)	2
Manzoni (V.)	
Marcobi (V.)	3
Matteotti (Cso)	4
Medaglie d'Oro (V.)	5
Monte Grappa (Pza)	6
Moro (Cso Aldo)	8
Repubblica (Piazza)	16
S. Martino (V.)	9
Trento (Pza)	10
Vittorio Veneto (V.)	12
Volta (V.)	13
20 Settembre (Pza)	14

🏨 Art Hotel

viale Aguggiari 26, per ① – 𝒞 03 32 21 40 00 – www.arthotelvarese.it
28 cam ⌫ – ♦♦105/125 €
Rist – *(chiuso dal 26 dicembre al 6 gennaio e 2 settimane in agosto)*
Carta 33/65 €

♦ E' un'affascinante dimora storica settecentesca ad accogliere questo nuovo hotel nella prima periferia della città, arredato con gusto moderno e accessori di ultima generazione. Proposte di cucina fantasiosa e di stagione (nella bella sala colazioni con camino). La domenica solo brunch.

🏨 City Hotel senza rist

via Medaglie d'Oro 35 – 𝒞 03 32 28 13 04 – www.cityhotelvarese.com – chiuso dal 23 dicembre al 9 gennaio e dal 13 al 27 agosto   **m**
46 cam ⌫ – ♦79/119 € ♦♦119/155 €

♦ In centro città, vicino alla stazione ferroviaria, struttura funzionale, con sale riunioni, adatta a clientela sia d'affari che turistica; moderne le camere rinnovate.

🏨 Relais sul Lago

via Giovanni Macchi 61, 3 km per viale 25 Aprile – 𝒞 03 32 31 00 22 – www.relaissullago.it
62 cam ⌫ – ♦80/110 € ♦♦90/135 € – 1 suite – ½ P 70/105 €
Rist Sergio 1950 – vedere selezione ristoranti

♦ Lontano dal centro cittadino e con vista sul piccolo lago, camere calde ed accoglienti, nonché un ospitale centro benessere. Un paradiso terrestre, dove riconciliarsi con la vita!

🏠 Bologna

via Broggi 7 – 𝒞 03 32 23 43 62 – www.albergobologna.it – chiuso 1 settimana in febbraio e 3 settimane in agosto   **c**
15 cam ⌫ – ♦80 € ♦♦100 €   **Rist** – *(chiuso sabato)* Carta 30/40 €

♦ Gestito dalla stessa famiglia da quasi 50 anni, un semplice, ma confortevole hotel, rinnovato in anni recenti; comoda posizione centrale e camere ben arredate. Simpatica sala da pranzo di ambientazione rustica nel frequentato ristorante.

XXX Al Vecchio Convento

viale Borri 348, per ③ – 𝒞 03 32 26 10 05 – www.alvecchioconvento.it – chiuso dal 27 dicembre al 4 gennaio, dall'11 al 30 agosto, domenica sera, lunedì
Rist – Menu 28 € bc (pranzo)/38 € bc – Carta 38/62 €

♦ Chiedete un tavolo nella sala principale, d'atmosfera e con arredi eleganti, per gustare una cucina che segue le stagioni e predilige la Toscana. In posizione decentrata.

XX Teatro

via Croce 3 – 𝒞 03 32 24 11 24 – www.ristoranteteatro.it – chiuso dal 23 luglio al 25 agosto e martedì   **a**
Rist – Carta 38/79 €

♦ Raccontano la storia del teatro, dalle origini greche ai giorni nostri, i quadri alle pareti di un antico locale, in pieno centro; a tavola vanno in scena terra e mare.

XX Sergio 1950 – Hotel Relais sul Lago

via Giovanni Macchi 61, 3 km per viale 25 Aprile – 𝒞 03 32 31 35 71 – www.relaissullago.it – chiuso domenica sera
Rist – Carta 29/55 € ❀

♦ Attraversata la hall dell'albergo, sarà la luminosità dell'ambiente a colpirvi: la luce del giorno filtra, infatti, da un'intera parete-finestra, trasformando la terrazza in una naturale prosecuzione (evidenziata dal pavimento stesso). In un spazio così suggestivo, anche la cucina si fa raffinata.

a Capolago Sud-Ovest : 5 km – ✉ 21100

XX Da Annetta

via Fè 25 – 𝒞 03 32 49 00 20 – www.daannetta.it – chiuso dall'8 al 24 agosto e mercoledì
Rist – Menu 28 € bc/65 € bc – Carta 44/74 € ❀

♦ In un edificio del '700, rustico e al contempo elegante con raffinata cura della tavola e cucina che prende spunto dalla tradizione, ma sa rivisitarla con fantasia.

VARESE LIGURE – La Spezia (SP) – **561** I10 – **2 177 ab.** – alt. 353 m   **15** D2
– ✉ 19028

▶ Roma 457 – La Spezia 57 – Bologna 194 – Genova 90

ℹ via Portici 19, ℰ 0187 84 20 94, www.prolocovareseligure.it

⌂ **Amici**   🚗 📶 P VISA ✆ AE ⚡
   *via Garibaldi 80 – ℰ 01 87 84 21 39 – www.albergoamici.com – chiuso dal
😊 *20 dicembre al 15 gennaio*
24 cam ⌑ – ♦45/55 € ♦♦60/75 € – ½ P 48 €
Rist Amici – (chiuso mercoledì da ottobre a maggio) Carta 20/37 €
♦ Nella cittadina dell'entroterra, dove potrete visitare il Castello e l'originale Borgo
Rotondo, confortevole hotel familiare con giardino; buon rapporto qualità/prezzo.

✗ **La Taverna del Gallo Nero**   🏠 VISA ✆ ⓪ ⚡
   *piazza Vittorio Emanuele 26 – ℰ 01 87 84 05 13 – chiuso dall'8 gennaio al
😊 *10 febbraio e lunedì (escluso dal 15 luglio al 15 agosto)*
Rist – (prenotazione obbligatoria la sera) Carta 27/48 €
♦ Piatti regionali, curati ed appetitosi, in una rustica taverna, artefice di una
cucina attenta all'evoluzione dei gusti e con qualche simpatico spunto creativo.

VARIGOTTI – Savona (SV) – **561** J7 – ✉ 17029   **14** B2

▶ Roma 567 – Genova 68 – Imperia 58 – Milano 191

ℹ via Aurelia 79, ℰ 019 69 80 13, www.visitriviera.it

⌂⌂ **Albatros** senza rist   ≤ 📶 ₠ AC 📶 P VISA ✆ AE ⓪ ⚡
   via Aurelia 58 – ℰ 0 19 69 80 39 – www.hotelalbatrosvarigotti.it – aprile-ottobre
15 cam ⌑ – ♦140/180 € ♦♦190/220 € – 4 suites
♦ E' stato completamente rinnovato, questo albergo piacevolmente affacciato sul
mare, che ora dispone di una piccola zona benessere e le cui camere di moderno
design si differenziano l'una dall'altra (alcune con terrazza).

✗✗ **Muraglia-Conchiglia d'Oro** con cam e senza ⌑   🏠 🍴 P
   via Aurelia 133 – ℰ 0 19 69 80 15   VISA ✆ AE ⓪ ⚡
– *chiuso dal 15 dicembre al 15 gennaio*
6 cam – ♦70 € ♦♦70/90 € – 1 suite
Rist – (chiuso mercoledì e da ottobre a maggio anche martedì) Carta 73/85 €
♦ Una sala sobria e luminosa, nonché una piacevole terrazza vista mare: la specialità
della casa è il pesce - di grande qualità e freschezza - preparato anche alla brace.

VARZI – Pavia (PV) – **561** H9 – **3 404 ab.** – alt. 416 m – ✉ 27057   **16** B3

▶ Roma 585 – Piacenza 69 – Alessandria 59 – Genova 111

ℹ piazza della Fiera, ℰ 0383 54 52 21, www.comune.varzi.pv.it

verso Pian d'Armà Sud : 7 km :

✗ **Buscone**   🏠 ✿ VISA ✆ ⓪ ⚡
   località Bosmenso 41 – ℰ 0 38 35 22 24 – www.ristorantebuscone.it – chiuso lunedì
😊 **Rist** – Menu 20 € bc/30 €
♦ La difficoltà che forse incontrerete per raggiungere la trattoria, sarà ricompensata dal vivace ambiente familiare e dalla cucina casereccia. Assolutamente da
assaggiare: i salumi fatti in casa e, in stagione, i funghi.

VASON – Trento (TN) – Vedere Bondone (Monte)

VASTO – Chieti (CH) – **563** P26 – **39 811 ab.** – alt. 144 m – ✉ 66054   **2** C2

▶ Roma 271 – Pescara 70 – L'Aquila 166 – Campobasso 96

ℹ piazza del Popolo 18, ℰ 0873 36 73 12, www.abruzzoturismo.it

✗✗ **Castello Aragona**   ≤ 🚗 AC 🍴 P VISA ✆ AE ⓪ ⚡
   *via San Michele 105 – ℰ 0 87 36 98 85 – www.castelloaragona.it – chiuso dal
24 dicembre al 4 gennaio e lunedì*
Rist – Carta 31/58 €
♦ La suggestiva atmosfera di memoria storica e il servizio estivo sulla terrazza-
giardino con splendida vista sul mare caratterizzano questo ristorante, dove
potrete gustare specialità di mare.

VEDOLE – Parma (PR) – Vedere Colorno

VELLETRI – Roma (RM) – **563** Q20 – 53 054 ab. – alt. 332 m – ⊠ 00049   13 C2
▮ Roma

▶ Roma 36 – Anzio 43 – Frosinone 61 – Latina 29

◘ Castelli romani★★ nord-ovest per la via dei Laghi o per la strada S 7, Appia Antica
(circuito di 60 km)

XX   **Da Benito al Bosco** con cam ॐ   ♨ 🏠 ⏚ 🛉 🅰🅲 ⑭ 🚿 🅿
▣   via Morice 96 – ℰ 06 96 33 99 1   🆅🅸🆂🅰 ⓿ 🅰🅴 ⓿ ⓺
     – www.benitoalbosco.com
     60 cam ⚏ – ♦55/65 € ♦♦80 € – ½ P 65 €   **Rist** – Carta 35/50 € ॐ
     ◆ Il ristorante privilegia la cucina di mare e, non appena il clima lo consente, ci si
     sposta all'aperto: a bordo piscina o all'ombra dei castagni. Situato in zona collinare
     e residenziale, l'albergo ospita camere dall'arredo classico ed inserti in marmo.

VELLO – Brescia (BS) – **561** E12 – alt. 190 m – ⊠ 25054 Marone   19 D1

▶ Roma 591 – Brescia 34 – Milano 100

X   **Trattoria Glisenti**   🏠 🚿 🆅🅸🆂🅰 ⓿ ⓺
     via Provinciale 34 – ℰ 03 09 87 22 2 – www.trattoriaglisenti.it – chiuso dal
     6 gennaio al 12 febbraio e giovedì, da settembre a maggio anche mercoledì
     Rist – Carta 31/49 €
     ◆ Un indirizzo consigliabile agli appassionati del pesce di lago: semplice trattoria
     di lunga tradizione familiare, sulla vecchia strada costiera del lago d'Iseo.

VELO D'ASTICO – Vicenza (VI) – **562** E16 – 2 429 ab. – alt. 346 m   35 B2
– ⊠ 36010

▶ Roma 551 – Trento 57 – Treviso 83 – Verona 81

XX   **Giorgio e Flora** con cam ॐ   ⪕ 🏠 🅰🅲 🚿 🚿 🅿 🆅🅸🆂🅰 ⓿ ⓿ ⓺
     via Baldonò 1, lago di Velo d'Astico, Nord-Ovest : 2 km – ℰ 04 45 71 30 61
     – www.giorgioeflora.it – chiuso dal 20 al 30 agosto
     6 cam ⚏ – ♦55/65 € ♦♦80/100 € – 1 suite – ½ P 80 €
     Rist – (chiuso mercoledì sera, giovedì) (coperti limitati, prenotare) Carta 27/49 €
     ◆ Una villetta tipo chalet che domina la valle, due sale, di cui una più raccolta
     ed elegante, un panoramico dehors e piatti della tradizione veneta con tocco
     personale.

VELO VERONESE – Verona (VR) – **562** F15 – 790 ab. – alt. 1 087 m   35 B2
– ⊠ 37030

▶ Roma 529 – Verona 35 – Brescia 103 – Milano 193

X   **13 Comuni** con cam   🏠 🚿 🆅🅸🆂🅰 ⓿ ⓺
     piazza della Vittoria 31 – ℰ 04 57 83 55 66 – www.13comuni.it – chiuso ottobre
     o novembre
     15 cam ⚏ – ♦30/50 € ♦♦50/80 € – ½ P 45/55 €
     Rist – (chiuso lunedì e martedì escluso luglio-agosto) Carta 24/43 €
     ◆ Nella piazza del paese, classica risorsa familiare, con camere funzionali e cucina
     del territorio; soffitto di legno nella spaziosa sala ristorante di stile montano.

VENARIA REALE – Torino (TO) – **561** G4 – 34 833 ab. – alt. 262 m   22 A1
– ⊠ 10078

▶ Roma 667 – Torino 11 – Aosta 116 – Milano 143

◘ Druento strada della Barra 21, , Ovest: 3 km, 329 5431235, www.golfdruento.com

🏨   **Galant** senza rist   🛊 🅰🅲 🚿 🚿 🅿 🆅🅸🆂🅰 ⓿ 🅰🅴 ⓿ ⓺
     corso Garibaldi 155 – ℰ 01 14 55 10 21 – www.hotelgalant.it
     39 cam ⚏ – ♦87/153 € ♦♦127/210 €
     ◆ A meno di un chilometro dal "delle Alpi", struttura di taglio moderno, ideale
     per una clientela d'affari, dispone di piacevoli ambienti comuni e di camere sem-
     plici ma confortevoli.

🏠 **Cascina di Corte** 🎍 🅰️ ⁽ᵗ⁾ ᵛ̶ˢ̶ᴬ̶ ⑩ 🅰🅴 ⓪ ⛄

via Amedeo di Castellamonte 2 – 𝒞 01 14 59 32 78 – www.cascinadicorte.it
10 cam 🛏 – 🛊120/180 € 🛊🛊140/280 € – 2 suites
Rist – *(chiuso agosto)* Carta 32/41 €

♦ Alle porte della celebre reggia, cascina ottocentesca con annessa ghiacciaia ancora conservata. Sobrio stile architettonico di impronta locale, ma - all'interno - l'atmosfera rustica con mattoni a vista nelle camere cede il passo a moderne installazioni e confort.

🍴🍴🍴 **Dolce Stil Novo alla Reggia** (Alfredo Russo) 🎍 ⛄ 🅰️ ⇎
🟢 *piazza della Repubblica 4 – 𝒞 01 14 99 23 43* ᵛ̶ˢ̶ᴬ̶ ⑩ 🅰🅴 ⓪ ⛄
– www.dolcestilnovo.com – chiuso 2 settimane in gennaio, 2 settimane in agosto, domenica sera, lunedì, martedì a mezzogiorno
Rist – *(coperti limitati, prenotare)* Menu 38 € (pranzo)/70 € – Carta 70/110 €
Spec. Terrina di pane con pomodoro fresco di Portopalo profumata al basilico (primavera-estate). Stracotto di carciofi con cremoso di pistacchi e parmigiano (inverno). Biscotto con semifreddo di agrumi e riduzione di anice stellato (autunno-inverno).

♦ Ospitato all'interno del *Torrione del Garove*, il ristorante dispone di una bella terrazza affacciata sui giardini della *Reggia di Venaria*. Due ampie sale con tavoli spaziosi, alle quali si contrappongono arredi minimalisti, accolgono una cucina del territorio con qualche specialità di mare.

VENEZIA

Piante pagine seguenti

© John Elk III / Photononstop

270 801 ab. – 562 F19 –  Venezia

Uffici Informazioni turistiche

calle Ascensione - San Marco 71/f ℰ 041 5298711, www.turismovenezia.it
Stazione Santa Lucia ℰ 041 5298711
Aeroporto Marco Polo ℰ 041 5298711

Aeroporto

✈ Marco Polo di Tessera, Nord-Est : 13 km ℰ 041 2609260

Trasporti marittimi

⛴ da piazzale Roma (Tronchetto) per il Lido-San Nicolò – dal Lido Alberoni per l'Isola di Pellestrina-Santa Maria del Mare ACTV ℰ 041 2424

Golf

🏌 strada Vecchia 1, 041 731333, www.circologolfvenezia.it – chiuso lunedì
🏌 Cá della Nave piazza della Vittoria 14, 041 5401555, www.cadellanave.com – chiuso martedì
🏌 Villa Condulmer via della Croce 3, 041 457062, www.golfvillacondulmer.com – chiuso lunedì

◎ LUOGHI DI INTERESSE

Gli imperativi categorici Basilica di S. Marco★★★ e Museo di S. Marco, con i cavalli di bronzo dorato★★LZ •Palazzo Ducale★★★ e "Itinerari segreti" LZ • Scuola Grande di S. Rocco★★★BU • Ca' d'Oro★★★YX • Scuola di S. Giorgio degli Schiavoni★★★FU • ≼★★★ dal Campanile di S. Giorgio MaggioreFV •Frari★★★BTU - Rialto★★KY • ≼★★ dal Campanile di S. Marco KLZQ • S. Maria della Salute★★DV • Ponte dei Sospiri★★LZ • S. Zaccaria★★LZ • Scala del Bovolo★JZ

Musei Gallerie dell'Accademia★★★BV •Ca' d'Oro★★★YX: Galleria Franchetti • Ca' Rezzonico★★BV: Museo del Settecento Veneziano • Museo Correr★★XZ**M** •Collezione Peggy Guggenheim★★DV • Fondazione Querini Stampalia★LY • Museo Storico Navale★FV

La Venezia di atmosfera: le passeggiate per i sestieri S. Pietro di Castello★ •Arsenale★FGU • S. Francesco della Vigna★ FT • Campo dell'Abbazia, Sacca della Misericordia, Madonna dell'Orto★, Campo dei Mori e S. Alvise★ •Dogana EV, Zattere, squero di S. Trovaso BV, S. Sebastiano★★ABV, Campo S. Margherita BV • S. Giorgio dei Greci FU, Campo S. Maria Formosa ET, SS. Giovanni e Paolo★★ (S. Zanipòlo) FT, S. Maria dei Miracoli★ ET, Fondamenta Nuove, Gesuiti★ ET

Acquisti Articoli in vetro, moda, maschere, ex libris e carta marmorizzata si troveranno un po' ovunque. Si segnalano le zone più commerciali: Piazza S. Marco, Mercerie★, Rialto, Strada Nuova.

Le isole Burano★★ : Museo del Merletto • Murano★★: Museo di Arte Vetraria★, S. Maria e Donato★★ • Torcello★★ : mosaici★★ della Basilica • S. Francesco del Deserto★ • S. Lazzaro degli Armeni★

DINTORNI DI VENEZIA CON RISORSE ALBERGHIERE

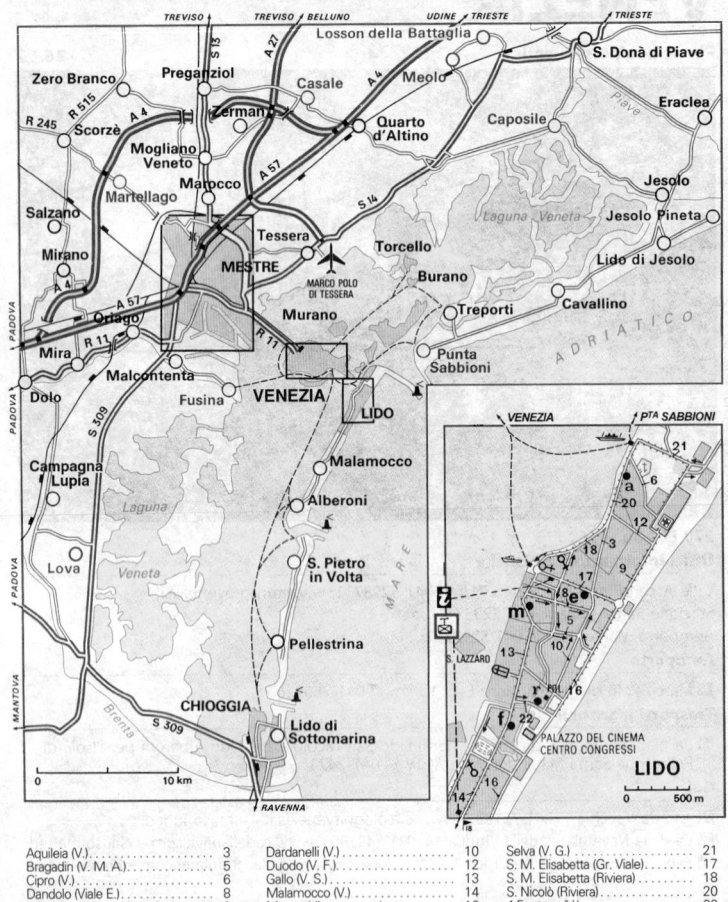

Cipriani & Palazzo Vendramin

isola della Giudecca 10,
5 mn di navetta privata dal pontile San Marco ⊠ *30133*
– ℰ 04 15 20 77 44 – www.hotelcipriani.com
– aprile-ottobre

FVh

73 cam ⊐ – ♦550 € ♦♦980/1390 € – 22 suites – ½ P 572/777 €
Rist *Cip's Club* – vedere selezione ristoranti
Rist – Carta 80/100 €

♦ Appartato e tranquillo, in un giardino fiorito con piscina riscaldata, grande albergo lussuoso ed esclusivo. Maggiordomo a disposizione nelle raffinate dépendance. In un'elegante saletta interna, sulla fiorita terrazza oppure presso la piscina olimpica, il ristorante offre comunque la vista sulla laguna e sulla città.

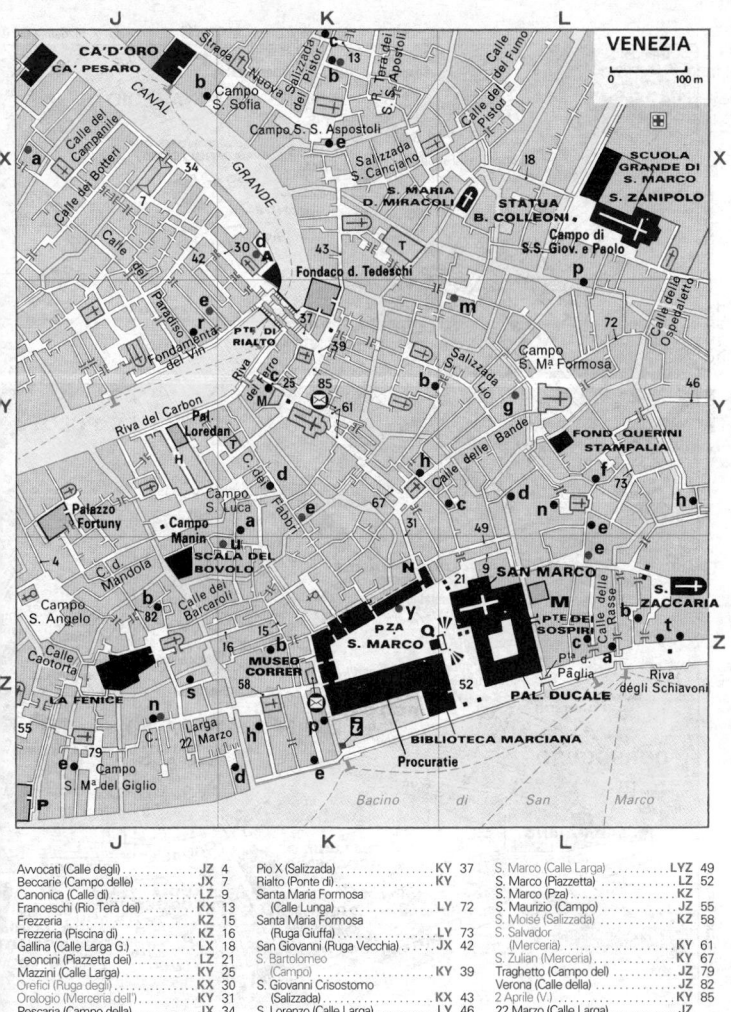

San Clementе Palace 🏨 ⬧   ⇐ 🚗 🕭 🗱 ⚒ 🎿 🏊 ⛭ 🛎 🕭 🅰🅲 ↯

isola di San Clemente, 15 mn di navetta   🍴 rist, ¶¶ 🛏 **VISA** 🌐 **AE** ① 🐾

privata dal pontile San Marco ⌂ 30124 – 𝒞 04 12 44 50 01

– www.sanclementepalacevenice.com

200 cam ⫘ – †280/480 € ††310/600 € – 28 suites

Rist *Le Maschere* – Carta 57/91 €

Rist *La Laguna* – (maggio-settembre) (chiuso la sera) Carta 56/89 €

♦ Lusso e confort coinvolgono gli ambienti di questa affascinante struttura, ubicata sull'isola privata che accoglieva un convento camaldolese del '400: un soggiorno esclusivo, fuori dai normali circuiti. Pranzi informali a bordo piscina al ristorante *La Laguna*.

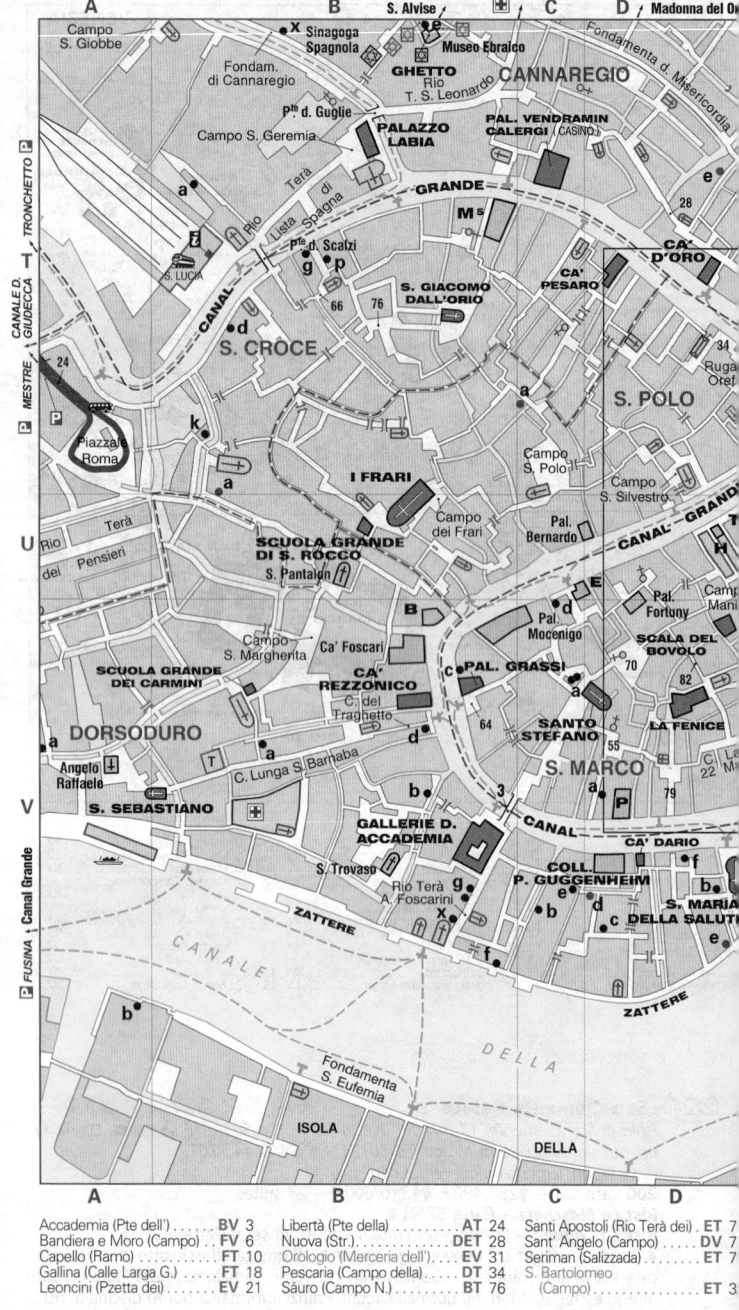

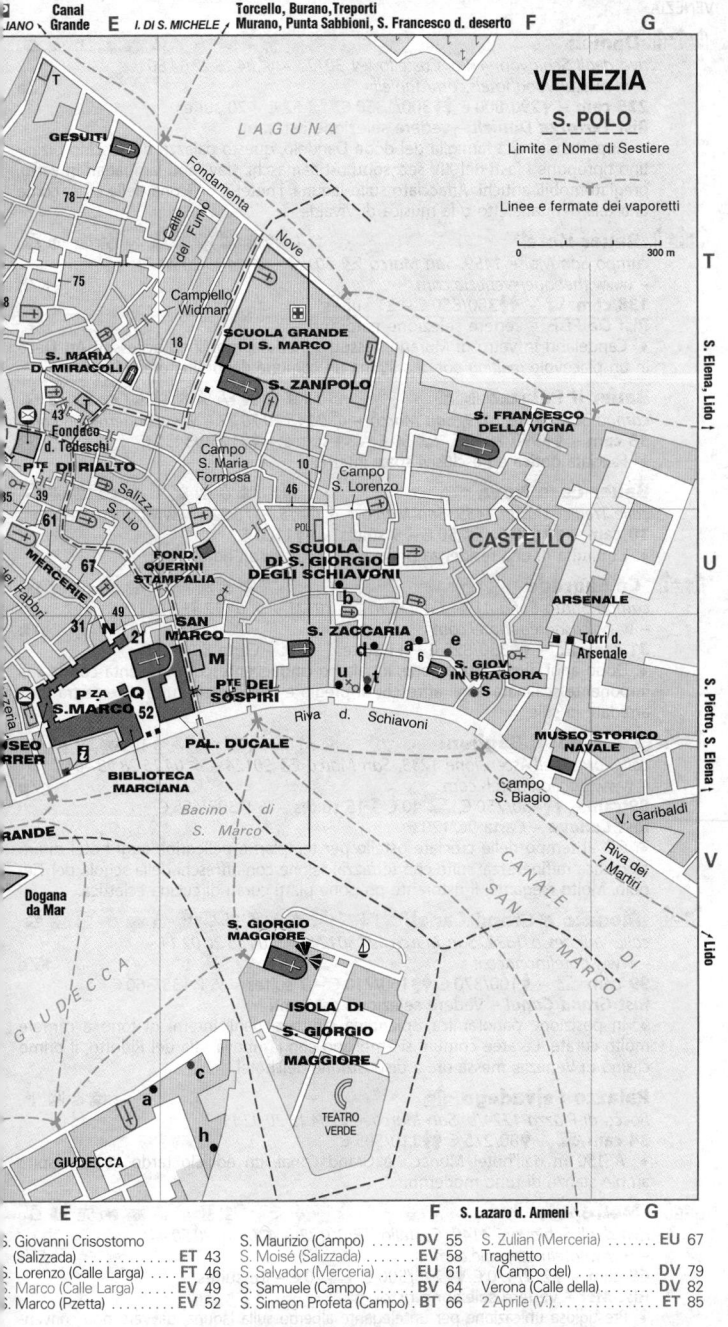

VENEZIA

S. POLO

Limite e Nome di Sestiere

Linee e fermate dei vaporetti

0   300 m

S. Elena, Lido

S. Pietro, S. Elena

Lido

LAGUNA

GESUITI

78

75

18

Campiello
Widman

SCUOLA GRANDE
DI S. MARCO

S. ZANIPOLO

S. MARIA
D. MIRACOLI

43

Fondaco
d. Tedeschi

PTE DI RIALTO

39

61

S. Lio

Salizz.

MERCERIE

67

FOND.
QUERINI
STAMPALIA

31   49   N   21

SAN
MARCO

M

P.ZA
S.MARCO   52   Q

PTE DEL
SOSPIRI

USEO   F
RRER

PAL. DUCALE

BIBLIOTECA
MARCIANA

**Bacino di
S. Marco**

RANDE

Dogana
da Mar

Campo
S. Maria
Formosa

10

46

Campo
S. Lorenzo

S. FRANCESCO
DELLA VIGNA

POL

SCUOLA
DI S. GIORGIO
DEGLI SCHIAVONI

b

CASTELLO

S. ZACCARIA   d   a   e

6   S. GIOV.
IN BRAGORA

u   t

S   ARSENALE

Torri d.
Arsenale

Riva d. Schiavoni

MUSEO STORICO
NAVALE

Campo
S. Biagio

V. Garibaldi

CANALE

SAN

MARCO

Riva dei
7 Martiri

DI

Lido

GIUDECCA

S. GIORGIO
MAGGIORE

ISOLA DI
S. GIORGIO
MAGGIORE

TEATRO
VERDE

GIUDECCA

c

a

h

E   S. Lazaro d. Armeni   **F**   **G**

🏨🏨🏨🏨 **Danieli** ⟨≤ 🎿 🈁 🈳 ↯ ⁇ 🛄 🚗 AE ① 🅻

riva degli Schiavoni 4196, Castello ✉ *30122 – ℰ 04 15 22 64 80*
– www.starwoodhotels.com/danieli　　　　　　　　　　LZa
225 cam – 🛇290/800 € 🛇🛇300/1350 €, ⚏ 52 € – 20 suites
Rist *Terrazza Danieli* – vedere selezione ristoranti
◆ Appartenuto alla famiglia del doge Dandolo, questo palazzo dal fascino bizantino ripropone i fasti del XIV sec: sontuosi damaschi, sfavillanti lampadari in vetro, pregiati mobili antichi. Affacciato sulla laguna, l'hotel è un'icona della città, come una tela del Canaletto o la musica di Vivaldi.

🏨🏨🏨 **Bauer Hotel** 🎐 ⨍ 🎿 ⚙ 🈳 ↯ ⁇ 🛄 🚗 AE ① 🅻

campo San Moisè 1459, San Marco ✉ *30124 – ℰ 04 15 20 70 22*
– www.thebauersvenezia.com　　　　　　　　　　KZh
138 cam ⚏ – 🛇🛇380/850 € – 31 suites
Rist *De Pisis* – vedere selezione ristoranti
◆ Candelabri in vetro di Murano, tessuti veneziani, mobili ed accessori Art Deco in un piacevole *melting pot* di stili, ma un comune denominatore: il lusso.

Bauer il Palazzo 🏨🏨🏨　　🎐 ⨍ 🎿 ⚙ 🈳 ↯ ⁇ 🛄 🚗 AE ① 🅻

campo San Moisè 1459, San Marco – ℰ 04 15 20 70 22 – www.bauerhotels.com
38 cam – 🛇🛇990/2050 €, ⚏ 50 € – 34 suites – 🛇🛇1250/3450 €
◆ Facciata gotica ed esclusivi spazi interni.

Bauer Casa Nova 🏨🏨　　🎐 ⨍ 🎿 ⚙ 🈳 ⁇ 🛄 🚗 AE ① 🅻

calle Tredici Martiri 1459, San Marco – ℰ 04 15 20 70 22 – www.bauerhotels.com
10 cam – 🛇🛇680 €, ⚏ 50 € – 9 suites – 🛇🛇1100 €
◆ L'intimità di una residenza privata, il confort di un hotel.

🏨🏨🏨 **Cà Sagredo** ⟨≤ 🎋 🎿 ⚙ 🈳 ↯ ⁇ 🛄 🚗 AE ① 🅻

campo Santa Sofia 4198, Ca' D'Oro ✉ *30121 – ℰ 04 12 41 31 11*
– www.casagredohotel.com　　　　　　　　　　JXb
31 cam ⚏ – 🛇🛇330/825 € – 11 suites　　**Rist** – Carta 80/102 €
◆ Dopo anni di ristrutturazione, il palazzo cinquecentesco si presenta con la sua imponente scalinata dagli affreschi di pregio e con camere tutte diverse tra loro, arredate in stile.

🏨🏨🏨 **Luna Hotel Baglioni** 🎿 ⁂ 🈳 ↯ ⚙ rist ⁇ 🛄 🚗 AE ① 🅻

calle larga dell'Ascensione 1243, San Marco ✉ *30124 – ℰ 04 15 28 98 40*
– www.baglionihotels.com　　　　　　　　　　KZp
89 cam – 🛇🛇450/750 €, ⚏ 40 € – 15 suites – ½ P 305/455 €
Rist *Canova* – Carta 96/120 €
◆ Già al tempo delle crociate ostello per templari e pellegrini, oggi hotel di aristocratica raffinatezza; suite con terrazza, salone con affreschi della scuola del Tiepolo. Molto elegante, il ristorante propone piatti curati di cucina eclettica.

🏨🏨🏨 **Monaco e Grand Canal** ⟨≤ 🎿 ⚙ 🈳 ↯ ⁇ 📞 🛄 🚗 AE ① 🅻

calle Vallaresso 1332, San Marco ✉ *30124 – ℰ 04 15 20 02 11*
– www.hotelmonaco.it　　　　　　　　　　KZe
99 cam ⚏ – 🛇100/370 € 🛇🛇160/710 € – 7 suites – ½ P 135/360 €
Rist *Grand Canal* – vedere selezione ristoranti
◆ In posizione panoramica, splendida struttura dagli interni di tono e camere molto curate. Le aree comuni si ampliano con la nuova sala del Ridotto, il primo casinò di Venezia, messa ora a disposizione dell'hotel.

Palazzo Selvadego 🏨🏨　　🎿 ⚙ 🈳 ⁇

Bocca di Piazza 1224/b, San Marco – ℰ 04 15 20 02 11
34 cam ⚏ – 🛇80/275 € 🛇🛇110/505 €
◆ A 150 m dall'hotel Monaco e Grand Canal, un edificio tardo gotico ospita ampie stanze di tono moderno.

🏨🏨🏨 **Metropole** ⟨≤ 📠 🎿 🈳 ↯ 🛄 🚗 AE ① 🅻

riva degli Schiavoni 4149, Castello ✉ *30122 – ℰ 04 15 20 50 44*
– www.hotelmetropole.com　　　　　　　　　　FVt
65 cam – 🛇212/470 € 🛇🛇225/500 €, ⚏ 20 € – 18 suites
Rist *Met* – vedere selezione ristoranti
◆ Prestigiosa ubicazione per un elegante albergo sulla laguna, davvero non convenzionale con la sue collezioni di piccoli oggetti d'epoca (crocifissi, orologi, ventagli).

Molino Stucky Hilton Venice

Giudecca 810, 10 mn di navetta privata dal pontile San Marco ✉ *30133 –* 𝒞 *04 12 72 33 11 – www.molinostuckyhilton.it* AVb

379 cam – **††**300/800 € – 44 suites

Rist *Aromi* – vedere selezione ristoranti

• Ricavato dal restauro conservativo del molino Stucky, una delle architetture industriali tra le più note, l'hotel vanta un'impronta decisamente originale e di grande prestigio; indicato per una clientela a 360°.

Londra Palace

riva degli Schiavoni 4171 ✉ *30122 –* 𝒞 *04 15 20 05 33 – www.londrapalace.com*

53 cam – **†**209/550 € **††**219/560 € – ½ P 180/350 € LZt

Rist *Do Leoni* – vedere selezione ristoranti

• Scrigno di charme, eleganza e preziosi dettagli in questo storico albergo, di recente ristrutturato in stile neoclassico, che si annuncia con "cento finestre sulla laguna".

The Westin Europa e Regina

corte Barozzi 2159, San Marco ✉ *30124 –* 𝒞 *04 12 40 00 01*

– www.westin.com/europaregina KZd

185 cam – **†**250/1000 € **††**350/1500 € – 15 suites

Rist *La Cusina* – vedere selezione ristoranti

• Cinque edifici fusi in un trionfo di marmi, damaschi, cristalli e stucchi negli interni di un hotel affacciato sul Canal Grande, che offre ottimi confort in ogni settore.

Palazzina Grassi

San Marco 3247 ✉ *30124 –* 𝒞 *04 15 28 46 44 – www.palazzinag.com*

16 cam – **††**319/1100 €, ⊆ 39 € – 1 suite BVc

Rist – Carta 51/103 €

• C'è la firma di Philippe Starck in questo esclusivo hotel, dove lo stile veneziano viene reinterpretato secondo un design moderno, dando vita ad un'ospitalità disinvolta: riuscita sintesi di funzionalità, tecnologia ed estetica. L'ottimo livello si riconferma anche al ristorante con show cooking.

Centurion Palace

Dorsoduro 173 ✉ *30123 –* 𝒞 *04 13 42 81 – www.centurionpalacevenezia.com*

50 cam – **†**495 € **††**770/880 €, ⊆ 37 € – 4 suites DVf

Rist *Antinoo's Lounge* – vedere selezione ristoranti

• L'albergo di lusso come uno se lo immagina: ottimi servizi, camere dal design graffiante e la principesca facciata in stile tardo gotico, che si specchia nel Canal Grande.

Palazzo Sant'Angelo sul Canal Grande senza rist

San Marco 3878/b ✉ *30124 –* 𝒞 *04 12 41 14 52*

– www.sinahotels.com CUVd

14 cam – **†**495 € **††**550/660 € – 4 suites

• All'interno di un piccolo palazzo direttamente affacciato sul Canal Grande, una risorsa affascinante, apprezzabile anche per il carattere intimo e discreto.

Papadopoli Venezia

Santa Croce 245 ✉ *30135 –* 𝒞 *0 41 71 04 00*

– www.papadopoli-venezia.it BTk

96 cam – **†**130/380 € **††**140/430 €, ⊆ 25 € – 5 suites – ½ P 120/265 €

Rist – Carta 58/78 €

• Vicino a piazzale Roma, hotel elegante, con raffinati arredi classici e dotazioni moderne, sia nelle aree comuni, che nelle camere, con mobili in stile '700 veneziano. Originale ristorante rivestito di sughero e piante: un imprevedibile giardino d'inverno.

Colombina senza rist

calle del Remedio 4416, Castello ✉ *30122 –* 𝒞 *04 12 77 05 25*

– www.hotelcolombina.com LYd

32 cam – **†**80/390 € **††**100/550 €

• Dà sul canale del Ponte dei Sospiri questa raffinata risorsa, che offre moderni confort ed eleganti arredi in stile veneziano; belle le camere con vista sul famoso ponte.

Bauer Palladio ⌂ ≤ 🚗 🏠 🛁 🍴 🛗 ⚫ cam, 🅰️ cam, ⇄ 🐾 📶 🏋️
Isola della Giudecca ✉ 30133 – ✆ 04 15 20 70 22   VISA ⚫ AE ① ⑤
– *www.palladiohotelspa.com* – 15 marzo-15 novembre   EVa
79 cam ⌂ – ♥♥330/780 € – 19 suites   **Rist** – Carta 40/73 €
♦ Un vasto giardino, insolito nel dedalo di calli e rii che compongono la città, abbraccia questo bel palazzo disegnato dal famoso architetto A. Palladio: un tempo convento, dopo anni di abbandono, la struttura ha riguadagnato un proprio posto al sole, luogo di storia e misticismo, è oggi un baluardo della raffinata hôtellerie cittadina.

Ca' Pisani senza rist 🏠 🕴 🛗 🅰️ ⇄ 📶 VISA ⚫ AE ① ⑤
rio terà Foscarini 979/a, Dorsoduro ✉ 30123 – ✆ 04 12 40 14 11
– *www.capisanihotel.it*   BVg
29 cam ⌂ – ♥♥150/465 € – 6 suites
♦ In una dimora trecentesca, arredi in stile anni '30-'40 del '900, opere d'arte futuriste e tecnologia d'avanguardia: inusitato, audace, connubio per un originale design hotel. Taglieri di affettati ed altri piatti veloci al Wine & Cheese Bar La Rivista.

Duodo Palace Hotel senza rist 🕴 🅰️ ⇄ 🐾 📶 VISA ⚫ AE ① ⑤
calle Minelli 1887/1888, San Marco ✉ 30124 – ✆ 04 15 20 33 29
– *www.duodopalacehotel.com*   JZb
38 cam ⌂ – ♥150/480 € ♥♥200/780 €
♦ A pochi passi dalla Fenice, la signorile dimora seicentesca conserva preziosi stucchi ed un pozzo con stemma di famiglia e dispone di camere arredate in sobrio stile veneziano.

Liassidi Palace senza rist 🕴 🅰️ ⇄ 🐾 📶 VISA ⚫ AE ① ⑤
ponte dei Greci 3405, Castello ✉ 30122 – ✆ 04 15 20 56 58
– *www.liassidipalacehotel.com*   FUb
26 cam ⌂ – ♥♥150/320 €
♦ Edificio della seconda metà del '400, finestre ad archi al piano nobile che si affaccia sulla porta d'acqua del canale. Camere personalizzate, con falsi d'autore alle pareti.

Palazzo Stern senza rist ≤ 🚗 🕴 🛗 🅰️ ⇄ 📶 VISA ⚫ AE ① ⑤
Dorsoduro 2792/a ✉ 30123 – ✆ 04 12 77 08 69 – *www.palazzostern.it*
24 cam ⌂ – ♥130/340 € ♥♥150/380 € – 1 suite   BVd
♦ Bel palazzo affacciato sul Canal Grande, di fianco a Cà Rezzonico, caratterizzato da eleganti spazi comuni con statue e mobili di pregio, nonché lussuose camere personalizzate; piacevole terrazza per la prima colazione.

Giorgione 🕴 🛗 🅰️ ⇄ 🐾 VISA ⚫ AE ① ⑤
calle larga dei Proverbi 4587, Cannaregio ✉ 30121 – ✆ 04 15 22 58 10
– *www.hotelgiorgione.com*   KXb
76 cam ⌂ – ♥300 € ♥♥700 €
Rist *Osteria Enoteca Giorgione* – vedere selezione ristoranti
♦ Nelle vicinanze della Ca' d'Oro, raffinato albergo raccolto intorno a una gradevole corte interna fiorita; eleganti arredi, esposizione di stampe originali del Giorgione.

Ca' Nigra Lagoon Resort senza rist 🚗 🕴 🅰️ ⇄ 📶 VISA ⚫ AE ① ⑤
campo San Simeon Grande 927, Santa Croce ✉ 30135 – ✆ 04 12 75 00 47
– *www.hotelcanigra.com*   BTg
21 cam ⌂ – ♥♥150/750 €
♦ Oriente ed occidente fusi tra loro, si sposano ad una modernità tecnologica che assicura confort ed efficienza. Splendido giardino affacciato sul Canal Grande.

Locanda Vivaldi ≤ 🏠 🕴 🅰️ 📶 🏋️ VISA ⚫ AE ① ⑤
riva degli Schiavoni 4150/52, Castello ✉ 30122 – ✆ 04 12 77 04 77
– *www.locandavivaldi.it*   FVu
27 cam ⌂ – ♥140/340 € ♥♥260/380 € – 3 suites
Rist – *(giugno-settembre; chiuso lunedì)* *(chiuso a mezzogiorno)* Carta 40/95 €
♦ Adiacente alla chiesa della Pietà è nato di recente un hotel raffinato, con ampie camere in stile; alcune junior suite sono in un edificio attiguo collegato dal cortile.

🏨 **Saturnia e International** 🛗 [AC] 🚭 📶 🧑‍🏫 VISA [MC] [AE] [DC] $
calle larga 22 Marzo 2398, San Marco ✉ *30124* – ☎ *04 15 20 83 77*
– *www.hotelsaturnia.it* JZ**n**
91 cam ☕ – 👤132/378 € 👥204/540 € – ½ P 330 €
Rist *La Caravella* – vedere selezione ristoranti
♦ In un palazzo patrizio del XIV secolo, un hotel affascinante, gestito dalla stessa famiglia dal 1908; camere con mobili in stile art deco; panoramica terrazza solarium.

🏨 **Ai Mori d'Oriente** senza rist 🛗 ♿ [AC] VISA [MC] [AE] [DC] $
fondamenta della Sensa 3319, Cannaregio, per Madonna dell'Orto ✉ *30121*
– ☎ *0 41 71 10 01* – *www.hotelaimoridoriente.it* DT
20 cam ☕ – 👤300 € 👥600 €
♦ Poco distante dalla chiesa della Madonna dell'Orto che conserva i dipinti del Tintoretto, un nuovo albergo dagli originali arredi moreschi ricavato in un palazzo d'epoca.

🏨 **A la Commedia** senza rist 🛗 ♿ [AC] 🚭 📶 VISA [MC] [AE] [DC] $
corte del Teatro Goldoni 4596/a, San Marco ✉ *30124* – ☎ *04 12 77 02 35*
– *www.hotelalacommedia.it* KY**c**
35 cam ☕ – 👤99/349 € 👥99/500 € – 2 suites
♦ Adiacente al Teatro Goldoni e nelle vicinanze del Ponte di Rialto, arredi in stile veneziano rivisitati, suggestivo bar nel *roof garden* con terrazza e vista sulla città. Eleganza e signorilità.

🏨 **Sant'Elena** 🌿 🪑 🛗 ♿ cam, 🏃 [AC] 🚫 rist, 🧑‍🏫 VISA [MC] [AE] [DC] $
calle Buccari 10, Sant'Elena, per Riva dei 7 Martiri ✉ *30132* – ☎ *04 12 71 78 11*
– *www.hotelsantelena.com* – *chiuso dall'8 gennaio al 26 gennaio* GV⊠
76 cam ☕ – 👤90/330 € 👥100/400 € – 16 suites
Rist – *(chiuso domenica)* Carta 33/54 €
♦ Nella zona più verdeggiante di Venezia un nuovo hotel dagli arredi minimalisti ma dal confort elevato, nato dalla trasformazione di una struttura religiosa degli anni '30.

🏨 **Bisanzio** senza rist 🌿 🛗 [AC] 🚭 📶 VISA [MC] [AE] [DC] $
calle della Pietà 3651, Castello ✉ *30122* – ☎ *04 15 20 31 00* – *www.bisanzio.com*
42 cam ☕ – 👤90/300 € 👥100/330 € – 2 suites FV**d**
♦ In una calle tranquilla - non lontano da San Marco - ambienti in caldo stile veneziano ed una bella collezione di quadri fine '800: un ottimo indirizzo nel cuore della Venezia più antica e romantica.

🏨 **Palace Bonvecchiati** ♨ 🏋 🛗 ♿ [AC] 🚭 🚫 📶 🧑‍🏫 VISA [MC] [AE] [DC] $
calle dei Fabbri 4680, San Marco ✉ *30124* – ☎ *04 12 96 31 11*
– *www.palacebonvecchaiti.it* KY**d**
70 cam ☕ – 👤580 € 👥720 € – 4 suites – ½ P 410 €
Rist *La Terrazza* – vedere selezione ristoranti
♦ Tra Rialto e San Marco, una struttura di moderna concezione con una vasta gamma di servizi offerti, completata da quelli dell'annesso hotel Bonvecchiati, belle camere ed una zona fitness.

Bonvecchiati 🏨 🛗 [AC] 🚭 📶
calle dei Fabbri 4680, San Marco – ☎ *04 12 96 31 11*
124 cam ☕ – 👤490 € 👥570 €
♦ Ambiente assai più classico rispetto al Palace, ma comunque ben dotato sul piano dei confort e servizi.

🏨 **Abbazia** senza rist 🪑 [AC] 🚭 📶 VISA [MC] [AE] [DC] $
calle Priuli dei Cavaletti 68, Cannaregio ✉ *30121* – ☎ *0 41 71 73 33*
– *www.abbaziahotel.com* BT**a**
50 cam ☕ – 👤70/243 € 👥80/270 €
♦ Nei pressi della stazione ferroviaria - in un ex convento di Frati Carmelitani Scalzi - suggestivo hotel dagli ambienti austeri: il bar è l'antico refettorio con tanto di stalli e pulpito.

🏠 **Pensione Accademia-Villa Maravege** senza rist 🚗 AK 🛁 📶
fondamenta Bollani 1058, Dorsoduro ✉ 30123 ⓥⓘⓢⓐ 🆚 AE ⓞ ⛁
– ☎ 04 15 21 01 88 – www.pensioneaccademia.it BV**b**
27 cam ☕ – ♦90/145 € ♦♦145/330 €
♦ Ha un fascino particolare questa villa del '600 immersa nel verde di un giardino fiorito tra calli e canali della Venezia storica; spaziosi e curati interni in stile.

🏠 **Montecarlo** 🛋 ⬧ AK ↳ 📶 rist. 📶 ⓥⓘⓢⓐ 🆚 AE ⓞ ⛁
calle dei Specchieri 463, San Marco ✉ 30124 – ☎ 04 15 20 71 44
– www.venicehotelmontecarlo.com LY**c**
48 cam ☕ – ♦63/280 € ♦♦79/380 € **Rist** – Carta 49/139 € ⅋⅋ (+12 %)
♦ Nei pressi di piazza S.Marco, un hotel, che offre un servizio attento e curato; camere di ottimo livello, arredate con gusto in stile veneziano, preziosi marmi nella hall. Un ristorante classico di tono elegante, vocato all'attività prevalentemente serale; cucina tradizionale, con specialità stagionali e veneziane; ottima la cantina.

🏠 **Palazzo Priuli** senza rist AK ↳ 📶 ⓥⓘⓢⓐ 🆚 AE ⓞ ⛁
fondamenta Osmarin 4979/B, Castello ✉ 30122 – ☎ 04 12 77 08 34
– www.hotelpriuli.com LY**h**
10 cam ☕ – ♦80/375 € ♦♦80/450 €
♦ Una bella bifora decora la facciata di questo palazzo nobiliare trecentesco, che ospita un elegante albergo. Camere spaziose e tutte diverse. Graziosa saletta per la prima colazione affacciata sul canale.

🏠 **Casa Verardo** – Residenza d'epoca senza rist ⬧ AK ↳ ⓥⓘⓢⓐ 🆚 AE ⓞ ⛁
campo SS. Filippo e Giacomo 4765, Castello ✉ 30122 – ☎ 04 15 28 61 27
– www.casaverardo.it LY**f**
21 cam ☕ – ♦♦90/250 €
♦ Residenza d'epoca databile al XVI secolo con piccola corte interna e terrazza. Completamente ristrutturato, presenta camere in stile veneziano e ampi saloni al piano nobile.

🏠 **Ala** senza rist ⬧ AK ↳ 📶 📶 ⓥⓘⓢⓐ 🆚 AE ⛁
campo Santa Maria del Giglio 2494, San Marco ✉ 30124 – ☎ 04 15 20 83 33
– www.hotelala.it – chiuso 9 al 25 gennaio JZ**e**
84 cam ☕ – ♦♦70/450 € – 1 suite
♦ In un antico palazzo in un "campo" non lontano da S.Marco, un albergo, recentemente ristrutturato, con una piccola collezione di armi e armature antiche; camere confortevoli.

🏠 **San Zulian** senza rist ⬧ & AK 📶 ⓥⓘⓢⓐ 🆚 AE ⓞ ⛁
campo de la Guerra 527, San Marco ✉ 30124 – ☎ 04 15 22 58 72
– www.hotelsanzulian.it KY**h**
22 cam ☕ – ♦60/250 € ♦♦95/295 €
♦ Nel cuore della città, una casa calda e accogliente, rinnovata e potenziata negli ultimi anni; servizio attento e ampie camere accessoriate, con tipici arredi veneziani.

🏠 **Antiche Figure** senza rist ⬧ & AK ↳ 📶 📶 ⓥⓘⓢⓐ 🆚 AE ⓞ ⛁
fondamenta San Simeon Piccolo 687, Santa Croce ✉ 30135 – ☎ 04 12 75 94 86
– www.hotelantichefigure.it BT**d**
12 cam ☕ – ♦90/220 € ♦♦100/270 €
♦ Di fronte alla stazione ferroviaria una risorsa totalmente rinnovata che oggi presenta camere confortevoli, arredi signorili e dotazioni adatte anche alla clientela d'affari.

🏠 **Paganelli** senza rist AK ↳ 📶 📶 ⓥⓘⓢⓐ 🆚 AE ⛁
riva degli Schiavoni 4687, Castello ✉ 30122 – ☎ 04 15 22 43 24
– www.hotelpaganelli.com LZ**t**
21 cam ☕ – ♦50/200 € ♦♦70/400 €
♦ Completamente ristrutturato, l'hotel si caratterizza per le sue belle camere e gli accessori moderni. Se disponibili, chiedete le stanze con affaccio su riva degli Schiavoni...e capirete la magia di Venezia!

🏠 **American-Dinesen** senza rist — 🔲 🔲 ⇆ 🔲 🔲 VISA ⬤ AE 🔴
fondamenta Bragadin 628, Dorsoduro ⊠ *30123* – 𝒞 *04 15 20 47 33*
– www.hotelamerican.com   CVb
30 cam � – †60/230 € ††80/310 € – 2 suites
♦ Lungo un tranquillo canale, signorili spazi comuni, con tanto legno e arredi classici, e camere in stile veneziano, molte con terrazzino affacciato sull'acqua.

🏠 **Al Codega** senza rist — 🔲 🔲 🔲 ⇆ 🔲 🔲 VISA ⬤ AE 🔴
San Marco 4435 ⊠ *30124* – 𝒞 *04 12 41 32 88* – *www.alcodega.it*   KYa
28 cam ⊻ – †60/200 € ††90/420 €
♦ Affacciato su una caratteristica e tranquilla piazza, nel palazzo Ottocentesco si fanno a volte i conti con la scarsa metratura, ma non con l'eleganza: parquet, tappezzeria e travertino persiano nei bagni.

🏠 **Ca' d'Oro** senza rist — 🔲 🔲 ⇆ 🔲 🔲 VISA ⬤ AE 🔴
corte Barbaro 4604, Cannaregio ⊠ *30131* – 𝒞 *04 12 41 12 12*
– www.venicehotelcadoro.com   KXc
27 cam ⊻ – †50/160 € ††60/260 €
♦ Da pochi anni nel panorama alberghiero cittadino, una risorsa a gestione diretta, curata nei particolari; confortevoli interni con la classica impronta veneziana.

🏠 **Ai Due Fanali** senza rist — 🔲 🔲 🔲 🔲 VISA ⬤ AE 🔴 🔴
campo San Simeon Grande 946, Santa Croce ⊠ *30135* – 𝒞 *0 41 71 84 90*
– www.aiduefanali.com   BTp
16 cam ⊻ – †70/190 € ††90/240 €
♦ Risultato di una bella ristrutturazione, un hotel vicino alla stazione, con una hall accogliente, camere curate e confortevoli e un'altana adibita a solarium.

🏠 **Belle Arti** senza rist — 🔲 🔲 🔲 🔲 🔲 VISA ⬤ 🔴
rio terà Foscarini 912/A, Dorsoduro ⊠ *30123* – 𝒞 *04 15 22 62 30*
– www.hotelbellearti.com   BVg
67 cam ⊻ – †90/150 € ††160/250 €
♦ Nei pressi delle Gallerie dell'Accademia, struttura recente, funzionale e comoda, con cortile interno attrezzato e ampi spazi interni; camere dotate di buoni confort.

🏠 **Canaletto** senza rist — 🔲 🔲 🔲 ⇆ 🔲 VISA ⬤ AE 🔴 🔴
calle de la Malvasia 5487, Castello ⊠ *30122* – 𝒞 *04 15 22 05 18*
– www.hotelcanaletto.com   KYb
38 cam ⊻ – †60/250 € ††90/280 €
♦ Una risorsa di buon confort, tra piazza S.Marco e il ponte di Rialto, che offre camere ristrutturate, con arredi in stile; visse tra queste mura l'omonimo pittore.

🏠 **Palazzo Abadessa** senza rist 🌿 — 🔲 🔲 🔲 VISA ⬤ AE 🔴 🔴
calle Priuli 4011, Cannaregio ⊠ *30121* – 𝒞 *04 12 41 37 84* – *www.abadessa.com*
15 cam ⊻ – †125/300 € ††145/300 € – 2 suites   DTb
♦ Storica residenza di una casata di Dogi, abbellita da un prezioso giardino fiorito. Mobilio d'epoca, soffitti affrescati, grandi lampadari a testimoniare il nobile passato.

🏠 **La Calcina** — ≤ 🔲 🔲 🔲 VISA ⬤ AE 🔴 🔴
fondamenta zattere ai Gesuati 780, Dorsoduro ⊠ *30123* – 𝒞 *04 15 20 64 66*
– www.lacalcina.com   BVf
27 cam ⊻ – †60/150 € ††80/310 € – 5 suites
Rist *La Piscina* – vedere selezione ristoranti
♦ Se brani di musica classica arieggiano nelle salette deputate al ritrovo e al ristoro, nella terrazza affacciata sull'acqua è il cinguettio degli uccelli ad allietare la vostra permanenza. Situata sulle Zattere, uno dei luoghi più suggestivi della città in quanto a vista, La Calcina fa parte dei locali storici d'Italia.

🏠 **Antico Doge** senza rist — 🔲 🔲 🔲 🔲 VISA ⬤ AE 🔴
campo Santi Apostoli 5643, Cannaregio ⊠ *30121* – 𝒞 *04 12 41 15 70*
– www.anticodoge.com   KXe
20 cam ⊻ – ††80/320 €
♦ Palazzo gotico appartenuto al doge Marin Falier, affacciato su un canale e sul pittoresco campo dei SS. Apostoli. All'interno preziosi broccati arredano camere in stile.

Locanda Ovidius senza rist   🛗 AC 🛜 VISA ⚌ AE ⮥
calle Sturion 678/a, San Polo ⊠ *30125 –* ℰ *04 15 23 79 70*
– www.hotellocandaovidius.com   JYr
19 cam 🖙 – ♦♦60/450 €
♦ Una risorsa in un palazzo ottocentesco in zona Rialto; sala colazioni affacciata sul Canal Grande, mobili recenti in stile '700 veneziano nelle camere.

Locanda Fiorita senza rist   AC ⇆ 🛜 🛜 VISA ⚌ ⮥
campiello Novo 3457/A, San Marco ⊠ *30124 –* ℰ *04 15 23 47 54*
– www.locandafiorita.com   CVa
10 cam 🖙 – ♦75/150 € ♦♦90/170 €
♦ In un suggestivo campiello - nelle vicinanze di Palazzo Grassi - un indirizzo valido ed interessante con accoglienti camere, arredate in stile Settecento veneziano.

Campiello senza rist   🛗 AC 🛜 🛜 VISA ⚌ AE ⮥
calle del Vin 4647, Castello ⊠ *30122 –* ℰ *04 15 20 57 64 – www.hcampiello.it*
15 cam 🖙 – ♦40/180 € ♦♦60/280 €   LZb
♦ Nei pressi di Piazza San Marco e a pochi metri da Riva degli Schiavoni, un edificio del XVI secolo - ex convento - è stato trasformato in albergo dall'atmosfera familiare. Camere curate e caratteristiche, panoramiche altane tra i tetti.

Don Orione Artigianelli senza rist   🛗 🚶 AC 🛜 🛜 🔁 VISA ⚌ ⮥
Zattere 909/a, Dorsoduro ⊠ *30123 –* ℰ *04 15 22 40 77*
– www.donorione-venezia.it   BVx
76 cam 🖙 – ♦84/120 € ♦♦144 €
♦ Un complesso conventuale quattrocentesco, che fu casa d'accoglienza per orfani e minori, ospita ora un tranquillo albergo con camere semplici ed un moderno centro congressi.

Tiziano senza rist   🚶 AC 🛜 VISA ⚌ AE ① ⮥
calle Rielo, Dorsoduro 1873 ⊠ *30123 –* ℰ *04 12 75 00 71*
– www.hoteltizianovenezia.it   AVa
14 cam 🖙 – ♦80/350 € ♦♦100/400 €
♦ In posizione defilata e tranquilla, a due passi dalla stazione S. Lucia, hotel con interni ristrutturati, camere spaziose e arredi piacevoli. Gestione esperta e affidabile.

Commercio e Pellegrino senza rist   🛗 AC 🛜 🛜 VISA ⚌ AE ① ⮥
calle della Rasse 4551/A, Castello ⊠ *30122 –* ℰ *04 15 20 79 22*
– www.commercioepellegrino.com – chiuso dal 1° al 28 dicembre   LZc
25 cam 🖙 – ♦50/200 € ♦♦65/290 €
♦ Semplice, funzionale e con una strategica posizione, a ridosso di Piazza San Marco: la gestione giovane e motivata si adopera per mantenere sempre aggiornata questa graziosa struttura dai pochi spazi comuni, ma dal buon confort generale.

Bridge senza rist   AC ⇆ 🛜 🛜 VISA ⚌ ⮥
campo SS. Filippo e Giacomo 4498, Castello ⊠ *30122 –* ℰ *04 15 20 52 87*
– www.hotelbridge.com   LYe
10 cam 🖙 – ♦40/150 € ♦♦50/230 €
♦ Vicino a piazza S. Marco, un bell'esempio di ricupero strutturale, con un'ottima zona notte: travi a vista al soffitto e arredi in stile nelle camere curate.

Novecento senza rist   AC ⇆ VISA ⚌ AE ⮥
calle del Dose da Ponte 2683/84, San Marco ⊠ *30124 –* ℰ *04 12 41 37 65*
– www.novecento.biz   DVa
9 cam 🖙 – ♦♦160/330 €
♦ Risorsa ricca di stile e buongusto, in cui mobilio e arredi fondono armoniosamente l'antico e il moderno, Venezia e l'Oriente. All'interno di un palazzo del Settecento.

La Residenza senza rist   AC 🛜 VISA ⚌
campo Bandiera e Moro 3608, Castello ⊠ *30122 –* ℰ *04 15 28 53 15*
– www.venicelaresidenza.com   FVa
14 cam 🖙 – ♦50/110 € ♦♦80/220 €
♦ Un antico salone con stucchi e quadri settecenteschi è la hall di questa suggestiva risorsa situata al piano nobile di uno storico palazzo quattrocentesco.

⌂ **Locanda Art Dèco** senza rist   🄰 ⁴⁄₊ ⁽ᵗ⁾ 🆅🆂🅰 ⓒⓞ 🄰🄴 ⓞ ⓢ
calle delle Botteghe 2966, San Marco ✉ *30124 –* ℰ *04 12 77 05 58*
– www.locandaartdeco.com   DV**a**
6 cam ⌣ – **♦♦**70/200 €
♦ In una calle con tanti negozi d'antiquariato, nuovissima, confortevole locanda i cui titolari, come annuncia il suo nome, prediligono questa arte degli inizi del '900.

⌂ **Charming House DD 724** senza rist   🗘 🄰 🆅🆂🅰 ⓒⓞ 🄰🄴 ⓞ ⓢ
ramo da Mula 724, Dorsoduro ✉ *30123 –* ℰ *04 12 77 02 62*
– www.thecharminghouse.com   CV**e**
6 cam ⌣ – **♦♦**150/350 € – 1 suite
♦ Piccola locanda di charme e design contemporaneo: opere pittoriche si integrano con dettagli high-tech e confort. Dall'unica camera con terrazzino la vista che vi si propone è quella dell'incantevole giardino della Peggy Guggenheim Collection.

⌂ **Locanda la Corte** senza rist   & 🄰 ⁴⁄₊ 🆅🆂🅰 ⓒⓞ 🄰🄴 ⓢ
calle Bressana 6317, Castello ✉ *30122 –* ℰ *04 12 41 13 00*
– www.locandalacorte.it   LY**p**
18 cam ⌣ – **♦**70/150 € **♦♦**80/199 € – 1 suite
♦ Prende nome dal pittoresco cortile interno, sorta di "salotto all'aperto", intorno a cui si sviluppa e dove d'estate si fa colazione; stile veneziano nelle stanze.

⌂ **Locanda Ca' del Brocchi** senza rist 🦢   🄰 ⁴⁄₊ 🕉 🆅🆂🅰 ⓒⓞ 🄰🄴 ⓢ
rio terà San Vio 470, Dorsoduro ✉ *30123 –* ℰ *04 15 22 69 89*
– www.cadelbrocchi.com – chiuso gennaio   DV**c**
6 cam ⌣ – **♦**70/120 € **♦♦**80/160 € – 1 suite
♦ Piccolo edificio del XVI secolo, in posizione tranquilla e centrale. Arredi in stile ben bilanciati da confort moderni. Eccellente rapporto qualità/prezzo.

⌂ **Locanda del Ghetto** senza rist   🗘 🄰 ⁴⁄₊ 🕉 🆅🆂🅰 ⓒⓞ 🄰🄴 ⓞ ⓢ
campo del Ghetto Nuovo 2892, Cannaregio ✉ *30121 –* ℰ *04 12 75 92 92*
– www.locandadelghetto.net – chiuso dal 10 al 22 dicembre   BT**e**
8 cam ⌣ – **♦**60/145 € **♦♦**75/170 € – 1 suite
♦ Piccola e confortevole risorsa affacciata sulla piazza principale del Ghetto, ricavata all'interno di un edificio che un tempo ospitava una sinagoga. Colazione kasher.

⌂ **Cà Dogaressa** senza rist   🄰 ⁴⁄₊ 🆅🆂🅰 ⓒⓞ 🄰🄴 ⓢ
fondamenta di Cannaregio 1018 ✉ *30121 –* ℰ *04 12 75 94 41*
– www.cadogaressa.com – chiuso gennaio   BT**x**
6 cam ⌣ – **♦**50/250 € **♦♦**50/300 €
♦ Vicino al Ghetto, dove si respira l'aria di una Venezia autentica, questa locanda dispone di camere eleganti, alcune affacciate sul canale. Spazi comuni minimi.

⌂ **Locanda Casa Querini** senza rist 🦢   🄰 🕉 🆅🆂🅰 ⓒⓞ ⓢ
campo San Giovanni Novo 4388, Castello ✉ *30122 –* ℰ *04 12 41 12 94*
– www.locandaquerini.com – chiuso dal 22 al 27 dicembre e dal 7 al 27 gennaio
6 cam ⌣ – **♦**40/150 € **♦♦**60/190 €   LY**n**
♦ Cordiale gestione al femminile per una sobria locanda di poche stanze, accoglienti e di buona fattura, alcune con accesso indipendente. In un caratteristico, quieto campiello.

⌂ **Locanda Cà le Vele** senza rist   🄰 🕉 ⁽ᵗ⁾ 🆅🆂🅰 ⓒⓞ 🄰🄴 ⓞ ⓢ
calle delle Vele 3969, Cannaregio ✉ *30131 –* ℰ *04 12 41 39 60*
– www.locandalevele.com – chiuso dall'8 al 31 gennaio   DT**b**
6 cam ⌣ – **♦**50/140 € **♦♦**80/170 €
♦ Quattro camere e due junior suites, ricavate da un palazzo del '500 e tutte arredate in stile veneziano. Soggiorno suggestivo a prezzi interessanti con colazione in camera.

⌂ **Casa Rezzonico** senza rist   🄰 🕉 🆅🆂🅰 ⓒⓞ 🄰🄴 ⓢ
fondamenta Gherardini 2813, Dorsoduro ✉ *30123 –* ℰ *04 12 77 06 53*
– www.casarezzonico.it   BV**a**
6 cam ⌣ – **♦**65/130 € **♦♦**80/160 €
♦ Struttura dotata di poche camere, due con bella vista e tutte rinnovate con gusto. Nella bella stagione la colazione viene servita in giardino.

⌂ **Settimo Cielo e Bloom** senza rist ⁢AC ⁂ VISA ⓒ ⑤
campiello Santo Stefano, San Marco 3470 ⊠ *30124 –* ℰ *34 01 49 88 72*
– www.bloom-venice.com CVa
6 cam ⊋ – ♦100/210 € ♦♦120/250 €
♦ Durante la bella stagione la curata terrazza all'ultimo piano, vi darà veramente l'impressione di essere al settimo cielo… Tutto l'anno , invece, il confort e l'eleganza di questo accogliente bed & breakfast non vi farà rimpiangere un hotel d'impronta più tradizionale.

⌂ **Dimora Marciana** senza rist AC ⁂ VISA ⓒ ⑤
calle Bognolo 1604, San Marco ⊠ *30124 –* ℰ *04 15 22 07 55*
– www.dimoramarciana.com KZb
6 cam ⊋ – ♦60/130 € ♦♦60/165 € – 1 suite
♦ A pochi passi da piazza San Marco, piacevole risorsa con camere spaziose e ben accessoriate. Prezzi interessanti, considerata la città!

XXXXX **Terrazza Danieli** – Hotel Danieli ⁂ AC ⁂ VISA ⓒ AE ⓞ ⑤
riva degli Schiavoni 4196, Castello ⊠ *30122 –* ℰ *04 15 22 64 80*
– www.starwoodhotels.com/danieli LZa
Rist – Carta 98/188 €
♦ Una vista mozzafiato sulla Serenissima, da questo elegante ristorante ubicato all'ultimo piano del Hotel Danieli. Come una sorta di mentore del ruolo storico di Venezia quale crocevia tra Oriente ed Occidente, il menu accompagna piatti locali a spezie e sapori esotici. Piacevole servizio estivo in terrazza.

XXXXX **De Pisis** – Bauer Hotel ⁂ AC VISA ⓒ AE ⓞ ⑤
campo San Moisè 1459, San Marco ⊠ *30124 –* ℰ *04 15 20 70 22*
– www.bauerhotels.com KZh
Rist – Carta 87/143 €
♦ Essenze mediterranee e spezie orientali si danno appuntamento in piatti creativi di grande suggestione, non meno della splendida terrazza lungo il Canal Grande, o degli esclusivi interni della sala da pranzo. Quando la magia di Venezia non è solo una leggenda.

XXXX **Met** – Metropole Hotel ⁂ ⁂ AC ⁂ ⇔ VISA ⓒ AE ⓞ ⑤
riva degli Schiavoni 4149, Castello ⊠ *30122 –* ℰ *04 15 24 00 34*
– www.hotelmetropole.com – chiuso dal 23 al 30 gennaio FVt
Rist – *(chiuso a mezzogiorno escluso sabato e domenica)* Menu 110 €
– Carta 114/142 € ⁂
♦ Una cucina innovativa che sa scegliere prodotti di qualità e ne rispetta le caratteristiche in accostamenti curiosi, ma mai eccessivi: raffinatezza nelle preparazioni, leggerezza e colori, gusto nelle presentazioni.

XXXX **Quadri** ◁ AC ⁂ ⇔ VISA ⓒ AE ⓞ ⑤
⁂ *piazza San Marco 120* ⊠ *30124 –* ℰ *04 15 22 21 05 – www.caffequadri.it*
– chiuso lunedì KZy
Rist – Menu 145/200 € – Carta 100/180 €
Spec. Cappuccino della laguna. "Scartosso" di pesce fritto alla veneziana. Cassata veneziana.
♦ Ora in mano ad una nota famiglia di ristoratori padovani, gli Alajmo, il locale è una sorta di "monumento gastronomico" della città; un trionfo di stucchi, vetri di Murano e tessuti preziosi, all'interno di uno dei palazzi più fotografati di Venezia. In menu: piatti intriganti e creativi, belle presentazioni ed ottime materie prime.

XXXX **Antinoo's Lounge** – Hotel Centurion Palace ⁂ AC ⁂ VISA ⓒ AE ⓞ ⑤
Dorsoduro 173 ⊠ *30124 –* ℰ *04 13 42 81 – www.centurionpalacevenezia.com*
Rist – Carta 62/111 € DVf
♦ In un ambiente dal design "deciso", dove s'impongono grandi vetrate sul Canal Grande, un giovane chef ha impostato una linea di cucina colorata, moderna, creativa: siamo all'Antinoo's Lounge, all'interno del lussuoso hotel Centurion Palace.

XXXX   **La Cusina** – Hotel The Westin Europa e Regina   🛖 🆔 💱 ⟷
corte Barozzi 2159, San Marco ✉ *30124*   🅥🅘🅢🅐 ✆ 🅐🅔 ⓪ 💰
– ✆ 04 12 40 00 01 – www.westin.com   KZ**d**
Rist – Menu 68/125 €
♦ L'eleganza del ristorante è consona alla cornice prestigiosa in cui si trova, mentre la cucina conquista anche i palati più esigenti con specialità lagunari e cosmopolite. Durante i mesi estivi, il servizio si sposta in terrazza.

XXXX   **Grand Canal** – Hotel Monaco e Grand Canal   🛖 🕭 🆔 💱 🅥🅘🅢🅐 ✆ 🅐🅔 ⓪ 💰
calle Vallaresso 1332, San Marco ✉ *30124 – ✆ 04 15 20 02 11*
– www.hotelmonaco.it   KZ**e**
Rist – Carta 67/103 €
♦ Pasta e fagioli alla veneta, bigoli in salsa alla veneziana, grigliata di pesce dell'Adriatico…in una location invidiabile, con una splendida terrazza che permette di cogliere le molteplici sfaccettature della città, la cucina parteggia per la tradizione locale e per le delizie del mare.

XXXX   **Do Leoni** – Hotel Londra Palace   🛖 🆔 💱 🅥🅘🅢🅐 ✆ 🅐🅔 ⓪ 💰
riva degli Schiavoni 4171 ✉ *30122 – ✆ 04 15 20 05 33 – www.londrapalace.com*
– chiuso dal 7 gennaio all'8 febbraio   LZ**t**
Rist – Carta 57/85 €
♦ Omaggio ai simboli d'Inghilterra e di Venezia, questo ristorante è un eccellente punto di riferimento per tutti i gourmet in visita alla città. Il segreto del successo è da ricercarsi nel guizzo creativo dello chef, nonché nell'ottima selezione di materie prime. Cucina veneta rivisitata.

XXX   **Osteria da Fiore** (Mara Zanetti)   🆔 ⟷ 🅥🅘🅢🅐 ✆ 🅐🅔 ⓪ 💰
❁   *calle del Scaleter 2202/A, San Polo* ✉ *30125 – ✆ 0 41 72 13 08*
– www.dafiore.net – chiuso dall'8 al 21 gennaio, dal 29 luglio al 20 agosto,
domenica e lunedì   CT**a**
Rist – Menu 50/140 € – Carta 71/118 € ❀
Spec. Ravioli di pesce bianco ai sapori orientali, carciofo, zenzero e sugo di capesante. Millefoglie di pescatrice con verdura, polpa di melanzane e infusione di avocado. Trottola di mele e ananas con gelato alla cannella.
♦ Elegante nei suoi tessuti damascati, sempre in voga e frequentato da turisti e veneziani, propone una cucina regionale a base di pesce ben presentata. Particolarmente richiesto il tavolo sul canale.

XXX   **Ai Mercanti**   🛖 🆔 💱 ⟷ 🅥🅘🅢🅐 ✆ 🅐🅔 💰
corte Coppo 4346/A, San Marco ✉ *30124 – ✆ 04 15 23 82 69*
– www.aimercanti.com – chiuso domenica, lunedì a mezzogiorno   KZ**u**
Rist – Carta 68/106 €
♦ Celato in una piccola corte del centro - nero e beige dominano l'aspetto moderno dell'ultimo rinnovo - signorile ed elegante, non privo di calore. Cucina di stampo moderno, sia di carne sia di pesce.

XXX   **La Caravella** – Hotel Saturnia e International   🛖 🆔 💱 🅥🅘🅢🅐 ✆ 🅐🅔 ⓪ 💰
calle larga 22 Marzo 2397, San Marco ✉ *30124 – ✆ 04 15 20 89 01*
– www.restaurantlacaravella.com   JZ**n**
Rist – Carta 63/91 €
♦ In un caratteristico locale che ricorda gli interni di un'antica caravella, una cucina classica con piatti di stagione. D'estate, servizio all'aperto in un cortile veneziano.

XXX   **Aromi** – Hotel Molino Stucky Hilton   🛖 🕭 🆔 💱 🅥🅘🅢🅐 ✆ 🅐🅔 💰
Giudecca 810, 10 mn di navetta privata dal pontile San Marco
– ✆ 04 12 72 33 11 – www.molinostuckyhilton.com – chiuso dal 1° novembre al
27 dicembre e dal 7 gennaio al 15 febbraio   AV**b**
Rist – Carta 76/114 €
♦ In una cornice intima e raffinata, con una terrazza panoramica proprio di fronte al Canale della Giudecca, l'Aromi insegna che non c'è bisogno di spostarsi a sud dello Stivale per gustare una sapida cucina mediterranea.

XXX La Terrazza – Hotel Palace Bonvecchiati 🍴 AC

calle dei Fabbri 4680, San Marco ✉ *30124 –* ☎ *04 12 96 31 11*
– www.palacebonvecchaiti.it KY**d**
Rist – Carta 60/110 €

♦ Ad un passo da Piazza San Marco, sarà lo sciabordare delle gondole a tenervi compagnia, impegnati a scegliere tra il baccalà mantecato, le sarde in saor, o le seppioline in nero con polenta… Cucina autoctona.

XX Il Ridotto AC ☆ VISA ⊙ AE ☆

campo SS. Filippo e Giacomo, Castello 4509 ✉ *30122 –* ☎ *04 15 20 82 80*
– www.ilridotto.com – chiuso martedì e mercoledì LZ**e**
Rist – (coperti limitati, prenotare) Carta 55/87 €

♦ In una piccola sala semplice ed essenziale, lontano dalle banalità turistiche, questo ristorante gourmet concentra tutta l'attenzione sulla qualità della cucina: rivisitazione dei classici veneziani, in prevalenza di pesce.

XX Osteria Enoteca Giorgione – Hotel Giorgione 🍴 AC VISA ⊙ ☆

calle Larga dei Proverbi 4582/A, Cannaregio ✉ *30131 –* ☎ *04 15 22 17 25*
– www.osteriagiorgione.it – chiuso lunedì KX**b**
Rist – Carta 33/58 €

♦ Attiguo all'omonimo albergo, locale caratteristico caratterizzato da una curiosa collezione di "ex voto". Cucina marinara d'ispirazione mediterranea.

XX Cip's Club – Hotel Cipriani 🍴 AC ☆ VISA ⊙ AE ⊙ ☆

fondamenta de le Zitelle 10, Giudecca ✉ *30133 –* ☎ *04 15 20 77 44*
– www.hotelcipriani.com – maggio-settembre FV**c**
Rist – (chiuso a mezzogiorno) Carta 71/116 €

♦ Ambiente elegante, ma informale in un locale che offre servizio estivo sul canale della Giudecca; cucina tradizionale, di carne e di pesce, con specialità veneziane.

XX Lineadombra 🍴 ᴔ AC VISA ⊙ AE ⊙ ☆

ponte dell'Umiltà 19, Dorsoduro ✉ *30123 –* ☎ *04 12 41 18 81*
– www.ristorantelineadombra.com – chiuso dal 22 novembre al 10 febbraio e martedì DV**e**
Rist – Carta 70/120 € 🍴

♦ Una stupenda terrazza sul canale della Giudecca e interni di design moderno, dove trovano spazio - con grande armonia - cristallo, legno, acciaio, pelle. Anche la cucina sposa lo stile contemporaneo del locale, ma è il pesce ad abbandonare la linea d'ombra per guadagnarsi un posto al sole sulla tavola.

XX Al Covo 🍴 AC ☆ ☆ VISA ⊙ AE ☆

campiello della Pescaria 3968, Castello ✉ *30122 –* ☎ *04 15 22 38 12*
– www.ristorantealcovo.com – chiuso 2 settimane in gennaio, 1 settimana in agosto, mercoledì, giovedì FV**s**
Rist – Carta 56/66 €

♦ Vicino alla Riva degli Schiavoni, un ristorante rustico-elegante, molto alla moda, che propone un menù degustazione di pesce e alcuni piatti di carne. Servizio estivo esterno.

XX Bistrot de Venise 🍴 AC VISA ⊙ AE ☆

calle dei Fabbri 4685, San Marco ✉ *30124 –* ☎ *04 15 23 66 51*
– www.bistrotdevenise.com KY**e**
Rist – (prenotare) Menu 30/70 € – Carta 52/100 € (+12 %)

♦ Nel cuore di Venezia, sorge questo piacevole ristorante dove assapore la "storica" cucina veneziana e lasciarsi "stuzzicare" da un'entusiamante carta dei vini.

XX Ai Gondolieri AC ☆ VISA ⊙ AE ☆

fondamenta de l'Ospedaleto 366, Dorsoduro ✉ *30123 –* ☎ *04 15 28 63 96*
– www.aigondolieri.it – chiuso martedì DV**d**
Rist – (prenotazione obbligatoria la sera) Menu 75 € – Carta 65/83 € (+10 %)

♦ Alle spalle del museo Guggenheim, un locale rustico con tanto legno alle pareti, che propone un fantasioso menù solo di terra legato alla tradizione classica e veneta.

XX L'Osteria di Santa Marina 🚗 AC 🍴 VISA ⊙ AE ① 👍

campo Santa Marina 5911, Castello ✉ 30122 – ☏ 04 15 28 52 39
– www.osteriadisantamarina.it – chiuso dall'8 al 23 gennaio, lunedì a
mezzogiorno LY**m**
Rist – Carta 50/65 €

♦ Ristorante classico, anche se l'ambiente richiama atmosfere da osteria; linea culinaria di mare, con piatti tradizionali e altri innovativi e fantasiosi.

X La Piscina – Hotel La Calcina 🚗 AC 🍴 VISA ⊙ AE ① 👍

fondamenta zattere ai Gesuati 780, Dorsoduro ✉ 30123 – ☏ 04 15 20 64 66
– www.lacalcina.com – chiuso lunedì BV**f**
Rist – Carta 38/55 €

♦ Nel menu i piatti mediterranei hanno il sopravvento: tagliatelle con granchio e fiori di zucca, filetto di branzino alla piastra con fagiolini al timo, panna cotta con salsa ai lamponi… Tante prelibatezze, a cui si aggiunge un piacevole servizio all'aperto sulle fondamenta.

X Ribot 🚗 AC VISA ⊙ AE ① 👍

fondamenta Minotto 160, Santa Croce ✉ 30135 – ☏ 04 15 24 24 86
– www.ristoranteribot.com – chiuso 3 settimane in gennaio e domenica
Rist – Carta 36/56 € BTU**a**

♦ Non lontano dalla stazione ferroviaria, locale accogliente e curato dove gustare una cucina di buona qualità a prezzi contenuti (proposta di diverse formule economiche). La sera, il ristorante allieta i propri ospiti con musica dal vivo.

X Vini da Gigio AC VISA ⊙ 👍

fondamenta San Felice 3628/a, Cannaregio ✉ 30131 – ☏ 04 15 28 51 40
– www.vinidagigio.com – chiuso 3 settimane in gennaio, 3 settimane in
agosto, lunedì, martedì DT**e**
Rist – Carta 37/63 € 🏵

♦ Nel sestiere di Cannaregio, ambiente rustico e servizio informale in un'osteria con cucina a vista, che offre piatti sia di pesce che di carne; buona scelta di vini.

X Trattoria alla Madonna AC VISA ⊙ AE 👍

calle della Madonna 594, San Polo ✉ 30125 – ☏ 04 15 22 38 24
– www.ristoranteallamadonna.com – chiuso gennaio, 2 settimane in agosto e
mercoledì JY**e**
Rist – Carta 29/44 € (+12 %)

♦ Nei pressi del ponte di Rialto, storica trattoria veneziana, grande, sempre affollata, dove in un ambiente semplice ma animato si gusta la tipica cucina locale.

X Corte Sconta 🚗 AC VISA ⊙ 👍

calle del Pestrin 3886, Castello ✉ 30122 – ☏ 04 15 22 70 24 – chiuso dal 7 al
30 gennaio, dal 26 luglio al 16 agosto, domenica, lunedì FV**e**
Rist – Carta 50/80 €

♦ Piacevole locale inizio secolo, nato come bottiglieria, con una vite centenaria a pergolato nella corte interna, dove si svolge il servizio estivo; curata cucina veneziana.

X Anice Stellato VISA ⊙ 👍

fondamenta della Sensa 3272, Cannaregio, per fondamenta della Misericordia
✉ 30121 – ☏ 0 41 72 07 44 – chiuso lunedì, martedì CDT
Rist – Carta 36/61 €

♦ Osteria fuori mano, molto frequentata da veneziani, con una cucina genuina e generosa a base di pesce. Originali le numerose bottiglie di vino in bella vista; ambiente e servizio informali.

X Alle Testiere AC VISA ⊙ 👍

calle del Mondo Novo 5801, Castello ✉ 30122 – ☏ 04 15 22 72 20
– www.osterialletestiere.it – chiuso dal 20 dicembre al 12 gennaio, dal 2 agosto
al 1° settembre, domenica, lunedì LY**g**
Rist – (prenotare) Carta 51/69 €

♦ Un "bacaro" raffinato, che dell'osteria ha i tavoli di legno con apparecchiatura semplice e la simpatica atmosfera informale; solo piatti di pesce, curati e fantasiosi.

X **Naranzaria**   ⌂ VISA ⦿ ⑤

Naranzaria 130, San Polo ⊠ 30125 – ℰ 04 17 24 10 35 – www.naranzaria.it
– chiuso dicembre e lunedì escluso in bassa stagione   KX**d**
Rist – Menu 35/70 € – Carta 38/52 €

♦ "Cicchetti", drink e aperitivi, o una vera e propria scelta di cucina: specialità
venete e piatti giapponesi ispirati dalla nazionalità dello chef, in un bel localino
nei pressi di Rialto.

X **Al Vecio Fritolin**   ⛄ VISA ⦿ AE ⑤

calle della Regina, Rialto 2262 ⊠ 30125 – ℰ 04 15 22 28 81 – www.veciofritolin.it
– chiuso lunedì, martedì a mezzogiorno   JX**a**
Rist – Carta 45/66 € (+10 %)

♦ Se nei secoli passati i "fritolini" erano i luoghi dove il popolo poteva acquistare
al cartoccio il pesce appena fritto, la vera cucina regionale continua - ancora oggi
- a deliziare i clienti di questa trattoria, all'interno di un palazzo del '500: casa
natale di Caterina Cornaro, sposa del re di Cipro.

al Lido 15 mn di vaporetto da San Marco KZ – ⊠ 30126 Venezia Lido

🄸 Gran Viale S. M. Elisabetta 6, ℰ 041 5 29 87 11, www.turismovenezia.it

🏨 **Grande Albergo Ausonia & Hungaria**   ⇗ ⌂ 🕸 🖭 ⛄ cam, ⇔
Gran Viale S. M. Elisabetta 28   📶 ⚿ 🅿 VISA ⦿ AE ⓞ ⑤
– ℰ 04 12 42 00 60 – www.hungaria.it   **e**
74 cam ⊑ – ✝✝150/430 € – 9 suites – ½ P 105/245 €   **Rist** – Carta 45/80 €

♦ In un edificio dei primi '900 arricchito da un rivestimento in maioliche policrome ed arredi in gran parte in stile liberty (ad eccezione del quarto
piano), spicca per completezza e competenza del personale il bel centro benessere ispirato alle filosofie orientali.

🏨 **Quattro Fontane** – Residenza d'Epoca ⦂   ⇗ ⌂ ✗ 🖭 📶 ⚿ 🅿
via 4 Fontane 16 – ℰ 04 15 26 02 27   VISA ⦿ AE ⓞ ⑤
– www.quattrofontane.com – 5 aprile-20 ottobre   **r**
58 cam ⊑ – ✝120/500 € ✝✝150/550 €
Rist – *(chiuso mercoledì escluso dal 1° luglio al 30 settembre)* Carta 39/65 €

♦ Residenza d'epoca che per atmosfera somiglia ad una casa privata, dove da
sempre due sorelle raccolgono ricordi di viaggio e mobili pregiati. Rigoglioso
giardino. D'estate il servizio ristorante si svolge all'ombra di un enorme platano
secolare.

🏨 **Villa Tiziana** senza rist ⦂   🖭 ⇔ ✗ 📶 VISA ⦿ AE ⑤
via Andrea Gritti 3 – ℰ 04 15 26 11 52 – www.hotelvillatiziana.net
– febbraio-ottobre   **f**
16 cam ⊑ – ✝80/350 € ✝✝100/380 €

♦ Villino in posizione defilata con camere rinnovate in stile fresco e sobrio. La
gestione è accurata e garantita della presenza dei titolari.

🏠 **Villa Casanova** senza rist ⦂   🖭 ⇔ VISA ⦿ AE ⑤
via Orso Partecipazio 9 – ℰ 04 15 26 28 57 – www.casanovavenice.com – chiuso
dal 30 novembre al 29 dicembre   **m**
6 cam ⊑ – ✝✝50/180 €

♦ Graziosa villetta anni '30 in un'area residenziale del Lido, circondata da un
curato giardino sfruttato per il servizio colazioni. Camere spaziose, curate e
romantiche.

a Murano 10 mn di vaporetto da Fondamenta Nuove EFT e 1 h 10 mn di
vaporetto da Punta Sabbioni – ⊠ 30141

🏠 **Murano Palace** senza rist   🖭 ✗ VISA ⦿ AE ⑤
Fondamenta Vetrai 77 – ℰ 0 41 73 96 55 – www.muranopalace.com
6 cam ⊑ – ✝90/180 € ✝✝120/240 €

♦ Per dormire tra i maestri vetrai, una piccola risorsa a conduzione familiare, con
camere in elegante stile veneziano, arredate con tessuti preziosi e i famosi lampadari che tanto hanno contribuito alla fama dell'isola.

✗ **Busa-alla Torre**   🛜 VISA ⓒⓞ AE ⑤
campo Santo Stefano 3 – ✆ 04 17 39 66 62
Rist – *(chiuso la sera)* Carta 24/50 € (+12 %)
♦ Simpatica trattoria rustica, dotata di grande dehors estivo su una suggestiva piazzetta con un pozzo al centro; cucina di mare e specialità veneziane e contagiosa simpatia.

a Burano 50 mn di vaporetto da Fondamenta Nuove EFT e 32 mn di vaporetto da Punta Sabbioni – ✉ 30142

✗✗ **Riva Rosa**   🛜 AC VISA ⓒⓞ AE ① ⑤
via San Mauro 296 – ✆ 04 17 73 08 50 – www.rivarosa.it – chiuso dal 7 gennaio al 7 febbraio, mercoledì
Rist – *(chiuso la sera escluso venerdì, sabato, domenica)* (consigliata la prenotazione) Carta 41/68 €
♦ Nell'affascinante cornice del centro di Burano, Riva Rosa vi attende per un pranzo o una cena romantica a base di pesce in chiave moderna.

✗✗ **Venissa** con cam 🦝   🖥 🛜 AC ☆ cam, ¶¶ VISA ⓒⓞ AE ① ⑤
isola di Mazzorbo – ✆ 04 15 27 22 81 – www.venissa.it – aprile-15 novembre; chiuso lunedì
6 cam – ♛♛110/130 €, ☲ 18 €
Rist – (consigliata la prenotazione) Carta 60/100 €
♦ Sull'isola di Mazzorbo, a due passi da Burano a cui è collegata attraverso un ponte, il Venissa è immerso nel verde e negli orti che riforniscono il ristorante. Una giovane cuoca ai fornelli è l'ultima seduzione della laguna veneta.

✗ **Da Romano**   🛜 AC VISA ⓒⓞ AE ① ⑤
via Galuppi 221 – ✆ 04 17 73 00 30 – www.daromano.it – chiuso dal 17 dicembre al 3 febbraio, domenica sera, martedì
Rist – Carta 44/72 € (+12 %)
♦ Sull'isola "dei merletti", un locale con più di 100 anni di storia alle spalle, tappezzato di quadri di pittori contemporanei, dove gustare una fragrante cucina di mare.

✗ **Al Gatto Nero-da Ruggero**   🛜 AC VISA ⓒⓞ AE ① ⑤
fondamenta della Giudecca 88 – ✆ 04 17 73 01 20 – www.gattonero.com – chiuso dal 1° al 7 luglio, novembre e lunedì
Rist – (prenotare la sera) Carta 47/80 €
♦ Nel cuore pulsante di Burano, servizio informale e cura nella scelta delle materie prime in un'accogliente trattoria con cucina veneziana e di mare. Gradevole dehors estivo, affacciato sul canale.

a Torcello 45 mn di vaporetto da Fondamenta Nuove EFT e 37 mn di vaporetto da Punta Sabbioni – ✉ 30142 Burano

✗✗ **Locanda Cipriani** con cam 🦝   🖥 🛜 AC ☆ cam, ¶¶ VISA ⓒⓞ AE ① ⑤
piazza Santa Fosca 29 – ✆ 04 17 73 01 50 – www.locandacipriani.com – chiuso dal 5 gennaio al 5 febbraio
6 cam ☲ – ♛100/130 € ♛♛150/230 € – 3 suites – ½ P 180/230 €
Rist – *(chiuso martedì)* Carta 55/105 €
♦ Suggestivo locale di grande tradizione, con interni e atmosfera da trattoria d'altri tempi e raffinata cucina tradizionale; ameno servizio estivo in giardino. Nuove camere.

VENOSA – Potenza (PZ) – **564** E29 – **12 214 ab.** – alt. 415 m – ✉ 85029   **3** B1
▌ Italia
▶ Roma 327 – Bari 128 – Foggia 74 – Napoli 139
◉ Abbazia della Trinità★

✗✗ **Locanda Accademia dei Piacevoli**   🛜 AC ☆ VISA ⓒⓞ ① ⑤
∽∽ *discesa Capovalle 1, (centro storico) – ✆ 09 72 36 08 2*
– www.locandaaccademiadeipiacevoli.it – chiuso dal 2 al 17 novembre e lunedì
Rist – Carta 19/60 €
♦ Non proprio con un tocco di bacchetta magica, ma con accurati lavori di ristrutturazione, una vecchia casa del centro storico si è trasformata in grazioso ristorante gourmet: cucina moderna, soprattutto a base di pesce.

VENTIMIGLIA – Imperia (IM) – 561 K4 – 25 693 ab. – ✉ 18039 14 A3

Liguria

Roma 658 – Imperia 48 – Cuneo 89 – Genova 159

[i] via Hanbury 3, ☎ 0184 35 11 83, www.visitrivieradeifiori.it

Giardini Hanbury★★ a Mortola Inferiore: 6 km a ovest– Dolceacqua★: 10 km a nord

Sole Mare

via Marconi 22 – ☎ 01 84 35 18 54 – www.hotelsolemare.it

28 cam – †65/120 € ††90/150 €

Rist *Pasta e Basta* – ☎ 01 84 23 08 78 *(chiuso lunedì sera escluso luglio-agosto)* Carta 15/40 €

♦ Nella tranquilla parte occidentale della città, l'hotel offre accoglienti camere dall'arredo moderno, tutte con vista sul mare. Ogni piano è caratterizzato da un colore. Ambiente informale al ristorante, specializzato in un'infinita varietà di paste.

Sea Gull senza rist

via Marconi 24 – ☎ 01 84 35 17 26 – www.seagullhotel.it

27 cam – †70/125 € ††85/140 €

♦ Familiari la conduzione e l'ambiente di una comoda risorsa ubicata su una passeggiata a mare, adatta anche a soggiorni prolungati; chiedete le camere con vista mare.

Marco Polo

passeggiata Cavallotti 2 – ☎ 01 84 35 26 78 – chiuso dal 10 gennaio al 1° marzo e lunedì escluso agosto

Rist – Menu 18/52 € – Carta 36/49 €

♦ Una graziosa palafitta d'insospettabile eleganza, il cui servizio all'aperto si protende ulteriormente verso la spiaggia (dove si trova anche lo stabilimento balneare). La cucina esplora il mondo ittico.

a Castel d'Appio Ovest : 5 km – alt. 344 m – ✉ 18039

La Riserva di Castel D'Appio

rist,

località Peidaigo 71 – ☎ 01 84 22 95 33 – www.lariserva.it – Pasqua-settembre

6 cam – †70/110 € ††90/150 € – 6 suites – ½ P 105 €

Rist – Carta 39/87 €

♦ La tranquillità e uno splendido panorama accompagnano questa signorile risorsa familiare con spazi comuni raffinati, camere luminose ed accoglienti. Elegante cura della tavola nella sala interna e sulla bella terrazza per il servizio estivo.

verso la frontiera di Ponte San Ludovico

Balzi Rossi

via Balzi Rossi 2, alla frontiera, 8 km per corso Francia ✉ 18039 Ventimiglia – ☎ 0 18 43 81 32 – www.balzirossi.com – chiuso dal 10 al 25 gennaio, dal 20 al 30 giugno, dal 10 al 20 settembre, lunedì, martedì a mezzogiorno, anche domenica a mezzogiorno in agosto

Rist – Carta 78/111 €

♦ A pochi metri dal confine con la Francia, elegante sala con spettacolare panorama in terrazza sulla Costa Azzurra. Dalla cucina i classici di pesce liguri e nazionali.

VENTURINA – Livorno (LI) – 563 M13 – alt. 276 m – ✉ 57021 28 B2

Roma 235 – Firenze 143 – Livorno 71 – Lucca 116

Delle Terme

rist,

via delle Terme 36/40 – ☎ 05 65 85 57 59 – www.hterme.it – chiuso dal 7 gennaio al 7 marzo

44 cam – †75/115 € ††79/165 € – ½ P 65/113 € **Rist** – Carta 21/55 €

♦ Adiacente alle terme, offre tutto il savoir-faire che ci si attende da un soggiorno termale: compresa un'enorme piscina all'aperto a 31°. Camere moderne con spunti di arredi anni '70.

XX **Otello**   ⌖ & 🎿 🅿️ 🆅🆂🅰 ⊚ 🅰🅴 ⓪ ⓢ
*via Indipendenza 1/3/5 – ℰ 05 65 85 12 12 – www.ristoranteotello.it – chiuso dal
10 al 30 gennaio, dal 20 al 30 giugno e lunedì*
Rist – Carta 28/44 €
◆ Ristorante di taglio classico, ubicato lungo la statale, ma dotato di un dehors
protetto da una fitta fila di piante. Da tre generazioni, Otello propone con
costanza squisiti piatti di terra e di mare (a prezzi interessanti).

VERBANIA 🅿️ **(VB)** – **561** E7 – **31 157 ab.** – **alt. 197 m**   **24** B1
▌ Italia Centro Nord

▶ Roma 674 – Stresa 17 – Domodossola 38 – Locarno 42

🚢 da Intra per Laveno-Mombello – Navigazione Lago Maggiore ℰ call center
800551801

🛈 corso Zanitello 6/8, ℰ 0323 50 32 49, www.verbania-turismo.it

🛈 viale delle Magnolie 1, ℰ 0323 55 76 76

🏌 Verbania SS34 del lago Maggiore, 0323 80800, www.golfverbania.it – chiuso
mercoledì

🏌 Piandisole via alla Pineta 1, 0323 587100 – aprile-novembre; chiuso martedì

◉ Pallanza★★ – Lungolago★★ – Villa Taranto★★

◿ Isole Borromee★★★ (giro turistico: da Intra 25-50 min di battello e da Pallanza 10-
30 min di battello)

a Intra – ✉ 28921

🏨 **Ancora** senza rist   ⇐ 🖧 & 🎿 ⁽ᵖ⁾ 🏊 ⊚ 🅰🅴 ⓪
Corso Goffredo Mameli, 65 – ℰ 0 32 35 39 51 – www.hotelancora.it
29 cam – ♦59/130 € ♦♦89/262 €
◆ Sulla trafficata statale del lungolago - nel cuore commerciale di Verbania - edificio signorile con camere ampie e ben arredate. Conduzione seria e competente.

🏨 **Intra** senza rist   🖧 & ♨ 🎿 ⁽ᵖ⁾ 🆅🆂🅰 ⊚ 🅰🅴 ⓪ ⓢ
corso Mameli 133 – ℰ 03 23 58 13 93 – www.verbaniahotel.it
38 cam ⌷ – ♦42/57 € ♦♦70/120 €
◆ La struttura si affaccia sul lungolago e annovera una nuova saletta comune,
spaziose camere con arredi di gusto classico e una sala colazioni con soffitti lignei
a cassettoni.

XX **Le Volte**   🎿 🆅🆂🅰 ⊚ 🅰🅴 ⓢ
*via San Vittore 149 – ℰ 03 23 40 40 51 – chiuso dal 24 gennaio al 5 febbraio,
dal 7 al 16 luglio e mercoledì*
Rist – Carta 31/40 €
◆ Ambiente elegante e piacevole veranda coperta che si apre sulla corte interna
ombreggiata da una centenaria vite americana: in cucina trionfano i sapori mediterranei, rivisitati con creatività.

X **Taverna Mikonos**   🎿 🆅🆂🅰 ⊚ 🅰🅴 ⓪ ⓢ
*via Tonazzi 5 – ℰ 03 23 40 14 39 – www.tavernamikonos.com
– chiuso dal 17 al 31 gennaio, dal 5 al 20 settembre, mercoledì e i mezzogiorno
di lunedì e martedì*
Rist – Carta 25/44 €
◆ Una trattoria moderna dalle vivaci tinte bianche e blu che richiamano i colori
del Mediterraneo sono un evidente richiamo alla Grecia, di cui propone la tipica
gastronomia.

X **Concordia**   🎿 🆅🆂🅰 ⊚ 🅰🅴 ⓢ
*via San Fabiano 18 – ℰ 03 23 40 32 37 – www.ristoranteconcordia.it – chiuso
10 giorni in febbraio, 10 giorni in giugno, 10 giorni in novembre e lunedì*
Rist – Carta 31/63 €
◆ Un locale rustico con belle foto d'epoca alle pareti e travi a vista, mentre la
cucina incontra molti consensi in virtù delle sue ottime materie prima, nonché di
una capace rielaborazione. Un valido indirizzo nel cuore del centro storico.

a Pallanza – ✉ 28922

🏨 Grand Hotel Majestic 🕭 ⟨icons⟩

via Vittorio Veneto 32
– ☎ 03 23 50 97 11 – www.grandhotelmajestic.it – 6 aprile-6 ottobre
74 cam 🛏 – †240/270 € ††330/360 € – 6 suites – ½ P 214/229 €
Rist *La Beola* – Carta 47/82 €
♦ Direttamente sul lago, abbracciata dal verde e dalla tranquillità dell'acqua, una struttura affascinante con camere spaziose e bagni in marmo, dotata di un centro benessere. Elegante ristorante à la carte, propone la tradizione gastronomica locale interpretata in chiave contemporanea.

🏨 Pallanza ⟨icons⟩

viale Magnolie 8 – ☎ 03 23 50 32 02 – www.pallanzahotels.com
48 cam 🛏 – †98/143 € ††110/145 € – ½ P 100/115 €
Rist – Carta 32/87 €
♦ Rinnovato negli ultimi anni, l'hotel è testimone dell'architettura del primo '900 e dispone di camere spaziose ed accoglienti e di una panoramica terrazza con vista sul lago.

🏠 Aquadolce senza rist ⟨icons⟩

via Cietti 1 – ☎ 03 23 50 54 18 – www.hotelaquadolce.com – chiuso dal 15 gennaio al 15 febbraio
13 cam 🛏 – †55/75 € ††75/110 €
♦ Nuova gestione al timone di questa graziosa struttura, a pochi passi dal centro di Pallanza, ma sul lungolago: spazi comuni illuminati da ampie vetrate, nonché belle camere, curate e personalizzate.

🍴🍴 Il Portale ⟨icons⟩

via Sassello 3 – ☎ 03 23 50 54 86 – www.ristoranteilportalepallanza.it – chiuso gennaio e martedì
Rist – (consigliata la prenotazione) Carta 46/84 €
♦ Cucina moderna in un delizioso ristorante ubicato nel centro storico della località. Piacevole servizio estivo sulla piazza principale affacciata sul lago.

🍴 Osteria dell'Angolo ⟨icons⟩

piazza Garibaldi 35 – ☎ 03 23 55 63 62 – chiuso dal 25 dicembre all'8 gennaio e lunedì
Rist – Carta 31/58 €
♦ Nel cuore della città, un piccolo locale dagli ambienti interni recentemente rinnovati e con dehors sotto un piacevole pergolato propone una cucina piemontese e di lago.

🍴 Dei Cigni ⟨icons⟩

😊
vicolo dell'Arco 1, angolo viale delle Magnolie – ☎ 03 23 55 88 42
– chiuso 10 giorni in novembre, 3 settimane in gennaio, martedì, mercoledì, giovedì a mezzogiorno da novembre a marzo, solo i mezzogiorno di martedì, mercoledì e giovedì negli altri mesi
Rist – (consigliata la prenotazione) Menu 27 € – Carta 25/43 €
♦ Ha la meglio la cucina di pesce, sia di lago che di mare, seppur non mancano piatti a base di carne. Pochi tavoli quadrati con un grazioso coperto da trattoria moderna e un bel terrazzo estivo con vista.

a Suna Nord-Ovest : 2 km – ✉ 28925

🍴🍴 Antica Osteria il Monte Rosso ⟨icons⟩

Via Troubetzkoy, 128 – ☎ 03 23 50 60 56
Rist – Menu 30/40 € – Carta 35/47 €
♦ Sul lungolago della residenziale frazione di Verbania, una piccola reltà in stile Old England, dove assaporare specialità ittiche lacustri e marine. Clima favorevole e disponibilità permettendo, meglio prenotare uno dei pochi tavoli sulla panoramica terrazzina.

a Fondotoce Nord-Ovest : 6 km – ✉ 28924

XXXX **Piccolo Lago** (Marco Sacco)   ⟨ 🍴 🔥 AC ⚙ P VISA ◎ AE ① ♿
ᯤ ᯤ *via Turati 87, al lago di Mergozzo, Nord-Ovest : 2 km – ℰ 03 23 58 67 92*
– www.piccololago.it – chiuso gennaio, febbraio, lunedì
Rist – *(chiuso a mezzogiorno escluso domenica)* Menu 80 € – Carta 86/120 € 🍴
Spec. Flan di Bettelmatt, leggera mostarda di pere, salsa ai mirtilli di montagna
speziati. Agnolotti, farcia di mascarpa (formaggio) e asparagi, sugo d'arrosto e animelle. Filetto di manzo, salsa di fegato d'oca e pepe di Sichuan, sbrisolona di
polenta.
♦ Un trampolino sul lago di Mergozzo, si mangia sullo sfondo di un incantevole
paesaggio d'acqua e monti da cui provengono diversi degli ingredienti trasformati da un'estrosa cucina.

VERBANO – Vedere Lago Maggiore

VERCELLI Ⓟ (VC) – **561** G7 – 46 967 ab. – alt. 130 m – ✉ 13100   **23** C2
▌ Italia Centro Nord
▶ Roma 633 – Alessandria 55 – Aosta 121 – Milano 74
ℹ viale Garibaldi 90, ℰ 0161 5 80 02, www.atlvalsesiavercelli.it
◉ Località★ - Basilica di S. Andrea★★ - Chiesa di S. Cristoforo: affreschi★ - Museo
Borgogna★

XX **Giardinetto** con cam   🍴 AC VISA ◎ AE ① ♿
via Sereno 3 – ℰ 01 61 25 72 30 – www.hrgiardinetto.com
– chiuso 1 settimana in gennaio e agosto
8 cam ⌑ – ♦75 € ♦♦90 €   **Rist** – *(chiuso lunedì)* Carta 31/54 €
♦ A pochi passi dal centro storico, una comoda risorsa, a conduzione familiare,
che dispone di camere ben arredate e accessoriate; piacevole il giardino interno.
Raffinati toni pastello, soffitto di legno e grandi vetrate sul giardino nel rinomato
ristorante.

XX **Cinzia da Christian e Manuel** (Manuel e Christian Costardi) con cam
ᯤ *corso Magenta 71 – ℰ 01 61 25 35 85*   AC ⚙ VISA ◎ AE ① ♿
– www.hotel-cinzia.com – chiuso dal 9 al 25 agosto e lunedì
25 cam ⌑ – ♦65/80 € ♦♦80/100 €   **Rist** – Menu 70 € – Carta 59/105 € 🍴
Spec. Riso carnaroli, pomodoro, basilico. Gambero rosso di Mazara del Vallo
(omaggio a Jackson Pollock). 1000 follie: noce, mela e vaniglia.
♦ Cucina creativa di alto livello e materie prime di eccellente qualità, senza
dimenticare le tradizioni culinarie della zona e della regione. Non meravigliatevi
quindi della particolare attenzione riservata al riso: il menu propone una selezione
di venti risotti, ma anche tante gustose specialità di terra e di mare.

VERDUNO – Cuneo (CN) – **561** I5 – 538 ab. – alt. 381 m – ✉ 12060   **25** C2
▶ Roma 645 – Cuneo 59 – Torino 61 – Asti 45

🏠 **Real Castello** ⚘   ⟨ 🍴 ⚙ rist. ⚑ P VISA ◎ AE ① ♿
via Umberto I 9 – ℰ 01 72 47 01 25 – www.castellodiverduno.com
– 19 marzo-novembre
17 cam ⌑ – ♦100/220 € ♦♦115/140 € – 2 suites – ½ P 110 €
Rist – *(chiuso mercoledì) (chiuso a mezzogiorno)* Carta 39/67 € 🍴
♦ Il tempo sembra essersi fermato nella quiete di questa risorsa, che occupa
parte di un castello sabaudo del XVIII secolo: rigorosi arredi d'epoca nelle camere
affrescate (particolarmente confortevoli le stanze nella dépendance). *Charme d'antan* nel curato ristorante, dove gustare piatti tipici piemontesi.

VERGNE – Cuneo (CN) – **561** I5 – Vedere Barolo

VERNAGO = VERNAGT – Bolzano (BZ) – Vedere Senales

VERNANTE – Cuneo (CN) – **561** J4 – 1 249 ab. – alt. 799 m – ✉ 12019   **22** B3
▌ Italia Centro Nord
▶ Roma 634 – Cuneo 23 – Alessandria 148 – Asti 112
ℹ via Umberto I 115, ℰ 0171 92 02 20, www.zerodelta.net

Il Relais del Nazionale senza rist ◻ 🏠 ❄️ 🍴 **P** 🆚 ⊕ 🅰️🅴 ⓪ ⛎

strada statale 20 n.14 – 𝒞 01 71 92 01 81 – www.ilnazionale.com
8 cam ⬜ – ♦95/220 € ♦♦120/250 €

♦ Atmosfera calda e familiare in questo piccolo gioiello tutto in legno, proprio di fronte al più tradizionale ristorante Nazionale (stessa gestione). Camere grandi e personalizzate; accogliente la zona relax con idromassaggio, bagno turco e bagno all'abete.

XX **Nazionale** con cam 🏠 🍴 **P** 🆚 ⊕ 🅰️🅴 ⓪ ⛎

via Cavour 60 – 𝒞 01 71 92 01 81 – www.ilnazionale.com
16 cam ⬜ – ♦35/60 € ♦♦60/130 € – 3 suites – ½ P 55/80 €
Rist – *(chiuso mercoledì escluso febbraio e luglio, agosto e settembre)*
(prenotare) Menu 20/38 € – Carta 37/55 € 🍷

♦ È l'alternarsi delle stagioni a determinare gli ingredienti da utilizzare in cucina garantendo - in ogni momento dell'anno - le proprie specialità. Di recente è stata valorizzata e incrementata la selezione di formaggi, nonché di vini "naturali". Camere confortevoli, arredate con sobrietà.

VEROLI – Frosinone (FR) – **563** Q22 – 20 759 ab. – alt. 594 m   13 C2
– ✉ 03029

▶ Roma 99 – Frosinone 13 – Avezzano 69 – Fiuggi 29

🏨 **Antico Palazzo Filonardi** ⌂ ◁ ◻ ⅙ ♣️ ❄️ **P** 🆚 ⊕ ⓪ ⛎

piazza dei Franconi 1 – 𝒞 07 75 23 71 35 – www.palazzofilonardi.it – chiuso dall'8 al 31 gennaio
31 cam ⬜ – ♦75/95 € ♦♦85/105 € – ½ P 75 €
Rist – *(chiuso lunedì)* Carta 27/49 €

♦ Nel centro di questo borgo medievale, nuovo, suggestivo albergo ricavato in un ex convento ottocentesco, con chiesa sconsacrata e panoramica terrazza sui colli ciociari. Al ristorante due eleganti sale "degli Angeli", così denominate per le decorazioni sulle volte.

VERONA 🅿 (VR) – **562** F14 – 264 475 ab. – alt. 59 m   37 A3
▌ Italia Centro Nord

▶ Roma 503 – Milano 157 – Venezia 114

✈ di Villafranca per ④ : 14 km 𝒞 045 8095666

🚌 via degli Alpini 9, 𝒞 045 8 06 86 80, www.tourism.verona.it

🛈 ✉ 37138, 𝒞 045 8 00 08 61

🛈 Aeroporto Villafranca, ✉ 37060, 𝒞 045 8 61 91 63

⛳ località Ca' del Sale 15, 045 510060, www.golfclubverona.com – chiuso martedì

Manifestazioni locali

25.03 - 28.03 : vinitaly (salone internazionale del vino e dei distillati) e agrifood (salone internazionale del prodotto agroalimentare di qualità)

◉ Chiesa di San Zeno Maggiore★★ : porte★★★, trittico del Mantegna★★ AY – Piazza delle Erbe★★ CY **10** – Piazza dei Signori★★ CY **39** – Arche Scaligere★★ CY **K** – Arena★★ : ⛤★★ BCYZ – Castelvecchio★★ : museo d'Arte★★ BY – Ponte Scaligero★★ BY – Chiesa di Sant'Anastasia★ : affresco★★ di Pisanello CY **F** – ≼★★ dalle terrazze di Castel San Pietro CY **D** – Teatro Romano★ CY **C** – Duomo★ CY **A** – Chiesa di San Fermo Maggiore★ CYZ **B** – Chiesa di San Lorenzo★ BY

Piante pagine seguenti

🏨🏨🏨 **Due Torri** 🍴 🅰 ⅙ 🍴 🧖 🆚 ⊕ 🅰️🅴 ⓪ ⛎

piazza Sant'Anastasia 4 ✉ 37121 – 𝒞 0 45 59 50 44 – www.baglionihotels.com
91 cam ⬜ – ♦220/440 € ♦♦286/572 € – 11 suites   CY**x**
Rist Brunello – vedere selezione ristoranti

♦ Narra la storia della città, l'edificio trecentesco in cui s'inserisce questo prestigioso albergo di tradizione e fascino: nelle raffinate camere, l'arredo si ispira soprattutto al Settecento e all'Ottocento.

🏠🏠🏠 **Gabbia d'Oro** senza rist 🖧 ⋈ 🕪 🛜 VISA ☎ AE 🕥

corso Porta Borsari 4/a ⊠ 37121 – ℰ 04 58 00 30 60 – *www.hotelgabbiadoro.it*
8 cam – ♦165/290 € ♦♦225/380 €, � 23 € – 19 suites – CY**t**
♦♦290/850 €

♦ Dalla discrezione e dalla cortesia di un servizio inappuntabile, un opulento scrigno di preziosi e ricercati dettagli che echeggiano dal passato; piccolo hotel di charme e lusso con un suggestivo giardino d'inverno.

🏠🏠🏠 **Victoria** senza rist 🐾 🖧 🖃 ⋈ 🕪 🔥 🚗 VISA ☎ AE 🕥 🕥

via Adua 6 ⊠ 37121 – ℰ 0 45 59 05 66 – *www.hotelvictoria.it* BY**r**
54 cam ⊻ – ♦185/245 € ♦♦230/335 € – 12 suites

♦ Annovera anche reperti archeologici questo raffinato hotel, in cui antichità e modernità si amalgamano con armonia offrendo soluzioni tecnologiche innovative e tanto charme nelle confortevoli camere. Per i melomani, l'Arena è a due passi.

🏠🏠🏠 **Accademia** senza rist 🖃 ♠️ ⋈ 🕏 🕪 🔥 🚗 VISA ☎ AE 🕥

via Scala 12 ⊠ 37121 – ℰ 0 45 59 62 22 – *www.accademiavr.it* CY**d**
94 cam ⊻ – ♦96/215 € ♦♦137/335 € – 7 suites

♦ Solerte e professionale il servizio, di ottimo livello il confort. La risorsa si trova in un edificio storico che si sta lentamente rinnovando, adiacente all'elegante via Mazzini, arteria ideale per lo shopping.

🏠🏠🏠 **Colomba d'Oro** senza rist 🖃 ⋈ 🕏 🔥 🚗 VISA ☎ AE 🕥

via Cattaneo 10 ⊠ 37121 – ℰ 0 45 59 53 00 – *www.colombahotel.com*
51 cam ⊻ – ♦112/190 € ♦♦156/258 € – 2 suites BY**n**

♦ Un albergo di tradizione e di atmosfera, realizzato in ambienti del primo Ottocento. L'affascinante hall con dipinti alle pareti e al soffitto è il biglietto da visita, non meno eleganti le camere, curate nei dettagli.

🏠🏠🏠 **Grand Hotel** senza rist 🚄 🖃 ⋈ 🕏 🕪 🔥 VISA ☎ AE 🕥 🕥

corso Porta Nuova 105 ⊠ 37122 – ℰ 0 45 59 56 00 – *www.grandhotel.vr.it*
62 cam ⊻ – ♦172/252 € ♦♦191/294 € BZ**b**

♦ Storico edificio in stile liberty, ospita un albergo raffinato, nei cui interni si fondono la classicità degli arredi, impreziositi da belle sculture, e la modernità dei confort; dispone anche di un centro congressi.

🏠🏠🏠 **Giberti** senza rist 🖃 🔥 ♠️ ⋈ 🕪 🔥 🚗 VISA ☎ AE 🕥 🕥

via Giberti 7 ⊠ 37122 – ℰ 04 58 00 69 00 – *www.hotelgiberti.it* BZ**e**
80 cam ⊻ – ♦80/230 € ♦♦104/320 €

♦ Moderne sia l'architettura che la funzionalità di questo hotel cittadino che offre ampi spazi di parcheggio; luminose e confortevoli le zone comuni, piacevoli le stanze rinnovate.

🏠🏠🏠 **Leopardi** 🚿 🖧 🖃 🔥 🕏 rist, 🕪 🔥 🅿 🚗 VISA ☎ AE 🕥 🕥

via Leopardi 16 ⊠ 37138 – ℰ 04 58 10 14 44 – *www.leopardi.vr.it* AY**a**
81 cam ⊻ – ♦260 € ♦♦300 €
Rist *La Ginestra* – ℰ 0 45 56 24 49 – Menu 28 €

♦ Camere classiche con mobili in legno scuro, o moderne dai toni più chiari, per questa piacevole struttura fuori le mura. Oltre ad un attrezzato centro congressi, l'hotel dispone di un'area relax di nuova concezione. Piatti italiani al ristorante: a mezzogiorno si può pranzare anche a buffet (solo al lunedì a venerdì).

🏠🏠🏠 **San Marco** 🏝 🏊 🖾 🕥 🖧 🖃 🔥 ⋈ 🔥 🕏 🕪 🔥 🚗 VISA ☎ 🕥

via Longhena 42 ⊠ 37138 – ℰ 0 45 56 90 11 – *www.sanmarco.vr.it*
111 cam ⊻ – ♦110/270 € ♦♦124/300 € – 1 suite – ½ P 87/175 € AY**n**
Rist – *(chiuso domenica da settembre al 20 giugno)* Carta 29/47 €

♦ Convivono con discreto fascino lo stile classico e quello moderno che alternativamente arredano le camere. Centro congressi ed area benessere per una clientela business, ma anche per coloro che ricercano una dimensione *cocooning*.

🏠🏠🏠 **Palace** senza rist 🖃 🔥 ⋈ 🕪 🔥 🚗 VISA ☎ AE 🕥

via Galvani 19 ⊠ 37138 – ℰ 0 45 57 57 00 – *www.montresorgroup.com*
66 cam ⊻ – ♦♦100/600 € AY**x**

♦ Una hall spaziosa, con tocchi di eleganza, introduce a questo albergo di impostazione classica con stanze ben accessoriate. Colorate composizioni musive nei bagni. Ottimo indirizzo per una clientela business.

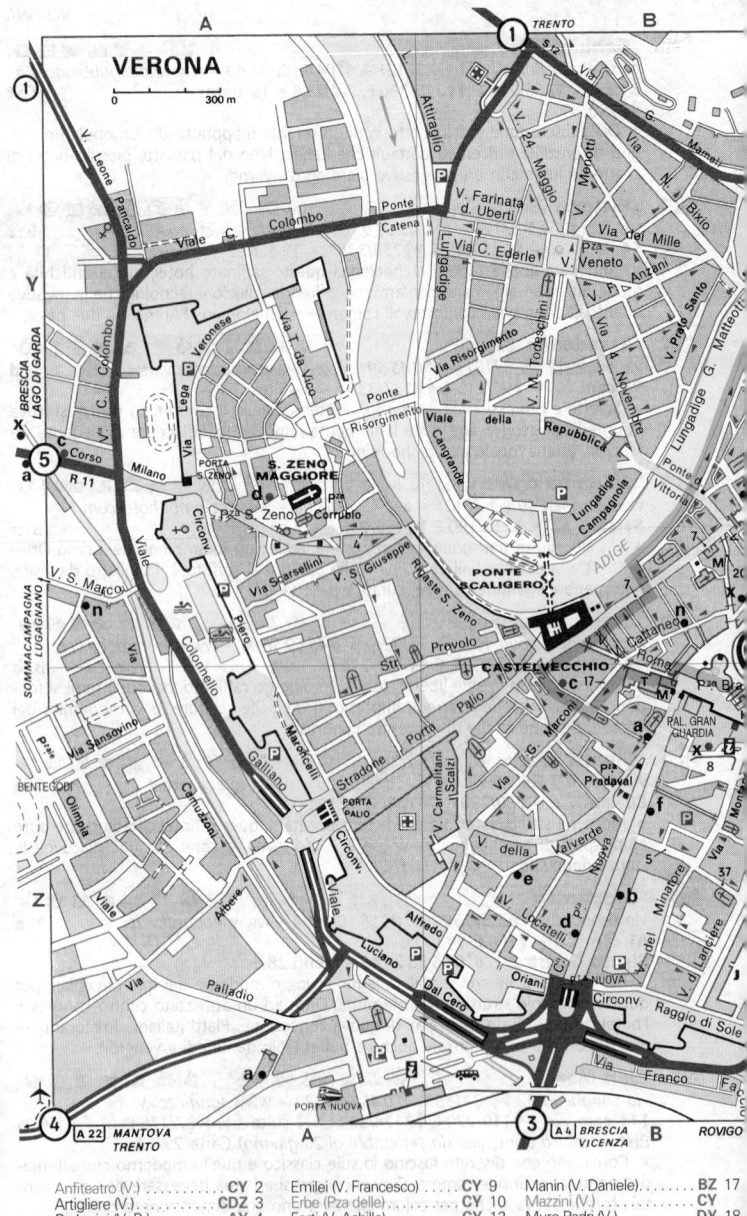

VERONA

0   300 m

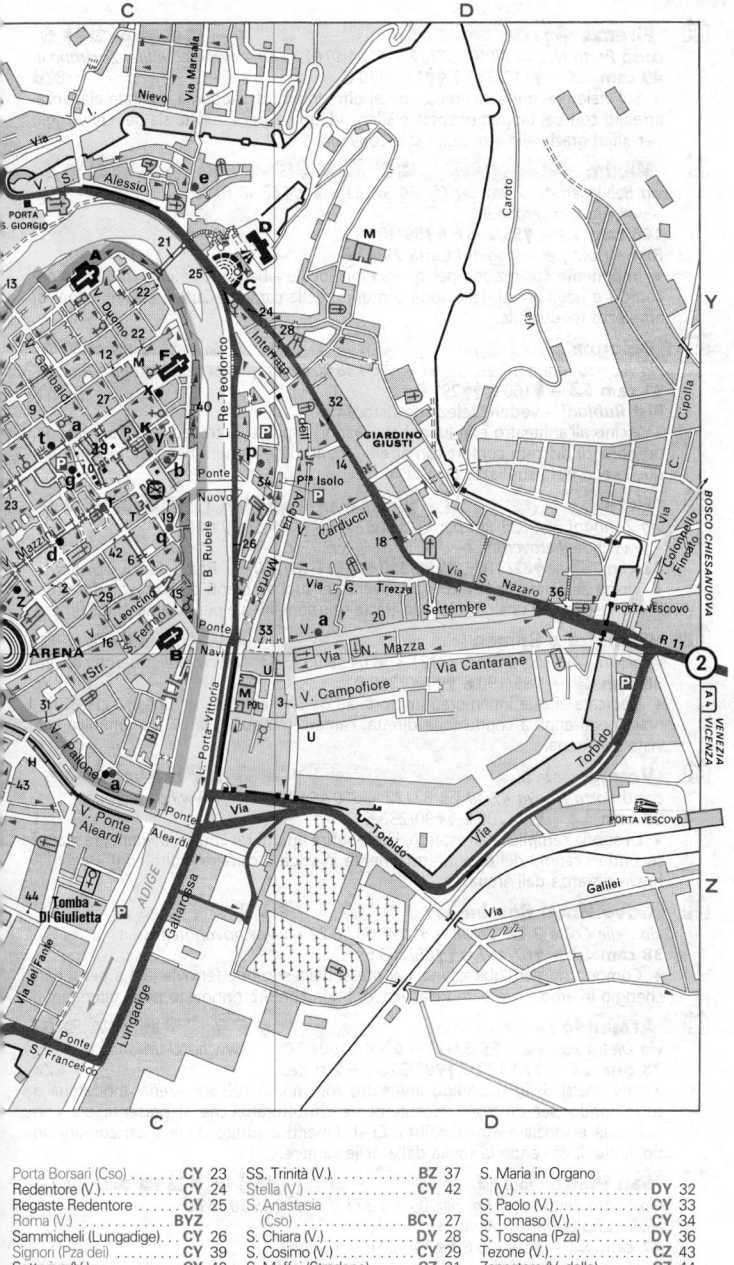

🏨 **Firenze** senza rist · 🛗 ＆ 🅰️ 💱 ⓦ 🈂️ 🚗 🚘 🆚 🅰️ 🆎 ➊ 🔆
corso Porta Nuova 88 ⊠ 37122 – 𝄞 04 58 01 15 10 – www.hotelfirenzeverona.it
49 cam 🛏 – ♦119/235 € ♦♦134/250 € · BZd
♦ Sul viale che porta all'Arena, l'hotel offre interni di moderna e curata eleganza, arredati con bei tappeti orientali e kilim; adatto sia per il turista sia per chi viaggia per affari grazie alle attrezzate sale convegni.

🏨 **Maxim** · 🛗 ＆ cam, 🅰️ 💱 ⓦ rist, 🈂️ 🚗 🚘 🆚 🅰️ 🆎 ➊ 🔆
via Belviglieri 42, 2 km per ② ⊠ 37131 – 𝄞 04 58 40 18 00
– www.maximverona.it
146 cam 🛏 – ♦55/206 € ♦♦59/309 €
Rist – (solo per alloggiati) Carta 29/42 €
♦ Imponente costruzione per questo funzionale albergo fuori città, moderno nel confort e negli arredi delle zone comuni e delle camere. Capienti sale riunioni di ampiezza modulabile.

🏨 **Bologna** · 🛗 🅰️ 💱 🈂️ ⓦ 🚗 🚘 🆎 🔆
via Alberto Mario 18 ⊠ 37121 – 𝄞 04 58 00 68 30 – www.hotelbologna.vr.it
31 cam 🛏 – ♦160 € ♦♦290 € · BYx
Rist Rubiani – vedere selezione ristoranti
♦ Vicino all'anfiteatro e ai luoghi che hanno ospitato la tragedia shakespeariana, un hotel di discreto confort con arredi recenti nelle camere ben tenute. Chiedete quelle con vista su Piazza Bra.

🏨 **Fiera** · 🎞 🛗 ＆ cam, 🅰️ 💱 ⓦ rist, 🈂️ 🚗 🅿️ 🚘 🆚 🅰️ 🆎 ➊ 🔆
🔁 via Zannoni 26/28, 1 km per ③ ⊠ 37136 – 𝄞 04 58 20 44 85
– www.hotelfieraverona.biz
82 cam 🛏 – ♦82/310 € ♦♦98/360 € – ½ P 69/200 € **Rist** – Carta 21/45 €
♦ Vicina alla Fiera, la struttura annovera nei suoi ambienti confortevoli dotazioni impiantistiche ed una piccola palestra: la soluzione ideale per gli amanti del fitness.

🏨 **Giulietta e Romeo** senza rist · 🛗 🅰️ 💱 🈂️ 🚗 🆚 🚘 🆎 🔆
vicolo Tre Marchetti 3 ⊠ 37121 – 𝄞 04 58 00 35 54 – www.giuliettaeromeo.com
38 cam 🛏 – ♦85/190 € ♦♦100/260 € · CYz
♦ Dedicata ai due innamorati immortalati da Shakespeare, una risorsa che si rinnova negli anni, a conduzione diretta; camere tranquille, la più panoramica con vista sull'Arena.

🏨 **Verona** senza rist · 🛗 🏃 🅰️ 🈂️ 🅿️ 🆚 🚘 🅰️ 🆎 ➊ 🔆
corso Porta Nuova 47/49 ⊠ 37122 – 𝄞 0 45 59 59 44 – www.hotelverona.it
35 cam 🛏 – ♦80/209 € ♦♦90/230 € · BZf
♦ Di sobria semplicità all'esterno, l'hotel offre interni recenti ed invitanti, realizzati secondo i canoni del design attualmente in voga e camere molto confortevoli. A breve distanza dall'Arena.

🏨 **Novo Hotel Rossi** senza rist · 🛗 ＆ 🅰️ 💱 🈂️ 🅿️ 🆚 🚘 🅰️ 🆎 🔆
via delle Coste 2 ⊠ 37138 – 𝄞 0 45 56 90 22 – www.novohotelrossi.it
38 cam 🛏 – ♦67/167 € ♦♦88/263 € · AZa
♦ Comodo sia per l'ubicazione, nei pressi della stazione ferroviaria, sia per il parcheggio interno, un albergo classico, di buon confort, rinnovato negli ultimi anni.

🏨 **Armando** senza rist · 🛗 ＆ 💱 🈂️ ⓦ 🚗 🆚 🚘 🅰️ 🆎 ➊ 🔆
via Dietro Pallone 1 ⊠ 37121 – 𝄞 04 58 00 02 06 – www.hotelarmando.it
28 cam 🛏 – ♦70/170 € ♦♦90/220 € – 2 suites · CZa
♦ Nei pressi dello splendido anfiteatro romano, la celebre Arena, modernità a tutto tondo per un hotel recentemente ristrutturato, che si presenta ora con uno stile essenziale e minimalista. Ci si dimentica subito degli spazi comuni un po' limitati, varcando la soglia delle belle camere.

🏨 **San Pietro** senza rist · 🛗 ＆ 💱 🈂️ 🅰️ 🆚 🚘 🅰️ 🆎 ➊ 🔆
via Santa Teresa 1, 1 km per ③ ⊠ 37135 – 𝄞 0 45 58 26 00
– www.hotelsanpietroverona.it
47 cam 🛏 – ♦60/300 € ♦♦79/300 € – 1 suite
♦ E' un piacere rilassarsi nelle comode poltrone in pelle nella hall, accogliente e razionale. Stile minimalista nelle confortevoli camere, rallegrate da una parete in stucco di colore vivace: legno chiaro e scuro si alternano per creare un'illusione ottica di movimento.

⌂ **Aurora** senza rist   AC ⌐

piazzetta XIV Novembre 2 ✉ *37121 – ℰ 045 59 47 17 – www.hotelaurora.biz*
19 cam ⌑ – ♦145 € ♦♦170 €   CYg

♦ Camere sobrie e confortevoli, ma soprattutto la possibilità di consumare il primo pasto della giornata affacciati sulla celebre Piazza delle Erbe, comodamente seduti sulla bella terrazza.

XXX **Il Desco** (Elia e Matteo Rizzo)   AC VISA ⦿ AE ① ⌂
සිසි *via Dietro San Sebastiano 7* ✉ *37121 – ℰ 045 59 53 58 – www.ildesco.com*
– chiuso dal 25 dicembre al 14 gennaio, 2 settimane in giugno, domenica,
lunedì; in luglio, agosto e dicembre aperto lunedì sera   CYq
Rist – Menu 65/135 € – Carta 92/130 € ℬ

Spec. Scampi fritti con insalatina all'aceto di lamponi. Risotto alla zucca ed Amarone. Scampi e fegato d'oca con cipolla fondente e caramello di vino.

♦ I recenti interventi di rinnovo non hanno stravolto il genere del locale, che continua ad essere il salotto cittadino per eccellenza, ma anche la cucina si mantiene all'altezza della sua fama: piatti creativi, rispettosi della tradizione.

XXX **Baracca**   ⌂ AC ⅍ ⇔ P VISA ⦿ AE ⌂
via Legnago 120, 2,5 km per ③ ✉ *37134 – ℰ 045 50 00 13*
– www.ristorantelabaracca.it – chiuso dal 1° al 7 gennaio, sabato a mezzogiorno, domenica
Rist – (consigliata la prenotazione) Carta 43/58 €

♦ Fuori delle affollate rotte turistiche, signorile ristorante gestito da cinquant'anni da una intraprendente famiglia, dove gusterete una consolidata e tradizionale cucina di pesce.

XXX **Arche**   AC ⇔ VISA ⦿ AE ① ⌂
via Arche Scaligere 6 ✉ *37121 – ℰ 04 58 00 74 15 – www.ristorantearche.com*
– chiuso dal 7 al 23 gennaio, domenica, lunedì a mezzogiorno   CYy
Rist – Carta 48/59 € ℬ (+11 %)

♦ E' stato il bisnonno dello chef ad inaugurare nel 1879 questo elegante locale. Da allora la tradizione si rinnova di generazione in generazione, proponendo una cucina di terra e di mare, di tradizione e di ricerca.

XXX **Brunello** – Hotel Due Torri   AC ⅍ ⇔ VISA ⦿ AE ① ⌂
piazza Sant'Anastasia 4 ✉ *37121 – ℰ 045 59 50 44 – www.baglionihotels.com*
Rist – Carta 60/78 €   CYx

♦ Nella scenografica lobby, cucina innovativa a cui si accompagna una prestigiosa carta dei vini. I nostri preferiti: zuppetta di topinambur con funghi confites e gocce di Monte Veronese alla cipollina, tempura di gamberi con crema leggera di avocado e salsa dolce-forte, cuore di controfiletto in salsa pastissada.

XX **Ai Teatri**   ⌂ AC ⇔ VISA ⦿ AE ① ⌂
via Santa Maria Rocca Maggiore 8 ✉ *37129 – ℰ 04 58 01 21 81*
– www.ristoranteaiteatri.it – chiuso dal 1° al 15 gennaio, domenica, lunedì a mezzogiorno   CYp
Rist – (consigliata la prenotazione la sera) Carta 38/57 € ℬ

♦ Esperienza più che decennale nella ristorazione veronese per il titolare di questo locale nei pressi del centro e subito al di là dell'Adige; ambiente ricercato e cucina moderna, sia di terra sia di mare.

XX **Osteria la Fontanina** (Nicola Tapparini)   ⌂ AC VISA ⦿ AE ⌂
සි *Portichetti Fontanelle Santo Stefano 3* ✉ *37129 – ℰ 045 91 33 05*
– www.ristorantelafontanina.com – chiuso 2 settimane in agosto, domenica, lunedì a mezzogiorno   CYe
Rist – (prenotazione obbligatoria a mezzogiorno) Carta 53/69 € ℬ (+10 %)
Spec. Nuvola croccante con uovo cotto a bassa temperatura, tartufo nero, formaggio monteveronese e crema di cipolle. Agnolotti con spuma di grana padano e tartufo. Brasato di manzo all'amarone con scalogni caramellati.

♦ Presso la chiesa di Santo Stefano, ristorante caratteristico dall'atmosfera intima e ovattata, il vino è onnipresente con arredi d'antiquariato, stampe e argenti. Cucina del territorio rivisitata.

※※ Al Cristo-Pintxos Bistrot 🕸 🕭 🕮 🕳 ⟳ VISA ⚌ 🕮 ⓪ 🕳

piazzetta Pescheria 6 ☒ *37121 – ℰ 0 45 59 42 87 – www.ristorantealcristo.it*
– chiuso lunedì   CY**b**
Rist – Carta 30/72 € 🕸
Rist *Pintxos Bistrot* – Carta 33/64 € 🕸
♦ Nei pressi di Ponte Nuovo, un edificio cinquecentesco accoglie questo ristorante articolato su tre livelli con splendida cantina e bel dehors. Diverse linee di
cucina: regionale, internazionale e sushi-sashimi. Al Pintxos Bistrot: tapas basche,
stuzzichini preparati al momento e il proverbiale pata negra.

※※ Tre Marchetti 🕸 🕮 🕳 ⟳ VISA ⚌ 🕳

vicolo Tre Marchetti 19/b ☒ *37121 – ℰ 04 58 03 04 63 – www.tremarchetti.it*
– chiuso dal 15 al 28 febbraio, dal 1° al 7 settembre, lunedì in luglio-agosto,
domenica negli altri mesi   CY**z**
Rist – Carta 41/56 € 🕸 (+15 %)
♦ Poltroncine e lampadari di Murano in un ambiente accogliente, recentemente
rinnovato: i ritmi del servizio sono alquanto veloci, ma non manca l'attenzione al
dettaglio. Specialità del territorio.

※※ Alla Fiera-da Ruggero 🕸 🕮 VISA ⚌ 🕮 ⓪ 🕳

via Scopoli 9, 1 km per ③ ☒ *37136 – ℰ 0 45 50 88 08*
– www.ristoranteruggero.it – chiuso domenica
Rist – Carta 35/49 €
♦ Acquari con crostacei e vasche con molluschi vari. Si tratta di uno dei ristoranti
ittici più rinomati in città, l'ambiente curato, una solida gestione familiare e, al
tavolo, segnaposto stilizzati da un artista.

※※ Al Capitan della Cittadella 🕮 VISA ⚌ 🕳

piazza Cittadella 7/a ☒ *37122 – ℰ 0 45 59 51 57*
– www.ristorantealcapitandellacittadella.it – chiuso 1 settimana in gennaio,
3 settimane in agosto, domenica, lunedì a mezzogiorno   BZ**x**
Rist – (consigliata la prenotazione) Carta 55/80 € 🕸
♦ Un locale rustico ricavato in un antico palazzo: quadri moderni alle pareti e
sculture lignee dedicati ai pesci. La predilezione per il mondo marino arriva fino
in cucina. Ottima selezione enologica.

※※ Calanova 🕸 🕮 🕳 VISA ⚌ 🕮 ⓪ 🕳

via XX Settembre 13 ☒ *37129 – ℰ 04 58 00 83 09*
– www.ristorantecalanova.com – chiuso dal 10 al 24 agosto, martedì, mercoledì
a mezzogiorno   DY**a**
Rist – Carta 44/73 €
♦ Nient'altro che pesce fresco, proposto solamente nelle preparazioni più semplici e classiche, da assaporare nell'intima saletta dalle comode poltroncine,
oppure all'aperto, nel cortile interno.

※※ Maffei 🕸 🕮 🕳 VISA ⚌ 🕮 ⓪ 🕳

piazza delle Erbe 38 ☒ *37121 – ℰ 04 58 01 00 15 – www.ristorantemaffei.it*
– chiuso domenica da novembre a marzo   CY**a**
Rist – Carta 38/60 €
♦ Locale storico del centro di Verona, anticipato dalla bella corte dove si svolge il
dehors: buona cucina di impronta moderna ed interessante carta dei vini. Sotto il
locale dove sono stati rinvenuti dei reperti archeologici romani, si è ricavata la
cantina (visitabile) ed un romantico tavolino per due!

※※ L'Oste Scuro 🕮 VISA ⚌ 🕮 ⓪ 🕳

vicolo San Silvestro 10 ☒ *37122 – ℰ 0 45 59 26 50*
– www.ristoranteostescuro.com – chiuso dal 25 dicembre all'8 gennaio,
2 settimane in agosto, domenica, lunedì a mezzogiorno   BZ**c**
Rist – Carta 49/95 €
♦ Un'insegna in ferro battuto segnala questo locale alla moda dalla simpatica
atmosfera familiare. Lo chef punta sulla freschezza del protagonista di ogni piatto
elaborato: il pesce.

✗ **Trattoria al Pompiere**   AC ⇄ VISA ⦵ AE ⚫

vicolo Regina d'Ungheria 5 ⊠ 37121 – ℰ 04 58 03 05 37
– www.alpompiere.tv – chiuso dal 25 dicembre al 10 gennaio, domenica, lunedì
a mezzogiorno   **CYr**
Rist – (consigliata la prenotazione) Carta 28/55 € ⅏
♦ Linea gastronomica fedele al territorio, nonché un'ottima selezione di salumi e formaggi in una storica trattoria del centro, tra boiserie e svariate foto d'epoca.

✗ **Trattoria al Calmiere**   🏠 ৬ AC VISA ⦵ AE ⓞ ⚫

piazza San Zeno 10 ⊠ 37123 – ℰ 04 58 03 07 65
– www.calmiere.com – chiuso dal 26 dicembre al 6 gennaio, domenica sera e
lunedì   **AYd**
Rist – Carta 35/50 € (+10 %)
♦ Tipica trattoria orgogliosamente situata nella bella piazza dedicata al patrono cittadino. Tradizionale cucina veronese e un'interesante selezione di vini della provincia.

✗ **San Basilio alla Pergola**   🏠 AC ℁ VISA ⦵ ⚫
⊛
via Pisano 9, 2 km per ② ⊠ 37131 – ℰ 0 45 52 04 75
– www.trattoriasanbasilio.it – chiuso domenica
Rist – Carta 30/44 €
♦ Caratteristico l'ambiente in stile campagnolo nelle due sale, con pavimenti in legno e mobili rustici, e semplice, ma curata cucina; piacevole dehors estivo con pergolato.

✗ **Al Bersagliere**   🏠 AC ℁ VISA ⦵ AE ⚫
⊛
via Dietro Pallone 1 ⊠ 37121 – ℰ 04 58 00 48 24
– www.trattoriaalbersagliere.it – chiuso 20 giorni in gennaio, sabato sera
da luglio a settembre, domenica, lunedì ed i giorni festivi   **CZa**
Rist – Carta 29/36 € ⅏
♦ Classico e perfetto nell'esecuzione, sarà un motivo valido se il baccalà alla vicentina proposto in questa trattoria dalla gestione appassionata è sempre molto apprezzato! Buona cantina e gradevole dehors estivo.

✗ **Il Glicine**   🏠 ৬ AC ℁ ⇄ P VISA ⦵ AE ⚫

corso Milano 26 ⊠ 37138 – ℰ 0 45 56 51 56
– www.hotelportasanzeno.it – chiuso domenica   **AYc**
Rist – Carta 45/85 €
♦ Rami di glicine fanno da cornice al servizio all'aperto, mentre le pareti della sala interna sono arredate con quadri coloratissimi. Unica la predilezione della cucina: solo piatti di pesce (lasciatevi consigliare).

✗ **Rubiani** – Hotel Bologna   🏠 AC VISA ⦵ AE ⚫

piazzetta Scalette Rubiani 3 – ℰ 04 58 00 92 14
– www.ristoranterubiani.it   **BYx**
Rist – (chiuso dal 15 gennaio al 20 febbraio, domenica sera e lunedì da ottobre
ad aprile) Carta 39/63 €
♦ Non vi perderete certo la "magia" della città, sostando per una pausa gastronomica in questo ristorante: il suo grazioso dehors si affaccia infatti sull'Arena. Specialità locali, piatti per celiaci e vini – anche - di altre regioni animano il menu.

a San Massimo all'Adige Ovest: 2 km per via San Marco AY – ⊠ **37139**

✗ **Trattoria dal Gal**   🍽 🏠 AC P VISA ⦵ ⚫
⊛
via Don Segala 39/b – ℰ 04 58 90 30 97
– www.trattoriadalgal.it – chiuso dal 30 luglio al 20 agosto, domenica sera,
lunedì
Rist – Carta 25/48 €
♦ Madre ai fornelli e figli in sala in questa semplice trattoria dalla calorosa e cordiale accoglienza. La cucina è classica, ma soprattutto impostata sul territorio. Rinomati i primi.

sulla strada statale 11-via Bresciana Ovest: 3,5 km

⌂ **Park Hotel Elefante** 🍽 ৬ cam, 🄰🄲 ❀ rist, 🄿 🆅🅸🆂🅰 ⓒⓞ 🄰🄴 ⚡
strada Bresciana 27 ⊠ 37139 Verona – ☏ 04 58 90 37 00
– www.hotelelefante.it
11 cam ⬜ – ♦60/85 € ♦♦75/105 € – 1 suite – ½ P 70 €
Rist – *(chiuso dal 24 dicembre al 6 gennaio e dal 30 luglio 26 agosto) (chiuso a mezzogiorno)* Carta 23/38 €
♦ Sulla statale per il lago di Garda, una villetta di campagna trasformata in un piccolo albergo familiare, con atmosfera da casa privata; piacevole il giardino sul retro. Cucina regionale nella semplice sala ristorante dall'arredo ligneo, ricca di suppellettili.

a San Michele Extra per ② : 4 km – ⊠ 37132

⌂⌂ **Gardenia** 📶 ৬ 🄰🄲 ↩ ❀ 🌐 🄿 🚗 🆅🅸🆂🅰 ⓒⓞ ⓞ ⚡
via Unità d'Italia 350 – ☏ 0 45 97 21 22 – www.hotelgardeniaverona.it – chiuso 24-25-26 dicembre
56 cam ⬜ – ♦50/90 € ♦♦70/170 €
Rist – *(chiuso dal 24 dicembre al 7 gennaio, luglio, agosto, venerdì, sabato, domenica e giorni festivi) (chiuso a mezzogiorno)* Carta 23/43 €
♦ Moderna essenzialità, lineare e funzionale, negli interni di una risorsa in comoda posizione vicino al casello autostradale; confortevoli camere ben accessoriate. Raffinata cura della tavola nelle due sale da pranzo.

verso Novaglie Nord-Est: 6km

⌂ **Agriturismo Delo** senza rist 🌿 ⟵ 🍽 ৬ 🄰🄲 ↩ ❀ 🄿 🆅🅸🆂🅰 ⓒⓞ
località Delo - Verona Novaglie ⊠ 37141 Verona – ☏ 04 58 84 10 90
– www.agriturismodelo.it – chiuso dicembre e gennaio
10 cam ⬜ – ♦120/130 € ♦♦135/150 € – 2 suites
♦ Non lontano dalla città, ma già in aperta campagna, questa bella costruzione rurale – ristrutturata con l'impiego di materiali pregiati – ospita ambienti impreziositi da pezzi di antiquariato e camere "riscaldate" da tappeti persiani. La colazione è servita in raffinate porcellane con pasticceria fatta in casa.

VERRAYES – Aosta (AO) – 561 E4 – 1 358 ab. – alt. 1 017 m – ⊠ 11020   34 B2
▶ Roma 707 – Aosta 26 – Moncalieri 108 – Torino 97

a Grandzon Sud : 6 km – ⊠ 11020 Verrayes

⌂ **Agriturismo La Vrille** 🌿 ⟵ 🍽 ৬ ↩ ❀ cam, 🌐 🄿
hameau du Grandzon 1 – ☏ 01 66 54 30 18 – www.lavrille-agritourisme.com
6 cam ⬜ – ♦55/80 € ♦♦80/90 € – ½ P 55/75 €
Rist – *(chiuso a mezzogiorno)* (prenotazione obbligatoria) Menu 30/35 €
♦ Circondata da cime e vigneti, in posizione elevata e panoramica, una caratteristica baita di montagna con belle camere e mobili d'epoca. Atmosfera familiare e amichevole anche al ristorante, dove gustare la tradizione valdostana proposta anche attraverso prodotti e vini dell'azienda.

a Champagne Sud : 6 km – ⊠ 11020

✕ **Antica Trattoria Champagne** 🄰🄲 ❀ 🆅🅸🆂🅰 ⓒⓞ 🄰🄴 ⚡
☺ *località Champagne – ☏ 01 66 54 62 88 – chiuso da 5 al 15 giugno e le sere di domenica e lunedì*
Rist – Carta 24/38 €
♦ Da oltre un secolo stazione di posta, ma anche sala da ballo e negozio di alimentari, con l'attuale gestione la cucina ha preso il sopravvento. Valdostana d'adozione, piemontese d'origine, la cuoca propone i due filoni regionali in piatti semplici e sapidi.

VERUNO – Novara (NO) – 1 854 ab. – alt. 357 m – ⊠ 28010   **24** A3
▶ Roma 650 – Stresa 23 – Domodossola 57 – Milano 78

XX   **L'Olimpia** con cam e senza 🛏️   ⟨icons⟩ cam, ¶¹ 🚗 🅥🅢🅐 ᴼᴼ ⑤
via Martiri 3 – ⏰ 03 22 83 01 38 – www.olimpiatrattoria.it – chiuso dal
27 dicembre al 17 gennaio
6 cam – ♦55/70 € ♦♦95/120 €   **Rist** – (chiuso lunedì) Carta 33/59 €
♦ E' il mare, il grande protagonista della cucina di questo locale, che dopo il
recente *restyling* si presenta ancora più caldo ed accogliente. Piacevole tavernetta
con volta di mattoni a vista e camino.

VESUVIO – Napoli – **564** E25 ▌ Italia

VETREGO – Venezia (VE) – Vedere Mirano

VETRIOLO TERME – Trento (TN) – Vedere Levico Terme

VEZZANO = VEZZAN – Bolzano (BZ) – Vedere Silandro

VIADANA – Mantova (MN) – **561** H13 – 19 503 ab. – alt. 26 m   **17** C3
– ⊠ 46019
▶ Roma 458 – Parma 27 – Cremona 52 – Mantova 39

🏠   **Europa**   ⟨icons⟩ 🅟 🅥🅢🅐 ᴼᴼ 🅐🅔 ⑩ ⑤
vicolo Ginnasio 9 – ⏰ 03 75 78 04 04 – www.hotelristeuropa.it – chiuso dal
24 dicembre al 6 gennaio e agosto
17 cam 🛏️ – ♦54/66 € ♦♦81/95 € – ½ P 65 €
Rist *Simonazzi* – (chiuso sabato a mezzogiorno, domenica sera, lunedì)
Carta 25/44 € 🕸
Rist *Osteria Caol Ila* – vicolo Quartierino 10 (chiuso sabato a mezzogiorno,
domenica sera, martedì) Carta 19/31 €
♦ Nel centro della località, piccolo albergo a carattere familiare, che offre spazi
comuni limitati, ma un confortevole settore notte rinnovato di recente negli
arredi. Piatti di terra e specialità di mare s'incontrano al ristorante Simonazzi.
Cucina regionale e ambiente rustico all'Osteria Caol Ila.

VIANO – Reggio Emilia (RE) – **562** I13 – 3 420 ab. – alt. 275 m – ⊠ 42030   **8** B2
▶ Roma 435 – Parma 59 – Milano 171 – Modena 35

X   **La Capannina**   ⑤ 🅟 🅥🅢🅐 ᴼᴼ ⑤
via Provinciale 16 – ⏰ 05 22 98 85 26 – www.capannina.net – chiuso dal
24 dicembre al 6 gennaio, dal 17 luglio al 23 agosto, domenica, lunedì
Rist – Carta 28/33 €
♦ Sono trent'anni che la stessa famiglia gestisce questo locale, mantenendosi
fedele ad una linea gastronomica che punta sulla tipicità delle tradizioni locali.

VIAREGGIO – Lucca (LU) – **563** K12 – 64 192 ab. – ⊠ 55049 ▌ Toscana   **28** B1
▶ Roma 371 – La Spezia 65 – Pisa 21 – Bologna 180
🅳 viale Carducci 10, ⏰ 0584 96 22 33, www.aptversilia.it
🅳 , ⏰ 0584 4 63 82
◎ Località ★

Pianta pagina seguente

🏨🏨🏨 **Grand Hotel Principe di Piemonte**   ⟨icons⟩ cam, ♣♣
piazza Puccini 1   🅐🅒 cam, 🎾 ¶¹ 🅢🅐 🅟 🚗 🅥🅢🅐 ᴼᴼ 🅐🅔 ⑩ ⑤
– ⏰ 05 84 40 11 – www.principedipiemonte.com   **Yd**
106 cam 🛏️ – ♦149/600 € ♦♦149/800 € – 19 suites – ½ P 114/439 €
Rist *Piccolo Principe* 🕸 – vedere selezione ristoranti
Rist – (chiuso dal 1° novembre al 15 dicembre) Carta 45/60 €
♦ Uno dei migliori alberghi della Versilia, rinnovato di recente offre camere raffinate ed accessoriate che presentano stili diversi: impero, coloniale, moderno, classico. Centro benessere di moderna concezione, non ampio ma personalizzato.

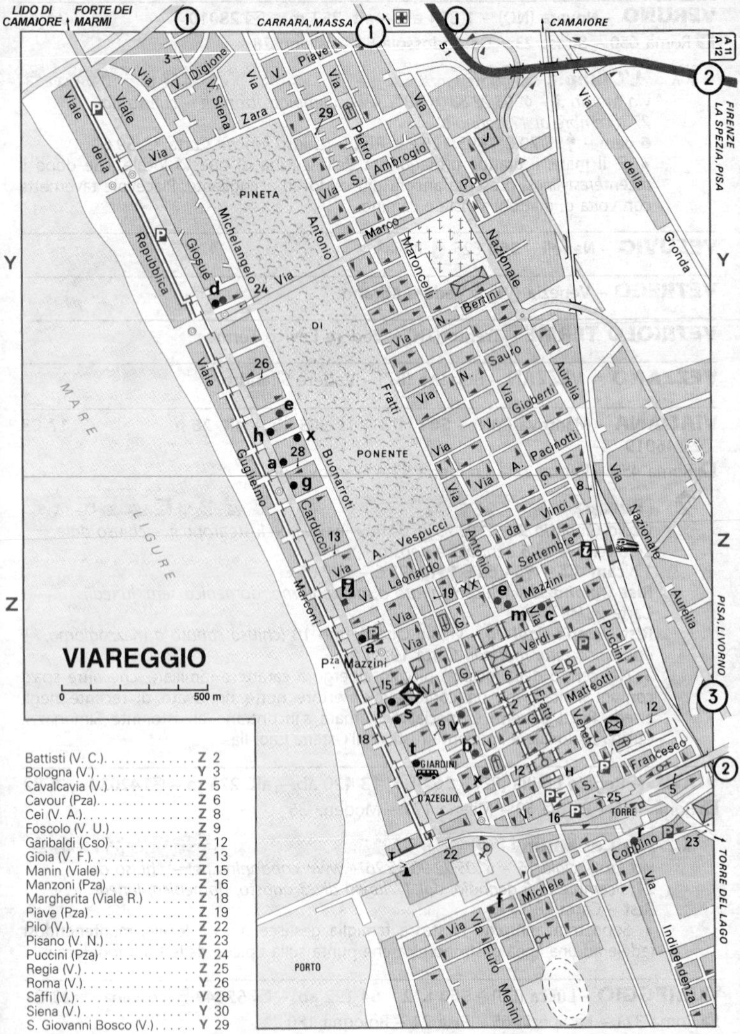

VIAREGGIO

0 ——————— 500 m

🏨 **Grand Hotel Royal** 🚪 🍴 🏊 🛗 🚭 ᴬᴄ ⚡ 🅟 VISA 🏧 AE ① 💲

*viale Carducci 44 – ✆ 05 84 45 15 1 – www.hotelroyalviareggio.it
– 2 febbraio-2 novembre*

Zg

114 cam ⚏ – ♦70/200 € ♦♦100/450 € – 3 suites – ½ P 75/225 €

Rist – Menu 30/35 €

♦ Sul lungomare, imponente costruzione degli anni 20' con atmosfere da Belle Epoque nelle signorili sale. Curato giardino e confortevoli camere. Elegante sala ristorante con suggestivi richiami allo stile Liberty.

Un pasto accurato a prezzo contenuto? Cercate i Bib Gourmand 🅐.

Astor 🖼️ 🔲 🌐 🛌 ⛨ 📶 & cam, 🔲 cam, ⚡ 🍴 rist, 🍴 ⛲ 🚗

viale Carducci 54 – 𝒞 *0 58 45 03 01* — 💳 **◎** 🅰🅴 ⓪ 🔶

– www.sinahotels.com **Yh**

77 cam 🛏️ – ♦165/275 € ♦♦275/440 € – 6 suites

Rist – Carta 45/70 €

♦ Totalmente rinnovato, gli spazi comuni e le camere brillano per la loro luminosità grazie alle ampie finestre. Ma è il solarium la star della struttura: costruito in modo da ricordare il ponte di una nave, è il punto più alto della città. Cucina mediterranea al ristorante e sulla terrazza con vista mare.

Plaza e de Russie 📶 🔲 🍴 🍴 ⛲ 💳 **◎** 🅰🅴 ⓪ 🔶

piazza d'Azeglio 1 – 𝒞 *0 58 44 44 49*

– www.plazaederussie.com **Zt**

51 cam 🛏️ – ♦102/228 € ♦♦158/286 € – ½ P 112/176 €

Rist *La Terrazza* – vedere selezione ristoranti

♦ Il primo albergo di Viareggio nel 1871, rimane ancora il luogo privilegiato di chi cerca fascino ed eleganza: preziosi marmi nelle sale comuni e belle camere.

President ≤ 📶 & cam, 🔲 ⚡ 🍴 rist, 🍴 💳 **◎** 🅰🅴 ⓪ 🔶

viale Carducci 5 – 𝒞 *05 84 96 27 12*

– www.hotelpresident.it **Za**

50 cam 🛏️ – ♦100/200 € ♦♦140/260 € – ½ P 80/160 €

Rist – (chiuso a mezzogiorno) (solo per alloggiati)

Menu 25/45 €

♦ In un importante edificio sul lungomare, questa raffinata risorsa dispone di ambienti eleganti arredati con mobili originali e affascinanti lampadari. Confortevoli le camere.

London senza rist 📶 & 🔲 🍴 💳 **◎** 🅰🅴 ⓪ 🔶

viale Manin 16 – 𝒞 *0 58 44 98 41*

– www.hotellondon.it **Zs**

33 cam 🛏️ – ♦70/95 € ♦♦110/160 €

♦ In una palazzina Liberty sul lungomare, arredi signorili negli spazi comuni e camere confortevoli; gradevole cortile interno e terrazze solarium per momenti di relax.

Villa Tina senza rist 📶 🔲 🍴 💳 **◎** 🅰🅴 ⓪ 🔶

via Aurelio Saffi 2 – 𝒞 *0 58 44 44 50*

– www.villatinahotel.it – febbraio e 5 aprile-4 novembre **Ya**

17 cam 🛏️ – ♦50/190 € ♦♦69/260 €

♦ Edificio liberty del 1929, le vetrate e gli stucchi delle zone comuni nonché gli arredi delle camere al primo piano ne ripropongono i fastosi eccessi; sempre in stile ma più sobrie quelle al secondo.

Eden senza rist 📶 & 🔲 🍴 💳 **◎** 🅰🅴 ⓪ 🔶

viale Manin 27 – 𝒞 *0 58 43 09 02*

– www.hoteleden-viareggio.it – chiuso dal 5 novembre al 31 gennaio

38 cam 🛏️ – ♦65/110 € ♦♦90/170 € **Zp**

♦ Struttura di taglio moderno e buona funzionalità - versatile in termine di clientela - dispone di camere modernamente accessoriate.

Arcangelo 🔲 🍴 rist, 💳 **◎** 🅰🅴 ⓪ 🔶

via Carrara 23 – 𝒞 *0 58 44 71 23*

– www.hotelarcangelo.com – febbraio e Pasqua-settembre **Yx**

19 cam – ♦40/90 € ♦♦50/110 €, 🛏️ 8 € – ½ P 90 €

Rist – (chiuso sino a maggio)

Menu 20/26 €

♦ A due passi dal lungomare - piccolo hotel dalla giovane conduzione - si presenta con accoglienti spazi comuni e una graziosa corte interna rallegrata da molte piante. Camere non molto ampie, rinnovate in anni recenti, arredate con mobili dai colori pastello.

XXX **Piccolo Principe** – Grand Hotel Principe di Piemonte   🏢 ὦ ᴀᴄ ❀ 🅿

🕸 *piazza Puccini 1 – ℰ 05 84 40 11*   🆚 ⓂⓄ ᴀᴇ ① Ġ
– www.ristoranteilpiccoloprincipe.com – chiuso lunedì, in ottobre-maggio anche martedì   **Yd**
Rist *– (chiuso a mezzogiorno in giugno-settembre)* Menu 45 € (pranzo)/110 €
– Carta 97/132 €
Spec. Baccalà laccato alla birra con crema di cetriolo, panzanella e puntarelle. Ravioli di piselli liquidi, gamberi rossi e peperoncino d'Espelette. Variazione d'anatra.
◆ Al quinto piano del Grand Hotel Principe di Piemonte, il panoramico roof garden accoglie una cucina creativa e sofisticata: buona tecnica ed ottime presentazioni. Ambiente sobrio con qualche accenno moderno.

XXX **Enoteca Henri**   ᴀᴄ 🆚 ⓂⓄ ᴀᴇ ① Ġ

🕸 *via Coppino 407 – ℰ 0 58 44 98 77 – www.ristorantehenri.com – chiuso 2 settimane in febbraio, 2 settimane in novembre, lunedì e martedì a mezzogiorno*
Rist *– (consigliata la prenotazione)* Menu 60 € bc (pranzo)/130 €   **Zf**
– Carta 80/145 € 🍴
Spec. Tagliolino alla carbonara di asparagi con tartare di gambero rosso. Baccalà su crema di fagioli di Sorana, gocce di basilico e ciuffo di porro. Risotto ai porcini con piccione glassato al miele.
◆ Con una romantica vista sul porto e le sue belle imbarcazioni ancorate, il locale tramanda la proverbiale cucina viareggina, negli spazi che ospitarono lo storico ristorante L'Oca Bianca.

XXX **La Terrazza** – Hotel Plaza e de Russie   🏢 ᴀᴄ ❀ 🆚 ⓂⓄ ᴀᴇ ① Ġ
piazza d'Azeglio 1 – ℰ 0 58 44 44 49 – www.plazaederussie.com   **Zt**
Rist *– (chiuso 2 settimane in novembre e domenica in inverno)* (consigliata la prenotazione) Carta 40/56 €
◆ Sicuramente un elemento di forza dell'albergo, questo roof restaurant la cui vista panoramica abbraccia città, mare ed alpi Apuane. La cucina è al tempo stesso raffinata e mediterranea; considerato il limitato numero di coperti, si consiglia la prenotazione.

XXX **Romano** (Franca Checchi)   ᴀᴄ 🆚 ⓂⓄ ᴀᴇ Ġ

🕸 *via Mazzini 120 – ℰ 0 58 43 13 82 – www.romanoristorante.it – chiuso gennaio e lunedì, anche martedì a mezzogiorno in estate*   **Zm**
Rist – Menu 95 € – Carta 62/101 € 🍴
Spec. Calamaretti ripieni di verdure e crostacei. Linguine alla viareggina con frutti di mare e pesce. Treccia di filetto di sogliola, patate e tartufo bianco (inverno).
◆ Faro della ristorazione versiliese, la tradizionale gestione familiare non ha impedito al locale di rinnovarsi in forme moderne ed eleganti; il pesce più fresco e qualche piatto di carne.

XX **Pino**   🏢 ᴀᴄ 🆚 ⓂⓄ ᴀᴇ Ġ
via Matteotti 18 – ℰ 05 84 96 13 56 – www.ristorantepino.it – chiuso dal 7 gennaio al 7 febbraio, mercoledì, giovedì a mezzogiorno; in luglio-agosto aperto solo la sera   **Zb**
Rist – Carta 50/90 €
◆ In una delle vie del centro, locale tradizionale composto da due sale di classica eleganza: la linea gastronomica è quella marinaresca, con predilezione per i crostacei.

XX **Da Remo**   🏢 ᴀᴄ 🆚 ⓂⓄ ᴀᴇ ① Ġ
via Paolina Bonaparte 47 – ℰ 0 58 44 84 40 – chiuso dal 5 al 25 ottobre e lunedì
Rist – Carta 45/60 €   **Zx**
◆ Conduzione familiare e impostazione classica in un curato ristorante del centro, che propone tradizionali preparazioni di cucina ittica con predilezione per il pesce locale.

X **Cabreo**   ᴀᴄ 🆚 ⓂⓄ ᴀᴇ Ġ
via Firenze 14 – ℰ 0 58 45 46 43 – chiuso novembre e lunedì   **Ye**
Rist – Carta 31/65 €
◆ Impostazione classica nelle due luminose sale di questo ristorante, a gestione familiare, che propone i suoi piatti secondo la disponibilità del pescato giornaliero.

X **Cicero** 🛜 AK ⇄ VISA ⑥ AE ⑤

Via Michele Coppino 319 – ℰ 05 84 39 30 89 – chiuso Natale, giovedì e venerdì a mezzogiorno **Zr**

Rist – (consigliata la prenotazione la sera) Carta 52/67 € ♨

♦ In prossimità della darsena, ristorante dall'ambiente semplice dove il protagonista assoluto è il pesce: esposto nell'apposita vetrinetta viene cucinato secondo le ricette della tradizione. Ampia e qualificata carta dei vini.

VIAROLO – **Parma (PR)** – **562** H12 – alt. 41 m – ✉ **43126** **8** A3

▶ Roma 465 – Parma 11 – Bologna 108 – Milano 127

X **La Porta di Felino** ⅙ AK ⅝ VISA ⑥ ⑤

🐷 *via Provinciale 103 – ℰ 05 21 83 68 39 – www.laportadifelino.it – chiuso domenica sera e mercoledì*

Rist – Carta 24/33 €

♦ Trattoria storica con una piccola zona bar, dove si può mangiare anche un sandwich, e due sale rustiche. La cucina offre il meglio della regione: dalle paste rigorosamente fatte in casa, alle carni con funghi porcini, cercando di conservare un po' di appetito per la mousse di parmigiano e pere.

VIBO VALENTIA Ⓟ **(VV)** – **564** K30 – **33 813 ab.** – **alt. 476 m** **5** A2
– ✉ **89900**

▶ Roma 613 – Reggio di Calabria 94 – Catanzaro 69 – Cosenza 98

🔢 piazza Diaz, ℰ 0963 4 53 00, www.prolocovibovalentia.it

🏨 **501 Hotel** ⟨ 🛁 ⒔ & AK ⅝ rist, ♈ ⅍ Ⓟ VISA ⑥ AE ⓪ ⑤

viale Bucciarelli, Nord: 1 km – ℰ 0 96 34 39 51 – www.501lifestyle.com

118 cam ⌇ – ♦70/120 € ♦♦100/160 € – 3 suites – ½ P 110 €

Rist – Carta 37/47 €

♦ Imponente struttura in posizione panoramica con vista sul golfo di S. Eufemia: piacevoli zone comuni, spazi congressuali di prestigio e camere di elevato confort (chiedete quelle con vista mare).

🏨 **Vecchia Vibo** 🖃 Ⓢ & AK ♈ ⅍ Ⓟ VISA ⑥ AE ⓪ ⑤

via Murat-Srimbia – ℰ 0 96 34 30 46 – www.hotelvecchiavibo.com

18 cam ⌇ – ♦70/80 € ♦♦100 € – ½ P 68 €

Rist *Vecchia Vibo* – vedere selezione ristoranti

♦ Nella parte antica di Vibo, a poche centinaia di metri dal castello, recente risorsa ricavata da una vecchia casa padronale: sale e camere arredate con gusto e funzionalità.

X **Vecchia Vibo** – Hotel Vecchia Vibo 🖃 & AK Ⓟ VISA ⑥ AE ⓪ ⑤

🐷 *via Murat-Srimbia – ℰ 0 96 34 30 46 – www.hotelvecchiavibo.com – chiuso lunedì sera*

Rist – Carta 18/54 €

♦ Ricavato nelle ex scuderie dell'antica casa padronale offre un'ambientazione rustica e caratteristica. La cucina esprime al meglio la tipicità gastronomica della regione.

a Vibo Valentia Marina Nord : 10 km – ✉ **89811**

🏨 **Cala del Porto** Ⓢ & AK ⅌ ⅝ ♈ ⅍ VISA ⑥ AE ⓪ ⑤

*via Roma 22 (lungomare C. Colombo) – ℰ 09 63 57 77 62
– www.caladelporto.com*

30 cam ⌇ – ♦90/110 € ♦♦130/150 € – 3 suites – ½ P 100 €

Rist *L'Approdo* ✿ – vedere selezione ristoranti

♦ Albergo di raffinata atmosfera e confort moderno: spazi comuni ampi e ben curati, camere dotate dei migliori confort moderni. Se volete un soggiorno di qualità, *Cala del Porto* non vi deluderà.

XXX **L'Approdo** – Hotel Cala del Porto   🛜 ♿ 🅰🅺 ⚙ ⇔ 🆅🅸🆂🅰 ⓒⓞ 🅰🅴 ⓘ 💲

❀ *via Roma 22 –* ℰ *09 63 57 26 40 – www.lapprodo.com*
Rist – Carta 53/85 €
Spec. Crudo di pesce: dentice, triglie, gamberi e tonno. Gnocchi ripieni di nasello in salsa di vongole e tartufi. Zuppa di pesce.
♦ Elegante vetrina nella zona del porto, la carta è un appetitoso inventario di classici nazionali, in particolare di pesce, che il cliente potrà scegliere da un carrello con il pescato del giorno. Non mancano le carni, spesso calabresi.

VICCHIO – Firenze (FI) – **563** K16 – **8 234 ab.** – alt. 203 m – ✉ 50039   **29** C1
▌ Toscana
▶ Roma 301 – Firenze 32 – Bologna 96

XX **L'Antica Porta di Levante**   🛜 ⇔ 🆅🅸🆂🅰 ⓒⓞ 🅰🅴 💲
piazza Vittorio Veneto 5 – ℰ *0 55 84 40 50 – www.anticaportadilevante.it*
– chiuso 10 giorni a gennaio e lunedì
Rist – *(chiuso a mezzogiorno escluso sabato, da aprile a settembre, e domenica)* Carta 26/41 € ✿
♦ Cucina regionale in una storica locanda di posta, recentemente rinnovata: caratteristica saletta in pietra e gradevole veranda estiva con pergolato.

a Campestri Sud : 5 km – ✉ 50039 Vicchio

🅷🅰 **Villa Campestri Olive Oil Resort** ☞   🅀 🛜 ☲ ⚙ rist, ⬝🖘 🅿
via di Campestri 19/22 – ℰ *05 58 49 01 07*   🆅🅸🆂🅰 ⓒⓞ 🅰🅴 ⓘ 💲
– www.villacampestri.com – aprile-15 novembre
24 cam ☲ – †99/139 € ††109/149 € – 3 suites – ½ P 100/120 €
Rist – Carta 42/55 €
♦ La natura e la storia ben si amalgamano in questa villa trecentesca immersa in un parco con piscina. Raffinati interni d'epoca ed una ricca oleoteca, dove si organizzano corsi di degustazione dell'extra vergine. Piatti toscani ed un menu interamente dedicato all'oro giallo al ristorante.

VICENO – Verbano-Cusio-Ossola (VB) – **561** D6 – **Vedere Crodo**

VICENZA 🅿 (VI) – **562** F16 – **115 550 ab.** – alt. 39 m – ✉ 36100   **37** A1
▌ Venezia e ville venete
▶ Roma 523 – Padova 37 – Milano 204 – Verona 51
🄸 via Fermi 134, ℰ 0444 99 47 70, www.vicenzae.org
🄵 Colli Berici strada Monti Comunali 1, 0444 601780, www.golfclubcolliberici.it
– chiuso lunedì
🄵 via Carpaneda 5/B, 044 340448, www.golfclubvicenza.com
Manifestazioni locali
     14.01 - 19.01 : vicenzaoro first (mostra internazionale oreficeria ecc.)
     19.05 - 23.05 : vicenzaoro charm (mostra internazionale oreficeria ecc.)
     08.09 - 12.09 : vicenzaoro choice (mostra internazionale oreficeria ecc.)
◉ Teatro Olimpico★★ BY **A**: scena★★★ – Piazza dei Signori★★ BYZ **34**: Basilica★★ BZ **B**, Torre Bissara★ BZ **C**, Loggia del Capitano★ BZ **D** – Museo Civico★ BY **M**: Crocifissione★★ di Memling – Battesimo di Cristo★★ del Bellini, Adorazione dei Magi★★ del Veronese, soffitto★ nella chiesa di Santa Corona BY **E** – Corso Andrea Palladio★ ABYZ – Polittico★ nel Duomo AZ **F**
🄶 Villa Valmarana "ai Nani"★★ : affreschi dei Tiepolo★★★ per ④ : 2 km – La Rotonda★★ del Palladio per ④ : 2 km – Basilica di Monte Berico★ – ⚘★★ 2 km BZ

🄷🄷 **NH Vicenza**   🕴 ♿ 🅰🅺 ↯ ⚙ rist, ⬝🖘 🅢🅰 🅿 🗟 🆅🅸🆂🅰 ⓒⓞ 🅰🅴 ⓘ 💲
viale S. Lazzaro 110, 2 km per ⑤ *–* ℰ *04 44 95 40 11 – www.nh-hotels.it*
115 cam ☲ – ††60/300 €
Rist Le Muse – *(chiuso agosto, Natale)* Carta 31/101 €
♦ Inaugurata nel 2000, risorsa moderna di sobria eleganza, che coniuga funzionalità e confort ad alto livello; spazi comuni articolati e camere ottimamente insonorizzate. Una luminosa sala di signorile ambientazione moderna per il ristorante.

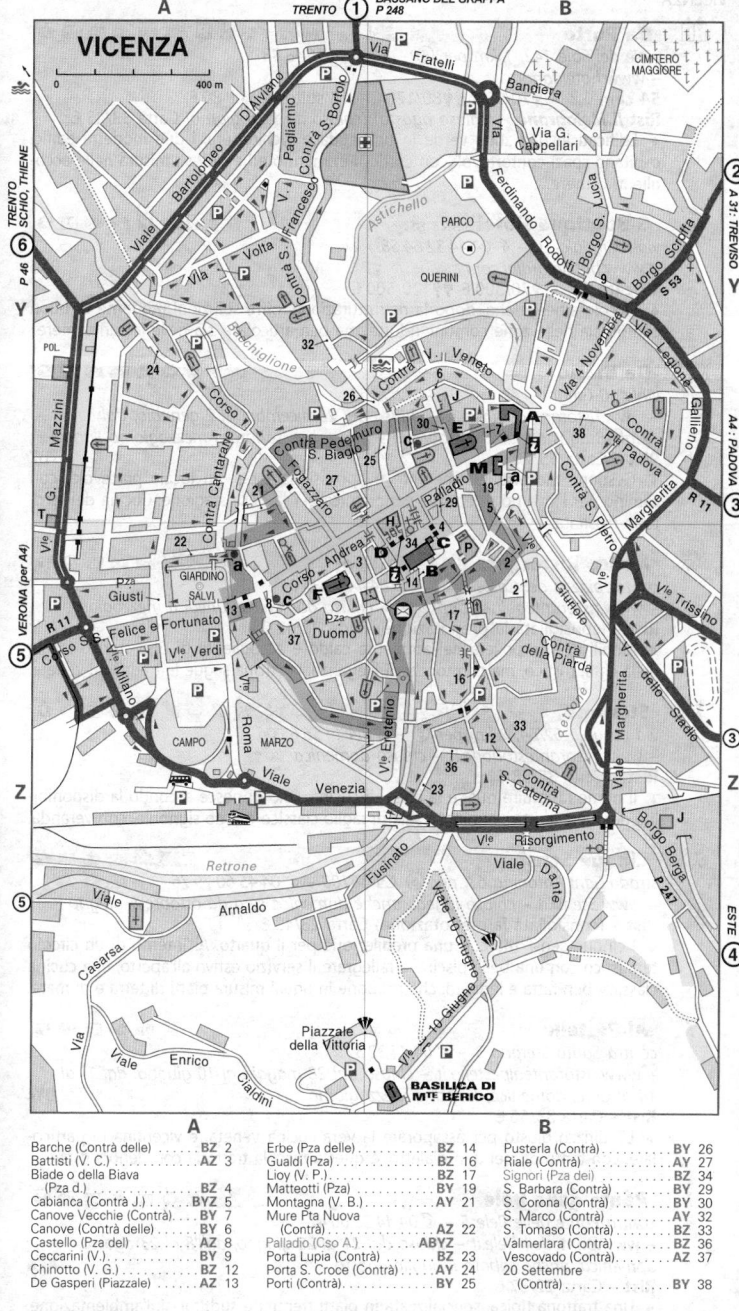

VICENZA

0   400 m

🏨 **Da Porto** 🚗 📶 ⓖ cam, 📺 cam, 📡 💆 🅿 🛋 🆚 ⱺ 🅰 🄾 ♒
viale del Sole 142, 1 km per ⑥ – ℰ 04 44 96 48 48
– www.hoteldaporto.it
54 cam ⌕ – **†**70/95 € – **††**80/120 € – 18 suites – ½ P 80 €
Rist *Il Melograno* – *(chiuso agosto) (chiuso a mezzogiorno)* Carta 33/43 €
♦ Edificati in una zona verde in una audace architettura, i due moderni edifici ospitano spazi confortevoli con corridoi in marmo ed arredi su misura nelle accoglienti camere.

🏠 **G Boutique Hotel** senza rist 📶 ⓖ 📺 📡 🅿 🆚 ⱺ 🅰 ♒
viale Giuriolo 10 – ℰ 04 44 32 64 58
– www.hotelgiardini.com   BY**a**
17 cam ⌕ – **†**70/300 € **††**120/500 €
♦ Piccolo albergo che, dopo la ristrutturazione, offre soluzioni moderne di buon confort sia nelle zone comuni, ridotte, ma ben articolate, sia nelle lineari camere.

🍴🍴🍴 **Da Biasio** 🛋 ⓖ 📺 ⇔ 🅿 🆚 ⱺ 🅰 ♒
viale 10 Giugno 172 – ℰ 04 44 32 33 63
– www.ristorantedabiasio.it – chiuso dal 26 dicembre al 2 gennaio, dal
12 al 18 agosto, dal 27 ottobre al 9 novembre, sabato a mezzogiorno, lunedì
Rist – Carta 55/70 €   BZ
♦ Gestione giovane, competente e appassionata per un locale piacevole, con camino per l'inverno e terrazza panoramica per la bella stagione. Cucina del territorio rivisitata.

🍴🍴 **Antico Ristorante Agli Schioppi** 🛋 📺 🌮 🆚 ⱺ 🅰 🄾 ♒
contrà piazza del Castello 26 – ℰ 04 44 54 37 01
– www.ristoranteaglischioppi.com – chiuso domenica, lunedì a mezzogiorno
Rist – (consigliata la prenotazione) Carta 28/42 €   AZ**c**
♦ Mobili di arte povera nell'ambiente caldo e accogliente di uno storico locale della città, rustico, ma con tocchi di eleganza; la cucina segue le tradizioni venete.

🍴🍴 **Storione** 🛋 📺 🌮 ⇔ 🅿 🆚 ⱺ 🅰 ♒
via Pasubio 62/64, 2 km per ⑥ – ℰ 04 44 56 65 06
– www.ristorantestorione.it – chiuso domenica
Rist – Carta 35/58 €
♦ Il nome fa intuire qual è la linea di cucina, solo di pesce secondo la disponibilità dei mercati ittici; luminosa sala di taglio classico e tono signorile, con veranda.

🍴🍴 **Cinque Sensi** 🛋 ⫘ 🌮 ⱺ 🅰 ♒
strada Sant'Antonino 63, per ⑥ ✉ 36100 – ℰ 04 45 60 79 76
– www.5sensi.it – chiuso lunedì, anche domenica sera da ottobre a giugno
Rist – (consigliata la prenotazione) Carta 28/48 €
♦ I cinque sensi, ma con una predilezione per il quarto. All'interno di un circolo tennistico con una bella piscina a rallegrare il servizio estivo all'aperto, una cucina classica, ben fatta e leggera, che propone in ugual misura piatti di terra e di mare.

🍴 **Al Pestello** 🛋 🆚 ⱺ 🅰 🄾 ♒
contrà Santo Stefano 3 – ℰ 04 44 32 37 21
– www.ristorantealpestello.it – chiuso dal 28 maggio al 10 giugno, dal 1° al
14 ottobre, domenica, lunedì a mezzogiorno   BY**c**
Rist – Carta 33/56 €
♦ L'indirizzo giusto per assaporare la vera cucina veneta, e vicentina in particolare, con tanto di menù in dialetto, è questa piccola trattoria con dehors estivo.

🍴 **Ponte delle Bele** 📺 ⇔ 🆚 ⱺ 🅰 🄾 ♒
contrà Ponte delle Bele 5 – ℰ 04 44 32 06 47
– www.pontedellebele.it – chiuso dal 21 al 28 giugno, dall'8 al 23 agosto,
domenica, anche sabato in luglio-agosto   AZ**a**
Rist – Carta 22/37 €
♦ Una trattoria tipica, specializzata in piatti trentini e sudtirolesi; l'ambientazione, d'impronta rustica e con arredi di legno chiaro, è in sintonia con la cucina.

in prossimità casello autostrada A 4-Vicenza Est per ③ : 7 km :

🏨 **Viest Hotel** 🦽 🖥️ 🖵 👌 🛅 ⇄ 🛎️ rist, ¶ 🔖 🅿 🚭 💳 🅾 🆎 ⓪ 🔶
via Scarpelli, 41 ⊠ 36100 – ✆ 04 44 58 26 77
– www.viest.it
98 cam 🛏️ – ♦72/216 € ♦♦90/250 € – 2 suites – ½ P 150 €
Rist – (chiuso agosto, sabato, domenica)
Carta 26/44 €
♦ In zona commerciale, le camere sono distribuite in tre diverse palazzine collegate da corridoi, secondo criteri di confort crescente. Il ristorante si segnala per l'ottimo rapporto qualità/prezzo, cucina tradizionale e pizza.

🏨 **Victoria** 🚗 🖵 🖥️ 🛅 🛎️ rist, ¶ 🔖 🅿 💳 🅾 🆎 ⓪ 🔶
🐕 strada padana verso Padova 52 ⊠ 36100 – ✆ 04 44 91 22 99
– www.hotelvictoriavicenza.com
123 cam 🛏️ – ♦60/83 € ♦♦70/98 € – 12 suites
Rist Al Company – (chiuso sabato a mezzogiorno e domenica sera in inverno, tutto il giorno negli altri mesi)
Carta 21/44 €
♦ Adiacente ad un centro commerciale, una risorsa di taglio moderno, che offre anche soluzioni in appartamenti; camere spaziose, alcune con un livello di confort elevato. Per i pasti, una sala sobria e moderna con grandi vetrate.

🍴🍴 **Da Remo** 🚗 🛋️ 🛅 🛎️ ⇄ 🅿 💳 🅾 ⓪ 🔶
via Caimpenta 14 ⊠ 36100 – ✆ 04 44 91 10 07
– www.daremoristorante.com – chiuso dal 25 dicembre al 7 gennaio,
3 settimane in agosto, domenica sera, lunedì, in luglio anche domenica
a mezzogiorno
Rist – Carta 31/49 € 🍸
♦ Soffitti con travi a vista nelle sale, di cui una con camino, in questo ristorante rustico-signorile in una casa colonica con ampio spazio all'aperto per il servizio estivo.

VICO EQUENSE – Napoli (NA) – **564** F25 – **20 879 ab.** – ⊠ 80069   **6 B2**
📗 Napoli e la Campania

🔼 Roma 248 – Napoli 40 – Castellammare di Stabia 10 – Salerno 41
🗓 via Filangieri 98, ✆ 081 8 01 57 52, www.vicoturismo.it
◉ Località★ - Centro storico★
🌄 Monte Faito★★: ⁂★★★ dal belvedere dei Capi e ⁂★★★ dalla cappella
di S. Michele 14 km a Est

🏨 **Grand Hotel Angiolieri** 🍃 ⇐ 🚗 🖥️ 🛅 🛎️ 🕯️ 🚭 💳 🅾 🆎 ⓪ 🔶
via Santa Maria Vecchia 2, località Seiano, Sud-Est: 2 km
– ✆ 08 18 02 91 61 – www.grandhotelangiolieri.it - www.laccanto.it
– chiuso dal 2 gennaio al 26 febbraio
37 cam 🛏️ – ♦100/200 € ♦♦140/360 € – 2 suites – ½ P 120/230 €
Rist L'Accanto❀ – vedere selezione ristoranti
♦ All'ombra del Vesuvio, un'antica villa è stata trasformata in un prestigioso albergo dotato di camere arredate con sobria eleganza. Dalla piscina è possibile ammirare un suggestivo panorama.

🍴🍴🍴 **L'Accanto** – Grand Hotel Angiolieri ⇐ 🚗 🛋️ 🛅 🛎️ 💳 🅾 🆎 ⓪ 🔶
❀ via Santa Maria Vecchia 2, località Seiano, Sud-Est 2 km
– ✆ 08 18 02 91 61 – www.laccanto.it
– aprile-2 novembre e Capodanno
Rist – Menu 85 € – Carta 49/97 €
Spec. La triglia e il foie gras. Il gambero rosso. Il tortello alla carbonara di mare.
♦ Su una terrazza da cui sembra di spiccare il volo sul Golfo, la cucina adora combinare i prodotti campani, in declinazioni e variazioni d'infinita fantasia.

✗✗ **Antica Osteria Nonna Rosa** (Giuseppe Guida) 🔼 ⚫

via privata Bonea 4, località Pietrapiano, Est : 2 km 🆅🅸🆂🅰 ⚫ 🅰🅴 ⓞ ⚫
– ℰ 08 18 79 90 55 – www.osterianonnarosa.it
– chiuso dal 1° giugno al 30 settembre, domenica sera e mercoledì
Rist – (chiuso a mezzogiorno escluso sabato e domenica) (consigliata la prenotazione) Menu 60/70 € – Carta 44/76 € ⚫
Spec. Zuppa di pesce azzurro, limone e camomilla. Maiale nostrano, succo di peperoni alla brace e papaccelle (ortaggio). Sfoglia di mele annurche, gelato alle nocciole caramellate.
◆ In una dimora settecentesca, dallo stile vagamente provenzale, varie suppellettili di cucina creano un'atmosfera di genuina rusticità. Piatti della tradizione e ricette moderne.

a Marina Equa Sud : 2,5 km – ⊠ 80069 Vico Equense

🏠 **Eden Bleu** ⚫ ⚫ ⚫ 🔼 ⚫ rist, ⚫ 🅿 🆅🅸🆂🅰 ⚫ 🅰🅴 ⓞ ⚫

via Murrano 17 – ℰ 08 18 02 85 50
– www.edenbleuhotel.com – aprile-2 novembre
24 cam ⚫ – ✝55/95 € ✝✝88/158 € – 5 suites – ½ P 96 €
Rist – (chiuso lunedì) Menu 18/24 €
◆ Piccola, ma graziosa risorsa, a gestione familiare, situata a pochi metri dal mare, dispone di stanze funzionali e pulite e di appartamenti per soggiorni settimanali. Ambientazione di stile moderno nell'accogliente sala da pranzo.

✗✗✗ **Torre del Saracino** (Gennaro Esposito) ⚫ 🔼 ⚫ 🅿 🆅🅸🆂🅰 ⚫ 🅰🅴 ⓞ ⚫

via Torretta 9 – ℰ 08 18 02 85 55 – www.torredelsaracino.it – chiuso
dal 15 febbraio al 15 marzo, domenica sera, lunedì
Rist – (consigliata la prenotazione) Menu 72/120 € – Carta 74/102 € ⚫
Spec. Alici in carpione con salsa di albicocche e pesto di fiori di zucca. Tortelli "frutta e verdura" con salsa di ricotta, ricci di mare e lamponi. Maialino con pesto di datteri agrodolce, fichi secchi allo zenzero e salsa di mela annurca.
◆ La sobrietà e la linearità del locale esaltano i piatti intrisi di una seducente veracità napoletana. Per l'aperitivo o il caffè, è d'obbligo una visita nella torre con frantoio: affascinante contrapposizione di scenografie moderne ed architetture antiche.

sulla strada statale 145 Sorrentina

🏨 **Capo la Gala** ⚫ ⚫ ⚫ ⚫ ⚫ ⚫ ⚫ ⚫ 🔼 ⚫ 🅿

strada Statale Sorrentina 145 km 14,500 🆅🅸🆂🅰 ⚫ 🅰🅴 ⓞ ⚫
– ℰ 08 18 01 57 58 – www.hotelcapolagala.com – marzo-novembre
22 cam ⚫ – ✝310/510 € ✝✝350/550 € – 1 suite – ½ P 230/280 €
Rist Maxi ⚫ – vedere selezione ristoranti
◆ Ben "mimetizzato" tra le rocce e la vegetazione, panoramico albergo sulla scogliera con ampi spazi esterni per godersi sole, mare e la splendida vista sul golfo. Mobili in stile mediterraneo nelle camere.

🏠 **Mega Mare** senza rist ⚫ ⚫ ⚫ 🔼 ⚫ 🅿 ⚫ 🆅🅸🆂🅰 ⚫ 🅰🅴 ⓞ ⚫

località Punta Scutolo, Ovest : 4,5 km ⊠ 80069 – ℰ 08 18 02 84 94
– www.hotelmegamare.com
29 cam ⚫ – ✝100 € ✝✝160 €
◆ Splendidamente panoramico sulla baia di Sorrento, le camere sono semplici, ma con belle ceramiche di Vietri: tutte con un'impagabile vista.

✗✗✗ **Maxi** – Hotel Capo la Gala ⚫ ⚫ ⚫ ⚫ ⚫ ⚫ 🅿 🆅🅸🆂🅰 ⚫ 🅰🅴 ⓞ ⚫

strada Statale Sorrentina 145 km 14,500 – ℰ 08 18 01 57 58
– www.hotelcapolagala.com – aprile-ottobre
Rist – (chiuso lunedì) (chiuso a mezzogiorno) Menu 95 € – Carta 60/96 € ⚫
Spec. Tonno, caponata di biscotto di Agerola e salsa al basilico. Tortello caprese ripieno di caciotta e maggiorana, con pomodorini freschi e basilico. Cioccolato e zafferano.
◆ Nella sala interna se il tempo è bizzoso o sulla terrazza con vista sul golfo nelle giornate più belle: dovunque si mangi, la cucina è un viaggio all'interno delle seduzioni campane, che il cuoco rivisita con estro e creatività.

VICOMERO – Parma (PR) – Vedere Torrile

VICOPISANO – Pisa (PI) – **563** K13 – 8 417 ab. – alt. 12 m – ⊠ 56010   **28** B2

▶ Roma 350 – Firenze 82 – Pisa 22 – Bologna 166

XXX   **Osteria Vecchia Noce**   🏠 AC P VISA ❻ AE 🍴
località Noce, Ovest : 5 km – ✆ 05 05 78 82 29 – www.ostreiavecchianoce.it
– chiuso dal 5 al 25 agosto, martedì sera, mercoledì
Rist – Carta 36/67 €
◆ Ottima cucina di terra e di mare, in un antico frantoio del 1700 nel centro di questo piccolo paese: ambiente caratteristico, elegante e caldo, nonché collaudata gestione familiare.

X   **Da Cinotto**   AC ❀ P VISA ❻ 🍴
via Provinciale Vicarese 132, località Uliveto Terme, Ovest : 6 km
– ✆ 05 05 78 80 43 – chiuso agosto, venerdì sera, sabato
Rist – (coperti limitati, prenotare) Carta 29/37 €
◆ Trattoria a conduzione familiare dove fermarsi per apprezzare una sincera e casereccia cucina toscana e locale. Ambiente semplice, atmosfera informale.

VIDICIATICO – Bologna (BO) – **563** J14 – Vedere Lizzano in Belvedere

VIESTE – Foggia (FG) – **564** B30 – 13 886 ab. – ⊠ 71019 ▐ Puglia   **26** B1

▶ Roma 420 – Foggia 92 – Bari 179 – San Severo 101

🛈 piazza Kennedy, ✆ 0884 70 88 06, www.vieste.it

◎ Località ★

◎ Strada panoramica ★★ per Mattinata sud-ovest

🏨🏨🏨   **Degli Aranci**   🌊 🍸 ⚓ AC ❀ rist, 🏄 P VISA ❻ AE ① 🍴
piazza Santa Maria delle Grazie 10 – ✆ 08 84 70 85 57 – www.hotelaranci.it
– aprile-ottobre
121 cam ⥮ – ♦66/168 € ♦♦98/245 € – ½ P 74/148 €
Rist – *(solo per alloggiati)*
◆ Poco distante dal mare, un hotel dalla calorosa accoglienza che dispone di ariosi e freschi spazi comuni e funzionali camere caratterizzate da differenti tipologie di arredo. Una ampia sala ristorante di tono classico propone piatti lievemente rivisitati ed è particolarmente adatta per allestire anche banchetti.

🏨🏨   **Seggio** ⚜   ≼ 🌊 🍸 🛏 🛌 ⚓ AC ❀ rist 🐚 VISA ❻ 🍴
via Veste 7 – ✆ 08 84 70 81 23 – www.hotelseggio.it – aprile-ottobre
30 cam ⥮ – ♦40/75 € ♦♦80/150 € – 2 suites – ½ P 95 €
Rist – Carta 20/30 € (+5 %)
◆ Sito sul costone di roccia ma contemporaneamente in pieno centro storico, l'hotel è stato realizzato tra le mura di vecchie case e propone camere dagli arredi lineari. Nella piccola sala ristorante, i piatti della tradizione italiana.

🏨🏨   **Palace Hotel Vieste**   ▐ ⅘ cam, AC cam, ❀ rist, 🍴 🐚 VISA ❻ AE ①
via Santa Maria di Merino 7 – ✆ 08 84 70 12 18 – www.palacehotelvieste.it
46 cam ⥮ – ♦80/165 € ♦♦160/240 €   **Rist** – *(solo per alloggiati)*
◆ Raffinata ospitalità in un palazzo d'epoca del centro storico: camere diverse per ampiezza e ricercatezza degli arredi, bus-navetta gratuito per la spiaggia (a meno di un km).

🏨   **Bikini**   🌊 ▐ AC ❀ 🍴 🐚 VISA ❻ 🍴
via Massimo d'Azeglio 13/a – ✆ 08 84 70 15 45 – www.bikinihotelvieste.it
– Pasqua-15 ottobre
32 cam ⥮ – ♦55/115 € ♦♦70/150 € – ½ P 100 €   **Rist** – *(solo per alloggiati)*
◆ Contemporaneamente vicino alla spiaggia, al faraglione di Pizzomunno e al centro della città, una risorsa moderna di sobrie dimensioni con camere funzionali e luminose.

🏨   **Svevo** ⚜   ≼ 🍸 AC P VISA ❻ 🍴
via Fratelli Bandiera 10 – ✆ 08 84 70 88 30 – www.hotelsvevo.com
– aprile-settembre
30 cam ⥮ – ♦♦80/150 € – ½ P 55/90 €
Rist – *(giugno-settembre) (chiuso a mezzogiorno) (solo per alloggiati)*
◆ In posizione tranquilla in prossimità dell'antica dimora di Federico II di Svevia, l'hotel dispone di camere semplici e funzionali e di un'ampia terrazza-solarium con piscina.

✗✗ Al Dragone 　　　　　　　　AC ⇔ VISA ⓪ AE ① ⑤

via Duomo 8 – 𝓒 08 84 70 12 12 – www.aldragone.it – aprile-21 ottobre; chiuso
martedì in aprile, maggio e ottobre
Rist – Carta 31/55 €

♦ Un ambiente caratteristico ricavato all'interno di una grotta naturale, dove
lasciarsi andare ai piaceri della tavola: sapori regionali - tra piatti di carne o di
pesce - ed una buona scelta enologica.

✗✗ Il Capriccio 　　　　　　　　　🕭 VISA ⓪ AE ① ⑤

località Porto Turistico – 𝓒 08 84 70 78 99 – www.ilcapricciodivieste.it – chiuso
dal 15 gennaio al 13 febbraio e mercoledì escluso da aprile a ottobre
Rist – Carta 27/36 €

♦ Astro nascente tra i cuochi del Gargano, la cucina è un incontro tra il mare e la
tecnica del giovane chef. Se, poi, cercate il ristorante per una serata romantica
fermatevi qui: d'estate si mangia sul pontile tra le barche.

a Lido di Portonuovo Sud-Est : 5 km – ⊠ 71019 Vieste

🏠 Portonuovo ⚜ 　　🚗 🖙 🏊 ✗ 🖃 ⛽ 🅰🅲 🍴 🅿 VISA ⓪ AE ① ⑤

litoranea Sud: 4 km ⊠ 71019 Lido di Portonuovo – 𝓒 08 84 70 65 20
– www.hotelportonuovo.it – 21 maggio-15 settembre
56 cam ⛒ – †55/175 € ††79/175 € – ½ P 119 €　　**Rist** – (solo per alloggiati)

♦ Abbracciato da una piacevole pineta, l'hotel si trova a pochi passi dal mare e
propone spazi comuni ampi e discretamente eleganti, camere confortevoli dall'arredo ligneo.

VIETRI SUL MARE – Salerno (SA) – **564** F26 – 8 325 ab. – ⊠ 84019　　6 B2
▊ Italia

▶ Roma 259 – Napoli 50 – Amalfi 20 – Avellino 41
◉ ≼ ★ sulla costiera amalfitana

a Raito Ovest : 3 km – alt. 100 m – ⊠ 84010

🏠 Raito ⚜ 　　≼ 🚗 🕭 🏊 🔲 ⊛ 🕭 ⅃♨ 🖃 ⅃ cam, 🅰🅲 ⅄ 🕴 🕸 🅿

via Nuova Raito 9 – 𝓒 08 97 63 41 11　　　　　　　　　　　　VISA ⓪ AE ① ⑤
– www.hotelraito.it
77 cam ⛒ – †180/280 € ††210/310 € – 5 suites – ½ P 155/205 €
Rist Il Golfo – Carta 47/81 €

♦ Camere di design, particolarmente belle quelle con grande terrazza, e zone
comuni piacevolmente "illuminate" dalla luce che penetra dalle grandi vetrate.
La struttura è moderna e come si conviene alle nuove tendenze, non manca di
un'attrezzata zona benessere.

VIGANÒ – Lecco (LC) – **561** E9 – 1 948 ab. – alt. 390 m – ⊠ 23897　　18 B1
▶ Roma 607 – Como 30 – Bergamo 33 – Lecco 20

✗✗✗ Pierino Penati (Theo Penati) 　　🚗 🕭 🅰🅲 ⇔ 🅿 VISA ⓪ ⑤

via XXIV Maggio 36 – 𝓒 0 39 95 60 20 – www.pierinopenati.it – chiuso dal 27 al
30 dicembre, domenica sera e lunedì
Rist – Menu 25 € bc (pranzo in settimana)/60 € – Carta 36/67 € ♨
Spec. Frittelle di parmigiano al rosmarino. Scorfano arrosto col suo sugo e asparagi di mare. Cannoli di pane speziato con meringa, amarene e riduzione di
Sherry.

♦ Una villa alle porte del paese con un grazioso giardino... e la cura prosegue
all'interno nell'elegante sala con veranda. Piatti della tradizione e qualche proposta di pesce.

VIGARANO MAINARDA – Ferrara (FE) – **562** H16 – 7 412 ab.　　9 C1
– alt. 10 m – ⊠ 44049
▶ Roma 424 – Bologna 52 – Ferrara 13 – Modena 65

🏠 **Antico Casale** 🍃   🎇 🗻 🏠 🛏 👌 cam, 🅺 🛠 rist, 🎅 🔏 P
via Rondona 11/1 – ℰ 05 32 73 70 26   🆅🅸🆂🅰 🆎 🅰🅴 ⓪ 💲
– www.hotelanticocasale.it
17 cam 😑 – ✝55/85 € ✝✝85/125 €
Rist – *(chiuso martedì) (chiuso a mezzogiorno escluso domenica)* Carta 34/42 €
♦ Il nome mantiene la promessa: si tratta di un casale ottocentesco riadattato ad albergo all'interno di un complesso comprensivo di centro benessere. Gli interni ripropongono una certa rusticità con travi a vista, cotto e testiere in ferro battuto. Echi etnici negli arredi provenienti dall'India.

VIGASIO – Verona (VR) – 562 G14 – 9 109 ab. – ⊠ 37068   35 A3
▶ Roma 500 – Venezia 131 – Verona 17 – Mantova 27

🏠 **Montemezzi**   🛏 👌 🅺 ⇙ 👷 🔏 P 🎇 🆅🅸🆂🅰 🆎 🅰🅴 ⓪ 💲
via Verona 92 – ℰ 04 57 36 34 40 – www.hotelmontemezzi.it
97 cam 😑 – ✝50/220 € ✝✝80/310 € – ½ P 60/175 €
Rist – *(chiuso a mezzogiorno)* Carta 27/55 €
♦ Lontana dai rumori e dal traffico del centro di Verona, struttura commerciale di recente apertura, dispone di ambienti arredati seguendo i dettami del moderno design. Nella moderna ed elegante sala ristorante, gustosi piatti di cucina mediterranea.

VIGEVANO – Pavia (PV) – 561 G8 – 62 956 ab. – alt. 116 m – ⊠ 27029   16 A3
▌ Italia Centro Nord
▶ Roma 601 – Alessandria 69 – Milano 35 – Novara 27
🅸 via Merula 40, ℰ 0381 6 90 69, www.iatvigevano.com
🅸🅰 via Chitola 49, 0381 346628, www.golfvigevano.it – chiuso martedì
👁 Piazza Ducale★★

🍴🍴🍴 **I Castagni** (Enrico Gerli)   �#️ 🅺 ⇔ 🔏 🆅🅸🆂🅰 🆎 🅰🅴 💲
🌸 *via Ottobiano 8/20, Sud : 2 km – ℰ 0 38 14 28 60 – www.ristoranteicastagni.com*
– chiuso 1 settimana in gennaio, 1 settimana in giugno, 2 settimane in agosto, domenica sera, lunedì
Rist – Menu 25 € bc (pranzo)/68 € bc – Carta 51/79 € 🍴
Spec. Battuta di fassona cruda ripiena di cremoso di parmigiana su budino all'uovo. Raviolini neri del plin ripieni di guance di pesce e cannellini con sugo bianco di pesce. Anitra: coscia arrosto, petto rosato e raviolo ripieno del suo fegato.
♦ Ricavato da una casa di campagna con portico, gradevole ambiente con quadri e mobili in stile. Fantasia nei piatti sorretti da ottimi prodotti e coreografiche presentazioni.

🍴🍴 **Da Maiuccia**   👌 🅺 ⇔ 🆅🅸🆂🅰 🆎 🅰🅴 ⓪ 💲
via Sacchetti 10 – ℰ 0 38 18 34 69 – www.damaiuccia.it – chiuso dal 26 al 30 dicembre, agosto, domenica sera e lunedì
Rist – Carta 32/87 €
♦ Il pesce fresco in esposizione all'ingresso è una presentazione invitante per questo frequentato ristorante signorile. Rapporto qualità/prezzo ottimale.

VIGGIANELLO – Potenza (PZ) – 564 H30 – 3 257 ab. – alt. 500 m   4 C3
– ⊠ 85040
▶ Roma 423 – Cosenza 130 – Lagonegro 45 – Potenza 135
🅸 via Gallizzi, ℰ 0973 66 60 04, www.comune.viggianello.pz.it

🏠 **La Locanda di San Francesco** 🍃   👫 🛠 rist, 🎅 🆅🅸🆂🅰 🆎 🅰🅴 ⓪ 💲
😊 *via San Francesco 47 – ℰ 09 73 66 43 84 – www.locandasanfrancesco.com*
19 cam 😑 – ✝35/45 € ✝✝70 € – ½ P 55/60 €   **Rist** – Carta 13/39 €
♦ Per gli amanti di trekking e rafting – attività sportive tra le più praticate all'interno del Parco Nazionale del Pollino - una locanda ricavata da un palazzo settecentesco sapientemente ristrutturato. Camere semplici ed accoglienti. La cucina propone i piatti tipici del territorio.

VIGNOLA – Modena (MO) – **562** I15 – 24 509 ab. – alt. 125 m – ⊠ **41058**   9 C2
▶ Roma 398 – Bologna 43 – Milano 192 – Modena 22

🏨 **La Cartiera** 〔icons〕
via Sega 2 – ℰ 05 9 76 70 89 – www.hotellacartiera.it – chiuso 15 giorni in agosto
55 cam ⊑ – †75/140 € ††100/180 € – 5 suites – ½ P 100 €
Rist *Bigarò* – vedere selezione ristoranti
♦ Ricavato dalla ristrutturazione di una cartiera ottocentesca (nel sottosuolo si possono ancora intuire le antiche funzioni), l'hotel propone camere funzionali e moderne, non prive di tessuti ed arredi raffinati.

✗✗ **Bigarò** – Hotel La Cartiera 〔icons〕
via Sega 2 – ℰ 05 9 76 70 89 – www.hotellacartiera.it – chiuso 15 giorni in agosto
Rist – (chiuso domenica) Carta 22/42 €
♦ Il nome del ristorante allude alle prime ciliegie di stagione di cui Vignola è capitale. La carta spazia dalla tradizione a proposte di pesce.

✗ **La Bolognese** 〔AC VISA〕
via Muratori 1 – ℰ 0 59 77 12 07 – chiuso agosto e domenica
Rist – (chiuso la sera) (consigliata la prenotazione) Carta 20/26 €
♦ In pieno centro storico, all'ombra delle mura del castello, la trattoria è articolata su tre accoglienti salette arredate con gusto rustico; paste fresche e carni arrosto le specialità.

VIGO DI CADORE – Belluno (BL) – **562** C19 – 1 565 ab. – alt. 951 m   36 C1
– ⊠ **32040**
▶ Roma 658 – Cortina d'Ampezzo 46 – Belluno 57 – Milano 400
🅵 via Cardinal Piazza 14, ℰ 0435 7 70 58, www.infodolomiti.it

🏠 **Sporting** 〔icons〕
via Fabbro 32, a Pelos – ℰ 0 43 57 71 03 – www.sportinghotelclub.it
– 15 giugno-15 settembre
20 cam – †50/80 € ††60/90 €, ⊑ 11 € – ½ P 45/75 €   **Rist** – Carta 24/42 €
♦ Apre solo d'estate questo raccolto albergo a gestione familiare. All'esterno un curato e piacevole giardino in cui si trovano due piscine riscaldate, di cui una coperta. Piatti mediterranei nella sala da pranzo in stile montano, con pareti di perlinato chiaro e caminetto.

VIGO DI FASSA – Trento (TN) – **562** C17 – 1 167 ab. – alt. 1 382 m   31 C2
– Sport invernali : 1 393/2 000 m ⌂ 1 ⋽4 (Comprensorio Dolomiti superski Val di Fassa) ⋟ – ⊠ **38039** ▮ Italia Centro Nord
▶ Roma 676 – Bolzano 36 – Canazei 13 – Passo di Costalunga 9
🅵 strada Rezia 10, ℰ 0462 60 97 00, www.fassa.com
◉ Splendida posizione★ nella Val di Fassa

🏨 **Active Hotel Olympic** 〔icons〕
strada Dolomites 4, località San Giovanni, Est : 1 km – ℰ 04 62 76 42 25
– www.activehotelolympic.it – chiuso dal 16 ottobre al 13 novembre e dal 20 maggio al 24 giugno
30 cam ⊑ – †58/88 € ††66/101 € – 2 suites – ½ P 85 €
Rist – (chiuso dal 20 ottobre al 23 novembre e dal 20 maggio al 24 giugno) Carta 23/41 €
♦ Lungo la statale che corre ai piedi della località, simpatica accoglienza ladina in una risorsa con spazi comuni ben distribuiti, centro relax e giardino. Belle camere di cui una decina - recentemente rinnovate - presentano elementi rustici e design moderno. Calda e piacevole sala da pranzo con stube in stile locale.

🏨 **Carpe Diem** senza rist 〔icons〕
strada Neva 3 – ℰ 04 62 76 00 03 – www.carpediemhotel.it – chiuso dal 2 novembre al 5 dicembre e dal 9 aprile al 15 maggio
18 cam ⊑ – †68/105 € ††56/106 €
♦ E' una simpatica coppia emiliana ad aver "colto l'attimo" ed aperto questo grazioso albergo all'ingresso del paese: in larice con giardino d'inverno e panoramica terrazza-solarium.

🏠 **Millennium** ⟨ 🛏 ⚒ 🅿 📧 ⓒ AE 🅖
strada Dolomites 6, località San Giovanni, Est : 1 km – 𝒞 04 62 76 41 55
– www.starmillenio.com – dicembre-marzo e maggio-ottobre
10 cam 🍽 – ⫶35/50 € ⫶⫶80/100 € – ½ P 60/70 €
Rist – *(chiuso lunedì) (chiuso a mezzogiorno)* Menu 15 €
♦ Sembra quasi una casetta delle fate questo grazioso hotel, nato nel 1998, con begli interni confortevoli, dove domina il legno antichizzato in tipico stile montano. Il ristorante offre piatti nazionali e locali in una sala rifinita in legno.

🏠 **Catinaccio** ⟨ 🏠 🛏 ⚒ 🅿 🏛 📧 ⓒ 🅖
piazza J.B.Massar 12 – 𝒞 04 62 76 42 09 – www.albergocatinaccio.com
– dicembre-aprile e giugno-settembre
22 cam 🍽 – ⫶60/80 € ⫶⫶100/160 € – ½ P 65/92 €
Rist – *(chiuso a mezzogiorno in inverno)* Carta 19/25 €
♦ In posizione panoramica e centrale, squisita gestione familiare in una struttura dove il grazioso stile tirolese vivacizza sia le zone comuni sia le camere. Confortevole sala ristorante con piatti classici e specialità ladine; ogni giorno ampia scelta di dolci appena sfornati.

a Vallonga Sud-Ovest : 2,5 km – ✉ 38039 Vigo Di Fassa

🏠 **Millefiori** ⟨ 🏛 ⚒ rist, 🅿 🏛 📧 ⓒ AE 🅖
strada De la Vila 16 – 𝒞 04 62 76 90 00 – www.hotelmillefiori.com – chiuso dal 4 novembre al 4 dicembre
12 cam 🍽 – ⫶51 € ⫶⫶101 € – ½ P 62 € **Rist** – Carta 21/38 €
♦ La vista dei monti, la quiete e il sole certo non vi mancheranno in questa piccola risorsa in posizione dominante. Accoglienti camere con arredi di abete in stile montano. Sala da pranzo rustica; servizio estivo in terrazza con gazebo e panche in legno.

VILLA ADRIANA – Roma (RM) – **563** Q20 – **Vedere Tivoli**

VILLA BANALE – Trento (TN) – **Vedere Stenico**

VILLA BARTOLOMEA – Verona (VR) – **562** G16 – **5 861 ab.**   35 B3
– alt. 14 m – ✉ 37049
▶ Roma 466 – Verona 50 – Bologna 95 – Mantova 52

🏠 **Agriturismo Tenuta la Pila** 🌿 🍴 🍽 ♿ cam, ↔ 🛜 🅿
via Pila 42, località Spinimbecco – 𝒞 04 42 65 92 89   📧 ⓒ AE ⓞ 🅖
– www.tenutalapila.it
5 cam 🍽 – ⫶44/55 € ⫶⫶65/80 € – 4 suites – ⫶⫶93/170 €
Rist – *(prenotazione obbligatoria)* Menu 20 €
♦ Agriturismo realizzato in un mulino dei primi del '700, la cui pila è ancora visibile in una delle sale comuni. Eleganti, spaziose e accoglienti, le camere si distinguono grazie al nome del frutto cui ciascuna è dedicata.

VILLABASSA (NIEDERDORF) – Bolzano (BZ) – **562** B18 – **1 454 ab.**   31 D1
– alt. 1 158 m – Sport invernali : Vedere Dobbiaco (Comprensorio Dolomiti superski Alta Pusteria) – ✉ 39039
▶ Roma 738 – Cortina d'Ampezzo 36 – Bolzano 100 – Brunico 23
ℹ via Stazione 3, 𝒞 0474 74 51 36, www.villabassa.net

🏠 **Aquila-Adler** 🏛 🍽 🛏 ♨ 🛏 ⚒ rist, 🛜 🔥 🅿 📧 ⓒ AE 🅖
piazza Von Kurz 3 – 𝒞 04 74 74 51 28 – www.hoteladler.com – chiuso dal 10 ottobre al 2 dicembre e dal 4 aprile al 15 maggio
31 cam 🍽 – ⫶75/125 € ⫶⫶130/300 € – 5 suites – ½ P 79/164 €
Rist – *(chiuso martedì in bassa stagione)* Carta 33/54 €
♦ Ambienti raffinati in questa storica struttura del centro - risalente al 1600 - con camere di differenti categorie: imperdibili, le recenti suite. Piccole sale tipo stube per gustare una cucina locale e stagionale.

VILLA D'ADDA – Bergamo (BG) – **561** E10 – **4 714 ab.** – alt. 286 m   19 C1
– ✉ 24030
▶ Roma 617 – Bergamo 24 – Como 40 – Lecco 22

✕✕ La Corte del Noce 🛦 ♻ P. 📼 🐵 ﬄ ① ঔ

via Biffi 8 – ℰ 035 79 22 77 – www.lacortedelnoce.com – chiuso dal 16 agosto al 3 settembre
Rist – Carta 45/54 €

◆ Nel complesso rurale settecentesco trova posto la curata sala con caminetto. Fuori, il maestoso noce che ha segnato la storia del locale oggi non c'è più, ma all'ombra del suo ricordo si svolge il servizio estivo. Cucina classica completata da una buona scelta enologica.

VILLA D'ALMÈ – Bergamo (BG) – 561 E10 – 6 848 ab. – alt. 300 m 19 C1
– ✉ 24018

🔼 Roma 601 – Bergamo 14 – Lecco 31 – Milano 58

✕✕ Osteria della Brughiera (Stefano Arrigoni) 🛋 🛦 ✿ ♻ P.

ॐ *via Brughiera 49 – ℰ 035 63 80 08* 📼 🐵 ﬄ ঔ
– www.osteriadellabrughiera.it – chiuso dal 10 al 31 agosto, lunedì, martedì a mezzogiorno
Rist – Menu 85 € – Carta 51/89 €
Spec. Testaroli di Pontremoli con ricotta fresca, olive, pinoli, pesto e pecorino. Fritto all'uovo con frattaglie di vitello, pollame, verdure e formaggi. Crostata "girata" calda con fragoline di bosco.

◆ Colori ed elegante rusticità, tappeti e fiori, in un locale dalla romantica atmosfera. Ma non c'è il tempo per abituarsi: lo stupore continua con la cucina creativa, a base sia di carne sia di pesce.

VILLA DI CHIAVENNA – Sondrio (SO) – 561 C10 – 1 064 ab. 16 B1
– alt. 633 m – ✉ 23029

🔼 Roma 692 – Sondrio 69 – Chiavenna 8 – Milano 131

✕✕ Lanterna Verde (Andrea Tonola) 🛦 ✿ P. 📼 🐵 ﬄ ঔ

ॐ *frazione San Barnaba 7, Sud-Est : 2 km – ℰ 034 33 85 88*
– www.lanternaverde.com – chiuso 10 giorni in giugno, 20 giorni in novembre, mercoledì e martedì sera, solo mercoledì in luglio-agosto
Rist – Menu 40 € – Carta 55/70 € 🏱
Spec. Tartare di trota con cialde ai semi di papavero ed extravergine del lago di Como. Tajadin dulz (pasta fresca). Capretto di Villa cotto nel "lavéec" (recipiente in pietra ollare) con patate e cipollotti (primavera).

◆ Nel verde di una tranquilla vallata, le sale ripropongono il tipico stile di montagna. Cucina giovane e creativa: il pesce d'acqua dolce tra i motivi di richiamo.

VILLAFRANCA DI VERONA – Verona (VR) – 562 F14 – 32 866 ab. 35 A3
– alt. 54 m – ✉ 37069

🔼 Roma 483 – Verona 19 – Brescia 61 – Mantova 22

🔟 località Casella 32-Pozzoromotto, 045 6303341, www.golfvillafranca.com

a Dossobuono Nord-Est : 7 km – ✉ 37062

✕✕ Cavour 🛦 🄰🄲 ✿ ♻ P. 📼 🐵 ﬄ ① ঔ

via Cavour 40 – ℰ 0 45 51 30 38 – chiuso dal 1° al 7 gennaio, domenica sera e mercoledì da settembre a maggio, sabato a mezzogiorno e domenica negli altri mesi
Rist – Carta 36/46 €

◆ E' un'insegna in ferro battuto ad indicare l'edificio storico. Varcata la soglia ci si accomoda in un'ampia sala per gustare le tipiche proposte del territorio, tra le quali non manca mai il carrello dei bolliti.

VILLAFRANCA IN LUNIGIANA – Massa Carrara (MS) – 563 J11 28 A1
– 4 850 ab. – alt. 130 m – ✉ 54028

🔼 Roma 420 – La Spezia 31 – Parma 88

a Mocrone Nord-Est : 4 km – ⊠ 54028 Villafranca In Lunigiana

X **Gavarini** con cam ♨   🍴 ☎ 🛗 🏧 cam, ⁕ 🅿 🆚 ⚏ 🅰🅴 ♿
via Benedicenti 50 – ℰ 01 87 49 55 04 – www.locandagavarini.it
8 cam ⊒ – ♦50/60 € ♦♦70/80 € – 1 suite – ½ P 60 €
Rist – (chiuso mercoledì) Carta 23/44 € ℬ
♦ Piatti tipici della Lunigiana elaborati con gusto e semplicità in questo ristorante familiare dalle curate sale e con un bel giardino. Valide le camere arredate con un certo senso estetico.

VILLAMARINA – Forlì-Cesena (FC) – Vedere Cesenatico

VILLANDRO (VILLANDERS) – Bolzano (BZ) – **562** C16 – **1 908 ab.**   **31** C2
– alt. 880 m – ⊠ 39040

▶ Roma 679 – Bolzano 29 – Bassano del Grappa 177 – Belluno 132
🎗 piazza Defregger 6, ℰ 0472 84 31 21, www.villandro.info

XX **Ansitz Zum Steinbock** con cam   ≤ 🏧 🍴 cam, ⁕ 🅿 🆚 ⚏ ♿
Vicolo F.V.Defregger 14 – ℰ 04 72 84 31 11 – www.zumsteinbock.com – chiuso dal 15 gennaio al 15 febbraio
18 cam ⊒ – ♦43/53 € ♦♦80/110 € – 1 suite – ½ P 75/85 €
Rist – (chiuso lunedì) Carta 41/60 €
♦ E' romantica e particolare l'atmosfera nelle stube d'epoca e nelle graziose stanze di questo edificio del XVIII sec., con servizio estivo all'aperto; cucina locale e toscana.

VILLANOVA – Bologna (BO) – **563** I16 – Vedere Bologna

VILLANOVAFORRU Sardegna – Medio Campidano (VS) – **366** O46   **38** A3
– 675 ab. – alt. 310 m – ⊠ 09020

▶ Cagliari 62 – Iglesias 71 – Nuoro 142 – Olbia 246

🏨 **I Lecci** ♨   🍴 ♿ 🏧 ⁕ 🏊 🅿 🆚 ⚏ 🅰🅴 🅞 ♿
viale del Rosmarino, località Funtana Jannus Nord-Ovest : 1 km ⊠ 09020
– ℰ 07 09 33 10 21 – www.hotelilecci.com
40 cam ⊒ – ♦60 € ♦♦95 € – 2 suites – ½ P 75 €   **Rist** – Carta 19/37 €
♦ Isolato e raccolto tra le colline, al limitare di un viale di rosmarini, all'interno custodisce ambienti semplici e spaziosi. Ideale per la clientela turistica come per chi viaggia per lavoro. Un'unica grande sala per il ristorante per una cucina di carne e di pesce, piatti sardi e nazionali.

🏠 **Le Colline** senza rist ♨   🏧 🅿 🆚 ⚏ 🅰🅴 🅞 ♿
viale del Rosmarino, Nord-Ovest: 1 km, località Funtana Jannus
– ℰ 07 09 30 01 23 – chiuso dal 3 al 17 gennaio
20 cam – ♦50/65 € ♦♦75/85 €, ⊒ 5 €
♦ Immerso in un riposante paesaggio collinare e poco distante dai siti archeologici di epoca nuragica, dispone di camere semplici e confortevoli. Chiedete quelle con vista sulla vallata.

VILLA ROSA – Teramo (TE) – **563** N23 – Vedere Martinsicuro

VILLA SAN GIOVANNI – Reggio di Calabria (RC) – **564** M28   **5** A3
– 13 700 ab. – alt. 15 m – ⊠ 89018 ▮ Italia

▶ Roma 653 – Reggio di Calabria 14
⛴ per Messina – Società Caronte, ℰ 0965 793131, call center 800 627 414 Ferrovie Stato, piazza Stazione ℰ 0965 758241

🄶 Costa Viola ★ a Nord per la strada S 18

🏨 **Grand Hotel De la Ville**   🏧 🏊 🛗 🏧 ↔ 🏊 rist, ⁕ 🏋
via Umberto Zanotti Bianco 9 – ℰ 09 65 79 56 00   🆚 ⚏ 🅰🅴 🅞 ♿
– www.grandhoteldelaville.eu
60 cam ⊒ – ♦95/105 € ♦♦99/110 € – 4 suites   **Rist** – Carta 25/60 €
♦ Per una clientela per lo più d'affari, struttura di taglio moderno, che offre servizi e confort all'altezza della sua categoria; accessoriate camere di livello superiore. Ambiente signorile nel ristorante d'impostazione classica.

✗ **Al Vecchio Porto** 🏫 AC VISA ⓸ AE ⛄

lungomare Cenide 55 – ℰ 09 65 70 05 02 – www.ristorantevecchioporto.it
– chiuso dall'8 al 21 gennaio, mercoledì
Rist – Carta 32/58 €

♦ Sul lungomare della località, un semplice e gradevole locale apre le proprie porte per invitarvi a gustare del pesce freschissimo e ricette che esaltano le materie prime del territorio.

a Santa Trada di Cannitello Nord-Est : 5 km – ⊠ 89018 Villa San Giovanni

🏨 **Altafiumara** ⌂ ≤ 🚗 🎿 🕙 🏫 ℔ ⛄ 🛪 AC ↭ ⅏ ⁇ 🐕 P

– ℰ 09 65 75 98 04 – www.altafiumarahotel.it VISA ⓸ AE ⓵ ⛄
87 cam ⬚ – ♦180/260 € ♦♦230/370 € – 41 suites – ♦♦320/510 €
– ½ P 145/225 €
Rist *I Due Mari* – vedere selezione ristoranti

♦ Grande proprietà, a picco sul mare, in cui domina la fortezza borbonica di fine Settecento all'interno della quale sono ricavate le camere. Esclusivo centro benessere.

✗✗✗ **I Due Mari** – Hotel Altafiumara 🚗 ℔ AC ⅏ ✿ P VISA ⓸ AE ⓵ ⛄

– ℰ 09 65 75 98 04 – www.altafiumarahotel.it
Rist – Carta 38/48 €

♦ Nella ex santa Barbara di una fortezza borbonica, cucina solare e mediterranea che non disdegna un tocco di natura esotica. Un elegante ristorante dove il cibo diventa sinonimo di arte nell'estasiante viaggio attraverso le antiche ricette di questa terra.

VILLASIMIUS Sardegna – Cagliari (CA) – **366** S49 – **3 576 ab.**   **38** B3
– alt. 41 m – ⊠ 09049

▶ Cagliari 49 – Muravera 43 – Nuoro 225 – Olbia 296

🖼 Tanka località Elmas, 070 7953250, www.atahotels.it – maggio-ottobre

🏨 **Simius Playa** ⌂ ≤ 🚗 ℒ 🎿 ⅏ ℔ cam, AC ⅏ rist, ⁇ P VISA ⓸ ⓵ ⛄

via Matteotti 91 – ℰ 07 07 93 11 – www.simiusplaya.com – 25 aprile-25 ottobre
43 cam ⬚ – ♦70/249 € ♦♦90/278 € – 4 suites – ½ P 100/194 €
Rist *– (10 maggio-15 ottobre)* Carta 36/69 € (+10 %)

♦ Cinta da un fresco giardino di fiori, al termine di una strada che conduce al mare, la nivea costruzione conserva nei suoi ambienti un'atmosfera che concilia gusto sardo e moresco. La carta propone piatti elaborati e fantasiosi, fuori dal solito cliché alberghiero. D'estate si cena in terrazza.

🏨 **Cala Caterina** ⌂ 🕭 ℒ 🚗 🎿 🕭 AC ⅏ P VISA ⓸ AE ⓵ ⛄

via Lago Maggiore 32, Sud : 4 km – ℰ 07 70 79 74 10 – www.hotelphilosophy.net
– 12 maggio-settembre
48 cam – solo ½ P 125/330 €   **Rist** *– (solo per alloggiati)*

♦ Perfetta per una vacanza di silenzio e relax, nella semplice eleganza dell'isola, una bella costruzione ad arco in colori pastello che si ripeteranno anche all'interno. Rivolta verso il giardino, la raffinata sala ristorante.

a Solanas Ovest : 11 km – ⊠ 09048 Villasimius

✗✗ **Da Barbara** AC ⅏ P VISA ⓸ AE ⓵ ⛄

strada provinciale per Villasimius – ℰ 07 70 75 06 30 – aprile-ottobre; chiuso
mercoledì escluso da luglio a settembre
Rist *– (consigliata la prenotazione la sera)* Carta 27/46 € 🍴

♦ Tutto ruota intorno a tre elementi: la freschezza del pesce, testimoniata dall'espositore dove ci si ferma a scegliere, la griglia a legna e la passione per la ristorazione di un'intera famiglia.

VILLA VICENTINA – Udine (UD) – **562** D21 – **1 400 ab.** – alt. 9 m   **11** C3
– ⊠ 33059

▶ Roma 619 – Udine 40 – Gorizia 28 – Trieste 45

☆ **Ai Cjastinars** con cam 　　　🚗 📷 ⟨⟨ 🛁 P VISA ⦿ AE ① ⑤
borgo Pacco 1, strada statale 14, Sud : 1 km – ℰ *04 31 97 02 82*
– www.hotelcjastinars.it – chiuso dal 10 al 30 novembre
15 cam ⌷ – **♦**44/58 € **♦♦**74/96 € – ½ P 48/73 €
Rist *– (chiuso venerdì)* Carta 20/33 €
♦ Particolarmente apprezzato per le sue specialità alla brace, il locale nasce come trattoria di famiglia lungo una delle vie principali della località. Dehors sotto il porticato. Dalle confortevoli camere potrete ammirare la basilica di Aquileia.

VILLETTA BARREA – L'Aquila (AQ) – **563** Q23 – **667 ab.** – alt. 990 m　1 B3
– ✉ 67030

▶ Roma 179 – Frosinone 72 – L'Aquila 151 – Isernia 50

🏠 **Il Vecchio Pescatore** 　　　🖼 ♣♣ ⟨⟨ VISA ⦿ AE ① ⑤
via Benedetto Virgilio – ℰ *0 86 48 92 74 – www.ilvecchiopescatore.net*
16 cam ⌷ – **♦**35/55 € **♦♦**60/80 € – ½ P 65 €
Rist *– (chiuso martedì in bassa stagione)* Carta 21/35 €
♦ Albergo ospitato in un edificio d'epoca sulla strada principale del paese. Gestione familiare, camere semplici, gradevole giardino-solarium estivo. Al ristorante, i piatti della gastronomia regionale.

VILLNOSS = Funes

VILMINORE DI SCALVE – Bergamo (BG) – **561** DE12 – **1 530 ab.**　16 B1
– alt. 1 019 m – ✉ 24020

▶ Roma 617 – Brescia 69 – Bergamo 65 – Edolo 50

☆ **Brescia** con cam 　　　⟨ 🛗 ⟨⟨ P 🚗 VISA ⦿ ⑤
piazza della Giustizia 6 – ℰ *0 34 65 10 19 – www.vallescalve.it*
19 cam ⌷ – **♦**45/55 € **♦♦**82/95 € – ½ P 48/55 €
Rist *– (chiuso lunedì)* Carta 24/42 €
♦ Nel cuore delle Orobie, risorsa dei primi del '900, gestita dalla stessa famiglia da oltre 50 anni: sapori di montagna in una sala fresca e luminosa con al centro la griglia. Comode camere per passare la notte.

VILPIAN = Vilpiano

VILPIANO = VILPIAN – Bolzano (BZ) – **562** C15 – Vedere Terlano

VIMERCATE – Monza e Brianza (MB) – **561** F10 – **25 643 ab.**　18 B2
– alt. 194 m – ✉ 20059

▶ Roma 582 – Milano 24 – Bergamo 36 – Como 45

🏨 **Cosmo** 　　🚗 🛝 🛗 🛁 ⟨ cam, 📷 ⇆ ⟨⟨ rist, ⟨⟨ 🛁 P 🚗 VISA ⦿ AE ① ⑤
via Torri Bianche 4, Centro Direzionale – ℰ *03 96 99 61 – www.hotelcosmo.com*
– chiuso dal 20 dicembre al 2 gennaio e dal 2 al 17 agosto
127 cam ⌷ – **♦**89/259 € **♦♦**89/319 €
Rist San Valentino – ℰ *03 96 99 67 06 (chiuso a mezzogiorno escluso sabato e domenica)* Carta 36/55 €
♦ Moderno, funzionale, con accessori dell'ultima generazione, ma anche personalizzato, con ricercati arredi di design e raffinata cura dei dettagli; belle le suite a tema. Originali soluzioni decorative negli eleganti ambienti interni del ristorante.

VIMODRONE – Milano (MI) – **561** F9 – **16 239 ab.** – alt. 128 m　18 B2
– ✉ 20090

▶ Roma 582 – Milano 15 – Bellinzona 115 – Lecco 50

☆☆ **Il Sorriso** con cam 　　　📷 ⟨⟨ 🛁 P VISA ⦿ AE ① ⑤
via Piave 15 – ℰ *0 22 50 36 53 – www.ilsorrisoristorante.it – chiuso dal 1° al 10 gennaio e dal 9 al 31 agosto*
11 cam ⌷ – **♦**75/90 € **♦♦**90/120 € – 2 suites – ½ P 80/140 €
Rist *– (chiuso sabato a mezzogiorno, lunedì)* Carta 38/58 €
♦ Ristorante moderno, discretamente elegante, molto ben attrezzato con proposte quasi esclusivamente di mare. Una dozzina di camere, molte delle quali con angolo cottura.

VINCI – Firenze (FI) – **563** K14 – **14 523 ab.** - **alt. 97 m** – ⊠ 50059   28 B1
🔲 Toscana

▶ Roma 304 – Firenze 40 – Lucca 54 – Livorno 72

🄕 via della Torre 11, 𝒞 0571 56 80 12, www.terredelrinascimento.it

🄖 Bellosguardo Vinci via Provinciale di Mercatale 25, , Sud: 3 km, 0571 902035, www.golfbellosguardovinci.it – chisuo mercoledì

◎ Località★ - Museo Leonardiano★

🏨 Alexandra   🔐 🕈 🏔 𝚟𝚒𝚜𝚊 ⊚ 🄰🄴 ① 🔧
via Dei Martiri 82 – 𝒞 0 57 15 62 24 -5 62 27 – www.hotelalexandravinci.it
47 cam ☲ – †49/79 € ††69/99 € – ½ P 59 €
Rist *La Limonaia* – vedere selezione ristoranti
♦ L'affidabile e pluriennale gestione di questo hotel situato nella città natale di Leonardo propone belle camere ben accessoriate (soprattutto quelle ospitate nella *dépendance*).

🍴🍴 La Limonaia – Hotel Alexandra   🔁 🔐 🕉 𝚟𝚒𝚜𝚊 ⊚ 🄰🄴 ① 🔧
⊖ *via Dei Martiri 82 – 𝒞 05 71 56 80 10 – www.hotelalexandravinci.it*
Rist – Carta 17/36 €
♦ Piatti toscani e qualche specialità di pesce sotto il fresco pergolato estivo o nelle sale di tono moderno. Non stupitevi nell'incontrare qualche giocatore dell'Empoli: l'hotel che ospita il ristorante è sede della squadra calcistica.

VIOLE – Perugia – **563** M20 – **Vedere Assisi**

VIPITENO – Bolzano (BZ) – **562** B16 – **6 306 ab.** - **alt. 948 m** – **Sport**   30 B1
invernali : 948/2 200 m ⛷1 ⛷3, ⛷ – ⊠ 39049 🔲 Italia

▶ Roma 708 – Bolzano 66 – Brennero 13 – Bressanone 30

🄕 piazza Città 3, 𝒞 0472 76 53 25, www.vipiteno.eu

◎ Via Città Nuova★

🍴🍴 Kleine Flamme (Bacher Burkhard)   🔝 𝚟𝚒𝚜𝚊 ⊚ 🔧
🖇 *via Cittanuova 31 – 𝒞 04 72 76 60 65 – chiuso domenica sera, lunedì*
Rist – (prenotazione obbligatoria) Menu 75 € – Carta 57/87 €
Spec. Capasanta arrostita con polenta al peperoncino, risi e bisi, pomodoro. Carré d'agnello. Ananas caramellato, crema pralinata, rum, vaniglia.
♦ Un "piccola fiamma" brilla nell'universo gastronomico altoatesino: piatti mediterranei e creativi con una predilezione per le spezie e le erbe aromatiche, romanticamente coltivate nella piccola corte interna. Ideale connubio tra Oriente ed Occidente.

PRATI (Pfitsch) (Val di Vizze)

🏨 Wiesnerhof   🚐 🔝 🔲 ⊚ 🕉 🗗 🖇 ↯ 🕈 🅿 𝚟𝚒𝚜𝚊 ⊚ 🔧
via Val di Vizze 98, località Prati, Est : 3 km ⊠ 39049 Vizze – 𝒞 04 72 76 52 22 – www.wiesnerhof.it – chiuso dal 10 aprile al 13 maggio e dal 1° novembre all' 8 dicembre
29 cam ☲ – †75/95 € ††140/200 € – 7 suites – ½ P 110 €
Rist – (chiuso lunedì) Carta 45/67 €
♦ In posizione panoramica all'ingresso della valle, una struttura, completa di ogni confort, ideale per vacanze sia estive che invernali; giardino e bella piscina coperta. Grandi finestre affacciate sul verde rendono luminosa la sala ristorante.

🏨 Rose   🔲 ⊚ 🕉 🗗 🖇 🕉 rist, 🕈 🅿 🚗 𝚟𝚒𝚜𝚊 ⊚ 🔧
⊖ *via Val di Vizze 119, località Prati, Est : 3 km ⊠ 39049 Vizze – 𝒞 04 72 76 43 00 – www.hotelrose.it – Natale-Pasqua e giugno-ottobre*
23 cam ☲ – †50/70 € ††100/130 € – 7 suites – ½ P 70/85 €
Rist – Menu 20/30 €
♦ Un ex della "valanga azzurra" è il titolare di questo simpatico hotel, dove l'ospitalità è familiare e premurosa e non mancano proposte per lo sport e il relax.

Kranebitt
località Caminata alt. 1441, Est : 16 km ✉ 39049 Vizze – ☎ 04 72 64 60 19 – www.kranebitt.com – gennaio-9 aprile e 27 aprile-14 ottobre
28 cam – †60 € ††90/100 € – ½ P 50/70 € **Rist** – Carta 27/37 €
◆ Tranquillità, natura incontaminata, splendida vista dei monti e della vallata: godrete di tutto ciò soggiornando nell'ambiente familiare di questa comoda risorsa. Accogliente e calda atmosfera al ristorante.

Pretzhof
località Tulve alt. 1280, Est : 8 km ✉ 39040 Vizze – ☎ 04 72 76 44 55 – www.pretzhof.com – chiuso lunedì e martedì
Rist – Carta 25/55 €
◆ L'esposizione in sala di qualche strumento di vita contadina ammicca alla passione della famiglia di valorizzare la tipicità sudtirolese. Lo stesso interesse influenza la cucina: regionale e caratteristica.

VISERBA – **Rimini (RN)** – **563** J19 – **Vedere Rimini**

VISERBELLA – **Rimini (RN)** – **563** J19 – **Vedere Rimini**

VISNADELLO – **Treviso (TV)** – **562** E18 – **alt. 46 m** – ✉ **31027** **35** A1
Roma 555 – Venezia 41 – Belluno 67 – Treviso 11

Da Nano
via Gritti 145 – ☎ 04 22 92 89 11 – www.danano.it – chiuso dal 1° al 7 gennaio, 3 settimane in agosto, domenica sera, lunedì
Rist – Carta 44/72 €
◆ Il pesce fresco in bella vista all'ingresso chiarisce subito la scelta culinaria di questo locale in prossimità della strada statale; sale classiche, rivestite di legno.

VITERBO P (VT) – **563** O18 – **62 812 ab.** – **alt. 326 m** – ✉ **01100** **12** B1
Italia
Roma 104 – Chianciano Terme 100 – Civitavecchia 58 – Grosseto 123
via Romiti, ☎ 0761 30 47 95, www.comune.viterbo.it
Piazza San Lorenzo★★ Z – Palazzo dei Papi★★ Z – Quartiere San Pellegrino★★ Z – Piazza del Plebiscito★ Y
Villa Lante★ a Bagnaia per ①: 5 km – Teatro romano★ di Ferento 9 km a Nord per viale Baracca Y – Lago di Vico★: 10 km sud

Pianta pagina seguente

Niccolò V-Terme dei Papi
strada Bagni 12, 3 km per via Faul – ☎ 07 61 35 05 55 – www.termedeipapi.it YZ
20 cam – †127/175 € ††180/290 € – 3 suites – ½ P 105/160 €
Rist – Carta 35/59 €
◆ All'interno delle terme, quasi una clinica fra trattamenti offerti e personale specializzato. Camere classiche, ma diverse per ampiezza, spazi comuni raffinati.

Viterbo senza rist
via San Camillo de Lellis 6, 1 km per ④ ✉ 01100 Viterbo – ☎ 07 61 27 01 00 – www.hotelviterbo.com
54 cam – †79/250 € ††89/250 €
◆ Ultimo nato in città, è pensato soprattutto per chi si muove per affari, alla quale garantisce ambienti dalle linee classiche e sobrie nei quali si incontrano tecnologie d'avanguardia.

Mini Palace Hotel cam,
via Santa Maria della Grotticella 2 – ☎ 07 61 30 97 42 – www.minipalacehotel.com
40 cam – †60/80 € ††75/114 € – ½ P 70 € Zn
Rist – *(chiuso sabato, domenica) (chiuso a mezzogiorno)* Menu 24 €
◆ Spaziosa e raffinata la hall, in un piacevole stile minimalista le camere al primo piano: recentemente rinnovato, è un albergo all'insegna del confort e dell'eleganza.

VITERBO

Circolazione regolamentata nel centro città

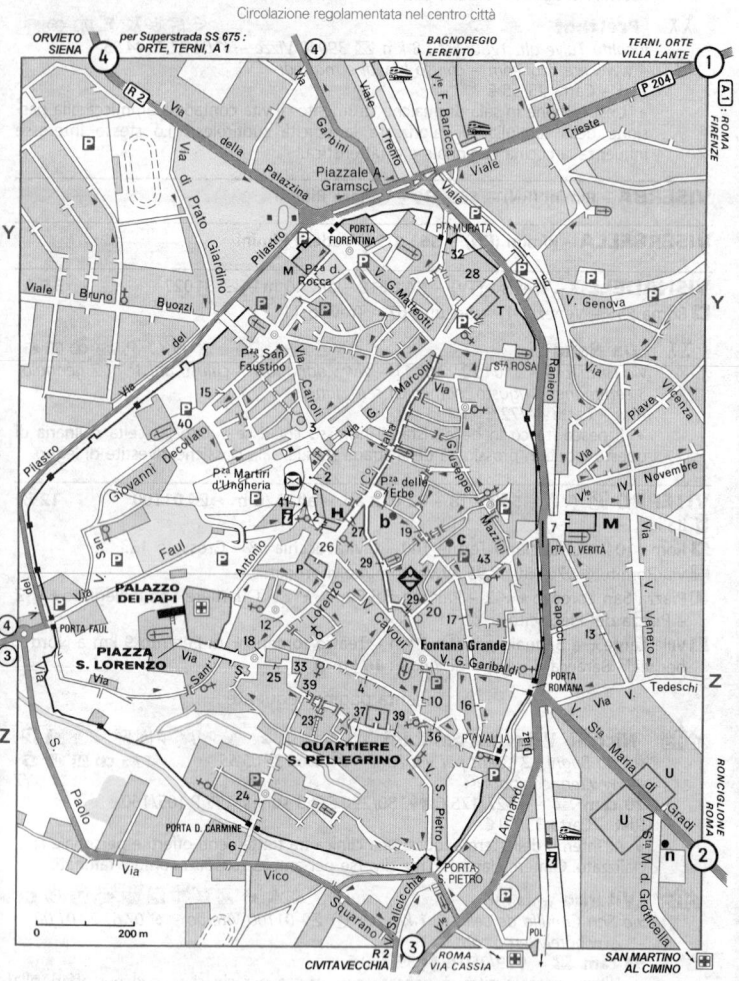

🏨 **Grand Hotel Terme Salus**
strada Tuscanese 26/28, 3 km per
via Faul – ☎ *07 61 35 81 – www.grandhoteltermesalus.com* YZ
100 cam – ♦100 € ♦♦140 €, ☲ 20 € – ½ P 120 €   **Rist** – Carta 31/42 €
◆ Nella città dei Papi, moderna e articolata risorsa dotata di un attrezzato centro
benessere con grotta naturale ed acque termali dell'antica sorgente San Valentino; strutture per congressi e camere spaziose, arredate in stile classico.

🍴🍴 **Enoteca La Torre** [AC] [VISA] [CB] [AE] $
✿ *via della Torre 5 – ☎ 07 61 22 64 67 – www.enotecalatorrevt.com – chiuso 1 settimana a gennaio, dal 1° al 20 agosto, domenica sera, martedì, mercoledì*
Rist – (consigliata la prenotazione) Menu 60 € – Carta 67/94 € 🍇 Y**c**
Spec. Creme brûlée di baccalà al cacao amaro. Ravioli di ricotta con fegatini di pollo, Porto e alloro. Piccione à la coque su salsa Périgueux e lenticchie.
♦ Nella città dei papi, cambio di chef ai fornelli di questo rinomato locale, la cui cucina continua a puntare sulle eccellenze gastronomiche della zona e sulle competenze del giovane cuoco.

🍴 **Osteria del Vecchio Orologio** [AC] [VISA] [CB] [AE] $
via Orologio Vecchio 25 – ☎ 3 35 33 77 54 – www.alvecchioorologio.it – chiuso dal 10 al 17 gennaio, dal 18 luglio al 2 agosto, domenica da giugno a settembre, lunedì negli altri mesi Y**b**
Rist – (consigliata la prenotazione) Carta 27/37 €
♦ All'insegna della convivialità, si mangia sotto gli archi in pietra di un palazzo del 1600. Niente pesce, pizze serali, antipasti dell'osteria e tanta carne cotta nel forno a legna.

VITICCIO – **Livorno (LI)** – **Vedere Elba (Isola d') : Portoferraio**

VITORCHIANO – **Viterbo (VT)** – **563** O18 – **4 702 ab.** – **alt. 285 m** **12** B1
– ✉ **01030**

▶ Roma 113 – Viterbo 11 – Orvieto 45 – Terni 55

🍴🍴 **Nando Al Pallone** con cam 🌳 [AC] 🚫🐕 📶 [P] [VISA] [CB] [AE] [D] $
via Sorianese 2/3, Sud : 3 km – ☎ 07 61 37 03 44 – www.nandoalpallone.com – chiuso dal 15 al 30 gennaio e dal 7 al 13 luglio
8 cam ☕ – 🚹77 € 🚹🚹110 € – 9 suites – 🚹🚹190/420 €
Rist – *(chiuso mercoledì)* Carta 29/67 € 🍇
♦ Se già la sterminata cantina con collezioni di vini di alto pregio, vi sembra entusiasmante, aspettate di gustare la cucina... Proposte di ampio respiro che abbracciano mare, terra, cacciagione. E per chi volesse prolungare la sosta, belle camere e ben due piscine!

VITTORIA **Sicilia** – **Ragusa (RG)** – **365** AW62 – **62 747 ab.** – **alt. 168 m** **40** C3
– ✉ **97019** 📕 Sicilia

▶ Agrigento 107 – Catania 96 – Ragusa 26 – Siracusa 104

a Scoglitti Sud-Ovest : 13 km – ✉ 97010

🏠 **Al Gabbiano** ← 🏖 🌳 🏋 [lift] ♿ cam, [AC] cam, 📶 🎤 [P] [VISA] [CB] [AE] [D]
via Messina 52 – ☎ 09 32 98 01 79 – www.hotelsulmare.it
27 cam ☕ – 🚹75/90 € 🚹🚹120/150 € **Rist** – *(chiuso lunedì)* Carta 30/50 €
♦ Direttamente sulla spiaggia (con un proprio stabilimento balneare), piccola struttura a gestione familiare con camere dalle sobrie linee moderne. Vista la posizione, al ristorante è il pesce a farla da padrone!

VITTORIO VENETO – **Treviso (TV)** – **562** E18 – **29 210 ab.** **36** C2
– **alt. 138 m** – ✉ **31029**

▶ Roma 581 – Belluno 37 – Cortina d'Ampezzo 92 – Milano 320

[i] viale della Vittoria 110, ☎ 0438 5 72 43, www.visittreviso.it

⛳[18] Cansiglio località Pian Cansiglio, 0438 585398, www.golfclubcansiglio.it – maggio-ottobre

👁 Affreschi★ nella chiesa di San Giovanni

🏠 **Terme** 🌳 [lift] [AC] 🚫🐕 📶 🎤 🚗 [VISA] [CB] [AE] $
😴 *via delle Terme 4 – ☎ 04 38 55 43 45 – www.hotelterme.tv*
39 cam ☕ – 🚹70/85 € 🚹🚹95/115 € – ½ P 80 €
Rist ***Terme*** – vedere selezione ristoranti
♦ Un tranquillo giardino sul retro e camere piacevolmente sobrie, recentemente rinnovate, in questo albergo del centro: ideale per una clientela commerciale. Accogliente sala ristorante con piatti di cucina locale e nazionale.

↑ **Agriturismo Alice-Relais nelle Vigne** senza rist ⑤ ⬍ 🚗 🏠
via Gaetano Giardino 94, località Carpesica ♿ 🅰️ ⚙️ 🅿️ 🚗 ☎️ 🅰️ ⓪ ⑤
– ☎️ *04 38 56 11 73 – www.alice-relais.com – chiuso dal 2 all'8 gennaio*
10 cam ⬓ – ♦90/120 € ♦♦100/145 €
◆ Nei pressi dell'uscita autostradale sud, ma immersa in un paesaggio da cartolina. Tra colline, vigneti e campanili, una risorsa dotata di ottime camere in legno.

✗ **Terme** – Hotel Terme 🚗 🏠 🅰️ ⚙️ 🚗 ☎️ 🅰️ ⑤
*via delle Terme 4 – ☎️ 04 38 55 43 45 – www.hotelterme.tv – chiuso domenica
sera, lunedì*
Rist – Carta 38/50 €
◆ Il nome e l'ingresso sono condivisi con l'hotel, ma il locale è rinomato in paese
per "meriti" propri: tavoli vestiti d'eleganza ed una carta assolutamente stagionale, spesso aggiornata per mantenere alta la curiosità degli ospiti.

VIVARO – Pordenone (PN) – **562** D20 – **1 371 ab.** – **alt. 138 m**   **10** B2
– ✉ 33099

▶ Roma 614 – Udine 44 – Pordenone 26 – Venezia 110

↑ **Agriturismo Lataria dei Magredi** ⑤ 🏠 🅰️ 🅿️ 🚗 ☎️ ⓪ ⑤
vicolo Centrico – ☎️ 04 27 97 03 7 – www.gelindo.it
8 cam ⬓ – ♦60/70 € ♦♦90/110 € – 2 suites – ½ P 80 €
Rist – *(chiuso martedì, mercoledì e giovedì) (chiuso a mezzogiorno)*
Carta 26/47 €
◆ In posizione centrale, questa bella struttura in pietra - ricavata dal restauro di un
antico caseificio - ospita camere signorili e confortevoli. Al ristorante: piatti d'impronta moderna, elaborati partendo da prodotti del territorio e dell'azienda stessa.

VIVERONE – Biella (BI) – **561** F6 – **1 423 ab.** – **alt. 287 m** – ✉ 13886   **23** C2

▶ Roma 661 – Torino 58 – Biella 23 – Ivrea 16

🏨 **Marina** ⑤ ⬍ 🚗 🔑 🏠 🍽️ 🅰️ ⚙️ rist, ⍢ 🔼 🅿️ 🚗 ☎️ 🅰️ ⓪ ⑤
*frazione Comuna 10 – ☎️ 01 61 98 75 77 – www.hotelmarinaviverone.it
– 19 febbraio-novembre*
60 cam ⬓ – ♦70/80 € ♦♦98/140 € – ½ P 90 €
Rist – *(chiuso venerdì escluso dal 15 maggio al 15 settembre)* Carta 32/55 €
◆ Circondata da un giardino in riva al lago, confortevole struttura di taglio
moderno, con piscina, spiaggia e pontile privati: ideale per un soggiorno di completo relax. Estrema modularità negli spazi del ristorante.

VIZZE = PFITSCH – Bolzano (BZ) – **562** B16 – Vedere Vipiteno

VIZZOLA TICINO – Varese (VA) – **561** F8 – **578 ab.** – **alt. 196 m**   **16** A2
– ✉ 21010

▶ Roma 619 – Stresa 42 – Como 55 – Milano 51

🏨 **Villa Malpensa** 🚗 🔼 ⬍ 🅰️ ⚙️ rist, ⍢ 🔼 🅿️ 🚗 🅰️ ⓪ ⑤
via Sacconago 1 – ☎️ 03 31 23 09 44 – www.hotelvillamalpensa.com
65 cam ⬓ – ♦95/160 € ♦♦140/230 € – 1 suite   **Rist** – Carta 37/80 € ❀
◆ Vicino all'aeroporto, dal 1991 una sontuosa residenza patrizia inizio '900 offre
una curata ospitalità nei suoi raffinati interni; meno affascinanti ma confortevoli
le camere. Signorile sala ristorante e salone con affreschi originali di inizio secolo.

VODO CADORE – Belluno (BL) – **562** C18 – **896 ab.** – **alt. 901 m**   **36** C1
– ✉ 32040

▶ Roma 654 – Cortina d'Ampezzo 17 – Belluno 49 – Milano 392

XXX **Al Capriolo** 🔲 🅿 ⓋⒾⓈⒶ ⓪ 🄰🄴 ⓢ
✿ *via Nazionale 108 – ✆ 04 35 48 92 07 – www.alcapriolo.it – chiuso dal 20 aprile
al 30 giugno, dal 3 novembre al 5 dicembre, mercoledì a mezzogiorno e
martedì da gennaio ad aprile*
Rist – Menu 25 € (pranzo in settimana)/65 € – Carta 40/73 €
Spec. Antica zuppa di cavolo rosso e fagioli di Lamon (inverno). Tartare di cervo
e rape rosse, sorbetto alla cipolla di Tropea. La manzetta nostrana in quattro
modi.
♦ Un'elegante casa dall'atmosfera mitteleuropea fra trofei di caccia, orologi ed
affreschi, gestita per più di un secolo dalla stessa famiglia. Creatività e piatti del
territorio in cucina.

VÖLS AM SCHLERN = Fiè allo Sciliar

VOLASTRA – La Spezia (SP) – **561** J11 – **Vedere Manarola**

VOLPAGO DEL MONTELLO – Treviso (TV) – **562** E18 – **9 916 ab.**   36 C2
– alt. 94 m – ✉ 31040
▶ Roma 552 – Padova 57 – Venezia 56 – Belluno 74

XX **Antico Liberal** 🍴 🔲 🎽 🅿 ⓋⒾⓈⒶ ⓪ 🄰🄴 ⓪ ⓢ
*via Porcu 2 – ✆ 04 23 62 01 35 – chiuso dal 26 dicembre al 6 gennaio,
2 settimane in giugno e lunedì*
Rist – (consigliata la prenotazione) Carta 28/50 €
♦ Marito e moglie si dividono abilmente tra sala e cucina in questo piccolo ristorante moderno, che propone due linee gastronomiche. La sera, ma anche il
pranzo dei week-end: una carta ben strutturata. A mezzogiorno: un menu semplice, a prezzi più contenuti.

VOLPEDO – Alessandria (AL) – **561** H8 – **1 250 ab.** – **alt. 182 m**   23 D2
– ✉ 15059
▶ Roma 603 – Torino 127 – Alessandria 33 – Genova 91

XX **Locanda Canevari** con cam 🍴 🔲 📶 🅿 ⓋⒾⓈⒶ ⓪ 🄰🄴 ⓢ
*via De Antoni 32 – ✆ 0 13 18 05 89 – www.locandacanevari.it – chiuso 20 giorni
in gennaio e 15 giorni in settembre*
7 cam ⬜ – †65 € ††80 €
Rist – (chiuso martedì, mercoledì a mezzogiorno) Carta 39/63 €
♦ Alle pendici dei colli Tortonesi, una bella villa notarile del '700 con ampia
veranda affacciata su un piccolo giardino e sala dai soffitti affrescati. Cucina di
tono moderno-creativo e, per chi fa attenzione alla linea, è possibile richiedere
porzioni dimezzate.

VOLTERRA – Pisa (PI) – **563** L14 – **11 136 ab.** – **alt. 531 m** – ✉ 56048   28 B2
▊ Toscana
▶ Roma 287 – Firenze 76 – Siena 50 – Livorno 73
🎗 piazza dei Priori 20, ✆ 0588 8 72 57, www.provolterra.it
◉ Paesaggio★★ - Piazza dei Priori★★ – Duomo di S. Maria Assunta e battistero★
– ≼★★ dal viale dei Ponti – Museo Etrusco Guarnacci★ – Porta all'Arco★

Pianta pagina seguente

🏨 **Park Hotel Le Fonti** ⧉ ≼ 🚗 🍴 ⤬ 🏊 🏋 🛗 ⬟ cam, 🔲 🎽 rist, 🧖 🅿
via di Fontecorrenti – ✆ 0 58 88 52 19 ⓋⒾⓈⒶ ⓪ 🄰🄴 ⓪ ⓢ
– www.parkhotellefonti.com – chiuso gennaio e febbraio   **g**
66 cam – †49/149 € ††59/199 €, ⬜ 10 € – ½ P 58/128 €
Rist – Carta 26/82 € ⅌
♦ Su una collina, poco distante dal centro storico, è una grande struttura in stile
toscano con salotti arredati con gusto ed ampie camere, sala meeting e lettura. La
cucina s'ispira alla tradizione e ai sapori toscani, da assaporare nelle sale o,
durante la bella stagione, su una grande terrazza.

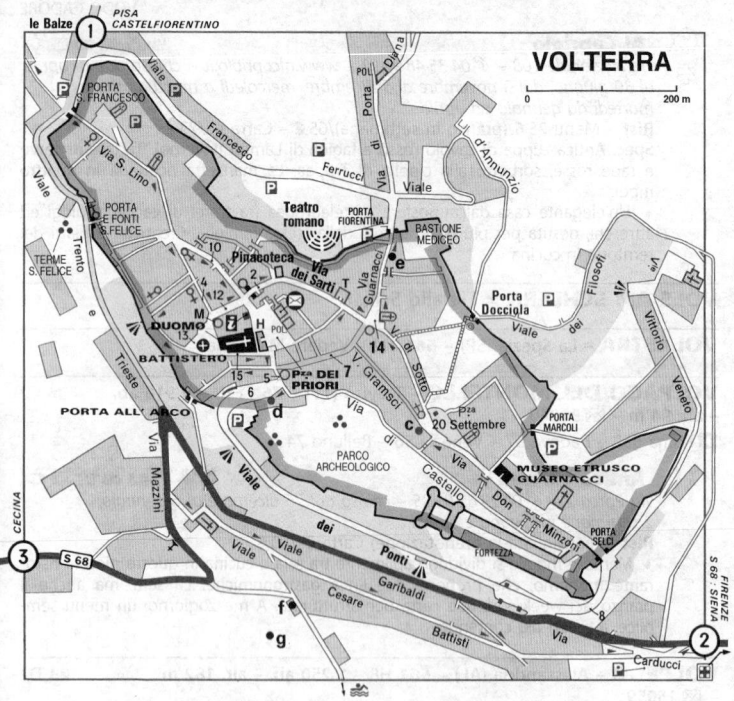

Circolazione regolamentata nel centro città

La Locanda senza rist
🛗 ♿ AC 🛜 VISA ●● AE ① ⓢ

via Guarnacci 24/28 – ℰ 0 58 88 15 47
– www.hotel-lalocanda.com

18 cam ⬚ – †74/100 € ††93/125 € – 1 suite
e

◆ A pochi passi da Piazza dei Priori, l'hotel è stato ricavato dal restauro di un monastero e vanta camere spaziose e raffinate e piccoli spazi comuni piacevolmente arredati.

Villa Rioddi senza rist ⌂
≼ 🛋 ⛴ ♿ AC ✂ 🛜 P VISA ●● AE ① ⓢ

località Rioddi, 2 km per ③ – ℰ 0 58 88 80 53 – www.hotelvillarioddi.it
– 11 marzo-2 novembre

13 cam ⬚ – †65/87 € ††75/97 €

◆ Una villa toscana medievale con pietre a vista offre raccolte e caratteristiche sale per il relax, camere confortevoli con arredi in legno e vista sulla val di Cecina.

Agriturismo Marcampo senza rist ⌂
≼ ⛴ AC ✂ P

località San Cipriano podere Marcampo, Nord: 5 km
VISA ●● AE ① ⓢ
– ℰ 0 58 88 53 93 – www.agriturismo-marcampo.com

3 cam ⬚ – ††80/118 € – 3 suites 125/160 €

◆ In posizione panoramica e tranquilla, un agriturismo nuovo di zecca con solo sei camere, di cui tre classiche e tre con angolo cottura, per offrire ai propri ospiti il meglio dell'ospitalità.

ХХ **Enoteca Del Duca** 🏠 &. 👷 🕅 VISA 🚓 AE ➊ 💲
via di Castello 2 angolo via Dei Marchesi – 𝒞 *0 58 88 15 10*
– www.enoteca-delduca-ristorante.it – chiuso dal 23 gennaio al 6 febbraio, dal
13 al 26 novembre e martedì **d**
Rist – Carta 29/49 € ⅛
♦ Vicino alla piazza principale e al Castello, il locale ospita una piccola enoteca
per la degustazione dei vini ed una sala più elegante dove gustare piatti toscani.

Х **Il Sacco Fiorentino** 🏠 🕅 VISA 🚓 AE ➊ 💲
piazza 20 Settembre 18 – 𝒞 *0 58 88 85 37 – chiuso gennaio, giugno, mercoledì in*
estate, anche domenica sera in inverno **c**
Rist – Carta 23/43 €
♦ In pieno centro, il ristorante è un piacevole e caratteristico locale con due sale che
offre proposte stagionali ed un menù degustazione. Dehors su una pedana in legno.

VOLTIDO – Cremona (CR) – **561** G13 – 434 ab. – alt. 35 m – ✉ 26034   **17** C3
▶ Roma 493 – Parma 42 – Brescia 57 – Cremona 30

a Recorfano Sud : 1 km – ✉ 26034 Voltido

Х **Antica Trattoria Gianna** 🏠 🕅 👷 ♻ 🅿 VISA 🚓 AE ➊ 💲
😊 *via Maggiore 12 –* 𝒞 *03 75 38 03 71 – www.anticatrattoriagianna.it*
Rist – *(chiuso lunedì sera, martedì)* Carta 25/35 €
♦ Salumi nostrani, risotti sempre diversi, i secondi tutti da scoprire: la storica trattoria offre una cucina semplice e genuina, al pari dell'accoglienza. Nelle belle giornate il servizio si sposta nel verde del giardino.

VOLTRI – Genova (GE) – **561** I8 – Vedere Genova

VOZE – Savona (SV) – Vedere Noli

VULCANO ISOLA Sicilia – Messina (ME) – **365** AY53 – Vedere Eolie (Isole)

WELSBERG = Monguelfo

WELSCHNOFEN = Nova Levante

WOLKENSTEIN IN GRÖDEN = Selva di Val Gardena

ZADINA PINETA – Forlì-Cesena (FC) – Vedere Cesenatico

ZAFFERANA ETNEA SICILIA – Catania (CT) – **365** AZ57 – 9 286 ab.   **40** D2
– alt. 574 m – ✉ 95019
▶ Catania 24 – Enna 104 – Messina 79 – Palermo 231

🏨 **Airone** ← 🚗 🔟 🕥 Ⅰ₅ 🛗 &. 🕅 👷 rist, 🕈 🕍 🅿 VISA 🚓 AE ➊ 💲
via Cassone 67, Ovest : 2 km – 𝒞 *09 57 08 18 19 – www.hotel-airone.it*
62 cam ⌂ – ♥88/128 € ♥♥126/166 € – ½ P 88/154 €   **Rist** – Carta 27/39 €
♦ E' stato recentemente ristrutturato questo raffinato hotel dal sapore rustico
situato nella parte alta e panoramica della località. Tutt'intorno, un parco di alberi
secolari. Il menu presenta un'ampia scelta di proposte della cucina tipica siciliana.

ZAMBRONE – Vibo Valentia (VV) – **564** K29 – 1 844 ab. – alt. 222 m   **5** A2
– ✉ 89868
▶ Roma 628 – Catanzaro 81 – Vibo Valentia 25 – Reggio di Calabria 129

🏨 **Scoglio del Leone** ← 🔥 🔟 Ⅰ₅ 🛗 🕅 cam, VISA 🚓 AE
😊 *via Marina di Zambrone –* 𝒞 *09 63 39 48 77 – www.scogliodelleone.it*
– 30 aprile-15 ottobre
70 cam – ♥49/203 € ♥♥70/260 € – ½ P 41/140 €   **Rist** – Menu 15/30 €
♦ Un'accogliente struttura in cui predomina il blu: un richiamo al mare che ben si
sposa con l'ambiente circostante. Ubicato a qualche centinaia di metri dalla spiaggia, un servizio navetta accompagna gli ospiti fino all'arenile; a parte una decina
di camere lato monte, tutte le altre godono di una bella vista sul Tirreno.

ZELARINO – Venezia (VE) – **562** F18 – Vedere Mestre

ZERO BRANCO – Treviso (TV) – **562** F18 – **10 763 ab.** – **alt. 18 m**   **36** C2
– ✉ 31059

▶ Roma 538 – Padova 35 – Venezia 29 – Milano 271

XXX   **Ca' Busatti**   🎍 🎍 ℅ 🕅 ⇔ 🅿 🆚 ⑳ 🆎 ⑤
*via Gallese 26, Nord-Ovest : 3 km – ℰ 04 22 97 62 9 – www.cabusatti.com
– chiuso 2 settimane in gennaio, domenica sera, lunedì*
Rist – Carta 34/72 €
♦ Un piccolo angolo di signorilità cinto dal verde: un'elegante casa di campagna
con una saletta interna e un dehors coperto, chiuso da vetrate. La cucina? Di terra
e di mare, fantasiosa ed innovativa.

ZOAGLI – Genova (GE) – **561** J9 – **2 574 ab.** – ✉ 16030   **15** C2

▶ Roma 448 – Genova 34 – La Spezia 72 – Massa 87

XX   **L'Arenella**   🗝 🎍 ⇔ 🆚 ⑳ ① ⑤
*lungomare dei Naviganti – ℰ 01 85 25 93 93 – www.ristorantearenella.it – chiuso
martedì*
Rist – (consigliata la prenotazione) Carta 45/75 €
♦ A pochi passi dal centro, nella splendida e caratteristica passeggiata, locale
curato e specialità di pesce. Lettini e sdraio a disposizione per la spiaggia.

ZOGNO – Bergamo (BG) – **561** E10 – **9 080 ab.** – **alt. 334 m** – ✉ 24019   **19** C1

▶ Roma 619 – Bergamo 18 – Brescia 70 – Como 64

ad Ambria Nord-Est : 2 km – ✉ 24019 Zogno

X   **Da Gianni** con cam   🎍 ℅ rist, ⁰⁰ 🅿 🆚 ⑳ 🆎 ⑤
⊕   *via Tiolo 37 – ℰ 0 34 59 10 93 – www.albergodagianni.com – chiuso dal 1° al
12 settembre*
🕙   **9 cam** ⌂ – †45 € ††60 € – ½ P 45 €   **Rist** – (chiuso lunedì) Carta 21/39 €
♦ Nel cuore della Val Brembana, a due passi dalle terme di San Pellegrino, un
ristorante che fa della cucina casereccia il suo fiore all'occhiello: funghi porcini,
selvaggina, formaggi vari prodotti da maestri casari della zona. E l'immancabile
polenta! Camere semplici e confortevoli per momenti di relax.

ZOLA PREDOSA – Bologna (BO) – **562** I15 – **18 097 ab.** – **alt. 74 m**   **9** C3
– ✉ 40069

▶ Roma 378 – Bologna 12 – Milano 209 – Modena 33
🎫 via Masini 11, ℰ 051 75 28 38, www.iatzola.it.

🏨🏨🏨   **Admiral Park Hotel**   🖼 🏢 ℅ 🕅 🎳 rist, ⁰⁰ 🛁 🅿 🆚 ⑳ 🆎 ① ⑤
via Fontanella 3, Sud: 4 km – ℰ 0 51 75 57 68 – www.admiralparkhotel.com
118 cam ⌂ – †50/290 € ††75/320 € – ½ P 70/180 €   **Rist** – Carta 45/50 €
♦ In posizione defilata - sulla sommità di una collinetta - nuova struttura a vocazione commerciale e congressuale. Camere di diversa tipologia, in stile minimalista e design.

🏨🏨   **Zolahotel** senza rist   🏢 🕅 ↯ 🎳 ⁰⁰ 🛁 🅿 🆚 ⑳ 🆎 ① ⑤
*via Risorgimento 186 – ℰ 0 51 75 11 01 – www.hotelzola.it – chiuso dal 24 al
27 dicembre e dal 5 al 22 agosto*
108 cam ⌂ – †72/215 € ††90/215 €
♦ Imponente edificio di non molte attrattive, che si rivela all'interno un albergo ben
organizzato, con spaziosa hall e camere funzionali; ideale per chi viaggia per affari.

X   **Masetti**   ℅ 🎳 🅿 🆚 ⑳ 🆎 ① ⑤
*via Gesso 70, località Gesso, Sud: 1 km – ℰ 0 51 75 51 31
– www.ristorantemasetti.it – chiuso dal 16 al 29 febbraio, dal 2 al 25 agosto
e giovedì; da giugno a settembre anche venerdì a mezzogiorno*
Rist – Carta 24/40 €
♦ Caseggiato nel verde sulle prime colline del bolognese: all'interno un'ampia e
sobria sala con grande brace per le carni alla griglia; cucina del territorio.

ZOLDO ALTO – Belluno (BL) – **562** C18 – **1 228 ab.** – alt. 1 177 m \quad **36** C1
– Sport invernali : 1 388/2 100 m ✝2 ✝23 (Comprensorio Dolomiti superski
Civetta) ⚡ – ⊠ **32010**

▶ Roma 646 – Cortina d'Ampezzo 48 – Belluno 40 – Milano 388

🛈 viale Dolomiti 4, ☎ 0437 78 91 45, www.infodolomiti.it

🏠 **Bosco Verde** ⮑ \qquad 🍴 ᴸᵌ ⚡ 🅿 ᵛᴵˢᴬ ⓒⓞ ᴬᴱ ⬆
 via bosco verde 5 localita' Pecol, alt. 1 375 – ☎ 04 37 78 91 51
 – www.hotelboscoverde.it – 20 novembre-10 aprile e 20giugno-15 settembre
20 cam ⌷ – ♦♦60/160 € – ½ P 60/90 €   **Rist** – Carta 20/34 €
 ♦ Immersa in una tranquilla zona verdeggiante, questa baita di montagna vanta
ambienti curati e spaziosi, arredati nel classico stile montano, ed una piccola ma
piacevole zona benessere. Cucina casalinga al ristorante.

ZORZINO – Bergamo (BG) – Vedere Riva di Solto

ZWISCHENWASSER = Longega

\hfill**1315**

san Marino

SAN MARINO – San Marino (SMR) – 4 294 ab. – alt. 675 m – ✉ 47890 **9** D2

▮ Italia Centro Nord

▶ Roma 392 – Bologna 134 – Rimini 26 – Venezia 286

[i] contrada del Collegio 40, ☎ 0549 88 29 14, www.visitsanmarino.com

👁 Posizione pittoresca★★★ sulle pendici del monte Titano - Rocche: ⋞★★★ sugli Appennini, Rimini e il mare fino alla costa dalmata

Grand Hotel San Marino
⋞ 🍷 🏋 ♨ ⛱ [A/C] 📶 🏃 🚗 VISA 🍴 AE $

viale Antonio Onofri 31 – ☎ 05 49 99 24 00 – www.grandhotel.sm – chiuso dal 23 al 28 dicembre Z**a**

62 cam ☕ – 🚹55/210 € 🚹🚹80/300 € – 3 suites – ½ P 65/175 €

Rist *L' Arengo* – Carta 31/56 €

◆ Il grande "classico" dell'hotellerie locale è ideale per un soggiorno dedicato al benessere e al relax. Particolare il "giardino del silenzio", una terrazza con vasca idromassaggio e piante aromatiche per una mezz'ora di meditazione. Omaggia un'antica istituzione il ristorante, cinto da vetrate che garantiscono la luce.

Cesare
⋞ ⛩ ♨ ♿ [A/C] 📶 VISA 🍴 AE $

salita alla Rocca 7 – ☎ 05 49 99 23 55 – www.hotelcesare.com Y**b**

18 cam ☕ – 🚹55/139 € 🚹🚹80/219 € – ½ P 115 €

Rist – *(chiuso lunedì da ottobre a marzo)* Carta 34/56 €

◆ Il fascino di un antico edificio coniugato con i vantaggi delle moderne tecnologie in un nuovo, raffinato albergo. Alcune camere hanno il privilegio di essere invase dalla luce naturale, grazie alle grandi finestre. Nuovo look di elegante design contemporaneo nel ristorante.

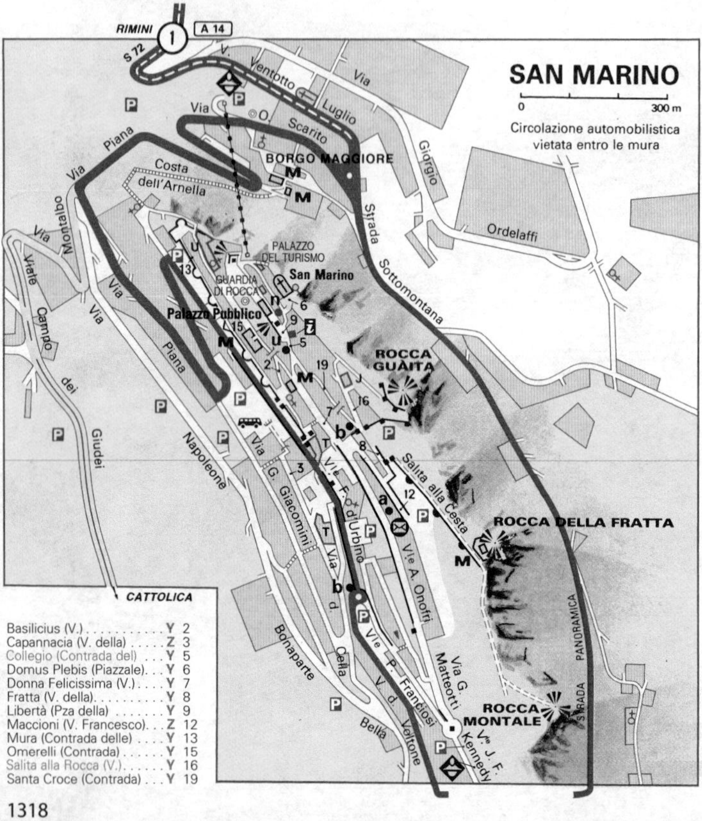

Basilicius (V.) . . . . Y 2
Capannacia (V. della) . . . . . Z 3
Collegio (Contrada del) . . . Y 5
Domus Plebis (Piazzale). . . Y 6
Donna Felicissima (V.) . . . . Y 7
Fratta (V. della). . . . . Y 8
Libertà (Pza della) . . . . Y 9
Maccioni (V. Francesco). . . Z 12
Mura (Contrada delle) . . . . . Y 13
Omerelli (Contrada) . . . . . . Y 15
Salita alla Rocca (V.). . . . . . Y 16
Santa Croce (Contrada) . . . Y 19

🏨 **Titano**   🛋 🎐 🏃 AC ⁽¹⁾ VISA ⚫ AE 👤

contrada del Collegio 31 – ℰ 05 49 99 10 07 – www.hoteltitano.com – chiuso dal
23 al 28 dicembre   Y**u**
48 cam ☕ – ♦55/140 € ♦♦80/200 € – ½ P 60/120 €
Rist *La Terrazza* – Carta 24/48 €
◆ Realizzato negli ambienti di una casa d'epoca, è un'istituzione locale questa
struttura di tradizione nel centro della Repubblica; ospitalità familiare e curata nei
signorili interni in stile. Bella vista di valli e Appennini dalla terrazza del ristorante.

🏠 **Joli San Marino** senza rist   🎐 AC ⁽¹⁾ VISA ⚫ AE ⓪ 👤

viale Federico d'Urbino 36/b – ℰ 05 49 99 10 09 – www.hoteljoli.sm
30 cam ☕ – ♦48/90 € ♦♦60/120 € – 2 suites – ½ P 50/80 €   Z**b**
◆ In comoda posizione stradale, appena fuori dalle mura che delimitano il centro
storico, la struttura propone camere recentemente rinnovate, alcune delle quali
con vista sulla catena degli Appennini.

🏠 **Villa Giardi** senza rist   🎐 ⁽¹⁾ P 🚗 VISA ⚫ AE ⓪ 👤

via Ferri 22, 1 km per via d. Voltone – ℰ 05 49 99 10 74 – www.wel.it/villagiardi
8 cam ☕ – ♦50/90 € ♦♦72/120 €   Z
◆ Poche camere accoglienti e graziose nella loro linearità in questa simpatica
casa dall'ambiente familiare, alle porte della località, vicino ad un parco naturale.

🍴🍴🍴 **Righi la Taverna**   AC VISA ⚫ 👤
🎖️

piazza della Libertà 10 – ℰ 05 49 99 11 96 – www.ristoranterighi.com – chiuso
dal 7 al 21 gennaio, domenica sera, lunedì   Y**n**
Rist – (consigliata la prenotazione) Menu 28 € (pranzo)/65 € – Carta 39/64 €
Spec. Insalata di seppia con taccole e coulis di pomodoro. Lasagnetta al ragù
antico con fonduta di pecorino. Zuppa di pesce con bruschette.
◆ Affacciato su una delle piazze più panoramiche d'Italia, piatti veloci al pian terreno, cucina raffinata nella sala al primo piano: un funambolico equilibrismo fra
tradizione e creatività.

La guida MICHELIN
Una collana da gustare!

Belgique & Luxembourg
Deutschland
España & Portugal
France
Great Britain & Ireland
Italia
Nederland
Portugal
Suisse-Schweiz-Svizzera
Main Cities of Europe

Ed anche:
Chicago
Hokkaido
Hong Kong Macau
Kyoto Osaka Kobe
London
New York City
Paris
San Francisco
Tokyo

Indice delle località

Index of towns

Località		Rif.
Cesenatico (FC)	🏠 🍴	9 **D2**
Codigoro (FE)	🏠 🍴	9 **D1**
Collecchio (PR)	🏠 🍴	8 **A3**
Colorno (PR)	🏠	8 **B1**
Comacchio (FE)	🏠 🍴	9 **D2**
Concordia sulla Secchia (MO)	🍴	8 **B1**
Correggio (RE)	🏠 🍴	8 **B2**
Dozza (BO)	🏠 🍴	9 **C2**
Fabbrico (RE)	🏠	8 **B2**
Faenza (RA)	🏠 🍴	9 **C2**
Felino (PR)	🍴	8 **A3**
Ferrara (FE)	🏠 🍴	9 **C1**
Finale Emilia (MO)	🏠 🍴	9 **C2**
Fiorano Modenese (MO)	🏠	8 **B2**
Fiorenzuola d'Arda (PC)	🏠 🍴	8 **A2**
Fiumalbo (MO)	🏠 🍴	8 **B2**
Fontanelle (PR)	🏠 🍴	8 **B1**
Forlì (FC)	🏠 🍴	9 **D2**
Formigine (MO)	🏠 🍴	8 **B2**
Fornovo di Taro (PR)	🍴	8 **B2**
Fusignano (RA)	🏠 🍴	9 **C2**
Gaibana (FE)	🍴	9 **C2**
Gaibanella (FE)	🏠	9 **C2**
Gatteo a Mare (FC)	🏠 🍴	9 **D2**
Gazzola (PC)		8 **A2**
Gorino Veneto (FE)	🍴	9 **D1**
Gropparello (PC)	🏠	8 **A2**
Imola (BO)	🏠 🍴	9 **C2**
Lama Mocogno (MO)	🍴	8 **B2**
Langhirano (PR)	🏠 🍴	8 **B2**
Lido di Savio (RA)	🏠 🍴	9 **D2**
Lizzano in Belvedere (BO)	🏠 🍴	8 **B2**
Loiano (BO)	🏠 🍴	9 **C2**
Longiano (FC)	🍴	9 **D2**
Lugo (RA)	🏠	9 **C2**
Malalbergo (BO)	🍴	9 **C2**
Maranello (MO)	🏠 🍴	8 **B2**
Meldola (FC)	🍴	9 **D2**
Milano Marittima (RA)	🏠 🍴	9 **D2**
Minerbio (BO)	🏠 🍴	9 **D3**
Miramare (RN)	🏠 🍴	9 **D2**
Misano Adriatico (RN)	🏠 🍴	9 **D2**
Modena (MO)	🏠 🍴	8 **B2**
Monghidoro (BO)	🏠 🍴	9 **C2**
Montalbano (RN)	🏠 🍴	9 **D2**
Montecchio Emilia (RE)	🏠 🍴	8 **A3**
Montefiore Conca (RN)	🏠 🍴	9 **D3**
Montefiorino (MO)	🏠 🍴	8 **B2**
Montegridolfo (RN)	🏠 🍴	9 **D3**
Montiano (FC)	🍴	9 **D2**
Monticelli d'Ongina (PC)	🍴	8 **A1**
Monzuno (BO)	🏠	9 **C2**
Mordano (BO)	🏠 🍴	9 **C2**
Neviano degli Arduini (PR)	🍴	8 **B2**
Nonantola (MO)	🍴	9 **C3**
Novafeltria (RN)	🏠 🍴	9 **D3**
Ostellato (FE)	🏠 🍴	9 **C2**
Ozzano dell'Emilia (BO)	🏠 🍴	9 **D3**
Parma (PR)	🏠 🍴	8 **A3**
Pavullo nel Frignano (MO)	🏠 🍴	8 **B2**
Pennabilli (RN)	🍴	9 **D3**
Piacenza (PC)	🏠 🍴	8 **A1**
Pianoro (BO)		9 **C2**
Pieve di Cento (BO)	🍴	9 **C3**
Pievepelago (MO)	🏠 🍴	8 **B2**
Pigazzano (PC)	🏠 🍴	8 **A2**
Polesine Parmense (PR)	🏠 🍴	8 **A1**
Ponte dell'Olio (PC)	🍴	8 **A2**
Porotto-Cassana (FE)	🏠	9 **C1**
Porretta Terme (BO)	🏠 🍴	9 **C2**
Portico di Romagna (FC)	🏠 🍴	9 **C2**
Portomaggiore (FE)		9 **C2**
Predappio (FC)	🍴	9 **D2**
Quartière (FE)	🏠 🍴	9 **C2**
Quattro Castella (RE)		8 **B3**
Rastignano (BO)	🍴	9 **C2**
Ravenna (RA)	🏠 🍴	9 **D2**
Reggio nell'Emilia (RE)	🏠 🍴	8 **B3**
Reggiolo (RE)	🏠 🍴	8 **B1**
Riccione (RN)	🏠 🍴	9 **D2**
Rimini (RN)	🏠 🍴	9 **D2**
Rivalta Trebbia (PC)	🏠 🍴	8 **A2**
Rivergaro (PC)	🍴	8 **A2**
Rocca San Casciano (FC)	🍴	9 **C2**
Rocca di Roffeno (BO)	🏠 🍴	9 **C2**
Roccabianca (PR)		8 **B1**
Rolo (RE)	🏠 🍴	8 **B1**
Roncofreddo (FC)	🏠	9 **D2**
Rottofreno (PC)	🍴	8 **A1**
Rubbianino (RE)	🏠 🍴	8 **B3**
Rubiera (RE)	🏠 🍴	8 **B2**
Russi (RA)	🏠 🍴	9 **D2**
Sala Baganza (PR)	🍴	8 **A3**
Sala Bolognese (BO)	🍴	9 **C3**
Salsomaggiore Terme (PR)	🏠 🍴	8 **A2**
Saludecio (RN)	🏠 🍴	9 **D3**
San Bartolomeo (RE)	🏠 🍴	8 **B3**
San Giovanni in Persiceto (BO)	🍴	9 **C3**
San Lazzaro di Savena (BO)	🏠 🍴	9 **C3**
San Leo (RN)	🏠 🍴	9 **D3**
San Piero in Bagno (FC)	🏠 🍴	9 **D3**
San Pietro in Casale (BO)	🍴	9 **C3**
San Pietro in Cerro (PC)	🏠	8 **A1**
San Prospero sulla Seccia (MO)	🏠 🍴	8 **B2**
San Secondo Parmense (PR)	🏠 🍴	8 **B2**
Sant' Agostino (FE)	🏠 🍴	9 **C2**

Friuli - Venezia Giulia

Sicilia

Trentino - Alto Adige

República di San Marino

Tipica facciata di una casa nel quartiere di Trastevere

Prefissi Telefonici Internazionali

Importante: per le comunicazioni internazionali, non bisogna comporre lo zero (0) iniziale del prefisso interurbano (escluse le chiamate per l'Italia)

da \ a	A	B	CH	CZ	D	DK	E	FIN	F	GB	GR
A Austria		0032	0041	00420	0049	0045	0034	00358	0033	0044	0030
B Belgio	0043		0041	00420	0049	0045	0034	00358	0033	0044	0030
CH Svizzera	0043	0032		00420	0049	0045	0034	00358	0033	0044	0030
CZ Rep. Ceca	0043	0032	0041		0049	0045	0034	00358	0033	0044	0030
D Germania	0043	0032	0041	00420		0045	0034	00358	0033	0044	0030
DK Danimarca	0043	0032	0041	00420	0049		0034	00358	0033	0044	0030
E Spagna	0043	0032	0041	00420	0049	0045		00358	0033	0044	0030
FIN Finlandia	0043	0032	0041	00420	0049	0045	0034		0033	0044	0030
F Francia	0043	0032	0041	00420	0049	0045	0034	00358		0044	0030
GB Gran Bretagna	0043	0032	0041	00420	0049	0045	0034	00358	0033		0030
GR Grecia	0043	0032	0041	00420	0049	0045	0034	00358	0033	0044	
H Ungheria	0043	0032	0041	00420	0049	0045	0034	00358	0033	0044	0030
I Italia	0043	0032	0041	00420	0049	0045	0034	00358	0033	0044	0030
IRL Irlanda	0043	0032	0041	00420	0049	0045	0034	00358	0033	0044	0030
J Giappone	00143	00132	00141	001420	00149	00145	00134	001358	00133	00144	00130
L Lussemburgo	0043	0032	0041	00420	0049	0045	0034	00358	0033	0044	0030
N Norvegia	0043	0032	0041	00420	0049	0045	0034	00358	0033	0044	0030
NL Olanda	0043	0032	0041	00420	0049	0045	0034	00358	0033	0044	0030
PL Polonia	0043	0032	0041	00420	0049	0045	0034	00358	0033	0044	0030
P Portogallo	0043	0032	0041	00420	0049	0045	0034	00358	0033	0044	0030
RUS Russia	81043	81032	810420	6420	81049	81045	*	810358	81033	81044	*
S Svezia	0043	00932	00941	009420	0049	00945	00934	009358	00933	00944	00930
USA	01143	01132	01141	001420	01149	01145	01134	01358	01133	01144	01130

Selezione automatica impossibile

International Dialling Codes

Note: When making an international call, do not dial the first (0) of the city codes (except for calls to Italy).

(H)	(I)	(IRL)	(J)	(L)	(N)	(NL)	(PL)	(P)	(RUS)	(S)	(USA)	
0036	0039	00353	0081	00352	0047	0031	0048	00351	007	0046	001	**A Austria**
0036	0039	00353	0081	00352	0047	0031	0048	00351	007	0046	001	**B Belgio**
0036	0039	00353	0081	00352	0047	0031	0048	00351	007	0046	001	**CH Svizzera**
0036	0039	00353	0081	00352	0047	0031	0048	00351	007	0046	001	**CZ Rep. Ceca**
0036	0039	00353	0081	00352	0047	0031	0048	00351	007	0046	001	**D Germania**
0036	0039	00353	0081	00352	0047	0031	0048	00351	007	0046	001	**DK Danimarca**
0036	0039	00353	0081	00352	0047	0031	0048	00351	007	0046	001	**E Spagna**
0036	0039	00353	0081	00352	0047	0031	0048	00351	007	0046	001	**FIN Finlandia**
0036	0039	00353	0081	00352	0047	0031	0048	00351	007	0046	001	**F Francia**
0036	0039	00353	0081	00352	0047	0031	0048	00351	007	0046	001	**GB Gran Bretagna**
0036	0039	00353	0081	00352	0047	0031	0048	00351	007	0046	001	**GR Grecia**
	0039	00353	0081	00352	0047	0031	0048	00351	007	0046	001	**H Ungheria**
0036		00353	0081	00352	0047	0031	0048	00351	*	0046	001	**I Italia**
0036	0039		0081	00352	0047	0031	0048	00351	007	0046	001	**IRL Irlanda**
00136	00139	001353		001352	00147	00131	00148	001351	*	01146	0011	**J Giappone**
0036	0039	00353	0081		0047	0031	0048	00351	007	0046	001	**L Lussemburgo**
0036	0039	00353	0081	00352		0031	0048	00351	007	0046	001	**N Norvegia**
0036	0039	00353	0081	00352	0047		0048	00351	007	0046	001	**NL Olanda**
0036	0039	00353	0081	00352	0047	0031		00351	007	0046	001	**PL Polonia**
0036	0039	00353	0081	00352	0047	0031	0048		007	0046	001	**P Portogallo**
81036	*	*	*	*	*	81031	81048	*		*	*	**RUS Russia**
00936	00939	009353	00981	009352	00947	00931	00948	00935	0097		0091	**S Svezia**
01136	01139	011353	01181	011352	01147	01131	01148	011351	*	011146		**USA**

Direct dialing not possible

Distanze

QUALCHE CHIARIMENTO

Nel testo di ciascuna località troverete la distanza dalle città limitrofe e da Roma. Le distanze fra le città della tabella accanto completano quelle indicate nel testo di ciascuna località.

La distanza da una località ad un'altra non è sempre ripetuta in senso inverso: guardate al testo dell'una o dell'altra. Utilizzate anche le distanze riportate a margine delle piante.

Le distanze sono calcolate a partire dal centro delle città e seguendo la strada più pratica, ossia quella che offre le migliori condizioni di viaggio ma che non è necessariamente la più breve.

Distances

COMMENTARY

The text on each town includes its distance from its immediate neighbours and from Rome. The kilometrage in the table completes that given under individual town headings for calculating total distances.

A town's distance from another is not necessarily repeated in the text under both town names, you may have to look, therefore, under one or the other to find it. Note also that some distances appear in the margins of the towns plans.

Distances are calculated from City-centre and along the best roads from a motoring point of view not necessarily the shortest.

336 km

Bergamo - Livorno

Distanze chilometriche

Tavola delle distanze chilometriche fra i principali centri italiani.

SICILIA

	Agrigento	Caltanissetta	Catania	Messina	Palermo	Siracusa
Caltanissetta	59					
Catania	165	111				
Messina	260	205	99			
Palermo	128	128	210	225		
Siracusa	214	159	66	163	258	
Trapani	176	237	319	334	113	367

SARDEGNA

	Cagliari	Nuoro	Olbia	Oristano
Nuoro	182			
Olbia	265	105		
Oristano	97	89	173	
Sassari	216	122	104	123

Tavola principale delle distanze

Distanze (km) da **Ancona** verso:

Bari	467
Bergamo	468
Bologna	227
Bolzano	508
Brescia	422
Brindisi	577
Catanzaro	834
Como	498
Cosenza	741
Ferrara	275
Firenze	288
Foggia	343
Genova	530
L'Aquila	190
La Spezia	442
Livorno	431
Milano	440
Modena	276
Napoli	395
Padova	341
Parma	326
Perugia	141
Pescara	174
Potenza	462
Ravenna	178
Reggio di Calabria	925
Roma	306
Salerno	436
S. Marino	137
Taranto	546
Torino	561
Trieste	518
Udine	486
Venezia	379
Verona	373

Distanze (km) da **Bari** verso:

Bergamo	909
Bologna	668
Bolzano	949
Brescia	863
Brindisi	114
Catanzaro	362
Como	938
Cosenza	270
Ferrara	716
Firenze	676
Foggia	134
Genova	918
L'Aquila	401
La Spezia	827
Livorno	744
Milano	881
Modena	717
Napoli	265
Padova	782
Parma	767
Perugia	314
Pescara	619
Potenza	131
Ravenna	619
Reggio di Calabria	454
Roma	432
Salerno	843
S. Marino	578
Taranto	96
Torino	1002
Trieste	964
Udine	927
Venezia	820
Verona	814

Le restanti colonne della tavola elencano, nello stesso ordine alfabetico, le distanze fra le città: Bergamo, Bologna, Bolzano, Brescia, Brindisi, Catanzaro, Como, Cosenza, Ferrara, Firenze, Foggia, Genova, L'Aquila, La Spezia, Livorno, Milano, Modena, Napoli, Padova, Parma, Perugia, Pescara, Potenza, Ravenna, Reggio di Calabria, Roma, Salerno, S. Marino, Taranto, Torino, Trieste, Udine, Venezia, Verona.

La località possiede come minimo

●	un albergo o un ristorante
✿	una delle migliori tavole dell'anno
☺	un ristorante « Bib Gourmand »
⌂	un albergo « Bib Hotel »
✗	un ristorante molto piacevole
⌂	un albergo molto piacevole
⌂	un agriturismo molto piacevole
⌂	un esercizio molto tranquillo

Place with at least

●	a hotel or a restaurant
✿	a starred establishment
☺	a restaurant « Bib Gourmand »
⌂	a hotel « Bib Hôtel »
✗	a particularly pleasant restaurant
⌂	a particularly pleasant hotel
⌂	a particularly pleasant agriturismo
⌂	a particularly quiet hotel

L'Italia in 40 carte

Indice delle località per regione
Carta regionale delle località citate

Maps

Index of towns by region
Regional Map of listed towns

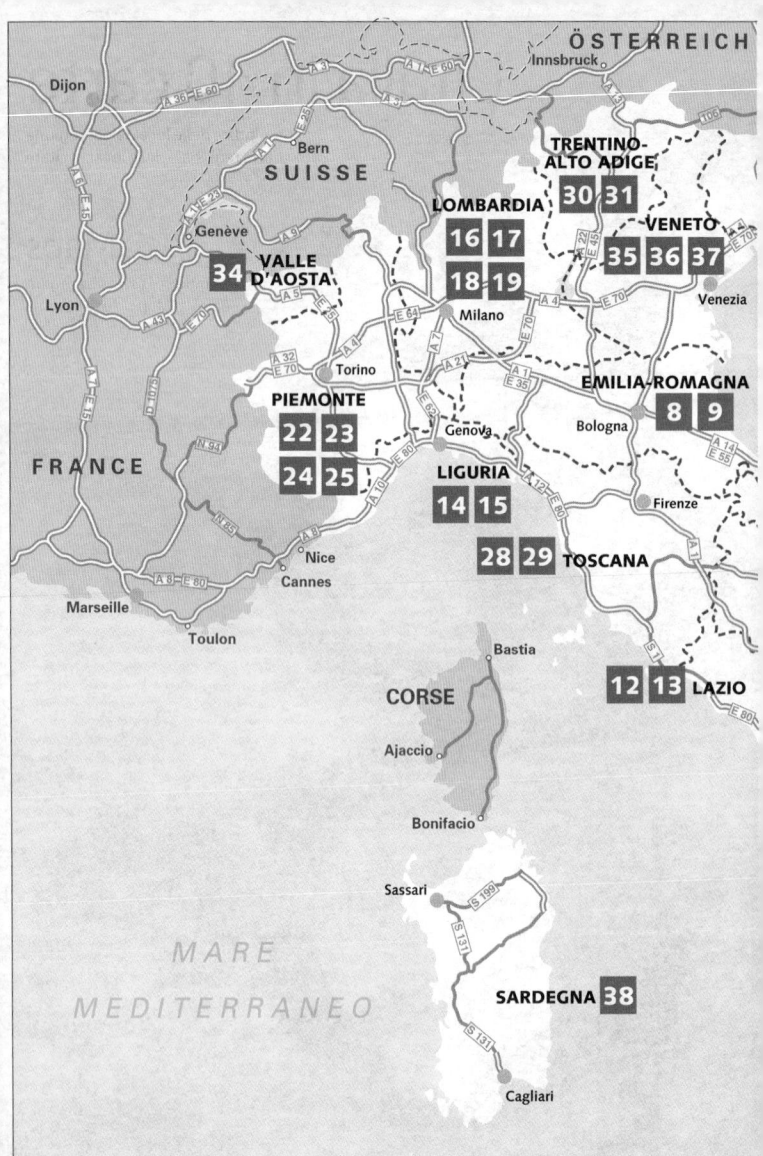

L'Italia in 40 carte

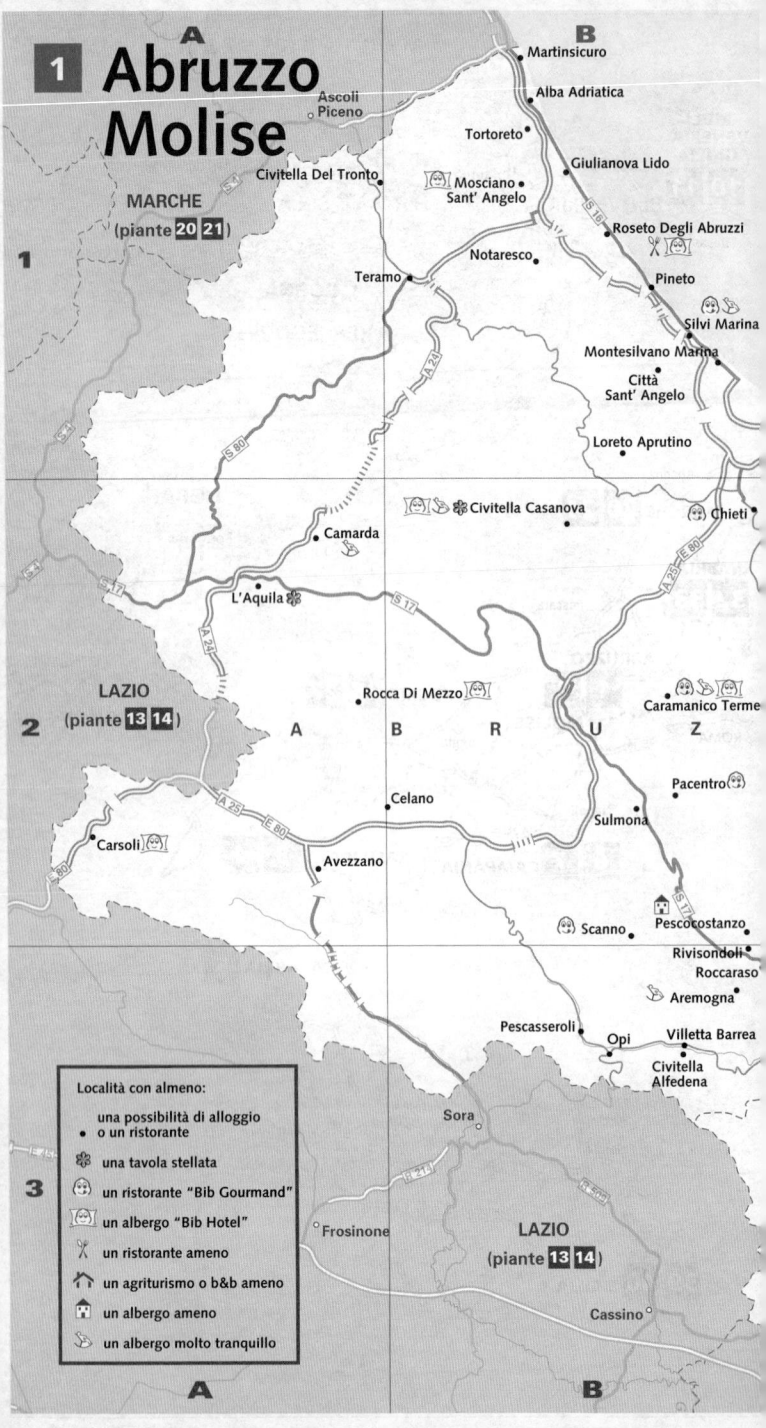

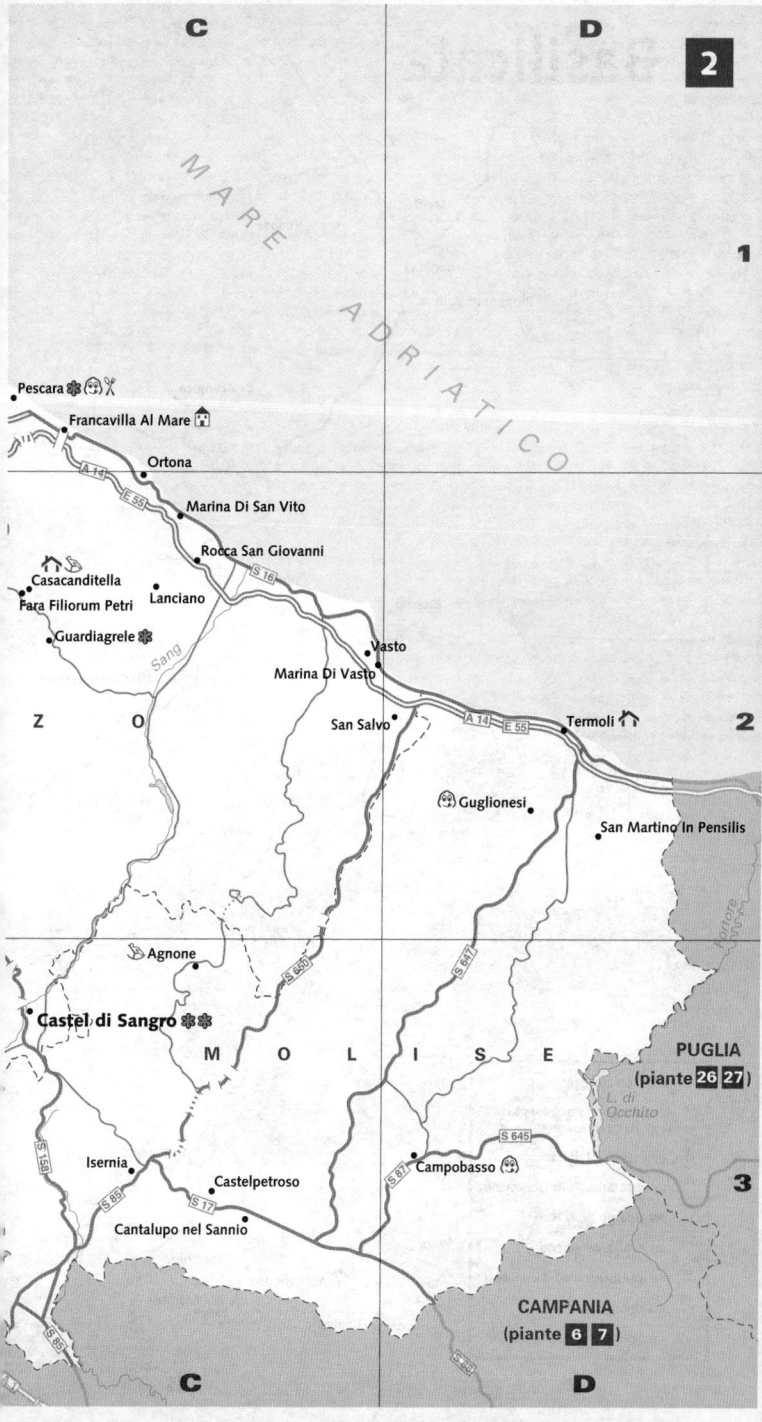

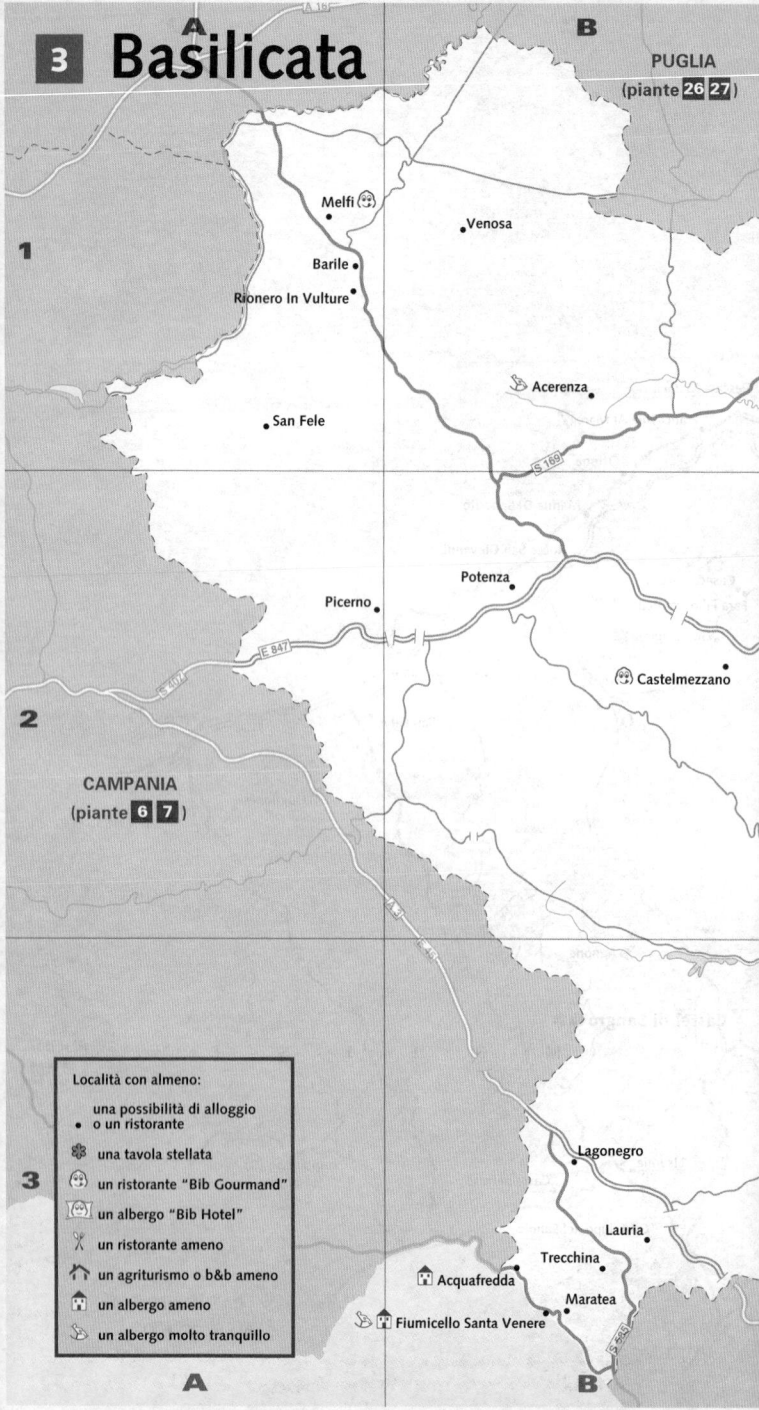

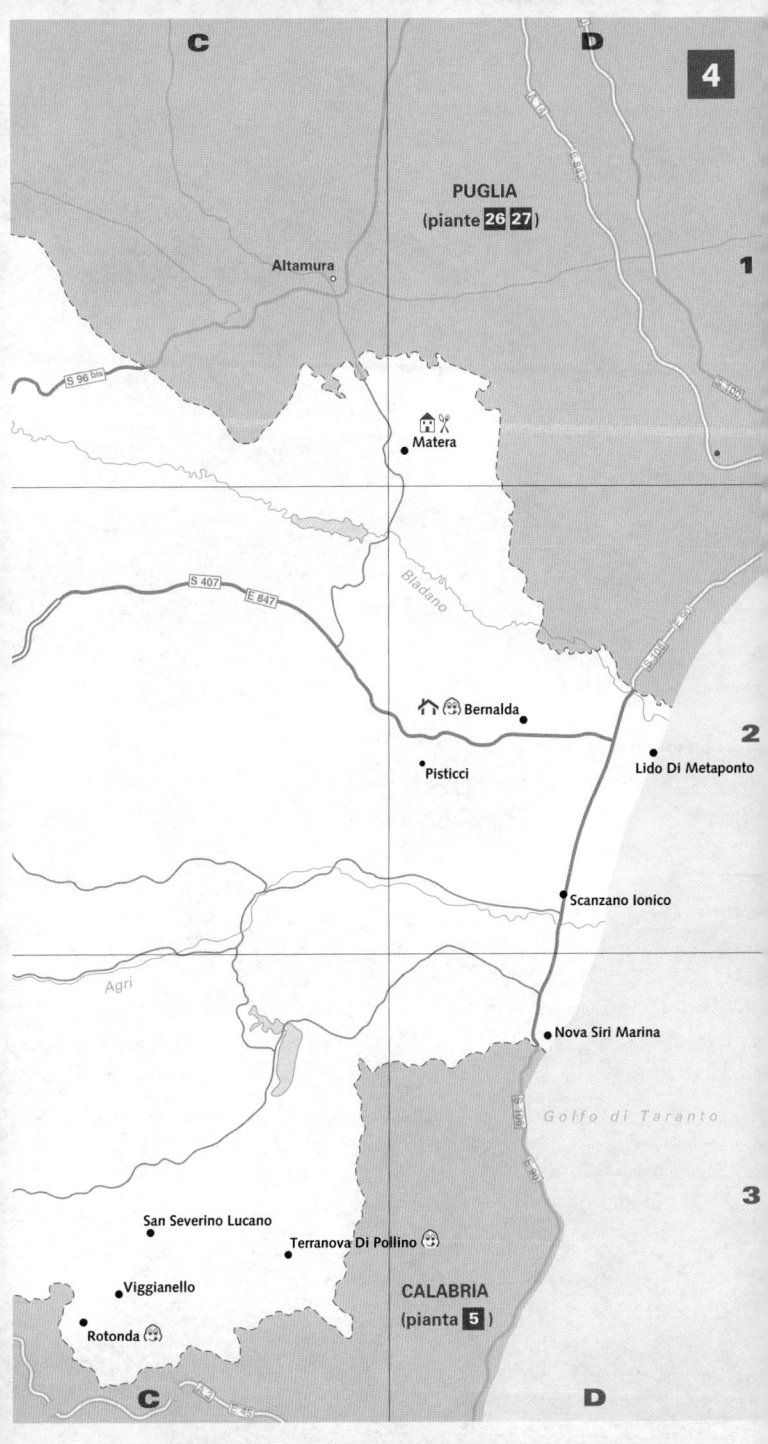

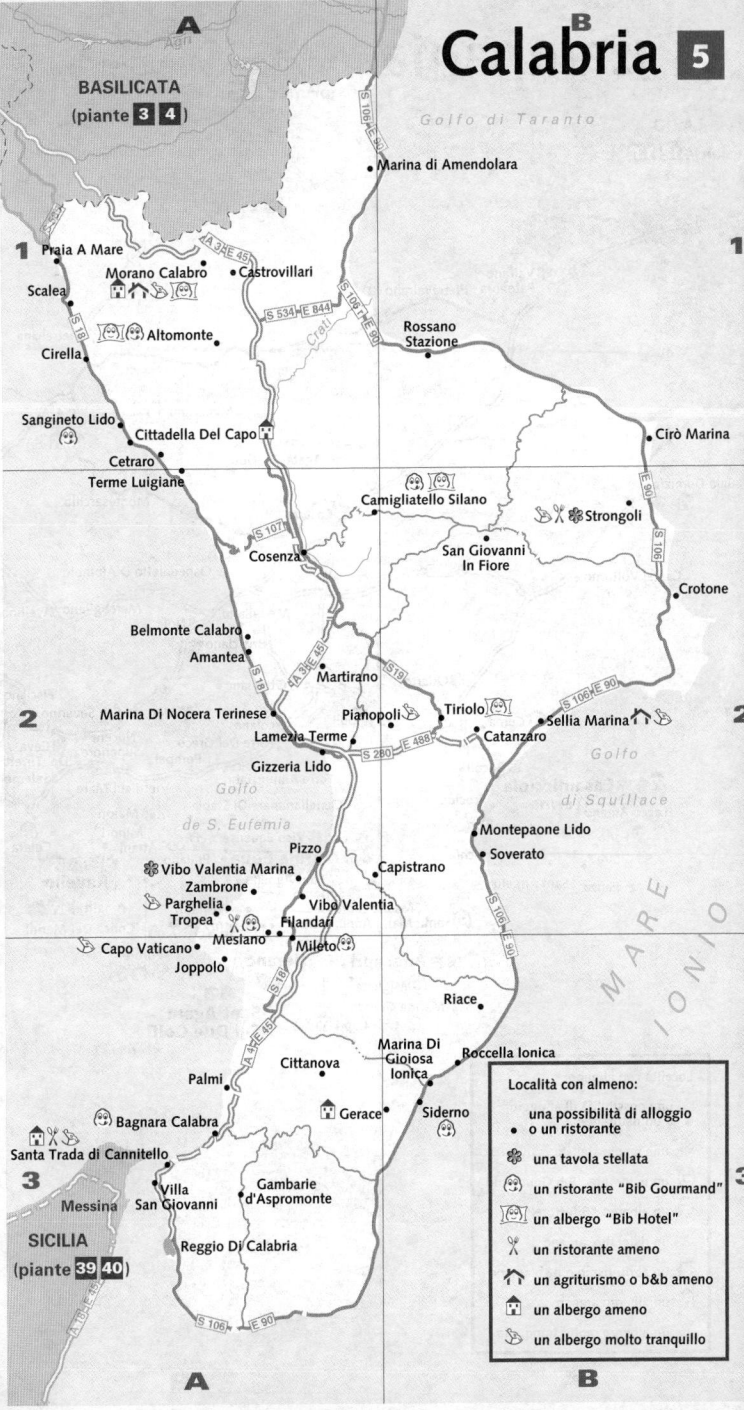

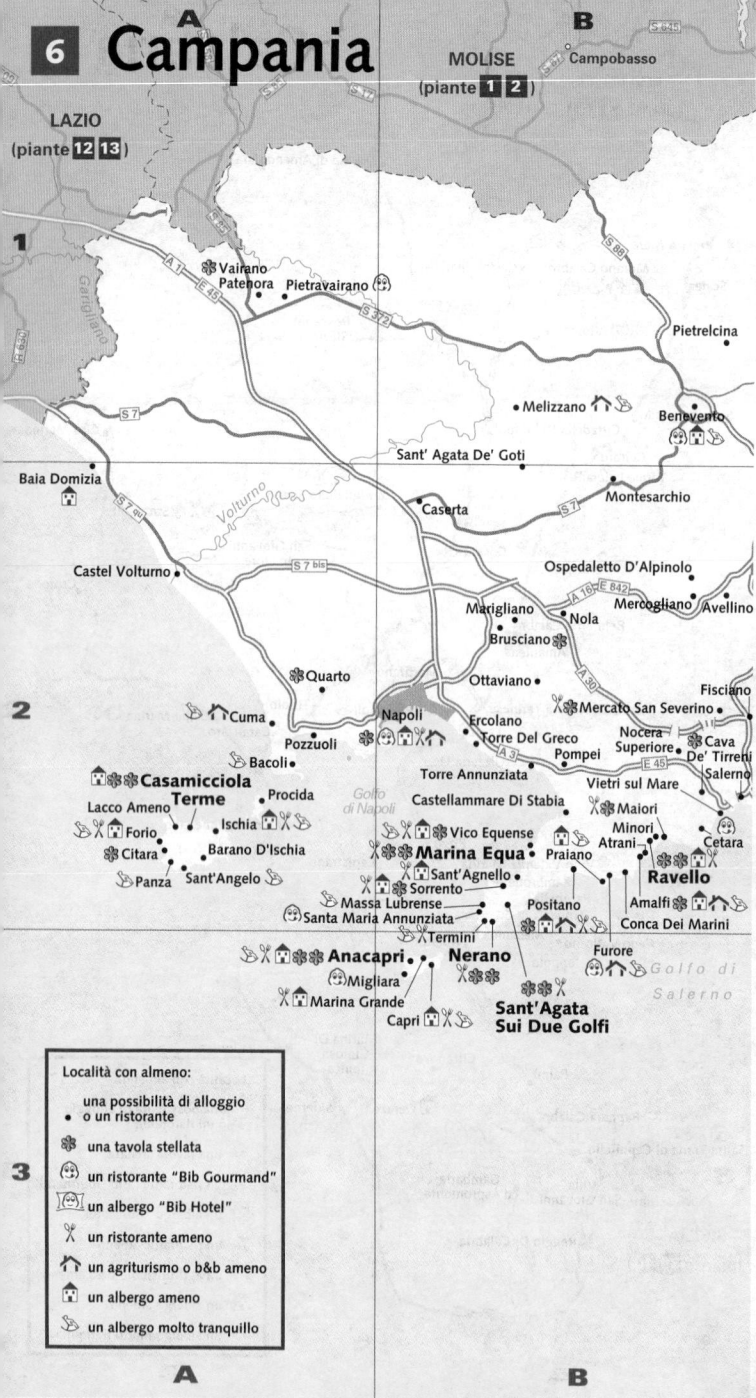

Campania

6

A   B

MOLISE
(piante **1** **2**)

Campobasso

LAZIO
(piante **12** **13**)

1

Vairano
Patenora   Pietravairano

Pietrelcina

Melizzano

Benevento

Sant' Agata De' Goti

Baia Domizia

Montesarchio

Caserta

Castel Volturno

Ospedaletto D'Alpinolo

Volturno

Marigliano   Mercogliano   Avellino
Nola

Brusciano

2

Quarto

Ottaviano

Cuma   Napoli   Mercato San Severino

Pozzuoli   Ercolano   Fisciano
      Torre Del Greco   Nocera
Bacoli   Pompei   Superiore   Cava
          Torre Annunziata   De' Tirreni
Casamicciola   Salerno
Terme   Procida   Vietri sul Mare
Lacco Ameno   Castellammare Di Stabia   Maiori
    Forio   Minori
   Ischia   Vico Equense   Atrani   Cetara
Citara   **Marina Equa**   Praiano
    Barano D'Ischia   Sant'Agnello   **Ravello**
Panza   Sant'Angelo   Sorrento   Positano   Amalfi
      Massa Lubrense   Conca Dei Marini
      Santa Maria Annunziata
       Termini
Anacapri   **Nerano**   Furore
Migliara
Marina Grande

Capri

**Sant'Agata
Sui Due Golfi**

Golfo
di Napoli

Golfo di
Salerno

3

Località con almeno:

una possibilità di alloggio
• o un ristorante

❀ una tavola stellata

☺ un ristorante "Bib Gourmand"

[Bib Hotel icon] un albergo "Bib Hotel"

✗ un ristorante ameno

⛰ un agriturismo o b&b ameno

🏠 un albergo ameno

⌂ un albergo molto tranquillo

A   B

Emilia-Romagna

A

B

BRESCIA

VERONA

MILANO

Lodi

LOMBARDIA
(piante 16 17 18 19)

Cremona

Mantova

1

Piacenza

Monticelli D'Ongina

Bersano

Polesine Parmense

San Secondo Parmense

Rottofreno

San Pietro in Cerro

Roccabianca

Colorno

Vedole

Concordia Sulla Secchia

Borgonovo Val Tidone

Rivalta Trebbia

Besenzone

Busseto

Torrile

Reggiolo

Fabbrico

Rolo

Gazzola

Cadeo

Soragna

PO

Brescello

San Prospero Sulla Secchia

Agazzano

Carpaneto Piacentino

Fiorenzuola D'Arda

P 343

Correggio

Carpi

Pigazzano

Rivergaro

Alseno

Parma

Campogalliano

Soliera

Ponte Dell'Olio

Castell'Arquato

Tabiano

Rubiera

MODENA

Gropparello

Cangelasio

Rubbianino

Scandiano

Casalgrande

Bettola

Salsomaggiore Terme

Fornovo Di Taro

Langhirano

Neviano Degli Arduini

Viano

Formigine

Bobbio

Varano De Melegari

Sassuolo

Fiorano Modenese

Maranello

2

Calestano

Tizzano Val Parma

Carpineti

Castelvetro Di Modena

Serramazzoni

Pavullo Nel Frignano

LIGURIA
(piante 14 15)

Borgo Val Di Taro

Berceto

Castelnovo Ne'Monti

Sechia

Montefiorino

Lama Mocogno

Rapallo

Albareto

Pievepelago

Sestola

Vidiciatico

Fiumalbo

Lizzano In Belvedere

LA SPEZIA

Massa

Pistoia

Viarolo

Vicomero

A

Castelnovo Di Sotto

Campegine

Bagnolo In Piano

Parma

Collecchio

Sant'Ilario D'Enza

3

Sala Baganza

Montecchio Emilia

TOSCANA
(piante 28 29)

Felino

San Bartolomeo

Reggio Nell'Emilia

Torrechiara

Rubbianino

Quattro Castella

Albinea

A

B

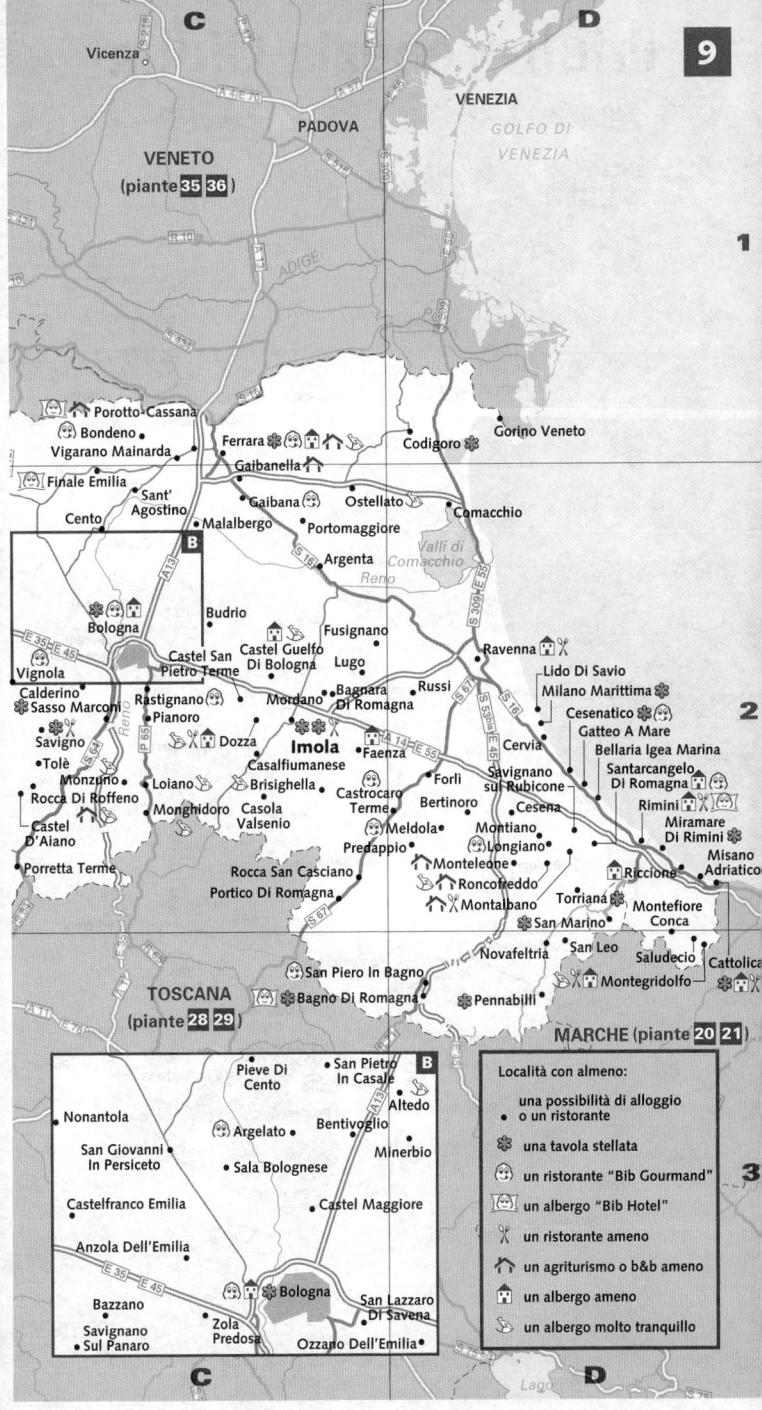

VENETO
(piante 35 36)

Sutrio

Arta Terme

Sauris

Forni Di Sopra

Cavazzo Carnico

Osoppo

Meduno

Colloredo
Di Monte Albano

Fanna

San Daniele
Del Friuli

Maniago

Fagagna

Spilimbergo

Vivaro

Flaibano

Budoia

San Quirino

Codroipo

Fontanafredda

Pordenone

San Vito
Al Tagliamento

Caneva

Porcia

Sacile

Fiume Veneto

Rivignano

Brugnera

Azzano Decimo

Prata Di Pordenone

Cecchini
Di Pasiano

Sesto Al Reghena

Pocenia

Rivarotta

Pasiano Di Pordenone

Latisana

VENETO
(piante 35 36)

Oderzo

Belluno

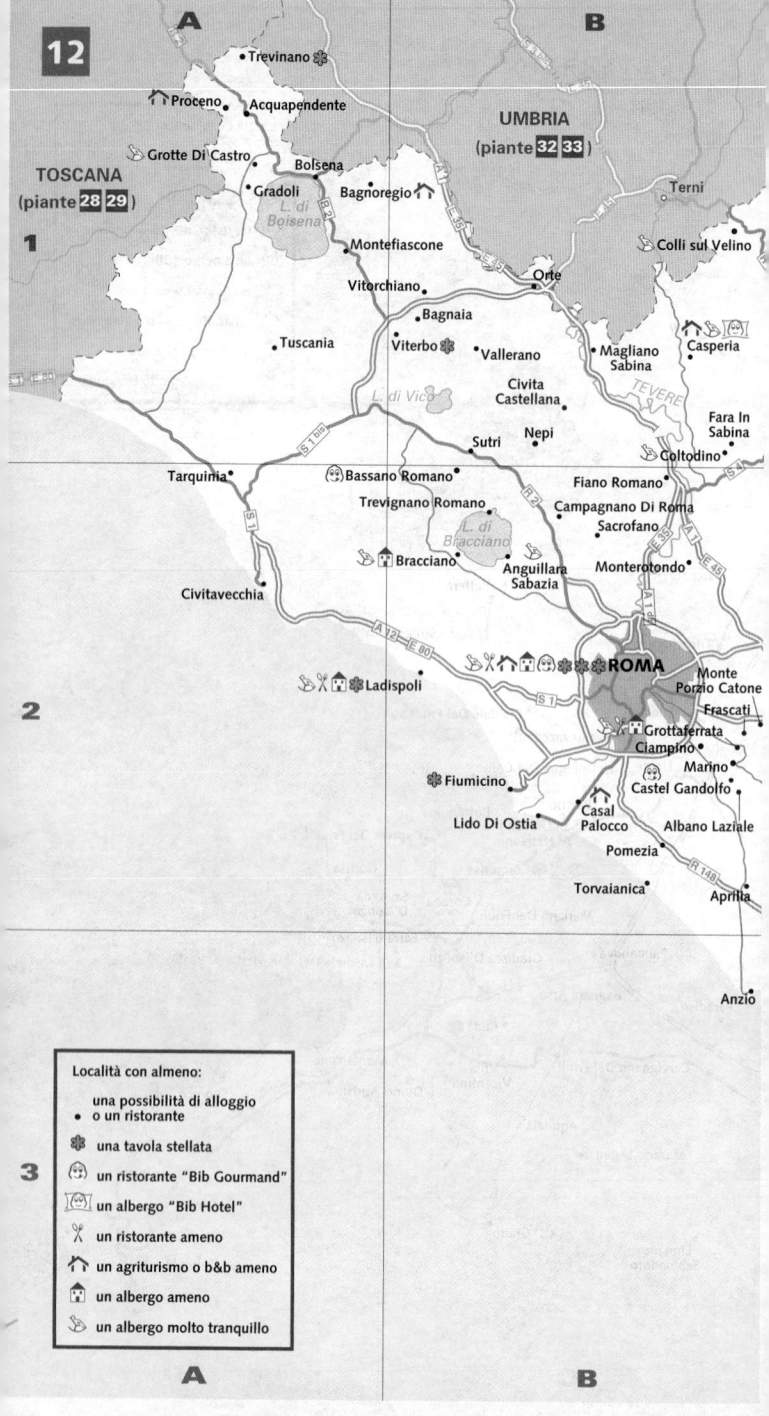

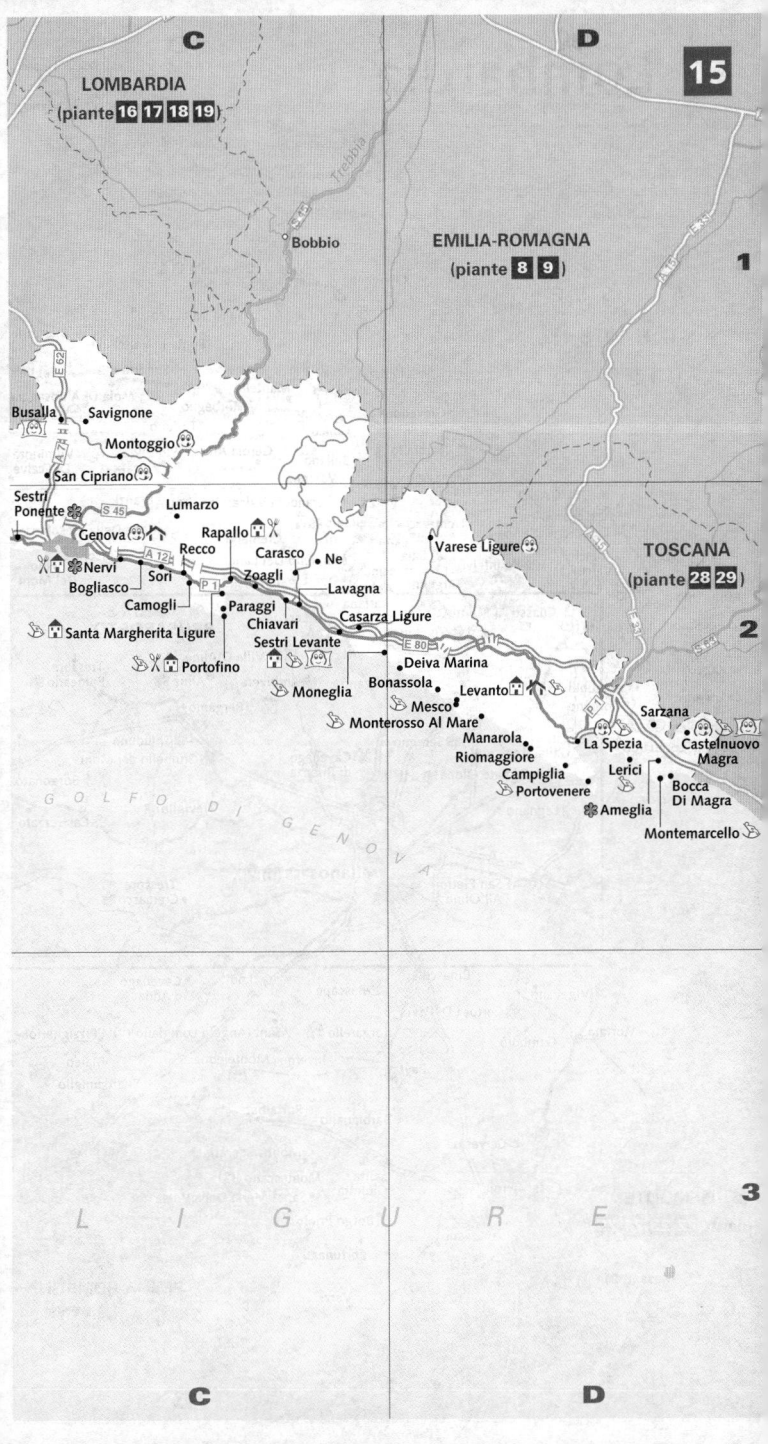

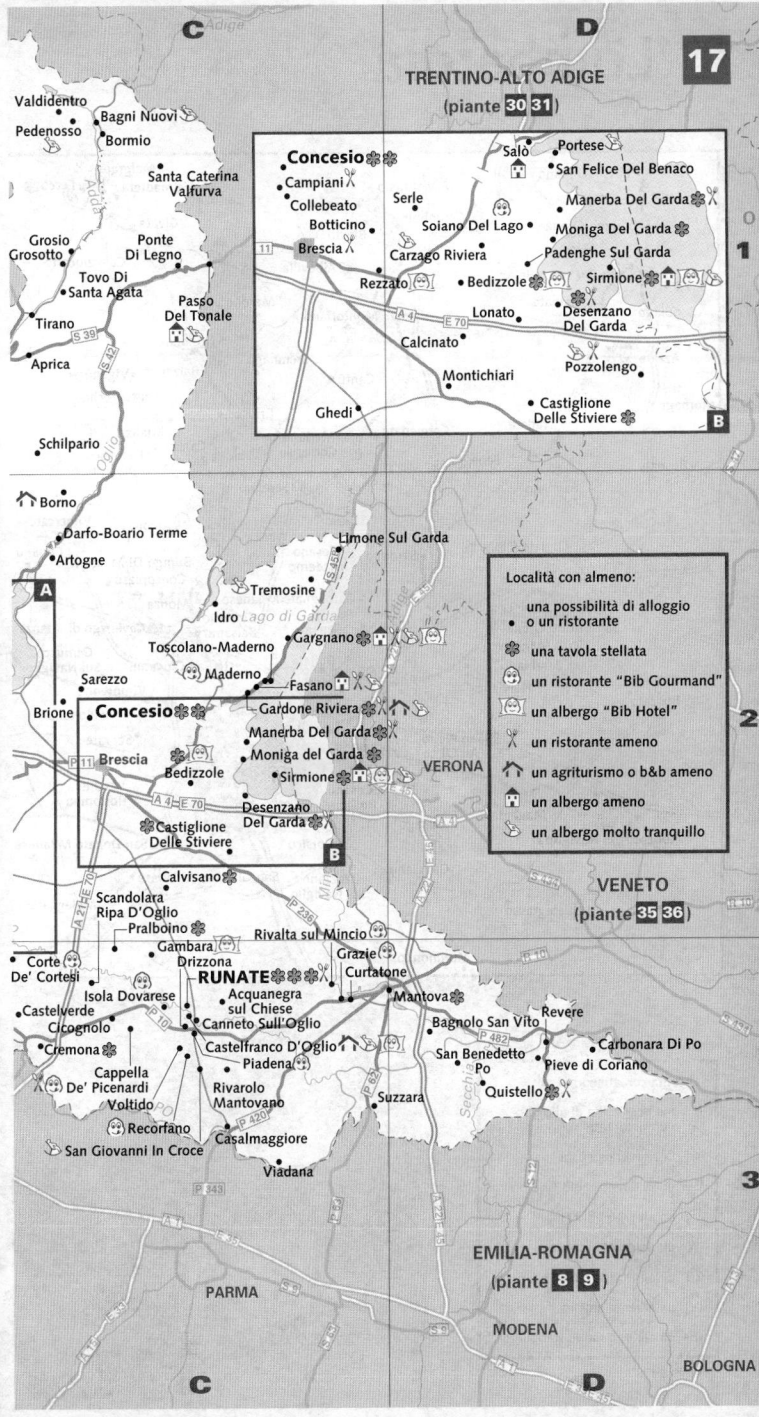

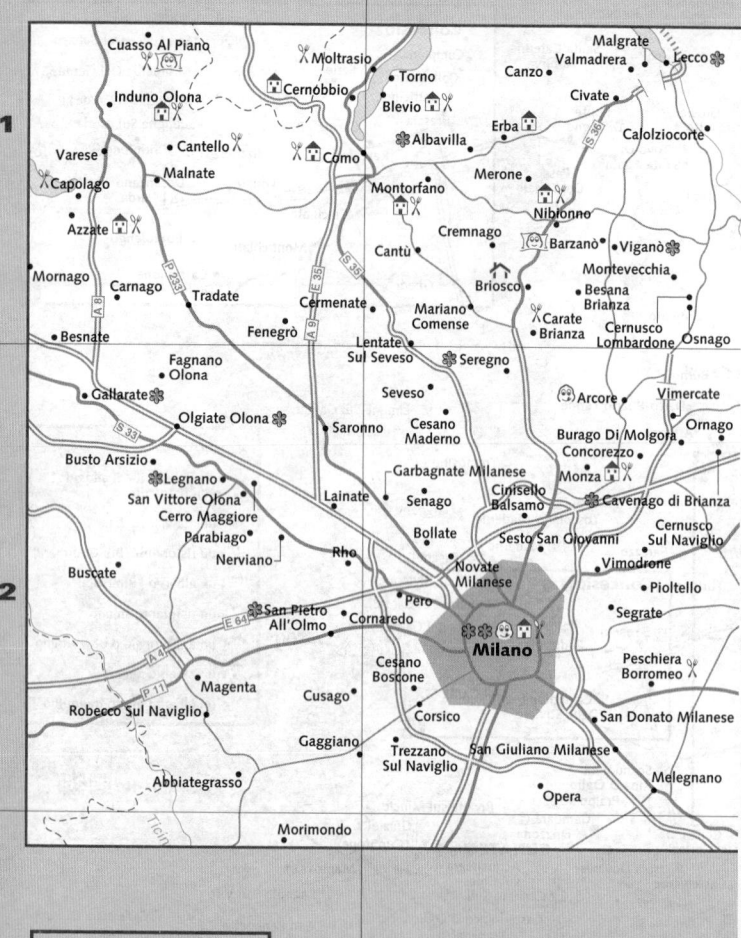

Località con almeno:

una possibilità di alloggio
• o un ristorante

🏵 una tavola stellata

😊 un ristorante "Bib Gourmand"

[🖼] un albergo "Bib Hotel"

✕ un ristorante ameno

🏠 un agriturismo o b&b ameno

🏨 un albergo ameno

🕊 un albergo molto tranquillo

A   B

A

Lovere

Rota D'Imagna
Sant'Omobono
Imagna
Ambria
Zogno
Selvino

Fiorano Al Serio
Ranzanico

Riva
Di Solto
Vello

Almenno
San Bartolomeo
Almenno
San Salvatore
Villa D'Almè
Palazzago
Cisano Bergamasco
Almè
Pontida
Ambivere
Villa D'Adda
Curno

Albino

Monasterolo
Del Castello

S 42

Sale Marasino
Sulzano

Sorisole
San Vigilio
Alzano Lombardo
Torre Boldone

Clusane Sul Lago

Valbrembo
Mozzo
Bergamo

Trescore Balneario
San Paolo D'Argon
Chiuduno

Sarnico

Monticelli
Brusati

Iseo

Capriolo

Corte
Franca

Borgonato
Ome

BRUSAPORTO

Adro

Paderno
Franciacorta

Madone

Stezzano
Cavernago

Grumello
Del Monte

Erbusco

Cazzago
San Martino

Bottanuco

Palazzolo
Sull'Oglio

Cologne

Coccaglio

Trezzo
Sull'Adda

Spirano
Cologno
Al Serio

Castrezzato

Treviglio

Cassano
D'Adda

Caravaggio

P 11

Melzo

Rivolta D'Adda

Oglio

Pandino

Trescore Cremasco

P 415

Dovera

Crema

Ripalta Cremasca

2

3

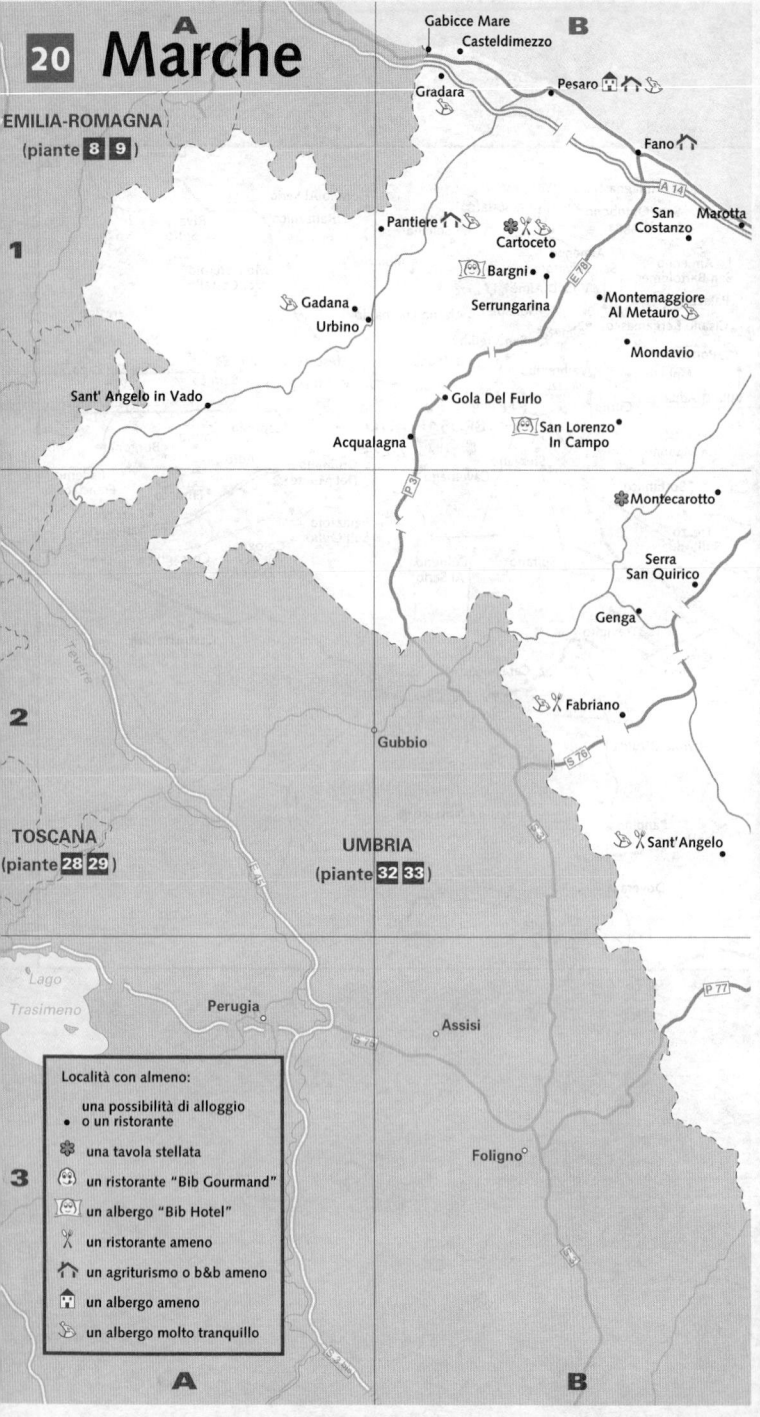

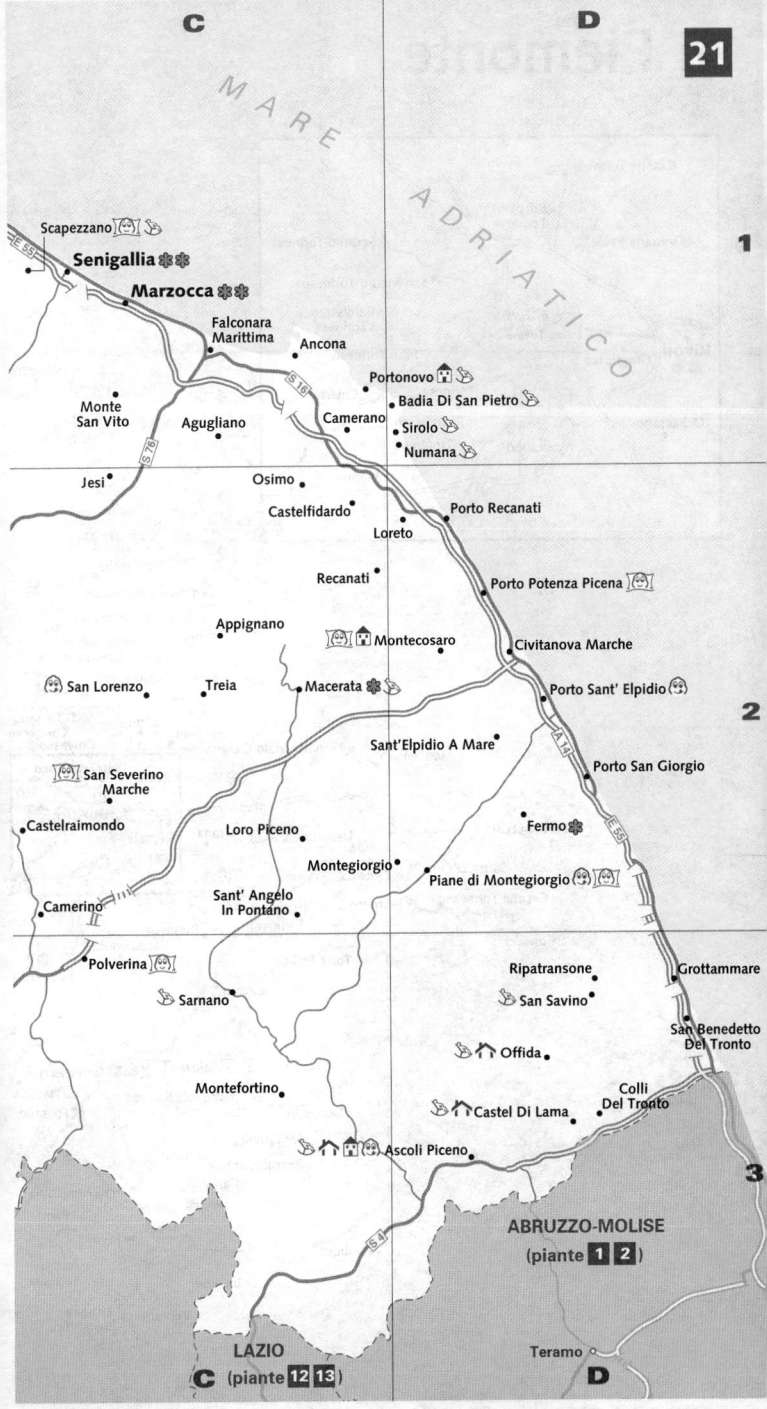

22 Piemonte

FRANCE

VALLE D'AOSTA (pianta 34)

A (inset map - Torino area)

Caselle Torinese
Borgaro Torinese
Venaria Reale
Settimo Torinese
San Mauro Torinese
Rivoli
Grugliasco
Torino
Baldissero Torinese
Pino Torinese
Orbassano
Pecetto Torinese
Chieri
Moncalieri
Revigliasco
Trofarello
Cambiano

Main map

Macugnaga
Alagna Valsesia

Quincinetto
Traversella
Pavone Canavese
Ivrea
Romano Canavese
Sparone
Mercenasco
Barone Canavese
Ceres
Rivarolo Canavese
Caluso
Lanzo Torinese
Candia Canavese
Cirié
Chivasso
Fiano
San Maurizio Canavese
Moncenisio
San Francesco Al Campo
Susa
Venaria Reale
Riparia
Trana
Torino
Rivoli
Bardonecchia
Usseaux
Poirino
Sauze D'Oulx
Le Clotes
Frossasco
Cesana Torinese
Sestriere
Roletto
Clavière
Pinerolo
Buriasco
Briançon
Carmagnola
Torre Pellice
Pollenzo
Cavour
Bra
Barge
Cherasco
Saluzzo
Cervere
Narzole
Costigliole Saluzzo
Sampeyre
Fossano
Sant'Anna
Dronero
GAP
Roccabruna
Caraglio
Mondovì
Cuneo
Pianfei
Boves
Rivoira
Sambuco
Frabosa Soprana
Entracque
Vernante
Limone Piemonte

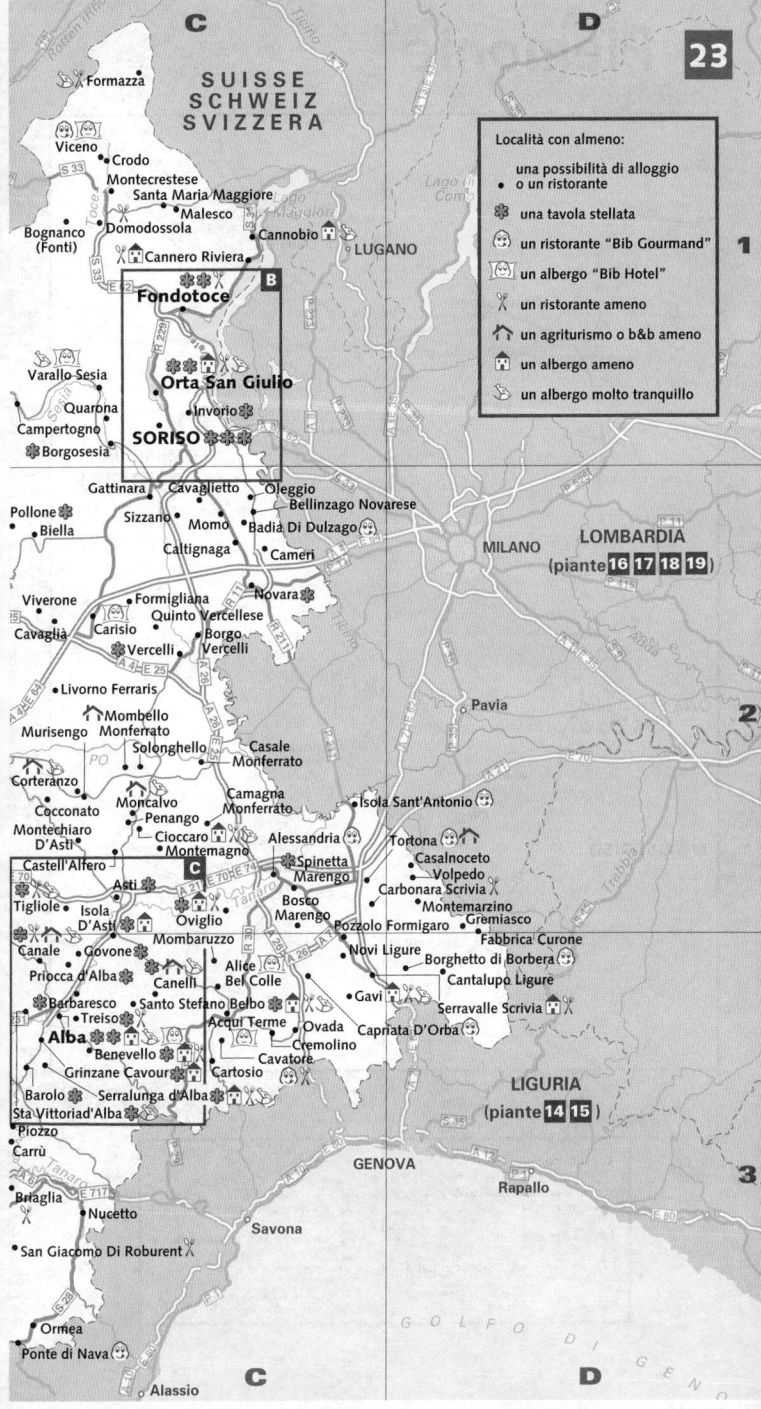

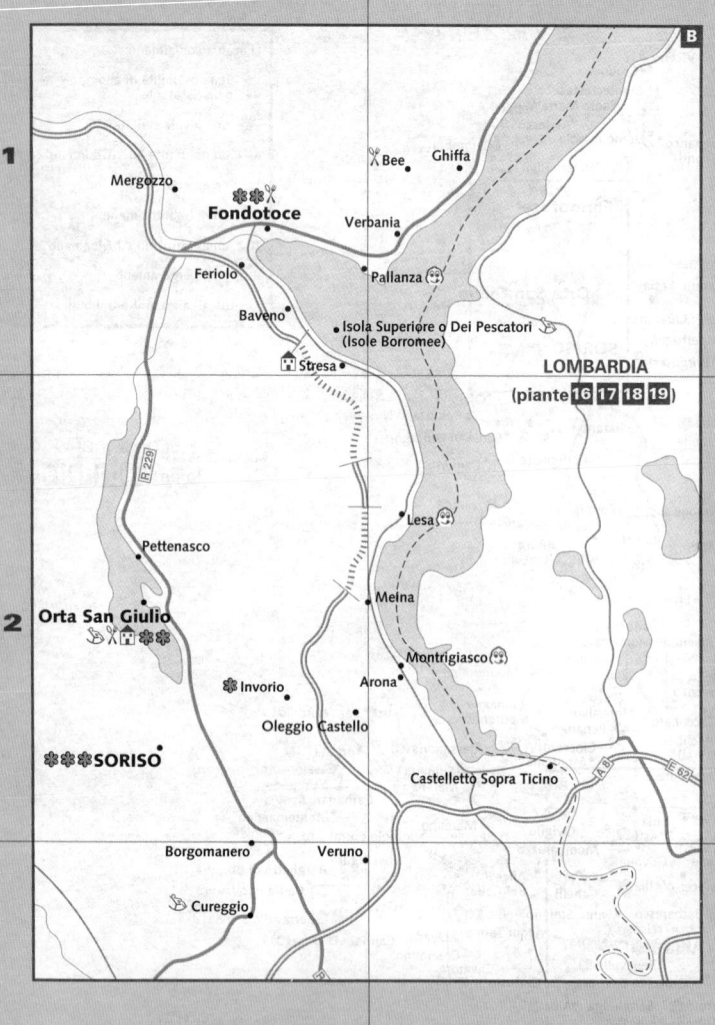

A **B**

B

Mergozzo

❀❀✗ **Fondotoce**

Feriolo

Baveno

🏠 Stresa

Bee

Ghiffa

Verbania

Pallanza 😊

• Isola Superiore o Dei Pescatori
  (Isole Borromee) 🐚

LOMBARDIA
(piante **16** **17** **18** **19**)

Pettenasco

Orta San Giulio
🐚✗🏠❀❀

❀❀❀**SORISO**

❀ Invorio

Oleggio Castello

Lesa 😊

Meina

Montrigiasco 😊

Arona

Castelletto Sopra Ticino

Borgomanero

Veruno

🐚 Cureggio

Località con almeno:

• una possibilità di alloggio
  o un ristorante

❀ una tavola stellata

😊 un ristorante "Bib Gourmand"

😊 un albergo "Bib Hotel"

✗ un ristorante ameno

🏠 un agriturismo o b&b ameno

🏠 un albergo ameno

🐚 un albergo molto tranquillo

A **B**

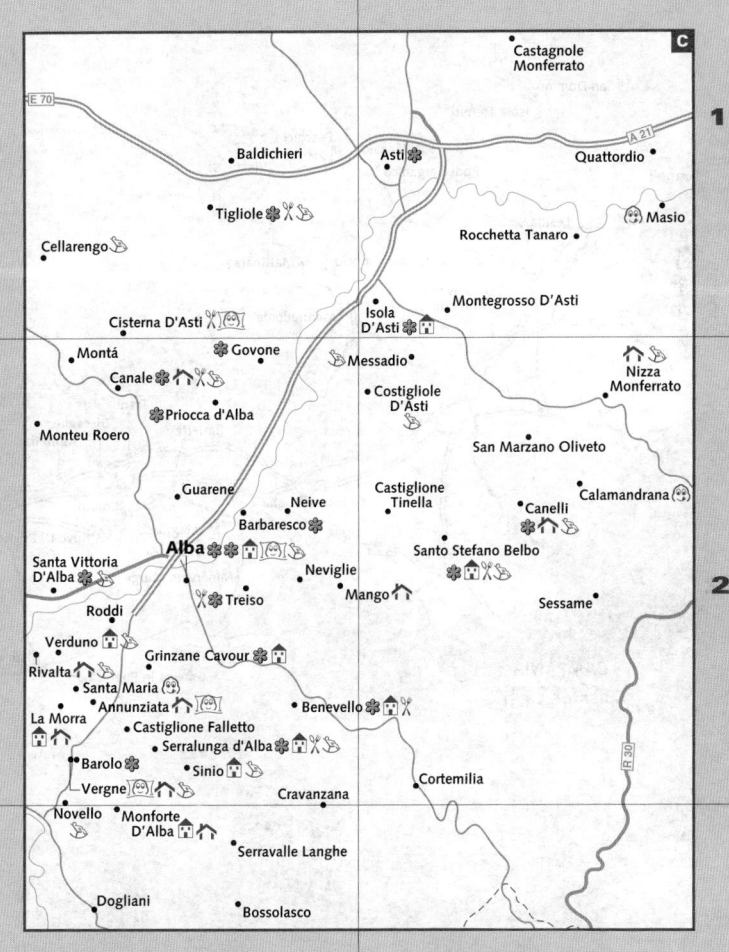

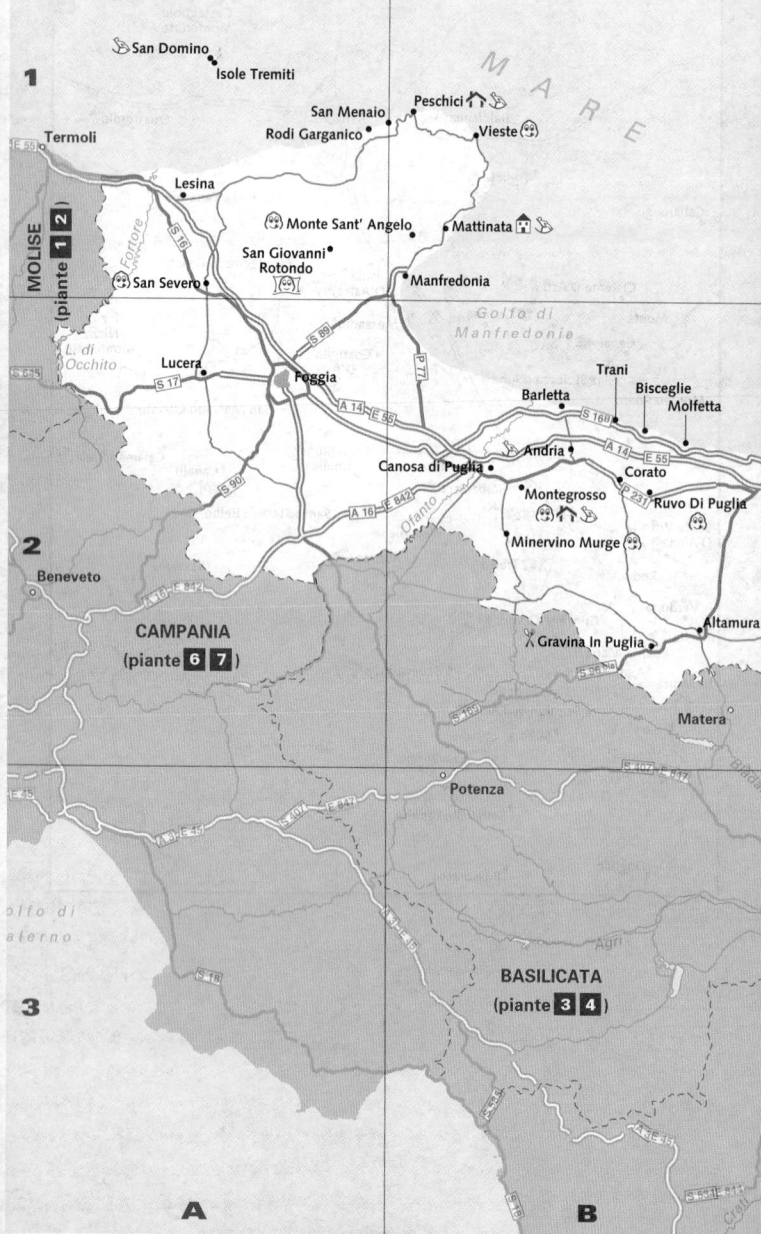

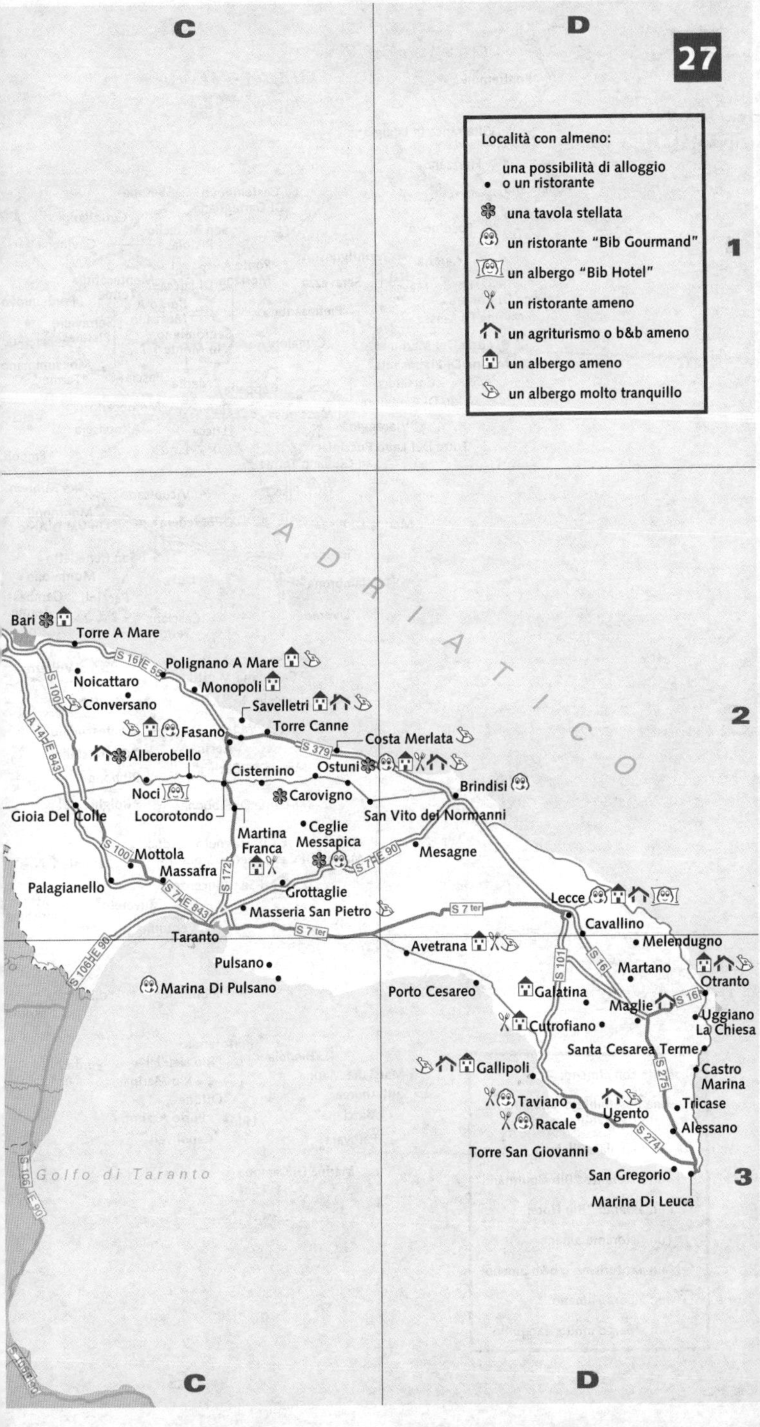

C **D**

1

A D R I A T I C O

2

Bari 🏵🏠
Torre A Mare
Polignano A Mare 🏠↟⌚
Noicattaro
Monopoli 🏠
Conversano
Savelletri ↟🏠⌚
😊🏠🏠 Fasano
Torre Canne
Costa Merlata ⌚
Alberobello
Cisternino
Ostuni 🏵😊🏠✗↟🏠
Noci 😊
Carovigno
Brindisi 😊
Gioia Del Colle
Locorotondo
San Vito dei Normanni
Martina
Franca
Ceglie
Messapica 🏵
Mesagne
Mottola
Massafra
Lecce 😊🏠🏠↟🏠📖
Palagianello
Grottaglie
Masseria San Pietro ⌚
Cavallino
Taranto
Melendugno
Avetrana 🏠✗⌚
Martano 🏠↟⌚
Pulsano
Porto Cesareo
Otranto
Marina Di Pulsano 😊
Galatina 🏠
Maglie
Uggiano
La Chiesa
Cutrofiano ✗🏠
Santa Cesarea Terme
↟🏠 Gallipoli ⌚
Castro
Marina
✗🏠 Taviano
Ugento ↟⌚
Tricase
✗😊 Racale
Alessano
Torre San Giovanni
Golfo di Taranto
San Gregorio
Marina Di Leuca

3

C **D**

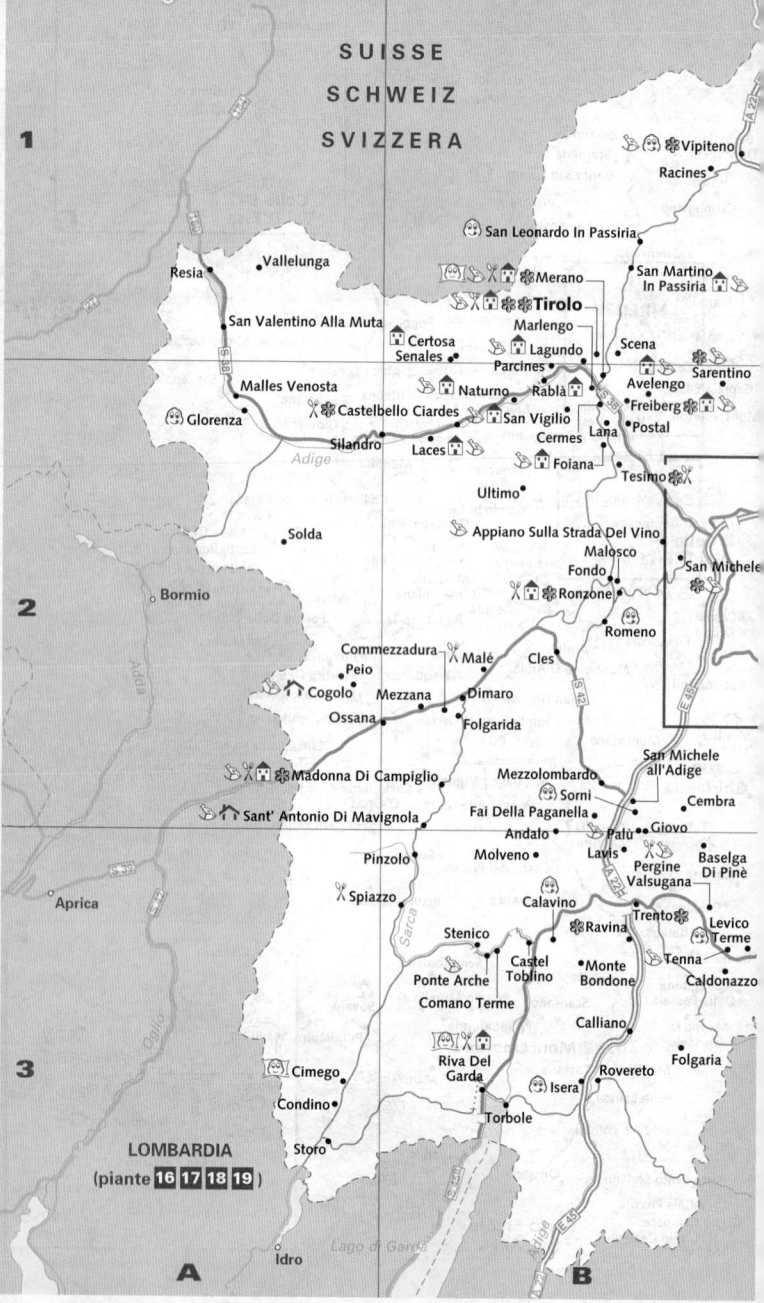

SUISSE
SCHWEIZ
SVIZZERA

Vipiteno
Racines

San Leonardo In Passiria

Resia
Vallelunga

San Martino
In Passiria

Merano
Tirolo
San Valentino Alla Muta
Marlengo
Certosa
Senales
Lagundo
Scena
Parcines
Sarentino
Malles Venosta
Naturno
Rabla
Avelengo
Glorenza
Castelbello Ciardes
San Vigilio
Freiberg
Silandro
Laces
Cermes
Postal
Lana
Foiana
Tesimo

Ultimo

Appiano Sulla Strada Del Vino
San Michele
Malosco
Fondo
Solda
Ronzone
Romeno

Bormio

Commezzadura
Malé
Cles
Peio
Cogolo
Mezzana
Dimaro
Ossana
Folgarida

Madonna Di Campiglio
Mezzolombardo
San Michele
all'Adige
Sorni
Cembra
Sant' Antonio Di Mavignola
Fai Della Paganella
Palù
Giovo
Andalo
Lavis
Aprica
Pinzolo
Molveno
Pergine
Valsugana
Baselga
Di Pinè
Spiazzo
Calavino
Trento
Levico
Terme
Stenico
Ravina
Tenna
Ponte Arche
Castel
Toblino
Monte
Bondone
Caldonazzo
Comano Terme
Calliano
Cimego
Riva Del
Garda
Folgaria
Condino
Isera
Rovereto

LOMBARDIA
(piante **16 17 18 19**)
Storo
Torbole

Idro
Lago di Garda

A   B

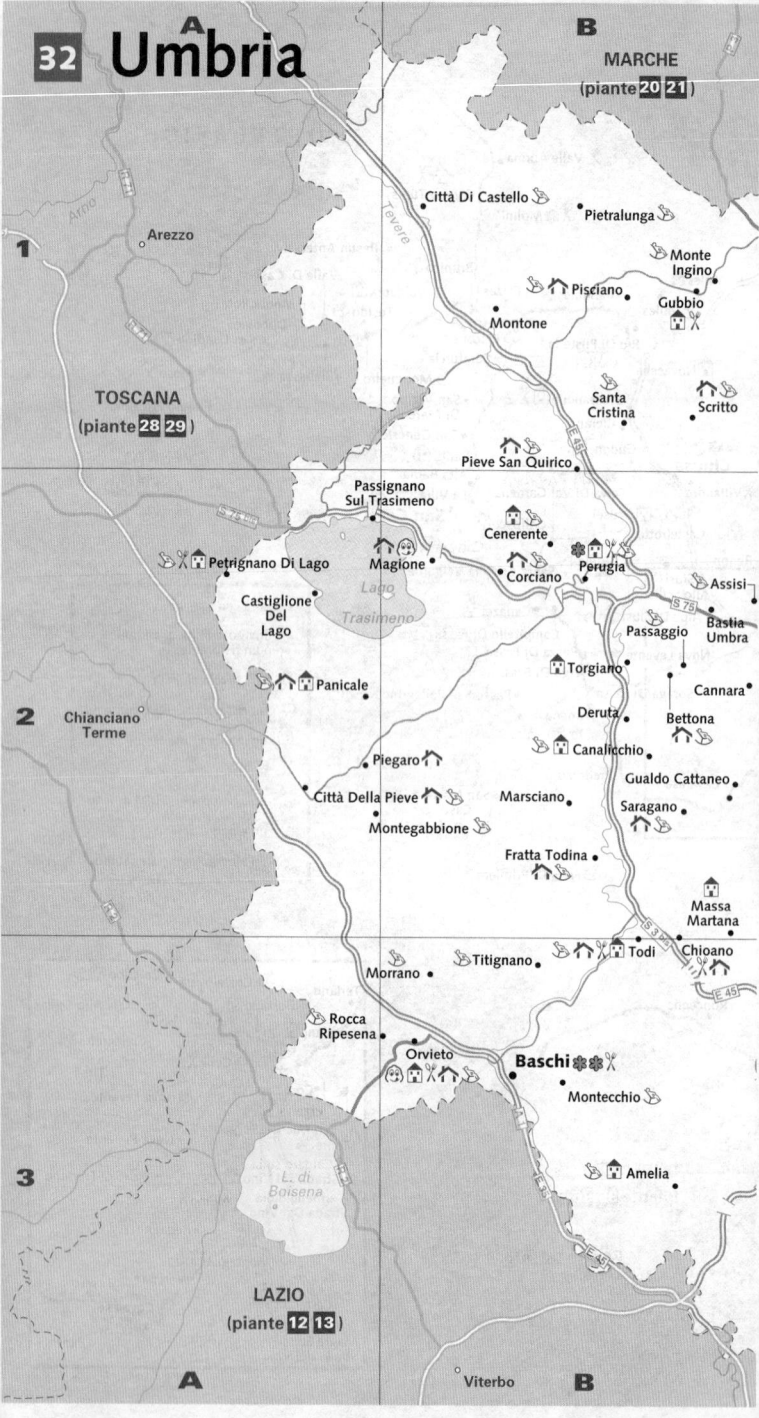

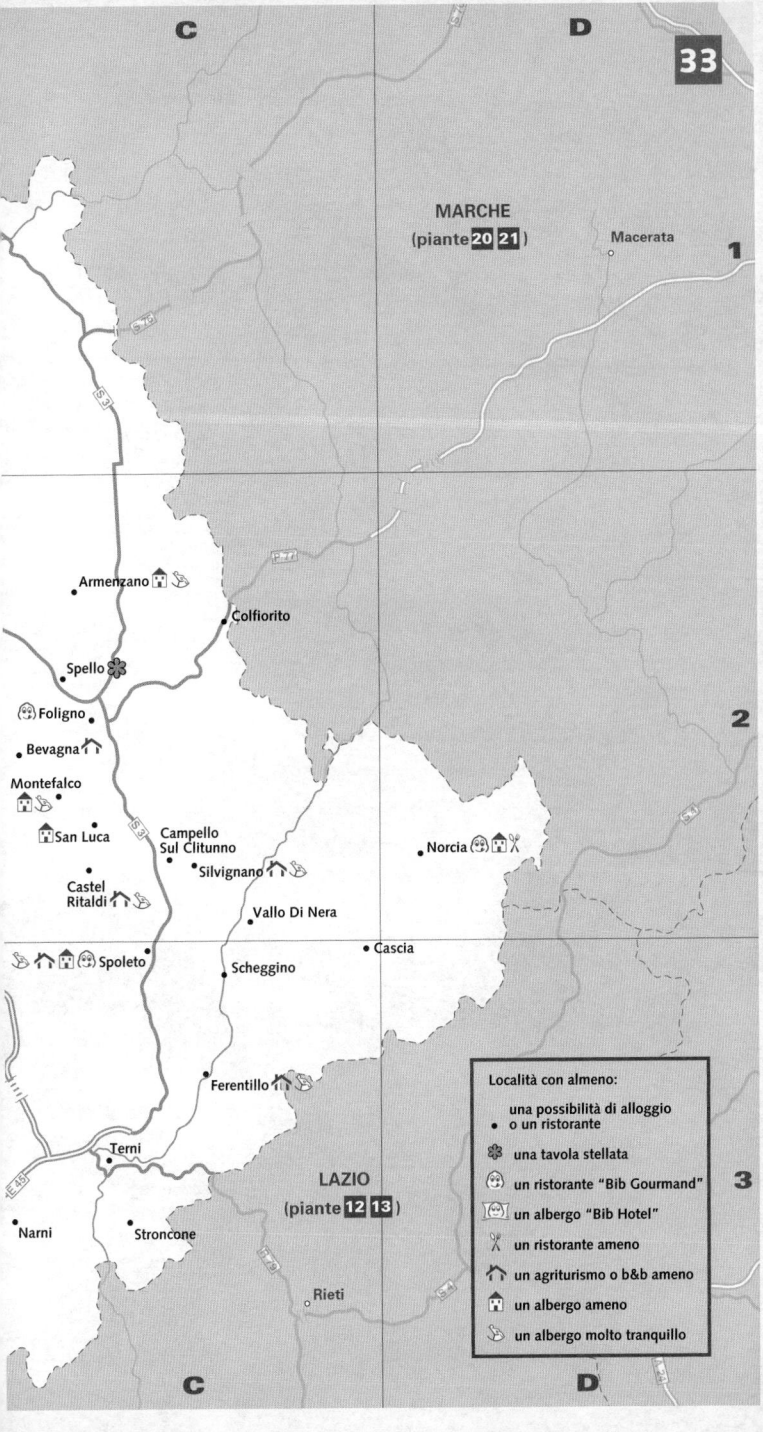

Valle d'Aosta 34

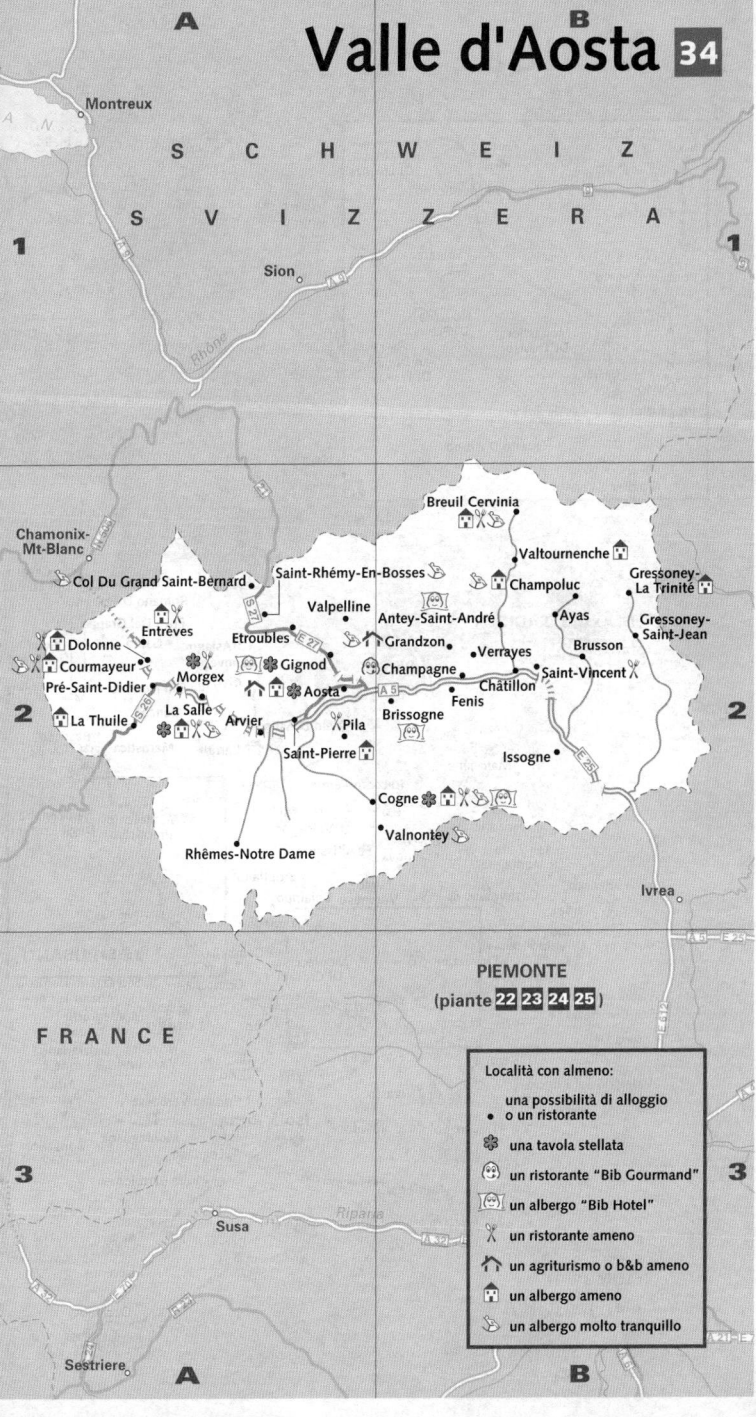

Località con almeno:

- • una possibilità di alloggio o un ristorante
- ❀ una tavola stellata
- 😊 un ristorante "Bib Gourmand"
- 🏠 un albergo "Bib Hotel"
- ✕ un ristorante ameno
- ⋔ un agriturismo o b&b ameno
- 🏠 un albergo ameno
- ⤳ un albergo molto tranquillo

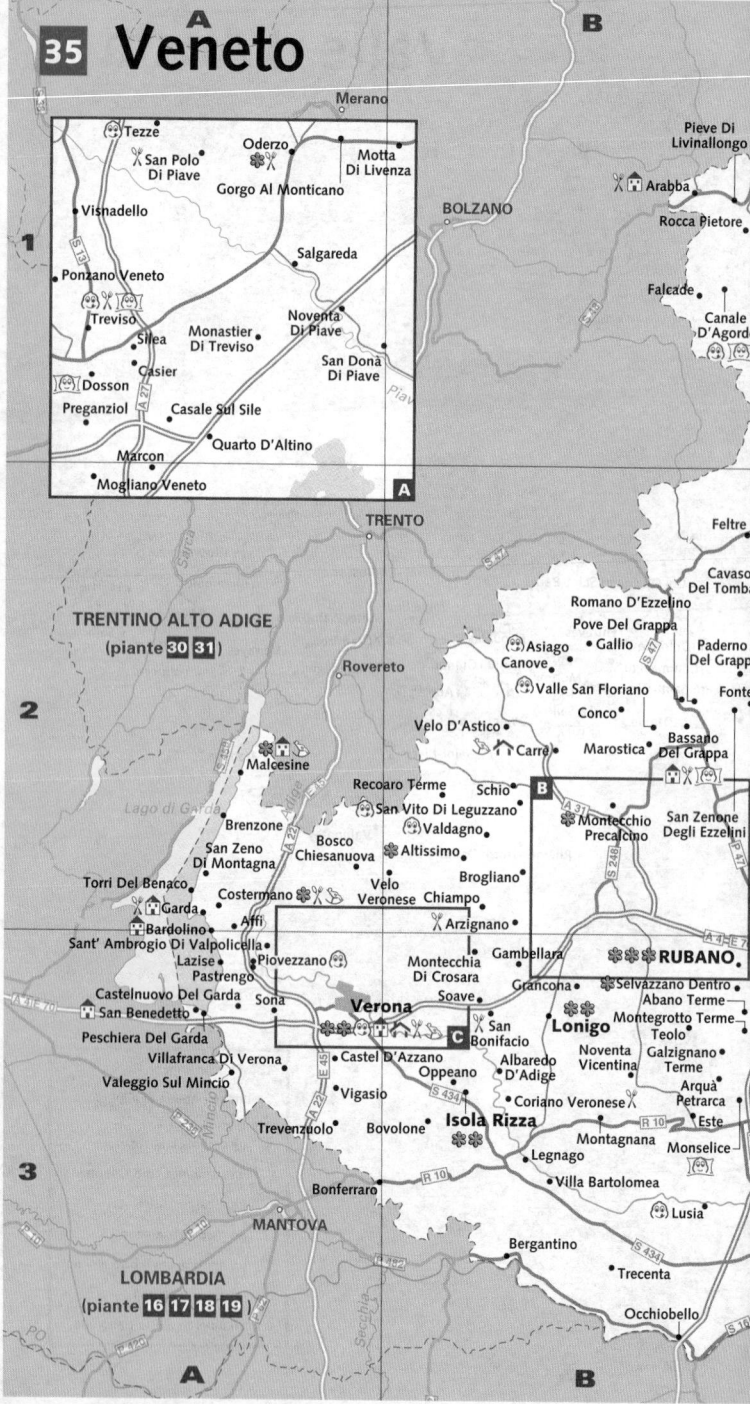

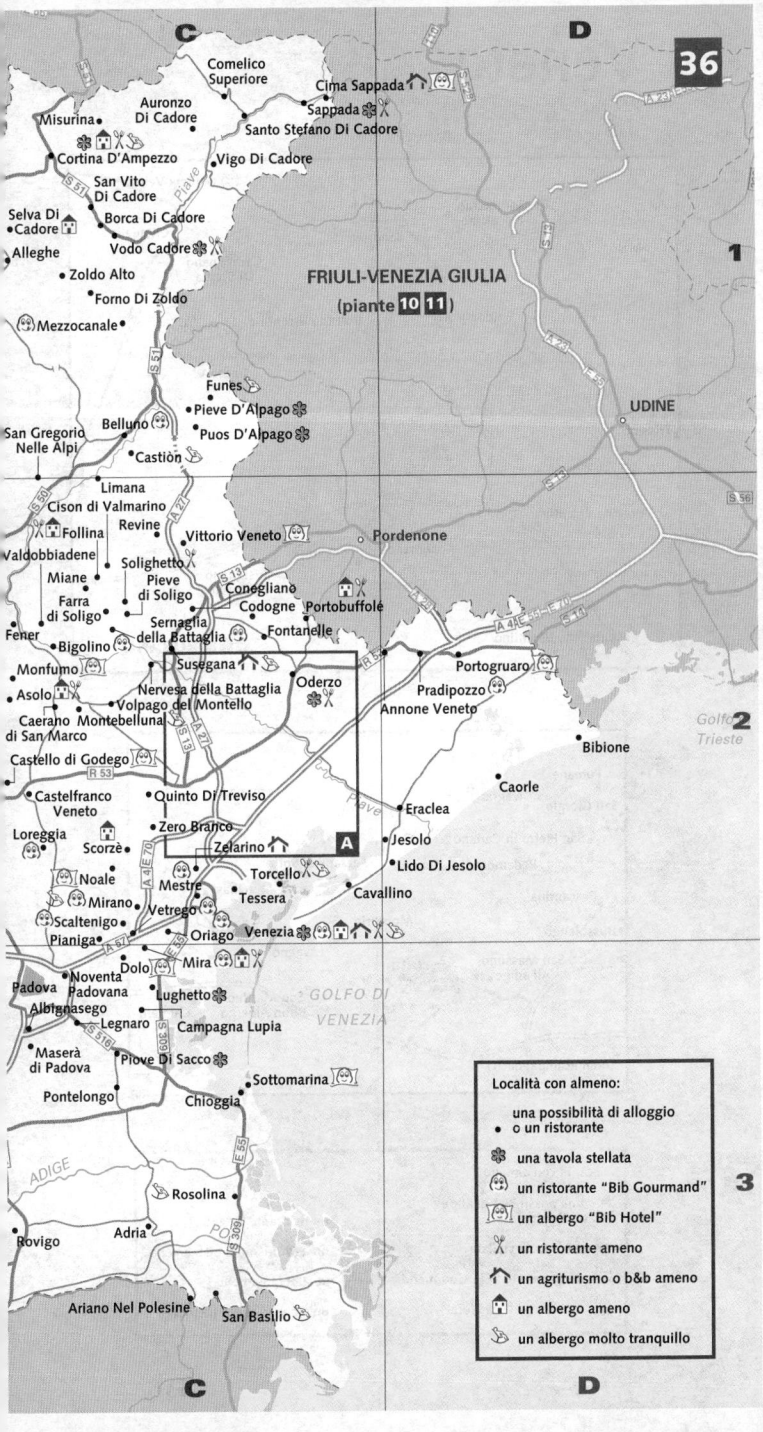

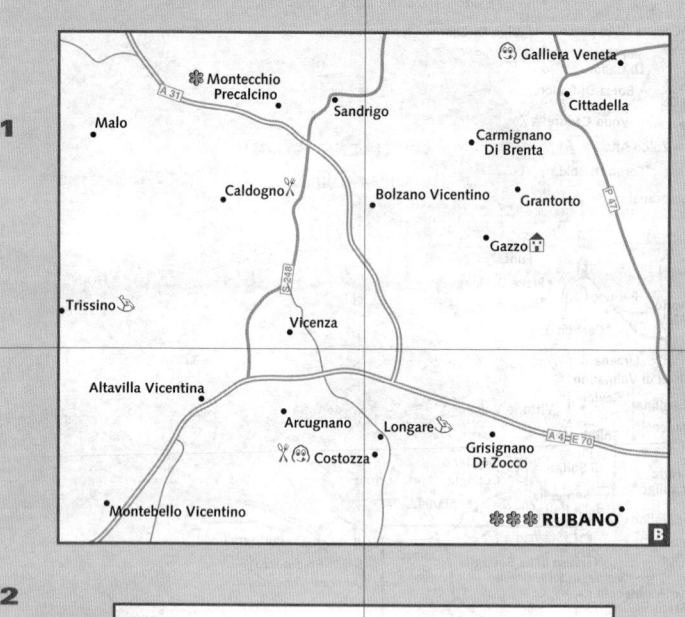

Località con almeno:

- una possibilità di alloggio o un ristorante
- 🏵️ una tavola stellata
- 😊 un ristorante "Bib Gourmand"
- 🏨 un albergo "Bib Hotel"
- 🍴 un ristorante ameno
- 🏠 un agriturismo o b&b ameno
- 🏠 un albergo ameno
- 🌲 un albergo molto tranquillo

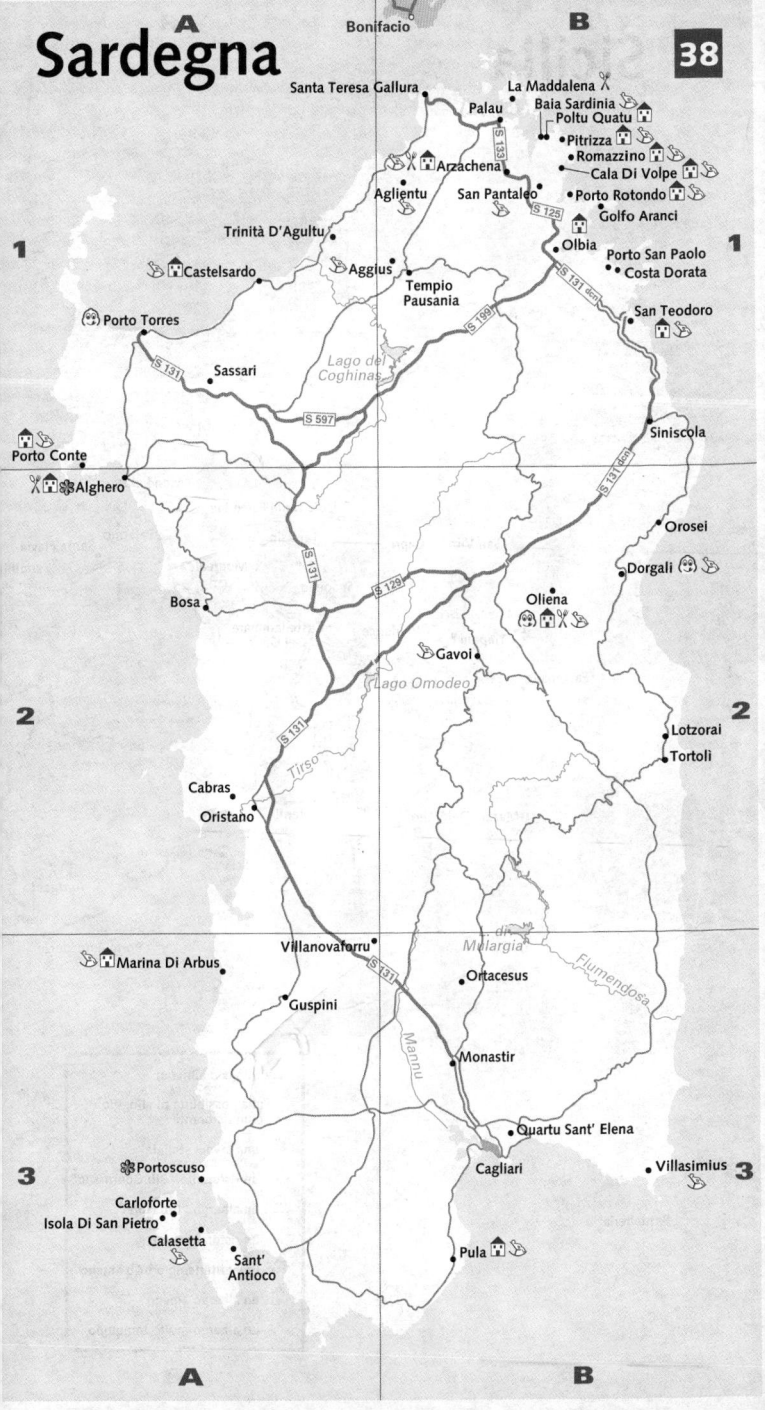

Sardegna

A · B

Bonifacio

Santa Teresa Gallura

Palau

La Maddalena

Baia Sardinia
Poltu Quatu

Pitrizza

Romazzino

Arzachena

Aglientu

San Pantaleo

Cala Di Volpe

Porto Rotondo

Golfo Aranci

Olbia

Trinità D'Agultu

Castelsardo

Aggius

Tempio
Pausania

San Teodoro

Porto San Paolo
Costa Dorata

Porto Torres

Sassari

Lago del
Coghinas

Porto Conte

Alghero

Siniscola

Orosei

Dorgali

Bosa

Oliena

Gavoi

Lago Omodeo

Lotzorai

Tortolì

Tirso

Cabras

Oristano

di
Malargia

Flumendosa

Marina Di Arbus

Villanovaforru

Ortacesus

Guspini

Mannu

Monastir

Quartu Sant' Elena

Villasimius

Portoscuso

Carloforte

Isola Di San Pietro

Calasetta

Sant'
Antioco

Cagliari

Pula

1

2

3

39 Sicilia

A   **B**

1

2

3

M A R E

Mondello

Isola Delle Femmine
Terrasini
Palermo
Santa Flavia
San Vito Lo Capo
Monreale
Termini Imerese
Scopello
Erice
Valderice
Castellammare Del Golfo
Trapani
Fontanasalsa
Favignana
Mazara Del Vallo
Menfi
Selinunte
Sciacca
Platani
Agrigento
Siculiana
Porto Empedocle

M A R E

Pantelleria

Località con almeno:

- una possibilità di alloggio o un ristorante
- ✾ una tavola stellata
- 😊 un ristorante "Bib Gourmand"
- 😃 un albergo "Bib Hotel"
- ✕ un ristorante ameno
- 🏠 un agriturismo o b&b ameno
- 🏠 un albergo ameno
- ✎ un albergo molto tranquillo

A   **B**

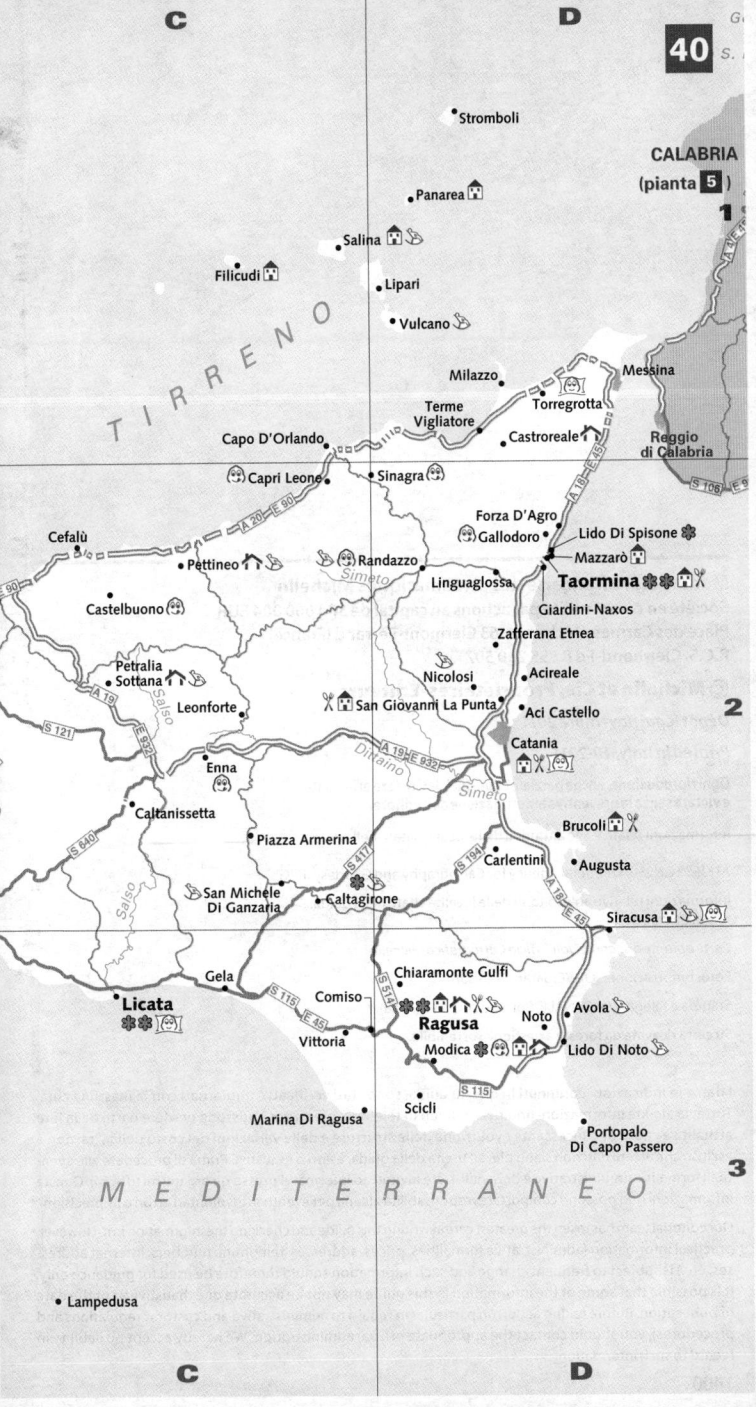

Manufacture française des pneumatiques Michelin
Société en commandite par actions au capital de 504 000 004 EUR
Place des Carmes-Déchaux – 63 Clermont-Ferrand (France)
R.C.S. Clermond-Fd B 855 200 507

© **Michelin et Cie, Propriétaires-Éditeurs**

Dépôt légal novembre 2011

Printed in Italy, 10-2011

Informazioni relative alle altitudini delle località citate nella guida:

ATKIS™; GN250, © Federal Agency for Cartography and Geodesy (BKG)

Informazioni relative agli abitanti delle località citate nella guida:
www. demo.istat.it

Carte e piante disegnate dall'Ufficio Cartografico Michelin

Fotocomposizione: JOUVE, Saran (Francia)

Stampa e Rilegatura: CANALE, Borgaro Torinese (Italia)

Su carta ricavata da foreste a gestione sostenibile